PONS

Basiswörterbuch

ENGLISCH

mit Wörterbuch-App

Englisch – Deutsch

Deutsch – Englisch

Neubearbeitung 2024

W0464084

PONS Langenscheidt GmbH
Stuttgart

PONS

Basiswörterbuch
Englisch
mit Wörterbuch-App

Bearbeitet von: Evelyn Agbaria, Ian Dawson, Anke Kornmüller

Neuausgabe des
PONS Basiswörterbuchs Englisch,
ISBN 978-3-12-516221-1

Warenzeichen, Marken und gewerbliche Schutzrechte
Wörter, die unseres Wissens eingetragene Warenzeichen oder Marken oder sonstige gewerbliche Schutzrechte darstellen, sind als solche – soweit bekannt – gekennzeichnet. Die jeweiligen Berechtigten sind und bleiben Eigentümer dieser Rechte. Es ist jedoch zu beachten, dass weder das Vorhandensein noch das Fehlen derartiger Kennzeichnungen die Rechtslage hinsichtlich dieser gewerblichen Schutzrechte berührt.

1. Auflage 2024 (1,01 - 2024)
© PONS Langenscheidt GmbH,
Stöckachstraße 11, 70190 Stuttgart 2024
Alle Rechte vorbehalten

www.pons.de

Innenlayout: Petra Michel, Essen
Sprachdatenverarbeitung: Dr. Wolfgang Schindler
Logoentwurf: Erwin Poell, Heidelberg
Logoüberarbeitung: Sabine Redlin, Ludwigsburg
Satz: Olaf Mangold Text & Typo, Stuttgart
Druck: Publikum d.o.o.

ISBN 978-3-12-516387-4

Inhalt

Contents

Seite page		
4	Vorwort	Foreword
6	Verwendete Lautschrift-zeichen	Phonetic symbols
9	Abkürzungen und Symbole	Abbreviations and symbols
17	**Wörterbuch Englisch-Deutsch**	**English-German Dictionary**
459	Zahlwörter	Numerals
465	Maße und Gewichte	Weights and measures
471	Nützliche Redewendungen für unterwegs	Useful phrases for out and about
479	**Wörterbuch Deutsch-Englisch**	**German-English Dictionary**
863	Unregelmäßige englische Verben	Irregular English verbs
870	Unregelmäßige deutsche Verben	Irregular German verbs

Vorwort

Foreword

Mit dem neuen *PONS Basiswörterbuch Englisch* legen wir Ihnen die Neubearbeitung eines gut eingeführten und sehr beliebten Werks vor. Das gedruckte Buch wird von einer Wörterbuch-App begleitet, die Sie auch offline nutzen können. Den hierfür notwendigen Code finden Sie ganz vorne in diesem Buch.

Die Wörterbuch-App ermöglicht Ihnen schnelles und komfortables Nachschlagen, immer und überall.

So können Sie auf zeitgemäße Weise nachschlagen und das bedeutet vor allem: flexibel und mobil, wann und wie Sie möchten. Ob auf Papier, am Display, ob unterwegs oder zu Hause – diese „zwei Wörterbücher in einem" stehen Ihnen immer und überall zur Verfügung. Das Buch ist so handlich, dass es in jede Tasche passt, und fürs Nachschlagen auf dem Smartphone gibt es die Wörterbuch-App!

Diese variablen Nutzungsmöglichkeiten machen das neue *Basiswörterbuch Englisch* zu einem wichtigen Hilfsmittel im Alltag und auf Reisen.

Zusätzlich bieten eine Vielzahl von Formulierungshilfen in ganzen Sätzen im Mittelteil eine nützliche Hilfestellung für eine reibungslose Kommunikation.

Nun bleibt uns nur, Ihnen viel Freude und Erkenntnisgewinn beim Nachschlagen zu wünschen, ob Sie nun gerne scrollen oder lieber blättern.

Stuttgart, im September 2023

Ihre PONS
Wörterbuch-Redaktion

The new *PONS Basiswörterbuch Englisch* is a well-established and popular dictionary that now comes with a brand-new accessory: the paper dictionary is accompanied by a comprehensive Dictionary app which you can access offline. Simply enter the code printed at the front of this book.

The Dictionary app offers convenient referencing whenever you want and wherever you are.

You now have a state-of-the-art reference work at your fingertips, above all flexible and mobile, when and how you wish. Whether on paper, on a display, out and about or at home – this "two-in-one dictionary" is at your disposal anytime, anywhere. The dictionary itself is compact enough to fit into any bag and the Dictionary app you can use on your smartphone!

This flexibility makes the *Basiswörterbuch Englisch* an important resource for everyday communication.

In addition, die centre section is packed with useful sentence builders for easy communication.

All that remains to be said is have fun learning whilst using your dictionary in all situations, regardless of whether you prefer to scroll or turn the page!

Stuttgart, September 2023

PONS
Dictionary Editorial Team

Verwendete Lautschriftzeichen
Phonetic symbols

Die Lautschrift ist die „Sprachausgabe“ der gedruckten Wörterbücher. Sie steht in eckigen Klammern direkt neben dem Stichwort. PONS verwendet die Lautschrift der *International Phonetic Association (IPA)*, weil sie am weitesten verbreitet ist. Sie stellt jeden Laut möglichst durch ein einziges Zeichen dar und kann außerdem auf sehr viele Sprachen angewandt werden. Kommt ein Laut in verschiedenen Sprachen vor, wird er stets durch dasselbe Zeichen wiedergegeben, etwa der Zischlaut im deutschen Wort **Sch**ule und im englischen Wort **sh**ow. Ihm entspricht das IPA-Zeichen [ʃ].

Die folgende Auflistung zeigt Ihnen alle IPA-Zeichen, die in diesem Wörterbuch vorkommen, und nennt Ihnen jeweils ein deutsches bzw. ein englisches Beispielwort für den betreffenden Laut.

	[æ]	cat, man, matter
matt, Katze	[a]	
	[ɑː]	father, farm
	[ɒ] (BRIT)	pot, bottom
bitter, Mutter	[ɐ]	
Uhr, Flur	[ɐ̯]	
Chanson	[ã]	
Gourmand	[ãː]	
	[ɑ̃ː]	croissant
heiß, Kaiser	[ai]	
	[aɪ]	ride, my
Haus	[au]	
	[aʊ]	house, about

Ball	[b]	big
ich, Licht	[ç]	
dicht	[d]	dad
Gin, Job	[dʒ]	edge, juice
Etage	[e]	pet, best
Beet, Mehl	[eː]	
Nest, Wäsche	[ɛ]	
wählen	[ɛː]	
	[ɜː]	bird, berth
timbrieren	[ɛ̃]	
Teint	[ɛ̃ː]	fin de siècle
	[ə]	hidden, sudden
halte, Katze	[ə]	Africa, potato

	[ʌ]	bust, cup, multi
	[eɪ]	rate
	[eə] (BRIT)	there, hair
Fett, viel	[f]	fast, safe
Geld	[g]	gold
Hut	[h]	hello
Bitte, sitzen	[ɪ]	kitten, sit
Vitamin	[i]	academy, forty
Abschied, Bier	[iː]	read, meet
Studie	[i̯]	
	[ɪə] (BRIT)	here, beer
ja	[j]	yellow
Kohl, Computer	[k]	cat, king
Quadrat	[kv]	
	[kw]	queen
Last	[l]	little
Nebel	[l̩]	little
Meister	[m]	month, name
nett	[n]	nice, sand
sprechen	[n̩]	
Ring, blinken	[ŋ]	ring, rink, bingo
Oase	[o]	
Boot, drohen	[oː]	

loyal	[o̯]	
Post	[ɔ]	
	[ɔː]	caught, ought
	[əʊ] (BRIT)	boat, rode
	[oʊ] (AM)	tuxedo
Annonce, Fonds	[õː]	
	[ɔ̃]	restaurant
Ökonomie	[ø]	
Öl	[øː]	
Götter	[œ]	
	[ɔɪ]	boy, noise, royal
Mäuse, Schleuse	[ɔy]	
Papst	[p]	pat
Pfeffer	[pf]	
Rad	[r]	right
	[ʳ] (BRIT)	bitter
	[ɚ] (AM)	bitter
Rast, besser, heiß	[s]	soft
Schaum, sprechen, Chef	[ʃ]	shift
Test, treu	[t]	fat, take
	[t̬] (AM)	better

Zaun	[ts]	
Matsch, tschüss	[tʃ]	chip, patch
	[θ]	think, bath
	[ð]	father, bathe
zunächst	[u]	
Hut	[uː]	continue, moose, lose
aktuell	[u̯]	
Mutter	[ʊ]	book, put
pfui	[ui]	
	[ʊə]	sure
wann, Vase	[v]	vitamin
	[w]	wish, why

Schlauch	[x]	loch
fix, Axt, Lachs	[ks]	
amüsant, Büro	[y]	
Süden, Typ	[yː]	
Etui	[y̆]	
füllen	[ʏ]	
Hase, sauer	[z]	zebra, jazz
Genie	[ʒ]	pleasure
Knacklaut	ʔ	glottal stop
Haupt-betonung	ˈ	primary stress
Neben-betonung	ˌ	secondary stress

Abkürzungen und Symbole

Abbreviations and symbols

In den gedruckten Wörterbüchern ist der Platz immer sehr knapp, weil auf einer begrenzten Anzahl von Seiten möglichst viele Stichwörter und Übersetzungen untergebracht werden müssen. Daher stehen in den Einträgen zahlreiche Angaben in Form von Zeichen und Abkürzungen. Diese finden Sie hier erläutert:

▶	phraseologischer Block	phrase block
|	trennbares Verb	separable verb
=	Kontraktion	contraction
≈	entspricht etwa	comparable to
–	Sprecherwechsel in einem Dialog, Deutsch	change of speaker in a dialogue, German
—	Sprecherwechsel in einem Dialog, Englisch	change of speaker in a dialogue, English
®	Warenzeichen	trade mark
⇆	zeigt variable Stellung des Objektes und der Ergänzung bei Phrasal Verbs auf	indicates the variable position of the object in phrasal verb sentences
a.	auch	also
abbrev, Abk	Abkürzung	abbreviation
acr	Akronym	acronym
adj	Adjektiv	adjective
ADMIN	Verwaltung	administration
adv	Adverb	adverb
AEROSP	Raum- und Luftfahrt	aerospace
AGR	Landwirtschaft	agriculture
akk	Akkusativ	accusative
Akr	Akronym	acronym
AM	amerikanisches Englisch	American English

ANAT	Anatomie	anatomy
approv	aufwertend	approving
ARCHEOL	Archäologie	archeology
ARCHIT	Architektur	architecture
ART	Kunst	art
art	Artikel	article
ASTROL	Astrologie	astrology
ASTRON	Astronomie	astronomy
attr	attributiv	attributive
AUS	australisches Englisch	Australian English
AUTO	Auto	automobile
aux vb	Hilfsverb	auxiliary verb
AVIAT	Luftfahrt	aviation
BAHN	Eisenbahnwesen	railway
BAU	Bauwesen	construction
BERGB	Bergbau	mining
bes	besonders	especially
BIOL	Biologie	biology
BÖRSE	Börse	stock exchange
BOT	Botanik	botany
BOXING	Boxen	boxing
BRD	Binnendeutsch	German of Germany
BRIT	britisches Englisch	British English
CAN	kanadisches Englisch	Canadian English
CARDS	Karten	cards
CHEM	Chemie	chemistry
CHESS	Schach	chess
childspeak	Kindersprache	children's language

COMM	Handel	business
comp	komparativ	comparative
COMPUT	Informatik	computing
conj	Konjunktion	conjunction
dat	Dativ	dative
dated	veraltend	dated
def	bestimmt	definite
dekl	dekliniert	declined
dem	demonstrativ	demonstrative
derb	derb	coarse language
DIAL	dialektal	dialect
dim	Diminutiv	diminutive
ECOL	Ökologie	ecology
ECON	Wirtschaft	economics
ELEC, ELEK	Elektrizität	electricity
emph	emphatisch	emphatic
esp	besonders	especially
etw	etwas	something
EU	Europäische Union	European Union
euph	euphemistisch	euphemistic
f	Feminin	feminine
fam	umgangssprachlich	informal
fam!	stark umgangssprachlich	very informal
FASHION	Mode	fashion
FBALL	Fußball	football
fem	Feminin	feminine
fig	bildlich	figurative
FILM	Film, Kino	film, cinema

FIN	Finanzen	finance
FOOD	Kochkunst	food and cooking
form	förmlicher Sprachgebrauch	formal language
FOTO	Fotografie	photography
geh	gehobener Sprachgebrauch	formal language
gen	Genitiv	genitive
GEOG	Geographie	geography
GEOL	Geologie	geology
HANDEL	Handel	business
HIST	Geschichte	history
hist	historisch	historical
HORT	Gartenbau	gardening
hum	scherzhaft	humorous
HUNT	Jagd	hunting
imp	Imperfekt	imperfect tense
impers	unpersönliches Verb	impersonal use
indef	unbestimmt	indefinite
INET	Internet	internet
infin	Infinitiv	infinitive
INFORM	Informatik	computing
interj	Interjektion	interjection
interrog	fragend	interrogative
iron	ironisch	ironic
irreg	unregelmäßig	irregular
JAGD	Jagd	hunting
jd, jdn, jdm	jemand, jemanden, jemandem	somebody
jds	jemandes	somebody's

JOURN	Presse	journalism
JUR	Jura	law
KARTEN	Karten	cards
KOCHK	Kochkunst	food and cooking
konj	Konjunktion	conjunction
KUNST	Kunst	art
LAW	Jura	law
LING	Linguistik	linguistics
LIT	Literatur	literature
liter	literarisch	literary
LUFT	Luftfahrt	aviation
m	Maskulin	masculine
MATH	Mathematik	mathematics
MECH	Mechanik	mechanics
MED	Medizin	medicine
MEDIA	Medien	media
METEO	Meteorologie	meteorology
MIL	Militär	military
MIN	Bergbau, Mineralogie	mining, mineralogy
MODE	Mode	fashion
MUS	Musik	music
NAUT	Seefahrt	navigation
NBRIT	Nordenglisch	Northern English
NORDD	Norddeutsch	Northern German
nt	Neutrum	neuter
NUCL, NUKL	Kernphysik	Kernphysik
NZ	Englisch aus Neuseeland	New Zealand English
o	oder	or

ÖKOL	Ökologie	ecology
ÖKON	Wirtschaft	economics
old	veraltet	old
onomat	lautmalerisch	onomatopoeic
ORN	Vogelkunde	ornithology
ÖSTERR	österreichisches Deutsch	Austrian German
part	Partizip/Partikel	participle/particle
pej	abwertend	pejorative
pej!	beleidigend	offensive
pers	Personal(pronomen)	personal (pronoun)
pers.	Person	person
PHARM	Pharmazie	pharmacy
PHOT	Fotografie	photography
PHYS	Physik	physics
pl	plural	plural
POL	Politik	politics
poss	possessiv	possessive
pp	Partizip Perfekt	past participle
präd, pred	prädikativ	predicative
pron	Pronomen	pronoun
prov	Sprichwort	proverb
PSYCH	Psychologie	psychology
pt	erste Vergangenheit	past tense
PUBL	Verlagswesen	publishing
RADIO	Rundfunk	radio broadcasting
RAIL	Eisenbahnwesen	railway
RAUM	Raumfahrt	space flight
refl	reflexiv	reflexive

reg	regelmäßig	regular
rel	relativ	relative
REL	Religion	religion
s.	siehe	see
S.	Sache	thing
SA	südafrikanisches Englisch	South African English
sb	jd, jdn, jdm	somebody
sb's	jemandes	somebody's
SCH	Schule	school
SCHACH	Schach	chess
SCHWEIZ	schweizerisches Deutsch	Swiss German
SCI	Naturwissenschaften	natural science
SCOT	Schottisch	Scottish
sing	Einzahl	singular
SKI	Skifahren	skiing
sl	salopp, Slang	slang
SOCIOL	Soziologie	sociology
spec	fachsprachlich	specialist term
SPORT, SPORTS	Sport	sports
sth	etwas	something
STOCKEX	Börse	stock exchange
SÜDD	Süddeutsch	Southern German
superl	superlativ	superlative
TECH	Technik	technology
TELEC, TELEK	Nachrichtentechnik	telecommunications
TENNIS	Tennis	tennis
THEAT	Theater	theatre
TOURIST	Tourismus	tourism

TRANSP	Transport und Verkehr	transportation
TV	Fernsehen	television
TYPO	Buchdruck	typography
UNIV	Universität	university
usu	gewöhnlich	usually
vb	Verb	verb
veraltend	veraltend	dated
veraltet	veraltet	old
VERLAG	Verlagswesen	publishing
vi	intransitives Verb	intransitive verb
vr	reflexives Verb	reflexive verb
vt	transitives Verb	transitive verb
vulg	vulgär	vulgar
ZOOL	Zoologie	zoology

Aa

A, a <*pl* -'s> [eɪ] *n* ❶ A *nt*, a *nt* ❷ MUS A *nt*, a *nt;* **A flat** As *nt*, as *nt;* **A sharp** Ais *nt*, ais *nt;* **A major** A-Dur *nt;* **A minor** a-Moll *nt* ❸ (*school mark*) ≈ Eins *f;* **to get [an] A** eine Eins schreiben ▶ **from A to Z** von A bis Z

a [eɪ, ə], *before vowel* **an** [æn, ᵊn] *art indef* ❶ ein(e); **this is ~ very mild cheese** dieser Käse ist sehr mild; **she's ~ teacher** sie ist Lehrerin ❷ *after neg* **not ~** kein(e); **there was not ~ person to be seen** es war niemand zu sehen ❸ (*per*) **three times ~ day** dreimal täglich

abandon [ə'bændən] **I.** *vt* ❶ (*leave*) verlassen; *baby* aussetzen ❷ (*leave behind*) zurücklassen; *car* stehen lassen **II.** *n no pl* **with ~** mit Leib und Seele

abbey ['æbi] *n* Abtei[kirche] *f*

abbreviation [əˌbriːvi'eɪʃᵊn] *n* Abkürzung *f*

ability [ə'bɪləti] *n* ❶ Fähigkeit *f* ❷ (*talent*) Talent *nt;* **someone of her ~** jemand mit ihrer Begabung

able ['eɪbl̩] *adj* ❶ <more *or* better able, most *or* best able> **to be ~ to do sth** etw tun können ❷ <abler *or* more able, ablest *or* most able> (*clever*) talentiert; *mind* fähig

aboard [ə'bɔːd] *adv, prep* (*on plane, ship*) an Bord; (*on train*) im Zug; **all ~!** (*on train, bus*) alles einsteigen!

Aborigine [ˌæbə'rɪdʒᵊni] *n* [australischer] Ureinwohner/[australische] Ureinwohnerin, Aborigine *m;* **~s** *pl* Aborigines *pl*

abort [ə'bɔːt] *vt* ❶ *fetus* abtreiben; *pregnancy* abbrechen ❷ (*stop*) abbrechen

abortion [ə'bɔːʃᵊn] *n* Abtreibung *f*

about [ə'baʊt] **I.** *prep* ❶ über +*akk;* **anxiety ~ the future** Angst *f* vor der Zukunft; **what's that book ~?** worum geht es in dem Buch? ❷ (*affecting*) gegen +*akk* ❸ *after vb* (*expressing movement*) **to wander ~ the house** im Haus herumlaufen ❹ BRIT (*fam: in the process of*) **while you're ~ it** wo Sie gerade dabei sind ▶ **how ~ sb/sth?** wie wäre es mit jdm/etw? **II.** *adv* ❶ (*approximately*) ungefähr; **~ eight [o'clock]** [so] gegen acht [Uhr] ❷ (*almost*) fast ❸ (*barely*) **we just ~ made it** wir haben es gerade noch [so] geschafft ❹ *esp* BRIT (*around*) herum; **there's a lot of flu ~ at the moment** im Moment geht die Grippe um; **up and ~** auf den Beinen ❺ *esp* BRIT (*in the area*) hier ❻ (*intending*) **we're just ~ to have supper** wir wollen gerade zu Abend essen ▶ **that's ~ all** [*or* **it**] das wär's

above [ə'bʌv] **I.** *prep* ❶ (*over*) über +*dat;* (*with movement*) über +*akk* ❷ (*greater than*) über +*akk* ❸ (*superior to*) **to be ~ criticism** über jede Kritik erhaben sein ❹ (*more importantly than*) **~ all** vor allem ▶ **that's ~ me** das ist mir zu hoch **II.** *adv* ❶ (*on higher level*) oberhalb ❷ (*overhead*) **from ~** von oben ❸ (*earlier in text*) oben; **see ~** siehe oben **III.** *adj* obige(r, s); **the ~ address** die oben genannte Adresse **IV.** *n* **the ~** (*thing*) das Obengenannte

abroad [ə'brɔːd] *adv* im Ausland; **to go ~** ins Ausland fahren; **from ~** aus dem Ausland

abrupt [ə'brʌpt] *adj* abrupt

absence ['æbsᵊn(t)s] *n* Abwesenheit *f;* (*from school, work*) Fehlen *nt;* **in the ~ of sth** in Ermangelung einer S. *gen*

A

absent I. *adj* ['æbsᵊnt] ❶ abwesend; **to be ~ from work/school** auf der Arbeit/in der Schule fehlen ❷ (*distracted*) [geistes]abwesend **II.** *vt* [æb'sent] **to ~ oneself** sich zurückziehen

absolute [ˌæbsə'luːt] *adj* absolut

absolutely [ˌæbsə'luːtli] *adv* absolut; **you're ~ right** Sie haben vollkommen recht; **~ no idea** überhaupt keine Ahnung

absorb [əb'zɔːb, -sɔːb] *vt* ❶ (*soak up*) aufnehmen ❷ **to be ~ed in sth** in etw *akk* vertieft sein

abstract I. *adj* ['æbstrækt] abstrakt **II.** *n* ['æbstrækt] Zusammenfassung *f*

absurd [əb'zɜːd, -'sɜːd] *adj* absurd; **don't be ~!** sei nicht albern!

abundant [ə'bʌndənt] *adj* reichlich

abuse I. *n* [ə'bjuːs] ❶ (*affront*) [**verbal**] ~ Beschimpfung[en] *f*[*pl*]; **a term of ~** ein Schimpfwort *nt* ❷ *no pl* (*maltreatment*) Missbrauch *m;* **child ~** Kindesmissbrauch *m;* **mental/physical ~** psychische/körperliche Misshandlung **II.** *vt* [ə'bjuːz] ❶ (*verbally*) beschimpfen ❷ (*maltreat*) missbrauchen

abusive [ə'bjuːsɪv] *adj* (*insulting*) beleidigend

academic [ˌækə'demɪk] **I.** *adj* akademisch; **~ year** Studienjahr *nt* **II.** *n* Akademiker(in) *m(f)*

academy [ə'kædəmi] *n* ❶ Akademie *f* ❷ *esp* AM, SCOT [höhere] Schule

accelerate [ək'seləreɪt] *vi* ❶ beschleunigen ❷ (*increase*) zunehmen

accent ['æksᵊnt] *n* ❶ LING Akzent *m* ❷ (*stress*) Betonung *f*

accept [ək'sept] *vt* annehmen, akzeptieren; *award* entgegennehmen; **do you ~ credit cards?** kann man bei Ihnen mit Kreditkarte zahlen?

acceptable [ək'septəbḷ] *adj* akzeptabel (**to** für)

acceptance [ək'septən(t)s] *n* ❶ Annahme *f; of idea* Zustimmung *f* ❷ (*positive answer*) Zusage *f* ❸ (*recognition*) Anerkennung *f*

access ['ækses] **I.** *n* Zugang *m;* (*to room, building*) Zutritt *m;* **"Access only"** BRIT „Anlieger frei“ **II.** *vt* COMPUT *data* zugreifen auf +*akk*

accessory [ək'sesᵊri] *n* ❶ FASHION Accessoire *nt* ❷ (*equipment*) Zubehör *nt*

accident ['æksɪdᵊnt] *n* ❶ Unfall *m; train, plane* Unglück *nt;* **~ and emergency unit** Notaufnahme *f* ❷ (*without intention*) **sorry, it was an ~** tut mir leid, es war keine Absicht; **by ~** aus Versehen

accidental [ˌæksɪ'dentᵊl] *adj* ❶ (*unintentional*) unbeabsichtigt ❷ (*chance*) zufällig

accommodate [ə'kɒmədeɪt] *vt* ❶ (*have room for*) unterbringen ❷ (*help*) entgegenkommen

accommodation [əˌkɒmə'deɪʃᵊn] *n* Unterkunft *f*

accompany <-ie-> [ə'kʌmpəni] *vt* begleiten

accord [ə'kɔːd] **I.** *n* (*treaty*) Vereinbarung *f* ▶ **of one's <u>own</u> ~** von sich aus **II.** *vt* gewähren

according to [ə'kɔːdɪŋ] *prep* ❶ nach +*dat;* **~ the laws of physics** nach den Regeln der Physik; **did it all go ~ plan?** verlief alles nach Plan? ❷ (*depending on*) entsprechend +*dat*

account [ə'kaʊnt] *n* ❶ (*description*) Bericht *m;* **by all ~s** nach allem, was man so hört ❷ (*bank service*) Konto *nt* (**with** bei) ❸ (*records*) **~s** *pl* [Geschäfts]bücher *pl;* **to keep the ~s** die Buchhaltung machen ❹ *no pl* (*consideration*) **to take into ~** berücksichtigen ❺ (*reason*) **on ~ of** aufgrund +*gen;* **on my/her/his ~** meinet-/ihret-/seinetwegen

accountant [ə'kaʊntənt] *n* [Bilanz]buchhalter(in) *m(f)*

accurate ['ækjərət] *adj* genau

accusation [ˌækjʊ'zeɪʃᵊn] *n* ❶ (*charge*) Anschuldigung *f;* LAW Anklage *f* (**of** wegen); **to make an ~ against sb** jdn beschuldigen ❷ (*accusing*) Vorwurf *m*

accuse [əˈkjuːz] *vt* **to ~ sb [of sth]** jdn [wegen einer S. *gen*] anklagen, jdn [einer S. *gen*] beschuldigen

ace [eɪs] **I.** *n* Ass *nt;* ~ **reporter** Starreporter(in) *m(f)* **II.** *adj* (*fam*) klasse

ache [eɪk] **I.** *n* Schmerz[en] *m[pl];* **~s and pains** Wehwehchen *pl* **II.** *vi* schmerzen; **I'm aching all over** mir tut alles weh

achievement [əˈtʃiːvmənt] *n* Leistung *f*

acid [ˈæsɪd] **I.** *n* ❶ CHEM Säure *f* ❷ (*sl: LSD*) Acid *nt* **II.** *adj* CHEM sauer; *stomach* übersäuert

acknowledge [əkˈnɒlɪdʒ] *vt* ❶ (*admit*) zugeben ❷ (*respect*) anerkennen; **he was generally ~d to be an expert** er galt allgemein als Experte ❸ (*reply to*) *greeting* erwidern

acquaintance [əˈkweɪntᵊn(t)s] *n* Bekannte(r) *f(m)*

acquire [əˈkwaɪəʳ] *vt* erwerben; *habit* annehmen; *knowledge* sich *dat* aneignen

across [əˈkrɒs] **I.** *prep* über +*akk o dat;* ~ **town** am anderen Ende der Stadt; ~ **the street** auf der gegenüberliegenden Straßenseite **II.** *adv* ❶ (*to other side*) hinüber; (*from other side*) herüber ❷ (*wide*) breit; *of circle* im Durchmesser

act [ækt] **I.** *n* ❶ (*deed*) Tat *f,* Handlung *f;* ~ **of aggression** Angriff *m;* ~ **of kindness** Akt *m* der Güte; ~ **of terrorism** Terrorakt *m;* **to catch sb in the ~** jdn auf frischer Tat ertappen ❷ (*of a play*) Akt *m* **II.** *vi* ❶ (*take action*) handeln; (*proceed*) vorgehen; **to ~ [up]on sb's advice** jds Rat befolgen ❷ (*function*) fungieren ❸ (*be an actor*) Schauspieler(in) sein **III.** *vt* spielen

action [ˈækʃᵊn] *n* ❶ (*activeness*) Handeln *nt;* (*proceeding*) Vorgehen *nt;* (*measures*) Maßnahmen *pl;* **out of ~** außer Gefecht; **to put into ~** in die Tat umsetzen; **to take ~** etwas unternehmen ❷ (*act*) Handlung *f* ❸ (*combat*) Einsatz *m* ❹ (*movement*) Bewegung *f* ❺ *no pl* (*function*) **out of ~** außer Betrieb

active [ˈæktɪv] *adj* aktiv; *children* lebhaft

activewear [ˈæktɪvweəʳ] *n no pl* Activewear *f*

activity [ækˈtɪvəti] *n* ❶ (*activeness*) Aktivität *f* ❷ *no pl* (*liveliness*) Lebhaftigkeit *f* ❸ *usu pl* (*pastime*) Aktivität *f*

actor [ˈæktəʳ] *n* Schauspieler *m*

actress <*pl* -es> [ˈæktrəs] *n* Schauspielerin *f*

actually [ˈæktʃuəli] *adv* ❶ (*in fact*) eigentlich ❷ (*really*) wirklich; **did you ~ say that?** hast du das tatsächlich gesagt?

acute [əˈkjuːt] *adj* ❶ (*serious*) akut; *difficulties* ernst; *pain* heftig ❷ MATH *angle* spitz

ad [æd] *n* (*fam*) *short for* **advertisement** Anzeige *f;* (*on TV*) Werbespot *m*

AD [ˌeɪˈdiː] *adj abbrev of* **Anno Domini** n. Chr.

adapt [əˈdæpt] *vt* anpassen (**to** an)

add [æd] *vt* ❶ hinzufügen ❷ MATH addieren ❸ (*contribute*) beitragen

addict [ˈædɪkt] *n* Süchtige(r) *f(m);* **drug ~** Drogenabhängige(r) *f(m);* **to become an ~** süchtig werden

addicted [əˈdɪktɪd] *adj* süchtig (**to** nach)

addiction [əˈdɪkʃᵊn] *n no pl* Sucht *f* (**to** nach)

addition [əˈdɪʃᵊn] *n* ❶ Zusatz *m* ❷ *no pl* (*adding*) Addition *f* ❸ (*furthermore*) **in ~** außerdem

additional [əˈdɪʃᵊnᵊl] *adj* zusätzlich; ~ **charge** Aufpreis *m*

additive [ˈædɪtɪv] *n* Zusatz *m*

address **I.** *n* <*pl* -es> [əˈdres] ❶ Adresse *f* ❷ (*speech*) Rede *f* (**to** an) **II.** *vt* [əˈdres] ❶ (*write address*) adressieren (**to** an) ❷ (*direct*) *remark* richten (**to** an)

addressee [ˌædresˈiː] *n* Empfänger(in) *m(f)*

adequate [ˈædɪkwət] *adj* ausreichend

A

adhesive [əd'hiːsɪv] **I.** *adj* haftend; **~ plaster** Heftpflaster *nt* **II.** *n no pl* Klebstoff *m*

adjust [ə'dʒʌst] **I.** *vt* ❶ (*change*) anpassen ❷ (*tailor*) umändern **II.** *vi* **to ~ to sth** sich an etw *akk* anpassen

admiration [ˌædmə'reɪʃᵊn] *n* ❶ (*respect*) Bewunderung *f* (**for** für), Hochachtung *f geh* (**for** für)

admire [əd'maɪəʳ] *vt* bewundern

admirer [əd'maɪərəʳ] *n* ❶ (*with romantic interest*) Verehrer(in) *m(f)* ❷ (*supporter*) Anhänger(in) *m(f)*

admission [əd'mɪʃᵊn] *n* ❶ (*entering*) Eintritt *m;* (*acceptance*) Zutritt *m* ❷ (*price*) Eintrittspreis *m* ❸ (*acknowledgment*) Eingeständnis *nt*

admit <-tt-> [əd'mɪt] *vt* ❶ (*acknowledge*) zugeben ❷ (*allow entrance*) hineinlassen

adolescent [ˌædə'lesᵊnt] **I.** *adj* jugendlich **II.** *n* Jugendliche(r) *f(m)*

adopt [ə'dɒpt] *vt* ❶ adoptieren ❷ (*put into practice*) annehmen; **to ~ a pragmatic approach** pragmatisch herangehen ❸ (*select*) auswählen

adoption [ə'dɒpʃᵊn] *n* ❶ Adoption *f* ❷ *no pl* (*taking on*) Annahme *f*

adorable [ə'dɔːrəbl̩] *adj* entzückend

adore [ə'dɔːʳ] *vt* über alles lieben

adrenalin(e) [ə'drenəlɪn] *n* Adrenalin *nt*

adrenalin junkie *n* Adrenalinjunkie *m* (*jd, der den ständigen Nervenkitzel braucht*) **adrenalin sport** *n* Adrenalinsport *m*

adult ['ædʌlt, ə'dʌlt] **I.** *n* Erwachsene(r) *f(m)* **II.** *adj* (*grown-up*) erwachsen

advance [əd'vɑːn(t)s] **I.** *vi* ❶ (*make progress*) Fortschritte machen ❷ (*move forward*) sich vorwärtsbewegen **II.** *vt* ❶ (*develop*) voranbringen ❷ *money* vorstrecken **III.** *n* ❶ Vorrücken *nt* ❷ (*progress*) Fortschritt *m* **IV.** *adj* **~ booking** Reservierung *f*

advanced [əd'vɑːn(t)st] *adj* ❶ (*in skills*) fortgeschritten ❷ (*in development*) fortschrittlich

advantage [əd'vɑːntɪdʒ] *n* Vorteil *m;* **to take ~ of sb** (*pej*) jdn ausnutzen; **to take ~ of sth** etw nutzen

adventure [əd'ventʃəʳ] *n* Abenteuer *nt*

adventurous [əd'ventʃᵊrəs] *adj* abenteuerlich; (*daring*) abenteuerlustig

advertise ['ædvətaɪz] **I.** *vt* Werbung machen für **II.** *vi* werben; (*in a newspaper*) inserieren **advertisement** [əd'vɜːtɪsmənt] *n* Werbung *f;* (*in a newspaper*) Anzeige *f;* **TV ~** Werbespot *m* **advertising** ['ædvətaɪzɪŋ] *n* Werbung *f*

advice [əd'vaɪs] *n* Rat[schlag] *m;* **to take legal ~** sich juristisch beraten lassen; **to take sb's ~** jds Rat[schlag] *m* befolgen

advise [əd'vaɪz] **I.** *vt* ❶ beraten ❷ (*inform*) informieren (**of** über) **II.** *vi* raten

aerial ['eəriəl] **I.** *adj* **~ photograph** Luftaufnahme *f* **II.** *n* Antenne *f*

aeroplane ['eərə(ʊ)pleɪn] *n* Flugzeug *nt*

aerosol ['eərəsɒl] *n* Aerosol *nt*

affair [ə'feəʳ] *n* ❶ (*matter, event*) Angelegenheit *f* ❷ (*scandal, relationship*) Affäre *f*

affect [ə'fekt] *vt* **to ~ sb/sth** sich auf jdn/etw auswirken; (*concern*) jdn/etw betreffen

affection [ə'fekʃᵊn] *n no pl* Zuneigung *f* (**for** zu)

affectionate [ə'fekʃᵊnət] *adj* liebevoll

afford [ə'fɔːd] *vt* sich *dat* leisten

afraid [ə'freɪd] *adj* ❶ (*frightened*) verängstigt; **to [not] be ~ [of]** [keine] Angst haben [vor +*dat*]; **to be ~ that ...** befürchten, dass ... ❷ (*expressing regret*) **I'm ~ not/so** leider nicht/ja

Africa ['æfrɪkə] *n* Afrika *nt*

African ['æfrɪkən] **I.** *n* Afrikaner(in) *m(f)* **II.** *adj* afrikanisch

after ['ɑːftəʳ] **I.** *prep* ❶ (*later time*) nach +*dat;* **[a] quarter ~ six** AM [um] Viertel nach Sechs ❷ (*in pursuit of*) **to be ~ sb/sth** hinter jdm/etw her sein ❸ (*fol-*

lowing) nach +*dat*; ~ **you!** nach Ihnen! ❹ (*result of*) nach +*dat*; ~ **what he did to me, ...** nach dem, was er mir angetan hat, ... ❺ ~ **all** (*in spite of*) trotz **II.** *conj* nachdem **III.** *adv* danach; **shortly** ~ kurz darauf

afternoon [ˌɑːftəˈnuːn] *n* Nachmittag *m*; **good ~!** guten Tag!; **this** ~ heute Nachmittag

afterwards [ˈɑːftəwədz] *adv* (*later*) später; (*after something*) danach

again [əˈgen, əgeɪn] *adv* wieder; (*one more time*) noch einmal; ~ **and** ~ immer wieder; **what's her name ~?** wie ist nochmal ihr Name?

against [əˈgen(t)st] **I.** *prep* gegen +*akk*; ~ **one's better judgement** wider besseres Wissen **II.** *adv* gegen; **only ten voted** ~ es gab nur zehn Gegenstimmen

age [eɪdʒ] **I.** *n* ❶ Alter *nt*; **he's about your** ~ er ist ungefähr so alt wie du; **to be 45 years of** ~ 45 [Jahre alt] sein; **at your** ~ in deinem Alter ❷ (*era*) Zeitalter *nt*; **in this day and** ~ heutzutage ❸ (*long time*) **~s** Ewigkeiten **II.** *vi* ❶ altern ❷ FOOD reifen **III.** *vt* ❶ FOOD reifen lassen; *wine* ablagern lassen ❷ (*make look older*) älter machen

age bracket *n* Altersgruppe *f*, Altersklasse *f*

aged[1] [ˈeɪdʒd] *adj* **a boy ~ 12** ein zwölfjähriger Junge; **children ~ 8 to 12** Kinder [im Alter] von 8 bis 12 Jahren

aged[2] [ˈeɪdʒɪd] **I.** *adj* alt **II.** *n* **the** ~ *pl* die alten Menschen *pl*

age-group [ˈeɪdʒˌgruːp] *adj attr, inv* ❶ SPORTS Altersklasse *f*; **he won an ~ medal at the championship** er gewann bei den Jahrgangsmeisterschaften eine Medaille ❷ SOCIOL Alterszugehörigkeit *f*

agency [ˈeɪdʒᵊn(t)si] *n* ❶ (*private business*) Agentur *f*; **estate/travel** ~ Makler-/Reisebüro *nt* ❷ (*of government*) Behörde *f*; (*of public administration*) Dienststelle *f*

agenda [əˈdʒendə] *n* ❶ (*for a meeting*) Tagesordnung *f* ❷ (*for action*) Programm *nt*; **to have a hidden** ~ geheime Pläne haben

agent [eɪdʒᵊnt] *n* ❶ (*representative*) [Stell]vertreter(in) *m(f)*; (*for artists*) Agent(in) *m(f)* ❷ (*of a secret service*) Agent(in) *m(f)*

aggression [əˈgreʃᵊn] *n no pl* Aggression *f*

aggressive [əˈgresɪv] *adj* aggressiv

aggressor [əˈgresəʳ] *n* Angreifer(in) *m(f)*

agile [ˈædʒaɪl] *adj* geschickt; **to have an ~ mind** geistig beweglich sein

ago [əˈgəʊ] *adv* **a year** ~ vor einem Jahr; **[not] long** ~ vor [nicht] langer Zeit; **as long ~ as 1924** schon 1924; **how long ~ was that?** wie lange ist das her?

agony [ˈægəni] *n* ❶ Todesqualen *pl*; **to be in** ~ große Schmerzen leiden ❷ (*fig*) **to be in an ~ of indecision/suspense** von qualvoller Unentschlossenheit/Ungewissheit geplagt werden; **oh, the ~ of defeat!** was für eine schmachvolle Niederlage!

agree [əˈgriː] **I.** *vi* ❶ (*have same opinion*) zustimmen; **I don't** ~ ich bin anderer Meinung; **to ~ with sb** mit jdm einer Meinung sein ❷ (*consent to*) zustimmen; **~d!** einverstanden! ❸ *food* **to ~ with sb** jdm [gut] bekommen ❹ (*match up*) übereinstimmen **II.** *vt* **to ~ sth** mit etw *dat* einverstanden sein

agreement [əˈgriːmənt] *n* ❶ *no pl* (*same opinion*) Übereinstimmung *f*; **to reach an** ~ zu einer Einigung kommen; **to be in ~ with sb** mit jdm übereinstimmen ❷ (*arrangement*) Vereinbarung *f*

agriculture [ˈægrɪˈkʌltʃəʳ] *n no pl* Landwirtschaft *f*

ahead [əˈhed] *adv* ❶ (*in front*) vorn; **the road** ~ die Straße vor uns; **to put sb** ~ jdn nach vorne bringen ❷ (*more advanced*) **to be way ~ of sb** jdm um einiges voraus sein

A

A

aid [eɪd] **I.** *n* ❶ *no pl* (*assistance*) Hilfe *f;* **in ~ of** zugunsten +*gen* ❷ (*helpful tool*) [Hilfs]mittel *nt;* **hearing ~** Hörgerät *nt;* **walking ~** Gehhilfe *f* **II.** *vt* helfen +*dat*

aim [eɪm] **I.** *vi* ❶ (*point*) zielen (**at** auf) ❷ (*try for a time*) **to ~ for 7.30/next week** 7.30 Uhr/nächste Woche anpeilen **II.** *vt* ❶ (*point*) **to ~ sth at sb/sth** mit etw *dat* auf jdn/etw zielen ❷ (*direct at*) *remark* richten (**at** an) **III.** *n* ❶ *no pl* (*skill*) Zielen *nt;* **her ~ is good/bad** sie kann gut/schlecht zielen ❷ (*goal*) Ziel *nt*

air [eəʳ] **I.** *n* ❶ *no pl* Luft *f;* **by ~** mit dem Flugzeug; **to be [up] in the ~** (*fig*) in der Schwebe sein ❷ *no pl* TV, RADIO Äther *m;* **to be taken off the ~** *programme* abgesetzt werden; *station* den Sendebetrieb einstellen; **on [the] ~** auf Sendung **II.** *vt* ❶ (*ventilate*) lüften; *clothes* auslüften [lassen] ❷ (*express*) äußern ❸ AM (*broadcast*) senden **III.** *vi* ❶ AM TV, RADIO gesendet werden ❷ (*ventilate*) auslüften

air-conditioned *adj* klimatisiert **air conditioning, AC** *n no pl* ❶ (*process*) Klimatisierung *f* ❷ (*plant*) Klimaanlage *f;* **to have ~** mit einer Klimaanlage ausgestattet sein; **to turn the ~ down/up** die Klimaanlage schwächer/stärker einstellen **aircraft** <*pl* -> *n* Luftfahrzeug *nt* **airfield** *n* Flugplatz *m* **air force** *n* Luftwaffe *f,* Luftstreitkräfte *pl* **air hostess** *n* BRIT, AUS (*dated*) Stewardess *f* **airline** *n* Fluggesellschaft *f* **airmail I.** *n no pl* Luftpost *f* **II.** *vt* per Luftpost schicken **airplane** *n* AM *see* **aeroplane airport** *n* Flughafen *m* **air rage** *n* Randale *f* im Flugzeug **air terminal** *n* [Air]terminal *nt* **air ticket** *n* Flugschein *m* **airtight** *adj* luftdicht; (*fig*) hieb- und stichfest

aisle [aɪl] *n* Gang *m; of church* Seitenschiff *nt*

alarm [ə'lɑːm] **I.** *n* ❶ *no pl* (*worry*) Angst *f* ❷ (*signal*) Alarm *m* ❸ (*alarm clock*) Wecker *m* **II.** *vt* ❶ (*worry*) beunruhigen ❷ (*warn of danger*) alarmieren

album ['ælbəm] *n* Album *nt*

alcohol ['ælkəhɒl] *n no pl* Alkohol *m*

alcoholic [ˌælkə'hɒlɪk] **I.** *n* Alkoholiker(in) *m(f)* **II.** *adj person* alkoholsüchtig; *drink* alkoholisch

alert [ə'lɜːt] **I.** *adj* ❶ (*mentally*) aufgeweckt ❷ (*watchful*) wachsam; (*attentive*) aufmerksam **II.** *n* ❶ (*alarm*) Alarmsignal *nt;* **red ~** höchste Alarmstufe ❷ *no pl* (*period of watchfulness*) Alarmbereitschaft *f* **III.** *vt* **to ~ sb to sth** ❶ (*notify*) jdn auf etw *akk* aufmerksam machen ❷ (*warn*) jdn vor etw *dat* warnen

alien ['eɪliən] **I.** *adj* ❶ (*foreign*) ausländisch ❷ (*strange*) fremd **II.** *n* ❶ (*foreigner*) Ausländer(in) *m(f)* ❷ (*from space*) Außerirdische(r) *f(m)*

alike [ə'laɪk] **I.** *adj* ❶ (*identical*) gleich ❷ (*similar*) ähnlich **II.** *adv* ❶ (*similarly*) gleich; **to look ~** sich *dat* ähnlich sehen ❷ (*both*) gleichermaßen

alive [ə'laɪv] *adj* ❶ lebendig, lebend; **to be ~** leben, am Leben sein; **to keep sb ~** jdn am Leben erhalten ❷ (*aware*) **to be ~ to sth** sich *dat* einer S. *gen* bewusst sein

all [ɔːl] **I.** *adj* ❶ + *pl n* (*every one of*) alle; **~ her children** alle ihre Kinder; **of ~ the stupid things to do!** das ist ja wohl zu blöd!; **on ~ fours** auf allen Vieren; **~ the people** alle [Leute]; **why her, of ~ people?** warum ausgerechnet sie?; **~ the others** alle anderen ❷ + *sing n* (*the whole* (*amount*) *of*) der/die/das ganze; **~ her life** ihr ganzes Leben; **~ the time** die ganze Zeit; **~ week** die ganze Woche; **for ~ her money** trotz ihres ganzen Geldes ❸ + *sing n* (*every type of*) jede(r, s); **people of ~ ages** Menschen jeden Alters ❹ (*the greatest possible*) all; **in ~ honesty** ganz ehrlich; **with ~ due respect, ...** bei allem Respekt, ...; **in ~ probability** aller Wahrscheinlichkeit nach; **she denied ~ knowledge of him** sie stritt ab, irgendetwas über ihn zu wissen; **beyond ~ doubt** jenseits allen Zweifels **II.** *pron* ❶ (*every one*) alle; **we saw ~ of them** wir haben [sie] alle gesehen; **the best of ~** der Beste von allen; **~ but one of the pupils took part** bis auf einen Schüler nahmen alle teil ❷ (*everything*) alles; **tell me ~ about it** erzähl mir alles darüber; **first of ~** zuerst; **most of ~** am meisten; **most of ~, I'd like to be ...** aber am liebsten wäre ich ...; **~ in one** alles in einem; **to give one's ~** alles geben; **and ~** (*fam*) und all dem; **what with the fog and ~** bei dem Nebel und so; **~ I want is to be left alone** ich will nur in Ruhe gelassen werden; **~ it takes is a bit of luck** man braucht nur etwas Glück; **that's ~ I need right now** das hat mir jetzt gerade noch gefehlt; **for ~ I care, ...** von mir aus ...; **for ~ I know, ...** soviel ich weiß ... ❸ (*for emphasis*) **at ~** überhaupt; **nothing at ~** überhaupt nichts; **not at ~, it was a pleasure** keine Ursache, es war mir ein Vergnügen ▶ **and** ~ (*sl: as well*) auch; **get one for me and ~** bring mir auch einen; **~ in ~** alles in allem; **~ told** insgesamt; **~'s well that ends well** (*prov*) Ende gut, alles gut **III.** *adv* ❶ (*entirely*) ganz; **it's ~ about money these days** heutzutage geht es nur ums Geld; **she's been ~ over the world** sie war schon überall auf der Welt; **~ along** die ganze Zeit; **to be ~ over** aus und vorbei sein; **to be ~ for doing sth** ganz dafür sein, etw zu tun; **he's ~ talk** er ist nur ein Schwätzer; **to be ~ ears** ganz Ohr sein ❷ **~ the ...** umso ...; **~ the better!** umso besser!; **not ~ that ...: he's not ~ that important** so wichtig ist er nun auch wieder nicht; **~ but** fast ❸ (*for emphasis*) **now don't get ~ upset about it** nun reg dich doch nicht so [furchtbar] darüber auf; **that's ~ very well, but ...** das ist ja schön und gut, aber ...; **~ too ...** nur zu ... ❹ SPORTS (*to both sides*) **it's three ~** es steht drei zu drei; **15 ~** 15 beide

allegation [ælə'geɪʃᵊn] *n* Behauptung *f;* **to make an ~ against sb** jdn beschuldigen

allege [ə'ledʒ] *vt* behaupten

alleged [ə'ledʒd] *adj* angeblich

allegedly [ə'ledʒɪdli] *adv* angeblich

allergic [ə'lɜːdʒɪk] *adj* allergisch (**to** gegen)

allergy ['ælədʒi] *n* Allergie *f* (**to** gegen)

allocate ['æləkeɪt] *vt* zuteilen

allot <-tt-> [ə'lɒt] *vt* zuteilen; *time* vorsehen

allotment [ə'lɒtmənt] *n* (*assignment*) Zuteilung *f;* (*distribution*) Verteilung *f*

allow [ə'laʊ] **I.** *vt* (*permit*) erlauben; *access* gewähren; *goal* anerkennen; **~ me** erlauben Sie ▶ **to ~ sb a free hand** jdm freie Hand lassen **II.** *vi* **if time ~s** wenn die Zeit es zulässt

allowance [ə'laʊən(t)s] *n* ❶ (*permitted amount*) Zuteilung *f;* **entertainment ~** Aufwandsentschädigung *f* ❷ (*for student*) Ausbildungsbeihilfe *f* ❸ *esp* AM (*pocket money*) Taschengeld *nt*

all right I. *adj* (*OK*) in Ordnung; (*approv fam: very good*) nicht schlecht *präd* **II.** *interj* ❶ (*in agreement*) o.k., in Ordnung ❷ BRIT (*fam: greeting*) **~, John?** na wie geht's, John?

almond ['ɑːmənd] *n* Mandel *f*

almost ['ɔːlməʊst] *adv* fast

alone [ə'ləʊn] *adj, adv* allein; **to leave sb ~** jdn in Ruhe lassen

along [ə'lɒŋ] **I.** *prep* entlang; **the trees ~ the river** die Bäume entlang dem Fluss; **~ the way** unterwegs **II.** *adv*

to bring ~ mitbringen; **all ~** die ganze Zeit; **~ with** [zusammen] mit

alongside [əˌlɒŋˈsaɪd] **I.** *prep* neben *+dat* **II.** *adv* daneben

aloud [əˈlaʊd] *adv* laut

alphabet [ˈælfəbet] *n* Alphabet *nt*

alphabetical [ælfəˈbetɪkᵊl] *adj* alphabetisch

Alps [ælps] *n pl* **the ~** die Alpen

already [ɔːlˈredi] *adv* schon, bereits

also [ˈɔːlsəʊ] *adv* ❶ (*too*) auch ❷ (*furthermore*) außerdem

altar [ˈɔːltəʳ] *n* Altar *m*

alter [ˈɔːltəʳ] **I.** *vt* ändern **II.** *vi* sich ändern

alteration [ˌɔːltəˈreɪʃᵊn] *n* Änderung *f*

alternate **I.** *vi* [ˈɔːltəneɪt] abwechseln **II.** *adj* [ɔːlˈtɜːnət] ❶ (*by turns*) abwechselnd ❷ (*alternative*) alternativ

alternative [ɔːlˈtɜːnətɪv] **I.** *n* Alternative *f* (**to** zu) **II.** *adj* alternativ; **~ date** Ausweichtermin *m*

alternatively [ɔːlˈtɜːnətɪvli] *adv* stattdessen

although [ɔːlˈðəʊ] *conj* obwohl

altitude [ˈæltɪtjuːd] *n* Höhe *f*

altogether [ˌɔːltəˈgeθəʳ] *adv* ❶ (*completely*) völlig ❷ (*in total*) insgesamt

always [ˈɔːlweɪz] *adv* ❶ (*at all times*) immer ❷ (*as last resort*) immer noch

am [æm, əm] *1st pers sing of* **be**

a.m. [ˌeɪˈem] *abbrev of* **ante meridiem**: **at 6 ~** um sechs Uhr morgens

amaze [əˈmeɪz] *vt* erstaunen; **to be ~d by sth** über etw *akk* verblüfft sein

amazing [əˈmeɪzɪŋ] *adj* ❶ (*very surprising*) erstaunlich ❷ (*excellent*) toll

ambassador [æmˈbæsədəʳ] *n* Botschafter(in) *m(f)* (**to** in)

ambassadress <*pl* -es> [æmˈbæsədɹəs] *n* (*dated*) ❶ (*female ambassador*) Botschafterin *f* ❷ (*wife of ambassador*) Gattin *f* eines Botschafters

ambition [æmˈbɪʃᵊn] *n* ❶ *no pl* (*wish to succeed*) Ehrgeiz *m* ❷ (*aim*) Ambition[en] *f*[*pl*]

ambulance [ˈæmbjələn(t)s] *n* Krankenwagen *m*

ambush [ˈæmbʊʃ] **I.** *vt* **to be ~ed** aus dem Hinterhalt überfallen werden **II.** *n* (*concealment*) Hinterhalt *m*; (*attack*) Überfall *m* aus dem Hinterhalt

America [əˈmerɪkə] *n* Amerika *nt*

American [əˈmerɪkən] **I.** *adj* amerikanisch **II.** *n* Amerikaner(in) *m(f)*

ammunition [ˌæmjəˈnɪʃᵊn] *n no pl* Munition *f*; **~ depot/dump** Munitionslager *nt*

amnesia [æmˈniːzɪə] *n* Amnesie *f*

among [əˈmʌŋ], **amongst** [əˈmʌŋst] *prep* BRIT ❶ (*between*) unter *+dat*; **~ friends** unter Freunden; **talk about it ~ yourselves** besprecht es mal unter euch; **they discussed it ~ themselves** sie besprachen es untereinander; **to divide up/distribute sth ~ sb/sth** etw unter jdm/etw aufteilen/verteilen ❷ (*as part of*) **~ her talents are singing and dancing** zu ihren Talenten zählen Singen und Tanzen; **[just] one ~ many** [nur] eine(r, s) von vielen ❸ (*in midst of*) zwischen *+akk o dat*, inmitten *gen*; **he fled/stood ~ the trees** er flüchtete zwischen die Bäume/stand zwischen den Bäumen; **a house ~ the hills** ein Haus in den Bergen; **to hide ~ sth** sich *akk* in etw *dat* verstecken ❹ (*in addition to*) zusätzlich zu *+dat*; **~ other things** unter anderem; **~ others** unter anderen ❺ (*according to*) **~ sb** unter jdm

amount [əˈmaʊnt] **I.** *n* Menge *f* **II.** *vi* ❶ (*add up to*) **to ~ to sth** sich auf etw *akk* belaufen ❷ (*be successful*) **he'll never ~ to much** er wird es nie zu etwas bringen

ample <-r, -st> [ˈæmpl] *adj* ❶ (*plentiful*) reichlich ❷ (*large*) groß

amuse [əˈmjuːz] **I.** *vt* amüsieren **II.** *vi* unterhalten

amusing [əˈmjuːzɪŋ] *adj* amüsant; **that's**

[**not**] **very** ~ das ist [nicht] sehr witzig

an [æn, ᵊn] *art indef* ein(e) (*unbestimmter Artikel vor Vokalen oder stimmlosem h*); *see also* **a**

analyse ['ænᵊlaɪz] *vt* analysieren

analysis <*pl* -ses> [ə'næləsɪs, *pl* -si:z] *n* ❶ Analyse *f* ❷ PSYCH [Psycho]analyse *f*; ▶ **in the final** ~ letzten Endes

analyze *vt* AM *see* **analyse**

ancestor ['ænsestəʳ] *n* Vorfahr[e] *m*/Vorfahrin *f*

anchor ['æŋkəʳ] **I.** *n* Anker *m* **II.** *vt* verankern **III.** *vi* ankern

ancient ['eɪn(t)ʃᵊnt] *adj* alt; (*fam: very old*) uralt; ~ **Rome** das antike Rom

and [ænd, ənd] *conj* und; **four hundred** ~ **twelve** vierhundert[und]zwölf; **more** ~ **more** immer mehr; ~ **so on** und so weiter

angel ['eɪndʒᵊl] *n* Engel *m*

anger ['æŋgəʳ] **I.** *n no pl* Ärger *m* (**at** über); (*fury*) Wut *f* (**at** auf) **II.** *vt* ärgern; (*more violently*) wütend machen

angle ['æŋgl̩] *n* ❶ Winkel *m*; **at an** ~ **of 20°** in einem Winkel von 20° ❷ (*perspective*) Blickwinkel *m*

Anglican ['æŋglɪkən] **I.** *adj* anglikanisch **II.** *n* Anglikaner(in) *m(f)*

Anglo-A'merican I. *n* Angloamerikaner(in) *m(f)* **II.** *adj* angloamerikanisch

angry ['æŋgri] *adj* (*annoyed*) verärgert; (*stronger*) zornig

animal ['ænɪmᵊl] *n* Tier *nt*

ankle ['æŋkl̩] *n* [Fuß]knöchel *m*

anniversary [ænɪ'vɜ:sᵊri] *n* Jahrestag *m*; ~ **party** Jubiläumsparty *f*

announce [ə'naʊn(t)s] *vt* bekannt geben; *result* verkünden

announcement [ə'naʊn(t)smənt] *n* Bekanntmachung *f*; (*on train, at airport*) Durchsage *f*; (*on radio*) Ansage *f*; **to make an** ~ **about sth** etw mitteilen

announcer [ə'naʊn(t)səʳ] *n* [Radio-/Fernseh]sprecher(in) *m(f)*

annoy [ə'nɔɪ] *vt* ärgern

annoying [ə'nɔɪɪŋ] *adj* ärgerlich

annual ['ænjuəl] *adj* jährlich; ~ **income** Jahreseinkommen *nt*

anonymous [ə'nɒnɪməs] *adj* anonym

another [ə'nʌðəʳ] **I.** *adj* ❶ (*one more*) noch eine(r, s) ❷ (*similar to*) ein zweiter/ein zweites/eine zweite; **the Gulf War could have been** ~ **Vietnam** der Golfkrieg hätte ein zweites Vietnam sein können ❸ (*not the same*) ein anderer/ein anderes/eine andere; **that's** ~ **story** das ist eine andere Geschichte **II.** *pron no pl* ❶ (*different one*) ein anderer/eine andere/ein anderes; **one way or** ~ irgendwie ❷ (*additional one*) noch eine(r, s); **one piece after** ~ ein Stück nach dem anderen ❸ (*each other*) **one** ~ einander

ansafone®, **ansaphone®** ['ɑ:n(t)səfəʊn] *n* BRIT Anrufbeantworter *m*

answer ['ɑ:n(t)səʳ] **I.** *n* ❶ Antwort *f* (**to** auf); **there was no** ~ (*telephone*) es ist keiner rangegangen ❷ MATH Ergebnis *nt*; ~ **to a problem** Lösung *f* eines Problems **II.** *vt* beantworten; *door* öffnen; **to** ~ **the telephone** ans Telefon gehen; **to** ~ **sb** jdm antworten **III.** *vi* antworten; **nobody** ~**ed** (*telephone*) es ist keiner rangegangen

answerphone ['ɑ:n(t)səfəʊn] *n* BRIT Anrufbeantworter *m*

ant [ænt] *n* Ameise *f*

Antarctic [æn'tɑ:ktɪk] **I.** *n* **the** ~ die Antarktis **II.** *adj* antarktisch; ~ **expedition** Antarktisexpedition *f*; ~ **Ocean** südliches Eismeer

antenna [æn'tenə] *n* ❶ <*pl* -nae> *of an insect* Fühler *m* ❷ <*pl* -s> (*aerial*) Antenne *f*

antibiotic [-baɪ'ɔtɪk] **I.** *n* Antibiotikum *nt* **II.** *adj* antibiotisch **anti-carcinogenic** [ˌæntɪˌkɑ:sɪnə(ʊ)'dʒenɪk] *adj* krebshemmend

anticipation [ænˌtɪsɪ'peɪʃᵊn] *n* Erwartung *f*

anticlockwise *adv* BRIT, AUS gegen den Uhrzeigersinn

A

antidote ['æntɪdəʊt] *n* Gegenmittel *nt*
antique [æn'tiːk] **I.** *n* Antiquität *f;* ~ **dealer** Antiquitätenhändler(in) *m(f)* **II.** *adj* antik
antiquity [æn'tɪkwəti] *n* ❶ *no pl* (*ancient times*) Altertum *nt* ❷ **antiquities** *pl* Altertümer
antisocial *adj* unsozial
antisocial behaviour *n* Erregung *f* öffentlichen Ärgernisses; ~ **order** gerichtliche Verfügung wegen Erregung öffentlichen Ärgernisses
anti-spam *adj* COMPUT Anti-Spam-
anxiety [æŋ'zaɪəti] *n no pl* Sorge *f*, Angst *f*
anxious ['æŋ(k)ʃəs] *adj* ❶ (*concerned*) besorgt ❷ (*eager*) bestrebt; **to be ~ for sth** ungeduldig auf etw *akk* warten
any [eni, əni] **I.** *adj* ❶ (*in questions, conditional*) [irgend]ein(e); **do you have ~ brothers and sisters?** haben Sie Geschwister?; **if it's of ~ help [at all]** wenn das irgendwie hilft ❷ (*with negative*) **I haven't [got] ~ money** ich habe kein Geld ❸ (*every*) jede(r, s); ~ **time** jederzeit ❹ (*with pl n*) irgendwelche; ~ **number** beliebig viele; ~ **old** jede(r, s) x-beliebige **II.** *pron* ❶ (*one of many*) eine(r, s); **do you have ~ [at all]?** haben Sie [überhaupt] welche? ❷ (*some of a quantity*) welche(r, s); **hardly ~** kaum etwas ❸ (*with negative*) **I haven't seen ~ of his films** ich habe keinen seiner Filme gesehen; **don't you have ~ at all?** haben Sie denn überhaupt keine? ❹ (*each*) jede (r, s); ~ **of the cars** jedes der Autos ❺ (*replacing pl n*) irgendwelche; ~ **will do** egal welche **III.** *adv* ❶ (*at all*) überhaupt; **if I have to stay here ~ longer, ...** wenn ich noch länger hierbleiben muss, ...; **are you feeling ~ better?** fühlst du dich [denn] etwas besser? ❷ (*expressing termination*) **not ~ longer/more** nicht mehr
anybody ['eni,bɒdi] *pron* ❶ (*each person*) jede(r, s) ❷ (*someone*) jemand; ~ **else for coffee?** möchte noch jemand Kaffee? ❸ (*no one*) **not ~** niemand ❹ (*unimportant person*) **he's not just ~** er ist nicht irgendwer **anyhow** ['enihaʊ] *adv* ❶ (*in any case*) sowieso ❷ (*in a disorderly way*) irgendwie **anyone** ['eniwʌn] *pron see* **anybody** **anything** ['eniθɪŋ] *pron* ❶ (*each thing*) alles ❷ (*something*) **is there ~ I can do to help?** kann ich irgendwie helfen?; (*in shop*) ~ **else?** darf es noch was sein?; **does it look ~ like an eagle?** sieht das einem Adler irgendwie ähnlich? ❸ (*nothing*) **not ~** nichts ► **not for ~ [in the world]** um nichts in der Welt **anyway** ['eniweɪ], AM *a.* **anyways** ['eniweɪz] *adv* (*fam*) ❶ (*in any case*) sowieso; **what's he doing there ~?** was macht er dort überhaupt? ❷ (*well*) jedenfalls; **~!** na ja!
anywhere ['eni(h)weə^r] *adv* ❶ (*in any place*) überall; ~ **else** irgendwo anders ❷ (*some place*) irgendwo; **I'm not getting ~** ich komme einfach nicht weiter
apart [ə'pɑːt] *adv* ❶ (*not together*) auseinander; **to live ~** getrennt leben ❷ *after n* (*to one side*) **joking ~** Spaß beiseite ❸ (*except for*) ~ **from** abgesehen von
apartment [ə'pɑːtmənt] *n* Wohnung *f*
ape [eɪp] **I.** *n* [Menschen]affe *m;* ► **to go ~** (*sl*) ausflippen **II.** *vt* nachahmen
apologize [ə'pɒlədʒaɪz] *vi* sich entschuldigen (**to** bei)
apology [ə'pɒlədʒi] *n* Entschuldigung *f;* **to make an ~** um Entschuldigung bitten; **you owe him an ~** du musst dich bei ihm entschuldigen; **please accept our apologies** wir bitten vielmals um Entschuldigung
app [æp] *n abbrev of* **application** TELEC, INET App *f*
appal <-ll->, AM *usu* **appall** [ə'pɔːl] *vt*

entsetzen; **to be ~led by sth** über etw *akk* entsetzt sein

appalling [əˈpɔːlɪŋ] *adj* entsetzlich

apparatus [ˌæpərˈeɪtəs] *n* ❶ *no pl* (*equipment*) [**piece of**] ~ Gerät *nt* ❷ (*system*) Apparat *m*

apparent [əˈpærənt] *adj* offensichtlich; **for no ~ reason** aus keinem ersichtlichen Grund

apparently [əˈpærəntli] *adv* (*evidently*) offensichtlich; (*it seems*) anscheinend

appeal [əˈpiːl] **I.** *vi* ❶ (*attract*) **to ~ to sb/sth** jdn/etw reizen; (*aim to please*) jdn/etw ansprechen ❷ (*protest formally*) Einspruch einlegen (**against** gegen) **II.** *n* ❶ (*attraction*) Reiz *m* ❷ (*formal protest*) Einspruch *m;* **court of ~** Berufungsgericht *nt* ❸ (*request*) Appell *m;* **~ for donations** Spendenaufruf *m*

appealing [əˈpiːlɪŋ] *adj* attraktiv

appear [əˈpɪəʳ] *vi* ❶ (*become visible*) erscheinen ❷ (*seem*) scheinen; **to ~** [**to be**] **calm** ruhig erscheinen; **so it ~s** sieht ganz so aus

appearance [əˈpɪərən(t)s] *n* ❶ (*instance of appearing*) Erscheinen *nt;* (*on TV, theatre*) Auftritt *m;* **to make an ~** auftreten ❷ *no pl* (*looks*) Aussehen *nt* ❸ (*outward aspect*) **~s** *pl* äußerer [An]-
schein ▸ **to all ~s** AM allem Anschein nach

appendicitis [əˌpendɪˈsaɪtɪs] *n* Blinddarmentzündung *f*

appendix [əˈpendɪks, *pl* -dɪsiːz] *n* ❶ <*pl* -es> (*body part*) Blinddarm *m* ❷ <*pl* -dices *or* -es> (*in book*) Anhang *m*

appetite [ˈæpɪtaɪt] *n* Appetit *m*

applaud [əˈplɔːd] **I.** *vi* Beifall klatschen **II.** *vt* **to ~ sb** jdm applaudieren

applause [əˈplɔːz] *n no pl* [**a round of**] ~ Applaus *m;* **loud ~** tosender Beifall

apple [ˈæpl̩] *n* Apfel *m*

apple juice *n* Apfelsaft *m* **apple sauce** *n no pl* Apfelmus *nt*

appliance [əˈplaɪən(t)s] *n* Gerät *nt*

applicant [ˈæplɪkənt] *n* Bewerber(in) *m(f)* (**for** für)

application [ˌæplɪˈkeɪʃən] *n* ❶ *for a job* Bewerbung *f* (**for** um); *for a permit* Antrag *m* (**for** auf) ❷ *no pl* (*process of requesting*) Anfordern *nt;* **on ~** auf Anfrage

apply <-ie-> [əˈplaɪ] **I.** *vi* ❶ (*formally request*) **to ~** [**to sb**] [**for sth**] (*for a job*) sich [bei jdm] [um etw *akk*] bewerben ❷ (*pertain*) gelten; **to ~ to** betreffen **II.** *vt* ❶ (*put on*) anwenden (**to** auf) ❷ (*use*) **to ~ the brakes** bremsen; **to ~ common sense** sich des gesunden Menschenverstands bedienen

appointment [əˈpɔɪntmənt] *n* ❶ *no pl* (*being selected*) Ernennung *f* (**as** zu) ❷ (*official meeting*) Verabredung *f;* **dental ~** Zahnarzttermin *m;* **by ~ only** nur nach Absprache

appointment book *n* Terminbuch *nt*

appreciate [əˈpriːʃieɪt] **I.** *vt* ❶ (*value*) schätzen; **I'd ~ it if ...** könnten Sie ... ❷ (*understand*) Verständnis haben für; **to ~ that ...** verstehen, dass ... **II.** *vi* **to ~ in value** im Wert steigen

appreciative [əˈpriːʃiətɪv] *adj* ❶ (*grateful*) dankbar (**of** für) ❷ (*showing appreciation*) anerkennend

apprehensive [ˌæprɪˈhen(t)sɪv] *adj* besorgt

apprentice [əˈprentɪs] **I.** *n* Auszubildende(r) *f(m);* **~ carpenter** Tischlerlehrling *m* **II.** *vt* **to be ~d to sb** bei jdm in die Lehre gehen

approach [əˈprəʊtʃ] **I.** *vt* ❶ (*come closer*) **to ~ sb/sth** sich jdm/etw nähern; **it's ~ing lunchtime** es geht auf Mittag zu ❷ (*ask*) **to ~ sb** jdn ansprechen (**about** auf) **II.** *vi* sich nähern **III.** *n* ❶ (*coming*) Nähern *nt;* **at the ~ of winter ...** wenn der Winter naht, ... ❷ (*preparation to land*) [Lande]anflug *m* ❸ (*appeal*) Herantreten *nt;* **to make an ~ to sb** an jdn herantreten ❹ (*proposal*) Vorstoß *m;* **to make an**

~ **to sb** sich an jdn wenden

appropriate [ə'prəʊpriət] *adj* ❶ (*suitable*) angemessen, passend ❷ (*relevant*) entsprechend

approval [ə'pruːvəl] *n* ❶ (*praise*) Anerkennung *f* ❷ (*consent*) Zustimmung *f*

approve [ə'pruːv] **I.** *vi* ❶ (*agree with*) **to ~ of sth** etw *dat* zustimmen ❷ (*like*) **to ~/not ~ of sb** etwas/nichts von jdm halten **II.** *vt* (*permit*) genehmigen; (*consent*) billigen

approximate *adj* [ə'prɒksɪmət] ungefähr; **the ~ cost will be about $600** die Kosten belaufen sich auf ca. 600 Dollar; **~ number** [An]näherungswert *m*

approximately [ə'prɒksɪmətli] *adv* ungefähr

apricot ['eɪprɪkɒt] *n* Aprikose *f*, Marille *f* ÖSTERR

April ['eɪprəl] *n* April *m*; *see also* **February**

apron ['eɪprən] *n* Schürze *f*

apt [æpt] *adj* ❶ (*appropriate*) passend; *remark* treffend ❷ (*likely*) **to be ~ to do sth** dazu neigen, etw zu tun

aquarium <*pl* -s *or* -ria> [ə'kweəriəm, *pl* -riə] *n* Aquarium *nt*

Aquarius [ə'kweəriəs] *n* Wassermann *m*

aquatic [ə'kwætɪk] *adj* aquatisch; **~ plant** Wasserpflanze *f*

Arab ['ærəb] *n* Araber(in) *m(f)*

Arabian [ə'reibiən] *adj* arabisch

Arabic ['ærəbɪk] **I.** *n* Arabisch *nt* **II.** *adj* arabisch

arcade [ɑː'keɪd] *n* Arkade *f*; [**shopping**] **~** [Einkaufs]Passage *f*

arch[1] [ɑːtʃ] **I.** *n* Bogen *m*; **~ of the foot** Fußgewölbe *nt* **II.** *vi* sich wölben

arch[2] [ɑːtʃ] *adj* verschmitzt

archaeologist [ˌɑːki'ɒlədʒɪst] *n* Archäologe, Archäologin *m, f*

archaeology [ˌɑːki'ɒlədʒi] *n* Archäologie *f*

architect ['ɑːkɪtekt] *n* Architekt(in) *m(f)*

architecture ['ɑːkɪtektʃər] *n* Architektur *f*

Arctic ['ɑːktɪk] *n* **the ~** die Arktis

Arctic Circle *n* nördlicher Polarkreis

are [ɑːr] *see* **be**

area ['eəriə] *n* ❶ (*region*) Gebiet *nt*; **~ of the brain** Hirnregion *f* ❷ (*surface measure*) Fläche *f*; **~ of a circle** Kreisfläche *f* ❸ (*approximately*) **in the ~ of ...** ungefähr ...

area code *n* AM, AUS (*dialling code*) Vorwahl *f*

arena [ə'riːnə] *n* Arena *f*

argue ['ɑːgjuː] *vi* ❶ (*disagree*) [sich] streiten ❷ (*reason*) argumentieren; **to ~ against/for sth** sich gegen/für etw *akk* aussprechen

argument ['ɑːgjəmənt] *n* ❶ Auseinandersetzung *f* ❷ (*case*) Argument *nt*

arid ['ærɪd] *adj* dürr; **~ climate** Trockenklima *nt*

Aries ['eəriːz] *n* ASTROL Widder *m*

arise <arose, arisen> [ə'raɪz] *vi* sich ergeben; **should the need ~, ...** sollte es notwendig werden, ...

arisen [ə'rɪzən] *pp of* **arise**

aristocracy [ˌærɪ'stɒkrəsi] *n + sing/pl vb* Aristokratie *f*

aristocrat ['ærɪstəkræt] *n* Aristokrat(in) *m(f)*

arithmetic **I.** *n* [ə'rɪθmətɪk] Arithmetik *f* **II.** *adj* [ˌærɪθ'metɪk] arithmetisch

ark [ɑːk] *n* (*boat*) Arche *f*; **Noah's ~** die Arche Noah

arm[1] [ɑːm] *n* ANAT, GEOG Arm *m*; **on one's ~** am Arm ▶ **to cost an ~ and a leg** Unsummen kosten

arm[2] [ɑːm] **I.** *vt* ❶ (*supply with weapons*) bewaffnen; **to ~ oneself** (*fig*) sich wappnen ❷ (*prime*) *bomb* scharfmachen **II.** *n* **~s** *pl* Waffen *pl*; **under ~s** kampfbereit

armchair *n* Sessel *m*

armed [ɑːmd] *adj* bewaffnet

armour, AM **armor** ['ɑːmər] *n no pl* ❶ HIST Rüstung *f*; **suit of ~** Panzerkleid *nt* ❷ (*tanks*) Panzerfahrzeuge *pl*; **~ plate** Panzerplatte *f*

armoured ['ɑːməd] *adj* gepanzert; **~ car**

Panzer[späh]wagen *m*
armpit *n* Achselhöhle *f*
army ['ɑːmi] *n* Armee *f;* **the ~** das Heer; **in the ~** beim Militär
aroma [ə'rəʊmə] *n* Duft *m*
aromatherapy [ərəʊmə'θerəpi] *n* Aromatherapie *f*
aromatic [ˌarə(ʊ)'mætɪk] *adj* aromatisch
arose [ə'rəʊz] *pt of* **arise**
around [ə'raʊnd] **I.** *adv* ❶ (*round*) herum; **to get ~ to doing sth** endlich dazu kommen, etw zu tun; **to show sb ~** jdn herumführen ❷ (*round about*) rundum; **to [have a] look ~** sich umsehen ❸ (*in different directions*) umher; **to wave one's arms ~** mit den Armen [herum]fuchteln; **to get ~** herumkommen ❹ (*nearby*) in der Nähe; **will you be ~ next week?** bist du nächste Woche da? ▶ **see you ~** bis demnächst mal **II.** *prep* ❶ um *+akk;* **all ~ the house** um das ganze Haus herum; **from all ~ the world** aus aller Welt; **to stand ~** herumstehen ❷ (*approximately*) ungefähr; **~ 12:15** um ungefähr 12.15 Uhr
arouse [ə'raʊz] *vt* ❶ (*stir*) erwecken ❷ (*sexually excite*) erregen
arrange [ə'reɪndʒ] **I.** *vt* ❶ (*organize*) arrangieren; *date* vereinbaren ❷ (*put in order*) ordnen **II.** *vi* festlegen; **to ~ to do sth** etw vereinbaren; **to ~ for sb to do/have sth** etw für jdn organisieren
arrangement [ə'reɪndʒmənt] *n* ❶ (*preparations*) **~s** *pl* Vorbereitungen *pl* ❷ (*agreement*) Abmachung *f;* **to come to an ~** zu einer Übereinkunft kommen ❸ (*ordering, a. music*) Arrangement *nt;* **an ~ of dried flowers** ein Gesteck *nt* von Trockenblumen
arrest [ə'rest] **I.** *vt* verhaften **II.** *n* Verhaftung *f*
arrival [ə'raɪvᵊl] *n* ❶ (*at a destination*) Ankunft *f* ❷ (*person*) Ankommende(r) *f(m);* **new ~** Baby *nt*
arrive [ə'raɪv] *vi bus etc.* ankommen; *baby, mail, season* kommen; **to ~ at a town** in einer Stadt eintreffen
arrogance ['ærəgən(t)s] *n* Arroganz *f*
arrogant ['ærəgənt] *adj* arrogant
arrow ['ærəʊ] *n* Pfeil *m*
arse [ɑːs] BRIT, AUS **I.** *n* (*vulg*) Arsch *m;* ▶ **move your ~!** beweg dich! **II.** *vi* (*vulg*) **to ~ about** herumblödeln
arson ['ɑːsᵊn] *n* Brandstiftung *f*
art [ɑːt] *n* Kunst *f;* **~s and crafts** Kunsthandwerk *nt;* **the ~s** *pl* die Kunst
artery ['ɑːtᵊri] *n* ❶ ANAT Arterie *f* ❷ TRANSP Hauptverkehrsader *f*
arthritis [ɑː'θraɪtɪs] *n* Gelenkentzündung *f*
artichoke ['ɑːtɪtʃəʊk] *n* Artischocke *f*
article ['ɑːtɪkl] *n* ❶ Artikel *m;* **~ of value** Wertgegenstand *m* ❷ LAW Paragraph *m*
articulate **I.** *adj* [ɑː'tɪkjələt] ❶ *person* redegewandt ❷ *speech* verständlich **II.** *vt* [ɑː'tɪkjʊleɪt] ❶ (*express*) aussprechen ❷ (*pronounce*) artikulieren
artificial [ˌɑːtɪ'fɪʃᵊl] *adj* künstlich; **~ colour[ing]** Farbstoff *m;* **~ flavouring** Geschmacksverstärker *m*
artist ['ɑːtɪst] *n* Künstler(in) *m(f)*
artistic [ɑː'tɪstɪk] *adj* künstlerisch
artwork *n no pl* Illustrationen *pl*
as [æz, əz] **I.** *conj* ❶ (*while*) während ❷ (*in the way that, like*) wie; **do ~ I say!** mach, was ich sage!; **~ it happens** rein zufällig; **~ if** als ob; **~ if!** wohl kaum! ❸ (*because*) weil ▶ **~ for ...** was ... betrifft; **~ to ...** was ... angeht **II.** *prep* als; **~ a child** als Kind; **speaking ~ a mother, ...** als Mutter ...; **the news came ~ no surprise** die Nachricht war keine Überraschung; **dressed ~ a banana** als Banane verkleidet **III.** *adv* ❶ (*in comparisons*) wie; **[just] ~ ... ~ ...** [genau]so ... wie ...; **if you play ~ well ~ that, ...** wenn du so gut spielst, ... ❷ (*indicating an extreme*) **~ tall ~ 8 ft** bis zu 8 Fuß hoch; **~ little ~** nur
asbestos [æs'bestɒs] *n* Asbest *m*

A

ASBO, asbo ['æzbəʊ] *n acr for* **antisocial behaviour order** gerichtliche Verfügung wegen Erregung öffentlichen Ärgernisses
ascend [ə'send] **I.** *vt* hinaufsteigen **II.** *vi* aufsteigen; **Christ ~ed into heaven** Christus ist in den Himmel aufgefahren
ascent [ə'sent] *n* ❶ (*upward movement*) Aufstieg *m* ❷ (*slope*) Anstieg *m*
ash[1] [æʃ] *n* Asche *f;* **~es** *pl* Asche *f kein pl;* **to reduce to ~es** völlig niederbrennen
ash[2] [æʃ] *n* (*tree*) Esche *f*
ashamed [ə'ʃeɪmd] *adj* **to be ~ [of sb/sth]** sich [für jdn/etw] schämen; **to be ~ of oneself** sich schämen
ashore [ə'ʃɔːr] *adv* an Land
ashtray *n* Aschenbecher *m*
Asia ['eɪʃə] *n* Asien *nt*
Asian ['eɪʃən] **I.** *n* Asiate, Asiatin *m, f* **II.** *adj* asiatisch
aside [ə'saɪd] **I.** *adv* zur Seite; **to take sb ~** jdn beiseitenehmen; **to leave sth ~** etw [weg]lassen; **to put ~ some money** etwas Geld beiseitelegen **II.** *n* Nebenbemerkung *f*
ask [ɑːsk] **I.** *vt* ❶ fragen; **to ~ a question** eine Frage stellen ❷ (*request*) *favour* bitten [um]; **she ~ed me for help** sie bat mich, ihr zu helfen ❸ (*demand a price*) verlangen; **how much are they ~ing for the car?** was wollen sie für das Auto haben? ❹ (*expect*) **that's ~ing a lot!** Sie verlangen eine ganze Menge! **II.** *vi* ❶ (*request information*) fragen; **you may well ~** gute Frage; **to ~ about sb** nach jdm fragen ❷ (*request*) bitten ❸ (*wish*) **to ~ for sth** sich *dat* etw wünschen ❹ (*fig: take a risk*) **to be ~ing for sth** etw geradezu herausfordern
asking ['ɑːskɪŋ] *n* **it's yours for the ~** du kannst es gerne haben
asleep [e'sliːp] *adj* **to be ~** schlafen; **to fall ~** einschlafen
asparagus [ə'spærəgəs] *n* Spargel *m*
aspirin ['æspərɪn] *n* Aspirin *nt*
ass <*pl* -es> [æs] *n* Esel *m*
assault [ə'sɔːlt] **I.** *n* Angriff *m* (**on** auf) **II.** *vt* angreifen
assemble [ə'sembl] **I.** *vi* sich versammeln **II.** *vt* zusammenbauen
assembly [ə'sembli] *n* ❶ (*gathering*) Versammlung *f* ❷ TECH Montage *f;* **~ line** Fließband *nt*
assent [ə'sent] *n* Zustimmung *f*
assertive [ə'sɜːtɪv] *adj* **to be ~** Durchsetzungsvermögen zeigen
assess [ə'ses] *vt* ❶ (*evaluate*) einschätzen ❷ (*tax*) **to be ~ed** *person* steuerlich geschätzt werden
assessment [ə'sesmənt] *n* ❶ *of damage* Schätzung *f* ❷ *of tax* Veranlagung *f* ❸ SCH, UNIV Einstufung *f*
asset ['æset] *n* ❶ (*good quality*) Pluspunkt *m* ❷ (*valuable person*) Bereicherung *f;* (*useful thing*) Vorteil *m* ❸ COMM **~s** *pl* Vermögenswerte *pl*
assignment [ə'saɪnmənt] *n* Aufgabe *f*
assist [ə'sɪst] *vt, vi* helfen (**with** bei)
assistance [ə'sɪstən(t)s] *n* Hilfe *f*
assistant [ə'sɪstənt] **I.** *n* Assistent(in) *m(f);* (*in shop*) Verkäufer(in) *m(f)* **II.** *adj manager* stellvertretend
association [əˌsəʊʃi'eɪʃən] *n* ❶ (*organization*) Vereinigung *f* ❷ *no pl* (*involvement*) Verbundenheit *f;* **in ~ with** in Verbindung mit ❸ (*mental connection*) Assoziation *f*
assorted [ə'sɔːtɪd] *adj* gemischt
assortment [ə'sɔːtmənt] *n* Sortiment *nt*
assume [ə'sjuːm] *vt* ❶ (*regard as true*) annehmen ❷ (*adopt*) annehmen ❸ (*take on*) **to ~ office** sein Amt antreten
assumption [ə'sʌm(p)ʃən] *n* Annahme *f;* **on the ~ that ...** wenn man davon ausgeht, dass ...
assurance [ə'ʃʊərən(t)s] *n* ❶ (*self-confidence*) Selbstsicherheit *f* ❷ (*promise*) Zusicherung *f*
assure [ə'ʃʊər] *vt* ❶ (*confirm certainty*) zusichern; **to ~ oneself of sth** sich *dat*

etw sichern ❷ (*promise*) **to ~ sb of sth** jdm etw zusichern
asthma ['æsθmə] *n* Asthma *nt*
asthmatic [æsθ'mætɪk] **I.** *n* Asthmatiker(in) *m(f)* **II.** *adj* asthmatisch
astonish [ə'stɒnɪʃ] *vt* erstaunen
astonishing [ə'stɒnɪʃɪŋ] *adj* erstaunlich
astonishment [ə'stɒnɪʃmənt] *n* Erstaunen *nt;* **to stare in ~** verblüfft starren
astrology [ə'strɒlədʒi] *n* Astrologie *f*
astronaut ['æstrənɔːt] *n* Astronaut(in) *m(f)*
astronomer [ə'strɒnəmə^r] *n* Astronom(in) *m(f)*
astronomy [ə'strɒnəmi] *n* Astronomie *f*
asylum [ə'saɪləm] *n* Asyl *nt;* **~ seeker** Asylbewerber(in) *m(f)*
at [æt, ət] *prep* ❶ (*in location of*) an *+dat;* **~ the baker's** beim Bäcker; **~ home** zu Hause; **~ the museum** im Museum; **the man ~ number twelve** der Mann in Nummer zwölf; **~ work** bei der Arbeit ❷ (*during time of*) **~ the election** bei der Wahl; **~ Christmas** an Weihnachten; **~ the weekend** am Wochenende; **~ 10:00** um 10:00 Uhr; **~ the moment** im Moment; **~ this stage** bei diesem Stand; **~ a/the time** zu diesem Zeitpunkt; **~ the same time** (*simultaneously*) zur gleichen Zeit ❸ (*to amount of*) **~ a distance of 50 metres** auf eine Entfernung von 50 Metern; **~ 50 kilometres per hour** mit 50 km/h; **~ a rough guess** grob geschätzt ❹ (*in state of*) **~ play** beim Spielen; **~ war** im Krieg; **~ his happiest** am glücklichsten ❺ *after adj* (*in reaction to*) über *+akk;* **~ the thought of** bei dem Gedanken an *+akk* ❻ (*in response to*) **~ that** daraufhin ❼ (*in ability to*) bei *+dat;* **good ~ maths** gut in Mathematik ❽ *after vb* (*repeatedly do*) an *+dat;* **to be ~ sth** mit etw *dat* beschäftigt sein ▶ **~ all** überhaupt; **not ~ all** (*polite response*) gern geschehen; (*definitely not*) keineswegs; **~ that** noch dazu
ate [et, eɪt] *pt of* **eat**
atheist ['eɪθiɪst] **I.** *n* Atheist(in) *m(f)* **II.** *adj* atheistisch
athlete ['æθliːt] *n* Athlet(in) *m(f)*
athletic [æθ'letɪk] *adj* athletisch, sportlich; **~ club** Sportclub *m;* **~ shorts** kurze Sporthose
Atlantic [ət'læntɪk] *n* **the ~ [Ocean]** der Atlantik
atlas <*pl* -es> ['ætləs] *n* Atlas *m*
atmosphere ['ætməsfɪə^r] *n* Atmosphäre *f a. fig*
atrocious [ə'trəʊʃəs] *adj* grässlich; *weather, food* scheußlich
attach [ə'tætʃ] **I.** *vt* ❶ (*fix*) befestigen (**to** an) ❷ (*connect*) verbinden (**to** mit) ❸ (*send as enclosure*) **to ~ sth [to sth]** etw [etw *dat*] beilegen ❹ (*assign*) **to be ~ed to sth** etw *dat* zugeteilt sein ❺ (*associate*) *conditions* knüpfen (**to** an) **II.** *vi* **no blame ~es to you** dich trifft keine Schuld
attachment [ə'tætʃmənt] *n* ❶ (*fondness*) Sympathie *f* ❷ *no pl* (*assignment*) **he is on ~ to the War Office** er ist dem Kriegsministerium unterstellt ❸ COMPUT Anhang *m*
attack [ə'tæk] **I.** *n* ❶ (*assault*) Angriff *m* (**on** auf) ❷ (*bout*) Anfall *m* **II.** *vt* angreifen; *criminal* überfallen **III.** *vi* angreifen
attempt [ə'tem(p)t] **I.** *n* Versuch *m;* **make an ~** versuchen **II.** *vt* versuchen
attend [ə'tend] **I.** *vt* ❶ (*be present at*) besuchen; **to ~ a funeral/wedding** zu einer Beerdigung/Hochzeit gehen ❷ (*care for*) [ärztlich] behandeln **II.** *vi* (*be present*) teilnehmen
attendance [ə'tendən(t)s] *n* ❶ (*being present*) Anwesenheit *f* ❷ (*number of people present*) Besucherzahl *f*
attendant [ə'tendənt] *n* Aufseher(in) *m(f);* (*in swimming pool*) Bademeister(in) *m(f);* **flight ~** Flugbegleiter(in) *m(f);* **museum ~** Museumswärter(in) *m(f)*
attention [ə'ten(t)ʃən] *n* ❶ (*notice*) Auf-

A

merksamkeit *m;* ~! Achtung!; **may I have your ~, please?** dürfte ich um Ihre Aufmerksamkeit bitten?; **to pay ~ to sb** jdm Aufmerksamkeit schenken ❷ (*care*) Pflege *f* ❸ (*in letters*) **for the ~ of** zu Händen von

attic ['ætɪk] *n* Dachboden *m;* **in the ~** auf dem Dachboden

attitude ['ætɪtju:d] *n* Haltung *f;* **to take the ~ that ...** die Meinung vertreten, dass ...

attorney [ə'tɜ:rni] *n* AM Anwalt, Anwältin *m, f*

attract [ə'trækt] *vt* anziehen

attraction [ə'trækʃᵊn] *n* ❶ *no pl* PHYS Anziehungskraft *f* ❷ *no pl* (*between people*) Anziehung *f;* **she felt an ~ to him** sie fühlte sich zu ihm hingezogen ❸ (*entertainment*) Attraktion *f*

attractive [ə'træktɪv] *adj* attraktiv

auction ['ɔ:kʃᵊn] **I.** *n* Auktion *f,* Versteigerung *f;* **to put sth up for ~** etw zur Versteigerung anbieten; **to be sold at ~** versteigert werden **II.** *vt* **to ~ [off]** versteigern

audible ['ɔ:dəbl̩] *adj* hörbar

audience ['ɔ:diən(t)s] *n + sing/pl vb* Publikum *nt;* THEAT *a.* Besucher *pl;* TV Zuschauer *pl*

auditorium <*pl* -s *or* -ria> [ˌɔ:dɪ'tɔ:riəm, *pl* -riə] *n* THEAT Zuschauerraum *m*

August ['ɔ:gəst] *n* August *m; see also* **February**

aunt [ɑ:nt] *n* Tante *f*

Australia [ɒs'treɪliə] *n* Australien *nt*

Australian [ɒs'treɪliən] **I.** *n* Australier(in) *m(f)* **II.** *adj* australisch

Austria ['ɒstriə] *n* Österreich *nt*

Austrian ['ɒstriən] **I.** *n* ❶ (*person*) Österreicher(in) *m(f)* ❷ (*dialect*) Österreichisch *nt* **II.** *adj* österreichisch

authentic [ɔ:'θentɪk] *adj* authentisch

author ['ɔ:θəʳ] *n* Schriftsteller(in) *m(f)*

authoress <*pl* -es> ['ɔ:θᵊres] *n* Autorin *f*

authority [ɔ:'θɒrəti] *n* ❶ *no pl* (*right of control*) Autorität *f;* **in ~** verantwortlich ❷ *no pl* (*permission*) Befugnis *f;* **to have the ~ to do sth** befugt/bevollmächtigt sein, etw zu tun ❸ (*expert*) **an ~ on microbiology** eine Autorität auf dem Gebiet der Mikrobiologie ❹ (*organization*) Behörde *f;* **the authorities** *pl* die Behörden *pl*

authorization [ˌɔ:θᵊraɪ'zeɪʃᵊn] *n* Genehmigung *f*

authorize ['ɔ:θᵊraɪz] *vt* genehmigen; **to ~ sb** jdn bevollmächtigen

autobiography [ˌɔ:təbaɪ'ɒgrəfi] *n* Autobiografie *f*

autograph ['ɔ:təgrɑ:f] *n* Autogramm *nt*

automatic [ˌɔ:tə'mætɪk] *adj* automatisch; **~ rifle** Selbstladegewehr *nt;* **~ washing machine** Waschautomat *m*

autumn ['ɔ:təm] *n* Herbst *m;* **in [the] ~** im Herbst; **~ term** Wintersemester *nt*

autumnal [ɔ:'tʌmnᵊl] *adj* herbstlich; **~ colours** Herbstfarben *pl*

available [ə'veɪləbl̩] *adj* ❶ (*free for use*) verfügbar; **to make ~** zur Verfügung stellen ❷ ECON erhältlich; (*in stock*) lieferbar

avalanche ['ævᵊlɑ:n(t)ʃ] *n* Lawine *f*

avenue ['ævənju:] *n* Avenue *f*

average ['ævᵊrɪdʒ] **I.** *n* Durchschnitt *m;* **on ~** im Durchschnitt; **[to be] [well] above/below ~** [weit] über/unter dem Durchschnitt [liegen] **II.** *adj* durchschnittlich; **~ income** Durchschnittseinkommen *nt;* **~ person** Otto Normalverbraucher *m* **III.** *vt* im Durchschnitt betragen; **to ~ 40 hours a week** durchschnittlich 40 Stunden pro Woche arbeiten

avian flu ['eɪviən-] *n* Vogelgrippe *f*

aviation [ˌeɪvi'eɪʃᵊn] *n* Luftfahrt *f;* **~ industry** Flugzeugindustrie *f*

avocado <*pl* -s *or* -es> [ˌævə'kɑ:dəʊ] *n* Avocado *f*

avoid [ə'vɔɪd] *vt* vermeiden

await [ə'weɪt] *vt* erwarten; **long ~ed** lang ersehnt

awake [ə'weɪk] **I.** *vi* <awoke *or* AM *a.*

awaked, awoken *or* AM *a.* awaked> aufwachen, erwachen **II.** *vt* <awoke *or* AM *a.* awaked, awoken *or* AM *a.* awaked> ① [auf]wecken ② (*fig: rekindle*) wieder erwecken **III.** *adj* wach; **wide ~** hellwach

award [əˈwɔːd] **I.** *vt damages* zusprechen; *grant* gewähren **II.** *n* Auszeichnung *f*

aware [əˈweəʳ] *adj* ① (*knowing*) **to be ~ of sth** sich *dat* einer S. *gen* bewusst sein; **not that I'm ~ of** nicht, dass ich wüsste ② (*physically sensing*) **to be ~ of sb/sth** jdn/etw [be]merken

away [əˈweɪ] **I.** *adv* ① weg; **to be ~ on business** geschäftlich unterwegs sein; **five miles ~ [from here]** fünf Meilen [von hier] entfernt; **~ from each other** voneinander entfernt ② (*all the time*) **we danced the night ~** wir tanzten die ganze Nacht durch; **to be laughing ~** ständig am Lachen sein **II.** *adj* SPORTS auswärts; **~ game** Auswärtsspiel *nt;* **~ team** Gastmannschaft *f*

awesome [ˈɔːsəm] *adj* ① (*impressive*) beeindruckend ② AM (*sl: very good*) spitze

awful [ˈɔːfᵊl] *adj* ① furchtbar; **what an ~ thing to say!** das war aber gemein von dir! ② (*great*) außerordentlich; **an ~ lot** eine riesige Menge

awfully [ˈɔːfᵊli] *adv* furchtbar; **not ~ good** nicht besonders gut

awkward [ˈɔːkwəd] *adj* ① (*difficult*) schwierig ② (*embarrassing*) peinlich; **to feel ~** sich unbehaglich fühlen

awoke [əˈwəʊk] *pt of* **awake**

awoken [əˈwəʊkᵊn] *pp of* **awake**

axe, AM **ax** [æks] *n* Axt *f*

axle [ˈæksˡ] *n* Achse *f*

B

Bb

B <*pl* -'s>, **b** <*pl* -'s> [biː] *n* ① B *nt,* b *nt; see also* **A 1** ② MUS H *nt,* h *nt;* **B flat** B *nt,* b *nt;* **B sharp** His *nt,* his *nt* ③ (*school mark*) ≈ Zwei *f,* ≈ gut

b¹ *n* AM *abbrev of* **billion** Mrd.

b² *n abbrev of* **born** geb.

b³ *n* COMPUT *abbrev of* **bit** b, bt

baby [ˈbeɪbi] **I.** *n* Baby *nt;* **to have a ~** ein Baby bekommen; **the ~ of the family** das Nesthäkchen **II.** *adj* klein; **~ carrots** Babymöhren *pl;* **~ food** Babynahrung *f*

baby carriage *n* AM Kinderwagen *m*

bachelor [ˈbætʃᵊləʳ] *n* Junggeselle *m*

back [bæk] **I.** *n* ① (*of body*) Rücken *m;* **~ to ~** Rücken an Rücken ② (*not front*) *of building, page* Rückseite *f; of car* Heck *nt; of chair* Lehne *f;* (*seat[s] in car*) Rücksitz[e] *m[pl]* ③ FBALL Verteidiger(in) *m(f);* ▶ **at the ~ of one's mind** im Hinterkopf **II.** *adj* ① <backmost> (*rear*) **~ door** Hintertür *f;* **~ pocket** Gesäßtasche *f* ② (*of body*) **~ pain** Rückenschmerzen *pl* **III.** *adv* ① (*to previous place*) [wieder] zurück; **I'll be ~** ich komme wieder ② (*to past*) **as far ~ as I can remember** soweit ich zurückdenken kann **IV.** *vt* ① (*support*) unterstützen; **to ~ a horse** auf ein Pferd setzen ② (*drive*) **she ~ed the car into the garage** sie fuhr rückwärts in die Garage **V.** *vi car* zurücksetzen

◆ **back away** *vi* **to ~ away from sb/sth** vor jdm/etw zurückweichen

◆ **back down** *vi* nachgeben

◆ **back onto** *vi* **to ~ onto sth** hinten an etw *akk* [an]grenzen

B

◆ **back out** *vi* einen Rückzieher machen *fam;* **to ~ out from a contract** von einem Vertrag zurücktreten, aus einem Vertrag aussteigen *fam*
◆ **back up** *vt* ❶ (*support*) unterstützen; (*confirm*) bestätigen ❷ COMPUT *data, files* sichern ❸ (*reverse*) *car, lorry* zurücksetzen
background ['bækgraʊnd] *n* ❶ Hintergrund *m;* **~ noise** Geräuschkulisse *f* ❷ SOCIOL Herkunft *f* ❸ **with a ~ in ...** mit Erfahrung in ...
backing ['bækɪŋ] *n* Unterstützung *f*
backpack **I.** *n* Rucksack *m* **II.** *vi* mit dem Rucksack reisen **backpacker** *n* Rucksackreisende(r) *f(m)* **backside** *n* (*fam*) Hintern *m*
back-to-'school *adj shopping, merchandise* zum Schulbeginn *nach n*
backup ['bækʌp] **I.** *n* ❶ (*support*) Unterstützung *f*, Hilfe *f* ❷ COMPUT Sicherung *f*, Backup *nt* **II.** *n modifier* ❶ (*emergency*) **~ plan** Notplan, m ❷ COMPUT **~ file** Sicherungskopie *f;* **~ server** Ausweichserver *m*
backward ['bækwəd] **I.** *adj* ❶ (*facing rear*) rückwärts gewandt; **a ~ step** ein Schritt nach hinten ❷ (*slow in learning*) zurückgeblieben **II.** *adv see* **backwards**
backwards ['bækwədz] *adv* ❶ (*towards the back*) nach hinten; **to walk ~ and forwards** hin- und hergehen ❷ (*into past*) zurück
backyard *n* ❶ BRIT (*courtyard*) Hinterhof *m* ❷ AM (*back garden*) Garten *m* hinter dem Haus
bacon ['beɪkᵊn] *n* [Schinken]speck *m;* **~ and eggs** Eier *pl* mit Speck
bacteria [bæk'tɪəriə] *n pl of see* **bacterium** Bakterien *pl*
bad <worse, worst> [bæd] *adj* schlecht; *dream* böse; *smell* übel; *cold* schlimm; **~ at maths** schlecht in Mathe; **~ luck** Pech *nt;* **too ~** zu schade
badge [bædʒ] *n* Abzeichen *nt;* **police ~** Polizeimarke *f*
badger ['bædʒəʳ] *n* Dachs *m*
badly <worse, worst> ['bædli] *adv* schlecht; **~ hurt** schwer verletzt
badminton ['bædmɪntən] *n* Badminton *nt*, Federball *m*
bag [bæg] **I.** *n* ❶ Tasche *f;* (*sack*) Sack *m;* **plastic ~** Plastiktüte *f;* (*handbag*) Handtasche *f;* (*travelling bag*) Reisetasche *f* ❷ (*skin*) **to have ~s under one's eyes** Ringe unter den Augen haben ❸ BRIT, AUS (*fam*) **~s of ...** jede Menge ... **II.** *vt* <-gg-> eintüten
baggage ['bægɪdʒ] *n no pl* Gepäck *nt;* **excess ~** Übergepäck *nt*
baggage car *n* AM, AUS Gepäckwagen *m* **baggage check** *n* Gepäckkontrolle *f* **baggage claim** *n* Gepäckausgabe *f*
bagpipes *n pl* Dudelsack *m*
bail [beɪl] **I.** *n* Kaution *f;* **to grant ~** die Freilassung gegen Kaution gewähren; **to stand ~ for sb** für jdn [die] Kaution stellen **II.** *vt* **to ~ sb** jdn gegen Kaution freilassen
bait [beɪt] *n* Köder *m a. fig;* **to take the ~** anbeißen
bake [beɪk] **I.** *vi* ❶ (*cook*) backen ❷ (*fam*) **it's baking outside** draußen ist es wie im Backofen **II.** *vt* [im Ofen] backen
baker ['beɪkəʳ] *n* Bäcker(in) *m(f)*
bakery ['beɪkᵊri] *n* Bäckerei *f*
baking ['beɪkɪŋ] *n no pl* Backen *nt*
balance ['bæləns(t)s] **I.** *n* ❶ *no pl* Gleichgewicht *nt a. fig* ❷ FIN Kontostand *m;* **~ of trade** Handelsbilanz *f* **II.** *vt* ❶ (*compare*) abwägen ❷ (*keep steady*) balancieren **III.** *vi* ❶ (*a. fig: keep steady*) das Gleichgewicht halten ❷ FIN ausgeglichen sein
balcony ['bælkəni] *n* Balkon *m*
bald [bɔːld] *adj* glatzköpfig; **to go ~** eine Glatze bekommen
bale [beɪl] **I.** *n* Ballen *m* **II.** *vt* bündeln
ball [bɔːl] *n* ❶ Ball *m* ❷ (*ball-shaped*) *of wool* Knäuel *m o nt; of dough* Kugel *f;*

to crush paper into a ~ Papier zusammenknüllen ❸ (*dance*) Ball *m*

ballet ['bæleɪ] *n no pl* Ballett *nt*

balloon [bə'lu:n] **I.** *n* Ballon *m* **II.** *vi* **to ~ out** sich aufblähen

ballot ['bælət] **I.** *n* (*election*) Geheimwahl *f;* **second ~** zweiter Wahlgang **II.** *vi* abstimmen **III.** *vt* abstimmen lassen (**on** über)

ballroom *n* Ballsaal *m*

bamboo [bæm'bu:] *n* Bambus *m*

ban [bæn] **I.** *n* Verbot *nt;* **~ on smoking** Rauchverbot *nt* **II.** *vt* <-nn-> **to ~ sth** etw verbieten; **to ~ sb** jdn ausschließen

banana [bə'nɑ:nə] *n* Banane *f*

band [bænd] *n* ❶ *of metal, cloth* Band *nt* ❷ (*range*) Bereich *m;* **age ~** Altersgruppe *f* ❸ MUS Band *f*

bandage ['bændɪdʒ] **I.** *n* Verband *m* **II.** *vt limb* bandagieren; *wound* verbinden

bandit ['bændɪt] *n* Bandit(in) *m(f)*

bang [bæŋ] **I.** *n* ❶ (*loud sound*) Knall *m* ❷ (*blow*) Schlag *m* ❸ *pl* AM **~s** (*fringe*) [kurzer] Pony **II.** *adv* (*precisely*) genau; **~ in the middle of the road** mitten auf der Straße **III.** *interj* **~!** Peng! **IV.** *vi door* knallen **V.** *vt* (*hit*) zuschlagen; **to ~ the phone down** den Hörer auf die Gabel knallen

bank¹ [bæŋk] **I.** *n* ❶ *of a river* Ufer *nt* ❷ **~ of fog** Nebelbank *f* **II.** *vi* AVIAT in die Querlage gehen

bank² [bæŋk] **I.** *n* FIN Bank *f;* **to break the ~** die Bank sprengen **II.** *vi* **to ~ with sb** bei jdm ein Konto haben **bank balance** *n* Kontostand *m* **bank code** *n* BRIT Bankleitzahl *f* **bank holiday** *n* ❶ BRIT öffentlicher Feiertag ❷ AM Bankfeiertag *m*

banking ['bæŋkɪŋ] *n* Bankwesen *nt;* **to be in ~** bei einer Bank arbeiten

banknote *n* Banknote *f*

banner ['bænəʳ] *n* ❶ (*sign*) Transparent *nt* ❷ (*flag*) Banner *nt*

bar [bɑ:ʳ] **I.** *n* ❶ (*long rigid object*) Stange *f* ❷ (*in shape of bar*) *of chocolate* Riegel *m* ❸ (*obstacle*) Hemmnis *nt* ❹ (*for drinking*) Lokal *nt*, Bar *f*, Theke *f* **II.** *vt* <-rr-> ❶ (*fasten*) verriegeln ❷ (*obstruct*) blockieren

barbecue ['bɑ:bɪkju:] **I.** *n* Grillparty *f* **II.** *vt* grillen

barbed [bɑ:bd] *adj* ❶ *hook, arrow* mit Widerhaken ❷ (*fig: hurtful*) bissig

barber ['bɑ:bəʳ] *n* [Herren]friseur *m*

bare [beəʳ] **I.** *adj* ❶ (*unclothed*) nackt; **in ~ feet** barfuß ❷ (*uncovered*) *branch* kahl ❸ (*empty*) leer ❹ (*basic*) **the ~ essentials** das Allernotwendigste **II.** *vt* entblößen; **to ~ one's soul to sb** jdm sein Herz ausschütten

barefoot, barefooted *adj, adv* barfuß

barely ['beəli] *adv* ❶ (*hardly*) kaum ❷ (*scantily*) karg

bargain ['bɑ:gɪn] **I.** *n* ❶ (*agreement*) Handel *m* ❷ (*good buy*) guter Kauf; **a real ~** ein echtes Schnäppchen; **~ counter** Sonderangebotstisch *m* **II.** *vi* (*negotiate*) [ver]handeln; (*haggle*) feilschen (**for** um)

bargain price *n* Sonderpreis *m*

barge [bɑ:dʒ] **I.** *n* Lastkahn *m* **II.** *vi* **to ~ into sb** jdn anrempeln

barhopping *n no pl esp* AM Kneipentour *f*

bark¹ [bɑ:k] *n no pl* (*part of tree*) [Baum]rinde *f*

bark² [bɑ:k] **I.** *n* (*animal cry*) Bellen *nt* **II.** *vi* bellen

barley ['bɑ:li] *n no pl* Gerste *f*

barmaid *n* Bardame *f* **barman** *n* Barkeeper *m*, Barmann *m*

barn [bɑ:n] *n* Scheune *f*

barrel ['bærəl] *n* ❶ (*container*) Fass *nt* ❷ (*measure*) Barrel *nt* ❸ *of a gun* Lauf *m*

barrier ['bæriəʳ] *n* Barriere *f;* (*manmade*) Absperrung *f*

barring ['bɑ:rɪŋ] *prep* ausgenommen; **~ any unexpected delays** wenn es

B

keine unerwarteten Verspätungen gibt

barrister ['bærɪstəʳ] *n* BRIT, AUS Rechtsanwalt, -anwältin *m, f*

base[1] [beɪs] **I.** *n* ❶ (*bottom*) Fuß *m; of spine* Basis *f* ❷ (*main location*) Hauptsitz *m* ❸ (*main ingredient*) Hauptbestandteil *m* ❹ CHEM Base *f* **II.** *vt* **to be ~d on sth** auf etw *dat* basieren

base[2] *adj* ❶ (*immoral*) niederträchtig ❷ (*menial*) niedrig

baseball *n* Baseball *m o nt*

basement ['beɪsmənt] *n* (*living area*) Untergeschoss *nt;* (*cellar*) Keller *m;* **~ flat** Souterrainwohnung *f*

bash [bæʃ] **I.** *n* <*pl* -es> ❶ (*blow*) [heftiger] Schlag ❷ BRIT (*sl*) Versuch *m* **II.** *vi* **to ~ into sth** zusammenstoßen mit etw *dat* **III.** *vt* (*fam*) **to ~ sb** jdn verhauen

basic ['beɪsɪk] *adj* ❶ (*fundamental*) grundlegend; **~ vocabulary** Grundwortschatz *m;* **the ~s** *pl* die Grundlagen *pl* ❷ (*very simple*) [sehr] einfach

basically ['beɪsɪkᵊli] *adv* im Grunde

basin ['beɪsᵊn] *n* Schüssel *f;* (*washbasin*) Waschbecken *nt*

basis <*pl* bases> ['beɪsɪs] *n* Basis *f;* **to be the ~ for sth** als Grundlage für etw *akk* dienen; **on a regular ~** regelmäßig

basket ['bɑːskɪt] *n* Korb *m*

basketball *n* Basketball *m*

bat[1] [bæt] *n* (*animal*) Fledermaus *f;* ▶ **[as] blind as a ~** blind wie ein Maulwurf

bat[2] [bæt] *vt* **to ~ one's eyelashes** mit den Wimpern klimpern; **to not ~ an eyelid** (*fig*) nicht mal mit der Wimper zucken

bat[3] [bæt] **I.** *n* SPORTS Schläger *m;* ▶ **[right] off the ~** AM prompt **II.** *vi, vt* <-tt-> SPORTS schlagen

bath [bɑːθ] **I.** *n* ❶ (*tub*) [Bade]wanne *f* ❷ (*water*) Bad[ewasser] *nt;* **to run [sb] a ~** [jdm] ein Bad einlassen ❸ (*washing*) Bad *nt;* **to give sb a ~** jdn baden; **to have a ~** ein Bad nehmen **II.** *vi, vt* [sich] baden

bathe [beɪð] **I.** *vi* ❶ BRIT (*swim*) schwimmen ❷ AM (*bath*) ein Bad nehmen **II.** *vt* MED baden; **to ~ one's eyes** ein Augenbad machen **III.** *n no pl* Bad *nt*

bathing ['beɪðɪŋ] *n no pl* Baden *nt;* **to go ~** baden gehen

bathing cap *n* Bademütze *f* **bathing costume** *n* BRIT, AUS (*dated*), AM **bathing suit** *n* Badeanzug *m* **bathing trunks** *n pl* Badehose *f*

bathrobe *n* Bademantel *m* **bathroom** *n* Bad[ezimmer] *nt;* **to go to the ~** AM, AUS auf die Toilette gehen

batsman *n* Schlagmann *m*

batter[1] ['bætəʳ] FOOD **I.** *n* [Back]teig *m* **II.** *vt* panieren

batter[2] ['bætəʳ] **I.** *n* SPORTS Schlagmann *m* **II.** *vt* **to ~ sb** jdn verprügeln **III.** *vi* schlagen

battery ['bætᵊri] *n* Batterie *f*

battery-operated, **battery-powered** *adj* batteriebetrieben

battle ['bætl] **I.** *n* Kampf *m;* **in ~** im Kampf; **~ of wills** Machtkampf *m;* ▶ **to fight a losing ~** auf verlorenem Posten kämpfen **II.** *vi* kämpfen *a. fig*

battlefield *n*, **battleground** *n* ❶ Schlachtfeld *nt* ❷ (*fig*) Reizthema *nt* **battleship** *n* Schlachtschiff *nt*

be <was, been> [biː, bi] *vi + n/adj* ❶ (*describes*) sein; **what is that?** was ist das?; **she's a doctor** sie ist Ärztin; **to ~ from a country** aus einem Land kommen ❷ (*calculation*) **two and two is four** zwei und zwei ist vier; **these books are 50p each** diese Bücher kosten jeweils 50p ❸ (*timing*) **to ~ late** zu spät kommen ❹ (*location*) sein; *town, country* liegen; **the keys are in that box** die Schlüssel befinden sich in der Schachtel ❺ (*take place*) stattfinden; **the meeting is next Tuesday** die Konferenz findet am nächsten Dienstag statt ❻ (*expresses future*)

we are [going] to visit Australia in the spring im Frühling reisen wir nach Australien; (*in conditionals*) **if I were you, I'd ...** an deiner Stelle würde ich ... ❼ (*impersonal use*) **is it true that ...?** stimmt es, dass ...? ❽ (*expresses imperatives*) **~ quiet or I'll ...!** sei still, oder ich ...! ❾ (*expresses continuation*) **while I'm eating** während ich esse [*o* beim Essen bin]; **it's raining** es regnet ❿ (*expresses passive*) **to ~ asked** gefragt werden ▶ **so ~ it** so sei es; **far ~ it from me to ...** nichts liegt mir ferner, als ...

beach [bi:tʃ] *n* <*pl* -es> Strand *m;* **on the ~** am Strand

bead [bi:d] *n* ❶ Perle *f* ❷ REL **~s** *pl* Rosenkranz *m*

beak [bi:k] *n* Schnabel *m*

beam [bi:m] **I.** *n* ❶ (*light*) [Licht]strahl *m;* **full ~** Fernlicht *nt* ❷ (*timber*) Balken *m* **II.** *vi* strahlen; **to ~ at sb** jdn anstrahlen

bean [bi:n] *n* Bohne *f;* **baked ~s** Bohnen *pl* in Tomatensoße, Baked Beans *pl* ▶ **full of ~s** putzmunter

bear¹ [beəʳ] *n* (*animal*) Bär *m*

bear² <bore, borne> [beəʳ] **I.** *vt* ❶ (*carry*) tragen; *gifts* mitbringen ❷ (*endure*) ertragen; **to not be able to ~ the suspense** die Spannung nicht aushalten ❸ (*keep*) **I'll ~ that in mind** ich werde das berücksichtigen ❹ (*give birth to*) gebären; **his wife bore him a son** seine Frau schenkte ihm einen Sohn **II.** *vi* (*tend*) **to ~ right** sich rechts halten

beard [bɪəd] *n* Bart *m*

bearing ['beəʳɪŋ] *n* ❶ NAUT Peilung *f;* **~s** *pl* (*position*) Lage *f kein pl;* **to get one's ~s** (*fig*) sich zurechtfinden ❷ *no pl* (*deportment*) Benehmen *nt* ❸ (*relevance*) **to have no ~ on sth** für etw *akk* belanglos sein

beat [bi:t] **I.** *n* ❶ (*throb*) Schlag *m* ❷ *no pl* (*act*) Schlagen *nt* ❸ *no pl* MUS Takt *m* ❹ *usu sing* (*police patrol*) Runde *f* **II.** *vt* <beat, beaten> ❶ (*hit*) schlagen; **to ~ sth** gegen/auf etw *akk* schlagen; *carpet* [aus]klopfen ❷ FOOD schlagen ❸ (*defeat*) besiegen; **to ~ sb to sth** jdm bei etw *dat* zuvorkommen ▶ **~ it!** hau ab! **III.** *vi* <beat, beaten> (*throb*) schlagen; *heart a.* klopfen

◆ **beat up** *vt* verprügeln

beaten ['bi:tᵊn] *adj* geschlagen

beautiful ['bju:tɪfᵊl] *adj* schön

beauty ['bju:ti] *n* ❶ *no pl* Schönheit *f* ❷ *no pl* (*attraction*) **the ~ of our plan ...** das Schöne an unserem Plan ... ▶ **~ is in the eye of the beholder** (*prov*) über Geschmack lässt sich [bekanntlich] streiten

beaver ['bi:vəʳ] **I.** *n* Biber *m* **II.** *vi* (*fam*) **to ~ away** schuften

became [bɪ'keɪm] *pt of* **become**

because [bɪ'kɒz] **I.** *conj* ❶ weil, da; **that's ~ ...** es liegt daran, dass ... ❷ (*fam: for*) denn ▶ **just ~!** [einfach] nur so! **II.** *prep* **~ of** wegen *+gen*

beckon ['bekᵊn] *vi* winken *a. fig*

become <became, become> [be'kʌm] **I.** *vi* werden; **this species almost became extinct** diese Art wäre fast ausgestorben; **what became of ...?** was ist aus ... geworden?; **to ~ interested in sb/sth** anfangen, sich für jdn/etw zu interessieren **II.** *vt* werden; **she wants to ~ an actress** sie will Schauspielerin werden

bed [bed] *n* ❶ (*furniture*) Bett *nt;* **to get out of ~** aufstehen; **to go to ~** zu [*o* ins] Bett gehen; **to put sb to ~** jdn ins Bett bringen ❷ (*flower patch*) Beet *nt*

bed and breakfast *n* Übernachtung *f* mit Frühstück; **~ place** Frühstückspension *f*

bedclothes *n pl* Bettzeug *nt kein pl*

bedding ['bedɪŋ] **I.** *n no pl* ❶ (*bedclothes*) Bettzeug *nt;* (*straw for animals*) [Ein]streu *f* ❷ GEOL Schichtung *f*, Lagerung *f* **II.** *adj attr, inv* ~ **plant** Beetpflanze *f*, Freilandpflanze *f*

bedside table *n* Nachttisch *m* **bed-sitting room**, *fam* **bedsitter** *n esp* BRIT (*small flat*) Einzimmerappartement *nt;* (*room*) Wohnschlafzimmer *nt* **bedtime** *n* Schlafenszeit *f;* **it's** ~ Zeit fürs Bett!; **it's long past your** ~ du solltest schon längst im Bett sein

bee [biː] *n* Biene *f;* ▶ **to have a** ~ **in one's bonnet** einen Tick haben; **to be a busy** ~ fleißig wie eine Biene sein

beech [biːtʃ] *n* Buche *f*

beef [biːf] *n* Rindfleisch *nt;* **minced** [*or* AM **ground**] ~ Rinderhack[fleisch] *nt*

bee-keeper *n* Imker(in) *m(f)*

been [biːn] *pp of* **be**

beer [bɪəʳ] *n* Bier *nt*

beetle [ˈbiːtl] *n* Käfer *m*

beetroot [ˈbiːtruːt] *n* BRIT Rote Bete

before [bɪˈfɔːʳ] **I.** *prep* ❶ (*earlier*) vor +*dat;* ~ **long** in Kürze ❷ (*in front of*) vor +*dat;* (*with movement*) vor +*akk;* **the letter K comes** ~ **L** der Buchstabe K kommt vor dem L **II.** *conj* ❶ (*at previous time*) bevor; **just** ~ ... kurz bevor ... ❷ (*rather than*) ehe ❸ (*until*) bis; **not** ~ erst wenn **III.** *adv* (*earlier*) zuvor, vorher; **have you been to Cologne** ~**?** waren Sie schon einmal in Köln? **IV.** *adj after n* zuvor; **the day** ~**, it had rained** tags zuvor hatte es geregnet

beforehand [bɪˈfɔːhænd] *adv* vorher

beg <-gg-> [beg] **I.** *vt* bitten; **I** ~ **your pardon** entschuldigen Sie bitte **II.** *vi* ❶ (*seek charity*) betteln (**for** um) ❷ (*request*) **to** ~ **of sb** jdn anflehen

began [bɪˈgæn] *pt of* **begin**

beggar [ˈbegəʳ] **I.** *n* ❶ (*poor person*) Bettler(in) *m(f)* ❷ + *adj esp* BRIT **little** ~ kleiner Schlingel *m* **II.** *vt* ▶ **to** ~ **belief** [einfach] unglaublich sein

begin <-nn-, began, begun> [bɪˈgɪn] *vt, vi* anfangen, beginnen; **to** ~ **school** in die Schule kommen; **to** ~ **work** mit der Arbeit beginnen; **she was ~ning to get angry** sie wurde allmählich wütend; **I'll** ~ **by welcoming our guests** zuerst werde ich unsere Gäste begrüßen; **to** ~ **again** neu anfangen

beginner [bɪˈgɪnəʳ] *n* Anfänger(in) *m(f)*

beginning [bɪˈgɪnɪŋ] *n* ❶ (*starting point*) Anfang *m;* (*in time*) Beginn *m;* **at the** ~ am Anfang ❷ (*origin*) **~s** *pl* Anfänge *pl*

begun [bɪˈgʌn] *pp of* **begin**

behalf [bɪˈhɑːf] *n no pl* **on** ~ **of sb** (*speaking for*) im Namen einer Person; (*as authorized by*) im Auftrag von jdm

behave [bɪˈheɪv] **I.** *vi people* sich verhalten; **to** ~ **badly/well** sich schlecht/gut benehmen **II.** *vt* **to** ~ **oneself** sich [anständig] benehmen

behaviour, AM **behavior** [bɪˈheɪvjəʳ] *n of a person* Benehmen *nt*, Verhalten *nt;* **to be on one's best** ~ sich von seiner besten Seite zeigen

behind [bɪˈhaɪnd] **I.** *prep* hinter +*dat;* (*with movement*) hinter +*akk;* ~ **the wheel** hinterm Lenkrad **II.** *adv* hinten; **to walk** ~ [**sb**] hinter [jdm] hergehen **III.** *adj* ❶ (*in arrears*) im Rückstand ❷ (*slow*) **to be** [**a long way**] ~ [weit] zurück sein

being [ˈbiːɪŋ] **I.** *n* ❶ (*creature*) Wesen *nt* ❷ (*existence*) Dasein *nt* **II.** *adj* **for the time** ~ vorerst

Belgian [ˈbeldʒən] **I.** *n* Belgier(in) *m(f)* **II.** *adj* belgisch

Belgium [ˈbeldʒəm] *n* Belgien *nt*

belief [bɪˈliːf] *n* ❶ (*faith*) Glaube *m kein pl* (**in** an); **to be beyond** ~ [einfach] unglaublich sein ❷ (*view*) Überzeugung *f;* **it is my firm** ~ **that ...** ich bin der festen Überzeugung, dass ...

believe [bɪˈliːv] **I.** *vt* ❶ (*presume true*) glauben; ~ [**you**] **me!** du kannst mir glauben!; ~ **it or not** ob du es glaubst oder nicht ❷ (*pretend*) **to make** ~ [**that**] ... (*pretend*) so tun, als ob ... **II.** *vi* ❶ (*be certain of*) glauben (**in**

an) ❷ (*have confidence*) **to ~ in sb** auf jdn vertrauen ❸ (*think*) glauben

bell [bel] *n* ❶ (*for ringing*) Glocke *f* ❷ (*signal*) Läuten *nt kein pl,* Klingeln *nt kein pl* ▶ **[as] clear as a ~** (*pure*) glasklar; **sth rings a ~ [with sb]** etw kommt jdm bekannt vor

bellboy *n* [Hotel]page *m*

belly ['beli] *n* (*fam*) Bauch *m*

belong [bɪ'lɒŋ] *vi* ❶ gehören; **who does this ~ to?** wem gehört das? ❷ (*should be*) **he ~s in jail** er gehört ins Gefängnis; **you don't ~ here** Sie haben hier nichts zu suchen

belongings [bɪ'lɒŋɪŋz] *n pl* Hab und Gut *nt kein pl*

below [bɪ'ləʊ] **I.** *adv* ❶ (*lower*) unten ❷ (*on page*) unten; **see ~** siehe unten **II.** *prep* unter *+dat;* (*with movement*) unter *+akk;* **~ average** unter dem Durchschnitt

belt [belt] **I.** *n* ❶ (*for waist*) Gürtel *m* ❷ (*conveyor*) Band *nt* ❸ (*area*) **green ~** Grüngürtel *m;* ▶ **to tighten one's ~** den Gürtel enger schnallen **II.** *vt* (*fam: hit*) hauen

bench <*pl* -es> [bentʃ] *n* ❶ Bank *f* ❷ BRIT POL die Regierungsbank; **the opposition ~es** die Oppositionsbank

bend [bend] **I.** *n* (*in a road*) Kurve *f;* (*in a pipe*) Krümmung *f* **II.** *vi* <bent, bent> ❶ (*turn*) *road* biegen; **to ~ forwards** sich vorbeugen ❷ (*be flexible*) sich biegen; *tree* sich neigen **III.** *vt* verbiegen

◆ **bend down** *vi* sich niederbeugen

beneath [bɪ'niːθ] **I.** *prep* unter *+dat;* (*with movement*) unter *+akk;* **to be ~ sb** (*lower rank than*) unter jdm stehen; **~ contempt** verachtenswert **II.** *adv* unten

bent [bent] **I.** *pt, pp of* **bend II.** *n* (*inclination*) Neigung *f;* **a [natural] ~ for sth** einen [natürlichen] Hang zu etw *dat* **III.** *adj* ❶ (*curved*) umgebogen; *wire* verbogen; *person* gekrümmt ❷ (*determined*) **to be [hell] ~ on [doing] sth** zu etw *dat* [wild] entschlossen sein ❸ *esp* BRIT (*sl: corrupt*) korrupt

berry ['beri] *n* Beere *f*

berth [bɜːθ] **I.** *n* ❶ (*bed*) NAUT [Schlaf]koje *f* ❷ (*for ship*) Liegeplatz *m* **II.** *vt, vi* festmachen

beside [bɪ'saɪd] *prep* ❶ (*next to*) neben *+dat;* (*with movement*) neben *+akk;* **right ~ sb** genau neben jdm ❷ (*irrelevant to*) **~ the point** nebensächlich

besides [bɪ'saɪdz] **I.** *adv* außerdem; **many more ~** noch viele mehr **II.** *prep* (*in addition to*) außer *+dat*

best [best] **I.** *adj superl of see* **good** ❶ (*finest*) **the ~ ...** der/die/das beste ...; **~ regards** viele Grüße ❷ (*most favourable*) **what's the ~ way to the station?** wie komme ich am besten zum Bahnhof? ❸ (*most*) **the ~ part of sth** der Großteil einer S. *gen* **II.** *adv superl of see* **well** am besten; **to do as one thinks ~** tun, was man für richtig hält **III.** *n no pl* ❶ (*finest person, thing*) **the ~** der/die/das Beste ❷ (*most favourable*) **all the ~!** (*fam*) alles Gute! ▶ **to make the ~ of things** das Beste daraus machen

bet [bet] **I.** *n* Wette *f;* **to place a ~ on sth** auf etw *akk* wetten **II.** *vt, vi* <-tt-, bet, bet> wetten; **I ~ you £25 that ...** ich wette mit dir um 25 Pfund, dass ... ▶ **you ~!** (*fam*) das kannst du mir aber glauben!

better ['betə^r] **I.** *adj comp of see* **good** ❶ (*superior*) besser; **it's ~ that way** es ist besser so ❷ (*healthier*) besser; **I'm much ~ now** mir geht's schon viel besser **II.** *adv comp of see* **well** ❶ besser; *like* lieber; **or ~ still ...** oder noch besser ... ❷ (*to a greater degree*) mehr; **she is much ~-looking** sie sieht viel besser aus ▶ **to get the ~ of sb** über jdn die Oberhand gewinnen **IV.** *vt* verbessern; **to ~ oneself** (*im-*

B

prove social position) sich verbessern

between [bɪ'twiːn] **I.** *prep* zwischen +*dat;* (*with movement*) zwischen +*akk;* ~ **times** in der Zwischenzeit; ~ **you and me** unter uns gesagt **II.** *adv* [**in-**]~ dazwischen

beware [bɪ'weəʳ] *vi, vt* sich in Acht nehmen (**of** vor); ~! Vorsicht!

beyond [bi'ɒnd] **I.** *prep* ① (*on the other side of*) jenseits +*gen* ② (*after*) nach +*dat* ③ (*further than*) über +*akk;* **to see ~ sth** über etw *akk* hinaus sehen ④ (*surpassing*) **to be ~ question** außer Frage stehen; **damaged ~ repair** irreparabel beschädigt **II.** *adv* (*in space*) jenseits; (*in time*) darüber hinaus; **to go far ~ sth** etw bei Weitem übersteigen

Bible ['baɪbl] *n* Bibel *f*

bicycle ['baɪsɪkl] *n* Fahrrad *nt;* **by ~** mit dem Fahrrad

bid[1] <-dd-, bid, bid> [bɪd] *vt* (*form*) ① (*greet*) **to ~ sb farewell** jdm Lebewohl sagen ② (*old: command*) **to ~ sb** [**to**] **do sth** jdn etw tun heißen

bid[2] [bɪd] **I.** *n* ① (*offer*) Angebot *nt;* (*at an auction*) Gebot *nt* ② (*attempt*) Versuch *m* **II.** *vi, vt* <-dd-, bid, bid> bieten

big <-gg-> [bɪg] *adj* ① (*of size, amount*) groß; *meal* üppig; *tip* großzügig; **the ~ger the better** je größer desto besser ② (*significant*) bedeutend; *decision* schwerwiegend; **when's the ~ day?** wann ist der große Tag? ► **a ~ fish in a small pond** der Hecht im Karpfenteich

bike [baɪk] **I.** *n* ① (*fam: bicycle*) [Fahr]rad *nt;* **by ~** mit dem [Fahr]rad ② (*motorcycle*) Motorrad *nt* **II.** *vi* mit dem Fahrrad fahren

bikini [bɪ'kiːni] *n* Bikini *m*

bilingual [baɪ'lɪŋgwəl] *adj* zweisprachig; **~ secretary** Fremdsprachensekretär(in) *m(f)*

bill[1] [bɪl] **I.** *n* ① (*invoice*) Rechnung *f;* **could we have the ~, please?** zahlen bitte! ② AM (*bank note*) Geldschein *m;* [**one-**]**dollar ~** Dollarschein *m* ③ (*placard*) Plakat *nt* **II.** *vt* **to ~ sb** jdm eine Rechnung ausstellen

bill[2] [bɪl] *n of bird* Schnabel *m*

billboard *n* Reklamefläche *f*

billiards ['bɪliədz] *n no pl* Billard *nt*

billion ['bɪliən] *n* Milliarde *f*

bin [bɪn] *n* ① BRIT, AUS (*for waste*) Mülleimer *m* ② (*for storage*) Behälter *m*

bind [baɪnd] **I.** *n* (*fam*) ① **to be** [**a bit of**] **a ~** [ziemlich] lästig sein ② **to be in a bit of a ~** in der Klemme stecken **II.** *vi* <bound, bound> binden **III.** *vt* <bound, bound> ① **to ~ sb** jdn fesseln (**to** an); **to ~ sth** etw festbinden (**to** an) ② **to ~ sb to secrecy** jdn zum Stillschweigen verpflichten

binding ['baɪndɪŋ] **I.** *n no pl* ① (*covering*) Einband *m* ② (*act*) Binden *nt* ③ (*on ski*) Bindung *f* **II.** *adj* verbindlich

binoculars [bɪ'nɒkjələz] *n pl* [**a pair of**] ~ [ein] Fernglas *nt*

biodiversity *n* Artenvielfalt *f*

biological [ˌbaɪə'lɒdʒɪkəl] *adj* biologisch

biologist [baɪ'ɒlədʒɪst] *n* Biologe, Biologin *m, f*

biology [baɪ'ɒlədʒi] *n* Biologie *f*

biometrics [baɪə(ʊ)'metrɪks] *n* Biometrie *f* **bioweapon** *n* Biowaffe *f*

birch [bɜːtʃ] *n* <*pl* -es> Birke *f*

bird [bɜːd] *n* ① Vogel *m;* **~ life** Vogelwelt *f* ② (*fam: young female*) Biene *f;* ► **to know about the ~s and bees** (*euph*) aufgeklärt sein

bird flu *n* Vogelgrippe *f*

birth [bɜːθ] *n* ① Geburt *f;* **date/place of ~** Geburtsdatum *nt*/-ort *m;* **to give ~ to a child** ein Kind zur Welt bringen ② *no pl* (*parentage*) Abstammung *f*

birth control *n* Geburtenkontrolle *f;* **~ pill** Antibabypille *f*

birthday ['bɜːθdeɪ] *n* Geburtstag *m;* **happy ~** [**to you**]**!** alles Gute zum Geburtstag!

biscuit ['bɪskɪt] *n* ❶ BRIT, AUS Keks *m* ❷ AM Brötchen *nt*

bishop ['bɪʃəp] *n* ❶ REL Bischof *m* ❷ CHESS Läufer *m*

bit[1] [bɪt] *n* (*fam*) ❶ (*small piece*) Stück *nt;* **a ~ of advice** ein Rat *m;* **~s of glass** Glasscherben *pl* ❷ (*part*) Teil *m; of a story, film* Stelle *f* ❸ (*a little*) **a ~** ein bisschen ❹ (*rather*) **a ~** ziemlich ❺ (*short time*) **I'm just going out for a ~** ich gehe mal kurz raus ❻ *pl* BRIT **~s and pieces** Krimskrams *m*

bit[2] [bɪt] *vt, vi pt of* **bite**

bit[3] [bɪt] *n* (*for horses*) Trense *f;* ▶ **to get the ~ between one's teeth** sich an die Arbeit machen

bit[4] [bɪt] *n* (*drill*) Bohrer[einsatz] *m*

bit[5] [bɪt] *n* COMPUT Bit *nt*

bite [baɪt] **I.** *n* ❶ (*using teeth*) Biss *m;* **~ mark** Bisswunde *f;* **to have a ~ to eat** (*fam*) eine Kleinigkeit essen ❷ *no pl* (*pungency*) Schärfe *f* **II.** *vt, vi* <bit, bitten> beißen; **to ~ one's nails** an seinen Nägeln kauen

bitten ['bɪtᵊn] *vt, vi pp of* **bite**

bitter ['bɪtəʳ] *adj* <-er, -est> bitter

black [blæk] **I.** *adj* schwarz *a. fig;* **~ and blue** grün und blau **II.** *n* Schwarz *nt* **III.** *vt* (*darken*) schwarz färben

blackberry ['blækbᵊri] *n* Brombeere *f* **blackbird** *n* Amsel *f* **blackboard** *n* Tafel *f* **blackcurrant** [ˌblæk'kʌrᵊnt] *n* schwarze Johannisbeere **blackout** ['blækaʊt] *n* ❶ (*unconsciousness*) Ohnmachtsanfall *m* ❷ ELEC [Strom]ausfall *m* **black pudding** *n* BRIT Blutwurst *f* **Black Sea** *n* Schwarzes Meer **blacksmith** *n* [Huf]schmied *m*

blade [bleɪd] **I.** *n* Klinge *f;* **~ of grass** Grashalm *m;* **~ of an oar** Ruderblatt *nt* **II.** *vi* SPORTS (*fam*) bladen

blame [bleɪm] **I.** *vt* **to ~ sb/sth for sth** jdm/etw die Schuld an etw *dat* geben **II.** *n no pl* (*guilt*) Schuld *f;* **where does the ~ lie?** wer hat Schuld?; **to take the ~** die Schuld auf sich nehmen

bland [blænd] *adj* fade; (*fig*) vage; **~ diet** Schonkost *f*

blank [blæŋk] **I.** *adj* ❶ leer; **~ space** Leerraum *m;* **the screen went ~** das Bild fiel aus ❷ (*without emotion*) ausdruckslos ❸ (*complete*) **~ refusal** glatte Ablehnung **II.** *n* (*empty space*) Leerstelle *f;* ▶ **to draw a ~** kein Glück haben **III.** *vt* **to ~ out** ausstreichen

blanket ['blæŋkɪt] **I.** *n* [Bett]decke *f;* (*fig*) Decke *f* **II.** *vt* bedecken **III.** *adj* umfassend; *coverage* ausführlich

blast [blɑ:st] **I.** *n* ❶ (*explosion*) Explosion *f* ❷ (*noise*) **a ~ of music** ein Schwall *m* Musik; **~ of a whistle** Pfeifton *m;* **at full ~** in voller Lautstärke **II.** *interj* (*fam!*) verdammt! **III.** *vt* (*explode*) sprengen

bleach [bli:tʃ] **I.** *vt* bleichen **II.** *n* <*pl* -es> (*chemical*) Bleichmittel *nt;* (*for hair*) Blondierungsmittel *nt*

bleak [bli:k] *adj* öde; (*fig*) trostlos

bled [bled] *pt, pp of* **bleed**

bleed [bli:d] **I.** *vi* <bled, bled> bluten ▶ **my heart ~s** (*iron*) mir blutet das Herz **II.** *vt* <bled, bled> **to ~ sb dry** (*fig*) jdn [finanziell] bluten lassen

bleeding ['bli:dɪŋ] *adj* BRIT (*fam!*) verdammt

blend [blend] **I.** *n* Mischung *f* **II.** *vt* [miteinander] vermischen **III.** *vi* ❶ **to ~ with sb/sth** zu jdm/etw passen ❷ **to ~ into sth** mit etw *dat* verschmelzen

blessing ['blesɪŋ] *n* Segen *m;* ▶ **to be a ~ in disguise** sich im Nachhinein als Segen erweisen

blew [blu:] *pt of* **blow**

blind [blaɪnd] **I.** *n* ❶ (*for window*) Jalousie *f;* **roller ~** Rollo *nt* ❷ (*people*) **the ~** *pl* die Blinden *pl* **II.** *vt* **~ed by tears** blind vor Tränen **III.** *adj* (*sightless*) blind; **to go ~** blind werden **IV.** *adv* blind; **~ drunk** stockbetrunken

bling [blɪŋ] **I.** *n* (*fam: jewellery*) Klunker

m **II.** *adj pred look* glamourös; *outfit* protzig

bling-bling ['blɪŋblɪŋ] *n* (*fam*) *see* **bling I.**

blink [blɪŋk] **I.** *vt* **to ~ one's eyes** mit den Augen zwinkern; **without ~ing an eye** ohne mit der Wimper zu zucken **II.** *vi* ① *of eye* blinzeln ② (*of a light*) blinken; **to ~ left/right** links/ rechts anzeigen **III.** *n* Blinzeln *nt;* ▶ **to be on the ~** (*fam*) kaputt sein

blister ['blɪstə^{r}] **I.** *n* Blase *f* **II.** *vt* Blasen hervorrufen auf +*dat* **III.** *vi skin* Blasen bekommen

blizzard ['blɪzəd] *n* Schneesturm *m*

block [blɒk] **I.** *n* ① (*solid lump*) Block *m;* **~ of wood** Holzklotz *m* ② SPORTS **~s** *pl* Startblock *m* ③ BRIT (*building*) Hochhaus *nt;* **~ of flats** Wohnblock *m* ④ *esp* AM, AUS (*part of neighbourhood*) [Häuser]block *m* **II.** *vt* blockieren; *artery, pipeline* verstopfen; *exit, passage* versperren

◆ **block off** *vt* [ver]sperren

blog [blɒg] *n* INET Blog *nt*

blogger ['blɒgə^{r}] *n* INET Blogger(in) *m(f)*

blogosphere ['blɒgəsfɪə^{r}] *n* INET Blogwelt *f*

bloke [bləʊk] *n* Kerl *m*

blond(e) [blɒnd] **I.** *adj* blond **II.** *n* (*person*) Blonde(r) *f(m)*

blood [blʌd] **I.** *n no pl* Blut *nt;* ▶ **~ is thicker than water** (*prov*) Blut ist dicker als Wasser; **in cold ~** kaltblütig **II.** *vt* [neu] einführen

blood pressure *n no pl* Blutdruck *m*

blood test *n* Bluttest *m*

bloody ['blʌdi] **I.** *adj* ① (*with blood*) blutig ② BRIT, AUS (*fam!: emphasis*) verdammt; **~ hell!** (*in surprise*) Wahnsinn!; (*in anger*) verdammt [nochmal]! **II.** *adv* BRIT, AUS (*fam!*) verdammt; **~ marvellous** großartig *a. iron;* **to be ~ useless** zu gar nichts taugen

bloom [bluːm] **I.** *n no pl* Blüte *f;* **to come into ~** aufblühen **II.** *vi* blühen

blossom ['blɒs^{ə}m] **I.** *n no pl* [Baum]blüte *f* **II.** *vi* blühen *a. fig*

blow[1] [bləʊ] **I.** *vi* <blew, blown> ① *wind* wehen; **the window blew open** das Fenster wurde aufgeweht ② (*exhale*) blasen ③ (*break*) *fuse* durchbrennen ④ (*fam: leave*) abhauen **II.** *vt* <blew, blown> ① blasen; *wind* wehen; **to ~ one's nose** sich *dat* die Nase putzen ② (*destroy*) **we blew a tyre** uns ist ein Reifen geplatzt

◆ **blow away** *vt wind* wegwehen

◆ **blow off I.** *vt* ① (*remove*) wegblasen ② (*rip off*) wegreißen **II.** *vi* weggeweht werden

◆ **blow over I.** *vi* ① (*fall*) umstürzen ② (*stop*) *storm* sich legen ③ (*fig*) *argument, trouble* sich beruhigen **II.** *vt* umwerfen

◆ **blow up I.** *vi* ① (*come up*) *storm* [her]aufziehen ② (*explode*) explodieren **II.** *vt* ① (*inflate*) aufblasen ② (*enlarge*) vergrößern

blow[2] [bləʊ] *n* (*hit*) Schlag *m;* **to come to ~s over sth** sich wegen einer S. *gen* prügeln

blown [bləʊn] *vt, vi pp of* **blow**

blue [bluː] **I.** *adj* <-r, -st> ① (*colour*) blau ② (*fam*) **~ movie** Pornofilm *m;* ▶ **once in a ~ moon** alle Jubeljahre einmal **II.** *n* Blau *nt*

blueberry ['bluːb^{ə}ri] *n* Heidelbeere *f*

blue-sky *adj* **~ thinking** zukunftsorientiertes Denken

blunder ['blʌndə^{r}] **I.** *n* schwer[wiegend]er Fehler **II.** *vi* ① (*make a mistake*) einen groben Fehler machen ② (*act clumsily*) **to ~ [about]** [herum]tappen; **to ~ into sth** in etw *akk* hineinplatzen

blunt [blʌnt] **I.** *adj* ① stumpf ② (*outspoken*) direkt **II.** *vt* ① stumpf machen ② (*fig*) *enthusiasm* dämpfen

blurred [blɜːd] *adj* verschwommen

blush [blʌʃ] **I.** *vi* erröten **II.** *n* ① (*red face*) Erröten *nt kein pl;* **to spare sb's ~es** jdn nicht verlegen machen ② AM (*blusher*) Rouge *nt*

board [bɔːd] **I.** *n* ❶ Brett *nt;* (*blackboard*) Tafel *f;* (*notice board*) schwarzes Brett ❷ + *sing/pl vb* ADMIN Behörde *f;* ~ **of directors** Vorstand *m* ❸ *no pl* **full** ~ Vollpension *f;* **half** ~ Halbpension *f* ❹ TRANSP **on** ~ an Bord *a. fig* **II.** *vt* ❶ **to** ~ **up** mit Brettern vernageln ❷ *plane, ship* besteigen **III.** *vi* ❶ TOURIST wohnen (*als Pensionsgast*) ❷ AVIAT **flight BA345 is now ~ing at Gate 2** Flug BA345 ist zum Einstieg bereit – die Passagiere werden gebeten, sich zu Ausgang 2 zu begeben

boarding card *n* BRIT Bordkarte *f* **boarding house** *n* Pension *f*

boast [bəʊst] **I.** *vi* (*pej*) prahlen; **to** ~ **about sth** mit etw *dat* angeben **II.** *n* (*pej*) großspurige Behauptung

boastful ['bəʊstfᵊl] *adj* (*pej*) großspurig; **to be** ~ prahlen

boat [bəʊt] *n* Boot *nt;* (*large*) Schiff *nt;* **to travel by** ~ mit dem Schiff fahren ▶ **to be in the same** ~ im selben Boot sitzen; **to miss the** ~ den Anschluss verpassen; **to push the** ~ **out** BRIT ganz groß feiern

boating ['bəʊtɪŋ] *n no pl* Bootfahren *nt;* ~ **lake** See *m* mit Wassersportmöglichkeiten

bobby ['bɒbi] *n* BRIT (*dated fam*) Polizist(in) *m(f)*

body ['bɒdi] *n* ❶ Körper *m;* ~ **and soul** mit Leib und Seele ❷ + *sing/pl vb* (*organized group*) Gruppe *f;* **advisory** ~ beratendes Gremium; **governing** ~ Leitung *f* ❸ (*corpse*) Leiche *f;* (*of an animal*) Kadaver *m* ❹ (*substance*) *of hair* Fülle *f; of wine* Gehalt *m;* ▶ **over my dead** ~ nur über meine Leiche

bodyguard *n* Bodyguard *m*

bog [bɒg] *n* ❶ (*wet ground*) Sumpf *m* ❷ BRIT, AUS (*sl*) Klo *nt*

◆ **bog down** *vt* **to be ~ged down** stecken bleiben

boil [bɔɪl] **I.** *n no pl* kochen; **to let sth come to the** ~ etw aufkochen lassen **II.** *vi* ❶ FOOD kochen; **the kettle's ~ed!** das Wasser hat gekocht! ❷ CHEM den Siedepunkt erreichen ❸ (*fig fam: angry*) **to** ~ **with rage** vor Wut kochen ❹ (*fig fam*) **I'm ~ing** ich schwitze mich zu Tode **III.** *vt* ❶ (*heat*) kochen ❷ (*bring to boil*) zum Kochen bringen

◆ **boil away** *vi* verkochen

◆ **boil down I.** *vi sauce* einkochen ▶ **it all ~s down to ...** es läuft auf ... hinaus **II.** *vt* ❶ *sauce* einkochen ❷ (*fig: condense*) zusammenfassen

boiler ['bɔɪləʳ] *n* Boiler *m*

boiling ['bɔɪlɪŋ] *adj* ❶ (*100 °C*) kochend ❷ (*extremely hot*) sehr heiß; **I'm** ~ ich komme um vor Hitze; ~ **[hot] weather** unerträgliche Hitze

boisterous ['bɔɪstᵊrəs] *adj* ❶ (*rough*) wild ❷ (*exuberant*) übermütig

bold [bəʊld] *adj* ❶ (*brave*) mutig; **to take a** ~ **step** ein Wagnis eingehen ❷ *colour* kräftig; ~ **brush strokes** kühne Pinselstriche; **printed in** ~ **type** fett gedruckt ▶ **as** ~ **as brass** frech wie Oskar

bolt [bəʊlt] **I.** *vi* ❶ (*move quickly*) rasen ❷ (*run away*) ausreißen **II.** *vt* ❶ (*gulp down*) **to** ~ **sth [down]** etw hinunterschlingen ❷ (*fix*) **to** ~ **sth on[to] sth** etw mit etw *dat* verbolzen **III.** *n* ❶ ~ **of lightning** Blitz[schlag] *m* ❷ (*screw*) Schraubenbolzen *m*

bomb [bɒm] **I.** *n* Bombe *f;* **unexploded** ~ Blindgänger *m;* ▶ **to go like a** ~ ein Bombenerfolg sein **II.** *vt* bombardieren

bone [bəʊn] *n* ❶ ANAT Knochen *m; of fish* Gräte *f* ❷ *no pl* (*material*) Bein *nt;* **made of** ~ aus Bein ▶ **to be a bag of ~s** nur noch Haut und Knochen sein; **to work one's fingers to the** ~ sich abrackern

bonnet ['bɒnɪt] *n* ❶ (*hat*) Mütze *f* ❷ BRIT, AUS AUTO Motorhaube *f*

bony ['bəʊni] *adj* knochig

boo [buː] **I.** *interj* (*fam*) ❶ (*to surprise*)

huh ❷ (*to show disapproval*) buh **II.** *vi* buhen

B

book [bʊk] **I.** *n* ❶ Buch *nt* ❷ *pl* FIN **the ~s** die [Geschäfts]bücher *pl* ▸ **to do sth by the ~** etw nach Vorschrift machen **II.** *vt* ❶ (*reserve*) buchen; **to ~ sth for sb** etw für jdn reservieren ❷ (*by policeman*) verwarnen **III.** *vi* buchen, reservieren; **to ~ into a hotel** in ein Hotel einchecken; **to be fully ~ed** ausgebucht sein

◆ **book in I.** *vi esp* BRIT einchecken **II.** *vt* **to ~ sb in** für jdn ein Hotel buchen

◆ **book up** *vi* buchen; **to be ~ed up** ausgebucht sein

booking ['bʊkɪŋ] *n* Reservierung *f;* **advance ~s** Vorreservierung[en] *f[pl];* **a block ~** eine Gruppenreservierung; **to make a ~** etw buchen

booking office *n* Theaterkasse *f*

bookmaker *n* Buchmacher(in) *m(f)* **bookseller** *n* Buchhändler(in) *m(f)* **bookshelf** *n* Bücherregal *nt* **bookshop** *n* Buchgeschäft *nt* **bookstore** *n* AM Buchgeschäft *nt*

boom¹ [bu:m] ECON **I.** *vi* florieren **II.** *n* Boom *m*, Aufschwung *m*

boom² [bu:m] **I.** *n* Dröhnen *nt kein pl* **II.** *vi* **to ~ [out]** dröhnen

boot [bu:t] **I.** *n* ❶ (*footwear*) Stiefel *m* ❷ (*fam: kick*) Stoß *m;* **to give sb the ~** (*fig*) jdn hinauswerfen ❸ BRIT AUTO (*for luggage*) Kofferraum *m;* AM AUTO (*wheel clamp*) Wegfahrsperre *f;* ▸ **to get too big for one's ~s** hochnäsig werden **II.** *vt* (*fam*) einen Tritt versetzen; **to be ~ed off sth** achtkantig aus etw *dat* fliegen

◆ **boot out** *vt* (*fam*) rausschmeißen

booth [bu:ð, bu:θ] *n* Kabine *f;* (*in a restaurant*) Sitzecke *f*

bootleg *adj* ❶ (*sold illegally*) geschmuggelt ❷ (*illegally made*) illegal hergestellt; **~ alcohol** schwarz gebrannter Alkohol; **~ CDs** Raubpressungen *pl*

booty ['bu:ti] *n* AM (*sl*) Hintern *m*

bootylicious ['bu:tilɪʃəs] *adj* AM (*sl*) zum Reinbeißen *fam; butt* knackig

booze [bu:z] *n* (*fam*) ❶ *no pl* (*alcohol*) Alk *m;* **to be off the ~** nicht mehr trinken ❷ (*activity*) **to go out on the ~** auf Sauftour gehen

border ['bɔ:dəʳ] **I.** *n* ❶ (*frontier*) Grenze *f* ❷ (*edge*) Begrenzung *f* **II.** *vt* ❶ (*be or act as frontier*) grenzen an +*akk* ❷ (*bound*) begrenzen

border control *n* Grenzkontrolle *f*

bore¹ [bɔ:ʳ] *pt of* **bear**

bore² [bɔ:ʳ] **I.** *n* ❶ (*thing*) langweilige Sache; **what a ~** wie langweilig ❷ (*person*) Langweiler(in) *m(f)* **II.** *vt* langweilen

bore³ [bɔ:ʳ] **I.** *vt* bohren **II.** *vi* **to ~ through/into** durchbohren

boredom ['bɔ:dəm] *n no pl* Langeweile *f*

boring ['bɔ:rɪŋ] *adj* langweilig

born [bɔ:n] *adj* geboren; **I was ~ in April** ich bin im April geboren; **she's a Dubliner ~ and bred** sie ist eine waschechte Dublinerin; **English-~** in England geboren

borne [bɔ:n] *vi pt of* **bear**

borough ['bʌrə] *n* Verwaltungsbezirk *m;* **the London ~ of Westminster** die Londoner Stadtgemeinde Westminster

borrow ['bɒrəʊ] **I.** *vt* leihen; **to ~ a book from a library** ein Buch aus einer Bibliothek ausleihen **II.** *vi* Geld leihen

bosom ['bʊzᵊm] *n usu sing* ❶ (*breasts*) Busen *m* ❷ (*fig*) **in the ~ of one's family** im Schoß der Familie

boss [bɒs] **I.** *n* Chef(in) *m(f);* **to be one's own ~** sein eigener Herr sein **II.** *vt* (*fam*) **to ~ sb [about]** jdn herumkommandieren

botanical [bə'tænɪkᵊl] *adj* botanisch

both [bəʊθ] **I.** *adj, pron* beide; **~ sexes** Männer und Frauen; **would you like milk or sugar or ~?** möchtest du Milch oder Zucker oder beides?; **a picture of ~ of us** ein Bild von uns beiden **II.** *adv* **I felt ~ happy and sad at the**

same time ich war glücklich und traurig zugleich; ~ **men and women** sowohl Männer als auch Frauen

bother ['bɒðəʳ] **I.** *n no pl* ❶ (*effort*) Mühe *f;* (*work*) Aufwand *m;* **it is no ~ [at all]!** [überhaupt] kein Problem!; **to not be worth the ~** kaum der Mühe wert sein ❷ (*trouble*) Ärger *m;* **to get oneself into a spot of ~** sich in Schwierigkeiten bringen ❸ BRIT (*nuisance*) **to be a ~** lästig sein **II.** *vi* **don't ~!** lass nur!; **shall I wait? — no, don't ~** soll ich warten? — nein, nicht nötig; **you needn't have ~ed** du hättest dir die Mühe sparen können **IV.** *vt* ❶ (*worry*) beunruhigen; **it ~ed me that I hadn't done anything** es ließ mir keine Ruhe, dass ich nichts getan hatte; **what's ~ing you?** was hast du? ❷ (*concern*) **it doesn't ~ me** das macht mir nichts aus; **I'm not ~ed about what he thinks** es ist mir egal, was er denkt ❸ (*disturb*) stören; **I'm sorry to ~ you, but ...** entschuldigen Sie bitte [die Störung], aber ... ❹ (*annoy*) belästigen; **my tooth is ~ing me** mein Zahn macht mir zu schaffen

bottle ['bɒtl] **I.** *n* (*container*) Flasche *f;* **baby's ~** Fläschchen *nt;* **a ~ of milk** eine Flasche Milch **II.** *vt* (*put into bottles*) abfüllen

bottle bank *n* BRIT Altglascontainer *m*

bottled ['bɒtld] *adj* in Flaschen abgefüllt; **~ beer** Flaschenbier *nt*

bottom ['bɒtəm] **I.** *n* ❶ (*lowest part*) Boden *m;* **pyjama ~s** Pyjamahose *f;* **at the ~ of the page** am Seitenende; **rock ~** (*fig*) Tiefststand *m;* **the ~ of the sea** der Meeresgrund; **at the ~ of the stairs** am Fuß der Treppe; **from top to ~** von oben bis unten; **to sink to the ~** auf den Grund sinken; **to start at the ~** ganz unten anfangen ❷ (*end*) **at the ~ of the garden** im hinteren Teil des Gartens; **at the ~ of the street** am Ende der Straße ❸ ANAT Hinterteil *nt* **II.** *adj* untere(r, s); **the ~ shelf** das unterste Regal **III.** *vi* ECON **to ~ out** seinen Tiefstand erreichen

B

bought [bɔːt] *vt pt of* **buy**

boulder ['bəʊldəʳ] *n* Felsbrocken *m*

bounce [baʊn(t)s] **I.** *n* ❶ *ball* Aufprall ❷ (*vitality*) Schwung *m* ❸ AM (*fam: eject, sack*) **to give sb the ~** jdn hinauswerfen **II.** *vi* ❶ *ball* aufspringen ❷ (*move up and down*) hüpfen ❸ FIN (*fam*) *cheque* platzen **III.** *vt* aufspringen lassen

bouncer ['baʊn(t)səʳ] *n* Rausschmeißer *m*

bound¹ [baʊnd] **I.** *vi* (*leap*) springen **II.** *n* (*leap*) Sprung *m*

bound² [baʊnd] *vt usu passive* (*border*) **to be ~ed by sth** von etw *dat* begrenzt werden

bound³ [baʊnd] *adj* **where is this ship ~ for?** wohin fährt dieses Schiff?; **to be ~ for success** (*fig*) auf dem besten Weg sein, erfolgreich zu sein

bound⁴ [baʊnd] **I.** *pt, pp of* **bind II.** *adj* ❶ (*certain*) **she's ~ to come** sie kommt ganz bestimmt; **to be ~ to happen** zwangsläufig geschehen; **it was ~ to happen** das musste so kommen ❷ (*obliged*) verpflichtet

boundary ['baʊndᵊri] *n* Grenze *f*

bout [baʊt] *n* Anfall *m;* **a ~ of coughing** ein Hustenanfall *m;* **drinking ~** Trinkgelage *nt*

bow¹ [bəʊ] *n* ❶ (*weapon*) Bogen *m;* **~ and arrow** Pfeil und Bogen ❷ (*knot*) Schleife *f*

bow² [baʊ] **I.** *vi* sich verbeugen (**to** vor); **to ~ to public pressure** (*fig*) sich öffentlichem Druck beugen **II.** *vt* **to ~ one's head** den Kopf senken **III.** *n* ❶ (*bending over*) Verbeugung *f;* **to take a ~** sich [unter Applaus] verbeugen ❷ NAUT Bug *m;* **in the ~[s]** im Bug

bowl¹ [bəʊl] *n* ❶ (*dish*) Schüssel *f;* (*shallower*) Schale *f;* **a ~ of soup** eine Tasse Suppe ❷ AM **the Bowl** das Stadion

B

bowl² [bəʊl] SPORTS **I.** *vi* ❶ (*in cricket*) werfen ❷ (*tenpins*) bowlen; (*skittles*) kegeln **II.** *vt* SPORTS ❶ (*bowling, cricket*) werfen ❷ (*cricket: dismiss*) **to ~ sb** jdn ausschlagen **III.** *n* Kugel *f;* **~s** + *sing vb* BRIT Bowls *pl*

bowler ['bəʊləʳ] *n* ❶ (*cricket*) Werfer(in) *m(f)* ❷ (*bowls*) Bowlsspieler(in) *m(f)*

bowling ['bəʊlɪŋ] *n no pl* ❶ (*tenpins*) Bowling *nt* ❷ (*in cricket*) Werfen *nt;* **to open the ~** den ersten Wurf machen

bowling alley *n* (*tenpin*) Bowlingbahn *f;* (*skittles*) Kegelbahn *f* **bowling green** *n* Rasenfläche *f* für Bowls

bow tie [bəʊ'taɪ] *n* FASHION Fliege *f*

box¹ [bɒks] **I.** *n* ❶ (*container*) Kiste *f; out of cardboard* Karton *m; of cigars, matches* Schachtel *f* ❷ FBALL (*fam*) Strafraum *m* **II.** *vt* **to ~ sth [up]** etw [in einen Karton] verpacken

box² [bɒks] *n* (*tree*) Buchsbaum *m*

box³ [bɒks] **I.** *vi* boxen **II.** *vt* **to ~ sb** gegen jdn boxen **III.** *n* **to give sb a ~ on the ears** jdm eine Ohrfeige geben

boxer ['bɒksəʳ] *n* ❶ (*dog*) Boxer *m* ❷ (*person*) Boxer(in) *m(f)*

boxing ['bɒksɪŋ] *n no pl* Boxen *nt*

Boxing Day *n* BRIT, CAN zweiter Weihnachtsfeiertag, der 26. Dezember

boxing gloves *n pl* Boxhandschuhe *pl* **boxing match** *n* Boxkampf *m*

box number *n* Chiffre[nummer] *f* **box office** *n* Kasse *f* (*im Kino, Theater*)

boy [bɔɪ] **I.** *n* Junge *m;* ► **the big ~s** die Großen; **the ~s in blue** die Polizei; **~s will be ~s** Jungs sind nun mal so **II.** *interj* **[oh] ~!** Junge, Junge!

boyfriend *n* Freund *m* **boy scout** *n* Pfadfinder *m*

bra [brɑː] *n* BH *m*

brace [breɪs] **I.** *n* ❶ (*for teeth*) Zahnspange *f* ❷ BRIT, AUS (*for trousers*) **~s** *pl* Hosenträger *pl* ❸ *esp* AM (*callipers*) **~s** *pl* Stützapparat *m* **II.** *vt* ❶ (*prepare for*) **to ~ oneself for sth** sich auf etw *akk* vorbereiten ❷ (*support*) [ab]stützen

bracelet ['breɪslət] *n* Armband *nt*

brag <-gg-> [bræg] *vi, vt* **to ~ [about sth]** [mit etw *dat*] prahlen

Braille [breɪl] *n no pl* Blindenschrift *f*

brain [breɪn] *n* ❶ (*organ*) Gehirn *nt;* **~s** *pl* [Ge]hirn *nt* ❷ (*intelligence*) Verstand *m;* **~s** *pl* Intelligenz *f kein pl;* **to have ~s** Grips haben ❸ (*fam: intelligent person*) heller Kopf; **the best ~s** die fähigsten Köpfe ► **to have sth on the ~** immer nur an etw *akk* denken

brake [breɪk] **I.** *n* Bremse *f* **II.** *vi* bremsen; **to ~ hard** scharf bremsen

bran [bræn] *n no pl* Kleie *f*

branch [brɑːn(t)ʃ] **I.** *n* ❶ (*of a bough*) Zweig *m;* (*of the trunk*) Ast *m* ❷ *esp* AM **~ of a river** Flussarm *m* ❸ (*local office*) Zweigstelle *f* **II.** *vi* (*fig*) sich gabeln

◆ **branch off** **I.** *vi* sich verzweigen **II.** *vt* **to ~ off a subject** vom Thema abkommen

branch office *n* Filiale *f*

brand [brænd] **I.** *n* ❶ (*product*) Marke *f;* **own ~** Hausmarke *f* ❷ (*mark*) Brandzeichen *nt* **II.** *vt* (*fig, pej*) **to be ~ed [as] sth** als etw gebrandmarkt sein

brand new *adj* [funkel]nagelneu *fam*

brandy ['brændi] *n* Weinbrand *m*

brass [brɑːs] *n* ❶ (*metal*) Messing *nt* ❷ (*engraving*) Gedenktafel *f* (*aus Messing*)

brass band *n* Blaskapelle *f*

brassiere ['bræsɪəʳ] *n* (*dated form*) Büstenhalter *m*

brave [breɪv] **I.** *adj* mutig ► **to put on a ~ face** sich *dat* nichts anmerken lassen **II.** *vt* trotzen

brawl [brɔːl] **I.** *n* [lautstarke] Schlägerei **II.** *vi* sich [lautstark] schlagen

bray [breɪ] **I.** *vi donkey* schreien **II.** *n* [Esels]schrei *m*

bread [bred] *n no pl* Brot *nt*

breadcrumb *n* Brotkrume *f;* **~s** *pl* (*for coating food*) Paniermehl *nt kein pl;* **to coat with ~s** panieren

break [breɪk] **I.** *n* ❶ (*fracture*) Bruch *m* ❷ (*gap*) Lücke *f* ❸ (*escape*) Ausbruch *m;* **to make a ~** ausbrechen ❹ (*interruption*) Unterbrechung *f; esp* BRIT SCH Pause *f;* **coffee ~** Kaffeepause *f;* **commercial ~** *on TV, the radio* Werbung *f;* **a short ~ in Paris** ein Kurzurlaub in Paris ► **give me a ~!** hör auf [damit]! **II.** *vt* <broke, broken> ❶ (*shatter*) zerbrechen; (*damage*) kaputtmachen; *window* einschlagen; **to ~ one's arm** sich *dat* den Arm brechen; **to ~ a tooth** sich *dat* einen Zahn abbrechen ❷ (*momentarily interrupt*) unterbrechen; *fall* abfangen ❸ (*put an end to*) brechen ❹ (*violate*) *agreement* verletzen ❺ (*tell*) *news* **to ~ sth to sb** jdm etw mitteilen **III.** *vi* <broke, broken> ❶ (*stop working*) kaputtgehen; (*collapse*) zusammenbrechen; (*shatter*) zerbrechen ❷ (*interrupt*) **shall we ~ [off] for lunch?** machen wir Mittagspause? ❸ (*change in voice*) **the boy's voice is ~ing** der Junge ist [gerade] im Stimmbruch ❹ *dawn, day* anbrechen ❺ *news* bekannt werden ► **to ~ loose** sich losreißen

◆ **break down I.** *vi* ❶ (*stop working*) stehen bleiben ❷ *marriage* scheitern **II.** *vt* ❶ (*force open*) aufbrechen ❷ CHEM aufspalten

◆ **break in I.** *vi* ❶ (*enter by force*) einbrechen ❷ (*interrupt*) unterbrechen **II.** *vt* ❶ (*condition*) *shoes* einlaufen ❷ (*tame*) zähmen

◆ **break into** *vi* ❶ (*forcefully enter*) einbrechen in +*akk* ❷ (*start doing sth*) **to ~ into applause** in Beifall ausbrechen

◆ **break off I.** *vt* ❶ (*separate forcefully*) abbrechen ❷ *engagement* lösen **II.** *vi* abbrechen

◆ **break out** *vi* ❶ (*escape*) ausbrechen ❷ (*begin*) ausbrechen; *storm* losbrechen ❸ **to ~ out in a rash** einen Ausschlag bekommen; **I broke out in a cold sweat** mir brach der kalte Schweiß aus

◆ **break up I.** *vt* ❶ (*end*) beenden ❷ (*split up*) aufspalten; *gang, monopoly* zerschlagen **II.** *vi* ❶ (*end relationship*) sich trennen ❷ (*come to an end*) enden; *marriage* scheitern ❸ (*fall apart*) auseinandergehen; *coalition* auseinanderbrechen ❹ SCH **when do you ~ up?** wann beginnen bei euch die Ferien? ❺ (*laugh*) loslachen ❻ *esp* AM (*be upset*) zusammenbrechen

breakable ['breɪkəbl] *adj* zerbrechlich

breakdown *n* ❶ (*collapse*) Zusammenbruch *m* ❷ AUTO Panne *f* ❸ (*list*) Aufgliederung *f* ❹ PSYCH [Nerven]zusammenbruch *m*

breakdown lorry *n* BRIT Abschleppwagen *m* **breakdown service** *n* Abschleppdienst *m*

breakfast ['brekfəst] **I.** *n* Frühstück *nt;* **to have ~** frühstücken **II.** *vi* (*form*) frühstücken

breast [brest] *n* Brust *f;* (*bust*) Busen *m;* ► **to make a clean ~ of sth** etw gestehen

breast-feed <-fed, -fed> *vi, vt* stillen

breaststroke *n no pl* Brustschwimmen *nt;* **to do [the] ~** brustschwimmen

breath [breθ] *n* ❶ (*air*) Atem *m;* (*act of breathing in*) Atemzug *m;* **bad ~** Mundgeruch *m;* **out of ~** außer Atem; **to take sb's ~ away** jdm den Atem rauben; **to waste one's ~** in den Wind reden ❷ *no pl* (*wind*) **a ~ of air** ein Hauch *m*

breathalyze ['breθəlaɪz] *vt* **to ~ sb** jdn pusten lassen

breathe [bri:ð] **I.** *vi* atmen; **to ~ again/more easily** (*fig*) [erleichtert] aufatmen ► **to ~ down sb's neck** jdm im Nacken sitzen **II.** *vt* (*exhale*) [aus]atmen; **to ~ a sigh of relief** erleichtert aufatmen

breathing ['bri:ðɪŋ] *n no pl* Atmung *f*

breathing apparatus *n* Sauerstoffgerät *nt*

breathless ['breθləs] *adj* atemlos

breathtaking *adj* atemberaubend

breed [bri:d] **I.** *vt* <bred, bred> züchten **II.** *vi* <bred, bred> sich fortpflanzen **III.** *n* ① (*of animal*) Rasse *f* ② (*fam: of person*) Sorte *f;* **to be a dying ~** einer aussterbenden Gattung angehören

breeze [bri:z] **I.** *n* Brise *f* **II.** *vi* **to ~ through sth** etw spielend schaffen

brewery ['bru:ᵊri] *n* Brauerei *f*

bribe [braɪb] **I.** *vt* bestechen **II.** *n* Bestechung *f;* **to take a ~** sich bestechen lassen

bribery ['braɪbᵊri] *n no pl* Bestechung *f*

brick [brɪk] *n* Backstein *m*

bride [braɪd] *n* Braut *f*

bridegroom ['braɪdgrʊm, -gru:m] *n* Bräutigam *m*

bridesmaid *n* Brautjungfer *f*

bridge [brɪdʒ] **I.** *n* ① Brücke *f* ② (*of glasses*) Brillensteg *m* ③ (*on ship*) Kommandobrücke *f* **II.** *vt* **to ~ sth** über etw *akk* eine Brücke schlagen; (*fig*) *gap* etw überwinden

bridle ['braɪdl̩] **I.** *n* Zaumzeug *nt* **II.** *vt* aufzäumen **III.** *vi* **to ~ at sth** sich über etw *akk* entrüsten

bridle path, bridleway *n* Reitweg *m*

brief [bri:f] **I.** *adj* kurz; **to be ~** sich kurz fassen; **in ~** kurz gesagt **II.** *n* ① BRIT, AUS (*instructions*) Anweisungen *pl* ② *pl* **~s** *pl* (*underpants*) Slip *m* **III.** *vt* informieren

briefcase ['bri:fkeɪs] *n* Aktentasche *f*

briefing ['bri:fɪŋ] *n* [Einsatz]besprechung *f*

bright [braɪt] **I.** *adj* ① (*shining*) *light* hell; (*blinding*) grell ② (*vivid*) **~ blue** strahlend blau ③ (*intelligent*) intelligent; *child* aufgeweckt ④ (*promising*) viel versprechend **II.** *n* AM AUTO **~s** *pl* Fernlicht *nt*

brighten ['braɪtᵊn] **I.** *vt* **to ~ [up] sth** ① (*make brighter*) etw heller machen ② (*make look more cheerful*) etw auflockern; *room* freundlicher machen ③ (*make more promising*) etw verbessern; **to ~ sb's life** Freude in jds Leben bringen **II.** *vi* **to ~ [up]** ① (*become cheerful*) fröhlicher werden; *face* sich *akk* aufhellen ② (*become more promising*) *prospects* besser werden; *weather* sich *akk* aufklären, aufheitern

brilliant ['brɪliənt] **I.** *adj* ① (*brightly shining*) *colour, eyes* leuchtend ② (*clever*) *person* hoch begabt ③ BRIT (*fam: excellent*) hervorragend **II.** *interj* BRIT (*fam*) toll!

bring <brought, brought> [brɪŋ] *vt* ① (*convey*) mitbringen; **to ~ sth to sb's attention** jdn auf etw *akk* aufmerksam machen ② (*cause to come/happen*) bringen; **her screams brought everyone running** durch ihre Schreie kamen alle zu ihr gerannt ③ (*force*) **to ~ oneself to do sth** sich [dazu] durchringen, etw zu tun

◆ **bring about** *vt* ① (*cause*) verursachen ② (*achieve*) **to have been brought about by sth** durch etw *akk* zustande gekommen sein

◆ **bring along** *vt* mitbringen

◆ **bring back** *vt* zurückbringen

◆ **bring down** *vt* ① (*fetch down*) herunterbringen ② (*make fall over*) zu Fall bringen ③ (*reduce*) senken ► **to ~ the house down** einen Beifallssturm auslösen

◆ **bring forward** *vt* vorverlegen

◆ **bring in** *vt* ① (*fetch in*) hereinbringen; *harvest* einbringen ② (*earn*) [ein]bringen

◆ **bring on** *vt* (*cause to occur*) herbeiführen; MED verursachen; **you brought it on yourself** du bist selbst schuld

◆ **bring out** *vt* ① (*fetch out*) herausbringen ② BRIT, AUS (*encourage*) **to ~**

sb out jdm die Hemmungen nehmen ❸ (*reveal*) zum Vorschein bringen

◆ **bring round** *vt esp* BRIT (*fetch round*) mitbringen

◆ **bring up** *vt* ❶ (*carry up*) heraufbringen ❷ (*rear*) großziehen; **a well brought-up child** ein gut erzogenes Kind ❸ (*mention*) zur Sprache bringen; **to ~ sth up for discussion** etw zur Diskussion stellen ▶ **to ~ up the rear** das Schlusslicht bilden

Britain [ˈbrɪtᵊn] *n* Großbritannien *nt*

British [ˈbrɪtɪʃ] **I.** *adj* britisch **II.** *n pl* **the ~** die Briten *pl*

Briton [ˈbrɪtᵊn] *n* Brite(in) *m(f)*

broad [brɔːd] **I.** *adj* ❶ (*wide*) breit ❷ (*obvious*) **a ~ hint** ein Wink *m* mit dem Zaunpfahl ❸ (*general*) allgemein ❹ (*wide-ranging*) weitreichend ❺ (*strong*) *accent, grin* breit **II.** *n* AM (*sl*) Tussi *f*

ˈbroadband *n* COMPUT Breitband *m*

broad bean *n* dicke Bohne

broadly [ˈbrɔːdli] *adv* ❶ (*widely*) breit ❷ (*generally*) allgemein; **~ speaking, ...** ganz allgemein gesehen, ...

broadminded *adj* (*approv*) tolerant

broccoli [ˈbrɒkᵊli] *n no pl* Brokkoli *m*

brochure [ˈbrəʊʃəʳ] *n* Broschüre *f*

broke [brəʊk] **I.** *pt of* **break II.** *adj* (*fam*) pleite

broken [ˈbrəʊkᵊn] **I.** *pp of* **break II.** *adj* ❶ *arm* gebrochen; *bottle* zerbrochen; **~ glass** Glasscherben *pl* ❷ **in ~ English** in gebrochenem Englisch

broken-down *adj* kaputt **broken-hearted** *adj* untröstlich

brolly [ˈbrɒli] *n* BRIT, AUS (*fam*) Schirm *m*

bronze [brɒnz] *n* Bronze *f*

brooch <*pl* -es> [brəʊtʃ] *n* Brosche *f*

broom [bruːm, brʊm] *n* Besen *m*

broomstick [ˈbruːmstɪk, ˈbrʊm-] *n* Besenstiel *m*

broth [brɒθ] *n no pl* Brühe *f*

brother [ˈbrʌðəʳ] **I.** *n* Bruder *m;* **~s and sisters** Geschwister *pl;* **~s in arms** Waffenbrüder *pl* **II.** *interj* (*fam*) Mann!

brother-in-law <*pl* brothers-in-law> *n* Schwager *m*

brought [brɔːt] *pp, pt of* **bring**

brown [braʊn] **I.** *n* Braun *nt* **II.** *adj* braun

brown bread *n no pl locker gebackenes Brot aus dunklerem Mehl, etwa wie Mischbrot* **brown paper** *n no pl* Packpapier *nt* **brown rice** *n no pl* ungeschälter Reis

browse [braʊz] **I.** *vi* ❶ **to ~ through a magazine** eine Zeitschrift durchblättern ❷ **to ~ [around a shop]** sich [in einem Geschäft] umsehen **II.** *n no pl* ❶ **to have a ~ around** sich umsehen ❷ **to have a ~ through a magazine** eine Zeitschrift durchblättern

bruise [bruːz] **I.** *n* ❶ blauer Fleck ❷ (*on fruit*) Druckstelle *f* **II.** *vt* **to ~ one's arm** sich am Arm stoßen **III.** *vi* einen blauen Fleck bekommen; *fruit* Druckstellen bekommen

brush [brʌʃ] **I.** *n* <*pl* -es> ❶ (*for hair, cleaning*) Bürste *f;* (*for painting*) Pinsel *m* ❷ *no pl* (*act*) Bürsten *nt;* **to give sth a ~** etw abbürsten ❸ (*encounter*) Zusammenstoß *m;* **to have a ~ with the law** mit dem Gesetz in Konflikt geraten **II.** *vt* ❶ (*clean*) abbürsten; **to ~ one's hair** sich *dat* die Haare bürsten ❷ (*touch lightly*) leicht berühren **III.** *vi* **to ~ against** streifen

◆ **brush aside** *vt* ❶ (*move aside*) wegschieben ❷ *thing* abtun

◆ **brush away** *vt* ❶ (*wipe*) wegwischen ❷ (*dismiss*) [aus seinen Gedanken] verbannen

◆ **brush off** *vt* ❶ (*remove with brush*) abbürsten ❷ (*ignore*) *person* abblitzen lassen; *thing* zurückweisen

◆ **brush up I.** *vi* **to ~ up on sth** etw auffrischen **II.** *vt* auffrischen

brush-off *n no pl* **to get the ~ from sb** von jdm einen Korb bekommen; **to**

give sb the ~ jdm eine Abfuhr erteilen

Brussels ['brʌsᵊlz] *n no pl* Brüssel *nt*

Brussel(s) sprout *n* Rosenkohl *m kein pl,* Kohlsprosse *f* ÖSTERR

brutal ['bru:tᵊl] *adj* brutal

bubble ['bʌbl̩] **I.** *n* Blase *f;* **to blow ~s** Seifenblasen machen **II.** *vi* kochen *a. fig; coffee, stew* brodeln; *boiling water, fountain* sprudeln; *champagne* perlen

◆ **bubble over** *vi* **to ~ over with sth** vor etw *dat* [über]sprudeln

bubble bath *n* Schaumbad *nt* **bubble gum** *n* Bubble Gum® *m*

bubbly ['bʌbl̩i] **I.** *n no pl* (*fam*) Schampus *m* **II.** *adj* ❶ *drink* sprudelnd ❷ *person* temperamentvoll

◆ **buck up** **I.** *vi* (*fam*) ❶ (*cheer up*) [wieder] Mut fassen; **~ up!** Kopf hoch! ❷ (*hurry up*) sich beeilen **II.** *vt* **to ~ sb up** jdn aufmuntern [*o* aufheitern] ▶ **to ~ one's ideas up** sich zusammenreißen

bucket ['bʌkɪt] *n* ❶ (*pail*) Eimer *m* ❷ (*fam: large amounts*) **~s** *pl* Unmengen *pl*

bucketful <*pl* -s> *n* Eimer *m*

buckle ['bʌkl̩] **I.** *n* Schnalle *f* **II.** *vt belt* [zu]schnallen

bud [bʌd] *n* Knospe *f;* **to be in ~** Knospen haben

buddy ['bʌdi] *n* AM (*fam*) Kumpel *m*

budge [bʌdʒ] **I.** *vi* ❶ (*move*) sich [vom Fleck] rühren ❷ (*change mind*) nachgeben; **to ~ from sth** von etw *dat* abrücken **II.** *vt* ❶ (*move*) [von der Stelle] bewegen ❷ (*cause to change mind*) umstimmen

budgerigar ['bʌdʒᵊrɪgɑ:ʳ] *n* Wellensittich *m*

budget ['bʌdʒɪt] **I.** *n* Budget *nt;* **the Budget** der öffentliche Haushalt[splan] **II.** *vi* **to ~ for sth** etw [im Budget] vorsehen **III.** *adj* preiswert; **~ travel** Billigreisen *pl*

buffalo <*pl* -> ['bʌfᵊləʊ] *n* Büffel *m*

buffet¹ ['bʊfeɪ, 'bʌ-] *n* Büfett *nt*

buffet² ['bʌfɪt] *vt* [heftig] hin und her bewegen

buffet car *n esp* BRIT ≈ Speisewagen *m*

bug [bʌg] **I.** *n* ❶ (*insect*) **~s** *pl* Ungeziefer *nt kein pl;* **bed ~** Bettwanze *f* ❷ COMPUT Bug *m* ❸ (*listening device*) Wanze *f* **II.** *vt* <-gg-> ❶ (*install bugs*) verwanzen ❷ (*fam: annoy*) **to ~ sb [about sth]** jdm [mit etw] auf die Nerven gehen; **stop ~ging me!** hör auf zu nerven!

bugger ['bʌgəʳ] **I.** *n* BRIT, AUS (*vulg*) Scheißkerl *m;* **poor ~** (*sl*) armes Schwein ▶ **it's got ~ all to do with you!** BRIT, AUS (*vulg*) das geht dich einen Dreck an! **II.** *interj* BRIT, AUS (*vulg*) **~!** Scheiße! **III.** *vt* BRIT, AUS (*sl: ruin*) ruinieren

◆ **bugger off** *vi* (*sl*) abhauen

buggy ['bʌgi] *n* ❶ BRIT (*pushchair*) Buggy *m* ❷ AM (*pram*) Kinderwagen *m*

build [bɪld] **I.** *n no pl* Körperbau *m* **II.** *vt* <built, built> ❶ (*construct*) bauen; *building a.* errichten ❷ (*fig*) aufbauen **III.** *vi* <built, built> ❶ (*construct*) bauen ❷ (*increase*) zunehmen

◆ **build up** **I.** *vt* aufbauen **II.** *vi* (*increase*) zunehmen; *traffic* sich verdichten

builder ['bɪldəʳ] *n* Bauarbeiter(in) *m(f)*

building ['bɪldɪŋ] *n* Gebäude *nt*

building site *n* Baustelle *f* **building society** *n* BRIT, AUS Bausparkasse *f*

built [bɪlt] *pp, pt of* **build**

built-in ['bɪltɪn] *adj* eingebaut; **~ cupboard** Einbauschrank *m*

built-up ['bɪltʌp] *adj* ❶ *area* verbaut ❷ *shoes* erhöht

bulb [bʌlb] *n* ❶ BOT Zwiebel *f* ❷ ELEC [Glüh]birne *f;* **energy-saving [electric] ~** Energiesparlampe *f*

bulky ['bʌlki] *adj person* massig; *object* sperrig

bull [bʊl] *n* Stier *m,* Bulle *m;* ▶ **like a ~ in a china shop** wie ein Elefant im Porzellanladen; **to take the ~ by the**

horns den Stier bei den Hörnern packen
bulldog *n* Bulldogge *f* **bulldozer** ['bʊldəʊzəʳ] *n* Bulldozer *m*
bullet ['bʊlɪt] *n* Kugel *f;* ~ **hole** Einschussloch *nt;* ~ **wound** Schusswunde *f;* ▶ **to bite the** ~ in den sauren Apfel beißen; **to give sb the** ~ jdn feuern
bulletin board *n* schwarzes Brett
bullfight *n* Stierkampf *m* **bullshit** (*fam!*) **I.** *n no pl* Schwachsinn *m* **II.** *vi* <-tt-> Scheiß erzählen
bully ['bʊli] **I.** *n* Rabauke *m;* **you're a big** ~ du bist ein ganz gemeiner Kerl **II.** *vt* <-ie-> tyrannisieren
bum [bʌm] **I.** *n* ❶ (*good-for-nothing*) Penner *m* ❷ *esp* BRIT, AUS (*fam: bottom*) Hintern *m* **II.** *adj* (*pej fam*) mies; ~ **rap** AM ungerechte Behandlung **III.** *vt* <-mm-> (*fam*) **to** ~ **sth off sb** etw von jdm schnorren
bumblebee ['bʌmb|bi:] *n* Hummel *f*
bump [bʌmp] **I.** *n* ❶ (*on head*) Beule *f;* (*in road*) Unebenheit *f* ❷ (*thud*) Bums *m;* **to go** ~ rumsen **II.** *vt* ❶ AUTO zusammenstoßen mit +*dat* ❷ **to** ~ **one's head** sich am Kopf stoßen **III.** *vi* **to** ~ **along** entlangrumpeln
bumper ['bʌmpəʳ] *n* Stoßstange *f*
bumpy ['bʌmpi] *adj* holp[e]rig; *flight, ride* unruhig
bun [bʌn] *n* ❶ (*pastry*) [rundes] Gebäckstück ❷ *esp* AM (*bread roll*) Brötchen *nt*
bunch <*pl* -es> [bʌn(t)ʃ] **I.** *n* ❶ (*group*) *of flowers* Strauß *m; of people* Haufen *m;* ~ **of keys** Schlüsselbund *m;* **a whole** ~ **of problems** jede Menge Probleme ❷ (*wad*) **in a** ~ aufgebauscht **II.** *vt* bündeln **III.** *vi* sich bauschen
bundle ['bʌnd|] **I.** *n* Bündel *nt;* **a** ~ **of nerves** (*fig*) ein Nervenbündel **II.** *vt* **to** ~ **sb into the car** jdn ins Auto verfrachten
bung [bʌŋ] **I.** *n* *esp* BRIT Pfropfen *m* **II.** *vt* ❶ *esp* BRIT **to be** ~**ed up** verstopft sein ❷ *esp* BRIT, AUS (*fam: throw*) schmeißen
bunk [bʌŋk] **I.** *n* ❶ (*in boat*) Koje *f* ❷ (*part of bed*) **bottom/top** ~ unteres/oberes Bett (*eines Etagenbetts*) ▶ **to do a** ~ BRIT, AUS [heimlich] abhauen **II.** *vi* (*fam*) **to** ~ [**down**] sich aufs Ohr legen
bunk bed *n* Etagenbett *nt*
bunny ['bʌni] *n* (*childspeak*) Häschen *nt*
bureau <*pl* -x *or* AM, AUS *usu* -s> ['bjʊərəʊ] *n* ❶ (*government department*) Amt *nt,* Behörde *f* ❷ AM (*office*) [Informations]büro *nt* ❸ BRIT (*desk*) Sekretär *m* ❹ AM (*chest of drawers*) Kommode *f*
burger ['bɜ:gəʳ] *n* (*fam*) *short for* **hamburger** [Ham]burger *m*
burglar ['bɜ:gləʳ] *n* Einbrecher(in) *m(f)*
burglary ['bɜ:glᵊri] *n* Einbruch[diebstahl] *m*
burgle ['bɜ:g|] *vt* BRIT, AUS einbrechen in; **they were** ~**d** bei ihnen wurde eingebrochen
burn [bɜ:n] **I.** *n* ❶ (*injury*) Verbrennung *f* ❷ (*damage*) Brandfleck *m* **II.** *vi* <burnt, burnt> ❶ (*be in flames*) brennen; *house* in Flammen stehen ❷ FOOD anbrennen ❸ (*sunburn*) einen Sonnenbrand bekommen **III.** *vt* <burnt, burnt> ❶ (*damage with heat*) verbrennen ❷ FOOD anbrennen lassen ❸ (*sunburn*) **to be** ~**t** einen Sonnenbrand haben
◆ **burn down I.** *vt* abbrennen **II.** *vi* *building* niederbrennen
◆ **burn out I.** *vi* ❶ *fire, candle* herunterbrennen ❷ *rocket* ausbrennen ❸ AM (*fam: reach saturation*) **to** ~ **out on sth** etw schnell überhaben **II.** *vt* ❶ (*stop burning*) **the candle** ~**t itself out** die Kerze brannte herunter ❷ (*person*) **to** ~ [**oneself**] **out** sich völlig verausgaben
◆ **burn up I.** *vi* verbrennen **II.** *vt* *calories* verbrauchen

burning ['bɜːnɪŋ] **I.** *adj* ❶ (*on fire*) brennend; *face* glühend ❷ (*controversial*) *issue* heiß diskutiert; *question* brennend **II.** *n no pl* **there's a smell of ~** es riecht verbrannt

burnt [bɜːnt] **I.** *vt, vi pt, pp of* **burn** **II.** *adj* (*completely*) verbrannt; (*partly*) *food* angebrannt

burp [bɜːp] **I.** *n* Rülpser *m; of a baby* Bäuerchen *nt* **II.** *vi* rülpsen *fam; baby* ein Bäuerchen machen

burrow ['bʌrəʊ] **I.** *n* Bau *m* **II.** *vt* graben

burst [bɜːst] **I.** *n* **~ of laughter** Lachsalve *f;* **~ of speed** Spurt *m* **II.** *vi* <burst, burst> ❶ (*explode*) platzen ❷ (*fig*) **to be ~ing to do sth** darauf brennen, etw zu tun ❸ (*be full*) *suitcase* zum Bersten voll sein; **to be ~ing with curiosity** vor Neugier platzen **III.** *vt* <burst, burst> zum Platzen bringen

◆ **burst in** *vi* herein-/hineinstürzen; **to ~ in on sb** bei jdm hereinplatzen; **to ~ in on a meeting** in eine Versammlung hineinplatzen

◆ **burst out** *vi* ❶ (*hurry out*) herausstürzen ❷ (*commence*) **to ~ out crying/laughing** in Tränen/Gelächter ausbrechen

bury <-ie-> ['beri] *vt person* begraben; *thing* vergraben

bus [bʌs] **I.** *n* <*pl* -es> [Omni]bus *m;* **to go by ~** mit dem Bus fahren **II.** *vt* <-ss-> mit dem Bus befördern **III.** *vi* <-ss-> mit dem Bus fahren

bus driver *n* Busfahrer(in) *m(f)*

bush <*pl* -es> [bʊʃ] *n* ❶ Busch *m;* **in the ~es** im Gebüsch ❷ (*fig*) **~ of hair** [dichtes] Haarbüschel ▶ **to beat about the ~** um den heißen Brei herumreden

bushy ['bʊʃi] *adj* buschig

business <*pl* -es> ['bɪznɪs] *n* ❶ *no pl* (*commerce*) Handel *m;* **on ~** beruflich ❷ *no pl* (*sales volume*) Geschäft *nt;* **how's ~?** was machen die Geschäfte? ❸ (*profession*) Branche *f;* **what line of ~ are you in?** in welcher Branche sind Sie tätig? ❹ *no pl* (*matter*) Angelegenheit *f;* **that's none of your ~** das geht dich nichts an ▶ **to be ~ as usual** den gewohnten Gang gehen; **to get down to ~** zur Sache kommen

business card *n* Visitenkarte *f* **business hours** *n pl* Geschäftszeiten *pl*

businesslike *adj* geschäftsmäßig, sachlich **businessman** *n* Geschäftsmann *m;* (*leader*) Manager *m;* (*entrepreneur*) Unternehmer *m* **business trip** *n* Dienstreise *f*, Geschäftsreise *f* **businesswoman** *n* Geschäftsfrau *f;* (*leader*) Managerin *f;* (*entrepreneur*) Unternehmerin *f*

busker ['bʌskəʳ] *n* Straßenmusikant(in) *m(f)*

bus service *n* Busverbindung *f* **bus station** *n* Busbahnhof *m* **bus stop** *n* Bushaltestelle *f*

bust[1] [bʌst] *n* ❶ (*statue*) Büste *f* ❷ (*breasts*) Büste *f*

bust[2] [bʌst] **I.** *n* ❶ (*recession*) [wirtschaftlicher] Niedergang ❷ (*sl: police raid*) Razzia *f* **II.** *adj* (*fam*) ❶ (*broken*) kaputt ❷ (*bankrupt*) **to go ~** Pleite machen **III.** *vt* <bust, bust> (*fam*) kaputtmachen

bust-up ['bʌstʌp] *n* BRIT, AUS (*fam*) Krach *m*

busy ['bɪzi] *adj* ❶ (*occupied*) beschäftigt; **I'm very ~ this week** ich habe diese Woche viel zu tun ❷ (*active*) *day* arbeitsreich; **I've had a ~ day** ich hatte heute viel zu tun

but [bʌt, bət] **I.** *conj* ❶ (*although, however*) aber; **~ then I'm no expert** ich bin allerdings keine Expertin ❷ (*except*) als ❸ (*rather*) sondern; **not only ... ~ also ...** nicht nur ..., sondern auch ... **II.** *prep* außer +*dat;* **last ~ one** vorletzte(r, s); **anything ~** alles außer; **nothing ~ trouble** nichts als Ärger **III.** *adv* (*form: only*) nur ▶ **~ for** bis auf; **~ then [again]** (*on the other hand*) andererseits; (*after all*) schließlich

butcher ['bʊtʃəʳ] **I.** *n* Metzger(in) *m(f)* **II.** *vt* schlachten

butt [bʌt] **I.** *n* ❶ *of rifle* Kolben *m; of cigarette* Stummel *m* ❷ AM (*sl*) Hintern *m;* **to get off one's ~** seinen Hintern in Bewegung setzen **II.** *vt* **to ~ sb/sth** jdm/etw einen Stoß mit dem Kopf versetzen **III.** *vi person* mit dem Kopf stoßen

butter ['bʌtəʳ] **I.** *n no pl* Butter *f* **II.** *vt* mit Butter bestreichen

butter-dish *n* Butterdose *f*

butterfly ['bʌtəflaɪ] *n* Schmetterling *m*

button ['bʌtᵊn] **I.** *n* ❶ (*on clothes*) Knopf *m* ❷ TECH Knopf *m;* **to push a ~** auf einen Knopf drücken ❸ AM (*badge*) Button *m* **II.** *vt* zuknöpfen ▶ **to ~ it** den Mund halten

buy [baɪ] **I.** *n* Kauf *m* **II.** *vt* <bought, bought> ❶ **to ~ sb sth** jdm etw kaufen; **to ~ sth from sb** jdm etw abkaufen ❷ (*fam: believe*) abkaufen

◆ **buy back** *vt* zurückkaufen

◆ **buy off** *vt* kaufen

◆ **buy out** *vt company* aufkaufen; *person* auszahlen

◆ **buy up** *vt* aufkaufen

buyer ['baɪəʳ] *n* Käufer(in) *m(f);* (*as job*) Einkäufer(in) *m(f)*

buzz [bʌz] **I.** *vi bee, buzzer* summen; **my head was ~ing** mir schwirrten alle möglichen Gedanken durch den Kopf; **the room was ~ing with conversation** das Zimmer war von Stimmengewirr erfüllt **II.** *vt* (*telephone*) anrufen **III.** *n* <*pl* -es> ❶ *of a bee, buzzer* Summen *nt; of a fly* Brummen *nt;* **~ of conversation** Stimmengewirr *nt* ❷ (*call*) **to give sb a ~** jdn anrufen

◆ **buzz around** *vi* herumschwirren

◆ **buzz off** *vi* (*fam!*) abzischen

buzzer ['bʌzəʳ] *n* Summer *m*

by [baɪ] **I.** *prep* ❶ (*beside*) bei +*dat,* an +*dat;* **come and sit ~ me** komm und setz dich zu mir ❷ **~ the arm** am Arm; **~ the hand** bei der Hand ❸ (*not later than*) bis; **~ 14 February** [spätestens] bis zum 14.02.; **~ now** inzwischen ❹ (*during*) bei +*dat;* **~ candlelight** bei Kerzenlicht; **~ day** tagsüber ❺ (*happening progressively*) **day ~ day** Tag für Tag ❻ (*agent*) von +*dat;* **a painting ~ Picasso** ein Gemälde von Picasso ❼ (*by means of*) durch +*akk,* mit +*dat;* **~ train** mit dem Zug; **~ chance** durch Zufall; **~ contrast** im Gegensatz ❽ (*according to*) nach +*dat,* von +*dat;* **~ birth** von Geburt; **~ law** dem Gesetz nach ❾ (*quantity*) **~ the hour** stundenweise; **~ the metre** *am Meter* ❿ (*margin*) um +*akk;* **to go up ~ 20%** um 20 % steigen ⑪ MATH **8 divided ~ 4 equals 2** 8 geteilt durch 4 ist 2 **II.** *adv* ❶ (*past*) vorbei; **time goes ~ so quickly** die Zeit vergeht so schnell ❷ **close ~** ganz in der Nähe ▶ **~ and large** im Großen und Ganzen

bye [baɪ] *interj,* **bye-bye** [ˌbaɪ'baɪ] *interj* (*fam*) tschüs

bypass I. *n* ❶ TRANSP Umgehungsstraße *f* ❷ MED Bypass *m* **II.** *vt* (*detour*) umfahren

by-product *n* Nebenprodukt *nt;* (*fig*) Begleiterscheinung *f*

Cc

C <*pl* -'s>, **c** <*pl* -'s> [siː] *n* ❶ C *nt*, c *nt; see also* **A 1** ❷ MUS C *nt*, c *nt;* **C flat** Ces *nt*, ces *nt;* **C sharp** Cis *nt*, cis *nt* ❸ (*school mark*) ≈ Drei *f*, ≈ befriedigend

C ❶ *after n abbrev of* **Celsius** C ❷ *abbrev of* **cancer**: **the Big C** (*fam*) Krebs *m*

cab [kæb] *n* ❶ (*of a truck*) Führerhaus *nt* ❷ (*taxi*) Taxi *nt*

cabbage ['kæbɪdʒ] *n* Kohl *m kein pl*

cabbie *n*, **cabby** ['kæbi] *n*, *esp* AM **cab-driver** *n* Taxifahrer(in) *m(f)*

cabin ['kæbɪn] *n* ❶ (*on ship*) Kabine *f* ❷ (*wooden house*) Hütte *f*

cabinet ['kæbɪnət] *n* ❶ (*storage place*) Schrank *m* ❷ + *sing/pl vb* POL Kabinett *nt*

cable ['keɪbl] **I.** *n* ❶ ELEC [Leitungs]kabel *nt*, Leitung *f* ❷ *no pl* TV Kabelfernsehen *nt* **II.** *vt* TV **to be ~d** verkabelt sein

cable car *n* Seilbahn *f*

cable television, **cable TV** *n no pl* Kabelfernsehen *nt*

cab rank *n* Taxistand *m*

cactus <*pl* -es> ['kæktəs, *pl* -taɪ] *n* Kaktus *m*

café, **cafe** ['kæfeɪ] *n* Café *nt*

cafeteria [ˌkæfə'tɪəriə] *n* Cafeteria *f*

caffein(e) ['kæfiːn] *n no pl* Koffein *nt*

cage [keɪdʒ] *n* Käfig *m*

cake [keɪk] **I.** *n* Kuchen *m;* (*layered*) Torte *f;* **fish ~** Fischfrikadelle *f;* **potato ~** Kartoffelpuffer *m;* ► **a piece of ~** (*fam*) ein Klacks *m* **II.** *vt* **~d with mud** dreckverkrustet

calcium ['kælsiəm] *n no pl* Kalzium *nt*

calculate ['kælkjəleɪt] **I.** *vt* berechnen **II.** *vi* **to ~ [on sth]** [mit etw] rechnen

calculation [ˌkælkjə'leɪʃən] *n* MATH Berechnung *f;* (*estimate*) Schätzung *f*

calculator ['kælkjəleɪtər] *n* Rechner *m*

calendar ['kæləndər] *n* Kalender *m*

calf <*pl* calves> [kɑːf, *pl* kɑːvz] *n* ❶ (*animal*) Kalb *nt* ❷ ANAT Wade *f*

call [kɔːl] **I.** *n* ❶ (*on the telephone*) [Telefon]anruf *m*, [Telefon]gespräch *nt;* **to give sb a ~** jdn anrufen ❷ (*visit*) Besuch *m* ❸ (*shout*) Ruf *m;* **a ~ for help** ein Hilferuf *m* ❹ *no pl* (*form: need*) Grund *m* **II.** *vt* ❶ (*on the telephone*) anrufen; (*by radio*) rufen ❷ (*name*) nennen; **what's that actor ~ed again?** wie heißt dieser Schauspieler nochmal? ❸ (*shout*) rufen ❹ (*summon*) rufen; **to ~ a doctor** einen Arzt kommen lassen ❺ (*give orders for*) *meeting* einberufen; *strike* ausrufen **III.** *vi* ❶ (*telephone*) anrufen; **who's ~ing, please?** wer ist am Apparat? ❷ (*drop by*) vorbeischauen ❸ (*shout*) rufen

◆ **call at** *vi* ❶ (*visit*) **to ~ at sth** bei etw *dat* vorbeigehen ❷ *town, station* halten (**at** in)

◆ **call for** *vi* ❶ (*collect*) abholen ❷ (*shout*) **to ~ for sb** nach jdm rufen; **to ~ for help** um Hilfe rufen

◆ **call in** **I.** *vt* (*ask to come*) [herein]rufen **II.** *vi* ❶ RADIO anrufen ❷ (*drop by*) **to ~ in on sb** bei jdm vorbeischauen

◆ **call off** *vt* (*cancel*) absagen; (*stop*) abbrechen

◆ **call on** *vi* ❶ (*appeal to*) **to ~ on sb to do sth** jdn dazu auffordern, etw zu tun ❷ (*visit*) **to ~ on sb** bei jdm vorbeischauen

◆ **call out** **I.** *vt* ❶ (*shout*) rufen; **to ~ out sth to sb** jdm etw zurufen ❷ (*summon*) **to ~ out the fire brigade** die Feuerwehr alarmieren **II.** *vi* rufen

◆ **call up** *vt* ❶ *esp* AM (*telephone*) an-

rufen ② COMPUT aufrufen
call box *n* BRIT Telefonzelle *f* **call diversion** *n no pl* Rufumleitung *f*
caller ['kɔːləʳ] *n* ① (*on telephone*) Anrufer(in) *m(f)* ② (*visitor*) Besucher(in) *m(f)*
calm [kɑːm] **I.** *adj* ruhig **II.** *n* ① (*calmness*) Ruhe *f* ② METEO Windstille *f;* **the ~ before the storm** die Ruhe vor dem Sturm **III.** *vt* beruhigen
calorie ['kælᵊri] *n* Kalorie *f;* **high in ~s** kalorienreich; **~-reduced** kalorienreduziert
camcorder ['kæmˌkɔːdəʳ] *n* Camcorder *m*
came [keɪm] *vi pt of* **come**
camel ['kæmᵊl] *n* Kamel *nt;* **~ hair** Kamelhaar *nt*
camera ['kæmᵊrə] *n* Kamera *f;* **to be on ~** vor der Kamera stehen
camp¹ [kæmp] **I.** *n* ① (*encampment*) [Zelt]lager *nt;* **summer ~** Sommerlager *nt* ② MIL [Feld]lager *nt;* **refugee ~** Flüchtlingslager *nt* **II.** *vi* **to ~** [**out**] zelten
camp² [kæmp] **I.** *n no pl* Manieriertheit *f* **II.** *adj* ① (*pej: theatrical*) manieriert ② (*effeminate*) tuntenhaft **III.** *vt* **to ~ sth up** bei etw *dat* zu dick auftragen
camper ['kæmpəʳ] *n* ① (*person*) Camper(in) *m(f)* ② (*vehicle*) Wohnmobil *nt*
campfire *n* Lagerfeuer *nt*
camping ['kæmpɪŋ] *n no pl* Camping *nt;* **to go ~** zelten gehen
campsite *n* Campingplatz *m*
campus ['kæmpəs] *n* Campus *m;* **on ~** auf dem Campus
can¹ [kæn] **I.** *n* ① Dose *f*, Büchse *f* ② AM (*fam: toilet*) Klo *nt;* ▶ **to have to carry the ~** BRIT die Sache ausbaden müssen **II.** *vt food* eindosen
can² <could, could> [kæn, kən] *aux vb* (*be able to*) können; (*be allowed to*) dürfen; **~ you hear me?** hörst du mich?; **you can't park here** hier dürfen Sie nicht parken; **I couldn't see anything** ich konnte nichts sehen; **who ~ blame her?** wer will es ihr verdenken?
can't [kɑːnt] (*fam*) = **cannot**
canal [kə'næl] *n* Kanal *m*
cancel <BRIT -ll-> ['kæn(t)sᵊl] *vt* ① (*call off*) absagen ② (*remove from schedule*) streichen ③ (*undo*) stornieren
cancellation [ˌkæn(t)sᵊl'eɪʃᵊn] *n* ① (*calling off*) Absage *f* ② (*from schedule*) Streichung *f* ③ (*undoing*) Stornierung *f*
cancer ['kæn(t)səʳ] *n no pl* Krebs *m;* **~ of the stomach** Magenkrebs *m;* **~ check-up** Krebsvorsorgeuntersuchung *f*
cancerous ['kæn(t)sᵊrəs] *adj* krebsartig
cancer screening *n no pl* Krebsvorsorgeuntersuchung *f*
candid ['kændɪd] *adj* offen; **~ camera** versteckte Kamera
candidate ['kændɪdət] *n* POL, SCH Kandidat(in) *m(f)*
candle ['kændl] *n* Kerze *f*
candlelight *n no pl* Kerzenlicht *nt;* **~** [*or* **candlelit**] **dinner** Abendessen bei Kerzenschein *nt* **candlestick** *n* Kerzenständer *m*
candy ['kændi] *n* ① *no pl* (*sugar*) Kandiszucker *m* ② AM (*sweets*) Süßigkeiten *pl*
cane [keɪn] **I.** *n* ① *no pl* (*of plant*) Rohr *nt;* **~ basket** Weidenkorb *m* ② (*stick*) Stock *m* **II.** *vt* [mit einem Stock] züchtigen
cane chair *n* Rohrstuhl *m*
canned [kænd] *adj* ① (*in cans*) **~ tomatoes** Dosentomaten *pl* ② MEDIA **~ music** Musik *f* aus der Konserve
cannon ['kænən] **I.** *n* MIL Kanone *f* **II.** *vi* **to ~ into sb** mit jdm zusammenprallen
cannot ['kænɒt] *aux vb see* **can not**: **we ~ but succeed** wir können nur gewinnen
canoe [kə'nuː] *n* Kanu *nt*
can opener *n* Dosenöffner *m*
canteen [kæn'tiːn] *n* Kantine *f*

C

canyon ['kænjən] *n* Schlucht *f*
cap [kæp] **I.** *n* ❶ (*hat*) Mütze *f* ❷ (*top*) Verschlusskappe *f* ❸ (*limit*) Obergrenze *f* ❹ BRIT (*contraceptive*) Pessar *nt;* ▸ **to put on one's thinking ~** scharf nachdenken **II.** *vt* <-pp-> ❶ (*limit*) begrenzen ❷ (*cover*) bedecken; *teeth* überkronen
capable ['keɪpəbl̩] *adj* fähig; **to be ~ of doing sth** in der Lage sein, etw zu tun
capacity [kə'pæsəti] *n* ❶ (*available space*) Fassungsvermögen *nt* ❷ *no pl* (*ability*) Fähigkeit *f;* **mental ~** geistige Fähigkeiten *pl* ❸ *no pl* (*maximum*) Kapazität *f;* **full to ~** absolut voll
cape[1] [keɪp] *n* Kap *nt;* **the Cape of Good Hope** das Kap der guten Hoffnung; **Cape Horn** Kap Hoorn
cape[2] [keɪp] *n* Umhang *m*
capital ['kæpɪtᵊl] *n* ❶ (*city*) Hauptstadt *f* ❷ (*letter*) Großbuchstabe *m*
capital crime *n* Kapitalverbrechen *nt*
capitalist ['kæpɪtᵊlɪst] **I.** *n* Kapitalist(in) *m(f)* **II.** *adj* kapitalistisch
capital letter *n* Großbuchstabe *m* **capital punishment** *n no pl* Todesstrafe *f*
Capricorn ['kæprɪkɔːn] *n no art, no pl* ASTROL Steinbock *m*
capsize [kæp'saɪz] *vi* NAUT kentern
captain ['kæptɪn] **I.** *n* Kapitän(in) *m(f)* **II.** *vt* anführen; MIL befehligen
captive ['kæptɪv] **I.** *n* Gefangene(r) *f(m)* **II.** *adj* gefangen
captivity [kæp'tɪvəti] *n no pl* Gefangenschaft *f*
capture ['kæptʃəʳ] **I.** *vt* ❶ (*take prisoner*) gefangen nehmen; *police* festnehmen ❷ (*take possession*) einnehmen **II.** *n of a person* Gefangennahme *f;* (*by police*) Festnahme *f; of a city* Einnahme *f*
car [kɑːʳ] *n* ❶ (*vehicle*) Auto *nt*, Wagen *m;* **by ~** mit dem Auto; **~ rental service** Autovermietung *f* ❷ RAIL Waggon *m* ❸ (*in airship, balloon*) Gondel *f*
caravan ['kærəvæn] *n* BRIT Wohnwagen[anhänger] *m*
carbonated ['kɑːbᵊneɪtɪd] *adj* kohlensäurehaltig
carbon dioxide *n no pl* Kohlendioxid *nt* **carbon monoxide** *n no pl* Kohlenmonoxid *nt*
car-boot sale *n* BRIT *privater Flohmarkt, bei dem der Kofferraum als Verkaufsfläche dient*
carcinogenic [ˌkɑːsɪnə(ʊ)'dʒenɪk] *adj* Krebs erregend
card [kɑːd] *n* ❶ *no pl* (*material*) Pappe *f*, Karton *m* ❷ (*piece of paper*) Karte *f;* (*postcard*) [Post]karte *f*, Ansichtskarte *f;* **birthday ~** Geburtstagskarte *f* ❸ (*game*) [Spiel]karte *f;* **[game of] ~s** Kartenspiel *nt* ❹ (*for paying*) Karte *f;* **phone ~** Telefonkarte *f* ❺ (*official document*) **identity ~** Personalausweis *m;* ▸ **to play one's ~s right** geschickt vorgehen
cardboard *n no pl* Pappe *f;* **~ box** [Papp]karton *m*
cardiac ['kɑːdiæk] *adj* **~ arrest** Herzstillstand *m*
cardigan ['kɑːdɪgən] *n* Strickjacke *f*
cardphone *n* Kartentelefon *nt*
care [keəʳ] **I.** *n* ❶ *no pl* (*looking after*) Betreuung *f;* (*in hospital*) Versorgung *f;* **in ~** in Pflege; **to take good ~ of sth** etw schonen; **~ of ...** zu Händen von ... ❷ *no pl* (*caution*) **take ~ you don't fall!** pass auf, dass du nicht hinfällst!; **to drive with ~** umsichtig fahren ❸ (*worry*) Sorge *f* **II.** *vi* ❶ (*be concerned*) betroffen sein; **I couldn't ~ less** das ist mir völlig egal; **who ~s?** wen interessiert das schon? ❷ (*look after*) **to ~ for sb** sich um jdn kümmern **III.** *vt* **sb does not ~ whether ...** jdm ist es egal, ob ...
career [kə'rɪəʳ] *n* ❶ (*profession*) Beruf *m;* **~s office** BRIT Berufsberatung *f* ❷ (*working life*) Karriere *f*, Laufbahn *f*
ca'reer ladder *n* Karriereleiter *f*
carefree *adj* sorgenfrei
careful ['keəfᵊl] *adj* ❶ (*cautious*) vorsich-

tig; **to be ~ with sth** mit etw *dat* vorsichtig umgehen; **to be ~ [that] ...** darauf achten, dass ... ❷ (*meticulous*) sorgfältig; *analysis* umfassend

careless ['keələs] *adj* ❶ (*lacking attention*) unvorsichtig ❷ (*unthinking*) unbedacht ❸ (*not painstaking*) nachlässig

caretaker *n* BRIT Hausmeister(in) *m(f)*

car ferry *n* Autofähre *f*

cargo ['kɑːgəʊ] *n no pl* Fracht *f;* **~ plane** Transportflugzeug *nt*

car hire *n no pl esp* BRIT Autovermietung *f;* **~ company** Autoverleih *m*

carnival ['kɑːnɪvᵊl] *n* ❶ (*festival*) Volksfest *nt* ❷ (*pre-Lent*) Karneval *m*

carol ['kærᵊl] *n* **[Christmas] ~** Weihnachtslied *nt*

carol singer *n* Sternsinger(in) *m(f)*

car park *n* BRIT, AUS Parkplatz *m*

carpenter ['kɑːpᵊntəʳ] *n* Schreiner(in) *m(f)*

carpet ['kɑːpɪt] *n* Teppich *m a. fig;* (*fitted*) Teppichboden *m*

carriage ['kærɪdʒ] *n* ❶ (*horse-drawn*) Kutsche *f* ❷ BRIT RAIL Personenwagen *m*

carriageway *n* BRIT Fahrbahn *f*

carrier bag *n* BRIT [Plastik]tüte *f*

carrot ['kærət] *n* Karotte *f*

carry <-ie-> ['kæri] **I.** *vt* ❶ (*bear*) tragen *a. fig;* **to ~ sth around** etw mit sich *dat* herumtragen; **to be carried downstream** flussabwärts treiben ❷ (*transport*) transportieren ❸ (*have, incur*) **all cigarette packets ~ a warning** auf allen Zigarettenpäckchen steht eine Warnung ❹ (*transmit*) MED übertragen; ELEC leiten **II.** *vi* (*reach*) *sound* zu hören sein

◆ **carry on I.** *vt* ❶ (*continue*) fortführen; **~ on the good work!** weiter so! ❷ (*conduct*) führen **II.** *vi* (*continue*) weitermachen

◆ **carry out** *vt* ❶ hinaus-/heraustragen ❷ (*perform*) durchführen

◆ **carry through** *vt* ❶ (*sustain*) durchbringen ❷ (*complete*) durchführen

cart [kɑːt] **I.** *n* ❶ (*pulled vehicle*) Wagen *m* ❷ AM (*supermarket trolley*) Einkaufswagen *m* **II.** *vt* (*fam*) schleppen

carton ['kɑːtᵊn] *n* Karton *m*

cartoon [kɑː'tuːn] *n* ❶ (*drawing*) Cartoon *m o nt* ❷ FILM Zeichentrickfilm *m*

cartridge ['kɑːtrɪdʒ] *n* (*for ink, ammunition*) Patrone *f*

carve [kɑːv] **I.** *vt* ❶ (*cut a figure*) schnitzen ❷ FOOD tranchieren **II.** *vi* tranchieren

carving ['kɑːvɪŋ] *n no pl* ART (*art of cutting*) Bildhauerei *f; of wood* Schnitzen *nt*

case[1] [keɪs] *n* ❶ (*situation, instance*) Fall *m;* **in ~ of an emergency** im Notfall; **in most ~s** meistens; **in ~ ...** falls ... ❷ LAW [Rechts]fall *m;* **murder ~** Mordfall *m* ❸ LING Fall *m;* **to be in the accusative ~** im Akkusativ stehen

case[2] [keɪs] *n* ❶ (*suitcase*) Koffer *m* ❷ (*packaging plus contents*) Kiste *f* ❸ (*small container*) Schatulle *f* ❹ TYPO **written in upper ~** groß geschrieben

case[3] [keɪs] *vt* (*fam*) **to ~ the joint** sich *dat* den Laden mal ansehen

cash [kæʃ] *n no pl* Bargeld *nt*

◆ **cash in** *vi* **to ~ in on sth** von etw *dat* profitieren

cash card *n esp* BRIT Geldautomatenkarte *f* **cash dispenser** *n* BRIT Geldautomat *m*

cashier [kæʃ'ɪəʳ] *n* Kassierer(in) *m(f)*

cashpoint *n* BRIT Geldautomat *m,* Bankomat *m* SCHWEIZ, ÖSTERR

casserole ['kæsᵊrəʊl] *n* ❶ (*pot*) Schmortopf *m* ❷ (*stew*) ≈ Eintopf *m*

cassette [kə'set] *n* Kassette *f*

cassette recorder *n* Kassettenrecorder *m*

cast [kɑːst] **I.** *n* ❶ + *sing/pl vb* THEAT, FILM Besetzung *f* ❷ (*moulded object*) [Ab]guss *m* ❸ (*plaster*) Gips[verband] *m* **II.** *vt* <cast, cast> ❶ (*throw*) werfen *a. fig; fishing line* auswerfen ❷ (*allocate roles*) **to ~ sb in a role** jdm eine Rolle geben

◆ **cast off** NAUT **I.** *vt* losmachen **II.** *vi* ablegen

castle ['kɑːsl̩] *n* ❶ (*fortress*) Burg *f;* (*mansion*) Schloss *nt* ❷ CHESS Turm *m*

castor sugar *n* Streuzucker *m*

casual ['kæʒjuəl] *adj* ❶ (*not planned*) zufällig ❷ (*offhand*) beiläufig ❸ (*informal*) lässig; *clothes* leger ❹ (*irregular*) gelegentlich; **~ sex** Gelegenheitssex *m*

casualty ['kæʒjuəlti] *n* ❶ (*accident victim*) [Unfall]opfer *nt;* (*dead person*) Todesfall *m* ❷ *no pl* BRIT (*hospital department*) Unfallstation *f*

cat [kæt] *n* Katze *f;* ▶ **to rain ~s and dogs** wie aus Eimern schütten

catalogue ['kætᵊlɒg] **I.** *n* Katalog *m* **II.** *vt* katalogisieren

catalyst ['kætᵊlɪst] *n* Katalysator *m*

catalytic [ˌkætə'lɪtɪk] *adj* katalytisch; **~ converter** Katalysator *m*

catastrophe [kə'tæstrəfi] *n* Katastrophe *f*

catastrophic [ˌkætə'strɒfɪk] *adj* katastrophal

catch [kætʃ] **I.** *n* <*pl* -es> ❶ (*ball*) Fang *m;* **good ~!** gut gefangen! ❷ (*fish*) Fang *m kein pl* ❸ *no pl* (*trick*) Haken *m;* **what's the ~?** wo ist der Haken? **II.** *vt* <caught, caught> ❶ (*intercept*) fangen; *person* auffangen ❷ (*grab*) ergreifen ❸ (*capture*) *person* ergreifen; (*arrest*) festnehmen; *animal* fangen ❹ (*surprise*) erwischen; **have I caught you at a bad time?** komme ich ungelegen?; **to ~ oneself doing sth** sich bei etw *dat* ertappen ❺ MED **to ~ sth from sb** sich bei jdm mit etw *dat* anstecken; **to ~ a cold** sich erkälten ❻ **to ~ sth in sth** etw in etw *akk* einklemmen; **to get caught on sth** an etw *dat* hängen bleiben ❼ *bus, train* nehmen ❽ *attention* erregen ❾ (*burn*) **to ~ fire** Feuer fangen **III.** *vi* <caught, caught> (*entangle*) sich in etw *dat* verfangen; **to ~ on sth** an etw *dat* hängen bleiben ❸ (*ignite*) Feuer fangen; *engine* zünden

◆ **catch on** *vi* (*fam*) ❶ (*become popular*) sich durchsetzen ❷ (*understand*) kapieren

◆ **catch out** *vt* BRIT ❶ (*detect*) ertappen ❷ (*trick*) hereinlegen

◆ **catch up I.** *vi* **to ~ up with** einholen *a. fig* **II.** *vt* ❶ (*reach*) **to ~ sb up** jdn einholen ❷ *usu passive* **to get caught up [in sth]** sich [in etw *dat*] verfangen

catcher ['kætʃəʳ] *n* Fänger(in) *m(f)*

catching ['kætʃɪŋ] *adj* ansteckend

catchup ['kætʃʌp, 'ketʃ-] *n* AM FOOD *see* **ketchup**

catering ['keɪtᵊrɪŋ] *n no pl* ❶ (*trade*) Catering *nt* ❷ (*service*) Cateringservice *m*

caterpillar ['kætəpɪləʳ] *n* Raupe *f*

cathedral [kə'θiːdrᵊl] *n* Kathedrale *f,* Dom *m*

Catholic ['kæθᵊlɪk] **I.** *n* Katholik(in) *m(f)* **II.** *adj* katholisch

cattle ['kætl̩] *n pl* Rinder *pl;* **200 head of ~** 200 Stück Vieh

caught [kɔːt] *pt, pp of* **catch**

cauliflower ['kɒliflaʊəʳ] *n* Blumenkohl *m*

cause [kɔːz] **I.** *n* ❶ (*of effect*) Ursache *f;* **~ of death** Todesursache *f* ❷ *no pl* (*reason*) Grund *m;* **~ for concern** Anlass *m* zur Sorge ❸ (*object of support*) Sache *f;* **a good ~** ein guter Zweck **II.** *vt* verursachen; **to ~ trouble** Unruhe stiften

caution ['kɔːʃᵊn] **I.** *n* ❶ *no pl* (*carefulness*) Vorsicht *f;* **with [great] ~** [sehr] umsichtig ❷ BRIT (*legal warning*) Verwarnung *f* **II.** *vt* (*form*) ❶ (*warn*) **to ~ sb [against sth]** jdn [vor etw *akk*] warnen ❷ *esp* BRIT, AUS (*warn officially*) verwarnen

cautious ['kɔːʃəs] *adj* vorsichtig

cave [keɪv] **I.** *n* Höhle *f* **II.** *vi* BRIT, AUS Höhlen erforschen

cavern ['kævᵊn] *n* Höhle *f*
CCTV [ˌsi:si:ti:'vi:] *n abbrev of* **closed-circuit television** Überwachungskamera *f*
CD [ˌsi:'di:] *n abbrev of* **compact disc** CD *f*
CD player *n* CD-Spieler *m* **CD-ROM** [ˌsi:di:'rɒm] *n abbrev of* **compact disc read-only memory** CD-ROM *f;* ~ **drive** CD-ROM-Laufwerk *nt*
cease [si:s] (*form*) **I.** *vi* aufhören **II.** *vt* beenden; *fire* einstellen
ceasefire *n* Waffenruhe *f*
ceiling ['si:lɪŋ] *n* [Zimmer]decke *f*
celeb [sə'leb] *n short for* **celebrity** Berühmtheit *f*
celebrate ['seləbreɪt] *vi, vt* feiern
celebration [ˌselə'breɪʃᵊn] *n* Feier *f;* **cause for** ~ Grund *m* zum Feiern; **in** ~ zur Feier
celebrity [sə'lebrəti] *n* berühmte Persönlichkeit
celery ['selᵊri] *n no pl* [Stangen]sellerie *m o f*
cell [sel] *n* Zelle *f*
cellar ['seləʳ] *n* Keller *m*
cellist ['tʃelɪst] *n* Cellist(in) *m(f)*
cello <*pl* -s> ['tʃeləʊ] *n* Cello *nt*
cellophane® ['seləfeɪn] *n no pl* Cellophan® *nt*
cell phone *n* Mobiltelefon *nt*
cellular ['seljələʳ] **I.** *adj* zellular **II.** *n* AM Handy *nt*
cement [sɪ'ment] **I.** *n no pl* Zement *m* **II.** *vt* (*with concrete*) betonieren; (*with cement*) zementieren; **to ~ up** zumauern
cemetery ['semətᵊri] *n* Friedhof *m*
cent [sent] *n* Cent *m;* **to not be worth a** ~ keinen Pfifferling wert sein
centenary [sen'ti:nᵊri], AM **centennial** [sen'teniəl] *n* Hundertjahrfeier *f;* ~ **celebrations** Feierlichkeiten *pl* zum hundertsten Jahrestag
center *n, vt* AM *see* **centre**
centigrade ['sentɪgreɪd] *n no pl* Celsius
centimetre, AM **centimeter** ['sentɪmi:təʳ] *n* Zentimeter *m*
central ['sentrᵊl] *adj* ❶ (*in the middle*) zentral ❷ (*paramount*) wesentlich
central locking *n no pl* Zentralverriegelung *f*
centre ['sentəʳ] **I.** *n* ❶ Zentrum *nt; of chocolates* Füllung *f;* **to be the ~ of attention** im Mittelpunkt der Aufmerksamkeit stehen ❷ POL Mitte *f;* **left of** ~ Mitte links **II.** *vi* **to ~ upon sth** sich um etw *akk* drehen
century ['sen(t)ʃᵊri] *n* (*period*) Jahrhundert *nt;* **turn of the** ~ Jahrhundertwende *f*
CEO [ˌsi:i:'əʊ] *n abbrev of* **chief executive officer** Generaldirektor(in) *m(f)*
ceramics [sə'ræmɪks] *n* ❶ + *sing vb* (*art*) Keramik *f* ❷ *pl* (*ceramic objects*) Keramiken *pl,* Töpferwaren *pl* ❸ + *sing vb* (*process*) Töpfern *nt*
cereal ['sɪəriəl] *n* ❶ Getreide *nt* ❷ (*for breakfast*) Frühstückszerealien *pl* (*Cornflakes ...*)
ceremony ['serɪməni] *n* Zeremonie *f,* Feier *f*
certain ['sɜ:tᵊn] *adj* ❶ (*sure*) sicher; (*unavoidable*) bestimmt; **to feel** ~ sicher sein; **to make ~** [**that ...**] darauf achten[, dass ...]; **for** ~ ganz sicher ❷ (*limited*) gewiss; **to a ~ extent** in gewissem Maße ❸ (*particular*) **at a ~ age** in einem bestimmten Alter
certainly ['sɜ:tᵊnli] *adv* ❶ (*surely*) sicher[lich]; (*without a doubt*) gewiss ❷ (*of course*) [aber] selbstverständlich; ~ **not** auf [gar] keinen Fall
certificate [sə'tɪfɪkət] *n* (*official document*) Urkunde *f;* (*attestation*) Bescheinigung *f;* **medical** ~ ärztliches Attest; **marriage** ~ Trauschein *m*
certify <-ie-> ['sɜ:tɪfaɪ] *vt* bescheinigen; **to ~ sb** [**as**] **dead** jdn für tot erklären
chain [tʃeɪn] **I.** *n* ❶ Kette *f* ❷ (*fig: series*) Reihe *f; of mishaps* Verkettung *f;* **fast food** ~ [Schnell]imbisskette *f*

II. *vt* **to ~ [up]** [an]ketten

chain-smoker *n* Kettenraucher(in) *m(f)*

chair [tʃeə^r] *n* ❶ (*seat*) Stuhl *m;* **easy ~** Sessel *m* ❷ (*head*) Vorsitzende(r) *f(m)* ❸ AM **the ~** der elektrische Stuhl

chair lift *n* Sessellift *m*

chairman *n* Vorsitzende(r) *m* **chairperson** *n* Vorsitzende(r) *f(m)* **chairwoman** *n* Vorsitzende *f*

chalk [tʃɔːk] **I.** *n no pl* ❶ (*type of stone*) Kalkstein *m* ❷ (*for writing*) Kreide *f;* ▸ **as alike as ~ and <u>cheese</u>** grundverschieden **II.** *vt* mit Kreide schreiben/zeichnen

challenge ['tʃælɪndʒ] **I.** *n* Herausforderung *f;* **to find sth a ~** etw schwierig finden **II.** *vt* ❶ (*ask to compete*) herausfordern ❷ (*call into question*) infrage stellen

challenging ['tʃælɪndʒɪŋ] *adj* [heraus]fordernd

champ [tʃæmp] **I.** *n short for* **champion** Champion *m* **II.** *vi, vt* [geräuschvoll] kauen ▸ **to ~ at the <u>bit</u>** vor Ungeduld fiebern

champagne [ʃæm'peɪn] *n* Champagner *m;* **~ brunch** Sektfrühstück *nt*

champion ['tʃæmpiːən] **I.** *n* SPORTS Champion *m;* **world ~** Weltmeister(in) *m(f);* **~ boxer** Boxchampion *m* **II.** *vt* verfechten; **to ~ a cause** für eine Sache eintreten

championship ['tʃæmpiːənʃɪp] *n* SPORTS Meisterschaft *f*

chance [tʃɑːn(t)s] **I.** *n* ❶ *no pl* (*luck*) Zufall *m;* **by ~** zufällig ❷ (*prospect*) Chance *f;* **~s of survival** Überlebenschancen *pl;* **no ~!** BRIT (*fam*) niemals! ❸ (*risk*) Risiko *nt;* **to take no ~s** kein Risiko eingehen **II.** *vt* (*fam*) riskieren ▸ **to ~ one's <u>arm</u>** es riskieren

change [tʃeɪndʒ] **I.** *n* ❶ (*alteration*) [Ver]änderung *f;* **~ of pace** Tempowechsel *m* ❷ *no pl* (*substitution*) Wechsel *m;* **a ~ of clothes** Kleidung *f* zum Wechseln ❸ *no pl* (*variety*) Abwechslung *f* ❹ *no pl* (*coins*) Kleingeld *nt;* (*money returned*) Wechselgeld *nt;* **could you give me ~ for 50 dollars?** (*return all*) könnten Sie mir 50 Dollar wechseln?; **to have the correct ~** es passend haben ❺ TRANSP **to have to make several ~s** mehrmals umsteigen müssen **II.** *vi* ❶ (*alter*) sich [ver]ändern; *traffic light* umspringen ❷ (*substitute, move*) **to ~ [over] to sth** zu etw *dat* wechseln ❸ TRANSP umsteigen; **all ~!** alle aussteigen! ❹ (*dress*) sich umziehen **III.** *vt* ❶ (*make different*) [ver]ändern; (*transform*) verwandeln; **to ~ one's mind** seine Meinung ändern ❷ (*exchange, move*) wechseln; (*in a shop*) umtauschen (**for** gegen); **to ~ places with sb** mit jdm den Platz tauschen ❸ *baby* [frisch] wickeln; **to ~ one's clothes** sich umziehen ❹ (*money*) wechseln; **could you ~ a £20 note?** (*return all*) könnten Sie mir 20 Pfund wechseln? ❺ TRANSP **to ~ planes** das Flugzeug wechseln; **to ~ buses/trains** umsteigen

change machine *n* [Geld]wechselautomat *m*

changeover *n usu sing* Umstellung *f* (**to** auf)

changing ['tʃeɪndʒɪŋ] *adj* wechselnd

channel ['tʃæn^{ə}l] **I.** *n* ❶ RADIO, TV Programm *nt;* **on ~ five** im fünften Programm; **cable ~** Kabelkanal *m* ❷ (*waterway*) [Fluss]bett *nt;* (*artificial*) Kanal *m;* **the [English] Channel** der Ärmelkanal ❸ (*means*) Weg *m;* **through the usual ~s** auf dem üblichen Weg **II.** *vt* <BRIT -ll-> (*direct*) leiten; **to ~ one's energies into sth** seine Energien in etw *akk* stecken

Channel Tunnel *n no pl* **the ~** der [Ärmel]kanaltunnel

chaos ['keɪɒs] *n no pl* Chaos *nt*

chaotic [keɪ'ɒtɪk] *adj* chaotisch

chap[1] [tʃæp] *n* BRIT (*fam*) Typ *m*

chap[2] <-pp-> [tʃæp] *vi skin* aufspringen

chap[3] *n abbrev of* **chapter** Kap.

chapel ['tʃæpᵊl] *n* ❶ Kapelle *f* ❷ (*service*) Andacht *f*

chapter ['tʃæptəʳ] *n* Kapitel *nt*

character ['kærəktəʳ] *n* ❶ *no pl* Charakter *m;* **to be similar in ~** sich *dat* im Wesen ähnlich sein ❷ LIT [Roman]figur *f*

characteristic [ˌkærəktə'rɪstɪk] **I.** *n* charakteristisches Merkmal **II.** *adj* charakteristisch; **to be ~ of sth** typisch für etw *akk* sein

charge [tʃɑːdʒ] **I.** *n* ❶ (*cost*) Gebühr *f;* **for an extra ~** gegen Aufpreis; **free of ~** kostenlos ❷ LAW Anklage *f* (**of** wegen) ❸ *no pl* (*responsibility*) Verantwortung *f;* **she's in ~ of the department** sie leitet die Abteilung ❹ *no pl* ELEC Ladung *f;* **to put on ~** BRIT aufladen **II.** *vi* ❶ eine Gebühr verlangen ❷ ELEC laden ❸ (*attack*) [vorwärts]stürmen; **~!** vorwärts! **III.** *vt* ❶ berechnen; **we were not ~d** [**for it**] wir mussten nichts [dafür] bezahlen ❷ LAW **to ~ sb** [**with sth**] jdn [wegen einer S. *gen*] anklagen ❸ ELEC aufladen ❹ (*tense, emotional*) **a highly ~d atmosphere** eine äußerst angespannte Atmosphäre

charge card *n* [Kunden]kreditkarte *f*

charge point *n* AUTO Ladesäule *f*

charging station *n* Ladestation *f;* (*for electric vehicles*) Stromtankstelle *f*

charity ['tʃærɪti] *n* ❶ *no pl* (*generosity*) Barmherzigkeit *f* ❷ *no pl* **to donate sth to ~** etw für wohltätige Zwecke spenden ❸ (*organization*) Wohltätigkeitsorganisation *f*

charity shop *n* BRIT *Laden, in dem gespendete, meist gebrauchte Waren verkauft werden, um Geld für wohltätige Zwecke zu sammeln*

charm [tʃɑːm] **I.** *n no pl* Charme *m* **II.** *vt* bezaubern

charming ['tʃɑːmɪŋ] *adj* bezaubernd

chart [tʃɑːt] **I.** *n* ❶ (*visual*) Diagramm *nt;* NAUT Karte *f* ❷ *pl* **the ~s** *pl* die Charts **II.** *vt* (*plot*) aufzeichnen

charter flight *n* Charterflug *m*

chase [tʃeɪs] **I.** *n* ❶ (*pursuit*) Verfolgungsjagd *f;* **to give ~ to sb** jdm hinterherrennen ❷ HUNT Jagd *f* **II.** *vi* **to ~ around** herumhetzen **III.** *vt* ❶ (*pursue*) verfolgen ❷ (*scare away*) **to ~ away** vertreiben

chat [tʃæt] **I.** *n* ❶ (*informal conversation*) Unterhaltung *f;* **to have a ~** plaudern ❷ *no pl* (*gossip*) Gerede *nt* **II.** *vi* <-tt-> ❶ (*talk informally*) plaudern ❷ COMPUT chatten

chatter ['tʃætəʳ] **I.** *n* Geschwätz *nt* **II.** *vi* ❶ (*converse*) plaudern; **to ~ away** endlos schwätzen; **to ~ on** unentwegt reden ❷ *teeth* klappern

cheap [tʃiːp] *adj* billig *a. fig;* (*reduced*) ermäßigt ► **~ and cheerful** BRIT, AUS gut und preiswert; **~ and nasty** BRIT, AUS billig und schäbig

cheat [tʃiːt] **I.** *n* ❶ (*person*) Betrüger(in) *m(f)* ❷ (*fraud*) Täuschung *f* **II.** *vi* betrügen **III.** *vt* (*treat dishonestly*) täuschen

check[1] [tʃek] **I.** *n* ❶ (*inspection*) Kontrolle *f* ❷ (*look*) **to take a quick ~** schnell nachsehen ❸ *no pl* (*restraint*) Kontrolle *f* ❹ (*pattern*) Karo[muster] *nt* ❺ CHESS Schach *nt* **II.** *vt* ❶ (*inspect*) überprüfen ❷ CHESS Schach bieten **III.** *vi* ❶ (*examine*) nachsehen, nachschauen *bes* SÜDD, ÖSTERR, SCHWEIZ ❷ (*consult*) **to ~ with sb** bei jdm nachfragen

check[2] [tʃek] *n* ❶ AM *see* **cheque** ❷ AM, SCOT (*bill*) Rechnung *f*

◆ **check in I.** *vi* (*at airport*) einchecken; (*at hotel*) sich anmelden **II.** *vt* (*at airport*) abfertigen; (*at hotel*) anmelden

◆ **check off** *vt* abhaken

◆ **check out I.** *vi* sich abmelden **II.** *vt* ❶ (*investigate*) untersuchen ❷ (*sl: observe*) **~ it out!** schau dir bloß mal das an!

◆ **check up** *vt* **to ~ up on** ❶ (*monitor*) überprüfen ❷ (*research*) Nachforschungen anstellen über +*akk*

C

checkbook *n* AM Scheckheft *nt*
check-in counter, check-in desk *n* Abfertigungsschalter *m*
checking account *n* AM Girokonto *nt*
check-in time *n* Eincheckzeit *f*
checklist *n* Checkliste *f* **checkmate** CHESS **I.** *n no pl* Schachmatt *nt* **II.** *vt* schachmatt setzen **checkout** *n* Kasse *f* **check room** *n* AM ❶ (*for coats*) Garderobe *f* ❷ (*for luggage*) Gepäckaufbewahrung *f*
check-up *n* MED Untersuchung *f*
cheek [tʃi:k] *n* ❶ (*of face*) Backe *f* ❷ *no pl* (*impertinence*) Frechheit *f;* **to give sb ~** frech zu jdm sein
cheeky ['tʃi:ki] *adj* frech
cheer [tʃɪəʳ] **I.** *n* ❶ (*cheering*) Jubel *m* ❷ *no pl* (*joy*) Freude *f* **II.** *vi* **to ~ for sb** jdn anfeuern
cheerful ['tʃɪəfᵊl] *adj* (*happy, bright*) fröhlich; **in a ~ mood** gut gelaunt
cheerio ['tʃɪəriəʊ] *interj* BRIT (*fam*) tschüs[s]
cheese [tʃi:z] *n no pl* Käse *m;* **~ sandwich** Käsebrot *nt*
cheesecake *n* Käsekuchen *m*
cheetah ['tʃi:tə] *n* Gepard *m*
chef [ʃef] *n* Koch *m*, Köchin *f*
chemical ['kemɪkᵊl] **I.** *n* Chemikalie *f* **II.** *adj* chemisch; **~ industry** Chemieindustrie *f*
chemist ['kemɪst] *n* ❶ (*student of chemistry*) Chemiker(in) *m(f)* ❷ (*pharmacist*) Apotheker(in) *m(f)* ❸ BRIT, AUS (*shop*) **~'s** *Drogerie, in der man auch Medikamente erhält*
chemistry ['kemɪstri] *n no pl* ❶ Chemie *f a. fig;* **~ lab[oratory]** Chemiesaal *m* ❷ (*make-up*) chemische Zusammensetzung
cheque [tʃek] *n* Scheck *m* (**for** über)
cheque account *n* Girokonto *nt*, Scheckkonto *nt* **chequebook** *n* Scheckheft *nt* **cheque card** *n* Scheckkarte *f*
cherry ['tʃeri] *n* Kirsche *f*
chess [tʃes] *n no pl* Schach[spiel] *nt*
chessboard *n* Schachbrett *nt*
chest [tʃest] *n* ❶ ANAT Brust *f* ❷ (*furniture*) Truhe *f*
chestnut *n* Kastanie *f;* **hot ~** heiße [Ess]kastanie; **horse ~** Rosskastanie *f*
chew [tʃu:] **I.** *n* **to have a ~ on sth** auf etw *dat* herumkauen **II.** *vt, vi* kauen; **to ~ one's fingernails** an den Nägeln kauen ▶ **to bite off more than one can ~** sich zu viel zumuten
chewing gum *n no pl* Kaugummi *m o nt*
chick [tʃɪk] *n* ❶ (*baby chicken*) Küken *nt;* (*young bird*) [Vogel]junge(s) *nt* ❷ (*sl: young woman*) Mieze *f*, Schnecke *f*
chicken ['tʃɪkɪn] **I.** *n* ❶ (*farm bird*) Huhn *nt* ❷ *no pl* (*meat*) Hähnchen *nt* ❸ (*pej sl: coward*) Angsthase *m* **II.** *adj* (*pej sl*) feige
◆ **chicken out** *vi* (*pej sl*) **to ~ out of [doing] sth** vor etw *dat* kneifen
chickenpox *n* Windpocken *pl*
chick lit *n* (*fam*) Chick Lit *f* (*Frauenromane für trendige, erfolgreiche Mittzwanziger- bis Mittdreißigerinnen*)
chief [tʃi:f] **I.** *n* ❶ (*head of organization*) Chef(in) *m(f)* ❷ (*leader of people*) Führer(in) *m(f)* **II.** *adj* ❶ (*main*) **~ reason** Hauptgrund *m* ❷ (*head*) **~ minister** Ministerpräsident(in) *m(f)*
chiefly ['tʃi:fli] *adv* hauptsächlich
child <*pl* -dren> [tʃaɪld, *pl* tʃɪldrᵊn] *n* Kind *nt*
child abuse *n no pl* Kindesmisshandlung *f;* (*sexually*) Kindesmissbrauch *m* **childbirth** *n no pl* Geburt *f*
childhood ['tʃaɪldhʊd] *n no pl* Kindheit *f*
childish ['tʃaɪldɪʃ] *adj* (*pej*) kindisch
childless ['tʃaɪldləs] *adj* kinderlos
childminder *n* Tagesmutter *f*
childproof *adj* kindersicher
children ['tʃɪldrən] *n pl of* **child**
chili <*pl* -es> ['tʃɪli] *n esp* AM *see* **chilli**
chill [tʃɪl] **I.** *n* ❶ *no pl* (*coldness*) Kühle *f* ❷ (*illness*) **to catch a ~** sich erkälten **II.** *adj* (*liter: cold*) kalt **III.** *vi* ❶ ab-

kühlen; **~ed to the bone** ganz durchgefroren ❷ *esp* AM (*fam: relax*) chillen *sl* **IV.** *vt* [ab]kühlen [lassen]

◆ **chill out** *vi esp* AM (*sl*) ❶ (*relax*) sich entspannen ❷ (*calm down*) chillen *sl;* **~ out!** reg dich doch mal ab! *fam*

chilli <*pl* -es> ['tʃɪli] *n* Chili *m*

chill-out ['tʃɪlaʊt] *adj attr room, area* Ruhe-

chilly ['tʃɪli] *adj* kühl *a. fig;* **to feel ~** frösteln

chimney ['tʃɪmni] *n* Schornstein *m;* (*of factory*) Schlot *m*

chimpanzee [ˌtʃɪmpᵊn'ziː] *n* Schimpanse *m*

chin [tʃɪn] *n* Kinn *nt*

china ['tʃaɪnə] *n no pl* ❶ (*porcelain*) Porzellan *nt* ❷ (*tableware*) Geschirr *nt*

China ['tʃaɪnə] *n no pl* China *nt*

Chinese <*pl* -> [tʃaɪ'niːz] **I.** *n* ❶ (*person*) Chinese(in) *m(f);* **the ~** *pl* die Chinesen ❷ *no pl* (*language*) Chinesisch *nt* ❸ *no pl* (*food*) chinesisches Essen **II.** *adj* chinesisch

Chinese cabbage *n* Chinakohl *m*

chip [tʃɪp] **I.** *n* ❶ (*broken-off piece*) Splitter *m* ❷ (*crack*) ausgeschlagene Ecke; **this cup has got a ~ in it** diese Tasse ist angeschlagen ❸ BRIT (*fried potato*) **~s** *pl* Pommes [frites] *pl;* **fish and ~s** Fisch und Chips ❹ AM (*crisp*) Chip *m* ❺ COMPUT Chip *m* **II.** *vt* <-pp-> abschlagen; (*break off*) abbrechen **III.** *vi* <-pp-> [leicht] abbrechen

chippy ['tʃɪpi] *n* BRIT (*fam*) Frittenbude *f*

chiropractor ['kaɪ(ə)rə(ʊ)ˌpræktəʳ] *n* Chiropraktiker(in) *m(f)*

chocolate ['tʃɒkᵊlət] *n* ❶ *no pl* (*substance*) Schokolade *f;* **~ biscuit** Schokoladenkeks *m;* **~ mousse** Mousse *f* au chocolat ❷ (*sweet*) Praline *f*

choice [tʃɔɪs] **I.** *n* ❶ *no pl* (*selection*) Wahl *f;* **it's your choice!** du hast die Wahl! ❷ *no pl* **a wide ~ of sth** eine reiche Auswahl an etw *dat* ► **to be <u>spoilt</u> for ~** die Qual der Wahl haben **II.** *adj* (*top quality*) erstklassig

choir [kwaɪəʳ] *n* Chor *m;* **~ stalls** Chorgestühl *nt*

choke [tʃəʊk] **I.** *n no pl* AUTO Choke *m* **II.** *vt* ❶ (*suffocate*) ersticken ❷ (*blocked*) **to be ~d** verstopft sein **III.** *vi* (*have problems breathing*) keine Luft bekommen; **to ~ to death** ersticken; **to ~ on sth** sich an etw *dat* verschlucken

cholesterol [kə'lestᵊrɒl] *n no pl* Cholesterin *nt;* **~ level** Cholesterinspiegel *m*

choose <chose, chosen> [tʃuːz] **I.** *vt* [aus]wählen **II.** *vi* (*select*) wählen, aussuchen; **to ~ to do sth** es vorziehen, etw zu tun

chop [tʃɒp] **I.** *vt* <-pp-> ❶ (*cut*) **to ~ sth [up]** etw klein schneiden; *wood* etw hacken ❷ (*reduce*) kürzen **II.** *n* ❶ (*meat*) Kotelett *nt* ❷ (*hit*) Schlag *m* ❸ *esp* BRIT, AUS (*fam*) **to get the ~** gefeuert werden

◆ **chop down** *vt* fällen

◆ **chop off** *vt* abhacken

chopper ['tʃɒpəʳ] *n* ❶ (*sl: helicopter*) Hubschrauber *m* ❷ BRIT (*for meat*) Hackmesser ❸ (*sl: motorcycle*) Chopper *m*

chopping board *n* Hackbrett *nt*

chopstick *n usu pl* [Ess]stäbchen *nt*

chord [kɔːd] *n* Akkord *m;* ► **to <u>strike</u> a ~ with sb** jdn berühren

chore [tʃɔːʳ] *n* **to do the ~s** die Hausarbeit erledigen

chorus ['kɔːrəs] *n* <*pl* -es> ❶ (*refrain*) Refrain *m* ❷ + *sing/pl vb* (*group of singers*) Chor *m*

chose [tʃəʊz] *pt of* **choose**

chosen [tʃəʊzᵊn, AM -oʊz-] **I.** *pp of* **choose II.** *adj* (*selected*) [aus]gewählt, ausgesucht; **the ~ people** REL das auserwählte Volk

Christ [kraɪst] **I.** *n* Christus *m* **II.** *interj* (*sl*) **~ almighty!** Herrgott noch mal!

christen [krɪsᵊn] *vt* ❶ (*give name to*) taufen ❷ (*use for first time*) einweihen

christening ['krɪsᵊnɪŋ] *n* Taufe *f*

Christian ['krɪstʃən] **I.** *n* Christ(in) *m(f)* **II.** *adj* christlich

Christianity [ˌkrɪsti'ænɪti] *n no pl* Christentum *nt*

Christian name *n esp* BRIT Vorname *m*

Christmas <*pl* -es> ['krɪs(t)məs] *n* Weihnachten *nt;* **Happy ~!** Frohe Weihnachten!

Christmas carol *n* Weihnachtslied *nt* **Christmas Day** *n* erster Weihnachtsfeiertag **Christmas Eve** *n* Heiligabend *m;* **on ~** Heiligabend **Christmas pudding** *n* BRIT Plumpudding *m* **Christmas tree** *n* Weihnachtsbaum *m*

chronic ['krɒnɪk] *adj* ❶ (*continual*) chronisch ❷ BRIT, AUS (*fam: extremely bad*) furchtbar

chronological [ˌkrɒnə'lɒdʒɪkᵊl] *adj* chronologisch

chuck [tʃʌk] **I.** *n* NBRIT (*fam*) Schnucki *nt* **II.** *vt* (*fam*) ❶ (*throw*) schmeißen ❷ (*end a relationship*) **to ~ sb** mit jdm Schluss machen

◆ **chuck out** *vt* (*fam*) wegschmeißen

chucking-out time [ˌtʃʌkɪŋ'aʊttaɪm] *n* (*fam*) *of pub* Polizeistunde *f*

chuckle [tʃʌkl̩] **I.** *n* Gekicher *nt kein pl* **II.** *vi* in sich *akk* hineinlachen

Chunnel ['tʃʌnᵊl] *n* (*fam*) **the ~** der Kanaltunnel

church <*pl* -es> [tʃɜːtʃ] *n* Kirche *f;* **to go to ~** in die Kirche gehen; **~ wedding** kirchliche Trauung

churchyard *n* Friedhof *m*

cider ['saɪdəʳ] *n no pl* Apfelwein *m*

cigar [sɪ'gɑːʳ] *n* Zigarre *f*

cigarette [ˌsɪgᵊr'et] *n* Zigarette *f;* **~ end** Zigarettenstummel *m*

cine-camera *n* Filmkamera *f*

cinema ['sɪnəmə] *n* Kino *nt*

circle ['sɜːkl̩] **I.** *n* Kreis *m;* **to go round in ~s** sich im Kreis drehen *a. fig;* **vicious ~** Teufelskreis *m* **II.** *vt* ❶ (*draw*) umkringeln ❷ (*walk*) umkreisen **III.** *vi* kreisen

circuit ['sɜːkɪt] *n* ❶ ELEC Schaltsystem *nt* ❷ SPORTS Rennstrecke *f;* **to do a ~** eine Runde drehen ❸ (*circular route*) Rundgang *m* ❹ (*sequence of events*) Runde *f*

circulation [ˌsɜːkjə'leɪʃᵊn] *n no pl* MED [Blut]kreislauf *m*

circumstance ['sɜːkəmstæn(t)s] *n* Umstände *pl;* **to be a victim of ~[s]** ein Opfer der Verhältnisse sein; **in these ~s** unter diesen Umständen

circus ['sɜːkəs] *n* ❶ Zirkus *m a. fig* ❷ BRIT (*in city*) [runder] Platz

citizen ['sɪtɪzᵊn] *n* [Staats]bürger(in) *m(f)*

citric acid *n* Zitronensäure *f*

citrus ['sɪtrəs] *n* <*pl* -> Zitrusgewächs *nt;* **~ fruit** Zitrusfrucht *f*

city ['sɪti] *n* ❶ [Groß]stadt *f* ❷ **the City** BRIT das Londoner Banken- und Börsenviertel

city hall *n* AM Rathaus *nt;* **City Hall** Stadtverwaltung *f*

civil ['sɪvᵊl] *adj* ❶ (*non-military*) zivil ❷ (*courteous*) höflich

civil court *n* Zivilgericht *nt*

civilian [sɪ'vɪliən] **I.** *n* Zivilist(in) *m(f)* **II.** *adj* **~ population** Zivilbevölkerung *f*

civilization [ˌsɪvᵊlaɪ'zeɪʃᵊn] *n* Zivilisation *f*

civil marriage *n* Zivilehe *f;* (*ceremony*) Ziviltrauung *f* **civil rights** *n pl* Bürgerrechte *pl* **civil servant** *n* [Staats]beamte(r) *m,* [Staats]beamtin *f* **civil service** *n* öffentlicher Dienst **civil union** *n* gleichgeschlechtliche Ehe **civil war** *n* Bürgerkrieg *m*

claim [kleɪm] **I.** *n* ❶ (*assertion*) Behauptung *f* ❷ (*demand for money*) Forderung *f* **II.** *vt* ❶ (*assert*) behaupten ❷ (*declare ownership*) auf etw *akk* Anspruch erheben ❸ (*require*) in Anspruch nehmen ❹ (*demand in writing*) beantragen **III.** *vi* seine Ansprüche geltend machen; **to ~ for sth** etw fordern

'clamshell *n* TELEC Klapp-Handy *nt*

clap [klæp] **I.** *n* ❶ Klatschen *nt;* **to give sb a ~** jdm applaudieren ❷ (*noise*) Krachen *nt;* **~ of thunder** Donner[schlag] *m* **II.** *vt* <-pp-> **to ~ one's hands** in die Hände klatschen; **to ~ sb** jdm Beifall klatschen ▶ **to ~ eyes on** [erstmals] zu sehen bekommen **III.** *vi* <-pp-> [Beifall] klatschen; **to ~ along** mitklatschen

clarify <-ie-> ['klærɪfaɪ] *vt* klarstellen

clarity ['klærəti] *n no pl* Klarheit *f*

clash [klæʃ] **I.** *vi* ❶ (*come into conflict*) zusammenstoßen ❷ (*compete against*) aufeinandertreffen ❸ (*contradict*) im Widerspruch stehen **II.** *n* <*pl* -es> ❶ (*hostile encounter*) Zusammenstoß *m* ❷ (*contest*) Aufeinandertreffen *nt* ❸ (*conflict*) Konflikt *m*

clasp [klɑ:sp] **I.** *n* ❶ (*firm grip*) Griff *m* ❷ (*fastening device*) Verschluss *m* **II.** *vt* umklammern

class [klɑ:s] **I.** *n* <*pl* -es> ❶ + *sing/pl vb* (*pupils*) [Schul]klasse *f* ❷ (*lesson*) [Unterrichts]stunde *f;* SPORTS Kurs[us] *m* ❸ + *sing/pl vb* AM (*graduates*) Jahrgang *m* **II.** *adj* erstklassig **III.** *vt* einstufen

classic ['klæsɪk] **I.** *adj* klassisch **II.** *n* Klassiker *m*

classical ['klæsɪkəl] *adj* klassisch

classics ['klæsɪks] *n + sing vb* Altphilologie *f*

classified ['klæsɪfaɪd] *adj* geheim; **to be ~** unter Verschluss stehen

classify <-ie-> ['klæsɪfaɪ] *vt* klassifizieren

classmate *n* Klassenkamerad(in) *m(f)*

classroom *n* Klassenzimmer *nt*

classy ['klɑ:si, AM 'klæsi] *adj* erstklassig; **she's a really ~ lady** die Frau hat Klasse

clause [klɔ:z] *n* ❶ (*part of sentence*) Satzglied *nt* ❷ (*in a contract*) Klausel *f*

claw [klɔ:] **I.** *n* Kralle *f* **II.** *vt* [zer]kratzen

clay [kleɪ] *n no pl* (*earth*) Lehm *m;* (*for pottery*) Ton *m*

clean [kli:n] **I.** *adj* ❶ (*not dirty*) sauber ❷ *joke* anständig **II.** *adv* glatt; **the thief got ~ away** der Dieb ist spurlos verschwunden **III.** *vt* (*remove dirt*) sauber machen; *car* waschen; *shoes, windows, teeth* putzen; *wound* reinigen; **to ~ sth off** etw abwischen **IV.** *vi* sich reinigen lassen **V.** *n* **to give sth a [good] ~** etw [gründlich] sauber machen

◆ **clean out** *vt* ❶ (*clean thoroughly*) [gründlich] sauber machen; (*with water*) auswaschen ❷ **to be completely ~ed out** (*fam*) völlig blank sein

◆ **clean up I.** *vt* sauber machen; *building* reinigen; **to ~ up the mess** aufräumen **II.** *vi* ❶ (*tidy*) aufräumen; **to ~ up after sb** jdm hinterherräumen ❷ (*fam: make profit*) absahnen

cleaner ['kli:nər] *n* ❶ (*person*) Reinigungskraft *f* ❷ *no pl* (*substance*) Reiniger *m*

cleaning lady, **cleaning woman** *n* Putzfrau *f*

cleanskin *n* Nichtvorbestrafte(r) *f(m)*

clean-up *n* Reinigung *f*

clear [klɪər] **I.** *adj* ❶ (*understandable*) klar; (*definite*) eindeutig; *signs* deutlich; **as ~ as a bell** glockenhell ❷ (*obvious*) klar; **to be ~ about sth** sich *dat* über etw *akk* im Klaren sein ❸ *conscience* rein ❹ *liquid* klar ❺ (*away from*) **to keep ~** sich fernhalten ▶ **all ~** die Luft ist rein **II.** *n* **to be in the ~** außer Verdacht sein **III.** *adv* ❶ (*away from*) **stand ~ of the doors** (*in underground*) bitte zurückbleiben ❷ (*distinctly*) **loud and ~** klar und deutlich **IV.** *vt* ❶ (*remove doubts*) klären ❷ (*remove obstruction*) [weg]räumen; **to ~ one's throat** sich räuspern ❸ (*empty*) ausräumen; *building* räumen; *table* abräumen ❹ (*complete*) erledigen ❺ (*give permission*) genehmigen ▶ **to ~ the decks** klar Schiff machen **V.** *vi* ❶ (*delete*) löschen ❷ (*become transparent*) sich klären ❸ (*weather*) sich [auf]klären; *fog* sich auflösen

◆ **clear away I.** *vt* wegräumen **II.** *vi* abräumen

◆ **clear off** *vi* (*fam*) verschwinden

◆ **clear out** *vt* ausräumen; *attic* entrümpeln

◆ **clear up I.** *vt* ❶ (*explain*) klären ❷ (*clean*) aufräumen **II.** *vi* ❶ (*tidy*) aufräumen; **to ~ up after sb** hinter jdm herräumen ❷ (*stop raining*) aufhören zu regnen; (*brighten up*) sich aufklären

clearance ['klɪərᵊn(t)s] *n no pl* ❶ (*act of clearing*) Beseitigung *f;* **slum ~ programme** Slumsanierungsprogramm *nt* ❷ (*space*) Spielraum *m*

clearance sale *n* Räumungsverkauf *m*

clearly ['klɪəli] *adv* ❶ (*distinctly*) klar, deutlich ❷ (*obviously*) offensichtlich

clergy ['klɜːdʒi] *n + pl vb* **the ~** die Geistlichkeit; **to join the ~** Geistliche(r) werden

cleric ['klerɪk] *n* Kleriker(in) *m(f)*

clerical staff *n + sing/pl vb* Büropersonal *nt* **clerical work** *n no pl* Büroarbeit *f*

clerk [klɑːk] *n* Büroangestellte(r) *f(m);* AM (*hotel receptionist*) Empfangschef *m/*Empfangsdame *f*

clever <-er, -est> ['klevəʳ] *adj* ❶ (*intelligent*) klug, schlau *fam* ❷ (*skilful*) geschickt

client ['klaɪənt] *n* Kunde *m,* Kundin *f;* LAW Klient(in) *m(f)*

cliff [klɪf] *n* Klippe *f*

climate ['klaɪmət] *n* Klima *nt a. fig;* **change of ~** Klimawechsel *m;* **to move to a warmer ~** in wärmere Gegenden ziehen

climate change levy *n* BRIT Klimaschutzabgabe *f* (*Abgabe auf den Stromverbrauch im nicht-privaten Sektor*)

'climate-neutral *adj attr event, process* klimaneutral

climax ['klaɪmæks] **I.** *n* Höhepunkt *m* **II.** *vi* ❶ (*reach a high point*) einen Höhepunkt erreichen; **to ~ in sth** in etw *dat* gipfeln ❷ (*achieve orgasm*) einen Orgasmus haben

climb [klaɪm] **I.** *n* ❶ (*ascent*) Aufstieg *m a. fig* ❷ AVIAT Steigflug *m* ❸ (*increase*) Anstieg *m* (**in** *+gen*) **II.** *vt* (*ascend*) **to ~ [up] a hill** auf einen Hügel [hinauf]steigen; **to ~ [up] the stairs** die Treppe hochgehen **III.** *vi* ❶ (*ascend*) [auf]steigen *a. fig* ❷ (*get into*) hineinklettern (**into** in); **he ~ed into his suit** er stieg in seinen Anzug

◆ **climb down** *vi* (*descend*) heruntersteigen; (*from a tree*) herunterklettern (**from** von)

climber ['klaɪməʳ] *n* ❶ (*mountaineer*) Bergsteiger(in) *m(f); of rock faces* Kletterer *m,* Kletterin *f* ❷ *social, professional* Aufsteiger(in) *m(f)*

climbing ['klaɪmɪŋ] *n no pl mountains* Bergsteigen *nt; rock faces* Klettern *nt*

cling <clung, clung> [klɪŋ] *vi* ❶ (*hold tightly*) [sich] klammern (**to** an); **~ on!** halt dich fest! ❷ (*stick*) kleben

clingfilm *n no pl* BRIT Frischhaltefolie *f*

clinic ['klɪnɪk] *n* Klinik *f*

clip¹ [klɪp] **I.** *n* (*fastener*) Klipp *m;* (*for wires*) Klemme *f;* **hair ~** [Haar]spange *f;* **paper ~** Büroklammer *f* **II.** *vt* <-pp-> **to ~ together** zusammenklammern

clip² [klɪp] **I.** *n* ❶ (*trim*) Schneiden *nt* ❷ FILM Ausschnitt *m* **II.** *vt* <-pp-> ❶ (*trim*) *dog* trimmen; *sheep* scheren; *nails* schneiden ❷ (*fig: reduce*) verkürzen

clipboard *n* Klemmbrett *nt*

cloak [kləʊk] **I.** *n* Umhang *m* **II.** *vt* verhüllen; **to be ~ed in secrecy** geheim gehalten werden

cloakroom *n* ❶ (*for coats*) Garderobe *f* ❷ BRIT (*public toilet*) Toilette *f*

clock [klɒk] **I.** *n* Uhr *f;* **to run against the ~** auf Zeit laufen; **round the ~** rund um die Uhr **II.** *vt* ❶ (*measure speed*) **the police ~ed him doing 90 mph** die Polizei blitzte ihn mit 145 km/h ❷ (*fam: strike*) **to ~ sb [one]** jdm eine kleben

clock radio *n* Radiowecker *m* **clockwork** *n no pl* Uhrwerk *nt;* **everything is**

going like ~ alles läuft wie am Schnürchen; ~ **toy** Spielzeug *nt* zum Aufziehen; **regular as** ~ pünktlich wie ein Uhrwerk

clog [klɒg] **I.** *n* Holzschuh *m* **II.** *vi, vt* <-gg-> **to** ~ **[up]** verstopfen

clone [kləʊn] **I.** *n* Klon *m* **II.** *vt* klonen

close¹ [kləʊs] **I.** *adj* ❶ (*near*) nah[e]; **to be** ~ **to sth** in der Nähe einer S. *gen* liegen ❷ (*intimate*) eng; **to be** ~ **to sb** jdm [sehr] nahestehen ❸ (*almost equal*) knapp; ~ **race** Kopf-an-Kopf-Rennen *nt* ❹ (*exact*) genau; **to keep a** ~ **eye on sth** etw gut im Auge behalten ❺ (*almost*) ~ **to ...** nahezu ... ► **that was a** ~ **call!** das war knapp! **II.** *adv* (*near*) nahe; **please come** ~**r** kommen Sie doch näher!; **to come** ~ **to tears** den Tränen nahekommen; ~ **by** in der Nähe; **from** ~ **up** aus der Nähe; ~ **together** dicht beieinander **III.** *n* BRIT Hof *m;* (*in street names*) *Straßenname für Sackgassen*

close² [kləʊz] **I.** *vt* ❶ (*shut*) schließen; *book, door, mouth* zumachen ❷ (*end*) abschließen; *bank account* auflösen **II.** *vi* ❶ (*shut*) *wound* sich schließen; *door, lid* zugehen ❷ (*shut down*) schließen ❸ (*end*) zu Ende gehen **III.** *n no pl* Ende *nt,* Schluss *m;* **to bring sth to a** ~ etw beenden

◆ **close down** *vi* schließen

◆ **close in** *vi darkness* hereinbrechen; **to** ~ **in on sb** sich jdm nähern

◆ **close off** *vt* absperren

◆ **close up I.** *vi* ❶ (*shut*) *flower, oyster, wound* sich schließen ❷ (*move nearer*) *people* zusammenrücken **II.** *vt* [ab]schließen

closed [kləʊzd] *adj* geschlossen, zu

closely ['kləʊsli] *adv* ❶ (*near*) dicht ❷ (*intimately*) eng ❸ (*carefully*) sorgfältig

close-up *n* Nahaufnahme *f*

closing ['kləʊzɪŋ] **I.** *adj* abschließend; ~ **speech** Schlussrede *f* **II.** *n* ❶ (*bringing to an end*) Beenden *nt kein pl* ❷ (*end of business hours*) Geschäftsschluss *m*

closing date *n* Schlusstermin *m;* (*for competition*) Einsendeschluss *m* **closing-down sale** *n* Räumungsverkauf *m* **closing time** *n* (*for shop*) Ladenschluss *m;* (*of pub*) Sperrstunde *f*

closure ['kləʊʒəʳ] *n of institution* Schließung *f; of street* Sperrung *f*

clot [klɒt] **I.** *n* MED **[blood]** ~ [Blut]gerinnsel *nt* **II.** *vi* <-tt-> gerinnen

cloth [klɒθ] *n* ❶ *no pl* (*material*) Tuch *nt* ❷ (*for cleaning*) Lappen *m*

clothes [kləʊ(ð)z] *n pl* Kleider *pl;* (*collectively*) Kleidung *f kein pl*

clothes-hanger *n* Kleiderbügel *m* **clothes line** *n* Wäscheleine *f*

clothing ['kləʊðɪŋ] *n no pl* Kleidung *f*

cloud [klaʊd] **I.** *n* Wolke *f; of insects* Schwarm *m;* ► **every** ~ **has a silver lining** (*prov*) jedes Unglück hat auch sein Gutes; **to be under a** ~ keinen guten Ruf haben **II.** *vt issue* verschleiern

cloudburst *n* Wolkenbruch *m*

cloudless ['klaʊdləs] *adj* wolkenlos

cloudy ['klaʊdi] *adj weather* bewölkt; *liquid* trüb

clown [klaʊn] **I.** *n* ❶ (*entertainer*) Clown *m* ❷ (*funny person*) Kasper *m* **II.** *vi* **to** ~ **around** herumalbern

club [klʌb] **I.** *n* ❶ (*group*) Klub *m,* Verein *m* ❷ SPORTS (*implement*) Schläger *m* ❸ CARDS Kreuz *nt* ❹ (*disco*) Klub *m* **II.** *vt* <-bb-> einknüppeln auf +*akk;* **to** ~ **to death** erschlagen

clubbing ['klʌbɪŋ] *n no pl* **to go** ~ in die Disko gehen, clubben gehen *sl*

clue [klu:] *n* ❶ (*evidence*) Hinweis *m;* (*hint*) Tipp *m* ❷ (*idea*) Ahnung *f;* **I haven't a** ~**!** [ich hab'] keine Ahnung!

clumsy ['klʌmzi] *adj* (*bungling*) ungeschickt; (*ungainly*) klobig

clung [klʌŋ] *pp, pt of* **cling**

cluster ['klʌstəʳ] **I.** *n* Bündel *nt; of people* Traube *f; of gems* Büschel *nt;* ~ **of stars** Sternhaufen *m* **II.** *vi* **to** ~

C

around sth sich um etw *akk* scharen

clutch [klʌtʃ] **I.** *vi* sich klammern (**at** an) **II.** *vt* umklammern **III.** *n* ❶ *usu sing* AUTO Kupplung *f;* **to let the ~ out** auskuppeln ❷ (*control*) **to fall into the ~es of sb** jdm in die Klauen fallen

clutter ['klʌtə^r] **I.** *n no pl* Durcheinander *nt* **II.** *vt* durcheinanderbringen

coach [kəʊtʃ] **I.** *n* ❶ BRIT (*private bus*) Reisebus *m;* **by ~** mit dem Bus ❷ (*railway carriage*) [Eisenbahn]wagen *m* ❸ (*teacher*) SPORTS Trainer(in) *m(f)* **II.** *vt* SPORTS trainieren

coaching ['kəʊtʃɪŋ] *n no pl* SPORTS Training *nt*

coal [kəʊl] *n* Kohle *f;* ► **to carry ~s to Newcastle** Eulen nach Athen tragen

coal mine *n* Kohlenbergwerk *nt* **coal miner** *n* Bergmann *m*

coarse [kɔːs] *adj* ❶ (*rough*) grob ❷ (*vulgar*) derb

coast [kəʊst] **I.** *n* Küste *f;* **off the ~** vor der Küste; **on the west ~** an der Westküste ► **the ~ is clear** die Luft ist rein **II.** *vi* dahinrollen; **to ~ [along]** mühelos vorankommen

coastal ['kəʊst^{ə}l] *adj* **~ region** Küstenregion *f*

coastguard *n* Küstenwache *f* **coastline** *n no pl* Küste[nlinie] *f*

coat [kəʊt] **I.** *n* ❶ (*outer garment*) Mantel *m* ❷ (*animal's fur*) Fell *nt* **II.** *vt* überziehen; **to ~ with breadcrumbs** panieren

coat hanger *n* Kleiderbügel *m*

coax [kəʊks] *vt* **to ~ sb into doing sth** jdn dazu bringen, etw zu tun

cobweb ['kɒbweb] *n* Spinnennetz *nt*

co-citizen [kəʊ'sɪtɪz^{ə}n] *n* verantwortungsbewusster Mitbürger, verantwortungsbewusste Mitbürgerin *m, f*

cock [kɒk] **I.** *n* ❶ (*male chicken*) Hahn *m* ❷ (*vulg: penis*) Schwanz *m* **II.** *adj* ORN männlich **III.** *vt ears* spitzen

cockerel ['kɒk^{ə}r^{ə}l] *n* junger Hahn

cockpit ['kɒkpɪt] *n* Cockpit *nt*

cocktail ['kɒkteɪl] *n* Cocktail *m*

cock-up ['kɒkʌp] *n* (*sl*) Schlamassel *m;* **what a ~!** so ein Mist!

cocky ['kɒki] *adj* (*fam*) großspurig

cocoa ['kəʊkəʊ] *n no pl* Kakao *m*

coconut ['kəʊkənʌt] *n* Kokosnuss *f*

coconut milk *n* Kokosmilch *f*

cod <*pl* -> [kɒd] *n* Kabeljau *m*

code [kəʊd] **I.** *n* ❶ (*ciphered language*) Code *m* ❷ LAW Kodex *m* **II.** *vt* chiffrieren

code name *n* Deckname *m* **code number** *n* Codenummer *f* **code word** *n* Kennwort *nt*

co-ed [ˌkəʊ'ed] *adj* SCH (*fam*) gemischt

co-education [ˌkəʊedʒuː'keɪʃ^{ə}n] *n no pl* Koedukation *f*

coffee ['kɒfiː] *n* Kaffee *m*

coffee bar *n* Café *nt* **coffee break** *n* Kaffeepause *f* **coffee cup** *n* Kaffeetasse *f* **coffee-grinder** *n* Kaffeemühle *f*

coffee machine *n* Kaffeemaschine *f* **coffee pot** *n* Kaffeekanne *f* **coffee shop** *n* Café *nt*

coffin ['kɒfɪn] *n* Sarg *m*

cognac ['kɒnjæk] *n* Cognac *m*

cohabit [kəʊ'hæbɪt] *vi* (*form*) zusammenleben

coil [kɔɪl] **I.** *n* ❶ (*wound spiral*) Rolle *f* ❷ (*contraceptive*) Spirale *f* **II.** *vi* sich winden

coin [kɔɪn] **I.** *n* Münze *f* **II.** *vt* ► **to ~ a phrase ...** ich will mal so sagen ...

coin-box telephone *n* Münzfernsprecher *m*

coincidence [kəʊ'ɪn(t)sɪd^{ə}n(t)s] *n* Zufall *m;* **by ~** durch Zufall

cold [kəʊld] **I.** *adj* kalt; **as ~ as ice** eiskalt; **I'm ~** mir ist kalt ► **to get ~ feet** kalte Füße bekommen **II.** *n* ❶ (*low temperature*) Kälte *f* ❷ MED Erkältung *f*, Schnupfen *m*

cold-blooded [ˌkəʊld'blʌdɪd] *adj* kaltblütig **cold-hearted** *adj* kaltherzig

coleslaw ['kəʊlslɔː] *n no pl* Krautsalat *m*

collaborate [kə'læb^{ə}reɪt] *vi* ❶ zusammenarbeiten (**on** an) ❷ (*with enemy*) kollaborieren

collapse [kə'læps] **I.** *vi* ❶ (*fall down*) *things, buildings* einstürzen; *people* zusammenbrechen ❷ (*fail*) zusammenbrechen; *enterprise* zugrunde gehen; *government* stürzen; *talks* scheitern **II.** *n* ❶ (*act of falling down*) Einsturz *m* ❷ (*failure*) Zusammenbruch *m* ❸ MED Kollaps *m*

collapsible [kə'læpsɪbl̩] *adj* zusammenklappbar

collar ['kɒləʳ] *n* Kragen *m;* (*for animals*) Halsband *nt*

colleague ['kɒli:g] *n* [Arbeits]kollege(in) *m(f)*

collect ['kɒ'lekt] **I.** *adj* AM TELEC ~ **call** R-Gespräch *nt* **II.** *vi* (*gather*) sich versammeln; (*accumulate*) sich ansammeln **III.** *vt* ❶ (*gather*) einsammeln; *money, stamps* sammeln ❷ (*pick up*) abholen

collect call *n* AM R-Gespräch *nt*

collection [kə'lekʃᵊn] *n* ❶ *of money, objects* Sammlung *f;* (*in church*) Kollekte *f* ❷ *of people* Ansammlung *f* ❸ FASHION Kollektion *f*

collector [kə'lektəʳ] *n* Sammler(in) *m(f)*

college ['kɒlɪʤ] *n* ❶ (*school*) Gymnasium *nt;* (*privately funded*) Kolleg *nt* ❷ (*university*) Universität *f*, Hochschule *f;* **art ~** Kunstakademie *f;* **to go to ~** studieren

collide [kə'laɪd] *vi* zusammenstoßen

collision [kə'lɪʒᵊn] *n* Zusammenstoß *m*

colloquial [kə'ləʊkwiəl] *adj* umgangssprachlich; **~ language** Umgangssprache *f*

colonel ['kɜ:nᵊl] *n* Oberst *m*

colony ['kɒləni] *n* Kolonie *f*

colour, AM **color** ['kʌləʳ, AM -ɚ] *n* ❶ Farbe *f;* **what ~ is her hair?** was hat sie für eine Haarfarbe? ❷ (*skin colour*) Hautfarbe *f;* ▶ **to pass with flying ~s** glänzend abschneiden **II.** *vt* ❶ (*change colour of*) färben ❷ (*distort*) beeinflussen **III.** *vi face* rot werden

colour blind *adj* farbenblind

coloured, AM **colored** ['kʌləd, AM -ɚd] *adj* farbig; **~ pencil** Buntstift *m*

colour-fast *adj* farbecht

colourful ['kʌləfᵊl] *adj* ❶ (*full of colour*) *paintings* farbenfroh; *clothing* bunt ❷ (*interesting*) [bunt] schillernd; *past* bewegt

colouring ['kʌlərɪŋ] *n no pl* ❶ (*complexion*) Gesichtsfarbe *f* ❷ (*chemical*) Farbstoff *m*

colourless ['kʌləlǝs] *adj* farblos

colour scheme *n* Farbzusammenstellung *f*

column ['kɒləm] *n* ❶ (*pillar*) Säule *f* ❷ MIL Kolonne *f* ❸ (*article*) Kolumne *f*

comb [kəʊm] **I.** *n* Kamm *m* **II.** *vt* ❶ *hair* kämmen ❷ (*search thoroughly*) durchkämmen

combination [ˌkɒmbɪ'neɪʃᵊn] *n* Kombination *f* (**of** aus)

combine [kəm'baɪn] **I.** *vt* verbinden **II.** *vi* sich verbinden

combined [kəm'baɪnd] *adj* vereint; **~ total** Gesamtsumme *f*

come [kʌm] *vi* <came, come> ❶ (*move towards*) kommen; **~ here a moment** kommst du mal einen Moment [her]? ❷ (*arrive*) ankommen; **has she ~ yet?** ist sie schon da? ❸ (*accompany someone*) mitkommen ❹ (*originate from*) stammen ❺ (*have priority*) **to ~ before sth** wichtiger als etw sein ❻ (*fam: have orgasm*) kommen *fam* ❼ (*be, become*) **to ~ under pressure** unter Druck geraten; **to ~ loose** sich [ab]lösen; *door* aufgehen; **nothing came of it** daraus ist nichts geworden ▶ **~ again?** [wie] bitte?

◆ **come about** *vi* passieren

◆ **come across** **I.** *vi* ❶ *feelings* zum Ausdruck kommen ❷ (*create an impression*) wirken **II.** *vt* (*by chance*) **to ~ across sb** jdm [zufällig] begegnen;

C

to ~ across sth [zufällig] auf etw *akk* stoßen

◆ **come along** *vi* ❶ (*hurry*) ~ **along!** jetzt komm [endlich]! ❷ (*go too*) mitgehen, mitkommen ❸ (*progress*) Fortschritte machen

◆ **come apart** *vi* auseinanderfallen

◆ **come around** *vi see* **come round**

◆ **come at** *vi* **to ~ at sb** auf jdn losgehen; **the ball was coming straight at me** der Ball kam genau auf mich zu

◆ **come away** *vi* ❶ (*leave*) weggehen ❷ (*become detached*) sich lösen

◆ **come back** *vi* ❶ (*return*) zurückkommen ❷ (*be remembered*) wieder einfallen ❸ *artist* ein Comeback haben

◆ **come by** *vi* ❶ (*visit*) vorbeikommen ❷ (*obtain*) kriegen

◆ **come down** *vi* ❶ (*fall*) fallen; *trousers* rutschen ❷ (*collapse*) einstürzen ❸ (*become less*) sinken ❹ (*amount to*) hinauslaufen (**to** auf) ❺ (*be taken ill*) **to ~ down with sth** sich *dat* etw eingefangen haben

◆ **come forward** *vi* sich melden

◆ **come in** *vi* ❶ (*enter*) hereinkommen; **do ~ in** komm doch rein; **~ in!** herein! ❷ (*arrive*) ankommen; *ship* einlaufen; *train* einfahren; *plane* landen ❸ (*become fashionable*) in Mode kommen ❹ + *adj* (*be*) **to ~ in handy** gelegen kommen ❺ (*play a part*) **and that's where you ~ in** und hier kommst du dann ins Spiel ❻ (*be subjected to*) **to ~ in for criticism** Kritik hervorrufen

◆ **come off** *vi* ❶ (*fam: succeed*) klappen ❷ (*take place*) stattfinden ❸ (*end up*) abschneiden ❹ (*stop taking*) **to ~ off sth** mit etw *dat* aufhören ▶ **~ off it!** (*fam*) nun mach mal halblang!

◆ **come on** *vi* **~ on!** (*impatient*) komm jetzt!; (*encouraging*) komm schon!; (*annoyed*) jetzt hör aber auf!

◆ **come over** *vi* ❶ (*to a place*) [her]überkommen ❷ (*change point of view*) überwechseln

◆ **come round** *vi esp* BRIT, AUS ❶ (*visit sb's home*) vorbeikommen ❷ (*regain consciousness*) [wieder] zu sich kommen ❸ (*change one's mind*) seine Meinung ändern; **to ~ round to sb's point of view** sich jds Standpunkt anschließen

◆ **come through** *vi* ❶ (*survive*) durchkommen ❷ BRIT, AUS *results, visa* eintreffen; *call* eingehen

◆ **come to** *vi* ❶ (*regain consciousness*) [wieder] zu sich kommen ❷ (*amount to*) sich belaufen auf +*akk* ❸ (*reach*) **what is the world coming to?** wo soll das alles nur hinführen?; **it'll ~ to me later** es wird mir schon noch einfallen; **he won't ~ to any harm** ihm wird nichts passieren; **it ~s to the same thing** das läuft auf dasselbe raus; **to ~ to the conclusion ...** zu dem Schluss kommen, dass ...; **to have ~ to a decision** eine Entscheidung getroffen haben; **to ~ to nothing** zu nichts führen; **to ~ to the point** zum Punkt kommen ❹ (*concern*) **when it ~s to travelling ...** wenn's ums Reisen geht, ...

◆ **come under** *vi* ❶ (*be listed under*) stehen unter +*dat;* **soups ~ under 'starters'** Suppen sind als Vorspeisen aufgeführt ❷ (*subject to*) **to ~ under fire** unter Beschuss geraten

◆ **come up** *vi* ❶ (*to higher place*) hochkommen; *sun, moon* aufgehen ❷ (*be mentioned*) aufkommen; *topic* angeschnitten werden; *name* erwähnt werden ❸ (*happen*) passieren ❹ **to ~ up for sale** zum Verkauf stehen ❺ (*become vacant*) *job* frei werden ❻ (*on TV*) **coming up next on BBC 2 ...** und auf BBC 2 sehen Sie als Nächstes ... ❼ (*of plants*) herauskommen

◆ **come upon** *vi* **to ~ upon sth** [zufällig] auf etw *akk* stoßen; **to ~ upon sb** [zufällig] jdm begegnen

comedian [kəˈmiːdiən] *n* Komiker(in) *m(f)*

comedy ['kɒmədi] *n* Komödie *f*
comet ['kɒmɪt] *n* Komet *m*
comfort ['kʌm(p)fət] **I.** *n* ❶ *no pl* (*comfortable feeling*) Bequemlichkeit *f* ❷ *no pl* (*consolation*) Trost *m* ❸ (*pleasurable things in life*) **~s** *pl* Komfort *m kein pl* **II.** *vt* trösten
comfortable ['kʌm(p)ftəbl̩] *adj* ❶ (*offering comfort*) bequem; *house, room* komfortabel ❷ (*at ease*) **to be ~** sich wohl fühlen; **are you ~?** sitzt du bequem?; **to feel ~ with sth** mit etw *dat* zufrieden sein
comfortably ['kʌm(p)ftəbli] *adv* ❶ (*in a comfortable manner*) bequem ❷ (*easily*) leicht ❸ FIN **they are ~ off** es geht ihnen [finanziell] gut; **to live ~** sorgenfrei leben
comforting ['kʌm(p)fətɪŋ] *adj word* tröstend
comfy ['kʌm(p)fi] *adj* (*fam*) bequem
comic ['kɒmɪk] **I.** *n* ❶ (*magazine*) Comicheft *nt* ❷ (*professional comedian*) Komiker(in) *m(f)* **II.** *adj* komisch
comic book *n* AM Comicbuch *nt* **comic strip** *n* Comic *m* (*in einer Zeitung*)
coming ['kʌmɪŋ] **I.** *adj* (*next*) kommend; (*approaching*) herannahend; **this ~ Friday** nächsten Freitag **II.** *n no pl* (*arrival*) Ankunft *f*
comma [ˌkɒmə] *n* Komma *nt*
command [kə'mɑːnd] **I.** *vt* ❶ (*order*) **to ~ sb** jdm einen Befehl geben ❷ MIL **to ~ sth** den Oberbefehl über etw *akk* haben; *company* leiten ❸ (*form: inspire*) gebieten **II.** *vi* Befehle erteilen **III.** *n* ❶ (*order*) Befehl *m* ❷ *no pl* (*authority*) Kommando *nt;* **to be in ~ of** befehligen; **to be at sb's ~** (*hum*) jdm zur Verfügung stehen
commemorate [kə'meməreɪt] *vt* gedenken *+gen*
commemorative [kə'memᵊrətɪv] *adj* **~ issue** Gedächtnisausgabe *f;* **~ plaque** Gedenktafel *f*
comment ['kɒment] **I.** *n* Kommentar *m* **II.** *vi* einen Kommentar abgeben; **to ~ on sth** sich zu etw *dat* äußern
commentary ['kɒmentᵊri] *n* Kommentar *m* (**on** zu)
commentate ['kɒmənteɪt] *vi* TV, RADIO **to ~ on sth** etw kommentieren
commentator ['kɒmənteɪtəʳ] *n* Kommentator(in) *m(f)*
commercial [kə'mɜːʃᵊl] **I.** *adj* ❶ (*relating to commerce*) kaufmännisch ❷ (*profit-orientated*) kommerziell **II.** *n* Werbespot *m*
commission [kə'mɪʃᵊn] **I.** *vt* (*order*) **to ~ sth** etw in Auftrag geben; **to ~ sb [to do sth]** jdn beauftragen[, etw zu tun] **II.** *n* ❶ (*order*) Auftrag *m* ❷ *+ sing/pl vb* (*investigative body*) Kommission *f* ❸ (*system of payment*) Provision *f* ❹ **out of ~** *machine* außer Betrieb
commit <-tt-> [kə'mɪt] **I.** *vt* ❶ (*carry out*) begehen ❷ (*bind*) *money* bereitstellen; **to ~ oneself to sth** sich etw *dat* voll und ganz widmen ❸ (*entrust*) **to ~ sth to memory** sich *dat* etw einprägen **II.** *vi* (*bind oneself*) **to ~ to sth** sich auf etw *akk* festlegen
committee [kə'mɪti] *n + sing/pl vb* Ausschuss *m,* Komitee *nt*
common ['kɒmən] **I.** *adj* <-er, -est> ❶ (*often encountered*) üblich, gewöhnlich ❷ (*normal*) normal ❸ (*shared*) gemeinsam; **by ~ consent** mit allgemeiner Einwilligung; **in ~** gemeinsam ❹ ZOOL, BOT gemein **II.** *n* Gemeindeland *nt*
common room *n* BRIT SCH Gemeinschaftsraum *m*
Commons ['kɒmənz] *n + sing/pl vb* BRIT POL **the ~** das Unterhaus
common sense *n no pl* gesunder Menschenverstand; **a ~ approach** ein praktischer Ansatz
Commonwealth ['kɒmənwelθ] *n* **the ~** das Commonwealth
communicate [kə'mjuːnɪkeɪt] **I.** *vt* (*pass on*) mitteilen; *feeling, message* rüber-

bringen **II.** *vi* (*give information*) kommunizieren; **to ~ with one's hands** sich mit den Händen verständigen

communication [kəˌmjuːnɪ'keɪʃᵊn] *n no pl* ❶ (*being in touch*) Kommunikation *f;* **~ gap** Informationslücke *f* ❷ (*passing on*) *of ideas* Vermittlung *f* ❸ (*form: thing communicated*) Mitteilung *f*

communism ['kɒmjənɪzᵊm] *n no pl* Kommunismus *m*

community centre *n* Gemeindezentrum *nt*

commute [kə'mjuːt] **I.** *n* (*fam*) Pendelstrecke *f* **II.** *vi* pendeln

commuter [kə'mjuːtəʳ] *n* Pendler(in) *m(f)*

compact **I.** *adj* [kəm'pækt] kompakt **II.** *vt* [kəm'pækt] (*form: by a person*) festtreten **III.** *n* ['kɒmpækt] ❶ (*cosmetics*) Puderdose *f* ❷ AM, AUS AUTO Kompaktwagen *m*

companion [kəm'pænjən] *n* Begleiter(in) *m(f);* (*associate*) Gefährte *m/*Gefährtin *f*

company ['kʌmpəni] *n* ❶ COMM Firma *f,* Unternehmen *nt;* **Adams and Company** Adams & Co. ❷ *no pl* (*companionship*) Gesellschaft *f;* **to keep sb ~** jdm Gesellschaft leisten ❸ THEAT Schauspieltruppe *f*

comparable ['kɒmpᵊrəbl] *adj* vergleichbar (**to/with** mit)

comparative [kəm'pærətɪv] **I.** *n* LING Komparativ *m* **II.** *adj* ❶ (*involving comparison*) vergleichend ❷ (*relative*) relativ

comparatively [kəm'pærətɪvli] *adv* ❶ (*relatively*) verhältnismäßig ❷ (*by comparison*) im Vergleich

compare [kəm'peəʳ] **I.** *vt* ❶ vergleichen (**to/with** mit); **to ~ notes on sth** (*fig*) Meinungen über etw *akk* austauschen ❷ LING steigern **II.** *vi* vergleichbar sein; **to ~ favourably** vergleichsweise gut abschneiden **III.** *n no pl* (*liter*) **beyond ~** unvergleichlich

comparison [kəm'pærɪsᵊn] *n* Vergleich *m;* **by ~ with** verglichen mit; **to draw a ~** einen Vergleich anstellen; **there's no ~!** das ist gar kein Vergleich!

compartment [kəm'pɑːtmənt] *n* RAIL [Zug]abteil *nt,* Coupé *nt* ÖSTERR

compass <*pl* -es> ['kʌmpəs] *n* ❶ (*for showing direction*) Kompass *m* ❷ (*for drawing circles*) Zirkel *m*

compassion [kəm'pæʃᵊn] *n no pl* **to feel ~ for sb** Mitleid mit jdm haben; **with ~** voller Mitgefühl

compassionate [kəm'pæʃᵊnət] *adj* mitfühlend

compatible [kəm'pætɪbl] *adj* ❶ **to be ~** zusammenpassen ❷ COMPUT, MED kompatibel ❸ (*consistent*) vereinbar

compel <-ll-> [kəm'pel] *vt* **to feel ~led [to do sth]** sich gezwungen sehen[, etw zu tun]

compensate ['kɒmpənseɪt] **I.** *vt* [finanziell] entschädigen **II.** *vi* kompensieren

compensation [ˌkɒmpən'seɪʃᵊn] *n no pl* Entschädigung[sleistung] *f*

compete [kəm'piːt] *vi* **to ~ [with sb]** [gegen jdn] kämpfen (**for** um)

competent ['kɒmpɪtᵊnt] *adj* (*capable*) fähig; (*qualified*) kompetent

competition [ˌkɒmpə'tɪʃᵊn] *n no pl* Konkurrenz *f,* Wettbewerb *m*

competitive [kəm'petɪtɪv] *adj* ❶ (*characterized by competition*) konkurrierend; (*eager to compete*) kampfbereit; **~ sports** Leistungssport *m* ❷ COMM konkurrenzfähig

competitor [kəm'petɪtəʳ] *n* ❶ (*participant*) [Wettbewerbs]teilnehmer(in) *m(f)* ❷ COMM Konkurrent(in) *m(f)*

compile [kəm'paɪl] *vt list* erstellen; *facts* zusammentragen

complain [kəm'pleɪn] *vi* klagen, sich beklagen (**about/of** über); **stop ~ing!** hör auf zu jammern!

complaint [kəm'pleɪnt] *n* Klage *f;* MED *a.* Beschwerde *f*

complete [kəm'pliːt] **I.** *vt* ❶ (*add what is missing*) vervollständigen; *form* [vollständig] ausfüllen ❷ (*finish*) fertig stellen; *course* absolvieren **II.** *adj* ❶ (*with nothing missing*) vollständig; **the ~ works of Shakespeare** Shakespeares gesammelte Werke ❷ (*including*) **~ with** inklusive ❸ (*total*) absolut; *stranger, surprise* völlig

completely [kəm'pliːtli] *adv* völlig; **~ certain** absolut sicher

completion [kəm'pliːʃᵊn] *n no pl* Fertigstellung *f;* **on ~ of the project** nach Abschluss des Projekts

complex **I.** *adj* ['kɒmpleks] komplex; (*complicated*) kompliziert **II.** *n* <*pl* -es> ['kɒmpleks] ❶ ARCHIT Komplex *m;* **shopping ~** Einkaufszentrum *nt* ❷ PSYCH Komplex *m* (**about** wegen)

complexion [kəm'plekʃᵊn] *n* Teint *m;* **clear ~** reine Haut; **healthy ~** gesunde Gesichtsfarbe ▸ **to put a different ~ on sth** etw in einem anderen Licht erscheinen lassen

complexity [kəm'pleksəti] *n* ❶ *no pl* (*intricacy*) Komplexität *f* ❷ (*complication*) Kompliziertheit *f*

complicate ['kɒmplɪkeɪt] *vt* [noch] komplizierter machen

complicated ['kɒmplɪkeɪtɪd] *adj* kompliziert

complication [ˌkɒmplɪ'keɪʃᵊn] *n* Komplikation *f*

compliment ['kɒmplɪmənt] **I.** *n* Kompliment *nt;* **my ~s to the chef!** mein Kompliment an die Köchin!; **to pay sb a ~** jdm ein Kompliment machen **II.** *vt* **to ~ sb** jdm ein Kompliment machen

complimentary [ˌkɒmplɪ'mentᵊri] *adj* ❶ (*expressing a compliment*) schmeichelhaft ❷ (*free*) **~ ticket** Freikarte *f*

comply [kəm'plaɪ] *vi* sich fügen; **to ~ with the regulations** die Bestimmungen erfüllen

component [kəm'pəʊnənt] *n* [Bestand]teil *m*

composer [kəm'pəʊzəʳ] *n* Komponist(in) *m(f)*

composure [kəm'pəʊʒəʳ] *n no pl* Fassung *f*

compound[1] [kəm'paʊnd] *vt* verschlimmern

compound[2] ['kɒmpaʊnd] **I.** *n* ❶ (*combination*) Mischung *f* ❷ CHEM Verbindung *f* **II.** *adj* zusammengesetzt

comprehend [ˌkɒmprɪ'hend] *vi, vt* begreifen, verstehen

comprehensive [ˌkɒmprɪ'hen(t)sɪv] **I.** *adj* umfassend; *answer* ausführlich **II.** *n* BRIT Gesamtschule *f*

compromise ['kɒmprəmaɪz] **I.** *n* Kompromiss *m;* **to reach a ~** zu einem Kompromiss gelangen **II.** *vi* Kompromisse eingehen

compulsion [kəm'pʌlʃᵊn] *n no pl* Zwang *m*

compulsory [kəm'pʌlsᵊri] *adj* obligatorisch; **~ retirement** Zwangspensionierung *f;* **~ subject** Pflichtfach *nt*

computer [kəm'pjuːtəʳ] *n* Computer *m*

computer-'animated *adj* computeranimiert

computer game *n* Computerspiel *nt* **computer graphics** *n + sing/pl vb* Computergrafik *f* **computer programmer** *n* Programmierer(in) *m(f)*

con[1] [kɒn] (*fam*) **I.** *vt* <-nn-> **to ~ sb** jdn reinlegen; **to ~ sb out of sth** jdm etw abluchsen **II.** *n* Schwindel *m kein pl*

con[2] [kɒn] *n usu pl* (*fam*) **the pros and ~s** das Pro und Kontra

concede [kən'siːd] **I.** *vt* ❶ (*acknowledge*) zugeben; **to ~ defeat** sich geschlagen geben ❷ SPORTS *goal* kassieren **II.** *vi* sich geschlagen geben

conceited [kən'siːtɪd] *adj* eingebildet

concentrate ['kɒn(t)sᵊntreɪt] **I.** *vi* ❶ (*focus one's thoughts*) sich konzentrieren ❷ (*come together*) sich sammeln **II.** *vt* konzentrieren; **to ~ one's**

mind on sth sich auf etw *akk* konzentrieren **III.** *n* Konzentrat *nt*
concentrated [ˈkɒn(t)sᵊntreɪtɪd] *adj* konzentriert

C

concentration [ˌkɒn(t)sᵊnˈtreɪʃᵊn] *n* ❶ *no pl* (*mental focus*) Konzentration *f* (**on** auf); **to lose [one's] ~** sich nicht mehr konzentrieren können ❷ (*accumulation*) Konzentrierung *f*
concept [ˈkɒnsept] *n* ❶ (*abstract idea*) Vorstellung *f* ❷ (*plan*) Entwurf *m*
concern [kənˈsɜːn] **I.** *n* ❶ (*interest*) Anliegen *nt* ❷ (*worry*) Sorge *f*, Besorgnis *f* (**about** um) ❸ (*business*) Angelegenheit *f*; **that's none of your ~** das geht dich nichts an ❹ COMM Unternehmen *nt*; **industrial ~** Industriekonzern *m* **II.** *vt* ❶ (*apply to, be sb's business*) angehen; **as far as I'm ~ed** was mich betrifft ❷ (*take an interest in*) **to ~ oneself with sth** sich mit etw *dat* befassen
concerned [kənˈsɜːnd] *adj* ❶ *pred* (*involved*) betroffen ❷ (*worried*) **to be ~ [about sb]** [um jdn] besorgt sein; **to be ~ [about sth]** [wegen einer S. *gen*] beunruhigt sein; **I'm a bit ~ about your health** ich mache mir Gedanken um deine Gesundheit
concerning [kənˈsɜːnɪŋ] *prep* bezüglich +*gen*
concert [ˈkɒnsət] *n* Konzert *nt*; **in ~** live
concession [kənˈseʃᵊn] *n* ❶ Zugeständnis *nt*; **as a ~** als Ausgleich ❷ (*admission of defeat*) Eingeständnis *nt* [einer Niederlage]
conclude [kənˈkluːd] **I.** *vi* enden, schließen **II.** *vt* ❶ (*finish*) [ab]schließen ❷ (*determine*) beschließen ❸ (*infer*) **to ~ [from sth] that ...** [aus etw *dat*] schließen, dass ...
concluding [kənˈkluːdɪŋ] *adj* abschließend; **~ remark** Schlussbemerkung *f*
conclusion [kənˈkluːʒᵊn] *n* ❶ (*end*) Abschluss *m*; *of a story* Schluss *m*; **in ~** zum Abschluss ❷ (*decision*) **to reach a ~** zu einem Entschluss gelangen ❸ (*inference*) Schluss *m*, Schlussfolgerung *f*
conclusive [kənˈkluːsɪv] *adj* ❶ (*convincing*) schlüssig ❷ (*decisive*) eindeutig
concrete [ˈkɒŋkriːt] **I.** *n no pl* Beton *m* **II.** *adj* ❶ *path* betoniert ❷ *proof* eindeutig **III.** *vt* betonieren; **to ~ over** zubetonieren
concussion [kənˈkʌʃᵊn] *n no pl* Gehirnerschütterung *f*
condemn [kənˈdem] *vt* ❶ verurteilen; (*fig*) verdammen ❷ (*declare unsafe*) für unbrauchbar erklären
condensation [ˌkɒndenˈseɪʃᵊn] *n* ❶ *no pl* (*process*) Kondensation *f* ❷ *no pl* (*droplets*) Kondenswasser *nt*
condensed milk *n no pl* Kondensmilch *f*, Dosenmilch *f*
condescending [ˌkɒndɪˈsendɪŋ] *adj* herablassend
condition [kənˈdɪʃᵊn] **I.** *n* ❶ (*state*) Zustand *m* ❷ MED Leiden *nt* ❸ (*circumstances*) **~s** *pl* Bedingungen *pl* ❹ (*stipulation*) Bedingung *f*; **on the ~ that ...** unter der Bedingung, dass ... **II.** *vt* (*train*) konditionieren
conditional [kənˈdɪʃᵊnᵊl] **I.** *adj* bedingt; **to be ~ [up]on sth** von etw *dat* abhängen **II.** *n* LING **the ~** der Konditional
conditioner [kənˈdɪʃᵊnəʳ] *n no pl* (*for hair*) Pflegespülung *f*
condom [ˈkɒndɒm] *n* Kondom *nt*
conduct I. *vt* [kənˈdʌkt] ❶ (*carry out*) durchführen; *negotiations* führen ❷ (*direct*) leiten; *orchestra* dirigieren ❸ ELEC leiten ❹ (*form: behave*) **to ~ oneself** sich benehmen **II.** *vi* [kənˈdʌkt] MUS dirigieren **III.** *n* [ˈkɒndʌkt] *no pl* ❶ (*behaviour*) Benehmen *nt* ❷ (*form: management*) Führung *f*
conductor [kənˈdʌktəʳ] *n* ❶ MUS Dirigent(in) *m(f)* ❷ BRIT (*on bus*) Schaffner(in) *m(f)*
cone [kəʊn] *n* ❶ MATH Kegel *m*; **traffic ~** Leitkegel *m* ❷ FOOD **ice cream ~** Eistüte *f*

conference [ˈkɒnfᵊrᵊn(t)s] *n* Konferenz *f*, Tagung *f* (**on** über); **in ~** in einer Besprechung
conference call *n* Konferenzschaltung *f*
confess [kənˈfes] *vi, vt* ❶ (*admit*) zugeben; **to ~ to sth** etw gestehen ❷ REL beichten
confession [kənˈfeʃᵊn] *n* ❶ (*admission*) Geständnis *nt* ❷ REL Beichte *f*
confide [kənˈfaɪd] **I.** *vt* gestehen; **to ~ [to sb] that ...** jdm anvertrauen, dass ... **II.** *vi* **to ~ in sb** sich jdm anvertrauen
confidence [ˈkɒnfɪdᵊn(t)s] *n* ❶ *no pl* (*trust*) Vertrauen *nt;* **in ~** im Vertrauen ❷ (*secrets*) **~s** *pl* Vertraulichkeiten *pl* ❸ *no pl* (*self-assurance*) Selbstvertrauen *nt*
confident [ˈkɒnfɪdᵊnt] *adj* ❶ (*certain*) zuversichtlich ❷ (*self-assured*) selbstbewusst
confidential [ˌkɒnfɪˈdən(t)ʃᵊl] *adj* vertraulich; **to keep sth ~** etw für sich behalten
confidentially [ˌkɒnfɪˈdən(t)ʃᵊli] *adv* vertraulich
confirm [kənˈfɜːm] **I.** *vt* ❶ (*verify*) bestätigen ❷ (*strengthen*) **to ~ sb's faith** jdn in seinem Glauben bestärken **II.** *vi* bestätigen
confirmation [ˌkɒnfəˈmeɪʃᵊn] *n* ❶ (*verification*) Bestätigung *f* ❷ REL (*Catholic*) Firmung *f;* (*Protestant*) Konfirmation *f*
confiscate [ˈkɒnfɪskeɪt] *vt* beschlagnahmen
conflict **I.** *n* [ˈkɒnflɪkt] (*clash*) Konflikt *m;* **~ of interests** Interessenskonflikt *m* **II.** *vi* [kənˈflɪkt] **to ~ with sth** im Widerspruch zu etw *dat* stehen
conflicting [kənˈflɪktɪŋ] *adj* widersprüchlich; *claims* entgegengesetzt
conform [kənˈfɔːm] *vi* sich einfügen; (*agree*) übereinstimmen
confront [kənˈfrʌnt] *vt* ❶ (*face*) **to ~ sth** sich etw *dat* stellen ❷ (*compel to deal with*) konfrontieren
confuse [kənˈfjuːz] *vt* ❶ (*perplex*) verwirren ❷ (*complicate*) [noch] verworrener machen
confused [kənˈfjuːzd] *adj* ❶ *people* verwirrt, durcheinander ❷ *situation* verworren
confusing [kənˈfjuːzɪŋ] *adj* verwirrend
confusion [kənˈfjuːʒᵊn] *n no pl* ❶ (*perplexity*) Verwirrung *f* ❷ (*disorder*) Durcheinander *nt;* **to be in ~** durcheinander sein
congested [kənˈdʒestɪd] *adj* ❶ TRANSP überfüllt ❷ MED verstopft
congestion charge *n* City-Maut *f*
congratulate [kənˈgrætʃʊleɪt] *vt* **to ~ sb [on sth]** jdm [zu etw *dat*] gratulieren
congratulation [kənˌgrætʃʊˈleɪʃᵊn] *n no pl* Gratulation *f;* **~s!** herzlichen Glückwunsch!
congregation [ˌkɒŋgrɪˈgeɪʃᵊn] *n + sing/pl vb* REL [Kirchen]gemeinde *f*
congress [ˈkɒŋgres] *n* Kongress *m;* **Congress** AM POL der Kongress
congressman *n* [Kongress]abgeordnete(r) *m* **congresswoman** *n* [Kongress]abgeordnete *f*
conifer [ˈkɒnɪfəʳ] *n* Nadelbaum *m*
conjure [ˈkʌndʒəʳ] **I.** *vi* zaubern **II.** *vt* hervorzaubern
conjurer [ˈkʌndʒᵊrəʳ] *n* Zauberkünstler(in) *m(f)*
conjuring trick *n* Zaubertrick *m*
conjuror *n see* **conjurer**
conker [ˈkɒŋkəʳ] *n* BRIT Rosskastanie *f*
con man *n* (*pej*) Schwindler *m*
connect [kəˈnekt] **I.** *vi* ❶ (*plug in*) **to ~ [up] to sth** an etw *akk* angeschlossen werden ❷ (*form network*) **to ~ with sth** Anschluss an etw *akk* haben **II.** *vt* ELEC verbinden (**to/with** mit); (*plug in*) anschließen (**to/with** an)
connected [kəˈnektɪd] *adj pred* ❶ (*joined together*) verbunden (**to/with** mit); (*plugged in*) angeschlossen (**to/with** an) ❷ (*related, being family*) verwandt (**to** mit) ❸ (*having to do with*) in Zusammenhang stehen, zu-

C

sammenhängen (**to/with** mit)

connecting [kə'nektɪŋ] *adj* ~ **door** Verbindungstür *f;* ~ **flight** Anschlussflug *m*

C

connection [kə'nekʃ^ən] *n* ❶ *no pl* (*joining, link*) Verbindung *f* (**to/with** mit); ELEC Anschluss *m* (**to** an); **to get a** ~ TELEC [zu jdm] durchkommen ❷ TRANSP Verbindung *f* ❸ (*reference*) **in that/this** ~ in diesem Zusammenhang

conquer ['kɒŋkə^r] *vt land* erobern; *mountain* bezwingen; **to** ~ **sb** jdn besiegen

conscience ['kɒn(t)ʃ^ən(t)s] *n* Gewissen *nt;* **to do sth with a clear** ~ ruhigen Gewissens etw tun

conscientious [ˌkɒn(t)ʃi:'en(t)ʃəs] *adj* ❶ (*thorough*) gewissenhaft ❷ (*moral*) **on** ~ **grounds** aus Gewissensgründen

conscious ['kɒn(t)ʃəs] *adj* ❶ MED **to be** [**fully**] ~ bei [vollem] Bewusstsein sein ❷ (*deliberate*) bewusst ❸ (*aware*) bewusst; **fashion** ~ modebewusst

consciousness ['kɒn(t)ʃəsnəs] *n no pl* Bewusstsein *nt a. fig;* **to lose** ~ das Bewusstsein verlieren

conscription [kən'skrɪpʃ^ən] *n no pl* MIL Wehrpflicht *f*

consecutive [kən'sekjʊtɪv] *adj days, months* aufeinanderfolgend; *numbers* fortlaufend

consent [kən'sent] (*form*) **I.** *n no pl* Zustimmung *f;* **age of** ~ ≈ Ehemündigkeitsalter *nt;* **by mutual** ~ im gegenseitigen Einverständnis **II.** *vi* **to** ~ **to sth** etw *dat* zustimmen; **to** ~ **to do sth** einwilligen, etw zu tun

consequence ['kɒn(t)sɪkwən(t)s] *n* ❶ (*result*) Folge *f;* **in** ~ folglich ❷ *no pl* (*significance*) Bedeutung *f;* **nothing of** [**any**] ~ nichts Besonderes

consequently ['kɒn(t)sɪkwəntli] *adv* folglich

conservation [ˌkɒn(t)sə'veɪʃ^ən] *n no pl* (*protection*) Schutz *m;* ~ **area** Naturschutzgebiet *nt*

conservative [kən'sɜ:vətɪv] **I.** *adj* ❶ (*in dress, opinion*) konservativ ❷ POL **Conservative** konservativ **II.** *n* POL **Conservative** Konservative(r) *f(m)*

conservatory [kən'sɜ:vətri] *n* Wintergarten *m*

consider [kən'sɪdə^r] *vt* ❶ (*contemplate*) sich *dat* überlegen; **to** ~ **doing sth** daran denken, etw zu tun ❷ (*look at*) betrachten; (*think of*) denken an +*akk;* **all things ~ed** alles in allem ❸ (*regard as*) **to** ~ **sth** [**to be**] **sth** etw für etw *akk* halten; ~ **it done!** schon erledigt!

considerable [kən'sɪd^ərəbl̩] *adj* erheblich, beträchtlich

considerate [kən'sɪd^ərət] *adj* rücksichtsvoll

consideration [kənˌsɪd^ər'eɪʃ^ən] *n* ❶ *no pl* (*thought*) Überlegung *f;* **after careful** ~ nach reiflicher Überlegung ❷ *no pl* (*account*) **to take into** ~ berücksichtigen ❸ (*factor*) Gesichtspunkt *m*

considered [kən'sɪdəd] *adj opinion* wohl überlegt

considering [kən'sɪd^ərɪŋ] **I.** *prep* ~ **how/what ...** wenn man bedenkt, wie/was ... **II.** *conj* ~ **that ...** dafür, dass ...

consist [kən'sɪst] *vi* (*comprise*) **to** ~ **of sth** aus etw *dat* bestehen

consistent [kən'sɪst^ənt] *adj* ❶ (*steady*) beständig; *improvement* ständig ❷ *effort* konsequent

console **I.** *vt* [kən'səʊl] trösten **II.** *n* ['kɒnsəʊl] (*control desk*) Schaltpult *nt*

consonant ['kɒn(t)s^ənənt] *n* Konsonant *m*

constable ['kʌn(t)stəbl̩] *n* BRIT Polizist(in) *m(f)*

constant ['kɒn(t)stənt] **I.** *n* MATH Konstante *f* **II.** *adj* (*continuous*) ständig; (*unchanging*) gleich bleibend; MATH konstant

constantly ['kɒn(t)stəntli] *adv* ständig

construction [kən'strʌkʃ^ən] *n* ❶ *no pl* (*act of building*) Bau *m;* ~ **site** Baustelle *f;* **under** ~ im Bau ❷ (*how sth is built*)

Bauweise *f* ❸ (*object*) Konstruktion *f*

consul [ˈkɒn(t)sᵊl] *n* Konsul(in) *m(f)*

consulate [ˈkɒn(t)sjulət] *n* Konsulat *nt*

consult [kənˈsʌlt] **I.** *vi* sich beraten **II.** *vt* ❶ (*ask*) **to ~ sb [about sth]** jdn [bezüglich einer S. *gen*] um Rat fragen; *doctor, lawyer, specialist* konsultieren ❷ (*look at*) *dictionary* nachschlagen in *+dat; diary, list* nachsehen in *+dat; oracle* befragen

consultant [kənˈsʌltᵊnt] *n* ❶ (*adviser*) Berater(in) *m(f)* ❷ BRIT MED Facharzt, -ärztin *m, f*

consulting [kənˈsʌltɪŋ] *adj* beratend

consume [kənˈsjuːm] *vt* ❶ (*eat, drink*) konsumieren ❷ (*obsess*) **to be ~d by envy/jealousy** vor Neid/Eifersucht [fast] vergehen

consumer [kənˈsjuːməʳ] *n* Verbraucher(in) *m(f)*

contact [ˈkɒntækt] **I.** *n* ❶ *no pl* (*communication*) Kontakt *m*, Verbindung *f*; **I'll get in ~ with him** ich melde mich bei ihm ❷ (*person*) **business ~s** Geschäftskontakte *pl;* **to have ~s** Beziehungen haben ❸ *no pl* (*touch*) Kontakt *m* **II.** *vt* **to ~ sb** sich mit jdm in Verbindung setzen

contact lens *n* Kontaktlinse *f*

contactless [ˈkɒntæktləs] *adj* COMM, FIN kontaktlos

contagious [kənˈteɪdʒəs] *adj* ansteckend *a. fig*

contain [kənˈteɪn] *vt* ❶ (*hold, include*) enthalten ❷ (*limit*) in Grenzen halten

container [kənˈteɪnəʳ] *n* ❶ Behälter *m* ❷ TRANSP Container *m*

contaminate [kənˈtæmɪneɪt] *vt* verunreinigen

contemporary [kənˈtempᵊrᵊri] **I.** *n* Zeitgenosse, -genossin *m, f* **II.** *adj* zeitgenössisch

contempt [kənˈtem(p)t] *n no pl* ❶ (*scorn*) Verachtung *f;* **beneath ~** unter aller Kritik ❷ LAW **~ [of court]** Missachtung *f* [des Gerichts]

content[1] [ˈkɒntent] *n* ❶ (*what is inside*) **~s** *pl* Inhalt *m* ❷ (*amount contained*) Gehalt (**of** an)

content[2] [kənˈtent] **I.** *adj* zufrieden; **to be [not] ~ to do sth** etw [nicht] gerne tun **II.** *vt* **to ~ oneself with sth** sich mit etw *dat* zufrieden geben **III.** *n no pl* **to one's heart's ~** nach Herzenslust

contented [kənˈtentɪd] *adj* zufrieden

contentious [kənˈten(t)ʃəs] *adj* umstritten

contentment [kənˈtentmənt] *n no pl* Zufriedenheit *f;* **with ~** zufrieden

contest **I.** *n* [ˈkɒntest] ❶ (*event*) Wettbewerb *m* ❷ *a.* POL Wettstreit *m* (**for** um) ▶ **no ~** ungleicher Kampf **II.** *vt* [kənˈtest] ❶ (*compete for*) kämpfen um *+akk* ❷ POL kandidieren für *+akk* ❸ (*dispute*) bestreiten

contestant [kənˈtestᵊnt] *n* ❶ (*in a competition*) Wettbewerbsteilnehmer(in) *m(f)* ❷ POL Kandidat(in) *m(f)*

context [ˈkɒntekst] *n* Kontext *m*, Zusammenhang *m*

continent [ˈkɒntɪnent] *n* ❶ (*land*) Kontinent *m*, Erdteil *m* ❷ *no pl* **the Continent** Kontinentaleuropa *nt*

continental [ˌkɒntɪˈnentᵊl] **I.** *adj* ❶ kontinental; **~ breakfast** kontinentales Frühstück ❷ (*European*) europäisch **II.** *n* Europäer(in) *m(f)*

contingency [kənˈtɪndʒᵊn(t)si] *n* (*form*) Eventualität *f*

continual [kənˈtɪnjuəl] *adj* ständig, andauernd

continually [kənˈtɪnjuəli] *adv* ständig, [an]dauernd

continuation [kənˌtɪnjuˈeɪʃᵊn] *n no pl* Fortsetzung *f*

continue [kənˈtɪnju] **I.** *vi* ❶ (*persist*) andauern; (*go on*) weitergehen; (*in an activity*) weitermachen; **to ~ doing/to do sth** weiter[hin] etw tun; **to ~ with sth** mit etw *dat* weitermachen ❷ (*remain*) bleiben; **to ~ in office** weiter[hin] im Amt bleiben ❸ (*resume*) weitergehen;

C

to ~ **with sth** mit etw *dat* weitermachen **II.** *vt* ❶ (*keep up, carry on*) fortführen; *an action* weitermachen mit +*dat* ❷ (*resume*) fortsetzen

C

continuous [kənˈtɪnjuəs] *adj* ❶ (*permanent*) ununterbrochen; (*steady*) stetig ❷ LING ~ **form** Verlaufsform *f*

contour line *n* GEOG Höhenlinie *f*

contraception [ˌkɒntrəˈsepʃən] *n no pl* [Empfängnis]verhütung *f*

contraceptive [ˌkɒntrəˈseptɪv] **I.** *n* Verhütungsmittel *nt* **II.** *adj* empfängnisverhütend; ~ **pill** [Antibaby]pille *f*

contract[1] [ˈkɒntrækt] **I.** *n* Vertrag *m;* **to be under ~ [to sb]** [bei jdm] unter Vertrag stehen **II.** *vt* vertraglich vereinbaren

contract[2] [kənˈtrækt] **I.** *vi* ❶ (*shrink*) sich zusammenziehen ❷ LING **to ~ to sth** zu etw *dat* verkürzt werden **II.** *vt* ❶ (*tense*) zusammenziehen ❷ LING verkürzen

contraction [kənˈtrækʃən] *n* ❶ *no pl of a muscle* Kontraktion *f* ❷ *of the uterus* Wehe *f*

contradict [ˌkɒntrəˈdɪkt] *vt* widersprechen

contradiction [ˌkɒntrəˈdɪkʃən] *n* Widerspruch *m* (**of** gegen); **a ~ in terms** ein Widerspruch in sich

contrary[1] [ˈkɒntrəri] **I.** *n no pl* **the ~** das Gegenteil; **on the ~** ganz im Gegenteil **II.** *adj* (*opposite*) entgegengesetzt; **~ to [all] expectations** wider Erwarten

contrary[2] [kənˈtreəri] *adj* (*argumentative*) widerspenstig

contrast I. *n* [ˈkɒntrɑːst] (*difference*) Gegensatz *m,* Kontrast *m* (**to/with** zu); **by ~** im Gegensatz **II.** *vt* [kənˈtrɑːst] **to ~ sth with sth** etw etw *dat* gegenüberstellen **III.** *vi* [kənˈtrɑːst] kontrastieren

contribute [kənˈtrɪbjuːt, BRIT *a.* ˈkɒntrɪbjuːt] **I.** *vt money, food* beisteuern; *ideas* beitragen **II.** *vi* ❶ (*give*) etwas beisteuern (**towards** zu) ❷ (*pay in*) einen Beitrag leisten, zuzahlen

contribution [ˌkɒntrɪˈbjuːʃən] *n* Beitrag *m;* (*to charity*) Spende *f*

control [kənˈtrəʊl] **I.** *n* ❶ *no pl* Kontrolle *f; of a country* Gewalt *f; of a company* Leitung *f;* **to be in ~ of sth** etw unter Kontrolle haben; **ball ~** SPORTS Ballführung *f;* **passport ~** Passkontrolle *f* ❷ TECH Schalter *m,* Regler *m;* **volume ~** Lautstärkeregler *m* ❸ (*steering*) **to take over the ~s** die Steuerung übernehmen ❹ (*base*) **~ [room]** Zentrale *f* **II.** *vt* <-ll-> ❶ (*direct*) kontrollieren; *car* steuern ❷ (*limit*) regulieren ❸ *emotions* beherrschen

control tower *n* Kontrollturm *m*

controversial [ˌkɒntrəˈvɜːʃəl] *adj* umstritten

controversy [kənˈtrɒvəsi, ˈkɒntrəvɜːsi] *n* Kontroverse *f*

convenience [kənˈviːniən(t)s] *n* ❶ *no pl* (*comfort*) Annehmlichkeit *f;* **at your ~** wenn es Ihnen passt ❷ (*device*) Annehmlichkeit *f;* **with all modern ~s** mit allem Komfort

convenient [kənˈviːniənt] *adj* ❶ (*useful*) zweckmäßig; (*suitable*) günstig; **it is [very] ~ that ...** es ist [sehr] praktisch, dass ... ❷ *date, time* passend; **if it's ~ for you** wenn es Ihnen passt ❸ (*beneficial*) **to be ~ for sb** jdm gelegen kommen

convent [ˈkɒnvənt] *n* [Nonnen]kloster *nt*

convention [kənˈven(t)ʃən] *n* ❶ (*custom*) Brauch *m;* (*social code*) Konvention *f* ❷ (*agreement*) Abkommen *nt; of human rights* Konvention *f* ❸ (*conference*) Konferenz *f;* **~ centre** Tagungszentrum *nt*

conventional [kənˈven(t)ʃənəl] *adj* konventionell; **~ medicine** Schulmedizin *f*

conversation [ˌkɒnvəˈseɪʃən] *n* Gespräch *nt,* Unterhaltung *f;* **telephone ~** Telefongespräch *nt;* **to get into ~ with sb** mit jdm ins Gespräch kommen; **to make ~** Konversation machen

converse[1] [kənˈvɜːs] *vi* (*form*) sich unterhalten

converse² [ˈkɒnvɜːs] (*form*) **I.** *n* **the ~** das Gegenteil **II.** *adj* gegenteilig
conversion [kənˈvɜːʃᵊn] *n* ❶ *no pl* (*change of form or function*) Umwandlung *f* (**into** in) ❷ REL Konversion *f* ❸ (*changing beliefs or opinions*) Wandel *m*
conversion rate *n* EU Umrechnungskurs *m;* **euro to national currency ~s** Umrechnungskurse *pl* zwischen dem Euro und den nationalen Währungseinheiten
convert I. *n* [ˈkɒnvɜːt] REL Bekehrte(r) *f(m)*, Konvertit(in) *m(f)*; **to become a ~ to Islam** zum Islam übertreten **II.** *vi* [kənˈvɜːt] ❶ REL übertreten ❷ (*change in function*) sich verwandeln lassen **III.** *vt* [kənˈvɜːt] ❶ REL (*a. fig*) bekehren ❷ (*change in form or function*) **to ~ sth [into]** etw umwandeln [in +*akk*]; ARCHIT etw umbauen [zu +*dat*] ❸ (*calculate*) umrechnen
convertible [kənˈvɜːtɪbl̩] **I.** *n* Cabrio[lett] *nt* **II.** *adj* FIN konvertierbar
convict I. *n* [ˈkɒnvɪkt] Strafgefangene(r) *f(m)* **II.** *vi* [kənˈvɪkt] auf schuldig erkennen **III.** *vt* [kənˈvɪkt] verurteilen
conviction [kənˈvɪkʃᵊn] *n* ❶ (*judgement*) Verurteilung *f* (**for** wegen); **previous ~s** Vorstrafen *pl* ❷ (*belief*) Überzeugung *f*
convince [kənˈvɪn(t)s] *vt* überzeugen (**of** von)
convincing [kənˈvɪn(t)sɪŋ] *adj* überzeugend
cook [kʊk] **I.** *n* Koch *m*, Köchin *f;* ▶ **too many ~s spoil the broth** (*prov*) viele Köche verderben den Brei **II.** *vi* ❶ (*make meals*) kochen ❷ (*in water*) kochen; *fish, meat* garen **III.** *vt* ❶ (*make*) kochen ❷ (*heat*) kochen
cookbook *n* Kochbuch *nt*
cooker [ˈkʊkəʳ] *n* BRIT (*stove*) Herd *m*
cookery [ˈkʊkᵊri] **I.** *n no pl* (*cooking*) Kochen *nt* **II.** *adj* **~ course** Kochkurs *m*
cookery book *n* BRIT, AUS Kochbuch *nt*
cookie [ˈkʊki] *n esp* AM (*biscuit*) Keks *m;* ▶ **tough ~s!** AM Pech gehabt!
cooking [ˈkʊkɪŋ] **I.** *n no pl* (*act*) Kochen *nt;* **to do the ~** kochen **II.** *adj* **~ book** Kochbuch *nt;* **~ foil** BRIT Alufolie *f*
cool [kuːl] **I.** *adj* ❶ (*cold, calm, unfriendly*) kühl ❷ (*clothing*) luftig ❸ (*trendy, great*) geil *sl* **II.** *interj* (*fam*) cool *sl*, geil *sl* **III.** *n no pl* ❶ (*cold*) Kühle *f;* **to stay in the ~** im Kühlen bleiben ❷ (*calm*) Ruhe *f* **IV.** *vi* (*lose heat*) abkühlen (**to** auf) **V.** *vt* ❶ (*make cold*) kühlen ❷ (*sl: calm down*) **[just] ~ it!** reg dich ab!
cooperate [kəʊˈɒpᵊreɪt] *vi* ❶ (*help*) kooperieren ❷ (*act jointly*) zusammenarbeiten
cooperation [ˌkəʊɒpəˈreɪʃᵊn] *n no pl* ❶ (*assistance*) Kooperation *f* ❷ (*joint work*) Zusammenarbeit *f*
cooperative [kəʊˈɒpᵊrətɪv] **I.** *n* Genossenschaft *f*, Kooperative *f* **II.** *adj* ❶ *attr* ECON genossenschaftlich, kooperativ ❷ (*willing*) hilfsbereit, kooperativ
coordinate I. *n* [kəʊˈɔːdɪnət] *usu pl* MATH Koordinate *f* **II.** *vi* [kəʊˈɔːdɪneɪt] ❶ (*act jointly*) zusammenarbeiten ❷ (*match*) zusammenpassen **III.** *vt* [kəʊˈɔːdɪneɪt] koordinieren; *operations, schedules* aufeinander abstimmen
coordination [kəʊˌɔːdɪnˈeɪʃᵊn] *n no pl* ❶ (*coordinating*) Koordination *f; of operations, schedules a.* Abstimmung *f* ❷ (*cooperation*) Zusammenarbeit *f* ❸ (*dexterity*) Sinn *m* für Koordination
cop [kɒp] **I.** *n* ❶ (*fam: police officer*) Bulle *m* ❷ *no pl* BRIT (*sl*) **to not be much ~** nicht besonders gut sein **II.** *vt* <-pp-> BRIT, AUS (*sl*) **to ~ it** (*be in trouble*) dran sein
cope [kəʊp] *vi* zurechtkommen; **to ~ with a problem** ein Problem bewältigen
copper [ˈkɒpəʳ] *n* ❶ *no pl* (*metal*) Kupfer *nt* ❷ BRIT (*sl: coins*) **~s** *pl* Kleingeld *nt kein pl*

C

copy ['kɒpi] **I.** *n* ❶ (*duplicate*) Kopie *f;* **a true ~** eine originalgetreue Kopie ❷ (*issue*) Exemplar *nt;* **hard ~** COMPUT [Computer]ausdruck *m* ❸ *no pl* PUBL Manuskript *nt;* **clean ~** Reinschrift *f* **II.** *vt* <-ie-> ❶ (*duplicate*) kopieren; **~ [down]** *from text* abschreiben ❷ (*imitate*) *person* nachmachen **III.** *vi* <-ie-> ❶ (*imitate*) nachahmen ❷ (*in school*) abschreiben

copycat I. *n* (*pej fam*) Nachmacher(in) *m(f)* **II.** *adj* imitiert

copyright ['kɒpiraɪt] **I.** *n* Copyright *nt,* Urheberrecht *nt* **II.** *vt* urheberrechtlich schützen

coral ['kɒrəl] *n no pl* Koralle *f*

coral reef *n* Korallenriff *nt*

cord [kɔːd] **I.** *n* ❶ (*for parcel*) Schnur *f* ❷ ANAT (*umbilical cord*) Nabelschnur *f* ❸ (*trousers*) **~s** *pl* Cordhose *f* **II.** *adj* **~ jacket** Cordjacke *f*

cordless ['kɔːdləs] *adj* schnurlos

cordon ['kɔːdᵊn] **I.** *n* Kordon *m* **II.** *vt* **to ~ off sth** etw absperren

corduroy ['kɔːdjərɔɪ] *n* ❶ *no pl* (*material*) Cordsamt *m* ❷ (*trousers*) **~s** *pl* Cordhose *f*

core [kɔːʳ] **I.** *n* ❶ *of apple* Kerngehäuse *nt* ❷ (*fig*) Kern *m;* **shocked to the ~** bis ins Mark erschüttert ❸ GEOL **~ [sample]** Bohrprobe *f* ❹ ELEC *of cable* Seele *f* **II.** *adj* zentral **III.** *vt* entkernen

core subject *n* SCH Hauptfach *nt*

cork [kɔːk] **I.** *n* ❶ *no pl* (*material*) Kork *m* ❷ (*stopper*) Korken *m* **II.** *vt* zukorken

corkscrew *n* Korkenzieher *m*

corn[1] [kɔːn] *n* ❶ *no pl* BRIT (*cereal in general*) Getreide *nt;* **field of ~** Kornfeld *nt* ❷ *no pl* AM, AUS (*maize*) Mais *m;* **~ on the cob** Maiskolben *m*

corn[2] [kɔːn] *n* MED Hühnerauge *nt*

corncob *n* Maiskolben *m*

corner ['kɔːnəʳ] **I.** *n* ❶ Ecke *f; of table* Kante *f;* **to cut a ~** eine Kurve schneiden ❷ SPORTS Eckball *m;* ▶ **to cut ~s** (*financially*) Kosten sparen; (*in procedure*) das Verfahren abkürzen **II.** *adj* **~ table** Ecktisch *m* **III.** *vt* (*trap*) in die Enge treiben

cornflakes *n pl* Cornflakes *pl*

corny ['kɔːni] *adj* (*fam: sentimental*) kitschig

coronary ['kɒrənᵊri] **I.** *n* Herzinfarkt *m* **II.** *adj* koronar

coronavirus [kə'rəʊnə-] *n* Coronavirus *nt o m*

coronation [ˌkɒrə'neɪʃᵊn] *n* Krönung[szeremonie] *f*

corporal ['kɔːpᵊrᵊl] *n* Unteroffizier *m*

corporation [ˌkɔːpᵊr'eɪʃᵊn] *n* BRIT COMM öffentlich-rechtliche Körperschaft; AM [Kapital]gesellschaft *f*

corpse [kɔːps] *n* Leiche *f*

correct [kə'rekt] **I.** *vt* korrigieren **II.** *adj* (*accurate, proper*) korrekt; **that is ~** das stimmt

correction [kə'rekʃᵊn] *n* ❶ (*change*) Korrektur *f* ❷ *no pl* (*improvement*) Verbesserung *f*

correction fluid *n no pl* Korrekturflüssigkeit *f*

correctly [kə'rektli] *adv* korrekt, richtig

correspond [ˌkɒrɪ'spɒnd] *vi* ❶ (*be equivalent of*) entsprechen (**to** +*dat*) ❷ (*write*) korrespondieren

correspondence [ˌkɒrɪ'spɒndən(t)s] *n no pl* (*letter-writing*) Korrespondenz *f;* **to be in ~ with sb** mit jdm in Briefwechsel stehen

correspondent [ˌkɒrɪ'spɒndənt] *n* ❶ (*of letters*) Briefeschreiber(in) *m(f)* ❷ (*journalist*) Berichterstatter(in) *m(f)*

corridor ['kɒrɪdɔːʳ] *n* Flur *m;* AVIAT, GEOG *a.* Korridor *m*

corrugated ['kɒrəgeɪtɪd] *adj iron, cardboard* gewellt

corrupt [kə'rʌpt] **I.** *adj* (*dishonest*) korrupt **II.** *vt* ❶ (*debase ethically*) korrumpieren ❷ (*change*) entstellen ❸ COMPUT **~ed file** fehlerhafte Datei

corruption [kə'rʌpʃᵊn] *n* ❶ *no pl* (*action*)

of moral standards Korruption *f* ❷ *no pl* (*dishonesty*) Unehrenhaftigkeit *f*

cosine [ˈkəʊsaɪn] *n* MATH Kosinus *m*

cosmetic [kɒzˈmetɪk] **I.** *n* Kosmetik *f;* **~s** *pl* Kosmetika *pl* **II.** *adj* kosmetisch *a. fig*

cost [kɒst] **I.** *vt* <cost, cost> kosten; **drinking and driving ~s lives** Trunkenheit am Steuer fordert Menschenleben **II.** *n* ❶ (*price*) Preis *m,* Kosten *pl* (**of** für); **at no ~ to** ohne Kosten für +*akk* ❷ (*fig*) Aufwand *m kein pl;* **at all ~[s]** um jeden Preis

co-star [ˌkəʊˈstɑːʳ] **I.** *n* einer der Hauptdarsteller; **to be sb's ~** neben jdm die Hauptrolle spielen **II.** *vt, vi* <-rr-> **to ~ [with] sb** neben jdm die Hauptrolle spielen

costly [ˈkɒstli] *adj* kostspielig

cost of living *n no pl* Lebenshaltungskosten *pl*

costume [ˈkɒstjuːm] *n* ❶ (*national dress*) Tracht *f;* **national ~** Landestracht *f* ❷ (*decorative dress*) Kostüm *nt;* **to wear a witch['s] ~** als Hexe verkleidet sein

cosy [ˈkəʊzi] **I.** *adj* gemütlich, behaglich; (*nice and warm*) mollig warm; *atmosphere* heimelig; *relationship* traut **II.** *n* **egg ~** Eierwärmer *m*

cot[1] [kɒt] *n* MATH *abbrev of* **cotangent** cot *m*

cot[2] [kɒt] *n* ❶ BRIT (*baby's bed*) Kinderbett *nt* ❷ AM (*camp bed*) Feldbett *nt*

cotangent [ˌkəʊˈtændʒənt] *n* MATH Kotangens *m*

cottage [ˈkɒtɪdʒ] *n* Cottage *nt;* **thatched ~** [kleines] Landhaus mit Stroh-/Reetdach

cottage cheese *n no pl* Hüttenkäse *m*

cotton [ˈkɒtᵊn] **I.** *n* (*material, plant*) Baumwolle *f* **II.** *adj* **~ shirt** Baumwollhemd *nt* **III.** *vi* (*fam: understand*) **to ~ on [to sth]** [etw] kapieren

cotton wool *n no pl* BRIT Watte *f;* ► **to wrap sb in ~** BRIT jdn in Watte packen

couch [kaʊtʃ] **I.** *n* <*pl* -es> Couch *f* **II.** *vt* formulieren

couchette [kuːˈʃet] *n* BRIT RAIL Liege *f* (*in einem Schlafwagen*)

couch potato *n* (*fam*) Fernsehglotzer(in) *m(f)*

cough [kɒf] **I.** *n* Husten *m;* **to give a ~** (*as warning*) hüsteln **II.** *vi, vt* husten

◆ **cough up** *vt* husten

cough medicine *n no pl,* **cough mixture** *n* BRIT Hustensaft *m* **cough sweet** *n* Hustenbonbon *nt*

could [kʊd, kəd] *pt, subjunctive of* **can**

couldn't [ˈkʊdᵊnt] = **could not** *see* **can**

council [ˈkaʊn(t)sᵊl] *n + sing/pl vb* Rat *m;* **local ~** Gemeinderat *m*

council estate *n* BRIT Siedlung *f* mit Sozialwohnungen **council flat, council house** *n* BRIT Sozialwohnung *f* **Council of Europe** *n* Europarat *m*

counsel [ˈkaʊn(t)sᵊl] **I.** *vt* <BRIT -ll- *or* AM *usu* -l-> empfehlen; **to ~ sb against sth** jdm von etw *dat* abraten **II.** *n* ❶ *no pl* (*form: advice*) Rat[schlag] *m* ❷ (*lawyer*) Anwalt *m,* Anwältin *f*

counselling [ˈkaʊn(t)sᵊlɪŋ] *n no pl* psychologische Betreuung; **to be in ~** in Therapie sein

counsellor, AM **counselor** [ˈkaʊn(t)sᵊləʳ, AM -ɚ] *n* ❶ (*advisor*) Berater(in) *m(f);* **financial ~** Finanzberater(in) *m(f);* **marriage [guidance] ~** Eheberater(in) *m(f)* ❷ AM (*lawyer*) Anwalt, Anwältin *m, f*

count[1] [kaʊnt] *n* Graf *m*

count[2] [kaʊnt] **I.** *n* ❶ (*totalling up*) Zählung *f;* **on the ~ of three** bei drei ❷ (*measured amount*) [An]zahl *f;* **final ~** Endstand *m;* **on all ~s** in allen [Anklage]punkten **II.** *vt* ❶ (*number*) zählen; **~ [off]** abzählen ❷ (*consider*) **to ~ oneself lucky** sich glücklich schätzen **III.** *vi* zählen; **that's what ~s** darauf kommt es an

◆ **count off** *vi* AM abzählen

◆ **count out I.** *vi* ❶ BRIT (*number off*

C

aloud) abzählen ❷ BOXING auszählen **II.** *vt* (*fam*) ~ **me out!** ohne mich!
countdown ['kaʊntdaʊn] *n* Countdown *m* (**to** *+gen*)
counter ['kaʊntəʳ] **I.** *n* ❶ (*service point*) Theke *f;* [**kitchen**] ~ AM [Küchen]arbeitsplatte *f;* **over the** ~ rezeptfrei ❷ (*person*) Zähler(in) *m(f)* **II.** *vt arguments* widersprechen **III.** *adv* entgegen; **to run** ~ **to sth** etw *dat* zuwiderlaufen
counterattack I. *n* Gegenangriff *m* **II.** *vt* im Gegenzug angreifen **counterclockwise** *adj* AM (*anticlockwise*) gegen den Uhrzeigersinn
counterfeit ['kaʊntəfɪt] **I.** *adj* gefälscht; ~ **money** Falschgeld *nt* **II.** *vt* fälschen **III.** *n* Fälschung *f*
counterfoil *n* BRIT FIN [Kontroll]abschnitt *m* **counterproductive** *adj* kontraproduktiv
countess <*pl* -es> ['kaʊntɪs] *n* Gräfin *f*
countless ['kaʊntləs] *adj* zahllos
country ['kʌntri] **I.** *n* ❶ (*nation*) Land *nt;* ~ **of origin** Herkunftsland *nt;* **native** ~ Heimat *f* ❷ *no pl* (*population*) **the** ~ das Volk; **the whole** ~ das ganze Land ❸ *no pl* (*rural areas*) **the** ~ das Land; **in the** ~ auf dem Land ❹ *no pl* (*land*) Gebiet *nt;* **rough** ~ urwüchsige Landschaft **II.** *adj* ~ **life** Landleben *nt*
countryside *n no pl* Land *nt;* (*scenery*) Landschaft *f*
county ['kaʊnti] *n* ❶ BRIT Grafschaft *f;* **County Antrim** die Grafschaft Antrim ❷ AM [Verwaltungs]bezirk *m*
county council *n + sing/pl vb* BRIT Grafschaftsrat *m* **county court** *n + sing/pl vb* ≈ Amtsgericht *nt* **county town** *n* BRIT Hauptstadt *f* einer Grafschaft
couple ['kʌpl] **I.** *n* ❶ *no pl* (*a few*) **a** ~ **of ...** ein paar ...; **every** ~ **of days** alle paar Tage; **in a** ~ **more minutes** in wenigen Minuten; **another** ~ **of ...** noch ein paar ... ❷ *+ sing/pl vb* (*two people*) Paar *nt* **II.** *vt* ❶ RAIL kuppeln (**to** an) ❷ *usu passive* (*put together*) **to be ~d with sth** mit etw *dat* verbunden sein
coupon ['ku:pɒn] *n* ❶ (*voucher*) Coupon *m,* Gutschein *m* ❷ BRIT **football/pools** ~ Totoschein *m*
courage ['kʌrɪʤ] *n no pl* Mut *m;* ▶ **to get some <u>Dutch</u>** ~ sich *dat* Mut antrinken
courageous [kə'reɪʤəs] *adj* mutig
courgette [kɔ:'ʒet] *n esp* BRIT Zucchini *f*
courier ['kʊriəʳ] *n* ❶ (*delivery person*) Kurier(in) *m(f)* ❷ (*tour guide*) Reiseführer(in) *m(f)*
course [kɔ:s] *n* ❶ (*of aircraft, ship*) Kurs *m;* **on** ~ auf Kurs; (*fig*) auf dem [richtigen] Weg ❷ (*of road*) Verlauf *m;* (*of river, history, justice*) Lauf *m* ❸ (*way of acting*) ~ [**of action**] Vorgehen *nt;* **the best** ~ das Beste ❹ (*certainly*) **of** ~ natürlich ❺ (*series of classes*) Kurs *m;* **to go on a** ~ BRIT einen Kurs besuchen ❻ MED ~ [**of treatment**] Behandlung *f;* **to put sb on a** ~ **of sth** jdn mit etw *dat* behandeln ❼ SPORTS Bahn *f,* Strecke *f;* [**golf**] ~ Golfplatz *m* ❽ (*part of meal*) Gang *m;* ▶ **in <u>due</u>** ~ zu gegebener Zeit
court [kɔ:t] **I.** *n* ❶ (*judicial body*) Gericht *nt;* **to go to** ~ vor Gericht gehen ❷ (*room*) Gerichtssaal *m;* **to appear in** ~ vor Gericht erscheinen ❸ (*playing area*) [Spiel]platz *m;* **squash** ~ Squashcourt *m* ❹ (*of king, queen*) Hof *m;* **at** ~ bei Hof **II.** *vt* ❶ (*dated: woo*) umwerben ❷ (*ingratiate oneself*) hofieren **III.** *vi* ein Liebespaar sein
courtesy ['kɜ:təsi] *n no pl* (*politeness*) Höflichkeit *f;* **to have the** [**common**] ~ **to do sth** so höflich sein, etw zu tun ▶ [**by**] ~ **<u>of</u> sb** (*thanks to*) dank jdm
courtesy bus *n* BRIT kostenfreier Bus
courthouse *n* AM Gerichtsgebäude *nt*
courtroom *n* Gerichtssaal *m* **courtyard** *n* Hof *m;* (*walled-in*) Innenhof *m;* **in the** ~ auf dem Hof

cousin [ˈkʌzᵊn] *n* Cousin *m,* Cousine *f*
cover [ˈkʌvəʳ] **I.** *n* ❶ (*covering*) Abdeckung *f;* (*of flexible plastic*) Plane *f;* (*for bed*) [Bett]decke *f* ❷ (*sheets*) **the ~s** *pl* das Bettzeug ❸ (*of a book*) Einband *m; of a magazine* Titelseite *f* ❹ (*envelope*) **under separate ~** mit getrennter Post ❺ *no pl* (*shelter*) Schutz *m;* **under ~** überdacht; **under ~ of darkness** im Schutz der Dunkelheit ❻ (*concealing true identity*) Tarnung *f;* **to blow sb's ~** jdn enttarnen ❼ *no pl* (*substitute*) Vertretung *f;* **to provide ~ for sb** jdn vertreten **II.** *vt* ❶ (*put over*) bedecken; **~ed in mud** voller Schlamm ❷ (*to protect*) abdecken; **they ~ed him with a blanket** sie deckten ihn mit einer Decke zu ❸ (*to hide*) verdecken ❹ (*be enough for*) decken; **will that ~ it?** wird das reichen? ❺ (*insure*) versichern (**against/for** gegen) ❻ MIL **I've got you ~ed!** meine Waffe ist auf Sie gerichtet!; **~ me!** gib mir Deckung! ► **to ~ one's back** sich absichern; **to ~ one's tracks** seine Spuren verwischen **III.** *vi* **to ~ well** *paint* gut decken
◆ **cover for** *vi* **to ~ for sb** ❶ (*do sb's job*) jds Arbeit übernehmen ❷ (*make excuses*) jdn decken
◆ **cover over** *vt* **the sky was ~ed over with clouds** der Himmel war mit Wolken bedeckt
◆ **cover up I.** *vt* ❶ (*protect*) **to ~ [oneself] up** sich bedecken ❷ (*hide*) verdecken **II.** *vi* alles vertuschen; **to ~ up for sb** jdn decken
coverage [ˈkʌvᵊrɪdʒ] *n no pl* ❶ (*reporting*) Berichterstattung *f* (**of** über); **a lot of media ~** ein großes Medienecho ❷ (*dealing with*) Behandlung *f*
cover charge *n* (*in a restaurant*) Kosten *pl* für das Gedeck
covered [ˈkʌvəd] *adj* ❶ (*roofed over*) überdacht; **~ wagon** Planwagen *m* ❷ (*insured*) versichert
covering [ˈkʌvᵊrɪŋ] *n* Bedeckung *f;* **floor ~** Bodenbelag *m*
covering letter *n* BRIT Begleitbrief *m*
cover-up *n* Vertuschung *f*
COVID-19 [ˌkəʊvɪd-, AM ˌkoʊvɪd-] *n* COVID-19 *nt*
COVID Pass *n* TELEC, MED Impfzertifikat *nt,* CovPass® *f*
cow [kaʊ] *n* Kuh *f a. pej*
coward [ˈkaʊəd] *n* Feigling *m;* **moral ~** Duckmäuser *m*
cowboy *n* Cowboy *m* **cowshed** *n* Kuhstall *m*
cozy *adj* AM *see* **cosy**
CPU [ˌsiːpiːˈjuː] *n* COMPUT *abbrev of* **central processing unit** CPU *f*
crab [kræb] **I.** *n* Krebs *m* **II.** *vi* <-bb-> (*fam*) nörgeln
crack [kræk] **I.** *n* ❶ (*fissure*) Riss *m* ❷ (*narrow space*) Ritze *f;* **to open sth [just] a ~** etw [nur] einen Spalt öffnen ❸ (*sharp noise*) *of a breaking branch* Knacken *nt; of a rifle* Knall *m* ❹ (*joke*) **a cheap ~** ein schlechter Witz ❺ (*fam: attempt*) Versuch *m;* **to have a ~ at sth** etw [aus]probieren ► **at the ~ of dawn** im Morgengrauen **II.** *vt* ❶ (*break*) **to ~ sth** einen Sprung in eine S. *akk* machen ❷ (*open*) **to ~ sth [open]** etw aufbrechen; *bottle* aufmachen ❸ (*solve*) knacken; **I've ~ed it!** ich hab's! ► **to ~ a joke** einen Witz reißen **III.** *vi* ❶ (*break*) [zer]brechen ❷ (*break down*) zusammenbrechen; *relationship* zerbrechen ❸ (*make noise*) *ice, thunder* krachen ► **to get ~ing** (*fam*) loslegen
◆ **crack up I.** *vi* (*fam: find sth hilarious*) lachen müssen **II.** *vt* ❶ (*assert*) **to ~ sth up to be sth** etw als etw herausstellen ❷ (*fam: amuse*) zum Lachen bringen
cracked [krækt] *adj* rissig; *cup, glass* gesprungen
cracker [ˈkrækəʳ] *n* ❶ (*biscuit*) Kräcker *m* ❷ (*firework*) Kracher *m* ❸ BRIT

(*fam: attractive person*) [**s**]**he's a real ~** er/sie ist einfach umwerfend

crackers ['krækəz] *adj* (*fam*) verrückt

crackle ['krækl] **I.** *vi* knistern *a. fig; telephone line* knacken **II.** *n* (*on a telephone line*) Knacken *nt; of fire a.* Prasseln *nt*

cradle ['kreɪdl] **I.** *n* ❶ (*baby's bed*) Wiege *f a. fig* ❷ (*framework*) Gerüst *nt* (*für Reparaturarbeiten*) **II.** *vt* [sanft] halten

craft [krɑːft] **I.** *n* ❶ <*pl* -> (*ship*) Schiff *nt* ❷ (*trade*) Handwerk *nt kein pl* ❸ (*handmade objects*) **~s** *pl* Kunsthandwerk *nt kein pl* **II.** *vt* kunstvoll fertigen; **a cleverly ~ed poem** ein geschickt verfasstes Gedicht

craftsman *n* gelernter Handwerker; **master ~** Handwerksmeister *m*

crafty ['krɑːfti] *adj* schlau

cram <-mm-> [kræm] **I.** *vt* stopfen **II.** *vi* büffeln *fam*

cramp [kræmp] **I.** *n* [Muskel]krampf *m* **II.** *vt* einengen ► **to ~ sb's style** jdn nicht zum Zug kommen lassen

crane [kreɪn] **I.** *n* ❶ (*device*) Kran *m* ❷ (*bird*) Kranich *m* **II.** *vt* **to ~ one's neck** den Hals recken **III.** *vi* **to ~ forward** sich vorbeugen

crank [kræŋk] **I.** *n* (*fam: eccentric*) Spinner(in) *m(f)*; **~ call** Juxanruf *m* **II.** *vt* ankurbeln

crap [kræp] **I.** *vi* <-pp-> (*fam!*) kacken **II.** *n usu sing* (*vulg*) Scheiße *f a. fig;* **to have** [*or* AM **take**] **a ~** kacken **III.** *adj* (*fam!*) mies

crappy ['kræpi] *adj* (*fam!*) Scheiß-

crash [kræʃ] **I.** *n* <*pl* -es> ❶ (*accident*) Unfall *m* ❷ (*noise*) Krach *m kein pl* **II.** *vi* ❶ (*accident*) *driver, car* verunglücken; *plane* abstürzen ❷ (*hit*) **to ~ into sth** auf etw *akk* aufprallen ❸ (*collide with*) **to ~ into sth** mit etw zusammenstoßen ❹ (*make loud noise*) *cymbals, thunder* donnern; **to ~ against sth** gegen etw *akk* knallen ❺ COMPUT abstürzen **III.** *vt* ❶ (*damage in accident*) zu Bruch fahren; *plane* eine Bruchlandung machen ❷ (*fam: gatecrash*) **to ~ a party** uneingeladen zu einer Party kommen

crash course *n* Intensivkurs *m*, Crashkurs *m* **crash diet** *n* radikale Abmagerungskur, Crashdiät *f* **crash helmet** *n* Sturzhelm *m* **crash-land** *vi* bruchlanden **crash-landing** *n* Bruchlandung *f*

crate [kreɪt] **I.** *n* (*open box*) Kiste *f;* (*for bottles*) [Getränke]kasten *m* **II.** *vt* **to ~** [**up**] in eine Kiste einpacken

crater ['kreɪtəʳ] *n* Krater *m*

crawl [krɔːl] **I.** *vi* ❶ (*go on all fours*) krabbeln ❷ (*move slowly*) kriechen ❸ (*fam: be obsequious*) kriechen ❹ (*be overrun*) **to be ~ing with sth** von etw *dat* wimmeln **II.** *n no pl* ❶ (*slow pace*) **to move at a ~** im Schneckentempo fahren ❷ (*style of swimming*) Kraulen *nt;* **to do the ~** kraulen

crayon ['kreɪɒn] **I.** *n* Buntstift *m;* **wax ~s** Malkreiden *pl* **II.** *vt* **to ~** [**in**] **sth** etw [mit Buntstift] ausmalen **III.** *vi* [mit Buntstift] malen

craze [kreɪz] *n* Mode[erscheinung] *f*, Fimmel *m pej;* **~ for sth** Begeisterung *f* für etw *akk*

crazy ['kreɪzi] **I.** *adj* verrückt (**about** nach) **II.** *n* AM (*sl*) Verrückte(r) *f(m)*

creak [kriːk] **I.** *vi furniture* knarren **II.** *n of furniture* Knarren *nt*

creaky ['kriːki] *adj* (*squeaky*) *door* quietschend; *furniture* knarrend

cream [kriːm] **I.** *n* ❶ *no pl* FOOD Sahne *f*, Obers *nt* ÖSTERR; **~ cake** Sahnetorte *f* ❷ (*cosmetic*) Creme *f* ❸ *no pl* (*colour*) Creme *nt* **II.** *adj* cremefarben **III.** *vt* ❶ (*beat*) cremig rühren; **~ed potatoes** Kartoffelpüree *nt* ❷ (*apply lotion*) eincremen

cream cheese *n* [Doppelrahm]frischkäse *m*

creamy ['kriːmi] *adj* ❶ (*smooth*) cremig ❷ (*off-white*) cremefarben

crease [kriːs] **I.** *n* (*fold*) [Bügel]falte *f; of a hat* Kniff *m* **II.** *vt* zerknittern
create [kri'eɪt] *vt* ❶ (*make*) erschaffen ❷ (*cause*) erzeugen; *impression* erwecken
creative [kri'eɪtɪv] *adj* kreativ, schöpferisch; ~ **ability** Kreativität *f*
creator [kri'eɪtə^r] *n* Schöpfer(in) *m(f)*
creature ['kriːtʃə^r] *n* ❶ (*being*) Kreatur *f,* Wesen *nt;* **living ~s** Lebewesen *pl* ❷ (*person*) Kreatur *f,* Geschöpf *nt;* **~ of habit** Gewohnheitstier *nt*
crèche [kreʃ] *n* ❶ BRIT, AUS (*nursery*) Kinderkrippe *f* ❷ AM (*for orphans*) Waisenhaus *nt*
credibility [ˌkredə'bɪləti] *n no pl* Glaubwürdigkeit *f*
credit ['kredɪt] **I.** *n* ❶ *no pl* (*recognition, praise*) Anerkennung *f;* (*respect*) Achtung *f;* **to be a ~ to sb** jdm Ehre machen ❷ *no pl* (*reliance*) Glaube[n] *m;* **to give sb ~ for sth** jdm etw zutrauen ❸ *no pl* COMM Kredit *m;* **on ~** auf Kredit ❹ FIN Haben *nt;* **in ~** im Plus ▶ **[give] ~ where ~'s due** (*prov*) Ehre, wem Ehre gebührt **II.** *vt* ❶ (*attribute*) zuschreiben ❷ (*believe*) glauben ❸ FIN gutschreiben
credit card *n* Kreditkarte *f*
creditworthy *adj* kreditwürdig
creep [kriːp] **I.** *n* (*fam*) ❶ (*unpleasant person*) Mistkerl *m* ❷ (*unpleasant feeling*) **the ~s** *pl* das Gruseln *kein pl;* **I get the ~s when ...** es gruselt mich immer, wenn ... **II.** *vi* <crept, crept> ❶ kriechen; *water* steigen ❷ (*fig*) **tiredness crept over her** die Müdigkeit überkam sie
◆ **creep up** *vi* ❶ (*increase steadily*) [an]steigen ❷ (*sneak up on*) sich anschleichen *a. fig* (**behind/on** an)
creepy ['kriːpi] *adj* (*fam*) grus[e]lig, schaurig
cremate [krɪ'meɪt] *vt* verbrennen
cremation [krɪ'meɪʃ^ən] *n* Einäscherung *f*
crematorium <*pl* -s> [ˌkremə'tɔːriəm] *n,* AM **crematory** ['kriːmətɔːri] *n* Krematorium *nt*
crept [krept] *pp, pt of* **creep**
crest [krest] **I.** *n* ❶ (*peak*) Kamm *m;* **~ of a mountain** Bergrücken *m;* **~ of a roof** Dachfirst *m* ❷ ZOOL Kamm *m* ❸ (*insignia*) Emblem *nt;* **family ~** Familienwappen *nt* **II.** *vt hill* erklimmen
crew [kruː] *n + sing/pl vb* AVIAT, NAUT Crew *f,* Besatzung *f;* **ambulance/lifeboat ~** Rettungsmannschaft *f;* **ground ~** Bodenpersonal *nt*
crew cut *n* Bürstenschnitt *m*
crib [krɪb] **I.** *n* ❶ AM (*cot*) Gitterbett *nt* ❷ (*fam: plagiarized work*) Plagiat *nt* **II.** *vt, vi* <-bb-> (*pej fam*) abschreiben
cricket[1] ['krɪkɪt] *n* ZOOL Grille *f*
cricket[2] ['krɪkɪt] *n no pl* SPORTS Kricket *nt*
crime [kraɪm] *n* ❶ (*illegal act*) Verbrechen *nt* ❷ *no art, no pl* (*criminality*) Kriminalität *f*
criminal ['krɪmɪn^əl] **I.** *n* Verbrecher(in) *m(f)* **II.** *adj* ❶ (*illegal*) verbrecherisch; *behaviour* kriminell; **~ act** Straftat *f;* **~ court** Strafgericht *nt* ❷ (*fig*) schändlich
crimson ['krɪmz^ən] **I.** *n no pl* Purpur[rot] *nt* **II.** *adj* purpurrot
crisis <*pl* -ses> ['kraɪsɪs] *n* Krise *f;* **to be in ~** in einer Krise stecken; **energy ~** Energiekrise *f;* **a ~ situation** eine Krisensituation
crisp [krɪsp] **I.** *adj* ❶ (*hard and brittle*) knusprig; *snow* knirschend ❷ (*firm and fresh*) *apple, lettuce* knackig ❸ (*stiff and smooth*) *paper, tablecloth* steif **II.** *n* ❶ BRIT (*potato crisp*) Chip *m;* **burnt to a ~** verkohlt ❷ AM (*crumble*) Obstdessert *nt*
crispbread *n* Knäckebrot *nt*
critic ['krɪtɪk] *n* Kritiker(in) *m(f)*
critical ['krɪtɪk^əl] *adj* ❶ (*judgemental*) kritisch; **to be ~ of sb** an jdm etwas auszusetzen haben ❷ (*crucial*) entscheidend ❸ MED kritisch
criticism ['krɪtɪsɪz^əm] *n* Kritik *f*

criticize ['krɪtɪsaɪz] **I.** *vt* kritisch beurteilen; **to ~ sb/sth for sth** jdn/etw wegen einer S. *gen* kritisieren **II.** *vi* kritisieren

croak [krəʊk] **I.** *vi crow, person* krächzen; *frog* quaken **II.** *vt* krächzen

crockery ['krɒkəri] *n no pl* Geschirr *nt*

crocodile <*pl* -> ['krɒkədaɪl] *n* ZOOL Krokodil *nt;* ~ **skin** Krokodilleder *nt*

crook [krʊk] **I.** *n* ❶ (*fam: rogue*) Gauner *m* ❷ *usu sing* (*curve*) Beuge *f* **II.** *adj* AUS (*fam*) ❶ (*ill*) krank; **to be ~ with a cold** erkältet sein ❷ (*annoyed*) **to go ~ at sb** auf jdn wütend werden **III.** *vt arm* beugen

crooked ['krʊkɪd] *adj* ❶ (*fam: dishonest*) unehrlich ❷ (*not straight*) krumm; **the picture's ~** das Bild hängt schief

crop [krɒp] **I.** *n* ❶ (*plant*) Feldfrucht *f;* (*harvest*) Ernte *f* ❷ (*fig: group*) Gruppe *f* **II.** *vt* <-pp-> ❶ AM (*plant*) bestellen ❷ *sheep, horses* abgrasen

◆ **crop up** *vi* (*fam*) auftauchen; **something's ~ped up** es ist etwas dazwischengekommen

crop top *n* FASHION bauchfreies Top

cross [krɒs] **I.** *n* ❶ Kreuz *nt a. fig* ❷ (*hybrid*) Kreuzung *f;* (*fig*) Mittelding *nt* (**between** zwischen) ❸ FBALL Flanke *f;* BOXING Cross *m* **II.** *adj* verärgert; **to get ~ with sb** sich über jdn ärgern **III.** *vt* ❶ (*cross over*) überqueren; (*a. on foot*) *bridge, road* gehen über +*akk; border* passieren ❷ FBALL flanken ❸ (*place crosswise*) [über]kreuzen ❹ BRIT, AUS *cheque* zur Verrechnung ausstellen ❺ REL **to ~ oneself** sich bekreuz[ig]en ▶ **to ~ one's mind** jdm einfallen **IV.** *vi* ❶ (*intersect*) sich kreuzen ❷ (*traverse a road*) die Straße überqueren; (*on foot*) über die Straße gehen

◆ **cross off** *vt* streichen [von +*dat*]

◆ **cross out** *vt* **to ~ out sth** etw ausstreichen

◆ **cross over** **I.** *vi* hinübergehen; (*on boat*) übersetzen **II.** *vt* überqueren

cross-channel *adj ferry* Kanal- **cross-country** **I.** *adj* **~ race** Geländerennen *nt;* **~ skiing** Langlauf *m* **II.** *adv* ❶ (*across a country*) quer durchs Land ❷ (*across countryside*) querfeldein **cross-examination** *n* Kreuzverhör *nt;* **under ~** im Kreuzverhör **cross-examine** *vt* **to ~ sb** jdn ins Kreuzverhör nehmen *a. fig* **cross-eyed** *adj* schielend; **to be ~** schielen **cross-generational** [ˌkrɒsdʒenəˈreɪʃᵊnᵊl] *adj appeal, interest, event* für alle Altersgruppen; **will it have ~ appeal?** wird es alle Altersgruppen ansprechen?

crossing ['krɒsɪŋ] *n* (*place to cross*) Übergang *m;* (*crossroads*) [Straßen]kreuzung *f;* **pedestrian ~** Zebrastreifen *m*

cross-legged [ˌkrɒs'legd] **I.** *adj* **in a ~ position** mit gekreuzten Beinen **II.** *adv* **to sit ~** im Schneidersitz [da]sitzen

cross-purposes *n pl* ▶ **to be talking at ~** aneinander vorbeireden

cross-reference *n* Querverweis *m* (**to** auf) **crossroads** <*pl* -> *n* Kreuzung *f;* (*fig*) Wendepunkt *m;* **at a ~** am Scheideweg **crosswalk** *n* AM Fußgängerübergang *m* **crossword** *n* Kreuzworträtsel *nt*

crouch [kraʊtʃ] **I.** *n usu sing* Hocke *f* **II.** *vi* sich kauern

crow [krəʊ] **I.** *n* Krähe *f;* ▶ **as the ~ flies** [in der] Luftlinie **II.** *vi* <crowed, crowed> ❶ (*cry*) *cock* krähen ❷ (*exult*) *person* triumphieren

crowd [kraʊd] **I.** *n sing/pl vb* ❶ (*throng*) [Menschen]menge *f;* SPORTS, MUS Zuschauermenge *f* ❷ (*fam: clique*) Clique *f;* **a bad ~** ein übler Haufen ❸ *no pl* (*fig*) **the ~** die [breite] Masse **II.** *vt* ❶ (*fill*) *stadium* füllen ❷ (*fam: pressure*) **to ~ sb** jdn [be]drängen **III.** *vi* **to ~ into sth** sich in etw *akk* hineindrängen

◆ **crowd out** *vt* herausdrängen

crowded ['kraʊdɪd] *adj* überfüllt; *time-*

table übervoll; ~ **out** (*fam*) gerammelt voll

'crowd-pleaser *n* Publikumsrenner *m; person* Publikumsliebling *m*

crown [kraʊn] **I.** *n* ❶ (*of a monarch*) *a.* FIN Krone *f;* ~ **of thorns** Dornenkrone *f* ❷ (*top of head*) Scheitel *m;* (*of hill*) Kuppe *f* **II.** *vt* ❶ krönen; **to ~ sb world champion** jdn zum Weltmeister krönen; *teeth* überkronen ❷ (*fam: hit on head*) **to ~ sb** jdm eins überziehen ▶ **to ~ it all** BRIT, AUS (*iron*) zur Krönung des Ganzen

crucial ['kruːʃᵊl] *adj* (*decisive*) entscheidend (**to** für)

crucifix ['kruːsɪfɪks] *n* Kruzifix *nt*

crucifixion [ˌkruːsə'fɪkʃᵊn] *n* Kreuzigung *f*

crucify ['kruːsɪfaɪ] *vt* kreuzigen; (*fig fam*) verreißen

cruciverbalist [ˌkruːsə'vɜːbᵊlɪst] *n* Kreuzworträtselfan *m*

crude [kruːd] **I.** *adj* ❶ (*rudimentary*) primitiv ❷ (*unsophisticated*) plump ❸ (*vulgar*) derb ❹ (*unprocessed*) roh **II.** *n* Rohöl *nt*

cruel <BRIT -ll-> ['kruːəl] *adj* (*deliberately mean*) grausam; *remark* gemein ▶ **to be ~ to be kind** (*prov*) jdm beinhart die Wahrheit sagen

cruelty ['kruːəlti] *n* Grausamkeit *f* (**to** gegen); **an act of ~** eine grausame Tat; ~ **to children** Kindesmisshandlung *f*

cruise [kruːz] **I.** *n* Kreuzfahrt *f* **II.** *vi* ❶ (*take a cruise*) eine Kreuzfahrt machen; *ship* kreuzen ❷ (*fam: drive around aimlessly*) herumfahren **III.** *vt* (*sl*) **to ~ the bars** in den Bars aufreißen gehen

crumb [krʌm] **I.** *n* ❶ Krümel *m,* Brösel *m o* ÖSTERR *a. nt; of bread a.* Krume *f* ❷ (*fig*) **a small ~ of comfort** ein kleiner Trost; **a ~ of hope** ein Funke[n] *m* Hoffnung **II.** *interj* BRIT, AUS **~s!** ach du meine Güte! **III.** *vt* AM panieren

crumble ['krʌmbl̩] **I.** *vt* zerkrümeln; (*break into bits*) zerbröckeln **II.** *vi* ❶ (*disintegrate*) zerbröckeln ❷ (*fig*) *empire* zerfallen; *opposition* [allmählich] zerbrechen **III.** *n* BRIT *mit Streuseln überbackenes Obstdessert*

C

crumbly ['krʌmbli] *adj food* krümelig; *stone* bröckelig

crummy ['krʌmi] *adj* (*fam*) mies

crumple ['krʌmpl̩] **I.** *vt* zerknittern; *paper* zerknüllen **II.** *vi* (*become dented*) eingedrückt werden

crunch [krʌntʃ] **I.** *n* ❶ *usu sing* (*noise*) Knirschen *nt kein pl* ❷ *no pl* (*fam: difficult situation*) Krise *f;* ▶ **when it comes to the ~** wenn es darauf ankommt **II.** *vi* ❶ *gravel, snow* knirschen ❷ FOOD **to ~ on sth** geräuschvoll in etw *akk* beißen

crush [krʌʃ] **I.** *vt* ❶ (*compress*) zusammendrücken; (*causing serious damage*) zerquetschen; MED [sich] etw quetschen ❷ FOOD zerdrücken ❸ (*defeat*) vernichten; *hopes* zunichtemachen **II.** *n* ❶ (*fam: crowd*) Gedränge *nt* ❷ (*temporary infatuation*) **to have a ~ on sb** in jdn verknallt sein ❸ *no pl* (*drink*) Fruchtsaft *m* mit zerstoßenem Eis

crush barrier *n* BRIT Absperrung *f*

crushing ['krʌʃɪŋ] *adj* schrecklich; *blow* hart

crust [krʌst] *n* Kruste *f*

crusty ['krʌsti] *adj bread* knusprig

crutch [krʌtʃ] *n* ❶ MED Krücke *f* ❷ ANAT, FASHION Unterleib *m; of trousers* Schritt *m*

cry <-ie-> [kraɪ] **I.** *n* ❶ *no pl* (*act of shedding tears*) Weinen *nt* ❷ (*loud emotional utterance*) Schrei *m;* (*shout a.*) Ruf *m* ❸ (*appeal*) Ruf *m* (**for** nach); ~ **for help** Hilferuf *m* ❹ ZOOL, ORN Schreien *nt kein pl* **II.** *vi* weinen (**for** nach) **III.** *vt* (*shed tears*) weinen; **to ~ oneself to sleep** sich in den Schlaf weinen

◆ **cry off** *vi* (*fam*) einen Rückzieher machen

◆ **cry out** **I.** *vi* ❶ (*shout*) aufschreien ❷ (*protest*) [lautstark] protestieren ▶ **for ~ing out loud** (*fam*) verdammt nochmal! **II.** *vt* rufen; (*scream*) schreien

crying ['kraɪɪŋ] **I.** *n no pl* Weinen *nt;* (*screaming*) Schreien *nt* **II.** *adj* dringend ▶ **it's a ~ shame that ...** es ist jammerschade, dass ...

crystal ['krɪstᵊl] **I.** *n* ❶ CHEM Kristall *m* ❷ *no pl* (*glass*) Kristallglas *nt* **II.** *adj* CHEM kristallin

cub [kʌb] *n* ZOOL Junge[s] *nt*

cube [kju:b] **I.** *n* ❶ (*shape*) Würfel *m* ❷ MATH Kubikzahl *f* **II.** *vt* MATH hoch drei nehmen; **2 ~d equals 8** 2 hoch 3 ist 8

cubic ['kju:bɪk] *adj* ❶ MATH **~ metre** Kubikmeter *m* ❷ (*cube-shaped*) würfelförmig

cubicle ['kju:bɪkl] *n* Kabine *f*

cuckoo ['kʊku:] **I.** *n* ORN Kuckuck *m* **II.** *adj* (*fam*) übergeschnappt

cuckoo clock *n* Kuckucksuhr *f*

cucumber ['kju:kʌmbəʳ] *n* [Salat]gurke *f;* ▶ **to be [as] cool as a ~** immer einen kühlen Kopf behalten

cuddle ['kʌdl] **I.** *n* [liebevolle] Umarmung; **to give sb a ~** jdn umarmen **II.** *vi* kuscheln

cue [kju:] **I.** *n* ❶ THEAT Stichwort *nt;* (*fig a.*) Zeichen *nt* ❷ (*billiards*) Queue *nt o* ÖSTERR *a. m;* ▶ **[right] on ~** wie gerufen **II.** *vt* **to ~ in sb** jdm das Stichwort geben

cuff [kʌf] **I.** *n* ❶ (*of sleeve*) Manschette *f* ❷ AM, AUS (*of trouser leg*) [Hosen]aufschlag *m* ❸ (*fam*) LAW **~s** *pl* Handschellen *pl* **II.** *vt* **to ~ sb** ❶ (*strike*) jdm einen Klaps geben ❷ (*fam: handcuff*) jdm Handschellen anlegen

cuff link *n* Manschettenknopf *m*

cul-de-sac <*pl* -s> ['kʌldəsæk] *n* Sackgasse *f a. fig*

culprit ['kʌlprɪt] *n* Schuldige(r) *f(m);* (*hum*) Missetäter(in) *m(f)*

cultivate ['kʌltɪveɪt] *vt* ❶ AGR anbauen ❷ (*fig form*) entwickeln

cultural ['kʌltʃᵊrᵊl] *adj* kulturell; **~ exchange** Kulturaustausch *m*

culture ['kʌltʃəʳ] **I.** *n* Kultur *f* **II.** *vt* BIOL züchten

cultured ['kʌltʃəd] *adj* kultiviert

cunning ['kʌnɪŋ] **I.** *adj idea* raffiniert; *person a.* schlau **II.** *n no pl* (*ingenuity*) Cleverness *f*

cup [kʌp] **I.** *n* ❶ (*container*) Tasse *f;* (*of paper, plastic*) Becher *m* ❷ SPORTS Pokal *m;* **the World Cup** der Weltcup ❸ (*part of bra*) Körbchen *nt;* (*size*) Körbchengröße *f;* ▶ **that's [just]/not my ~ of tea** das ist genau/nicht gerade mein Fall **II.** *vt* <-pp-> **to ~ one's hands** mit den Händen eine Schale bilden

cupboard ['kʌbəd] *n* Schrank *m,* Kasten *m* ÖSTERR

cup final *n* Pokalendspiel *nt,* Cupfinale *nt*

cupful <*pl* -s> ['kʌpfʊl] *n* Tasse *f*

cuppa ['kʌpə] *n* BRIT (*fam*) Tasse *f* Tee

cup tie *n* Pokalspiel *nt* **cup winner** *n* SPORTS Pokalsieger(in) *m(f)*

curb [kɜ:b] **I.** *vt* zügeln; *expenditure* senken; *inflation* bremsen **II.** *n* ❶ (*control*) Beschränkung *f;* **to put a ~ on sth** etw zügeln ❷ AM (*kerb*) Randstein *m*

cure [kjʊəʳ] **I.** *vt* heilen *a. fig* (**of** von); *cancer* besiegen **II.** *n* ❶ (*remedy*) [Heil]mittel *nt* (**for** gegen) ❷ *no pl* (*recovery*) Heilung *f*

curfew ['kɜ:fju:] *n* Ausgangssperre *f;* **what time is the ~?** wann ist Sperrstunde?

curiosity [ˌkjʊəri'ɒsəti] *n* ❶ *no pl* (*desire to know*) Neugier[de] *f* ❷ (*object*) Kuriosität *f*

curious ['kjʊəriəs] *adj* ❶ (*inquisitive*) neugierig ❷ (*peculiar*) seltsam

curl [kɜ:l] **I.** *n* ❶ (*loop of hair*) Locke *f* ❷ (*spiral*) Kringel *m* **II.** *vi* (*of hair*) sich locken; **does your hair ~ naturally?** hast du Naturlocken?; **to ~ up** sich zusammenrollen **III.** *vt* **to ~ oneself into a ball** sich zusammenrollen; **to ~ one's hair** sich *dat* Locken drehen; **to ~ sth [round sth]** etw [um etw *akk*] herumwickeln

curler [ˈkɜːləʳ] *n* Lockenwickler *m*

curly [ˈkɜːli] *adj leaves* gewellt, gekräuselt; *hair a.* lockig

currant [ˈkʌrᵊnt] *n* Korinthe *f*

currency [ˈkʌrᵊn(t)si] *n* ❶ (*money*) Währung *f;* **[foreign] ~** Devisen *pl* ❷ *no pl* (*acceptance*) [weite] Verbreitung *f;* **to gain ~** sich verbreiten

current [ˈkʌrᵊnt] **I.** *adj* gegenwärtig; *issue* aktuell; **in ~ use** gebräuchlich **II.** *n* ❶ (*of air, water*) Strömung *f* ❷ ELEC Strom *m*

current account *n* BRIT Girokonto *nt*

currently [ˈkʌrᵊntli] *adv* zur Zeit

curriculum <*pl* -la> [kəˈrɪkjələm] *n* Lehrplan *m*

curriculum vitae <*pl* -s> [-ˈviːtaɪ] *n* Lebenslauf *m*

curry [ˈkʌri] FOOD **I.** *n* Curry *nt o m;* **hot ~** scharfes Curry **II.** *vt* <-ie-> als Curry zubereiten

curse [kɜːs] **I.** *vi* fluchen **II.** *vt* verfluchen **III.** *n* Fluch *m;* **to put a ~ on sb** jdn verwünschen

cursor [ˈkɜːsəʳ] *n* COMPUT Cursor *m*

curt [kɜːt] *adj* (*pej*) schroff, barsch; **to be ~ with sb** zu jdm kurz angebunden sein

curtain [ˈkɜːtᵊn] *n* ❶ Vorhang *m;* **[net] ~** Gardine *f* ❷ (*fig*) Schleier *m*, Vorhang *m*

curve [kɜːv] **I.** *n* ❶ *of a figure, vase* Rundung *f; of a road* Kurve *f* ❷ MATH Kurve *f* **II.** *vi river, road* eine Kurve machen **III.** *vt* biegen

cushion [ˈkʊʃᵊn] **I.** *n* ❶ (*pillow*) Kissen *nt*, Polster *m* ÖSTERR ❷ (*fig: buffer*) Polster *nt o* ÖSTERR *a. m;* **~ of air** Luftkissen *nt* **II.** *vt* dämpfen *a. fig*

cushy [ˈkʊʃi] *adj* (*pej fam*) bequem; *job* ruhig

custard [ˈkʌstəd] *n no pl* ≈ Vanillesoße *f*

custody [ˈkʌstədi] *n no pl* ❶ (*guardianship*) Obhut *f;* LAW Sorgerecht *nt* (**of** für) ❷ (*detention*) Haft *f*

custom [ˈkʌstəm] *n* ❶ (*tradition*) Brauch *m*, Sitte *f* ❷ *no pl* (*usual behaviour*) Gewohnheit *f* ❸ *no pl* (*patronage*) Kundschaft *f*

customer [ˈkʌstəməʳ] *n* ❶ (*buyer, patron*) Kunde, -in *m, f;* **regular ~** Stammkunde, -in *m, f* ❷ (*fam: person*) Typ *m*

customer service *n usu pl* Kundendienst *m kein pl*

customs [ˈkʌstəmz] *n pl* Zoll *m* **customs declaration** *n* FIN Zollerklärung *f*, Zolldeklaration *f*, Zollabfertigungsschein *m*, Zollanmeldung *f* **customs documents** *n pl* Zollpapiere *pl* **customs dues, customs duties** *n pl* Zollabgaben *pl* **customs officer, customs official** *n* Zollbeamte(r), -beamtin *m, f*

cut [kʌt] **I.** *n* ❶ (*act*) Schnitt *m;* **my hair needs a ~** mein Haar muss geschnitten werden ❷ (*piece of meat*) Stück *nt* ❸ (*fit*) [Zu]schnitt *m; of shirt, trousers* Schnitt *m* ❹ (*wound*) Schnittwunde *f* ❺ (*decrease*) Senkung *f;* **~ in interest rates** Zinssenkung *f* ❻ *in film* Schnitt *m; in book* Streichung *f* **II.** *adj* ❶ (*removed*) abgeschnitten; (*sliced*) *bread* [auf]geschnitten; **~ flowers** Schnittblumen *pl* ❷ *glass, jewel* geschliffen **III.** *interj* FILM **~!** Schnitt! **IV.** *vt* <-tt-, cut, cut> ❶ (*slice*) schneiden (**in** in); *bread* aufschneiden ❷ (*sever*) durchschneiden ❸ (*trim*) [ab]schneiden; **to ~ sb's hair** jdm die Haare schneiden ❹ (*decrease*) *costs* senken; *prices* herabsetzen ❺ (*abridge*) *film* kürzen; *scene* herausschneiden; **to ~ short** abbrechen ❻ COMPUT ausschneiden ▶ **to ~ it [a bit] fine** [ein bisschen] knapp kalkulieren **V.** *vi* <-tt-,

C

C

cut, cut> ❶ *knife* schneiden ❷ (*slice easily*) sich schneiden lassen ► **to ~ to the chase** AM (*fam*) auf den Punkt kommen

◆ **cut across** *vi* ❶ (*to other side*) hinüberfahren ❷ (*take short cut*) durchqueren; **to ~ across country** querfeldein fahren

◆ **cut back I.** *vt* ❶ HORT zurückschneiden ❷ FIN kürzen **II.** *vi* ❶ (*return*) zurückgehen ❷ (*reduce*) **to ~ back on sth** etw kürzen

◆ **cut down I.** *vt* ❶ (*fell*) umhauen ❷ (*reduce*) einschränken; *labour force* abbauen ❸ (*abridge*) kürzen ► **to ~ sb down to size** jdn in seine Schranken verweisen **II.** *vi* **to ~ down on smoking** das Rauchen einschränken

◆ **cut in I.** *vi* ❶ (*interrupt*) unterbrechen ❷ AUTO einscheren; **to ~ in in front of sb** jdn schneiden **II.** *vt* **to ~ sb in** ❶ (*share with*) jdn [am Gewinn] beteiligen ❷ (*include*) jdn teilnehmen lassen; **shall we ~ you in?** willst du mitmachen?

◆ **cut into** *vi* ❶ (*slice*) anschneiden ❷ (*interrupt*) unterbrechen

◆ **cut off** *vt* ❶ (*remove*) abschneiden; **to ~ sth off sth** etw von etw *dat* abschneiden ❷ (*silence*) unterbrechen ❸ (*disconnect*) unterbinden; *electricity* abstellen ❹ (*isolate*) abschneiden; **to ~ oneself off** sich zurückziehen

◆ **cut out I.** *vt* ❶ (*excise*) herausschneiden ❷ (*from paper*) ausschneiden ❸ (*fam: desist*) aufhören mit +*dat*; **~ it out!** hör auf damit! ❹ (*block*) *light* abschirmen ❺ (*exclude*) ausschließen **II.** *vi* ❶ (*stop operating*) sich ausschalten; *plane's engine* aussetzen ❷ AM AUTO ausscheren; **to ~ out of traffic** plötzlich die Spur wechseln ❸ AM (*depart*) sich davonmachen

◆ **cut up** *vt* ❶ (*slice*) zerschneiden; *food for a child* klein schneiden ❷ (*injure*) **to ~ up sb** jdm Schnittwunden zufügen ❸ (*fig: sadden*) schwer treffen; **to be ~ up [about sth]** [über etw *akk*] zutiefst betroffen sein

cutback ['kʌtbæk] *n* Kürzung *f*

cute <-r, -st> [kju:t] *adj* süß, niedlich

cutlery ['kʌtləri] *n no pl* Besteck *nt*

cutlet ['kʌtlət] *n* Kotelett *nt*

cutoff ['kʌtɒf] **I.** *n* ❶ (*limit*) Obergrenze *f* ❷ (*stop*) Beendigung *f* **II.** *adj* **~ date** Endtermin *m*

cutout ['kʌtaʊt] **I.** *n* ❶ (*shape*) Ausschneidefigur *f* ❷ (*stereotype*) **cardboard ~** [Reklame]puppe *f* **II.** *adj* ausgeschnitten

cut-price I. *adj clothes* herabgesetzt; **~ store** Billigladen *m* **II.** *adv* zu Schleuderpreisen **cut-rate** *adj attr* zu verbilligtem Tarif; **~ offer** Billigangebot *nt*

cutting ['kʌtɪŋ] **I.** *n* ❶ JOURN Ausschnitt *m* ❷ HORT Ableger *m* **II.** *adj comment* scharf

cutting-'edge *adj attr* supermodern, Hightech-

CV [ˌsi:'vi:] *n* BRIT *abbrev of* **curriculum vitae** Lebenslauf *m*

cycle¹ ['saɪkl] *short for* **bicycle I.** *n* [Fahr]rad *nt* **II.** *vi* Rad fahren

cycle² ['saɪkl] *n* Zyklus *m*; **~ of life** Lebenskreislauf *m*

cycling ['saɪklɪŋ] *n no pl* Radfahren *nt*; SPORTS Radrennsport *m*

cyclist ['saɪklɪst] *n* Radfahrer(in) *m(f)*

cylinder ['sɪlɪndəʳ] *n* AUTO, MATH Zylinder *m*

cylindrical [sə'lɪndrɪkəl] *adj* zylindrisch

cymbal ['sɪmbəl] *n usu pl* Beckenteller *m*; **~s** Becken *pl*

Czech [tʃek] **I.** *n* ❶ (*person*) Tscheche, -in *m, f* ❷ *no pl* (*language*) Tschechisch *nt* **II.** *adj* tschechisch

Czechoslovakia [ˌtʃekə(ʊ)slə(ʊ)'vækiə] *n no pl* (*hist*) die Tschechoslowakei

Czech Republic *n no pl* **the ~** die Tschechische Republik

Dd

D <*pl* -'s>, **d** <*pl* -'s> [diː] *n* D *nt*, d *nt;* **D flat** Des *nt*, des *nt;* **D sharp** Dis *nt*, dis *nt;* *see also* **A 1**
daddy ['dædi] *n* (*fam*) Papi *m*
daffodil ['dæfədɪl] *n* Osterglocke *f*
daft [dɑːft] *adj* (*fam*) doof
dagger ['dægəʳ] *n* Dolch *m;* ▶ **to look ~s at sb** jdn mit Blicken durchbohren
daily ['deɪli] **I.** *adj, adv* täglich **II.** *n* Tageszeitung *f*
dairy ['deəri] **I.** *n* Molkerei *f* **II.** *adj* Molkerei-
daisy ['deɪziː] *n* Gänseblümchen *nt*
dam [dæm] **I.** *n* [Stau]damm *m* **II.** *vt* <-mm-> stauen
damage ['dæmɪdʒ] **I.** *vt* [be]schädigen; *reputation* schaden +*dat* **II.** *n no pl* Schaden *m* (**to** an)
damn [dæm] **I.** *interj* (*fam*) ~ [**it**]**!** verdammt! **II.** *adj* (*fam*) verdammt, Scheiß- *pej derb;* ~ **fool** Vollidiot *m* **III.** *vt* verdammen; (*curse*) verfluchen **IV.** *adv* (*fam*) verdammt
damp [dæmp] **I.** *adj* feucht **II.** *n no pl* BRIT, AUS Feuchtigkeit *f*
dance [dɑːn(t)s] **I.** *vi, vt* tanzen **II.** *n* Tanz *m*
dancer ['dɑːn(t)səʳ] *n* Tänzer(in) *m(f)*
dancing ['dɑːn(t)sɪŋ] *n no pl* Tanzen *nt*
dandelion ['dændɪlaɪən] *n* Löwenzahn *m*
dandruff ['dændrʌf] *n no pl* [Kopf]schuppen *pl*
Dane [deɪn] *n* Däne, Dänin *m, f*
danger ['deɪndʒəʳ] *n* Gefahr *f;* **~! keep out!** Zutritt verboten! Lebensgefahr!
dangerous ['deɪndʒᵊrəs] *adj* gefährlich
Danish ['deɪnɪʃ] **I.** *n* ❶ *no pl* Dänisch *nt* ❷ **the ~** *pl* die Dänen **II.** *adj* dänisch
Danish pastry *n* Blätterteiggebäck *nt*
Danube ['dænjuːb] *n no pl* **the ~** die Donau
dare [deəʳ] **I.** *vt* herausfordern; **I ~ you!** trau dich! **II.** *vi* **to ~ [to] do sth** es wagen, etw zu tun ▶ **~ I say [it], but ...** ich wage zu behaupten, dass ...; **who ~s wins** (*prov*) wer wagt, gewinnt **III.** *n* Mutprobe *f;* **it's a ~!** sei kein Frosch!
daring ['deərɪŋ] **I.** *adj* kühn; *crime* dreist; (*provocative*) verwegen **II.** *n no pl* Kühnheit *f*
dark [dɑːk] **I.** *adj* dunkel; (*gloomy*) düster; ~ **blue** dunkelblau; **in ~est Peru** im tiefsten Peru **II.** *n no pl* **the ~** die Dunkelheit ▶ **to keep sb in the ~** jdn im Dunkeln lassen
darkness ['dɑːknəs] *n no pl* Dunkelheit *f;* (*night*) Finsternis *f*
darling ['dɑːlɪŋ] **I.** *n* Liebling *m* **II.** *adj attr* entzückend
dart [dɑːt] **I.** *n* Pfeil *m;* SPORTS Wurfpfeil *m;* **~s** + *sing vb* Darts *nt* **II.** *vi* flitzen
dash [dæʃ] **I.** *n* <*pl* -es> ❶ (*rush*) Hetze *f;* **to make a ~ for the door** zur Tür stürzen ❷ (*little bit*) **a ~ of salt** eine Prise Salz ❸ (*punctuation*) Gedankenstrich *m* **II.** *vi* sausen; **I've got to ~** ich muss fort; **to ~ off** davonjagen
dashboard *n* Armaturenbrett *nt*
data ['deɪtə] *n pl* + *sing/pl vb* Daten *pl*
database *n* Datenbank *f* **data mining** *n no pl* COMPUT Extrahieren *nt* von Informationen aus großen Datenbeständen **data processing** *n no pl* Datenverarbeitung *f*
date[1] [deɪt] **I.** *n* ❶ Datum *nt;* **to be out of ~** überholt sein; **to ~** bis heute ❷ (*appointment*) Termin *m;* (*meet*) Verabredung *f;* (*romantic*) Date *nt;* **it's a ~!** abgemacht!; **to make a ~** sich verabre-

D

den **II.** *vt* **to ~ sb** mit jdm gehen **III.** *vi* ❶ (*go out*) miteinander gehen ❷ (*originate*) **to ~ from sth** auf etw *akk* zurückgehen; *tradition* aus etw *dat* stammen

date² [deɪt] *n* (*fruit*) Dattel *f*

D

dated ['deɪtɪd] *adj* überholt

dating agency, AM, AUS **dating service** ['deɪtɪŋ-] *n* Partnervermittlungsagentur *f*

dative ['deɪtɪv] **I.** *n no pl* **the ~** der Dativ **II.** *adj* **the ~ case** der Dativ

daughter ['dɔːtəʳ] *n* Tochter *f*

daughter-in-law <*pl* daughters-> *n* Schwiegertochter *f*

dawn [dɔːn] **I.** *n no pl* [Morgen]dämmerung *f;* **at [the break of] ~** im Morgengrauen **II.** *vi* anbrechen

day [deɪ] *n* Tag *m;* **ten ~s from now** heute in zehn Tagen; **from one ~ to the next** (*suddenly*) von heute auf morgen; (*in advance*) im Voraus; **one ~** eines Tages; **some ~** irgendwann [einmal] ; **~ in, ~ out** tagaus, tagein; **the ~ after tomorrow** übermorgen; **the ~ before yesterday** vorgestern; **to this ~** bis heute; **these ~s** (*recently*) in letzter Zeit; (*nowadays*) heutzutage; (*at the moment*) zurzeit; **one of these ~s** eines Tages; (*soon*) demnächst [einmal]; (*some time or other*) irgendwann [einmal] ▶ **any ~** jederzeit; **to call it a ~** Schluss machen [für heute]; **at the end of the ~** (*in the final analysis*) letzten Endes; (*eventually*) schließlich

daylight *n no pl* Tageslicht *nt;* **in broad ~** am helllichten Tag[e] ▶ **to see ~** [allmählich] klar sehen **day nursery** *n* Kindertagesstätte *f* **day return** *n* BRIT Tagesrückfahrkarte *f* **day shift** *n* Tagschicht *f* **daytime** *n no pl* Tag *m;* **in the ~** tagsüber **day trip** *n* Tagesausflug *m*

daze [deɪz] **I.** *n no pl* Betäubung *f;* **in a ~** ganz benommen **II.** *vt* **to be ~d** wie betäubt sein

dazzle ['dæzl̩] **I.** *vt* blenden **II.** *n no pl* Glanz *m*

deactivate [ˌdiː'æktɪveɪt] *vt alarm, motor* **to ~ sth** etw abschalten, etw deaktivieren *fachspr;* **to ~ a bomb** eine Bombe entschärfen

dead [ded] **I.** *adj* ❶ tot; (*extinct*) ausgestorben; *fire, match, volcano* erloschen; *telephone* tot; **~ body** Leiche *f;* **to shoot sb ~** jdn erschießen ❷ (*numb*) taub; **to go ~** einschlafen ❸ (*dull*) tot; *party* öde ❹ (*fig fam: tired*) schlapp; **~ on one's feet** zum Umfallen müde **II.** *adv* ❶ (*fam: totally*) absolut; **~ certain** todsicher; **~ drunk** stockbetrunken; **~ easy** kinderleicht; **~ silent** totenstill ❷ (*exactly*) **~ on five o'clock** Punkt fünf; **~ on time** auf die Minute genau ▶ **to stop ~ in one's tracks** auf der Stelle stehen bleiben

dead centre *n* die genaue Mitte **dead-end I.** *n* Sackgasse *f* **II.** *adj* ❶ **~ street** Sackgasse *f* ❷ (*fig*) aussichtslos **deadline** *n* Deadline *f*

deadly ['dedli] *adj* ❶ tödlich; **~ enemies** Todfeinde *pl;* **in ~ earnest** todernst ❷ (*pej fam*) todlangweilig ▶ **the seven ~ sins** die sieben Todsünden *pl*

deaf [def] *adj* taub; (*partially*) schwerhörig; **to be ~ to sth** (*fig*) taube Ohren für etw *akk* haben ▶ **[as] ~ as a post** stocktaub

deaf aid *n* BRIT Hörgerät *nt*

deafen ['defᵊn] *vt* taub machen; (*fig*) betäuben

deafening ['defᵊnɪŋ] *adj* ohrenbetäubend

deaf-mute *n* Taubstumme(r) *f(m)*

deafness ['defnəs] *n no pl* Taubheit *f;* (*partial*) Schwerhörigkeit *f*

deal¹ [diːl] *n no pl* **a great ~** eine Menge

deal² [diːl] **I.** *n* ❶ (*business*) Geschäft *nt*, Deal *m sl;* **to do a ~ with sb** mit jdm ein Geschäft abschließen; **to make sb a ~** jdm ein Angebot machen

❷ (*agreement*) Abmachung *f;* **it's a ~** abgemacht ❸ (*treatment*) **a fair/raw ~** eine faire/ungerechte Behandlung ❹ CARDS **it's your ~** du gibst ▶ **big ~! what's the big ~?** (*fam*) was solls? **II.** *vi* <-t, -t> ❶ CARDS geben ❷ (*sl: sell drugs*) dealen **III.** *vt* <-t, -t> ❶ **to ~ [out]** verteilen ❷ *esp* AM (*sell*) **to ~ sth** mit etw *dat* dealen

◆ **deal with** *vi* ❶ (*handle*) sich befassen mit ❷ (*treat*) handeln von ❸ (*do business*) Geschäfte machen mit

dealer ['di:ləʳ] *n* Händler(in) *m(f); of drugs* Dealer(in) *m(f)*

dealt [delt] *pt, pp of* **deal**

dear [dɪəʳ] **I.** *adj* ❶ lieb; *sweet* süß; **Dear Jane** Liebe Jane ❷ (*form: costly*) teuer **II.** *interj* **~ me!** du liebe Zeit!; **oh ~!** du meine Güte! **III.** *n* Schatz *m;* **my ~[est]** [mein] Liebling *m*

dearly ['dɪəli] *adv* von ganzem Herzen; **to pay ~** teuer bezahlen

death [deθ] *n* der Tod; (*casualty*) Tote(r) *f(m);* **to be bored to ~** sich zu Tode langweilen ▶ **to be at ~'s door** an der Schwelle des Todes stehen

deathbed *n* Totenbett *nt;* **to be on one's ~** auf dem Sterbebett liegen **death certificate** *n* Sterbeurkunde *f* **death penalty** *n* Todesstrafe *f* **death threat** *n* Morddrohung *f*

debate [dɪ'beɪt] **I.** *n* Debatte *f;* **to be open to ~** sich [erst] noch erweisen müssen **II.** *vt, vi* debattieren

debit ['debɪt] *vt* abbuchen

debt [det] *n* Schuld *f;* **out of ~** schuldenfrei; **to be in sb's ~** (*fig*) in jds Schuld stehen

decade ['dekeɪd, dɪ'keɪd] *n* Jahrzehnt *nt*

decaf ['di:kæf] *adj* (*fam*) *abbrev of* **decaffeinated**

decaffeinated [dɪ'kæfɪneɪtɪd] *adj* koffeinfrei; *coffee* entkoffeiniert

decay [dɪ'keɪ] **I.** *n no pl* Verfall *m;* BIOL Verwesung *f;* BOT Fäulnis *f;* **dental ~** Zahnfäule *f;* **to fall into ~** verfallen **II.** *vi* verfallen; BIOL verwesen

deceased [dɪ'si:st] (*form*) **I.** *n* <*pl* -> **the ~** der/die Verstorbene/die Verstorbenen *pl* **II.** *adj* verstorben

deceive [dɪ'si:v] *vt* betrügen; **to ~ oneself** sich [selbst] täuschen

D

December [dɪ'sembəʳ] *n* Dezember *m;* *see also* **February**

decent ['di:sᵊnt] *adj* (*acceptable*) anständig; (*good*) nett; (*appropriate*) angemessen; **to do the ~ thing** das [einzig] Richtige tun

deceptive [dɪ'septɪv] *adj* täuschend

decide [dɪ'saɪd] **I.** *vi* sich entscheiden (**on** für); **to ~ to do sth** beschließen [*o* sich entschließen], etw zu tun **II.** *vt* entscheiden

decimal ['desɪmᵊl] *n* Dezimalzahl *f;* **~ point** Komma *nt*

decision [dɪ'sɪʒᵊn] *n* Entscheidung *f* (**about/on** über); **to make a ~** eine Entscheidung fällen

decisive [dɪ'saɪsɪv] *adj* bestimmend; (*firm*) entschlossen; *battle* entscheidend

deck [dek] **I.** *n* ❶ Deck *nt;* **below ~s** unter Deck; **on ~** an Deck ❷ *esp* AM, AUS Veranda *f* ❸ **~ of cards** Spiel *nt* Karten ▶ **to clear the ~s** klar Schiff machen **II.** *vt* **to ~ sth [out]** etw [aus]-schmücken

deckchair *n* Liegestuhl *m;* (*on ship*) Deckchair *m*

declaration [ˌdeklə'reɪʃᵊn] *n* Erklärung *f;* **~ of war** Kriegserklärung *f;* **to make a ~** eine Erklärung abgeben

declare [dɪ'kleəʳ] *vt* verkünden; ECON deklarieren; **to ~ one's love for sb** jdm eine Liebeserklärung machen; **to ~ war on sb** jdm den Krieg erklären

decline [dɪ'klaɪn] **I.** *n* Rückgang *m;* (*deterioration*) Verschlechterung *f* **II.** *vi* nachlassen; (*drop*) abfallen **III.** *vt* ablehnen

decorate ['dekəreɪt] *vt* dekorieren; (*paint*)

streichen; (*wallpaper*) tapezieren

decoration [ˌdekəˈreɪʃᵊn] *n* Dekoration *f;* (*for Christmas tree*) Schmuck *m kein pl*

decorator [ˈdekᵊreɪtəʳ] *n* BRIT Maler(in) *m(f)*

decrease **I.** *vi* [dɪˈkriːs, ˈdiːkriːs] zurückgehen **II.** *vt* [dɪˈkriːs, ˈdiːkriːs] reduzieren **III.** *n* [ˈdiːkriːs] Abnahme *f; quantity* Rückgang *m;* **on the ~** rückläufig

decruit [diːˈkruːt] *vt* (*euph*) entlassen

dedicate [ˈdedɪkeɪt] *vt* widmen; **to ~ sth to sb** jdm etw widmen; **to ~ oneself to sth** sich etw *dat* widmen

deduct [dɪˈdʌkt] *vt* abziehen

deduction [dɪˈdʌkʃᵊn] *n* ❶ Abzug *m* ❷ (*inference*) Schlussfolgerung *f*

deed [diːd] *n* Tat *f;* **dirty ~s** Drecksarbeit *f;* **evil ~** Untat *f*

deep [diːp] *adj, adv* tief; **the snow was 1 m ~** der Schnee lag einen Meter hoch; **to take a ~ breath** tief Luft holen; **with ~ regret** mit großem Bedauern; **~ blue/red** tiefblau/dunkelrot

deep-freeze *n* Tiefkühlschrank *m;* (*chest*) Tiefkühltruhe *f* **deep-fry** *vt* frittieren

deeply [ˈdiːpli] *adv* ❶ tief ❷ (*very*) äußerst; **~ insulted** zutiefst getroffen; **to ~ regret sth** etw sehr bereuen

deer <*pl* -> [dɪəʳ] *n* Hirsch *m;* (*roe*) Reh *nt*

defeat [dɪˈfiːt] **I.** *vt* besiegen; *team* schlagen; *hopes* zerschlagen **II.** *n* Niederlage *f*

defect¹ **I.** *adj* fehlerhaft; (*flawed*) defekt **II.** *n* [ˈdiːfekt] Fehler *m;* (*flaw*) Defekt *m*

defect² [dɪˈfekt] *vi* POL überlaufen (**to** in)

defective [dɪˈfektɪv] *adj* fehlerhaft; (*flawed*) defekt

defence [dɪˈfen(t)s] *n* Verteidigung *f;* SPORTS Abwehr *f;* **in my ~** zu meiner Verteidigung

defend [dɪˈfend] *vt, vi* verteidigen; **to ~ oneself** sich wehren

defendant [dɪˈfendənt] *n* Angeklagte(r) *f(m)*

defender [dɪˈfendəʳ] *n* ❶ Beschützer(in) *m(f)* ❷ SPORTS Verteidiger(in) *m(f)*

defense *n esp* AM *see* **defence**

defensive [dɪˈfen(t)sɪv] **I.** *adj* defensiv **II.** *n* Defensive *f;* **to be on the ~** in der Defensive sein

define [dɪˈfaɪn] *vt* definieren (**by** über)

definite [ˈdefɪnət] **I.** *adj* sicher; *answer* klar; *decision* definitiv; *improvement* eindeutig; **there's nothing ~ yet** es steht noch nichts fest; **to be ~ about sth** sich *dat* einer S. *gen* sicher sein **II.** *n* (*fam*) **she's a ~ for the Olympic team** sie wird auf jeden Fall in der Olympiamannschaft dabei sein

definitely [ˈdefɪnətli] *adv* eindeutig; (*firmly*) endgültig; **we're ~ going** wir gehen auf jeden Fall

definition [ˌdefɪˈnɪʃᵊn] *n* ❶ Definition *f* ❷ *no pl* (*distinctness*) Schärfe *f;* **to lack ~** unscharf sein

defrost [diːˈfrɒst] *vt* auftauen; *fridge* abtauen

degree [dɪˈɡriː] *n* ❶ Maß *nt;* (*extent*) Grad *m;* **by ~s** nach und nach ❷ UNIV Abschluss *m;* **to do a ~ in sth** etw studieren

degree course *n Studiengang, der mit einem „bachelor's degree" abschließt*

dehydrated [ˌdiːhaɪˈdreɪtɪd] *adj* ausgetrocknet

de-ice [ˌdiːˈaɪs] *vt* enteisen

delay [dɪˈleɪ] **I.** *vt* aufhalten; (*postpone*) verschieben **II.** *n* Verzögerung *f;* TRANSP Verspätung *f;* **without ~** unverzüglich

delegate **I.** *n* [ˈdelɪɡət] Delegierte(r) *f(m)* **II.** *vt* [ˈdelɪɡeɪt] als Vertreter/Vertreterin [aus]wählen; **to ~ sth to sb** etw auf jdn übertragen

delegation [ˌdelɪˈɡeɪʃᵊn] *n* Delegation *f*

delete [dɪˈliːt] *vt* streichen (**from** aus); COMPUT löschen

delete key *n* COMPUT Löschtaste *f*

deli ['deli] *n (fam) short for* **delicatessen** Feinkostgeschäft *nt*

deliberate I. *adj* [dɪ'lɪbᵊrət] bewusst; (*careful*) vorsichtig II. *vi* [dɪ'lɪbəreɪt] (*form*) [gründlich] nachdenken

delicacy ['delɪkəsi] *n* ❶ Delikatesse *f* ❷ *no pl* (*discretion*) Feingefühl *nt* ❸ *no pl of health* Zerbrechlichkeit *f*

delicate ['delɪkət] *adj* ❶ empfindlich; *china* zerbrechlich; ~ **cycle** Feinwaschgang *m* ❷ (*tricky*) heikel

delicatessen [ˌdelɪkə'tesᵊn] *n* Feinkostgeschäft *nt*

delicious [de'lɪʃəs] *adj* köstlich

delight [dɪ'laɪt] I. *n* Freude *f;* **in ~** vor Freude II. *vi* **to ~ in sth** Vergnügen bei etw *dat* empfinden

delightful [dɪ'laɪtfᵊl] *adj* wunderbar

delirious [dɪ'lɪriəs] *adj* ❶ im Delirium *nach n* ❷ (*happy*) **to be ~ [with sth]** außer sich [vor etw *dat*] sein

deliver [dɪ'lɪvəʳ] I. *vt* liefern; (*by post*) zustellen; *speech* halten; *blow* geben; *baby* zur Welt bringen; *midwife* entbinden II. *vi* liefern; **to ~ on sth** etw einhalten

delivery [dɪ'lɪvᵊri] *n* ❶ Lieferung *f; of mail* Zustellung *f;* **~ time** Lieferzeit *f;* **on ~** bei Lieferung ❷ (*birth*) Entbindung *f*

delivery room *n* Kreißsaal *m*

delivery van *n* Lieferwagen *m*

de luxe [dɪ'lʌks] *adj* Luxus-

demand [dɪ'mɑːnd] I. *vt* verlangen; (*need*) erfordern II. *n* ❶ Forderung *f* (**for** nach); **on ~** auf Verlangen ❷ (*need*) Bedarf *m;* COMM Nachfrage *f;* **in ~** gefragt

democracy [dɪ'mɒkrəsi] *n* Demokratie *f*

democrat ['deməkræt] *n* Demokrat(in) *m(f)*

democratic [ˌdemə'krætɪk] *adj* demokratisch

demolish [dɪ'mɒlɪʃ] *vt* ❶ *building* abreißen; *wall* einreißen ❷ (*defeat*) zunichte machen

demon ['diːmən] *n* Dämon *m*

demonstrate ['demənstreɪt] I. *vt* ❶ zeigen; *operation* vorführen ❷ (*prove*) nachweisen II. *vi* demonstrieren

demonstration [ˌdemən'streɪʃᵊn] *n* ❶ Demonstration *f,* Vorführung *f* ❷ (*protest*) Demo[nstration] *f*

demonstrator ['demənstreɪtəʳ] *n* Vorführer(in) *m(f);* (*protester*) Demonstrant(in) *m(f)*

demote [dɪ'məʊt] *vt* zurückstufen; MIL degradieren

den [den] *n* ❶ (*lair*) Bau *m* ❷ (*playhouse*) Verschlag *m* ❸ (*room*) Bude *f*

denim ['denɪm] I. *n* ❶ *no pl* Denim® *m* ❷ (*fam*) **~s** *pl* Jeans *pl* II. *adj* Jeans-

Denmark ['denmɑːk] *n* Dänemark *nt*

dense <-r, -st> [den(t)s] *adj* dicht

density ['den(t)sɪti] *n* Dichte *f*

dent [dent] I. *n* Delle *f* II. *vt* einbeulen

dental ['dentᵊl] *adj* Zahn-

dentist ['dentɪst] *n* Zahnarzt, Zahnärztin *m, f*

dentistry ['dentɪstri] *n no pl* Zahnmedizin *f*

dentures ['den(t)ʃəz] *n pl* [Zahn]prothese *f*

deny <-ie-> [dɪ'naɪ] *vt* abstreiten; *accusation* zurückweisen; **to ~ sth to sb** jdm etw verweigern; **to ~ oneself sth** sich *dat* etw versagen

deodorant [di'əʊdᵊrᵊnt] *n* Deo[dorant] *nt*

depart [dɪ'pɑːt] I. *vi* fortgehen; *plane* abfliegen; *train* abfahren; *ship* ablegen II. *vt* **to ~ this life** aus diesem Leben scheiden

departed [dɪ'pɑːtɪd] (*form*) I. *adj* verstorben II. *n* <*pl* -> **the ~** der/die Verstorbene/die Verstorbenen *pl*

department [dɪ'pɑːtmənt] *n* UNIV Institut *nt;* COMM Abteilung *f;* ADMIN Amt *nt*

department store *n* Kaufhaus *nt*

departure [dɪ'pɑːtʃəʳ] *n* Abreise *f;* (*leaving*) Abschied *m; plane* Abflug *m; ship* Ablegen *nt*

D

departure gate *n* Flugsteig *m* **departure lounge** *n* Abflughalle *f*
depend [dɪ'pend] *vi* ❶ **that ~s** kommt darauf an; **to ~ on sb/sth** von jdm/etw abhängig sein ❷ (*rely*) **to ~ [up]on sb/sth** sich auf jdn/etw verlassen
dependant [dɪ'pendənt] *n* [finanziell] abhängige(r) Angehörige(r) *f(m)*
dependent [dɪ'pendənt] *adj* ❶ **to be ~ [up]on sth** von etw *dat* abhängen ❷ (*relying*) abhängig (**on** von); (*for help, goodwill*) angewiesen (**on** auf +*akk*)
deplorable [dɪ'plɔːrəbl] *adj* beklagenswert; *conditions* erbärmlich
deploy [dɪ'plɔɪ] *vt* einsetzen
deployment [dɪ'plɔɪmənt] *n no pl* Einsatz *m*
deport [dɪ'pɔːt] *vt* ausweisen; *prisoner* deportieren
deportation [ˌdɪpɔː'teɪʃᵊn] *n* Ausweisung *f*, Abschiebung *f*
deportee [ˌdɪpɔː'tiː] *n* Abgeschobene(r) *f(m)*; (*awaiting deportation*) Abzuschiebende(r) *f(m)*
deposit [dɪ'pɒzɪt] **I.** *vt* ❶ (*put*) absetzen ❷ (*pay*) einzahlen; *first instalment* anzahlen; (*as security*) als Sicherheit hinterlegen **II.** *n* ❶ Bodensatz *m*; *of ore* Vorkommen *nt* ❷ (*security*) Kaution *f*; (*on bottle*) Pfand *nt*
depress [dɪ'pres] *vt* ❶ (*deject*) deprimieren ❷ *price* drücken
depressed [dɪ'prest] *adj* deprimiert (**at/over** wegen); ECON heruntergekommen
depressing [dɪ'presɪŋ] *adj* deprimierend
depression [dɪ'preʃᵊn] *n* ❶ *no pl* Depression *f*; **to suffer from ~** unter Depressionen leiden ❷ ECON Wirtschaftskrise *f*
deprive [dɪ'praɪv] *vt* **to ~ sb of sth** jdm etw entziehen
depth [depθ] *n* Tiefe *f*; **in the ~ of winter** mitten im tiefsten Winter ▶ **to be out of one's ~** für jdn zu hoch sein
deputy ['depjətiː] **I.** *n* Stellvertreter(in) *m(f)* **II.** *adj attr* stellvertretend
derelict ['derəlɪkt] *adj* verlassen; **to lie ~** brachliegen
derive [dɪ'raɪv] **I.** *vt* gewinnen; **sb ~s pleasure from doing sth** etw bereitet jdm Vergnügen **II.** *vi* **to ~ from sth** sich von etw *dat* ableiten [lassen]
descend [dɪ'send] **I.** *vi* ❶ hinuntersteigen; *steps* herunterführen ❷ (*fall*) herabsinken ❸ (*originate*) abstammen **II.** *vt* hinuntersteigen
descendant [dɪ'sendənt] *n* Nachkomme *m*
descent [dɪ'sent] *n* ❶ Abstieg *m kein pl*; *of plane* [Lande]anflug *m* ❷ *no pl* (*ancestry*) Abstammung *f*
describe [dɪ'skraɪb] *vt* beschreiben; (*detailed*) schildern
description [dɪ'skrɪpʃᵊn] *n* Beschreibung *f*; **of every ~** jeglicher Art
desert¹ [dɪ'zɜːt] **I.** *vi* desertieren **II.** *vt* verlassen
desert² ['dezət] *n* Wüste *f*; **~ island** einsame Insel
deserve [dɪ'zɜːv] *vt* verdienen; **what have I done to ~ [all] this?** womit habe ich das verdient?
design [dɪ'zaɪn] **I.** *vt* ❶ entwerfen; *layout* gestalten ❷ **to be ~ed for sb/sth** für jdn/etw konzipiert sein **II.** *n* ❶ Entwurf *m*; (*model*) Bauart *f* ❷ *no pl* (*art*) Design *nt* ❸ (*intentions*) **~s** *pl* Absichten *pl*
designer [dɪ'zaɪnəʳ] *n* Designer(in) *m(f)*; **~ jeans** Designerjeans *f*
desire [dɪ'zaɪəʳ] **I.** *vt* wünschen; (*covet*) begehren **II.** *n* Verlangen *nt*; (*stronger*) Sehnsucht *f*; (*sexual*) Begierde *f*
desk [desk] *n* Schreibtisch *m*; (*counter*) Schalter *m*
desk lamp *n* Schreibtischlampe *f*
desolate ['desᵊlət] *adj* niedergeschlagen; *fate* trostlos
desolated ['desᵊleɪtᵊd] *adj* untröstlich
despair [dɪ'speəʳ] **I.** *n no pl* Verzweiflung *f*; **in ~** verzweifelt **II.** *vi* verzwei-

feln (**at** an)
despairing [dɪ'speərɪŋ] *adj* verzweifelt
desperate ['despᵊrət] *adj* verzweifelt; (*great*) dringend; **I'm in a ~ hurry** ich habs wahnsinnig eilig
desperation [ˌdespᵊ'reɪʃᵊn] *n no pl* Verzweiflung *f;* **in ~** aus Verzweiflung
despite [dɪ'spaɪt] *prep* trotz *+gen*
dessert [dɪ'zɜːt] *n* Nachtisch *m*
dessertspoon *n* (*small*) Dessertlöffel *m;* (*larger*) Esslöffel *m*
destination [ˌdestɪ'neɪʃᵊn] *n* Ziel *nt; of journey* Reiseziel *nt; of letter* Bestimmungsort *m*
destroy [dɪ'strɔɪ] *vt* zerstören; (*utterly*) vernichten; (*kill*) auslöschen; *pet* einschläfern; *reputation* ruinieren
destruction [dɪ'strʌkʃᵊn] *n no pl* Zerstörung *f;* **mass ~** Massenvernichtung *f*
detach [dɪ'tætʃ] *vt* abnehmen; (*permanently*) abtrennen
detached [dɪ'tætʃt] *adj* abgelöst; **to become ~** sich ablösen
detail ['diːteɪl] **I.** *n* ❶ Detail *nt,* Einzelheit *f;* **further ~s** nähere Informationen; **to go into ~** ins Detail gehen ❷ (*triviality*) Kleinigkeit *f* **II.** *vt* ❶ (*explain*) ausführlich erläutern ❷ (*specify*) einzeln aufführen
detailed ['diːteɪld] *adj* detailliert; (*comprehensive*) ausführlich
detain [dɪ'teɪn] *vt* ❶ in Haft nehmen ❷ (*form: delay*) aufhalten
detainee [ˌdɪteɪ'niː] *n* Häftling *m*
detect [dɪ'tekt] *vt* ❶ (*catch in act*) ertappen ❷ (*discover*) entdecken; *disease* feststellen; *mine* aufspüren
detective [dɪ'tektɪv] *n* Kriminalbeamte(r) *f(m),* Kriminalbeamte [*o* -in] *f;* (*private*) [Privat]detektiv(in) *m(f)*
detective novel *n* Kriminalroman *m,* Krimi *m fam*
detention centre, AM **detention home** *n* Jugendstrafanstalt *f*
detergent [dɪ'tɜːdʒᵊnt] *n* Reinigungsmittel *nt*
deteriorate [dɪ'tɪəriᵊreɪt] *vi* sich verschlechtern; *sales* zurückgehen; (*disintegrate*) verfallen
determination [dɪˌtɜːmɪ'neɪʃᵊn] *n no pl* Bestimmung *f;* (*resolve*) Entschlossenheit *f*
determine [dɪ'tɜːmɪn] *vt* ❶ (*decide*) entscheiden; **to ~ that ...** beschließen, dass ... ❷ (*find out*) ermitteln; **to ~ that ...** feststellen, dass ...
determined [dɪ'tɜːmɪnd] *adj* entschlossen; **she is ~ that ...** sie hat es sich in den Kopf gesetzt, dass ...
detest [dɪ'test] *vt* verabscheuen
detour ['diːtʊəʳ] *n* Umweg *m*
detox ['diːtɒks] **I.** *n short for* **detoxification** Entzug *m* **II.** *vi short for* **detoxify**
detoxify <-ie-> [ˌdiː'tɒksɪfaɪ] *vt* entgiften; (*from substance abuse*) Entzug machen
deuce [djuːs] *n* ❶ AM (*cards, dice*) Zwei *f* ❷ TENNIS Einstand *m*
devastating ['devəsteɪtɪŋ] *adj* ❶ verheerend ❷ (*fam: overwhelming*) umwerfend
develop [dɪ'veləp] **I.** *vi* sich entwickeln (**into** zu); *potential* sich entfalten **II.** *vt* entwickeln; *habit* annehmen
developing [dɪ'veləpɪŋ] *adj* sich entwickelnd
development [dɪ'veləpmənt] *n no pl* Entwicklung *f*
device [dɪ'vaɪs] *n* ❶ Gerät *nt;* **incendiary ~** Brandsatz *m* ❷ (*method*) **stylistic ~** Stilmittel *nt;* **literary ~** literarischer Kunstgriff
devil ['devᵊl] *n* Teufel(in) *m(f);* (*fig fam*) alter Fuchs; **cheeky ~** Frechdachs *m;* **lucky ~** Glückspilz *m*
devious ['diːviəs] *adj* verschlagen; *plan* krumm
devoted [dɪ'vəʊtɪd] *adj* begeistert; *fan, friend* treu; *servant* ergeben
devotion [dɪ'vəʊʃᵊn] *n no pl* Ergebenheit *f;* (*dedication*) Hingabe *f* (**to** an); (*af-*

D

fection) Liebe *f; of admirer* Verehrung *f*
devout [dɪˈvaʊt] *adj* fromm; (*fig*) [sehr] engagiert; *hope, wish* sehnlich
dew [djuː] *n no pl* Tau *m*
diabetes [ˌdaɪəˈbiːtiːz] *n no pl* Zuckerkrankheit *f*
diabetic [ˌdaɪəˈbetɪk] **I.** *n* Diabetiker(in) *m(f)* **II.** *adj* zuckerkrank
diagnose [ˈdaɪəgnəʊz] *vt* diagnostizieren; *fault* feststellen
diagnosis <*pl* -ses> [ˌdaɪəgˈnəʊsɪs, *pl* -siːz] *n* ① Diagnose *f; of problem* Beurteilung *f;* **to make a ~** eine Diagnose stellen
diagonal [daɪˈægᵊnᵊl] **I.** *adj* diagonal **II.** *n* Diagonale *f*
diagram [ˈdaɪəgræm] *n* schematische Darstellung; MATH Diagramm *nt*
dial [daɪəl] **I.** *n of clock* Zifferblatt *nt; of instrument, radio* Skala *f; of telephone* Wählscheibe *f* **II.** *vi, vt* <BRIT -ll- *or* AM *usu* -l-> wählen
dialect [ˈdaɪəlekt] *n* Dialekt *m*
dialling [ˈdaɪəlɪŋ] *n no pl* Wählen *nt*
dialling code *n* BRIT Vorwahl *f*
diameter [daɪˈæmətəʳ] *n* Durchmesser *m*
diamond [ˈdaɪəmənd] *n* Diamant *m;* MATH Raute *f;* CARDS Karo *nt*
diaper [ˈdaɪəpəʳ] *n* AM Windel *f*
diarrhoea, AM **diarrhea** [ˌdaɪəˈrɪə] *n no pl* Durchfall *m*
diary [ˈdaɪəriː] *n* Tagebuch *nt;* (*schedule*) [Termin]kalender *m*
dice [daɪs] **I.** *n* <*pl* -> Würfel *m;* (*game*) Würfelspiel *nt;* **to roll the ~** würfeln ▶ **no ~!** AM (*fam*) kommt [überhaupt] nicht in Frage! **II.** *vi* würfeln ▶ **to ~ with death** mit seinem Leben spielen
dick [dɪk] *n* ① BRIT (*vulg*) Idiot *m* ② (*vulg: penis*) Schwanz *m*
dictate [dɪkˈteɪt] **I.** *vt* ① (*command*) befehlen ② (*recite*) diktieren **II.** *vi* **to ~ to sb** jdm Vorschriften machen
dictation [dɪkˈteɪʃᵊn] *n* Diktat *nt*
dictator [dɪkˈteɪtəʳ] *n* ① (*a. fig*) Diktator *m* ② (*reciter*) Diktierende(r) *f(m)*
dictatorship [dɪkˈteɪtəʃɪp] *n* Diktatur *f*
dictionary [ˈdɪkʃᵊnᵊri] *n* Wörterbuch *nt*
did [dɪd] *pt of* **do**
didn't [ˈdɪdᵊnt] = *see* **did not** *see* **do**
die[1] [daɪ] *n* ▶ **the ~ is cast** die Würfel sind gefallen
die[2] <-y-> [daɪ] *vi* ① sterben (**of** an); (*end*) vergehen ② (*fam: not work*) kaputtgehen; *battery* leer werden ▶ **to ~ hard** nicht totzukriegen sein
◆ **die away** *vi* schwinden; *sobs* nachlassen; *echo* verhallen
◆ **die down** *vi* leiser werden; *rain, wind* schwächer werden; *storm* sich legen
◆ **die out** *vi* aussterben
diesel [ˈdiːzᵊl] *n no pl* Diesel[kraftstoff] *m;* **to run on ~** mit Diesel fahren
diet [daɪət] **I.** *n* ① Nahrung *f;* (*controlled*) Diät *f;* **on a ~** auf Diät ② (*scheme*) Diät *f,* Schlankheitskur *f* **II.** *vi* Diät halten
dietary fibre *n no pl* Ballaststoffe *pl*
differ [ˈdɪfəʳ] *vi* sich unterscheiden; (*not agree*) verschiedener Meinung sein
difference [ˈdɪfᵊrᵊn(t)s] *n* Unterschied *m;* (*margin*) Differenz *f;* (*remainder*) Rest *m;* (*disagreement*) Meinungsverschiedenheit *f;* **~ in quality** Qualitätsunterschied *m*
different [ˈdɪfᵊrᵊnt] *adj* ① anders *präd,* andere(r, s) *attr; opinions* unterschiedlich; **something ~** etwas anderes ② (*unusual*) ungewöhnlich
difficult [ˈdɪfɪkᵊlt] *adj* schwierig; *person* anspruchsvoll; *situation* heikel
difficulty [ˈdɪfɪkᵊlti] *n* Schwierigkeit *f;* (*trouble*) Problem *nt;* **with ~** mit Mühe
dig [dɪg] **I.** *n* Stoß *m;* **~ in the ribs** Rippenstoß *m;* (*fig: remark*) Seitenhieb *m* (**at** auf) **II.** *vi* <-gg-, dug, dug> graben (**for** nach) **III.** *vt* <-gg-, dug, dug> graben; ARCHEOL ausgraben
◆ **dig out** *vt* ausgraben
◆ **dig up** *vt* ① (*turn over*) umgraben ② (*remove*) ausgraben; ARCHEOL freilegen

digestion [dɪ'dʒestʃᵊn] *n* Verdauung *f*
digger ['dɪgəʳ] *n* Gräber(in) *m(f)*; (*machine*) Bagger *m*
digicam ['dɪdʒɪkæm] *n short for* **digital camera** Digitalkamera *f*
digital ['dɪdʒɪtᵊl] *adj* digital; ~ **TV** Digitalfernsehen *nt* **digital display** *n* Digitalanzeige *f*
digital radio *n no pl* Digitalradio *nt*
dignified ['dɪgnɪfaɪd] *adj* würdevoll
dignity ['dɪgnɪti] *n no pl* Würde *f*; **human** ~ Menschenwürde *f*
dike *n see* **dyke**
dilapidated [dɪ'læpɪdeɪtɪd] *adj* heruntergekommen; *house also* verfallen
dilute [daɪ'lu:t] **I.** *vt* verdünnen; (*fig*) abschwächen **II.** *adj* verdünnt
dim <-mm-> [dɪm] **I.** *adj* ❶ (*not bright*) trüb; (*poorly lit*) schumm[e]rig ❷ (*indistinct*) undeutlich ❸ (*dull*) matt **II.** *vt* abdunkeln **III.** *vi* dunkler werden
din [dɪn] **I.** *n no pl* Lärm *m* **II.** *vt* **to ~ sth into sb** jdm etw einbläuen
dine [daɪn] *vi* (*form*) speisen
diner ['daɪnəʳ] *n* ❶ Speisende(r) *f(m)*; (*in restaurant*) Gast *m* ❷ AM *Restaurant am Straßenrand mit Theke und Tischen*
dining room *n* Esszimmer *nt*; (*larger*) Speisesaal *m* **dining table** *n* Esstisch *m*
dinner ['dɪnəʳ] *n* ❶ Abendessen *nt*; (*lunch*) Mittagessen *nt*; **~'s ready!** das Essen ist fertig!; **to go out for ~** essen gehen; **to have ~** zu Abend/Mittag essen ❷ (*formal meal*) Diner *nt*
dinner jacket *n* Smoking *m* **dinner party** *n* Abendgesellschaft *f* [mit Essen] **dinner service**, **dinner set** *n* Tafelservice *nt* **dinner table** *n* Esstisch *m*; (*at formal event*) Tafel *f*
dinosaur ['daɪnəsɔ:ʳ] *n* Dinosaurier *m*
dip [dɪp] **I.** *n* ❶ [kurzes] Eintauchen *kein pl* ❷ (*sauce*) Dip *m* **II.** *vi* <-pp-> ❶ (*go down*) [ver]sinken; (*lower*) sich senken ❷ (*decline*) fallen; *profits* zurückgehen **III.** *vt* <-pp-> ❶ [ein]tauchen; (*put into*) [hinein]stecken; (*in sauce*) [ein]tunken ❷ (*lower*) senken
diploma [dɪ'pləʊmə] *n* Diplom *nt*
diplomat ['dɪpləmæt] *n* Diplomat(in) *m(f)*
diplomatic [ˌdɪplə'mætɪk] *adj* diplomatisch
direct [dɪ'rekt] **I.** *adj, adv* direkt; ~ **flight** Direktflug *m*; ~ **route** kürzester Weg **II.** *vt* ❶ (*control*) leiten; *traffic* regeln ❷ (*order*) anweisen ❸ (*aim*) richten (**at** an); *attention* lenken (**at** auf) ❹ **to ~ sb to sth** jdm den Weg zu etw *dat* zeigen **III.** *vi* THEAT, FILM Regie führen
direct debit *n no pl* BRIT, CAN Einzugsermächtigung *f*
direction [dɪ'rekʃᵊn] *n* ❶ Richtung *f*; **sense of ~** Orientierungssinn *m* ❷ *no pl* (*supervision*) Leitung *f*; FILM, TV, THEAT Regie *f* ❸ **~s** *pl* Anweisungen *pl*
directly [dɪ'rektli] **I.** *adv* direkt; **I'll be with you ~** ich bin gleich bei Ihnen; **~ after/before** unmittelbar danach/davor **II.** *conj* sobald
director [dɪ'rektəʳ] *n of company* Direktor(in) *m(f)*; (*board member*) Mitglied *nt* des Verwaltungsrats; FILM, THEAT Regisseur(in) *m(f)*
directory [dɪ'rektᵊri] *n* Telefonbuch *nt*; (*list*) Verzeichnis *nt*; **business ~** Branchenverzeichnis *nt*
directory enquiries *n pl* BRIT [Telefon]auskunft *f kein pl*
dirt [dɜ:t] *n no pl* ❶ Schmutz *m*, Dreck *m*; **covered in ~** ganz schmutzig ❷ (*soil*) Erde *f* ❸ **to dig for ~** nach Skandalen suchen
dirty ['dɜ:ti] **I.** *adj* ❶ schmutzig ❷ (*fam: nasty*) gemein; *liar* dreckig; (*lewd*) schmutzig; *language* vulgär **II.** *adv* **to play ~** unfair spielen; **to talk ~** sich vulgär ausdrücken **III.** *vt* beschmutzen **IV.** *n no pl* BRIT, AUS (*fam*) ► **to do the ~ on sb** jdn [he]reinlegen
disability [ˌdɪsə'bɪləti] *n* Behinderung *f*

D

disabled [dɪ'seɪbl̩d] **I.** *adj* behindert; **~ person** behinderte Person **II.** *n* **the ~** *pl* Menschen *pl* mit Behinderung
disadvantage [ˌdɪsəd'vɑːntɪdʒ] *n* Nachteil *m;* (*state*) Benachteiligung *f;* **at a ~** im Nachteil
disagree [ˌdɪsə'griː] *vi* nicht übereinstimmen; (*quarrel*) eine Auseinandersetzung haben; (*with plan, decision*) nicht einverstanden sein; **to ~ with sb** mit jdm uneinig sein
disagreement [ˌdɪsə'griːmənt] *n* ❶ *no pl* Uneinigkeit *f* ❷ (*argument*) Meinungsverschiedenheit *f* (**over** um/über) ❸ *no pl* (*discrepancy*) Diskrepanz *f*
disappear [ˌdɪsə'pɪəʳ] *vi* verschwinden; *species* aussterben; **to ~ into thin air** sich in Luft auflösen
disappearance [ˌdɪsə'pɪərᵊn(t)s] *n no pl* Verschwinden *nt;* (*extinction*) Aussterben *nt*
disappoint [ˌdɪsə'pɔɪnt] *vt* enttäuschen
disappointed [ˌdɪsə'pɔɪntɪd] *adj* enttäuscht (**at/about** über/**in/with** mit)
disappointing [ˌdɪsə'pɔɪntɪŋ] *adj* enttäuschend; **how ~!** so eine Enttäuschung!
disappointment [ˌdɪsə'pɔɪntmənt] *n* Enttäuschung *f*
disapprove [ˌdɪsə'pruːv] *vi* dagegen sein; **to ~ of sth** etw missbilligen; **to ~ of sb** jdn ablehnen
disaster [dɪ'zɑːstəʳ] *n* Katastrophe *f;* **the evening was a complete ~** der Abend war der totale Reinfall
disastrous [dɪ'zɑːstrəs] *adj* katastrophal; (*fateful*) verhängnisvoll
disbelief [ˌdɪsbɪ'liːf] *n no pl* Unglaube *m;* **in ~** ungläubig
disc [dɪsk] *n* Scheibe *f;* MED Bandscheibe *f;* (*CD*) CD *f;* COMPUT Diskette *f*
discard [dɪ'skɑːd] *vt* wegwerfen; *coat, hat* ablegen
disciple [dɪ'saɪpl̩] *n* Anhänger(in) *m(f);* (*of Jesus*) Jünger *m*
disc jockey *n* Diskjockey *m*
disco ['dɪskəʊ] *n short for* **discotheque** Disco *f*
discomfort [dɪ'skʌm(p)fət] *n no pl* Beschwerden *pl* (**in** mit); (*uneasiness*) Unbehagen *nt*
disconnect [ˌdɪskə'nekt] *vt* trennen; *utilities* abstellen
disconnected [ˌdɪskə'nektɪd] *adj* ❶ [ab]getrennt; *utilities* abgestellt ❷ (*incoherent*) zusammenhang[s]los
discontinue [ˌdɪskən'tɪnjuː] *vt* abbrechen; *product* auslaufen lassen; *service* einstellen
discount I. *n* ['dɪskaʊnt] Rabatt *m* **II.** *vt* [dɪ'skaʊnt] ❶ (*ignore*) unberücksichtigt lassen; *possibility* nicht berücksichtigen ❷ (*reduce*) reduzieren
discourage [dɪ'skʌrɪdʒ] *vt* ❶ entmutigen ❷ **to ~ sth** von etw *dat* abraten
discover [dɪ'skʌvəʳ] *vt* entdecken; (*find*) finden; (*find out*) herausfinden
discovery [dɪ'skʌvᵊri] *n* Entdeckung *f*
discreet [dɪ'skriːt] *adj* diskret; (*tactful*) taktvoll; *colour, pattern* dezent
discrepancy [dɪ'skrepᵊn(t)si] *n* (*form*) Diskrepanz *f*
discretion [dɪ'skreʃᵊn] *n no pl* Diskretion *f;* **to leave sth to sb's ~** etw in jds Ermessen *nt* stellen; **at sb's ~** nach jds Ermessen *nt*
discriminate [dɪ'skrɪmɪneɪt] *vi, vt* unterscheiden; **to ~ against sb** jdn diskriminieren
discriminating [dɪ'skrɪmɪneɪtɪŋ] *adj* kritisch; *palate* fein
discrimination [dɪˌskrɪmɪ'neɪʃᵊn] *n no pl* ❶ (*bias*) Diskriminierung *f* ❷ (*taste*) [kritisches] Urteilsvermögen
discus <*pl* -es> ['dɪskəs] *n* Diskus *m;* (*event*) Diskuswerfen *nt*
discuss [dɪ'skʌs] *vt* besprechen; (*debate*) diskutieren
discussion [dɪ'skʌʃᵊn] *n* Diskussion *f;* **to be open to/under ~** zur Diskussion stehen; **~ group** Diskussionsrunde *f*
disease [dɪ'ziːz] *n* Krankheit *f*

diseased [dɪ'zi:zd] *adj* krank
disembark [ˌdɪsɪm'bɑ:k] *vi* von Bord gehen
disgrace [dɪs'greɪs] **I.** *n no pl* Schande *f;* **to bring ~ on sb/sth** Schande über jdn/etw bringen **II.** *vt* **to ~ sb** Schande über jdn bringen
disgraceful [dɪs'greɪsfəl] *adj* schändlich; *conduct* skandalös
disguise [dɪs'gaɪz] **I.** *vt* verbergen; *voice* verstellen; **to ~ oneself** sich verkleiden **II.** *n* Verkleidung *f;* (*mask*) Maske *f*
disgust [dɪs'gʌst] **I.** *n no pl* Ekel *m;* (*indignation*) Empörung *f* (**at** über); **in ~** empört **II.** *vt* anwidern
disgusting [dɪs'gʌstɪŋ] *adj* widerlich; (*unacceptable*) empörend
dish [dɪʃ] *n* <*pl* -es> ❶ Schale *f;* TELEC Schüssel *f;* AM (*plate*) Teller *m* ❷ **the ~es** *pl* das Geschirr *kein pl;* **to do the ~es** [ab]spülen ❸ (*meal*) Gericht *nt;* **side ~** Beilage *f*
◆ **dish out** *vt* ❶ großzügig verteilen (**to** an); **to ~ out punishment to sb** jdn [be]strafen; **to ~ it out** austeilen ❷ (*serve*) servieren
◆ **dish up** (*fam*) **I.** *vt* auftischen **II.** *vi* anrichten
dishcloth *n* Geschirrtuch *nt*
dishonest [dɪ'sɒnɪst] *adj* unehrlich
dishwasher *n* Geschirrspülmaschine *f;* (*person*) Tellerwäscher(in) *m(f)*
disillusioned [dɪsɪ'lu:ʒənd] *adj* desillusioniert
disintegrate [dɪ'sɪntɪgreɪt] *vi* zerfallen; (*fig*) zerbrechen
disjointed [dɪs'ʤɔɪntɪd] *adj* zusammenhanglos
disk drive *n* COMPUT Laufwerk *nt*
dislike [dɪs'laɪk] **I.** *vt* nicht mögen; **to ~ doing sth** etw nicht gern tun **II.** *n* Abneigung *f* (**of** gegen)
dislocate ['dɪslə(ʊ)keɪt] *vt* **to ~ sth** sich *dat* etw ausrenken
dismiss [dɪs'mɪs] *vt* ❶ (*ignore*) abtun; *idea* aufgeben ❷ (*send away*) wegschicken ❸ (*sack*) entlassen ❹ LAW *case* einstellen
dismissal [dɪs'mɪsəl] *n* ❶ *no pl* (*disregard*) Abtun *nt* ❷ (*the sack*) Entlassung *f* (**from** aus) ❸ LAW *of case* Abweisung *f*
disobedience [ˌdɪsə(ʊ)'bi:diən(t)s] *n no pl* Ungehorsam *m* (**to** gegenüber)
disobedient [ˌdɪsə(ʊ)'bi:diənt] *adj* ungehorsam; **to be ~ to sb** jdm nicht gehorchen
disobey [ˌdɪsə(ʊ)'beɪ] **I.** *vt* nicht befolgen; **to ~ sb** jdm nicht gehorchen **II.** *vi* ungehorsam sein
disorder [dɪ'sɔ:dəʳ] *n* ❶ *no pl* Unordnung *f;* **to retreat in ~** sich ungeordnet zurückziehen ❷ MED [Funktions]störung *f;* **circulatory ~** Kreislaufstörung *f* ❸ *no pl* (*riot*) Aufruhr *m;* **civil ~** Bürgerunruhen *pl*
disorderly [dɪ'sɔ:dəli] *adj* unordentlich; (*unruly*) aufrührerisch
disorganized [dɪ'sɔ:gənaɪzd] *adj* schlecht organisiert; *person* unordentlich
dispenser [dɪ'spensəʳ] *n* Automat *m*
display [dɪ'spleɪ] **I.** *vt* ❶ (*on board*) aushängen; (*in shop window*) auslegen ❷ (*demonstrate*) zeigen; (*flaunt*) zur Schau stellen **II.** *n* ❶ (*in shop*) Auslage *f* ❷ (*performance*) Vorführung *f;* (*demonstration*) Demonstration *f* ❸ COMPUT Display *nt*
display window *n* Schaufenster *nt*
displeasure [dɪs'pleʒəʳ] *n no pl* Missfallen *nt* (**at** über)
disposable [dɪ'spəʊzəbl] **I.** *adj* ❶ **~ nappy** Wegwerfwindel *f;* **~ razor** Einwegrasierer *m* ❷ (*available*) verfügbar **II.** *n* **~s** *pl* Wegwerfartikel *pl*
disqualification [dɪˌskwɒlɪfɪ'keɪʃən] *n* Ausschluss *m;* SPORTS Disqualifikation *f*
disqualify <-ie-> [dɪ'skwɒlɪfaɪ] *vt* ausschließen; SPORTS disqualifizieren; **to ~ sb from driving** jdm den Führerschein entziehen

disquieting [dɪ'skwaɪətɪŋ] *adj* (*form*) beunruhigend

disrespect [ˌdɪsrɪ'spekt] **I.** *n no pl* Respektlosigkeit *f* (**for** gegenüber) **II.** *vt* AM (*fam*) beleidigen

disrespectful [ˌdɪsrɪ'spektfᵊl] *adj* respektlos

disrupt [dɪs'rʌpt] *vt* stören

disruption [dɪs'rʌpʃᵊn] *n* ❶ Unterbrechung *f* ❷ *no pl* Störung *f*

disruptive [dɪs'rʌptɪv] *adj* störend; **~ influence** Störelement *nt;* (*person*) Unruhestifter *m*

dissatisfaction [dɪsˌsætɪs'fækʃᵊn] *n no pl* Unzufriedenheit *f*

dissatisfied [dɪs'sætɪsfaɪd] *adj* unzufrieden

dissolve [dɪ'zɒlv] **I.** *vi* sich auflösen; **to ~ in[to] giggles** loskichern **II.** *vt* [auf]lösen; (*annul*) auflösen

dissuade [dɪ'sweɪd] *vt* abbringen (**from** von)

distance ['dɪstᵊn(t)s] **I.** *n* ❶ (*route*) Strecke *f* ❷ (*measure*) Entfernung *f;* **[with] in shouting ~** in Rufweite ❸ *no pl* (*remoteness*) Ferne *f;* **from a ~** von Weitem ❹ (*fig: aloofness*) Distanz *f kein pl* **II.** *vt* **to ~ oneself** sich distanzieren

distant ['dɪstᵊnt] *adj* fern; (*aloof*) unnahbar

distasteful [dɪ'steɪstfᵊl] *adj* abscheulich

distillery [dɪ'stɪlᵊri] *n* Brennerei *f*

distinct [dɪ'stɪŋ(k)t] *adj* ❶ verschieden; **to be ~ from sth** sich von etw *dat* unterscheiden ❷ (*clear*) deutlich

distinctive [dɪ'stɪŋ(k)tɪv] *adj* charakteristisch

distinguish [dɪ'stɪŋgwɪʃ] **I.** *vi* unterscheiden **II.** *vt* ❶ unterscheiden; (*positively*) abheben ❷ (*discern*) ausmachen [können]

distinguished [dɪ'stɪŋgwɪʃt] *adj* ❶ hervorragend; *person* von hohem Rang *nach n;* **to be ~ for sth** sich durch etw *akk* auszeichnen ❷ (*stylish*) distinguiert

distort [dɪ'stɔːt] *vt* verzerren; (*fig*) verdrehen

distract [dɪ'strækt] *vt* ablenken

distracted [dɪ'stræktɪd] *adj* verwirrt; (*worried*) besorgt

distress [dɪ'stres] **I.** *n no pl* (*pain*) Leid *nt;* (*anguish*) Kummer *m;* (*despair*) Verzweiflung *f;* (*exhaustion*) Erschöpfung *f;* (*emergency*) Not *f* **II.** *vt* quälen

distressed [dɪ'strest] *adj* ❶ bekümmert; (*shocked*) erschüttert (**at** über) ❷ (*in difficulties*) **to be ~** in Not sein

distressing [dɪ'stresɪŋ] *adj* erschreckend; (*painful*) schmerzlich

distribute [dɪ'strɪbjuːt, BRIT *a.* 'dɪstrɪ-] *vt* verteilen; *goods* vertreiben; **widely ~d** weit verbreitet

distribution [ˌdɪstrɪ'bjuːʃᵊn] *n no pl* ❶ (*sharing*) Verteilung *f* ❷ (*scattering*) Verbreitung *f* ❸ ECON Vertrieb *m*

district ['dɪstrɪkt] *n* Gebiet *nt;* (*municipal*) Bezirk *m*

district attorney *n* AM Staatsanwalt, Staatsanwältin *m, f* **district council** *n* BRIT Bezirksamt *nt*

distrust [dɪ'strʌst] **I.** *vt* misstrauen *+dat* **II.** *n no pl* Misstrauen *nt* (**of** gegen)

distrustful [dɪ'strʌstfᵊl] *adj* misstrauisch (**of** gegen)

disturb [dɪ'stɜːb] **I.** *vt* stören; (*worry*) beunruhigen; (*disarrange*) durcheinanderbringen **II.** *vi* **"Do not ~"** „Bitte nicht stören"

disturbance [dɪ'stɜːbᵊn(t)s] *n* ❶ *no pl* Belästigung *f* ❷ (*distraction*) Störung *f*

disturbed [dɪ'stɜːbd] *adj* beunruhigt; PSYCH [geistig] verwirrt

disused [dɪs'juːzd] *adj* ungenutzt; *building* leer stehend; *warehouse* stillgelegt

ditch [dɪtʃ] **I.** *n* < -es> Graben *m* **II.** *vt* (*fam*) wegwerfen; **to ~ sb** jdm den Laufpass geben

dither ['dɪðəʳ] **I.** *n no pl* **in a ~** ganz aufgeregt **II.** *vi* schwanken

ditto ['dɪtəʊ] *adv* dito; (*me too*) ich auch

dive [daɪv] **I.** *n* ❶ [Kopf]sprung *m; of plane* Sturzflug *m; of prices* [Preis]sturz *m;* **to take a ~** fallen ❷ (*dash*) **to make a ~ for sth** einen [Hecht]sprung nach etw *dat* machen ❸ (*setback*) **to take a ~** einen Schlag erleiden **II.** *vi* <dived *or* AM dove, dived *or* AM dove> einen Kopfsprung ins Wasser machen; *plane, bird* einen Sturzflug machen; (*underwater*) tauchen

diver ['daɪvəʳ] *n* ❶ Taucher(in) *m(f)* ❷ (*bird*) Taucher *m*

diverse ['daɪvɜːs] *adj* ❶ (*varied*) vielfältig ❷ (*unalike*) unterschiedlich

diversion [daɪ'vɜːʃᵊn] *n* ❶ (*rerouting*) Verlegung *f* ❷ (*distraction*) Ablenkung *f*

divert [daɪ'vɜːt] *vt* ❶ (*reroute*) verlegen; *traffic* umleiten; *funds* anders einsetzen ❷ (*distract*) ablenken

divide [dɪ'vaɪd] **I.** *n* (*gulf*) Kluft *f;* (*boundary*) Grenze *f;* AM (*watershed*) Wasserscheide *f* **II.** *vt* teilen; (*share*) aufteilen; MATH teilen (**by** durch); (*separate*) trennen; (*disunite*) spalten **III.** *vi* sich teilen; MATH dividieren

◆ **divide off** *vt* [ab]teilen

◆ **divide up I.** *vt* aufteilen **II.** *vi* sich teilen

divided [dɪ'vaɪdɪd] *adj* uneinig

dividend ['dɪvɪdend] *n* Dividende *f;* (*fig*) **to pay ~s** sich bezahlt machen

diving ['daɪvɪŋ] *n no pl* Tauchen *nt;* **to go ~** tauchen gehen

diving board *n* Sprungbrett *nt*

division [dɪ'vɪʒᵊn] *n* ❶ *no pl* Verteilung *f;* (*breakup*) Teilung *f* ❷ (*section*) Teil *m* ❸ MATH Division *f* ❹ (*department*) Abteilung *f;* MIL Division *f;* (*league*) Liga *f*

divorce [dɪ'vɔːs] **I.** *n* Scheidung *f* **II.** *vt* ❶ **to ~ sb** sich von jdm scheiden lassen ❷ **to ~ oneself from sth** sich von etw *dat* trennen

divorcee [dɪ'vɔːsiː] *n* Geschiedene(r) *f(m)*

DIY [ˌdiːaɪ'waɪ] *n no pl* BRIT, AUS *abbrev of* **do-it-yourself** Heimwerken *nt*

dizzy ['dɪzi] *adj* ❶ schwindlig; *height* Schwindel erregend; **~ spells** Schwindelanfälle *pl* ❷ (*fam: silly*) einfältig

DNA [ˌdiːen'eɪ] *n no pl abbrev of* **deoxyribonucleic acid** DNS *f*

D

do <does, did, done> [duː] **I.** *aux vb* ❶ (*negating verb*) **Tony ~esn't like olives** Tony mag keine Oliven; **I ~n't smoke** ich rauche nicht; **it ~esn't matter** das macht nichts ❷ (*forming question*) **~ you like children?** magst du Kinder?; **did he see you?** hat er dich gesehen? ❸ (*emphasizing*) **~ come to our party** ach komm doch zu unserer Party; **can I come? — Please ~!** kann ich mitkommen? — Aber bitte! ❹ (*replacing verb*) **she runs faster than he ~es** sie läuft schneller als er; **who did this? — I did!/didn't!** wer hats getan? — Ich!/Ich nicht! ❺ (*requesting affirmation*) **you don't know, ~ you?** Sie wissen es nicht, stimmts? **II.** *vt* ❶ machen; **just ~ it!** machs einfach!; **that was a stupid thing to ~** das war dumm!; **what does your father ~?** was macht dein Vater beruflich?; **to ~ the cooking/shopping** kochen/einkaufen; **to ~ the dishes** das Geschirr abspülen ❷ (*solve*) lösen; **to ~ sums** rechnen ❸ (*mimic*) nachmachen ❹ (*fam: cheat*) übers Ohr hauen **III.** *vi* ❶ (*behave*) **to ~ well to do sth** gut daran tun, etw zu tun; **~ as I ~** machs wie ich; **~ as you're told** tu, was man dir sagt ❷ (*fare*) **sb is ~ing badly/fine** jdm geht es schlecht/gut; **mother and baby are ~ing well** Mutter und Kind sind wohlauf ❸ (*fam: finish*) **have you done [with it]?** bist du fertig [damit]? ❹ (*suffice*) **that'll ~** das ist o.k. so; **will £10 ~?** reichen 10 Pfund?; **this kind of behaviour just won't ~!** so ein Verhalten geht einfach nicht an! ▶ **that will ~** jetzt reichts aber!; **how do you ~?**

(*form: as introduction*) angenehm
◆ **do down** *vt* schlechtmachen
◆ **do in** *vt* (*sl*) kaltmachen; **to ~ oneself in** sich umbringen
◆ **do up** *vt* ❶ (*close*) zumachen; *shoes* zubinden; *zip* zuziehen; **to ~ up one's hair** sich *dat* die Haare hochstecken ❷ (*adorn*) herrichten ❸ (*dress*) **to ~ oneself up** sich zurecht machen
◆ **do with** *vi* ❶ BRIT (*fam: need*) brauchen ❸ (*deal with*) **it's to ~ with sth** es handelt sich um etw *akk*
◆ **do without** *vi* auskommen ohne; (*prefer not*) verzichten auf

doc [dɒk] *n* (*fam*) *short for* **doctor** Arzt, Ärztin *m, f*

dock[1] [dɒk] **I.** *n* Dock *nt;* AM (*pier*) Kai *m;* **the ~s** *pl* die Hafenanlagen *pl* **II.** *vi* anlegen **III.** *vt* eindocken; AEROSP aneinanderkoppeln

dock[2] [dɒk] *n no pl esp* BRIT **to be in the ~** auf der Anklagebank sitzen

dock[3] [dɒk] *vt* kürzen (**by** um)

doctor ['dɒktəʳ] **I.** *n* ❶ Arzt, Ärztin *m, f;* **at the ~'s** beim Arzt/bei der Ärztin ❷ (*academic*) Doktor *m* **II.** *vt* ❶ (*falsify*) fälschen ❷ (*poison*) vergiften ❸ AM mit Alkohol versetzen

doctorate ['dɒktᵊrət] *n* Doktor[titel] *m*

document ['dɒkjəmənt] **I.** *n* Dokument *nt;* **travel ~s** Reisepapiere *pl* **II.** *vt* dokumentieren

documentary [ˌdɒkjə'mentᵊri] *n* Dokumentarfilm *m* (**on** über), Doku *f fam*

docusoap ['dɒkjuːsəʊp] *n* Doku-Soap *f*

dodge [dɒdʒ] **I.** *vt, vi* ausweichen; (*evade*) sich entziehen; *the draft* sich drücken vor **II.** *n* (*fam*) Trick *m*

dodgy ['dɒdʒi] *adj* BRIT, AUS (*fam*) zweifelhaft; (*dishonest*) unehrlich; *weather* unbeständig

does [dʌz, dəz] *vt, vi, aux vb 3rd pers sing of* **do**

doesn't [dʌzᵊnt] = **does not** *see* **do I., II.**

dog [dɒg] **I.** *n* ❶ Hund *m;* **good ~!** braver Hund! ❷ *pl* (*fam*) **the ~s** das Hunderennen ❸ (*fam*) **the [dirty] ~!** der [gemeine] Hund! **II.** *vt* <-gg-> ständig verfolgen; (*beset*) begleiten

dog collar *n* Hundehalsband *nt;* (*fam: of vicar*) Halskragen *m* [eines Geistlichen] **dog walker** *n* Hundeausführer(in) *m(f)*

doing ['duːɪŋ] *n* ❶ *no pl* **to be sb's ~** jds Werk sein ❷ *pl* **~s** Tätigkeiten *pl*

do-it-yourself [ˌduːɪtjɔː'self] *n no pl see* **DIY**

dole [dəʊl] **I.** *n* **the ~** Arbeitslosengeld *nt* **II.** *vt* **to ~ out** sparsam austeilen (**to** an)

doll [dɒl] **I.** *n* ❶ Puppe *f* ❷ (*fam: woman*) Puppe *f* **II.** *vt* **to ~ oneself up** sich herausputzen

dollar ['dɒləʳ] *n* Dollar *m*

dolly ['dɒli] *n* Püppchen *nt;* FILM Dolly *m*

dolphin ['dɒlfɪn] *n* Delfin *m*

dome [dəʊm] *n* Kuppel *f*

domestic [də'mestɪk] *adj* ❶ (*household*) häuslich; **~ work** Hausarbeit *f* ❷ ECON, POL inländisch; **~ airline** Inlandsfluggesellschaft *f;* **~ market** Binnenmarkt *m;* **~ policy** Innenpolitik *f;* **~ product** einheimisches Produkt

domestic violence *n* Gewalt *f* in der Familie

dominate ['dɒmɪneɪt] **I.** *vt* beherrschen; PSYCH dominieren; **they ~d the rest of the match** sie gingen für den Rest des Spieles in Führung **II.** *vi* dominieren

Dominican Republic *n* Dominikanische Republik

don't [dəʊnt] = **do not** *see* **do I., II.**

donate [də(ʊ)'neɪt] *vt, vi* spenden (**to** für)

donation [də(ʊ)'neɪʃᵊn] *n* ❶ [Geld]spende *f;* (*endowment*) Stiftung *f;* **~s to political parties** Parteispenden *pl* ❷ *no pl* Spenden *nt*

done [dʌn] *pp of* **do**

donkey ['dɒŋki] *n* Esel *m*

donor ['dəʊnəʳ] *n* Spender(in) *m(f);* (*for large sums*) Stifter(in) *m(f)*

doodle [ˈduːdl̩] **I.** *vi* vor sich *akk* hinkritzeln **II.** *n* Gekritzel *nt kein pl*
door [dɔːʳ] *n* ❶ Tür *f;* **at the ~** an der Tür; **out of ~s** im Freien; **two ~s away** zwei Häuser weiter; **to close the ~ on sth** (*fig*) etw ausschließen
doorbell *n* Türklingel *f* **doorman** *n* Portier *m* **doormat** *n* ❶ Fußmatte *f,* Fußabstreifer *m bes* SÜDD ❷ (*fig, pej: person*) Waschlappen *m* **ˈdoor poli·cy** *n of a club, bar etc* Einlasskriterien *pl* **doorstep** *n* Türstufe *f;* **right on the ~** (*fig*) direkt vor der Haustür **doorway** *n* [Tür]eingang *m;* **in the ~** in der Tür
dormitory [ˈdɔːmɪtᵊri] *n* Schlafsaal *m*
dosage [ˈdəʊsɪdʒ] *n* Dosis *f*
dose [dəʊs] *n* Dosis *f;* **in small ~s** in kleinen Mengen
dosser [ˈdɒsəʳ] *n* BRIT (*pej fam*) Penner(in) *m(f);* (*idler*) Faulenzer(in) *m(f)*
dot [dɒt] **I.** *n* Punkt *m;* (*on material*) Tupfen *m;* **at eight o'clock on the ~** Punkt acht Uhr **II.** *vt* <-tt-> *usu passive* **to be ~ted with sth** mit etw *dat* übersät sein
double [ˈdʌbl̩] **I.** *adj* ❶ doppelt; (*two-part*) Doppel-; **his salary is ~ what I get** sein Gehalt ist doppelt so hoch wie meins; **~ the price** doppelt so teuer; **~ door[s]** Flügeltür *f* ❷ **to lead a ~ life** ein Doppelleben führen; **to have a ~ meaning** doppeldeutig sein **II.** *adv* doppelt so viel; **to charge sb ~** jdm das Doppelte berechnen; **to see ~** doppelt sehen; **bent ~** in gebückter Haltung; **he was bent ~** er krümmte sich vor Lachen/Schmerz **III.** *n* ❶ *no pl* das Doppelte; (*whisky, gin*) Doppelte(r) *m* ❷ (*twin*) Doppelgänger(in) *m(f);* (*stuntman*) Double *nt* ❸ **~s** *pl* Doppel[spiel] *nt;* **mixed ~s** gemischtes Doppel ▶ **~ or quits** doppelt oder nichts; **at the ~** im Eiltempo **IV.** *vt* verdoppeln **V.** *vi* sich verdoppeln
◆ **double back** *vi* kehrtmachen
◆ **double up** *vi* ❶ sich krümmen ❷ *flatmates* sich *dat* ein Zimmer teilen
double bass *n* Kontrabass *m* **double bed** *n* Doppelbett *nt* **double-check** *vt* (*again*) noch einmal überprüfen; (*in two ways*) zweifach überprüfen **double-cross** **I.** *vt* **to ~ sb** mit jdm ein falsches Spiel treiben **II.** *n* <*pl* -es> Doppelspiel *nt* **double-decker** *n* Doppeldecker *m* **double-glazing** *n no pl* Doppelverglasung *f* **double-park** *vt, vi* in der zweiten Reihe parken
doubt [daʊt] **I.** *n* ❶ *no pl* Zweifel *m* (**about** an); **no ~** zweifellos; **without [a] ~** ohne jeden Zweifel ❷ **doubts** *pl* Bedenken *pl* **II.** *vt* (*question*) anzweifeln; *witness* nicht glauben; (*distrust*) misstrauen; *evidence* Zweifel haben an +*dat;* **to ~ that ...** bezweifeln, dass ...; **to ~ whether ...** zweifeln, ob ...
doubtful [ˈdaʊtfᵊl] *adj* zweifelnd; (*uncertain*) unsicher; (*unlikely*) fraglich; **to be ~ about sth** über etw *akk* im Zweifel sein; **to be ~ whether ...** zweifelhaft sein, ob ...
doubtless [ˈdaʊtləs] *adv* sicherlich
dough [dəʊ] *n* ❶ Teig *m* ❷ *no pl esp* AM (*sl: money*) Knete *f*
doughnut [ˈdoʊnʌt] *n* [Berliner] Pfannkuchen *m*
dove[1] [dʌv] *n* [weiße] Taube
dove[2] [doʊv] *vi* AM *pt of* **dive**
down[1] [daʊn] **I.** *adv* ❶ (*to lower*) hinunter/herunter; (*at lower*) unten; **~ here/there** hier/dort unten ❷ (*not up*) nach unten; **head ~** mit dem Kopf nach unten ❸ (*away from centre*) außerhalb; **he has a house ~ by the harbour** er hat ein Haus draußen am Hafen ❹ (*fam: unlucky*) unten; **to be ~ on one's luck** eine Pechsträhne haben; **to kick sb when he's ~** jdn treten, wenn er schon am Boden liegt ❺ (*ill*) **to be ~ with sth** an etw *dat* erkrankt sein; **she's ~ with flu** sie liegt mit einer Grippe im Bett; **to come ~ with sth** etw kriegen ❻ (*less*) **he was**

D

D

only $50 ~ er hatte erst 50 Dollar verloren; **to get the price** ~ den Preis drücken ❼ (*onwards*) **from the mayor** ~ angefangen beim Bürgermeister ❽ (*on paper*) **to have sth ~ in writing** etw schriftlich haben; **to get sb ~ for sth** jdn für etw *akk* vormerken ❾ (*in advance*) als Anzahlung; **to pay £100** ~ 100 Pfund anzahlen ❿ (*attributable*) **to be ~ to sth** auf etw *akk* zurückzuführen sein; **to be ~ to sb** jds Sache sein; **it's all ~ to you now** nun ist es an Ihnen **II.** *prep* ❶ hinunter/herunter; **up and ~ the stairs** die Treppe rauf und runter; **~ the sink** in den Abfluss; **to come/go ~ the mountain** den Berg herunter-/hinuntersteigen ❷ (*along*) entlang; **her hair reached ~ her back** ihre Haare bedeckten ihren ganzen Rücken; **~ the river** flussabwärts ❸ **~ the centuries** die Jahrhunderte hindurch; **~ the generations** über Generationen hinweg **III.** *adj* <more down, most down> (*fam*) down *fam* **IV.** *vt* ❶ (*knock down*) zu Fall bringen; BOXING niederschlagen; (*shoot down*) abschießen ❷ (*drink*) hinunterkippen **V.** *n* **we've had our ups and ~s** wir haben schon Höhen und Tiefen durchgemacht **VI.** *interj* **~ with taxes!** weg mit den Steuern!; **~ with the dictator!** nieder mit dem Diktator!

down² [daʊn] *n no pl* Daunen *pl;* **~ quilt** Daunendecke *f*

downfall *n* Untergang *m; of government* Sturz *m;* (*cause*) Ruin *m;* **drinking was his ~** das Trinken hat ihn ruiniert

downhearted *adj* niedergeschlagen

downhill I. *adv* bergab; **to go ~** heruntergehen; *road, path* bergab führen **II.** *adj* **it's all ~ from here** von hier geht es nur noch bergab; **to be ~ [all the way]** leichter werden

downlighter *n* Lampe *f* mit Lichtaustritt nach unten **download** *vt* COMPUT herunterladen (**to** auf) **down payment** *n* Anzahlung *f* **downpour** *n* Regenguss *m,* Platzregen *m*

downright *adj, adv* ausgesprochen; *lie* glatt; *nonsense* komplett **downstairs I.** *adv* die Treppe hinunter; **there's a man ~** unten steht ein Mann **II.** *adj* (*one floor down*) im unteren Stockwerk *nach n;* (*on ground floor*) im Erdgeschoss *nach n;* **there's a ~ bathroom** unten gibt es ein Badezimmer

Down's syndrome ['daʊns -] *n no pl* MED Downsyndrom *nt,* Trisomie 21 *f*

downstream I. *adv* stromabwärts **II.** *adj* stromabwärts gelegen **down-to-earth** *adj* nüchtern **downtown** *n no pl, no art* AM die Innenstadt

downward ['daʊnwəd] *adj* nach unten [gerichtet]; **to be on a ~ trend** sich im Abwärtstrend befinden

doze [dəʊz] **I.** *n* Nickerchen *nt;* **to have a ~** ein Nickerchen machen **II.** *vi* dösen

dozen ['dʌzᵊn] *n* Dutzend *nt;* **half a ~** ein halbes Dutzend; **two ~ people** zwei Dutzend Leute ► **to talk nineteen to the ~** reden wie ein Wasserfall

drab <-bb-> [dræb] *adj* trist; *colours* trüb

draft [drɑːft] **I.** *n* ❶ Entwurf *m;* **rough ~** Rohentwurf *m* ❷ *no pl* (*conscript*) Einberufung *f* **II.** *adj* ❶ **~ contract** Vertragsentwurf *m* ❷ (*conscription*) Einberufungs- **III.** *vt* ❶ entwerfen; *bill* verfassen ❷ **to ~ sb into the army** jdn zum Wehrdienst einberufen

drafty *adj* AM *see* **draughty**

drag [dræg] **I.** *n no pl* ❶ **a ~ on sb** ein Klotz an jds Bein ❷ (*fam*) **what a ~!** so'n Mist! *sl* ❸ (*fam: clothes*) Fummel *m* **II.** *vt* <-gg-> ❶ ziehen; **to ~ one's heels** schlurfen; (*fig*) sich *dat* Zeit lassen ❷ (*force*) schleifen; **I don't want to ~ you away** ich will dich hier nicht wegreißen; **to ~ sth out of sb** etw aus jdm herausbringen; **to ~ the truth out**

of sb jdm die Wahrheit entlocken ❸ (*involve*) **to ~ sb into sth** jdn in etw *akk* hineinziehen **III.** *vi* <-gg-> ❶ schleifen ❷ (*proceed*) sich [da]hinziehen; **to ~ to a close** schleppend zu Ende gehen

◆ **drag behind** *vi* trödeln

◆ **drag down** *vt* ❶ herunterziehen; **to ~ sb down with one** jdn mit sich *dat* reißen ❷ (*depress*) zermürben

◆ **drag on** *vi* sich [da]hinziehen

◆ **drag out** *vt* in die Länge ziehen

◆ **drag up** *vt* (*fam*) wieder ausgraben

dragon ['dræg^ən] *n* ❶ Drache *m* ❷ (*pej: woman*) Drachen *m* ❸ AUS (*lizard*) Eidechse *f*

dragonfly *n* Libelle *f*

drain [dreɪn] **I.** *n* ❶ Rohr *nt;* (*under sink*) Abflussrohr *nt;* (*at roadside*) Gully *m;* **to be down the ~** (*fig*) für immer verloren sein ❷ (*plumbing*) **~s** *pl* Kanalisation *f* ❸ (*strain*) Belastung *f* (**on** für) **II.** *vt* ❶ entwässern; *vegetables* abgießen; *noodles, rice* abtropfen lassen ❷ (*tire*) [völlig] auslaugen **III.** *vi* ❶ (*flow*) ablaufen ❷ (*dry*) abtropfen

◆ **drain away** *vi* ablaufen; (*fig*) [dahin]schwinden

◆ **drain off** *vt* abgießen; *noodles, rice* abtropfen lassen

draining board ['dreɪnɪŋ-] *n* Abtropfbrett *nt*

drainpipe *n* Regenrohr *nt;* (*for sewage*) Abflussrohr *nt*

drama ['drɑːmə] **I.** *n* ❶ *no pl* Schauspielkunst *f* ❷ Drama *nt;* **television ~** Fernsehspiel *nt* **II.** *adj* **~ critic** Theaterkritiker(in) *m(f);* **~ school** Schauspielschule *f*

dramatic [drə'mætɪk] *adj* dramatisch; (*theatrical*) theatralisch; **~ irony** tragische Ironie; **~ poetry** dramatische Dichtung

dramedy ['dræmədi] *n* AM *Film oder Fernsehserie, deren Handlung als Komödie angelegt ist*

drank [dræŋk] *pt of* **drink**

drastic ['dræstɪk] *adj* drastisch; *change* radikal

draught [drɑːft] **I.** *n* ❶ [Luft]zug *m kein pl;* **there's a ~** es zieht; **to sit in a ~** im Zug sitzen ❷ *no pl* **on ~** vom Fass ❸ BRIT, AUS **~s** *pl* Damespiel *nt* **II.** *adj* **~ beer** Fassbier *nt;* **~ animal** Zugtier *nt*

draughty ['drɑːfti] *adj* zugig

draw [drɔː] **I.** *n* ❶ Unentschieden *nt;* **to end in a ~** unentschieden enden ❷ *of lots* Verlosung *f* **II.** *vt* <drew, -n> ❶ zeichnen; *line* ziehen; **I ~ the line there** (*fig*) da ist bei mir Schluss ❷ (*depict*) darstellen ❸ (*pull*) ziehen; *money* abheben; *water* holen; **to ~ a [deep] breath** [tief] Luft holen; **to ~ the curtains** die Vorhänge zuziehen/aufziehen ❹ (*attract*) anlocken; *anger, attention* auf sich *akk* ziehen ❺ **to ~ sb into sth** jdn in etw *akk* hineinziehen ❻ (*select*) ziehen; **to ~ lots for sth** um etw *akk* losen **III.** *vi* <drew, -n> ❶ zeichnen ❷ (*move*) **to ~ closer** sich nähern; **to ~ alongside sth** mit etw *dat* gleichziehen; **to ~ apart** sich voneinander trennen; **to ~ away** wegfahren ❸ (*approach*) **to ~ to a close** zu Ende gehen; **to ~ near[er]** näher rücken ❹ SPORTS unentschieden spielen; **they drew 1–1** sie trennten sich 1:1 unentschieden

◆ **draw aside** *vt* zur Seite ziehen; *person* beiseitenehmen

◆ **draw in I.** *vi* ❶ *train* einfahren; *car* anhalten ❷ *days* kürzer werden **II.** *vt* ❶ (*involve*) hineinziehen ❷ **to ~ in a [deep] breath** [tief] Luft holen

◆ **draw off** *vt* ❶ *liquid* ablassen ❷ *gloves* ausziehen

◆ **draw out I.** *vt* ❶ herausziehen; *money* abheben ❷ (*prolong*) in die Länge ziehen ❸ (*lure*) aus der Reserve locken **II.** *vi* ❶ *train* ausfahren ❷ (*lengthen*) länger werden

◆ **draw up I.** *vt* ❶ aufsetzen; *agenda, list, syllabus* aufstellen; *guidelines* festlegen; *plan* entwerfen ❷ (*pull up*) heranziehen; ~ **up a chair!** hol dir doch einen Stuhl! **II.** *vi car* vorfahren; *train* einfahren

drawback *n* Nachteil *m*

drawer[1] ['drɔːʳ] *n* Schublade *f;* **chest of ~s** Kommode *f*

drawer[2] ['drɔːəʳ] *n* Zeichner(in) *m(f);* (*issuer*) Aussteller(in) *m(f)*

drawing ['drɔːɪŋ] *n* ❶ *no pl* Zeichnen *nt* ❷ Zeichnung *f*

drawing board *n* Zeichenbrett *nt;* **to go back to the ~** (*fig*) noch einmal von vorn anfangen **drawing pin** *n* BRIT, AUS Reißzwecke *f* **drawing room** *n* (*form*) Wohnzimmer *nt*

drawn [drɔːn] **I.** *pp of* **draw II.** *adj* ❶ (*tired*) abgespannt ❷ ~ **game** Unentschieden *nt*

dread [dred] **I.** *vt* sich fürchten vor +*dat;* **to ~ doing sth** [große] Angst haben, etw zu tun **II.** *n no pl* Furcht *f;* **to live in ~ of sth** in [ständiger] Angst vor etw *dat* leben; **to fill sb with ~** jdn mit Angst und Schrecken erfüllen

dreadful ['dredfᵊl] *adj* schrecklich; *quality* miserabel; **I feel ~** ich fühle mich scheußlich

dreadfully ['dredfᵊli] *adv* schrecklich; (*very*) furchtbar; **he was ~ upset** er hat sich furchtbar aufgeregt; **I'm ~ sorry** es tut mir schrecklich leid

dream [driːm] **I.** *n* Traum *m;* **to have a ~ [about sth]** [von etw] träumen; **to be in a ~** vor sich *akk* hinträumen; **in your ~s!** du träumst wohl! **II.** *adj* Traum- **III.** *vi, vt* <dreamt *or* dreamed, dreamt *or* dreamed> träumen; **~ on!** (*iron*) träum [nur schön] weiter!

◆ **dream up** *vt* sich *dat* ausdenken

dreamt [drem(p)t] *pt, pp of* **dream**

dreary [drɪəri] *adj* trostlos; *day* trüb; (*monotonous*) eintönig

drench [dren(t)ʃ] *vt* durchnässen; **~ed to the skin** nass bis auf die Haut; **~ed in sweat** schweißgebadet

dress [dres] **I.** *n* <*pl* -es> ❶ Kleid *nt* ❷ *no pl* (*clothing*) Kleidung *f* **II.** *vi* sich anziehen **III.** *vt* ❶ **to ~ sb/oneself** jdn/sich anziehen ❷ *salad* anmachen ❸ (*bandage*) verbinden

◆ **dress down I.** *vi* sich leger anziehen **II.** *vt* zurechtweisen

◆ **dress up I.** *vi* sich fein anziehen; (*disguise*) sich verkleiden **II.** *vt* verkleiden; (*improve*) verschönern

dress circle *n* erster Rang

dressing ['dresɪŋ] *n* ❶ *no pl* Anziehen *nt* ❷ (*for salad*) Dressing *nt* ❸ (*bandage*) Verband *m*

dressing gown *n* Bademantel *m* **dressing table** *n* Frisierkommode *f*

dress rehearsal *n* THEAT Generalprobe *f*

drew [druː] *pt of* **draw**

dribble ['drɪbl] **I.** *vi* ❶ (*trickle*) tropfen; *baby* sabbern ❷ SPORTS dribbeln **II.** *vt* dribbeln mit **III.** *n* ❶ *no pl* Sabber *m* ❷ SPORTS Dribbling *nt kein pl*

dried [draɪd] **I.** *pt, pp of* **dry II.** *adj* getrocknet; ~ **flowers** Trockenblumen *pl;* ~ **fruit** Dörrobst *nt*

drift [drɪft] **I.** *vi* treiben; *balloon* schweben; *mist, clouds* ziehen; *snow* angeweht werden; **to ~ out to sea** aufs offene Meer hinaustreiben; **to ~ along** (*fig*) sich treiben lassen; **to ~ away** *people* davonschlendern **II.** *n* ❶ Strömen *nt; of snow* Verwehung *f;* (*trend*) Trend *m* ❷ **to catch [*or* get] sb's ~** verstehen, was jd sagen will

◆ **drift apart** *vi* einander fremd werden

◆ **drift off** *vi* einschlummern

drill[1] [drɪl] **I.** *n* Bohrer *m* **II.** *vt, vi* bohren; **to ~ through sth** etw durchbohren

drill[2] [drɪl] **I.** *n* ❶ Übung *f;* MIL Drill *m* ❷ (*fam*) **what's the ~?** wie wird das gemacht?; **to know the ~** wissen, wie es geht **II.** *vi* exerzieren

drink [drɪŋk] **I.** *n* ❶ Getränk *nt;* (*swallow*) Schluck *m;* **can I get you a ~?** kann ich Ihnen etwas zu trinken bringen?; **who's buying the ~s?** wer gibt die Runde aus?; **to have a ~** etwas trinken ❷ *no pl* **smelling of ~** mit einer [Alkohol]fahne **II.** *vi, vt* <drank, drunk> trinken; **to ~ and drive** unter Alkoholeinfluss fahren; **I'll ~ to that** darauf trinke ich; **he ~s like a fish** er säuft wie ein Loch

◆ **drink in** *vt* [begierig] in sich *akk* aufnehmen

drinkable ['drɪŋkəbl̩] *adj* trinkbar

drink-driving *n no pl* BRIT, AUS Trunkenheit *f* am Steuer

drinker ['drɪŋkəʳ] *n* Trinker(in) *m(f)*

drinking water *n no pl* Trinkwasser *nt*

drip [drɪp] **I.** *vi* <-pp-> tropfen; (*in single drops*) tröpfeln **II.** *vt* <-pp-> [herunter]tropfen lassen; **to ~ blood** Blut verlieren **III.** *n* ❶ *no pl* Tropfen *nt; of rain* Tröpfeln *nt* ❷ (*drop*) Tropfen *m* ❸ MED Tropf *m;* **to be on a ~** am Tropf hängen

dripping ['drɪpɪŋ] **I.** *adj* ❶ tropfend; **to be ~** tropfen ❷ (*wet*) klatschnass ❸ (*hum, iron*) **to be ~ with sth** über und über mit etw *dat* behängt sein **II.** *adv* **~ wet** klatschnass **III.** *n* Schmalz *nt*

drive [draɪv] **I.** *n* ❶ Fahrt *f;* **to go for a ~** eine Spazierfahrt machen; **a day's ~** eine Tagesfahrt; **an hour's ~ away** eine Autostunde entfernt ❷ *no pl* (*energy*) Tatkraft *f;* (*vigour*) Schwung *m* ❸ *no pl* PSYCH Trieb *m* ❹ (*campaign*) Aktion *f;* **economy ~** Sparmaßnahmen *pl* ❺ COMPUT Laufwerk *nt;* **hard ~** Festplatte *f* **II.** *vt* <drove, -n> ❶ fahren; **to ~ a bus** einen Bus lenken; (*as job*) Busfahrer(in) *m(f)* sein ❷ (*force on*) antreiben; **the wind drove the snow into my face** der Wind wehte mir den Schnee ins Gesicht; **to ~ sb from sth** jdn aus etw *dat* vertreiben; **he was ~n by greed** Gier bestimmte sein Handeln; **to ~ oneself too hard** sich *dat* zu viel zumuten ❸ *engine* antreiben **III.** *vi* <drove, -n> ❶ fahren; **to learn to ~** den Führerschein machen ❷ *rain, snow* peitschen; *clouds* jagen

◆ **drive at** *vi* **what are you driving at?** worauf wollen Sie [eigentlich] hinaus?

◆ **drive off I.** *vt* (*expel*) vertreiben; (*repel*) zurückschlagen **II.** *vi* wegfahren

◆ **drive out I.** *vt* hinausjagen; (*fig*) austreiben **II.** *vi* hinausfahren/herausfahren

◆ **drive up I.** *vt* hochtreiben **II.** *vi* vorfahren; **to ~ up to a ramp** an eine Rampe heranfahren

driven ['drɪvᵊn] **I.** *pp of* **drive II.** *adj* ❶ (*ambitious*) ehrgeizig ❷ (*powered*) angetrieben ► **as pure as the ~ snow** so unschuldig wie ein Engel

driver ['draɪvəʳ] *n* ❶ Fahrer(in) *m(f); of train* Führer(in) *m(f)* ❷ (*golf*) Driver *m*

driving ['draɪvɪŋ] **I.** *n no pl* Fahren *nt;* **drunk ~** Trunkenheit *f* am Steuer **II.** *adj* ❶ **~ conditions** Straßenverhältnisse *pl* ❷ *rain* peitschend ❸ (*motivating*) treibend

driving ban *n* Fahrverbot *nt* **driving force** *n no pl* treibende Kraft **driving instructor** *n* Fahrlehrer(in) *m(f)* **driving lesson** *n* Fahrstunde *f;* **~s** *pl* Fahrunterricht *m* **driving licence** *n* BRIT Führerschein *m* **driving test** *n* Fahrprüfung *f*

drizzle ['drɪzl̩] **I.** *n no pl* Nieselregen *m;* (*small amount*) ein paar Spritzer **II.** *vi* nieseln

droop [dru:p] *vi* ❶ schlaff herunterhängen; *flowers* die Köpfe hängen lassen ❷ (*tire*) schlapp werden

drop [drɒp] **I.** *n* ❶ (*vertical*) Gefälle *nt;* (*difference*) Höhenunterschied *m* ❷ (*decrease*) Rückgang *m* ❸ *of liquid* Tropfen *m;* **~s of paint** Farbspritzer *pl;* **~ by ~** tropfenweise ❹ (*fam: drink*)

Schluck *m* ❺ (*sweet*) **fruit** ~ Fruchtbonbon *nt;* ▶ **at the ~ of a hat** im Handumdrehen; **a ~ in the ocean** ein Tropfen *m* auf den heißen Stein **II.** *vt* <-pp-> ❶ fallen lassen; (*lower*) senken; *anchor* [aus]werfen; *bomb, leaflets* abwerfen; **to ~ a bombshell** (*fig*) eine Bombe platzen lassen ❷ (*fam: send*) **to ~ sb a line** jdm ein paar Zeilen schreiben ❸ (*dismiss*) entlassen; *team player* ausschließen (**from** aus) ❹ (*give up*) aufgeben; **let's ~ the subject** lassen wir das Thema; **to ~ everything** alles stehen und liegen lassen ❺ (*abandon*) fallen lassen ❻ (*omit*) weglassen ▶ **to ~ sb right in it** jdn [ganz schön] reinreiten; **to let it ~ that ...** beiläufig erwähnen, dass ... **III.** *vi* <-pp-> ❶ (*descend*) [herunter]fallen; (*lower*) sinken; *jaw* herunterklappen; *curtain* fallen; *prices, level* fallen ❷ (*fam: tire*) umfallen; **to be fit to ~** zum Umfallen müde sein; **~ dead!** (*fam*) scher dich zum Teufel!

◆ **drop behind** *vi* zurückfallen

◆ **drop down** *vi* herunterfallen; **to ~ down dead** tot umfallen

◆ **drop in** *vi* (*fam*) vorbeischauen (**on** bei)

◆ **drop off I.** *vt* (*fam*) *parcel* abliefern; *passenger* absetzen **II.** *vi* ❶ abfallen ❷ (*decrease*) zurückgehen; *wane* nachlassen ❸ (*fam: sleep*) einschlafen

◆ **drop out** *vi* ausscheiden; (*from society*) aussteigen

dropout *n* ❶ [Studien]abbrecher(in) *m(f);* (*from school*) Schulabgänger(in) *m(f)* ❷ (*nonconventional*) Aussteiger(in) *m(f)*

drought [draʊt] *n* Dürre[periode] *f*

drove [drəʊv] *pt of* **drive**

drown [draʊn] **I.** *vt* ertränken; **to be ~ed** ertrinken ▶ **to ~ one's sorrows** seinen Kummer ertränken **II.** *vi* ertrinken

drowsy ['draʊzi] *adj* schläfrig; (*after waking*) verschlafen

drug [drʌg] **I.** *n* ❶ Medikament *nt* ❷ (*narcotic*) Droge *f,* Rauschgift *nt;* **to be on ~s** Drogen nehmen ❸ (*fig*) Droge *f* **II.** *vt* <-gg-> **to ~ sb** jdm Beruhigungsmittel verabreichen; (*secretly*) jdn unter Drogen setzen

drug addict *n* Drogensüchtige(r) *f(m)*

drug addiction *n no pl* Drogenabhängigkeit *f*

drum [drʌm] **I.** *n* ❶ Trommel *f;* **~s** *pl* (*kit*) Schlagzeug *nt* ❷ **~ of hooves** Pferdegetrappel *nt* ❸ (*vat*) Trommel *f;* **oil ~** Ölfass *nt* **II.** *vi* <-mm-> trommeln; (*on drum kit*) Schlagzeug spielen; **to ~ on sth** auf etw *akk* trommeln **III.** *vt* <-mm-> **to ~ one's fingers [on the table]** [mit den Fingern] auf den Tisch trommeln; **to ~ sth into sb** jdm etw einhämmern

drummer ['drʌməʳ] *n* Trommler(in) *m(f);* (*on drum kit*) Schlagzeuger(in) *m(f)*

drunk [drʌŋk] **I.** *adj* ❶ betrunken; (*fig*) trunken; **~ driving** Trunkenheit *f* am Steuer; **blind ~** stockbetrunken; **to get ~** sich betrinken **II.** *n* Betrunkene(r) *f(m)* **III.** *vt, vi pp of* **drink**

dry [draɪ] **I.** *adj* <-ier, -iest *or* -er, -est> trocken; **as ~ as a bone** knochentrocken; **to go ~** austrocknen ▶ **to run ~** unproduktiv werden **II.** *vt* <-ie-> trocknen; *fruit, meat* dörren; *dishes, face* abtrocknen; (*dry out*) austrocknen; **to ~ oneself** sich abtrocknen **III.** *vi* <-ie-> trocknen; (*dry up*) abtrocknen

◆ **dry up I.** *vi* austrocknen; *well* versiegen; *liquid* trocknen; (*towel*) abtrocknen; (*fig*) *funds* schrumpfen **II.** *vt* austrocknen; *dishes* abtrocknen

dry cleaner's *n* Reinigung *f*

dryer ['draɪəʳ] *n* [Wäsche]trockner *m;* (*for hair*) Fön *m;* (*overhead*) Trockenhaube *f*

dry land *no pl n* Festland *nt*

DSL [ˌdiːes'el] *n* INET, TELEC *acr for* **digi-**

tal subscriber line DSL *kein art*

dual ['dju:əl] *adj* doppelt; (*different*) zweierlei; ~ **ownership** Miteigentümerschaft *f;* ~ **role** Doppelrolle *f*

dual carriageway *n* BRIT ≈ Schnellstraße *f*

dub <-bb-> [dʌb] *vt* ❶ **to ~ sb a knight** jdn zum Ritter schlagen ❷ (*call*) nennen ❸ synchronisieren; **to ~ into English** ins Englische übersetzen

dubious ['dju:biəs] *adj* fragwürdig; (*unsure*) unsicher; **to be/feel ~ about whether ...** bezweifeln, ob ...

duchess <*pl* -es> ['dʌtʃɪs] *n* Herzogin *f*

duck[1] [dʌk] *n* ❶ Ente *f* ❷ *no pl* BRIT (*fam*) Schätzchen *nt;* ▶ **to take to sth like a ~ to water** bei etw *dat* gleich in seinem Element sein

duck[2] [dʌk] **I.** *vi* **to ~ [down]** sich ducken; **to ~ under water** [unter]tauchen; **to ~ out of sight** sich verstecken **II.** *vt* ❶ **to ~ one's head** den Kopf einziehen; **to ~ one's head under water** den Kopf unter Wasser tauchen ❷ (*evade*) ausweichen +*dat*

due [dju:] **I.** *adj* ❶ fällig; ~ **date** Fälligkeitstermin *m* ❷ **sb is ~ sth** jdm steht etw zu ❸ **with ~ care** mit der nötigen Sorgfalt; **after ~ consideration** nach reiflicher Überlegung; **with [all] ~ respect** bei allem [gebotenen] Respekt ❹ **when's the next bus ~ [to arrive/leave]?** wann kommt/fährt der nächste Bus?; **their baby is ~ soon** sie erwarten ihr Baby bald; **when are you ~?** wann ist es denn so weit?; **in ~ course** zu gegebener Zeit ❺ **~ to sth** wegen [*o* aufgrund] einer S. *gen;* **to be ~ to sb/sth** jdm/etw zuzuschreiben sein **II.** *n* ❶ **to give sb his/her ~** jdm Gerechtigkeit widerfahren lassen ❷ **~s** *pl* (*fees*) Gebühren *pl;* (*debts*) Schulden *pl* **III.** *adv* ~ **north** genau nach Norden

dug [dʌg] *pt, pp of* **dig**

duke [dju:k] *n* Herzog *m*

dull [dʌl] **I.** *adj* langweilig; *colour* glanzlos; *sound* dumpf; *weather* trüb; **as ~ as ditchwater** stinklangweilig **II.** *vt* schwächen; *pain* betäuben

duly ['dju:li] *adv* gebührend; (*expectedly*) wie erwartet

dumb [dʌm] *adj* ❶ (*mute*) stumm ❷ *esp* AM (*fam*) dumm

dumbstruck *adj* sprachlos

dummy ['dʌmi] **I.** *n* ❶ Schaufensterpuppe *f;* (*crash test dummy*) Dummy *m;* **to stand there like a stuffed ~** (*fam*) wie ein Ölgötze dastehen ❷ (*substitute*) Attrappe *f* ❸ BRIT, AUS (*for baby*) Schnuller *m* **II.** *adj* (*duplicate*) nachgemacht; (*false*) falsch; ~ **run** Probelauf *m* **III.** *vi* AM (*fam*) **to ~ up** dichthalten

dump [dʌmp] **I.** *n* Müll[ablade]platz *m;* (*fig, pej: messy place*) Dreckloch *nt;* (*badly run place*) Sauladen *m* **II.** *vt* ❶ (*offload*) abladen; **where can I ~ my coat?** wo kann ich meinen Mantel lassen? ❷ (*fam: abandon*) fallen lassen; (*unwanted*) loswerden; *suitor* den Laufpass geben

dumping ['dʌmpɪŋ] *n no pl* ECON Dumping *nt*

dumpling ['dʌmplɪŋ] *n* Knödel *m,* Kloß *m*

dune [dju:n] *n* Düne *f*

dungarees [ˌdʌŋgə'ri:z] *n pl* BRIT Latzhose *f;* AM Jeans[hose] *f*

dungeon ['dʌndʒ^ən] *n* Verlies *nt*

duplicate I. *vt* ['dju:plɪkeɪt] (*copy*) eine zweite Anfertigung machen von +*dat;* (*repeat*) noch einmal machen **II.** *adj* ['dju:plɪkət] ~ **key** Zweitschlüssel *m* **III.** *n* ['dju:plɪkət] Duplikat *nt; of document* Zweitschrift *f;* **in ~** in zweifacher Ausfertigung

durable ['djʊərəbl̩] *adj* strapazierfähig; (*long-lived*) dauerhaft

duration [ˌdjʊ(ə)'reɪʃ^ən] *n no pl* Dauer *f; of film* Länge *f;* **for the ~** bis zum Ende

during ['djʊərɪŋ] *prep* während +*gen*

D

dusk [dʌsk] *n no pl* [Abend]dämmerung *f;* **~ is falling** es dämmert; **after/at ~** nach/bei Einbruch der Dunkelheit

dust [dʌst] **I.** *n no pl* Staub *m;* ▶ **to bite the ~** ins Gras beißen; **to eat sb's ~** AM von jdm abgehängt werden **II.** *vt* ❶ (*clean*) abstauben ❷ (*sprinkle*) bestäuben **III.** *vi* Staub wischen

dustbin *n* BRIT Mülltonne *f* **dustcart** *n* BRIT Müllwagen *m* **dust cover** *n* (*for furniture*) Schonbezug *m;* (*for devices*) Abdeckhaube *f;* (*on book*) Schutzumschlag *m*

duster ['dʌstəʳ] *n* Staubtuch *nt;* **feather ~** Staubwedel *m*

dust jacket *n* Schutzumschlag *m* **dustman** *n* BRIT Müllmann *m* **dustpan** *n* Schaufel *f*

dusty ['dʌsti] *adj* staubig; *objects* verstaubt

Dutch [dʌtʃ] **I.** *adj* niederländisch **II.** *n* ❶ *no pl* Niederländisch *nt* ❷ **the ~** *pl* die Niederländer **III.** *adv* **to go ~** getrennte Kasse machen

duty ['dju:ti] *n* ❶ *no pl* Pflicht *f;* **out of ~** aus Pflichtbewusstsein ❷ (*task*) Aufgabe *f,* Pflicht *f* ❸ *no pl* (*work*) Dienst *m;* **on/off ~** im/nicht im Dienst ❹ (*revenue*) Zoll *m* (**on** auf); **customs duties** Zollabgaben *pl*

duty-free **I.** *adj* zollfrei **II.** *n* **~s** *pl* zollfreie Waren

duvet ['dju:veɪ, 'du:-] *n* Steppdecke *f,* Daunendecke *f*

dwarf [dwɔ:f] **I.** *n* <*pl* -s *or* dwarves> Zwerg(in) *m(f)* **II.** *vt* überragen; (*fig*) in den Schatten stellen

dye [daɪ] **I.** *vt* färben **II.** *n* Färbemittel *nt*

dying ['daɪɪŋ] *adj* sterbend; (*fig*) aussterbend

dyke [daɪk] *n* ❶ Deich *m;* (*channel*) [Abfluss]graben *m* ❷ (*fam*) Lesbe *f*

dynamic [daɪ'næmɪk] *adj* dynamisch

dynamite ['daɪnəmaɪt] *n no pl* Dynamit *nt*

Ee

E <*pl* -'s>, **e** <*pl* -'s> [i:] *n* E *nt,* e *nt;* **E flat** Es *nt,* es *nt;* **E sharp** Eis *nt,* eis *nt; see also* **A 1**

E *n no pl abbrev of* **east** O

each [i:tʃ] *adj, pron* jede(r, s); **~ other** einander; **~ and every one** jede(r, s) Einzelne; **500 miles ~ way** 500 Meilen in eine Richtung; **give the kids one piece ~** gib jedem Kind ein Stück

eager <-er, -est> ['i:gəʳ] *adj* begierig (**for** auf); (*enthusiastic*) eifrig; **to be ~ to do sth** etw unbedingt tun wollen

eagle ['i:gl] *n* Adler *m*

ear¹ [ɪəʳ] *n* Ohr *nt;* **from ~ to ~** von einem Ohr zum anderen ▶ **to be all ~s** ganz Ohr sein; **to keep one's ~s open** die Ohren offen halten; **sb's ~s are burning** jdm klingen die Ohren; **to close one's ~s to sth** etw ignorieren

ear² [ɪəʳ] *n* AGR Ähre *f*

earache *n no pl* Ohrenschmerzen *pl*

earl [ɜ:l] *n* Graf *m*

earlobe *n* Ohrläppchen *nt*

early <-ier, -iest> ['ɜ:li] *adj, adv* früh; (*premature*) vorzeitig; (*in time*) [früh]zeitig; (*prompt*) schnell; **~ payment appreciated** um baldige Zahlung wird gebeten; **the ~ hours** die frühen Morgenstunden; **she is in her ~ thirties** sie ist Anfang dreißig; **in the ~ after-**

noon am frühen Nachmittag; **at an ~ age** in jungen Jahren; **from an ~ age** von klein auf; **to have an ~ lunch** früh zu Mittag essen

earn [ɜːn] *vt* verdienen; (*yield*) einbringen

earnings [ˈɜːnɪŋz] *n pl* Einkommen *nt; of business* Ertrag *m*

earphones *n pl* Kopfhörer *m* **earpiece** *n* Hörer *m* **earring** *n* Ohrring *m* **earshot** *n no pl* [**with**]**in/out of ~** in/außer Hörweite

earth [ɜːθ] **I.** *n no pl* ❶ die Erde; **who/where/why on earth ...** wer/wo/warum um alles in der Welt ... ❷ (*soil*) Erde *f* ❸ BRIT, AUS ELEC Erdung *f*; ▶ **to charge /cost /pay the ~** BRIT ein Vermögen verlangen/kosten/bezahlen **II.** *vt* BRIT erden

earthly [ˈɜːθli] *adj* irdisch; (*fam: possible*) möglich; **to not have an ~ chance** [**of doing sth**] (*fam*) nicht die geringste Chance haben[, etw zu tun]

earthquake *n* Erdbeben *nt*

ease [iːz] **I.** *n no pl* Leichtigkeit *f*; **to be at ~** sich wohl fühlen; [**stand**] **at ~!** MIL rührt euch!; **to put sb at** [**their**] **~** jdm die Befangenheit nehmen **II.** *vt* ❶ *pain* lindern; *tension* lösen ❷ **she ~d the lid off** sie löste den Deckel behutsam ab

◆ **ease off** *vi* nachlassen; **to ~ off** [**at work**] [auf der Arbeit] kürzertreten

◆ **ease up** *vi* ❶ nachlassen; **to ~ up on the accelerator** vom Gas gehen; **to ~ up on sb** zu jdm weniger streng sein ❷ (*relax*) sich entspannen

easily [ˈiːzɪli] *adv* leicht; (*effortlessly*) mühelos; **to win ~** spielend gewinnen; **to be ~ the ...** + *superl* bei Weitem der/die/das ... sein

east [iːst] **I.** *n no pl* Osten *m*; **the East** der Osten; **the Near/Middle/Far East** der Nahe/Mittlere/Ferne Osten; **to the ~ of sth** östlich einer S. *gen*; **from/to the ~** von/nach Osten **II.** *adj* östlich; **~ wind** Ostwind *m* **III.** *adv* ostwärts, nach Osten; **to face ~** nach Osten liegen

Easter [ˈiːstəʳ] *n no art* Ostern *nt*; **at ~** an Ostern

Easter Day *n* Ostersonntag *m* **Easter egg** *n* Osterei *nt*

E

easterly [ˈiːstəli] **I.** *adj* östlich **II.** *n* Ostwind *m*

eastern [ˈiːstən] *adj* östlich; (*Asian*) orientalisch; **the ~ seaboard** AM die Ostküste

eastward [ˈiːstwəd] **I.** *adj* östlich, nach Osten *nach n* **II.** *adv* ostwärts, nach Osten

easy <-ier, -iest> [ˈiːzi] **I.** *adj* leicht, einfach; (*effortless*) mühelos; (*trouble-free*) angenehm; (*comfortable*) bequem; *conscience* ruhig; **as ~ as anything** kinderleicht; **~ money** leicht verdientes Geld; **to not feel ~ about sth** sich bei etw *dat* nicht wohl fühlen; **I'm ~** (*fam*) mir ist es egal; **~ on the ear/eye** angenehm für das Ohr/Auge **II.** *adv* **~ does it!** immer langsam!; **take it ~!** immer mit der Ruhe! ▶ **~ come, ~ go** (*fam*) wie gewonnen, so zerronnen **III.** *interj* (*fam*) locker

easy-going *adj* unkompliziert

eat <ate, eaten> [iːt] *vt, vi* essen; *animal* fressen; **to ~ breakfast** frühstücken; **to ~ lunch/supper** zu Mittag/Abend essen ▶ **you are what you ~** (*prov*) der Mensch ist, was er isst; **I'll ~ my hat if ...** ich fresse einen Besen, wenn ...; **~ your heart out** platz ruhig vor Neid; **what's ~ing you?** was bedrückt dich?

eaten [ˈiːtən] *pp of* **eat**

e-book [iːbʊk] *n short for* **electronic book** E-Book *nt* **e-book reader** *n* E-Book-Reader *m*, E-Reader *m*

e-car [ˈiːkɑːʳ, -kɑːr] *n short for* **electric car** Elektroauto *nt*

echo [ˈekəʊ] **I.** *n* <*pl* -es> Echo *nt*; (*fig*)

Anklang *m* (**of** an) **II.** *vi* [wider]hallen **III.** *vt* (*copy*) wiedergeben; (*reflect*) widerspiegeln

eclipse [ɪ'klɪps] **I.** *n* ❶ Finsternis *f;* ~ **of the sun** Sonnenfinsternis *f* ❷ *no pl* (*fig*) Niedergang *m* **II.** *vt* verfinstern

eco-friendly <more eco-friendly, most eco-friendly> *adj* umweltfreundlich

ecolabel I. *n* Umweltetikett *nt* **II.** *vt* mit einem Umweltetikett versehen

ecological [ˌiːkə'lɒdʒɪkᵊl] *adj* ökologisch; ~ **disaster** Umweltkatastrophe *f*

ecologically [ˌiːkə'lɒdʒɪkᵊli] *adv* ökologisch; ~ **friendly** umweltfreundlich; ~ **harmful** umweltschädlich

ecology [iː'kɒlədʒi] *n no pl* Ökologie *f*

economic [ˌiːkə'nɒmɪk] *adj* ökonomisch, wirtschaftlich; ~ **aid** Wirtschaftshilfe *f;* ~ **downturn** Konjunkturabschwächung *f;* ~ **forecast** Wirtschaftsprognose *f*

economical [ˌiːkə'nɒmɪkᵊl] *adj* wirtschaftlich, ökonomisch; (*thrifty*) sparsam; **to be ~ with the truth** mit der Wahrheit hinter dem Berg halten

economics [ˌiːkə'nɒmɪks] *n pl + sing vb* Wirtschaftswissenschaft[en] *f*[*pl*]

economist [ɪ'kɒnəmɪst] *n* Wirtschaftswissenschaftler(in) *m(f)*

economy [ɪ'kɒnəmi] *n* Wirtschaft *f;* (*thriftiness*) Sparsamkeit *f kein pl;* **to make economies** Einsparungen machen

edge [edʒ] **I.** *n* ❶ Rand *m; of lake* Ufer *nt; of table* Kante *f;* **at the ~ of the road** am Straßenrand ❷ (*blade*) Schneide *f;* (*sharp side*) Kante *f* ❸ *no pl* (*sharpness*) Schärfe *f* ❹ **to be on ~** nervös sein **II.** *vt* **to ~ one's way forwards** sich langsam vorwärtsbewegen **III.** *vi* **to ~ forward** langsam voranrücken

edible ['edɪbl̩] *adj* essbar; ~ **mushroom** Speisepilz *m*

edition [ɪ'dɪʃᵊn] *n* Ausgabe *f;* (*broadcast*) Folge *f*

editor ['edɪtəʳ] *n* Redakteur(in) *m(f);* (*issuer*) Herausgeber(in) *m(f);* **sports ~** Sportredakteur(in) *m(f)*

editorial [ˌedɪ'tɔːriəl] **I.** *n* Leitartikel *m* **II.** *adj* redaktionell; ~ **staff** + *sing/pl vb* Redaktion *f*

educated ['edʒʊkeɪtɪd] *adj* gebildet; **to make an ~ guess** eine fundierte Vermutung äußern

education [ˌedʒʊ'keɪʃᵊn] *n no pl* Bildung *f;* (*training*) Ausbildung *f;* (*system*) Erziehungswesen *nt*

educational [ˌedʒʊ'keɪʃᵊnᵊl] *adj* pädagogisch; ~ **background** schulischer Werdegang; ~ **film** Lehrfilm *m*

eerie <-r, -st> ['ɪəri] *adj* unheimlich

effect [ɪ'fekt] **I.** *n* ❶ Auswirkung *f* (**on** auf), Folge *f* (**on** für) ❷ *no pl* (*influence*) Einfluss *m* (**on** auf); **to come into ~** in Kraft treten; **to take ~** wirken ❸ (*result*) Wirkung *f;* (*success*) Erfolg *m;* **to good ~** mit Erfolg ❹ *no pl* (*esp pej*) **for ~** aus Effekthascherei **II.** *vt* bewirken

effective [ɪ'fektɪv] *adj* (*competent*) fähig; (*efficacious*) wirksam, effektiv; (*real*) tatsächlich; (*operative*) gültig; (*striking*) effektvoll

efficient [ɪ'fɪʃᵊnt] *adj* leistungsfähig; *person* tüchtig; (*economical*) wirtschaftlich

effort ['efət] *n* Mühe *f*, Anstrengung *f;* **to make an ~** (*physically*) sich anstrengen; (*mentally*) sich bemühen; **a poor ~** eine schwache Leistung

effortless ['efətləs] *adj* mühelos; *grace* natürlich

egg [eg] **I.** *n* Ei *nt;* (*cell*) Eizelle *f;* [**half**] **a dozen ~s** ein [halbes] Dutzend Eier ► **to be left with ~ on one's face** dumm dastehen; **a bad ~** ein Gauner *m* **II.** *vt* **to ~ sb on** jdn anstacheln

eggshell *n* Eierschale *f*

egoist ['iːgəʊɪst] *n* Egoist(in) *m(f)*

ego surf *vi* ego-surfen (*in Internetsuchmaschinen den eigenen Namen eingeben*)

ego surfing *n* Ego-Surfen *nt*

eight [eɪt] **I.** *adj* acht; **there are ~ of us** wir sind [zu] acht; **~ times** achtmal; **one in ~ [people]** jeder Achte; **a boy of ~** ein achtjähriger Junge; **at ~ [o'clock]** um acht [Uhr]; **[at] about ~ [o'clock]** gegen acht [Uhr]; **half past ~** halb neun; **at ~ thirty** um halb neun, um acht Uhr dreißig **II.** *n* Acht *f*

eighteen [eɪ'tiːn] **I.** *adj* achtzehn; *see also* **eight II.** *n* Achtzehn *f; see also* **eight**

eighth [eɪtθ] **I.** *adj* achte(r, s); **the ~ person** der/die Achte; **every ~ person** jeder Achte; **in ~ place** an achter Stelle; **the ~ largest ...** der/die/das achtgrößte ... **II.** *n* ❶ Achtel *nt* ❷ *no pl* **the ~** der/die/das Achte; **the ~ [of the month]** der 8./Achte [des Monats]

eightieth ['eɪtiəθ] **I.** *adj* achtzigste(r, s); *see also* **eighth II.** *n* ❶ Achtzigstel *nt* ❷ **the ~** der/die/das Achtzigste; *see also* **eighth**

eighty ['eɪti] **I.** *adj* achtzig; *see also* **eight II.** *n* Achtzig *f;* **in one's eighties** in den Achtzigern; **the eighties** *pl* die achtziger Jahre; **in the eighties** (*temperature*) um die 30 Grad Celsius warm; *see also* **eight**

Eire ['eərə] *n* Eire *nt*

either ['aɪðəʳ, 'iː-] **I.** *conj* **~ ... or ...** entweder ... oder ... **II.** *adv* + *neg* **she doesn't/hasn't ~** sie auch nicht; **it's really good and not very expensive ~** es ist wirklich gut – und nicht einmal sehr teuer **III.** *adj* eine(r, s) [von beiden]; **~ person** jede(r) der beiden; **on ~ side** auf beiden Seiten; **~ way** so oder so **IV.** *pron no pl* **~ of you** eine(r) von euch beiden

elastic [ɪ'læstɪk] **I.** *adj* elastisch **II.** *n* elastisches Material; (*rubber*) Gummi *m o nt*

elbow ['elbəʊ] **I.** *n* Ellbogen *m; of pipe, river* Knie *nt; of road, river* Biegung *f* **II.** *vt* **to ~ sb** jdm mit dem Ellbogen einen Stoß versetzen

elect [ɪ'lekt] *vt* wählen (**to** in); **to ~ to do sth** sich [dafür] entscheiden, etw zu tun

election [ɪ'lekʃᵊn] *n* Wahl *f*

electric [ɪ'lektrɪk] *adj* elektrisch; **~ blanket** Heizdecke *f;* **~ guitar** E-Gitarre *f;* **~ motor** Elektromotor *m;* **~ vehicle** Elektroauto *nt*

electrical [ɪ'lektᵊrɪkᵊl] *adj* elektrisch; **~ device** Elektrogerät *nt*

electrician [ˌelɪk'trɪʃᵊn, ˌiːlek'-] *n* Elektriker(in) *m(f)*

electricity [ˌelɪk'trɪsəti, ˌiːlek'-] *n no pl* Elektrizität *f,* [elektrischer] Strom; **heated/powered by ~** elektrisch beheizt/angetrieben

electronic [ˌelek'trɒnɪk, ˌiːlek'-] *adj* elektronisch

electronics [ˌelek'trɒnɪks, ˌiːlek'-] *n + sing/pl vb* Elektronik *f*

elegant ['elɪgᵊnt] *adj* elegant

element ['elɪmənt] *n* Element *nt*

elementary [ˌelɪ'mentᵊri] *adj* elementar; *mistake* grob; **~ course** Grundkurs *m;* **~ education** AM Elementarunterricht *m*

elephant ['elɪfənt] *n* Elefant *m*

elevator ['elɪveɪtəʳ] *n* AM Aufzug *m*

eleven [ɪ'levᵊn] **I.** *adj* elf; *see also* **eight II.** *n* Elf *f; see also* **eight**

eleventh [ɪ'levᵊnθ] **I.** *adj* elfte(r, s); *see also* **eighth II.** *n* Elftel *nt;* **the ~** der/die/das Elfte; *see also* **eighth**

eligible ['elɪdʒəbl] *adj* ❶ **to be ~** infrage kommen ❷ (*entitled*) berechtigt (**for** zu); **~ to vote** wahlberechtigt

eliminate [ɪ'lɪmɪneɪt] *vt* beseitigen; (*exclude*) ausschließen; **to be ~d** SPORTS ausscheiden

else [els] *adv* ❶ **anywhere ~** irgendwo anders; **everybody ~** alle anderen; **everything ~** alles andere; **everywhere ~** überall sonst; **how/who/why ~ ...?** wie/wer/warum sonst ...?; **why ~ would he come?** warum sollte

E

er denn sonst kommen? ❷ **anything ~?** sonst noch etwas?; **no, thank you, nothing ~** nein danke, das ist alles; **nobody/nothing ~** sonst niemand/nichts; **somewhere ~** noch woanders ❸ (*otherwise*) sonst; **or ~!** (*fam*) sonst gibt's was!

elsewhere ['els(h)weəʳ] *adv* woanders

email ['iːmeɪl] **I.** *n abbrev of* **electronic mail** E-Mail *f* **II.** *vt* **to ~ sb sth** jdm etw mailen

email address *n* E-Mail-Adresse *f*

embark [ɪm'bɑːk, em'-] *vi* sich einschiffen

embarrass [ɪm'bærəs] *vt* in Verlegenheit bringen

embarrassed [ɪm'bærəst] *adj* verlegen; **to feel ~** verlegen sein; **I feel so ~ [about it]** das ist mir so peinlich

embarrassing [ɪm'bærəsɪŋ] *adj* peinlich

embarrassment [ɪm'bærəsmənt] *n* Peinlichkeit *f;* (*feeling*) Verlegenheit *f*

embassy ['embəsi] *n* Botschaft *f*

embrace [ɪm'breɪs, em'-] **I.** *vt* umarmen **II.** *n* Umarmung *f*

embroider [ɪm'brɔɪdəʳ, em'-] *vi, vt* sticken; *cloth* besticken

emerald ['emᵊrᵊld] *n* Smaragd *m*

emergency [ɪ'mɜːdʒən(t)si, iː'-] *n* ❶ Notfall *m;* POL Notstand *m;* **in case of ~** im Notfall; **state of ~** Ausnahmezustand *m* ❷ AM (*ER*) Notaufnahme *f*

emigrate ['emɪgreɪt] *vi* auswandern; *refugee* emigrieren

emit <-tt-> [ɪ'mɪt, iː-] *vt* abgeben; *fumes, smoke, cry* ausstoßen; *gas, odour* verströmen

e-mobility *n no art, no pl* Elektromobilität *f;* **to promote ~** die Elektromobilität fördern

emotion [ɪ'məʊʃᵊn] *n* Gefühl *nt*

emotional [ɪ'məʊʃᵊnᵊl] *adj* ❶ emotional; *decision* gefühlsmäßig ❷ PSYCH seelisch

emotionless [ɪ'məʊʃᵊnləs] *adj* emotionslos; *face* ausdruckslos

emperor ['empᵊrəʳ] *n* Kaiser *m*

emphasis <*pl* -ses> ['em(p)fəsɪs] *n* Betonung *f*

emphasize ['em(p)fəsaɪz] *vt* betonen

emphatic [ɪm'fætɪk, em'-] *adj* nachdrücklich; *denial* entschieden

empire ['empaɪəʳ] *n* Imperium *nt*

employ [ɪm'plɔɪ] *vt* beschäftigen; *new staff* einstellen; **to ~ sb to do sth** jdn beauftragen, etw zu tun

employee [ɪm'plɔɪiː] *n* Angestellte(r) *f(m);* (*statistical*) Arbeitnehmer(in) *m(f);* **~s** *pl* Personal *nt;* (*statistical*) Arbeitnehmer *pl*

employer [ɪm'plɔɪəʳ] *n* Arbeitgeber(in) *m(f)*

employment [ɪm'plɔɪmənt] *n no pl* ❶ *no pl* Beschäftigung *f;* (*of new staff*) Anstellung *f;* **level of ~** Beschäftigungsgrad *m;* **in ~** erwerbstätig; **out of ~** erwerbslos ❷ (*job*) Beruf *m*

empress <*pl* -es> ['emprəs] *n* Kaiserin *f*

emptiness ['em(p)tɪnəs] *n no pl* Leere *f*

empty ['em(p)ti] **I.** *adj* leer; *house* leer stehend; *castle* unbewohnt **II.** *vt* <-ie-> [ent]leeren; (*pour*) schütten **III.** *vi* <-ie-> sich leeren

empty-handed *adv* mit leeren Händen

enable [ɪ'neɪbl] *vt* ❶ **to ~ sb to do sth** jdm ermöglichen, etw zu tun ❷ COMPUT aktivieren

enchanting [ɪn'tʃɑːntɪŋ] *adj* bezaubernd

enclose [ɪn'kləʊz] *vt* umgeben; (*in letter*) beilegen

enclosure [ɪn'kləʊʒəʳ] *n* eingezäuntes Grundstück; (*for animals*) Gehege *nt;* (*in letter*) Anlage *f*

encode [ɪn'kəʊd] *vt* codieren

encore ['ɒŋkɔːʳ] *n* Zugabe *f;* **for an ~** als Zugabe; (*fig*) obendrein

encounter [ɪn'kaʊntəʳ] **I.** *vt* (*experience*) stoßen auf +*akk;* (*meet*) [unerwartet] treffen **II.** *n* Begegnung *f*

encourage [ɪn'kʌrɪdʒ] *vt* ermutigen; **to ~ sb to do sth** jdn [dazu] ermuntern, etw zu tun

encouragement [ɪn'kʌrɪdʒmənt] *n no pl* Ermutigung *f;* (*urging*) Ermunterung *f*

encouraging [ɪn'kʌrɪdʒɪŋ] *adj* ermutigend

end [end] **I.** *n* ❶ Ende *nt;* (*completion*) Schluss *m;* **to come to an ~** zu Ende gehen; **without ~** unaufhörlich ❷ *usu pl* (*aims*) Ziel *nt;* ▶ **to go off the deep ~** hochgehen; **the ~ justifies the means** (*prov*) der Zweck heiligt die Mittel; **to make ~s meet** mit seinem Geld zurechtkommen **II.** *vt* beenden ▶ **to ~ it all** Selbstmord begehen **III.** *vi* enden
◆ **end up** *vi* enden; **to ~ up teaching** schließlich Lehrer/Lehrerin werden

endanger [ɪn'deɪndʒəʳ] *vt* gefährden; **~ed species** vom Aussterben bedrohte Art

ending ['endɪŋ] *n* Ende *nt; of day* Abschluss *m; of story, book* Ausgang *m;* LING Endung *f;* **happy ~** Happyend *nt*

endless ['endləs] *adj* endlos; (*innumerable*) unzählig

endorsement [ɪn'dɔːsmənt] *n* Billigung *f;* FIN Indossament *nt*

endurance [ɪn'djʊərᵊn(t)s] *n no pl* Durchhaltevermögen *nt*

endure [ɪn'djʊəʳ] *vt* ertragen; (*suffer*) erleiden

enemy ['enəmi] **I.** *n* Feind(in) *m(f)* **II.** *adj* feindlich

energetic [ˌenə'dʒetɪk] *adj* voller Energie nach *n*

energy ['enədʒi] *n no pl* Energie *f;* **sources of ~** Energiequellen *pl*

engage [ɪn'geɪdʒ] **I.** *vt* ❶ anstellen; *actor* engagieren; **to ~ a lawyer** sich *dat* einen Anwalt nehmen ❷ **to ~ sb in a conversation** jdn in ein Gespräch verwickeln ❸ (*use*) einschalten; **to ~ the clutch** einkuppeln **II.** *vi* **to ~ in sth** sich an etw *dat* beteiligen

engaged [ɪn'geɪdʒd] *adj* ❶ beschäftigt; *toilet, phone* besetzt ❷ *fiancé* verlobt (**to** mit); **the ~ couple** die Verlobten *pl*

engagement [ɪn'geɪdʒmənt] *n* Verabredung *f;* (*to marry*) Verlobung *f* (**to** mit)

engaging [ɪn'geɪdʒɪŋ] *adj* bezaubernd; *manner* einnehmend

engine ['endʒɪn] *n* Motor *m; of plane* Triebwerk *nt; of train* Lok[omotive] *f*

engineer [ˌendʒɪ'nɪəʳ] **I.** *n* ❶ Ingenieur(in) *m(f);* MIL Pionier *m* ❷ AM *of train* Lok[omotiv]führer(in) *m(f)* **II.** *vt* konstruieren

engineering [ˌendʒɪ'nɪəʳɪŋ] *n no pl* Technik *f,* Ingenieurwissenschaft *f;* [**mechanical**] **~** Maschinenbau *m*

England ['ɪŋglənd] *n* England *nt*

English ['ɪŋglɪʃ] **I.** *n* ❶ *no pl* Englisch *nt;* **the King's/Queen's ~** die englische Hochsprache ❷ **the ~** *pl* die Engländer **II.** *adj* englisch; **~ department** UNIV Institut *nt* für Anglistik

enjoy [ɪn'dʒɔɪ] *vt* genießen; **did you ~ the film?** hat dir der Film gefallen?; **to ~ good health** sich guter Gesundheit erfreuen; **to ~ oneself** sich amüsieren; **~ yourself!** viel Spaß!

enjoyable [ɪn'dʒɔɪəbl̩] *adj* angenehm; (*entertaining*) unterhaltsam

enjoyment [ɪn'dʒɔɪmənt] *n no pl* Vergnügen *nt,* Spaß *m* (**of** an)

enlarge [ɪn'lɑːdʒ] **I.** *vt* vergrößern; (*expand*) erweitern **II.** *vi* ❶ sich vergrößern ❷ **to ~ on sth** sich zu etw *dat* ausführlich äußern

enlargement [ɪn'lɑːdʒmənt] *n* Vergrößerung *f;* (*expanding*) Erweiterung *f*

enormous [ɪ'nɔːməs] *adj* enorm, riesig; (*overwhelming*) gewaltig

enough [ɪ'nʌf] **I.** *adj* genug; **that should be ~** das dürfte reichen; **just ~ room** gerade Platz genug **II.** *adv* ❶ genug; **are you warm ~?** ist es dir warm genug? ❷ (*quite*) **he seems nice ~** er scheint so weit recht nett zu sein; **curiously ~** seltsamerweise **III.** *interj* **~!** jetzt reicht es aber! **IV.** *pron no pl* ❶ genug; **there's ~ for everybody** es ist für alle genug da; **there's not quite ~** es reicht nicht ganz ❷ (*too much*) **that is quite ~** das ist mehr als genug

E

enquire [ɪn'kwaɪə^r] *vi* sich erkundigen (**about/after** nach); **'~ within'** ‚Näheres im Geschäft'; **to ~ into sth** etw untersuchen

enquiry [ɪn'kwaɪəri] *n* ❶ Anfrage *f*, Erkundigung *f;* **on ~** auf Anfrage ❷ (*investigation*) Untersuchung *f;* **to make enquiries** Nachforschungen anstellen

E

enraged [ɪn'reɪdʒd] *adj* wütend

enrol <-ll->, AM *usu* **enroll** [ɪn'rəʊl, AM en'roʊl] **I.** *vi* sich *akk* einschreiben (**at** an *+dat*); *student also* sich immatrikulieren; *recruit* sich *akk* melden; **to ~ for** [*or* **in**] **a course** sich *akk* für einen Kurs anmelden **II.** *vt student* aufnehmen; *worker* einstellen; *recruit* anwerben

en suite bathroom *n* angeschlossenes Badezimmer

ensure [ɪn'ʃɔː^r] *vt* sicherstellen; (*warrant*) garantieren

enter ['entə^r] **I.** *vt* ❶ hineingehen in *+akk; building, room* betreten; *phase* eintreten in *+akk;* (*penetrate*) eindringen in *+akk* ❷ *data* eingeben ❸ (*join*) beitreten *+dat;* **to ~ the priesthood** Priester werden **II.** *vi* ❶ hereinkommen; THEAT auftreten ❷ **to ~ for sth** sich für etw *akk* [an]melden

enter key *n* COMPUT Eingabetaste *f*

enterprise ['entəpraɪz] *n* ❶ Unternehmen *nt;* **private ~** Privatwirtschaft *f* ❷ *no pl* (*initiative*) Unternehmungsgeist *m*

enterprising ['entəpraɪzɪŋ] *adj* unternehmungslustig; (*ingenious*) einfallsreich

entertain [ˌentə'teɪn] **I.** *vt* ❶ unterhalten ❷ (*invite*) zu sich einladen; *diners* bewirten **II.** *vi* Gäste haben

entertaining [ˌentə'teɪnɪŋ] **I.** *adj* unterhaltsam **II.** *n no pl* **to do a lot of ~** häufig Gäste/Freunde bewirten

entertainment [ˌentə'teɪnmənt] *n* Unterhaltung *f*

enthusiasm [ɪn'θjuːziæzᵊm] *n* Begeisterung *f*

enthusiastic [ɪn'θjuːziæstɪk] *adj* begeistert (**about** von); **to become ~ about sth** sich für etw *akk* begeistern

enticing [ɪn'taɪsɪŋ] *adj* verlockend

entire [ɪn'taɪə^r] *adj* ganz; (*complete*) vollständig

entirely [ɪn'taɪə^rli] *adv* ganz; **to agree ~** völlig übereinstimmen

entitled [ɪn'taɪtl̩d, AM -'taɪt̬l̩d] *adj* berechtigt; **~ to vote** wahlberechtigt

entrance[1] ['entrən(t)s] *n* ❶ Eingang *m;* (*road*) Einfahrt *f* ❷ *no pl* (*entering*) Eintritt *m;* THEAT Auftritt *m*

entrance[2] [ɪn'trɑːn(t)s] *vt* entzücken

entrance fee *n* Eintritt *m;* (*for competition*) Teilnahmegebühr *f* **entrance form** *n* Antragsformular *nt;* (*for competition*) Teilnahmeformular *nt* **entrance hall** *n* Eingangshalle *f*

entrant ['entrənt] *n* Teilnehmer(in) *m(f)*

entrepreneur [ˌɒntrəprə'nɜː^r] *n* Unternehmer(in) *m(f)*

entrepreneurship [ˌɒntrəprə'nɜːrʃɪp] *n* Unternehmertum *nt*

entrust [ɪn'trʌst] *vt* **to ~ sth to sb** jdm etw anvertrauen

entry ['entri] *n* ❶ (*entering*) Eintritt *m;* (*by car*) Einfahrt *f;* (*into country*) Einreise *f;* (*into activity*) Aufnahme *f* ❷ (*entrance*) Eingang *m;* (*road*) Einfahrt *f*

entry fee *n* Eintritt *m* **entry form** *n* Antragsformular *nt;* (*for competition*) Teilnahmeformular *nt*

envelope ['envələʊp] *n* [Brief]umschlag *m*

envious ['enviəs] *adj* neidisch (**of** auf)

environment [ɪn'vaɪ(ə)rᵊnmənt] *n* ❶ *no pl* **the ~** die Umwelt ❷ (*surroundings*) Umgebung *f*

environmental [ɪnˌvaɪ(ə)rᵊn'mentᵊl] *adj* Umwelt-; **negative ~ impact** Umweltbelastung *f*

envy ['envi] **I.** *n no pl* Neid *m* (**of** auf) ▶ **to be green with ~** grün vor Neid sein **II.** *vt* <-ie-> **to ~ sb sth** jdn um etw *akk* beneiden

equal ['iːkwəl] **I.** *adj* ❶ gleich; **of ~ size** gleich groß; **~ in volume** vom Umfang her gleich; **~ status** Gleichstellung *f* ❷ **to be ~ to a task** einer Aufgabe gewachsen sein **II.** *n* Gleichgestellte(r) *f(m)*; **to have no ~** unübertroffen sein

equalize ['iːkwᵊlaɪz] **I.** *vt* gleichmachen; *pressure* ausgleichen **II.** *vi* BRIT, AUS SPORTS den Ausgleich erzielen

equalizer ['iːkwəlaɪzəʳ] *n* BRIT, AUS Ausgleichstor *nt*

equally ['iːkwəli] *adv* ebenso; **~ good** gleich gut; **to contribute ~** gleichermaßen beitragen

equator [ɪ'kweɪtəʳ] *n no pl* [**on the**] **~** [am] Äquator *m*

equip <-pp-> [ɪ'kwɪp] *vt* ausstatten; (*specialized*) ausrüsten

equipment [ɪ'kwɪpmənt] *n no pl* Ausstattung *f*; (*specialized*) Ausrüstung *f*

equivalent [ɪ'kwɪvᵊlənt] **I.** *adj* äquivalent, entsprechend; **to be ~ to sth** etw *dat* entsprechen **II.** *n* Äquivalent *nt* (**for/of** für), Entsprechung *f*

erase [ɪ'reɪz] *vt* entfernen; (*with rubber*) ausradieren

eraser [ɪ'reɪzəʳ] *n esp* AM Radiergummi *m*

erect [ɪ'rekt] **I.** *adj* aufrecht; *penis* erigiert **II.** *vt* errichten

erosion [ɪ'rəʊʒᵊn] *n no pl* Erosion *f*

erotic [ɪ'rɒtɪk] *adj* erotisch

erratic [er'ætɪk] *adj* sprunghaft

error ['erəʳ] *n* Fehler *m*, Irrtum *m*; **~ of judgment** Fehleinschätzung *f*; **in ~** aus Versehen

erupt [ɪ'rʌpt] *vi* ausbrechen; (*fig*) explodieren; **to ~ into violence** gewalttätig werden

eruption [ɪ'rʌpʃᵊn] *n* Ausbruch *m*

escalator ['eskəleɪtəʳ] *n* Rolltreppe *f*

escape [ɪ'skeɪp, es'-] **I.** *vi* ❶ fliehen (**from** vor *+dat*); (*successfully*) entkommen *+dat*; *convict* ausbrechen ❷ (*avoid harm*) [mit dem Leben] davonkommen; **to ~ unhurt** unverletzt bleiben **II.** *vt prison* fliehen aus *+dat*; *kidnapper* entkommen *+dat*; *danger* fliehen vor *+dat*; *harm* entgehen *+dat* **III.** *n* ❶ Flucht *f* (**from** aus); **~ route** Fluchtweg ❷ *no pl* (*evasion*) Entkommen *nt*; **there's no ~** daran führt kein Weg vorbei; **to have a narrow ~** gerade noch davongekommen sein

escort I. *vt* [ɪ'skɔːt, es'-] eskortieren; MIL Geleitschutz geben *+dat*; **to ~ sb to safety** jdn in Sicherheit bringen **II.** *n* ['eskɔːt] ❶ Begleiter(in) *m(f)*, Begleitung *f* ❷ *no pl* (*guard*) Eskorte *f*, Begleitschutz *m*; **police ~** Polizeieskorte *f*; **under police ~** unter Polizeischutz

E

e-seller *n* INET Internethändler *m*

especially [ɪ'speʃᵊli, es'-] *adv* besonders; **I chose this ~ for you** ich habe das extra für dich ausgesucht

essential [ɪ'sen(t)ʃᵊl] **I.** *adj* ❶ unbedingt erforderlich; *vitamins* lebenswichtig ❷ (*basic*) essenziell; **~ component** Grundbestandteil *m* **II.** *n* **the ~s** *pl* das Wesentliche *kein pl*; **the ~s of Spanish** die Grundzüge des Spanischen

essentially [ɪ'sen(t)ʃᵊli] *adv* im Grunde [genommen]

establishment [ɪ'stæblɪʃmənt, es'-] *n* ❶ Unternehmen *nt*; **educational ~** Bildungseinrichtung *f* ❷ *no pl* **the ~** das Establishment

estate [ɪ'steɪt, es'-] *n* ❶ Gut *nt*; **country ~** Landgut *nt* ❷ BRIT (*buildings*) Siedlung *f*; **housing ~** [Wohn]siedlung *f*

estate agent *n* BRIT Immobilienmakler(in) *m(f)*

estimate I. *vt* ['estɪmeɪt] [ein]schätzen **II.** *n* ['estɪmət] Schätzung *f*; ECON Kostenvoranschlag *m*; **at a rough ~** grob geschätzt

estimated ['estɪmeɪtɪd] *adj* geschätzt; (*expected*) voraussichtlich; **~ figure** Schätzung *f*

estuary ['estjʊəri] *n* Flussmündung *f*

et cetera [ɪt'setᵊrə] *adv* und so weiter

eternal [ɪ'tɜːnᵊl] *adj* ewig; (*fam: persistent*) endlos; **~ flame** ewiges Licht

eternally [ɪ'tɜːnᵊli] *adv* ewig; (*fam: persistently*) unaufhörlich
eternity [ɪ'tɜːnəti] *n no pl* Ewigkeit *f;* **for all ~** bis in alle Ewigkeit
ethical ['eθɪkᵊl] *adj* ethisch
ethically ['eθɪkᵊli] *adv* ethisch; **~ sourced** *product* aus fairem Handel
E
ethnic ['eθnɪk] *adj* ethnisch; **the ~ Chinese** die Volkschinesen; **~ costumes** Landestrachten *pl*
e-time *n* (*fam*) Onlinezeit *f*
Eucharist ['juːkᵊrɪst] *n no pl* REL Eucharistie *f*
euro ['jʊərəʊ] *n* Euro *m*
Europe ['jʊərəp] *n no pl* Europa *nt*
European [ˌjʊərə'piən] **I.** *adj* europäisch **II.** *n* Europäer(in) *m(f)*
EV [ˌiː'viː] *n short for* **electric vehicle** Elektroauto *nt;* **~ charging station** Elektrotankstelle *f*
Eurozone *n* Eurozone *f*
evacuate [ɪ'vækjueɪt] *vt* evakuieren; *area, building* räumen
evaluate [ɪ'væljueɪt] *vt* bewerten; *results* auswerten; *person* beurteilen
evaporate [ɪ'væpᵊreɪt] **I.** *vi* verdampfen **II.** *vt* verdampfen lassen
even ['iːvᵊn] **I.** *adv* ❶ (*unexpectedly*) **~ Chris was there** selbst Chris war da ❷ (*indeed*) sogar; **not ~** [noch] nicht einmal ❸ **~ if ...** selbst wenn ...; **~ so** trotzdem ❹ + *comp* **~ colder** noch kälter **II.** *adj* ❶ (*level*) eben; *row* gerade ❷ (*equal*) gleich [groß]
◆ **even out I.** *vt* ausgleichen **II.** *vi* sich ausgleichen; *prices* sich einpendeln
◆ **even up** *vt* ausgleichen
evening ['iːvnɪŋ] *n* Abend *m;* **have a nice ~** schönen Abend!; **all ~** den ganzen Abend; **on Friday ~s** freitagabends
evening class *n* Abendkurs *m* **evening dress** *n* ❶ Abendkleid *nt* ❷ *no pl* **to wear ~** Abendkleidung tragen
evenly ['iːvᵊnli] *adv* ❶ gleichmäßig; **to be ~ matched** einander ebenbürtig sein ❷ (*placidly*) gelassen
event [ɪ'vent] *n* ❶ Ereignis *nt;* **series of ~s** Reihe *f* von Vorfällen; **sporting ~** Sportveranstaltung *f* ❷ (*case*) Fall *m;* **in the ~ that ...** falls ...
even-tempered *adj* ausgeglichen
eventful [ɪ'ventfᵊl] *adj* ereignisreich
eventual [ɪ'ventʃuəl] *adj* **this led to her ~ dismissal** das führte schließlich [*o* letzten Endes] zu ihrer Entlassung; **nobody could guess the ~ outcome** niemand ahnte, wie es schließlich [*o* letzten Endes] ausgehen würde
eventuality [ɪˌventʃu'æləti] *n* Eventualität *f;* **in that ~** in diesem Fall
eventually [ɪ'ventʃuəli] *adv* schließlich; (*some day*) irgendwann
ever ['evəʳ] *adv* ❶ je[mals]; **nothing ~ happens** es ist nie was los; **to hardly ~ do sth** etw so gut wie nie tun; **as good as ~** so gut wie eh und je; **worse than ~** schlimmer als je zuvor ❷ **happily ~ after** glücklich bis ans Ende ihrer Tage; **as ~** wie gewöhnlich; **~ since ...** seitdem ... ❸ **the first performance ~** die allererste Darbietung ❹ **how ~ could you ...?** wie kannst du nur ...?; **what ~ have you done?** was hast du bloß getan?; **am I ~!** und wie!
every ['evri] *adj* ❶ jede(r, s) ❷ **~ bit as ... as ...** genauso ... wie ...; **to have ~ chance** die besten Chancen haben; **~ which way** AM in alle Richtungen
everybody ['evriˌbɒdi] *pron indef,* + *sing vb* jede(r); **~ but Jane** alle außer Jane; **~ else** alle anderen **everyday** *adj attr* alltäglich; **~ life** Alltagsleben *nt* **everyone** ['evriwʌn] *pron see* **everybody**
everything ['evriθɪŋ] *pron indef* alles; **money isn't ~** Geld ist nicht alles; **how's ~?** wie stehts?; **and ~** und allem drum und dran **everywhere** ['evri(h)weəʳ] *adv* überall; **~ else** überall sonst; **to travel ~** überallhin reisen
evidence ['evɪdᵊn(t)s] *n no pl* ❶ Beweis[e] *m* [*pl*]; **to find no ~ of sth** keinen Anhaltspunkt für etw *akk* haben;

on the ~ of im Hinblick auf +*akk* ❷ (*at court*) Beweisstück *nt;* **written ~** schriftliches Beweismaterial; **to give ~** aussagen (**on** über/**against** gegen)

evident ['evɪdᵊnt] *adj* offensichtlich; **to be ~ to sb** jdm klar sein; **to be ~ in sth** in etw *dat* zu erkennen sein

evil ['iːvᵊl] **I.** *adj* böse **II.** *n* Übel *nt;* (*personification*) das Böse; **good and ~** Gut und Böse; **the lesser of two ~s** das kleinere von zwei Übeln

ewe [juː] *n* Mutterschaf *nt;* **~'s milk** Schafsmilch *f*

ex <*pl* -es> [eks] *n* (*fam: lover*) Ex-Freund(in) *m(f);* (*spouse*) Ex-Mann, Ex-Frau *m, f*

ex- [eks] *in compounds* ehemalig; **~husband** Ex-Mann *m;* **~wife** Ex-Frau *f*

exact [ɪg'zækt] *adj* genau; *science* exakt

exactly [ɪg'zæktli] *adv* genau; **~!** ganz genau!; **~ the same** genau dasselbe; **not ~** eigentlich nicht, nicht gerade

exaggerate [ɪg'zædʒᵊreɪt] *vt, vi* übertreiben

exaggerated [ɪg'zædʒᵊreɪtɪd] *adj* übertrieben

exaggeration [ɪgˌzædʒᵊr'eɪʃᵊn] *n* Übertreibung *f;* **that's a bit of an ~** das ist ein bisschen übertrieben

exam [ɪg'zæm] *n* Prüfung *f*

examination [ɪgˌzæmɪ'neɪʃᵊn] *n* ❶ Prüfung *f;* UNIV Examen *nt pl* ❷ (*investigation*) Untersuchung *f;* (*verification*) Überprüfung *f;* **to be under ~** untersucht werden ❸ (*medical*) Untersuchung *f;* **to undergo a medical ~** sich ärztlich untersuchen lassen

examine [ɪg'zæmɪn] *vt* ❶ prüfen ❷ (*check up*) untersuchen

example [ɪg'zɑːmpl̩] *n* Beispiel *nt;* **for ~** zum Beispiel; **to make an ~ of sb** an jdm ein Exempel statuieren

exasperating [ɪg'zæspᵊreɪtɪŋ] *adj* ärgerlich

excavate ['ekskəveɪt] **I.** *vt* ausheben **II.** *vi* baggern

excavation [ˌekskə'veɪʃᵊn] *n* Ausheben *nt*

exceed [ɪk'siːd] *vt* überschreiten

exceedingly [ɪk'siːdɪŋli] *adv* äußerst

excel <-ll-> [ɪk'sel] **I.** *vi* sich auszeichnen; **to ~ at sth** sich bei etw *dat* hervortun **II.** *vt* **to ~ oneself** sich selbst übertreffen

excellence ['eksᵊlᵊn(t)s] *n no pl* Vorzüglichkeit *f; of performance* hervorragende Qualität

excellent ['eksᵊlᵊnt] *adj* ausgezeichnet; *quality, reputation* hervorragend; **taste** auserwählt

except [ɪk'sept] **I.** *prep* **~ [for]** außer +*dat* **II.** *conj* **what can I do ~ wait?** was kann ich tun außer warten?; **~ that** außer dass; **I would come ~ that I haven't the time** ich würde gerne kommen, doch ich habe [*o* ich habe nur] keine Zeit **III.** *vt* (*form*) ausschließen; **present company ~ed** Anwesende ausgenommen

excepting [ɪk'septɪŋ] *prep* außer +*dat;* **not ~ …** … nicht ausgenommen; **always ~ …** natürlich mit Ausnahme von …

exception [ɪk'sepʃᵊn] *n* Ausnahme *f;* **without ~** ausnahmslos; **to take ~ to sth** Anstoß *m* an etw *dat* nehmen; **with the ~ of** mit Ausnahme von

exceptional [ɪk'sepʃᵊnᵊl] *adj* außergewöhnlich

exceptionally [ɪk'sepʃᵊnᵊli] *adv* außergewöhnlich; (*outstandingly*) ungewöhnlich

excerpt ['eksɜːpt] *n* Auszug *m* (**from** aus)

excess [ɪk'ses, ek-] **I.** *n* <*pl* -es> ❶ *no pl* Übermaß *nt* (**of** an) ❷ (*surplus*) Überschuss *m* (**of** an); **in ~ of** mehr als **II.** *adj attr* **~ amount** Mehrbetrag *m;* **~ charge** Zusatzgebühr *f;* **~ fare** Zuschlag *m;* **~ fat** überschüssiges Fett

excess baggage *n no pl* Übergepäck *nt*

excessive [ɪk'sesɪv, ek-] *adj* übermäßig; *claim* übertrieben

exchange [ɪks'tʃeɪndʒ, eks-] **I.** *vt* austauschen; *in shop* umtauschen (**for** gegen); **to ~ words** einen Wortwechsel haben **II.** *n* ❶ (*trade*) Tausch *m;* **in ~** dafür ❷ FIN Währung *f;* **foreign ~** Devisen *pl;* **rate of ~** Wechselkurs *m* ❸ (*interchange*) Wortwechsel *m;* **~ of blows** Schlagabtausch *m;* **~ of fire** Schusswechsel *m;* **~ of letters** Briefwechsel *m*

E

exchange control *n* FIN Devisenbewirtschaftung *f* **exchange student** *n* SCH Austauschschüler(in) *m(f);* UNIV Austauschstudent(in) *m(f)*

excise [ek'saɪz] *vt* entfernen

excitable [ɪk'saɪtəbl̩, ek-] *adj* erregbar

excite [ɪk'saɪt, ek-] *vt* begeistern; (*stimulate*) erregen

excited [ɪk'saɪtɪd, ek-] *adj* aufgeregt; (*thrilled*) begeistert (**about** von)

excitement [ɪk'saɪtmənt, ek-] *n* Aufregung *f;* **in a state of ~** in heller Aufregung

exciting [ɪk'saɪtɪŋ, ek-] *adj* aufregend; *story* spannend

exclamation [ˌekskləˈmeɪʃᵊn] *n* Ausruf *m*

exclude [ɪks'klu:d, eks-] *vt* ausschließen

excluding [ɪks'klu:dɪŋ, eks-] *prep* ausgenommen *+gen*

exclusive [ɪks'klu:sɪv, eks-] **I.** *adj* ❶ (*excluding*) ausschließlich; (*select*) exklusiv; **for the ~ use of ...** nur für ... bestimmt; **~ interview** Exklusivinterview *nt* ❷ (*sole*) einzig **II.** *n* Exklusivbericht *m*

excruciating [ɪk'skru:ʃieɪtɪŋ, ek-] *adj* schmerzhaft; *pain* fürchterlich; (*fig*) qualvoll

excursion [ɪk'skɜ:ʃᵊn, eks-] *n* Ausflug *m;* **to go on an ~** einen Ausflug machen

excusable [ɪk'skju:zəbl̩, ek-] *adj* entschuldbar

excuse I. *vt* [ɪk'skju:z, ek-] ❶ (*pardon*) entschuldigen; (*ignore*) hinwegsehen über *+akk;* **~ me!** entschuldigen Sie bitte!, Entschuldigung!; **~ me?** wie bitte?; **to ~ sb [for] sth** jdm etw entschuldigen ❷ (*exempt*) befreien (**from** von) **II.** *n* [ɪk'skju:s, ek-] Entschuldigung *f;* (*lame*) Ausrede *f;* **to make an ~** sich entschuldigen

execute ['eksɪkju:t] *vt* ❶ (*form*) durchführen ❷ (*kill*) hinrichten

execution [ˌeksɪ'kju:ʃᵊn] *n* ❶ *no pl* Durchführung *f;* **to put sth into ~** etw ausführen ❷ (*killing*) Hinrichtung *f*

executive [ɪg'zekjətɪv, eg-] **I.** *n* leitender Angestellter/leitende Angestellte; **advertising ~** Werbemanager(in) *m(f);* **junior/senior ~** untere/höhere Führungskraft **II.** *adj attr* **~ committee** [geschäftsführender] Vorstand; **~ council** Ministerrat *m;* **~ decisions** Führungsentscheidungen *pl*

exempt [ɪg'zempt, eg-] **I.** *vt* befreien; *conscript* freistellen **II.** *adj* befreit; **~ from duty** zollfrei

exemption [ɪg'zempʃᵊn, eg-] *n no pl* Befreiung *f; of conscript* Freistellung *f;* **~ from taxes** Steuerfreiheit *f*

exercise ['eksəsaɪz] **I.** *vt* ❶ trainieren ❷ (*form*) üben; *authority, control* ausüben **II.** *vi* trainieren **III.** *n* ❶ Bewegung *f;* (*training*) Übung *f;* **outdoor ~** Bewegung *f* im Freien; **to do ~s** Gymnastik machen; **to do leg ~s** Beinübungen machen; **to take ~** sich bewegen ❷ (*practice*) Übung *f;* SCH, UNIV Aufgabe *f* **IV.** *adj attr* **~ class** Fitnessklasse *f;* **~ video** Übungsvideo *nt*

exercise book *n* Heft *nt*

exert [ɪg'zɜ:t, eg-] *vt* ausüben; **to ~ oneself** sich anstrengen

exertion [ɪg'zɜ:ʃᵊn, eg-] *n no pl* Ausübung *f*

exhale [eks'heɪl] *vt, vi* ausatmen

exhaust [ɪg'zɔ:st, eg-] **I.** *vt* ❶ ermüden; **to ~ oneself** sich strapazieren ❷ (*use up*) erschöpfen **II.** *n* Abgase *pl*

exhausted [ɪg'zɔ:stɪd, eg-] *adj* erschöpft

exhausting [ɪg'zɔːstɪŋ, eg-] *adj* anstrengend
exhaustion [ɪg'zɔːstʃᵊn, eg-] *n no pl* Erschöpfung *f*
exhaust pipe *n* Auspuffrohr *nt*
exhibit [ɪg'zɪbɪt, eg-] **I.** *n* Ausstellungsstück *nt;* (*evidence*) Beweisstück *nt* **II.** *vt* ausstellen
exhibition [ˌeksɪ'bɪʃᵊn] *n* Ausstellung *f* (**about** über *+akk*)
exhibitor [ɪg'zɪbɪtəʳ, eg-] *n* Aussteller(in) *m(f)*
exhilarating [ɪg'zɪlᵊreɪtɪŋ, eg'-] *adj* berauschend
exhilaration [ɪgˌzɪlᵊr'eɪʃᵊn, egˌ-] *n no pl* Hochgefühl *nt*
exist [ɪg'zɪst, eg'-] *vi* ❶ existieren; **if such a thing ~s** wenn es so etwas gibt ❷ (*live*) leben (**on** von)
existence [ɪg'zɪstᵊn(t)s, eg'-] *n* ❶ *no pl* Existenz *f;* **to be in ~** existieren; **to come into ~** entstehen ❷ (*life*) Leben *nt*
existing [ɪg'sɪstɪŋ, eg-] *adj* existierend; *rules* gegenwärtig; (*available*) vorhanden
exit ['eksɪt, 'egz-] **I.** *n* ❶ Ausgang *m;* (*road*) Ausfahrt *f,* Abfahrt *f* ❷ (*departure*) Weggehen *nt* **II.** *vt* verlassen **III.** *vi* hinausgehen
exit visa *n* Ausreisevisum *nt*
exorbitant [ɪg'zɔːbɪtᵊnt, eg-] *adj* überhöht
exotic [ɪg'zɒtɪk, eg-] *adj* exotisch; (*fig*) fremdländisch
expand [ɪk'spænd, ek-] **I.** *vi* zunehmen; ECON expandieren **II.** *vt* erweitern
expansion [ɪk'spæn(t)ʃᵊn, ek-] *n no pl* Erweiterung *f;* ECON Expansion *f*
expatriate (*form*) **I.** *n* [ɪk'spætriət, ek'-] [ständig] im Ausland Lebende(r) *f(m);* **German ~** im Ausland lebende(r) Deutsche(r); **~ community** Ausländergemeinde *f* **II.** *vt* [ɪk'spætrieɪt, ek'-] ausbürgern
expect [ɪk'spekt, ek-] *vt* ❶ erwarten; **that was to be ~ed** das war zu erwarten; **I ~ed as much** damit habe ich gerechnet; **to ~ sb to do sth** erwarten, dass jd etw tut ❷ (*fam: suppose*) glauben; **I ~ so/not** ich denke schon/nicht
expectant [ɪk'spektᵊnt, ek-] *adj* erwartungsvoll; *mother* werdend
expectation [ˌekspek'teɪʃᵊn] *n* Erwartung *f;* **to have great ~s for sb/sth** große Erwartungen in jdn/etw setzen
expedition [ˌekspɪ'dɪʃᵊn] *n* Expedition *f;* MIL Feldzug *m;* **shopping ~** Einkaufstour *f*
expel <-ll-> [ɪk'spel, ek-] *vt* ❶ ausschließen (**from** aus); *from country* ausweisen (**from** aus) ❷ (*force out*) vertreiben (**from** aus)
expenditure [ɪk'spendɪtʃəʳ, ek-] *n* ❶ *no pl* Ausgabe *f;* **~ of time** Zeitaufwand *m* ❷ (*sum*) Ausgaben *pl,* Aufwendungen *pl* (**on** für)
expense [ɪk'spen(t)s, ek-] *n* ❶ [Un]kosten *pl,* Ausgaben *pl;* **at great ~** mit großen Kosten; **to go to great ~** sich in Unkosten stürzen; **at one's own ~** auf eigene Kosten ❷ (*fig*) **at sb's ~** auf jds Kosten *pl;* **at the ~ of sth** auf Kosten einer S. *gen*
expense account *n* Spesenrechnung *f*
expensive [ɪk'spen(t)sɪv, ek-] *adj* teuer; *hobby* kostspielig; **to be an ~ mistake for sb** jdn teuer zu stehen kommen
experience [ɪk'spɪəriən(t)s, ek-] **I.** *n* Erfahrung *f* (**in/of** in *+dat*)*;* **from my own ~** aus eigener Erfahrung ► **to put sth down to ~** etw als Erfahrung abbuchen **II.** *vt* erleben; (*endure*) kennenlernen
experienced [ɪk'spɪəriən(t)st, ek-] *adj* erfahren; *eye* geschult; **more ~** mit mehr Erfahrung *nach n*
experiment **I.** *n* [ɪk'sperɪmənt, ek-] Experiment *nt;* **by ~** durch Ausprobieren **II.** *vi* [ɪk'sperɪment] experimentieren; **to ~ on sb/sth** an jdm/etw Versuche machen

E

E

experimental [ɪkˌsperɪˈmentᵊl, ekˌ-] *adj* experimentell; **for ~ purposes** zu Versuchszwecken
expert [ˈekspɜːt] **I.** *n* Experte, Expertin *m, f,* Fachmann, -frau *m, f;* LAW Sachverständige(r) *f(m)* **II.** *adj* ❶ fachmännisch; (*skilled*) erfahren ❷ (*excellent*) ausgezeichnet; *liar* perfekt; **to be ~ at sth** sehr gut in etw *dat* sein
expire [ɪkˈspaɪəʳ] *vi* ablaufen; *contract* auslaufen
expiry [ɪkˈspaɪ(ə)ri] *n no pl* Ablauf *m;* **before/on the ~ of sth** vor/nach Ablauf einer S. *gen*
explain [ɪkˈspleɪn, ekˈ-] **I.** *vt* erklären; (*clarify*) erläutern; (*justify*) begründen **II.** *vi* eine Erklärung geben; **I just can't ~** ich kann es mir einfach nicht erklären; **let me ~** lassen Sie es mich erklären
explanation [ˌekspləˈneɪʃᵊn, ekˈ-] *n* Erklärung *f;* (*clarification*) Erläuterung *f;* **to give [sb] an ~ for sth** [jdm] etw erklären; **in ~** als Erklärung (**of** für)
explode [ɪkˈspləʊd, ekˈ-] **I.** *vi* explodieren; *tyre* platzen; **to ~ in anger** vor Wut platzen **II.** *vt* sprengen; *bomb* zünden
exploit I. *n* [ˈeksplɔɪt] Heldentat *f* **II.** *vt* [ɪkˈsplɔɪt, ekˈ-] ausbeuten
exploitation [ˌeksplɔɪˈteɪʃᵊn] *n no pl* Ausbeutung *f*
exploration [ˌeksplәˈreɪʃᵊn] *n* ❶ Erforschung *f; specific* Erkundung *f* ❷ (*examination*) Untersuchung *f* (**of** von)
exploratory [ɪkˈsplɒrətᵊri, ek-] *adj* **~ expedition** Forschungsexpedition *f;* **~ talks** Sondierungsgespräche *pl*
explore [ɪkˈsplɔːʳ, ekˈ-] **I.** *vt* erforschen; (*specific*) erkunden **II.** *vi* sich umschauen; **to go exploring** auf Erkundung[stour] gehen
explorer [ɪkˈsplɔːrəʳ, ekˈ-] *n* Forscher(in) *m(f)*
explosion [ɪkˈspləʊʒᵊn, ekˈ-] *n* Explosion *f;* **~ of anger** Wutausbruch *m*
explosive [ɪkˈspləʊsɪv, ekˈ-] **I.** *adj* explosiv; *issue, situation* [hoch] brisant; **~ force** Sprengkraft *f;* **to have an ~ temper** zu Wutausbrüchen neigen **II.** *n* Sprengstoff *m*
export I. *vt* [ɪkˈspɔːt, ekˈ-] exportieren **II.** *n* [ˈekspɔːt, ekˈ-] Export *m;* **for ~** für den Export
exposed [ɪkˈspəʊzd, ekˈ-] *adj* freigelegt; (*unprotected*) ungeschützt; *position* exponiert; **~ to rain** dem Regen ausgesetzt
exposure [ɪkˈspəʊʒəʳ, ekˈ-] *n* ❶ *no pl* Aussetzung *f; to weather* Ausgesetztsein *nt;* (*contact*) Kontakt *m* (**to** mit); **~ to radiation** Bestrahlung *f* ❷ *no pl of fraud* Entlarvung *f* ❸ PHOT Belichtung *f*
exposure meter *n* PHOT Belichtungsmesser *m*
express [ɪkˈspres, ekˈ-] **I.** *vt* ausdrücken; (*utter*) aussprechen; **to ~ oneself** sich ausdrücken **II.** *adj* ❶ Express-; **by ~ delivery** per Eilzustellung ❷ **for the ~ purpose** eigens zu dem Zweck **III.** *adv* per Express **IV.** *n* ❶ Express[zug] *m* ❷ *no pl* **by ~** per Eilboten
expression [ɪkˈspreʃᵊn, ekˈ-] *n* ❶ Ausdruck *m;* (*utterance*) Äußerung *f;* **freedom of ~** Freiheit *f* der Meinungsäußerung ❷ (*facial*) [Gesichts]ausdruck *m;* **to have a glum ~** ein mürrisches Gesicht machen
expressionless [ɪkˈspreʃᵊnləs, ekˈ-] *adj* ausdruckslos
expressive [ɪkˈspresɪv, ekˈ-] *adj* ausdrucksvoll; *voice* ausdrucksstark; **to be ~ of sth** etw ausdrücken
expressly [ɪkˈspresli, ekˈ-] *adv* ausdrücklich
expressway *n* AM, AUS Schnellstraße *f*
expulsion [ɪkˈspʌlʃᵊn, ekˈ-] *n no pl* Ausschluss *m* (**from** aus); *from country* Ausweisung *f* (**from** aus)
exquisite [ɪkˈskwɪzɪt, ekˈ-] *adj* exquisit; ~

timing ein ausgeprägtes Zeitgefühl

extend [ɪk'stend, ek'-] **I.** *vt* ❶ (*stretch*) ausstrecken ❷ (*prolong*) verlängern ❸ *aerial* ausfahren ❹ (*expand*) erweitern **II.** *vi* sich erstrecken; *over time* sich hinziehen; **to ~ beyond sth** über etw *akk* hinausgehen

extended [ɪk'stendɪd, ek'-] *adj* verlängert; (*detailed*) umfassend

extension [ɪk'sten(t)ʃᵊn, ek'-] *n* ❶ *no pl* (*stretching*) Ausstrecken *nt* ❷ (*lengthening*) Verlängerung *f;* **~ table** Ausziehtisch *m* ❸ (*prolonging*) Verlängerung *f* ❹ *no pl* (*expansion*) Erweiterung *f,* Vergrößerung *f* ❺ (*annexe*) Erweiterungsbau *m* (**to** an)

extension cord *n* AM, AUS Verlängerungskabel *nt*

extensive [ɪk'sten(t)sɪv, ek'-] *adj* ❶ ausgedehnt; *bombing* schwer ❷ (*far-reaching*) weitreichend; (*detailed*) ausführlich

extent [ɪk'stent, ek'-] *n* ❶ *no pl* Größe *f,* Ausdehnung *f;* (*length*) Länge *f;* (*range*) Umfang *m;* (*quantity*) Ausmaß *nt* ❷ (*degree*) Grad *m kein pl,* Maß *nt kein pl;* **to a certain ~** in gewissem Maße; **to the same ~ as ...** in gleichem Maße wie ...; **to some ~** bis zu einem gewissen Grad; **to such an ~** dermaßen; **to that ~** in diesem Punkt, insofern

external [ɪk'stɜːnᵊl, ek'-] *adj* ❶ äußerlich; **~ appearance** Aussehen *nt* ❷ (*from outside*) äußere(r, s) ❸ (*foreign*) auswärtig; **~ affairs** Außenpolitik *f*

extinct [ɪk'stɪŋkt, ek'-] *adj* ❶ ausgestorben; *empire, people* untergegangen ❷ (*inactive*) erloschen; **to become ~** erlöschen

extinguish [ɪk'stɪŋgwɪʃ, ek'-] *vt* [aus]löschen

extort [ɪk'stɔːt, ek'-] *vt* erpressen (**out of/from** von)

extortion [ɪk'stɔːʃᵊn, ek'-] *n no pl* Erpressung *f;* **that's sheer ~!** das ist ja Wucher!

extortionate [ɪk'stɔːʃᵊnət, ek'-] *adj* ❶ übermäßig; **that's ~!** das ist ja Wucher!; **~ prices** Wucherpreise *pl* ❷ (*using force*) erpresserisch

extra ['ekstrə] **I.** *adj* zusätzlich; **~ time/money** mehr Zeit/Geld; **~ charge** Aufschlag *m;* **to take ~ care** besonders vorsichtig sein **II.** *adv* ❶ mehr; **to charge/pay ~** einen Aufpreis verlangen/bezahlen ❷ (*especially*) besonders

extra charge *n* Zuschlag *m*

extract I. *vt* [ɪk'strækt, ek'-] ❶ [heraus]ziehen (**from** aus); *bullet* entfernen; *tooth* ziehen ❷ (*obtain*) gewinnen (**from** aus); *oil* fördern **II.** *n* ['ekstrækt] ❶ (*excerpt*) Auszug *m* (**from** aus) ❷ (*concentrate*) Extrakt *m*

extraction [ɪk'strækʃᵊn, ek'-] *n* ❶ *no pl* Herausziehen *nt; of bullet* Entfernen *nt; of tooth* [Zahn]ziehen *nt* ❷ (*obtainment*) Gewinnung *f*

extramarital [ˌekstrə'mærɪtᵊl] *adj* außerehelich

extraordinary [ɪk'strɔːdᵊnᵊri] *adj* außerordentlich

extra time *n no pl* BRIT, AUS SPORTS [Spiel]verlängerung *f;* **to play ~** nachspielen

extravagant [ɪk'strævəgənt] *adj* extravagant; (*luxurious*) üppig

extreme [ɪk'striːm] **I.** *adj* äußerste(r, s); *difficulties, weather* extrem; (*radical also*) radikal **II.** *n* Extrem *nt;* **to drive sb to ~s** jdn zum Äußersten treiben; **in the ~** äußerst

extremely [ɪk'striːmli] *adv* äußerst; **I'm ~ sorry** es tut mir außerordentlich leid

eye [aɪ] **I.** *n* BOT, METEO *a.* Auge *nt;* (*eyelet*) Öse *f; of needle* Öhr *nt;* **a black ~** ein blaues Auge; **as far as the ~ can see** so weit das Auge reicht ▶ **to cry one's ~s out** sich *dat* die Augen ausheulen; **to have ~s in the back of one's head** seine Augen überall haben; **to keep an ~ out for sb/**

E

sth nach jdm/etw Ausschau halten; **to make ~s at sb** jdm [schöne] Augen machen; **to see ~ to ~ with sb on sth** mit jdm einer Meinung über etw *akk* sein; **with one's ~s shut** mit geschlossenen Augen; **an ~ for an ~, a tooth for a tooth** (*prov*) Auge um Auge, Zahn um Zahn; **to turn a blind ~ [to sth]** [bei etw] beide Augen zudrücken **II.** *adj attr* Augen-

F

eyebrow *n* Augenbraue *f* **eye contact** *n no pl* **to make ~ [with sb]** Blickkontakt [mit jdm] aufnehmen **eyelash** *n* Wimper *f* **eyelid** *n* Augenlid *nt* **eyeliner** *n no pl* Eyeliner *m* **eye-opener** *n* **to be an ~ for sb** jdm die Augen öffnen; (*startling*) für jdn alarmierend sein

'eye-popping *adj* (*fig*) spektakulär

eye shadow *n no pl* Lidschatten *m* **eyesight** *n no pl* Sehvermögen *nt;* **bad/good ~** schlechte/gute Augen; **failing ~** nachlassende Sehkraft **eyesore** *n* Schandfleck *m* **eyestrain** *n no pl* Überanstrengung *f* der Augen **eyetooth** *n* Augenzahn *m;* (*fig*) **I'd give my eyeteeth for that** ich würde alles darum geben ▶ **to cut one's eyeteeth** AM erwachsen werden **'eye·wear** *n no pl* Brillen [und Kontaktlinsen] *pl* **eyewitness** *n* Augenzeuge, -zeugin *m, f*

e-zine ['i:zi:n] *n* Internetmagazin *nt*

Ff

F <*pl* -'s>, **f** <*pl* -'s> [ef] *n* F *nt*, f *nt;* **F flat** Fes *nt*, fes *nt;* **F sharp** Fis *nt*, fis *nt; see also* **A 1**

fabric ['fæbrɪk] *n no pl* Stoff *m*

fabulous ['fæbjələs] *adj* fabelhaft

face [feɪs] **I.** *n* ❶ Gesicht *nt;* **with a happy/smiling ~** mit strahlender Miene; **~ down/up** mit dem Gesicht nach unten/oben; **north ~** Nordseite *f* ❷ *no pl* (*reputation*) **to lose/save ~** das Gesicht verlieren/wahren ❸ *no pl* **in the ~ of sth** angesichts einer S. *gen* ▶ **to disappear off the ~ of the earth** wie vom Erdboden verschluckt sein; **to put on a brave ~** gute Miene zum bösen Spiel machen **II.** *vt* ❶ sich zuwenden *+dat* ❷ (*point*) [hin] zeigen zu; *room, window* [hinaus]gehen auf *+akk* ❸ (*confront*) sich gegenübersehen *+dat;* (*deal with*) sich stellen *+dat;* **let's ~ it** machen wir uns doch nichts vor; **to ~ criticism** Kritik ausgesetzt sein ❹ (*bear*) ertragen ▶ **to ~ the music** für die Folgen geradestehen **III.** *vi* blicken; **to ~ backwards/downwards/east/forwards** nach hinten/unten/Osten/vorne zeigen; **to ~ south/west** *room, window* nach Süden/Westen [hinaus]gehen

◆ **face up I.** *vi* **to ~ up to sth** etw *dat* ins Auge sehen **II.** *vi* nach oben zeigen

facecloth *n* Waschlappen *m* **face-mapping** *n* Face-Mapping *nt* (*automatische Gesichtserkennung*) **face mask** *n* MED Mundschutz *m;* **all passengers are required to wear ~s** es herrscht eine Maskenpflicht für alle Passagiere

facility [fə'sɪlɪti] *n* ❶ *no pl* Leichtigkeit *f* ❷ *esp* AM (*equipment*) Einrichtung *f;* **toilet facilities** Toiletten *pl*

fact [fækt] *n* ❶ *no pl* Wirklichkeit *f* ❷ (*truth*) Tatsache *f;* **the ~ [of the matter] is that ...** Tatsache ist, dass ...

factory ['fækt^əri] *n* Fabrik *f*

fade [feɪd] **I.** *vi* verblassen; (*abate*) nachlassen; (*disappear*) FILM, TV ausgeblendet werden **II.** *vt* ausbleichen
◆ **fade away** *vi courage, hope* schwinden; *memories* verblassen; *beauty* verblühen

fag [fæg] *n* ❶ BRIT, AUS (*fam: cigarette*) Kippe *f* ❷ *esp* AM (*pej! sl: homosexual*) Schwuchtel *f pej! sl*

fail [feɪl] **I.** *vi* ❶ versagen; SCH, UNIV durchfallen; *attempt, plan* scheitern; **if all else ~s** zur Not; **to ~ to do sth** versäumen, etw zu tun ❷ (*weaken*) nachlassen; **my courage ~ed** der Mut verließ mich; **to be ~ing fast** im Sterben liegen **II.** *vt* ❶ durchfallen bei; **to ~ sb** jdn durchfallen lassen ❷ **my courage ~ed me** mich verließ der Mut; **words ~ me** mir fehlen die Worte **III.** *n* ▶ <u>**without**</u> **~** auf jeden Fall

failing ['feɪlɪŋ] **I.** *adj* **~ eyesight** Sehschwäche *f;* **in the ~ light** in der Dämmerung **II.** *n* Schwäche *f* **III.** *prep* mangels *+gen;* **~ that** ansonsten

failure ['feɪljə^r] *n* ❶ *no pl* Scheitern *nt,* Versagen *nt;* **~ rate** Durchfallquote *f;* **to end in ~** scheitern ❷ (*flop*) Misserfolg *m;* **an utter ~** ein totaler Reinfall; **crop ~** Missernte *f*

faint [feɪnt] **I.** *adj* undeutlich; *light, smile, voice* matt; *sound, suspicion, hope* leise; **to bear a ~ resemblance to sb** jdm ein wenig ähnlich sehen **II.** *vi* ohnmächtig werden

fair[1] [feə^r] **I.** *adj* ❶ fair; *wage* angemessen; (*just also*) gerecht (**to** gegenüber); (*legitimate*) berechtigt; **you're not being ~** das ist unfair; **~ enough!** (*fam: approved*) na schön!; (*agreed*) dagegen ist nichts einzuwenden!; **one's ~ share** sein Anteil *m* ❷ (*large*) ziemlich; **it was a ~ amount** es war ziemlich viel ❸ (*good*) ziemlich gut; **to have a ~ idea that ...** sich *dat* ziemlich sicher sein, dass ... ❹ *skin* hell; **to have ~ hair** blond sein **II.** *adv* fair

fair[2] [feə^r] *n* Jahrmarkt *m;* (*trade, industry*) Messe *f;* **craft ~** Kunsthandwerkmarkt *m*

fairground *n* Rummelplatz *m*

fairly ['feəli] *adv* ❶ ziemlich; **~ recently** vor Kurzem ❷ (*justly*) fair ▶ **~ and** <u>**squarely**</u> einzig und allein

fairy ['feəri] *n* Fee *f*

fairy tale *n* Märchen *nt*

faith [feɪθ] *n* ❶ *no pl* Vertrauen *nt* (**in** zu); **to keep ~ with sb/sth** jdm/etw gegenüber Wort halten; **to put one's ~ in sb/sth** auf jdn/etw vertrauen ❷ REL Glaube *m* (**in** an)

faithful ['feɪθf^əl] **I.** *adj* treu; REL gläubig **II.** *n* **the ~** *pl* die Gläubigen *pl*

faithfully ['feɪθf^əli] *adv* treu; **to promise ~** hoch und heilig versprechen; **Yours ~** BRIT, AUS mit freundlichen Grüßen

fake [feɪk] **I.** *n* Fälschung *f;* (*imitation*) Attrappe *f* **II.** *adj* **~ leather** Kunstleder *nt;* **~ tan** Solariumsbräune *f* **III.** *vt* fälschen; (*pretend*) vortäuschen

fake news *n + sing vb* Fake News *pl;* **to spread ~** Fake News verbreiten

fall [fɔːl] **I.** *n* ❶ Fall *m;* (*harder*) Sturz *m;* **to have a nasty ~** schwer stürzen ❷ *no pl* (*descent*) Fallen *nt;* **the rise and ~ of the tide** Ebbe und Flut ❸ [**heavy**] **~s of rain/snow** [heftige] Regen-/Schneefälle ❹ *no pl* (*decrease*) Rückgang *m* (**in** *+gen*); **~ in value** Wertverlust *m* ❺ *no pl* (*defeat*) *of city* Einnahme *f; of dictator, regime* Sturz *m* ❻ AM (*autumn*) Herbst *m* ❼ (*waterfall*) **~s** *pl* Wasserfall *m;* [**the**] **Niagara Falls** die Niagarafälle **II.** *adj attr* AM **~ colours** Herbstfarben *pl* **III.** *vi* <fell, fallen> ❶ fallen; (*harder*) stürzen; **to ~ under a bus** unter einen Bus geraten; **to ~ to one's death** in den Tod stürzen ❷ **his hair fell around his shoulders** sein Haar fiel ihm auf die Schulter ❸ (*descend*) fallen ❹ (*slope*) [steil] abfallen ❺ (*decrease*) sinken ❻ (*be defeated*) gestürzt werden; **to ~ to sb** jdm in die Hände fallen ❼ **to ~ asleep** einschlafen; **to ~ ill** krank werden; **to ~ into debt** sich verschulden; **to ~ in love** sich verlieben

◆ **fall back** *vi* zurückweichen; **to ~ back on sth/sb** auf etw *akk* zurückgreifen/auf jdn zurückkommen

◆ **fall behind** **I.** *vi* ❶ zurückfallen ❷ (*achieve less*) zurückbleiben; SCH hinterherhinken **II.** *vt* ❶ zurückfallen hinter +*akk* ❷ (*achieve less*) zurückbleiben hinter +*dat*

◆ **fall down** *vi* ❶ hinunterfallen; (*topple*) hinfallen; (*collapse*) einstürzen; **to be ~ing down** *house* abbruchreif sein ❷ (*fail*) **to ~ down on sth** mit etw *dat* scheitern

◆ **fall for** *vt* **to ~ for sb** sich in jdn verlieben; **to ~ for sth** auf etw *akk* hereinfallen

◆ **fall in** *vi* ❶ hineinfallen; (*collapse*) einstürzen ❷ **to ~ in behind sb** hinter jdm herlaufen; **to ~ in with sb** sich jdm anschließen

◆ **fall out** *vi* ❶ herausfallen; *teeth, hair* ausfallen ❷ (*quarrel*) **to ~ out [with sb]** sich [mit jdm] [zer]streiten

◆ **fall over** *vi* hinfallen; (*harder*) stürzen; *object* umfallen; (*harder*) umstürzen

◆ **fall through** *vi* scheitern; *plan* ins Wasser fallen

◆ **fall to** *vi* ❶ (*liter*) **to ~ to doing sth** beginnen, etw zu tun ❷ **to ~ to sb** jdm zufallen

fallen ['fɔːlən] *adj* ❶ abgefallen; *tree* umgestürzt; **~ leaves** Laub *nt* ❷ (*overthrown*) gestürzt

false [fɔːls] *adj* falsch; *imprisonment* unrechtmäßig; *optimism* trügerisch; **~ start** Fehlstart *m*

familiar [fə'mɪliər] *adj* ❶ vertraut; **this looks ~ to me** das kommt mir irgendwie bekannt vor; **to be ~ with sth/sb** etw/jdn kennen ❷ (*informal*) vertraulich; **to be on ~ terms [with sb]** [mit jdm] befreundet sein

family ['fæməli] *n* Familie *f;* **a ~ of four** eine vierköpfige Familie

family doctor *n* Hausarzt, Hausärztin *m, f* **family name** *n* Familienname *m* **family tree** *n* Familienstammbaum *m*

famine ['fæmɪn] *n* Hungersnot *f*

famous ['feɪməs] *adj* berühmt ▶ **~ last words** wers glaubt, wird selig!

famously ['feɪməsli] *adv* ❶ bekanntermaßen ❷ (*fam*) **to get on ~** sich blendend verstehen

fan¹ [fæn] *n* Fan *m;* (*admirer*) Bewunderer, Bewunderin *m, f;* **I'm a great ~ of your work** ich schätze Ihre Arbeit sehr

fan² [fæn] **I.** *n* Fächer *m;* (*electrical*) Ventilator *m* **II.** *vt* <-nn-> anfachen; **to ~ oneself** sich *dat* Luft zufächeln

fanatic [fə'nætɪk] **I.** *n* ❶ Fanatiker(in) *m(f)* ❷ (*enthusiast*) **fellow ~** Mitbegeisterte(r) *f(m);* **fitness ~** Fitnessfan *m* **II.** *adj* fanatisch

fan club *n* + *sing/pl vb* Fanclub *m*

fancy ['fæn(t)si] **I.** *vt* <-ie-> *esp* BRIT ❶ wollen ❷ **to ~ sb** jdn attraktiv finden; (*sexually*) etwas von jdm wollen ❸ (*pej*) **to ~ oneself** sich *dat* toll vorkommen ❹ **~ [that]!** stell dir das [mal] vor!; **~ seeing you here!** na, so was! du hier! **II.** *n no pl* ❶ Vorliebe *f;* **to take a ~ to sth/sb** Gefallen an etw/jdm finden ❷ (*whim*) Laune *f;* **when the ~ takes him** wenn ihm gerade danach ist **III.** *adj* ❶ aufwändig; *pattern* ausgefallen; *car* schick ❷ (*whimsical*) versponnen ❸ (*fam: expensive*) **~ restaurant** Nobelrestaurant *nt;* **~ foods** Delikatessen *pl*

fancy-free *adj* sorglos

fantastic [fæn'tæstɪk] *adj* (*fam*) toll *fam;* (*huge*) enorm; **a ~ idea** eine Superidee *fam*

fanzine ['fænziːn] *n* Fanmagazin *nt*

far <farther *or* further, farthest> [fɑːr]

I. *adv* ❶ weit; **how much further is it?** wie weit ist es denn noch?; **as ~ as the eye can see** so weit das Auge reicht ❷ (*in time*) weit; **~ in the future** in ferner Zukunft; **lunch isn't ~ off** wir essen bald zu Mittag ❸ (*in progress*) weit; **as ~ as I can** soweit es mir möglich ist; **as ~ as possible** so oft wie möglich ❹ (*much*) weit, viel; **I'd ~ rather ...** ich würde viel lieber ...; **~ better/nicer** viel besser/netter ▸ **~ and away** mit Abstand; **sb will go ~** jd wird es zu etwas bringen II. *adj* fern; **in the ~ distance** in weiter Ferne; **at the ~ end** am anderen Ende; **on the ~ bank** am gegenüberliegenden Ufer ▸ **so ~ so good** so weit, so gut

fare [feəʳ] *n* Fahrpreis *m*

Far East *n no pl* **the ~** der Ferne Osten

farewell [ˌfeəˈwel] I. *interj* (*form*) leb/lebt/leben Sie wohl! II. *n* Abschied *m*

far-fetched *adj* weit hergeholt

farm [fɑːm] I. *n* Bauernhof *m;* **chicken ~** Hühnerfarm *f;* **health ~** Schönheitsfarm *f;* **trout ~** Forellenzucht *f* II. *vt* bebauen

farmer [ˈfɑːməʳ] *n* Bauer, Bäuerin *m, f*

farmhouse *n* Bauernhaus *nt;* **~ cheese** Bauernkäse *m*

farming [ˈfɑːmɪŋ] *n no pl* Ackerbau und Viehzucht

far-off *adj* fern; (*remote*) [weit] entfernt

far-sighted *adj* weitsichtig

fart [fɑːt] (*fam!*) I. *n* Furz *m* II. *vi* furzen

farther [ˈfɑːðəʳ] *comp of see* **far** I. *adv* weiter; **how much ~ is it?** wie weit ist es noch? II. *adj* ❶ **at the ~ end** am anderen Ende ❷ (*additional*) weitere(r, s)

farthest [ˈfɑːðɪst] *superl of see* **far** *adj, adv* am weitesten; **the ~ place** der am weitesten entfernte Ort

fascinate [ˈfæsɪneɪt] *vt* faszinieren

fascinating [ˈfæsɪneɪtɪŋ] *adj* faszinierend

fascism *n no pl* Faschismus *m*

fashion [ˈfæʃᵊn] I. *n* ❶ Mode *f;* **in ~** in Mode; **in the latest ~** nach der neuesten Mode ❷ (*clothes*) **~s** *pl* Mode *f* II. *vt* ausarbeiten

fashionable [ˈfæʃᵊnəbl] *adj* modisch; **to be/become ~** in Mode sein/werden; **~ restaurant** Schickerialokal *nt*

ˈfashion-forward *adj design, outfit* modisch

fast[1] [fɑːst] I. *adj* ❶ schnell; **to be a ~ reader/runner** schnell lesen/laufen ❷ *clock* **to be ~** vorgehen ❸ (*firm*) fest; **to make sth ~ [to sth]** etw [an etw *dat*] festmachen II. *adv* ❶ schnell ❷ (*firmly*) fest; **to be ~ asleep** tief schlafen

fast[2] [fɑːst] I. *vi* fasten II. *n* Fastenzeit *f;* **to break one's ~** das Fasten brechen

fasten [ˈfɑːsᵊn] I. *vt* ❶ schließen; **to ~ one's seat belt** sich anschnallen ❷ (*secure*) befestigen (**to** an) II. *vi* sich schließen lassen

fastener [ˈfɑːsᵊnəʳ] *n* Verschluss *m;* **zip ~** Reißverschluss *m*

fat [fæt] I. *adj* <-tt-> ❶ dick, fett ❷ (*thick*) dick ❸ (*fam: little*) **~ chance we've got** da haben wir ja Mordschancen *iron* II. *n* Fett *nt*

fatal [ˈfeɪtᵊl] *adj* tödlich; (*disastrous*) fatal; **~ blow** Todesstoß *m*

fatality [fəˈtæləti] *n* Todesopfer *nt*

fatally [ˈfeɪtᵊli] *adv* tödlich; **~ ill** sterbenskrank

fate [feɪt] *n* Schicksal *nt;* ▸ **a ~ worse than death** eine Unerfreulichkeit

fated [ˈfeɪtɪd] *adj* vom Schicksal bestimmt

father [ˈfɑːðəʳ] *n* Vater *m;* **on one's ~'s side** väterlicherseits; **like ~, like son** wie der Vater, so der Sohn

Father Christmas *n esp* BRIT der Weihnachtsmann

father-in-law <*pl* fathers-> *n* Schwiegervater *m*

fatty [ˈfæti] I. *adj* fett[haltig]; **~ tissue** Fettgewebe *nt* II. *n* (*pej fam*) Dickerchen *nt*

F

faucet ['fɑːsɪt] *n* AM (*tap*) Wasserhahn *m*
fault [fɔːlt] *n* ❶ *no pl* Schuld *f;* **it's all your ~** das ist ganz allein deine Schuld; **it's your own ~** du bist selbst schuld daran; **to find ~ with sb/sth** etwas an jdm/etw auszusetzen haben ❷ (*weakness*) Fehler *m;* **she was generous to a ~** sie war zu großzügig; **his/her main ~** seine/ihre größte Schwäche ❸ (*defect*) Fehler *m;* (*disruption*) Störung *f*
faultless ['fɔːltləs] *adj* fehlerfrei; *performance a.* fehlerlos
faulty ['fɔːlti] *adj* defekt; (*unsound*) fehlerhaft
faux [fəʊ] *adj* künstlich; *leather* Kunst-
favor AM *see* **favour**
favorable *adj* AM *see* **favourable**
favorite AM *see* **favourite**
favour ['feɪvəʳ] **I.** *n* ❶ *no pl* (*approval*) **in ~ of** für; **to be in ~** dafür sein; **all those in ~, ...** alle, die dafür sind, ... ❷ *no pl* (*advantage*) **in ~ of** für; **to have sth in one's ~** etw als Vorteil haben; **the wind was in our ~** der Wind war günstig für uns ❸ (*kind act*) Gefallen *m kein pl;* **~s** Gefälligkeiten ▶ **do me a ~!** BRIT (*fam*) tu mir einen Gefallen! **II.** *vt* ❶ (*prefer*) vorziehen ❷ (*approve*) gutheißen; **to ~ doing sth** es gutheißen, etw zu tun
favourable ['feɪvᵊrəbl̩] *adj* (*approving*) positiv; (*advantageous*) günstig (**to** für); **in a ~ light** mit Wohlwollen
favourite I. *adj attr* Lieblings- **II.** *n* Liebling *m;* (*contestant*) Favorit(in) *m(f)*
fax [fæks] **I.** *n* <*pl* -es> Fax *nt* **II.** *vt* faxen
fax machine *n* Fax[gerät] *nt*
fear [fɪəʳ] **I.** *n* ❶ *no pl* Angst *f;* **in ~ of one's life** in Todesangst ❷ **~s for sb's safety** Sorge *f* um jds Sicherheit; **sb's worst ~s** jds schlimmste Befürchtungen **II.** *vt* ❶ fürchten; **nothing to ~** nichts zu befürchten ❷ (*form: regret*) **to ~ [that] ...** [be]fürchten, dass ... **III.** *vi* **to ~ for sb/sth** sich *dat* um jdn/etw Sorgen machen
fearful ['fɪəfᵊl] *adj* ängstlich; **~ of causing a scene, ...** aus Angst, eine Szene auszulösen, ...
feast [fiːst] **I.** *n* Festessen *nt;* **~ day** [kirchlicher] Festtag **II.** *vi* schlemmen; **to ~ on sth** sich an etw *dat* gütlich tun
feather ['feðəʳ] *n* Feder *f;* ▶ **a ~ in sb's cap** etwas, worauf jd stolz sein kann; **as light as a ~** federleicht
feature ['fiːtʃəʳ] **I.** *n* ❶ Merkmal *nt,* Kennzeichen *nt;* **special ~** Besonderheit *f* ❷ (*trait*) **~s** *pl* Gesichtszüge *pl* ❸ (*film*) Spielfilm *m;* **double ~** zwei Spielfilme *pl* in einem **II.** *vt* ❶ aufweisen ❷ (*star*) **featuring sb** mit jdm in der Hauptrolle ❸ (*report*) **to ~ sth** über etw *akk* groß berichten **III.** *vi* vorkommen; **to ~ high on the list** ganz oben auf der Liste stehen
feature film *n* Spielfilm *m*
February ['februᵊri] *n* Februar *m;* **in the middle of ~** Mitte Februar; **last/next/this ~** vergangenen/kommenden/diesen Februar; **in/during ~** im Februar
fed[1] [fed] *pt, pp of* **feed**
fed[2] [fed] AM (*fam*) **I.** *adj inv short for* **federal II.** *n no pl, + sing/pl vb short for* **Federal Reserve Board**
federal ['fedᵊrᵊl] *adj* föderativ; **~ republic** Bundesrepublik *f;* **at ~ level** auf Bundesebene
fed up *adj* (*fam*) **to be ~** die Nase voll haben
fee [fiː] *n* Gebühr *f; of lawyer* Honorar *nt;* **legal ~s** Rechtskosten *pl*
feeble <-r, -st> ['fiːbl̩] *adj* schwach; *attempt* müde; *joke, excuse* lahm
feed [fiːd] **I.** *n no pl* Futter *nt; for baby* Mahlzeit *f* **II.** *vt* <fed, fed> ❶ *animal, invalid, baby* füttern; **to ~ sb** jdm zu essen geben; **to ~ oneself** allein essen ❷ (*nourish*) ernähren; **that's not**

going to ~ ten people das reicht nicht für zehn Personen **III.** *vi* <fed, fed> *animal* weiden; *baby* gefüttert werden; *river* **to ~ into sth** in etw *akk* münden
◆ **feed in** *vt* COMPUT eingeben
◆ **feed off, feed on** *vi* **to ~ off** [*or* **on**] **sth** sich von etw *dat* ernähren

feeding bottle *n* Fläschchen *nt*

feel [fi:l] **I.** *vt* <felt, felt> ① fühlen; *one's age* spüren; **to ~ the cold/heat** unter der Kälte/Hitze leiden; **to ~ nothing for sb** für jdn nichts empfinden ② **how do you ~ about it?** was hältst du davon?; **to ~ that ...** der Meinung sein, dass ... **II.** *vi* <felt, felt> ① + *adj* **my eyes ~ sore** meine Augen brennen; **to ~ foolish** sich *dat* dumm vorkommen; **to ~ better/ill** sich besser/krank fühlen; **to ~ free to do sth** etw ruhig tun ② **to ~ for sb** mit jdm fühlen ③ + *adj* (*seem*) scheinen ④ (*search*) tasten (**for** nach); **to ~ along sth** etw abtasten ⑤ (*want*) **to ~ like sth** zu etw *dat* Lust haben; **to ~ like doing sth** Lust haben, etw zu tun **III.** *n no pl* ① Berühren *nt* ② **the ~ of wool** das Gefühl von Wolle ③ (*talent*) Gespür *nt*
◆ **feel about** *vi* tasten (**for** nach +*dat*)

feeling ['fi:lɪŋ] *n* ① Gefühl *nt* (**of** +*gen*); **dizzy ~** Schwindelgefühl *nt;* **to cause bad ~** [*or* AM **~s**] böses Blut verursachen; **~ for language** Sprachgefühl *nt* ② (*opinion*) Ansicht *f* (**about/on** über); **what are your ~s about ...?** wie denken Sie über ...?

feet [fi:t] *n pl of* **foot**

fell¹ [fel] *pt of* **fall**

fell² [fel] **I.** *vt* fällen; (*knock down*) niederstrecken **II.** *adj* ▶ **at** [*or* **with**] **one ~ swoop** auf einen Streich

fellow ['feləʊ] **I.** *n* ① (*fam*) Kerl *m* ② BRIT (*scholar*) Fellow *m* **II.** *adj attr* **~ citizen** Mitbürger(in) *m(f);* **~ countryman** Landsmann *m,* Landsmännin *f;* **~ countrymen** Landsleute *pl;* **~ student** Kommilitone *m,* Kommilitonin *f;* **~ sufferer** Leidensgenosse *m,* Leidensgenossin *f*

fellow passenger *n* Mitreisende(r) *f(m)*

felt¹ [felt] *pt, pp of* **feel**

felt² [felt] *n no pl* Filz *m*

felt-tip (**pen**) *n* Filzstift *m*

female ['fi:meɪl] **I.** *adj* weiblich **II.** *n* Frau *f;* (*animal*) Weibchen *nt*

feminine ['femɪnɪn] **I.** *adj* feminin, weiblich **II.** *n* LING Femininum *nt*

feminist ['femɪnɪst] **I.** *n* Feminist(in) *m(f)* **II.** *adj* feministisch

fence [fen(t)s] **I.** *n* Zaun *m;* SPORTS Hindernis *nt;* ▶ **to sit on the ~** neutral bleiben **II.** *vi* fechten

fencer ['fen(t)səʳ] *n* Fechter(in) *m(f)*

fencing ['fen(t)sɪŋ] *n no pl* ① SPORTS Fechten *nt* ② (*barrier*) Einzäunung *f*

fend [fend] **I.** *vi* **to ~ for oneself** für sich selbst sorgen **II.** *vt* **to ~ off sb/sth** jdn/etw abwehren

ferocious [fə'rəʊʃəs] *adj* wild; (*violent*) heftig

ferry ['feri] **I.** *n* Fähre *f;* **by ~** mit der Fähre **II.** *vt* <-ie-> **to ~ sb/sth** [**across**] jdn/etw übersetzen; **to ~ sb about** (*fig*) jdn herumfahren

fertile ['fɜ:taɪl] *adj* fruchtbar; *imagination* lebhaft

fertilizer ['fɜ:tɪlaɪzəʳ] *n* Dünger *m*

festival ['festɪvᵊl] *n* Festival *nt;* (*day*) Fest *nt;* **the Salzburg Festival** die Salzburger Festspiele *pl*

festive ['festɪv] *adj* festlich; **~ mood** Feststimmung *f*

festivity [fes'tɪvəti] *n* **festivities** *pl* Feierlichkeiten *pl*

fetch [fetʃ] **I.** *vt* holen; (*sell for*) erzielen **II.** *vi* **~!** bring [es] her!

fetching ['fetʃɪŋ] *adj* schick

fête [feɪt] **I.** *n* BRIT, AUS Fest *nt;* **church/school/village ~** Kirchen-/Schul-/Dorffest *nt* **II.** *vt usu passive* **to ~ sb** jdn feiern

fever ['fi:vəʳ] *n* Fieber *nt kein pl;* **to have a ~** Fieber haben; **a ~ of excitement**

(*fig*) fieberhafte Erregung; **at ~ pitch** (*fig*) fieberhaft

feverish ['fi:vᵊrɪʃ] *adj* fiebrig; (*frantic*) fieberhaft

few [fju:] I. *adj* ❶ (*some*) **every ~ days** alle paar Tage; **a ~** ein paar, einige; **quite a ~** ziemlich viele ❷ (*not many*) wenige; **~er people were there today** heute waren weniger Menschen da; **not a ~ readers** nicht wenige Leser; **as ~ as ...** nur ... ▶ **to be ~ and far between** dünn gesät sein II. *pron* ❶ (*some*) **a ~ of these** ein paar von diesen; **a ~ of us** einige von uns ❷ (*not many*) wenige; **~ can do that** nur wenige können das; **the ~ who came ...** die paar Leute, die kamen, ... III. *n* **the ~** *pl* ❶ (*elite*) die Auserwählten ❷ (*minority*) die Minderheit

F

fiancé [fi'ɑ̃:(n)seɪ] *n* Verlobte(r) *m*

fiancée [fi'ɑ̃:(n)seɪ] *n* Verlobte *f*

fiction ['fɪkʃᵊn] *n no pl* Erzählliteratur *f;* **~ writer** Prosaschriftsteller(in) *m(f)*

fiddle ['fɪdl] I. *n* (*fam*) ❶ Fidel *f* ❷ BRIT Betrug *m kein pl;* **to be on the ~** krumme Dinger drehen ▶ **[as] fit as a ~** kerngesund; **to play second ~ to sb** in jds Schatten *m* stehen II. *vt* (*fam*) frisieren III. *vi* **to ~ with sth** ❶ (*finger*) an etw *dat* herumfummeln ❷ (*tinker*) an etw *dat* herumbasteln

fidget ['fɪdʒɪt] I. *n* ❶ Zappelphilipp *m* ❷ **to have/get the ~s** *pl* zapp[e]lig sein/werden II. *vi* zappeln

field [fi:ld] I. *n* ❶ (*meadow*) Wiese *f;* (*pasture*) Weide *f;* (*for crops*) Feld *nt,* Acker *m;* SPORTS Spielfeld *nt* ❷ (*discipline*) Gebiet *nt;* ▶ **to leave the ~ clear for sb** jdm das Feld überlassen II. *vi* SPORTS als Fänger(in) *m(f)* spielen III. *vt ball* fangen

fielder ['fi:ldəʳ] *n* Feldspieler(in) *m(f)*

fierce [fɪəs] *adj* wild; *attack, competition* scharf; *debate* hitzig; *fighting* erbittert; *winds* tobend

fifteen [fɪf'ti:n] I. *adj* fünfzehn; *see also* **eight** II. *n* Fünfzehn *f; see also* **eight**

fifteenth [fɪf'ti:nθ] I. *adj* fünfzehnte(r, s); *see also* **eighth** II. *n* Fünfzehntel *nt;* **the ~** der/die/das Fünfzehnte; *see also* **eighth**

fifth [fɪfθ] I. *adj* fünfte(r, s); *see also* **eighth** II. *n* Fünftel *nt;* **the ~** der/die/das Fünfte; *see also* **eighth** III. *adv* fünftens; *see also* **eighth**

fiftieth ['fɪftiəθ] I. *adj* fünfzigste(r, s); *see also* **eighth** II. *n* Fünfzigstel *nt;* **the ~** der/die/das Fünfzigste; *see also* **eighth** III. *adv* fünfzigstens; *see also* **eighth**

fifty ['fɪfti] I. *adj* fünfzig; *see also* **eight** II. *n* Fünfzig *f;* (*banknote*) Fünfziger *m; see also* **eight**

fig[1] [fɪg] *n* Feige *f*

fig[2] [fɪg] I. *n abbrev of* **figure** Abb. *f* II. *adj abbrev of* **figurative** fig.

fight [faɪt] I. *n* ❶ Kampf *m;* BOXING a. Fight *m* (**against** gegen/**for** um); (*brawl*) Rauferei *f;* (*with fists*) Schlägerei *f* II. *vi* <fought, fought> ❶ kämpfen; (*brawl*) sich raufen; **to ~ with sb** mit/gegen jdn kämpfen ❷ (*quarrel*) sich streiten (**about/over** um) III. *vt* <fought, fought> kämpfen gegen +*akk;* (*in boxing*) boxen gegen +*akk; battle* schlagen; *crime, fire* bekämpfen

◆ **fight back** *vi* zurückschlagen; (*defend oneself*) sich zur Wehr setzen

◆ **fight off** *vt* abwehren; *reporter* abwimmeln; *flames* bekämpfen

fighter ['faɪtəʳ] *n* Kämpfer(in) *m(f);* (*plane*) Kampfflugzeug *nt*

fighting ['faɪtɪŋ] I. *n no pl* Schlägereien *pl* II. *adj* kämpferisch

figure ['fɪgəʳ] I. *n* Figur *f;* (*person*) Gestalt *f;* MATH Ziffer *f;* (*numeral*) Zahl *f;* **he is good at ~s** er ist ein guter Rechner; **double/single ~s** zweistellige/einstellige Zahlen II. *vt* AM voraussehen III. *vi* ❶ **that ~s** das hätte ich mir denken können ❷ AM (*count on*)

to ~ on sth mit etw *dat* rechnen
◆ **figure out** *vt* herausfinden; MATH ausrechnen; (*understand*) begreifen
file[1] [faɪl] **I.** *n* [Akten]hefter *m;* COMPUT Datei *f;* (*database*) Akte *f* (**on** über); **to keep a ~ on sb/sth** eine Akte über jdn/etw führen **II.** *vt* ablegen, abheften; (*submit*) abgeben **III.** *vi* **to ~ for sth** auf etw *akk* klagen; **to ~ for divorce** die Scheidung beantragen
file[2] [faɪl] **I.** *n* Reihe *f;* **in single ~** im Gänsemarsch **II.** *vi* nacheinander gehen
file[3] [faɪl] **I.** *n* Feile *f* **II.** *vt* feilen; **to ~ one's nails** sich *dat* die Nägel feilen; **to ~ down** abfeilen
filing cabinet *n* Aktenschrank *m*
fill [fɪl] **I.** *n* **to drink/eat one's ~** seinen Durst stillen/sich satt essen; **to have one's ~ of sth** genug von etw *dat* haben **II.** *vt* ❶ füllen; *tooth* plombieren; *vacuum, gap* schließen ❷ (*pervade*) erfüllen **III.** *vi* sich füllen
◆ **fill in I.** *vt* ❶ (*inform*) informieren (**on** über) ❷ (*seal*) [aus]füllen; *cracks* zuspachteln **II.** *vi* einspringen (**for** für +*akk*)
◆ **fill out I.** *vt* ausfüllen **II.** *vi* sich ausdehnen
◆ **fill up I.** *vt* vollfüllen; *car* volltanken; **to ~ up sb** jdn satt bekommen; **to ~ oneself up** sich vollstopfen **II.** *vi* sich füllen; (*fuel*) das Auto [voll]tanken
fillet ['fɪlɪt] **I.** *n* Filet *nt* **II.** *vt* filetieren; *fish* entgräten
filling ['fɪlɪŋ] **I.** *n* Füllmasse *f;* (*for teeth*) Füllung *f;* FOOD Füllung *f* **II.** *adj* sättigend
filling station *n* Tankstelle *f*
film [fɪlm] **I.** *n* ❶ Film *m* ❷ (*layer*) Schicht *f;* **~ of oil** Ölfilm *m* **II.** *vt, vi* filmen, drehen
film star *n* Filmstar *m*
filter ['fɪltəʳ] **I.** *n* Filter *m* **II.** *vt* filtern; (*fig*) selektieren **III.** *vi* ❶ (*pervade*) dringen (**into** in) ❷ BRIT AUTO **to ~ left/right** sich links/rechts einordnen
filter lane *n* BRIT Abbiegespur *f*
filthy ['fɪlθi] **I.** *adj* ❶ dreckig *fam* ❷ *look* vernichtend; **he was in a ~ mood** er hatte furchtbare Laune ❸ BRIT scheußlich; **~ weather** Schmuddelwetter *nt* **II.** *adv* (*fam*) furchtbar; **~ rich** stinkreich
fin [fɪn] *n* Flosse *f*
final ['faɪnᵊl] **I.** *adj* ❶ letzte(r, s); **in the ~ analysis** letzten Endes; **~ chapter** Schlusskapitel *nt;* **~ result** Endergebnis *nt* ❷ (*decisive*) endgültig; **that's ~!** und damit basta! **II.** *n* ❶ Endspiel *nt,* Finale *nt* ❷ BRIT UNIV **~s** *pl* [Schluss]examen *nt;* **to take one's ~s** Examen machen
finalist ['faɪnᵊlɪst] *n* Finalist(in) *m(f)*
finalize ['faɪnᵊlaɪz] *vt* zum Abschluss bringen; (*agree*) endgültig festlegen
finally ['faɪnᵊli] *adv* schließlich; (*expressing relief*) endlich; (*in conclusion*) abschließend, zum Schluss
finance ['faɪnæn(t)s] **I.** *n* ❶ *no pl* Finanzwirtschaft *f* ❷ (*funds*) Geldmittel *pl;* **~s** Finanzen *pl* **II.** *vt* finanzieren
financial [faɪ'næn(t)ʃᵊl] *adj* finanziell, Finanz-
find [faɪnd] **I.** *n* Fund *m;* (*person*) Entdeckung *f* **II.** *vt* <found, found> finden; **to ~ what/where/who ...** herausfinden, was/wo/wer ...; **she was found unconscious** sie wurde bewusstlos aufgefunden; **to ~ oneself alone** auf einmal allein sein; **to ~ sb guilty** jdn für schuldig erklären; **to ~ that ...** feststellen, dass ...; (*realize*) sehen, dass ... **III.** *vi* ▶ **seek and you shall ~** (*prov*) wer such[e]t, der findet
◆ **find out I.** *vt* herausfinden; (*detect*) erwischen **II.** *vi* dahinterkommen; **to ~ out about sb/sth** (*get information*) sich über jdn/etw informieren; (*learn*) über jdn/etw etwas erfahren
finder ['faɪndəʳ] *n* Finder(in) *m(f);* ▶ **~s keepers[, losers weepers]** wers fin-

F

det, dem gehörts

fine[1] [faɪn] **I.** *adj* ❶ in Ordnung *präd;* **seven's ~ by me** sieben [Uhr] passt mir gut ❷ (*excellent*) glänzend; *food* ausgezeichnet; *wine* erlesen; **the ~st pianist** der beste Pianist ❸ (*iron*) schön ❹ **the ~r points** die Feinheiten *pl;* **not to put too ~ a point on it, ...** um ganz offen zu sein, ... **II.** *adv* fein, [sehr] gut

F

fine[2] [faɪn] **I.** *n* Geldstrafe *f* **II.** *vt* zu einer Geldstrafe verurteilen

fine art *n no pl*, **fine arts** *n pl* die schönen Künste

finger [ˈfɪŋgəʳ] **I.** *n* Finger *m;* ▶ **to be all ~s and thumbs** BRIT, AUS zwei linke Hände haben; **to give sb the ~** AM jdm den Stinkefinger zeigen; **to lay a ~ on sb** jdm ein Haar krümmen **II.** *vt* anfassen; **to ~ the strings** in die Saiten greifen

fingernail *n* Fingernagel *m* **fingerprint I.** *n* Fingerabdruck *m* **II.** *vt* **to ~ sb** jdm die Fingerabdrücke abnehmen **fingertip** *n* Fingerspitze *f;* ▶ **to have sth at one's ~s** etw perfekt beherrschen

finish [ˈfɪnɪʃ] **I.** *n* Ende *nt; of race* Endspurt *m;* (*finishing line*) Ziel *nt;* **close ~** Kopf-an-Kopf-Rennen *nt;* ▶ **a fight to the ~** ein Kampf *m* bis zur Entscheidung **II.** *vi* enden, aufhören; (*conclude*) schließen; **have you quite ~ed?** (*iron*) bist du endlich fertig? **III.** *vt* beenden; (*complete*) fertig stellen; (*stop*) aufhören; **I ~ work at 5 p.m.** ich mache um 5 Uhr Feierabend; **to have ~ed doing sth** mit etw *dat* fertig sein

◆ **finish off I.** *vt* ❶ fertig stellen ❷ (*make nice*) den letzten Schliff geben ❸ *food* aufessen; *drink* austrinken **II.** *vi* abschließen

◆ **finish up I.** *vi* ❶ (*stop work*) fertig werden ❷ **to ~ up drunk** am Ende betrunken sein; **to ~ up in hospital** im Krankenhaus landen **II.** *vt* aufessen

◆ **finish with** *vt* fertig sein mit; *person* Schluss machen mit

finished [ˈfɪnɪʃt] *adj* ❶ fertig (**with** mit); **the ~ product** das Endprodukt ❷ (*crafted*) **beautifully ~** wunderbar bearbeitet ❸ (*used up*) verbraucht ❹ (*tired*) erschöpft; (*ruined*) erledigt

fir [fɜːʳ] *n* Tanne *f*

fir cone *n* BRIT Tannenzapfen *m*

fire [ˈfaɪəʳ] **I.** *n* ❶ *no pl* Feuer *nt;* (*dangerous*) Brand *m;* **~!** Feuer!; **~ damage** Brandschaden *m;* **to be on ~** brennen, in Flammen stehen; **to play with ~** mit dem Feuer spielen; **gas ~** Gasofen *m;* **open ~** offener Kamin ❷ *no pl* MIL Feuer *nt,* Beschuss *m;* **to be/come under ~** beschossen werden; (*fig*) unter Beschuss geraten ❸ *no pl* (*fervour*) Feuer *nt* **II.** *vt* ❶ (*bake*) brennen ❷ (*shoot*) abfeuern; **to ~ a gun at sb/sth** auf jdn/etw schießen ❸ (*sack*) feuern **III.** *vi* feuern, schießen (**at** auf)

◆ **fire away** *vi* losschießen

◆ **fire off** *vt* abfeuern

firearm *n* Schusswaffe *f* **fire brigade** *n* BRIT Feuerwehr *f* **fire department** *n* AM Feuerwehr *f* **fire engine** *n* Feuerwehrauto *nt* **fire escape** *n* (*stairs*) Feuertreppe *f;* (*ladder*) Feuerleiter *f* **fire extinguisher** *n* Feuerlöscher *m* **firefighter** *n* Feuerwehrmann , -frau *m, f* **fireman** *n* Feuerwehrmann *m* **fireplace** *n* Kamin *m* **fireproof** *adj* feuerfest **firewoman** *n* Feuerwehrfrau *f* **firewood** *n no pl* Brennholz *nt* **firework** *n* Feuerwerkskörper *m;* **~s** *pl* (*display*) Feuerwerk *nt*

firm[1] [fɜːm] *n* Firma *f*

firm[2] [fɜːm] **I.** *adj* fest; *basis* sicher; **to be a ~ believer in sth** fest an etw *akk* glauben **II.** *adv* fest; **to stand ~** standhaft bleiben

first [fɜːst] **I.** *adj* erste(r, s); **~ thing tomorrow** morgen als Allererstes; **the ~ ever** (*fam*) der/die/das Allererste ▶ **~ among equals** Primus inter pares; ~

things ~ eins nach dem anderen **II.** *adv* ❶ zuerst; ~ **of all** zu[aller]erst; ~ **off** (*fam*) erst [einmal] ❷ (*before others*) als Erste(r, s); **head** ~ mit dem Kopf voraus ▶ ~ **come** ~ **served** (*prov*) wer zuerst kommt, mahlt zuerst; ~ **and foremost** vor allem; ~ **and last** in erster Linie **III.** *n* ❶ **the** ~ der/die/das Erste ❷ **at** ~ anfangs; **from the** [**very**] ~ von Anfang an ❸ *no pl* AUTO der erste Gang

first aid *n* erste Hilfe; **to give sb** ~ jdm erste Hilfe leisten; ~ **box** Verbandskasten *m* **first-class I.** *adj* ❶ ~ **compartment** Erste-Klasse-Abteil *nt;* ~ **mail** bevorzugt beförderte Post ❷ (*wonderful*) erstklassig **II.** *adv* erster Klasse

firstly ['fɜːs(t)li] *adv* erstens

first name *n* Vorname *m* **first night** *n* THEAT Premiere *f* **first-rate** *adj* erstklassig

fish [fɪʃ] **I.** *n* <*pl* -es *or* -> Fisch *m;* ▶ **to be a small** ~ **in a big pond** nur einer von vielen sein; **like a** ~ **out of water** wie ein Fisch auf dem Trockenen; **to have bigger** ~ **to fry** Wichtigeres zu tun haben **II.** *vi* ❶ fischen; (*with rod*) angeln ❷ (*look for*) **to** ~ **for sth** nach etw *dat* suchen

fishbone *n* [Fisch]gräte *f* **fishcake** *n* Fischfrikadelle *f*

fisherman *n* Fischer *m;* SPORTS Angler *m*

fish finger *n* Fischstäbchen *nt*

fishing ['fɪʃɪŋ] *n no pl* Fischen *nt;* (*with rod*) Angeln *nt;* ~ **for compliments** Suche *f* nach Komplimenten; ~ **for information** Informationssuche *f*

fishmonger *n* BRIT Fischhändler(in) *m(f)*

fist [fɪst] *n* Faust *f*

fit¹ [fɪt] *n* Anfall *m;* **to be in ~s of laughter** sich kaputtlachen; **in a** ~ **of generosity** in einer Anwandlung von Großzügigkeit ▶ **in ~s and starts** sporadisch

fit² [fɪt] **I.** *adj* <-tt-> ❶ geeignet; ~ **for human habitation** bewohnbar; **that's all he's** ~ **for** das ist alles, wozu er taugt ❷ (*able*) fähig; ~ **to travel** reisetauglich; ~ **to work** arbeitsfähig ❸ (*appropriate*) angebracht; **do what you think** ~ tun Sie, was Sie für richtig halten ❹ (*worthy*) würdig; **to be not** ~ **to be seen** sich nicht sehen lassen können **II.** *n no pl* Sitz *m;* **these shoes are a good** ~ diese Schuhe passen gut **III.** *vt* <fits, fitting, fitted *or* AM *a.* fit> ❶ (*be appropriate*) **to** ~ **sb/sth** sich für jdn/etw eignen ❷ (*correspond with*) entsprechen +*dat;* **the punishment should always** ~ **the crime** die Strafe sollte immer dem Vergehen angemessen sein ❸ **to** ~ **sth to sth** etw etw *dat* anpassen ❹ (*clothes*) **to** ~ **sb** jdm passen **IV.** *vi* <fits, fitting, fitted *or* AM *a.* fit> passen; *clothes also* sitzen; **to** ~ **into sth** in etw *akk* hineinpassen

◆ **fit in I.** *vi* (*get on well*) sich einfügen; (*conform*) dazupassen **II.** *vt* einschieben

◆ **fit out** *vt* ausstatten; (*specifically*) ausrüsten

fitness ['fɪtnəs] *n no pl* Fitness *f;* (*ability*) Eignung *f*

fitted ['fɪtɪd] *adj clothes* maßgeschneidert; ~ **kitchen** BRIT Einbauküche *m;* **to be** ~ **for sth** sich für etw eignen

fitting ['fɪtɪŋ] **I.** *n* ❶ **~s** *pl* Ausstattung *f;* **bathroom ~s** Badezimmereinrichtung *f* ❷ *of clothes* Anprobe *f* **II.** *adj* passend; **it is** ~ **that ...** es schickt sich, dass ...

five [faɪv] **I.** *adj* fünf; *see also* **eight II.** *n* ❶ Fünf *f;* ~ **o'clock shadow** nachmittäglicher Stoppelbart; *see also* **eight** ❷ (*fam*) **to take** ~ sich *dat* eine kurze Pause genehmigen

fiver ['faɪvəʳ] *n* BRIT (*fam*) Fünfpfundnote *f;* AM Fünfdollarschein *m*

fix [fɪks] **I.** *n* ❶ (*fam*) Klemme *f;* **to be in a** ~ in der Klemme sitzen ❷ (*sl: drugs*) Schuss *m,* Fix *m* **II.** *vt* ❶ (*fasten*) befestigen, festmachen; **to** ~ **sth to sth**

F

etw an etw *dat* anbringen ❷ (*decide*) festlegen; *rent, price* festsetzen ❸ (*repair*) reparieren ❹ (*concentrate*) richten (**on** auf) ❺ (*stare*) fixieren
◆ **fix up** *vt* ❶ (*supply*) **to ~ up sb** jdn versorgen ❷ (*arrange*) **to ~ up sth** etw arrangieren ❸ (*fam: mend*) in Ordnung bringen

fixed [fɪkst] *adj* fest; *gaze* starr; **~ charges** Fixkosten *pl*

F

fixture ['fɪkstʃəʳ] *n* ❶ **bath ~s** Badezimmerarmaturen *pl;* **to be a permanent ~** (*fig, hum*) zum [lebenden] Inventar gehören ❷ BRIT, AUS SPORTS [Sport]veranstaltung *f;* **~ list** Spielplan *m*

flag [flæg] **I.** *n* Fahne *f;* (*national*) Flagge *f* **II.** *vt* <-gg-> (*signal*) **to ~ [down]** anhalten **III.** *vi* <-gg-> *enthusiasm* abflauen; *interest* nachlassen

flame [fleɪm] **I.** *n* Flamme *f;* **to be/go up in ~s** in Flammen stehen/aufgehen; **to burst into ~s** in Brand geraten **II.** *vi* brennen; (*fig*) glühen

flan [flæn] *n* Obsttorte *f;* (*savoury*) *Pastete mit Käse oder Schinken*

flannel ['flænᵊl] *n* ❶ *no pl* Flanell *m* ❷ BRIT (*facecloth*) Waschlappen *m* ❸ **~s** *pl* Flanellhose *f*

flap [flæp] **I.** *vt* <-pp-> **to ~ one's wings** mit den Flügeln schlagen **II.** *vi* <-pp-> ❶ flattern; *wings* schlagen ❷ **to ~ about** nervös auf und ab laufen **III.** *n* ❶ Flattern *nt* ❷ **pocket ~** Taschenklappe *f;* **~ of skin** Hautlappen *m* ❸ (*fam*) **in a ~** schrecklich aufgeregt

flare [fleəʳ] **I.** *n* ❶ Leuchtkugel *f* ❷ (*of trousers*) Schlag *m;* **~s** *pl* Schlaghose *f* **II.** *vi* aufflammen **III.** *vt* **to ~ one's nostrils** die Nasenflügel aufblähen

flash [flæʃ] **I.** *n* <*pl* -es> ❶ [Licht]blitz *m;* (*glint*) [Auf]blitzen *nt kein pl;* (*explosion*) Stichflamme *f;* **~ of lightning** Blitz *m* ❷ **~ of anger/temper** Wut-/Temperamentsausbruch *m;* **~ of inspiration** Geistesblitz *m* ❸ (*moment*) Augenblick *m* ❹ PHOT Blitz *m;* **to use [a] ~** mit Blitzlicht fotografieren ▶ **a ~ in the pan** ein Strohfeuer *nt* **like a ~** blitzartig **II.** *adj* (*pej fam*) protzig **III.** *vt* ❶ *light* aufleuchten lassen; **to ~ sb** *motorist* jdm Lichthupe machen ❷ (*look*) zuwerfen **IV.** *vi* ❶ blitzen; AUTO Lichthupe machen ; **lightning ~ed** es blitzte ❷ (*appear*) kurz auftauchen; *thought* schießen; **my whole life ~ed before me** mein ganzes Leben lief im Zeitraffer vor mir ab ❸ (*fam*) **to ~ [at sb]** sich [jdm] exhibitionistisch zeigen

flashlight *n* Blitzlicht *nt;* AM (*torch*) Taschenlampe *f*

flashy ['flæʃi] *adj* protzig

flask [flɑːsk] *n* Flachmann *m;* (*thermos*) Thermosflasche *f;* CHEM Kolben *m*

flat[1] [flæt] **I.** *adj* <-tt-> flach; *surface* eben; (*stale*) schal; BRIT, AUS *battery* leer; *tyre* platt ▶ **and that's ~** und dabei bleibt es **II.** *adv* <-tt-> flach; (*levelly*) platt; **to fall ~ on one's face** der Länge nach hinfallen ▶ **in no time ~** in Sekundenschnelle; **to fall ~** *attempt* scheitern; *performance* durchfallen; *joke* nicht ankommen **III.** *n* flache Seite; (*ground*) Ebene *f;* **mud ~s** *pl* Sumpfebene *f;* **salt ~s** *pl* Salzwüste *f*

flat[2] [flæt] *n* BRIT, AUS [Etagen]wohnung *f;* **~s** *pl* Wohnblock *m*

'flat rate *n* INET, TELEC Flatrate *f*

flatter[1] ['flætəʳ] *vt* schmeicheln *+dat,* **don't ~ yourself!** bilde dir ja nichts ein!

flatter[2] ['flætəʳ] *adj comp of* **flat**

flattery ['flætᵊri] *n no pl* Schmeicheleien *pl* ▶ **~ will get you nowhere** mit Schmeicheleien erreicht man nichts

flavor AM *see* **flavour**

flavour ['fleɪvəʳ] **I.** *n* [Wohl]geschmack *m,* Aroma *nt;* (*specific*) Geschmacksrichtung *f,* Sorte *f;* (*fig*) Anflug *m* **II.** *vt* würzen

flea [fliː] *n* Floh *m;* ▶ **to send sb away**

with a ~ in their ear jdm eine Abfuhr erteilen

fled [fled] *vi, vt pp, pt of* **flee**

flee <fled, fled> [fliː] **I.** *vi* fliehen (**from** vor); (*seek safety*) flüchten; **to ~ abroad** [sich] ins Ausland flüchten **II.** *vt country* fliehen aus ; *danger* fliehen vor

fleeting [ˈfliːtɪŋ] *adj* flüchtig; *beauty* vergänglich; **~ visit** Kurzbesuch *m*

flesh [fleʃ] *n no pl* Fleisch *nt; of fruit* [Frucht]fleisch *nt;* ▶ **to be [only] ~ and blood** auch [nur] ein Mensch sein; **one's own ~ and blood** sein eigen[es] Fleisch und Blut; **to have one's pound of ~** seinen vollen Anteil bekommen

flew [fluː] *vi, vt pp, pt of* **fly**

flex [fleks] **I.** *vt* beugen; *muscles* [an]spannen; **to ~ one's muscles** (*fig*) seine Muskeln spielen lassen **II.** *vi* sich beugen; *muscles* sich [an]spannen **III.** *n* [Anschluss]kabel *nt*

flexible [ˈfleksɪbl̩] *adj* biegsam; (*fig*) flexibel; **~ working hours** Gleitzeit *f*, gleitende Arbeitszeit

flexitime [ˈfleksitaɪm] *n no pl* Gleitzeit *f;* **to work ~** gleitende Arbeitszeit haben

flick [flɪk] **I.** *n* ❶ (*blow*) [kurzer] Schlag ❷ (*movement*) kurze Bewegung; *of switch* Klicken *nt* ❸ (*fam: film*) Streifen *m* **II.** *vt* ❶ einen [leichten] Schlag versetzen *+dat* ❷ *whip* schnalzen mit; **to ~ channels** (*fam*) durch die Kanäle zappen; **to ~ sth on/off** etw an-/ausknipsen

flight [flaɪt] *n* ❶ (*flying*) Flug *m;* **to take ~** auffliegen; **in ~** im Flug ❷ (*fleeing*) Flucht *f;* **to put sb to ~** jdn in die Flucht schlagen ❸ *+ sing/pl vb* (*group*) Schwarm *m; of migrating birds* [Vogel]zug *m; of aircraft* [Flieger]staffel *f* ❹ **a ~ [of stairs]** eine Treppe ❺ **a ~ of fancy** ein geistiger Höhenflug

flight attendant *n* Flugbegleiter(in) *m(f)*

flimsy [ˈflɪmzi] *adj* instabil; *clothing* dünn

fling [flɪŋ] **I.** *n* [mit Schwung ausgeführter] Wurf; (*fig*) ausgelassene Zeit; **to have a ~ with sb** mit jdm etwas haben **II.** *vt* <flung, flung> werfen; **to ~ open** aufreißen; **to ~ oneself at sb/sth** sich auf jdn/etw stürzen; (*fig*) sich jdm an den Hals werfen; **to ~ oneself into sth** (*fig*) sich in etw *akk* stürzen

◆ **fling out** *vt* (*fam*) ausrangieren; *person* rausschmeißen

flip [flɪp] **I.** *vt* <-pp-> *switch* drücken; (*turn over*) umdrehen; *coin* werfen ▶ **to ~ one's lid** ausflippen **II.** *vi* <-pp-> ❶ **to ~ [over]** sich [schnell] [um]drehen; *vehicle* sich überschlagen ❷ (*sl*) ausflippen **III.** *n* ❶ (*throw*) Werfen *nt* ❷ (*movement*) Ruck *m*

flip-flop *n* ❶ (*shoe*) Badelatsche *f* ❷ AM SPORTS Flic[k]flac[k] *m*

flipper [ˈflɪpəʳ] *n* [Schwimm]flosse *f*

flirt [flɜːt] **I.** *vi* flirten **II.** *n* **she's a dreadful ~** sie kann das Flirten nicht lassen

float [fləʊt] **I.** *n* ❶ (*for fishing*) [Kork]schwimmer *m* ❷ (*vehicle*) Festzugswagen *m;* **milk ~** Milch[auslieferer]wagen *m* **II.** *vi* schwimmen; (*drift*) treiben; (*fig*) schweben; **to ~ through one's mind** jdm in den Sinn kommen **III.** *vt* treiben lassen; ECON *business* gründen

◆ **float off** *vi* wegtreiben; (*in air*) davonschweben

flock [flɒk] **I.** *n + sing/pl vb* Herde *f; of people* Schar *f; of birds also* Schwarm *m* **II.** *vi* sich scharen; **to ~ to sth** zu etw *dat* in Scharen kommen

flood [flʌd] **I.** *n* ❶ Überschwemmung *f*, Hochwasser *nt kein pl;* **the Flood** REL die Sintflut ❷ (*fig*) Flut *f;* **to be in ~s of tears** von Tränen überströmt sein ❸ (*tide*) **~ [tide]** Flut *f* **II.** *vt* überschwemmen; *room* unter Wasser setzen; (*engine*) absaufen lassen **III.** *vi* überschwemmt werden, unter Wasser stehen

floodlight *n* Scheinwerfer *m;* (*light*) Flutlicht *nt;* **under ~s** bei Flutlicht

floor [flɔːʳ] *n* ① [Fuß]boden *m;* (*area*) Bereich *m;* **factory ~** Fabrikhalle *f* ② (*storey*) Stock *m*, Etage *f;* **on the third ~** im dritten Stock

floorboard *n* Diele *f*

flop [flɒp] **I.** *vi* <-pp-> sich fallen lassen; (*fail*) ein Flop sein; *performance* durchfallen **II.** *n* ① *no pl* Plumps *m* ② (*failure*) Flop *m*

floppy [ˈflɒpi] **I.** *adj* schlaff; *hair* [immer wieder] herabfallend; **~ ears** Schlappohren *pl;* **~ hat** Schlapphut *m* **II.** *n* COMPUT (*fam*) Floppy[disk] *f*

florist [ˈflɒrɪst] *n* Florist(in) *m(f);* **~'s** Blumengeschäft *nt*

flour [ˈflaʊəʳ] *n no pl* Mehl *nt*

flow [fləʊ] **I.** *vi* fließen; *air, light, warmth* strömen; **the beer was ~ing** das Bier floss in Strömen; **the conversation began to ~** die Unterhaltung kam in Gang **II.** *n usu sing* Fluss *m;* **~ of ideas/information** Ideen-/Informationsfluss *m;* **~ of traffic** Verkehrsfluss *m;* ▸ **in full ~** voll in Fahrt; **to go against /with the ~** gegen den/mit dem Strom schwimmen

flower [ˈflaʊəʳ] **I.** *n* Blume *f;* (*blossom*) Blüte *f;* **to be in ~** blühen **II.** *vi* blühen

flowerbed *n* Blumenbeet *nt*

flown [fləʊn] *vi, vt pp of* **fly**

flu [fluː] *n no pl short for* **influenza** Grippe *f*

fluent [ˈfluːənt] *adj language* fließend; *rhetoric* gewandt; **to be ~ in a language** eine Sprache fließend beherrschen

fluffy [ˈflʌfi] *adj feathers* flaumig; *pillows* flaumig weich; **~ toy** Kuscheltier *nt*

fluid [ˈfluːɪd] **I.** *n* Flüssigkeit *f;* **bodily ~s** Körpersäfte *pl* **II.** *adj* flüssig; (*fig: changeable*) veränderlich

flung [flʌŋ] *pp, pt of* **fling**

flush [flʌʃ] **I.** *vi* ① (*blush*) erröten (**with** vor) ② (*empty*) spülen; **the toilet won't ~** die Spülung geht nicht **II.** *vt* spülen

fluster [ˈflʌstəʳ] **I.** *vt* nervös machen **II.** *n no pl* **in a ~** nervös

flute [fluːt] *n* Flöte *f*

fly [flaɪ] **I.** *vi* <flew, flown> ① fliegen; **he flew across the Atlantic** er überflog den Atlantik; **we flew from Heathrow** wir flogen von Heathrow ab ② **I must ~** ich muss mich sputen; **the door flew open** die Tür flog auf **II.** *vt* <flew, flown> fliegen **III.** *n* Fliege *f;* ▸ **the ~ in the ointment** das Haar in der Suppe; **to be a ~ on the wall** Mäuschen sein

◆ **fly away** *vi* wegfliegen; *plane, pilot* abfliegen

◆ **fly off** *vi* wegfliegen; *plane, pilot* abfliegen; **she flew off to India** sie flog nach Indien

◆ **fly out** *vi* ausfliegen; **he's ~ing out to Australia** er fliegt nach Australien

flying [ˈflaɪɪŋ] *n no pl* Fliegen *nt*

flying visit *n* Stippvisite *f fam*

flyover *n* BRIT (*bridge*) Überführung *f;* AM (*flight*) Luftparade *f* **fly-tip I.** *vi* illegal Müll abladen **II.** *n* illegaler Müllplatz

foam [fəʊm] **I.** *n no pl* Schaum *m;* (*plastic*) Schaumstoff *m* **II.** *vi* schäumen ▸ **to be ~ing at the mouth** vor Wut schäumen

focus <*pl* -es> [ˈfəʊkəs, *pl* -saɪ] **I.** *n* Mittelpunkt *m*, Brennpunkt *m;* **to be the ~ of attention** im Mittelpunkt stehen; **in/out of ~** scharf/nicht scharf eingestellt **II.** *vi* <-s- *or* -ss-> ① sich konzentrieren (**on** auf) ② (*see*) klar sehen **III.** *vt* <-s- *or* -ss-> konzentrieren (**on** auf); *camera, telescope* scharf einstellen (**on** auf)

fog [fɒg] *n* Nebel *m*

foggy [ˈfɒgi] *adj* neblig ▸ **to not have the foggiest [idea]** keine blasse Ahnung haben

foil[1] [fɔɪl] *n* Folie *f*

foil² [fɔɪl] *vt* **to ~ sth** etw verhindern; **to ~ sb** jdn vereiteln; **~ed again!** (*hum*) wieder mal alles umsonst!

fold [fəʊld] **I.** *n* Falte *f* **II.** *vt* ❶ falten (**into** zu); *letter* zusammenfalten; *arms* verschränken ❷ (*wrap*) einwickeln **III.** *vi* zusammenklappen

folder [ˈfəʊldəʳ] *n* Mappe *f;* COMPUT Ordner *m*

folding [ˈfəʊldɪŋ] *adj attr* **~ bed** Klappbett *nt;* **~ door** Falttür *f*

folk music *n no pl* Folk *m* **folk song** *n* Volkslied *nt*

follow [ˈfɒləʊ] **I.** *vt* ❶ folgen +*dat;* (*pursue*) verfolgen ❷ (*happen next*) **to ~ sth** auf etw *akk* folgen ❸ (*succeed*) **to ~ sb** jdm nachfolgen ❹ (*imitate*) **to ~ sb** es jdm gleichtun; **to ~ sth** etw nachmachen; **~ that!** mach mir das erst mal nach! ❺ (*obey*) befolgen; *guidelines* sich halten an +*akk* **II.** *vi* folgen; (*result*) sich ergeben (**from** aus)

◆ **follow on** *vi* nachkommen; *fact* sich [aus etw *dat*] ergeben

◆ **follow up I.** *vt* weiterverfolgen; **he ~ed up his act with [*or* by] a song** er schloss seine Nummer mit einem Lied ab **II.** *vi* **she ~ed up with a song** zum Schluss sang sie ein Lied

fond [fɒnd] *adj* ❶ **to be ~ of sb/sth** jdn/etw gern mögen; **to be ~ of doing sth** etw gern machen ❷ *attr* (*naive*) *hope* kühn; *belief* allzu zuversichtlich

food [fuːd] *n no pl* Essen *nt;* **baby ~** Babynahrung *f;* ▶ **~ for thought** Stoff *m* zum Nachdenken

foodie [ˈfuːdi] *n* (*fam*) Feinschmecker(in) *m(f)*

food poisoning *n no pl* Lebensmittelvergiftung *f* **food processor** *n* Küchenmaschine *f*

fool [fuːl] **I.** *n* Dummkopf *m;* (*jester*) [Hof]narr *m;* **he's no ~** er ist nicht blöd; **to play the ~** herumalbern; **to make a ~ of sb/oneself** jdn/sich lächerlich machen; **to be nobody's ~** nicht blöd sein ▶ **more ~ you** BRIT selber schuld **II.** *adj attr* (*fam*) blöd **III.** *vt* täuschen; **to ~ sb into doing sth** jdn [durch einen Trick] dazu bringen, etw zu tun ▶ **you could have ~ed me** das kannst du mir nicht weismachen

foolish [ˈfuːlɪʃ] *adj* töricht

foot [fʊt] *n* <*pl* feet> ❶ Fuß *m;* **to be [back/quick] on one's feet** [wieder/schnell] auf den Beinen sein; **to leap to one's feet** aufspringen; **to put one's feet up** die Füße hochlegen; **at sb's feet** zu jds Füßen; **on ~** zu Fuß ❷ <*pl* foot *or* feet> (*length*) Fuß *m* (= *0,348 Meter*) ❸ (*base*) Fuß *m;* **at the ~ of the bed** am Fußende des Betts; **at the ~ of the page** am Seitenende ▶ **to have a ~ in both camps** auf beiden Seiten beteiligt sein; **to put one's best ~ forward** sich anstrengen; **to never put a ~ wrong** nie einen Fehler machen; **to rush sb off his/her feet** jdn beschäftigen; **to think on one's feet** eine schnelle Entscheidung treffen; **to be under sb's feet** zwischen jds Füßen herumlaufen; **my ~!** so ein Quatsch!

football [ˈfʊtbɔːl] *n* ❶ *no pl* Fußball *m;* (*American football*) Football *m* ❷ (*ball*) Fußball/Football *m*

footbridge *n* Fußgängerbrücke *f*

footpath *n* Fußweg *m* **footprint** *n* Fußabdruck *m*

for [fɔːʳ, fəʳ] **I.** *conj* denn **II.** *prep* ❶ (*intended*) für ❷ (*respecting*) **that's too strong ~ me** das ist mir zu stark; **luckily ~ me** zu meinem Glück; **that's children ~ you!** so sind Kinder eben!; **a cheque ~ £100** ein Scheck über 100 Pfund; **~ rent/sale** zu vermieten/verkaufen; **I feel sorry ~ her** sie tut mir leid; **as ~ me** was mich betrifft ❸ (*with time, distance*) **he was jailed ~ twelve years** er musste für zwölf Jahre ins Gefängnis; **I'm just**

going out ~ a bit ich gehe mal kurz raus; ~ **Christmas** zu Weihnachten; **to practise ~ half an hour** eine halbe Stunde üben; ~ **the moment** im Augenblick; ~ **the time being** für den Augenblick; ~ **the first time** zum ersten Mal ❹ (*purpose*) **what's that ~?** wofür ist das?; **what did you do that ~?** wozu hast du das getan?; ~ **your information** zu Ihrer Information ❺ (*reason*) **he apologized ~ being late** er entschuldigte sich wegen seiner Verspätung; **he's only in it ~ the money** er tut es nur wegen des Geldes; **not ~ a million dollars** um nichts in der Welt; ~ **various reasons** aus verschiedenen Gründen

forbade [fə'bæd] *pt of* **forbid**

forbid <-dd-, forbade, forbidden> [fə'bɪd] *vt* **to ~ sb sth** jdm etw verbieten

forbidden [fə'bɪdᵊn] **I.** *adj* verboten **II.** *pp of* **forbid**

force [fɔːs] **I.** *n* ❶ *no pl* Kraft *f;* (*intensity*) Stärke *f; of blow* Wucht *f* ❷ *no pl* (*violence*) Gewalt *f;* **by ~** mit Gewalt ❸ (*group*) Truppe *f;* **police ~** Polizei *f;* **Air Force** Luftwaffe *f;* **to join ~s** sich zusammentun **II.** *vt* zwingen; **to ~ a smile** gezwungen lächeln; **to ~ one's way** sich *dat* seinen Weg bahnen; **to ~ sth on sb** jdm etw aufzwingen; **to ~ sth into sth** etw in etw *akk* [hinein]zwängen

forced [fɔːst] *adj* ❶ **~ marriage** Zwangsehe *f;* **~ labour** Zwangsarbeit *f;* **~ landing** Notlandung *f* ❷ *smile* gezwungen

forceful ['fɔːsfᵊl] *adj* kraftvoll; *personality* stark

forearm ['fɔːʳɑːm] *n* Unterarm *m*

forecast ['fɔːʳkɑːst] **I.** *n* Prognose *f;* (*of weather*) [Wetter]vorhersage *f* **II.** *vt* <-cast *or* -casted, -cast *or* -casted> vorhersagen; **to ~ that/what/who ...** prophezeien, dass/was/wer ...

foreground *n* Vordergrund *m*

forehand *n* Vorhand *f;* **on the ~** mit der Vorhand

forehead ['fɒrɪd] *n* Stirn *f*

foreign ['fɒrɪn] *adj* ❶ (*from abroad*) ausländisch; ~ **countries** Ausland *nt kein pl* ❷ (*with abroad*) ~ **policy** Außenpolitik *f;* ~ **travel** Auslandsreise *f* ❸ (*alien*) fremd; ~ **body** Fremdkörper *m*

foreigner ['fɒrɪnəʳ] *n* Ausländer(in) *m(f)*

foreign exchange *n no pl* Devisen *pl*

foreign language *n* Fremdsprache *f*

Foreign Office *n no pl* BRIT Außenministerium *nt*

forename *n* (*form*) Vorname *m*

forest ['fɒrɪst] *n* Wald *m;* **the Black Forest** der Schwarzwald

forester ['fɒrɪstəʳ] *n* Förster(in) *m(f)*

forestry ['fɒrɪstri] *n no pl* Forstwirtschaft *f*

foretaste ['fɔːteɪst] *n usu sing* Vorgeschmack *m*

forever [fə'revəʳ] *adv* ❶ ewig ❷ (*fam*) **to be ~ doing sth** etw ständig machen

foreword *n* Vorwort *nt*

forgave [fə'geɪv] *n pt of* **forgive**

forge [fɔːdʒ] **I.** *n* Schmiede *f* **II.** *vt* schmieden; (*copy*) fälschen

forgery ['fɔːdʒᵊri] *n* ❶ Fälschung *f* ❷ *no pl* (*crime*) Fälschen *nt*

forget <-got, -gotten> [fə'get] *vt, vi* vergessen; **not ~ting** nicht zu vergessen; **to ~ the past** die Vergangenheit ruhen lassen

forgetful [fə'getfᵊl] *adj* vergesslich

forgive <-gave, -given> [fə'gɪv] *vt* **to ~ sb [for] sth** jdm etw verzeihen; **~ me, but ...** Entschuldigung, aber ...

forgot [fə'gɒt] *pt of* **forget**

forgotten [fə'gɒtᵊn] **I.** *pp of* **forget** **II.** *adj* vergessen

fork [fɔːk] **I.** *n* Gabel *f;* (*division*) Gabelung *f;* (*road*) Abzweigung *f;* **~s** *pl of bicycle* [Rad]gabel *f* **II.** *vi* ❶ (*divide*) sich gabeln ❷ (*turn*) **to ~ left** nach links abzweigen

forked [fɔːkt] *adj* gegabelt; *tongue* gespalten; ~ **lightning** Linienblitz *m*
form [fɔːm] **I.** *n* ❶ Art *f; of disease* Erscheinungsbild *nt; of energy* Typ *m;* **art** ~ Kunstform *f;* **life** ~ Lebensform *f* ❷ *no pl* (*manifestation*) Form *f,* Gestalt *f* ❸ (*paper*) Formular *nt;* **application** ~ Bewerbungsbogen *m;* **entry** ~ Anmeldeformular *m* ❹ (*shape*) Form *f; of person* Gestalt *f* ❺ *no pl* (*fitness*) Form *f,* Kondition *f;* **to be in good** ~ [gut] in Form sein ❻ BRIT SCH (*class*) Klasse *f;* (*year*) Jahrgangsstufe *f* **II.** *vt* ❶ formen (**into** zu); (*arrange*) bilden ❷ (*set up*) gründen; *committee, government* bilden **III.** *vi* sich bilden; *idea* Gestalt annehmen; **to** ~ **into sth** sich zu etw *dat* formen
formal [ˈfɔːməl] *adj* (*ceremonious*) formell; (*serious, official*) offiziell, förmlich; (*nominal*) formal; ~ **dress** Gesellschaftskleidung *f*
formality [fɔːˈmæləti] *n* ❶ *no pl* (*decorum*) Förmlichkeit *f* ❷ Formalität *f;* **to be [just] a** ~ [eine] [reine] Formsache sein
formation [fɔːˈmeɪʃən] *n* ❶ *no pl* Bildung *f* ❷ GEOL, MIL Formation *f*
former [ˈfɔːməʳ] **I.** *adj attr* ehemalig **II.** *n* **the** ~ der/die/das Erstere
formula <*pl* -s> [ˈfɔːmjələ, *pl* -liː] *n* Formel *f;* (*food*) Babymilchpulver *nt*
fort [fɔːt] *n* Fort *nt;* ▶ **to hold the** ~ die Stellung halten
forth [fɔːθ] *adv* **back and** ~ vor und zurück; **to go** ~ hinausgehen; **to pace back and** ~ auf und ab gehen; **to ride** ~ losreiten ▶ **[and so on] and so** ~ und so weiter [und so fort]
forthcoming [ˌfɔːθˈkʌmɪŋ] *adj* ❶ bevorstehend; *book, film* in Kürze erscheinend ❷ (*available*) verfügbar; **to be** ~ *money* zur Verfügung gestellt werden
forthright [ˈfɔːθraɪt] *adj* direkt
fortieth [ˈfɔːtiəθ] **I.** *adj* vierzigste(r, s); *see also* **eighth** **II.** *n* Vierzigstel *nt;* **the** ~ der/die/das Vierzigste; *see also* **eighth**
fortnight [ˈfɔːtnaɪt] *n* BRIT, AUS zwei Wochen, vierzehn Tage; **a** ~ **on Monday** Montag in zwei Wochen; **in a** ~**['s time]** in zwei Wochen
fortunate [ˈfɔːtʃənət] *adj* glücklich; **to be** ~ Glück haben; **it is** ~ **[for sb] that ...** es ist [jds] Glück, dass ...
fortunately [ˈfɔːtʃənətli] *adv* zum Glück; ~ **for him** zu seinem Glück
fortune [ˈfɔːtʃuːn] *n* ❶ (*money*) Vermögen *nt* ❷ *no pl* (*form*) Schicksal *nt;* **stroke of good** ~ Glücksfall *m;* **good/ill** ~ Glück/Pech *nt;* **to tell sb's** ~ jds Schicksal vorhersagen
fortune teller *n* Wahrsager(in) *m(f)*
forty [ˈfɔːti] **I.** *adj* vierzig; *see also* **eight** **II.** *n* Vierzig *f; see also* **eight**
forward [ˈfɔːwəd] **I.** *adv* (*to front*) nach vorn[e]; (*onwards*) vorwärts; **to lean** ~ sich vorlehnen **II.** *adj* vordere(r, s); ~ **movement** Vorwärtsbewegung *f;* ~ **planning** Vorausplanung *f* **III.** *n* Stürmer(in) *m(f)* **IV.** *vt* weiterleiten (**to** an); **"Please** ~**"** „Bitte nachsenden"
forwarding address *n* Nachsendeadresse *f*
forwards [ˈfɔːwədz] *adv see* **forward**
foster [ˈfɒstəʳ] **I.** *vt child* aufziehen; *relations* pflegen **II.** *vi* ein Kind in Pflege nehmen
foster child *n* Pflegekind *nt* **foster father** *n* Pflegevater *m* **foster mother** *n* Pflegemutter *f*
fought [fɔːt] *pt, pp of* **fight**
foul [faʊl] **I.** *adj* verpestet; *air* stinkend; (*disgusting*) abscheulich; *smell* faul; (*unpleasant*) fürchterlich; **to be** ~ **to sb** fies zu jdm sein **II.** *n* Foul *nt* (**on** an) **III.** *vt* verschmutzen; SPORTS foulen
foul-mouthed *adj* unflätig
found[1] [faʊnd] *pt, pp of* **find**
found[2] [faʊnd] *vt* gründen
foundation [ˌfaʊnˈdeɪʃən] *n* ❶ Funda-

ment *nt;* **to be without ~** (*fig*) jeglicher Grundlage entbehren ❷ *no pl* (*establishing*) Gründung *f* ❸ (*organization*) Stiftung *f*

founder ['faʊndəʳ] *n* Gründer(in) *m(f)*

fountain ['faʊntɪn] *n* Brunnen *m;* (*spray*) Schwall *m;* **~ of water** Wasserstrahl *m*

fountain pen *n* Füllfederhalter *m*

four [fɔːʳ] **I.** *adj* vier; *see also* **eight II.** *n* Vier *f; see also* **eight**

fourteen [ˌfɔː'tiːn] **I.** *adj* vierzehn; *see also* **eight II.** *n* Vierzehn *f; see also* **eight**

fourteenth [ˌfɔː'tiːnθ] **I.** *adj* vierzehnte(r, s) **II.** *n* Vierzehntel *nt;* **the ~** der/die/das Vierzehnte; (*date*) der Vierzehnte; *see also* **eighth**

fourth [fɔːθ] **I.** *adj* vierte(r, s); *see also* **eighth II.** *n* Viertel *nt;* **the ~** der/die/das Vierte; (*date*) der Vierte; *see also* **eighth III.** *adv* viertens; *see also* **eighth**

fox [fɒks] *n* Fuchs *m*

foyer ['fɔɪeɪ] *n* Foyer *nt*

fracture ['fræk(t)ʃəʳ] **I.** *vt, vi* brechen; **to ~ one's leg** sich *dat* das Bein brechen **II.** *n* Bruch *m*

fragile ['frædʒaɪl] *adj* zerbrechlich; (*ailing*) schwach

fragment ['frægmənt] *n* Splitter *m; of talk* Brocken *m fam*

frame [freɪm] **I.** *n* Rahmen *m; of picture* [Bilder]rahmen *m;* **~s** *pl of glasses* Brillengestell *nt* **II.** *vt* (*put in*) einrahmen; (*enclose*) umrahmen

frame-up *n* (*fam*) abgekartetes Spiel

France [frɑːn(t)s] *n no pl* Frankreich *nt*

frank [fræŋk] *adj* aufrichtig; **to be ~ [with you]** ehrlich gesagt

frankfurter ['fræŋkfɜːtəʳ] *n* Frankfurter *f*

frantic ['fræntɪk] *adj* verrückt (**with** vor); (*hectic*) hektisch

fraud [frɔːd] *n no pl* Betrug *m*

fray [freɪ] **I.** *vi* ausfransen; (*fig*) anspannen **II.** *n* Auseinandersetzung *f;* **to enter [*or* join] the ~** sich einmischen

freak [friːk] **I.** *n* etwas Außergewöhnliches; (*person*) Missgeburt *f;* **a ~ of nature** eine Laune der Natur **II.** *vi* (*fam*) ausflippen

freckle ['frekl] *n usu pl* Sommersprosse *f*

free [friː] **I.** *adj* frei; **~ of charge** kostenlos; **~ ticket** Freikarte *f;* **~ speech** Redefreiheit *f;* **~ time** Freizeit *f;* **to be ~ of sb/sth** jdn/etw los sein; **to be ~ [to do sth]** Zeit haben[, etw zu tun] ► **~ and easy** locker **II.** *adv* frei, gratis; **~ of charge** kostenlos; **for ~** gratis, umsonst **III.** *vt* befreien (**from** von); *prisoner* freilassen

freecycle *vt* freecyceln (*etw durch einen unentgeltlichen Onlineservice tauschen*) **freecycling** *n* Freecycling *nt*

freedom ['friːdəm] *n* Freiheit *f;* **~ of choice** Wahlfreiheit *f;* **~ of the city** Ehrenbürgerschaft *f*

free kick *n* Freistoß *m*

freelance ['friːlɑːn(t)s] **I.** *n* Freiberufler(in) *m(f)* **II.** *adj, adv* freiberuflich

freely ['friːli] *adv* frei; (*unobstructedly*) ungehindert; (*frankly*) offen

free-range *adj* **~ eggs** Eier *pl* aus Freilandhaltung **freestyle** *n no pl* Freistil *m* **freeway** *n* AM, AUS Autobahn *f* **free will** *n no pl* freier Wille; **to do sth of one's own ~** etw aus freien Stücken tun

freeze [friːz] **I.** *n* Frost *m;* **big ~** harter Frost **II.** *vi* <froze, frozen> ❶ *water* gefrieren; **to ~ solid** festfrieren ❷ (*feel cold*) [sehr] frieren; **to ~ to death** erfrieren ❸ *impers* **it's freezing** es friert **III.** *vt* <froze, frozen> gefrieren lassen

freezer ['friːzəʳ] *n* Gefrierschrank *m;* **chest/upright ~** Gefriertruhe *f*/Gefrierschrank *m*

freezing ['friːzɪŋ] **I.** *adj* frostig; **it's/I'm ~** es/mir ist eiskalt **II.** *n no pl* (*0°C*) **above/below/near ~** über/unter/nahe dem Gefrierpunkt

freight [freɪt] **I.** *n no pl* Frachtgut *nt;* (*transport*) Fracht *f;* **to send sth by ~** etw als Fracht senden **II.** *adv* als Fracht

freighter ['freɪtəʳ] *n* (*ship*) Frachter *m;* (*plane*) Frachtflugzeug *nt*

French [fren(t)ʃ] **I.** *adj* französisch; **~ people** [die] Franzosen *pl* **II.** *n* ❶ *no pl* Französisch *nt;* **~ lesson** Französischstunde *f* ❷ **the ~** *pl* die Franzosen

French fries, French fried potatoes *n pl* Pommes frites *pl* **Frenchman** *n* Franzose *m* **French window** *n usu pl* Verandatür *f* **Frenchwoman** *n* Französin *f*

frequent **I.** *adj* ['fri:kwənt] häufig; **~ flyer** Vielflieger(in) *m(f)* **II.** *vt* [frɪ'kwent] häufig besuchen

fresh [freʃ] *adj* frisch; **~ snow** Neuschnee *m;* **~ start** Neuanfang *m;* **~ water** Süßwasser *nt;* **~ from the oven** ofenfrisch; **to get a breath of ~ air** frische Luft schnappen

freshen ['freʃᵊn] **I.** *vt drink* auffüllen; *make-up* auffrischen **II.** *vi* frischer werden; *wind* auffrischen

friction ['frɪkʃᵊn] *n no pl* Reibung *f;* (*disagreement*) Reiberei[en] *f[pl]*

Friday ['fraɪdeɪ] *n* Freitag *m; see also* **Tuesday**

fridge [frɪdʒ] *n* (*fam*) Kühlschrank *m*

fried [fraɪd] *adj* gebraten; **~ chicken** Brathähnchen *nt*

fried egg *n* Spiegelei *nt*

friend [frend] **I.** *n* Freund(in) *m(f);* **to be ~s [with sb]** [mit jdm] befreundet sein; **to make ~s [with sb]** sich [mit jdm] anfreunden **II.** *vt* INET **to ~ sb** jdn [in seine Kontaktliste] als Freund eintragen

friendly ['frendli] **I.** *adj* freundlich (**with** zu); (*pleasant*) angenehm; **~ match** Freundschaftsspiel *nt* **II.** *n* BRIT Freundschaftsspiel *nt*

friendship ['fren(d)ʃɪp] *n* Freundschaft *f*

fright [fraɪt] *n* ❶ *no pl* Angst *f;* **to take ~ [at sth]** [vor etw *dat*] Angst bekommen ❷ *usu sing* Schrecken *m;* **to get a ~** erschrecken; **to give sb a ~** jdn erschrecken

frighten ['fraɪtᵊn] *vt* Angst machen +*dat;* **to ~ sb to death** jdn zu Tode erschrecken

frightful ['fraɪtfᵊl] *adj* entsetzlich; (*extreme*) schrecklich, furchtbar

fringe [frɪndʒ] **I.** *n* ❶ Franse *f;* BRIT, AUS (*hair*) Pony *m* ❷ BRIT ART **the ~** die Alternativszene **II.** *vt usu passive* umgeben **III.** *adj attr* **~ benefits** zusätzliche Leistungen *pl;* **~ medicine/theatre** BRIT Alternativmedizin *f*/Alternativtheater *nt*

F

frisk [frɪsk] **I.** *vi* **to ~ [about]** herumtollen **II.** *vt* abtasten (**for** nach)

fro [frəʊ] *adv* **to and ~** hin und her

frock [frɒk] *n* Kleid *nt;* **posh ~** BRIT (*hum*) Ausgehkleid *nt*

frog [frɒg] *n* Frosch *m;* ▶ **to have a ~ in one's <u>throat</u>** einen Frosch im Hals haben

from [frɒm, frəm] *prep* ❶ (*off*) von; (*out of*) aus ❷ (*based on*) **~ here** von hier [aus]; **~ her own experience** aus eigener Erfahrung ❸ (*leaving*) von ❹ (*after*) von; **~ tomorrow** ab morgen ❺ (*originating*) aus ❻ (*separated*) **a mile ~ home** eine Meile von zu Hause entfernt ❼ (*belonging*) **who is the card ~?** von wem ist die Karte? ❽ (*made of*) aus ❾ (*deducted*) **3 ~ 16 is 13** 16 minus 3 ist 13 ❿ (*due to*) **he died ~ his injuries** er starb an seinen Verletzungen

front [frʌnt] **I.** *n* ❶ Vorderseite *f; of building* Front *f;* **to lie on one's ~** auf dem Bauch liegen; **from the ~** von vorne ❷ (*area*) **the ~** der vordere Bereich; **at the ~** vorn[e] ❸ (*ahead*) **in ~** vorn[e]; **in ~ of** vor +*akk o dat* ❹ (*advance*) **up ~** im Voraus ❺ **to put on a bold ~** kühn auftreten ❻ (*activity*) Front *f;* **on the domestic ~** an der Heimfront **II.** *adj attr* vorder[st]e(r, s); **~ garden**

Vorgarten *m* **III.** *vt* ❶ (*head*) vorstehen +*dat* ❷ TV moderieren

front door *n* Vordertür *f; of house* Haustür *f* **front page** *n* Titelseite *f;* **to make the ~** auf die Titelseite kommen

frost [frɒst] **I.** *n* Frost *m;* **12 degrees of ~** 12 Grad minus **II.** *vt* AM *cake* glasieren

frosty ['frɒsti] *adj* frostig; (*iced*) vereist

froth [frɒθ, AM frɑ:θ] **I.** *n no pl* ❶ Schaum *m* ❷ (*esp pej: entertainment*) seichte Unterhaltung ▶ **to get into a ~** durchdrehen *fam* **II.** *vi* schäumen; **to ~ at the mouth** *dog* Schaum vor dem Mund haben; (*be angry*) vor Wut schäumen **III.** *vt* **to ~ sth [up]** etw aufschäumen

F

frown [fraʊn] **I.** *vi* die Stirn runzeln; (*in thought*) nachdenklich die Stirn runzeln; **to ~ at sb/sth** jdn/etw missbilligend ansehen **II.** *n* Stirnrunzeln *nt kein pl;* **~ of disapproval** missbilligender Blick

froze [frəʊz] *pt of* **freeze**

frozen [frəʊzᵊn] **I.** *pp of* **freeze** **II.** *adj* gefroren; *food* [tief]gefroren; **~ food** Tiefkühlkost *f*

fruit [fru:t] *n* Frucht *f;* (*collectively*) Obst *nt*

fruitcake *n no pl* Früchtebrot *nt*

frustrated [frʌs'treɪtɪd] *adj* frustriert

frustration [frʌs'treɪʃᵊn] *n* Frustration *f;* **to work off one's ~** seinen Frust abreagieren

fry [fraɪ] **I.** *vt, vi* <-ie-> braten **II.** *n pl* Brut *f;* ▶ **small ~** kleine Fische; (*person*) kleiner Fisch

frying pan ['fraɪɪŋ-] *n* Bratpfanne *f*

fuck [fʌk] (*vulg*) **I.** *n* Fick *m* **II.** *interj* Scheiße! **III.** *vt* ❶ vögeln; **go ~ yourself!** verpiss dich! ❷ **~ that idea** scheiß auf diese Idee; **~ you!** leck mich am Arsch! **IV.** *vi* ficken; (*confuse*) **to ~ with sb** jdn verscheißern

fuel ['fju:ᵊl] **I.** *n* Brennstoff *m;* (*for engines*) Treibstoff *m* **II.** *vt* <BRIT -ll- *or* AM *usu* -l-> ❶ **to be ~led [by sth]** [mit etw] betrieben werden ❷ (*fig*) nähren; *resentment* schüren

full [fʊl] **I.** *adj* voll (**of** von); (*sated*) satt; (*detailed*) vollständig; *life* ausgefüllt; **~ of tears/surprises** voller Tränen/Überraschungen; **look ~ of hatred** hasserfüllter Blick; **to be ~ of sth** (*keen*) von etw *dat* ganz begeistert sein; **to be ~ of oneself** eingebildet sein; **with one's mouth ~** mit vollem Mund; **[at] ~ speed** mit voller Geschwindigkeit; **~ steam ahead** Volldampf voraus **II.** *adv* voll; (*directly*) direkt **III.** *n* **in ~** zur Gänze; **to the ~** bis zum Äußersten

fullback *n* Außenverteidiger(in) *m(f);* (*at end of field*) Schlussspieler(in) *m(f)*

full moon *n* Vollmond *m* **full stop** *n* ❶ BRIT, AUS (*punctuation*) Punkt *m* ❷ (*halt*) **to come to a ~** zum Stillstand kommen ❸ BRIT **I'm not going, ~** ich gehe nicht und damit Schluss **full time** *n* SPORTS Spielende *nt* **full-time** **I.** *adj* ganztägig; **~ job** Vollzeitbeschäftigung *f;* **~ score** Endstand *m* **II.** *adv* ganztags

fully ['fʊli] *adv* völlig; (*in detail*) detailliert; **~ booked** ausgebucht

fume [fju:m] **I.** *n usu pl* **~s** Abgase *pl* **II.** *vi* vor Wut schäumen

fun [fʌn] **I.** *n no pl* Spaß *m;* **it was good ~** es hat viel Spaß gemacht; **that sounds like ~** das klingt gut; **what ~!** super!; **to be full of ~** immer unternehmungslustig sein; **to spoil sb's ~** jdm den Spaß verderben ▶ **~ and games** das reine Vergnügen **II.** *adj* <-nn-> (*fam*) lustig

fund [fʌnd] **I.** *n* Fonds *m;* **disaster ~** Notfonds *m;* **~s** *pl* [finanzielle] Mittel; **to allocate ~s** Gelder bewilligen **II.** *vt* finanzieren; **privately ~ed** frei finanziert

funeral ['fju:nᵊrəl] *n* Beerdigung *f*

funeral parlour *n* Bestattungsunternehmen *nt*

funfair *n* BRIT Vergnügungspark *m;* (*temporary*) Rummelplatz *m*

funnel [ˈfʌnᵊl] **I.** *n* Trichter *m;* (*on ship*) Schornstein *m* **II.** *vt* <BRIT -ll- *or* AM *usu* -l-> zuleiten **III.** *vi* fließen

funny [ˈfʌni] **I.** *adj* lustig; (*odd*) komisch; (*shady*) verdächtig; **~ business** krumme Sachen **II.** *adv* (*fam*) komisch

fur [fɜːʳ] **I.** *n* ① *no pl* Fell *nt* ② (*processed*) Pelz *m;* ▶ **the ~ flies** die Fetzen fliegen **II.** *vi* <-rr-> **to ~ up** *kettle* verkalken

furious [ˈfjʊəriəs] *adj* ① [sehr] wütend; *argument* heftig ② (*intense*) heftig; **at a ~ pace** in rasender Geschwindigkeit; **fast and ~** rasant

furnish [ˈfɜːnɪʃ] *vt* ① *room* einrichten ② (*supply*) liefern; **to ~ sb with sth** jdn mit etw *dat* versorgen

furniture [ˈfɜːnɪtʃəʳ] *n no pl* Möbel *pl;* **piece of ~** Möbelstück *nt;* **to be part of the ~** (*fig*) zum Inventar gehören

furry [ˈfɜːri] *adj* pelzig; (*longer*) wollig

further [ˈfɜːðəʳ] **I.** *adj comp of see* **far** ① weiter [entfernt] ② (*additional*) weiter; **until ~ notice** bis auf Weiteres **II.** *adv comp of see* **far** ① weiter; **a bit ~ on** [noch] etwas weiter ② (*greater*) weiter; **~ and ~** [immer] weiter; **to take sth ~** mit etw *dat* weitermachen ③ (*more*) [noch] weiter; **I have nothing ~ to say** ich habe nichts mehr zu sagen; **to not go any ~** nicht weitergehen **III.** *vt* fördern; **to ~ sb's interests** jds Interessen förderlich sein

furthest [ˈfɜːðɪst] **I.** *adj superl of see* **far** am weitesten entfernte(r, s); (*fig*) extremste(r, s) **II.** *adv superl of see* **far** am weitesten; **that's the ~ I can see** weiter [entfernt] erkenne ich nichts mehr

fuse [fjuːz] **I.** *n* Sicherung *f; of bomb* Zündvorrichtung *f;* ▶ **sb has a short ~** jd wird schnell wütend **II.** *vi* ① BRIT **the lights have ~d** die Sicherungen der Lampen sind durchgebrannt ② (*join*) sich vereinigen; **to ~ together** miteinander verschmelzen **III.** *vt* BRIT **to ~ sth** die Sicherung einer S. *gen* zum Durchbrennen bringen

fuse box *n* Sicherungskasten *m*

fuss [fʌs] **I.** *n* [übertriebene] Aufregung; (*attention*) Getue *nt pej;* **to make a ~** einen Aufstand machen; **to make a ~ about sth** um etw *akk* viel Aufhebens machen **II.** *vi* **to ~ with sth** [hektisch] an etw *dat* herumhantieren **III.** *vt* **stop ~ing me!** lass mich doch in Ruhe!

fussy [ˈfʌsi] *adj* pingelig; (*overdone*) überladen

future [ˈfjuːtʃəʳ] **I.** *n usu sing* Zukunft *f;* **plans for the ~** Zukunftspläne *pl;* **at some point in the ~** irgendwann einmal; **in the near ~** in naher Zukunft **II.** *adj attr* zukünftig; **for ~ reference** zur späteren Verwendung

fuze *n, vt, vi* AM *see* **fuse**

fuzzy [ˈfʌzi] *adj* flaumig; (*frizzy*) wuschelig; **my head is so ~** ich bin ganz benommen

Gg

G <*pl* -'s>, **g** <*pl* -'s> [dʒiː] *n* ❶ G *nt*, g *nt; see also* **A 1** ❷ MUS G *nt*, g *nt;* **G flat** Ges *nt*, ges *nt;* **G sharp** Gis *nt*, gis *nt*

g[1] [dʒiː] *n* <*pl* -> *abbrev of* **gram** g

g[2] [dʒiː] *n* <*pl* -'s> PHYS *abbrev of* **gravitational acceleration** g

gage *n, vt* AM *see* **gauge**

gain [geɪn] **I.** *n* ❶ *no pl* Zunahme *f kein pl; in speed* Erhöhung *f kein pl* ❷ (*profit*) Gewinn *m* **II.** *vt* gewinnen; *access, entry* sich *dat* verschaffen **III.** *vi* ❶ zunehmen; *prices, numbers* [an]steigen ❷ (*profit*) profitieren

gala ['gɑːlə] *n* ❶ Gala *f* ❷ BRIT (*competition*) Sportfest *nt*

gale [geɪl] *n* Sturm *m;* **~-force wind** Wind *m* mit Sturmstärke

gallery ['gæl(ə)ri] *n* Galerie *f*

gallon ['gælən] *n* Gallone *f;* **imperial/US ~** britische/amerikanische Gallone; **~s of sth** (*fig*) Unmengen *pl* von [*o* an] etw *dat*

gallop ['gæləp] **I.** *vi* galoppieren **II.** *n usu sing* Galopp *m;* **to break into a ~** in Galopp verfallen

gamble ['gæmbl̩] **I.** *n usu sing* Risiko *nt;* **to take a ~** ein Risiko eingehen **II.** *vi* ❶ [um Geld] spielen; **to ~ on dogs/horses** auf Hunde/Pferde wetten ❷ (*risk*) **to ~ on sth** sich auf etw *akk* verlassen; **to ~ that ...** sich darauf verlassen, dass ...

gambling ['gæmbl̩ɪŋ] *n no pl* das Glücksspiel

game[1] [geɪm] **I.** *n* Spiel *nt;* **what's your ~?** (*fig fam*) was soll das?; **to play ~s with sb** (*fig*) mit jdm spielen ▸ **the ~ is up** das Spiel ist aus **II.** *adj* bereit

game[2] [geɪm] *n no pl* Wild *nt;* **big ~** Großwild *nt*

gammon ['gæmən] *n no pl* BRIT leicht geräucherter Schinken

gang [gæŋ] **I.** *n* Gruppe *f; of criminals* Bande *f* **II.** *vi* **to ~ up** sich zusammentun

gangway **I.** *n* ❶ Landungsbrücke *f* ❷ BRIT (*aisle*) [Durch]gang *m* **II.** *interj* (*fam*) **~!** Platz da!

gaol [dʒeɪl] *n* BRIT (*dated*) *see* **jail**

gap [gæp] *n* ❶ Lücke *f a. fig* ❷ (*in time*) Pause *f* ❸ (*difference*) Unterschied *m;* **age ~** Altersunterschied *m*

gap year *n* Gap-Year *nt* (*ein freies Jahr, oft zwischen Schule und Studienantritt*)

garage ['gærɑːʒ] **I.** *n* ❶ Garage *f* ❷ (*repair*) [Kfz-]Werkstatt *f* ❸ BRIT (*dealer*) Autohändler(in) *m(f)* **II.** *vt* in die Garage stellen

garbage ['gɑːbɪdʒ] *n no pl* AM, AUS (*rubbish*) Müll *m a. fig*

garbage can *n* AM, CAN (*dustbin*) Mülleimer *m* **garbage collector** *n* AM, CAN (*dustman*) Müllmann *m fam,* Kehrichtmann *m* SCHWEIZ

garden ['gɑːd(ə)n] **I.** *n* Garten *m;* **back ~** Garten *m* hinter dem Haus; **front ~** Vorgarten *m;* **~s** *pl* Gartenanlage *f*, Gärten *pl* **II.** *vi* im Garten arbeiten

gardener ['gɑːd(ə)nə(r)] *n* Gärtner(in) *m(f)*

gardening ['gɑːd(ə)nɪŋ] *n no pl* Gartenarbeit *f;* (*discipline*) Gartenpflege *f;* **~ tools** Gartengeräte *pl*

gargle ['gɑːgl̩] **I.** *vi* gurgeln **II.** *n no pl* Gurgeln *nt*

garlic ['gɑːlɪk] *n no pl* Knoblauch *m*

gas [gæs] **I.** *n* <*pl* -es> ❶ Gas *nt;* **natural ~** Erdgas *nt* ❷ *no pl* AM (*fam: petrol*) Benzin *nt;* **to get ~** tanken **II.** *vt* <-ss-> vergasen **III.** *vi* <-ss-> (*fam*) quatschen

gas cooker *n* BRIT Gasherd *m;* (*smaller*) Gaskocher *m* **gas fire** *n* BRIT Gasofen *m* **'gas guzzler** *n* AM, CAN (*fam*) AUTO Spritfresser *m*

gash [gæʃ] **I.** *n* <*pl* -es> (*injury*) [tiefe] Schnittwunde; (*tear*) [tiefer] Schlitz **II.** *vt* aufschlitzen; **to ~ sth open** *leg, arm* sich *dat* etw aufreißen; *head, knee, elbow* sich *dat* etw aufschlagen

gasman *n* BRIT (*fam*) Gasableser(in) *m(f)*

gasoline ['gæsᵊliːn] *n* AM Benzin *nt;* **~ tax** Kraftstoffsteuer *f*

gasp [gɑːsp] **I.** *vi* ❶ (*pant*) keuchen; (*inhale*) tief einatmen ❷ (*speak*) nach Luft ringen ❸ BRIT (*fam*) **to be ~ing for sth** großes Verlangen nach etw *dat* haben **II.** *n* **he gave a ~ of amazement** ihm blieb vor Überraschung die Luft weg

gas pipe *n* Gasleitung *f* **gas pump** *n* AM Zapfsäule *f* **gas ring** *n* BRIT Gaskocher *m* **gas station** *n* AM Tankstelle *f* **gas station operator** *n* AM, CAN Tankwart(in) *m(f)* **gas stove** *n* Gasherd *m;* (*smaller*) Gaskocher *m*

gassy ['gæsi] *adj* kohlensäurehaltig

gastroenteritis [ˌgæstrəʊˌentə'raɪtɪs] *n* *no pl* MED Magen-Darm-Katarrh *m*

gastropub [ˌgæstrəʊpʌb] *n* BRIT *Lokal, das die traditionelle Atmosphäre eines Pubs mit einer anspruchsvollen Küche kombiniert*

gasworks *n + sing vb* Gaswerk *nt*

gate [geɪt] *n* ❶ Tor *nt;* (*at airport*) Flugsteig *m,* Gate *nt;* (*to garden, courtyard*) Pforte *f* ❷ (*spectators*) Zuschauerzahl *f* ❸ *no pl* (*money*) Einnahmen *pl*

gatecrash *vt* (*fam*) **to ~ sb's party** bei jdm [he]reinplatzen *fam* **gatecrasher** *n* (*fam*) un[ein]geladener Gast **gatekeeper** *n* Pförtner(in) *m(f)* **gate money** *n no pl* BRIT, AUS Einnahmen *pl* (*aus Eintrittskartenverkäufen*) **gateway** *n* ❶ Eingangstor *nt* ❷ (*fig*) Tor *nt*

gather ['gæðəʳ] **I.** *vt* ❶ (*collect*) sammeln ❷ (*hold*) **to ~ sb in one's arms** jdn in die Arme nehmen ❸ (*pleat*) kräuseln ❹ (*gain*) **to ~ speed** schneller werden ❺ (*understand*) verstehen **II.** *vi* sich sammeln; *crowd* sich versammeln

gathering ['gæðᵊrɪŋ] **I.** *n* Versammlung *f;* **family ~** Familientreffen *nt* **II.** *adj* *clouds, storm* heraufziehend; *darkness* zunehmend

gauge [geɪdʒ] **I.** *n* ❶ (*meter*) Messgerät *nt* ❷ (*bore*) Durchmesser *m* ❸ RAIL Spurweite *f* **II.** *vt* ❶ (*measure*) messen ❷ (*judge*) beurteilen; (*estimate*) [ab]schätzen

gauze [gɔːz] *n no pl* Gaze *f*

gave [geɪv] *pt of* **give**

gay [geɪ] *adj* schwul, gay; **~ bar** Gay Bar *f*

gaze [geɪz] **I.** *vi* starren; **to ~ at sb/sth** jdn/etw anstarren **II.** *n* Blick *m*

GB¹ [ˌdʒiː'biː] *n no pl abbrev of* **Great Britain** GB

GB² [ˌdʒiː'biː] *n* <*pl* -> *abbrev of* **Gigabyte** GB *nt*

gear [gɪəʳ] **I.** *n* ❶ Gang *m;* **to change [*or*, AM shift] ~s** schalten; **~s** *pl* Getriebe *nt; of bicycle* Gangschaltung *f* ❷ *no pl* (*fig*) **to step up a ~** einen Gang zulegen ❸ *no pl* (*equipment*) Ausrüstung *f;* (*clothes*) Kleidung *f* **II.** *vt* ausrichten (**to** auf)

gearbox *n* Getriebe *nt* **gear stick**, AM **gearshift** *n* Schalthebel *m,* Schaltknüppel *m*

gem [dʒem] *n* Edelstein *m;* (*fig*) **a ~ of a car** ein klasse Auto

Gemini ['dʒemɪnaɪ, -niː] *n* ASTROL Zwillinge *pl*

gene [dʒiːn] *n* Gen *nt*

general ['dʒenᵊrᵊl] **I.** *adj* allgemein; **~ impression** Gesamteindruck *m;* **~ meeting** Vollversammlung *f;* **as a ~ rule** im Allgemeinen **II.** *n* General(in) *m(f)*

G

general delivery *n no pl* AM **"~"** „postlagernd" **general election** *n* Parlamentswahlen *pl*

generally ['dʒenᵊrᵊli] *adv* ❶ (*usually*) normalerweise, im Allgemeinen ❷ **to be ~ available** der Allgemeinheit zugänglich sein; **~ speaking** im Allgemeinen

General Post Office *n* Hauptpost *f* **general practitioner** *n* Arzt , Ärztin *m, f* für Allgemeinmedizin, praktischer Arzt/praktische Ärztin **general strike** *n* Generalstreik *m*

generation [ˌdʒenə'reɪʃᵊn] *n* Generation *f*

generator ['dʒenᵊreɪtəʳ] *n* Generator *m;* (*fig*) **~ of new ideas** Ideenlieferant(in) *m(f)*

generous ['dʒenᵊrəs] *adj* großzügig

genetic [dʒə'netɪk] *adj* genetisch; **~ disease** Erbkrankheit *f*

geneticist [dʒə'netɪsɪst] *n* Genetiker(in) *m(f)*

genitalia [ˌdʒenɪ'teɪliə] *n pl*, **genitals** ['dʒenɪtᵊlz] *n pl* Geschlechtsorgane *pl*

genius <*pl* -es> ['dʒiːniəs, *pl* -niaɪ] *n* ❶ Genie *nt* ❷ **to have a ~ for sth** eine [besondere] Gabe für etw *akk* haben

genocide ['dʒenəsaɪd] *n no pl* Völkermord *m*

gent [dʒent] *n* (*hum fam*) *short for* **gentleman** Gentleman *m*

gentle ['dʒentḷ] *adj* sanft; (*loving*) zart; *exercise* leicht; **to be ~ with sb** behutsam mit jdm umgehen

gentleman ['dʒentḷmən] *n* ❶ Gentleman *m* ❷ (*man*) Herr *m;* **ladies and gentlemen** (*to audience*) meine Damen und Herren; **~'s club** Herrenklub *m*

genuine ['dʒenjuɪn] *adj* ❶ (*real*) echt ❷ (*sincere*) ehrlich

genus <*pl* -nera> ['dʒenəs , *pl* -ᵊrə] *n* BIOL Gattung *f*

geography [dʒiː'ɒgrəfi, 'dʒɒg-] *n no pl* Geografie *f;* SCH Erdkunde *f;* **physical ~** Geophysik *f*

geologist [dʒiː'ɒlədʒɪst] *n* Geologe, Geologin *m, f*

geology [dʒiː'ɒlədʒi] *n no pl* Geologie *f*

geotag ['dʒiːəʊˌtæg] **I.** *n* INET Geotag *nt* **II.** *vt -gg-* sie liebt halt das Geotaggen

geotagging ['dʒiːəʊ tægɪŋ] *n no art, no pl* Geotagging *nt*

germ [dʒɜːm] *n* Keim *m,* Bakterie *f;* **to spread ~s** Keime verbreiten

German ['dʒɜːmən] **I.** *n* ❶ Deutsche(r) *f(m)* ❷ *no pl* (*language*) Deutsch *nt* **II.** *adj* deutsch

German measles *n + sing vb* Röteln *pl* **German shepherd** *n* Schäferhund *m*

Germany ['dʒɜːməni] *n* Deutschland

gesture ['dʒestʃəʳ] **I.** *n* Geste *f;* **a ~ of defiance** eine trotzige Geste **II.** *vi* deuten (**to** auf)

get <got, got> [get] **I.** *vt* ❶ (*obtain*) erhalten ❷ (*receive*) bekommen ❸ (*experience*) erleben; **we don't ~ much snow here** hier schneit es nicht sehr viel ❹ (*deliver*) **to ~ sth to sb** jdm etw bringen ❺ (*fam: contract*) sich *dat* holen; **to ~ the flu** sich *dat* die Grippe einfangen ❻ (*fetch*) **can I ~ you a drink?** möchtest du was trinken? ❼ **to ~ a train** einen Zug nehmen; (*catch*) einen Zug erwischen *fam* ❽ (*earn*) verdienen ❾ (*fam: answer*) **to ~ the door** aufmachen ❿ (*induce*) **to ~ sb/sth to do sth** jdn/etw dazu bringen, etw zu tun ⓫ + *pp* (*cause to be*) **to ~ sth confused** etw verwechseln ⓬ (*understand*) verstehen; **to ~ the message** [es] kapieren **II.** *vi* ❶ + *adj* (*become*) werden; **~ well soon!** gute Besserung!; **to ~ used to sth** sich an etw *akk* gewöhnen ❷ + *adv* (*reach*) kommen ❸ (*have chance*) **to ~ to do sth** die Möglichkeit haben, etw zu tun ❹ (*must*) **to have got to do sth** etw machen müssen

◆ **get across** *vt* verständlich machen

◆ **get along** *vi* ❶ *see* **get on II. 1, 2** ❷ (*hurry*) weitermachen

◆ **get around** *vi* ❶ *see* **get round I.** ❷ *see* **get about**

◆ **get at** *vi* ❶ (*fam: imply*) **to ~ at sth** auf etw *akk* hinauswollen *fam* ❷ BRIT, AUS (*fam: criticize*) **to ~ at sb** jdn kritisieren ❸ (*reach*) **to ~ at sth** an etw *akk* rankommen *fam*
◆ **get away** *vi* ❶ (*leave*) fortkommen, wegkommen ❷ (*escape*) **to ~ away [from sb]** [vor jdm] flüchten, [jdm] entkommen ❸ (*fam*) **~ away [with you]!** ach, hör auf! ❹ (*succeed*) **to ~ away with sth** mit etw *dat* durchkommen
◆ **get back I.** *vt* zurückholen; *strength* zurückgewinnen **II.** *vi* zurückkommen
◆ **get behind** *vi* ❶ (*support*) unterstützen ❷ (*be late*) in Rückstand geraten
◆ **get by** *vi* **to ~ by [on/with sth]** [mit etw *dat*] auskommen
◆ **get down I.** *vt* ❶ (*remove*) runternehmen (**from/off** von) ❷ (*depress*) fertigmachen **II.** *vi* ❶ (*descend*) herunterkommen (**from/off** von) ❷ (*bend down*) sich runterbeugen
◆ **get in I.** *vt* ❶ hereinholen ❷ *word* einwerfen ❸ (*fam: find time for*) reinschieben **II.** *vi* ❶ hineingehen ❷ (*arrive*) ankommen
◆ **get into** *vi* ❶ **to ~ into sth** in etw *akk* [ein]steigen ❷ (*affect*) **what's got into you?** was ist in dich gefahren?
◆ **get off I.** *vi* ❶ (*exit*) aussteigen ❷ (*dismount*) absteigen ❸ (*sleep*) **to ~ off [to sleep]** einschlafen ❹ (*unscathed*) davonkommen **II.** *vt* ❶ (*send*) versenden ❷ (*remove*) nehmen von ❸ LAW freibekommen
◆ **get on I.** *vt* anziehen; *hat* aufsetzen **II.** *vi* ❶ (*be friends*) sich verstehen ❷ BRIT (*manage*) vorankommen ❸ (*age*) alt werden
◆ **get out I.** *vi* ❶ *news* herauskommen ❷ AM **~ out [of here]!** ach komm! **II.** *vt* ❶ (*fetch*) herausbringen (**of** aus) ❷ (*remove*) herausbekommen
◆ **get over I.** *vi* ❶ **to ~ over sth** über etw hinwegkommen ❷ **to ~ sth over [with]** etw hinter sich *akk* bringen **II.** *vt idea* rüberbringen
◆ **get round I.** *vi* ❶ *news* sich verbreiten ❷ (*do*) **to ~ round to [doing] sth** es schaffen, etw zu tun **II.** *vt* (*evade*) *the law* umgehen
◆ **get through I.** *vi* ❶ (*make understood*) **to ~ through to sb that/how ...** jdm klarmachen, dass/wie ... ❷ *on phone* zu jdm durchkommen **II.** *vt* ❶ (*use up*) aufbrauchen ❷ (*finish*) erledigen
◆ **get together** *vi* sich treffen
◆ **get up I.** *vt* ❶ (*climb*) hinaufsteigen ❷ (*organize*) zusammenstellen **II.** *vi* aufstehen

get-together *n* (*fam*) Treffen *nt*
ghastly ['gɑ:stli] *adj* ❶ (*fam: frightful*) schrecklich, fürchterlich ❷ (*unpleasant, unwell*) grässlich, scheußlich
gherkin ['gɜ:kɪn] *n* Essiggurke *f*
ghost [gəʊst] *n* Geist *m*; **~ of the past** Gespenst *nt* der Vergangenheit ► **to give up the ~** den Geist aufgeben
ghostly ['gəʊstli] *adj* ❶ geisterhaft ❷ (*eerie*) gespenstisch
giant ['dʒaɪənt] **I.** *n* Riese *m a. fig* **II.** *adj* riesig
giddy ['gɪdi] *adj* schwind[e]lig
gift [gɪft] *n* ❶ Geschenk *nt a. fig* ❷ (*donation*) Spende *f* ❸ (*talent*) Talent *nt*
gifted ['gɪftɪd] *adj* begabt; (*artistic*) begnadet
gig [gɪg] **I.** *n* Gig *m* **II.** *vi* <-gg-> auftreten
gigantic [dʒaɪ'gæntɪk] *adj* gigantisch
giggle ['gɪgl] **I.** *vi* kichern (**at** über) **II.** *n* ❶ Gekicher *nt kein pl*; **to get/have [a fit of] the ~s** einen Lachanfall bekommen ❷ *no pl* BRIT, AUS (*fam*) **to do sth for a ~** etw zum Spaß machen
gimmick ['gɪmɪk] *n* ❶ (*trick*) Trick *m* ❷ (*attraction*) Attraktion *f*
gimmicky ['gɪmɪki] *adj* marktschreierisch
gin [dʒɪn] *n* Gin *m*
ginger ['dʒɪndʒəʳ] **I.** *n no pl* ❶ Ingwer *m*

G

❷ (*colour*) gelbliches Braun **II.** *adj* gelblich braun

gingerbread *n no pl* Lebkuchen *m*

gipsy *n esp* BRIT *see* **gypsy**

giraffe <*pl* -s> [dʒɪ'rɑːf] *n* Giraffe *f*

girl [gɜːl] *n* Mädchen *nt*

girlfriend *n* Freundin *f* **Girl Guide** *n* BRIT (*dated*) Pfadfinderin *f*

give [gɪv] **I.** *vt* <gave, given> ❶ **to ~ sb sth** jdm etw geben; (*as present*) jdm etw schenken; (*donate*) jdm etw spenden; **what gave you that idea?** wie kommst du denn auf die Idee?; **to ~ sb a cold** jdn mit seiner Erkältung anstecken; **to ~ sb encouragement** jdn ermutigen ❷ (*emit*) **to ~ a cry/groan** aufschreien/aufstöhnen ❸ (*produce*) *result, number* ergeben; *warmth* spenden ❹ (*admit*) **I'll ~ you that** das muss man dir lassen **II.** *vi* <gave, given> ❶ (*donate*) spenden (**to** für) ❷ (*yield*) nachgeben; *bed* federn **III.** *n no pl* Nachgiebigkeit *f;* **to [not] have much ~** [nicht] sehr nachgeben

◆ **give away** *vt* *freebie* verschenken ❷ (*reveal*) **to ~ the game away** alles verraten

◆ **give back** *vt* zurückgeben (**to** +*dat*)

◆ **give in I.** *vi* ❶ (*yield*) nachgeben (**to** +*dat*)*;* **to ~ in to temptation** der Versuchung erliegen ❷ (*surrender*) aufgeben **II.** *vt* abgeben; *document* einreichen

◆ **give off** *vt* abgeben; *smell, smoke* ausströmen

◆ **give out I.** *vi* ❶ (*run out*) ausgehen; *energy* zu Ende gehen ❷ (*fail*) versagen **II.** *vt* ❶ (*distribute*) verteilen (**to** an) ❷ (*announce*) verkünden

◆ **give over I.** *vt* ❶ **to ~ sth over [to sb]** [jdm] etw übergeben ❷ **to be ~n over to sth** für etw *akk* beansprucht werden **II.** *vi* BRIT (*fam*) ❶ (*stop*) aufhören ❷ (*doubt*) **they've doubled your salary? ~ over!** sie haben wirklich dein Gehalt verdoppelt?!

◆ **give up I.** *vi* aufgeben **II.** *vt* ❶ (*quit*) aufgeben; *habit* ablegen; **to ~ up doing sth** mit etw *dat* aufhören ❷ (*surrender*) **to ~ oneself up [to the police]** sich [der Polizei *dat*] stellen

given ['gɪvᵊn] **I.** *n* gegebene Tatsache; **to take sth as a ~** etw als gegeben annehmen **II.** *adj* ❶ (*certain*) gegeben ❷ (*specified*) festgelegt ❸ (*tend*) **to be ~ to doing sth** gewöhnt sein, etw zu tun, zu etw *dat* neigen **III.** *pp of* **give IV.** *prep* **~ sth** angesichts einer S. *gen*

giver ['gɪvəʳ] *n* Spender(in) *m(f)*

glacier ['glæsiəʳ] *n* Gletscher *m*

glad <-dd-> [glæd] *adj pred* froh; **to be ~ about sth** sich über etw *akk* freuen; **to be ~ for sb** sich für jdn freuen

gladly ['glædli] *adv* gern[e]

glamorous ['glæmᵊrəs] *adj* glamourös

glance [glɑːn(t)s] **I.** *n* Blick *m;* **at first ~** auf den ersten Blick; **to see at a ~** mit einem Blick erfassen **II.** *vi* **to ~ at sth** auf etw *akk* schauen; **to ~ up [from sth]** [von etw *dat*] aufblicken

glare [gleəʳ] **I.** *n* ❶ (*look*) wütender Blick ❷ *no pl* (*light*) grelles Licht **II.** *vi* ❶ (*look*) **to ~ [at sb]** [jdn an]starren ❷ (*shine*) blenden

glass [glɑːs] *n* ❶ *no pl* Glas *nt;* **pane of ~** Glasscheibe *f* ❷ (*cup*) Glas *nt;* **a ~ of water** ein Glas *nt* Wasser ❸ *pl* (*spectacles*) **[a pair of] ~es** eine Brille

glasshouse *n* Gewächshaus *nt*

glazier ['gleɪziəʳ] *n* Glaser(in) *m(f)*

glide [glaɪd] **I.** *vi* ❶ hingleiten ❷ (*fly*) gleiten **II.** *n* Gleiten *nt kein pl*

glider ['glaɪdəʳ] *n* Segelflugzeug *nt*

gliding ['glaɪdɪŋ] *n no pl* Segelfliegen *nt;* **to take sb ~** mit jdm Segelfliegen gehen

glimmer ['glɪməʳ] **I.** *vi* schimmern **II.** *n* Schimmer *m kein pl;* **~ of light** Lichtschimmer *m*

glimpse [glɪm(p)s] **I.** *vt* flüchtig sehen **II.** *n* [kurzer/flüchtiger] Blick

glint [glɪnt] **I.** *vi* glitzern **II.** *n* Glitzern *nt*
glisten ['glɪsᵊn] *vi* glitzern, glänzen
gloat [gləʊt] *vi* sich hämisch freuen; **to ~ over sth** sich an etw *dat* weiden
global ['gləʊbᵊl] *adj* ❶ global ❷ (*entire*) umfassend ▶ **to go ~** (*fam*) auf den Weltmarkt vorstoßen, weltweit Bedeutung erlangen
globe [gləʊb] *n* ❶ **the ~** die Erde; **to circle the ~** die Welt umreisen ❷ (*map*) Globus *m*
globetrotter *n* Globetrotter(in) *m(f)*
gloomy ['glu:mi] *adj* ❶ düster ❷ (*dismal*) trostlos; *thoughts* trübe; **to be ~ about sth** für etw *akk* schwarzsehen
glorious ['glɔ:riəs] *adj* ❶ glorreich ❷ (*splendid*) prachtvoll
glory ['glɔ:ri] *n* ❶ *no pl* (*honour*) Ruhm *m* ❷ (*splendour*) Herrlichkeit *f*, Pracht *f* ❸ *no pl* REL Ehre *f*; ▶ **~ be!** Gott sei Dank!
glossy ['glɒsi] **I.** *adj* glänzend; **~ paper** Hochglanzpapier *nt* **II.** *n* ❶ Hochglanzmagazin *nt* ❷ AM, AUS (*picture*) [Hoch]glanzabzug *m*
glove [glʌv] *n usu pl* Handschuh *m*; **rubber ~s** Gummihandschuhe *pl*; **to fit like a ~** wie angegossen passen
glove compartment *n* Handschuhfach *nt*
glow [gləʊ] **I.** *n no pl* Leuchten *nt*; *of lamp, sun* Scheinen *nt*; *of cigarette, sunset* Glühen *nt* **II.** *vi* ❶ leuchten ❷ (*red hot*) glühen
glucose ['glu:kəʊs] *n no pl* Traubenzucker *m*
glue [glu:] **I.** *n* Klebstoff *m* **II.** *vt* kleben; **to ~ sth on** etw ankleben; **to ~ sth together** etw zusammenkleben
glue stick *n* Klebestift *m*
gluten ['glu:tᵊn] *n* Gluten *nt*
gluten-free *adj* glutenfrei
gluten intolerance *n* Glutenunverträglichkeit *f*
gnaw [nɔ:] **I.** *vi* nagen *a. fig* (**on/[away] at** an) **II.** *vt* ❶ **to ~ sth** an etw *dat* kauen ❷ (*fig*) **to be ~ed by guilt** von Schuld geplagt sein
go [gəʊ] **I.** *vi* <goes, went, gone> ❶ (*proceed*) gehen; *vehicle* fahren; *plane* fliegen; **you ~ first!** geh du zuerst!; **to ~ towards sb/sth** auf jdn/etw zugehen; **to ~ home** nach Hause gehen ❷ (*travel*) reisen; **to ~ by bike** mit dem Fahrrad fahren; **to ~ on [a] holiday** in Urlaub gehen; **to ~ to Italy** nach Italien fahren; **to ~ on a journey** [*or* **trip**] verreisen, eine Reise machen; **to ~ by plane** fliegen; **to ~ abroad** ins Ausland gehen ❸ (*disappear*) verschwinden; **where have my keys ~ne?** wo sind meine Schlüssel hin?; **to ~ missing** verschwinden ❹ (*leave*) gehen; **the bus has ~ne** der Bus ist schon weg; **to let ~ of sth** etw loslassen ❺ (*attend*) **to ~ to a concert** ins Konzert gehen; **to ~ to the doctor** zum Arzt gehen ❻ + *adj* (*become*) werden; **the line has ~ne dead** die Leitung ist tot; **I went cold** mir wurde kalt; **to ~ to sleep** einschlafen ❼ + *adj* (*be*) **to ~ hungry** hungern ❽ (*turn out*) **how did your party ~?** und, wie war deine Party?; **how are things ~ing?** und, wie läuft's?; **things have ~ne well** es ist gut gelaufen; **to ~ from bad to worse** vom Regen in die Traufe kommen; **to ~ wrong** schieflaufen ❾ (*pass*) vergehen; **only two days to ~** nur noch zwei Tage ❿ (*begin*) **one, two, three, ~!** eins, zwei, drei, los! ⓫ (*belong*) hingehören; **where do you want that to ~?** wo soll das hin? ⓬ (*be awarded*) **to ~ to sb** an jdn gehen; *property* auf jdn übergehen ⓭ (*extend*) gehen; **the meadow ~es down to the stream** die Weide erstreckt sich bis hinunter zum Bach ⓮ (*function*) *watch* gehen; **to get sth ~ing** etw in Gang bringen; **to keep a fire ~ing** ein Feuer am Brennen halten ⓯ (*have recourse*) gehen; **to ~ to the police** zur

Polizei gehen ⑯ (*match*) **to ~ with sth** [zu etw] passen ⑰ (*fit*) **five ~es twice into ten** fünf geht zweimal in zehn; **will that ~ into the suitcase?** wird das in den Koffer passen? ⑱ (*be sold*) weggehen; **to ~ to sb** an jdn gehen; **to be ~ing cheap** billig zu haben sein ⑲ (*sound*) machen; **there ~es the bell** es klingelt; **with sirens ~ing** mit heulender Sirene ⑳ (*accepted*) **anything ~es** alles ist erlaubt **II.** *aux vb future tense* **to be ~ing to do sth** etw tun werden **III.** *vt* <goes, went, gone> ① (*become*) **my mind went a complete blank** ich hatte voll ein Brett vorm Kopf! ② (*fam: say*) **she ~es to me: I never want to see you again!** sie sagt zu mir: ich will dich nie wieder sehen! **IV.** *n* <*pl* -es> ① (*turn*) **it's Stuart's ~ now** jetzt ist Stuart dran; **can I have a ~?** darf ich mal? ② (*attempt*) Versuch *m;* **at one ~** auf einen Schlag ③ *no pl* (*energy*) Antrieb *m;* **full of ~** voller Elan ④ (*fam: activity*) **it's all ~ here** hier ist immer was los ⑤ **to have a ~ at sb** (*criticize*) jdn runtermachen; (*attack*) über jdn herfallen ▶ **from the word ~** von Anfang an

◆ **go about I.** *vi* ① herumlaufen; (*with car*) herumfahren; **to ~ about in groups** in Gruppen herumziehen ② (*be in circulation*) *rumour, illness* herumgehen **II.** *vt* ① (*treat*) *problem* angehen ② **to ~ about one's business** seinen Geschäften nachgehen

◆ **go after** *vi* **to ~ after sb** ① (*follow*) nach jdm gehen ② (*chase*) jdn verfolgen

◆ **go against** *vi* **to ~ against sb** ① (*disfavour*) zu jds Ungunsten *pl* ausgehen ② (*disobey*) sich jdm widersetzen

◆ **go ahead** *vi* ① vorgehen; (*in vehicle*) vorausfahren ② (*proceed*) vorangehen; (*speak*) losschießen

◆ **go along** *vi* ① entlanggehen; (*in vehicle*) entlangfahren ② (*progress*) weitergehen ③ (*accompany*) mitgehen ④ (*agree*) **to ~ along with sth** etw zustimmen

◆ **go around** *vi* ① (*move around*) **they went around Europe for two months** sie reisten zwei Monate lang durch Europa ② (*move in a curve*) herumgehen um +*akk; vehicle* herumfahren um +*akk* ③ (*be in circulation*) *rumour, illness* herumgehen ④ (*be enough*) **there won't be enough soup to ~ around** die Suppe wird nicht für alle reichen

◆ **go at** *vi* ① (*attack*) **to ~ at sb** auf jdn losgehen; (*fig: eat ravenously*) **to ~ at sth** über etw *akk* herfallen ② (*work*) **to ~ at it** loslegen

◆ **go away** *vi* weggehen; (*in vehicle*) wegfahren; **~ away!** geh weg!

◆ **go back** *vi* ① zurückgehen; **to ~ back to sb** zu jdm zurückkehren ② (*revert*) **to ~ back to sth** auf etw *akk* zurückgreifen; **to ~ back to doing sth** wieder mit etw *dat* anfangen ③ (*reverse*) zurückgehen

◆ **go beyond** *vi* **to ~ beyond sth** ① (*pass*) an etw *dat* vorübergehen ② (*exceed*) über etw *akk* hinausgehen

◆ **go by** *vi* ① vorbeigehen ② (*of time*) vergehen ③ AM (*visit*) **to ~ by sb** bei jdm vorbeischauen

◆ **go down** *vi* ① (*descend*) hinuntergehen; (*follow*) entlanggehen; *sun, moon* untergehen ② (*lessen, deteriorate*) nachlassen; **to ~ down in sb's opinion** in jds Ansehen sinken ③ (*beaten*) unterliegen; **to ~ down fighting** kämpfend untergehen ④ (*sicken*) **to ~ down with the flu** die Grippe bekommen

◆ **go for** *vi* ① (*fetch*) holen ② (*try*) **~ for it!** nichts wie ran! ③ (*attack*) **to ~ for sb** auf jdn losgehen ④ (*apply*) **that ~es for me too** das gilt auch für mich

◆ **go in** *vi* ① hineingehen ② (*fit*) hineinpassen ❸ *worker* arbeiten gehen ❹ (*hide*) **as soon as the sun ~es in, ...** sobald es sich bewölkt, ... ❺ (*cooperate*) **to ~ in with sb** sich mit jdm zusammentun

◆ **go into** *vi* ❶ **to ~ into sth** in etw *akk* gehen ❷ (*crash*) **to ~ into sth** in etw *akk* hineinfahren ❸ (*check*) **to ~ into sth** etw erörtern ❹ **to ~ into action** in Aktion treten; **to ~ into detail** ins Detail gehen; **to ~ into effect** in Kraft treten; **to ~ into journalism** Journalist/Journalistin werden; **to ~ into reverse** in den Rückwärtsgang schalten; **to ~ into a trance** in Trance [ver]fallen

◆ **go off** *vi* ❶ weggehen; THEAT abgehen ❷ *light* ausgehen ❸ *alarm* losgehen ❹ *bomb* hochgehen

◆ **go on** *vi* ❶ weitergehen; *vehicle* weiterfahren; **to ~ on ahead** vorausgehen ❷ (*extend*) sich erstrecken ❸ (*continue*) weitermachen; **I can't ~ on** ich kann nicht mehr; **to ~ on trying** es weiter versuchen ❹ (*criticize*) **to ~ on at sb** an jdm herumnörgeln ❺ (*happen*) passieren; **what's ~ing on here?** was geht denn hier vor? ❻ (*start*) anfangen; **to ~ on a diet** auf Diät gehen; **to ~ on the dole** stempeln gehen; **to ~ on strike** in den Streik treten; **to ~ on tour** auf Tournee gehen ❼ *lights* angehen ❽ (*encouraging*) **~ on, have another drink** na komm, trink noch einen

◆ **go out** *vi* ❶ [hinaus]gehen; **to ~ out to work** arbeiten gehen; **to ~ out shopping** einkaufen gehen ❷ (*emigrate*) auswandern ❸ (*visit*) ausgehen; **to ~ out for a meal** essen gehen ❹ (*date*) **to ~ out with sb** mit jdm gehen ❺ *fire* ausgehen ❻ *tide* zurückgehen; **when the tide ~es out** bei Ebbe

◆ **go over** *vi* ❶ (*cross*) hinübergehen; (*in vehicle*) hinüberfahren ❷ (*visit*) **to ~ over to sb** zu jdm rübergehen ❸ (*change*) **to ~ over to sth** zu etw *dat* übergehen; **to ~ over to the enemy** zum Feind überlaufen ❹ (*be received*) **to ~ over [well]** [gut] ankommen

◆ **go through** *vi* ❶ durchgehen ❷ (*experience*) durchmachen ❸ (*be approved*) *plan* durchgehen ❹ (*use up*) aufbrauchen

◆ **go together** *vi* zusammenpassen

◆ **go under** *vi* ❶ untergehen ❷ (*fail*) scheitern

◆ **go up** *vi* ❶ hinaufgehen; (*climb*) hinaufsteigen ❷ (*increase*) steigen; **everything is ~ing up!** alles wird teurer! ❸ (*approach*) **to ~ up to sb/sth** auf jdn/etw zugehen ❹ (*extend*) **to ~ up to sth** [bis] zu etw *dat* hingehen

◆ **go with** *vt* ❶ (*accompany*) **to ~ with sb** mit jdm mitgehen; **to ~ with sth** zu etw *dat* gehören ❷ (*be associated with*) **to ~ with sth** mit etw *dat* einhergehen

◆ **go without** *vi* **to ~ without sth** ohne etw *akk* auskommen

go-ahead ['gəʊəhed] **I.** *n no pl* Erlaubnis *f* (**for** zu); **to give the ~** grünes Licht geben **II.** *adj* BRIT, AUS fortschrittlich

goal [gəʊl] *n* ❶ Ziel *nt* ❷ SPORTS Tor *nt*

goalkeeper, *fam* **goalie** ['gəʊli] *n* Tormann, Torfrau *m, f*

goat [gəʊt] *n* Ziege *f;* **~'s milk** Ziegenmilch *f;* ► **to get sb's ~** jdn auf die Palme bringen

goatee [gəʊ'ti:] *n* Spitzbart *m*

go-between ['gəʊbɪˌtwi:n] *n* Vermittler(in) *m(f)*

god [gɒd] *n* Gott *m;* **~ of war** Kriegsgott *m*

godchild *n* Patenkind *nt* **goddaughter** *n* Patentochter *f*

goddess <*pl* -es> ['gɒdes] *n* Göttin *f;* **screen ~** [Film]diva *f*

godfather *n* ❶ (*godparent*) Patenonkel *m,* Pate *m* ❷ (*mafia*) Pate *m* **godmother** *n* Patentante *f,* Patin *f;* **fairy**

G

~ gute Fee **godparent** *n* Pate, Patin *m, f* **godsend** *n* (*fam*) Gottesgeschenk *nt* **godson** *n* Patensohn *m*

goes [gəʊz] *3rd pers sing of* **go**

goggle-box *n* BRIT (*fam*) Glotze *f*

going ['gəʊɪŋ] **I.** *n* ① Gehen *nt* ② (*departure*) Weggang *m* ③ (*conditions*) **rough** ~ ungünstige Bedingungen **II.** *adj* **to get/keep sth** ~ etw in Gang bringen/halten

goings-on *n pl* Vorfälle *pl*

gold [gəʊld] *n* Gold *nt;* ▶ [**as**] **good as** ~ mustergültig

gold coin *n* Goldmünze *f*

golden ['gəʊldᵊn] *adj* golden *a. fig;* ~ **brown** goldbraun

goldfish *n* Goldfisch *m* **gold medal** *n* Goldmedaille *f* **goldmine** *n* Goldmine *f;* (*fig*) Goldgrube *f fam*

golf [gɒlf] **I.** *n no pl* Golf *nt;* **a round of** ~ eine Runde Golf; ~ **cart** Golfwagen *m* **II.** *vi* Golf spielen

golf ball *n* Golfball *m* **golf club** *n* ① Golfschläger *m* ② + *sing/pl vb* (*members*) Golfclub *m* **golf course** *n* Golfplatz *m*

golfer ['gɒlfəʳ] *n* Golfer(in) *m(f)*

golf links *n pl* AM Golfplatz *m;* BRIT Golfplatz *m* an der Küste

gone [gɒn] **I.** *pp of* **go** **II.** *prep* BRIT **it's just ~ ten o'clock** es ist kurz nach zehn Uhr **III.** *adj* ① (*missing*) weg ② (*dead*) tot; **to be pretty far** ~ beinahe tot sein

good [gʊd] **I.** *adj* <better, best> ① gut; *weather* schön; ~ **morning** guten Morgen; **have a ~ day!** schönen Tag noch!; **to have a ~ time** [viel] Spaß haben; **to do a ~ job** gute Arbeit leisten; **it's a ~ job [that] ...** zum Glück ... ② (*kind*) **it was very ~ of you to help us** es war sehr lieb von dir, uns zu helfen ③ (*thorough*) gut; **to have a ~ laugh** ordentlich lachen ④ (*substantial*) beträchtlich; **to make ~ money** gutes Geld verdienen ⑤ (*reliable*) **to be [as] ~ as one's word** vertrauenswürdig sein ⑥ **as ~ as ...** (*almost*) so gut wie ... ▶ **it's as ~ as it gets** besser wird's nicht mehr **II.** *adv* ① AM, DIAL (*fam: well*) gut ② (*fam: thoroughly*) gründlich **III.** *n no pl* ① Gute(s) *nt;* ~ **and evil** Gut und Böse; **to be up to no** ~ nichts Gutes im Schilde führen; **the** ~ *pl* die Guten *pl* ② (*benefit*) Wohl *nt;* **for the ~ of his health** seiner Gesundheit zuliebe

goodbye, AM *a.* **goodby** **I.** *interj* [gʊd)-'baɪ] auf Wiedersehen; **to wave** ~ zum Abschied winken **II.** *n* [gʊd'baɪ] Abschied *m;* **to say one's ~s** sich verabschieden

good-for-nothing **I.** *n* Taugenichts *m* **II.** *adj* nichtsnutzig **Good Friday** *n* Karfreitag *m* **good-humoured**, AM **good-humored** [ˌgʊd'hjuːməd] *adj* ① (*cheerful*) fröhlich ② (*good-natured*) gutmütig **good-looking** *adj* <more good-looking, most good-looking> gut aussehend **good-natured** *adj* gutmütig

goodness ['gʊdnəs] **I.** *n no pl* ① (*virtue*) Tugendhaftigkeit *f* ② (*kindness*) Freundlichkeit *f,* Güte *f* ③ *of food* Wertvolle(s) *nt* ④ (*for emphasis*) ~ **knows** weiß der Himmel; **thank** ~ Gott sei Dank **II.** *interj* **my ~!** [ach du] meine Güte!

goods [gʊdz] **I.** *n pl* Waren *pl,* Güter *pl;* **sports** ~ Sportartikel *pl;* **stolen** ~ Diebesgut *nt* **II.** *adj attr* BRIT ~ **train** Güterzug *m*

good-sized *adj attr* [recht] groß **good-tempered** *adj* gutmütig

goody ['gʊdi] **I.** *n* tolle Sache; (*titbit*) Leckerbissen *m* **II.** *interj* (*usu childspeak*) spitze

google ['guːgl] INET (*fam*) **I.** *vi* googeln, mit Google® [herum]suchen **II.** *vt name* googeln, mit Google® suchen [nach +*dat*]

goose [guːs] *n* <*pl* geese> Gans *f* ▶ **to cook sb's** ~ jdm die Suppe versalzen,

jdm alles verderben
gooseberry ['gʊzbᵊri] *n* Stachelbeere *f* ▶ **to play** ~ BRIT das fünfte Rad am Wagen sein
gooseflesh *n no pl, esp* AM **goose-bumps** *n pl*, **goose pimples** *n pl* Gänsehaut *f kein pl*
gorge [gɔːdʒ] **I.** *n* Schlucht *f* **II.** *vi* sich vollessen **III.** *vt* **to** ~ **oneself on sth** sich mit etw *dat* vollstopfen
gorgeous ['gɔːdʒəs] *adj* ❶ herrlich, großartig; **the bride looked** ~ die Braut sah zauberhaft aus ❷ (*fam: pleasant*) ausgezeichnet, fabelhaft
gorilla [gə'rɪlə] *n* Gorilla *m a. fig*
gorse [gɔːs] *n no pl* Stechginster *m*
gory ['gɔːri] *adj* blutig; *film* blutrünstig
go-slow *n* BRIT Bummelstreik *m*
gospel ['gɒspᵊl] *n* **the** ~ das Evangelium; (*fig*) die Grundsätze *pl;* **to take sth as** ~ etw für bare Münze nehmen
gossip ['gɒsɪp] **I.** *n* ❶ *no pl* Klatsch *m;* **idle** ~ leeres Geschwätz ❷ (*pej: person*) Tratschbase *f* **II.** *vi* schwatzen
gossip column *n* Klatschspalte *f*
got [gɒt] *pt, pp of* **get**
gotten ['gɒtᵊn] AM, AUS *pp of* **got**
government ['gʌvᵊnmənt] *n* Regierung *f;* **local** ~ Kommunalverwaltung *f;* **in** ~ BRIT, AUS an der Regierung; ~ **agency** Behörde *f;* ~ **grant** staatlicher Zuschuss; ~ **property** Staatseigentum *nt;* ~ **spending** Staatsausgaben *pl;* ~ **subsidy** Subvention *f*
GP [ˌdʒiː'piː] *n abbrev of* **general practitioner**
GPO [ˌdʒiːpiː'əʊ] *n* BRIT *abbrev of* **General Post Office** Hauptpostamt *nt*
GPS [ˌdʒiːpiː'es] *n abbrev of* **Global Positioning System** GPS *nt*
grab [græb] **I.** *n* Griff *m;* **to make a** ~ **for sth** nach etw *dat* greifen ▶ **to be up for** ~**s** zu haben sein **II.** *vt* <-bb-> ❶ [sich *dat*] schnappen; **to** ~ **hold of sth** etw festhalten ❷ **to** ~ **some sleep** [ein wenig] schlafen **III.** *vi* <-bb-> grapschen; **to** ~ **at sb** jdn begrapschen
grace [greɪs] *n* ❶ *no pl of movement* Grazie *f; of appearance* Anmut *f* ❷ *of behaviour* Anstand *m kein pl;* **social** ~**s** gesellschaftliche Umgangsformen ❸ *no pl* (*favour, mercy*) Gnade *f;* **to fall from** ~ in Ungnade fallen ❹ *no pl* (*prayer*) Tischgebet *nt*
gracious ['greɪʃəs] **I.** *adj* ❶ (*kind*) liebenswürdig ❷ (*merciful*) gnädig **II.** *interj* [**good**] ~ [**me**]! [du] meine Güte!
grade [greɪd] **I.** *n* ❶ (*rank*) Rang *m* ❷ *of salary* Gehaltsstufe *f* ❸ (*of quality*) Qualität *f* ❹ SCH (*mark*) Note *f* ❺ AM (*class*) Klasse *f* ❻ AM (*gradient*) Neigung *f* **II.** *vt* ❶ SCH, UNIV benoten ❷ (*categorize*) einteilen
gradual ['grædʒuəl] *adj* ❶ (*not sudden*) allmählich ❷ (*not steep*) sanft
gradually ['grædʒuəli] *adv* ❶ (*not suddenly*) allmählich ❷ (*not steeply*) sanft
graduate I. *n* ['grædʒuət] ❶ UNIV Absolvent(in) *m(f);* ~ **student** Student(in) *m(f)* mit Universitätsabschluss ❷ AM SCH Schulabgänger(in) *m(f)* **II.** *vi* ['grædʒueɪt] ❶ UNIV einen akademischen Grad erwerben; **to** ~ **with honours** seinen Abschluss mit Auszeichnung machen ❷ AM SCH die Abschlussprüfung bestehen **III.** *vt* ['grædʒueɪt] ❶ (*calibrate*) einteilen ❷ AM (*award degree*) **to** ~ **sb** jdn graduieren
graduation [ˌgrædʒu'eɪʃᵊn] *n* ❶ *no pl* SCH, UNIV (*completion*) [Studien]abschluss *m* ❷ (*ceremony*) Abschlussfeier *f*
grain [greɪn] *n* ❶ Korn *nt*, Körnchen *nt;* ~ **of sand** Sandkorn *nt* ❷ *no pl* (*texture*) Maserung *f*
gram [græm] *n* Gramm *nt*
grammar ['græməʳ] *n* Grammatik *f;* **to be bad** ~ grammatikalisch falsch sein
grammar school *n* ❶ AM (*elementary school*) Grundschule *f* ❷ BRIT (*upper level school*) ≈ Gymnasium *nt*

G

gran [græn] *n* (*fam*) *short for* **grandmother** Oma *f,* Omi *f*
granary bread *no pl*, **granary loaf** *n* BRIT ≈ Mehrkornbrot *nt*
grand [grænd] **I.** *adj* ❶ prächtig, großartig; **to make a ~ entrance** einen großen Auftritt haben ❷ (*fam: excellent*) großartig ❸ (*far-reaching*) **~ ambitions** große Pläne; **on a ~ scale** in großem Rahmen ❹ (*total*) **~ total** Gesamtsumme *f* **II.** *n* ❶ <*pl* -> (*fam: $/ £1000*) Mille *f* ❷ (*piano*) Flügel *m*

G

grandad ['grændæd] *n* (*fam: grandfather*) Opa *m*
grandchild *n* Enkelkind *nt* **granddaughter** *n* Enkeltochter *f* **grandfather** *n* Großvater *m* **grandma** *n* (*fam*) Oma *f,* Omi *f* **grandmother** *n* Großmutter *f* **grandpa** *n* (*fam*) Opa *m,* Opi *f* **grandparent** *n* Großvater, Großmutter *m, f;* **~s** *pl* Großeltern *pl*
grand piano *n* [Konzert]flügel *m*
grandson *n* Enkel[sohn] *m*
grandstand *n* [Haupt]tribüne *f* **grand sum**, **grand total** *n* Gesamtsumme *f*
grannie, **granny** ['græni] *n* (*fam*) Oma *f,* Omi *f*
grant [grɑːnt] **I.** *n* ❶ Zuschuss *m oft pl;* (*subsidy*) Subvention *f* ❷ UNIV Stipendium *nt* **II.** *vt* ❶ (*allow*) **to ~ sb sth** jdm etw gewähren; *favour* jdm etw erweisen ❷ (*confess*) zugeben; **~ed, ...** zugegeben, ...
granulated ['grænjəleɪtɪd] *adj* granuliert; **~ sugar** Kristallzucker *m*
grape [greɪp] *n* [Wein]traube *f;* **a bunch of ~s** eine [ganze] Traube
grapefruit <*pl* -> ['greɪpfruːt] *n* Grapefruit *f* **grape juice** *n* Traubensaft *m* **grapevine** *n* Weinstock *m;* ► **sb hears sth on [*or* through] the ~** etw kommt jdm zu Ohren
graph [grɑːf] *n* Diagramm *nt,* Graph *m;* **bar [*or* block] ~** Säulendiagramm *nt*
graphic ['græfɪk] *adj* ❶ grafisch ❷ (*vivid*) anschaulich; **in ~ detail** haarklein ❸ ART **~ design** Grafikdesign *nt*
graphics ['græfɪks] *n pl* Grafik *f*
grasp [grɑːsp] **I.** *n no pl* ❶ Griff *m;* **to be within sb's ~** (*fig*) zum Greifen nahe sein ❷ **to have a good ~ of a subject** ein Fach gut beherrschen **II.** *vt* [fest] [er]greifen; **to ~ sb by the arm** jdn am Arm fassen **III.** *vi* **to ~ at sth** nach etw *dat* greifen; **to ~ at the opportunity** (*fig*) die Gelegenheit beim Schopfe packen
grass <*pl* -es> [grɑːs] **I.** *n* ❶ Gras *nt* ❷ *no pl* (*fam: dope*) Grass *nt sl* **II.** *vi* BRIT, AUS (*sl*) singen; **to ~ on sb** jdn verpfeifen
grass court *n* Rasenplatz *m* **grasshopper** *n* Heuschrecke *f* **grass snake** *n* AM Grasnatter *f;* BRIT Ringelnatter *f*
grate[1] [greɪt] *n* ❶ Rost *m* ❷ (*hearth*) Kamin *m*
grate[2] [greɪt] **I.** *vi* ❶ kratzen ❷ *noise* in den Ohren wehtun; **to ~ on sb['s nerves]** jdm auf die Nerven gehen **II.** *vt* reiben
grateful ['greɪtfəl] *adj* dankbar
grater ['greɪtəʳ] *n* Reibe *f*
grating ['greɪtɪŋ] **I.** *n* Gitter *nt* **II.** *adj* knirschend
gratitude ['grætɪtjuːd] *n no pl* Dankbarkeit *f*
gratuity [grə'tjuːəti] *n* ❶ Trinkgeld *nt* ❷ AM (*bribe*) **illegal ~** Bestechungsgeld *nt*
grave[1] [greɪv] *n* Grab *nt;* ► **to have one foot in the ~** mit einem Bein im Grab stehen
grave[2] [grɑːv] *adj face, music* ernst; (*bad*) *news* schlimm; (*worrying*) *conditions* bedenklich; *decision* schwerwiegend; *mistake* gravierend
gravel ['grævəl] *n no pl* Kies *m;* **~ road** Schotterstraße *f*
gravel-pit *n* Kiesgrube *f*
gravestone *n* Grabstein *m* **graveyard** *n* Friedhof *m*
gravity ['grævəti] *n no pl* ❶ Schwerkraft

f ❷ (*dignity*) Ernst *m*
gravy [ˈgreɪvi] *n no pl* [Braten]soße *f*
gray *adj* AM *see* **grey**
graze[1] [greɪz] **I.** *n* Schürfwunde *f* **II.** *vt* streifen
graze[2] [greɪz] **I.** *vi* grasen, weiden **II.** *vt* *animals* weiden lassen; *meadow* abgrasen
grease [griːs] **I.** *n* Fett *nt;* ~ **mark** Fettfleck *m* **II.** *vt* [ein]fetten; MECH schmieren ▶ **like ~d lightning** wie ein geölter Blitz
greaseproof paper *n* Pergamentpapier *nt;* (*for oven*) Backpapier *nt*
greasy [ˈgriːsi] *adj* ❶ fettig; *food* fett ❷ (*fig*) schmierig
great [greɪt] **I.** *adj* ❶ (*big*) groß; **a ~ deal of money** eine Menge Geld; **to a ~ extent** im Großen und Ganzen ❷ (*famous*) groß ❸ (*wonderful*) großartig, hervorragend, toll *fam;* **~!** (*iron fam*) na prima! **II.** *adv* (*fam*) **~ big** riesengroß **III.** *n* Größe *f;* (*in titles*) **Alexander the ~** Alexander der Große
Great Britain *n* Großbritannien *nt*
Greater [ˈgreɪtəʳ, AM -tɚ] (*in cities*) **~ London** Groß-London *nt*
great-grandchild *n* Urenkel(in) *m(f)* **great-grandparents** *n pl* Urgroßeltern *pl*
greatly [ˈgreɪtli] *adv* sehr; **~ impressed** tief beeindruckt
greatness [ˈgreɪtnəs] *n no pl* Bedeutsamkeit *f*
Greece [griːs] *n* Griechenland *nt*
greed [griːd] *n no pl* Gier *f* (**for** nach)
greediness [ˈgriːdɪnəs] *n no pl* Gier *f*
greedy [ˈgriːdi] *adj* gierig; (*covetous*) habgierig; **to be ~ for sth** (*fig*) gierig nach etw *dat* sein; **~-guts** + *sing vb* BRIT, AUS (*fam*) [kleiner] Vielfraß
Greek [griːk] **I.** *n* ❶ Grieche(in) *m(f)* ❷ (*language*) Griechisch *nt;* **ancient ~** Altgriechisch *nt;* **modern ~** Neugriechisch *nt* **II.** *adj* griechisch
green [griːn] **I.** *n* ❶ *no pl* Grün *nt* ❷ (*food*) **~s** *pl* Blattgemüse *nt kein pl* ❸ POL **G~** Grüne(r) *f(m)* **II.** *adj* grün; **~ issues** Umweltschutzfragen *pl*
greenback *n* (*fam*) ❶ AM Dollar[schein] *m* ❷ (*frog*) Laubfrosch *m* **green belt** *n* Grüngürtel *m* **green card** *n* ❶ BRIT [internationale] Grüne [Versicherungs]karte ❷ AM Greencard *f Aufenthaltserlaubnis mit Arbeitsgenehmigung* **green electricity** *n no art, no pl* Grünstrom *m;* **certified ~** zertifizierter Grünstrom; **to generate ~** Grünstrom erzeugen **greengrocer** *n* BRIT Obst- und Gemüsehändler(in) *m(f);* **at the ~'s** im Obst- und Gemüseladen **greenhouse** *n* Gewächshaus *nt* **greenhouse effect** *n no pl* **~** Treibhauseffekt *m* **green pepper** *n* grüne Paprikaschote
greet [griːt] *vt* ❶ [be]grüßen; (*receive*) empfangen ❷ (*react*) reagieren; **the unions ~ed his decision with anger** die Gewerkschaften haben seine Entscheidung mit Zorn aufgenommen
greeting [ˈgriːtɪŋ] *n* Begrüßung *f;* **she smiled at me in ~** sie begrüßte mich mit einem Lächeln; **~s** *pl* Grüße *pl*
grenade [grəˈneɪd] *n* Granate *f*
grew [gruː] *pt of* **grow**
grey [greɪ] **I.** *n no pl* Grau *nt* **II.** *adj* grau *a. fig; face* [asch]grau
greyhound *n* Windhund *m*
grid [grɪd] *n* ❶ Gitter *nt* ❷ (*lines*) Gitternetz *nt*
grief [griːf] *n no pl* ❶ tiefe Trauer, Kummer *m* ❷ (*bother*) **to come to ~** (*fail*) scheitern; (*have an accident*) zu Schaden kommen ❸ **good ~!** du liebe Zeit!
grill [grɪl] **I.** *n* Grill *m;* (*barbecue*) [Grill]rost *m* **II.** *vt* ❶ grillen ❷ (*fam: interrogate*) ausquetschen
grim [grɪm] *adj* ❶ grimmig, verbissen ❷ (*unpleasant*) trostlos; **to feel ~** sich miserabel fühlen
grin [grɪn] **I.** *n* Grinsen *nt kein pl* **II.** *vi* grinsen ▶ **to ~ and bear it** gute Miene zum bösen Spiel machen
grind [graɪnd] **I.** *n no pl* (*fam*) **the daily**

G

~ der tägliche Trott; **to be a real ~** sehr mühsam sein **II.** *vt* <ground, ground> ❶ mahlen; AM, AUS *meat* fein hacken; **to ~ sth [in]to a powder** etw fein zermahlen ❷ *knife* schleifen

◆ **grind down** *vt* ❶ abschleifen; *mill* zerkleinern ❷ (*wear*) abtragen ❸ (*tyre*) zermürben

◆ **grind out** *vt* ❶ (*produce*) ununterbrochen produzieren ❷ *cigarette* ausdrücken

grindstone ['graɪn(d)stəʊn] *n* Schleifstein *m;* ▶ **to keep one's nose to the ~** sich [bei der Arbeit] ranhalten

grip [grɪp] **I.** *n* Griff *m kein pl a. fig;* **to keep a [firm] ~ on sth** etw festhalten **II.** *vt* <-pp-> ❶ packen ❷ (*fig*) packen; (*interest*) fesseln **III.** *vi* <-pp-> greifen

gristle ['grɪsl̩] *n no pl* Knorpel *m*

grit [grɪt] **I.** *n no pl* ❶ Splitt *m* ❷ (*fig: courage*) Schneid *m* **II.** *vt* <-tt-> ❶ streuen ❷ **to ~ one's teeth** die Zähne zusammenbeißen *a. fig*

grizzly ['grɪzli] **I.** *adj* BRIT quengelig **II.** *n* Grizzlybär(in) *m(f)*

groan [grəʊn] **I.** *n* Stöhnen *nt kein pl* **II.** *vi* ❶ [auf]stöhnen; **to ~ inwardly** einen inneren Seufzer ausstoßen; **to ~ about sth** (*fig*) sich über etw *akk* beklagen ❷ (*creak*) ächzen

grocer ['grəʊsəʳ] *n* Lebensmittelhändler(in) *m(f)*

grocery ['grəʊsᵊri] *n* Lebensmittelgeschäft *nt*

groggy ['grɒgi] *adj* angeschlagen

groin [grɔɪn] *n* Leiste *f*

groom [gruːm] **I.** *n* ❶ Bräutigam *m* ❷ (*keeper*) Pferdepfleger(in) *m(f)* **II.** *vt* **to ~ a horse** ein Pferd striegeln

groove [gruːv] *n* Rille *f*

groovy <-ie-> ['gruːvi] *adj* (*dated sl*) doll

gross¹ <*pl* -> [grəʊs] *n* Gros *nt;* **by the ~** en gros

gross² [grəʊs] **I.** *adj* ❶ grob ❷ (*ugly*) abstoßend; (*revolting*) ekelhaft **II.** *adj* **~ national product** Bruttosozialprodukt *nt* **III.** *vt* FIN brutto einnehmen

grotty <-ie-> ['grɒti] *adj* BRIT (*fam*) mies; (*soiled*) gammelig

grouchy ['graʊtʃi] *adj* griesgrämig

ground¹ [graʊnd] **I.** *n no pl* ❶ [Erd]boden *m,* Erde *f;* **to fall to the ~** zu Boden fallen; **to go to ~** *animal* in Deckung gehen ❷ *no pl* (*area*) [ein Stück] Land *nt;* **waste ~** brachliegendes Land; **to gain ~** MIL Boden gewinnen; (*fig*) an Boden gewinnen ❸ **~s** *pl* (*environs*) Anlagen *pl* ❹ SPORTS Platz *m,* [Spiel]feld *nt* ❺ **~s** *pl* (*reasons*) Grund *m;* **~s for divorce** Scheidungsgrund *m* ❻ AM ELEC Erde *f;* ▶ **to break new ~** bahnbrechend sein; *person* Neuland betreten **II.** *vt* ❶ **to be ~ed** *plane* nicht starten können ❷ NAUT auf Grund setzen; **to be ~ed** auflaufen

ground² [graʊnd] **I.** *vt pt of* **grind** **II.** *adj* gemahlen **III.** *n* **~s** *pl* [Boden]satz *m kein pl*

ground crew *n + sing/pl vb* AVIAT Bodenpersonal *nt kein pl* **ground floor** *n* Erdgeschoss *nt,* Parterre *nt;* **to live on the ~** parterre [*o* im Erdgeschoss] wohnen **ground frost** *n* Bodenfrost *m*

groundless ['graʊndləs] *adj* grundlos

ground staff *n no pl, + sing/pl vb* ❶ AVIAT Bodenpersonal *nt* ❷ SPORTS Wartungspersonal *nt*

group [gruːp] **I.** *n* ❶ *+ sing/pl vb* Gruppe *f;* **~s of four or five** Vierer- oder Fünfergruppen *pl;* **to get into ~s** sich in Gruppen zusammentun ❷ ECON Konzern *m* **II.** *vt* gruppieren **III.** *vi* sich gruppieren; **to ~ together** sich zusammentun

group ticket *n* Sammelfahrschein *m;* TOURIST Gruppenticket *nt*

grow <grew, grown> [grəʊ] **I.** *vi* wachsen; **to ~ taller** größer werden; **to ~ to like sth** langsam beginnen, etw zu mögen **II.** *vt* ❶ **to ~ sth from seed** etw aus Samen ziehen ❷ **the male deer**

~s large antlers dem Hirsch wächst ein mächtiges Geweih

◆ **grow into** *vi* **to ~ into sth** in etw *akk* hineinwachsen; (*fig*) sich in etw *akk* eingewöhnen

◆ **grow out** *vi* **to ~ out of sth** aus etw *dat* herauswachsen; *adult* für etw *akk* [schon] zu alt sein

◆ **grow up** *vi* ❶ erwachsen werden; **oh, ~ up!** wann wirst du endlich erwachsen? ❷ (*arise*) entstehen

growl [graʊl] **I.** *n* Knurren *nt kein pl* **II.** *vi* knurren; **to ~ at sb** jdn anknurren

grown [grəʊn] **I.** *adj attr* erwachsen; **fully ~** ausgewachsen **II.** *pp of* **grow**

grown-up ['grəʊnʌp] (*fam*) **I.** *n* Erwachsene(r) *f(m)* **II.** *adj* erwachsen

growth [grəʊθ] *n* ❶ *no pl* Wachstum *nt;* **~ industry** Wachstumsindustrie *f* ❷ (*plants*) Triebe *pl*

gruesome ['gruːsəm] *adj* grausig, schauerlich

grumble ['grʌmbl] **I.** *n* Gemurre *nt kein pl* **II.** *vi* murren; **mustn't ~** ich kann nicht klagen

grumpy <-ie-> ['grʌmpi] *adj* (*fam*) mürrisch, brummig, grantig

grunt [grʌnt] **I.** *n* Grunzen *nt kein pl;* **to give a ~** grunzen **II.** *vi* grunzen

guarantee [ˌgær(ə)n'tiː] **I.** *n* Garantie *f;* **two-year ~** Garantie *f* auf 2 Jahre; **to be [still] under ~** [noch] Garantie haben; **money-back ~** Geldzurückgarantie *f* **II.** *vt* garantieren; **to ~ sb sth** jdm etw zusichern; **to ~ that ...** gewährleisten, dass ...

guard [gɑːd] **I.** *n* ❶ Wache *f;* (*sentry*) Wach[t]posten *m;* **prison ~** AM Gefängniswärter(in) *m(f)* ❷ (*stance*) Deckung *f;* **to be on one's ~ [against sth]** (*fig*) [vor etw] auf der Hut sein ❸ (*device*) Schutz *m* **II.** *vt* ❶ bewachen; **heavily ~ed** scharf bewacht ❷ (*not tell*) für sich behalten; **closely ~ed secret** sorgsam gehütetes Geheimnis **III.** *vi* **to ~ against sth** sich vor etw *dat* schützen

guard dog *n* Wachhund *m* **guard duty** *n* Wachdienst *m;* **to be on ~ duty** Wachdienst haben

guardian ['gɑːdiən] *n* ❶ LAW Vormund *m* ❷ (*form: protector*) Hüter(in) *m(f)*

guard rail *n* [Schutz]geländer *nt*

gue(r)rilla [gə'rɪlə] *n* Guerilla *m,* Guerillakämpfer(in) *m(f);* **~ warfare** Guerillakrieg *m*

guess [ges] **I.** *n* <*pl* -es> Vermutung *f;* (*estimate*) Schätzung *f;* **you've got three ~es** dreimal darfst du raten; **lucky ~** Glückstreffer *m;* **to have a ~** raten ▶ **it's anyone's ~** weiß der Himmel **II.** *vi* ❶ raten; **how did you ~?** wie bist du darauf gekommen? ❷ *esp* AM (*suppose*) denken; (*suspect*) annehmen; **I ~ you're right** du wirst wohl Recht haben **III.** *vt* raten; (*estimate*) schätzen; **~ what?** stell dir vor!

guesstimate, guestimate ['gestɪmət] **I.** *n* (*fam*) grobe Schätzung **II.** *vt* **to ~ sth** etw grob schätzen

guest [gest] **I.** *n* Gast *m;* ▶ **be my ~** nur zu! **II.** *vi* als Gaststar auftreten

guesthouse *n* Gästehaus *nt,* Pension *f* **guestroom** *n* Gästezimmer *nt* **guest worker** *n* Gastarbeiter(in) *m(f)*

guidance ['gaɪd(ə)n(t)s] *n no pl* ❶ Beratung *f;* (*direction*) [An]leitung *f;* **spiritual ~** geistiger Rat ❷ (*steering*) Steuerung *f*

guide [gaɪd] **I.** *n* ❶ Führer(in) *m(f);* TOURIST *a.* Fremdenführer(in) *m(f);* **tour ~** Reiseführer(in) *m(f)* ❷ (*book*) Reiseführer *m* ❸ (*hint*) Anhaltspunkt *m* **II.** *vt* ❶ **to ~ sb** jdn führen *a. fig* ❷ (*instruct*) anleiten ❸ (*steer*) führen; **the plane was ~d in to land** das Flugzeug wurde zur Landung eingewiesen

guided ['gaɪdɪd] *adj* ❶ geführt; **~ tour** Führung *f* ❷ (*steered*) [fern]gelenkt; **~ missile** Lenkflugkörper *m*

guide dog *n* Blindenhund *m*

guideline *n usu pl* Richtlinie *f*

guild [gɪld] *n + sing/pl vb* Gilde *f; of craftsmen* Innung *f,* Zunft *f*

guilder ['gɪldəʳ] *n* Gulden *m*

guillotine ['gɪlətiːn] *n* ❶ Guillotine *f,* Fallbeil *nt;* **to go to the ~** unter der Guillotine sterben ❷ BRIT, AUS (*for paper*) Papierschneidemaschine *f*

guilt [gɪlt] *n no pl* Schuld *f;* **feelings of ~** Schuldgefühle *pl*

guilty <-ie-> ['gɪlti] *adj* schuldig; **~ conscience** schlechtes Gewissen; **to prove sb ~** jds Schuld *f* beweisen; **until proven ~** bis die Schuld erwiesen ist

guinea pig *n* Meerschweinchen *nt*

guitar [gɪ'tɑːʳ] *n* Gitarre *f*

guitarist [gɪ'tɑːrɪst] *n* Gitarrist(in) *m(f)*

gulf [gʌlf] *n* ❶ Golf *m;* **the G~** der [Persische] Golf ❷ (*gap*) [tiefe] Kluft

gull [gʌl] *n* Möwe *f*

gullible ['gʌlɪbl̩] *adj* leichtgläubig

gully ['gʌli] *n* [enge] Schlucht *f;* (*drain*) Rinne *f*

gum¹ [gʌm] *n* ~[s] Zahnfleisch *nt kein pl;* **~ shield** Mundschutz *m*

gum² [gʌm] *n* ❶ *no pl* Gummi *nt;* (*on stamps etc.*) Gummierung *f* ❷ (*sweet*) **chewing ~** Kaugummi *m o nt;* **fruit ~** BRIT Fruchtgummi *m o nt* ❸ (*tree*) Gummibaum *m*

gun [gʌn] **I.** *n* ❶ [Schuss]waffe *f;* (*pistol*) Pistole *f;* (*rifle*) Gewehr *nt;* **big ~** Kanone *f;* (*fig*) hohes Tier ❷ SPORTS Startpistole *f;* **to jump the ~** einen Frühstart verursachen ❸ AM (*person*) Bewaffnete(r) *f(m);* **hired ~** Auftragskiller(in) *m(f)* **II.** *vt* <-nn-> AM (*fam*) *engine* hochjagen

gunfight *n* Schießerei *f* **gunfire** *n* Schießerei *f;* (*of cannons*) Geschützfeuer *nt* **gunman** <*pl* -men> *n* Bewaffnete(r) *m* **gunpowder** *n no pl* Schießpulver *nt* **gunshot** *n* [Gewehr]schuss *m;* **~ wound** Schusswunde *f*

gust [gʌst] **I.** *n* [Wind]stoß *m,* Bö[e] *f* **II.** *vi* böig wehen

gut [gʌt] **I.** *n* ❶ Darm[kanal] *m* ❷ (*string*) Darmsaite *f* ❸ (*sl: belly*) Bauch *m* ❹ (*fam: bowels*) **~s** *pl* Eingeweide *pl* ❺ (*fam: courage*) **~s** *pl* Mumm *m kein pl* **II.** *vt* <-tt-> *animal* ausnehmen

gutter ['gʌtəʳ] **I.** *n* Dachrinne *f;* (*on road*) Rinnstein *m* **II.** *vi flame* flackern

gutter press *n no pl* BRIT Sensationspresse *f*

guy [gaɪ] *n* ❶ (*fam*) Kerl *m,* Typ *m* ❷ *pl* (*fam: people*) **hi ~s!** hallo Leute!

guzzle ['gʌzl̩] (*fam*) **I.** *vt* in sich *akk* hineinstopfen; *drink* in sich *akk* hineinkippen **II.** *vi* schlingen

gym [dʒɪm] *n* ❶ *short for* **gymnastics** Turnen *nt kein pl* ❷ *short for* **gymnasium** Turnhalle *f*

gymnasium <*pl* -s> [dʒɪm'neɪziəm, *pl* -ziə] *n* Turnhalle *f*

gymnast ['dʒɪmnæst] *n* Turner(in) *m(f)*

gymnastics [dʒɪm'næstɪks] *n pl* Turnen *nt kein pl;* **mental ~** (*fig*) Gehirnakrobatik *f*

gym shoes *n pl* Turnschuhe *pl* **gym shorts** *n pl* Turnhose *f*

gypsy ['dʒɪpsi] *n* Zigeuner(in) *m(f) pej*

Hh

H <*pl* -'s>, **h** <*pl* -'s> [eitʃ] *n* H *nt*, h *nt; see also* **A 1**

h¹ *n abbrev of* **hour**[**s**] h; **at 0900 h** um 9h

h² *n abbrev of* **hand**[**s**] *Stockmaß für Pferde*

habit ['hæbɪt] *n* ❶ Gewohnheit *f;* **a bad ~** eine schlechte [An]gewohnheit ❷ (*fam: addiction*) **to have a heroin ~** heroinsüchtig sein

hack [hæk] **I.** *vt* ❶ hacken; **to ~ sth to pieces** etw zerstückeln ❷ COMPUT **to ~ sth** in etw *akk* eindringen **II.** *vi* ❶ **to ~** [**away**] **at sth** auf etw *akk* einhacken ❷ COMPUT **to ~ into sth** in etw *akk* eindringen

had [hæd, həd] **I.** *vt* ❶ *pt, pp of* **have** ❷ (*fam*) **to have ~ it** (*stop*) genug haben; (*fail*) kaputt sein **II.** *adj* (*fam*) **to be ~** [he]reingelegt werden

haddock <*pl* -> ['hædək] *n* Schellfisch *m*

hadn't ['hædᵊnt] = *see* **had not** *see* **have**

haemorrhage ['hemᵊrɪdʒ] **I.** *n* [starke] Blutung **II.** *vi* [stark] bluten

haemorrhoids ['hemᵊrɔɪdz] *n pl* Hämorrhoiden *pl*

haggle ['hægl] **I.** *vi* ❶ **to ~** [**over sth**] [um etw *akk*] feilschen ❷ (*argue*) **to ~ over sth** [sich] über etw *akk* streiten **II.** *n* Gefeilsche *nt*

hail¹ [heɪl] *vt* ❶ [be]grüßen ❷ (*form: call*) zurufen; *taxi* rufen ❸ (*acclaim*) **to ~ sb** jdm zujubeln

hail² [heɪl] **I.** *n no pl* Hagel *m;* **~ of bullets** Kugelhagel *m;* **~ of insults** Schwall *m* von Beschimpfungen **II.** *vi impers* **it's ~ing** es hagelt

hair [heəʳ] *n* ❶ Haar *nt* ❷ *no pl* (*on head*) Haar *nt*, Haare *pl;* (*on body*) Behaarung *f;* **to do sb's ~** jdn frisieren ▸ **to let one's ~ down** sich gehen lassen; **to make sb's ~ stand on end** jdm die Haare zu Berge stehen lassen

hairbrush *n* Haarbürste *f* **hair conditioner** *n* Pflegespülung *f* **hair curler** *n* Lockenwickler *m* **haircut** *n* Haarschnitt *m*, Frisur *f;* **I need a ~** ich muss mal wieder zum Friseur; **to get a ~** sich *dat* die Haare schneiden lassen

hairdo <*pl* -s> *n* [kunstvolle] Frisur

hairdresser *n* Friseur(in) *m(f)*, Friseuse *f;* **the ~'s** der Friseur[salon] **hairdressing salon** *n* Friseursalon *m* **hairdryer, hair-drier** *n* Föhn *m*, Haartrockner *m;* (*with hood*) Trockenhaube *f* **'hair extension** *n usu pl* Haarverlängerung *f* **hairgrip** *n* BRIT Haarklammer *f* **hairpiece** *n* Haarteil *nt*

hair-raising *adj* (*fam*) haarsträubend

hairslide *n* BRIT, AUS Haarspange *f* **hairspray** *n* Haarspray *nt* **hairstyle** *n* Frisur *f*

hairy <-ie-> ['heəri] *adj* ❶ haarig ❷ (*of hair*) aus Haar *nach n* ❸ (*fig fam: risky*) haarig; *situation* brenzlig

half [hɑːf] **I.** *n* <*pl* halves> ❶ Hälfte *f;* **a kilo and a ~** eineinhalb Kilo; **~ an apple** ein halber Apfel; **~ the amount** der halbe Betrag; **by ~** um die Hälfte; **to cut sth in ~** etw halbieren ❷ BRIT (*fam: beer*) kleines Bier (*entspricht ca. 1/4 Liter*) ❸ FBALL Läufer(in) *m(f);* ▸ **given ~ a chance** wenn man die Möglichkeit hätte; **~ a second** BRIT einen Moment **II.** *adj* halbe(r, s); **~** [**a**] **per cent** ein halbes Prozent **III.** *adv* ❶ **my little brother is ~ as tall as me** mein kleiner Bruder ist halb so groß wie ich ❷ (*almost*) fast ❸ (*partially*) **~ asleep** halb wach ❹ (*time*) [**at**]

~ **past nine** [um] halb zehn; **at ~ past on the dot** um Punkt halb

half-brother *n* Halbbruder *m* **half-dozen** *n* ein halbes Dutzend **half-hearted** *adj* halbherzig **half-price** *adj, adv* zum halben Preis **half-sister** *n* Halbschwester *f* **half-time** *n* Halbzeit *f;* (*break*) Halbzeitpause *f*

halfway **I.** *adj* **at the ~ point of the race** nach der Hälfte des Rennens **II.** *adv* in der Mitte; **~ through dinner** mitten beim Abendessen; **~ decent** (*fig fam*) halbwegs anständig; **~ down** [**sth**] in der Mitte [einer S. *gen*]; **~ up** auf halber Höhe

half-yearly *adj, adv* halbjährlich

hall [hɔːl] *n* ❶ (*lobby*) Korridor *m,* Diele *f,* Flur *m* ❷ (*building*) Halle *f;* (*public room*) Saal *m;* **town ~** Rathaus *nt* ❸ UNIV **~** [**of residence**] [Studenten]wohnheim *nt*

Halloween [ˌhæləʊˈwiːn] *n* Halloween *nt*

halo <*pl* -s> [ˈheɪləʊ] *n* Heiligenschein *m;* **~ of light** Lichtkranz *m*

halt [hɒlt] **I.** *n no pl* ❶ Stillstand *m;* **to come to a ~** zum Stehen kommen; **to grind to a ~** (*fig*) zum Erliegen kommen ❷ (*break*) Pause *f;* MIL Halt *m* **II.** *vt* zum Stillstand bringen; *fight* beenden **III.** *vi* ❶ zum Stillstand kommen ❷ (*break*) eine Pause machen; MIL Halt machen **IV.** *interj* halt

halve [hɑːv] **I.** *vt* halbieren **II.** *vi* sich halbieren

ham [hæm] **I.** *n no pl* Schinken *m* **II.** *adj attr* **~ sandwich** Schinkenbrot *nt* **III.** *vt* **to ~ it up** übertrieben darstellen

hamburger [ˈhæmˌbɜːgəʳ] *n* Hamburger *m*

hammer [ˈhæməʳ] **I.** *n* ❶ Hammer *m* ❷ SPORTS [Wurf]hammer *m;* [**throwing**] **the ~** das Hammerwerfen **II.** *vt* ❶ *nail* einschlagen; **to ~ sth into sb** (*fig*) jdm etw einhämmern ❷ (*fam: defeat*) **Germany ~ed Holland 6-1** Deutschland war Holland mit 6:1 haushoch überlegen

hammock [ˈhæmək] *n* Hängematte *f*

hamper[1] [ˈhæmpəʳ] *n* [Deckel]korb *m;* (*for gifts*) Geschenkkorb *m*

hamper[2] [ˈhæmpəʳ] *vt* behindern

hamster [ˈhæm(p)stəʳ] *n* Hamster *m*

hand [hænd] **I.** *n* ❶ Hand *f;* **by ~** von Hand; **~s up!** Hände hoch!; **~ in ~** auf allen vieren; **to hold sb's ~** jdm die Hand halten ❷ **at ~** (*present*) vorliegend; (*close*) in Reichweite; **to take sb in ~** sich *dat* jdn vornehmen; **on ~** zur Verfügung ❸ (*help*) **would you like a ~?** soll ich Ihnen helfen? ❹ (*worker*) Arbeiter(in) *m(f)* ❺ (*on clock*) Zeiger *m* ❻ CARDS **a ~ of poker** eine Runde Poker ► **many ~s make light work** (*prov*) viele Hände machen der Arbeit bald ein Ende; **to have one's ~s full** jede Menge zu tun haben **II.** *vt* **to ~ sb sth** jdm etw [über]geben ► **you've got to ~ it to sb** man muss es jdm lassen

◆ **hand back** *vt* zurückgeben

◆ **hand down** *vt* weitergeben

◆ **hand in** *vt* einreichen; *homework* abgeben

◆ **hand on** *vt* **to ~ sth on** [**to sb**] etw [an jdn] weitergeben; (*bequeath*) [jdm] etw vererben

◆ **hand out** *vt* austeilen (**to** an); *homework, advice* geben (**to** +*dat*)

◆ **hand over** *vt* ❶ herüber-/hinüberreichen; (*present*) übergeben ❷ **to ~ sb over** [**to sb**] jdn [jdm] übergeben

◆ **hand round** *vt* BRIT herumreichen; (*distribute*) austeilen

handbag *n* Handtasche *f* **handbook** *n* Handbuch *nt;* **student ~** Vorlesungsverzeichnis *nt* **handbrake** *n* Handbremse *f* **handcuff** **I.** *vt* **to ~ sb** jdm Handschellen anlegen **II.** *n* **~s** *pl* Handschellen *pl*

handful [ˈhæn(d)fʊl] *n* ❶ Handvoll *f;* **a ~**

of people wenige Leute ❷ *no pl* (*person*) Nervensäge *f*

hand grenade *n* Handgranate *f*

handicap ['hændɪkæp] **I.** *n* ❶ Handicap *nt* ❷ (*dated: disability*) Behinderung *f* **II.** *vt* <-pp-> benachteiligen

handicapped ['hændɪkæpt] **I.** *adj* (*dated*) behindert; **physically ~** körperlich behindert **II.** *n* (*dated*) **the ~** Menschen *pl* mit Behinderung

handkerchief ['hæŋkətʃi:f] *n* Taschentuch *nt*

handle ['hændl̩] **I.** *n* Griff *m;* (*curved also*) Henkel *m; of door* Klinke *f;* ▶ **to fly off the ~** hochgehen **II.** *vt* ❶ (*manage*) schaffen ❷ *goods* befördern ❸ (*touch*) anfassen

handlebars *n pl* Lenkstange *f*

hand luggage *n no pl* Handgepäck *nt* **handmade** *adj* handgearbeitet; *paper* handgeschöpft **hand-picked** *adj* handverlesen *a. fig* **handrail** *n* Geländer *nt* **hand sanitizer** *n* MED Händedesinfektionsmittel *nt* **handshake** *n* Händedruck *m*

handsome ['hæn(d)səm] *adj* ❶ gut aussehend ❷ (*generous*) **a ~ sum** eine stolze Summe **handstand** *n* Handstand *m kein pl* **handwriting** *n no pl* Handschrift *f* **handwritten** *adj* handgeschrieben

handy <-ie-> ['hændi] *adj* ❶ praktisch, geschickt SÜDD; (*easy to handle*) handlich ❷ (*useful*) nützlich; **to come in ~ [for sth]** [etw] gelegen kommen ❸ (*near*) griffbereit; *place* in der Nähe *nach n*

hang [hæŋ] **I.** *n no pl* ❶ *of drapery* Fall *m; of clothes* Sitz *m* ❷ (*fig fam*) **to get the ~ of sth** bei etw *dat* den [richtigen] Dreh herausbekommen **II.** *vt* <hung, hung> ❶ (*mount*) aufhängen (**on** an) ❷ (*decorate*) behängen ❸ <hanged> (*kill*) [auf]hängen; **to ~ oneself** sich aufhängen **III.** *vi* ❶ <hung, hung> hängen (**from** an); **to ~ down** herunterhängen ❷ <hanged, hanged> (*die*) hängen ❸ <hung, hung> (*rely*) **to ~ [up]on sth** von etw abhängen ❹ <hung, hung> (*keep*) **to ~ onto sth** etw behalten ▶ **to ~ in there** am Ball bleiben

◆ **hang about** *vi* ❶ (*fam: idle*) herumtrödeln ❷ (*wait*) warten ❸ BRIT (*fam*) **to ~ about with sb** [ständig] mit jdm zusammenstecken

◆ **hang back** *vi* ❶ (*be slow*) sich zurückhalten ❷ (*stay behind*) zurückbleiben

◆ **hang on** *vi* ❶ **to ~ on to sth** sich an etw *dat* festhalten ❷ (*fam: persist*) durchhalten ❸ **~ on [a minute]** wart mal, einen Augenblick

◆ **hang out I.** *vt* heraushängen; *washing* aufhängen **II.** *vi* ❶ heraushängen ❷ (*sl: idle*) rumhängen ▶ **to let it all ~ out** die Sau rauslassen

◆ **hang up I.** *vi* ❶ hängen ❷ (*end call*) auflegen **II.** *vt* aufhängen; *phone* auflegen

hanger ['hæŋəʳ] *n* [Kleider]bügel *m*

hang-gliding *n no pl* Drachenfliegen *nt*

hangover *n* Kater *m*

hankie, hanky ['hæŋki] *n* (*fam*) *short for* **handkerchief** Taschentuch *nt*

happen ['hæpᵊn] *vi* ❶ geschehen, passieren; *event* stattfinden; **what's ~ing?** was geht? ❷ (*by chance*) **to ~ to do sth** zufällig etw tun; **it just so ~s that ...** wie's der Zufall will, ... ❸ (*actually*) **as it ~s** tatsächlich

happily ['hæpɪli] *adv* ❶ glücklich; (*cheerfully*) fröhlich ❷ (*willingly*) gern

happiness ['hæpɪnəs] *n no pl* Glück *nt;* (*contentment*) Zufriedenheit *f;* (*cheerfulness*) Fröhlichkeit *f*

happy <-ie-> ['hæpi] *adj* ❶ glücklich; (*contented*) zufrieden; (*cheerful*) fröhlich ❷ (*willing*) **to be ~ to do sth** etw gerne tun ❸ (*in greetings*) **~ birthday** alles Gute zum Geburtstag; **a ~ New Year** ein glückliches neues Jahr

harbour, AM **harbor** ['hɑ:bəʳ] **I.** *n* Hafen *m* **II.** *vt* ❶ **to ~ sb** jdm Unterschlupf

H

gewähren ❷ *feelings* hegen

hard [hɑːd] **I.** *adj* ❶ hart; [**as**] ~ **as a rock** steinhart ❷ (*tough*) zäh, hart ❸ (*difficult*) schwierig; **it's ~ to say** es ist schwer zu sagen ❹ (*onerous*) anstrengend; **to be ~ work** harte Arbeit sein ❺ (*severe*) hart; **~ luck!** [so ein] Pech! ❻ (*unlucky*) **to be ~ on sb** hart für jdn sein **II.** *adv* ❶ hart; **to set ~** hart werden; *concrete* fest werden ❷ (*strongly*) fest[e], kräftig; **to rain ~** stark regnen; **to try ~** sich sehr bemühen

H

hardback I. *adj* gebunden **II.** *n* gebundenes Buch; **in ~** gebunden

hard-boiled *adj* hart gekocht **hard currency** *n* harte Währung **hard disk** *n* COMPUT Festplatte *f* **hard drug** *n* harte Droge

harden [ˈhɑːdᵊn] **I.** *vt* ❶ härten ❷ (*toughen*) *attitude* verhärten; **to ~ sb [to sth]** jdn [gegen etw *akk*] abhärten **II.** *vi* ❶ sich verfestigen, hart werden ❷ (*toughen*) sich verhärten

hard feelings *n pl* **no ~?** alles klar [zwischen uns/euch]?

hardly [ˈhɑːdli] *adv* kaum; **it's ~ my fault!** ich kann ja wohl kaum was dafür!; **~ ever** so gut wie nie

hard shoulder *n* BRIT befestigter Seitenstreifen **hard-wearing** *adj* strapazierfähig **hard-working** *adj* fleißig

hare [heəʳ] *n* <*pl* -s> [Feld]hase *m*

harm [hɑːm] **I.** *n no pl* Schaden *m*; **to mean no ~** es nicht böse meinen **II.** *vt* **to ~ sth** etw *dat* Schaden zufügen; **to ~ sb** jdm schaden

harmful [ˈhɑːmfᵊl] *adj* schädlich; *words* verletzend

harmless [ˈhɑːmləs] *adj* harmlos

harsh [hɑːʃ] *adj* ❶ rau; *winter* streng ❷ (*severe*) hart; (*critical*) scharf; **to be ~ on sb** streng mit jdm sein

harvest [ˈhɑːvɪst] **I.** *n* Ernte *f*; (*season*) Erntezeit *f* **II.** *vt* ernten

harvest festival *n* BRIT Erntedankfest *nt*

has [hæz, həz] *3rd pers sing of* **have**

has-been [ˈhæzbiːn] *n* (*fam*) ehemalige Größe

hasn't [ˈhæzᵊnt] = *see* **has not** *see* **have**

hassle [ˈhæsl] (*fam*) **I.** *n* Mühe *f kein pl* **II.** *vt* schikanieren

haste [heɪst] *n no pl* Eile *f*; (*rush*) Hast *f*; **to make ~** sich beeilen; **in ~** hastig

hasty <-ie-> [ˈheɪsti] *adj* ❶ eilig, hastig ❷ (*rashly*) übereilt

hat [hæt] *n* Hut *m*; (*cap*) Mütze *f*; ▶ **~s off to sb** Hut ab vor jdm

hatch¹ <*pl* -es> [hætʃ] *n* ❶ Durchreiche *f* ❷ NAUT Luke *f*; ▶ **down the ~!** runter damit!

hatch² [hætʃ] **I.** *vi* schlüpfen **II.** *vt* ausbrüten *a. fig*

hate [heɪt] **I.** *n* ❶ *no pl* Hass *m*; **~ mail** hasserfüllte Briefe *pl* ❷ (*thing*) **pet ~** Gräuel *nt* **II.** *vt* hassen; **to ~ sb's guts** jdn wie die Pest hassen

haul [hɔːl] **I.** *n* ❶ *usu sing* **to give a ~** [kräftig] ziehen ❷ (*catch*) Ausbeute *f* (**of** von/an) ❸ (*distance*) Strecke *f*; **it was a long ~** (*fig*) es hat sich lange hingezogen **II.** *vt* ❶ ziehen; (*lug*) schleppen ❷ *goods* befördern

haunt [hɔːnt] **I.** *vt* ❶ **to ~ sth** in etw *dat* spuken; **to be ~ed by sth** von etw heimgesucht werden ❷ *memories* heimsuchen **II.** *n* Treffpunkt *m*; (*pub*) Stammlokal *nt*

have [hæv, həv] **I.** *aux vb* <has, had, had> ❶ (*forming past tenses*) **he has never been to Scotland before** er war noch nie zuvor in Schottland; **we had been swimming** wir waren schwimmen gewesen ❷ **to ~ sth done** etw tun lassen ❸ (*must*) **to ~ [got] to do sth** etw tun müssen; **what time ~ we got to be there?** wann müssen wir dort sein? **II.** *vt* <has, had, had> ❶ **to ~ [got] sth** etw haben; **we're having a wonderful time in Venice** wir verbringen eine wundervolle Zeit in Venedig ❷ (*engage in*) *bath* nehmen; *nap, party, walk* machen; **to ~ a try** es versuchen ❸ (*consume*) *food* essen; *cigarette* rauchen ❹ (*receive*) erhalten; **okay, let's ~ it!** okay, her damit! ❺ **to be having a baby** ein Baby bekommen ▶ **to ~ had it** (*be broken*) hinüber sein; (*be tired*) fix und fertig sein; (*be in trouble*) dran sein

◆ **have off** *vt* BRIT, AUS (*vulg*) **to ~ it off [with sb]** es [mit jdm] treiben

◆ **have on** *vt* ❶ *clothes* tragen ❷ BRIT (*fam: trick*) **to ~ sb on** jdn auf den Arm nehmen

◆ **have out** *vt* ❶ (*remove*) sich *dat* herausnehmen lassen ❷ (*fam: argue*) **to ~ it out [with sb]** es [mit jdm] ausdiskutieren

◆ **have over** *vt* **to ~ sb over** jdn zu sich einladen

◆ **have around** *vt* **to ~ sth around** etw zur Hand haben; **to ~ sb around** jdn in der Nähe haben

haven't ['hævᵊnt] = **have not** *see* **have**

hawk [hɔːk] *n* ❶ Habicht *m;* (*fig*) **to have eyes like a ~** Adleraugen haben ❷ POL Falke *m*

hay [heɪ] *n no pl* Heu *nt;* ▶ **to hit the ~** sich in die Falle hauen

hay fever *n no pl* Heuschnupfen *m* **haystack** *n* Heuhaufen *m*

hazard lights *n pl* AUTO Warnblinkanlage *f*

haze [heɪz] **I.** *n* ❶ Dunst[schleier] *m;* **heat ~** Hitzeflimmern *nt* ❷ (*fig*) Benommenheit *f* **II.** *vt* AM schikanieren

hazelnut *n* Haselnuss *f*

hazy ['heɪzi] *adj* ❶ dunstig, diesig ❷ **to be ~ about sth** sich nur vage an etw *akk* erinnern [können]

he [hiː, hi] **I.** *pron* er; (*some person*) er/sie/es **II.** *n* Er *m*

head [hed] **I.** *n* ❶ Kopf *m;* **~ over heels** Kopf über Hals; **to use one's ~** seinen Verstand benutzen ❷ (*unit*) **a ~** pro Kopf ❸ *no pl of bed, table* Kopfende *nt; of nail* Kopf *m* ❹ (*boss*) Chef(in) *m(f);* (*supervisor*) Leiter(in) *m(f);* **~ of state** Staatsoberhaupt *nt* ❺ BRIT SCH Schulleiter(in) *m(f),* Rektor(in) *m(f)* ❻ *usu pl* (*coin*) **~s or tails?** Kopf oder Zahl? ▶ **to have one's ~ in the clouds** in höheren Regionen schweben; **to do sb's ~ in** BRIT (*fam*) jdm auf den Wecker gehen; **to be ~ over heels in love** bis über beide Ohren verliebt sein **II.** *adj attr* leitend **III.** *vt* ❶ (*lead*) anführen ❷ (*supervise*) leiten ❸ FBALL köpfen **IV.** *vi* gehen/fahren; **to ~ home** sich auf den Heimweg machen

◆ **head back** *vi* zurückgehen; *in vehicle* zurückfahren

◆ **head for** *vi* **to ~ for sth** auf etw *akk* zusteuern

◆ **head off I.** *vt* ❶ (*intercept*) abfangen ❷ (*fig: avoid*) abwenden **II.** *vi* **to ~ off to[wards] sth** sich zu etw begeben

headache *n* Kopfschmerzen *pl;* (*fig*) Problem *nt* **headband** *n* Stirnband *nt* **head first** *adv* kopfüber

headlamp, headlight *n* Scheinwerfer *m*

headline *n* Schlagzeile *f*

headmaster *n* Schulleiter *m,* Rektor *m* **headmistress** *n* Schulleiterin *f,* Rektorin *f* **head office** *n* Zentrale *f* **head of state** <*pl* **heads of state**> *n* Staatsoberhaupt *nt*

head-on I. *adj* **~ collision** Frontalzusammenstoß *m* **II.** *adv* frontal; (*fig*) direkt

headphones *n pl* Kopfhörer *m*

headquarters *n pl + sing/pl vb* Hauptsitz *m;* MIL Hauptquartier *nt*

headrest, head restraint *n* Kopfstütze *f* **headroom** *n no pl* lichte Höhe; *for ceiling* Kopfhöhe *f;* (*in cars*) Kopffreiheit *f* **headscarf** *n* Kopftuch *nt* **headset** *n* Headset *nt*

head start *n* Vorsprung *m;* **to give sb a ~** jdm einen Vorsprung lassen

H

head waiter *n* Oberkellner *m*

headway *n no pl* **to make ~** [gut] vorankommen

heal [hi:l] **I.** *vt* heilen; *differences* beilegen **II.** *vi* heilen *a. fig*

health [helθ] *n no pl* Gesundheit *f;* **your ~!** Pros[i]t!

health centre *n* Ärztehaus *nt* **health certificate** *n* Gesundheitszeugnis *nt* **health club** *n* Fitnessclub *m* **health food shop**, AM **health food store** *n* Naturkostladen *m*, Bioladen *m* **health insurance** *n no pl* Krankenversicherung *f;* **~ company** Krankenkasse *f* **Health Service** *n* BRIT **the ~** der [staatliche] Gesundheitsdienst **health visitor** *n* BRIT Krankenpfleger(in) *m(f)* der Sozialstation

H

healthy ['helθi] *adj* gesund *a. fig;* (*ample*) ordentlich; (*salubrious*) gesundheitsfördernd

heap [hi:p] **I.** *n* ① Haufen *m a. fig;* **to collapse in a ~** zu Boden sacken ② (*fam: lots*) **~s** [**of**] jede Menge [+*gen*] **II.** *vt* aufhäufen; (*fig*) **to ~ criticism on sb** massive Kritik an jdm üben

hear <heard, heard> [hɪəʳ] **I.** *vt* ① hören; **to ~ sb do sth** hören, wie jd etw tut ② LAW *case* verhandeln **II.** *vi* hören (**about/of** von) ▶ **do you ~?** verstehst du/verstehen Sie?

heard [hɜ:d, AM hɜ:rd] *pt, pp of* **hear**

hearing ['hɪərɪŋ] *n* ① *no pl* Gehör *nt;* **hard of ~** schwerhörig ② *no pl* (*earshot*) [**with**]**in** [**sb's**] **~** in [jds] Hörweite *f* ③ (*examination*) Anhörung *f;* **disciplinary ~** Disziplinarverfahren *nt*

hearing aid *n* Hörgerät *nt*

heart [hɑ:t] *n* ① Herz *nt a. fig;* **to break sb's ~** jdm das Herz brechen; **with all one's ~** von ganzem Herzen ② *no pl* (*courage*) Mut *m;* **to lose ~** den Mut verlieren ③ CARDS **~s** *pl* Herz *nt kein pl;* **queen of ~s** Herzdame *f;* ▶ **by ~** auswendig; **to have a change of ~** sich anders besinnen

heart attack *n* Herzanfall *m;* (*fatal*) Herzinfarkt *m* **heartbroken** *adj* todunglücklich, untröstlich **heartburn** *n no pl* Sodbrennen *nt* **heart-throb** *n* (*fam*) Schwarm *m*

heat [hi:t] **I.** *n* ① *no pl* Wärme *f;* (*hotter*) Hitze *f* ② *no pl* (*fig*) **in the ~ of the moment** in der Hitze des Gefechts; **the ~ is on** es weht ein scharfer Wind ③ SPORTS Vorlauf *m* **II.** *vt* erhitzen, heiß machen; *food* aufwärmen; *house, room* heizen **III.** *vi* warm werden
◆ **heat up I.** *vt* heiß machen; *food* aufwärmen **II.** *vi* warm werden

heated ['hi:tɪd] *adj* ① erhitzt; *room* geheizt ② (*emotional*) hitzig; **to get ~ about sth** sich über etw *akk* aufregen

heater ['hi:təʳ] *n* [Heiz]ofen *m*, Heizgerät *nt;* (*in car*) Heizung *f;* **water ~** Boiler *m*

heather ['heðəʳ] *n no pl* Heidekraut *nt*

heating ['hi:tɪŋ] *n no pl* ① Heizen *nt;* PHYS Erwärmung *f* ② (*device*) Heizung *f;* **~ engineer** Heizungsmonteur(in) *m(f)*

heatwave *n* Hitzewelle *f*

heaven ['hevᵊn] *n no pl* Himmel *m a. fig* ▶ **~ forbid!** Gott bewahre!; **good ~s!** du lieber Himmel!; **thank ~s!** Gott sei Dank!

heavy ['hevi] *adj* ① schwer ② *drinker, smoker, traffic* stark; **to be under ~ fire** unter schwerem Beschuss stehen ③ (*fig: oppressive*) drückend; *weather* schwül ④ (*hard*) schwierig; *breathing* schwer

heavyweight I. *n* Schwergewicht *nt a. fig* **II.** *adj* ① im Schwergewicht *nach n* ② (*weighty*) schwer

he'd[1] [hi:d] = **he had** *see* **have**

he'd[2] [hi:d] = **he would** *see* **will**

hedge [hedʒ] **I.** *n* Hecke *f* **II.** *vt* ▶ **to ~ one's bets** nicht alles auf eine Karte setzen

hedgehog *n* Igel *m*

heel [hi:l] **I.** *n* ① Ferse *f* ② *of shoe* Absatz

m; [**high**] **~s** *pl* Stöckelschuhe *pl* ▶ **down at ~** heruntergekommen **II.** *interj* **~!** bei Fuß! **III.** *vt* **to ~ a shoe** einen neuen Absatz auf einen Schuh machen ▶ **well ~ed** gut betucht

height [haɪt] *n* ❶ Höhe *f*; *of person* [Körper]größe *f*; **to be 6 metres in ~** 6 Meter hoch sein; **~s** *pl* Höhen *pl*; **fear of ~s** Höhenangst *f* ❷ (*fig*) Höhepunkt *m*; **at the ~ of summer** im Hochsommer

heir [eəʳ] *n* Erbe(in) *m(f)*; **~ to the throne** Thronfolger(in) *m(f)*

heiress <*pl* -es> ['eəres] *n* Erbin *f*

heirloom ['eəlu:m] *n* Erbstück *nt*

held [held] *vt, vi pt, pp of* **hold**

helicopter ['helɪkɒptəʳ] *n* Hubschrauber *m* **heli-skiing** *n* Heli-Skiing *nt fachspr* (*Skisportart, bei der der Skifahrer mit einem Hubschrauber auf den Berg geflogen wird*)

hell [hel] **I.** *n no pl* ❶ *no art* Hölle *f*; **to go to ~** in die Hölle kommen ❷ *no art* (*fig fam*) **to ~ with it!** ich hab's satt!; **to make sb's life ~** jdm das Leben zur Hölle machen; **to raise ~** einen Höllenlärm machen ❸ (*fam: emphatic*) **a ~ of a lot** verdammt viel; **as cold as ~** saukalt ▶ **to do sth for the ~ of it** etw aus reinem Vergnügen machen; **like ~** wie verrückt **II.** *interj* **oh ~!** Scheiße! *sl*; **~ no!** bloß nicht!

he'll[1] [hi:l] = **he will**[1] *see* **will**

he'll[2] [hi:l] = **he shall** *see* **shall**

hello [hel'əʊ] **I.** *n* Hallo *nt*; **to say ~ to sb** jdn [be]grüßen **II.** *interj* hallo!

helmet ['helmət] *n* Helm *m*

help [help] **I.** *n no pl* Hilfe *f*; (*financial*) Unterstützung *f* **II.** *interj* **~!** Hilfe! **III.** *vi* helfen (**with** bei) **IV.** *vt* ❶ (*assist*) **to ~ sb** jdm helfen ❷ (*improve*) verbessern; (*alleviate*) lindern ❸ (*contribute*) **to ~ sth** zu etw beitragen ❹ (*prevent*) **I can't ~ it!** ich kann nichts dagegen machen!; **I can't ~ thinking that ...** ich denke einfach, dass ... ❺ (*take*) **to ~ oneself** sich bedienen; **to ~ oneself to sth** sich *dat* etw nehmen

◆ **help out I.** *vt* **to ~ out sb** jdm [aus]helfen **II.** *vi* aushelfen; **to ~ out with sth** bei etw *dat* helfen

helper ['helpəʳ] *n* Helfer(in) *m(f)*; (*assistant*) Gehilfe, Gehilfin *m, f*

helpful ['helpfᵊl] *adj* hilfreich; *person* hilfsbereit; **I was only trying to be ~** ich wollte nur helfen

helping ['helpɪŋ] **I.** *n* Portion *f*; **to take a second ~** [**of sth**] sich *dat* etw noch einmal nehmen **II.** *adj attr* hilfreich; **to give sb a ~ hand** jdm helfen

helpless ['helpləs] *adj* hilflos; (*impotent*) machtlos; **to be ~ with laughter** sich vor Lachen kaum noch halten können

helpline *n* Notruf *m*

hen [hen] *n* Henne *f*, Huhn *nt*

hencoop, **henhouse** *n* Hühnerstall *m* **hen night** *n Party am Abend vor der Hochzeit für die Braut und ihre Freundinnen*

heptathlon [hep'tæθlɒn] *n* Siebenkampf *m*

her [hɜ:ʳ, həʳ] **I.** *pron pers* sie *akk*, ihr *dat*; **it was ~** sie war's **II.** *adj poss* ihr(e, n); (*ship, country, boat, car*) sein(e, n); **what's ~ name?** wie heißt sie? **III.** *n* (*fam*) Sie *f*; **is it a him or a ~?** ist es ein Er oder eine Sie?

herb [hɜ:b] *n* [Gewürz]kraut *nt meist pl*; **~ garden** Kräutergarten *m*

herd [hɜ:d] **I.** *n* + *sing/pl vb* Herde *f*; *of wild animals* Rudel *nt*; **~ of cattle** Viehherde *f* **II.** *vt* treiben

here [hɪəʳ] **I.** *adv* hier; (*with movement*) hierher/hierhin; **come ~!** komm [hier] her!; **give it ~!** (*fam*) gib mal her!; **~ they are!** da sind sie!; **~ comes the train** da kommt der Zug; **~ goes!** (*fam*) los geht's!; **~ and now** [jetzt] sofort; **from ~ on in** von jetzt an **II.** *interj* **~!** he!; **~, ...** na komm, ...

hero <*pl* -es> ['hɪərəʊ] *n* Held *m*

H

heroin ['herəʊɪn] *n* Heroin *nt*
heroine ['herəʊɪn] *n* Heldin *f*
heron <*pl* -s> ['herᵊn] *n* Reiher *m*
herring <*pl* -s> ['herɪŋ] *n* Hering *m*
hers [hɜːz] *pron pers* **it's ~** (*person or animal*) es gehört ihr; **a good friend of ~** eine gute Freundin von ihr
herself [hə'self] *pron refl* sich *dat o akk;* (*emph: personally*) selbst; **she told me ~** sie hat es mir selbst erzählt; **[all] by ~** ganz alleine
he's¹ [hiːz] = **he is** *see* **be**
he's² [hiːz] = **he has** *see* **have**
hesitate ['hezɪteɪt] *vi* ❶ zögern; **don't ~ to call me** ruf mich einfach an ❷ (*falter*) stocken
hesitation [ˌhezɪ'teɪʃᵊn] *n no pl* Zögern *nt,* Unentschlossenheit *f*
heterosexual [ˌhetᵊrə(ʊ)'sekʃuᵊl] **I.** *adj* heterosexuell **II.** *n* Heterosexuelle(r) *f(m)*
hexagon ['heksəgən] *n* Sechseck *nt*
hexagonal [hek'sægᵊnᵊl] *adv* sechseckig
hibernate ['haɪbəneɪt] *vi* [seinen] Winterschlaf halten
hiccup ['hɪkʌp] **I.** *n* Schluckauf *m;* **to have the ~s** den Schluckauf haben **II.** *vi* schlucksen
hid [hɪd] *vt pt of* **hide²**
hidden ['hɪdᵊn] **I.** *vt pp of* **hide² II.** *adj* versteckt; (*secret*) heimlich
hide¹ [haɪd] *n* Haut *f a. fig;* (*with fur*) Fell *nt*
hide² [haɪd] **I.** *n* BRIT, AUS Versteck *nt* **II.** *vt* <hid, hidden> ❶ verstecken (**from** vor) ❷ (*keep secret*) verbergen (**from** vor) **III.** *vi* <hid, hidden> sich verstecken (**from** vor)
hide-and-seek *n no pl* Versteckspiel *nt;* **to play ~** Verstecken spielen
high [haɪ] **I.** *adj* ❶ hoch *präd,* hohe(r, s) *attr; marks* gut; *wind* stark; **of ~ rank** hochrangig; **~ in calories** kalorienreich ❷ (*drugged*) high **II.** *adv* ▶ **~ and low** überall **III.** *n* ❶ Höchststand *m* ❷ METEO Hoch *nt*
high chair *n* Hochstuhl *m* **high court** *n* oberstes Gericht **high heels** *n pl* hohe Absätze; (*shoes*) hochhackige Schuhe **highjack** *vt see* **hijack high jump** *n no pl* Hochsprung *m* **highlands** ['haɪləndz] *n pl* Hochland *nt kein pl*
highlight I. *n* ❶ Höhepunkt *m* ❷ (*streak*) **~s** *pl* Strähnchen *pl* **II.** *vt* ❶ hervorheben, unterstreichen ❷ (*dye*) **to have one's hair ~ed** sich *dat* Strähnchen machen lassen
highlighter *n* Textmarker *m*
highly ['haɪli] *adv* **~ amusing** ausgesprochen amüsant; **~ educated** hochgebildet
high-performance *adj* Hochleistungs- **high point** *n* Höhepunkt *m* **high-pressure I.** *adj* Hochdruck- **II.** *vt* AM unter Druck setzen **high-rise building** *n,* **high-rise flats** *n pl* BRIT Hochhaus *nt* **high school** *n* ≈ Oberschule *f* **high season** *n* Hochsaison *f* **high-speed train** *n* Hochgeschwindigkeitszug *m* **high-spirited** *adj* ausgelassen; *horse* temperamentvoll **high spirits** *n pl* Hochstimmung *f kein pl* **high street** *n* BRIT Haupt[einkaufs]straße *f* **high tea** *n* BRIT *frühes Abendessen bestehend aus einem gekochten Essen, Brot und Tee* **high-tension** *adj* Hochspannungs- **high tide** *n no pl* Flut *f;* **at ~** bei Flut **high water** *n no pl* Flut *f* **highway** *n* AM, AUS Highway *m;* BRIT (*form*) Bundesstraße *f* **Highway Code** *n* BRIT **the ~** die Straßenverkehrsordnung
hijack ['haɪdʒæk] **I.** *vt* entführen; (*fig*) klauen *sl* **II.** *n* Entführung *f*
hijacker ['haɪdʒækəʳ] *n* Entführer(in) *m(f)*
hijacking ['haɪdʒækɪŋ] *n no pl* Entführung *f*
hike [haɪk] *n* ❶ Wanderung *f;* **to take a ~** (*fam*) abhauen **II.** *vi* wandern
hiker ['haɪkəʳ] *n* Wanderer, Wand[r]erin *m, f*

hiking ['haɪkɪŋ] *n no pl* Wandern *nt;* **to go ~** wandern gehen

hill [hɪl] *n* ❶ Hügel *m;* (*higher*) Berg *m* ❷ (*slope*) Steigung *f*

hillside *n* Hang *m* **hilltop** *n* Hügelkuppe *f* **hillwalking** *n no pl* BRIT Bergwandern *nt*

hilly ['hɪli] *adj* hügelig; (*steeper*) bergig

him [hɪm, ɪm] *pron object* ihn *akk,* ihm *dat;* **who? ~?** wer? der?; **that's ~ all right** das ist er in der Tat

himself [hɪm'self] *pron refl* sich *dat o akk;* (*emph: personally*) selbst; **[all] by ~** ganz alleine; **all to ~** ganz für sich

hindsight *n no pl* **in ~, with [the benefit of] ~** im Nachhinein

hint [hɪnt] **I.** *n* ❶ *usu sing* (*trace*) Spur *f* ❷ (*allusion*) Andeutung *f;* **he gave me no ~ that ...** er gab mir nicht den leisesten Wink, dass ... ❸ (*advice*) Hinweis *m,* Tipp *m* **II.** *vt* **to ~ that ...** andeuten, dass ... **III.** *vi* **to ~ at sth** auf etw *akk* anspielen; **to ~ that ...** andeuten, dass ...

hip [hɪp] **I.** *n* ❶ Hüfte *f;* **with a 38-inch ~** mit einer Hüftweite von 96 cm ❷ BOT Hagebutte *f* **II.** *adj* <-pp-> (*fam*) hip

hip-hugging *adj* eng anliegend (*an den Hüften*)

hippopotamus [ˌhɪpə'pɒtəməs], *fam* **hippo** ['hɪpəʊ] *n* Nilpferd *nt*

hire [haɪəʳ] **I.** *n no pl* Mieten *nt;* **'for ~'** ‚zu vermieten'; **car ~ business** BRIT Autoverleih *m* **II.** *vt* ❶ mieten; *dress* ausleihen ❷ (*employ*) einstellen

hire purchase *n* BRIT Ratenkauf *m;* **to buy something on ~** etw auf Raten kaufen

his [hɪz, ɪz] **I.** *pron pers* **it's ~** (*person or animal*) es gehört ihm, es ist seins; **some friends of ~** einige seiner Freunde **II.** *adj poss* sein(e, -er, -es); **what's ~ name?** wie heißt er?

hiss [hɪs] **I.** *vi* zischen; (*whisper*) fauchen; **to ~ at sb** jdn anfauchen **II.** *vt* ❶ (*utter*) fauchen ❷ (*disapprove*) **to ~ sb** jdn auszischen **III.** *n* <*pl* -es> Zischen *nt kein pl*

historical [hɪ'stɒrɪkᵊl] *adj* geschichtlich, historisch; **~ accuracy** Geschichtstreue *f*

history ['hɪstᵊri] **I.** *n* ❶ *no pl* Geschichte *f;* **to go down in ~** in die Geschichte eingehen ❷ (*fig*) **sb is ~** jd ist fertig; **ancient ~** kalter Kaffee ❸ *usu sing* (*background*) Vorgeschichte *f*

hit [hɪt] **I.** *n* ❶ Schlag *m* ❷ (*shot*) Treffer *m;* **to suffer a direct ~** direkt getroffen werden ❸ (*success*) Hit *m;* **to be a [big] ~ with sb** bei jdm gut ankommen ❹ INET Besuch *m* einer Webseite ❺ COMPUT (*match*) Treffer *m* **II.** *vt* <-tt-, hit, hit> ❶ schlagen ❷ *button* drücken ❸ (*collide*) **to ~ sth** gegen etw *akk* stoßen; *car* gegen etw *akk* krachen *fam* ❹ (*shoot*) **to be ~** getroffen werden ❺ (*occur*) **to ~ sb** jdm auffallen **III.** *vi* ❶ **to ~ hard** kräftig zuschlagen; **to ~ at sb** nach jdm schlagen ❷ (*attack*) **to ~ at sb** jdn attackieren *a. fig*

◆ **hit back** *vi* zurückschlagen; **to ~ back at sb** jdm Kontra geben

◆ **hit off** *vt* **to ~ it off [with sb]** (*fam*) sich prächtig [mit jdm] verstehen

◆ **hit out** *vi* **to ~ out [at sb]** [auf jdn] einschlagen; (*fig*) [jdn] scharf attackieren

hit-and-run **I.** *n no pl* Fahrerflucht *f* **II.** *adj* unfallflüchtig; **~ accident** Unfall *m* mit Fahrerflucht

hitch [hɪtʃ] **I.** *n* <*pl* -es> Haken *m;* **to go off without a ~** reibungslos ablaufen **II.** *vt* ❶ festmachen (**to** an); *trailer* anhängen (**to** an) ❷ (*fam: hitch-hike*) **to ~ a lift** trampen, per Anhalter fahren **III.** *vi* (*fam*) trampen

hitcher ['hɪtʃəʳ] *n* Anhalter(in) *m(f),* Tramper(in) *m(f)*

hitch-hike *vi* per Anhalter fahren, trampen **hitch-hiker** *n* Anhalter(in) *m(f),* Tramper(in) *m(f)* **hitch-hiking** *n no*

H

pl Trampen *nt*

hive [haɪv] *n* Bienenstock *m*

hoar frost *n no pl* [Rau]reif *m*

hoarse [hɔːs] *adj* heiser

hoax [həʊks] **I.** *n* Täuschung *f;* **bomb ~** vorgetäuschte Bombendrohung **II.** *adj attr* vorgetäuscht **III.** *vt* [he]reinlegen; **to ~ sb into believing sth** jdm etw weismachen

hob [hɒb] *n* BRIT Kochfeld *nt*

hobble ['hɒbl] **I.** *vi* hinken, humpeln **II.** *n* Hinken *nt kein pl,* Humpeln *nt kein pl*

H

hobby ['hɒbi] *n* Hobby *nt*

hockey ['hɒki] *n no pl* Hockey *nt;* **~ stick** Hockeyschläger *m*

hog [hɒg] **I.** *n* AM Schwein *nt;* BRIT Mastschwein *nt;* ▶ **to go the whole ~** Nägel mit Köpfen machen **II.** *vt* <-gg-> (*fam*) **to ~ sth** etw in Beschlag nehmen; **to ~ the road** die ganze Straße [für sich] beanspruchen

hoist [hɔɪst] **I.** *vt* hochheben; *flag, sail* hissen **II.** *n* Winde *f*

hold [həʊld] **I.** *n* ❶ Halt *m kein pl;* **to keep ~ of sth** etw festhalten; **to take ~** (*fig*) *fire, epidemic* übergreifen ❷ SPORTS Griff *m* (**on** an) ❸ TELEC **to be on ~** in der Warteschleife sein ❹ (*delay*) **to put sth on ~** etw auf Eis legen *fig* ❺ NAUT, AVIAT Frachtraum *m* **II.** *vt* <held, held> ❶ **to ~ sb in one's arms** jdn in den Armen halten; **to ~ sth in place** etw halten ❷ (*carry*) [aus]halten, tragen ❸ (*keep*) halten; **to ~ sb's attention** jdn fesseln ❹ **~ it [right there]!** stopp!; **to ~ one's breath** die Luft anhalten ❺ (*contain*) fassen; **the rack ~s 100 CDs** in den Ständer passen 100 CDs

◆ **hold back I.** *vt* (*stop*) aufhalten; (*impede*) hindern; *information* geheim halten; *tears* zurückhalten **II.** *vi* **to ~ back from doing sth** etw unterlassen

◆ **hold down** *vt* niederhalten; *levels, prices* niedrig halten

◆ **hold in** *vt* zurückhalten; *fear* unterdrücken; *stomach* einziehen

◆ **hold off I.** *vt* ❶ MIL abwehren ❷ (*defer*) verschieben **II.** *vi* warten; **the rain held off all day** es hat den ganzen Tag nicht geregnet

◆ **hold on** *vi* ❶ *usu passive* **to be held on by/with sth** mit etw *dat* befestigt sein ❷ (*continue*) durchhalten ❸ (*wait*) **~ on!** Moment bitte!

◆ **hold out I.** *vt* ausstrecken; **to ~ out sth to sb** jdm etw hinhalten **II.** *vi* (*resist*) durchhalten; **to ~ out for sth** auf etw *dat* bestehen

◆ **hold over** *vt* ❶ (*defer*) aufschieben ❷ AM (*extend*) verlängern

◆ **hold to** *vi* **can I ~ you to that?** bleibst du bei deinem Wort?

◆ **hold together** *vi, vt* zusammenhalten

◆ **hold up** *vt* ❶ hochhalten; *hand* heben; **to be held up by sth** von etw *dat* gestützt werden ❷ (*delay*) aufhalten; **held up in the post** bei der Post liegen geblieben

holdall *n* BRIT Reisetasche *f*

holder ['həʊldəʳ] *n* ❶ Halter *m* ❷ (*owner*) Besitzer(in) *m(f);* **passport ~** Passinhaber(in) *m(f);* **record ~** Rekordhalter(in) *m(f)*

hold-up *n* ❶ (*crime*) Raubüberfall *m* ❷ (*delay*) Verzögerung *f* ❸ **~s** *pl* halterlose Strümpfe *pl*

hole [həʊl] **I.** *n* ❶ Loch *nt a. fig;* (*den*) Bau *m;* **18-~ course** Golfplatz *m* mit 18 Löchern ❷ (*fig: fault*) Schwachstelle *f;* **to pick ~s [in sth]** [etw] kritisieren **II.** *vt* einlochen

holiday ['hɒlədeɪ] **I.** *n* ❶ BRIT, AUS Urlaub *m,* Ferien *pl;* **school ~s** Ferien *pl;* **to go on a skiing ~** Skiurlaub machen ❷ (*day*) Feiertag *m* **II.** *vi* BRIT, AUS Urlaub machen

holiday camp *n* BRIT, AUS Ferienlager *nt* **holiday course** *n* BRIT, AUS Ferienkurs *m* **holiday flat** *n* BRIT, AUS Ferienwohnung *f* **holiday house** *n* BRIT, AUS Ferienhaus *nt* **holidaymaker** *n* BRIT, AUS Urlauber(in) *m(f)* **holiday resort** *n* BRIT, AUS Urlaubsort *m*

Holland ['hɒlənd] *n no pl* Holland *nt*

hollow ['hɒləʊ] **I.** *adj* ❶ hohl; *cheeks* eingefallen ❷ (*fig*) wertlos; *promise* leer **II.** *n* ❶ Senke *f* ❷ AM (*valley*) Tal *nt* **III.** *adv* hohl **IV.** *vt* **to ~ [out]** aushöhlen

holly ['hɒli] *n* Stechpalme *f*

holy ['həʊli] *adj* heilig ▸ **~ cow!** heiliger Bimbam!

Holy Communion *n* ❶ heilige Kommunion ❷ (*bread and wine*) heiliges Abendmahl

home [həʊm] **I.** *n* ❶ Zuhause *nt;* **to be away from ~** von zu Hause weg sein; **at ~** zu Hause, zuhause ÖSTERR, SCHWEIZ; **to leave ~** [von zu Hause] ausziehen; **to work from ~** zu Hause arbeiten ❷ (*house*) Haus *nt;* (*flat*) Wohnung *f;* **starter ~** erstes eigenes Heim ❸ (*family*) Zuhause *nt kein pl* ❹ (*institute*) Heim *nt;* **old people's ~** Altersheim *nt* ❺ (*origin*) Heimat *f;* ▸ **~ sweet ~** (*prov*) trautes Heim, Glück allein **II.** *adv* ❶ (*at abode*) zu Hause, zuhause ÖSTERR, SCHWEIZ, daheim *bes* SÜDD, ÖSTERR, SCHWEIZ; (*to abode*) nach Hause, nachhause ÖSTERR, SCHWEIZ ❷ (*origin*) **to return ~** in seine Heimat zurückkehren **III.** *vi* **to ~ in on sth** genau auf etw *akk* zusteuern; (*fig*) [sich *dat*] etw herausgreifen

home address *n* Heimatadresse *f,* Privatanschrift *f* **home help** *n* BRIT Haushaltshilfe *f* **homeland** *n* Heimat *f,* Heimatland *nt*

homeless ['həʊmləs] **I.** *adj* obdachlos; (*uprooted*) heimatlos **II.** *n* **the ~** *pl* die Obdachlosen *pl*

home-made *adj* hausgemacht; *cake* selbst gebacken; *jam* selbst gemacht **Home Office** *n + sing/pl vb* BRIT **the ~** das Innenministerium

homeopathy [həʊmi'ɒpəθi] *n no pl* Homöopathie *f*

homesick *adj* **to be ~** Heimweh haben **hometown** *n* AM Heimatstadt *f* **homework** *n no pl* Hausaufgaben *pl a. fig*

homosexual [ˌhəʊmə(ʊ)'sekʃuəl] **I.** *adj* homosexuell **II.** *n* Homosexuelle(r) *f(m)*

honest ['ɒnɪst] *adj* ❶ ehrlich ❷ (*trusty*) redlich ❸ *attr* (*correct*) ehrlich, ordentlich

honestly ['ɒnɪstli] **I.** *adv* ehrlich **II.** *interj* ❶ [ganz] ehrlich! ❷ (*disapproving*) also ehrlich!

honey ['hʌni] *n* ❶ *no pl* Honig *m* ❷ *esp* AM (*fam*) Schatz *m*

honeybee *n* [Honig]biene *f* **honeycomb** *n* Honigwabe *f;* (*wax*) Bienenwabe *f;* **~ pattern** Wabenmuster *nt*

honeymoon *n* Flitterwochen *pl*

honor AM *see* **honour**

honorary ['ɒnᵊrəri] *adj* ehrenamtlich

honour ['ɒnəʳ] **I.** *n* ❶ *no pl* Ehre *f;* **word of ~** Ehrenwort *nt* ❷ (*award*) Auszeichnung *f* **II.** *vt* ❶ ehren ❷ (*fulfil*) erfüllen ❸ FIN akzeptieren

honours degree *n* BRIT UNIV Examen *nt* mit Auszeichnung

hood [hʊd] *n* ❶ (*cap*) Kapuze *f* ❷ (*mask*) Maske *f* ❸ (*shield*) Haube *f* ❹ AM (*bonnet*) [Motor]haube *f*

hoof [hu:f] **I.** *n* <*pl* hooves> Huf *m* **II.** *vt* (*fam*) **to ~ it** laufen

hook [hʊk] **I.** *n* Haken *m;* **to leave the phone off the ~** den Telefonhörer nicht auflegen ▸ **to be off the ~** aus dem Schneider sein; **to let sb off the ~** jdn herauspauken **II.** *vt* ❶ **to ~ sth to sth** etw an etw *dat* festhaken ❷ **to ~ a fish** einen Fisch an die Angel bekommen

hooked [hʊkt] *adj* ❶ hakenförmig; **~ nose** Hakennase *f* ❷ (*addicted*) abhängig ❸ (*interested*) **to be ~** total begeistert sein; **to be ~ on sth** völlig besessen von etw sein

hooker ['hʊkəʳ] *n* ❶ AM, AUS (*fam*) Nutte

f ❷ (*rugby*) Hakler(in) *m(f)*

hooligan ['hu:lɪgən] *n* Hooligan *m*

hoot [hu:t] **I.** *n* ❶ Hupen *nt kein pl* ❷ *of owl* Schrei *m* ❸ (*outburst*) **to give a ~ of laughter** losprusten **II.** *vi* ❶ hupen ❷ *owl* schreien ❸ **to ~ with laughter** in johlendes Gelächter ausbrechen **III.** *vt* **to ~ one's horn** auf die Hupe drücken

hoover® ['hu:vəʳ] BRIT, AUS **I.** *n* Staubsauger *m* **II.** *vt, vi* [staub]saugen

hop [hɒp] **I.** *vi* <-pp-> ❶ hüpfen; *hare* hoppeln ❷ SPORTS springen **II.** *vt* <-pp-> ❶ **to ~ sth** über etw *akk* springen ❷ BRIT (*fam*) **to ~ it** abhauen **III.** *n* ❶ Hüpfer *m* ❷ (*fam: trip*) **[short] ~** [Katzen]sprung *m*

hope [həʊp] **I.** *n* Hoffnung *f;* **to live in ~** hoffen **II.** *vi* hoffen (**for** auf); **it's good news, I ~** hoffentlich gute Nachrichten

hopeful ['həʊpfəl] **I.** *adj* zuversichtlich; **to be ~ of sth** auf etw *akk* hoffen **II.** *n usu pl* vielversprechende Personen

hopefully ['həʊpfəli] *adv* ❶ (*in hope*) hoffnungsvoll ❷ (*it is hoped*) hoffentlich

hopeless ['həʊpləs] *adj* hoffnungslos; *situation* aussichtslos

hopelessly ['həʊpləsli] *adv* hoffnungslos; **he's ~ in love with her** er hat sich bis über beide Ohren in sie verliebt

hopping mad *adj* (*fam*) auf hundertachtzig; **to be ~ with sb** stinksauer auf jdn sein

horizon [hə'raɪzən] *n* Horizont *m;* **on the ~** am Horizont; (*fig*) in Sicht

horizontal [ˌhɒrɪ'zɒntəl] **I.** *adj* horizontal, waag[e]recht **II.** *n no pl* **the ~** die Horizontale

hormone ['hɔ:məʊn] *n* Hormon *nt*

horn [hɔ:n] *n* ❶ Horn *nt* ❷ MUS Horn *nt* ❸ (*beeper*) Hupe *f;* **to sound one's ~** (*fam*) auf die Hupe drücken

hornet ['hɔ:nɪt] *n* Hornisse *f*

horoscope ['hɒrəskəʊp] *n* Horoskop *nt*

horrible ['hɒrəbl̩] *adj* schrecklich; (*mean*) gemein

horrid ['hɒrɪd] *adj* (*fam*) fürchterlich; (*mean*) gemein

horrify <-ie-> ['hɒrɪfaɪ] *vt* entsetzen

horror ['hɒrəʳ] *n* Entsetzen *nt,* Grauen *nt* (**at** über); **in ~** entsetzt

horror-stricken, horror-struck *adj* von Entsetzen gepackt; **to watch ~** voller Entsetzen zusehen

horse [hɔ:s] *n* Pferd *nt;* **~ and carriage** Pferdekutsche *f;* **to eat like a ~** fressen wie ein Scheunendrescher ▶ **to be a dark ~** BRIT sein Licht unter den Scheffel stellen; **to hold one's ~s** die Luft anhalten

horseback *n* **on ~** zu Pferd **horse chestnut** *n* Rosskastanie *f* **horseplay** *n no pl* wilde Ausgelassenheit **horsepower** *n* <*pl* -> Pferdestärke *f;* **10-~ engine** Motor *m* mit 10 PS **horse race** *n* Pferderennen *nt* **horse racing** *n* Pferderennsport *m;* **to go ~** zum Pferderennen gehen **horseshoe** *n* Hufeisen *nt*

hose [həʊz] *n* ❶ Schlauch *m* ❷ *pl* FASHION Strumpfwaren *pl*

hospice ['hɒspɪs] *n* Hospiz *nt*

hospitable [hɒs'pɪtəbl̩] *adj* ❶ gastfreundlich; **to be ~ to[wards] sb** jdn gastfreundlich aufnehmen ❷ (*pleasant*) angenehm

hospital ['hɒspɪtəl] *n* Krankenhaus *nt,* Spital *nt* SCHWEIZ; **to have to go to ~** ins Krankenhaus müssen

hospitality [ˌhɒspɪ'tæləti] **I.** *n no pl* ❶ Gastfreundschaft *f* ❷ (*food*) Bewirtung *f* **II.** *adj attr* **~ suite** Gästelounge *f*

host[1] [həʊst] **I.** *n* ❶ Gastgeber(in) *m(f)* ❷ (*stager*) Veranstalter(in) *m(f)* ❸ (*compère*) Showmaster(in) *m(f)* **II.** *adj attr* **~ country** Gastland *nt;* **~ family** Gastfamilie *f* **III.** *vt* ❶ (*stage*) ausrichten ❷ *compère* moderieren

host[2] [həʊst] *n usu sing* **a [whole] ~ of sth** jede Menge von etw *dat*

hostage ['hɒstɪdʒ] *n* Geisel *f;* **to take sb ~** jdn als Geisel nehmen
'hostage-taker *n* Geiselnehmer(in) *m(f)* **'hostage-taking** *n no pl* Geiselnahme *f*
hostel ['hɒstᵊl] *n* Wohnheim *nt;* BRIT (*for homeless*) Obdachlosenheim *nt;* [**youth**] ~ Jugendherberge *f*
hostess [həʊstɪs] *n* <*pl* **-es**> Gastgeberin *f;* (*animator*) Animierdame *f;* (*on plane*) Stewardess *f*
hostile ['hɒstaɪl] *adj* ❶ feindselig ❷ (*difficult*) hart, widrig; *climate* rau ❸ ECON, MIL feindlich
hot [hɒt] **I.** *adj* <-tt-> ❶ heiß; **she was ~** ihr war heiß ❷ (*spicy*) scharf ❸ (*close*) **in ~ pursuit** dicht auf den Fersen ❹ (*fam: good*) **to be ~ stuff** absolute Spitze sein; **~ tip** heißer Tipp ❺ (*sl: sexy*) heiß ❻ (*new*) heiß; **~ gossip** das Allerneueste **II.** *vt* <-tt-> **to ~ up** *engine* frisieren **III.** *vi* <-tt-> **to ~ up** *pace* sich steigern; *situation* sich verschärfen
hot dog *n* ❶ Wiener Würstchen *nt;* (*in roll*) Hotdog *m* ❷ AM, AUS (*fig fam: show-off*) Angeber(in) *m(f)*
hotel [hə(ʊ)'tel] *n* Hotel *nt*
hotel accommodation *n* ❶ *no pl* (*room*) Hotelzimmer *nt* ❷ AM **~s** *pl* Hotelunterkunft *f kein pl* **hotel bill** *n* Hotelrechnung *f* **hotel register** *n* Gästebuch *nt* **hotel staff** *n + sing/pl vb* Hotelpersonal *nt*
hot-headed *adj* hitzköpfig
hotplate *n* Kochplatte *f;* (*for plate*) Warmhalteplatte *f* **hotshot** *n* (*fam*) Kanone *f* **hot spot** *n* ❶ (*disco*) heißer Schuppen ❷ (*conflict*) Krisenherd *m* ❸ INET Zugangspunkt *m* zu einer drahtlosen Internetverbindung **hot stuff** *n no art, no pl* ❶ (*fam: skilful*) **to be ~** ein Ass sein ❷ (*sl: woman*) heiße Braut; (*man*) heißer Typ **hot-tempered** *adj* heißblütig **hot-water bottle** *n* Wärmflasche *f*
hound [haʊnd] **I.** *n* [Jagd]hund *m* **II.** *vt* jagen
hour [aʊəʳ] *n* Stunde *f;* **50 kilometres an ~** 50 Kilometer pro Stunde; **24 ~s a day** 24 Stunden am Tag; **~ after ~** Stunde um Stunde; **for ~s** stundenlang; **at all ~s** zu jeder Tages- und Nachtzeit; **opening ~s** Öffnungszeiten *pl*
hour hand *n* Stundenzeiger *m*
hourly ['aʊəli] *adj, adv* stündlich; **~ rate** Stundensatz *m*
house I. *n* [haʊs] Haus *nt;* **in the ~** im Hause; **on the ~** auf Kosten des Hauses; **to play to a full ~** THEAT vor vollem Haus spielen ▶ **to go all around the ~s** umständlich vorgehen **II.** *vt* [haʊz] **to ~ sb** jdn unterbringen; **to ~ sth** etw beherbergen
houseboat *n* Hausboot *nt*
household I. *n* Haushalt *m* **II.** *adj attr* **~ goods** Hausrat *m*
householder *n* Hauseigentümer(in) *m(f)* **housekeeper** *n* Haushälter(in) *m(f)* **houseplant** *n* Zimmerpflanze *f* **house-trained** *adj* BRIT, AUS stubenrein **house-warming party** *n* Einweihungsparty *f* **housewife** <*pl* **-ves**> *n* Hausfrau *f* **housework** *n no pl* Hausarbeit *f* **housing estate**, AM **housing development** *n* Wohnsiedlung *f*
hover ['hɒvəʳ] *vi* ❶ schweben; *hawk a.* stehen ❷ (*fig*) **to ~ in the background** sich im Hintergrund herumdrücken
hovercraft <*pl* -> *n* Luftkissenboot *nt* **hoverport** *n* Anlegestelle *f* für Luftkissenboote
how [haʊ] **I.** *adv* wie; **~ far** wie weit; **~ much** wie viel; **~ are you?** wie geht es Ihnen?; **~ do you do?** (*greeting*) Guten Tag!; **~ come?** wie das?; **~ do you know that?** woher weißt du das?; **~ about it?** was meinst du?; **~ about a movie?** wie wäre es mit Kino?; **~ about that!** was sagt man dazu! **II.** *n* **the ~[s] and why[s]** das Wie und Warum

however [haʊ'evəʳ] **I.** *adv* ❶ + *adj* egal wie ❷ (*but*) jedoch **II.** *conj* wie auch immer; **~ you do it, ...** wie auch immer du es machst, ...

howl [haʊl] **I.** *n of animal, wind* Heulen *nt kein pl; of person* Geschrei *nt kein pl;* **~s of protest** Protestgeschrei *nt* **II.** *vi* heulen

HP [ˌeɪtʃ'piː] *n* BRIT (*fam*) *abbrev of* **hire purchase**

hubcap ['hʌbkæp] *n* Radkappe *f*

hug [hʌg] **I.** *vt* <-gg-> ❶ umarmen; **to ~ one's knees** seine Knie umklammern ❷ (*fig*) **the dress ~ged her body** das Kleid lag eng an ihrem Körper an; **to ~ the shore** sich dicht an der Küste halten **II.** *vi* <-gg-> sich umarmen **III.** *n* Umarmung *f;* **to give sb a ~** jdn umarmen

huge [hjuːdʒ] *adj* ❶ riesig; **~ success** Riesenerfolg *m* ❷ (*impressive*) gewaltig; *costs* immens

hum [hʌm] **I.** *vi* <-mm-> ❶ summen; **to ~ under one's breath** vor sich *akk* hinsummen ❷ brausen; *engine* brummen; *machine* surren; *insect* summen **II.** *vt* <-mm-> summen **III.** *n* Brausen *nt; of machine* Brummen *nt; of insect* Summen *nt*

human ['hjuːmən] **I.** *n* Mensch *m* **II.** *adj* menschlich; **~ chain** Menschenkette *f;* **~ relationships** die Beziehungen des Menschen

humane [hjuː'meɪn] *adj* human

humanly ['hjuːmənli] *adv* menschlich; **to do everything ~ possible** alles Menschenmögliche tun

humid ['hjuːmɪd] *adj* feucht

humidity [hjuː'mɪdəti] *n no pl* [Luft]feuchtigkeit *f*

humiliate [hjuː'mɪlieɪt] *vt* ❶ demütigen ❷ (*embarrass*) blamieren

humiliation [hjuːˌmɪli'eɪʃᵊn] *n* Demütigung *f*

humor *n* AM *see* **humour**

humorous ['hjuːmᵊrəs] *adj* lustig; *person* humorvoll

humour ['hjuːməʳ] **I.** *n no pl* Humor *m;* **his speech was full of ~** seine Rede war voller Witz **II.** *vt* **to ~ sb** jdm seinen Willen lassen

hump [hʌmp] **I.** *n* ❶ kleiner Hügel; (*in road*) Buckel *m* ❷ (*on camel*) Höcker *m;* ▶ **sb has got the ~** jd ist sauer **II.** *vt* (*fam*) schleppen

hundred ['hʌndrəd] **I.** *n* ❶ <*pl* -> Hundert *f;* **eight ~** achthundert ❷ <*pl* -> (*speed*) **to drive a ~** hundert fahren ❸ (*century*) **the eighteen ~s** das achtzehnte Jahrhundert ❹ (*many*) **by the ~s** zu Hunderten; **~s of cars** Hunderte von Autos **II.** *adj* hundert; **a ~ and five** [ein]hundert[und]fünf; **a ~ per cent** hundert Prozent; (*adjective*) hundertprozentig

hundredth ['hʌndrədθ] **I.** *n* ❶ Hundertste(r) *f(m)* ❷ (*fraction*) Hundertstel *nt* **II.** *adj* ❶ hundertste(r, s); **for the ~ time** zum hundertsten Mal ❷ (*in fraction*) hundertstel

hung [hʌŋ] **I.** *pt, pp of* **hang II.** *adj* **~ jury** *Jury, die zu keinem Mehrheitsurteil kommt*

Hungarian [hʌŋ'geəriən] **I.** *n* ❶ Ungar(in) *m(f)* ❷ *no pl* (*language*) Ungarisch *nt* **II.** *adj* ungarisch

Hungary ['hʌŋgᵊri] *n no pl* Ungarn *nt*

hunger ['hʌŋgəʳ] **I.** *n no pl* Hunger *m a. fig;* **to die of ~** verhungern **II.** *vi* **to ~ after sth** nach etw *dat* hungern

hungry ['hʌŋgri] *adj* hungrig *a. fig;* **to go ~** hungern; **to be ~** Hunger haben

hunk [hʌŋk] *n* ❶ Stück *nt* ❷ (*fam: man*) **~ of a man** Bild *nt* von einem Mann

hunt [hʌnt] **I.** *n* ❶ Jagd *f* ❷ (*search*) Suche *f* **II.** *vt* ❶ jagen ❷ (*search*) **to ~ sb** Jagd auf jdn machen **III.** *vi* ❶ jagen ❷ (*search*) suchen; **to ~ through sth** etw durchsuchen

hunter ['hʌntəʳ] *n* ❶ Jäger(in) *m(f)* ❷ (*dog*) Jagdhund *m*

hunting ['hʌntɪŋ] *n no pl* das Jagen, die

Jagd; **to go ~** auf die Jagd gehen
hurdle [ˈhɜːdl̩] **I.** *n* Hürde *f a. fig;* SPORTS **~s** *pl* Hürdenlauf *m;* (*horseracing*) Hürdenrennen *nt;* **to fall at the first ~** [bereits] an der ersten Hürde scheitern **II.** *vt* überspringen
hurdler [ˈhɜːdləʳ] *n* Hürdenläufer(in) *m(f)*
hurdle race *n* Hürdenlauf *m;* (*for horses*) Hürdenrennen *nt*
hurricane [ˈhʌrɪkən] *n* Orkan *m;* (*tropical*) Hurrikan *m;* **~-force wind** orkanartiger Wind
hurricane warning *n* Orkanwarnung *f*
hurried [ˈhʌrid] *adj* hastig; (*rash*) überstürzt
hurry [ˈhʌri] **I.** *n no pl* Eile *f;* **there's no [great] ~** es hat keine Eile; **to leave in a ~** hastig aufbrechen; **to need sth in a ~** etw sofort brauchen **II.** *vi* <-ie-> sich beeilen; **there's no need to ~** lassen Sie sich ruhig Zeit **III.** *vt* <-ie-> **to ~ sb** jdn hetzen
◆ **hurry along I.** *vi* sich beeilen **II.** *vt* [zur Eile] antreiben; *process* beschleunigen
◆ **hurry away, hurry off I.** *vi* schnell weggehen **II.** *vt* schnell wegbringen
◆ **hurry on** *vi* weitereilen
◆ **hurry up I.** *vi* sich beeilen; **~ up!** beeil dich! **II.** *vt* zur Eile antreiben
hurt [hɜːt] **I.** *vi* <hurt, hurt> ❶ wehtun ❷ (*harm*) schaden *a. fig* **II.** *vt* <hurt, hurt> ❶ (*a. fig*) **to ~ sb** jdm wehtun; **to ~ oneself** sich verletzen ❷ (*harm*) **to ~ sb** jdm schaden; **to ~ sb's feelings** jds Gefühle verletzen **III.** *adj attr* ❶ verletzt ❷ *feelings* verletzt **IV.** *n* Schmerz *m;* (*injury*) Verletzung *f*
hurtful [ˈhɜːtfᵊl] *adj* verletzend
hurtle [ˈhɜːtl̩] **I.** *vi* rasen; **the boy came hurtling round the corner** der Junge kam um die Ecke geschossen **II.** *vt* **to ~ sth against sth** etw gegen etw *akk* schleudern
husband [ˈhʌzbən(d)] *n* Ehemann *m;* **~ and wife** Mann und Frau
hush [hʌʃ] **I.** *n no pl* Stille *f;* **a bit of ~ now, please!** ein bisschen Ruhe jetzt, bitte! **II.** *interj* **~!** pst! **III.** *vt* zum Schweigen bringen; (*soothe*) beruhigen
◆ **hush up** *vt* vertuschen
husky¹ <-ie-> [ˈhʌski] *adj* ❶ *voice* rau ❷ (*strong*) kräftig [gebaut]
husky² [ˈhʌski] *n* (*dog*) Husky *m*
hustle [ˈhʌsl̩] **I.** *vt* ❶ treiben ❷ (*coerce*) **to ~ sb into doing sth** jdn [be]drängen, etw zu tun ❸ AM (*fam: achieve*) [hartnäckig] erkämpfen **II.** *vi* unter Hochdruck arbeiten; **to ~ for business** sich fürs Geschäft abstrampeln **III.** *n* Gedränge *nt;* **~ and bustle** geschäftiges Treiben
hustler [ˈhʌsləʳ] *n* Betrüger(in) *m(f)*
hut [hʌt] *n* Hütte *f*
hutch [hʌtʃ] *n* Käfig *m;* (*for rabbits*) Stall *m*
hydroelectric [ˌhaɪdrəʊɪˈlektrɪk] *adj* hydroelektrisch; **~ power station** Wasserkraftwerk *nt*
hydrogen [ˈhaɪdrədʒən] *n no pl* Wasserstoff *m*
hygiene [ˈhaɪdʒiːn] *n no pl* Hygiene *f;* **personal ~** Körperpflege *f*
hygienic [haɪˈdʒiːnɪk] *adj* hygienisch
hymn [hɪm] *n* ❶ Kirchenlied *nt* ❷ (*praise*) Hymne *f*
hymnal [ˈhɪmnᵊl] *n,* **hymnbook** [ˈhɪmbʊk] *n* Gesangbuch *nt*
hype [haɪp] **I.** *n no pl* Reklameaufwand *m;* **media ~** Medienrummel *m* **II.** *vt* **to ~ sth** etw [in den Medien] hochjubeln
hypermarket *n* Verbrauchermarkt *m*
hyphen [ˈhaɪfᵊn] *n* Bindestrich *m*
hypnosis [hɪpˈnəʊsɪs] *n no pl* Hypnose *f;* **to be under ~** sich in Hypnose befinden
hypnotherapy [ˌhɪpnə(ʊ)ˈθerəpi] *n no pl* MED Hypnotherapie *f*
hypnotist [ˈhɪpnətɪst] *n* Hypnotiseur(in) *m(f)*
hypnotize [ˈhɪpnətaɪz] *vt* hypnotisieren *a. fig*

hypocrite ['hɪpəkrɪt] *n* Heuchler(in) *m(f)*, Scheinheilige(r) *f(m)*
hypothetical [ˌhaɪpə(ʊ)'θetɪkᵊl] *adj* hypothetisch
hysterectomy [ˌhɪstə'rektəmi] *n* MED Hysterektomie *f*
hysterical [hɪ'sterɪkᵊl] *adj* ❶ hysterisch ❷ (*fam: funny*) ausgelassen heiter

I i

I <*pl* -'s>, **i** <*pl* -'s> [aɪ] *n* I *nt*, i *nt; see also* **A 1**
I [aɪ] *pron pers* ich; ~ **for one ...** ich meinerseits ...; **accept me for what ~ am** nimm mich so, wie ich bin
I'd¹ [aɪd] = **I would** *see* **would**
I'd² [aɪd] = **I had** *see* **have**
I'll [aɪl] = **I will** *see* **will**
I'm [aɪm] = **I am** *see* **be**
I've [aɪv] = **I have** *see* **have**
ice [aɪs] **I.** *n no pl* Eis *nt;* ▸ **to break the ~** das Eis zum Schmelzen bringen **II.** *vt* glasieren
Ice Age *n* Eiszeit *f* **iceberg** *n* Eisberg *m* **icebox** *n* ❶ BRIT (*freezer*) Eisfach *nt* ❷ AM (*fridge*) Kühlschrank *m* **ice cap** *n* Eiskappe *f* (*an den Polen*) **ice cream** *n* Eis *nt* **ice cube** *n* Eiswürfel *m*
iced [aɪst] *adj* eisgekühlt
ice hockey *n* Eishockey *nt* **ice lolly** *n* BRIT Eis *nt* am Stiel **ice pack** *n* Eisbeutel *m* **ice rink** *n* Schlittschuhbahn *f* **ice-skate** *vi* Schlittschuh laufen **ice skating** *n no pl* Schlittschuhlaufen *nt*
icicle ['aɪsɪkl] *n* Eiszapfen *m*
icing ['aɪsɪŋ] *n* Zuckerguss *m;* ▸ **to be the ~ on the cake** [bloß] schmückendes Beiwerk sein
icing sugar *n* Puderzucker *m*
icon ['aɪkɒn] *n* ❶ (*a. fig*) Ikone *f* ❷ COMPUT Symbol *nt*
ICU [ˌaɪsiː'juː] *n abbrev of* **intensive care unit** Intensivstation *f*
icy ['aɪsi] *adj* ❶ vereist ❷ (*hostile*) frostig
ID [ˌaɪ'diː] *n no pl abbrev of* **identification** ❶ *abbrev of* **ID card** ❷ COMPUT Kennzahl *f*
ID card *n* [Personal]ausweis *m*
idea [aɪ'dɪə, -'diːə] *n* ❶ (*notion*) Vorstellung *f;* **whatever gave you that ~?** wie kommst du denn [bloß] darauf? ❷ (*purpose*) **the ~** der Zweck ❸ (*suggestion*) Idee *f;* **that's an ~!** (*fam*) das ist eine gute Idee! ❹ (*knowledge*) Begriff *m;* **to have no ~** (*fam*) keine Ahnung haben
ideal [aɪ'dɪəl, -'diːəl] **I.** *adj* ideal **II.** *n* Ideal *nt*
identical [aɪ'dentɪkᵊl] *adj* identisch (**to** mit)
identification [aɪˌdentɪfɪ'keɪʃᵊn] *n no pl* ❶ *of person* Identifizierung *f; of problem, aims* Identifikation *f* ❷ (*papers*) Ausweispapiere *pl*
identification papers *n pl* Ausweispapiere *pl*
identify <-ie-> [aɪ'dentɪfaɪ] **I.** *vt* ❶ (*recognize*) identifizieren ❷ (*name*) **to ~ sb** jds Identität *f* feststellen ❸ (*associate*) **to ~ sb with sth** jdn mit etw assoziieren **II.** *vi* **to ~ with sb** sich mit jdm identifizieren
identity [aɪ'dentɪti] *n* Identität *f*
identity card *n* [Personal]ausweis *m* **identity theft** *n* SOCIOL Identitätsdiebstahl *m*
idiom ['ɪdiəm] *n* ❶ (*phrase*) [idiomatische] Redewendung ❷ (*language*)

Idiom *nt*
idiomatic [ˌɪdiə(ʊ)ˈmætɪk] *adj* idiomatisch
idiot [ˈɪdiət] *n* (*fam*) Idiot *m*
idiotic [ˌɪdiˈɒtɪk] *adj* (*fam*) idiotisch; *idea* hirnverbrannt
idle [ˈaɪdl̩] **I.** *adj* faul **II.** *vi* ❶ (*laze*) faulenzen ❷ *engine* leerlaufen
if *conj* ❶ (*in case*) wenn, falls; **even ~ ...** selbst [dann,] wenn ...; **~ ..., then ...** wenn ..., dann ... ❷ **~ I had only known!** hätte ich es nur gewusst! ❸ (*whether*) ob ❹ (*although*) wenn auch ▶ **~ anyone /anything /anywhere ... ~ at all** wenn überhaupt; **barely /hardly /rarely ... ~ at all** kaum ..., wenn überhaupt, kaum ..., wenn überhaupt; **~ ever** wenn [überhaupt] je[mals]; **... ~ not ...** ..., wenn nicht [sogar] ...
igloo [ˈɪgluː] *n* Iglu *m o nt*
ignition [ɪgˈnɪʃᵊn] *n* ❶ AUTO Zündung *f* ❷ *no pl* (*form: igniting*) Entzünden *nt*
ignition key *n* Zündschlüssel *m* **ignition switch** *n* Zündschalter *m*
ignorance [ˈɪgnᵊrᵊn(t)s] *n no pl* Unwissenheit *f*
ignorant [ˈɪgnᵊrᵊnt] *adj* unwissend; **to be ~ about sth** sich in etw *dat* nicht auskennen
ignore [ɪgˈnɔːʳ] *vt* ignorieren
ill [ɪl] *adj* ❶ krank; **I feel ~** mir ist gar nicht gut; **to be critically ~** in Lebensgefahr schweben ❷ (*bad*) schlecht; (*harmful*) schädlich; **no ~ feeling!** Schwamm drüber!; **~ health** angegriffene Gesundheit
illegal [ɪˈliːgᵊl] **I.** *adj* illegal **II.** *n esp* AM (*fam*) Illegale(r) *f(m)*
illegible [ɪˈledʒəbl̩] *adj* unleserlich
illegitimate [ˌɪlɪˈdʒɪtəmət] *adj* unehelich
illiterate [ɪˈlɪtᵊrət] **I.** *n* Analphabet(in) *m(f)* **II.** *adj* analphabetisch; (*ignorant*) ungebildet
ill-mannered *adj* unhöflich; *child* ungezogen
illness [ˈɪlnəs] *n* Krankheit *f*
illogical [ɪˈlɒdʒɪkᵊl] *adj* unlogisch
ill-timed *adj* ungelegen
illuminate [ɪˈluːmɪneɪt] *vt* erhellen; (*spotlight*) beleuchten
illumination [ɪˌluːmɪˈneɪʃᵊn] *n no pl* (*form*) Beleuchtung *f*
illusion [ɪˈluːʒᵊn] *n* Illusion *f*
illustrate [ˈɪləstreɪt] *vt* ❶ veranschaulichen ❷ *book* illustrieren
illustration [ˌɪləˈstreɪʃᵊn] *n* Illustration *f*
image [ˈɪmɪdʒ] **I.** *n* ❶ (*likeness*) Ebenbild *nt* ❷ (*picture*) Bild *nt* ❸ (*reputation*) Image *nt* **II.** *vt* **to ~ sth** sich *dat* etw vorstellen
imagery [ˈɪmɪdʒᵊri] *n no pl* Bildersprache *f*
imagination [ɪˌmædʒɪˈneɪʃᵊn] *n* Fantasie *f*; **lack of ~** Fantasielosigkeit *f*; **not by any stretch of the ~** beim besten Willen nicht
imaginative [ɪˈmædʒɪnətɪv] *adj* fantasievoll
imagine [ɪˈmædʒɪn] *vt* ❶ **to ~ sth** sich *dat* etw vorstellen ❷ (*assume*) **to ~ sth** sich *dat* etw denken
imitate [ˈɪmɪteɪt] *vt* imitieren
imitation [ˌɪmɪˈteɪʃᵊn] **I.** *n* ❶ *no pl* (*mimicry*) Imitation *f* ❷ (*act*) Imitieren *nt* **II.** *adj attr* (*plastic*) künstlich; *jewel* unecht; **~ leather** Kunstleder *nt*
immaculate [ɪˈmækjələt] *adj* makellos
immature [ˌɪməˈtjʊəʳ,] *adj* ❶ unreif; (*childish*) kindisch *meist pej* ❷ (*unripe*) unreif; (*sexually*) nicht geschlechtsreif; *plan* unausgereift
immediate [ɪˈmiːdiət] *adj* ❶ umgehend ❷ *attr* (*near*) unmittelbar; **sb's ~ family** jds nächste Angehörige ❸ (*direct*) direkt
immediately [ɪˈmiːdiətli] **I.** *adv* ❶ sofort, gleich ❷ (*closely*) direkt, unmittelbar **II.** *conj* BRIT sobald
immense [ɪˈmen(t)s] *adj* riesig, enorm
immersion heater *n* Tauchsieder *m*
immigrant [ˈɪmɪgrᵊnt] **I.** *n* Einwan-

derer(in) *m(f)* **II.** *adj attr* ~ **population** Einwanderer *pl*

immigrate [ˈɪmɪgreɪt] *vi* einwandern

immigration [ˌɪmɪˈgreɪʃᵊn] *n no pl* ❶ Einwanderung *f* ❷ AM **~s** *pl* ≈ Grenzschutz *m* (*an Flughäfen*)

immoral [ɪˈmɒrᵊl] *adj* unmoralisch

immortal [ɪˈmɔːtᵊl] **I.** *adj* unsterblich; *life* ewig **II.** *n* Unsterbliche(r) *f(m)*

immune [ɪˈmjuːn] *adj pred* ❶ immun (**to** gegen/für) ❷ (*fig: safe*) sicher (**from** vor)

immunity [ɪˈmjuːnəti] *n no pl* ❶ Immunität *f* ❷ (*fig*) Unempfindlichkeit *f*

immunize [ˈɪmjənaɪz] *vt* immunisieren

immunodeficiency [ˌɪmjənə(ʊ)dɪˈfɪʃᵊn(t)si] *n* MED Immunschwäche *f*

impact **I.** *n* [ˈɪmpækt] *no pl* ❶ Aufprall *m;* (*force*) Wucht *f* ❷ (*fig: effect*) Auswirkung[en] *f*[*pl*] **II.** *vt* [ɪmˈpækt] *esp* AM, AUS beeinflussen **III.** *vi* [ɪmˈpækt] ❶ aufschlagen ❷ *esp* AM, AUS **to ~ on sth** etw beeinflussen

impartial [ɪmˈpɑːʃᵊl] *adj* unparteiisch

impassable [ɪmˈpɑːsəbl̩] *adj* unpassierbar

impatience [ɪmˈpeɪʃᵊn(t)s] *n no pl* Ungeduld *f*

impatient [ɪmˈpeɪʃᵊnt] *adj* ungeduldig (**with** gegenüber)

impeach [ɪmˈpiːtʃ] *vt* **to ~ sb for sth** jdn wegen einer S. *gen* anklagen

impeachment [ɪmˈpiːtʃmənt] *n* Amtsenthebungsverfahren *nt*

imperative [ɪmˈperətɪv] **I.** *adj* ❶ unbedingt erforderlich ❷ (*commanding*) gebieterisch **II.** *n* ❶ [Sach]zwang *m;* (*duty*) Verpflichtung *f* ❷ *no pl* LING **the ~** der Imperativ

imperfect [ɪmˈpɜːfɪkt] **I.** *adj* fehlerhaft; (*incomplete*) unvollkommen **II.** *n no pl* LING **the ~** das Imperfekt

imperfection [ˌɪmpəˈfekʃᵊn] *n* ❶ Fehler *m,* Mangel *m* ❷ *no pl* (*state*) Unvollkommenheit *f*

imperial [ɪmˈpɪəriəl] *adj* ❶ (*of an empire*) kaiserlich, imperialistisch *oft pej* ❷ (*measure*) **the ~ system** das britische System der Maße und Gewichte

impersonal [ɪmˈpɜːsᵊnᵊl] *adj* unpersönlich

impersonate [ɪmˈpɜːsᵊneɪt] *vt* imitieren

impertinent [ɪmˈpɜːtɪnənt] *adj* unverschämt

impetuous [ɪmˈpetʃuəs] *adj* impulsiv; *nature* hitzig

implant **I.** *n* [ˈɪmplɑːnt] Implantat *nt* **II.** *vt* [ɪmˈplɑːnt] ❶ einpflanzen ❷ (*fig*) einprägen

implausible [ɪmˈplɔːzəbl̩] *adj* unglaubwürdig

implement **I.** *n* [ˈɪmplɪmənt] Gerät *nt;* (*tool*) Werkzeug *nt* **II.** *vt* [ˈɪmplɪment] einführen; (*realize*) durchführen

implicate [ˈɪmplɪkeɪt] *vt* ❶ **to ~ sb in sth** jdn mit etw *dat* in Verbindung bringen ❷ (*imply*) andeuten

implication [ˌɪmplɪˈkeɪʃᵊn] *n* ❶ Verwicklung *f* ❷ *no pl* (*hint*) Implikation *f geh*

implore [ɪmˈplɔːʳ] *vt* anflehen

imploring [ɪmˈplɔːʳɪŋ] *adj* flehend

imply <-ie-> [ɪmˈplaɪ] *vt* ❶ andeuten ❷ (*entail*) erfordern

impolite [ˌɪmpᵊlˈaɪt] *adj* unhöflich

impoliteness [ˌɪmpᵊlˈaɪtnəs] *n no pl* Unhöflichkeit *f*

import **I.** *vt, vi* [ɪmˈpɔːt] importieren (**from** aus) **II.** *n* [ˈɪmpɔːt] Import *m*

importance [ɪmˈpɔːtᵊn(t)s] *n no pl* ❶ Wichtigkeit *f* ❷ (*influence*) Bedeutung *f*

important [ɪmˈpɔːtᵊnt] *adj* ❶ wichtig ❷ (*influential*) bedeutend

importer [ˈɪmpɔːtəʳ] *n* Importeur(in) *m(f)*; (*company*) Importeur *m;* (*country*) Importnation *f*

impose [ɪmˈpəʊz] **I.** *vt* durchsetzen; (*order*) verhängen; *law* verfügen **II.** *vi* **to ~ on sb** sich jdm aufdrängen

imposing [ɪmˈpəʊzɪŋ] *adj* beeindruckend, stattlich

imposition [ˌɪmpəˈzɪʃᵊn] *n* ❶ *no pl* Einführung *f* ❷ (*inconvenience*) Belastung *f*

impossibility [ɪmˌpɒsəˈbɪləti] *n* ❶ *no pl* Unmöglichkeit *f* ❷ (*thing*) Ding *nt* der Unmöglichkeit

impossible [ɪmˈpɒsəbl̩] **I.** *adj* ❶ unmöglich ❷ (*difficult*) ausweglos **II.** *n* *no pl* **the ~** das Unmögliche; **to ask the ~** Unmögliches verlangen

imposter, **impostor** [ɪmˈpɒstəʳ] *n* Hochstapler(in) *m(f)*

impotent [ˈɪmpətənt] *adj* ❶ machtlos ❷ (*sterile*) impotent

impound [ɪmˈpaʊnd] *vt* beschlagnahmen

impractical [ɪmˈpræktɪkᵊl] *adj* unpraktisch; (*unfit*) untauglich

imprecise [ˌɪmprɪˈsaɪs] *adj* ungenau

impress [ɪmˈpres] **I.** *vt* ❶ beeindrucken; **to be ~ed [by sb]** [von jdm] beeindruckt sein ❷ (*convince*) **to ~ sth on sb** jdn von etw *dat* überzeugen **II.** *vi* Eindruck machen, imponieren

impression [ɪmˈpreʃᵊn] *n* ❶ (*opinion*) Eindruck *m;* **to have/get the ~ that ...** den Eindruck haben/bekommen, dass ... ❷ (*feeling*) Eindruck *m;* **to make an ~ on sb** auf jdn Eindruck machen ❸ (*copy*) Imitation *f*

impressionable [ɪmˈpreʃᵊnəbl̩] *adj* [leicht] beeinflussbar

impressive [ɪmˈpresɪv] *adj* beeindruckend

imprison [ɪmˈprɪzᵊn] *vt usu passive* inhaftieren

imprisonment [ɪmˈprɪzᵊnmənt] *n no pl* Haft *f*

improbability [ɪmˌprɒbəˈbɪləti] *n no pl* Unwahrscheinlichkeit *f*

improbable [ɪmˈprɒbəbl̩] *adj* unwahrscheinlich

improper [ɪmˈprɒpəʳ] *adj* ❶ falsch ❷ *inappropriate* unpassend

improve [ɪmˈpruːv] **I.** *vt* verbessern **II.** *vi* besser werden, sich verbessern; **to ~ on sth** etw [noch] verbessern; **to ~ with age** mit dem Alter immer besser werden

improvement [ɪmˈpruːvmənt] *n* ❶ (*instance*) Verbesserung *f* ❷ *no pl* (*activity*) Verbesserung *f;* **room for ~** Steigerungsmöglichkeiten *pl*

improvisation [ˌɪmprəvaɪˈzeɪʃᵊn] *n* Improvisation *f*

improvise [ˈɪmprəvaɪz] *vt, vi* improvisieren

impudence [ˈɪmpjədᵊn(t)s] *n no pl* Unverschämtheit *f*

impudent [ˈɪmpjədᵊnt] *adj* unverschämt

impulse [ˈɪmpʌls] *n* ❶ (*urge*) *a.* ELEC Impuls *m* ❷ (*motive*) Antrieb *m*

impulsive [ɪmˈpʌlsɪv] *adj* impulsiv; (*spontaneous*) spontan

impunity [ɪmˈpjuːnəti] *n no pl* Straflosigkeit *f*

impurity [ɪmˈpjʊərəti] *n no pl* Verunreinigung *f*

in [ɪn] **I.** *prep* ❶ (*located*) in; **to be ~ hospital** im Krankenhaus sein; **~ the street** auf der Straße ❷ *after vb* (*into*) in; **to get ~ the car** ins Auto steigen ❸ AM (*at*) auf; **Boris is ~ college** Boris ist auf dem College ❹ (*part of*) in; **there are 31 days ~ March** der März hat 31 Tage ❺ **~ anger** im Zorn; **difference ~ quality** Qualitätsunterschied *m;* **to be ~ [no] doubt** [nicht] zweifeln; **~ horror** voller Entsetzen; **to be ~ a hurry** es eilig haben; **to be ~ a good mood** guter Laune sein; **~ secret** heimlich ❻ (*with*) **to pay ~ cash** [in] bar bezahlen; **~ writing** schriftlich ❼ **~ German** auf Deutsch; **to speak ~ a loud voice** mit lauter Stimme sprechen ❽ (*during*) **~ 1968** [im Jahre] 1968; **~ the end** am Ende; **~ March** im März; **~ the morning** morgens ❾ (*within*) in; **~ record time** in Rekordzeit ❿ (*active*) **she works ~ publishing** sie arbeitet bei einem Verlag ⓫ (*wearing*) **you look nice ~ green**

Grün steht dir; **to be ~ disguise** verkleidet sein; **to be ~ uniform** Uniform tragen ⓬ (*result*) **~ conclusion** schließlich; **~ fact** tatsächlich ⓭ **~ doing so** dabei, damit ⓮ **he's about six foot ~ height** er ist ca. zwei Meter groß; **~ total** insgesamt ⓯ (*comparing*) pro; **one ~ ten people** jeder zehnte ⓰ *after vb* **to be interested ~ sth** sich für etw *akk* interessieren ⓱ *after n* **to have confidence ~ sb** jdm vertrauen **II.** *adv* ❶ herein; **come ~!** herein!; **she was locked ~** sie war eingesperrt ❷ (*arrived*) **the train got ~ very late** der Zug ist sehr spät eingetroffen ❸ **to hand sth ~** etw abgeben ▶ **day ~, day out** tagein, tagaus **III.** *adj* ❶ *pred* (*there*) da; (*at home*) zu Hause ❷ (*trendy*) in ❸ *pred* (*submitted*) **the application must be ~ by May 31** die Bewerbung muss bis zum 31. Mai eingegangen sein ▶ **to be ~ on sth** über etw *akk* Bescheid wissen

inability [ˌɪnəˈbɪləti] *n no pl* Unfähigkeit *f*

inaccessible [ˌɪnəkˈsesəbl̩] *adj* unzugänglich

inaccurate [ɪnˈækjərət] *adj* ungenau

inactive [ɪnˈæktɪv] *adj* untätig, inaktiv

inadequate [ɪnˈædɪkwət] *adj* unangemessen; **woefully ~** völlig unzulänglich; **to feel ~** Minderwertigkeitsgefühle haben

inadvertent [ˌɪnədˈvɜːtᵊnt] *adj* unachtsam

inadvisable [ˌɪnədˈvaɪzəbl̩] *adj* nicht empfehlenswert

inanimate [ɪˈnænɪmət] *adj* leblos

inappropriate [ˌɪnəˈprəʊpriət] *adj* ungeeignet; (*inconvenient*) ungelegen

inarticulate [ˌɪnɑːˈtɪkjələt] *adj* ❶ (*unclear*) undeutlich; *speech* zusammenhangslos ❷ *fear, worry* unausgesprochen

inattentive [ˌɪnəˈtentɪv] *adj* unaufmerksam

inaudible [ɪˈnɔːdəbl̩] *adj* unhörbar

inauguration [ɪˌnɔːgjəˈreɪʃᵊn] *n* ❶ *no pl* Eröffnung *f* ❷ (*induction*) Amtseinführung *f*

in-box *n* COMPUT Posteingangsordner *m*

inbuilt [ˌɪnˈbɪlt] *adj* BRIT eingebaut

incapable [ɪnˈkeɪpəbl̩] *adj* unfähig

incense[1] [ˈɪnsen(t)s] *n no pl* ❶ Räuchermittel *nt;* (*in church*) Weihrauch *m* ❷ (*smoke*) wohlriechender Rauch

incense[2] [ɪnˈsen(t)s] *vt* empören

incentive [ɪnˈsentɪv] **I.** *n* Anreiz *m* **II.** *adj attr* Vorteile bringend; **~ discount** Treuerabatt *m*

inch [ɪn(t)ʃ] **I.** *n* <*pl* -es> ❶ Zoll *m* (*2,54 cm*) ❷ (*distance*) **just ~es** ganz knapp **II.** *vi* sich [ganz] langsam bewegen

incident [ˈɪn(t)sɪdᵊnt] *n* ❶ [Vor]fall *m;* **isolated ~** Einzelfall *m* ❷ (*story*) Begebenheit *f*

incidental [ˌɪn(t)sɪˈdentᵊl] *adj* ❶ zufällig; (*in passing*) beiläufig ❷ (*related*) begleitend *attr*, verbunden

incidentally [ˌɪn(t)sɪˈdentᵊli] *adv* ❶ (*by the way*) übrigens ❷ (*in passing*) nebenbei; (*accidentally*) zufällig

incinerator [ɪnˈsɪnᵊreɪtəʳ] *n* Verbrennungsanlage *f*

incision [ɪnˈsɪʒᵊn] *n* [Ein]schnitt *m*

incite [ɪnˈsaɪt] *vt* aufstacheln

inclination [ˌɪnklɪˈneɪʃᵊn] *n* ❶ Neigung *f*, Hang *m kein pl* ❷ *no pl* (*preference*) [besondere] Neigung

incline I. *vi* [ɪnˈklaɪn] ❶ (*tend*) tendieren (**towards** zu) ❷ (*lean*) sich neigen **II.** *vt* [ɪnˈklaɪn] **to be ~d to do sth** dazu neigen, etw zu tun **III.** *n* [ˈɪnklaɪn] Neigung *f*

inclined [ɪnˈklaɪnd] *adj* ❶ *pred* bereit; **to be ~ to agree** eher zustimmen ❷ (*sloped*) schief

include [ɪnˈkluːd] *vt* beinhalten; (*add*) beifügen; **to ~ sb in sth** jdn in etw *akk* einbeziehen

including [ɪnˈkluːdɪŋ] *prep* einschließlich

inclusion [ɪnˈkluːʒᵊn] *n no pl* Einbeziehung *f*
inclusive [ɪnˈkluːsɪv] *adj* ❶ einschließlich; **all-~ rate** Pauschale *f* ❷ *after n* **sth ~** [bis] einschließlich etw
income [ˈɪŋkʌm] *n* Einkommen *nt; of company* Einnahmen *pl*
income support *n no pl* BRIT ≈ Sozialhilfe *f;* **to be on ~** ≈ Sozialhilfe bekommen **income tax** *n* Einkommensteuer *f*
incoming [ˌɪŋˈkʌmɪŋ] *adj attr* ankommend; **~ call** [eingehender] Anruf
incomparable [ɪnˈkɒmpᵊrəbl̩] *adj* unvergleichbar
incompatible [ˌɪnkəmˈpætəbl̩] *adj* unvereinbar; COMPUT inkompatibel; **to be ~** *persons* nicht zusammenpassen
incompetent [ɪnˈkɒmpɪtᵊnt] **I.** *adj* inkompetent; **to be ~ for sth** für etw *akk* ungeeignet sein **II.** *n* Dilettant(in) *m(f)*
incomplete [ˌɪnkəmˈpliːt] *adj* unvollständig
incomprehensible [ɪnˌkɒmprɪˈhen(t)səbl̩] *adj* unverständlich; *act* unbegreiflich
inconceivable [ˌɪnkənˈsiːvəbl̩] *adj* undenkbar; **it is ~ that ...** es ist unvorstellbar, dass ...
inconclusive [ˌɪnkənˈkluːsɪv] *adj* nicht überzeugend; *results, test* ergebnislos
inconsequential [ɪnˌkɒn(t)sɪˈkwen(t)ʃᵊl] *adj* unlogisch; (*unimportant*) unbedeutend
inconsiderate [ˌɪnkənˈsɪdᵊrət] *adj* rücksichtslos (**towards** gegenüber); *remark* taktlos
inconsistent [ˌɪnkənˈsɪstənt] *adj* ❶ widersprüchlich ❷ (*unsteady*) unbeständig
inconsolable [ˌɪnkənˈsəʊləbl̩] *adj* untröstlich
inconspicuous [ˌɪnkənˈspɪkjuəs] *adj* unauffällig
inconvenience [ˌɪnkənˈviːniən(t)s] **I.** *n no pl* Unannehmlichkeit[en] *f[pl]* **II.** *vt* **to ~ sb** jdm Unannehmlichkeiten bereiten
inconvenient [ˌɪnkənˈviːniənt] *adj* ungelegen; *place* ungünstig [gelegen]; *things, doings* beschwerlich, lästig
incorrect [ˌɪnˈkᵊrekt] *adj* falsch; *calculation* fehlerhaft; (*improper*) unkorrekt
incorruptible [ˌɪnkəˈrʌptəbl̩] *adj* unbestechlich; (*virtuous*) integer
increase I. *vi* [ɪnˈkriːs] (*rise*) [an]steigen; (*intensify*) zunehmen **II.** *vt* [ɪnˈkriːs] (*raise*) erhöhen; (*enlarge*) vergrößern **III.** *n* Anstieg *m,* Zunahme *f;* **~ in production** Steigerung *f* der Produktion; **to be on the ~** ansteigen
incredible [ɪnˈkredɪbl̩] *adj* ❶ unglaublich ❷ (*fam: good*) fantastisch
incubation period *n* Brut[zeit] *f; of disease* Inkubationszeit *f*
incur <-rr-> [ɪnˈkɜːʳ] *vt* ❶ hinnehmen müssen; *debt* machen; *costs* haben ❷ **to ~ the anger of sb** jdn verärgern
incurable [ɪnˈkjʊərəbl̩] *adj* unheilbar; *habit* nicht ablegbar
indebted [ɪnˈdetɪd] *adj pred* ❶ (*obliged*) [zu Dank] verpflichtet ❷ (*owing*) verschuldet
indecent [ɪnˈdiːsᵊnt] *adj* ungehörig; (*unseemly*) unschicklich; *proposal* unsittlich
indecision [ˌɪndɪˈsɪʒᵊn] *n no pl* Unentschlossenheit *f*
indecisive [ˌɪndɪˈsaɪsɪv] *adj* unentschlossen; (*inconclusive*) unschlüssig
indeed [ɪnˈdiːd] *adv* ❶ wirklich; (*actually*) tatsächlich ❷ (*affirming*) allerdings
indefinite [ɪnˈdefɪnət] *adj* ❶ unbestimmt ❷ (*vague*) unklar; *answer* nicht eindeutig
independence [ˌɪndɪˈpendən(t)s] *n no pl* Unabhängigkeit *f*
independent [ˌɪndɪˈpendənt] **I.** *adj* unabhängig (**from, of** von) **II.** *n* POL Parteilose(r) *f(m)*
in-depth [ˌɪnˈdepθ] *adj* gründlich; *investigation* eingehend

indescribable [ˌɪndɪ'skraɪbəbl̩] *adj* unbeschreiblich

indestructible [ˌɪndɪ'strʌktəbl̩] *adj* unzerstörbar

index ['ɪndeks] **I.** *n* ❶ <*pl* -es> Index *m; of sources* Quellenverzeichnis *nt* ❷ <*pl* -dices> (*measure*) Anzeichen *nt* (**of** für) **II.** *vt book* mit einem Verzeichnis versehen

index finger *n* Zeigefinger *m*

indicate ['ɪndɪkeɪt] **I.** *vt* ❶ zeigen; *gauge* anzeigen ❷ (*imply*) **to ~ sth** auf etw *akk* hindeuten **II.** *vi* BRIT blinken

indication [ˌɪndɪ'keɪʃᵊn] *n* [An]zeichen *nt* (**of** für), Hinweis *m* (**of** auf)

indicative [ɪn'dɪkətɪv] *adj* ❶ hinweisend *attr;* **to be ~ of sth** etw erkennen lassen ❷ LING indikativisch *fachspr*

indicator ['ɪndɪkeɪtəʳ] *n* ❶ (*evidence*) Indikator *m fachspr; of fact, trend* deutlicher Hinweis ❷ BRIT (*light*) Blinker *m,* [Fahrt]richtungsanzeiger *m bes* SCHWEIZ ❸ (*gauge*) Anzeiger *m* ❹ BRIT *at airport, station* Anzeigetafel *f*

indices ['ɪndɪsiːz] *n pl of* **index I 2**

indict [ɪn'daɪt] *vt* anklagen

indifference [ɪn'dɪfᵊrən(t)s] *n no pl* Gleichgültigkeit *f* (**to**[**wards**] gegenüber)

indifferent [ɪn'dɪfᵊrənt] *adj* ❶ gleichgültig (**to** gegenüber) ❷ (*middling*) [mittel]mäßig

indigenous [ɪn'dɪdʒɪnəs] *adj* [ein]heimisch

indigestible [ˌɪndɪ'dʒestəbl̩] *adj* schwer verdaulich; (*bad*) ungenießbar

indigestion [ˌɪndɪ'dʒestʃᵊn] *n no pl* Magenverstimmung *f*

indignant [ɪn'dɪgnənt] *adj* empört (**at/about** über)

indignation [ˌɪndɪg'neɪʃᵊn] *n no pl* Empörung *f* (**at/about** über)

indignity [ɪn'dɪgnəti] *n* Demütigung *f*

indirect [ˌɪndɪ'rekt] *adj* indirekt; (*fig*) *benefits* mittelbar; **by ~ means** auf Umwegen

indiscreet [ˌɪndɪ'skriːt] *adj* indiskret; (*tactless*) taktlos (**about** in Bezug auf)

indiscretion [ˌɪndɪ'skreʃᵊn] *n no pl* Indiskretion *f;* (*tactlessness*) Taktlosigkeit *f*

indispensable [ˌɪndɪ'spen(t)səbl̩] *adj* unentbehrlich (**for/to** für)

indistinct [ˌɪndɪ'stɪŋ(k)t] *adj* ❶ undeutlich; (*blurred*) verschwommen ❷ (*vague*) verschwommen

indistinguishable [ˌɪndɪ'stɪŋgwɪʃəbl̩] *adj* nicht unterscheidbar

individual [ˌɪndɪ'vɪdʒuəl] **I.** *n* ❶ Einzelne(r) *f(m),* Individuum *nt geh* ❷ (*special person*) [selbständige] Persönlichkeit **II.** *adj* ❶ *attr* einzeln ❷ (*particular*) individuell

indoor [ˌɪn'dɔːʳ] *adj attr* ❶ (*inside*) Innen-; **~ plant** Zimmerpflanze *f* ❷ (*for use inside*) Haus-, für zu Hause *nach n*

indoors [ˌɪn'dɔːz] *adv* herein, nach drinnen

induce [ɪn'djuːs] *vt* ❶ **to ~ sb to do sth** jdn dazu bringen, etw zu tun ❷ (*cause*) hervorrufen ❸ *abortion, birth, labour* einleiten

induction course *n* Einführungskurs *m*

indulge [ɪn'dʌldʒ] **I.** *vt* ❶ (*satisfy*) **to ~ sth** etw *dat* nachgeben; **to ~ sb's every wish** jdm jeden Wunsch erfüllen ❷ (*spoil*) verwöhnen **II.** *vi* (*commit*) **to ~ in sth** in etw *dat* schwelgen

indulgent [ɪn'dʌldʒənt] *adj* ❶ (*lenient*) nachgiebig (**towards** gegenüber) ❷ (*tolerant*) nachsichtig

industrial [ɪn'dʌstriəl] *adj* industriell; **~ action** Streikmaßnahmen *pl;* **~ estate** Industriegelände *nt*

industrialist [ɪn'dʌstriəlɪst] *n* Industrielle(r) *f(m)*

industrialization [ɪnˌdʌstriəlaɪ'zeɪʃᵊn] *n no pl* Industrialisierung *f*

industrialize [ɪn'dʌstriəlaɪz] **I.** *vi* eine Industrie ansiedeln; *nation* zum Industriestaat werden **II.** *vt* industrialisieren

industry ['ɪndəstri] *n* ❶ *no pl* Industrie *f* ❷ (*sector*) Branche *f*

inedible [ɪ'nedɪbl̩] *adj* nicht essbar

ineffective [ˌɪnɪ'fektɪv] *adj* unwirksam

ineffectual [ˌɪnɪ'fektʃuᵊl] *adj* ineffektiv *geh*

inefficient [ˌɪnɪ'fɪʃᵊnt] *adj* ineffizient; (*person*) unfähig

inept [ɪ'nept] *adj* unbeholfen (**at** in); (*unskilled*) ungeschickt (**at** in)

inequality [ˌɪnɪ'kwɒləti] *n* Ungleichheit *f*

inescapable [ˌɪnɪ'skeɪpəbl̩] *adj* unvermeidlich; *fate* unentrinnbar

inevitable [ɪ'nevɪtəbl̩] **I.** *adj* ❶ unvermeidlich; *conclusion, result* zwangsläufig ❷ (*fam: predictable*) unvermeidlich **II.** *n no pl* **the ~** das Unvermeidbare *a. iron*

inexcusable [ˌɪnɪk'skju:zəbl̩] *adj* unverzeihlich

inexhaustible [ˌɪnɪg'zɔ:stəbl̩] *adj* unerschöpflich

inexpensive [ˌɪnɪk'spen(t)sɪv] *adj* preisgünstig

inexperienced [ˌɪnɪk'spɪəriən(t)st] *adj* unerfahren; **to be ~ in sth** mit etw *dat* nicht vertraut sein

inexplicable [ˌɪnɪk'splɪkəbl̩] *adj* unerklärlich

infallible [ɪn'fæləbl̩] *adj* unfehlbar

infamous ['ɪnfəməs] *adj* ❶ berüchtigt ❷ *lie* infam *pej*

infancy ['ɪnfən(t)si] *n* früh[est]e Kindheit

infant ['ɪnfənt] **I.** *n* ❶ Säugling *m* ❷ BRIT, AUS (*child*) Kleinkind *nt* **II.** *adj attr* **~ daughter** kleines Töchterchen; BRIT, AUS **~ class** SCH erste/zweite Grundschulklasse

infantile ['ɪnfəntaɪl] *adj* (*pej*) kindisch *meist pej*

infantry ['ɪnfəntri] *n no pl, + sing/pl vb* **the ~** die Infanterie

infatuated [ɪn'fætjueɪtɪd] *adj* vernarrt (**with** in)

infect [ɪn'fekt] *vt* infizieren *a. fig*

infection [ɪn'fekʃᵊn] *n* Infektion *f*

infectious [ɪn'fekʃəs] *adj* ansteckend *a. fig*

inferior [ɪn'fɪəriəʳ] *adj* ❶ minderwertig; *mind* unterlegen ❷ *rank* [rang]niedriger

inferiority complex *n* Minderwertigkeitskomplex *m*

inferno [ɪn'fɜ:nəʊ] *n* ❶ flammendes Inferno ❷ (*liter: hell*) Inferno *nt geh*

infertile [ɪn'fɜ:taɪl] *adj* unfruchtbar

infest [ɪn'fest] *vt* befallen (**with** von)

infidelity [ˌɪnfɪ'deləti] *n* ❶ *no pl* Verrat *m* (**to** gegenüber/an) ❷ (*sexual*) **infidelities** *pl* Seitensprünge *pl*

infinite ['ɪnfɪnət] **I.** *adj* ❶ unendlich; *space* unbegrenzt ❷ (*great*) grenzenlos; **to take ~ care** ungeheuer vorsichtig sein ❸ MATH unendlich **II.** *n* **the ~** die Unendlichkeit

infinitive [ɪn'fɪnɪtɪv] **I.** *n* LING Infinitiv *m*; **to be in the ~** im Infinitiv stehen **II.** *adj attr* Infinitiv-; **~ form** Grundform *f*, Infinitiv *m*

infinity [ɪn'fɪnəti] *n no pl* ❶ MATH das Unendliche ❷ (*immeasurability*) die Unendlichkeit

infirm [ɪn'fɜ:m] **I.** *adj* ❶ (*ill*) gebrechlich ❷ (*form: weak*) schwach **II.** *n* **the ~** *pl* die Kranken und Pflegebedürftigen

infirmary [ɪn'fɜ:mᵊri] *n* ❶ (*dated: hospital*) Krankenhaus *nt* ❷ AM (*room*) Krankenzimmer *nt*

inflame [ɪn'fleɪm] *vt* ❶ (*stir up*) entfachen ❷ (*anger*) aufbringen; (*stronger*) erzürnen

inflammable [ɪn'flæməbl̩] *adj* ❶ [leicht] entzündbar ❷ (*fig: touchy*) explosiv

inflammation [ˌɪnflə'meɪʃᵊn] *n* Entzündung *f*

inflammatory [ɪn'flæmətᵊri] *adj* ❶ MED entzündlich, Entzündungs- ❷ (*provoking*) hetzerisch

inflatable [ɪn'fleɪtəbl̩] **I.** *adj* aufblasbar; **~ boat** Schlauchboot *nt* **II.** *n esp* BRIT Schlauchboot *nt*

inflate [ɪn'fleɪt] **I.** *vt* ❶ aufblasen ❷ (*exaggerate*) aufblähen *fig, pej* **II.** *vi* sich mit Luft füllen

inflated [ɪn'fleɪtɪd] *adj* ❶ aufgeblasen ❷ (*exaggerated*) aufgebläht *fig, pej;* **to have an ~ idea of sth** eine übertriebene Vorstellung von etw *dat* besitzen ❸ ECON *price* überhöht
inflation [ɪn'fleɪʃᵊn] *n no pl* ❶ ECON Inflation *f* ❷ (*filling*) Aufblasen *nt*
inflexible [ɪn'fleksəbl̩] *adj* (*usu pej*) ❶ starr ❷ (*persistent*) unbeugsam
in-flight *adj attr* Bord-, während des Fluges *nach n*
influence ['ɪnfluən(t)s] **I.** *n* ❶ Einfluss *m;* **to fall under sb's ~** unter jds Einfluss geraten ❷ *no pl* (*power*) Einfluss *m* (**on** auf) **II.** *vt* beeinflussen; **to be easily ~d** beeinflussbar sein
influencer ['ɪnfluən(t)səʳ] *n* COMM Meinungsmacher(in) **social media [or SM] influencer** Influencer(in) *m(f);* **social media ~ marketing** Influencer-Marketing *nt*
influential [ˌɪnflu'en(t)ʃᵊl] *adj* einflussreich
influenza [ˌɪnflu'enzə] *n no pl* (*form*) Grippe *f*
influx ['ɪnflʌks] *n no pl* Zustrom *m* (**of** an); *of capital* Zufuhr *f* (**of** an)
inform [ɪn'fɔːm] **I.** *vt* informieren **II.** *vi* **to ~ against/on sb** jdn anzeigen
informal [ɪn'fɔːmᵊl] *adj* informell; *atmosphere, party* zwanglos; *meeting* inoffiziell
informant [ɪn'fɔːmənt] *n* Informant(in) *m(f)*
information [ˌɪnfə'meɪʃᵊn] *n* ❶ *no pl* Information *f;* **a piece of ~** eine Information; **a lot of ~** wenige Informationen ❷ (*enquiry desk*) Information *f* ❸ AM (*telephone operator*) Auskunft *f*
information science *n usu pl* Informatik *f kein pl* **information superhighway** *n* **the ~** die Datenautobahn, das Internet
informative [ɪn'fɔːmətɪv] *adj* informativ
informer [ɪn'fɔːməʳ] *n* Informant(in) *m(f)*
infrared [ˌɪnfrə'red] *adj* infrarot
infrequent [ɪn'friːkwənt] *adj* selten
infuriate [ɪn'fjʊərieɪt] *vt* wütend machen
ingratitude [ɪn'grætɪtjuːd] *n no pl* Undankbarkeit *f*
ingredient [ɪn'griːdiənt] *n* Zutat *f*
inhabit [ɪn'hæbɪt] *vt* bewohnen
inhabitable [ɪn'hæbɪtəbl̩] *adj* bewohnbar
inhabitant [ɪn'hæbɪtᵊnt] *n* Einwohner(in) *m(f); of building* Bewohner(in) *m(f)*
inhale [ɪn'heɪl] **I.** *vt* einatmen; *smoker* inhalieren **II.** *vi* einatmen
inherit [ɪn'herɪt] **I.** *vt* erben (**from** von); (*fig*) übernehmen (**from** von) **II.** *vi* erben
inheritance [ɪn'herɪtᵊn(t)s] *n* ❶ Erbe *nt kein pl* ❷ *no pl* (*inheriting*) Erben *nt*
inhibition [ˌɪn(h)ɪ'bɪʃᵊn] *n* ❶ *usu pl* Hemmung *f* ❷ *no pl* (*inhibiting*) Einschränken *nt*
inhospitable [ˌɪnhɒs'pɪtəbl̩] *adj* ❶ ungastlich ❷ (*unpleasant*) unwirtlich
inhuman [ɪn'hjuːmən] *adj* unmenschlich
inhumane [ˌɪnhjuː'meɪn] *adj* inhuman; (*barbaric*) barbarisch
initial [ɪ'nɪʃᵊl] **I.** *adj attr* anfänglich, erste(r, s) **II.** *n* Initiale *f*
initially [ɪ'nɪʃᵊli] *adv* anfangs, zunächst
initiation [ɪˌnɪʃi'eɪʃᵊn] *n* ❶ *no pl* Einleitung *f* ❷ (*introduction*) Einführung *f* (**into** in); *of member* Aufnahme *f* (**into** in)
initiative [ɪ'nɪʃətɪv] *n no pl* ❶ [Eigen]initiative *f* ❷ (*power*) Initiative *f*
inject [ɪn'dʒekt] *vt* ❶ spritzen (**into** in); BRIT, AUS impfen (**against** gegen) ❷ (*fig*) **to ~ sth into sth** etw in etw *akk* [hinein]bringen
injection [ɪn'dʒekʃᵊn] *n* ❶ Spritze *f* ❷ TECH Einspritzung *f*
injure ['ɪndʒəʳ] *vt* ❶ (*hurt*) verletzen ❷ (*damage*) **to ~ sth** etw *dat* schaden
injury ['ɪndʒᵊri] *n* Verletzung *f*
injury time *n no pl* BRIT, AUS Nachspielzeit *f*

injustice [ɪn'dʒʌstɪs] *n* Ungerechtigkeit *f*

ink [ɪŋk] *n no pl* Tinte *f;* ART Tusche *f;* (*for pad*) Farbe *f*

inkjet printer *n* Tintenstrahldrucker *m*

inland I. *adj* ['ɪnlənd] *usu attr* ① (*national*) Binnen- ② *esp* BRIT ADMIN, ECON inländisch **II.** *adv* ['ɪnlænd] ins Landesinnere

Inland Revenue *n + sing/pl vb* BRIT, NZ **the ~** ≈ das Finanzamt

in-laws ['ɪnlɔːz] *n pl* Schwiegereltern *pl*

inlet ['ɪnlet] *n* [schmale] Bucht; *of sea* Meeresarm *m*

inmate ['ɪnmeɪt] *n* Insasse(in) *m(f);* **prison ~** Gefängnisinsasse(in) *m(f)*

inn [ɪn] *n* Gasthaus *nt*

inner ['ɪnəʳ] *adj usu attr* ① Innen-, innere(r, s) ② (*emotional*) innere(r, s); **~ feelings** tiefste Gefühle

innermost ['ɪnəmə(ʊ)st] *adj attr* ① innerste(r, s) ② (*secret*) geheimste(r, s), intimste(r, s)

inner tube *n* Schlauch *m*

inning ['ɪnɪŋ] *n* SPORTS ① AM (*baseball*) Inning *nt* ② BRIT (*cricket*) **~s** *+ sing vb* Durchgang *m,* Innings *nt fachspr*

innocence ['ɪnəsᵊn(t)s] *n no pl* Unschuld *f*

innocent ['ɪnəsᵊnt] **I.** *adj* ① unschuldig ② (*artless*) unschuldig ③ (*uninvolved*) unbeteiligt; **an ~ victim** ein unschuldiges Opfer **II.** *n* **to be an ~** naiv sein

innovation [ˌɪnə(ʊ)'veɪʃᵊn] *n* ① Neuerung *f;* (*product*) Innovation *f* ② *no pl* (*improving*) [Ver]änderung *f*

innuendo <*pl* -s> [ˌɪnju'endəʊ] *n* ① (*insinuation*) Anspielung *f* (**about** auf) ② (*remark*) Zweideutigkeit *f*

inoculate [ɪ'nɒkjəleɪt] *vt* impfen (**against** gegen)

inoculation [ɪˌnɒkjə'leɪʃᵊn] *n* Impfung *f*

inoffensive [ɪnə'fen(t)sɪv] *adj* unauffällig

inoperable [ɪ'nɒpᵊrəbḷ] *adj* ① MED inoperabel ② (*not working*) nicht funktionsfähig

in-patient *n* stationärer Patient/stationäre Patientin

input ['ɪnpʊt] **I.** *n* ① *no pl* (*contribution*) Beitrag *m;* (*of work*) [Arbeits]aufwand *m* ② COMPUT, ELEC (*component*) Anschluss *m* ③ *no pl* COMPUT (*data*) Input *m;* (*entering*) Eingabe *f* **II.** *vt* <-tt-, input, input> COMPUT eingeben; (*with scanner*) einscannen

inquest ['ɪŋkwest] *n* gerichtliche Untersuchung [der Todesursache]; (*fig*) Untersuchung *f*

inquire *vt, vi esp* AM *see* **enquire**

inquiry *n esp* AM *see* **enquiry**

inquisitive [ɪn'kwɪzətɪv] *adj* ① (*eager*) wissbegierig; (*curious*) neugierig ② (*prying*) neugierig

insane [ɪn'seɪn] *adj* ① geistesgestört ② (*fam: crazy*) verrückt

insanitary [ɪn'sænɪtᵊri] *adj* unhygienisch

inscription [ɪn'skrɪpʃᵊn] *n* Inschrift *f*

insect ['ɪnsekt] *n* Insekt *nt*

insecticide [ɪn'sektɪsaɪd] *n* Insektenvernichtungsmittel *nt*

insecure [ˌɪnsɪ'kjʊəʳ] *adj* unsicher

insensitive [ɪn'sen(t)sətɪv] *adj* ① (*tactless*) gefühllos ② (*unappreciative*) gleichgültig (**to** gegenüber) ③ *usu pred* (*physically*) unempfindlich (**to** gegen)

inseparable [ɪn'sepᵊrəbḷ] *adj* ① untrennbar [miteinander verbunden] ② (*emotionally*) unzertrennlich

insert I. *vt* [ɪn'sɜːt] **to ~ sth [into sth]** ① etw [in etw *akk*] [hinein]stecken; *coins* etw [in etw *akk*] einwerfen ② *words* etw [in etw *akk*] einfügen **II.** *n* ['ɪnsɜːt] ① (*pages*) Werbebeilage[n] *f*[*pl*] ② (*shoe*) Einlage *f*

inside [ˌɪn'saɪd] **I.** *n* ① *no pl* Innere *nt;* **from the ~** von innen ② *of hand, door* Innenseite *f;* (*lane*) Innenspur *f o f* **II.** *adv* ① (*in interior*) innen ② (*indoors*) innen; (*into*) hinein **III.** *adj attr* Innen-, innere(r, s) **IV.** *prep* **~ sth** (*into*) in etw *akk* [hinein]; (*in*) in etw *dat*

insider [ɪn'saɪdəʳ] *n* Insider(in) *m(f)*

insight ['ɪnsaɪt] *n* ❶ Einsicht *f*, Einblick *m* (**into** in) ❷ *no pl* (*perceptiveness*) Verständnis *nt*
insignificant [ˌɪnsɪg'nɪfɪkᵊnt] *adj* ❶ (*trifling*) unbedeutend ❷ (*trivial*) belanglos ❸ (*undistinguished*) unbedeutend
insincere [ˌɪnsɪn'sɪəʳ] *adj* unaufrichtig; (*false*) falsch
insist [ɪn'sɪst] I. *vi* ❶ (*demand*) bestehen (**[up]on** auf) ❷ **to ~ on doing sth** sich nicht von etw *dat* abbringen lassen II. *vt* **to ~ that ...** fest behaupten, dass ...
insistence [ɪn'sɪstᵊn(t)s] *n no pl* Bestehen *nt* (**on** auf)
insistent [ɪn'sɪstᵊnt] *adj* beharrlich; *appeals, demands* nachdrücklich
insole ['ɪnsəʊl] *n* Innensohle *f*; (*insert*) Einlegesohle *f*
insolent ['ɪn(t)sᵊlənt] *adj* unverschämt
insoluble [ɪn'sɒljəbl] *adj* ❶ nicht löslich ❷ *puzzle* unlösbar
insomnia [ɪn'sɒmniə] *n no pl* Schlaflosigkeit *f*
inspect [ɪn'spekt] *vt* ❶ untersuchen ❷ (*officially*) kontrollieren
inspection [ɪn'spekʃᵊn] *n* ❶ [Über]prüfung *f* ❷ (*official*) Kontrolle *f*
inspector [ɪn'spektəʳ] *n* Inspektor(in) *m(f)*; **tax ~** Steuerprüfer(in) *m(f)*
inspiration [ˌɪn(t)spᵊr'eɪʃᵊn] *n* ❶ *no pl* Inspiration *f* ❷ (*source*) Inspiration *f*
inspire [ɪn'spaɪəʳ] *vt* ❶ inspirieren ❷ (*cause*) **to ~ sth [in sb]** etw [bei jdm] hervorrufen
instal <-ll->, AM *usu* **install** [ɪn'stɔːl] *vt machinery* aufstellen; *heating, plumbing, computer program* installieren; *bathroom, kitchen* einbauen; *wiring, pipes* verlegen; *telephone, washing machine* anschließen
installation [ˌɪnstə'leɪʃᵊn] *n* ❶ *no pl of machinery* Aufstellen *nt*; *of appliance, heating, plumbing* Installation *f*; *of kitchen, bathroom* Einbau *m*; *of telephone, washing machine* Anschluss *m* ❷ (*facility*) Anlage *f*
instalment, AM **installment** [ɪn'stɔːlmənt] *n* ❶ (*part*) Folge *f* ❷ (*payment*) Rate *f*
instance ['ɪn(t)stən(t)s] *n* ❶ Fall *m*; **in this ~** in diesem Fall ❷ **for ~** zum Beispiel
instant ['ɪn(t)stənt] I. *n* ❶ (*moment*) Moment *m*, Augenblick *m* ❷ **the ~** sobald II. *adj* ❶ sofortige(r, s) ❷ (*processed*) **~ coffee** Pulverkaffee *m*, Instantkaffee *m*
instantly ['ɪn(t)stəntli] *adv* sofort
instead [ɪn'sted] I. *adv* stattdessen II. *prep* **~ of sth** [an]statt einer S. *gen*
instinct ['ɪn(t)stɪŋ(k)t] *n* ❶ Instinkt *m*; **her first ~ was to shout** ihr erster Impuls war zu schreien ❷ *no pl* (*behaviour*) Instinkt *m*
instinctive [ɪn'stɪŋ(k)tɪv] *adj* instinktiv; (*innate*) natürlich, angeboren
institute ['ɪn(t)stɪtjuːt] I. *n* Institut *nt*; (*university*) Hochschule *f* II. *vt* ❶ (*set up*) einführen ❷ (*perform*) einleiten
institution [ˌɪn(t)stɪ'tjuːʃᵊn] *n* ❶ *no pl* (*setting up*) Einführung *f* ❷ (*building*) Heim *nt*, Anstalt *f* ❸ (*custom*) Institution *f*
instruct [ɪn'strʌkt] *vt* ❶ **to ~ sb in sth** jdm etw beibringen ❷ (*order*) anweisen
instruction [ɪn'strʌkʃᵊn] *n* ❶ *usu pl* Anweisung *f* ❷ *no pl* (*teaching*) Unterweisung *f* ❸ (*description*) **~s** *pl* Anleitung *f*
instruction book *n of computer* Handbuch *nt*; *of machine* Gebrauchsanweisung *f* **instruction leaflet** *n* Informationsblatt *nt*; (*for use*) Gebrauchsanweisung *f*
instructive [ɪn'strʌktɪv] *adj* lehrreich, aufschlussreich
instructor [ɪn'strʌktəʳ] *n* ❶ Lehrer(in) *m(f)* ❷ AM (*lecturer*) Dozent(in) *m(f)*
instrument ['ɪnstrəmənt] *n* Instrument *nt*
instrumental [ˌɪn(t)strə'mentᵊl] I. *adj* ❶ MUS instrumental ❷ (*influential*) för-

derlich **II.** *n* Instrumental[stück] *nt*

insufficient [ˌɪnsəˈfɪʃᵊnt] *adj* zu wenig *präd,* unzureichend

insular [ˈɪn(t)sjələʳ] *adj* ❶ (*parochial*) provinziell ❷ GEOG Insel-

insulate [ˈɪn(t)sjəleɪt] *vt* ❶ isolieren ❷ (*fig: shield*) [be]schützen (**from** vor)

insulating [ˈɪn(t)sjəleɪtɪŋ] *adj attr* ~ **tape** Isolierband *nt*

insulation [ˌɪn(t)sjəˈleɪʃᵊn] *n no pl* ❶ Isolierung *f* ❷ (*fig: protection*) Schutz *m*

insult I. *vt* [ɪnˈsʌlt] beleidigen **II.** *n* [ˈɪnsʌlt] Beleidigung *f;* **to be an ~ to sb** für jdn eine Beleidigung sein

insurance [ɪnˈʃʊərᵊn(t)s] *n no pl* ❶ Versicherung *f;* **to take out ~ [against sth]** sich [gegen etw *akk*] versichern ❷ (*payout*) Versicherungssumme *f* ❸ (*premium*) [Versicherungs]prämie *f*

insurance policy *n* ❶ Versicherungspolice *f* ❷ (*fig*) **as an ~** zur Sicherheit

insure [ɪnˈʃʊəʳ] **I.** *vt* versichern (**against** gegen) **II.** *vi* ❶ sich versichern (**with** bei) ❷ (*protect*) **to ~ against sth** sich gegen etw *akk* absichern

insured [ɪnˈʃʊəd] *adj* versichert

insurer [ɪnˈʃʊərəʳ] *n* Versicherer, Versicherin *m, f;* (*agent*) Versicherungsvertreter(in) *m(f)*

intact [ɪnˈtækt] *adj usu pred* intakt

integrated [ˈɪntɪgreɪtɪd] *adj* einheitlich; **to be ~ into sth** in etw *akk* integriert sein

intellectual [ˌɪntᵊlˈektjuəl] **I.** *n* Intellektuelle(r) *f(m)* **II.** *adj* intellektuell, geistig

intelligence [ɪnˈtelɪdʒᵊn(t)s] *n no pl* ❶ Intelligenz *f* ❷ + *sing/pl vb* (*department*) Geheimdienst *m* ❸ + *sing/pl vb* (*information*) [nachrichtendienstliche] Informationen; **according to our latest ~** unseren letzten Meldungen zufolge

intelligence service *n* Geheimdienst *m*

intelligent [ɪnˈtelɪdʒᵊnt] *adj* klug, intelligent

intend [ɪnˈtend] *vt* (*plan*) beabsichtigen; **what do you ~ to do about it?** was willst du in der Sache unternehmen?; **to ~ no harm** nichts Böses wollen

intended [ɪnˈtendɪd] *adj* vorgesehen, beabsichtigt; LAW geplant

intense [ɪnˈten(t)s] *adj* ❶ intensiv; *odour* stechend; *cold* bitter; *desire, heat* glühend ❷ (*serious*) ernst

intensity [ɪnˈten(t)səti] *n no pl* Stärke *f; of feelings* Intensität *f*

intensive [ɪnˈten(t)sɪv] *adj* intensiv

intent [ɪnˈtent] **I.** *n no pl* Absicht *f;* **with ~ to do sth** mit dem Vorsatz, etw zu tun **II.** *adj* ❶ (*absorbed*) aufmerksam ❷ *pred* **to be ~ on sth** auf etw *akk* versessen sein; **to be ~ on doing sth** fest entschlossen sein, etw zu tun

intention [ɪnˈten(t)ʃᵊn] *n* Absicht *f*

intentional [ɪnˈten(t)ʃᵊnᵊl] *adj* absichtlich

interactive [ˌɪntəʳˈæktɪv] *adj* interaktiv

interactive TV *n no pl* interaktives Fernsehen

intercept [ˌɪntəˈsept] *vt* abfangen

interception [ˌɪntəˈsepʃᵊn] *n* Abfangen *nt*

interchange I. *n* [ˈɪntətʃeɪndʒ] (*form*) Austausch *m;* ~ **of ideas** Gedankenaustausch *m* **II.** *vt* [ˌɪntəˈtʃeɪndʒ] austauschen **III.** *vi* [ˌɪntəˈtʃeɪndʒ] wechseln

interchangeable [ˌɪntəˈtʃeɪndʒəbl̩] *adj* austauschbar; *word* synonym

intercity [ˌɪntəˈsɪti] **I.** *n* Intercity *m* **II.** *adj attr* ~ **train** Intercityzug *m,* IC *m*

intercom [ˈɪntəkɒm] *n* [Gegen]sprechanlage *f*

intercourse [ˈɪntəkɔːs] *n no pl* [Geschlechts]verkehr *m*

interest [ˈɪntrəst] **I.** *n* ❶ Interesse *nt* (**in** an); (*hobby*) Hobby *nt;* **just out of ~** (*fam*) nur interessehalber; **to lose ~ in sb** das Interesse an jdm verlieren ❷ *no pl* (*importance*) Interesse *nt;* **to be of ~ to sb** für jdn von Interesse sein ❸ *no pl* FIN Zinsen *pl* **II.** *vt* interessieren

interested [ˈɪntrəstɪd] *adj* interessiert; **to**

be ~ in sth sich für etw interessieren

interesting ['ɪntrəstɪŋ] *adj* interessant

interfere [ˌɪntə'fɪəʳ] *vi* ❶ (*meddle*) **to ~ [in sth]** sich [in etw *akk*] einmischen ❷ (*disturb*) **to ~ with sth** etw stören ❸ RADIO, TECH **to ~ with sth** etw überlagern

interference [ˌɪntə'fɪərᵊn(t)s] *n no pl* ❶ (*meddling*) Einmischung *f* ❷ RADIO, TECH Störung *f*

interior [ɪn'tɪəriəʳ] **I.** *adj attr* ❶ (*inside*) **~ design** Inneneinrichtung *f* ❷ (*country*) Inlands-, Binnen-; **~ minister** Innenminister(in) *m(f)* **II.** *n* ❶ Innere *nt* ❷ POL **the I~** das Innere; **the US I~ Department** das Amerikanische Innenministerium

interior designer *n* Innenarchitekt(in) *m(f)*

intermarriage [ˌɪntə'mærɪdʒ] *n no pl* Mischehen *pl*

intermediate *adj* [ˌɪntə'mi:diət] ❶ *level* mittel ❷ (*between*) Zwischen-

intermission [ˌɪntə'mɪʃᵊn] *n* Pause *f*

intermittent [ˌɪntə'mɪtᵊnt] *adj* periodisch

intern **I.** *vt* [ɪn'tɜ:n] internieren **II.** *vi* [ɪn'tɜ:n] *esp* AM ein Praktikum absolvieren **III.** *n* ['ɪntɜ:n] *esp* AM Praktikant(in) *m(f)*

internal [ɪn'tɜ:nᵊl] *adj* innere(r, s); (*in company*) innerbetrieblich; (*in country*) Binnen-; *investigation, memo* intern

international [ˌɪntə'næʃᵊnᵊl] **I.** *adj* international; **~ flight** Auslandsflug *m* **II.** *n* BRIT SPORTS Nationalspieler(in) *m(f)*

Internet ['ɪntənet] *n* **the ~** das Internet; **to browse the ~** im Internet surfen; **on the ~** im Internet

Internet banking *n no pl* Internetbanking *nt* **internet browser** *n* Internetbrowser *m* **internet shaming** *n* Anprangerung im Internet

interphone *n* AM *see* **intercom**

interplay ['ɪntəpleɪ] *n no pl* Zusammenspiel *nt* (**of** von)

Interpol ['ɪntəpɒl] *n no art, + sing/pl vb* Interpol *f*

interpret [ɪn'tɜ:prɪt] **I.** *vt* ❶ interpretieren ❷ (*perform*) wiedergeben **II.** *vi* dolmetschen

interpreter [ɪn'tɜ:prɪtəʳ] *n* ❶ Interpret(in) *m(f)* ❷ (*translator*) Dolmetscher(in) *m(f)*

Inter-Rail® [ˌɪntə'reɪl] **I.** *n* Interrail *nt* **II.** *vi* Interrail machen

interrogate [ɪn'terəgeɪt] *vt* verhören

interrogation [ɪnˌterə'geɪʃᵊn] *n* Verhör *nt*

interrogative [ˌɪntə'rɒgətɪv] LING **I.** *n* Interrogativ *nt fachspr* **II.** *adj* interrogativ *fachspr*, Frage-

interrupt [ˌɪntə'rʌpt] *vt, vi* unterbrechen

interruption [ˌɪntə'rʌpʃᵊn] *n* Unterbrechung *f*

intersection [ˌɪntə'sekʃᵊn] *n* Schnittpunkt *m*

interval ['ɪntəvᵊl] *n* ❶ Abstand *m* ❷ (*section*) Abschnitt *m*

intervene [ˌɪntə'vi:n] *vi* ❶ (*step in*) einschreiten ❷ (*interrupt*) sich einmischen

intervening [ˌɪntə'vi:nɪŋ] *adj attr* dazwischenliegend *attr*

intervention [ˌɪntə'ven(t)ʃᵊn] *n* Eingreifen *nt*

interview ['ɪntəvju:] **I.** *n* ❶ (*for job*) Vorstellungsgespräch *nt* ❷ (*on TV*) Interview *nt* (**with** mit) ❸ (*talk*) Unterredung *f* **II.** *vi* (*for job*) ein Vorstellungsgespräch führen; (*on TV*) ein Interview geben

interviewee [ˌɪntəvju'i:] *n* Interviewte(r) *f(m)*

interviewer ['ɪntəvju:əʳ] *n* Interviewer(in) *m(f)*

intestine [ɪn'testɪn] *n usu pl* Darm *m*

intimate¹ ['ɪntɪmət] *adj* ❶ (*close*) eng, vertraut; *atmosphere* gemütlich ❷ (*detailed*) gründlich ❸ (*private*) intim

intimate² ['ɪntɪmeɪt] *vt* andeuten

intimidate [ɪn'tɪmɪdeɪt] *vt* einschüchtern

intimidation [ɪnˌtɪmɪ'deɪʃᵊn] *n no pl* Einschüchterung *f*

into [ˈɪntə, -tu] *prep* ❶ in; **to go ~ town** in die Stadt gehen ❷ (*fam*) **to be ~ sth** an etw interessiert sein ❸ (*involved in*) **he got ~ some trouble** er bekam einige Schwierigkeiten ❹ (*wear*) **I can't get ~ these trousers** ich komme nicht in diese Hose rein

intolerable [ɪnˈtɒlᵊrəbl̩] *adj* unerträglich

intolerant [ɪnˈtɒlᵊrᵊnt] *adj* intolerant

intoxicating [ɪnˈtɒksɪkeɪtɪŋ] *adj* berauschend *a. fig*

intoxication [ɪnˌtɒksɪˈkeɪʃᵊn] *n no pl* Rausch *m*

intransitive [ɪnˈtræn(t)sətɪv] LING **I.** *adj* intransitiv **II.** *n* Intransitivum *nt fachspr*

intricate [ˈɪntrɪkət] *adj* kompliziert; *plot* verschlungen; *question* verzwickt

intrigue I. *vt* [ɪnˈtriːg] faszinieren; (*arouse curiosity*) neugierig machen **II.** *vi* [ɪnˈtriːg] intrigieren **III.** *n* [ˈɪntriːg] Intrige *f* (**against** gegen)

intriguing [ɪnˈtriːgɪŋ] *adj* faszinierend

introduce [ˌɪntrəˈdjuːs] *vt* ❶ **to ~ sb** [**to sb**] jdn [jdm] vorstellen ❷ (*start*) einführen

introduction [ˌɪntrəˈdʌkʃᵊn] *n* ❶ (*contact*) Vorstellung *f* ❷ (*starting*) Einführung *f* ❸ (*preface*) Einleitung *f*

introductory [ˌɪntrəˈdʌktᵊri] *adj* ❶ (*preliminary*) einleitend ❷ (*starting*) einführend

intrude [ɪnˈtruːd] *vi* (*meddle*) stören; **to ~ into sth** sich in etw *akk* einmischen

intruder [ɪnˈtruːdəʳ] *n* Eindringling *m*; (*thief*) Einbrecher(in) *m(f)*

intrusion [ɪnˈtruːʒᵊn] *n* (*interruption*) Störung *f*; (*encroachment*) Verletzung *f*; MIL Einmarsch *m*

intrusive [ɪnˈtruːsɪv] *adj* aufdringlich

invade [ɪnˈveɪd] **I.** *vt* ❶ **to ~ a country** in ein Land einmarschieren ❷ (*fig*) **to ~ sb's privacy** jds Privatsphäre verletzen **II.** *vi* einfallen

invalid[1] [ˈɪnvəlɪd] **I.** *n* Invalide(r) *f(m)* **II.** *adj* invalide

invalid[2] [ɪnˈvælɪd] *adj* ungültig

invaluable [ɪnˈvæljuəbl̩] *adj* unbezahlbar

invariable [ɪnˈveəriəbl̩] **I.** *adj* unveränderlich **II.** *n* ❶ LING *Substantiv, bei dem Singular und Plural gleich sind* ❷ MATH Konstante *f*

invasion [ɪnˈveɪʒᵊn] *n* ❶ Invasion *f* ❷ (*interference*) Eindringen *nt kein pl*

invent [ɪnˈvent] *vt* erfinden

invention [ɪnˈven(t)ʃᵊn] *n* ❶ Erfindung *f* ❷ *no pl* (*creativity*) Einfallsreichtum *m*

inventive [ɪnˈventɪv] *adj* einfallsreich; *skill* schöpferisch

inventor [ɪnˈventəʳ] *n* Erfinder(in) *m(f)*

inventory [ˈɪnvᵊntri] *n* ❶ ECON (*catalogue*) Inventar *nt* ❷ AM ECON (*stock*) [Lager]bestand *m* ❸ ECON (*stock counting*) Inventur *f*

invest [ɪnˈvest] **I.** *vt* FIN investieren **II.** *vi* **to ~ in sth** [sein Geld] in etw *akk* investieren

investigate [ɪnˈvestɪgeɪt] *vt* untersuchen; *explore* erforschen

investigation [ɪnˌvestɪˈgeɪʃᵊn] *n* [Über]prüfung *f*; (*official*) Untersuchung *f*; (*by police*) Ermittlung *f*

investigator [ɪnˈvestɪgeɪtəʳ] *n* Ermittler(in) *m(f)*

investment [ɪnˈves(t)mənt] *n* ❶ (*investing*) Investierung *f*; **to make an ~** investieren ❷ FIN Investition *f* ❸ FIN (*share*) Einlage *f*

investment fund *n* Investmentfonds *m*

investment trust *n* Investmentgesellschaft *f*

investor [ɪnˈvestəʳ] *n* [Kapital]anleger(in) *m(f)*

invigilate [ɪnˈvɪdʒəleɪt] *vt* BRIT, AUS SCH, UNIV **to ~ an examination** die Aufsicht bei einer Prüfung führen

invigilator [ɪnˈvɪdʒəleɪtəʳ] *n* BRIT, AUS SCH, UNIV Aufsicht *f*

invigorating [ɪnˈvɪgᵊreɪtɪŋ] *adj* ❶ stärkend; *climate* kräftigend ❷ (*fig: stimulating*) belebend

invincible [ɪnˈvɪn(t)səbl̩] *adj* ❶ unschlagbar ❷ (*inexorable*) unüberwindlich

invisible [ɪnˈvɪzəbl̩] *adj* ❶ unsichtbar ❷ (*hidden*) verborgen

invitation [ˌɪnvɪˈteɪʃᵊn] *n* ❶ Einladung *f* (**to** zu) ❷ (*incitement*) Aufforderung *f* (**to** zu)

invite **I.** *n* [ˈɪnvaɪt] (*fam*) Einladung *f* (**to** zu) **II.** *vt* [ɪnˈvaɪt] ❶ einladen; **to ~ sb to dinner** jdn zum Essen einladen ❷ (*request*) **to ~ sb to do sth** jdn auffordern, etw zu tun

inviting [ɪnˈvaɪtɪŋ] *adj* ❶ einladend ❷ (*tempting*) verlockend

invoice [ˈɪnvɔɪs] ECON **I.** *vt* **to ~ sb** jdm eine Rechnung ausstellen **II.** *n* [Waren]rechnung *f* (**for** für)

involuntary [ɪnˈvɒləntᵊri] *adj* unfreiwillig; (*coerced*) erzwungen

involve [ɪnˈvɒlv] *vt* ❶ (*include*) beinhalten; (*encompass*) umfassen ❷ (*affect*) betreffen ❸ **sth ~s sb/sth** jd/etw ist an etw *dat* beteiligt ❹ *usu passive* **to be ~d in sth** mit etw *dat* zu tun haben; **to be ~d with sb** mit jdm zu tun haben

involved [ɪnˈvɒlvd] *adj* ❶ (*intricate*) kompliziert; *story* verworren ❷ *after n* (*implicated*) **all persons ~** alle Beteiligten

inward [ˈɪnwəd] **I.** *adj* innere(r, s), innerlich **II.** *adv* einwärts, nach innen

inwardly [ˈɪnwədli] *adv* ❶ (*to inside*) nach innen ❷ (*internally*) innerlich, im Innern

inwards [ˈɪnwədz] *adv* ❶ (*to inside*) einwärts, nach innen ❷ (*spiritually*) im Innern

IOU [ˌaɪəʊˈjuː] *n* (*fam*) *abbrev of* **I owe you** Schuldschein *m*

IQ [ˌaɪˈkjuː] *n abbrev of* **intelligence quotient** IQ *m*

IRA [ˌaɪɑːˈreɪ] *n no pl, + sing/pl vb abbrev of* **Irish Republican Army**: **the ~** die IRA

Ireland [ˈaɪələnd] *n* Irland *nt*

Irish [ˈaɪ(ə)rɪʃ] **I.** *adj* irisch **II.** *n pl* **the ~** die Iren *pl*

Irishman *n* Ire *m* **Irishwoman** *n* Irin *f*

iris recognition *n no pl* Iriserkennung *f* (*zur Identifizierung einer Person*)

iron [ˈaɪən] **I.** *n* ❶ *no pl* Eisen *nt* ❷ (*appliance*) [Bügel]eisen *nt* ❸ (*golf*) Eisen *nt*, Eisenschläger *m* **II.** *adj* ❶ (*of iron*) **~ door** Eisentür *f* ❷ (*fig*) eisern **III.** *vt, vi* bügeln

Iron Age **I.** *n* Eisenzeit *f* **II.** *adj* eisenzeitlich **Iron Curtain** *n* POL (*hist*) **the ~** der Eiserne Vorhang

ironic [aɪ(ə)ˈrɒnɪk] *adj* ironisch

ironing [ˈaɪənɪŋ] *n no pl* ❶ Bügeln *nt* ❷ (*laundry*) Bügelwäsche *f*

ironing board *n* Bügelbrett *nt*

irony [ˈaɪ(ə)rᵊni] *n no pl* Ironie *f*

irrational [ɪˈræʃᵊnᵊl] *adj* irrational

irregular [ɪˈregjələʳ] *adj* (*erratic, intermittent*) unregelmäßig

irrelevant [ɪˈreləvᵊnt] *adj* belanglos, unerheblich

irreparable [ɪˈrepᵊrᵊbl̩] *adj* irreparabel; *loss* unersetzlich

irreplaceable [ˌɪrɪˈpleɪsəbl̩] *adj* unersetzlich; *resources* nicht erneuerbar

irresistible [ˌɪrɪˈzɪstəbl̩] *adj* ❶ unwiderstehlich; *argument* schlagend ❷ *appearance* äußerst anziehend

irrespective [ˌɪrɪˈspektɪv] *adv* (*form*) **~ of sth** ohne Rücksicht auf etw *akk*

irresponsible [ˌɪrɪˈspɒn(t)səbl̩] *adj* unverantwortlich; *person* verantwortungslos

irreverent [ɪˈrevᵊrᵊnt] *adj* respektlos

irreversible [ˌɪrɪˈvɜːsəbl̩] *adj* nicht umkehrbar

irrigation [ˌɪrɪˈgeɪʃᵊn] *n no pl* Bewässerung *f*; *of crops* Berieselung *f*

irritable [ˈɪrɪtəbl̩] *adj* reizbar

irritate [ˈɪrɪteɪt] *vt* [ver]ärgern

irritation [ˌɪrɪˈteɪʃᵊn] *n* ❶ *no pl* Ärger *m* ❷ (*nuisance*) Ärgernis *nt* ❸ (*inflammation*) Reizung *f*

is [ɪz, z] *aux vb 3rd pers sing of* **be**

Islam [ˈɪzlɑːm] *n no art, no pl* [der] Islam

Islamic [ɪz'lɑːmɪk] *adj* REL islamisch
island ['aɪlənd] *n* Insel *f a. fig*
islander ['aɪləndəʳ] *n* Insulaner(in) *m(f)*
isn't [ɪzᵊnt] = **is not** *see* **be**
isolate ['aɪsəleɪt] *vt* ❶ **to ~ sb/sth [from sb/sth]** jdn/etw [von jdm/etw] trennen ❷ **to ~ a substance** eine Substanz isolieren ❸ **to ~ a problem** ein Problem gesondert betrachten
isolated ['aɪsəleɪtɪd] *adj* ❶ (*outlying*) abgelegen ❷ (*solitary*) einsam [gelegen] ❸ *country* isoliert ❹ (*lonely*) einsam; **to feel ~** sich einsam fühlen
isolation [ˌaɪsᵊl'eɪʃᵊn] *n no pl* ❶ (*separation, loneliness*) Isolation *f* ❷ *of hotel, lake* Abgelegenheit *f* ❸ *of village* Einsamkeit *f*
isolation ward *n* Isolierstation *f*
isosceles triangle [aɪˌsɒsᵊliːz'-] *n* gleichschenkliges Dreieck
ISP [ˌaɪes'piː] *n* COMPUT, INET *abbrev of* **Internet service provider** ISP *m*
issue ['ɪʃuː] **I.** *n* ❶ (*topic*) Thema *nt;* (*question*) Frage *f;* **side ~** Nebensache *f;* **to address an ~** ein Thema ansprechen; **to avoid the ~** [dem Thema] ausweichen; **to confuse an ~** etwas durcheinanderbringen; **to make an ~ of sth** etw aufbauschen; **to raise an ~** eine Frage aufwerfen ❷ *of periodical* Ausgabe *f* ❸ *no pl* (*copies*) Auflage *f* ❹ *no pl of goods, notes, stamps* Ausgabe *f;* **date of ~** *of a passport* Ausstellungsdatum *nt* **II.** *vt* ❶ *licence, permit* ausstellen; **to ~ banknotes** Banknoten in Umlauf bringen ❷ **to ~ an order to sb** jdm einen Befehl erteilen ❸ **to ~ sb with sth** jdn mit etw *dat* ausstatten
it [ɪt] *pron* ❶ es *nom, akk,* ihm *dat;* (*of unspecified sex*) er/sie/es *nom,* ihn/sie/es *akk,* ihm/ihr/ihm *dat;* **a room with two beds in ~** ein Raum mit zwei Betten darin ❷ (*activity*) **stop ~!** hör auf [damit]! ❸ (*in time phrases*) **what time is ~?** wie spät ist es? ❹ (*in weather phrases*) **~'s raining** es regnet ❺ *subject* (*former*) es; **~'s no use** es hat keinen Sinn; **~'s a shame** es ist schade ❻ (*situation*) es; **~ appears that we have lost** mir scheint, wir haben verloren; **~ sounds an absolutely awful situation** das klingt nach einer schrecklichen Situation; **if ~'s convenient** wenn es Ihnen/dir passt; **they made a mess of ~** sie versauten es *sl* ❼ **that's ~!** das ist es! ❽ **to get ~** Probleme kriegen; **that's not ~** das ist es nicht ❾ **that's ~** das war's ❿ (*fam*) **to do ~** es treiben ▶ **go for ~!** ran!; **to <u>have</u> ~ in for sb** es auf jdn abgesehen haben; **this <u>is</u> ~** jetzt geht's los; **<u>that's</u> ~** das ist der Punkt
IT [ˌaɪ'tiː] *n no pl* COMPUT *abbrev of* **Information Technology** IT *f*
it'll[1] ['ɪtᵊl] = **it will** *see* **will**[1]
it'll[2] ['ɪtᵊl] = **it shall** *see* **shall**
it's[1] [ɪts] = **it is** *see* **be**
it's[2] [ɪts] = **it has** *see* **have**
Italian [ɪ'tæliən] **I.** *n* ❶ Italiener(in) *m(f)* ❷ (*language*) Italienisch *nt* **II.** *adj* italienisch
italic [ɪ'tælɪk] *adj* kursiv
Italy ['ɪtᵊli] *n* Italien *nt*
itch [ɪtʃ] **I.** *n* <*pl* **-es**> ❶ Juckreiz *m;* **I've got an ~ on my back** es juckt mich am Rücken ❷ (*fig fam*) **to have an ~ for sth** wild auf etw *akk* sein *sl* **II.** *vi* ❶ jucken ❷ (*fig fam*) **to be ~ing to do sth** ganz wild darauf sein, etw zu tun; **she was ~ing to hit him** es juckte ihr in den Fingern, ihm eine runterzuhauen
itchy ['ɪtʃi] *adj* ❶ juckend; **I've got an ~ scalp** meine Kopfhaut juckt ❷ *clothes* kratzig
item ['aɪtəm] *n* ❶ Punkt *m;* (*in catalogue*) Artikel *m;* (*in account book*) Posten *m;* **~ of clothing** Kleidungsstück *nt;* **luxury ~** Luxusartikel *m;* **~ by ~** Punkt *m* für Punkt ❷ (*object of interest*) Anliegen *nt,* Gegenstand *m* ❸ (*fig fam: couple*) **are you two an ~, or just friends?**

habt ihr beiden etwas miteinander, oder seid ihr nur Freunde?

itinerary [aɪ'tɪnᵊrᵊri] *n* ❶ (*course*) Reiseroute *f* ❷ (*outline*) Reiseplan *m*

ITN [ˌaɪtiː'en] *n no pl* BRIT *abbrev of* **Independent Televison News** *britischer Fernsehsender*

its [ɪts] *pron poss* sein(e)

itself [ɪt'self] *pron refl* ❶ sich [selbst] ❷ (*specifically*) **the shop ~ started 15 years ago** das Geschäft selbst öffnete vor 15 Jahren; **to be punctuality ~** die Pünktlichkeit in Person sein ❸ (*alone*) **[all] by ~** [ganz] allein

ITV [ˌaɪtiː'viː] *n no pl, no art* BRIT *abbrev of* **Independent Television** *englisches Privatfernsehen*

ivory ['aɪvᵊri] *n* ❶ *no pl* Elfenbein *nt* ❷ (*tusk*) Stoßzahn *m* ❸ (*article*) Elfenbeinarbeit *f*

ivy ['aɪvi] *n* Efeu *m*

J j

J <*pl* -'s>, **j** <*pl* -'s> [dʒeɪ] *n* J *nt*, j *nt*; *see also* **A 1**

jab [dʒæb] **I.** *n* ❶ (*poke*) Stoß *m* ❷ BOXING Gerade *f* **II.** *vt* <-bb-> (*poke or prick*) stechen; **to ~ a finger at sb** auf jdn mit dem Finger tippen **III.** *vi* <-bb-> (*poke*) schlagen

jack [dʒæk] *n* ❶ AUTO Wagenheber *m* ❷ CARDS Bube *m*
◆ **jack up I.** *vt* ❶ (*raise a heavy object*) hoch heben ❷ (*fig fam: raise*) erhöhen **II.** *vi* (*sl*) fixen *fam*

jacket ['dʒækɪt] *n* ❶ Jacke *f* ❷ (*of a book*) Schutzumschlag *m*

jacket potato *n* Folienkartoffel *f*

jackpot *n* Hauptgewinn *m*

jacuzzi®, Jacuzzi® [dʒə'kuːzi] *n* Whirlpool *m*

jaded ['dʒeɪdɪd] *adj* ❶ (*exhausted*) erschöpft ❷ (*dulled*) übersättigt

jagged ['dʒægɪd] *adj* gezackt; *cut, tear* ausgefranst; (*fig*) *nerves* angeschlagen

jail [dʒeɪl] **I.** *n* Gefängnis *nt* **II.** *vt* einsperren

jailer ['dʒeɪləʳ] *n* Gefängnisaufseher(in) *m(f)*

jailhouse *n esp* AM Gefängnis *nt*

jam[1] [dʒæm] *n* FOOD Marmelade *f*

jam[2] [dʒæm] **I.** *n* ❶ (*fam: awkward situation*) Klemme *f* ❷ *of traffic* Stau *m* **II.** *vt* <-mm-> ❶ (*block*) verklemmen ❷ (*cram inside*) [hinein]zwängen (**into** in) **III.** *vi* <-mm-> (*become stuck*) sich verklemmen

jam jar *n* Marmeladenglas *nt*

jam-packed *adj* (*fam*) *bus, shop* gerammelt voll

January ['dʒænjuᵊri] *n* Januar *m*, Jänner *m* ÖSTERR, SÜDD, SCHWEIZ; *see also* **February**

Japan [dʒə'pæn] *n* Japan *nt*

Japanese [ˌdʒæpᵊn'iːz] **I.** *n* <*pl* -> ❶ (*person*) Japaner(in) *m(f)* ❷ (*language*) Japanisch *nt* **II.** *adj* japanisch

jar[1] [dʒɑːʳ] *n* (*of glass*) Glas[gefäß] *nt*; (*of clay, without handle*) Topf *m*

jar[2] [dʒɑːʳ] **I.** *vt* <-rr-> (*strike*) schleudern (**against** gegen) **II.** *vi* <-rr-> **to ~ on sb** jdm auf den Nerv gehen **III.** *n* (*sudden unpleasant shake*) Ruck *m*

javelin ['dʒævᵊlɪn] *n* Speer *m*; (*sport*) Speerwerfen *nt*

jaw [dʒɔː] *n* Kiefer *m*; **upper ~** Oberkiefer *m*

jaw-dropping *adj* (*fam*) atemberaubend
jazz [dʒæz] *n no pl* (*music*) Jazz *m;* ► **and all that ~** (*pej fam*) und all so was ◆ **jazz up** *vt* (*fig fam: brighten or enliven*) aufpeppen
jazzy ['dʒæzi] *adj* ① (*of or like jazz*) Jazz-, jazzartig ② (*fam*) *colours* knallig
jealous ['dʒeləs] *adj* ① (*resentful*) eifersüchtig (**of** auf) ② (*envious*) neidisch; **to be ~ of sb** auf jdn neidisch sein
jealousy ['dʒeləsi] *n* ① (*resentment*) Eifersucht *f* ② *no pl* (*envy*) Neid *m*
jeans [dʒi:nz] *n pl* Jeans[hose] *f*
jeep [dʒi:p] *n* Jeep *m*, Geländewagen *m*
jeer [dʒɪəʳ] **I.** *vt* ausbuhen *fam* **II.** *vi* (*comment*) spotten (**at** über) **III.** *n* höhnische Bemerkung
jelly ['dʒeli] *n* ① (*substance*) Gelee *nt* ② BRIT, AUS (*dessert*) Wackelpudding *m fam* ③ AM (*jam*) Gelee *m o nt*
jelly bean *n* [bohnenförmiges] Geleebonbon **jellyfish** *n* Qualle *f*
jerk [dʒɜ:k] **I.** *n* ① (*sudden sharp movement*) Ruck *m* ② *esp* AM (*pej sl: a stupid person*) Trottel *m fam* **II.** *vi* zucken; **to ~ upwards** hochschnellen **III.** *vt* (*move sharply*) **to ~ sth** etw mit einem Ruck ziehen
jerky ['dʒɜ:ki] **I.** *adj movement* ruckartig **II.** *n no pl* AM luftgetrocknetes Fleisch
jersey ['dʒɜ:zi] *n* ① (*garment*) Pullover *m* ② (*sports team shirt*) Trikot *nt*
Jesus, Jesus Christ [ˌdʒi:zəs'kraɪst] **I.** *n no art, no pl* Jesus *m* **II.** *interj* (*pej sl*) Mensch! *fam*
jet¹ [dʒet] **I.** *n* ① AVIAT [Düsen]jet *m* ② (*thin stream*) Strahl *m* **II.** *vi* <-tt-> mit einem Jet fliegen, jetten *fam*
jet² [dʒet] *n no pl* (*gemstone*) Gagat *m*
jet fighter *n* Düsenjäger *m* **jet lag** *n no pl* Jetlag *m* **jet plane** *n* Düsenflugzeug *nt* **jet-propelled** *adj* mit Düsenantrieb *nach n;* **to be ~** einen Düsenantrieb haben **jet set** *n no pl* (*fam*) Jetset *m*
jetty ['dʒeti] *n* Pier *m*
Jew [dʒu:] *n* Jude *m*, Jüdin *f*
jewel ['dʒu:əl] *n* ① (*precious stone*) Edelstein *m*, Juwel *m o nt* ② (*fig*) Kostbarkeit *f*
jeweller, AM **jeweler** ['dʒu:ələʳ] *n* Juwelier(in) *m(f)*
jewellery, AM **jewelry** ['dʒu:əlri] *n no pl* Schmuck *m*
Jewess <*pl* -es> ['dʒu:əs] *n* (*pej!*) Jüdin *f*
Jewish ['dʒu:ɪʃ] *adj* jüdisch
jigsaw *n* ① (*mechanical*) Laubsäge *f* ② (*electric*) Stichsäge *f* ③ (*puzzle*) **~ [puzzle]** Puzzle[spiel] *nt*
jingle ['dʒɪŋgl] **I.** *vt bells* klingeln lassen; **to ~ coins** mit Münzen klimpern **II.** *vi bells* bimmeln **III.** *n* ① *no pl* (*metallic ringing*) *of bells* Bimmeln *nt* ② (*in advertisements*) Jingle *m*
job [dʒɒb] **I.** *n* ① (*employment*) Stelle *f;* **part-time ~** Teilzeitstelle *f;* **Saturday job** Samstagsjob *m;* **to be out of a ~** arbeitslos sein ② (*piece of work*) Arbeit *f;* (*task*) Aufgabe *f* ③ *no pl* (*duty*) Aufgabe *f* ④ *no pl* (*problem*) **it was quite a ~** das war gar nicht so einfach ► **to do the ~** den Zweck erfüllen **II.** *vt* <-bb-> ① AM (*fam: cheat*) **to ~ sb** jdn übers Ohr hauen ② STOCKEX **to ~ stocks** mit Aktien handeln **III.** *vi* <-bb-> ① (*do casual work*) jobben *fam* ② STOCKEX als Broker tätig sein
job application *n* Bewerbung *f* **job centre** *n* BRIT Arbeitsamt *nt* **job interview** *n* Bewerbungsgespräch *nt*
jockey ['dʒɒki] **I.** *n* Jockey *m* **II.** *vi* **to ~ for sth** um etw *akk* konkurrieren
jog [dʒɒg] **I.** *n no pl* (*run*) Dauerlauf *m;* **to go for a ~** joggen gehen *fam* **II.** *vi* <-gg-> joggen
jogger ['dʒɒgəʳ] *n* Jogger(in) *m(f)*
jogging ['dʒɒgɪŋ] *n no pl* Joggen *nt;* **to go [out] ~** joggen gehen
john [dʒɑ:n] *n* AM, AUS (*fam: toilet*) Klo *nt fam*
join [dʒɔɪn] **I.** *vt* ① **to ~ sth [to sth]** etw [mit etw *dat*] verbinden; **to ~ sth together** etw zusammenfügen ② **to ~ sb**

sich zu jdm gesellen ❸ *club, party* beitreten, Mitglied werden; **to ~ the army** Soldat werden ❹ **to ~ sth** bei etw *dat* mitmachen; **let's ~ the dancing** lass uns mittanzen ❺ **to ~ forces with sb** sich mit jdm zusammentun **II.** *vi* ❶ **to ~ [with sth]** sich [mit etw *dat*] verbinden ❷ **to ~ with sb in doing sth** sich mit jdm *dat* zusammenschließen, um etw zu tun **III.** *n* (*seam*) Verbindung[sstelle] *f*, Fuge *f*

joint ['dʒɔɪnt] **I.** *adj* gemeinsam; **~ undertaking** Gemeinschaftsunternehmen *nt* **II.** *n* ❶ (*connection*) Verbindungsstelle *f* ❷ ANAT Gelenk *nt* ❸ (*cannabis cigarette*) Joint *m sl*

J

joint account *n* Gemeinschaftskonto *nt*

joint efforts *n pl* gemeinsame Anstrengungen *pl*

jointly ['dʒɔɪntli] *adv* gemeinsam

joke [dʒəʊk] **I.** *n* ❶ (*action*) Spaß *m;* (*trick*) Streich *m;* (*amusing story*) Witz *m;* **to tell ~s** erzählen; **to get a ~** einen Witz kapieren; **to get beyond a ~** nicht mehr witzig sein ❷ (*fam: sth very easy*) Kinderspiel *nt* **II.** *vi* scherzen; **to be joking** Spaß machen; **you must be joking!** das meinst du doch nicht im Ernst!

joker ['dʒəʊkə^r] *n* ❶ (*one who jokes*) Spaßvogel *m* ❷ CARDS Joker *m*

joking ['dʒəʊkɪŋ] **I.** *adj* scherzhaft **II.** *n no pl* Scherzen *nt;* **~ apart** Spaß beiseite

jokingly ['dʒəʊkɪŋli] *adv* im Scherz

jolly ['dʒɒli] **I.** *adj* (*happy, cheerful*) lustig; *evening* nett; *room* freundlich **II.** *adv* BRIT (*fam*) riesig; **I ~ well hope so!** das will ich doch hoffen!

jostle ['dʒɒsl] **I.** *vt* anrempeln; FBALL rempeln **II.** *vi* ❶ (*push*) [sich *akk*] drängeln *fam* ❷ **to ~ for sth** *business, influence* um etw *akk* konkurrieren

journal ['dʒɜːnᵊl] *n* ❶ (*periodical*) Zeitschrift *f* ❷ **to keep a ~** Tagebuch führen

journalism ['dʒɜːnᵊlɪzᵊm] *n no pl* Journalismus *m*

journalist ['dʒɜːnᵊlɪst] *n* Journalist(in) *m(f)*

journey ['dʒɜːni] *n* Reise *f;* **train ~** Zugfahrt *f*

joy [dʒɔɪ] *n* (*gladness*) Freude *f;* **to jump for ~** einen Freudensprung machen

joyful ['dʒɔɪfᵊl] *adj face, person* fröhlich

joystick *n* Joystick *m*

jubilant ['dʒuːbɪlənt] *adj* glücklich; *crowd* jubelnd *attr*

jubilation [ˌdʒuːbɪ'leɪʃᵊn] *n no pl* Jubel *m*

jubilee ['dʒuːbɪliː] *n* Jubiläum *nt*

judge [dʒʌdʒ] **I.** *n* ❶ LAW Richter(in) *m(f)* ❷ (*at a competition*) Preisrichter(in) *m(f);* SPORTS Punktrichter(in) *m(f)*, Kampfrichter(in) *m(f)* **II.** *vi* ❶ (*decide*) urteilen ❷ (*estimate*) schätzen **III.** *vt* ❶ (*decide*) beurteilen ❷ (*estimate*) schätzen ❸ (*rank*) einstufen

judg(e)ment ['dʒʌdʒmənt] *n* ❶ Urteil *nt;* **error of ~** Fehleinschätzung *f* ❷ (*discernment*) Urteilsvermögen *nt*

judo ['dʒuːdəʊ] *n no pl* Judo *nt*

jug [dʒʌg] *n* Kanne *f*, Krug *m*

juggernaut ['dʒʌgənɔːt] *n* ❶ (*heavy lorry*) Schwerlastwagen *m* ❷ (*overpowering institution*) Gigant *m*

juggle ['dʒʌgl] **I.** *vt* **to ~ sth** mit etw *dat* jonglieren **II.** *vi* ❶ (*fig, pej: manipulate*) etw manipulieren ❷ (*pej*) **to ~ with sth** mit etw *dat* herumspielen

juggler ['dʒʌglə^r] *n* Jongleur(in) *m(f)*

juice [dʒuːs] *n* ❶ *no pl* (*of fruit, vegetable*) Saft *m* ❷ *pl* (*liquid in meat*) [Braten]saft *m kein pl* ❸ (*sl: petrol*) Sprit *m fam*

juicy ['dʒuːsi] *adj* ❶ (*succulent*) saftig ❷ (*fam: bountiful*) saftig; *profit* fett ❸ (*fam: interesting*) *role, task* reizvoll ❹ (*fam: suggestive*) *details, scandal* pikant

jukebox ['dʒuːkbɒks] *n* Jukebox *f*

July [dʒʊ'laɪ] *n* Juli *m; see also* **February**

jumble sale *n* BRIT Flohmarkt *m;* (*for charity*) Wohltätigkeitsbasar *m*

jumbo [ˈdʒʌmbəʊ] **I.** *adj attr* Riesen- **II.** *n* (*fam*) Koloss *m;* AVIAT Jumbo *m*
jump [dʒʌmp] **I.** *n* ❶ (*leap*) Sprung *m* ❷ (*fig: rise*) Sprung *m; of prices, temperatures, value* [sprunghafter] Anstieg ❸ (*shock*) [nervöse] Zuckung; **to wake up with a ~** aus dem Schlaf hochfahren **II.** *vi* ❶ (*leap*) springen; **to ~ to one's feet** aufspringen ❷ (*rise*) sprunghaft ansteigen ❸ (*fig: change*) springen ❹ (*be startled*) einen Satz machen; **to make sb ~** jdn erschrecken ▶ **to ~ to conclusions** voreilige Schlüsse ziehen **III.** *vt* ❶ (*leap over*) überspringen ❷ (*skip*) *line, page, stage* überspringen ❸ *esp* AM (*fam: attack*) überfallen
◆ **jump in** *vi* hineinspringen; (*into vehicle*) einsteigen
◆ **jump out** *vi* **to ~ out of sth** *bed, car, window* aus etw *dat* springen
◆ **jump up** *vi* aufspringen
jumped-up [ˌdʒʌm(p)tˈʌp] *adj* BRIT (*pej fam*) aufgeblasen
jumper [ˌdʒʌmpəʳ] *n* ❶ (*person*) Springer(in) *m(f)* ❷ BRIT, AUS (*pullover*) Pullover *m*
jump leads *n pl* BRIT Starthilfekabel *nt*, Überbrückungskabel *nt*
jumpsuit *n* Overall *m*
jumpy [ˈdʒʌmpi] *adj* (*fam*) ❶ (*nervous*) nervös ❷ (*easily frightened*) schreckhaft
junction [ˈdʒʌŋkʃᵊn] *n* (*road*) Kreuzung *f;* (*motorway*) Autobahnkreuz *nt*
June [dʒuːn] *n* Juni *m; see also* **February**
jungle [ˈdʒʌŋgl] *n* (*a. fig*) Dschungel *m*
junior [ˈdʒuːniəʳ] **I.** *adj* ❶ (*younger*) junior *nach n* ❷ *attr* SPORTS Junioren-, Jugend- ❸ *attr* SCH **~ college** AM Juniorencollege *nt* (*die beiden ersten Studienjahre umfassende Einrichtung*) **~ school** BRIT Grundschule *f* **II.** *n* ❶ *no pl esp* AM (*son*) Sohn *m* ❷ (*younger*) Jüngere(r) *f(m)* ❸ (*low-ranking person*) unterer Angestellter/untere Angestellte
junk¹ [dʒʌŋk] *n no pl* (*worthless stuff*) Ramsch *m fam*
junk² [dʒʌŋk] *n* NAUT Dschunke *f*
junk food *n* Schnellgerichte *pl;* (*pej*) ungesundes Essen
junkie [ˈdʒʌŋki] *n* (*sl*) Fixer(in) *m(f) fam;* **fitness ~** (*hum*) Fitnessfreak *m*
junk shop *n* Trödelladen *m* **junkyard** *n* Schrottplatz *m*
juror [ˈdʒʊərəʳ] *n* Preisrichter(in) *m(f);* LAW Geschworene(r) *f(m)*
jury [ˈdʒʊəri] *n + sing/pl vb* ❶ LAW **the ~** die Geschworenen *pl* ❷ (*competition*) Jury *f;* SPORTS Kampfgericht *nt*
just I. *adv* [dʒʌst, dʒəst] ❶ (*in a moment*) gleich; **we're ~ about to leave** wir wollen gleich los ❷ (*directly*) direkt, gleich ❸ (*recently*) gerade [eben], [so] eben ❹ (*now*) gerade; **to be ~ doing sth** gerade dabei sein, etw zu tun ❺ (*exactly*) genau; **~ as I thought!** das habe ich mir schon gedacht!; **that's ~ it!** das ist es ja gerade!; **~ as well** ebenso gut; **~ as/when ...** gerade in dem Augenblick als ... ❻ (*only*) nur, bloß *fam;* (*simply*) einfach; **~ for fun** nur [so] zum Spaß ❼ (*barely*) gerade noch/mal; **~ in time** gerade noch rechtzeitig ❽ *with imper* **~ imagine!** stell dir das mal vor!; **~ look at this!** schau dir das mal an!; **~ shut up!** halt mal den Mund! ▶ **that's ~ my luck** so etwas kann wirklich nur mir passieren; **~ a minute!** (*please wait*) einen Augenblick [bitte]!; (*as interruption*) Moment [mal]! **II.** *adj* [dʒʌst] ❶ (*fair*) gerecht (**to** gegenüber) ❷ (*justified*) *punishment* gerecht ▶ **to get one's ~ deserts** bekommen, was man verdient hat
justice [ˈdʒʌstɪs] *n* ❶ (*fairness*) Gerechtigkeit *f;* **to do sth ~** etw *dat* gerecht werden ❷ (*administration of the law*) Justiz *f;* **to bring sb to ~** jdn vor Gericht bringen

J

justify <-ie-> ['dʒʌstɪfaɪ] *vt* rechtfertigen; **to ~ oneself to sb** sich jdm gegenüber rechtfertigen

justly ['dʒʌstli] *adv* zu Recht; *act* gerecht

juvenile ['dʒuːvᵊnaɪl] **I.** *adj* ❶ (*youth*) Jugend-, jugendlich; **~ court** Jugendgericht *nt* ❷ (*pej: childish*) kindisch **II.** *n* Jugendliche(r) *f(m)*

Kk

K <*pl* -'s>, **k** <*pl* -'s> [keɪ] *n* K *nt*, k *nt*; *see also* **A 1**

K[1] <*pl* -> *n* ❶ *abbrev of* **kilobyte** KB ❷ *after n abbrev of* **kelvin** K

K[2] <*pl* -> *n* BRIT (*fam*) 1000 Pfund; AM, AUS 1000 Dollar

K

kangaroo <*pl* -s> [ˌkæŋgᵊr'uː] *n* Känguru *nt*

karate [kə'rɑːti] *n no pl* Karate *nt*; **~ chop** Karateschlag *m*

kayak ['kaɪæk] *n* Kajak *m o selten a. nt*

keel [kiːl] **I.** *n* NAUT Kiel *m* **II.** *vi* **to ~ over** NAUT kentern

keen [kiːn] *adj* ❶ (*enthusiastic*) leidenschaftlich; *hunter* begeistert; **to be ~ on doing sth** etw leidenschaftlich gern tun; **to be ~ on sb** auf jdn scharf sein *sl* ❷ (*extreme*) *pain* stark; *competition* scharf; *desire* heftig; *interest* lebhaft ❸ (*sharp*) *blade* scharf; *wind* schneidend; *noise, voice* schrill

keep [kiːp] **I.** *n no pl* [Lebens]unterhalt *m* **II.** *vt* <kept, kept> ❶ (*hold onto*) behalten; *bills, receipts* aufheben; **to ~ one's sanity** sich geistig gesund halten ❷ (*have in particular place*) **he ~s a glass of water next to his bed** er hat immer ein Glas Wasser neben seinem Bett stehen ❸ (*store*) aufbewahren ❹ (*prevent*) **to ~ sb from doing sth** jdn davon abhalten, etw zu tun ❺ (*maintain*) **to ~ one's balance** das Gleichgewicht halten; **to ~ sth under control** etw unter Kontrolle halten; **to ~ sb in mind** jdn im Gedächtnis behalten; **to ~ one's mouth shut** den Mund halten; **to ~ track of sth** etw im Auge behalten; **to ~ sb warm** jdn warm halten ❻ (*own*) *animals* halten ❼ (*stick to*) *appointment, treaty* einhalten ❽ (*make records*) **to ~ a record of sth** über etw *akk* Buch führen ▶ **to ~ an <u>eye</u> out for sth** nach etw *dat* Ausschau halten **III.** *vi* <kept, kept> ❶ (*stay fresh*) *food* sich halten ❷ (*wait*) Zeit haben; **your questions can ~ until later** deine Fragen können noch warten ❸ (*continue*) **don't stop, ~ walking** bleib nicht stehen, geh weiter; **don't ~ asking silly questions** stell nicht immer so dumme Fragen; **to ~ at sth** mit etw *dat* weitermachen ❹ (*adhere to*) **to ~ to sth** an etw *dat* festhalten; (*not digress*) bei etw *dat* bleiben ▶ **<u>how</u> are you ~ing?** BRIT wie gehts dir so?

◆ **keep away** **I.** *vi* **to ~ away [from sb]** sich [von jdm] fernhalten; **I just can't seem to ~ away from chocolate** (*hum*) irgendwie kann ich Schokolade einfach nicht widerstehen *fam* **II.** *vt* **to ~ sb away** jdn fernhalten

◆ **keep back** **I.** *vi* zurückbleiben; (*stay at distance*) Abstand halten **II.** *vt* ❶ (*hold away*) zurückhalten ❷ (*prevent advance*) **to ~ back sb** jdn aufhalten

◆ **keep down** **I.** *vi* unten bleiben **II.** *vt* (*suppress*) unterdrücken

◆ **keep in** I. *vt* ❶ (*detain*) dabehalten; (*at home*) jdn nicht aus dem Haus [gehen] lassen ❷ (*not reveal*) *emotions* zurückhalten II. *vi* **to ~ in with sb** sich gut mit jdm stellen

◆ **keep off** I. *vi* wegbleiben; **"Wet cement, ~ off!"** „Frischer Zement, nicht betreten!"; **to ~ off alcohol** das Trinken lassen II. *vt* ❶ (*hold away*) **to ~ sb off sth** jdn von etw *dat* fernhalten ❷ (*protect from*) **to ~ off sth** etw abhalten

◆ **keep on** I. *vi* ❶ (*continue*) **to ~ on doing sth** etw weiter[hin] tun ❷ (*pester*) **to ~ on at sb** jdm keine Ruhe lassen II. *vt* **to ~ on sth** *clothes* etw anbehalten

◆ **keep out** *vi* draußen bleiben; **"Keep Out"** „Zutritt verboten"; **to ~ out of trouble** Ärger vermeiden

◆ **keep together** *vi* ❶ (*stay in a group*) zusammenbleiben; (*remain loyal*) zusammenhalten ❷ MUS Takt halten

◆ **keep up** I. *vt* ❶ (*hold up*) hoch halten; **these poles ~ the tent up** diese Stangen halten das Zelt aufrecht ❷ (*hold awake*) wach halten ❸ (*continue doing*) fortführen; **~ it up!** [nur] weiter so! II. *vi* ❶ (*continue*) *noise, rain* andauern ❷ (*not fall behind*) **to ~ up with sb** mit jdm mithalten

keeper ['ki:pəʳ] *n of a shop* Inhaber(in) *m(f)*; *of a zoo* Wärter(in) *m(f)*; *of keys* Verwahrer(in) *m(f)*

keeping ['ki:pɪŋ] *n no pl* ❶ (*guarding*) Verwahrung *f* ❷ (*obeying*) Einhalten *nt*; **in ~ with an agreement** entsprechend einer Vereinbarung

keg beer *n no pl* Fassbier *nt*

kennel ['kenᵊl] *n* ❶ (*dog house*) Hundehütte *f* ❷ (*dog boarding*) Hundepension *f*

kept [kept] I. *vt, vi pt, pp of* **keep** II. *adj attr* ausgehalten; **he is a ~ man** er lässt sich aushalten

kerb [kɜ:b] *n* BRIT, AUS Randstein *m*

ketchup ['ketʃʌp] *n no pl* Ketchup *m o nt*

kettle ['ketl̩] *n* ❶ (*to boil water*) [Wasser]kessel *m*; (*cauldron*) [großer] Kessel; **to put the ~ on** Wasser aufsetzen ❷ (*kettledrum*) [Kessel]pauke *f*

key[1] [ki:] *n* GEOG [Korallen]riff *nt*

key[2] [ki:] I. *n* ❶ (*a. fig: for a lock*) Schlüssel *m* ❷ (*button*) *of a computer, piano* Taste *f*; *of a flute* Klappe *f* ❸ (*to symbols*) Zeichenerklärung *f*; (*for solutions*) Lösungsschlüssel *m* ❹ MUS Tonart *f*; **change of ~** Tonartwechsel *m*; **off ~** falsch II. *adj factor, industry, role* Schlüssel-; **~ contribution** Hauptbeitrag *m*; **~ decision** wesentliche Entscheidung; **~ witness** Kronzeuge(in) *m(f)*

◆ **key in** *vt* **to ~ in text** Text eingeben

keyboard I. *n* ❶ (*of a computer*) Tastatur *f*; (*of a piano*) Klaviatur *f* ❷ (*musical instrument*) Keyboard *nt* II. *vt, vi* tippen

keyhole *n* Schlüsselloch *nt* **keyless entry system** *n* Zentralverriegelung *f* mit Funkfernbedienung **key money** *n no pl* Abstandsgeld *nt* **key ring** *n* Schlüsselring *m*

kick [kɪk] I. *n* ❶ (*with foot*) [Fuß]tritt *m*, Stoß *m*; (*in sports*) Schuss *m*; **to give sth a ~** gegen etw *akk* treten ❷ (*exciting feeling*) Nervenkitzel *m*; **he gets a ~ out of that** das macht ihm einen Riesenspaß ❸ (*trendy interest*) Tick *m fam*; **he's on a religious ~** er ist [gerade] auf dem religiösen Trip *fam* II. *vt* ❶ (*with foot*) treten; *a ball* schießen; **to ~ oneself** (*fig*) sich in den Hintern beißen *fam* ❷ (*put*) **to ~ sth into high gear** etw auf Hochtouren bringen ❸ (*get rid of*) *accent* ablegen; *habit* aufgeben ► **to ~ ass** AM (*fam!*) haushoch gewinnen; **to ~ the bucket** (*fam*) ins Gras beißen III. *vi* ❶ (*with foot*) treten (**at** nach) ❷ *esp* AM (*complain*) meckern *fam* (**about** über) ► **to be alive and ~ing** (*fam*) gesund und munter sein

◆ **kick about, kick around** I. *vi* (*fam*) [he]rumliegen II. *vt* (*with foot*) **to ~ sth around** etw [in der Gegend] he-

K

rumkicken *fam*
◆ **kick away** *vt* wegstoßen
◆ **kick back I.** *vt* (*with foot*) zurücktreten; *ball* zurückschießen **II.** *vi* AM (*fam: relax*) relaxen
◆ **kick in I.** *vt door, window* eintreten **II.** *vi* ❶ (*start*) *approach, drug, measure* wirken ❷ (*to contribute*) **to ~ in for sth** einen Beitrag zu etw *dat* leisten
◆ **kick off I.** *vi* beginnen; FBALL anstoßen **II.** *vt* beginnen
◆ **kick out I.** *vt* (*throw out*) hinauswerfen **II.** *vi* **to ~ out against sth** sich mit Händen und Füßen gegen etw wehren
◆ **kick up** *vi* **to ~ up dust** (*a. fig*) Staub aufwirbeln ▸ **to ~ up a fuss** einen Wirbel machen *fam*

kick-off *n* FBALL Anstoß *m*

K

kid [kɪd] **I.** *n* (*child*) Kind *nt;* AM, AUS (*young person*) Jugendliche(r) *f(m);* (*male*) Bursche *m;* (*female*) Mädchen *nt;* **~ sister** *esp* AM kleine Schwester **II.** *vi* <-dd-> (*fam*) Spaß machen; **just ~ding!** war nur Spaß!; **no ~ding?** ohne Scherz? **III.** *vt* (*fam*) **to ~ sb** jdn verulken; **you're ~ding me!** das ist doch nicht dein Ernst!

kidnap ['kɪdnæp] **I.** *vt* <-pp-> entführen **II.** *n no pl* Entführung *f;* LAW Menschenraub *m*

kidnapper ['kɪdnæpəʳ] *n* Entführer(in) *m(f)*

kidnapping ['kɪdnæpɪŋ] *n* Entführung *f;* LAW Menschenraub *m*

kidney ['kɪdni] *n* Niere *f;* **~ failure** Nierenversagen *nt;* **~ machine** künstliche Niere

kill [kɪl] **I.** *n no pl* ❶ (*of animal*) **a fresh ~** eine frisch geschlagene Beute ❷ HUNT [Jagd]beute *f;* ▸ **to go in for the ~** zum entscheidenden Schlag ausholen **II.** *vi* ❶ (*end life*) töten ❷ (*fig fam: hurt*) unheimlich wehtun ▸ **to be dressed to ~** todschick angezogen sein *fam* **III.** *vt* ❶ (*end life*) umbringen *a. fig;* **to ~ sb by strangling** jdn erwürgen ❷ (*destroy*) zerstören; **to ~ the taste of sth** einer S. *dat* den Geschmack [völlig] nehmen ❸ (*spoil*) *fun, joke* [gründlich] verderben ❹ *esp* AM (*fam: consume*) vernichten; *food* verputzen; *drink* leer machen; **to ~ a bottle of whiskey** eine Flasche Whiskey köpfen ❺ (*fam: amuse*) **that story ~s me** diese Geschichte find ich zum Totlachen ❻ (*fig fam: hurt*) **my shoes are ~ing me!** meine Schuhe bringen mich noch mal um! ❼ (*fig fam: overtax*) **to ~ oneself doing sth** sich mit etw *dat* umbringen ▸ **to ~ two birds with one stone** (*prov*) zwei Fliegen mit einer Klappe schlagen

killer ['kɪləʳ] **I.** *n* ❶ (*person*) Mörder(in) *m(f);* (*thing*) Todesursache *f* ❷ (*agent*) Vertilgungsmittel *nt;* **weed ~** Unkrautvertilgungsmittel *nt* ❸ (*fam: difficult thing*) **to be a ~** ein harter Brocken sein ❹ (*good joke*) **to be a ~** zum Totlachen sein *fam* **II.** *adj* ❶ *attr* (*deadly*) tödlich; *heat, hurricane* mörderisch ❷ AM, AUS (*fam: excellent*) *car, job, party* Wahnsinns-

killer whale *n* Schwertwal *m*

kilo ['kiːləʊ] *n* Kilo *nt*

kilogramme, AM **kilogram** ['kɪləgræm] *n* Kilogramm *nt*

kilometre, AM **kilometer** [kɪ'lɒmɪtəʳ] *n* Kilometer *m*

kilt [kɪlt] *n* Kilt *m*

kin [kɪn] *n + pl vb* [Bluts]verwandte *pl;* **the next of ~** die nächsten Angehörigen

kind¹ [kaɪnd] *adj* ❶ (*generous, helpful*) nett; (*in a letter*) **with ~ regards** mit freundlichen Grüßen ❷ (*gentle*) **to be ~ to sth** etw schonen; **this shampoo is ~ to your hair** dieses Shampoo pflegt dein Haar auf schonende Weise

kind² [kaɪnd] **I.** *n* ❶ (*group*) Art *f;* **he's not that ~ of person** so einer ist der nicht *fam;* **to be one of a ~** einzigartig sein ❷ (*limited*) **I guess you could call this success of a ~** man könnte das, glaube ich, als so etwas wie einen Erfolg bezeichnen **II.** *adv* ~ **of** irgendwie

kindly ['kaɪndli] **I.** *adj person* freundlich; *smile, voice* sanft **II.** *adv* ❶ (*in a kind manner*) freundlich ❷ (*please*) freundlicherweise; **you are ~ requested to leave the building** sie werden freundlich[st] gebeten, das Gebäude zu verlassen

kindness ['kaɪndnəs] *n* <*pl* -es> ❶ *no pl* (*attitude*) Freundlichkeit *f;* **out of ~** aus Gefälligkeit ❷ (*act*) Gefälligkeit *f*

king [kɪŋ] *n* König *m*

kingdom ['kɪŋdəm] *n* ❶ (*country*) Königreich *nt* ❷ (*area of control*) Reich *nt;* **the ~ of Heaven** das Reich Gottes; **animal ~** Tierreich *nt*

kingfisher *n* Eisvogel *m*

king-size(d) *adj* extragroß

kiosk ['ki:ɒsk] *n* ❶ (*stand*) Kiosk *m* ❷ BRIT (*phone booth*) Telefonzelle *f*

kip [kɪp] *n no pl* BRIT, AUS (*fam*) Nickerchen *nt;* **to get some ~** sich mal eben aufs Ohr hauen

kipper ['kɪpəʳ] *n* Bückling *m*

kiss [kɪs] **I.** *n* <*pl* -es> (*with lips*) Kuss *m;* **to give sb a ~** jdm einen Kuss geben **II.** *vi* [sich *akk*] küssen; **to ~ and make up** sich mit einem Kuss versöhnen **III.** *vt* (*with lips*) küssen (**on** auf); **to ~ sb goodnight** jdm einen Gutenachtkuss geben ▶ **~ my <u>arse</u>** (*fam!*) du kannst mich mal!

kit [kɪt] **I.** *n* ❶ (*set*) Ausrüstung *f;* (*for a model*) Bausatz *m;* **first aid ~** Verbandskasten *m* ❷ (*outfit*) Ausrüstung *f* ❸ *esp* BRIT (*uniform*) Montur *f;* (*sl: clothes*) Klamotten *pl;* **to get one's ~ off** seine Klamotten ausziehen **II.** *vt* <-tt-> *usu passive esp* BRIT **to ~ out sb** jdn ausrüsten

kitchen ['kɪtʃɪn] *n* Küche *f*

kitchenette [ˌkɪtʃɪ'net] *n* Kochnische *f*

kitchen foil *n no pl* Alufolie *f* **kitchen unit** *n* Küchenelement *nt* (*einer Einbauküche*)

kite [kaɪt] *n* Drachen *m*

kitten ['kɪtᵊn] *n* Kätzchen *nt*

kitty ['kɪti] *n* ❶ (*childspeak: kitten or cat*) Miezekatze *f;* **~, ~!** Miez, Miez! ❷ (*money*) gemeinsame Kasse

Kleenex® ['kli:neks] *n* Tempo[taschentuch]® *nt*

knack [næk] *n no pl* ❶ (*trick*) Kniff *m fam;* **to get the ~ of sth** herausfinden, wie etw geht *fam* ❷ (*talent*) Geschick *nt*

knackered ['nækəd] *adj pred* BRIT, AUS (*fam*) [fix und] fertig

knee [ni:] **I.** *n* Knie *nt;* **on one's hands and ~s** auf allen vieren *fam;* **to put sb on one's ~** jdn auf den Schoß nehmen ▶ **to go <u>weak</u> at the ~s** weiche Knie bekommen; **to <u>bring</u> sb to their ~s** jdn in die Knie zwingen **II.** *vt* **to ~ sb** jdn mit dem Knie stoßen

K

kneecap *n* ❶ (*patella*) Kniescheibe *f* ❷ (*covering*) Knieschützer *m*

kneel <knelt, knelt> [ni:l] *vi* knien; **to ~ before sb** vor jdm niederknien

knees-up *n* BRIT (*fam*) [ausgelassene] Party

knelt [nelt] *pt of* **kneel**

knew [nju:] *pt of* **know**

knickers ['nɪkəʳz] *n pl* ❶ BRIT (*underwear*) [Damen]schlüpfer *m* ❷ AM (*knickerbockers*) Knickerbocker[s] *pl* ▶ **to get one's ~ in a <u>twist</u>** BRIT, AUS (*hum fam: get angry*) sich aufregen; (*get worried*) den Kopf verlieren

knife [naɪf] **I.** *n* <*pl* knives> Messer *nt;* ▶ **to <u>put</u> the ~ into sb** jdm in den Rücken fallen; **to go <u>under</u> the ~** MED unters Messer kommen *fam* **II.** *vt* **to ~ sb** auf jdn einstechen

knight [naɪt] **I.** *n* ❶ (*title*) Ritter *m* ❷ CHESS Springer *m;* ▶ **[a] ~ in shining <u>armour</u>** [ein] Ritter ohne Furcht und Tadel **II.** *vt* **to ~ sb** jdn zum Ritter schlagen

knit [nɪt] **I.** *n* ❶ (*stitch*) Strickart *f* ❷ (*clothing*) **~s** *pl* Stricksachen *pl* **II.** *vi* <knitted, knitted> ❶ (*with yarn*) stricken ❷ (*mend*) *broken bone* zusammenwachsen **III.** *vt* <knitted, knitted> (*with yarn*) stricken ▶ **to ~ one's brows** die Augenbrauen zusammenziehen [*o* Stirn runzeln]

◆ **knit together** *vi* ❶ (*combine*) sich zusammenfügen ❷ (*mend*) *broken bone* zusammenwachsen

knitting ['nɪtɪŋ] *n no pl* ❶ (*action*) Stricken *nt* ❷ (*product*) Gestrickte(s) *nt*

knitting-needle *n* Stricknadel *f*

knitwear *n no pl* Stricksachen *pl*

knob [nɒb] *n* ❶ (*handle*) *of a cane* Knauf *m; of a door* Griff *m; of a bedhead* rundes Teil; (*dial*) Knopf *m* ❷ (*small amount*) Klümpchen *nt;* **a ~ of butter** ein Stückchen *nt* Butter ❸ *esp* AM (*hill*) Kuppe *f*

knock [nɒk] **I.** *n* ❶ (*sound*) Klopfen *nt;* **there was a ~ on the door** es hat [an der Tür] geklopft ❷ (*blow*) Schlag *m;* **to be able to withstand ~s** stoßsicher sein ❸ (*fig: setback*) Schlag *m;* **to take a ~** (*fam*) einen Tiefschlag erleiden; (*in confidence*) einen Knacks bekommen ❹ (*fam: critical comment*) Kritik *f* **II.** *vi* ❶ (*strike noisily*) klopfen; **to ~ at the door** an die Tür klopfen ❷ (*collide with*) stoßen (**into/against** gegen) ❸ *engine, pipes* klopfen ▶ **to ~ on wood** AM, AUS dreimal auf Holz klopfen **III.** *vt* ❶ (*hit*) **to ~ sth** gegen etw *akk* stoßen; **she ~ed the glass off the table** sie stieß gegen das Glas und es fiel vom Tisch ❷ (*blow*) **to ~ sb** jdm einen Schlag versetzen; **to ~ sb unconscious** jdn bewusstlos schlagen; **to ~ sb's self-esteem** (*fig*) jds Selbstbewusstsein anschlagen ❸ (*drive, demolish*) **to ~ sth out of sb** jdm etw austreiben; **to ~ some sense into sb** jdn zur Vernunft bringen ❹ (*fam: criticize*) **to ~ sb** jdn schlechtmachen ▶ **to ~ 'em dead** AM (*fam*) es jdm zeigen; **to ~ sth on the head** BRIT, AUS (*stop sth*) etw *dat* ein Ende bereiten; (*complete sth*) etw zu Ende bringen; **to ~ sb sideways** jdn umhauen *fam*

◆ **knock about, knock around I.** *vi* (*fam*) (*be present*) *person* [he]rumhängen; *object, thing* [he]rumliegen; **to ~ about with sb** *esp* BRIT sich mit jdm [he]rumtreiben **II.** *vt* ❶ (*hit*) **to ~ sb about** jdn verprügeln ❷ (*play casually*) **to ~ a ball about** einen Ball hin- und herspielen

◆ **knock back** *vt* (*fam*) ❶ (*drink quickly*) hinunterkippen; **to ~ a beer back** ein Bier zischen ❷ BRIT, AUS (*cost a lot*) **to ~ sb back** jdn eine [hübsche] Stange Geld kosten

◆ **knock down** *vt* ❶ (*cause to fall*) umstoßen; (*with a car, motorbike, etc.*) umfahren ❷ (*demolish*) niederreißen ❸ (*reduce*) *price* herunterhandeln ❹ AM (*fam: earn*) **to ~ down a few thousand** ein paar Tausender kassieren

◆ **knock off I.** *vt* ❶ (*cause to fall off*) hinunterstoßen; **to ~ sb off their pedestal** jdn von seinem Podest stoßen ❷ (*reduce a price*) [im Preis] herabsetzen ❸ BRIT (*sl: steal*) klauen *fam* ❹ (*fam: murder*) umlegen ❺ (*fam: stop*) aufhören ❻ AM (*fam: rob*) **to ~ off a bank** eine Bank ausräumen **II.** *vi* (*fam*) Schluss machen

◆ **knock out** *vt* ❶ (*render unconscious*) **to ~ out sb** jdn bewusstlos werden lassen; (*in a fight*) jdn k.o. schlagen ❷ (*forcibly remove*) **to ~ out two teeth** sich *dat* zwei Zähne ausschlagen ❸ (*eliminate*) ausschalten; **to be ~ed out of a competition** aus einem Wettkampf ausscheiden ❹ (*produce quickly*) hastig entwerfen; *draft, manuscript, story a.* runterschreiben *fam* ❺ (*fam: astonish and impress*) umhauen

◆ **knock over** *vt* ❶ (*cause to fall*) umstoßen; (*with a bike, car*) umfahren ❷ AM (*rob a shop*) **to ~ over a shop** einen Laden ausräumen *fam*

◆ **knock up** **I.** *vt* ❶ (*make quickly*) zusammenschustern *fam* ❷ BRIT, AUS (*fam: awaken*) aus dem Schlaf trommeln ❸ (*sl: impregnate*) **to get ~ed up** sich schwängern lassen **II.** *vi* BRIT (*in a racket game*) ein paar Bälle schlagen

knockdown *adj attr* ❶ (*very cheap*) **~ price** Schleuderpreis *m fam* ❷ (*physically violent*) niederschmetternd; **~ blow** BOXING Niederschlag *m*

knocker [ˈnɒkəʳ] *n* Türklopfer *m*

knocking-off time *n no pl* Feierabend *m*

knockout **I.** *n* ❶ BRIT, AUS (*tournament*) Ausscheidungs[wett]kampf *m* ❷ BOXING Knockout *m*, K.o. *m;* **to win sth by a ~** etw durch K.o. gewinnen ❸ (*attractive person*) Knaller *m fam*, Wucht *f fam* **II.** *adj* ❶ BRIT, AUS (*elimination*) Ausscheidungs- ❷ BOXING **~ blow** Knock-out-Schlag *m fachspr*, K.-o.-Schlag *m;* (*fig*) Tiefschlag *m;* **to deal sb's hopes a ~ blow** jds Hoffnungen zunichtemachen ❸ (*attractive*) umwerfend *fam*

knock-up *n usu sing* BRIT Einspielen *nt*

knot¹ [nɒt] **I.** *n* ❶ (*tied join*) Knoten *m* ❷ (*chignon*) [Haar]knoten *m;* ▶ **to tie the ~** (*fam*) heiraten **II.** *vt* <-tt-> knoten; *a tie* binden

knot² [nɒt] *n* NAUT Knoten *m*

know [nəʊ] **I.** *vt* <knew, known> ❶ (*have information, knowledge*) wissen; *facts, results* kennen; **do you ~ where the post office is?** können Sie mir bitte sagen, wo die Post ist?; **that's worth ~ing** das ist gut zu wissen; **for all I ~** soweit ich weiß *fam;* **I knew it!** wusste ich's doch! *fam;* **to ~ how to drive a car** Auto fahren können; **to ~ sth by heart** etw auswendig können; **to ~ what one is doing** wissen, was man tut; **to let sb ~ sth** jdn etw wissen lassen ❷ (*be certain*) **to not ~ whether ...** sich *dat* nicht sicher sein, ob ... ❸ (*be acquainted with*) **to ~ sb** jdn kennen; **she ~s Paris well** sie kennt sich in Paris gut aus; **to ~ sb personally** jdn persönlich kennen; **to get to ~ sb** jdn kennenlernen ❹ (*have understanding*) verstehen; **do you ~ what I mean?** verstehst du, was ich meine? ▶ **to ~ one's place** wissen, wo man steht; **to ~ the score** wissen, was gespielt wird **II.** *vi* <knew, known> ❶ (*have knowledge*) [Bescheid] wissen; **you never ~** man kann nie wissen; **as far as I ~** so viel ich weiß; **how should I ~?** wie soll ich das wissen?; **she didn't want to ~** sie wollte nichts davon wissen; **just let me ~, OK?** sag mir einfach Bescheid, OK? ❷ (*fam: understand*) begreifen; **"I don't ~," he said, "why can't you ever be on time?"** „ich begreife das einfach nicht", sagte er, „warum kannst du nie pünktlich sein?" ❸ (*said to agree with sb*) **I ~** ich weiß ❹ (*conversation filler*) **he's so boring and, you ~, sort of spooky** er ist so langweilig und, na ja, irgendwie unheimlich ▶ **you ought to ~ better** du solltest es eigentlich besser wissen

know-all *n* (*pej fam*) Besserwisser(in) *m(f)*

knowingly [ˈnəʊɪŋli] *adv* ❶ (*meaningfully*) viel sagend ❷ (*with full awareness*) bewusst

knowledge [ˈnɒlɪdʒ] *n no pl* ❶ (*body of learning*) Kenntnisse *pl* (**of** in); **~ of French** Französischkenntnisse *pl;* **to have [no] ~ of sth** [keine] Kenntnisse über etw *akk* besitzen; **to have a thorough ~ of sth** ein fundiertes Wissen in etw *dat* besitzen ❷ (*acquired information*) Wissen *nt;* **to be common ~** allgemein bekannt sein ❸ (*awareness*) Wissen *nt;* **to deny all ~ [of sth]** jegliche Kenntnis [über etw *akk*] abstreiten

knowledg(e)able [ˈnɒlɪdʒəbl̩] *adj* (*well*

K

informed) sachkundig; (*experienced*) bewandert

known [nəʊn] **I.** *vt, vi pp of* **know II.** *adj* ❶ (*publicly recognized*) bekannt; **it is a well ~ fact that ...** es ist allgemein bekannt, dass ... ❷ (*understood*) bekannt; **no ~ reason** kein erkennbarer Grund

knuckle ['nʌkl] **I.** *n* ❶ ANAT [Finger]knöchel *m* ❷ (*cut of meat*) Hachse *f,* Haxe *f* SÜDD ❸ AM (*knuckleduster*) **~s** *pl* Schlagring *m* **II.** *vi* **to ~ down** sich dahinter klemmen

kudos ['ku:doʊz] *n pl* Ansehen *nt kein pl*

L

L <*pl* -'s>, **l** <*pl* -'s> [el] *n* L *nt,* l *nt; see also* **A 1**

l [el] *n* ❶ *abbrev of* **litre** l ❷ *abbrev of* **left** l.

L *n* ❶ *abbrev of* **lake** ❷ FASHION *abbrev of* **Large** L ❸ BRIT AUTO *abbrev of* **learner** Fahrschüler(in) *m(f)* (*großes L, das man an seinem Auto anbringt, um anzuzeigen, dass hier ein[e] Fahrschüler[in], der/die noch keinen Führerschein hat, in Begleitung eines Führerscheininhabers fährt*)

lab [læb] *n short for* **laboratory** Labor *nt*

label ['leɪbᵊl] **I.** *n* ❶ (*on bottles*) Etikett *nt;* (*in clothes*) Schild[chen] *nt* ❷ (*brand name*) Marke *f;* (*company*) Plattenfirma *f* ❸ (*set description*) Bezeichnung *f* **II.** *vt* <BRIT -ll- *or* AM *usu* -l-> (*affix labels*) etikettieren; (*mark*) kennzeichnen; (*write on*) beschriften

labor *n* AM *see* **labour**

laboratory [lə'bɒrətᵊri] *n* Labor[atorium] *nt;* **~ assistant** Laborant(in) *m(f)*

labour ['leɪbəʳ] **I.** *n* ❶ (*work*) Arbeit *f;* **manual ~** körperliche Arbeit ❷ *no pl* (*workers*) Arbeitskräfte *pl;* **skilled ~** ausgebildete Arbeitskräfte; **unskilled ~** ungelernte Arbeitskräfte ❸ *no pl* (*childbirth*) Wehen *pl;* **to go into ~** Wehen bekommen **II.** *vi* ❶ (*do physical work*) arbeiten; **to do ~ing work** körperlich arbeiten ❷ (*work hard*) sich abmühen ❸ (*do sth with effort*) **to ~** sich [ab]quälen; **to ~ on sth** sich mit etw *dat* abplagen

labour camp *n* Arbeitslager *nt*

labourer ['leɪbᵊrəʳ] *n* Hilfsarbeiter(in) *m(f)*

labour pains *n pl* MED Wehen *pl*

labour ward *n* Kreißsaal *m*

lace [leɪs] **I.** *n* ❶ *no pl* (*decorative cloth*) Spitze *f;* (*decorative edging*) Spitzenborte *f* ❷ (*cord*) Band *nt;* **shoe ~s** Schnürsenkel *pl bes* NORDD, Schuhbänder *pl* DIAL **II.** *vt* (*fasten*) *shoes* zubinden

lace-ups *n pl* Schnürschuhe *pl*

lack [læk] **I.** *n no pl* Mangel *m* (**of** an); **~ of confidence** mangelndes Selbstvertrauen **II.** *vt* **to ~ sth** etw nicht haben; **what we ~ is ...** was uns fehlt, ist ...

lactose-free *adj* laktosefrei

lad [læd] *n* ❶ BRIT, SCOT (*boy*) Junge *m* ❷ BRIT, SCOT (*a man's male friends*) **the ~s** die Kumpels *pl fam;* **come on, ~s, let's get started!** kommt, Jungs, lasst uns anfangen!

ladder ['lædəʳ] **I.** *n* ❶ (*device for climbing*) Leiter *f;* **to go up a ~** auf eine Leiter steigen ❷ (*hierarchy*) [Stufen]leiter *f* ❸ BRIT, AUS (*in stockings, tights*) Laufmasche *f* **II.** *vt* BRIT, AUS **to ~**

tights eine Laufmasche in eine Strumpfhose machen **III.** *vi* BRIT, AUS *stockings, tights* eine Laufmasche bekommen

laden ['leɪdᵊn] *adj* beladen

ladle ['leɪdl̩] **I.** *n* [Schöpf]kelle *f* **II.** *vt* **to ~ out the soup** die Suppe austeilen

lady ['leɪdi] *n* ❶ (*woman*) Frau *f;* (*more polite*) Dame *f;* **a ~ doctor** eine Ärztin; **old ~** alte Dame ❷ (*form: polite address*) **ladies and gentlemen!** meine [sehr verehrten] Damen und Herren!

ladybird, AM **ladybug** *n* Marienkäfer *m*

lager ['lɑːgəʳ] *n* ❶ *no pl* (*beer*) Lagerbier *nt* ❷ (*a portion of lager*) [helles] Bier; **a glass of ~** ein Helles *nt*

laid [leɪd] *pt, pp of* **lay**

lain [leɪn] *pp of* **lie**

lake [leɪk] *n* See *m*

lamb [læm] **I.** *n* ❶ (*young sheep*) Lamm *nt;* (*fig*) Schatz *m fam* ❷ *no pl* (*meat*) Lamm[fleisch] *nt;* **~ chop** Lammkotelett *nt* **II.** *vi* lammen

lambswool *n no pl* Lammwolle *f*

lamp [læmp] *n* Lampe *f;* **street ~** Straßenlaterne *f*

lamppost *n* Laternenpfahl *m*

lampshade *n* Lampenschirm *m*

land [lænd] **I.** *n* ❶ *no pl* (*not water*) Land *nt;* **to travel by ~** auf dem Landweg reisen ❷ *no pl* (*ground*) Land *nt;* (*soil*) Boden *m;* **agricultural ~** Ackerland *nt;* **piece/plot of ~** (*for building*) Grundstück *nt;* (*for farming*) Stück *nt* Land; **waste ~** Brachland *nt* ❸ *no pl* (*countryside*) **the ~** das Land ❹ (*particular area of ground*) Grundstück *nt;* **private ~** Privatbesitz *m;* **state ~[s]** AM staatlicher Grundbesitz ❺ (*country, region*) Land *nt;* ▶ **to see how the ~ lies** die Lage peilen **II.** *vi* ❶ AVIAT, AEROSP landen (**on** auf) ❷ NAUT *vessel* anlegen; *people* an Land gehen ❸ (*come down, fall*) landen; **to ~ on one's feet** auf den Füßen landen; (*fig*) [wieder] auf die Füße fallen **III.** *vt* ❶ (*bring onto land*) *plane* landen; *boat* an Land ziehen ❷ (*unload*) an Land bringen; *cargo* löschen; *passengers* von Bord [gehen] lassen; *troops* anlanden ❸ (*fam: obtain*) *contract, offer, job* an Land ziehen *fig* ❹ (*fam: burden*) **to ~ sb with sth** jdm etw aufhalsen; **to be ~ed with sb** jdn am Hals haben

lander ['lændəʳ] *n* INET Landingpage *f*, Landing-Page *f*

landing ['lændɪŋ] *n* ❶ (*staircase space*) Treppenabsatz *m* ❷ (*aircraft touchdown, nautical landfall*) Landung *f;* **to make an emergency ~** notlanden ❸ SPORTS (*coming to rest*) Landung *f*

landing page *n* INET Landingpage *f*, Landing-Page *f*

landing stage *n* Landungssteg *m*

landlady *n* ❶ (*house owner*) Hausbesitzerin *f;* (*of rented property*) Vermieterin *f* ❷ (*of pub or hotel*) [Gast]wirtin *f* ❸ (*of a boarding house*) Pensionswirtin *f*

landlord *n* ❶ (*house owner*) Hausbesitzer *m;* (*of rented property*) Vermieter *m* ❷ (*of pub or hotel*) [Gast]wirt *m* ❸ (*of boarding house*) Pensionswirt *m*

landowner *n* Grundbesitzer(in) *m(f)*

landscape **I.** *n* Landschaft *f* **II.** *adj attr* Landschafts- **III.** *vt* [landschafts]gärtnerisch gestalten

landslide *n* ❶ GEOL Erdrutsch *m* ❷ POL Erdrutsch[wahl]sieg *m*

lane [leɪn] *n* ❶ (*narrow road*) Gasse *f*, enge Straße; **country ~** schmale Landstraße ❷ (*marked strip*) [Fahr]spur *f;* SPORTS Bahn *f;* **cycle ~** Fahrradweg *m;* **in the fast ~** auf der Überholspur Spur

language ['læŋgwɪʤ] *n* ❶ (*of nation*) Sprache *f;* **a foreign ~** eine Fremdsprache; **sb's native ~** jds Muttersprache ❷ *no pl* (*words*) Sprache *f;* (*style of expression*) Ausdrucksweise *f;* **bad ~** Schimpfwörter *pl* ❸ (*of specialist*

L

group) Fachsprache *f*

lap¹ [læp] *n* Schoß *m;* ▶ **to live in the ~ of luxury** ein Luxusleben führen

lap² [læp] **I.** *n* ❶ SPORTS Runde *f* ❷ (*fig: stage*) Etappe *f* **II.** *vt* <-pp-> (*overtake*) überrunden **III.** *vi* ❶ (*in car racing*) eine Runde drehen ❷ (*project*) hängen (**over** über)

lap³ [læp] **I.** *vt* ❶ (*drink*) lecken, schlecken SÜDD, ÖSTERR ❷ (*hit gently*) *waves* [sanft] gegen etw *akk* schlagen **II.** *vi* **to ~ against sth** *waves* [sanft] gegen etw *akk* schlagen

lapse [læps] **I.** *n* ❶ (*mistake*) Versehen *nt;* (*moral*) Fehltritt *m;* **~ of judgement** Fehleinschätzung *f* ❷ *no pl* (*of time*) Zeitspanne *f* **II.** *vi* ❶ (*fail*) *attention, concentration* abschweifen ❷ (*end*) ablaufen; *contract a.* erlöschen ❸ (*pass into*) **to ~ into sth** in etw *akk* verfallen; **to ~ into silence** in Schweigen verfallen

laptop (**computer**) *n* Laptop *m*

larch <*pl* -es> [lɑːtʃ] *n* Lärche *f*

lard [lɑːd] **I.** *n no pl* Schweineschmalz *nt* **II.** *vt* (*a. fig*) spicken

larder [ˈlɑːdəʳ] *n* Speisekammer *f*

large [lɑːdʒ] **I.** *adj* ❶ (*in size*) groß ❷ (*in quantity, extent*) groß, beträchtlich; **a ~ number of people** viele Menschen ❸ (*hum or euph: fat*) wohlbeleibt ▶ **~r than life** (*fig*) *person* herausragend; **by and ~** im Großen und Ganzen **II.** *n* (*not caught*) **to be at ~** auf freiem Fuß sein

largely [ˈlɑːdʒli] *adv* größtenteils

large-scale *adj esp attr* ❶ (*extensive*) umfangreich; **~ producer** Großerzeuger *m* ❷ (*made large*) *map* mit großem Maßstab

lark¹ [lɑːk] *n* (*bird*) Lerche *f*

lark² [lɑːk] **I.** *n esp* BRIT (*fam: joke*) Spaß *m;* **for a ~** aus Jux *fam* **II.** *vi* (*fam*) **to ~ about** herumblödeln

laser [ˈleɪzəʳ] *n* Laser *m;* **~ beam** Laserstrahl *m*

last¹ [lɑːst] *n* (*for shoemaker*) Leisten *m*

last² [lɑːst] **I.** *adj* ❶ *attr* (*after all the others*) **the ~ ...** der/die/das letzte ...; **to arrive ~** als Letzte(r) *f(m)* ankommen; **the ~ one** der/die/das Letzte; **she was the ~ one to arrive** sie kam als Letzte an ❷ (*lowest in order, rank*) letzte(r, s); **to be ~** Letzte(r) *f(m)* sein; (*in a race, competition*) Letzte(r) *f(m)* werden ❸ *attr* (*final, remaining*) letzte(r, s); **at the ~ minute** in letzter Minute ❹ *attr* (*most recent, previous*) letzte(r, s); **the year before ~** vorletztes Jahr ▶ **to have the ~ laugh** zuletzt lachen *fig* (*show everybody*) es allen zeigen **II.** *adv* ❶ (*most recently*) das letzte Mal, zuletzt ❷ (*after the others*) als Letzte(r, s); **until ~** bis zuletzt ❸ (*lastly*) zuletzt, zum Schluss; **~ but not least** nicht zuletzt **III.** *n* <*pl* -> ❶ (*one after all the others*) **the ~** der/die/das Letzte; **she was the ~ to arrive** sie kam als Letzte ❷ (*most recent, previous one*) **the ~** der/die/das Letzte; **the ~ we heard from her, ...** als wir das letzte Mal von ihr hörten, ... ❸ (*fam: end*) **to see the ~ of sth** (*fam*) etw nie wieder sehen müssen; **at ~** endlich

last³ [lɑːst] **I.** *vi* ❶ (*go on for*) [an]dauern ❷ (*endure*) halten; *enthusiasm, intentions* anhalten **II.** *vt supplies* [aus]reichen

lasting [ˈlɑːstɪŋ] *adj* dauerhaft, andauernd; *impression* nachhaltig

lastly [ˈlɑːstli] *adv* schließlich

last-minute *adj* in letzter Minute *nach n;* **~ booking** Last-Minute-Buchung *f*

last name *n* Nachname *m,* Familienname *m*

latch [lætʃ] **I.** *n* Riegel *m* **II.** *vi* (*fam: attach oneself to*) **to ~ on to sb** sich an jdn hängen

late [leɪt] **I.** *adj* <-r, -st> ❶ (*behind time*) verspätet *attr;* **to be ~** *bus, flight, train* Verspätung haben; *person* zu spät kommen, sich verspäten; **to be ~ for sth** zu spät zu etw *dat* kommen ❷ (*in the day*) spät; **let's go home, it's getting ~** lass uns nach Hause gehen, es ist schon spät ❸ *attr* (*towards the end*) spät; **~ October** Ende Oktober; **~ summer** der Spätsommer ❹ *attr* (*deceased*) verstorben **II.** *adv* <-r, -s> ❶ (*after the expected time*) spät; **the train arrived ~** der Zug hatte Verspätung; **Ann has to work ~ today** Ann muss heute Überstunden machen ❷ (*at an advanced time*) **~ at night** am späten Abend; **~ in the evening** spät am Abend

latecomer *n* Nachzügler(in) *m(f)*

lately ['leɪtli] *adv* ❶ (*recently*) kürzlich, in letzter Zeit ❷ (*short time ago*) kürzlich, vor kurzer Zeit; **until ~** bis vor Kurzem

later ['leɪtəʳ] **I.** *adj comp of see* **late** ❶ *attr* (*at future time*) später ❷ *pred* (*less punctual*) später **II.** *adv comp of see* **late** ❶ (*at later time*) später, anschließend; **see you ~!** bis später! ❷ (*afterwards*) später, danach

lateral flow test [lætərəl -] *n* MED Schnelltest *m*

latest ['leɪtɪst] **I.** *adj superl of see* **late** (*most recent*) **the ~ ...** der/die/das jüngste [*o* letzte] ...; **her ~ movie** ihr neuester Film **II.** *n* **have you heard the ~?** hast du schon das Neueste gehört? **III.** *adv* **at the [very] ~** bis [aller] spätestens

Latin ['lætɪn] **I.** *n no pl* Latein *nt* **II.** *adj* ❶ LING lateinisch ❷ (*of Latin origin*) Latein-

Latin America *n* Lateinamerika *nt*, Südamerika *nt*

Latin American *attr*, **Latin-American** [ˌlætɪnə'merɪkən] *adj pred* lateinamerikanisch

latter ['lætəʳ] **I.** *adj attr* ❶ (*second of two*) zweite(r, s) ❷ (*near the end*) spätere(r, s); **in the ~ part of the year** in der zweiten Jahreshälfte **II.** *pron* **the ~** der/die/das Letztere

laugh [lɑːf] **I.** *n* ❶ (*sound*) Lachen *nt kein pl* ❷ (*fam: amusing activity*) Spaß *m;* **to do sth for a ~** etw [nur] aus Spaß tun **II.** *vi* ❶ (*express amusement*) lachen; **to make sb ~** jdn zum Lachen bringen; **to ~ at sth** über etw lachen ❷ (*fig fam: scorn*) **to ~ at sb** sich über jdn lustig machen ▶ **to ~ in sb's face** jdn auslachen; **to ~ one's head off** (*fam*) sich totlachen; **no ~ing matter** nicht zum Lachen

◆ **laugh off** *vt* **to ~ off sth** etw mit einem Lachen abtun

laughable ['lɑːfəbl] *adj* lächerlich *pej*, lachhaft *pej*

laughter ['lɑːftəʳ] *n no pl* Gelächter *nt*, Lachen *nt*

launch [lɔːn(t)ʃ] **I.** *n* ❶ (*introductory event*) Präsentation *f* ❷ (*boat*) Barkasse *f* ❸ (*of boat*) Stapellauf *m;* (*of rocket, spacecraft*) Start *m* **II.** *vt* ❶ *ship* vom Stapel lassen; *missile, torpedo* abschießen; *rocket, spacecraft* starten ❷ (*begin something*) beginnen; **to ~ an attack** zum Angriff übergehen

laund(e)rette [ˌlɔːndər'et] *n*, AM, AUS **laundromat**® ['lɔːndroʊmæt] *n* Waschsalon *m*

laundry ['lɔːndri] *n* ❶ *no pl* (*dirty clothes*) Schmutzwäsche *f* ❷ *no pl* (*washed clothes*) frische Wäsche ❸ (*place*) Wäscherei *f*

laundry basket, AM *a.* **laundry hamper** *n* Wäschekorb *m*

lavatory ['lævətəri] *n usu* BRIT Toilette *f;* **to go to the ~** auf die Toilette gehen

law [lɔː] *n* ❶ (*rule*) Gesetz *nt* ❷ *no pl* (*legal system*) Recht *nt;* **to break the ~** das Gesetz brechen ❸ *no pl* UNIV Jura *kein art* ▶ **the ~ of the jungle** das Gesetz des Stärkeren

law court *n* Gericht *nt*

lawn [lɔːn] *n* Rasen *m*

lawnmower *n* Rasenmäher *m* **lawn ten-**

L

nis *n no pl* (*form*) Rasentennis *nt*
lawsuit *n* Klage *f*, Prozess *m*
lawyer ['lɔɪəʳ] *n* Rechtsanwalt *m*, Rechtsanwältin *f*
laxative ['læksətɪv] **I.** *n* Abführmittel *nt* **II.** *adj attr* abführend
lay¹ [leɪ] *adj attr* ❶ (*not professional*) laienhaft ❷ (*not clergy*) weltlich, Laien-
lay² [leɪ] *pt of* **lie**
lay³ [leɪ] **I.** *n* (*general appearance*) Lage *f* **II.** *vt* <laid, laid> ❶ (*spread*) legen (**on** auf) ❷ (*place*) **to ~ sth somewhere** etw irgendwohin legen ❸ (*put down*) verlegen; **to ~ the foundations of a building** das Fundament für ein Gebäude legen ❹ *the table* decken ❺ (*deposit*) *egg* legen ❻ (*wager*) setzen; **to ~ a bet on sth** auf etw *akk* wetten ► **to ~ hands on sb** Hand an jdn legen; **to ~ sth to rest** *fears, suspicions* etw beschwichtigen **III.** *vi* <laid, laid> *hen* [Eier] legen

L

◆ **lay down** *vt* ❶ (*place on a surface*) hinlegen (**on** auf) ❷ (*relinquish*) *weapons* niederlegen ❸ (*decide on*) festlegen ► **to ~ down one's life for sb** sein Leben für jdn geben
◆ **lay into** *vi* ❶ (*fam*) **to ~ into sb** (*physically*) jdn angreifen; (*verbally*) jdn zur Schnecke machen ❷ (*eat heartily*) **to ~ into sth** etw verschlingen
◆ **lay off I.** *vt* ❶ **to ~ off sb** (*from work*) jdm kündigen ❷ **to ~ off sb** (*stop molesting*) jdn in Ruhe lassen **II.** *vi* aufhören
◆ **lay on** *vt* ❶ (*make available*) **to ~ on sth** für etw *akk* sorgen ❷ (*install*) *electricity* anschließen
◆ **lay out** *vt* ❶ (*arrange*) planen; *campaign* organisieren ❷ (*spread out*) *map* ausbreiten ❸ *usu passive* (*design*) **to be laid out** angeordnet sein
◆ **lay up** *vt usu passive* (*fam*) **to be laid up** [**in bed**] **with flu** mit einer Grippe im Bett liegen
layabout *n* (*pej fam*) Faulenzer(in) *m(f)*
layer ['leɪəʳ] **I.** *n* ❶ (*of substance*) Schicht *f* ❷ (*fig: level*) *of bureaucracy* Stufe *f* **II.** *vt* **to ~ sth** [**with sth**] etw [abwechselnd mit etw *dat*] in Schichten anordnen
layout *n* ❶ (*plan*) *of building, house* Raumaufteilung *f* ❷ (*of written material*) Layout *nt*
layover *n* AM (*stopover*) Aufenthalt *m*; (*of plane*) Zwischenlandung *f*
lazy ['leɪzi] *adj* ❶ (*pej: unwilling to work*) faul ❷ (*relaxed*) müßig *geh*
LCD [ˌelsiː'diː] *n abbrev of* **liquid crystal display** LCD *nt*
lead¹ [led] *n* ❶ *no pl* (*metal*) Blei *nt*; **to contain ~** bleihaltig sein ❷ (*pencil filling*) Mine *f*
lead² [liːd] **I.** *n* ❶ THEAT, FILM Hauptrolle *f* ❷ *no pl* (*front position*) Führung *f*; **to be in the ~** führend sein ❸ (*position in advance*) Vorsprung *m*; **to have a ~ of five metres** [**over sb**] einen Vorsprung von fünf Metern [vor jdm] haben ❹ (*connecting wire*) Kabel *nt* **II.** *vt* <led, led> ❶ (*be in charge of*) führen; *delegation, discussion, inquiry* leiten ❷ (*guide*) führen ❸ (*go in advance*) **to ~ the way** vorangehen ❹ (*cause to have*) **to ~ sb into trouble** jdn in Schwierigkeiten bringen ❺ ECON, SPORTS (*be ahead of*) anführen **III.** *vi* <led, led> ❶ (*be in charge*) die Leitung innehaben ❷ (*be guide*) vorangehen ❸ (*be directed towards*) **to ~ somewhere** irgendwohin führen ❹ (*cause to develop, happen*) **to ~ to sth** zu etw *dat* führen
◆ **lead away** *vt* wegbringen; **he was led away by the police** er wurde von der Polizei abgeführt
◆ **lead off I.** *vt* ❶ (*initiate*) **to ~ off sth** etw eröffnen ❷ (*take away*) **to ~ sb off** jdn wegführen **II.** *vi* (*perform first*) beginnen
◆ **lead on I.** *vi* vorangehen; (*in a car*) voranfahren **II.** *vt* (*pej*) **to ~ sb on**

(*deceive*) jdm etw vormachen

◆ **lead up** *vi* hinführen (**to** zu); **what's this all ~ing up to?** was soll das Ganze?

leader ['li:dəʳ] *n* ❶ (*head*) Leiter(in) *m(f)*, Führer(in) *m(f)* ❷ (*first in competition*) Erste(r) *f(m)* ❸ (*most successful*) Führende(r) *f(m)* ❹ BRIT MUS (*of orchestra*) erster Geiger/erste Geigerin

leadership ['li:dəʃɪp] *n no pl* ❶ (*action of leading*) Führung *f* ❷ (*position*) Leitung *f*, Führung *f*, Führerschaft *f*

lead-free ['led-] *adj* bleifrei

leading ['li:dɪŋ] **I.** *adj attr* führend; **~ article** BRIT JOURN Leitartikel *m* **II.** *n no pl* (*guidance*) Führung *f*

lead singer [li:d'-] *n* Leadsänger(in) *m(f)*

lead story [li:d'-] *n* Aufmacher *m*

lead-up [li:d'-] *n* ❶ (*that which precedes*) Einleitung *f* (**to** zu +*dat*) ❷ (*time preceding*) Vorfeld *nt fig;* **in the ~ to the revolution, ...** in den Vorjahren der Revolution ...

leaf [li:f] **I.** *n* <*pl* leaves> [li:vz] (*part of plant*) Blatt *nt;* ► **to <u>shake</u> like a ~** wie Espenlaub zittern **II.** *vi* (*of book, periodical*) **to ~ through sth** etw durchblättern

leaflet ['li:flət] **I.** *n* (*for advertising*) Prospekt *m o* ÖSTERR *a. nt;* (*for instructions*) Merkblatt *nt;* (*for political use*) Flugblatt *nt;* (*brochure*) Broschüre *f* **II.** *vi* (*in street*) auf der Straße Prospekte verteilen; (*by mail*) per Post Werbematerial verschicken **III.** *vt* <-t-> Handzettel verteilen; (*by mail*) Handzettel irgendwohin verschicken; (*for advertising*) Werbematerial verteilen

leafy ['li:fi] *adj* ❶ (*of place*) belaubt ❷ HORT Blatt-, blattartig

league [li:g] *n* ❶ (*group*) Bund *m* ❷ (*esp pej: agreement to cooperate*) **to be in ~ with sb** mit jdm gemeinsame Sache machen ❸ (*in competitive sport*) Liga *f;* **to be top of the ~** Tabellenführer sein

leak [li:k] **I.** *n* Leck *nt;* **a gas ~** eine undichte Stelle in der Gasleitung **II.** *vi container, surface, hose* undicht sein; *tap* tropfen; *tyre* Luft verlieren **III.** *vt* **to ~ sth** ❶ (*of container, surface*) verlieren; *gas, liquid* austreten lassen ❷ (*fig*) *confidential information* durchsickern lassen

leaky ['li:ki] *adj* leck

lean¹ [li:n] **I.** *adj* ❶ *animal* mager; *person* schlank ❷ *meat* mager **II.** *n no pl* mageres Fleisch

lean² [li:n] **I.** *vi* <leant, leant> ❶ (*incline*) sich beugen; (*prop*) sich lehnen; **to ~ to the right** sich nach rechts lehnen; **to ~ forward** sich nach vorne lehnen ❷ (*fig: opinion*) neigen **II.** *vt* <leant, leant> lehnen (**on** auf)

◆ **lean over** *vi* **to ~ over sb** sich über jdn beugen

leant [lent] *vt, vi pt, pp of* **lean**

leap [li:p] **I.** *n* ❶ (*jump*) Sprung *m;* (*bigger*) Satz *m* ❷ (*fig: increase*) Sprung *m* (**in** bei) ❸ (*fig: change*) **a ~ of faith** ein Sinneswandel *m* **II.** *vi* <leapt, leapt> ❶ (*jump*) springen ❷ (*rush*) **to ~ to sb's defence** zu jds Verteidigung eilen ❸ (*be enthusiastic*) **to ~ with joy** vor Freude einen Luftsprung machen **III.** *vt* <leapt, leapt> **to ~ sth** über etw *akk* springen, etw überspringen

◆ **leap out** *vi* ❶ (*jump out*) herausspringen (**out of** aus) ❷ (*fig: grab attention*) **to ~ out at sb** jdm ins Auge springen

◆ **leap up** *vi* ❶ (*jump up*) aufspringen ❷ (*fig: increase*) in die Höhe schießen

leapt [lept] *vt, vi pt, pp of* **leap**

leap year *n* Schaltjahr *nt*

learn [lɜ:n] **I.** *vt* <learnt *or* AM *usu* learned, learnt *or* AM *usu* learned> lernen; **to ~ how to do sth** lernen, wie man etw tut ► **to ~ sth by <u>heart</u>** etw auswendig lernen **II.** *vi* <learnt *or* AM *usu* learned, learnt *or* AM *usu*

learned> ❶ (*master*) lernen (**about** über); **to ~ by one's mistakes** aus seinen Fehlern lernen ❷ (*become aware of*) **to ~ about sth** von etw *dat* erfahren

learner ['lɜːnəʳ] *n* ❶ (*one who's learning, training*) Lernende(r) *f(m)*; (*beginner*) Anfänger(in) *m(f)*; (*pupil*) Schüler(in) *m(f)* ❷ BRIT (*learner driver*) Fahrschüler(in) *m(f)*

learnt [lɜːnt] *vt, vi pt, pp of* **learn**

leaseholder *n of flat, house* Mieter(in) *m(f)*; *of equipment, vehicle* Leasingnehmer(in) *m(f)*

leash [liːʃ] I. *n* (*lead*) Leine *f* II. *vt dog* anleinen

least [liːst] I. *adv* am wenigsten; **the ~ little thing** die kleinste Kleinigkeit; **~ of all** am allerwenigsten II. *adj* geringste(r, s) III. *n* **the ~** das Geringste; **at ~** mindestens, wenigstens

L

leather ['leðəʳ] *n* ❶ *no pl* (*material*) Leder *nt* ❷ (*for polishing*) Lederlappen *m*

leave [liːv] I. *n no pl* ❶ (*departure*) Abreise *f* ❷ (*farewell*) Abschied *m* ❸ (*vacation time*) Urlaub *m*; **to go on ~** in Urlaub gehen II. *vt* <left, left> ❶ (*depart from*) *place* verlassen; (*of train, ferry*) abfahren; **to ~ the station** aus dem Bahnhof abfahren ❷ (*go away permanently*) *one's husband/wife* verlassen; **to ~ home** von zu Hause weggehen; **to ~ work** aufhören zu arbeiten ❸ (*not take away with*) [zurück]lassen ❹ (*forget to take*) vergessen ❺ (*let traces remain*) *footprints, stains* hinterlassen ❻ (*cause to remain in a certain state*) **to ~ sb alone** jdn alleine lassen; **to ~ sth on** etw eingeschaltet lassen ❼ (*not eat*) übrig lassen ❽ (*put off doing*) lassen; **don't ~ it too late!** schieb es nicht zu lange auf! ► **to ~ nothing/sth to chance** nichts/etw dem Zufall überlassen; **to ~ sb alone** jdn in Ruhe lassen III. *vi* <left, left> [weg]gehen; *vehicle* abfahren; *plane* abfliegen

◆ **leave behind** *vt* ❶ (*not take along*) zurücklassen ❷ (*leave traces*) hinterlassen

◆ **leave off** I. *vt* ❶ (*omit*) auslassen; **to ~ sb off a list** jdn nicht in eine Liste aufnehmen ❷ (*not wear*) **to ~ one's coat off** seinen Mantel nicht anziehen II. *vi* (*fam*) aufhören; **to ~ off sth** mit etw *dat* aufhören

◆ **leave on** *vt light, radio* anlassen

◆ **leave out** *vt* auslassen

◆ **leave over** *vt usu passive* **to be left over** übrig geblieben sein

leaving party *n* Abschiedsparty *f*

lecture ['lektʃəʳ] I. *n* (*formal speech*) Vortrag *m* (**on/about** über); UNIV Vorlesung *f* (**on** über) II. *vi* ❶ UNIV eine Vorlesung halten (**in/on** über) ❷ (*pej: criticize*) belehren (**about** über) III. *vt* **to ~ sb on sth** ❶ UNIV vor jdm über etw *akk* eine Vorlesung halten ❷ (*criticize*) jdm wegen einer S. *gen* eine Standpauke halten *fam*

lecturer ['lektʃᵊrəʳ] *n* ❶ (*speaker*) Redner(in) *m(f)* ❷ (*at university*) Dozent(in) *m(f)*

led [led] *pt, pp of* **lead**

leek [liːk] *n* Lauch *m*

left¹ [left] *pt, pp of* **leave**

left² [left] I. *n* ❶ *no pl* (*direction*) **from ~ to right** von links nach rechts ❷ (*left turn*) **to make a ~** [nach] links abbiegen ❸ (*street on the left*) **the second ~** die zweite Straße links ❹ *no pl* (*left side*) **the ~** die linke Seite; **on/to the ~** links ❺ *no pl* (*political grouping*) **the ~** die Linke II. *adj* ❶ (*position, direction*) linke(r, s) ❷ (*political direction*) linke(r, s), linksgerichtet III. *adv* (*direction*) nach links; (*side*) links

left-hand *adj attr* ❶ (*on sb's left side*) linke(r, s) ❷ SPORTS **~ catch** mit links gefangener Ball **left-handed** *adj* ❶ (*of person*) linkshändig; **she is ~** sie ist

Linkshänderin ❷ *attr* (*for left hand use*) Linkshänder- ❸ (*turning to left*) *racetrack* linksläufig **left-hander** *n* ❶ (*person*) Linkshänder(in) *m(f)* ❷ (*hit*) Schlag *m* mit der Linken

left-luggage (office) *n* BRIT Gepäckaufbewahrung *f*

left wing *n + sing/pl vb* **the ~** ❶ POL die Linke; **the ~ of the party** der linke Parteiflügel ❷ SPORTS der linke Flügel **left-wing** *adj* linksgerichtet, links *präd*

leg [leg] *n* ❶ Bein *nt* ❷ (*meat*) Keule *f*, Schlegel *m* SÜDD, ÖSTERR ❸ (*clothing part*) [Hosen]bein *nt* ❹ (*segment*) Etappe *f*; ► **to be on one's last ~s** auf dem letzten Loch pfeifen; **to give sb a ~ up** (*help to climb*) jdm hinaufhelfen

legal ['li:gᵊl] *adj* ❶ (*permissible by law*) legal ❷ (*required by law*) gesetzlich [vorgeschrieben] ❸ (*concerning the law*) rechtlich; **~ system** Rechtssystem *nt* ❹ (*of courts*) gerichtlich; (*of lawyers*) juristisch

legally ['li:gᵊli] *adv* ❶ (*permissible by law*) legal ❷ (*required by law*) **~ obliged** gesetzlich verpflichtet ❸ (*according to the law*) rechtmäßig

legalspeak *n* (*fam*) Juristenjargon *m fam*

leisure centre, leisure complex *n* BRIT Freizeitcenter *nt*

leisurewear *n no pl* Freizeit[be]kleidung *f*

lemon ['lemən] **I.** *n* ❶ (*fruit*) Zitrone *f* ❷ *no pl* (*colour*) Zitronengelb *nt* **II.** *adj* **~ [yellow]** zitronengelb

lemonade [,lemə'neɪd] *n* Zitronenlimonade *f*

lemon juice *n* Zitronensaft *m* **lemon peel, lemon rind** *n* Zitronenschale *f* **lemon squash** *n* BRIT, AUS ❶ *no pl* (*concentrate*) Zitronensirup *m* ❷ (*drink*) Zitronensaftgetränk *nt*

lend <lent, lent> [lend] **I.** *vt* (*loan*) leihen ► **to ~ an ear to sb** jdm zuhören; **to ~ a hand** helfen **II.** *vi* **to ~ to sb** jdm Geld leihen; *bank* jdm Kredit gewähren

length ['leŋ(k)θ] *n* ❶ *no pl* (*measurement*) Länge *f*; **to be 2 metres in ~** 2 Meter lang sein ❷ (*piece*) Stück *nt* ❸ (*winning distance*) Länge *f* [Vorsprung] ❹ *no pl* (*duration*) Dauer *f*; **at ~** (*finally*) nach langer Zeit; (*in detail*) ausführlich

lengthen ['leŋ(k)θən] **I.** *vt* verlängern; *clothes* länger machen **II.** *vi* [immer] länger werden

lens <*pl* -es> [lenz] *n* (*optical instrument, part of eye*) Linse *f*; (*in camera, telescope a.*) Objektiv *nt*; (*in glasses*) Glas *nt*

lent [lent] *vt, vi pt, pp of* **lend**

Lent [lent] *n no pl, no art* Fastenzeit *f*

lentil ['lentᵊl] *n* Linse *f*

Leo ['li:əʊ] *n* ASTRON, ASTROL Löwe *m*

leopard ['lepəd] *n* Leopard(in) *m(f)*

leotard ['li:ətɑ:d] *n* Trikot *nt*; (*for gymnastics a.*) Turnanzug *m*

lesbian ['lezbiən] **I.** *n* Lesbierin *f*, Lesbe *f* **II.** *adj* lesbisch

less [les] **I.** *adv comp of see* **little** ❶ (*to a smaller extent*) weniger; **the ~ ... the better** je weniger ..., umso besser; **much ~ complicated** viel einfacher; **~ and ~** immer weniger ❷ (*not the least bit*) **~ than happy** nicht gerade glücklich **II.** *adj comp of see* **little** (*smaller amount of*) weniger **III.** *pron indef* (*smaller amount*) weniger; **a lot ~** etwas weniger; **~ of a problem** ein geringeres Problem

lesser ['lesəʳ] *adj attr* (*smaller in amount*) geringer; **the ~ of two evils** das kleinere Übel

lesson ['lesᵊn] *n* ❶ (*teaching period*) Stunde *f*; **~s** *pl* Unterricht *m kein pl* ❷ (*from experience*) Lehre *f*, Lektion *f*

let [let] **I.** *n no pl esp* BRIT (*rent*) Vermietung *f* **II.** *vt* <-tt-, let, let> ❶ (*allow*) **to ~ sb do sth** jdn etw tun lassen ❷ (*give permission*) **to ~ sb do sth** jdn etw tun lassen ❸ (*in suggestions*) **~'s go out to dinner!** lass uns Essen gehen! ❹ (*when thinking, for examples*) **~'s see, ...** also, ...; **~ me think** Moment [mal], ... ❺ *esp* BRIT, AUS (*rent out*) vermieten

◆ **let by** *vt* vorbeilassen

◆ **let down** *vt* ❶ **to ~ down sb** (*disappoint*) jdn enttäuschen ❷ (*lower slowly*) **to ~ down sth** etw herunterlassen ► **to ~ one's hair down** sich gehen lassen

◆ **let in** *vt* ❶ (*allow to enter*) hereinlassen; **to ~ oneself in** aufschließen ❷ (*allow to know*) **to ~ sb in on sth** jdn in etw *akk* einweihen

◆ **let off** *vt* ❶ (*emit*) ausstoßen; *bad smell* verbreiten ❷ (*fire*) *gun* abfeuern; *bomb, fireworks* zünden ❸ (*not punish*) **you won't be ~ off next time** das nächste Mal wirst du nicht davonkommen

L

◆ **let on I.** *vi* (*fam*) **to ~ on about sth [to sb]** [jdm] etwas von etw *dat* verraten **II.** *vt* (*fam*) **to ~ on that ...** (*divulge*) verraten, dass ...

◆ **let out** *vt* ❶ (*release*) herauslassen; **I'll ~ myself out** ich finde selbst hinaus ❷ (*emit*) ausstoßen; **to ~ out a groan** [auf]stöhnen ❸ (*make wider*) *clothes* weiter machen

◆ **let up** *vi* (*fam*) ❶ (*decrease*) aufhören; *rain a.* nachlassen ❷ (*release*) **to ~ up on the accelerator** den Fuß vom Gas nehmen

let-down *n usu sing* (*fam*) Enttäuschung *f*

lethal ['li:θəl] *adj* tödlich

letter ['letəʳ] *n* ❶ (*message*) Brief *m* (**from** von/**to** an); **a love ~** ein Liebesbrief *m;* **to inform sb by ~** jdn schriftlich verständigen ❷ (*of alphabet*) Buchstabe *m;* **in capital ~s** in Großbuchstaben

letterbox *n esp* BRIT, AUS Briefkasten *m,* Postkasten *m*

lettuce ['letɪs] *n* ❶ *no pl* BOT Lattich *m* ❷ FOOD Blattsalat *m;* (*with firm head*) Kopfsalat *m*

letup ['letʌp, AM -t-] *n no pl* Nachlassen *nt;* (*stoppage*) Aufhören *nt;* **there has been no ~ in the bombardment overnight** die Bombardierung wurde auch über Nacht nicht ausgesetzt

level ['levəl] **I.** *adj* ❶ (*horizontal*) horizontal, waag(e)recht ❷ (*flat*) eben ❸ *pred* (*at an equal height*) **to be ~ [with sth]** auf gleicher Höhe [mit etw *dat*] sein ❹ *pred esp* BRIT, AUS (*in a race*) gleichauf; (*equal on points*) punkt(e)gleich **II.** *n* ❶ (*quantity*) Niveau *nt;* (*height*) Höhe *f;* **at eye ~** in Augenhöhe; **above sea ~** über dem Meeresspiegel ❷ (*extent*) Ausmaß *nt* ❸ (*storey*) Stockwerk *nt;* **ground ~** Erdgeschoss *nt* ❹ *no pl* (*rank*) Ebene *f* **III.** *vt* <BRIT -ll- *or* AM *usu* -l-> (*flatten*) *ground* [ein]ebnen; *wood* [ab]schmirgeln

level crossing *n* BRIT, AUS Bahnübergang *m*

level-headed *adj* ❶ (*sensible*) vernünftig ❷ (*calm*) ruhig

lever ['li:vəʳ] **I.** *n* ❶ TECH Hebel *m* ❷ (*fig: threat*) Druckmittel *nt* **II.** *vt* ❶ (*lift with a lever*) **to ~ sth up** etw aufstemmen ❷ (*move with effort*) **to ~ oneself [up]** sich hochstemmen

liable ['laɪəbl] *adj* ❶ (*likely*) **to be ~ to do sth** Gefahr laufen, etw zu tun ❷ (*prone*) **to be ~ to sth** anfällig für etw *akk* sein

liar ['laɪəʳ] *n* Lügner(in) *m(f)*

libel ['laɪbəl] LAW **I.** *n no pl* Verleumdung *f* **II.** *vt* <-ll-> verleumden

liberal ['lɪbərəl] **I.** *adj* ❶ (*tolerant*) liberal; *attitude, church, person a.* tolerant, aufgeschlossen ❷ (*progressive*) liberal, fortschrittlich ❸ (*generous*) großzügig; *portion* groß **II.** *n* Liberale(r) *f(m)*

liberation [ˌlɪbərˈeɪʃən] *n no pl* Befreiung *f* (**from** von)

liberty ['lɪbəti] *n* ❶ *no pl* (*freedom*) Freiheit *f;* **to be at ~** frei sein ❷ (*incorrect behaviour*) **it's [a bit of] a ~** es ist [ein bisschen] unverschämt

Libra ['li:brə] *n* ASTRON, ASTROL Waage *f*

librarian [laɪ'breəriən] *n* Bibliothekar(in) *m(f)*

library ['laɪbr(ə)ri] **I.** *n* ❶ (*public*) Bibliothek *f,* Bücherei *f;* **public ~** Leihbücherei *f* ❷ (*private*) Bibliothek *f* **II.** *adj software, visit* Bibliotheks-; **~ book** Leihbuch *nt*

licence, AM **license** ['laɪs(ə)n(t)s] *n* (*permit*) Genehmigung *f,* Erlaubnis *f;* (*formal permission*) Lizenz *f;* **driving ~** Führerschein *m*

license ['laɪs(ə)n(t)s] **I.** *n* AM *see* **licence** **II.** *vt* **to ~ sb to do sth** jdm die Lizenz erteilen, etw zu tun

licensed ['laɪs(ə)n(t)st] *adj* ❶ (*with official approval*) zugelassen ❷ BRIT (*serving alcohol*) **a ~ restaurant** ein Restaurant *nt* mit Schankerlaubnis

lick [lɪk] **I.** *n* ❶ (*with tongue*) Lecken *nt kein pl,* Schlecken *nt kein pl* ❷ (*fam: small quantity*) **a ~ of** ein wenig **II.** *vt* (*with tongue*) lecken; *plate* ablecken

lid [lɪd] *n* ❶ (*covering*) Deckel *m* ❷ (*eyelid*) Lid *nt*

lie[1] [laɪ] **I.** *vi* <-y-> (*tell untruth*) lügen; **to ~ about sth** falsche Angaben über etw *akk* machen; **to ~ about sb** über jdn die Unwahrheit erzählen; **to ~ to sb** jdn belügen **II.** *n* Lüge *f*

lie[2] [laɪ] **I.** *n* ❶ *no pl* (*position*) Lage *f* ❷ *no pl esp* BRIT, AUS (*shape*) **the ~ of the land** die Beschaffenheit des Geländes; (*fig*) die Lage; **to find out the ~ of the land** das Gelände erkunden; (*fig*) die Lage sondieren **II.** *vi* <-y-, lay, lain> ❶ (*be horizontal, resting*) liegen; **to ~ on one's back** auf dem Rücken liegen ❷ (*become horizontal*) sich hinlegen ❸ (*be in a particular state*) **to ~ in wait** auf der Lauer liegen ❹ (*remain*) liegen bleiben ❺ (*be situated*) liegen; **to ~ to the east of sth** im Osten einer S. *gen* liegen

◆ **lie about, lie around** *vi* ❶ (*be situated*) herumliegen *fam* ❷ (*be lazy*) herumgammeln *fam*

◆ **lie back** *vi* ❶ (*recline*) sich zurücklegen ❷ (*fig: relax*) sich entspannen

◆ **lie down** *vi* sich hinlegen

◆ **lie in** *vi* BRIT (*fam: stay in bed*) im Bett bleiben

lie-down *n* BRIT (*fam*) Schläfchen *nt,* Nickerchen *nt fam*

lie-in *n* BRIT (*fam*) **to have a ~** im Bett bleiben

life <*pl* lives> [laɪf, *pl* laɪvz] *n* ❶ (*existence*) Leben *nt;* **it's a matter of ~ and death!** es geht um Leben und Tod!; **to lose one's ~** ums Leben kommen; **to save sb's ~** jdm das Leben retten ❷ *no pl* (*quality, force*) Leben *nt;* **I love ~** ich liebe das Leben ❸ *no pl* (*living things collectively*) Leben *nt;* **plant ~** Pflanzenwelt *f* ❹ *no pl* (*mode or aspect of existence*) Leben *nt;* **family ~** Familienleben *nt* ❺ *no pl* (*energy*) Lebendigkeit *f;* **to be full of ~** vor Leben [nur so] sprühen; **to come to ~** lebendig werden *fig* ❻ (*human activities*) Leben *nt* ❼ (*biography*) Biografie *f* ❽ (*time until death*) Leben *nt;* **for ~** *friendship* lebenslang; **a job for ~** eine Stelle auf Lebenszeit ❾ (*duration*) *of device, battery* Lebensdauer *f; of contract* Laufzeit *f;* ▶ **to <u>frighten</u> the ~ out of sb** jdn zu Tode erschrecken; **<u>larger</u> than ~** *car, house* riesig; *person* energiegeladen und charismatisch; **<u>that's</u> ~!** so ist das Leben [eben]!

lifebelt *n* BRIT Rettungsring *m* **lifeboat** *n* Rettungsboot *nt* **lifeguard** *n* (*in baths*) Bademeister(in) *m(f);* (*on beach*) Rettungsschwimmer(in) *m(f)* **life insurance** *n no pl* Lebensversicherung *f* **life jacket** *n* Schwimmweste *f*

lifelike *adj* lebensecht; *imitation a.* naturgetreu

life raft *n* Rettungsfloß *nt;* (*rubber dinghy*) Schlauchboot *nt* **lifesaver** *n* ❶ (*person*) [Lebens]retter(in) *m(f);* (*on beach*) Rettungsschwimmer(in) *m(f);* (*in baths*) Bademeister(in) *m(f)* ❷ (*fig fam: thing*) die Rettung **life-size(d)** *adj* in Lebensgröße *nach n,* lebensgroß **lifestyle I.** *n* Lebensstil *m* **II.** *adj magazine* Lifestyle- **lifetime** *n usu sing* ❶ (*time one is alive*) Lebenszeit *f;* **once in a ~** einmal im Leben ❷ (*time sth exists*) Lebensdauer *f kein pl* ❸ (*fig: long time*) **it seems like a ~** es kommt mir vor wie eine Ewigkeit; **to last a ~** *objects, devices* ein Leben lang halten; *memories, good luck* das ganze Leben [lang] andauern ▶ **the chance of a ~** eine einmalige Chance

lift [lɪft] **I.** *n* ❶ BRIT (*elevator*) Aufzug *m;* **to take the ~** den Aufzug nehmen ❷ (*for skiers*) Skilift *m* ❸ (*act of lifting*) [Hoch]heben *nt kein pl* ❹ (*increase*) Anstieg *m kein pl;* (*increase in amount*) Erhöhung *f* [eines Betrags] ❺ (*ride*) Mitfahrgelegenheit *f;* **to give sb a ~** jdn [im Auto] mitnehmen **II.** *vt* ❶ (*raise*) [hoch]heben; (*slightly*) anheben ❷ (*direct upward*) *eyes* aufschlagen ❸ (*increase*) *amount, prices, rates* erhöhen ❹ *usu passive* (*in surgery*) *face, breasts* straffen lassen ❺ (*dig up*) ausgraben **III.** *vi* ❶ (*be raised*) sich heben ❷ (*disperse*) *cloud, fog* sich auflösen ❸ (*become happier*) *mood* sich heben

◆ **lift down** *vt* BRIT, AUS herunterheben

◆ **lift off** *vi* ❶ (*leave the ground*) abheben ❷ (*come off*) sich hochheben lassen

◆ **lift up** *vt* hochheben; **to ~ up a lid** einen Deckel hochklappen

lift-off *n* AEROSP Start *m,* Abheben *nt kein pl;* **we have ~** der Start ist erfolgt

light[1] [laɪt] **I.** *n* ❶ *no pl* (*brightness*) Licht *nt;* **is there enough ~?** ist es hell genug? ❷ (*light-giving thing*) Licht *nt;* (*lamp*) Lampe *f* ❸ *no pl* (*fire*) Feuer *nt;* (*flame*) [Kerzen]flamme *f* ❹ *no pl* (*daylight*) [Tages]licht *nt* ❺ *usu pl* (*traffic light*) Ampel *f* **II.** *adj* ❶ (*bright*) hell ❷ (*pale*) hell; (*stronger*) blass- **III.** *vt* <lit, lit> ❶ (*illuminate*) erhellen ❷ (*guide with light*) leuchten

◆ **light up I.** *vt* ❶ *hall, room* erhellen ❷ *cigar, cigarette, pipe* anzünden ❸ (*make animated*) **to ~ up sb's eyes** jds Augen aufleuchten lassen **II.** *vi* ❶ (*become illuminated*) aufleuchten ❷ (*start smoking*) sich *dat* eine [Zigarette] anstecken *fam*

light[2] [laɪt] **I.** *adj* ❶ leicht ❷ (*for small loads*) Klein- ❸ (*of food and drink*) leicht ❹ (*low in intensity*) **it's only ~ rain** es nieselt nur ❺ (*gentle*) leicht; *kiss* zart **II.** *adv* **to travel ~** mit leichtem Gepäck reisen

light bulb *n* Glühbirne *f*

lighten[1] ['laɪtən] **I.** *vt* ❶ (*make less heavy*) leichter machen ❷ (*fig: make easier to bear*) erleichtern ❸ (*fig: make less serious*) aufheitern **II.** *vi* ❶ (*become less heavy or severe*) leichter werden ❷ (*fig: cheer up*) bessere Laune bekommen

lighten[2] ['laɪtən] **I.** *vi* (*become brighter*) heller werden, sich aufhellen **II.** *vt* **to ~ one's hair** sich *dat* die Haare heller färben

lighter ['laɪtər] *n* Feuerzeug *nt*

light-headed *adj* (*faint*) benommen; (*dizzy*) schwind[e]lig **light-hearted** *adj* (*carefree*) sorglos, unbeschwert; (*happy*) heiter, fröhlich; **to take a ~ look at sth** etw mit einem Augenzwinkern betrachten

lighthouse *n* Leuchtturm *m*

lighting ['laɪtɪŋ] *n no pl* Beleuchtung *f;* (*equipment*) Beleuchtungsanlage *f*

lightly ['laɪtli] *adv* ❶ (*not seriously*) leichtfertig ❷ (*gently*) leicht; (*not much*) wenig ❸ (*not deeply*) leicht ❹ (*slightly*) leicht; **~ cooked vegetables** Gemüse, das nur ganz kurz gegart

wird
lightning ['laɪtnɪŋ] METEO **I.** *n no pl* Blitz *m;* **thunder and ~** Blitz und Donner **II.** *adj attr* **~ quick** blitzschnell
lightning conductor, AM **lightning rod** *n* Blitzableiter *m a. fig*
lightweight I. *n* ① *no pl* SPORTS Leichtgewicht *nt* ② (*boxer*) Leichtgewichtler(in) *m(f)* ③ (*lightly built person*) Leichtgewicht *nt fam;* (*pej: lacking endurance*) Schwächling *m fam* **II.** *adj* ① (*weighing little*) leicht ② (*trivial*) trivial ③ (*pej: unimportant*) bedeutungslos
likable *adj* AM, AUS *see* **likeable**
like[1] [laɪk] **I.** *prep* ① (*similar to*) wie; **what does it taste ~?** wie schmeckt es?; **he looks ~ his brother** er sieht seinem Bruder ähnlich ② *after n* (*such as*) wie; **why are you talking to me ~ that?** warum sprichst du so mit mir? ▶ **it looks ~ snow** es sieht nach Schnee aus; **that's more ~ it!** das ist schon besser! **II.** *conj* (*fam*) ① (*the same as*) wie; **let's go swimming in the lake ~ we used to** lass uns im See schwimmen gehen wie früher ② (*as if*) als ob; **she acts ~ she's the boss** sie tut so, als sei sie die Chefin **III.** *adj attr* (*similar*) ähnlich; **to be of [a] ~ mind** gleicher Meinung sein **IV.** *adv* ① (*sl: somehow*) irgendwie; **it was kind of funny ~** es war irgendwie schon komisch, ne [*o* SÜDD gell] ② (*sl: in direct speech*) **I was ~, "what are you guys doing here?"** ich sagte nur, „was macht ihr hier eigentlich?"
like[2] [laɪk] **I.** *vt* ① (*enjoy*) mögen; **to ~ doing sth** etw gern tun ② (*want*) **whether you ~ it or not** ob es dir passt oder nicht; **would you ~ a drink?** möchten Sie etwas trinken? ③ (*prefer*) **I ~ to get up early** ich stehe gerne früh auf **II.** *vi* **as you ~** wie Sie wollen **III.** *n* **~s** *pl* Neigungen *pl*
likeable ['laɪkəbl̩] *adj* liebenswert
likely ['laɪkli] **I.** *adj* <-ier, -iest> wahrscheinlich **II.** *adv* <more likely, most likely> **very ~** sehr wahrscheinlich; **not ~!** auf keinen Fall!
like-minded *adj* gleich gesinnt
likeness <*pl* -es> ['laɪknəs] *n* ① (*resemblance*) Ähnlichkeit *f* (**to** mit) ② (*semblance*) Gestalt *f* ③ (*portrait*) Abbild *nt*
likewise ['laɪkwaɪz] *adv* ebenfalls, gleichfalls; **to do ~** es genauso machen
liking ['laɪkɪŋ] *n no pl* Vorliebe *f;* (*for person*) Zuneigung *f;* **to have a ~ for sth** eine Vorliebe für etw *akk* haben ▶ **for one's ~** für jds Geschmack
lilac ['laɪlək] **I.** *n* ① (*bush*) Flieder *m* ② *no pl* (*colour*) Lila *nt* **II.** *adj* lila
lily ['lɪli] *n* Lilie *f*
lime[1] [laɪm] **I.** *n no pl* GEOL Kalk *m* **II.** *vt* kalken
lime[2] [laɪm] *n* (*fruit*) Limette *f;* (*tree*) Limonenbaum *m*
lime[3] [laɪm] *n* (*linden tree*) Linde *f*
limit ['lɪmɪt] **I.** *n* ① (*utmost point*) [Höchst]grenze *f;* **to overstep the ~** zu weit gehen ② (*boundary*) Grenze *f* ③ (*of a person*) Grenze[n] *f[pl];* **to know one's ~s** seine Grenzen kennen ④ (*restriction*) Beschränkung *f;* **age ~** Altersgrenze *f;* **weight ~** Gewichtsbeschränkung *f* ⑤ (*speed*) [zulässige] Höchstgeschwindigkeit **II.** *vt* ① (*reduce*) einschränken ② (*restrict*) **to ~ oneself to sth** sich auf etw *akk* beschränken
limp[1] [lɪmp] **I.** *vi* hinken; (*fig*) mit Müh und Not vorankommen **II.** *n no pl* Hinken *nt;* **to walk with a ~** hinken
limp[2] [lɪmp] *adj* ① (*not stiff*) schlaff; *cloth, material* weich ② (*weak*) schlapp; *efforts* halbherzig
line[1] [laɪn] **I.** *n* ① (*mark, contour, policy*) Linie *f;* **dividing ~** Trennungslinie *f* ② SPORTS Linie *f* ③ (*wrinkle*) Falte *f* ④ (*boundary*) Grenze *f* ⑤ (*cord*) Leine *f* ⑥ TELEC [Telefon]leitung *f;* **please**

hold the ~! bitte bleiben Sie am Apparat! ❼ COMPUT **to go on ~** online gehen ❽ (*row of words*) Zeile *f* ❾ (*row of things, people*) Reihe *f* ❿ *esp* AM (*queue*) Schlange *f* ⓫ (*product type*) Sortiment *nt* **II.** *vt* ❶ (*mark*) *paper* linieren ❷ (*stand at intervals*) **to ~ the streets** die Straßen säumen *geh*

◆ **line up I.** *vt* ❶ (*put in row*) **to ~ up sth** etw in einer Reihe aufstellen ❷ (*organize*) **have you got anyone ~d up to do the catering?** haben Sie jemanden für das Catering engagiert? **II.** *vi* ❶ (*stand in row*) sich [in einer Reihe] aufstellen ❷ AM (*wait*) sich anstellen

line² [laɪn] *vt* ❶ (*cover*) *clothing* füttern; *drawers* von innen auslegen ❷ (*fam: fill*) **to ~ one's pockets [with sth]** sich *dat* die Taschen [mit etw *dat*] füllen

L

linen ['lɪnɪn] *n no pl* Leinen *nt;* **bed ~** Bettwäsche *f*

line-up *n* ❶ *of performers* Besetzung *f;* **a star-studded ~ of guests** eine illustre Gästeschar ❷ SPORTS [Mannschafts]aufstellung *f;* AM (*in baseball*) Schlagreihenfolge *f*, Lineup *f fachspr* ❸ *esp* AM LAW Gegenüberstellung *f;* **police ~** polizeiliche Gegenüberstellung

lining ['laɪnɪŋ] *n* ❶ (*fabric*) Futter *nt; of coat, jacket* Innenfutter *nt; of dress, skirt* Unterrock *m* ❷ *of stomach* Magenschleimhaut *f; of brake* Bremsbelag *m*

link [lɪŋk] **I.** *n* ❶ (*connection*) Verbindung *f* (**between** zwischen); (*between people, nations*) Beziehung *f* (**between** zwischen) ❷ RADIO, TELEC Verbindung *f;* INET, COMPUT Link *m* ❸ TRANSP **rail ~** Bahnverbindung *f* **II.** *vt* (*connect*) verbinden **III.** *vi* (*connect*) sich zusammenfügen lassen

lion ['laɪən] *n* ZOOL, ASTROL Löwe *m*

lioness <*pl* -es> ['laɪənes] *n* Löwin *f*

lip [lɪp] *n* ❶ ANAT Lippe *f* ❷ (*rim*) Rand *m; of a pitcher, jug* Schnabel *m* ❸ *no pl* (*fam: cheek*) Unverschämtheiten *pl*

lip-read <-read, -read> **I.** *vi* von den Lippen [*o* vom Mund] ablesen **II.** *vt* **to ~ sb** jdm von den Lippen ablesen; **to ~ words** Worte von den Lippen ablesen

lipstick *n no pl* Lippenstift *m*

liqueur [lɪ'kjʊəʳ] *n* Likör *m*

liquid ['lɪkwɪd] **I.** *adj* ❶ (*water-like*) flüssig, Flüssig- ❷ *attr* CHEM verflüssigt ❸ FIN [frei] verfügbar **II.** *n* Flüssigkeit *f*

liquidize ['lɪkwɪdaɪz] *vt food* pürieren

liquidizer ['lɪkwɪdaɪzəʳ] *n* Mixgerät *nt,* Mixer *m fam*

lisp [lɪsp] **I.** *n no pl* Lispeln *nt* **II.** *vi, vt* lispeln

list¹ [lɪst] **I.** *n* Liste *f;* (*in books*) Namensverzeichnis *nt;* **shopping ~** Einkaufszettel *m* **II.** *vt* auflisten; **to be ~ed in the phone book** im Telefonbuch stehen

list² [lɪst] NAUT **I.** *vi* Schlagseite haben **II.** *n* Schlagseite *f*

listen ['lɪsᵊn] **I.** *vi* ❶ (*pay attention*) zuhören; **to ~ to sb** jdm zuhören; **~ to this!** hör dir das an! *fam;* **to ~ carefully** [ganz] genau zuhören; **to ~ to the radio** Radio hören ❷ (*pay heed*) zuhören; **don't ~ to them** hör nicht auf sie **II.** *interj* hör mal! **III.** *n no pl* **have a ~ to this!** hör dir das an!

◆ **listen in** *vi* (*secretly*) mithören; (*without participating*) mitanhören; (*to radio*) hören

listener ['lɪsᵊnəʳ] *n* ❶ (*in a conversation*) Zuhörer(in) *m(f);* **to be a good ~** gut zuhören können ❷ (*to lecture, concert*) Hörer(in) *m(f)*

lit [lɪt] *vi, vt pt, pp of* **light**

liter *n* AM *see* **litre**

literally ['lɪtᵊrᵊli] *adv* ❶ (*in a literal manner*) [wort]wörtlich ❷ (*actually*) buchstäblich; **quite ~** in der Tat ❸ (*fig fam: for emphasis*) echt

literature ['lɪtrətʃəʳ] *n no pl* ❶ (*written works*) Literatur *f;* **nineteenth-cen-**

tury ~ die Literatur des 19. Jahrhunderts ❷ (*specialist texts*) Fachliteratur *f* (**on/about** über) ❸ (*printed matter*) Informationsmaterial *nt*

litre [ˈliːtəʳ] *n* Liter *m o nt;* **two ~s** [**of milk**] zwei Liter [Milch]; **per ~** pro Liter

litter [ˈlɪtəʳ] **I.** *n* ❶ *no pl* (*rubbish*) Müll *m,* Abfall *m* ❷ + *sing/pl vb* ZOOL Wurf *m* **II.** *vt* ❶ (*make untidy*) **dirty clothes ~ed the floor** dreckige Wäsche lag über den Boden verstreut ❷ *usu passive* (*fig: fill*) **to be ~ed with sth** mit etw *dat* übersät sein

little [ˈlɪtl̩] **I.** *adj* ❶ (*small*) klein; (*for emphasis*) richtige(r, s), kleine(r, s) ❷ (*young*) klein; **~ brother** kleiner Bruder ❸ *attr* (*short in distance*) kurz ❹ *attr* (*unimportant*) klein **II.** *adv* ❶ (*somewhat*) **a ~ ...** ein wenig ... ❷ (*hardly*) wenig; **~ more than an hour ago** vor kaum einer Stunde **III.** *pron sing* ❶ (*small quantity*) **a ~** ein wenig (**of** von) ❷ (*not much*) wenig; **as ~ as possible** möglichst wenig ❸ (*short time*) **it's a ~ after six** es ist kurz nach sechs

live¹ [laɪv] **I.** *adj* ❶ *attr* (*living*) lebend; **~ animals** echte Tiere ❷ RADIO, TV live; **~ broadcast** Liveübertragung *f* ❸ ELEC geladen; **~ wire** Hochspannungskabel *nt* **II.** *adv* RADIO, TV live

live² [lɪv] **I.** *vi* ❶ (*be alive*) leben; **will she ~?** wird sie überleben? ❷ (*spend life*) leben; **to ~ together** zusammenleben ❸ (*subsist*) leben (**by** von) ❹ (*have interesting life*) **to ~ a little** das Leben genießen ❺ (*reside*) wohnen **II.** *vt* **to ~ one's own life** sein eigenes Leben leben ▶ **to ~ a** __**lie**__ mit einer Lebenslüge leben

◆ **live off,** AM *a.* **live off of** *vi* ❶ (*depend*) **to ~ off sb** auf jds Kosten leben ❷ **to ~ off sth** (*support oneself*) *inheritance, pension* von etw *dat* leben; (*eat*) von etw *dat* leben

◆ **live on** *vi* ❶ (*continue*) weiterleben; *tradition* fortbestehen ❷ *see* **live off 2**

◆ **live through** *vi* überstehen; **to ~ through an experience** eine Erfahrung durchmachen

◆ **live together** *vi* zusammenleben; *residents* zusammenwohnen

◆ **live up to** *vi* **to ~ up to sb's expectations** jds Erwartungen *dat* gerecht werden

lively [ˈlaɪvli] *adj* ❶ (*full of energy*) *city, child, street* lebhaft; *child, eyes, tune* munter ❷ (*bright*) *colour* hell ❸ (*lifelike*) lebendig ❹ (*brisk*) rege ❺ (*stimulating*) *discussion, style* lebhaft

liver [ˈlɪvəʳ] *n* FOOD, ANAT Leber *f*

liver sausage *n no pl,* AM, AUS **liverwurst** [ˈlɪvəwɜːst] *n* Leberwurst *f*

living [ˈlɪvɪŋ] **I.** *n* ❶ *usu sing* (*livelihood*) Lebensunterhalt *m* ❷ *no pl* (*lifestyle*) Lebensstil *m* ❸ *pl* **the ~** (*people*) die Lebenden *pl* **II.** *adj* ❶ (*alive*) lebend *attr;* **~ creatures** Lebewesen *pl* ❷ (*still used*) lebendig; *language* lebend

living conditions *n* Lebensbedingungen *pl* **living quarters** *n pl* Wohnbereich *m;* MIL Quartier *nt* **living room** *n* Wohnzimmer *nt*

lizard [ˈlɪzəd] *n* Eidechse *f*

load [ləʊd] **I.** *n* ❶ (*amount carried*) Ladung *f;* **with a full ~ of passengers** mit Passagieren [voll] besetzt ❷ (*burden*) Last *f* ❸ (*fam: lots*) **a ~ of work** ein Riesenberg an Arbeit ❹ (*fam: plenty*) **~s** jede Menge **II.** *adv pl* (*sl*) **~s better** tausendmal besser *fam* **III.** *vt* ❶ (*fill*) *gun a.* laden; *container* beladen ❷ (*fig: burden*) aufladen **IV.** *vi* [ver]laden

◆ **load up I.** *vt* aufladen; *container* beladen **II.** *vi* beladen

loaded [ˈləʊdɪd] *adj* ❶ (*carrying sth*) beladen ❷ (*with ammunition*) geladen ❸ (*having excess*) überladen (**with** mit) ❹ *pred* (*fam: rich*) steinreich

❺ *pred esp* AM (*sl: drunk*) besoffen *fam*

loaf[1] <*pl* **loaves**> [ləʊf] *n* Brot *nt,* Brotlaib *m*

loaf[2] [ləʊf] *vi* faulenzen; **to ~ about** herumgammeln *fam*

loan [ləʊn] **I.** *n* ❶ (*money*) Kredit *m;* **to take out a ~** ein Darlehen aufnehmen ❷ (*object*) Leihgabe *f* ❸ (*act*) **to be on ~** geliehen sein **II.** *vt* leihen

lobby ['lɒbi] **I.** *n* ❶ ARCHIT Eingangshalle *f;* **hotel ~** Hotelfoyer *nt* ❷ POL Lobby *f* **II.** *vi* <-ie-> **to ~ against sth** seinen Einfluss [mittels eines Interessenverbandes] gegen etw *akk* geltend machen **III.** *vt* <-ie-> **to ~ sb [to do sth]** jdn beeinflussen [etw zu tun]

lobster ['lɒbstər] *n* Hummer *m*

local ['ləʊkəl] **I.** *adj* ❶ (*neighbourhood*) hiesig, örtlich; **~ branch** Filiale *f; of a bank, shop* Zweigstelle *f* ❷ MED lokal **II.** *n* ❶ *usu pl* (*inhabitant*) Ortsansässige(r) *f(m)* ❷ BRIT (*fam: pub*) Stammkneipe *f*

local authority *n* BRIT *of community* Gemeindeverwaltung *f,* Kommunalverwaltung *f; of city* Stadtverwaltung *f,* städtische Behörden **local call** *n* Ortsgespräch *nt* **local election** *n* Kommunalwahl *f,* Gemeindewahl *f* SCHWEIZ **local news** *n + sing vb* Lokalnachrichten *pl* **local time** *n* Ortszeit *f*

loch [lɒk, SCOT lɒx] *n* SCOT ❶ (*lake*) See *m* ❷ (*fjord*) Meeresarm *m*

lock[1] [lɒk] *n* (*curl*) [Haar]locke *f*

lock[2] [lɒk] **I.** *n* ❶ (*fastening device*) Schloss *nt* ❷ NAUT Schleuse *f* ❸ (*in wrestling*) Fesselgriff *m* **II.** *vt* ❶ (*fasten*) abschließen ❷ *usu passive* (*entangle*) sich verhaken **III.** *vi* ❶ (*become secured*) schließen ❷ (*become fixed*) binden

◆ **lock away** *vt* ❶ (*secure*) wegschließen ❷ (*for peace and quiet*) **to ~ oneself away [in one's office]** sich [in seinem Büro] einschließen

◆ **lock out** *vt* aussperren

◆ **lock up I.** *vt* ❶ (*shut, secure*) abschließen; *documents, money* wegschließen ❷ (*put in custody*) einsperren **II.** *vi* abschließen, zuschließen

lockdown ['lɒkdaʊn] *n* Lockdown *m*

locker ['lɒkər] *n* Schließfach *nt*

locksmith *n* Schlosser(in) *m(f)*

lodge [lɒdʒ] **I.** *n* ❶ (*house*) Hütte *f;* **gatekeeper's ~** Pförtnerhaus *nt* ❷ (*meeting place*) Loge *f* **II.** *vt* ❶ (*present formally*) *appeal, objection, complaint* einlegen ❷ *esp* BRIT, AUS (*form: store*) **to ~ sth with sb** etw bei jdm hinterlegen **III.** *vi* ❶ (*become fixed*) stecken bleiben ❷ (*form: reside*) logieren

lodger ['lɒdʒər] *n* Untermieter(in) *m(f);* **to take in ~s** Zimmer [unter]vermieten

lodging ['lɒdʒɪŋ] *n* ❶ *no pl* (*form: accommodation*) Unterkunft *f* ❷ *esp* BRIT (*fam: rented room*) **~s** *pl* möbliertes Zimmer

lodging house *n* Pension *f*

loft [lɒft] **I.** *n* ❶ (*attic*) Speicher *m,* Estrich *m* SCHWEIZ; (*for living*) Dachwohnung *f,* Loft *m* ❷ (*gallery in church*) **choir ~** Empore *f* (*für den [Kirchen]chor*) **II.** *vt ball* hochschlagen (**over** über)

log[1] [lɒg] *n* (*fam*) *short for* **logarithm** Logarithmus *m*

log[2] [lɒg] **I.** *n* ❶ (*branch*) [gefällter] Baumstamm; (*tree trunk*) [Holz]block *m;* (*for fire*) [Holz]scheit *nt* ❷ (*record*) NAUT Logbuch *nt* ❸ (*systematic record*) Aufzeichnungen *pl* **II.** *vt* <-gg-> ❶ (*enter into record*) aufzeichnen; *phone calls* registrieren ❷ *forest* abholzen **III.** *vi* <-gg-> Bäume fällen

logical ['lɒdʒɪkəl] *adj* ❶ (*according to laws of logic*) logisch ❷ (*correctly reasoned*) vernünftig

lollipop ['lɒlipɒp] *n* Lutscher *m,* ÖSTERR *a.* Schlecker *m,* Schleckstängel *m* SCHWEIZ

lolly ['lɒli] *n* ❶ BRIT, AUS (*fam*) Lutscher *m* ❷ AUS, NZ (*boiled sweet*) Bonbon *m o nt*

lonely <-ier, -iest> ['ləʊnli] *adj* einsam; **to feel ~** sich einsam fühlen

loner ['ləʊnəʳ] *n* (*usu pej*) Einzelgänger(in) *m(f)*

long[1] [lɒŋ] **I.** *adj* ❶ (*in space*) lang; (*over great distance*) weit; (*elongated*) lang, länglich; (*fam: tall*) groß, lang *fam* ❷ (*in time*) lang; (*tedious*) lang[wierig] ❸ (*in scope*) lang; *book* dick ▶ **in the ~ run** auf lange Sicht [gesehen] **II.** *adv* ❶ (*for a long time*) lang[e]; **have you been waiting ~?** wartest du schon lange? ❷ (*at a distant time*) lange; **~ ago** vor langer Zeit ❸ (*after implied time*) lange; **how much ~er will it take?** wie lange wird es noch dauern? ❹ (*throughout*) **all night ~** die ganze Nacht [lang] ▶ **as ~ as ...** (*during*) solange ... **III.** *n no pl* (*long time*) eine lange Zeit; **it won't take ~** es wird nicht lange dauern ▶ **before** [**very**] **~** schon [sehr] bald

long[2] [lɒŋ] *vi* sich sehnen (**for** nach)

long[3] *n* GEOG *abbrev of* **longitude** Länge *f*

long-distance **I.** *adj attr* ❶ (*between distant places*) Fern-, Weit-; **~ relationship** *Beziehung zwischen zwei weit voneinander entfernt wohnenden Partnern* ❷ SPORTS Langstrecken-; **~ race** Langstreckenlauf *m* **II.** *adv* **to travel ~** eine Fernreise machen **long-haired** <longer-, longest-> *adj* langhaarig; *animals* Langhaar-

longish ['lɒŋɪʃ] *adj* (*fam*) ziemlich lang

long jump *n* SPORTS ❶ (*sports discipline*) **the ~** *no pl* der Weitsprung ❷ (*action*) **~s** *pl* Weitsprünge *pl* **long-range** *adj* ❶ (*in distance*) Langstrecken- ❷ (*long-term*) langfristig **long-sighted** *adj* ❶ (*having long sight*) weitsichtig ❷ *esp* AM (*fig: having foresight*) vorausschauend **long-suffering** *adj* langmütig **long-term** *adj attr* langfristig; **~ memory** Langzeitgedächtnis *nt*

long vacation, *fam* **long vac** *n* BRIT, AUS UNIV lange [Semester]ferien, Sommerferien *pl;* LAW Sommerpause *f* **long wave** *n* RADIO Langwelle *f* **long-winded** *adj* langatmig

loo [luː] *n* BRIT, AUS (*fam*) Klo *nt;* **to need to go to the ~** aufs Klo [gehen] müssen

look [lʊk] **I.** *n* ❶ *usu sing* (*glance*) Blick *m;* **to have a ~ round** sich umsehen ❷ (*facial expression*) [Gesichts]ausdruck *m,* Miene *f* ❸ *no pl* (*examination*) Betrachtung *f;* **to have a ~ at sth** sich *dat* etw ansehen ❹ *no pl* (*search*) **to have a ~** nachsehen ❺ *no pl* (*appearance*) Aussehen *nt;* **~s** *pl* Aussehen *nt kein pl* ❻ FASHION Look *m;* ▶ **if ~s could kill** wenn Blicke töten könnten **II.** *interj* (*explanatory*) schau mal *fam* **III.** *vi* ❶ (*glance*) schauen; **to ~ away/the other way** wegsehen ❷ (*search*) suchen; (*in an encyclopaedia*) nachschlagen ❸ (*appear*) **she doesn't ~ her age** man sieht ihr ihr Alter nicht an; **to ~ tired** müde aussehen; **to ~ like sb** (*resemble*) jdm ähnlich sehen ❹ (*pay attention*) **~ where you're going!** pass auf, wo du hintrittst! **IV.** *vt* **to ~ sb in the eye** jdm in die Augen sehen ▶ **to ~ daggers at sb** jdn mit Blicken durchbohren

◆ **look about** *vi* **to ~ about for sth** sich nach etw *dat* umsehen

◆ **look after** *vi* ❶ (*glance*) nachsehen +*dat* ❷ (*take care of, be responsible for*) **to ~ after sb** sich um jdn kümmern ❸ (*keep an eye on*) **to ~ after sth** auf etw aufpassen

◆ **look ahead** *vi* ❶ (*glance*) nach vorne sehen ❷ (*fig: plan*) vorausschauen

◆ **look around** *vi see* **look round**

◆ **look at** *vi* ❶ (*glance*) ansehen ❷ (*examine*) **to ~ at sth** sich *dat* etw ansehen ❸ (*regard*) **to ~ at sth** etw betrachten

◆ **look away** *vi* wegsehen

◆ **look back** *vi* ❶ (*glance*) zurückschauen ❷ (*remember*) zurückblicken (**on/at** auf)

◆ **look down** *vi* ❶ (*glance*) nach unten sehen; **to ~ down at/on sb** zu jdm hinuntersehen ❷ (*fig: despise*) **to ~ down** [**up**]**on sb** auf jdn herabsehen

◆ **look for** *vi* ❶ (*seek*) **to ~ for sb/sth** nach jdm/etw suchen; **to ~ for a job** Arbeit suchen ❷ (*anticipate*) **to ~ for sb/sth** jdn/etw erwarten

◆ **look forward** *vi* ❶ (*glance*) nach vorne sehen ❷ (*anticipate, enjoy*) **to ~ forward to sth** sich auf etw *akk* freuen

◆ **look in** *vi* ❶ (*glance*) hineinsehen ❷ (*visit*) **to ~ in** [**on sb**] bei jdm vorbeischauen *fam*

◆ **look into** *vi* **to ~ into sth** ❶ (*glance*) in etw *akk* [hinein]sehen; **to ~ into sb's eyes/face** jdm in die Augen/ins Gesicht sehen ❷ (*examine*) etw untersuchen

◆ **look on** *vi* ❶ (*glance*) betrachten ❷ (*regard*) **to ~ on sth with disquiet/favour** etw mit Unbehagen/Wohlwollen betrachten ▶ **to ~ on the bright side** [**of sth**] die positiven Seiten [einer S. *gen*] sehen

◆ **look out I.** *vi* ❶ (*search, wait*) **to ~ out for sb** nach jdm Ausschau halten ❷ (*be careful*) aufpassen; **to ~ out for sb** sich vor jdm in Acht nehmen ❸ (*care for*) **to ~ out for oneself** seine eigenen Interessen verfolgen **II.** *vt* BRIT **to ~ out sth** etw heraussuchen

◆ **look over I.** *vi* **to ~ over sth** ❶ (*glance*) über etw *akk* blicken ❷ (*offer a view*) *window, room* auf etw *akk* [hinaus]gehen **II.** *vt* ❶ (*view*) besichtigen; (*inspect, survey*) inspizieren ❷ (*examine briefly*) durchsehen

◆ **look round** *vi* BRIT, AUS ❶ (*glance*) sich umsehen ❷ (*search*) **to ~ round for sth** sich nach etw umsehen ❸ (*examine*) **to ~ round sth** sich *dat* etw ansehen

◆ **look through** *vi* ❶ (*glance*) **to ~ through sth** durch etw *akk* [hindurch]sehen; **to ~ through a window** aus einem Fenster sehen ❷ (*fig: ignore*) **to ~** [**straight**] **through sb** [einfach] durch jdn hindurchschauen ❸ (*peruse*) **to ~ through sth** etw durchsehen

◆ **look to** *vi* ❶ (*consider*) **to ~ to sth** sich um etw *akk* kümmern; **to ~ to one's motives** seine Motive [genau] prüfen ❷ (*rely on*) **to ~ to sb** auf jdn bauen

◆ **look up I.** *vi* ❶ (*glance*) **to ~ up at sb/sth** zu jdm/etw hinaufsehen; **to ~ up** [**from sth**] [von etw *dat*] aufsehen ❷ (*improve*) besser werden; *increase, rise* steigen **II.** *vt* ❶ (*fam: visit*) **to ~ up sb** bei jdm vorbeischauen ❷ (*search for*) nachschlagen

lookalike *n* Doppelgänger(in) *m(f)*

lookout *n* ❶ (*observation post*) Beobachtungsposten *m* ❷ (*person*) Wache *f* ❸ *esp* BRIT (*fam: outlook*) Aussichten *pl* ❹ (*be alert for*) **to keep a ~** [**for sb**] [nach jdm] Ausschau halten

loop [lu:p] **I.** *n* ❶ (*shape*) Schleife *f; of a string, wire* Schlinge *f* ❷ AVIAT Looping *m* ❸ (*in skating*) Schleife *f* **II.** *vt* (*form into loop*) **~ the rope over the bar** schling das Seil um die Stange **III.** *vi* ❶ (*form a loop*) eine Schleife machen; *road, stream* sich schlängeln ❷ AVIAT einen Looping drehen

loose [lu:s] **I.** *adj* ❶ (*not tight*) locker; *skin* schlaff; **~ cash/coins** Kleingeld *nt;* **~ sheets of paper** lose Blätter Papier; **to work itself ~** sich lockern ❷ *hair* offen ❸ (*not confined*) frei ❹ (*not exact*) ungefähr *attr;* (*not strict*) lose ❺ *clothing* weit, locker ❻ (*indiscreet*) **~ tongue** loses Mundwerk *fam* ▶ **to hang ~** AM (*sl*) cool bleiben **II.** *vt* (*untie*) *knot, rope* lösen

L

loosely ['lu:sli] *adv* ❶ (*not tightly*) lose; **to hang ~** schlaff herunterhängen ❷ (*not exactly*) ungefähr; **~ speaking** grob gesagt ❸ (*not strictly*) locker

loosen ['lu:sᵊn] **I.** *vt* ❶ (*make less tight*) **to ~ one's collar** seinen [Hemd]kragen aufmachen ❷ *policy, rules, muscles, grip* lockern **II.** *vi* sich lockern

lord [lɔ:d] *n* ❶ (*nobleman*) Lord *m* ❷ (*ruler*) **~ of the manor** Gutsherr *m;* (*fig*) Herr *m* im Haus

Lord Mayor *n* BRIT Oberbürgermeister(in) *m(f)*

lorry ['lɒri] *n* BRIT Last[kraft]wagen *m;* **~ driver** Lastwagenfahrer(in) *m(f)*

lose <lost, lost> [lu:z] **I.** *vt* ❶ (*forfeit*) verlieren; **to ~ sth to sb** etw an jdn verlieren ❷ (*through death*) **she lost her son in the fire** ihr Sohn ist beim Brand umgekommen ❸ *usu passive* **to be lost** *things* verschwunden sein ❹ (*waste*) *opportunity* versäumen ❺ *watch, clock* **to ~ time** nachgehen ❻ (*not find, not win*) verlieren ❼ AM (*fam: get rid of*) abschütteln ▶ **to ~ heart** den Mut verlieren; **to ~ it** (*fam*) durchdrehen; **to ~ track [of sth]** (*not follow*) [etw *dat*] [geistig] nicht folgen können **II.** *vi* ❶ (*be beaten*) verlieren (**to** gegen) ❷ (*flop*) ein Verlustgeschäft sein ❸ (*invest badly*) Verlust machen (**on** bei)

loser ['lu:zəʳ] *n* Verlierer(in) *m(f)*

loss <*pl* -es> [lɒs] *n* Verlust *m;* ▶ **to be at a ~** nicht mehr weiterwissen

lost [lɒst] **I.** *pt, pp of* **lose II.** *adj* ❶ (*unable to find way*) **to be ~** sich verirrt haben; **to get ~** sich verirren ❷ (*no longer to be found*) **~ articles** abhanden gekommene Artikel; **to get ~** verschwinden ❸ *pred* (*helpless*) **to feel ~** sich verloren fühlen ❹ (*perished, destroyed*) *soldiers* gefallen ▶ **sth is ~ on sb** jd kann mit etw *dat* nichts anfangen

lot [lɒt] **I.** *pron* ❶ (*much, many*) **a ~** viel ❷ (*everything*) **the ~** alles **II.** *adv* (*fam*) **a ~** viel; **thanks a ~!** vielen Dank!; **we go on holidays a ~** wir machen oft Urlaub **III.** *n* ❶ + *sing/pl vb* BRIT, AUS (*group*) Trupp *m fam;* BRIT (*usu pej fam: group of people*) Haufen *m;* **are you ~ coming to lunch?** kommt ihr alle zum Essen? ❷ *no pl* (*fate*) Los *nt geh* ❹ *esp* AM, AUS (*land*) Stück *nt* Land; **parking ~** Parkplatz *m*

lottery ['lɒtᵊri] *n* Lotterie *f;* **~ ticket** Lotterielos *nt*

loud [laʊd] **I.** *adj* ❶ (*audible*) laut ❷ (*pej: insistent*) [aufdringlich] laut ❸ (*pej: garish*) auffällig **II.** *adv* laut; **~ and clear** laut und deutlich

loudmouth *n* (*fam*) Großmaul *nt* **loudspeaker** *n* Lautsprecher *m*

lounge [laʊndʒ] **I.** *n* ❶ (*public room*) Lounge *f; of hotel* Hotelhalle *f;* **departure ~** Abflughalle *f* ❷ BRIT (*sitting room*) Wohnzimmer *nt* **II.** *vi* **~ [about/around]** (*lie*) [faul] herumliegen; (*sit*) [faul] herumsitzen; (*stand*) [faul] herumstehen

lounge bar *n* BRIT *der vornehmere Teil eines Pubs* **lounge suit** *n* BRIT Straßenanzug *m*

lousy ['laʊzi] *adj* ❶ (*fam: bad*) lausig; **~ weather** Hundewetter *nt* ❷ (*meagre*) lausig ❸ *pred* (*ill*) **to feel ~** sich hundeelend fühlen

lout [laʊt] *n* (*fam*) Flegel *m;* **lager ~s** BRIT (*pej*) Saufköpfe *pl derb*

loutish ['laʊtɪʃ] *adj* (*fam*) rüpelhaft

love [lʌv] **I.** *n* ❶ *no pl* (*affection*) Liebe *f;* **to be in ~ with sb** in jdn verliebt sein; **to make ~ to sb** mit jdm schlafen ❷ (*interest*) Leidenschaft *f;* (*with activities*) Liebe *f;* **she has a great ~ of music** sie liebt die Musik sehr ❸ *esp* BRIT (*fam: darling*) Schatz *m* ❹ *no pl* TENNIS null **II.** *vt* (*be in love with*) lieben; (*greatly like*) sehr mögen

'loved-up *adj* (*fam*) verliebt; **I sat next**

L

to this ~ couple ich saß neben diesem Zärtlichkeiten austauschenden Paar

love life *n* Liebesleben *nt* **love letter** *n* Liebesbrief *m* **love life** *n* Liebesleben *nt kein pl*

lovely ['lʌvli] *adj* ❶ (*beautiful*) schön; *house* wunderschön; **to look ~** reizend aussehen ❷ (*fam: pleasant*) wunderbar, herrlich; **how ~ to see you!** wie schön, dich zu sehen! ❸ (*charming*) nett, liebenswürdig

lover ['lʌvəʳ] *n* ❶ (*person in love*) Liebende(r) *f(m)* ❷ (*sexual partner*) Liebhaber(in) *m(f)*; **~s** *pl* Liebespaar *nt sing* ❸ (*enthusiast*) Liebhaber(in) *m(f)* (**of** von)

lovesick *adj* **to be ~** Liebeskummer haben **love song** *n* Liebeslied *nt* **love story** *n* Liebesgeschichte *f*

loving ['lʌvɪŋ] *adj* (*feeling love*) liebend; (*showing love*) liebevoll

L

low[1] [ləʊ] **I.** *adj* ❶ (*in height*) niedrig; *neckline* tief; *slope* flach ❷ (*in number*) gering, wenig ❸ (*depleted*) knapp ❹ (*not loud*) leise; **~ groaning** verhaltenes Stöhnen ❺ (*not high-pitched*) *voice* tief ❻ (*not intense*) niedrig ❼ (*not good*) *morale, visibility* schlecht; *quality* minderwertig; **to have a ~ opinion of sb** von jdm nicht viel halten ❽ (*sad*) **in ~ spirits** niedergeschlagen; **to feel ~** niedergeschlagen sein **II.** *adv* ❶ (*in height*) niedrig; **to be cut ~** *dress, blouse* tief ausgeschnitten sein ❷ (*to a low level*) tief; **to turn the music ~er** die Musik leiser stellen ❸ (*cheap*) billig **III.** *n* ❶ (*low level*) Tiefpunkt *m* ❷ METEO Tief *nt*

low[2] [ləʊ] **I.** *n* (*of cow*) Muhen *nt* **II.** *vi* *cow* muhen

low-budget *adj* *airline, holiday* Billig-; *film* mit kleinem Budget **low-calorie**, *fam* **low-cal** *adj* kalorienarm **low-cut** *adj* *dress* tief ausgeschnitten, mit tiefem Ausschnitt *nach n*

lower[1] ['ləʊəʳ] **I.** *adj* ❶ (*less high*) niedriger; (*situated below*) untere(r, s), Unter- ❷ (*less in hierarchy*) *status, rank* niedere(r, s), untere(r, s) **II.** *vt* ❶ (*move downward*) herunterlassen; *arms, hands* senken; **to ~ one's eyes** die Augen niederschlagen ❷ (*decrease*) verringern; *voice* senken ❸ (*demean*) **to ~ oneself to do sth** sich herablassen, etw zu tun **III.** *vi* sinken; *voice* leiser werden

lower[2] [laʊəʳ] *vi* *person* ein finsteres Gesicht machen; *light* dunkler werden; **~ing skies** verhangener Himmel

low-maintenance *adj* pflegeleicht **low-necked** *adj* **~ dress** Kleid *nt* mit tiefem Ausschnitt **low-pressure** *adj* ❶ (*not stressful*) stressfrei ❷ (*not aggressive*) unaufdringlich ❸ METEO **~ area** Tiefdruckgebiet *nt* **low season** *n* Nebensaison *f* **low tide** *n*, **low water** *n no pl* Niedrigwasser *nt*; *of sea* Ebbe *f*

luck [lʌk] *n no pl* ❶ (*fortune*) Glück *nt*; **as ~ would have it** wie es der Zufall wollte; **just my ~!** Pech gehabt!; **no such ~!** (*fam*) schön wär's!; **bad ~ [on sb]** Pech *nt* [für jdn]; **to be in ~** Glück haben ❷ (*success*) Erfolg *m*; **any ~ with booking your flight?** hat es mit der Buchung deines Fluges geklappt?

lucky ['lʌki] *adj* ❶ (*fortunate*) glücklich; **you ~ thing!** (*fam*) du Glückliche(r)! ❷ (*bringing fortune*) Glück bringend, Glücks-

luggage ['lʌgɪdʒ] *n no pl* [Reise]gepäck *nt*; **a piece of ~** ein Gepäckstück *nt*

luggage rack *n esp* BRIT Gepäckablage *f*; *of a bicycle* Gepäckträger *m*

lukewarm [ˌluːk'wɔːm] *adj* ❶ (*tepid*) lau[warm] ❷ (*fig: not enthusiastic*) mäßig

luminous ['luːmɪnəs] *adj* ❶ (*bright*) leuchtend *a. fig*, strahlend *a. fig* ❷ (*phosphorescent*) phosphoreszierend, Leucht- ❸ (*brilliant*) genial

lump [lʌmp] **I.** *n* ❶ (*chunk*) Klumpen *m*;

three ~s of sugar drei Stück Zucker ❷ (*sl: heap*) Haufen *m fam* ❸ MED (*swelling*) Schwellung *f* **II.** *vt* (*combine*) **to ~ sth with sth** etw mit etw *dat* zusammentun *fam* **III.** *vi* FOOD *flour, sauce* klumpen

lump sugar *n no pl* Würfelzucker *m* **lump sum (payment)** *n* Einmalzahlung *f;* **to pay sth in a ~** etw pauschal bezahlen

lumpy [ˈlʌmpi] *adj liquid* klumpig; *figure* plump; *person* pummelig

lunatic [ˈluːnətɪk] **I.** *n* (*dated pej*) Irre(r) *f(m) pej derb;* MED Geistesgestörte(r) *f(m) veraltend pej!;* LAW [geistig] Unzurechnungsfähige(r) *f(m)* **II.** *adj* (*dated pej*) verrückt *pej;* MED geistesgestört *veraltend pej!;* LAW [geistig] unzurechnungsfähig

lunch [lʌn(t)ʃ] **I.** *n* <*pl* **-es**> ❶ (*mid-day meal*) Mittagessen *nt;* **to have ~** zu Mittag essen ❷ (*mid-day break*) Mittagspause *f;* **to be out to ~** in der Mittagspause sein ❸ (*light meal*) Imbiss *m* **II.** *vi* zu Mittag essen; **to ~ on sth** etw zu Mittag essen

lunch break *n* Mittagspause *f*

luncheon [ˈlʌn(t)ʃən] *n* (*form*) Mittagessen *nt*

luncheon meat *n* Frühstücksfleisch *nt* **luncheon voucher** *n* BRIT Essensmarke *f*

lunch hour *n* Mittagspause *f* **lunchtime** *n* (*midday*) Mittagszeit *f;* (*lunchbreak*) Mittagspause *f;* **at ~** mittags

lung [lʌŋ] *n* Lungenflügel *m;* **the ~s** *pl* die Lunge *sing*

lung cancer *n no pl* Lungenkrebs *m*

lurch[1] [lɜːtʃ] *n* **to leave sb in the ~** jdn im Stich lassen

lurch[2] [lɜːtʃ] **I.** *n* <*pl* **-es**> Ruck *m a. fig* **II.** *vi crowd, person* torkeln

Luxembourg [ˈlʌksəmbɜːg] *n* Luxemburg *nt*

Luxembourger [ˈlʌksəmbɜːgəʳ] *n* Luxemburger(in) *m(f)*

luxury [ˈlʌkʃəri] *n* ❶ *no pl* (*self-indulgence*) Luxus *m* ❷ (*luxurious item*) Luxus[artikel] *m*

lying[1] [ˈlaɪɪŋ] *vi present part of* **lie**

lying[2] [ˈlaɪɪŋ] **I.** *adj attr* verlogen, lügnerisch **II.** *n no pl* Lügen *nt*

Mm

m **I.** *n* <*pl* -'s> ❶ *abbrev of* **metre** m ❷ *abbrev of* **mile** ❸ *abbrev of* **million** Mill., Mio.

M <*pl* -'s>, **m** <*pl* -'s> [em] *n* M *nt,* m *nt; see also* **A 1**

ma [mɑː] *n* (*fam*) Mama *f*, Mutti *f*

MA [ˌemˈeɪ] *n abbrev of* **Master of Arts**

mac [mæk] *n esp* BRIT (*fam*) *short for* **macintosh** Regenmantel *m*

macaroni [ˌmækəˈreʊni] *n no pl* Makkaroni *pl*

machine [məˈʃiːn] *n* Maschine *f;* **by ~** maschinell

machine gun *n* Maschinengewehr *nt*

machinery [məˈʃiːnəri] *n no pl* Maschinen *pl*

mackerel <*pl* -s> [ˈmækərəl] *n* Makrele *f*

mackintosh [ˈmækɪntɒʃ] *n* BRIT Regenmantel *m*

mad <-dd> [mæd] *adj* ❶ *esp* BRIT (*fam*) verrückt *fam;* **to go ~** den Verstand verlieren ❷ (*frantic*) wahnsinnig *fam;* **I'm in a ~ rush** ich habs wahnsinnig eilig; **like ~** wie verrückt

madam [ˈmædəm] *n no pl* (*addressing*) gnädige Frau; (*in titles*) **M~ President** Frau Präsidentin; **Dear M~,** (*in letter*) Sehr geehrte gnädige Frau,

mad cow disease *n* Rinderwahnsinn *m*

maddening [ˈmædənɪŋ] *adj* äußerst ärgerlich; *habit* nervend; (*exasperating*) zum Verrücktwerden

made [meɪd] **I.** *pp, pt of* **make II.** *adj* **to have [got] it ~** es geschafft haben *fam*

made-to-measure *adj* maßgeschneidert

made-up *adj* ❶ [frei] erfunden ❷ *face* geschminkt

madly [ˈmædli] *adv* wie verrückt

madness [ˈmædnəs] *n no pl* ❶ *no pl* Wahnsinn *m geh* ❷ (*folly*) Verrücktheit *f*

mafia [ˈmæfiə] *n + sing/pl vb* Mafia *f*

mag [mæg] *n* (*fam*) *short for* **magazine** Blatt *nt*

magazine [ˌmægəˈziːn] *n* ❶ Zeitschrift *f* ❷ (*holder*) Magazin *nt*

magic [ˈmædʒɪk] **I.** *n no pl* Magie *f;* (*tricks*) Zaubertrick[s] *m*[*pl*]*;* **to do ~** zaubern **II.** *adj* magisch, Zauber-; (*extraordinary*) *moment* zauberhaft **III.** *interj* BRIT (*fam*) großartig

magical [ˈmædʒɪkəl] *adj* magisch, Zauber-; (*extraordinary*) *moment* zauberhaft

magician [məˈdʒɪʃən] *n* Zauberer, Zauberin *m, f*

magistrate [ˈmædʒɪstreɪt] *n* **to appear before a ~** vor einem Schiedsgericht erscheinen

maglev [ˈmæglev] *n no pl short for* **magnetic levitation** magnetisches Schweben; **~ train** Magnet[schwebe]bahn *f*

magnet [ˈmægnət] *n* Magnet *m*

magnetic [mægˈnetɪk] *adj* magnetisch, Magnet-

magnificent [mægˈnɪfɪsənt] *adj* wunderbar, großartig; **to look ~** wunderschön aussehen

magnify <-ie-> [ˈmægnɪfaɪ] *vt* vergrößern

magpie [ˈmægpaɪ] *n* Elster *f*

mahogany [məˈhɒgəni] *n* ❶ *no pl* Mahagoni[holz] *nt* ❷ (*tree*) Mahagonibaum *m*

maid [meɪd] *n* Dienstmädchen *nt;* (*at hotel*) Zimmermädchen *nt*

maiden name *n* Mädchenname *m*

mail[1] [meɪl] AM **I.** *n no pl* Post *f;* **by ~** mit der Post **II.** *vt* einwerfen; (*at post office*) aufgeben

mail[2] [meɪl] *n no pl* Panzer *m;* **chain ~**

Kettenpanzer *m*
mailbox *n* AM Briefkasten *m*
mailing list *n* Adressenliste *f*
mailman *n* AM Briefträger(in) *m(f)*, Postbote, -botin *m, f*
mail-order catalogue *n* [Versand]katalog *m*
main [meɪn] **I.** *adj attr* Haupt-; **~ concern** wichtigstes Anliegen **II.** *n* ❶ (*pipe*) Hauptleitung *f;* (*cable*) Hauptkabel *nt* ❷ BRIT ELEC **the ~s** *pl* der Hauptschalter; (*for water, gas*) der Haupthahn ▶ **in the ~** im Allgemeinen
mainframe *n* Hauptrechner *m*
mainland I. *n no pl* **the ~** das Festland **II.** *adj attr* **~ Britain** die britische Hauptinsel; **~ China** China *nt;* **~ Europe** europäisches Festland
mainly ['meɪnli] *adv* hauptsächlich
main road *n* Hauptstraße *f* **mainsail** *n* Hauptsegel *nt*, Großsegel *nt* **'mainstream I.** *n no pl* **the ~** (*fig*) der Mainstream; **to enter the ~ of politics** am alltäglichen politischen Alltag[sgeschäft] teilnehmen **II.** *adj* Mainstream-; *book, film, music* kommerziell
maintain [meɪn'teɪn] *vt* ❶ [bei]behalten; *blockade* aufrechterhalten; **to ~ the lead** in Führung bleiben; **to ~ a low profile** sich zurückhalten ❷ (*service*) instand halten
maintenance ['meɪntᵊnən(t)s] *n no pl* Beibehaltung *f*, Wahrung *f; of car, garden* Pflege *f; of building, monument* Instandhaltung *f; of machine* Wartung *f*
maison(n)ette [ˌmeɪzᵊn'et] *n* BRIT Maiso[n]nette *f*
maize [meɪz] *n no pl esp* BRIT Mais *m*
majesty ['mædʒəsti] *n* ❶ *no pl* Herrlichkeit *f* ❷ [**Her/His/Your**] **M~** [Ihre/Seine/Eure] Majestät
major ['meɪdʒəʳ] **I.** *adj attr* (*important*) bedeutend; (*main*) Haupt-; (*serious*) schwer **II.** *n* ❶ MIL Major(in) *m(f)* ❷ AM, AUS UNIV Hauptfach *nt* **III.** *vi* UNIV **to ~ in biology** Biologie als Hauptfach studieren
majority [mə'dʒɒrəti] **I.** *n* ❶ *+ sing/pl vb* Mehrheit *f; of cases* Mehrzahl *f;* **the ~ of the votes** die Stimmenmehrheit ❷ POL (*margin*) [Stimmen]mehrheit *f* **II.** *adj attr* POL Mehrheits-
make [meɪk] **I.** *n* ❶ Fabrikat *nt*, Marke *f* ❷ (*pej*) **to be on the ~** geldgierig sein **II.** *vt* <made, made> ❶ machen; *manufacture* herstellen; *coffee, soup* kochen; **to be made for sth** für etw *akk* [wie] geschaffen sein ❷ **she'll ~ a great mother** sie wird eine tolle Mutter abgeben ❸ *+ vb* **to ~ sb laugh** jdn zum Lachen bringen ❹ **to ~ sb do sth** jdn zwingen, etw zu tun ❺ *+ adj* **to ~ sb angry** jdn wütend machen; **to ~ sth public** etw veröffentlichen ❻ (*perform*) machen; **to ~ a call** anrufen; **to ~ an effort** sich anstrengen; **to ~ a promise** es versprechen; **to ~ a start** anfangen ❼ **five plus five ~s ten** fünf und fünf ist zehn ❽ (*earn*) verdienen ❾ **don't ~ too much of his grumpiness** gib nicht zu viel auf seine mürrische Art ❿ (*fam*) **to ~ the front page** auf die Titelseite kommen; **to ~ it** es schaffen ⓫ **that made my day!** das hat mir den Tag gerettet!; **you've got it made!** du hast ausgesorgt!
◆ **make for, make towards** *vi* ❶ **to ~ for sth** auf etw *akk* zugehen; *driver* auf etw *akk* zufahren ❷ **Kant ~s for hard reading** Kant ist schwer zu lesen
◆ **make of** *vt* **I can't ~ anything of this book** ich verstehe dieses Buch nicht; **what do you ~ of his speech?** was hältst du von seiner Rede?
◆ **make off** *vi* (*fam*) ❶ abhauen ❷ **to ~ off with sth** etw mitgehen lassen *fam*
◆ **make out I.** *vi* (*fam*) ❶ zurechtkommen ❷ AM (*sl: have sex*) rummachen *sl* **II.** *vt* ❶ (*write*) ausschreiben; *cheque* ausstellen ❷ (*decypher*) entziffern
◆ **make over** *vt* ❶ LAW (*transfer owner-*

M

ship) **to ~ over a house/a business/ land to sb** jdm ein Haus/ein Geschäft/ Land überschreiben ❷ *esp* AM (*redo*) umändern
◆ **make up I.** *vt* ❶ (*invent*) erfinden ❷ (*prepare*) fertig machen; *bed* machen ❸ **to ~ oneself up** sich schminken ❹ (*make good*) wieder gutmachen; *deficit* ausgleichen ❺ *usu passive* **to be made up of sth** aus etw *dat* bestehen ❻ **to ~ up one's mind** sich entscheiden ❼ **to ~ it up with sb** sich mit jdm versöhnen **II.** *vi* sich versöhnen
◆ **make up to** *vi* BRIT, AUS **to ~ up to sb** sich bei jdm lieb Kind machen *fam*
maker ['meɪkəʳ] *n* Hersteller(in) *m(f)*
make-up *n* ❶ *no pl* (*cosmetics*) Make-up *nt;* **to put on ~** sich schminken ❷ (*composition*) Zusammensetzung *f;* (*character*) Veranlagung *f*

M

malaria [mə'leəriə] *n no pl* Malaria *f*
male [meɪl] **I.** *adj* männlich; **~ choir** Männerchor *m* **II.** *n* Mann *m;* (*animal*) Männchen *nt*
malfunction [ˌmæl'fʌŋ(k)ʃᵊn] **I.** *vi* (*not work properly*) nicht funktionieren; (*stop working*) ausfallen **II.** *n* Ausfall *m; of liver, kidney* Funktionsstörung *f*
malicious [mə'lɪʃəs] *adj* boshaft
mall [mɔːl] *n* (*shops*) [große] Einkaufspassage; (*shopping centre*) [überdachtes] Einkaufszentrum
malnutrition [ˌmælnjuː'trɪʃᵊn] *n no pl* Unterernährung *f*
malpractice [ˌmæl'præktɪs] *n no pl* (*faulty work*) Berufsvergehen *nt;* (*criminal misconduct*) [berufliches] Vergehen
malt [mɔːlt] *n no pl* Malz *nt;* (*whisky*) Maltwhisky *m*
Malta ['mɔːltə] *n no pl* Malta *nt*
mammal ['mæmᵊl] *n* Säugetier *nt*
man [mæn] **I.** *n* <*pl* men> ❶ Mann *m;* **he's not a ~ to ...** er ist nicht der Typ, der ...; **men's clothing** Herrenkleidung *f;* **the men's [room]** die Herrentoilette; **to take sth like a ~** etw wie ein [richtiger] Mann ertragen ❷ (*person*) Mensch *m;* **every ~ for himself** jeder für sich; **ladies' ~** Frauenheld *m;* **the ~ in the street** der kleine Mann; **odd ~ out** Außenseiter *m* ❸ *no pl, no art* **M~** der Mensch **II.** *interj* (*fam*) Mensch!, Mann! **III.** *vt* <-nn-> (*defend*) besetzen; *appliance* bedienen; *ship* bemannen
manage ['mænɪdʒ] **I.** *vt* ❶ leiten; (*control*) steuern; (*administer*) verwalten ❷ (*accomplish*) schaffen; **can you ~ 8 o'clock?** ginge es um 8 Uhr? ❸ (*cope with*) zurechtkommen mit **II.** *vi* es schaffen; (*cope, survive*) zurechtkommen; **we'll ~!** wir schaffen das schon!; **to ~ on/without sth** mit etw *dat*/ohne etw *akk* auskommen
management ['mænɪdʒmənt] *n* ❶ *no pl* [Geschäfts]führung *f* ❷ + *sing/pl vb* (*managers*) Management *nt; of hospital, theatre* Direktion *f* ❸ *no pl* (*handling*) Umgang *m* (**of** mit); *of finances* Verwalten *nt*
management studies *n* + *sing/pl vb* Betriebswirtschaft[slehre] *f*
manager ['mænɪdʒəʳ] *n* Geschäftsführer(in) *m(f);* SPORTS Manager(in) *m(f);* **bank ~** Filialleiter(in) *m(f)* einer Bank
manageress <*pl* -es> [ˌmænɪdʒᵊr'es] *n* Geschäftsführerin *f* (*in einem Laden oder Café*)
managing director *n* [Haupt]geschäftsführer(in) *m(f)*
mandarin ['mændᵊrɪn] *n* ❶ Mandarine *f* ❷ (*hist: official*) Mandarin *m*
manhunt *n* [Ring]fahndung *f;* (*after a criminal*) Verbrecherjagd *f*
manifesto <*pl* -s> [ˌmænɪ'festəʊ] *n* Manifest *nt*
manipulate [mə'nɪpjəleɪt] *vt* ❶ (*esp pej: manage cleverly*) geschickt mit jdm/ etw umgehen; (*influence*) jdn/etw

manipulieren ❷ (*with hands*) handhaben; (*adjust*) einstellen

mankind [mæn'kaɪnd] *n no pl* die Menschheit

manly ['mænli] *adj* männlich

man-made *adj* künstlich

manner ['mænəʳ] *n no pl* ❶ Art *f;* **in a ~ of speaking** sozusagen ❷ **~s** *pl* Manieren *pl;* **it's bad ~s to ...** es gehört sich nicht, ...

manoeuvre [mə'nu:vəʳ] **I.** *n* ❶ *usu pl* (*military exercise*) Manöver *nt* ❷ (*planned move*) Manöver *nt,* Operation *f* **II.** *vt* ❶ (*move*) **to ~ sth somewhere** etw irgendwohin manövrieren ❷ (*pressure sb*) **to ~ sb into a compromise** jdn geschickt zu einem Kompromiss zwingen **III.** *vi* ❶ (*move*) manövrieren ❷ MIL (*hold exercises*) Manöver abhalten

manor ['mænəʳ] *n* Landsitz *m*

manpower *n no pl* Arbeitskräfte *pl*

mansion ['mæn(t)ʃᵊn] *n* Villa *f;* (*of ancient family*) Herrenhaus *nt*

manslaughter *n no pl* Totschlag *m*

mantelpiece ['mæntᵊlpi:s] *n* Kaminsims *m o nt*

manual ['mænjuəl] **I.** *adj* Hand-; **~ dexterity** handwerkliches Geschick; **~ labour** körperliche Arbeit; **~ transmission** Schaltgetriebe *nt* **II.** *n* ❶ Handbuch *nt;* **training ~** Lehrbuch *nt* ❷ (*car*) Auto *nt* mit Gangschaltung

manually ['mænjuəli] *adv* manuell

manufacture [ˌmænjə'fæktʃəʳ] **I.** *vt* herstellen; *lies* erfinden **II.** *n no pl* Herstellung *f*

manufacturer [ˌmænjə'fæktʃᵊrəʳ] *n* Hersteller *m*

manure [mə'njʊəʳ] *n no pl* Dung *m*

manuscript ['mænjəskrɪpt] *n* ❶ (*author's script*) Manuskript *nt* ❷ (*handwritten text*) Manuskript *nt,* Handschrift *f*

many ['meni] **I.** *pron* viele; **as ~ as ...** so viele wie ...; **~ a/an ...** manch ein/eine ...; **~ a time** oft **II.** *n* **the ~** *pl* die Mehrheit *sing*

map [mæp] *n* [Land]karte *f; of city* Stadtplan *m;* (*sketch*) Plan *m;* **road ~** Straßenkarte *f*

marathon ['mærəθᵊn] *n* ❶ Marathon[lauf] *m;* **~ runner** Marathonläufer(in) *m(f)* ❷ (*lengthy*) Marathon *nt fam*

marble ['mɑ:bl] *n* ❶ *no pl* Marmor *m* ❷ (*ball*) Murmel *f;* ► **to lose one's ~s** (*fam*) verrückt werden

march [mɑ:tʃ] **I.** *n* <*pl* -es> ❶ Marsch *m;* **a 20 km ~** ein Marsch *m* über 20 km; **to be on the ~** auf dem Marsch sein ❷ (*protest*) Demo[nstration] *f;* **to go on a ~** demonstrieren gehen **II.** *vi* marschieren **III.** *vt* **to ~ 12 miles** 12 Meilen marschieren; **to ~ sb off** jdn wegführen

March <*pl* -es> [mɑ:tʃ] *n* März *m; see also* **February**

margarine [ˌmɑ:dʒə'ri:n] *n no pl* Margarine *f*

M

margin ['mɑ:dʒɪn] *n* ❶ [Seiten]rand *m* ❷ (*amount*) Differenz *f;* **~ of error** Fehlerspanne *f*

marina [mə'ri:nə] *n* Jachthafen *m*

marinate ['mærɪneɪt] *vt* marinieren

marine [mə'ri:n] **I.** *adj attr* Meeres-, See-; (*shipping*) Schiffs- **II.** *n* Marineinfanterist *m;* **the ~s** die Marineinfanterie

marital ['mærɪtᵊl] *adj* ehelich, Ehe-; **~ status** Familienstand *m*

mark [mɑ:k] **I.** *n* ❶ Fleck *m;* (*on skin*) Mal *nt;* (*scratch*) Kratzer *m* ❷ (*trait*) [Kenn]zeichen *nt* ❸ (*indication*) Zeichen *nt* ❹ (*on scale*) Markierung *f* ❺ (*signature*) Kreuz *nt* ❻ (*score*) **to get full ~s [for sth]** BRIT, AUS die Bestnote [für etw *akk*] erhalten ❼ (*target*) Ziel *nt;* **to hit the ~** [genau] ins Schwarze treffen **II.** *vt* ❶ (*stain*) schmutzig machen ❷ *usu passive* (*scar*) **he's ~ed for life** die Narben trägt er sein Leben lang ❸ (*indicate*) markieren ❹ (*label*) beschriften

❺ (*commemorate*) erinnern an +*akk* ❻ SCH zensieren; *pupil* benoten **III.** *vi* SCH Noten vergeben
◆ **mark down** *vt price* heruntersetzen; *pupil* eine schlechtere Note geben +*dat*
◆ **mark off** *vt* (*separate*) abgrenzen; (*delete*) durchstreichen
◆ **mark out** *vt* ❶ (*outline*) abstecken ❷ BRIT, AUS (*distinguish*) unterscheiden
◆ **mark up** *vt price* heraufsetzen; *shares* aufwerten

marker ['mɑːkəʳ] *n* [Kenn]zeichen *nt*, Marke *f;* (*pen*) Filzstift *m*

market ['mɑːkɪt] **I.** *n* Markt *m;* **job ~** Stellenmarkt *m;* **stock ~** Börse *f;* **the open ~** der freie Markt; **to put sth on the ~** etw auf den Markt bringen **II.** *vt* vermarkten; (*launch*) auf den Markt bringen

M

marketplace *n* Marktplatz *m* **market research** *n no pl* Marktforschung *f* **market share** *n* Marktanteil *m*

marking ['mɑːkɪŋ] *n* ❶ **~s** *pl* Markierungen *pl* ❷ *no pl* SCH Korrigieren *nt*

markup ['mɑːkʌp] *n* [Kalkulations]aufschlag *m*

marmalade ['mɑːməleɪd] *n no pl* Orangenmarmelade *f*

marquee [mɑː'kiː] *n* ❶ BRIT, AUS (*tent*) Festzelt *nt* ❷ AM (*canopy*) Vordach *nt*

marriage ['mærɪʤ] *n* (*ceremony*) Heirat *f;* (*at church*) Trauung *f;* (*relationship*) Ehe *f* (**to** mit)

marriage ceremony *n* Trauung *f* **marriage certificate** *n* Heiratsurkunde *f* **marriage guidance** *n* BRIT, AUS Eheberatung *f;* **~ office** Eheberatungsstelle *f*

married ['mærid] *adj* verheiratet; **~ couple** Ehepaar *nt;* **to get ~ [to sb]** [jdn] heiraten

marry ['mæri] **I.** *vt* heiraten; *priest also* trauen; *father* verheiraten (**to** mit) **II.** *vi* heiraten; **to ~ into wealth** in eine reiche Familie einheiraten

marsh <*pl* -es> [mɑːʃ] *n* Sumpf *m*, Sumpfland *nt*

marshy ['mɑːʃi] *adj* sumpfig

martial ['mɑːʃəl] *adj* Kriegs-; **~ music** Militärmusik *f*

marvellous, AM **marvelous** ['mɑːvələs] *adj* wunderbar, großartig

mascara [mə'skɑːrə] *n no pl* Wimperntusche *f*

masculine ['mæskjəlɪn] *adj* männlich, maskulin

mash [mæʃ] **I.** *n* Brei *m;* BRIT (*fam: potatoes*) Kartoffelbrei *m* **II.** *vt* [zer]stampfen

mask [mɑːsk] **I.** *n* Maske *f* **II.** *vt* verbergen

masochist ['mɑːsəkɪst] *n* Masochist(in) *m(f)*

mass [mæs] **I.** *n* ❶ *usu sing* Masse *f;* **~ of dough** Teigklumpen *m;* **~ of rubble** Haufen *m* Schutt ❷ *usu sing* (*many*) Menge *f;* (*string*) Reihe *f;* **the ~ of the people** die breite Masse ❸ PHYS Masse *f* **II.** *vi* sich ansammeln; *troops* aufmarschieren

massacre ['mæsəkəʳ] **I.** *n* (*killing*) Massaker *nt*, Blutbad *nt* **II.** *vt* ❶ (*kill*) massakrieren ❷ (*fig: defeat*) vernichtend schlagen

massage ['mæsɑː(d)ʒ] **I.** *n* Massage *f;* **to give sb a ~** jdn massieren; **to have a ~** sich massieren lassen; **~ parlour** (*for treatment*) Massagepraxis *f;* (*for sex*) Massagesalon *m* **II.** *vt* massieren

massive ['mæsɪv] *adj* riesig

mass media *n* + *sing/pl vb* **the ~** die Massenmedien *pl* **mass-produce** *vt* serienmäßig herstellen **mass unemployment** *n no pl* Massenarbeitslosigkeit *f*

mast [mɑːst] *n* [Schiffs]mast *m;* (*pole*) [Fahnen]mast *m*

master ['mɑːstəʳ] **I.** *n* ❶ Herr *m;* (*of dog*) Herrchen *nt;* **to be ~ of the situation** Herr der Lage sein ❷ (*expert*) Meister(in) *m(f);* **~ of disguise** Verwandlungskünstler(in) *m(f)* ❸ (*instructor*)

Lehrer *m;* BRIT SCH Lehrer *m* ❹ (*copy*) Original *nt* **II.** *vt skill* beherrschen; (*cope with*) meistern; *fears* überwinden

master bedroom *n* großes Schlafzimmer **master key** *n* Generalschlüssel *m*

masterpiece *n* Meisterwerk *nt*

mat [mæt] **I.** *n* Matte *f;* **a ~ of hair** dichtes Haar **II.** *vt* <-tt-> *usu passive* **to be ~ted with sth** mit etw *dat* bedeckt sein

match[1] <*pl* -es> [mætʃ] *n* Streichholz *nt*

match[2] [mætʃ] **I.** *n* <*pl* -es> ❶ (*game*) Spiel *nt* ❷ *usu sing* (*complement*) **to be a good ~** gut zusammenpassen ❸ (*one of pair*) Gegenstück *nt* ❹ *usu sing* (*equal*) ebenbürtiger Gegner/ebenbürtige Gegnerin (**for** für) **II.** *vi* zusammenpassen **III.** *vt* ❶ **to ~ sth** zu etw *dat* passen; **to ~ sth with sth** etw auf etw *akk* abstimmen ❷ (*equal*) gleichkommen +*dat*

matchbox *n* Streichholzschachtel *f*

matching ['mætʃɪŋ] *adj attr* [zusammen]passend

match point *n* TENNIS Matchball *m*

matchstick *n* Streichholz *nt;* **~ man** Strichmännchen *nt fam*

mate[1] [meɪt] **I.** *n* ❶ BRIT, AUS (*friend*) Freund(in) *m(f);* (*fam: addressing*) Kumpel *m* ❷ (*officer*) Schiffsoffizier *m;* **first/second ~** Erster/Zweiter Offizier **II.** *vi animals* sich paaren (**with** mit)

mate[2] [meɪt] CHESS **I.** *n* [Schach]matt *nt* **II.** *vt* [schach]matt setzen

material [mə'tɪəriəl] **I.** *n* ❶ Material *nt;* (*cloth*) Stoff *m;* **raw ~** Rohmaterial *nt* ❷ (*equipment*) **~s** *pl* Material *nt;* **writing ~s** Schreibzeug *nt* **II.** *adj* ❶ materiell; **~ damage** Sachschaden *m* ❷ (*important*) wesentlich

maternal [mə'tɜːnᵊl] *adj* ❶ (*motherly*) mütterlich, Mutter- ❷ (*of mother's family*) mütterlicherseits *nach n*

maternity [mə'tɜːnəti] *n no pl* Mutterschaft *f;* **~ clinic** Entbindungsklinik *f;* **~ clothes** Umstandskleidung *f kein pl;* **~ leave** Mutterschaftsurlaub *m;* **~ ward** Entbindungsstation *f*

maternity dress *n* Umstandskleid *nt*

math [mæθ] *n* AM (*fam*) *short for* **mathematics** Mathe *f*

mathematical [ˌmæθᵊm'ætɪkᵊl] *adj* mathematisch

mathematician [ˌmæθᵊmə'tɪʃᵊn] *n* Mathematiker(in) *m(f)*

mathematics [mæθᵊm'ætɪks] *n + sing vb* Mathematik *f*

maths [mæθs] *n + sing vb* BRIT, AUS (*fam*) *short for* **mathematics** Mathe *f*

matriculation [məˌtrɪkjə'leɪʃᵊn] *n* UNIV Immatrikulation *f*

matt, AM **matte** [mæt] *adj* matt

matter ['mætəʳ] **I.** *n* ❶ *no pl* Materie *f;* **printed ~** Gedrucktes *nt;* **reading ~** Lesestoff *m* ❷ (*affair*) Angelegenheit *f;* **the truth of the ~ is ...** in Wirklichkeit ...; **a ~ of urgency** etwas Dringendes ❸ *no pl* (*question*) **as a ~ of fact** eigentlich; **a ~ of time** eine Frage der Zeit ❹ *no pl* **it's no laughing ~** das ist nicht zum Lachen; **is anything the ~?** stimmt etwas nicht?; **what's the ~ with you?** was ist los mit dir?; **no ~ what/when ...** egal, was/wann ...; **subject ~** Thema *nt* **II.** *vi* **what does it ~?** was macht das schon?; **it doesn't ~** das ist egal

matter-of-fact *adj* sachlich; (*straightforward*) geradeheraus *präd*

mattress <*pl* -es> ['mætrəs] *n* Matratze *f*

mature [mə'tjʊəʳ] **I.** *adj* ❶ erwachsen; *animal* ausgewachsen; (*adult-like*) reif; (*ripe*) reif ❷ FIN fällig **II.** *vi* erwachsen werden; (*ripen*) [heran]reifen

maturity [məˌtjʊərəti] *n no pl* Erwachsensein *nt;* (*developed*) Reife *f*

maximum ['mæksɪməm] **I.** *adj attr* Höchst- **II.** *n* <*pl* -ima *or* -s> Maximum *nt* **III.** *adv* maximal

may <*3rd pers. sing* may, might, might> [meɪ] *aux vb* ❶ (*possibly*) können; **be that as it ~** wie dem auch [immer] sei ❷ (*be allowed*) dürfen, können ❸ (*wishing*) mögen; **~ she rest in peace** möge sie in Frieden ruhen *form*

May [meɪ] *n* Mai *m; see also* **February**

maybe [ˈmeɪbi] **I.** *adv* vielleicht; (*approx.*) ungefähr **II.** *n* **to be a definite ~** [sehr] wahrscheinlich sein

mayor [ˈmeə^{r}] *n* Bürgermeister(in) *m(f)*

mayoress <*pl* -es> [ˌmeəˈres] *n esp* BRIT Bürgermeisterin *f;* (*wife*) Frau *f* des Bürgermeisters

maypole *n* Maibaum *m*

maze [meɪz] *n* Irrgarten *m*

MD [ˌemˈdi] *n* AM, AUS *abbrev of* **Doctor of Medicine** Dr. med.

me [miː, mɪ] *pron object* mir *dat,* mich *akk;* **wait for ~!** warte auf mich!; **hi, it's ~** hallo, ich bins; **you have more than ~** du hast mehr als ich; **between you and ~** unter uns [gesagt] ▶ **goodness ~!** du lieber Himmel!

M

meadow [ˈmedəʊ] *n* Wiese *f*

meal [miːl] *n* Mahlzeit *f;* **to go out for a ~** essen gehen

mean[1] [miːn] *adj* ❶ *esp* BRIT (*miserly*) geizig ❷ (*unkind*) gemein *fam* ❸ **he's no ~ cook** er ist kein schlechter Koch

mean[2] <meant, meant> [miːn] *vt* ❶ bedeuten; **no ~s no** nein heißt nein ❷ **what do you ~ by that?** was willst du damit sagen? ❸ **I ~ what I say** es ist mir ernst mit dem, was ich sage ❹ (*intend*) wollen; **he didn't ~ any harm** er wollte nichts Böses; **to ~ business** es ernst meinen; **to ~ well** es gut meinen

mean[3] [miːn] **I.** *n* Mittel *nt;* (*value*) Mittelwert *m* **II.** *adj* durchschnittlich

meaning [ˈmiːnɪŋ] *n* Bedeutung *f;* **what is the ~ of this?** was soll das heißen?; **the ~ of life** der Sinn des Lebens; **to have ~ for sb** jdm etwas bedeuten

meaningful [ˈmiːnɪŋf^{ə}l] *adj* ❶ (*important*) bedeutsam, wichtig ❷ (*implying something*) bedeutungsvoll, viel sagend

meaningless [ˈmiːnɪŋləs] *n* (*without importance*) bedeutungslos; (*nonsensical*) sinnlos

means <*pl* -> [miːnz] *n* ❶ Weg *m;* **ways and ~** Mittel und Wege; **~ of communication** Kommunikationsmittel *nt;* **~ of support** Einkommen *nt* ❷ *pl* (*income*) Geldmittel *nt pl;* **private ~** Privatvermögen *nt;* ▶ **a ~ to an end** ein Mittel *nt* zum Zweck

meant [ment] *pt, pp of* **mean**

meantime *n* **for/in the ~** vorerst/inzwischen

meanwhile [ˌmiːnˈ(h)waɪl] *adv* inzwischen

measles [ˈmiːz|z] *n + sing vb* Masern *pl*

measure [ˈmeʒə^{r}] **I.** *n* ❶ Maß *nt,* Maßeinheit *f;* **~ of length** Längenmaß *nt* ❷ (*degree*) Maß *nt;* **in large ~** in hohem Maß ❸ (*instrument*) Messgerät *nt;* (*ruler*) Messstab *m* ❹ (*indicator*) Maßstab *m* **II.** *vt* [ab]messen **III.** *vi* messen

measurement [ˈmeʒəmənt] *n* ❶ **chest ~** Brustumfang *m;* **sb's ~s** *pl* jds Maße *pl* ❷ *no pl* (*measuring*) Messung *f*

measuring jug *n* BRIT Messbecher *m*

measuring spoon *n* Messlöffel *m*

measuring tape *n* Messband *m*

meat [miːt] *n* Fleisch *nt;* (*fig*) Substanz *f*

meatball *n* Fleischklößchen *nt*

meat loaf *n* Hackbraten *m*

mechanic [mɪˈkænɪk] *n* Mechaniker(in) *m(f)*

mechanical [mɪˈkænɪk^{ə}l] *adj* mechanisch; *walk also* automatisch; (*technical*) technisch

medal [ˈmed^{ə}l] *n* [Ehren]medaille *f,* Auszeichnung *f;* SPORTS Medaille *f*

medallist [ˈmed^{ə}lɪst] *n* Medaillengewinner(in) *m(f)*

meddle [ˈmedl̩] *vi* sich einmischen (**in** in); **to ~ with sth** sich mit etw *dat* abgeben

media [ˈmiːdiə] *n* ❶ *pl of* **medium** ❷ + *sing/pl vb* **the ~** die Medien *pl;* **in the ~** in den Medien; **~ coverage** Berichterstattung *f*

mediaeval *adj see* **medieval**

mediator [ˈmiːdieɪtəʳ] *n* Vermittler(in) *m(f)*

medic [ˈmedɪk] *n* (*fam*) ❶ Arzt, Ärztin *m, f* ❷ AM Sanitäter(in) *m(f)*

medical [ˈmedɪkᵊl] **I.** *adj* medizinisch; **~ attention** ärztliche Behandlung **II.** *n* (*fam*) ärztliche Untersuchung; **to have a ~** sich ärztlich untersuchen lassen

medication [ˌmedɪˈkeɪʃᵊn] *n* ❶ *no pl* Medikamente *pl;* **to be on ~ for sth** Medikamente gegen etw *akk* [ein]nehmen ❷ (*drug*) Medikament *nt;* **he was taken off the ~** das Medikament wurde bei ihm abgesetzt

medicine [ˈmedsᵊn] *n* ❶ *no pl* Medizin *f;* **to take [one's] ~** [seine] Medizin einnehmen ❷ (*drug*) Medikament *nt;* **cough ~** Hustenmittel *nt* ❸ *no pl* (*science*) Medizin *f;* **to practise ~** den Arztberuf ausüben

medieval [ˌmediˈiːvᵊl] *adj* mittelalterlich

meditate [ˈmedɪteɪt] *vi* nachdenken (**on** über +*akk*); (*spiritually*) meditieren

Mediterranean [ˌmedɪtᵊrˈeɪniən] **I.** *n* **the ~** das Mittelmeer **II.** *adj* mediterran; *looks* südländisch; **~ cooking** Mittelmeerküche *f*

medium [ˈmiːdiəm] **I.** *adj* ❶ durchschnittlich; **of ~ height** von mittlerer Größe ❷ *steak* halb durch **II.** *n* <*pl* -s *or* -dia> Medium *nt,* Mittel *nt*

medium-dry *adj wine* halbtrocken **medium-size(d)** *adj* mittelgroß **medium wave** *n esp* BRIT Mittelwelle *f*

meet [miːt] **I.** *n* Sportveranstaltung *f;* BRIT (*fox hunt*) Jagdtreffen *nt* (*zur Fuchsjagd*) **II.** *vt* <met, met> ❶ (*by chance*) treffen, begegnen +*dat* ❷ (*by arrangement*) sich treffen mit +*dat* ❸ (*collect*) abholen ❹ **Peter, ~ Judith** Peter, darf ich dir Judith vorstellen? ❺ (*contact*) treffen auf +*akk;* **his eyes met hers** ihre Blicke trafen sich ❻ (*experience*) konfrontiert sein mit +*dat* ▶ **to ~ one's death** den Tod finden; **to make ends ~** über die Runden kommen **III.** *vi* <met, met> (*by chance*) sich begegnen; (*by arrangement*) sich treffen; **no, we haven't met** nein, wir kennen uns noch nicht

meeting [ˈmiːtɪŋ] *n* ❶ Treffen *nt;* (*organized*) Versammlung *f;* (*conference*) Sitzung *f;* SPORTS Veranstaltung *f;* **chance ~** zufälliges Treffen

melon [ˈmelən] *n* Melone *f*

melt [melt] **I.** *n* ❶ Schneeschmelze *f* ❷ AM *Sandwich mit geschmolzenem Käse* **II.** *vi* schmelzen; (*fig*) dahinschmelzen; **to ~ in the mouth** auf der Zunge zergehen **III.** *vt* schmelzen; (*fig*) erweichen

member [ˈmembəʳ] *n* Angehörige(r) *f(m); of club, party* Mitglied *nt;* BRIT **M~** Abgeordnete(r) *f(m)*

membership [ˈmembəʃɪp] *n* ❶ *no pl* Mitgliedschaft *f* ❷ **the ~** + *sing/pl vb* die Mitglieder *pl* ❸ (*fee*) Mitgliedsbeitrag *m*

membership card *n* Mitgliedsausweis *m*

memo[1] [ˈmeməʊ] *n short for* **memorandum** Memo *nt*

memo[2] [ˈmeməʊ] *vt* **to ~ sb** jdm ein Memo schicken

memo pad *n* Notizblock *m*

memorable [ˈmemᵊrəbl̩] *adj* denkwürdig; (*unforgettable*) unvergesslich

memorial [məˈmɔːriəl] *n* Denkmal *nt*

memorize [ˈmemᵊraɪz] *vt* sich *dat* einprägen

memory [ˈmemᵊri] *n no pl* Gedächtnis *nt* (**for** für); (*remembrance*) Andenken *nt;* COMPUT Speicher *m;* **loss of ~** Gedächtnisschwund *m;* **within living/**

sb's ~ soweit man/jd zurückdenken kann; **in** ~ **of** zum Gedenken an +*akk*

men [men] *n pl of* **man**

men's toilet, AM **men's room** *n* Herrentoilette *f*

menacing ['menɪsɪŋ] *adj attr* drohend

menacingly ['menɪsɪŋli] *adv* drohend

mend [mend] **I.** *n* Flickstelle *f;* ► **to be on the** ~ (*fam*) auf dem Weg der Besserung sein **II.** *vt* reparieren; *torn clothes* ausbessern; (*fig: improve*) verbessern ► **to** ~ **fences** Unstimmigkeiten ausräumen; **to** ~ **one's ways** sich bessern **III.** *vi* gesund werden; *bone* heilen

mental ['mentᵊl] *adj* geistig; (*psychological*) psychisch; ~ **process** Denkprozess *m;* ~ **illness** psychische Erkrankung

mentally ['mentᵊli] *adv* geistig; (*psychologically*) psychisch

mention ['men(t)ʃᵊn] **I.** *n* ❶ Erwähnung *f;* (*honour*) lobende Erwähnung; **no** ~ **was made of sb/sth** jd/etw wurde nicht erwähnt; **to get a** ~ erwähnt werden **II.** *vt* erwähnen; **don't** ~ **it!** gern geschehen!; **not to** ~ **...** ganz zu schweigen von ...

menu ['menju:] *n* Speisekarte *f;* COMPUT Menü *nt*

MEP [ˌemi:'pi:] *n* BRIT *abbrev of* **Member of the European Parliament**

merchant ['mɜ:tʃᵊnt] *n* Kaufmann *m,* Kauffrau *f*

merchant bank *n* Handelsbank *f* **merchant navy** *n* BRIT Handelsmarine *f*

mercy ['mɜ:si] *n no pl* Erbarmen *nt;* (*forgiveness*) Gnade *f;* **to beg for** ~ um Gnade bitten

merge [mɜ:dʒ] *vi* ❶ (*join*) zusammenkommen; *roads* zusammenlaufen; *companies* fusionieren ❷ (*fuse*) verschmelzen (**with/into** mit); **to** ~ **into each other** ineinander übergehen

merger ['mɜ:dʒəʳ] *n* Fusion *f*

merit ['merɪt] **I.** *n* ❶ *no pl* Verdienst *nt* ❷ (*quality*) Vorzug *m* ❸ (*nature*) **on its own** ~**s** für sich *akk* betrachtet **II.** *vt* verdienen

merry ['meri] *adj* ❶ fröhlich; **M~ Christmas** Frohe [*o* Fröhliche] Weihnachten ❷ BRIT (*fam: drunk*) angesäuselt

merry-go-round *n* Karussell *nt*

mess [mes] *n* <*pl* -es> *usu sing* Unordnung *f;* (*chaos*) Chaos *nt;* **you look a complete** ~**!** du siehst ja schlimm aus!; **to be in a** ~ in Unordnung sein

message ['mesɪdʒ] *n* Nachricht *f; of advert* Botschaft *f;* **to deliver a** ~ **[to sb]** [jdm] eine Nachricht überbringen; **to get the** ~ (*fam*) kapieren

messenger ['mesɪndʒəʳ] *n* Bote(in) *m(f)*

messy ['mesi] *adj* unordentlich; *person* schlampig; (*dirty*) schmutzig

met [met] *vt, vi pt of* **meet**

metal ['metᵊl] **I.** *n* Metall *nt;* **precious** ~ Edelmetall *nt* **II.** *adj* aus Metall *nach n*

metaphor ['metəfəʳ] *n* Metapher *f* (**for** für)

meter¹ ['mi:təʳ] *n* Zähler *m; parking* Parkuhr *f; taxi* Taxameter *nt o m*

meter² *n* AM *see* **metre**

method ['meθəd] *n* ❶ Methode *f* ❷ *no pl* System *nt*

metre ['mi:təʳ] *n* ❶ Meter *m;* **the 100 ~s** der 100-Meter-Lauf ❷ (*poetic rhythm*) Metrum *nt*

metric ['metrɪk] *adj* metrisch

Metropolitan Police *n no pl* BRIT **the** ~ die Londoner Polizei

metrosexual *adj* metrosexuell

mice [maɪs] *n pl of* **mouse**

mickey ['mɪki] *n* BRIT, AUS (*fam*) **to take the** ~ **out of sb** jdn aufziehen *fam*

microchip *n* Mikrochip *m*

microphone *n* Mikrofon *nt*

microscope ['maɪkrəskəʊp] *n* Mikroskop *nt;* **to put sth under the** ~ (*fig*) etw unter die Lupe nehmen

microscopic [ˌmaɪkrə'skɒpɪk] *adj* ❶ (*fam: tiny*) winzig; **to look at sth in** ~ **detail** etw haargenau prüfen ❷ (*visible with microscope*) *algae, creature* mikroskopisch klein

microwave I. *n* Mikrowelle *f;* (*oven also*) Mikrowellenherd *m* **II.** *vt* in der Mikrowelle erwärmen

mid- [mɪd] *in compounds* **in ~April** Mitte April; **in the ~80s** Mitte der achtziger Jahre; **temperatures in the ~20s** Temparaturen um 25 Grad; **he's in his ~thirties** er ist Mitte dreißig

midday *n no pl* Mittag *m;* **at ~** mittags

middle ['mɪdl] **I.** *n* ❶ Mitte *f; of fruit* Innere[s] *nt; of book, film* Mittelteil *m* ❷ **in the ~ of the night** mitten in der Nacht; **in the ~ of nowhere** (*fig*) am Ende der Welt ❸ (*between things*) Mitte *f;* **let's split the cost right down the ~!** lass uns die Kosten teilen! **II.** *adj attr* mittlere(r, s)

middle age *n no pl* mittleres Alter; **in ~** *after n* mittleren Alters **middle-aged** *adj* mittleren Alters *nach n* **Middle Ages** *n* **the ~** *pl* das Mittelalter **middle class** *n* ❶ (*with average income*) Mittelstand *m;* **lower/upper ~** unterer/gehobener Mittelstand ❷ (*as a whole*) **the ~** der Mittelstand **middle-class** *adj* Mittelstands-, mittelständisch; (*pej*) spießig **Middle East** *n* **the ~** der Nahe Osten **middle name** *n* zweiter Vorname **middle-of-the-road** *adj* gemäßigt; (*dull*) mittelmäßig

midfield *n* Mittelfeld *nt*

midge [mɪdʒ] *n* [kleine] Mücke

midnight *n no pl* Mitternacht *f;* **at ~** um Mitternacht

midsummer *n no pl* Hochsommer *m*

midterm I. *n no pl* (*mid-point*) *of political office* Halbzeit *f* der Amtsperiode; SCH Schulhalbjahr *nt;* UNIV Semesterhälfte *f* **II.** *adj* **~ elections** Zwischenwahlen *pl*

midway [ˌmɪd'weɪ] *adj, adv* auf halbem Weg; **~ through the film** mitten im Film

midwife ['mɪdwaɪf] *n* Hebamme *f*

midwinter *n no pl* Mitte *f* des Winters; (*solstice*) Wintersonnenwende *f*

might¹ [maɪt] **I.** *pt of* **may II.** *aux vb* ❶ (*possibly*) **it ~ be dangerous** es könnte gefährlich sein; (*could*) **it ~ be Jane at the door** es könnte Jane sein an der Tür ❷ (*admitting*) **United ~ be an excellent team, but ...** United mag eine hervorragende Mannschaft sein, aber ... ❸ *esp* BRIT (*form: may*) **~ I ...?** dürfte ich [vielleicht] ...? ❹ (*form: suggesting*) **~ I make a suggestion?** dürfte ich vielleicht einen Vorschlag machen?

might² [maɪt] *n no pl* Macht *f;* (*strength*) Kraft *f;* MIL Stärke *f*

mighty ['maɪti] **I.** *adj* mächtig; *river, army* gewaltig **II.** *adv* AM (*fam*) sehr

migraine ['miːgreɪn] *n* Migräne *f*

mike [maɪk] *n* (*fam*) *short for* **microphone** Mikro *nt*

mild [maɪld] **I.** *adj person* sanft; *soap* schonend; (*lenient*) leicht; *drug* leicht; *food* mild **II.** *n no pl* BRIT *mild schmeckendes, dunkles Bier*

mildly ['maɪldli] *adv* leicht; *speak, smile* sanft; **to put it ~** um es [mal] milde auszudrücken

mile [maɪl] *n* ❶ Meile *f;* **nautical ~** Seemeile *f;* **to be ~s away** meilenweit entfernt sein; **to be ~ from anywhere** völlig abgeschieden sein ❷ **to be ~s better** bei Weitem besser sein; **to be a ~ off** meilenweit danebenliegen

mileage ['maɪlɪdʒ] *n no pl* ❶ (*petrol efficiency*) Kraftstoffverbrauch *m;* **he gets bad/good ~ from his car** sein Auto verbraucht viel/wenig Kraftstoff ❷ (*distance travelled*) Meilenstand *m*

military ['mɪlɪtri] *n pl* **the ~** das Militär

military academy *n* ❶ (*for cadets*) Militärakademie *f* ❷ AM (*for pupils*) *sehr strenge Privatschule* **military police** *n pl* **the ~** die Militärpolizei **military service** *n no pl* Wehrdienst *m*

milk [mɪlk] **I.** *n no pl* Milch *f;* (*in coconuts*) Kokosmilch *f;* **goat's/sheep's ~**

Ziegen-/Schafsmilch *f;* **full fat** [*or* AM **whole**] ~ Vollmilch *f;* **long-life** ~ H-Milch *f;* **skimmed** ~ entrahmte Milch **II.** *vt cow, goat* melken; (*exploit also*) schröpfen *fam;* **to ~ a story** JOURN eine Story ausschlachten

milk chocolate *n no pl* Milchschokolade *f* **milkman** *n* BRIT Milchmann *m* **milk powder** *n no pl* Milchpulver *nt* **milk shake** *n* Milchshake *m* **milk tooth** *n* Milchzahn *m*

milky ['mɪlki] *adj* ❶ mit Milch *nach n;* ~ **coffee/tea** Milchkaffee/-tee *m* ❷ *glass, water* milchig

mill [mɪl] **I.** *n* Mühle *f;* (*factory*) Fabrik *f;* **cotton** ~ Baumwollspinnerei *f* **II.** *vt* mahlen

millennium <*pl* -s> [mɪ'leniəm] *n* Jahrtausend *nt;* (*anniversary*) Jahrtausendfeier *f*

millepede ['mɪlɪpiːd] *n* Tausendfüßler *m*

M

miller ['mɪlə^r] *n* Müller(in) *m(f)*

milligramme, AM **milligram** ['mɪlɪgræm] *n* Milligramm *nt*

million ['mɪljən] *n* Million *f;* **eight** ~ [**people**] acht Millionen [Menschen]; **half a** ~ eine halbe Million

millionaire [ˌmɪljə'neə^r] *n* Millionär *m*

mince [mɪn(t)s] **I.** *vt* hacken ▸ **to not ~** [**one's**] **words** kein Blatt vor den Mund nehmen **II.** *vi* trippeln **III.** *n no pl* BRIT, AUS Hackfleisch *nt*

mince pie *n* BRIT *kleines Törtchen mit Füllung aus Dörrobst und Gewürze, das traditionell in der Weihnachtszeit gegessen wird*

mincer ['mɪn(t)sə^r] *n* Fleischwolf *m*

mind [maɪnd] **I.** *n* ❶ Geist *m,* Verstand *m;* **frame of** ~ seelische Verfassung; **to have a logical** ~ logisch denken können; **to use one's** ~ seinen Verstand gebrauchen ❷ (*sanity*) Verstand *m;* **to be out of one's** ~ den Verstand verloren haben; **to drive sb out of his/her** ~ jdn wahnsinnig machen ❸ (*thoughts*) Gedanken *pl;* **what's on your ~?** woran denkst du?; **to be in the back of sb's** ~ in jds *dat* Hinterkopf sein; **to bear sth in** ~ etw nicht vergessen; **bearing in ~ that ...** angesichts der Tatsache, dass ...; **to read sb's** ~ jds Gedanken lesen ❹ **to know one's** [**own**] ~ wissen, was man will; **to make up one's** ~ sich entscheiden ❺ **to give sb a piece of one's** ~ jdm seine Meinung sagen; **to be of the same** ~ der gleichen Meinung sein **II.** *vt* ❶ (*be careful of*) aufpassen auf +*akk;* ~ **the step!** Vorsicht Stufe! ❷ (*care about*) sich kümmern um +*akk;* **don't ~ me** nimm keine Rücksicht auf mich; **don't ~ what she says** kümmere dich nicht darum, was sie sagt; **never ~ her!** vergiss sie doch einfach! ❸ (*make certain*) ~ **that ...** denk daran, dass ... ❹ (*look after*) aufpassen auf +*akk* ❺ (*fam*) **do you ~ my smoking?** stört es Sie, wenn ich rauche? ▸ **to ~ one's p's and q's** sich gut benehmen; ~ **you** allerdings **III.** *vi* ❶ (*care*) **I don't ~** das ist mir egal; **never ~!** [ist doch] egal!; **never ~, I'll do it myself!** vergiss es, ich mach's selbst! ❷ (*object*) etwas dagegen haben; **do you ~ if I ...?** stört es Sie, wenn ich ...?

mine¹ [maɪn] *pron poss* meine(r, s); **an old friend of** ~ eine alte Freundin von mir

mine² [maɪn] **I.** *n* ❶ Bergwerk *nt;* (*fig: source*) Fundgrube *f;* **coal** ~ Kohlengrube *f* ❷ (*bomb*) Mine *f* **II.** *vt* ❶ (*extract*) abbauen ❷ MIL verminen

minefield *n* Minenfeld *nt;* (*fig*) gefährliches Terrain

miner ['maɪnə^r] *n* Bergarbeiter(in) *m(f)*

mineral ['mɪn^ər^əl] *n* ❶ (*inorganic substance*) Mineral *nt* ❷ (*when obtained by mining*) [Gruben]erz *nt,* Mineral *nt* ❸ (*in nutrition*) Mineral *nt*

mineral water *n no pl* Mineralwasser *nt*

mingle ['mɪŋgl] **I.** *vt* mischen **II.** *vi* sich

untereinander vermischen; **to ~ with the guests** sich unter die Gäste mischen

minibus *n* Kleinbus *m* **minicab** *n* BRIT Kleintaxi *nt*

minimal ['mɪnɪməl] *adj* minimal, Mindest-; **with ~ effort** mit möglichst wenig Anstrengung

minimize ['mɪnɪmaɪz] *vt* ❶ (*reduce*) auf ein Minimum beschränken, minimieren ❷ (*underestimate*) schlechtmachen; **to ~ sb's concerns** jds Sorgen herunterspielen

minimum ['mɪnɪməm] I. *n* <*pl* -s> Minimum *nt;* **a ~ of 3 hours** mindestens 3 Stunden; **to keep sth to a ~** etw so niedrig wie möglich halten II. *adj* ❶ Mindest-; **~ requirements** Mindestanforderungen *pl* ❷ (*very low*) Minimal-

minimum 'wage *n* Mindestlohn *m*

mining ['maɪnɪŋ] I. *n no pl* Bergbau *m* II. *adj attr* Bergbau-

miniskirt *n* Minirock *m*

minister ['mɪnɪstəʳ] I. *n* Minister(in) *m(f);* (*diplomat*) Gesandte(r) *f(m);* (*priest*) Pfarrer(in) *m(f)* II. *vi* **to ~ to sb** jdm zu Diensten sein

ministry ['mɪnɪstri] *n* ❶ Ministerium *nt;* **~ of defence/transport** Verteidigungs-/Verkehrsministerium *nt* ❷ POL (*period*) Amtszeit *f* ❸ *no pl* (*priesthood*) **the ~** der geistliche Stand

minor ['maɪnəʳ] I. *adj detail, criticism* nebensächlich; *character, plot* unbedeutend; *crime, violation* geringfügig; *official, supervisor* untergeordnet; **to be of ~ importance** von geringer Bedeutung sein II. *n* ❶ (*child*) Minderjährige(r) *f(m)* ❷ MUS Moll *nt;* **D ~** d-Moll ❸ AM SPORTS **the ~s** *pl* die niedrigen Klassen III. *vi* AM, AUS UNIV **to ~ in biology** Biologie im Nebenfach studieren

minority [maɪ'nɒrəti] *n* Minderheit *f;* **in a ~ of cases** in wenigen Fällen; **a ~ of people** eine Minderheit; **to be in the ~** in der Minderheit sein

mint[1] [mɪnt] I. *n* Münzanstalt *f;* **to make/cost a ~** (*fig fam*) einen Haufen Geld machen/kosten *fam* II. *vt* prägen III. *adj attr* nagelneu *fam;* **in ~ condition** in tadellosem Zustand

mint[2] [mɪnt] *n* ❶ *no pl* Minze *f* ❷ (*sweet*) Pfefferminz[bonbon] *nt*

minus ['maɪnəs] I. *prep* minus; **two ~ one equals one** zwei minus eins ist gleich eins II. *n* <*pl* -es> Minus *nt;* (*sign also*) Minuszeichen *nt* III. *adj attr* minus; **~ point** Minuspunkt *m*

minute[1] ['mɪnɪt] *n* Minute *f;* (*moment also*) Moment *m;* **[wait] just a ~!** (*for delay*) einen Moment noch!; (*in disbelief*) Moment mal!; **at any ~** jede Minute; **in a ~** gleich; **this ~** sofort; **at the last ~** in letzter Minute

minute[2] [maɪ'njuːt] *adj* winzig; **in ~ detail** bis ins kleinste Detail

M

minute hand *n* Minutenzeiger *m*

miracle ['mɪrəkl̩] *n* Wunder *nt;* **by some ~** wie durch ein Wunder

miraculous [mɪ'rækjələs] *adj* wunderbar; **to make a ~ recovery** wie durch ein Wunder genesen

mirror ['mɪrəʳ] I. *n* Spiegel *m;* (*fig: reflection*) Spiegelbild *nt* II. *vt* widerspiegeln

misbehave [ˌmɪsbɪ'heɪv] *vi adult* sich schlecht benehmen; *child* ungezogen sein

miscarriage [mɪ'skærɪdʒ] *n* Fehlgeburt *f;* **~ of justice** Justizirrtum *m*

miscarry <-ie-> [mɪ'skæri] *vi* eine Fehlgeburt haben; (*fig: fail*) scheitern

mischief ['mɪstʃɪf] *n no pl* Unfug *m;* **to get up to ~** Unfug anstellen wollen; **to mean ~** Unfrieden stiften wollen

miscount I. *n* ['mɪskaʊnt] falsche Zählung; *of votes* falsche Auszählung II. *vi* [mɪ'skaʊnt] sich verzählen III. *vt* [mɪ'skaʊnt] falsch [ab]zählen; *votes* falsch auszählen

miser ['maɪzəʳ] *n* Geizkragen *m*
miserable ['mɪzᵊrəbl̩] *adj* ① (*unhappy*) unglücklich; **to feel ~** sich elend fühlen ② *attr* (*bad-tempered*) griesgrämig; (*repulsive*) unausstehlich ③ (*unpleasant*) schauderhaft ④ (*inadequate*) armselig
misery ['mɪzᵊri] *n* ① *no pl* (*suffering*) Elend *nt*, Not *f* ② *no pl* (*unhappiness*) Jammer *m* ③ (*strain*) **miseries** *pl* Qualen *pl*
misfit ['mɪsfɪt] *n* Außenseiter(in) *m(f)*
misfortune [mɪs'fɔːtʃuːn] *n no pl* (*bad luck*) Pech *nt*, Unglück *nt*
mishap ['mɪshæp] *n* Unglück *nt*, Unfall *m*, Panne *f*
misjudge [mɪs'ʤʌʤ] *vt* falsch einschätzen
mislead <-led, -led> [mɪ'sliːd] *vt* ① (*deceive*) täuschen, irreführen ② (*lead astray*) verführen, verleiten
misleading [mɪ'sliːdɪŋ] *adj* irreführend
misplace [mɪ'spleɪs] *vt* verlegen
misprint ['mɪsprɪnt] *n* Druckfehler *m*
mispronounce [ˌmɪsprə'naʊn(t)s] *vt* falsch aussprechen
misread <-read, -read> [mɪs'riːd] *vt* *word, text* falsch lesen
miss¹ [mɪs] *n* (*woman*) Fräulein *nt*; **M~ Brown** Fräulein Brown; **M~ America** Miss Amerika
miss² [mɪs] **I.** *n* <*pl* -es> ① Fehlschlag *m*; (*hit*) Fehltreffer *m*; (*shot*) Fehlschuss *m* ② BRIT, AUS (*fam: skip*) **to give sth a ~** etw auslassen **II.** *vi* ① (*not hit*) nicht treffen; *projectile a.* danebengehen ② (*be unsuccessful*) fehlschlagen **III.** *vt* ① (*not hit*) nicht treffen ② *bus, train* verpassen ③ (*be absent*) verpassen ④ *opportunity* verpassen ⑤ (*avoid*) **I narrowly ~ed being run over** ich wäre fast überfahren worden ⑥ (*oversee*) nicht bemerken
◆ **miss out I.** *vt* (*accidentally*) vergessen; (*deliberately*) auslassen **II.** *vi* zu kurz kommen; **you really ~ed out** da ist dir echt was entgangen *fam*; **to ~ out on sth** sich *dat* etw entgehen lassen
missile ['mɪsaɪl] *n* ① MIL Flugkörper *m*, Rakete *f* ② (*thrown object*) [Wurf]geschoss *nt*
missing ['mɪsɪŋ] *adj* verschwunden; *person* vermisst; *explorer* verschollen; **~ in action** [nach Kampfeinsatz] vermisst; **to report sb/sth ~** jdn/etw als vermisst melden
mission ['mɪʃᵊn] *n* ① (*task*) Einsatz *m*, Mission *f* ② (*goal*) Ziel *nt* ③ (*group sent*) Delegation *f*
misspell <-spelt *or* AM -spelled, -spelt> [mɪs'spel] *vt* ① (*spell wrongly*) falsch buchstabieren ② (*write wrongly*) falsch schreiben
mist [mɪst] **I.** *n* [leichter] Nebel *m*; (*blur*) Schleier *m*; (*condensation*) Beschlag *m*; (*vapour*) Hauch *m*; **there was a ~ on the windows** die Fenster waren beschlagen **II.** *vi glass* [sich] beschlagen
mistake [mɪ'steɪk] **I.** *n* Fehler *m*; **there must be some ~** da kann etwas nicht stimmen; **to learn from one's ~s** aus seinen Fehlern lernen; **by ~** aus Versehen; **my ~** meine Schuld **II.** *vt* <-took, -taken> falsch verstehen; **there's no mistaking a Picasso** ein Picasso ist unverwechselbar
mistaken [mɪ'steɪkᵊn] **I.** *pp of* **mistake** **II.** *adj* irrtümlich; **~ belief** Irrglaube *m*; **~ identity** Personenverwechslung *f*; **to be ~** sich irren (**about** in)
Mister ['mɪstəʳ, AM -ɚ] *n* ① **Mister Brown** Herr Brown; **~ Big** der große Chef ② (*a. iron, pej fam: addressing*) Meister *m*, Chef *m a. iron, pej fam*; **hey, ~!** he, Sie da! *fam*; **listen up, ~!** hör mal zu, mein Freund!
mistook [mɪ'stʊk] *pt of* **mistake**
mistreat [mɪs'triːt] *vt* misshandeln
mistress <*pl* -es> ['mɪstrəs] *n* ① Herrin *f*; **the ~ of the house** die Frau des Hauses ② (*lover*) Geliebte *f* ③ BRIT (*teacher*) **German ~** Deutschlehrerin *f*

mistrust [mɪ'strʌst] **I.** *n no pl* Misstrauen *nt* **II.** *vt* misstrauen +*dat*
mistrustful [mɪ'strʌstfᵊl] *adj* misstrauisch (**of** gegenüber)
misty ['mɪsti] *adj* [leicht] neblig; (*blurred*) verschwommen
misunderstand <-stood, -stood> [ˌmɪsʌndə'stænd] **I.** *vt* missverstehen **II.** *vi* sich irren
misunderstanding [ˌmɪsʌndə'stændɪŋ] *n* Missverständnis *nt;* (*quarrel*) Meinungsverschiedenheit *f*
mitten ['mɪtᵊn] *n* Fausthandschuh *m*
mix [mɪks] **I.** *n* Mischung *f;* (*ingredients*) Fertigmischung *f;* **bread ~** Brotbackmischung *f;* **a ~ of people** eine bunt gemischte Gruppe **II.** *vi ingredients* sich mischen [lassen]; *colours* zusammenpassen; (*socialize*) unter Leute gehen; *host* sich unter die Gäste mischen **III.** *vt* [miteinander] [ver]mischen; *dough* anrühren; *drink* mixen; **to ~ love with toughness** Liebe und Strenge miteinander verbinden
◆ **mix in** *vt* untermischen
◆ **mix up** *vt* (*mistake*) verwechseln; (*muddle*) durcheinanderbringen
mixed [mɪkst] *adj* gemischt; **~ blessing** kein reiner Segen
mixture ['mɪkstʃəʳ] *n* ❶ Mischung *f;* (*liquid also*) Mixtur *f; of ingredients* Gemisch *nt;* **cough ~** Hustensaft *m* ❷ *no pl* Mischen *nt*
mix-up *n* Durcheinander *nt;* AM (*fight*) Schlägerei *f*
MMR [ˌemem'ɑːʳ] *n* MED *abbrev of* **measles, mumps and rubella** MMR; **~ jab** MMR-Impfung *f*
moan [məʊn] **I.** *n* Stöhnen *nt;* (*complaint*) Klage *f* **II.** *vi* stöhnen; (*complain*) klagen, jammern (**about** über +*akk*)*;* **to ~ at sb** jdm etw vorjammern; **to ~ that ...** darüber jammern, dass ...
mobcast *n*, **mobcasting** *n no pl* Mobcast *m*, mobile Verteilung von Podcasts
mobile ['məʊbaɪl] **I.** *adj* beweglich; (*flexible also*) wendig; (*motorized*) mobil; **to be ~** ein Auto haben; **~ canteen** Kantine *f* auf Rädern **II.** *n* ❶ Handy *nt* ❷ (*decoration*) Mobile *nt*
mock [mɒk] **I.** *adj* ❶ (*fake*) nachgemacht; **~ leather** Lederimitat *nt* ❷ (*practice*) Probe- **II.** *n* BRIT (*fam*) Probeexamen *nt* **III.** *vi, vt* spotten; **to ~ sb** jdn verspotten
mockingbird *n* Spottdrossel *f*
mod con [ˌmɒd'kɒn] *n* BRIT, AUS *short for* **modern convenience** moderner Komfort
model ['mɒdᵊl] **I.** *n* ❶ Modell *nt;* COMPUT Simulation *f* ❷ (*example*) Vorbild *nt;* (*perfect*) Muster *nt;* **the very ~ of sth** der Inbegriff von etw *dat* ❸ (*mannequin*) Model *nt;* (*for painter*) Modell *nt* ❹ (*version*) Modell *nt* **II.** *vt* <-ll-> ❶ modellieren; (*on computer*) simulieren ❷ *fashion* vorführen
modem ['məʊdəm] *n* Modem *nt*
moderate I. *adj* ['mɒdᵊrət] ❶ mittlere(r, s); (*slight*) leicht ❷ (*not excessive*) gemäßigt; *drinker, eater* mäßig ❸ POL gemäßigt **II.** *n* ['mɒdᵊrət] POL Gemäßigte(r) *f(m)* **III.** *vt* ['mɒdᵊreɪt] **to ~ one's voice** seine Stimme senken
modern ['mɒdᵊn] *adj* modern; **~ times** die Neuzeit
modernize ['mɒdᵊnaɪz] **I.** *vt* modernisieren **II.** *vi* modern werden
modest ['mɒdɪst] *adj* bescheiden
modular ['mɒdjələʳ] *adj* modular, Modul-, Baukasten-; **~ system** UNIV Kursmodulsystem *nt*
module ['mɒdjuːl] *n* (*unit*) Modul *nt*, Baustein *m*
moist [mɔɪst] *adj* feucht; *cake* saftig
moisten ['mɔɪsᵊn] *vt* anfeuchten
moisture ['mɔɪstʃəʳ] *n* Feuchtigkeit *f*
moisturizer ['mɔɪstʃᵊraɪzəʳ] *n* Feuchtigkeitscreme *f*
molar ['məʊləʳ] *n* Backenzahn *m*
mold *n, vi* AM *see* **mould²**

M

mole[1] [məʊl] *n* ZOOL Maulwurf *m*

mole[2] [məʊl] *n* ANAT [kleines] Muttermal

molehill [ˈməʊlhɪl] *n* Maulwurfshügel *m*

moment [ˈməʊmənt] *n* Moment *m;* (*point in time*) Zeitpunkt *m;* **just a ~, please** nur einen Augenblick, bitte; **at any ~** jeden Augenblick; **in a ~** gleich; **the ~ of truth** die Stunde der Wahrheit

momentary [ˈməʊməntᵊri] *adj* kurz; (*transitory*) vorübergehend

monarch [ˈmɒnək] *n* Monarch(in) *m(f),* Herrscher(in) *m(f)*

monarchy [ˈmɒnəki] *n* Monarchie *f*

monastery [ˈmɒnəstᵊri] *n* [Mönchs]kloster *nt*

Monday [ˈmʌndeɪ] *n* Montag *m; see also* **Tuesday**

money [ˈmʌni] *n no pl* Geld *nt;* **short of ~** knapp bei Kasse *fam;* **to raise ~** Geld aufbringen ► **to be in the ~** in Geld schwimmen; **to be [not] made of ~** [k]ein Krösus sein

M

money-changer *n* [Geld]wechsler(in) *m(f);* (*device*) [tragbarer] Münzwechsler **money order** *n esp* AM, AUS Postanweisung *f*

monitor [ˈmɒnɪtəʳ] **I.** *n* ❶ (*screen*) Bildschirm *m,* Monitor *m;* **colour ~** Farbbildschirm *m,* Farbmonitor *m* ❷ POL (*observer*) Beobachter(in) *m(f)* ❸ (*device*) Anzeigegerät *nt,* Monitor *m* **II.** *vt* ❶ (*check*) beobachten, kontrollieren, überprüfen ❷ (*view, listen in on*) abhören

monk [mʌŋk] *n* Mönch *m*

monkey [ˈmʌŋki] *n* Affe *m;* (*fam: child*) Schlingel *m;* ► **I don't give a ~'s [what] ...** BRIT (*sl*) es interessiert mich einen Dreck, [was] ... *fam*

monopolize [məˈnɒpᵊlaɪz] *vt* monopolisieren; **to ~ the conversation** das Gespräch an sich reißen

monorail [ˈmɒnə(ʊ)reɪl] *n* Einschienenbahn *f*

monsoon [mɒnˈsuːn] *n* Monsun *m;* **the ~[s]** der Monsun *kein pl*

monster [ˈmɒn(t)stəʳ] **I.** *n* Ungeheuer *nt;* (*person also*) Scheusal *nt* **II.** *adj attr* (*fam: huge*) ungeheuer

monstrous [ˈmɒn(t)strəs] *adj* ungeheuer; (*outrageous*) ungeheuerlich; (*awful*) grässlich

month [mʌn(t)θ] *n* Monat *m;* **to take a two ~ holiday** zwei Monate Urlaub nehmen; **a ~'s notice** eine einmonatige Kündigungsfrist

monthly [ˈmʌn(t)θli] **I.** *adj, adv* monatlich **II.** *n* Monatsschrift *f*

monument [ˈmɒnjəmənt] *n* Denkmal *nt;* (*memorial*) Mahnmal *nt*

mood[1] [muːd] *n* Laune *f;* **in a good/bad ~** gut/schlecht gelaunt; **in a talkative ~** zum Erzählen aufgelegt

moody [ˈmuːdi] *adj* missmutig; (*temperamental*) launisch

moon [muːn] **I.** *n* Mond *m;* **full ~** Vollmond *m;* **new ~** Neumond *m;* ► **to be over the ~ about sth** über etw *akk* überglücklich sein **II.** *vi* ❶ (*sl*) **to ~ [at sb]** [jdm] seinen nackten Hintern zeigen ❷ (*reminisce*) träumen (**over** von +*dat*)

moonlight **I.** *n no pl* Mondlicht *nt* **II.** *vi* <-lighted> (*fam*) schwarzarbeiten

moonlit *adj attr* mondhell; **~ room** Zimmer *nt* im Mondlicht

moor[1] [mɔːʳ] *n* [Hoch]moor *nt*

moor[2] [mɔːʳ] NAUT **I.** *vt* vertäuen *fachspr* **II.** *vi* festmachen

mooring [ˈmɔːrɪŋ] *n* Anlegeplatz *m;* (*ropes*) **~s** *pl* Vertäuung *f fachspr*

moose <*pl* -> [muːs] *n* Elch *m*

mop [mɒp] **I.** *n* Mopp *m;* **dish ~** BRIT Schwammtuch *nt* **II.** *vt* <-pp-> feucht wischen; **to ~ one's face/brow** sich *dat* den Schweiß vom Gesicht/von der Stirn wischen

moped [ˈməʊped] *n* Moped *nt*

moral [ˈmɒrᵊl] **I.** *adj* moralisch; *person also* anständig; **on ~ grounds** aus moralischen Gründen **II.** *n* ❶ **~s** *pl* Moralvorstellungen *pl* ❷ (*of story*) Moral *f*

morale [mə'rɑːl] *n no pl* Moral *f;* **~ is high/low** die Stimmung ist gut/ schlecht

more [mɔːʳ] I. *adj comp of see* **many, much** noch mehr; **two ~ days until Christmas** noch zwei Tage bis Weihnachten; **some ~ coffee?** noch etwas Kaffee? II. *pron* mehr; **~ and ~** immer mehr; **is there any ~?** ist noch etwas da?; **all the ~ ...** umso mehr ...; **the ~ the merrier** je mehr desto besser; **no ~** nichts weiter; (*countable*) keine mehr III. *adv* ❶ (*forming comparatives*) **~ beautiful/sensible** schöner/vernünftiger; **~ importantly** wichtiger noch ❷ (*to a greater extent*) mehr; **to think ~ of sb** eine höhere Meinung von jdm haben; **we'll be ~ than happy to help** wir helfen sehr gerne ❸ (*longer*) **to be no ~** *times* vorüber sein; **I don't do yoga any ~** ich habe mit Yoga aufgehört ❹ (*rather*) eher; **~ dead than alive** mehr tot als lebendig ▶ **~ or less** mehr oder weniger; **that's ~ like it** schon besser; **~ often than not** meistens

moreover [mɔːʳ'əʊvəʳ] *adv* (*form*) ferner

morgue [mɔːg] *n esp* AM, AUS (*mortuary*) Leichen[schau]haus *nt*

morning ['mɔːnɪŋ] I. *n* Morgen *m;* **good ~!** guten Morgen!; **all ~** den ganzen Vormittag; **at four in the ~** um vier Uhr früh; **[from] ~ till night** von morgens bis abends; **tomorrow ~** morgen Vormittag; **yesterday ~** gestern Morgen II. *interj* (*fam*) Morgen!

morning-after pill *n* **the ~** die Pille danach **morning (news)paper** *n* Morgenzeitung *f* **morning sickness** *n no pl* morgendliche Übelkeit

mortal ['mɔːtᵊl] I. *adj* ❶ (*subject to death*) sterblich ❷ (*human*) menschlich, Menschen- ❸ (*temporal*) irdisch II. *n* (*liter*) Sterbliche(r) *f(m);* **ordinary ~** (*hum*) Normalsterbliche(r) *f(m)*

mortality [mɔː'tæləti] *n no pl* ❶ (*condition*) Sterblichkeit *f* ❷ (*character*) Vergänglichkeit *f*

mortgage ['mɔːgɪdʒ] I. *n* Hypothek *f;* **to pay off a ~** eine Hypothek tilgen II. *vt* hypothekarisch belasten

mortuary ['mɔːtʃuᵊri] *n* Leichen[schau]haus *nt*

mosaic [mə(ʊ)'zeɪɪk] *n* Mosaik *nt*

Moslem *adj, n see* **Muslim**

mosque [mɒsk] *n* Moschee *f*

mosquito <*pl* -es> [mɒs'kiːtəʊ] *n* Moskito *m;* **~ net** Moskitonetz *nt*

moss <*pl* -es> [mɒs] *n* Moos *nt*

most [məʊst] I. *pron* ❶ **the ~** am meisten; **at the [very] ~** [aller]höchstens ❷ *pl* (*majority*) **the ~** die Mehrheit ❸ (*best*) **the ~** höchstens; **to make the ~ of sth** das Beste aus etw *dat* machen II. *adv* ❶ (*forming superlative*) **the ~ beautiful/sensible** der/ die/das schönste/vernünftigste; **the ~ easily/rapidly** am leichtesten/ schnellsten; **that's what I'm ~ afraid of** davor habe ich die meiste Angst ❷ (*form: extremely*) höchst; **~ certainly** ganz bestimmt; **~ likely** höchstwahrscheinlich; **~ unlikely** höchst unwahrscheinlich ❸ **at ~** höchstens; **~ of all, I hope that ...** ganz besonders hoffe ich, dass ...

mostly ['məʊs(t)li] *adv* meistens; (*in the main*) größtenteils

MOT [ˌeməʊ'tiː] BRIT (*fam*) I. *n abbrev of* **Ministry of Transport** ❶ **the ~** das Verkehrsministerium ❷ (*test*) TÜV *m;* (*certificate*) TÜV-Bescheinigung *f* II. *vt* <MOT'd, MOT'd> *usu passive* **the car's been ~'d** das Auto hat den TÜV bestanden

motel [məʊ'tel] *n* Motel *nt*

moth [mɒθ] *n* Motte *f*

mothball I. *n* Mottenkugel *f* II. *vt* einmotten **moth-eaten** *adj* mottenzerfressen; (*outmoded*) verstaubt

mother ['mʌðəʳ] I. *n* Mutter *f;* ▶ **the ~ of all ...** der/die/das allergrößte ...;

M

(*worst*) der/die/das Schlimmste aller *gen* ...; **the ~ of all battles** die Mutter aller Schlachten; **the ~ of all storms** der Sturm der Stürme **II.** *vt* bemuttern

motherhood ['mʌðəhʊd] *n no pl* Mutterschaft *f*

mother-in-law <*pl* mothers-> *n* Schwiegermutter *f*

motherly ['mʌðəli] *adj* (*usu approv*) mütterlich; **~ love** Mutterliebe *f*

mother tongue *n* Muttersprache *f*

motion ['məʊʃən] **I.** *n* ❶ *no pl* (*movement*) Bewegung *f*, Gang *m;* **in slow ~** in Zeitlupe; **to put sth in ~** etw in Gang bringen ❷ (*gesture*) Bewegung *f*, Zeichen *nt;* **~ of the hand/head** Hand-/Kopfbewegung *f* ❸ POL (*proposal*) Antrag *m fachspr;* **to defeat a ~** einen Antrag ablehnen; **to pass a ~** einen Antrag annehmen **II.** *vt* **to ~ sb to do sth** jdn durch einen Wink auffordern, etw zu tun

motionless ['məʊʃənləs] *adj* bewegungslos, reg[ungs]los

motion picture *n* AM [Spiel]film *m*

motivate ['məʊtɪveɪt] *vt* ❶ (*provide with motive*) **what ~d their sudden change of heart?** was war der innere Anlass für ihren plötzlichen Sinneswandel?; **motivating force** treibende Kraft ❷ (*arouse interest*) anregen, anspornen; **to ~ sb to do sth** jdn dazu bewegen, etw zu tun

motivation [ˌməʊtɪ'veɪʃən] *n* ❶ (*reason*) Begründung *f*, Veranlassung *f* (**for** für) ❷ *no pl* (*drive*) Antrieb *m*, Motivation *f*

motive ['məʊtɪv] *n* Beweggrund *m* (**for** für); **ulterior ~** tieferer Beweggrund

motor ['məʊtəʳ] **I.** *n* Motor *m;* (*engine also*) Triebwerk *nt;* BRIT (*fam: car*) Auto *nt* **II.** *adj attr* BRIT, AUS Auto- **III.** *vi* [Auto] fahren

motorbike *n* (*fam*) Motorrad *nt* **motorboat** *n* Motorboot *nt* **motor car** *n* BRIT Automobil *nt* **motorcycle** *n* Motorrad *nt* **motorcycling** *n no pl* Motorradfahren *nt* **motorcyclist** *n* Motorradfahrer(in) *m(f)*

motoring ['məʊtərɪŋ] **I.** *adj attr* BRIT Fahr-; **~ offence** Verkehrsdelikt *nt* **II.** *n* Fahren *nt*

motorist ['məʊtərɪst] *n* Kraftfahrer(in) *m(f)*

motor racing *n* BRIT Autorennsport *m* **motor scooter** *n* Motorroller *m* **motor vehicle** *n* Kraftfahrzeug *nt* **motorway** *n* BRIT Autobahn *f*

motto <*pl* -s> ['mɒtəʊ] *n* Motto *nt*

mould[1] [məʊld] *n no pl* BOT Schimmel *m*

mould[2] [məʊld] **I.** *n* Form *f;* (*fig*) Typ *m;* **to be out of the same ~** sich *dat* gleichen wie ein Ei dem anderen **II.** *vt* formen; (*fig*) **to ~ sb into sth** jdn zu etw *dat* machen

mouldy ['məʊldi] *adj* verschimmelt; **to go ~** [ver]schimmeln

mound [maʊnd] *n* Haufen *m;* (*hill*) Hügel *m*

mount [maʊnt] **I.** *n* ❶ (*horse*) Pferd *nt* ❷ *of picture* Halterung *f* **II.** *vt* ❶ (*suspend*) aufhängen ❷ (*ascend*) hochsteigen ❸ (*secure*) befestigen; **to ~ in a frame** rahmen **III.** *vi* ❶ (*grow*) wachsen ❷ *rider* aufsteigen

mountain ['maʊntɪn] *n* Berg *m;* **~s** Berge *pl;* (*group of mountains*) Gebirge *nt;* **~ chain** Bergkette *f*

mountaineer [ˌmaʊntɪ'nɪəʳ] *n* Bergsteiger(in) *m(f)*

mountaineering [ˌmaʊntɪ'nɪərɪŋ] *n no pl* Bergsteigen *nt*

mountainous ['maʊntɪnəs] *adj* gebirgig; (*fig*) riesig

mountain range *n* Gebirgszug *m*

mourn [mɔːn] **I.** *vi* trauern (**for** um) **II.** *vt* ❶ (*feel sorrow*) **to ~ sb/sth** um jdn/etw trauern ❷ (*fig: regret*) beklagen

mourner ['mɔːnəʳ] *n* Trauernde(r) *f(m);* (*at a funeral*) Trauergast *m*

mouse <*pl* mice> [maʊs] *n* Maus *f*

mouse hole *n* Mauseloch *nt* **mouse potato** *n* Mensch, der stundenlang vor dem Computer hockt **mousetrap** *n*

Mausefalle *f*

moustache [mə'stɑːʃ] *n* Schnurrbart *m*

mouth [maʊθ] *n* ❶ Mund *m; of animal* Maul *nt;* **to have a big ~** ein großes Mundwerk haben *fam;* **to keep one's ~ shut** seinen Mund halten *fam* ❷ (*opening*) Öffnung *f; of river* Mündung *f*

mouthful ['maʊθfʊl] *n* Bissen *m; of drink* Schluck *m;* **a ~ of abuse** (*fam*) ein Schwall *m* Schimpfwörter

mouth organ *n* Mundharmonika *f* **mouthpiece** *n* Mundstück *nt; of phone* Sprechmuschel *f* **mouth-to-mouth (resuscitation)** *n* Mund-zu-Mund-Beatmung *f* **mouthwash** *n* Mundwasser *nt* **mouth-watering** *adj* [sehr] appetitlich

move [muːv] **I.** *n* ❶ *no pl* Bewegung *f;* **she made a sudden ~ towards me** plötzlich bewegte sie sich auf mich zu; **to be on the ~** unterwegs sein; **to make a ~** (*fam: leave*) sich auf den Weg machen ❷ (*step*) Schritt *m;* (*measure*) Maßnahme *f;* (*in games*) Zug *m;* CHESS [Schach]zug *m;* **it's your ~** du bist dran; **to make the first ~** den ersten Schritt tun ▶ **to get a ~ on** (*fam*) sich beeilen **II.** *vi* ❶ sich bewegen; (*go*) gehen; **no one ~d** keiner rührte sich; **keep moving!** bitte gehen Sie weiter!; **to ~ [out of the way]** aus dem Weg gehen ❷ **to ~ off a subject** das Thema wechseln ❸ (*progress*) vorankommen; **to ~ with the times** mit der Zeit gehen; **to ~ forward** Fortschritte machen ❹ (*tenant*) umziehen ❺ (*fam: hurry*) sich beeilen; **~!** nun mach schon! ❻ (*fam*) **to get moving** loslegen; **to get moving on sth** mit etw *dat* loslegen **III.** *vt* ❶ bewegen; (*put elsewhere*) woanders hinstellen; (*push elsewhere*) verrücken; (*clear*) wegräumen; (*rearrange*) umstellen ❷ (*reschedule*) verlegen ❸ (*transfer*) verlegen; **to ~ office** in ein anderes Büro ziehen ❹ (*affect*) **to ~ sb** jdn bewegen; **to ~ sb to tears** jdn zu Tränen rühren

◆ **move about, move around I.** *vi* herumgehen; (*travel*) umherreisen; *tenant* oft umziehen **II.** *vt* [hin und her] bewegen; (*fam: worker*) oft versetzen

◆ **move along I.** *vt crowd* zum Weitergehen bewegen; *car* vorbeiwinken **II.** *vi* weitergehen; (*run*) weiterlaufen; (*make room*) aufrücken

◆ **move away I.** *vi* weggehen; *car* wegfahren; *tenant* wegziehen; **to ~ away from home** von zu Hause ausziehen **II.** *vt* wegräumen; (*push*) wegrücken

◆ **move back I.** *vi* (*return*) zurückkommen; (*withdraw*) zurückweichen; **~ back!** zurücktreten! **II.** *vt* (*replace*) zurückstellen; (*push*) zurückschieben; *car* zurücksetzen

◆ **move down I.** *vi* ❶ sich nach unten bewegen; (*slip*) runterrutschen *fam;* (*make room*) aufrücken ❷ *price* fallen ❸ SCH **to ~ down a class** AM eine Klasse zurückgestuft werden ❹ SPORTS absteigen **II.** *vt* nach unten bewegen; (*put lower*) nach unten stellen

◆ **move in I.** *vi* ❶ *tenant* einziehen; **to ~ in with sb** zu jdm ziehen ❷ (*advance*) anrücken; **the painters are moving in next week** (*fam*) nächste Woche kommen die Maler; **to ~ in on a new market** sich auf einem neuen Markt etablieren **II.** *vt* ❶ (*push*) nach innen bewegen ❷ *troops* einsetzen

◆ **move off I.** *vi* sich in Bewegung setzen; (*walk*) losgehen **II.** *vt* wegräumen

◆ **move on I.** *vi* ❶ sich wieder auf den Weg machen; (*walk*) weitergehen ❷ (*progress*) sich weiterentwickeln; *employee* beruflich weiterkommen ❸ **to ~ on to sth** zu etw *dat* übergehen **II.** *vt crowd* zum Weitergehen auffordern; *driver* zum Weiterfahren auffordern

◆ **move out I.** *vi* ❶ *troops* abziehen; *tenant* ausziehen (**of** aus +*dat*) ❷ (*cease*) **to ~ out [of sth]** sich [von

M

etw *dat*] zurückziehen **II.** *vt* ❶ (*clear*) wegräumen ❷ *tenant* kündigen +*dat;* *troops* abziehen

◆ **move over** **I.** *vi* ❶ aufrücken ❷ (*switch*) **to ~ over to sth** zu etw *dat* übergehen **II.** *vt* zur Seite räumen

◆ **move up** **I.** *vi* ❶ *troops* aufrücken ❷ (*make room*) Platz machen **II.** *vt* nach oben bewegen; (*place higher*) nach oben räumen

movement ['mu:vmənt] *n* ❶ Bewegung *f* ❷ *no pl* (*activity*) Bewegung *f;* (*tendency*) Tendenz *f* ❸ MUS Satz *m*

movie ['mu:vi:] *n* *esp* AM, AUS (*film*) [Kino]film *m;* **the ~s** *pl* das Kino; **to be in the ~s** (*fam*) im Filmgeschäft sein

movie camera *n* Filmkamera *f* **movie star** *n* Filmstar *m*

moving ['mu:vɪŋ] **I.** *n no pl* Umziehen *nt* **II.** *adj* ❶ *attr* beweglich ❷ *attr* (*motivating*) Antriebs-; **the ~ force** die treibende Kraft ❸ (*appealing*) bewegend

mow <mowed, mown> [məʊ] *vi, vt* mähen; *field* abmähen

mower ['məʊəʳ] *n* Rasenmäher *m;* (*for crops*) Mähmaschine *f*

mown [məʊn] **I.** *pp of* **mow** **II.** *adj* gemäht; *field* abgemäht

MP [ˌem'pi:] BRIT, CAN POL *abbrev of* **Member of Parliament**

mph [ˌempi:'eɪtʃ] *abbrev of* **miles per hour: to do 50 ~** 50 Meilen pro Stunde fahren (*eine Meile entspricht 1,56 km*)

Mr ['mɪstəʳ] *n no pl* **~ Brown** Herr Brown

Mrs ['mɪsɪz] *n no pl* **~ Brown** Frau Brown

Ms [ˌem'es] *n no pl* **~ Brown** Frau Brown (*Alternativbezeichnung zu Mrs und Miss, die sowohl für verheiratete als auch unverheiratete Frauen zutrifft*)

MS *n no pl abbrev of* **multiple sclerosis** MS *f*

much [mʌtʃ] **I.** *adj* <more, most> + *sing* viel; **how ~ ...?** wie viel ...?; **half/twice as ~** halb/doppelt so viel; [**~**] **too ~** [viel] zu viel **II.** *pron* ❶ (*relative amount*) viel; **this ~ is certain** so viel ist sicher; **half/twice as ~** halb/doppelt so viel; **however ~ you dislike her ...** wie unsympathisch sie dir auch sein mag, ... ❷ (*great deal*) viel; **my new stereo isn't up to ~** meine neue Anlage taugt nicht viel *fam* ❸ *with neg* (*pej*) **he's not ~ to look at** er sieht nicht gerade umwerfend aus ❹ (*larger part*) **~ of the day** der Großteil des Tages ❺ (*be redundant*) **so ~ for ...** das wars dann wohl mit ... ❻ *with interrog* **how ~ is it?** was kostet das? **III.** *adv* <more, most> ❶ (*greatly*) sehr; **~ to our surprise** zu unserer großen Überraschung; **to be not ~ good at sth** in etw *dat* nicht sehr gut sein ❷ (*nearly*) **~ the same** fast so ❸ **I like him as ~ as you do** ich mag ihn genauso sehr wie du; **thank you very ~** herzlichen Dank ❹ **I had expected as ~** so etwas hatte ich schon erwartet ❺ **do you see ~ of her?** siehst du sie öfters? **IV.** *conj* **~ as I like you, ...** so gern ich dich auch mag, ...

◆ **muck about, muck around** (*fam*) **I.** *vi* Unfug treiben; **to ~ about with sth** an etw *dat* herumfummeln **II.** *vt* **to ~ sb about** mit jdm umspringen[, wie es einem gefällt]; **stop ~ing me about!** sag mir endlich, was Sache ist!

◆ **muck up** *vt* BRIT (*fam*) vermasseln; *exam* versieben

mucky ['mʊki] *adj* ❶ dreckig ❷ (*fam*) *joke* schlüpfrig

mud [mʌd] *n no pl* Schlamm *m;* ▶ **to drag sb's name through the ~** jds Namen in den Schmutz ziehen

muddle ['mʌdḷ] **I.** *n* Durcheinander *nt;* **to be/get in a ~** durcheinandersein/-geraten **II.** *vi* **to ~ along** vor sich *akk* hin wurs[ch]teln *fam*

muddy ['mʌdi] **I.** *vt* schmutzig machen

II. *adj* schlammig; (*dirty*) schmutzig
mudguard *n* Kotflügel *m; of bicycle* Schutzblech *nt* **mudpack** *n* Gesichtsmaske *f*
muesli ['mju:zli] *n no pl* Müsli *nt*, Müesli *nt* SCHWEIZ
mug [mʌg] I. *n* Becher *m* (*mit Henkel*) II. *vt* <-gg-> überfallen und ausrauben
mugger ['mʌgəʳ] *n* [Straßen]räuber(in) *m(f)*
muggy ['mʌgi] *adv* schwül
mule[1] [mju:l] *n* Maultier *nt*
multicoloured *adj* bunt
multilingual *adj* mehrsprachig
multimillionaire *n* Multimillionär(in) *m(f)*
multinational I. *n* multinationaler Konzern II. *adj* multinational
multiplayer ['mʌltipleɪəʳ] *adj attr computer game* Multiplayer-, für mehrere Spieler *nach n*
multiplication [ˌmʌltiplɪ'keɪʃᵊn] *n no pl* Multiplikation *f*
multiply <-ie-> ['mʌltiplaɪ] I. *vt* multiplizieren (**by** mit) II. *vi* sich vermehren; (*reproduce also*) sich fortpflanzen
multi-purpose *adj* Mehrzweck- **multi-storey** *adj inv* mehrstöckig; ~ **car park** BRIT Parkhaus *nt* **multi-tasking** I. *n* COMPUT Ausführen *nt* mehrerer Programme, Multitasking *nt* II. *adj attr* (*fig*) gleichzeitig mehreren Aufgaben nachkommend *attr;* **she is a hard-working, ~ singer, actor, dancer and producer** sie arbeitet hart und ist gleichzeitig Sängerin, Schauspielerin, Tänzerin und Produzentin
mum[1] [mʌm] *n* (*fam*) Mama *f*
mum[2] [mʌm] *adj* (*fam*) still; **to keep ~** den Mund halten
mumble ['mʌmbl̩] *vi, vt* nuscheln
mummy[1] ['mʌmi] *n* (*fam*) Mama *f*, Mami *f*
mummy[2] ['mʌmi] *n* (*corpse*) Mumie *f*
mumps [mʌmps] *n + sing vb* Mumps *m*
Munich ['mju:nik] *n* München *nt*
mural ['mjuərᵊl] I. *n* Wandgemälde *nt* II. *adj* Wand-
murder ['mɜ:dəʳ] I. *n* Mord *m*, Ermordung *f* (**of** an); **mass ~** Massenmord *m* II. *vt* ermorden; (*fig a.*) umbringen
murderer ['mɜ:dᵊrəʳ] *n* Mörder(in) *m(f)*
murderess ['mɜ:dᵊrɪs] *n* Mörderin *f*
murky ['mɜ:ki] *adj* düster; *night* finster
murmur ['mɜ:məʳ] I. *vi* murmeln; **to ~ about sth** (*complain*) wegen einer S. *gen* murren II. *vt* murmeln, raunen III. *n* Gemurmel *nt kein pl*, Raunen *nt kein pl;* **a ~ of agreement** ein zustimmendes Raunen
muscle ['mʌsl̩] *n* Muskel *m;* (*fig: influence*) Stärke *f;* **to flex one's ~s** (*fig*) Stärke zeigen
muscular ['mʌskjələʳ] *adj* muskulös
museum [mju:'zi:əm] *n* Museum *nt*
mushroom ['mʌʃrʊm, -ru:m] *n* Pilz *m*
music ['mju:zɪk] *n no pl* Musik *f;* (*notes*) Noten *pl;* **classical ~** klassische Musik; **to put on ~** [etwas] Musik auflegen
musical ['mju:zikᵊl] I. *adj* musikalisch II. *n* Musical *nt*
musical box *n*, AM **music box** *n* Spieluhr *f*
musician [mju:'zɪʃᵊn] *n* Musiker(in) *m(f)*
music stand *n* Notenständer *m*
Muslim ['mʊslɪm] I. *n* Muslim *m*, Muslimin *f*, Muslima *f* II. *adj* muslimisch
mussel ['mʌsᵊl] *n* [Mies]muschel *f*
must [mʌst] I. *aux vb* ❶ (*be obliged*) müssen; **~ not** nicht dürfen ❷ (*be required*) müssen ❸ (*should*) **you ~ come and visit us** Sie sollten uns bald einmal besuchen kommen ❹ (*be certain to*) müssen; **you ~ be joking!** du machst wohl Witze! ❺ (*be necessary*) müssen; **you ~n't worry too much about it** jetzt mach dir deswegen nicht so viele Sorgen ❻ (*showing irritation*) müssen; **smoke if you ~ then** dann rauche, wenn es [denn] unbedingt sein muss II. *n no pl* **to be a ~** ein Muss *nt* sein; **this book is a ~!** dieses Buch

M

muss man gelesen haben! **III.** *in compounds -see, -do* **this film is a ~-see** diesen Film muss man einfach gesehen haben

mustache *n* AM *see* **moustache**

mustard ['mʌstəd] *n no pl* Senf *m*

must-have *adj attr* (*fam*) unentbehrlich

mustn't ['mʌsᵊnt] *short for* **must not** *short for* **must**

mutton ['mʌtᵊn] *n no pl* Hammel *m*, Hammelfleisch *nt*

mutual ['mjuːtʃuːəl] *adj* gegenseitig; *benefit* beiderseitig; **the feeling is ~** das [Gefühl] beruht auf Gegenseitigkeit

my [maɪ] **I.** *adj poss* mein(e); **~ brother and sister** mein Bruder und meine Schwester; **one of ~ friends** einer meiner Freunde/eine meiner Freundinnen; **I've hurt ~ foot** ich habe mir den Fuß verletzt; **I need a car of ~ own** ich brauche ein eigenes Auto **II.** *interj* ach, oh; **~ ~** na, so was

myself [maɪ'self] *pron refl* ❶ (*direct object of verb*) mir *dat*, mich *akk*; **I caught sight of ~ in the mirror** ich sah mich im Spiegel; **muttering to ~** vor mich hin murmelnd ❷ (*emph form*) ich; **people like ~** Menschen wie ich ❸ (*emph*) **I wrote it ~** ich schrieb es selbst ❹ **I never get an hour to ~** ich habe nie eine Stunde für mich; **by ~** allein; **all by ~** ganz allein

mysterious [mɪ'stɪəriəs] *adj* geheimnisvoll; **in ~ circumstances** unter mysteriösen Umständen

mystery ['mɪstᵊri] *n* Geheimnis *nt*; (*puzzle*) Rätsel *nt*; **that's a ~ to me** das ist mir schleierhaft

myth [mɪθ] *n* Mythos *m*; **creation ~** Schöpfungsmythos *m*

mythology [mɪ'θɒlədʒi] *n no pl* Mythologie *f*

Nn

n *n* MATH (*unknown number*) x

N <*pl* -'s>, **n** <*pl* -'s> [en] *n* N *nt*, n *nt*; *see also* **A 1**

N *n no pl abbrev of* **North** N

n/a, NA ❶ *abbrev of* **not applicable** entf. ❷ *abbrev of* **not available** nicht verfügbar

naff [næf] BRIT *adj* (*sl*) geschmacklos

nag¹ [næg] *n* (*horse*) [alte Schind]mähre

nag² [næg] **I.** *vi* <-gg-> [herum]nörgeln (**at** an) **II.** *vt* <-gg-> (*annoy*) **to ~ sb** jdn nicht in Ruhe lassen **III.** *n* (*fam*) Nervensäge *f*

nail [neɪl] **I.** *n* ❶ (*small metal spike*) Nagel *m* ❷ (*body part*) [Finger-/Zeh]nagel *m*; **to bite one's ~s** an den Fingernägeln kauen **II.** *vt* (*fasten*) nageln (**to** an)

nail-biting **I.** *n no pl* Nägelkauen *nt* **II.** *adj film* spannungsgeladen **nail clippers** *n pl* Nagelknipser *m* **nail file** *n* Nagelfeile *f* **nail polish** *n* Nagellack *m* **nail scissors** *n pl* Nagelschere *f* **nail varnish** *n* Nagellack *m*

naked ['neɪkɪd] *adj* (*a. fig*) nackt; *flame* offen

name [neɪm] **I.** *n* ❶ (*title*) Name *m*; **what's your ~?** wie heißen Sie?; **first ~** Vorname *m* ❷ *no pl* (*reputation*) Ruf *m*; **to give sb a good ~** jdm einen guten Ruf verschaffen **II.** *vt* (*call*) **they ~d their little boy Peter** sie nannten ihren kleinen Sohn Peter

nameplate *n of a person* Namensschild *nt*

nan [næn] *n* (*fam*) Omi *f*

nanny ['næni] *n* ❶ (*grandmother*) Oma *f* ❷ (*babyminder*) Kindermädchen *nt*

nap [næp] *n* (*short sleep*) Nickerchen *nt;* **to take a ~** ein Nickerchen machen

napkin ['næpkɪn] *n* Serviette *f*

nappy ['næpi] *n* Windel *f;* **disposable ~** Wegwerfwindel *f*

narcotic [nɑː'kɒtɪk] **I.** *n* Rauschgift *nt;* MED Narkotikum *nt* **II.** *adj* MED narkotisch

narrate [nə'reɪt] *vt* erzählen

narrator [nə'reɪtə^r] *n* Erzähler(in) *m(f)*

narrow ['nærəʊ] **I.** *adj* (*thin*) eng, schmal **II.** *vt* verengen

narrow boat *n* Kanalboot *nt*

narrowly ['nærəʊli] *adv* (*barely*) knapp

narrow-minded *adj* engstirnig

nasty ['nɑːsti] *adj* ❶ (*bad*) scheußlich, widerlich; **to be ~ to sb** zu jdm gemein sein ❷ (*serious*) schlimm, böse

nation ['neɪʃ^ən] *n* ❶ (*country, state*) Nation *f,* Land *nt* ❷ (*people*) Volk *nt*

national ['næʃ^ən^əl] **I.** *adj* ❶ (*of a nation*) *matter, organization* national; *flag, team, dish, hero* National-; **~ government** Landesregierung *f* ❷ (*particular to a nation*) Landes-, Volks- **II.** *n* Staatsangehörige(r) *f(m)*

National Health Service *n* BRIT staatlicher Gesundheitsdienst

nationality [ˌnæʃ^ən'æləti] *n* ❶ (*esp cultural*) Nationalität *f* ❷ *no pl* (*legal*) Staatsangehörigkeit *f*

nationwide **I.** *adv* landesweit, im ganzen Land **II.** *adj coverage, strike, campaign* landesweit

native ['neɪtɪv] **I.** *adj* (*of one's birth*) beheimatet; **~ language** Muttersprache *f* **II.** *n* Einheimische(r) *f(m)*

native American *n* amerikanischer Ureinwohner/amerikanische Ureinwohnerin

NATO, Nato ['neɪtəʊ] *n no pl, no art acr for* **North Atlantic Treaty Organization** NATO *f*

natural ['nætʃ^ər^əl] **I.** *adj* ❶ (*not artificial*) *flavour, ingredients, mineral water* natürlich; *colour, curls, dye, fertilizer* Natur- ❷ **to die of ~ causes** eines natürlichen Todes sterben **II.** *n* (*fam*) Naturtalent *nt*

natural childbirth *n no pl* natürliche Geburt **natural gas** *n no pl* Erdgas *nt* **natural history** *n no pl* Naturgeschichte *f;* (*as topic of study*) Naturkunde *f*

naturalist ['nætʃ^ər^əlɪst] *n* Naturforscher(in) *m(f)*

naturally ['nætʃ^ər^əli] *adv* (*of course*) natürlich; (*as expected*) verständlicherweise

natural resources *n pl* Bodenschätze *pl* **natural science** *n,* **natural sciences** *n pl* Naturwissenschaft *f* **natural selection** *n* natürliche Auslese

nature ['neɪtʃə^r] *n no pl* ❶ *no art* (*natural environment*) Natur *f;* **to let ~ take its course** der Natur ihren Lauf lassen ❷ (*innate qualities*) Art *f;* **by ~** von Natur aus ❸ (*character*) Naturell *nt,* Art *f*

nature conservation *n no pl* Naturschutz *m* **nature lover** *n* Naturfreund(in) *m(f)* **nature reserve** *n* Naturschutzgebiet *nt* **nature study** *n no pl* Naturkunde *f* **nature trail** *n* Naturlehrpfad *m*

naturopath ['nætʃ^ərə(ʊ)pæθ] *n* Naturheilkundler(in) *m(f)*

naturopathy [nætʃər'ɒpəθi] *n* Naturheilkunde *f*

naught [nɔːt] *n* ❶ *no pl* (*liter: nothing*) Nichts *nt* ❷ AM, AUS *see* **nought**

naughty ['nɔːti] *adj* ❶ (*badly behaved*) *children* ungezogen ❷ (*hum fam: erotic*) unanständig

nautical mile *n* Seemeile *f*

naval ['neɪv^əl] *adj* Marine-; **~ power** Seemacht *f*

navel ['neɪv^əl] *n* ANAT Nabel *m*

navigate ['nævɪgeɪt] *vt, vi* navigieren

N

navigator ['nævɪgeɪtəʳ] *n* Navigator(in) *m(f)*

navy ['neɪvi] **I.** *n* ❶ + *sing/pl vb* (*armed forces*) **the N~** die Marine ❷ (*colour*) Marineblau *nt* **II.** *adj* marineblau

NB [ˌen'bi:] *adv no pl abbrev of* **nota bene** NB

near [nɪəʳ] **I.** *adj* ❶ (*close in space, time*) nahe; **where's the ~est phone box?** wo ist die nächste Telefonzelle? ❷ (*most similar*) **he rounded up the sum to the ~est dollar** er rundete die Summe auf den nächsten Dollar auf ❸ *attr* (*close to being*) **that's a ~ impossibility** das ist so gut wie unmöglich **II.** *adv* ❶ (*close in space/time*) nahe ❷ (*almost*) beinahe, fast **III.** *prep* ❶ (*in proximity to*) ~ [to] nahe [bei] +*dat;* **do you live ~ here?** wohnen Sie hier in der Nähe? ❷ (*similar in quantity or quality*) **he's ~er 70 than 60** er ist eher 70 als 60 **IV.** *vt* **to ~ sth** sich etw *dat* nähern

N

nearby [ˌnɪə'baɪ] **I.** *adj* nahe gelegen **II.** *adv* in der Nähe

Near East *n* Naher Osten

nearly ['nɪəli] *adv* fast, beinahe

near miss *n* (*near-accident*) Beinaheunfall *m;* AVIAT Beinahezusammenstoß *m*

nearside BRIT, AUS **I.** *n* Beifahrerseite *f* **II.** *adj attr* auf der Beifahrerseite *nach n*

near-sighted *adj esp* AM kurzsichtig

neat [ni:t] *adj* ❶ (*well-ordered*) ordentlich; **~ and tidy** sauber und ordentlich ❷ (*undiluted*) pur ❸ *esp* AM, AUS (*fam: very good*) toll, klasse

necessarily ['nesəsᵊrᵊli] *adv* (*consequently*) notwendigerweise; (*inevitably*) unbedingt

necessary ['nesəsᵊri] *adj* nötig, notwendig; **strictly ~** unbedingt nötig

necessity [nə'sesəti] *n no pl* Notwendigkeit *f*

neck [nek] *n* ❶ ANAT Hals; (*nape*) Nacken *m* ❷ FASHION Kragen *m;* ▶ **~ and ~** Kopf an Kopf

necklace ['nekləs] *n* [Hals]kette *f* **neckline** *n* Ausschnitt *m* **necktie** *n esp* AM Krawatte *f*

née [neɪ] *adj pred* geborene

need [ni:d] **I.** *n* ❶ *no pl* (*requirement*) Bedarf *m* (**for** an); **to be [badly] in ~ of sth** etw [dringend] brauchen ❷ *no pl* (*poverty, requiring help*) Not *f;* **children in ~** Kinder in Not **II.** *vt* ❶ (*require*) brauchen; **your trousers ~ washing** deine Hose müsste mal gewaschen werden ❷ (*must*) **to ~ to do sth** etw tun müssen **III.** *aux vb* ❶ BRIT (*must*) **~ you ask?** (*iron*) da fragst du noch? ❷ BRIT (*didn't have to*) **you ~n't have washed all the dishes** du hättest nicht das ganze Geschirr abwaschen müssen

needle ['ni:dl] **I.** *n* ❶ (*for sewing, injections*) Nadel *f;* **knitting ~** Stricknadel *f* **II.** *vt* ärgern

needless ['ni:dləs] *adj* unnötig; **~ to say ...** selbstverständlich ...

needlessly ['ni:dləsli] *adv* unnötig[erweise]

needy ['ni:di] **I.** *adj* (*poor*) bedürftig, Not leidend *attr* **II.** *n* **the ~** *pl* die Bedürftigen *pl*

negative ['negətɪv] **I.** *adj* (*all meanings*) negativ; **~ answer** ablehnende Antwort **II.** *n* ❶ (*negation*) Verneinung *f* ❷ PHOT Negativ *nt*

neglect [nɪ'glekt] *vt* vernachlässigen; **to ~ to do sth** [es] versäumen, etw zu tun

negotiate [nɪ'gəʊʃieɪt] **I.** *vt* (*discuss*) aushandeln **II.** *vi* verhandeln (**for/on** über)

negotiation [nɪˌgəʊʃi'eɪʃᵊn] *n* Verhandlung *f*

negotiator [nɪ'gəʊʃieɪtəʳ] *n* Unterhändler(in) *m(f)*

neigh [neɪ] **I.** *n* Wiehern *nt kein pl* **II.** *vi* wiehern

neighbour, AM **neighbor** ['neɪbəʳ] **I.** *n* Nachbar(in) *m(f)* **II.** *vi* [an]grenzen (**on** an)

neighbourhood ['neɪbəhʊd] *n* (*district*) Viertel *nt;* (*people*) Nachbarschaft *f*
neighbouring ['neɪbᵊrɪŋ] *adj attr* benachbart, Nachbar-
neighbourly ['neɪbᵊli] *adj* gutnachbarlich
neither ['naɪðəʳ] **I.** *adv* ❶ (*not either*) weder; ~ **... nor ...** [**nor ...**] weder ... noch ... [oder ...] ❷ (*also not*) auch nicht **II.** *adj attr* keine(r, s) von beiden **III.** *pron* (*not either of two*) keine(r, s) von beiden **IV.** *conj* ~ **... nor ...** weder ... noch
neon ['niɒn] *n no pl* Neon *nt;* ~ **lamp** Neonlampe *f;* ~ **sign** Leuchtreklame *f*
neonatal [ˌniə(ʊ)'neɪtᵊl] *adj attr* Neugeborenen-; ~ **care/unit** Neugeborenenpflege/-station *f*
neo-Nazi [ˌniə(ʊ)'nɑːtsi] **I.** *n* Neonazi *m* **II.** *adj group, newspaper* neonazistisch
nephew ['nefjuː] *n* Neffe *m*
nerve [nɜːv] *n* ❶ ANAT Nerv *m* ❷ *no pl* (*courage*) Mut *m;* **to keep one's** ~ die Nerven behalten ❸ (*nervousness*) **~s** *pl* Nervosität *f kein pl;* (*stress*) Nerven *pl* ❹ (*impudence*) Frechheit *f;* ► **to get on sb's ~s** (*fam*) jdm auf die Nerven gehen
'**nerve-jangling** *adj* (*fig*) nervenaufreibend
nervous ['nɜːvəs] *adj* nervös; (*anxious*) ängstlich; **to be ~ about sth** wegen einer S. *gen* nervös sein
nervousness ['nɜːvəsnəs] *n no pl* Nervosität *f*
nest [nest] **I.** *n* Nest *nt a. fig* **II.** *vi* nisten
nesting box *n esp* BRIT Nistkasten *m*
net¹ [net] **I.** *n* Netz *nt a. fig;* **fishing ~** Fischernetz *nt* **II.** *vt* <-tt-> ❶ (*catch*) **to ~ sth** *fish* etw mit einem Netz fangen ❷ (*fig: get*) **to ~ oneself sth** sich *dat* etw angeln
net² [net] **I.** *adj* FIN netto; ~ **profit** Reingewinn *m nt* **II.** *vt* (*after tax*) netto verdienen
Net *n no pl* INET, COMPUT **the ~** das Netz
netball *n no pl* BRIT Korbball *m*
net curtain *n* Tüllgardine *f*
Netherlands ['neðələn(d)z] *n* **the ~** die Niederlande *pl*
netiquette ['netɪket] *n no pl* COMPUT Netiquette *f*
Netspeak *adj* COMPUT Internetjargon *m*
netting ['netɪŋ] *n no pl* Netzgewebe *nt*
nettle ['netl] *n* Nessel *f;* **stinging ~s** Brennnesseln *pl*
network ['netˌwɜːk] **I.** *n* ❶ (*structure*) Netz[werk] *nt* ❷ (*fig: people*) Netz *nt* **II.** *vt* (*link*) *a.* COMPUT vernetzen (**to** mit) **III.** *vi* Kontakte knüpfen; **to ~ with sb** mit jdm Kontakt knüpfen
networking ['netˌwɜːkɪŋ] *n no pl* ❶ (*making contacts*) Kontaktknüpfen *nt* ❷ COMPUT Vernetzen *nt*
neurotic [njʊə'rɒtɪk] **I.** *n* Neurotiker(in) *m(f)* **II.** *adj* neurotisch
neuter ['njuːtəʳ] **I.** *adj* sächlich; ~ **noun** Neutrum *nt* **II.** *vt* **to ~ an animal** *male* ein Tier kastrieren; *female* ein Tier sterilisieren
neutral ['njuːtrᵊl] **I.** *adj* neutral **II.** *n* ❶ (*country*) neutrales Land ❷ (*gears*) Leerlauf *m;* **in ~** im Leerlauf
neutrality [njuː'træləti] *n no pl* Neutralität *f*
never ['nevəʳ] *adv* nie, niemals; ~ **again!** nie wieder!; ~ **mind!** mach' dir nichts draus! *fam*
never-ending *adj* endlos
nevertheless [ˌnevəðə'les] *adv* dennoch, nichtsdestoweniger
new [njuː] **I.** *adj* neu; **I'm ~ around here** ich bin neu hier **II.** *n no pl* **the ~** das Neue
newbie ['njuːbi] *n* COMPUT Anfänger(in) *m(f)*
newcomer *n* (*new arrival*) Neuankömmling *m;* (*novice*) Neuling *m*
newish ['njuːɪʃ] *adj* (*fam*) relativ neu
newly ['njuːli] *adv* kürzlich, neulich; ~ **married** jung verheiratet
news [njuːz] *n no pl* ❶ (*new information*) Neuigkeit *f;* **to break the ~ to sb**

N

jdm die schlechte Nachricht überbringen ❷ (*media*) Nachrichten *pl;* **to be in the ~** in den Schlagzeilen sein

news agency *n* Nachrichtenagentur *f* **newsagent** *n* BRIT, AUS ❶ (*shop*) Zeitschriftengeschäft *nt;* **at the ~'s** beim Zeitschriftengeschäft ❷ (*person*) Zeitungshändler(in) *m(f)* **newsflash** *n* Kurzmeldung *f* **news item** *n* Nachricht *f* **newsletter** *n* Rundschreiben *nt* **news magazine** *n* Nachrichtenmagazin *nt* **newspaper** *n* ❶ (*journal*) Zeitung *f;* **daily ~** Tageszeitung *f* ❷ (*material*) Zeitungspapier *nt* **newsreader** *n* BRIT, AUS Nachrichtensprecher(in) *m(f)* **newsreel** *n* Wochenschau *f* **newsroom** *n* Nachrichtenredaktion *f* **newsstand** *n* Zeitungsstand *m* **newsworthy** *adj* berichtenswert

New Year *n* Neujahr *nt kein pl;* **Happy ~** gutes neues Jahr

next [nekst] **I.** *adj* ❶ (*coming immediately after*) nächste(r, s); **this time ~ year** nächstes Jahr um diese Zeit; **~ month** nächsten Monat ❷ (*next in order, space*) nächste(r, s), folgende(r, s); **who's ~ please?** wer ist der/die Nächste? **II.** *adv* ❶ (*subsequently*) dann, gleich darauf; **so what happened ~?** was geschah als Nächstes? ❷ (*again*) das nächste Mal ❸ (*second*) zweit-; **the ~ best thing** die zweitbeste Sache ❹ (*to one side*) **~ to sth/sb** neben etw/jdm ▶ **what ~!** und was kommt dann? **III.** *n* **~ in line** der/die/das Nächste

N

next door I. *adv* nebenan; **we live ~ to the airport** wir wohnen direkt neben dem Flughafen **II.** *adj pred buildings* nebenan *nach n* **next-door** *adj attr buildings* nebenan *nach n; people* benachbart; *neighbour* direkt **next-gen** *adj* (*fam*) *short for* **next-generation** futuristisch **next of kin** *n + sing/pl vb* nächste(r) Angehörige(r)

NHS [ˌeneɪtʃ'es] *n* BRIT *abbrev of* **National Health Service**

nib [nɪb] *n* [Schreib]feder *f*

nibble ['nɪbl̩] **I.** *n* ❶ (*bite*) Bissen *m* ❷ (*snack*) **~s** *pl* BRIT (*fam*) Häppchen *pl* **II.** *vt* knabbern **III.** *vi* ❶ **to ~ at/on sth** an etw *dat* herumknabbern ❷ (*eat into*) **to ~ away at sth** an etw *dat* nagen *fig*

nice [naɪs] *adj* nett; (*pleasant*) schön, angenehm; **did you have a ~ holiday?** war es schön im Urlaub?; **~ work!** (*fam*) gute Arbeit!

nicely ['naɪsli] *adv* (*pleasantly*) nett; (*well*) gut, nett; **that'll do ~** das reicht völlig

niche [niːʃ] *n* Nische *f*

nick [nɪk] **I.** *n* ❶ (*chip*) Kerbe *f* ❷ BRIT (*sl: prison*) **the ~** *no pl* der Knast *fam* **II.** *vt* ❶ (*chip*) einkerben; (*cut*) einschneiden ❷ BRIT, AUS (*fam: steal*) **to ~ sth** etw mitgehen lassen ❸ AM (*fam: cheat*) **to ~ sb** jdn abzocken *sl* **III.** *vi* BRIT, AUS (*sl*) **to ~ in/off** hinein-/davonhuschen

nickel ['nɪkl̩] *n* ❶ *no pl* (*metal*) Nickel *nt* ❷ AM (*coin*) Fünfcentstück *nt*

nickname ['nɪkneɪm] *n* Spitzname *m;* (*affectionate*) Kosename *m*

nicotine ['nɪkətiːn] *n no pl* Nikotin *nt*

niece *n* Nichte *f*

niggling ['nɪglɪŋ] *adj attr* nagend *fig*

night [naɪt] *n* ❶ (*darkness*) Nacht *f;* **~ and day** Tag und Nacht; **at ~** nachts ❷ (*evening*) Abend *m;* **the other ~** neulich abends; **to have a ~ out** [abends] ausgehen; **by ~** abends

nightbird *n* BRIT Nachteule *f* **nightcap** *n* ❶ (*hat*) Schlafmütze *f* ❷ (*drink*) Schlaftrunk *m* **nightclothes** *n pl* Nachtwäsche *f kein pl;* (*pyjama*) Schlafanzug *m* **nightclub** *n* Nachtklub *m* **night cream** *n* Nachtcreme *f* **nightdress** *n* Nachthemd *nt* **nightfall** *n no pl* Einbruch *m* der Nacht **nightgown** *n* Nachthemd *nt*

nightie ['naɪti] *n* (*fam*) Nachthemd *nt*

nightingale ['naɪtɪŋgeɪl] *n* Nachtigall *f*
nightlife *n no pl* Nachtleben *nt* **nightlight** *n* Nachtlicht *nt*
nightly ['naɪtli] **I.** *adv* jede Nacht **II.** *adj* (*each night*) [all]abendlich; (*nocturnal*) nächtlich
nightmare ['naɪtmeəʳ] **I.** *n* Alptraum *m* **II.** *adj* (*fam*) *problems, scenario* alptraumhaft **night-nurse** *n* Nachtschwester *f* **night-porter** *n* Nachtportier *m* **night safe** *n* BRIT Nachttresor *m* **night school** *n* Abendschule *f* **night shift** *n* Nachtschicht *f* **nightshirt** *n* [Herren]nachthemd *nt* **nightspot** *n* (*fam*) Nachtklub *m* **night storage heater** *n* BRIT Nachtspeicherofen *m* **night-time** *n* Nacht[zeit] *f* **night-watch** *n* Nachtwache *f* **night watchman** *n* Nachtwächter *m*
nil [nɪl] *n no pl* (*nothing*) Nichts *nt*, Null *f*
nine [naɪn] **I.** *adj* neun; **~ times out of ten** in neun von zehn Fällen; *see also* **eight** **II.** *n* Neun *f*; *see also* **eight**
nineteen [ˌnaɪn'tiːn] **I.** *n* Neunzehn *f*; *see also* **eight** **II.** *adj* neunzehn; *see also* **eight**
nineteenth [ˌnaɪn'tiːn(t)θ] **I.** *n* ❶ (*after 18th*) Neunzehnte(r, s); *see also* **eighth** ❷ (*fraction*) Neunzehntel *nt*; *see also* **eighth** **II.** *adj* neunzehnte(r, s); *see also* **eighth** **III.** *adv* an neunzehnter Stelle
ninetieth ['naɪntiəθ] **I.** *n* ❶ (*after 89th*) Neunzigste(r, s) ❷ (*fraction*) Neunzigstel *nt* **II.** *adj* neunzigste(r, s) **III.** *adv* an neunzigster Stelle
ninety ['naɪnti] **I.** *n* Neunzig *f* **II.** *adj* neunzig
ninth ['naɪn(t)θ] **I.** *n* ❶ (*after 8th*) Neunte(r, s) ❷ (*fraction*) Neuntel *nt* **II.** *adj* neunte(r, s) **III.** *adv* an neunter Stelle
nip [nɪp] **I.** *vt* <-pp-> beißen **II.** *vi* <-pp-> ❶ (*bite*) beißen ❷ BRIT, AUS (*fam: go quickly*) **to ~ along** entlangflitzen *fam*; **I ~ped round to Bill's to borrow some sugar** ich bin schnell zu Bill rübergegangen, um mir etwas Zucker zu borgen **III.** *n* ❶ (*pinch*) Kniff *m* ❷ *no pl* **there's a ~ in the air** es ist frisch
nipple ['nɪpl̩] *n* ❶ ANAT Brustwarze *f* ❷ (*of baby bottle*) Sauger *m*
nippy ['nɪpi] *adj* ❶ BRIT, AUS (*fam: quick*) schnell ❷ (*fam: cold*) kühl
nit [nɪt] *n* ZOOL Nisse *f*
nitpicking ['nɪtpɪkɪŋ] **I.** *adj* (*pej fam*) pingelig **II.** *n no pl* (*pej fam*) Krittelei *f*
nitrate ['naɪtreɪt] *n* Nitrat *nt*
nitrogen ['naɪtrədʒən] *n no pl* Stickstoff *m*
nitty-gritty [ˌnɪti'grɪti] *n no pl* (*fam*) **to get down to the ~** zur Sache kommen
no [nəʊ, nə] **I.** *adj* ❶ (*not any*) kein(e); **~ one** keiner ❷ (*in signs*) **'~ parking'** ‚Parken verboten' ❸ *with gerund* (*impossible*) **there's ~ denying** es lässt sich nicht leugnen **II.** *adv* (*not at all*) nicht **III.** *n* <*pl* -es> (*negation*) Nein *nt kein pl*; (*refusal*) Absage *f* **IV.** *interj* ❶ (*refusal*) nein ❷ (*distress*) **oh ~!** oh nein!
No. *n*, **no.** <*pl* Nos. *or* nos.> *n abbrev of* **number** Nr.
Nobel prize [ˌnəʊbel'-] *n* Nobelpreis *m*; **~ winner** Nobelpreisträger(in) *m(f)*
nobility [nə(ʊ)'bɪləti] *n no pl* ❶ *+ sing/pl vb* (*aristocracy*) **the ~** der Adel ❷ (*character*) hohe Gesinnung
noble ['nəʊbl̩] **I.** *adj* ❶ (*aristocratic*) ad[e]lig ❷ (*estimable*) *ideals, motives, person* edel *geh*, nobel *geh* **II.** *n* Ad[e]lige(r) *f(m)*
nobleman *n* Ad[e]liger *m*, Edelmann *m hist*
nobody ['nəʊbədi] **I.** *pron indef pron, sing* (*no people*) niemand, keiner; **~ else** niemand anders **II.** *n* <*pl* -dies> (*sb of no importance*) Niemand *m*
no-confidence vote *n* Misstrauensvotum *nt*
nocturnal [nɒk'tɜːnᵊl] *adj* nächtlich *attr*, Nacht-

nod [nɒd] **I.** *n usu sing* Nicken *nt kein pl* **II.** *vt* <-dd-> ❶ **to ~ one's head** mit dem Kopf nicken ❷ **to ~ a farewell to sb** jdm zum Abschied zunicken **III.** *vi* <-dd-> nicken

no-frills *adj* [schlicht und] einfach; **~ airline** Billig[flug]linie *f*

no-go area, AM **no-go zone** *n* verbotene Zone

noise [nɔɪz] *n* ❶ *no pl* (*loudness*) Lärm *m*, Krach *m* ❷ (*sound*) Geräusch *nt*

noise barrier *n* Lärmschutzwand *f*

noiseless ['nɔɪzləs] *adj breath, flight* geräuschlos, lautlos

noise pollution *n no pl* Lärmbelästigung *f*

noisy ['nɔɪzi] *adj* laut, lärmend

nomad ['nəʊmæd] *n* Nomade, Nomadin *m, f*; (*fig*) Wandervogel *m hum*

nomadic [nə(ʊ)'mædɪk] *adj* nomadisch, Nomaden-

no-man's-land *n no pl* ❶ MIL Niemandsland *nt* ❷ (*limbo*) Schwebezustand *m*

nominate ['nɒmɪneɪt] *vt* ❶ (*propose*) nominieren ❷ (*appoint*) **to ~ sb [as] sth** jdn zu etw *dat* ernennen

nomination [ˌnɒmɪ'neɪʃᵊn] *n* ❶ (*proposal*) Nominierung *f* (**for** für) ❷ (*appointment*) Ernennung *f* (**to** zu)

nominative ['nɒmɪnətɪv] **I.** *n* **the ~** der Nominativ **II.** *adj* Nominativ-; **to be in the ~ case** im Nominativ stehen

nominee [ˌnɒmɪ'niː] **I.** *n* Kandidat(in) *m(f)* **II.** *adj attr* nominiert

non- [ˌnɒn] *in compounds* Nicht-, nicht-

non-aggression *n no pl* Gewaltverzicht *m*; **~ pact/treaty** Nichtangriffspakt *m* **non-alcoholic** *adj drink, beer* alkoholfrei **non-aligned** *adj* neutral; POL blockfrei **non-attendance** *n no pl* (*at school, a hearing*) Abwesenheit *f*

nonchalance ['nɒn(t)ʃᵊlən(t)s] *n no pl* Gleichgültigkeit *f*

nonchalant ['nɒn(t)ʃᵊlənt] *adj* gleichgültig

non-committal [ˌnɒnkə'mɪtᵊl] *adj letter, tone* unverbindlich **non-compliance** *n no pl with an order* Nichtbeachtung *f*; *with a wish* Nichterfüllung *f*

non compos mentis [ˌnɒnˌkɒmpəs'mentɪs] *adj pred* LAW nicht im Vollbesitz seiner geistigen Kräfte

non-deposit bottle *n* Einwegflasche *f*

nondescript ['nɒndɪskrɪpt] *adj person, building* unscheinbar

none [nʌn] **I.** *pron* ❶ (*not any*) keine(r, s); **~ of it matters anymore** das spielt jetzt keine Rolle mehr; **~ of the staff** + *sing/pl vb* keiner der Angestellten ❷ (*no person, no one*) **~ other than ...** kein Geringerer/keine Geringere als ... ▶ **to be second to ~** unvergleichlich sein **II.** *adv* kein bisschen; **~ too pleased** (*form*) nicht sonderlich erfreut

non-essential I. *adj* überflüssig, unnötig **II.** *n* unnötige Sache

nonetheless [ˌnʌnðə'les] *adv* nichtsdestoweniger, trotzdem

non-event *n* (*fam*) *of party* Reinfall *m*; *in one's life* Enttäuschung *f* **non-existence** *n no pl* Nichtvorhandensein *nt* **non-existent** *adj* nicht vorhanden **non-fat** *adj food* fettfrei **non-fiction** *n no pl* Sachliteratur *f* **non-flammable** *adj material* nicht entflammbar **non-infectious** *adj disease* nicht ansteckend **non-iron** *adj* bügelfrei **non-member** *n* Nichtmitglied *nt* **non-negotiable** *adj* ❶ LAW *terms, conditions* nicht verhandelbar ❷ FIN *document, bill of exchange* nicht übertragbar

no-no <*pl* -es> *n* (*fam*) Unding *nt*

no-nonsense *adj attr person, manner* sachlich, nüchtern

non-polluting *adj by-product* ungiftig **nonprofit**, **non-profit-making** *adj* **~ organization** gemeinnützige Organisation **non-proliferation** *n no pl* POL Nichtverbreitung *f* **non-refundable** *adj payment* nicht zurückzahlbar **non-renewable resources** *n pl* nicht erneuerbare

Energien *pl* **non-resident** **I.** *adj* (*non local*) auswärtig **II.** *n* Nichtortsansässige(r) *f(m)* **non-returnable** *adj bottle, can* Einweg-

nonsense ['nɒnsᵊn(t)s] **I.** *n no pl* Unsinn *m,* Quatsch *m* **II.** *adj attr* unsinnig, sinnlos

nonsensical ['nɒnsen(t)sɪkl̩] *adj idea, plan* unsinnig

non-shrink *adj material, clothing* einlaufsicher **non-smoker** *n* ❶ (*person*) Nichtraucher(in) *m(f)* ❷ BRIT (*fam: in train*) Nichtraucherabteil *nt* **non-starter** *n* ❶ SPORTS Nichtstartende(r) *f(m)* ❷ (*fam: idea*) Reinfall *m;* (*person*) Niete *f* **non-stick** *adj* antihaftbeschichtet **non-stop** **I.** *adj* Nonstop- **II.** *adv* nonstop **non-swimmer** *n* Nichtschwimmer(in) *m(f)* **non-taxable** *adj income* steuerfrei **non-toxic** *adj material, substance* ungiftig **non-verbal** *adj communication* nonverbal **non-violent** *adj protest* gewaltfrei

noodle ['nu:dl̩] **I.** *n* Nudel *f;* AM Pasta *f* **II.** *vi* AM (*fam*) herumpfuschen; **to ~ [around] with sth** mit etw *dat* herummachen

nookie, nooky ['nʊki] *n no pl* (*sl*) Sex *m fam*

noon [nu:n] *n no pl* Mittag *m;* **about ~** um die Mittagszeit

no-one ['nəʊwʌn] *pron indef see* **nobody**

noose [nu:s] *n* Schlinge *f*

nope [nəʊp] *adv* (*sl*) nö *fam*

nor [nɔ:ʳ, nəʳ] *conj* ❶ (*and not*) noch; **neither ... ~ ...** weder ... noch ... ❷ *after neg esp* BRIT (*neither*) [und] ... auch nicht

norm [nɔ:m] *n* Norm *f*

normal ['nɔ:mᵊl] **I.** *adj* normal; **as [is] ~** wie üblich **II.** *n no pl* Normalzustand *m;* **to return to ~** sich normalisieren

normality [nɔ:'mæləti] *n no pl* Normalität *f*

normally ['nɔ:mᵊli] *adv* ❶ (*usually*) normalerweise ❷ (*in a normal way*) normal

Norman ['nɔ:mən] HIST **I.** *adj* normannisch; **the ~ Conquest** der normannische Eroberungszug **II.** *n* Normanne *m,* Normannin *f*

north [nɔ:θ] **I.** *n no pl* ❶ (*direction*) Norden *m;* **in the ~** im Norden ❷ (*region*) **the N~** BRIT (*North England*) Nordengland *nt;* AM der Norden, die Nordstaaten *pl* **II.** *adj* nördlich, Nord-; **~ of Manchester** nördlich von Manchester **III.** *adv* nordwärts

North America *n* Nordamerika *nt* **northeast** **I.** *n no pl* Nordosten *m* **II.** *adj* nordöstlich **III.** *adv* nordostwärts **northeastern** *adj attr* nordöstlich, Nordost-

northerly ['nɔ:ðᵊli] *adj* nördlich, Nord-

northern ['nɔ:ðᵊn] *adj attr* nördlich

northerner ['nɔ:ðᵊnəʳ] *n* BRIT Nordengländer(in) *m(f);* AM Nordstaatler(in) *m(f);* (*fig, hum*) Nordlicht *nt*

Northern Ireland *n* Nordirland *nt*

northernmost ['nɔ:ðᵊnməʊst] *adj* nördlichste(r, s)

North Pole *n* **the ~** der Nordpol **North Sea** *n* **the ~** die Nordsee

northward ['nɔ:θwəd] **I.** *adj migration* nach Norden *nach n,* Nord-; **~ direction** nördliche Richtung **II.** *adv* nach Norden

northwest **I.** *n no pl* Nordwesten *m* **II.** *adj* nordwestlich, Nordwest-; **~ wind** Wind *m* von Nordwest **III.** *adv* nach Nordwesten

northwesterly *adj* nordwestlich, Nordwest-; **~ wind** Wind *m* aus Nordwest

Norway ['nɔ:weɪ] *n* Norwegen *nt*

Norwegian [nɔ:'wi:dʒᵊn] **I.** *n* ❶ (*person*) Norweger(in) *m(f)* ❷ *no pl* (*language*) Norwegisch *nt* **II.** *adj* norwegisch, Norwegisch-

nose [nəʊz] **I.** *n* ❶ (*organ*) Nase *f* ❷ (*front*) Schnauze *f fam* ❸ *no pl* (*smell*) Geruchssinn *m;* ▶ **to get up**

N

sb's ~ BRIT, AUS (*fam*) jdm auf den Wecker gehen; on the ~ AM (*fam*) genau **II.** *vi* **to ~ forwards** sich vorsichtig vorwärtsbewegen

◆ **nose about** *vi* (*fam*) herumstöbern *fam*

nosebag *n* Hafersack *m* **nosebleed** *n* Nasenbluten *nt* **nosedive** **I.** *n* AVIAT Sturzflug *m* **II.** *vi* AVIAT im Sturzflug heruntergehen **nose job** *n* MED (*fam*) Nasenkorrektur *f* **nose ring** *n* Nasenring *m*

nosey ['nəʊzi] *adj* (*pej*) neugierig

nosh [nɒʃ] **I.** *n no pl* BRIT, AUS (*sl: food*) Fressalien *pl fam* **II.** *vi* **to ~ on sth** etw futtern **III.** *vt* futtern *sl*

no-show **I.** *n* jd, der nicht erscheint; (*on flight*) No-show *m fachspr* **II.** *n modifier* **~ passenger** Fluggast, der nicht erscheint **no-smoking** *adj area* Nichtraucher-; **~ area** Nichtraucherzone *f*

nostalgia [nɒs'tældʒə] *n no pl* Nostalgie *f*

nostalgic [nɒs'tældʒɪk] *adj* nostalgisch

N

nostril ['nɒstrᵊl] *n of a person* Nasenloch *nt; of a horse* Nüster *f*

nosy ['nəʊzi] *adj* (*pej*) neugierig; **~ parker** *esp* BRIT (*pej fam*) neugierige Person

not [nɒt] *adv* nicht; **it's ~ unusual** das ist nicht ungewöhnlich; **it's a girl, ~ a boy** es ist ein Mädchen, kein Junge; **it's cold, isn't it?** es ist kalt, nicht [wahr]?; **I hope ~!** ich hoffe nicht!

notably ['nəʊtəbli] *adv* (*particularly*) insbesondere, vor allem

notary (public) <*pl* -ies public> ['nəʊtᵊri] *n* Notar(in) *m(f)*

note [nəʊt] **I.** *n* ❶ (*record*) Notiz *f;* **to write sb a ~** jdm eine Nachricht hinterlassen ❷ (*attention*) **to take ~ of sth** von etw *dat* Notiz nehmen ❸ (*sound*) Ton *m* **II.** *vt* (*notice*) wahrnehmen; (*remark*) anmerken

notebook *n* ❶ (*book*) Notizbuch *nt* ❷ COMPUT Notebook *nt*

noted ['nəʊtɪd] *adj attr* bekannt (**for** für)

notepad *n* ❶ (*pad*) Notizblock *m* ❷ COMPUT Notepad *nt* **notepaper** *n no pl* Briefpapier *nt*

noteworthy ['nəʊtˌwɜːði] *adj conclusions, results* beachtenswert; **nothing/something ~** nichts/etwas Besonderes

not-for-profit *adj organisation, company* nicht auf Gewinn ausgerichtet *attr*

nothing ['nʌθɪŋ] **I.** *pron indef* ❶ (*not anything*) nichts; **~ else** nichts weiter ❷ (*of no importance*) nichts; **~ much** nicht viel ❸ (*zero*) Null *f;* ▶ **[all] for ~** [vollkommen] umsonst; **there's ~ in it** es ist nichts dran **II.** *adj attr* (*fam*) *activity* belanglos **III.** *n* (*fam*) ❶ (*person*) Niemand *m* ❷ (*thing*) Unwichtigkeit *f* **IV.** *adv* (*not*) überhaupt nicht

nothingness ['nʌθɪŋnəs] *n no pl* ❶ (*emptiness*) Nichts *nt* ❷ (*worthlessness*) Bedeutungslosigkeit *f*

notice ['nəʊtɪs] **I.** *vt* ❶ (*see*) bemerken; (*catch*) mitbekommen; (*perceive*) wahrnehmen ❷ (*pay attention to*) beachten; **to ~ sb** (*become aware of*) auf jdn aufmerksam werden **II.** *n* ❶ *no pl* (*attention*) Beachtung *f;* **to take ~ of sb** von jdm Notiz nehmen ❷ (*poster*) Plakat *nt* ❸ *no pl* (*information in advance*) **to give sb ~** jdn [vorab] informieren; **at four days' ~** binnen vier Tagen

noticeable ['nəʊtɪsəbl̩] *adj improvement, increase* merklich

notice-board *n* Aushang *m*, schwarzes Brett

notifiable ['nəʊtɪfaɪəbl̩] *adj disease* meldepflichtig; *offence* anzeigepflichtig

notification [ˌnəʊtɪfɪ'keɪʃᵊn] *n* Mitteilung *f*

notify <-ie-> ['nəʊtɪfaɪ] *vt* **to ~ sb [of sth]** jdn [über etw *akk*] unterrichten

notorious [nə(ʊ)'tɔːriəs] *adj temper, thief* notorisch

notwithstanding [ˌnɒtwɪθ'stændɪŋ] (*form*) **I.** *prep* ungeachtet *+gen* **II.** *adv* trotzdem **III.** *conj* **~ that ...** obwohl, ...

nougat ['nuːgɑː] *n no pl* Nougat *nt*

nought [nɔːt] *n* ❶ *esp* BRIT Null *f* ❷ *no pl see* **naught**

noun [naʊn] *n* Hauptwort *nt,* Substantiv *nt*

nourish ['nʌrɪʃ] *vt* ❶ (*feed*) ernähren ❷ (*form: cherish*) **to ~ ambitions** Ambitionen haben

nourishing ['nʌrɪʃɪŋ] *adj* (*healthy*) *food, drink* nahrhaft

novel[1] ['nɒvəl] *n* (*book*) Roman *m*

novel[2] ['nɒvəl] *adj* (*new*) neuartig; *way, approach, idea* neu

novelist ['nɒvəlɪst] *n* Romanautor(in) *m(f)*

novella <*pl* -s> [nə(ʊ)'velə] *n* LIT Novelle *f*

novelty ['nɒvəlti] *n* ❶ (*new thing*) Neuheit *f* ❷ *no pl* (*newness*) Neuartigkeit *f* ❸ (*trinket*) Krimskrams *m;* (*funny*) Scherzartikel *m*

November [nəʊ'vembər] *n* November *m; see also* **February**

novice ['nɒvɪs] **I.** *n* ❶ (*learner*) Anfänger(in) *m(f)* ❷ REL Novize(in) *m(f)* **II.** *adj* ❶ (*learner*) *pilot, skier* unerfahren ❷ REL Novizen- **~ monk/nun** Mönch *m*/Nonne *f* in der Vorbereitungszeit [*o* im Noviziat]

now [naʊ] **I.** *adv* ❶ (*at present*) jetzt; **until ~** bis jetzt ❷ (*at once*) [**right**] **~** jetzt, sofort, gleich ❸ (*soon*) **the puppies will be born any day ~** die Hundewelpen können jetzt jeden Tag zur Welt kommen ❹ (*short time ago*) **just ~** gerade eben ❺ (*after repetition*) **what do you want ~?** was willst du denn nun? ❻ (*occasionally*) [**every**] **~ and then** ab und zu **II.** *n* Jetzt *nt;* **by ~** mittlerweile; **from ~ on** ab sofort **III.** *conj* **~** [**that**] **...** jetzt, wo ... **IV.** *adj* (*fam: trendy, up to date*) in *präd,* aktuell

nowadays ['naʊədeɪz] *adv* heutzutage

nowhere ['nəʊ(h)weər] **I.** *adv* nirgends, nirgendwo **II.** *n* Nirgendwo *nt* **III.** *adj attr* (*fam*) ausweglos

noxious ['nɒkʃəs] *adj* (*form: toxic*) *chemicals, fumes* giftig

nozzle ['nɒzl] *n* Düse *f; of petrol pump* [Zapf]hahn *m*

nuance ['njuːɑːn(t)s] *n* Nuance *f*

nubile ['njuːbaɪl] *adj* (*hum*) [sehr] anziehend

nuclear ['njuːkliər] *adj* ❶ (*of energy*) Kern-, Atom- ❷ MIL nuklear, atomar; **~-free zone** atomwaffenfreie Zone ❸ NUCL Kern-

nucleic acid [njuːˌkliːɪk'-] *n* Nukleinsäure *f*

nucleus <*pl* -clei> ['njuːkliəs] *n* Kern *m*

nude [njuːd] **I.** *adj* nackt; **~ model** Aktmodel *nt* **II.** *n* ❶ ART Akt *m* ❷ (*nakedness*) **in the ~** nackt; **to swim in the ~** nackt schwimmen

nudge [nʌdʒ] **I.** *vt* ❶ (*push*) stoßen ❷ (*fig: urge*) **to ~ sb into sth** jdn zu etw *dat* drängen ❸ (*approach*) **he must be nudging 60 now** er muss jetzt auch schon auf die 60 zugehen **II.** *n* (*push*) Schubs *m*

nudism ['njuːdɪzəm] *n no pl* Freikörperkultur *f*

nudist ['njuːdɪst] *n* Nudist(in) *m(f);* **~ beach** FKK-Strand *m*

nudity ['njuːdəti] *n no pl* Nacktheit *f*

nugget ['nʌgɪt] *n* ❶ (*lump*) Klumpen *m* ❷ FOOD **chicken ~** Hähnchennugget *nt*

nuisance ['njuːsən(t)s] *n* ❶ (*pesterer*) Belästigung *f,* Plage *f* ❷ (*annoyance*) Ärger *m;* **what a ~!** wie ärgerlich!

nuke [njuːk] (*sl*) **I.** *vt* ❶ MIL atomar angreifen; (*fig: destroy*) zerstören ❷ *esp* AM, AUS (*in microwave*) warm machen **II.** *n* ❶ (*power station*) Atomkraftwerk *nt* ❷ (*bomb*) Atombombe *f*

null and void [nʌl] *adj* LAW null und nichtig

numb [nʌm] **I.** *adj* ❶ *limbs* taub; **~ with cold** taub vor Kälte ❷ (*torpid*) benommen; **to feel ~** sich benommen fühlen ❸ (*shocked*) **to be ~ with disbelief** ungläubig starren **II.** *vt* ❶ *limbs* taub

N

machen ❷ (*fig*) **to be ~ed by sth** durch etw *akk* abgestumpft sein

number¹ ['nʌmbəʳ] **I.** *n* ❶ MATH Zahl *f* ❷ *no pl, + sing/pl vb* (*amount*) [An]zahl *f;* **for a ~ of reasons** aus vielerlei Gründen ❸ (*issue*) Ausgabe *f;* **back ~** frühere Ausgabe **II.** *vt* (*mark in series*) nummerieren

number² ['nʌməʳ] *adj comp of* **numb**

numbering ['nʌmbᵊrɪŋ] *n no pl* Nummerierung *f*

number plate *n* BRIT Nummernschild *nt*

numbness ['nʌmnəs] *n no pl of limbs* Taubheit *f*

numeracy ['nju:mᵊrəsi] *n no pl* MATH Rechnen *nt*

numeral ['nju:mᵊrᵊl] *n* Ziffer *f*

numerical [nju:'merɪkḷ] *adj* numerisch; **in ~ order** in numerischer Reihenfolge

numeric keypad *n* Ziffernblock *m*

numerous ['nju:mᵊrəs] *adj* zahlreich

nun [nʌn] *n* Nonne *f*

nunnery ['nʌnᵊri] *n* (*liter or dated*) [Nonnen]kloster *nt*

N

nurse [nɜ:s] **I.** *n* ❶ (*at hospital*) [Kranken]schwester *f;* (*male*) Krankenpfleger *m* ❷ (*nanny*) Kindermädchen *nt* **II.** *vt* ❶ (*care for*) pflegen ❷ (*heal*) [aus]kurieren

nursery ['nɜ:sᵊri] **I.** *n* (*crèche*) Kindergarten *m;* (*school*) Vorschule *f* **II.** *adj* Kinder-; **~ facilities** Betreuungsmöglichkeiten *pl* für Kleinkinder; **~ teacher** (*at crèche*) Kindergärtner(in) *m(f);* (*at school*) Vorschullehrer(in) *m(f)*

nursery rhyme *n* Kinderreim *m;* (*song*) Kinderlied *nt* **nursery school** *n* Vorschule *f* **nursery slopes** *n pl* BRIT Anfängerhügel *m*

nursing ['nɜ:sɪŋ] **I.** *n no pl* ❶ (*taking care*) [Kranken]pflege *f;* **to go into ~** Krankenpfleger(in) werden ❷ (*feeding*) Stillen *nt* **II.** *adj* (*caring*) Krankenpflege-; **~ profession** Krankenpflegeberuf *m*

nurture ['nɜ:tʃəʳ] **I.** *vt* (*form*) ❶ (*raise*) aufziehen ❷ (*encourage*) fördern **II.** *n no pl* (*upbringing*) Erziehung *f*

nut [nʌt] **I.** *n* ❶ (*fruit*) Nuss *f* ❷ TECH Mutter *f* ❸ (*fam: madman*) Bekloppte(r) *f(m) sl* ❹ (*fam: fool*) Verrückte(r) *f(m)* ❺ (*fam: head*) Schädel *m;* **to do one's ~** BRIT, AUS durchdrehen ▶ **a hard ~ to crack** (*problem*) eine harte Nuss **II.** *vt* <-tt-> (*fam*) **to ~ sb** jdm eine Kopfnuss geben

nutcracker *n* Nussknacker *m*

nutmeg ['nʌtmeg] *n* ❶ (*fruit*) Muskatnuss *f* ❷ *no pl* (*spice*) Muskat *m*

nutrient ['nju:triənt] **I.** *n* Nährstoff *m* **II.** *adj* ❶ FOOD Nährstoff- ❷ (*nourishing*) nahrhaft

nutrition [nju:'trɪʃᵊn] *n no pl* ❶ (*eating*) Ernährung *f;* **~ content** Nährstoffgehalt *m* ❷ (*science*) Ernährungswissenschaft *f*

nutritional [nju:'trɪʃᵊnᵊl] *adj* Ernährungs-; **~ supplement** Nahrungsergänzung *f;* **~ value** Nährwert *m*

nutritionist [nju:'trɪʃᵊnɪst] *n* Ernährungswissenschaftler(in) *m(f)*

nutritious [nju:'trɪʃəs] *adj* nährstoffreich; (*nourishing*) nahrhaft

nuts [nʌts] **I.** *n pl esp* AM (*fam!*) Eier *pl vulg* **II.** *adj pred* ❶ (*madly foolish*) **to be ~** verrückt sein ❷ (*angry*) **to go ~** ausrasten ❸ (*enthusiastic*) **to be ~ about sb** verrückt nach jdm sein

nutshell *n no pl* Nussschale *f;* ▶ **in a ~** kurz gesagt

nutter ['nʌtəʳ] *n* BRIT, AUS (*pej fam*) ❶ (*madman*) Verrückte(r) *f(m)* ❷ (*fool*) Spinner(in) *m(f)*

nutty ['nʌti] *adj* ❶ (*full of nuts*) mit vielen Nüssen *nach n* ❷ (*tasting like nuts*) *taste, aroma* nussig ❸ (*fam: enthusiastic*) **to be ~ about sb** ganz verrückt nach jdm sein

nylon ['naɪlɒn] *n no pl* Nylon *nt*

nymph [nɪm(p)f] *n* Nymphe *f*

nymphomaniac [ˌnɪm(p)fə(ʊ)'meɪniæk] (*pej*) **I.** *n* Nymphomanin *f* **II.** *adj* nymphomanisch

Oo

O <*pl* -'s>, **o** <*pl* -'s> [əʊ] *n* O *nt*, o *nt;* (*blood*) O; (*zero*) Null *f;* (*in phone number*) null; *see also* **A 1**
o'clock [ə'klɒk] *adv* **it's two ~** es ist zwei Uhr
oak [əʊk] **I.** *n* ❶ Eiche *f* ❷ *no pl* (*wood also*) Eichenholz *nt* **II.** *adj* aus Eichenholz *nach n; leaves* Eichen-
OAP [ˌəʊeɪ'piː] *n* BRIT *abbrev of* **old age pensioner**
oar [ɔːʳ] *n* Ruder *nt*
oasis <*pl* -ses> [əʊ'eɪsɪs] *n* Oase *f*
oat [əʊt] *n* **~s** *pl* Hafer *m;* **rolled ~s** *pl* Haferflocken *pl*
oath [əʊθ] *n* Eid *m;* (*curse*) Fluch *m;* **to be under ~** unter Eid stehen
obedience [ə(ʊ)'biːdiən(t)s] *n no pl* Gehorsam *m* (**to** gegenüber)
obedient [ə(ʊ)'biːdiənt] *adj* gehorsam; *child, dog a.* folgsam
obese [ə(ʊ)'biːs, AM oʊ'-] *adj* fett *pej;* MED fettleibig, fettsüchtig
obesity [ə(ʊ)'biːsəti, AM oʊ'biːsət̬i] *n no pl* Fettsucht *f;* MED Fettleibigkeit *f*
obey [ə(ʊ)'beɪ] *vt* gehorchen +*dat; order, rules* befolgen
object¹ ['ɒbdʒɪkt] *n* ❶ Objekt *nt* ❷ *usu sing* (*form: focus*) Gegenstand *m*
object² [ɒb'dʒekt] *vi* dagegen sein; **to ~ to sth** mit etw *dat* nicht einverstanden sein; (*stronger*) sich *dat* etw verbitten
objection [əb'dʒekʃᵊn] *n* Einwand *m*
objective [əb'dʒektɪv] **I.** *n* Ziel *nt;* (*lens*) Objektiv *nt* **II.** *adj* objektiv; (*actual*) sachlich
obligation [ˌɒblɪ'geɪʃᵊn] *n* Verpflichtung *f* (**to** gegenüber)
oblige [ə'blaɪdʒ] **I.** *vt* ❶ **to feel ~d to do sth** sich verpflichtet fühlen, etw zu tun ❷ (*please*) einen Gefallen erweisen +*dat* ❸ **much ~d!** herzlichen Dank! **II.** *vi* helfen
oblong ['ɒblɒŋ] **I.** *n* Rechteck *nt* **II.** *adj* rechteckig
obscene [əb'siːn] *adj* obszön; *language* vulgär; (*immoral*) schamlos
obscure [əb'skjʊəʳ] **I.** *adj* ❶ *author, place, origins* unbekannt ❷ *reasons, comment, text* schwer verständlich **II.** *vt* ❶ *view* versperren ❷ (*make unclear*) unklar machen
observant [əb'zɜːvᵊnt] *adj* aufmerksam; *priest* praktizierend *attr*
observation [ˌɒbzə'veɪʃᵊn] *n* ❶ *no pl* (*seeing, surveillance*) Beobachtung *f; by police* Überwachung *f* ❷ (*form: thought*) Überlegung *f*
observation tower *n* Aussichtsturm *m*
observation ward *n* Beobachtungsstation *f*
observatory [əb'zɜːvətri] *n* Observatorium *nt*
observe [əb'zɜːv] **I.** *vt* ❶ beobachten; *by police* überwachen ❷ (*form: notice*) bemerken ❸ (*form*) *ceasefire, neutrality* einhalten ❹ (*maintain*) **to ~ silence** Stillschweigen bewahren **II.** *vi* zusehen
observer [əb'zɜːvəʳ] *n* Beobachter(in) *m(f);* (*spectator*) Zuschauer(in) *m(f)*
obsess [əb'ses] *vt* verfolgen; **the idea of finding her real mother seemed to ~ her** sie schien von der Vorstellung besessen, ihre richtige Mutter zu finden
obsessed [əb'sest] *adj* **to be ~ed with sth/sb** von etw/jdm besessen sein
obsession [əb'seʃᵊn] *n* ❶ (*preoccupation*) Besessenheit *f* ❷ PSYCH (*distressing idea*) Zwangsvorstellung *f*
obsessive [əb'sesɪv] **I.** *adj* zwanghaft; **~ behaviour** Zwangsverhalten *nt*

O

II. *n* Besessene(r) *f(m)*

obsolete ['ɒbs(ə)li:t] *adj* veraltet; *design* altmodisch; *law* nicht mehr gültig

obstacle ['ɒbstəkl̩] *n* Hindernis *nt;* **~ race** Hindernisrennen *nt*

obstinate ['ɒbstɪnət] *adj* hartnäckig; *refusal* stur

obstruct [əb'strʌkt] *vt* ❶ blockieren; *pipe* verstopfen; *reform* im Wege stehen ❷ (*interfere*) **to ~ the course of justice** die Rechtsfindung behindern

obstruction [əb'strʌkʃ(ə)n] *n* Blockierung *f; of pipes* Verstopfung *f; of traffic* [Verkehrs]stau *m; of the law* Behinderung *f*

obtain [əb'teɪn] *vt* bekommen; *permission* erhalten; *access* sich *dat* verschaffen

obtainable [əb'teɪnəbl̩] *adj* erhältlich

obvious ['ɒbviəs] *adj* offensichtlich; *displeasure* deutlich; *lie* offenkundig; **for ~ reasons** aus ersichtlichen Gründen

obviously ['ɒbviəsli] *adv* offensichtlich; (*visibly also*) sichtlich

occasion [ə'keɪʒ(ə)n] **I.** *n* Gelegenheit *f;* (*event*) Ereignis *nt;* (*opportunity*) Gelegenheit *f;* **on one ~** einmal **II.** *vt* (*form*) hervorrufen

occasional [ə'keɪʒ(ə)n(ə)l] *adj* gelegentlich

occasionally [ə'keɪʒ(ə)n(ə)li] *adv* gelegentlich

occupancy rate *n* Belegrate *f*

occupant ['ɒkjəpənt] *n* Bewohner(in) *m(f);* (*bearer*) Inhaber(in) *m(f)*

occupation [ˌɒkjə'peɪʃ(ə)n] *n* ❶ (*form*) Beruf *m;* (*pastime*) Beschäftigung *f* ❷ *no pl* MIL Besetzung *f*

occupier ['ɒkjəpaɪə(r)] *n* Bewohner(in) *m(f);* (*conqueror*) Besatzer(in) *m(f)*

occupy <-ie-> ['ɒkjəpaɪ] *vt usu passive* ❶ *job* ausfüllen; *tenant* bewohnen; *room* belegen; *throne* innehaben; *troops* besetzen ❷ **to ~ oneself** sich beschäftigen

occur <-rr-> [ə'kɜ:(r)] *vi* ❶ geschehen; *symptom* auftreten; *change* stattfinden ❷ (*exist*) vorkommen ❸ **to ~ to sb** jdm einfallen

occurrence [ə'kʌr(ə)n(t)s] *n* ❶ Vorfall *m* ❷ *no pl* (*incidence*) Vorkommen *nt; disease* Auftreten *nt*

ocean ['əʊʃ(ə)n] *n* Meer *nt;* **Indian ~** Indischer Ozean

octagon ['ɒktəgən] *n* Achteck *nt*

October [ɒk'təʊbə(r)] *n* Oktober *m; see also* **February**

octopus <*pl* -es> ['ɒktəpəs] *n* Tintenfisch *m;* (*large*) Krake *f*

odd [ɒd] **I.** *adj* ❶ merkwürdig; *person, thing a.* eigenartig ❷ *attr shoes* einzeln ❸ MATH ungerade ❹ *attr* gelegentlich; **~ jobs** Gelegenheitsarbeit **II.** *n* **the ~s are [that] ...** es ist sehr wahrscheinlich, dass ... ▸ **~s and <u>ends</u>** Krimskrams *m kein pl* **<u>against</u> all [the] ~s** entgegen allen Erwartungen

oddly ['ɒdli] *adv* seltsam; **~ enough** merkwürdigerweise

odds-on *adj* sehr wahrscheinlich; *favourite* klar

odour ['əʊdə(r)] *n* Geruch *m;* **sweet ~** Duft *m*

odourless ['əʊdələs] *adj* (*form*) geruchlos

of [ɒv, əv] *prep* ❶ *after n* von +*dat;* **both ~ us** wir beide; **most ~ them** die meisten von ihnen; **a friend ~ mine** ein Freund von mir; **an admirer ~ Picasso** ein Bewunderer *m* Picassos; **the cause ~ the disease** die Krankheitsursache; **the colour ~ her hair** ihre Haarfarbe; **one ~ the cleverest** eine(r) der Schlauesten ❷ *after n* **I want a few minutes ~ quiet!** ich will ein paar Minuten Ruhe!; **cup ~ tea** Tasse *f* Tee; **drop ~ rain** Regentropfen *m;* **a litre ~ water** ein Liter *m* Wasser; **a lot ~ money** eine Menge Geld; **a piece ~ cake** ein Stück Kuchen ❸ *after n* (*done to*) **the destruction ~ the rain forest** die Zerstörung des Regenwalds ❹ *after n* (*expressing* *position*) **in the back ~ the car** hinten im Auto; **on the corner ~ the street** an der Straßenecke; **on the left ~ the picture** links auf dem Bild ❺ *after n* **the eleventh ~ March** der elfte März ❻ *after vb* (*concerning*) **speaking ~ sb/sth, ...** wo wir gerade von jdm/etw sprechen, ...; **I am certain ~ that** ich bin mir dessen sicher; **what ~ it?** na und? ❼ *after adj* **free ~ charge** kostenlos ❽ (*consisting*) aus +*dat* ❾ (*expressing cause*) **to die ~ sth** an etw *dat* sterben ❿ (*expressing age*) **he's a man ~ about 50** er ist um die 50 Jahre alt

off [ɒf] **I.** *prep* ❶ (*removed*) von +*dat* ❷ *after vb* (*leaving*) von +*dat; vehicle* aus +*dat;* (*descending*) hinunter [von +*dat*]; (*to sb*) herunter [von +*dat*] ❸ **~ the point** nicht relevant; **~ the record** nicht für die Öffentlichkeit bestimmt; **~ the subject** nicht zum Thema gehörend ❹ (*fam: stop liking*) **to be ~ one's food** keinen Appetit haben; **to go ~ sb/sth** jdn/etw nicht mehr mögen **II.** *adv* ❶ (*away*) **to run ~** weglaufen; **to see sb ~** jdn verabschieden ❷ (*removed*) **to take ~** abnehmen; *coat* ausziehen ❸ **to burn ~ sth** etw verbrennen; **to kill ~ sth** etw vernichten; **to pay ~ sth** etw abbezahlen ❹ **to shut ~ streets** Straßen sperren; **to fence sth ~** etw abzäunen ❺ **to laugh sth ~** etw mit einem Lachen abtun **III.** *adj* ❶ **far ~** weit entfernt; *future also* weit weg ❷ *light* aus; *machine* aus[geschaltet]; (*not working*) außer Betrieb ❸ *meeting* abgesagt; **to call sth ~** etw absagen ❹ (*bad*) schlecht; *food also* verdorben; **to go ~** sich verschlechtern; *food* schlecht werden ❺ **50% ~** 50 % reduziert; **to get money ~** Rabatt bekommen ❻ (*free*) **to be ~** freihaben; **to have/take some time ~** einige Zeit freibekommen/freinehmen ❼ **sb is badly/well ~** jdm geht es [finanziell] schlecht/gut **IV.** *n no pl* **to be ready for the ~** bereit zum Gehen sein

off-centre *adj* nicht in der Mitte *präd*

off-chance *n* **on the ~** auf gut Glück

off-colour, AM **off-color** *adj* (*sick*) unpässlich; *joke* schlüpfrig

offence [əˈfen(t)s] *n* ❶ Straftat *f;* **serious ~** schweres Vergehen ❷ *no pl* (*insult*) Beleidigung *f;* **no ~ intended** nimm es mir nicht übel; **to cause ~** Anstoß erregen; **to cause ~ to sb** (*hurt*) jdn kränken; (*insult*) jdn beleidigen ❸ AM SPORTS Angriff *m*

offend [əˈfend] **I.** *vi* ❶ eine Straftat begehen ❷ (*form: infringe*) verstoßen (**against** gegen) **II.** *vt* (*insult*) beleidigen; (*hurt*) kränken; **to be easily ~ed** schnell beleidigt sein

offender [əˈfendəʳ] *n* [Straf]täter(in) *m(f)*

offense *n esp* AM *see* **offence**

offensive [əˈfen(t)sɪv] **I.** *adj* ❶ anstößig; **~ language** Anstoß erregende Ausdrucksweise ❷ (*attack*) Angriffs- **II.** *n* Angriff *m;* **to go on the ~** in die Offensive gehen; **to launch an ~** eine Offensive starten

offer [ˈɒfəʳ] **I.** *n* Angebot *nt* **II.** *vt* anbieten; (*provide*) bieten; *proposal* vorbringen; *congratulations* aussprechen; *incentive* geben **III.** *vi* sich bereit erklären

offhand I. *adj* gleichgültig; (*informal*) lässig **II.** *adv* ohne Weiteres; **to quote sth ~** etw auf Anhieb angeben

office [ˈɒfɪs] *n* ❶ Büro *nt;* (*firm*) Geschäftsstelle *f; lawyer* Kanzlei *f;* BRIT POL **the Foreign/Home O~** das Außen-/Innenministerium ❷ POL (*position*) Amt *nt;* **to come into ~** sein Amt antreten

office block *n* BRIT, AUS Bürogebäude *nt* **office building** *n* Bürogebäude *nt* **office equipment** *n no pl* Büroeinrichtung *f* **office hours** *n pl* Geschäftszeit[en] *f[pl]*

O

officer [ˈɒfɪsəʳ] *n* Offizier(in) *m(f)*; (*police*) Beamte(r), Beamtin *m, f,* Polizist(in) *m(f)*; (*executive*) Referent(in); **~!** Herr Wachtmeister!

office staff *n + sing/pl vb* Büropersonal *nt* **office supplies** *n pl* Bürobedarf *m kein pl* **office worker** *n* Büroangestellte(r) *f(m)*

official [əˈfɪʃəl] **I.** *n* Beamte(r), Beamtin *m, f*; (*functionary*) Funktionär(in) *m(f)*; (*referee*) Schiedsrichter(in) *m(f)* **II.** *adj* amtlich; (*authorized*) offiziell; **~ residence** Amtssitz *m*

officially [əˈfɪʃəli] *adv* offiziell

off-licence *n* BRIT Wein- und Spirituosengeschäft *nt* **off-peak I.** *adj phone call* außerhalb der Hauptsprechzeiten *nach n*; *electricity* Schwachlastzeit- **II.** *adv* außerhalb der Hauptsprechzeiten; *travel* außerhalb der Hauptsaison **off-putting** *adj* abschreckend; *appearance, manner* abstoßend; *experience* schrecklich **off season** *n* **the ~** die Nebensaison

offshore I. *adj* küstennah; FIN Auslands- **II.** *adv* von der Küste her; **to drop anchor/fish ~** vor der Küste ankern/fischen

offside I. *adj, adv* abseits **II.** *n* Abseits *nt*

offside rule *n* Abseitsregel *f*

off-white *n no pl* gebrochenes Weiß

often [ˈɒfən] *adv* oft; **it's not ~ that ...** es kommt selten vor, dass ...; **as ~ as not** meistens; **every so ~** gelegentlich

oh[1] [əʊ] *interj* ❶ (*to show surprise, disappointment, pleasure*) oh; **~ damn!** verdammt! *pej fam*; **~ dear!** oje!; **~ well** na ja; **~ yes?** ach ja? ❷ (*by the way*) ach, übrigens

oh[2] [əʊ] *n* BRIT (*in phone numbers*) Null *f*

OHP [ˌəʊeɪtʃˈpiː] *n abbrev of* **overhead projector** Overheadprojektor *m*

oil [ɔɪl] **I.** *n* Öl *nt*; (*petroleum also*) Erdöl *nt*; (*food also*) Speiseöl; **suntan ~** Sonnenöl *nt*; (*paint*) **~s** *pl* Ölfarben *pl* **II.** *vt* ölen

oil change *n* Ölwechsel *m* **oil company** *n* Ölfirma *f* **oil-fired** *adj inv* ölbeheizt; *central heating* ölbetrieben **oil level** *n* Ölstand *m* **oil painting** *n* Ölgemälde *nt* **oil pipeline** *n* Ölpipeline *f* **oil-producing** *adj attr* [Erd]öl produzierend **oil rig** *n* Bohrinsel *f* **oilskin** *n* ❶ *no pl* Öltuch *nt* ❷ **~s** *pl* Ölzeug *nt kein pl* **oil slick** *n* Ölteppich *m* **oil tanker** *n* Öltanker *m* **oil well** *n* Ölquelle *f*

oily [ˈɔɪli] *adj* ölig; *hair, skin* fettig; *objects* schmierig

ointment [ˈɔɪntmənt] *n* Salbe *f*

OK, okay [ə(ʊ)ˈkeɪ] (*fam*) **I.** *adj* ❶ *pred* okay; *person also* in Ordnung; **if it's ~ with you, ...** wenn es dir recht ist, ... ❷ *pred* (*middling*) nicht schlecht ❸ **to be ~ about sth** mit etw *dat* einverstanden sein ❹ **to be ~ for work** genug Arbeit haben ❺ **to be an ~ guy** [*or* BRIT *a.* **bloke**] ein prima Kerl sein **II.** *interj* okay; **~ then** also gut **III.** *vt* **to ~ sth** zu etw *dat* sein Okay geben **IV.** *n* **to get the ~** das Okay bekommen; **to give [sth] the ~** das Okay [zu etw *dat*] geben **V.** *adv* gut

old [əʊld] **I.** *adj* ❶ alt; **5 years ~** 5 Jahre alt ❷ *attr* (*former*) ehemalig; *job* alt ❸ *attr* (*fam: affectionate*) [gute(r)] alte(r) **II.** *n* **the ~** *pl* die Alten *pl*; **young and ~** Jung und Alt

old age *n no pl* Alter *nt* **old age pensioner** *n* BRIT, AUS Rentner(in) *m(f)* **old-fashioned** *adj* altmodisch **old people's home** *n* Seniorenheim *nt*

olive [ˈɒlɪv] *n* Olive *f*; (*tree*) Olivenbaum *m*; **~ oil** Olivenöl *nt*

Olympic [ə(ʊ)ˈlɪmpɪk] *adj attr* olympisch; **~ champion** Olympiasieger(in) *m(f)*; **~ stadium** Olympiastadion *nt*

omelet(te) [ˈɒmlət] *n* Omelett *nt*

omit <-tt-> [ə(ʊ)ˈmɪt] **I.** *vt* auslassen; (*ignore*) übergehen **II.** *vi* **to ~ to do sth** es unterlassen, etw zu tun

on [ɒn] **I.** *prep* ❶ (*on top of*) auf +*dat*;

(*to top of*) auf +*akk* ❷ (*contacting*) **to fall/lie ~ one's back** auf den/dem Rücken fallen/liegen ❸ (*against*) **to hang ~ the wall** an die Wand hängen; **to trip ~ a cable** an einem Kabel hängen bleiben; **to stumble ~ sth** über etw *akk* stolpern ❹ (*located*) **~ the beach** am Strand ❺ (*from*) **to hang ~ the ceiling** von der Decke hängen ❻ (*clothing*) **with shoes ~ his feet** mit Schuhen an den Füßen; **hat ~ head** mit dem Hut auf dem Kopf ❼ (*about*) über +*akk* ❽ **~ account of** wegen +*gen;* **~ purpose** absichtlich ❾ **how many people are ~ your staff?** wie viele Mitarbeiter haben Sie?; **~ the team** im Team; **to sit ~ the board** Vorstandsmitglied sein ❿ **don't be so hard ~ him!** sei nicht so streng mit ihm!; **to force one's will ~ sb** jdm seinen Willen aufzwingen ⓫ (*using*) **~ the phone** am Telefon; AUS, BRIT telefonisch erreichbar; **~ drums** am Schlagzeug ⓬ **to put sth down ~ paper** etw aufschreiben; **to come out ~ video** als Video herauskommen ⓭ **what are you doing ~ Friday?** was machst du am Freitag? ⓮ (*when*) **~ the count of three, start running!** bei drei lauft ihr los!; **~ receiving her letter** als ich ihren Brief erhielt ⓯ (*a far as*) **we were ~ page 42** wir waren auf Seite 42 ⓰ (*taking*) **to be ~ medication** Medikamente einnehmen ⓱ BRIT (*paid by*) **to be ~ sb** auf jdn gehen ⓲ (*powered*) **does this radio run ~ batteries?** läuft dieses Radio mit Batterien? ⓳ (*experiencing*) **he's out ~ a date** er hat gerade eine Verabredung; **to set sth ~ fire** etw anzünden ▶ **to <u>have</u> time ~ one's hands** noch genug Zeit haben; **<u>what</u> are you ~?** (*fam*) bist du noch bei Sinnen? **II.** *adv* ❶ (*in contact with*) **to screw sth ~** etw anschrauben ❷ (*on body*) an; **get your shoes ~!** zieh dir die Schuhe an!; **to have/try sth ~** etw anhaben/anprobieren; **with nothing ~** nackt ❸ (*continued*) weiter; **the noise just went ~ and ~** der Lärm hörte gar nicht mehr auf; **he talked ~ and ~** er redete pausenlos ❹ (*forwards*) vorwärts; **from that day ~** von diesem Tag an; **what are you doing later ~?** was hast du nachher vor? ❺ (*scheduled*) **I've got nothing ~ next week** ich habe nächste Woche nichts vor ❻ (*aboard*) **to get ~** einsteigen ▶ **to go ~ <u>about</u> sth** AUS, BRIT dauernd über etw *akk* reden; **to <u>hang</u> ~** warten; **that's <u>not</u> ~** BRIT, AUS (*fam*) das ist nicht in Ordnung; **~ and <u>off</u>** ab und zu; **to be ~ to <u>something</u>** (*fam*) etw spitz gekriegt haben; **<u>you're</u> ~!** abgemacht! *fam* **III.** *adj attr* ❶ *light* an; **to leave the light ~** das Licht anlassen; **to switch sth ~** etw einschalten; **~ switch** Einschalter *m* ❷ AM (*good*) gut

once [wʌn(t)s] **I.** *adv* ❶ einmal; **~ a week** einmal pro Woche; **~ and for all** ein für alle Mal; **~ again** wieder einmal; **~ or twice** ein paar Mal; **for ~** ausnahmsweise ❷ (*in the past*) früher; **~ upon a time ...** (*liter*) es war einmal ... ❸ (*some point in time*) **~ more** noch einmal; **at ~** (*simultaneously*) auf einmal; (*immediately*) sofort **II.** *conj* sobald

oncoming [ˈɒnˌkʌmɪŋ] *adj attr* [heran]nahend; **~ traffic** Gegenverkehr *m*

one [wʌn] **I.** *n* ❶ eins; (*digit*) Eins *f;* (*size*) Größe eins; **a hundred and ~** einhundert[und]eins; **to be ~** eins sein; *see also* **eight** **II.** *adj* ❶ *attr* ein(e); **~ hundred/thousand/million** einhundert/eintausend/eine Million; *see also* **eight** ❷ *attr* (*single*) einzige(r, s) ❸ *attr* **~ day** eines Tages; (*sometime*) irgendwann ❹ **to be of ~ mind** einer Meinung sein; **~ and the same** ein und der-/die-/dasselbe ❺ **~ [o'clock]** ein Uhr; **at ~** um eins **III.** *pron* ❶ eine

O

(r, s); **one's loved ~s** seine Lieben; **~ by ~** nacheinander; **not a single ~** kein Einziger/keine Einzige/kein Einziges; **~ at a time** immer nur eine(r, s); **~ after another** eine/einer/eins nach der/dem anderen; **this/that ~** diese(r, s)/jene(r, s); **these/those ~s** diese/jene ❷ (*form*) man; (*I also*) ich/mich/mir; (*we also*) wir/uns ▶ **to get ~ up on sb** jdn übertrumpfen

one-piece (swimsuit) *n* Einteiler *m*

oneself [wʌn'self] *pron refl* ❶ sich; (*myself*) selbst ❷ (*personally*) selbst; **to do sth for ~** etw selbst tun ❸ (*alone*) **to have sth to ~** etw für sich haben; **to keep sth for ~** sich *dat* etw behalten; **[all] by ~** [ganz] alleine

one-way *adj* in einer Richtung *nach n;* (*fig*) einseitig; **~ street** Einbahnstraße *f*

ongoing ['ɒnˌɡəʊɪŋ] *adj* laufend *attr,* im Gang *präd*

onion ['ʌnjən] *n* Zwiebel *f*

online [ˌɒn'laɪn] *adj, adv* online

onlooker ['ɒnˌlʊkəʳ] *n* Zuschauer(in) *m(f);* (*after accident*) Schaulustige(r) *f(m)*

only ['əʊnli] **I.** *adj attr* einzige(r, s); **the ~ one** der/die/das Einzige; **the ~ thing** das Einzige; **the ~ way** die einzige Möglichkeit **II.** *adv* ❶ nur; **for members ~** nur für Mitglieder ❷ (*just*) erst; **~ the other day** erst neulich; **~ just** gerade erst ❸ (*merely*) nur; **not ~ ..., but also ...** nicht nur ..., sondern auch ... ❹ **if ~ ...** wenn nur ... ▶ **you ~ live once** (*prov*) man lebt nur einmal **III.** *conj* ❶ aber; **he's a good athlete, ~ he smokes too much** er ist ein guter Sportler, bloß raucht er zu viel ❷ (*in addition*) **not ~ can she sing, she can act too** sie kann nicht nur singen, sie kann auch schauspielern

o.n.o. *adv* BRIT, AUS COMM *abbrev of* **or nearest offer** VHB

onside [ˌɒn'saɪd] *adj, adv* nicht abseits; **to be ~** nicht im Abseits stehen; **to bring sb ~** (*fig*) jdn auf seine Seite bringen

onto, on to ['ɒntuː] *prep* auf +*akk;* **to get ~ a bus** in einen Bus einsteigen; **to get ~ a bike** auf ein Fahrrad [auf]steigen

onward ['ɒnwəd] **I.** *adj attr* Weiter-; **~ and upward** steil nach oben **II.** *adv* weiter; **from that day ~** von diesem Tag an

open ['əʊpᵊn] **I.** *adj* ❶ offen; *bottle also* geöffnet; **wide ~** weit geöffnet; **to push sth ~** etw aufstoßen ❷ *pred shop* geöffnet ❸ (*unsettled*) offen ❹ (*not enclosed*) offen; **to be in the ~ air** an der frischen Luft sein; **on the ~ road** auf freier Strecke ❺ (*public*) offen ❻ *pred* (*frank*) offen (**with** zu +*dat*) ❼ **to have/keep an ~ mind** unvoreingenommen sein/bleiben; **to be ~ to sth** für etw *akk* offen sein ❽ *pred* (*exposed*) ungeschützt; **to be ~ to criticism** kritisierbar sein; **to be ~ to doubt** zweifelhaft sein ▶ **to be an ~ book** [wie] ein offenes Buch sein **II.** *n* ❶ *no pl* **[out] in the ~** draußen ❷ *no pl* **to bring sth out into the ~** etw publik machen; **to come out into the ~** ans Licht kommen ❸ (*competition*) **O~** [offene] Meisterschaft **III.** *vi* ❶ sich öffnen, aufgehen; *shop* öffnen; *new business* eröffnen; **to ~ onto sth** [direkt] zu etw *dat* führen ❷ (*start*) beginnen, anfangen **IV.** *vt* ❶ öffnen; *book* aufschlagen; *with lid* aufmachen; *business* eröffnen; *curtains* aufziehen ❷ *rally* eröffnen ▶ **to ~ sb's eyes to sb/sth** jdm die Augen über jdn/etw öffnen; **to ~ the floodgates [to sb/sth]** [jdm/etw] Tür und Tor öffnen *pej*

◆ **open out I.** *vi* ❶ sich ausbreiten; (*grow wider*) sich erweitern; *street, river* breiter werden; *flower* aufblühen ❷ *person* sich öffnen; **to ~ out to sb** sich jdm gegenüber öffnen **II.** *vt* **to ~ out a map/newspaper** eine [Land]karte auseinanderfalten/eine Zeitung

aufschlagen
◆ **open up** **I.** *vi shop* eröffnen; *person* sich öffnen **II.** *vt canal, pipe* passierbar machen; (*unlock*) aufschließen; (*expand*) erweitern

open-air *adj* im Freien *nach n;* ~ **concert** Open-Air-Konzert *nt;* ~ **stage** Freilichtbühne *f;* ~ **swimming pool** Freibad *nt* **open-ended** *adj* mit offenem Ausgang *nach n; question* ungeklärt

opener ['əʊpᵊnəʳ] *n* Öffner *m;* (*remark*) Anfang *m;* **for ~s** AM (*fam*) für den Anfang

opening ['əʊpᵊnɪŋ] **I.** *n* ❶ *no pl* Öffnen *nt* ❷ (*inauguration*) Eröffnung ❸ (*hole*) Öffnung *f;* (*in traffic*) Lücke *f* ❹ (*opportunity*) günstige Gelegenheit ❺ (*introduction*) Einführung *f* **II.** *adj attr* Anfangs-

opening bid *n* Eröffnungsgebot *nt* **opening hours** *n pl* Öffnungszeiten *pl* **opening night** *n* THEAT Premierenabend *m* **opening time** *n* Öffnungszeit *f*

openly ['əʊpᵊnli] *adv* (*frankly*) offen; (*publicly*) öffentlich

open-minded *adj* aufgeschlossen; (*unbiased*) unvoreingenommen **open sandwich** *n* belegtes Brot **Open University** *n no pl esp* BRIT ≈ die Fernuniversität

opera ['ɒpᵊrə] *n* Oper *f*

operate ['ɒpᵊreɪt] **I.** *vi* vorgehen; MIL operieren; *machine* funktionieren; [*criminal*] *mind* arbeiten **II.** *vt* bedienen; (*manage*) betreiben

operating ['ɒpᵊreɪtɪŋ] *adj attr* Dienst habend; MED Operations-

operation [ˌɒpᵊr'eɪʃᵊn] *n* ❶ *no pl* Funktionsweise *f;* (*state*) Betrieb *m;* **to come into** ~ *machine* in Gang kommen; *rule, law* in Kraft treten ❷ (*process*) Vorgang *m* ❸ (*activity*) Unternehmung *f;* MIL Operation *f* ❹ (*surgery*) Operation *f*

operator ['ɒpᵊreɪtəʳ] *n* ❶ Bediener(in) *m(f);* (*switchboard*) Telefonist(in) *m(f)* ❷ (*company*) Unternehmer(in) *m(f);* **tour** ~ Reiseveranstalter(in) *m(f)* ❸ (*fam*) gewiefte Person; **smooth** ~ Schlawiner *m fam*

opinion [ə'pɪnjən] *n* Meinung *f;* (*view*) Standpunkt *m* (**on** zu); **difference of** ~ Meinungsverschiedenheit *f;* **popular** ~ weit verbreitete Meinung; **public** ~ die öffentliche Meinung; **just a matter of** ~ reine Ansichtssache; **in my** ~ meiner Meinung nach

opinion poll *n* Meinungsumfrage *f*

opponent [ə'pəʊnənt] *n* Widersacher(in) *m(f);* SPORTS Gegner(in) *m(f)*

opportunity [ˌɒpə'tju:nəti] *n* Gelegenheit *f;* (*for advancement*) Möglichkeit *f;* **a window of** ~ eine Chance; **at the earliest** ~ bei der erstbesten Gelegenheit; **at every** ~ bei jeder Gelegenheit

oppose [ə'pəʊz] *vt* ❶ ablehnen; (*resist*) sich widersetzen +*dat;* SPORTS antreten gegen +*akk* ❷ POL **to ~ sb** jds Gegenspieler(in) *m(f)* sein

opposed [ə'pəʊzd] *adj pred* ❶ (*against*) **to be ~ to sth** gegen etw *akk* sein ❷ (*contrary*) **as ~ to** im Gegensatz zu +*dat*

opposing [ə'pəʊzɪŋ] *adj attr* entgegengesetzt; (*conflicting*) einander widersprechend

opposite ['ɒpəzɪt] **I.** *n* Gegenteil **II.** *adj* gegenüberliegend; *direction* entgegengesetzt; *interests* gegensätzlich; **who owns that shop ~?** wem gehört der Laden gegenüber? **III.** *adv* gegenüber **IV.** *prep* gegenüber +*dat;* **to play ~ sb** *actor* jds Gegenrolle spielen

opposition [ˌɒpə'zɪʃᵊn] *n* ❶ *no pl* Widerstand *m* (**to** gegen) ❷ + *sing/pl vb* POL Opposition[spartei] *f;* **leader of the O~** Oppositionsführer(in) *m(f)* ❸ (*contrast*) Gegensatz *m* ❹ SPORTS Gegner(in) *m(f)*

optician [ɒp'tɪʃᵊn] *n* Optiker(in) *m(f)*

optimism ['ɒptɪmɪzᵊm] *n no pl* Optimismus *m*

optimist ['ɒptɪmɪst] *n* Optimist(in) *m(f)*

optimistic ['ɒptɪmɪstɪk] *adj* optimistisch
optimum ['ɒptɪməm] **I.** *n* <*pl* -tima *or* -s> Optimum *nt* **II.** *adj* optimal
option ['ɒpʃᵊn] *n* ① Wahl *f;* (*possibility*) Möglichkeit *f;* (*freedom*) Wahlmöglichkeit *f;* **to not be an ~** nicht infrage kommen ② FIN Option *f*
optional ['ɒpʃᵊnᵊl] *adj* wahlfrei
or [ɔːʳ] *conj* oder; (*otherwise*) sonst; **someone ~ other** [irgend]jemand; **either ... ~ ...** entweder...[,] oder; **not ... ~ ...** weder ... noch ...
oral ['ɔːrəl] **I.** *adj* oral; (*spoken*) mündlich **II.** *n* mündliche Prüfung
orange ['ɒrɪndʒ] **I.** *n* Orange *f;* (*colour*) Orange *nt* **II.** *adj* Orangen-; (*colour*) orange[farben]
orangeade [ˌɒrɪndʒ'eɪd] *n* BRIT Orangenlimonade *f*
orange juice *n no pl* Orangensaft *m* **orange peel** *n* Orangenschale *f*
orbit ['ɔːbɪt] **I.** *n* ① Umlaufbahn *f;* (*circuit*) Umkreisung *f* ② ANAT Augenhöhle *f* **II.** *vi* kreisen **III.** *vt* umkreisen
orchard ['ɔːtʃəd] *n* Obstgarten *m*
orchestra ['ɔːkɪstrə] *n + sing/pl vb* Orchester *nt*
orchestra pit *n* Orchestergraben *m*
orchid ['ɔːkɪd] *n* Orchidee *f*
ordeal [ɔː'diːl] *n* Qual *f*
order ['ɔːdəʳ] **I.** *n* ① *no pl* Ordnung *f;* **to put sth in ~** etw ordnen ② *no pl* (*sequence*) Reihenfolge *f;* **word ~** Wortstellung *f* ③ (*command*) Befehl *m;* LAW Verfügung *f;* **doctor's ~s** ärztliche Anweisung ④ (*at restaurant*) Bestellung *f* ⑤ COMM Auftrag *m* ⑥ *no pl* (*discipline*) Disziplin *f;* **O~! [O~!]** Ruhe bitte!; **to be in ~** in Ordnung sein ⑦ *no pl* **to be in good ~** in einem guten Zustand sein; **"out of ~"** „außer Betrieb" ⑧ *no pl* **in ~ to do sth** um etw zu tun; **in ~ for ...** damit ... ⑨ (*type*) Art *f;* (*dimension*) **~ [of magnitude]** Größenordnung *f;* **of the highest ~** von höchster Qualität ⑩ REL **to take holy ~s** die Weihen empfangen **II.** *vi* bestellen **III.** *vt* (*instruct*) anordnen; (*command*) befehlen; (*at restaurant*) bestellen; COMM bestellen
order form *n* Bestellformular *nt*
ordinal (number) ['ɔːdɪnᵊl] *n* Ordinalzahl *f*
ordinarily ['ɔːdᵊnᵊrᵊli] *adv* gewöhnlich, normalerweise
ordinary ['ɔːdᵊnᵊri] **I.** *adj* gewöhnlich **II.** *n* **the ~** das Übliche; **out of the ~** außergewöhnlich
ordnance ['ɔːdnən(t)s] *n no pl* MIL Geschütze *pl*
organ ['ɔːgən] **I.** *n* MUS Orgel *f;* ANAT Organ *nt;* (*fig: mouthpiece*) Organ *nt* **II.** *adj* Orgel-
organ donor *n* Organspender(in) *m(f)*
organic [ɔː'gænɪk] *adj* organisch; **~ fruits** Obst *nt* aus biologischem Anbau; **~ farming methods** biodynamische Anbaumethoden
organism ['ɔːgᵊnɪzᵊm] *n* Organismus *m*
organist ['ɔːgᵊnɪst] *n* Organist(in) *m(f)*
organization [ˌɔːgᵊnaɪ'zeɪʃᵊn] *n* ① *no pl* Organisation *f* ② *+ sing/pl vb* (*association*) Organisation *f* ③ *no pl* (*tidiness*) Ordentlichkeit *f* ④ *no pl* (*composition*) Anordnung *f*
organize ['ɔːgᵊnaɪz] *vt* ① organisieren; (*sort*) ordnen; (*prepare*) vorbereiten ② POL [politisch] organisieren
orgasm ['ɔːgæzᵊm] *n* Orgasmus *m*
oriental [ˌɔːri'entᵊl] *adj* orientalisch
orientation [ˌɔːriən'teɪʃᵊn] *n* ① *no pl* (*being oriented*) Orientierung *f;* **to lose one's ~** die Orientierung verlieren ② (*tendency*) Ausrichtung *f;* **sexual ~** sexuelle Neigung ③ (*attitude*) Orientierung *f;* **political ~** politische Gesinnung
origin ['ɒrɪdʒɪn] *n* Ursprung *m; of river* Quelle *f;* (*birthplace*) Herkunft *f kein pl;* (*ancestry a.*) Abstammung *f kein pl;* **in ~** ursprünglich
original [ə'rɪdʒɪnᵊl] **I.** *n* Original *nt* **II.** *adj* ursprünglich; (*unique*) originell;

is this an ~ Rembrandt? ist das ein echter Rembrandt?; **the ~ version** die Originalversion

originally [əˈrɪdʒɪnəli] *adv* ursprünglich

ornament I. *n* [ˈɔːnəmənt] ❶ Schmuck *m;* **Christmas ~s** Weihnachtsschmuck *m;* (*figurine*) Figürchen *nt* ❷ *usu pl* MUS Ornament *nt* **II.** *vt* [ˈɔːnəment] dekorieren

ornithology [ˌɔːnɪˈθɒlədʒi] *n no pl* Ornithologie *f*

orphan [ˈɔːfən] **I.** *n* Waise *f* **II.** *adj* Waisen- *f* **III.** *vt* **to be ~ed** [zur] Waise werden

orphanage [ˈɔːfənɪdʒ] *n* Waisenhaus *nt*

orthodontist [ˌɔːθə(ʊ)ˈdɒntɪst] *n* Kieferorthopäde, Kieferorthopädin *m, f*

Oscar [ˈɒskəʳ] *n* FILM Oscar *m;* **~ winner** Oscar-Preisträger(in) *m(f)*

ostrich [ˈɒstrɪtʃ] **I.** *n* Strauß *m* **II.** *adj* Straußen-

other [ˈʌðəʳ] **I.** *adj* ❶ andere(r, s); **there's no ~ way** anders geht es nicht; **some ~ time** ein anderes Mal; **in ~ words** mit anderen Worten ❷ **the ~ day** neulich; **the ~ evening** neulich abends ❸ (*alternative*) andere(r, s); **one's ~ half** (*euph*) seine bessere Hälfte; **on the ~ hand** andererseits ❹ **some man or ~** irgendein Mann; **some time or ~** irgendwann [einmal]; **somehow or ~** irgendwie **II.** *pron* **the ~** der/die/das andere; **one from the ~** voneinander; **one or the ~** eines davon; **one or [the] ~ of sth** eine(r, s) von etw *dat*

otherwise [ˈʌðəwaɪz] **I.** *adv* sonst; (*differently*) anders; **to be ~ engaged** anderweitig zu tun haben **II.** *conj* andernfalls

OTT [ˌəʊtiːˈtiː] BRIT (*fam*) *abbrev of* **over the top: her outfit was a bit ~** also diesmal ist sie mit ihrem Outfit definitiv zu weit gegangen!

ouch [aʊtʃ] *interj* aua, autsch

ought [ɔːt] *aux vb* ❶ **sb ~ to do sth** jd sollte etw tun; **we ~ not to have agreed** wir hätten nicht zustimmen sollen ❷ **ten minutes ~ to be enough time** zehn Minuten müssten eigentlich genügen

ounce [aʊn(t)s] *n* Unze *f*

our [aʊəʳ] *adj poss* unser(e)

ours [aʊəz] *pron poss* unsere(r, s); **a friend of ~** ein Freund von uns

ourselves [aʊəˈselvz] *pron refl* ❶ *after vb, after prep* uns; **we enjoyed ~** wir hatten großen Spaß ❷ (*personally*) **we saw to it ~** wir haben es persönlich erledigt; **we invented it ~** wir erfanden das selbst ❸ (*alone*) **to have sth [all] to ~** etw [ganz] für uns haben; **[all] by ~** [ganz] allein

out [aʊt] **I.** *adj pred* **to be ~** ❶ (*not there*) nicht da sein; (*not inside*) draußen sein; (*not at home*) nicht zu Hause sein; (*absent*) abwesend sein; (*travelling*) unterwegs sein; **to be ~ and about** unterwegs sein; **to be ~ on one's rounds** seine Runde machen ❷ *flowers* blühen ❸ *product* erhältlich sein ❹ (*known*) heraus sein; *secret* gelüftet sein; **[the] truth will ~** die Wahrheit wird ans Licht kommen ❺ (*asleep*) schlafen; (*unconscious*) bewusstlos sein ❻ (*finished*) aus sein ❼ SPORTS (*not playing*) nicht [mehr] im Spiel sein; (*outside boundary*) im Aus sein ❽ *light, TV* aus sein ❾ (*unfashionable*) out sein ❿ *homosexual* sich geoutet haben *fam* **II.** *adv* ❶ außen; (*not in room*) draußen; **"keep ~!"** „betreten verboten!"; **to keep sb/sth ~** jdn/etw nicht hereinlassen ❷ (*outwards*) heraus; **get ~!** raus hier! *fam;* **~ with it** heraus damit! *fam;* **to turn sth inside ~** *clothes* etw auf links drehen ❸ (*away from home*) **to eat ~** auswärts essen; **to go ~** ausgehen ❹ (*extinguish*) **to put a fire ~** ein Feuer löschen; **to cross sth ~** etw ausstreichen ❺ (*fully*) **burnt ~** ausgebrannt; **tired ~** völlig erschöpft; ~ **and away** AM bei Weitem ⑥ (*aloud*) **to cry ~ in pain** vor Schmerzen aufschreien ⑦ (*finished*) **over and ~** AVIAT Ende; **to die ~** aussterben ⑧ **to knock sb ~** jdn bewusstlos schlagen; **to pass ~** in Ohnmacht fallen ⑨ **to open sth ~** etw auseinanderfalten ⑩ (*at distant place*) **~ at sea** auf See; **~ west** im Westen **III.** *prep* (*fam*) aus *+dat;* **to run ~ the door** zur Tür hinausrennen

outboard (motor) *n* Außenbordmotor *m*

outbreak *n of a disease, hostilities, a war* Ausbruch *m*

outburst *n* Ausbruch *m;* **an ~ of anger** ein Wutanfall *m*

outcome *n* Ergebnis *nt*

outcry *n* lautstarker Protest (**over** gegen); **to provoke a public ~** einen Sturm der Entrüstung in der Öffentlichkeit auslösen

outdated *adj* veraltet; *ideas, views* überholt

outdo <-did, -done> *vt* übertreffen

outdoor *adj* **~ concert** Openairkonzert *nt;* **~ sports** Sportarten *pl* im Freien

outdoors [ˌaʊtˈdɔːz] **I.** *n + sing vb* **in the great ~** in der freien Natur **II.** *adv* im Freien

outer [ˈaʊtəʳ] *adj* Außen-; **one's ~ circle of friends** jds weiterer Bekanntenkreis

outermost [ˈaʊtəməʊst] *n attr* äußerste(r, s); *layer* oberst

outfit I. *n* ① Kleidung *f;* **cowboy ~** Cowboykostüm *nt* ② (*equipment*) Ausrüstung *f* ③ (*fam: group*) Verein *m* **II.** *vt* <-tt-> ausrüsten (**with** mit *+dat*)

outgoing *adj* ① (*approv: extroverted*) kontaktfreudig ② *attr* (*retiring*) [aus]scheidend

outgrow <-grew, -grown> *vt* ① (*become too big for*) **to ~ sth** aus etw *dat* herauswachsen ② (*leave behind*) **to ~ sth** einer S. *gen* entwachsen

outing [ˈaʊtɪŋ] *n* ① Ausflug *m;* **to go on an ~** einen Ausflug machen ② (*fam: appearance*) [öffentlicher] Auftritt ③ *no pl of homosexuals* Outing *nt*

outlaw [ˈaʊtlɔː] **I.** *n* (*criminal*) Bandit(in) *m(f);* (*fugitive from law*) Geächtete(r) *f(m)* **II.** *vt* für ungesetzlich erklären

outlet *n* ① (*exit*) Ausgang *m; for water* Abfluss *m;* (*chimney*) Abzug *m* ② COMM Fabrikverkaufsstelle *f*

outline I. *n* ① (*brief description*) Übersicht *f* (**of** über); *in novel-writing* Entwurf *m;* (*general summary*) Zusammenfassung *f* ② (*contour*) Umriss *m; against fading light* Silhouette *f* **II.** *vt* **to ~ sth** ① (*draw*) die Umrisse von etw *dat* zeichnen ② (*summarize*) etw [kurz] umreißen

outlook *n* Aussicht *f;* (*prospect also*) Aussichten *pl;* (*weather*) [Wetter]aussichten *pl*

outnumber *vt* zahlenmäßig überlegen sein; **to be ~ed** in der Unterzahl sein

out of *prep* ① *after vb* (*towards outside*) aus *+dat* ② *after vb o n* (*situated away from*) außerhalb *+gen;* **he is ~ town this week** er ist diese Woche nicht in der Stadt; **she is ~ the country until July 4th** sie hält sich bis zum 4. Juli außer Landes auf; **he's ~ the office at the moment** er ist zurzeit nicht an seinem [Arbeits]platz; **five miles ~ San Francisco** fünf Meilen außerhalb von San Francisco ③ *after vb* (*taken from*) von *+dat;* **he copied his essay straight ~ a textbook** er schrieb seinen Aufsatz wörtlich aus einem Lehrbuch ab; **she had to pay for it ~ her own pocket** sie musste es aus der eigenen Tasche bezahlen ④ (*excluded from*) aus *+dat;* **I'm glad to be ~ it** ich bin froh, dass ich das hinter mir habe; **giving up is ~ the question** Aufgeben kommt überhaupt nicht infrage ⑤ (*spoken by*) aus *+dat;* **I couldn't get the secret ~ her** ich konnte ihr das Geheimnis nicht entlocken ⑥ (*made from*) aus *+dat* ⑦ (*moti-

vated by) aus +*dat* ❽ *after n* (*ratio of*) von +*dat;* **no one got 20 ~ 20 for the test** niemand bekam alle 20 möglichen Punkte für den Test ❾ (*without*) **they were ~ luck** sie hatten kein Glück [mehr]; **you're ~ time** Ihre Zeit ist um; **they had run ~ cash** sie hatten kein Bargeld mehr; **I'm sorry sir, we're ~ the salmon** tut mir leid, der Lachs ist aus; **[all] ~ breath** [völlig] außer Atem; **to be ~ work** ohne Arbeit sein ❿ (*beyond*) außer +*dat;* **the photo is ~ focus** das Foto ist unscharf; **he's been ~ touch with his family for years** er hat seit Jahren keinen Kontakt mehr zu seiner Familie; **get ~ the way!** aus dem Weg!; **~ order** außer Betrieb ▶ **to get ~ <u>hand</u>** außer Kontrolle geraten; **he must be ~ his <u>mind!</u>** er muss den Verstand verloren haben!; **~ <u>place</u>** fehl am Platz

out of date *pred*, **out-of-date** *adj attr* veraltet; *clothing* altmodisch

out of the way *pred*, **out-of-the-way** *adj attr* abgelegen

out-patient *n* ambulanter Patient/ambulante Patientin

outplay *vt* **to ~ sb** besser spielen als jd

output I. *n no pl* ECON Ausstoß *m;* COMPUT Ausgabe *f;* ELEC Leistung *f* **II.** *vt image, data* ausgeben

outrageous [ˌaʊtˈreɪdʒəs] *adj* empörend; (*unacceptable*) unerhört; (*unusual*) außergewöhnlich; (*exaggerated*) ungeheuerlich; *story a.* unwahrscheinlich

outside I. *n* ❶ Außenseite *f;* **from the ~** von außen; **on the ~** äußerlich ❷ **on the ~** *ball* draußen **II.** *adj attr* ❶ Außen-; **~ seat** Sitz *m* am Gang ❷ **the world ~** die Welt draußen ❸ (*highest*) höchste(r, s) *attr* **III.** *adv* **to be ~** (*not inside*) draußen sein; (*not in building*) nicht im Gebäude sein; (*in open air*) im Freien sein **IV.** *prep* außerhalb (**of** von)

outsider [ˌaʊtˈsaɪdəʳ] *n* ❶ (*not a member*) Außenstehende(r) *f(m)* ❷ (*outcast*) Außenseiter(in) *m(f)* ❸ (*in sports*) Außenseiter(in) *m(f)*

outskirts [ˈaʊtskɜːts] *n pl* Stadtrand *m*

outstanding [ˌaʊtˈstændɪŋ] *adj* ❶ (*excellent*) außergewöhnlich; *effort, contribution* bemerkenswert ❷ (*clearly noticeable*) auffallend ❸ FIN (*unpaid*) ausstehend ❹ *problems* ungelöst

out there *adj pred* AM (*fam*) verrückt

outward [ˈaʊtwəd] **I.** *adj attr* Außen-; (*going out*) ausgehend; **~ flight** Hinflug *m* **II.** *adv* nach außen

outwardly [ˈaʊtwədli] *adv* nach außen hin

outwards [ˈaʊtwədz] *adv* nach außen

oven [ˈʌvᵊn] *n* [Back]ofen *m;* **microwave ~** Mikrowelle *f*

ovencloth *n* Topflappen *m*

oven glove, AM, AUS **oven mitt** *n* Topfhandschuh *m* **ovenproof** *adj* hitzebeständig **oven-ready** *adj* bratfertig; *pizza* backfertig

over [ˈəʊvəʳ] **I.** *adv pred* ❶ (*across*) hinüber; **~ here** hier herüber; **~ there** dort drüben ❷ **to turn ~** umdrehen ❸ **to fall ~** hinfallen; **to knock sth ~** etw umstoßen ❹ **to change ~ to sth** auf etw *akk* umsteigen *fam;* **to hand sth ~** etw übergeben ❺ **to be ~** vorbei sein; **to get sth ~ and done with** etw hinter sich *akk* bringen ❻ (*remaining*) übrig ❼ **to talk sth ~** etw durchsprechen **II.** *prep* ❶ (*moving across*) über +*akk;* (*spread across*) über +*dat* ❷ (*on other side*) über +*dat;* **the diagram is ~ the page** das Diagramm ist auf der nächsten Seite ❸ (*at above*) über +*dat;* (*to above*) über +*akk* ❹ (*everywhere*) **[all] ~** [überall] in +*dat;* **all ~ the world** in der ganzen Welt ❺ (*during*) während +*gen;* **~ the years** mit den Jahren ❻ (*greater*) über +*dat;* **~ and above that** darüber hinaus ❼ (*using*) **~ the phone** am Telefon ❽ (*past*) **is he ~ the flu yet?** hat er seine Erkältung auskuriert?

overall I. *n* ['əʊvərɔːl] BRIT [Arbeits]kittel *m*; **~s** *pl* Overall *m* II. *adj* [ˌəʊvər'ɔːl] *attr* Gesamt-; *majority* absolut III. *adv* [ˌəʊvər'ɔːl] insgesamt

overbalance I. *vi* das Gleichgewicht verlieren II. *vt* aus dem Gleichgewicht bringen

overboard *adv* über Bord

overbook I. *vt usu passive* **to be ~ed** überbucht sein II. *vi* zu viele Buchungen vornehmen

overcast *adj* bedeckt

overcharge *vt, vi* zu viel berechnen; *battery* überlasten

overcoat *n* Mantel *m*

overcome <-came, -come> I. *vt* ❶ (*cope with*) bewältigen; *crisis, opposition, fear* überwinden ❷ *fumes, exhausts* von etw *dat* ohnmächtig werden II. *vi* siegen

overconfident *adj* (*extremely self-assured*) übertrieben selbstbewusst

overcrowded *adj* überfüllt; (*with things*) überladen; **~ town** übervölkerte Stadt

O

overdo <-did, -done> *vt* ❶ (*overexert oneself*) **to ~ it** sich überanstrengen; (*overindulge*) es übertreiben ❷ (*exaggerate*) übertreiben ❸ (*overcook*) *in water* verkochen; *in oven* verbraten

overdone *adj* übertrieben; *potatoes* verkocht; *roast* verbraten

overdose I. *n* ['əʊvədəʊs] Überdosis *f* II. *vi* [ˌəʊvə'dəʊs] eine Überdosis nehmen

overdraft *n* Kontoüberziehung *f*

overdraw <-drew, -drawn> *vi, vt* überziehen

overdue *adj usu pred* überfällig

overestimate I. *n* [ˌəʊvər'estɪmət] Überbewertung *f* II. *vt* [ˌəʊvər'estɪmeɪt] ❶ (*value too highly*) überbewerten ❷ (*estimate too much*) überschätzen

overexcited *adj usu pred* ganz aufgeregt

overflow I. *n* ['əʊvəfləʊ] ❶ *no pl* Überlaufen *nt* ❷ (*liquid*) überlaufende Flüssigkeit ❸ (*outlet*) Überlauf *m* II. *vi* [ˌəʊvə'fləʊ] überlaufen III. *vt* [ˌəʊvə'fləʊ] zum Überlaufen bringen

overgrown *adj* überwuchert

overhead I. *n* ['əʊvəhed] ❶ **~s** *pl* BRIT, AUS laufende Geschäftskosten ❷ (*fam*) Overheadprojektor *m* II. *adj* ['əʊvəhed] *attr* ❶ Hoch-; ELEC oberirdisch ❷ *costs* laufend III. *adv* [ˌəʊvə'hed] in der Luft; **a plane circled ~** ein Flugzeug kreiste über uns

overhear <-heard, -heard> *vt* unabsichtlich belauschen

overheat I. *vt* überhitzen II. *vi* sich überhitzen; *motor a.* heiß laufen

overjoyed [ˌəʊvə'dʒɔɪd] *adj pred* überglücklich (**at** über)

overland I. *adj* ['əʊvəlænd] *attr* Überland-; **~ journey** Reise *f* auf dem Landweg II. *adv* [ˌəʊvə'lænd] auf dem Landweg

overload I. *n* ['əʊvələʊd] ❶ ELEC Überlast[ung] *f*; TRANSP Übergewicht *nt* ❷ *no pl* (*excess*) Überbelastung *f* II. *vt* [ˌəʊvəl'əʊd] ❶ *vehicle* überladen ❷ COMPUT, ELEC überlasten

overlook [ˌəʊvə'lʊk] *vt* ❶ (*look out onto*) überblicken ❷ (*not notice*) übersehen; (*forget*) vergessen ❸ (*disregard*) **to ~ sth** über etw *akk* hinwegsehen

overnight I. *adj* ❶ *attr* Übernachtungs-; **~ stay** Übernachtung *f* ❷ (*sudden*) ganz plötzlich; **~ success** Blitzerfolg *m* II. *adv* über Nacht

overpass *n* AM Überführung *f*

overpay <-paid, -paid> *vt person* überbezahlen; *commodity* zu viel bezahlen für +*akk*

overpopulated *adj* überbevölkert

overpowering *adj* überwältigend; *smell* durchdringend

overrate *vt* überbewerten

overreact *vi* überreagieren; **to ~ to sth** auf etw *akk* unangemessen reagieren

overreaction *n* Überreaktion *f* (**to** auf)

overriding I. *adj attr* vorrangig II. *n no*

pl Fahren *nt* über das Fahrziel hinaus
overrun **I.** *n* Kostenüberschreitung *f* **II.** *vt* <-ran, -run> ❶ MIL (*occupy*) überrollen ❷ (*spread over*) sich in etw *dat* ausbreiten **III.** *vi* <-ran, -run> ❶ (*exceed time*) überziehen ❷ (*financially*) überschreiten
overseas **I.** *adj* ['əʊvəsiːz] *attr* Übersee-; ~ **assignment** Auslandseinsatz *m* **II.** *adv* [ˌəʊvə'siːz] im Ausland
overshadow *vt* ❶ (*cast shadow over*) überschatten ❷ (*make insignificant*) in den Schatten stellen
oversight *n* ❶ (*mistake*) Versehen *nt* ❷ *no pl* (*form: surveillance*) Aufsicht *f*
oversleep *vi irreg* verschlafen
overspend *irreg* **I.** *vi* zu viel [Geld] ausgeben; **to ~ on a budget** ein Budget überschreiten **II.** *vt* überziehen; *budget* überschreiten
overstaffed *adj* überbesetzt
overstay *vt* **to ~ a visa** ein Visum überschreiten; **to ~ one's welcome** jds Gastfreundschaft *f* überbeanspruchen
overstep <-pp-> *vt* überschreiten ▶ **to ~ the mark** zu weit gehen
overtake *vt, vi irreg* überholen
overthrow *irreg* **I.** *n* ['əʊvəθrəʊ] ❶ (*removal from power*) Sturz *m* ❷ SPORTS (*in baseball, cricket*) zu weiter Wurf **II.** *vt* <-threw, -thrown> [ˌəʊvə'θrəʊ] (*topple*) stürzen; **to ~ the enemy** einen Gegner aus dem Weg räumen
overtime *n no pl* ❶ Überstunden *pl* ❷ AM SPORTS Verlängerung *f*
overturn **I.** *vi* umstürzen; *car* sich überschlagen **II.** *vt* umstoßen; (*reverse*) revidieren
overview *n* Überblick *m* (**of** über)
overweight **I.** *n* ['əʊvəˌweɪt] *no pl* AM Übergewicht *nt* **II.** *adj* [ˌəʊvə'weɪt] zu schwer; *person a.* übergewichtig
overwhelming [ˌəʊvə'(h)welmɪŋ] *adj* überwältigend; *desire, need* unwiderstehlich
overwork **I.** *n* ['əʊvəwɜːk] *no pl* Überarbeitung *f* **II.** *vi* [ˌəʊvə'wɜːk] sich überarbeiten **III.** *vt* [ˌəʊvə'wɜːk] [mit Arbeit] überlasten
owe [əʊ] *vt* **to ~ sb sth** ❶ jdm etw schulden; **to ~ sb thanks** jdm zu Dank verpflichtet sein ❷ (*be indebted*) jdm etw verdanken
owing ['əʊɪŋ] **I.** *adj pred* ausstehend **II.** *prep* ~ **to** aufgrund +*gen*
owl [aʊl] *n* Eule *f*
own [əʊn] **I.** *pron* **sb's ~** jds eigene(r, s); (*people*) seine Leute *fam;* **his time is his ~** er kann über seine Zeit frei verfügen ▶ **to be in a class of one's ~** eine Klasse für sich *akk* sein; **[all] on one's/its ~** [ganz] allein[e] **II.** *adj attr* eigene(r, s); **you'll have to make up your ~ mind** das musst du für dich alleine entscheiden ▶ **to do one's ~ thing** (*fam*) tun, was man will; **sb's ~ flesh and blood** jds eigen[es] Fleisch und Blut *geh* **III.** *vt* ❶ besitzen; **privately ~ed** im Privatbesitz ❷ (*form*) **to ~ that ...** zugeben, dass ... **IV.** *vi* (*form*) **to ~ to sth** etw eingestehen
owner ['əʊnəʳ] *n* Besitzer(in) *m(f)*
ownership ['əʊnəʃɪp] *n no pl* Besitz *m*
ox <*pl* -en> [ɒks] *n* Ochse *m*
oxen ['ɒksᵊn] *n pl of* **ox**
oxidize ['ɒksɪdaɪz] *vi, vt* oxidieren
oxtail soup *n* Ochsenschwanzsuppe *f*
oxygen ['ɒksɪdʒən] *n no pl* Sauerstoff *m;* ~ **cylinder** Sauerstoffflasche *f;* ~ **mask** Sauerstoffmaske *f*
oyster ['ɔɪstəʳ] *n* Auster *f;* ▶ **the world is sb's ~** jdm steht die Welt offen
Oz [ɒz] *n* BRIT, AUS (*fam*) Australien *nt*
ozone ['əʊzəʊn, AM 'oʊzoʊn] *n no pl* ❶ Ozon *nt* ❷ (*fam*) saubere [frische] Luft
ozone layer *n* Ozonschicht *f*

Pp

p [piː] **I.** *n* ❶ <*pl* -> *abbrev of* **penny, pence** ❷ <*pl* pp> *abbrev of* **page** S. **II.** *adv* MUS *abbrev of* **piano** p

P <*pl* -'s>, **p** <*pl* -'s> [piː] *n* p *nt*, P *nt*; *see also* **A 1**

pa [pɑː] *n* (*fam or dated: father*) Papa *m*

p.a. [ˌpiː'eɪ] *adv abbrev of* **per annum** p.a.

PA [ˌpiː'eɪ] *n* ❶ *abbrev of* **personal assistant** pers. Ass. ❷ *abbrev of* **public address system**

pace [peɪs] **I.** *n* ❶ (*speed*) Tempo *nt;* **to set the ~** das Tempo vorgeben ❷ (*step*) Schritt *m;* **to keep ~ with sb/sth** mit jdm/etw Schritt halten **II.** *vt* (*walk up and down*) **he ~d the room nervously** er ging nervös im Zimmer auf und ab

pacemaker *n* ❶ SPORTS Schrittmacher(in) *m(f)* ❷ MED [Herz]schrittmacher *m*

Pacific [pə'sɪfɪk] **I.** *n no pl* **the ~** der Pazifik **II.** *adj* pazifisch, Pazifik-

pacifist ['pæsɪfɪst] **I.** *n* Pazifist(in) *m(f)* **II.** *adj* pazifistisch

pack [pæk] **I.** *n* ❶ (*backpack*) Rucksack *m;* (*bundle*) Bündel *nt* ❷ (*packet*) Packung *f* ❸ + *sing/pl vb* (*group*) Gruppe *f* **II.** *vi* ❶ (*for a journey*) packen ❷ (*fit in*) passen (**into** in) **III.** *vt* ❶ (*put into a container*) einpacken, verpacken ❷ (*fill*) *bag, suitcase, trunk* packen ❸ (*a. fig: cram*) voll packen (**with** mit); **to be ~ed [with people]** gerammelt voll [mit Leuten] sein *fam*
◆ **pack in** *vt* ❶ (*put in*) einpacken; (*in units for sale*) abpacken ❷ (*cram in*) hineinstopfen ❸ (*fam: give up*) hinschmeißen
◆ **pack up** *vt* ❶ (*put away*) zusammenpacken ❷ (*fam: give up*) hinschmeißen

package ['pækɪdʒ] **I.** *n* Paket *nt* **II.** *vt* verpacken

package deal *n* Pauschalangebot *nt*

package tour, BRIT *a.* **package holiday**, AM *a.* **package trip** *n* Pauschalurlaub *m*

packaging ['pækɪdʒɪŋ] *n no pl* ❶ (*materials*) Verpackungsmaterial *nt* ❷ (*activity*) Verpackung *f*

packet ['pækɪt] *n* Packung *f*, Schachtel *f;* **a ~ of crisps** eine Tüte Chips

packing ['pækɪŋ] *n no pl* ❶ (*action*) Packen *nt* ❷ (*protective wrapping*) Verpackung *f*

packing case, AM **packing box** *n* [Umzugs]karton *m*, [Umzugs]kiste *f*, [Zügel]kiste *f* SCHWEIZ

pad[1] [pæd] *vi* trotten; (*walk softly*) tappen

pad[2] [pæd] **I.** *n* ❶ (*cushioning material*) Polster *nt;* (*protector*) **knee ~** Knieschoner *m;* (*for shaping*) **shoulder ~** Schulterpolster *nt* ❷ (*of paper*) Block *m* ❸ AEROSP, AVIAT Abflug- und Landeplatz *m* ❹ (*fam: abode*) Bude *f* **II.** *vt* <-dd-> [aus]polstern

padded ['pædɪd] *adj* [aus]gepolstert; *envelope* gefüttert

padding ['pædɪŋ] *n no pl* (*protective material*) Polsterung *f*

paddle[1] ['pædl̩] **I.** *n* ❶ (*oar*) Paddel *nt* ❷ NAUT (*on paddle wheel*) Schaufel *f* **II.** *vt* (*row*) *boat* mit Paddeln bewegen **III.** *vi* (*row, swim*) paddeln

paddle[2] ['pædl̩] **I.** *n* Planschen *nt kein pl* **II.** *vi* planschen

paddling pool *n esp* BRIT, AUS Planschbecken *nt*

padlock ['pædlɒk] **I.** *n* Vorhängeschloss *nt* **II.** *vt* [mit einem Vorhängeschloss] verschließen

paediatrician [ˌpiːdiəˈtrɪʃᵊn] *n* Kinderarzt, -ärztin *m, f*

paediatrics [ˌpiːdiˈætrɪks] *n pl + sing vb* Kinderheilkunde *f*

page¹ [peɪdʒ] **I.** *n* (*single sheet*) Blatt *nt;* (*single side*) *a.* COMPUT Seite *f* **II.** *vi* ❶ (*read*) *book, magazine* durchblättern ❷ COMPUT **to ~ down** auf der Seite nach unten gehen

page² [peɪdʒ] **I.** *n* (*hotel worker*) Page *m* **II.** *vt* (*over loudspeaker*) ausrufen; (*by pager*) anpiepsen

pager [ˈpeɪdʒəʳ] *n* Pager *m*

paid [peɪd] **I.** *pt, pp of* **pay II.** *adj attr* bezahlt ▸ **to put ~ to sth** BRIT, AUS etw zunichtemachen

pain [peɪn] **I.** *n* ❶ (*feeling*) Schmerz *m;* **a ~ in one's side** Schmerzen *pl* in der Seite ❷ *no pl* (*physical suffering*) Schmerz[en] *m[pl];* **to be in ~** Schmerzen haben **II.** *vt* **it ~s sb to do sth** es tut jdm leid, etw zu tun

painful [ˈpeɪnfᵊl] *adj* ❶ (*causing physical pain*) schmerzhaft ❷ (*upsetting*) schmerzlich

painkiller *n* Schmerzmittel *nt*

painless [ˈpeɪnləs] *adj* schmerzlos

paint [peɪnt] **I.** *n* ❶ *no pl* (*substance*) Farbe *f;* (*on car*) Lack *m* ❷ (*art colour*) **~s** *pl* Farben *pl* **II.** *vi* ❶ ART malen; **to ~ in oils** mit Ölfarben malen ❷ (*decorate rooms*) streichen **III.** *vt* ❶ (*make picture*) malen ❷ *nails* lackieren

paintbox *n* Malkasten *m* **paintbrush** *n* [Farb]pinsel *m*

painter [ˈpeɪntəʳ] *n* ❶ (*artist*) [Kunst]maler(in) *m(f)* ❷ (*decorator*) Maler(in) *m(f);* **~ and decorator** Maler und Tapezierer

painting [ˈpeɪntɪŋ] *n* ❶ (*picture*) Bild *nt* ❷ *no pl* (*art*) Malerei *f* ❸ *no pl* (*house decorating*) Streichen *nt*

paint stripper *n* Abbeizmittel *nt*

pair [peəʳ] *n* ❶ (*two items*) Paar *nt;* **a ~ of socks** ein Paar *nt* Socken ❷ (*two-part item*) Paar *nt;* **a ~ of glasses** eine Brille ❸ + *sing/pl vb* (*two people, a. couple*) Paar *nt;* **in ~s** paarweise
◆ **pair off I.** *vi* einen Partner/eine Partnerin finden **II.** *vt* **to ~ sb off [with sb]** jdn [mit jdm] verkuppeln *fam*

pajamas *n pl* AM *see* **pyjamas**

Pakistan [ˌpɑːkɪˈstɑːn] *n* Pakistan *nt*

Pakistani [ˌpɑːkɪˈstɑːni] **I.** *n* Pakistani *m o f,* Pakistaner(in) *m(f)* **II.** *adj* pakistanisch

palace [ˈpælɪs] *n* Palast *m*

pale¹ [peɪl] **I.** *adj* blass **II.** *vi* (*go white*) bleich werden

pale² [peɪl] *n* (*post*) Pfosten *m;* ▸ **beyond the ~** indiskutabel

Palestine [ˈpæləstaɪn] *n* Palästina *nt*

Palestinian [ˌpæləˈstɪniən] **I.** *n* Palästinenser(in) *m(f)* **II.** *adj* palästinensisch

palm¹ [pɑːm] *n* (*tree*) Palme *f*

palm² [pɑːm] *n* (*of hand*) Handfläche *f;* **to read sb's ~** jdm aus der Hand lesen

palmtop *n* COMPUT Palmtop *m*

palm tree *n* Palme *f*

pamphlet [ˈpæmflɪt] *n* [kleine] Broschüre *f*

pan [pæn] *n* Pfanne *f;* AM (*for oven cooking*) Topf *m*

pancake *n* Pfannkuchen *m*

panda [ˈpændə] *n* Panda *m*

pandemic [pænˈdemɪk] **I.** *n* MED Pandemie *f fachspr;* **~ of influenza** Grippepandemie *f* **II.** *adj* MED pandemisch

pane [peɪn] *n* [Fenster]scheibe *f*

panic [ˈpænɪk] **I.** *n* Panik *f,* panische Angst; **to get in[to] a ~** in Panik geraten **II.** *vi* <-ck-> in Panik geraten

panic room *n* Panikraum *m*

pansy [ˈpænzi] *n* ❶ (*flower*) Stiefmütterchen *nt* ❷ (*pej fam: effeminate male*) Waschlappen *m*

pant [pænt] **I.** *vi* keuchen **II.** *n* Keuchen *nt kein pl*

panties [ˈpæntiz] *n pl* (*fam*) [Damen]slip *m*

pantomime [ˈpæntəmaɪm] *n* ❶ BRIT

P

(*play*) *lustiges, hauptsächlich für Kinder bestimmtes Weihnachtsspiel* ❷ (*mime*) Pantomime *f*

pantry ['pæntri] *n* Vorratskammer *f*

pants [pænts] *n pl* [**a pair of**] ~ *esp* BRIT [eine] Unterhose; AM [eine (lange)] Hose ► **to scare the ~ off sb** jdm einen Riesenschrecken einjagen; **to be caught with one's ~ down** (*fam*) auf frischer Tat ertappt werden

pantyhose *n pl* AM, AUS Strumpfhose *f*

panty liner *n* Slipeinlage *f*

paper ['peɪpəʳ] **I.** *n* ❶ *no pl* (*for writing*) Papier *nt;* **recycled** ~ Altpapier *nt* ❷ (*newspaper*) Zeitung *f* ❸ (*wallpaper*) Tapete *f* ❹ *usu pl* (*document*) Dokument *nt* ❺ (*credentials*) **~s** *pl* [Ausweis]papiere *pl* **II.** *vt* tapezieren

paperback *n* Taschenbuch *nt* **paper bag** *n* Papiertüte *f* **paper boy** *n* Zeitungsausträger *m* **paper clip** *n* Büroklammer *f* **paper cup** *n* Pappbecher *m* **paper round**, AM **paper route** *n* Zeitungszustellung *f;* **to have a** ~ Zeitungen austragen **paperwork** *n no pl* Schreibarbeit *f;* **to do** ~ [den] Papierkram machen *fam*

P

paprika ['pæprɪkə] *n no pl* Paprika *m*

parachute ['pærəʃuːt] **I.** *n* Fallschirm *m* **II.** *vi* mit dem Fallschirm abspringen

parade [pə'reɪd] **I.** *n* ❶ (*procession*) Parade *f* ❷ MIL [Truppen]parade *f* **II.** *vi* (*walk in procession*) einen Umzug machen **III.** *vt* vorführen

paradise ['pærədaɪs] *n no pl* Paradies *nt;* **P~** das Paradies

paragraph ['pærəgrɑːf] *n* ❶ (*text*) Absatz *m* ❷ (*newspaper article*) [kurze] Zeitungsnotiz

parallel ['pærəlel] **I.** *adj* parallel **II.** *n* Parallele *f;* **without** ~ ohnegleichen *f*

parallel bars *n pl* (*in gymnastics*) Barren *m*

Paralympic Games *n pl*, **Paralympics** [ˌpærə'lɪmpɪks] *n pl* **the** ~ die Paralympischen Spiele *pl*

paralyse ['pærəlaɪz] *vt* BRIT, AUS ❶ MED (*a. fig*) lähmen ❷ (*bring to halt*) lahmlegen

paralysis <*pl* -ses> [pə'ræləsɪs] *n* Lähmung *f a. fig*

paralytic [ˌpærə'lɪtɪk] *adj* MED paralytisch, Lähmungs-

paralyze ['perəlaɪz] *vt* AM *see* **paralyse**

paramedic [ˌpærə'medɪk] *n* Sanitäter(in) *m(f)* **paratrooper** ['pærəˌtruːpəʳ] *n* Fallschirmjäger(in) *m(f)*

parboil ['pɑːbɔɪl] *vt* **to ~ food** Lebensmittel kurz vorkochen (*um sie dann weiterzuverarbeiten*)

parcel ['pɑːsᵊl] **I.** *n* (*for mailing*) Paket *nt;* (*small parcel*) Päckchen *nt* **II.** *vt* <BRIT -ll-> einpacken

parcel office *n* BRIT Paketabfertigung *f* **parcel post** *n* Paketpost *f*

pardon ['pɑːdᵊn] **I.** *n no pl* LAW Begnadigung *f* **II.** *vt* ❶ (*forgive*) verzeihen, entschuldigen ❷ LAW begnadigen **III.** *interj* (*apology*) **I beg your ~!** Entschuldigung!, tut mir leid!; (*request for repetition*) **~?** wie bitte?

parent ['peərᵊnt] **I.** *n* ❶ *of a child* Elternteil *m;* **~s** Eltern *pl;* **single** ~ Alleinerziehende(r) *f(m)* ❷ (*parent company*) Muttergesellschaft *f* **II.** *vt* AM großziehen

parenthood ['peərᵊnthʊd] *n no pl* Elternschaft *f*

parish ['pærɪʃ] *n* REL [Pfarr]gemeinde *f*

park [pɑːk] **I.** *n* ❶ (*for recreation*) Park *m* ❷ *esp* BRIT AUTO **car** ~ [PKW-]Parkplatz *m* **II.** *vt* ❶ AUTO [ein]parken ❷ (*fig fam: position*) abladen; **to ~ oneself** sich [irgendwo] hinpflanzen **III.** *vi* parken

park-and-ride [ˌpaːkən'raid] *n* Park-and-Ride-System *nt*

parking ['pɑːkɪŋ] *n no pl* ❶ (*action*) Parken *nt* ❷ (*space*) Parkplatz *m*

parking area *n* Parkplatz *m* **parking bay** *n* Parkbucht *f* **parking disc** *n* Parkscheibe *f* **parking light** *n* AM, AUS Standlicht *nt* **parking lot** *n esp* AM Parkplatz *m* **parking meter** *n* Parkuhr *f* **parking ticket** *n* Strafzettel *m* für unerlaubtes Parken

park keeper *n* BRIT Parkaufseher(in) *m(f)*

parkway *n* AM, AUS (*highway*) Autobahn *f*

parliament ['pɑːləmənt] *n no art, no pl* (*institution*) **P~** Parlament *nt;* **in P~** im Parlament

parrot ['pærət] **I.** *n* (*bird*) Papagei *m* **II.** *vt* (*pej*) nachplappern; **to ~ sb** jdn nachäffen

parsley ['pɑːsli] *n no pl* Petersilie *f*

parsnip ['pɑːsnɪp] *n* Pastinak *m*

part [pɑːt] **I.** *n* ❶ (*not the whole*) Teil *m;* **she's ~ of the family** sie gehört zur Familie; **in ~** teilweise ❷ *a.* TECH (*component*) Teil *nt;* **[spare] ~s** Ersatzteile *pl* ❸ (*unit*) [An]teil *m* ❹ FILM, TV Folge *f* ❺ *usu pl* GEOG Gegend *f;* **in your ~ of the world** bei uns ❻ THEAT (*a. fig*) Rolle *f* ❼ *no pl* (*involvement*) Beteiligung *f* (**in** an); **to take ~ in sth** an etw *dat* teilnehmen ► **for my ~, ...** was mich betrifft, ... **II.** *adj attr* teilweise **III.** *vi* (*separate*) sich trennen **IV.** *vt* (*separate*) trennen (**from** von)

partially ['pɑːʃᵊli] *adv* teilweise

participant [pɑː'tɪsɪpᵊnt] *n* Teilnehmer(in) *m(f)*

participate [pɑː'tɪsɪpeɪt] *vi* teilnehmen

participation [pɑːˌtɪsɪ'peɪʃᵊn] *n no pl* Teilnahme *f* (**in** an)

participle [pɑː'tɪsɪpl̩] *n* Partizip *nt*

particular [pɑː'tɪkjələʳ] **I.** *adj* ❶ *attr* (*individual*) bestimmt ❷ *attr* (*special*) besondere(r, s) ❸ *pred* (*fussy*) eigen; (*demanding*) anspruchsvoll **II.** *n* (*form*) (*information*) **~s** *pl* Einzelheiten *pl*

particularly [pɑː'tɪkjələli] *adv* besonders, vor allem

par·ticu·late trap [pɑː'tɪkjulət, AM pɚ'-] *n* Partikelfilter *m*

parting ['pɑːtɪŋ] **I.** *n* ❶ (*farewell*) Abschied *m;* (*separation*) Trennung *f* ❷ BRIT, AUS *of hair* Scheitel *m* **II.** *adj attr* Abschieds-; **~ shot** (*fig*) letztes [sarkastisches] Wort

partition [pɑː'tɪʃᵊn] **I.** *n* ❶ *no pl* POL Teilung *f* ❷ (*structure*) Trennwand *f* **II.** *vt* ❶ POL [auf]teilen ❷ (*divide*) [unter]teilen

partly ['pɑːtli] *adv* zum Teil, teils, teilweise

partner ['pɑːtnəʳ] **I.** *n* ❶ (*owner*) Teilhaber(in) *m(f);* (*in a law firm*) Sozius *m* ❷ (*accomplice*) **~ in crime** Komplize *m,* Komplizin *f* ❸ (*spouse*) Ehepartner(in) *m(f);* (*unmarried*) [Lebens]partner(in) *m(f)* **II.** *vt* **to ~ sb** jds Partner sein

part payment *n* Teilzahlung *f* **part-time** **I.** *adj* Teilzeit-, Halbtags-; **~ staff** Teilzeitkräfte *pl* **II.** *adv* **to work ~** halbtags arbeiten

party ['pɑːti] **I.** *n* ❶ (*celebration*) Party *f* ❷ *+ sing/pl vb* POL Partei *f* ❸ *+ sing/pl vb* (*group*) [Reise]gruppe *f;* **school ~** Schülergruppe *f;* **search ~** Suchtrupp *m* **II.** *vi* <-ie-> (*fam*) feiern

party-goer *n* Partygänger(in) *m(f)*

pass [pɑːs] **I.** *n* <*pl* -es> ❶ (*road*) Pass *m* ❷ SPORTS (*of a ball*) Pass *m,* Vorlage *f* (*für ein Tor*) ❸ SCH, UNIV Bestehen *nt* einer Prüfung; (*grade*) „Bestanden" ❹ (*permit*) Passierschein *m;* (*for public transport*) [Wochen-/Monats-/Jahres-]karte *f* **II.** *vt* ❶ (*go past*) **to ~ sb/sth** an jdm/etw vorbeigehen; (*in car*) an jdm/etw vorbeifahren ❷ (*overtake*) überholen ❸ (*exceed*) **to ~ a limit** eine Grenze überschreiten ❹ (*hand to*) **to ~ sth to sb** jdm etw geben ❺ SPORTS **to ~ the ball** den Ball abgeben ❻ (*succeed*) *exam, test* bestehen ❼ (*of time*) **to ~ the time** sich *dat* die Zeit vertreiben **III.** *vi* ❶ (*move by*) vorbeigehen; *road* vorbeiführen; **to ~ unnoticed** unbemerkt bleiben ❷ (*over-

take) überholen ❸ SPORTS (*of a ball*) zuspielen ❹ SCH (*succeed*) bestehen
◆ **pass away** *vi* ❶ (*euph: die*) entschlafen *geh* ❷ *anger* verrauchen
◆ **pass off** I. *vt* ❶ (*hide*) abtun; **to ~ off one's embarrassment** seine Verlegenheit überspielen ❷ (*pretend*) **to ~ oneself off as sb** sich als jd ausgeben II. *vi* ❶ (*take place*) verlaufen ❷ (*fade*) nachlassen
◆ **pass on** I. *vi* (*proceed*) fortfahren, weitermachen II. *vt* ❶ BIOL weitergeben (**to** an) ❷ (*forward*) *information, news* weitergeben
◆ **pass out** *vi* (*faint*) in Ohnmacht fallen, bewusstlos werden
◆ **pass through** I. *vi* durchreisen; **we were only ~ing through** wir waren nur auf der Durchreise II. *vt* **the cook ~ed the carrots through the mixer** der Koch pürierte die Karotten im Mixer
◆ **pass up** *vt* **to ~ up sth** sich *dat* etw entgehen lassen

passage ['pæsɪdʒ] *n* ❶ (*narrow corridor*) Gang *m,* Flur *m;* **underground ~** Unterführung *f* ❷ (*long path*) Durchgang *m* ❸ LIT (*excerpt*) [Text]passage *f;* MUS Stück *nt*

P

passbook *n* Sparbuch *nt*

passenger ['pæsᵊndʒəʳ] *n* (*on a bus, tube*) Fahrgast *m;* (*on a plane*) Passagier(in) *m(f);* (*on a train*) Reisende(r) *f(m);* (*in a car*) Mitfahrer(in) *m(f),* Insasse, Insassin *m, f*

passenger train *n* Personenzug *m*

passer-by <*pl* **passers-**> [ˌpɑːsə'baɪ] *n* Passant(in) *m(f)*

passing ['pɑːsɪŋ] *adj attr* ❶ (*going past*) *vehicle* vorbeifahrend; *person* vorbeikommend ❷ *glance, thought* flüchtig; **a ~ fancy** nur so eine Laune

passing place *n* Ausweichstelle *f*

passion ['pæʃᵊn] *n* Leidenschaft *f;* **to have a ~ for doing sth** etw leidenschaftlich gerne tun; **crime of ~** Verbrechen *nt* aus Leidenschaft

passionate ['pæʃᵊnət] *adj* leidenschaftlich

passive ['pæsɪv] I. *n no pl* LING Passiv *nt* II. *adj* ❶ (*inactive*) passiv ❷ (*indifferent*) teilnahmslos

pass key *n* Hauptschlüssel *m*

pass mark *n* BRIT, AUS SCH, UNIV Ausreichend *nt* (*Mindestnote für das Bestehen einer Prüfung*)

passport ['pɑːspɔːt] *n* [Reise]pass *m;* (*fig*) Schlüssel *m* (**to** zu); **~ control** Passkontrolle *f;* **~ holder** [Reise]passinhaber(in) *m(f)*

password *n* FIN Kennwort *nt;* COMPUT Passwort *nt*

password-protected *adj* passwortgeschützt

past [pɑːst] I. *n no pl* ❶ (*not present*) Vergangenheit *f;* (*past life*) Vorleben *nt* ❷ LING Vergangenheit[sform] *f* II. *adj* ❶ *attr* (*preceding*) vergangen; **over the ~ two days** während der letzten beiden Tage ❷ (*over*) vorüber, vorbei III. *adv* **to go ~ sb** an jdm vorbeigehen; *vehicle* an jdm vorbeifahren IV. *prep* ❶ (*to other side*) an +*dat* ... vorbei; **to go ~** vorbeigehen ❷ (*after the hour of*) nach +*dat;* **it's quarter ~ five** es ist Viertel nach Fünf ❸ (*beyond*) **the meat was ~ the expiry date** das Fleisch hatte das Verfallsdatum überschritten

pasta ['pæstə] *n no pl* Nudeln *pl*

paste [peɪst] I. *n no pl* ❶ (*soft substance*) Paste *f* ❷ (*sticky substance*) Kleister *m* ❸ FOOD (*mixture*) Teig *m* II. *vt* ❶ (*affix*) kleben (**on**[**to**] auf) ❷ COMPUT einfügen

pasteurize [ˌpæstʃᵊraɪz] *vt* pasteurisieren

pastry ['peɪstri] *n* ❶ *no pl* (*dough*) [Kuchen]teig *m;* **shortcrust ~** Mürbeteig *m* ❷ (*cake*) Gebäckstück *nt*

pasty[1] ['pæsti] *n* BRIT, CAN (Teig)pastete *f*

pasty[2] ['peɪsti] *adj* (*pej*) *complexion* bleich, käsig *fam*

pat [pæt] **I.** *vt* <-tt-> tätscheln; **to ~ sb on the back** (*fig*) jdm auf die Schulter klopfen **II.** *n* (*tap*) [freundlicher] Klaps, Tätscheln *nt kein pl;* **a ~ on the back** (*fig*) ein [anerkennendes] Schulterklopfen

patch [pætʃ] **I.** *n* <*pl* -es> (*spot*) Fleck[en] *m;* **in ~es** stellenweise; **fog ~** Nebelfeld *nt* **II.** *vt* (*cover*) flicken
◆ **patch up** *vt* ❶ (*repair*) zusammenflicken *fam* ❷ (*fig: conciliate*) *marriage* kitten *fam; quarrel* beilegen

patchy ['pætʃi] *adj* ❶ METEO ungleichmäßig; **~ cloud** stellenweise wolkig ❷ (*fig: inconsistent*) von sehr unterschiedlicher Qualität *nach n, präd;* (*incomplete*) unvollständig

pâté ['pæteɪ] *n* Pastete *f*

paternal [pə'tɜːnᵊl] *adj* väterlich; **~ relatives** Verwandte *pl* väterlicherseits

paternity leave *n no pl* Vaterschaftsurlaub *m*

path [pɑːθ] *n* ❶ (*way*) Weg *m,* Pfad *m* ❷ (*direction*) Weg *m; of a bullet* Bahn *f* ❸ (*fig: course*) Weg *m*

pathetic [pə'θetɪk] *adj* ❶ (*heart-rending*) Mitleid erregend ❷ (*pej: pitiful*) jämmerlich; *attempt* kläglich

pathway *n* ❶ Weg *m a. fig* ❷ MED, BIOL Leitungsbahn *f*

patience ['peɪʃᵊn(t)s] *n no pl* ❶ Geduld *f* ❷ BRIT, AUS CARDS Patience *f*

patient ['peɪʃᵊnt] **I.** *adj* geduldig; **to be ~ with sb** mit jdm Geduld haben **II.** *n* MED Patient(in) *m(f)*

patio ['pætiəʊ] *n* ❶ (*courtyard*) Innenhof *m;* **on the ~** im Innenhof ❷ (*veranda*) Terrasse *f,* Veranda *f*

patriotic [ˌpætri'ɒtɪk] *adj* patriotisch

patrol [pə'trəʊl] **I.** *vi* <-ll-> patrouillieren **II.** *vt* <-ll-> **to ~ one's beat** (*police*) auf Streife sein; (*watchman*) seine Runde machen **III.** *n* Patrouille *f;* **highway ~** AM *Polizei, die die Highways überwacht*

patrol car *n* Streifenwagen *m* **patrol duty** *n* Streifendienst *m* **patrolman** *n* AM, AUS Streifenpolizist(in) *m(f)*

patronizing ['pætrᵊnaɪzɪŋ] *adj* (*pej*) herablassend

pattern ['pætən] *n* ❶ (*structure, design*) *a.* ECON Muster *nt* ❷ FASHION (*for sewing*) Schnitt *m*

pause [pɔːz] **I.** *n* Pause *f* **II.** *vi speaker* innehalten; (*hesitate*) zögern; **to ~ for thought** eine Denkpause einlegen

pavement ['peɪvmənt] *n* ❶ BRIT (*footway*) Gehsteig *m,* Bürgersteig *m* ❷ *no pl* AM, AUS (*road surface*) Asphalt *m*

pavilion [pə'vɪljən] *n* ❶ BRIT SPORTS Klubhaus *nt* ❷ AM (*block*) Gebäudeflügel *m* ❸ AM (*venue*) Pavillon *m*

paving stone *n esp* BRIT Pflasterstein *m*

paw [pɔː] **I.** *n* Pfote *f; of a big cat, bear* Pranke *f* **II.** *vt* ❶ (*scrape*) **to ~ the ground** scharren ❷ (*fam: touch*) begrabschen

pawn¹ [pɔːn] *n* CHESS Bauer *m*

pawn² [pɔːn] *vt* verpfänden

pawnbroker *n* Pfandleiher(in) *m(f)* **pawnshop** *n* Pfandleihe *f* **pawn ticket** *n* Pfandschein *m*

pay [peɪ] **I.** *n no pl* (*wages*) Lohn *m;* (*salary*) Gehalt *nt; of a civil servant* Bezüge *pl* **II.** *vt* <paid, paid> ❶ (*give*) [be]zahlen; *money* bezahlen ❷ (*deposit*) einzahlen (**into** auf) ❸ (*give money to*) **to ~ sb** jdn bezahlen ❹ (*bestow*) **to ~ attention** achtgeben **III.** *vi* <paid, paid> ❶ (*give money*) [be]zahlen ❷ (*be worthwhile*) sich auszahlen; **it ~s to do sth** es lohnt sich, etw zu tun
◆ **pay back** *vt* ❶ (*give back*) zurückzahlen ❷ (*fig: for revenge*) **to ~ sb back for sth** jdm etw heimzahlen
◆ **pay down** *vt* anzahlen
◆ **pay in I.** *vi* (*to a scheme*) einzahlen **II.** *vt* einzahlen
◆ **pay off I.** *vt* (*repay*) abbezahlen; *mortgage* tilgen **II.** *vi* (*fig fam*) sich auszahlen
◆ **pay out I.** *vt* ❶ (*spend*) ausgeben

② (*give out*) aus[be]zahlen **II.** *vi* FIN **to ~ out [on a policy]** [be]zahlen
◆ **pay up I.** *vi* [be]zahlen **II.** *vt* [vollständig] zurückzahlen

payable ['peɪəbl̩] *adj attr* zahlbar; (*due*) fällig

pay-as-you-go *adj mobile phone* ohne Vertragsbindung

pay cheque *n* Lohnscheck *m* **pay day** *n no pl* Zahltag *m* **pay desk** *n* Kasse *f*

PAYE [ˌpi:eɪwaɪ'i:] *n no pl* BRIT *abbrev of* **pay as you earn**

payee [peɪ'i:] *n* Zahlungsempfänger(in) *m(f)*

payer ['peɪəʳ] *n* Zahler(in) *m(f)*

paying ['peɪɪŋ] *adj attr* zahlend

payment ['peɪmənt] *n* ① (*sum*) Zahlung *f*; (*fig*) Lohn *m* ② (*act of paying*) Bezahlung *f*

payphone *n* Münzfernsprecher *m*

pay rise *n* BRIT, AUS (*for blue-collar worker*) Lohnerhöhung *f*; (*for white-collar worker*) Gehaltserhöhung *f*

payslip *n* (*for blue-collar worker*) Lohnzettel *m*; (*for white-collar worker*) Gehaltstreifen *m* **paywall** ['peɪwɔ:l] *n* INET Paywall *f*; **to bypass [***or* **get around] a ~** eine Paywall umgehen; **to hide sth behind a ~** etw hinter einer Paywall verstecken

PC[1] [ˌpi:'si:] *n abbrev of* **personal computer** PC *m*

PC[2] [ˌpi:'si:] *n* BRIT *abbrev of* **police constable**

PC[3] [ˌpi:'si:] **I.** *n abbrev of* **political correctness II.** *adj abbrev of* **politically correct**

PCR test [pi:si:ɑ:ʳ-] *n* MED PCR-Test *m*

PE [ˌpi:'i:] *n no pl abbrev of* **physical education**

pea [pi:] *n* Erbse *f*

peace [pi:s] *n no pl* ① (*no war*) Frieden *m*; **to make ~** Frieden schließen ② (*social order*) Ruhe *f*, Frieden *m* ③ (*tranquillity*) **~ of mind** Seelenfrieden *m*; **~ and quiet** Ruhe und Frieden

peaceful ['pi:sfᵊl] *adj* friedlich; *nation a.* friedfertig

peacekeeping I. *n no pl* Friedenssicherung *f* **II.** *adj* Friedens-; **~ force** Friedenstruppe *f* **peace settlement** *n* Friedensabkommen *nt*

peach [pi:tʃ] **I.** *n* <*pl* -es> (*fruit*) Pfirsich *m*; (*tree*) Pfirsichbaum *m* **II.** *adj* (*colour*) pfirsichfarben

peacock ['pi:kɒk] *n* Pfau *m*

peak [pi:k] **I.** *n* Gipfel *m a. fig*; *of a curve, line* Scheitelpunkt *m*; **to reach a ~** den Höchststand erreichen **II.** *vi career* den Höhepunkt erreichen; *athletes* [seine] Höchstleistung erbringen; *figures, rates, production* den Höchststand erreichen **III.** *adj attr* ① (*busiest*) Haupt-; **~ hours** Stoßzeit *f* ② (*best, highest*) Spitzen-; **~ capacity** Auslastung *f*; **to reach ~** voll ausgelastet sein (**for** an); **~ productivity** maximale Produktivität

peanut ['pi:nʌt] *n* ① (*nut*) Erdnuss *f*; **~ butter** Erdnussbutter *f* ② (*fam: very little*) **~s** *pl* Klacks *m*; **to pay ~s** einen Hungerlohn zahlen

pear [peəʳ] *n* Birne *f*; **~ tree** Birnbaum *m*

pearl [pɜ:l] **I.** *n* ① (*jewel*) Perle *f*; **string of ~s** Perlenkette *f* ② (*fig: a drop*) Tropfen *m*, Perle *f*; ► **~ of wisdom** Weisheit *f* **II.** *adj* perlweiß

peasant ['pezᵊnt] *n* ① (*small farmer*) [Klein]bauer *m*, [Klein]bäuerin *f* ② (*pej! fam*) Bauer *m*

pebble ['pebl̩] *n* Kieselstein *m*

peck [pek] **I.** *n* (*quick kiss*) Küsschen *nt* **II.** *vt* ① (*bite*) **to ~ sb/sth** nach jdm/etw hacken ② (*kiss quickly*) **to ~ sb on the cheek** jdn flüchtig auf die Wange küssen **III.** *vi* ① picken; **to ~ at sth** (*with beak*) etw aufpicken; (*with pointed tool*) gegen etw *akk* hämmern ② (*nibble*) **to ~ at one's food** in seinem Essen herumstochern

peckish ['pekɪʃ] *adj* BRIT, AUS **to feel a bit ~** den kleinen Hunger verspüren

peculiar [pɪˈkjuːliəʳ] *adj* ① (*strange*) seltsam, merkwürdig ② (*nauseous*) unwohl; **to have a ~ feeling** sich eigenartig fühlen

pedal [ˈpedᵊl] **I.** *n* Pedal *nt* **II.** *vt* <BRIT, AUS -ll-> **to ~ a bicycle** Rad fahren **III.** *vi* <BRIT, AUS -ll-> Rad fahren; **she ~ed through the city** sie radelte durch die Stadt

pedal bin *n* Treteimer *m* **pedal boat** *n*, **pedalo** [ˈpedᵊləʊ] *n* Tretboot *nt*

pedestrian [pɪˈdestriən] *n* Fußgänger(in) *m(f)*; **~ crossing** Fußgängerübergang *m*

pediatrician *n* AM *see* **paediatrician**

pedigree [ˈpedigriː] **I.** *n* ① (*genealogy*) Stammbaum *m* ② (*background*) Laufbahn *f* **II.** *adj dog, cattle, horse* reinrassig, mit Stammbaum *nach n*

pee [piː] (*fam*) **I.** *n no pl* ① (*urine*) Pipi *nt Kindersprache* ② (*act*) Pinkeln *nt*; **to have a ~** pinkeln gehen **II.** *vi* pinkeln *fam*; **to ~ in one's pants** in die Hose[n] machen **III.** *vt* **to ~ oneself** sich voll pinkeln

peek [piːk] **I.** *n* (*brief look*) flüchtiger Blick **II.** *vi* gucken *fam*; **to ~ into sth** in etw *akk* hineinspähen

peel [piːl] **I.** *n* (*skin of fruit*) Schale *f* **II.** *vt fruit* schälen **III.** *vi paint, rust, wallpaper* sich lösen; *skin* sich schälen

peeler [ˈpiːləʳ] *n* Schäler *m*

peelings [ˈpiːlɪŋz] *n pl* Schalen *pl*

peep[1] [piːp] **I.** *n* ① (*sound*) Laut *m*; **to not give a ~** keinen Laut von sich *dat* geben ② (*bird sound*) Piep[ser] *m*; **to make a ~** piepsen **II.** *vi* piepsen; **to ~ at sth/sb** etw/jdn anpiepsen

peep[2] [piːp] **I.** *n* (*look*) [verstohlener] Blick; **to have a ~ at sth** auf etw *akk* einen kurzen Blick werfen **II.** *vi* (*look*) **to ~ at sth/sb** verstohlen auf etw/jdn blicken; **to ~ into sth** einen Blick in etw *akk* werfen

peer[1] [pɪəʳ] *vi* (*look closely*) spähen; **to ~ over one's glasses** über die Brille schauen

peer[2] [pɪəʳ] *n* ① (*equal*) Gegenstück *nt*; **to have no ~s** unvergleichlich sein ② BRIT (*noble*) Angehöriger *m* des britischen Hochadels; POL Peer *m*

peg [peg] **I.** *n* Haken *m*; **clothes ~** Wäscheklammer *f*; **to buy off the ~** (*fig*) von der Stange kaufen **II.** *vt* <-gg-> **to ~ sth** ① (*bind down*) etw mit Haken sichern ② (*hold at certain level*) etw fixieren

◆ **peg out I.** *vt* ① (*hang out*) *washing* aufhängen ② (*mark*) **to ~ sth out** etw markieren **II.** *vi* ① (*fig fam: die*) den Löffel abgeben ② (*stop working*) *machine* den Geist aufgeben

pelican [ˈpelɪkᵊn] *n* Pelikan *m*

pelt[1] [pelt] *n* (*animal skin*) Fell *nt*; (*fur*) Pelz *m*

pelt[2] [pelt] **I.** *vt* (*bombard*) **to ~ sb with sth** jdn mit etw *dat* bewerfen **II.** *vi* ① *impers* (*rain heavily*) **it's ~ing** es schüttet ② **to ~ across the yard** über den Hof rennen **III.** *n no pl* ▶ **to drive at full ~** mit Höchstgeschwindigkeit fahren

pen[1] [pen] **I.** *n* (*writing utensil*) Feder *f*; **ballpoint ~** Kugelschreiber *m*; **felt-tip ~** Filzstift *m* **II.** *vt* <-nn-> schreiben

pen[2] [pen] **I.** *n* ① (*enclosed area*) Pferch *m* ② AM (*fig sl: jail*) Knast *m fam* **II.** *vt* <-nn-> *usu passive* **to be ~ned** eingesperrt sein

penalty [ˈpenᵊlti] *n* ① LAW Strafe *f*; **maximum ~** Höchststrafe *f* ② (*fig: punishment*) Strafe *f* ③ FBALL **to award a ~** einen Elfmeter geben

penalty area *n* Strafraum *m* **penalty clause** *n* [restriktive] Vertragsklausel **penalty kick** *n* SPORTS Strafstoß *m*; FBALL Elfmeter *m*

pence [pen(t)s] *n pl of* **penny**

pencil [ˈpen(t)sᵊl] **I.** *n* Bleistift *m*; **coloured ~** Farbstift *m*; **eyeliner ~** Eyelinerstift *m* **II.** *vt* <BRIT -ll-> mit Bleistift schreiben

pencil case *n* Federmäppchen *nt*, Federpennal *nt* ÖSTERR **pencil sharpener** *n* [Bleistift]spitzer *m* **pencil skirt** *n* enger Rock
pendant ['pendənt] *n* Anhänger *m;* **to wear a ~** eine Halskette mit Anhänger tragen
penfriend *n* BRIT, AUS Brieffreund(in) *m(f)*
penguin ['peŋgwɪn] *n* Pinguin *m*
penicillin [ˌpenɪ'sɪlɪn] *n* Penicillin *nt*
peninsula [pə'nɪn(t)sjələ] *n* Halbinsel *f*
penis <*pl* -es> ['pi:nɪs] *n* Penis *m*
penknife *n* Taschenmesser *nt*
penny <*pl* -nies> ['peni] *n* Penny *m;* ▶ **to be worth every ~** sein Geld wert sein
pen pal *n* Brieffreund(in) *m(f)*
pension ['pen(t)ʃᵊn] *n* (*retirement money*) Rente *f;* (*for civil servants*) Pension *f;* **to live on a ~** von der Rente leben
pensioner ['pen(t)ʃᵊnəʳ] *n* BRIT Rentner(in) *m(f);* (*civil servant*) Pensionär(in) *m(f)*
pension fund *n* Pensionskasse *f* **pension scheme** *n* BRIT, AUS Rentenversicherung *f*

P

pentagon ['pentəgᵊn] *n* ❶ MATH Fünfeck *nt* ❷ AM POL **the P~** das Pentagon
pentathlon [pen'tæθlɒn] *n* Fünfkampf *m*
penultimate [pə'nʌltɪmət] (*form*) *adj attr* vorletzte(r, s)
people ['pi:pl] *n* ❶ *pl* (*persons*) Leute *pl*, Menschen *pl;* **the right ~** die richtigen Leute ❷ *pl* (*comprising a nation*) Volk *nt* ❸ *pl* (*ordinary citizens*) **the ~** das Volk, die breite Masse
people carrier *n* Minivan *m*
pepper ['pepəʳ] **I.** *n* ❶ *no pl* (*spice*) Pfeffer *m;* **black ~** schwarzer Pfeffer ❷ (*vegetable*) Paprika *f* **II.** *vt* ❶ (*add pepper*) pfeffern ❷ (*pelt*) **to ~ sb with sth** jdn mit etw *dat* bombardieren; **to be ~ed with mistakes** vor Fehlern strotzen
pepper mill *n* Pfeffermühle *f* **peppermint** *n* ❶ *no pl* (*plant*) Pfefferminze *f* ❷ (*sweet*) Pfefferminz[bonbon] *nt*
pepper pot, AM **pepper shaker** *n* Pfefferstreuer *m*
pep talk *n* Motivationsgespräch *nt*
per [pɜ:ʳ, pəʳ] *prep* ❶ (*for a, in a*) pro; **~ person** pro Person ❷ (*through means of*) per; **~ fax** per Fax
per cent, AM **percent** [pə'sent] **I.** *n* Prozent *nt* **II.** *adv* -prozentig; **I'm 100 ~ sure that ...** ich bin mir hundertprozentig sicher, dass ... **III.** *adj attr* **25/50 ~** 25-/50-prozentig
perch[1] [pɜ:tʃ] **I.** *n* <*pl* -es> ❶ (*for birds*) Sitzstange *f* ❷ (*high location*) Hochsitz *m* **II.** *vi* **to ~ on sth** auf etw *dat* sitzen **III.** *vt* **to ~ sth somewhere** etw auf etw *akk* stecken
perch[2] <*pl* -> [pɜ:tʃ] *n* (*fish*) Flussbarsch *m*
percussion [pə'kʌʃᵊn] *n no pl* Percussion *f*, Schlagzeug *nt*
perfect I. *adj* ['pɜ:fɪkt] vollkommen, perfekt **II.** *vt* [pə'fekt] perfektionieren **III.** *n* ['pɜ:fɪkt] *no pl* LING Perfekt *nt;* **future ~** vollendete Zukunft; **past ~** Plusquamperfekt *nt*
perfection [pə'fekʃᵊn] *n no pl* Perfektion *f*, Vollkommenheit *f*
perfectly ['pɜ:fɪktli] *adv* vollkommen, perfekt; **~ clear** absolut klar *fam;* **to be ~ honest ...** ehrlich gesagt, ...
perform [pə'fɔ:m] **I.** *vt* ❶ (*entertain*) vorführen; *play, opera* aufführen ❷ (*do*) **to ~ one's duty/a function** seine Pflicht/eine Funktion erfüllen; **to ~ a task** eine Aufgabe verrichten **II.** *vi* ❶ (*on stage*) auftreten ❷ (*function*) funktionieren; **to ~ poorly/well** schlecht/gut funktionieren ❸ (*do, act*) **to ~ badly/well** schlecht/gut sein
performance [pə'fɔ:mən(t)s] *n* ❶ (*entertaining, showing*) Vorführung *f; of a*

play, opera, ballet, symphony Aufführung *f; of a part* Darstellung *f; of a song, musical piece* Darbietung *f;* (*show, event*) Vorstellung *f;* **to put on a ~ of a play** ein Stück aufführen; **to give a ~** eine Vorstellung geben ❷ (*capability, effectiveness, level of achievement*) Leistung *f;* **high ~** hohe Leistung ❸ *no pl* (*execution*) **the ~ of a task** die Erfüllung einer Aufgabe

per'formance-enhancing *adj attr drugs, substances* leistungssteigernd, zur Leistungsverbesserung *nach n*

performer [pə'fɔːməʳ] *n* (*artist*) Künstler(in) *m(f);* (*actor*) Darsteller(in) *m(f)*

perfume I. *n* ['pɜːfjuːm] ❶ Parfüm *nt* ❷ *of a flower* Duft *m* **II.** *vt* [pə'fjuːm] parfümieren

perhaps [pə'hæps, præps] *adv* ❶ (*maybe*) vielleicht; **~ so** ja, vielleicht ❷ (*about*) etwa, ungefähr

period ['pɪəriəd] **I.** *n* ❶ (*length of time*) Zeitspanne *f,* Periode *f;* **for a ~ of three months** für die Dauer von drei Monaten ❷ (*lesson*) Stunde *f* ❸ (*time in life, history, development*) Zeit *f;* (*distinct time*) Zeitabschnitt *m;* (*phase*) Phase *f;* **incubation ~** Inkubationszeit *f* ❹ (*fam: menstruation*) Periode *f* ❺ AM LING (*a. fig: full stop*) Punkt *m* **II.** *adj* ❶ (*of an earlier period*) *chair, vase, drama* historisch ❷ (*concerning menstruation*) *cramps, pains* Menstruations-

perishable ['perɪʃəbl̩] *adj* ❶ *food* [leicht] verderblich ❷ (*transitory*) vergänglich

perk[1] [pɜːk] *n* ❶ (*additional benefit*) Vergünstigung *f* ❷ (*advantage*) Vorteil *m*

perk[2] [pɜːk] **I.** *vt* (*fam*) **to ~ coffee** Kaffee machen **II.** *vi* (*fam*) durchlaufen

perm [pɜːm] **I.** *n* (*fam*) *short for* **permanent wave** Dauerwelle *f* **II.** *vt* **to ~ hair** Dauerwellen machen

permanent ['pɜːmᵊnənt] *adj* ❶ (*lasting indefinitely*) permanent, ständig; **~ abode** fester Wohnsitz ❷ (*continual*) ständig, permanent

permission [pə'mɪʃᵊn] *n no pl* Erlaubnis *f;* (*from an official body*) Genehmigung *f;* **with your ~, I'd like to ...** wenn Sie gestatten, würde ich gerne ...

permit I. *n* ['pɜːmɪt] Genehmigung *f;* **residence ~** Aufenthaltsgenehmigung *f;* **work ~** Arbeitserlaubnis *f* **II.** *vt* <-tt-> [pə'mɪt] ❶ (*allow, give permission*) gestatten, erlauben ❷ (*make possible*) **to ~ sb to do sth** jdm ermöglichen, etw zu tun **III.** *vi* [pə'mɪt] (*allow*) erlauben, gestatten; **weather ~ting** vorausgesetzt, das Wetter spielt mit

persecute ['pɜːsɪkjuːt] *vt usu passive* verfolgen; **to be ~d for sth** wegen einer S. *gen* verfolgt werden

persecution [ˌpɜːsɪ'kjuːʃᵊn] *n usu sing* Verfolgung *f;* **~ complex/mania** Verfolgungswahn *m*

persevere [ˌpɜːsɪ'vɪəʳ] *vi* nicht aufgeben, beharrlich bleiben; (*continue*) mit etw *dat* weitermachen

persist [pə'sɪst] *vi* ❶ (*continue to exist*) andauern; *cold, heat, rain* anhalten ❷ (*to not give up*) beharrlich bleiben ❸ (*continue*) **to ~ in doing sth** nicht aufhören, etw zu tun

persistent [pə'sɪstᵊnt] *adj* ❶ (*long lasting*) *difficulties* anhaltend ❷ (*constant*) unaufhörlich

person <*pl* people> ['pɜːsᵊn] *n* ❶ (*human*) Person *f,* Mensch *m;* **not a single ~ came** kein Mensch kam; **morning ~** Morgenmensch *m;* **people ~** geselliger Mensch ❷ LING (*verb form*) Person *f*

personal ['pɜːsᵊnᵊl] *adj* persönlich; **~ belongings** persönliches Eigentum; **~ data** Personalien *pl*

personality [ˌpɜːsᵊn'æləti] *n* ❶ (*character*) Persönlichkeit *f,* Charakter *m;* **to have a strong ~** eine starke Persönlichkeit sein ❷ (*celebrity*) **a ~** eine Persönlichkeit

personally ['pɜːsᵊnᵊli] *adv* persönlich

P

personnel [ˌpɜːsᵊnˈel] *n* ❶ *pl* (*employees*) Personal *nt kein pl* ❷ *no pl* (*human resources department*) Personalabteilung *f*
perspective [pəˈspektɪv] *n* Perspektive *f;* ~ **on sth** Einschätzung *f* einer S. *gen;* **in** ~ perspektivisch
perspire [pəˈspaɪəʳ] *vi* schwitzen
persuade [pəˈsweɪd] *vt* (*talk into*) überreden; (*convince*) überzeugen; **to** ~ **sb into sth** jdn zu etw *dat* überreden
persuasion [pəˈsweɪʒᵊn] *n* (*talking into*) Überredung *f;* (*convincing*) Überzeugung *f*
persuasive [pəˈsweɪsɪv] *adj* überzeugend
perverse [pəˈvɜːs] *adj* (*pej*) pervers
perversion [pəˈvɜːʃᵊn] *n* (*pej*) ❶ (*unnatural behaviour*) Perversion *f* ❷ (*corruption*) Pervertierung *f geh;* ~ **of justice** Rechtsbeugung *f*
pervert I. *n* [ˈpɜːvɜːt] (*pej*) ❶ (*sexual deviant*) Perverse(r) *f(m)* ❷ (*creepy person*) Perversling *m pej fam* II. *vt* [pəˈvɜːt] (*pej*) ❶ (*corrupt*) verderben ❷ (*distort*) verdrehen
pessimism [ˈpesɪmɪzᵊm] *n* Pessimismus *m*
pessimist [ˈpesɪmɪst] *n* Pessimist(in) *m(f)*
pessimistic [ˌpesɪˈmɪstɪk] *adj* pessimistisch
pest [pest] *n* ❶ (*destructive animal*) Schädling *m* ❷ (*fig fam: annoying person*) Nervensäge *f fam;* (*annoying thing*) Plage *f*
pester [ˈpestəʳ] *vt* belästigen; **to** ~ **sb for sth** jdm mit etw *dat* keine Ruhe lassen
pesticide [ˈpestɪsaɪd] *n* Schädlingsbekämpfungsmittel *nt*
pet [pet] I. *n* ❶ (*animal*) Haustier *nt* ❷ (*pej: favourite*) Liebling II. *adj* ❶ (*animals*) Tier-; ~ **cat** Hauskatze *f* ❷ (*favourite*) *project, charity* Lieblings- III. *vt* <-tt-> streicheln
petal [ˈpetᵊl] *n* Blütenblatt *nt*

P

peter [ˈpiːtəʳ] *vi* **to** ~ **out** zu Ende gehen; *conversation, interest* sich totlaufen
petition [pəˈtɪʃᵊn] I. *n* ❶ (*signed document*) Petition *f* (**against** gegen/**for** für) ❷ LAW (*written request*) Gesuch *nt* II. *vi* ❶ (*start a written action*) **to** ~ **about sth** für etw *akk* Unterschriften sammeln ❷ LAW (*request formally*) **to** ~ **for sth** einen Antrag auf etw *akk* stellen III. *vt* **to** ~ **sb for sth** jdn um etw *akk* ersuchen *form*
petrol [ˈpetrᵊl] *n no pl* BRIT, AUS Benzin *nt;* **unleaded** ~ bleifreies Benzin
petrol can *n* BRIT, AUS Benzinkanister *m*
petrol engine *n* BRIT, AUS Benzinmotor *m*
petroleum [pəˈtrəʊliəm] *n* Erdöl *nt*
petrol gauge *n* Benzinuhr *f* **petrol pump** *n* BRIT, AUS Zapfsäule *f;* (*nozzle*) Zapfhahn *m* **petrol station** *n* BRIT, AUS Tankstelle *f*
petticoat [ˈpetɪkəʊt] *n* (*hist*) Unterrock *m;* (*stiff*) Petticoat *m*
petty [ˈpeti] *adj* (*pej: insignificant*) unbedeutend; (*trivial*) trivial
pew [pjuː] *n* Kirchenbank *f*
pharmacist [ˈfɑːməsɪst] *n* Apotheker(in) *m(f)*
pharmacy [ˈfɑːməsi] *n* ❶ (*store*) Apotheke *f* ❷ *no pl* (*course of study*) Pharmazie *f*
phase [feɪz] I. *n* Phase *f;* **moon** ~ Mondphase *f;* **developmental** ~ Entwicklungsphase *f;* **to go through a** ~ eine Phase durchlaufen II. *vt usu passive* (*implement*) stufenweise durchführen; (*introduce*) stufenweise einführen
PhD [ˌpiːeɪtʃˈdiː] *n abbrev of* **Doctor of Philosophy** Dr., Doktor *m;* ~ **student** Doktorand(in) *m(f)*
pheasant <*pl* -s> [ˈfezᵊnt] *n* Fasan *m*
philistine [ˈfɪlɪstaɪn] (*pej*) I. *n* Banause *m* II. *adj* banausisch
philosopher [fɪˈlɒsəfəʳ] *n* Philosoph(in) *m(f)*

philosophy [fɪ'lɒsəfi] *n no pl* Philosophie *f*
phish [fɪʃ] *vi* INET phischen (*im Internet persönliche Daten und Passwörter auskundschaften, um von den Betroffenen Geld zu stehlen*)
phisher ['fɪʃəʳ] *n* INET Phisher(in) *m(f)* (*Betrüger, der mit gefälschten E-Mails Passwörter und persönliche Benutzerdaten ausspioniert*)
phishing ['fɪʃɪŋ] *n* INET Phishing *nt* (*betrügerisches Ausspionieren von Passwörtern und persönlichen Benutzerdaten*)
phobia ['fəʊbiə] *n* Phobie *f*
phone [fəʊn] **I.** *n* Telefon *nt;* **to answer the ~** ans Telefon gehen; **to hang up the ~** auflegen; **to pick up the ~** abheben; **to speak [to sb] on the ~** [mit jdm] telefonieren; **on the ~** am Telefon **II.** *vt* anrufen **III.** *vi* telefonieren ◆ **phone back** *vt* zurückrufen
phone booth *n* Telefonzelle *f* **phone call** *n* Telefonanruf *m* **phonecard** *n* Telefonkarte *f* **phone-in I.** *n Sendung, bei der sich das Publikum telefonisch beteiligen kann* **II.** *adj attr* **~ programme** *Sendung mit telefonischer Publikumsbeteiligung* **phone number** *n* Telefonnummer *f*
phonetic [fə(ʊ)'netɪk] *adj* LING phonetisch
phosphorescent [ˌfɒsfᵊr'esᵊnt] *adj* phosphoreszierend
photo ['fəʊtəʊ] *n short for* **photograph** Foto *nt*
photocall *n* Fototermin *m*
photocopier *n* [Foto]kopierer *m*
photocopy I. *n* [Foto]kopie *f* **II.** *vt* [foto]kopieren
photo-editing *n* COMPUT, PHOT digitale Bildbearbeitung
photograph ['fəʊtəgrɑːf] **I.** *n* Fotografie *f,* Foto *nt;* **aerial ~** Luftaufnahme *f;* **colour ~** Farbfotografie *f* **II.** *vt* fotografieren **III.** *vi* **to ~ well** gut auf Fotos aussehen
photograph album *n* Fotoalbum *nt*
photographer [fə'tɒgrəfəʳ] *n* Fotograf(in) *m(f)*
photographic [ˌfəʊtə'græfɪk] *adj* fotografisch; **~ equipment** Fotoausrüstung *f*
photography [fə'tɒgrəfi] *n no pl* Fotografie *f*
photojournalism *n no pl* Fotojournalismus *m* **photoshoot** *n* Fototermin *m*
photosynthesis *n* Photosynthese *f*
phrasal ['freɪzᵊl] *adj* LING Satz-; **~ verb** Phrasal Verb *nt* (*Grundverb mit präpositionaler oder adverbialer Ergänzung*)
phrase [freɪz] **I.** *n* (*words*) Satz *m;* (*idiomatic expression*) Ausdruck *m* **II.** *vt* formulieren
phrase book *n* Sprachführer *m*
physical ['fɪzɪkᵊl] *adj* ❶ (*of the body*) *condition, strength* körperlich, physisch *geh;* **to have a ~ disability** eine körperliche Behinderung haben ❷ (*sexual*) *contact, love* körperlich ❸ (*material*) physisch
physical education *n no pl* SCH Sport[unterricht] *m*
physician [fɪ'zɪʃᵊn] *n esp* AM (*GP*) Hausarzt, -ärztin *m, f*
physicist ['fɪzɪsɪst] *n* Physiker(in) *m(f)*
physics ['fɪzɪks] *n + sing vb* Physik *f*
physiotherapist [ˌfɪziə(ʊ)'θerəpɪst] *n esp* BRIT Physiotherapeut(in) *m(f) fachspr,* Krankengymnast(in) *m(f)* **physiotherapy** [ˌfɪziə(ʊ)'θerəpi] *n no pl esp* BRIT Physiotherapie *f fachspr*
pianist ['piːənɪst] *n* Klavierspieler(in) *m(f);* (*professional*) Pianist(in) *m(f)*
piano [pi'ænəʊ] *n* Klavier *nt,* Piano *nt;* **to play [the] ~** Klavier spielen; **at the ~** am Klavier; **~ recital** Klavierkonzert *nt*
pick [pɪk] **I.** *n* ❶ (*choice*) Auswahl *f;* **to have first ~** die erste Wahl haben; **to take one's ~** sich *dat* etw aussuchen ❷ *+ sing/pl vb* (*best*) **the ~ of sth** das Beste ❸ MUS Plättchen *nt* **II.** *vt* ❶ (*select*) aussuchen ❷ (*fam: start*)

P

to ~ a fight with sb mit jdm einen Streit anzetteln ❸ (*scratch*) **to ~ sth** an etw *dat* kratzen **III.** *vi* ❶ (*be choosy*) aussuchen ❷ (*toy with*) **to ~ at one's food** in seinem Essen herumstochern

◆ **pick on** *vi* **to ~ on sb** ❶ (*select*) jdn aussuchen ❷ (*victimize*) auf jdm herumhacken

◆ **pick out** *vt* ❶ (*select*) aussuchen ❷ (*recognize*) erkennen ❸ (*highlight*) hervorheben

◆ **pick up I.** *vt* ❶ (*lift*) aufheben; **to ~ up the phone** [den Hörer] abnehmen ❷ (*learn*) aufschnappen ❸ (*collect*) abholen; **to ~ up passengers** Fahrgäste aufnehmen ❹ (*on radio*) *a signal* empfangen ❺ (*increase*) *speed* schneller werden **II.** *vi* ❶ (*improve*) sich bessern, besser werden ❷ (*resume*) **to ~ up where one left off** da weitermachen, wo man aufgehört hat

picket ['pɪkɪt] **I.** *n* ❶ (*striker*) Streikposten *m;* (*blockade*) Streikblockade *f* ❷ (*stake*) Palisade *f* **II.** *vt* **to ~ sth** vor etw *dat* Streikposten aufstellen **III.** *vi* demonstrieren

pickle ['pɪkl] **I.** *n* ❶ *no pl* [Mixed] Pickles *pl;* (*sauce*) Relish *nt* ❷ AM (*conserved gherkin*) saure Gurke **II.** *vt* einlegen

pickled ['pɪkld] *adj* (*preserved*) eingelegt

pickpocket *n* Taschendieb(in) *m(f)*

pickup *n* ❶ (*fam: collection*) Abholen *nt kein pl;* **we arranged a ten o'clock ~ to take Cathy to the station** wir verabredeten mit Cathy, dass wir sie um zehn Uhr abholen und zum Bahnhof bringen würden ❷ (*increase*) Ansteigen *nt kein pl,* Zunahme *f* ❸ (*van*) Kleintransporter *m*

picnic ['pɪknɪk] **I.** *n* Picknick *nt;* **to go on a ~** ein Picknick machen; **to be no ~** (*fig*) kein Spaziergang sein **II.** *vi* <-ck-> picknicken

picture ['pɪktʃəʳ] **I.** *n* ❶ (*painting, drawing*) Bild *nt* ❷ (*photograph*) Bild *nt,* Foto *nt;* **to take a ~** ein Foto machen ❸ (*on TV screen*) [Fernseh]bild *nt* ❹ (*film*) Film *m* ❺ (*cinema*) **the ~s** *pl* das Kino ❻ (*fig: impression*) Bild *nt;* ► **to get the ~** etw verstehen **II.** *vt* **to ~ sth** sich *dat* etw vorstellen; (*depict*) etw darstellen **III.** *vi* **to ~ to oneself how ...** sich *dat* vorstellen, wie ...

picture book *n* Bilderbuch *nt* **picture frame** *n* Bilderrahmen *m* **picture gallery** *n* [Kunst]galerie *f* **picture messaging** *n* Picture Messaging *nt* **picture postcard** *n* Ansichtskarte *f*

pie [paɪ] *n* Pastete *f*

piece [pi:s] **I.** *n* ❶ (*bit*) Stück *nt;* (*part*) Teil *nt o m; of bread* Scheibe *f; of cake* Stück *nt;* **a ~ of broken glass** eine Glasscherbe; **~ by ~** Stück für Stück ❷ (*item*) Stück *nt;* **~ of baggage** Gepäckstück *nt;* **~ of paper** Blatt *nt* Papier ❸ (*non-physical item*) **a ~ of advice** ein Rat *m;* **a ~ of information** eine Information ❹ MUS, THEAT Stück *nt,* Werk *nt;* ► **to be a ~ of cake** (*fam*) kinderleicht sein **II.** *vt* **to ~ together sth** etw zusammensetzen; (*reconstruct*) etw rekonstruieren

pier [pɪəʳ] *n* NAUT Pier *m o fachspr f,* Hafendamm *m;* (*landing stage*) Landungsbrücke *f*

pierce [pɪəs] **I.** *vt* (*make hole in*) durchstechen; (*more forceful*) durchstoßen; **to have ~d ears** Ohrlöcher haben **II.** *vi* (*drill*) **to ~ into sth** sich in etw *akk* bohren

piercing ['pɪəsɪŋ] **I.** *adj* ❶ (*loud*) durchdringend; (*pej*) *voice a.* schrill ❷ (*cold*) eisig ❸ (*penetrating*) *eyes, gaze, look* durchdringend **II.** *n no pl* (*body-piercing*) Piercing *nt*

pig [pɪg] *n* ❶ Schwein *nt* ❷ (*fam: greedy person*) Vielfraß *m* ❸ (*pej fam: bad person*) Schwein *nt*

pigeon ['pɪdʒən] *n* Taube *f*

pigeon-hole I. *n* [Post]fach *nt,* Ablage *f*

II. *vt* (*categorize*) **to ~ sb** jdn in eine Schublade stecken
piggyback I. *n* **to give sb a ~** jdn huckepack nehmen **II.** *vi* huckepack machen
piggy bank *n* Sparschwein *nt*
piglet ['pɪglət] *n* Ferkel *nt*
pigsty *n* (*a. fig, pej*) Schweinestall *m* **pigtail** *n* (*hair*) Pferdeschwanz *m;* (*braided*) Zopf *m*
pile [paɪl] **I.** *n* ❶ (*stack*) Stapel *m;* (*heap*) Haufen *m* ❷ (*fam: large amount*) Haufen *m* **II.** *vt* stapeln (**on**[**to**] auf) **III.** *vi* ❶ (*fam: crowd into*) **to ~ onto the bus** sich in den Bus reindrücken ❷ (*collide*) **to ~ into sth** ineinanderrasen
◆ **pile in** *vi* in etw *akk* [hinein]strömen; (*forcefully*) sich in etw *akk* [hinein] drängen
◆ **pile on** *vt* anhäufen; **you're really piling it on with the compliments tonight** du bist ja heute Abend so großzügig mit Komplimenten *hum*
◆ **pile up I.** *vi debts, problems* sich anhäufen; (*get more frequent*) sich häufen **II.** *vt* anhäufen
piles [paɪlz] *n pl* (*fam*) Hämorrhoiden *pl*
pile-up *n* Massenkarambolage *f*
pilgrimage ['pɪlgrɪmɪdʒ] *n* REL Pilgerfahrt *f*
pill [pɪl] *n* ❶ (*tablet*) Tablette *f* ❷ (*contraceptive*) **the ~** die Pille
pillar ['pɪləʳ] *n* ❶ (*column*) Pfeiler *m,* Säule *f* ❷ (*fig: mainstay*) Stütze *f*
pillar box *n* BRIT Briefkasten *m*
pillow ['pɪləʊ] *n* ❶ [Kopf]kissen *nt* ❷ AM (*cushion*) Kissen *nt*
pillowcase *n* [Kopf]kissenbezug *m*
pilot ['paɪlət] **I.** *n* ❶ AVIAT Pilot(in) *m(f);* NAUT Lotse, Lotsin *m, f* ❷ TV Pilotfilm *f* ❸ TECH (*pilot light*) Kontrolllampe *f* **II.** *vt* ❶ AVIAT, NAUT *aircraft* fliegen ❷ (*test*) **to ~ a project** ein Pilotprojekt durchführen **III.** *adj usu attr* Pilot-; **a ~ test** ein erster Test
pilot's licence, AM **pilot's license** *n* Pilotenschein *m*
pilot boat *n* Lotsenboot *nt* **pilot light** *n* ❶ (*monitoring light*) Kontrolllampe *f* ❷ (*flame*) Zündflamme *f* **pilot scheme** *n* BRIT, AUS Testreihe *f*
pimp [pɪmp] *n* Zuhälter *m*
pimple ['pɪmpl̩] *n* Pickel *m*
pin [pɪn] **I.** *n* ❶ (*sharp object*) Nadel *f;* **drawing ~** Reißzwecke *f* ❷ (*for clothing*) [Ansteck]nadel *f* **II.** *vt* <-nn-> ❶ (*attach with pin*) befestigen ([**up**] **on/to** an) ❷ (*hold firmly*) **she was ~ned under a fallen beam** sie saß unter einem heruntergefallenen Balken fest
◆ **pin down** *vt* ❶ (*define exactly*) genau definieren ❷ (*make decide*) **to ~ down sb** jdn festnageln ❸ (*hold fast*) **to ~ down sb** jdn fest halten
◆ **pin up** *vt* anstecken; **to ~ up a picture on the wall** ein Bild an die Wand hängen
PIN [pɪn] *n abbrev of* **personal identification number** PIN *f*
pinball machine *n* Flipper *m*
pinch [pɪn(t)ʃ] **I.** *vt* ❶ (*nip*) kneifen, zwicken *bes* SÜDD, ÖSTERR ❷ (*fam: steal*) klauen **II.** *vi* kneifen, zwicken **III.** *n* <*pl* -es> ❶ (*nip*) Kneifen *nt,* Zwicken *nt* ❷ (*small quantity*) *of salt* Prise *f*
pine[1] [paɪn] *n* ❶ (*tree*) Kiefer *f* ❷ *no pl* (*wood*) Kiefer *f,* Kiefernholz *nt* ❸ BRIT (*stone pine*) Pinie *f*
pine[2] [paɪn] *vi* sich vor Sehnsucht verzehren *liter;* **to ~ for sb** sich nach jdm sehnen
pineapple ['paɪnæpl̩] *n* Ananas *f*
pine cone *n* Kiefernzapfen *m;* BRIT (*of stone pine*) Pinienzapfen *m*
ping-pong ['pɪŋ,pɒŋ] *n* (*fam*) Pingpong *nt*
pink [pɪŋk] **I.** *n* Rosa *nt,* Pink *nt* **II.** *adj* rosa, pink
pinpoint I. *vt* [genau] feststellen **II.** *adj attr* sehr genau; **~ accuracy** hohe Genauigkeit **III.** *n* winziger Punkt
pinstripe *n* ❶ *no pl* (*pattern*) Nadelstrei-

fen *m* ❷ (*suit*) Nadelstreifenanzug *m*

pint [paɪnt] *n* ❶ (*measurement*) Pint *nt* (*0,568 l*) ❷ BRIT (*fam: beer*) ≈ eine Halbe

pioneer [ˌpaɪəˈnɪəʳ] **I.** *n* Pionier(in) *m(f)* **II.** *adj* Pionier-, bahnbrechend; (*innovative*) innovativ **III.** *vt* **to ~ sth** den Weg für etw *akk* bereiten

pip^{1} [pɪp] *n* BOT Kern *m*

pip^{2} [pɪp] *n usu pl esp* BRIT Piep *m*

pip^{3} <-pp-> [pɪp] *vt* BRIT (*fam*) **to ~ sb** jdn [knapp] besiegen

pipe [paɪp] **I.** *n* ❶ TECH (*tube*) Rohr *nt* ❷ (*for smoking*) Pfeife *f* **II.** *vt* (*transport*) *gas, oil, water* leiten

pipeline *n* Pipeline *f;* **in the ~** (*fig*) in Planung

piper [ˈpaɪpəʳ] *n* Dudelsackspieler(in) *m(f)*

piracy [ˈpaɪ(ə)rəsi] *n no pl* ❶ (*at sea*) Piraterie *f,* Seeräuberei *f* ❷ (*of copyrights*) Raubkopieren *nt;* **software/video ~** Software-/Videopiraterie *f*

pirate [ˈpaɪ(ə)rət] **I.** *n* ❶ Pirat(in) *m(f)* ❷ (*plagiarizer*) Raubkopierer(in) *m(f)* **II.** *adj attr video, CD* raubkopiert **III.** *vt* **to ~ sth** eine Raubkopie von etw *dat* machen

P

Pisces <*pl* -> [ˈpaɪsiːz] *n* ASTROL ❶ *no pl* (*sign*) Fische *pl* ❷ (*person*) Fisch *m*

piss [pɪs] (*fam!*) **I.** *n no pl* Pisse *f derb* ► **to take the ~ [out of sb]** BRIT jdn verarschen *derb* **II.** *vi* pissen *fam;* **~ off!** verpiss dich! **III.** *vt* **to ~ oneself** in die Hose machen; (*laugh*) sich *dat* vor Lachen in die Hosen machen

◆ **piss about, piss around** BRIT, AUS **I.** *vi* (*fam!: be silly*) Blödsinn machen **II.** *vt* (*fam!*) **to ~ sb about** (*waste time*) jds Zeit *f* verschwenden

pissed [pɪst] *adj* (*fam!*) ❶ BRIT, AUS besoffen *fam* ❷ **~ [off]** [stink]sauer

piss-up *n* BRIT, AUS (*fam!*) Besäufnis *nt*

pistachio [pɪˈstɑːʃiəʊ] *n* Pistazie *f*

pistol [ˈpɪst^{ə}l] *n* Pistole *f*

piston [ˈpɪst^{ə}n] *n* Kolben *m*

pit^{1} [pɪt] *n* ❶ (*in ground*) Grube *f;* (*scar*) Narbe *f* ❷ (*mine*) Bergwerk *nt*

pit^{2} [pɪt] **I.** *n esp* AM (*stone*) Kern *m* **II.** *vt* <-tt-> ❶ FOOD entkernen ❷ **to ~ sth against sth** *products* etw gegen etw *akk* ins Rennen schicken

pitch^{1} *n no pl* (*tar*) Pech *nt*

pitch^{2} [pɪtʃ] **I.** *n* <*pl* -es> ❶ BRIT, AUS (*sports field*) [Spiel]feld *nt;* BRIT (*for camping*) [Zelt]platz *m* ❷ (*baseball throw*) Wurf *m* ❸ *no pl* MUS Tonhöhe *f* ❹ *no pl* (*persuasion*) **[sales] ~** [Verkaufs]sprüche *pl a. pej fam* **II.** *vt* ❶ (*throw*) werfen ❷ (*set up*) aufstellen; *tent* aufschlagen ❸ (*target*) **to ~ sth at sb** etw auf jdn ausrichten **III.** *vi* SPORTS (*in baseball*) werfen; (*in cricket*) [auf den Boden] aufkommen

pitfall *n usu pl* Falle *f; of a language, subject* Hauptschwierigkeit *f*

pitta (bread) [ˈpɪtə] *n no pl* Pittabrot *nt*

pity [ˈpɪti] **I.** *n no pl* ❶ (*compassion*) Mitleid *nt;* **to feel ~ for sb** mit jdm Mitleid haben ❷ (*shame*) **what a ~!** wie schade! **II.** *vt* <-ie-> **to ~ sb** Mitleid mit jdm haben

pizza [ˈpiːtsə] *n* Pizza *nt*

place [pleɪs] **I.** *n* ❶ (*location*) Ort *m;* **~ of birth** Geburtsort *m;* **~ of work** Arbeitsplatz *m* ❷ (*position*) Stelle *f;* **if I were in your ~ ...** ich an deiner Stelle ... ❸ (*home*) Wohnung *f;* **I'm looking for a ~ to live** ich bin auf Wohnungssuche ❹ (*fig: position, rank*) Stellung *f* ❺ (*instead of*) **in ~ of** stattdessen ❻ (*proper position*) **to be in ~** an seinem Platz sein; (*fig: completed*) fertig sein; **to be out of ~** nicht an der richtigen Stelle sein ❼ (*ranking*) Platz *m;* ► **in the first ~** zuerst **II.** *vt* ❶ (*position*) **to ~ sth somewhere** etw irgendwohin stellen; (*lay*) etw irgendwohin legen; **to ~ a bet on sth** auf etw *akk* wetten ❷ (*impose*) **to ~ a limit on sth** etw begrenzen ❸ (*arrange for*) **to ~ sth at sb's disposal**

jdm etw überlassen ❹ (*burden*) **to ~ a strain on sb** jdn belasten

place mat *n* Set *nt o m,* Platzdeckchen *nt*

place name *n* Ortsname *m*

plaice <*pl* -> [pleɪs] *n* Scholle *f*

plain [pleɪn] **I.** *adj* ❶ (*simple*) einfach; (*not flavoured*) natur *nach n;* **~ food** einfaches Essen ❷ (*uncomplicated*) einfach ❸ (*clear*) klar, offensichtlich; **her meaning was ~** es war klar, was sie meinte **II.** *adv* ❶ (*simply*) ohne großen Aufwand ❷ (*fam: downright*) einfach **III.** *n* (*area of flat land*) Ebene *f*

plainly ['pleɪnli] *adv* ❶ (*simply*) einfach, schlicht ❷ (*clearly*) deutlich, klar

plait [plæt] *esp* BRIT **I.** *n* (*hair*) Zopf *m* **II.** *vt, vi* flechten

plan [plæn] **I.** *n* ❶ (*detailed scheme*) Plan *m* ❷ (*intention*) Plan *m,* Absicht *f;* **what are your ~s for this weekend?** was hast du dieses Wochenende vor? ❸ (*drawing*) **~s** *pl* Pläne *pl* **II.** *vt* <-nn-> ❶ (*draft*) planen ❷ (*prepare*) vorbereiten ❸ (*envisage*) planen ❹ (*intend*) vorhaben **III.** *vi* ❶ (*prepare*) planen ❷ (*expect*) **to ~ on sth** mit etw *dat* rechnen

plane[1] [pleɪn] **I.** *n* (*aircraft*) Flugzeug *nt;* **to board the ~** das Flugzeug besteigen; **by ~** mit dem Flugzeug **II.** *vi* (*glide*) gleiten

plane[2] [pleɪn] *n* ❶ (*surface*) Fläche *f;* MATH Ebene *f* ❷ (*level*) Ebene *f*

plane[3] [pleɪn] **I.** *n* (*tool*) Hobel *m* **II.** *vt* hobeln; (*until smooth*) abhobeln

plane[4] [pleɪn] *n* BOT Platane *f*

planet ['plænɪt] *n* Planet *m;* **to be on a different ~** (*fig*) in einer anderen Welt sein

planetarium <*pl* -s> [ˌplænɪ'teəriəm] *n* Planetarium *nt*

plank [plæŋk] *n* ❶ (*timber*) Brett *nt,* Latte *f* ❷ (*fig: element*) Pfeiler *m*

planner ['plænəʳ] *n* Planer(in) *m(f)*

planning ['plænɪŋ] *n no pl* Planung *f;* **~ permission** Baugenehmigung *f;* **at the ~ stage** in der Planung[sphase]

plant [plɑːnt] **I.** *n* ❶ BOT Pflanze *f* ❷ (*factory*) Werk *nt,* Betrieb *m* **II.** *vt* ❶ (*put in earth*) pflanzen ❷ (*lodge*) platzieren; **to ~ oneself on the sofa** (*fam*) sich aufs Sofa pflanzen

plantation [ˌplæn'teɪʃᵊn] *n* ❶ (*estate*) Plantage *f* ❷ (*plants*) Pflanzung *f;* (*trees*) Schonung *f*

plaque [plɑːk, plæk] *n* ❶ (*plate*) Tafel *f;* **brass ~** Messingschild *nt* ❷ *no pl* MED [Zahn]belag *m*

plaster ['plɑːstəʳ] **I.** *n no pl* ❶ (*in building*) [Ver]putz *m* ❷ MED Gips[verband] *m* ❸ BRIT (*for cuts*) Pflaster *nt* **II.** *vt* ❶ (*mortar*) verputzen ❷ (*fam: put all over*) voll kleistern

plaster cast *n* Gipsverband *m;* ART Gipsabguss *m*

plastered ['plɑːstəd] *adj pred* (*fam*) stockbesoffen; **to get ~** sich zusaufen

plastic ['plæstɪk] **I.** *n* ❶ (*material*) Plastik *nt kein pl* ❷ (*industry*) **~s** *pl* Kunststoffindustrie *f* ❸ *no pl* (*fam: credit card*) Plastikgeld *nt* **II.** *adj* ❶ (*of plastic*) Plastik-; **~ bag** Plastiktüte *f;* **~ bullet** Gummigeschoss *nt* ❷ (*pej: artificial*) künstlich

plastic surgery *n no pl* Schönheitschirurgie *f*

plate [pleɪt] **I.** *n* ❶ (*dish*) Teller *m* ❷ (*panel*) Platte *f* ❸ (*sign*) Schild *nt* ❹ AUTO Nummernschild *nt;* **licence ~** Nummernschild *nt* **II.** *vt* überziehen

platform ['plætfɔːm] *n* ❶ (*elevated area*) Plattform *f;* (*raised structure*) Turm *m* ❷ (*on station*) Bahnsteig *m*

platinum ['plætɪnəm] *n no pl* Platin *nt*

platonic [plə'tɒnɪk] *adj* platonisch

play [pleɪ] **I.** *n* ❶ *no pl* (*game, recreation*) Spiel *nt;* **to be at ~** spielen ❷ AM SPORTS (*move*) Spielzug *m* ❸ THEAT [Theater]stück *nt* **II.** *vi* ❶ (*amuse oneself*) spielen ❷ SPORTS spielen; **to ~ in the match** am Spiel teilnehmen ❸ THEAT spielen **III.** *vt* ❶ (*take part*

P

in) spielen; **to ~ cards** Karten spielen ❷ (*compete against*) **to ~ sb** gegen jdn spielen ❸ (*execute*) **to ~ a shot** schießen; (*in snooker*) stoßen ❹ (*have*) **to ~ a part** eine Rolle spielen ❺ THEAT, MUS spielen; **to ~ the lead** die Hauptrolle spielen ▶ **to ~ one's cards right** geschickt taktieren; **to ~ the game** BRIT sich an die [Spiel]regeln halten

◆ **play along I.** *vi* **to ~ along with it** gute Miene zum bösen Spiel machen; **to ~ along with sth** etw [zum Schein] mitmachen **II.** *vt* (*pej*) **to ~ sb along** jdn hinhalten

◆ **play down** *vt* herunterspielen

◆ **play off I.** *vi* **to ~ off for sth** um etw *akk* spielen **II.** *vt* **to ~ off sb against sb** jdn gegen jdn ausspielen

◆ **play on** *vi* (*exploit*) **to ~ on sth** etw ausnutzen

◆ **play up I.** *vt* ❶ (*emphasize*) hochspielen ❷ BRIT (*fam: cause trouble*) **to ~ up sb** jdm zu schaffen machen **II.** *vi* (*fam*) ❶ (*flatter*) **to ~ up to sb** sich bei jdm einschmeicheln ❷ BRIT (*misbehave*) sich danebenbenehmen *fam*

playboy *n* (*usu pej*) Playboy *m*

P

player [ˈpleɪəʳ] *n* ❶ Spieler(in) *m(f)* ❷ (*playback machine*) **CD ~** CD-Player *m;* **video ~** Videorecorder *m* ❸ POL (*fam: participant*) **to be a ~** eine Rolle spielen

playful [ˈpleɪfᵊl] *adj* ❶ (*not serious*) spielerisch, scherzhaft ❷ (*frolicsome*) verspielt; **he was in a ~ mood** er war zum Spielen/Scherzen aufgelegt

playground *n* Spielplatz *m* **playgroup** *n* Spielgruppe *f;* (*kindergarten*) Kindergarten *m*

playing card [ˈpleɪɪŋ-] *n* Spielkarte *f*

playing field *n* Sportplatz *m*

playmate *n* ❶ (*for child*) Spielkamerad(in) *m(f)* ❷ (*fam: for adult*) Geliebte(r) *f(m)*, Gespiele, Gespielin *m, f iron* ❸ (*in magazine*) Pin-up-Girl *nt*

play-off *n* Play-off *nt;* **~ game** Entscheidungsspiel *nt*

playpen *n* Laufstall *m* **playroom** *n* Spielzimmer *nt* **playschool** *n* BRIT Kindergarten *m*

playwright *n* Dramatiker(in) *m(f)*

plc [ˌpiːelˈsiː] *n esp* BRIT *abbrev of* **public limited company** AG *f*

plead <pleaded, pleaded> [pliːd] **I.** *vi* ❶ (*implore*) [flehentlich] bitten, flehen; **to ~ with sb [to do sth]** jdn anflehen[, etw zu tun] ❷ LAW (*as advocate*) plädieren ❸ + *adj* LAW (*answer charge*) **to ~ guilty** sich schuldig bekennen **II.** *vt* ❶ (*claim*) behaupten; **to ~ insanity** auf Unzurechnungsfähigkeit plädieren ❷ (*argue for*) **to ~ sb's cause** jds Fall vortragen

pleasant [ˈplezᵊnt] *adj* ❶ (*pleasing*) *day, experience, sensation, time* angenehm, schön ❷ (*friendly*) freundlich, liebenswürdig

please [pliːz] **I.** *interj* ❶ (*in requests*) bitte ❷ (*when accepting sth*) ja, bitte; **may I ...? — ~ do** darf ich ...? — selbstverständlich **II.** *vt* (*make happy*) **to ~ sb** jdm gefallen; **it ~s me to see ...** es freut mich, ... zu sehen **III.** *vi* (*be agreeable*) **eager to ~** [unbedingt] gefallen wollen

pleased [pliːzd] *adj* ❶ (*happy*) froh, erfreut; (*content*) zufrieden; **to be ~ about sth** sich über etw *akk* freuen ❷ (*willing*) **I'm only too ~ to help** ich helfe wirklich gerne

pleasing [ˈpliːzɪŋ] *adj* angenehm

pleasurable [ˈpleʒᵊrəbˡ] *adj* angenehm

pleasure [ˈpleʒəʳ] *n* ❶ *no pl* (*enjoyment*) Freude *f*, Vergnügen *nt;* **to give sb ~** jdm Freude bereiten ❷ (*source of enjoyment*) Freude *f*

pleasure boat *n* Vergnügungsdampfer *m*

pleat [pliːt] *n* Falte *f*

pleb [pleb] *n usu pl* BRIT (*pej fam*) *short for* **plebeian** Proll *m;* **the ~s** der Mob

plenty [ˈplenti] **I.** *n no pl* (*form: abundance*) Reichtum *m* **II.** *adv* (*fam*)

~ **more** noch viel mehr; **she has ~ more ideas** sie hat noch viele Ideen **III.** *pron* ❶ (*more than enough*) mehr als genug; ~ **of money** viel Geld ❷ (*a lot*) genug; ~ **to do** viel zu tun; AM (*fam*) **this car cost me ~** dieses Auto hat mich eine Stange Geld gekostet

pliers ['plaɪəz] *n pl* [**a pair of**] ~ [eine] Zange

plonk¹ [plɒŋk] *n no pl esp* BRIT, AUS (*fam: wine*) Gesöff *nt pej*

plonk² [plɒŋk] **I.** *n* (*fam: sound*) Ploppen *nt* **II.** *adv* (*fam*) dumpf knallend **III.** *vt* (*fam*) ❶ (*set down heavily*) **to ~ sth somewhere** etw irgendwo hinknallen ❷ (*sit heavily*) **to ~ oneself down on a sofa** sich auf ein Sofa plumpsen lassen

plot [plɒt] **I.** *n* ❶ (*conspiracy*) Verschwörung *f* ❷ LIT (*storyline*) Handlung *f* ❸ (*of land*) Parzelle *f* **II.** *vt* <-tt-> (*conspire*) [im Geheimen] planen *a. hum* **III.** *vi* <-tt-> **to ~ to do sth** (*a. hum*) planen, etw zu tun

plough [plaʊ] **I.** *n* Pflug *m* **II.** *vt* ❶ AGR pflügen ❷ (*move with difficulty*) **to ~ one's way through sth** sich *dat* seinen Weg durch etw *akk* bahnen **III.** *vi* ❶ AGR pflügen ❷ (*move with difficulty*) **to ~ through sth** sich durch etw *akk* durchkämpfen

ploughman's lunch *n* BRIT, AUS *Mittagessen, das aus Brot, Käse und Pickles besteht*

plow *n* AM *see* **plough**

pluck [plʌk] **I.** *n* Mut *m*, Schneid *m o* ÖSTERR *f fam* **II.** *vt* ❶ (*pick*) *fruit, flower* abpflücken ❷ (*remove*) *feathers* ausrupfen ❸ (*remove from situation*) **to ~ sb from sth** jdn aus etw *dat* herausholen **III.** *vi* zupfen (**at** an)

plug [plʌg] **I.** *n* ❶ (*connector*) Stecker *m* ❷ (*socket*) Steckdose *f* ❸ (*for basin, sink*) Stöpsel *m* ❹ (*stopper*) Pfropfen *m* ❺ (*fam: publicity*) Werbung **II.** *vt* <-gg-> ❶ (*stop up*) *hole, leak* stopfen ❷ (*publicize*) anpreisen

◆ **plug in I.** *vt* anschließen **II.** *vi* (*electrical device*) sich anschließen lassen

plughole *n* Abfluss *m*

plug-in *n* COMPUT Plug-in *nt* (*Erweiterung für ein existierendes Softwareprogramm*)

plum [plʌm] **I.** *n* ❶ (*fruit*) Pflaume *f* ❷ (*tree*) Pflaumenbaum *m* ❸ (*colour*) Pflaumenblau *nt* **II.** *adj* (*colour*) pflaumenfarben

plumber ['plʌmə^r] *n* Klempner(in) *m(f)*, Sanitär(in) *m(f)* SCHWEIZ

plumbing ['plʌmɪŋ] **I.** *n no pl* Wasserleitungen *pl* **II.** *adj attr* ~ **contractor** beauftragter Installateur/beauftragte Installateurin

plump [plʌmp] **I.** *adj* (*rounded*) rund; (*euph*) *person* füllig, mollig **II.** *vi* **to ~ for sth** sich für etw entscheiden **III.** *vt* **to ~ a cushion** ein Kissen aufschütteln

plunge [plʌndʒ] **I.** *n* (*drop*) Sprung *m;* (*fall, sharp decline*) Sturz *m*, Fall *m* **II.** *vi* ❶ (*fall*) stürzen (**into** in) ❷ (*dash*) stürzen (**into** in); **she ~d forward** sie warf sich nach vorne ❸ (*fig: begin abruptly*) **to ~ into sth** sich in etw *akk* [hinein]stürzen *fig* **III.** *vt* ❶ (*immerse*) **to ~ sth into sth** etw in etw *akk* eintauchen ❷ (*thrust*) **to ~ a dagger into sb** jdn mit einem Dolch stechen

pluperfect [ˌpluː'pɜːfɪkt] *n* LING **the ~** das Plusquamperfekt

plural ['plʊərᵊl] **I.** *n* **the ~** der Plural **II.** *adj* Plural-

plus [plʌs] **I.** *prep* plus +*dat* **II.** *n* <*pl* -es> Plus *nt kein pl fam;* MATH *a.* Pluszeichen *nt* **III.** *adj* ❶ *attr* (*above zero*) plus; ~ **two degrees** zwei Grad plus ❷ (*slightly better than*) **A ~** ≈ Eins plus *f*

plush [plʌʃ] **I.** *adj* ❶ (*luxurious*) exklusiv; ~ **restaurant** Nobelrestaurant *nt* ❷ (*made of plush*) Plüsch- **II.** *n* Plüsch *m*

P

plutonium [pluː'təʊniːəm] *n no pl* Plutonium *nt*

pm, p.m. [ˌpiː'em] *adv abbrev of* **post meridiem: eight ~** acht Uhr abends, zwanzig Uhr

PM [ˌpiː'em] *n* BRIT *abbrev of* **Prime Minister** Premierminister(in) *m(f)*

pneumonia [njuː'məʊniːə] *n no pl* Lungenentzündung *f*

poach[1] [pəʊtʃ] *vt* FOOD pochieren

poach[2] [pəʊtʃ] **I.** *vt* ❶ (*catch illegally*) wildern ❷ (*steal*) **to ~ sth** sich *dat* etw unrechtmäßig aneignen **II.** *vi* ❶ (*catch illegally*) wildern ❷ (*steal*) stehlen

PO box *n abbrev of* **Post Office Box: ~ 3333** Postfach 3333

pocket ['pɒkɪt] **I.** *n* ❶ (*in clothing*) Tasche *f* ❷ (*on bag, in car*) Fach *nt* **II.** *vt* ❶ (*put in one's pocket*) in die Tasche stecken ❷ (*keep sth for oneself*) behalten ❸ SPORTS (*in snooker, billiards*) **to ~ a ball** einen Ball ins Loch spielen **III.** *adj* (*pocket-sized*) *knife, phone, calculator* Taschen-

pocketbook *n* AM ❶ (*woman's handbag*) Handtasche *f* ❷ (*paperback*) Taschenbuch *nt* **pocket-cam** *n short for* **pocket camera** Pocketkamera *f* **pocket knife** *n* Taschenmesser *nt* **pocket money** *n no pl* Taschengeld *nt*

podcast ['pɒdkɑːst] **I.** *n* Podcast *m* **II.** *vi* podcasten, einen Podcast erstellen

podcaster ['pɒdkɑːstəʳ] *n* Podcaster(in) *m(f)*

podcasting ['pɒdkɑːstɪŋ] *n no pl* Podcasten *nt*

Poddie ['pɒdi] *n* (*fam*) *Benutzer oder Fan des Apple iPod® Music Player*

podium <*pl* -dia> ['pəʊdiəm] *n* Podium *nt*

poem ['pəʊɪm] *n* (*a. fig*) Gedicht *nt*

poet ['pəʊɪt] *n* Dichter(in) *m(f)*

poetry ['pəʊɪtri] *n no pl* ❶ (*genre*) Dichtung *f*, Lyrik *f* ❷ (*poetic quality*) Poesie *f*

point [pɔɪnt] **I.** *n* ❶ (*sharp end*) Spitze *f* ❷ (*dot, punctuation mark*) Punkt *m* ❸ (*decimal point*) Komma ❹ (*particular time*) Zeitpunkt *m;* **at this ~ in time** zu dieser Zeit ❺ (*about to do*) **I was on the ~ of leaving him** ich war kurz davor, ihn zu verlassen ❻ **my ~ exactly** das sag ich ja *fam;* **ok, ~ taken** ok, ich hab schon begriffen *fam* ❼ *no pl* (*most important idea*) **the ~ is ...** der Punkt ist nämlich der, ...; **that's beside the ~!** darum geht es doch gar nicht! ❽ (*stage in process*) Punkt *m;* **from that ~ on ...** von diesem Moment an ...; **up to a ~** bis zu einem gewissen Grad **II.** *vi* ❶ (*with finger*) deuten, zeigen (**at/to** auf) ❷ (*be directed*) weisen; **to ~ west** nach Westen zeigen ❸ (*indicate*) hinweisen (**to** auf) **III.** *vt* ❶ (*aim*) **to ~ sth at sb** *weapon* etw [auf jdn] richten ❷ (*direct*) **to ~ sb in the direction of sth** jdm den Weg zu etw *dat* beschreiben

◆ **point out** *vt* ❶ (*show*) **to ~ out sth** auf etw *akk* hinweisen; (*with finger*) etw zeigen ❷ (*inform*) **to ~ out that ...** darauf aufmerksam machen, dass ...

point-blank **I.** *adv* ❶ (*at very close range*) aus nächster Nähe ❷ (*bluntly*) geradewegs, unumwunden **II.** *adj attr* ❶ (*very close*) nah ❷ (*blunt*) unverhohlen

pointed ['pɔɪntɪd] *adj* ❶ (*with sharp point*) spitz ❷ (*emphatic*) pointiert *geh; criticism* scharf; *question* unverblümt

pointless ['pɔɪntləs] *adj* sinnlos, zwecklos

poison ['pɔɪzᵊn] **I.** *n* Gift *nt;* (*fig*) **to lace sth with ~** etw mit Gift präparieren **II.** *vt* **to poison sb/sth** jdn/etw vergiften

poison gas *n no pl* Giftgas *nt*

poisonous ['pɔɪzᵊnəs] *adj* ❶ (*containing poison*) giftig; **~ mushroom** Giftpilz *m* ❷ (*malicious*) giftig *fig,* boshaft

poker[1] ['pəʊkəʳ] *n* (*card game*) Poker *m o nt;* **a game of ~** eine Runde Poker
poker[2] ['pəʊkəʳ] *n* (*fireplace tool*) Schürhaken *m*
Poland ['pəʊlənd] *n* Polen *nt*
polar ['pəʊləʳ] *adj attr* ❶ (*near pole*) polar; **~ bear** Eisbär *m* ❷ (*opposite*) gegensätzlich, polar *geh*
pole[1] [pəʊl] *n* Stange *f;* (*pointed at one end*) Pfahl *m;* **flag~** Fahnenmast *m*
pole[2] [pəʊl] *n* ❶ GEOG, ELEC Pol *m;* **the North P~** der Nordpol ❷ (*extreme*) Extrem *nt;* **to be ~s apart** Welten voneinander entfernt sein
Pole [pəʊl] *n* Pole, Polin *m, f*
Pole Star *n no pl* Polarstern *m*
police [pə'li:s] **I.** *n + pl vb* ❶ (*force*) **the ~** die Polizei *kein pl* ❷ (*police officers*) Polizisten *mpl*, Polizistinnen *fpl* **II.** *vt* ❶ (*guard*) überwachen ❷ (*regulate*) kontrollieren ❸ AM MIL **to ~ sth** *an event* irgendwo Wache halten
police car *n* Polizeiauto *nt* **police constable** *n* BRIT Polizeiwachtmeister(in) *m(f)* **police dog** *n* Polizeihund *m* **police force** *n no pl* **the ~** die Polizei **policeman** *n* Polizist *m* **police officer** *n* Polizeibeamte(r), -beamtiin *m, f* **police raid** *n* Razzia *f* **police station** *n* Polizeiwache *f* **policewoman** *n* Polizistin *f*
policy[1] ['pɒləsi] *n* ❶ (*plan*) Programm *nt*, Strategie *f* ❷ *no pl* Politik *f;* **a change in ~** ein Richtungswechsel *m* in der Politik; **company ~** Firmenpolitik *f*
policy[2] ['pɒləsi] *n* (*in insurance*) Police *f*, Polizze *f* ÖSTERR
policyholder *n* Versicherungsnehmer(in) *m(f)* **policy number** *n* Versicherungsnummer *f*, Polizzennummer *f* ÖSTERR
polio ['pəʊliəʊ], **poliomyelitis** [ˌpəʊliə(ʊ)maɪə'laɪtɪs] *n* (*spec*) Kinderlähmung *f*
polish ['pɒlɪʃ] **I.** *n* ❶ (*substance*) Politur *f;* **shoe ~** Schuhcreme *f* ❷ *usu sing* (*act*) Polieren *nt kein pl* **II.** *vt* (*rub*) polieren
Polish ['pəʊlɪʃ] **I.** *n* Polnisch *nt* **II.** *adj* polnisch
polite [pə'laɪt] *adj* ❶ (*courteous*) höflich ❷ (*cultured*) vornehm
politeness [pə'laɪtnəs] *n no pl* Höflichkeit *f*
political [pə'lɪtɪkəl] *adj* ❶ (*of politics*) politisch; **~ leaders** politische Größen *pl* ❷ *esp* AM (*pej: tactical*) taktisch
politically correct *adj* politisch korrekt
politician [ˌpɒlɪ'tɪʃən] *n* Politiker(in) *m(f)*
politics ['pɒlətɪks] *n pl* ❶ *+ sing vb* Politik *f kein pl* ❷ *+ pl vb* (*political beliefs*) politische Ansichten *pl* ❸ *+ sing vb* (*within group*) **office ~** Büroklüngelei *f pej*
poll [pəʊl] **I.** *n* ❶ (*public survey*) Erhebung *f;* **an opinion ~** eine Meinungsumfrage ❷ (*voting places*) **the ~s** *pl* die Wahllokale *pl* ❸ (*result of vote*) [Wähler]stimmen *pl* **II.** *vt* ❶ (*canvass in poll*) befragen ❷ (*receive*) **the party ~ed 67% of the vote** die Partei hat 67% der Stimmen erhalten
pollen ['pɒlən] *n no pl* Blütenstaub *m;* **~ count** Pollenflug *m kein pl*
polling booth *n* BRIT, AUS Wahlkabine *f* **polling card** *n* BRIT, AUS Wahlbenachrichtigung *f form* **polling station** *n* BRIT, AUS Wahllokal *nt*
pollutant [pə'lu:tənt] *n* Schadstoff *m*
pollute [pə'lu:t] *vt* ❶ (*contaminate*) verschmutzen ❷ (*fig: corrupt*) besudeln *fig, pej*
polluter [pə'lu:təʳ] *n* Umweltverschmutzer(in) *m(f)*
pollution [pə'lu:ʃən] *n no pl* (*polluting*) Verschmutzung *f;* **environmental ~** Umweltverschmutzung *f*
polo ['pəʊləʊ] *n* SPORTS Polo *nt*
polo neck *n* Rollkragen *m*
polystyrene [ˌpɒlɪ'staɪ(ə)ri:n] *n no pl* BRIT, AUS Styropor® *nt*
polytechnic [ˌpɒlɪ'teknɪk] *n esp* BRIT Fachhochschule *f*

P

polyunsaturated fats *n pl*, **polyunsaturates** [ˌpɒliʌnˈsætʃᵊreɪts] *n pl* mehrfach ungesättigte Fettsäuren

pompous [ˈpɒmpəs] *adj* ❶ (*self-important*) selbstgefällig ❷ (*pretentious*) *language* geschraubt *pej*

pond [pɒnd] *n* ❶ (*body of water*) Teich *m* ❷ (*hum: Atlantic Ocean*) **the ~** der große Teich

pong [pɒŋ] BRIT, AUS (*fam*) **I.** *n* Mief *m pej* **II.** *vi* **to ~ of sth** nach etw *dat* miefen *pej*

pony [ˈpəʊni] *n* (*small horse*) Pony *nt*

ponytail *n* Pferdeschwanz *m;* (*braided*) Zopf *m*

poodle [ˈpuːdl̩] *n* Pudel *m*

pool¹ [puːl] **I.** *n* ❶ (*natural*) Tümpel *m* ❷ (*of liquid*) Lache *f;* **~ of blood** Blutlache *f* ❸ (*construction*) Becken *nt;* [**swimming**] **~** Schwimmbecken *nt* **II.** *vi liquid* sich stauen

pool² [puːl] **I.** *n* ❶ (*supply*) Pool *m fachspr;* **gene ~** Erbmasse *f* ❷ *no pl* SPORTS Poolbillard *nt;* **to shoot ~** *esp* AM (*fam*) Poolbillard spielen ❸ *pl* BRIT **the ~s** Toto *nt o m* **II.** *vt* zusammenlegen

poor [pɔːʳ] **I.** *adj* ❶ (*lacking money*) arm ❷ (*inadequate*) unzureichend, schlecht; *attendance* gering; **their French is still quite ~** ihr Französisch ist noch ziemlich bescheiden; **to make a ~ job of sth** bei etw *dat* schlechte Arbeit leisten ❸ *attr* (*deserving of pity*) arm **II.** *n* **the ~** *pl* die Armen *pl*

poorly [ˈpɔːli] **I.** *adv* ❶ (*not rich*) arm; **to be ~ off** arm [dran] sein *fam* ❷ (*inadequately*) schlecht **II.** *adj pred* **to feel ~** sich schlecht fühlen

pop¹ [pɒp] **I.** *n no pl* (*music*) Pop *m* **II.** *adj attr* ❶ (*popular*) populär; **~ concert** Popkonzert *nt;* **~ singer** Popsänger(in) *m(f);* **~ star** Popstar *m* ❷ (*a. pej: popularized*) populär

pop² [pɒp] *n esp* AM (*esp childspeak fam*) Papa *m*

pop³ [pɒp] **I.** *n* ❶ (*noise*) Knall *m* ❷ *no pl* (*fam: effervescent drink*) Brause *f* **II.** *adv* **to go ~** (*make noise*) einen Knall machen **III.** *vi* <-pp-> ❶ (*make noise*) knallen ❷ (*burst*) platzen ❸ (*go quickly*) **to ~ out** hinausgehen; **to ~ over** vorbeikommen **IV.** *vt* <-pp-> ❶ (*burst*) platzen lassen ❷ (*put quickly*) **~ the pizza in the oven** schieb die Pizza in den Ofen

◆ **pop up** *vi* ❶ (*appear unexpectedly*) auftauchen; **to ~ up out of nowhere** aus dem Nichts auftauchen ❷ (*in pop-up book*) sich aufrichten ❸ INET *window* aufpoppen

popcorn *n no pl* Popcorn *nt*

pope [pəʊp] *n* Papst *m*

popper [ˈpɒpəʳ] *n* BRIT (*fam*) Druckknopf *m*

poppy [ˈpɒpi] *n* Mohn *m kein pl*, Mohnblume *f;* **~ seed** Mohnsamen *m*

Poppy Day *n* BRIT *Sonntag, der dem 11. November am nächsten kommt, an dem insbesondere der Gefallenen der beiden Weltkriege gedacht wird*

popular [ˈpɒpjələʳ] *adj* ❶ (*widely liked*) beliebt, populär; **to be ~ with sb** bei jdm beliebt sein ❷ *attr* (*not high-brow*) populär; **the ~ press** die Massenmedien *pl* ❸ *attr* (*widespread*) weit verbreitet; **it is a ~ belief that ...** viele glauben, dass ...

popularity [ˌpɒpjəˈlærəti] *n no pl* Beliebtheit *f*, Popularität *f*

population [ˌpɒpjəˈleɪʃᵊn] *n* ❶ *usu sing* (*inhabitants*) Bevölkerung *f kein pl* ❷ *no pl* (*number of people*) Einwohnerzahl *f;* **a ~ of 1.2 million** 1,2 Millionen Einwohner ❸ BIOL Population *f fachspr*, Bestand *m;* **the deer ~** der Hirschbestand

porcelain [ˈpɔːsᵊlɪn] *n no pl* Porzellan *nt*

porch <*pl* -es> [pɔːtʃ] *n* ❶ (*without walls*) Vordach *nt;* (*with walls*) Vorbau *m; of a church* Portal *nt* ❷ AM (*veranda*) Veranda *f*

porcupine ['pɔːkjəpaɪn] *n* Stachelschwein *nt*

pork [pɔːk] *n no pl* Schweinefleisch *nt;* ~ **chop** Schweinekotelett *nt*

pornographic [ˌpɔːnə'græfɪk] *adj* pornografisch, Porno-

pornography [pɔː'nɒgrəfi] *n no pl* Pornografie *f*

porpoise ['pɔːpəs] *n* Tümmler *m*

porridge ['pɒrɪdʒ] *n no pl* Porridge *m o nt,* Haferbrei *m;* ~ **oats** Haferflocken *pl*

port[1] [pɔːt] *n* ❶ (*harbour*) Hafen *m* ❷ (*town*) Hafenstadt *f*

port[2] [pɔːt] *n no pl* AVIAT, NAUT Backbord *nt o* ÖSTERR *a. m*

port[3] [pɔːt] *n* COMPUT Anschluss *m,* Port *m fachspr*

port[4] [pɔːt] *n no pl* (*wine*) Portwein *m*

portable ['pɔːtəbl̩] *adj* tragbar; ~ **radio** Kofferradio *nt*

Portakabin®, portacabin *n* BRIT Wohncontainer *m*

porter ['pɔːtəʳ] *n* ❶ (*baggage-carrier*) Gepäckträger *m;* (*on expedition*) Träger *m* ❷ *esp* BRIT (*doorkeeper*) Portier *m,* Portiersfrau *f*

portfolio [ˌpɔːt'fəʊliəʊ] *n* ❶ (*case*) Aktenmappe *f* ❷ (*of drawings, designs*) Mappe *f* ❸ POL (*ministerial position*) Geschäftsbereich *m*

portion ['pɔːʃᵊn] **I.** *n* ❶ (*part*) Teil *m* ❷ (*share*) Anteil *m* ❸ (*serving*) Portion *f* **II.** *vt* **to ~ out sth** etw aufteilen

portrait ['pɔːtrɪt] *n* ❶ (*picture*) Porträt *nt,* Bildnis *nt;* **to paint a ~ of sb** jds Porträt malen ❷ (*fig: description*) Bild *nt*

portraitist ['pɔːtrɪtɪst] *n,* **portrait painter** *n* Porträtmaler(in) *m(f)*

portray [pɔː'treɪ] *vt* ❶ (*paint*) porträtieren ❷ (*describe*) darstellen

Portugal ['pɔːtʃəgᵊl] *n* Portugal *nt*

Portuguese [ˌpɔːtʃə'giːz] **I.** *n* ❶ <*pl* -> (*person*) Portugiese, Portugiesin *m, f* ❷ *no pl* (*language*) Portugiesisch *nt* **II.** *adj* ❶ (*of Portugal*) portugiesisch ❷ (*of language*) *course, teacher* Portugiesisch-

pose [pəʊz] **I.** *n* ❶ (*bodily position*) Haltung *f,* Pose *f* ❷ *usu sing* (*pretence*) Getue *nt* **II.** *vi* ❶ (*adopt position*) posieren ❷ (*pretend*) **to ~ as sth** sich als etw ausgeben **III.** *vt* (*cause*) aufwerfen; **to ~ a threat to sb/sth** eine Bedrohung für jdn/etw darstellen

poser ['pəʊzəʳ] *n* (*fam*) ❶ (*problem*) schwierige Frage ❷ (*pej: person*) Angeber(in) *m(f)*

posh [pɒʃ] (*fam*) **I.** *adj* ❶ (*stylish*) vornehm, piekfein; ~ **car** Luxusschlitten *m fam* ❷ *esp* BRIT (*upper-class*) vornehm; **a ~ woman** eine feine Dame **II.** *adv* BRIT (*fam*) vornehm; **she talks dead ~** sie spricht so furchtbar gestelzt

position [pə'zɪʃᵊn] **I.** *n* ❶ (*place*) Platz *m,* Stelle *f; building* Lage *f* ❷ (*appointed place*) Platz *m;* **to be in ~** an seinem/ihrem Platz sein ❸ (*in navigation*) Position *f,* Standort *m* ❹ (*posture*) Stellung *f,* Lage *f;* **sitting ~** sitzend ❺ (*rank*) Position *f,* Stellung *f* ❻ BRIT, AUS (*in race*) Platz *m* **II.** *vt* platzieren

positive ['pɒzətɪv] *adj* ❶ (*certain*) sicher, bestimmt; **to be ~ about sth** sich *dat* einer S. *gen* sicher sein ❷ (*optimistic*) positiv; *criticism* konstruktiv ❸ MED positiv

positively ['pɒzətɪvli] *adv* ❶ (*definitely*) bestimmt; *say, promise* fest ❷ (*optimistically*) positiv ❸ (*fam: completely*) völlig, absolut

possess [pə'zes] *vt* ❶ (*own, have*) besitzen ❷ LAW (*carry illegally*) [illegal] besitzen ❸ (*fam: cause*) **what ~ed you?** was ist denn [bloß] in dich gefahren? ❹ *usu passive* (*control*) **to be ~ed by demons/the Devil** von Dämonen/vom Teufel besessen sein

possession [pə'zeʃᵊn] *n* ❶ *no pl* (*having*) Besitz *m;* **to be in sb's ~** sich in jds *dat* Besitz befinden ❷ *usu pl* (*something*

P

owned) Besitz *m kein pl* (3) *no pl* SPORTS **to gain ~** in Ballbesitz gelangen

possessive [pəˈzesɪv] *adj* (1) (*not sharing*) eigen (2) (*jealous*) besitzergreifend; **he's very ~ towards his wife** was seine Frau angeht, ist er sehr besitzergreifend (3) LING (*showing possession*) possessiv

possibility [ˌpɒsəˈbɪləti] *n* (1) (*event or action*) Möglichkeit *f;* **there is every ~ that ...** es ist sehr wahrscheinlich, dass ... (2) *no pl* (*likelihood*) Möglichkeit *f*, Wahrscheinlichkeit *f;* **there's a ~ that ...** es kann sein, dass ... (3) (*potential*) **possibilities** *pl* Möglichkeiten *pl*

possible [ˈpɒsəbl̩] *adj* (1) *usu pred* (*feasible*) möglich; **it's just not ~** das ist einfach nicht machbar; **as soon as ~** so bald wie möglich (2) (*that could happen*) möglich, vorstellbar

possibly [ˈpɒsəbli] *adv* (1) (*feasibly*) **to do all that one ~ can** alles Menschenmögliche tun (2) (*perhaps*) möglicherweise, vielleicht; **very ~** durchaus möglich

P

post [pəʊst] **I.** *n* (1) (*pole*) Pfosten *m*, Pfahl *m;* **wooden ~** Holzpfosten *m* (2) (*in a race*) **the finishing ~** der Zielpfosten (3) (*job, position*) Stelle *f; a.* MIL Posten (4) *no pl* BRIT (*mail*) Post *f;* **by ~** mit der Post; **by separate ~** mit getrennter Post **II.** *vt* (1) (*send sth*) [per Post] schicken; (*at a post office*) aufgeben; (*in a post/pillar box*) werfen in +*akk* (2) (*send sb*) versetzen; **she was ~ed to London** sie wurde nach London versetzt (3) (*stick*) **~ no bills!** Plakate ankleben verboten!

postage [ˈpəʊstɪdʒ] *n no pl* Porto *nt;* **~ paid** [porto]frei; **~ stamp** Postwertzeichen *nt*

postal [ˈpəʊstᵊl] *adj attr* Post-, postalisch *geh*

postbag *n* BRIT (1) (*letters*) Zuschriften *pl* (2) (*bag*) Postsack *m* **postbox** *n esp* BRIT, AUS Briefkasten *m* **postcard** *n* Postkarte *f* **postcode** *n* BRIT, AUS Postleitzahl *f*

post-date *vt* (*give later date*) vordatieren

poster [ˈpəʊstəʳ] *n* (1) (*advertisement*) [Werbe]plakat *nt* (2) (*large picture*) Poster *nt*

poste restante [ˌpəʊstˈrestɑːnt] **I.** *n usu sing* Aufbewahrungs- und Abholstelle *f* für postlagernde Briefe und Sendungen; (*on envelopes*) **'~'** ‚postlagernd' **II.** *adv* postlagernd, poste restante

post-free BRIT **I.** *adj* gebührenfrei **II.** *adv* portofrei, gebührenfrei

postgraduate I. *n* Postgraduierte(r) *f(m) fachspr*, Student(in) *m(f)* im Aufbaustudium (*nach Erreichen des ersten akademischen Grades*) **II.** *adj attr* weiterführend, Postgraduierten-

posting [ˈpəʊstɪŋ] *n esp* BRIT (1) (*appointment to job*) Versetzung *f* (2) (*location*) Ort, an den jd versetzt wird

postman *n* Postbote *m*, Briefträger *m* **postmark I.** *n* Poststempel *m* **II.** *vt usu passive* **to be ~ed** abgestempelt sein

post-mortem [ˌpəʊs(t)ˈmɔːtem] **I.** *n* MED Autopsie *f* **II.** *adj attr* nach dem Tod *nach n*, postmortal **post-natal** *adj* nach der Geburt *nach n*

post office *n* Postamt *nt*, Post *f;* **the P~ O~** die Post *kein pl* **post-paid** *adj, adv* portofrei, gebührenfrei

postpone [pəʊs(t)ˈpəʊn] *vt* verschieben

postscript *n* (1) (*to a letter*) Postskript[um] *nt* (2) (*to piece of writing*) Nachwort *nt*

post-war *adj* Nachkriegs-, der Nachkriegszeit *nach n*

pot[1] [pɒt] **I.** *n* (1) (*for cooking*) Topf *m* (2) (*container*) Topf *m;* (*glass*) Glas *nt;* **coffee ~** Kaffeekanne *f* (3) (*amount*) **a ~ of tea** eine Kanne Tee **II.** *vt* <-tt-> (1) (*put in pot*) *plants* eintopfen

❷ SPORTS (*in billiards, snooker*) einlochen

pot[2] *n no pl* (*sl: hashish*) Pot *nt*

potato <*pl* -es> [pəˈteɪtəʊ] *n* Kartoffel *f*, Erdapfel *m* ÖSTERR; **fried ~es** Bratkartoffeln *pl;* **mashed ~[es]** Kartoffelbrei *m*

potato crisps, AM, AUS **potato chips** *n pl* Kartoffelchips *pl* **potato peeler** *n* Kartoffelschäler *m*

potent [ˈpəʊtᵊnt] *adj* ❶ (*strong*) mächtig; *antibiotic, drink* stark; *argument* schlagkräftig ❷ (*sexual*) potent

potential [pə(ʊ)ˈten(t)ʃᵊl] **I.** *adj* potenziell *geh*, möglich **II.** *n no pl* Potenzial *nt geh;* **to have [a lot of] ~** *building, idea* [vollkommen] ausbaufähig sein; *person* [sehr] begabt sein

potentially [pə(ʊ)ˈten(t)ʃᵊli] *adv* potenziell *geh;* **~ disastrous/successful** möglicherweise verheerend/erfolgreich

pothole *n* ❶ (*in road*) Schlagloch *nt* ❷ (*underground hole*) Höhle *f*

pot roast *n* Schmorbraten *m*

potted [ˈpɒtɪd] *adj attr* ❶ (*in a pot*) Topf- ❷ (*preserved*) eingelegt

potter[1] [ˈpɒtəʳ] *n* (*with clay*) Töpfer(in) *m(f)*

potter[2] [ˈpɒtəʳ] *esp* BRIT **I.** *n no pl* (*stroll*) Bummel *m* **II.** *vi* bummeln

pottery [ˈpɒtᵊri] *n* ❶ *no pl* (*activity*) Töpfern *nt* ❷ (*objects*) Keramik *f kein pl*

potty [ˈpɒti] **I.** *adj esp* BRIT (*fam*) verrückt **II.** *n* Töpfchen *nt*

pouch <*pl* -es> [paʊtʃ] *n* Beutel *m*

poultry [ˈpəʊltri] *n* Geflügel *nt;* **~ farming** Geflügelzucht *f*

pound [paʊnd] **I.** *n* ❶ (*money*) Pfund *nt;* **~ coin** Pfundmünze *f* ❷ (*weight*) ≈ Pfund *nt* (*454 g*) **II.** *vt* (*hit repeatedly*) **to ~ sth** auf etw *akk* hämmern **III.** *vi* ❶ (*strike repeatedly*) hämmern (**on** an/gegen) ❷ (*run noisily*) stampfen

pound note *n* SCOT (*or old*) Pfundnote *f*

pour [pɔːʳ] **I.** *vt* (*cause to flow*) gießen (**into** in/**onto** auf); *drink* eingießen, einschenken; **~ yourself a drink** nimm dir was zu trinken **II.** *vi* ❶ (*fill glasses, cups*) eingießen, einschenken ❷ (*flow*) fließen (**into** in/**out** aus) ❸ *impers* (*rain*) **it's ~ing [with rain]** es schüttet *fam*

◆ **pour in** *vi* hereinströmen, hineinströmen

◆ **pour out I.** *vt* ❶ (*serve from a container*) *liquids* ausgießen; *solids* ausschütten ❷ (*fig: recount*) **to ~ out one's worries** sich *dat* Sorgen von der Seele reden **II.** *vi* ❶ (*come out*) ausströmen ❷ (*be expressed*) *words* herauskommen *fig*

pout [paʊt] **I.** *vi* schmollen **II.** *n* Schmollmund *m*

poverty [ˈpɒvəti] *n no pl* (*state of being poor*) Armut *f*

poverty-stricken *adj* bitterarm

powder [ˈpaʊdəʳ] **I.** *n* ❶ *no pl* Pulver *nt;* **~ snow** Pulverschnee *m* ❷ *no pl* (*make-up*) Puder *m* **II.** *vt* pudern; **to be ~ed with sth** mit etw *dat* bestreut sein

powdered [ˈpaʊdəd] *adj* ❶ (*in powder form*) Pulver-, pulverisiert ❷ (*covered with powder*) gepudert **powder room** *n* (*dated*) Damentoilette *f*

power [ˈpaʊəʳ] **I.** *n* ❶ *no pl* (*control*) Macht *f;* (*influence*) Einfluss *m;* **to have sb in one's ~** jdn in seiner Gewalt haben ❷ *no pl* (*political control*) Macht *f;* **to come to ~** an die Macht kommen; **to seize ~** die Macht ergreifen ❸ (*nation*) [Führungs]macht *f* ❹ (*person, group*) Macht *f;* (*person a.*) treibende Kraft ❺ *no pl* (*ability*) Vermögen *nt;* **it is beyond my ~ to ...** es steht nicht in meiner Macht, ...; **to do everything in one's ~** alles in seiner Macht Stehende tun ❻ *no pl* (*strength*) Kraft *f;* (*of sea, wind, explosion*) Gewalt *f;* (*of nation, political party*) Stärke *f*, Macht *f* ❼ *no pl* (*elec-*

tricity) Strom *m*, Elektrizität *f*; **nuclear ~** Atomenergie *f* ❸ *no pl* (*output*) Leistung *f*, Kraft *f* **II.** *vt* antreiben

power-assisted *adj attr* Servo-; **~ steering** Servolenkung *f* **powerboat** *n* Rennboot *nt* **power brakes** *n pl* Servobremsen *pl* **power cable** *n* Stromkabel *nt* **power cut** *n* BRIT, AUS Stromausfall *m*

powerful [ˈpaʊəfᵊl] *adj* ❶ (*mighty*) mächtig; (*influential*) einflussreich ❷ (*physically strong*) stark, kräftig ❸ *effect, influence* stark ❹ TECH, TRANSP leistungsstark

powerfully [ˈpaʊəfᵊli] *adv* ❶ (*strongly*) stark ❷ (*using great force*) kraftvoll, mit Kraft

powerless [ˈpaʊələs] *adj* machtlos (**against** gegen)

power line *n* Stromkabel *nt* **power point** *n* BRIT, AUS Steckdose *f* **power station** *n* Kraftwerk *nt* **power steering** *n no pl* Servolenkung *f*

PR [ˌpiːˈɑːʳ] *n no pl* ❶ *abbrev of* **public relations** PR; **a ~ campaign/exercise** eine PR-Kampagne/PR-Maßnahme ❷ *abbrev of* **proportional representation** Verhältniswahlsystem *nt*

P

practical [ˈpræktɪkᵊl] **I.** *adj* ❶ (*reliable, not theoretical*) praktisch ❷ (*good at doing things*) praktisch [veranlagt] **II.** *n* praktische Prüfung

practically [ˈpræktɪkᵊli] *adv* praktisch; **we're ~ home** wir sind fast zu Hause

practice [ˈpræktɪs] **I.** *n* ❶ *no pl* (*preparation*) Übung *f*; **to be out of ~** aus der Übung sein ❷ (*training session*) [Übungs]stunde *f*; SPORTS Training *nt* ❸ (*business*) Praxis *f* **II.** *vt* AM *see* **practise**

practise [ˈpræktɪs] **I.** *vt* ❶ (*rehearse*) **to ~ [doing] sth** etw üben; (*improve particular skill*) an etw *dat* arbeiten ❷ (*do regularly*) praktizieren ❸ (*work in*) praktizieren **II.** *vi* ❶ (*improve skill*) üben; SPORTS trainieren ❷ (*work in a profession*) praktizieren

praise [preɪz] **I.** *vt* ❶ (*express approval*) loben ❷ (*worship*) **to ~ God** Gott preisen *geh* **II.** *n no pl* (*approval*) Lob *nt*; **to heap ~ on sb** jdn mit Lob überschütten

pram [præm] *n* BRIT, AUS Kinderwagen *m*

prank [præŋk] *n* Streich *m*

prawn [prɔːn] *n* Garnele *f*, Krabbe *f fam*

pray [preɪ] *vi* ❶ beten ❷ (*fig: hope*) **to ~ for sth** auf etw *akk* hoffen

prayer [ˈpreəʳ] *n* Gebet *nt*; **to answer sb's ~[s]** jds Gebet[e] erhören; **to say a ~ for sb** für jdn beten; **~ book** Gebetbuch *nt*

praying mantis *n* Gottesanbeterin *f*

preach [priːtʃ] **I.** *vi* ❶ (*give a sermon*) predigen; **to ~ to sb** vor jdm predigen ❷ (*pej: lecture*) **to ~ at sb** jdm eine Predigt halten *fig* **II.** *vt* **to ~ a sermon** eine Predigt halten

preacher [ˈpriːtʃəʳ] *n* ❶ (*priest*) Geistliche(r) *f(m)*, Pfarrer(in) *m(f)* ❷ *esp* AM Prediger(in) *m(f)*

pre-arrange [ˌpriːəˈreɪndʒ] *vt usu passive* vorplanen

precarious [prɪˈkeəriəs] *adj* (*hazardous*) gefährlich

precaution [prɪˈkɔːʃᵊn] *n* Vorkehrung *f*; **fire ~s** Brandschutzmaßnahmen *pl*

precede [priːˈsiːd] *vt* (*in space*) vorangehen; **sb/sth is ~d by sb/sth** jd/etw geht jdm/etw voran

preceding [priːˈsiːdɪŋ] *adj attr* vorhergehend, vorangegangen; **the ~ page** die vorige Seite

precinct [ˈpriːsɪŋ(k)t] *n* ❶ (*boundaries*) **~s** *pl* Bereich *m* ❷ BRIT (*restricted traffic zone*) verkehrsberuhigte Zone; **pedestrian ~** Fußgängerzone *f*

precious [ˈpreʃəs] **I.** *adj* ❶ (*of great value*) wertvoll, kostbar; **to be ~ to sb** jdm viel bedeuten; **~ stone** Edelstein ❷ (*pej: affected*) *manner, style* geziert **II.** *adv* (*fam*) **~ little** herzlich wenig

precipice ['presɪpɪs] *n* (*steep drop*) Abgrund *m;* (*cliff face*) Steilhang *m*

precise [prɪ'saɪs] *adj* ❶ (*exact*) genau, präzise ❷ (*careful*) sorgfältig; **to be ~ about doing sth** etw sehr genau nehmen

precisely [prɪ'saɪsli] *adv* ❶ (*exactly*) genau, präzise ❷ (*just*) genau; **~ because** eben wegen

precocious [prɪ'kəʊʃəs] *adj* ❶ (*developing early*) frühreif ❷ (*pej: maturing too early*) altklug

pre-cook [ˌpriː'kʊk] *vt* vorkochen

predator ['predətəʳ] *n* (*animal*) Raubtier *nt;* (*bird*) Raubvogel *m*

predecessor [ˌpriːdɪ'sesəʳ] *n* Vorgänger(in) *m(f)*

predict [prɪ'dɪkt] *vt* vorhersagen; *sb's future* prophezeien

predictable [prɪ'dɪktəbl] *adj* ❶ (*foreseeable*) vorhersehbar, voraussagbar ❷ (*pej: not very original*) berechenbar

preface ['prefɪs] **I.** *n* ❶ (*introduction*) Einleitung *f* ❷ (*fig: preceding event*) **as a ~** als Einstieg **II.** *vt* ❶ (*provide with preface*) **to ~ sth** eine Einleitung zu etw *dat* verfassen ❷ (*lead up to*) einleiten

prefect ['priːfekt] *n* ❶ (*official*) Präfekt(in) *m(f)* ❷ *esp* BRIT, AUS SCH *Schüler, der die Jüngeren beaufsichtigen muss*

prefer <-rr-> [prɪ'fɜːʳ] *vt* vorziehen, bevorzugen; **she ~s Daniel to his brother** sie mag Daniel lieber als seinen Bruder

preferably ['prefᵊrəbli] *adv* am besten, vorzugsweise

preference ['prefᵊrᵊn(t)s] *n* ❶ *no pl* (*priority*) Priorität *f,* Vorzug *m;* **to be given ~** Vorrang haben ❷ *no pl* (*greater liking*) Vorliebe *f* (**for** für)

preferential [ˌprefᵊr'en(t)ʃᵊl] *adj attr* Vorzugs-, Präferenz-; **to get ~ treatment** bevorzugt behandelt werden

prefix I. *n* <*pl* -es> ['priːfɪks] ❶ LING Präfix *nt fachspr,* Vorsilbe *f* ❷ (*something prefixed*) Namensvorsatz *m* **II.** *vt* [ˌpriː'fɪks] **to ~ sth with sth** etw einer S. *dat* voranstellen

pregnancy ['pregnən(t)si] *n* Schwangerschaft *f;* ZOOL Trächtigkeit *f*

pregnant ['pregnənt] *adj woman* schwanger; *animal* trächtig; **she's eight months ~** sie ist im achten Monat [schwanger]

prejudge [ˌpriː'dʒʌdʒ] *vt* **to ~ sb/sth** vorschnell ein Urteil über jdn/etw fällen

prejudice ['predʒədɪs] **I.** *n* Vorurteil *nt* (**against** gegen) **II.** *vt* ❶ (*harm*) schädigen; **to ~ sb's chances** jds Chancen beeinträchtigen ❷ (*bias*) beeinflussen; **to ~ sb against sb** jdn gegen jdn einnehmen

prejudiced ['predʒədɪst] *adj* voreingenommen; **to be ~ against sth** Vorurteile gegen etw haben

preliminary [prɪ'lɪmɪnᵊri] **I.** *adj attr* einleitend; (*preparatory*) vorbereitend; **~ arrangements** Vorbereitungen *pl* **II.** *n* ❶ (*introduction*) Einleitung *f;* (*preparation*) Vorbereitung *f* ❷ SPORTS (*heat*) Vorrunde *f*

premarital [ˌpriː'mærɪtᵊl] *adj* vorehelich

premature ['premətʃəʳ] *adj* ❶ (*too early*) verfrüht, vorzeitig ❷ MED **~ baby** Frühgeburt *f*

premier ['premiəʳ] **I.** *n* Premierminister(in) *m(f);* CAN, AUS Ministerpräsident(in) *m(f)* **II.** *adj attr* führend

premium quality *n* Spitzenqualität *f*

prep [prep] *n no pl* (*fam*) ❶ (*preparation*) Vorbereitung *f* ❷ BRIT SCH (*homework*) Hausaufgaben *pl*

prepaid [ˌpriː'peɪd] *adj* im Voraus bezahlt; **~ reply** frankierte Rückantwortkarte

preparation [ˌprepᵊr'eɪʃᵊn] *n* ❶ *no pl* (*getting ready*) Vorbereitung *f; of food* Zubereitung *f;* **to do very little ~ [for sth]** sich kaum [auf etw *akk*] vorbereiten ❷ (*measures*) **~s** *pl* Vorbereitungen *pl* (**for** für); (*precautions*) Vorkehrungen *pl* ❸ (*substance*) Präparat *nt*, Mittel *nt*

prepare [prɪˈpeəʳ] **I.** *vt* ❶ (*get ready*) vorbereiten (**for** auf); **to ~ the way** [**for sb/sth**] den Weg [für jdn/etw] bereiten ❷ (*make*) zubereiten; **to ~ breakfast** das Frühstück machen **II.** *vi* **to ~ for sth** sich auf etw *akk* vorbereiten

prepay <-paid, -paid> [ˌpriːˈpeɪ] *vt* im Voraus bezahlen

preposition [ˌprepəˈzɪʃᵊn] *n* Verhältniswort *nt*, Präposition *f*

prep school *n* (*fam*) ❶ BRIT *vorbereitende Privatschule für die Aufnahme an einer „Public School“* (*höheren Privatschule*) ❷ AM *vorbereitende* [*Privat*]*schule für die Aufnahme an einem College*

pre-school [ˈpriːskuːl] **I.** *n* AM, AUS Kindergarten *m* **II.** *adj attr* vorschulisch, Vorschul-

prescribe [prɪˈskraɪb] *vt* ❶ (*medical*) **to ~ sth** etw verschreiben ❷ (*recommend*) **to ~ sth** [**to sb**] *special diet* [jdm] etw verordnen

prescription [prɪˈskrɪpʃᵊn] *n* (*medical*) Rezept *nt* (**for** für); **on ~** auf Rezept

presence [ˈprezᵊn(t)s] *n* ❶ *no pl* (*attendance*) Anwesenheit *f* ❷ (*dignified bearing*) Haltung *f*

present¹ [ˈprezᵊnt] **I.** *n* ❶ *no pl* (*now*) **the ~** die Gegenwart; **at ~** zurzeit [*o* gegenwärtig] ❷ *no pl* LING Präsens *nt* **II.** *adj* ❶ *attr* (*current*) derzeitig, gegenwärtig ❷ *attr* (*in attendance*) anwesend; (*existing*) vorhanden

present² [ˈprezᵊnt] *n* Geschenk *nt*; **to get sth as a ~** etw geschenkt bekommen

present³ [prɪˈzent] *vt* ❶ (*give formally*) *gift* schenken; *award, medal* überreichen ❷ (*hand over, show*) vorlegen ❸ (*put forward*) präsentieren; *argument* anführen; *suggestion* unterbreiten ❹ (*face, confront*) **to ~ sb with a challenge** jdn vor eine Herausforderung stellen ❺ (*compère*) *TV programme* moderieren

presentation [ˌprezᵊnˈteɪʃᵊn] *n* ❶ (*giving*) Präsentation *f*; *of a theory* Darlegung *f*; *of a dissertation, thesis* Vorlage *f* ❷ (*lecture, talk*) Präsentation *f* (**on** zu) ❸ *no pl* (*display*) *of photographs, works* Ausstellung *f*

presently [ˈprezᵊntli] *adv* ❶ (*soon*) bald, gleich ❷ *esp* BRIT, AUS (*now*) zurzeit, gegenwärtig

preservative [prɪˈzɜːvətɪv] *n* Konservierungsstoff *m*

preserve [prɪˈzɜːv] **I.** *vt* ❶ (*maintain*) erhalten; *customs, tradition* bewahren ❷ (*conserve*) konservieren; *wood* [mit Holzschutzmittel] behandeln **II.** *n* ❶ *usu pl* (*food*) Eingemachte(s) *nt kein pl* ❷ (*domain*) Domäne *f*; *of a department* Ressort *nt* ❸ *esp* AM (*reserve*) Reservat *nt*; **nature/wildlife ~** Naturschutzgebiet *nt*

preserved [prɪˈzɜːvd] *adj* ❶ (*maintained*) konserviert ❷ FOOD eingemacht, eingelegt

pre-shrunk [ˌpriːˈʃrʌŋk] *adj clothes* vorgewaschen

presidency [ˈprezɪdᵊn(t)si] *n* Präsidentschaft *f*

president [ˈprezɪdᵊnt] *n* Präsident(in) *m(f)*

press [pres] **I.** *n* <*pl* -es> ❶ (*push*) Druck *m*; **at the ~ of a button** auf Knopfdruck ❷ (*ironing*) Bügeln *nt kein pl* ❸ (*news media, newspapers*) **the ~** + *sing/pl vb* die Presse **II.** *vt* ❶ (*push*) **to ~ sth** [auf] etw *akk* drücken; **to ~ on the brake pedal** auf das Bremspedal treten ❷ (*flatten*) zusammendrücken ❸ (*extract juice from*) auspressen ❹ (*iron*) bügeln ❺ (*manufacture*) *CD, record* pressen **III.** *vi* ❶ (*push*) drücken ❷ (*be urgent*) drängen

◆ **press ahead** *vi* **to ~ ahead** [**with**

sth] [mit etw *dat*] weitermachen, etw vorantreiben [*o geh* forcieren] ; **to ~ ahead with the talks** mit den Gesprächen fortfahren

◆ **press on** *vi* **to ~ on** [**with sth**] [mit etw *dat*] weitermachen; **to ~ on with one's journey** seine Reise fortsetzen

press conference *n* Pressekonferenz *f*

pressing ['presɪŋ] **I.** *adj* (*urgent*) *issue, matter* dringend **II.** *n* (*manufacture of CD, record*) Pressung *f*

press photographer *n* Pressefotograf(in) *m(f)* **press report** *n* Pressebericht *m*

press-up *n* BRIT Liegestütz *m*

pressure ['preʃəʳ] **I.** *n* ❶ *no pl* (*physical force*) Druck *m;* **to apply ~** Druck ausüben ❷ *no pl* (*stress*) Druck *m,* Stress *m,* Belastung *f;* **to be under ~** unter Druck stehen **II.** *vt esp* AM **to ~ sb to do sth** jdn dazu drängen, etw zu tun

pressure cooker *n* Schnellkochtopf *m* **pressure group** *n* Interessengruppe *f*

pressurize ['preʃᵊraɪz] *vt* ❶ (*control air pressure*) druckfest halten; **~d cabin** Druckkabine *f* ❷ (*persuade by force*) **to ~ sb to do sth** jdn [massiv] dazu drängen, etw zu tun

presumably [prɪ'zju:məbli] *adv* vermutlich

presume [prɪ'zju:m] *vt* (*suppose, believe*) annehmen, vermuten; **to be ~d innocent** als unschuldig gelten

pretend [prɪ'tend] *vt* vorgeben, vortäuschen; **to ~ surprise** so tun, als ob man überrascht wäre; **I'll just ~ that I didn't hear that** ich tue einfach so, als hätte ich das nicht gehört

pretty ['prɪti] **I.** *adj* (*attractive*) *person* hübsch; *thing* nett **II.** *adv* (*fam*) ❶ (*fairly*) ziemlich; **~ good** (*fam*) ganz gut ❷ (*almost*) **~ well everything** beinah alles; **~ much** fast **III.** *vt* **to ~ oneself up** sich zurechtmachen; **to ~ up sth** etw verschönern

prevent [prɪ'vent] *vt* verhindern; *crime* verhüten; MED vorbeugen; **to ~ sb [from] doing sth** jdn daran hindern, etw zu tun

preview ['pri:vju:] *n of a film, play* Vorpremiere *f;* (*trailer*) Vorschau *f; of an exhibition* Vernissage *f*

previous ['pri:viəs] *adj attr* ❶ (*former*) vorig, vorausgegangen; (*prior*) vorherig; **~ conviction** Vorstrafe *f* ❷ (*preceding*) vorig, vorhergehend; **on the ~ day** am Tag davor

previously ['pri:viəsli] *adv* (*beforehand*) zuvor, vorher

prey [preɪ] **I.** *n no pl* Beute *f a. fig* **II.** *vi* **to ~ on sth** Jagd auf etw *akk* machen; **to ~ on sb** jdn ausnutzen

price [praɪs] **I.** *n* Preis *m* **II.** *vt* **to ~ sth** (*mark with price*) etw auszeichnen

priceless ['praɪsləs] *adj* ❶ (*invaluable*) unbezahlbar, von unschätzbarem Wert *nach n* ❷ (*fig fam: funny*) köstlich

price list *n* Preisliste *f* **price tag, price ticket** *n* ❶ (*label*) Preisschild *nt* ❷ (*fam: cost*) Preis *m* (**for** für)

pricey ['praɪsi] *adj* (*fam*) teuer

prick [prɪk] **I.** *n* ❶ (*act of piercing*) Stechen *nt;* (*pierced hole, mark*) Stich *m* ❷ (*sharp pain*) Stich *m* **II.** *vt* stechen; **to ~ a potato with a fork** eine Kartoffel mit einer Gabel einstechen

prickly ['prɪkli] *adj* ❶ (*thorny*) stachelig ❷ (*scratchy*) kratzig ❸ (*fam: easily offended*) *person* [leicht] reizbar

pride [praɪd] **I.** *n* ❶ *no pl* (*satisfaction*) Stolz *m* ❷ *no pl* (*arrogance*) Hochmut *m,* Überheblichkeit *f* ❸ (*animal group*) **a ~ of lions** ein Rudel *nt* Löwen **II.** *vt* **to ~ oneself on sth** auf etw *akk* [besonders] stolz sein

priest [pri:st] *n* Priester (in) *m(f)*

primary ['praɪmᵊri] **I.** *adj* ❶ (*principal*) primär *geh* ❷ (*not derivative*) roh gewonnen, Roh- ❸ *esp* BRIT, AUS (*education*) Grundschul-; **~ school** Grundschule *f* **II.** *n* AM POL (*election*) Vorwahl *f*

prime minister *n* Premierminister(in) *m(f)*

prime number *n* Primzahl *f*

prime time *n* Hauptsendezeit *f*

primitive ['prɪmɪtɪv] *adj* ❶ *(early stage)* primitiv; ZOOL urzeitlich ❷ *(pej: simple)* primitiv

primrose ['prɪmrəʊz] *n* [gelbe] Schlüsselblume

Primus®, Primus stove® ['praɪməs] *n* Campingkocher *m*

prince [prɪn(t)s] *n (royal)* Prinz *m; (head of principality)* Fürst *m*

princess <*pl* -es> [prɪn'ses] *n* Prinzessin *f*

principal ['prɪn(t)səpᵊl] **I.** *adj attr (most important)* Haupt-, hauptsächlich; **one of the ~ towns** eine der bedeutendsten Städte **II.** *n* ❶ AM, AUS SCH Direktor(in) *m(f)* ❷ MUS Solist(in) *m(f)*

principle ['prɪn(t)səpl] *n* ❶ *(basic concept)* Prinzip *nt;* **basic ~** Grundprinzip *nt* ❷ *(fundamental)* Grundlage *f* ❸ *(moral code)* Prinzip *nt*

print [prɪnt] **I.** *n* ❶ *(lettering)* Gedruckte(s) *nt;* **the small ~** das Kleingedruckte ❷ *no pl (printed form)* Druck *m;* **to appear in ~** veröffentlicht werden; **to be out of ~** vergriffen sein ❸ *(photo)* Abzug *m; (film)* Kopie *f; (copy of artwork)* Druck *m* ❹ *(footprint)* Fußabdruck *m; (fam: fingerprint)* Fingerabdruck *m* **II.** *vt* ❶ TYPO drucken; **to ~ a newspaper** eine Zeitung herausgeben ❷ PUBL veröffentlichen; *(in magazine, newspaper)* abdrucken ❸ COMPUT etw ausdrucken ❹ *(write by hand)* in Druckschrift schreiben **III.** *vi* ❶ *(be in preparation)* sich im Druck befinden ❷ *(make copy)* drucken ❸ *(write in unjoined letters)* in Druckschrift schreiben

printer ['prɪntəʳ] *n* ❶ *(person)* Drucker(in) *m(f)* ❷ *(machine)* Drucker *m;* **~ driver** Druckertreiber *m*

printout *n* Ausdruck *m*

prior¹ ['praɪəʳ] **I.** *adv* **~ to sth** vor etw *dat* **II.** *adj attr (earlier)* frühere(r, s), vorherige(r, s); **~ engagement** vorher getroffene Verabredung

prior² ['praɪəʳ] *n (of abbey/priory)* Prior *m*

priority [praɪ'ɒrəti] **I.** *n* ❶ *(deserving greatest attention)* vorrangige Angelegenheit; **first/top ~** Angelegenheit *f* von höchster Priorität; **to get one's priorities right** seine Prioritäten richtig setzen ❷ *no pl (great importance)* Priorität *f* ❸ *no pl (precedence)* Vorrang *m;* **to give ~ to sb** jdm den Vorzug geben ❹ *no pl (right of way)* Vorfahrt *f* **II.** *adj* ❶ *(urgent) task* vordringlich; **~ mail** AM Expresszustellung *f* ❷ *(preferential)* vorrangig

prism ['prɪzᵊm] *n* Prisma *nt*

prison ['prɪzᵊn] *n* Gefängnis *nt a. fig;* **to be in ~** im Gefängnis sitzen

prison cell *n* Gefängniszelle *f*

prisoner ['prɪzᵊnəʳ] *n* Gefangene(r) *f(m) a. fig,* Häftling *m;* **to take sb ~** jdn gefangen nehmen

privacy ['prɪvəsi] *n no pl* ❶ *(personal realm)* Privatsphäre *f* ❷ *(time alone)* Zurückgezogenheit *f*

private ['praɪvɪt] **I.** *adj* ❶ *(personal, not open to public)* privat, Privat- ❷ *(confidential)* vertraulich ❸ *(not social)* zurückhaltend, introvertiert **II.** *n* ❶ *no pl (not in public)* **in ~** privat ❷ *(soldier)* Gefreiter *m*

privately ['praɪvɪtli] *adv* ❶ *(not in public)* privat; **to speak ~ with sb** mit jdm unter vier Augen sprechen ❷ *(secretly)* heimlich, insgeheim

privatization [ˌpraɪvɪtaɪ'zeɪʃᵊn] *n no pl* Privatisierung *f*

privatize ['praɪvɪtaɪz] *vt* privatisieren

privilege ['prɪvᵊlɪʤ] *n* ❶ *(special right)* Privileg *nt,* Vorrecht *nt* ❷ *(honour)* Ehre *f* ❸ *no pl (advantage)* Privileg *nt,* Sonderrecht *nt*

privileged ['prɪvᵊlɪʤd] *adj* ❶ privilegiert ❷ LAW *communication, information* ver-

traulich
prize [praɪz] **I.** *n* ❶ (*sth won*) Preis *m;* (*in lottery*) Gewinn *m* ❷ (*reward*) Lohn *m* **II.** *adj attr* (*prize-winning*) preisgekrönt **III.** *vt* schätzen; **to ~ sth above sth** etw über etw *dat* stellen
prize money *n no pl* Geldpreis *m;* SPORTS Preisgeld *nt* **prizewinner** *n* Gewinner(in) *m(f)* **prize-winning** *adj attr* preisgekrönt
pro¹ [prəʊ] (*fam*) **I.** *n* Profi *m* **II.** *adj attr* Profi-
pro² [prəʊ] **I.** *adv* dafür **II.** *n* Pro *nt;* **the ~s and cons of sth** das Pro und Kontra einer S. *gen* **III.** *prep* (*in favour of*) für +*akk* **IV.** *adj* pro-
probability [ˌprɒbəˈbɪləti] *n* Wahrscheinlichkeit *f;* **strong ~** große Wahrscheinlichkeit
probable [ˈprɒbəbl̩] **I.** *adj* wahrscheinlich **II.** *n* Kandidat(in) *m(f)*
problem [ˈprɒbləm] *n* ❶ (*difficulty*) Schwierigkeit *f,* Problem *nt;* **what's your ~?** was ist [mit dir] los?; **no ~** (*sure*) kein Problem; (*don't mention it*) keine Ursache ❷ (*task*) Aufgabe *f*
procedure [prə(ʊ)ˈsiːdʒəʳ] *n* ❶ (*particular course of action*) Verfahren *nt;* **standard ~** übliche Vorgehensweise ❷ (*operation*) Vorgang *m*
proceed [prə(ʊ)ˈsiːd] *vi* (*form*) ❶ (*make progress*) fortschreiten, vorangehen ❷ (*advance*) vorrücken ❸ (*continue*) fortfahren ❹ **to ~ from sth** von etw *dat* kommen
proceeds [ˈprəʊsiːdz] *n pl* Einnahmen *pl*
process [ˈprəʊses] **I.** *n* <*pl* -es> ❶ (*set of actions*) Prozess *m* ❷ (*method*) Verfahren *nt* ❸ *no pl* (*going on*) Verlauf *m* **II.** *vt* ❶ (*deal with*) bearbeiten; **to ~ sb** jdn abfertigen ❷ COMPUT verarbeiten ❸ (*treat*) behandeln; *food* haltbar machen, konservieren
procession [prəˈseʃᵊn] *n* (*line*) Umzug *m;* REL Prozession *f;* **funeral ~** Trauerzug *m*
produce I. *vt* [prəˈdjuːs] ❶ (*make*) herstellen, produzieren; *coal, oil* fördern; *electricity* erzeugen ❷ (*bring about*) bewirken, hervorrufen ❸ FILM, MUS produzieren **II.** *vi* [prəˈdjuːs] ❶ (*bring results*) Ergebnisse erzielen; ECON einen Gewinn erwirtschaften ❷ (*give output*) produzieren **III.** *n* [ˈprɒdjuːs] *no pl* ❶ AGR Erzeugnisse *pl,* Produkte *pl* ❷ AM (*fruit and vegetables*) Obst *nt* und Gemüse *nt*
producer [prəˈdjuːsəʳ] *n* ❶ (*manufacturer*) Hersteller *m;* AGR Erzeuger *m* ❷ FILM, TV Produzent(in) *m(f)*
product [ˈprɒdʌkt] *n* ❶ (*sth produced*) Produkt *nt,* Erzeugnis *nt* ❷ (*result*) Ergebnis *nt*
production [prəˈdʌkʃᵊn] *n* ❶ *no pl* (*process*) Produktion *f,* Herstellung *f; of coal* Förderung *f; of energy* Erzeugung *f* ❷ *no pl* (*yield*) Produktion *f* ❸ *no pl* FILM, TV Produktion *f;* THEAT Inszenierung *f*
production manager *n* Produktionsleiter(in) *m(f)*
profession [prəˈfeʃᵊn] *n* ❶ (*field of work*) Beruf *m* ❷ (*body of workers*) Berufsstand *m*
professional [prəˈfeʃᵊnᵊl] **I.** *adj* ❶ (*of a profession*) beruflich, Berufs- ❷ (*not tradesman*) freiberuflich, akademisch ❸ (*expert*) fachmännisch ❹ (*businesslike*) professionell **II.** *n* ❶ (*not an amateur*) Fachmann, -frau *m, f;* SPORTS Profi *m fam* ❷ (*not a tradesman*) Akademiker(in) *m(f)*
professor [prəˈfesəʳ] *n* UNIV Professor(in) *m(f);* AM *a.* (*lecturer*) Dozent(in) *m(f)*
proficient [prəˈfɪʃᵊnt] *adj* fähig; **to be ~ in a language** eine Sprache beherrschen
profile [ˈprəʊfaɪl] **I.** *n* ❶ (*side view*) Profil *nt* ❷ (*description*) Porträt *nt fig* ❸ (*public image*) **to raise sb's ~** jdn hervorheben ▶ **to keep a <u>low</u> ~** sich zurück-

P

halten **II.** *vt* ❶ (*write*) porträtieren *fig* ❷ (*draw*) im Profil zeichnen

profit [ˈprɒfɪt] **I.** *n* ❶ (*money earned*) Gewinn *m* ❷ (*advantage*) Nutzen *m* **II.** *vi* ❶ (*gain financially*) profitieren (**by/from** von), Gewinn machen ❷ (*benefit*) profitieren (**by/from** von)

profitable [ˈprɒfɪtəbl̩] *adj* ❶ (*in earnings*) Gewinn bringend, rentabel, profitabel ❷ (*advantageous*) nützlich, vorteilhaft

profiteering [ˌprɒfɪˈtɪərɪŋ] *n no pl* ❶ (*profit-seeking*) Geschäftemacherei *f pej* ❷ (*selling at too high prices*) Wucher *m pej*

profit margin *n* Gewinnspanne *f*

profound [prəˈfaʊnd] *adj* ❶ (*extreme*) tiefgehend; *change* tiefgreifend ❷ (*strongly felt*) tief, heftig

program [ˈprəʊgræm] **I.** *n* ❶ COMPUT Programm *nt* ❷ *esp* AM, AUS *see* **programme** **II.** *vt* <-mm-> ❶ COMPUT programmieren ❷ *esp* AM, AUS *see* **programme**

programmable [prə(ʊ)ˈgræməbl̩] *adj* programmierbar

programme [ˈprəʊgræm] **I.** *n* ❶ RADIO, TV Programm *nt;* (*single broadcast*) Sendung *f* ❷ Programm *nt,* Plan *m* **II.** *vt* <-mm-> programmieren

programmer, AM **programer** [ˈprəʊgræməʳ] *n* ❶ (*operator*) Programmierer(in) *m(f)* ❷ (*component*) Programmiergerät *nt*

programming [ˈprəʊgræmɪŋ] *n no pl* ❶ COMPUT Programmieren *nt* ❷ RADIO, TV Programmgestaltung *f*

progress I. *n* [ˈprəʊgres] *no pl* ❶ (*onward movement*) Vorwärtskommen *nt;* **to make good ~** gut vorwärtskommen ❷ (*development*) Fortschritt *m* ❸ (*to be going*) **to be in ~** im Gange sein **II.** *vi* [prə(ʊ)ˈgres] ❶ (*develop*) Fortschritte machen; **how's the work ~ing?** wie geht's mit der Arbeit voran? ❷ (*move onward*) *in space* vorankommen; *in time* fortschreiten

prohibit [prə(ʊ)ˈhɪbɪt] *vt* ❶ (*forbid*) verbieten; **to be ~ed by law** gesetzlich verboten sein; **to ~ sb from doing sth** jdm verbieten, etw zu tun ❷ (*prevent*) verhindern

prohibition [ˌprəʊ(h)ɪˈbɪʃᵊn] *n* ❶ (*ban*) Verbot *nt* ❷ *no pl* (*banning*) Verbieten *nt*

project I. *n* [ˈprɒdʒekt] ❶ (*undertaking*) Projekt *nt* ❷ (*plan*) Plan *m* **II.** *vt, vi* [prə(ʊ)ˈdʒekt] ❶ (*forecast*) vorhersagen ❷ (*propel*) schleudern ❸ *slides, film* projizieren (**onto** auf) **III.** *vi* [prə(ʊ)ˈdʒekt] (*protrude*) hervorragen, [hinaus]ragen (**over** über)

projector [prə(ʊ)ˈdʒektəʳ] *n* Projektor *m*

prolong [prə(ʊ)ˈlɒŋ] *vt* verlängern

prom [prɒm] *n* ❶ AM (*school dance*) *Ball am Ende des Jahres in einer amerikanischen High School* ❷ BRIT (*concert*) **the P~s** *Konzertreihe in London in der Albert Hall, bei der die meisten Parkettsitze zugunsten billigerer Stehplätze entfernt werden* ❸ BRIT (*seaside walkway*) [Strand]promenade *f*

promenade [ˌprɒməˈnɑːd] *n* [Strand]promenade *f*

promenade concert *n* BRIT *Konzert, bei dem die meisten Parkettsitze zugunsten billigerer Stehplätze entfernt werden*

promiscuous [prəˈmɪskjuəs] *adj* (*pej*) promisk

promise [ˈprɒmɪs] **I.** *vt* versprechen *a. fig* **II.** *vi* ❶ (*pledge*) versprechen; **I ~!** ich verspreche es! ❷ (*be promising*) **to ~ well** viel versprechen **III.** *n* ❶ (*pledge*) Versprechen *nt* ❷ *no pl* (*potential*) **to show ~** aussichtsreich sein

promising [ˈprɒmɪsɪŋ] *adj* viel versprechend

promote [prəˈməʊt] *vt* ❶ (*raise in rank*) befördern (**to** zu) ❷ SPORTS **to be ~d**

befördert werden ❸ (*encourage*) fördern; **to ~ awareness of sth** etw ins Bewusstsein rufen
promotion [prəˈməʊʃᵊn] *n* ❶ *no pl* (*in rank*) Beförderung *f* (**to** zu) ❷ (*raise in status*) Beförderung *f* ❸ SPORTS Aufstieg *m* ❹ (*encouragement*) Förderung *f*
promotional material *n* Werbematerial *nt*
prompt [prɒm(p)t] **I.** *vt* ❶ (*spur*) veranlassen; **to ~ sb [to do sth]** jdn [dazu] veranlassen, etw zu tun ❷ THEAT soufflieren ❸ COMPUT auffordern **II.** *adj* ❶ (*swift*) prompt; **to be ~ in doing sth** etw schnell tun ❷ (*punctual*) pünktlich **III.** *adv* pünktlich **IV.** *n* ❶ COMPUT Prompt *m fachspr* ❷ THEAT Stichwort *nt*
promptly [ˈprɒm(p)tli] *adv* ❶ (*quickly*) prompt ❷ (*fam: immediately afterward*) gleich danach
pronoun [ˈprəʊnaʊn] *n* Pronomen *nt*
pronounce [prəˈnaʊn(t)s] *vt* ❶ (*speak*) aussprechen ❷ (*announce*) verkünden ❸ (*declare*) erklären
pronunciation [prəˌnʌn(t)siˈeɪʃᵊn] *n usu no pl* Aussprache *f*
proof [pruːf] **I.** *n* ❶ *no pl* (*confirmation, evidence*) Beweis *m* (**of** für) ❷ TYPO Korrekturfahne *f* ❸ *no pl* (*degree of strength*) Volumenprozent *nt*, Vol.-% *nt* **II.** *adj* unempfindlich (**against** gegen) **III.** *vt* (*treat*) imprägnieren
propeller [prəˈpeləʳ] *n* Propeller *m*
proper [ˈprɒpəʳ] *adj* ❶ (*real*) echt, richtig ❷ (*correct*) richtig ❸ (*socially respectable*) anständig
properly [ˈprɒpᵊli] *adv* ❶ (*correctly*) richtig; **~ speaking** genau genommen ❷ (*socially respectably*) anständig
property [ˈprɒpəti] *n* ❶ *no pl* (*things owned*) Eigentum *nt* ❷ *no pl* (*owned buildings*) Immobilienbesitz *m;* (*owned land*) Grundbesitz *m* ❸ (*piece of real estate*) Immobilie *f;* **~ developer** Immobilienmakler(in) *m(f)*
prophecy [ˈprɒfəsi] *n* ❶ (*prediction*) Prophezeiung *f* ❷ *no pl* (*ability*) Weissagen *nt*
prophet [ˈprɒfɪt] *n* (*a. fig*) Prophet *m*
proportion [prəˈpɔːʃᵊn] *n* ❶ (*part*) Anteil *m* ❷ *no pl* (*relation*) Proportion *f*, Verhältnis *nt* (**to** zu) ❸ (*size*) **~s** *pl* Ausmaße *pl*
proportional [prəˈpɔːʃᵊnᵊl] *adj* proportional (**to** zu)
proposal [prəˈpəʊzᵊl] *n* ❶ (*suggestion*) Vorschlag *m* ❷ (*offer of marriage*) Antrag *m*
propose [prəˈpəʊz] **I.** *vt* ❶ (*suggest, nominate*) vorschlagen ❷ (*intend*) **to ~ to do/doing sth** beabsichtigen, etw zu tun **II.** *vi* **to ~ [to sb]** [jdm] einen [Heirats]antrag machen
proprietor [prəˈpraɪətəʳ] *n* Inhaber(in) *m(f)*
prose [prəʊz] *n* Prosa *f*
prosecute [ˈprɒsɪkjuːt] **I.** *vt* **to ~ sb** jdn strafrechtlich verfolgen **II.** *vi* (*bring a charge*) Anzeige erstatten, gerichtlich vorgehen
prosecuting [ˈprɒsɪkjuːtɪŋ] *adj attr* Anklage-; **~ attorney** Staatsanwalt *m*, Staatsanwältin *f*
prosecution [ˌprɒsɪˈkjuːʃᵊn] *n* ❶ *no pl* (*legal action*) strafrechtliche Verfolgung ❷ (*case*) Anklage[erhebung] *f* (**for** wegen) ❸ *no pl* (*legal team*) **the ~** die Anklagevertretung
prosecutor [ˈprɒsɪkjuːtəʳ] *n* Ankläger(in) *m(f)*
prospect [ˈprɒspekt] *n* ❶ (*idea*) Aussicht *f* (**of** auf) ❷ (*likelihood*) Aussicht *f*, Wahrscheinlichkeit *f* (**of** auf) ❸ (*opportunities*) **~s** *pl* Aussichten *pl*, Chancen *pl*
prospective [prəˈspektɪv] *adj* voraussichtlich; *candidate* möglich
prospector [prəˈspektəʳ] *n* MIN Prospektor(in) *m(f)*
prospectus [prəˈspektəs] *n* Prospekt *m*
prosper [ˈprɒspəʳ] *vi* ❶ (*financially*) flo-

P

rieren ❷ (*physically*) gedeihen

prostitute ['prɒstɪtjuːt] *n* Prostituierte(r) *f(m)*

prostitution [ˌprɒstɪ'tjuːʃᵊn] *n* Prostitution *f*

protect [prə'tekt] *vt* schützen (**against** gegen/**from** vor)

protection [prə'tekʃᵊn] *n* ❶ (*defence*) Schutz *m* (**against** gegen/**from** vor) ❷ *no pl* (*paid to criminals*) Schutzgeld *nt* **protection factor** *n* Lichtschutzfaktor *m*

protective [prə'tektɪv] *adj* ❶ (*affording protection*) Schutz- ❷ (*wishing to protect*) fürsorglich (**towards** gegenüber)

protector [prə'tektəʳ] *n* ❶ (*person*) Beschützer *m* ❷ (*device*) Schutzvorrichtung *f*

protein ['prəʊtiːn] *n* ❶ *no pl* (*collectively*) Eiweiß *nt* ❷ (*specific substance*) Protein *nt*

protest I. *n* ['prəʊtest] ❶ (*strong complaint*) Protest *m* ❷ (*demonstration*) Protestkundgebung *f* **II.** *vi* [prə(ʊ)'test] protestieren **III.** *vt* [prə(ʊ)'test] ❶ (*assert*) beteuern ❷ AM (*object to*) **to ~ sth** gegen etw *akk* protestieren

P

Protestant ['prɒtɪstᵊnt] **I.** *n* Protestant(in) *m(f)* **II.** *adj* protestantisch; (*in Germany*) evangelisch

protester [prə'testəʳ] *n* (*objector*) Protestierende(r) *f(m)*; (*demonstrator*) Demonstrant(in) *m(f)*

protest march *n* Protestmarsch *m*

proud [praʊd] **I.** *adj* ❶ (*pleased*) stolz (**of** auf) ❷ (*having self-respect*) stolz ❸ (*pej: arrogant*) eingebildet **II.** *adv* **to do sb ~** BRIT, AUS (*treat well*) jdn verwöhnen; (*please by doing well*) jdn mit Stolz erfüllen

prove <-d, -d> [pruːv] **I.** *vt* ❶ (*establish*) beweisen ❷ (*show*) **during the rescue she ~d herself to be a highly competent climber** während der Rettungsaktion erwies sie sich als sehr geübte Kletterin **II.** *vi + n/adj* sich erweisen; **to ~ successful** sich als erfolgreich erweisen

proven ['pruːvᵊn] **I.** *vt, vi esp* AM *pp of* **prove II.** *adj* nachgewiesen; *remedy* erprobt

proverb ['prɒvɜːb] *n* Sprichwort *nt*

provide [prə(ʊ)'vaɪd] **I.** *vt* zur Verfügung stellen, bereitstellen; *evidence, explanation* liefern; **to ~ sb with sth** jdn mit etw *dat* versorgen **II.** *vi* (*look after*) **to ~ for oneself** für sich selbst sorgen

provided [prə(ʊ)'vaɪdɪd] *adj* mitgeliefert, beigefügt

providing (that) [prə(ʊ)'vaɪdɪŋ] *conj* sofern

province ['prɒvɪn(t)s] *n* (*territory*) Provinz *f*

provision [prə(ʊ)'vɪʒᵊn] *n* ❶ *no pl* (*providing*) Versorgung *f*; (*financial precaution*) Vorkehrung *f* ❷ (*something supplied*) Vorrat *m* (**of** an) ❸ (*stipulation*) Auflage *f*; **with the ~ that ...** unter der Bedingung, dass ...

provisional [prə(ʊ)'vɪʒᵊnᵊl] *adj* vorläufig

provocative [prə'vɒkətɪv] *adj* ❶ (*provoking*) provokativ *geh* ❷ (*sexually arousing*) provokant

provoke [prə'vəʊk] *vt* ❶ (*vex*) **to ~ sb** jdn provozieren ❷ (*give rise to*) *surprise, outrage* hervorrufen

prowl [praʊl] **I.** *n* (*fam*) Streifzug *m* **II.** *vt* durchstreifen **III.** *vi* **to ~ [around]** umherstreifen

proximity [prɒk'sɪməti] *n no pl* Nähe *f*

prune [pruːn] **I.** *vt* HORT [be]schneiden; (*fig*) reduzieren **II.** *n* (*plum*) Dörrpflaume *f*

PS [ˌpiː'es] *n abbrev of* **postscript** PS *nt*

psychiatric [ˌsaɪki'ætrɪk] *adj* psychiatrisch

psychiatrist [saɪ'kaɪətrɪst] *n* Psychiater(in) *m(f)*

psychiatry [saɪ'kaɪətri] *n no pl* Psychiatrie *f*

psychic(al) ['saɪkɪk(ᵊl)] *adj* ❶ (*supernatural*) übernatürlich ❷ (*of the mind*) psychisch

psychoanalyst [ˌsaɪkəʊ'ænᵊlɪst] *n* Psychoanalytiker(in) *m(f)* **psychobabble** ['saɪkəʊˌbæbl] *n no pl* (*pej fam*) Psychogeschwätz *nt sl*

psychological [ˌsaɪkə'lɒdʒɪkᵊl] *adj* ❶ (*of the mind*) psychisch ❷ (*of psychology*) psychologisch

psychologist [saɪ'kɒlədʒɪst] *n* Psychologe(in) *m(f)*

psychology [saɪ'kɒlədʒi] *n* Psychologie *f*

psychotherapist [ˌsaɪkə(ʊ)'θerəpɪst] *n* Psychotherapeut(in) *m(f)* **psychotherapy** [ˌsaɪkə(ʊ)'θerəpi] *n no pl* Psychotherapie *f*

pt¹ *n abbrev of* **part I 3, 4**

pt² *n abbrev of* **pint** Pint *nt* (*0,568 l*)

pt³ *n abbrev of* **point I**

PT [ˌpiː'tiː] *n* ❶ *no pl* MED *abbrev of* **physical therapy** Physiotherapie *f* ❷ *abbrev of* **physical therapist** Physiotherapeut(in) *m(f)*

PTA [ˌpiːtiː'eɪ] *n abbrev of* **parent-teacher association** Eltern-Lehrer-Organisation *f*

pto [ˌpiːtiː'əʊ] *abbrev of* **please turn over** b.w.

pub [pʌb] *n* (*fam*) *short for* **public house** Kneipe *f*

puberty ['pjuːbəti] *n no pl* Pubertät *f*

public ['pʌblɪk] **I.** *adj* öffentlich **II.** *n* + *sing/pl vb* ❶ (*the people*) **the ~** die Öffentlichkeit, die Allgemeinheit ❷ (*patrons*) Anhängerschaft *f; of newspapers* Leser *pl*

publican ['pʌblɪkən] *n* BRIT, AUS Kneipenbesitzer(in) *m(f)*

public bar *n* ❶ [Steh]ausschank *m* ❷ BRIT *der weniger vornehme Teil eines Pubs* **public company** *n* BRIT Aktiengesellschaft *f* **public convenience** *n* BRIT, AUS (*form*) öffentliche Toilette **public health service** *n* [staatliches] Gesundheitssystem **public holiday** *n* gesetzlicher Feiertag **public house** *n* BRIT (*form*) Kneipe *f fam*

publicity [pʌb'lɪsəti] **I.** *n no pl* ❶ (*promotion*) Publicity *f*, Reklame *f* ❷ (*attention*) Aufmerksamkeit *f* **II.** *adj* Publicity-, Werbe-; **~ campaign** Werbekampagne *f*

publicize ['pʌblɪsaɪz] *vt* bekannt machen

public library *n* öffentliche Bibliothek

publicly ['pʌblɪkli] *adv* ❶ (*not privately*) öffentlich ❷ (*by the state*) staatlich

public property *n no pl* Staatseigentum *nt* **public school** *n* BRIT höhere Privatschule *f;* AM, AUS, SCOT staatliche Schule **pub·lic 'space** *n* öffentlicher Raum **public telephone** *n esp* BRIT öffentlicher Fernsprecher **public transport**, *esp* AM **public transportation** *n* öffentliche Verkehrsmittel

publish ['pʌblɪʃ] *vt article, result* veröffentlichen; *book, magazine* herausgeben

publisher ['pʌblɪʃəʳ] *n* ❶ (*company*) Verlag *m* ❷ (*person*) Verleger(in) *m(f)* ❸ AM (*newspaper owner*) Herausgeber(in) *m(f)*

publishing ['pʌblɪʃɪŋ] **I.** *n no pl, no art* Verlagswesen *nt* **II.** *adj attr* Verlags-

pudding ['pʊdɪŋ] *n* ❶ BRIT (*dessert course*) Nachspeise *f* ❷ *esp* BRIT (*with suet pastry*) [Fleisch]pastete *f*

puddle ['pʌdl] *n* Pfütze *f*

puff [pʌf] **I.** *n* ❶ (*fam: short blast*) Windstoß *m; of breath* Atemstoß *m* ❷ *no pl* BRIT (*fam: breath*) Puste *f fam;* **to be out of ~** außer Puste sein ❸ (*on a cigarette*) Zug *m* **II.** *vi* ❶ (*breathe heavily*) schnaufen ❷ (*smoke*) paffen **III.** *vt* ❶ (*smoke*) paffen ❷ (*fam: praise*) aufbauschen

◆ **puff up I.** *vt* (*make swell*) [an]schwellen lassen **II.** *vi* [an]schwellen

puff pastry *n no pl* Blätterteig *m*

puffy ['pʌfi] *adj* geschwollen, verschwollen

puke [pjuːk] **I.** *vi* (*sl*) **to ~ [up]** kotzen *sl* **II.** *n no pl* (*sl*) Kotze *f sl*

pull [pʊl] **I.** *n* ❶ (*tug*) Zug *m*, Ziehen *nt*

P

❷ *no pl* (*force*) Zugkraft *f* ❸ (*on a cigarette*) Zug *m;* (*on a bottle*) Schluck *m* **II.** *vt* ❶ (*draw*) ziehen; **to ~ the trigger** abdrücken ❷ (*put on*) **to ~ sth over one's head** sich *dat* etw über den Kopf ziehen ❸ MED (*strain*) *muscle, tendon* zerren ❹ AM SPORTS (*withdraw*) **to ~ a player** einen Spieler aus dem Spiel nehmen ► **to ~ a face** [**at sb**] [jdm] eine Grimasse schneiden; **to ~ sb's leg** (*fam*) jdn auf den Arm nehmen **III.** *vi* ❶ (*draw*) **to ~** [**at sth**] [an etw *dat*] ziehen; **"~"** „Ziehen" ❷ (*drive*) **to ~ into sth** in etw *akk* hineinfahren

◆ **pull apart** *vt* ❶ (*break*) zerlegen ❷ (*separate*) auseinanderziehen ❸ (*criticize*) *book, play* zerpflücken

◆ **pull away I.** *vi* **to ~ away from sb** ❶ (*leave*) sich von jdm wegbewegen ❷ SPORTS *runner* sich vom Feld absetzen **II.** *vt* wegreißen; **to ~ sth away from sb/sth** jdm/etw etw entreißen

◆ **pull back I.** *vi* ❶ (*recoil*) zurückschrecken ❷ (*back out*) **to ~ back** einen Rückzieher machen (**from** von) **II.** *vt* ❶ (*draw back*) zurückziehen ❷ (*score*) [wieder] aufholen

◆ **pull down** *vt* ❶ (*move down*) herunterziehen ❷ (*demolish*) *building* abreißen

◆ **pull in I.** *vi* TRANSP ❶ (*arrive*) einfahren ❷ (*move over*) [wieder] einscheren **II.** *vt* ❶ (*attract*) anziehen ❷ (*fam: arrest*) einkassieren

◆ **pull off I.** *vt* ❶ (*take off*) [schnell] ausziehen ❷ (*fam: succeed*) durchziehen **II.** *vi* losfahren, abfahren

◆ **pull out I.** *vi* ❶ (*move out*) *vehicle* ausscheren; **to ~ out of a road** von einer Straße abfahren ❷ (*leave*) ausfahren ❸ (*withdraw*) aussteigen *fam* **II.** *vt* ❶ MIL *troops* abziehen ❷ (*get out*) **to ~ sth out of sth** etw aus etw *dat* [heraus]ziehen

◆ **pull over I.** *vt* ❶ (*make fall*) umreißen ❷ (*stop*) anhalten **II.** *vi vehicle* zur Seite fahren

◆ **pull round** BRIT **I.** *vi* (*recover*) sich erholen **II.** *vt* (*turn round*) [her]umdrehen

◆ **pull through I.** *vi* (*survive*) durchkommen **II.** *vt* **to ~ sb through** [**sth**] jdn [durch etw *akk*] durchbringen

◆ **pull together I.** *vt* ❶ (*regain composure*) **to ~ oneself together** sich zusammennehmen ❷ (*organize*) auf die Beine stellen *fig fam* **II.** *vi* zusammenarbeiten

◆ **pull up I.** *vt* ❶ (*raise*) hochziehen; *chair* heranziehen ❷ (*fam: reprimand*) **to ~ sb up** jdn zurechtweisen **II.** *vi vehicle* [heranfahren und] anhalten

pull-in *n* BRIT Raststätte *f*

pull-out I. *n* ❶ MIL Rückzug *m* ❷ MEDIA [Sonder]beilage *f* **II.** *adj* herausziehbar

pullover *n esp* BRIT Pullover *m*

pulpit ['pʌlpɪt] *n* Kanzel *f*

pulse[1] [pʌls] **I.** *n* ❶ (*heartbeat*) Puls *m* ❷ (*vibration*) [Im]puls *m* ❸ (*fig: mood*) **to have one's finger on the ~** am Ball sein **II.** *vi* pulsieren

pulse[2] [pʌls] *n* FOOD Hülsenfrucht *f*

pump[1] [pʌmp] *n* ❶ BRIT, AUS (*for gymnastics*) Gymnastikschuh *m;* (*for dancing*) Tanzschuh *m* ❷ AM, AUS (*court shoe*) Pumps *m*

pump[2] [pʌmp] **I.** *n* Pumpe *f* **II.** *vt* pumpen

pumpkin ['pʌmpkɪn] *n* (*vegetable*) [Garten]kürbis *m*

pun [pʌn] **I.** *n* Wortspiel *nt* **II.** *vi* <-nn-> Wortspiele machen

punch[1] [pʌn(t)ʃ] *n* (*drink: hot or cold*) Punsch *m;* (*cold*) Bowle *f*

punch[2] [pʌn(t)ʃ] **I.** *n* <*pl* -es> ❶ (*hit*) [Faust]schlag *m* ❷ (*perforation*) Lochen *nt kein pl* ❸ (*piercing tool*) Stanzwerkzeug *nt;* [**hole**] **~** (*for paper*) Locher *m* **II.** *vt* ❶ (*hit*) schlagen; **to ~ sb in the nose** jdm auf die Nase schlagen ❷ (*stamp*) *coin, ring* stempeln; *paper* lochen

punchline *n* Pointe *f*

punch-up *n* BRIT Schlägerei *f*
punctual ['pʌŋktʃuəl] *adj* pünktlich
punctuation [ˌpʌŋktʃu'eɪʃən] *n no pl* Zeichensetzung *f*
puncture ['pʌŋktʃəʳ] **I.** *vt* ❶ (*pierce*) *cardboard, leather* durchstechen ❷ (*fig: make collapse*) *dream, hope* zerstören; *mood* verderben **II.** *vi* (*burst*) *tyre* ein Loch bekommen; *plastic* einreißen **III.** *n* Reifenpanne *f*
punish ['pʌnɪʃ] *vt* ❶ (*penalize*) bestrafen ❷ (*treat roughly*) strapazieren ❸ (*exert oneself*) **to ~ oneself** sich [ab]quälen
punishment ['pʌnɪʃmənt] *n* ❶ (*penalty*) Bestrafung *f*, Strafe *f* ❷ TECH (*severe handling*) Strapazierung *f;* (*rough treatment*) grobe Behandlung ❸ (*strain*) Strapaze *f*
punk [pʌŋk] *n* ❶ *no pl* (*music*) Punk[rock] *m;* (*fan*) Punker(in) *m(f)* ❷ *esp* AM (*pej sl: worthless person*) Dreckskerl *m;* (*troublemaker*) Rabauke *m fam*
punnet ['pʌnɪt] *n* BRIT, AUS [Obst]körbchen *nt*
punt¹ [pʌnt] SPORTS **I.** *vt* **to ~ the ball** den Ball aus der Hand schießen; *in American football* einen Befreiungsschlag ausführen **II.** *n* (*kick*) *in American football* Befreiungsschlag *m; in rugby* Falltritt *m*
punt² [pʌnt] NAUT **I.** *vt, vi* staken *fachspr;* **to go ~ing** Stechkahn fahren **II.** *n* Stechkahn *m*
punt³ [pʌnt] **I.** *vi at card game* gegen die Bank setzen; *at horse races* wetten **II.** *n* Wette *f*
puny ['pju:ni] *adj* ❶ (*pej: sickly*) *person* schwächlich ❷ (*fig, pej: lacking in power*) schwach
pup [pʌp] *n* ❶ (*baby dog*) junger Hund, Welpe *m* ❷ (*baby animal*) *of a fox, otter, seal* Junge(s) *nt*
pupil¹ ['pju:pəl] *n* SCH Schüler(in) *m(f)*
pupil² ['pju:pəl] *n* ANAT Pupille *f*
puppet ['pʌpɪt] *n* [Hand]puppe *f;* (*on strings*) Marionette *f a. pej, fig*
puppeteer [ˌpʌpɪ'tɪəʳ] *n* THEAT Puppenspieler(in) *m(f)*
puppy ['pʌpi] *n* ❶ (*baby dog*) junger Hund, Welpe *m* ❷ (*baby animal*) Junge(s) *nt*
purchase ['pɜ:tʃəs] **I.** *vt* ❶ (*form: buy*) kaufen, erstehen *geh* ❷ (*pej: by bribery*) **to ~ sth** *career, success* sich *dat* etw erkaufen **II.** *n* (*form*) ❶ (*something to be bought*) [Handels]ware *f;* (*something bought*) Kauf *m;* **to make a ~** einen Kauf tätigen; *bulky goods* eine Anschaffung machen ❷ (*act of buying*) Kauf *m*
pure [pjʊəʳ] *adj* ❶ (*unmixed*) rein, pur ❷ (*clean*) *air, water* sauber, klar ❸ (*fig: utter*) pur ❹ (*free of evil*) unschuldig, rein
purée ['pjʊəreɪ] **I.** *vt* <puréed, puréeing> pürieren **II.** *n no pl* Püree *nt*
purely ['pjʊəli] *adv* ❶ (*completely*) rein, ausschließlich ❷ (*merely*) bloß, lediglich ❸ (*free of evil*) unschuldig
purify ['pjʊərɪfaɪ] *vt* (*cleanse*) *air, metal, water* reinigen (**of** von)
purple ['pɜ:pl] **I.** *adj* (*red/blue mix*) violett; (*more red*) lila[farben] **II.** *n* (*blue/red mix*) Violett *nt;* (*more red*) Lila *nt*
purpose ['pɜ:pəs] *n* ❶ (*reason*) Grund *m;* **to do sth for financial ~s** etw aus finanziellen Gründen tun ❷ (*goal*) Absicht *f*, Ziel *nt;* **to all intents and ~s** in jeder Hinsicht
purpose-built *adj* ❶ (*manufactured*) *part of machinery* speziell gefertigt, Spezial- ❷ (*erected*) speziell gebaut, Zweck-
purse [pɜ:s] **I.** *n* ❶ BRIT (*for money*) Geldbeutel *m*, Geldbörse *f* ❷ AM (*handbag*) Handtasche *f* ❸ (*financial resources*) **public ~** Staatskasse *f* **II.** *vt* **to ~ one's lips** die Lippen schürzen
pursue [pə'sju:] *vt* verfolgen *a. fig*
pursuer [pə'sju:əʳ] *n* Verfolger(in) *m(f)*
pursuit [pə'sju:t] *n* ❶ (*chase*) Verfol-

P

gung[sjagd] *f;* *of knowledge, fulfilment* Streben *nt* (**of** nach) ❷ (*activity*) Aktivität *f,* Beschäftigung *f*

pus [pʌs] *n no pl* Eiter *m*

push [pʊʃ] **I.** *n* <*pl* -es> ❶ (*shove*) Stoß *m;* (*slight push*) Schubs *m fam* ❷ (*press*) Druck *m* ❸ (*concerted effort*) Anstrengung[en] *f*[*pl*], Kampagne *f* **II.** *vt* ❶ (*shove*) schieben; (*in a crowd*) drängeln ❷ (*move forcefully*) schieben; (*give a push*) stoßen ❸ (*manoeuvre*) **to ~ sb towards sth** jdn in eine Richtung drängen ❹ (*impose*) **to ~ sth [on sb]** [jdm] etw aufdrängen ❺ (*pressure*) **to ~ sb into doing sth** jdn [dazu] drängen, etw zu tun ❻ (*press*) drücken **III.** *vi* ❶ (*exert force*) dränge[l]n; (*press*) drücken ❷ (*manoeuvre through*) sich durchdrängen

◆ **push around** *vt* ❶ (*move around*) herumschieben; (*violently*) herumstoßen ❷ (*fig, pej: bully*) **to ~ sb around** jdn herumkommandieren

◆ **push away** *vt* wegschieben

◆ **push back** *vt* zurückschieben, zurückdrängen

◆ **push down** *vt* ❶ (*knock down*) umstoßen ❷ (*press down*) *lever* hinunterdrücken

◆ **push forward I.** *vt* ❶ (*fig: advance*) *development, process* [ein großes Stück] voranbringen ❷ (*present forcefully*) in den Vordergrund stellen ❸ (*draw attention*) **to ~ oneself forward** sich vordrängen **II.** *vi* ❶ (*continue*) weitermachen ❷ (*continue travelling*) weiterfahren

◆ **push in I.** *vt* (*break*) eindrücken **II.** *vi* ❶ (*fig, a. pej: force way in*) sich hineindrängen ❷ (*fig, a. pej: jump queue*) sich vordränge[l]n

◆ **push off I.** *vi* (*fig, a. pej fam: leave*) sich verziehen **II.** *vt* NAUT abstoßen

◆ **push on I.** *vi* ❶ (*continue despite trouble*) **to ~ on with sth** *plan, project* mit etw *dat* weiterkommen ❷ (*continue travelling*) [noch] weiterfahren **II.** *vt* [energisch] vorantreiben

◆ **push out I.** *vt* ❶ (*force out*) *person* hinausjagen ❷ (*dismiss*) hinauswerfen **II.** *vi* HORT *buds, flowers* sprießen

◆ **push over** *vt* umwerfen, umstoßen

◆ **push through I.** *vi* (*manoeuvre through*) **to ~ through sth** sich durch etw *akk* drängen **II.** *vt* POL (*make pass*) *bill, motion* durchdrücken *fam*

◆ **push up I.** *vt* ❶ (*move higher*) **to ~ a bike up a hill** ein Fahrrad den Hügel hinaufschieben ❷ ECON (*cause increase*) *demand* steigern **II.** *vi* ❶ (*fig: grow*) *weeds* [nach oben] schießen ❷ (*fig fam: move*) [rüber]rutschen

pushbike *n* BRIT, AUS (*fam*) [Fahr]rad *nt* **push-button I.** *adj* Druckknopf-, [Druck]tasten- **II.** *n* Druckknopf *m,* [Druck]taste *f* **pushcart** *n* ❶ (*barrow*) Schubkarren *m* ❷ (*trolley*) Einkaufswagen *m* **pushchair** *n* BRIT [Kinder]sportwagen *m* **push notification** *n* Pushnachricht *f;* **to receive a ~** eine Pushnachricht bekommen; **to disable ~s** Pushnachrichten deaktivieren **pushover** *n* ❶ (*fig fam: easy success*) Kinderspiel *nt kein pl* ❷ (*fig, pej fam: easily defeated opponent*) leichter Gegner/leichte Gegnerin **pushpin** *n* AM Reißzwecke *f* **push-up** *n* Liegestütz *m*

pushy ['pʊʃi] *adj* (*fig fam*) ❶ (*ambitious*) tatkräftig ❷ (*pej: aggressive*) aggressiv

puss <*pl* -es> [pʊs] *n* (*fam*) Mieze[katze] *f*

pussy ['pʊsi] *n* (*fam*) Mieze[katze] *f*

put <-tt-, put, put> [pʊt] *vt* ❶ (*place*) **to ~ sth somewhere** etw irgendwohin stellen; (*lay down*) etw irgendwohin legen; **~ your clothes in the closet** häng deine Kleider in den Schrank; **to stay ~** *person* sich nicht von der Stelle rühren ❷ (*invest*) **to ~ time into sth** Zeit in etw *akk* stecken ❸ (*impose*) **to ~ the blame on sb** jdm die Schuld geben; **to ~ an embargo on sth** ein Embargo über etw *akk* verhängen ④ (*include*) **to ~ sth in[to] sth** etw in etw *akk o dat* aufnehmen; **to ~ sth on the agenda** etw auf die Tagesordnung setzen ⑤ (*indicating change of condition*) **to ~ sb at risk** jdn in Gefahr bringen; **to ~ sb in a bad mood** jds Laune verderben ⑥ (*express*) **how should I ~ it?** wie soll ich mich ausdrücken?; **to ~ it bluntly** um es deutlich zu sagen ⑦ (*write*) **to ~ a cross next to sth** etw ankreuzen

◆ **put about** *vt* ① (*scatter within*) verteilen ② (*spread rumour*) verbreiten ③ (*fam: be extroverted*) **to ~ oneself about** sich in Szene setzen

◆ **put across** *vt* ① (*make understood*) vermitteln ② (*fam: trick*) **to ~ one across sb** jdn hintergehen

◆ **put aside** *vt* ① (*save*) auf die Seite legen ② (*postpone*) **to ~ aside sth** mit etw *dat* aufhören

◆ **put away** *vt* ① (*tidy up*) wegräumen; (*in storage place*) einräumen ② (*set aside*) *book, game, glasses* beiseitelegen ③ (*save*) *money, savings* zurücklegen

◆ **put back** *vt* ① (*replace*) zurückstellen ② (*reassemble*) **to ~ sth back together** etw wieder zusammensetzen ③ (*postpone*) verschieben; *time, clock* zurückstellen

◆ **put by** *vt* zurücklegen; *money a.* auf die hohe Kante legen

◆ **put down** *vt* ① (*set down*) ablegen, abstellen ② (*put to bed*) **to ~ a child down** ein Kind ins Bett bringen ③ (*lower*) *arm, feet* herunternehmen; **to ~ sb down** jdn runterlassen ④ (*spread*) **to ~ down poison** Gift auslegen; **to ~ down roots** (*a. fig*) Wurzeln schlagen ⑤ (*write*) aufschreiben ⑥ ECON (*leave as deposit*) *money* anzahlen ⑦ (*stop*) *rebellion* niederschlagen

◆ **put forward** *vt* ① (*propose*) *idea, plan* vorbringen; *candidate* vorschlagen ② (*make earlier*) vorverlegen (to auf) ③ (*set later*) **to ~ the clock forward** die Uhr vorstellen

◆ **put in** I. *vt* ① (*place in*) hineinsetzen/-legen/-stellen ② (*add*) *food, ingredients* hinzufügen; *plants* [ein]pflanzen ③ (*install*) installieren ④ (*enter, submit*) **to ~ sb/sth in for sth** jdn/etw für etw anmelden; **to ~ in an order for sth** etw bestellen II. *vi* **to ~ in for sth** *job* sich um etw *akk* bewerben; *pay rise, transfer* etw beantragen

◆ **put off** *vt* ① (*delay*) verschieben ② (*fob off*) vertrösten ③ (*deter*) abschrecken ④ (*distract*) ablenken; **you're ~ting me right off** du bringst mich völlig raus

◆ **put on** *vt* ① (*wear*) *clothes, shoes* anziehen; *make-up* auflegen ② (*pretend*) vorgeben; **it's all ~ on** es ist alles nur Schau ③ (*turn on*) einschalten; **to ~ on the brakes** bremsen ④ (*provide*) bereitstellen; *exhibition* veranstalten ⑤ (*increase*) **to ~ on weight** zunehmen

◆ **put out** *vt* ① (*place outside*) **to ~ the washing out [to dry]** die Wäsche draußen aufhängen ② (*extend*) *hand, foot* ausstrecken; **she ~ her head out of the window** sie lehnte den Kopf aus dem Fenster ③ MEDIA (*publish, circulate*) veröffentlichen ④ (*produce*) herstellen ⑤ (*place ready*) **to ~ sth out [for sb]** *cutlery, plate* [jdm] etw hinstellen ⑥ (*bother*) **to be ~ out by sth** über etw *akk* verärgert sein

◆ **put over** *vt* ① (*make understood*) verständlich machen ② (*fool*) **to ~ one over on sb** sich mit jdm einen Scherz erlauben

◆ **put through** *vt* ① (*insert through*) **to ~ sth through sth** etw durch etw *akk* schieben; (*pierce*) etw durch etw *akk* stechen ② TELEC (*connect*) **to ~ sb through to sb** jdn mit jdm verbinden

❷ (*cause to undergo*) **to ~ sb through hell** jdm das Leben zur Hölle machen ❹ (*support*) **to ~ sb through college** jdn zum College schicken
◆ **put together** *vt* ❶ (*assemble*) zusammensetzen; *machine, model* zusammenbauen ❷ (*place near*) zusammenschieben ❸ (*make*) zusammenstellen; *list* aufstellen ❹ MATH (*add*) **to ~ 10 and 15 together** 10 und 15 zusammenzählen
◆ **put up** *vt* ❶ (*hang up*) *decorations, curtains* aufhängen ❷ (*raise*) hochheben; **to ~ one's feet up** die Füße hochlegen ❸ (*build*) bauen ❹ (*pay*) bezahlen; **to ~ up a reward** eine Belohnung aussetzen ❺ (*give shelter to*) unterbringen ❻ (*resist*) **to ~ up a struggle** kämpfen; **the villagers did not ~ up any resistance** die Dorfbewohner leisteten keinen Widerstand

put-on *n* AM (*fam*) ❶ (*act of teasing*) Scherz *m* ❷ (*affected manner*) Schau *f fig fam*, Getue *nt fam*

putt [pʌt] SPORTS **I.** *vt, vi* putten **II.** *n* Putt *m*

put-up *adj* (*fam*) abgekartet

put-upon *adj* (*fam*) ausgenutzt

puzzle ['pʌzl] **I.** *n* ❶ (*test of ingenuity*) Rätsel *nt*; **jigsaw ~** Puzzle *nt* ❷ (*test of patience*) Geduldsspiel *nt* **II.** *vt* vor ein Rätsel stellen **III.** *vi* **to ~ about sth** über etw *akk* nachgrübeln

puzzled ['pʌzld] *adj* ❶ (*helpless*) *expression* ratlos ❷ (*confused*) verwirrt

puzzling ['pʌzlɪŋ] *adj* ❶ (*mysterious*) *mechanism, story* rätselhaft ❷ (*difficult*) *question, situation* schwierig

pyjamas [pɪ'dʒɑːməz] *n pl* **[a pair of] ~** [ein] Pyjama *m*

pylon ['paɪlɒn] *n* ❶ ELEC freitragender Leitungsmast; **[electricity] ~** Hochspannungsmast *m* ❷ AVIAT Orientierungsturm *m*

pyramid ['pɪrəmɪd] *n* Pyramide *f*

Pyrenees [ˌpɪrə'niːz] *n pl* **the ~** die Pyrenäen *pl*

python <*pl* -s> ['paɪθᵊn] *n* Python *m*

Qq

Q <*pl* -'s>, **q** <*pl* -'s> [kjuː] *n* Q *nt*, q *nt; see also* **A 1**

Q [kjuː] *n abbrev of* **Queen** Königin *f*

qualification [ˌkwɒlɪfɪˈkeɪʃᵊn] *n* ❶ Qualifikation *f;* (*certificate*) Abschlusszeugnis *nt; from school* [Schul]abschluss *m; from university* [Studien]abschluss *m* ❷ (*restriction*) Einschränkung *f* ❸ (*change*) [Ab]änderung *f* ❹ (*condition*) [notwendige] Voraussetzung *f*

qualified [ˈkwɒlɪfaɪd] *adj* ❶ qualifiziert; (*certified*) ausgebildet; (*at university*) graduiert; **well ~** gut geeignet; **~ mason** Maurermeister(in) *m(f)*; **~ radiologist** ausgebildeter Radiologe/ausgebildete Radiologin ❷ (*restricted*) bedingt; **a ~ success** ein mäßiger Erfolg ❸ (*eligible*) berechtigt

qualify <-ie-> [ˈkwɒlɪfaɪ] **I.** *vt* ❶ qualifizieren ❷ (*make eligible*) **to ~ sb [for sth]** jdm das Recht [auf etw *dat*] geben; **to ~ sb to do sth** jdn berechtigen, etw zu tun ❸ *criticism* einschränken **II.** *vi* ❶ *apprentice* die Ausbildung abschließen; *student* das Studium abschließen ❷ (*be suitable*) **to ~ [for sth]** sich [für etw *akk*] qualifizieren; *for membership* die [nötigen] Voraussetzungen erfüllen; *for benefits* infrage kommen

quality [ˈkwɒləti] **I.** *n* ❶ Qualität *f;* **~ of life** Lebensqualität *f* ❷ (*character*) Art *f;* **the unique ~ of their relationship** die Einzigartigkeit ihrer Beziehung ❸ (*feature*) Merkmal *nt;* **managerial qualities** Führungsqualitäten *pl;* **to have many excellent qualities** viele Vorzüge haben **II.** *adj* Qualitäts-; **~ control** Qualitätskontrolle *f*

quantity [ˈkwɒntəti] *n* Menge *f;* (*large amount*) große Menge[n] *f[pl]*; (*huge amount*) **quantities** Unmenge[n] *f[pl]*

quarantine [ˈkwɒrᵊntiːn] **I.** *n* Quarantäne *f* **II.** *vt* unter Quarantäne stellen

quarrel [ˈkwɒrᵊl] **I.** *n* Streit *m;* (*cause*) Einwand *m;* **to have a ~** sich streiten **II.** *vi* <-ll-> sich streiten; (*disagree*) **you can't ~ with that** daran gibt es nichts auszusetzen

quarry[1] [ˈkwɒri] **I.** *n* Steinbruch *m;* (*fig*) Fundgrube *f* **II.** *vt* <-ie-> brechen

quarter [ˈkwɔːtəʳ] **I.** *n* ❶ Viertel *nt;* **a ~ [of a pound] of tea** ein Viertel[pfund] Tee; **~ of a century** Vierteljahrhundert *nt;* **~ of an hour** Viertelstunde *f;* **an hour and a ~** eineinviertel Stunden ❷ (*1/4 of year*) Quartal *nt* ❸ AM (*coin*) Vierteldollar *m* ❹ (*area*) Gegend *f* ❺ *pl* (*lodgings*) Wohnung *f;* ► **at close ~s** in jds Nähe **II.** *vt* vierteln **III.** *adj* Viertel-

quarterly [ˈkwɔːtᵊli] *adj, adv* vierteljährlich

quartet(te) [kwɔːˈtet] *n* Quartett *nt*

quartz [kwɔːts] *n no pl* Quarz *m;* **rose ~** Rosenquarz *m;* **~ clock** Quarzuhr *f*

quay [kiː] *n* Kai *m*

queen [kwiːn] **I.** *n* ❶ Königin *f;* (*in cards, chess*) Dame *f;* **beauty ~** Schönheitskönigin *f;* **the ~ of England** die englische Königin ❷ (*pej fam: homosexual*) Tunte *f oft pej sl;* **drag ~** Transvestit *m* **II.** *vt* [zur Königin] krönen

Queen Mother *n* Königinmutter *f*

queer [kwɪəʳ] **I.** *adj* ❶ seltsam; (*suspicious*) merkwürdig; **to have ~ ideas** schräge Ideen haben ❷ (*dated pej: homosexual*) schwul *fam;* queer **II.** *n* (*pej fam*) Schwule(r) *m fam*

query [ˈkwɪəri] **I.** *n* Rückfrage *f* **II.** *vt* <-ie-> (*form*) ❶ infrage stellen; **to ~ whether ...** bezweifeln, dass ... ❷ AM (*question*) befragen

question [ˈkwestʃən] **I.** *n* ❶ Frage *f;* **to**

Q

put a ~ to sb jdm eine Frage stellen; **in answer to your ~** um Ihre Frage zu beantworten; **to pop the ~** jdm einen [Heirats]antrag machen ❷ *no pl* **to be beyond ~** außer Zweifel stehen; **to call sth into ~** etw bezweifeln; **without ~** zweifellos ❸ **to be out of the ~** nicht infrage kommen **II.** *vt* ❶ befragen (**about** über *+akk*); (*interrogate*) verhören (**about** zu *+dat*) ❷ (*doubt*) bezweifeln ❸ SCH **to ~ sb on sth** jdn in etw *akk* prüfen

questionable ['kwestʃənəbl̩] *adj* ❶ zweifelhaft; *future* ungewiss ❷ (*shady*) fragwürdig; *business* bedenklich

questionnaire [ˌkwestʃə'neəʳ] *n* Fragebogen *m*

queue [kjuː] **I.** *n* BRIT, AUS Schlange *f;* **~ of people** Menschenschlange *f;* **to join the ~** sich mit anstellen; **to jump the ~** sich vordränge[l]n **II.** *vi* anstehen

quick [kwɪk] **I.** *adj* ❶ schnell; **to be ~ about sth** sich mit etw *dat* beeilen; **in ~ succession** in schneller [Ab]folge ❷ (*short*) kurz; **to have a ~ look at sth** sich *dat* etw kurz ansehen; **could I have a ~ word?** könnte ich Sie kurz sprechen? ❸ (*alert*) [geistig] gewandt; **~ wit** Aufgewecktheit *f* **II.** *adv* schnell **III.** *interj* schnell!

quick-frozen *adj* tiefgefroren *attr*

quickly ['kwɪkli] *adv* schnell

quick-n-'easy *adj* kinderleicht; **the ~ way** die [aller]einfachste Art

quicksand *n no pl* Treibsand *m*

quick-witted *adj* aufgeweckt; *rejoinder* schlagfertig

quid <*pl* -> [kwɪd] *n* BRIT (*fam*) Pfund *nt;* **can you lend me ten ~?** leihst du mir zehn Piepen?

quiet [kwaɪət] **I.** *adj* <-er, -est *or* more quiet, most quiet> ruhig; *voice, machine* leise; (*shy*) still; (*taciturn*) schweigsam; *street, town* ruhig; **please be ~** Ruhe bitte!; **to keep ~** ruhig sein ▸ **as ~ as a <u>mouse</u>** mucksmäuschenstill *fam* **II.** *n no pl* Ruhe *f;* (*silence*) Stille *f;* **peace and ~** Ruhe und Frieden ▸ **<u>on</u> the ~** heimlich **III.** *vt esp* AM besänftigen; *children* zur Ruhe bringen **IV.** *vi esp* AM sich beruhigen

quieten ['kwaɪətᵊn] **I.** *vi* sich beruhigen; (*calm*) ruhiger werden **II.** *vt* beruhigen; *fears* zerstreuen
◆ **quieten down I.** *vi* leiser werden; (*calm*) sich beruhigen **II.** *vt* zur Ruhe bringen; **go and ~ those children down!** stell die Kinder mal ruhig! *fam*

quietly ['kwaɪətli] *adv* leise; (*silently*) still; **to wait ~** ruhig warten

quilt [kwɪlt] **I.** *n* Steppdecke *f;* **patchwork ~** Quilt *m* **II.** *vt* [ab]steppen

quince [kwɪn(t)s] **I.** *n* Quitte *f;* (*tree*) Quittenbaum *m* **II.** *adj* Quitten-

quit <-tt-, quit *or* quitted, quit> [kwɪt] **I.** *vi* ❶ *worker* kündigen; *manager, official* zurücktreten ❷ COMPUT aussteigen ❸ (*give up*) aufgeben **II.** *vt* ❶ *esp* AM **will you ~ that!** wirst du wohl damit aufhören!; **to ~ smoking** das Rauchen aufgeben ❷ (*give up*) aufgeben; (*leave*) verlassen; **to ~ one's job** kündigen ❸ COMPUT **to ~ the program** aus dem Programm aussteigen

quite [kwaɪt] *adv* ziemlich; (*fully*) ganz; **I had to wait ~ a time** ich musste ganz schön lange warten *fam;* **she's ~ something!** (*fam*) sie ist wirklich klasse!; **~ honestly, ...** ehrlich gesagt ...

quits [kwɪtz] *adj pred* quitt (**with** mit *+dat*); (*fam*) **to call it ~** es gut sein lassen

quiz [kwɪz] **I.** *n* <*pl* -es> Quiz *nt;* AM (*test*) [kurze] Prüfung **II.** *adj* Quiz-; AM Prüfungs-; **~ night** BRIT Quizabend *m;* **~ team** Rateteam *nt* **III.** *vt* befragen (**about** zu); AM prüfen (**on** über)

quotation [kwə(ʊ)'teɪʃᵊn] *n* ❶ Zitat *nt;* **~ from sb/sth** Zitat *nt* von jdm/aus etw *dat* ❷ *no pl* Zitieren *nt* ❸ (*estimate*) Kostenvoranschlag *m*

quote [kwəʊt] **I.** *n* (*fam*) ❶ Zitat *nt*

❷ **~s** *pl* Gänsefüßchen *pl fam* ❸ (*estimate*) Kostenvoranschlag *m;* ▶ **Mr Brown stated that, ~, ... [unquote]** Hr. Brown meinte, ich zitiere, ...
II. *vt* ❶ zitieren (**on** zu *+dat*); **but don't ~ me on that!** aber sags nicht weiter! *fam* ❷ *price* nennen **III.** *vi* zitieren

Rr

R <*pl* -'s>, **r** <*pl* -'s> [ɑːʳ] *n* R *nt,* r *nt; see also* **A 1**
r *adv abbrev of* **right** re.
R *adv* AM FILM *abbrev of* **Restricted**: **rated ~** nicht für Jugendliche unter 16 Jahren
rabbi ['ræbaɪ] *n* Rabbiner *m*
rabbit ['ræbɪt] *n* Kaninchen *nt;* **~ hole** Kaninchenbau *m;* **~ hutch** Kaninchenstall *m*
rabies ['reɪbiːz] *n + sing vb* Tollwut *f*
RAC <*pl* -> [ˌɑːʳeɪ'siː] *n abbrev of* **Royal Automobile Club**: **the ~** der RAC
race[1] [reɪs] **I.** *n* ❶ Rennen *nt* ❷ *no pl* (*rush*) Hetze *f* **II.** *vi* Rennen laufen; (*rush*) rennen
race[2] [reɪs] *n* ❶ Rasse *f;* **the human ~** die menschliche Rasse ❷ *+ sing/pl vb* (*people*) Volk *nt*
racecourse *n* Rennbahn *f* **racehorse** *n* Rennpferd *nt*
racial ['reɪʃᵊl] *adj* Rassen-; (*racist*) rassistisch; **~ discrimination/segregation** Rassendiskriminierung/-trennung *f;* **~ profiling** Profiling *nt* aufgrund der Rassenzugehörigkeit
racing ['reɪsɪŋ] *n no pl* Rennen *nt,* event, Pferderennen *nt*
racing bicycle, *fam* **racing bike** *n* Rennrad *nt* **racing car** *n* Rennwagen *m* **racing driver** *n* Rennfahrer(in) *m(f)*
racism ['reɪsɪzᵊm] *n no pl* Rassismus *m*
rack[1] [ræk] *n no pl* **to go to ~ and ruin** verkommen *fam*
rack[2] [ræk] **I.** *n* Regal *nt;* (*torture*) Folterbank *f;* **clothes ~** AM Kleiderständer *m;* **newspaper ~** Zeitungsständer *m;* **~ of lamb** Lammrippchen *pl* **II.** *vt* quälen; **to be ~ed with doubts** von Zweifeln gequält werden ▶ **to ~ one's brains** sich *dat* den Kopf zerbrechen
racket[1] ['rækɪt] *n* Schläger *m;* **~s** *pl* Racketball *nt kein pl*
racket[2] ['rækɪt] *n* (*fam*) ❶ *no pl* Krach *m* ❷ (*fam: scheme*) unsauberes Geschäft; **protection ~** Schutzgelderpressung *f*
radial ['reɪdiəl] *adj* radial *fachspr; beams* strahlenförmig
radiation [ˌreɪdi'eɪʃᵊn] *n no pl* Strahlung *f;* (*emitting*) Abstrahlen *nt*
radiator ['reɪdieɪtəʳ] *n* Heizkörper *m;* AUTO Kühler *m*
radio ['reɪdiəʊ] **I.** *n* ❶ Radio *nt;* (*broadcasting also*) [Rund]funk *m;* (*communicator*) Funkgerät *nt;* **on/over the ~** über Funk; **to listen to the ~** Radio hören; **what's on the ~?** was kommt im Radio? **II.** *adj* Radio-; (*of broadcasting also*) Funk- **III.** *vt* funken; *base* anfunken **IV.** *vi* **to ~ for help/assistance** über Funk Hilfe/Unterstützung anfordern
radioactive [ˌreɪdiəʊ'æktɪv] *adj* radioaktiv
radio alarm (clock) *n* Radiowecker *m* **radio broadcast** *n* Radiosendung *f* **radio cassette recorder** *n* Radiorecor-

R

der *m* **radio contact** *n* Funkkontakt *m*
radiography [ˌreɪdiˈɒgrəfi] *n* Röntgenografie *f*
radiologist [ˌreɪdiˈɒlədʒɪst] *n* Radiologe(in) *m(f)*
radio play *n* Hörspiel *nt* **radio-telephone** *n* Funktelefon *nt*
radish <*pl* -es> [ˈrædɪʃ] *n* Rettich *m*
RAF [ˌɑːrˈerˈef] *n abbrev of* **Royal Air Force: the ~** die RAF
raffle [ˈræfl] I. *n* Tombola *f* II. *vt* verlosen
raft [rɑːft] I. *n* Floß *nt* II. *vi* an einem Rafting teilnehmen III. *vt* auf einem Floß transportieren
rag[1] [ræg] *n* Lumpen *m*
rag[2] [ræg] I. *n* BRIT *studentische karnevalistische Veranstaltung, um Spenden für wohltätige Zwecke zu sammeln* II. *vi* <-gg-> AM (*pej sl*) **to ~ on sb** jdn nerven *sl*
rag[3] [ræg] *n* MUS Ragtime *m*
rage [reɪdʒ] I. *n* (1) *no pl* Wut *f* (2) **to get in a ~** sich aufregen (**about** über) (3) **to be [all] the ~** der letzte Schrei sein *fam* II. *vi* toben; **to ~ at sb** jdn anschreien
ragged [ˈrægɪd] *adj* zerlumpt; *hem* ausgefranzt; **~ coastline** zerklüftete Küste
raging [ˈreɪdʒɪŋ] *adj river* reißend *attr; fire* lodernd *attr; inferno* flammend *attr;* (*fam: extreme*) äußerst; *bore* total *fam*

R

raid [reɪd] I. *n* Angriff *m;* (*robbery*) Überfall *m* (**on** auf); (*by police*) Razzia *f* II. *vt* überfallen; (*rob*) ausplündern; (*by police*) eine Razzia durchführen; *fridge* plündern *hum*
rail[1] [reɪl] *vi* wettern (**against/at** gegen)
rail[2] [reɪl] I. *n* (1) *no pl* die Bahn; **by ~** mit der Bahn (2) (*track*) Schiene *f* (3) (*on stairs*) Geländer *nt;* (*on fence*) Stange *f;* (*on ship*) Reling *f* (4) **[hanging] ~** Stange *f;* **off the ~** von der Stange II. *adj* Bahn-
railroad I. *n* AM [Eisen]bahn *f kein pl;* (*tracks*) Schienen *pl* II. *vt* zwingen; **to have been ~ed into sth** gezwungen worden sein, etw zu tun
railway [ˈreɪlweɪ] I. *n esp* BRIT **the ~[s]** die [Eisen]bahn; (*tracks*) Schienen *pl* II. *adj* [Eisen]bahn-; **~ yard** Rangierbahnhof *m*
railway crossing *n* Bahnübergang *m*
railway station *n* Bahnhof *m*
rain [reɪn] I. *n* (1) *no pl* Regen *m;* **pouring ~** strömender Regen; **in the ~** im Regen (2) **the ~s** *pl* die Regenzeit II. *vi impers* **it's ~ing** es regnet
◆ **rain off**, AM **rain out** *vt usu passive* **to be ~ed off** wegen Regens abgesagt werden
rainbow [ˈreɪnbəʊ] *n* Regenbogen *m*
raincoat *n* Regenmantel *m* **rainfall** *n no pl* Niederschlag *m;* (*quantity*) Niederschlagsmenge *f* **rain forest** *n* Regenwald *m*
rainy [ˈreɪni] *adj* regnerisch
raise [reɪz] I. *n* AM, AUS (*rise*) Gehaltserhöhung *f* II. *vt* heben; *anchor* lichten; *drawbridge* hochziehen; *funds* aufbringen; *child* aufziehen; *eyebrow* hochziehen; *morale* heben; *issue* aufwerfen; *objection* erheben; *quality* verbessern; *laugh* hervorrufen; *hopes* wecken
raisin [ˈreɪzɪn] *n* Rosine *f*
rake [reɪk] I. *n* Harke *f* II. *vt* harken; *leaves* zusammenrechen III. *vi* **to ~ through sth** etw durchsuchen
◆ **rake in** *vt* rechen; (*fam*) *money* kassieren
rally [ˈræli] I. *n* Rallye *f;* (*in tennis*) Ballwechsel *m;* (*meeting*) [Massen]versammlung *f;* **~ driver** Rallyefahrer(in) *m(f)* II. *vt* <-ie-> sammeln; *support* gewinnen III. *vi* <-ie-> **to ~ behind sb** sich geschlossen hinter jdn stellen
ram [ræm] I. *n* Widder *m;* (*of war*) Rammbock *m* II. *vt* <-mm-> rammen; **he ~med the sweets into his mouth** er stopfte sich die Süßigkeiten in den Mund; **to ~ down the soil** den Boden feststampfen; **to ~ sth home** *bolt* etw

zuknallen **III.** *vi* <-mm-> **to ~ into sth** gegen etw *akk* prallen
ramble ['ræmbḷ] **I.** *n* Wanderung *f* **II.** *vi* wandern (**through** durch); (*babble*) faseln *fam;* (*expound*) vom Hundertsten ins Tausendste kommen
rambler ['ræmbləʳ] *n* Wanderer, Wanderin *m, f;* (*rose*) Kletterrose *f*
ramp [ræmp] *n* Rampe *f;* AVIAT Gangway *f*
ran [ræn] *pt of* **run**
ranch [rɑ:n(t)ʃ] AM **I.** *n* < -es> Ranch *f* **II.** *vi* Viehwirtschaft treiben **III.** *vt* züchten
rancid ['ræn(t)sɪd] *adj* ranzig; **to go ~** ranzig werden
random ['rændəm] **I.** *n no pl* **at ~** (*aimlessly*) willkürlich; (*by chance*) zufällig **II.** *adj* zufällig; **~ sample** Stichprobe *f*
randy ['rændi] *adj* (*fam*) geil
rang [ræŋ] *pt of* **ring**
range[1] [reɪnʤ] **I.** *n* ❶ *no pl* Reichweite *f;* (*area*) Bereich *m;* **to be out of ~** außer Reichweite sein ❷ (*series*) Reihe *f;* (*choice*) Angebot *nt;* **narrow/wide ~ of sth** kleine/große Auswahl an etw *dat* ❸ **firing ~** Schießplatz *m* **II.** *vi* schwanken; **to ~ from sth to sth** von etw *dat* bis zu etw *dat* reichen
range[2] [reɪnʤ] *n* (*of mountains*) Hügelkette/Bergkette *f*
range[3] [reɪnʤ] *n* (*stove*) [Koch]herd *m*
ranger ['reɪnʤəʳ] *n* Förster(in) *m(f);* AM (*soldier*) Ranger(in) *m(f)*
rank[1] [ræŋk] **I.** *n* ❶ *no pl* Position *f;* MIL Dienstgrad *m,* Rang *m;* **the ~s** *pl* (*non-officers*) die einfachen Soldaten ❷ (*membership*) **the ~s** Mitglieder *pl* **II.** *vi* **to ~ above sb** einen höheren Rang als jd einnehmen; **to ~ among** zählen zu *dat*
rank[2] [ræŋk] *adj plant* üppig wuchernd; (*rancid*) stinkend *attr;* **to be ~ with sth** nach etw *dat* stinken
ransom ['ræn(t)sᵊm] **I.** *n* Lösegeld *nt* **II.** *adj* Lösegeld- **III.** *vt* auslösen
rape[1] [reɪp] **I.** *n no pl* Vergewaltigung *f;* (*fig*) Zerstörung *f* **II.** *vt* vergewaltigen **III.** *vi* eine Vergewaltigung begehen
rape[2] [reɪp] *n no pl* AGR Raps *m*
rapid ['ræpɪd] *adj* schnell; (*sudden*) plötzlich; *change* rasch
rare[1] [reəʳ] *adj* selten
rare[2] [reəʳ] *adj meat* blutig
rarely ['reəli] *adv* selten
rarity ['reərəti] *n* Rarität *f*
rascal ['rɑ:skᵊl] *n* Schlingel *m;* (*child*) Frechdachs *m*
rash[1] [ræʃ] *n* <*pl* -es> MED Ausschlag *m*
rash[2] [ræʃ] *adj* hastig
rasher ['ræʃəʳ] *n* **~ [of bacon]** Speckscheibe *f*
raspberry ['rɑ:zbᵊri] *n* Himbeere *f*
rat [ræt] **I.** *n* Ratte *f;* ▶ **to smell a ~** Lunte riechen **II.** *vi* <-tt-> **to ~ on sb** jdn verraten
rate [reɪt] **I.** *n* ❶ Geschwindigkeit *f;* **at one's own ~** in seinem eigenen Rhythmus ❷ (*measure*) Maß *nt;* **unemployment ~** Arbeitslosenrate *f* ❸ (*payment*) Satz *m;* ▶ **at any ~** auf jeden Fall **II.** *vt* einschätzen; **she ~s him among her closest friends** sie zählt ihn zu ihren engsten Freunden; **to ~ a mention** erwähnenswert sein
rather ['rɑ:ðəʳ] *adv* **I ~ doubt ...** ich bin nicht ganz sicher, ob ...; **it's ~ a shame that ...** es ist wirklich schade, dass ...; **I'd like to stay at home this evening ~ than going out** ich möchte heute Abend lieber zu Hause bleiben und nicht ausgehen
rating ['reɪtɪŋ] *n* ❶ *no pl* Einschätzung *f* ❷ (*regard*) Einstufung *f* ❸ (*audience*) **~s** *pl* [Einschalt]quoten *pl*
ratio ['reɪʃiəʊ] *n* Verhältnis *nt*
ration ['ræʃᵊn] **I.** *n* ❶ Ration *f;* **~ of food** Essensration *f* ❷ (*voucher*) **~s** *pl* [Lebensmittel]marken *pl* **II.** *vt* rationieren (**to** auf)
rational ['ræʃᵊnᵊl] *adj* rational
rat race *n* erbarmungsloser Konkurrenz-

R

kampf; **to join the ~** sich ins Heer der arbeitenden Bevölkerung einreihen

rattle ['rætl] **I.** *n* ❶ *no pl* Klappern *nt* ❷ MUS Rassel *f* **II.** *vi* ❶ klappern; *engine* knattern; *keys* rasseln; (*move*) rattern ❷ (*talk*) **to ~ on** [drauflos]quasseln *fam* **III.** *vt* **to ~ sth** *windows* etw zum Klirren bringen; *keys* mit etw *dat* rasseln

rattlesnake *n* Klapperschlange *f*

ratty ['ræti] *adj* BRIT (*fam*) gereizt

rave [reɪv] **I.** *n* BRIT (*fam*) Rave *m o nt* (*mit Technomusik*) **II.** *adj attr* begeistert; *reviews* glänzend **III.** *vi* ❶ wüten; **to rant and ~** toben ❷ (*fam: praise*) schwärmen; **to ~ about sth** von etw *dat* schwärmen

raven ['reɪvᵊn] *n* Rabe *m*

raving ['reɪvɪŋ] **I.** *n no pl* wirres Gerede **II.** *adj attr* absolut; **~ lunatic** kompletter Idiot **III.** *adv* völlig

raw [rɔː] *adj* roh; *unprocessed also* unbehandelt; *sewage* ungeklärt; *information* Roh-; (*unbridled*) rein; *energy* pur; *power* roh; (*sore*) wund; *nerves* empfindlich; **~ figures** Schätzungen *pl*

Rawlplug® ['rɔːlˌplʌg] *n* BRIT Dübel *m*

ray¹ [reɪ] *n* Strahl *m*

ray² [reɪ] *n* (*fish*) Rochen *m*

razor ['reɪzəʳ] *n* Rasierapparat *m;* (*cut-throat*) Rasiermesser *nt;* **~ blade** Rasierklinge *f*

R

RC [ˌɑːˈsiː] *n abbrev of* **Roman Catholic** röm.-kath.

RDA [ˌɑːdiːˈeɪ] *n abbrev of* **recommended daily allowance** empfohlene Tagesmenge

RE [ˌɑːʳˈiː] *n* BRIT ❶ *no pl* SCH *abbrev of* **religious education** Religionslehre *f* ❷ + *pl vb* MIL *abbrev of* **Royal Engineers** Pionierkorps *nt* der britischen Armee

re [riː] *prep* bezüglich +*gen;* (*in letter*) betrifft; **~: your letter of 03/15/02** Ihr Schreiben vom 15.03.02

reach [riːtʃ] **I.** *n* <*pl* -es> *no pl* Reichweite *f;* **to be within [easy] ~** [ganz] in der Nähe sein **II.** *vi* ❶ (*stretch*) greifen ❷ (*touch*) herankommen ❸ (*extend*) reichen (**to** bis zu) **III.** *vt* ❶ (*arrive at*) erreichen; *consensus* erzielen; **I ~ed chapter five** ich bin bis Kapitel fünf gekommen ❷ (*extend to*) **to ~ sth** bis zu etw *dat* führen ❸ (*touch*) **to be able to ~ sth** an etw *akk* herankommen ❹ (*contact*) erreichen

◆ **reach down** *vi* hinuntergreifen; (*extend*) hinabreichen; **to ~ down for sth** nach etw *dat* greifen

◆ **reach out I.** *vt* ausstrecken **II.** *vi* die Hand ausstrecken; **to ~ out for sth** nach etw *dat* greifen

◆ **reach over** *vi* hinübergreifen; **to ~ over for sth** nach etw *dat* greifen

◆ **reach up** *vi* nach oben greifen; **to ~ up for sth** nach etw *dat* greifen

react [ri'ækt] *vi* reagieren (**to** auf); **to be slow to ~** langsam reagieren

reaction [ri'ækʃᵊn] *n* ❶ Reaktion *f* (**to** auf) ❷ *pl* (*reflexes*) Reaktionsvermögen *nt kein pl*

reactionary [ri'ækʃᵊnᵊri] **I.** *adj* reaktionär **II.** *n* Reaktionär(in) *m(f)*

reactor [ri'æktəʳ] *n* Reaktor *m;* **nuclear ~** Kernreaktor *m*

read¹ [riːd] **I.** *n usu sing* ❶ BRIT, AUS (*act*) Lesen *nt* ❷ (*fam: book*) **to be a good ~** sich gut lesen [lassen] **II.** *vt* <read, read> ❶ lesen; **to ~ sth aloud** etw laut vorlesen ❷ BRIT UNIV (*form*) studieren **III.** *vi* <read, read> lesen; **to ~ aloud** laut vorlesen; **to ~ well** sich gut lesen

◆ **read out** *vt* laut vorlesen; COMPUT auslesen

◆ **read over, read through** *vt* [schnell] durchlesen

◆ **read up** *vi* nachlesen; **to ~ up on sth** sich über etw *akk* informieren

read² [red] **I.** *vt, vi pt, pp of* **read II.** *adj* ▶ **to take sth as ~** etw als selbstverständlich voraussetzen

reader ['ri:dəʳ] *n* ❶ Leser(in) *m(f);* (*aloud*) Vorleser(in) *m(f)* ❷ (*book*) Aufsatzsammlung *f;* SCH Lesebuch *nt*
readily ['redɪli] *adv* bereitwillig; (*easily*) ohne Weiteres
readiness ['redɪnəs] *n no pl* Bereitwilligkeit *f;* (*preparedness*) Bereitschaft *f*
reading ['ri:dɪŋ] *n* ❶ *no pl* Lesen *nt;* (*material*) Lesestoff *m;* **to catch up on one's ~** den Stoff nachholen; **compulsory ~** Pflichtlektüre *f* ❷ (*recital*) Lesung *f* ❸ (*interpretation*) Deutung *f; of facts* Einschätzung *f* ❹ (*display*) Anzeige *f;* **meter ~** Zählerstand *m*
reading glasses *n pl* Lesebrille *f* **reading lamp** *n* Leselampe *f*
ready ['redi] *adj* ❶ *pred* fertig; (*willing also*) bereit; **to get ~** sich fertig machen; **he is always ~ with compliments** er verteilt gerne Komplimente ❷ (*about*) **to be ~ to do sth** kurz davor stehen, etw zu tun; **he looked ~ to collapse** er sah aus, als würde er gleich zusammenbrechen ▶ **~, steady, go!** BRIT SPORTS auf die Plätze, fertig, los!
ready cash *n* Bargeld *nt*
real [rɪəl] **I.** *adj* ❶ wirklich; (*genuine*) echt ❷ (*actual*) **~ bargain** echt günstiges Angebot; **to be a ~ dump** die reinste Müllkippe sein *fam* ❹ (*hum: proper*) *man* richtig; *gentleman* wahr ❺ (*fam: utter*) *disaster* echt ▶ **get ~!** *esp* AM (*fam*) mach dir doch nichts vor!; **for ~** (*fam*) echt **II.** *adv esp* AM (*fam*) wirklich
realistic [ˌrɪə'lɪstɪk] *adj* realistisch
realize ['rɪəlaɪz] *vt* ❶ (*be aware of*) **to ~ sth** sich *dat* einer S. *gen* bewusst sein; (*become aware of*) etw erkennen ❷ *dream* verwirklichen
really ['rɪəli] **I.** *adv* wirklich; (*in fact also, seriously*) ernsthaft; **the film was ~ good** der Film war echt stark *fam;* **did you ~ believe that ...** haben Sie im Ernst geglaubt, dass ... **II.** *interj* ❶ wirklich; (*annoyed*) also wirklich; **I'm getting married to Fred — ~? when?** Fred und ich werden heiraten — nein, wirklich? wann denn?
rear¹ [rɪəʳ] **I.** *n* ❶ **the ~** der hintere Teil ❷ (*fam: buttocks*) Hintern *m* **II.** *adj attr* Hinter-; AUTO Heck-; **~ axle** Hinterachse *f*
rear² [rɪəʳ] **I.** *vt* ❶ *usu passive child* großziehen ❷ *livestock* züchten ❸ **to ~ one's head** den Kopf heben **II.** *vi* sich aufbäumen
rear-engined *adj* mit Heckantrieb *nach n*
rearrange [ˌri:ə'reɪndʒ] *vt* umstellen; *meeting* [zeitlich] verlegen
rear-view mirror *n* Rückspiegel *m* **rear-wheel drive** *n* Hinterradantrieb *m*
reason ['ri:zᵊn] **I.** *n* ❶ Grund *m* (**for** für); **for some ~** aus irgendeinem Grund ❷ *no pl* (*thought*) Denkvermögen *nt;* (*sense*) Vernunft *f;* **to see ~** auf die Stimme der Vernunft hören **II.** *vi* **to ~ with sb** vernünftig mit jdm reden **III.** *vt* **to ~ that ...** schlussfolgern, dass ...
reasonable ['ri:zᵊnəbḷ] *adj* vernünftig; (*understanding*) einsichtig; (*justified*) angebracht; *chance* reell; *compromise* vernünftig; **be ~!** sei [doch] vernünftig!
reasonably ['ri:zᵊnəbli] *adv* vernünftig; (*fairly*) ziemlich
reassure [ˌri:ə'ʃʊəʳ] *vt* [wieder] beruhigen
reassuring [ˌri:ə'ʃʊərɪŋ] *adj* beruhigend
rebate ['ri:beɪt] *n* Rückzahlung *f*
rebel I. *n* ['rebᵊl] Rebell(in) *m(f)* **II.** *adj* ['rebᵊl] aufständisch **III.** *vi* <-ll-> [rɪ'bel] rebellieren (**against** gegen)
rebellion [rɪ'beliən] *n no pl* Rebellion *f*
rebellious [rɪ'beliəs] *adj* aufständisch; *child* aufsässig
reboot [ˌri:'bu:t] COMPUT **I.** *vt* neu starten **II.** *vi* rebooten *fachspr* **III.** *n* Rebooten *nt kein pl fachspr*
receipt [rɪ'si:t] **I.** *n* ❶ *no pl* Eingang *m* ❷ (*voucher*) Quittung *f* **II.** *vt* quittieren
receive [rɪ'si:v] **I.** *vt* ❶ erhalten; (*be given*

R

also) bekommen; *shock* erleiden; *guest* empfangen; RADIO, TV empfangen; *Communion* empfangen **II.** *vi* (*in tennis*) den Ball bekommen

receiver [rɪ'siːvəʳ] *n* Empfänger(in) *m(f)*; (*phone*) Hörer *m*; RADIO, TV Empfänger *m*

recent ['riːsᵊnt] *adj* kürzlich; ~ **developments** die neuesten Entwicklungen; ~ **events** die jüngsten Ereignisse; **in ~ times** in der letzten Zeit

recently ['riːsᵊntli] *adv* vor Kurzem

reception [rɪ'sepʃᵊn] *n* ❶ *no pl* Aufnehmen *nt*; RADIO, TV Empfang *m* ❷ (*party*) Empfang *m* ❸ *no pl, no art* (*at hotel*) Rezeption *f*

reception desk *n* Rezeption *f*

receptionist [rɪ'sepʃᵊnɪst] *n* Empfangschef *m*; (*female*) Empfangsdame *f*; (*with offices*) Empfangssekretär(in) *m(f)*

recharge [ˌriː'tʃɑːdʒ] **I.** *vt* [neu] aufladen; **to ~ one's batteries** (*fig*) neue Kräfte tanken **II.** *vi* sich [neu] aufladen

rechargeable [ˌriː'tʃɑːdʒəbl̩] *adj* [wieder] aufladbar

recipe ['resɪpi] *n* Rezept *nt*; (*fig*) ~ **for success** Erfolgsrezept *nt*

recipient [rə'sɪpiənt] *n* Empfänger(in) *m(f)*

R

recital [rɪ'saɪtᵊl] *n* Vortrag *m*; (*description*) Schilderung *f*; **piano** ~ Klavierkonzert *nt*

reckless ['rekləs] *adj* leichtsinnig; *speed* rücksichtslos; LAW grob fahrlässig

reckon ['rekᵊn] **I.** *vt* berechnen; **I don't ~ much to their chances of winning** bei ihnen rechne ich nicht wirklich mit Gewinnchancen **II.** *vi* ❶ (*fam*) meinen ❷ **to ~ on sth/sb** auf etw/jdn zählen ❸ **to ~ with sth/sb** mit etw/jdm rechnen

◆ **reckon on** *vt* **to ~ on sth/sb** (*need*) auf etw/jdn zählen; (*hope*) mit etw/jdm rechnen

◆ **reckon up** *vt* zusammenrechnen

◆ **reckon with** *vt* **to ~ with sth/sb** mit etw/jdm rechnen

reckoning ['rekᵊnɪŋ] *n* ❶ *no pl* Berechnung *f* ❷ (*vengeance*) Abrechnung *f*

reclaim [rɪ'kleɪm] **I.** *vt* zurückverlangen; *luggage* abholen; **to ~ land from the sea** dem Meer Land abgewinnen **II.** *n* **baggage ~ [area]** Gepäckausgabe *f*

recline [rɪ'klaɪn] **I.** *vi* sich *akk* zurücklehnen; *chair* verstellbar sein **II.** *vt* **to ~ one's chair** die Rückenlehne seines Stuhls nach hinten stellen; **to ~ one's head against [*or* on] sth** den Kopf an etw *akk* lehnen

recliner [rɪ'klaɪnəʳ] *n* [verstellbarer] Lehnstuhl

reclining seat *n* [verstellbarer] Lehnstuhl; (*in coach*) Liegesitz *m*

recognition [ˌrekəg'nɪʃᵊn] *n no pl* [Wieder]erkennung *f*; (*appreciation*) Anerkennung *f*; **to have changed beyond ~** nicht mehr zu erkennen sein

recognizable [ˌrekəg'naɪzəbl̩] *adj* erkennbar

recognize ['rekəgnaɪz] *vt* erkennen; (*know again*) wiedererkennen; (*appreciate*) anerkennen

recognized ['rekəgnaɪzd] *adj attr* anerkannt

recommend [ˌrekə'mend] *vt* empfehlen

recommendable [ˌrekə'mendəbl̩] *adj* empfehlenswert

recommendation [ˌrekəmen'deɪʃᵊn] *n* Empfehlung *f*

record I. *n* ['rekɔːd] ❶ Aufzeichnungen *pl*; (*document*) Akte *f*; (*minutes*) Protokoll *nt* ❷ *no pl* (*history*) Vorgeschichte *f*; **medical ~** Krankenblatt *nt* ❸ (*music*) [Schall]platte *f* ❹ SPORTS Rekord *m*; **world ~** Weltrekord *m* **II.** *adj* ['rekɔːd] Rekord-; **to reach a ~ high/low** ein Rekordhoch/Rekordtief erreichen **III.** *vt* [rɪ'kɔːd] aufzeichnen; *birth, death* registrieren; *event* dokumentieren; *film* aufnehmen; *speed, temperature* messen **IV.** *vi* [rɪ'kɔːd] Aufnahmen machen

recorded [rɪˈkɔːdɪd] *adj* dokumentiert; (*electronically*) aufgezeichnet

recorder [rɪˈkɔːdəʳ] *n* ❶ (*device*) Registriergerät *nt* ❷ MUS Blockflöte *f* ❸ BRIT LAW Anwalt, Anwältin *m, f in Richterfunktion*

recording [rɪˈkɔːdɪŋ] *n* Aufnahme *f;* ~ **session** Aufnahme *f;* ~ **studio** Aufnahmestudio *nt*

recover [rɪˈkʌvəʳ] **I.** *vt health* zurückerlangen; *sth lent* zurückbekommen; *stolen goods* sicherstellen; *resources* gewinnen; *data* wiederherstellen; **to ~ consciousness** wieder zu Bewusstsein kommen **II.** *vi* sich erholen; **to ~ from sth** sich von etw *dat* erholen

recovery [rɪˈkʌvᵊri] *n no pl* Erholung *f; of sight* Wiedererlangung *f; of investments* Wiedererlangung *f;* **to be beyond ~** nicht mehr zu retten sein

recovery service *n* Abschleppdienst *m*

recreation [ˌrekriˈeɪʃᵊn] *n* ❶ Freizeitbeschäftigung *f* ❷ *no pl* (*fun*) Erholen *nt;* **to do sth for ~** etw zur Erholung tun

recreational [ˌrekriˈeɪʃᵊnᵊl] *adj* Freizeit-; ~ **drug** weiche Droge; ~ **vehicle** AM Wohnwagen *m*

rectangular [rekˈtæŋgjələʳ] *adj* rechteckig; *coordinates* rechtwinklig

rector [ˈrektəʳ] *n* BRIT REL Pfarrer(in) *m(f);* SCOT UNIV Rektor(in) *m(f);* AM (*headmaster*) Rektor(in) *m(f)*

recycle [rɪˈsaɪkl̩] *vt* recyceln; (*fig*) wiederverwenden

recycling [rɪˈsaɪkl̩ɪŋ] **I.** *n no pl* Recycling *nt* **II.** *adj attr* Recycling-; ~ **bin** Wertstofftonne *f*

red [red] **I.** *adj* <-dd-> rot; **she's gone bright ~ with anger** sie ist ganz rot vor Wut [geworden] **II.** *n* ❶ Rot *nt;* **[dressed] all in ~** ganz in Rot gekleidet ❷ *no pl* **to be in the ~** in den roten Zahlen sein ► **to see ~** rot sehen

Red Cross *n* **the ~** das Rote Kreuz **redcurrant I.** *n* [rote] Johannisbeere **II.** *n modifier* Johannisbeer-; ~ **jelly** Johannisbeergelee *nt* **red deer** *n no pl* Rothirsch *m;* (*species*) Rotwild *nt*

reddish [ˈredɪʃ] *adj* rötlich

redecorate [ˌriːˈdekəreɪt] **I.** *vt* (*by painting*) neu streichen; (*by wallpapering*) neu tapezieren **II.** *vi* renovieren

redevelop [ˌriːdɪˈveləp] *vt* sanieren

redevelopment [ˌriːdɪˈveləpmənt] **I.** *n* Sanierung *f* **II.** *adj* Sanierungs-

red-haired *adj* rothaarig **red-handed** *adj* **to catch sb ~** jdn auf frischer Tat ertappen **redhead** *n* Rothaarige(r) *f(m)* **red herring** *n* Ablenkungsmanöver *nt;* (*fish*) Räucherhering *m* **red-hot** *adj* ❶ **to be ~** [rot] glühen; (*fig*) glühend heiß sein ❷ *news* brandaktuell *fam*

redial [ˌriːˈdaɪəl] **I.** *vt* <BRIT -ll- *or* AM -l-> nochmals wählen **II.** *vi* <BRIT -ll- *or* AM *usu* -l-> wieder anrufen **III.** *n no pl* Wahlwiederholung *f*

Red Indian *n* (*pej! dated*) Indianer(in) *m(f) pej*

redirect [ˌriːdɪˈrekt] *vt letter* nachsenden; *traffic* umleiten; *interests* neu ausrichten

red light *n* rote Ampel

redness [ˈrednəs] *n no pl* Röte *f*

red pepper *n* ❶ roter Paprika ❷ *no pl* (*powder*) Paprikagewürz *nt* **Red Sea** *n* **the ~** das Rote Meer **red tape** *n no pl* Bürokratie *f*

reduce [rɪˈdjuːs] *vt* reduzieren; *price* heruntersetzen; *taxes* senken; (*make smaller*) verkleinern; *sauce* einkochen lassen; **to ~ sb to tears** jdn zum Weinen bringen

reduced [rɪˈdjuːst] *adj attr* reduziert; *price also* heruntergesetzt; *number also* verringert; *risk* niedrig; *sentence* herabgesetzt

reduction [rɪˈdʌkʃᵊn] *n no pl* Reduzierung *f; of taxes* Senkung *f; of output* Drosselung *f*

redundant [rɪˈdʌndənt] *adj* ❶ überflüssig; LING redundant ❷ BRIT, AUS (*un-*

R

employed) arbeitslos; **to make sb ~** jdn entlassen

reed [riːd] **I.** *n* (*plant*) Schilf[gras] *nt;* MUS Rohrblatt *nt;* BRIT (*straw*) Stroh *nt* (*zum Dachdecken*) **II.** *adj* aus Schilfrohr

reef [riːf] *n* Riff *nt;* NAUT Reff *nt;* **coral ~** Korallenriff *nt*

reel [riːl] **I.** *n* Rolle *f;* (*bobbin*) Spule *f;* **~ of film** Filmrolle *f;* **~ of thread** Fadenspule *f* **II.** *vt* aufspulen

re-entry [ˌriːˈentri] *n no pl* Wiedereintritt *m; of traveller* Wiedereinreise *f; of examinee* Wiederantreten *nt*

ref [ref] *n* (*fam*) *abbrev of* **referee** Schiri *m*

refectory [rɪˈfektᵊri] *n* Speisesaal *m; of university* Mensa *f*

refer <-rr-> [rɪˈfɜːʳ] **I.** *vt* ❶ **the patient was ~red to a specialist** der Patient wurde an einen Facharzt überwiesen; **to ~ a decision to sb** jdm eine Entscheidung übergeben ❷ (*allude*) **who are you ~ring to?** wen meinst du?; **~ring to your letter/phone call, ...** Bezug nehmend auf Ihren Brief/Anruf ... **II.** *vi* **to ~ to sb** sich an jdn wenden; **to ~ to sth** etw zu Hilfe nehmen

referee [ˌrefᵊrˈiː] **I.** *n* Schiedsrichter *m;* BRIT (*endorser*) Referenz *f* **II.** *vt* **to ~ a match** bei einem Spiel Schiedsrichter sein **III.** *vi* Schiedsrichter sein

reference [ˈrefᵊrᵊn(t)s] *n* ❶ (*to authority*) Rücksprache *f;* (*to article*) Verweis *m;* **to make ~ to sth** etw erwähnen ❷ (*responsibility*) **terms of ~** Aufgabenbereich *m* ❸ (*allusion*) Anspielung *f;* (*direct mention*) Bezugnahme *f* ❹ (*recommendation*) [Arbeits]zeugnis *nt*

reference library *n* Präsenzbibliothek *f*

reference number *n* Aktenzeichen *nt;* (*on goods*) Artikelnummer *f*

refill **I.** *n* [ˈriːfɪl] Auffüllen *nt; cartridge* Nachfüllpatrone *f* **II.** *vt* [ˌriːˈfɪl] wieder füllen

refined [rɪˈfaɪnd] *adj* raffiniert; *foods* aufbereitet; (*sophisticated*) [hoch] entwickelt; (*well-mannered*) kultiviert; **~ taste** feiner Geschmack

refinery [rɪˈfaɪnᵊri] *n* Raffinerie *f*

reflect [rɪˈflekt] **I.** *vt* widerspiegeln; *heat* reflektieren; *work, views* zeigen; **to ~ that ...** denken, dass ... **II.** *vi* reflektieren; (*ponder also*) nachdenken (**on** über)

reflection [rɪˈflekʃᵊn] *n* ❶ Reflexion *f;* (*image*) Spiegelbild *nt;* (*indication*) Ausdruck *m* ❷ *no pl* (*consideration*) Betrachtung *f;* **on ~** nach reiflicher Überlegung

reflector [rɪˈflektəʳ] *n* Reflektor *m; on car* Rückstrahler *m;* (*telescope*) Spiegelteleskop *nt*

reflex [ˈriːfleks] *n* <*pl* -es> Reflex *m;* **~ action** Reflexhandlung *f*

refrain[1] [rɪˈfreɪn] *n* MUS Refrain *m*

refrain[2] [rɪˈfreɪn] *vi* sich zurückhalten; **kindly ~ from smoking** wir bitten, das Rauchen zu unterlassen

refresh [rɪˈfreʃ] *vt* erfrischen; (*cool also*) abkühlen; *knowledge* auffrischen; **to ~ sb's glass** AM jds Glas nachfüllen

refreshing [rɪˈfreʃɪŋ] *adj* erfrischend; (*pleasing*) [herz]erfrischend; **~ change** willkommene Abwechslung

refreshment [rɪˈfreʃmənt] *n* Erfrischung *f;* **~s** *pl* Erfrischungen *pl;* **light ~s** Erfrischungsgetränke und Snacks

refrigerate [rɪˈfrɪʤᵊreɪt] **I.** *vt* im Kühlschrank aufbewahren **II.** *vi* **~ after opening** nach dem Öffnen kühl aufbewahren

refrigerator [rɪˈfrɪʤᵊreɪtəʳ] *n* Kühlschrank *m*

refuel <BRIT -ll-> [ˌriːˈfjuːəl] *vi, vt* auftanken

refuge [ˈrefjuːʤ] *n* Zufluchtsort *m;* **women's ~** Frauenhaus *nt;* **to seek ~ in sth** in etw *dat* Zuflucht suchen

refugee [ˌrefjʊˈʤiː] *n* Flüchtling *m;* **economic ~** Wirtschaftsflüchtling *m;* **political ~** politischer Flüchtling; **~ camp**

R

Flüchtlingslager *nt*

refund **I.** *vt* [ˌriː'fʌnd] zurückerstatten **II.** *n* ['riːfʌnd] Rückzahlung *f*

refusal [rɪ'fjuːzᵊl] *n* Ablehnung *f; of offer* Zurückweisung *f; of invitation* Absage *f*

refuse[1] [rɪ'fjuːz] *vt, vi* ablehnen; *horse* verweigern; *offer* ausschlagen; **to ~ sb credit** jdm keinen Kredit gewähren

refuse[2] ['refjuːs] *n* Müll *m;* **~ collection** Müllabfuhr *f;* **~ collector** Müllwerker *m*

regain [rɪ'geɪn] *vt* wiederbekommen; **to ~ one's footing** wieder Halt finden; **to ~ one's health** wieder gesund werden

regard [rɪ'gɑːd] **I.** *vt* betrachten; **to ~ sb with great respect** jdn sehr schätzen; **as ~s ...** was ... angeht, **II.** *n* ❶ Rücksicht *f;* **without ~ for sb/sth** ohne Rücksicht auf jdn/etw ❷ (*respect*) Achtung *f* (**for** vor); **to hold sb in high ~** Hochachtung vor jdm haben ❸ **in this ~** in dieser Hinsicht; **with ~ to ...** in Bezug auf ...

regarding [rɪ'gɑːdɪŋ] *prep* bezüglich *+gen*

regardless [rɪ'gɑːdləs] *adv* trotzdem; **to press on ~** trotzdem weitermachen; **~ of sth** ungeachtet einer S. *+gen*

region ['riːdʒᵊn] *n* ❶ Region *f;* (*administrative*) [Verwaltungs]bezirk *m;* **the Birmingham ~** die Region um Birmingham ❷ (*approximately*) **in the ~ of ...** im Bereich von ..

regional ['riːdʒᵊnᵊl] *adj* regional

register ['redʒɪstəʳ] **I.** *n* ❶ Register *nt* ❷ BRIT SCH Klassenbuch *nt;* **to take the ~** die Namen aufrufen ❸ (*device*) Registriergerät *nt;* AM (*till*) Kasse *f* **II.** *vt* ❶ registrieren; *birth, death* anmelden; *car* zulassen ❷ (*notice*) **to ~ sth** sich *dat* etw merken **III.** *vi* **to ~ at a hotel** sich in einem Hotel anmelden; **to ~ as unemployed** sich arbeitslos melden

registered ['redʒɪstəd] *adj* registriert; **~ nurse** staatlich anerkannte Krankenschwester

registration [ˌredʒɪ'streɪʃᵊn] *n* ❶ Anmeldung *f;* (*at university*) Einschreibung *f;* **car ~** Autozulassung *f* ❷ AUTO (*certificate*) Kraftfahrzeugbrief *m;* (*number*) Kraftfahrzeugkennzeichen *nt*

registration document *n* BRIT Kraftfahrzeugbrief *m* **registration fee** *n* Anmeldegebühr *f;* UNIV Einschreibegebühr *f* **registration number** *n* Kraftfahrzeugkennzeichen *nt*

registry ['redʒɪstri] *n* BRIT Standesamt *nt;* **business ~** Handelsregister *nt;* **land ~** Katasteramt *nt*

regret [rɪ'gret, re-] **I.** *vt* <-tt-> bedauern **II.** *vi* <-tt-> **to ~ having to do sth** bedauern, etw tun zu müssen **III.** *n* Bedauern *nt kein pl;* **pang of ~** Anflug *m* von Reue

regretful [rɪ'gretfᵊl, re-] *adj* bedauernd; **to be ~ about sth** etw bedauern

regretfully [rɪ'gretfᵊli, re-] *adv* mit Bedauern; **I left New York ~** schweren Herzens verließ ich New York

regrettable [rɪ'gretəbl̩, re-] *adj* bedauerlich

regular ['regjələʳ] **I.** *adj* ❶ regelmäßig; (*usual*) üblich; **~ customer** Stammkunde *m*/Stammkundin *f;* **~ gas** AM Normalbenzin *nt;* **to keep ~ hours** sich an feste Zeiten halten; **~ income** geregeltes Einkommen ❷ *attr* AM (*size*) **~ fries** normale Portion Pommes Frites **II.** *n* Stammgast *m*

R

regularity [ˌregjə'lærəti] *n no pl* Gleichmäßigkeit *f;* (*in time*) Regelmäßigkeit *f*

regulate ['regjəleɪt] *vt* regeln; (*adjust*) regulieren; **to ~ whether/how/when ...** festlegen, ob/wie/wann ...

regulation [ˌregjə'leɪʃᵊn] **I.** *n* ❶ Vorschrift *f* (**on** über); **in accordance with the ~s** vorschriftsmäßig; **rules and ~s** Regeln und Bestimmungen ❷ *no pl* (*supervision*) Überwachung *f* **II.** *adj* vorgeschrieben; **the ~ pin-stripe suit**

der obligate Nadelstreifenanzug

regulator ['regjəleɪtəʳ] *n* Regulator *m*

rehearsal [rɪ'hɜːsᵊl] *n* Probe *f;* **to be in ~** geprobt werden

rehearse [rɪ'hɜːs] **I.** *vt* proben; (*in thought*) [in Gedanken] durchgehen; **to ~ sb** jdn vorbereiten **II.** *vi* proben

reign [reɪn] **I.** *vi* ❶ regieren; **to ~ over a country** ein Land regieren ❷ (*be dominant*) dominieren; **to ~ over sb/sth** jdn/etw beherrschen **II.** *n* Herrschaft *f;* **during the ~ of Queen Victoria** unter der Herrschaft von Königin Victoria

reimburse [ˌriːɪm'bɜːs] *vt* entschädigen; *losses* ersetzen; *expenses* [rück]erstatten

rein [reɪn] **I.** *n usu pl* Zügel *m;* ▶ **to give free ~ to sb** jdm freie Hand lassen; **to keep a tight ~ on sb/sth** jdn/etw an der kurzen Leine halten **II.** *vt* **to ~ sb/sth in** jdn/etw zügeln

reindeer <*pl* -> ['reɪndɪəʳ] *n* Rentier *nt*

reinforce [ˌriːɪn'fɔːs] *vt* verstärken; *argument* untermauern

reinforcement [ˌriːɪn'fɔːsmənt] *n no pl* Verstärkung *f*

reject I. *vt* [rɪ'dʒekt] ❶ ablehnen; **to ~ an excuse** eine Entschuldigung nicht annehmen ❷ **to ~ sb** jdn abweisen; **to feel ~ed** sich als Außenseiter fühlen ❸ **to ~ a drug** ein Medikament nicht vertragen **II.** *n* ['riːdʒekt] Außenseiter(in) *m(f);* (*product*) Ausschussware *f*

rejection [rɪ'dʒekʃᵊn] *n* Ablehnung *f;* MED Abstoßung *f*

rejoice [rɪ'dʒɔɪs] *vi* sich freuen; **to ~ in doing sth** genießen, etw zu tun

rejuvenate [rɪ'dʒuːvᵊneɪt] *vt* revitalisieren *geh;* (*make younger*) verjüngen; (*modernize*) modernisieren

relapse I. *n* ['riːlæps] Rückfall *m;* (*economic*) Rückschlag *m* **II.** *vi* [rɪ'læps] **to ~ into coma/sleep** in ein Koma/einen Schlaf verfallen

relate [rɪ'leɪt] **I.** *vt* ❶ in Verbindung bringen (**to** mit) ❷ erzählen; **to ~ sth to sb** jdm etw berichten **II.** *vi* (*fam*) **to ~ to sb/sth** eine Beziehung zu jdm/etw finden

related [rɪ'leɪtɪd] *adj* verbunden; *species* verwandt (**to** mit); **to be ~ by blood** blutsverwandt sein; **closely/distantly ~** nah/entfernt verwandt

relating to [rɪ'leɪtɪŋ-] *prep* in Zusammenhang mit +*dat*

relation [rɪ'leɪʃᵊn] *n* ❶ *no pl* Verbindung *f;* **in ~ to** in Bezug auf +*akk* ❷ Verwandte(r) *f(m);* **is Hans any ~ to you?** ist Hans irgendwie mit dir verwandt?

relationship [rɪ'leɪʃᵊnʃɪp] *n* Beziehung *f;* (*in family*) Verwandtschaftsverhältnis *nt;* (*association*) Verhältnis *nt;* **to be in a ~ with sb** mit jdm eine feste Beziehung haben

relative ['relətɪv] **I.** *adj* relevant (**to** für); (*corresponding*) jeweilig; (*comparative*) relativ; **to be ~ to sth** von etw *dat* abhängen **II.** *adv* **~ to** sich beziehend auf +*akk* **III.** *n* Verwandte(r) *f(m);* **distant ~** entfernter Verwandter/entfernte Verwandte

relatively ['relətɪvli] *adv* relativ

relax [rɪ'læks] **I.** *vi* sich entspannen; **~!** entspann dich!; (*don't worry*) beruhige dich! **II.** *vt* **to ~ one's muscles** (*by resting*) die Muskeln entspannen; (*limber*) die Muskeln lockern

relaxation [ˌriːlæk'seɪʃᵊn] **I.** *n* Entspannung *f;* **~ of discipline** Nachlassen *nt* der Disziplin; **~ of laws** Liberalisierung *f* von Gesetzen **II.** *adj attr* Entspannungs-

relay ['riːleɪ] **I.** *vt* **to ~ sth [to sb]** [jdm] etw mitteilen; *message* [jdm] etw weiterleiten; *TV pictures* [jdm] etw übertragen **II.** *n* ❶ Ablösung *f;* *of workers* Schicht *f* ❷ **~ [race]** Staffellauf *m* ❸ ELEC Relais *nt*

release [rɪ'liːs] **I.** *vt* ❶ freilassen; LAW entlassen; (*fig*) befreien; *brake* lösen; *shutter* betätigen; *gas* freisetzen; *hold* loslassen; *grip* lockern ❷ (*publicize*) verbreiten; (*issue*) veröffentlichen; *media* herausbringen **II.** *n* ❶ *no pl* Entlassung *f; of brake* Lösen *nt* ❷ (*mechanism*) Auslöser *m* ❸ *no pl* (*publication*) Veröffentlichung *f;* **press** ~ Pressemitteilung *f; of new media* Neuerscheinung *f*

relegate ['relɪgeɪt] *vt usu passive* ❶ degradieren ❷ BRIT SPORTS absteigen lassen; **to be ~d** absteigen

relent [rɪ'lent] *vi* nachgeben; (*abate*) nachlassen

relentless [rɪ'lentləs] *adj* unnachgiebig; (*without stopping*) unablässig; *heat* anhaltend; **to be ~ in doing sth** etw unermüdlich tun

relevant ['reləvənt] *adj* relevant; (*important*) wichtig; **to be [hardly] ~ to sth** für etw *akk* [kaum] von Bedeutung sein

reliability [rɪˌlaɪə'bɪləti] *n no pl* Zuverlässigkeit *f;* (*trustworthiness*) Vertrauenswürdigkeit *f*

reliable [rɪ'laɪəbl̩] *adj* zuverlässig; (*credible*) glaubwürdig; (*trustworthy*) seriös

reliance [rɪ'laɪən(t)s] *n no pl* Verlass *m* (**on** auf); (*trust*) Vertrauen *nt*

reliant [rɪ'laɪənt] *adj* **to be ~ on sb/sth** von jdm/etw abhängig sein

relief [rɪ'liːf] *n* ❶ *no pl* Hilfsgüter *pl;* **to be on ~** AM (*fam*) von der Sozialhilfe leben; **disaster/famine ~** Katastrophen-/Hungerhilfe *f* ❷ (*diminution*) Entlastung *f;* **tax ~** Steuerermäßigung *f* ❸ (*from tension*) Erleichterung *f;* **to breathe a sigh of ~** erleichtert aufatmen

relief worker *n* Mitarbeiter(in) *m(f)* einer Hilfsorganisation; (*in third-world countries*) Entwicklungshelfer(in) *m(f)*

relieve [rɪ'liːv] *vt* ❶ **to ~ sb** jdm [in einer Notsituation] helfen ❷ (*unburden*) **to ~ sb of sth** jdm etw abnehmen ❸ (*take over*) **to ~ sb** jdn ablösen ❹ *pain* lindern; *tension* abbauen; *pressure* verringern

religion [rɪ'lɪdʒən] *n no pl* Religion *f;* (*beliefs*) Glaube *m*

religious [rɪ'lɪdʒəs] *adj* religiös; (*pious also*) fromm; **deeply ~** tief religiös; **~ freedom** Religionsfreiheit *f;* **~ holiday** religiöser Feiertag; **~ service** Gottesdienst *m*

relish ['relɪʃ] **I.** *n* ❶ *no pl* Genuss *m;* **with ~** genüsslich ❷ (*sauce*) Relish *nt* **II.** *vt* genießen; **to ~ doing sth** etw sehr gern tun

reluctance [rɪ'lʌktən(t)s] *n no pl* Widerwillen *m;* **with ~** widerwillig

reluctant [rɪ'lʌktənt] *adj* widerwillig; **to be ~ to do sth** sich dagegen sträuben, etw zu tun

rely [rɪ'laɪ] *vi* **to ~ on sb/sth** sich auf jdn/etw verlassen; (*depend*) von jdm/etw abhängen

remain [rɪ'meɪn] *vi* bleiben; **to ~ aloof** Distanz wahren; **to ~ in bed** im Bett bleiben; **to ~ behind** zurückbleiben; **to ~ undecided** sich nicht entscheiden können

remaining [rɪ'meɪnɪŋ] *adj attr* übrig; **our only ~ hope** unsere letzte Hoffnung

remains [rɪ'meɪnz] *n pl* Überbleibsel *pl;* (*form: corpse*) sterbliche Überreste; **animal/human ~** tierische/menschliche Überreste

remand [rɪ'mɑːnd] **I.** *vt usu passive* (*form*) **to ~ on bail** auf Kaution freilassen **II.** *n no pl* **to be on ~** in Untersuchungshaft sitzen *fam;* **~ centre** Untersuchungsgefängnis *nt*

remark [rɪ'mɑːk] **I.** *vt* bemerken; **sb once ~ed [that] ...** jd hat einmal gesagt, dass ... **II.** *vi* eine Bemerkung machen; **to ~ on sb/sth** sich über jdn/etw äußern **III.** *n* Bemerkung *f* (**about** über)

remarkable [rɪ'mɑːkəbl̩] *adj* bemerkenswert; (*surprising*) merkwürdig; **it's ~ [that] ...** es ist erstaunlich, dass ...

remedy ['remədi] **I.** *n* Heilmittel *nt* (**for** gegen); (*solution*) Mittel *nt* (**for** zu)

R

II. *vt* in Ordnung bringen; *mistake* berichtigen; *poverty* beseitigen

remember [rɪˈmembəʳ] **I.** *vt* ① **to ~ sb/sth** sich an jdn/etw erinnern; (*commemorate*) jds/einer S. gedenken ② (*memorize*) **to ~ sth** sich *dat* etw merken ③ (*form: greet*) **to ~ sb to sb** jdn von jdm grüßen **II.** *vi* sich erinnern; **to ~ [that] ...** sich daran erinnern, [dass] ...

remind [rɪˈmaɪnd] *vt* erinnern; **that ~s me!** das erinnert mich an etwas!; **to ~ sb to do sth** jdn daran erinnern, etw zu tun; **to ~ sb about sth** jdn an etw *akk* erinnern

remote <-er, -est> [rɪˈməʊt] *adj* fern; (*isolated*) abgelegen; (*in time*) lang vergangen; (*slight*) gering; *resemblance* entfernt

remote-controlled *adj* ferngesteuert

removal [rɪˈmuːvᵊl] *n* ① *esp* BRIT *of tenant* Umzug *m;* **~ expenses** Umzugskosten *pl;* **~ firm** Umzugsfirma *f;* **~ man** Möbelpacker(in) *m(f);* **~ van** Möbelwagen *m* ② *no pl* (*ousting*) Beseitigung *f; of dictator* Absetzung *f* ③ *no pl* (*cleaning*) Entfernung *f*

remove [rɪˈmuːv] *vt* ① entfernen; *obstacle* beseitigen; *landmine* räumen; *roadblock* beseitigen; (*cancel*) streichen; *stain* entfernen; **to ~ the film from the camera** den Film aus der Kamera nehmen ② (*form: dismiss*) entlassen

remover [rɪˈmuːvəʳ] *n* ① BRIT Möbelpacker *m* ② (*cleaner*) Reinigungsmittel *nt;* **nail-varnish ~** Nagellackentferner *m;* **stain ~** Fleckenentferner *m*

rename [ˌriːˈneɪm] *vt* umbenennen

rendezvous [ˈrɒndɪvuː] **I.** *n* <*pl* -> Rendezvous *nt;* (*place*) Treffpunkt *m* **II.** *vi* sich heimlich treffen

renew [rɪˈnjuː] *vt* erneuern; (*revalidate*) verlängern lassen; *passport* verlängern; **to ~ the pressure** erneut Druck ausüben

renewable [rɪˈnjuːəbl̩] **I.** *adj* erneuerbar; *visa* verlängerbar **II.** *n usu pl* erneuerbare Energiequelle

renewed [rɪˈnjuːd] *adj* erneuert *attr; interest* wieder erwacht

renovate [ˈrenəveɪt] *vt* renovieren

rent [rent] **I.** *n* Miete *f;* (*lease*) Pacht *f;* **for ~** zu vermieten **II.** *vt* vermieten; (*hire*) mieten; (*lease*) pachten

rental [ˈrentᵊl] **I.** *n* Miete *f;* **video and television ~** Leihgebühr *f* für Video- und Fernsehgeräte **II.** *adj attr* Miet-; **~ agency** Verleih *m;* **~ library** AM Leihbücherei *f*

rent-free *adj* mietfrei

reopen [ˌriːˈəʊpᵊn] **I.** *vt* wieder aufmachen; *talks* wieder aufnehmen **II.** *vi* wieder eröffnen

reorder [ˌriːˈɔːdəʳ] **I.** *n* Nachbestellung *f* **II.** *vt* nachbestellen; (*rearrange*) umordnen

reorganize [riːˈɔːgᵊnaɪz] *vt, vi* reorganisieren

rep [rep] *n* (*fam*) ① *short for* **representative** Vertreter(in) *m(f)* ② *no pl* THEAT *short for* **repertory company/theatre** Repertoireensemble *nt*

repair [rɪˈpeəʳ] **I.** *vt* reparieren; (*remedy*) [wieder] in Ordnung bringen; *road* ausbessern; *damage* wieder gutmachen **II.** *n* Reparatur *f;* **~s** *pl* Reparaturarbeiten *pl* (**to** an); **to be in good/bad ~** in gutem/schlechtem Zustand sein; **in need of ~** reparaturbedürftig

repair kit *n* Flickzeug *nt kein pl* **repairman** *n* Handwerker *m;* (*for cars*) Mechaniker *m;* **TV ~** Fernsehtechniker *m* **repair shop** *n* Reparaturwerkstatt *f*

repay <-paid, -paid> [ˌriːˈpeɪ] *vt* zurückzahlen; **to ~ sb** jdm Geld zurückzahlen

repayable [ˌriːˈpeɪəbl] *adj* rückzahlbar

repayment [ˌriːˈpeɪmənt] *n* Rückzahlung *f*

repeat [rɪˈpiːt] **I.** *vt* wiederholen; **~ after me** bitte mir nachsprechen; **don't ~ this but ...** sag es nicht weiter, [aber] ...; **history ~s itself** die Geschichte wiederholt sich **II.** *n* Wiederholung *f* **III.** *adj attr* Wiederholungs-; ~ **business** Stammkundschaft *f*

repeated [rɪˈpiːtɪd] *adj* wiederholt

repel <-ll-> [rɪˈpel] *vt* ❶ abweisen ❷ (*disgust*) **sb is ~led by sth** etw stößt jdn ab

repellent [rɪˈpelᵊnt] **I.** *n* Insektenspray *nt* **II.** *adj* abstoßend

repetition [ˌrepɪˈtɪʃᵊn] *n* Wiederholung *f*

repetitive [rɪˈpetətɪv] *adj* sich wiederholend *attr;* (*monotonous*) monoton

replace [rɪˈpleɪs] *vt* ersetzen (**with** durch); (*put back*) [an seinen Platz] zurücklegen

replacement [rɪˈpleɪsmənt] **I.** *n* ❶ Ersatz *m* ❷ *no pl* (*substitution*) Ersetzung *f* **II.** *adj attr* Ersatz-; ~ **hip** künstliches Hüftgelenk

replay **I.** *vt* [ˌriːˈpleɪ] wiederholen; *video* nochmals abspielen **II.** *n* [ˈriːpleɪ] Wiederholung *f;* (*match*) Wiederholungsspiel *nt*

reply [rɪˈplaɪ] **I.** *vi* <-ie-> ❶ antworten; **to ~ to letters/a question** Briefe/eine Frage beantworten ❷ (*fig: react*) **to ~ to sth** auf etw *akk* reagieren **II.** *n* Antwort *f* (**to** auf); (*reaction*) Reaktion *f* (**to** auf)

reply-paid *adj* BRIT ~ **envelope** Freiumschlag *m;* **to make a letter ~** einen Brief freimachen

report [rɪˈpɔːt] **I.** *n* ❶ Meldung *f* (**on** über); (*statement*) Bericht *m* (**on** über); **~s in the newspaper/press** Zeitungs-/Presseberichte *pl;* [**school**] **~** BRIT Schulzeugnis *nt;* **stock market/weather ~** Börsen-/Wetterbericht *m* ❷ (*claim*) Gerücht *nt;* **according to ~s ...** Gerüchten zufolge ... **II.** *vt* ❶ **to ~ sth** etw berichten ❷ (*denounce*) **to ~ sb** jdn melden; **to ~ sb to the police** jdn anzeigen **III.** *vi* ❶ Bericht erstatten ❷ (*be accountable*) **to ~ to sb** jdm unterstehen

reported [rɪˈpɔːtɪd] *adj* gemeldet; **there has been a ~ hijack in Tel Aviv** einer Meldung zufolge hat in Tel Aviv eine Entführung stattgefunden

reporter [rɪˈpɔːtəʳ] *n* Reporter(in) *m(f)*

represent [ˌreprɪˈzent] *vt* vertreten; (*depict*) darstellen

representative [ˌreprɪˈzentətɪv] **I.** *adj* repräsentativ; ~ **democracy** parlamentarische Demokratie **II.** *n* [Stell]vertreter(in) *m(f);* ECON Vertreter(in) *m(f);* POL Abgeordnete(r) *f(m);* AM Mitglied *nt* des Repräsentantenhauses; **elected ~** gewählter Vertreter/gewählte Vertreterin

repression [rɪˈpreʃᵊn] *n no pl* Unterdrückung *f;* PSYCH Verdrängung *f*

repressive [rɪˈpresɪv] *adj* repressiv *geh;* *regime* unterdrückerisch

reproach [rɪˈprəʊtʃ] **I.** *vt* **to ~ sb** jdm Vorwürfe machen; **to ~ sb with sth** jdm etw vorwerfen; **to ~ oneself** sich *dat* Vorwürfe machen **II.** *n* <*pl* -es> Vorwurf *m*

reproachful [rɪˈprəʊtʃfᵊl] *adj* vorwurfsvoll

reprocessing plant *n* Wiederaufbereitungsanlage *f*

reproduce [ˌriːprəˈdjuːs] **I.** *vi* sich fortpflanzen; (*multiply*) sich vermehren; *documents* sich kopieren lassen **II.** *vt* ❶ **to ~ oneself** sich fortpflanzen; (*multiply*) sich vermehren ❷ *documents* reproduzieren

reproduction [ˌriːprəˈdʌkʃᵊn] **I.** *n* ❶ *no pl* Fortpflanzung *f;* (*multiplying*) Vermehrung *f* ❷ *no pl* (*copying*) Vervielfältigung *f* ❸ (*copy*) Reproduktion *f* **II.** *adj* nachgebaut

reptile [ˈreptaɪl] *n* Reptil *nt*

republic [rɪˈpʌblɪk] *n* Republik *f*

republican [rɪˈpʌblɪkən] **I.** *n* Republikaner(in) *m(f)* **II.** *adj* republikanisch

repulsive [rɪˈpʌlsɪv] *adj* abstoßend

reputable [ˈrepjətəbl] *adj* angesehen

reputation [ˌrepjəˈteɪʃᵊn] *n no pl* Ruf *m;* (*esteem*) Ansehen *nt;* **to have a ~ for**

sth für etw *akk* bekannt sein; **to have a ~ as sth** einen Ruf als etw haben

request [rɪ'kwest] **I.** *n* ❶ Bitte *f* (**for** um); ECON Anfrage *f* (**for** nach); **at sb's ~** auf jds Bitte hin ❷ (*formal*) Antrag *m*; **to submit a ~ that ...** beantragen, dass ... **II.** *vt* **to ~ sth** um etw *akk* bitten; RADIO (*ask for song*) [sich *dat*] etw wünschen

request stop *n* BRIT Bedarfshaltestelle *f*

require [rɪ'kwaɪəʳ] *vt* ❶ brauchen; **to be ~d for sth** für etw *akk* erforderlich sein ❷ (*demand*) **to ~ sth [of sb]** etw [von jdm] verlangen

requirement [rɪ'kwaɪəmənt] *n* Voraussetzung *f* (**for** für); **minimum ~** Grundvoraussetzung *f*

rescue ['reskjuː] **I.** *vt* retten; **to ~ sb from danger** jdn aus einer Gefahr retten **II.** *n* Rettung *f*; **to come to sb's ~** jdm zu Hilfe kommen; **~ operation** Rettungsarbeiten *pl*

research I. *n* [rɪ'sɜːtʃ] ❶ *no pl* Forschung *f*; (*specific*) Erforschung *f* **II.** *adj* [rɪ'sɜːtʃ] Forschungs-; **~ scientist/worker** Forscher(in) *m(f)* **III.** *vi* [rɪ'sɜːtʃ] forschen; **to ~ in[to] sth** etw erforschen **IV.** *vt* [rɪ'sɜːtʃ] erforschen; JOURN recherchieren

researcher [rɪ'sɜːtʃəʳ] *n* Forscher(in) *m(f)*

R

resemble [rɪ'zembl] *vt* ähneln +*dat*

resent [rɪ'zent] *vt* **to ~ sb/sth** sich [sehr] über jdn/etw ärgern; **to ~ doing sth** etw [äußerst] ungern tun

resentful [rɪ'zentfᵊl] *adj* verbittert; (*grudging*) nachtragend; **to be ~ of sb/sth** sich über jdn/etw ärgern

resentment [rɪ'zentmənt] *n* Verbitterung *f*; **to feel [a] ~ against sb** einen Groll gegen jdn hegen

reservation [ˌrezə'veɪʃᵊn] *n* ❶ *usu pl* Bedenken *pl* ❷ (*booking*) Reservierung *f*; **to make a ~** reservieren

reserve [rɪ'zɜːv] **I.** *n* ❶ *no pl* (*form*) Zurückhaltung *f*; **with ~** mit Vorbehalt ❷ (*store*) Reserve *f* ❸ (*area*) Reservat *nt*; **wildlife ~** Naturschutzgebiet *nt* **II.** *vt* aufheben; (*save*) reservieren

reserved [rɪ'zɜːvd] *adj* reserviert

residence ['rezɪdᵊn(t)s] *n* ❶ (*form*) Wohnsitz *m*; **to take up ~ in a country** sich in einem Land niederlassen ❷ *no pl* (*act of residing*) Wohnen *nt*; **to be in ~** wohnen ❸ (*building*) Wohngebäude *nt* ❹ UNIV Forschungsaufenthalt *m*

residence permit *n* Aufenthaltserlaubnis *f*

resident ['rezɪdᵊnt] **I.** *n* Bewohner(in) *m(f)*; *of hotel* [Hotel]gast *m*; **local ~** Anwohner(in) *m(f)*; **is she a ~ of Canada?** lebt sie in Kanada? **II.** *adj* wohnhaft; *employee* im Haus lebend *nach n*; *doctor* im Haus *nach n*

residential [ˌrezɪ'den(t)ʃᵊl] *adj* Wohn-; *permit* Aufenthalts-; **~ district** Wohngebiet *nt*

resign [rɪ'zaɪn] **I.** *vi* kündigen; **to ~ from an office** von einem Amt zurücktreten **II.** *vt* aufgeben

resignation [ˌrezɪg'neɪʃᵊn] *n* Kündigung *f*; **to hand in one's ~** seine Kündigung einreichen

resigned [rɪ'zaɪnd] *adj* resigniert; **to be ~ to sth** sich mit etw *dat* abgefunden haben

resilient [rɪ'zɪliənt] *adj* elastisch; (*fig*) unverwüstlich

resist [rɪ'zɪst] **I.** *vt* ❶ **to ~ sth** etw *dat* Widerstand leisten; **to ~ arrest** LAW sich der Verhaftung widersetzen ❷ (*refuse*) **to ~ sth** sich gegen etw *akk* wehren ❸ (*not yield*) widerstehen +*dat*; **she couldn't ~ laughing** sie musste einfach loslachen *fam* **II.** *vi* sich wehren; (*refuse*) widerstehen +*dat*

resistance [rɪ'zɪstᵊn(t)s] *n* ❶ *no pl* Widerstand *m* (**to** gegen) ❷ **the R~** der Widerstand; **the [French] R~** die [französische] Résistance ❸ (*refusal*) Widerstand *m* (**to** gegen)

resistant [rɪ'zɪstᵊnt] *adj* ❶ resistent (**to** gegen) ❷ (*denying*) ablehnend; **to be**

~ **to sth** etw *dat* ablehnend gegenüberstehen

reskill [ˌriːˈskɪl] *vt* umschulen

resort [rɪˈzɔːt] **I.** *n* ❶ Urlaubsort *m* ❷ *no pl* (*recourse*) Einsatz *m;* **as a last ~** als letzter Ausweg **II.** *vi* **to ~ to sth** auf etw *akk* zurückgreifen

resourceful [rɪˈzɔːsfᵊl] *adj* einfallsreich

respect [rɪˈspekt] **I.** *n no pl* Respekt *m* (**for** vor); (*consideration*) Rücksicht *f;* **out of ~ for sb's feelings** aus Rücksicht auf jds Gefühle ▶ **in all / many / some ~s** in allen/vielen/einigen Punkten; **in every ~** in jeglicher Hinsicht **II.** *vt* respektieren

respectable [rɪˈspektəbḷ] *adj* anständig; (*presentable also*) ordentlich; **to make oneself ~** (*hum*) sich *dat* was anziehen *fam*

respected [rɪˈspektɪd] *adj* angesehen

respectful [rɪˈspektfᵊl] *adj* respektvoll; **to be ~ of sth** etw respektieren

respectively [rɪˈspektɪvli] *adv* **black and/or white ~** schwarz bzw. weiß

respirator [ˈrespᵊreɪtəʳ] *n* Beatmungsgerät *nt;* (*mask*) Atem[schutz]gerät *nt*

respond [rɪˈspɒnd] **I.** *vt* **to ~ that ...** erwidern, dass ... **II.** *vi* ❶ antworten (**to** auf) ❷ **to ~ to treatment** auf eine Behandlung ansprechen

response [rɪˈspɒn(t)s] *n* ❶ Antwort *f* (**to** auf) ❷ (*reaction*) Reaktion *f;* **to meet with a bad/good ~** eine schlechte/gute Resonanz finden

responsibility [rɪˌspɒn(t)səˈbɪləti] *n* ❶ *no pl* Verantwortung *f* (**for** für); **sense of ~** Verantwortungsbewusstsein *nt;* **to carry a lot of ~** eine große Verantwortung tragen ❷ (*duty*) Verantwortlichkeit *f*

responsible [rɪˈspɒn(t)səbḷ] *adj* verantwortlich (**for** für); (*in charge also*) zuständig; (*sensible*) verantwortungsbewusst; **to hold sb ~** jdn verantwortlich machen; LAW jdn haftbar machen

responsive [rɪˈspɒn(t)sɪv] *adj* gut reagierend; (*friendly*) entgegenkommend

rest¹ [rest] *n + sing/pl vb* **the ~** der Rest

rest² [rest] **I.** *n* ❶ [Ruhe]pause *f;* **to have a ~** eine Pause machen ❷ *no pl* (*repose*) Erholung *f;* **for a ~** zur Erholung ❸ (*support*) Stütze *f* **II.** *vt* ❶ **to ~ oneself** sich ausruhen ❷ (*support*) lehnen ❸ **to ~ one's case** seine Beweisführung abschließen **III.** *vi* ❶ [sich aus]ruhen; **to let sth ~** etw ruhen lassen; **let it ~!** (*fam*) lass es doch auf sich beruhen! ❷ (*depend*) **to ~ on sb/sth** auf jdm/etw ruhen

restaurant [ˈrestᵊrɔ̃(ŋ)] *n* Restaurant *nt;* **~ car** BRIT Speisewagen *m*

restful [ˈrestfᵊl] *adj* erholsam; *sound* beruhigend

rest home *n* Altersheim *nt*

restless [ˈrestləs] *adj* unruhig; (*uneasy*) rastlos; (*wakeful*) ruhelos; **to get ~** anfangen, sich unwohl zu fühlen

restoration [ˌrestᵊrˈeɪʃᵊn] *n* ❶ *no pl* Restaurieren *nt* ❷ (*instance*) Restaurierung *f* ❸ *no pl* (*re-establishment*) Wiederherstellung *f* ❹ *no pl* (*form: reappropriation*) Rückgabe *f*

restore [rɪˈstɔːʳ] *vt* ❶ restaurieren ❷ (*re-establish*) wiederherstellen; **to ~ a law** ein Gesetz wieder einführen ❸ (*form: reappropriate*) **to ~ sth to sb** jdm etw zurückgeben ❹ (*reinstate*) **to ~ sb to power** jdn wieder an die Macht bringen

restrain [rɪˈstreɪn] *vt* zurückhalten; (*forcefully*) bändigen; **to ~ oneself** sich beherrschen

restraint [rɪˈstreɪnt] *n* ❶ *no pl* Beherrschung *f;* **to exercise ~** Zurückhaltung *f* üben ❷ (*restriction*) Einschränkung *f*

restrict [rɪˈstrɪkt] *vt* einschränken; **to ~ sb from sth** jdm etw untersagen

restricted [rɪˈstrɪktɪd] *adj* begrenzt; (*subject to limitation*) eingeschränkt

restriction [rɪˈstrɪkʃᵊn] *n* (*limit*) Beschränkung *f*

restrictive [rɪ'strɪktɪv] *adj* einschränkend; *measure* restriktiv
restroom *n esp* AM Toilette *f*
result [rɪ'zʌlt] **I.** *n* Folge *f;* (*outcome*) Ergebnis *nt;* (*satisfactory*) Erfolg *m;* **with the ~ that ...** mit dem Ergebnis, dass ...; **as a ~ of sth** als Folge einer S. *gen* **II.** *vi* sich ergeben (**from** aus); **to ~ in sth** etw zur Folge haben
retail price *n* Einzelhandelspreis *m*
retake **I.** *vt* <-took, -taken> [ˌriː'teɪk] wiedergewinnen; *exam* wiederholen; **to ~ the lead** SPORTS sich wieder an die Spitze setzen **II.** *n* ['riːteɪk] ❶ *esp* BRIT (*exam*) Wiederholungsprüfung *f* ❷ (*refilm*) Neuaufnahme *f*
retch [retʃ] *vi* würgen; **to make sb ~** jdn zum Würgen bringen
rethink **I.** *vt* <-thought, -thought> [ˌriː'θɪŋk] überdenken **II.** *vi* <-thought, -thought> [ˌriː'θɪŋk] überlegen **III.** *n* ['riːθɪŋk] *no pl* Überdenken *nt;* **to have a ~** es noch einmal überdenken
retina <*pl* -s> ['retɪnə] *n* Netzhaut *f*
retire [rɪ'taɪəʳ] **I.** *vi* ❶ in den Ruhestand treten; *worker* in Rente gehen; *civil servant* in Pension gehen ❷ (*form: withdraw*) sich zurückziehen **II.** *vt* in den Ruhestand versetzen
retired [rɪ'taɪəd] *adj* im Ruhestand *präd; worker* in Rente *präd; civil servant* pensioniert
R
retirement [rɪ'taɪəmənt] *n* ❶ Ausscheiden *nt* aus dem Arbeitsleben; *of civil servant* Pensionierung *f;* **~ age** *of worker* Rentenalter *nt; of civil servant* Pensionsalter *nt;* **~ pension** *for worker* [Alters]rente *f; for civil servant* Pension *f* ❷ *no pl of team* Ausscheiden *nt* ❸ *no pl* (*after working life*) Ruhestand *m*
retiring [rɪ'taɪərɪŋ] *adj* ❶ *attr* ausscheidend ❷ (*reserved*) zurückhaltend
retreat [rɪ'triːt] **I.** *vi* sich zurückziehen; (*from assault*) zurückweichen; (*hide*) sich verstecken; (*flood*) zurückgehen; *shares* fallen **II.** *n* ❶ *no pl* Abkehr *f* (**from** von); *of troops* Rückzug *m* ❷ (*refuge*) Zufluchtsort *m* ❸ REL **to go on ~** in Klausur gehen
retriever [rɪ'triːvəʳ, AM -ɚ] *n* Retriever *m*
return [rɪ'tɜːn] **I.** *n* ❶ Rückkehr *f* (**to** zu); **~ home** Heimkehr *f;* **sb's ~ to power** POL jds Wiederwahl ❷ (*reoccurrence*) Wiederauftreten *nt* ❸ (*reappropriation*) Rückgabe *f* ❹ BRIT, AUS (*ticket*) Hin- und Rückfahrkarte *f* ❺ SPORTS (*stroke*) Rückschlag *m* ❻ *no pl* COMPUT Returntaste *f* **II.** *adj attr* Rück- **III.** *vi* ❶ zurückkehren ❷ (*revert*) **to ~ to sth** etw wieder aufnehmen; **to ~ to a subject** auf ein Thema zurückkommen **IV.** *vt* ❶ zurückgeben; **to ~ sth to sb** (*in person*) jdm etw zurückgeben; (*by post*) jdm etw zurückschicken ❷ (*reciprocate*) erwidern; **to ~ sb's call** jdn zurückrufen; **to ~ a favour** sich revanchieren ❸ (*put back*) zurückstellen/-legen
return fare *n* Preis *m* für eine Rückfahrkarte/ein Rückflugticket **return match** *n* Rückspiel *nt* **return ticket** *n* ❶ BRIT, AUS Hin- und Rückfahrkarte *f;* AVIAT Hin- und Rückflugticket *nt* ❷ AM (*ticket for return*) Rückfahrkarte *f*
reunification [ˌriːjuːnɪfɪ'keɪʃᵊn] *n no pl* Wiedervereinigung *f*
reunion [ˌriː'juːniən] *n* ❶ Zusammenkunft *f* ❷ *no pl* (*form*) Wiedervereinigung *f;* **~ of people** Zusammenführung *f* von Menschen
reunite [ˌriːjuː'naɪt] **I.** *vt* **to ~ sb with sb** jdn mit jdm [wieder] zusammenbringen **II.** *vi* sich wiedervereinigen; *people* wieder zusammenkommen
reusable [ˌriː'juːzəbl] *adj* wiederverwendbar; (*reprocessed*) wiederverwertbar
reuse [ˌriː'juːz] *vt* wiederverwenden; (*recycle*) wiederverwerten
revenge [rɪ'vendʒ] **I.** *n no pl* Rache *f;* (*desire*) Rachedurst *m;* **to get one's ~** sich rächen **II.** *vt* rächen

revenue ['revᵊnju:] *n* ❶ *no pl* Einkünfte *pl* (**from** aus); (*national*) Staatseinkünfte *pl* ❷ *pl* **sales ~s** Verkaufseinnahmen *pl*

reverend ['revᵊrᵊnd] *n* ≈ Pfarrer *m*, ≈ Pastor *m*

reverse [rɪ'vɜ:s] **I.** *vt* ❶ *esp* BRIT, AUS *car* zurücksetzen ❷ (*change over*) umkehren; **to ~ the charges** ein R-Gespräch führen **II.** *vi esp* BRIT, AUS *car* rückwärts fahren; (*briefly*) zurücksetzen **III.** *n* ❶ *no pl* **the ~** das Gegenteil; **no, quite the ~!** nein, ganz im Gegenteil! ❷ (*gear*) Rückwärtsgang *m* ❸ (*back*) **the ~** die Rückseite **IV.** *adj* umgekehrt; *direction* entgegengesetzt

reversible [rɪ'vɜ:səbl̩] *adj* zum Wenden *nach n;* (*alterable*) umkehrbar; **~ coat** Wendejacke *f*

review [rɪ'vju:] **I.** *vt* ❶ [erneut] [über]prüfen; (*reconsider*) überdenken; **to ~ salaries** die Gehälter revidieren ❷ (*look back over*) zurückblicken auf +*akk* ❸ AM (*study again*) wiederholen **II.** *n* ❶ Überprüfung *f;* **to come under ~** überprüft werden ❷ (*summary*) Überblick *m* (**of** über); **wage ~** Gehaltsrevision *f* ❸ (*criticism*) Kritik *f;* **film ~** Filmbesprechung *f*

reviewer [rɪ'vju:əʳ] *n* Kritiker(in) *m(f); of literature a.* Rezensent(in) *m(f)*

revise [rɪ'vaɪz] **I.** *vt* überarbeiten; *book* redigieren; (*reconsider*) überdenken; BRIT, AUS (*study again*) wiederholen **II.** *vi* BRIT, AUS **to ~ for an exam** auf eine Prüfung lernen

revive [rɪ'vaɪv] **I.** *vt* wiederbeleben; (*revitalize*) beleben; (*resurrect*) wieder aufleben lassen; *economy* ankurbeln; *idea* wieder aufgreifen; **to ~ sb's hopes** jdm neue Hoffnungen machen **II.** *vi* wieder zu sich *dat* kommen; (*recuperate*) sich erholen; *economy a.* wieder aufblühen

revolting [rɪ'vəʊltɪŋ] *adj* abstoßend; *smell* ekelhaft; **it is ~ that ...** es ist widerlich, dass ...

revolution [ˌrevᵊl'u:ʃᵊn] *n* ❶ Revolution *f* ❷ TECH Umdrehung *f;* **~s per minute** Umdrehungen *pl* pro Minute

revolutionary [ˌrevᵊl'u:ʃᵊnᵊri] **I.** *n* Revolutionär(in) *m(f)* **II.** *adj* revolutionär; (*fig*) bahnbrechend

revolving [rɪ'vɒlvɪŋ] *adj attr* Dreh-

reward [rɪ'wɔ:d] **I.** *n* Belohnung *f; acknowledgement* Anerkennung *f;* **to offer a ~** eine Belohnung aussetzen **II.** *vt* belohnen

rewarding [rɪ'wɔ:dɪŋ] *adj* befriedigend; *experience* lohnend; *task* dankbar

rewind *vt* <-wound, -wound> [ˌri:'waɪnd] aufwickeln; *cassette* zurückspulen

rheumatism ['ru:mətɪzᵊm] *n no pl* Rheuma *nt*

rhinoceros [raɪ'nɒsᵊrəs] *n, fam* **rhino** ['raɪnəʊ] *n* Nashorn *nt*

rhubarb ['ru:bɑ:b] *n no pl* Rhabarber *m*

rhythm ['rɪðᵊm] *n* Rhythmus *m;* **sense of ~** Rhythmusgefühl *nt*

rib [rɪb] *n* ❶ Rippe *f;* **~ cage** Brustkorb *m* ❷ FOOD **~s** Rippchen *nt* ❸ *no pl* (*in knitting*) Rippung *f*

ribbon ['rɪbᵊn] *n* ❶ Band *nt;* (*fig*) Streifen *m* ❷ (*rag*) **in ~s** in Fetzen

rice [raɪs] **I.** *n no pl* Reis *m;* **brown ~** Naturreis *m* **II.** *vt* AM **to ~ vegetables** Gemüse passieren

rice pudding *n no pl* Milchreis *m*

rich [rɪtʃ] **I.** *adj* ❶ reich; (*fertile*) fruchtbar; *soil a.* fett; (*opulent*) prachtvoll; *food* gehaltvoll; (*hard to digest*) schwer; *colour* satt; **to get ~ quick** schnell zu Reichtum kommen ❷ (*abounding*) reich (**in** an); **~ in detail** sehr detailliert; **~ in vitamins** vitaminreich **II.** *n* **the ~** *pl* die Reichen *pl*

rid <-dd-, rid *or old* ridded, rid> [rɪd] *vt* **to ~ sth/sb of sth** etw/jdn von etw *dat* befreien; **to be ~ of sb/sth** jdn/etw los sein; **to get ~ of sb/sth** jdn/etw loswerden

R

ridden ['rɪdᵊn] *pp of* **ride**

riddle ['rɪdl̩] *n* Rätsel *nt*

ride [raɪd] **I.** *n* ❶ Fahrt *f* (**on** mit); (*on horse*) Ritt *m;* **bus** ~ Busfahrt *f;* **to go for a** ~ eine Fahrt machen; (*on horse*) ausreiten ❷ AM (*driver*) Fahrer(in) *m(f)* ❸ (*free trip*) Mitfahrgelegenheit *f;* **to give sb a** ~ jdn [im Auto] mitnehmen ❹ (*at fair*) [Karussell]fahrt *f;* ▶ **to take sb for a** ~ (*fam*) jdn übers Ohr hauen **II.** *vt* <rode, ridden> ❶ fahren; *horse* reiten ❷ *usu passive* **to be ridden with guilt** von [schweren] Schuldgefühlen geplagt werden **III.** *vi* <rode, ridden> fahren (**on** mit); (*on horse*) reiten; **to** ~ **by** vorbeireiten

rider ['raɪdəʳ] *n* Fahrer(in) *m(f); of horse* Reiter(in) *m(f)*

ridge [rɪdʒ] *n* Grat *m; of roof* Dachfirst *m;* ~ **of high/low pressure** Hoch-/Tiefdruckkeil *m*

ridiculous [rɪ'dɪkjələs] **I.** *adj* lächerlich; BRIT (*sl: incredible*) unglaublich **II.** *n no pl* **the** ~ das Absurde

riding ['raɪdɪŋ] **I.** *n* ❶ *no pl* Reiten *nt* ❷ CAN POL (*constituency*) Wahlbezirk *m* **II.** *adj attr* Reit-; ~ **crop** Reitgerte *f;* ~ **school** Reitschule *f*

rifle ['raɪfl̩] *n* Gewehr *nt*

rig[1] [rɪg] *vt* <-gg-> (*forge*) manipulieren

rig[2] [rɪg] *n* ❶ NAUT Takelage *f* ❷ (*apparatus*) Vorrichtung *f* ❸ **drilling** ~ Bohrinsel *f;* **gas/oil** ~ Gas-/Ölbohrinsel *f*

rigging[1] ['rɪgɪŋ] *n no pl* NAUT Auftakeln *nt;* AVIAT Aufrüstung *f*

rigging[2] ['rɪgɪŋ] *n no pl* Manipulation *f;* **ballot** ~ Wahlmanipulation *f*

right [raɪt] **I.** *adj* ❶ richtig; (*fair*) gerecht; **you're** ~ **to be annoyed** du bist zu Recht verärgert; **to do the** ~ **thing** das Richtige tun ❷ (*correct*) richtig; *time* genau; **the** ~ **way round** richtig herum; **to get sth** ~ etw richtig machen; **am I** ~ **in thinking that ...** gehe ich recht in der Annahme, dass ... ❸ (*best*) richtig; **to be in the** ~ **place at the** ~ **time** zur rechten Zeit am rechten Ort sein ❹ (*healthy*) **to be not [quite]** ~ **in the head** (*fam*) nicht [ganz] richtig im Kopf sein ❺ (*not left*) rechte(r, s); **to make a** ~ **turn** rechts abbiegen ❻ (*conservative*) rechte(r, s) ❼ *attr esp* BRIT (*fam: complete*) total **II.** *adv* ❶ (*completely*) völlig; ~ **through** durch und durch ❷ (*all the way*) ganz; (*directly*) direkt ❸ (*fam: immediately*) gleich; **I'll be** ~ **with you** ich komme sofort ❹ **to do** ~ **by sb** sich jdm gegenüber anständig verhalten ❺ (*properly*) gut ❻ (*not left*) **to turn** ~ [nach] rechts abbiegen ▶ ~ **away** (*fam*) sofort **III.** *n* ❶ *no pl* (*goodness*) Recht *nt* ❷ (*morality*) das Richtige ❸ *of claim* Recht *nt;* **women's** ~**s** die Rechte *pl* der Frau[en] ❹ *pl of ownership* Rechte *pl* ❺ *no pl* (*not left*) rechte Seite; **on the** ~ rechts; **on my/her** ~ rechts [von mir/ihr] ❻ + *sing/pl vb* POL **the R~** die Rechte; **the far** ~ die Rechtsextremen *pl* **IV.** *vt* (*align*) aufrichten; (*remedy*) in Ordnung bringen; (*rectify*) wiedergutmachen **V.** *interj* (*fam*) ❶ (*okay*) in Ordnung *fam;* ~ **you are!** in Ordnung! ❷ BRIT **too** ~**!** wohl wahr! ❸ ~**, let's go** also, nichts wie los *fam*

right-hand *adj attr* ❶ (*on the right*) rechte(r, s); ~ **drive** Rechtslenkung *f* ❷ (*with right hand*) mit der Rechten *nach n;* ~ **punch** rechter Haken

right-handed *adj* rechtshändig

rightly ['raɪtli] *adv* richtig; (*justifiably*) zu Recht; **quite** ~ völlig zu Recht

right of way <*pl* rights-> *n* ❶ *no pl* Durchgangsrecht *nt* ❷ AUTO Vorfahrt *f*

right-wing *adj* rechts *präd,* rechte(r, s)

right wing *n* + *sing/pl vb* **the** ~ der rechte Flügel

rind [raɪnd] *n no pl* Schale *f;* (*bark*) [Baum]rinde *f;* **bacon** ~ [Speck]schwarte *f;* **[grated] lemon** ~ [geriebene] Zitronenschale

ring¹ [rɪŋ] **I.** *n* ❶ Ring *m;* (*circle*) Kreis *m* ❷ BRIT (*hob*) Kochplatte *f* ❸ (*arena*) Ring *m;* **circus ~** Manege *f* **II.** *vt* ❶ *usu passive* umringen ❷ BRIT (*draw*) einkreisen

ring² [rɪŋ] **I.** *n* ❶ Klingeln *nt kein pl* ❷ *usu sing esp* BRIT **to give sb a ~** jdn anrufen **II.** *vi* <rang, rung> klingeln; *ears* dröhnen **III.** *vt* <rang, rung> ❶ *bell* läuten; **to ~ the alarm** Alarm auslösen ❷ **to ~ the hour** die Stunde schlagen ❸ *esp* BRIT (*phone*) anrufen; **to ~ sb back** jdn zurückrufen

◆ **ring off** *vi* BRIT auflegen

◆ **ring up I.** *vt* ❶ *esp* BRIT anrufen ❷ **to ~ up an amount** einen Betrag [in die Kasse] eintippen **II.** *vi* BRIT anrufen

ringleader *n* Anführer(in) *m(f)*

ring road *n* BRIT, AUS Ringstraße *f*

ringside *n* **the ~** (*in boxing*) die Sitzreihe am Boxring; (*at circus*) die Sitzreihe an der Manege

'ring tone *n* Klingelton *m*

rink [rɪŋk] *n* **ice ~** Eisbahn *f;* **rollerskating ~** Rollschuhbahn *f*

rinse [rɪns] **I.** *n* Spülung *f;* (*for mouth*) Mundspülung *f;* **to give one's hair a ~** sich *dat* die Haare spülen **II.** *vt, vi* spülen; **to ~ one's mouth** [**out**] sich *dat* den Mund ausspülen

riot ['raɪət] **I.** *n* ❶ Unruhen *pl;* (*uproar*) Aufstand *m* ❷ *no pl* (*fig*) **~ of colour[s]** Farbenpracht *f;* **~ of emotions** Gefühlsausbruch *m* **II.** *vi* randalieren; (*fig*) wild feiern

rioting ['raɪətɪŋ] *n no pl* Randalieren *nt*

rip [rɪp] **I.** *n* ❶ Riss *m* ❷ *usu sing* (*act*) Zerreißen *nt;* (*with knife*) Zerschlitzen *nt* **II.** *vt* <-pp-> zerreißen; **to ~ sth into shreds** etw zerfetzen; **to ~ sth open** etw aufreißen; **to ~ sth apart** etw auseinanderreißen **III.** *vi* <-pp-> ❶ reißen ❷ (*rush*) **to ~ through sth** durch etw *akk* fegen

◆ **rip off** *vt* ❶ abreißen ❷ (*fam: overcharge*) **to ~ off sb** jdn übers Ohr hauen ❸ (*fam: steal*) mitgehen lassen; *ideas* klauen

◆ **rip up** *vt* zerreißen; **to ~ the carpets up** den Teppichboden herausreißen

ripen ['raɪpᵊn] **I.** *vi* [heran]reifen **II.** *vt* reifen lassen

rip-off *n* (*fam*) Wucher *m kein pl pej;* (*fraud*) Schwindel *m*

rise [raɪz] **I.** *n* ❶ *of curtain* Heben *nt kein pl; of sun* Aufgehen *nt kein pl* ❷ (*in fishing*) Steigen *nt kein pl* ❸ (*in society*) Aufstieg *m* (**to** an *+akk*) **II.** *vi* <rose, risen> steigen; (*awake*) aufstehen; (*from chair*) sich erheben; *sun* aufgehen; *slope* ansteigen; *dough* aufgehen; *mood* steigen; (*socially*) aufsteigen; **to ~ to fame** berühmt werden; **to ~ against sb/sth** sich gegen jdn/etw auflehnen

risen ['rɪzᵊn] *pp of* **rise**

risk [rɪsk] **I.** *n* Risiko *nt;* **~ assessment** Risikoanalyse *f;* **fire ~** Brandgefahr *f;* **at the ~ of doing sth** auf die Gefahr hin, etw zu tun **II.** *vt* riskieren

risky ['rɪski] *adj* riskant

rival ['raɪvᵊl] **I.** *n* Rivale, Rivalin *m, f;* COMM Konkurrent *m;* **arch ~** Erzrivale, -rivalin *m, f;* **bitter ~s** scharfe Rivalen; **closest ~** größter Rivale/größte Rivalin **II.** *adj* konkurrierend *attr;* **~ brand** Konkurrenzmarke *f* **III.** *vt* <BRIT -ll- *or* AM *usu* -l-> **to ~ sb/sth** mit jdm/etw konkurrieren

river ['rɪvəʳ] *n* Fluss *m;* (*fig*) Strom *m;* **the R~ Thames** die Themse; **down ~** stromabwärts; **up ~** stromaufwärts

river police *n no pl, + sing/pl vb* Wasserschutzpolizei *f*

RN [ˌɑːr'en] *n* ❶ BRIT *abbrev of* **Royal Navy** ❷ AM *abbrev of* **registered nurse** examinierte Krankenschwester/examinierter Krankenpfleger

RNLI [ˌɑːrenel'aɪ] *n* BRIT *abbrev of* **Royal National Lifeboat Institution** ≈ DLRG *f*

road [rəʊd] *n* Straße *f;* (*fig*) Weg *m;*

R

main ~ Hauptstraße *f;* **to cross the ~** die Straße überqueren; **to be on the ~ to recovery** sich auf dem Wege der Besserung befinden

road accident *n* Verkehrsunfall *m* **roadblock** *n* Straßensperre *f* **road haulage** *n no pl* BRIT Güterverkehr *m* (*auf den Straßen*) **road map** *n* Straßenkarte *f* **road rage** *n no pl aggressives Verhalten im Straßenverkehr* **roadside I.** *n no pl* Straßenrand *m;* **at [***or* **by] the ~** am Straßenrand **II.** *n modifier* Straßen-; **~ shop** Laden *m* an der Straße; **~ stop** Rastplatz *m* **road sign** *n* Verkehrsschild *nt* **roadworks** *n pl* Straßenbauarbeiten *pl*

roar [rɔːʳ] **I.** *n* Brüllen *nt kein pl; of cannon* Donnern *nt kein pl;* (*laughter*) schallendes Gelächter **II.** *vi* brüllen; *cannon* donnern; **to ~ at sb** jdn anbrüllen **III.** *vt* brüllen

roast [rəʊst] **I.** *vt* rösten; *meat* braten **II.** *vi* braten **III.** *adj attr* Brat-; **~ beef** Rinderbraten *m;* **~ chicken** Brathähnchen *nt* **IV.** *n* ❶ Braten *m* ❷ *no pl* (*process*) Rösten *nt; of coffee* Röstung *f*

rob <-bb-> [rɒb] *vt* **to ~ sb** ❶ jdn bestehlen; (*violently*) jdm rauben; **to ~ a bank** eine Bank ausrauben ❷ *usu passive* (*fam: overcharge*) jdn ausnehmen

R

robber [ˈrɒbəʳ] *n* Räuber(in) *m(f)*

robbery [ˈrɒbᵊri] *n* Raubüberfall *m;* **bank ~** Bankraub *m;* **armed ~** bewaffneter Raubüberfall

robe [rəʊb] *n* langes Kleid; (*dressing gown*) Morgenmantel *m*

robin, *liter* **robin redbreast** [ˈrɒbɪn] *n* Rotkehlchen *nt*

robot [ˈrəʊbɒt] *n* Roboter *m*

rock¹ [rɒk] *n* ❶ Fels[en] *m,* Stein *m* ❷ (*Gibraltar*) **the R~** der Felsen von Gibraltar ❸ AM, AUS (*stone*) Stein *m* ❹ *no pl* BRIT **stick of ~** Zuckerstange *f* ❺ (*fam: diamond*) Klunker *m*

rock² [rɒk] **I.** *n* ❶ *no pl* (*music*) Rockmusik *f* ❷ (*seesaw*) Schaukeln *nt kein pl* **II.** *vt* schaukeln; (*gently*) wiegen; **to ~ a child to sleep** ein Kind in den Schlaf wiegen **III.** *vi* ❶ schaukeln; **to ~ back and forth** hin und her schaukeln ❷ Rock[musik] spielen

rock climbing *n no pl* Klettern *nt*

rocket [ˈrɒkɪt] **I.** *n* [Marsch]flugkörper *m;* (*for space*) Rakete *f;* (*firework*) [Feuerwerks]rakete *f* **II.** *vi* **to ~ [up]** *prices* hochschnellen

rocking [ˈrɒkɪŋ] *adj* schaukelnd; **~ chair** Schaukelstuhl *m;* **~ horse** Schaukelpferd *nt*

rocky [ˈrɒki] *adj* felsig; *soil* steinig

rod [rɒd] *n* Stange *f;* (*staff*) Stab *m;* (*cane*) Rohrstock *m*

rode [rəʊd] *pt of* **ride**

roe¹ [rəʊ] *n no pl* Rogen *m; of male fish* Milch

roe² <*pl* -s *or* -> [rəʊ] *n* (*deer*) Reh *nt*

roll [rəʊl] **I.** *n* ❶ Rolle *f;* **~ of film/paper** Rolle *f* Film/Papier ❷ (*list*) [Namens]liste *f;* **electoral ~** Wählerverzeichnis *nt* ❸ (*bread*) Brötchen *nt;* (*meat*) Roulade *f;* (*cake*) Rolle *f* ❹ (*turn over*) Rollen *nt; sway* Schlingern *nt;* **backward ~** Rolle *f* rückwärts ❺ *usu sing of thunder* [G]rollen *nt kein pl* **II.** *vt* ❶ rollen; **to ~ one's eyes** die Augen verdrehen ❷ (*turn over*) drehen ❸ (*push*) rollen; (*when heavier*) schieben ❹ (*wind*) aufrollen; **to ~ wool into a ball** Wolle aufwickeln ❺ *pastry* ausrollen ❻ *dice* würfeln **III.** *vi* ❶ rollen (**off** von); (*turn over*) sich herumrollen; (*wallow*) sich [herum]wälzen ❷ *waves* rollen; *tears* kullern ❸ (*on wheels*) rollen ❹ *acrobat* eine Rolle machen; *ship* schlingern

◆ **roll back I.** *vt* zurückrollen; (*push back*) zurückschieben; (*fold back*) zurückschlagen; (*fig*) umkehren; **to ~ back the years** die Uhr zurückdrehen **II.** *vi* zurückrollen; *wages* sinken

◆ **roll in** *vi, vt* hinein/hereinrollen; *offers* [massenhaft] eingehen

◆ **roll out** *vt, vi* hinaus-/herausrollen; *dough* ausrollen
◆ **roll over** I. *vi* herumrollen; *person, animal* sich umdrehen; **to ~ over onto one's side** sich auf die Seite rollen II. *vt* umdrehen; *credit* erneuern; **~ him over onto his back/side** dreh ihn auf den Rücken/die Seite
◆ **roll up** I. *vt* hochrollen; *sleeves* hochkrempeln; (*coil*) aufrollen; *credit* verlängern II. *vi* ❶ hochrollen ❷ (*fam: arrive*) aufkreuzen ❸ BRIT, AUS (*participate*) **~ up!** treten Sie näher!

roll bar *n* Überrollbügel *m*
roller ['rəʊləʳ] *n* Rolle *f;* TECH Walze *f*
roller blind *n esp* BRIT, AUS Rollo *nt* **roller coaster** *n* Achterbahn *f* **roller-skate** *vi* Rollschuh laufen
rolling pin *n* Nudelholz *nt*
roll-neck *n* Rollkragen *m;* (*sweater*) Rollkragenpullover *m*
Roman ['rəʊmən] I. *adj* römisch II. *n* Römer(in) *m(f)*
Roman Catholic I. *adj* römisch-katholisch II. *n* Katholik(in) *m(f)*
romance [rə(ʊ)'mæn(t)s] *n* ❶ *no pl* Romantik *f* ❷ (*affair*) Romanze *f;* (*film*) Liebesfilm *m;* (*book*) Liebesroman *m;* **whirlwind ~** heftige Liebesaffäre
romantic [rə(ʊ)'mæntɪk] I. *adj* romantisch II. *n* Romantiker(in) *m(f)*
Rome [rəʊm] *n* Rom *nt*
roof [ru:f] I. *n* Dach *nt;* (*attic*) Dachboden; (*ceiling*) Decke *f* II. *vt* überdachen
roof garden *n* Dachgarten *m* **roof rack** *n* Dachgepäckträger *m*
rook¹ [rʊk] *n* ORN Krähe *f*
rook² [rʊk] *n* CHESS Turm *m*
rookie ['rʊki] *n esp* AM, AUS (*fam*) Neuling *m;* MIL Rekrut(in) *m(f)*
room [ru:m] *n* ❶ *no pl* (*space*) Platz *m* ❷ (*scope*) Raum *m;* **~ for manoeuvre** Bewegungsspielraum *m* ❸ (*in walls*) Zimmer *nt;* **double/single ~** Doppel-/Einzelzimmer *nt*
room-mate, AM *usu* **roommate** *n* Zimmergenosse, -genossin *m, f;* AM (*co-tenant*) Mitbewohner(in) *m(f)* **room service** *n no pl* Zimmerservice *m*
roomy ['ru:mi] *adj* geräumig
rooster ['ru:stəʳ] *n* AM, AUS Hahn *m*
root [ru:t] I. *n* Wurzel *f;* (*fig a.*) Ursprung *m;* (*essence*) Kern *m kein pl;* LING Stamm *m;* **to take ~** Wurzeln schlagen II. *vt* einpflanzen III. *vi* ❶ wurzeln ❷ (*fam*) **to ~ for sb** jdm die Daumen drücken ❸ **to ~ through sth** etw durchstöbern
root vegetable *n* Wurzelgemüse *nt;* (*celery*) Knolle *f*
rope [rəʊp] I. *n* Seil *nt;* NAUT Tau *nt;* AM (*lasso*) Lasso *nt* II. *vt* anseilen (**to** an)
rope ladder *n* Strickleiter *f*
rose¹ [rəʊz] I. *n* ❶ Rose *f;* (*bush*) Rosenstrauch *m* ❷ *no pl* (*colour*) Rosa *nt;* ▶ **to come up [smelling of] ~s** bestens laufen *fam* II. *adj* rosa
rose² [rəʊz] *pt of* **rise**
rosebud *n* Rosenknospe *f* **rose bush** *n* Rosenstrauch *m* **rose hip** *n* Hagebutte *f*
rosemary ['rəʊzmᵊri] *n no pl* Rosmarin *m*
rosy ['rəʊzi] *adj* rosig
rot [rɒt] I. *n no pl* ❶ Fäulnis *f;* (*matter*) Verfaultes *nt* ❷ BRIT **the ~** der Verfall II. *vi* <-tt-> verrotten; *teeth, meat* verfaulen; (*deteriorate*) verkommen
rota ['rəʊtə] *n esp* BRIT Liste *f;* (*plan*) Plan *m*
rota system *n* BRIT Dienstplan *m*
rotate [rə(ʊ)'teɪt] I. *vi* rotieren (**around** um); (*alternate*) wechseln II. *vt* drehen; *troops* auswechseln; **to ~ crops** im Fruchtwechsel anbauen
rotten ['rɒtᵊn] I. *adj* ❶ verfault; *fruit* verdorben; (*corrupt*) korrupt ❷ (*fam: bad*) mies; **to feel ~** sich mies fühlen II. *adv* (*fam*) total *fam;* **to be spoiled ~** *child* völlig verzogen sein
rough [rʌf] I. *adj* ❶ rau; *voice also* hart; *terrain* uneben; *estimate* grob ❷ (*fam:*

R

difficult) schwer ❸ BRIT (*fam: ill*) **to look ~** mitgenommen aussehen **II.** *adv* (*fam*) rau ▶ **to sleep ~** BRIT im Freien schlafen **III.** *vt* (*fam*) **to ~ it** [ganz] primitiv leben

roughly ['rʌfli] *adv* grob; **~ built** grob zusammengezimmert; **~ the same** ungefähr gleich

round [raʊnd] **I.** *adj* <-er, -est> rund; *face* rundlich; (*number*) rund **II.** *adv esp* BRIT ❶ (*turn*) **to go ~** sich umdrehen ❷ (*here and there*) **to run ~** herumrennen *fam* ❸ (*visit*) **to come ~** vorbeikommen *fam;* **to go ~** *virus, rumours* umgehen ❹ (*surrounding*) rundherum; **all year ~** das ganze Jahr hindurch ❺ (*to opposite*) **to turn ~** sich umdrehen **III.** *prep* um +*akk;* **he put his arms ~ her** er legte seine Arme um sie; **the moon goes ~ the earth** der Mond kreist um die Erde; **to be just ~ the corner** gleich um die Ecke sein **IV.** *n* ❶ Runde *f;* (*series*) Folge *f;* **~ of talks** Gesprächsrunde *f;* **~ of applause** Beifall *m* ❷ *esp* BRIT, AUS (*route*) Runde *f;* **to do a paper ~** Zeitungen austragen **V.** *vt* **to ~ the corner** um die Ecke biegen

◆ **round off** *vt* abrunden

◆ **round up** *vt* zusammentrommeln *fam; things* zusammentragen; *number* aufrunden

roundabout ['raʊndəˌbaʊt] **I.** *n* ❶ BRIT, AUS (*traffic*) Kreisverkehr *m* ❷ BRIT (*at funfair*) Karussell *nt* **II.** *adj* umständlich; **to take a ~ route** einen Umweg machen; **to give a ~ statement** eine unklare Aussage machen

round-the-clock *adj, adv* rund um die Uhr; **to be open ~** durchgehend geöffnet haben; **to work ~** rund um die Uhr arbeiten **round trip I.** *n* Rundreise *f* **II.** *adv* AM **to fly ~** ein Rückflugticket haben

route [ruːt , AM raʊt] *n* ❶ Route *f;* (*bus*) Linie *f;* **the ~ to success** der Weg zum Erfolg ❷ AM (*delivery*) Runde *f;* **to have a paper ~** Zeitungen austragen

routine [ruː'tiːn] **I.** *n* Routine *f;* (*dancing*) Figur *f* **II.** *adj* routinemäßig; **to become ~** zur Gewohnheit werden

row[1] [rəʊ] *n* Reihe *f;* (*street*) Straße *f;* **~s of people** Menschenschlangen *pl;* **in a ~** hintereinander; **in ~s** reihenweise

row[2] [raʊ] **I.** *n esp* BRIT, AUS Streit *m;* (*noise*) Krach *m kein pl* **II.** *vi esp* BRIT (*fam*) sich streiten

row[3] [rəʊ] **I.** *vt, vi* rudern **II.** *n usu sing* Rudern *nt kein pl*

rowboat ['rəʊbəʊt] *n* AM (*rowing boat*) Ruderboot *nt*

rowing ['rəʊɪŋ] *n no pl* Rudern *nt;* **~ boat** Ruderboot *nt;* **~ club** Ruderklub *m*

royal ['rɔɪəl] **I.** *adj* <-er, -est> ❶ königlich; (*fig*) fürstlich ❷ *esp* AM (*fam: big*) gewaltig **II.** *n* (*fam*) Angehörige(r) *f(m)* der königlichen Familie

rpm <*pl* -> [ˌɑːpiː'em] *n abbrev of* **revolutions per minute** U/min

RSPCA [ˌɑːesˌpiːsiː'eɪ] *n no pl, + sing/pl vb* BRIT *abbrev of* **Royal Society for the Prevention of Cruelty to Animals** ≈ Tierschutzverein *m*

RSVP [ˌɑːesviː'piː] *abbrev of* **répondez s'il vous plaît** u. A. w. g.

rub [rʌb] **I.** *n* Reiben *nt kein pl;* **to give sth a ~** etw reiben **II.** *vt* <-bb-> reiben; (*with ointment*) einreiben; **to ~ one's hands together** sich *dat* die Hände reiben; **to ~ sth clean** etw sauber wischen **III.** *vi* <-bb-> reiben; *abrade* scheuern

◆ **rub down** *vt* abreiben; (*clean*) abwischen; *dog* trocken reiben

◆ **rub in** *vt* einreiben; **to ~ it in** (*fam*) auf etw *dat* herumreiten ▶ **to ~ sb's nose in it** es jdm unter die Nase reiben *fam*

◆ **rub off I.** *vi* ❶ sich wegreiben lassen; *stains* rausgehen ❷ (*fam*) **sth ~s off on sb** etw färbt auf jdn ab **II.** *vt* wegwischen

◆ **rub out** **I.** *vt* ❶ ausradieren ❷ AM (*sl*) **to ~ out sb** jdn abmurksen *sl* **II.** *vi stain* herausgehen; (*erase*) sich ausradieren lassen

rubber ['rʌbəʳ] *n* ❶ *no pl* Gummi *m o nt* ❷ BRIT, AUS (*eraser*) Radiergummi *m* ❸ AM (*shoes*) **~s** *pl* Überschuhe *pl* (*aus Gummi*)

rubber band *n* Gummiband *nt* **rubber boot** *n* Gummistiefel *m* **rubber glove** *n* Gummihandschuh *m* **rubber tree** *n* Kautschukbaum *m*

rubbery ['rʌbᵊri] *adj* gummiartig; *meat* zäh

rubbish ['rʌbɪʃ] **I.** *n no pl esp* BRIT ❶ Müll *m* ❷ (*fig fam: nonsense*) Quatsch *m* **II.** *vt* BRIT, AUS (*fam*) als Unsinn abtun **III.** *adj* BRIT (*fam*) **I'm ~ at maths** in Mathe bin ich eine absolute Null

rubbish bin *n* Abfalleimer *m* **rubbish chute** *n* Müllschlucker *m* **rubbish collection** *n* Müllabfuhr *f* **rubbish dump, rubbish tip** *n* Mülldeponie *f*

rubble ['rʌbl̩] *n no pl* Trümmer *pl;* **to reduce sth to ~** etw in Schutt und Asche legen

rubella [ruː'belə] *n no pl* Röteln *pl*

ruby ['ruːbi] **I.** *n* Rubin *m* **II.** *adj* rubinrot

rucksack ['rʌksæk] *n* BRIT Rucksack *m*

rudder ['rʌdəʳ] *n* [Steuer]ruder *nt*

rude [ruːd] *adj* ❶ unhöflich; *behaviour* unverschämt; *gesture* ordinär; *joke* unanständig ❷ *attr* (*sudden*) unerwartet; *awakening* böse

rug [rʌg] *n* Teppich *m*

ruin ['ruːɪn] **I.** *vt* zerstören; **to ~ sb's day** jdm den Tag vermiesen; **to ~ one's eyesight** sich *dat* die Augen verderben **II.** *n* ❶ Ruine *f;* **to be in ~s** eine Ruine sein; **to fall into ~s** zu einer Ruine verfallen ❷ *no pl* (*bankruptcy*) Ruin *m*

rule [ruːl] **I.** *n* ❶ Regel *f;* **~s and regulations** Regeln und Bestimmungen; **to be against the ~s** gegen die Regeln verstoßen ❷ *no pl* (*control*) Herrschaft *f;* **the ~ of law** die Rechtsstaatlichkeit ▶ **as a [general] ~** in der Regel **II.** *vt* ❶ regieren ❷ (*decide*) **to ~ that ...** entscheiden, dass ... **III.** *vi* ❶ herrschen; *sovereign* regieren ❷ LAW **to ~ on sth** in etw *dat* entscheiden

◆ **rule out** *vt* ausschließen

ruler ['ruːləʳ] *n* Herrscher(in) *m(f);* (*scale*) Lineal *nt*

rum [rʌm] *n* Rum *m*

rumble ['rʌmbl̩] **I.** *n* ❶ Grollen *nt kein pl; of stomach* Knurren *nt;* **~s of discontent** Anzeichen *pl* von Unzufriedenheit ❷ *esp* AM, AUS (*fam*) Schlägerei *f* **II.** *vi* rumpeln; *stomach* knurren **III.** *vt* BRIT (*fam*) durchschauen

rummy ['rʌmi] *n no pl* Rommé *nt*

rumour, AM **rumor** ['ruːməʳ] **I.** *n* Gerücht *nt;* **~ has it [that] ...** es geht das Gerücht um, dass ...; **to spread a ~ that ...** das Gerücht verbreiten, dass ... **II.** *vt passive* **it is ~ed that ...** es wird gemunkelt, dass ...

run [rʌn] **I.** *n* ❶ Lauf *m;* **to break into a ~** zu laufen beginnen; **to go for a ~** laufen gehen ❷ (*journey*) Strecke *f* ❸ (*period*) Dauer *f;* **~ of bad/good luck** Pech-/Glückssträhne *f* ❹ **test ~** Probelauf *m* ❺ **chicken ~** Hühnerhof *m* ❻ SPORTS Run *m* ❼ (*fam*) **to have the ~s** Dünnpfiff haben *sl* ▶ **in the long ~** auf lange Sicht gesehen; **in the short ~** kurzfristig **II.** *vi* <ran, run> ❶ laufen; **to ~ for the bus** dem Bus nachlaufen; **to ~ for cover** schnell in Deckung gehen; **to ~ for one's life** um sein Leben rennen ❷ (*operate*) fahren; **to keep the economy ~ning** die Wirtschaft am Laufen halten ❸ *road* verlaufen ❹ (*last*) [an]dauern; **the film ~s for two hours** der Film dauert zwei Stunden ❺ (*be*) **inflation is ~ning at 10%** die Inflationsrate beträgt 10 % ❻ (*flow*) fließen; **my nose is ~ning** meine Nase läuft ▶ **to ~ amok** Amok laufen; **to ~ low** *supplies* [langsam] ausgehen **III.** *vt* <ran, run> ❶ (*drive*) **to ~ sb to the station** jdn zum Bahnhof bringen ❷ (*pass*) **he ran a vacuum cleaner over the carpet** er saugte den Teppich ab ❸ *program, engine* laufen lassen; **to ~ additional trains** zusätzliche Züge einsetzen ❹ *business* leiten; *household* führen; **don't tell me how to ~ my life!** erklär mir nicht, wie ich mein Leben leben soll! ❺ **to ~ a story about sth** über etw *akk* berichten ❻ **to ~ a risk** ein Risiko eingehen ❼ **to ~ errands** Botengänge machen ► **to ~ the show** verantwortlich sein

◆ **run across** *vi* zufällig treffen; **to ~ across a problem** auf ein Problem stoßen

◆ **run after** *vi* hinterherlaufen +*dat*

◆ **run along** *vi* (*fam*) **~!** troll dich!

◆ **run away** *vi* weglaufen; **to ~ away from sb** jdn verlassen; **to ~ away from home** von zu Hause weglaufen; **to ~ away together** gemeinsam durchbrennen *fam*

◆ **run back** *vi* zurücklaufen

◆ **run down I.** *vt* ❶ (*fam: criticize*) runtermachen ❷ **to ~ oneself down** sich auslaugen *fam* **II.** *vi* BRIT reduziert werden

◆ **run in** *vt* (*fam*) einlochen

◆ **run into** *vi* ❶ **to ~ into sb/sth** in jdn/etw hineinrennen ❷ (*meet*) **to ~ into sb** jdm über den Weg laufen; **to ~ into sth** (*fig*) auf etw *akk* stoßen; **to ~ into debt** sich in Schulden stürzen; **to ~ into bad weather** in schlechtes Wetter geraten

◆ **run off** *vi* ❶ (*fam*) abhauen; **to ~ off with sb/sth** mit jdm/etw durchbrennen ❷ *track* abbiegen

◆ **run out** *vi* ❶ ausgehen; **the milk has ~ out** die Milch ist alle; **to ~ out of time** keine Zeit mehr haben ❷ *passport* ablaufen; *licence* auslaufen ❸ **to ~ out on sb** jdn verlassen

◆ **run over I.** *vt* überfahren **II.** *vi* ❶ **to ~ over time** überziehen ❷ (*overflow*) überlaufen

◆ **run through I.** *vt* durchbohren **II.** *vi* durchgehen; (*practise*) durchspielen

◆ **run up I.** *vt* *debts* machen; *dress* nähen **II.** *vi* **to ~ up against opposition** auf Widerstand stoßen

runabout *n* [kleiner] Stadtflitzer *fam*

runaround *n* *no pl* **to get the ~** im Dunkeln gelassen werden

runaway I. *adj attr* außer Kontrolle geraten; *prisoner* entlaufen; **~ success** Riesenerfolg *m fam* **II.** *n* Ausreißer(in) *m(f) fam*

rundown I. *n* ['rʌndaʊn] ❶ zusammenfassender Bericht ❷ *no pl* (*reduction*) Kürzung *f* **II.** *adj* [ˌrʌn'daʊn] heruntergekommen

rung[1] [rʌŋ] *n* Sprosse *f*; (*fig*) Stufe *f*

rung[2] [rʌŋ] *pp of* **ring**

runner ['rʌnəʳ] *n* ❶ Läufer(in) *m(f)*; (*horse*) Rennpferd *nt* ❷ AUS (*shoe*) Turnschuh *m*

runner bean *n* BRIT Stangenbohne *f*

runner-up *n* Zweite(r); **to be the ~** den zweiten Platz belegen

running ['rʌnɪŋ] **I.** *n* *no pl* Laufen *nt*; ► **to be in/out of the ~** mit/nicht mit im Rennen sein **II.** *adj* ❶ *after n* nacheinander *nach n* ❷ (*ongoing*) [fort]laufend

running costs *n pl* Betriebskosten *pl*; *of car* Unterhaltskosten *pl*

runny ['rʌni] *adj* **I've a ~ nose** meine Nase läuft

run-off *n* (*in election*) Stichwahl *f*; (*in race*) Entscheidungslauf *m*

run-up *n* ❶ SPORTS Anlauf *m* [zum Absprung] ❷ *esp* BRIT (*prelude*) Vorlauf *m*

runway *n* Start- und Landebahn *f*; SPORTS Anlaufbahn *f*

rural ['rʊərᵊl] *adj* ländlich

rush[1] [rʌʃ] *n* Binse *f*

rush[2] [rʌʃ] **I.** *n* ❶ Eile *f*; (*dash*) Losstürzen *nt;* (*fig: surge*) Schwall *m;* **slow down! what's the ~?** mach langsam! wozu die Eile?; **gold ~** Goldrausch *m;* **to be in a ~** in Eile sein; **to leave in a ~** sich eilig auf den Weg machen **II.** *vi* ❶ eilen; **stop ~ing!** hör auf zu hetzen!; **to ~ about** herumhetzen; **to ~ in** hineinstürmen; **to ~ out** hinausstürzen; *water* herausschießen ❷ (*precipitate*) **to ~ into sth** etw überstürzen **III.** *vt* ❶ **she was ~ed to hospital** sie wurde auf schnellstem Weg ins Krankenhaus gebracht ❷ (*pressure*) **to ~ sb [into sth]** jdn [zu etw *dat*] treiben; **don't ~ me!** dräng mich nicht! ❸ (*precipitate*) **let's not ~ things** lass uns nichts überstürzen; **to ~ one's food** hastig essen

◆ **rush out** *vt* COMM schnell auf den Markt bringen

rush hour *n* Hauptverkehrszeit *f*

Russia ['rʌʃə] *n* Russland *nt*

Russian ['rʌʃᵊn] **I.** *adj* russisch **II.** *n* ❶ Russe, Russin *m, f* ❷ *no pl* (*language*) Russisch *nt*

rust [rʌst] **I.** *n no pl* Rost *m;* (*colour*) Rostbraun *nt* **II.** *vi* rosten; **to ~ away/through** ver-/durchrosten **III.** *vt* rostig machen; (*fig*) einrosten lassen

rustler ['rʌsl̩əʳ] *n esp* AM, AUS Viehdieb(in) *m(f)*

rusty ['rʌsti] *adj* verrostet; (*fig*) eingerostet; **my Russian is a bit ~** ich bin mit meinem Russisch etwas aus der Übung

rut [rʌt] *n* [Rad]spur *f;* ▶ **to be [stuck] in a ~** in einen [immer gleichen] Trott geraten sein

ruthless ['ru:θləs] *adj* unbarmherzig; *remark* mitleid[s]los

RV [ˌɑ:r'vi:] *n* AM *abbrev of* **recreational vehicle** Wohnmobil *nt*

rye [raɪ] *n no pl* Roggen *m*

Ss

S <*pl* -'s>, **s** <*pl* -'s> [es] *n* S *nt,* s *nt;* *see also* **A 1**

s <*pl* -> *abbrev of* **second** s, Sek.

S¹ *n no pl abbrev of* **south** S

S² *adj* FASHION *abbrev of* **small** S

sabotage ['sæbətɑ:(d)ʒ] **I.** *vt* sabotieren **II.** *n* Sabotage *f*

sachet ['sæʃeɪ] *n* [kleiner] Beutel; **~ of sugar** Zuckertütchen *nt*

sack [sæk] **I.** *n* ❶ Sack *m* ❷ *no pl* **to get the ~** rausgeschmissen werden *fam* **II.** *vt* rausschmeißen *fam*

sacred ['seɪkrɪd] *adj* heilig; *music* geistlich

sacrifice ['sækrɪfaɪs] **I.** *vt* opfern **II.** *vi* **to ~ to the gods** den Göttern Opfer bringen **III.** *n* Opfer *nt*

sad <-dd-> [sæd] *adj* traurig; (*unsatisfactory also*) bedauerlich; *incident* betrüblich; *weather* trist; **to look ~** betrübt aussehen; **to make sb ~** jdn betrüben

saddle ['sædl̩] **I.** *n* Sattel *m* **II.** *vt* satteln; (*fam: burden*) **to be ~d with sth** etw am Hals haben

sadness ['sædnəs] *n no pl* Traurigkeit *f* (**about/at** über)

sae *n,* **SAE** [ˌeseɪ'i:] *n abbrev of* **stamped addressed envelope** frankierter Rückumschlag

safari [sə'fɑ:ri] *n* Safari *f;* **~ park** Safaripark *m*

safe [seɪf] **I.** *adj* ❶ sicher; **~ journey!** gute Reise!; **to keep sth in a ~ place**

etw sicher aufbewahren; **to feel ~** sich sicher fühlen ❷ (*sure*) [relativ] sicher; **it's a ~ bet that ...** man kann davon ausgehen, dass ... ❸ (*careful*) vorsichtig; **to make the ~ choice** auf Nummer Sicher gehen *fam* ▸ **to be in ~ hands** in guten Händen sein; **to be as ~ as houses** BRIT bombensicher sein *fam;* **to play it ~** auf Nummer Sicher gehen *fam* **II.** *n* Tresor *m*

safe-deposit box *n* Tresorfach *nt* **safekeeping** *n no pl* [sichere] Aufbewahrung; **in sb's ~** in jds Gewahrsam **safe sex** *n no pl* Safersex *m*

safety ['seɪfti] *n no pl* Sicherheit *f;* **place of ~** sicherer Ort ▸ **there's ~ in numbers** (*prov*) in der Gruppe ist man sicherer

safety belt *n* Sicherheitsgurt *m* **safety lock** *n* Sicherheitsschloss *nt;* (*on gun*) Sicherung *f* **safety pin** *n* Sicherheitsnadel *f* **safety regulations** *n pl* Sicherheitsvorschriften *pl*

Sagittarius [ˌsædʒɪ'teəriəs] *n* ASTROL Schütze *m*

said [sed] **I.** *pp, pt of* **say** **II.** *adj attr* besagt

sail [seɪl] **I.** *n* Segel *nt;* (*of windmill*) Flügel *m;* **to hoist/lower the ~s** die Segel setzen/einholen ▸ **to set ~** in See stechen **II.** *vi* ❶ fahren, reisen; **to ~ around the world** die Welt umsegeln ❷ (*glide*) gleiten; **to ~ along** dahingleiten **III.** *vt ship* steuern; *yacht* segeln

sailboard *n* Surfbrett *nt* **sailboat** *n* AM Segelboot *nt*

sailing ['seɪlɪŋ] *n* Segeln *nt;* **~ boat** Segelboot *nt*

sailor ['seɪləʳ] *n* Segler(in) *m(f);* (*crew*) Matrose *m*

saint [seɪnt, sᵊnt] *n* Heilige(r) *f(m);* **S~ Peter** der heilige Petrus; **S~ Paul's Cathedral** die Paulskathedrale

sake [seɪk] *n* **for sb's ~** jdm zuliebe; **for the ~ of sth** um einer S. *gen* willen; **for the ~ of peace** um des [lieben] Friedens willen ▸ **for goodness [*or* heaven's] ~** um Gottes [*o* Himmels] willen

salad ['sæləd] *n* Salat *m;* **~ cream** BRIT [Salat]mayonnaise *f;* **~ dressing** Dressing *nt*

salami [sə'lɑːmi] *n* Salami *f*

salary ['sælᵊri] *n* Gehalt *nt;* **to raise sb's ~** jds Gehalt erhöhen; **~ cut** Gehaltskürzung *f;* **~ earner** Gehaltsempfänger(in) *m(f)*

sale [seɪl] *n* ❶ (*act*) Verkauf *m;* **for ~** zu verkaufen ❷ (*quantity*) Absatz *m* ❸ (*cut-priced*) Ausverkauf *m;* **the ~s** *pl* der Schlussverkauf *kein pl* ❹ *pl* (*department*) **S~s** die Verkaufsabteilung

sale price *n* Verkaufspreis *m* **sales department** *n* Verkaufsabteilung *f* **salesgirl** *n* Verkäuferin *f* **salesman** *n* Verkäufer *m;* **door-to-door ~** Hausierer *m* **sales receipt** *n* Kassenzettel *m* **saleswoman** *n* Verkäuferin *f*

salmon ['sæmən] *n* <*pl* - *or* -s> *no pl* Lachs *m;* **smoked ~** Räucherlachs *m*

salmonella poisoning *n no pl* Salmonellenvergiftung *f*

saloon [sə'luːn] *n* BRIT Limousine *f*

salt [sɔːlt] **I.** *n* Salz *nt;* **a pinch of ~** eine Prise Salz ▸ **to rub ~ in sb's wound** Salz in jds Wunde streuen **II.** *vt* salzen

salt cellar *n* Salzstreuer *m* **salt water** *n no pl* Salzwasser *nt* **salt-water** *adj attr* Salzwasser-; **~ fish** Meeresfisch *m;* **~ lake** Salzsee *m*

salty ['sɔːlti] *adj* salzig

salvation [sæl'veɪʃᵊn] *n no pl* Rettung *f;* REL Erlösung *f;* **to be beyond ~** nicht mehr zu retten sein

Salvation Army *n no pl* Heilsarmee *f*

same [seɪm] **I.** *adj attr* **the ~ ...** der/die/das gleiche ...; (*identical*) der-/die-/dasselbe; **she's the ~ age as me** sie ist genauso alt wie ich; **at the ~ time** gleichzeitig; **it's the ~ old story** es ist die alte Geschichte ▸ **to be in**

S

the ~ boat im gleichen Boot sitzen **II.** *pron* **the ~** der-/die-/dasselbe; **men are all the ~** die Männer sind alle gleich; **to be one and the ~** ein und der-/die-/dasselbe sein; **I feel just the ~ as you do** mir geht es genauso wie dir ▶ **all the ~** trotzdem; **[the] ~ to you** danke, gleichfalls

sample ['sɑːmpl] **I.** *n* ❶ Probe *f;* **free ~** Gratisprobe *f* ❷ (*representative*) *of people* Querschnitt *m; of things* Stichprobe *f* **II.** *vt* ❶ [aus]probieren; *food* kosten ❷ MUS mischen

sand [sænd] **I.** *n* Sand *m;* **~s** *pl* (*beach*) Sandstrand *m* **II.** *vt wood* [ab]schmirgeln

sandal ['sændᵊl] *n* Sandale *f* **sandbank** *n* Sandbank *f* **sandcastle** *n* Sandburg *f* **sand dune** *n* Sanddüne *f* **sandpaper** **I.** *n no pl* Schmirgelpapier *nt* **II.** *vt* abschmirgeln **sandpit** *n esp* BRIT Sandkasten *m*

sandwich ['sænwɪdʒ] **I.** *n* <*pl* -es> Sandwich *m o nt;* **sub[marine] ~** AM Riesensandwich *m o nt fam* ▶ **to be one ~ short of a picnic** (*hum fam*) völlig übergeschnappt sein **II.** *vt* **to ~ sth in between sth** etw [zwischen etw *dat*] dazwischenschieben

sandwich counter *n Tresen, an dem ausschließlich Sandwiches verkauft werden*

sandy ['sændi] *adj* sandig; *texture* körnig

sang [sæŋ] *pt of* **sing**

sanitary ['sænɪtᵊri] *adj* hygienisch; (*installations*) sanitär *attr*

sanitation [ˌsænɪ'teɪʃᵊn] *n no pl* Hygiene *f;* (*sewers*) Abwasserkanalisation *f*

sank [sæŋk] *pt of* **sink**

Santa *n*, **Santa Claus** [ˌsæntə'klɔːz] *n no pl* der Weihnachtsmann; (*on December 6*) der Nikolaus

sarcasm ['sɑːkæzᵊm] *n no pl* Sarkasmus *m*

sarcastic [sɑː'kæstɪk] *adj* sarkastisch; *tongue* scharf

sardine [sɑː'diːn] *n* Sardine *f;* **to be squashed like ~s** wie die Ölsardinen zusammengepfercht sein

SARS, Sars [sɑːz] *n acr for* **severe acute respiratory syndrome** SARS *kein art*

sat [sæt] *pt, pp of* **sit**

satchel ['sætʃᵊl] *n* [Schul]ranzen *m*

satellite ['sætᵊlaɪt] *n* Satellit *m;* **~ dish** Satellitenschüssel *f;* **~ television** Satellitenfernsehen *nt;* **~ town** Trabantenstadt *f*

satisfaction [ˌsætɪs'fækʃᵊn] *n no pl* Zufriedenheit *f;* **to demand ~** Genugtuung verlangen *geh;* **sb derives ~ from [doing] sth** etw bereitet jdm [große] Befriedigung

satisfactory [ˌsætɪs'fæktᵊri] *adj* befriedigend, zufriedenstellend

satisfy <-ie-> ['sætɪsfaɪ] **I.** *vt* zufrieden stellen; *desire* befriedigen **II.** *vi* (*form*) befriedigen

satisfying ['sætɪsfaɪɪŋ] *adj* zufrieden stellend, befriedigend

satnav ['sætnæv] *n* TRANSP, AVIAT [Satelliten]navigationsgerät *nt*

Saturday ['sætədeɪ] *n* Samstag *m; see also* **Tuesday**

sauce [sɔːs] **I.** *n* ❶ Soße *f;* **apple ~** Apfelmus *nt*, Apfelkompott *nt* ❷ (*fam: cheek*) Unverschämtheit *f* **II.** *vt* (*fam*) **to ~ sth up** etw würzen

sauceboat *n* Sauciere *f* **saucepan** *n* Kochtopf *m*

saucer ['sɔːsəʳ] *n* Untertasse *f;* **to have eyes like ~s** große Augen haben

saucy ['sɔːsi] *adj* ❶ (*cheeky*) frech ❷ BRIT freizügig; **~ underwear** Reizwäsche *f*

sauna ['sɔːnə, 'saʊnə] *n* Sauna *f*

sausage ['sɒsɪdʒ] *n no pl* Wurst *f;* (*small*) Würstchen *nt*

sausage dog *n* BRIT (*fam*) Dackel *m* **sausage meat** *n no pl* Wurstfüllung *f* **sausage roll** *n* BRIT, AUS ≈ Würstchen *nt* im Schlafrock

save [seɪv] **I.** *vt* ❶ retten (**from** vor); **to ~ the day** die Situation retten ❷ (*keep*) aufheben; *money* sparen; *stamps* sammeln ❸ *time, energy* sparen; **to ~ one's breath** sich *dat* seine Worte sparen ❹ **to ~ sb [doing] sth** jdm etw ersparen ❺ COMPUT speichern ❻ SPORTS **to ~ a goal** ein Tor verhindern ▶ **a stitch in time ~s nine** (*prov*) was du heute kannst besorgen, das verschiebe nicht auf morgen **II.** *vi* sparen (**for** für) **III.** *n* FBALL Abwehr *f*

saving ['seɪvɪŋ] **I.** *n* ❶ *usu pl* **~s** Erspartes(s) *nt kein pl,* Ersparnisse *pl* ❷ *no pl* (*reduction*) Ersparnis *f* ❸ *no pl* (*rescue*) Rettung *f* **II.** *adj* rettend

savings account ['seɪvɪŋz-] *n* Sparkonto *nt* **savings bank** *n* Sparkasse *f*

savoury ['seɪvᵊri] **I.** *adj* pikant; (*salty*) salzig **II.** *n* BRIT [pikantes] Häppchen

savoy [sə'vɔɪ] *n,* **savoy cabbage** *n no pl* Wirsing *m*

saw¹ [sɔː] *pt of* **see**

saw² [sɔː] **I.** *n* Säge *f;* **chain ~** Kettensäge *f* **II.** *vt* <-ed, sawn *or esp* AM -ed> [zer]sägen; **to ~ a tree down** einen Baum umsägen **III.** *vi* sägen

sawdust *n no pl* Sägemehl *nt*

sawn ['sɔːn] *pp of* **saw**

saxophone ['sæksəfəʊn] *n* Saxophon *nt*

say [seɪ] **I.** *vt* <said, said> sagen; **what did you ~ to him?** was hast du ihm gesagt?; **to ~ goodbye to sb** sich von jdm verabschieden; **to ~ yes/no to sth** etw annehmen/ablehnen; **having said that, ...** abgesehen davon ...; **to have a lot/nothing to ~** viel/nicht viel reden; **~ no more!** alles klar!; **when all is said and done** letzten Endes; **it is said [that] he's over 100** er soll über 100 Jahre alt sein; **the sign ~s ...** auf dem Schild steht ...; **my watch ~s 3 o'clock** auf meiner Uhr ist es 3 [Uhr]; **to ~ when/where ...** sagen, wann/wo ...; **to ~ when** sagen, wenn es genug ist; **[let's] ~ ...** sagen wir [mal] ...; (*assuming*) angenommen **II.** *vi* <said, said> sagen; **I can't ~ for certain, but ...** ich kann es nicht mit Sicherheit behaupten, aber ...; **hard to ~** schwer zu sagen; **is Spanish hard to learn? — they ~ not** ist Spanisch schwer zu lernen? — angeblich nicht; **~s you!** (*fam*) das glaubst aber auch nur du!; **~s who?** (*fam*) wer sagt das? **III.** *n no pl* Meinung *f;* **to have one's ~** seine Meinung sagen **IV.** *interj* AM sag mal ...

saying ['seɪɪŋ] *n* ❶ *no pl* das Sprechen; **it goes without ~** es versteht sich von selbst ❷ (*adage*) Sprichwort *nt;* **as the ~ goes** wie es so schön heißt

scab [skæb] *n* Kruste *f*

scaffolding ['skæfᵊldɪŋ] *n no pl* [Bau]gerüst *nt*

scald [skɔːld] **I.** *vt* verbrühen **II.** *n* Verbrühung *f*

scalding ['skɔːldɪŋ] *adj* kochend; *criticism* scharf

scale¹ [skeɪl] **I.** *n* ❶ (*on fish*) Schuppe *f* ❷ *no pl* (*deposit*) Ablagerung *f* ❸ (*plaque*) Zahnstein *m;* ▶ **the ~s fall from sb's eyes** (*liter*) es fällt jdm wie Schuppen von den Augen **II.** *vt fish* abschuppen; **to ~ teeth** Zahnstein entfernen

scale² [skeɪl] *n usu pl* (*weigher*) Waage *f*

scale³ [skeɪl] **I.** *n* ❶ (*grader*) Skala *f;* (*on map*) Maßstab *m;* **to ~** maßstab[s]getreu ❷ (*extent*) Umfang *m;* **on a large/small ~** im großen/kleinen Rahmen ❸ *no pl* (*size*) Ausmaß *nt* **II.** *vt* erklimmen *geh; mountain* besteigen

scalp [skælp] **I.** *n* Kopfhaut *f* **II.** *vt* ❶ skalpieren ❷ AM, AUS (*fam: resell*) zu einem Wucherpreis weiterverkaufen

scaly ['skeɪli] *adj* schuppig; *kettle* verkalkt

scam [skæm] *n* (*fam*) Betrug *m*

scandal ['skændᵊl] *n* Skandal *m*

Scandinavia [ˌskændɪ'neɪviə] *n no pl* Skandinavien *nt*

Scandinavian [ˌskændɪˈneɪviən] **I.** *adj* skandinavisch **II.** *n* Skandinavier(in) *m(f)*

scar [skɑːʳ] **I.** *n* Narbe *f;* GEOL blanker Fels **II.** *vt* <-rr-> **to be ~red for life** fürs [ganze] Leben gezeichnet sein **III.** *vi* vernarben

scarcely [ˈskeəsli] *adv* kaum

scare [skeəʳ] **I.** *n* ❶ Schreck[en] *m;* **to give sb a ~** jdm einen Schreck[en] einjagen ❷ (*panic*) Hysterie *f;* **bomb ~** Bombendrohung *f* **II.** *adj attr* Panik-; **~ tactic** Panikmache *f* **III.** *vt* **to ~ sb** jdm Angst machen ▶ **to ~ sb to death** jdn zu Tode ängstigen

scarecrow [ˈskeəkrəʊ] *n* Vogelscheuche *f*

scarf <*pl* scarves *or* -s> [skɑːf] *n* Schal *m;* **silk ~** Seidentuch *nt*

scarlet [ˈskɑːlət] **I.** *n no pl* Scharlachrot *nt* **II.** *adj* scharlachrot

scarlet fever *n no pl* Scharlach *m*

scary [ˈskeəri] *adj* Furcht erregend; (*uncanny*) unheimlich

scattered [ˈskætəd] *adj* verstreut; (*far apart*) weit verstreut

scene [siːn] *n* ❶ Szene *f;* (*scenery*) Kulisse *f;* **change of ~** Szenenwechsel *m* ❷ LAW Tatort *m* ❸ (*milieu*) Szene *f*

scenery [ˈsiːnəri] *n no pl* Landschaft *f;* THEAT, FILM Bühnenbild *nt;* (*fig*) **change of ~** Tapetenwechsel *m*

scent [sent] **I.** *n* Duft *m;* (*spoor*) Fährte *f;* **to be on sb's ~/the ~ of sth** (*a. fig*) jdm/etw auf der Fährte sein **II.** *vt* wittern; **to ~ danger** Gefahr ahnen

sceptical [ˈskeptɪkəl] *adj* skeptisch

schedule [ˈʃedjuːl] **I.** *n* [Zeit-/Fahr]plan *m;* (*for work*) Zeitplan *m;* **to draw up a ~** einen Plan erstellen; **to keep to a ~** sich an einen Zeitplan halten; **ahead of ~** früher als geplant **II.** *vt* ansetzen; **they've ~d him to speak at three o'clock** sie haben seine Rede für drei Uhr geplant

scheduled [ˈʃedjuːld] *adj attr* geplant; TRANSP planmäßig

schizophrenic [ˌskɪtsə(ʊ)ˈfrenɪk] **I.** *adj* schizophren **II.** *n* Schizophrene(r) *f(m)*

scholarship [ˈskɒləʃɪp] *n* ❶ *no pl* **a work of great ~** eine großartige wissenschaftliche Arbeit ❷ (*grant*) Stipendium *nt*

school¹ [skuːl] **I.** *n* ❶ Schule *f;* **primary [*or* AM elementary] ~** Grundschule *f;* **secondary ~** ≈ weiterführende Schule; **to attend [*or* go to] ~** zur Schule gehen; **dance/driving ~** Tanz-/Fahrschule *f* ❷ AM (*fam: university*) Universität *f* ❸ (*faculty*) Fakultät *f* **II.** *vt* erziehen; (*train*) schulen; *dog* dressieren

school² [skuːl] **I.** *n* ZOOL Schule *f;* (*shoal*) Schwarm *m* **II.** *vi* einen Schwarm bilden

schoolboy *n* Schuljunge *m*, Schüler *m* **schoolchild** *n* Schulkind *nt* **schooldays** *n pl* Schulzeit *f kein pl* **schoolgirl** *n* Schulmädchen *nt*, Schülerin *f* **schoolmaster** *n* (*dated*) Lehrer *m* **schoolmate** *n* Schulfreund(in) *m(f)*, Schulkamerad(in) *m(f)* **schoolmistress** *n* (*dated*) Lehrerin *f* **schoolroom** *n* Klassenzimmer *nt* **schoolteacher** *n* Lehrer(in) *m(f)*

science [ˈsaɪən(t)s] *n no pl* [Natur]wissenschaft *f;* **applied/pure ~** angewandte/reine Wissenschaft

scientific [ˌsaɪənˈtɪfɪk] *adj* wissenschaftlich; (*relating to exact science*) naturwissenschaftlich; **~ community** Wissenschaftsgemeinde *f*

scientist [ˈsaɪəntɪst] *n* Wissenschaftler(in) *m(f);* **research ~** Forscher(in) *m(f)*

scissors [ˈsɪzəz] *n pl* **[a pair of] ~** eine Schere

scone [skɒn] *n brötchenartiges Gebäck, das lauwarm mit einer Art dicker Sahne und Marmelade gegessenwird*

scoop [skuːp] **I.** *n* ❶ Schaufel *f;* (*ladle*) Schöpflöffel *m;* **ice-cream ~** Eisportionierer *m;* **measuring ~** Messlöffel *m*

S

❷ (*amount*) Löffel *m; of ice cream* Kugel *f* **II.** *vt* schaufeln; *ice cream* löffeln

scooter ['skuːtəʳ] *n* [Tret]roller *m;* **motor ~** Motorroller *m*

scorching ['skɔːtʃɪŋ] *adj* sengend; **it's ~ [hot] outside** es ist glühend heiß draußen

score [skɔːʳ] **I.** *n* ❶ (*of points*) Punktestand *m;* (*of game*) Spielstand *m;* **at half time the ~ stood at two all** zur Halbzeit stand es zwei zu zwei; **final ~** Endstand *m* ❷ (*esp form*) **~s** *pl* Dutzende *pl* ❸ (*dispute*) Streit[punkt] *m;* **to settle a ~** eine Rechnung begleichen ► **to know the ~** wissen, wie der Hase läuft *fam* **II.** *vt* ❶ *goal* schießen; *point* machen ❷ (*cut*) einkerben **III.** *vi* einen Punkt machen; **to ~ badly/well** schlecht/gut abschneiden

scoreboard *n* Anzeigetafel *f* **scorecard** *n* Spielstandskarte *f*

scorer ['skɔːrəʳ] *n* FBALL Torschütze *m,* Torschützin *f;* (*counter*) Punktezähler(in) *m(f)*

Scorpio ['skɔːpiəʊ] *n* ASTROL Skorpion *m*

scorpion ['skɔːpiən] *n* Skorpion *m*

Scot [skɒt] *n* Schotte , Schottin *m, f*

Scotch [skɒtʃ] **I.** *n* <*pl* -es> ❶ *no pl* (*whisky*) Scotch *m* ❷ (*dated*) **the ~** *pl* die Schotten **II.** *adj* (*dated*) schottisch

Scotland ['skɒtlənd] *n* Schottland *nt*

Scotland Yard *n + sing/pl vb* Scotland Yard *m*

Scots [skɒts] **I.** *adj* schottisch **II.** *n* ❶ *no pl* Schottisch *nt* ❷ *pl* **the ~** die Schotten *pl*

Scotsman *n* Schotte *m* **Scotswoman** *n* Schottin *f*

Scottish ['skɒtɪʃ] **I.** *adj* schottisch **II.** *n* **the ~** *pl* die Schotten *pl*

scout [skaʊt] **I.** *n* ❶ Pfadfinder *m;* AM (*girl scout*) Pfadfinderin *f;* (*organization*) **the S~s** *pl* die Pfadfinder *pl* ❷ (*searcher*) Talentsucher(in) *m(f)* ❸ (*soldier*) Kundschafter(in) *m(f)* **II.** *vi* kundschaften; **to ~ for new talent** nach neuen Talenten suchen **III.** *vt* auskundschaften

scoutmaster *n* Pfadfinderführer(in) *m(f)*

scramble ['skræmbl] **I.** *n no pl* Gedrängel *nt* **II.** *vi* ❶ (*climb*) klettern ❷ (*rush*) hasten; **to ~ for the exit** zum Ausgang stürzen ❸ (*compete*) **to ~ for sth** sich um etw *akk* reißen **III.** *vt* ❶ **to ~ eggs** Rühreier machen ❷ (*encode*) verschlüsseln

scrap[1] [skræp] **I.** *n* ❶ Stück[chen] *nt; of cloth, paper* Fetzen *m;* **not a ~** kein bisschen ❷ (*leftover*) **~s** *pl* Speisereste *pl* ❸ *no pl* (*metal*) Schrott *m* **II.** *vt* <-pp-> wegwerfen; (*fam: abandon*) aufgeben

scrap[2] [skræp] *n* (*fam: fight*) Gerangel *nt*

scrape [skreɪp] **I.** *n* ❶ *no pl* (*for cleaning*) [Ab]kratzen *nt* ❷ (*on skin*) Abschürfung *f* **II.** *vt* ❶ [ab]schaben; (*to remove dirt*) [ab]kratzen ❷ (*scratch*) **to ~ sth** sich *dat* etw aufschürfen; *car* etw zerkratzen **III.** *vi* reiben; (*brush*) bürsten; (*scratch*) kratzen

scratch [skrætʃ] **I.** *n* <*pl* -es> ❶ Kratzer *m* ❷ *no pl* **to be not up to ~** zu wünschen übrig lassen ❸ **to start [sth] from ~** [mit etw *dat*] bei null anfangen **II.** *vt* ❶ **to ~ sth** etw zerkratzen; **to ~ sb** jdn kratzen ❷ *itch* kratzen **III.** *vi* kratzen; *itcher* sich kratzen

scratchy ['skrætʃi] *adj* kratzig

scrawl [skrɔːl] **I.** *vt* [hin]kritzeln **II.** *n no pl* Gekritzel *nt pej*

scream [skriːm] **I.** *n* Schrei *m;* (*of animal also*) Gekreisch[e] *nt kein pl;* **a ~ of fear/for help** ein Aufschrei/Hilfeschrei *m* **II.** *vi, vt* schreien; **to ~ at sb** jdn anschreien; **to ~ with laughter** vor Lachen brüllen

screen [skriːn] **I.** *n* ❶ (*display*) Bildschirm *m;* (*in cinema*) Leinwand *f* ❷ (*panel*) Trennwand *f;* (*on car*) Windschutzscheibe *f* ❸ (*test*) Kontrolle *f;* **health ~** Vorsorgeuntersuchung *f*

II. *vt* ❶ (*hide*) abschirmen; **to ~ sth from view** etw vor Einblicken schützen ❷ (*shield*) schützen (**from** vor) ❸ (*examine*) überprüfen; **to ~ sb for sth** jdn auf etw *akk* hin untersuchen

screening ['skri:nɪŋ] *n* ❶ (*in cinema*) Filmvorführung *f* ❷ (*X-ray*) Röntgenuntersuchung *f*

screw [skru:] **I.** *n* ❶ Schraube *f* ❷ *no pl* (*turn*) Drehung *f*; ▶ **to have a ~ loose** (*hum fam*) nicht ganz dicht sein *pej* **II.** *vt* ❶ schrauben; (*twist*) zudrehen ❷ (*vulg*) bumsen *sl*

◆ **screw down** *vt* festschrauben; (*by twisting*) fest zudrehen

◆ **screw up I.** *vt* ❶ zuschrauben; (*by twisting*) zudrehen ❷ (*crush*) zusammenknüllen ❸ **to ~ up one's face/mouth** das Gesicht/den Mund verziehen **II.** *vi* (*sl*) Mist bauen *fam*

screwdriver *n* Schraubenzieher *m*; (*drink*) Screwdriver *m*

screwed [skru:d] *adj pred* (*sl*) festgefahren; (*in hopeless situation*) geliefert

screw top *n* Schraubverschluss *m*

'scroll-find *vt* COMPUT **to ~ sth** etw durch Blättern suchen, etw runter scrollen *fam*

Scrooge [skru:dʒ] *n* (*pej*) Geizhals *m*

scrounge [skraʊndʒ] (*fam*) **I.** *n no pl* (*pej or hum*) **to be on the ~** schnorren **II.** *vt* (*pej*) **to ~ sth [off sb]** etw [von jdm] schnorren *fam*

scrub[1] [skrʌb] *n no pl* Gestrüpp *nt*; (*area*) Busch *m*

scrub[2] [skrʌb] **I.** *n* **to give sth a [good] ~** etw [gründlich] [ab]schrubben *fam* **II.** *vt* <-bb-> ❶ [ab]schrubben *fam* ❷ (*fam: abandon*) fallen lassen

scrubber ['skrʌbəʳ] *n*, **scrubbing brush** *n* Schrubber *m*; (*smaller*) Scheuerbürste *f*

scruffy ['skrʌfi] *adj* schmuddelig *pej fam*; *person* vergammelt *pej fam*

scuba diving *n no pl* Sporttauchen *nt*

scuffle ['skʌfl] **I.** *n* ❶ (*fight*) Handgemenge *nt* ❷ (*movement*) Schlurfen *nt* **II.** *vi* **to ~ [with sb]** sich [mit jdm] balgen

sculpture ['skʌlptʃəʳ] **I.** *n* ❶ *no pl* Bildhauerei *f* ❷ (*work*) Skulptur *f* **II.** *vt* [heraus]meißeln; (*in clay*) modellieren **III.** *vi* bildhauern *fam*

scum [skʌm] *n no pl* ❶ Schaum *m*; (*dirt*) Schmutzschicht *f* ❷ (*pej: people*) Abschaum *m*

sea [si:] *n* **the ~** das Meer, die See; **the open ~** das offene Meer, die hohe See; **the Dead ~** das Tote Meer; **a ~ of flames/people** ein Flammen-/Menschenmeer *nt*

seafood *n no pl* Meeresfrüchte *pl* **seafront** *n* Strandpromenade *f*; (*beach*) Strand *m* **seagull** *n* Möwe *f* **seahorse** *n* Seepferdchen *nt*

seal[1] [si:l] *n* Robbe *f*

seal[2] [si:l] **I.** *n* ❶ (*stamp*) Siegel *nt* ❷ *on goods* Verschluss *m*; (*on doors*) Siegel *nt* **II.** *vt* ❶ (*stamp*) siegeln ❷ *packaging* [fest] verschließen ❸ (*make airtight*) luftdicht verschließen; (*make watertight*) wasserdicht verschließen; *gaps* abdichten

sea level *n no pl* Meeresspiegel *m*; **at ~** auf Meereshöhe **sea lion** *n* Seelöwe *m*

seam [si:m] *n* Naht *f*; **to be bursting at the ~s** (*fig*) aus allen Nähten platzen *fam*; **to fall apart at the ~s** aus den Nähten gehen

search [sɜ:tʃ] **I.** *n* Suche *f*; LAW Durchsuchung *f*; COMPUT Suchlauf *m* (**for** nach) **II.** *vi* suchen; **to ~ through sth** etw durchsuchen **III.** *vt* ❶ *building, bag* durchsuchen; *place, street* absuchen ❷ (*examine*) absuchen; *heart* prüfen

searchlight *n* Suchscheinwerfer *m*

search warrant *n* Durchsuchungsbefehl *m*

seashell *n* Muschel *f* **seashore** *n no pl* Strand *m* **seasick** *adj* seekrank **seasickness** *n no pl* Seekrankheit *f* **seaside** *esp* BRIT **I.** *n no pl* **the ~** die [Meeres]küste; **at the ~** am Meer **II.** *adj attr* See-; **a ~ holiday** Ferien *pl* am Meer

S

season ['siːzᵊn] **I.** *n* ❶ Jahreszeit *f;* **the ~ of Advent/Lent** die Advents-/Fastenzeit; **the Christmas/Easter ~** die Weihnachts-/Osterzeit ❷ (*ripeness*) Saison *f;* **apple/strawberry ~** Apfel-/Erdbeerzeit *f* ❸ ZOOL fruchtbare Zeit; **to be in ~** brünstig sein ❹ SPORTS Saison *f;* **fishing/hunting ~** Angel-/Jagdzeit *f* **II.** *vt* würzen

seasonal ['siːzᵊnᵊl] *adj* ❶ jahreszeitlich bedingt; **~ work** Saisonarbeit *f* ❷ *fruit* Saison-

seasoning ['siːzᵊnɪŋ] *n* ❶ *no pl* (*salt and pepper*) Würze *f* ❷ (*spice*) Gewürz *nt*

season ticket *n* Dauerkarte *f;* (*for public transport*) Monats-/Jahreskarte *f;* SPORTS Saisonkarte *f;* THEAT Abonnement *nt*

seat [siːt] **I.** *n* ❶ [Sitz]platz *m;* (*in car*) Sitz *m;* (*in bus, train*) Sitzplatz *m;* **is this ~ free/taken?** ist dieser Platz frei/besetzt? ❷ (*form: buttocks*) Gesäß *nt* ❸ POL Sitz *m;* **marginal/safe ~** knappes/sicheres Mandat ❹ (*home*) Sitz *m* **II.** *vt* **to ~ oneself** (*form*) sich setzen; **to ~ 2500** *stadium* 2500 Menschen fassen

seat belt *n* Sicherheitsgurt *m;* **to fasten one's ~** sich anschnallen

seating ['siːtɪŋ] *n no pl* Sitzgelegenheiten *pl;* **~ for 2000** Sitzplätze *pl* für 2000 Personen

S

seating arrangements *n pl*, **seating plan** *n* Sitzordnung *f*

seaweed *n no pl* [See]tang *m* **seaworthy** *adj* seetauglich

secluded [sɪ'kluːdɪd] *adj* abgelegen; **to live a ~ life** zurückgezogen leben

second¹ ['sekᵊnd] **I.** *adj* ❶ *usu attr* zweite(r, s); **the ~ biggest town** die zweitgrößte Stadt; **to finish ~** Zweite(r) werden; **to be ~ to none** unübertroffen sein; **to be in ~ place** auf Platz zwei sein; **the ~ time** das zweite Mal ❷ *attr* (*another*) zweite(r, s), Zweit-; **~ car** Zweitwagen *m;* ▶ **to be ~ nature to sb** jdm in Fleisch und Blut übergegangen sein **II.** *n* ❶ BRIT UNIV ≈ Zwei *f;* **an upper/a lower ~** eine Zwei plus/minus ❷ *no pl* AUTO zweiter Gang ❸ (*food*) **~s** *pl* Nachschlag *m kein pl* **III.** *adv* zweitens **IV.** *vt* unterstützen

second² ['sekᵊnd] *n* Sekunde *f;* (*short time also*) Augenblick *m;* **you go on, I'll only be a ~** geh du weiter, ich komme gleich nach; **with [only] ~s to spare** in [aller]letzter Sekunde

secondary ['sekᵊndᵊri] *adj* ❶ zweitrangig; **to play a ~ role** eine untergeordnete Rolle spielen ❷ **~ education** höhere Schulbildung

secondary school *n* weiterführende Schule

second best *adj* zweitbeste(r, s); **to feel ~** sich minderwertig fühlen

second class I. *n no pl* (*mail*) gewöhnliche Post; (*ride*) zweite Klasse **II.** *adv* ❶ **to travel ~** zweiter Klasse reisen ❷ BRIT *mail* auf dem gewöhnlichen Postweg **second-class** *adj* ❶ *ride* zweiter Klasse *nach n* ❷ (*bad*) zweitklassig

second cousin *n* Cousin *m*/Cousine *f* zweiten Grades **second floor** *n* BRIT, AUS zweiter Stock; AM, AUS erster Stock

second-hand I. *adj* ❶ gebraucht *clothes* Secondhand-; **~ car** Gebrauchtwagen *m* ❷ *attr shop* Gebraucht-, Secondhand-; **~ bookshop** Antiquariat *nt* **II.** *adv* gebraucht **second language** *n* erste Fremdsprache

secondly ['sekᵊndli] *adv* zweitens

second-rate *adj* zweitklassig

secrecy ['siːkrəsi] *n no pl* (*act*) Geheimhaltung *f;* (*ability*) Verschwiegenheit *f*

secret ['siːkrət] **I.** *n* Geheimnis *nt;* **in ~** insgeheim; **the ~ of success** das Geheimnis des Erfolgs **II.** *adj* ❶ geheim; **to keep sth ~** etw geheim halten ❷ (*covert*) heimlich

secretary ['sekrətᵊri] *n* ❶ Sekretär(in) *m(f)* ❷ BRIT Staatssekretär(in) *m(f);*

AM Minister(in) *m(f)*

secretive ['sɪkrətɪv] *adj* geheimnisvoll; (*taciturn*) verschlossen

sect [sekt] *n* Sekte *f*

section ['sekʃən] **I.** *n* ❶ Teil *nt; of road* Teilstrecke *f; of book* Abschnitt *m; of newspaper* Teil *m* ❷ (*area*) Bereich *m;* **non-smoking ~** (*in restaurant*) Nichtraucherbereich *m;* (*in railway carriage*) Nichtraucherabteil *nt* ❸ (*department*) Abteilung *f* ❹ (*profile*) Schnitt *m* **II.** *vt* [unter]teilen; (*cut*) zerschneiden

secure [sɪ'kjʊər] **I.** *adj* <-r, -st *or* more secure, the most secure> ❶ sicher; **financially ~** finanziell abgesichert ❷ *usu pred* (*confident*) sicher ❸ (*guarded*) bewacht; (*against bugging*) abhörsicher; **~ against theft** diebstahlsicher **II.** *vt* ❶ (*get*) sich *dat* sichern ❷ (*guard*) [ab]sichern; **to ~ sb/sth against sth** jdn/etw vor etw *dat* schützen ❸ (*fasten*) befestigen (**to** an)

security [sɪ'kjʊərəti] *n* Sicherheit *f;* **maximum-~ prison** Hochsicherheitsgefängnis *nt;* **lax/tight ~** lasche/strenge Sicherheitsvorkehrungen

security guard *n* Sicherheitsbeamte(r), -beamtin *m, f*

sedative ['sedətɪv] **I.** *adj* beruhigend **II.** *n* Beruhigungsmittel *nt*

seduce [sɪ'dju:s] *vt* verführen; **to ~ sb into doing sth** jdn dazu verleiten, etw zu tun

seduction [sɪ'dʌkʃən] *n no pl* Verführung *f*

seductive [sɪ'dʌktɪv] *adj* verführerisch; *offer* verlockend

see <saw, seen> [si:] **I.** *vt* ❶ sehen; **I've never ~n anything quite like this before** so etwas habe ich ja noch nie gesehen; **I saw her coming** ich habe sie kommen sehen ❷ (*watch*) [sich *dat*] [an]sehen; **this film is really worth ~ing** dieser Film ist echt sehenswert ❸ (*visit*) ansehen; **to ~ the sights** die Sehenswürdigkeiten besichtigen ❹ (*understand*) verstehen; **I ~ what you mean** ich weiß, was du meinst ❺ (*regard*) sehen; **as I ~ it ...** so wie ich das sehe ... ❻ (*learn*) feststellen; **that remains to be ~n** das wird sich zeigen ❼ (*meet*) sehen; (*talk to*) sprechen; (*receive*) empfangen; **~ you later!** (*fam*) bis später! ❽ **to be ~ing sb** mit jdm zusammen sein *fam* ❾ (*foresee*) sich *dat* vorstellen; **to ~ it coming** es kommen sehen ❿ (*witness*) [mit]erleben; **I've ~n it all** mich überrascht nichts mehr; **to live to ~ sth** etw erleben ⓫ (*escort*) begleiten; **to ~ sb to the door/home** jdn zur Tür/nach Hause bringen ⓬ *in imperative* **~ ...** siehe ...; **~ below/page 23** siehe unten/Seite 23 **II.** *vi* ❶ sehen; **let me ~!** lass mich mal sehen!; **but ~ing is believing!** doch, ich habe es mit eigenen Augen gesehen! ❷ (*realize*) **... — oh, I ~! ... —** aha!; **I ~** ich verstehe; **~?!** siehst du?!; **I ~ from your report ...** Ihrem Bericht entnehme ich, ... ❸ (*find out*) nachsehen; (*in the future*) herausfinden; **wait and ~** abwarten und Tee trinken

◆ **see about** *vi* ❶ (*fam: deal with*) **to ~ about sth** sich um etw *akk* kümmern; **I've come to ~ about the TV** ich soll mir den Fernseher ansehen ❷ (*consider*) **I'll ~ about it** ich will mal sehen ▶ **we'll ~ about that!** (*fam*) das werden wir ja sehen!

◆ **see in I.** *vi* hineinsehen **II.** *vt* hineinbringen; **to ~ in the New Year** das neue Jahr begrüßen

◆ **see into** *vi* hineinsehen; **to ~ into the future** in die Zukunft schauen

◆ **see off** *vt* ❶ verabschieden; **to ~ sb off at the airport/station** jdn zum Flughafen/Bahnhof bringen ❷ (*drive away*) verjagen ❸ (*better*) **to ~ off sb/sth** mit jdm/etw fertigwerden *fam*

◆ **see out I.** *vt* ❶ (*escort*) hinausbegleiten; **I can ~ myself out** ich finde alleine hinaus ❷ (*endure*) durchstehen **II.** *vi* hinaussehen

◆ **see through I.** *vt* ❶ **to ~ through sth** durch etw *akk* hindurchsehen ❷ (*wise up to*) durchschauen **II.** *vi* ❶ **to ~ sb through** jdm über die Runden helfen *fam;* (*comfort*) jdm beistehen ❷ (*endure*) zu Ende bringen

◆ **see to** *vi* **to ~ to sb/sth** sich um jdn/etw kümmern; **to ~ to it that ...** dafür sorgen, dass ...

seed [siːd] *n* Same[n] *m; of grain* Korn *nt;* (*fig*) Keim *m;* **~s** *pl* Saat *f kein pl;* **to go to ~** Samen bilden; *person* herunterkommen; **to sow the ~s of sth** etw säen

seem [siːm] *vi* scheinen; **he's sixteen, but he ~s younger** er ist sechzehn, wirkt aber jünger; **to ~ as if ...** so scheinen, als ob ...; **it ~s [that] ...** anscheinend ...; **it ~s as if ...** es scheint, als ob ...

seemingly [ˈsiːmɪŋli] *adv* scheinbar

seen [siːn] *pp of* **see**

seep [siːp] *vi* sickern; *information* durchsickern

see-saw [ˈsiːsɔː] **I.** *n* Wippe *f* **II.** *vi* wippen; (*fig*) sich auf und ab bewegen

see-through *adj* durchsichtig; *dress* durchscheinend

seize [siːz] *vt* ❶ ergreifen *a. fig;* (*confiscate*) beschlagnahmen; (*capture*) einnehmen; *criminal* festnehmen ❷ *usu passive* **to be ~d with sth** von etw *dat* ergriffen werden

◆ **seize up** *vi* stehen bleiben; *economy* zum Erliegen kommen

seizure [ˈsiːʒər] *n no pl* Ergreifung *f;* **~ of power** Machtergreifung *f*

seldom [ˈseldəm] *adv* selten; **~ if ever** fast nie

select [sɪˈlekt] **I.** *adj* ❶ (*high-class*) exklusiv ❷ (*chosen*) ausgewählt; *team* auserwählt **II.** *vt* aussuchen; **to ~ sb** jdn auswählen **III.** *vi* **to ~ from sth** aus etw *dat* [aus]wählen

selection [sɪˈlekʃən] *n* ❶ *no pl* Auswahl *f;* BIOL Selektion *f geh;* **to make one's ~** seine Wahl treffen ❷ *usu sing* (*range*) Auswahl *f,* Sortiment *nt*

self <*pl* selves> [self] *n* **one's ~** das Selbst; **to be [like] one's former ~** wieder ganz der/die Alte sein

self-addressed envelope *n* adressierter Rückumschlag **self-adhesive** *adj* selbstklebend **self-assured** *adj* selbstbewusst **self-catering** *n no pl* BRIT, AUS Selbstverpflegung *f* **self-centred,** AM **self-centered** *adj* egozentrisch; **~ person** Egozentriker(in) *m(f)* **self-confidence** *n no pl* Selbstvertrauen *nt* **self-conscious** *adj* gehemmt; *laugh* verlegen **self-contained** *adj* selbstgenügsam; *community* autark; *apartment* separat **self-control** *n no pl* Selbstbeherrschung *f;* **to exercise ~** Selbstdisziplin üben **self-defence,** AM **self-defense** *n no pl* Selbstverteidigung *f;* **to kill sb in ~** jdn in Notwehr töten **self-employed I.** *adj* selbstständig; *journalist* freiberuflich **II.** *n* **the ~** *pl* die Selbstständigen **self-explanatory** *adj* selbsterklärend **self-harmer** *n* Selbstverstümmler(in) *m(f)* **self-harming** *n* Selbstverstümmelung *f* **self-important** *adj* selbstgefällig **self-indulgent** *adj* genießerisch

selfish [ˈselfɪʃ] *adj* selbstsüchtig; *motive* eigennützig

selfishness [ˈselfɪʃnəs] *n no pl* Selbstsucht *f*

self-isolation *n* häusliche Quarantäne *f* **self-possessed** *adj* selbstbeherrscht **self-reliant** *adj* selbstständig **self-respect** *n no pl* Selbstachtung *f* **self-satisfied** *adj* selbstzufrieden **self-service** *n no pl* Selbstbedienung *f* **self-sufficient** *adj* selbstständig **self-willed** [-ˈwɪld] *adj* starrköpfig **self-winding watch** *n* Armbanduhr *f* mit Selbstaufzug

sell [sel] **I.** *vt* <sold, sold> ❶ verkaufen; *real estate also* veräußern; **I sold him my car for £600** ich verkaufte ihm mein Auto für 600 Pfund ❷ (*persuade*) **to ~ sth [to sb]** jdn für etw *akk* gewinnen; **to ~ an idea to sb** jdm eine Idee schmackhaft machen *fam* **II.** *vi* <sold, sold> verkaufen

▶ **to ~ like hot cakes** wie warme Semmeln weggehen **III.** *n no pl* ❶ Ware *f;* **to be a hard/soft ~** schwer/leicht verkäuflich sein ❷ STOCKEX **to be a ~** *shares* zum Verkauf stehen

◆ **sell off** *vt* verkaufen

◆ **sell out I.** *vi* ❶ ausverkaufen ❷ (*sell*) **to ~ out to sb** an jdn verkaufen; (*under duress*) sich jdm verkaufen **II.** *vt* **to be sold out** ausverkauft sein

◆ **sell up** *vi, vt* BRIT, AUS verkaufen

sell-by date *n esp* BRIT Mindesthaltbarkeitsdatum *nt;* **past the ~** nach Ablauf des Mindesthaltbarkeitsdatums; **to be past one's ~** (*hum fam*) seine besten Jahre hinter sich *dat* haben

seller [ˈseləʳ] *n* Verkäufer(in) *m(f);* (*product*) Verkaufsschlager *m*

Sellotape® [ˈselə(ʊ)teɪp] *n no pl* BRIT Tesafilm® *m*

sell-out *n* Ausverkauf *m;* (*betrayal*) Auslieferung *f*

selves [selvz] *n pl of* **self**

semi <*pl* -s> [ˈsemi] *n* (*fam*) ❶ BRIT, AUS Doppelhaushälfte *f* ❷ SPORTS Halbfinale *nt*

semicircle *n* Halbkreis *m* **semi-conscious** *adj* halb bewusstlos; *memory* teilweise unbewusst **semi-detached I.** *n* Doppelhaushälfte *f* **II.** *adj* Doppelhaus- **semi-final** *n* Halbfinale *nt* **semi-finalist** *n* SPORTS Halbfinalist(in) *m(f)* **semi-precious** *adj* **~ stone** Halbedelstein *m*

semolina [ˌsemᵊlˈiːnə] *n no pl* Gries *m*

send <sent, sent> [send] *vt* ❶ **to ~ [sb] sth** jdm etw [zu]schicken; **to ~ sth by airmail/post** etw per Luftpost/mit der Post schicken; **to ~ invitations** Einladungen verschicken ❷ (*pass on*) **to ~ sb sth** jdm etw übermitteln [lassen]; **Maggie ~s her love** Maggie lässt dich grüßen ❸ (*dispatch*) schicken; **to ~ sb to prison** jdn ins Gefängnis stecken ❹ (*transmit*) senden; **to ~ a message in Morse code** eine Nachricht morsen; **to ~ a signal** ein Signal aussenden ❺ (*cause*) versetzen; **to ~ sb into a panic** jdn in Panik versetzen

◆ **send away I.** *vi* **to ~ away for sth** sich *dat* etw zuschicken lassen **II.** *vt* wegschicken

◆ **send back** *vt* zurückschicken

◆ **send for** *vi* ❶ (*summon*) rufen ❷ *brochure* anfordern; **to ~ for help** Hilfe holen

◆ **send in** *vt* einsenden; *report* einschicken; *troops* einsetzen

◆ **send off I.** *vt* ❶ (*post*) abschicken ❷ BRIT, AUS SPORTS **to get sent off** einen Platzverweis bekommen ❸ (*dismiss*) wegschicken ❹ (*dispatch*) fortschicken **II.** *vi* **to ~ off for sth** etw anfordern

◆ **send on** *vt* nachsenden

◆ **send out I.** *vi* **to ~ out for sth** etw telefonisch bestellen **II.** *vt* ❶ (*emit*) abgeben ❷ (*post*) verschicken (**to** an)

◆ **send up** *vt* ❶ zuschicken ❷ (*fam*) **to ~ up sb** jdn nachäffen

sender [ˈsendəʳ] *n* Absender(in) *m(f);* **return to ~ — not known at this address** Empfänger unbekannt verzogen

send-off *n* Verabschiedung *f;* **to give sb a ~** jdn verabschieden

send-up *n* (*fam*) Parodie *f*

senile [ˈsiːnaɪl] *adj* senil

senior [ˈsiːniəʳ] **I.** *adj* ❶ (*form*) älter ❷ *attr* (*chief*) Ober-; **~ executive** Vorstandsvorsitzende(r) *f(m)* **II.** *n* ❶ Senior(in) *m(f);* **she's my ~ by three years** sie ist drei Jahre älter als ich ❷ (*employee*) Vorgesetzte(r) *f(m)* ❸ (*pupil*) Oberstufenschüler(in) *m(f)* (*in Großbritannien und USA Bezeichnung für Schüler einer Highschool oder einer Collegeabgangsklasse*)

sensation [sen'seɪʃ^ən] *n* ❶ Gefühl *nt;* **~ of heat/cold** Hitze-/Kälteempfindung *f* ❷ (*stir*) Sensation *f;* **to cause a ~** Aufsehen erregen

sensational [sen'seɪʃ^ən^əl] *adj* sensationell; (*very good a.*) fantastisch

sense [sen(t)s] **I.** *n* ❶ *no pl* Verstand *m;* **to make [good] ~** sinnvoll sein ❷ (*reason*) **one's ~s** *pl* sein gesunder Menschenverstand; **to take leave of one's ~s** den Verstand verlieren ❸ (*faculty*) Sinn *m;* **~ of hearing** Gehör *nt;* **~ of sight** Sehvermögen *nt;* **~ of smell/taste/touch** Geruchs-/Geschmacks-/Tastsinn *m* ❹ (*feeling*) Gefühl *nt;* **~ of direction** Orientierungssinn *m;* **~ of duty** Pflichtgefühl *nt;* **~ of time** Zeitgefühl *nt* ❺ (*meaning*) Bedeutung *f,* Sinn *m;* **to make ~** einen Sinn ergeben ❻ (*way*) Art *f;* **in a ~** in gewisser Weise **II.** *vt* wahrnehmen; **to ~ that ...** spüren, dass ...; **to ~ danger** Gefahr wittern

senseless ['sen(t)sləs] *adj* ❶ (*pointless*) sinnlos ❷ (*foolish*) töricht ❸ (*unconscious*) besinnungslos

sensible ['sen(t)sɪbl] *adj* vernünftig; *clothes* angemessen; **~ decision** weise Entscheidung

sensibly ['sen(t)sɪbli] *adv* vernünftig; (*suitably*) angemessen; *dressed* passend

S

sensitive ['sen(t)sɪtɪv] *adj* ❶ (*kind*) verständnisvoll ❷ *issue* heikel ❸ (*touchy*) empfindlich; **to be ~ to sth** empfindlich auf etw *akk* reagieren ❹ (*responsive*) empfindlich (**to** gegenüber)

sent [sent] *pp, pt of* **send**

sentence ['sentən(t)s] **I.** *n* ❶ Urteil *nt;* (*punishment*) Strafe *f;* **to serve a ~** eine Strafe verbüßen ❷ (*words*) Satz *m* **II.** *vt* verurteilen (**to** zu)

sentimental [ˌsentɪ'ment^əl] *adj* ❶ gefühlvoll; *value* ideell ❷ (*kitschy*) sentimental; *music, style* kitschig; *story* rührselig

sentry ['sentri] *n* Wache *f;* **~ box** Wachhäuschen *nt*

separate I. *adj* ['sep^ərət] getrennt; (*independent*) einzeln *attr;* **to keep sth ~** etw auseinanderhalten **II.** *vi* ['sep^əreɪt] ❶ (*detach*) sich trennen; CHEM sich scheiden ❷ *spouses* sich trennen; (*divorce*) sich scheiden lassen **III.** *vt* ['sep^əreɪt] trennen

separated ['sep^əreɪtɪd] *adj* getrennt

September [sep'tembə^r] *n* September *m; see also* **February**

septic ['septɪk] *adj* septisch; **to go ~** eitern

sequin ['siːkwɪn] *n* Paillette *f*

sergeant ['sɑːdʒ^ənt] *n* Unteroffizier *m;* (*police*) ≈ Polizeimeister(in) *m(f)*

serial ['sɪəriəl] **I.** *n* Fortsetzungsgeschichte *f* **II.** *adj* Serien-; **~ port** COMPUT serielle Schnittstelle

series <*pl* -> ['sɪəriːz] *n* ❶ Reihe *f;* (*succession*) Folge *f* ❷ TV Serie *f;* PUBL Reihe *f* (**on** über)

serious ['sɪəriəs] *adj* ❶ ernst; **to be ~ about sb/sth** es mit jdm/etw ernst meinen ❷ (*grave*) ernsthaft; *accident, crime* schwer; *allegation* schwerwiegend ❸ (*significant*) bedeutend; (*sophisticated*) anspruchsvoll

seriously ['sɪəriəsli] *adv* ❶ ernst; **to take sb/sth ~** jdn/etw ernst nehmen; **no, ~, ...** nein, [ganz] im Ernst, ... ❷ (*gravely*) schwer

sermon ['sɜːmən] *n* Predigt *f* (**on** über); **to deliver a ~** eine Predigt halten

servant ['sɜːv^ənt] *n* Bedienstete(r) *f(m)*

serve [sɜːv] **I.** *n* (*in tennis*) Aufschlag *m;* (*in volleyball*) Angabe *f* **II.** *vt* ❶ *guest* bedienen; *food* servieren; (*suffice*) reichen; **~s 4 to 5** ergibt 4 bis 5 Portionen ❷ (*work for*) **to ~ sth** etw *dat* dienen; **to ~ the public** im Dienste der Öffentlichkeit stehen ❸ (*complete*) ableisten; **to ~ a prison sentence** eine Haftstrafe absitzen *fam* ❹ (*supply*) versorgen ❺ **to ~ a purpose** einen Zweck erfül-

len ❻ TENNIS **to ~ an ace** ein Ass schlagen **III.** *vi* ❶ servieren ❷ (*work for*) dienen; **to ~ in the army** in der Armee dienen; **to ~ on a jury** Geschworene(r) *f(m)* sein ❸ (*function*) **to ~ as sth** als etw dienen ❹ (*be acceptable*) seinen Zweck erfüllen; (*suffice*) genügen ❺ SPORTS aufschlagen, Aufschlag haben
◆ **serve up** *vt* servieren

server ['sɜːvəʳ] *n* ❶ COMPUT Server *m* ❷ REL Ministrant(in) *m(f)*

service ['sɜːvɪs] **I.** *n* ❶ *no pl* Service *m;* (*in restaurants, shops*) Bedienung *f;* **customer ~** Kundendienst *m* ❷ (*act*) Dienst *m,* Dienstleistung *f* ❸ (*form: assistance*) Unterstützung *f;* (*aid*) Hilfe *f;* **to be of ~ [to sb]** [jdm] von Nutzen sein ❹ POL Dienst *m;* **civil/diplomatic ~** öffentlicher/diplomatischer Dienst ❺ (*public system*) Dienst *m;* **ambulance ~** Rettungsdienst *m;* **bus/train ~** Bus-/Zugverbindung *f;* **postal ~** Postwesen *nt* ❻ (*roadside facilities*) **~s** *pl* Raststätte *f* ❼ REL Gottesdienst *m* ❽ *esp* BRIT (*maintenance*) Wartung *f;* AUTO Inspektion *f* **II.** *vt* warten

service area *n* Raststätte *f* **service centre** *n* (*garage*) Werkstatt *f* **service charge** *n* Bedienungsgeld *nt* **service department** *n* Kundendienstabteilung *f* **service entrance** *n* Personaleingang *m* **service hatch** *n* Durchreiche *f* **service lift** *n* Personalaufzug *m; for goods* Warenaufzug *m* **service manual** *n* Wartungshandbuch *nt* **service road** *n* Nebenstraße *f;* (*access road*) Zufahrtsstraße *f;* (*for residents*) Anliegerstraße *f* **service station** *n* Tankstelle *f*

serviette [ˌsɜːvi'et] *n esp* BRIT Serviette *f*

serving ['sɜːvɪŋ] **I.** *n* Portion *f* **II.** *adj attr* ❶ dienend; **the longest-~ minister** der am längsten im Amt befindliche Minister ❷ *prisoner* inhaftiert

session ['seʃᵊn] *n* ❶ Sitzung *f;* (*term of office*) Legislaturperiode *f* ❷ **recording ~** Aufnahme *f;* **training ~** Trainingsstunde *f*

set [set] **I.** *adj* ❶ *pred* bereit; **to be [all] ~ [for sth]** [für etw *akk*] bereit sein; **ready, get ~, go!** auf die Plätze, fertig, los! ❷ (*fixed*) fest[gesetzt]; **~ phrase** feststehender Ausdruck; **~ menu** Tageskarte *f;* **~ price** Festpreis *m* ❸ **to be ~ in one's ways** in seinen Gewohnheiten festgefahren sein; **the rain is ~ to continue all week** der Regen wird wohl noch die ganze Woche andauern ❹ *attr* (*assigned*) vorgegeben; **~ book** Pflichtlektüre ❺ **to be [dead] ~ on sth** zu etw *dat* [wild] entschlossen sein **II.** *n* ❶ Satz *m;* (*of two*) Paar *nt;* **chess ~** Schachspiel *nt;* **~ of encyclopedias** Enzyklopädiereihe *f;* **~ of rules** Regelwerk *nt;* **~ of teeth** Gebiss *nt* ❷ + *sing/pl vb* (*people*) Kreis *m* ❸ THEAT Bühnenbild *nt;* FILM Szenenaufbau *m* ❹ (*device*) Gerät *nt;* (*TV*) Fernseher *m* ❺ SPORTS Satz *m* **III.** *vt* <set, set> ❶ setzen; (*upright*) stellen; (*on side*) legen; **to ~ sb on his/her way** (*fig*) jdn losschicken ❷ *usu passive* **their house is ~ on a hill** ihr Haus liegt auf einem Hügel ❸ (*start*) **to ~ a boat afloat** ein Boot zu Wasser lassen; **to ~ sth on fire** etw in Brand setzen; **to ~ sb straight** jdn berichtigen ❹ (*prepare*) vorbereiten; **to ~ the table** den Tisch decken ❺ (*adjust*) einstellen; *alarm, clock* stellen ❻ (*fix*) festsetzen; *date, time* ausmachen; *deadline* setzen ❼ *record* aufstellen; **to ~ the pace** das Tempo angeben ❽ *dislocation* einrenken; *broken bone* einrichten ❾ *esp* BRIT, AUS *homework* aufgeben; **to ~ a task for sb** jdm eine Aufgabe stellen **IV.** *vi* <set, set> ❶ *bones* zusammenwachsen ❷ (*harden*) fest werden ❸ *sun* untergehen
◆ **set back** *vt* ❶ (*delay*) zurückwerfen; *deadline* verschieben ❷ (*position*) zurücksetzen (**from** von)

S

◆ **set down** *vt* ❶ absetzen ❷ AVIAT landen ❸ (*note*) aufschreiben ❹ **to ~ down codes of practice** Verfahrensregeln aufstellen
◆ **set off I.** *vi* sich auf den Weg machen; (*in car*) losfahren **II.** *vt* ❶ (*start*) auslösen ❷ **to ~ sb off doing sth** jdn dazu bringen, etw zu tun
◆ **set out I.** *vt* ❶ (*arrange*) auslegen; *chairs, chess pieces* aufstellen ❷ *idea, point* darlegen **II.** *vi* ❶ sich auf den Weg machen; (*in car*) losfahren ❷ **to ~ out to do sth** beabsichtigen, etw zu tun
◆ **set up** *vt* ❶ *camp* aufschlagen; *roadblock* errichten ❷ *business* einrichten; **to ~ up shop** sich niederlassen ❸ COMPUT *program* installieren; *system* konfigurieren ❹ (*fam: deceive*) übers Ohr hauen
setback *n* Rückschlag *m;* **to suffer a ~** einen Rückschlag erleiden
setting ['setɪŋ] *n usu sing* ❶ Lage *f;* (*surroundings*) Umgebung *f;* (*in film, novel*) Schauplatz *m* ❷ (*adjustment*) Einstellung *f* ❸ (*at table*) Gedeck *nt*
setting lotion *n* [Haar]festiger *m*
settle ['setl] **I.** *vi* ❶ (*get comfortable*) es sich *dat* bequem machen ❷ (*calm down*) sich beruhigen; *weather* beständig werden ❸ (*agree*) sich einigen ❹ (*form: pay*) **to ~ with sb** mit jdm abrechnen ❺ (*live*) sich niederlassen ❻ **to ~ into sth** sich an etw *akk* gewöhnen **II.** *vt* ❶ beruhigen ❷ (*decide*) entscheiden; (*deal with*) regeln; (*end*) erledigen; *argument* beilegen; **to ~ one's affairs** (*form*) seine Angelegenheiten regeln ❸ (*colonize*) besiedeln
◆ **settle down** *vi* ❶ es sich *dat* bequem machen ❷ (*adjust*) sich eingewöhnen ❸ (*calm down*) sich beruhigen
◆ **settle for** *vt* **to ~ for sth** mit etw *dat* zufrieden sein
◆ **settle in** *vi* sich einleben; *things* sich einpendeln
◆ **settle up** *vi* abrechnen
settled ['setḷd] *adj* ❶ *pred* **to be ~** sich eingelebt haben; **to feel ~** sich heimisch fühlen ❷ (*calm*) ruhig
settler ['setḷəʳ] *n* Siedler(in) *m(f)*
set-up *n* ❶ Aufbau *m;* (*arrangement*) Einrichtung *f* ❷ (*fam: fraud*) abgekartetes Spiel
seven ['sevᵊn] **I.** *adj* sieben; *see also* **eight II.** *n* Sieben *f; see also* **eight**
seventeen ['sevᵊnti:n] **I.** *adj* siebzehn; *see also* **eight II.** *n* Siebzehn *f; see also* **eight**
seventh ['sevᵊn(t)θ] **I.** *adj* siebte(r, s) ► **to be in ~ heaven** im siebten Himmel sein **II.** *n* ❶ **the ~** der Siebte ❷ (*fraction*) Siebtel *nt*
seventy ['sevᵊnti] **I.** *adj* siebzig **II.** *n* Siebzig *f*
several ['sevᵊrᵊl] **I.** *adj* mehrere **II.** *pron* mehrere
severe [sə'vɪəʳ] *adj* ❶ schwer; *pain* heftig; *cutback* drastisch ❷ (*harsh*) hart; (*strict*) streng; *cold* eisig; *reprimand* scharf
sew <sewed, sewn> [səʊ] **I.** *vt* nähen; **to ~ on a button** einen Knopf annähen; **to ~ on a patch** einen Flicken aufnähen **II.** *vi* nähen
◆ **sew up** *vt* ❶ zunähen; *wound* nähen ❷ (*fam: complete*) zum Abschluss bringen
sewage ['su:ɪdʒ] *n no pl* Abwasser *nt*
sewer[1] ['sʊəʳ] *n* Abwasserkanal *m*
sewer[2] ['səʊəʳ] *n* Näher(in) *m(f)*
sewing ['səʊɪŋ] **I.** *n no pl* Nähen *nt;* (*clothes*) Näharbeit *f* **II.** *adj attr* Näh-; **~ machine** Nähmaschine *f*
sewn [səʊn] *pp of* **sew**
sex [seks] *n* <*pl* -es> ❶ Geschlecht *nt;* **the battle of the ~es** (*fig*) der Kampf der Geschlechter; **the opposite ~** das andere Geschlecht ❷ *no pl* (*intercourse*) Sex *m;* **to have ~** Sex haben; **to have ~ with sb** mit jdm schlafen
sexual ['sekʃʊəl] *adj* ❶ geschlechtlich;

~ **discrimination** Diskriminierung *f* aufgrund des Geschlechts ❷ (*erotic*) sexuell; ~ **attraction** sexuelle Anziehung

sexuality [ˌsekʃuˈæləti] *n no pl* Sexualität *f*

sexually [ˈsekʃʊəli] *adv* ❶ geschlechtlich ❷ (*erotically*) sexuell

shabby [ˈʃæbi] *adj* schäbig; (*poorly dressed*) ärmlich gekleidet

shade [ʃeɪd] **I.** *n* ❶ *no pl* Schatten *m;* **a patch of ~** ein schattiges Plätzchen; **in the ~** im Schatten ❷ (*lampshade*) [Lampen]schirm *m* ❸ (*colour*) Farbton *m;* **~s of grey** Grautöne *pl* ❹ (*fam*) **~s** *pl* Sonnenbrille *f* **II.** *vt* [vor der Sonne] schützen; **an avenue ~d by trees** eine von Bäumen beschattete Allee; **to ~ one's eyes** seine Augen beschirmen

shadow [ˈʃædəʊ] **I.** *n* ❶ Schatten *m;* (*under eye*) Augenring *m;* **to cast a ~ over sth/sb** [s]einen Schatten auf etw/jdn werfen ❷ (*hint*) Hauch *m* ❸ (*follower*) Beschatter(in) *m(f)* **II.** *vt* ❶ verdunkeln ❷ (*follow*) beschatten; *player* decken

shady [ˈʃeɪdi] *adj* ❶ schattig ❷ (*fam: dubious*) fragwürdig

shake [ʃeɪk] **I.** *n* ❶ Schütteln *nt kein pl;* **a ~ of one's head** ein Kopfschütteln ❷ **to get the ~s** (*fam*) Muffensausen kriegen ❸ *esp* AM (*fam: milkshake*) Shake *m* **II.** *vt* <shook, shaken> ❶ schütteln; **~ well before using** vor Gebrauch gut schütteln; **to ~ sth over sth** etw über etw *akk* streuen; **to ~ one's head** den Kopf schütteln ❷ (*shock*) erschüttern; **the whole country was ~n** das ganze Land wurde schwer getroffen **III.** *vi* <shook, shaken> ❶ beben, zittern (**with** vor) ❷ (*fam*) **to ~ [on sth]** sich *dat* [in einer Sache] die Hand reichen ▶ **to ~ like a leaf** wie Espenlaub zittern

◆ **shake off** *vt* ❶ abschütteln ❷ (*get rid of*) überwinden; **to ~ off sb** jdn loswerden; *pursuer* jdn abschütteln

◆ **shake out** *vt* ausschütteln

◆ **shake up** *vt* (*mix*) mischen; (*shock*) aufwühlen

shaken [ˈʃeɪkᵊn] **I.** *vi, vt pp of* **shake** **II.** *adj* erschüttert

shakily [ˈʃeɪkɪli] *adv* ❶ wack[e]lig; *speak, move* zittrig ❷ (*uncertainly*) unsicher

shaky [ˈʃeɪki] *adj* ❶ zittrig; *ladder, table* wack[e]lig ❷ *basis* unsicher; **his English is rather ~** sein Englisch ist etwas holprig

shall [ʃæl, ʃᵊl] *aux vb* ❶ *usu* BRIT (*will*) **I ~ ...** ich werde ... ❷ *esp* BRIT (*must*) **I/he/she ~ ...** ich/er/sie soll ... ❸ **it ~ be unlawful ...** es ist verboten, ...

shallow [ˈʃæləʊ] *adj* ❶ seicht; *pit, pan* flach; **~ pool** Kinderbecken *nt* ❷ **~ breathing** flacher Atem

shambles [ˈʃæmb|z] *n + sing vb* (*fam*) **a ~** ein heilloses Durcheinander; **to be in a ~** sich in einem chaotischen Zustand befinden

shame [ʃeɪm] **I.** *n no pl* ❶ Scham *f;* **have you no ~?** schämst du dich nicht?; **~ on you!** schäm dich! ❷ (*disgrace*) Schande *f* ❸ (*pity*) Jammer *m;* **what a ~!** wie schade! **II.** *vt* ❶ beschämen ❷ (*disgrace*) Schande machen *+dat*

shameless [ˈʃeɪmləs] *adj* schamlos

shampoo [ʃæmˈpuː] **I.** *n* Shampoo *nt;* **a ~ and set** Waschen und Legen **II.** *vt* shamponieren

shandy [ˈʃændi] *n esp* BRIT, AUS Radler *nt bes* SÜDD, Alsterwasser *nt* NORDD

shape [ʃeɪp] **I.** *n* ❶ Form *f;* BIOL Gestalt *f;* MATH Figur *f;* **to lose its ~** die Form verlieren; **to take ~** Form annehmen ❷ *no pl* **to be in great ~** in Hochform sein; **to knock sb into ~** jdn zurechtstutzen *fam* **II.** *vt* ❶ (*mould*) [aus]formen ❷ (*influence*) prägen; **to ~ sb's character/personality** jds Charakter *m*/Persönlichkeit *o f* formen **III.** *vi* sich entwickeln

share [ʃeəʳ] **I.** *n* ❶ [An]teil *m;* **the lion's ~ of sth** der Löwenanteil von etw *dat;*

~ **of the vote** Stimmenanteil *m* ❷ *usu pl* (*in company*) Aktie *f;* **stocks and ~s** Wertpapiere *pl* **II.** *vi* ❶ (*with others*) teilen ❷ **to ~ in sth** (*have part of*) an etw *dat* teilhaben; (*participate*) an etw *dat* beteiligt sein **III.** *vt* ❶ teilen; **to ~ responsibility** Verantwortung gemeinsam tragen ❷ (*have in common*) gemeinsam haben; **to ~ sb's concern** jds Besorgnis *f* teilen ❸ **to ~ a secret [with sb]** jdn in ein Geheimnis einweihen ► **a problem ~d is a problem halved** (*prov*) geteiltes Leid ist halbes Leid

shark <*pl* -s> [ʃɑːk] *n* Hai[fisch] *m*

sharp [ʃɑːp] **I.** *adj* ❶ scharf; (*pointed*) spitz; *bend* scharf ❷ (*scathing*) scharf; *criticism* beißend ❸ (*sudden*) plötzlich; (*marked*) drastisch; *drop, rise* stark ❹ (*perceptive*) scharfsinnig; *mind* scharf ❺ **C ~** Cis *nt;* **F ~** Fis *nt* **II.** *adv* genau; **the performance will start at 7.30 ~** die Aufführung beginnt um Punkt 7.30 Uhr **III.** *n* MUS Kreuz *nt*

sharpen [ˈʃɑːpᵊn] *vt* ❶ schärfen; *pencil* spitzen; (*grind*) schleifen ❷ (*boost*) verschärfen ❸ **to ~ one's mind** den Verstand schärfen

sharpener [ˈʃɑːpᵊnəʳ] *n* **pencil ~** Bleistiftspitzer *m;* **knife ~** Messerschleifgerät *nt*

sharp-tempered *adj* leicht erregbar

shatter [ˈʃætəʳ] **I.** *vi* zerspringen (**into** in +*akk*) **II.** *vt* ❶ zertrümmern; (*fig*) vernichten; **to ~ sb's dreams/illusions** jds Träume/Illusionen zunichtemachen ❷ BRIT (*fam: tire*) schlauchen; **I'm ~ed!** ich bin fix und fertig!

shattering [ˈʃætᵊrɪŋ] *adj* (*fam*) ❶ vernichtend ❷ (*upsetting*) erschütternd ❸ BRIT (*tiring*) aufreibend

shave [ʃeɪv] **I.** *n* Rasur *f;* **I need a ~** ich muss mich rasieren ► **a close ~** ein knappes Entkommen **II.** *vi* sich rasieren **III.** *vt* rasieren

shaven [ˈʃeɪvᵊn] *adj* rasiert; *head* kahl geschoren

shaver [ˈʃeɪvəʳ] *n* Rasierapparat *m*

shaving [ˈʃeɪvɪŋ] **I.** *adj attr* Rasier-; **~ cream** Rasiercreme *f* **II.** *n usu pl* Hobelspan *m*

shawl [ʃɔːl] *n* Schultertuch *nt*

she [ʃiː, ʃi] **I.** *pron* ❶ sie; **~ who ...** (*particular*) diejenige, die ...; (*any*) wer ❷ (*thing*) er/es/sie **II.** *n usu sing* **a ~** (*person*) eine Sie; (*animal*) ein Weibchen *nt*

sheath knife *n* Dolch *m*

shed[1] [ʃed] *n* Schuppen *m;* **garden ~** Gartenhäuschen *nt*

shed[2] <-dd-, shed, shed> [ʃed] **I.** *vt* ❶ ablegen; *antlers, leaves* abwerfen; *hair* verlieren; **to ~ a few kilos/pounds** ein paar Kilo/Pfund abnehmen; **to ~ one's skin** sich häuten; **to ~ one's winter coat** das Winterfell verlieren ❷ (*get rid of*) ablegen; **to ~ one's inhibitions/insecurity** seine Hemmungen/Unsicherheit verlieren ❸ *blood, tears* vergießen; *light* verbreiten ❹ BRIT (*drop*) **a lorry has ~ a load of gravel across the road** ein LKW hat eine Ladung Kies auf der Straße verloren **II.** *vi snakes* sich häuten; *cats* haaren

sheep <*pl* -> [ʃiːp] *n* Schaf *nt;* **flock of ~** Schafherde *f;* ► **to separate the ~ from the goats** die Schafe von den Böcken trennen

sheepdog *n* Schäferhund *m*

sheepskin *n* Schaffell *nt*

sheer [ʃɪəʳ] **I.** *adj* ❶ rein; **~ bliss** eine wahre Wonne; **~ coincidence** reiner Zufall ❷ *cliff, drop* steil **II.** *adv* steil hinauf/hinab

sheet [ʃiːt] *n* ❶ Laken *nt* ❷ (*paper*) Blatt *nt* ❸ **~ of ice** Eisschicht *f;* **~ of water** ausgedehnte Wasserfläche

sheet lightning *n no pl* Wetterleuchten *nt*

sheik(h) [ʃeɪk, ʃiːk] *n* Scheich *m*

shelf <*pl* shelves> [ʃelf] *n* [Regal]brett *nt;* (*set of shelves*) Regal *nt*

shell [ʃel] **I.** *n* ❶ Schale *f; of tortoise* Panzer *m; of pea* Hülse *f;* (*on beach*) Muschel *f* ❷ (*bomb*) Granate *f;* AM (*cartridge*) Patrone *f* **II.** *vt* ❶ schälen ❷ (*bombard*) [mit Granaten] bombardieren

◆ **shell out** *vi* (*fam*) **to ~ out for sth/sb** für etw/jdn bezahlen

shellfish <*pl* -> *n* Schalentier *nt*

shelter [ˈʃəltəʳ] **I.** *n* ❶ *no pl* Schutz *m;* **to find/take ~** Schutz finden/suchen ❷ (*structure*) Unterstand *m;* (*with seats*) Häuschen *nt;* **bus ~** Häuschen *nt* an der Bushaltestelle; **a ~ for the homeless/battered wives** ein Obdachlosenheim *nt*/Frauenhaus *nt* **II.** *vi* Schutz suchen **III.** *vt* schützen (**from** vor)

sheltered [ˈʃəltəd] *adj* ❶ geschützt ❷ (*overprotected*) behütet ❸ **~ accommodation** Alten[wohn]heim *nt*

shield [ʃiːld] **I.** *n* ❶ [Schutz]schild *m;* (*with coat of arms*) [Wappen]schild *m o nt* ❷ (*protection*) Schutz *m kein pl* ❸ SPORTS Trophäe *f* **II.** *vt* beschützen (**from** vor); **to ~ one's eyes** die Augen schützen

shift [ʃɪft] **I.** *vt* ❶ [weg]bewegen; (*slightly*) verschieben ❷ **to ~ the emphasis** die Betonung verlagern ❸ AM **to ~ gears** schalten **II.** *vi* ❶ sich bewegen; (*to new position*) die Position verändern; **it won't ~** es lässt sich nicht bewegen ❷ AM **to ~ into reverse** den Rückwärtsgang einlegen ❸ BRIT (*sl*) **~ up/over a bit!** rutsch mal ein bisschen rüber! *fam* **III.** *n* ❶ Wechsel *m,* Änderung *f;* **a ~ in opinion** ein Meinungsumschwung *m* ❷ (*work*) Schicht *f;* **day/night ~** Tag-/Nachtschicht *f* ❸ (*dress*) Hänger *m*

shine [ʃaɪn] **I.** *n no pl* Glanz *m;* ▶ **to take a ~ to sb** jdn ins Herz schließen **II.** *vi* <shone *or* shined, shone *or* shined> ❶ *moon, sun* scheinen; *stars* leuchten ❷ *talent* glänzen **III.** *vt* <shone *or* shined, shone *or* shined> ❶ **to ~ a beam of light at sth/sb** etw/jdn anstrahlen ❷ *shoes* polieren

shingles [ˈʃɪŋglz] *n pl + sing vb* MED Gürtelrose *f*

shiny [ˈʃaɪni] *adj* glänzend; (*clean*) [spiegel]blank; **to be ~** glänzen

ship [ʃɪp] **I.** *n* Schiff *nt;* **cargo/passenger ~** Fracht-/Passagierschiff *nt;* **by ~** mit dem Schiff; (*goods*) per Schiff **II.** *vt* <-pp-> verschiffen

shipping company *n* Reederei *f*

shipshape *adj pred* (*fam*) aufgeräumt; **to get sth ~** etw aufräumen **shipwreck** **I.** *n* Schiffbruch *m;* (*remains*) [Schiffs]wrack *nt* **II.** *vt usu passive* **to be ~ed** Schiffbruch erleiden **shipyard** *n* [Schiffs]werft *f*

shirker [ˈʃɜːkəʳ] *n* Drückeberger(in) *m(f) fam*

shirt [ʃɜːt] *n* Hemd *nt;* ▶ **keep your ~ on!** reg dich ab!

shirtsleeve *n usu pl* Hemdsärmel *m;* ▶ **to roll up one's ~s** die Ärmel hochkrempeln *fam*

shirty [ˈʃɜːti] *adj* BRIT, AUS (*fam*) sauer *sl;* **don't get ~ with me!** sei nicht so griesgrämig!

shit [ʃɪt] (*fam!*) **I.** *n* ❶ *no pl* (*faeces*) Scheiße *f derb* ❷ (*diarrhoea*) **the ~s** *pl* Dünnschiss *m kein pl derb* ❸ *no pl* (*nonsense*) Scheiße *m derb* **II.** *interj* Scheiße *derb* **III.** *vi* <-tt-, shit *or* shitted, shit *or* shitted> scheißen *derb*

shitty [ˈʃɪti] *adj* (*fam!*) beschissen *derb*

shiver [ˈʃɪvəʳ] **I.** *n* ❶ Schauder *m;* **a ~ went up and down my spine** mir lief es kalt den Rücken hinunter ❷ MED **the ~s** *pl* Schüttelfrost *m kein pl* **II.** *vi* zittern; **to ~ with cold** frösteln; **to ~ like a leaf** wie Espenlaub zittern

shivery [ˈʃɪvəri] *adj* fröstelnd; **to feel ~** frösteln

shock [ʃɒk] **I.** *n* ❶ Schock *m;* **a ~ to the**

S

system eine schwierige Umstellung; **to come as a ~** ein Schock sein ❷ (*fam*) ELEC elektrischer Schlag ❸ *no pl* Schock[zustand] *m;* **to be in [a state of]** ~ unter Schock stehen **II.** *vt, vi* schockieren; (*deeply*) [zutiefst] erschüttern

shock absorber *n* Stoßdämpfer *m*

shocking [ˈʃɒkɪŋ] *adj* ❶ schockierend; *crime* abscheulich ❷ *esp* AM (*surprising*) völlig überraschend ❸ *esp* BRIT (*fam: bad*) schrecklich

shoddy [ˈʃɒdi] *adj* schlampig [gearbeitet] *fam;* (*rundown*) schäbig

shoe [ʃuː] **I.** *n* Schuh *m;* (*horseshoe*) Hufeisen *nt;* **a pair of ~s** ein Paar *nt* Schuhe ▶ **to put oneself in sb's ~s** sich in jds *akk* Lage *f* versetzen **II.** *vt* <shod *or* AM *a.* shoed, shod *or* AM *a.* shoed> *horse* beschlagen

shoelace *n usu pl* Schnürsenkel *m;* **to do up one's ~s** sich *dat* die Schuhe zubinden **shoe polish** *n no pl* Schuhcreme *f* **shoe size** *n* Schuhgröße *f*

shone [ʃɒn] *pt, pp of* **shine**

shoo [ʃuː] (*fam*) **I.** *interj* husch [husch] **II.** *vt* wegscheuchen

shook [ʃʊk] *n pt of* **shake**

shoot [ʃuːt] **I.** *n* ❶ (*on plant*) Trieb *m;* **green ~s** (*fig*) erste [hoffnungsvolle] Anzeichen ❷ (*hunt*) Jagd *f* ❸ PHOT Aufnahmen *pl* **II.** *vi* <shot, shot> ❶ schießen (**at** auf); **to ~ to kill** mit Tötungsabsicht schießen ❷ SPORTS schießen ❸ **to ~ to fame** über Nacht berühmt werden ❹ (*film*) drehen **III.** *vt* <shot, shot> ❶ schießen ❷ (*hit*) anschießen; (*dead*) erschießen ❸ FILM drehen

◆ **shoot down** *vt* ❶ (*kill*) erschießen ❷ *plane* abschießen

◆ **shoot off I.** *vt usu passive* wegschießen ▶ **to ~ one's mouth off** (*sl*) sich *dat* das Maul zerreißen *derb* **II.** *vi vehicle* schnell losfahren; *person* eilig aufbrechen

◆ **shoot up** *vi* ❶ (*increase*) schnell ansteigen; *skyscraper* in die Höhe schießen ❷ (*fam*) *child* schnell wachsen

shooting [ˈʃuːtɪŋ] **I.** *n* ❶ Schießerei *f;* (*from several sides*) Schusswechsel *m* ❷ *no pl* (*sport*) Jagen *nt;* **grouse ~** Moorhuhnjagd *f* ❸ *no pl* FILM Drehen *nt* **II.** *adj attr* **~ pain** stechender Schmerz

shooting star *n* Sternschnuppe *f;* (*person*) Shootingstar *m*

shop [ʃɒp] **I.** *n* ❶ Geschäft *nt,* Laden *m;* **baker's ~** *esp* BRIT Bäckerei ❷ BRIT, AUS (*shopping*) Einkauf *m;* **to do the weekly ~** die wöchentlichen Einkäufe erledigen ▶ **to be all over the ~** BRIT (*fam*) ein [völliges] Durcheinander sein **II.** *vi* <-pp-> einkaufen; **to ~ till you drop** (*hum*) eine Shoppingorgie veranstalten

shop assistant *n* Verkäufer(in) *m(f)*

shopkeeper *n* Ladeninhaber(in) *m(f)*

shoplifting *n no pl* Ladendiebstahl *m*

shopper [ˈʃɒpəʳ] *n* Käufer(in) *m(f)*

shopping [ˈʃɒpɪŋ] *n no pl* ❶ Einkaufen *nt;* **Christmas ~** Weihnachtseinkäufe *pl;* **to go ~** einkaufen gehen ❷ (*purchases*) Einkäufe *pl;* **bags of ~** volle Einkaufstaschen

shopping arcade *n* Einkaufspassage *f*

shopping bag *n* Einkaufstasche *f;* **plastic ~** Plastiktragetasche *f* **shopping cart** *n* AM Einkaufswagen *m*

shopping centre *n* Einkaufszentrum *nt* **shopping mall** *n esp* AM, AUS Einkaufszentrum *nt* **shopping trolley** *n* BRIT Einkaufswagen *m*

shop-soiled *adj* BRIT, AUS leicht beschädigt **shop window** *n* Schaufenster *nt*

shopworn *adj* ❶ *inv* AM leicht beschädigt ❷ (*clichéd*) abgedroschen

shore [ʃɔːʳ] *n* Küste *f; of river, lake* Ufer *nt;* (*beach*) Strand *m*

short [ʃɔːt] **I.** *adj* ❶ kurz; (*not tall*) klein; (*not far*) kurz; **Bob's ~ for Robert** Bob ist die Kurzform von Robert; **~ dis-**

S

tance kurze Strecke; **at ~ range** aus kurzer Entfernung ❷ (*brief*) kurz; **to have a ~ memory** ein kurzes Gedächtnis haben; **at ~ notice** kurzfristig; **~ and sweet** kurz und schmerzlos ❸ **to be ~ [of cash]** (*fam*) knapp bei Kasse sein; **to be ~ of space** wenig Platz haben ❹ *pred* **to be ~ [with sb]** [jdm gegenüber] kurz angebunden sein ▶ **to have a ~ fuse** schnell wütend werden; **to draw the ~ straw** den Kürzeren ziehen **II.** *n* (*fam*) ❶ ELEC Kurzer *m* ❷ BRIT (*drink*) Kurzer *m* **III.** *adv* **to cut sth ~** etw abkürzen; **to fall ~ of sth** etw nicht erreichen ▶ **in ~** kurz gesagt

shortage [ˈʃɔːtɪdʒ] *n* Mangel *m kein pl* (**of** an); **water ~** Wassermangel *m*

short-change *vt* **to ~ sb** jdm zu wenig Wechselgeld herausgeben

short circuit *n* Kurzschluss *m* **short cut** *n* Abkürzung *f*

shorten [ˈʃɔːtᵊn] **I.** *vt* kürzen; *name* abkürzen **II.** *vi* kürzer werden

shortly [ˈʃɔːtli] *adv* bald; **~ after ...** kurz nachdem ...; **~ afterwards** kurz danach

shorts [ʃɔːts] *n pl* ❶ kurze Hose ❷ AM (*underpants*) Unterhose *f*

short-sighted *adj* kurzsichtig **short-sleeved** [-ˌsliːvd] *adj* kurzärmelig **short-staffed** [-ˈstɑːft] *adj* unterbesetzt **short story** *n* Kurzgeschichte *f* **short-tempered** [-ˈtempəd] *adj* cholerisch **short-term** *adj* kurzfristig; **~ memory** Kurzzeitgedächtnis *nt* **short-termism** *n* kurzfristiges Denken **short wave** *n* Kurzwelle *f*

shot [ʃɒt] **I.** *n* ❶ *of gun* Schuss *m* ❷ SPORTS Kugel *f;* (*in tennis, golf*) Schlag *m;* (*in football, ice hockey*) Schuss *m* ❸ *no pl* (*ammunition*) Schrot *m o nt* ❹ (*photo*) Aufnahme *f* ❺ (*fam: injection*) Spritze *f* ❻ *of alcohol* Schuss *m* **II.** *vt, vi pp, pt of* **shoot**

shotgun *n* Schrotflinte *f;* ▶ **to ride ~** AM (*fam*) vorne sitzen (*im Auto*)

shot put *n* **the ~** das Kugelstoßen *kein pl*

shot putter *n* Kugelstoßer(in) *m(f)*

should [ʃʊd] *aux vb* ❶ (*mandatory*) **sb/sth ~ ...** jd/etw sollte ...; **you ~ be ashamed of yourselves** ihr solltet euch [was] schämen; **~ I apologize to him?** soll[te] ich mich bei ihm entschuldigen? ❷ (*expectant*) **sb/sth ~ ...** jd/etw sollte [*o* müsste] [eigentlich] ...; **there ~n't be any problems** es dürfte eigentlich keine Probleme geben; **I ~ be so lucky** (*fam*) schön wärs! ❸ (*form: possible*) **in case sth/sb ~ do sth** falls etw/jd etw tun sollte ❹ (*rhetorical*) **why ~ sb/sth ...?** warum sollte jd/etw ...? ❺ (*could*) **where's Stuart? — how ~ I know?** wo ist Stuart? — woher soll[te] ich das wissen?

shoulder [ˈʃəʊldəʳ] **I.** *n* ❶ Schulter *f;* **a ~ to cry on** eine Schulter zum Ausweinen; **to shrug one's ~s** mit den Achseln zucken ❷ (*meat*) Schulter *f; of beef* Bug *m* ❸ **soft/hard ~** unbefestigtes/befestigtes Bankett **II.** *vt* auf sich *akk* nehmen; **to ~ the cost of sth** die Kosten für etw *akk* tragen; **to ~ responsibility** die Verantwortung übernehmen

shoulder bag *n* Umhängetasche *f* **shoulder pad** *n* Schulterpolster *nt;* SPORTS *a.* Schulterschoner *m* **shoulder strap** *n* Riemen *m*

shout [ʃaʊt] **I.** *n* ❶ Ruf *m;* **a ~ from the audience** ein Zuruf *m* aus dem Publikum; **~ of joy** Freudenschrei *m* ❷ BRIT, AUS (*fam: drinks*) Runde *f* **II.** *vi* schreien; **to ~ at sb** jdn anschreien; **to ~ for help** um Hilfe rufen **III.** *vt* rufen
◆ **shout out** *vt* [aus]rufen

shouting [ˈʃaʊtɪŋ] *n no pl* Schreien *nt*

shove [ʃʌv] **I.** *n* Ruck *m;* **to give sth a ~** etw [weg]rücken **II.** *vt* ❶ schieben; **to ~ sb around** jdn herumstoßen *fam*

❷ **to ~ sth into a bag** etw in eine Tasche stecken **III.** *vi* ❶ drängen ❷ (*fam*) **to ~ along** beiseiterücken

◆ **shove off** *vi* ❶ (*fam*) abhauen *sl* ❷ NAUT [vom Ufer] abstoßen

shovel ['ʃʌvᵊl] **I.** *n* Schaufel *f; of earthmover* Baggerschaufel *f;* **a ~ of coal/dirt/snow** eine Schaufel [voll] Kohle/Erde/Schnee **II.** *vt, vi* <BRIT -ll- *or* AM *usu* -l-> schaufeln

show [ʃəʊ] **I.** *n* ❶ Demonstration *f geh;* **~ of kindness** Geste *f* der Freundlichkeit; **~ of solidarity** Solidaritätsbekundung *f geh* ❷ *no pl* (*display*) Schau *f;* **to make a ~ of sth** etw zur Schau stellen ❸ *no pl* (*sight*) Schauspiel *nt geh* ❹ (*event*) Schau *f*, Ausstellung *f;* **slide ~** Diavortrag *m;* **to be on ~** ausgestellt sein ❺ (*entertainment*) Show *f;* (*on TV a.*) Unterhaltungssendung *f;* (*at theatre*) Vorstellung *f;* **puppet ~** Puppenspiel *nt* ❻ *no pl* (*fam: affair*) Sache *f;* **who's running the ~?** wer ist hier der Boss? *fam* **II.** *vt* <showed, shown *or* showed> ❶ zeigen; (*exhibit*) ausstellen; (*perform*) vorführen ❷ (*expose*) sehen lassen; **this carpet ~s all the dirt** bei dem Teppich kann man jedes bisschen Schmutz sehen ❸ (*reveal*) zeigen; **to ~ promise** viel versprechend sein; **to ~ compassion [for sb]** [mit jdm] Mitleid haben ❹ (*record*) anzeigen; *statistics* [auf]zeigen; **to ~ a loss/profit** einen Verlust/Gewinn aufweisen ❺ (*explain*) **to ~ sb sth** jdm etw zeigen ▶ **to ~ sb the door** jdm die Tür weisen **III.** *vi* <showed, shown *or* showed> ❶ zu sehen sein; **to let sth ~** sich *dat* etw anmerken lassen ❷ *esp* AM, AUS (*fam: arrive*) auftauchen ❸ (*be shown*) *film* laufen *fam*

◆ **show in** *vt* hereinführen/hineinführen

◆ **show off I.** *vt* **to ~ off sb/sth** mit jdm/etw angeben **II.** *vi* prahlen

◆ **show out** *vt* hinausführen; **will you ~ Ms Richards out please?** würden Sie Frau Richards bitte zur Tür bringen?; **I'll ~ myself out** ich finde schon allein hinaus

◆ **show up I.** *vi* sich zeigen **II.** *vt* ❶ zeigen ❷ (*expose*) aufdecken; **to ~ up sb** jdn entlarven

shower ['ʃaʊəʳ] **I.** *n* ❶ Schauer *m;* **~ of rain/snow** Regen-/Schneeschauer *m* ❷ (*spray*) Regen *m;* **~ of sparks** Funkenregen *m* ❸ (*for bathing*) Dusche *f;* **to have a ~** duschen ❹ AM (*party*) *Frauenparty vor einer Hochzeit, Geburt etc., bei der Geschenke überreicht werden* **II.** *vt* ❶ bespritzen (**with** mit) ❷ (*fig*) **to ~ sb with sth** *compliments, presents* jdn/etw mit etw *dat* überhäufen **III.** *vi* duschen

shower gel *n* Duschgel *nt*

showery ['ʃaʊəri] *adj* mit vereinzelten Regenschauern *nach n;* **~ weather** regnerisches Wetter

showground *n* Veranstaltungsgelände *nt* **show home** *n* BRIT Musterhaus *nt*

show jumping *n no pl* Springreiten *nt*

shown [ʃəʊn] *vt, vi pp of* **show**

show-off *n* Angeber(in) *m(f)*

showroom *n* Ausstellungsraum *m*

shrank [ʃræŋk] *vt, vi pt of* **shrink**

shrink [ʃrɪŋk] **I.** *vi* <shrank *or esp* AM shrunk, shrunk *or* AM *a.* shrunken> ❶ schrumpfen; *clothes* eingehen ❷ **to ~ away** zurückweichen; **to ~ from [doing] sth** sich vor etw *dat* drücken *fam* **II.** *vt* <shrank *or* AM *esp* shrunk, shrunk *or* AM *a.* shrunken> schrumpfen lassen; **to ~ costs** die Kosten senken **III.** *n* (*fam*) Psychiater(in) *m(f)*

◆ **shrivel up** *vi* zusammenschrumpfen; *fruit* schrumpeln ▶ **to want to ~ up and die** in den Boden versinken wollen

shrub [ʃrʌb] *n* Strauch *m*

shrug [ʃrʌg] **I.** *n* Achselzucken *nt kein pl* **II.** *vi* <-gg-> die Achseln zucken **III.** *vt* <-gg-> **to ~ one's shoulders** die Achseln zucken; (*fig*) tatenlos zusehen

shrunk [ʃrʌŋk] *vt, vi pp, pt of* **shrink**
shuffle [ˈʃʌfl] **I.** *n* ❶ **to give the cards a ~** die Karten mischen ❷ (*rearrangement*) Neuordnung *f kein pl* ❸ AM, AUS, CAN (*shake-up*) **cabinet ~** Kabinettsumbildung *f* ❹ *no pl of feet* Schlurfen *nt* **II.** *vt* ❶ *cards* mischen ❷ **to ~ one's feet** schlurfen **III.** *vi* ❶ Karten mischen ❷ **to ~ through sth** etw durchblättern ❸ (*walk*) schlurfen; **to ~ along** (*fig*) sich dahinschleppen
shut [ʃʌt] **I.** *adj* geschlossen; *curtains* zugezogen; **to slam a door ~** eine Tür zuschlagen; **to slide ~** sich automatisch schließen **II.** *vt* <-tt-, shut, shut> schließen; *book* zuklappen ▸ **~ your face /mouth!** (*fam!*) halt die Klappe! *fam* **III.** *vi* <-tt-, shut, shut> schließen
◆ **shut off** *vt* ❶ **to ~ oneself off** sich zurückziehen ❷ (*turn off*) abstellen
◆ **shut out** *vt* ❶ ausschließen; (*fig*) *thoughts* verdrängen; **to ~ out the light** das Licht abschirmen; **to ~ out pain** Schmerz ausschalten ❷ **to ~ out sb [from sth]** jdn [von etw *dat*] ausschließen
◆ **shut up I.** *vt* ❶ einsperren ❷ AUS, BRIT (*close*) schließen; **to ~ up shop** das Geschäft schließen ❸ (*fam: silence*) zum Schweigen bringen **II.** *vi* ❶ AUS, BRIT (*close*) [seinen Laden] schließen ❷ (*fam: stop talking*) den Mund halten
shutter [ˈʃʌtəʳ] *n* ❶ PHOT Blende *f* ❷ *usu pl of window* Fensterladen *m*
shuttle [ˈʃʌtl] **I.** *n* ❶ (*train*) Pendelzug *m;* (*plane*) Pendelmaschine *f;* **air ~ [service]** Shuttleflug *m;* **space ~** Raumfähre *f* ❷ SPORTS (*fam*) Federball *m* **II.** *vt* hin- und zurückbefördern **III.** *vi* hin- und zurückfahren
shuttle bus *n* Zubringerbus *m* **shuttle flight** *n* Shuttleflug *m* **shuttle service** *n* Shuttleservice *nt*
shy [ʃaɪ] **I.** *adj* schüchtern; **~ smile** scheues Lächeln **II.** *vi* <-ie-> *horse* scheuen
shyness [ˈʃaɪnəs] *n no pl* Schüchternheit *f*
sick [sɪk] **I.** *adj* ❶ krank; **to be off ~** krankgemeldet sein; **to call in ~** sich krankmelden ❷ *pred* (*vomit*) **to be ~** sich erbrechen; **to feel ~** sich schlecht fühlen ❸ *pred* (*fam*) **it makes me ~ ...** es regt mich auf ...; **to be ~ of sth/sb** von etw/jdm die Nase voll haben *fam* ❹ (*fam: cruel*) geschmacklos **II.** *n* ❶ **the ~** *pl* die Kranken *pl* ❷ *no pl* BRIT (*fam: vomit*) Erbrochene(s) *nt*
sick bag *n* Speibeutel *m* **sickbay** *n* MIL Krankenstation *f*
sickening [ˈsɪkᵊnɪŋ] *adj* entsetzlich; (*disgusting*) ekelhaft; (*annoying*) [äußerst] ärgerlich
sick leave *n no pl* **to be on ~** krankgeschrieben sein
sickness <*pl* -es> [ˈsɪknəs] *n* ❶ Krankheit *f;* (*nausea*) Übelkeit *f* ❷ *no pl* (*vomiting*) Erbrechen *nt*
side [saɪd] **I.** *n* ❶ Seite *f; of hill, cliff* Hang *m; of house, cave* [Seiten]wand *f;* **this ~ up!** diese Seite oben!; **~ by ~** Seite an Seite; **at the ~ of sth** neben etw *dat* ❷ (*page*) Seite *f* ❸ (*edge*) Rand *m; of table, shape* Seite *f; of road* [Straßen]rand *m;* **on all ~s** auf allen Seiten ❹ (*half*) Hälfte *f; of town, road, brain, room* Seite *f* ❺ (*direction*) Seite *f;* **to put sth to one ~** etw beiseitelassen; **to take sb to one ~** jdn auf die Seite nehmen ❻ + *sing/pl vb* (*opposing party*) Partei *f*, Seite *f;* **to take ~s** Partei ergreifen ❼ + *sing/pl vb* (*team*) Mannschaft *f*, Seite *f* ❽ (*aspect*) Seite *f;* **to look on the bright[er] ~ of life** zuversichtlich[er] sein ❾ *esp* AM (*side dish*) Beilage *f;* ▸ **the other ~ of the coin** die Kehrseite der Medaille; **to get on the wrong ~ of sb** es sich *dat* mit jdm verderben **II.** *adj* Neben-; **~ job** Nebenbeschäftigung *f* **III.** *vi* **to ~**

S

against sb sich gegen jdn stellen; **to ~ with sb** zu jdm halten

sideboard *n* ❶ (*buffet*) Anrichte *f* ❷ BRIT (*fam: sideburns*) **~s** *pl* Koteletten *pl*

side dish *n* Beilage *f* **side effect** *n* Nebenwirkung *f* **sideline** *n* ❶ Nebenbeschäftigung *f;* (*money*) Nebenerwerb *m* ❷ *esp* AM SPORTS Seitenlinie *f* **side road** *n* Seitenstraße *f* **side salad** *n* Beilagensalat *m*

sidestep **I.** *vt, vi* <-pp-> ausweichen **II.** *n* Schritt *m* zur Seite; (*fig*) Ausweichmanöver *nt;* (*in dancing*) Seitenschritt *m;* (*in sports*) Ausfallschritt *m*

side street *n* Seitenstraße *f* **sidewalk** *n* AM Bürgersteig *m*

sideways ['saɪdweɪz] **I.** *adv* seitwärts; **the fence is leaning ~** der Zaun steht schief **II.** *adj* seitlich; **he gave her a ~ glance** er sah sie von der Seite an

sieve [sɪv] **I.** *n* Sieb *nt;* ▶ **to have a memory like a ~** ein Gedächtnis wie ein Sieb haben **II.** *vt* sieben **III.** *vi* **to ~ through a contract** einen Vertrag genau durchgehen

sigh [saɪ] **I.** *n* Seufzer *m;* **~ of relief** Seufzer *m* der Erleichterung; **to heave a ~** seufzen **II.** *vi* seufzen; **to ~ with relief** vor Erleichterung [auf]seufzen

sight [saɪt] **I.** *n* ❶ *no pl* [**sense of**] **~** Sehvermögen *nt;* (*strength*) Sehkraft *f;* **to lose one's ~** das Sehvermögen verlieren ❷ *no pl* (*access*) Sicht *f;* (*range*) Sichtweite *f;* **get out of my ~!** (*fam*) geh mir aus den Augen!; **to be in/come into ~** in Sichtweite sein/kommen; **out of ~** außer Sichtweite; **to keep out of ~** sich nicht sehen lassen ❸ *no pl* (*seeing*) Anblick *m;* **love at first ~** Liebe auf den ersten Blick; **to know sb by ~** jdn vom Sehen her kennen ❹ *no pl* (*image*) Anblick *m;* **to be not a pretty ~** kein angenehmer Anblick sein; **to be a ~** (*fam: ridiculous*) lächerlich aussehen; (*terrible*) furchtbar aussehen ❺ (*attractions*) **~s** *pl* Sehenswürdigkeiten *pl* ▶ **out of ~, out of mind** (*prov*) aus den Augen, aus dem Sinn; **to set one's ~s on sth** sich dat etw zum Ziel machen **II.** *vt* sichten

S

sightseeing **I.** *n no pl* Besichtigungen *pl* **II.** *adj attr* Sightseeing-

sign [saɪn] **I.** *n* ❶ Zeichen *nt;* **to make the ~ of the cross** sich bekreuzigen; **a rude ~** eine unverschämte Geste ❷ (*notice*) [Straßen-/Verkehrs]schild *nt;* **stop ~** Stoppschild *nt* ❸ ASTROL Sternzeichen *nt* ❹ (*indication*) [An]zeichen *nt;* **~ of life** Lebenszeichen *nt;* **a ~ of the times** ein Zeichen *nt* der Zeit ❺ MATH Zeichen *nt* **II.** *vt* ❶ *letter* unterschreiben; *contract, cheque* unterzeichnen; *book, painting* signieren ❷ *athlete, musician* [vertraglich] verpflichten **III.** *vi* ❶ unterschreiben ❷ (*gesture*) gestikulieren

◆ **sign in** **I.** *vi* sich eintragen **II.** *vt* eintragen

◆ **sign up** **I.** *vi* sich verpflichten; (*for course*) sich einschreiben **II.** *vt* **to ~ up sb** jdn verpflichten; **to ~ up sb for a course** jdn für einen Kurs anmelden

signal ['sɪgnᵊl] **I.** *n* ❶ Zeichen *nt* ❷ (*hint*) [An]zeichen *nt* ❸ (*traffic light*) Ampel *f;* (*for trains*) Signal *nt* ❹ (*transmission*) Signal *nt;* (*reception*) Empfang *m* ❺ AM (*indicator*) Blinker *m* **II.** *vt, vi* <BRIT -ll- *or* AM *usu* -l-> signalisieren

signature ['sɪgnətʃəʳ] *n* ❶ Unterschrift *f;* *of artist* Signatur *f;* **to give sth one's ~** etw unterschreiben ❷ (*characteristic*) Erkennungszeichen *nt*

significant [sɪg'nɪfɪkənt] *adj* ❶ bedeutend; (*important*) bedeutsam; *date, event* wichtig ❷ (*meaningful*) bedeutsam; **a ~ look** ein viel sagender Blick

sign language *n* Gebärdensprache *f*

signpost **I.** *n* Wegweiser *m;* (*fig: advice*) Hinweis *m* **II.** *vt usu passive* aufzeigen; *route* ausschildern

silence ['saɪlən(t)s] **I.** *n no pl* Stille *f; of individual* Schweigen *nt;* (*calmness*) Ruhe *f;* **a minute of ~** eine Schweigeminute; **to eat/sit/work in ~** still essen/sitzen/arbeiten ▶ **~ is golden** (*prov*) Schweigen ist Gold **II.** *vt* zum Schweigen bringen; *doubts* verstummen lassen

silent ['saɪlənt] *adj* ❶ still; (*inactive*) ruhig ❷ (*taciturn*) schweigsam; **to be ~** schweigen; **to go ~** verstummen

silently ['saɪləntli] *adv* lautlos; (*taciturn*) schweigend; (*subdued*) leise

silk [sɪlk] *n* Seide *f;* **~ paper** Seidenpapier *nt*

silly ['sɪli] *adj* ❶ albern; **don't be ~!** red keinen Unsinn!; **to look ~** albern aussehen ❷ *pred* **to be bored ~** zu Tode gelangweilt sein *fam*

silver ['sɪlvəʳ] *n no pl* ❶ Silber *nt* ❷ (*coins*) Münzgeld *nt* ❸ (*cutlery*) **the ~** das [Tafel]silber

silver foil *n* Alufolie *f* **silver wedding anniversary** *n* silberne Hochzeit

similar ['sɪmɪləʳ] *adj* ähnlich (**to** *+dat*)

similarity [ˌsɪmɪ'lærəti] *n* Ähnlichkeit *f* (**to** mit)

simmer ['sɪməʳ] **I.** *n usu sing* Sieden *nt* **II.** *vt* auf kleiner Flamme kochen lassen; *water* sieden lassen

simple <-r, -st> ['sɪmpl̩] *adj* ❶ einfach ❷ *attr* (*honest*) schlicht; **the ~ fact is that ...** Tatsache ist, dass ...

simply ['sɪmpli] *adv* ❶ einfach ❷ (*just*) nur; (*absolutely*) einfach; **you ~ must try this!** du musst das einfach versuchen!

simultaneous [ˌsɪməl'teɪniəs] *adj* gleichzeitig

sin [sɪn] **I.** *n* Sünde *f;* [**as**] **ugly as ~** unglaublich hässlich; **to live in ~** in wilder Ehe leben **II.** *vi* <-nn-> sündigen

since [sɪn(t)s] **I.** *adv* ❶ [**ever**] **~** seitdem ❷ (*ago*) **long ~** seit Langem; **not long ~** vor Kurzem [erst] **II.** *prep* seit *+dat;* **I haven't worked since Monday** seit Montag arbeite ich nicht mehr **III.** *conj* ❶ (*because*) da ❷ (*from when*) seit[dem]

sincere [sɪn'sɪəʳ] *adj* ehrlich; (*heartfelt*) aufrichtig

sincerely [sɪn'sɪəli] *adv* ❶ aufrichtig ❷ [**yours**] **~** mit freundlichen Grüßen

sing <sang *or* AM *a.* sung, sung> **I.** *vi* ❶ singen ❷ *kettle* pfeifen; *locusts* zirpen; *wind* pfeifen **II.** *vt* singen; **to ~ the praises of sb/sth** ein Loblied auf jdn/etw singen

◆ **sing along** *vi* mitsingen

singer ['sɪŋəʳ] *n* Sänger(in) *m(f)*

singing ['sɪŋɪŋ] *n no pl* das Singen; **~ lesson** Gesang[s]stunde *f*

single ['sɪŋgl̩] **I.** *adj* ❶ *attr* einzig; **with a ~ blow** mit nur einem Schlag; **not a ~ soul** keine Menschenseele; **every ~ thing** [absolut] alles; **every ~ time** jedes Mal ❷ (*without partner*) ledig; **~ father/mother** alleinerziehender Vater/alleinerziehende Mutter **II.** *n* ❶ BRIT, AUS (*ticket*) Einzelfahrkarte *f* ❷ (*record*) Single *f*

single-handed **I.** *adv* [ganz] allein; **he sailed round the world ~** er segelte als Einhandsegler um die Welt **II.** *adj* allein **single-minded** *adj* zielstrebig **single-parent family** *n* Familie *f* mit [nur] einem Elternteil

singlet ['sɪŋglɪt] *n esp* BRIT, AUS ärmelloses Trikot; (*underwear*) Unterhemd *nt*

single ticket *n* BRIT Einzelfahrkarte *f*

sink [sɪŋk] **I.** *n* Spüle *f;* (*washbasin*) Waschbecken *nt* **II.** *vi* <sank *or* sunk, sunk> ❶ sinken; (*in mud, snow*) einsinken; *sun, moon* untergehen ❷ (*decrease*) sinken; (*fall off*) zurückgehen ❸ (*frequency*) sich senken ❹ (*decline*) nachlassen **III.** *vt* <sank *or* sunk, sunk> ❶ *ship* versenken ❷ (*ruin*) zunichtemachen ❸ *differences* beilegen

◆ **sink in** **I.** *vi* ❶ einsinken ❷ (*be absorbed*) einziehen ❸ **has that sunk**

S

in? versteht du das jetzt? **II.** *vt* ❶ **to ~ a knife in sth** ein Messer in etw *akk* rammen ❷ **to ~ one's money in sth** sein Geld in etw *akk* stecken *fam*

sinking ['sɪŋkɪŋ] *adj attr* ❶ sinkend ❷ **a ~ feeling** ein flaues Gefühl [in der Magengegend]; **with a ~ heart** resigniert

sip [sɪp] **I.** *vt, vi* <-pp-> nippen **II.** *n* Schlückchen *nt;* **to have a ~** einen kleinen Schluck nehmen

sir [sɜːʳ, səʳ] *n no pl* ❶ BRIT **~!** Herr Lehrer! ❷ **Dear ~ or Madam, ...** Sehr geehrte Damen und Herren ... ❸ **no, ~!** AM (*fam*) auf keinen Fall!

siren ['saɪ(ə)rən] *n* Sirene *f*

sissy ['sɪsi] (*fam*) **I.** *n* Waschlappen *m* **II.** *adj* verweichlicht

sister ['sɪstəʳ] *n* ❶ Schwester *f* ❷ (*nun*) [Ordens]schwester *f* ❸ BRIT, AUS (*nurse*) [Kranken]schwester *f*

sister-in-law <*pl* sisters-> *n* Schwägerin *f*

sit <-tt-, sat, sat> [sɪt] **I.** *vi* ❶ sitzen; **to ~ at the desk/table** am Schreibtisch/Tisch sitzen; **to ~ for one's portrait** jdm Porträt sitzen; **to ~ for an exam** *esp* BRIT eine Prüfung ablegen ❷ (*sit down*) sich hinsetzen; **~!** (*to dog*) Platz! ❸ (*fit*) passen; *clothes* sitzen ▶ **to ~ on the fence** sich nicht entscheiden können; **to ~ tight** sich nicht rühren **II.** *vt* ❶ *baby* setzen ❷ BRIT **to ~ an exam** eine Prüfung ablegen

◆ **sit about, sit around** *vi* herumsitzen

◆ **sit back** *vi* sich zurücklehnen; (*idle*) die Hände in den Schoß legen

◆ **sit down I.** *vi* ❶ sich [hin]setzen; (*be sitting*) sitzen; **to ~ down to dinner** sich zum Essen an den Tisch begeben ❷ (*take time*) sich [in Ruhe] hinsetzen; **to ~ down with sb** sich mit jdm zusammensetzen **II.** *vt* ❶ *baby* setzen ❷ **to ~ oneself down** sich hinsetzen

◆ **sit out I.** *vi* ❶ draußen sitzen ❷ (*not dance*) einen Tanz auslassen **II.** *vt* (*miss*) auslassen; *in game* aussetzen

◆ **sit through** *vi* über sich *akk* ergehen lassen

◆ **sit up I.** *vi* ❶ aufrecht sitzen; **to ~ up straight** sich gerade hinsetzen ❷ (*fam*) **to ~ up and take notice** aufhorchen **II.** *vt* aufrichten

sitcom ['sɪtkɒm] *n* (*fam*) *short for* **situation comedy** Sitcom *f*

site [saɪt] *n* ❶ Stelle *f* ❷ (*plot*) Grundstück *nt;* **building ~** Baugelände *nt;* **caravan ~** Campingplatz *m* [für Wohnwagen] ❸ (*building location*) Baustelle *f;* **on ~** vor Ort ❹ (*on Internet*) [**web**] **~** Website *f;* **fan ~** Fanpage *f*

sitting room *n esp* BRIT Wohnzimmer *nt*

situated ['sɪtjueɪtɪd] *adj pred* ❶ gelegen; **to be ~ near the church** in der Nähe der Kirche liegen ❷ **to be well/badly ~** [finanziell] gut/schlecht gestellt sein

situation [ˌsɪtjuˈeɪʃᵊn] *n* ❶ Situation *f* ❷ (*place*) Standort *m*

six [sɪks] **I.** *adj* sechs; *see also* **eight** ▶ **to be ~ feet under** (*hum*) sich *dat* die Radieschen von unten anschauen *sl* **II.** *pron* sechs; *see also* **eight** ▶ **~ of one and half a dozen of the other** [das ist] gehüpft wie gesprungen; **to knock sb for ~** BRIT jdn umhauen **III.** *n* Sechs *f; see also* **eight**

sixteen [ˌsɪk'stiːn] **I.** *adj* sechzehn; *see also* **eight II.** *n* Sechzehn *f; see also* **eight**

sixth [sɪksθ] **I.** *adj* sechste(r, s) **II.** *n* ❶ (*date*) **the ~** der Sechste ❷ (*fraction*) Sechstel *nt*

sixtieth ['sɪkstiəθ] **I.** *adj* sechzigste(r, s) **II.** *n* ❶ **the ~** der/die/das Sechzigste/sechzigste ❷ (*fraction*) Sechzigstel *nt*

sixty ['sɪksti] **I.** *adj* sechzig **II.** *n* Sechzig *f*

size [saɪz] *n* ❶ *usu sing* Größe *f; of sum* Höhe *f;* **to be the same ~** genauso groß sein; **to increase/decrease in ~** größer/kleiner werden; **to double in ~** seine Größe verdoppeln ❷ (*measurement*) Größe *f;* **the shirt is a ~ too**

big das Hemd ist eine Nummer zu groß; **collar/shoe ~** Kragenweite *f*/Schuhgröße *f*

skate[1] [skeɪt] *n* (*fish*) Rochen *m*

skate[2] [skeɪt] **I.** *n* Rollschuh *m;* (*ice*) Schlittschuh *m;* ▶ **to put one's ~s on** BRIT (*fam*) einen Zahn zulegen *sl* **II.** *vi* Rollschuh fahren; (*on ice*) Schlittschuh laufen ▶ **to be skating on thin ice** sich auf dünnem Eis bewegen *fig*

skateboard [ˈskeɪtbɔːd] *n* Skateboard *nt*

skateboarder [ˈskeɪtˌbɔːdə^r] *n* Skateboarder(in) *m(f)*

skater [ˈskeɪtə^r] *n* ❶ Rollschuhfahrer(in) *m(f);* (*on roller blades*) Skater(in) *m(f)* ❷ (*on ice*) Schlittschuhläufer(in) *m(f);* **figure ~** Eiskunstläufer(in) *m(f)*

skating rink *n* ❶ Rollschuhbahn *f* ❷ (*ice rink*) Eisbahn *f*

skeleton [ˈskelɪt^{ə}n] *n* ❶ Skelett *nt* ❷ *of boat, plane* Gerippe *nt; of building* Skelett *nt;* ▶ **to have ~s in one's cupboard** [*or* AM *a.* **closet**] eine Leiche im Keller haben *fam*

sketch [sketʃ] **I.** *n* <*pl* -es> Skizze *f* **II.** *vt* ❶ skizzieren ❷ (*write*) umreißen **III.** *vi* Skizzen machen

skewer [ˈskjuːə^r] **I.** *n* Spieß *m* **II.** *vt* aufspießen

ski [skiː] **I.** *n* Ski *m;* **on ~s** auf Skiern **II.** *vi* Ski fahren [*o* laufen]; **to ~ down the slope** die Piste herunterfahren

ski boot *n* Skischuh *m*

skid [skɪd] **I.** *vi* <-dd-> *person* rutschen; *car* schleudern; **to ~ to a halt** schlitternd zum Stehen kommen **II.** *n* Rutschen *nt;* **to go into a ~** ins Schleudern geraten

skier [ˈskiːə^r] *n* Skifahrer(in) *m(f)*

ski goggles *n pl* Skibrille *f*

skiing [ˈskiːɪŋ] *n no pl* Skifahren *nt;* **~ holiday** Skiurlaub *m*

ski instructor *n* Skilehrer *m* **ski jump** *n* ❶ Sprungschanze *f* ❷ *no pl* (*jump*) Skisprung *m;* (*event*) Skispringen *nt*

skilful [ˈskɪlf^{ə}l] *adj* (*adroit*) geschickt; (*skilled*) gekonnt

skimmed milk [ˌskɪmdˈ-] *n no pl* Magermilch *f*

skin [skɪn] **I.** *n* ❶ *usu sing* Haut *f;* (*hide*) Fell *nt;* **to have a thick ~** ein dickes Fell haben ❷ (*rind*) Schale *f;* ▶ **to be nothing but ~ and bone[s]** nur noch Haut und Knochen sein; **by the ~ of one's teeth** nur mit knapper Not **II.** *vt* <-nn-> häuten; *fruit* schälen; **to ~ sb alive** (*hum*) Hackfleisch aus jdm machen *fam*

skinny [ˈskɪni] *adj* mager

skinny-dip <-pp-> *vi* (*fam*) im Adams-/Evakostüm baden *hum sl*

skint [skɪnt] *adj pred* BRIT (*sl*) **to be ~** pleite sein *fam*

skintight *adj* hauteng

skip[1] [skɪp] **I.** *vi* <-pp-> ❶ hüpfen; (*with rope*) seilspringen ❷ (*omit*) **to ~ over sth** etw überspringen ❸ (*fam*) **to ~ over to France** eine Spritztour nach Frankreich machen **II.** *vt* <-pp-> ❶ AM **to ~ rope** seilspringen ❷ (*leave out*) auslassen ❸ (*not partake*) **to ~ sth** an etw *dat* nicht teilnehmen; **to ~ breakfast** das Frühstück auslassen; **to ~ classes** den Unterricht schwänzen *fam* **III.** *n* Hüpfer *m;* **to give a ~ of joy** einen Freudensprung machen

skip[2] [skɪp] *n* BRIT, AUS (*for waste*) [Müll]container *m*

ski pole *n* Skistock *m*

skipper [ˈskɪpə^r] *n* Kapitän *m*

skipping rope, AM **skip rope** *n* Springseil *nt*

ski rack *n* Skiträger *m* **ski resort** *n* Wintersportort *m*

skirt [skɜːt] **I.** *n* Rock *m* **II.** *vt* ❶ (*encircle*) umgeben; *driver* umfahren ❷ (*avoid*) [bewusst] umgehen

ski run *n* Skipiste *f*

skittle [ˈskɪtl̩] *n esp* BRIT ❶ Kegel *m* ❷ (*game*) **~s** *pl* Kegeln *nt kein pl*

skive [skaɪv] *vi* BRIT (*fam*) sich drücken

skiver [ˈskaɪvə^r] *n* BRIT (*fam*) Drückeber-

S

ger(in) *m(f)*
skull [skʌl] *n* Schädel *m*
sky [skaɪ] *n* Himmel *m;* **the skies** *pl* der Himmel; **sunny skies** sonniges Wetter ▸ **the ~'s the limit** alles ist möglich
sky-blue *adj attr* himmelblau **sky-high** **I.** *adv* [hoch] in die Luft; (*position*) [hoch] am Himmel; **to blow sth ~** etw in die Luft sprengen; **to go ~** *prices* in die Höhe schnellen **II.** *adj prices* Schwindel erregend hoch **sky-jack** **I.** *vt* entführen **II.** *n* Flugzeugentführung *f* **skylight** *n* Oberlicht *nt; in roof* Dachfenster *nt* **skyline** *n of city* Skyline *f;* (*horizon*) Horizont *m* **sky-scraper** *n* Wolkenkratzer *m*
slack [slæk] **I.** *adj* ❶ schlaff; *market* flau ❷ (*lazy*) träge **II.** *adv* schlaff **III.** *n no pl* Schlaffheit *f;* **to cut sb some ~** AM (*fam*) jdm Spielraum einräumen **IV.** *vi* (*fam*) faulenzen
slacken ['slækᵊn] **I.** *vt* ❶ locker lassen; **to ~ one's grip** seinen Griff lockern ❷ *pace* verlangsamen **II.** *vi* ❶ sich lockern ❷ (*diminish*) langsamer werden; (*fall off*) nachlassen
slacks [slæks] *n pl* [**a pair of**] **~** eine Hose
slag [slæg] **I.** *n* ❶ *no pl* Schlacke *f* ❷ BRIT (*pej fam*) Schlampe *f derb* **II.** *vt* <-gg-> BRIT (*fam*) **to ~** [**off**] **sb/sth** über jdn/etw herziehen

slam [slæm] **I.** *n* ❶ Knall *m; of door* Zuschlagen *nt* ❷ (*punch*) Schlag *m* **II.** *vt* <-mm-> ❶ *door* zuschlagen ❷ (*hit*) schlagen **III.** *vi* <-mm-> ❶ *door* zuschlagen ❷ (*hit*) **to ~ on the brakes** voll auf die Bremsen treten
slander ['slɑːndəʳ] **I.** *n no pl* Verleumdung *f* **II.** *vt* verleumden
slanging match *n esp* BRIT, AUS Schlagabtausch *m*
slap [slæp] **I.** *n* ❶ Klaps *m fam;* **to give sb a ~ on the back** jdm [anerkennend] auf den Rücken klopfen; **a ~ in the face** eine Ohrfeige; (*fig*) ein Schlag ins Gesicht ❷ (*noise*) Klatschen *nt* **II.** *vt* <-pp-> schlagen; **to ~ sb in the face** jdn ohrfeigen; **to ~ sb on the back** jdn auf den Rücken schlagen; **to ~ sb's wrist** (*fig*) jdn zurechtweisen **III.** *vi* **to ~ against sth** *water* gegen etw *akk* schlagen
slap-bang *adv* BRIT (*fam*) genau **slap-dash** *adj* schlampig **slap-up** *adj attr* BRIT, AUS **a ~ meal** ein Schlemmermahl *nt fam*
slash [slæʃ] **I.** *vt* ❶ aufschlitzen *fam;* **to ~ one's wrists** sich *dat* die Pulsadern aufschneiden ❷ *budget* kürzen; *price* senken **II.** *vi* **to ~ at sb/sth** [mit einem Messer] auf jdn/etw losgehen **III.** *n* <*pl* -es> ❶ Schnittwunde *f;* (*in object*) Schnitt *m* ❷ *in prices* Reduzierung *f* ❸ (*punctuation*) Schrägstrich *m*
slate [sleɪt] **I.** *n* ❶ *no pl* Schiefer *m* ❷ (*on roof*) [Dach]schindel *f;* ▸ **to have a clean ~** eine weiße Weste haben; **to wipe the ~ clean** reinen Tisch machen **II.** *adj* Schiefer- **III.** *vt* ❶ *roof* decken ❷ *usu passive* AM, AUS **to be ~d for sth** für etw *akk* vorgesehen sein ❸ BRIT, AUS (*fam: criticize*) zusammenstauchen
slave [sleɪv] **I.** *n* Sklave, Slavin *m, f* **II.** *vi* schuften; **to ~** [**away**] **at sth** sich mit etw *dat* herumschlagen
sleazy ['sliːzi] *adj* anrüchig; *area* zweifelhaft; **~ bar** Spelunke *f fam*
sledge [sledʒ] **I.** *n* Schlitten *m* **II.** *vi esp* BRIT **to go sledging** Schlittenfahren gehen **III.** *vt* mit dem Schlitten transportieren
sleep [sliːp] **I.** *n no pl* ❶ Schlaf *m;* (*nap*) Nickerchen *nt;* **to go** [**back**] **to ~** [wieder] einschlafen; **to put an animal to ~** ein Tier einschläfern ❷ (*in eyes*) Schlaf *m* **II.** *vi* <slept, slept> ❶ schlafen; **~ tight!** schlaf schön!; **to ~ late** lange schlafen; **to ~ sound**[**ly**] [tief und] fest schlafen; **to ~ rough** BRIT

auf der Straße schlafen; **to ~ with sb** mit jdm schlafen ② (*fig: be buried*) ruhen ▶ **to ~ on it** eine Nacht darüber schlafen **III.** *vt* **to ~ two/ten** zwei/zehn Personen beherbergen können

◆ **sleep around** *vi* (*fam*) herumschlafen

◆ **sleep in** *vi* ausschlafen; (*at workplace*) im Hause wohnen

◆ **sleep off** *vt hangover* ausschlafen; *cold, headache* sich gesund schlafen; **to ~ it off** seinen Rausch ausschlafen

◆ **sleep out** *vi* draußen schlafen

◆ **sleep through** *vi* **to ~ through sth** weiterschlafen; **to ~ through the alarm** den Wecker verschlafen

sleeper [ˈsliːpəʳ] *n* ① Schläfer(in) *m(f);* **to be a heavy/light ~** einen festen/leichten Schlaf haben ② *esp* AM (*pyjamas*) **~s** *pl* Schlafanzug *m* ③ BRIT, AUS RAIL Schwelle *f* ④ (*earring*) Kreole *f* ⑤ (*spy*) Sleeper *m*

sleeping [ˈsliːpɪŋ] *adj attr* schlafend *attr* ▶ **let ~ dogs lie** (*prov*) schlafende Hunde soll man nicht wecken *prov*

sleeping bag *n* Schlafsack *m* **sleeping car** *n* Schlafwagen *m* **sleeping pill** *n* Schlaftablette *f* **sleeping policeman** *n* BRIT Bodenschwelle *f*

sleepless [ˈsliːpləs] *adj* schlaflos **sleepwalker** *n* Schlafwandler(in) *m(f)*

sleepy [ˈsliːpi] *adj* schläfrig; **to feel ~** müde sein

sleet [sliːt] **I.** *n no pl* Eisregen *m* **II.** *vi impers* **it is ~ing** es fällt Eisregen

sleeve [sliːv] *n* ① Ärmel *m;* **to roll up one's ~s** die Ärmel hochkrempeln ② (*liner*) Manschette *f* ③ (*for record*) [Schallplatten]hülle *f*

sleeveless [ˈsliːvləs] *adj* ärmellos *attr*

sleigh [sleɪ] *n* Pferdeschlitten *m;* **~ bed** Schlittenbett *nt*

slept [slept] *pt, pp of* **sleep**

slice [slaɪs] **I.** *n* ① Scheibe *f; of cake, pizza* Stück *nt* ② (*portion*) Anteil *m* ③ (*tool*) Pfannenwender *m;* **cake ~** Tortenheber *m* **II.** *vt* in Scheiben schneiden; *cake, pizza* in Stücke schneiden **III.** *vi* ① sich schneiden lassen ② **to ~ through sth** etw durchschneiden

◆ **slice off** *vt* abschneiden

◆ **slice up** *vt* in Scheiben schneiden; *bread* aufschneiden; *profits* aufteilen

sliced [slaɪst] *adj* geschnitten; *bread* aufgeschnitten

slide [slaɪd] **I.** *vi* <slid, slid> ① rutschen; (*smoothly*) gleiten; **to ~ down the banisters** das Geländer herunterrutschen ② (*depreciate*) sinken ③ **to ~ into chaos** in ein Chaos geraten ▶ **to let sth/things ~** etw/die Dinge schleifen lassen **II.** *vt* <slid, slid> **she slid the hatch open** sie schob die Luke auf **III.** *n* ① Rutschen *nt* ② (*at playground*) Rutsche *f* ③ **earth ~** Erdrutsch *m* ④ *usu sing* (*decline*) Sinken *nt* ⑤ PHOT Dia *nt* ⑥ BRIT (*clip*) Haarspange *f*

slide projector *n* Diaprojektor *m*

sliding [ˈslaɪdɪŋ] *adj attr* Schiebe-; **~ door** Schiebetür *f*

slight [slaɪt] **I.** *adj* ① gering; **the ~est thing** die kleinste Kleinigkeit; **not in the ~est** nicht im Geringsten ② (*negligible*) klein; **to have a ~ accent** einen leichten Akzent haben ③ *person* zierlich **II.** *n* Beleidigung *f* **III.** *vt* beleidigen

slightly [ˈslaɪtli] *adv* ein wenig; **I feel ~ peculiar** ich fühle mich irgendwie komisch; **to know sb ~** jdn flüchtig kennen

slim [slɪm] **I.** *adj* <-mm-> ① schlank; *object* dünn ② *chance* gering; *profits* mager **II.** *vi* <-mm-> abnehmen

slimy [ˈslaɪmi] *adj* schleimig

sling [slɪŋ] **I.** *n* (*for arm*) Schlinge *f;* (*for baby*) Tragetuch *nt;* (*for gun*) Tragegurt *m* **II.** *vt* <slung, slung> ① schleudern ② **soldiers with rifles slung over their shoulders** Soldaten mit geschulterten Gewehren

slip [slɪp] **I.** *n* ❶ **to have a ~** ausrutschen und hinfallen ❷ *in prices* Fall *m* ❸ **sales ~** Kassenzettel *m;* **~ of paper** Stück *nt* Papier ❹ (*mistake*) Flüchtigkeitsfehler *m;* **~ of the tongue** Versprecher *m* ❺ (*petticoat*) Unterrock *m* **II.** *vi* <-pp-> ❶ ausrutschen; *knife, hand* abrutschen ❷ **to ~ into the house** ins Haus schleichen ❸ (*decline*) sinken ❹ (*err*) sich versprechen; **to let sth ~** *secret* etw ausplaudern ❺ *clothing* **to ~ out of sth** etw ausziehen; **to ~ into sth** in etw *akk* schlüpfen **III.** *vt* <-pp-> ❶ **he ~ped his arm around her waist** er legte seinen Arm um ihre Taille; **to ~ sb money/a note** jdm Geld/eine Nachricht zustecken ❷ **to ~ a disc** sich *dat* einen Bandscheibenschaden zuziehen

◆ **slip away** *vi* ❶ sich wegstehlen ❷ **to ~ away [from sb]** *control, power* [jdm] entgleiten ❸ (*time*) verstreichen *geh*

◆ **slip by** *vi* ❶ vorbeihuschen; *years* verfliegen ❷ *remark* durchgehen

◆ **slip down** *vi* ❶ herunterrutschen ❷ **a cool beer ~s down wonderfully easily** ein kühles Bier geht runter wie nichts

◆ **slip off** **I.** *vi* ❶ sich davonstehlen ❷ (*fall off*) herunterrutschen **II.** *vt* abstreifen

◆ **slip on** *vt* anziehen; *ring* sich *dat* anstecken

◆ **slip out** *vi* ❶ **to ~ out for a moment** kurz weggehen ❷ *secret* herausrutschen

◆ **slip up** *vi* einen Fehler begehen

slip-on **I.** *adj attr* **~ shoes** Slipper *pl* **II.** *n* **~s** *pl* Slipper *pl*

slippers ['slɪpəz] *n pl* Hausschuhe *pl*

slippery ['slɪpᵊri] *adj* ❶ rutschig; *road* glatt; (*fig*) *situation* unsicher ❷ (*unreliable*) windig *fam*

slip road *n* BRIT Zubringer *m*

slit [slɪt] **I.** *vt* <-tt-, slit, slit> aufschlitzen; **to ~ one's wrists** sich *dat* die Pulsadern aufschneiden **II.** *n* ❶ Schlitz *m* ❷ *of door* Spalt *m*

slob [slɒb] BRIT (*fam*) **I.** *n* Gammler(in) *m(f)* **II.** *vi* **to ~ about** herumgammeln *fam o pej*

slope [sləʊp] **I.** *n* ❶ Hang *m;* **ski ~** Skipiste *f* ❷ *no pl* (*angle*) Neigung *f;* **~ of a roof** Dachschräge *f;* **to be at a ~** eine Schräge haben **II.** *vi* ❶ **to ~ [down/up]** abfallen/ansteigen ❷ (*lean*) sich neigen **III.** *vt* schräg anlegen

sloping ['sləʊpɪŋ] *adj attr* schräg; (*upwards*) ansteigend; (*downwards*) abfallend; **~ shoulders** hängende Schultern

sloppy ['slɒpi] *adj* ❶ schlampig ❷ (*kitschy*) kitschig; **~ love song** Schnulze *f fam* ❸ (*wet*) triefend *attr; kiss* feucht

slot [slɒt] **I.** *n* ❶ Schlitz *m;* (*groove*) Rille *f;* (*for coin*) Geldeinwurf *m* ❷ TV Sendezeit *f;* **advertising ~** Werbepause *f* **II.** *vt* <-tt-> [hinein]stecken (**into** in) **III.** *vi* <-tt-> **to ~ into sth** in etw *akk* hineinpassen

◆ **slot in** **I.** *vi* hineinstecken **II.** *vt* (*into frame*) einpassen; (*into schedule*) dazwischenschieben *fam*

◆ **slot together** **I.** *vi* zusammenpassen **II.** *vt* **to ~ together sth** etw ineinanderstecken

slot machine *n* ❶ Spielautomat *m* ❷ BRIT, AUS (*vender*) [Münz]automat *m* **slot meter** *n* Münzautomat *m*

slouchy [slaʊtʃi] *adj* (*fam*) *sweater, trousers* weit, schlabb[e]rig *fam o pej*

slow [sləʊ] **I.** *adj* ❶ langsam; *business, market* flau; **to be ~ to do sth** lange brauchen, um etw zu tun; **to make ~ progress** [nur] langsam vorankommen ❷ (*stupid*) begriffsstutzig; **to be ~ on the uptake** schwer von Begriff sein ❸ *clock* **to be [5 minutes] ~** [5 Minuten] nachgehen **II.** *vi* langsamer werden; **to ~ to a crawl** fast zum Stillstand kommen **III.** *vt* verlangsamen

◆ **slow down** **I.** *vt* verlangsamen **II.** *vi*

S

❶ langsamer werden ❷ (*relax*) kürzertreten *fam*

slowly ['sləʊli] *adv* langsam; ~ **but surely** langsam, aber sicher

slow motion I. *n no pl* Zeitlupe *f* **II.** *adj* Zeitlupen- **slow train** *n* Bummelzug *m fam*

slum [slʌm] **I.** *n* Slum *m*, Elendsviertel *nt* **II.** *vi* <-mm-> **to go ~ming** sich unters gemeine Volk mischen **III.** *vt* <-mm-> **to ~ it** (*iron*) primitiv leben

slump [slʌmp] **I.** *n* ECON ❶ [plötzliche] Abnahme; ~ **in prices** Preissturz *m* ❷ (*recession*) Rezession *f*; **economic ~** Wirtschaftskrise *f* **II.** *vi* ❶ *prices* stürzen; *sales* zurückgehen ❷ (*fall*) fallen

slur [slɜːʳ] **I.** *vt* <-rr-> ❶ undeutlich artikulieren; *drunkard* lallen ❷ *reputation* verleumden **II.** *n* Verleumdung *f*; **to cast a ~ on sb/sth** jdn/etw in einem schlechten Licht erscheinen lassen

slush [slʌʃ] *n no pl* ❶ [Schnee]matsch *m* ❷ (*fam: kitsch*) Gefühlsduselei *f*

slushy ['slʌʃi] *adj* matschig; (*kitschy*) kitschig

smack¹ [smæk] **I.** *n* ❶ [klatschender] Schlag; **a ~ on the bottom** ein fester Klaps auf den Hintern ❷ (*kiss*) Schmatz[er] *m* ❸ (*noise*) Knall *m* **II.** *adv* ❶ direkt; **his shot landed ~ in the middle** sein Schuss landete haargenau in der Mitte ❷ **I walked ~ into a lamp post** ich lief voll gegen einen Laternenpfahl **III.** *vt* ❶ **to ~ sb** jdm eine knallen *fam* ❷ **to ~ sth on sth** etw auf etw *akk* knallen

smack² [smæk] *n no pl* (*sl*) Heroin *nt*

small [smɔːl] **I.** *adj* ❶ klein; *sum also* gering; ~ **town** Kleinstadt *f* ❷ (*young*) klein; ~ **child** Kleinkind *nt* ❸ (*insignificant*) unbedeutend; ~ **consolation** ein schwacher Trost; **to make sb look ~** jdn niedermachen *fam* ▶ **to be grateful for ~ mercies** für jede Kleinigkeit dankbar sein; **it's a ~ world!** (*prov*) die Welt ist klein! **II.** *n no pl* **the ~ of the back** das Kreuz

small ad *n* Kleinanzeige *f* **small change** *n no pl* Kleingeld *nt* **small-minded** *adj* engstirnig

smallpox *n no pl* Pocken *pl*

small print *n no pl* **the ~** das Kleingedruckte

smart [smɑːt] **I.** *adj* ❶ schlau; **to make a ~ move** klug handeln ❷ (*stylish*) schick ❸ (*quick*) [blitz]schnell **II.** *n* ❶ AM (*sl*) **the ~s** *pl* die [nötige] Intelligenz ❷ (*pain*) Schmerz *m* **III.** *vi* brennen; **to ~ from sth** unter etw *dat* leiden

smart alec(k) ['smɑːtˌælek] *n* (*fam*) Schlauberger(in) *m(f)* **smart arse**, *esp* AM **smart ass** *n* (*fam*) Klugscheißer(in) *m(f) sl*

smarten ['smɑːtᵊn] **I.** *vt* **to ~ oneself up** sich in Schale werfen *fam*; **to ~ up one's act** sich ins Zeug legen *fam* **II.** *vi* **to ~ up** mehr Wert auf sein Äußeres legen

smart phone *n* Smart Phone *nt*

smash [smæʃ] **I.** *n* <*pl* -es> ❶ Krachen *nt* ❷ SPORTS Schlag *m*; TENNIS Schmetterball *m* ❸ (*song*) Superhit *m fam* **II.** *vt* ❶ zerschlagen; *window* einschlagen ❷ (*hit*) schmettern (**against** gegen) ❸ *record* brechen **III.** *vi* ❶ zerbrechen ❷ (*hit*) prallen (**into** gegen); **to ~ through sth** etw durchbrechen

◆ **smash up** *vt* zertrümmern; *car* zu Schrott fahren

smashing ['smæʃɪŋ] *adj* BRIT (*fam*) klasse

smear [smɪəʳ] **I.** *vt* **to ~ paint on the walls** die Wände mit Farbe beschmieren **II.** *n* ❶ Fleck *m* ❷ (*accusations*) Verleumdung *f*; ~ **tactics** Verleumdungstaktik *f* ❸ ~ [**test**] Abstrich *m*

smell [smel] **I.** *n* Geruch *m*; (*bad odour*) Gestank *m*; *scent* Duft *m*; **sense of ~** Geruchssinn *m* **II.** *vi* <smelt *or* AM -ed, smelt *or* AM -ed> riechen; (*pleasantly*) duften; (*badly*) stinken; **to ~ of**

S

sth nach etw *dat* riechen ▶ **to ~ fishy** verdächtig sein **III.** *vt* <smelt *or* AM -ed, smelt *or* AM -ed> riechen ▶ **to ~ sth a mile off** etw schon von Weitem riechen; **to ~ a rat** den Braten riechen *fam*

smelly ['smeli] *adj* stinkend *attr*

smelt [smelt] *vi, vt* BRIT, AUS *pt, pp of* **smell**

smile [smaɪl] **I.** *n* Lächeln *nt;* **wipe that ~ off your face!** hör auf, so zu grinsen!; **to be all ~s** über das ganze Gesicht strahlen; **to give sb a ~** jdm zulächeln **II.** *vi* lächeln; **to ~ at sb** jdn anlächeln; **to ~ to oneself** in sich *akk* hineinlächeln

smiling ['smaɪlɪŋ] *adj* lächelnd

smog [smɒg] *n no pl* Smog *m;* **~ alert** Smogalarm *m*

smoke [sməʊk] **I.** *n* ❶ *no pl* Rauch *m;* **drifts of ~** Rauchschwaden *pl* ❷ **to have a ~** eine rauchen *fam* ❸ (*fam*) **~s** *pl* Glimmstängel *pl* ▶ **to go up in ~** in Rauch [und Flammen] aufgehen **II.** *vt, vi* rauchen; FOOD räuchern

smoked [sməʊkt] *adj* geräuchert; **~ fish** Räucherfisch *m*

smoke detector *n* Rauchmelder *m*

smokeless ['sməʊkləs] *adj* ❶ rauchfrei ❷ AM **~ tobacco** Kautabak *m*

smoker ['sməʊkəʳ] *n* Raucher(in) *m(f);* **~'s cough** Raucherhusten *m*

smoking ['sməʊkɪŋ] **I.** *n no pl* Rauchen *nt;* **~ ban** Rauchverbot *nt* **II.** *adj* **non-~** Nichtraucher-

smoking compartment *n* RAIL Raucherabteil *nt*

smoky ['sməʊki] *adj room* verraucht; *chimney* rauchend *attr*

smooch [smu:tʃ] (*fam*) **I.** *vi* schmusen; (*snog*) knutschen **II.** *n usu sing* Schmusen *nt;* (*snogging*) Knutschen *nt*

smooth [smu:θ] **I.** *adj* ❶ glatt; *sea, flight* ruhig; **as ~ as silk** seidenweich ❷ (*well-mixed*) sämig; **~ sauce** glatte Soße ❸ (*hitch-free*) problemlos **II.** *vt* ❶ **to ~ the path [to sth]** den Weg [zu etw *dat*] ebnen ❷ **to ~ sth into sth** etw in etw *akk* einmassieren

◆ **smooth over** *vt* in Ordnung bringen

smoothie ['smu:ði] *n* ❶ (*fam*) Charmeur *m* ❷ *esp* AM, AUS, NZ (*drink*) Smoothie *m* (*Getränk aus Yoghurt und Früchten*)

smug <-gg-> [smʌg] *adj* selbstgefällig

smuggle ['smʌgl] *vt* schmuggeln

snack [snæk] **I.** *n* Imbiss *m;* **to have a ~** eine Kleinigkeit essen **II.** *vi* naschen

snag [snæg] **I.** *n* ❶ Haken *m fam* ❷ (*tear*) gezogener Faden **II.** *vt* <-gg-> aufreißen; **she ~ged her coat on a nail** sie blieb mit ihrer Jacke an einem Nagel hängen

snail [sneɪl] *n* Schnecke *f;* **at a ~'s pace** im Schneckentempo

snake [sneɪk] **I.** *n* Schlange *f* **II.** *vi* sich schlängeln

snap [snæp] **I.** *n* ❶ *usu sing* Knacken *nt* ❷ (*photo*) Schnappschuss *m* ❸ AM (*fastener*) Druckknopf *m* ❹ *no pl* BRIT (*game*) Schnippschnapp *nt* **II.** *interj* (*fam*) schnippschnapp! **III.** *vi* <-pp-> ❶ auseinanderbrechen ❷ (*engage*) einrasten ❸ (*dog*) schnappen (**at** nach) ❹ (*rebuke*) bellen *fam;* **to ~ at sb** jdn anfahren **IV.** *vt* <-pp-> ❶ entzweibrechen; **to ~ off sth** etw abbrechen ❷ **to ~ sth closed** etw zuknallen; *book* etw zuklappen ❸ **to ~ one's fingers** mit den Fingern schnippen

◆ **snap out** *vi* **to ~ out of sth** etw überwinden; **~ out of it!** krieg dich wieder ein!

◆ **snap up** *vt* schnell kaufen

snarl[1] [snɑ:l] **I.** *vi* knurren; **to ~ at sb** jdn anknurren **II.** *n* Knurren *nt;* **to say sth with a ~** etw knurren

snarl[2] [snɑ:l] **I.** *n* Knoten *m* **II.** *vi* sich verheddern

snatch [snætʃ] **I.** *n* <*pl* -es> schneller Griff; (*theft*) Diebstahl *m* (*durch Ent-*

reißen); **to make a ~ at sth** nach etw *dat* greifen **II.** *vt* schnappen; (*steal*) sich *dat* greifen **III.** *vi* greifen (**at** nach)

snazzy ['snæzi] *adj* (*sl*) schick *fam*

sneaker ['sni:kɚ] *n usu pl* AM Turnschuh *m*

sneaky ['sni:ki] *adj* raffiniert

sneeze [sni:z] **I.** *vi* niesen ▸ **that's not to be ~d at** das ist nicht zu verachten **II.** *n* Niesen *nt*

sniff [snɪf] **I.** *n* Riechen *nt; dog* Schnüffeln *nt* **II.** *vi* ❶ die Luft einziehen; *animal* wittern; **to ~ at sth** an etw *dat* schnuppern ❷ (*despise*) **to ~ at sth** über etw *akk* die Nase rümpfen ▸ **that's not to be ~ed at** das ist nicht zu verachten **III.** *vt* **to ~ sth** an etw *dat* riechen

snigger ['snɪgəʳ] **I.** *vi* kichern (**at** über) **II.** *n* Kichern *nt*

snip [snɪp] **I.** *n* ❶ Schnitt *m;* **to give sth a ~** etw [ab]schneiden ❷ **a ~ of cloth** ein Stück *nt* Stoff **II.** *vt* schneiden

sniper ['snaɪpəʳ] *n* MIL Heckenschütze *m*

snog [snɒg] **I.** *vi* <-gg-> BRIT (*fam*) [rum]knutschen (**with** mit) **II.** *vt* <-gg-> BRIT (*fam*) küssen **III.** *n* (*fam*) **to have a ~** rumknutschen

snooze [snu:z] (*fam*) **I.** *vi* ein Nickerchen machen **II.** *n* Nickerchen *nt*

snore [snɔ:ʳ] **I.** *vi* schnarchen **II.** *n* Schnarchen *nt kein pl*

snot [snɒt] *n no pl* (*fam*) Rotz *m*

snout [snaʊt] *n* Schnauze *f; of pig* Rüssel *m*

snow [snəʊ] **I.** *n no pl* Schnee *m;* **a blanket of ~ lay on the ground** der Boden war schneebedeckt **II.** *vi impers* **it's ~ing** es schneit

◆ **snow in** *vt usu passive* **to be/get ~ed in** eingeschneit sein/werden

◆ **snow under** *vt usu passive* **to be ~ed under with work** mit Arbeit eingedeckt sein

snowball I. *n* Schneeball *m* **II.** *vi* lawinenartig anwachsen; **to keep ~ing** eskalieren **snowboard** *n* Snowboard *nt* **snow chains** *n pl* Schneeketten *pl* **snowdrift** *n* Schneewehe *f* **snowflake** *n* Schneeflocke *f* **snow goggles** *n pl* Schneebrille *f* **snowman** *n* Schneemann *m* **snowmobile** ['snəʊmə,bi:l] *n* Schneemobil *nt* **snow tyre**, AM **snow tire** *n* Winterreifen *m*

snowy ['snəʊi] *adj* verschneit; *mountain* schneebedeckt

snub [snʌb] **I.** *vt* <-bb-> brüskieren **II.** *n* Brüskierung *f*

snub-nosed *adj attr* stupsnasig

snug [snʌg] *adj* ❶ kuschelig; (*warm*) mollig warm ❷ **to be a ~ fit** eng anliegen ▸ **to feel as ~ as a bug in a rug** es so richtig mollig warm und gemütlich haben

so [səʊ] **I.** *adv* ❶ **it was about ~ big** es war ungefähr so groß ❷ **I am ~ cold** mir ist so kalt; **what's ~ wrong with that?** was ist denn daran so falsch? ❸ **gently fold in the eggs like ~** rühren Sie die Eier auf diese Weise vorsichtig unter ❹ **[to be] just ~** genau richtig [sein]; **I want everything just ~** ich will, dass alles perfekt ist ❺ **I [very much] hope ~!** das hoffe ich doch sehr! ❻ **I'm afraid ~** ich fürchte ja ❼ **~ they say** so sagt man; **I told you ~** ich habe es dir ja gesagt ❽ **is that ~?** stimmt das?; **~ it is** das stimmt; **if ~ ...** wenn das so ist ... ❾ **and ~ it was that ...** und so kam es, dass ...; **and ~ on** und so weiter; **~ to speak** sozusagen ▸ **~ far ~ good** so weit, so gut; **~ what?** na und? *fam* **II.** *conj* ❶ **I couldn't find you ~ I left** ich konnte dich nicht finden, also bin ich gegangen ❷ **~ where have you been?** wo warst du denn die ganze Zeit?; **~ what's the problem?** wo liegt denn das Problem? ❸ **be quiet ~ she can concentrate** sei still, damit sie sich konzentrieren kann ▸ **~ long as ...**

sofern; ~ **there!** (*hum*) ätsch! **III.** *adj* (*sl*) typisch *fam;* **that's ~ 70's** das ist typisch 70er

soak [səʊk] **I.** *n* Einweichen *nt kein pl* **II.** *vt* durchnässen; *bread* einweichen **III.** *vi* einweichen lassen

◆ **soak up** *vt* aufsaugen; (*fig*) [gierig] in sich *akk* aufnehmen; **to ~ up the atmosphere** die Atmosphäre in sich *akk* aufnehmen

soaking ['səʊkɪŋ] **I.** *n* Nasswerden *nt kein pl; of bread* Einweichen *nt kein pl;* **to get a ~** patschnass werden *fam* **II.** *adj* **~ [wet]** klatschnass *fam*

soap [səʊp] **I.** *n* ❶ *no pl* Seife *f* ❷ TV (*fam*) Seifenoper *f* **II.** *vt* einseifen

soap dispenser *n* Seifenspender *m* **soap opera** *n* Seifenoper *f*

sober ['səʊbəʳ] *adj* nüchtern; (*unemotional also*) sachlich; **to be stone cold ~** stocknüchtern sein *fam*

◆ **sober up I.** *vi* nüchtern werden **II.** *vt* nüchtern machen

so-called ['səʊkɔːld] *adj attr* so genannt

soccer ['sɒkəʳ] *n no pl* Fußball *m*

sociable ['səʊʃəbl] **I.** *adj* gesellig; (*friendly*) umgänglich **II.** *n* AM Treffen *nt;* **church ~** Gemeindefest *nt*

social ['səʊʃᵊl] *adj* gesellschaftlich, Gesellschafts-; (*of human behaviour*) sozial, Sozial-; **I'm a ~ drinker** ich trinke nur, wenn ich in Gesellschaft bin; **~ science** Gesellschaftswissenschaften *pl;* **~ skills** soziale Fähigkeiten

social engineering *n* COMPUT Social Engineering *nt* (*Versuch, persönliche Daten eines Computersystems durch Täuschung zu erhalten, oft über das Internet*)

socialize ['səʊʃᵊlaɪz] **I.** *vi* unter Leuten sein; **to ~ with sb** mit jdm gesellschaftlich verkehren **II.** *vt* sozialisieren; *offender* [re]sozialisieren

society [sə'saɪəti] *n* Gesellschaft *f;* (*elite*) die [feine] Gesellschaft; (*form: company*) Gesellschaft *f;* (*organization*) Verein *m*

sock [sɒk] *n* Socke *f*

socket ['sɒkɪt] *n* (*for plug*) Steckdose *f;* (*for lamp*) Fassung *f;* **arm/hip/knee ~** Arm-/Hüft-/Kniegelenkpfanne *f;* **eye ~** Augenhöhle *f*

sofa ['səʊfə] *n* Sofa *nt;* **~ bed** Schlafcouch *f*

soft [sɒft] *adj* weich; (*delicate*) zart; *music* gedämpft; (*quiet*) leise ▶ **to have a ~ spot for sb** eine Schwäche für jdn haben

soft-boiled *adj* weich [gekocht] **soft-hearted** *adj* weichherzig; (*gullible*) leichtgläubig

softly ['sɒftli] *adv* sanft; (*quietly*) leise; **~ lit** schwach beleuchtet

soggy ['sɒgi] *adj* durchnässt; (*boggy*) glitschig *fam; soil* aufgeweicht; *food* matschig

soil¹ [sɔɪl] *vt* (*form*) verschmutzen; (*foul*) verunreinigen

soil² [sɔɪl] *n no pl* ❶ (*earth*) Boden *m*, Erde *f* ❷ (*territory*) Boden *m*

solar ['səʊləʳ] *adj* Solar-, Sonnen-; **~ cell** Solarzelle *f;* **~ eclipse** Sonnenfinsternis *f;* **~ energy** Solarenergie *f;* **~ panel** Sonnenkollektor *m;* **~ power** Sonnenkraft *f;* **~ powered** mit Sonnenenergie betrieben; **~ system** Sonnensystem *nt*

sold [səʊld] *pt, pp of* **sell**

soldier ['səʊldʒəʳ] *n* Soldat(in) *m(f)*

sold out *adj* ausverkauft

sole¹ [səʊl] *adj attr* einzig; (*exclusive*) Allein-, alleinig

sole² [səʊl] *n* [Schuh]sohle *f; of foot* [Fuß]-sohle *f*

sole³ <*pl* - *or* -s> [səʊl] *n* (*fish*) Seezunge *f*

solely ['səʊlli] *adv* einzig und allein

solicitor [sə'lɪsɪtəʳ] *n* ❶ *esp* BRIT, AUS Rechtsanwalt, -anwältin *m, f* (*der/ die seine/ ihre Mandanten nur in den unteren Instanzen vertreten darf, im Gegensatz zum ‚barrister'*) ❷ AM POL Rechtsreferent(in) *m(f)* (*einer Stadt*)

S

solid ['sɒlɪd] **I.** *adj* ❶ fest; *structure* solide; *foundation* stabil ❷ (*not liquid*) fest ❸ (*fully*) ganz; *silver, wood* massiv ❹ *plan* konkret; *evidence* handfest; *grounding* solide **II.** *n* PHYS fester Stoff; (*particle*) Festkörper *m;* MATH Körper *m;* FOOD **~s** *pl* feste Nahrung *kein pl*
solitary ['sɒlɪtᵊri] *adj* einzeln *attr;* ZOOL solitär; (*lonely*) einsam; (*remote*) abgeschieden
soluble ['sɒljəbl̩] *adj* löslich
solution [sə'lu:ʃᵊn] *n* ❶ (*to problem*) Lösung *f;* (*to riddle*) [Auf]lösung *f* ❷ (*product*) Vorrichtung *f;* **software ~s** Softwareanwendungen *pl* ❸ CHEM Lösung *f*
solve [sɒlv] *vt* lösen; *crime* aufklären
some [sʌm, sᵊm] **I.** *adj attr* ❶ + *pl n* (*a number*) einige, ein paar ❷ + *sing n* (*a quantity*) **there's ~ cake left** es ist noch Kuchen da ❸ + *pl n* (*certain*) gewiss ❹ (*unknown*) irgendein(e); **he's in ~ kind of trouble** er steckt in irgendwelchen Schwierigkeiten ❺ (*noticeable*) gewiss; **to ~ extent** bis zu einem gewissen Grad ❻ (*a little*) etwas; **there is ~ hope yet** es besteht noch etwas Hoffnung **II.** *pron* ❶ (*a quantity*) welche(r, s); **if you need money, I can lend you ~** wenn du Geld brauchst, kann ich dir gerne welches leihen ❷ *pl* (*a number*) einige, manche ❸ *pl* (*certain people*) **~ just never learn!** gewisse Leute lernen es einfach nie! ❹ (*a little*) ein bisschen; **have ~ of this champagne** trink ein wenig von dem Champagner **III.** *adv* (*roughly*) ungefähr
somebody ['sʌmbədi] *pron indef* jemand; **~ or other** irgendwer; **~ else** jemand anders **somehow** ['sʌmhaʊ] *adv* irgendwie **someone** ['sʌmwʌn] *pron see* **somebody** **someplace** ['sʌmpleɪs] *adv* AM *see* **somewhere**
somersault ['sʌməsɔ:lt] **I.** *n* Salto *m* **II.** *vi* einen Salto machen; *car* sich überschlagen
something ['sʌm(p)θɪŋ] *pron indef* ❶ etwas; **~ else** etwas anderes; **to do ~ [about sth/sb]** etwas [gegen etw/jdn] unternehmen; **~ about her frightened me** etwas an ihr machte mir Angst ❷ (*quality*) etwas; **there's ~ about her** sie hat etwas ❸ (*fam: not exact*) **she was seventeen or ~** sie war 17 oder so; **it was a bat or ~** es war eine Fledermaus oder so was
sometime ['sʌmtaɪm] *adv* irgendwann; **come up and see me ~** komm mich mal besuchen; **~ soon** demnächst irgendwann **sometimes** ['sʌmtaɪmz] *adv* manchmal **somewhat** ['sʌm(h)wɒt] *adv* etwas, ein wenig [*o* bisschen] **somewhere** ['sʌm(h)weəʳ] *adv* ❶ (*at place*) irgendwo; **~ else** woanders ❷ (*to place*) irgendwohin; **~ else** woandershin
son [sʌn] *n* Sohn *m*
song [sɒŋ] *n* Lied *nt;* (*singing*) Gesang *m*
songbook *n* Liederbuch *nt*
son-in-law <*pl* sons-> *n* Schwiegersohn *m*
soon [su:n] *adv* ❶ bald; (*early*) früh; **~ after sth** kurz nach etw *dat;* **the ~er the better** je eher, desto besser; **not a moment too ~** gerade noch rechtzeitig; **no ~er said than done** gesagt, getan ❷ (*rather*) **~er/~est** lieber/am liebsten; **I'd ~er not speak to him** ich würde lieber nicht mit ihm sprechen
soot [sʊt] *n no pl* Ruß *m*
soothing ['su:ðɪŋ] *adj* beruhigend; *bath* entspannend; (*analgesic*) schmerzlindernd
sopping ['sɒpɪŋ] (*fam*) *adj, adv* klatschnass; **~ wet** klatschnass
soppy ['sɒpi] *adj* (*fam*) gefühlsdus[e]lig *pej; story* schmalzig
sore [sɔ:ʳ] **I.** *adj* schlimm; **~ muscles** Muskelkater *m;* **~ point** (*fig*) wunder Punkt; **to be ~** wehtun **II.** *n* wunde Stelle; **to open an old ~** (*fig*) alte Wunden aufreißen

S

sorrow ['sɒrəʊ] *n* (*form*) Betrübnis *f*
sorry ['sɒri] **I.** *adj* ❶ *pred* **I'm/she's ~** es tut mir/ihr leid; **to be ~ about sth** etw bedauern; **to say ~ [to sb]** sich [bei jdm] entschuldigen ❷ *pred* (*sad*) traurig; **to be ~ for oneself** sich selbst bemitleiden; **sb feels ~ for sb/sth** jd/etw tut jdm leid ❸ *attr* (*wretched*) jämmerlich **II.** *interj* ❶ **~!** Entschuldigung! ❷ *esp* BRIT, AUS **~?** wie bitte?
sort [sɔːt] **I.** *n* ❶ Sorte *f*, Art *f* ❷ **I know your ~!** Typen wie euch kenne ich [zur Genüge]! *fam* ► **nothing of the ~** nichts dergleichen; **something of the ~** so etwas in der Art **II.** *adv* (*fam*) **~ of** ❶ (*rather*) irgendwie; **that's ~ of difficult to explain** das ist nicht so einfach zu erklären ❷ (*not exactly*) so ungefähr **III.** *vt, vi* sortieren; **to ~ through sth** etw sortieren
◆ **sort out** *vt* ordnen; *mess* in Ordnung bringen
so-so ['səʊsəʊ] (*fam*) **I.** *adj* so lala *präd*, mittelprächtig *hum* **II.** *adv* so lala
soul [səʊl] *n* ❶ Seele *f*; **not a ~** keine Menschenseele ❷ *no pl* MUS Soul *m*
soul-scarring ['səʊlˌskɑːrɪŋ, AM 'soʊl-] *adj* (*fam*) verletzend *attr*; **it was a ~ experience** die Erfahrung hat tiefe Narben hinterlassen
sound[1] [saʊnd] *n* Meerenge *f*; (*inlet*) Meeresarm *m*
sound[2] [saʊnd] **I.** *n* ❶ Geräusch *nt*; (*music*) Klang *m* ❷ *no pl* PHYS der Schall ❸ *no pl* RADIO, TV (*volume*) Ton *m* ❹ *no pl* **I don't like the ~ of it** das klingt gar nicht gut **II.** *vi* ❶ erklingen; *alarm* ertönen ❷ (*fam: gripe*) **to ~ off** herumtönen **III.** *vt* **to ~ the alarm** den Alarm auslösen; **to ~ the [car] horn** hupen
sound effect *n* Geräuscheffekt *m*, Toneffekt *m* **soundproof I.** *adj* schalldicht **II.** *vt* schalldicht machen
soup [suːp] *n* Suppe *f*; **packet ~** Tütensuppe *f*; **~ kitchen** Armenküche *f*; **~ plate** Suppenteller *m*
sour ['saʊəʳ] **I.** *adj* sauer; (*fig: bad-tempered*) griesgrämig **II.** *vt* sauer machen; (*fig: spoil*) trüben **III.** *vi* sauer werden; (*fig*) getrübt werden
source [sɔːs] *n* Quelle *f*; **~ of information** Informationsquelle *f*; **~s** *pl* LIT Quellen[angaben] *pl*; **according to Government ~s** wie in Regierungskreisen verlautet
south [saʊθ] **I.** *n no pl* ❶ Süden *m*; **to the ~ of sth** südlich von etw *dat* ❷ (*in USA*) **the S~** die Südstaaten *pl* **II.** *adj* Süd-, südlich **III.** *adv* **my room faces ~** mein Zimmer ist nach Süden ausgerichtet; **due ~** direkt nach Süden
South Africa *n* Südafrika *nt* **South African I.** *adj* südafrikanisch **II.** *n* Südafrikaner(in) *m(f)* **South America** *n* Südamerika *nt* **South American I.** *adj* südamerikanisch **II.** *n* Südamerikaner(in) *m(f)* **south-east I.** *n no pl* Südosten *m* **II.** *adj* Südost-, südöstlich; **~ wind** Südostwind *m* **III.** *adv* südostwärts, nach Südosten **south-easterly, south-eastern** *adj* südöstlich **south-eastward(s)** *inv* **I.** *adj* südostwärts *präd*; **in a ~ direction** in südöstlicher Richtung **II.** *adv* südostwärts, nach Südosten
southerly ['sʌðᵊli] **I.** *adj* südlich; **in a ~ direction** in südlicher Richtung **II.** *adv* südlich; (*going south*) südwärts **III.** *n* Südwind *m*
southern ['sʌðən] *adj* südlich, Süd-
southerner ['sʌðᵊnəʳ] *n* **to be a ~** aus dem Süden kommen; AM Südstaatler/Südstaatlerin sein
South Pole *n* Südpol *m*
southward(s) ['saʊθwəd(z)] *adj, adv* südlich
south-west I. *n no pl* Südwesten *m* **II.** *adj* südwestlich, Südwest- **III.** *adv* südwestwärts, nach Südwesten
souvenir [ˌsuːvᵊn'ɪəʳ] *n* Andenken *nt* (**of** an)

sow[1] <sowed, sown *or* sowed> [səʊ] *vt, vi* säen; **to ~ doubts [in sb's mind]** Zweifel [in jdm] wecken
sow[2] [saʊ] *n* Sau *f*
sown [səʊn] *vt, vi pp of* **sow**[1]
soya ['sɔɪə], AM **soy** [sɔɪ] *n no pl* Soja *f;* **~ bean** Sojabohne *f;* **~ sauce** Sojasoße *f*
spa [spɑː] *n* (*spring*) Heilquelle *f;* (*place*) [Bade]kurort *m,* Bad *nt*
space [speɪs] *n* ① *no pl* Raum *m;* **wide open ~** das weite, offene Land ② (*gap*) Platz *m;* (*between two things*) Zwischenraum *m* ③ *no pl* (*vacancy*) Platz *m,* Raum *m* ④ *no pl* (*cosmos*) der Weltraum
space blanket *n* Rettungsdecke *f* **spacecraft** <*pl* -> *n* Raumfahrzeug *nt* **space flight** *n* [Welt]raumflug *m* **space lab** *n,* **space laboratory** *n* Weltraumlabor *nt*
space-saving *adj* Platz sparend; *furniture* Raum sparend
spaceship *n* Raumschiff *nt* **space shuttle** *n* [Welt]raumfähre *f* **space travel** *n no pl* die Raumfahrt
spacing ['speɪsɪŋ] *n no pl* Abstände *pl*
spacious ['speɪʃəs] *adj* geräumig
spade [speɪd] *n* Spaten *m;* CARDS Pik *nt;* **ace of ~s** Pikass *nt*
spaghetti [spə'geti] *n no pl* Spaghetti *pl*
Spain [speɪn] *n no pl* Spanien *nt*
spam [spæm] *n no pl* ① **S~**® Frühstücksfleisch *nt* ② INET Spam *nt*
spangled ['spæŋg|d] *adj* glitzernd; (*dress*) mit Pailletten besetzt; (*fig*) **to be ~ with sth** mit etw *dat* übersät sein
Spanglish ['spæŋglɪʃ] *n* Spanglish *nt*
Spaniard ['spænjəd] *n* Spanier(in) *m(f)*
Spanish ['spænɪʃ] **I.** *n* ① *no pl* Spanisch *nt* ② + *pl vb* **the ~** die Spanier *pl* **II.** *adj* spanisch
spanner [spænəʳ] *n* BRIT, AUS Schraubenschlüssel *m*
spare [speəʳ] **I.** *vt* (*not kill*) verschonen; (*go easy on*) schonen; (*avoid*) ersparen; (*not use*) sparen; **there's no time to ~** es ist keine Zeit übrig; **to ~ no costs** keine Kosten scheuen; **to ~ sb embarrassment/worry** jdm Peinlichkeiten/Sorgen ersparen **II.** *adj* ① Ersatz-; **~ [bed]room** Gästezimmer *nt;* **to have some ~ cash** noch etwas Geld übrig haben ② BRIT (*sl*) **to drive sb ~** jdn wahnsinnig machen *fam* **III.** *n* Reserve *f;* **~s** *pl* Ersatzteile *pl*
spark [spɑːk] **I.** *n* Funke[n] *m;* (*fig*) **a ~ of hope** ein Fünkchen *nt* Hoffnung; **a bright ~** ein Intelligenzbolzen *m* **II.** *vt* entfachen; *interest* wecken **III.** *vi* Funken sprühen
sparkler ['spɑːkləʳ] *n* Wunderkerze *f*
sparkling ['spɑːk|ɪŋ] *adj* glänzend; *eyes* funkelnd; *drink* mit Kohlensäure *nach n;* (*lively*) vor Leben sprühend
spark plug *n* Zündkerze *f*
sparrow ['spærəʊ] *n* Spatz *m*
spat[1] [spæt] *vt, vi pt, pp of* **spit**
spat[2] [spæt] **I.** *n* (*fam*) Krach *m* **II.** *vi* <-tt-> [sich] streiten [*o* zanken]
speak <spoke, spoken> [spiːk] **I.** *vi* ① sprechen; (*converse*) sich unterhalten; **to ~ to [*or esp* AM with] sb** mit jdm reden; **to ~ on the telephone** telefonieren ② + *adv* **broadly ~ing** im Allgemeinen; **strictly ~ing** genau genommen **II.** *vt* sagen; *language* sprechen; **to not ~ a word** kein Wort herausbringen
◆ **speak for** *vt* ① (*support*) **to ~ for sb/sth** jdn/etw unterstützen ② (*represent*) **to ~ for sb** in jds Namen sprechen
◆ **speak out** *vi* seine Meinung deutlich vertreten; **to ~ out on sth** sich über etw *akk* äußern
◆ **speak up** *vi* ① lauter sprechen ② (*support*) seine Meinung sagen; **to ~ up for sb/sth** für jdn/etw eintreten
speaker ['spiːkəʳ] *n* Redner(in) *m(f);* (*chair*) **S~** Sprecher(in) *m(f);* (*loudspeaker*) Lautsprecher *m*
speaking ['spiːkɪŋ] **I.** *n no pl* das Spre-

chen **II.** *adj attr* sprechend ▶ **to be on ~ terms** miteinander bekannt sein

spear [spɪər] **I.** *n* Speer *m* **II.** *vt* aufspießen

special ['speʃəl] **I.** *adj* besondere(r, s); (*for particular purpose*) speziell; *circumstances* außergewöhnlich; **to pay ~ attention to sth** bei etw *dat* ganz genau aufpassen; **~ case** Ausnahme *f* **II.** *n* ❶ *esp* AM, AUS (*meal*) Tagesgericht *nt* ❷ *pl esp* AM (*bargains*) **~s** Sonderangebote *pl*

specialist ['speʃəlɪst] **I.** *n* Fachmann, -frau *m, f;* (*doctor*) Facharzt, -ärztin *m, f* **II.** *adj attr* Fach-

speciality [ˌspeʃi'æləti] *n esp* BRIT ❶ (*product*) Spezialität *f* ❷ (*feature*) besonderes Merkmal; (*iron or pej*) Spezialität *f iron*

specialize ['speʃəlaɪz] *vi* sich spezialisieren (**in** auf)

specially ['speʃəli] *adv* speziell; (*particularly*) besonders

specialty ['speʃəlti] *n esp* AM, AUS *see* **speciality**

species <*pl* -> ['spiːʃiːz] *n* Art *f,* Spezies *f fachspr*

specific [spə'sɪfɪk] *adj* ❶ genau; **could you be a bit more ~?** könntest du dich etwas klarer ausdrücken? ❷ *attr* (*particular*) speziell; **~ details** besondere Einzelheiten ❸ (*typical*) typisch

specifically [spə'sɪfɪkli] *adv* speziell; (*clearly*) ausdrücklich

specification [ˌspesɪfɪ'keɪʃən] *n* (*data*) Angabe *f;* (*plan*) detaillierter Entwurf; (*for building*) Bauplan *m*

specimen ['spesəmɪn] *n* Exemplar *nt;* MED Probe *f;* **soil ~** Bodenprobe *f*

spectacle case *n* BRIT Brillenetui *nt*

spectacles ['spektək|z] *n pl* BRIT Brille *f*

spectacular [spek'tækjələr] *adj* großartig; (*striking*) spektakulär

spectator [spek'teɪtər] *n* Zuschauer(in) *m(f)*

speech <*pl* -es> [spiːtʃ] *n* ❶ *no pl* (*faculty*) die Sprache; (*act*) das Sprechen; **in everyday ~** in der Alltagssprache ❷ (*oration*) Rede *f;* **freedom of ~** Redefreiheit *f*

speech defect *n* Sprachfehler *m*

speechless ['spiːtʃləs] *adj* sprachlos

speed [spiːd] **I.** *n* ❶ Geschwindigkeit *f;* **~ of light/sound** Licht-/Schallgeschwindigkeit *f;* **maximum ~** Höchstgeschwindigkeit *f* ❷ *no pl* (*fastness*) Schnelligkeit *f* ❸ (*gear*) Gang *m* ❹ *no pl* (*sl: drug*) Speed *nt* **II.** *vi* <sped, sped> sausen; *driver* rasen; **to ~ along** dahinsausen

◆ **speed up** *vi* beschleunigen; (*improve*) sich verbessern

speedboat *n* Rennboot *nt* **speed bump** *n* Bodenschwelle *f* **speed dating** *n organisierte Partnersuche, bei der man mit jedem Kandidaten nur wenige Minuten spricht* **speed-dial button** *n* Kurzwahltaste *f*

speeding ['spiːdɪŋ] *n no pl* Geschwindigkeitsüberschreitung *f,* Rasen *nt fam*

speed limit *n* Geschwindigkeitsbegrenzung *f*

speedy ['spiːdi] *adj* schnell; *decision* a rasch; (*prompt*) prompt

spell[1] [spel] *n* Zauber *m;* (*words*) Zauberspruch *m;* **to cast a ~ on sb** jdn verzaubern

spell[2] [spel] *n* Weile *f;* **to go through a bad ~** eine schwierige Zeit durchmachen; **~ of sunny weather** Schönwetterperiode *f;* **cold/hot ~** Kälte-/Hitzewelle *f*

spell[3] <spelled, spelled> [spel] **I.** *vt* buchstabieren; (*signify*) bedeuten **II.** *vi* richtig schreiben

spelling ['spelɪŋ] **I.** *n no pl* Rechtschreibung *f* **II.** *adj attr* Rechtschreib-; **~ check** Rechtschreibüberprüfung *f*

spelt [spelt] *pp, pt of* **spell**

spend [spend] *vt* <spent, spent> ausgeben (**on** für); *time* verbringen; **to ~ time doing sth** Zeit damit verbringen, etw zu tun

spending money *n no pl* Taschengeld *nt*

spent [spent] **I.** *pp, pt of* **spend** **II.** *adj* verbraucht; (*tired*) ausgelaugt; **to feel ~** sich erschöpft fühlen

spice [spaɪs] **I.** *n* Gewürz *nt* **II.** *vt* würzen (**with** mit)

spicy ['spaɪsi] *adj* würzig; (*hot*) scharf

spider ['spaɪdəʳ] *n* Spinne *f;* **~'s web** Spinnennetz *nt*

spike [spaɪk] **I.** *n* ❶ Nagel *m; of rail* Spitze *f; of plant, animal* Stachel *m; of shoe* Spike *m* ❷ AM (*stilettos*) **~s** *pl* Pfennigabsätze *pl* **II.** *vt* ❶ aufspießen ❷ (*fam*) **to ~ sb's drink** Drogen/einen Schuss Alkohol in jds Getränk geben

spiky ['spaɪki] *adj* (*thorny*) dornig; (*prickly*) stachelig; *fence* mit Metallspitzen nach *n*

spill [spɪl] **I.** *n* Verschüttete(s) *nt;* (*pool*) Lache *f;* (*stain*) Fleck *m;* **oil ~** Ölteppich *m* **II.** *vt* <spilt *or* AM, AUS *usu* spilled, spilt *or* AM, AUS *usu* spilled> verschütten; (*scatter*) verstreuen

spilt [spɪlt] *pp, pt of* **spill**

spin [spɪn] **I.** *n* ❶ Drehung *f;* (*in washing machine*) Schleudern *nt kein pl;* **to send a car into a ~** ein Auto zum Schleudern bringen ❷ *no pl* (*fam: slant*) **to put a ~ on sth** etw ins rechte Licht rücken **II.** *vi* <-nn-, spun *or* BRIT *a.* span, spun> ❶ drehen; *washing machine* schleudern; (*fig*) **my head is ~ning** mir dreht sich alles *fam* ❷ (*make yarn*) spinnen **III.** *vt* <-nn-, spun *or* BRIT *a.* span, spun> ❶ drehen ❷ (*slant*) ins rechte Licht rücken ❸ *yarn* spinnen

spinach ['spɪnɪtʃ] *n no pl* Spinat *m*

spine [spaɪn] *n* ❶ Wirbelsäule *f; of book* [Buch]rücken *m* ❷ (*spike*) Stachel *m*

spiral ['spaɪərᵊl] **I.** *n* Spirale *f* **II.** *adj attr* spiralförmig **III.** *vi* <BRIT -ll- *or* AM *usu* -l-> sich hochwinden; *smoke, hawk* spiralförmig aufsteigen; *prices* ansteigen

spire [spaɪər] *n* Turmspitze *f*

spirit ['spɪrɪt] *n* ❶ Geist *m;* (*ghost also*) Gespenst *nt;* **the [Holy] S~** der Heilige Geist ❷ *no pl* (*mood*) Stimmung *f;* **team ~** Teamgeist *m;* **to lift sb's ~s** jds Stimmung heben ❸ *no pl* (*vitality*) Temperament *nt* ❹ (*alcohol*) **~s** *pl* Spirituosen *pl*

spit[1] [spɪt] *n* Bratspieß *m;* (*beach*) Sandbank *f*

spit[2] [spɪt] **I.** *n* (*fam*) Spucke *f* **II.** *vi* <-tt-, spat *or* spit, spat *or* spit> ❶ spucken; **to ~ at sb** jdn anspucken ❷ *impers* (*fam*) **it is ~ting [with rain]** es tröpfelt ❸ *bacon* brutzeln; *fire* zischen; *cat* fauchen **III.** *vt* <-tt-, spat *or* spit, spat *or* spit> ausspucken

◆ **spit out** *vt* ausspucken; (*growl*) fauchen

spite [spaɪt] **I.** *n no pl* ❶ Bosheit *f* ❷ **in ~ of sth** trotz einer S. *gen* **II.** *vt* ärgern

spiteful ['spaɪtfᵊl] *adj* gehässig

splash [splæʃ] **I.** *n* <*pl* -es> ❶ Platschen *nt kein pl* ❷ (*jet*) Spritzer *m* ❸ *of sauce* Klecks *m fam; in drink* Spritzer *m* **II.** *vt* verspritzen; (*spray*) bespritzen **III.** *vi rain, waves* klatschen; **to ~ [about]** [herum]planschen

◆ **splash out** *vi* BRIT, AUS (*fam*) **to ~ out on sth** Geld für etw *akk* hinauswerfen

splendid ['splendɪd] *adj* großartig

splint [splɪnt] *n* Schiene *f*

splinter ['splɪntəʳ] **I.** *n* Splitter *m; of wood also* Holzsplitter *m* **II.** *vi* splittern

split [splɪt] **I.** *n* ❶ Riss *m;* (*in wall, wood*) Spalt *m; in opinion* Kluft *f; of spouses* Trennung *f* ❷ (*share*) Anteil *m* ❸ **to do the ~s** [einen] Spagat machen **II.** *vt* <-tt-, split, split> teilen; *group* spalten; **to ~ sth in half** etw halbieren **III.** *vi* <-tt-, split, split> *wood, stone* [entzwei]brechen; *seam, cloth* aufplatzen; *hair* splissen; *spouses* sich trennen; **to ~ into groups** sich aufteilen

◆ **split up** **I.** *vt* aufteilen; (*separate*)

teilen **II.** *vi* sich teilen; *spouses* sich trennen; **to ~ up into groups** sich in Gruppen aufteilen; **to ~ up with sb** sich von jdm trennen

splitting ['splɪtɪŋ] *n no pl* FIN Splitting *nt*

split-up *n* Trennung *f*

spoil [spɔɪl] **I.** *n* **~s** *pl* Beute *f kein pl* **II.** *vt* <spoiled *or* BRIT *usu* spoilt, spoiled *or* BRIT *usu* spoilt> ❶ verderben; **to ~ the coastline** die Küste verschandeln *fam* ❷ (*pamper*) verwöhnen; *child* verziehen

spoilsport ['spɔɪlspɔːt] *n* Spielverderber(in) *m(f)*

spoilt [spɔɪlt] **I.** *vt, vi esp* BRIT *pp, pt of* **spoil** **II.** *adj* verdorben; *view* verschandelt *fam; child* verzogen

spoke[1] [spəʊk] *n* Speiche *f;* ▶ **to put a ~ in sb's wheel** BRIT jdm einen Knüppel zwischen die Beine werfen

spoke[2] [spəʊk] *pt of* **speak**

spoken [spəʊkᵊn] **I.** *pp of* **speak** **II.** *adj attr* gesprochen

spokesperson <*pl* -people> *n* Sprecher(in) *m(f)*

sponge [spʌndʒ] **I.** *n* ❶ Schwamm *m* ❷ (*cake*) Rührkuchen *m;* (*without fat*) Biskuit[kuchen] *m* ❸ (*fam: cadger*) Schnorrer(in) *m(f)* **II.** *vt* [mit einem Schwamm] abwischen

◆ **sponge down, sponge off** *vt* **to ~ down sth** etw [mit einem Schwamm] abwaschen; **to ~ down sb** jdn [mit einem Schwamm] waschen

sponge bag *n* BRIT, AUS Waschbeutel *m*

sponge cake *n* Biskuitkuchen *m*

sponger ['spʌndʒəʳ] *n* (*fam*) Schmarotzer(in) *m(f)*

sponsor ['spɒn(t)səʳ] **I.** *vt* (*commercially*) sponsern; (*noncommercially*) unterstützen **II.** *n* Sponsor(in) *m(f);* (*of charity*) Förderer , Förderin *m, f*

spontaneous [spɒn'teɪniəs] *adj* spontan; (*unrestrained*) impulsiv

spooky ['spuːki] *adj* (*fam*) schaurig; (*eerie*) unheimlich; *film* gespenstisch

spoon [spuːn] **I.** *n* Löffel *m* **II.** *vt* löffeln

spoonful <*pl* -s> ['spuːnfʊl] *n* Löffel *m*

sport [spɔːt] **I.** *n* ❶ Sport *m;* (*specific*) Sportart *f;* **indoor ~** Hallensport *m;* **outdoor ~** Sport *m* im Freien ❷ AUS **hello ~** na, Kumpel *fam* **II.** *vt* **to ~ sth** etw tragen

sporting ['spɔːtɪŋ] *adj* SPORTS ❶ *attr* Sport- ❷ (*fam*) fair

sports car *n* Sportwagen *m* **sportsman** *n* Sportler *m* **sportsmanship** *n no pl* Fairness *f* **sportswear** *n no pl* Sportkleidung *f* **sportswoman** *n* Sportlerin *f*

sporty ['spɔːti] *adj* sportlich; *car* schnell

spot [spɒt] **I.** *n* ❶ Fleck *m;* (*dot*) Punkt *m;* (*pattern*) Tupfen *m* ❷ BRIT (*acne*) Pickel *m* ❸ (*place*) Stelle *f;* **on the ~** an Ort und Stelle **II.** *vt* <-tt-> entdecken; **to ~ sb doing sth** jdn bei etw *dat* erwischen

spotless ['spɒtləs] *adj* makellos

spotlight *n* Scheinwerfer *m;* **to be in the ~** (*fig*) im Rampenlicht stehen

spot-on *adj pred* BRIT, AUS (*fam*) haargenau; (*correct*) goldrichtig

spotted ['spɒtɪd] *adj* gepunktet; (*patterned*) getupft

spotty ['spɒti] *adj* ❶ BRIT, AUS (*pimply*) pickelig ❷ AM, AUS (*patchy*) bescheiden *iron*

sprain [spreɪn] **I.** *vt* **to ~ one's ankle** sich *dat* den Knöchel verstauchen **II.** *n* Verstauchung *f*

sprang [spræŋ] *vi, vt pt of* **spring**

spray[1] [spreɪ] **I.** *n* ❶ *no pl* Sprühnebel *m; of perfume* Wolke *f; of water* Gischt *m o f* ❷ (*jet*) Spritzer *m* ❸ (*sprinkler*) Sprühvorrichtung *f* ❹ (*aerosol*) Spray *m o nt* **II.** *vt* ❶ besprühen; *plants* spritzen ❷ (*vaporize*) sprühen **III.** *vi* spritzen

spray[2] [spreɪ] *n* Zweig *m;* (*bouquet*) Strauß *m*

spread [spred] **I.** *n* ❶ Verbreitung *f* ❷ (*range*) Vielfalt *f* ❸ JOURN Doppelseite *f* ❹ FOOD Aufstrich *m* **II.** *vi*

<spread, spread> ❶ *fire* sich ausbreiten; *news, panic* sich verbreiten ❷ (*stretch*) sich erstrecken ❸ FOOD sich streichen lassen **III.** *vt* <spread, spread> ❶ ausbreiten ❷ **to ~ toast with jam** Toast mit Marmelade bestreichen ❸ *fertilizer* streuen; *disease* übertragen; *panic, rumour* verbreiten

spree [spriː] *n* Gelage *nt;* **killing ~** Gemetzel *nt;* **shopping ~** Einkaufstour *f*

spring [sprɪŋ] **I.** *n* ❶ Frühling *m;* **in the ~** im Frühling ❷ (*coil*) Feder *f* ❸ (*elasticity*) Sprungkraft *f* ❹ (*water*) Quelle *f* **II.** *vi* <sprang *or* AM *a.* sprung, sprung> ❶ springen; **to ~ into action** den Betrieb aufnehmen; **to ~ open** aufspringen; **to ~ shut** zufallen ❷ **to ~ up** auftauchen; **to ~ to mind** in den Kopf schießen

springboard *n* Sprungbrett *nt*

spring-clean I. *vi* Frühjahrsputz machen **II.** *vt* **to ~ a house/room** in einem Haus/einem Zimmer Frühjahrsputz machen **spring onion** *n* BRIT, AUS Frühlingszwiebel *f* **spring roll** *n* Frühlingsrolle *f*

springy ['sprɪŋi] *adj* federnd *attr,* elastisch

sprinkle ['sprɪŋkl] **I.** *vt* ❶ streuen (**on** auf); (*cover*) bestreuen (**with** mit) ❷ **to ~ the lawn** den Rasen sprengen **II.** *n usu sing* **a ~ of rain/snow** ein leichter Regen/Schneefall

sprinkling ['sprɪŋklɪŋ] *n see* **sprinkle II**

sprint [sprɪnt] **I.** *vi* sprinten **II.** *n* Sprint *m;* **100-metre ~** Hundertmeterlauf *m*

sprout [spraʊt] **I.** *n* ❶ Spross *m* ❷ *esp* BRIT (*vegetable*) Rosenkohl *m kein pl* **II.** *vi* wachsen **III.** *vt* treiben

sprung [sprʌŋ] **I.** *adj* BRIT gefedert **II.** *pp, pt of* **spring**

spud [spʌd] *n* BRIT (*fam*) Kartoffel *f*

spun [spʌn] *pp, pt of* **spin**

spy [spaɪ] **I.** *n* Spion(in) *m(f)* **II.** *vi* ❶ spionieren ❷ (*peep*) **to ~ into sth** in etw *akk* spähen **III.** *vt* sehen

squad [skwɒd] *n + sing/pl vb* Einheit *f;* SPORTS Kader *m*

square [skweəʳ] **I.** *n* Quadrat *nt;* (*street*) Platz *m;* **town ~** zentraler Platz **II.** *adj* ❶ quadratisch; **~ metre** Quadratmeter *m o nt* ❷ (*fam: level*) plan; **to be [all] ~** auf gleich sein **III.** *adv* direkt **IV.** *vt* **to ~ sth** ❶ etw quadratisch machen ❷ (*settle*) etw in Ordnung bringen ❸ MATH etw quadrieren

squash[1] [skwɒʃ] *n esp* AM (*pumpkin*) Kürbis *m*

squash[2] [skwɒʃ] **I.** *n* ❶ *no pl* (*crowd*) Gedränge *nt* ❷ *no pl* SPORTS Squash *nt;* **~ court** Squashcourt *m* ❸ BRIT, AUS (*drink*) Fruchtsaftgetränk *nt* **II.** *vt* ❶ zerdrücken; **to ~ sth flat** etw platt drücken ❷ **can you ~ this into your bag for me?** kannst du das für mich in deine Tasche stecken?

squashy ['skwɒʃi] *adj* weich

squatter ['skwɒtəʳ] *n* Hausbesetzer(in) *m(f)*

squeak [skwiːk] **I.** *n* Quietschen *nt kein pl; of mouse* Pieps[er] *m fam* **II.** *vi* quietschen; *mouse* piepsen

squeeze [skwiːz] **I.** *n* ❶ Drücken *nt kein pl* ❷ ECON **a ~ on spending** eine Beschränkung der Ausgaben ❸ *no pl* **it was a tight ~** es ging gerade noch hinein ❹ (*fam: lover*) Freund(in) *m(f)* **II.** *vt* ❶ drücken; *lemon* auspressen; *sponge* ausdrücken; **freshly ~d orange juice** frisch gepresster Orangensaft ❷ (*push in*) [hinein]zwängen; (*push through*) [durch]zwängen **III.** *vi* **to ~ into sth** sich in etw *akk* [hinein]zwängen; **to ~ past sth** sich an etw *dat* vorbeizwängen

squid <*pl* -> [skwɪd] *n* Tintenfisch *m*

squint [skwɪnt] **I.** *vi* die Augen zusammenkneifen; MED schielen **II.** *n* MED Schielen *nt kein pl*

squirrel ['skwɪrᵊl] *n* Eichhörnchen *nt*

squirt [skwɜːt] **I.** *vt* spritzen; **to ~ sb with sth** jdn mit etw *dat* bespritzen

II. *vi* **to ~ out** herausspritzen **III.** *n* ❶ Spritzer *m* ❷ (*fam*) Zwerg *m*

stab [stæb] **I.** *vt* <-bb-> **to ~ sb** auf jdn einstechen; **the victim was ~bed** das Opfer erlitt eine Stichverletzung; **to ~ sb in the back** (*fig*) jdm in den Rücken fallen **II.** *vi* <-bb-> **to ~ at sb/sth** auf jdn/etw einstechen **III.** *n* ❶ Stich *m* ❷ (*wound*) Stichwunde *f* ❸ (*pain*) Stich *m;* **~ of envy** Anflug *m* von Neid

stabbing ['stæbɪŋ] **I.** *n* Messerstecherei *f* **II.** *adj pain* stechend; *fear* durchdringend

stable[1] <more stable, most stable> ['steɪbl̩] *adj* stabil

stable[2] ['steɪbl̩] **I.** *n* Stall *m* **II.** *vt horse* unterstellen

stack [stæk] **I.** *n* ❶ Stapel *m; of papers* Stoß *m; of hay* Schober *m;* (*stereo*) Stereoturm *m* ❷ (*fam: much*) Haufen *m sl;* **we've got ~s of time** wir haben massenhaft Zeit **II.** *vt* [auf]stapeln; *dishwasher* einräumen; *shelves* auffüllen

stadium <*pl* -s> ['steɪdiəm] *n* Stadion *nt*

staff[1] [stɑːf] **I.** *n* + *sing/pl vb* Belegschaft *f;* SCH, UNIV Lehrkörper *m;* **members of ~** Mitarbeiter *pl;* **nursing ~** Pflegepersonal *nt;* **teaching ~** Lehrpersonal *nt* **II.** *vt usu passive* **many charities are ~ed with volunteers** viele Wohltätigkeitsvereine beschäftigen ehrenamtliche Mitarbeiter

staff[2] [stɑːf] *n* Stab *m;* (*stick*) Stock *m*

stag [stæg] *n* Hirsch *m;* **~ night/party** Junggesellenabschiedsparty *f*

stage [steɪdʒ] **I.** *n* ❶ Etappe *f; of journey, race also* Abschnitt *m;* **crucial ~** entscheidende Phase; **early ~** Frühphase *f* ❷ THEAT Bühne *f;* **the world ~** die [ganze] Welt; **the political ~** die politische Bühne **II.** *vt congress* veranstalten; *demonstration* organisieren; THEAT aufführen; **to ~ a concert** ein Konzert geben

stagger ['stægəʳ] **I.** *vi* schwanken, torkeln; **to ~ to one's feet** sich aufrappeln **II.** *vt* ❶ **to ~ sb** jdn erstaunen ❷ (*grade*) **to ~ sth** etw staffeln

staggered ['stægəd] *adj* erstaunt; (*graded*) gestaffelt

stagnant ['stægnənt] *adj* stagnierend; **~ air** stehende Luft

stain [steɪn] **I.** *vt* verfärben; (*spot*) Flecken auf etw *dat* machen **II.** *vi* Flecken machen; (*discolour*) sich verfärben **III.** *n* Verfärbung *f,* Fleck *m;* (*blemish*) Makel *m*

stained [steɪnd] *adj* verfärbt; (*spotted*) fleckig; (*dyed*) gefärbt; (*blemished*) befleckt

stainless ['steɪnləs] *adj* makellos; *character* tadellos

stair [steəʳ] *n* Treppenstufe *f;* **~s** *pl* Treppe *f;* **a flight of ~s** eine Treppe

stake[1] [steɪk] *n* Pfahl *m*

stake[2] [steɪk] **I.** *n* ❶ (*bet*) Einsatz *m* ❷ FIN, ECON Anteil *m;* ▶ **to be at ~** (*in question*) zur Debatte stehen; (*at risk*) auf dem Spiel stehen **II.** *vt* **to ~ money** Geld setzen

stale [steɪl] *adj drink* abgestanden; *air* muffig; *bread* alt

stalk[1] [stɔːk] *n* (*stem*) Stiel *m*

stalk[2] [stɔːk] **I.** *vt* ❶ jagen; **to go ~ing** auf die Pirsch gehen ❷ **to ~ sb** jdm nachstellen **II.** *vi* **to ~ by** vorbeistolzieren **III.** *n* Pirsch *f;* (*gait*) Stolzieren *nt*

stalker [stɔːkəʳ, AM stɑːkɚ] *n* ❶ (*hunter*) Jäger(in) *m(f)* ❷ *of people jd, der prominente Personen verfolgt und belästigt*

stall [stɔːl] **I.** *n* ❶ [Verkaufs]stand *m;* (*for animal*) Stall *m;* (*for racehorse*) Box *f* ❷ AM [markierter] Parkplatz **II.** *vi* ❶ zum Stillstand kommen; *car* stehen bleiben ❷ (*fam: delay*) zögern **III.** *vt* ❶ *car* abwürgen ❷ (*delay*) verzögern

stamina ['stæmɪnə] *n no pl* Durchhaltevermögen *nt*

stammer ['stæməʳ] **I.** *n* Stottern *nt;* **to have a ~** stottern **II.** *vi* stottern

stamp [stæmp] **I.** *n* ❶ Stempel *m;* ~ **of approval** Genehmigungsstempel *m* ❷ [postage] ~ Briefmarke *f;* ~ **album** Briefmarkenalbum *nt* ❸ (*step*) Stampfer *m fam* **II.** *vt* ❶ [ab]stempeln ❷ **to ~ a letter** einen Brief frankieren ❸ (*crush*) zertreten; **to ~ one's foot** mit dem Fuß aufstampfen **III.** *vi* stampfen; (*walk also*) stapfen; **to ~ on sth** auf etw *akk* treten

stampede [stæm'pi:d] **I.** *n* wilde Flucht; *of people* [Menschen]auflauf *m* **II.** *vi* durchgehen; *people* irgendwohin stürzen

stand [stænd] **I.** *n* ❶ Einstellung *f* (**on** zu); **to make a ~ against sth** sich gegen etw *akk* auflehnen ❷ *usu pl* (*in stadium*) [Zuschauer]tribüne *f* ❸ (*support*) Ständer *m* ❹ (*stall*) [Verkaufs]stand *m* **II.** *vi* <stood, stood> ❶ stehen; **to ~ clear** beiseitetreten; **to ~ tall** gerade stehen; **to ~ still** stillstehen; **to ~ in sb's way** jdm im Weg stehen ❷ + *adj* **I never know where I ~ with my boss** ich weiß nie, wie ich mit meinem Chef dran bin *fam;* **to ~ alone** beispiellos sein ❸ *rule* gelten; **does that still ~?** ist das noch gültig? ❹ BRIT, AUS *candidate* **to ~ for sth** für etw *akk* kandidieren **III.** *vt* <stood, stood> ❶ **to ~ sth somewhere** etw irgendwohin hinstellen ❷ **to ~ one's ground** wie angewurzelt stehen bleiben ❸ (*bear*) **to ~ sth** etw ertragen ❹ (*fam*) **to ~ a chance of doing sth** gute Aussichten haben, etw zu tun

◆ **stand about, stand around** *vi* herumstehen

◆ **stand aside** *vi* ❶ zur Seite treten ❷ **to ~ aside [from sth]** sich [aus etw *dat*] heraushalten ❸ (*resign*) zurücktreten

◆ **stand back** *vi* zurücktreten; **to ~ back from sth** abseits von etw *dat* liegen; (*fig*) etw aus der Distanz betrachten

◆ **stand by** *vi* dabeistehen; (*be ready*) bereitstehen; **to ~ by sb** zu jdm stehen

◆ **stand down** *vi* ❶ BRIT, AUS (*resign*) zurücktreten ❷ (*relax*) entspannen

◆ **stand for** *vi* ❶ **to not ~ for sth** sich *dat* etw nicht gefallen lassen ❷ (*mean*) **to ~ for sth** für etw *akk* stehen

◆ **stand in** *vi* **to ~ in for sb** für jdn einspringen

◆ **stand out** *vi* hervorragen; **to ~ out in a crowd** sich von der Menge abheben

◆ **stand over** *vi* ❶ **to ~ over sb** jdm auf die Finger schauen *fam* ❷ (*adjourn*) aufgeschoben werden

◆ **stand up** *vi* ❶ aufstehen; (*be standing*) stehen ❷ **to ~ up [to sth]** [etw *dat*] standhalten ❸ **to ~ up to sb** sich jdm widersetzen

standard ['stændəd] **I.** *n* ❶ Standard *m;* **to raise ~s** das Niveau heben ❷ (*criterion*) Richtlinie *f* ❸ (*principles*) **~s** *pl* Wertvorstellungen *pl* **II.** *adj* ❶ Standard-; (*average*) durchschnittlich ❷ AM ~ **transmission** Standardgetriebe *nt*

standard lamp *n* BRIT, AUS Stehlampe *f*

standby <*pl* -s> ['stæn(d)baɪ] **I.** *n* ❶ *no pl* **on ~** in Bereitschaft ❷ (*backup*) Reserve *f* ❸ (*ticket*) Stand-by-Ticket *nt;* (*traveller*) Fluggast *m* mit Stand-by-Ticket **II.** *adj attr* Ersatz-

stand-in *n* Vertretung *f;* FILM, THEAT Ersatz *m*

standing ['stændɪŋ] **I.** *n no pl* Ansehen *nt* **II.** *adj attr* [aufrecht] stehend; (*permanent*) ständig; (*stationary*) stehend

stand-offish [-'ɒfɪʃ] *adj* (*fam*) reserviert **standpoint** *n* Standpunkt *m;* **depending on your ~, ...** je nachdem, wie man es betrachtet, ... **standstill** *n no pl* Stillstand *m;* **to be at a ~** zum Erliegen kommen **stand-up** *adj attr* ~ **comedian** Alleinunterhalter(in) *m(f)*

stank [stæŋk] *pt of* **stink**

staple¹ ['steɪpl] **I.** *n* Heftklammer *f;* (*for wood*) Krampe *f* **II.** *vt* heften; **to ~ sth together** etw zusammenheften

staple² ['steɪpl] **I.** *n* Grundstock *m;* ECON

S

Hauptprodukt *nt;* FOOD Grundnahrungsmittel *nt* **II.** *adj attr* Haupt-; **~ foods** Grundnahrungsmittel *pl*

stapler ['steɪplər] *n* Hefter *m*

star [stɑːr] **I.** *n* ❶ Stern *m;* (*asterisk*) Sternchen *nt* ❷ (*performer*) Star *m* **II.** *vi* <-rr-> **to ~ in a film/play** in einem Film/Theaterstück die Hauptrolle spielen **III.** *adj attr* Star-; **this year's ~ student** der diesjährige beste Student

starboard ['stɑːbəd] *n* NAUT Steuerbord *nt kein pl*

stare [steər] **I.** *n* Starren *nt;* **she gave him a long ~** sie starrte ihn unverwandt an; **accusing ~** vorwurfsvoller Blick **II.** *vi* starren; (*surprised also*) große Augen machen; **to ~ at sb/sth** jdn/etw anstarren **III.** *vt* **to ~ sb in the eye** jdn anstarren

staring ['steərɪŋ] *adj* starrend

star-studded *adj* mit Sternen übersät; FILM, THEAT (*fam*) mit Stars besetzt; **~ cast** Starbesetzung *f*

start [stɑːt] **I.** *n usu sing* ❶ Anfang *m; of company* Gründung *f;* SPORTS Start *m;* **to make a ~ on sth** mit etw *dat* anfangen; **from the ~** von Anfang an; **from ~ to finish** von Anfang bis Ende ❷ (*jerk*) Zucken *nt;* **to give a ~** zusammenzucken **II.** *vi* ❶ anfangen; *car* anspringen; **don't you ~!** jetzt fang du nicht auch noch an! *fam;* **to ~ afresh** von Neuem beginnen; **to ~ to do sth** anfangen[,] etw zu tun ❷ (*fam*) **to ~ on sb** sich *dat* jdn vornehmen *fam* **III.** *vt* ❶ **to ~ [doing] sth** anfangen[,] etw zu tun; **he ~ed work at 16** mit 16 begann er zu arbeiten ❷ (*initiate*) ins Leben rufen; (*activate*) einschalten; **to ~ a car** ein Auto starten; **to ~ a fight** Streit anfangen

◆ **start back** *vi* zurückschrecken; (*return*) sich auf den Rückweg machen

◆ **start off I.** *vi* anfangen; (*embark*) losfahren; **they ~ed off in New Orleans** sie starteten in New Orleans **II.** *vt* **to ~ sth off** etw beginnen

◆ **start out** *vi* anfangen; (*embark*) aufbrechen

◆ **start up I.** *vt business* gründen; *motor* anlassen **II.** *vi* beginnen; *car* anspringen

starter ['stɑːtər] *n* ❶ *esp* BRIT (*fam*) Vorspeise *f* ❷ AUTO Anlasser *m*

starting ['stɑːtɪŋ] *adj attr* Start-

startle ['stɑːtl] *vt* erschrecken; *bird* aufschrecken

startling ['stɑːtlɪŋ] *adj* überraschend; (*alarming*) erschreckend

starvation [stɑː'veɪʃən] *n no pl* Hungertod *m;* (*malnutrition*) Unterernährung *f;* **to die of ~** verhungern

starve [stɑːv] **I.** *vi* ❶ hungern; (*die*) verhungern ❷ (*fam*) **to be starving** ausgehungert sein **II.** *vt* ❶ aushungern; **to ~ oneself to death** sich zu Tode hungern ❷ *usu passive* (*fig*) **to be ~d of sth** um etw *akk* gebracht werden

state [steɪt] **I.** *n* ❶ Zustand *m;* (*constitution*) körperliche Verfassung; PSYCH Gemütszustand *m;* **~ of exhaustion/fatigue** Erschöpfungs-/Ermüdungszustand *m;* **unconscious ~** Bewusstlosigkeit *f;* **to be in a ~** mit den Nerven fertig sein; **to be in a fit ~ to do sth** in der Lage sein, etw zu tun ❷ (*nation*) Staat *m;* (*in USA*) [Bundes]staat *m;* (*in Germany*) Land *nt* ❸ **the ~** der Staat **II.** *adj attr* Staats-; (*government*) Regierungs-; **~ secret** Staatsgeheimnis *nt;* **~ subsidy** [staatliche] Subvention **III.** *vt* äußern; (*specify*) nennen; **to ~ that ...** erklären, dass ...; **to ~ one's case** seine Sache vortragen; **to ~ one's objections** seine Einwände vorbringen; **to ~ the source** die Quelle angeben

State Department *n no pl, + sing/pl vb* AM **the ~** das US-Außenministerium

statement ['steɪtmənt] *n* ❶ Äußerung *f;* (*formal*) Stellungnahme *f;* LAW Aussage *f;* **to make a ~ to the press** eine Presseerklärung abgeben ❷ *of account* [Konto]auszug *m*

station ['steɪʃᵊn] **I.** *n* ❶ Bahnhof *m;* (*specific*) -station *f;* **petrol** [*or* AM **gas**] **~** Tankstelle *f;* **police ~** Polizeiwache *f;* **tube** [*or* AM **subway**] **~** U-Bahn-Haltestelle *f* ❷ (*broadcaster*) Sender *m;* **radio ~** Radiosender *m;* **TV ~** Fernsehsender *m* **II.** *vt* postieren; *troops* stationieren

stationary ['steɪʃᵊnᵊri] *adj* ruhend

stationery ['steɪʃᵊnᵊri] *n no pl* Schreibwaren *pl;* (*paper*) Schreibpapier *nt*

station wagon *n* AM, AUS Kombi[wagen] *m*

statistics [stə'tɪstɪks] *n pl* Statistik *f*

statue ['stætʃuː] *n* Statue *f*

status ['steɪtəs] *n no pl* Status *m;* (*prestige a.*) Prestige *nt;* **legal ~** Rechtsposition *f*

stay [steɪ] **I.** *n* Aufenthalt *m;* **overnight ~** Übernachtung *f* **II.** *vi* bleiben; (*reside*) wohnen; **to ~ overnight** übernachten; **to ~ in touch** in Verbindung bleiben; **to ~ tuned** RADIO, TV am Apparat bleiben

◆ **stay away** *vi* fernbleiben; **to ~ away from sb/sth** jdn/etw meiden

◆ **stay behind** *vi* [noch] [da]bleiben

◆ **stay in** *vi* zu Hause bleiben

◆ **stay on** *vi* [noch] bleiben; *lid* halten; *sticker* haften; *light* an bleiben; *device* eingeschaltet bleiben

◆ **stay out** *vi* wegbleiben; *striker* weiter streiken; **to ~ out of trouble** sich *dat* Ärger vom Hals halten *fam*

◆ **stay up** *vi* aufbleiben; *tent* stehen bleiben; *poster* hängen bleiben; **his socks won't ~ up** seine Socken rutschen ständig

steady ['stedi] **I.** *adj* stabil; (*regular*) kontinuierlich; (*boyfriend*) fest; *hand* ruhig; *breathing, flow* regelmäßig; *rain* anhaltend; *speed* konstant **II.** *vt* <-ie-> stabilisieren; **to ~ oneself** Halt finden; **to ~ one's aim** sein Ziel fixieren; **to ~ one's nerves** seine Nerven beruhigen **III.** *adv* (*still*) **to hold sth ~** etw festhalten

steak [steɪk] *n* Steak *nt;* (*poorer-quality*) Rindfleisch *nt;* **braising ~** Schmorfleisch *nt;* **rump ~** Rumpsteak *nt*

steal [stiːl] **I.** *n esp* AM (*fam*) Schnäppchen *nt* **II.** *vt* <stole, stolen> stehlen; **she stole a glance at her watch** sie lugte heimlich auf ihre Armbanduhr **III.** *vi* <stole, stolen> stehlen; (*move*) sich wegstehlen; **he stole out of the room** er stahl sich aus dem Zimmer

steam [stiːm] **I.** *n no pl* Dampf *m* **II.** *vi, vt* dampfen; **to ~ open a letter** einen Brief über Wasserdampf öffnen

steel [stiːl] **I.** *n no pl* Stahl *m* **II.** *vt* **to ~ oneself** [**to do sth**] all seinen Mut zusammennehmen[, um etw zu tun]

steep[1] [stiːp] *adj* steil; *slope* abschüssig; (*dramatic*) dramatisch

steep[2] [stiːp] *vt* ❶ tränken ❷ *usu passive* **to be ~ed in sth** von etw *dat* durchdrungen sein; **~ed in history** geschichtsträchtig

steeple ['stiːpl] *n* Turmspitze *f; of church* Kirchturm *m*

steer [stɪəʳ] **I.** *n* junger Ochse **II.** *vt* steuern; **to ~ a course** einen Kurs einschlagen **III.** *vi* steuern; *car* sich lenken lassen

steering lock *n* AUTO Lenkradschloss *nt*

steering wheel *n* Steuer[rad] *nt; of car a.* Lenkrad *nt*

step[1] [step] **I.** *n* ❶ Schritt *m; of dance* [Tanz]schritt *m;* **to be/walk in ~** im Gleichschritt sein/laufen ❷ *no pl* (*gait*) Gang *m* ❸ (*stair*) Stufe *f;* **a flight of ~s** eine Treppe ❹ (*fig*) Schritt *m;* **one ~ at a time** eins nach dem anderen; **to take drastic ~s** zu drastischen Mitteln greifen **II.** *vi* <-pp-> treten; (*walk*) gehen; **to ~ over sth** über etw *akk* steigen; **to ~ on sb's foot** jdm auf den Fuß treten

S

◆ **step aside** *vi* zur Seite treten
◆ **step back** *vi* zurücktreten; (*fig*) Abstand nehmen
◆ **step down** *vi* zurücktreten; *witness* den Zeugenstand verlassen
◆ **step in** *vi* eintreten; (*in car*) einsteigen; (*intervene*) einschreiten
◆ **step out** *vi* [kurz] weggehen; (*walk*) ausschreiten
◆ **step up** *vt* verstärken; **the reforms are being ~ped up** die Reformen werden jetzt beschleunigt

stepbrother *n* Stiefbruder *m*

stepladder *n* Stehleiter *f*

stepping stone *n* [Tritt]stein *m;* (*fig*) Sprungbrett *nt*

stereo <*pl* -os> ['steriəʊ] *n* ❶ *no pl* Stereo *nt* ❷ (*fam*) Stereoanlage *f*

sterile ['steraɪl] *adj* steril; (*infertile*) unfruchtbar

sterling ['stɜːlɪŋ] **I.** *n no pl* ❶ FIN Sterling *m,* [britisches] Pfund ❷ (*metal*) Sterlingsilber *nt* **II.** *adj* meisterhaft; **to make a ~ effort** beachtliche Anstrengungen unternehmen

stern[1] [stɜːn] *adj* ernst; (*strict*) streng; **a ~ warning** eine eindringliche Warnung

stern[2] [stɜːn] *n* NAUT Heck *nt*

stew [stjuː] **I.** *n* Eintopf *m* **II.** *vt* schmoren; **to ~ plums** Pflaumenkompott kochen **III.** *vi* ❶ [vor sich *dat* hin] schmoren ❷ (*fam*) schmollen

S

stick[1] [stɪk] *n* ❶ Stock *m;* (*twig*) Zweig *m;* **carrot ~s** lange Möhrenstücke; **~ of chewing gum** Stück *nt* Kaugummi; **hockey/polo ~** Hockey-/Poloschläger *m* ❷ **to get ~** herbe Kritik einstecken müssen; **to give sb ~** jdn heruntermachen

stick[2] <stuck, stuck> [stɪk] **I.** *vi* ❶ kleben; (*be fixed*) zugeklebt bleiben ❷ (*immobile*) feststecken; *jam* klemmen ❸ (*fig*) **to be stuck** nicht weiter wissen ❹ **to ~ at sth** an etw *dat* dranbleiben ❺ **to ~ to one's budget** sich an sein Budget halten; **to ~ to a diet** eine Diät einhalten ▸ **to ~ to one's guns** nicht lockerlassen **II.** *vt* ❶ kleben (**to** an) ❷ (*fam*) **~ your things wherever you like** stellen Sie Ihre Sachen irgendwo ab; **to ~ one's head around the door** seinen Kopf durch die Tür stecken
◆ **stick around** *vi* (*fam*) da bleiben
◆ **stick down** *vt* festkleben
◆ **stick in** *vi* ▸ **to get stuck in** BRIT (*fam: start*) anfangen; (*start eating*) [mit dem Essen] anfangen
◆ **stick out I.** *vt* ausstrecken; *tongue* herausstrecken; **to ~ it out** es [bis zum Ende] durchhalten **II.** *vi* [her]vorstehen; *hair, ears* abstehen; *nail* herausstehen
◆ **stick together I.** *vt* zusammenkleben **II.** *vi* zusammenkleben; (*fig*) *friends* zusammenhalten
◆ **stick up I.** *vt* (*fam*) ❶ **to ~ up a notice** einen Aushang machen ❷ **if you have a question, ~ your hand up** meldet euch, wenn ihr eine Frage habt **II.** *vi* emporragen; *hair* abstehen; **to ~ up for sb** sich für jdn einsetzen; (*support*) jdn unterstützen

sticker ['stɪkəʳ] *n* Aufkleber *m;* **price ~** Preisschild[chen] *nt*

sticking plaster *n* BRIT [Heft]pflaster *nt*

stick-on *adj attr* Klebe-

sticky ['stɪki] *adj* klebrig; (*sweaty*) verschwitzt; *weather* schwül; *air* stickig; (*fig: difficult*) heikel

stiff [stɪf] **I.** *adj* ❶ steif (**with** vor); *paste* dick; *dough* fest ❷ *manner* steif; *smile* gezwungen; **to keep a ~ upper lip** Haltung bewahren ❸ *opposition* stark; *breeze* steif; *criticism* herb **II.** *adv* **to be scared ~** zu Tode erschrocken sein

still[1] [stɪl] **I.** *n* ❶ *no pl* Stille *f* ❷ *usu pl* (*photo*) Standfoto *nt* **II.** *adj* ❶ ruhig ❷ (*immobile*) reglos; **to keep ~** still halten; **to sit/stand ~** still sitzen/stehen ❸ *drink* ohne Kohlensäure *nach n*

still[2] [stɪl] *adv* noch [immer]; (*in future as in past*) nach wie vor; (*nevertheless*) trotzdem; **..., but he's ~ your brother ...**, er ist immer noch dein Bruder; **better/worse ~** noch besser/schlimmer

sting [stɪŋ] **I.** *n* ❶ *of bee* Stachel *m; of jellyfish* Brennfaden *m* ❷ (*wound*) Stich *m; by jellyfish* Brennen *nt* **II.** *vi* <stung, stung> *bee* stechen; (*burn*) brennen; *cut* schmerzen **III.** *vt* <stung, stung> *insect* stechen; (*jellyfish*) brennen; (*burn*) brennen

stinging nettle *n* Brennnessel *f*

stink [stɪŋk] **I.** *n usu sing* Gestank *m* **II.** *vi* <stank *or* stunk, stunk> ❶ stinken; **to ~ of sth** nach etw *dat* stinken ❷ (*fig fam*) **his acting ~s** er ist ein miserabler Schauspieler

stinker ['stɪŋkəʳ] *n* (*fam*) ❶ **what a ~ that man is!** was ist er nur für ein Ekel! ❷ (*problem*) harter Brocken

stir [stɜːʳ] **I.** *n usu sing* ❶ Bewegung *f;* (*of emotion*) Erregung *f;* (*with spoon*) [Um]rühren *nt* ❷ (*uproar*) Aufruhr *f;* **to cause a ~** Aufsehen erregen **II.** *vt* <-rr-> ❶ rühren; **to ~ sth into sth** etw in etw *akk* [hin]einrühren ❷ (*move*) bewegen; **to ~ sb from a dream** jdn aus einem Traum reißen; **to ~ emotions** Emotionen aufwühlen **III.** *vi* <-rr-> ❶ (*mix*) rühren ❷ (*move*) sich regen; *person a.* sich rühren ❸ (*awaken*) wach werden ❹ BRIT, AUS Unruhe stiften

stir-fry I. *n* Chinapfanne *f* **II.** *vi, vt* <-ie-> kurz anbraten

stitch [stɪtʃ] **I.** *n* <*pl* -es> ❶ Stich *m;* (*method*) Stichart *f;* (*in knitting, crocheting*) Masche *f;* **blanket/cross ~** Langetten-/Kreuzstich *m;* **to have one's ~es taken out** die Fäden gezogen bekommen ❷ (*pain*) Seitenstechen *nt kein pl;* **to be in ~es** (*fig*) sich schieflachen **II.** *vi* sticken; (*sew*) nähen **III.** *vt* nähen

stock[1] [stɒk] *n no pl* Brühe *f;* **fish ~** Fischfond *m*

stock[2] [stɒk] **I.** *n* ❶ Vorrat *m* (**of** an); **housing ~** Bestand *m* an Wohnhäusern; **~ of knowledge** (*fig*) Wissensschatz *m* ❷ *no pl* (*inventory*) Bestand *m;* **to be in/out of ~** vorrätig/nicht vorrätig sein; **to take ~** Inventur machen ❸ FIN **~s** *pl* Aktien *pl;* **~s and shares** Wertpapiere *pl* **II.** *adj attr* Lager-; (*standard*) Standard- **III.** *vt* ❶ **to ~ sth** etw führen ❷ **to ~ the shelves** die Regale auffüllen

stockbroker *n* Börsenmakler(in) *m(f)*

stock exchange *n* Börse *f*

stocking ['stɒkɪŋ] *n* **~s** *pl* Strümpfe *pl*

stock market *n* [Wertpapier]börse *f*

stole[1] [stəʊl] *pt of* **steal**

stole[2] [stəʊl] *n* Stola *f; of priest* [Priester]stola *f*

stolen ['stəʊlən] **I.** *pp of* **steal II.** *adj* gestohlen; **~ goods** Diebesgut *nt; kiss* verstohlen

stomach ['stʌmək] **I.** *n* Magen *m;* (*abdomen*) Bauch *m;* **to have a big/flat ~** einen dicken/flachen Bauch haben; **to have a pain in one's ~** Magenschmerzen haben; **to have an upset ~** eine Magenverstimmung haben **II.** *adj* Magen-; **~ muscles** Bauchmuskeln *pl* **III.** *vt* (*fam*) **to be hard to ~** schwer zu verkraften sein

stomach ache *n usu sing* Magenschmerzen *pl*

stomach upset *n* Magenverstimmung *f*

stone [stəʊn] **I.** *n* ❶ Stein *m* ❷ <*pl* -> BRIT *britische Gewichtseinheit, die 6,35 kg entspricht* **II.** *adj attr* Stein-; **~ statue** Statue *f* aus Stein **III.** *vt* ❶ **to ~ sb [to death]** jdn steinigen ❷ *fruit* entsteinen

Stone Age *n* **the ~** die Steinzeit

stood [stʊd] *pt, pp of* **stand**

stool [stuːl] *n* ❶ Hocker *m;* **kitchen ~** Küchenschemel *m;* **piano ~** Klavierstuhl *m* ❷ (*faeces*) Stuhl *m*

stop [stɒp] **I.** *vt* <-pp-> ❶ **to ~ sb/a car**

jdn/ein Auto anhalten; **to ~ one's car** anhalten; **~ that man!** haltet den Mann! ❷ (*interrupt*) beenden; (*temporarily*) unterbrechen; *bleeding* stillen; *clock* anhalten; **~ it!** hör auf [damit]! ❸ (*suspend*) **to ~ sth** mit etw *dat* aufhören; **what time do you usually ~ work?** wann hören Sie normalerweise auf zu arbeiten? ❹ **to ~ sb [from] doing sth** jdn davon abhalten, etw zu tun ❺ (*block*) verstopfen; (*bung*) [zu]stopfen **II.** *vi* <-pp-> ❶ stehen bleiben; *car* [an]halten; *bus, train* halten; *machine* nicht mehr laufen; *clock, heart* stehen bleiben; *rain* aufhören; **~!** halt!; **to ~ dead** abrupt innehalten ❷ (*discontinue*) aufhören; **she ~ped drinking** sie trinkt nicht mehr ❸ BRIT (*fam: stay*) bleiben; **to ~ at a hotel** in einem Hotel übernachten **III.** *n* ❶ Halt *m;* **to come to a ~** stehen bleiben; *car a.* anhalten; **to put a ~ to sth** etw *dat* ein Ende setzen ❷ (*break*) Pause *f;* AVIAT Zwischenlandung *f* ❸ TRANSP Haltestelle *f*

◆ **stop by** *vi* (*fam*) vorbeischauen

◆ **stop off** *vi* Halt machen; *traveller* Zwischenstation machen

◆ **stop over** *vi* ❶ *traveller* Zwischenstation machen ❷ BRIT über Nacht bleiben

◆ **stop up I.** *vi* BRIT (*fam*) aufbleiben **II.** *vt* verstopfen; (*bung*) [zu]stopfen

S

stopover *n* Zwischenstation *f; of plane* Zwischenlandung *f;* (*duration*) Zwischenaufenthalt *m*

stopping ['stɒpɪŋ] **I.** *n no pl* Anhalten *nt;* **~ and going** Verkehrsstockung *f* **II.** *adj attr, inv* Nahverkehrs-; **~ service** Nahverkehr *m;* **~ train** Nahverkehrszug *m*

stop sign *n* Stoppschild *nt*

stopwatch *n* Stoppuhr *f*

storage space *n no pl* Stauraum *m;* (*in warehouse*) Lagerraum *m*

store [stɔːʳ] **I.** *n* ❶ Vorrat *m* (**of** an) ❷ *esp* AM, AUS (*shop*) Laden *m; esp* BRIT (*larger*) Geschäft *nt* ❸ (*warehouse*) Lager *nt;* **grain ~** Getreidespeicher *m* **II.** *vt* [auf]speichern; *supplies* lagern; COMPUT [ab]speichern

store card *n* Kunden[kredit]karte *f*

storey ['stɔːri] *n* Stockwerk *nt;* **a three-~[ed] house** ein dreistöckiges Haus

storm [stɔːm] **I.** *n* ❶ Sturm *m;* (*with thunder*) Gewitter *nt* ❷ (*assault*) [An]sturm *m* **II.** *vi* stürmen; **to ~ off** davonstürmen **III.** *vt* stürmen

stormy ['stɔːmi] *adj* stürmisch

story[1] ['stɔːri] *n* ❶ Geschichte *f;* (*narrative*) Erzählung *f;* (*plot*) Handlung *f;* (*rumour*) Gerücht *nt;* **the ~ goes that ...** man erzählt sich, dass ... ❷ (*version*) Fassung *f;* **sb's side of the ~** jds Version der Geschichte ❸ (*report*) Beitrag *m;* (*in newspaper*) Artikel *m*

story[2] *n* AM *see* **storey**

stove [stəʊv] *n* Ofen *m;* (*oven*) Herd *m*

stowaway ['stəʊəˌweɪ] *n* blinder Passagier/blinde Passagierin

straggler ['stræɡḷəʳ] *n* Nachzügler(in) *m(f)*

straight [streɪt] **I.** *n* Gerade *f;* CARDS Sequenz *f;* **in the home ~** in der Zielgeraden **II.** *adj* ❶ gerade; *hair* glatt; **the picture isn't ~** das Bild hängt schief ❷ (*frank*) offen ❸ (*heterosexual*) heterosexuell ❹ **~ answer** eindeutige Antwort; **~ A's** glatte Einser ❺ (*fam: serious*) ernst[haft]; **to keep a ~ face** ernst bleiben ❻ *pred* (*fam: quits*) **to be ~** quitt sein **III.** *adv* ❶ gerade[aus]; **go ~ along this road** folgen Sie immer dieser Straße; **he drove ~ into the tree** er fuhr frontal gegen den Baum ❷ (*directly*) direkt *fam*

straightaway [ˌstreɪtə'weɪ] *adv esp* BRIT sofort

straighten ['streɪtᵊn] **I.** *vt* gerade machen; (*align*) richten; *hair* glätten; *necktie* zurechtrücken **II.** *vi* sich aufrichten; *road* gerade werden

◆ **straighten out** **I.** *vt clothes* glatt streichen; (*put right*) in Ordnung bringen; (*clarify*) klarstellen; **to ~ out a misunderstanding** ein Missverständnis aus der Welt schaffen **II.** *vi* gerade werden
◆ **straighten up** **I.** *vi* sich aufrichten; *car* [wieder] geradeaus fahren; *aircraft* [wieder] geradeaus fliegen **II.** *vt* gerade machen; *room* aufräumen

strain[1] [streɪn] *n of virus* Art *f*

strain[2] [streɪn] **I.** *n usu sing* ❶ *no pl* Druck *m;* **to put a ~ on sth** einen Druck auf etw *akk* ausüben ❷ (*muscle*) Zerrung *f* **II.** *vi* ❶ ziehen; **the dog was ~ing at the leash** der Hund zerrte an der Leine ❷ (*try*) sich anstrengen **III.** *vt* **to ~ sth** ❶ (*pull*) an etw *dat* ziehen; *muscle* etw zerren ❷ (*overexert*) etw [stark] beanspruchen; **to ~ one's eyes** die Augen überanstrengen

strange [streɪndʒ] *adj* merkwürdig; (*unusual*) ungewöhnlich; (*exceptional*) bemerkenswert; (*alien*) fremd; **a ~ twist of fate** eine besondere Laune des Schicksals

strangely ['streɪndʒli] *adv* merkwürdig; **she was ~ calm** sie war auffällig still; **~ enough** seltsamerweise

stranger ['streɪndʒəʳ] *n* Fremde(r) *f(m);* **she is a ~ to me** ich kenne sie nicht; **hello, ~!** (*fam*) hallo, lange nicht gesehen!

strangle ['stræŋgl̩] *vt* erdrosseln; (*suppress*) unterdrücken

strap [stræp] **I.** *n* Riemen *m;* (*for safety*) Gurt *m;* (*for clothes*) Träger *m;* **watch ~** Uhrarmband *nt* **II.** *vt* <-pp-> befestigen; (*bandage*) bandagieren

strapless ['stræpləs] *adj* trägerlos

straw [strɔː] *n* ❶ *no pl* Stroh *nt* ❷ (*drinking*) Strohhalm *m;* ▶ **to be the final ~** das Fass zum Überlaufen bringen; **to draw the short ~** den Kürzeren ziehen

strawberry ['strɔːbəri] *n* Erdbeere *f*

streak [striːk] **I.** *n* ❶ Streifen *m; of colour* Spur *f;* (*on window*) Schliere *f* ❷ (*strip*) Strahl *m* ❸ (*trait*) [Charakter]zug *m* **II.** *vt usu passive* **to be ~ed** gestreift sein **III.** *vi* ❶ flitzen *fam;* **to ~ across the street** über die Straße fegen ❷ (*fam: naked*) flitzen *fam*

streaker ['striːkəʳ] *n* (*fam*) Flitzer(in) *m(f) fam*

streaky ['striːki] *adj* streifig; *pattern* gestreift; **~ bacon** durchwachsener Speck

stream [striːm] **I.** *n* ❶ Bach *m;* (*current*) Strömung *f;* (*flow*) Strahl *m; of people* Strom *m;* **the Gulf S~** der Golfstrom ❷ (*series*) Flut *f;* **~ of abuse** Schimpfkanonade *f* **II.** *vi* strömen; *water also* fließen

streamer ['striːməʳ] *n* Band *nt; of paper* Luftschlange *f*

street [striːt] *n* Straße *f;* **in the ~** auf der Straße; **I live in [*or* AM on] King S~** ich wohne in der King Street; **main/side ~** Haupt-/Seitenstraße *f;* **to cross the ~** die Straße überqueren

streetcar *n* AM (*tram*) Straßenbahn *f*
street credibility, *fam* **street cred** *n* In-Sein *nt sl;* **that jacket won't do much for your ~** mit diesem Jackett bist du einfach nicht in **street light** *n* Straßenlicht *nt* **streetwear** ['striːtweəʳ] *n* Streetwear *f*

streetwise *adj* gewieft

strength [streŋ(k)θ] *n* ❶ *no pl* Kraft *f;* **brute ~** schiere Muskelkraft ❷ *no pl* (*health*) Robustheit *f;* **to gain ~** wieder zu Kräften kommen ❸ (*potency*) Stärke *f; of drug* Konzentration *f; of medicine* Wirksamkeit *f* ❹ (*trait*) Stärke *f* ❺ (*intensity*) Intensität *f; of colour* Leuchtkraft *f; of belief* Stärke *f*

strengthen ['streŋ(k)θᵊn] **I.** *vt* ❶ stärken; (*fortify*) verstärken ❷ (*support*) **to ~ sb** jdn bestärken; **to ~ sth** etw untermauern **II.** *vi* stärker werden; *muscles* kräftiger werden; *wind* auffrischen; *shares* an Wert gewinnen; *currency* zulegen

stress [stres] **I.** *n* <*pl* -es> ① Stress *m* ② *no pl* (*emphasis*) Bedeutung *f* ③ LING (*pronunciation*) Betonung *f* **II.** *vt* belasten; (*emphasize*) betonen; **I'd just like to ~ that ...** ich möchte lediglich darauf hinweisen, dass ...

stressful ['stresfʊl] *adj* stressig *fam,* anstrengend; **~ situation** Stresssituation *f*

stretch [stretʃ] **I.** *n* <*pl* -es> ① *no pl* Dehnbarkeit *f; of fabric* Elastizität *f* ② *of muscle* Strecken *nt kein pl;* **to have a ~** sich [recken und] strecken ③ (*area*) Stück *nt;* **~ of coast** Küstenabschnitt *m;* **the home ~** die Zielgerade; **~ of railway** Bahnstrecke *f* ④ (*period*) Zeitspanne *f* **II.** *adj attr* Stretch- **III.** *vi* ① sich dehnen; *clothes* weiter werden ② (*train*) Dehnungsübungen machen ③ (*extend*) sich erstrecken **IV.** *vt* ① [aus]dehnen; (*by pulling*) dehnen; **to ~ one's legs** sich *dat* die Beine vertreten ② **to ~ sb/sth** jdn/etw fordern; **to ~ sb's budget** jds Budget *nt* strapazieren ③ SPORTS **to ~ one's lead** seinen Vorsprung ausbauen ④ (*go beyond*) **to ~ sth** über etw *akk* hinausgehen

stretcher ['stretʃəʳ] **I.** *n* Tragbahre *f* **II.** *vt* **to ~ sb [off]** jdn auf einer Tragbahre [weg]tragen

strict [strɪkt] *adj* streng; *boss* strikt; *penalty* hart; *rules* streng; **~ time limit** festgesetzte Frist; **~ neutrality** strikte Neutralität; **in the ~est confidence** streng vertraulich; **~ Catholics** strenggläubige Katholiken

strictly ['strɪktli] *adv* streng; **~ forbidden** streng verboten; **~ defined** genau definiert; **~ speaking** genau genommen; **~ confidential** streng vertraulich

stride [straɪd] **I.** *vi* <strode, stridden> **to ~ across sth** über etw *akk* hinwegschreiten; **to ~ purposefully up to sth** zielstrebig auf etw *akk* zugehen **II.** *n* Schritt *m;* **to take sth in** [BRIT one's] **~** (*fig*) mit etw *dat* gut fertigwerden

strike¹ [straɪk] **I.** *n* Streik *m;* **to call a ~** einen Streik ausrufen **II.** *vi* streiken

strike² [straɪk] **I.** *n* Angriff *m;* (*discovery*) Fund *m* **II.** *vt* <struck, struck *or* AM a. stricken> ① **to ~ sth** (*bang*) gegen etw *akk* schlagen; (*bump*) gegen etw *akk* stoßen ② *ball* schlagen; FBALL schießen ③ (*impress*) **to be struck by sth** von etw *dat* beeindruckt sein ④ **to ~ sb as ...** jdm ... scheinen ⑤ **has it ever struck you that ...?** ist dir je der Gedanke gekommen, dass ...?; **it's just struck me that ...** mir ist gerade eingefallen, dass ... ⑥ (*achieve*) erreichen; **to ~ a balance** einen Mittelweg finden ⑦ **to ~ gold** auf Gold stoßen ⑧ **to ~ a chord/note** einen Akkord/Ton anschlagen **III.** *vi* <struck, struck *or* AM *a. old* stricken> ① treffen; *lightning* einschlagen; *illness* ausbrechen; *fate* zuschlagen; **to ~ home** ins Schwarze treffen ② **to ~ on sth** etw finden; **she has just struck on an idea** ihr ist gerade eine Idee gekommen ③ *clock* schlagen

◆ **strike down** *vt* ① **to ~ down sb** jdn niederschlagen ② *usu passive* **to be struck down with sth** [schwer] an etw *dat* erkranken

◆ **strike out** *vi* ① zuschlagen; **to ~ out at sb** nach jdm schlagen; (*fig*) jdn scharf angreifen ② (*start*) neu beginnen; **to ~ out on one's own** eigene Wege gehen

◆ **strike up I.** *vt* anfangen; **to ~ up a conversation** ein Gespräch anfangen; **to ~ up a song** ein Lied anstimmen **II.** *vi* anfangen

striker ['straɪkəʳ] *n* Streikende(r) *f(m);* FBALL Stürmer(in) *m(f)*

striking ['straɪkɪŋ] *adj* bemerkenswert; *differences* erheblich; *personality* beeindruckend; *result* erstaunlich

string [strɪŋ] *n* ① *no pl* Schnur *f; of puppet* Faden *m pl;* **ball of ~** Knäuel *m o nt;* (*fig*) **with ~s attached** mit Bedingungen verknüpft ② MUS Saite *f;* **to**

pluck a ~ eine Saite zupfen ❸ (*orchestra*) **the ~s** *pl* die Streichinstrumente *pl* ❹ COMPUT Zeichenfolge *f;* **search ~** Suchbegriff *m*
◆ **string along** *vt* (*fam*) täuschen; (*delay*) hinhalten

strip [strɪp] **I.** *n* ❶ Streifen *m;* **narrow ~ of land** schmales Stück Land ❷ BRIT, AUS SPORTS (*kit*) Trikot *nt* ❸ (*undressing*) Strip[tease] *m* **II.** *vt* <-pp-> ❶ leer räumen; (*dismantle*) auseinandernehmen; **~ped pine** abgebeizte Kiefer; **to ~ sth bare** *pests* etw kahl fressen ❷ *usu passive* **to ~ sb of sth** jdn einer S. *gen* berauben **III.** *vi* <-pp-> sich ausziehen; **~ped to the waist** mit nacktem Oberkörper

stripe [straɪp] *n* Streifen *m;* MIL [Ärmel]streifen *m*

striped [straɪpt] *adj* gestreift

stripper [ˈstrɪpəʳ] *n* Stripper(in) *m(f);* (*solvent*) Farbentferner *m;* (*for wallpaper*) Tapetenlöser *m*

strode [strəʊd] *pt of* **stride**

stroke [strəʊk] **I.** *vt* streicheln; **to ~ one's hair into place** sich das Haar glatt streichen; **to ~ the ball** den Ball [leicht] streifen **II.** *n* ❶ Streicheln *nt kein pl* ❷ MED Schlaganfall *m* ❸ (*mark*) Strich *m* ❹ (*form: blow*) Schlag *m* ❺ *no pl* **breast ~** Brustschwimmen *nt* ❻ **~ of luck** Glücksfall *m;* **a ~ of bad luck** Pech *nt*

stroll [strəʊl] **I.** *n* Spaziergang *m;* **to go for a ~** spazieren gehen **II.** *vi* schlendern

strong [strɒŋ] **I.** *adj* ❶ stark; (*effective also*) gut; (*deep-seated*) überzeugt; *conviction* fest; *economy* gesund; *reaction* heftig; *resistance* erbittert; (*pungent*) streng; *flavour* kräftig; *smell* beißend; **tact is not her ~ point** Takt ist nicht gerade ihre Stärke; [**as**] **~ as an ox** bärenstark; **to have ~ views on sth** eine Meinung über etw *akk* energisch vertreten ❷ (*likely*) hoch; **~ likelihood** hohe Wahrscheinlichkeit **II.** *adv* (*fam*) **to come on ~** (*sexually*) rangehen *fam;* (*aggressively*) in Fahrt kommen *fam;* **still going ~** noch gut in Form

strongly [ˈstrɒŋli] *adv* stark; **to ~ criticize sb** jdn heftig kritisieren; **to ~ deny sth** etw energisch bestreiten; **to be ~ opposed to sth** entschieden gegen etw *akk* sein; **to ~ recommend sth** etw dringend empfehlen; **to smell ~ of sth** stark nach etw *dat* riechen

strong-minded *adj* willensstark

stroppy [ˈstrɒpi] *adj* BRIT, AUS (*fam*) muffig *fam;* **to get ~** pampig werden *fam*

struck [strʌk] *pt, pp of* **strike**

struggle [ˈstrʌgl̩] **I.** *n* Kampf *m* (**for** um/**against** gegen); **uphill ~** harter Kampf; **without a ~** kampflos *m* **II.** *vi* ❶ kämpfen (**for** um +*akk*) ❷ (*toil*) sich abmühen; **to ~ with sth** sich mit etw *dat* herumschlagen

strung [strʌŋ] *pt, pp of* **string**

stub [stʌb] **I.** *n* (*of ticket*) Abriss *m;* (*of cigarette*) [Zigaretten]stummel *m; of pencil* Stummel *m* **II.** *vt* <-bb-> **to ~ one's toes** sich die Zehen anstoßen

stubborn [ˈstʌbən] *adj* stur *fam;* (*persistent*) hartnäckig; *problem* vertrackt

stuck [stʌk] **I.** *pt, pp of* **stick II.** *adj* ❶ fest; **the door is ~** die Tür klemmt ❷ *pred* (*trapped*) **to be ~ in sth** in etw *dat* feststecken; **to be ~ with sb** jdn am Hals haben ❸ *pred* (*at a loss*) **to be ~** nicht klarkommen *fam;* **I'm really ~** ich komme einfach nicht weiter

stuck-up *adj* (*fam*) hochnäsig *fam*

stud¹ [stʌd] *n* Zuchthengst *m;* (*farm*) Gestüt *nt*

stud² [stʌd] *n* ❶ (*jewellery*) Stecker *m* ❷ TECH Stift *m* ❸ AM (*in tire*) Spike *m*

student [ˈstjuːdᵊnt] *n* ❶ Student(in) *m(f);* (*pupil*) Schüler(in) *m(f);* **postgraduate ~** Habilitand(in) *m(f)* ❷ **to be a ~ of sth** sich mit etw *dat* befassen

student teacher *n* Referendar(in) *m(f)*

studio ['stju:diəʊ] *n of artist* Atelier *nt; of photographer, musician* Studio *nt; of firm* Filmgesellschaft *f*

study ['stʌdi] **I.** *vt* <-ie-> ❶ studieren; (*at school*) lernen ❷ (*examine*) **to ~ sth/sb** etw/jdn studieren, sich mit etw/jdm befassen **II.** *vi* <-ie-> lernen; (*at university*) studieren **III.** *n* ❶ Untersuchung *f;* (*academic*) Studie *f* ❷ *no pl* (*studying*) Lernen *nt;* (*at university*) Studieren *nt* ❸ (*room*) Arbeitszimmer *nt*

stuff [stʌf] **I.** *n no pl* (*fam*) Zeug *nt oft pej fam;* (*possessions also*) Sachen *pl;* **his latest book is good ~** sein neues Buch ist echt gut; **that's the ~!** BRIT (*fam*) so ists richtig!; **to know one's ~** sich auskennen **II.** *vt* ❶ (*fam*) **to ~ sb/oneself** jdn/sich vollstopfen; **to ~ down sth** etw in sich hineinstopfen *pej;* **to ~ one's face** sich *dat* den Bauch vollschlagen *fam* ❷ *esp* BRIT, AUS (*fam*) **~ it!** Scheiß drauf! *derb;* **~ him!** der kann mich mal! *derb* ❸ (*push in*) stopfen ❹ **to ~ animals** Tiere ausstopfen

stuffing ['stʌfɪŋ] *n no pl* Füllung *f*

stuffy ['stʌfi] *adj* spießig; *room* stickig

stumble ['stʌmbḷ] *vi* stolpern; **to ~ from one mistake to another** vom einen Fehler zum nächsten stolpern; **to ~ about** herumtappen; **to ~ across sb/sth** [zufällig] auf jdn/etw stoßen; **to ~ on sth** über etw *akk* stolpern

stump [stʌmp] **I.** *n* ❶ Stumpf *m; of arm* Armstumpf *m* ❷ AM POL **out on the ~** im Wahlkampf **II.** *vt* ❶ (*fam*) **to ~ sb** jdn verwirren ❷ *esp* AM POL **to ~ the country/a state** Wahlkampfreisen durch das Land/einen Staat machen

stun <-nn-> [stʌn] *vt* betäuben; (*amaze*) verblüffen; **~ned silence** fassungsloses Schweigen

stung [stʌŋ] *pp, pt of* **sting**

stunk [stʌŋk] *pt, pp of* **stink**

stunning ['stʌnɪŋ] *adj* umwerfend; (*amazing*) unfassbar

stupid ['stju:pɪd] **I.** *adj* <-er, -est *or* more stupid, most stupid> dumm; (*silly*) blöd *fam;* **don't be ~!** sei doch nicht blöd! *fam* **II.** *n* (*fam*) Dummkopf *m*

stupidity [stju:'pɪdəti] *n no pl* Dummheit *f*

stutter ['stʌtəʳ] **I.** *vi, vt* stottern **II.** *n* Stottern *nt kein pl;* **to have a bad ~** stark stottern

style [staɪl] **I.** *n* Stil *m;* **in the ~ of sb/sth** im Stil von jdm/etw; **in the Gothic ~** im gotischen Stil; **to have real ~** Klasse haben; **to travel in ~** mit allem Komfort [ver]reisen; **the latest ~** die neueste Mode **II.** *vt* entwerfen; **to ~ hair** die Haare frisieren

stylish ['staɪlɪʃ] *adj* elegant; (*smart*) flott *fam;* (*polished*) stilvoll

stylist ['staɪlɪst] *n* **hair ~** Friseur(in) *m(f),* Friseuse *f*

sub **I.** *n* (*fam*) ❶ *short for* **substitute** Vertretung *f* ❷ *short for* **submarine** U-Boot *nt* ❸ AM *short for* **submarine sandwich** Jumbo-Sandwich *nt* **II.** *vi* <-bb-> *short for* **substitute**: **to ~ for sb** jdn vertreten

subconsciously [sʌb'kɒn(t)ʃəsli] *adv* unterbewusst; (*intuitively also*) intuitiv

subject **I.** *n* ['sʌbʤɪkt, -ʤekt] ❶ Thema *nt;* **to wander off the ~** vom Thema abschweifen ❷ (*person*) Versuchsperson *f* ❸ (*field*) Fach *nt;* (*at school*) [Schul]fach *nt* ❹ LING Subjekt *nt* **II.** *adj* ['sʌbʤɪkt] ❶ *attr* POL (*dominated*) unterworfen ❷ *pred* **to be ~ to sth** etw *dat* ausgesetzt sein; **to be ~ to depression** zu Depressionen neigen ❸ (*contingent on*) **~ to** wenn; **to be ~ to sth** von etw *dat* abhängig sein; **~ to payment** vorbehaltlich einer Zahlung *gen* **III.** *vt* [səb'ʤekt] **to ~ sb to sth** jdn etw *dat* aussetzen; **to be ~ed to sth** etw ausgesetzt sein

subjective [səb'ʤektɪv] *adj* subjektiv

S

submarine [ˌsʌbmᵊrˈiːn] **I.** *n* ❶ U-Boot *nt* ❷ AM (*sandwich*) Jumbo-Sandwich *nt* **II.** *adj* Unterwasser-

submerged [səbˈmɜːdʒd] *adj* unter Wasser *nach n;* (*sunken*) versunken; (*hidden*) versteckt

sub-post office [ˌsʌbˈpəʊstˌɒfɪs] *n* BRIT Poststelle *f*

subscribe [səbˈskraɪb] **I.** *vt* subskribieren *fachspr* **II.** *vi* ❶ **to ~ to sth** etw abonnieren ❷ (*donate*) spenden; **to ~ to an appeal** sich an einer Spendenaktion beteiligen ❸ STOCKEX **to ~ for shares** Aktien *pl* zeichnen

subscriber [səbˈskraɪbəʳ] *n* Abonnent(in) *m(f);* (*to fund*) Spender(in) *m(f);* (*to opinion*) Befürworter(in) *m(f)* (**to** *+gen*)

subsequent [ˈsʌbsɪkwənt] *adj* anschließend; **~ to sth** im Anschluss an etw *akk*

subsequently [ˈsʌbsɪkwəntli] *adv* anschließend

subsidiary [səbˈsɪdiᵊri] **I.** *adj* untergeordnet; **~ reasons** zweitrangige Gründe **II.** *n* ECON Tochtergesellschaft *f*

subsidize [ˈsʌbsɪdaɪz] *vt* subventionieren

subsidy [ˈsʌbsɪdi] *n* Subvention *f* (**to** für); **to receive a ~** subventioniert werden

substance [ˈsʌbstᵊn(t)s] *n* ❶ Substanz *f;* **chemical ~** Chemikalie *f;* **illegal ~** (*form*) Droge *f* ❷ *no pl* (*essence*) Substanz *f* ❸ (*significance*) Gewicht *nt;* **the book lacks ~** das Buch hat keine Substanz

substandard [sʌbˈstændəd] *adj* unterdurchschnittlich

substantial [səbˈstæn(t)ʃᵊl] *adj attr* bedeutend; *fortune also* beträchtlich; *contribution* wesentlich; *difference* erheblich; *proof* hinreichend; (*weighty*) überzeugend

substitute [ˈsʌbstɪtjuːt] **I.** *vt* ersetzen; **to ~ sb for sb** SPORTS jdn gegen jdn auswechseln **II.** *vi* als Ersatz dienen (**for** für); **to ~ for sb** jdn vertreten **III.** *n* Ersatz *m;* **there's no ~ for sth/sb** es geht nichts über etw/jdn

substitution [ˌsʌbstɪˈtjuːʃᵊn] *n* Ersetzung *f;* SPORTS Austausch *m*

subtitle [ˈsʌbˌtaɪtl] **I.** *vt* untertiteln **II.** *n* **~s** *pl* Untertitel *pl*

subtle <-er, -est> [ˈsʌtl] *adj* subtil; *flavour* fein; *hint* klein; **~ tact** ausgeprägtes Taktgefühl

subtotal [ˈsʌbˌtəʊtᵊl] *n* Zwischensumme *f*

subtract [səbˈtrækt] *vt* **to ~ sth** [**from sth**] etw [von etw *dat*] abziehen; **four ~ed from ten equals six** zehn minus vier ergibt sechs

subtropical [sʌbˈtrɒpɪkᵊl] *adj* subtropisch; **~ regions** Subtropen *pl*

suburb [ˈsʌbɜːb] *n* Vorort *m;* **the ~s** *pl* der Stadtrand

subway [ˈsʌbweɪ] *n* ❶ BRIT, AUS (*walkway*) Unterführung *f* ❷ *esp* AM (*railway*) U-Bahn *f*

sub-zero [sʌbˈzɪərəʊ] *adj* unter Null [Grad] *nach n;* **~ temperatures** Minusgrade *pl*

succeed [səkˈsiːd] **I.** *vi* ❶ erfolgreich sein; **to ~ in sth** mit etw *dat* Erfolg haben; **to ~ in doing sth** etw mit Erfolg tun ❷ (*follow*) nachfolgen; **to ~ to the throne** die Thronfolge antreten **II.** *vt* **to ~ sb in office** jds Amt übernehmen

success <*pl* -es> [səkˈses] *n no pl* Erfolg *m;* **to be a big ~ with sb** bei jdm einschlagen; **to make a ~ of sth** mit etw *dat* Erfolg haben

successful [səkˈsesfᵊl] *adj* erfolgreich

succession [səkˈseʃᵊn] *n no pl* ❶ Folge *f;* (*series*) Serie *f;* **in** [**close**] **~** [dicht] hintereinander ❷ *of heirs* Nachfolge *f;* **~ to the throne** Thronfolge *f*

successive [səkˈsesɪv] *adj attr* aufeinanderfolgend; **six ~ weeks** sechs Wochen hintereinander

successor [səkˈsesəʳ] *n* Nachfolger(in) *m(f);* **~ in office** Amtsnachfolger(in)

S

m(f); ~ **to the throne** Thronfolger(in) *m(f)*

such [sʌtʃ] **I.** *adj attr* solche(r, s); **I said no ~ thing** so etwas habe ich nie gesagt; **there's no ~ thing as ghosts** so etwas wie Geister gibt es nicht **II.** *pron* ❶ solche(r, s); ~ **is life** so ist das Leben; **the wound was ~ that ...** die Wunde war so groß, dass ... ❷ ~ **as ...** wie ... ❸ **as ~** an [und für] sich **III.** *adv* so; ~ **a thing** so etwas; **he's ~ an idiot!** er ist so ein Idiot!; **why are you in ~ a hurry?** warum bist du derart in Eile?; ~ **a big city!** was für eine große Stadt!; **it's ~ a long time ago** es ist [schon] so langer her; **to be ~ a long way [away]** so weit weg sein; ~ **that ...** so [...] dass ...

suck [sʌk] **I.** *vt* ❶ **to ~ sth** an etw *dat* saugen; **to ~ sweets** Bonbons lutschen; **to ~ one's thumb** [am] Daumen lutschen ❷ **to ~ sb/sth under** jdn/etw in die Tiefe ziehen **II.** *vi* ❶ saugen (**on** an +*dat*); *sweets* lutschen ❷ *esp* AM (*sl*) ätzend sein; **man this job ~s!** Mann, dieser Job ist echt Scheiße! **III.** *n* Saugen *nt*; *on sweets* Lutschen *nt*

◆ **suck in** *vt* einsaugen; *engine also* einziehen; (*import*) anziehen

◆ **suck up I.** *vt* aufsaugen **II.** *vi* (*fam*) **to ~ up to sb** sich bei jdm einschmeicheln

S

sudden ['sʌdᵊn] *adj* plötzlich; **so why the ~ change?** wieso plötzlich diese Änderung?; **it was so ~** es kam so überraschend; **to get a ~ fright** plötzlich Angst bekommen; ~ **movement** abrupte Bewegung; **all of a ~** (*fam*) [ganz] plötzlich

suddenly ['sʌdᵊnli] *adv* plötzlich

sudoku ['su:dəku:] *n* Sudoku *kein art* (*Zahlenrätsel*)

sue [su:] **I.** *vt* verklagen (**for** auf +*akk*); **to ~ sb for divorce** gegen jdn die Scheidung einreichen **II.** *vi* klagen (**for** wegen +*gen*); **to ~ for peace** um Frieden bitten

suede [sweɪd] *n* Wildleder *nt*

suffer ['sʌfəʳ] **I.** *vi* leiden; (*deteriorate also*) Schaden erleiden; **to ~ for sth** für etw *akk* büßen; **to ~ from sth** an etw *dat* leiden, unter etw *dat* zu leiden haben; **his work ~s from it** seine Arbeit leidet darunter; **the economy ~ed from the strikes** die Streiks machten der Wirtschaft zu schaffen **II.** *vt* **to ~ sth** etw erleiden; **to ~ a breakdown** einen Zusammenbruch haben; **to ~ misfortune** Pech haben; **to ~ neglect** vernachlässigt werden

suffering ['sʌfᵊrɪŋ] *n* ❶ Leiden *nt* ❷ *no pl* (*distress*) Leid *nt*

sufficient [sə'fɪʃᵊnt] **I.** *adj* ausreichend; **to be ~ for sth/sb** für etw/jdn ausreichen **II.** *n* genügende Menge; **they didn't have ~ to live on** sie hatten nicht genug zum Leben

suffocate ['sʌfəkeɪt] **I.** *vi* ersticken **II.** *vt* ersticken; (*suppress*) erdrücken

suffocating ['sʌfəkeɪtɪŋ] *adj usu attr* erstickend; *air* stickig; *atmosphere* erdrückend

sugar ['ʃʊgəʳ] **I.** *n* ❶ *no pl* Zucker *m*; **caster ~** BRIT Streuzucker *f* ❷ *esp* AM Schätzchen *nt fam* **II.** *vt* zuckern; *tea* süßen **sugar bowl** *n* Zuckerdose *f* **sugar-coated** *adj* verzuckert **sugar lump** *n esp* BRIT Zuckerwürfel *m*

sugary ['ʃʊgᵊri] *adj* zuckerhaltig; (*sugarlike*) zuckerig; **the cake was far too ~** der Kuchen war viel zu süß

suggest [sə'dʒest] *vt* ❶ **to ~ sth [to sb]** [jdm] etw vorschlagen; **to ~ doing sth** vorschlagen, etw zu tun ❷ (*indicate*) **to ~ sth** auf etw *akk* hinweisen ❸ (*imply*) andeuten ❹ **to ~ itself** sich aufdrängen; **does anything ~ itself?** fällt euch dazu etwas ein?

suggestion [sə'dʒestʃᵊn] *n* ❶ Vorschlag *m*; **to be always open to ~** immer ein offenes Ohr haben; **at sb's ~** auf jds Vorschlag *akk* hin ❷ *no pl* (*hint*) Andeutung *f* ❸ (*indication*) Hinweis *m*

suicide ['su:ɪsaɪd] *n* Selbstmord *m;* **to commit ~** Selbstmord begehen

suicide bomber *n* Selbstmordattentäter(in) *m(f)* **suicide bombing** *n* Selbstmordattentat *nt*

suit [su:t] **I.** *n* ❶ Anzug *m;* **~ of armour** [Ritter]rüstung *f;* **bathing/diving/ski ~** Bade-/Taucher-/Skianzug *m;* **three-piece ~** Dreiteiler *m* ❷ CARDS Farbe *f* ❸ LAW Prozess *m* **II.** *vt* **to ~ sb** ❶ (*please*) jdm passen; **that ~s me fine** das passt mir gut; **to ~ oneself** tun, was man will ❷ (*complement*) jdm stehen; **to ~ sth** zu etw *dat* passen ❸ (*be right for*) jdm [gut] bekommen; **to ~ sth** sich für etw *akk* eignen **III.** *vi* angemessen sein

suitable ['su:təbl̩] *adj* geeignet; *clothes* angemessen

suitcase *n* Koffer *m*

sulk [sʌlk] **I.** *vi* schmollen **II.** *n* **to be in a ~** schmollen; **to go into a ~** einschnappen *fam*

sulky ['sʌlki] *adj* beleidigt; *face* mürrisch

sullen ['sʌlən] *adj* mürrisch

sultana [sᵊl'tɑ:nə] *n* Sultanine *f*

sultry ['sʌltri] *adj* schwül; (*sexy*) erotisch

sum [sʌm] *n* ❶ Betrag *m;* **five-figure ~** fünfstelliger Betrag ❷ *no pl* (*total*) Summe *f* ❸ **to do ~s** rechnen

summarize ['sʌmᵊraɪz] **I.** *vt* [kurz] zusammenfassen **II.** *vi* zusammenfassen; **to ~, ...** kurz gesagt, ...

summary ['sʌmᵊri] **I.** *n* Zusammenfassung *f;* *of contents* [kurze] Inhaltsangabe **II.** *adj* knapp; LAW im Schnellverfahren *nach n*

summer ['sʌməʳ] *n* Sommer *m;* **a ~'s day** ein Sommertag *m;* **in [the] ~** im Sommer

summit ['sʌmɪt] *n* Gipfel *m*

sun [sʌn] **I.** *n* Sonne *f;* **the rising/setting ~** die aufgehende/untergehende Sonne; **to sit in the ~** in der Sonne sitzen; **to try everything under the ~** alles Mögliche versuchen **II.** *vt* **to ~ oneself** sich sonnen

sun-baked *adj* [von der Sonne] ausgedörrt **sunbathe** *vi* sonnenbaden **sunbed** *n esp* BRIT (*chair*) Liegestuhl *m;* (*bed*) Sonnenbank *f* **sunblind** *n* BRIT Markise *f* **sunblock** *n no pl* Sunblocker *m* **sunburn I.** *n no pl* Sonnenbrand *m;* **to get/prevent ~** einen Sonnenbrand bekommen/vermeiden **II.** *vi* <-ed *or* -burnt, -ed *or* -burnt> sich *dat* verbrennen **sunburned, sunburnt** *adj* sonnenverbrannt **suncream** *n no pl* Sonnen[schutz]creme *f*

sundae ['sʌndeɪ] *n* Eisbecher *m*

Sunday ['sʌndeɪ] *n* Sonntag *m; see also* **Tuesday**

sun deck *n* Sonnendeck *nt* **sundial** *n* Sonnenuhr *f* **sundown** *n esp* AM, AUS Sonnenuntergang *m* **sunflower** *n* Sonnenblume *f*

sung [sʌŋ] *pp of* **sing**

sunglasses *n pl* Sonnenbrille *f* **sun hat** *n* Sonnenhut *m*

sunk [sʌŋk] *pp of* **sink**

sunlamp *n* Höhensonne *f;* FILM Jupiterlampe® *f;* **to lie under the ~** unter der Höhensonne liegen **sunlight** *n no pl* Sonnenlicht *nt*

sunny ['sʌni] *adj* sonnig; **~ intervals** Aufheiterungen *pl;* **a few ~ spells** einige sonnige Abschnitte

sunrise *n* Sonnenaufgang *m* **sunroof** *n* Schiebedach *nt* **sun room, sun parlor, sun porch** *n* AM Wintergarten *m* **sunset** *n* Sonnenuntergang *m* **sunshade** *n* Sonnenschirm *m;* AM (*awning*) Markise *f* **sunshine** ['sʌnʃaɪn] *n no pl* Sonnenschein *m;* (*weather*) sonniges Wetter; **to bask in the ~** sich in der Sonne aalen *fam* **sunstroke** *n no pl* Sonnenstich *m* **suntan I.** *n* Sonnenbräune *f;* **deep ~** tiefe Bräune; **to get a ~** braun werden **II.** *vi* <-nn-> braun werden

suntan cream, **suntan lotion** *n* Sonnencreme *f* **suntanned** *adj* sonnengebräunt **suntrap** *n* BRIT, AUS sonniges Plätzchen **sunup** *n* AM Sonnenaufgang *m*
super ['su:pə] *adj* super, klasse *fam*
superb [su:'pɜ:b] *adj* hervorragend; (*impressive*) erstklassig
superficial [ˌsu:pə'fɪʃᵊl] *adj* oberflächlich
superfluous [su:'pɜ:fluəs] *adj* überflüssig
superfood *n* Superfood *nt;* **to designate sth as a ~** etw als Superfood bezeichnen; **~ recipes** ~-Rezepte
superglue® **I.** *n* Sekundenkleber *m;* **to stick like ~ to sb** (*fig*) an jdm wie eine Klette hängen **II.** *vt* festkleben
superintendent [ˌsu:pᵊrɪn'tendᵊnt] *n* Aufsicht *f; of schools* Oberschulrat, -rätin *m, f;* BRIT (*police*) Hauptkommissar(in) *m(f)*
superior [su:'pɪəriəʳ] **I.** *adj* ❶ *officer* vorgesetzt (**to** +*dat*) ❷ (*better*) überlegen; **to be ~ in numbers** in der Überzahl sein **II.** *n* Vorgesetzte(r) *f(m)*
superjumbo *n* Großraumflugzeug *nt*
supermarket ['su:pəˌmɑ:kɪt] *n* Supermarkt *m;* **~ trolley** Einkaufswagen *m*
supersonic [ˌsu:pə'sɒnɪk] *adj* Überschall-
superstitious [ˌsu:pə'stɪʃəs] *adj* abergläubisch
superstore ['su:pəstɔ:ʳ] *n* Großmarkt *m*
supervisor ['su:pəvaɪzəʳ] *n* Aufsichtsbeamte(r), -beamtin *m, f;* (*in factory*) Vorarbeiter(in) *m(f)*
supper ['sʌpəʳ] *n* Abendessen *nt*
supplier [sə'plaɪəʳ] *n* Lieferant(in) *m(f);* (*company*) Lieferfirma *f*
supply [sə'plaɪ] **I.** *vt* <-ie-> ❶ **to ~ sth** für etw *akk* sorgen, etw bereitstellen; (*commercially*) etw liefern ❷ **to ~ sb** jdn versorgen; **to ~ sb with sth** jdn mit etw *dat* beliefern ❸ **to ~ a demand** eine Nachfrage befriedigen **II.** *n* ❶ Vorrat *m* (**of** an) ❷ *no pl* (*action*) Versorgung *f;* **oil/petrol ~** Öl-/Benzinzufuhr *f* ❸ ECON Angebot *nt;* **~ and demand** Angebot und Nachfrage; **to be in short ~** Mangelware sein ❹ (*provisions*) **supplies** *pl* Versorgung *f kein pl;* **to cut off supplies** die Lieferungen einstellen
supply teacher *n* BRIT, AUS Aushilfslehrer(in) *m(f)*
support [sə'pɔ:t] **I.** *vt* ❶ stützen; **to be ~ed on/by sth** von etw *dat* gestützt werden; **to ~ oneself on sth** sich auf etw *akk* stützen ❷ (*provide for*) **to ~ sb** für jds *akk* Lebensunterhalt *m* aufkommen; **to ~ a family** eine Familie unterhalten ❸ (*encourage*) unterstützen; *plan* befürworten; **to ~ a sportsman/team** für einen Sportler/ein Team sein **II.** *n* ❶ (*prop*) Stütze *f;* ARCHIT Träger *m* ❷ *no pl* **to give sth ~** etw *dat* Halt geben ❸ *no pl* (*assistance*) Unterstützung *f;* LAW Unterhalt *m;* (*comfort*) Stütze *f;* **to give sb moral ~** jdn moralisch unterstützen ❹ COMPUT Support *m*
supporter [sə'pɔ:təʳ] *n* Anhänger(in) *m(f); of campaign* Befürworter(in) *m(f)*
supporting [sə'pɔ:tɪŋ, AM -'pɔ:rt-] *adj attr, inv* BRIT FILM **~ programme** Vorprogramm *nt;* **~ role** Nebenrolle *f*
supportive [sə'pɔ:tɪv] *adj* **to be ~ of sb/sth** jdn/etw unterstützen
suppose [sə'pəʊz] *vt* ❶ **to ~ [that] ...** annehmen, dass ...; **I don't ~ you could ...** Sie könnten mir nicht zufällig ... ❷ (*believe*) glauben; **her new book is ~d to be very good** ihr neues Buch soll sehr gut sein ❸ (*expect*) **you're ~d to be asleep** du solltest eigentlich schon schlafen ❹ (*allow*) **you're not ~d to park here** Sie dürfen hier nicht parken ► **I ~ so** wahrscheinlich
surcharge ['sɜ:tʃɑ:ʤ] *n* Zuschlag *m*
sure [ʃʊəʳ] **I.** *adj* ❶ *pred* sicher; **to be ~ [that] ...** [sich *dat*] sicher sein, dass ...; **are you ~?** bist du sicher?; **I'm not really ~** ich weiß nicht so genau;

where are we ~ to have good weather? wo werden wir aller Voraussicht nach gutes Wetter haben?; **to feel ~ [that] ...** überzeugt [davon] sein, dass ...; **one ~ way [of doing sth]** ein sicherer Weg [etw zu tun]; **a ~ sign of sth** ein sicheres Zeichen für etw *akk* ▶ **~ enough** tatsächlich **II.** *adv esp* AM (*fam*) echt; **I ~ am hungry!** hab ich vielleicht einen Hunger! **III.** *interj* (*fam*) **oh ~!** (*iron*) [aber] natürlich!

surely ['ʃɔːli, 'ʃʊə-] *adv* sicher[lich]; **~ you don't expect me to believe that!** du erwartest doch wohl nicht, dass ich dir das abnehme!; **~ not!** das darf doch wohl nicht wahr sein!

surf [sɜːf] **I.** *n* Brandung *f* **II.** *vi* surfen; (*windsurf*) windsurfen **III.** *vt* **to ~ the Internet** im Internet surfen

surface ['sɜːfɪs] **I.** *n* Oberfläche *f;* **road ~** Straßenbelag *m;* **on the ~** (*fig*) äußerlich betrachtet **II.** *vi* auftauchen **III.** *adj attr* oberflächlich; (*outward*) äußerlich; (*not underwater*) Überwasser-

surfboard ['sɜːfbɔːd] *n* Surfbrett *nt*

surfer ['sɜːfəʳ] *n*, AUS *fam* **surfie** ['sɜːfi] *n* Surfer(in) *m(f)*

surgeon ['sɜːdʒᵊn] *n* Chirurg(in) *m(f)*

surgery ['sɜːdʒᵊri] *n* ❶ BRIT, AUS [Arzt]praxis *f;* **~ hours** Sprech[stunden]zeiten *pl* ❷ *no pl* (*treatment*) chirurgischer Eingriff

surname ['sɜːneɪm] *n* Nachname *m*

surplus ['sɜːpləs] **I.** *n* <*pl* -es> Überschuss *m* (**of** an) **II.** *adj* überschüssig

surprise [sə'praɪz] **I.** *n* Überraschung *f;* **~! ~!** (*fam*) Überraschung!; **to take sb by ~** jdn überraschen; **to sb's [great] ~** zu jds [großem] Erstaunen **II.** *vt* überraschen; **well, you do ~ me** nun, das erstaunt mich!; **to ~ sb doing sth** jdn bei etw *dat* ertappen **III.** *adj attr* unerwartet

surprising [sə'praɪzɪŋ] *adj* überraschend

surprisingly [sə'praɪzɪŋli] *adv* erstaunlich; (*unexpectedly*) überraschenderweise

surrender [sᵊr'endəʳ] **I.** *vi* aufgeben; *troops also* kapitulieren; **to ~ to sb** sich jdm ergeben; **to ~ to temptation** der Versuchung erliegen **II.** *vt* (*form*) ❶ **to ~ sth [to sb]** [jdm] etw übergeben; **to ~ a claim** auf einen Anspruch verzichten; **to ~ weapons** Waffen abgeben ❷ **to ~ oneself to sth** sich etw *dat* überlassen **III.** *n no pl* Kapitulation *f* (**to** vor)

surround [sə'raʊnd] **I.** *vt* umgeben; (*encircle*) einkreisen; MIL umstellen; **to ~ oneself with sb** sich mit jdm umgeben **II.** *n esp* BRIT Rahmen *m;* (*area*) Umrahmung *f*

surrounding [sə'raʊndɪŋ] *adj attr* umgebend; **~ area** Umgebung *f;* **the ~ buildings** die umliegenden Gebäude

surroundings [sə'raʊndɪŋz] *n pl* Umgebung *f*

survey **I.** *vt* [sə'veɪ] befragen; (*look at*) betrachten; (*map out*) vermessen; BRIT *house* begutachten **II.** *n* ['sɜːveɪ] Untersuchung *f;* (*research*) Studie *f;* (*overview*) Übersicht *f;* **local/nationwide ~** örtliche/landesweite Umfrage

survival [sə'vaɪvᵊl] *n no pl* Überleben *nt;* **chance of ~** Überlebenschance *f;* ▶ **the ~ of the fittest** das Überleben des Stärkeren

survive [sə'vaɪv] **I.** *vi* ❶ überleben; **to ~ on sth** sich mit etw *dat* am Leben halten ❷ (*fig*) erhalten bleiben; *monument* überdauern; *tradition* fortbestehen **II.** *vt* überleben

survivor [sə'vaɪvəʳ] *n* Überlebende(r) *f(m)*

suspect **I.** *vt* [sə'spekt] ❶ vermuten; **I ~ed as much** das habe ich mir gedacht ❷ (*in crime*) verdächtigen; **to be ~ed of sth** einer S. *gen* verdächtigt werden **II.** *n* ['sʌspekt] Verdächtige(r) *f(m);* (*fig*) Verursacher(in) *m(f)* **III.** *adj* ['sʌspekt] ❶ *usu attr* verdächtig

S

❷ (*defective*) zweifelhaft

suspender [sə'spendəʳ] *n* ❶ ~ [**belt**] Strumpfbandhalter *m* ❷ AM (*braces*) **~s** *pl* Hosenträger *pl*

suspense [sə'spen(t)s] *n no pl* Spannung *f*; **to keep sb in ~** jdn im Ungewissen lassen

suspension [sə'spen(t)ʃᵊn] *n* ❶ *no pl* [zeitweilige] Einstellung ❷ (*from school*) Suspendierung *f*; SPORTS Sperrung *f* ❸ AUTO Federung *f*

suspension bridge *n* Hängebrücke *f*

suspicion [sə'spɪʃᵊn] *n* Verdacht *m*; **to be above ~** über jeglichen Verdacht erhaben sein; **to be under ~** unter Verdacht stehen

suspicious [sə'spɪʃəs] *adj* verdächtig; (*distrustful*) misstrauisch; **to be ~ of sth** einer S. *dat* gegenüber skeptisch sein

sustain [sə'steɪn] *vt* ❶ (*form*) **to ~ damage** Schaden erleiden; *object* beschädigt werden ❷ (*maintain*) aufrechterhalten

sustainable [sə'steɪnəbl̩] *adj* ❶ haltbar; *argument* stichhaltig; **sth is ~** etw kann aufrechterhalten werden ❷ ECOL erhaltbar; *resources* erneuerbar; **~ development** nachhaltige Entwicklung

sustained [sə'steɪnd] *adj* anhaltend; (*determined*) nachdrücklich; **to make a ~ effort to do sth** entschieden an etw *akk* herangehen

S

sustaining [sə'steɪnɪŋ] *adj* nahrhaft; *meal* kräftig

SUV *n abbrev of* **sport utility vehicle** Geländewagen *m*

swab [swɒb] *n* Tupfer *m*; (*sample*) Abstrich *m*

swallow¹ ['swɒləʊ] *n* Schwalbe *f*

swallow² ['swɒləʊ] **I.** *n* Schlucken *nt kein pl*; (*quantity*) Schluck *m* **II.** *vt* [hinunter]schlucken; (*greedily*) verschlingen; (*suppress*) hinunterschlucken; **to ~ one's pride** seinen Stolz überwinden; **to ~ [up] sb/sth** (*fig*) jdn/etw verschlingen **III.** *vi* schlucken

swam [swæm] *pt of* **swim**

swamp [swɒmp] **I.** *vt* überschwemmen; *boat* volllaufen lassen; **I'm ~ed with work at the moment** im Moment ersticke ich in Arbeit **II.** *n* Sumpf *m*

swan [swɒn] **I.** *n* Schwan *m* **II.** *vi* <-nn-> BRIT, AUS (*fam*) **to ~ about** herumtrödeln; **to ~ down the street** die Straße hinunterschlendern; **to ~ into the room** ins Zimmer spaziert kommen; **to ~ off** abziehen

swap [swɒp] **I.** *n* Tausch *m*; (*interchange*) Austausch *m*; (*deal*) Tauschhandel *m* **II.** *vt, vi* <-pp-> tauschen; **to ~ sth for sth** etw gegen etw *akk* eintauschen; **to ~ with sb** mit jdm tauschen

swarm [swɔːm] **I.** *n + sing/pl vb* Schwarm *m*; (*of people*) Schar *f* **II.** *vi* schwärmen

sway [sweɪ] **I.** *vi* schwanken; *trees* sich wiegen; **to ~ from side to side** hin und her schwanken **II.** *vt* ❶ schwenken; *wind* wiegen ❷ *usu passive* **to be ~ed by sb/sth** sich von jdm/etw beeinflussen lassen

swear <swore, sworn> [sweəʳ] **I.** *vi* fluchen (**at** auf); (*promise*) schwören **II.** *vt* schwören; **to ~ an oath** einen Eid leisten

swear word *n* Fluch *m*

sweat [swet] **I.** *n no pl* Schweiß *m*; **to work oneself into a ~ [about sth]** (*fig fam*) sich [wegen einer S. *gen*] verrückt machen *fam* **II.** *vi* schwitzen (**with** vor) **III.** *vt* ▶ **to ~ blood** Blut [und Wasser] schwitzen *fam*

sweater ['swetəʳ] *n* Sweater *m*

sweatshirt *n* Sweatshirt *nt*

sweaty ['sweti] *adj* verschwitzt; *work* schweißtreibend

swede [swiːd] *n* BRIT, AUS Kohlrübe *f*

Swede [swiːd] *n* Schwede, Schwedin *m, f*

Sweden ['swiːdᵊn] *n no pl* Schweden *nt*

Swedish ['swiːdɪʃ] **I.** *n no pl* Schwedisch

nt **II.** *adj* schwedisch

sweep [swi:p] **I.** *n* ❶ *no pl* Kehren *nt* ❷ (*hist: sweeper*) Schornsteinfeger(in) *m(f)* ❸ (*range*) Reichweite *f* **II.** *vt, vi* <swept, swept> kehren; **he swept me into his arms** er schloss mich in seine Arme; **a 1970s fashion revival is ~ing Europe** ein Modetrend wie in den 70ern rollt derzeit über Europa hinweg ▶ **to ~ sb off his/her feet** jdm den Kopf verdrehen *fam*

◆ **sweep away** *vt* [hin]wegfegen; *flood* fortspülen

◆ **sweep down I.** *vt* **to ~ down sth** etw mitreißen **II.** *vi* **the mountains ~ down to the sea** die Berge fallen zum Meer hin ab

◆ **sweep off** *vt* **to ~ sb/sth off** sich *dat* jdn schnappen *fam;* **to ~ sb off his/her feet** jdn mitreißen; (*fig*) jdn begeistern

◆ **sweep out I.** *vt* auskehren **II.** *vi* hinausstürmen

◆ **sweep up I.** *vt* zusammenkehren **II.** *vi* heranrauschen

sweeper ['swi:pər] *n* Kehrmaschine *f;* (*person*) [Straßen]feger(in) *m(f);* FBALL Libero *m*

sweet [swi:t] **I.** *adj* süß; (*endearing also*) niedlich; *wine* lieblich; (*pleasant*) angenehm **II.** *n* ❶ *esp* BRIT, AUS Süßigkeit *f meist pl;* (*dessert*) Nachspeise *f;* **boiled ~** Bonbon *nt* ❷ (*fam: address*) Schatz *m*

sweet-and-sour *adj* süßsauer **sweet chestnut** *n* Esskastanie *f* **sweetcorn** *n no pl* [Zucker]mais *m*

sweeten ['swi:tən] *vt* süßen; **to ~ [up] sb** jdn günstig stimmen

sweetener ['swi:tənər] *n no pl* Süßstoff *m*

sweetheart *n* Liebling *m;* (*liter: lover*) Freund(in) *m(f)* **sweet-talk** *vt* **to ~ sb** jdn einwickeln *fam;* **to ~ sb into doing sth** jdn beschwatzen, etw zu tun **sweet tooth** *n* **to have a ~** gerne Süßigkeiten essen

swell <swelled, swollen> [swel] **I.** *vt* anwachsen lassen; *rain* anschwellen lassen; *prices* [an]steigen lassen **II.** *vi* **to ~ [up]** anschwellen; *price* zunehmen; *population* ansteigen

swelling ['swelɪŋ] *n* Schwellung *f*

sweltering ['sweltərɪŋ] *adj* drückend heiß; *heat* schwül

swept [swept] *pt of* **sweep**

swerve [swɜ:v] **I.** *vi* [plötzlich] ausweichen; *horse* seitlich ausbrechen; *car* ausscheren **II.** *n* plötzliche Seitenbewegung; (*fig*) Abweichung *f;* POL Richtungswechsel *m*

swift[1] [swɪft] *adj* schnell

swift[2] [swɪft] *n* Mauersegler *m*

swiftly ['swɪftli] *adv* schnell

swig [swɪg] (*fam*) **I.** *vt* <-gg-> schlucken **II.** *n* Schluck *m*

swim [swɪm] **I.** *vi* <-mm-, swam *or* AUS *a.* swum, swum> schwimmen; **to go ~ming** schwimmen gehen **II.** *vt* <-mm-, swam *or* AUS *a.* swum, swum> **to ~ a river/channel** einen Fluss/Kanal durchschwimmen; **to ~ a few strokes** ein paar Züge schwimmen **III.** *n* Schwimmen *nt kein pl;* **to go for/have a ~** schwimmen gehen/schwimmen

swimmer ['swɪmər] *n* ❶ Schwimmer(in) *m(f)* ❷ AUS (*fam: clothes*) **~s** *pl* Schwimmsachen *pl*

swimming ['swɪmɪŋ] *n no pl* Schwimmen *nt*

swimming baths *n pl* BRIT Schwimmbad *nt* **swimming cap** *n* Badekappe *f* **swimming costume** *n* BRIT, AUS Badeanzug *m* **swimming pool** *n* Schwimmbecken *nt;* (*private*) Swimmingpool *m;* (*public*) Schwimmbad *nt;* **indoor/outdoor ~** Hallen-/Freibad *nt* **swimming trunks** *n pl* Badehose *f*

swimsuit *n esp* AM Badeanzug *m*

swindle ['swɪndl] **I.** *vt* betrügen (**out of** um +*akk*) **II.** *n* Betrug *m*

swine [swaɪn] *n* ❶ <*pl* - *or* -s> (*fam: person*) Schwein *nt* ❷ <*pl* -> (*liter: pig*) Schwein *nt*

'swine flu *n no pl* Schweinegrippe *f*

swing [swɪŋ] **I.** *n* ❶ Schwingen *nt kein pl* ❷ (*seat*) Schaukel *f* ❸ (*change*) Schwankung *f;* POL Umschwung *m* ❹ *no pl* MUS Swing *m;* ▶ **to be in full ~** voll im Gang sein **II.** *vi* <swung, swung> ❶ [hin und her] schwingen; (*circularly*) sich drehen; (*in playground*) schaukeln ❷ *hitter* zum Schlag ausholen; **to ~ at sb** nach jdm schlagen ❸ (*alternate*) schwanken **III.** *vt* <swung, swung> ❶ [hin- und her]schwingen; *child* schaukeln ❷ (*fam*) **to ~ it** es deichseln; **to ~ an election** eine Wahl herumreißen **IV.** *adj voter, state* entscheidend

◆ **swing around, swing round I.** *vi* sich schnell umdrehen; (*in surprise, fright*) herumfahren; **she swung around the corner at full speed** sie kam mit vollem Tempo um die Ecke geschossen **II.** *vt* **to ~ sth around** etw [her]umdrehen; **to ~ a conversation around to sth** ein Gespräch auf etw *akk* bringen

swing door *n* BRIT, AUS Schwingtür *f*

Swiss [swɪs] **I.** *adj* schweizerisch **II.** *n* <*pl* -> Schweizer(in) *m(f)*

switch [swɪtʃ] **I.** *n* <*pl* -es> ❶ Schalter *m;* **to flick a ~** einen Schalter an-/ausknipsen ❷ (*substitution*) Wechsel *m* ❸ AM RAIL (*points*) Weiche *f* **II.** *vi* tauschen **III.** *vt* ❶ (*adjust*) umschalten ❷ (*change*) wechseln ❸ (*substitute*) auswechseln

◆ **switch off** *vt, vi* ausschalten; (*fig*) abschalten *fam*

◆ **switch on** *vt, vi* einschalten; *TV* anmachen; **to ~ on the charm** seinen ganzen Charme aufbieten

◆ **switch over** *vi* wechseln (**to** zu); TV umschalten (**to** auf)

◆ **switch round** *vt* umstellen

Switzerland ['swɪtsᵊlənd] *n* die Schweiz

S

swivel chair *n* Drehstuhl *m*

swollen ['swəʊlən] **I.** *pp of* **swell II.** *adj* geschwollen; *face* aufgequollen; (*larger*) angeschwollen

swop <-pp-> [swɒp] *vt, vi esp* BRIT, CAN *see* **swap**

sword [sɔːd] *n* Schwert *nt*

swore [swɔːʳ] *pt of* **swear**

sworn [swɔːʳn] **I.** *pp of* **swear II.** *adj attr* beschworen; **~ enemy** Todfeind(in) *m(f)*

swot <-tt-> [swɒt] BRIT, AUS (*fam*) **I.** *vt, vi* büffeln **II.** *n* (*pej*) Streber(in) *m(f)*

swum [swʌm] *pp, a. Aus pt of* **swim**

swung [swʌŋ] *pt, pp of* **swing**

symbol ['sɪmbᵊl] *n* Symbol *nt*

symbolic [sɪm'bɒlɪk, AM -'bɑː-] *adj* symbolisch; **~ gesture** symbolische Geste

symbolize ['sɪmbᵊlaɪz] *vt* symbolisieren

sympathetic [ˌsɪmpə'θetɪk] *adj* verständnisvoll; (*likeable*) sympathisch; (*sympathizing*) mitfühlend; **to be ~ about sth** für etw *akk* Verständnis haben

sympathize ['sɪmpəθaɪz] *vi* Verständnis haben; (*pity*) Mitleid haben; (*agree*) sympathisieren

sympathy ['sɪmpəθi] *n* ❶ *no pl* Mitleid *nt* (**for** mit); (*commiseration*) Mitgefühl *nt* ❷ **sympathies** *pl* Beileid *nt kein pl*

symphony ['sɪm(p)fəni] *n* Sinfonie *f;* **~ orchestra** Sinfonieorchester *nt*

symptom ['sɪm(p)təm] *n* Symptom *nt;* (*fig a.*) [An]zeichen *nt*

synagogue ['sɪnəgɒg] *n* Synagoge *f*

synchronize ['sɪŋkrənaɪz] **I.** *vt* aufeinander abstimmen **II.** *vi* zeitlich zusammenfallen

synthetic [sɪn'θetɪk] **I.** *adj* künstlich; **~ fibre** Kunstfaser *f* **II.** *n* synthetischer Stoff

syringe [sɪ'rɪndʒ] *n* Spritze *f*

syrup ['sɪrəp] *n no pl* Sirup *m*

system ['sɪstəm] *n* System *nt*

systematic [ˌsɪstə'mætɪk] *adj* systematisch

Tt

t *n abbrev of* **metric ton** t

T <*pl* -'s>, **t** <*pl* -'s> [tiː] *n* T *nt*, t *nt*; *see also* **A 1** ▶ **that fits him to a T** (*fam*) das passt ihm wie angegossen; **that's Philip to a T** das ist Philip, wie er leibt und lebt

ta [tɑː] *interj* BRIT (*fam: thanks*) danke

table ['teɪbl̩] *n* ❶ Tisch *m*; **to lay the ~** den Tisch decken ❷ (*information*) Tabelle *f*; ▶ **to turn the ~s on sb** jdm gegenüber den Spieß umdrehen *fam*

tablecloth *n* Tischtuch *nt* **tablespoon** *n* (*for measuring*) Esslöffel *m*; (*for serving*) Servierlöffel *m*

tablet ['tæblət] *n* ❶ (*pill*) Tablette *f* ❷ (*flat slab*) Block *m*; **~ of soap** BRIT Stück *nt* Seife ❸ (*writing pad*) Notizblock *m*

table tennis *n no pl* Tischtennis *nt*

tabloid ['tæblɔɪd] *n* Boulevardzeitung *f*

tack [tæk] **I.** *n* ❶ (*nail*) kurzer Nagel; (*pin*) Reißzwecke *f* ❷ *no pl* (*riding gear*) Sattel- und Zaumzeug *nt* **II.** *vt* ❶ (*nail down*) festnageln ❷ *hem* heften **III.** *vi* NAUT wenden

tackle ['tækl̩] **I.** *n no pl* ❶ (*gear*) Ausrüstung *f*; NAUT Tauwerk *nt* ❷ (*lifting device*) Winde *f*; **block and ~** Flaschenzug *m* **II.** *vt* ❶ *problem* angehen ❷ SPORTS **to ~ sb** jdn angreifen

tacky[1] ['tæki] *adj* (*sticky*) klebrig

tacky[2] ['tæki] *adj esp* AM (*pej fam: in bad taste*) billig

tactful ['tæktfᵊl] *adj* taktvoll

tactic ['tæktɪk] *n* (*strategy*) Taktik *f*; **delaying ~s** Verzögerungstaktik *f*

tactical ['tæktɪkᵊl] *adj a.* MIL, POL taktisch

tactless ['tæktləs] *adj* taktlos

tadpole ['tædpəʊl] *n* Kaulquappe *f*

tag [tæg] **I.** *n* ❶ (*label*) Schild[chen] *nt*; (*on food, clothes*) Etikett *nt* ❷ *no pl* (*children's game*) Fangen *nt* **II.** *vt* <-gg-> (*label*) mit einem Schild versehen; *suitcase* mit Anhänger versehen
◆ **tag along** *vi* (*fam*) hinterherlaufen

tail [teɪl] *n* ❶ (*of animal*) Schwanz *m*; *of horse also* Schweif *m geh*; **to wag one's ~** mit dem Schwanz wedeln ❷ *of aeroplane* Rumpfende *nt*; *of car* Heck *nt* ❸ (*reverse of coin*) **heads or ~s?** Kopf oder Zahl? ▶ **to keep on sb's ~** jdm auf den Fersen bleiben
◆ **tail back** *vi* BRIT sich stauen

tailback *n* BRIT [Rück]stau *m* **tail light** *n* Rücklicht *nt*

tailor ['teɪləʳ] **I.** *n* Schneider(in) *m(f)* **II.** *vt* ❶ (*make clothes*) [nach Maß] schneidern ❷ (*modify*) *to sb's needs* abstimmen

tailor-made *adj* maßgeschneidert; **to have sth ~** [sich *dat*] etw [maß]schneidern lassen

take [teɪk] **I.** *n* ❶ *no pl* (*money received*) Einnahmen *pl* ❷ (*filming of a scene*) Take *m o nt* **II.** *vt* <took, taken> ❶ nehmen; (*accept*) *advice, bet, offer* annehmen; (*receive*) erhalten, bekommen; **to ~ sth badly** etw schlecht aufnehmen; **to ~ offence** beleidigt sein; **to ~ sth seriously** etw ernst nehmen ❷ (*tolerate*) ertragen; **to be able to ~ a joke** einen Spaß verstehen ❸ (*require*) erfordern; **I ~ [a] size five** ich habe Schuhgröße fünf ❹ (*travel by*) nehmen; **to ~ the train** mit dem Zug fahren ❺ (*consume*) *medicine* einnehmen ❻ (*have*) **to ~ a walk** einen Spaziergang machen ❼ (*write*) **to ~ an exam** eine Prüfung ablegen; **to ~ notes** sich *dat* Notizen machen ❽ (*for example*) **~ last week, ...** letzte Woche zum Beispiel ... ❾ (*understand*) **I ~ it [that] ...** ich nehme an, [dass] ...;

to ~ sb's point jds Standpunkt verstehen; **point ~n** [habe] verstanden ▶ **to ~ sb by surprise** jdn überraschen; **what do you ~ me for?** wofür hältst du mich?

◆ **take after** *vi* **to ~ after sb** nach jdm kommen

◆ **take along** *vt* mitnehmen

◆ **take apart** *vt* auseinandernehmen

◆ **take away** *vt* wegnehmen; **to ~ away sb** jdn mitnehmen

◆ **take back** *vt* ❶ (*retract*) *remark* zurücknehmen ❷ (*return*) [wieder] zurückbringen; **to ~ sb back [home]** jdn nach Hause bringen

◆ **take down** *vt* ❶ (*write down*) [sich *dat*] notieren; **to ~ down notes** sich *dat* Notizen machen ❷ (*remove*) abnehmen ❸ (*disassemble*) abschlagen

◆ **take in** *vt* ❶ (*bring inside*) *person* hineinführen; *sth* hineinbringen ❷ (*accommodate*) aufnehmen; **to ~ in lodgers** Zimmer vermieten ❸ (*deceive*) hereinlegen; **to be ~n in [by sb/sth]** sich [von jdm/etw] täuschen lassen

◆ **take off I.** *vt* ❶ (*remove*) abnehmen; *clothes* ausziehen; *coat a.* ablegen; *hat* absetzen; **to ~ sth off sb** (*fam*) jdm etw wegnehmen ❷ (*not work*) **to ~ time off [work]** [sich *dat*] freinehmen **II.** *vi* ❶ *aeroplane* abheben ❷ (*fam: leave*) verschwinden

◆ **take on** *vt* ❶ *responsibility* auf sich *akk* nehmen ❷ *colour, expression* annehmen ❸ *workers, staff* einstellen ❹ *goods, a load* laden

◆ **take out** *vt* ❶ herausnehmen; (*bring outside*) hinausbringen; **to ~ out the rubbish** den Müll hinausbringen ❷ AM FOOD (*take away*) mitnehmen ❸ (*deduct*) herausnehmen; **to ~ time out** sich *dat* eine Auszeit nehmen

◆ **take over I.** *vt* übernehmen; (*fig*) in Beschlag nehmen **II.** *vi* (*assume responsibility*) **to ~ over [from sb]** jdn ablösen

◆ **take to** *vi* ❶ (*start to like*) **to ~ to sb** an jdm Gefallen finden ❷ (*begin as a habit*) anfangen; **to ~ to drugs** anfangen Drogen zu nehmen ❸ (*go to*) **to ~ to the hills** in die Berge flüchten

◆ **take up** *vt* ❶ (*bring up*) hinaufbringen; (*pick up*) aufheben; **to ~ up arms against sb** die Waffen gegen jdn erheben ❷ (*start doing*) anfangen; **to ~ up fishing** anfangen zu angeln ❸ (*start to discuss*) **to ~ sth up with sb** etw mit jdm erörtern ❹ (*accept*) *challenge, offer* annehmen

takeaway *n* BRIT, AUS ❶ Imbissbude *f* ❷ (*food*) Essen *nt* zum Mitnehmen

taken ['teɪkᵊn] **I.** *pp of* **take II.** *adj pred* begeistert; **to be ~ with sb** von jdm angetan sein

take-off *n* ❶ AVIAT Start *m;* **to be ready for ~** startklar sein ❷ BRIT, AUS (*imitation*) Parodie *f* (**of** auf) **take-out** *n* AM *see* **takeaway** **takeover** *n* Übernahme *f*

tale [teɪl] *n* ❶ (*story*) Geschichte *f;* LIT Erzählung *f;* **fairy ~** Märchen *nt* ❷ (*lie*) Märchen *nt;* ▶ **to live to tell the ~** (*a. hum fam*) überleben

talent ['tælənt] *n* ❶ (*natural ability*) Talent *nt,* Begabung *f;* **of great ~** sehr talentiert ❷ *no pl* (*talented person*) Talente *pl;* **new ~** neue Talente

talented ['tæləntɪd] *adj* begabt

Taliban ['tælibæn] *n* Taliban *f*

talk [tɔːk] **I.** *n* ❶ (*discussion*) Gespräch *nt;* (*conversation*) Unterhaltung *f;* **to have a ~ with sb** mit jdm reden **heart-to-heart ~** offene Aussprache ❷ (*lecture*) Vortrag *m* ❸ (*formal discussions*) **~s** *pl* Gespräche *pl;* **peace ~s** Friedensverhandlungen *pl* **II.** *vi* (*speak*) sprechen, reden (**about** über/**to** mit); **to ~ to sb on the phone** mit jdm telefonieren; **to ~ to oneself** Selbstgespräche führen **III.** *vt* (*fam: discuss*) **to ~ business** über Geschäfte sprechen ▶ **to ~ nonsense** (*pej*) Unsinn reden

T

◆ **talk back** *vi* eine freche Antwort geben
◆ **talk out** *vt* ❶ (*discuss thoroughly*) **to ~ out sth** etw ausdiskutieren ❷ (*be persuasive*) **to ~ one's way out of sth** sich aus etw *dat* herausreden ❸ (*convince not to*) **to ~ sb out of sth** jdm etw ausreden
◆ **talk over** *vt* durchsprechen
◆ **talk through** *vt* durchsprechen; (*reassure with talk*) **to ~ sb through sth** jdm bei etw *dat* gut zureden

talkative [ˈtɔ:kətɪv] *adj* gesprächig, redselig

talking point *n* ❶ (*topic*) Gesprächsthema *nt* ❷ (*fig: feature*) wesentlicher Vorzug

talking-to *n* (*pej*) Standpauke *f fam*; **to give sb a [good] ~** jdm eine [ordentliche] Standpauke halten

talk show *n* TV Talkshow *f* **talk time** *n* Sprechzeit *f*

tall [tɔ:l] *adj* ❶ *building, fence, grass* hoch; *person* groß; **to be six feet ~** 1,83 m groß sein ❷ (*long*) *rod, stalk* lang ▶ **~ story** unglaubliche Geschichte

tame [teɪm] **I.** *adj* ❶ *animal* zahm; *child* folgsam ❷ *book, joke* lahm **II.** *vt* (*a. fig*) *person, river, animal* zähmen, bändigen

tamper [ˈtæmpəʳ] *vi* **to ~ with sth** an etw *dat* herummachen *fam*

tampon [ˈtæmpɒn] *n* Tampon *m*

tan [tæn] **I.** *vi* <-nn-> braun werden **II.** *vt* <-nn-> ❶ *skin* bräunen ❷ CHEM *hides, leather* gerben **III.** *n* ❶ (*skin*) [Sonnen]bräune *f*; **to get a ~** braun werden ❷ (*light brown*) Gelbbraun *nt* **IV.** *adj clothing, shoes* gelbbraun

tandem [ˈtændəm] **I.** *n* (*bicycle*) Tandem *nt*; (*carriage*) [Wagen]gespann *nt* **II.** *adv* **to ride ~** Tandem fahren

tangent [ˈtændʒᵊnt] *n* MATH Tangente *f fachspr* ▶ **to fly off on a ~** [plötzlich] das Thema wechseln

tangerine [ˌtændʒᵊrˈi:n] *n* Mandarine *f*

tangle [ˈtæŋgl̩] **I.** *n* ❶ (*a. fig, pej: mass*) *of hair, wool* [wirres] Knäuel ❷ (*a. fig, pej: confusion*) Durcheinander *nt*; **to get into a ~** sich verfangen **II.** *vt* (*a. fig, pej*) durcheinanderbringen; *threads* verwickeln

tank [tæŋk] *n* ❶ *for liquid* [Flüssigkeits]behälter *m*; *for gas, oil* Tank *m*; **fish ~** Aquarium *nt* ❷ MIL Panzer *m*

tanker [ˈtæŋkəʳ] *n* ❶ NAUT Tanker *m*; **oil ~** Öltanker *m* ❷ AVIAT Tankflugzeug *nt*

tanned [tænd] *adj* ❶ *skin* braun [gebrannt] ❷ *hides, leather* gegerbt

tantalizing [ˈtæntᵊlaɪzɪŋ] *adj* verlockend; *smile* verführerisch

tantrum [ˈtæntrəm] *n* Wutanfall *m*; **to throw a ~** einen Wutanfall bekommen

tap¹ [tæp] **I.** *n* ❶ BRIT Wasserhahn *m*; **to turn the ~ on** den Hahn aufdrehen ❷ (*outlet*) Hahn *m*; **beer on ~** Bier *nt* vom Fass; **to be on ~** (*fig*) [sofort] verfügbar sein **II.** *vt* <-pp-> ❶ TELEC *conversation* abhören ❷ *energy, sources* erschließen

tap² [tæp] **I.** *n* ❶ [leichter] Schlag ❷ (*tap-dancing*) Stepp[tanz] *m* **II.** *adj attr* Stepp- **III.** *vt* <-pp-> *door, window* [leicht] klopfen (an/gegen); **to ~ sb on the shoulder** jdm auf die Schulter tippen

tap dance *n* Stepptanz *m*

tape [teɪp] **I.** *n* ❶ (*strip*) Band *nt*; SPORTS (*for marking*) Zielband *nt*; (*for measuring*) Maßband *nt*; **sticky ~** BRIT, AUS Klebeband *nt* ❷ (*spool*) *for recording* [Ton-/Magnet]band *nt*; **audio ~** Audiokassette *f* **II.** *vt* ❶ (*kleben*) **she ~d a note to the door** sie heftete eine Nachricht an die Tür ❷ (*record*) aufnehmen

tape-deck *n* Tapedeck *nt*

tape measure *n* Maßband *nt*

tape recorder *n* Tonbandgerät *nt*

tar [tɑ:ʳ] **I.** *n no pl* Teer *m*, Asphalt *m* **II.** *vt* <-rr-> *road* teeren

target [ˈtɑ:gɪt] **I.** *n* ❶ Ziel *nt*; **to hit the ~** ins Schwarze treffen ❷ ECON (*goal*)

T

Zielsetzung *f,* [Plan]ziel *nt* **II.** *vt* <BRIT -tt-> (*address, direct*) [ab]zielen (auf), sich richten (an)

tariff ['tærɪf] *n* ❶ (*form: table of charges*) Preisliste *f; of insurance* [Versicherungs]tarif *m* ❷ (*table of customs*) Zolltarif *m*

tarmac® ['tɑːmæk] **I.** *n no pl* BRIT (*paving material*) Asphalt *m;* **the ~** (*road*) die Fahrbahn **II.** *vt* <-ck-> BRIT asphaltieren

tarnish ['tɑːnɪʃ] **I.** *vi* ❶ (*dull*) stumpf werden ❷ (*fig, pej: lose shine*) an Glanz verlieren **II.** *vt* (*dull*) trüben **III.** *n* ❶ (*dull condition*) Stumpfheit *f* ❷ (*coating*) Belag *m*

tarpaulin [tɑː'pɔːlɪn] *n no pl* (*fabric*) [wasserdichtes] geteertes Leinwandgewebe

tart¹ [tɑːt] **I.** *n* ❶ (*small pastry*) [Obst]törtchen *nt* ❷ BRIT (*cake*) [Obst]torte *f;* **custard ~** Vanillecremetorte *f* **II.** *adj* (*sharp*) *sauce, soup* scharf

tart² [tɑːt] *n* (*usu pej fam: loose female*) Schlampe *f*

◆ **tart up** *vt esp* BRIT (*pej fam*) **to ~ oneself up** sich aufdonnern

tartan ['tɑːtᵊn] **I.** *n no pl* (*cloth*) Schottenstoff **II.** *adj* Schotten-

tartar(e) sauce *n no pl* Remouladensoße *f*

task [tɑːsk] *n* Aufgabe *f;* **to set sb the ~ of doing sth** jdn [damit] beauftragen, etw zu tun

task force *n* ❶ MIL (*unit*) Eingreiftruppe *f* ❷ COMM (*group*) Arbeitsgruppe *f*

taste [teɪst] **I.** *n no pl* Geschmack *m;* **to have [good] ~** [einen guten] Geschmack haben **II.** *vt* ❶ schmecken; (*test*) probieren ❷ (*experience briefly*) *luxury, success* [einmal] erleben **III.** *vi* schmecken; **to ~ like sth** wie etw schmecken

tasteful ['teɪstfᵊl] *adj* ❶ (*appetizing*) schmackhaft ❷ (*decorous*) geschmackvoll, stilvoll

tasteless ['teɪstləs] *adj* ❶ geschmacksneutral; (*unappetizing*) fad[e] ❷ (*pej: unstylish, offensive*) geschmacklos

tasty ['teɪsti] *adj* lecker

tattoo¹ [tæt'uː] *n* MIL Zapfenstreich *m*

tattoo² [tæt'uː] **I.** *n* Tätowierung *f* **II.** *vt* tätowieren

tatty ['tæti] *adj* (*pej*) ❶ (*tawdry*) geschmacklos [aufgemacht] ❷ (*showing wear*) zerfleddert; *book also* abgegriffen

taught [tɔːt] *pt, pp of* **teach**

taunt [tɔːnt] *vt* ❶ (*mock*) verspotten ❷ (*tease*) **to ~ sb about sth** jdn wegen einer S. *gen* hänseln

Taurus ['tɔːrəs] *n* ASTROL Stier *m*

tavern ['tævᵊn] *n* BRIT (*old: pub*) Schenke *f*

tax [tæks] **I.** *n* <*pl* -es> ❶ Steuer *f;* **income ~** Einkommensteuer *f* ❷ *no pl* (*levying*) Besteuerung *f* **II.** *vt* ❶ besteuern; **to be ~ed [heavily]** [hoch] besteuert werden ❷ (*burden*) belasten

taxable ['tæksəbl̩] *adj* steuerpflichtig; **~ income** zu versteuerndes Einkommen

tax allowance *n* FIN Steuerfreibetrag *m*

tax assessment *n* FIN (*valuation*) Steuerveranlagung *f*

taxation [tæk'seɪʃᵊn] *n no pl* ❶ Besteuerung *f* ❷ (*money obtained*) Steuereinnahmen *pl;* **direct ~** direkte Steuern

tax-deductible *adj* AM, AUS FIN steuerlich absetzbar **tax disc** *n* BRIT FIN (*on motor vehicle*) Steuerplakette *f,* Vignette *f* ÖSTERR, SCHWEIZ **tax-free** *adj* steuerfrei

taxi ['tæksi] **I.** *n* Taxi *nt* **II.** *vi* AVIAT (*move*) rollen

taxi-driver *n* Taxifahrer(in) *m(f)* **taxi rank,** AM **taxi stand** *n* Taxistand *m*

taxpayer *n* Steuerzahler(in) *m(f)* **tax relief** *n* Steuervergünstigung *f* **tax return** *n* Steuererklärung *f* **tax system** *n* Steuerwesen *nt* **tax year** *n* Steuerjahr *nt*

tea [ti:] *n* ❶ *no pl* (*plant*) Tee *m*, Teepflanze *f* ❷ (*drink*) Tee *m*; **peppermint ~** Pfefferminztee *m* ❸ (*cup of tea*) Tasse *f* Tee; **two ~s, please** zwei Tee, bitte

tea bag *n* Teebeutel *m* **tea break** *n* Teepause *f*

teach <taught, taught> [ti:tʃ] **I.** *vt* unterrichten; **to ~ sb sth** jdm etw beibringen **II.** *vi* unterrichten

teacher ['ti:tʃəʳ] *n* Lehrer(in) *m(f)*; **supply** [*or* AM **substitute**] **~** Aushilfslehrer(in) *m(f)*

teacher training *n* Lehrerausbildung *f* **teacher training college, teacher's college** *n* pädagogische Hochschule

teaching ['ti:tʃɪŋ] **I.** *n* ❶ *no pl* Unterrichten *nt* ❷ *no pl* (*profession*) Lehrberuf *m* **II.** *adj aids, methods* Lehr-, Unterrichts-

teaching staff *n* + *sing/pl vb* Lehrerkollegium *nt*

tea cloth *n* ❶ BRIT (*for dishes*) Geschirrtuch *nt* ❷ (*for table*) [kleine] Tischdecke **tea cosy** *n* Teewärmer *m* **teacup** *n* Teetasse *f* **tea-leaves** *n pl* Teeblätter *pl*

team [ti:m] *n* + *sing/pl vb* ❶ Team *nt*; SPORTS *a.* Mannschaft *f*; **research ~** Forschungsgruppe *f* ❷ (*harnessed animals*) Gespann *nt*

◆ **team up** *vi* ein Team bilden (**with** mit)

team effort *n* Teamarbeit *f* **team-mate** *n* Mitspieler(in) *m(f)* **team spirit** *n* Teamgeist *m* **team work** *n* Teamarbeit *f*

tea party *n* Teegesellschaft *f* **teapot** *n* Teekanne *f*

tear[1] [tɪəʳ] *n* (*watery fluid*) Träne *f*; **to be in ~s** weinen

tear[2] [teəʳ] **I.** *n in cloth, muscle* Riss *m*; *in wall* Spalte *f* **II.** *vt* <tore, torn> ❶ *fabric, paper* zerreißen; **to ~ a hole in one's trousers** sich *dat* ein Loch in die Hose reißen ❷ **to ~ a muscle** sich *dat* einen Muskelriss zuziehen **III.** *vi* <tore, torn> [zer]reißen

◆ **tear apart** *vt* ❶ *fabric, paper* zerreißen ❷ (*attack*) *article, book* verreißen

◆ **tear away** *vt* (*make leave*) **to ~ sb away** jdn wegreißen; **to ~ oneself away** sich losreißen

◆ **tear down** *vt* ❶ (*destroy*) abreißen ❷ (*discredit*) **to ~ sb down** jdn schlechtmachen

◆ **tear off** *vt* abreißen

◆ **tear open** *vt envelope, parcel* aufreißen

◆ **tear out** *vt hair* ausreißen; *page* herausreißen

◆ **tear up** *vt* ❶ (*rip*) zerreißen ❷ (*destroy*) kaputtmachen *fam*

tearaway ['teərəweɪ] *n* BRIT, AUS (*fam*) Randalierer(in) *m(f)*

teardrop *n* (*tear*) Träne *f*

tearful ['tɪəfᵊl] *adj* ❶ (*inclined to cry*) den Tränen nah *präd* ❷ *farewell, reunion* tränenreich

tear gas *n no pl* Tränengas *nt* **tear jerker** *n* (*fam*) Schnulze *f*

tea room, tea shop *n* Teestube *f*

tease [ti:z] **I.** *n* Quälgeist *m fam*; (*playfully*) neckische Person **II.** *vt* ❶ (*make fun of*) aufziehen ❷ (*provoke*) provozieren **III.** *vi* sticheln

teaser ['ti:zəʳ] *n* (*riddle*) harte Nuss *fam*

teaspoon *n* Teelöffel *m* **teaspoonful** *n* Teelöffelvoll *m* **tea-strainer** *n* Teesieb *nt* **teatime** *n* Teestunde *f* **tea towel** *n* Geschirrtuch *nt* **tea tray** *n* Tablett *nt* zum Teeservieren

technical ['teknɪkᵊl] *adj* ❶ technisch ❷ (*detailed*) Fach-; **~ term** Fachausdruck *m* ❸ (*in technique*) technisch

technician [tek'nɪʃᵊn] *n* Techniker(in) *m(f)*

technique [tek'ni:k] *n* Technik *f*, Verfahren *nt*; (*method*) Methode *f*

techno ['teknəʊ] *n no pl* Techno *m o nt*

technocrat ['teknəʊ] *n* Technokrat(in) *m(f)*

technological [ˌteknə'lɒdʒɪkᵊl] *adj* technologisch

technology [tek'nɒlədʒi] *n* Technologie *f*, Technik *f;* **computer ~** Computertechnik *f*
teddy bear *n* Teddybär *m*
tee [tiː] *n* (*in golf*) Abschlagstelle *f*
◆ **tee off** *vi* ❶ (*in golf*) abschlagen ❷ (*fam: begin*) beginnen
teenage(d) ['tiːneɪdʒ(d)] *adj attr* im Teenageralter *nach n*
teenager ['tiːnˌeɪdʒəʳ] *n* Teenager *m*
teens [tiːnz] *n pl* Jugendjahre *pl;* **to be in one's ~** im Teenageralter sein
tee shirt *n* T-Shirt *nt*
teeth [tiːθ] *n pl of* **tooth**
teethe [tiːð] *vi* zahnen
teetotal [ˌtiː'təʊtəl] *adj* **to be ~** abstinent sein
teetotaller, AM **teetotaler** [ˌtiː'təʊtələʳ] *n* Abstinenzler(in) *m(f)*
telecommunications [ˌtelɪkəˌmjuːnɪ'keɪʃənz] *n pl + sing vb* Fernmeldewesen *nt kein pl*
telecommute *vi* Telearbeit *f* machen
telecommuting *n no pl* Telearbeit *f*
telephone ['telɪfəʊn] **I.** *n* ❶ (*device*) Telefon *nt;* **mobile [*or* AM *a.* cell[ular]] ~** Handy *nt fam* ❷ *no pl* (*system*) **by ~** telefonisch **II.** *vt* anrufen
telephone book *n* Telefonbuch *nt* **telephone box**, AM **telephone booth** *n* Telefonzelle *f* **telephone call** *n* Telefonanruf *m;* **to make a ~** telefonieren **telephone directory** *n* Telefonverzeichnis *nt* **telephone exchange** *n* Fernsprechvermittlung *f* **telephone number** *n* Telefonnummer *f* **telephone operator** *n* AM Vermittlung *f* **telephone rates** *n pl* Telefontarife *pl*
telephoto lens *n* Teleobjektiv *nt*
telesales ['telɪseɪlz] *n pl* Telefonmarketing *nt kein pl*
telescope ['telɪskəʊp] *n* Teleskop *nt*
televise ['telɪvaɪz] *vt* [im Fernsehen] übertragen
television ['telɪvɪʒən] *n* ❶ (*device*) Fernsehgerät *nt*, Fernseher *m fam* ❷ *no pl* (*TV broadcasting*) Fernsehen *nt*
television camera *n* Fernsehkamera *f* **television programme**, AM **television program** *n* Fernsehprogramm *nt* **television set** *n* Fernsehapparat *m*, Fernseher *m* **television studio** *n* Fernsehstudio *nt*
teleworker ['telɪˌwɜːkəʳ] *n* Telearbeiter(in) *m(f)*
tell [tel] *vt* <told, told> ❶ sagen; (*relate*) erzählen; **to ~ a lie** lügen; **to ~ the truth** die Wahrheit sagen ❷ (*instruct*) **do as you're told!** (*fam*) mach, was man dir sagt! ❸ (*discern*) erkennen; (*notice*) [be]merken; **to ~ the time** *Kind* die Uhr lesen
◆ **tell apart** *vt* auseinanderhalten
◆ **tell off** *vt* (*reprimand*) ausschimpfen (**about/for** wegen)
telling-off <*pl* tellings-> [ˌtelɪŋ'ɒf] *n* Tadel *m;* **to give sb a ~ for [doing] sth** jdn für etw *akk* tadeln
telly ['teli] *n* BRIT, AUS (*fam*) Glotze *f pej;* **on ~** im Fernsehen
temp [temp] (*fam*) **I.** *n* (*temporary employee*) Zeitarbeiter(in) *m(f)* **II.** *vi* aushilfsweise arbeiten; **to be ~ing** auf befristete Zeit arbeiten
temper ['tempəʳ] *n usu sing* (*state of mind*) Laune *f;* (*angry state*) Wut *f kein pl;* **to have a ~** leicht reizbar sein
temperamental [ˌtempərə'mentəl] *adj* launisch
temperature ['temprətʃəʳ] *n* Temperatur *f;* **to have a ~** Fieber haben; **to take sb's ~** jds Temperatur messen
temple¹ ['templ] *n* REL Tempel *m*
temple² ['templ] *n* ANAT Schläfe *f*
temporarily ['tempərəli] *adv* vorübergehend
temporary ['tempərəri] *adj* (*not permanent*) vorübergehend; (*with specific limit*) befristet; **~ staff** Aushilfspersonal *nt*
tempt [tempt] *vt* ❶ (*entice*) in Versuchung führen; **to be ~ed to do sth**

T

versucht sein, etw zu tun ❷ (*attract*) reizen ▶ **to ~ fate** das Schicksal herausfordern

temptation [temp'teɪʃᵊn] *n* (*enticement*) Versuchung *f*

tempting ['temptɪŋ] *adj* verführerisch; *offer also* verlockend

ten [ten] **I.** *adj* zehn; *see also* **eight** **II.** *n* Zehn *f;* **~s of thousands** zehntausende; *see also* **eight**

tenant ['tenənt] *n of rented accommodation* Mieter(in) *m(f); of leasehold* Pächter(in) *m(f)*

tend[1] [tend] *vi* ❶ (*be directed towards*) tendieren ❷ (*incline*) neigen (**to**[**wards**] zu)

tend[2] [tend] *vt* sich kümmern (um); **to ~ sheep** Schafe hüten

tendency ['tendən(t)si] *n* Tendenz *f;* (*inclination*) Neigung *f;* **to have a ~ to**[**wards**] **sth** zu etw *dat* neigen

tender[1] ['tendəʳ] *adj* ❶ *meat, skin* zart ❷ (*liter: youthful*) zart; **at the ~ age of 5** im zarten Alter von 5 Jahren ❸ (*affectionate*) zärtlich; **to have a ~ heart** ein weiches Herz haben

tender[2] ['tendəʳ] **I.** *n* COMM (*price quote*) Angebot *nt;* **to submit a ~** ein Angebot machen **II.** *vi* COMM ein Angebot machen

tenderness ['tendənəs] *n no pl* ❶ (*fondness*) Zärtlichkeit *f* ❷ (*physical sensitivity*) [Schmerz]empfindlichkeit *f*

tendon ['tendən] *n* Sehne *f*

tenfold **I.** *adj* zehnfach **II.** *adv* um das Zehnfache

tennis ['tenɪs] *n no pl* Tennis *nt*

tennis ball *n* Tennisball *m* **tennis court** *n* Tennisplatz *m* **tennis racket** *n* Tennisschläger *m*

tenor ['tenəʳ] *n* Tenor *m;* (*voice also*) Tenorstimme *f*

tenpin bowling *n no pl* Bowling *nt*

tense[1] [ten(t)s] *n* LING Zeit[form] *f*

tense[2] [ten(t)s] **I.** *adj muscle, person, voice* angespannt **II.** *vt muscle* anspannen

tension ['ten(t)ʃᵊn] *n no pl* ❶ (*tightness*) Spannung *f* ❷ (*uneasiness*) [An]spannung *f*

tent [tent] *n* Zelt *nt*

tentacle ['tentəkl̩] *n* Tentakel *m;* (*as a sensor*) Fühler *m*

tentative ['tentətɪv] *adj* ❶ (*provisional*) vorläufig ❷ (*hesitant*) vorsichtig

tenth [ten(t)θ] **I.** *n* **the ~** der Zehnte; **a ~** ein Zehntel *nt* **II.** *adj attr* zehnte(r, s); **to be ~** Zehnte(r, s) sein **III.** *adv* als Zehnte(r, s)

tent peg *n* Hering *m* **tent pole** *n* Zeltstange *f*

tepid ['tepɪd] *adj* lau[warm]; *applause* schwach

terabyte ['terəbaɪt] *n* COMPUT Terabyte *m*

term [tɜːm] **I.** *n* ❶ (*of two*) Semester *nt;* (*of three*) Trimester *nt* ❷ (*set duration*) *of job* Amtszeit *f; of prison sentence* Gefängnisstrafe *f* ❸ (*range*) Dauer *f* ❹ (*phrase*) Ausdruck *m;* **~ of abuse** Schimpfwort *nt* **II.** *vt* bezeichnen

terminal ['tɜːmɪnᵊl] **I.** *adj* ❶ (*fatal*) End-; **~ cancer** Krebs im Endstadium ❷ TRANSP Terminal-; **~ building** Flughafengebäude *nt* **II.** *n* ❶ TRANSP Terminal *m o nt;* **air ~** Flughafengebäude *nt;* **rail ~** Endstation *f* ❷ (*part of computer*) Terminal *nt*

terminate ['tɜːmɪneɪt] **I.** *vt* beenden; *contract* aufheben **II.** *vi* enden

terminus <*pl* -es> ['tɜːmɪnəs] *n* Endstation *f; of train also* Endbahnhof *m*

terrace ['terɪs] **I.** *n* Terrasse *f;* BRIT **~s** *pl* (*in a stadium*) Tribüne *f* **II.** *vt* terrassenförmig anlegen

terraced house *n* Reihenhaus *nt*

terrible ['terəbl̩] *adj* schrecklich, furchtbar

terribly ['terəbli] *adv* ❶ (*awfully*) schrecklich ❷ (*fam: extremely*) außerordentlich

terrific [tə'rɪfɪk] *adj* (*fam: excellent*) großartig, toll *fam*
terrify <-ie-> ['terəfaɪ] *vt* [fürchterlich] erschrecken; **terrified** verängstigt
terrifying ['terəfaɪɪŋ] *adj thought, sight* entsetzlich; *speed* Angst erregend
territory ['terɪtəri] *n* ❶ (*area of land*) Gebiet *nt* ❷ *no pl* POL Hoheitsgebiet *nt* ❸ BIOL Revier *nt*
terror ['terər] *n* ❶ *no pl* (*great fear*) schreckliche Angst ❷ (*political violence*) Terror *m*; **war on ~** Bekämpfung *f* des Terrorismus
terror attack *n* Terroranschlag *m* **terror cell** *n* Terrorzelle *f*
terrorism ['terərɪzəm] *n no pl* Terrorismus *m*; **act of ~** Terrorakt *m*
terrorist ['terərɪst] **I.** *n* Terrorist(in) *m(f)* **II.** *adj attr* terroristisch
test [test] **I.** *n* Prüfung *f*, Test *m*; SCH Klassenarbeit *f*; UNIV Klausur *f*; **blood ~** Blutuntersuchung *f*; **driving ~** Fahrprüfung *f* **II.** *vt* ❶ SCH prüfen, testen ❷ (*try to discover*) untersuchen ❸ (*try to the limit*) **to ~ sth** etw auf die Probe stellen
testament ['testəmənt] *n* ❶ LAW Testament *nt*; **last will and ~** Testament *nt* ❷ (*evidence*) Beweis *m*; **to be [a] ~ to sth** etw beweisen ❸ REL **the New/Old T~** das Neue/Alte Testament
test drive *n* Probefahrt *f*
testicle ['testɪkl] *n* Hoden *m*
testify <-ie-> ['testɪfaɪ] *vi* ❶ LAW (*give evidence*) [als Zeuge(in) *m(f)*] aussagen; **to ~ against sb** gegen jdn aussagen ❷ (*prove*) **to ~ to sth** von etw *dat* zeugen *geh*
testimony ['testɪməni] *n* [Zeugen]aussage *f*; **to give ~** aussagen
test pilot *n* Testpilot(in) *m(f)* **test tube** *n* Reagenzglas *nt*
tetanus ['tetənəs] *n no pl* Tetanus *m*
text[1] [tekst] *n* ❶ *no pl* Text *m* ❷ (*book*) Schrift *f*; **set ~** Pflichtlektüre *f*
text[2] TELEC **I.** *n short for* **text message** SMS *f* **II.** *vt* **to ~ [sb]** [jdm] eine SMS[-Nachricht] senden
textbook **I.** *n* Lehrbuch *nt* **II.** *adj attr* (*usual*) Lehrbuch-; **~ methods** Schulbuchmethoden *pl*
textile ['tekstaɪl] *n* Stoff *m*; **~s** *pl* Textilien *pl*
text-message ['tekst,mesɪdʒ] *n* SMS *f*
Thai [taɪ] **I.** *n* ❶ (*person*) Thai *m o f*, Thailänder(in) *m(f)* ❷ (*language*) Thai *nt* **II.** *adj* thailändisch
Thailand ['taɪlænd] *n* Thailand *nt*
Thames [temz] *n no pl* Themse *f*
than [ðæn, ðən] **I.** *prep* ❶ *after superl* als; **bigger ~** größer als ❷ (*instead of*) **rather ~ sth** anstatt einer S. *gen* ❸ (*besides*) **other ~ sb** außer jdm; **other ~ that ...** abgesehen davon ... **II.** *conj* als
thank [θæŋk] *vt* **to ~ sb** jdm danken, sich bei jdm bedanken; **~ you [very much]!** danke [sehr]!, vielen herzlichen Dank
thankful ['θæŋkfəl] *adj* ❶ (*grateful*) dankbar (**for** für) ❷ (*pleased*) froh
thankless ['θæŋkləs] *adj* ❶ (*not rewarding*) wenig lohnend ❷ (*ungrateful*) *person, behaviour* undankbar
thanksgiving [,θæŋks'gɪvɪŋ] *n no pl* ❶ (*gratitude*) Dankbarkeit *f* ❷ AM (*public holiday*) **T~** Thanksgiving *nt*
thank you *n* Danke[schön] *nt*; **to say [a] ~ to sb** sich *akk* bei jdm bedanken
that [ðæt, ðət] **I.** *adj dem* (*person, thing specified*) der/die/das; (*farther away*) der/die/das [... dort]; **who is ~ girl?** wer ist das Mädchen? **II.** *pron* ❶ *dem* (*person, thing, action specified*) das; (*farther away*) das [da]; **~'s enough** das reicht; **who's ~?** wer ist das? ❷ *dem, after prep* **after ~** danach; **under ~** darunter ❸ *rel* (*which, who*) der/die/das; **the baby smiles at anyone ~ smiles at her** das Baby lächelt alle an, die es anlächeln ❹ *rel* (*when*) als; **the year ~ Anna was**

born das Jahr, in dem Anna geboren wurde **III.** *conj* ❶ dass; **I knew ~ ...** ich wusste, dass ...; **it was so dark** [~] **I couldn't see anything** es war so dunkel, dass ich nichts sehen konnte; **supposing** [~] **...** angenommen, dass ... ❷ (*with a purpose*) **so ~** damit ❸ (*as a reason*) weil, da [ja]; **now ~ we've bought a house ...** jetzt, wo wir ein Haus gekauft haben ... **IV.** *adv* so; **it wasn't** [**all**] **~ good** so gut war es [nun] auch wieder nicht

thatch [θætʃ] **I.** *n no pl* (*roof*) Reetdach *nt* **II.** *vt* mit Reet decken

thaw [θɔː] **I.** *n* (*weather*) Tauwetter *nt* **II.** *vi* (*unfreeze*) auftauen **III.** *vt* FOOD auftauen

the [ðiː, ði, ðə] **I.** *art def* ❶ *before masc n* der; *before fem n* die; *before neuter n* das; **at ~ cinema** im Kino ❷ (*in titles*) der/die; **Edward ~ Seventh** Eduard der Siebte ❸ (*before adjective*) der/die/das; **~ inevitable** das Unvermeidliche ❹ (*to represent group*) der/die/das; (*with mass group*) die; **~ democrats** die Demokraten ❺ (*with superlative*) der/die/das; **~ highest ...** der/die/das höchste ... ❻ (*with dates*) der; **~ 24th of May** [*or* **May ~ 24th**] der 24. Mai; (*with time period*) **in ~ eighties** in den achtziger Jahren **II.** *adv + comp* **all ~ better** umso besser; **~ colder it got, ~ more she shivered** je kälter es wurde, desto mehr zitterte sie

theatre, AM **theater** ['θɪətəʳ] *n* ❶ Theater *nt;* **lecture ~** Hörsaal *m* ❷ BRIT MED Operationssaal *m* ❸ *no pl* (*dramatic art*) Theater *nt;* **the Greek ~** das griechische Theater

theft [θeft] *n* Diebstahl *m*

their [ðeəʳ, ðəʳ] *adj poss* ❶ (*of them*) ihr(e); **the children brushed ~ teeth** die Kinder putzten sich die Zähne ❷ (*his or her*) **has everybody got ~ passport?** hat jeder seinen Pass dabei?

theirs [ðeəz] *pron* ihr(e, es); **they think everything is ~** sie glauben, dass ihnen alles gehört

them [ðem, ðəm] *pron object pron* ❶ (*persons, animals*) sie *in akk,* ihnen *in dat;* **I told ~ that ...** ich habe ihnen gesagt, dass ...; **the dogs are hungry – could you feed ~?** die Hunde haben Hunger – könntest du sie füttern? ❷ (*objects*) sie *in akk;* **I've lost my keys – I can't find ~ anywhere** ich habe meine Schlüssel verloren – ich kann sie nirgends finden ❸ (*him or her*) ihm/ihr *in dat,* ihn/sie *in akk;* **we want to show every customer that we appreciate ~** wir wollen jedem Kunden zeigen, wie sehr wir ihn schätzen

theme [θiːm] *n* (*subject*) Thema *nt*

themed [θiːmd] *adj inv* thematisch bestimmt, themenorientiert; *hotel, restaurant* Themen-

theme music *n no pl* FILM, TV Titelmusik *f* **theme park** *n* Themenpark *m*

themselves [ðəm'selvz] *pron refl* ❶ (*direct object*) sich; **the children behaved ~ very well** die Kinder benahmen sich sehr gut ❷ (*form: them*) sie selbst; **besides their parents and ~, no one else will attend their wedding** außer ihren Eltern und ihnen selbst wird niemand zu ihrer Hochzeit kommen ❸ (*emph: personally*) selbst; **to see sth for ~** etw selbst sehen

then [ðen] **I.** *adj* (*form*) damalige(r, s) **II.** *adv* ❶ (*after that*) dann, danach ❷ (*at an aforementioned time*) damals; **before ~** davor, vorher; **by ~** bis dahin ❸ (*however*) **but ~** aber schließlich

theology [θi'ɒlədʒi] *n no pl* Theologie *f*

theoretical [θɪə'retɪkəl] *adj* theoretisch

theory ['θɪəri] *n* ❶ *no pl* (*rules*) Theorie *f* ❷ (*possible explanation*) Theorie *f;* **in ~** theoretisch

therapeutic [ˌθerə'pjuːtɪk] *adj* therapeutisch

T

therapist [ˈθerəpɪst] *n* Therapeut(in) *m(f)*
therapy [ˈθerəpi] *n* Therapie *f*, Behandlung *f*
there [ðeəʳ, ðəʳ] **I.** *adv* ❶ dort, da; **to be ~ for sb** für jdn da sein; **over ~** da drüben ❷ (*to a place*) dahin, dorthin; **~ and back** hin und zurück ❸ (*sentence introduction*) **~ appears to be ...** es scheint ...; **~ comes a point where ...** es kommt der Punkt, an dem ... ► **to be neither <u>here</u> nor ~** keine Rolle spielen **II.** *interj* ❶ (*expressing sympathy*) da!; **~, ~!** ganz ruhig!, schon gut! ❷ (*fam*) **so ~!** und damit basta!
thereabouts [ˈðeərəbaʊts] *adv* ❶ (*in that area*) dort in der Nähe ❷ (*approximate time*) **or ~** oder so
thereafter *adv* (*form*) darauf; **shortly ~** kurze Zeit später
thereby *adv* dadurch
therefore [ˈðeəfɔːʳ] *adv* deshalb, daher
therein [ˌðeəˈrɪn] *adv* (*form or dated*) darin
thereupon [ˌðeərəˈpɒn] *adv* (*form*) daraufhin
thermal [ˈθɜːmᵊl] **I.** *n* ❶ (*air current*) Thermik *f* ❷ (*underwear*) **~s** *pl* Thermounterwäsche *f kein pl* **II.** *adj attr* MED Thermal-; **~ bath** Thermalbad *nt*
thermometer [θəˈmɒmɪtəʳ] *n* Thermometer *nt o* SCHWEIZ *a. m*
Thermos® *n*, **Thermos® bottle** *n*, **Thermos® flask** [ˈθɜːmɒs-] *n* Thermosflasche *f*
thermostat [ˈθɜːməstæt] *n* Thermostat *m*
these [ðiːz] **I.** *adj pl of* **this II.** *pron dem pl of see* **this** diese; **are ~ your bags?** sind das hier deine Taschen?; **~ here** die da
thesis <*pl* -ses> [ˈθiːsəs] *n* (*written study*) wissenschaftliche Arbeit; (*for diploma*) Diplomarbeit *f;* **doctoral ~** Doktorarbeit *f*
they [ðeɪ] *pron pers* ❶ (*3rd person plural*) sie; **~ are pretty** sie sind hübsch ❷ (*he or she*) er/sie; **ask a friend if ~ could help** frag einen Freund, ob er/sie helfen kann ❸ (*people in general*) sie; **~ say ...** es heißt ...
they'll [ðeɪl] = **they will** *see* **will**[1]
they're [ðeəʳ] = **they are** *see* **be**
they've [ðeɪv] = **they have** *see* **have**
thick [θɪk] **I.** *adj* ❶ *coat, layer* dick; (*bushy*) *eyebrows* dicht; *hair also* voll ❷ *after n* (*measurement*) dick ❸ (*dense*) dicht; **~ with smoke** verraucht ❹ (*pej sl: mentally slow*) dumm **II.** *n no pl* (*fam*) **in the ~ of sth** mitten[drin] in etw *dat* **III.** *adv* (*heavily*) dick; **the snow lay ~ on the path** auf dem Weg lag eine dicke Schneedecke
thicken [ˈθɪkᵊn] **I.** *vt sauce* eindicken **II.** *vi* ❶ (*become less fluid*) dick[er] werden ❷ (*become denser*) dicht[er] werden
thief <*pl* thieves> [θiːf] *n* Dieb(in) *m(f)*
thieving [ˈθiːvɪŋ] **I.** *n* (*liter form*) Stehlen *nt* **II.** *adj attr* diebisch; **take your ~ hands off my cake!** (*hum*) lass deine Finger von meinem Kuchen!
thigh [θaɪ] *n* [Ober]schenkel *m*
thimble [ˈθɪmbl] *n* Fingerhut *m*
thin <-nn-> [θɪn] **I.** *adj* dünn; *fog* leicht; *hair, crowd* spärlich; **~ line** feine Linie; (*fig*) schmaler Grat ► **to disappear into ~ <u>air</u>** sich in Luft auflösen **II.** *vt* <-nn-> ❶ (*make more liquid*) verdünnen ❷ (*remove some*) ausdünnen, lichten **III.** *vi* <-nn-> ❶ *soup* dünner werden; *crowd* sich zerstreuen; *fog* sich lichten ❷ (*become worn*) *material* sich verringern, abnehmen
thing [θɪŋ] *n* ❶ (*unspecified object*) Ding *nt*, Gegenstand *m;* (*unspecified idea, event*) Sache *f;* **to not be sb's ~** nicht jds Ding *nt* sein *fam;* **just the ~** genau das Richtige ❷ (*possessions*) **~s** *pl* Besitz *m kein pl;* (*for special purpose*) Sachen *pl* ❸ (*the situation*) **how are ~s [with you]?** (*fam*) wie geht's

[dir]? ❹ (*fam: person*) **you lucky ~!** du Glückliche(r)!

think [θɪŋk] **I.** *n no pl* (*fam*) **to have a ~ about sth** sich *dat* etw überlegen, über etw *akk* nachdenken **II.** *vi* <thought, thought> ❶ (*reason, have views/ideas*) denken; **not everybody ~s like you** nicht jeder denkt wie du; **I thought as much!** das habe ich mir schon gedacht!; **to ~ of sb/sth** an jdn/etw denken ❷ (*believe*) denken, glauben; **yes, I ~ so** ich glaube schon; **no, I don't ~ so** ich glaube nicht ❸ (*intend*) **to ~ of doing sth** erwägen, etw zu tun ❹ (*come up with*) **to ~ of an idea** auf eine Lösung kommen ❺ (*reflect*) [nach]denken, überlegen **III.** *vt* <thought, thought> ❶ (*hold an opinion*) denken, glauben; **to ~ to oneself that ...** [bei] sich *dat* denken, dass ...; **who do you ~ you are?** für wen hältst du dich eigentlich? ❷ (*intend*) **I ~ I'll go for a walk** ich denke, ich mache einen Spaziergang

◆ **think about** *vi* ❶ denken (an) ❷ (*reflect*) nachdenken (über) ❸ (*consider*) **to ~ about sth** sich *dat* etw überlegen

◆ **think ahead** *vi* vorausdenken; (*be foresighted*) sehr vorausschauend sein

◆ **think back** *vi* zurückdenken (**to** an); **to ~ back over sth** sich *dat* etw noch einmal vergegenwärtigen

◆ **think over** *vt* überdenken, ich überleg's mir noch mal *fam*

◆ **think through** *vt* [gründlich] durchdenken

◆ **think up** *vt* (*fam*) sich *dat* ausdenken

thinking [ˈθɪŋkɪŋ] **I.** *n no pl* ❶ Denken *nt;* **to do some ~ about sth** sich *dat* über etw *akk* Gedanken machen ❷ (*reasoning*) Überlegung *f;* **good ~! that's a brilliant idea!** nicht schlecht! eine geniale Idee! ❸ (*opinion*) Meinung *f;* **to my way of ~** meiner Ansicht nach **II.** *adj attr* denkend, vernünftig

third [θɜːd] **I.** *n* ❶ (*fraction*) Drittel *nt* ❷ (*number 3*) Dritte(r, s); **George the T~** Georg der Dritte **II.** *adj* dritte(r, s); **~ best** drittbeste(r, s)

thirdly [ˈθɜːdli] *adv* drittens

third-party liability *n no pl* Haftpflicht *f* **third rate** *adj* minderwertig **Third World** *n* **the ~** die Dritte Welt

thirst [θɜːst] *n no pl* ❶ Durst *m;* **to die of ~** verdursten ❷ (*fig*) Verlangen *nt;* **~ for power** Machtgier *f*

thirsty [ˈθɜːsti] *adj* durstig; **gardening is ~ work** Gartenarbeit macht durstig

thirteen [θɜːˈtiːn] **I.** *n* Dreizehn *f; see also* **eight II.** *adj* dreizehn; *see also* **eight**

thirteenth [θɜːˈtiːn(t)θ] **I.** *n* ❶ (*after twelfth*) **the ~** der/die/das Dreizehnte; *see also* **eighth** ❷ (*fraction*) Dreizehntel *nt; see also* **eighth II.** *adj* dreizehnte(r, s); *see also* **eighth III.** *adv* als Dreizehnte(r, s); *see also* **eighth**

thirtieth [ˈθɜːtiəθ] **I.** *n* ❶ Dreißigste(r, s); *see also* **eighth** ❷ (*date*) **the ~** der Dreißigste; *see also* **eighth** ❸ (*fraction*) Dreißigstel *nt; see also* **eighth II.** *adj* dreißigste(r, s); *see also* **eighth**

thirty [ˈθɜːti] **I.** *n* Dreißig *f; see also* **eight II.** *adj* dreißig; *see also* **eight**

this [ðɪs, ðəs] **I.** *adj attr* ❶ diese(r, s); **can you sign ~ form for me?** kannst du dieses Formular für mich unterschreiben? ❷ (*close in future*) diese(r, s); **I'll do it ~ Monday** ich erledige es diesen Montag; (*of today*) **~ morning** heute Morgen; **~ minute** sofort **II.** *pron* ❶ (*the thing/matter here*) das; **is ~ your bag?** ist das deine Tasche?; **listen to ~ ...** hör dir das an ... ❷ (*the person here*) das; **~ is the captain speaking** hier spricht der Kapitän ❸ (*with an action*) das; **like ~** so ▶ **~ and that** (*fam*) dies und das **III.** *adv* so; **~ far**

and no further (*a. fig*) bis hierher und nicht weiter

thistle ['θɪsl] *n* Distel *f*

thorn [θɔːn] *n* Dorn *m;* (*bush with prickles*) Dornenstrauch *m*

thorny ['θɔːni] *adj* ❶ (*with thorns*) dornig ❷ (*difficult*) schwierig; *issue* heikel

thorough ['θʌrə] *adj* ❶ (*detailed*) genau ❷ (*careful*) sorgfältig, gründlich ❸ *attr* (*complete*) komplett

thoroughfare *n* (*form*) Durchgangsstraße *f;* **"no ~"** „keine Durchfahrt"

thoroughly ['θʌrəli] *adv* ❶ (*in detail*) genau, sorgfältig ❷ (*completely*) völlig; **to ~ enjoy sth** etw ausgiebig genießen

those [ðəʊz] **I.** *adj dem pl of see* **that** ❶ diese; **how much are ~ brushes?** wie viel kosten die Bürsten da? ❷ (*familiar referent*) jene; **several people died in ~ riots** mehrere Menschen starben bei jenen Unruhen ❸ (*singling out*) **I like ~ biscuits with the almonds in them** ich mag die Kekse mit den Mandeln drinnen **II.** *pron pl of see* **that** ❶ (*people, objects over there*) diejenigen; **these peaches aren't ripe, try ~ on the table** diese Pfirsiche sind noch nicht reif, versuch' die auf dem Tisch; **~ are my kids over there** das sind meine Kinder da drüben ❷ (*the people*) **~ who ...** diejenigen, die ...

though [ðəʊ] **I.** *conj* ❶ (*despite the fact that*) obwohl ❷ (*however*) [je]doch ❸ (*fam: nevertheless*) dennoch; **the report was fair, ~** der Bericht war trotz allem fair ❹ (*if*) **as ~** als ob **II.** *adv* trotzdem, dennoch

thought [θɔːt] **I.** *n* ❶ *no pl* Nachdenken *nt*, Überlegen *nt;* **freedom of ~** Gedankenfreiheit *f* ❷ (*opinion, idea*) Gedanke *m;* **to spare a ~ for sb** an jdn denken ► **it's the ~ that <u>counts</u>** (*fam*) der gute Wille zählt **II.** *pt, pp of* **think**

thoughtful ['θɔːtfᵊl] *adj* ❶ (*considerate*) aufmerksam ❷ (*mentally occupied*) nachdenklich

thoughtless ['θɔːtləs] *adj* ❶ (*inconsiderate*) rücksichtslos ❷ (*without thinking*) unüberlegt

thought-out *adj* durchdacht **thought-provoking** *adj* nachdenklich stimmend; **she made some very ~ remarks** ihre Bemerkungen gaben mir zu denken

thousand ['θaʊzᵊnd] **I.** *n* ❶ *no pl* Tausend *f;* **one ~/two ~** [ein]tausend/zweitausend; **the year two ~ and five** [das Jahr] zweitausend und fünf; **a ~ pounds** [ein]tausend Pfund ❷ *pl* (*fam: lots*) **~s** Tausende *pl* **II.** *adj attr* tausend; **I've said it a ~ times** ich habe es jetzt unzählige Male gesagt

thousandth ['θaʊzᵊn(d)θ] **I.** *n* (*in series*) Tausendste(r, s); (*fraction*) Tausendstel *nt* **II.** *adj* tausendste(r, s); **the ~ ...** der/die/das tausendste ...; **a ~ part** ein Tausendstel *nt*

thread [θred] **I.** *n* ❶ *no pl* (*for sewing*) Garn *nt* ❷ (*fibre*) Faden *m*, Faser *f* **II.** *vt a needle* einfädeln

threat [θret] *n* ❶ Drohung *f;* **death ~** Morddrohung *f* ❷ *no pl* (*potential danger*) Gefahr *f*, Bedrohung *f;* **~ of war** Kriegsgefahr *f*

threaten ['θretᵊn] **I.** *vt* ❶ **to ~ sb** jdn bedrohen; **to ~ sb with sth** jdm mit etw *dat* drohen ❷ (*be a danger*) gefährden **II.** *vi* drohen; **to ~ to do sth** damit drohen, etw zu tun

threatening ['θretᵊnɪŋ] *adj* ❶ (*hostile*) drohend, Droh-; **~ letter** Drohbrief *m* ❷ (*menacing*) bedrohlich; *clouds* dunkel

three [θriː] **I.** *n* ❶ Drei *f; see also* **eight** ❷ (*quantity*) drei; **in ~s** in Dreiergruppen ❸ (*the time*) drei [Uhr] ► **two's <u>company</u>, ~'s a crowd** drei sind einer zu viel **II.** *adj* drei; **I'll give you ~ guesses** dreimal darfst du raten; *see also* **eight** **three-dimensional**, *fam*

three-D *adj* dreidimensional, 3-D-
threefold **I.** *adj* dreifach **II.** *adv* **the ~** das Dreifache
three-part *adj attr story, series* dreiteilig; *song* dreistimmig **three-piece** **I.** *adj* ❶ (*of three items*) dreiteilig ❷ (*of three people*) Dreimann- **II.** *n* Dreiteiler *m* **three-quarter** *adj attr* dreiviertel
threshold ['θreʃ(h)əʊld] *n* ❶ [Tür]schwelle *f* ❷ (*beginning*) Anfang *m*, Beginn *m* ❸ (*limit*) Grenze *f*, Schwelle *f*; **pain ~** Schmerzgrenze *f*
threw [θruː] *pt of* **throw**
thrill [θrɪl] **I.** *n* (*wave of emotion*) Erregung *f*; (*titillation*) Nervenkitzel *m* **II.** *vt* (*excite*) erregen; (*fascinate*) faszinieren
thriller ['θrɪlə'] *n* Thriller *m*
thrilling ['θrɪlɪŋ] *adj* aufregend; *story* spannend
throat [θrəʊt] *n* ❶ (*inside the neck*) Rachen *m*, Hals *m*; **to clear one's ~** sich räuspern ❷ (*front of the neck*) Kehle *f*, Hals *m*
throb [θrɒb] **I.** *n* Klopfen *nt*; *of heart, pulse* Pochen *nt* **II.** *vi* <-bb-> klopfen; *pulse, heart* pochen
throne [θrəʊn] *n* Thron *m*; **heir to the ~** Thronerbe(in) *m(f)*
throttle ['θrɒtl̩] **I.** *n* AUTO Gaspedal *nt*; **at full/half ~** mit voller/halber Geschwindigkeit **II.** *vt* ❶ AUTO **to ~ the engine** Gas wegnehmen ❷ (*strangle*) erdrosseln
◆ **throttle back** **I.** *vi* den Motor drosseln **II.** *vt* drosseln
through [θruː] **I.** *prep* ❶ durch; **we drove ~ the tunnel** wir fuhren durch den Tunnel; **he cut ~ the string** er durchschnitt die Schnur; **she looked ~ her mail** sie sah ihre Post durch ❷ (*during*) während; **they drove ~ the night** sie fuhren durch die Nacht ❸ (*to the finish*) **to get ~ sth** etw durchstehen ❹ *esp* AM (*up until*) bis; **she works Monday ~ Thursday** sie arbeitet von Montag bis Donnerstag ❺ (*because of*) wegen, durch ❻ MATH (*divided into*) durch **II.** *adj* ❶ *pred* (*finished*) fertig ❷ *attr* TRANSP (*without stopping*) durchgehend; **~ station** Durchgangsbahnhof *m* **III.** *adv* ❶ durch; **the train goes ~ to Hamburg** der Zug fährt bis nach Hamburg durch; **to think sth ~** etw durchdenken ❷ (*from outside to inside*) völlig; **soaked ~** völlig durchnässt
throughout [θruː'aʊt] **I.** *prep* ❶ (*all over in*) **people ~ the country** Menschen im ganzen Land ❷ (*at times during*) während; **~ the performance** die ganze Vorstellung über **II.** *adv* ❶ (*in all parts*) vollständig ❷ (*the whole time*) die ganze Zeit [über]
through traffic *n no pl* Durchgangsverkehr *m*; **"no ~!"** „keine Durchfahrt!" **through train** *n* durchgehender Zug **throughway** *n* AM Autobahn *f*
throw [θrəʊ] **I.** *n* ❶ Wurf *m*; **a stone's ~ [away]** (*fig*) nur einen Steinwurf von hier ❷ (*fam: each*) **a ~** pro Stück; **they're charging nearly £100 a ~ for concert tickets!** eine Konzertkarte kostet fast 100 Pfund ❸ (*furniture cover*) Überwurf *m* **II.** *vi* <threw, thrown> werfen **III.** *vt* <threw, thrown> ❶ werfen; *dice* würfeln; (*hurl*) schleudern; **to ~ sb sth** jdm etw zuwerfen; **to ~ oneself onto sb/sth** sich auf jdn stürzen/auf etw *akk* werfen ❷ (*dedicate*) **to ~ oneself into sth** sich in etw *akk* stürzen ❸ (*give*) **to ~ a party** eine Party geben
◆ **throw away** **I.** *vt* ❶ (*discard*) wegwerfen ❷ (*waste*) verschwenden; **to ~ money away on sth** Geld für etw *akk* zum Fenster hinauswerfen **II.** *vi* (*in card games*) abwerfen
◆ **throw back** *vt hair, head* nach hinten werfen; *curtains* aufreißen; *whisky, beer* hinunterstürzen

T

◆ **throw down** *vt* ❶ herunterwerfen; **to ~ oneself down** sich niederwerfen ❷ (*deposit forcefully*) hinwerfen; **to ~ down one's weapons** die Waffen strecken

◆ **throw in I.** *vt* **to ~ sth in[to] sth** etw in etw *akk* [hinein]werfen; (*include in price*) **to ~ sth in** etw gratis dazugeben **II.** *vi* [den Ball] einwerfen

◆ **throw open** *vt* aufreißen; (*fig*) etw zugänglich machen

◆ **throw out** *vt* ❶ (*fling outside, eject*) hinauswerfen ❷ (*discard*) wegwerfen; **to ~ out a case** einen Fall abweisen

◆ **throw together** *vt* (*fam: make quickly*) **to ~ a meal together** eine Mahlzeit zaubern

◆ **throw up I.** *vt* ❶ hochwerfen; **to ~ up one's hands** die Hände hochreißen ❷ (*build quickly*) schnell errichten ❸ (*fam: vomit*) erbrechen **II.** *vi* (*fam*) sich übergeben

throwaway [ˈθrəʊəweɪ] *adj attr* (*disposable*) wegwerfbar; **~ razor** Einwegrasierer *m*

throw-in *n* SPORTS Einwurf *m*

throwing [ˈθrəʊɪŋ] *n no pl* Werfen *nt*

thrown [θrəʊn] *pp of* **throw**

thru [θruː] *prep adj, adv usu* AM (*fam*) *see* **through**

thrush[1] <*pl* -es> [θrʌʃ] *n* ORN Drossel *f*

thrush[2] <*pl* -es> [θrʌʃ] *n* MED Soor *m*; (*of vagina*) Pilzinfektion *f*

thrust [θrʌst] **I.** *n* ❶ Stoß *m* ❷ *no pl* (*impetus, purpose*) Stoßrichtung *f*; **the main ~ of an argument** die Hauptaussage eines Arguments ❸ *no pl* TECH Schubkraft *f* **II.** *vi* <thrust, thrust> **to ~ at sb with a knife** nach jdm mit einem Messer stoßen **III.** *vt* <thrust, thrust> ❶ (*push with force*) **to ~ the money into sb's hand** jdm das Geld in die Hand stecken ❷ (*stab, pierce*) stechen ❸ (*impel*) hineinstoßen

thruway *n esp* AM *see* **throughway**

thug [θʌg] *n* (*pej*) Schlägertyp *m*

thumb [θʌm] **I.** *n* Daumen *m*; ▶ **to stand out like a <u>sore</u> ~** unangenehm auffallen **II.** *vt* **to ~ a ride** per Anhalter fahren, trampen

thumb-index *n* Daumenregister *nt* **thumbnail** *n* Daumennagel *m* **thumbnail sketch** *n* Abriss *m* **thumb-print** *n* ❶ (*impression*) Daumenabdruck *m* ❷ (*fig: identifying feature*) Erkennungsmerkmal *nt* **thumbtack** *n* AM, AUS (*drawing-pin*) Reißnagel *m*

thump [θʌmp] **I.** *n* dumpfer Knall; **to give sb a ~** jdm eine knallen **II.** *vt* schlagen **III.** *vi heart* klopfen; **to ~ on sth** auf etw *akk* schlagen

thumping [ˈθʌmpɪŋ] (*fam*) *adj* kolossal; **to have a ~ headache** grässliches Kopfweh haben

thunder [ˈθʌndəʳ] **I.** *n no pl* ❶ METEO Donner *m*; **clap of ~** Donnerschlag *m* ❷ (*loud sound*) Getöse *nt* **II.** *vi* (*make rumbling noise*) donnern; **to ~ by** vorbeidonnern **III.** *vt* brüllen

thunderclap *n* Donnerschlag *m* **thundercloud** *n usu pl* Gewitterwolke *f*

thunderous [ˈθʌndᵊrəs] *adj attr* donnernd; **~ applause** Beifallsstürme *pl*

thunderstorm *n* Gewitter *nt*

thundery [ˈθʌndᵊri] *adj* gewittrig

Thursday [ˈθɜːzdeɪ] *n* Donnerstag *m*; *see also* **Tuesday**

thus [ðʌs] *adv* ❶ (*therefore*) folglich ❷ (*in this way*) so

thyme [taɪm] *n no pl* Thymian *m*

Tibet [tɪˈbet] *n no pl* Tibet *nt*

tick[1] [tɪk] *n* ZOOL Zecke *f*

tick[2] [tɪk] **I.** *n* ❶ (*sound of watch*) Ticken *nt kein pl*; **'~ tock'** (*fam*) ‚ticktack' ❷ (*mark*) Haken *m* **II.** *vi* ▶ **what <u>makes</u> sb ~** was jdn bewegt **III.** *vt* abhaken

◆ **tick off** *vt* ❶ abhaken; **to ~ off sth on one's fingers** etw an den Fingern abzählen ❷ BRIT, AUS (*fam: reproach*) schelten

T

◆ **tick over** *vi esp* BRIT ❶ TECH (*operate steadily*) auf Leerlauf geschaltet sein ❷ (*function at minimum level*) am Laufen halten

ticket ['tɪkɪt] *n* ❶ (*card*) Karte *f;* **cloakroom ~** Garderobenmarke *f;* **lottery ~** Lottoschein *m;* **plane ~** Flugticket *nt* ❷ (*price tag*) Etikett *nt*

ticket agency *n* Kartenbüro *nt* **ticket-collector** *n* (*on the train*) Schaffner(in) *m(f);* (*on the platform*) Bahnsteigschaffner(in) *m(f)* **ticket counter** *n* Fahrkartenschalter *m* **ticket holder** *n* Kartenbesitzer(in) *m(f)* **ticket machine** *n* Fahrkartenautomat *m* **ticket-office** *n* RAIL Fahrkartenschalter *m;* THEAT Vorverkaufsschalter *m*

ticking-off <*pl* tickings-> *n* BRIT (*fam*) Tadel *m;* **to get a ~ from sb** von jdm getadelt werden

tickle ['tɪkl̩] **I.** *vi* kitzeln **II.** *vt* kitzeln; **to be ~d that ...** sich darüber amüsieren, dass ... **III.** *n no pl* ❶ (*itch*) Jucken *nt* ❷ (*irritation*) **a ~ in one's throat** ein Kratzen *nt* im Hals

ticklish ['tɪklɪʃ] *adj* kitzlig

tidal ['taɪdᵊl] *adj* **~ basin** Tidebecken *nt;* **~ harbour** den Gezeiten unterworfener Hafen

tidal wave *n* Flutwelle *f*

tide [taɪd] *n* ❶ Gezeiten *pl;* **high ~** Flut *f;* **low ~** Ebbe *f;* **the ~ is out** es ist Ebbe ❷ (*trend*) Welle *f;* **the ~ has turned** die Meinung ist umgeschlagen

tidy ['taɪdi] **I.** *adj* ❶ ordentlich; **neat and ~** sauber und ordentlich ❷ (*fam: considerable*) beträchtlich; **~ sum** hübsche Summe *fam* **II.** *n* **he gave his room a good ~** er räumte sein Zimmer gründlich auf **III.** *vt* aufräumen

tie [taɪ] **I.** *n* ❶ Krawatte *f;* **bow ~** Fliege *f* ❷ *pl* (*links*) **family ~s** Familienbande *pl* ❸ (*equal score*) Punktegleichstand *m kein pl* **II.** *vi* <-y-> ❶ (*fasten*) schließen ❷ (*equal in points*) **to ~ with sb** denselben Platz wie jd belegen **III.** *vt* <-y-> *parcel* verschnüren; *shoelaces* zubinden; *ribbon* binden; **to ~ a knot** einen Knoten machen ► **sb's <u>hands</u> are ~d** jds Hände sind gebunden

◆ **tie back** *vt* zurückbinden

◆ **tie down** *vt* festbinden; (*restrict*) **to be ~d down** gebunden sein; **to ~ sb down to sth** (*fam*) jdn auf etw *akk* festlegen

◆ **tie up** *vt* ❶ (*bind*) festbinden; *hair* hochbinden ❷ (*delay*) aufhalten ❸ (*busy*) **to be ~d up** beschäftigt sein ❹ **to be ~d up with sth** mit etw *dat* zusammenhängen

tiepin *n* Krawattennadel *f*

tier [tɪəʳ] **I.** *n* (*row*) Reihe *f;* (*level*) Lage *f* **II.** *vt* (*next to each other*) aufreihen

tiger ['taɪgəʳ] *n* Tiger *m*

tight [taɪt] **I.** *adj* ❶ (*firm*) fest; *clothes, bend* eng; *budget* knapp; **to keep a ~ hold on sth** etw streng kontrollieren ❷ (*close together*) dicht; **in ~ formation** in geschlossener Formation ❸ (*stretched tautly*) gespannt; *muscle* verspannt ► **to run a ~ <u>ship</u>** ein strenges Regime führen **II.** *adv pred* straff; **to close sth ~** etw fest verschließen ► **<u>sleep</u> ~** schlaf gut

tighten ['taɪtᵊn] **I.** *vt* ❶ festziehen; *rope* festbinden ❷ (*increase pressure*) verstärken ► **to ~ one's <u>belt</u>** den Gürtel enger schnallen **II.** *vi* straff werden

tightrope *n* Drahtseil *nt;* **to walk the ~** auf dem Drahtseil tanzen

tights [taɪts] *n pl* **pair of ~** Strumpfhose *f*

tigress <*pl* -es> ['taɪgres] *n* Tigerin *f*

tile [taɪl] **I.** *n* Fliese *f;* **roof ~** Dachziegel *m* **II.** *vt* fliesen

till[1] [tɪl] **I.** *prep see* **until** **II.** *conj see* **until**

till[2] [tɪl] *n* Kasse *f;* ► **to be caught with one's <u>hand</u> in the ~** auf frischer Tat ertappt werden *fam*

till[3] [tɪl] *vt soil* bestellen

tiller ['tɪləʳ] *n* Ruderpinne *f fachspr;* **at the ~** am Ruder
tilt [tɪlt] **I.** *n* ❶ (*slope*) Neigung *f* ❷ (*of opinion*) Schwenk *m;* ▶ **[at] full ~** mit voller Kraft **II.** *vi* ❶ (*slope*) sich neigen ❷ (*of opinion*) **to ~ away from sth** sich von etw abwenden
timber ['tɪmbəʳ] **I.** *n no pl esp* BRIT Bauholz *nt;* **to fell ~** Holz fällen **II.** *interj* **"T~!"** „Achtung, Baum!"
time [taɪm] **I.** *n* ❶ *no pl* Zeit *f;* **in ~** mit der Zeit; **over ~** im Lauf[e] der Zeit ❷ *no pl* (*period, duration*) Zeit *f;* **~'s up** (*fam*) die Zeit ist um; **it will take some ~** es wird eine Weile dauern; **breakfast ~** Frühstückszeit *f;* **free ~** Freizeit *f;* **injury ~** BRIT SPORTS Nachspielzeit *f;* **period of ~** Zeitraum *m;* **in one week's ~** in einer Woche; **a long ~ ago** vor langer Zeit; **to pass the ~** sich *dat* die Zeit vertreiben; **for the ~ being** vorläufig; **in no ~ [at all]** im Nu ❸ (*pertaining to clocks*) **what's the ~?** wie spät ist es?; **the ~ is 8:30** es ist 8.30 Uhr; **to tell the ~** *Kind* die Uhr lesen; (*specific time or hour*) Zeit *f;* **departure ~** Abfahrtszeit *f;* **this ~ next month** nächsten Monat um diese Zeit ❹ (*occasion*) Mal *nt;* **for the first ~** zum ersten Mal; **some other ~** ein andermal; **from ~ to ~** ab und zu ❺ (*frequency*) Mal *nt;* **~ and [~] again** immer [und immer] wieder; **three ~s as much** dreimal so viel ❻ *no pl* (*correct moment*) **in [good] ~** rechtzeitig; **on ~** pünktlich ❼ *usu pl* (*era, lifetime*) Zeit *f;* **at his ~ of life** in seinem Alter ❽ *no pl* MUS Takt *m;* **to keep ~** den Takt halten ❾ ([*not*] *like*) **to not have much ~ for sb** jdn nicht mögen ▶ **~ is of the essence** die Zeit drängt **II.** *vt* ❶ (*measure duration*) **to ~ sb over 100 metres** jds Zeit beim 100-Meter-Lauf nehmen ❷ (*choose best moment for*) **to ~ sth** den richtigen Zeitpunkt wählen

T

time bomb *n* (*a. fig*) Zeitbombe *f* **time-consuming** *adj* zeitintensiv **time difference** *n* Zeitunterschied *m* **timekeeper** *n* ❶ (*in sports*) Zeitnehmer *m* ❷ (*clock, watch*) Zeitmesser *m;* **to be a good ~** *person* sein Zeitsoll immer erfüllen **time limit** *n* Zeitbeschränkung *f*
timely ['taɪmli] *adj* rechtzeitig; *remark* passend; **~ arrival** Ankunft *f* zur rechten Zeit
time management *n* Zeitmanagement *nt* **time-out I.** *n* <*pl* -s> (*in sports*) Auszeit *f* **II.** *interj* AM Stopp
timer ['taɪməʳ] *n* ❶ Timer *m;* (*for eggs*) Eieruhr *f* ❷ (*time recorder*) Zeitmesser *m* ❸ AM (*time switch*) Zeitschalter *m*
time-saving *adj* Zeit sparend **time switch** *n* BRIT, AUS Zeitschalter *m* **timetable I.** *n* (*for bus, train*) Fahrplan *m;* (*for events, project*) Programm *nt* **II.** *vt usu passive* planen **time zone** *n* Zeitzone *f*
timid <-er, -est> ['tɪmɪd] *adj* ängstlich; (*shy*) schüchtern
timing ['taɪmɪŋ] *n no pl* Timing *nt;* **perfect ~!** genau zum richtigen Zeitpunkt!
tin [tɪn] *n* ❶ *no pl* (*metal*) Zinn *nt* ❷ *esp* BRIT (*can*) Büchse *f*, Dose *f*
tin can *n* Blechdose *f* **tinfoil** ['tɪnfɔɪl] *n no pl* Alufolie *f*
tingle ['tɪŋgl] **I.** *vi* kribbeln; **to ~ with desire** vor Verlangen brennen; **to ~ with excitement** vor Aufregung zittern; **sb's spine ~s** jdm läuft ein Schauer über den Rücken **II.** *n no pl* Kribbeln *nt*
tinned [tɪnd] *adj* BRIT, AUS konserviert; **~ fruit** Dosenfrüchte *pl*
tin-opener *n* BRIT, AUS Dosenöffner *m*
tinsel ['tɪn(t)sᵊl] *n no pl* Lametta *nt*
tint [tɪnt] **I.** *n* (*hue*) Farbton *m;* **warm ~** warme Farbe **II.** *vt hair* tönen
tiny ['taɪni] *adj* winzig; **teeny ~** (*fam*) klitzeklein
tip¹ [tɪp] **I.** *n* Spitze *f;* ▶ **it's on the ~ of**

my tongue es liegt mir auf der Zunge **II.** *vt* <-pp-> **to ~ a spear with poison** einen Speer in Gift [ein]tauchen

tip² [tɪp] **I.** *n* BRIT ❶ (*rubbish dump*) Deponie *f* ❷ (*fam: mess*) Saustall *m pej sl* **II.** *vt* <-pp-> ❶ (*empty out*) **to ~ sth into sth** etw in etw *akk* ausschütten ❷ (*tilt*) neigen **III.** *vi* <-pp-> (*tilt*) umkippen

tip³ [tɪp] **I.** *n* ❶ (*money*) Trinkgeld *nt;* **to leave a 10% ~** 10 % Trinkgeld geben ❷ (*suggestion*) Rat[schlag] *m,* Tipp *m fam;* **take a ~ from me ...** wenn du mich fragst, ... **II.** *vt* <-pp-> *a waiter* Trinkgeld geben **III.** *vi* <-pp-> Trinkgeld geben

◆ **tip off** *vt* einen Tipp geben

◆ **tip out I.** *vi* herauskippen **II.** *vt* ausleeren

◆ **tip over** *vt, vi* umschütten, umkippen

◆ **tip up** *vt, vi* kippen; *seat* hochklappen

tip-off *n* (*fam*) Tipp *m*

tipsy ['tɪpsi] *adj* beschwipst

tiptoe ['tɪptəʊ] **I.** *n* **on ~[s]** auf Zehenspitzen **II.** *vi* auf Zehenspitzen gehen; **to ~ in** hineinschleichen

tip-up seat *n* Klappsitz *m*

tire¹ ['taɪəʳ] *n* AM Reifen *m*

tire² ['taɪəʳ] **I.** *vt* ermüden; **to ~ oneself doing sth** von etw *dat* müde werden **II.** *vi* müde werden; **to ~ of sth** etw satthaben *fam*

tired <-er, -est> ['taɪəd] *adj* ❶ müde ❷ (*bored with*) **to be sick and ~ of sth/sb** von etw/jdm die Nase gestrichen voll haben *fam*

tiredness ['taɪədnəs] *n no pl* Müdigkeit *f*

tireless ['taɪələs] *adj* unermüdlich

tiresome ['taɪəsəm] *adj* mühsam; *habit* unangenehm

tiring ['taɪərɪŋ] *adj* ermüdend

tissue ['tɪʃuː, -sjuː] *n* ❶ (*for noses*) Papiertaschentuch *nt,* Tempo® *nt* ❷ (*for wrapping*) Seidenpapier *nt* ❸ *no pl* (*of animals or plants*) Gewebe *nt*

tit [tɪt] *n* ❶ (*bird*) Meise *f;* **blue ~** Blaumeise *f* ❷ (*vulg: breast*) Titte *f;* ▶ **~ for tat** wie du mir, so ich dir

title ['taɪtl̩] **I.** *n* ❶ Titel *m;* **job ~** Berufsbezeichnung *f* ❷ (*film credits*) **~s** *pl* Vor-/Nachspann *m* **II.** *vt book, film* betiteln

titleholder *n* Titelverteidiger(in) *m(f)* **title page** *n* Titelblatt *nt* **title role** *n* Titelrolle *f* **title track** *n* Titelsong *m*

to [tuː, tu, tə] **I.** *prep* ❶ (*moving towards*) zu; (*a named place*) nach; **she goes ~ university** sie geht auf die Universität; **~ the north** nördlich; **from place ~ place** von Ort zu Ort ❷ (*in direction of*) auf; **to point ~ sth** auf etw *akk* zeigen ❸ (*in contact with*) an; **cheek ~ cheek** Wange an Wange ❹ (*with indirect object*) **~ sb/sth** jdm/etw; **to be married ~ sb** mit jdm verheiratet sein; **to show sth ~ sb** jdm etw zeigen ❺ (*in response*) auf; **and what was her response ~ that?** und wie lautete ihr Antwort darauf? ❻ (*compared to*) mit; **I prefer beef ~ seafood** ich ziehe Rindfleisch Meeresfrüchten vor ❼ (*until*) bis, zu; **unemployment has risen ~ almost 5 million** die Arbeitslosigkeit ist auf fast 5 Millionen angestiegen; **and ~ this day ...** und bis auf den heutigen Tag ...; **from morning ~ night** von morgens bis abends ❽ BRIT (*in clock times*) vor, bis SÜDD; **it's twenty ~ six** es ist zwanzig vor sechs ▶ **there's not much ~ it** das ist nichts Besonderes **II.** *to form infin* ❶ (*expressing intention*) **I'll have ~ tell him** ich werde es ihm sagen müssen; **to be about ~ do sth** gerade etw tun wollen; **we tried ~ help** wir versuchten zu helfen ❷ (*omitting verb*) **would you like to go? — yes, I'd love ~** möchtest du hingehen? — ja, sehr gern ❸ (*expressing requests, wishes*) zu; **I asked her ~ give me a call** ich bat sie, mich anzurufen; (*expressing wish*) **would you**

T

like ~ **dance?** möchten Sie tanzen? ❹ (*after wh- words*) **I don't know what ~ do** ich weiß nicht, was ich tun soll **III.** *adv* zu; **to push the door ~** die Tür anlehnen; **to come ~** zu sich *dat* kommen

toad [təʊd] *n* Kröte *f*

toad-in-the-hole *n* BRIT *in Teig gebackene Wurst* **toadstool** *n* Giftpilz *m*

toast [təʊst] **I.** *n* ❶ *no pl* Toast *m;* **slice of ~** Scheibe *f* Toast ❷ (*when drinking*) Toast *m;* **to drink a ~ to sb** auf jdn trinken **II.** *vt* ❶ *nuts* rösten; *bread, muffin* toasten ❷ (*drink to*) trinken (auf)

toaster ['təʊstəʳ] *n* Toaster *m*

toast rack *n* Toastständer *m*

tobacco [tə'bækəʊ] *n no pl* Tabak *m*

tobacconist [tə'bækᵊnɪst] *n* Tabakwarenhändler(in) *m(f)*

-to-be [tə'biː] *in compounds boss-, husband-* zukünftige(r, s) *attr;* **bride-~** zukünftige Braut; **mother-~** werdende Mutter

toboggan [tə'bɒgᵊn] **I.** *n* Schlitten *m,* Rodel *f* ÖSTERR **II.** *vi* Schlitten fahren, rodeln ÖSTERR

toboggan run, toboggan slide *n* Rodelbahn *f*

today [tə'deɪ] **I.** *adv* heute; (*nowadays*) heutzutage **II.** *n no pl* heutiger Tag; **~'s paper** Zeitung *f* von heute

toddler ['tɒdləʳ] *n* Kleinkind *nt*

toe [təʊ] *n* (*on foot*) Zehe *f; of sock, shoe* Spitze *f;* ► **to <u>step</u> on sb's ~s** jdm [zu] nahetreten

toe cap *n* Schuhkappe *f* **toenail** *n* Zehennagel *m*

toffee ['tɒfi] *n* Toffee *nt,* Sahnebonbon *nt*

toffee apple *n* kandierter Apfel

tofu ['təʊfuː] *n* Tofu *m*

together [tə'geðəʳ] **I.** *adv* ❶ zusammen; **close ~** nah beisammen; **to go ~** zusammenpassen ❷ (*collectively*) zusammen, gemeinsam; **all ~ now** jetzt alle miteinander ❸ (*in relationship*) zusammen; **to get ~** zusammenkommen **II.** *adj* (*fam*) ausgeglichen

toilet ['tɔɪlɪt] *n* Toilette *f,* Klo *nt fam;* **to go to the ~** *esp* BRIT auf die Toilette gehen

toilet paper *n* Toilettenpapier *nt*

toiletries ['tɔɪlɪtriz] *n pl* Toilettenartikel *pl*

toiletries bag *n* Kulturbeutel *m*

toilet roll *n* BRIT, AUS Rolle *f* Toilettenpapier

token ['təʊkᵊn] **I.** *n* ❶ (*symbol*) Zeichen *nt;* **a ~ of sb's affection** ein Zeichen *nt* für jds Zuneigung ❷ BRIT, AUS (*voucher*) Gutschein *m* ❸ (*money substitute*) Chip *m* **II.** *adj attr* ❶ (*symbolic*) nominell ❷ (*pej: an appearance of*) Schein-; **a ~ offer** ein Pro-forma-Angebot *nt*

told [təʊld] *pt, pp of* **tell**

tolerance ['tɒlᵊrᵊn(t)s] *n* ❶ *no pl* Toleranz *f* (**of/towards** gegenüber) ❷ (*capacity to endure*) Toleranz *f,* Widerstandsfähigkeit *f* (**to** gegen); **~ to alcohol** Alkoholverträglichkeit *f*

tolerant ['tɒlᵊrᵊnt] *adj* tolerant (**of/towards** gegenüber)

tolerate ['tɒlᵊreɪt] *vt* ❶ tolerieren; **to ~ sb** jdn ertragen ❷ (*resist*) *pain, stress* aushalten; *drug* vertragen

toll¹ [təʊl] *n* ❶ (*for motorways etc.*) Maut *f* ❷ AM (*for phone call*) [Fernsprech]gebühr *f*

toll² [təʊl] *vt, vi bell* läuten

toll call *n* AM Ferngespräch *nt* **toll-free** *adj* gebührenfrei **toll road** *n* Mautstraße *f*

tomato <*pl* -es> [tə'mɑːtəʊ] *n* Tomate *f,* Paradeiser *m* ÖSTERR

tomato juice *n no pl* Tomatensaft *m*

tomb [tuːm] *n* Grab *nt;* (*mausoleum*) Gruft *f*

tomboy ['tɒmbɔɪ] *n* Wildfang *m*

tombstone ['tuːmstəʊn] *n* Grabstein *m*

tomcat ['tɒmkæt] *n* Kater *m*

tomorrow [tə'mɒrəʊ] **I.** *adv* morgen

II. *n* morgiger Tag; **~'s youth** Jugend *f* von morgen; **~ morning** morgen Früh ▶ **~ is another day** (*prov*) morgen ist auch noch ein Tag

ton <*pl* -> [tʌn] *n* ❶ Tonne *f;* **long ~** *1016,05 kg;* **short ~** *907,185 kg* ❷ (*fam*) **to weigh a ~** Unmengen wiegen

tone [təʊn] **I.** *n* ❶ MUS **half ~** Halbton *m;* (*of instrument*) Klang *m* ❷ (*manner of speaking*) Ton *m;* **a disrespectful ~** ein respektloser Ton ❸ TELEC Ton *m;* **dialling [***or* AM **dial] ~** Wählton *m* ❹ (*of colour*) Farbton *m* **II.** *vt muscles* fit halten **III.** *vi* **to ~ with sth** mit etw *dat* harmonieren

tone control *n* Klangregler *m*

tone-deaf *adj* **to be ~** unmusikalisch sein

toner ['təʊnəʳ] *n* ❶ (*for skin*) Gesichtswasser *nt* ❷ (*for photographs*) Toner *m*

toner cartridge, toner cassette *n* TYPO Tonerpatrone *f*

tongs [tɒŋz] *n pl* Zange *f;* **fire ~** Feuerzange *f*

tongue [tʌŋ] *n* Zunge *f;* **to bite one's ~** sich *dat* in die Zunge beißen ▶ **to set ~s wagging** Gerede verursachen

tongue-tied *adj* sprachlos; **to be ~ with surprise** vor Überraschung kein Wort herausbekommen **tongue twister** *n* Zungenbrecher *m*

tonic ['tɒnɪk] *n* ❶ (*medicine*) Tonikum *nt geh* ❷ (*sth that rejuvenates*) Erfrischung *f*

tonic (water) ['tɒnɪk-] *n* Tonic[water] *nt*

tonight [tə'naɪt] **I.** *adv* heute Abend; (*after midnight*) heute Nacht **II.** *n* der heutige Abend; **~'s meeting** das Treffen des heutigen Abends

tonsillitis [ˌtɒn(t)sᵊl'aɪtɪs] *n no pl* Mandelentzündung *f*

tonsils ['tɒn(t)sᵊlz] *n pl* MED Mandeln *pl*

tony ['təʊni] *adj attr* AM (*fam: classy*) *clothing* todschick; *restaurant, boutique, resort* nobel

too [tuː] *adv* ❶ (*overly*) *big, heavy, small* zu; **far ~ difficult** viel zu schwierig ❷ (*very*) sehr; **to not be ~ sure if ...** sich *dat* nicht ganz sicher sein, ob ... ❸ (*also*) auch; **me ~!** ich auch!

took [tʊk] *pt of* **take**

tool [tuːl] *n* ❶ Werkzeug *nt* ❷ (*aid*) Mittel *nt* ❸ (*occupational necessity*) Instrument *nt;* **to be a ~ of the trade** zum Handwerkszeug gehören

tool bag *n* Werkzeugtasche *f* **tool box** *n* Werkzeugkiste *f* **tool kit** *n* ❶ (*container*) Werkzeugkasten *m* ❷ COMPUT (*for program*) Werkzeug *nt,* Werkzeugausrüstung *f*

tooth <*pl* teeth> [tuːθ] *n* ❶ Zahn *m;* **to brush one's teeth** die Zähne putzen ❷ *usu pl of comb* Zinke *f; of saw* [Säge]zahn *m; of cog* Zahn *m;* ▶ **to get one's teeth into sth** sich in etw *akk* hineinstürzen

toothache *n no pl* Zahnschmerzen *pl* **toothbrush** *n* Zahnbürste *f* **toothpaste** *n no pl* Zahnpasta *f* **toothpick** *n* Zahnstocher *m*

top¹ [tɒp] *n* Kreisel *m*

top² [tɒp] **I.** *n* ❶ oberes Ende, Spitze *f; of mountain* [Berg]gipfel *m; of tree* [Baum]krone *f;* **from ~ to bottom** von oben bis unten ❷ *no pl* (*highest rank*) Spitze *f* ❸ FASHION Top *nt* ❹ (*lid*) Deckel *m;* ▶ **from ~ to toe** von Kopf bis Fuß; **to go over the ~** überreagieren **II.** *adj* ❶ *attr* (*highest*) oberste(r, s) ❷ (*best*) beste(r, s); **sb's ~ choice** jds erste Wahl ❸ *athlete, candidate* Spitzen- ❹ (*maximum*) höchste(r, s); **~ speed** Höchstgeschwindigkeit *f* **III.** *adv* BRIT **to come ~ [of the class]** Klassenbeste(r) *f(m)* sein **IV.** *vt* <-pp-> ❶ (*be at top of*) anführen; **to ~ a list** obenan auf einer Liste stehen ❷ (*surpass*) übertreffen

◆ **top off** *vt* ❶ FOOD garnieren (**with** mit) ❷ *esp* AM, AUS (*conclude satisfac-*

T

torily) abrunden (**with** mit)

◆ **top up** *vt* nachfüllen; **to ~ sb up** (*fam*) jdm nachschenken

topcoat *n* Deckanstrich *m* **top dog** *n* (*fam*) Boss *m* **top hat** *n* Zylinder *m* **top-heavy** *adj* kopflastig

topic ['tɒpɪk] *n* Thema *nt*

topical ['tɒpɪkᵊl] *adj* aktuell

topless ['tɒpləs] **I.** *adj* oben ohne *präd* **II.** *adv* **to go ~** oben ohne gehen

topmost *adj attr* oberste(r, s)

topping ['tɒpɪŋ] *n* Garnierung *f*

topple ['tɒpl] **I.** *vt* (*knock over*) umwerfen **II.** *vi* stürzen; *prices* fallen

◆ **topple over I.** *vt* umwerfen **II.** *vi* umfallen, stürzen (über)

top priority *n* höchste Priorität **top quality** *n* Spitzenqualität *f* **top secret** *adj* streng geheim **top-selling** *adj attr* meistverkauft **top speed** *n* Höchstgeschwindigkeit *f*

torch [tɔːtʃ] **I.** *n* <*pl* -es> ❶ AUS, BRIT Taschenlampe *f* ❷ (*burning stick*) Fackel *f*; **Olympic ~** olympisches Feuer **II.** *vt* (*fam*) in Brand setzen

torchlight I. *n no pl* Fackelschein *m* **II.** *adj attr* Fackel-

tore [tɔːʳ] *pt of* **tear**

torn [tɔːn] **I.** *pp of* **tear II.** *adj pred* (*unable to choose*) [innerlich] zerrissen

tornado [tɔː'neɪdəʊ] *n* <*pl* -es> Tornado *m*

torpedo [tɔː'piːdəʊ] MIL, NAUT **I.** *n* <*pl* -es> Torpedo *m* **II.** *vt* torpedieren

torrential [tə'ren(t)ʃᵊl] *adj* sintflutartig

tortoise ['tɔːtəs] *n* [Land]schildkröte *f*

tortoiseshell I. *n no pl* Schildpatt *nt* **II.** *adj attr* Schildpatt-

torture ['tɔːtʃəʳ] **I.** *n* ❶ *no pl* Folter *f* ❷ (*painful suffering*) Qual *f*, Tortur *f* **II.** *vt* foltern; **to be ~d by sth** von etw *dat* gequält werden

Tory ['tɔːri] POL **I.** *n* BRIT (*British Conservative*) Tory *m* (*Angehöriger der britischen konservativen Partei*) **II.** *adj* Tory-

toss <*pl* -es> [tɒs] **I.** *n* Wurf *m*; **to win the ~** den Münzwurf gewinnen **II.** *vt* werfen; **to ~ one's head** den Kopf zurückwerfen; **to ~ a coin** eine Münze werfen **III.** *vi* knobeln (**for** um) ► **to ~ and turn** sich hin und her wälzen

◆ **toss about, toss around** *vt* hin und her werfen; (*fig*) *proposal* zur Debatte stellen

◆ **toss away** *vt* wegwerfen

◆ **toss up** *vi* eine Münze werfen

total ['təʊtᵊl] **I.** *n* Gesamtsumme *f*; **in ~** insgesamt **II.** *adj* ❶ *attr* (*complete*) gesamt ❷ (*absolute*) völlig; **to be a ~ stranger** vollkommen fremd sein **III.** *vt* <-ll-> (*add up*) zusammenrechnen

totally ['təʊtᵊli] *adv* völlig

toucan ['tuːkæn] *n* Tukan *m*

touch [tʌtʃ] **I.** *n* <*pl* -es> ❶ Berührung *f*; **at the ~ of a button** auf Knopfdruck ❷ *no pl* (*ability to feel*) Tasten *nt*; **the sense of ~** der Tastsinn ❸ *no pl* (*communication*) Kontakt *m*; **to be in ~ with sb/sth** mit jdm/etw in Kontakt sein **II.** *vt* ❶ berühren, anfassen ❷ (*move emotionally*) bewegen ► **to ~ a [raw] nerve** einen wunden Punkt berühren **III.** *vi* berühren

◆ **touch down** *vi* AVIAT landen

◆ **touch off** *vt* auslösen

◆ **touch on, touch upon** *vi* ansprechen

◆ **touch up** *vt* ❶ (*improve*) auffrischen; *photograph* retuschieren ❷ BRIT (*fam: assault sexually*) **to ~ sb up** jdn begrapschen *pej*

touchdown *n* AEROSP, AVIAT Landung *f*

touched [tʌtʃt] *adj pred* gerührt

touching ['tʌtʃɪŋ] **I.** *adj* berührend **II.** *n* Berühren *nt kein pl*

touchline *n* BRIT SPORTS Seitenlinie *f*

touchy ['tʌtʃi] *adj* (*fam*) ❶ *person* empfindlich ❷ *situation* heikel

tough [tʌf] *adj* ❶ *object* robust; *person, animal, meat* zäh; *law* streng; **to be as ~ as old boots** nicht unterzukriegen sein ❷ (*fam: unlucky*) ~ **luck!** so ein Pech! *a. iron*

toughen ['tʌfᵊn] **I.** *vt* ❶ verstärken; **~ed glass** gehärtetes Glas ❷ (*make difficult to cut*) hart werden lassen **II.** *vi* stärker werden

toupee ['tu:peɪ] *n* Toupet *nt*

tour [tɔ:ʳ, tʊəʳ] **I.** *n* Reise *f*, Tour *f*; **guided ~** Führung *f*; **to be on ~** auf Tournee sein **II.** *vt* (*travel around*) bereisen **III.** *vi* **to ~ [with sb]** [mit jdm] auf Tournee gehen

tourism ['tɔ:rɪzᵊm, 'tʊə-] *n no pl* Tourismus *m*

tourist ['tʊərɪst] *n* Tourist(in) *m(f)* **tourist class** *n* Touristenklasse *f* **tourist guide** *n* ❶ (*book*) Reiseführer *m* ❷ (*person*) Fremdenführer(in) *m(f)* **tourist (information) office** *n* Touristeninformation *f* **tourist visa** *n* Reisevisum *nt*

tournament ['tɔ:nəmənt] *n* Turnier *nt*

tour operator *n* Reiseveranstalter *m*

tout [taʊt] **I.** *n* (*pej*) Schwarzhändler(in) *m(f)* **II.** *vt* (*advertise*) Reklame machen für

tow² [təʊ] **I.** *n* Schleppen *nt kein pl*; **to give sb a ~** jdn abschleppen **II.** *vt* ziehen; *vehicle* abschleppen

toward(s) [tə'wɔ:d(z)] *prep* ❶ (*in direction of*) in Richtung; **she walked ~ him** sie ging auf ihn zu ❷ (*near*) nahe; **we're well ~ the front of the queue** wir sind nahe dem Anfang der Schlange ❸ (*just before*) gegen; **~ midnight** gegen Mitternacht ❹ (*to goal of*) **to count ~ sth** auf etw *akk* angerechnet werden

tow bar *n* Abschleppstange *f* **tow boat** *n* AM NAUT Schlepper *m*

towel ['taʊəl] **I.** *n* Handtuch *nt*; **paper ~** Papiertuch *nt*; ► **to throw in the ~** das Handtuch werfen **II.** *vt* <-ll-> **to ~ sth dry** etw trockenreiben

towelette [ˌtaʊə'let] *n* Erfrischungstuch *nt*

towelling, AM **toweling** ['taʊəlɪŋ] *n* Frottee *nt o m*

towel rail *n* BRIT, AUS Handtuchstange *f*

tower [taʊəʳ] *n* Turm *m*; **office ~** Bürohochhaus *nt*; ► **a ~ of strength** ein Fels in der Brandung

◆ **tower above, tower over** *vi* aufragen; **to ~ above sb/sth** jdn/etw überragen

tower block *n* BRIT Hochhaus *nt*

town [taʊn] *n* Stadt *f*; **home ~** Heimatstadt *f*

town centre, AM **town center** *n* **the ~** das Stadtzentrum **town hall** *n* Rathaus *nt* **town house** *n* ❶ (*residence*) Stadthaus *nt* ❷ *esp* AM (*row house*) Reihenhaus *nt* **town twinning** *n no pl* Städtepartnerschaft *f*

tow truck *n* AM, AUS Abschleppwagen *m*

toy [tɔɪ] *n* Spielzeug *nt*; **cuddly ~** Kuscheltier *nt*

toy car *n* Spielzeugauto *nt* **toyshop** *n* Spielwarengeschäft *nt*

trace [treɪs] **I.** *n* ❶ (*sign*) Zeichen *nt*, Spur *f*; **to disappear without a ~** spurlos verschwinden ❷ (*slight amount*) Spur *f*; **~ of a smile** Anflug *m* eines Lächelns ❸ (*electronic search*) Aufzeichnung *f* **II.** *vt* (*follow trail*) auffinden; **to ~ sb** jds Spur verfolgen

track [træk] **I.** *n* ❶ (*path*) Weg *m*, Pfad *m* ❷ RAIL **~s** *pl* Gleise *pl*, Schienen *pl*; AM (*platform*) Bahnsteig *m* ❸ (*for curtains*) Schiene *f* ❹ *usu pl* (*mark*) Spur *f*; *of deer* Fährte *f* ❺ SPORTS *for running* Laufbahn *f*; ► **to be off the beaten ~** abgelegen sein; **to keep ~ of sth** etw im Auge behalten **II.** *vt* (*pursue*) verfolgen; **to ~ sb** jds Spur verfolgen

◆ **track down** *vt* aufspüren; *information* ausfindig machen

track and field *n no pl* SPORTS Leichtathletik *f*

tracker dog *n* Spürhund *m*

track event *n* SPORTS Laufwettbewerb *m* **track record** *n* ❶ SPORTS Streckenrekord *m* ❷ *of company, person* Erfolgs-

T

bilanz *f* **track shoe** *n* Laufschuh *m*
tracksuit *n* Trainingsanzug *m*

traction ['trækʃᵊn] *n no pl* ❶ *of car, wheels* Bodenhaftung *f* ❷ MED Strecken *nt;* **to be in ~** im Streckverband liegen

tractor ['træktəʳ] *n* Traktor *m*

trade [treɪd] **I.** *n* ❶ *no pl* Handel *m;* (*type of business*) Branche *f;* **building ~** Baugewerbe *nt* ❷ (*handicraft*) Handwerk *nt;* **to learn a ~** ein Handwerk erlernen **II.** *vi* ❶ (*exchange*) tauschen (**with** mit) ❷ (*do business*) Geschäfte machen ❸ STOCKEX handeln **III.** *vt* ❶ austauschen; *bets* abschließen; *insults, punches* austauschen ❷ STOCKEX handeln
◆ **trade in** *vt* in Zahlung geben

trade fair *n* Messe *f* **trademark** *n* ❶ (*of company*) Warenzeichen *nt* ❷ (*of person, music*) charakteristisches Merkmal **trade name** *n* Markenname *m* **trade price** *n* BRIT Großhandelspreis *m* **trade route** *n* Handelsweg *m*

tradesman ['treɪdzmən] *n* (*shopkeeper*) Händler *m;* (*craftsman*) Handwerker *m*

trade union *n* Gewerkschaft *f*

trade wind *n* Passat *m*

trading ['treɪdɪŋ] *n no pl* Handel *m;* **Sunday ~** BRIT Offenhalten *nt* der Geschäfte am Sonntag

trading estate *n* BRIT Industriegelände *nt*

T

tradition [trə'dɪʃᵊn] *n* Tradition *f,* Brauch *m*

traditional [trə'dɪʃᵊnᵊl] *adj* traditionell; *person* konservativ

traffic ['træfɪk] **I.** *n no pl* ❶ Verkehr *m;* **air ~** Luftverkehr *m* ❷ (*in illegal items*) illegaler Handel (**in** mit); **drug ~** Drogenhandel *m* **II.** *vi* <-ck-> handeln; **to ~ in drugs** mit Drogen handeln

traffic accident *n* Verkehrsunfall *m* **traffic circle** *n* AM Kreisverkehr *m* **traffic island** *n* ❶ (*pedestrian island*) Verkehrsinsel *f* ❷ AM (*central reservation*) Mittelstreifen *m* **traffic jam** *n* Stau *m* **traffic light** *n* BRIT Ampel *f* **traffic warden** *n* BRIT Verkehrspolizist(in) *m(f)*

tragedy ['trædʒədi] *n* Tragödie *f;* **it's a ~ that ...** es ist tragisch, dass ...

tragic ['trædʒɪk] *adj* tragisch

trail [treɪl] **I.** *n* ❶ (*path*) Weg *m,* Pfad *m* ❷ (*track*) Spur *f;* **~ of dust/smoke** Staubwolke *f*/Rauchfahne *f* **II.** *vt* **to ~ sb** ❶ (*follow*) jdm auf der Spur sein ❷ (*in a competition*) hinter jdm liegen **III.** *vi* ❶ (*drag*) schleifen ❷ (*be losing*) zurückliegen ❸ (*move sluggishly*) **to ~ [after sb]** [hinter jdm her] trotten
◆ **trail behind I.** *vi* zurückbleiben **II.** *vt* hinterherlaufen

trailer ['treɪləʳ] *n* ❶ Anhänger *m* ❷ AM (*caravan*) Wohnwagen *m*

trailer camp, trailer park *n* AM Wohnwagenabstellplatz *m*

trailwear *n* Outdoor-Kleidung *f*

train [treɪn] **I.** *n* ❶ RAIL Zug *m;* **to change ~s** umsteigen ❷ (*series*) Serie *f;* **~ of thought** Gedankengang *m* **II.** *vi* trainieren (**for** für) **III.** *vt* (*teach*) ausbilden; **to ~ sb for sth** jdn für etw *akk* ausbilden

train accident *n* Zugunglück *nt* **train driver** *n* Lokführer(in) *m(f)*

trained [treɪnd] *adj* ❶ (*educated*) ausgebildet ❷ (*expert*) *ear, eye* geschult

trainee [ˌtreɪ'ni:] *n* Auszubildende(r) *f(m)*

traineeship [ˌtreɪ'ni:ʃɪp] *n* Ausbildung *f*

trainee teacher *n* Referendar(in) *m(f),* Probelehrer(in) *m(f)* ÖSTERR

trainer ['treɪnəʳ] *n* ❶ (*teacher*) Trainer(in) *m(f);* (*of animals*) Dresseur(in) *m(f);* (*in circus*) Dompteur, Dompteuse *m, f* ❷ BRIT (*shoe*) Turnschuh *m*

train ferry *n* Zugfähre *f*

training ['treɪnɪŋ] **I.** *n no pl* ❶ Ausbildung *f;* (*seminar*) Schulung *f*

❷ SPORTS Training *nt* **II.** *adj attr* Schulungs-
training camp *n* SPORTS Trainingscamp *nt* **training course** *n* Vorbereitungskurs *m*
training programme, AM **training program** *n* Ausbildungsprogramm *nt* **training ship** *n* Schulschiff *nt*
train service *n no pl* Zugverkehr *m;* (*between two towns*) [Eisen]bahnverbindung *f*
traitor [ˈtreɪtəʳ] *n* Verräter(in) *m(f)*
tram [træm] *n* BRIT, AUS Straßenbahn *f*
tramline *n* BRIT, AUS ❶ (*route*) Straßenbahnlinie *f* ❷ (*tracks*) **~s** *pl* Straßenbahnschienen *pl*
tramp [træmp] **I.** *vi* (*walk*) marschieren; (*walk heavily*) trampeln **II.** *n* ❶ (*poor person*) Vagabund(in) *m(f),* Sandler(in) *m(f)* ÖSTERR ❷ *no pl* (*stomping sound*) schwere Schritte *pl;* (*tiring walk*) Fußmarsch *m*
trample [ˈtræmpl] **I.** *vt* niedertrampeln; *flowers, crops* zertrampeln **II.** *vi* **to ~ on sth** auf etw *dat* herumtrampeln
trampoline [ˈtræmpəliːn] *n* Trampolin *nt*
tranquil [ˈtræŋkwɪl] *adj setting* ruhig; *voice, expression* gelassen
tranquillizer, AM **tranquilizer** [ˈtræŋkwɪlaɪzəʳ] *n* Beruhigungsmittel *nt*
transfer **I.** *vt* <-rr> [træn(t)sˈfɜːʳ] ❶ *money* überweisen ❷ (*re-assign*) versetzen; *power* abgeben; *responsibility* übertragen ❸ (*redirect*) übertragen; *a call* weiterleiten **II.** *vi* <-rr> [træn(t)sˈfɜːʳ] (*change job*) überwechseln **III.** *n* [ˈtræn(t)sfɜːʳ] ❶ *of money* Überweisung *f; of ownership* Übertragung *f* ❷ *no pl of patients, prisoners* Verlegung *f* (**to** in/nach) ❸ (*at work*) Versetzung *f*
transferred charge call [ˌtræn(t)sfɜːdtʃɑːdʒˈ-] *n* BRIT R-Gespräch *nt*
transform [træn(t)sˈfɔːm] *vt* ❶ (*change*) verwandeln ❷ ELEC transformieren *fachspr*
transformation [ˌtræn(t)sfəˈmeɪʃən] *n* Verwandlung *f*
transfusion [træn(t)sˈfjuːʒən] *n no pl* MED Transfusion *f*
transgender [ˌtrænsˈdʒendəʳ] SOCIOL **I.** *adj* transgender **II.** *n* Transgender *m o f*
transgenic [trænzˈdʒenɪk] *adj* BIOL, AGR transgen
transistor [trænˈzɪstəʳ] *n* ELEC Transistor *m fachspr*
transit [ˈtræn(t)sɪt] **I.** *n no pl* Transit *m* **II.** *vt* durchqueren
transit desk *n* Transitschalter *m*
transition [trænˈzɪʃən] *n* Übergang *m;* **to be in ~** in einer Übergangsphase sein
transit lounge *n* Transitraum *m* **transit passenger** *n* Transitreisende(r) *f(m)* **transit visa** *n* Transitvisum *nt*
translate [trænzˈleɪt] *vt* übersetzen; **to ~ sth from English into German** etw aus dem Englischen ins Deutsche übersetzen
translation [trænzˈleɪʃən] *n* ❶ Übersetzung *f* ❷ *no pl* (*process*) Übersetzen *nt*
translator [trænzˈleɪtəʳ] *n* Übersetzer(in) *m(f)*
transmission [trænzˈmɪʃən] *n* ❶ *no pl* (*act of broadcasting*) Übertragen *nt;* (*broadcast*) Sendung *f* ❷ *no pl of disease* Übertragung *f; of hereditary disease* Vererbung *f* ❸ (*in car engine*) Getriebe *nt*
transmission speed *n* COMPUT Übertragungsgeschwindigkeit *f*
transmit <-tt-> [trænzˈmɪt] **I.** *vt* ❶ MED (*pass on*) übertragen ❷ (*impart*) übermitteln **II.** *vi* RADIO senden
transmitter [trænzˈmɪtəʳ] *n* Sender *m*
transparency [trænsˈpærən(t)si] *n* ❶ *no pl* (*quality*) Lichtdurchlässigkeit *f* ❷ *no pl* (*obviousness*) Durchschaubarkeit *f* ❸ (*slide*) Dia *nt;* (*for overhead*) Overheadfolie *f*
transparent [trænsˈpærənt] *adj* ❶ durch-

T

sichtig ❷ (*fig*) transparent *geh*

transplant I. *vt* [træn'splɑ:nt] ❶ MED (*from donor*) transplantieren ❷ (*replant*) umpflanzen ❸ (*relocate*) umsiedeln II. *n* ['træn(t)splɑ:nt] MED Transplantation *f fachspr*

transport I. *vt* [træn'spɔ:t] (*carry*) transportieren, befördern II. *n* ['træn(t)spɔ:t] ❶ *no pl* (*conveying*) Transport *m*, Beförderung *f* ❷ *no pl* (*traffic*) Verkehrsmittel *nt*; **public ~** öffentliche Verkehrsmittel *pl*

trap [træp] I. *n* (*snare*) Falle *f*; (*ambush*) Hinterhalt *m*; **to fall into a ~** in die Falle gehen II. *vt* <-pp-> ❶ (*snare*) **to ~ an animal** ein Tier [in einer Falle] fangen ❷ *usu passive* (*confine*) **to be ~ped** eingeschlossen sein; **to feel ~ped** sich gefangen fühlen ❸ (*catch*) *finger, nerve* einklemmen

trapdoor *n* (*door*) Falltür *f*

trapeze [trə'pi:z] *n* Trapez *nt*

trash [træʃ] I. *n no pl* AM ❶ (*waste*) Müll *m*, Abfall *m* ❷ (*pej fam: junk*) Ramsch *m* II. *vt* (*fam: wreck*) kaputt machen

trash can *n* AM (*dustbin*) Mülltonne *f*

trashy ['træʃi] *adj* (*pej fam*) wertlos

trauma ['trɔ:mə] *n* <*pl* -s> ❶ *no pl* (*shock*) Trauma *nt* ❷ MED (*injury*) Trauma *nt*

traumatic [trɔ:'mætɪk] *adj* (*disturbing*) traumatisierend; (*upsetting*) furchtbar

traumatize ['trɔ:mətaɪz] *vt usu passive* **to be ~d by sth** durch etw *akk* traumatisiert sein

travel ['træv^əl] I. *vi* <-ll-> reisen; (*by air*) fliegen; **to ~ by train** mit dem Zug fahren II. *vt* <-ll-> **to ~ the world** die Welt bereisen III. *n* ❶ *no pl* Reisen *nt* ❷ *pl* (*journey*) **~s** *pl* Reise *f*

travel agency *n* Reisebüro *nt* **travel allowance** *n* Reisekostenzuschuss *m* **travel card** *n* Tages-/Wochen-/Monatskarte *f*; (*for train also*) Netzkarte *f* **travel cot** *n* BRIT Kinderreisebett[chen] *nt*

traveler *n* AM *see* **traveller**

travel expenses *n pl* Reisekosten *pl*

traveling *n* AM *see* **travelling**

travel insurance *n* Reiseversicherung *f*; (*for cancellations*) Reiserücktrittsversicherung *f*

traveller ['træv^əlә^r] *n* ❶ Reisende(r) *f(m)* ❷ BRIT (*gypsy*) Zigeuner(in) *m(f)* *pej*

travelling ['træv^əlɪŋ] *n* Reisen *nt*

travelling bag *n* Reisetasche *f* **travelling circus** *n* Wanderzirkus *m* **travelling clock** *n* Reisewecker *m* **travelling salesman** *n* (*dated*) Vertreter(in) *m(f)*

travel-sick *adj* reisekrank **travel sickness** *n* Reisekrankheit *f*

trawler ['trɔ:lә^r] *n* Trawler *m*

tray [treɪ] *n* ❶ Tablett *nt* ❷ *esp* BRIT (*for papers*) Ablage *f*; **in-~** Ablage für Posteingänge

treacle ['tri:kl] *n no pl* BRIT Melasse *f*

tread [tred] I. *vi* <trod, trodden> ❶ (*step*) treten; **to ~ carefully** vorsichtig auftreten ❷ (*maltreat*) **to ~ on sb** jdn treten II. *vt* <trod, trodden> **to ~ sth down** *grass* etw niedertreten; **to ~ water** Wasser treten III. *n* ❶ *no pl* Tritt *m*, Schritt *m* ❷ (*profile*) *of tyre* [Reifen]profil *nt*

treason ['tri:z^ən] *n no pl* [Landes]verrat *m*

treasure ['treʒә^r] I. *n* ❶ *no pl* (*hoard*) Schatz *m* ❷ (*valuables*) **~s** *pl* Schätze *pl* II. *vt* [hoch]schätzen; **to ~ the memory of sb** die Erinnerung[en] an jdn bewahren

treasure hunt *n* Schatzsuche *f*

treasurer ['treʒ^ərә^r] *n* Schatzmeister(in) *m(f)*; *of club* Kassenwart(in) *m(f)*

treasury ['treʒ^əri] *n no pl* POL **the T~** das Finanzministerium

Treasury Secretary *n* AM Finanzminister(in) *m(f)*

treat [tri:t] I. *vt* ❶ MED *a.* behandeln; **to ~ sb badly** jdn schlecht behandeln ❷ (*regard*) betrachten (**as** als); **to ~ sth with contempt** etw mit Verach-

T

tung begegnen ❸ (*pay for*) **to ~ sb [to sth]** jdn [zu etw *dat*] einladen; **to ~ oneself [to sth]** sich *dat* etw gönnen ❹ *usu passive* (*process*) behandeln (**with** mit); *sewage* klären **II.** *n* [besonderes] Vergnügen; **to give oneself a ~** sich *dat* etw gönnen

treatment ['tri:tmənt] *n* Behandlung *f*

treaty ['tri:ti] *n* Vertrag *m* (**between** zwischen/**on** über)

treble ['trebl̩] **I.** *adj* ❶ (*three*) dreifach ❷ *attr* MUS Diskant- **II.** *adv* das Dreifache **III.** *vt* verdreifachen **IV.** *n* Sopran *m*

treble clef *n* MUS Violinschlüssel *m* **treble recorder** *n* MUS Altflöte *f*

tree [tri:] *n* Baum *m*

treeline *n no pl* **the ~** die Baumgrenze **tree-lined** *adj* von Bäumen gesäumt **treetops** *n pl* **the ~** die [Baum]wipfel *pl* **tree trunk** *n* Baumstamm *m*

trek [trek] **I.** *vi* <-kk-> wandern **II.** *n* Wanderung *f*

trekking ['trekɪŋ] *n* Trekking *nt*

tremble ['trembl̩] **I.** *vi* (*shake*) zittern; *lip, voice* beben; **to ~ like a leaf** zittern wie Espenlaub **II.** *n* Zittern *nt*

tremendous [trɪ'mendəs] *adj* ❶ (*big*) enorm; *crowd, scope* riesig; *success* enorm ❷ (*good*) super

tremor ['tremə^r] *n* ❶ Zittern *nt* ❷ (*earthquake*) Beben *nt*

trend [trend] *n* Trend *m*, Tendenz *f*; **the latest ~** der letzte Schrei *fam*

trend-conscious ['trendkɒn(t)ʃəs] *adj* trendbewusst, modebewusst

trendsetter ['trend,setə^r] *n* Trendsetter(in) *m(f)*

trendy ['trendi] *adj* modisch

trespass **I.** *n* <*pl* -es> ['trespəs] LAW (*intrusion*) unbefugtes Betreten **II.** *vi* ['trespəs] (*intrude*) unbefugt eindringen; **to ~ on sb's land** jds Land unerlaubt betreten

trespasser ['trespəsə^r] *n* Eindringling *m*; **"~s will be prosecuted!"** „unbefugtes Betreten wird strafrechtlich verfolgt!"

trial [traɪəl] **I.** *n* ❶ LAW Prozess *m*, [Gerichts]verhandlung *f*; **to stand ~** vor Gericht stehen ❷ (*test*) Probe *f*, Test *m*; **clinical ~s** klinische Tests *pl* **II.** *vt* <-ll-> *drugs* testen

trial period *n* Probezeit *f*

triangle ['traɪæŋgl̩] *n* ❶ Dreieck *nt* ❷ (*percussion*) Triangel *f*

triangular [traɪ'æŋgjələ^r] *adj* dreieckig

tribal ['traɪbəl] *adj* Stammes-

triband ['traɪbænd] *adj mobile phone* Triband-

tribe [traɪb] *n + sing/pl vb* Stamm *m*

tribesman *n* Stammesangehöriger *m*

tribunal [traɪ'bju:nəl] *n* ❶ (*court*) Gericht *nt* ❷ (*investigative body*) Untersuchungsausschuss *m*

tribune ['trɪbju:n] *n* (*dais*) Tribüne *f*

tributary ['trɪbjətəri] *n* Nebenfluss *m*

tribute ['trɪbju:t] *n* (*respect*) Tribut *m*; **to pay ~ to sb/sth** jdm/etw Tribut zollen *geh*

trick [trɪk] **I.** *n* ❶ (*ruse*) Trick *m*; **to play a ~ on sb** jdm einen Streich spielen ❷ (*knack*) Kunstgriff *m* ❸ (*illusion*) **a ~ of the light** eine optische Täuschung ▶ **a dirty ~** ein gemeiner Trick **II.** *adj attr question* Fang- **III.** *vt* ❶ (*deceive*) täuschen; **to ~ sb into doing sth** jdn dazu bringen, etw zu tun ❷ (*fool*) reinlegen *fam*

trickle ['trɪkl̩] **I.** *vi* (*flow*) sickern; (*in drops*) tröpfeln **II.** *vt* tröpfeln, träufeln **III.** *n* (*flow*) Rinnsal *nt geh*; *of blood* Tropfen *pl*

tricky ['trɪki] *adj* ❶ (*deceitful*) betrügerisch ❷ (*sly*) raffiniert

tricycle ['traɪsɪkl̩] *n* Dreirad *nt*

trier ['traɪə^r, AM -ɚ] *n* Kämpfernatur *f*; **to be a ~** sich *dat* sehr viel Mühe geben

trifle ['traɪfl̩] *n* ❶ BRIT Trifle *nt* (*Biskuitdessert mit Obst und Schlagsahne*) ❷ (*form: petty thing*) Kleinigkeit *f*

trigger ['trɪgə^r] **I.** *n* (*gun part*) Abzug *m*;

T

to pull the ~ abdrücken **II.** *vt* auslösen
trike [traɪk] *n short for* **tricycle** Dreirad *nt*
trilogy ['trɪlədʒi] *n* Trilogie *f*
trim [trɪm] **I.** *n no pl* ❶ (*cutting*) Nachschneiden *nt* ❷ (*edging*) Applikation *f* **II.** *adj* <-mer, -mest> ❶ (*neat*) ordentlich; *lawn* gepflegt ❷ (*slim*) schlank **III.** *vt* <-mm-> ❶ (*cut*) [nach]schneiden; *beard, hedge* stutzen ❷ (*decorate*) schmücken (**with** mit)
◆ **trim off** *vt* ❶ (*cut*) abschneiden ❷ (*reduce*) kürzen
trimming ['trɪmɪŋ] *n* ❶ *no pl* (*cutting*) Nachschneiden *nt* ❷ (*pieces*) **~s** *pl* Abfälle *pl*
trio <*pl* -s> ['triəʊ] *n* Trio *nt*
trip [trɪp] **I.** *n* ❶ (*journey*) Reise *f*, Fahrt *f*; **round ~** Rundreise *f* ❷ *esp* BRIT (*outing*) Ausflug *m* **II.** *vi* <-pp-> (*unbalance*) stolpern ▶ **to ~ off the tongue** leicht von der Zunge gehen **III.** *vt* <-pp-> (*unbalance*) **to ~ sb** jdm ein Bein stellen
◆ **trip over** *vt* (*be hindered*) stolpern (über) ▶ **to ~ over one's words** über seine Worte stolpern
◆ **trip up I.** *vt* ❶ (*unbalance*) **to ~ up sb** jdm ein Bein stellen ❷ (*foil*) zu Fall bringen **II.** *vi* ❶ (*stumble*) stolpern ❷ (*blunder*) einen Fehler machen
triple ['trɪpl̩] **I.** *adj* ❶ *attr* (*threefold*) dreifach ❷ *attr* (*of three parts*) Dreier- **II.** *adv* dreimal so viel **III.** *vt* verdreifachen

T

triplet ['trɪplət] *n usu pl* (*baby*) Drilling *m*
tripod ['traɪpɒd] *n* Stativ *nt*
triumph ['traɪəm(p)f] **I.** *n* ❶ (*victory*) Triumph *m*, Sieg *m* (**over** über) ❷ *no pl* (*joy*) Siegesfreude *f* **II.** *vi* (*win*) triumphieren (**over** über)
triumphant [traɪ'ʌm(p)fənt] *adj* ❶ (*victorious*) siegreich ❷ (*successful*) erfolgreich
trivial ['trɪviəl] *adj* (*unimportant*) trivial; *issue* belanglos
trod [trɒd], **trodden** ['trɒdᵊn] *pt, pp of* **tread I, II**
trolley ['trɒli] *n esp* BRIT, AUS (*cart*) Karren *m*; **luggage ~** Gepäckwagen *m*
trombone [trɒm'bəʊn] *n* Posaune *f*
troop [tru:p] **I.** *n* ❶ (*group*) Truppe *f*; *of animals* Schar *f* ❷ (*soldiers*) **~s** *pl* Truppen *pl* **II.** *vi* **to ~ off** (*fam*) abziehen
trophy ['trəʊfi] *n* (*prize*) Preis *m*; (*memento*) Trophäe *f*
tropic ['trɒpɪk] *n* ❶ (*latitude*) Wendekreis *m* ❷ (*hot region*) **the ~s** *pl* die Tropen *pl*
tropical ['trɒpɪkᵊl] *adj* Tropen-; **~ hardwoods** tropische Harthölzer
trot [trɒt] **I.** *n no pl* (*pace*) Trab *m*; *of horse* Trott; **the ~s** *pl* Dünnpfiff *m* **II.** *vi* <-tt-> ❶ (*walk*) trotten ❷ (*ride*) im Trab reiten **III.** *vt* <-tt-> *horse* traben lassen
◆ **trot along** *vi* traben
◆ **trot off** *vi* (*fam*) losziehen
trotter ['trɒtəʳ] *n* ❶ FOOD **~s** *pl* Schweinshaxen *pl* ❷ (*horse*) Traber *m*
trouble ['trʌbl̩] **I.** *n* ❶ *no pl* (*difficulties*) Schwierigkeiten *pl*; (*annoyance*) Ärger *m*; (*problem*) Problem *nt* ❷ *no pl* (*inconvenience*) Umstände *pl*; **it's no ~ at all** das macht gar keine Umstände *dat* ❸ *no pl* (*physical ailment*) **stomach ~** Magenbeschwerden *pl* **II.** *vt* ❶ (*form: cause inconvenience*) **to ~ sb for sth** jdn um etw *akk* bemühen *geh* ❷ (*cause worry*) beunruhigen **III.** *vi* sich bemühen
troubled ['trʌbl̩d] *adj* ❶ (*beset*) *situation* bedrängt ❷ (*worried*) besorgt
troublemaker *n* Unruhestifter(in) *m(f)*
troubleshooter *n* ❶ (*examiner*) Troubleshooter *m* (*jd, der Störungen aufspürt und beseitigt*) ❷ (*mediator*) Vermittler(in) *m(f)*; (*in crisis*) Krisenmanager *m*
troubleshooting *n no pl* ❶ (*fixing*) Feh-

ler-/Störungsbeseitigung *f* ❷ (*mediation*) Vermittlung *f*
troublesome ['trʌb|səm] *adj* schwierig
trouble spot *n* Unruheherd *m*
trough [trɒf] *n* ❶ (*bin*) Trog *m* ❷ (*low*) Tiefpunkt *m;* METEO Trog *m*
trousers ['traʊzəz] *n pl* BRIT Hose *f;* **a pair of ~** eine Hose
trouser suit *n* BRIT Hosenanzug *m*
trout [traʊt] *n* <*pl* -> Forelle *f*
trout farm *n* Forellenzucht *f*
truant ['tru:ənt] **I.** *n* Schulschwänzer(in) *m(f) fam;* **to play ~ [from school]** *esp* BRIT, AUS [die Schule] schwänzen *fam* **II.** *vi* [die Schule] schwänzen *fam*
truck [trʌk] **I.** *n* ❶ (*lorry*) Last[kraft]wagen *m;* **pickup ~** Lieferwagen *m* ❷ BRIT (*train*) Güterwagen *m* **II.** *vt esp* AM per Lastwagen transportieren
truck driver, trucker ['trʌkəʳ] *n* Lastwagenfahrer(in) *m(f);* (*long-distance*) Fernfahrer(in) *m(f)*
true [tru:] **I.** *adj* <-r, -st> ❶ wahr; **it is ~ [to say] that ...** es stimmt, dass ... ❷ *attr* (*actual*) echt, wahr, wirklich; **~ love** wahre Liebe ❸ (*loyal*) treu; **to be ~ to sb** jdm treu sein ▶ **~ to form** wie zu erwarten **II.** *adv* ❶ (*admittedly*) stimmt ❷ (*exactly*) genau
truffle ['trʌfl] *n* Trüffel *f o m*
truly ['tru:li] *adv* ❶ (*not falsely*) wirklich, wahrhaftig ❷ (*genuinely*) wirklich, echt
trump [trʌmp] **I.** *n* CARDS Trumpf *m* **II.** *vt* CARDS übertrumpfen
trumpet ['trʌmpɪt] **I.** *n* Trompete *f* **II.** *vi* trompeten **III.** *vt* (*esp pej*) ausposaunen *fam*
trumpeter ['trʌmpɪtəʳ] *n* Trompeter(in) *m(f)*
truncheon ['trʌn(t)ʃᵊn] *n* BRIT, AUS Schlagstock *m*
trunk [trʌŋk] *n* ❶ (*stem*) Stamm *m* ❷ (*body*) Rumpf *m* ❸ (*of elephant*) Rüssel *m* ❹ AM (*boot of car*) Kofferraum *m*
trunk road *n* BRIT Fern[verkehrs]straße *f*
trust [trʌst] **I.** *n* ❶ *no pl* Vertrauen *nt* ❷ FIN Treuhand *f kein pl;* **charitable ~** Stiftung *f* **II.** *vt* vertrauen (auf); **to ~ sb to do sth** jdm zutrauen, dass er/sie etw tut; **to ~ sb with sth** jdm etw anvertrauen
trust fund *n* Treuhandfonds *m*
trusting ['trʌstɪŋ] *adj* ❶ (*artless*) vertrauensvoll ❷ (*gullible*) leichtgläubig
trustworthy ['trʌstˌwɜ:ði] *adj* vertrauenswürdig
trusty ['trʌsti] *adj attr* (*hum*) zuverlässig
truth <*pl* -s> [tru:θ] *n no pl* Wahrheit *f;* **the ~** die Wahrheit (**about** über)
truthful ['tru:θfᵊl] *adj* ❶ (*true*) wahr ❷ (*sincere*) ehrlich
try [traɪ] **I.** *n* ❶ Versuch *m;* **to give sth a ~** etw ausprobieren ❷ (*in rugby*) Versuch *m* **II.** *vi* <-ie-> ❶ versuchen ❷ (*make an effort*) sich bemühen **III.** *vt* <-ie-> ❶ versuchen ❷ (*put to test*) *patience* auf die Probe stellen ❸ LAW vor Gericht stellen
◆ **try for** *vt* sich bemühen (um)
◆ **try on** *vt* anprobieren
◆ **try out** *vt* ausprobieren
trying ['traɪɪŋ] *adj* anstrengend; *time, phase* schwierig
try-on *n* BRIT, AUS (*fam*) [Täuschungs]versuch *m*
try-out *n* (*fam*) SPORTS Testspiel *nt*
tsetse fly ['tetsiˌflaɪ] *n* Tsetsefliege *f*
T-shirt ['ti:ʃɜ:t] *n* T-Shirt *nt*
tsunami [tsu:'na:mi] *n* Tsunami *m*
tub [tʌb] *n* ❶ (*vat*) Kübel *m* ❷ (*fam: bath*) [Bade]wanne *f*
tubby ['tʌbi] *adj* (*fam*) pummelig
tube [tju:b] *n* ❶ (*pipe*) Röhre *f;* (*bigger*) Rohr *nt;* **inner ~** Schlauch *m* ❷ *of toothpaste, cream* Tube *f* ❸ *no pl* BRIT (*fam: railway*) **the ~** die [Londoner] U-Bahn
tubeless ['tju:bləs] *adj* **~ tyre** schlauchloser Reifen
tuberculosis [tju:ˌbɜ:kjə'ləʊsɪs] *n no pl* Tuberkulose *f*

tube station *n* BRIT U-Bahnstation *f*

tuck [tʌk] **I.** *n* ❶ (*pleat*) Abnäher *m;* (*ornament*) Biese *f* ❷ (*med*) **a tummy ~** *Operation, bei der am Bauch Fett abgesaugt wird* **II.** *vt* (*fold*) stecken; **to ~ sb into bed** jdn ins Bett [ein]packen *fam*

◆ **tuck in I.** *vt* (*fold*) hineinstecken; **to ~ in one's shirt** sein Hemd in die Hose stecken **II.** *vi* (*fam*) reinhauen

◆ **tuck up** *vt* ❶ (*fold*) **to ~ up one's feet** seine Füße anziehen ❷ BRIT (*put to bed*) **to ~ up sb** jdn ins Bett stecken *fam*

tuck shop *n* BRIT (*dated*) Schulkiosk *nt* (*für Snacks und Süßwaren*)

Tuesday [ˈtjuːzdeɪ] *n* Dienstag *m;* [**on**] **~ afternoon** [am] Dienstagnachmittag; **a week on ~** Dienstag in einer Woche; **a week last ~** Dienstag vor einer Woche; **one ~** an einem Dienstag; [**on**] **~** [am] Dienstag; [**on**] **~s** dienstags

tuft [tʌft] *n* Büschel *nt*

tug [tʌg] **I.** *n* ❶ (*pull*) Ruck *m* (**at** an); **to give sth a ~** an etw *dat* zerren ❷ (*boat*) Schlepper *m* **II.** *vt* <-gg-> ziehen **III.** *vi* <-gg-> zerren (**at** an)

tuition [tjuˈɪʃᵊn] *n no pl esp* BRIT (*teaching*) Unterricht *m* (**in** in)

tulip [ˈtjuːlɪp] *n* Tulpe *f*

tumble [ˈtʌmbl] **I.** *vi* (*fall*) fallen; (*faster*) stürzen **II.** *n* (*fall*) Sturz *m;* **to take a ~** stürzen

tumbledown *adj attr building* baufällig

tumble drier, tumble dryer *n* Wäschetrockner *m*

tumbler [ˈtʌmbləʳ] *n* (*glass*) [Trink]glas *nt*

tummy [tʌmi] *n* (*fam*) Bauch *m*

tummy ache *n* (*fam*) Bauchweh *nt kein pl*

tumour, AM **tumor** [ˈtjuːməʳ] *n* Geschwulst *f*, Tumor *m*

tuna [ˈtjuːnə] *n no pl* Thunfisch *m*

tune [tjuːn] **I.** *n* Melodie *f* **II.** *vt* RADIO, AUTO einstellen

tuner [ˈtjuːnəʳ] *n* ❶ TECH Empfänger *m* ❷ MUS (*person*) Stimmer(in) *m(f)*

tuning fork *n* MUS Stimmgabel *f*

Tunisia [tjuːˈnɪziə] *n* Tunesien *nt*

Tunisian [tjuːˈnɪziən] **I.** *n* Tunesier(in) *m(f)* **II.** *adj* tunesisch

tunnel [ˈtʌnᵊl] **I.** *n* Tunnel *m* **II.** *vi* <-ll-> einen Tunnel graben; **to ~ under a river** einen Fluss untertunneln

turbocharged *adj* ❶ TECH mit Turboaufladung *nach n* ❷ (*sl: energetic*) Turbo-

turbulence [ˈtɜːbjələn(t)s] *n no pl* Turbulenz *f;* **air ~** Turbulenzen *pl*

turd [tɜːd] *n* (*vulg*) Scheißhaufen *m derb*

turf <*pl* -s> [tɜːf] **I.** *n* ❶ *no pl* (*grassy earth*) Rasen *m* ❷ (*square of grass*) Sode *f* **II.** *vt* Rasen verlegen

Turk [tɜːk] *n* Türke, Türkin *m, f*

turkey [ˈtɜːki] *n* ❶ ZOOL Pute(r) *f(m)* ❷ *no pl* (*meat*) Truthahn *m*, Putenfleisch *nt*

Turkey [ˈtɜːki] *n* Türkei *f*

Turkish [ˈtɜːkɪʃ] **I.** *adj* türkisch **II.** *n* Türkisch *nt*

turn [tɜːn] **I.** *n* ❶ (*rotation*) Drehung *f;* **give the screw a couple of ~s** drehen Sie die Schraube einige Male um ❷ (*change in direction*) Kurve *f;* SPORTS Wende *f* ❸ (*allotted time*) **it's my ~ now!** jetzt bin ich dran!; **to do sth in ~** etw abwechselnd tun ❹ (*service*) **to do sb a good ~** jdm einen guten Dienst erweisen **II.** *vt* ❶ (*rotate*) drehen ❷ (*switch direction*) wenden; **to ~ round the corner** um die Ecke biegen ❸ (*change*) **to ~ sth into sth** etw in etw *akk* umwandeln ▶ **to ~ the tables** [**on sb**] den Spieß umdrehen **III.** *vi* ❶ (*rotate*) sich drehen; *person* sich umdrehen ❷ (*switch direction*) *car* wenden; *wind* drehen ❸ (*change*) werden; **to ~ into sth** zu etw *dat* werden ❺ (*turn attention to*) **to ~ to sth** sich etw *dat* zuwenden

◆ **turn away I.** *vi* sich abwenden **II.** *vt* ❶ (*move*) wegrücken ❷ (*refuse entry*) abweisen

◆ **turn back** **I.** *vi* [wieder] zurückgehen; (*fig*) **there's no ~ing back now!** jetzt gibt es kein Zurück [mehr] ! **II.** *vt* ❶ (*send back*) zurückschicken ❷ (*put back*) **to ~ back the clocks** die Uhren zurückstellen

◆ **turn down** *vt* ❶ (*reject*) abweisen ❷ (*reduce level*) niedriger stellen

◆ **turn in** **I.** *vt* ❶ (*give to police*) abgeben ❷ (*fam: to the police*) **to ~ sb in** jdn verpfeifen **II.** *vi* ❶ (*fam: go to bed*) sich in die Falle hauen ❷ (*inwards*) **his toes ~ in when he walks** er läuft über den großen Onkel *fam*

◆ **turn off** **I.** *vt* (*switch off*) abschalten; *light* ausmachen; *radio, TV* ausschalten **II.** *vi* abbiegen; **to ~ off the path** den Weg verlassen

◆ **turn on** **I.** *vt* ❶ *computer, radio* einschalten ❷ (*fam: excite*) anmachen **II.** *vi* ❶ (*switch on*) einschalten ❷ (*attack*) **to ~ on sb** auf jdn losgehen

◆ **turn out** **I.** *vi* ❶ (*work out*) sich entwickeln; **how did it ~ out?** wie ist es gelaufen? *fam* ❷ (*be revealed*) sich herausstellen; **it ~ed out that ...** es stellte sich heraus, dass ... **II.** *vt* ❶ (*empty contents*) [aus]leeren; *pockets* umdrehen ❷ (*produce*) produzieren

◆ **turn over** **I.** *vi* ❶ *person* sich umdrehen; *car* sich überschlagen ❷ *engine* laufen ❸ BRIT TV umschalten **II.** *vt* (*move*) umdrehen; *page* umblättern; *soil* umgraben ► **to ~ over a new leaf** einen [ganz] neuen Anfang machen

◆ **turn up** **I.** *vi* ❶ (*show up*) erscheinen ❷ (*become available*) sich ergeben **II.** *vt* (*increase volume*) aufdrehen

turnabout *n* Umschwung *m*

turning ['tɜ:nɪŋ] *n* (*road*) Abzweigung *f*

turning area *n* AUTO Wendeplatz *m*

turning point *n* Wendepunkt *m*

turnip ['tɜ:nɪp] *n* [Steck]rübe *f*

turn-off ['tɜ:nɒf] *n* ❶ (*sth unappealing*) Gräuel *nt* ❷ (*fam: sexually unappealing*) **to be a real ~** abstoßend sein

turnout ['tɜ:naʊt] *n no pl* (*attendance*) Teilnahme *f* (**for** an)

turnover ['tɜ:nˌəʊvəʳ] *n* ❶ COMM Umsatz *m* ❷ (*in staff*) Fluktuation *f geh*

turnstile *n* SPORTS Drehkreuz *nt*

turntable *n* TECH, RAIL Drehscheibe *f*

turn-up ['tɜ:nʌp] *n esp* BRIT Aufschlag *m;* ► **to be a ~ for the book[s]** (*fam*) mal ganz was Neues sein

turquoise ['tɜ:kwɔɪz] **I.** *n* ❶ GEOL (*stone*) Türkis *m* ❷ (*colour*) Türkis *nt* **II.** *adj* türkis[farben]

turret ['tʌrɪt] *n* [Mauer]turm *m*

turtle <*pl* -> ['tɜ:tl] *n* Schildkröte *f*

tusk [tʌsk] *n* Stoßzahn *m*

tutor ['tju:təʳ] **I.** *n* Nachhilfelehrer(in) *m(f);* BRIT UNIV Tutor(in) *m(f)* **II.** *vt* Privatunterricht erteilen

tutorial [tju:'tɔ:riəl] *n* Tutorium *nt geh*

tux <*pl* -es> [tʌks] *n* AM (*fam*) *short for* **tuxedo** Smoking *m*

TV [ˌti:'vi:] *n abbrev of* **television** Fernseher *m*

TV guide *n* Fernsehzeitschrift *f*

'tweenager, 'tweenie [twi:ni] *n* (*fam*) *8 bis 12 Jahre altes Kind*

tweezers ['twi:zəz] *n pl* Pinzette *f*

twelfth [twelfθ] **I.** *adj* zwölfte(r, s) **II.** *adv* als zwölfte(r, s) **III.** *n* **the ~** der/die/das Zwölfte

twelve [twelv] **I.** *adj* zwölf; *see also* **eight** **II.** *n* Zwölf *f*

twentieth ['twentiɪθ] **I.** *adj* zwanzigste(r, s) **II.** *adv* an zwanzigster Stelle **III.** *n* **the ~** der/die/das Zwanzigste

twenty ['twenti] **I.** *adj* zwanzig; *see also* **eight** **II.** *n* Zwanzig *f; see also* **eight**

twice [twaɪs] **I.** *adv* zweimal; **~ a day** zweimal täglich **II.** *adj* doppelt

twig¹ [twɪg] *n* Zweig *m*

twig² <-gg-> [twɪg] *vt, vi* (*understand*) kapieren *fam*

twilight ['twaɪlaɪt] *n no pl* Dämmerung *f,* Zwielicht *nt;* **the ~ of sb's life** jds Lebensabend

twin [twɪn] **I.** *n* Zwilling *m* **II.** *adj* Zwillings- **III.** *vt* <-nn-> **to ~ sth [with sth]** etw [mit etw *dat*] [partnerschaftlich] verbinden

twin bed *n* Einzelbett *nt* (*eines von zwei gleichen Betten*) **twin brother** *n* Zwillingsbruder *m*

twinkle ['twɪŋkl] **I.** *vi* funkeln **II.** *n no pl* Funkeln *nt*

twin sister *n* Zwillingsschwester *f* **twin town** *n* BRIT Partnerstadt *f*

twist [twɪst] **I.** *vt* ❶ [ver]drehen; (*coil*) herumwickeln (**around** um); **to ~ sth on** etw aufdrehen ❷ (*sprain*) sich verrenken **II.** *vi* ❶ (*squirm*) sich winden ❷ (*dance*) twisten **III.** *n* ❶ Drehung *f*; **to give sth a ~** etw [herum]drehen ❷ (*sharp bend*) Kurve *f* ❸ (*unexpected change*) Wendung *f*

twisted ['twɪstɪd] *adj* ❶ (*bent and turned*) verdreht; **~ ankle** gezerrter Knöchel ❷ (*winding*) verschlungen ❸ (*perverted*) verdreht; **a ~ mind** ein verworrener Geist

twister ['twɪstəʳ] *n* Tornado *m*

twitch ['twɪtʃ] **I.** *vi, vt* zucken **II.** *n* <*pl* -es> **to have a [nervous] ~** nervöse Zuckungen haben

two [tuː] **I.** *adj* zwei; **are you ~ coming over?** kommt ihr zwei 'rüber?; **to break sth in ~** etw entzwei brechen; **the ~ of you** ihr beide; *see also* **eight** ▶ **~ can play at that game** (*prov*) wie du mir, so ich dir **II.** *n* Zwei *f*; *see also* **eight**

two-door **I.** *adj attr* AUTO zweitürig **II.** *n* zweitüriges Auto **two-faced** *adj* (*pej*) falsch

twofold ['tuːfəʊld] **I.** *adj* (*double*) zweifach; (*with two parts*) zweiteilig **II.** *adv* (*double*) zweifach; **to increase sth ~** etw verdoppeln

two-part *adj attr* zweiteilig **two-piece** *n* ❶ (*suit*) Zweiteiler *m* ❷ (*bikini*) Bikini *m* **two-seater** *n* (*car, sofa*) Zweisitzer *m*

twosome ['tuːsəm] *n* ❶ (*duo*) Duo *nt*; (*couple*) Paar *nt* ❷ (*dance for two*) Paartanz *m*

two-way *adj attr* ❶ (*traffic*) **~ street** Straße *f* mit Gegenverkehr ❷ *conversation, process* wechselseitig ❸ ELEC **~ switch** Wechselschalter *m*

tycoon [taɪ'kuːn] *n* [Industrie]magnat(in) *m(f)*

type [taɪp] **I.** *n* ❶ (*kind*) Art *f*; *of hair, skin* Typ *m*; *of food, vegetable* Sorte *f* ❷ (*character*) Typ *m*; **to be sb's ~** jds Typ sein *fam* **II.** *vt* (*write with machine*) tippen

◆ **type up** *vt report* erfassen

typewriter *n* Schreibmaschine *f* **typewritten** *adj* Maschine geschrieben

typhoon [taɪ'fuːn] *n* Taifun *m*

typical ['tɪpɪkᵊl] *adj* typisch; *symptom also* charakteristisch (**of** für)

typing ['taɪpɪŋ] **I.** *n no pl* Tippen *nt* **II.** *adj attr* Tipp-; **~ error** Tippfehler *m*

typist ['taɪpɪst] *n* Schreibkraft *f*

tyrant ['taɪrᵊnt] *n* Tyrann(in) *m(f)*

tyre [taɪəʳ] *n* Reifen *m*; **spare ~** Ersatzreifen *m*

tyre pressure *n no pl* Reifendruck *m*

tzetze fly ['tetsiˌflaɪ] *n see* **tsetse fly**

T

Uu

U <*pl* -'s>, **u** <*pl* -'s> [juː] *n* ❶ U *nt*, u *nt; see also* **A 1** ❷ (*sl: you*) du

U[1] [juː] *n* BRIT FILM *see* **universal** jugendfrei

U[2] [juː] AM, AUS (*fam*) *abbrev of* **university** Uni *f*

udder ['ʌdəʳ] *n* Euter *nt*

UFO [ˌjuːef'əʊ] *n* <*pl* -s> *abbrev of* **unidentified flying object** UFO *nt*

ugly ['ʌgli] *adj* hässlich; *weather* scheußlich; *rumours* übel; **to turn ~** eine üble Wendung nehmen

UK [juː'keɪ] *n abbrev of* **United Kingdom: the ~** das Vereinigte Königreich

ulcer ['ʌlsəʳ] *n* Geschwür *nt;* **stomach ~** Magengeschwür *nt*

Ulster ['ʌlstəʳ, AM -stɚ] *n no pl* Ulster *nt*

ulterior [ʌl'tɪəriəʳ] *adj* versteckt; **~ motive** Hintergedanke *m*

ultimate ['ʌltɪmət] **I.** *adj attr* beste(r, s); (*fundamental*) grundsätzlich; (*highest*) höchste(r, s); (*final*) letzte(r, s); *decision also* endgültig; **the ~ destination** das Endziel; **the ~ problem** das Grundproblem **II.** *n* **the ~** das Nonplusultra

ultimately ['ʌltɪmətli] *adv* letzten Endes; (*eventually*) letztlich

ultimatum <*pl* -ta> [ˌʌltɪ'meɪtəm] *n* Ultimatum *nt*

ultrasound *n no pl* Ultraschall *m*

umbilical cord [ʌm'bɪlɪkl̩] *n* Nabelschnur *f*

umbrella [ʌm'brelə] *n* Regenschirm *m;* (*from sun*) Sonnenschirm *m*

umbrella organization *n* Dachorganisation *f*

umpire ['ʌmpaɪəʳ] **I.** *n* Schiedsrichter(in) *m(f)* **II.** *vt* leiten

umpteen [ʌm(p)'tiːn] *adj* (*fam*) zig; **~ times** zigmal

umpteenth [ʌm(p)'tiːnθ] *adj* (*fam*) x-te(r, s)

UN [ˌjuː'en] *n abbrev of* **United Nations: the ~** die UN[O]; **ambassador to the ~** UN[O]-Botschafter(in) *m(f)*

unable [ʌn'eɪbl̩] *adj* unfähig; **to be ~ to do sth** etw nicht tun können

unacceptable [ˌʌnək'septəbl̩] *adj* inakzeptabel; *offer* unannehmbar

unaccompanied [ˌʌnə'kʌmpᵊnɪd] *adj* ohne Begleitung *nach n*

unadventurous [ˌʌnəd'ventʃᵊrəs] *adj* wenig unternehmungslustig; *life* unspektakulär

unafraid [ˌʌnə'freɪd] *adj* unerschrocken; **to be ~ of sb/sth** vor jdm/etw keine Angst haben; **to be ~ of doing sth** keine Angst davor haben, etw zu tun

unanimous [juː'nænɪməs] *adj* einstimmig

unappetizing [ʌn'æpətaɪzɪŋ] *adj* unappetitlich

unapproachable [ˌʌnə'prəʊtʃəbl̩] *adj* unzugänglich; *person also* unnahbar

unassuming [ˌʌnə'sjuːmɪŋ] *adj* bescheiden

unattached [ˌʌnə'tætʃt] *adj* einzeln; *batchelor* ungebunden

unattended [ˌʌnə'tendɪd] *adj* unbeaufsichtigt; **to leave sth/sb ~** etw/jdn allein lassen

unattractive [ˌʌnə'træktɪv] *adj* unattraktiv

unauthorized [ʌn'ɔːθᵊraɪzd] *adj* nicht autorisiert

unavailable [ˌʌnə'veɪləbl̩] *adj* ❶ nicht verfügbar; *person* nicht erreichbar; (*busy*) nicht zu sprechen ❷ *fiancé* **to be ~** vergeben sein

unavoidable [ˌʌnə'vɔɪdəbl̩] *adj* unvermeidlich

unaware [ˌʌnə'weəʳ] *adj* **to be ~ of sth**

U

sich *dat* einer S. *gen* nicht bewusst sein

unawares [ˌʌnəˈweəz] *adv* unerwartet; **to catch sb ~** jdn überraschen

unbearable [ʌnˈbeərəbl̩] *adj* unerträglich

unbeatable [ʌnˈbiːtəbl̩] *adj* unschlagbar

unbeaten [ʌnˈbiːtᵊn] *adj* ungeschlagen

unbelievable [ˌʌnbɪˈliːvəbl̩] *adj* unglaublich

unbreakable [ʌnˈbreɪkəbl̩] *adj* unzerbrechlich; *record* nicht zu brechen *präd; rule* unumstößlich

unbroken [ʌnˈbrəʊkᵊn] *adj* unbeschädigt; *promise* gehalten

unbutton [ʌnˈbʌtᵊn] *vt* aufknöpfen

uncalled for *pred*, **uncalled-for** [ʌnˈkɔːldfɔːʳ] *adj attr* unnötig; *remark* unpassend

uncertain [ʌnˈsɜːtᵊn] *adj* unsicher; *future* ungewiss; **in no ~ terms** klar und deutlich

uncertainty [ʌnˈsɜːtᵊnti] *n* ❶ Unbeständigkeit *f* ❷ *no pl* (*doubt*) Ungewissheit *f*

unchallenged [ʌnˈtʃælɪndʒd] *adj* unangefochten; **to go ~** unangefochten bleiben

unchanged [ʌnˈtʃeɪndʒd] *adj* unverändert

uncharacteristic [ʌnkærəktᵊrˈɪstɪk] *adj* untypisch (**of** für)

unclaimed [ʌnˈkleɪmd] *adj* nicht beansprucht; *letter* nicht abgeholt

uncle [ˈʌŋkl̩] *n* Onkel *m*

U

unclear [ʌnˈklɪəʳ] *adj* unklar; (*vague*) vage; **to be ~ about sth** in Bezug auf etw *akk* nicht sicher sein

uncomfortable [ʌnˈkʌm(p)ftəbl̩] *adj* unbequem; *silence* gespannt; **to feel ~** sich unwohl fühlen

uncommon [ʌnˈkɒmən] *adj* selten; *name also* ungewöhnlich

unconcerned [ˌʌnkənˈsɜːnd] *adj* unbekümmert; (*indifferent*) desinteressiert; **to be ~ about sth/sb** sich *dat* keine Sorgen über etw/jdn machen; **to be ~ with sth/sb** nicht an etw/jdm interessiert sein

unconditional [ˌʌnkənˈdɪʃᵊnᵊl] *adj* bedingungslos; *love also* rückhaltlos

unconfirmed [ˌʌnkənˈfɜːmd] *adj* unbestätigt

unconnected [ˌʌnkəˈnektɪd] *adj* unzusammenhängend

unconscious [ʌnˈkɒn(t)ʃəs] **I.** *adj* bewusstlos; (*unaware*) unbewusst; **to knock sb ~** jdn bewusstlos schlagen; **the ~ mind** das Unterbewusste **II.** *n no pl* **the ~** das Unterbewusstsein

unconsciously [ʌnˈkɒn(t)ʃəsli] *adv* unbewusst

unconsciousness [ʌnˈkɒn(t)ʃəsnəs] *n no pl* Bewusstlosigkeit *f;* (*unawareness*) Unbewusstheit *f*

uncontrollable [ˌʌnkənˈtrəʊləbl̩] *adj* unkontrollierbar; *urge* unstillbar

uncontrolled [ˌʌnkənˈtrəʊld] *adj* unkontrolliert; *aggression* unbeherrscht

unconvinced [ˌʌnkənˈvɪn(t)st] *adj* nicht überzeugt

unconvincing [ˌʌnkənˈvɪn(t)sɪŋ] *adj* nicht überzeugend; (*not credible*) unglaubwürdig; **rather ~** wenig überzeugend

uncooked [ʌnˈkʊkt] *adj* roh

uncooperative [ˌʌnkəʊˈɒpᵊrətɪv] *adj* unkooperativ

uncork [ʌnˈkɔːk] *vt* entkorken; **to ~ one's feelings** (*fig*) aus sich *dat* herausgehen

uncover [ʌnˈkʌvəʳ] *vt* freilegen; (*disclose*) entdecken; *scandal* aufdecken

undecided [ˌʌndɪˈsaɪdɪd] *adj* unentschlossen

undelivered [ˌʌndɪˈlɪvəd] *adj* nicht zugestellt

undemanding [ˌʌndɪˈmɑːndɪŋ] *adj* anspruchslos

under [ˈʌndəʳ] **I.** *prep* ❶ (*below*) **he waited/walked ~ the bridge** er wartete unter der/lief unter die Brücke ❷ (*supporting*) **to break ~ the weight**

unter dem Gewicht zusammenbrechen ❸ (*less than*) unter +*dat;* **to cost ~ £5** weniger als fünf Pfund kosten ❹ (*governed by*) unter +*dat;* **they are ~ strict orders** sie haben strenge Anweisungen ❺ **~ repair** in Reparatur ▶ [**already**] **~ way** [bereits] im Gange **II.** *adv* **to go ~** untergehen; *company* Pleite machen

underage *adj inv* minderjährig; **there are laws against ~ drinking** es gibt Gesetze, die Minderjährigen den Genuss von Alkohol verbieten

undercharge *vt, vi* zu wenig berechnen

underclothes *n pl*, **underclothing** *n no pl* (*form*) Unterwäsche *f*

underdeveloped *adj* unterentwickelt; *resource* unzureichend ausgebeutet; **~ country** Entwicklungsland *nt*

underdone *adj* nicht gar

underestimate I. *vt* unterschätzen **II.** *vi* eine zu geringe Schätzung abgeben **III.** *n* Unterbewertung *f*

undergraduate *n* Student(in) *m(f)*

underground I. *adj* ❶ *attr* RAIL U-Bahn-; **~ station** U-Bahn-Station *f* ❷ unterirdisch; **~ cable** Erdkabel *nt* ❸ POL Untergrund-; **~ movement** Untergrundbewegung *f* **II.** *adv* unter der Erde **III.** *n* ❶ *no pl esp* BRIT RAIL U-Bahn *f;* **by ~** mit der U-Bahn ❷ POL **the ~** der Untergrund

undermine *vt* untertunneln; (*weaken*) untergraben; *confidence* schwächen

underneath [ˌʌndəˈniːθ] **I.** *prep* unter +*dat;* (*with verbs of motion*) unter +*akk* **II.** *adv* darunter **III.** *n no pl* **the ~** die Unterseite

underpaid *adj* unterbezahlt

underpants *n pl* Unterhose *f*

underpass <*pl* -es> *n* Unterführung *f*

understaffed *adj* unterbesetzt

understand <-stood, -stood> [ˌʌndəˈstænd] **I.** *vt* ❶ verstehen; **to not ~ a single word** kein einziges Wort verstehen; **to ~ one another** sich verstehen ❷ (*sympathize with*) **to ~ sb/sth** für jdn/etw Verständnis haben ❸ (*empathize*) **to ~ sb** sich in jdn einfühlen können ❹ (*be informed*) **to ~ [that] ...** hören, dass ... **II.** *vi* verstehen; **to ~ from sth that ...** aus etw *dat* schließen, dass ...

understandable [ˌʌndəˈstændəbl̩] *adj* verständlich

understanding [ˌʌndəˈstændɪŋ] **I.** *n* ❶ *no pl* Verständnis *nt* ❷ (*agreement*) Übereinkunft *f;* **to come to an ~** zu einer Übereinkunft kommen ❸ *no pl* (*harmony*) Verständigung *f* **II.** *adj* verständnisvoll

understatement [ˌʌndəˈsteɪtmənt] *n* Untertreibung *f*

understood [ˌʌndəˈstʊd] *pt, pp of* **understand**

undertaker [ˈʌndəteɪkəʳ] *n* Leichenbestatter(in) *m(f); (firm)* Bestattungsinstitut *nt*

underwater I. *adj* Unterwasser- **II.** *adv* unter Wasser

underwear *n no pl* Unterwäsche *f*

underwhelming *adj* enttäuschend

undesirable [ˌʌndɪˈzaɪ(ə)rəbl̩] **I.** *adj* unerwünscht; **~ character** windiger Typ **II.** *n usu pl* unerwünschte Person

undeveloped [ˌʌndɪˈveləpt] *adj nation* unterentwickelt; *site* unerschlossen; (*immature*) unausgereift; PHOT nicht entwickelt

undid [ʌnˈdɪd] *pt of* **undo**

undo <-did, -done> [ʌnˈduː] *vt* ❶ (*untie*) öffnen ❷ **to ~ the damage** den Schaden beheben; **to ~ the good work** die gute Arbeit zunichtemachen ❸ COMPUT rückgängig machen

undone [ʌnˈdʌn] **I.** *vt pp of* **undo II.** *adj* **to come ~** aufgehen

undoubtedly [ʌnˈdaʊtɪdli] *adv* zweifellos

undress [ʌnˈdres] **I.** *vt* ausziehen; **to ~ sb with one's eyes** (*fig*) jdn mit den Augen ausziehen **II.** *vi* sich ausziehen

III. *n no pl* (*hum*) **in a state of ~** spärlich bekleidet

undressed [ʌnˈdrest] *adj pred* unbekleidet; **to get ~** sich ausziehen

unease [ʌnˈiːz], **uneasiness** [ʌnˈiːzɪnəs] *n no pl* Unbehagen *nt* (**over/at** über)

uneasy [ʌnˈiːzi] *adj* besorgt; *smile* gequält; (*unpleasant*) unangenehm; *feeling* ungut

unemployed [ˌʌnɪmˈplɔɪd] **I.** *n* **the ~** *pl* die Arbeitslosen **II.** *adj* arbeitslos

unemployment [ˌʌnɪmˈplɔɪmənt] *n no pl* Arbeitslosigkeit *f;* (*rate*) Arbeitslosenrate *f;* **long-/short-term ~** Langzeit-/Kurzzeitarbeitslosigkeit *f;* **mass ~** Massenarbeitslosigkeit *f*

uneven [ʌnˈiːvᵊn] *adj* uneben; (*unequal*) ungleich; *quality* uneinheitlich; (*odd*) ungerade

unexpected [ˌʌnɪkˈspektɪd] **I.** *adj* unerwartet; *opportunity* unvorhergesehen **II.** *n no pl* **the ~** das Unerwartete

unfair [ʌnˈfeəʳ] *adj* ungerecht

unfaithful [ʌnˈfeɪθfᵊl] *adj* untreu; (*disloyal*) illoyal *geh*

unfamiliar [ˌʌnfəˈmɪljəʳ] *adj* unvertraut; *experience* ungewohnt; **to be ~ to sb** jdm fremd sein; **to be ~ with sth** mit etw *dat* nicht vertraut sein

unfit [ʌnˈfɪt] *adj* nicht fit; (*incompetent*) ungeeignet (**for** für); **to be ~ to do sth** unfähig sein, etw zu tun

unfold [ʌnˈfəʊld] **I.** *vt* entfalten; *idea* darlegen; *story* entwickeln **II.** *vi* sich entwickeln

unforgettable [ˌʌnfəˈgetəbl̩] *adj* unvergesslich

unforgivable [ˌʌnfəˈgɪvəbl̩] *adj* unverzeihlich; **~ sin** Todsünde *f*

unfortunate [ʌnˈfɔːtʃᵊnət] **I.** *adj* unglücklich; (*regrettable*) bedauerlich; **to be ~ that ...** ungünstig sein, dass ... **II.** *n* (*form or hum*) Unglücksselige(r) *f(m)*

unfortunately [ʌnˈfɔːtʃᵊnətli] *adv* unglücklicherweise

unfriendly [ʌnˈfrendli] *adj* unfreundlich; (*hostile*) feindlich; **environmentally ~** umweltschädlich

unfurnished [ʌnˈfɜːnɪʃt] *adj* unmöbliert

ungrateful [ʌnˈgreɪtfᵊl] *adj* undankbar

unhappy [ʌnˈhæpi] *adj* unglücklich

unharmed [ʌnˈhɑːmd] *adj* unversehrt

unhealthy [ʌnˈhelθi] *adj* ungesund; (*unwell*) kränklich

unhip [ʌnˈhɪp] *adj* (*sl*) uncool *sl*

unhook [ʌnˈhʊk] *vt* abhängen; *fish* vom Haken nehmen; *clothing* aufmachen

unhurt [ʌnˈhɜːt] *adj* unverletzt

unification [ˌjuːnɪfɪˈkeɪʃᵊn] *n no pl* Vereinigung *f*

uniform [ˈjuːnɪfɔːm] **I.** *n* Uniform *f* **II.** *adj* einheitlich; *treatment* gleich bleibend; *rate* konstant

unify [ˈjuːnɪfaɪ] *vt, vi* [sich] vereinigen

uninhabited [ˌʌnɪnˈhæbɪtɪd] *adj* unbewohnt

uninhibited [ˌʌnɪnˈhɪbɪtɪd] *adj* ungehemmt

uninstall [ˌʌnɪnˈstɔːl] *vt* deinstallieren

unintentional [ˌʌnɪnˈten(t)ʃᵊnᵊl] *adj* unabsichtlich; *humour* unfreiwillig

unintentionally [ˌʌnɪnˈten(t)ʃᵊnᵊli] *adv* unabsichtlich

uninterested [ʌnˈɪntrəstɪd] *adj* uninteressiert; **to be ~ in sth/sb** kein Interesse an etw/jdm haben

uninteresting [ʌnˈɪntrəstɪŋ] *adj* uninteressant

union [ˈjuːnjən] *n* ❶ *no pl* Union *f;* **monetary ~** Währungsunion *f* ❷ + *sing/pl vb* (*organization*) Verband *m;* (*trade union*) Gewerkschaft *f*

Union Jack *n* Union Jack *m* (*britische Nationalflagge*)

unique [juːˈniːk] *adj* einzigartig; *opportunity* einmalig

unit [ˈjuːnɪt] *n* ❶ Einheit *f;* **central processing ~** Zentraleinheit *f;* **~ of currency** Währungseinheit *f* ❷ + *sing/pl vb* (*group*) Abteilung *f* ❸ AM, AUS (*apartment*) Wohnung *f*

unite [juːˈnaɪt] **I.** *vt* vereinigen (**with**

mit); (*fasten*) verbinden (**with** mit) **II.** *vi* sich vereinigen

united [juː'naɪtɪd] *adj* vereinigt; **~ Germany** wiedervereinigtes Deutschland; **to present a ~ front** Einigkeit demonstrieren

United Kingdom *n* **the ~** das Vereinigte Königreich **United Nations, UN I.** *n* **the ~** die Vereinten Nationen *pl* **II.** *n modifier* UN- **United States of America** *n* **the ~** die Vereinigten Staaten *pl* von Amerika

unity ['juːnəti] *n usu no pl* Einheit *f;* (*harmony*) Einigkeit *f*

universal [ˌjuːnɪ'vɜːsᵊl] *adj* universell; *agreement* allgemein; *truth* allgemein gültig; **~ language** Weltsprache *f*

universe ['juːnɪvɜːs] *n* Universum *nt*

university [ˌjuːnɪ'vɜːsəti] *n* Universität *f* **university lecturer** *n* Hochschuldozent(in) *m(f)* **university town** *n* Universitätsstadt *f*

unjustified [ʌn'dʒʌstɪfaɪd] *adj* ungerechtfertigt

unjustly [ʌn'dʒʌstli] *adv* ungerecht; (*wrongfully*) zu Unrecht

unkind [ʌn'kaɪnd] *adj* unfreundlich; (*nasty*) gemein; **to be ~ to hair/skin** die Haare/die Haut angreifen

unknown [ʌn'nəʊn] **I.** *adj* unbekannt; **~ to me, ...** ohne mein Wissen ... **II.** *n* Ungewissheit *f*

unleaded [ʌn'ledɪd] *adj* unverbleit; *petrol* bleifrei

unless [ʌn'les] *conj* **~ I'm mistaken** wenn ich mich nicht irre; **he won't come ~ he has time** er wird nicht kommen, außer wenn er Zeit hat

unlike [ʌn'laɪk] **I.** *adj pred* unähnlich **II.** *prep* ❶ **to be ~ sb/sth** jdm/etw nicht ähnlich sein ❷ (*in contrast to*) im Gegensatz zu

unlikely [ʌn'laɪkli] *adj* unwahrscheinlich; **it seems ~ that ...** es sieht nicht so aus, als ob ...

unlimited [ʌn'lɪmɪtɪd] *adj* unbegrenzt

unload [ʌn'ləʊd] **I.** *vt* ❶ entladen; *container* ausladen ❷ (*fam: get rid of*) abstoßen **II.** *vi* ❶ abladen ❷ (*ship*) entladen

unlock [ʌn'lɒk] *vt* aufschließen; (*release*) freisetzen

unlocked [ʌn'lɒkt] *adj* unverschlossen

unlucky [ʌn'lʌki] *adj* glücklos; **to be ~** Pech haben; *portent* Unglück bringen

unmarried [ʌn'mærɪd] *adj* unverheiratet

unmistak(e)able [ʌnmɪ'steɪkəbl̩] *adj* unverkennbar; *symptom* eindeutig

unmoved [ʌn'muːvd] *adj usu pred* unbewegt

unnatural [ʌn'nætʃᵊrᵊl] *adj* unnatürlich; PSYCH abnorm

unnecessary [ʌn'nesəsᵊri] *adj* unnötig

unnoticed [ʌn'nəʊtɪst] *adj pred* unbemerkt; **to go ~** nicht bemerkt werden

unobtainable [ˌʌnəb'teɪnəbl̩] *adj* unerreichbar

unoccupied [ʌn'ɒkjəpaɪd] *adj* unbewohnt; MIL nicht besetzt

unofficial [ˌʌnə'fɪʃᵊl] *adj* inoffiziell; **in an ~ capacity** inoffiziell

unpack [ʌn'pæk] *vt, vi* auspacken; *car* ausladen

unpaid [ʌn'peɪd] *adj* unbezahlt

unpleasant [ʌn'plezᵊnt] *adj* unangenehm; (*unfriendly*) unfreundlich

unplug <-gg-> [ʌn'plʌg] *vt* ausstecken

unpopular [ʌn'pɒpjələʳ] *adj* unbeliebt; (*not widely accepted*) unpopulär; **to be ~** wenig Anklang finden

unpredictable [ˌʌnprɪ'dɪktəbl̩] *adj* unvorhersehbar; *weather* unberechenbar

unprofessional [ˌʌnprə'feʃᵊnᵊl] *adj* unprofessionell; **~ conduct** berufswidriges Verhalten

unqualified [ʌn'kwɒlɪfaɪd] *adj* ❶ unqualifiziert ❷ (*unreserved*) bedingungslos; **an ~ disaster** eine Katastrophe grenzenlosen Ausmaßes

unreadable [ʌn'riːdəbl̩] *adj* unleserlich

unreal [ʌn'rɪəl] *adj* unwirklich

unrealistic [ˌʌnrɪə'lɪstɪk] *adj* unrealistisch

unreasonable [ʌnˈriːzᵊnəbl̩] *adj* unvernünftig; (*unfair*) übertrieben; *demand* überzogen; **don't be so ~! he's doing the best he can** verlang nicht so viel! er tut sein Bestes

unreliable [ˌʌnrɪˈlaɪəbl̩] *adj* unzuverlässig

unrepeatable [ˌʌnrɪˈpiːtəbl̩] *adj* nicht wiederholbar

unreserved [ˌʌnrɪˈzɜːvd] *adj* uneingeschränkt; *table* nicht reserviert; *open* offen; **~ friendliness** Herzlichkeit *f*

unrestricted [ˌʌnrɪˈstrɪktɪd] *adj* uneingeschränkt

unripe [ʌnˈraɪp] *adj* unreif

unroll [ʌnˈrəʊl] **I.** *vt* aufrollen **II.** *vi* sich abrollen [lassen]

unsafe [ʌnˈseɪf] *adj* ❶ unsicher; *sex* ungeschützt; **to be ~ to do sth** gefährlich sein, etw zu tun ❷ *pred* (*in danger*) nicht sicher

unsaid [ʌnˈsed] **I.** *adj* (*form*) ungesagt; **to leave sth ~** etw ungesagt lassen **II.** *vt pt, pp of* **unsay**

unsatisfactory [ʌnˌsætɪsˈfæktᵊri] *adj* unzureichend; *answer* unbefriedigend; (*grade*) ungenügend

unsatisfied [ʌnˈsætɪsfaɪd] *adj* unzufrieden; (*unconvinced*) nicht überzeugt; **to leave sb/sth ~** jdn/etw nicht befriedigen

unscheduled [ʌnˈʃedjuːld] *adj* außerplanmäßig; *stop* außerfahrplanmäßig

unscrupulous [ʌnˈskruːpjələs] *adj* skrupellos

unsealed [ʌnˈsiːld] *adj* unversiegelt

U

unseen [ʌnˈsiːn] *adj* ungesehen

unselfish [ʌnˈselfɪʃ] *adj* selbstlos

unsettle [ʌnˈsetl̩] *vt* verunsichern; *balance* stören

unsettled [ʌnˈsetl̩d] *adj* instabil; *weather* unbeständig; (*troubled*) unruhig; *issue* noch anstehend

unsettling [ʌnˈsetl̩ɪŋ] *adj* beunruhigend; **to have the ~ feeling that ...** das ungute Gefühl haben, dass ...

unshaved [ʌnˈʃeɪvd], **unshaven** [ʌnˈʃeɪvᵊn] *adj* unrasiert

unsightly <-ier, -iest> [ʌnˈsaɪtli] *adj* unansehnlich

unskilled [ʌnˈskɪld] *adj* ❶ ungeschickt ❷ *worker* ungelernt; **~ job** Tätigkeit *f* für ungelernte Arbeitskräfte

unsociable [ʌnˈsəʊʃəbl̩] *adj* ungesellig

unsocial [ʌnˈsəʊʃᵊl] *adj* BRIT nicht sozialverträglich; **to work ~ hours** außerhalb der normalen Arbeitszeiten arbeiten

unsold [ʌnˈsəʊld] *adj* unverkauft

unspeakable [ʌnˈspiːkəbl̩] *adj* unbeschreiblich

unstable [ʌnˈsteɪbl̩] *adj* nicht stabil; (*fig*) instabil; **emotionally ~** [psychisch] labil

unsuccessful [ˌʌnsəkˈsesfᵊl] *adj* erfolglos; *attempt* vergeblich

unsuitable [ʌnˈsjuːtəbl̩] *adj* nicht geeignet

unsure [ʌnˈʃʊəʳ] *adj* unsicher; **to be ~ of oneself** kein Selbstvertrauen haben

unthinkable [ʌnˈθɪŋkəbl̩] **I.** *adj* undenkbar; (*shocking*) unfassbar **II.** *n no pl* **the ~** das Unvorstellbare

unthinking [ʌnˈθɪŋkɪŋ] *adj* unbedacht; (*unintentional*) unabsichtlich

untidy [ʌnˈtaɪdi] *adj* unordentlich; (*unorganized*) unsystematisch

untie <-y-> [ʌnˈtaɪ] *vt* lösen; *boat* losbinden

until [ʌnˈtɪl] **I.** *prep* bis; **two more days ~ Easter** noch zwei Tage bis Ostern; **not ~ seven** erst um sieben; **not ~ tomorrow** erst morgen **II.** *conj* (*esp form*) bis; **I laughed ~ tears rolled down my face** ich lachte, bis mir die Tränen kamen; **he won't stop ~ everything is finished** er hört nicht auf, bevor nicht alles fertig ist; **to not do sth ~ ...** etw erst [dann] tun, wenn ...

untouched [ʌnˈtʌtʃt] *adj* unberührt; *drink* nicht angerührt; **to be ~ by sth**

von etw *dat* nicht betroffen sein

untreated [ʌn'triːtɪd] *adj* unbehandelt; *sewage* ungeklärt

untrue [ʌn'truː] *adj* ❶ unwahr ❷ *pred* (*not faithful*) untreu (**to** +*dat*)

untrustworthy [ʌn'trʌstˌwɜːði] *adj* unzuverlässig

unused[1] [ʌn'juːzd] *adj* unbenutzt; **to go ~** nicht genutzt werden

unused[2] [ʌn'juːst] *adj pred* **to be ~ to sth** an etw *akk* nicht gewöhnt sein

unusual [ʌn'juːʒəl] *adj* ungewöhnlich; (*uncharacteristic*) untypisch; (*remarkable*) außergewöhnlich

unusually [ʌn'juːʒəli] *adv* ungewöhnlich; **~ for me, ...** ganz gegen meine Gewohnheit ...

unwaged [ʌn'weɪʤd] *adj* BRIT unbezahlt; (*unemployed*) arbeitslos

unwell [ʌn'wel] *adj pred* **sb is ~** jdm geht es nicht gut

unwilling [ʌn'wɪlɪŋ] *adj* widerwillig; **to be ~ to do sth** nicht gewillt sein, etw zu tun

unwillingly [ʌn'wɪlɪŋli] *adv* ungern

unwind <unwound, unwound> [ʌn'waɪnd] **I.** *vi* sich abwickeln; (*relax*) sich entspannen **II.** *vt* abwickeln

unwise [ʌn'waɪz] *adj* unklug

unwrap <-pp-> [ʌn'ræp] *vt* auspacken; (*reveal*) enthüllen

unwritten [ʌn'rɪtən] *adj* nicht schriftlich fixiert; *tradition* mündlich

unzip <-pp-> [ʌn'zɪp] *vt* den Reißverschluss aufmachen; COMPUT auspacken

up [ʌp] **I.** *adv* ❶ nach oben; **hands ~!** Hände hoch!; **four flights ~** vier Etagen höher; **halfway ~** auf halber Höhe; **farther ~** weiter oben ❷ (*awake*) auf; **to be ~ late** lange aufbleiben; **~ and about** auf den Beinen ❸ (*toward*) **~ to sb/sth** auf jdn/etw zu; **to walk ~ to sb** auf jdn zugehen ❹ **~ until** bis +*akk;* **~ to yesterday** bis gestern ❺ **to be ~ against sb/sth** es mit jdm/etw zu tun haben ❻ **to be ~ to sb** von jdm abhängen; **I'll leave it ~ to you** ich überlasse dir die Entscheidung ❼ (*contrive*) **to be ~ to sth** etw vorhaben; **to be ~ to no good** nichts Gutes im Schilde führen ❽ (*be adequate*) **to be ~ to sth** etw *dat* gewachsen sein; **are you sure you're ~ to it?** bist du sicher, dass du das schaffst?; **his German isn't ~ to much** sein Deutsch ist nicht besonders gut **II.** *prep* ❶ hinauf/herauf; **~ the ladder/mountain/stairs** die Leiter/den Berg/die Treppe hinauf; **~ and down** auf und ab; **he's ~ that ladder** er steht dort oben auf der Leiter ❷ (*along*) [**just**] **~ the road** ein Stück die Straße hinauf; **~ the river** flussauf[wärts] ▶ **to be ~ the <u>creek</u>** [**without a paddle**] [schön] in der Klemme sitzen; **~ <u>yours</u>!** (*vulg*) ihr könnt/du kannst mich mal! **III.** *adj* ❶ *attr* nach oben *nach n* ❷ *pred* (*leading*) **Liverpool is two goals ~** Liverpool liegt mit zwei Toren in Führung ❸ *pred* (*working*) funktionstüchtig; **do you know when the server will be ~ again?** weißt du, wann der Server wieder in Betrieb sein wird? ❹ *pred* (*finished*) vorbei; **your time is ~!** Ihre Zeit ist um! ❺ *pred* **to be ~ for sale** zum Verkauf stehen ❻ *pred* (*fam*) **something is ~** irgendetwas ist im Gange; **what's ~?** was ist los?; **how well ~ are you in Spanish?** (*fam*) wie fit bist du in Spanisch?; **who's ~ for a walk?** wer hat Lust auf einen Spaziergang? **IV.** *n* Hoch *nt;* **~s and downs** Höhen und Tiefen *pl* ▶ **to be <u>on</u> the ~ and ~** BRIT, AUS (*fam*) im Aufwärtstrend begriffen sein **V.** *vt* <-pp-> erhöhen; *price, tax* anheben

upbringing ['ʌpˌbrɪŋɪŋ] *n usu sing* Erziehung *f*

upcoming ['ʌpˌkʌmɪŋ] *adj* bevorstehend

update I. *vt* [ʌp'deɪt] aktualisieren **II.** *n* ['ʌpdeɪt] Aktualisierung *f;* COMPUT Update *nt*

upfront [ʌp'frʌnt] *adj* (*fam*) ❶ *pred* offen; **to be ~ about sth** etw offen sagen ❷ *attr* Voraus-; **~ payment** Anzahlung *f*

upgrade **I.** *vt* [ʌp'greɪd] verbessern; COMPUT erweitern; *person* befördern **II.** *n* ['ʌpgreɪd] ❶ COMPUT Aufrüsten *nt* ❷ AM Steigung *f*

upgradeable [ʌp'greɪdəbl̩] *adj* COMPUT aufrüstbar

upheaval [ʌp'hiːvəl] *n no pl* Aufruhr *m;* **political ~** politische Umwälzung[en]

uphill [ʌp'hɪl] **I.** *adv* bergauf **II.** *adj* bergauf; (*difficult*) mühselig; *struggle* hart **III.** *n* Steigung *f*

upholstery [ʌp'həʊlstəri] *n no pl* Polsterung *f*

upkeep ['ʌpkiːp] *n no pl* Instandhaltung *f; of ex* Unterhalt *m*

upon [ə'pɒn] *prep* (*usu form*) ❶ auf *+dat;* (*with verbs of motion*) auf *+akk;* **he put his hand ~ her shoulder** er legte seine Hand auf ihre Schulter ❷ (*at time of*) bei *+dat;* **~ arrival** bei Ankunft ❸ (*concerning*) **we settled ~ a price** wir einigten uns auf einen Preis; **he was intent ~ following in his father's footsteps** er war entschlossen, in die Fußstapfen seines Vaters zu treten

upper ['ʌpər] **I.** *adj attr* ❶ obere(r, s); *arm, jaw etc.* Ober- ❷ *rank* höhere(r, s); **the ~ middle class** die gehobene Mittelschicht ❸ *location* höher gelegen; **the U~ Rhine** der Oberrhein **II.** *n* Obermaterial *nt*

U

upper class *n + sing/pl vb* Oberschicht *f* **upper-class** *adj* der Oberschicht *nach n;* **in ~ circles** in den gehobenen Kreisen

upright ['ʌpraɪt] *adj* aufrecht; (*honest*) anständig

uproot [ʌp'ruːt] *vt* herausreißen; (*fig*) **to ~ oneself** seine Heimat verlassen

upset **I.** *vt* [ʌp'set] ❶ aus der Fassung bringen; (*distress*) mitnehmen; **to ~ oneself** sich aufregen ❷ (*push*) umwerfen; *glass* umstoßen; *boat* zum Kentern bringen **II.** *adj* [ʌp'set] ❶ *pred* traurig; (*distressed*) bestürzt; **to be ~ [that] ...** traurig sein, dass ...; **to be ~ to hear/read/see that ...** mit Bestürzung hören/lesen/sehen, dass ... ❷ *boat* umgestoßen **III.** *n* ['ʌpset] ❶ *no pl* Ärger *m* ❷ (*fam*) **stomach ~** Magenverstimmung *f*

upside down *adj* auf dem Kopf stehend *attr;* **that picture is ~** das Bild hängt verkehrt herum

upstairs [ʌp'steəz] **I.** *adj* oben *präd,* obere(r, s) *attr* **II.** *adv* **the people who live ~** die Leute über uns; **to run ~** nach oben rennen

upstream [ʌp'striːm] **I.** *adj* **the ~ part of the river** der obere Teil des Flusses **II.** *adv* flussaufwärts; **to swim ~** gegen den Strom schwimmen

uptake ['ʌpteɪk] *n no pl* Aufnahme *f;* ► **to be quick /slow on the ~** (*fam*) schnell schalten/schwer von Begriff sein

uptight [ʌp'taɪt] *adj* (*fam*) nervös; **don't get ~ about the exam** mach dich wegen der Prüfung nicht verrückt

up-to-date *adj attr* zeitgemäß

upward ['ʌpwəd] **I.** *adj usu* AM Aufwärts-; **~ movement** Aufwärtsbewegung *f* **II.** *adv* aufwärts

urban ['ɜːbən] *adj attr* städtisch; **~ area** Stadtgebiet *nt;* **~ decay** Verfall *m* der Innenstadt; **~ population** Stadtbevölkerung *f*

urgency ['ɜːdʒən(t)si] *n no pl* Dringlichkeit *f; of problem also* Vordringlichkeit *f;* (*insistence*) Eindringlichkeit *f*

urgent ['ɜːdʒənt] *adj* dringend, (*insistent*) eindringlich; *steps* eilig; *plea* deutlich; **to be in ~ need of sth** dringend etw benötigen

urgently ['ɜːdʒəntli] *adv* dringend; (*insistently*) eindringlich

urinal [jʊə'raɪnəl, -rɪ-] *n* Pissoir *nt*

urine ['jʊərɪn] *n no pl* Urin *m*

urn [ɜ:n] *n* [Grab]urne *f;* **tea ~** Teekessel *m*

us [ʌs, əs] *pron* uns *in dat o akk;* **let ~ know** lassen Sie es uns wissen; **both/many of ~** wir beide/viele von uns; **it's ~** wir sinds; **older than ~** älter als wir

USA [ˌju:es'eɪ] *n no pl abbrev of* **United States of America**: **the ~** die USA *pl*

USB [ˌju:es'bi:] *n acr for* **Universal Serial Bus** COMPUT USB *m;* **~ flash drive** USB-Stick *m*

use I. *vt* [ju:z] ❶ benutzen; *chance, skills* nutzen; *dictionary, idea* verwenden ❷ (*manipulate*) benutzen; (*exploit*) ausnutzen ❸ **I could ~ some help** ich könnte etwas Hilfe gebrauchen; **I could ~ a drink now** ich könnte jetzt einen Drink vertragen **II.** *n* [ju:s] ❶ Verwendung *f;* **for ~ in an emergency** für den Notfall; **for ~ in case of fire** bei Feuer; **for external ~ only** nur zur äußerlichen Anwendung; **to make ~ of sth** etw benutzen; **can you make ~ of that?** kannst du das gebrauchen? ❷ (*usefulness*) Nutzen *m;* **is this of any ~ to you?** kannst du das vielleicht gebrauchen?; **it's no ~ [doing sth]** es hat keinen Zweck[, etw zu tun] ❸ **to have the ~ of sth** etw benutzen dürfen ❹ **to be out of ~** nicht funktionieren
◆ **use up** *vt* verbrauchen

used[1] [ju:st] *vt* **he ~ to teach** er hat früher unterrichtet; **my father ~ to say ...** mein Vater sagte [früher] immer, ...

used[2] [ju:zd] *adj* ❶ gebraucht; **~ clothes** Secondhandkleidung *f* ❷ (*familiar with*) **to be ~ to sth** etw gewohnt sein; **to become ~ to sth** sich an etw *akk* gewöhnen

useful ['ju:sfᵊl] *adj* nützlich (**for** für); **to make oneself ~** sich nützlich machen; **to come in ~** gut zu gebrauchen sein

usefulness ['ju:sfᵊlnəs] *n no pl* Nützlichkeit *f; of contribution also* Brauchbarkeit *f*

useless ['ju:sləs] *adj* ❶ sinnlos; **it's ~ [doing sth]** es ist sinnlos[, etw zu tun] ❷ (*fam: inept*) **he's a ~ goalkeeper** er taugt nichts als Torwart; **to be ~** nichts taugen; *object* zu nichts zu gebrauchen sein ❸ **to render sth ~** etw unbrauchbar machen

user ['ju:zʳ] *n* Benutzer(in) *m(f);* **drug ~** Drogenkonsument(in) *m(f)*

user-friendly *adj* COMPUT benutzerfreundlich

usual ['ju:ʒᵊl] **I.** *adj* üblich; **as [per] ~** wie üblich **II.** *n* (*fam*) **the ~** das Übliche

usually ['ju:ʒᵊli] *adv* normalerweise

utility [ju:'tɪləti] **I.** *n* ❶ Nützlichkeit *f* ❷ *usu pl* (*public service*) Leistungen *pl* der öffentlichen Versorgungsbetriebe **II.** *adj* Mehrzweck-; **~ vehicle** Mehrzweckfahrzeug *nt*

utmost ['ʌtməʊst] **I.** *adj attr* größte(r, s); **with the ~ care/precision** so sorgfältig/genau wie möglich **II.** *n no pl* **the ~** das Äußerste (**in** an); **at the ~** höchstens; **to the ~** bis zum Äußersten; **to try one's ~** sein Bestes geben

utter[1] ['ʌtəʳ] *adj attr* vollkommen; **~ fool** Vollidiot(in) *m(f) fam;* **~ nonsense** absoluter Blödsinn; **a complete and ~ waste of time** eine totale Zeitverschwendung

utter[2] ['ʌtəʳ] *vt* (*liter*) ❶ **no one ~ed a sound** keiner brachte einen Ton heraus; **to ~ a groan** stöhnen; **without ~ing a word** ohne ein Wort zu sagen ❷ (*put into words*) sagen; *oath* schwören; *prayer* sprechen

utterly ['ʌtəli] *adv* vollkommen; **to be ~ convinced that ...** vollkommen [davon] überzeugt sein, dass ...

U-turn ['ju:tɜ:n] *n* ❶ Wende *f; of plan* Kehrtwendung *f;* **to do a ~** wenden

Vv

V <*pl* -'s> *n*, **v** <*pl* -'s> [viː] *n* ❶ V *nt*, v *nt; see also* **A 1** ❷ (*shape*) V *nt;* **V-shaped neck** V-Ausschnitt *m*

v [viː] **I.** *adv abbrev of* **very II.** *n* LING *abbrev of* **verb** v **III.** *prep abbrev of* **verse, verso, versus** vs.

vacancy ['veɪkᵊn(t)si] *n* ❶ (*unoccupied room*) freies Zimmer; **'vacancies'** ‚Zimmer frei' ❷ (*employment*) freie Stelle

vacant ['veɪkᵊnt] *adj* ❶ *bed, chair, seat* frei; (*on toilet door*) **'~'** ‚frei' ❷ *position, job* unbesetzt; **to fall ~** frei werden ❸ (*expressionless*) leer

vacate [və'keɪt] *vt* räumen; *job* aufgeben; *seat* frei machen

vacation [və'keɪʃᵊn] *n* ❶ AM (*holiday*) Ferien *pl*, Urlaub *m;* **to take a ~** Urlaub machen ❷ UNIV Semesterferien *pl*

vaccinate ['væksɪneɪt] *vt* impfen (**against** gegen)

vaccination [ˌvæksɪ'neɪʃᵊn] *n* [Schutz]impfung *f* (**against** gegen)

vaccine ['væksiːn] *n* Impfstoff *m*

vacuum <*pl* -s> ['vækjuːm] **I.** *n* ❶ Vakuum *nt* ❷ (*fig: gap*) Vakuum *nt fig*, Lücke *f;* **to fill a ~** eine Lücke füllen **II.** *vt* [staub]saugen; **to ~ up sth** etw aufsaugen

vacuum bottle, vacuum flask *n esp* BRIT Thermosflasche® *f*

vacuum cleaner *n* Staubsauger *m*

vagina [və'dʒaɪnə] *n* ANAT Vagina *f*

vagrant ['veɪgrᵊnt] *n* (*dated*) Landstreicher(in) *m(f)*

vague [veɪg] *adj* ❶ ungenau; *memory, promises* vage; *figure, shape* verschwommen ❷ (*imprecise*) zerstreut; **to be ~ about sth** sich [nur] vage zu etw *dat* äußern

vain [veɪn] *adj* ❶ (*pej*) eitel; (*conceited*) eingebildet ❷ (*futile*) sinnlos; **in ~** vergeblich, umsonst

valentine ['væləntaɪn] *n Person, die am Valentinstag von ihrem Verehrer/ihrer Verehrerin beschenkt wird*

valid ['vælɪd] *adj* ❶ *argument, decision* begründet ❷ *passport, qualification* gültig

valley ['væli] *n* Tal *nt*

valuable ['væljuəbl] *adj* wertvoll; *gems* kostbar

value ['væljuː] **I.** *n* ❶ *no pl* Wert *m;* (*significance*) Bedeutung *f* ❷ (*moral ethics*) **~s** *pl* Werte *pl* **II.** *vt* ❶ (*deem significant*) schätzen; **to ~ sb as a friend** jdn als Freund schätzen ❷ FIN schätzen

value-added tax *n* Mehrwertsteuer *f*

valued ['væljuːd] *adj* (*form*) geschätzt

valve [vælv] *n* ❶ (*control device*) Ventil *nt* ❷ (*body part*) Klappe *f*

vampire ['væmpaɪəʳ] *n* Vampir *m*

van [væn] *n* ❶ Transporter *m;* **delivery ~** Lieferwagen *m* ❷ AM (*car type*) Kleinbus *m*

vandal ['vændᵊl] *n* Vandale *m pej*

vandalism ['vændᵊlɪzᵊm] *n no pl* Vandalismus *m*

vandalize ['vændᵊlaɪz] *vt* mutwillig zerstören; *building* verwüsten

vanilla [və'nɪlə] *n no pl* Vanille *f*

vanish ['vænɪʃ] *vi* verschwinden; **to ~ into thin air** sich in Luft auflösen

vanity ['vænəti] *n* ❶ *no pl* Eitelkeit *f* ❷ AM, AUS (*Vanitory unit*) Schminktisch *m*

vanity bag, vanity case *n* Schminktasche *f*

vantage point *n* ❶ (*outlook*) Aussichtspunkt *m* ❷ (*fig: ideological perspective*) Blickpunkt *m*

vapour, AM **vapor** ['veɪpəʳ] *n* (*steam*)

Dampf *m;* (*breath*) Atem[hauch] *m*

vapour trail *n* Kondensstreifen *m*

variable ['veəriəbl] **I.** *n* Variable *f* **II.** *adj* variabel, veränderlich; *quality* wechselhaft

variation [ˌveəri'eɪʃən] *n* ① *no pl* Abweichung *f* ② (*difference*) Schwankung[en] *f*[*pl*]

varied ['veərid] *adj* unterschiedlich; *career* bewegt

variety [və'raɪəti] *n* ① *no pl* Vielfalt *f;* (*differing from one another*) Verschiedenartigkeit *f;* **a ~ of courses** verschiedene Kurse ② (*type*) Sorte *f;* **a new ~ of tulip** eine neue Tulpensorte

variety show *n* Varietéshow *f*

vari·fo·cal ['veərɪfəʊkəl, AM 'verɪfoʊ-] *adj lenses, glasses* Gleitsicht-

various ['veəriəs] *adj* verschieden

varnish ['vɑːnɪʃ] **I.** *n* <*pl* -es> Lack *m;* (*on painting*) Firnis *m* **II.** *vt* lackieren

vary <-ie-> ['veəri] **I.** *vi* variieren, verschieden sein; **to ~ greatly** stark voneinander abweichen **II.** *vt* variieren; **to ~ one's diet** abwechslungsreich essen

varying ['veəriɪŋ] *adj* unterschiedlich; (*fluctuating*) variierend

vase [vɑːz] *n* Vase *f*

VAT [ˌviːer'tiː] *n no pl* BRIT *abbrev of* **value added tax** MwSt *f*

Vatican ['vætɪkən] *n no pl* **the ~** der Vatikan

vault [vɔːlt] **I.** *n* ① (*arch*) Gewölbebogen *m* ② (*ceiling*) Gewölbe *nt* ③ (*strongroom*) Tresorraum *m* **II.** *vt* (*jump*) **to ~ sth** über etw *akk* springen

vaulting horse *n* Sprungpferd *nt*

VCR [ˌviːsiː'ɑː, AM -'ɑːr] *n* AM *abbrev of* **video cassette recorder** Videorekorder *m*

veal [viːl] *n no pl* Kalbfleisch *nt*

veg[1] [vedʒ] *n no pl* (*fam*) *short for* **vegetable**(**s**) Gemüse *nt*

veg[2] [vedʒ] *vi* (*fam*) **to ~ out** herumhängen

vegan ['viːgən] **I.** *n* Veganer(in) *m(f)* **II.** *adj* vegan

vegetable ['vedʒtəbl] *n* ① (*plant*) Gemüse *nt;* **fresh fruit and ~s** frisches Obst und Gemüse ② (*fig, pej fam*) **to be a ~** vor sich *dat* hin vegetieren

vegetable fat *n* pflanzliches Fett **vegetable garden** *n* Gemüsegarten *m* **vegetable oil** *n* pflanzliches Öl

vegetarian [ˌvedʒɪ'teəriən] **I.** *n* Vegetarier(in) *m(f)* **II.** *adj* vegetarisch

vehicle ['vɪəkl] *n* Fahrzeug *nt*

vehicle registration number *n* Kfz-Kennzeichen *nt*

veil [veɪl] **I.** *n* (*a. fig*) Schleier *m* **II.** *vt usu passive* ① (*cover by veil*) **to be ~ed** verschleiert sein ② (*envelop*) einhüllen

vein [veɪn] *n* Vene *f;* (*any blood vessel*) Ader *f*

Velcro® ['velkrəʊ] *n no pl* Klettverschluss *m*

velvet ['velvɪt] *n no pl* Samt *m*

vending machine *n* Automat *m*

vendor ['vendɔːr] *n* Straßenverkäufer(in) *m(f)*

venetian blind *n* Jalousie *f*

venison ['venɪsən] *n no pl* Rehfleisch *nt*

venom ['venəm] *n no pl* Gift *nt*

venomous ['venəməs] *adj* giftig *a. fig*

ventilation [ˌventɪ'leɪʃən] *n no pl* Belüftung *f*

ventilator ['ventɪleɪtər] *n* ① (*air outlet*) Abzug *m* ② (*breathing apparatus*) Beatmungsgerät *nt*

ventriloquist [ven'trɪləkwɪst] *n* Bauchredner(in) *m(f)*

venture ['ventʃər] **I.** *n* Projekt *nt;* ECON Unternehmen *nt* **II.** *vt* **to ~ sth** etw vorsichtig äußern

◆ **venture out** *vi* sich *akk* hinauswagen

venue ['venjuː] *n* Veranstaltungsort *m;* (*for competition*) Austragungsort *m*

Venus ['viːnəs] *n no pl* Venus *f*

veranda(**h**) [və'rændə] *n* Veranda *f*

verbal ['vɜːbəl] *adj* ① (*oral*) mündlich ② (*pertaining to verb*) **~ noun** Verbalsubstantiv *nt*

verdict ['vɜːdɪkt] *n* Urteil *nt;* **~ of not guilty** Freispruch *m*

verge [vɜːdʒ] *n* (*physical edge*) Rand *m;* **on the ~ of the desert** am Rand der Wüste

◆ **verge on** *vi* **to ~ on the ridiculous** ans Lächerliche grenzen

verification [ˌverɪfɪ'keɪʃᵊn] *n no pl* Verifizierung *f geh;* (*checking*) Überprüfung *f*

verify <-ie-> ['verɪfaɪ] *vt* verifizieren *geh;* (*check*) überprüfen; (*confirm*) belegen

versatile ['vɜːsətaɪl] *adj* vielseitig

verse [vɜːs] *n* ❶ *no pl* (*poetical writing*) Dichtung *f;* **volume of ~** Gedichtband *m* ❷ (*stanza*) *a.* MUS Strophe *f*

version ['vɜːʃᵊn, -ʒᵊn] *n* Version *f; of book, text, film* Fassung *f*

versus ['vɜːsəs] *prep* gegen

vertebra <*pl* -brae> ['vɜːtɪbrə] *n* Wirbel *m*

vertebrate ['vɜːtɪbreɪt] BIOL **I.** *n* Wirbeltier *nt* **II.** *adj attr* Wirbel-

vertical ['vɜːtɪkᵊl] **I.** *adj* senkrecht, vertikal **II.** *n* (*vertical line*) Senkrechte *f*

vertigo ['vɜːtɪgəʊ] *n no pl* Schwindel *m;* MED Gleichgewichtsstörung *f*

very ['veri] **I.** *adv* ❶ sehr; **how are you? — ~ well, thanks** wie geht es dir? — sehr gut, danke; **~ much** sehr ❷ + *superl* (*to add force*) aller-; **the ~ best** der/die/das Allerbeste; **the ~ next day** schon am nächsten Tag ❸ (*I agree*) **~ well** [also] gut **II.** *adj attr* genau; **at the ~ bottom** zuunterst; **the ~ thought ...** allein der Gedanke ...

vest [vest] *n* ❶ BRIT (*underwear*) Unterhemd *nt* ❷ *esp* AM (*outer garment*) Weste *f* ❸ BRIT (*T-shirt*) **~** [**top**] ärmelloses T-Shirt

vet [vet] **I.** *n* Tierarzt, Tierärztin *m, f* **II.** *vt* <-tt-> (*examine*) überprüfen

veterinary ['vetᵊrɪnᵊri] *adj attr* tierärztlich; **~ medicine** Tiermedizin *f*

VHF [ˌviːeitʃ'ef] **I.** *n no pl abbrev of* **very high frequency** UKW **II.** *adj attr abbrev of* **very high frequency** UKW-

via ['vaɪə] *prep* ❶ (*through*) über ❷ (*using*) per, via

viaduct ['vaɪədʌkt] *n* Viadukt *m o nt;* (*bridge*) Brücke *f*

vibes [vaɪbz] *n pl* (*fam*) ❶ (*atmosphere*) Schwingungen *pl* ❷ (*vibraphone*) Vibraphon *nt*

vibrant ['vaɪbrᵊnt] *adj person* lebhaft; (*dynamic*) dynamisch; *economy* boomend; *colour* leuchtend

vibrate [vaɪ'breɪt] *vi* vibrieren; *person* zittern

vibration [vaɪ'breɪʃᵊn] *n* Vibration *f,* Erschütterung *f*

vicar ['vɪkəʳ] *n* Pfarrer *m*

vicarage ['vɪkᵊrɪdʒ] *n* Pfarrhaus *nt*

vice[1] [vaɪs] *n* (*weakness*) Laster *nt*

vice[2] [vaɪs] *n* (*tool*) Schraubstock *m*

vice-chairman *n* stellvertretende(r) Vorsitzende(r) **vice-chancellor** *n* (*senior official*) Vizekanzler(in) *m(f);* BRIT UNIV Rektor(in) *m(f)* **vice president** *n* Vizepräsident(in) *m(f)*

vice versa [ˌvaɪsi'vɜːsə] *adv* umgekehrt

vicinity [vɪ'sɪnəti] *n* Nähe *f;* (*surrounding area*) Umgebung *f*

vicious ['vɪʃəs] *adj* ❶ (*malicious*) boshaft, gemein ❷ (*causing pain*) grausam

vicious circle, vicious cycle *n* Teufelskreis *m*

victim ['vɪktɪm] *n* Opfer *nt;* **to fall ~ to sth** etw zum Opfer fallen

Victorian [vɪk'tɔːriən] **I.** *adj* viktorianisch **II.** *n* Viktorianer(in) *m(f)*

victorious [vɪk'tɔːriəs] *adj* siegreich; **to emerge ~** als Sieger/Siegerin hervorgehen

victory ['vɪktᵊri] *n* Sieg *m* (**against** über); **to win a ~** [**in sth**] [bei etw *dat*] einen Sieg erringen

video ['vɪdiəʊ] **I.** *n* ❶ *no pl* (*recording*) Video *nt* ❷ (*tape*) Videokassette *f* **II.** *vt* auf Video aufnehmen

video game *n* Videospiel *nt* **videophone**

n Bildtelefon *nt* **videotape** *n* ❶ (*cassette*) Videokassette *f* ❷ *no pl* (*tape*) Videoband *nt*

Vienna [vi'enə] *n* Wien *nt*

view [vju:] **I.** *n* ❶ *no pl* (*sight*) Sicht *f;* **to disappear from ~** [in der Ferne] verschwinden ❷ (*panorama*) [Aus]blick *m;* **he lifted his daughter up so that she could get a better ~** er hob seine Tochter hoch, sodass sie besser sehen konnte ❸ (*opportunity to observe*) Besichtigung *f* ❹ (*opinion*) Ansicht *f,* Meinung *f* (**about/on** über); **point of ~** Standpunkt *m;* **in sb's ~** jds Ansicht *f* nach ❺ (*fig: perspective*) Ansicht *f;* **in ~ of sth** angesichts einer S. *gen* **II.** *vt* ❶ (*watch*) **to ~ sth** etw betrachten; (*as a spectator*) etw zusehen ❷ (*fig: consider*) betrachten ❸ (*inspect*) **to ~ sth** sich *dat* etw ansehen

viewer ['vju:ə^r] *n* ❶ (*person*) [Fernseh]zuschauer(in) *m(f)* ❷ (*for film*) Filmbetrachter *m;* (*for slides*) Diabetrachter *m*

viewfinder *n* PHOT [Bild]sucher *m*

viewpoint *n* ❶ (*fig: opinion*) Standpunkt *m;* (*aspect*) Gesichtspunkt *m* ❷ (*place*) Aussichtspunkt *m*

vigorous ['vɪgᵊrəs] *adj* ❶ (*energetic*) energisch ❷ (*flourishing*) kräftig

vile [vaɪl] *adj* ❶ (*disgusting*) gemein, niederträchtig ❷ (*fam: unpleasant*) abscheulich

village ['vɪlɪdʒ] *n* Dorf *nt*

village green *n* Dorfwiese *f*

villager ['vɪlɪdʒə^r] *n* Dorfbewohner(in) *m(f)*

villain ['vɪlən] *n* Verbrecher(in) *m(f)*

vindictive [vɪn'dɪktɪv] *adj* nachtragend; (*longing for revenge*) rachsüchtig

vine [vaɪn] *n* ❶ (*grape plant*) Weinrebe *f* ❷ (*climbing plant*) Rankengewächs *nt*

vinegar ['vɪnɪgə^r] *n no pl* Essig *m*

vinegary ['vɪnɪgᵊri] *adj* ❶ (*of taste*) sauer ❷ (*full of vinegar*) Essig-

vineyard ['vɪnjəd] *n* Weinberg *m*

vintage ['vɪntɪdʒ] **I.** *n* ❶ (*wine*) Jahrgangswein *m* ❷ (*wine year*) Jahrgang *m* **II.** *adj* ❶ FOOD Jahrgangs- ❷ BRIT, AUS AUTO Oldtimer-; **~ car** Oldtimer *m*

viola[1] [vi'əʊlə] *n* MUS Viola *f,* Bratsche *f*

viola[2] ['vaɪələ] *n* BOT Veilchen *nt*

violation [ˌvaɪə'leɪʃᵊn] *n of rules, the law* Verletzung *f,* Verstoß *m*

violence ['vaɪəlᵊn(t)s] *n no pl* Gewalt *f* (**against** gegen); **act of ~** Gewalttat *f*

violent ['vaɪəlᵊnt] *adj* ❶ gewalttätig; *person also* brutal ❷ *attack, protest, pain* heftig

violet ['vaɪələt] **I.** *n* Veilchen *nt;* (*colour*) Violett *nt* **II.** *adj* violett

violin [ˌvaɪə'lɪn] *n* Violine *f,* Geige *f*

violinist [vaɪə'lɪnɪst] *n* Violinist(in) *m(f)*

V.I.P., VIP [ˌvi:aɪ'pi:] **I.** *n abbrev of* **very important person** Promi *m fam* **II.** *adj attr abbrev of* **very important person** *area, tent* VIP-

virgin ['vɜ:dʒɪn] **I.** *n* Jungfrau *f* **II.** *adj attr* ❶ (*chaste*) jungfräulich ❷ (*fig: unexplored*) unerforscht; **~ territory** Neuland *nt*

virgin forest *n* Urwald *m*

Virgo ['vɜ:gəʊ] *n no art* ASTROL Jungfrau *f*

virile ['vɪraɪl] *adj* ❶ (*full of sexual energy*) potent ❷ (*energetic*) *voice* kraftvoll

virility [vɪ'rɪləti] *n no pl* ❶ (*sexual vigour*) Potenz *f* ❷ (*vigour*) Kraft *f*

virtual ['vɜ:tʃuəl] *adj* ❶ (*almost certain*) so gut wie, quasi; **to be a ~ unknown** praktisch unbekannt sein ❷ COMPUT, PHYS virtuell

virtually ['vɜ:tʃuəli] *adv* ❶ (*almost*) praktisch ❷ COMPUT virtuell

virtuous ['vɜ:tʃuəs, -tju-] *adj* ❶ tugendhaft ❷ (*pej: morally better*) moralisch überlegen

virus ['vaɪ(ə)rəs] *n* <*pl* -es> ❶ MED Virus *nt* ❷ COMPUT Virus *m*

visa ['vi:zə] *n* Visum *nt*

vise *n* AM *see* **vice**

visibility [ˌvɪsə'bɪləti] *n no pl* ❶ (*of view*)

V

Sichtweite *f;* **good** ~ gute Sicht ❷ (*being seen*) Sichtbarkeit *f*

visible [ˈvɪsəbl̩] *adj* sichtbar

vision [ˈvɪʒᵊn] *n* ❶ *no pl* (*sight*) Sehvermögen *nt* ❷ (*mental image*) Vorstellung *f;* ~ **of the future** Zukunftsvision *f*

visit [ˈvɪzɪt] **I.** *n* ❶ Besuch *m;* **to pay a ~ to sb** jdn besuchen; (*for professional purposes*) jdn aufsuchen ❷ AM (*fam: chat*) Plauderei *f* **II.** *vt* besuchen; (*for professional purposes*) aufsuchen **III.** *vi* einen Besuch machen

visiting [ˈvɪzɪtɪŋ] *adj attr* Gast-; ~ **professor** Gastprofessor

visitor [ˈvɪzɪtəʳ] *n* Besucher(in) *m(f);* (*in a hotel*) Gast *m*

visor [ˈvaɪzəʳ] *n* ❶ Visier *nt* ❷ AM (*brim of cap*) Schild *nt*

visualize [ˈvɪʒuᵊlaɪz] *vt* **to ~ sth** ❶ (*imagine*) sich *dat* etw *akk* vorstellen ❷ (*foresee*) etw erwarten

vital [ˈvaɪtᵊl] *adj* ❶ (*essential*) unerlässlich; **to be of ~ importance** von entscheidender Bedeutung sein ❷ (*energetic*) vital, lebendig

vitality [vaɪˈtæləti] *n no pl* (*energy*) Vitalität *f*

vitamin [ˈvɪtəmɪn] *n* Vitamin *nt*

vitamin deficiency *n no pl* Vitaminmangel *m* **vitamin tablets** *n pl* Vitamintabletten *pl*

vivacious [vɪˈveɪʃəs] *adj* (*lively*) lebhaft; (*cheerful*) munter

vivid [ˈvɪvɪd] *adj* ❶ *account, description* anschaulich, lebendig ❷ (*of mental ability*) lebhaft; **to have ~ memories of sth** sich lebhaft an etw *akk* erinnern können

V

vocabulary [və(ʊ)ˈkæbjələri], *fam* **vocab** *n* Vokabular *nt,* Wortschatz *m*

vocal [ˈvəʊkᵊl] *adj* ❶ (*of voice*) stimmlich; *communication* mündlich ❷ (*outspoken*) laut; **to be ~** sich freimütig äußern; **to become ~** laut werden

vocalist [ˈvəʊkᵊlɪst] *n* Sänger(in) *m(f)*

vocation [və(ʊ)ˈkeɪʃᵊn] *n* ❶ (*calling*) Berufung *f;* **to have a ~ for sth** sich zu etw *dat* berufen fühlen ❷ *usu sing* (*trade*) Beruf *m*

vocational [və(ʊ)ˈkeɪʃᵊnᵊl] *adj* beruflich; ~ **training** Berufsausbildung *f*

voice [vɔɪs] **I.** *n* ❶ Stimme *f;* **at the top of one's ~** in voller Lautstärke; **inner ~** innere Stimme ❷ (*opinion*) Stimme *f;* **to make one's ~ heard** sich *dat* Gehör verschaffen **II.** *vt* zum Ausdruck bringen; *complaint* vorbringen; *desire* aussprechen

voice mail *no pl* Voicemail *f fachspr*

void [vɔɪd] **I.** *n* Leere *f kein pl a. fig;* (*in building*) Hohlraum *m;* **into the ~** ins Leere **II.** *adj* (*invalid*) nichtig **III.** *vt esp* AM (*declare invalid*) aufheben

VoIP *n* TELEC *abbrev of* **Voice over Internet Protocol** Telefonieren *nt* über Internet

volatile [ˈvɒlətaɪl] *adj* ❶ (*changeable*) unbeständig; (*unstable*) instabil ❷ (*explosive*) *situation* explosiv ❸ CHEM flüchtig

volcanic [vɒlˈkænɪk] *adj* ❶ GEOL vulkanisch, Vulkan- *m* ❷ (*fig*) *emotion* aufbrausend

volcano <*pl* -oes> [vɒlˈkeɪnəʊ] *n* Vulkan *m a. fig;* (*of emotion*) Pulverfass *nt fig*

vole [vəʊl] *n* Wühlmaus *f*

volition [və(ʊ)ˈlɪʃᵊn] *n no pl* (*form*) Wille *m*

volley [ˈvɒli] **I.** *n* ❶ (*fig: onslaught*) Flut *f* ❷ (*hail*) Hagel *m* ❸ TENNIS Volley *m* **II.** *vi* TENNIS einen Volley schlagen **III.** *vt* TENNIS **to ~ a ball** einen Ball volley nehmen

volleyball [ˈvɒlibɔːl] *n no pl* Volleyball *m*

volt [vɒlt] *n* Volt *nt*

voltage [ˈvəʊltɪdʒ] *n* Spannung *f;* **high ~** Hochspannung *f*

volume [ˈvɒljuːm] *n* ❶ *no pl* (*space*) Volumen *nt* ❷ *no pl* (*amount*) Umfang *m* ❸ *no pl* (*sound level*) Lautstärke *f* ❹ (*book of set*) Band *m*

volume control, **volume regulator** *n* Lautstärkeregler *m*
voluntary ['vɒləntᵊri] *adj* freiwillig; **~ work for the Red Cross** ehrenamtliche Tätigkeit für das Rote Kreuz
voluntary organization *n + sing/pl vb* Freiwilligenorganisation *f*
volunteer [ˌvɒlənˈtɪəʳ] **I.** *n* ❶ (*unpaid worker*) ehrenamtlicher Mitarbeiter/ehrenamtliche Mitarbeiterin ❷ (*willing person*) Freiwillige(r) *f(m)* **II.** *vt* **to ~ oneself for sth** sich freiwillig zu etw *dat* melden **III.** *vi* ❶ **to ~ to do sth** sich [freiwillig] anbieten, etw zu tun ❷ (*join*) **to ~ for the army** sich freiwillig zur Armee melden
vomit ['vɒmɪt] **I.** *vi* [sich] erbrechen **II.** *vt* **to ~ [up] sth** etw erbrechen **III.** *n no pl* Erbrochene(s) *nt*
vote [vəʊt] **I.** *n* ❶ Stimme *f* ❷ (*election*) Abstimmung *f;* **to hold a ~** eine Abstimmung durchführen ❸ *no pl* (*right*) **the ~** das Wahlrecht **II.** *vi* ❶ (*elect*) wählen; **to ~ in an election** zu einer Wahl gehen ❷ (*formally choose*) **to ~ on sth** über etw *akk* abstimmen **III.** *vt* **to ~ sb into office** jdn ins Amt wählen
voter ['vəʊtəʳ] *n* Wähler(in) *m(f)*
voting ['vəʊtɪŋ] **I.** *adj attr* wahlberechtigt **II.** *n no pl* Wählen *nt*
voting booth *n* Wahlkabine *f* **voting box** <*pl* -es> *n* Wahlurne *f*
vouch [vaʊtʃ] *vi* **to ~ for sb** sich für jdn verbürgen; **to ~ that ...** dafür bürgen, dass ...
voucher ['vaʊtʃəʳ] *n* BRIT, AUS Gutschein *m;* **school ~** AM *öffentliche Mittel, die in Amerika bereitgestellt werden, damit Eltern ihre Kinder in Privatschulen schicken können*
voyage ['vɔɪɪdʒ] *n* Reise *f;* (*by sea*) Seereise *f*
vulgar ['vʌlgəʳ] *adj* ordinär, vulgär
vulnerable ['vʌlnᵊrəbl̩] *adj* verletzlich; **to be ~ to sth** anfällig für etw *akk* sein; **to be ~ to criticism** Kritik ausgesetzt sein; **to feel ~** sich verwundbar fühlen
vulture ['vʌltʃəʳ] *n* (*a. fig*) Geier *m a. fig*

Ww

W <*pl* -'s>, **w** <*pl* -'s> ['dʌbl̩juː] *n* W *nt*, w *nt; see also* **A 1**
W[1] *n no pl abbrev of* **West** W
W[2] <*pl* -> *n abbrev of* **Watt** W
waddle ['wɒdl̩] **I.** *vi* watscheln **II.** *n no pl* Watschelgang *m*
wade [weɪd] *vi* waten
wader ['weɪdəʳ] *n* ❶ ORN Watvogel *m* ❷ (*boots*) **~s** *pl* Watstiefel *pl*
wafer ['weɪfəʳ] *n* Waffel *f*
waffle[1] ['wɒfl̩] *vi* (*pej fam*) **to ~ on** schwafeln
waffle[2] ['wɒfl̩] *n* FOOD Waffel *f*
waffle iron *n* Waffeleisen *nt*
wag [wæg] **I.** *vt* <-gg-> **to ~ one's finger** mit dem Finger drohen; **to ~ one's tail** *dog* mit dem Schwanz wedeln **II.** *n usu sing* Wackeln *nt kein pl; of the tail* Wedeln *nt kein pl*
wage [weɪdʒ] *n* Lohn *m;* **to get a low ~** wenig verdienen
wage claim *n* Lohnforderung *f* **wage costs** *n pl* Lohnkosten *pl* **wage dispute** *n* Lohnstreitigkeit *f* **wage earner** *n* Lohnempfänger(in) *m(f)* **wage increase** *n* Lohnerhöhung *f*
wager ['weɪdʒəʳ] **I.** *n* Wette *f* **II.** *vt* **to ~ that ...** wetten, dass ...

waggle ['wægl̩] **I.** *n* Wackeln *nt kein pl* **II.** *vt, vi* wackeln
wag(g)on ['wægən] *n* ❶ (*cart*) Wagen *m* ❷ BRIT, AUS (*for freight*) Wagon *m*
wail [weɪl] (*esp pej*) **I.** *vi* jammern **II.** *vt* **to ~ that ...** jammern, dass ... **III.** *n* Gejammer *nt kein pl*
wailing ['weɪlɪŋ] *adj* jammernd; **~ cries** Klagegeschrei *nt*
waist [weɪst] *n* Taille *f; of skirts, trousers* Bund *m*
waistband *n* Bund *m* **waistcoat** *n* BRIT Weste *f* **waist-deep** *adj, adv* hüfthoch **waistline** *n* Taille *f*
wait [weɪt] **I.** *n no pl* Warten *nt* (**for** auf) ► **to lie in ~ [for sb]** [jdm] auflauern **II.** *vi* ❶ warten (**for** auf); **~ a minute!** Moment mal!; **I can't ~** ich kann's kaum erwarten; **to keep sb ~ing** jdn warten lassen ❷ (*serve*) **to ~ on sb** jdn bedienen
◆ **wait about, wait around** *vi* warten
◆ **wait behind** *vi* zurückbleiben
◆ **wait in** *vi* zu Hause warten
◆ **wait on I.** *vi* noch länger warten **II.** *vt* **to ~ on sb** jdn bedienen
◆ **wait out** *vt* aussitzen
◆ **wait up** *vi* ❶ (*not go to bed*) **to ~ up for sb** wegen jdm aufbleiben ❷ AM (*wait*) **~ up!** warte mal!
wait-and-see *adj inv* abwartend *attr;* **~ attitude** abwartende Haltung; **~ policy** Politik *f* des Abwartens
waiter ['weɪtəʳ] *n* Bedienung *f*, Kellner *m;* **~!** Herr Ober!
waiting ['weɪtɪŋ] *n no pl* ❶ die Warterei (**for** auf) ❷ BRIT (*parking*) **"no ~"** „Halten verboten" ❸ (*service*) Bedienen *nt*
waiting list *n* Warteliste *f* **waiting room** *n* Wartezimmer *nt*
waitress <*pl* -es> ['weɪtrɪs] *n* Kellnerin *f*, Bedienung *f*
wake¹ [weɪk] *n* NAUT Kielwasser *nt;* **in the ~ of sth** (*fig*) infolge einer S. *gen*
wake² [weɪk] *n* (*vigil*) Totenwache *f*
wake³ <woke, woken> [weɪk] **I.** *vi* aufwachen **II.** *vt* aufwecken
◆ **wake up I.** *vi* aufwachen *a. fig* **II.** *vt* (*rouse*) aufwecken ► **to ~ the dead** die Toten auferwecken
Wales [weɪlz] *n no pl* Wales *nt*
walk [wɔːk] **I.** *n* Gehen *nt;* (*as recreation*) Spaziergang *m* **II.** *vi* (*on foot*) laufen; (*not running*) gehen; (*for recreation*) spazieren gehen **III.** *vt dog* ausführen; **to ~ sb home** jdn nach Hause bringen
◆ **walk about, walk around** *vi* herumlaufen
◆ **walk away** *vi* **to ~ away with sth** etw spielend gewinnen
◆ **walk back** *vi* zurücklaufen
◆ **walk in** *vi* hereinkommen; **to ~ in on sb** bei jdm hereinplatzen *fam*
◆ **walk off I.** *vt* **to ~ off a meal** einen Verdauungsspaziergang machen **II.** *vi* weggehen
◆ **walk on** *vi* THEAT eine Nebenrolle spielen
◆ **walk out** *vi* (*leave*) gehen; **to ~ out on sb** jdn im Stich lassen
◆ **walk over** *vt* (*fig*) **to ~ [all] over sb** jdn ausnutzen [*o bes* SÜDD, ÖSTERR ausnützen]
◆ **walk through** *vt* ❶ (*accompany*) **to ~ sb through sth** etw mit jdm durchgehen ❷ THEAT **to ~ through sth** etw [ein]üben
◆ **walk up** *vi* ❶ (*go up*) hinaufgehen ❷ (*approach*) **to ~ up to sb** auf jdn zugehen
walkabout *n esp* BRIT (*fam*) Rundgang *m;* ► **to go ~** (*hum*) *person* verschwinden
walker ['wɔːkəʳ] *n* Fußgänger(in) *m(f);* (*for recreation*) Spaziergänger(in) *m(f)*
walkie-talkie [ˌwɔːki'tɔːki] *n* [tragbares] Funksprechgerät, Walkie-Talkie *nt*
walking ['wɔːkɪŋ] **I.** *n no pl* Gehen *nt;* (*as recreation*) Spazierengehen *nt* **II.** *adj attr* ❶ Geh-; **to be within ~ distance** zu Fuß erreichbar sein

❷ (*hum fam*) wandelnd; **to be a ~ encyclopaedia** ein wandelndes Lexikon sein
walking shoes *n pl* Wanderschuhe *pl* **walking stick** *n* Spazierstock *m; for old people* Stock *m* **walking tour** *n* (*in town*) [Stadt]rundgang *m*
walkout *n* Arbeitsniederlegung *f;* **to stage a ~** aus Protest die Arbeit niederlegen
walkover *n* (*easy victory*) leichter Sieg, Spaziergang *m fam*
walk-through *n* Probe *f*
walkway *n* [Fuß]weg *m;* **moving ~** Laufband *nt*
wall [wɔːl] *n* ❶ Mauer *f;* (*of a room*) Wand *f;* **city ~** Stadtmauer *f;* **the Berlin W~** (*hist*) die Berliner Mauer *hist* ❷ MED, ANAT Wand *f* ❸ (*barrier*) Mauer *f;* ▶ **~s have ears** (*prov*) die Wände haben Ohren; **to be a fly on the ~** Mäuschen spielen
wall bars *n pl* Sprossenwand *f* **wall chart** *n* Schautafel *f* **wall clock** *n* Wanduhr *f*
wallet [ˈwɒlɪt] *n* Brieftasche *f;* (*for documents*) Dokumentenmappe *f*
wallpaper I. *n* Tapete *f;* **a roll of ~** eine Tapetenrolle; **to put up ~** tapezieren **II.** *vt* tapezieren **wall socket** *n* [Wand]steckdose *f* **wall-to-wall** *adj inv* ❶ (*covering floor*) **~ carpet** Teppichboden *m,* Spannteppich *m* SCHWEIZ, ÖSTERR ❷ (*fig: continuous*) ständig; **~ coverage** Berichterstattung *f* rund um die Uhr
walnut [ˈwɔːlnʌt] *n* Walnuss *f*
walrus <*pl* -> [ˈwɔːlrəs] *n* Walross *nt*
waltz [wɒls] **I.** *n* <*pl* -es> Walzer *m* **II.** *vi* (*dance*) Walzer tanzen
◆ **waltz about, waltz around** *vi* herumtanzen
◆ **waltz in** *vi* hereintanzen *fam*
◆ **waltz off** *vi* abtanzen *fam*
wand [wɒnd] *n* Zauberstab *m*
wander [ˈwɒndəʳ] **I.** *n usu sing* (*fam*) Bummel *m* **II.** *vi* (*go aimlessly*) umherirren; (*walk slowly*) bummeln
wane [weɪn] *vi* abnehmen; *interest, popularity* schwinden *geh*
wangle [ˈwæŋgl̩] *vt* (*fam*) deichseln; **to ~ one's way into sth** sich in etw *akk* [hinein]mogeln
wanna [ˈwɒnə] (*fam*) = *see* **want to** *see* **want II**
want [wɒnt] **I.** *n* ❶ (*need*) Bedürfnis *nt;* **to be in ~ of sth** etw benötigen ❷ *no pl* (*lack*) Mangel *m;* **to live in ~** Not leiden **II.** *vt* ❶ (*wish*) wünschen, wollen; (*politely*) mögen; **to ~ sb to do sth** wollen, dass jd etw tut; **what do you ~ to eat?** was möchtest du essen? ❷ (*need*) brauchen; **you'll ~ a coat on** du wirst einen Mantel brauchen
wanting [ˈwɒntɪŋ] *adj pred* **to be ~** fehlen; **to be found to be ~** sich als unzulänglich erweisen
war [wɔːʳ] *n* ❶ *no pl* Krieg *m;* **state of ~** Kriegszustand *m;* **at ~** (*a. fig*) im Kriegszustand; **to go to ~** in den Krieg ziehen; **the cold ~** (*hist*) der Kalte Krieg ❷ (*conflict*) Kampf *m*
war correspondent *n* Kriegsberichterstatter(in) *m(f)* **war crime** *n* Kriegsverbrechen *nt* **war criminal** *n* Kriegsverbrecher(in) *m(f)*
ward [wɔːd] *n* ❶ (*in hospital*) Station *f* ❷ BRIT (*political area*) Wahlbezirk *m*
◆ **ward off** *vt* abwehren
warden [ˈwɔːdᵊn] *n* ❶ (*building manager*) [Heim]leiter(in) *m(f)* ❷ (*public official*) **park ~** Parkwächter(in) *m(f);* **traffic ~** BRIT Verkehrspolizist(in) *m(f)*
warder [ˈwɔːdəʳ] *n esp* BRIT [Gefängnis]aufseher(in) *m(f)*
wardrobe [ˈwɔːdrəʊb] *n* ❶ (*cupboard*) [Kleider]schrank *m* ❷ *no pl* (*clothes*) Garderobe *f*
warehouse [ˈweəhaʊs] *n* Lagerhaus *nt*
warfare [ˈwɔːfeəʳ] *n no pl* Krieg[s]führung *f*
warhead [ˈwɔːhed] *n* Sprengkopf *m*

warm [wɔːm] **I.** *adj* ❶ warm ❷ (*affectionate*) warm; *person* warmherzig; *welcome* herzlich **II.** *vt* wärmen; **to ~ the soup** die Suppe aufwärmen ▶ **to ~ the heart** das Herz erwärmen
◆ **warm up I.** *vi* ❶ *engine, machine* warm laufen ❷ (*limber up*) aufwärmen **II.** *vt engine* warm laufen lassen

warm-blooded *adj* warmblütig **warm front** *n* METEO Warmfront *f* **warm-hearted** *adj* warmherzig

warmth [wɔːmθ] *n no pl* ❶ (*heat*) Wärme *f* ❷ (*affection*) Herzlichkeit *f*

warm-up *n* [Sich]aufwärmen *nt kein pl*

warn [wɔːn] **I.** *vi* warnen **II.** *vt* warnen; **to ~ that ...** darauf hinweisen, dass ...

warning [ˈwɔːnɪŋ] *n* Warnung *f;* **a word of ~** ein guter Rat

warning light *n* Warnleuchte *f*

warpath *n no pl* **to be on the ~** (*hum fam*) auf dem Kriegspfad sein

warrant [ˈwɒrənt] **I.** *n* ❶ (*document*) [Vollziehungs]befehl *m;* **arrest ~** Haftbefehl *m;* **search ~** Durchsuchungsbefehl *m* ❷ FIN Bezugsrecht *nt* **II.** *vt* ❶ (*justify*) rechtfertigen ❷ (*form: guarantee*) garantieren

warranty [ˈwɒrənti] *n* Garantie *f*

warren [ˈwɒrən] *n* ❶ (*burrows*) Kaninchenbau *m* ❷ (*maze*) Labyrinth *nt*

warrior [ˈwɒriər] *n* (*usu hist*) Krieger *m*

warship [ˈwɔːʃɪp] *n* Kriegsschiff *nt*

wart [wɔːt] *n* Warze *f;* **~s and all** (*fig fam*) mit all seinen/ihren Fehlern und Schwächen

warthog [ˈwɔːthɒg] *n* Warzenschwein *nt*

wartime *n no pl* Kriegszeit[en] *f*[*pl*] **wartorn** *adj usu attr* vom Krieg erschüttert

wary [ˈweəri] *adj* vorsichtig; **to be ~ about doing sth** etw nur ungern tun; **to be ~ of sb** sich vor jdm in Acht nehmen

war zone *n* Kriegsgebiet *nt*

was [wɒz, wəz] *pt of* **be**

wash [wɒʃ] **I.** *n* <*pl* -es> ❶ *usu sing* Waschen *nt kein pl;* **to have a ~** sich waschen ❷ *no pl* (*clothes*) **to be in the ~** in der Wäsche sein **II.** *vt* ❶ (*clean*) waschen; *dishes* abwaschen ❷ *usu passive* (*sweep*) **to be ~ed ashore** an Land gespült werden
◆ **wash away** *vt* wegspülen
◆ **wash down** *vt* ❶ (*swallow*) hinunterspülen ❷ (*clean*) waschen
◆ **wash off I.** *vi* sich abwaschen lassen **II.** *vt* abwaschen
◆ **wash out I.** *vi* sich herauswaschen lassen **II.** *vt* ❶ (*clean inside*) auswaschen ❷ (*remove*) herauswaschen
◆ **wash over** *vi* ❶ (*flow over*) **to ~ over sb** über jdn [hinweg]spülen ❷ (*fig: overcome*) überkommen
◆ **wash up I.** *vi dishes* spülen, abwaschen **II.** *vt sea* anspülen

washable [ˈwɒʃəbl] *adj* **machine-~** waschmaschinenfest

washbag *n* Kulturbeutel *m* **washbasin** *n* Waschbecken *nt* **wash-bowl** *n* AM (*washbasin*) Waschbecken *nt;* (*bowl*) Waschschüssel *f* **washcloth** *n* AM (*face cloth*) Waschlappen *m* **washday** *n* Waschtag *m*

washed-out [ˌwɒʃtˈaʊt] *adj* ❶ *clothes* verwaschen ❷ (*tired*) fertig *fam*

washer [ˈwɒʃər] *n* ❶ AM (*washing machine*) Waschmaschine *f* ❷ (*ring*) Unterlegscheibe *f*

washing [ˈwɒʃɪŋ] *n no pl* Wäsche *f;* **to do the ~** [Wäsche] waschen

washing machine *n* Waschmaschine *f* **washing powder** *n* BRIT Waschpulver *nt* **washing-up** *n no pl* BRIT, AUS **to do the ~** spülen, abwaschen **washing-up bowl** *n* BRIT Spülschüssel *f* **washing-up liquid** *n* BRIT Spülmittel *nt*

washout *n usu sing* (*fam*) Reinfall *m* **washroom** *n* AM (*toilet*) Toilette *f*

wasn't [ˈwɒzənt] = *see* **was not** *see* **be**

wasp [wɒsp] *n* Wespe *f*

waste [weɪst] **I.** *n* ❶ *no pl* (*misuse*) Verschwendung *f;* ~ **of effort** vergeudete Mühe; ~ **of resources** Vergeudung von Ressourcen *f* ❷ *no pl* (*unwanted matter*) Abfall *m;* **to go to** ~ verkommen ❸ (*excrement*) Exkremente *pl* **II.** *vt* verschwenden **III.** *vi* ▸ ~ **not, want not** (*prov*) spare in der Zeit, dann hast du in der Not

◆ **waste away** *vi* dahinsiechen *geh;* (*get thinner*) immer dünner werden

wastebasket *n* AM Papierkorb *m* **waste disposal** *n no pl* Abfallbeseitigung *f*, Müllentsorgung *f* **waste-disposal unit** *n* Müllschlucker *m*

wasteful ['weɪs(t)fᵊl] *adj* verschwenderisch

wasteland *n* ❶ (*neglected land*) unbebautes Land ❷ (*fig: unproductive area*) Öde *f* **wastepaper** *n no pl* Papiermüll *m;* (*for recycling*) Altpapier *nt* **wastepaper basket**, BRIT, AUS *a.* **wastepaper bin** *n* Papierkorb *m* **waste pipe** *n* Abflussrohr *nt* **waste separation** *n no pl* Mülltrennung *f* **wastewater** *n* Abwasser *nt*

watch [wɒtʃ] **I.** *n* ❶ (*on wrist*) Armbanduhr *f* ❷ *no pl* (*observation*) Wache *f* **II.** *vt* ❶ beobachten; **to** ~ **TV** fernsehen ❷ (*keep vigil*) **to** ~ **sb** auf jdn aufpassen ❸ (*be careful*) ~ **it!** pass auf! ▸ **to** ~ **one's step** aufpassen **III.** *vi* ❶ (*look*) zusehen, zuschauen ❷ (*be attentive*) aufpassen

◆ **watch out** *vi* ❶ (*keep lookout*) **to** ~ **out for sb** nach jdm Ausschau halten ❷ (*beware of*) ~ **out!** Achtung!

watchdog *n* ❶ (*guard dog*) Wachhund *m* ❷ (*fig: organization*) Überwachungsgremium *nt;* (*state-controlled*) Aufsichtsbehörde *f*

watchful ['wɒtʃfᵊl] *adj* wachsam

watchman *n* Wachmann *m;* **night** ~ Nachtwächter *m*

watchstrap *n esp* BRIT Uhr[arm]band *nt*

water ['wɔːtəʳ] **I.** *n* ❶ *no pl* Wasser *nt* ❷ (*urine*) **to pass** ~ Wasser lassen ❸ (*area of water*) **~s** *pl* Gewässer *pl* ▸ **to keep one's head above** ~ sich über Wasser halten **II.** *vt* bewässern; *garden* sprengen; *flowers, plants* gießen **III.** *vi* ❶ (*produce tears*) tränen ❷ (*salivate*) **my mouth is watering** mir läuft das Wasser im Munde zusammen

water-borne *adj* ❶ (*transported*) zu Wasser befördert ❷ (*transmitted*) *disease* durch Trinkwasser übertragen **water bottle** *n* Wasserflasche *f* **water butt** *n* BRIT Regentonne *f* **water cannon** *n* Wasserwerfer *m* **water colour**, AM **water color** *n* ❶ (*paint*) Aquarellfarbe *f* ❷ (*picture*) Aquarell *nt* **water content** *n* Wassergehalt *m* **water-cooled** *adj* wassergekühlt **watercress** *n no pl* BOT Brunnenkresse *f* **waterfall** *n* Wasserfall *m* **waterfront** *n* Ufer *nt* **water heater** *n* Heißwassergerät *nt* **water hole** *n* Wasserloch *nt*

watering can *n* Gießkanne *f*

water level *n* ❶ (*of surface water*) Wasserstand *m; of river* Pegel[stand] *m* ❷ (*of groundwater*) Grundwasserspiegel *m* **water lily** *n* Seerose *f*, Teichrose *f* **water line** *n no pl* NAUT Wasserlinie *f* **water-logged** *adj boat, ship* voll gelaufen; *ground* feucht **water main** *n* Haupt[wasser]leitung *f* **watermelon** *n* Wassermelone *f* **water meter** *n* Wasserzähler *m* **water pipe** *n* (*conduit*) Wasserleitung *f* **water pistol** *n* Wasserpistole *f* **water polo** *n* Wasserball *m kein pl* **water pressure** *n* Wasserdruck *m* **waterproof I.** *adj* wasserdicht **II.** *n esp* BRIT (*coat*) Regenmantel *m* **III.** *vt* wasserundurchlässig machen **water-repellent** *adj* Wasser abweisend

watershed *n* ❶ Wasserscheide *f* ❷ (*fig: great change*) Wendepunkt *m*

water shortage *n* Wassermangel *m kein pl*

waterside *n no pl* (*beside lake*) Seeufer *nt;* (*beside river*) Flussufer *nt*

water-ski I. *vi* Wasserski fahren **II.** *n*

Wasserski *m* **water softener** *n* Wasserenthärter *m* **water-soluble** *adj* wasserlöslich **water supply** *n usu sing* Wasservorrat *m* **watertable** *n* Grundwasserspiegel *m* **water tank** *n* Wassertank *m*

watertight ['wɔːtətaɪt] *adj* wasserdicht

waterway *n* Wasserstraße *f,* Schifffahrtsweg *m* **waterwings** *n pl* Schwimmflügel *pl* **waterworks** *n pl* ❶ (*facility*) Wasserwerk *nt* ❷ (*fam: in body*) [Harn]blase *f;* ▶ **to turn on the ~** (*pej*) losheulen

watery <more, most> ['wɔːtᵊri] *adj* ❶ (*pej: bland, thin*) *drink* dünn; *soup* wässrig ❷ *light, sun* fahl; *smile* müde

watt *n* ELEC, PHYS Watt *nt*

wattage ['wɒtɪdʒ] *n no pl* ELEC Wattzahl *f*

wave [weɪv] **I.** *n* ❶ Welle *f* ❷ (*fig*) **~ of emotion** Gefühlswallung *f;* **~ of terrorism** Terrorwelle *f* ❸ (*gesture*) Wink *m;* **to give sb a ~** jdm [zu]winken **II.** *vi* ❶ winken; **I ~d at him across the room** ich winkte ihm durch den Raum zu ❷ *flag* wehen **III.** *vt* **to ~ sb goodbye** jdm zum Abschied [nach]winken; **to ~ a magic wand** einen Zauberstab schwingen

◆ **wave aside** *vt* **to ~ aside a suggestion** einen Vorschlag abtun

◆ **wave down** *vt* anhalten

◆ **wave on** *vt* **the policeman ~d the traffic on** der Polizist winkte den Verkehr durch

◆ **wave through** *vt* durchwinken

wave-band *n* Wellenbereich *m* **wavelength** *n* PHYS Wellenlänge *f* **wave power** *n* PHYS Wellenkraft *f,* Wellenenergie *f*

wavy ['weɪvi] *adj* wellig; **~ pattern** Wellenmuster *nt*

wax¹ [wæks] **I.** *n* ❶ Wachs *nt;* (*for shoes*) Schuhcreme *f* ❷ (*inside ear*) Ohrenschmalz *nt* **II.** *vt* ❶ (*polish*) wachsen; *shoes* wichsen ❷ (*remove hair*) enthaaren

wax² [wæks] *vi moon* zunehmen

waxwork *n* Wachsfigur *f*

way [weɪ] **I.** *n* ❶ (*road*) Weg *m;* **one-~ street** Einbahnstraße *f* ❷ (*route*) **on the ~ out ...** beim Hinausgehen ...; **I'm on my ~ out** ich bin gerade am Gehen; **"W~ In/Out"** „Eingang/Ausgang"; **to ask the ~** nach dem Weg fragen; **to be on the ~** *letter, baby* unterwegs sein; **to go the wrong ~** sich verlaufen; (*in car*) sich verfahren; **to lead the ~** vorausgehen; **to lose one's ~** sich verirren; **to show sb the ~** jdm den Weg zeigen ❸ (*fig: be just doing*) **to be [well] on the ~ to doing sth** auf dem besten Weg[e] sein, etw zu tun ❹ (*distance*) Weg *m,* Strecke *f;* **to be a long ~ off** (*in space*) weit entfernt sein; (*in time*) fern sein ❺ (*facing direction*) **"this ~ up"** „hier oben"; **this ~ round** so herum; **to be the wrong ~ up** auf dem Kopf stehen ❻ (*manner*) Art *f,* Weise *f;* **that's just the ~ it is** so ist das nun einmal ❼ (*respect*) Weise *f,* Hinsicht *f;* **in some ~s** in gewisser Hinsicht ❽ *no pl* (*free space*) Weg *m,* Platz *m;* **to be in sb's ~** jdm im Weg sein *a. fig;* **to keep out of the ~** wegbleiben ❾ (*method*) Art *f* [und Weise]; **~s and means** Mittel und Wege ▶ **by the ~** übrigens **II.** *adv* (*fam: used for emphasis*) weit; **it's ~ past your bedtime** (*fam*) du müsstest/ihr müsstet schon längst im Bett sein

way out *n* Ausgang *m*

way-out *adj* (*sl*) irre, abgefahren

wayside *n* Straßenrand *m;* **to fall by the ~** (*fig*) auf der Strecke bleiben

we [wiː, wi] *pron pers* ❶ (*1st person plural*) wir; **if you don't hurry up, ~'ll be late** wenn du dich nicht beeilst, kommen wir zu spät ❷ (*speaker/writer for group*) wir; **in this section ~ discuss ...** in diesem Abschnitt besprechen wir .. ❸ (*all people*) wir; **~ all ...** wir alle ...

we'd[1] [wiːd, wid] = **we had** *see* **have**
we'd[2] [wiːd, wid] = **we would** *see* **would**
we'll [wiːl, wil] = **we will** *see* **will**[1]
we're [wiːəʳ] = **we are** *see* **be**
we've [wiːv, wiv] = **we have** *see* **have**
weak [wiːk] *adj* ❶ schwach; *coffee, tea* dünn ❷ (*ineffective*) *leader* unfähig; *argument, attempt* schwach
weaken [ˈwiːkᵊn] **I.** *vi* schwächer werden **II.** *vt* schwächen
weakling [ˈwiːklɪŋ] *n* (*pej*) Schwächling *m*
weakly [ˈwiːkli] *adv* ❶ (*without strength*) schwach, kraftlos ❷ (*unconvincingly*) schwach, matt
weakness <*pl* -es> [ˈwiːknəs] *n* ❶ *no pl* (*physical frailty*) Schwäche *f* ❷ (*area of vulnerability*) Schwachstelle *f*
wealth [welθ] *n no pl* ❶ Reichtum *m* ❷ (*large amount*) Fülle *f;* **to have a ~ of sth** reich an etw *dat* sein
wealthy [ˈwelθi] **I.** *adj* reich, wohlhabend **II.** *n* **the ~** *pl* die Reichen *pl*
weapon [ˈwepən] *n* (*a. fig*) Waffe *f;* **nuclear ~s** Atomwaffen *pl*
wear [weəʳ] **I.** *n* ❶ (*clothing*) Kleidung *f;* **sports ~** Sport[be]kleidung *f* ❷ (*amount of use*) Gebrauch *m;* **~ and tear** Verschleiß *m* **II.** *vt* <wore, worn> *clothes, glasses* tragen **III.** *vi* <wore, worn> (*get thinner*) *clothes* abtragen; *machine parts* abnutzen
◆ **wear away** *vi* sich abnutzen
◆ **wear down** *vt* zermürben
◆ **wear off** *vi effect* nachlassen
◆ **wear out I.** *vi* abnutzen **II.** *vt* erschöpfen
weary [ˈwɪəri] **I.** *adj* ❶ (*tired*) müde ❷ (*bored*) gelangweilt **II.** *vt* <-ie-> (*liter*) ❶ (*make tired*) ermüden ❷ (*make bored*) langweilen **III.** *vi* <-ie-> **to ~ of sth** von etw *dat* genug haben
weasel [ˈwiːzᵊl] *n* Wiesel *nt*
weather [ˈweðəʳ] **I.** *n no pl* METEO Wetter *nt;* (*climate*) Witterung *f;* **in all ~s** bei jedem Wetter ▶ **to be under the ~** (*fam*) angeschlagen sein **II.** *vi object* verwittern; *person* altern **III.** *vt usu passive wood* auswittern
weather-beaten *adj face, skin* wettergegerbt; *object* verwittert **weather forecast** *n* Wettervorhersage *f* **weatherman** *n* Wettermann *m fam*
weave [wiːv] **I.** *vt* <wove, woven> ❶ weben ❷ (*a. fig: intertwine things*) **to ~ sth together** etw zusammenflechten ❸ (*a. fig: move*) **to ~ one's way through sth** sich *dat* einen Weg durch etw *akk* bahnen **II.** *vi* <wove, woven> ❶ weben ❷ (*a. fig: move*) sich durchschlängeln
web [web] *n* ❶ Netz *nt;* **to spin a ~** ein Netz spinnen; **a ~ of intrigue** (*fig*) ein Netz von Intrigen *nt* ❷ COMPUT **the ~** das Netz
web-footed [-ˈfʊtɪd] *adj* mit Schwimmfüßen *nach n*
weblog *n* (*an amateur diary posted on the Internet*) Weblog *nt* **web page** *n* Webseite *f* **web portal** *n* INET Internetportal *nt* **website** *n* Website *f* **web surfer** *n* COMPUT Internetsurfer(in) *m(f)* **webzine** [ˈwebziːn] *n* INET Webzine *nt*
wed <wedded *or* wed, wedded> [wed] **I.** *vt* ❶ (*form or dated: marry*) **to ~ sb** jdn ehelichen *veraltend hum* ❷ (*fig: unite*) **to ~ sth and sth** etw mit etw *dat* vereinen **II.** *vi* sich vermählen *geh*
wedded [ˈwedɪd] **I.** *adj attr* verheiratet, Ehe-; **~ bliss** Eheglück *nt* **II.** *pt, pp of* **wed**
wedding [ˈwedɪŋ] *n* Hochzeit *f*
wedding anniversary *n* Hochzeitstag *m* **wedding cake** *n no pl* Hochzeitstorte *f* **wedding day** *n* Hochzeitstag *m* **wedding dress** *n* Brautkleid *nt* **wedding ring** *n* Ehering *m*, Trauring *m*
wedge [wedʒ] **I.** *n* (*tapered block*) Keil *m;* ▶ **the thin end of the ~** der Anfang vom Ende **II.** *vt* (*jam into*) einkei-

len

Wednesday ['wenzdeɪ] *n* Mittwoch *m; see also* **Tuesday**

wee [wiː] *adj attr* SCOT (*fam*) winzig

weed [wiːd] **I.** *n* ❶ Unkraut *nt kein pl* ❷ *no pl* (*sl: marijuana*) Gras *nt* **II.** *vt* **to ~ the garden** im Garten Unkraut jäten

weedkiller *n* Unkrautvernichtungsmittel *nt*

weedy ['wiːdi] *adj* ❶ von Unkraut überwachsen ❷ BRIT (*pej fam: of person*) [spindel]dürr

week [wiːk] *n* ❶ (*seven days*) Woche *f;* **for ~s [on end]** wochenlang; **twice a ~** zweimal die Woche ❷ (*work period*) [Arbeits]woche *f*

weekday *n* Wochentag *m;* **on ~s** an Wochentagen, wochentags

weekend *n* Wochenende *nt;* **this ~** (*present*) dieses Wochenende; (*future*) kommendes Wochenende; **at the ~[s]/at ~s** am Wochenende/an Wochenenden

weekly ['wiːkli] **I.** *adj* wöchentlich; **~ magazine** Wochenzeitschrift *f* **II.** *adv* wöchentlich; **to exercise ~** wöchentlich trainieren **III.** *n* (*newspaper*) Wochenzeitung *f*

weep [wiːp] **I.** *vi* <wept, wept> ❶ (*cry*) weinen; (*sob*) schluchzen; **to ~ with joy/sorrow** vor Freude/Kummer weinen ❷ (*secrete liquid*) nässen **II.** *n no pl* (*liter*) Weinen *nt;* **to have a [good] ~** sich [ordentlich] ausweinen

weeping ['wiːpɪŋ] **I.** *adj attr* ❶ (*of person*) weinend ❷ (*of wound*) nässend **II.** *n no pl* Weinen *nt*

W **wee-wee** ['wiːwiː] *n no pl* (*childspeak fam*) Pipi *nt*

weigh [weɪ] **I.** *vi* ❶ (*in measurement*) wiegen ❷ (*fig: be important*) **to ~ heavily** eine große Bedeutung haben **II.** *vt* (*measure*) wiegen

◆ **weigh down** *vt* (*to burden*) niederdrücken; **to be ~ed down with sth** schwer mit etw *dat* beladen sein

◆ **weigh out** *vt* abwiegen

◆ **weigh up** *vt* ❶ (*consider*) abwägen ❷ (*evaluate*) einschätzen

weigh-in *n no pl* SPORTS Wiegen *nt*

weight [weɪt] **I.** *n no pl* Gewicht; **to lose ~** abnehmen; SPORTS **to lift ~s** Gewicht[e] heben ▶ **to take the ~ off one's feet** es sich *dat* bequem machen **II.** *vt* **to ~ sth down** etw beschweren

weightless ['weɪtləs] *adj* schwerelos

weightlessness ['weɪtləsnəs] *n no pl* Schwerelosigkeit *f*

weightlifter *n* Gewichtheber(in) *m(f)*

weightlifting *n no pl* Gewichtheben *nt*

weighty ['weɪti] *adj* ❶ (*heavy*) schwer ❷ (*fig: important*) [ge]wichtig; **~ issues** wichtige Angelegenheiten

weir [weɪəʳ] *n* Wehr *nt*

weird [weɪəd] *adj* (*fam*) seltsam komisch; **that's ~** das ist aber merkwürdig

weirdo ['wɪədəʊ] *n* <*pl* -os> (*pej fam*) seltsame Person

welcome ['welkəm] **I.** *vt* willkommen heißen; (*be glad of*) begrüßen **II.** *n* **to give sb a warm ~** jdm einen herzlichen Empfang bereiten **III.** *adj* willkommen; **to make sb very ~** jdn sehr freundlich aufnehmen **IV.** *interj* **~ to Birmingham** [herzlich] willkommen in Birmingham

welcoming ['welkəmɪŋ] *adj* Begrüßungs-; **~ smile** freundliches Lächeln

weld [weld] **I.** *vt* (*join material*) schweißen; **to ~ sth together** etw zusammenschweißen **II.** *n* Schweißnaht *f*

welfare ['welfeəʳ] *n no pl* ❶ Wohlergehen *nt* ❷ (*state aid*) Sozialhilfe *f;* **~ policy** Gesundheits- und Sozialpolitik *f;* **to be on ~** AM von [der] Sozialhilfe leben

welfare services *n pl* ❶ (*state support*) Sozialleistungen *pl* ❷ + *sing vb* (*office*)

Sozialamt *nt* **welfare state** *n* Sozialstaat *m*, Wohlfahrtsstaat *m oft pej* **welfare worker** *n* Sozialarbeiter(in) *m(f)*

well[1] [wel] **I.** *adj* <better, best> *usu pred* ❶ (*healthy*) gesund; **to feel ~** sich gut fühlen; **get ~ soon!** gute Besserung! ❷ (*okay*) **all's ~ here** hier ist alles in Ordnung **II.** *adv* <better, best> ❶ gut; **~ done!** gut gemacht!, super! *fam;* **to mean ~** es gut meinen; **to know sb ~** jdn gut kennen ❷ (*used for emphasis*) [sehr] wohl; **~ and truly** ganz einfach ❸ (*justifiably*) wohl; **you may ~ ask!** das kann man wohl fragen! ❹ (*also*) **as ~** auch; (*and*) **... as ~ as ...** sowie **III.** *interj* also; (*showing hesitation*) tja; **oh ~, it doesn't matter** ach [was], das macht doch nichts **IV.** *n no pl* **to wish sb ~** jdm alles Gute wünschen

well[2] [wel] *n* ❶ (*for water*) Brunnen *m* ❷ (*for mineral*) Schacht *m;* **oil ~** Ölquelle *f*

well-advised *adj pred* (*form*) **to be ~ to do sth** gut beraten sein, etw zu tun **well-balanced** *adj* ❶ (*not one-sided*) *article, report* objektiv ❷ (*of food*) *diet, meal* ausgewogen **well-behaved** *adj* (*of child*) artig; (*of dog*) brav **well-being** *n no pl* Wohl[ergehen] *nt;* **a feeling of ~** ein wohliges Gefühl **well-bred** *adj* wohlerzogen *geh* **well-chosen** *adj* gut gewählt; [**to say**] **a few ~ words** ein paar passende Worte [sagen] **well-connected** *adj* **to be ~** gute Beziehungen haben; **a ~ family** eine angesehene Familie **well-deserved** *adj* wohlverdient **well-developed** *adj* gut entwickelt; **a ~ sense of humour** ein ausgeprägter Sinn für Humor **well-done** *adj* ❶ (*of meat*) gut durch[gebraten] ❷ (*of work*) gut gemacht **well-dressed** *adj* gut gekleidet **well-earned** *adj* wohlverdient **well-educated** *adj* gebildet **well-fed** *adj* [ausreichend] mit Nahrung versorgt **well-founded** *adj* [wohl]begründet; **~ suspicions** [wohl]begründete Vermutungen **well-informed** *adj* gut informiert; **to be ~ on a subject** über ein Thema gut Bescheid wissen

wellington (**boot**) ['welɪŋtən-] *n esp* BRIT Gummistiefel *m*

well-intentioned *adj* gut gemeint **well-known** *adj* [allgemein] bekannt; (*famous*) berühmt **well-mannered** *adj* wohlerzogen **well-meaning** *adj* wohlmeinend; **~ advice** gut gemeinte Ratschläge **well-meant** *adj* gut gemeint **well-off** *adj* <better-, best-> ❶ (*wealthy*) wohlhabend ❷ *pred* (*fortunate*) gut dran *fam;* **to not know when one is ~** nicht wissen, wann es einem gut geht **well-organized** *adj* gut organisiert **well-paid** *adj* gut bezahlt **well-placed** *adj* gut platziert; **a ~ remark** eine an richtiger Stelle gemachte Bemerkung **well-read** *adj* ❶ (*knowledgeable*) [sehr] belesen ❷ (*frequently read*) viel gelesen *attr* **well-spoken** *adj* (*speaking pleasantly*) höflich; (*articulate*) beredt **well-thought-of** *adj* (*highly regarded*) angesehen; (*recognized*) anerkannt **well-timed** *adj* zeitlich gut gewählt; **his remark was ~** seine Bemerkung kam zur rechten Zeit **well-to-do** (*fam*) *adj* [gut] betucht **well-wisher** *n* Sympathisant(in) *m(f)* **well-worn** *adj clothes* abgetragen; *object* abgenützt

welly ['weli] *n esp* BRIT (*fam*) *short for* **wellington** Gummistiefel *m*

Welsh [welʃ] **I.** *adj* walisisch **II.** *n* ❶ *no pl* (*Celtic language*) Walisisch *nt* ❷ (*inhabitants, people of Wales*) **the ~** *pl* die Waliser *pl*

Welshman *n* Waliser *m* **Welshwoman** *n* Waliserin *f*

went [went] *pt of* **go**

wept [wept] *pt, pp of* **weep**

were [wɜːʳ, wəʳ] *pt of* **be**

weren't [wɜːnt] = **were not** *see* **be**

west [west] **I.** *n no pl* ❶ *(direction)* **W~** Westen *m;* **~-facing** westwärts; **to be to the ~ of sth** westlich von etw *dat* liegen ❷ + *sing/pl vb* POL **the W~** die westliche Welt **II.** *adj* westlich; **the ~ coast of Ireland** die Westküste Irlands; **to be due ~ of sth** genau westlich von etw *dat* liegen **III.** *adv* westwärts; **to travel ~** nach Westen reisen

westbound *adj* in Richtung Westen

West End **I.** *n no pl* **the ~** das [Londoner] Westend **II.** *adj attr (of central London)* **the ~ theatres** die Theater *pl* des Londoner Westends

westerly ['westᵊli] *adj* westlich; **~ winds** Westwinde *pl*

western ['westən] **I.** *adj attr* GEOG West-, westlich; **~ Europe** Westeuropa *nt* **II.** *n (film)* Western *m*

westerner ['westənəʳ] *n* POL Abendländer(in) *m(f)*

westernize ['westənaɪz] **I.** *vt* verwestlichen **II.** *vi* sich dem Westen anpassen

westward(s) ['wes(t)wəd(z)] *adj* westlich; *road* nach Westen

wet [wet] **I.** *adj* <-tt-> nass; *(moist)* feucht; *weather* regnerisch; **"~ paint!"** „frisch gestrichen!" **II.** *vt* <-tt-, wet, wet> *(moisten)* anfeuchten; *(saturate)* nass machen **III.** *n* ❶ *no pl (rain)* **the ~** die Nässe ❷ *no pl (liquid)* Flüssigkeit *f*

wet shave *n* Nassrasur *f*

WFH [ˌdʌbljuːefˈeɪtʃ] *n acr for* **working from home** Homeoffice *nt*

whale [(h)weɪl] *n* Wal *m;* ▶ **to have a ~ of a time** eine großartige Zeit haben

whaling ['(h)weɪlɪŋ] *n no pl* Walfang *m*

wharf <*pl* wharves> [(h)wɔːf] *n* Kai *m*

what [(h)wɒt] **I.** *pron* ❶ *interrog (asking for specific information)* was; **~ is your name?** wie heißt du?; **~ are you looking for?** wonach suchst du?; **~ is sb like?** wie ist jd?; **~ if ...?** was ist, wenn ...?; **so ~?** *(fam)* na und? ❷ *rel* was; **~'s more ...** darüber hinaus ...; **you'll never guess ~ ...** du wirst es nie erraten ... **II.** *adj* ❶ *(which)* welche(r, s); **~ time is it?** wie spät ist es?; **~ sort of** was für ein[e] ❷ *(emphasis)* was für; **~ luck!** was für ein Glück!; **~ a pity!** wie schade! **III.** *adv* was; **~ does it matter?** was macht's? *fam* **IV.** *interj (fam: pardon?)* **~? I can't hear you** was? ich höre dich nicht

whatever [(h)wɒt'evəʳ] **I.** *pron* ❶ *(anything that)* was [auch immer]; **I eat ~ I want** ich esse, was ich will; **~ that means** was auch immer das heißen soll ❷ *(fam)* wie du willst; **I'll bring red wine then — sure, ~** ich hole also Rotwein — ja, ist mir recht ❸ *rel* was auch immer, egal was; **~ happens** was auch passieren mag **II.** *adj* ❶ *(any)* was auch immer; **take ~ action is needed** mach, was auch immer nötig ist ❷ *(regardless of)* gleichgültig welche(r, s); **we'll go ~ the weather** wir fahren bei jedem Wetter **III.** *adv with neg (whatsoever)* überhaupt; **there is no evidence ~ to show that ...** es gibt keinerlei Beweis dafür, dass ...

whatsoever [ˌ(h)wɒtsəʊ'evəʳ] *adv* überhaupt; **I have no idea ~** ich habe nicht die leiseste Idee

wheat [(h)wiːt] *n no pl* Weizen *m*

wheatgerm *n no pl* Weizenkeim *m*

wheel [wiːl] **I.** *n* ❶ Rad *nt;* **rear ~** Hinterrad *nt* ❷ *(for steering)* Steuer *nt;* **to be at the ~** am Steuer sitzen ❸ *(fam)* **~s** *pl* fahrbarer Untersatz *hum* **II.** *vt* **to ~ sth** etw rollen

wheelbarrow *n* Schubkarre *f*

wheelchair *n* Rollstuhl *m*

wheel clamp **I.** *n esp* BRIT, AUS Parkkralle *f* **II.** *vt* **to ~ a car** ein Auto mit einer Parkkralle festsetzen

wheelie bin *n* BRIT, AUS Mülltonne *f* mit Rollen

wheeling ['(h)wiːlɪŋ] *n no pl* ▶ **~ and**

dealing *(pej fam)* Mauschelei *f*

wheeze [(h)wiːz] **I.** *vi* keuchen **II.** *n* Keuchen *nt kein pl*

when [(h)wen] **I.** *adv* ❶ *interrog* wann; **~ do you want to go?** wann möchtest du gehen?; **do you know ~ he'll be back?** weißt du, wann er zurückkommt?; **since ~ ...?** seit wann ...? ❷ *rel* wenn; *(at which, on which)* wo; **there are times ~ ...** es gibt Momente, wo ... **II.** *conj* ❶ *(at, during the time)* als; **I loved that film ~ I was a child** als Kind liebte ich diesen Film ❷ *(after)* wenn; **call me ~ you've finished** ruf mich an, wenn du fertig bist ❸ *(whenever)* wenn; **I hate it ~ there's no one in the office** ich hasse es, wenn niemand im Büro ist ❹ *(and just then)* als; **I was just getting into the bath ~ the telephone rang** ich stieg gerade in die Badewanne, als das Telefon läutete

whenever [(h)wen'evəʳ] **I.** *conj* wann auch immer; *(every time)* jedes Mal, wenn ...; **I blush ~ I think about it** ich werde immer rot, wenn ich daran denke **II.** *adv* ❶ wann auch immer; **~ possible** wenn möglich ❷ *interrog* wann denn [nur]; **~ am I going to be finished with all this work?** wann werde ich je mit dieser ganzen Arbeit fertig sein?

where [(h)weəʳ] *adv* ❶ *interrog* wo; **~ does he live?** wo wohnt er?; **~ are you going?** wohin gehst du? ❷ *rel* wo; **this is ~ I live** hier wohne ich

whereabouts **I.** *n* ['(h)weərəbaʊts] + *sing/pl vb, no pl* Aufenthaltsort *m* **II.** *adv* [ˌ(h)weərə'baʊts] *(fam)* wo [genau]; **~ in Manchester do you live?** wo genau in Manchester wohnst du?

whereas [(h)weə'ræz] *conj* ❶ *(in contrast to)* während, wo[hin]gegen ❷ *(considering that)* in Anbetracht dessen, dass ...

whereby [(h)weə'baɪ] *conj (form)* wodurch, womit

wherein [(h)weə'rɪn] *conj (old form: in which)* worin

whereupon [ˌ(h)weərə'pɒn] *conj (form)* worauf[hin]

wherever [(h)weə'revəʳ] **I.** *conj* wohin auch immer; *(in all places)* wo auch immer; **~ you look there are pictures** wohin du auch schaust, überall sind Bilder **II.** *adv* ❶ *(in every case)* wann immer; **~ possible** wenn möglich ❷ *interrog* wo [nur]; **~ did you get that idea!** wie bist du nur auf diese Idee gekommen!

whet <-tt-> [(h)wet] *vt (stimulate)* **to ~ sb's appetite [for sth]** jdm Appetit [auf etw *akk*] machen

whether ['(h)weðəʳ] *conj* ❶ *(if)* ob; **to ask ~** fragen, ob ❷ *(no difference if)* **~ you like it or not** ob es dir [nun] gefällt oder nicht

which [(h)wɪtʃ] **I.** *pron* ❶ *interrog* welche(r, s); **~ [one] is mine?** welches gehört mir? ❷ *rel (with defining clause)* der/die/das; *(with non-defining clause)* was; **at/upon ~ ...** woraufhin ... **II.** *adj* ❶ *interrog* welche(r, s); **~ doctor did you see?** bei welchem Arzt warst du? ❷ *rel* der/die/das; **it might be made of plastic, in ~ case you could probably carry it** es könnte aus Plastik sein – in dem Fall könntest du es wahrscheinlich tragen

whichever [(h)wɪtʃ'evəʳ] **I.** *pron* wer/was auch immer; **which bar would you prefer to meet in? — ~, it doesn't matter to me** in welcher Bar sollen wir uns treffen? — wo du willst – mir ist es egal **II.** *adj attr* ❶ *(any one)* **choose ~ brand you prefer** wähle die Marke, die du lieber hast ❷ *(regardless of which)* egal welche(r, s); **~ way** wie auch immer

while [(h)waɪl] **I.** *n no pl* Weile *f;* **a ~ ago** vor einer Weile; **in a ~** in Kürze; **to**

be worth [the] ~ die Mühe wert sein **II.** *conj* ❶ (*during which time*) während ❷ (*although*) obwohl; ~ **I fully understand your point of view, ...** wenn ich Ihren Standpunkt auch vollkommen verstehe, ...

whim [(h)wɪm] *n* Laune *f;* **to indulge sb's every** ~ jds Launen ertragen

whimper ['(h)wɪmpəʳ] **I.** *vi* (*of person*) wimmern; (*of dog*) winseln **II.** *n* (*of person*) Wimmern *nt kein pl;* (*of dog*) Winseln *nt kein pl*

whine [(h)waɪn] **I.** *vi* jammern **II.** *n usu sing* Jammern *nt kein pl*

whinge [(h)wɪndʒ] **I.** *n usu sing* Gejammer *nt pej fam* **II.** *vi* BRIT, AUS (*pej fam*) meckern

whip [(h)wɪp] **I.** *n* Peitsche *f* **II.** *vt* <-pp-> ❶ (*hit*) [mit der Peitsche] schlagen; *a horse* die Peitsche geben ❷ *cream, egg whites* schlagen

◆ **whip out** *vt* **to ~ out sth** (*take out quickly*) *credit card* etw zücken

◆ **whip up** *vt* (*excite*) **to ~ up support** Unterstützung finden

whiplash *n* ❶ (*blow*) Peitschenhieb *m* ❷ *no pl* MED (*injury to neck*) ~ **[injury]** Schleudertrauma *nt*

whipped cream, whipping cream *n no pl* Schlagsahne *f,* Schlagobers *nt* ÖSTERR, Nidel *m o f* SCHWEIZ

whip-round *n* BRIT (*fam*) **to have a ~ [for sb]** [für jdn] sammeln

whirlpool ['(h)wɜːlpuːl] *n* (*pool*) Whirlpool *m;* (*in river, sea*) Strudel *m* **whirlwind** ['(h)wɜːlwɪnd] *n* METEO Wirbelwind *m*

whisk [(h)wɪsk] **I.** *n* (*kitchen tool*) Schneebesen *m;* **electric ~** [elektrisches] Rührgerät **II.** *vt cream, egg whites* schlagen

whisker ['(h)wɪskəʳ] *n* ❶ *usu pl* (*of animal*) Schnurrhaar[e] *nt*[*pl*] ❷ **~s** *pl* (*beard*) Bartstoppeln *pl* ▶ **by a ~** um Haaresbreite

whisky, *esp* AM, IRISH **whiskey** ['(h)wɪski] *n no pl* Whisk[e]y *m*

whisper ['(h)wɪspəʳ] **I.** *vi, vt* flüstern **II.** *n* Flüstern *nt kein pl,* Geflüster *nt*

whistle ['(h)wɪsl] **I.** *vi* pfeifen; **to ~ at sb** hinter jdm herpfeifen **II.** *vt* pfeifen **III.** *n* ❶ *no pl* (*sound*) *also of wind* Pfeifen *nt* ❷ (*device*) Pfeife *f*

white [(h)waɪt] **I.** *n* ❶ *no pl* (*colour*) Weiß *nt* ❷ *of egg* Eiweiß *nt* **II.** *adj* (*colour*) weiß; *coffee* mit Milch; **black and ~** schwarz-weiß

Whitehall *n* ❶ (*offices of Britain's government*) Whitehall ❷ (*fig: government of Britain*) Whitehall **white horse** *n* ❶ ZOOL Schimmel *m* ❷ BRIT **~s** *pl* Schaumkronen *pl* **White House** *n no pl* **the ~** das Weiße Haus **white lie** *n* Notlüge *f*

whiten ['(h)waɪtᵊn] **I.** *vt* weiß machen; *shoe, wall* weißen ÖSTERR, SCHWEIZ, SÜDD **II.** *vi* weiß werden

white-out *n* ❶ (*blizzard*) [starker] Schneesturm ❷ *no pl* AM, AUS (*for erasing*) Tipp-Ex® *nt* **whitewash I.** *n* ❶ *no pl* (*solution*) Tünche *f* ❷ (*pej: coverup*) Schönfärberei *f* **II.** *vt* ❶ *walls* tünchen ❷ (*pej, fig: conceal*) schönfärben **whitewater rafting** *n no pl* Wildwasserfahren *nt* **white wine** *n* Weißwein *m*

Whit Monday *n* Pfingstmontag *m*

Whitsun ['(h)wɪtsᵊn] *n* Pfingsten *nt;* **at ~** an Pfingsten

Whit Sunday *n* Pfingstsonntag *m*

whiz(z) kid *n* Wunderkind *nt,* Genie *nt oft hum*

who [huː] *pron* ❶ *interrog* (*which person*) wer; (*whom*) wem *in dat,* wen *in akk;* ~ **did this?** wer war das?; ~ **knows?** wer weiß?; ~ **do you want to talk to?** mit wem möchten Sie sprechen? ❷ *rel* (*with defining clause*) der/die/das; **I think it was your dad ~ phoned** ich glaube, das war dein Vater, der angerufen hat

who'll [huːl] = **who will** *see* **who**

W

who's [huːz] = **who is, who has** *see* **who**
whoa [(h)wəʊ] *interj* (*command to stop horse*) brr, hoo
whodun(n)it [ˌhuːˈdʌnɪt] *n* (*fam*) Krimi *m*
whoever [huːˈevəʳ] *pron* ❶ *rel* wer auch immer; **come out, ~ you are** kommen Sie heraus, wer auch immer Sie sind ❷ *interrog* (*who on earth*) wer; **~ told you that?** wer hat dir das erzählt?
whole [həʊl] **I.** *adj* ❶ (*entire*) ganz, gesamt; **the ~ [wide] world** die ganze [weite] Welt ❷ (*in one piece*) ganz, heil; (*intact*) intakt **II.** *n* ❶ (*entire thing*) **a ~** ein Ganzes *nt* ❷ (*in total*) **as a ~** als Ganzes [betrachtet] **III.** *adv* ganz; **a ~ new approach** ein ganz neuer Ansatz
wholefood *n no pl* BRIT Vollwertkost *f*
wholefood shop *n* BRIT Reformhaus *nt*
whole-hearted [-ˈhɑːtɪd] *adj* ❶ (*sincere*) aufrichtig; (*cordial*) herzlich ❷ (*committed*) engagiert, rückhaltlos **wholemeal I.** *n* BRIT Vollkornmehl *nt* **II.** *adj inv* BRIT Vollkorn-; **~ bread** Vollkornbrot *nt*
wholesale [ˈhəʊlseɪl] *adj* ❶ *attr* **~ business** Großhandel *m* ❷ (*usu pej: on large scale*) Massen-
wholesaler [ˈhəʊlseɪləʳ] *n* Großhändler(in) *m(f)*
wholesome [ˈhəʊlsəm] *adj* (*promoting well-being*) wohltuend; (*healthy*) gesund
wholly [ˈhəʊl(l)i] *adv* ganz, völlig
whom [huːm] *pron* (*form*) ❶ *interrog, after vb or prep* wem *dat,* wen *akk;* **to ~ do you wish to speak?** mit wem möchten Sie sprechen? ❷ *rel* der/die/das; **all of ~ ...** alle, die ...
whooping cough *n no pl* Keuchhusten *m*
whoops [(h)wʊps] *interj* (*fam*) hoppla; **~ a daisy** (*childspeak*) hopsala
whopper [ˈ(h)wɒpəʳ] *n* (*hum fam: huge thing*) Apparat *m sl;* **that's a ~ of a fish** das ist ja ein Riesenfisch
whopping [ˈ(h)wɒpɪŋ] (*fam*) *adj* saftig; **a ~ lie** eine faustdicke Lüge
whore [hɔːʳ] *n* (*pej*) Nutte *f sl*
whose [huːz] **I.** *adj* ❶ (*in questions*) wessen; **~ round is it?** wer ist dran? ❷ (*indicating possession*) dessen; **she's the woman ~ car I crashed into** sie ist die Frau, in deren Auto ich reingefahren bin **II.** *pron poss, interrog* wessen; **~ is this bag?** wessen Tasche ist das?
why [(h)waɪ] *adv* warum; **~ did he say that?** warum hat er das gesagt?; (*for that reason*) **the reason ~ I ...** der Grund, warum ich ...
wick [wɪk] *n* Docht *m*
wicked [ˈwɪkɪd] **I.** *adj* ❶ (*evil*) böse ❷ (*sl: excellent*) saugut **II.** *n pl* **the ~** die Bösen *pl*
wicker [ˈwɪkəʳ, AM -ɚ] **I.** *n no pl* Korbgeflecht *nt;* (*rattan*) Rattan *nt* **II.** *n modifier* ((*furniture*)) Korb-; **~ basket** Weidenkorb *m*
wicket [ˈwɪkɪt] *n* BRIT ❶ (*target in cricket*) Tor *nt,* Wicket *nt fachspr* ❷ (*area in cricket*) Spielbahn *f*
wicket-keeper *n* BRIT Torwächter(in) *m(f),* Goalie *m* SCHWEIZ
wide [waɪd] **I.** *adj* ❶ breit; (*considerable*) enorm, beträchtlich ❷ *after n* (*with a width of*) breit; **the swimming pool is 5 metres ~** der Swimmingpool ist 5 Meter breit ❸ (*varied*) breit gefächert; **a ~ range of goods** ein großes Sortiment an Waren **II.** *adv* weit; **~ open** weit geöffnet
wide-angle (lens) *n* PHOT Weitwinkelobjektiv *nt*
wide-awake *adj* hellwach **wide-eyed** *adj* mit großen Augen *nach n;* (*fig*) blauäugig
widely [ˈwaɪdli] *adv* breit; (*extensively*) weit; **~ accepted** weithin akzeptiert
widen [ˈwaɪdᵊn] *vt* (*make broader*) verbreitern; (*make wider*) erweitern

wide-open *adj* ❶ (*undecided*) völlig offen ❷ (*vulnerable, exposed*) anfällig; **to be ~ to comments** der Kritik schutzlos ausgeliefert sein **widespread** *adj* weit verbreitet; **there is ~ speculation that ...** es wird weithin spekuliert, dass ...

widow ['wɪdəʊ] **I.** *n* (*woman*) Witwe *f* **II.** *vt usu passive* **to be ~ed** zur Witwe/zum Witwer werden

widow's allowance *n* Witwenunterstützung *f* **widow's pension** *n* Witwenrente *f*

widowed ['wɪdəʊd] *adj* verwitwet

widower ['wɪdəʊəʳ] *n* Witwer *m*

width [wɪtθ] *n* ❶ *no pl* (*measurement*) Breite *f*; *of clothes* Weite *f* ❷ *no pl* (*fig: scope, range*) Größe *f*

wield [wi:ld] *vt* **to ~ sth** *tool, weapon* etw schwingen

wife <*pl* wives> [waɪf] *n* [Ehe]frau *f*, Gattin *f form o hum*

Wi-Fi ['waɪfaɪ] *n abbrev of* **Wireless Fidelity** INET WLAN *nt*

wig [wɪg] *n* Perücke *f*

wiggle ['wɪgl̩] **I.** *vt, vi* wackeln **II.** *n* (*movement*) Wackeln *nt kein pl;* **she walks with a sexy ~** sie hat einen sexy Gang *fam*

wild [waɪld] **I.** *adj* ❶ wild; *cat, duck, goose* Wild- ❷ *country, landscape* rau, wild; **~ flowers** wild wachsende Blumen ❸ (*uncontrolled*) unbändig; *hair, lifestyle* wirr ❹ (*stormy*) *wind, weather* stürmisch ❺ (*excited*) wild, ungezügelt; (*angry*) wütend; **in ~ rage** in blinder Wut **II.** *adv* wild; **to run ~** *child, person* sich *dat* selbst überlassen sein; *animals* frei herumlaufen **III.** *n* (*natural environment*) **the ~** die Wildnis

wild boar *n* ZOOL Wildschwein *nt*

wilderness <*pl* -es> ['wɪldənəs] *n usu no pl* Wildnis *f*

wildfire *n no pl* Lauffeuer *nt;* **to spread like ~** (*fig*) sich wie ein Lauffeuer verbreiten **wild goose** <- geese> *n* Wildgans *f* **wild-goose chase** *n* (*hopeless search*) aussichtslose Suche; (*pointless venture*) fruchtloses Unterfangen

wildlife **I.** *n no pl* [natürliche] Tier- und Pflanzenwelt **II.** *adj club, photography* Natur-; **~ reserve** Wildreservat *nt*

wildly ['waɪldli] *adv* ❶ wild; (*boisterously*) unbändig; **to behave ~** sich wie wild aufführen *fam* ❷ (*haphazardly*) ungezielt ❸ (*fam: extremely*) äußerst; **~ exaggerated** maßlos übertrieben

wilful ['wɪlfᵊl] *adj* ❶ *usu attr* (*deliberate*) bewusst, absichtlich ❷ (*self-willed*) eigensinnig

will¹ <would, would> [wɪl] *aux vb* ❶ (*in future tense*) werden; **do you think he ~ come?** glaubst du, dass er kommt? ❷ (*with tag question*) **you won't forget to tell him, ~ you?** du vergisst aber nicht, es ihm zu sagen, oder? ❸ (*expressing intention*) werden; **I ~ always love you** ich werde dich immer lieben ❹ (*expressing facts*) **fruit ~ keep longer in the fridge** Obst hält sich im Kühlschrank länger

will² [wɪl] **I.** *n* ❶ *no pl* (*faculty*) Wille *m;* **strength of ~** Willensstärke *f* ❷ *no pl* (*desire*) Wille *m* ❸ LAW letzter Wille, Testament *nt;* ▶ **with the best ~ in the world** beim besten Willen **II.** *vt* **to ~ sb to do sth** jdn [durch Willenskraft] dazu bringen, etw zu tun

willing ['wɪlɪŋ] **I.** *adj* ❶ *pred* (*not opposed*) bereit, gewillt *geh;* **to be ~ to do sth** bereit sein, etw zu tun ❷ (*enthusiastic*) willig; **~ hands** bereitwillige Hilfe **II.** *n no pl* BRIT **to show ~** [seinen] guten Willen zeigen

willingly ['wɪlɪŋli] *adv* ❶ (*gladly*) gern[e] ❷ (*voluntarily*) freiwillig

willingness ['wɪlɪŋnəs] *n no pl* (*readiness*) Bereitschaft *f*

willow ['wɪləʊ] *n* BOT Weide *f*

willpower *n no pl* Willenskraft *f*

wilt¹ [wɪlt] *vi* ❶ (*droop*) *plants* [ver]welken ❷ (*lose energy*) *person* schlappmachen *fam*

wilt[2] [wɪlt, ᵊlt] (*old*) *2nd pers sing of* **will**

win [wɪn] **I.** *vt* <won, won> gewinnen; **to ~ a victory** einen Sieg erringen; **to ~ sb's approval** jds Anerkennung finden **II.** *vi* <won, won> gewinnen; **to ~ hands down** (*fam*) spielend gewinnen **III.** *n* Sieg *m;* **away ~** Auswärtssieg *m*
◆ **win back** *vt* zurückgewinnen
◆ **win over** *vt* (*persuade*) überzeugen; (*gain support*) jdn für sich gewinnen
◆ **win through** *vi* [letztlich] Erfolg haben

wince [wɪn(t)s] **I.** *n* Zusammenzucken *nt* **II.** *vi* zusammenzucken

wind[1] [wɪnd] **I.** *n* ❶ (*current of air*) Wind *m;* **gust of ~** Windböe *f* ❷ *no pl* (*breath*) Atem *m* ❸ *no pl* (*flatulence*) Blähungen *pl* ❹ MUS **the ~s** die [Blech]bläser, innen *m, fpl* **II.** *vt* (*knock breath out*) **to ~ sb** jdm den Atem nehmen

wind[2] [waɪnd] **I.** *vt* <wound, wound> ❶ *a clock, watch* aufziehen ❷ (*turn*) winden, kurbeln **II.** *vi* <wound, wound> *stream, road* sich schlängeln
◆ **wind down I.** *vt* ❶ (*lower*) *a car window* herunterkurbeln ❷ (*gradually reduce*) zurückschrauben; *a business* auflösen **II.** *vi* ❶ (*become less active*) ruhiger werden ❷ (*cease*) auslaufen
◆ **wind up I.** *vt* ❶ (*raise*) hochziehen ❷ TECH aufziehen ❸ BRIT (*fam*) **to ~ up sb** (*tease*) jdn aufziehen **II.** *vi* ❶ (*fam: end up*) enden; **to ~ up in prison** im Gefängnis landen ❷ (*bring to an end*) schließen

windbreak *n* Windschutz *m* **wind energy** *n no pl* Windenergie *f*

windfall *n* ❶ (*fruit*) **~s** *pl* Fallobst *nt kein pl* ❷ (*money*) warmer [Geld]regen *fam*

wind farm *n* Windpark *m*

winding ['waɪndɪŋ] **I.** *adj path, river* gewunden; *road* kurvenreich **II.** *n* ❶ *no pl* (*of course*) Windung *f* ❷ ELEC (*coils*) Wicklung *f*

wind instrument *n* Blasinstrument *nt*

windmill *n* ❶ (*for grinding*) Windmühle *f* ❷ (*wind turbine*) Windrad *nt*

window ['wɪndəʊ] *n* ❶ (*in building*) *a.* COMPUT Fenster *nt;* **French ~** Verandatür *f* ❷ (*of shop*) Schaufenster *nt* ❸ (*of vehicle*) [Fenster]scheibe *f*

window box *n* Blumenkasten *m* **window cleaner** *n* ❶ (*person*) Fensterputzer(in) *m(f)* ❷ *no pl* (*detergent*) Glasreiniger *m* **window frame** *n* Fensterrahmen *m* **window pane** *n* Fensterscheibe *f* **window-shopping** *n no pl* Schaufensterbummel *m* **window sill** *n* (*inside*) Fensterbank *f;* (*outside*) Fenstersims *m o nt*

wind power *n no pl* ❶ (*force of wind*) Windkraft *f* ❷ ECOL Windenergie *f*

windscreen *n* BRIT, AUS Windschutzscheibe *f*

windscreen wiper *n* BRIT, AUS Scheibenwischer *m*

windshield *n* AM (*windscreen*) Windschutzscheibe *f*

windsurfer ['wɪn(d),sɜːfəʳ] *n* Windsurfer(in) *m(f)*

windsurfing ['wɪn(d),sɜːfɪŋ] *n no pl* Windsurfen *nt*

wind tunnel *n* Windkanal *m*

windward ['wɪn(d)wəd] NAUT **I.** *adj, adv* windwärts **II.** *n* Windseite *f*

windy ['wɪndi] *adj* ❶ METEO windig; **a ~ street** eine zugige Straße ❷ (*of digestion*) blähend

wine [waɪn] **I.** *n* Wein *m;* **red ~** Rotwein *m* **II.** *vt* **to ~ and dine sb** jdn fürstlich bewirten **III.** *vi* **to ~ and dine** fürstlich essen

wine cooler *n* Weinkühler *m* **wine glass** *n* Weinglas *nt* **wine list** *n* Weinkarte *f*

winery ['waɪnᵊri, AM -ɚi] *n esp* AM Weinkellerei *f*

wine tasting *n* Weinprobe *f* **wine waiter** *n* BRIT Weinkellner(in) *m(f)*

wing [wɪŋ] *n* ❶ ZOOL *of bird* Flügel *m* ❷ AVIAT Tragfläche *f* ❸ ARCHIT *of building* Flügel *m* ❹ FBALL Flügel *m;* **to play right ~** rechts außen spielen

winger [ˈwɪŋəʳ] *n* FBALL (*on the left wing*) Linksaußen *m*

wing nut *n* Flügelmutter *f*

wingspan *n* Flügelspannweite *f*

wink [wɪŋk] **I.** *vi* zwinkern; **to ~ at sb** jdm zuzwinkern **II.** *vt* **to ~ one's eye** [mit den Augen] zwinkern **III.** *n* [Augen]zwinkern *nt;* **to give sb a ~** jdm zuzwinkern ▶ **to not sleep a ~** kein Auge zutun

winner [ˈwɪnəʳ] *n* ❶ (*sb that wins*) Gewinner(in) *m(f);* (*in competition*) Sieger(in) *m(f)* ❷ SPORTS (*fam: goal*) Siegestor *nt*

winning [ˈwɪnɪŋ] **I.** *adj attr* (*that wins*) Gewinn-; (*in competition*) Sieger-; **to be on a ~ streak** eine Glückssträhne haben **II.** *n* **~s** *pl* Gewinn *m*

winter [ˈwɪntəʳ] **I.** *n* Winter *m;* **in [the] ~** im Winter **II.** *vi animals* überwintern; *person* den Winter verbringen

winter sports *n pl* Wintersport *m kein pl*

wint(e)ry [ˈwɪntri] *adj* ❶ (*typical of winter*) winterlich ❷ (*fig: unfriendly*) *greeting, smile* frostig

wipe [waɪp] **I.** *vt* ❶ (*clean*) abwischen; *feet* abtreten ❷ (*dry*) *hands, dishes* abtrocknen ❸ (*erase*) *cassette, disk* löschen **II.** *vi* BRIT, AUS abtrocknen **III.** *n* ❶ (*act of cleaning*) Wischen *nt* ❷ (*tissue*) Reinigungstuch *nt*

◆ **wipe down** *vt* abwischen; (*with water*) abwaschen

◆ **wipe off** *vt* ❶ (*clean*) wegwischen; *from hand, shoes, surface* abwischen ❷ (*erase*) löschen

◆ **wipe out I.** *vt* ❶ (*clean inside of*) auswischen ❷ (*destroy*) auslöschen; *disease* ausrotten **II.** *vi esp* AM, AUS (*fam: have accident*) einen Unfall bauen

◆ **wipe up I.** *vt* aufwischen; (*dry*) abtrocknen **II.** *vi* abtrocknen

wiper [ˈwaɪpəʳ] *n* AUTO [Scheiben]wischer *m*

wiper blade *n* Wischerblatt *nt*

wire [ˈwaɪəʳ] **I.** *n* ❶ *no pl* Draht *m* ❷ ELEC Leitung *f;* ▶ **to be a live ~** (*fam*) ein Energiebündel sein **II.** *vt* ❶ **to ~ sth to sth** etw mit Draht an etw *akk* binden ❷ ELEC mit elektrischen Leitungen versehen ❸ *esp* AM **to ~ sb money** jdm telegrafisch Geld überweisen **III.** *vi* telegrafieren

wireless [ˈwaɪələs] **I.** *n* <*pl* -es> BRIT (*dated*) ❶ (*set*) Radioapparat *m* ❷ *no pl* (*radio*) **on the ~** im Rundfunk **II.** *adj* (*lacking wire*) drahtlos; (*radio*) Funk-, Radio-

wirelessly *adv* COMPUT, INET drahtlos

wireless networking *n* COMPUT drahtlose Vernetzung

wiretapping [-ˌtæpɪŋ] *n no pl* Abhören *nt* von Telefonleitungen **wire transfer** *n* AM telegrafische Geldüberweisung

wiring [ˈwaɪərɪŋ] *n no pl* ELEC ❶ (*system of wires*) elektrische Leitungen *pl* ❷ (*electrical installation*) Stromverlegen *nt*

wiring diagram *n* Schaltplan *m*

wisdom [ˈwɪzdəm] *n no pl* (*good judgement*) Weisheit *f;* (*sensibleness*) Klugheit *f*

wisdom tooth *n* Weisheitszahn *m*

wise [waɪz] **I.** *adj* ❶ weise *geh*, klug; (*sensible*) vernünftig; **~ words** weise Worte; **a ~ choice** eine gute Wahl ❷ *pred* (*fam: aware*) **to get ~ to sb** jdn durchschauen **II.** *n* **the ~** *pl* die Weisen *pl*

◆ **wise up** *vi esp* AM (*fam*) **to ~ up** aufwachen *fig;* **to ~ up to sb** jdn durchschauen; **to ~ up to sth** etw spitzkriegen

wise guy *n* (*pej fam*) Klugschwätzer *m*

wish [wɪʃ] **I.** *n* <*pl* -es> ❶ Wunsch *m*, Verlangen *nt;* **to have a ~** sich *dat*

W

etwas wünschen; **to make a ~** sich *dat* etwas wünschen ❷ (*regards*) **~es** *pl* Grüße *pl;* **with best ~es** mit den besten Wünschen; (*at end of letter*) mit herzlichen Grüßen **II.** *vt* ❶ wünschen; **to ~ [that] ...** sich *dat* wünschen, dass ...; **I ~ you were here** ich wünschte, du wärst hier ❷ (*express greetings*) **to ~ sb happy birthday** jdm zum Geburtstag gratulieren **III.** *vi* ❶ (*want*) wollen, wünschen; **[just] as you ~** [ganz] wie Sie wünschen ❷ (*make a wish*) **to ~ for sth** sich *dat* etw wünschen

wishful ['wɪʃfᵊl] *adj* ❶ (*desirous*) sehnsuchtsvoll ❷ (*fanciful*) traumverloren

wish list *n* Wunschliste *f*

wisp [wɪsp] *n* (*small bundle*) Büschel *nt;* **~s of cloud** Wolkenfetzen *pl*

wispy ['wɪspi] *adj* dünn; *person* schmächtig

wistful ['wɪs(t)fᵊl] *adj note, smile* wehmütig; *glance, look* sehnsüchtig

wit [wɪt] *n* ❶ *no pl* (*humour*) Witz *m;* **dry ~** trockener Humor ❷ *no pl* (*intelligence*) Verstand *m* ❸ (*practical intelligence*) **~s** *pl* geistige Fähigkeiten; **to be at one's ~s' end** mit seiner Weisheit am Ende sein

witch <*pl* -es> [wɪtʃ] *n* Hexe *f*

witchcraft *n no pl* Hexerei *f* **witch doctor** *n* Medizinmann *m* **witch-hunt** *n* Hexenjagd *f*

with [wɪθ] *prep* ❶ mit +*dat;* **~ friends** mit Freunden; **to talk ~ sb** mit jdm reden; **~ a look of surprise** mit einem erstaunten Gesichtsausdruck; **~ that ...** [und] damit ...; **~ the current** mit der Strömung; **she paints ~ watercolours** sie malt mit Wasserfarben ❷ (*in a state of*) vor +*dat;* **she was shaking ~ rage** sie zitterte vor Wut ❸ (*in company of*) bei +*dat;* **to stay ~ relatives** bei Verwandten übernachten

withdraw <-drew, -drawn> [wɪð'drɔː] **I.** *vt* ❶ (*remove*) herausziehen; **to ~ one's hand** seine Hand zurückziehen ❷ (*from bank account*) abheben ❸ *coins, notes, stamps* aus Verkehr ziehen **II.** *vi* ❶ (*retreat*) MIL *a.* sich zurückziehen ❷ (*fig: become incommunicative*) sich zurückziehen

withdrawal [wɪð'drɔːᵊl] *n* ❶ FIN [Geld]abhebung *f* ❷ MIL Rückzug *m* ❸ *no pl* (*taking back*) Zurücknehmen *nt;* (*cancel*) Zurückziehen *nt; from a contract* Rücktritt *m* ❹ *no pl from drugs* Entzug *m*

withdrawal symptoms *n pl* Entzugserscheinungen *pl*

wither ['wɪðəʳ] *vi* ❶ (*of plants*) verdorren ❷ *person* verfallen; **to ~ with age** mit dem Alter an Vitalität verlieren

withering ['wɪðrɪŋ] **I.** *adj* ❶ (*destructive*) *fire* verzehrend *geh* ❷ (*contemptuous*) *look* vernichtend **II.** *n no pl* (*becoming shrivelled*) Verdorren *nt*

withhold <-held, -held> [wɪθ'həʊld] *vt* (*not give*) zurückhalten; **to ~ sth from sb** jdm etw *akk* vorenthalten

within [wɪ'ðɪn] **I.** *prep* innerhalb +*gen;* **~ the EU** innerhalb der EU; **~ reach** in Reichweite; **~ hours** innerhalb von Stunden **II.** *adv* innen; **from ~** von innen [heraus]

without [wɪ'ðaʊt] *prep* ohne +*akk;* **~ a dime** ohne einen Pfennig; **~ warning** ohne [Vor]warnung

withstand <-stood, -stood> [wɪð'stænd, wɪθ-] *vt* **to ~ sb/sth** jdm/etw standhalten; **to ~ temptation** der Versuchung widerstehen

witness ['wɪtnəs] **I.** *n* <*pl* -es> Zeuge, Zeugin *m, f* (**to** +*gen*); **~ [to a marriage]** Trauzeuge, -zeugin *m, f* **II.** *vt* ❶ (*see*) beobachten; **to ~ sb doing sth** sehen, wie jd etw tut ❷ (*attest*) bestätigen; **to ~ a will** ein Testament als Zeuge/Zeugin unterschreiben

witness box, *esp* AM **witness stand** *n* Zeugenstand *m kein pl*

witty ['wɪti] *adj* (*clever*) geistreich; (*funny*) witzig
wives [waɪvz] *n pl of* **wife**
wizard ['wɪzəd] *n* ❶ (*magician*) Zauberer *m* ❷ (*expert*) Genie *nt oft hum;* **computer ~** Computergenie *nt*
WMD [ˌdʌb|ju:em'di:] *n abbrev of* **weapons of mass destruction** Massenvernichtungswaffen *pl*
wobble ['wɒbl] **I.** *vi* ❶ (*move*) wackeln; *wheel* eiern *fam; jelly, fat* schwabbeln *fam* ❷ (*tremble*) zittern **II.** *vt* rütteln **III.** *n usu sing* Wackeln *nt kein pl*
wobbly ['wɒb|i] *adj* ❶ (*unsteady*) wack[e]lig; **I've got a ~ tooth** bei mir wackelt ein Zahn ❷ (*wavering*) zittrig
wok [wɒk] *n* Wok *m*
woke [wəʊk] **I.** *vt, vi pt of* **wake** **II.** (*a. pej fam*) woke (*besonders wachsam, was Diskriminierung/Rassismus etc. betrifft*)
woken [wəʊkᵊn] *vt, vi pp of* **wake**
wolf *n* <*pl* wolves> [wʊlf] Wolf *m;* ▸ **to cry ~** blinden Alarm schlagen
woman ['wʊmən] **I.** *n* <*pl* women> ❶ (*female*) Frau *f* ❷ (*fam: used as term of address*) Weib *pej* **II.** *adj* weiblich; **~ police officer** Polizistin *f*
womb [wu:m] *n* Mutterleib *m;* MED Gebärmutter *f*
women ['wɪmɪn] *n pl of* **woman**
women's centre *n* Frauenzentrum *nt*
women's lib [-'lɪb] *n* (*dated fam*) *short for* **women's liberation** Frauen[-rechts]bewegung *f*
won [wʌn] *vt, vi pt, pp of* **win**
won't [wəʊnt] = *see* **will not** *see* **will**[1]
wonder ['wʌndəʳ] **I.** *vt* ❶ (*ask oneself*) sich fragen; **it makes you ~ why they ...** man fragt sich [schon], warum sie ... ❷ (*feel surprise*) **to ~ that ...** überrascht sein, dass ... **II.** *vi* ❶ (*ask oneself*) sich fragen; **to ~ about sb** sich Gedanken über jdn machen ❷ (*feel surprise*) **to ~ at sb** sich über jdn wundern **III.** *n* ❶ *no pl* (*feeling*) Staunen *nt,* Verwunderung *f* ❷ (*marvel*) Wunder *nt;* **no ~ ...** kein Wunder, dass ...
wonder drug *n* Wundermittel *nt*
wonderful ['wʌndəfᵊl] *adj* wunderbar
wonderland *n* Wunderland *nt*
wonky ['wɒŋki] *adj* BRIT, AUS (*fam*) ❶ (*unsteady*) wack[e]lig *a. fig* ❷ (*askew*) schief
woo [wu:] *vt* (*attract*) **to ~ customers/voters** Kunden/Wähler umwerben
wood [wʊd] *n* ❶ *no pl* Holz *nt;* **block of ~** Holzklotz *m* ❷ (*forest*) **~s** *pl* Wald *m;* ▸ **touch ~!** unberufen!
wooded ['wʊdɪd] *adj* bewaldet; **~ area** Waldgebiet *nt*
wooden ['wʊdᵊn] *adj* ❶ (*made of wood*) Holz-, hölzern, aus Holz ❷ (*fig, pej: stiff*) *movements* hölzern
woodland *n* ~ Wald *m* **woodpecker** *n* Specht *m* **woodpile** *n* Holzstoß *m* **woodshed** **I.** *n* Holzschuppen *m* **II.** *vi* <-dd-> AM (*fam*) intensiv üben
woodwind *n* MUS ❶ (*instrument*) Holzblasinstrument *nt* ❷ + *sing/pl vb* **the ~** (*orchestra section*) die Holzbläser *pl*
woodwork *n no pl* ❶ (*parts of building*) Holzwerk *nt* ❷ BRIT (*carpentry*) Tischlern *nt* **woodworm** <*pl* -> *n* ❶ (*larva*) Holzwurm *m* ❷ *no pl* (*damage*) Wurmfraß *m*
woody ['wʊdi] *adj* ❶ HORT holzig, Holz- ❷ FOOD holzig ❸ (*wooded*) bewaldet
wool [wʊl] *n no pl* Wolle *f;* **ball of ~** Wollknäuel *nt*
woolen *adj* AM *see* **woollen**
woollen ['wʊlən] *adj* wollen, aus Wolle; **~ dress** Wollkleid *nt*
woolly ['wʊli] *adj* ❶ Woll-, wollen ❷ (*vague*) verschwommen
Worcester sauce [ˌwʊstəʳ'sɔ:s-], AM, AUS **Worcestershire sauce** [ˌwʊstəʃəʳ'sɔ:s-] *n* Worcestersoße *f*
word [wɜ:d] **I.** *n* ❶ Wort *nt;* **in other ~s** mit anderen Worten; **in a ~** um es kurz zu sagen ❷ *no pl* (*short conversation*) [kurzes] Gespräch; (*formal*) Unterre-

dung *f;* **to have a ~ with sb [about sth]** mit jdm [über etw *akk*] sprechen ❸ *no pl* (*news*) Nachricht *f;* (*message*) Mitteilung *f* ❹ *no pl* (*order*) Kommando *nt;* **to give the ~** den Befehl geben ❺ (*remark*) Bemerkung *f;* **~ of warning** Warnung *f* ❻ *no pl* (*promise*) Wort *nt,* Versprechen *nt;* **to go keep one's ~** sein Wort halten ❼ (*lyrics*) **~s** *pl* Text *m* **II.** *vt* **to ~ sth** etw formulieren

wording ['wɜːdɪŋ] *n no pl* ❶ (*words used*) Formulierung *f* ❷ (*manner of expression*) Formulieren *nt*

word order *n no pl* Wortstellung *f*

word-perfect *adj pred* textsicher

word processor *n* ❶ (*computer*) Textverarbeitungssystem *nt* ❷ (*program*) Textverarbeitungsprogramm *nt*

wordy ['wɜːdi] *adj* (*pej*) langatmig, weitschweifig

wore [wɔːʳ] *vt, vi pt of* **wear**

work [wɜːk] **I.** *n* ❶ *no pl* Arbeit *f;* **to be at ~** bei der Arbeit sein ❷ (*construction, repairs*) **~s** *pl* Arbeiten *pl;* **road ~s** Straßenarbeiten *pl* ❸ ART, LIT, MUS Werk *nt* **II.** *vi* ❶ arbeiten; **to ~ like a slave** AM, AUS (*fam*) wie ein Tier schuften; **to ~ at/on sth** an etw *dat* arbeiten ❷ (*have an effect*) sich auswirken; **to ~ in sb's favour** sich zu jds Gunsten auswirken ❸ (*function*) funktionieren; **my cell phone doesn't ~** mein Handy geht nicht **III.** *vt* ❶ arbeiten; **to ~ oneself to death** (*fam*) sich zu Tode arbeiten ❷ (*operate*) *machine* bedienen; *equipment* betätigen ❸ (*move*) **to ~ one's way up** sich hocharbeiten; **to ~ sth free** etw losbekommen

◆ **work away** *vi* vor sich hinarbeiten

◆ **work in** *vt* (*mix in, rub in*) einarbeiten; *food* hineingeben

◆ **work off** *vt* ❶ (*counter effects of*) abarbeiten; **to ~ off stress** Stress abbauen ❷ (*pay by working*) *a debt, a loan* abtragen

◆ **work out I.** *vt* ❶ (*calculate*) errechnen, ausrechnen ❷ (*develop*) ausarbeiten; **to ~ out a solution** eine Lösung erarbeiten ❸ (*understand*) verstehen **II.** *vi* ❶ (*amount to*) **to ~ out cheaper** billiger kommen ❷ (*develop*) sich entwickeln; (*progress*) laufen *fam;* **to ~ out well** gut laufen *fam* ❸ (*do exercise*) trainieren

◆ **work over** *vt* (*fam*) **to ~ over sb** jdn zusammenschlagen *fam*

◆ **work round** *vi* (*fam: approach cautiously*) **what are you ~ing round to?** worauf willst du hinaus?

◆ **work up I.** *vt* ❶ (*generate*) **to ~ up courage** sich *dat* Mut machen ❷ (*upset, make angry*) **to ~ oneself up** sich aufregen ❸ (*develop*) **to ~ up a sweat** ins Schwitzen kommen **II.** *vi* (*progress to*) **to ~ up to sth** sich zu etw *dat* hocharbeiten

workaholic [ˌwɜːkəˈhɒlɪk] *n* (*fam*) Arbeitssüchtige(r) *f(m),* Arbeitstier *nt fig, oft pej*

workbench *n* Werkbank *f*

workday *n* AM, AUS ❶ (*time at work*) Arbeitstag *m* ❷ (*not holiday*) Werktag *m*

worker ['wɜːkəʳ] *n* Arbeiter(in) *m(f);* **blue-collar ~** [Fabrik]arbeiter(in) *m(f);* **white-collar ~** [Büro]angestellte(r) *f(m)*

work ethic *n* Arbeitsethos *nt*

workforce *n + sing/pl vb* Belegschaft *f,* Betriebspersonal *nt*

working ['wɜːkɪŋ] **I.** *adj attr* ❶ (*pertaining to work*) Arbeits-; **~ conditions** Arbeitsbedingungen *pl* ❷ (*employed*) berufstätig ❸ (*functioning*) funktionierend *attr* **II.** *n no pl* (*activity*) Arbeiten *nt,* Arbeit *f*

working-class *adj* der Arbeiterklasse *nach n*

workload *n* Arbeitspensum *nt kein pl*

workman *n* ❶ (*craftsman*) Handwerker *m* ❷ (*worker*) Arbeiter *m*

workmanlike *adj* ❶ (*skilful*) fachmännisch ❷ (*pej: sufficient*) annehmbar

W

workmanship ['wɜ:kmənʃɪp] *n no pl* Verarbeitung[sgüte] *f;* **fine ~** feine Verarbeitung
work of art *n* Kunstwerk *nt*
workout *n* SPORTS Training *nt*
work permit *n* Arbeitserlaubnis *f,* Arbeitsgenehmigung *f* **workplace** *n* Arbeitsplatz *m* **works committee, works council** *n* Betriebsrat *m* **workshop** *n* ❶ (*room*) Werkstatt *f* ❷ (*meeting*) Workshop *m* **workstation** *n* ❶ COMPUT Workstation *f fachspr* ❷ (*work area*) Arbeitsplatz *m* **worktop** *n* BRIT Arbeitsfläche *f*
world [wɜ:ld] *n* ❶ *no pl* (*earth*) **the ~** die Welt, die Erde ❷ (*planet*) Welt *f* ❸ (*society*) **the ancient ~** die antike Welt ▶ **to be ~s apart** Welten auseinanderliegen; **not for [all] the ~** nie im Leben
World Bank *n no pl* **the ~** die Weltbank **World Cup** *n* ❶ (*competition*) Weltmeisterschaft *f;* (*in soccer*) Fußballweltmeisterschaft *f* ❷ (*trophy*) Worldcup *m,* Weltpokal *m* **world-famous** *adj* weltberühmt
worldly ['wɜ:ldli] *adj attr* (*physical*) weltlich; **~ goods** materielle Güter
world record *n* Weltrekord *m* **world war** *n* Weltkrieg *m;* **W~ W~ II** 2. Weltkrieg *m*
worldwide [ˌwɜ:ld'waɪd] **I.** *adj* weltweit; **of ~ reputation** von Weltruf **II.** *adv* weltweit; **to travel ~** die ganze Welt bereisen
worm [wɜ:m] **I.** *n* Wurm *m* **II.** *vt* (*wriggle*) **to ~ one's way through the crowd** sich *dat* seinen Weg durch die Menge bahnen
worn [wɔ:n] **I.** *vt, vi pp of* **wear II.** *adj* (*damaged*) abgenutzt; *carpet* abgetreten
worn out *pred,* **worn-out** *adj attr* ❶ (*exhausted*) *person* erschöpft ❷ (*damaged*) *clothes* verschlissen
worried ['wʌrɪd] *adj* beunruhigt, besorgt; **to be ~ about sb** sich *dat* um jdn Sorgen machen

W

worry ['wʌri] **I.** *vi* <-ie-> sich *dat* Sorgen machen (**about** um) ▶ **not to ~!** (*fam*) keine Sorge! **II.** *vt* <-ie-> ❶ (*cause worry*) beunruhigen ❷ (*bother*) stören **III.** *n* ❶ *no pl* (*state of anxiety*) Sorge *f,* Besorgnis *f* ❷ (*source of anxiety*) Sorge *f*
worrying ['wʌriɪŋ] *adj* Besorgnis erregend, beunruhigend
worse [wɜ:s] **I.** *adj comp of see* **bad** schlechter; (*more difficult, unpleasant*) schlimmer **II.** *adv comp of see* **badly** ❶ (*less well*) schlechter ❷ (*to introduce statement*) **even ~, ...** was noch schlimmer ist, ...
worsen ['wɜ:sᵊn] **I.** *vi* sich verschlechtern **II.** *vt* verschlechtern
worship ['wɜ:ʃɪp] **I.** *n no pl* ❶ (*homage*) Verehrung *f;* **act of ~** Anbetung *f* ❷ (*religious service*) Gottesdienst *m* **II.** *vt* <-pp-> ❶ (*revere*) **to ~ a deity** einer Gottheit huldigen *geh* ❷ (*adore*) vergöttern ❸ (*be obsessed with*) besessen sein **III.** *vi* <-pp-> beten
worst [wɜ:st] **I.** *adj* ❶ *superl of* **bad** ❷ **the ~ ...** der/die/das schlechteste ...; (*most dangerous*) der/die/das übelste(r, s) ..., der/die/das schlimmste(r, s) ...; (*least advantageous*) der/die/das ungünstigste(r, s) ... **II.** *adv superl of see* **badly** ❶ (*least well*) am schlechtesten ❷ (*most severely*) am schlimmsten **III.** *n no pl* **the ~** der/die/das Schlimmste
worth [wɜ:θ] **I.** *adj pred* wert; **to be ~ a try** einen Versuch wert sein ▶ **to be [well] ~ it** die Mühe wert sein **II.** *n no pl* Wert *m;* **of comparable ~** von vergleichbarem Wert
worthless ['wɜ:θləs] *adj* wertlos *a. fig*
worthwhile [ˌwɜ:θ'(h)waɪl] *adj* lohnend; **to be ~** sich lohnen
worthy ['wɜ:ði] *adj* ❶ (*form: estimable*) würdig; **~ principles** achtbare Prinzipien ❷ (*meriting*) **~ of praise** lobenswert

would [wʊd] *aux vb* ❶ (*in indirect speech*) **they promised that they ~ help** sie versprachen zu helfen ❷ (*to express condition*) **what ~ you do if ...?** was würdest du tun, wenn ...? ❸ (*to express inclination*) **sb ~ rather/sooner do sth** jd würde lieber etw tun ❹ (*polite question*) **~ you like some cake?** hätten Sie gern ein Stück Kuchen?

would-be **I.** *adj attr* Möchtegern- *pej* **II.** *n* Möchtegern *m pej*

wouldn't ['wʊdənt] = **would not** *see* **would**

wound[1] [wu:nd] **I.** *n* ❶ (*injury*) Wunde *f;* **gunshot ~** Schussverletzung *f* ❷ (*fig*) PSYCH Wunde *f,* Kränkung *f* **II.** *vt* ❶ (*physically*) verletzen, verwunden ❷ (*fig*) PSYCH kränken

wound[2] [waʊnd] *vt, vi pt, pp of* **wind**

wounded ['wu:ndɪd] **I.** *adj* ❶ (*physically*) verletzt, verwundet ❷ (*fig*) PSYCH gekränkt, verletzt **II.** *n* **the ~** *pl* die Verletzten *pl;* MIL die Verwundeten *pl*

woven ['wəʊvən] **I.** *vt, vi pp of* **weave** **II.** *adj* ❶ (*on loom*) gewebt; **~ fabric** Gewebe *nt* ❷ (*intertwined*) *basketwork, wreath* geflochten

wow [waʊ] (*fam*) **I.** *interj* wow *sl,* toll! *fam* **II.** *vt* **to ~ sb** jdn hinreißen

wow factor *n* (*fam*) Überraschungseffekt *m*

wrap [ræp] **I.** *n* ❶ FASHION Umhang *m;* (*stole*) Stola *f* ❷ *no pl* (*packaging*) Verpackung *f* ❸ FOOD [Tortilla]wrap *m* **II.** *vt* <-pp-> ❶ (*cover*) einpacken; *in paper* einwickeln ❷ (*draw round*) **to ~ sth around sb** etw um jdn wickeln ❸ COMPUT **to ~ text/words** Texte/Wörter umbrechen **III.** *vi* <-pp-> ❶ COMPUT umbrechen ❷ FILM (*fam*) die Dreharbeiten beenden

◆ **wrap up** *vt* ❶ (*completely cover*) einwickeln ❷ (*dress warmly*) warm einpacken ❸ (*conclude*) abschließen

wrapper ['ræpər] *n* ❶ (*packaging*) Verpackung *f* ❷ (*for book*) [Schutz]umschlag *m* ❸ AM (*robe*) Umhang *m*

wrapping paper *n no pl* (*for present*) Geschenkpapier *nt;* (*for package*) Packpapier *nt*

wreath [ri:θ] *n* Kranz *m*

wreck [rek] **I.** *n* ❶ (*boat*) [Schiffs]wrack *nt* ❷ (*vehicle*) Wrack *nt* ❸ (*disorganized remains*) Trümmerhaufen *m,* Ruine *f* ❹ (*person*) **to be a nervous ~** ein nervliches Wrack sein **II.** *vt* ❶ *ship* **to be ~ed** Schiffbruch erleiden ❷ (*destroy*) zerstören ❸ (*fig: spoil*) ruinieren; *chances, hopes plans* zunichtemachen

wreckage ['rekɪdʒ] *n no pl* Wrackteile *pl,* Trümmer *pl a. fig*

wren [ren] *n* Zaunkönig *m*

wrench [ren(t)ʃ] **I.** *n* <*pl* -es> ❶ (*spanner*) Schraubenschlüssel *m* ❷ *usu sing* (*twisting*) Ruck *m* ❸ *usu sing* (*fig: pain caused by a departure*) Trennungsschmerz *m* **II.** *vt* ❶ (*twist*) **to ~ sth from sb** jdm etw entreißen *a. fig;* **to ~ off** abreißen; **to ~ free** losreißen ❷ (*injure*) *a muscle* zerren

wrestle ['resl] **I.** *vi* ❶ SPORTS ringen ❷ (*fig: struggle*) **to ~ with sth** mit etw *dat* ringen **II.** *vt* SPORTS ringen **III.** *n* (*fig: struggle*) Ringen *nt kein pl*

wrestler ['reslər] *n* Ringer(in) *m(f)*

wrestling ['reslɪŋ] *n no pl* Ringen *nt*

wretched ['retʃɪd] *adj* ❶ (*unhappy*) unglücklich; **to feel ~** sich elend fühlen ❷ (*very bad*) schlimm; *state, condition* jämmerlich ❸ (*to express anger*) verflixt

wriggle ['rɪgl] **I.** *vi* ❶ (*twist and turn*) sich winden; **to ~ free [of sth]** sich [aus etw *dat*] herauswinden ❷ (*move*) schlängeln ▶ **to ~ off the hook** (*fam*) sich herausreden **II.** *vt* **to ~ one's toes in the sand** die Zehen in den Sand graben **III.** *n usu sing* Schlängeln *nt*

wring <wrung, wrung> [rɪŋ] **I.** *n usu sing* [Aus]wringen *nt* **II.** *vt* ❶ (*twist*) auswringen ❷ (*break*) **to ~ sb's neck** (*a. fig*) jdm den Hals umdrehen

wrinkle ['rɪŋkl̩] **I.** *n* (*in the face*) Falte *f;* (*in a material*) Knitterfalte *f* **II.** *vt* zerknittern ► **to ~ one's brow** die Stirn runzeln **III.** *vi face, skin* Falten bekommen; *material* zerknittern

wrinkled ['rɪŋkl̩d] *adj face, skin* faltig; *clothes* zerknittert

wrinkle-free *adj* knitterfrei

wrinkly ['rɪŋkli] **I.** *adj clothes* zerknittert; *face, skin* faltig, runzlig; *fruit* schrumpelig, verschrumpelt **II.** *n* BRIT, AUS (*pej or hum sl*) Grufti *m pej o hum sl*

wrist [rɪst] *n* ANAT Handgelenk *nt*

wristband *n* ❶ (*strap*) Armband *nt* ❷ (*absorbent material*) Schweißband *nt*

wristwatch *n* Armbanduhr *f*

write <wrote, written> [raɪt] **I.** *vt* ❶ schreiben; *a cheque, a prescription* ausstellen ❷ COMPUT **to ~ sth to sth** etw auf etw *dat* speichern **II.** *vi* ❶ schreiben; **to know how to read and ~** Lesen und Schreiben können ❷ COMPUT speichern

◆ **write away** *vi* **to ~ away for sth** etw [schriftlich] anfordern

◆ **write back** *vt, vi* zurückschreiben

◆ **write down** *vt* aufschreiben

◆ **write in** *vt* (*put in*) **to ~ in sth** (*in text*) etw einfügen; (*in form*) etw eintragen

◆ **write off** **I.** *vi* **to ~ off for sth** etw [schriftlich] anfordern **II.** *vt* ❶ (*dismiss*) abschreiben *fam* ❷ FIN *an asset, a debt* abschreiben

W

◆ **write out** *vt* ❶ (*remove*) streichen ❷ (*write in full*) ausschreiben

◆ **write up** *vt* ❶ *an article, notes* ausarbeiten ❷ (*critique*) **to ~ up a concert** eine Kritik zu einem Konzert schreiben

write-off *n* ❶ BRIT (*vehicle*) **to be a complete ~** ein absoluter Totalschaden sein ❷ (*worthless person*) Versager(in) *m(f);* (*worthless event*) Reinfall *m* ❸ FIN Abschreibung *f*

writer ['raɪtə^r] *n* ❶ (*person who writes*) Verfasser(in) *m(f)* ❷ (*author*) Autor(in) *m(f);* **sports ~** Sportreporter(in) *m(f)*

writer-in-residence *n* <*pl* -s-in-residence> *Schriftsteller, der Gast an einer Universität oder einer anderen Institution ist und evt. dort Workshops veranstaltet*

write-up *n of play, film* Kritik *f; of book also* Rezension *f*

writing ['raɪtɪŋ] *n no pl* ❶ (*skill*) Schreiben *nt;* **in ~** schriftlich ❷ (*occupation*) Schriftstellerei *f* ❸ (*literature*) Literatur *f*

writing desk *n* Schreibtisch *m* **writing paper** *n no pl* Schreibpapier *nt*

written ['rɪtᵊn] **I.** *vt, vi pp of* **write** **II.** *adj* schriftlich; **the ~ word** das geschriebene Wort

wrong [rɒŋ] **I.** *adj* ❶ falsch; **it's all ~** das ist völlig verkehrt ❷ *pred* (*amiss*) **is there anything ~?** stimmt etwas nicht? ❸ (*morally reprehensible*) verwerflich *geh;* **it was ~ of her to ...** es war nicht richtig von ihr, ... **II.** *adv* ❶ falsch; **to spell sth ~** etw falsch buchstabieren ❷ (*morally reprehensible*) falsch ❸ (*amiss*) **to go ~** schiefgehen *fam* **III.** *n no pl* (*moral reprehensibility*) **to know right from ~** richtig und falsch unterscheiden können

wrongful ['rɒŋfᵊl] *adj* unrechtmäßig

wrongly ['rɒŋli] *adv* fälschlicherweise; (*incorrectly*) falsch; **to ~ convict sb of a crime** jdn zu Unrecht verurteilen

wrote [rəʊt] *vt, vi pt of* **write**

wrung [rʌŋ] *vt pt, pp of* **wring**

wry <-ier, -iest> [raɪ] *adj usu attr comments, humour* trocken; *smile* bitter

WWW [ˌdʌblju:dʌblju:'dʌblju:] *n no pl abbrev of* **World Wide Web** WWW *nt*

Xx

X <*pl* -s>, **x** <*pl* -'s> [eks] *n* X *nt*, x *nt*; *see also* **A 1**

x [eks] **I.** *vt* AM **to ~ [out]** [aus]streichen **II.** *n* ❶ MATH x *nt*; **x-axis** x-Achse *f* ❷ (*symbol for kiss*) *Kusssymbol, z.B. am Briefende*

xenophobia [ˌzenə(ʊ)ˈfəʊbiə] *n no pl* Fremdenhass *m*

Xmas [ˈkrɪs(t)məs, ˈeksməs] (*fam*) **I.** *n* <*pl* -es> *short for* **Christmas** Weihnachten *nt* **II.** *adj* Weihnachts-

X-ray [ˈeksreɪ] **I.** *n* ❶ (*radiation*) Röntgenstrahl[en] *m*[*pl*] ❷ (*examination*) Röntgenuntersuchung *f*; **to go for an ~** sich röntgen lassen **II.** *vt* röntgen

xylophone [ˈzaɪləfəʊn] *n* Xylophon *nt*

Yy

Y <*pl* -s>, **y** <*pl* -'s> [waɪ] *n* Y *nt*, y *nt*; *see also* **A 1**

y [waɪ] *n* MATH y *nt*; **y-axis** y-Achse *f*

yacht [jɒt] *n* Jacht *f*

yachting [ˈjɒtɪŋ] *n no pl* Segeln *nt*

yak <-kk-> [jæk] *vi* (*sl*) quasseln

yank [jæŋk] (*fam*) **I.** *n* Ruck *m* **II.** *vt* **to ~ sth** an etw *dat* [ruckartig] ziehen **III.** *vi* **to ~ [on sth]** [an etw *dat*] zerren

◆ **yank out** *vt* herausreißen; *tooth* ziehen

Yank [jæŋk] *n* (*fam*) Ami *m*

yap [jæp] **I.** *vi* <-pp-> *dog* kläffen; (*pej fam*) *person* quasseln **II.** *n no pl* Kläffen *nt*

yard[1] [jɑːd] *n* (*3 feet*) Yard *nt* (*= 0,914 m*); **a list a ~ long** (*fig*) eine ellenlange Liste

yard[2] [jɑːd] *n* (*paved area*) Hof *m*

yardstick *n* Zollstock *m*

yawn [jɔːn] **I.** *vi* gähnen *a. fig* **II.** *vt* **to ~ one's head off** (*fam*) hemmungslos gähnen **III.** *n* Gähnen *nt kein pl*

yawning [ˈjɔːnɪŋ] *adj* gähnend *a. fig*

yea [jeɪ] *adv* (*form*) **~ or nay** ja oder nein

yeah [jeə] *adv* (*fam: yes*) ja[wohl]; **~?** ach wirklich?; **oh ~!** (*iron*) klar!, ganz bestimmt!

year [jɪəʳ] *n* ❶ Jahr *nt*; **all [the] ~ round** das ganze Jahr über; **next ~** nächstes Jahr; **for two ~s** zwei Jahre lang ❷ (*age, time of life*) [Lebens]jahr *nt*; **a two-~-old child** ein zweijähriges Kind ❸ (*fam: indefinite time*) **~s** *pl* Jahre *pl*; **for ~s** (*since a long time ago*) seit Jahren; (*for a long time*) jahrelang ❹ (*academic year*) SCH Schuljahr *nt*; UNIV Studienjahr *nt*; **a three-~ course** ein dreijähriger Kurs

year-long *adj* (*lasting one year*) einjährig

yearly [ˈjɪəli] *adj, adv* jährlich; **twice-~** zweimal pro Jahr

yearn [jɜːn] *vi* **to ~ for sth/sb** sich nach etw/jdm sehnen

yearning [ˈjɜːnɪŋ] *n* Sehnsucht *f*

yeast [jiːst] *n no pl* Hefe *f*

yell [jel] **I.** *n* [Auf]schrei *m*; **to let out a ~** einen Schrei ausstoßen **II.** *vi* gellend schreien; **to ~ at each other** sich anschreien **III.** *vt* **to ~ sth [at sb]** [jdm] etw laut [zu]rufen

yellow ['jeləʊ] **I.** *adj* gelb **II.** *n no pl* Gelb *nt;* **to paint sth ~** etw gelb streichen **III.** *vi* vergilben

Yellow Pages® *n pl + sing vb* **the ~** die Gelben Seiten® *pl*

yelp [jelp] **I.** *vi dog* kläffen, aufjaulen; *of person* aufschreien **II.** *n dog* Gebell *nt,* Gejaule *nt; person* **~ of pain** Schmerzensschrei *m*

yep [jep] *adv* (*fam*) ja

yes [jes] **I.** *adv* ❶ ja; **~ sir/madam** jawohl; **~ please** ja bitte ❷ (*contradicting a negative*) aber ja [doch]; **I'm not a very good cook — ~, you are** ich bin kein sehr guter Koch — ach was, bist du doch **II.** *n* <*pl* -es> Ja *nt;* **was that a ~ or a no?** war das ein Ja oder ein Nein? **III.** *vt* <-ss-> AM **to ~ sb** jdm nach dem Mund reden

yes-man *n* (*pej*) Jasager *m*

yesterday ['jestədeɪ] **I.** *adv* gestern; **the day before ~** vorgestern **II.** *n no pl* Gestern *nt;* **this is ~'s paper** das ist die Zeitung von gestern

yet [jet] **I.** *adv* ❶ (*up to now*) bis jetzt; **as ~** bis jetzt ❷ (*still*) **not ~** noch nicht ❸ (*despite that*) trotzdem; (*but*) aber [auch] **II.** *conj* doch

yew [juː] *n* Eibe *f*

Yiddish ['jɪdɪʃ] *n no pl* Jiddisch *nt*

yield [jiːld] **I.** *n* ❶ AGR Ertrag *m* ❷ MIN gewonnene Menge ❸ FIN [Zins]ertrag *m* **II.** *vt* ❶ (*produce*) hervorbringen; *cereals, fruit* erzeugen ❷ FIN abwerfen ❸ (*concede*) **to ~ ground to sb** jdm [gegenüber] nachgeben

yob [jɒb] *n,* **yobbo** <*pl* -os *or* -oes> ['jɒbəʊ] *n* BRIT, AUS (*fam*) Rabauke *m*

yodel ['jəʊdᵊl] *vi, vt* <BRIT -ll- *or* AM *usu* -l-> jodeln

yoga ['jəʊgə] *n no pl* Yoga *nt*

yog(h)urt ['jɒgət] *n* Joghurt *m o nt*

yoke [jəʊk] **I.** *n* (*for pulling*) Joch *nt* **II.** *vt* **to ~ animals to a plough** Tiere vor einen Pflug spannen

yolk [jəʊk] *n* Eigelb *nt*

you [juː, ju, jə] *pron* ❶ (*singular*) du *in nom,* dich *in akk,* dir *in dat;* (*polite form*) Sie *in nom, akk,* Ihnen *in dat;* **if I were ~** wenn ich dich/Sie wäre ❷ (*plural*) ihr *in nom,* euch *in akk o dat;* (*polite form*) Sie *in nom, akk,* Ihnen *in dat;* **how many of ~ are there?** wie viele seid ihr? ❸ (*one*) man; **it's not good for ~** das ist nicht gesund; **~ never know** man weiß nie

you'll [juːl] = **you will** *see* **will**[1]

young [jʌŋ] **I.** *adj* jung; **~ children** kleine Kinder **II.** *n pl* ❶ (*young people*) **the ~** die jungen Leute ❷ ZOOL Junge *pl*

your [jɔː^{r}, jʊə^{r}] *adj poss* ❶ (*of you, singular*) dein(e); (*plural*) euer/eure; (*polite form*) Ihr(e) ❷ (*one's*) sein(e); (*referring to sb else*) **it's enough to break ~ heart** es bricht einem förmlich das Herz

you're [jɔː^{r}, jə^{r}] = **you are** *see* **be**

yours [jɔːz] *pron poss* ❶ (*belonging to you*) deine(r, s); (*polite form*) Ihre(r, s); **is this pen ~?** ist das dein Stift?; **it's no business of ~** das geht dich nichts an ❷ (*at end of letter*) **Y~ sincerely/faithfully, ...** mit freundlichen Grüßen, ...

yourself <*pl* yourselves> [jɔː'self] *pron* ❶ (*singular*) dich *in akk,* dir *in dat;* (*plural*) euch; (*polite form, sing/pl*) sich; **please help ~** bitte bedienen Sie sich; **help yourselves, boys** bedient euch, Jungs ❷ (*oneself*) sich; **to have sth [all] to ~** etw für dich/sich allein haben ❸ (*personally*) selbst; **you can do that ~** du kannst das selbst machen; **just be ~** sei ganz natürlich; **[all] by ~** [ganz] allein

youth [juːθ] *n* ❶ *no pl* (*period*) Jugend *f* ❷ (*young man*) junger Mann, Jugendliche(r) *m* ❸ (*young people*) **the ~ of today** die Jugend von heute

youth club *n* Jugendzentrum *nt*
youthful ['ju:θfəl] *adj* jugendlich; **~ good looks** jugendlich-hübsche Erscheinung
youth hostel *n* Jugendherberge *f*
you've [ju:v] = **you have** *see* **have**
yo-yo <*pl* -os> ['jəʊjəʊ] *n* Jo-Jo *nt;* **to go up and down like a ~** rauf- und runterschnellen
yo-yo dieting *n no pl* (*fam*) Abnehmen *nt* mit Jo-Jo-Effekt
yucky ['jʌki] *adj* (*fam*) ek[e]lig

Zz

Z <*pl* -s>, **z** <*pl* -'s> [zed] *n* Z *nt*, z *nt; see also* **A 1**
z [zed] *n* MATH z *nt;* **~-axis** z-Achse *f*
zap [zæp] (*fam*) **I.** *vt* <-pp-> ❶ (*destroy*) **to ~ sb** jdn erledigen; **to ~ sth** etw kaputtmachen ❷ (*send fast*) blitzschnell übermitteln **II.** *vi* <-pp-> (*change channels*) zappen
zapping ['zæpɪŋ] *n* (*fam*) Zappen *nt fam*
zebra <*pl* -s> ['zebrə] *n* Zebra *nt*
zebra crossing *n* BRIT, AUS Zebrastreifen *m*
zero ['zɪərəʊ] **I.** *n* <*pl* -os *or* -oes> Null *f a. fig;* **10 degrees above/below ~** zehn Grad über/unter Null **II.** *adj* **at ~ gravity** bei Schwerelosigkeit; **~ hour** die Stunde Null
◆ **zero in** *vi* sich einschießen; **to ~ in on a target** ein Ziel anvisieren
zigzag ['zɪgzæg] **I.** *n* Zickzack *m* **II.** *adv* im Zickzack **III.** *vi* <-gg-> sich im Zickzack bewegen
zinc [zɪŋk] *n no pl* Zink *nt*
zine [zi:n] *n* (*fam*) *short for* **magazine** Hochglanzmagazin *nt*
zip [zɪp] **I.** *n* BRIT Reißverschluss *m* **II.** *pron* AM (*fam*) **I know ~ about computers** ich habe null Ahnung von Computern **III.** *vt* <-pp-> **to ~ sth together** etw mit einem Reißverschluss zusammenziehen **IV.** *vi* <-pp-> ❶ (*fasten*) **it ~s [up] at the back** es hat hinten einen Reißverschluss ❷ (*go quickly*) rasen, flitzen
zip code *n* AM (*postal code*) ≈ Postleitzahl *f*
zip fastener *n*, AM, AUS **zipper** ['zɪpə^r] *n* Reißverschluss *m*
zippy ['zɪpi] *adj* (*fam*) spritzig
zodiac ['zəʊdiæk] *n* ASTROL **sign of the ~** Tierkreiszeichen *nt*
zombie ['zɒmbi] *n* Zombie *m*
zone [zəʊn] **I.** *n* Zone *f;* **war ~** Kriegsgebiet *nt;* **danger ~** Gefahrenzone *f;* **no-parking ~** Parkverbotszone *f* **II.** *vt* in [Nutzungs]zonen aufteilen
zoo [zu:] *n* Zoo *m*
zoological [ˌzəʊə(ʊ)'lɒdʒɪkəl] *adj* zoologisch
zoom [zu:m] **I.** *n* **~ [lens]** Zoom[objektiv] *nt* **II.** *vi* (*fam*) ❶ (*move very fast*) rasen; **to ~ ahead** davonsausen; **to ~ past** vorbeirasen ❷ PHOT zoomen
◆ **zoom in** *vi* [nahe] heranfahren, heranzoomen; **to ~ in on sth** auf etw *akk* [ein]schwenken
◆ **zoom out** *vi* wegzoomen
zucchini <*pl* -s> [zʊ'ki:ni] *n* AM, AUS Zucchini *f*

Zahlwörter

Numerals

Grundzahlen

Cardinal numbers

Die Zahlwörter sind eine spezielle Wortgattung; sie weisen in vielen Sprachen Besonderheiten auf. Im Deutschen beispielsweise beginnen die meisten Wörter für zweistellige Zahlen mit den Einern: *fünfundzwanzig* (und nicht „zwanzig-und-fünf"). Außerdem ergeben große Zahlen sehr lange Zahlwörter: *neunhundertdreiundachtzig*. Im Englischen wiederum werden die meisten Bezeichnungen für zweistellige Zahlen mit Bindestrich geschrieben – z. B. *forty-two* – und für Zahlen über hundert in mehreren Wörtern: *two hundred and ten*.

null	0	nought, zero, cipher
eins	1	one
zwei	2	two
drei	3	three
vier	4	four
fünf	5	five
sechs	6	six
sieben	7	seven
acht	8	eight
neun	9	nine
zehn	10	ten
elf	11	eleven
zwölf	12	twelve
dreizehn	13	thirteen
vierzehn	14	fourteen
fünfzehn	15	fifteen
sechzehn	16	sixteen

siebzehn	17	seventeen
achtzehn	18	eighteen
neunzehn	19	nineteen
zwanzig	20	twenty
einundzwanzig	21	twenty-one
zweiundzwanzig	22	twenty-two
dreiundzwanzig	23	twenty-three
dreißig	30	thirty
einunddreißig	31	thirty-one
zweiunddreißig	32	thirty-two
dreiunddreißig	33	thirty-three
vierzig	40	forty
einundvierzig	41	forty-one
fünfzig	50	fifty
einundfünfzig	51	fifty-one
sechzig	60	sixty
einundsechzig	61	sixty-one
siebzig	70	seventy
einundsiebzig	71	seventy-one
achtzig	80	eighty
einundachtzig	81	eighty-one
neunzig	90	ninety
einundneunzig	91	ninety-one
(ein)hundert	100	a (*or* one) hundred
hundert(und)eins	101	hundred and one
hundert(und)zwei	102	hundred and two
hundert(und)zehn	110	hundred and ten
zweihundert	200	two hundred

dreihundert	300	three hundred
vierhundert(und)ein-und- fünfzig	451	four hundred and fifty-one
(ein)tausend	1000	a (*or* one) thousand
zweitausend	2000	two thousand
zehntausend	10 000	ten thousand
eine Million	1000 000	a (*or* one) million
zwei Millionen	2 000 000	two million
eine Milliarde	1000 000 000	a (*or* one) billion
eine Billion	1000 000 000 000	a (*or* one) trillion

Ordnungszahlen
Ordinal numbers

erste	1.	first
zweite	2.	second
dritte	3.	third
vierte	4.	fourth
fünfte	5.	fifth
sechste	6.	sixth
sieb(en)te	7.	seventh
achte	8.	eighth
neunte	9.	ninth
zehnte	10.	tenth
elfte	11.	eleventh
zwölfte	12.	twelfth
dreizehnte	13.	thirteenth
vierzehnte	14.	fourteenth

fünfzehnte	15.	fifteenth
sechzehnte	16.	sixteenth
siebzehnte	17.	seventeenth
achtzehnte	18.	eighteenth
neunzehnte	19.	nineteenth
zwanzigste	20.	twentieth
einundzwanzigste	21.	twenty-first
zweiundzwanzigste	22.	twenty-second
dreiundzwanzigste	23.	twenty-third
dreißigste	30.	thirtieth
einunddreißigste	31.	thirty-first
vierzigste	40.	fortieth
einundvierzigste	41.	forty-first
fünfzigste	50.	fiftieth
einundfünfzigste	51.	fifty-first
sechzigste	60.	sixtieth
einundsechzigste	61.	sixty-first
siebzigste	70.	seventieth
einundsiebzigste	71.	seventy-first
achtzigste	80.	eightieth
einundachtzigste	81.	eighty-first
neunzigste	90.	ninetieth
hundertste	100.	(one) hundredth
hundertunderste	101.	hundred and first
zweihundertste	200.	two hundredth
dreihundertste	300.	three hundredth
vierhundert(und)einundfünfzigste	451.	four hundred and fifty-first
tausendste	1000.	(one) thousandth

tausend(und)einhun-dertste	1100.	thousand and (one) hundredth
zweitausendste	2000.	two thousandth
einhunderttausendste	100 000.	(one) hundred thousandth
millionste	1 000 000.	millionth
zehnmillionste	10 000 000.	ten millionth

Bruchzahlen
Fractional numbers

ein halb	$^1/_2$	one (*or* a) half
ein drittel	$^1/_3$	one (*or* a) third
ein viertel	$^1/_4$	one (*or* a) fourth (*or* a quarter)
ein fünftel	$^1/_5$	one (*or* a) fifth
ein zehntel	$^1/_{10}$	one (*or* a) tenth
ein hundertstel	$^1/_{100}$	one hundredth
ein tausendstel	$^1/_{1000}$	one thousandth
ein millionstel	$^1/_{1000000}$	one millionth
zwei drittel	$^2/_3$	two thirds
drei viertel	$^3/_4$	three fourth, three quarters
zwei fünftel	$^2/_5$	two fifths
drei zehntel	$^3/_{10}$	three tenths
anderthalb	$1^1/_2$	one and a half
zwei(und)einhalb	$2^1/_2$	two and a half
fünf(und)dreiachtel	$5^3/_8$	five and three eighths
eins Komma eins	1,1	one point one (1.1)

Vervielfältigungszahlen
Multiples

einfach	single
zweifach	double
dreifach	threefold, treble, triple
vierfach	fourfold, quadruple
fünffach	fivefold
hundertfach	(one) hundredfold

Maße und Gewichte

Weights and measures

Britische und amerikanische Maße und Gewichte

British and American measures and weights

Längenmaße

Linear measures

1 inch (in) 1"		= 2,54 cm
1 foot (ft) 1'	= 12 inches	= 30,48 cm
1 yard (yd)	= 3 feet	= 91,44 cm
1 furlong (fur)	= 220 yards	= 201,17 m
1 mile (m)	= 1760 yards	= 1,609 km
1 league	= 3 miles	= 4,828 km

Nautische Maße

Nautical measures

1 fathom	= 6 feet	= 1,829 m
1 cable	= 608 feet	= 185,31 m
1 nautical sea mile	= 10 cables	= 1,853 km
1 sea league	= 3 nautical miles	= 5,550 km

Feldmaße

Surveyors' measures

1 link	= 7,92 inches	= 20,12 cm
1 rod, perch, pole	= 25 links	= 5,029 m
1 chain	= 4 rods	= 20,12 m

Flächenmaße
Square measures

1 square inch		= 6,452 cm^2
1 square foot	= 144 sq inches	= 929,029 cm^2
1 square yard	= 9 sq feet	= 0,836 m^2
1 square rod	= 30,25 sq yards	= 25,29 m^2
1 acre	= 4840 sq yards	= 40,47 Ar
1 square mile	= 640 acres	= 2,59 km^2

Raummaße
Cubic measures

1 cubic inch		= 16,387 cm^3
1 cubic foot	= 1728 cu inches	= 0,028 m^3
1 cubic yard	= 27 cu feet	= 0,765 m^3
1 register ton	= 100 cu feet	= 2,832 m^3

Britische Hohlmaße
British measures of capacity

Flüssigkeitsmaße
Liquid measures of capacity

1 gill		= 0,142 l
1 pint (pt)	= 4 gills	= 0,568 l
1 quart (qt)	= 2 pints	= 1,136 l
1 gallon (gal)	= 4 quarts	= 4,546 l
1 barrel	= *(für Öl)* 35 gallons	= 159,106 l
	(Bierbrauerei) 36 gallons	= 163,656 l

Trockenmaße
Dry measures of capacity

1 peck	= 2 gallons	= 9,092 l
1 bushel	= 4 pecks	= 36,368 l
1 quarter	= 8 bushels	= 290,935 l

Amerikanische Hohlmaße
American measures of capacity

Flüssigkeitsmaße
Liquid measures of capacity

1 gill		= 0,118 l
1 pint	= 4 gills	= 0,473 l
1 quart	= 2 pints	= 0,946 l
1 gallon	= 4 quarts	= 3,785 l
1 barrel	= *(für Öl)* 42 gallons	= 159,106 l

Handelsgewichte
Avoirdupois weights

1 grain (gr)		= 0,0648 g
1 dram (dr)	= 27,3438 grains	= 1,772 g
1 ounce (oz)	= 16 drams	= 28,35 g
1 pound (lb)	= 16 ounces	= 453,59 g
1 stone	= 14 pounds	= 6,348 kg
1 quarter	= 28 pounds	= 12,701 kg
1 hundredweight (cwt)	= (BRIT *long cwt*) 112 pounds	= 50,8 kg
	(AM *short cwt*) 100 pounds	= 45,36 kg

1 ton	= (BRIT *long ton*) 20 cwt	= 1016 kg
	(AM *short ton*) 2000 pounds	= 907,185 kg

Temperaturumrechnung
Temperature conversion

Fahrenheit – Celsius		Celsius – Fahrenheit	
°F	°C	°C	°F
0	-17,8	-10	14
32	0	0	32
50	10	10	50
70	21,1	20	68
90	32,2	30	86
98,4	37	37	98,4
212	100	100	212
zur Umrechnung 32 abziehen und mit $^5/_9$ multiplizieren To convert subtract 32 and multiply by $^5/_9$		zur Umrechnung mit $^9/_5$ multiplizieren und 32 addieren To convert multiply by $^9/_5$ and add 32	

Amtliche deutsche Maße und Gewichte
Official German measures and weights

Längenmaße
Linear measures

	Zeichen Symbol		
Seemeile	sm	1852 m	nautical mile
Kilometer	km	1000 m	kilometre
Meter	m	Grundeinheit	metre
Dezimeter	dm	0,1 m	decimetre
Zentimeter	cm	0,01 m	centimetre
Millimeter	mm	0,001 m	millimetre

Flächenmaße
Square measures

	Zeichen Symbol		
Quadratkilometer	km^2	1000000 m^2	square kilometre
Hektar	ha	10000 m^2	hectare
Ar	a	100 m^2	are
Quadratmeter	m^2	1 m^2	square metre
Quadratdezimeter	dm^2	0,01 m^2	square decimetre
Quadratzentimeter	cm^2	0,0001 m^2	square centimetre
Quadratmillimeter	mm^2	0,000001 m^2	square millimetre

Kubik- und Hohlmaße

Cubic measures and measures of capacity

	Zeichen Symbol		
Kubikmeter	m^3	1 m^3	cubic metre
Hektoliter	hl	0,1 m^3	hectolitre
Kubikdezimeter	dm^3	0,001 m^3	cubic decimetre
Liter	l		litre
Kubikzentimeter	cm^3	0,000 001 m^3	cubic centimetre

Gewichte

Weights

	Zeichen Symbol		
Tonne	t	1000 kg	ton
Doppelzentner	dz	100 kg	–
Kilogramm	kg	1000 g	kilogram(me)
Gramm	g	1 g	gram(me)
Milligramm	mg	0,001 g	milligram(me)

Nützliche Redewendungen für unterwegs

Useful Phrases for out and about

Unterwegs im Ausland kann man viel erleben, Alltägliches ebenso wie echte Überraschungen. Für die - leichter vorhersehbaren - typischen Gesprächsanlässe finden Sie hier eine Auswahl an fertig formulierten Sätzen.

Uhrzeit

Time

Wie viel Uhr ist es?	What time is it?
Können Sie mir bitte sagen, wie spät es ist?	Could you tell me the time, please?
Es ist genau ein Uhr.	It's one o'clock exactly.
Es ist (fast) ...	It's nearly ...
drei Uhr.	three o'clock.
fünf nach drei.	five past three.
Viertel nach drei [*o* DIAL viertel vier].	quarter past three.
fünf vor halb vier.	twenty-five (minutes) past three.
halb vier.	half past three, three thirty.
fünf nach halb vier.	twenty-five (minutes) to four.
Viertel vor vier [*o* DIAL drei viertel vier].	quarter to four.
zwölf Uhr Mittag/nachts.	twelve o'clock midday/midnight.
Es ist schon nach vier.	It's already after [or gone] four (o'clock).
Komm so zwischen vier und halb fünf.	Come between four and half past (four).

Begrüßung, Vorstellung, Verabschiedung
Greetings, Introductions, Farewells

Guten Morgen!	Good morning!
Guten Tag!	Hello!/Good day! (AUS)
Grüß Gott! (SÜDD)	Hello!/Good day! (AUS)
Guten Abend!	Good evening!
Hallo!	Hello!
Grüß dich!	Hi!
Mein Name ist Becker.	My name is Becker.
Wie geht es Ihnen/dir?	How are you?
Wie geht's?	How are you? How are things?
Danke, gut. Und Ihnen/dir?	Fine, thanks. And you?
Auf Wiedersehen!	Goodbye!
Tschüs(s)!	Bye!
Bis morgen!	See you tomorrow!
Bis später!	See you later!
Viel Vergnügen!/Viel Spaß!	Enjoy yourself!/Have fun!
Gute Nacht!	Good night!
Grüßen Sie/Grüß(e) Frau Maier von mir.	Say hello to Frau Maier for me./ Give my regards to Frau Maier.

Verabredung
Appointments

Darf ich Sie/dich zum Essen einladen? (nach Hause)	May I take you out for a meal? Would you like to come round for a meal?
Haben Sie/Hast du für morgen schon etwas vor?	Do you already have plans for tomorrow?
Wann treffen wir uns?	When are we meeting up?
Darf ich Sie/dich abholen?	Can I pick you up?
Treffen wir uns um neun Uhr vor dem Kino.	Let's meet in front of the cinema at nine o'clock.

Bitte und Danke
Saying please and thank you

Ja, bitte.	Yes, please.
Nein, danke.	No, thanks.
Danke, sehr gern!	Yes, please!
Danke, gleichfalls!	Thank you, (and) the same to you!
Könnten Sie mir bitte helfen?	Can/Could you help me, please?
Bitte sehr [*o* Gern geschehen]!	My pleasure!/Not at all!/You're welcome!
Vielen Dank!	Thanks a lot!/Many thanks!
Das ist doch nicht der Rede wert.	Don't mention it.

Entschuldigung, Bedauern
Apologies, Regrets

Entschuldigung!	Sorry!/Excuse me!
Ich muss mich entschuldigen.	I must/I'd like to apologize!
Es [*o* Das] tut mir (sehr) leid.	I'm (very) sorry (about that)!
Es war nicht so gemeint.	It wasn't meant like that!
Schade!	Pity!/Shame!
Das ist traurig.	That's sad!

Glückwünsche zu verschiedenen Anlässen
Congratulations and terms used for various occasions

Herzlichen Glückwunsch!	Congratulations!
Viel Erfolg!	Good luck!
Viel Glück!	Best of luck!/Good luck!
Gute Besserung!	Get well soon!
Schöne Ferien!	Have a great holiday!
Frohe Ostern!	Happy Easter!
Frohe Weihnachten und ein gutes neues Jahr!	Merry Christmas and a Happy New Year!
Alles Gute zum Geburtstag!	Happy Birthday!
Meine besten Wünsche zum Geburtstag!	Best wishes on your birthday!/ Many happy returns of the day!
Ich drücke dir die Daumen.	I'll keep my fingers crossed for you!

Nach dem Weg fragen
Asking directions

Entschuldigung, wie komme ich bitte nach ...?	Excuse me, how do I get to ...?
Können Sie mir sagen, wie ich zur Post komme?	Can you tell me how to get to the post office?
Immer geradeaus bis zu ...	Straight ahead until ...
Dann bei der Ampel rechts abbiegen.	Turn right at the traffic lights.
Folgen Sie den Schildern.	Follow the signs.
Sie können es nicht verfehlen.	You can't miss it.
Welcher Bus fährt nach ...?	Which bus goes to ...?
Ist dies der richtige Bus nach ...?	Is this the right bus for ...?
Wie weit ist das?	How far is it?
Sie sind hier falsch. Sie müssen zurückfahren bis zu ...	You're in the wrong place. You need to go back to ...

Im Restaurant
In a restaurant

Ich möchte einen Tisch für vier Personen reservieren.	I would like to reserve a table for four (people).
Einen Tisch für zwei Personen, bitte.	A table for two, please.
Ist dieser Tisch/Platz noch frei?	Is this table/seat free?
Ich nehme ...	I'll have ...
Könnten wir noch etwas Brot bekommen?	Could we have some more bread, please?

Bezahlen, bitte.	I'd/We'd like to pay./Can I/we have the bill, please.
Bitte alles zusammen.	All together/All on one bill, please.
Getrennte Rechnungen, bitte.	Separate bills, please.

Einkaufen
Shopping

Wo finde ich ...?	Where can I find ...?
Können Sie mir ein Feinkost-/Lebensmittelgeschäft empfehlen?	Can you recommend a delicatessen/food store?
Werden Sie schon bedient?	Are you being served?
Danke, ich sehe mich nur um.	Thanks, I'm just looking around./browsing./having a look round.
Was darf es sein?	What would you like?
Geben Sie mir bitte ...	Could/Can I have ..., please?
Ich möchte ...	I'd like ...
Darf es sonst noch etwas sein?	Would you like anything else?
Nehmen Sie Kreditkarten?	Do you take/accept credit cards?
Können Sie es mir einpacken?	Could you wrap it up for me?

Telefonieren

Making a phone call

Wie ist die Vorwahl von der Schweiz?	What's the (international dialling) code for Switzerland?
Hallo, mit wem spreche ich?	Hello, who's speaking, please?
Kann ich bitte Frau Wagner sprechen?	May/Can/Could I speak to Frau Wagner, please?
Ich verbinde.	I'm putting/I'll put you through.
Bleiben Sie bitte in der Leitung.	Please hold the line.
Tut mir leid, sie ist nicht da.	I'm sorry, she's not here/in.
Möchten Sie eine Nachricht hinterlassen?	Would you like to leave a message?
Ich rufe später noch mal an.	I'll call/phone/ring again later.
Kein Anschluss unter dieser Nummer.	The number you have called has not been recognized.

Aa

A

A, a <-, -> [aː] *nt* ① (*Buchstabe*) A, a ② MUS [key of] A ▶ **von A bis Z** from beginning to end

Ä, ä <-, -> [ɛː] *nt* A umlaut, a umlaut

Aal <-[e]s, -e> [aːl] *m* eel

Aas <-es, e> [aːs] *nt* carrion

Aasgeier *m* vulture

ab [ap] **I.** *adv* off; **mein Knopf ist ~** I've lost a button; **~ ins Bett!** off to bed! ▶ **~ und zu** now and then **II.** *präp* from; **~ wann ...?** from when ...?; **~ sofort** as of now; **Kinder ~ 14 Jahren** children from the age of 14 up; **~ Köln** from Cologne

Abart ['apʔaːɐ̯t] *f* BIOL mutation; BOT variety

abartig *adj* ① (*abnorm*) deviant; (*pervers*) perverted ② (*sl: verrückt*) crazy, mad

Abbau <-s> *m kein pl* ① BERGB mining; **der ~ von Bodenschätzen** mining for mineral resources ② (*Verringerung*) cut (**von** in)

ab|bauen *vt* ① BERGB to mine ② (*demontieren*) to dismantle ③ (*verringern*) to reduce ④ CHEM, MED to break down *sep*

ab|bestellen* *vt* to cancel

ab|bezahlen* *vt* to pay off *sep*

ab|biegen *irreg vi sein* ① *Fahrer* to turn; [**nach**] **links/rechts ~** to turn left/right ② *Straße* to bend

ab|bilden *vt* to depict

Abbildung <-, -en> *f* ① image; **siehe ~ 3.1** see figure 3.1 ② (*Illustration*) illustration

Abblendlicht *nt* dipped [*or* AM dimmed] headlights

ab|brechen *irreg* **I.** *vt haben* ① (*abtrennen*) to break off *sep* ② *Zelt* to strike ③ *Haus* to pull down *sep* ④ (*beenden*) to stop; *Beziehung* to break off; **das Studium ~** to drop out of college; **den Urlaub ~** to cut short one's holidays **II.** *vi* ① *sein: Zweig* to break off ② (*aufhören*) to stop

Abbruch *m* ① *eines Hauses* demolition ② *kein pl* (*Beendigung*) breaking off; *eines Studiums* dropping out ▶ **etw** *dat* **keinen ~ tun** to not spoil sth

ab|buchen *vt* to debit (**von** from)

Abbuchung *f* direct debit; (*Betrag*) debit

ab|decken *vt* ① *Tisch* to clear; *Bett* to strip ② *Gebäude* to lift the roof off ③ (*bedecken*) to cover [over]

Abdeckstift *m* concealer stick

ab|dichten *vt* ① to seal ② *gegen Feuchtigkeit* to damp-proof

Abdichtung *f* ① seal ② *kein pl* (*das Abdichten*) sealing

ab|drehen **I.** *vt haben* (*abstellen*) to turn off *sep* **II.** *vi sein o haben* (*Richtung ändern*) to turn [off]; **nach Norden ~** to turn to the north

Abend <-s, -e> ['aːbn̩t] *m* evening; **guten ~!** good evening!; **gestern ~** last night; **heute ~** tonight; **morgen ~** tomorrow evening; **zu ~ essen** to eat dinner; **am ~** in the evening; **am ~ des 12.** on the evening of the 12th; **~ für ~** night after night

Abendbrot *nt* supper **Abendessen** *nt* dinner **Abendkleid** *nt* evening dress **Abendmahl** *nt* [Holy] Communion; **das Letzte ~** the Last Supper **Abendrot** ['aːbn̩troːt] *nt* (*geh*) [red] sunset; **im ~** in the evening glow

abends ['aːbn̩ts] *adv* in the evening

Abenteuer <-s, -> ['aːbn̩tɔyɐ] *nt* adventure **abenteuerlich** ['aːbn̩tɔyɐlɪç] *adj* adventurous

aber ['aːbɐ] **I.** *konj* (*jedoch*) but; **~ dennoch ...** but in spite of this ...; **oder ~**

or else **II.** *part* (*wirklich*) really; **das ist ~ schön!** that really is wonderful! ▶ **~ selbstverständlich** but of course; **~ ja!** yes [of course]!; **~ nein!** goodness, no!; **~, ~!** now, now!

Aberglaube *m* superstition **abergläubisch** ['a:bɛglɔybɪʃ] *adj* superstitious

ab|fahren *irreg vi sein* ① to depart ② (*fam*) **auf jdn/etw ~** to be crazy about sb/sth

Abfahrt *f* ① departure ② (*Autobahnabfahrt*) exit ③ SKI run

Abfahrtslauf *m* downhill [event] **Abfahrtszeit** *f* departure time

Abfall *m* rubbish *esp* BRIT, garbage AM

Abfalleimer *m* [rubbish] bin BRIT, garbage can AM

abfällig I. *adj* derogatory **II.** *adv* disparagingly

ab|färben *vi* ① *Wäsche* to run (**auf** into) ② (*fig*) **auf jdn ~** to rub off on sb

ab|fertigen *vt* ① (*bedienen*) to serve; *Passagiere* to handle ② (*abspeisen*) to fob off (**mit** with)

Abfindung <-, -en> *f* compensation; (*bei Entlassung*) severance pay

ab|flauen *vi sein* (*schwächer werden*) to subside; *Interesse* to wane

Abflughalle *f* departure lounge **Abflugzeit** *f* [time of] departure

Abfluss <-es, -flüsse> *m* ① (*Abflussstelle*) drain ② *kein pl* (*das Abfließen*) drainage

Abführmittel *nt* laxative

Abgas *nt* exhaust *no pl*

Abgasnorm *f* [exhaust] emission[s] standard *usu pl*

ab|geben *irreg* **I.** *vt* ① (*übergeben*) to give (**an** to); **etw [bei jdm] ~** to leave sth [with sb] ② (*teilen*) **jdm etw ~** to give sb sth; **jdm nichts ~** to not share with sb ③ *Erklärung* to make; *Stimme* to cast ④ *Ball* to pass (**an** to) **II.** *vr* ① (*sich beschäftigen*) **sich mit jdm ~** to look after sb; **sich mit etw** *dat* **~** to spend [one's] time on sth ② (*sich einlassen*) **sich mit jdm ~** to associate with sb

abgebrüht *adj* (*fam*) unscrupulous

abgefahren I. *pp von* **abfahren II.** *adj* (*fam*) ① (*schräg*) way-out *sl* ② (*begeisternd*) cool *fam*, wicked BRIT *sl*

abgehärtet *adj* **[gegen etw** *akk*] **~ sein** to be hardened [to sth]

abgelaufen *adj* ① *Pass* expired ② *Schuhe* worn-down

abgelegen *adj* remote

abgenutzt *adj* worn

Abgeordnete(r) ['apgəʔɔrdnətə, -tɐ] *f(m) dekl wie adj* Member of Parliament

abgeschieden I. *adj* (*geh*) isolated **II.** *adv* in isolation

abgespannt *adj, adv* weary

abgestanden *adj* stale; *Limonade* flat

abgestumpft *adj* insensitive

ab|gewöhnen* *vt* **ich versuche ihm das Rauchen abzugewöhnen** I'm trying to get him to stop smoking; **sich** *dat* **etw ~** to give up sth

ab|grenzen I. *vt* ① (*einfrieden*) to enclose ② (*begrifflich*) to differentiate **II.** *vr* **sich [gegen jdn/etw] ~** to distance oneself [from sb/sth]

Abgrund *m* abyss; **am Rande des ~s stehen** to be on the brink of disaster

ab|hacken *vt* to chop down

ab|haken *vt* to tick off

ab|halten *vt irreg* ① **jdn von etw** *dat* **~** to keep sb from sth; **sich [von jdm/etw] ~ lassen** to be deterred [by sb/sth] ② (*veranstalten*) to hold

abhanden|kommen [ap'handn̩-] *vi* to go missing; **mir sind Unterlagen abhandengekommen** I've lost some documents

Abhang *m* inclination

ab|hängen[1] **I.** *vt haben* ① to take down ② **jdn ~** to lose sb **II.** *vi* (*meist pej sl*) to laze about

ab|hängen[2] *vi irreg haben* (*abhängig sein*) to depend (**von** on); **das hängt davon ab** that [all] depends

abhängig *adj* ❶ (*bedingt*) **von etw** *dat* **~ sein** to depend on sth ❷ (*angewiesen*) **von jdm ~ sein** to be dependent on sb ❸ (*süchtig*) addicted; [**von etw** *dat*] **~ sein** to be addicted [to sth] ❹ LING subordinate

ab|härten *vt, vi* to harden (**gegen** to)

ab|heben *irreg* **I.** *vi* ❶ LUFT to take off (**von** from) ❷ TELEK to answer [the phone] **II.** *vt irreg Geld* to withdraw **III.** *vr* **sich von jdm/etw ~** to stand out from sb/sth

ab|hetzen I. *vr* **sich ~** to stress oneself out **II.** *vt* **jdn/etw ~** to push sb/sth

ab|holen *vt* to collect

Abitur <-s, *selten* -e> [abi'tuːɐ̯] *nt school examination, approximately equivalent to the British A level/American SAT exam;* [**das**] **~ machen** ≈ to do [one's] A-levels

Abiturient(in) <-en, -en> [abitu'ri̯ɛnt] *m(f) student who has passed the Abitur*

ab|kapseln *vr* **sich** [**von jdm/etw**] **~** to cut oneself off [from sb/sth]

ab|kaufen *vt* ❶ (*von jdm kaufen*) **jdm etw ~** to buy sth off sb ❷ (*fam: glauben*) **das kaufe ich dir nicht ab!** I don't buy that!

ab|klingen *vi irreg sein* to subside

ab|kommen *vi irreg sein* ❶ (*Richtung ändern*) **vom Kurs ~** to go off course ❷ (*aufgeben*) **von einer Angewohnheit ~** to break a habit; **von seiner Meinung ~** to change one's mind; **davon ~, etw zu tun** to stop doing sth

Abkommen <-s, -> *nt* agreement; **ein ~ schließen** to conclude an agreement

ab|kühlen I. *vi sein* to cool **II.** *vt haben* to leave to cool **III.** *vr impers haben* **sich ~** to cool off; *Wetter* to become cooler

Abkühlung *f* cooling; **sich** *dat* **eine ~ verschaffen** to cool oneself down

ab|kürzen *vt* ❶ *Wort, Name* **etw** [**mit etw** *dat*] **~** to abbreviate sth [to sth] ❷ (*kürzer machen*) **etw** [**um etw** *akk*] **~** to cut sth short [by sth]

Abkürzung *f* ❶ (*Wort*) abbreviation ❷ (*Weg*) short cut

ab|laden *vt irreg* ❶ to unload ❷ (*abwälzen*) **etw auf jdn ~** to shift sth on to sb

Ablagerung *f* sediment

ab|lassen *irreg* **I.** *vt Öl, Wasser* to drain; *Dampf* to let off **II.** *vi* (*geh: aufhören*) [**von etw** *dat*] **~** to give up [sth *sep*]

ab|laufen *vi irreg sein* ❶ (*abfließen*) to run (**aus** out of); **das Badewasser ~ lassen** to let the bath water out ❷ *Pass* to expire; *Frist* to run out ❸ (*verlaufen*) to proceed

ab|lehnen I. *vt* ❶ (*zurückweisen*) to reject ❷ (*missbilligen*) to disapprove of ❸ (*sich weigern*) **es ~, etw zu tun** to refuse to do sth **II.** *vi* (*nein sagen*) to refuse

Ablehnung <-, -en> *f* ❶ (*Zurückweisung*) rejection ❷ (*Missbilligung*) disapproval; **auf ~ stoßen** to meet with disapproval

ab|lenken I. *vt* **jdn ~** to distract sb (**von** from) **II.** *vi* **vom Thema ~** to change the subject

Ablenkung *f* (*Zerstreuung*) diversion; **zur ~** in order to relax

ab|liefern *vt* ❶ (*abgeben*) to turn in *sep* ❷ (*liefern*) to deliver (**bei** to)

ab|lösen I. *vt* ❶ (*abmachen*) to remove (**von** from) ❷ (*abwechseln*) **sich** [**bei etw** *dat*] **~** to take turns [at sth]; **einen Kollegen ~** to take over from a colleague ❸ (*ersetzen*) to replace **II.** *vr* (*abgehen*) **sich ~** to peel off

ab|machen *vt* ❶ (*entfernen*) to take off ❷ (*vereinbaren*) **etw** [**mit jdm**] **~** to arrange sth [with sb]; **abgemacht** arranged; **abgemacht!** agreed!

Abmachung <-, -en> *f* agreement; **sich** [**nicht**] **an eine ~ halten** to [not] carry out an agreement

ab|melden *vt* ❶ cancel; **ein Auto ~** to

cancel a car's registration; **das Telefon ~** to request the disconnection of the phone ❷ **jdn von einer Schule ~** to withdraw sb from a school

ab|messen *vt irreg* to measure

Abnahme <-, -n> ['apna:mə] *f* (*Verringerung*) reduction (+*gen* of)

ab|nehmen **I.** *vi irreg* ❶ (*an Gewicht*) to lose weight ❷ (*an Zahl*) to decrease **II.** *vt irreg* ❶ (*wegnehmen*) **jdm etw ~** to take sth [away] from sb *sep* ❷ *Hut* take off; *Hörer* to pick up *sep*

Abneigung *f* dislike (**gegen** of); **eine ~ dagegen haben, etw zu tun** to be reluctant to do sth

ab|nutzen, ab|nützen SÜDD, ÖSTERR **I.** *vt* to wear out; **abgenutzt** worn **II.** *vr* ❶ (*verschleißen*) **sich ~** to wear ❷ (*an Wirksamkeit verlieren*) **sich ~** to lose effect; **abgenutzt** worn-out

Abonnement <-s, -s> [abɔnə'mã:] *nt* subscription; **etw im ~ beziehen** to subscribe to sth

abonnieren* [abɔ'ni:rən] *vt haben* to subscribe to

ab|prallen *vi sein* to rebound (**von** off)

ab|putzen *vt* to clean; **etw [von etw** *dat*] **~** to wipe sth [off sth]

ab|raten *vi irreg* **jdm [von etw** *dat*] **~** to advise sb [against sth]; **von diesem Arzt kann ich Ihnen nur ~** I really can't recommend that doctor

ab|räumen *vt* to clear

ab|reagieren* ['apreagi:rən] **I.** *vt Wut* to work off **II.** *vr* **sich ~** to let off steam *fig*

ab|rechnen **I.** *vi* **mit jdm ~** (*zahlen*) to settle up with sb; (*zur Rechenschaft ziehen*) to call sb to account **II.** *vt* (*abziehen*) to deduct (**von** from)

Abrechnung *f* ❶ (*Erstellung der Rechnung*) calculation of the bill ❷ (*Rache*) pay off; **der Tag der ~** the day of reckoning

ab|regen *vr* (*fam*) **sich ~** to calm down; **reg dich ab!** keep your shirt on!

Abreise *f kein pl* departure

ab|reißen *irreg* **I.** *vt haben* ❶ **etw [von etw** *dat*] **~** to tear sth [off sth] ❷ *Haus* to tear down **II.** *vi sein* to tear off; **einen Kontakt nicht ~ lassen** to not lose contact

ab|runden *vt* [**auf etw** *akk*] **~** to round down [to sth]; **abgerundet** rounded down

Abrüstung *f kein pl* disarmament

ABS <-> [a:be:'ɛs] *nt Abk von* **Antiblockiersystem** ABS

Absage *f* refusal; *auf eine Bewerbung* rejection; **jdm eine ~ erteilen** (*geh*) to refuse sb

ab|sagen *vt* to cancel; **jdm ~** to decline sb's invitation

Absatz *m* ❶ (*am Schuh*) heel ❷ (*Abschnitt*) paragraph ❸ (*Verkauf*) sales *pl;* **~ finden** to find a market ▶ **auf dem ~ kehrtmachen** to turn on one's heel

ab|schaffen *vt* to do away with sth

ab|schalten **I.** *vt* to turn off **II.** *vi* (*fam: unaufmerksam werden*) to switch off

abscheulich [ap'ʃɔylɪç] *adj* revolting

Abschiebehaft *f* remand pending deportation

ab|schieben *irreg vt haben* ❶ *Ausländer* to deport ❷ **die Schuld auf jdn ~** to shift the blame onto sb

Abschied <-[e]s, -e> ['apʃi:t] *m* farewell; **von jdm ~ nehmen** to say goodbye to sb

ab|schirmen *vt* to shield; **abgeschirmt** isolated

Abschlag *m* ❶ (*Preisnachlass*) discount ❷ FBALL kickout; (*beim Golf*) tee-off

ab|schleppen *vt* ❶ *Fahrzeug* to tow [away] ❷ (*fam: mitnehmen*) to pick up

Abschleppseil *nt* tow rope **Abschleppwagen** *m* recovery vehicle BRIT, tow truck AM

ab|schließen *irreg* **I.** *vt* ❶ (*verschließen*) to lock ❷ (*beenden*) to finish; *Studium* to complete ❸ *Geschäft* to close; *Versicherung* to take out; *Vertrag* to sign **II.** *vi* **mit jdm/etw abgeschlossen haben** to be through with sb/sth

Abschluss <-es, Abschlüsse> *m* ❶ *kein pl* (*Ende*) conclusion; **etw zum ~ bringen** to bring sth to a conclusion; **zum ~ kommen** to draw to a conclusion; **kurz vor dem ~ stehen** to be shortly before the end ❷ *s.* **Abschlusszeugnis**

Abschlussprüfung *f* final exam[s]

Abschlusszeugnis *nt* leaving certificate BRIT, diploma AM

ab|schnallen I. *vt* to unbuckle **II.** *vr* **sich ~** to undo one's seat belt

ab|schneiden *irreg* **I.** *vt* ❶ to cut [off] ❷ (*behindern*) **jdm den Weg ~** to intercept sb; **jdm das Wort ~** to cut sb short **II.** *vi* (*fam*) **bei etw** *dat* **gut/schlecht ~** to do well/badly at sth; **wie hast du bei der Prüfung abgeschnitten?** how did you do in the exam?

Abschnitt *m* ❶ (*Zeitabschnitt*) period; **ein neuer ~ der Geschichte** a new era in history; **es begann ein neuer ~ in seinem Leben** a new chapter of his life began ❷ (*Unterteilung*) part

ab|schrauben *vt* to unscrew

ab|schrecken I. *vt* ❶ **jdn [von etw** *dat*] **~** to put sb off [sth] ❷ KOCHK to rinse with cold water **II.** *vi* to deter

ab|schreiben *irreg vt* ❶ to copy; **etw [bei jdm] ~** to copy sth [from sb]; **er hatte seitenweise abgeschrieben** he plagiarized entire pages ❷ (*a. fig*) to write off; **bei jdm abgeschrieben sein** (*fam*) to be out of favour with sb

Abschrift *f* duplicate

Abschürfung <-, -en> *f* graze

abschüssig ['apʃʏsɪç] *adj* steep

ab|schweifen *vi sein* to deviate (**von** from); **vom Thema ~** to digress [from a topic]; **bitte schweifen Sie nicht ab!** please stick to the point

absehbar ['apze:ba:ɐ̯] *adj* foreseeable; **das Ende ist nicht ~** the end is not in sight; **in ~er Zeit** in the foreseeable future

abseits ['apzaits] **I.** *adv* ❶ (*entlegen*) off the beaten track ❷ SPORT **~ sein** to be offside **II.** *präp* (*entfernt von etw*) **~ einer S.** *gen* at a distance from sth; **das Haus liegt ein wenig ~ der Straße** the house isn't far from the road

Abseits <-, -> ['apzaits] *nt* SPORT offside; **im ~ stehen** to be offside; (*fig*) to be on the edge

abseits|stehen *vi* to stand off to one side

Absender(in) <-s, -> *m(f)* sender

Absicht <-, -en> *f* intention; **das war nicht meine ~!** I didn't mean to do it!; **ernste ~en haben** to have honourable intentions

absichtlich ['apzɪçtlɪç] **I.** *adj* intentional **II.** *adv* on purpose

ab|sondern I. *vt* ❶ BIOL, MED to secrete ❷ (*isolieren*) to isolate (**von** from) **II.** *vr* **sich ~** to keep oneself apart

ab|spalten *vr* **sich [von etw** *dat*] **~** to split away/off [from sth]

ab|speichern *vt* to save (**auf** onto)

ab|sperren *vt* ❶ (*versperren*) to cordon off (**mit** with) ❷ *Strom, Wasser* to cut off ❸ SÜDD (*zuschließen*) to lock

Absprache *f* agreement; **eine ~ treffen** to come to an agreement; **nach ~** as agreed

ab|sprechen *irreg* **I.** *vt* ❶ (*verabreden*) to arrange ❷ **jdm etw ~** to deny sb sth **II.** *vr* **sich mit jdm [über etw** *akk*] **~** to come to an agreement with sb [about sth]

ab|spülen I. *vt* to rinse **II.** *vi* (*spülen*) to do the dishes

Abstand *m* ❶ (*räumlich*) distance; **~ halten** *mit Fahrzeug* to leave a space ❷ (*zeitlich*) interval; **in kurzen/regelmäßigen Abständen** at short/regular intervals ❸ SPORT **mit zwei Punkten ~** with a two-point margin

Abstecher <-s, -> *m* detour

ab|stellen *vt* ① (*ausschalten*) to switch off *sep* ② (*absetzen*) to put down ③ (*aufbewahren*) **etw** [**bei jdm**] ~ to leave sth [with sb] ④ (*parken*) to park

Abstieg <-[e]s, -e> *m* ① *vom Berg* descent ② (*Niedergang*) decline; **der berufliche/gesellschaftliche** ~ descent down the job/social ladder

ab|stimmen **I.** *vi* [**über jdn/etw**] ~ to vote on sb/sth; [**über etw** *akk*] ~ **lassen** to have a vote [on sth] **II.** *vt* **Dinge aufeinander** ~ to coordinate things [with each other] **III.** *vr* **sich** [**mit jdm**] ~ to coordinate [with sb]

Abstimmung *f* vote (**über** on); **geheime** ~ secret ballot; **etw zur** ~ **bringen** to put sth to the vote

abstinent [apsti'nɛnt] *adj* ① (*keinen Alkohol trinken*) abstinent; ~ **sein** to be a teetotaller ② (*sexuell*) celibate

ab|stoßen *irreg vt* ① MED to reject ② (*nicht eindringen lassen*) to repel ③ (*anwidern*) to repel; **sich von etw** *dat* **abgestoßen fühlen** to be repelled by sth ④ (*verkaufen*) to get rid of

abstoßend **I.** *adj* ① (*widerlich*) repulsive ② (*undurchlässig*) **Wasser** ~ water-repellent **II.** *adv* (*widerlich*) in a repulsive way; ~ **aussehen** to look repulsive; ~ **riechen** to smell disgusting

abstrakt [ap'strakt] **I.** *adj* abstract **II.** *adv* in the abstract; **etw zu** ~ **darstellen** to present sth too much in the abstract

ab|streiten *vt irreg* to deny; **er stritt ab, sie zu kennen** he denied knowing her; **jdm etw** ~ to deny sb sth

Absturz *m* ① fall; LUFT crash ② *eines Computers* crash

ab|stürzen *vi sein* ① *Person* to fall; *Flugzeug* to crash ② *Computer* to crash

ab|suchen *vt* to search (**nach** for)

Abszess <-es, -sse> *m* abscess

Abtei <-, -en> *f* abbey

Abteil *nt* compartment

Abteilung *f* department; *eines Krankenhauses* ward

Abteilungsleiter(in) *m(f)* *einer Verkaufsabteilung* department[al] manager; *einer Firma* head of department

ab|treiben *irreg vi* ① *haben* MED to have an abortion ② *sein: Boot* to be carried [away]

Abtreibung <-, -en> *f* abortion

ab|trennen *vt* ① (*ablösen*) to detach (**von** from) ② (*abteilen*) to divide off *sep* (**von** from) ③ (*abschneiden*) to cut off *sep*

ab|trocknen *vt, vi* to dry; **Geschirr** ~ to dry the dishes; **sich** ~ to dry oneself

Abverkauf *m* ÖSTERR (*Ausverkauf*) sale

ab|wägen *vt irreg* to weigh up; **die Vor- und Nachteile** ~ to weigh [up] the disadvantages and advantages; **seine Worte gut** ~ to choose one's words carefully

ab|warten **I.** *vt* to wait [for]; **das bleibt abzuwarten** that remains to be seen **II.** *vi* to wait; **wart' mal ab!** [just] [you] wait and see!

abwärts ['apvɛrts] *adv* downhill

abwärts|gehen *vt* to go downhill

Abwasch[1] <-[e]s> *m kein pl* **den** ~ **machen** to do the dishes

Abwasch[2] <-, -en> *f* ÖSTERR (*Spülbecken*) sink

ab|waschen *irreg* **I.** *vt* ① (*spülen*) to wash up ② *Fleck* to wash off **II.** *vi* to do the dishes **III.** *vr* **sich** ~ to wash oneself

Abwaschmaschine *f* SCHWEIZ dishwasher

Abwasser <-wässer> *nt* waste water

ab|wechseln *vi, vr* [**sich**] ~ ① (*im Wechsel handeln*) to take turns ② (*im Wechsel erfolgen*) to alternate; **Sonne und Regen wechselten sich ab** it alternated between sun and rain

abwechselnd *adv* alternately

Abwechs(e)lung <-, -en> *f* change; **eine willkommene ~ sein** to be a welcome change; **die ~ lieben** to like a bit of variety

abwegig ['apve:gɪç] *adj* absurd

Abwehrkräfte *pl* body's defences *pl*

ab|weichen *vi irreg sein* ❶ to deviate (**von** from) ❷ (*sich unterscheiden*) **von jdm/etw ~** to differ from sb/sth

ab|weisen *vt irreg* ❶ (*wegschicken*) to turn away ❷ (*ablehnen*) to turn down *sep; Bitte* to deny; **jdn ~** to reject sb ❸ *Klage* to dismiss

ab|wenden I. *vr* **sich ~** to turn away **II.** *vt* ❶ (*verhindern*) *Katastrophe* to avert; **etw [von jdm/etw] ~** to protect [sb/sth] from sth ❷ (*wegbewegen*) **die Augen ~** to avert one's gaze

abwesend ['apve:zn̩t] *adj* ❶ (*nicht da*) absent ❷ (*geistesabwesend*) absent-minded

Abwesenheit <-, *selten* -en> *f* ❶ absence; **in jds ~** in sb's absence ❷ (*Geistesabwesenheit*) absent-mindedness

ab|wischen *vt* to wipe (**von** from); **sich den Schweiß von der Stirn ~** to mop the sweat from one's brow; **sich die Tränen ~** to dry one's tears

abzüglich ['aptsy:klɪç] *präp* **~ einer S.** *gen* minus sth

Abzweigung <-, -en> *f* turning

Account <-s, -s> [ɛkaunt] *nt o m* INFORM account; **sich** *dat* **ein [einen] ~ einrichten** to create an account

ach [ax] *interj* ❶ (*jammernd, ärgerlich*) oh no!; **~ je!** oh dear [me]! ❷ (*verwundert*) **~ so!** [oh,] I see!; **~ wirklich?** really? ❸ (*verneinend*) **~ was!** come on!

Achse <-, -n> ['aksə] *f* ❶ AUTO axle ❷ (*Linie*) axis ► **auf ~ sein** (*fam*) to be on the move

Achsel <-, -n> ['aksl̩] *f* ❶ ANAT armpit ❷ (*fam: Schulter*) shoulder; **mit den ~n zucken** to shrug one's shoulders

acht[1] [axt] *adj* eight; **~ mal drei sind [gleich] 24** eight times three is 24; **das kostet ~ Euro** that costs eight euros; **es steht ~ zu drei** the score is eight three [*or* 8-3]; **~ [Jahre alt] sein/werden** to be/turn eight [years old]; **mit ~ [Jahren]** at the age of eight; **alle ~ Tage** [regularly] every week; **heute/Freitag in ~ Tagen** a week today/on Friday; **heute/Freitag vor ~ Tagen** a week ago today/on Friday; **~ Uhr sein** to be eight o'clock; **gegen ~ [Uhr]** [at] about eight [o'clock]; **kurz nach/vor ~ [Uhr]** just [*or* shortly] after/before eight [o'clock]; **um ~** at eight [o'clock]

acht[2] [axt] *adv* **wir waren zu ~** there were eight of us

achte(r, s) ['axtə, -tɐ, -təs] *adj* eighth; **die ~ Klasse** third year of senior school BRIT, eighth grade AM; **am ~n September** on the eighth of September; **an ~r Stelle** [in] eighth [place]

achten ['axtn̩] **I.** *vt* to respect **II.** *vi* ❶ (*aufpassen*) **auf jdn/etw ~** to look after sb/sth ❷ (*beachten*) **auf jdn/etw ~** to pay attention to sb/sth; **achtet aber darauf, dass ihr nichts umwerft!** be careful not to knock anything over!

Achterbahn *f* roller-coaster

Achterdeck *nt* after deck

acht|geben *irreg vi* to be careful; **auf jdn/etw ~** to look after sb/sth

achtjährig, 8-jährig ['axtjɛ:rɪç] *adj* ❶ (*Alter*) eight-year-old *attr,* eight years old *pred* ❷ (*Zeitspanne*) eight-year *attr*

achtlos I. *adj* careless **II.** *adv* without noticing

Achtung[1] ['axtʊŋ] *interj* **~!** ❶ (*Vorsicht*) watch out! ❷ (*Aufmerksamkeit*) [your] attention please! ► **~, fertig, los!** ready, steady, go!

Achtung[2] <-> ['axtʊŋ] *f kein pl* respect (**vor** for); **[keine] ~ vor jdm/etw haben** to have [no] respect for sb/sth;

A

alle ~! well done!

achtzehn ['axtseːn] *adj* eighteen; **~ Uhr** 6pm; *s.a.* **acht**[1]

achtzig ['axtsɪç] *adj* ❶ eighty; **über ~ sein** to be over eighty; **Mitte ~ sein** to be in one's mid-eighties ❷ (*fam: Stundenkilometer*) **[mit] ~ fahren** to do eighty [kilometres an hour]

Acker <-s, Äcker> ['akɐ] *m* field

Ackerbau *m kein pl* [arable] farming; **~ betreiben** to farm [the land]

Adapter <-s, -> [a'daptɐ] *m* TECH adapter

adaptieren* [adap'tiːrən] *vt* ❶ to adapt (**für** for) ❷ ÖSTERR (*herrichten*) to renovate

addieren* [a'diːrən] *vt* to add up *sep;* **etw zu etw** *dat* **~** to add sth to sth

Adel <-s> ['aːdl] *m kein pl* nobility

adelig ['aːdəlɪç] *adj s.* **adlig**

Ader <-, -n> ['aːdɐ] *f* ❶ (*Vene*) vein; (*Schlagader*) artery ❷ (*Begabung*) **eine ~ für etw** *akk* **haben** to have a talent for sth; **eine künstlerische ~ haben** to have an artistic bent

Adjektiv <-s, -e> ['atjɛktiːf] *nt* adjective

Adler <-s, -> ['aːdlɐ] *m* eagle

adlig ['aːdlɪç] *adj* noble; **~ sein** to have a title, to be titled

adoptieren* [adɔp'tiːrən] *vt* to adopt

Adoption <-, -en> [adɔp'tsi̯oːn] *f* adoption; **ein Kind zur ~ freigeben** to put a child up for adoption

Adoptiveltern [adɔp'tiːf-] *pl* adoptive parents **Adoptivkind** *nt* adopted child

Adressat(in) <-en, -en> [adrɛ'saːt] *m(f)* addressee

Adresse <-, -n> [a'drɛsə] *f* address ▶ **bei jdm [mit etw] an der falschen/richtigen ~ sein** to have addressed the wrong/right person [with sth]; **sich an die falsche /richtige ~ wenden** to knock at the wrong/right door

adressieren* [adrɛ'siːrən] *vt* to address (**an** to)

Adria <-> ['aːdria] *f* Adriatic [Sea]

Advent <-s, -e> [at'vɛnt] *m* Advent [season]; **erster ~** first Sunday in Advent

Adverb <-s, -ien> [at'vɛrp] *nt* adverb

Advokat(in) <-en, -en> [atvo'kaːt] *m(f)* advocate

Affe <-n, -n> ['afə] *m* monkey ▶ **ich glaub', mich laust der ~!** (*fam*) I think my eyes are deceiving me!

affektiert [afɛk'tiːɐ̯t] **I.** *adj* (*pej*) affected **II.** *adv* (*pej*) affectedly

Afrika <-s> ['aːfrika] *nt* Africa

Afrikaner(in) <-s, -> [afri'kaːnɐ] *m(f)* African; **~ sein** to be [an] African

afrikanisch [afri'kaːnɪʃ] *adj* African

Afroamerikaner(in) ['aːfro-] *m(f)* Afro-American

afroamerikanisch ['aːfro-] *adj* Afro-American

Agentur <-, -en> [agɛn'tuːɐ̯] *f* agency

Aggregat <-[e]s, -e> [agre'gaːt] *nt* unit; (*Stromaggregat*) power unit

Ägypten <-s> [ɛ'gʏptn̩] *nt* Egypt

Ägypter(in) <-s, -> [ɛ'gʏptɐ] *m(f)* Egyptian

ägyptisch [ɛ'gʏptɪʃ] *adj* Egyptian

aha [a'haː] *interj* ❶ (*ach so*) aha ❷ (*sieh da*) look!

ähneln ['ɛːnl̩n] *vi* to resemble; **du ähnelst meiner Frau** you remind me of my wife

ahnen ['aːnən] *vt* ❶ (*vermuten*) to suspect; (*erahnen*) to guess [at]; **das kann/konnte ich doch nicht ~!** how can/could I know that?; **ohne zu ~, dass ...** without suspecting that ...; **etwas/nichts [von etw** *dat*] **~** to have an/no idea [about sth] ❷ (*voraussehen*) **etw ~** to have a premonition of sth

ähnlich ['ɛːnlɪç] **I.** *adj* similar; **[etwas] Ähnliches** something similar **II.** *adv* similarly; **jdm ~ sehen** (*ähneln*) to look like sb

Ähnlichkeit <-, -en> *f* ❶ (*Aussehen*) resemblance (**mit** to); **mit jdm/etw ~ haben** to resemble sb/sth ❷ (*Vergleichbarkeit*) similarity; **mit etw** *dat* **~ haben** to be similar to sth

ähnlich|sehen *irreg vi* (*fam*) **das sieht dir/ihr [mal wieder] ähnlich!** that's you/her all over!, that's just like you/her!

Ahnung <-, -en> *f* ❶ (*Vorgefühl*) premonition; **es ist eher so eine ~** it's more of a hunch *fam* ❷ (*Vorstellung*) **keine ~!** [I've] no idea!; **[keine] ~ [von etw] haben** to [not] understand [sth]

ahnungslos I. *adj* ❶ unsuspecting ❷ (*unwissend*) ignorant II. *adv* unsuspectingly

Ahorn <-s, -e> ['a:hɔrn] *m* maple [tree]

Ähre <-, -n> ['ɛ:rə] *f* ❶ (*Samenstand*) ear ❷ (*Blütenstand*) spike

Akademie <-, -n> [akade'mi:] *f* ❶ (*Hochschule*) college ❷ (*Gesellschaft*) academy

Akademiker(in) <-s, -> [aka'de:mikɐ] *m(f)* graduate

akademisch [aka'de:mɪʃ] I. *adj* academic II. *adv* **~ gebildet sein** to be academically educated

Akazie <-, -n> [a'ka:tsi̯ə] *f* ❶ acacia ❷ (*Robinie*) robinia

akklimatisieren* [aklimati'zi:rən] *vr* **sich ~** to become acclimatized

Akkord[1] <-[e]s, -e> [a'kɔrt] *m* MUS chord

Akkord[2] <-[e]s, -e> [a'kɔrt] *m* piecework; **im ~ arbeiten** to be on piecework

Akkordeon <-s, -s> [a'kɔrdeɔn] *nt* accordion

Akku <-s, -s> ['aku] *m* (*fam*) *kurz für* **Akkumulator** accumulator

Akkusativ <-s, -e> ['akuzati:f] *m* accusative [case]

Akne <-, -n> ['aknə] *f* acne

akquirieren [akvi'ri:rən] *vt* ❶ (*veraltet: erwerben*) to acquire ❷ ÖKON (*werben*) *Aufträge* to procure; **Kunden ~** to win clients

Akt <-[e]s, -e> [akt] *m* ❶ (*Bild*) nude [painting] ❷ (*Handlung*) act; **ein ~ der Rache** an act of revenge ❸ ÖSTERR (*Akte*) file

Aktenordner *m* file

Aktie <-, -n> ['aktsi̯ə] *f* BÖRSE share, stock *esp* AM; **die ~n stehen gut/schlecht** the shares are doing well/badly

Aktiengesellschaft *f* public limited company BRIT, [stock] corporation AM **Aktienkurs** *m* share [*or* AM *a.* stock] price

Aktion <-, -en> [ak'tsi̯o:n] *f* ❶ action; **in ~ sein** to be [constantly] in action; **in ~ treten** to come into action ❷ (*Militäraktion, Werbeaktion*) campaign

Aktionär(in) <-s, -e> [aktsi̯o'nɛ:ɐ̯] *m(f)* shareholder, AM *a.* stockholder

aktiv [ak'ti:f] I. *adj* active; **in etw** *dat* **~ sein** to be active in sth II. *adv* actively

aktualisieren* *vt* to update; **aktualisiert** updated

Aktualität <-, -en> [aktu̯ali'tɛ:t] *f* topicality

aktuell [ak'tu̯ɛl] *adj* ❶ (*gegenwärtig*) topical; **die ~sten Nachrichten** the latest news; **~e Vorgänge** current events ❷ (*modern*) latest *attr*, in fashion *pred*

Akupunktur <-, -en> [akupʊŋktu:ɐ̯] *f* acupuncture

Akustik <-> [a'kʊstɪk] *f kein pl* acoustics + *pl vb*

akustisch [a'kʊstɪʃ] I. *adj* acoustic II. *adv* acoustically; **ich habe dich rein ~ nicht verstanden** I just didn't hear what you said

Akzent <-[e]s, -e> [ak'tsɛnt] *m* ❶ (*Aussprache*) accent; **mit ~ sprechen** to speak with an accent ❷ (*Zeichen*) accent ❸ (*Schwerpunkt*) stress; **den ~ auf etw** *akk* **legen** to emphasize sth; **~e setzen** to set [new] trends

akzeptieren* [aktsɛp'ti:rən] *vt, vi* to accept

Alarmanlage *f* alarm [system]

albern[1] ['albɐn] I. *adj* childish II. *adv* childishly

albern[2] ['albɐn] *vi* to fool around

Albtraum *m* nightmare

Album <-s, Alben> ['albʊm] *nt* album

Alge <-, -n> ['algə] *f* alga

Algebra <-> ['algebra] *f* algebra

A

Alimente [ali'mɛntə] *pl* maintenance *no pl*
alkalisch [al'ka:lɪʃ] *adj* alkaline
Alkohol <-s, -e> ['alkoho:l] *m* alcohol
alkoholfrei *adj* non-alcoholic **alkoholhaltig** *adj* alcoholic
Alkoholiker(in) <-s, -> [alko'ho:likɐ] *m(f)* alcoholic; **Anonyme ~** Alcoholics Anonymous
Alkoholleiche *f* (*hum fam*) alcohol casualty, person in an alcohol-induced stupor **Alkoholproblem** *nt* (*fam*) drink problem
All <-s> [al] *nt kein pl* space
alle(r, s) ['alə, -lɐ, -ləs] *pron indef* ❶ *adjektivisch* all ❷ *substantivisch* **sie/ihr ~** all of them/you; **~s** everything; **vor ~m** above all
Allee <-, -n> [a'le:] *f* avenue
allein, alleine [a'lain(ə)] **I.** *adj pred* ❶ (*ohne andere*) alone; **jdn ~ lassen** to leave sb alone; **sich ~ gelassen fühlen** to feel abandoned ❷ (*einsam*) lonely **II.** *adv* ❶ (*ohne Hilfe*) by oneself; **von ~** by itself/oneself ❷ (*nur*) just; **~ der Gedanke daran** the mere thought of it ❸ (*ausschließlich*) exclusively; **das ist ~ deine Entscheidung** it's your decision [and yours alone] **alleinerziehend** *adj* **~ sein** to be a single parent **Alleinerziehende(r)** *f(m) dekl wie adj* single parent **alleinstehend** *adj* single **Alleinstehende(r)** *f(m) dekl wie adj* unmarried person
allerdings ['alɐ'dɪŋs] *adv* ❶ (*jedoch*) although ❷ (*in der Tat*) definitely; **~!** indeed!
Allergie <-, -n> [alɛr'gi:] *f* allergy; **~ auslösend** allergenic; **eine ~ [gegen etw** *akk*] **haben** to have an allergy [to sth]
allergisch [a'lɛrgɪʃ] **I.** *adj* allergic (**gegen** to) **II.** *adv* **~ [auf etw** *akk*] **reagieren** to have an allergic reaction [to sth]
Allerheiligen <-s> ['alɐ'hailɪgn̩] *nt* All Saints' Day
allgemein ['algə'main] **I.** *adj attr* (*alle betreffend*) general; **zur ~en Überraschung** to everyone's surprise; **das ~e Wohl** the common good ▶ **im Allgemeinen** (*normalerweise*) generally speaking; (*insgesamt*) on the whole **II.** *adv* generally; **~ bekannt sein** to be common knowledge; **~ verständlich** intelligible to everybody; **~ zugänglich sein** to be open to the general public
Allgemeinbildung *f kein pl* general education **allgemeingültig** *adj attr* general **Allgemeinheit** <-> ['algə'mainhait] *f kein pl* general public
Allianz <-, -en> [a'li̯ants] *f* alliance
alljährlich ['al'jɛ:ɐ̯lɪç] **I.** *adj attr* annual **II.** *adv* annually
allmählich [al'mɛ:lɪç] **I.** *adj attr* gradual **II.** *adv* gradually; **~ geht er mir auf die Nerven** he's beginning to get on my nerves
Allradantrieb *m* four-wheel drive
Alltag ['alta:k] *m* everyday life
alltäglich ['altɛ:klɪç] *adj* ❶ *attr* (*tagtäglich*) daily ❷ (*gang und gäbe*) usual; **diese Probleme sind bei uns ~** these problems are part of everyday life here
allzu ['altsu:] *adv* [all] too; **magst du Fisch? — Nicht ~ gern** do you like fish? — Not very much; **~ früh** far too early; **~ oft** only too often; **nicht ~ oft** not [all] too often; **~ viel** too much
Alm <-, -en> [alm] *f* mountain pasture
Alpen ['alpn̩] *pl* **die ~** the Alps
Alpenveilchen *nt* cyclamen
Alphabet <-[e]s, -e> [alfa'be:t] *nt* alphabet
alphabetisch [alfa'be:tɪʃ] *adj* alphabetical
als [als] *konj* ❶ (*in dem Moment, da*) when; **damals, ~ ...** in the days when ...; **gerade ~ ...** just when ... ❷ *bei Vergleichen* than; **kleiner/größer ~ ...** smaller/bigger than ...; **der Bericht ist interessanter ~ erwartet** the re-

port is more interesting than would have been expected; **alles andere ~ ...** everything but ... ❸ **~ habe/könne/sei/würde X ...** as if X had/could/were/would ...; **~ ob ...** as if ... ❹ (*vor Substantiv, Adjektiv*) as; **schon ~ Kind hatte er immer Albträume** even as a child, he had nightmares; **sich ~ falsch erweisen** to prove to be false

also ['alzo] **I.** *adv* (*folglich*) so; **es regnet, ~ bleiben wir zu Hause** it's raining, so we'll stay at home **II.** *part* ❶ (*nun ja*) well ❷ (*tatsächlich*) so; **er hat ~ doch nicht die Wahrheit gesagt!** so he wasn't telling the truth after all! ❸ (*na*) **~ gut** [well,] all right; **~ doch!** you see!; **na ~!** just as I thought!

alt <älter, älteste(r,s)> [alt] *adj* ❶ (*Lebensalter*) old; **wie ~ ist er?** how old is he?; **er ist 21 Jahre ~** he's 21 [years old]; **älter werden** to get older ❷ (*aus alter Zeit*) ancient

Altar <-s, -täre> [al'ta:ɐ̯] *m* altar

Alten(pflege)heim *nt* old people's home

Alter <-s, -> ['altɐ] *nt* ❶ (*Lebensalter*) age; **er ist in meinem ~** he's my age; **mittleren ~s** middle-aged ❷ (*Bejahrtheit*) old age; **im ~** in old age

altern ['altɐn] *vi* to age

alternativ [altɛrna'ti:f] *adj* alternative; **~ leben** to live an alternative lifestyle

Alternative <-n, -n> [altɛrna'ti:və] *f* alternative; **die ~ haben, etw zu tun** to have the alternative of doing sth

Altersasyl *nt* SCHWEIZ old peoples' home **Altersheim** *nt* old people's home **Altersschwäche** *f kein pl* infirmity **Altersteilzeit** *f* partial retirement (*part-time employment scheme for people approaching retirement in Germany*) **Altersversorgung** *f* retirement pension; (*betrieblich*) pension scheme [*or* AM plan]

Altertum <-> ['altɐtu:m] *nt kein pl* antiquity; **das Ende des ~s** the end of the ancient world

Altjahresabend ['altja:ʀəsʔa:bn̩t] *m* SCHWEIZ New Year's Eve **Altkanzler(in)** *m(f)* former German Chancellor **altmodisch I.** *adj* old-fashioned **II.** *adv* **~ gekleidet** dressed in old-fashioned clothes

Altöl *nt* used oil

Altpapier *nt* waste paper **Altstadt** *f* old town

Alufolie *f* tin foil

Aluminium <-s> [alu'mi:ni̯ʊm] *nt kein pl* aluminium BRIT, aluminum AM

am [am] = **an dem** ❶ *beim Superlativ* **~ schnellsten/schönsten sein** to be [the] fastest/most beautiful ❷ (*fam: beschäftigt mit*) **ich bin ~ Schreiben!** I'm writing!

Amateur(in) <-s, -e> [ama'tø:ɐ̯] *m(f)* amateur

Ambulanz <-, -en> [ambu'lants] *f* ❶ out-patient department ❷ (*Unfallwagen*) ambulance

Ameise <-, -n> ['a:maizə] *f* ant

Ameisenbär *m* anteater **Ameisenhaufen** *m* anthill

Amerika <-s> [a'me:rika] *nt* America

Amerikaner(in) <-s, -> [ameri'ka:nɐ] *m(f)* American

amerikanisch [ameri'ka:nɪʃ] *adj* American

Ammoniak <-s> [amo'ni̯ak] *nt kein pl* ammonia

Amnestie <-, -n> [amnɛs'ti:] *f* amnesty; **eine ~ verkünden** to declare amnesty

Amöbe <-, -n> [a'mø:bə] *f* amoeba

Amok <-s> ['a:mɔk] *m* **~ laufen** to run amok

Ampel <-, -n> ['ampl̩] *f* traffic lights *pl;* **die ~ ist auf Rot gesprungen** the lights have turned red; **du hast eine rote ~ überfahren** you've just driven through a red light

Amphibie <-, -n> [am'fi:bi̯ə] *f* amphibian

A

amputieren* [ampu'tiːrən] *vt, vi* to amputate
Amsel <-, -n> ['amzl̩] *f* blackbird
Amt <-[e]s, Ämter> [amt] *nt* ❶ (*Behörde*) office; **aufs ~ gehen** (*fam*) to go to the authorities ❷ (*öffentliche Stellung*) post; (*hohe, ehrenamtliche Stellung*) office; **ein ~ innehaben** to hold an office; **für ein ~ kandidieren** to be a candidate for a post; **im ~ sein** to be in office
amtlich I. *adj* official II. *adv* officially
amüsant [amy'zant] I. *adj* amusing II. *adv* entertainingly; **sich ~ unterhalten** to have an amusing conversation
amüsieren* [amy'ziːrən] I. *vr* **sich ~** to enjoy oneself; **amüsiert euch gut!** have a good time!; **sich über jdn/etw ~** to laugh about sb/sth II. *vt* **jdn ~** to amuse sb
an [an] I. *präp* ❶ *räumlich* at; **er setzte sich ~ den Tisch** he sat down at the table; **~ dieser Stelle** in this place ❷ *zeitlich* on; **~ Weihnachten** at Christmas; **~ den Abenden** in the evenings; **~ jenem Morgen** that morning ❸ (*verbunden mit einer Person/Sache*) about; **das Angenehme ~ etw** *dat* the pleasant thing about sth II. *adv* ❶ (*ungefähr*) **~ die ...** about ... ❷ (*fam: angeschaltet*) on ❸ (*zeitlich*) **von jetzt ~** from now on
analog [ana'loːk] I. *adj* ❶ (*entsprechend*) analogous ❷ INFORM analog II. *adv* ❶ (*entsprechend*) analogous ❷ INFORM as an analog
Analphabet(in) <-en, -en> [anʔalfa'beːt] *m(f)* illiterate
Analyse <-, -n> [ana'lyːzə] *f* analysis
analysieren* [analy'ziːrən] *vt* to analyse
Ananas <-, -> ['ananas] *f* pineapple
anatomisch [ana'toːmɪʃ] I. *adj* anatomic II. *adv* anatomically
Anbau[1] *m kein pl* AGR cultivation
Anbau[2] <-bauten> *m* (*Nebengebäude*) extension BRIT, annex AM
an|bauen *vt Gemüse* to grow
an|bieten *irreg* I. *vt* **[jdm] etw ~** to offer [sb] sth II. *vr* ❶ (*sich zur Verfügung stellen*) **sich ~** to offer one's services; **sich ~, etw zu tun** to offer to do sth ❷ (*naheliegen*) **sich [für etw** *akk*] **~** to be just the right thing [for sth]
an|binden *vt irreg* to tie (**an** to)
Anblick *m* sight; **beim ~ einer S.** *gen* at the sight of sth
an|blicken *vt* to look at
Anbot <-[e]s, -e> *nt* ÖSTERR (*geh*) offer
an|brennen *irreg vi sein* to burn; **etw ~ lassen** to let sth burn
an|dauern *vi* to continue
andauernd I. *adj* continuous II. *adv* continuously; **jetzt schrei mich nicht ~ an** stop shouting at me all the time
Andenken <-s, -> *nt* ❶ (*Souvenir*) souvenir ❷ (*Erinnerungsstück*) keepsake ❸ *kein pl* (*Erinnerung*) memory; **zum ~ an jdn** in memory of sb
andere(r, s) ['andərə] *pron indef* ❶ (*verschieden*) different; **etwas/nichts ~s** something/nothing else; **es bleibt uns nichts ~s übrig** there's nothing else we can do; **ein ~r/eine ~** someone else; **ein ~s Mal** another time ❷ (*weitere*) other; **haben Sie noch ~ Fragen?** have you got any more questions?; **die ~n** the others
and(e)rerseits ['andərezaits] *adv* on the other hand
ändern ['ɛndɐn] *vt, vr* to change; **ich kann es nicht ~** I can't do anything about it; **daran kann man nichts ~** there's nothing you can do about it
anders ['andɐs] *adv* ❶ (*verschieden*) differently; **~ als ...** different to [*or* AM *a.* than] ...; **~ als sonst** different than usual; **es sich** *dat* **~ überlegen** to change one's mind; **~ denkend** dissenting ❷ (*sonst*) **jemand ~** somebody else; **niemand ~** nobody else; **es ging leider nicht ~** I'm afraid I

couldn't do anything about it
andersherum ['andɐshɛrʊm] *adv* the other way round **anderswo** ['andɐsvo:] *adv* elsewhere **anderswoher** ['andɐsvo:he:ɐ̯] *adv* from somewhere else **anderswohin** ['andɐsvo'hɪn] *adv* elsewhere
anderthalb ['andɐt'halp] *adj* one and a half; ~ **Stunden** an hour and a half
Änderung <-, -en> *f* change (**an** to); **geringfügige ~en** slight alterations
an|deuten I. *vt* to indicate II. *vr* **etw deutet sich ~** there are signs of sth
aneinander [anʔai'nandɐ] *adv* to one another; ~ **denken** to think about each other; ~ **vorbeireden** to talk at cross purposes
aneinander|geraten *vi* to have a fight [*or* BRIT row]
aneinander|reihen I. *vt* to string together II. *vr* to follow one another
an|ekeln *vt* **jdn ~** to make sb sick; **von etw** *dat* **angeekelt sein** to be disgusted by sth
Anemone <-, -n> [ane'mo:nə] *f* anemone
an|erkennen* ['anʔɛɐ̯kɛnən] *vt irreg* ❶ (*akzeptieren*) to accept; (*offiziell*) to recognize (**als** as) ❷ (*würdigen*) to appreciate
an|fahren *irreg vt haben* ❶ (*beim Fahren streifen*) to hit ❷ *irreg* (*schelten*) **jdn ~** to snap at sb
Anfall <-[e]s, -fälle> *m* ❶ MED attack; **epileptischer ~** epileptic fit ❷ (*Wutanfall*) fit of rage
an|fallen I. *vi irreg sein* to arise; *Arbeit* to pile up II. *vt irreg* to attack
Anfang <-[e]s, -fänge> *m* ❶ (*Beginn*) beginning; **er ist ~ 40** he is in his early 40s; **am ~** in the beginning; **von ~ an** from the [very] start; **von ~ bis Ende** from start to finish; **~ Juni/der Woche** at the beginning of June/the week; **einen neuen ~ machen** to make a fresh start ❷ (*Ursprung*) origin[s] *usu pl*
an|fangen *vt, vi irreg* to begin ▶ **etwas mit jdm/etw ~ können** to be able to do sth with sb/sth; **nichts mit sich** *dat* **anzufangen wissen** to not know what to do with oneself
Anfänger(in) <-s, -> *m(f)* beginner; **~ sein** to be a novice
anfangs I. *adv* at first II. *präp* SCHWEIZ at the start of
an|fassen I. *vt* to touch II. *vi* **mit ~** to lend a hand III. *vr* **es fasst sich rau an** it feels rough
an|fechten *vt irreg* JUR to contest
an|flehen *vt* to beg (**um** for)
Anflug <-[e]s, -flüge> *m* LUFT approach
an|fordern *vt* to request; *Katalog* to order
Anforderung <-, -en> *f* ❶ *kein pl* request; *Katalog* ordering; **auf ~** on request ❷ *meist pl* (*Anspruch*) demands; **~en [an jdn] stellen** to place demands [on sb]; **du stellst zu hohe ~en** you're too demanding
Anfrage <-, -n> *f* inquiry; **auf ~** on request
an|fragen *vi* to ask (**um** for)
an|freunden ['anfrɔyndn̩] *vr* **sich mit jdm ~** to make friends with sb; **sich ~** to become friends
Anführer(in) <-s, -> *m(f)* leader; *von Truppen* commander
Anführungsstrich *m*, **Anführungszeichen** *nt meist pl* quotation mark[s]; **~ unten/oben** quote/unquote
Angabe <-, -n> *f* ❶ *meist pl* (*Mitteilung*) details *pl;* **~n zur Person** personal details ❷ *kein pl* (*Prahlerei*) boasting
an|geben *irreg* I. *vt* ❶ (*nennen*) to give; **jdn als Zeugen ~** to cite sb as a witness ❷ (*behaupten*) to claim ❸ (*anzeigen*) to indicate II. *vi* (*prahlen*) to boast (**mit** about)
Angeber(in) <-s, -> *m(f)* poser
angeblich ['ange:plɪç] I. *adj attr* alleged II. *adv* allegedly

A

angeboren *adj* innate

Angebot <-[e]s, -e> *nt* offer; (*Warenangebot*) range of goods; (*Sonderangebot*) special offer; **im ~** on special offer; **~ und Nachfrage** supply and demand

an|gehen *irreg* **I.** *vi sein: Maschine, Licht* to come on **II.** *vt haben* (*betreffen*) to concern; **was geht mich das an?** what's that got to do with me?; **was mich angeht, ...** as far as I am concerned, ...

Angehörige(r) *f(m) dekl wie adj* ❶ (*Familienangehörige(r)*) relative ❷ (*Mitglied*) member

Angeklagte(r) *f(m) dekl wie adj* accused

Angel <-, -n> [ˈaŋl̩] *f* ❶ fishing pole ❷ (*Türangel*) hinge ▶ **etw aus den ~n heben** (*fam*) to turn sth upside down

Angelegenheit <-, -en> *f* matter; **sich um seine eigenen ~en kümmern** to mind one's own business; **jds ~ sein** to be sb's responsibility

angeln [ˈaŋl̩n] **I.** *vi* to fish; **[das] Angeln** fishing **II.** *vt* to catch

Angelrute *f* fishing rod

angemessen **I.** *adj* appropriate **II.** *adv* appropriately

angenehm **I.** *adj* pleasant ▶ **das Angenehme mit dem Nützlichen verbinden** to mix business with pleasure; **[sehr] ~!** (*geh*) pleased to meet you! **II.** *adv* pleasantly

angesehen *adj* respected

angesichts *präp* **~ einer S.** *gen* in the face of sth

Angestellte(r) *f(m) dekl wie adj* employee

an|gewöhnen* *vt* **sich** *dat* **etw ~** to get into the habit of [doing] sth

Angewohnheit <-, -en> *f* habit

Angina <-, Anginen> [aŋˈgiːna] *f* angina

Anglistik <-> [aŋˈglɪstɪk] *f kein pl* study of English [language and literature]

angloamerikanisch [aŋglo-] *adj* Anglo-American

an|greifen *irreg* **I.** *vi* to attack **II.** *vt* ❶ (*bekämpfen*) to attack; **angegriffen werden** to be under attack ❷ (*schädigen*) to damage; **angegriffen sein** to be weakened ❸ (*beeinträchtigen*) to affect; **angegriffen sein** to be exhausted

angrenzend *adj attr* bordering

Angriff *m* attack; **zum ~ übergehen** (*fig*) to go on the offensive ▶ **~ ist die beste Verteidigung** (*prov*) offence is the best defence; **etw in ~ nehmen** to tackle sth

Angst <-, Ängste> [aŋst] *f* ❶ fear (**vor** of); **~ und Schrecken verbreiten** to spread fear and terror; **~ bekommen** (*fam*) to become frightened; **~ [vor etw** *dat*] **haben** to be afraid [of sth]; **~ um etw** *akk* **haben** to be worried about sth; **jdm ~ machen** to frighten sb; **vor ~ zittern** to tremble with fear; **aus ~, etw zu tun** for fear of doing sth ❷ (*seelische Unruhe*) anxiety

ängstlich [ˈɛŋstlɪç] *adj* frightened

Angstmacherei <-> [aŋstmaxəˈrai] *f kein pl* (*pej*) scaremongering *no pl, no art*

an|gurten **I.** *vt* to strap in **II.** *vr* **sich ~** to fasten one's seat belt

an|haben *vt irreg* ❶ *Kleidung* to have on ❷ (*Schaden zufügen*) **jdm nichts ~ können** to be unable to harm sb

an|halten *irreg* **I.** *vi* ❶ to stop ❷ (*fortdauern*) to continue **II.** *vt* to bring to a stop

Anhalter(in) <-s, -> [ˈanhaltɐ] *m(f)* hitch-hiker; **per ~ fahren** to hitch-hike

Anhang <-[e]s, -hänge> *m* ❶ (*Nachtrag*) appendix ❷ *kein pl* (*Angehörige*) [close] family

an|hängen *vt* ❶ (*daran hängen*) to hang [up] (**an** on) ❷ (*hinzufügen*) to add ❸ (*fam: anlasten*) **jdm etw ~** to blame sth on sb

Anhänger <-s, -> *m* AUTO trailer

Anhänger(in) <-s, -> *m(f)* (*Fan*) supporter

anhänglich [ˈanhɛŋlɪç] *adj* devoted

A

an|heben *irreg vt* ❶ (*hochheben*) to lift [up] ❷ (*erhöhen*) to increase
an|heizen *vt* ❶ (*zum Brennen bringen*) to set alight ❷ (*fig*) to stimulate; (*negativ*) to aggravate
Anhieb *m* **auf ~** (*fam*) straight away
an|hören I. *vt* [**sich** *dat*] **etw ~** to listen to sth **II.** *vr* (*klingen*) **sich ~** to sound; **sich gut ~** to sound good
Animateur(in) <-s, -e> [anima'tøːɐ̯] *m(f)* host *masc*, *fem* hostess
Anime *nt* anime
animieren* [ani'miːrən] *vt, vi* to encourage
Anis <-[es], -e> [a'niːs] *m* aniseed
Ankauf <-[e]s, -käufe> *m* buy
Anker <-s, -> ['aŋkɐ] *m* anchor; **den ~ lichten** to weigh anchor; **vor ~ liegen** to lie at anchor
an|ketten *vt* to chain up (**an** to)
Anklage <-, -n> *f* ❶ *kein pl* JUR charge; **gegen jdn ~ [wegen einer S.** *gen*] **erheben** to charge sb [with sth]; **unter ~ stehen** to be charged ❷ (*Beschuldigung*) accusation
an|klagen *vt* ❶ JUR to charge ❷ (*beschuldigen*) to accuse
an|knüpfen I. *vt* to tie (**an** to) **II.** *vi* (*fig*) **an etw** *akk* **~** to resume sth
an|kommen *irreg* **I.** *vi sein* ❶ to arrive; **seid ihr gut angekommen?** did you arrive safely?; **bei etw** *dat* **~** to reach sth ❷ (*Anklang finden*) [**bei jdm**] **~** *Sache* to go down well [with sb]; *Person* to make an impression [on sb] **II.** *vi impers sein* ❶ (*wichtig sein*) **es kommt darauf an, dass ...** what matters is that ... ❷ (*von etw abhängen*) **es kommt darauf an, dass/ob ...** it depends on/on whether ...; **das kommt darauf an** it depends
an|kündigen *vt* to announce
Ankündigung <-, -en> *f* announcement
Ankunft <-, -künfte> ['ankʊnft] *f* arrival
an|lächeln *vt* to smile at
Anlage <-, -n> *f* ❶ (*Fabrik*) plant ❷ SPORT facilities *pl* ❸ (*Einrichtung*) **sanitäre ~n** sanitary facilities ❹ FIN investment ❺ *meist pl* (*Veranlagung*) disposition
Anlass <-es, -lässe> ['anlas] *m* ❶ (*Grund*) reason; **es besteht kein ~ zu etw** *dat*/**, etw zu tun** there are no grounds for sth/to do sth; [**jdm**] **~ zu etw** *dat* **geben** to give [sb] grounds for sth; **aus diesem ~** for this reason ❷ (*Gelegenheit*) occasion; **bei jedem ~** at every opportunity
Anlasser <-s, -> *m* starter [motor]
an|laufen *irreg* **I.** *vi sein* ❶ *Metall* to tarnish ❷ *Film* **der neue James Bond läuft jetzt an** the new James Bond is now showing at the cinema **II.** *vt haben* **den Hafen ~** to put into port
an|legen I. *vt* ❶ (*erstellen*) to compile ❷ *Garten* to lay out ❸ *Vorrat* to lay in ❹ (*investieren*) to invest (**in** in) **II.** *vi Schiff* to berth **III.** *vr* **sich mit jdm ~** to pick an argument with sb
an|lehnen I. *vt* ❶ to lean [against] ❷ *Tür* to leave ajar **II.** *vr* **sich ~** to lean (**an** against)
Anleihe <-, -n> *f* (*Kredit*) loan; (*Wertpapier*) bond
an|leiten *vt* to instruct
Anleitung <-, -en> *f* TECH instructions
an|locken *vt* to attract
an|lügen *vt irreg* to lie to
an|machen *vt* ❶ (*einschalten*) to turn on ❷ (*anzünden*) to light ❸ *Salat* to dress ❹ (*sl: erregen*) to turn on ❺ (*sl: aufreißen wollen*) to pick up
anmaßend ['anmaːsn̩t] *adj* arrogant
an|melden I. *vt* ❶ (*ankündigen*) to announce; **ich bin angemeldet** I have an appointment ❷ (*vormerken lassen*) to enrol (**bei** at/**zu** in) ❸ ADMIN to register **II.** *vr* **sich ~** ❶ (*ankündigen*) to give notice of a visit (**bei** to) ❷ (*sich eintragen lassen*) to apply (**zu** for)
Anmeldung <-, -en> *f* ❶ (*zum Besuch*) [advance] notice [of a visit]; **ohne ~**

without an appointment ❷ SCH enrolment ❸ (*Registrierung*) registration

an|merken *vt* ❶ (*eine Bemerkung machen*) to add ❷ (*ansehen*) **er ließ sich nichts anmerken** he didn't let it show

Anmerkung <-, -en> *f* ❶ (*Erläuterung*) note ❷ (*Fußnote*) footnote

Anmut <-> ['anmu:t] *f kein pl* (*geh*) grace[fulness]

anmutig *adj* (*geh*) graceful

an|nähen *vt* to sew on

Annäherungsversuch *m* advance[s] *esp pl;* **~e machen** to make advances

Annahme <-, -n> ['anna:mə] *f* assumption; **in der ~, [dass]** on the assumption [that]

an|nehmen *irreg* **I.** *vt* ❶ (*entgegennehmen*) *Angebot* to accept; *Anruf* to take; *Auftrag* to take [on]; *Patienten, Schüler* to take on ❷ (*meinen*) to assume ; **etw [von jdm]** ~ to think sth [of sb] **II.** *vr* **sich einer S.** *gen* ~ to take care of sth

Annonce <-, -n> [a'nõ:sə] *f* advertisement

anonym [ano'ny:m] **I.** *adj* anonymous **II.** *adv* anonymously

Anorak <-s, -s> ['anorak] *m* anorak

an|packen **I.** *vt* (*fam*) ❶ to touch ❷ (*beginnen*) to tackle; **packen wir's an!** let's get started! **II.** *vi* (*fam: helfen*) **jd packt [mit] an** sb lends a hand

an|passen **I.** *vt* to adjust **II.** *vr* **sich [an etw** *dat*] ~ to adjust [to sth]; (*gesellschaftlich*) to conform [to sth]

Anpassungsfähigkeit *f* adaptability (**an** to)

an|pflanzen *vt* to grow

an|probieren* *vt, vi* to try on *sep*

an|regen *vt* ❶ **jdn [zu etw** *dat*] ~ to encourage sb [to do sth]; **jdn zum Nachdenken** ~ to make sb ponder ❷ (*geh: vorschlagen*) to suggest ❸ (*stimulieren*) to stimulate

anregend *adj* stimulating

Anregung *f* (*Vorschlag*) idea; **auf jds ~** at sb's suggestion

Anreise *f* journey [here/there]

Anreiz *m* incentive

Anrichte <-, -n> *f* (*Büfett*) sideboard

an|richten *vt* ❶ *Speisen* to prepare ❷ *Schaden* to cause; **was hast du da wieder angerichtet!** what have you done now!

anrüchig ['anrʏçɪç] *adj* indecent

Anruf *m* [telephone] call

Anrufbeantworter <-s, -> *m* answering machine

an|rufen *irreg vt, vi* ❶ to call; **angerufen werden** to get a telephone call ❷ JUR to appeal to

Ansage *f* announcement

an|sagen *vt* to announce; **angesagt sein** to be called for

an|sammeln *vr, vt* to accumulate

ansässig ['anzɛsɪç] *adj* (*geh*) resident

an|schaffen **I.** *vt* (*kaufen*) to buy **II.** *vi* (*sl*) ~ **[gehen]** to be on the game BRIT, to hook AM

Anschaffung <-, -en> *f* purchase

an|schalten *vt* to switch on

an|schauen *vt* to look at; *Film* to watch; **sich** *dat* **etw [genauer]** ~ to take a [closer] look at sth

anschaulich **I.** *adj* illustrative **II.** *adv* vividly

anscheinend *adv* apparently

Anschlag *m* (*Überfall*) assassination; (*ohne Erfolg*) attempted assassination; **einem ~ zum Opfer fallen** to be assassinated; **einen ~ [auf jdn/etw] verüben** to make an attack [on sb/sth]; **einen ~ auf jdn vorhaben** (*hum fam*) to have a request for sb

an|schließen *irreg* **I.** *vt* TECH to connect (**an** to) **II.** *vr* ❶ (*sich zugesellen*) **sich jdm** ~ to join sb ❷ (*beipflichten*) **sich jdm/etw** ~ to fall in with sb/sth ❸ (*angrenzen*) **sich [an etw** *akk*] ~ to adjoin [sth]

Anschluss <-es, Anschlüsse> *m* ❶ TELEK, TECH connection; **kein ~ unter dieser Nummer** the number you are trying to call is not available ❷ *kein pl* (*Kontakt*) contact; ~ **finden** to make friends; ~ **suchen** to want to make friends ❸ BAHN, LUFT connection; **den ~ verpassen** to miss one's connecting train/flight

Anschlusszug *m* connecting train

an|schmiegen *vr* **sich** [**an jdn/etw**] ~ to cuddle up [to sb/sth]

an|schnallen I. *vt* (*festgurten*) to strap on **II.** *vr* AUTO **sich** ~ to fasten one's seat belt

an|schneiden *vt irreg Thema* to touch on

an|schreiben *irreg* **I.** *vt* **jdn** ~ to write to sb **II.** *vi* (*fam*) [**bei jdm**] ~ **lassen** to buy on credit [from sb]

an|schreien *vt irreg* to shout at

Anschrift *f* address

an|sehen *irreg vt* to look at; (*betrachten*) to take a look at; *Film* to watch; **man sieht ihm sein Alter nicht an** he doesn't look his age; **das kann ich nicht länger mit** ~ I can't stand it any more; **jdn böse** ~ to give sb an angry look

Ansehen <-s> *nt kein pl* reputation; [**bei jdm**] [**großes**] ~ **genießen** to enjoy a [good] reputation [with sb]; **an ~ verlieren** to lose standing

Ansicht <-, -en> *f* view; **ich bin ganz Ihrer** ~ I agree with you completely; **meiner ~ nach ...** in my opinion ...

Ansichtskarte *f* [picture] postcard

Anspannung *f* strain; (*körperlich*) effort

an|spielen *vi* to allude (**auf** to)

an|spornen *vt* to spur on (**zu** to); *Spieler* to cheer on

Ansprache *f* speech; **eine ~ halten** to make a speech

an|sprechen *irreg* **I.** *vt* ❶ (*anreden*) to speak to; **jdn** [**mit Peter/seinem Namen**] ~ to address sb [as Peter/by his name] ❷ (*erwähnen*) to mention ❸ (*gefallen*) **jdn** ~ to appeal to sb **II.** *vi* MED to respond (**auf** to)

Ansprechpartner(in) *m(f)* contact

Anspruch *m* claim; **einen ~ auf etw** *akk* **haben** to be entitled to sth; **jdn in ~ nehmen** to preoccupy sb; **hohe Ansprüche** [**an jdn/etw**] **stellen** to place great demands on sb/sth

anspruchslos *adj* (*bescheiden*) modest

anspruchsvoll *adj* demanding

Anstand *m kein pl* decency; **keinen ~ haben** to have no sense of decency

anständig I. *adj* ❶ decent ❷ (*fam: ordentlich*) proper **II.** *adv* decently; **sich ~**[**er**] **benehmen** to behave oneself

an|starren *vt* to stare at

anstatt [an'ʃtat] **I.** *präp* instead of **II.** *konj* ~ **etw zu tun** instead of doing sth

an|stecken I. *vt* ❶ (*befestigen*) to pin on ❷ *Zigarette* to light [up] ❸ (*in Brand stecken*) to set on fire ❹ (*infizieren*) to infect (**mit** with) **II.** *vr* **sich** [**bei jdm**] [**mit etw** *dat*] ~ to catch sth [from sb]

ansteckend *adj* infectious; (*durch Berührung*) contagious

Anstecknadel *f* pin

an|stehen *vi irreg haben o* SÜDD *sein* ❶ (*warten*) to queue [*or* AM line] [up] (**nach** for) ❷ (*zu erledigen sein*) **etw steht** [**bei jdm**] **an** sth must be dealt with [by sb]

an|steigen *vi irreg sein* ❶ (*sich erhöhen*) to go up (**auf** to/**um** by); **~d** increasing ❷ (*steiler werden*) to ascend; **stark/steil** ~ to ascend steeply

anstelle [an'ʃtɛlə] *präp* instead of

an|stellen I. *vt* ❶ (*einschalten*) to turn on ❷ (*beschäftigen*) to employ ❸ (*fam: machen*) to manage; **was hast du da wieder angestellt?** what have you done now?; **etw geschickt ~** to bring sth off **II.** *vr* **sich ~** ❶ (*Schlange stehen*) to queue [up] BRIT, to line up AM ❷ (*fam: sich verhalten*) to act; **sich dumm** ~ to act as if one is stupid

Anstellung *f* post

A

Anstoß *m* ❶ (*Ansporn*) impetus (**zu** for); **jdm den ~ geben, etw zu tun** to encourage sb to do sth ❷ (*geh: Ärgernis*) annoyance; **an etw** *dat* **~ nehmen** to take offence ❸ FBALL kick off

an|stoßen *irreg* **I.** *vi* ❶ *sein* **mit etw** *dat* [**an etw** *akk*] **~** to bump sth [on sth] ❷ *haben* (*zusammen trinken*) to drink (**auf** to); **lasst uns ~!** let's drink to it! **II.** *vt haben* ❶ to bump ❷ (*in Gang setzen*) to set in motion **III.** *vr haben* **sich** [**an etw** *dat*] **~** to knock oneself [on sth]; **sich** *dat* **den Kopf ~** to knock one's head

Anstreicher(in) <-s, -> *m(f)* [house] painter

an|strengen I. *vr* to exert oneself (**bei** in); **sich ~, etw zu tun** to try hard to do sth **II.** *vt* to strain; *Geist, Muskeln* to exert

anstrengend *adj* strenuous; **das ist ~ für die Augen** it's a strain on the eyes

Anstrengung <-, -en> *f* effort; **mit letzter ~** with one last effort

Ansturm *m* rush (**auf** on)

Antarktis <-> [ant'ʔarktɪs] *f* Antarctic

antarktisch [ant'ʔarktɪʃ] *adj* Antarctic

Anteil ['antail] *m* share (**an** of); **der ~ an Asbest** the proportion of asbestos; **~ an etw** *dat* **nehmen** to show an interest in sth

Anteilnahme <-> ['antailna:mə] *f kein pl* sympathy (**an** with)

Antenne <-, -n> [an'tɛnə] *f* aerial

Antibabypille [anti'be:bipɪlə] *f* (*fam*) **die ~** the pill

Antibiotikum <-s, -biotika> [anti'bi̯o:tikʊm] *nt* antibiotic

Antiblockiersystem [antiblɔ'ki:ɐ̯-] *nt* antilock [braking] system, ABS

antik [an'ti:k] *adj* ❶ (*alt*) antique ❷ (*aus der Antike*) ancient

Antike <-> [an'ti:kə] *f kein pl* antiquity

Antikörper *m* antibody

Antilope <-, -n> [anti'lo:pə] *f* antelope

Antiquariat <-[e]s, -e> [antikva'ri̯a:t] *nt* second-hand bookshop

Antiquität <-, -en> [antikvi'tɛ:t] *f* antique

Antrag <-[e]s, -träge> ['antra:k] *m* ❶ application ❷ JUR petition; **einen ~** [**auf etw** *akk*] **stellen** to file a petition [for sth] ❸ (*Heiratsantrag*) [marriage] proposal; **jdm einen ~ machen** to propose [to sb]

Antrieb *m* ❶ TECH drive (for) ❷ (*Motivation*) energy *no indef art;* **aus eigenem ~** on one's own initiative

Antwort <-, -en> ['antvɔrt] *f* ❶ answer (**auf** to) ❷ (*Reaktion*) response (**auf** to); **als ~ auf etw** *akk* in response to sth

antworten ['antvɔrtn̩] *vi* ❶ to answer; **mit Ja/Nein ~** to answer yes/no; **schriftlich ~** to answer in writing ❷ (*reagieren*) to respond (**mit** with)

an|vertrauen* ['anfɛɐ̯trauən] **I.** *vt* **jdm etw ~** ❶ (*geben*) to entrust sb with sth ❷ (*erzählen*) to confide sth to sb **II.** *vr* **sich jdm ~** to confide in sb

Anwalt, Anwältin <-[e]s, -wälte> ['anvalt, 'anvɛltɪn] *m, f* lawyer; **sich** *dat* **einen ~ nehmen** to engage the services of a lawyer

an|weisen *vt irreg* **jdn ~, etw zu tun** to order sb to do sth

Anweisung *f* ❶ (*Anordnung*) order; **~ haben, etw zu tun** to have instructions to do sth; **auf** [**jds** *akk*] **~** on [sb's] instruction ❷ (*Anleitung*) instruction

an|wenden *vt reg o irreg* ❶ (*gebrauchen*) to use (**bei** on) ❷ (*übertragen*) to apply (**auf** to)

Anwender(in) <-s, -> *m(f)* user

anwenderfreundlich *adj* INFORM user-friendly

Anwendung *f* ❶ (*Gebrauch*) use ❷ (*Übertragung*) application (**auf** to) ❸ MED administration

anwesend *adj* present *pred;* [**bei etw** *dat*] **~ sein** to be present [at sth]

Anwesenheit <-> *f kein pl* presence

an|widern ['anviːdɐn] *vt* to nauseate; **angewidert** nauseated *attr*

Anzahl *f kein pl* number

Anzahlung *f* deposit; **eine ~ machen** to pay a deposit

an|zapfen *vt* to tap

Anzeige <-, -n> *f* ❶ (*Strafanzeige*) charge (**wegen** for) ❷ (*Inserat*) ad[vertisement]

an|zeigen *vt* ❶ JUR **jdn [wegen einer S.** *gen*] ~ to report sb [for sth] ❷ (*angeben*) to indicate; (*digital*) to display

an|ziehen *irreg* **I.** *vt* ❶ *Kleider* to put on *sep; Person* to dress ❷ *Arm, Bein* to draw up ❸ (*anlocken*) to attract; **sich von jdm/etw angezogen fühlen** to be attracted to sb/sth **II.** *vr* **sich ~** to get dressed; **sich leger/schick/warm ~** to put on casual/smart/warm clothing

anziehend *adj* attractive

Anziehungskraft *f* ❶ PHYS gravitation ❷ PSYCH appeal; **auf jdn eine ~ ausüben** to appeal to sb

Anzug *m* ❶ suit; **ein einreihiger/zweireihiger ~** a single-/double-breasted suit ❷ SCHWEIZ (*Bezug*) duvet cover

an|zünden *vt* ❶ *Feuer* to light ❷ *Haus* to set on fire ❸ *Zigarette* to light

Apfel <-s, Äpfel> ['apfl̩] *m* apple

Apfelbaum *m* apple tree **Apfelsaft** *m* apple juice

Apfelsine <-, -n> [apfl̩'ziːnə] *f* orange

Apfelwein *m* cider

Apostel <-s, -> [a'pɔstl̩] *m* apostle

Apotheke <-, -n> [apo'teːkə] *f* pharmacy

Apotheker(in) <-s, -> [apo'teːkɐ] *m(f)* pharmacist

App <-, -s> [ɛp] *f o nt* INET app

Apparat <-[e]s, -e> [apa'raːt] *m* ❶ apparatus *no pl form;* (*kleineres Gerät*) gadget ❷ (*Telefon*) telephone; **am ~ bleiben** to hold the line; **am ~!** speaking!

Appartement <-s, -s> [apartə'mãː] *nt* ❶ (*im Hotel*) suite [of rooms] ❷ (*Wohnung*) flat BRIT, apartment AM

appellieren* [apɛ'liːrən] *vi* to appeal (**an** to)

Appetit <-[e]s> [ape'tiːt] *m kein pl* appetite; **guten ~!** enjoy your meal!; **~ auf etw** *akk* **haben** to feel like [having] sth; **den ~ anregen** to work up an [*or* one's] appetite; **jdm den ~ [auf etw** *akk*] **verderben** (*fam*) to spoil sb's appetite [for sth]

appetitlich *adj* appetizing

applaudieren* [aplau'diːrən] *vi* (*geh*) to applaud

Applaus <-es> [a'plaus] *m kein pl* applause; **stehender ~** standing ovation

Aprikose <-, -n> [apri'koːzə] *f* apricot

April <-s, *selten* -e> [a'prɪl] *m* April; *s.a.* **Februar** ▸ **jdn in den ~ schicken** to make an April fool of sb; **~! ~!** (*fam*) April fool!

Aquarell <-s, -e> [akva'rɛl] *nt* watercolour

Äquator <-s> [ɛ'kvaːtoːɐ̯] *m kein pl* equator

Ära <-, Ären> ['ɛːra] *f* (*geh*) era

Araber(in) <-s, -> ['arabɐ] *m(f)* Arab

arabisch [a'raːbɪʃ] *adj* ❶ Arabian; **Arabisches Meer** Arabian Sea ❷ (*Sprache*) Arabic; **auf ~** in Arabic

Arbeit <-, -en> ['arbait] *f* ❶ (*Tätigkeit*) work *no pl, no indef art;* **gute/schlechte ~ leisten** to do a good/bad job; **sich an die ~ machen** to get down to working; **an die ~!** get to work! ❷ (*Aufgabe, Beruf*) job ❸ (*Werk*) work ❹ (*Klassenarbeit*) test; **eine ~ schreiben** to do a test ❺ *kein pl* (*Mühe*) troubles *pl;* **sich** *dat* **~ [mit etw** *dat*] **machen** to go to trouble [with sth] ▸ **erst die ~, dann das Vergnügen** (*prov*) business before pleasure

arbeiten ['arbaitn̩] **I.** *vi* ❶ to work; **an etw** *dat* **~** to be working on sth ❷ (*berufstätig sein*) to have a job

II. *vt* (*tun*) **etwas/nichts** ~ to do something/nothing

Arbeiter(in) <-s, -> *m(f)* worker

Arbeitgeber(in) <-s, -> *m(f)* employer **Arbeitnehmer(in)** *m(f)* employee

Arbeitsamt *nt* job centre BRIT, employment office AM **Arbeitsbedingungen** *pl* working conditions **Arbeitserlaubnis** *f* work permit

arbeitslos *adj* unemployed

Arbeitslose(r) *f(m)* *dekl wie adj* unemployed person

Arbeitslosengeld *nt* unemployment benefit **Arbeitslosenhilfe** *f* unemployment aid **Arbeitslosigkeit** <-> *f kein pl* unemployment **Arbeitsplatz** *m* ❶ (*Arbeitsstätte*) workplace; **am** ~ at work ❷ (*Stelle*) job; **freier** ~ vacancy **Arbeitszeit** *f* working hours *pl;* **gleitende** ~ flexitime

Archäologe, Archäologin <-n, -n> [arçɛoˈloːgə, -ˈloːgɪn] *m, f* archaeologist

Archäologie <-> [arçɛoloˈgiː] *f kein pl* archaeology

archäologisch [arçɛoˈloːgɪʃ] *adj* archaeological

Architekt(in) <-en, -en> [arçiˈtɛkt] *m(f)* architect

Architektur <-, -en> [arçitɛkˈtuːɐ̯] *f* architecture

Archiv <-s, -e> [arˈçiːf] *nt* archives *pl*

Arena <-, Arenen> [aˈreːna] *f* arena

arg <ärger, ärgste> [ark] **I.** *adj* ❶ (*schlimm*) bad; **im Argen liegen** to be at sixes and sevens ❷ *attr* (*groß*) great; **eine ~e Enttäuschung** a great disappointment **II.** *adv* SÜDD (*fam: sehr*) badly

Argentinien <-s> [argɛnˈtiːni̯ən] *nt* Argentina

Argentinier(in) <-s, -> [argɛnˈtiːni̯ɐ] *m(f)* Argentinian

argentinisch [argɛnˈtiːnɪʃ] *adj* Argentinian

Ärger <-s> [ˈɛrgɐ] *m kein pl* ❶ (*Wut*) anger ❷ (*Unannehmlichkeiten*) trouble; ~ **bekommen** to get into trouble; ~ **haben** to have problems; **[jdm]** ~ **machen** to cause [sb] trouble

ärgerlich *adj* ❶ (*verärgert*) annoyed (**über** about) ❷ (*unangenehm*) unpleasant

ärgern [ˈɛrgɐn] **I.** *vt* ❶ (*verärgern*) to annoy ❷ (*reizen*) to tease (**wegen** about) **II.** *vr* **sich [über jdn/etw]** ~ to be annoyed [about sb/sth]

Argument <-[e]s, -e> [arguˈmɛnt] *nt* argument

argumentieren* *vi* to argue; **mit etw** *dat* ~ to use sth as an argument

argwöhnisch [ˈarkvøːnɪʃ] **I.** *adj* suspicious **II.** *adv* suspiciously

Arie <-, -n> [ˈaːri̯ə] *f* aria

Arktis <-> [ˈarktɪs] *f* Arctic

arktisch [ˈarktɪʃ] *adj* arctic

arm <ärmer, ärmste> [arm] *adj* poor

Arm <-[e]s, -e> [arm] *m* arm; **jdn in die ~e nehmen** to take sb in one's arms; **ein Kind auf den ~ nehmen** to pick up a child

Armatur <-, -en> [armaˈtuːɐ̯] *f meist pl* ❶ (*Wasserhahn*) fitting ❷ AUTO instrument

Armaturenbrett *nt* dashboard

Armband <-bänder> *nt* ❶ (*Uhrarmband*) [watch] strap ❷ (*Schmuckarmband*) bracelet

Armbanduhr *f* [wrist-]watch

Armee <-, -n> [arˈmeː] *f* army

Ärmel <-s, -> [ˈɛrml̩] *m* sleeve

Ärmelkanal *m* **der** ~ the [English] Channel

ärmlich [ˈɛrmlɪç] **I.** *adj* ❶ (*arm*) poor; (*Kleidung*) shabby ❷ (*dürftig*) meagre **II.** *adv* poorly

armselig *adj* ❶ (*ärmlich*) shabby ❷ (*dürftig*) miserable

Armut <-> [ˈarmuːt] *f kein pl* poverty; **geistige** ~ intellectual poverty

Aroma <-s, Aromen> [aˈroːma] *nt* ❶ (*Geruch*) aroma ❷ (*Geschmack*) flavour

aromatisch [aro'ma:tɪʃ] *adj* ❶ aromatic ❷ (*wohlschmeckend*) flavoursome BRIT, flavorful AM

Arrest <-[e]s, -s> [a'rɛst] *m* detention

arrogant [aro'gant] **I.** *adj* arrogant **II.** *adv* arrogantly

Arroganz <-> [aro'gants] *f kein pl* arrogance

Arsch <-[e]s, Ärsche> [arʃ] *m* (*derb*) ❶ arse BRIT, ass AM ❷ (*blöder Kerl*) [stupid] bastard ▶ **am ~ der Welt** (*sl*) out in the sticks; **jdm in den ~ kriechen** to kiss *sl* sb's arse [*or* AM ass]; **leck mich am ~!** (*verpiss dich*) fuck off!; (*verdammt noch mal*) fuck it! *fam*

Arschkriecher(in) *m(f)* (*pej sl*) arse-licker BRIT, ass-kisser AM **Arschloch** *nt* (*vulg*) arsehole BRIT, asshole AM

Art <-, -en> [a:ɐ̯t] *f* ❶ (*Sorte*) kind ❷ (*Methode*) way; **auf diese ~ und Weise** [in] this way; **nach ~ des Hauses** à la maison ❸ (*Wesens~*) nature ❹ BIOL species

Arterie <-, -n> [ar'te:ri̯ə] *f* artery

Arterienverkalkung *f*, **Arteriosklerose** <-, -n> [arteri̯oskle'ro:zə] *f* hardening of the arteries

artig ['a:ɐ̯tɪç] *adj* well-behaved

Artikel <-s, -> [ar'ti:kl̩, ar'tɪkl̩] *m* ❶ (*Zeitungs~*) article ❷ (*Ware*) item ❸ LING article

Artischocke <-, -n> [arti'ʃɔkə] *f* artichoke

Artist(in) <-en, -en> [ar'tɪst] *m(f)* performer

Arznei <-, -en> [a:ɐ̯ts'nai] *f* medicine

Arzt, Ärztin <-es, Ärzte> [a:ɐ̯tst, 'ɛ:ɐ̯tstɪn] *m, f* doctor; **~ für Allgemeinmedizin** general practitioner, GP; **behandelnder ~** personal doctor

Arzthelfer(in) *m(f)* [doctor's] receptionist

Ärztin <-, -nen> ['ɛ:ɐ̯tstɪn] *f fem form von* **Arzt**

Asche <-, -n> ['aʃə] *f* ash

Aschenbecher *m* ashtray

Aschermittwoch [aʃɐ'mɪtvɔx] *m* Ash Wednesday

Asiate, Asiatin <-n, -n> [a'zi̯a:tə, a'zi̯a:tɪn] *m, f* Asian

asiatisch [a'zi̯a:tɪʃ] *adj* Asian

Asien <-s> ['a:zi̯ən] *nt* Asia

asozial ['azotsi̯a:l] **I.** *adj* antisocial **II.** *adv* antisocially

Asphalt <-[e]s, -e> [as'falt] *m* asphalt *no pl*

Ass <-es, -e> [as] *nt* ace

Assistent(in) <-en, -en> [asɪs'tɛnt] *m(f)* assistant

Ast <-[e]s, Äste> [ast] *m* branch

Ästhetik <-> [ɛs'te:tɪk] *f kein pl* aesthetics *pl*

ästhetisch [ɛs'te:tɪʃ] *adj* (*geh*) aesthetic

Asthma <-s> ['astma] *nt kein pl* asthma

asthmatisch [ast'ma:tɪʃ] *adj* asthmatic

Astrologe, Astrologin <-n, -n> [astro'lo:gə, -'lo:gɪn] *m, f* astrologer

Astrologie <-> [astrolo'gi:] *f kein pl* astrology

astrologisch [astro'lo:gɪʃ] *adj* astrological

Astronom(in) <-en, -en> [astro'no:m] *m(f)* astronomer

Astronomie <-> [astrono'mi:] *f kein pl* astronomy

astronomisch [astro'no:mɪʃ] *adj* astronomical

Asyl <-s, -e> [a'zy:l] *nt* asylum; **um ~ bitten** to apply for asylum; **jdm ~ gewähren** to grant sb asylum

Asylbewerber(in) applicant for [political] asylum

Asylbehörde *f* asylum authority

Atelier <-s, -s> [atə'li̯e:] *nt* studio

Atem <-s> ['a:təm] *m kein pl* breath; **den ~ anhalten** to hold one's breath; **~ holen** to take a breath; **nach ~ ringen** to be gasping for breath; **außer ~** out of breath

Atemgerät *nt* respirator; (*für Taucher*) breathing apparatus

atemlos I. *adj* breathless **II.** *adv* breathlessly

Atemnot *f* shortness of breath

Atheismus <-> [ate'ɪsmʊs] *m* atheism

Atheist(in) <-en, -en> [ate'ɪst] *m(f)* atheist

atheistisch *adj* atheist

Äther <-s> ['ɛ:tɐ] *m kein pl* ether

Athlet(in) <-en, -en> [at'le:t] *m(f)* athlete

athletisch [at'le:tɪʃ] *adj* athletic

Atlantik <-s> [at'lantɪk] *m* Atlantic

atlantisch [at'lantɪʃ] *adj* Atlantic

Atlas <-, Atlanten> ['atlas] *m* atlas

atmen ['a:tmən] *vi, vt* to breathe

Atmosphäre <-, -n> [atmo'sfɛ:rə] *f* atmosphere

atmosphärisch [atmo'sfɛ:rɪʃ] *adj* atmospheric

Atmung <-> *f kein pl* breathing

Atom <-s, -e> [a'to:m] *nt* atom

atomar [ato'ma:ɐ̯] *adj* nuclear; **~ angetrieben sein** to be nuclear-powered

Atombombe *f* nuclear bomb **Atomenergie** *f* nuclear energy **Atomkern** *m* nucleus **Atomkraftwerk** *nt* nuclear power station **Atomreaktor** *m* nuclear reactor

Attentat <-[e]s, -e> ['atn̩ta:t] *nt* an attempt on sb's life; (*mit tödlichem Ausgang*) assassination; **ein ~ auf jdn verüben** to make an attempt on sb's life; (*mit tödlichem Ausgang*) to assassinate sb

Attentäter(in) ['atn̩tɛ:tɐ] *m(f)* assassin

Attest <-[e]s, -e> [a'tɛst] *nt* certificate ; **jdm ein ~ über etw** *akk* **ausstellen** to certify sth for sb

Attrappe <-, -n> [a'trapə] *f* dummy

ätzend *adj* ❶ corrosive ❷ *Geruch* pungent

Aubergine <-, -n> [obɛr'ʒi:nə] *f* aubergine BRIT, egg-plant AM

auch [aux] *adv* ❶ (*ebenfalls*) too, also; **ich habe Hunger, du ~?** I'm hungry, you too?; **... ~ nicht!** not ... either, ... neither, nor ...; **ich gehe nicht mit! — Ich ~ nicht!** I'm not coming! — Nor am I!; **wenn du nicht hingehst, gehe ich ~ nicht** if you don't go, I won't either ❷ (*sogar*) even; **~ wenn** even if; **so schnell sie ~ laufen mag** however fast she may run ...; **wie dem ~ sei** whatever ❸ (*verstärkend*) **so was Ärgerliches aber ~!** that's really too annoying!

auf [auf] **I.** *präp* ❶ on, upon *form;* **~ dem Stuhl** on the chair ❷ (*in Richtung*) on, onto; **sie fiel ~ den Rücken** she fell on[to] her back ❸ (*zur*) to; **er muss ~ die Post** he has to go to the post office ❹ (*bei*) **sein Geld ist ~ der Bank** his money is in the bank; **er arbeitet ~ dem Finanzamt** he works at the tax office ❺ (*beschränkend*) to; **~ den Millimeter genau** exact to a millimetre **II.** *adv* ❶ (*fam: geöffnet*) open ❷ (*fam: nicht mehr im Bett*) **~ sein** to be up ► **~ und ab** up and down; **~ und davon** (*fort*) up and away **III.** *interj* (*los!*) **~!** let's go! **IV.** *konj* (*geh: Wunsch*) **~ dass ...** that ...

Aufbau *m kein pl* ❶ (*Zusammenbau*) assembling ❷ (*Schaffung*) building; *eines sozialen Netzes* creation ❸ (*Struktur*) structure

auf|bauen **I.** *vt* ❶ TECH to assemble ❷ (*schaffen*) *Existenz, Organisation* to build up *sep* **II.** *vi* (*basieren*) to be based (**auf** on)

auf|bewahren* *vt* to keep

Aufbewahrung <-, -en> *f* [safe]keeping

auf|blasen *irreg* **I.** *vt* to inflate **II.** *vr* **sich ~** (*pej*) to puff oneself up; **aufgeblasen [sein]** [to be] puffed-up

auf|bleiben *vi irreg sein* ❶ (*nicht schlafen*) to stay up ❷ (*offen bleiben*) to stay open

auf|blühen *vi sein* to bloom

auf|brechen *irreg* **I.** *vt haben* to break open *sep;* **ein Auto ~** to break into a car **II.** *vi sein* ❶ (*aufplatzen*) to break up ❷ (*starten*) to start off

auf|decken *vt* to uncover
auf|drehen *vt* ❶ (*öffnen*) to turn on *sep; Schraubverschluss* to unscrew ❷ (*fam*) *Radio, Heizung* to turn up *sep* ❸ (*fam*) **aufgedreht sein** to be full of go
aufdringlich *adj* ❶ obtrusive; **~ werden** to become obtrusive ❷ *Geruch* pungent
aufeinander [aufʔaiˈnandɐ] *adv* ❶ (*gegeneinander*) **~ losgehen** to hit away at each other ❷ (*wechselseitig*) **~ angewiesen sein** to be dependent on each other; **~ zugehen** to approach each other
aufeinander|folgen *vi* to follow each other; **dicht ~** to come thick and fast **aufeinanderfolgend** *adj* successive **aufeinander|stapeln** *vt* to pile on top of each other **aufeinander|stoßen** *vi* to clash
Aufenthalt <-[e]s, -e> [ˈaufʔɛnthalt] *m* ❶ stay ❷ BAHN stop[over]; **wie lange haben wir in Köln ~?** how long do we stop [for] in Cologne?
Aufenthaltsgenehmigung *f* JUR residence permit **Aufenthaltsraum** *m* day room
Auferstehung <-, -en> *f* resurrection
Auffahrt *f* ❶ (*Autobahn~*) slip road BRIT, entrance ramp AM ❷ SCHWEIZ *s.* **Himmelfahrt**
Auffahrunfall *m* rear-end collision
auffallend I. *adj* conspicuous; **~e Ähnlichkeit** striking likeness II. *adv* strangely
auffällig I. *adj* conspicuous; **an jdm ~ sein** to be noticeable about sb II. *adv* conspicuously
auf|fordern *vt* **jdn ~, etw zu tun** to ask sb to do sth; **wir fordern Sie auf, ...** you are requested ...
auf|frischen *vt haben: Beziehung* to renew; *Erinnerung* to refresh; **sein Französisch ~** to brush up one's French *sep*
auf|führen I. *vt* ❶ THEAT to perform ❷ (*auflisten*) to list; *Beispiele, Zeugen* to cite II. *vr* (*sich benehmen*) to behave; **sich ~, als ob ...** to act as if ...
Aufführung *f* THEAT performance
auf|füllen *vt, vi* (*nachfüllen*) to top up *sep*
Aufgabe <-, -n> *f* ❶ task ❷ *meist pl* SCH exercise; (*zu Hause zu erledigen*) homework *no pl* ❸ (*Kapitulation*) surrender
auf|geben *irreg* I. *vt* ❶ *Aufgabe* to give ❷ *Gepäck* to register; LUFT to check in ❸ *Gewohnheit* to give up *sep; Stellung* to resign ❹ (*verloren geben*) **jdn ~** to give up with sb ❺ (*vorzeitig beenden*) abandon II. *vi* (*sich geschlagen geben*) to give up
auf|gehen *vi irreg sein* ❶ *Mond, Sonne* to rise ❷ (*sich öffnen*) to open; *Knoten* to come undone ❸ *Teig* to rise
aufgeregt I. *adj* excited II. *adv* excitedly
aufgrund [aufˈgrʊnt] *präp +gen* owing to
auf|halten *irreg* I. *vt* ❶ (*zurückhalten*) to hold up *sep* ❷ (*offen hinhalten*) **die Hand ~** to hold out one's hand *sep* II. *vr* (*verweilen*) **sich ~** to stay; **sich bei etw** *dat* **~** to dwell on sth
auf|hängen I. *vt* ❶ to hang up; **die Wäsche ~** to hang out the washing ❷ (*erhängen*) to hang II. *vr* **sich ~** to hang oneself (**an** from)
Aufhänger <-s, -> *m* (*Anknüpfungspunkt*) peg
auf|heben *irreg* I. *vt* ❶ (*vom Boden*) to pick up *sep* ❷ (*aufbewahren*) to keep ❸ (*widerrufen*) to abolish II. *vr* **sich [gegenseitig] ~** to offset each other
auf|heitern *vt* to cheer up *sep*
auf|hellen *vr* **sich ~** to brighten [up]
auf|hetzen *vt* (*pej*) to incite (**gegen** against)
auf|holen I. *vt Zeit* to make up *sep* II. *vi* to catch up
auf|hören *vi* to stop; **hör endlich auf!**

A

[will you] stop it!; **~, etw zu tun** to stop doing sth

auf|hübschen ['aufhʏpʃn̩] *vt* (*iron fam*) **jdn/etw ~** to make sb/sth look good

auf|klären I. *vt* ❶ *Missverständnis* to clear up *sep; Verbrechen* to solve ❷ (*informieren*) to inform (**über** about) ❸ (*sexuell*) to explain the facts of life **II.** *vr* **sich ~** ❶ to resolve itself ❷ *Wetter* to brighten [up]

Aufkleber *m* sticker

auf|laden *irreg vt* ❶ to load (**auf** on[to]) ❷ (*fig*) **jdm etw ~** to burden sb with sth ❸ ELEK to charge

Auflage <-, -n> *f* ❶ (*von Buch*) edition; (*Auflagenhöhe*) number of copies ❷ (*Polster*) pad

Auflauf *m* ❶ KOCHK *savoury or sweet dish baked in the oven* ❷ (*Menschen~*) crowd

auf|laufen *vi irreg sein* ❶ FIN **aufgelaufene Zinsen** accrued interest ❷ **jdn ~ lassen** (*fam*) to drop sb in it

auf|legen *vt* ❶ VERLAG to publish ❷ **den Hörer ~** to hang up ❸ **Holz/Kohle ~** to put on more wood/coal *sep*

auf|lehnen *vr* to revolt (**gegen** against)

auf|lösen I. *vt* ❶ (*in Flüssigkeit*) to dissolve ❷ *Gruppe* to disband ❸ *Konto* to close **II.** *vr* **sich ~** ❶ (*in Flüssigkeit*) to dissolve ❷ *Gruppe* to break up *sep* ❸ **sich [in nichts/Luft] ~** to disappear [into thin air]

Auflösung *f* ❶ *einer Gruppe* disbanding ❷ FOTO resolution

aufmerksam I. *adj* attentive; **[auf jdn/etw] ~ werden** to take notice [of sb/sth]; **jdn auf etw** *akk* **~ machen** to draw sb's attention to sth; **[das ist] sehr ~ [von Ihnen]!** [that's] most kind [of you] **II.** *adv* attentively

Aufmerksamkeit <-> *f kein pl* ❶ attention ❷ (*Zuvorkommenheit*) attentiveness

auf|muntern *vt* ❶ (*beleben*) to liven up *sep* ❷ (*Mut machen*) to encourage

Aufnahme <-, -n> *f* ❶ photo[graph]; (*Tonband*) [tape-]recording; **von jdm/etw eine ~ machen** to take a photo of sb/sth; (*Tonband*) to record sb/sth [on tape] ❷ (*in eine Gruppe*) admission

Aufnahmeprüfung *f* entrance examination

auf|nehmen *vt irreg* ❶ to photograph; (*auf Film*) to film; (*auf Tonband*) to record ❷ (*unterbringen*) **jdn [bei sich** *dat*] **~** to take in sb *sep* ❸ (*in eine Gruppe*) to admit

auf|passen *vi* ❶ (*aufmerksam sein*) to pay attention ❷ (*beaufsichtigen*) to keep an eye (**auf** on)

auf|poppen ['aufpɔpn̩] *vi* INFORM *Fenster* to pop up

Aufprall <-[e]s, -e> *m* impact

auf|prallen *vi sein* [**auf etw** *akk o dat*] **~** to hit sth

Aufpreis *m* extra charge; **gegen ~** for an extra charge

auf|pumpen *vt* to pump up *sep;* **aufgepumpt** inflated

Aufputschmittel *nt* stimulant

auf|räumen I. *vt Platz* to clear [up] *sep; Sachen* to clear away *sep;* **aufgeräumt sein** to be [neat and] tidy **II.** *vi* to tidy up

aufrecht ['aufrɛçt] *adj, adv* upright

aufrecht|erhalten* ['aufrɛçtʔɛɐ̯haltn̩] *vt irreg* to maintain

auf|regen I. *vt* (*verärgern*) to annoy; (*nervös machen*) to make nervous; **reg mich nicht auf!** stop getting on my nerves! **II.** *vr* **sich [über jdn/etw] ~** to get worked up [about sb/sth]; **reg dich nicht so auf!** don't get [yourself] so worked up!

Aufregung *f* ❶ (*aufgeregte Erwartung*) excitement *no pl* ❷ (*Beunruhigung*) agitation *no pl;* **nur keine ~!** don't get flustered; **jdn in ~ versetzen** to get sb into a state

auf|reißen *irreg* **I.** *vt haben* ❶ (*durch Reißen öffnen*) to tear open *sep* ❷ *Augen, Mund* to open wide ❸ (*sl:*

aufgabeln) to pick up *sep* **II.** *vi sein: Naht* to split

auf|richten **I.** *vt* ❶ (*in aufrechte Lage bringen*) to put upright ❷ (*ermutigen*) **jdn [wieder] ~** to put new heart into sb **II.** *vr* **sich ~** to straighten up

aufrichtig **I.** *adj* honest; *Gefühl* sincere **II.** *adv* sincerely

Aufrichtigkeit <-> *f kein pl* sincerity

auf|runden *vt* to round up *sep* (**auf** to)

auf|rütteln *vt* to rouse (**aus** from)

aufsässig ['aufzɛsɪç] *adj* rebellious

Aufsatz *m* essay

auf|schieben *vt irreg* to postpone (**auf** until)

Aufschlag *m* ❶ SPORT service *no pl;* **~ haben** to be serving ❷ (*Aufpreis*) extra charge

auf|schlagen *irreg* **I.** *vi* ❶ *sein* (*auftreffen*) to strike; **mit dem Kopf [auf etw** *akk o dat*] **~** to hit one's head [on sth] ❷ *haben* SPORT to serve **II.** *vt haben* ❶ *Buch* to open ❷ *Lager, Zelt* to pitch ❸ (*verteuern*) to raise (**um** by)

auf|schließen *irreg vt* to unlock

auf|schneiden *irreg vt* ❶ (*in Scheiben*) to slice ❷ (*auseinanderschneiden*) to cut open *sep*

Aufschnitt *m kein pl* assorted sliced cold meats *pl,* cold cuts *pl* AM

auf|schreiben *vt irreg* to write down *sep*

Aufschub *m* delay

Aufschwung *m* upswing

auf|setzen **I.** *vt* ❶ *Hut, Topf* to put on *sep* ❷ (*auf den Boden*) to put down *sep* **II.** *vr* **sich ~** to sit up

Aufsicht <-, -en> *f* ❶ *kein pl* (*Überwachung*) supervision (**über** of) ❷ (*Aufsichtsperson*) person in charge; (*bei einer Prüfung*) invigilator BRIT, proctor AM

Aufsichtsrat *m* supervisory board

auf|stacheln *vt* **jdn gegen jdn ~** to turn sb against sb

Aufstand *m* rebellion; **einen ~ niederschlagen** to quell a rebellion

auf|stehen *vi irreg sein* ❶ to stand up (**von** from) ❷ (*aus dem Bett*) to get up

auf|stellen **I.** *vt* ❶ (*aufbauen*) to put up *sep; Maschine* to install ❷ (*ausarbeiten*) to draw up *sep; Theorie* to elaborate ❸ **jdn [als/für etw** *akk*]**~** to nominate sb [sth/for sth] ❹ *Mannschaft* to organize **II.** *vr* **sich ~** to stand; **sich hintereinander ~** to line up

Aufstieg <-[e]s, -e> ['aufʃtiːk] *m* ❶ (*Verbesserung*) rise; **sozialer ~** social advancement ❷ (*zum Gipfel*) climb (**auf** up) ❸ SPORT promotion (**in** to)

auf|tauchen *vi sein* ❶ (*aus dem Wasser*) to surface ❷ (*zum Vorschein kommen*) to turn up ❸ (*plötzlich da sein*) to suddenly appear ❹ (*sichtbar werden*) to appear (**aus** out of)

auf|teilen *vt* ❶ to divide [up *sep*] (**in** into) ❷ to share out *sep* (**unter** between)

Auftrag <-[e]s, Aufträge> ['auftraːk] *m* ❶ (*Beauftragung*) contract; (*an Freiberufler*) commission ❷ (*Anweisung*) orders *pl;* **jdm den ~ geben, etw zu tun** to instruct sb to do sth; **im ~** by order; **in jds ~** on sb's instructions ❸ *kein pl* (*Mission*) mission

Auftraggeber(in) *m(f)* client

auf|wachen *vi sein* to wake [up]

auf|wachsen *vi irreg sein* to grow up

Aufwand <-[e]s> ['aufvant] *m kein pl* ❶ (*Einsatz*) expenditure; **der ~ war umsonst** it was a waste of energy/money/time ❷ (*Luxus*) extravagance

aufwändig **I.** *adj* lavish **II.** *adv* lavishly

auf|wärmen **I.** *vt* ❶ to heat up *sep* ❷ (*fam*) *Thema* to drag up *sep* **II.** *vr* **sich ~** ❶ to warm oneself [up] ❷ SPORT to warm up

aufwärts ['aufvɛrts] *adv* up, upward[s]; **den Rhein ~** up the Rhine

aufwärts|gehen *vi irreg* **es geht [mit jdm/etw] aufwärts** things are looking up [for sb/sth]

auf|wecken *vt* to wake [up *sep*]

auf|wenden *vt irreg o reg* ❶ (*einsetzen*)

A

to use ❷ (*ausgeben*) to spend

Aufwertung <-, -en> *f* FIN revaluation (**um** by)

auf|wiegeln ['aufvi:gl̩n] *vt* to stir up *sep;* **Leute gegeneinander ~** to set people at each other's throats

auf|wühlen *vt* ❶ to churn [up *sep*] ❷ **jdn [innerlich] ~** to stir up sb *sep;* **~d** stirring; **aufgewühlt** agitated

auf|zählen *vt* to list

auf|ziehen *irreg vt haben* ❶ (*durch Ziehen öffnen*) to open; *Vorhang* to draw back ❷ (*großziehen*) to raise ❸ (*fam: verspotten*) to tease (**mit** about)

Aufzug *m* lift BRIT, elevator AM; **~ fahren** to take the lift

Auge <-s, -n> ['augə] *nt* eye; **mit bloßem ~** with the naked eye; **gute/schlechte ~n [haben]** [to have] good/poor eyesight *sing*

Augenarzt, -ärztin *m, f* eye specialist

Augenblick ['augn̩blɪk] *m* moment; **im ersten ~** for a moment; **im letzten ~** at the [very] last moment; **~ mal!** just a minute!

augenblicklich ['augn̩blɪklɪç] **I.** *adj* ❶ (*sofortig*) immediate ❷ (*derzeitig*) present **II.** *adv* ❶ (*sofort*) immediately; (*herausfordernd*) at once ❷ (*zurzeit*) at present

Augenbraue *f* eyebrow; **die ~n hochziehen** to raise one's eyebrows **Augenlid** *nt* eyelid **Augentropfen** *pl* eye drops

August <-[e]s, -e> [au'gʊst] *m* August; *s.a.* **Februar**

Auktion <-, -en> [auk'tsi̯o:n] *f* auction

Aula <-, Aulen> ['aula] *f* hall

aus [aus] **I.** *präp* ❶ (*räumlich*) from; (*von innen heraus*) out of; **~ der Tür** out of the door; **Zigaretten ~ dem Automaten** cigarettes from a machine ❷ (*Ursache*) **~ Angst/Dummheit** out of fear/stupidity; **~ Unachtsamkeit** due to carelessness ❸ (*Herkunft*) from; **~ Stuttgart kommen** to be from Stuttgart; **~ dem 17. Jahrhundert stammen** to be [from the] 17th century; **~ dem Englischen** from [the] English ❹ (*hergestellt aus*) [made] of **II.** *adv pred* ❶ (*gelöscht*) out ❷ (*ausgeschaltet*) off ❸ (*zu Ende*) **~ sein** to have finished; *Krieg* to have ended; *Schule* to be out; **es ist ~ zwischen ihnen** it's over between them; **~ und vorbei sein** to be over and done with ❹ **auf jdn/etw ~ sein** to be after sb/sth

Aus <-> [aus] *nt kein pl* FBALL out of play; **ins ~ gehen** to go out of play

aus|bauen *vt* ❶ *Gebäude* to extend (**zu** into) ❷ (*herausmontieren*) to remove sth (**aus** from)

aus|bessern *vt* to mend

aus|beuten *vt* to exploit

Ausbeutung <-, -en> *f* exploitation *no pl*

aus|bilden *vt* ❶ to train; **jdn zum Arzt ~** to train sb to be a doctor; **ausgebildet** qualified ❷ (*entwickeln*) to develop

Ausbild(n)er(in) <-s, -> *m(f)* trainer

Ausbildung <-, en> *f* training *no pl, no indef art*

Ausbildungsplatz *m* place to train

Ausblick *m* view; **ein Zimmer mit ~ aufs Meer** a room overlooking the sea

aus|brechen *irreg vi sein* ❶ (*aus dem Gefängnis*) to escape (**aus** from) ❷ *Vulkan* to erupt ❸ *Feuer, Sturm* to break out ❹ (*plötzlich beginnen*) **in Gelächter/Tränen ~** to burst into laughter/tears

aus|breiten I. *vt* ❶ to spread [out *sep*] ❷ *einzelne Gegenstände* to lay out *sep* **II.** *vr* **sich ~** to spread [out]

Ausbruch *m* ❶ (*aus Gefängnis*) escape (**aus** from) ❷ (*Beginn*) outbreak ❸ (*Eruption*) eruption ❹ (*fam: emotional*) outburst

Ausdauer *f kein pl* ❶ (*Beharrlichkeit*) perseverance ❷ (*Durchhaltevermögen*) stamina

aus|dehnen I. *vt Besuch, Unterhaltung* to prolong; **ausgedehnt** extensive II. *vr* **sich ~** ❶ (*durch Wärme*) *Metall* to expand ❷ *Gewässer, Land* to extend (**bis zu** as far as/**über** over) ❸ *Besprechung, Sitzung* to go on; **sich endlos ~** to go on forever

Ausdruck[1] <-drücke> *m* expression; **etw zum ~ bringen** to express sth

Ausdruck[2] <-drucke> *m* [computer] print-out; **einen ~ [von etw *dat*] machen** to run off a copy *sep* [of sth]

aus|drucken *vt* to print [out *sep*]

aus|drücken I. *vt* ❶ (*bekunden*) to express ❷ (*formulieren*) to put into words; **anders ausgedrückt** in other words; **einfach ausgedrückt** put simply ❸ (*auspressen*) to squeeze II. *vr* **sich ~** to express oneself; **sich falsch ~** to use the wrong word

ausdruckslos *adj* inexpressive; *Gesicht* expressionless

ausdrucksvoll *adj* expressive

Ausdrucksweise *f* mode of expression

auseinander [ausʔai'nandɐ] *adv* apart

auseinander|brechen *vt* to break in two **auseinander|fallen** *vi* to fall apart **auseinander|gehen** *vi Menschen* to part; *Beziehung* to end; *Meinungen* to differ **auseinander|halten** *vt* **zwei Dinge ~** to distinguish between two things **auseinander|leben** *vr* **sich ~** to drift apart **auseinander|setzen** *vr* **sich mit etw** *dat* **~** to tackle sth

Ausfahrt *f* exit; (*Autobahnausfahrt*) slip road BRIT, exit [ramp] AM

aus|fallen *vi irreg sein* ❶ (*nicht stattfinden*) to be cancelled; **etw ~ lassen** to cancel sth ❷ (*nicht funktionieren*) to fail

ausfallend, ausfällig I. *adj* abusive II. *adv* **sich ~ ausdrücken** to use abusive language

aus|flippen ['ausflɪpn̩] *vi sein* (*fam*) ❶ (*wütend werden*) to freak out ❷ (*vor Freude*) to jump for joy ❸ (*überschnappen*) to lose it [completely]; **ausgeflippt** freaky

Ausflug *m* outing; **einen ~ machen** to go on an outing

Ausfluss <-es, Ausflüsse> *m* (*~stelle*) outlet

Ausfuhr <-> *f kein pl* export

aus|führen *vt* ❶ (*spazieren gehen mit*) to take out *sep* ❷ (*exportieren*) to export (**in** to)

ausführlich ['ausfy:ɐ̯lɪç, aus'fy:ɐ̯lɪç] I. *adj* detailed II. *adv* [**sehr**] ~ in [great] detail; **~er** in more detail

aus|füllen *vt* ❶ *Formular* to fill in *sep* ❷ (*befriedigen*) to satisfy ❸ (*voll füllen*) to fill (**mit** with)

Ausgabe *f* ❶ *kein pl* (*das Austeilen*) distribution ❷ *von Buch* edition; *von Zeitschrift a.* issue; **alte ~n** back issues ❸ *pl* (*Kosten*) expenses

Ausgang *m* exit (*+gen* from)

aus|geben *vt irreg* ❶ (*aufwenden*) to spend (**für** on) ❷ (*austeilen*) to distribute (**an** to) ❸ (*fam: spendieren*) [**jdm**] **etw ~** to treat sb to sth; **eine Runde ~** to buy a round; [**jdm**] **einen ~** (*fam*) to buy sb a drink ❹ **sich als jd/etw ~** to pass oneself off as sb/sth

ausgebucht *adj* booked up

ausgefallen *adj* unusual

ausgeglichen *adj* equable

aus|gehen *vi irreg sein* ❶ (*aus dem Haus*) to go out ❷ *Feuer* to go out ❸ *Haare* to fall out ❹ **etw geht von jdm/etw aus** sb/sth radiates sth ❺ (*enden*) to end; **gut/schlecht ~** to turn out well/badly ❻ (*annehmen*) **davon ~, dass ...** to start out from the fact that ... ❼ (*zu Grunde legen*) **von etw** *dat* **~** to take sth as a basis

ausgeschnitten *adj Bluse* low-cut

ausgestorben *adj* ❶ extinct ❷ [**wie**] **~ sein** to be deserted

ausgewogen *adj* balanced

ausgezeichnet ['ausgətsaiçnət, 'ausgə'tsaiçnət] I. *adj* excellent II. *adv* ex-

A

tremely well; **mir geht es ~** I'm feeling just great

ausgiebig ['ausgi:bɪç] **I.** *adj* extensive; *Mahlzeit* substantial **II.** *adv* extensively; **~ schlafen** to have a good [long] sleep

aus\|gießen *vt irreg* (*entleeren*) to empty; (*weggießen*) to pour away *sep*

aus\|gleichen *irreg* **I.** *vt* ❶ to balance (**durch** with) ❷ (*wettmachen*) to compensate for **II.** *vr* **sich** [**durch etw** *akk*] **~** to balance out [as a result of sth]

Ausgleichssport *m* keep-fit activities

aus\|graben *vt irreg* to dig up *sep*

Ausgrabung *f* ❶ *kein pl* (*das Ausgraben*) digging up; *einer Leiche* exhumation ❷ (*Grabungsarbeiten*) excavation[s *pl*]

Ausguss <-es, Ausgüsse> *m* (*Spüle*) sink

aus\|halten *irreg* **I.** *vt* ❶ (*ertragen können*) to bear; **die Kälte ~** to endure the cold; **es ist nicht** [**länger**] **auszuhalten** it's [getting] unbearable; **es lässt sich** [**mit jdm**] **~** it's bearable [being with sb] ❷ (*standhalten*) to be resistant to; **viel ~** to take a lot; **den Druck ~** to [with]stand the pressure ❸ (*fam: Unterhalt leisten*) **jdn ~** to keep sb **II.** *vi* to hold out

Aushang *m* notice

Aushilfe *f* temporary worker; [**bei jdm**] **zur ~ arbeiten** to temp [for sb] *fam*

aus\|kennen *vr irreg* ❶ **sich** [**irgendwo**] **~** to know one's way around [somewhere] ❷ **sich** [**in etw** *dat*] **~** to know a lot [about sth]

aus\|kommen *vi irreg sein* ❶ (*genug haben*) **mit etw** *dat* **~** to get by on sth; **ohne jdn/etw ~** to manage without sb/sth ❷ (*sich verstehen*) **mit jdm** [**gut**] **~** to get on well with sb ❸ ÖSTERR (*entkommen*) to escape

Auskunft <-, Auskünfte> ['auskʊnft] *f* ❶ information *no pl, no indef art* (**über** about); **eine ~** a bit of information; **nähere ~** more information; **Auskünfte** [**über jdn/etw**] [**bei jdm**] **einholen** to make [some] enquiries [to sb] [about sb/sth]; **jdm eine ~ geben** to give sb some information ❷ (*Auskunftsstelle*) information office; (*Telefon~*) directory enquiries BRIT, the operator AM

aus\|lachen *vt* to laugh at

Ausland <-[e]s> ['auslant] *nt kein pl* [**das**] **~** foreign countries *pl;* **aus dem ~** from abroad; **im/ins ~** abroad

Ausländer(in) <-s, -> ['auslɛndɐ] *m(f)* foreigner; JUR alien

ausländerfeindlich *adj* racist

ausländisch ['auslɛndɪʃ] *adj attr* foreign

Auslandsaufenthalt *m* stay abroad **Auslandseinsatz** *m* MIL deployment [of troops] abroad **Auslandsgespräch** *nt* international call **Auslandsreise** *f* trip abroad

aus\|lassen *irreg* **I.** *vt* ❶ (*weglassen*) to omit; (*überspringen*) to skip ❷ (*abreagieren*) **etw an jdm ~** to vent sth on sb ❸ (*fam: ausgeschaltet lassen*) to keep switched off ❹ ÖSTERR (*loslassen*) to let go of **II.** *vr* (*pej*) **sich über jdn/etw ~** to go on about sb/sth **III.** *vi* ÖSTERR to let go

aus\|laufen *irreg vi sein* ❶ (*ausströmen*) *Wasser* to leak out ❷ (*undicht sein*) *Fass* to leak ❸ (*losfahren*) *Schiff* to set sail (**nach** for) ❹ (*enden*) to end; *Vertrag* to expire

Ausläufer *m* ❶ *eines Hochs* ridge; *eines Tiefs* trough ❷ *meist pl* (*Vorberge*) foothills *pl*

aus\|leeren *vt* (*ausgießen*) to empty [out *sep*]; (*ausladen*) to dump

aus\|leihen *irreg vt* ❶ [**jdm**] **etw ~** to lend [sb] sth ❷ **sich** *dat* **etw ~** to borrow sth

Auslese <-, -n> *f* ❶ (*Wein*) superior wine (*made from selected grapes*) ❷ BIOL **die natürliche ~** natural selection

aus\|liefern *vt* ❶ *Waren* to deliver (**an** to) ❷ (*übergeben*) to hand over *sep* [**an**

to) ❸ (*hilflos sein*) **jdm/etw ausgeliefert sein** to be at sb's mercy

aus|löschen *vt* to extinguish; *Erinnerung* to obliterate

aus|losen I. *vt* to draw **II.** *vi* to draw lots

Auslöser <-s, -> *m* ❶ FOTO [shutter] release ❷ (*fam: Anlass*) trigger

Auslosung *f* draw

aus|machen *vt* ❶ (*Kerze*) to extinguish; *Gerät* to turn off *sep; Motor* to switch off *sep* ❷ (*vereinbaren*) to agree [up] on; **ausgemacht** agreed ❸ (*betragen*) to amount to ❹ (*bewirken*) **nichts ~** to not make any difference; **viel ~** to make a big difference ❺ (*bedeuten*) **es macht jdm nichts/viel aus, etw zu tun** sb doesn't mind doing sth/it matters a great deal to sb to do sth; **macht es Ihnen etwas aus, wenn ...?** do you mind if ...?

Ausmaß *nt* ❶ (*Fläche*) area; **das ~ von etw** *dat* **haben** to cover the area of sth ❷ (*Größe*) size; **die ~e** the dimensions ❸ (*Umfang*) extent *no pl*

Ausnahme <-, -n> ['ausna:mə] *f* exception ▶ **~n bestätigen die <u>Regel</u>** (*prov*) the exception proves the rule

ausnahmsweise *adv* as a special exception; **heute ging er ~ eine Stunde früher** today he left an hour earlier [for a change]

aus|nutzen *vt* ❶ (*ausbeuten*) to exploit ❷ (*voll nutzen*) to make the most of sth; **jds Leichtgläubigkeit ~** to take advantage of sb's gullibility

aus|packen *vt* to unpack; *Geschenk* to unwrap

aus|probieren* **I.** *vt* to try [out *sep*] **II.** *vi* **~, ob/wie ...** to see whether/how ...

Auspuff <-[e]s, -e> *m* exhaust [pipe]

Auspuffrohr *nt* exhaust [pipe] **Auspufftopf** *m* silencer BRIT, muffler AM

aus|rauben *vt* to rob

aus|räumen *vt Möbel* to move out *sep; Raum* to clear out *sep; Zweifel* to dispel

aus|rechnen *vt* to calculate

Ausrede *f* excuse; **eine faule ~** a feeble excuse

aus|reichen *vi* to be sufficient (**für** for); **es muss für uns alle ~** it will have to do for us all

aus|reisen *vi sein* to leave the country

Ausreisevisum *nt* exit visa

aus|reißen *irreg* **I.** *vt haben* to pull out *sep; Haare* to tear out *sep* **II.** *vi sein* (*fam: davonlaufen*) to run away

aus|renken *vt* to dislocate

aus|rotten *vt* to exterminate

Ausrufezeichen *nt* exclamation mark [*or* AM point]

aus|ruhen *vi, vr* to [take a] rest; **ausgeruht [sein]** [to be] well rested

Ausrüstung <-> *f kein pl* ❶ (*das Ausrüsten*) equipping ❷ (*Ausrüstungsgegenstände*) equipment

aus|rutschen *vi sein* to slip (**auf** on); **mir ist die Hand ausgerutscht** my hand slipped

Aussage *f* ❶ statement; (*Zeugen~*) evidence *no pl;* **die ~ verweigern** to refuse to make a statement ❷ (*Inhalt*) message

aus|sagen I. *vt* **etw [über jdn/etw] ~** (*darstellen*) to say sth [about sb/sth] **II.** *vi Zeuge* to testify (**vor** before); *Angeklagter* to make a statement; **für/gegen jdn ~** to give evidence in sb's favour/against sb

aus|schalten *vt* ❶ ELEK to turn off *sep* ❷ (*fig*) to eliminate

aus|scheiden *irreg* **I.** *vi sein* ❶ (*aus dem Dienst*) to retire (**aus** from); *aus Verein* to leave ❷ SPORT to drop out (**aus** of) ❸ (*nicht in Betracht kommen*) to be ruled out **II.** *vt haben* MED to excrete; *Organ* to secrete

aus|schlafen *irreg vi, vr* [**sich**] ~ to have a good [night's] sleep

Ausschlag *m* ❶ MED rash ❷ [**bei etw** *dat*] **den ~ geben** (*fig*) to be the decisive factor [for/in sth]

A

aus|schließen *vt irreg* to exclude (**aus** from); *Mitglied* to expel

ausschließlich ['ausʃliːslɪç] **I.** *adj attr* exclusive **II.** *adv* exclusively **III.** *präp* excluding

Ausschluss <-es, Auschlüsse> *m* exclusion; *von Mitglied* expulsion

aus|schneiden *vt irreg* to cut out *sep* (**aus** of)

Ausschnitt *m* ❶ (*Zeitungs~*) clipping ❷ *von Kleid* neckline; **ein tiefer ~** a low neckline ❸ (*Teil*) part (**aus** of)

Ausschuss <-es, Ausschüsse> *m* ❶ committee ❷ *kein pl* (*fehlerhafte Produkte*) rejects *pl*

aus|schütten *vt* ❶ (*ausleeren*) to empty ❷ (*verschütten*) to spill ❸ *Gelder* to distribute

aus|sehen *vi irreg* to look; **~ wie ...** to look like ...; **wie sieht's aus?** (*fam*) how's things?; **es sieht gut/schlecht aus** things are looking good/not looking too good; **nach Regen ~** to look as if it is going to rain; **nach etwas/nichts aussehen** to look good/not look anything special

Aussehen <-s> *nt kein pl* appearance

außen ['ausn̩] *adv* on the outside; **nach ~** outwards; **von ~** from the outside; **nach ~ hin** outwardly

Außenhandel *m* foreign trade **Außenminister(in)** *m(f)* foreign minister **außenpolitisch** ['ausn̩poliːtɪʃ] **I.** *adj attr* foreign policy **II.** *adv* as regards foreign policy **Außenseiter(in)** <-s, -> *m(f)* outsider **Außenspiegel** *m* [out]side mirror **Außenstürmer(in)** *m(f)* wing

außer ['ausɐ] **I.** *präp +dat o gen* ❶ except; (*abgesehen von*) apart from ❷ (*zusätzlich zu*) in addition to ❸ (*nicht in*) out of; **~ Betrieb/Gefahr sein** to be out of order/danger ▸ **[über jdn/etw] ~ sich** *dat* **sein** to be beside oneself [about sb/sth] **II.** *konj* **~ dass ...** except that ...; **~ [wenn]** except [when]

außerdem ['ausɐdeːm] *adv* besides

äußere(r, s) ['ɔysərə, -rɐ, -rəs] *adj* ❶ (*außerhalb gelegen*) outer ❷ (*von außen wahrnehmbar*) exterior ❸ (*außenpolitisch*) external

Äußere(s) ['ɔysərə, -rəs] *nt dekl wie adj* outward appearance

außergewöhnlich ['ausɐgə'vøːnlɪç] **I.** *adj* unusual; *Leistung* extraordinary **II.** *adv* extremely

außerhalb ['ausɐhalp] **I.** *adv* outside; **~ stehen** to be on the outside; **von ~** from out of town **II.** *präp* outside

äußerlich ['ɔysɐlɪç] *adj* ❶ external ❷ (*oberflächlich*) superficial

äußern ['ɔysɐn] **I.** *vr* ❶ **sich [zu etw** *dat*] **~** to say something [about sth] ❷ (*in Erscheinung treten*) **sich [irgendwie] ~** to manifest itself [somehow] **II.** *vt* (*vorbringen*) to voice; *Wunsch* to express

außerordentlich ['ausɐ'ʔɔrdn̩tlɪç] **I.** *adj* extraordinary **II.** *adv* extraordinarily

äußerst ['ɔysɐst] *adv* extremely

äußerste(r, s) *adj* ❶ (*entfernteste*) outermost ❷ (*höchste*) utmost; **von ~r Wichtigkeit** of supreme importance

Äußerung <-, -en> *f* ❶ (*Bemerkung*) comment ❷ (*Ausdruck*) expression

aus|setzen *vt* ❶ (*im Stich lassen*) to abandon ❷ *Pflanzen* to plant out; *Tiere* to release ❸ (*preisgeben*) **jdn/etw etw** *dat* **~** to expose sb/sth to sth ❹ (*kritisieren*) **an etw** *dat* **etwas auszusetzen haben** to find fault with sth; **daran ist nichts auszusetzen** there's nothing wrong with that

Aussicht *f* ❶ (*Blick*) view; **die ~ auf etw** *akk* the view overlooking sth ❷ (*Chance*) prospect; **die ~ auf etw** *akk* the chance of sth; **keine ~en [auf etw** *akk*] **haben** to have no chance [of sth]; **etw in ~ haben** to have good prospects of sth; **jdm etw in ~ stellen** to promise sb sth

aussichtslos *adj* hopeless

Aussprache *f* ❶ (*von Worten*) pronunciation ❷ (*Unterredung*) talk
aus|sprechen *irreg* **I.** *vt* ❶ (*artikulieren*) to pronounce ❷ (*äußern*) to express **II.** *vr* ❶ **sich ~** to talk things over ❷ (*Stellung nehmen*) **sich für/gegen jdn/etw ~** to voice one's support for/opposition against sb/sth **III.** *vi* (*zu Ende reden*) to finish [speaking]
aus|statten ['ausʃtatn̩] *vt* to equip (**mit** with); *Haus, Zimmer* to furnish (**mit** with)
Ausstattung <-, -en> *f* ❶ *kein pl* (*Ausrüstung*) equipment; (*das Ausrüsten*) equipping ❷ (*Einrichtung*) furnishings *pl*
aus|steigen *vi irreg sein* ❶ to get off; **aus einem Auto ~** to get out of a car ❷ (*aufgeben*) to drop out (**aus** of); (*sich zurückziehen*) to withdraw (**aus** from)
Aussteiger(in) <-s, -> *m(f)* (*aus Beruf, Studium*) dropout *esp pej;* (*aus Terroristenkreisen*) deserter
Ausstellung *f* exhibition
aus|sterben *vi irreg sein* to die out
Ausstieg <-[e]s, -e> *m* ❶ (*Ausgang*) exit ❷ (*fig*) **der ~ aus etw** *dat* abandoning sth
aus|stoßen *vt irreg* ❶ to eject (**in** into); *Gase* to emit ❷ *Schrei* to give [out]; *Laute* to make ❸ (*aus einer Gruppe*) to expel (**aus** from)
Ausstrahlung *f* ❶ (*Charisma*) charisma; **eine besondere ~ haben** to have a special charisma ❷ (*Sendung*) broadcast[ing]
aus|strecken I. *vt* to extend (**nach** to); *Hände, Beine* to stretch out **II.** *vr* **sich ~** to stretch oneself out
aus|suchen *vt* to choose
Austausch *m* exchange; **im ~ gegen etw** *akk* in exchange for sth
austauschbar *adj* (*gegeneinander ~*) interchangeable; (*ersetzbar*) replaceable
aus|tauschen I. *vt* ❶ (*ersetzen*) to replace (**gegen** with) ❷ (*gegeneinander*) to exchange **II.** *vr* (*sich besprechen*) **sich** [**über jdn/etw**] **~** to exchange stories [about sb/sth]
aus|teilen *vt* to distribute (**an** to); *Essen* to serve; *Karten* to deal [out]
Auster <-, -n> ['austɐ] *f* oyster
Austernpilz *m* Chinese mushroom
aus|treten *vi irreg sein* ❶ (*herausdringen*) to come out (**aus** of) ❷ (*fam: zur Toilette gehen*) to go to the loo BRIT *fam* [*or* AM bathroom] ❸ (*ausscheiden*) to leave
aus|ufern ['ausʔu:fɐn] *vi sein* to escalate (**zu** into)
Ausverkauf *m* clearance sale
ausverkauft *adj* sold out
Auswahl *f* selection (**an** of); **die ~ haben** to have the choice; **eine ~** [**unter ...** *dat*] **treffen** to make one's choice [from ...]
aus|wählen *vt, vi* to choose (**unter** from)
Auswanderer, Auswanderin *m, f* emigrant
aus|wandern *vi sein* to emigrate (**nach** to)
auswärtig ['ausvɛrtɪç] *adj attr* ❶ (*nicht vom Ort*) from out of town ❷ POL foreign
auswärts ['ausvɛrts] *adv* (*außerhalb des Ortes*) out of town; **~ essen** to eat out
aus|wechseln *vt* to replace (**gegen** with); *Spieler* to substitute (**gegen** for)
Ausweg *m* way out (**aus** of); **der letzte ~** the last resort
aus|weichen *vi irreg sein* ❶ (*vermeiden*) **jdm/etw ~** to evade sb/sth; **~d** evasive ❷ (*zurückgreifen*) **auf etw** *akk* **~** to fall back on sth [as an alternative]
Ausweis <-es, -e> ['ausvais] *m* identity card
Ausweispapiere *pl* identity papers
aus|weiten I. *vt* ❶ (*weiter machen*) to stretch ❷ (*umfangreicher machen*) to expand **II.** *vr* **sich ~** ❶ (*weiter werden*) to stretch [out] ❷ (*sich ausdehnen*) to extend ❸ (*eskalieren*) **sich** [**zu etw** *dat*] **~** to escalate [into sth]

A

auswendig *adv* [off] by heart; **etw ~ können** to know sth [off] by heart
aus|wirken *vr* **sich ~** to have an effect (**auf** on)
Auswirkung *f* (*Wirkung*) effect; (*Folge*) consequence; **negative ~en haben** to have negative repercussions
aus|zählen *vt* to count
Auszahlung *f* ❶ (*Zahlung*) paying out ❷ (*Abfindung*) paying off
Auszeichnung *f* ❶ (*Preisetikett*) price tag ❷ (*Ehrung*) honour; (*Orden*) decoration; (*Preis*) award; [**etw**] **mit ~ bestehen** to pass [sth] with distinction
aus|ziehen *irreg* **I.** *vt haben* ❶ (*ablegen*) [**sich** *dat*] **etw ~** to take off sth *sep* ❷ (*entkleiden*) to undress ❸ (*verlängern*) to extend **II.** *vi sein* (*aus Wohnung*) to move out (**aus** of)
Auszubildende(r) *f(m) dekl wie adj* trainee
autark [au'tark] *adj* self-sufficient
authentisch [au'tɛntɪʃ] *adj* authentic
Auto <-s, -s> ['auto] *nt* car; **~ fahren** to drive [a car]; **mit dem ~ fahren** to go by car
Autoatlas *m* road atlas
Autobahn *f* motorway BRIT, freeway AM
Autobahndreieck *nt* motorway junction **Autobahnkreuz** *nt* motorway intersection
Autobiografie [autobiogra'fiː] *f* autobiography **Autofähre** *f* car ferry **Autofahrer(in)** *m(f)* [car] driver
Autogramm <-s, -e> [auto'gram] *nt* autograph
Autokennzeichen *nt* number plate BRIT, license plate AM; (*Länderkennzeichen*) international number [*or* AM license] plate code
Automat <-en, -en> [auto'maːt] *m* FIN cash dispenser; (*für Glücksspiel*) slot machine; (*für Verkauf*) vending machine
Automatik <-> [auto'maːtɪk] *f* ❶ automatic system ❷ AUTO automatic transmission
Automatikschaltung *f* automatic transmission
automatisch [auto'maːtɪʃ] *adj* automatic
Autonomie <-, -n> [autono'miː] *f* autonomy
Autor(in) <-s, -en> ['autoːɐ̯] *m(f)* author
autoritär [autori'tɛːɐ̯] *adj* authoritarian
Autorität <-, -en> [autori'tɛːt] *f* authority
Autoverleih *m*, **Autovermietung** *f* car rental firm
Axt <-, Äxte> [akst] *f* axe
Azalee <-, -n> [atsa'leːə] *f*, **Azalie** <-, -n> [a'tsaːli̯ə] *f* azalea
Azoren [a'tsoːrən] *pl* **die ~** the Azores
Azubi <-s, -s> [a'tsuːbi] *m*, **Azubi** <-, -s> [a'tsuːbi] *f kurz für* **Auszubildende(r)** trainee

Bb

B, b <-, -> [be:] *nt* ❶ (*Buchstabe*) B, b ❷ MUS B flat
Baby <-s, -s> ['be:bi] *nt* baby
Babynahrung *f* baby food **Babysitter(in)** <-s, -> ['be:bizɪtɐ] *m(f)* babysitter **Babytragetasche** *f* carrycot, baby carrier AM
Bach <-[e]s, Bäche> [bax] *m* brook
Backbord <-[e]s> ['bakbɔrt] *nt kein pl* port [side]
Backe <-, -n> ['bakə] *f* cheek
backen <backt *o* bäckt, backte *o veraltet* buk, gebacken> ['bakn̩] *vt, vi* (*im Ofen*) to bake; (*in Fett*) to fry
Backenzahn *m* back tooth
Bäcker(in) <-s, -> ['bɛkɐ] *m(f)* baker; **beim** ~ at the baker's [shop]
Bäckerei <-, -en> [bɛkə'rai] *f* baker's
Backfisch ['bakfɪʃ] *m* fried fish in batter **Backform** *f* baking tin **Backofen** ['bakʔo:fn̩] *m* oven **Backpflaume** *f* prune **Backpulver** *nt* baking powder
Bad <-[e]s, Bäder> [ba:t] *nt* ❶ bath; **ein ~ nehmen** to take a bath ❷ (*Badezimmer*) bathroom ❸ (*Schwimm~*) swimming pool ❹ (*Heil~*) spa
Badeanzug *m* swimming costume **Badehose** *f* swimming trunks *pl* **Badekappe** *f* swimming cap **Bademantel** *m* bathrobe **Bademeister(in)** *m(f)* [pool] attendant
baden ['ba:dn̩] **I.** *vi* ❶ to have a bath ❷ (*schwimmen*) to swim; **~ gehen** to go for a swim **II.** *vt* ❶ **jdn ~** to bath sb; **sich ~** to have a bath ❷ MED to bathe (**in** in)
Badeort *m* seaside resort; (*Kurort*) spa resort **Badestrand** *m* bathing beach **Badetuch** *nt* bath towel **Badewanne** *f* bath [tub] **Badezimmer** *nt* bathroom
Bagatelle <-, -n> [baga'tɛlə] *f* trifle
Bagger <-s, -> ['bagɐ] *m* excavator
Bahamas [ba'ha:mas] *pl* **die ~** the Bahamas *pl*
Bahn <-, -en> [ba:n] *f* ❶ (*Zug*) train; (*auf Straße*) tram; (*Verkehrsnetz, Verwaltung*) railway[s]; **mit der ~** by train ❷ SPORT track ❸ ASTRON orbit
Bahnfahrt *f* train journey
Bahnhof *m* [railway] station
Bahnhofsgaststätte *f* station restaurant **Bahnhofshalle** *f* station concourse
Bahnpolizei *f* railway police **Bahnsteig** <-[e]s, -e> *m* platform **Bahnübergang** *m* level crossing
Bakterie <-, -n> [bak'te:ri̯ə] *f meist pl* bacterium
Balance <-, -n> [ba'lã:sə] *f* balance
balancieren* [balã'si:rən] *vi, vt* to balance (**auf** on/**über** across)
bald [balt] **I.** *adv* soon; **komm ~ wieder!** come back soon!; **wird's ~?** (*fam*) move it!; **bis ~!** see you later!; **~ darauf** soon after[wards]; **so ~ wie möglich** as soon as possible **II.** *konj* **~ ..., ~ ...** one moment ..., the next ...
Baldrian <-s, -e> ['baldria:n] *m* valerian
Balearen [bale'a:rən] *pl* **die ~** the Balearic Islands *pl*
Balkan <-s> ['balka:n] *m* ❶ **der ~** the Balkans *pl* ❷ (*Gebirge*) **the ~** the Balkan Mountains *pl*
Balken <-s, -> ['balkn̩] *m* (*aus Holz*) beam; (*aus Stahl*) girder; (*Stütze*) prop
Balkon <-s, -s> [bal'kɔŋ] *m* balcony
Ball <-[e]s, Bälle> [bal] *m* ball; **am ~ sein** to have the ball; **jdm den ~ zuspielen** to feed sb the ball ► **am ~ bleiben** to stay on the ball *fig*
Ballast <-[e]s, *selten* -e> [ba'last] *m* ballast; (*fig*) burden

B

Ballaststoffe *pl* roughage *sing*

Ballen <-s, -> ['balən] *m* ❶ (*Packen*) bale ❷ ANAT ball

Ballermann *m* (*fam*) *beach bar on the Spanish island of Majorca especially popular with Germans on cheap package tours*

Ballett <-[e]s, -e> [ba'lɛt] *nt* ballet

Balletttänzer(in) *m(f)* ballet dancer

Ballon <-s, -s> [ba'lɔŋ] *m* balloon

Ballungsgebiet *nt*, **Ballungsraum** *m* conurbation

Balsam <-s, -e> ['balza:m] *m* ❶ (*Salbe*) balsam ❷ (*fig*) balm; **~ für die Seele sein** to be like balm for the soul

Baltikum <-s> ['baltikʊm] *nt* **das ~** the Baltic states *pl*

baltisch ['baltɪʃ] *adj* Baltic

Bambus <-ses *o* -, -se> ['bambʊs] *m* bamboo

Bambussprossen *pl* bamboo shoots *pl*

banal [ba'na:l] *adj* banal

Banane <-, -n> [ba'na:nə] *f* banana

Band[1] <-[e]s, Bänder> [bant] *nt* ❶ (*aus Stoff*) ribbon ❷ (*aus Metall*) metal band ❸ (*zur Verpackung*) packaging tape ❹ MEDIA [recording] tape; **etw auf ~ aufnehmen** to tape sth ❺ (*in Fabrik*) conveyor belt; **am ~ arbeiten** to work on an assembly line; **am laufenden ~** (*fam*) non-stop ❻ *meist pl* ANAT ligament; **sich** *dat* **die Bänder zerren** to strain ligaments

Band[2] <-[e]s, Bände> [bant] *m* (*Buch*) volume

Band[3] <-, -s> [bɛnt] *f* MUS band

Bandage <-, -n> [ban'da:ʒə] *f* bandage

bandagieren* [banda'ʒi:rən] *vt* to bandage

Bandbreite *f* ❶ (*geh*) range ❷ TECH bandwidth

Bänderriss ['bɛndɐ-] *m* MED torn ligament

Bandscheibe *f* [intervertebral] disc

Bandscheibenvorfall *m* MED slipped disc

Bandwurm *m* tapeworm

Bank[1] <-, Bänke> [baŋk] *f* bench; (*im Garten*) [garden] seat; (*in Schule*) desk

Bank[2] <-, -en> [baŋk] *f* (*Kreditinstitut*) bank; **auf der ~** in the bank; **ein Konto bei einer ~ haben** to have an account with a bank ► **eine __sichere__ ~ sein** *Person, Projekt* to be a safe bank [*or* bet]

Bankangestellte(r) *f(m)* *dekl wie adj* bank employee

Bankett <-[e]s, -e> [baŋ'kɛt] *nt* banquet

Bankier <-s, -s> [baŋ'ki̯e:] *m* banker

Bankkonto *nt* bank account **Bankleitzahl** *f* bank sorting code [number]

bankrott [baŋk'rɔt] *adj* bankrupt

Bankrott <-[e]s, -e> [baŋk'rɔt] *m* bankruptcy

bankrott|gehen *vi* to go bankrupt

Bankverbindung *f* banking arrangements; **wie ist Ihre ~?** what are the particulars of your bank account?

bar [ba:ɐ̯] *adj* ❶ FIN cash; **[in] ~ bezahlen** to pay [in] cash; **gegen ~** for cash ❷ *attr* (*rein*) pure ❸ *pred* (*geh: ohne*) **~ einer S.** *gen* devoid of sth

bar, Bar <-s, -s> [ba:ɐ̯] *nt* (*Maßeinheit*) bar

Bär(in) <-en, -en> [bɛ:ɐ̯] *m(f)* bear; **stark wie ein ~** (*fam*) strong as an ox ► **jdm einen ~en __aufbinden__** (*fam*) to have [*or* AM put] sb on

Baracke <-, -n> [ba'rakə] *f* shack

barfuß ['ba:ɐ̯fu:s] *adj pred* barefoot[ed]

Bargeld *nt* cash **bargeldlos I.** *adj* cashless **II.** *adv* without using cash

Barkauf *m* cash purchase

barock [ba'rɔk] *adj* baroque

Barock <-[s]> [ba'rɔk] *nt o m kein pl* baroque

Barometer <-s, -> [baro'me:tɐ] *nt* barometer

Barren <-s, -> ['barən] *m* ❶ (*Gold*) ingot ❷ SPORT parallel bars *pl*

Barriere <-, -n> [ba'ri̯e:rə] *f* (*a. fig*) barrier

barrierefrei [ba'ri̯e:rəfrai] *adj* accessible

Barrikade <-, -n> [bari'ka:də] *f* barricade

Barsch <-[e]s, -e> [barʃ] *m* (*Fisch*) perch
Barscheck *m* open cheque BRIT, cashable check AM
Bart <-[e]s, Bärte> [baːɐ̯t] *m* ❶ (*voll*) beard; **sich** *dat* **einen ~ wachsen lassen** to grow a beard ❷ (*über Oberlippe*) moustache
Barzahlung *f* payment in cash
Basar <-s, -e> [ba'zaːɐ̯] *m* bazaar
Base <-, -n> ['baːzə] *f* CHEM base
Basilikum <-s> [ba'ziːlikʊm] *nt kein pl* basil
Basis <-, Basen> ['baːzɪs] *f* ❶ (*Grundlage*) basis ❷ POL *einer Partei* **die ~** the grass roots ❸ ARCHIT, MIL base
Baskenland *nt* **das ~** Basque region
Baskenmütze *f* beret
Bass <-es, Bässe> [bas] *m* bass
Bassin <-s, -s> [ba'sɛ̃ː] *nt* ❶ (*Schwimmbecken*) pool ❷ (*Gartenteich*) pond
basteln ['bastl̩n] **I.** *vi* ❶ to do handicrafts ❷ (*an etw arbeiten*) **an etw** *dat* **~** to work on sth; **er bastelt am Computer herum** he's fiddling around with the computer **II.** *vt* (*fertigen*) to make
Batterie <-, -n> [batə'riː] *f* battery
batteriebetrieben *adj* battery-powered
Bau[1] <-[e]s, -ten> [bau] *m* ❶ *kein pl* (*das Bauen*) building; **im ~ sein** to be under construction ❷ (*Gebäude*) building; (*Bauwerk*) construction ❸ *kein pl* (*fam: Baustelle*) **auf dem ~ arbeiten** to work on a building site
Bau[2] <-[e]s, -e> [bau] *m* (*Tierhöhle*) burrow
Bauarbeiter(in) *m(f)* building [*or* AM construction] worker
Bauch <-[e]s, Bäuche> [baux] *m* stomach; **einen [dicken] ~ bekommen** to develop a paunch; **sich** *dat* **den ~ vollschlagen** (*fam*) to stuff oneself ▶ **aus dem ~** (*fam*) from the heart
Bauchschmerzen *pl* stomach ache **Bauchspeicheldrüse** *f* pancreas **Bauchtanz** *m* belly-dance
bauen ['bauən] **I.** *vt* ❶ (*errichten*) to build ❷ (*zusammen~*) to construct ❸ (*fam*) **Mist ~** to mess things up; **einen Unfall ~** to cause an accident **II.** *vi* ❶ (*ein Haus errichten [lassen]*) to build a house ❷ (*vertrauen*) **auf jdn/etw ~** to rely on sb/sth
Bauer, Bäuerin[1] <-n *o selten* -s, -n> ['bauɐ] *m, f* ❶ farmer ❷ HIST (*Vertreter einer Klasse*) peasant ❸ (*Schach*) pawn
Bauer[2] <-s, -> ['bauɐ] *nt o selten m* (*Vogelkäfig*) [bird] cage
Bäuerin <-, -nen> ['bɔyərɪn] *f* ❶ *fem form von* **Bauer** ❷ (*Frau des Bauern*) farmer's wife
Bauernhof *m* farm
baufällig *adj* dilapidated
Baufirma *f* building firm **Bauherr(in)** *m(f)* client for whom a building is being built **Baujahr** *nt* ❶ (*Jahr der Errichtung*) year of construction ❷ (*Produktionsjahr*) year of manufacture **Bauland** ['baulant] *nt* building land
Baum <-[e]s, Bäume> [baum] *m* tree
Baumarkt *m* (*Geschäft*) DIY superstore, building supplies store AM
Baumgrenze *f* tree line **Baumnuss** *f* SCHWEIZ (*Walnuss*) walnut **Baumstamm** *m* tree-trunk **Baumsterben** *nt* dying[-off] of trees
Baumwolle *f* cotton
Bauplan *m* building plans *pl;* **genetischer ~** genetic structure **Bauplatz** *m* site **Baustelle** *f* building site; (*Straßenbau*) roadworks *npl* BRIT, [road] construction site AM
Bayer(in) <-n, -n> ['baiɐ] *m(f)* Bavarian
bayerisch ['baiərɪʃ] *adj* Bavarian
Bayern <-s> ['baiɐn] *nt* Bavaria
beabsichtigen* [bə'ʔapzɪçtɪgn̩] *vt* ❶ to intend; **das hatte ich nicht beabsichtigt!** I didn't mean to do that! ❷ (*geh: planen*) to plan
beachten* [bə'ʔaxtn̩] *vt* ❶ (*befolgen*) to observe; *Rat* to follow ❷ (*darauf achten*) to notice ❸ (*berücksichtigen*) **bit-**

te ~ **Sie, dass ...** please note that ...

beachtlich *adj* considerable; **Beachtliches leisten** to achieve a considerable amount

Beachtung *f* observance; ~ **finden** to receive attention; **keine ~ finden** to be ignored; **jdm ~ schenken** to pay attention to sb

Beamte(r) [bəˈʔamtə] *m dekl wie adj*, **Beamtin** [bəˈʔamtɪn] *f* public official; (*bei der Post*) post-office official; (*im Staatsdienst*) civil servant; (*beim Zoll*) customs officer

beängstigend **I.** *adj* alarming **II.** *adv* alarmingly

beanspruchen* [bəˈʔanʃprʊxn̩] *vt* ❶ (*fordern*) to claim ❷ (*brauchen*) to require ❸ (*Anforderungen stellen*) **jdn ~** to make demands on sb; **ich will Sie nicht länger ~** I don't want to take up any more of your time; **etw ~** to demand sth; **jds Geduld ~** to try sb's patience ❹ (*belasten*) to put under stress

beanstanden* [bəˈʔanʃtandn̩] *vt* **etw [an etw** *dat*] ~ to complain about sth [of sth]

beantragen* *vt* ❶ **etw ~** to apply for sth ❷ POL to propose

beantworten* *vt* to answer; **etw mit etw** *dat* ~ to respond to sth with sth

bearbeiten* *vt* ❶ (*behandeln*) **etw ~** to work on sth; **Holz ~** to work wood; **etw mit einer Chemikalie ~** to treat sth with a chemical ❷ (*sich befassen mit*) to deal with; *Bestellung* to process ❸ (*redigieren*) to revise ❹ (*fam: auf jdn einwirken*) **jdn ~** to work on sb

beaufsichtigen* [bəˈʔaufzɪçtɪgn̩] *vt* to supervise; *Kinder* to look after

beauftragen* *vt* **jdn mit etw** *dat* ~ to give sb the task of doing sth; *Firma* to hire

bebauen* *vt* **etw ~** ❶ (*mit Gebäuden*) to build [sth] on sth; **dicht bebaut sein** to be heavily built-up ❷ *Feld* to cultivate sth

beben [ˈbeːbn̩] *vi* ❶ (*zittern*) to tremble ❷ (*erbeben*) to quiver (**vor** with)

Beben <-s, -> [ˈbeːbn̩] *nt* ❶ GEOL earthquake ❷ (*Zittern*) trembling ❸ (*leichtes Zittern*) quivering

Becher <-s, -> [ˈbɛçɐ] *m* glass; (*aus Plastik*) beaker; (*für Tee/Kaffee*) mug; SCHWEIZ (*Bierglas*) mug

Becken <-s, -> [ˈbɛkn̩] *nt* ❶ (*Bassin*) basin; (*zum Schwimmen*) pool; (*Spüle*) sink ❷ ANAT pelvis

bedächtig [bəˈdɛçtɪç] **I.** *adj* ❶ (*ohne Hast*) deliberate ❷ (*besonnen*) thoughtful **II.** *adv* ❶ (*ohne Hast*) deliberately ❷ (*besonnen*) carefully

bedanken* *vr* **sich bei jdm [für etw** *akk*] ~ to thank sb [for sth]; **ich bedanke mich!** thank you!

bedauerlich *adj* regrettable; **sehr ~!** how unfortunate!; ~ **sein, dass ...** to be unfortunate, that ...

bedauern* *vt* ❶ (*schade finden*) to regret ❷ (*bemitleiden*) to feel sorry [for]; **er ist zu ~** he is to be pitied

bedauernswert, bedauernswürdig *adj* (*geh*) pitiful; **ein ~er Zwischenfall** an unfortunate incident

bedeckt *adj präd* overcast

bedenken* *irreg vt* to consider; **[jdm] etw zu ~ geben** (*geh*) to ask [sb] to consider sth; **[jdm] zu ~ geben, dass ...** to ask [sb] to keep in mind that ..

Bedenken <-s, -> *nt meist pl* (*Zweifel*) doubt; **moralische ~** moral scruples; **jdm kommen ~** sb has second thoughts; **ohne ~** without hesitation

bedenkenlos **I.** *adv* ❶ (*ohne Überlegung*) without hesitation ❷ (*skrupellos*) unscrupulously **II.** *adj* unhesitating

bedenklich *adj* ❶ (*fragwürdig*) questionable ❷ (*Besorgnis erregend*) disturbing; *Gesundheitszustand* serious

bedeuten* *vt* ❶ to mean; **das hat nichts zu ~** that doesn't mean anything ❷ (*versinnbildlichen*) to symbolize ❸ (*wichtig sein*) **jdm etwas ~** to mean sth to sb

bedeutend *adj* ❶ (*wichtig*) important; **eine ~e Rolle spielen** to play a significant role ❷ (*beachtlich*) considerable

bedeutsam *adj* important

Bedeutung <-, -en> *f* ❶ (*Sinn*) meaning; **in wörtlicher/übertragener ~** in the literal/figurative sense ❷ (*Wichtigkeit*) significance; **[für jdn/etw] von ~ sein** to be of importance [for sb/sth]; **einer S.** *dat* **~ beimessen** to attach importance to sth; **nichts von ~** nothing important

bedienen* **I.** *vt* ❶ (*in Restaurant*) to serve; **sich [von jdm] ~ lassen** to be waited on [by sb] ❷ (*benutzen*) **eine Maschine ~** to operate a machine **II.** *vi* *Kellner* to serve **III.** *vr* ❶ (*sich Essen nehmen*) **sich ~** to help oneself; **bedienen Sie sich!** help yourself! ❷ (*geh: gebrauchen*) **sich einer S.** *gen* **~** to make use of sth

bedienstet [bəˈdiːnstət] *adj* ÖSTERR in employment

Bedienung <-, -en> *f* ❶ (*Kellner*) waiter *masc*, waitress *fem* ❷ *kein pl eines Geräts* operation ❸ *kein pl eines Kunden* service

Bedienungsanleitung *f* operating instructions *pl*

Bedingung <-, -en> *f* ❶ condition; **[nur] unter einer ~!** [only] on one condition!; **unter welcher ~?** on what condition?; **unter gewissen ~en** in certain conditions; **[es] zur ~ machen, dass ...** to make it a condition that ...; **unter der ~, dass ...** on condition that ... ❷ *pl* ÖKON terms; **zu [un]günstigen ~en** on [un]favourable terms

bedrohen* *vt* ❶ to threaten (**mit** with) ❷ (*gefährden*) to endanger

bedrohlich **I.** *adj* threatening **II.** *adv* alarmingly

bedrücken* *vt* to depress; **was bedrückt dich?** what's troubling you?

bedrückt *adj* depressed

Beduine, Beduinin <-n, -n> [beduˈiːnə, beduˈiːnɪn] *m, f* Bed[o]uin

Bedürfnis <-ses, -se> [bəˈdʏrfnɪs] *nt* ❶ (*Bedarf*) need; **die ~se des täglichen Lebens** everyday needs; **das ~ haben, etw zu tun** to feel the need to do sth ❷ *kein pl* (*Verlangen*) desire

beeilen* *vr* **sich [mit etw** *dat*] **~** to hurry [up] [with sth]; **sich ~, etw zu tun** to hurry to do sth

beeindrucken* [bəˈʔaindrʊkn̩] *vt* to impress; **sich [von etw** *dat*] **nicht ~ lassen** to not be impressed [by sth]

beeinflussen* [bəˈʔainflʊsn̩] *vt* to influence

beeinträchtigen* [bəˈʔaintrɛçtɪgn̩] *vt* to disturb; *Leistungsfähigkeit* to impair; *Kreativität* to curb; *Verhältnis* to damage; **jdn in seiner Freiheit ~** to restrict sb's freedom; **~d** adverse

beenden* *vt* to end

beerdigen* [bəˈʔeːɐ̯dɪgn̩] *vt* to bury

Beerdigung <-, -en> *f* funeral

Beere <-, -n> [ˈbeːrə] *f* berry

Beerenauslese *f rich wine made from selected overripe grapes*

Beet <-[e]s, -e> [beːt] *nt* bed

befallen* *vt irreg* ❶ MED to infect; **von etw** *dat* **~ werden** to be infected by sth ❷ HORT to infest ❸ (*geh*) **jdn ~** to overcome sb

befangen [bəˈfaŋən] *adj* ❶ (*gehemmt*) inhibited ❷ (*voreingenommen*) biased

befassen* *vr* **sich mit etw** *dat* **~** to concern oneself with sth; **sich mit jdm ~** to spend time with sb

Befehl <-[e]s, -e> [bəˈfeːl] *m* ❶ (*Anweisung*) order; **einen ~ ausführen** to carry out an order; **einen ~ befolgen** to obey an order; **jdm den ~ geben, etw zu tun** to order sb to do sth; **den ~ haben** MIL to be in command; **auf ~ handeln** to act under orders; **einen ~ verweigern** to disobey an order

❷ INFORM command

befehlen <befahl, befohlen> [bəˈfeːlən] I. *vt* to order; **von dir lasse ich mir nichts ~!** I won't take orders from you! II. *vi* MIL **über jdn/etw ~** to be in command of sb/sth

befestigen* *vt* to fasten (**an** to)

befinden* *irreg* I. *vr* (*sein*) to be; **unter den Geiseln ~ sich zwei Deutsche** there are two Germans amongst the hostages; **sich in bester/schlechter Laune ~** to be in an excellent/a bad mood II. *vt* (*geh*) **jdn/etw für etw ~** to consider sb/sth [to be] sth

befolgen* *vt* *Rat* to follow; *Vorschrift* to obey

befördern* *vt* ❶ (*transportieren*) to transport; **jdn nach draußen ~** (*iron fam*) to escort sb outside ❷ (*dienstlich*) to promote (**zu** to)

Beförderung *f* ❶ (*Transport*) transport[ation] ❷ (*im Dienst*) promotion (**zu** to)

befragen* *vt* to question (**zu** about); **jdn nach seiner Meinung ~** to ask sb for his/her opinion

befreien* I. *vt* ❶ to free (**aus/von** from) ❷ (*von etw reinigen*) **etw von etw** *dat* **~** to clear sth of sth ❸ (*freistellen*) **jdn von etw** *dat* **~** to excuse sb from sth; **jdn vom Wehrdienst ~** to exempt sb from military service II. *vr* ❶ (*freikommen*) **sich [aus etw** *dat*] **~** to escape [from sth] ❷ (*etw abschütteln*) **sich [von etw** *dat*] **~** to free oneself [from sth]

Befreiung <-, *selten* -en> *f* ❶ (*Freilassen*) release ❷ (*aus der Unterdrückung*) liberation

befreunden* [bəˈfrɔyndn̩] *vr* **sich mit jdm ~** to make friends with sb

befreundet *adj* ❶ friendly ❷ **mit jdm ~ sein** to be friends with sb

befriedigen* [bəˈfriːdɪgn̩] I. *vt* to satisfy; *Wünsche* to fulfil; **leicht/schwer zu ~ sein** to be easily/not easily satisfied II. *vi* to be satisfactory; **diese Lösung befriedigt nicht** this is an unsatisfactory solution III. *vr* **sich [selbst] ~** to masturbate

befriedigend *adj* satisfactory; **[für jdn] ~ sein** to be satisfying [for sb]

befristet *adj* restricted; *Tätigkeit* fixed-term; *Vertrag* of limited duration; *Visum* temporary; **auf etw** *akk* **~ sein** ÖKON, JUR to be limited [to sth]

befugt [bəˈfuːkt] *adj* (*geh*) authorized **zu etw** *dat* **~ sein** to be authorized to do sth

Befund <-[e]s, -e> *m* MED result, results *pl*

befürchten* *vt* to fear; **~, dass …** to be afraid that …; **nichts zu ~ haben** to have nothing to fear; **wie befürchtet** as feared

befürworten* [bəˈfyːɐ̯vɔrtn̩] *vt* to be in favour of sth

Befürworter(in) <-s, -> *m(f)* supporter

begabt [bəˈgaːpt] *adj* gifted; **für etw [nicht] ~ sein** to [not] have a gift for sth; **sie ist künstlerisch/musikalisch sehr ~** she's very artistic/musical

Begabung <-, -en> *f* gift

begegnen* [bəˈgeːgnən] *vi sein* ❶ (*treffen*) **jdm ~** to meet sb; **sich ~** to meet ❷ (*antreffen*) **etw** *dat* **~** to encounter sth

Begegnung <-, -en> *f* ❶ (*Treffen*) meeting ❷ (*Kennenlernen*) encounter (**mit** with)

begehren* [bəˈgeːrən] *vt* (*geh*) ❶ (*Person*) to desire ❷ (*Sache*) to covet; **alles, was das Herz begehrt** everything the heart could wish for

begehrenswert *adj* desirable

begehrt *adj* ❶ (*umworben*) [much] sought-after; *Frau, Mann* desirable ❷ (*beliebt*) popular

begeistern* I. *vt* to fill with enthusiasm (**für** for); **sie ist für nichts zu ~** you can't interest her in anything II. *vr* **sich für jdn/etw ~** to be enthusiastic about sb/sth

begeistert **I.** *adj* enthusiastic; [**von etw** *dat*] **~ sein** to be thrilled [by sth] **II.** *adv* enthusiastically

Begeisterung <-> *f kein pl* enthusiasm (**über** about/**für** for); **~ auslösen** to arouse enthusiasm; **jdn in ~ versetzen** to arouse sb's enthusiasm; **mit ~** enthusiastically

Begierde <-, -n> [bəˈgiːɐ̯də] *f* (*geh*) desire (**nach** for)

begierig **I.** *adj* ① (*gespannt*) eager (**auf** for) ② (*verlangend*) longing ③ (*sexuell*) lascivious **II.** *adv* ① (*gespannt*) eagerly ② (*verlangend*) longingly ③ (*sexuell*) lasciviously

Beginn <-[e]s> [bəˈgɪn] *m kein pl* beginning; **zu ~** at the beginning

beginnen <begann, begonnen> [bəˈgɪnən] *vi, vt* to begin; **als etw ~** to start out as sth

beglaubigen* [bəˈglaubɪgn̩] *vt* to authenticate; **etw notariell ~** to attest sth by a notary; **eine beglaubigte Kopie** a certified copy

begleiten* *vt* **jdn ~** (*a. fig*) to accompany sb; **jdn zur Tür ~** to take sb to the door; **etw ~** to escort sth

Begleiter(in) <-s, -> *m(f)* companion

Begleitung <-, -en> *f* ① (*das Begleiten*) company; **in** [**jds**] **~** accompanied [by sb]; **ohne ~** unaccompanied ② (*Begleiter[in]*) companion ③ MUS accompaniment; **ohne ~ spielen** to play unaccompanied

beglückwünschen* *vt* to congratulate (**zu** on)

begnadigen* [bəˈgnaːdɪgn̩] *vt* to pardon; (*bei Todesurteil*) to reprieve

begnügen* [bəˈgnyːgn̩] *vr* **sich mit etw** *dat* **~** to be content with sth; **sich damit ~, etw zu tun** to be content to do sth

begraben* *vt irreg* ① (*beerdigen*) to bury ② *Hoffnung, Plan* to abandon; **einen/den Streit ~** to bury the hatchet

Begräbnis <-ses, -se> [bəˈgrɛpnɪs] *nt* burial

begreifen* *irreg* **I.** *vt* ① (*verstehen*) to understand; **das begreife, wer will!** that's beyond me!; **~, dass ...** to realize that ...; **kaum zu ~ sein** to be incomprehensible ② (*für etw halten*) **etw als etw ~** to regard sth as sth **II.** *vr* **sich als etw ~** to consider oneself to be sth

begrenzen* *vt* to limit (**auf** to); **die Geschwindigkeit auf ... km/h ~** to impose a speed limit of ... km/h

Begriff <-[e]s, -e> *m* ① (*Terminus*) term ② (*Vorstellung*) idea; **sich** *dat* **einen ~ von etw** *dat* **machen** to have an idea of sth; **jdm ein/kein ~ sein** to mean something/nothing to sb ③ (*Verständnis*) **schnell/schwer von ~ sein** (*fam*) to be quick/slow on the uptake ▶ **im ~ sein, etw zu tun** to be on the point of doing sth

begründen* *vt* ① (*Gründe angeben*) to give reasons for ② (*gründen*) to found

begründet *adj* well-founded; **in etw** *dat* **~ liegen** to be the result of sth

Begründung <-, -en> *f* reason

begrüßen* *vt* ① to greet; **ich begrüße Sie!** welcome!; **jdn bei sich zu Hause ~ dürfen** (*geh*) to have the pleasure of welcoming sb into one's home ② (*gutheißen*) to welcome; **es ist zu ~, dass ...** it is to be welcomed that ... ③ SCHWEIZ (*ansprechen*) **jdn/etw ~** to approach sb/sth

Begrüßung <-, -en> *f* greeting; **zur ~ erhielt jeder Gast ein Glas Sekt** each guest was welcomed with a glass of sekt; **jdm zur ~ die Hand schütteln** to greet sb with a handshake

begünstigen* [bəˈgʏnstɪgn̩] *vt* to favour; **von etw** *dat* **begünstigt werden** to be helped by sth

begutachten* *vt* ① to examine (**auf** for); **etw ~ lassen** to get sth examined ② (*fam: mustern*) **jdn/etw ~** to have

B

a look at sb/sth

behäbig [bəˈhɛːbɪç] *adj* ❶ (*gemütlich*) placid; (*schwerfällig*) ponderous ❷ SCHWEIZ (*stattlich*) imposing

behagen* [bəˈhaːgn̩] *vi* **etw behagt jdm** sth pleases sb

Behagen <-s> [bəˈhaːgn̩] *nt kein pl* contentment

behaglich [bəˈhaːklɪç] **I.** *adj* cosy **II.** *adv* cosily

behalten* *vt irreg* ❶ to keep; **etw für sich** *akk* ~ to keep sth to oneself; **die Nerven** ~ to keep one's nerve ❷ (*im Gedächtnis* ~) to remember; **etw im Kopf** ~ to keep sth in one's head

Behälter <-s, -> *m* container

behandeln* *vt* to treat (**mit** with); **jdn mit Nachsicht** ~ to be lenient with sb; **chemisch behandelt** chemically treated; **jdn gut/schlecht** ~ to treat sb well/badly; **etw vorsichtig** ~ to handle sth with care

Behandlung <-, -en> *f* treatment

beharren* *vi* to insist (**auf** on); **auf seiner Meinung** ~ to persist with one's opinion

beharrlich I. *adj* insistent; (*ausdauernd*) persistent **II.** *adv* persistently; ~ **schweigen** to persist in remaining silent

behaupten* [bəˈhauptn̩] **I.** *vt* ❶ (*äußern*) **etw** ~ to claim sth (**von** about); **von jdm ~, dass ...** to say of sb that ...; **es wird behauptet, dass ...** it is said that ... ❷ (*aufrechterhalten*) to maintain **II.** *vr* **sich** [**gegen jdn/etw**] ~ to assert oneself [over sb/sth]; **Murray konnte sich gegen Nadal** ~ Murray held his own against Nadal

Behauptung <-, -en> *f* ❶ (*Äußerung*) assertion ❷ (*Durchsetzen*) maintaining *no pl*

beheben* *vt irreg* ❶ (*beseitigen*) to remove; *Missstände* to remedy; *Schaden* to repair ❷ FIN ÖSTERR **Geld** ~ to withdraw money

beherbergen* *vt* to accommodate

beherrschen* **I.** *vt* ❶ (*gut können*) to have mastered; **sein Handwerk** ~ to be good at one's trade; **ein Instrument** ~ to play an instrument well; **eine Sprache** ~ to have good command of a language, to know sth inside out ❷ (*regieren*) to rule ❸ (*beeinflusst werden*) **von etw** *dat* **beherrscht werden** to be ruled by sth **II.** *vr* **sich** ~ to control oneself

behindern* *vt* ❶ (*hinderlich sein*) hinder (**bei** in) ❷ (*hemmen*) to hamper

behindert *adj* disabled; **geistig/körperlich** ~ mentally/physically disabled

Behinderte(r) *f(m) dekl wie adj* (*pej: behinderte Person*) disabled person

Behinderung <-, -en> *f* ❶ obstruction ❷ MED disability; **geistige/körperliche** ~ mental/physical disability

Behörde <-, -n> [bəˈhøːɐ̯də] *f* ❶ (*Amt*) department ❷ (*Gebäude*) council offices

behutsam [bəˈhuːtzaːm] **I.** *adj* (*geh*) gentle **II.** *adv* (*geh*) gently; **jdm etw** ~ **beibringen** to break sth to sb gently

bei [bai] *präp* +*dat* ❶ (*räumlich*) at; ~ **jdm** with sb; ~ **uns zu Hause** at our house; **ich war ~ meinen Eltern** I was at my parents' [house]; **beim Bäcker** at the baker's; **etw ~ sich** *dat* **haben** to have sth with one; **ich habe gerade kein Geld ~ mir** I haven't any money on me at the moment ❷ (*in der Nähe von*) near; **Böblingen ist eine Stadt ~ Stuttgart** Böblingen is a town near Stuttgart ❸ (*zeitlich*) at; ~ **einer Hochzeit** at a wedding; ~ **Nacht/Tag** at night/by day ❹ (*während einer Tätigkeit*) while; **störe mich bitte nicht ~ der Arbeit!** please stop disturbing me when I'm working! ❺ (*Begleitumstände*) by; **wir aßen ~ Kerzenlicht** we had dinner by candlelight; ~ **dieser Hitze** in such a heat ❻ (*trotz*) ~ **all/aller ...** in spite of all ...

bei|bringen *vt irreg* **jdm etw ~** to teach sb sth

Beichte <-, -n> ['baiçtə] *f* confession

beichten ['baiçtn̩] *vt, vi* [**jdm etw**] **~** to confess [sth to sb]

beide ['baidə] *pron* ❶ (*alle zwei*) both; **~ Mal[e]** both times; **ihr ~** you two; **euch ~n** both of you ❷ (*ich und du*) **wir ~** the two of us; **uns ~n** both of us ❸ (*die zwei*) **die ~n** both [of them]; **einer von ~n** one of the two ❹ (*sowohl dies als auch jenes*) **~s** both; **~s ist möglich** both are possible

beieinander [baiʔai'nandɐ] *adv* together ▶ **gut / schlecht ~ sein** (*fam: körperlich*) to be in good/bad shape

Beifahrer(in) *m(f)* front-seat passenger

Beifahrersitz *m* [front] passenger seat

Beifall <-[e]s> *m kein pl* ❶ (*Applaus*) applause; **~ klatschen** to applaud ❷ (*Zustimmung*) approval; [**jds**] **~ finden** to meet with [sb's] approval

bei|fügen *vt* ❶ (*mitsenden*) to enclose ❷ (*hinzufügen*) to add

beige [be:ʃ, 'be:ʒə] *adj* beige

bei|geben *vt irreg* to add

Beigeschmack *m* ❶ [after]taste ❷ (*fig*) overtone[s]

Beil <-[e]s, -e> [bail] *nt* [short-handled] axe

Beilage *f* ❶ KOCHK side dish ❷ (*Beiheft*) supplement ❸ ÖSTERR (*Anlage*) enclosure

beiläufig I. *adj* passing **II.** *adv* ❶ (*nebenbei*) in passing ❷ ÖSTERR (*ungefähr*) about

Beileid *nt kein pl* condolence[s *pl*]; [**mein**] **herzliches ~** [you have] my heartfelt sympathy; **jdm** [**zu etw** *dat*] **sein ~ aussprechen** to offer sb one's condolences [on sth]

Bein <-[e]s, -e> [bain] *nt* leg; **sich** *dat* **kaum noch auf den ~en halten können** to be hardly able to stand on one's [own two] feet; **jdm ein ~ stellen** to trip up sb *sep* ▶ **mit beiden ~en auf dem Boden stehen** to have both feet on the ground; **jdm ~e machen** (*fam*) to give sb a kick in the arse [*or* AM ass]; **auf eigenen ~en stehen** to be able to stand on one's own two feet; **etw auf die ~e stellen** to get sth going

beinah ['baina:], **beinahe** ['baina:ə] *adv* almost

Beinbruch *m* fracture of the leg; **das ist kein ~!** (*fig fam*) it's not as bad as all that! **Beinfreiheit** *f* legroom

Beipackzettel *m* instruction leaflet

beisammen [bai'zamən] *adv* together; **~ sein** to be [all] together

Beisammensein *nt* get-together

beiseite|gehen [bai'zaitə-] *vi* to step aside **beiseite|lassen** *vt* to leave aside **beiseite|legen** *vt* to put to one side

Beispiel <-[e]s, -e> ['baiʃpi:l] *nt* example; **anschauliches/praktisches ~** illustration/demonstration; **mit gutem ~ vorangehen** to set a good example; **sich** *dat* **an jdm ein ~ nehmen** to take a leaf out of sb's book; **zum ~** for example; **wie zum ~** such as

beispiellos *adj* ❶ (*unerhört*) outrageous ❷ (*einzigartig*) unprecedented (**in** in)

beispielsweise *adv* for example

beißen <biss, gebissen> ['baisn̩] **I.** *vt* **jdn/etw ~** to bite sb/sth **II.** *vi* ❶ **auf/in etw** *akk* **~** to bite into sth ❷ (*brennen*) to sting; *Säure* to burn; **in den Augen ~** to make one's eyes sting **III.** *vr* **sich ~** *Farben* to clash (**mit** with)

beißend *adj* ❶ (*scharf*) pungent ❷ (*brennend*) burning

Beißzange *f* DIAL pincers *pl*

bei|stehen *vi irreg* **jdm** [**gegen jdn/etw**] **~** to stand by sb [before sb/sth]

bei|stellen *vt* ÖSTERR to provide

Beitrag <-[e]s, -träge> ['baitra:k] *m* ❶ (*Zahlung*) fee ❷ (*Mitwirkung*) contribution ❸ SCHWEIZ (*Subvention*) subsidy

B

Beitragserhöhung *f* increase in contributions **Beitragssenkung** *f* drop in contributions
bei|treten *vi irreg sein* ❶ to join sth ❷ *einem Staatenbund* to enter into
Beitritt *m* ❶ entry (**zu** into) ❷ POL (*zu einem Staatenbund*) accession (**zu** to)
Beiwagen *m* sidecar
bejahen* [bəˈjaːən] *vt* ❶ *Frage* to answer in the affirmative ❷ (*gutheißen*) to approve [of]
bekämpfen* *vt* to fight [against]; **sich [gegenseitig]** ~ to fight one another
bekannt [bəˈkant] *adj* ❶ (*allgemein gekannt*) well-known; **etw ~ geben** to announce sth; **jdn ~ machen** (*berühmt*) to make sb famous; **~ werden** to become famous ❷ (*vertraut*) familiar; **ist dir dieser Name ~?** are you familiar with this name?; **allgemein ~ sein** to be common knowledge; **jdn/sich [mit jdm] ~ machen** to introduce sb/oneself [to sb]; **jdm ~ vorkommen** to seem familiar to sb
Bekannte(r) *f(m) dekl wie adj* acquaintance
bekannt|geben *vt irreg s.* **bekannt 1**
bekannt|machen *vt s.* **bekannt 1**
bekehren* **I.** *vt* to convert (**zu** to) **II.** *vr* **sich [zu etw** *dat*] ~ to be[come] converted [to sth]
bekennen* *irreg* **I.** *vt* ❶ to confess ❷ (*öffentlich dafür einstehen*) to bear witness to **II.** *vr* **sich zu jdm/etw ~** to declare one's support for sb/sth; **sich zu einem Glauben ~** to profess a faith; **sich zu einer Tat ~** to confess to a deed; **sich zu einer Überzeugung ~** to stand up for one's convictions
beklagen* **I.** *vt* to lament **II.** *vr* **sich [über jdn/etw]** ~ to complain [about sb/sth]; **man hat sich bei mir über Sie beklagt** I have received a complaint about you
bekleckern* **I.** *vt* (*fam*) to stain **II.** *vr* (*fam*) **sich mit Brei ~** to spill porridge all down oneself
Bekleidung *f* clothing
bekommen* *irreg* **I.** *vt haben* ❶ (*erhalten*) to receive; *Genehmigung, Mehrheit* to obtain; *Massage, Spritze* to be given; **Ärger/Schwierigkeiten ~** to get into trouble/difficulties; **etw bezahlt ~** to get paid for sth; **etw zu essen/trinken ~** to get sth to eat/drink; **etw geschenkt ~** to be given sth [as a present] ❷ (*entwickeln*) **eine Erkältung ~** to catch a cold; **eine Glatze/graue Haare ~** to go bald/to go grey; **Heimweh ~** to get homesick; **Lust ~, etw zu tun** to feel like doing sth **II.** *vi* **jdm [gut]/schlecht ~** *Essen* to agree/to disagree with sb
bekömmlich [bəˈkœmlɪç] *adj* [easily] digestible
bekümmert *adj* worried (**über** about)
beladen* *irreg vt* to load [up *sep*]
Belag <-[e]s, Beläge> [bəˈlaːk] *m* ❶ KOCHK topping ❷ (*auf Zahn*) film, (*auf Zunge*) fur ❸ (*Schicht*) coating
belagern* *vt* to besiege
belämmert [bəˈlɛmɐt] *adj* (*sl*) sheepish
belanglos *adj* irrelevant
belasten* *vt* ❶ (*beladen*) to load (**mit** with) ❷ (*bedrücken*) to burden; **~d** crippling; **jdn zu sehr belasten** to overstrain sb ❸ *Umwelt* to pollute ❹ FIN *Konto* to debit; **etw mit einer Hypothek ~** to mortgage sth
belästigen* [bəˈlɛstɪgn̩] *vt* (*stören*) to bother; (*zudringlich werden*) to pester
Belästigung <-, -en> *f* annoyance *no pl*
Belastung <-, -en> *f* ❶ (*Gewicht*) load ❷ (*Anstrengung, Last*) burden ❸ ÖKOL pollution ❹ (*Beanspruchung*) strain (**für** on) ❺ FIN charge (*+gen* on)
beleben* **I.** *vt* ❶ (*anregen*) to stimulate ❷ (*erfrischen*) to make feel better ❸ (*lebendiger gestalten*) to liven up **II.** *vr* **sich ~** ❶ (*sich mit Leben füllen*)

to come to life ❷ (*lebhafter werden*) to light up

belebend *adj* ❶ (*anregend*) invigorating ❷ (*erfrischend*) refreshing

belebt [bəˈleːpt] *adj* ❶ (*bevölkert*) busy ❷ (*lebendig*) animate

Beleg <-[e]s, -e> [bəˈleːk] *m* ❶ (*Quittung*) receipt ❷ (*Unterlage*) proof *no art, no pl*

belegen* *vt* ❶ **ein Brot mit etw** *dat* ~ to spread sth on a slice of bread; **belegte Brote** open sandwiches ❷ (*beweisen*) to verify; *Behauptung* to substantiate ❸ (*sich einschreiben*) **einen Kurs** ~ to enrol for a course

Belegschaft <-, -en> *f* staff

belegt *adj* ❶ (*mit Belag*) coated ❷ *Stimme* hoarse

belehren* *vt* to inform; **jdn eines Besseren** ~ to teach sb otherwise; **sich von jdm ~ lassen** to listen to sb

beleidigen* [bəˈlaidɪgn̩] *vt* to insult; (*stärker*) to offend

Beleidigung <-, -en> *f* insult; **etw als [eine] ~ auffassen** to take sth as an insult

belesen [bəˈleːzn̩] *adj* well-read

beleuchten* *vt* ❶ to light ❷ (*anstrahlen*) to light up *sep*

Beleuchtung <-, *selten* -en> *f* ❶ (*das Beleuchten*) lighting ❷ (*Licht*) lights *pl*

Belgien <-s> [ˈbɛlgi̯ən] *nt* Belgium

Belgier(in) <-s, -> [ˈbɛlgi̯ɐ] *m(f)* Belgian

belgisch [ˈbɛlgɪʃ] *adj* Belgian

Belichtung *f* FOTO exposure

Belichtungsmesser *m* light meter

beliebig [bɛˈliːbɪç] **I.** *adj* any; **[irgend]eine [*o* jede] ~e Zahl** any number at all; **nicht jede ~e Zahl** not every number; **etwas Beliebiges** anything at all; **jeder Beliebige** anyone at all; **irgendein Beliebiger** just anybody **II.** *adv* **~ häufig/lange** as often/long as you like; **etw ~ verändern** to change sth at will

beliebt [bəˈliːpt] *adj* popular (**bei** with); **sich [bei jdm] ~ machen** to make oneself popular [with sb]

Beliebtheit <-> *f kein pl* popularity

bellen [ˈbɛlən] *vi* to bark

belohnen* *vt* to reward (**mit** with/**für** for)

Belohnung <-, -en> *f* ❶ (*das Belohnen*) rewarding ❷ (*Lohn*) reward; **eine ~ [für etw** *akk*] **aussetzen** to offer a reward [for sth]

Belüftung *f kein pl* ventilation *no indef art*

belügen* *irreg vt* **jdn ~** to lie to sb; **sich [selbst] ~** to deceive oneself

bemängeln* [bəˈmɛŋl̩n] *vt* to find fault with

bemerkbar *adj* noticeable; **sich [durch etw** *akk*] **~ machen** to make itself felt [with sth]; **sich [bei jdm] [durch etw** *akk*] **~ machen** to attract [sb's] attention [by doing sth]

bemerken* *vt* ❶ (*wahrnehmen*) to notice ❷ (*äußern*) to remark

bemerkenswert **I.** *adj* remarkable **II.** *adv* remarkably

Bemerkung <-, -en> *f* remark; **eine ~ über etw** *akk* **machen** to remark on sth

bemitleiden* [bəˈmɪtlaidn̩] *vt* to pity; **sich [selbst] ~** to feel sorry for oneself; **sie ist zu ~** she is to be pitied

bemitleidenswert *adj* pitiable

bemühen* *vr* ❶ **sich ~** to try hard; **~ Sie sich nicht** don't bother yourself; **sich um eine Stelle ~** to try hard to get a job; **sich vergebens ~** to try in vain ❷ (*sich kümmern*) **sich um jdn ~** to court sb

Bemühung <-, -en> *f* effort; **danke für Ihre ~en** thank you for your trouble

bemuttern* [bəˈmʊtɐn] *vt* to mother

benachbart [bəˈnaxbaːɐ̯t] *adj* neighbouring *attr;* **das ~e Haus** the house next door

benachrichtigen* [bəˈnaːxrɪçtɪgn̩] *vt* to inform; (*amtlich*) to notify (**über** of)

B

Benachrichtigung <-, -en> *f* notification (**über** of)

benachteiligen* [bə'na:xtailɪgn̩] *vt* to put at a disadvantage; (*diskriminieren*) to discriminate against

Benachteiligung <-, -en> *f* discrimination

benehmen* *vr irreg* **sich ~** to behave [oneself]; **benimm dich!** behave yourself!; **sich gut/schlecht ~** to behave well/badly

Benehmen <-s> *nt kein pl* manners *pl;* **kein ~ haben** to have no manners

beneiden* *vt* **jdn [um etw** *akk*] **~** to envy sb [sth]

beneidenswert *adj* enviable

benommen [bə'nɔmən] *adj* dazed

benutzen*, DIAL **benützen** *vt* ❶ (*gebrauchen*) to use (**als** as); **das Benutzen** the use; **nach dem Benutzen** after use; **benutzt** used; **den Aufzug ~** to take the lift ❷ (*ausnützen*) **jdn ~** to take advantage of sb; **sich benutzt fühlen** to feel [that one has been] used

Benzin <-s, -e> [bɛn'tsi:n] *nt* ❶ (*Kraftstoff*) petrol BRIT, gas[oline] AM; **ein ~ sparendes Auto** an economical car ❷ (*Lösungsmittel*) benzine

beobachten* [bə'ʔo:baxtn̩] *vt* ❶ (*genau betrachten*) to observe; **gut beobachtet!** well spotted!; **jdn [bei etw** *dat*] **~** to watch sb [doing sth] ❷ (*observieren*) [**durch jdn**] **beobachtet werden** to be kept under [the] surveillance [of sb]; **jdn** [**durch jdn**] **~ lassen** to put sb under [the] surveillance [of sb]

Beobachter(in) <-s, -> *m(f)* observer; **ein guter ~** a keen observer

Beobachtung <-, -en> *f* ❶ (*das Beobachten*) observation ❷ (*Observierung*) surveillance

bequem [bə'kve:m] **I.** *adj* ❶ comfortable; **es sich** *dat* **~ machen** to make oneself comfortable ❷ (*pej: träge*) idle **II.** *adv* ❶ (*angenehm*) comfortably ❷ (*leicht*) easily

Bequemlichkeit <-, -en> *f* ❶ comfort ❷ (*Trägheit*) idleness; **aus [reiner] ~** out of [sheer] laziness

beraten* *irreg* **I.** *vt* ❶ (*Rat geben*) **jdn ~** to advise sb (**in** on); **jdn finanziell ~** to give sb financial advice; **sich [von jdm] ~ lassen** to ask sb's advice ❷ (*besprechen*) **etw ~** to discuss sth **II.** *vi* [**über etw** *akk*] **~** to discuss [sth] **III.** *vr* **sich [über jdn/etw] ~** to discuss [sb/sth]

Berater(in) <-s, -> *m(f)* adviser

Beratung <-, -en> *f* ❶ (*das Beraten*) advice ❷ (*Besprechung*) discussion

berauschend *adj* intoxicating

berechenbar [bə'rɛçn̩ba:ɐ̯] *adj* ❶ (*zu berechnen*) calculable ❷ (*einzuschätzen*) predictable

berechnen* *vt* ❶ (*ausrechnen*) to calculate ❷ (*in Rechnung stellen*) to charge; **das hat er mir mit 135 Euro berechnet** he charged me 135 euros for it

berechnend *adj* (*pej*) scheming

berechtigt [bə'rɛçtɪçt] *adj* legitimate

Bereich <-[e]s, -e> *m* ❶ (*Gebiet*) area ❷ (*Sachgebiet*) field

bereichern* [bə'raiçɐn] **I.** *vr* **sich [an etw** *dat*] **~** to grow rich [on sth] **II.** *vt* ❶ to enrich ❷ (*innerlich*) **etw bereichert jdn** sb gains a lot from sth

Bereicherung <-, -en> *f* enrichment; **das Gespräch mit Ihnen war mir eine ~** I gained a lot from our conversation

bereit [bə'rait] *adj meist pred* ❶ (*fertig*) **~ sein** to be ready (**für/zu** for); (*vorbereitet*) to be prepared for sth; **etw ~ haben** to have sth at the ready ❷ (*willens*) **zu etw** *dat* **~ sein** to be prepared to do sth; **sich ~ erklären, etw zu tun** to agree to do sth; **sich zu etw** *dat* **~ finden** to be willing to do sth

bereiten* *vt* ❶ *Freude, Überraschung* to give; **jdm Kopfschmerzen ~** to give sb a headache ❷ (*geh*) KOCHK to prepare

bereits [bəˈraits] *adv* (*geh*) already; **~ damals** even then

Bereitschaft <-, -en> [bəˈraitʃaft] *f* ❶ *kein pl* willingness; **seine ~ zu etw** *dat* **erklären** to express one's willingness to do sth ❷ *kein pl* (*Bereitschaftsdienst*) emergency service; **~ haben** *Apotheke* to provide emergency services; *Arzt, Feuerwehr* to be on call; (*im Krankenhaus*) to be on duty

Bereitschaftsdienst *m* emergency service

bereitwillig **I.** *adj* willing **II.** *adv* readily

bereuen* *vt* to regret; **das wirst du noch ~!** you'll be sorry [for that]!; **seine Missetaten ~** to repent of one's misdeeds

Berg <-[e]s, -e> [bɛrk] *m* ❶ mountain; (*kleiner*) hill; **den ~ hinauf/hinunter** uphill/downhill; **am ~ liegen** to lie at the foot of the hill ❷ (*große Menge*) **ein ~/~e von etw** *dat* a pile/piles of sth; **~e von Papier** mountains of paper

bergab [bɛrkˈʔap] *adv* (*a. fig*) downhill; **mit seinem Geschäft geht es ~** his business is going downhill

Bergarbeiter(in) *m(f)* miner

bergauf [bɛrkˈʔauf] *adv* uphill; **es geht wieder ~** (*fig*) things are looking up **Bergbahn** *f* mountain railway **Bergbau** *m kein pl* **der ~** mining

bergen <barg, geborgen> [ˈbɛrgn̩] *vt* ❶ (*retten*) to rescue (**aus** from); *Tote* to recover; *Schiff* to salvage ❷ (*mit sich bringen*) to involve

Bergführer(in) *m(f)* mountain guide **Bergkette** *f* mountain range **Bergkristall** *m* rock crystal *no art* **Bergmann** <-leute> [ˈbɛrkman] *m* miner **Bergrutsch** *m* landslide **Bergsteigen** *nt* mountaineering **Bergsteiger(in)** *m(f)* mountain climber

Bergung <-, -en> *f* (*Rettung*) rescuing; *eines Schiffes* salvaging; *von Toten* recovering

Bergwacht *f* mountain rescue service **Bergwand** *f* mountain face **Bergwerk** *nt* mine

Bericht <-[e]s, -e> [bəˈrɪçt] *m* report

berichten* **I.** *vt* **jdm etw ~** to tell sb sth; **falsch/recht berichtet** SCHWEIZ wrong/right **II.** *vi* ❶ **[über etw** *akk***] ~** to report [on sth] ❷ (*Bericht erstatten*) **jdm über etw** *akk* **~** to tell sb about sth ❸ SCHWEIZ (*erzählen*) to talk

Berichterstattung *f* reporting (**über** on)

berichtigen* [bəˈrɪçtɪgn̩] *vt, vi* to correct

Berliner[1] [bɛrˈliːnɐ] *adj attr* Berlin

Berliner[2] <-s, -> [bɛrˈliːnɐ] *m* DIAL **~ [Pfannkuchen]** doughnut

Bernstein [ˈbɛrnʃtain] *m kein pl* amber

bersten <barst, geborsten> [ˈbɛrstn̩] *vi sein* (*geh*) ❶ to burst; **zum Bersten voll** (*fam*) full to bursting[-point] ❷ (*fig*) **vor etw** *dat* **~** to burst with sth

berüchtigt [bəˈrʏçtɪçt] *adj* ❶ (*in schlechtem Ruf stehend*) notorious ❷ (*gefürchtet*) feared

berücksichtigen* [bəˈrʏkzɪçtɪgn̩] *vt* to take into consideration

Beruf <-[e]s, -e> [bəˈruːf] *m* job; **sie ist Ärztin von ~** she's a doctor; **was sind Sie von ~?** what do you do [for a living]?; **ein akademischer ~** an academic profession; **ein freier ~** a profession; **ein handwerklicher ~** a trade; **ein gewerblicher ~** a commercial trade; **einen ~ ergreifen** to take up an occupation; **seinen ~ verfehlt haben** to have missed one's vocation

beruflich **I.** *adj* professional **II.** *adv* **was macht sie ~?** what does she do for a living?; **sich ~ weiterbilden** to undertake further training; **~ unterwegs sein** to be away on business

Berufsausbildung *f* [professional] training **Berufsfachschule** *f* training college **Berufskrankheit** *f* occupational disease **Berufsschule** *f* vocational school **berufstätig** *adj* working; **~ sein** to have a job; **sie ist nicht**

mehr ~ she's left work **Berufsverkehr** *m* rush-hour traffic

B

beruhigen* [bə'ruːɪgn̩] **I.** *vt* to calm [down] **II.** *vr* **sich** ~ to calm down

Beruhigungsmittel *nt* sedative

berühmt [bə'ryːmt] *adj* famous (**für** for)

Berühmtheit <-, -en> *f* ❶ fame; ~ **erlangen** to rise to fame ❷ (*berühmter Mensch*) celebrity

berühren* *vt* ❶ to touch ❷ (*seelisch*) to move

besänftigen* [bə'zɛnftɪgn̩] **I.** *vt* to soothe; **sie war nicht zu** ~ she was inconsolable **II.** *vr* **sich** ~ to calm down

Besatzung <-, -en> [bə'zatsʊŋ] *f* ❶ (*Mannschaft*) crew ❷ MIL occupying army

beschädigen* *vt* to damage; [**leicht/schwer**] **beschädigt** [slightly/badly] damaged

Beschädigung *f* damage *no pl*

beschaffen*[1] **I.** *vt* [**jdm**] **etw** ~ to get sth [for sb]; **eine Waffe ist nicht so leicht zu** ~ a weapon is not so easy to come by **II.** *vr* **sich** *dat* **etw** ~ to get sth; **du musst dir Arbeit** ~ you've got to find yourself a job

beschaffen[2] *adj* (*geh*) **irgendwie** ~ **sein** to be made in some way

beschäftigen* [bə'ʃɛftɪgn̩] **I.** *vr* ❶ (*etw tun*) **sich** ~ to occupy oneself ❷ (*sich befassen*) **sich mit jdm** ~ to pay attention to sb; **sich mit etw** *dat* ~ to deal with sth **II.** *vt* ❶ (*in Anspruch nehmen*) **jdn** ~ to be on sb's mind; **mit einer Frage beschäftigt sein** to be preoccupied with a question ❷ (*anstellen*) **jdn** ~ to employ sb ❸ (*eine Tätigkeit geben*) **jdn** [**mit etw** *dat*] ~ to keep sb busy [with sth]

beschäftigt [bə'ʃɛftɪçt] *adj* ❶ (*befasst*) busy (**mit** with) ❷ (*angestellt*) employed (**als** as); **wo bist du ~?** where do you work?

Beschäftigte(r) *f(m)* *dekl wie adj* employee

Beschäftigung <-, -en> *f* ❶ (*Anstellung*) employment *no pl* ❷ (*Tätigkeit*) occupation ❸ (*Auseinandersetzung*) consideration (**mit** of)

beschämt *adj* ashamed

beschaulich *adj* peaceful; **ein ~es Leben führen** to lead a contemplative life

Bescheid <-[e]s, -e> [bə'ʃait] *m* information *no pl, no indef art;* ADMIN answer; **jdm ~ geben** to inform sb (**über** about); **jdm ordentlich ~ sagen** (*fam*) to give sb a piece of one's mind; **gut ~ wissen** to be well-informed; [**über etw** *akk*] ~ **wissen** to know [about sth]

bescheiden[1] [bə'ʃaidn̩] *adj* modest; **nur eine ~e Frage ...** just one small question ...; **ein ~es Leben führen** to lead a humble life; **aus ~en Verhältnissen kommen** to have a humble background

bescheiden*[2] [bə'ʃaidn̩] *irreg vr* (*geh*) **sich mit etw** *dat* ~ to be content with sth

bescheinigen* [bə'ʃainɪgn̩] *vt* **jdm etw** ~ to certify sth for sb *form;* [**jdm**] **~, dass ...** to confirm [to sb] in writing that ...

Bescheinigung <-, -en> *f* certification

beschenken* **I.** *vt* **jdn** [**mit etw** *dat*] ~ to give sb sth [as a present]; **reich beschenkt werden** to be showered with presents **II.** *vr* **sich** [**gegenseitig**] ~ to give each other presents

Bescherung <-, -en> *f* giving of Christmas presents ▶ **eine schöne ~!** (*ironisch*) this is a nice mess!; **da haben wir die ~!** (*ironisch*) what did I tell you!

beschimpfen* **I.** *vt* to insult; **jdn auf's Übelste** ~ to abuse sb in the worst possible manner **II.** *vr* **sich** [**gegenseitig**] ~ to insult each other

beschissen **I.** *adj* (*sl*) lousy **II.** *adv* (*sl*) in a lousy fashion; **es geht ihr wirk-**

lich ~ she's having a miserable time of it; ~ **aussehen** to look like a piece of shit

beschlagen* *irreg vi sein: Scheibe* to mist up

beschlagnahmen* [bəʃlaːknaːmən] *vt* to confiscate

beschleunigen* [bəʃlɔynɪgn̩] *vt, vi* to accelerate

Beschleunigung <-, -en> *f* acceleration *no pl*

beschließen* *irreg* **I.** *vt* ❶ (*entscheiden*) to decide; **ein Gesetz** ~ to pass a motion ❷ (*geh: beenden*) to conclude **II.** *vi* **über etw** *akk* ~ to decide on sth

Beschluss <-es, Beschlüsse> *m* decision; **zu einem** ~ **kommen** to reach a decision; **auf jds** ~ on sb's authority; **auf** ~ **des Parlaments** by order of parliament

beschmutzen* **I.** *vt* to dirty **II.** *vr* **sich** [**mit etw** *dat*] ~ to get oneself dirty [with sth]

Beschneidung <-, -en> *f Vorhaut* circumcision

beschönigen* [bəˈʃøːnɪgn̩] *vt* to gloss over

beschränken* **I.** *vt* ❶ (*begrenzen*) to limit (**auf** to) ❷ (*einschränken*) **jdn in etw** *dat* ~ to curtail sb's sth **II.** *vr* **sich** ~ to restrict oneself (**auf** to); **sich auf das Wesentliche** ~ to keep to the essential points

beschränkt *adj* ❶ restricted ❷ (*dumm*) limited

Beschränkung <-, -en> *f* restriction

beschreiben* *vt irreg* to describe; **ich kann dir nicht ~, wie erleichtert ich war** I can't tell you how relieved I was; **nicht zu** ~ **sein** to be indescribable

Beschreibung *f* description; *eines Verlaufs* account; **das spottet jeder** ~ it beggars description; **eine kurze** ~ a sketch

beschriften* [bəˈʃrɪftn̩] *vt* (*mit Inschrift*) to inscribe; (*mit Aufschrift*) to label

beschuldigen* [bəˈʃʊldɪgn̩] *vt* to accuse (+*gen* of)

Beschuldigung <-, -en> *f* accusation

beschützen* *vt* to protect (**vor** from); **~d** protective

Beschützer(in) <-s, -> *m(f)* protector

Beschwerde <-, -n> [bəˈʃveːɐ̯də] *f* ❶ complaint; **Grund zur** ~ **haben** to have grounds for complaint ❷ *pl* MED complaint *form;* **mein Magen macht mir ~n** my stomach is giving me trouble

beschweren* [bəˈʃveːrən] *vr* **sich** [**bei jdm**] [**über jdn/etw**] ~ to complain [about sb/sth] [to sb]; **ich kann mich nicht** ~ I can't complain

beschwipst [bəˈʃvɪpst] *adj* (*fam*) tipsy

beschwören* *vt irreg* ❶ (*beeiden*) to swear [to]; ~ **kann ich das nicht** I wouldn't like to swear to it ❷ (*anflehen*) to beg ❸ (*herbeirufen*) to conjure up; *Geister* to raise

beseitigen* [bəˈzaitɪgn̩] *vt* (*entfernen*) to dispose of; *Zweifel* to dispel; *Missverständnis* to clear up; *Hindernis* to clear away; *Fehler* to eliminate; **sich leicht** ~ **lassen** to be easily removed

Besen <-s, -> [ˈbeːzn̩] *m* broom; (*kleiner*) brush

besessen [bəˈzɛsn̩] *adj* ❶ REL possessed (**von** by) ❷ (*unter einem Zwang stehend*) [**von etw** *dat*] ~ **sein** to be obsessed [with sth]; **wie** ~ like mad

besetzen* *vt* ❶ (*belegen*) to reserve ❷ (*okkupieren*) to occupy; **einen Posten** ~ to fill a post

besetzt *adj* ❶ (*vergeben*) taken, occupied; **voll/dicht** ~ full crowded ❷ (*belegt*) ~ **sein** *Toilette* to be occupied [*or* BRIT *a.* engaged] [*or* AM *a.* busy] ❸ MIL occupied; (*bemannt*) manned

besichtigen* [bəˈzɪçtɪgn̩] *vt* (*ansehen*) to visit; *Sehenswürdigkeit* to have a look at, to visit; *einen Betrieb* to have a look round, to have a tour of; *ein Haus, eine Wohnung* to view; *eine Schule, Truppen* to inspect

Besichtigung <-, -en> *f* visiting; *einer Wohnung* viewing; **die ~ einer Stadt** a tour of a town

besiedelt *adj* populated; **nicht ~** unpopulated

Besied(e)lung <-, -en> *f* settlement; (*Kolonisierung*) colonization

besinnen* *vr irreg* **sich ~** to think [for a moment]; **sich anders ~** to change one's mind; **nach kurzem Besinnen** after brief consideration

besinnlich [bəˈzɪnlɪç] *adj* contemplative

Besinnung <-> *f kein pl* ❶ (*Bewusstsein*) consciousness; **die ~ verlieren** to faint; [**wieder**] **zur ~ kommen** to come round; **jdn** [**wieder**] **zur ~ bringen** to revive sb; (*fig*) to bring sb round ❷ (*Reflexion*) reflection; **zur ~ kommen** to gather one's thoughts

besinnungslos *adj* ❶ (*ohnmächtig*) unconscious ❷ (*blind*) insensate; *Wut* blind; [**wie**] **~ sein vor etw** *dat* to be beside oneself with sth

Besitz <-es> [bəˈzɪts] *m kein pl* possession; (*Eigentum*) property; **im ~ von etw** *dat* **sein** to be in possession of sth; **in privatem/staatlichem ~** privately-/state-owned; **von etw** *dat* **~ ergreifen** to take possession of sth

besitzen* *vt irreg* ❶ (*Eigentümer sein*) to own ❷ (*haben*) to have [got]

Besitzer(in) <-s, -> *m(f)* owner; *eines Tickets, Passes* holder; **den ~ wechseln** to change hands

besitzergreifend *adj* possessive

besondere(r, s) [bəˈzɔndrə, -rɐ, -rəs] *adj* ❶ (*speziell*) special; **von ~r Bedeutung** of great significance ❷ (*ungewöhnlich*) unusual; (*eigentümlich*) peculiar; (*außergewöhnlich*) particular

Besonderheit <-, -en> *f* peculiarity

besonders [bəˈzɔndɐs] *adv* ❶ (*außergewöhnlich*) particularly; **~ viel** a great deal; **nicht ~ klug** not particularly bright; **nicht ~ sein** (*fam*) to be nothing out of the ordinary; **jd fühlt sich nicht ~** (*fam*) sb feels not too good ❷ (*vor allem*) in particular ❸ (*speziell*) specially

besonnen [bəˈzɔnən] *adj* sensible

besorgen* *vt* ❶ (*beschaffen*) to get; (*kaufen*) to buy; **sich einen Job ~** to find oneself a job ❷ (*erledigen*) to see to; **den Haushalt ~** to run the household

besorgt [bəˈzɔrkt] *adj* ❶ (*voller Sorge*) worried (**wegen/um** about); **ein ~es Gesicht machen** to look troubled ❷ (*fürsorglich*) **um jdn/etw ~ sein** to be anxious about sb/sth

besprechen* *irreg vt* to discuss (**mit** with); **wie besprochen** as agreed

Besprechung <-, -en> *f* (*Konferenz*) meeting; (*Unterredung*) discussion

besser [ˈbɛsɐ] **I.** *adj comp von* **gut** better; **etwas/nichts Besseres** something/nothing better; **nicht ~ als ...** no better than ...; **etw wird ~** sth is getting better **II.** *adv comp von s.* **gut** ❶ better; **es geht jdm ~** MED sb is better ❷ (*lieber*) **dem solltest du ~ aus dem Wege gehen!** it would be better if you avoided him! ▶ **jd will alles ~ wissen** sb knows better; **um so ~!** (*fam*) all the better!

bessern [ˈbɛsɐn] *vr* **sich ~** to improve; **sein [Gesundheits]zustand hat sich gebessert** he has recovered

Besserung <-> *f kein pl* improvement; **gute ~!** get well soon!; **auf dem Weg der ~ sein** to be on one's way to recovery

Besserwisser(in) <-s, -> *m(f)* (*pej*) know-all

beständig *adj* ❶ *attr* (*ständig*) constant ❷ (*gleich bleibend*) consistent; *Wetter* settled

Bestandteil *m* part; SCI component; **sich in seine ~e auflösen** to fall apart; **etw**

in seine ~e zerlegen to take sth to pieces

bestärken* *vt* **jdn** ~ to encourage sb; **jdn in seinem Vorhaben** ~ to confirm sb in their intention; **jdn in einem Verdacht** ~ to reinforce sb's suspicion

bestätigen* [bəˈʃtɛːtɪgn̩] *vt* to confirm; **die Richtigkeit einer S.** *gen* ~ to verify sth; **jdn** ~ to support sb (**in** in)

Bestätigung <-, -en> *f* confirmation; *Richtigkeit* verification; [**keine**] ~ **finden** (*geh*) to [not] be validated

Bestattungsinstitut *nt*, **Bestattungsunternehmen** *nt* (*geh*) funeral parlour

beste(r, s) [ˈbɛstə, ˈbɛstɐ, ˈbɛstəs] **I.** *adj attr superl von* **gut** best; **mit den ~n Wünschen** with all best wishes **II.** *adv* ❶ **am ~n** + *verb* best ❷ (*ratsam*) **am ~n ...** it would be best if ...

bestechen* *irreg vt* to bribe (**mit** with)

bestechlich [bəˈʃtɛçlɪç] *adj* corrupt

Bestechung <-, -en> *f* bribery

Besteck <-[e]s, -e> [bəˈʃtɛk] *nt* (*Messer, Gabel, Löffel*) cutlery *n sing*

bestehen* *irreg* **I.** *vt Prüfung* to pass (**mit** with); **etw nicht** ~ to fail sth **II.** *vi* ❶ (*existieren*) to be; **es besteht kein Zweifel** there is no doubt; **das Unternehmen besteht seit 50 Jahren** the company is 50 years old; **es besteht die Gefahr, dass ...** there is a danger of ...; **das Problem besteht darin, dass ...** the problem is that ... ❷ (*sich zusammensetzen*) to consist (**aus** of) ❸ (*insistieren*) **auf etw** *dat* ~ to insist on sth; **darauf ~, dass ...** to insist that ...

besteigen* *vt irreg* ❶ *Berg* to climb [up onto] ❷ *Pferd, Rad* to mount ❸ *Schiff* to go on board ❹ (*begatten*) ZOOL to cover

bestellen* *vt* ❶ to order (**bei** from); *Zeitung* to subscribe to; *Taxi* to call ❷ (*reservieren*) to reserve ❸ (*ausrichten*) to tell; [**jdm**] **Grüße** ~ to send [sb] one's regards ❹ *Acker* to plant ▶ **mit etw** *dat* **ist es schlecht bestellt** sth is in a bad way

Bestellnummer *f* order number

Bestellung <-, -en> *f* order; **eine ~ aufgeben** to make an order; **auf ~ arbeiten** to work to order; **etw auf ~ machen** to make sth to order ▶ **wie auf** ~ in the nick of time

bestimmen* **I.** *vt* ❶ (*festsetzen*) to decide on; *Ort, Preis, Zeit* to fix ❷ (*vorsehen*) **füreinander bestimmt** meant for each other; **etw ist für jdn bestimmt** sth is for sb ❸ (*beeinflussen*) to influence; **durch etw** *akk* **bestimmt werden** to be determined by sth **II.** *vi* **über jdn/etw** ~ to control sb/sth

bestimmt [bəˈʃtɪmt] **I.** *adj* ❶ (*ein gewisser*) certain ❷ (*ein spezieller*) particular; **etwas Bestimmtes** something [in] particular ❸ (*festgesetzt*) fixed; (*deutlich*) exact; **~er Artikel** LING definite article **II.** *adv* definitely; ~ **nicht** certainly not; **etw ganz ~ wissen** to be positive about sth

bestmöglich [ˈbɛstˈmøːklɪç] *adj* best possible; **das ~e tun** to do one's best

bestrafen* *vt* to punish (**mit** by/with); **etw wird mit Gefängnis bestraft** sth is punishable by imprisonment

Bestrafung <-, -en> *f* punishment; **zur** ~ as a punishment

Bestrahlung *f* MED radiotherapy

Bestreben *nt* endeavour[s]; **das ~ haben, etw zu tun** to make every effort to do sth

bestreiten* *vt irreg* ❶ (*leugnen*) to deny; *Behauptung* to reject; **es lässt sich nicht ~, dass ...** it cannot be denied that ... ❷ (*finanzieren*) to finance; **seinen Unterhalt** ~ to earn a living

bestürzt *adj* dismayed (**über** by); **zutiefst** ~ deeply dismayed

B

Besuch <-[e]s, -e> [bəˈzuːx] *m* ❶ visit (**bei** to); **jdm einen ~ abstatten** to pay sb a visit; [**bei jdm**] **auf ~ sein** to be on a visit [to sb] ❷ (*Besucher*) visitor[s]; **hoher ~** important visitor[s]
besuchen* *vt* ❶ to visit; **besuch mich bald mal wieder!** come again soon! ❷ (*teilnehmen*) to attend
Besucher(in) <-s, -> *m(f)* visitor; *Theater* theatre goer; SPORT spectator
Besuchszeit *f* visiting hours *pl*
betäuben* [bəˈtɔybn̩] *vt* ❶ (*narkotisieren*) to anaesthetize; **die Entführer betäubten ihr Opfer** the kidnappers drugged their victim ❷ MED *Schmerz* to kill; [**wie**] **betäubt** [as if] paralysed ❸ (*unterdrücken*) *Emotionen* to suppress
Betäubungsmittel *nt* drug
Bete <-, *selten* -n> [ˈbeːtə] *f* **rote ~** beetroot
beteiligen* [bəˈtailɪgn̩] *vr* **sich ~** to participate (**an** in)
Beteiligung <-, -en> *f* (*Teilnahme*) participation (**an** in)
beten [ˈbeːtn̩] **I.** *vi* to pray **II.** *vt* **etw ~** to recite sth
beteuern* [bəˈtɔyɐn] *vt* **jdm ~, dass ...** to protest to sb that ...; **seine Unschuld ~** to protest one's innocence
Beton <-, *selten* -s> [beˈtɔŋ, beˈtõː, beˈtoːn] *m* concrete
betonen* *vt* to stress
betonieren* [betoˈniːrən] *vt* to concrete; **betoniert** concrete
Betonung <-, -en> *f* stress
betrachten* *vt* ❶ to look at; **bei näherem Betrachten** on closer examination ❷ (*halten für*) to regard (**als** as)
beträchtlich [bəˈtrɛçtlɪç] *adj* considerable
Betrag <-[e]s, Beträge> [bəˈtraːk] *m* amount
betragen* *irreg* **I.** *vi* to be; **die Rechnung beträgt 10 Euro** the bill comes to 10 euros **II.** *vr* **sich ~** to behave
Betragen <-s> *nt kein pl* behaviour; SCH conduct
betreffen* *vt irreg* ❶ **jdn ~** to concern sb; **etw ~** to affect sth; **was das betrifft, ...** as far as that is concerned; **„Betrifft: ..."** "Re: ..." ❷ (*geh: widerfahren*) to befall ❸ (*geh: seelisch treffen*) to affect
betreffend *adj* in question *pred;* **die ~e Person** the person in question
betreiben* *vt irreg* ❶ (*vorantreiben*) to proceed ❷ (*ausüben*) to carry on; *Firma* to run ❸ (*sich beschäftigen mit*) to do ❹ *Maschine* to operate ❺ (*antreiben*) to power (**mit** with); **das U-Boot wird atomar betrieben** the submarine is nuclear-powered
betreten*¹ *vt irreg* ❶ (*hineingehen*) to enter; **„Betreten für Unbefugte verboten"** "No entry to unauthorized persons" ❷ (*auf etw treten*) to walk on sth
betreten² **I.** *adj* embarrassed **II.** *adv* embarrassedly
Betrieb <-[e]s, -e> [bəˈtriːp] *m* ❶ (*Firma*) company ❷ *kein pl* **heute war nur wenig/herrschte großer ~** it was very quiet/busy today ❸ *einer Maschine* operation; **außer ~** out of order; **in ~** in operation; **etw in ~ nehmen** to put sth into operation
Betriebsrat *m* employee representative committee **Betriebsrat, -rätin** *m, f* employee representative **Betriebssystem** *nt* INFORM operating system **Betriebsunfall** *m* ≈ industrial accident
betrinken* *vr irreg* **sich** [**mit etw** *dat*] **~** to get drunk [on sth]
betroffen **I.** *imp von* **betreffen** **II.** *adj* shocked; **~es Schweigen** stunned silence **III.** *adv* with dismay
betrübt *adj* sad (**über** about)
Betrug <-[e]s, *pl* SCHWEIZ Betrüge> [bəˈtruːk] *m* fraud
betrügen* *irreg vt* ❶ (*täuschen*) to cheat (**um** out of); **sich** [**selbst**] **~** to deceive oneself; **betrogen** cheated;

ich fühle mich betrogen! I feel betrayed! ❷ (*Seitensprung*) **jdn** [**mit jdm**] ~ to be unfaithful to sb [with sb]

Betrüger(in) <-s, -> [bəˈtryːgɐ] *m(f)* con man

betrunken [bəˈtrʊnkn̩] **I.** *adj* drunken *attr,* drunk *pred* **II.** *adv* drunkenly

Bett <-[e]s, -en> [bɛt] *nt* bed; **jdn ins ~ bringen** to put sb to bed; **ins ~ gehen** to go to bed; **jdn aus dem ~ holen** to get sb out of bed; **das ~ hüten müssen** to be confined to [one's] bed; **an jds ~** at sb's bedside

Bettbezug *m* duvet cover **Bettdecke** *f* blanket

betteln [ˈbɛtl̩n] *vi* to beg (**um** for)

Bettflasche *f* SÜDD, SCHWEIZ hot-water bottle **Bettlaken** *nt s.* **Betttuch**

Bettler(in) <-s, -> [ˈbɛtlɐ] *m(f)* beggar

Betttuch [ˈbɛttuːx] *nt* sheet **Bettwäsche** *f* bedlinen **Bettzeug** *nt* bedding

beugen [ˈbɔygn̩] **I.** *vt* to bend; *Kopf* to bow **II.** *vr* ❶ **sich ~** to bend; **sich aus dem Fenster ~** to lean out of the window ❷ (*sich unterwerfen*) **sich** [**jdm/etw**] **~** to submit [to sb/sth]; **ich werde mich der Mehrheit ~** I will bow to the majority

Beule <-, -n> [ˈbɔylə] *f* ❶ (*Delle*) dent ❷ (*Schwellung*) bump

beunruhigen* [bəˈʔʊnruːɪgn̩] *vt* to worry

beurteilen* *vt* ❶ (*einschätzen*) to judge ❷ (*abschätzen*) to assess

Beurteilung <-, -en> *f* ❶ (*das Beurteilen*) assessment ❷ (*schriftlich*) report

Beute <-> [ˈbɔytə] *f kein pl* ❶ JAGD prey; **eine leichte ~** [an] easy prey ❷ (*Diebesgut*) haul; [**fette**] **~ machen** to make a [big] haul

Beutel <-s, -> [ˈbɔytl̩] *m* bag

bevölkert *adj* (*besiedelt*) populated

Bevölkerung <-, -en> *f* population

bevollmächtigen* *vt* to authorize (**zu** to)

bevor [bəˈfoːɐ̯] *konj* ❶ (*ehe*) before ❷ (*solange*) until; **nicht ~** not until

bevormunden* [bəˈfoːɐ̯mʊndn̩] *vt* to treat like a child

bevor|stehen *vi irreg* **jdm ~** to await sb; **etw steht bevor** sth is approaching

bevorstehend *adj* approaching; *Fest, Geburtstag* upcoming; *Gefahr* impending

bevorzugen* [bəˈfoːɐ̯tsuːgn̩] *vt* ❶ (*begünstigen*) to favour (**vor** over) ❷ (*den Vorzug geben*) to prefer

bewachen* *vt* to guard

bewaffnet *adj* armed

bewahren* *vt* to save (**vor** from); **vor etw** *dat* **bewahrt bleiben** to be spared sth ▶ **Gott bewahre!** (*fam*) [good] Lord no!

bewähren* *vr* **sich ~** to prove itself

bewährt *adj* tried and tested

Bewährung <-, -en> *f* JUR probation; **eine Strafe zur ~ aussetzen** to suspend a sentence; **~ bekommen** to be put on probation

Bewährungshelfer(in) *m(f)* probation officer

bewältigen* [bəˈvɛltɪgn̩] *vt* ❶ to cope with ❷ *Vergangenheit* to come to terms with

bewässern* *vt Feld* to irrigate; *Garten* to water

bewegen*¹ [bəˈveːgn̩] **I.** *vt* to move **II.** *vr* **sich ~** ❶ to move ❷ (*sich körperlich betätigen*) to [take some] exercise ❸ (*sich ändern*) to change

bewegen*² <bewog, bewogen> [bəˈveːgn̩] *vt* **jdn dazu ~, etw zu tun** to move sb to do sth

beweglich [bəˈveːklɪç] *adj* ❶ movable; *Glieder* supple ❷ (*manövrierfähig*) manoeuvrable

Bewegung <-, -en> *f* ❶ movement; (*Hand~*) gesture; **jdn in ~ bringen/halten** to get/keep sb moving; **in ~ sein** *Mensch* to be on the move; **ich war heute den ganzen Tag in ~** I was on the go all day today; **sich in ~ setzen** to start moving; **etw in ~ setzen** to get sth going ❷ (*körperli-*

B

che Betätigung) exercise ❸ (*Ergriffenheit*) emotion ❹ (*Änderung*) change

bewegungslos *adj* motionless

Beweis <-es, -e> [bə'vais] *m* proof; **den ~ [für etw** *akk*] **erbringen** to provide conclusive proof [of sth]

beweisen* *irreg vt* ❶ to prove ❷ (*erkennen lassen*) to show; **~, dass ...** to show that ...

bewerben* *vr irreg* **sich ~** to apply (**auf** in response to/**bei** to/**um** for)

Bewerber(in) <-s, -> *m(f)* applicant

Bewerbung *f* application

bewerten* *vt* to assess; *Wertsachen* to value; **jdn/etw nach etw** *dat* **~** to judge sb/sth according to sth; **etw zu hoch/niedrig ~** to overvalue/undervalue sth

Bewertung *f* assessment; *von Wertsachen* valuation; SCH marking

bewilligen* [bə'vɪlɪgn̩] *vt* to approve; FIN to grant

bewirken* *vt* ❶ (*verursachen*) to cause ❷ (*erreichen*) [**bei jdm**] **etwas ~** to achieve sth [with sb]

bewirten* *vt* to entertain (**mit** with)

bewohnen* *vt Haus* to live in; *Gegend* to inhabit

Bewohner(in) <-s, -> *m(f)* (*Einwohner*) inhabitant; *von Wohnung* occupant

bewölken* *vr* **sich ~** to cloud over

bewölkt *adj* cloudy

Bewunderer, **Bewunderin** <-s, -> [bə'vʊndərɐ, bə'vʊndərɪn] *m, f* admirer

bewundern* *vt* to admire (**wegen** for); **was ich an dir bewundere, ist ...** what I admire about you is ...

bewundernswert, **bewundernswürdig** *adj* (*geh*) admirable (**an** about)

Bewunderung <-, *selten* -en> *f* admiration

bewusst [bə'vʊst] I. *adj* ❶ (*vorsätzlich*) deliberate ❷ (*wissend*) **sich** *dat* **einer S.** *gen* **~ sein** to be aware of sth; **jdm ~ sein** to be clear to sb II. *adv* ❶ (*überlegt*) **~ leben** to live with great awareness ❷ (*vorsätzlich*) deliberately ❸ (*klar*) **jdm etw ~ machen** to make sb realize sth; **sich** *dat* **etw ~ machen** to realize sth

bewusstlos [bəvʊstloːs] *adj* unconscious

Bewusstsein <-s> *nt kein pl* consciousness; **bei [vollem] ~ sein** to be [fully] conscious; **etw aus dem ~ verdrängen** to banish sth from one's mind; **jdm etw ins ~ rufen** to remind sb of sth

bezahlen* *vi, vt* to pay; [**Herr Ober,] bitte ~!** waiter, the bill please!; **ich bezahle den Wein!** I'll pay for the wine!

Bezahlung *f* ❶ (*das Bezahlen*) payment; *Getränke, Speisen* paying for ❷ (*Lohn, Gehalt*) pay; **gegen/ohne ~** for/without payment

bezaubernd *adj* ❶ (*entzückend*) enchanting; **sie war eine Frau von ~er Schönheit** she was a woman of captivating beauty ❷ (*iron*) **wirklich ~!** that's really great!, oh how wonderful!

bezeichnen* I. *vt* ❶ (*benennen*) to call ❷ (*kennzeichnen*) to mark (**mit** with) II. *vr* **sich als etw ~** to call oneself sth

bezeichnend *adj* typical (**für** of)

Bezeichnung *f* ❶ (*Ausdruck*) term ❷ (*Kennzeichnung*) marking

beziehen* *irreg* I. *vt* ❶ (*mit Stoff*) to cover ❷ (*erhalten*) to receive (**von** from) ❸ SCHWEIZ *Steuern* to collect ❹ (*in Beziehung setzen*) **etw auf etw** *akk* **~** to apply sth to sth II. *vr* **sich auf jdn/etw ~** to refer to sb/sth

Beziehung <-, -en> [bə'tsiːʊŋ] *f* ❶ (*Verhältnis*) relationship (**zu** with); **diplomatische ~en** diplomatic relations ❷ *meist pl* (*Verbindungen*) connections *pl*; **seine ~en spielen lassen** to pull [some] strings; **in keiner ~ zueinander stehen** to have no connection with one another ❸ (*Hinsicht*) **in jeder/mancher ~** in every/many respect

Beziehungsprobleme *pl* relationship problems *pl*
beziehungsweise *konj* or rather
Bezirk <-[e]s, -e> [bəˈtsɪrk] *m* district
Bezug <-[e]s, Bezüge> [bəˈtsuːk] *m* ❶ (*Überzug*) cover ❷ (*Kauf*) purchasing ❸ SCHWEIZ (*von Steuern*) collection ❹ (*Verbindung*) relation ❺ (*geh: Bezugnahme*) reference; ~ **auf etw** *akk* **nehmen** to refer to sth ❻ (*Hinsicht*) **in ~ auf jdn/etw** with regard to sb/sth
bezwecken* [bəˈtsvɛkn̩] *vt* to aim to achieve (**mit** with); **was willst du damit ~?** what do you hope to achieve by doing that?
bezweifeln* *vt* to question; **~, dass ...** to doubt that ...
BH <-[s], -[s]> [beːˈhaː] *m Abk von* **Büstenhalter** bra
Bibel <-, -n> [ˈbiːbl̩] *f* Bible
Biber <-s, -> [ˈbiːbɐ] *m* beaver
Bibliothek <-, -en> [biblioˈteːk] *f* library
Bibliothekar(in) <-s, -e> [biblioteˈkaːɐ̯] *m(f)* librarian
bieder [ˈbiːdɐ] *adj* (*pej*) conventional
biegen <bog, gebogen> [ˈbiːgn̩] **I.** *vt haben* ❶ to bend ❷ ÖSTERR (*flektieren*) to inflect ► **auf Biegen oder <u>Brechen</u>** (*fam*) by hook or by crook **II.** *vi sein: Fahrer* to turn; *Straße* to curve **III.** *vr haben* **sich ~** ❶ (*sich krümmen*) to bend ❷ (*sich verziehen*) to go out of shape
biegsam [ˈbiːkzaːm] *adj* flexible
Biegung <-, -en> *f* ❶ bend; **eine ~ machen** to turn ❷ ÖSTERR (*Flexion*) inflection
Biene <-, -n> [ˈbiːnə] *f* bee
Bienenkönigin *f* queen bee **Bienenstock** *m* beehive **Bienenwachs** *nt* beeswax
Bier <-[e]s, -e> [biːɐ̯] *nt* beer; **~ vom Fass** draught beer
Bierdose *f* beer can **Bierkasten** *m* crate of beer
bieten <bot, geboten> [ˈbiːtn̩] **I.** *vt* to offer; *Gelegenheit, Möglichkeit* to give; *Schutz, Sicherheit* to provide; **sich** *dat* **etw nicht ~ lassen** to not stand for sth **II.** *vi* to [make a] bid **III.** *vr* **sich [jdm] ~** to present itself [to sb]
Bikini <-s, -s> [biˈkiːni] *m* bikini
Bilanz <-, -en> [biˈlants] *f* ❶ ÖKON balance sheet ❷ (*Ergebnis*) end result; **[die] ~ [aus etw** *dat*] **ziehen** (*fig*) to take stock [of sth]
Bild <-[e]s, -er> [bɪlt] *nt* ❶ picture ❷ (*Anblick*) scene ► **sich** *dat* **von jdm/etw ein ~ <u>machen</u>** to form an opinion about sb/sth
bilden [ˈbɪldn̩] **I.** *vt* ❶ (*hervorbringen*) to form; **sich** *dat* **eine Meinung ~** to form an opinion ❷ (*ausbilden*) to educate ❸ KUNST to make (**aus** from) **II.** *vr* ❶ (*entstehen*) **sich ~** to form, to be formed ❷ (*lernen*) **sich ~** to educate oneself
Bilderbuch *nt* picture book **Bilderrahmen** *m* picture frame
Bildhauer(in) <-s, -> [ˈbɪlthauɐ] *m(f)* sculptor
Bildhauerei <-> *f kein pl* sculpture *no art*
Bildschirm *m* screen
Bildung <-, -en> *f* ❶ *kein pl* (*geistige*) education; **[keine] ~ haben** to be [un]educated ❷ *kein pl* (*Entwicklung*) development ❸ *kein pl* (*Zusammenstellung*) formation **Bildungsurlaub** *m* educational holiday
Billard <-s, -e> [ˈbɪljart] *nt* billiards + *sing vb*
Billardkugel *f* billiard ball **Billardstock** *m* billiard cue
Billeteur, Billeteuse <-s, -e> *m, f* ❶ SCHWEIZ conductor *masc*, conductress *fem* ❷ ÖSTERR usher *masc*, usherette *fem*
Billett <-[e]s, -s/-e> [bɪlˈjɛ(t)] *nt* ❶ SCHWEIZ ticket ❷ ÖSTERR greetings [*or* AM greeting] card
Billiarde <-, -n> [bɪˈli̯ardə] *f* thousand trillion

billig ['bɪlɪç] **I.** *adj* cheap **II.** *adv* cheaply
billigen ['bɪlɪgn̩] *vt* to approve of
Billigflieger *m* (*fam*) low-budget airline **Billigjob** *m* (*pej fam*) low-pay job **Billiglinie** *f* (*fam*) low-budget airline
Billion <-, -en> [bɪ'li̯o:n] *f* trillion
Bimsstein ['bɪmsʃtain] *m* pumice stone
Binde <-, -n> ['bɪndə] *f* ❶ MED bandage; (*Schlinge*) sling ❷ (*Monats~*) sanitary towel [*or* AM napkin]
Bindegewebe *nt* connective tissue **Bindehaut** *f* conjunctiva **Bindehautentzündung** *f* conjunctivitis *no pl, no indef art*
binden <band, gebunden> ['bɪndn̩] **I.** *vt* ❶ (*mit Faden etc.*) to bind ❷ (*fesseln, befestigen*) to tie [up *sep*] (**an** to) ▶ **jdm sind die Hände gebunden** sb's hands are tied **II.** *vr* **sich an jdn/etw ~** to commit oneself to sb/sth
Bindestrich *m* hyphen
Bindfaden *m* string
Bindung <-, -en> *f* ❶ (*Verbundenheit*) bond (**an** to) ❷ (*Verpflichtung*) commitment
binnen ['bɪnən] *präp +dat o gen* (*geh*) within; **~ Kurzem** soon
Binnengewässer *nt* inland water *no indef art* **Binnenhafen** *m* inland port **Binnenmeer** *nt* inland sea
Biobauer, -bäuerin *m, f* organic farmer
Biochemie [bioçe:'mi:] *f* biochemistry
biodynamisch [biody'na:mɪʃ] *adj* organic
Biografie <-, -n> [biogra'fi:] *f* ❶ (*Buch*) biography ❷ (*Lebenslauf*) life [history]
Bioladen *m* health-food shop [*or* AM *usu* store]
Biologe, Biologin <-n, -n> [bio'lo:gə, -'lo:gɪn] *m, f* biologist
Biologie <-> [biolo'gi:] *f kein pl* biology
biologisch **I.** *adj* biological **II.** *adv* biologically; **~ abbaubar** biodegradable
Biometrie <-> [biome'tri:] *f kein pl* biometry
biometrisch *adj* biometric
Biomüll *m* organic waste **Biowaffe** *f* bioweapon
Birke <-, -n> ['bɪrkə] *f* birch [tree]
Birnbaum *m* pear tree; (*Holz*) pearwood
Birne <-, -n> ['bɪrnə] *f* ❶ pear ❷ ELEK [light] bulb
bis [bɪs] **I.** *präp +akk* ❶ *zeitlich* till, until; (*nicht später als*) by; **von ... ~ ...** from ... until...; **~ morgen!** see you tomorrow!; **~ dahin/dann** by then; **~ einschließlich** up to and including; **~ jetzt** up to now; **~ wann?** until when?; **~ wann bleibst du?** how long are you staying [for]? ❷ *räumlich* to; (*bis zu*) as far as; **~ hierher** up to this point; **~ wo[hin] ...?** where ... to? ❸ (*erreichend*) up to; **ich zähle ~ drei** I'll count [up] to three; **Kinder ~ sechs Jahre** children up to the age of six **II.** *adv* ❶ *zeitlich* till, until; **~ gegen 8 Uhr** until about 8 o' clock ❷ *räumlich* into, to; **die Äste reichen ~ ans Haus** the branches reach right up to the house ❸ (*mit Ausnahme von*) **~ auf ~ an** SCHWEIZ except [for] **III.** *konj* ❶ (*beiordnend*) to; **400 ~ 500 Gramm Schinken** 400 to 500 grams of ham ❷ (*bevor*) by the time, till, until; **~ es dunkel wird, möchte ich zu Hause sein** I want to be home by the time it gets dark; **ich warte noch, ~ es dunkel wird** I'll wait until it gets dark
Bisam <-s, -e> ['bi:zam] *m* ❶ MODE musquash ❷ *no pl* (*Moschus*) musk
Bisamratte *f* muskrat
Bischof, Bischöfin <-s, Bischöfe> ['bɪʃɔf] *m, f* bishop
bisexuell [bizɛ'ksu̯ɛl, 'bi:-] *adj* bisexual
bisher [bɪs'he:ɐ̯] *adv* until now
bisherig [bɪs'he:rɪç] *adj attr* (*vorherig*) previous *attr;* (*momentan*) present, to date, up to now
Biskuit <-[e]s, -s> [bɪs'kvi:t] *nt o m* sponge
bislang [bɪs'laŋ] *adv s.* **bisher**
Bison <-s, -e> ['bi:zɔn] *m* bison

Biss <-es, -e> [bɪs] *m* bite; ~ **haben** (*fig*) to have drive

bisschen ['bɪsçən] *pron indef* ❶ *in der Funktion eines Adjektivs* **ein ~ ...** a bit of ...; **kein ~ ...** not one [little] bit of ...; **das ~ ...** the little bit of ... ❷ *in der Funktion eines Adverbs* **ein ~ ...** a bit ...; **kein ~ ...** not the slightest bit ...

Bissen <-s, -> ['bɪsn̩] *m* morsel; **er brachte keinen ~ herunter** he couldn't eat a thing

bissig ['bɪsɪç] *adj* ❶ vicious; **„[Vorsicht,] ~er Hund!"** "Beware of [the] dog!" ❷ (*sarkastisch*) caustic

Bistum <-s, -tümer> ['bɪstuːm, *pl:* -tyːmɐ] *nt* bishopric

bisweilen [bɪs'vailən] *adv* (*geh*) at times

bitte ['bɪtə] *interj* ❶ (*auffordernd*) please; ~ **nicht!** no, please!; **ja, ~?** (*am Telefon*) hello? ❷ (*Dank erwidernd*) **danke für die Auskunft! — Bitte[, gern geschehen]!** thanks for the information — You're [very] welcome!; **danke, dass du mir geholfen hast! — Bitte[, gern geschehen]!** thanks for helping me! — Not at all!; **danke schön! — Bitte schön, war mir ein Vergnügen!** thank you! — Don't mention it, my pleasure!; **Entschuldigung! — Bitte!** I'm sorry! — That's all right! ❸ (*anbietend*) ~ **schön!** here you are! ❹ (*um Wiederholung bittend*) **wie ~?** sorry? ❺ (*Gefühl der Bestätigung*) **na ~!** what did I tell you!

Bitte <-, -n> ['bɪtə] *f* request (**um** for); **auf jds ~** at sb's request

bitten <bat, gebeten> ['bɪtn̩] **I.** *vt* **jdn [um etw** *akk*] ~ to ask sb [for sth]; **könnte ich dich um einen Gefallen ~?** could I ask you a favour?; **darf ich [euch] zu Tisch ~?** may I ask you to come and sit down at the table? **II.** *vi* **um etw** *akk* ~ to ask for sth; (*dringend*) to beg for sth; **um Hilfe ~** to ask for help; **um Verzeihung ~** to beg for forgiveness

bitter ['bɪtɐ] **I.** *adj* bitter **II.** *adv* bitterly

Blähung <-, -en> *f meist pl* flatulence *no pl, no indef art;* **~en haben** to have flatulence

Blamage <-, -n> [bla'maːʒə] *f* disgrace *no pl*

blamieren* [bla'miːrən] **I.** *vt* to disgrace **II.** *vr* **sich ~** to make a fool of oneself

blank [blaŋk] *adj* ❶ *Metall, Oberfläche* shiny ❷ **~er Unsinn** sheer nonsense ❸ *pred* (*fam*) ~ **sein** to be broke

Blase <-, -n> ['blaːzə] *f* ❶ ANAT bladder; **sich** *dat* **die ~ erkälten** to get a chill on the bladder ❷ MED blister; **sich** *dat* **~n laufen** to get blisters on one's feet ❸ (*luftgefüllt*) bubble

blasen <bläst, blies, geblasen> ['blaːzn̩] *vi, vt* to blow

Blasenentzündung *f* inflammation of the bladder

blass [blas] *adj* pale

Blatt <-[e]s, Blätter> [blat] *nt* ❶ BOT leaf ❷ (*Papier*) sheet ❸ (*Zeitung*) paper ❹ (*von Werkzeugen*) blade

blättern ['blɛtɐn] *vi* **in einem Buch ~** to flick through a book

Blätterteig *m* flaky pastry

Blattlaus *f* aphid

blau [blau] *adj* ❶ blue ❷ (*blutunterlaufen*) bruised; **ein ~es Auge** a black eye; **ein ~er Fleck** a bruise ❸ (*fam: betrunken*) plastered

Blaubeere *f s.* **Heidelbeere**

Blaulicht *nt* flashing blue light

Blazer <-s, -> ['bleːzɐ] *m* blazer

Blech <-[e]s, -e> [blɛç] *nt* ❶ *kein pl* (*Material*) sheet metal *no pl, no indef art* ❷ (*Blechstück*) metal plate

Blechbüchse *f* tin [box] **Blechdose** *f* tin **Blechschaden** *m* damage to the bodywork

Blei <-[e]s, -e> [blai] *nt kein pl* lead

bleiben <blieb, geblieben> ['blaibn̩] *vi sein* ❶ (*weiterhin sein*) **[bei jdm/an einem Ort] ~** to stay [with sb/in a place]; ~ **Sie bitte am Apparat!** hold the line, please!; **die Lage blieb wei-**

B

terhin angespannt the situation remained tense; **wach** ~ to stay awake ❷ (*übrig sein*) to be left; **eine Möglichkeit bleibt uns noch** we still have one possibility left; **es blieb mir keine andere Wahl** I was left with no other choice

bleich [blaiç] *adj* pale

Bleistift *m* pencil

Bleistiftspitzer *m* pencil sharpener

Blende <-, -n> ['blɛndə] *f* ❶ FOTO aperture ❷ (*Sonnenschutz*) blind

blenden ['blɛndn̩] **I.** *vt* ❶ *Licht* to dazzle ❷ (*täuschen*) to deceive **II.** *vi* to be dazzling; **~d weiß** dazzling white

Blick <-[e]s, -e> [blɪk] *m* ❶ look; **er warf einen ~ aus dem Fenster** he glanced out of the window; **auf einen ~** at a glance; **auf den ersten ~** at first sight; **auf den zweiten ~** on closer inspection; **einen ~ auf jdn/etw werfen** to glance at sb/sth ❷ (*Augen*) eyes *pl;* **er musterte sie mit finsterem ~** he looked at her darkly; **den ~ heben/senken** to raise/lower one's eyes ❸ (*Aussicht*) view; **ein Zimmer mit ~ auf den Strand** a room overlooking the beach ▸ **einen ~ für etw** *akk* **haben** to have an eye for sth; **mit ~ auf** with regard to

blicken ['blɪkn̩] *vi* to look (**auf** at); **er blickte kurz aus dem Fenster** he glanced [briefly] out of the window

Blickkontakt *m* **~ haben** to have eye contact

blind [blɪnt] **I.** *adj* blind; **~ werden** to go blind; **sie ist auf einem Auge ~** she's blind in one eye; **vor etw** *dat* **~ sein** to be blinded by sth; **~er Passagier** stowaway **II.** *adv* blindly

Blinddarm *m* appendix

Blinddarmentzündung *f* appendicitis

Blinde(r) *f(m) dekl wie adj* blind woman *fem,* blind man *masc,* blind person

Blindenschrift *f* Braille *no art*

Blindheit <-> *f kein pl* blindness

Blindschleiche <-, -n> ['blɪntʃlaiçə] *f* slowworm

blinken ['blɪŋkn̩] *vi* ❶ (*glänzen*) to gleam ❷ AUTO to indicate; **mit der Lichthupe ~** to flash one's [head]lights

Blinker <-s, -> ['blɪŋkɐ] *m* AUTO indicator

Blinklicht *nt* TRANSP (*an Ampel etc.*) flashing light; (*fam*) indicator

blinzeln ['blɪntsl̩n] *vi* ❶ (*unfreiwillig*) to blink ❷ (*zwinkern*) to wink

Blitz <-es, -e> [blɪts] *m* ❶ METEO lightning *no pl, no indef art;* **vom ~ getroffen werden** to be struck by lightning ❷ FOTO flash

Blitzableiter <-s, -> *m* lightning conductor

blitzen ['blɪtsn̩] **I.** *vi impers* **es blitzt/hat geblitzt** there is/was [a flash of] lightning **II.** *vi* FOTO (*fam*) to use [a] flash

Blitzgerät *nt* flash unit **Blitzlicht** *nt* flash[light] **Blitzschlag** *m* lightning strike

Block[1] <-[e]s, Blöcke> [blɔk] *m* (*Form*) block

Block[2] <-[e]s, Blöcke *o* -s> [blɔk] *m* ❶ (*Häuserreihe*) block; (*Mietshaus*) block [of flats] BRIT, apartment building AM ❷ (*Papier*) book

Blockade <-, -n> [blɔ'kaːdə] *f* ❶ (*Embargo*) blockade; **über etw** *akk* **eine ~ verhängen** to impose a blockade on sth ❷ MED block

Blockhaus *nt* log cabin

blockieren* [blɔ'kiːrən] *vt* to block; *Verkehr* to stop

blöd [bløːt], **blöde** ['bløːdə] **I.** *adj* (*fam*) ❶ silly, stupid ❷ (*unangenehm*) disagreeable; **eine ~e Situation** an awkward situation **II.** *adv* (*fam*) idiotically, stupidly

blödeln ['bløːdl̩n] *vi* (*fam*) to tell silly jokes

Blödmann *m* (*fam*) idiot **Blödsinn** *m kein pl* (*pej fam*) nonsense *no indef art;* **machen Sie keinen ~!** don't mess about! **blödsinnig** ['bløːtzɪnɪç] *adj* (*pej fam*) idiotic

Blog <-s, -s> [blɔk] *nt o m* INFORM blog
bloggen ['blɔgn̩] *vt, vi* INFORM to blog
Blogger(in) <-s, -s> ['blɔgɐ] *m(f)* INFORM blogger
blöken ['blø:kn̩] *vi* to bleat
blond [blɔnt] *adj* blond[e]
bloß [blo:s] **I.** *adj* ❶ (*unbedeckt*) bare; **mit ~em Oberkörper** stripped to the waist ❷ *attr* (*alleinig*) mere; (*allein schon*) very; **schon der ~e Gedanke ...** the very thought ... **II.** *adv* only; **~ nicht!** God forbid! **bloß|stellen** *vt* to show up *sep*
bluffen ['blœfn̩] *vi* to bluff
blühen ['bly:ən] **I.** *vi* ❶ to bloom ❷ (*florieren*) to flourish ❸ (*fam*) **etw blüht jdm** sth is in store for sb **II.** *vi impers* **im Süden blüht es jetzt schon überall** everything is in blossom in the south
Blume <-, -n> ['blu:mə] *f* flower
Blumenbeet *nt* flowerbed **Blumenkohl** *m kein pl* cauliflower **Blumenstrauß** *m* bouquet of flowers **Blumentopf** *m* flowerpot
Bluse <-, -n> ['blu:zə] *f* blouse
Blut <-[e]s> [blu:t] *nt kein pl* blood; **jdm ~ abnehmen** to take a blood sample from sb; **~ stillend** styptic
blutarm ['blu:tʔarm] *adj* anaemic **Blutarmut** *f* anaemia **Blutbild** *nt* blood count **Blutdruck** *m kein pl* blood pressure
Blüte <-, -n> ['bly:tə] *f* ❶ flower; *Baum* blossom; **in [voller] ~ stehen** to be in [full] bloom ❷ (*fam: falsche Banknote*) dud
Blutegel *m* leech
bluten ['blu:tn̩] *vi* to bleed **(an/aus** from)
Blütenblatt *nt* petal **Blütenstaub** *m* pollen
Bluter <-s, -> ['blu:tɐ] *m* MED haemophiliac
Bluterguss <-es, -ergüsse> *m* bruise **Blutgruppe** *f* blood group **Blutorange** *f* blood orange **Blutsauger** *m* bloodsucker **Blutspender(in)** *m(f)* blood donor **blutstillend** *adj s.* **Blut**
Blutung <-, -en> *f* bleeding *no pl, no indef art;* **[monatliche] ~** menstruation
Blutvergießen <-s> *nt kein pl* bloodshed *no indef art* **Blutvergiftung** *f* blood poisoning *no indef art* **Blutwäsche** *f* haemodialysis **Blutwurst** *f* black pudding BRIT, blood sausage AM
Blutzucker *m* MED blood sugar
Bö <-, -en> [bø:] *f* gust
Bock[1] <-[e]s, Böcke> [bɔk] *m* (*Schaf*) ram; (*Ziege*) billy goat ▶ **alter ~** (*fam*) old goat; **sturer ~** (*fam*) stubborn sod
Bock[2] <-s, -> [bɔk] *nt*, **Bockbier** *nt* bock beer (*type of strong beer*)
Bockspringen *nt kein pl* SPORT vaulting *no art*
Bockwurst *f* bockwurst (*type of boiled sausage*)
Boden <-s, Böden> ['bo:dn̩] *m* ❶ (*Erde*) soil; **fetter/magerer ~** fertile/barren soil ❷ (*Erdoberfläche*) ground ❸ *kein pl* (*Territorium*) land; **auf britischem ~** on British soil ❹ (*Fußboden*) floor ❺ (*Dachspeicher*) loft; **auf dem ~** in the loft ❻ (*Grund*) bottom
Bodenbelag *m* floor covering **Bodenfrost** *m* ground frost *no pl* **Bodenhaftung** *f* AUTO wheel grip
Bodennebel *m* ground fog **Bodenschätze** *pl* mineral resources *pl* **Bodensee** ['bɔdn̩ze:] *m* **der ~** Lake Constance
Body <-s, -s> ['bɔdi] *m* body BRIT, bodysuit AM
Bogen <-s, -> ['bo:gn̩] *m* ❶ (*gekrümmte Linie*) curve ❷ (*Blatt Papier*) sheet [of paper] ❸ (*Waffe*) bow; **Pfeil und ~** bow and arrow[s *pl*] ❹ ARCHIT arch ▶ **in hohem ~ hinausfliegen** (*fam*) to be turned out
Bogenschütze, -schützin *m, f* archer
Bohle <-, -n> ['bo:lə] *f* plank
Bohne <-, -n> ['bo:nə] *f* bean; **dicke/grüne/rote/weiße ~n** broad/

French/kidney/haricot beans

Bohnenkaffee *m* real coffee **Bohnenkraut** *nt kein pl* savory *no pl*

bohren ['bo:rən] **I.** *vt* ❶ to bore; (*mit Bohrer*) to drill ❷ (*hineinstoßen*) **er bohrte ihm das Messer in den Bauch** he plunged the knife into his stomach **II.** *vi* ❶ to drill ❷ (*stochern*) **in der Nase ~** to pick one's nose

Bohrer <-s, -> *m* drill

Bohrturm *m* derrick

böig ['bø:ɪç] *adj* gusty

Boiler <-s, -> ['bɔylɐ] *m* hot-water tank; **den ~ anstellen** to turn on the water heater

Boje <-, -n> ['bo:jə] *f* buoy

Bolivianer(in) <-s, -> [boli'vi̯a:nɐ] *m(f)* Bolivian

Bolivien <-s> [bo'li:vi̯ən] *nt* Bolivia

Bolzen <-s, -> ['bɔltsn̩] *m* pin; (*mit Gewinde*) bolt

bombardieren* [bɔmbar'di:rən] *vt* ❶ to bomb ❷ (*fam: überschütten*) to bombard

Bombe <-, -n> ['bɔmbə] *f* bomb; **eine ~ legen** to plant a bomb ▶ **die ~ platzen lassen** to drop the bombshell

Bon <-s, -s> [bɔŋ, bõ:] *m* ❶ (*Kassenzettel*) receipt ❷ (*Gutschein*) voucher, coupon

Bonbon <-s, -s> [bɔŋ'bɔŋ] *m o* ÖSTERR *nt* sweet BRIT, candy AM

boomen ['bu:mən] *vi* to boom, to be on the boom

Boot <-[e]s, -e> [bo:t] *nt* boat; **~ fahren** to go boating

Bootsfahrt *f* boat trip **Bootshaus** *nt* boathouse **Bootsmann** <-leute> *m* boatswain **Bootsverleih** *m* boat hire

Bord[1] <-[e]s> [bɔrt] *m* **an ~** aboard; **an ~ gehen** to board; *über ~ gehen* to go overboard; **von ~ gehen** to leave the plane/ship

Bord[2] <-[e]s, -e> [bɔrt] *nt* (*Wandbrett*) shelf

Bord[3] <-[e]s, -e> [bɔrt] *nt* SCHWEIZ (*Rand*) ledge; (*Böschung*) embankment

Bordell <-s, -e> [bɔr'dɛl] *nt* brothel

Bordkarte *f* boarding card **Bordpersonal** *nt kein pl* crew

Bordstein *m* kerb

Borke <-, -n> ['bɔrkə] *f* BOT bark

Borkenkäfer *m* bark beetle

borniert [bɔr'ni:ɐ̯t] *adj* (*pej*) bigoted

Börse <-, -n> ['bœrzə] *f* ❶ (*Wertpapierhandel*) stock market; (*Gebäude*) stock exchange; **an die ~ gehen** to go public; **an der ~ [gehandelt]** [traded] on the exchange; **an der ~ notiert werden** to be quoted on the stock exchange ❷ (*Brieftasche*) wallet

Börsenkurs *m* market price **Börsenmakler(in)** *m(f)* stockbroker

Borste <-, -n> ['bɔrstə] *f* bristle

bösartig *adj* ❶ malicious; *Tier* vicious ❷ MED malignant

Böschung <-, -en> ['bœʃʊŋ] *f* embankment

böse ['bø:zə] **I.** *adj* ❶ bad; (*stärker*) evil; **ein ~s Ende nehmen** to end in disaster; **jdm einen ~n Streich spielen** to play a nasty trick on sb; **eine ~ Überraschung erleben** to have an unpleasant surprise; **nichts Böses ahnen** to not suspect anything is wrong; **jdm Böses tun** to cause sb harm ❷ (*verärgert*) angry; **ein ~s Gesicht machen** to scowl ❸ (*fam: unartig*) naughty **II.** *adv* ❶ (*übelwollend*) evilly; **das habe ich nicht ~ gemeint** I meant no harm ❷ (*fam: sehr, schlimm*) badly; **~ ausgehen** to end in disaster; **~ [für jdn] aussehen** to look bad [for sb]

boshaft ['bo:shaft] *adj* malicious

Bosheit <-, -en> *f* malice *no pl;* **aus [lauter] ~** out of [pure] malice

Boss <-es, -e> [bɔs] *m* boss

böswillig **I.** *adj* malevolent **II.** *adv* malevolently

Botaniker(in) <-s, -> [bo'ta:nikɐ] *m(f)* botanist

botanisch [bo'ta:nɪʃ] *adj* botanical; **~er Garten** Botanical Gardens *pl*

Bote, Botin <-n, -n> ['bo:tə, 'bo:tɪn] *m, f* (*Kurier*) courier; (*mit Nachricht*) messenger

Botschaft <-, -en> ['bo:tʃaft] *f* ❶ (*Nachricht*) news *no pl, no indef art* ❷ POL embassy

Botschafter(in) <-s, -> *m(f)* POL ambassador

Bottich <-[e]s, -e> ['bɔtɪç] *m* tub

Bouillon <-, -s> [bʊl'jɔŋ] *f* consommé

Boulevardpresse [bulə'va:ɐ̯-] *f* yellow press

Boutique <-, -n> [bʊ'ti:k] *f* boutique

Bowle <-, -n> ['bo:lə] *f* ❶ (*Getränk*) punch *no pl* ❷ (*Schüssel*) punchbowl

Bowling <-s, -s> ['bo:lɪŋ] *nt* bowling

Box <-, -en> [bɔks] *f* ❶ box ❷ (*Lautsprecher*) loudspeaker

boxen ['bɔksn̩] **I.** *vi* to box; **gegen jdn ~** to fight sb **II.** *vt* to punch

Boxer(in) <-s, -> ['bɔksɐ] *m(f)* boxer

Boxhandschuh *m* boxing glove **Boxkampf** *m* bout

boykottieren* [bɔɪkɔ'ti:rən] *vt* to boycott

Branche <-, -n> ['brã:ʃə] *f* line of business

Brand <-[e]s, Brände> [brant] *m* fire; **in ~ geraten** to catch fire; **etw in ~ stecken** to set sth alight *Haus* to set on fire

Brandblase *f* burn blister

branden ['brandn̩] *vi* to break (**an/gegen** against)

brandmarken *vt* to brand (**als** as) **Brandstifter(in)** *m(f)* arsonist **Brandstiftung** *f* arson *no pl*

Brandung <-, -en> *f* surf

Branntwein ['brantvain] *m* spirits *pl*

Brasilianer(in) <-s, -> [brazi'li̯a:nɐ] *m(f)* Brazilian

brasilianisch [brazi'li̯a:nɪʃ] *adj* Brazilian

Brasilien <-s> [bra'zi:li̯ən] *nt* Brazil

braten <brät, briet, gebraten> ['bra:tn̩] *vt, vi* (*in der Pfanne*) to fry; (*am Spieß*) to roast

Braten <-s, -> ['bra:tn̩] *m* roast [meat *no pl, no art*]; **kalter ~** cold meat

Brathähnchen *nt*, ÖSTERR, SÜDD **Brathendl** <-s, -[n]> *nt* grilled chicken **Brathering** *m* fried herring **Bratkartoffeln** *pl* fried potatoes **Bratpfanne** *f* frying pan **Bratwurst** *f* [fried] sausage

Brauch <-[e]s, Bräuche> [braux] *m* custom; **nach altem ~** according to custom; **[bei jdm so] ~ sein** to be customary [with sb]

brauchbar *adj* ❶ (*geeignet*) suitable; **nicht ~ sein** to be of no use ❷ (*nützlich*) useful

brauchen ['brauxn̩] **I.** *vt* ❶ to need; **wozu brauchst du das?** what do you need that for? ❷ (*fam: ge-, verbrauchen*) **etw ~** to use sth; **kannst du die Dinge ~?** can you find a use for these? **II.** *vb aux modal* (*müssen*) **etw nicht [zu] tun ~** to not need to do sth; **du hättest doch nur etwas [zu] sagen ~** you need only have said something **III.** *vt impers* SCHWEIZ, SÜDD **es braucht etw** sth is needed

brauen ['brauən] *vt* to brew

Brauerei <-, -en> [brauə'rai] *f* brewery

braun [braun] *adj* brown; (*sonnengebräunt*) [sun-]tanned

Bräune <-> ['brɔynə] *f kein pl* [sun]tan

bräunen ['brɔynən] **I.** *vi, vt* to tan **II.** *vr* **sich ~** to get a tan

Braunkohle *f* brown coal

brausen ['brauzn̩] *vi* ❶ *haben* (*tosen*) to roar; *Wind* to howl ❷ *sein* (*fam: rasen*) to storm; *Wagen* to race

Brausetablette *f* effervescent tablet

Braut <-, Bräute> [braut] *f* bride

Bräutigam <-s, -e> ['brɔytɪgam] *m* [bride]groom

Brautpaar *nt* bride and groom

brav [bra:f] *adj* good; **sei schön ~!** be a good boy/girl

Brecheisen *nt* crowbar

brechen <bricht, brach, gebrochen>

['brɛçn̩] **I.** *vt haben* to break; *Eid* to violate; **sein Schweigen ~** to break one's silence **II.** *vi* ❶ *sein* (*auseinander*) to break [apart] ❷ *haben* (*Verbindung beenden*) to break (**mit** with) ❸ (*sich erbrechen*) to be sick

Brechmittel *nt* emetic [agent] **Brechreiz** *m kein pl* nausea *no art*

Brei <-[e]s, -e> [brai] *m* ❶ (*Speise*) mash *no pl* ❷ (*zähe Masse*) paste ▶ **um den [heißen] ~ herumreden** to beat about the bush

breit [brait] *adj* wide; *Schultern* broad; **etw ~[er] machen** to widen sth; **x cm ~ sein** to be x cm wide

Breitbandanschluss *m* broadband connection

Breitbildfernseher *m* widescreen television

Breite <-, -n> ['braitə] *f* ❶ width; **von x cm ~** x cm in width ❷ (*Gedehntheit*) breadth

Breitengrad *m* [degree of] latitude

Breitseite *f* broadside

Bremsbacke *f* brake shoe **Bremsbelag** *m* brake lining; AUTO brake pad

Bremse <-, -n> ['brɛmzə] *f* ❶ brake; **auf die ~ treten** to put on the brakes ❷ (*Stechfliege*) horsefly

bremsen ['brɛmzn̩] **I.** *vi* to brake **II.** *vt* ❶ to brake ❷ (*verzögern*) to slow down *sep* ❸ (*fam: zurückhalten*) to check; **sie ist nicht zu ~** there's no holding her

Bremslicht *nt* stop light **Bremspedal** *nt* brake pedal

brennbar *adj* combustible

brennen <brannte, gebrannt> ['brɛnən] **I.** *vi* ❶ burn; (*in Flammen stehen*) to be on fire; **wo brennt's denn?** (*fig*) where's the fire? ❷ (*fam*) *Lampe* to be on; **etw ~ lassen** to leave sth on ❸ (*fam: ungeduldig erwarten*) **darauf ~, etw zu tun** to be dying to do sth **II.** *vt* ❶ *CD* to burn ❷ *Schnaps* to distil

brennend *adj* ❶ *Hitze* scorching ❷ *Frage* urgent; *Wunsch* fervent

Brenner <-s, -> ['brɛnɐ] *m* TECH burner; INFORM CD-burner

Brennholz *nt* firewood **Brennnessel** ['brɛnnɛsl̩] *f* stinging nettle **Brennpunkt** *m* ❶ PHYS focal point ❷ (*Zentrum*) focus; **im ~ [des Interesses] stehen** to be the focus [of interest]

Brennspiritus *m* methylated spirit

Brennstoff *m* fuel

Bretagne <-> [bre'tanjə] *f* **die ~** Brittany

Bretone, Bretonin <-n, -n> [bre'toːnə, bre'toːnɪn] *m, f* Breton

Brett <-[e]s, -er> [brɛt] *nt* board; (*Planke*) plank; (*Regalboden*) shelf; **schwarzes ~** noticeboard ▶ **ein ~ vorm Kopf haben** to be slow on the uptake

Brettspiel *nt* board game

Brezel <-, -n> ['breːtsl̩] *f* pretzel

Brief <-[e]s, -e> [briːf] *m* letter **Brieffreund(in)** *m(f)* pen pal **Briefkasten** *m* (*an Haus*) letter box BRIT, mailbox AM; (*Postkasten*) postbox BRIT, mailbox AM; **elektronischer ~** electronic mailbox

Briefmarke *f* stamp **Briefmarkensammler(in)** *m(f)* stamp collector **Briefpapier** *nt* letter paper **Brieftasche** *f* wallet **Briefträger(in)** *m(f)* postman *masc*, postwoman *fem* **Briefumschlag** *m* envelope

Brikett <-s, -s> [bri'kɛt] *nt* briquette

Brillant <-en, -en> [brɪl'jant] *m* brilliant

Brille <-, -n> ['brɪlə] *f* glasses *pl;* **eine ~** a pair of glasses; **[eine] ~ tragen** to wear glasses

Brillenetui *nt* glasses case **Brillengestell** *nt* spectacles frame **Brillenglas** *nt* lens **Brillenschlange** *f* cobra

bringen <brachte, gebracht> ['brɪŋən] *vt* ❶ (*zu sich hin*) to bring; (*von sich weg*) to take; **[jdm] etw ~** to bring [sb] sth; **jdn nach Hause ~** to take sb home; **die Kinder ins Bett ~** to put the children to bed; **den Müll nach draußen ~** to take out the rubbish [*or* AM garbage]

❷ (*versetzen*) **jdn in Bedrängnis ~** to get sb into trouble; **jdn in Schwierigkeiten ~** to put sb into a difficult position ❸ (*veranlassen*) **jdn dazu ~, etw zu tun** to get sb to do sth; **etw zum Brennen/Laufen ~** to get sth to burn/work ❹ (*fam: gut sein*) **sie/es bringt's** she's/it's got what it takes; **das bringt nichts** it's pointless; **das bringt's nicht** that's useless ▶ **etw hinter sich** *akk* **~** to get sth over and done with; **etw mit sich ~** to involve sth; **es nicht über sich** *akk* **~, etw zu tun** not to be able to bring oneself to do sth; **jdn um den Verstand ~** to drive sb mad

brisant [bri'zant] *adj* explosive

Brise <-, -n> ['bri:zə] *f* breeze

Brite, Britin <-n, -n> ['brɪtə, 'brɪtɪn] *m, f* Briton; **wir sind ~n** we're British

britisch ['brɪtɪʃ] *adj* British

bröckeln ['brœkl̩n] *vi* to crumble

Brocken <-s, -> ['brɔkn̩] *m* chunk; **ein harter ~ sein** (*fam*) to be a tough nut; **ein paar ~ Russisch** a smattering of Russian

brodeln ['bro:dl̩n] *vi* to seethe

Brokkoli ['brɔkoli] *pl* broccoli *no pl, no indef art*

Brombeere ['brɔmbe:rə] *f* ❶ blackberry ❷ (*Strauch*) blackberry bush

Brombeerstrauch *m s.* **Brombeere 2**

Bronchie <-, -n> ['brɔnçi̯ə] *f meist pl* bronchial tube

Bronchitis <-, Bronchitiden> [brɔn'çi:tɪs] *f* bronchitis *no art*

Bronze <-, -n> ['brõ:sə] *f* bronze

Brosche <-, -n> ['brɔʃə] *f* brooch

Broschüre <-, -n> [brɔ'ʃy:rə] *f* brochure

Brösel <-s, -> ['brø:zl̩] *m* DIAL crumb

Brot <-[e]s, -e> [bro:t] *nt* bread *no pl;* (*Laib*) loaf [of bread]; **ein ~ mit Honig/Käse** a slice of bread and honey/cheese; **belegtes ~** open sandwich

Brötchen <-s, -> ['brø:tçən] *nt* [bread] roll

Broteinheit *f* carbohydrate unit

Bruch <-[e]s, Brüche> [brʊx] *m* ❶ *eines Vertrags* infringement; *des Vertrauens* breach ❷ (*Beziehung*) **in die Brüche gehen** to break up ❸ MED *eines Knochens* fracture; *der Eingeweide* hernia; **sich** *dat* **einen ~ heben** to give oneself a hernia ❹ MATH fraction

B

brüchig ['brʏçɪç] *adj* brittle; *Stimme* cracked

Bruchrechnung *f* MATH sum with fractions **Bruchstück** *nt* fragment **Bruchteil** *m* fraction; **im ~ einer Sekunde** in a split second **Bruchzahl** *f* fraction

Brücke <-, -n> ['brʏkə] *f* bridge

Bruder <-s, Brüder> ['bru:dɐ] *m* brother; **die Brüder Grimm/Schmitz** the Brothers Grimm/the Schmitz brothers

brüderlich **I.** *adj* fraternal **II.** *adv* like brothers; **~ teilen** to share and share alike

Bruderschaft <-, -en> *f* REL fraternity

Brühe <-, -n> ['bry:ə] *f* ❶ (*Suppe*) [clear] soup ❷ (*fam: Flüssigkeit*) **schmutzige ~** sludge ❸ (*pej fam: Getränk*) slop

Brühwürfel *m* stock cube

brüllen ['brʏlən] *vi* to roar (**vor** with); (*weinen*) to bawl; **brüll doch nicht so!** don't shout like that!

brummen ['brʊmən] **I.** *vi Insekt, Klingel* to buzz; *Bär* to growl; *Bass* to rumble **II.** *vt* **etw ~** to mumble sth

brünett [bry'nɛt] *adj* brunet[te]

Brunnen <-s, -> ['brʊnən] *m* well; (*mit Fontäne*) fountain

Brüssel <-s> ['brʏsl̩] *nt* Brussels

Brust <-, Brüste> [brʊst] *f* ❶ (*Brustkasten*) chest ❷ (*weibliche ~*) breast; **einem Kind die ~ geben** to breast-feed a baby

Brustbein *nt* breastbone **Brustkorb** *m* chest **Brustkrebs** *m* breast cancer **Brustschwimmen** *nt* breast-stroke

Brüstung <-, -en> ['brʏstʊŋ] *f* parapet

Brustwarze *f* nipple

B

brutal [bru'ta:l] **I.** *adj* brutal; **ein ~er Kerl** a brute **II.** *adv* brutally

Brutalität <-, -en> [brutali'tɛ:t] *f* brutality

brüten ['bry:tn̩] *vi* ❶ to brood ❷ (*grübeln*) to brood (**über** over)

brutto ['brʊto] *adv* [in the] gross; **3800 Euro ~ verdienen** to have a gross income of 3800 euros

Bruttoeinkommen *nt* gross income **Bruttogewicht** *nt* gross weight **Bruttoinlandsprodukt** *nt* gross domestic product, GDP **Bruttosozialprodukt** *nt* gross national product, GNP

Bub <-en, -en> [bu:p] *m* SÜDD, ÖSTERR, SCHWEIZ boy, lad

Buch <-[e]s, Bücher> [bu:x] *nt* book; **über etw** *akk* **~ führen** to keep a record of sth

Buche <-, -n> ['bu:xə] *f* beech [tree]

Bücherei <-, -en> [by:çə'rai] *f* library

Bücherregal *nt* bookshelf

Buchfink *m* chaffinch

Buchführung *f* bookkeeping *no pl;* **einfache/doppelte ~** single-/double-entry bookkeeping **Buchhalter(in)** *m(f)* bookkeeper **Buchhaltung** *f* ❶ (*Abteilung*) accounts department ❷ *s.* **Buchführung** **Buchhändler(in)** *m(f)* bookseller **Buchhandlung** *f* bookshop

Buchs <-es, -e> [bʊks] *m* BOT box [tree]

Buchse <-, -n> ['bʊksə] *f* ❶ ELEK jack ❷ TECH bushing

Büchse <-, -n> ['byksə] *f* tin BRIT, can AM

Büchsenöffner *m* can-opener, BRIT *a.* tin-opener

Buchstabe <-n[s], -n> ['bu:xʃta:bə] *m* letter; **fetter ~** bold character; **in großen ~n** in capitals; **in kleinen ~n** in small letters

buchstabieren* [bu:xʃta'bi:rən] *vt* to spell

Bucht <-, -en> [bʊxt] *f* bay

Buchung <-, -en> *f* ❶ (*Reservierung*) booking ❷ FIN posting

Buchweizen *m* buckwheat

Buckel <-s, -> ['bʊkl̩] *m* ❶ (*verkrümmter Rücken*) hunchback ❷ (*fam: Rücken*) back ► **rutsch mir [doch] den ~ runter!** (*fam*) get off my back!

bücken ['bykn̩] *vr* **sich ~** to bend down

bucklig ['bʊklɪç] *adj* (*fam*) ❶ (*mit einem Buckel*) hunchbacked ❷ (*fam: uneben*) bumpy

Buddhismus <-> [bʊ'dɪsmʊs] *m kein pl* Buddhism

Buddhist(in) <-en, -en> [bʊ'dɪst] *m(f)* Buddhist

Budget <-s, -s> [by'dʒe:] *nt* budget

Büfett <-[e]s, -e> [by'fe:] *nt* ❶ (*Anrichte*) sideboard ❷ (*Essen*) buffet; **kaltes ~** cold buffet

Büffel <-s, -> ['byfl̩] *m* buffalo

Bug <-[e]s, Büge> [bu:k] *m* NAUT bow; LUFT nose

Bügel <-s, -> ['by:gl̩] *m* (*für Kleider*) coat hanger

Bügelbrett *nt* ironing board **Bügeleisen** <-s, -> *nt* iron

bügeln ['by:gl̩n] *vt, vi* to iron

Bühne <-, -n> ['by:nə] *f* ❶ (*Spielfläche*) stage; **hinter der ~** behind the scenes ❷ (*Theater*) theatre ► **etw über die ~ bringen** (*fam*) to get sth over with

Buhruf *m* [cry of] boo

Bukett <-s, -s> [bu'kɛt] *nt* bouquet

Bulgare, Bulgarin <-n, -n> [bʊl'ga:rə, bʊl'ga:rɪn] *m, f* Bulgarian

Bulgarien <-s> [bʊl'ga:ri̯ən] *nt* Bulgaria

bulgarisch [bʊl'ga:rɪʃ] *adj* Bulgarian

Bulimie <-> [buli'mi:] *f kein pl* bulimia [nervosa] *no pl*

Bullauge ['bʊl-] *nt* porthole

Bulldogge *f* bulldog

Bulldozer <-s, -> ['bʊldo:zɐ] *m* bulldozer

Bulle <-n, -n> ['bʊlə] *m* ❶ (*Tier*) bull ❷ (*sl: Polizist*) cop *fam*

Bumerang <-s, -s> ['bu:məraŋ] *m* boomerang

Bund[1] <-[e]s, Bünde> [bʊnt] *m* ❶ (*Vereinigung*) association ❷ (*von Ländern*) confederation; **der ~** (*BRD*) the Federal Republic of Germany; SCHWEIZ (*Eidge-*

nossenschaft) the confederation ❸ (*fam: Bundeswehr*) **der ~** the [German] army; **beim ~ sein** to be doing one's military service

Bund[2] <-[e]s, -e> [bʊnt] *nt* bundle; KOCHK bunch

Bündel <-s, -> ['bʏndl̩] *nt* bundle

bündeln *vt* to tie in[to] bundles

Bundeskanzler(in) *m(f)* BRD German Chancellor; ÖSTERR Austrian Chancellor; SCHWEIZ Head of the Federal Chancellery **Bundesland** *nt* federal state; (*nur BRD*) Land **Bundesliga** *f kein pl* German football [*or* AM soccer] league **Bundespräsident(in)** *m(f)* BRD, ÖSTERR President of the Federal Republic of Germany/Austria; SCHWEIZ President of the Confederation **Bundesrepublik** *f* federal republic; **die ~ Deutschland** the Federal Republic of Germany **Bundesstaat** *m* ❶ (*Staatenbund*) confederation ❷ (*Gliedstaat*) federal state; **im ~ Kalifornien** in the state of California **Bundestag** *m kein pl* BRD Bundestag (*Lower House of Parliament*) **Bundeswehr** *f* Federal Armed Forces

Bündnis <-ses, -se> ['bʏntnɪs] *nt* alliance

Bunker <-s, -> ['bʊŋkɐ] *m* bunker; (*gegen Luftangriffe*) air-raid shelter

bunt [bʊnt] **I.** *adj* ❶ colourful ❷ (*vielfältig*) varied **II.** *adv* colourfully; **~ gestreift** with colourful stripes ▶ **jdm wird es zu ~** (*fam*) sb has had enough

Buntspecht *m* great spotted woodpecker **Buntstift** *m* coloured pencil

Bürde <-, -n> ['bʏrdə] *f* (*geh*) ❶ (*Last*) load ❷ (*Beschwernis*) burden

Burg <-, -en> [bʊrk] *f* castle

Bürger(in) <-s, -> ['bʏrgɐ] *m(f)* citizen **Bürgerinitiative** *f* citizens' group **Bürgerkrieg** *m* civil war

bürgerlich ['bʏrgɐlɪç] *adj* ❶ *attr* (*staatsbürgerlich*) civil; **~e Pflicht** civic duty ❷ (*dem Bürgerstand angehörend*) bourgeois *pej*

Bürgermeister(in) ['bʏrgɐmaistɐ] *m(f)* mayor; **der Regierende ~ von Hamburg** the governing Mayor of Hamburg **Bürgerrechtsbewegung** *f* civil rights movement **Bürgersteig** <-[e]s, -e> *m* pavement BRIT, sidewalk AM

Bürgschaft <-, -en> *f* JUR ❶ (*gegenüber Gläubigern*) guaranty; **die ~ für jdn übernehmen** to act as sb's guarantor ❷ (*Haftungssumme*) security

Burgund <-[s]> [bʊr'gʊnt] *nt* Burgundy

Burgunder <-s, -> [bʊr'gʊndɐ] *m* (*Wein aus Burgund*) burgundy

Büro <-s, -s> [by'ro:] *nt* office

Büroangestellte(r) *f(m) dekl wie adj* office worker **Büroarbeit** *f* office work **Büroklammer** *f* paper clip

Bürokratie <-, -n> [byrokra'ti:] *f* bureaucracy

bürokratisch **I.** *adj attr* bureaucratic **II.** *adv* bureaucratically

Bürste <-, -n> ['bʏrstə] *f* brush

bürsten ['bʏrstn̩] *vt* to brush

Bus <-ses, -se> [bʊs] *m* bus

Busbahnhof *m* bus station

Busch <-[e]s, Büsche> [bʊʃ] *m* ❶ (*Strauch*) shrub ❷ (*Wald*) bush

Busen <-s, -> ['bu:zn̩] *m* breast

Busfahrer(in) *m(f)* bus driver **Bushaltestelle** *f* bus stop **Buslinie** *f* bus route

Bussard <-s, -e> ['bʊsart] *m* buzzard

Buße <-, -n> ['bu:sə] *f* ❶ *kein pl* penance; **~ tun** to do penance ❷ (*Geldbuße*) fine

Bußgeld *nt* fine (*imposed for traffic and tax offences*)

Büste <-, -n> ['bʏstə] *f* bust

Büstenhalter *m* bra

Butter <-> ['bʊtɐ] *f kein pl* butter

Butterblume *f* buttercup **Butterbrot** *nt* slice of buttered bread **Butterbrotpapier** *nt* greaseproof paper **Buttermilch** *f* buttermilk

Cc

C

C, c <-, -> [tse:] *nt* ❶ (*Buchstabe*) C, c ❷ MUS [key of] C

Cabrio <-s, -s> ['ka:brio] *nt*, **Cabriolet** <-[s], -s> [kabrio'le:] *nt* convertible

Café <-s, -s> [ka'fe:] *nt* café

Cafeteria <-, -s> [kafetə'ri:a] *f* cafeteria

Camcorder <-s, -> ['kamkɔrdɐ] *m* camcorder

Camping <-s> ['kɛmpɪŋ] *nt kein pl* camping

Campingausrüstung *f* camping equipment **Campingbus** *m* camper **Campingplatz** *m* campsite

Cappuccino <-[s], -[s]> [kapʊ'tʃi:no] *m* cappuccino

CD <-, -s> [tse:'de:] *f Abk von* **Compact Disc** CD **CD-Spieler** *m* CD player

Cello <-s, -s> ['tʃɛlo] *nt* cello

Celsius ['tsɛlziʊs] *no art* Celsius

Cent <-[s], -[s]> ['sɛnt] *m* cent

Ceylon ['tsailɔn] *nt früher für* **Sri Lanka** Ceylon

Chamäleon <-s, -s> [ka'mɛ:leɔn] *nt* chameleon

Champagner <-s, -> [ʃam'panjə] *m* champagne

Champignon <-s, -s> ['ʃampɪnjɔŋ] *m* mushroom

Chance <-, -n> ['ʃã:sə] *f* chance; **die ~n stehen gut/schlecht** there's a good/there's little chance

Chancengleichheit *f kein pl* equal opportunities *pl*

Chaos <-> ['ka:ɔs] *nt kein pl* chaos

Chaot(in) <-en, -en> [ka'o:t] *m(f)* chaotic person

chaotisch [ka'o:tɪʃ] **I.** *adj* chaotic **II.** *adv* chaotically

Charakter <-s, -tere> [ka'raktɐ] *m* character; **~ haben** to have strength of character

charakteristisch [karakte'rɪstɪʃ] *adj* characteristic (**für** of)

charakterlos *adj* despicable

Charakterzug *m* characteristic

charmant [ʃar'mant] **I.** *adj* charming **II.** *adv* charmingly

Charme <-s> [ʃarm] *m kein pl* charm

Charterflug ['tʃartɐ-] *m* charter flight

Chartermaschine *f* charter

Chassis <-, -> [ʃa'si:] *nt* chassis

chatten ['tʃætn] *vi* INET (*fam*) to chat [online]

Chauffeur(in) <-s, -e> [ʃɔ'fø:ɐ̯] *m(f)* chauffeur

Chauvi <-s, -s> ['ʃo:vi] *m* (*sl*) chauvinist

Chef(in) <-s, -s> [ʃɛf] *m(f)* head; (*einer Firma*) boss

Chefarzt, -ärztin *m, f* head doctor **Chefetage** *f* management floor **Chefkoch, -köchin** *m, f* chief cook

Chemie <-> [çe'mi:] *f kein pl* chemistry

Chemiefaser *f* man-made fibre

Chemiker(in) <-s, -> ['çe:mikɐ] *m(f)* chemist

chemisch ['çe:mɪʃ] *adj* chemical

Chemotherapie *f* chemotherapy

Chiffre <-, -n> ['ʃɪfrə] *f* box number

Chile <-s> ['tʃi:le] *nt* Chile

Chilene, Chilenin <-n, -n> [tʃi'le:nə, tʃi'le:nɪn] *m, f* Chilean

chillen ['tʃɪlən] *vi* (*sl*) to chill [out] *sl*

China <-s> ['çi:na] *nt* China

Chinese, Chinesin <-n, -n> [çi'ne:zə, çi'ne:zɪn] *m, f* Chinese

chinesisch [çi'ne:zɪʃ] *adj* Chinese

Chinin <-s> [çi'ni:n] *nt kein pl* quinine no *pl*

Chip <-s, -s> [tʃɪp] *m* ❶ chip ❷ *pl* KOCHK crisps *pl* BRIT, chips *pl* AM

Chipkarte *f* smart card

Chirurg(in) <-en, -en> [çiˈrʊrk] *m(f)* surgeon
Chirurgie <-> [çirʊrˈgiː] *f kein pl* surgery
chirurgisch [çiˈrʊrgɪʃ] **I.** *adj* surgical **II.** *adv* surgically
Chlor <-s> [kloːɐ̯] *nt kein pl* chlorine
Cholera <-> [ˈkoːlera] *f kein pl* cholera
cholerisch [koˈleːrɪʃ] *adj* choleric
Cholesterin <-s> [çolɛsteˈriːn] *nt kein pl* cholesterol
Cholesterinspiegel *m* cholesterol level
Chor <-[e]s, Chöre> [koːɐ̯] *m* chorus; **im ~** in chorus
Choral <-s, Choräle> [koˈraːl] *m* chorale
Choreograf(in) <-en, -en> [koreoˈgraːf] *m(f)* choreographer
Choreografie <-, -n> [koreograˈfiː] *f* choreography
Christ(in) <-en, -en> [krɪst] *m(f)* Christian
Christbaum *m* Christmas tree
Christentum <-s> *nt kein pl* Christianity
Christkind *nt* ❶ (*Jesus*) Christ child ❷ (*weihnachtliche Gestalt*) *Christ-child, who brings Christmas presents for Children on 24th December;* **ans ~ glauben** to believe in Father Christmas
christlich *adj* Christian
Christmesse *f*, **Christmette** *f* Christmas mass
Christus [ˈkrɪstʊs] *m* Christ; **nach ~** AD; **vor ~** BC; **Christi Himmelfahrt** Ascension
Chrom <-s> [kroːm] *nt kein pl* chrome
Chronik <-, -en> [ˈkroːnɪk] *f* chronicle
chronisch [ˈkroːnɪʃ] *adj* chronic; **~ krank** chronically ill
chronologisch [kronoˈloːgɪʃ] **I.** *adj* chronological **II.** *adv* in chronological order
Chrysantheme <-, -n> [kryzanˈteːmə] *f* chrysanthemum
circa [ˈtsɪrka] *adv* about
Clique <-, -n> [ˈklɪkə] *f* circle of friends
Clown(in) <-s, -s> [klaun] *m(f)* clown
Code <-s, -s> [koːt] *m* code
codieren* [koˈdiːrən] *vt* to code
Computer <-s, -> [kɔmˈpjuːtɐ] *m* computer; **[etw] auf ~ umstellen** to computerize [sth]
computergeneriert *adj attr* computer-generated **computergesteuert** *adj* computer-controlled **Computergrafik** *f* computer graphics *npl* **Computernetz(werk)** *nt* computer network **Computerspiel** *nt* computer game
Container <-s, -> [kɔnˈteːnɐ] *m* container
Cord <-s> [kɔrt] *m kein pl* cord[uroy]
Cornflakes® [ˈkoːnfleɪks] *pl* cornflakes
Coronavirus <-, -viren> *nt o m* MED coronavirus; **sich vor dem ~ schützen** to protect oneself from the coronavirus
Couch <-, -es> [kautʃ] *f o* SÜDD *m* couch
Couchtisch *m* coffee table
Coupon <-s, -s> [kuˈpõː] *m* coupon
Cousin <-s, -s> [kuˈzɛ̃ː] *m*, **Cousine** <-, -n> [kuˈziːnə] *f* cousin
COVID-19 <-> [koːvɪtˈnɔɪntseːn] *f o nt kein pl* MED *Abk von* **corona virus disease 2019** COVID-19; **positiv auf ~ getestet werden** to be tested positive for COVID-19; **von ~ genesen sein** to have recovered from COVID-19
CovPass <-s> [ˈkɔfpas] *f kein pl* TELEK, MED (*digitales COVID-19-Impfzertifikat*) COVID Pass
Creme <-, -s> [kreːm] *f* cream
cremig *adj* creamy
Curry <-s, -s> [ˈkœri] *m o nt* curry
Currywurst *f sliced fried sausage served with ketchup and curry powder*

Dd

D

D, d <-, -> [deː] *nt* ❶ (*Buchstabe*) D, d ❷ MUS [key of] D

da [daː] **I.** *adv* ❶ (*dort*) there; **~ sein** to be there; **~ bist du ja!** there you are!; **~ drüben/hinten/vorne** over there; **~ draußen/drinnen** out/in there ❷ (*hier*) here; **der/die/das ... ~** this/that ... [over here/there] ❸ (*dann*) then **II.** *konj* (*weil*) as, since

dabei [da'bai] *adv* ❶ (*örtlich*) with [it/them]; **direkt/nahe ~** right next/near to it ❷ (*zeitlich*) at the same time ❸ (*damit verbunden*) **ich habe mir nichts ~ gedacht** I didn't mean anything by it; **was ist schon ~?** what does it matter?

da|bleiben *vi irreg sein* to stay [on]

Dach <-[e]s, Dächer> ['dax] *nt* roof

Dachboden *m* attic **Dachfenster** *nt* skylight **Dachgepäckträger** *m* roof rack

Dachs <-es, -e> ['daks] *m* badger

Dackel <-s, -> ['dakl̩] *m* dachshund

dadurch [da'dʊrç] *adv* ❶ *örtlich* through [it/them] ❷ (*auf diese Weise*) in that way ❸ **~, dass ...** because ...

dafür [da'fyːɐ̯] **I.** *adv* ❶ (*für das*) for it/this/that; **es ist ein Beweis ~, dass ...** it's proof that ...; **ich kann doch nichts ~!** I can't help it!; **ich werde ~ sorgen, dass ...** I'll make sure that ... ❷ (*andererseits*) **er ist zwar nicht kräftig, ~ aber intelligent** he may not be strong, but he is intelligent ❸ (*im Hinblick darauf*) **~, dass ...** seeing [that] ... **II.** *adj pred* **~ sein** to be for it/that

dagegen [da'geːgn̩] *adv* ❶ against it/that; **~ müsst ihr was tun** you must do something about it; **~ lässt sich nichts machen** nothing can be done about it; **etwas/nichts ~ haben** to object/to not object; **haben Sie was ~, wenn ich rauche?** do you mind if I smoke?; **ich habe nichts ~ [einzuwenden]** that's fine by me ❷ (*verglichen damit*) compared with it/that/them/ ...

daheim [da'haim] *adv* at home

daher ['daːheːɐ̯] *adv* ❶ (*örtlich*) from there ❷ (*deshalb*) **[von] ~ ...** that's why ...; **[von] ~ weißt du es also!** so that's how you know that; **das kommt ~, dass ...** that is because ...

dahin [da'hɪn] *adv* ❶ (*an diesen Ort*) there; **ist es noch weit bis ~?** is there still far to go? ❷ (*zeitlich*) **bis ~** until then

dahinten [da'hɪntn̩] *adv* over there

dahinter [da'hɪntɐ] *adv* behind it/that/them etc.

Dahlie <-, -n> ['daːli̯ə] *f* dahlia

damalig ['daːmaːlɪç] *adj attr* at that time

Damast <-[e]s, -e> [da'mast] *m* damask

Dame <-, -n> ['daːmə] *f* ❶ lady; **meine ~n und Herren!** ladies and gentlemen! ❷ (*Brettspiel*) draughts + *sing vb* BRIT, checkers + *sing vb* AM ❸ (*Schach, Karten*) queen

Damenbinde *f* sanitary towel [*or* AM napkin] **Damenfahrrad** *nt* lady's bicycle

Damespiel *nt* draughts + *sing vb* BRIT

Damhirsch ['damhɪrʃ] *m* fallow deer

damit [da'mɪt] **I.** *adv* with it; **was soll ich ~?** what am I supposed to do with that?; **ich habe nichts ~ zu tun** I have nothing to do with it; **weißt du, was sie ~ meint?** do you know what she means by that?; **sind Sie ~ einverstanden?** do you agree to that? **II.** *konj* so that

Damm <-[e]s, Dämme> ['dam] *m* (*zur Wasserstauung*) dam; (*Deich*) dyke

dämm(e)rig ['dɛm(ə)rɪç] *adj* ❶ dim ❷ (*dämmernd*) **~ sein/werden** to be/get dark

dämmern ['dɛmɐn] **I.** *vi* ❶ *Morgen* to dawn; *Abend* to approach ❷ **jdm ~** to [gradually] dawn on sb **II.** *vi impers* **es dämmert** (*morgens*) dawn is breaking; (*abends*) dusk is falling

Dämmerung <-, -en> *f* (*abends*) dusk; (*morgens*) dawn

Dampf <-[e]s, Dämpfe> ['dampf] *m* steam *no pl;* **~ ablassen** (*a. fig*) to let off steam

dampfen ['dampfn̩] *vi* to steam

dämpfen ['dɛmpfn̩] *vt* ❶ KOCHK to steam ❷ (*mäßigen*) to dampen

Dampfer <-s, -> ['dampfɐ] *m* steamship ▶ **auf dem falschen ~ sein** (*fam*) to be barking up the wrong tree

Dampfmaschine *f* steam engine **Dampfreiniger** *m*, **Dampfsauger** *m* steam cleaner

danach [da'na:x] *adv* ❶ *zeitlich* afterwards; **ein paar Minuten ~** a few minutes later ❷ *örtlich* behind [her/him/it etc.] ❸ (*dementsprechend*) accordingly ❹ **jdm ist ~/nicht ~** sb feels/doesn't feel like it

Däne, Dänin <-n, -n> ['dɛ:nə, 'dɛ:nɪn] *m, f* Dane

daneben [da'ne:bn̩] *adv* ❶ next to her/him/it/that etc.; **~!** missed!; **links/rechts ~** (*neben Gegenstand*) to the left/right of it/them; (*neben Mensch*) to her/his left/right ❷ (*verglichen damit*) compared with it/that/them/ ...

Dänemark <-s> ['dɛ:nəmark] *nt* Denmark

dänisch ['dɛ:nɪʃ] *adj* Danish

dank ['daŋk] *präp* thanks to

Dank <-[e]s> ['daŋk] *m kein pl* gratitude; **herzlichen [*o* vielen] ~** thank you very much

dankbar ['daŋkba:ɐ̯] *adj* grateful; **jdm ~ [für etw *akk*] sein** to be grateful to sb [for sth]

Dankbarkeit <-> *f kein pl* gratitude

danke *interj* thank you

danken ['daŋkn̩] **I.** *vi* **[jdm] [für etw *akk*] ~** to express one's thanks [to sb] [for sth]; **nichts zu ~** you're welcome **II.** *vt* **wie kann ich Ihnen das jemals ~?** how can I ever thank you?

dann ['dan] *adv* then; **~ und wann** now and then; **immer ~, wenn ...** always when ...; **wenn ..., ~ ...** if ..., [then] ...; **etw nur ~ tun, wenn ...** to do sth only when ...

daran [da'ran] *adv* ❶ (*räumlich*) on it/that, to it/that; **etw ~ kleben** to stick sth to it ❷ (*zeitlich*) **nahe ~ sein, etw zu tun** to be close to doing sth ❸ (*fig*) **denk ~!** bear it/that in mind; **kein Wort ist wahr ~!** not a word of it is true; **das Dumme/Gute ~ ist, dass ...** the stupid/good thing about it is that ...

darauf [da'rauf] *adv* ❶ (*räumlich*) on it/that/them etc.; **~ folgend** following ❷ (*zeitlich*) after that; **am Abend ~** the next evening; **bald ~** shortly afterwards ❸ (*fig*) **ein Recht ~** a right to it; **sich ~ freuen** to look forward to it

daraufhin [darauf'hɪn] *adv* ❶ (*infolgedessen*) as a result [of this/that] ❷ (*nachher*) after that

daraus [da'raus] *adv* ❶ out of it/that/them; **etw ~ entfernen** to remove sth from it ❷ (*als Ergebnis*) **~ ergibt sich [*o* folgt] , dass ...** the result of which is that ...

Darbietung <-, -en> ['da:ɐ̯bi:tʊŋ] *f* performance

darin [da'rɪn] *adv* ❶ (*räumlich*) in there ❷ (*in vorher Erwähntem*) in it/them ❸ (*in dem Punkt*) in that respect

Darleh(e)n <-s, -> ['da:ɐ̯le:ən] *nt* loan

Darm <-[e]s, Därme> ['darm] *m* intestine

Darmgrippe *f* gastric flu **Darmspiegelung** *f* MED colonoscopy

Darstellung <-, -en> *f* ❶ *kein pl* KUNST portrayal ❷ (*das Schildern*) representation

D

darüber [da'ry:bɐ] *adv* ❶ (*räumlich*) over/above it/that/them; (*direkt auf etw*) on top [of it/that] ❷ (*hinsichtlich einer Sache*) about it/that/them; **sich ~ wundern, was ...** to be surprised at what ...

darum [da'rʊm] *adv* ❶ (*deshalb*) that's why; **~?** because of that?; **~!** (*fam*) [just] because! ❷ (*räumlich*) **~ [herum]** around it ❸ (*um diese Sache*) **es geht nicht ~, wer zuerst kommt** it's not a question of who comes first; **~ bitten** to ask for it/that

darunter [da'rʊntɐ] *adv* ❶ (*räumlich*) under it/that; (*unterhalb von etw*) below [it/that]; **~ hervorgucken/-springen** to look/jump out [from underneath] ❷ (*dazwischen*) among[st] them ❸ (*unter dieser Angelegenheit*) **was verstehst du ~?** what do you understand by it/that?; **~ kann ich mir nichts vorstellen** it doesn't mean anything to me

das ['das] *art pron* the; *s.a.* **der**

Dasein <-s> ['da:zain] *nt kein pl* existence

dass ['das] *konj* that; **die Tatsache, ~ ...** the fact that ...; **dadurch, ~ ...** because ...; **vorausgesetzt, ~ ...** providing [that] ...

dasselbe [das'zɛlbə], **dasselbige** [das'zɛlbɪgə] *pron dem s.* **derselbe**

Datei <-, -n> [da'tai] *f* file

Daten[1] ['da:tn̩] *pl von* **Datum**

Daten[2] ['da:tn̩] *pl* data

Datenautobahn *f* information highway **Datenbank** <-banken> *f* database **Datenbrille** *f* INFORM smart glasses *npl* **Datenschutz** *m* data protection **Datenverarbeitung** *f* data processing

datieren* [da'ti:rən] *vt* to date

Dativ <-s, -e> ['da:ti:f] *m* dative

Dattel <-, -n> ['datl̩] *f* date

Datum <-s, Daten> ['da:tʊm] *nt* date

Dauer <-> ['dauɐ] *f kein pl* duration; *von Aufenthalt* length; **auf die ~** in the long run

dauerhaft *adj* lasting

Dauerlauf *m* jog

dauern ['dauɐn] *vi* to last; (*eine bestimmte Zeit*) to take; **der Film dauert drei Stunden** the film is three hours long; **das dauert mir zu lange** that's too long for me

dauernd ['dauɐnt] **I.** *adj* constant; (*lang anhaltend*) lasting **II.** *adv* constantly; **etw ~ tun** to keep [on] doing sth

Dauerwelle *f* perm

Daumen <-s, -> ['daumən] *m* thumb; **am ~ lutschen** to suck one's thumb ► **jdm die ~ drücken** to keep one's fingers crossed [for sb]

Daune <-, -n> ['daunə] *f* down *no pl*

Daunendecke *f* duvet **Daunenjacke** *f* quilted jacket

davon [da'fɔn] *adv* ❶ (*räumlich*) **~ loskommen** to come off it/that; **links/rechts ~** to the left/right of it/that/them ❷ (*Ausgangspunkt*) **das kommt ~!** you've/he's etc. only got yourself/himself etc. to blame!; **etwas/nichts ~ haben** to have something/nothing of it; **~ ausgehen, dass ...** to presume that ... ❸ (*Teil einer Menge*) **die Hälfte/ein Pfund ~** half/a pound of it/that/them ❹ (*über diese Sache*) **was hältst du ~?** what do you think of it/that/them?; **~ weiß ich nichts** I don't know anything about that

davon|kommen *vi irreg sein* **mit dem Leben ~** to escape with one's life

davor [da'fo:ɐ̯] *adv* ❶ (*örtlich*) in front [of it/that/them] ❷ (*zeitlich*) before [it/that/them/etc.] ❸ (*vor/bezüglich dieser Sache*) **er hat Angst ~** he's afraid of that

dazu [da'tsu:] *adv* ❶ (*zu dem gehörend*) with it ❷ (*zu dieser Situation*) **im Gegensatz ~** contrary to this; **im Vergleich ~** in comparison to that ❸ (*zur Beschäftigung mit*) **ich bin noch nicht ~ gekommen** I haven't got round to it yet ❹ (*Zweck, Ziel*) ~ **ist es da** that's what it's there for; ~ **habe ich keine Lust** I don't feel like it

dazu|gehören* *vi* to belong [to it/them etc.]

dazu|tun *vt irreg* (*fam*) to add

dazwischen [da'tsvɪʃn̩] *adv* [in] between

dazwischen|kommen *vi irreg sein* to come up

dealen ['di:lən] *vi* (*sl*) [**mit etw** *dat*] ~ to deal sth

Dealer(in) <-s, -> ['di:lɐ] *m(f)* dealer

Deck <-[e]s, -s> ['dɛk] *nt* deck

Decke <-, -n> ['dɛkə] *f* ❶ *eines Zimmers* ceiling ❷ (*aus Wolle*) blanket; (*für Bett*) cover

Deckel <-s, -> ['dɛkl̩] *m* lid

decken ['dɛkn̩] **I.** *vt* ❶ (*bedecken*) to cover; *Dach* to tile; *Tisch* to set ❷ (*verheimlichen*) **jdn** ~ to cover up for sb; **etw** ~ to cover up sth *sep* **II.** *vr* **sich** ~ *Aussagen* to correspond

Deckung <-, -en> *f* cover; **jdm** ~ **geben** to give sb cover

defekt [de'fɛkt] *adj* faulty

Defekt <-[e]s, -e> [de'fɛkt] *m* defect

Defensive <-, -n> [defɛn'zi:və] *f kein pl* **in die** ~ **gehen** to go on the defensive

definieren* [defi'ni:rən] *vt* to define

Definition <-, -en> [defini'tsi̯o:n] *f* definition

Defizit <-s, -e> ['de:fitsɪt] *nt* deficit

Degen <-s, -> ['de:gn̩] *m* SPORT epée; HIST rapier

dehnbar *adj* elastic

dehnen ['de:nən] *vt, vr* [**sich**] ~ to stretch

Deich <-[e]s, -e> ['daiç] *m* dyke

dein ['dain] *pron poss adjektivisch* your; **herzliche Grüße, ~e Anita** with best wishes, yours [*or* love] Anita

deine(r, s) ['dainə] *pron poss, substantivisch* yours

deinetwegen ['dainətve:gn̩] *adv*, **deinethalben** ['dainəthalbn̩] *adv* (*veraltend*) because of you; (*dir zuliebe*) for your sake

deinstallieren [deʔɪnsta'li:rən] *vt* INFORM **etw** ~ to uninstall sth

Dekagramm ['dɛkagram] *nt* ÖSTERR ten gram[me]s *pl*

Dekan(in) <-s, -e> [de'ka:n] *m(f)* dean

deklinieren* [dekli'ni:rən] *vt* to decline

Deko <-> ['deko] *f* (*fam*) decoration; (*Einrichtung*) decor

Dekor <-s, -s> [de'ko:ɐ̯] *m o nt* pattern

Dekoration <-, -en> [dekora'tsi̯o:n] *f* decoration

dekorativ [dekora'ti:f] *adj* decorative

Delegierte(r) *f(m) dekl wie adj* delegate

Delfin <-s, -e> [dɛl'fi:n] *m* dolphin

Delikatesse <-, -n> [delika'tɛsə] *f* delicacy

Delle <-, -n> ['dɛlə] *f* dent

Delta <-s, -s> ['dɛlta] *nt* delta

dem ['de:m] *art pron dat von* **der, das** the

Demokrat(in) <-en, -en> [demo'kra:t] *m(f)* democrat

Demokratie <-, -n> [demokra'ti:] *f* democracy

demokratisch [demo'kra:tɪʃ] **I.** *adj* democratic **II.** *adv* democratically

demolieren* [demo'li:rən] *vt* to wreck

Demonstrant(in) <-en, -en> [demɔn'strant] *m(f)* demonstrator

Demonstration <-, -en> [demɔnstra'tsi̯o:n] *f* demonstration

demonstrativ [demɔnstra'ti:f] **I.** *adj* demonstrative **II.** *adv* demonstratively

demonstrieren* [demɔn'stri:rən] *vi, vt* to demonstrate (**für** in support of/**gegen** against)

demontieren* [demɔn'ti:rən] *vt* to dismantle

Demut <-> ['de:mu:t] *f kein pl* humility (**gegenüber** before)

demütig ['de:my:tɪç] **I.** *adj* humble **II.** *adv* humbly

demütigen ['de:my:tɪgn̩] *vt* to humiliate

Demütigung <-, -en> *f* humiliation

Denglisch ['dɛŋlɪʃ] *nt* Denglish (*German

D

larded with English loan words)

denkbar **I.** *adj* conceivable **II.** *adv* **das ~ beste Wetter** the best possible weather

denken <dachte, gedacht> ['dɛŋkn̩] **I.** *vi* to think (**an** of/**über** about); **wie ~ Sie darüber?** what's your view [of it]?; **ich denke nicht** I don't think so; **ich denke schon** I think so **II.** *vt* ❶ **was denkst du jetzt?** what are you thinking [of]?; **wer hätte das [von ihr] gedacht!** who'd have thought it [of her]? ❷ (*bestimmen*) **für jdn/etw gedacht sein** to be meant for sb/sth ❸ (*beabsichtigen*) **ich habe mir nichts Böses dabei gedacht** I meant no harm

Denkmal <-s, Denkmäler> ['dɛŋkma:l] *nt* monument (**für** to)

Denkmal(s)schutz *m* **unter ~ stehen** to be listed

denn ['dɛn] *konj* ❶ (*weil*) because; **~ sonst** otherwise ❷ (*einschränkend*) **es sei ~, [dass] ...** unless ... ❸ (*als*) **kräftiger/schöner ~ je** stronger/more beautiful than ever

dennoch ['dɛnɔx] *adv* still

denunzieren* [denʊn'tsi:rən] *vt* to denounce

Deo <-s, -s> ['de:o] *nt* (*fam*) deodorant

Deodorant <-s, -s> [deʔodo'rant] *nt* deodorant

Deoroller *m* roll-on **Deostift** *m* deodorant stick

Departement <-s, -s> [departə'mã:] *nt* SCHWEIZ department

Deponie <-, -n> [depo'ni:] *f* disposal site

deponieren* [depo'ni:rən] *vt* to deposit

deportieren* [depɔr'ti:rən] *vt* to deport

Depot <-s, -s> [de'po:] *nt* ❶ depot ❷ SCHWEIZ (*Flaschenpfand*) deposit

Depp <-en *o* -s, -e[n]> ['dɛp] *m* (*fam*) twit

Depression <-, -en> [deprɛ'si̯o:n] *f* depression

depressiv [deprɛ'si:f] **I.** *adj* depressive **II.** *adv* **~ gestimmt/veranlagt sein** to be depressed/prone to depression

deprimieren* [depri'mi:rən] *vt* to depress

der [de:ɐ̯], **die** [di:], **das** [das] **I.** *art def* ❶ the ❷ *gen o dat von* **die** the **II.** *pron dem* (*diese(r, s)*) that; **der/die/das hier/da** this/that one; **die Frau [da]** that woman [there]; **die mit den roten Haaren** the one with the red hair; **der, den ich meine, ...** the one I mean ... **III.** *pron rel* who, that; (*Dinge*) which; **[der Mann,] der dafür verantwortlich ist ...** the man who is responsible for that ...; **die Freundin, mit der ich mich gut verstehe, ...** the friend with whom I get on so well ...

derb [dɛrp] *adj* (*grob*) coarse; *Ausdrucksweise* crude

derjenige ['de:ɐ̯je:nɪgə], **diejenige** ['di:je:nɪgə], **dasjenige** ['dasje:nɪgə] *pron dem* ❶ *substantivisch* **~, der/den ...** (*Person*) the one who ...; (*Sache*) the one that...; **diejenigen/denjenigen, die ...** (*Personen*) the ones who...; (*Sachen*) the ones which... ❷ *adjektivisch* **~ Mann, der ...** that man who ...

dermaßen ['de:ɐ̯ma:sn̩] *adv* **eine ~ lächerliche Frage** such a ridiculous question; **jdn ~ unter Druck setzen, dass ...** to put sb under so much pressure that ...

derselbe [de:ɐ̯'zɛlbə], **dieselbe** [di:'zɛlbə], **dasselbe** [das'zɛlbə] *pron dem* ❶ (*ebender, ebendie, ebendas*) ~ the same ❷ *substantivisch* the same; **ein und ~** one and the same

desertieren* [dezɛr'ti:rən] *vi* [**von etw** *dat*] **~** to desert [sth]

deshalb ['dɛs'halp] *adv* therefore; **~ frage ich ja** that's why I'm asking; **~ also!** so that's why!

Design <-s, -s> [di'zain] *nt* design

Desinfektion <-, -en> [dɛsʔɪnfɛk'tsi̯o:n] *f*

disinfection
Desinfektionsmittel *nt* disinfectant
desinfizieren* [dɛsʔɪnfi'tsiːrən] *vt* to disinfect
Desktop <-s, -s> ['dɛsktɔp] *m* ❶ (*Mikrocomputer*) desktop [computer] ❷ (*Bildschirmdarstellung*) desktop
despotisch [dɛs'poːtɪʃ] *adj* despotic
dessen ['dɛsn̩] **I.** *pron dem gen von* **der, das** his/its; ~ **ungeachtet** (*geh*) notwithstanding this **II.** *pron rel gen von* **der, das** whose; (*von Sachen a.*) of which
Dessert <-s, -s> [dɛ'seːɐ] *nt* dessert
destillieren* [dɛstɪ'liːrən] *vt* to distil
desto ['dɛsto] *konj* ~ **besser** all the better; ~ **eher** the earlier; ~ **schlimmer!** so much the worse!
destruktiv [destrʊk'tiːf] *adj* destructive
Detail <-s, -s> [de'tai] *nt* detail; **im** ~ in detail; **ins** ~ **gehen** to go into detail[s]
detailliert [deta'jiːɐt] **I.** *adj* detailed **II.** *adv* in detail
Detektiv(in) <-s, -e> [detɛk'tiːf] *m(f)* private investigator; (*Polizist*) plain-clothes policeman
deuten ['dɔytn̩] **I.** *vt* **[jdm] etw** ~ to interpret sth [for sb]; **etw falsch** ~ to misinterpret sth **II.** *vi* (*zeigen*) **[mit etw** *dat*] **auf jdn/etw** ~ to point [sth] at sb/sth
deutlich ['dɔytlɪç] **I.** *adj* clear **II.** *adv* clearly; **sich** ~ **ausdrücken** to make oneself clear
Deutlichkeit <-, -en> *f kein pl* clarity; **[jdm] etw in aller** ~ **sagen** to make sth perfectly clear [to sb]
deutsch ['dɔytʃ] *adj* German; **~er Abstammung sein** to be of German origin; **auf Deutsch** in German; **die ~e Sprache** the German language; ~ **sprechen** to speak German; **typisch** ~ **sein** to be typically German
Deutsche(r) *f(m) dekl wie adj* German; **die ~n** the Germans
Deutschland <-s> ['dɔytʃlant] *nt* Germany; **aus** ~ **kommen** to come from Germany; **in** ~ **leben** to live in Germany
Devise <-, -n> [de'viːzə] *f* motto
Dezember <-s, -> [de'tsɛmbɐ] *m* December; *s.a.* **Februar**
dezent [de'tsɛnt] **I.** *adj* discreet **II.** *adv* discreetly
dezentralisieren* [detsɛntrali'ziːrən] *vt* to decentralize
dezimieren* [detsi'miːrən] *vt* to decimate
Dia <-s, -s> ['diːa] *nt* slide
Diabetes <-> [dia'beːtɛs] *m kein pl* diabetes
Diabetiker(in) <-s, -> [dia'beːtikɐ] *m(f)* diabetic
Diagnose <-, -n> [dia'gnoːzə] *f* diagnosis
diagnostizieren* [diagnɔsti'tsiːrən] *vt* **etw** ~ to diagnose sth
diagonal [diago'naːl] *adj* diagonal
Diagonale <-, -n> [diago'naːlə] *f* diagonal [line]
Diagramm <-s, -e> [dia'gram] *nt* diagram
Diakon(in) <-s *o* -en, -e[n]> [dia'koːn] *m(f)* deacon
Dialekt <-[e]s, -e> [dia'lɛkt] *m* dialect
Dialog <-[e]s, -e> [dia'loːk] *m* dialogue
Dialyse <-, -n> [dia'lyːzə] *f* dialysis
Diamant <-en, -en> [dia'mant] *f* diamond
Diät <-, -en> [di'ɛːt] *f* diet; ~ **halten** to keep to a diet; **auf** ~ **sein** to be on a diet; **jdn auf** ~ **setzen** to put sb on a diet
dich [dɪç] **I.** *pron pers akk von* **du** you **II.** *pron refl* yourself
dicht [dɪçt] **I.** *adj* ❶ dense; *Haar* thick; *Verkehr* heavy ❷ (*wasserundurchlässig*) watertight; **nicht** ~ **sein** to leak **II.** *adv* ❶ densely ❷ (*nahe*) closely; ~ **auffahren** to tailgate; ~ **gedrängt** squeezed together; ~ **vor jdm** just in front of sb; ~ **beieinander** close to-

gether
Dichter(in) <-s, -> ['dɪçtɐ] *m(f)* poet
Dichtung <-, -en> ['dɪçtʊŋ] *f* ❶ *kein pl* poetry ❷ TECH seal[ing]
dick [dɪk] *adj* ❶ *Mensch* fat ❷ *Sache* thick; **fünf Meter ~** five metres thick ❸ (*geschwollen*) swollen

Dickdarm *m* colon
Dickicht <-[e]s, -e> ['dɪkɪçt] *nt* thicket
Dickmilch *f* curds *pl*
die [diː] *art pron* the; *s.a.* **der**
Dieb(in) <-[e]s, -e> [diːp] *m(f)* thief
Diebstahl <-[e]s, -stähle> ['diːpʃtaːl] *m* theft
diejenige ['diːjeːnɪɡə] *pron dem s.* **derjenige**
Diele <-, -n> ['diːlə] *f* ❶ hall ❷ (*Brett*) floorboard
dienen ['diːnən] *vi* to serve; **womit kann ich Ihnen ~?** how can I help you?; **jds Interessen ~** to serve sb's interests; **einem guten Zweck ~** to be for a good cause
Diener(in) <-s, -> ['diːnɐ] *m(f)* servant
Dienst <-[e]s, -e> [diːnst] *m* ❶ *kein pl* (*berufliche Tätigkeit*) work; **~ haben** to be at work; **im ~** at work; **während/nach dem ~** during/outside working hours ❷ (*Leistung*) service; **öffentlicher ~** civil service ❸ *kein pl* (*Bereitschaft*) **~ haben** to be on call; **der ~ habende Arzt** the doctor on duty
Dienstag ['diːnstaːk] *m* Tuesday; **am ~** on Tuesday; **[am] ~ früh** early Tuesday [morning]; **an ~en** on Tuesdays; **am ~, den 4. März** (*geschrieben:*) on Tuesday 4th March [*or* AM March 4] (*gesprochen:*) on Tuesday the 4th of March [*or* AM March 4th]; **diesen ~** this Tuesday; **den ganzen ~ über** all day Tuesday; **~ in/vor acht Tagen** a week on/last Tuesday; **[am] nächsten ~** next Tuesday; **ab nächsten ~** from next Tuesday [on]
Dienstleister *m* service provider **Dienstleistung** *f meist pl* services *pl*
dienstlich I. *adj* official II. *adv* **~ unterwegs sein** to be away on business
Dienstreise *f* business trip
diese(r, s) ['diːzə, -ɐ, əs] *pron dem* ❶ *substantivisch* (*der/die/das hier/dort*) this/that one ❷ *pl substantivisch* (*die hier/dort*) these/those [ones] ❸ *attr, sing* (*der/die/das hier/dort*) this/that ❹ *attr, pl* (*die hier/dort*) these/those
Diesel¹ <-s> ['diːzl̩] *nt kein pl* (*Sprit*) diesel
Diesel² <-s, -> ['diːzl̩] *m* (*Wagen*) diesel
dieselbe *pron dem s.* **derselbe**
Dieselkraftstoff *m kein pl* diesel fuel
diesig ['diːzɪç] *adj* misty
diesmal ['diːsmaːl] *adv* this time
diesseits ['diːszaits] *präp* **~ einer S.** *gen* this side of sth
diffus [dɪ'fuːs] *adj* diffuse
digital [digi'taːl] *adj* digital
Digitaluhr *f* digital clock; (*Armbanduhr*) digital watch
Diktat <-[e]s, -e> [dɪk'taːt] *nt* ❶ dictation; **ein ~ schreiben** to do a dictation ❷ (*Gebot*) dictate[s]
Diktator(in) <-s, -en> [dɪk'taːtoːɐ̯, dɪkta'toːrɪn] *m(f)* despot
Diktatur <-, -en> [dɪkta'tuːɐ̯] *f* dictatorship
Dill <-s, -e> [dɪl] *m* dill
Dimension <-, -en> [dimɛn'zi̯oːn] *f* dimension
Ding <-[e]s, -e> [dɪŋ] *nt* ❶ (*Gegenstand*) thing ❷ (*Angelegenheit*) matters *pl;* **es geht nicht mit rechten ~en zu** there's sth fishy about sth; **unverrichteter ~e** without carrying out one's intention; **über den ~en stehen** to be above it all
Dinosaurier [dino'zauri̯ɐ] *m* dinosaur
Diphtherie <-, -n> [dɪfte'riː] *f* diphtheria
Diplom <-s, -e> [di'ploːm] *nt* diploma; **ein ~ [in etw** *dat*] **machen** to get a diploma [in sth]
Diplomarbeit *f* thesis

Diplomat(in) <-en, -en> [diplo'ma:t] *m(f)* diplomat

diplomatisch [diplo'ma:tɪʃ] **I.** *adj* diplomatic **II.** *adv* diplomatically

dir [di:ɐ̯] *pron pers dat von* **du** [to] you

direkt [di'rɛkt] **I.** *adj* direct; *Übertragung* live **II.** *adv* ❶ (*ohne Umweg*) directly; **diese Straße geht ~ zum Bahnhof** this road goes straight to the station ❷ (*ausgesprochen*) exactly; **etw nicht ~ verneinen** to not really deny sth ❸ (*gleichzeitig*) **~ übertragen** to broadcast live

Direktor(in) <-s, -en> [di'rɛkto:ɐ̯, dirɛk'to:rɪn] *m(f)* ❶ director ❷ SCH head

Dirigent(in) <-en, -en> [diri'gɛnt] *m(f)* conductor

dirigieren* [diri'gi:rən] *vt, vi* to conduct

Diskothek <-, -en> [dɪsko'te:k] *f* discotheque

diskret [dɪs'kre:t] **I.** *adj* discreet **II.** *adv* **~ behandeln** to treat confidentially; **sich ~ verhalten** to behave discreetly

diskriminieren* [dɪskrimi'ni:rən] *vt* **jdn ~** to discriminate against sb

Diskriminierung <-, -en> *f* discrimination

Diskus <-, -se> ['dɪskʊs] *m* discus

Diskussion <-, -en> [dɪskʊ'si̯o:n] *f* discussion

diskutieren* [dɪsku'ti:rən] *vt, vi* to discuss

disqualifizieren* [dɪskvalifi'tsi:rən] *vt* to disqualify (**wegen** for/**für** for)

Dissident(in) <-en, -en> [dɪsi'dɛnt] *m(f)* dissident

Distanz <-, -en> [dɪs'tants] *f* distance; **~ wahren** (*geh*) to keep one's distance

distanzieren* [dɪstan'tsi:rən] *vr* **sich von jdm/etw ~** to distance oneself from sb/sth

Distel <-, -n> ['dɪstl̩] *f* thistle

Disziplin <-, -en> [dɪstsi'pli:n] *f* discipline

diszipliniert [dɪstsipli'ni:ɐ̯t] **I.** *adj* (*geh*) disciplined **II.** *adv* (*geh*) in a disciplined way

divers [di'vɛrs] *adj* diverse

Dividende <-, -n> [divi'dɛndə] *f* dividend

dividieren* [divi'di:rən] *vt, vi* [**etw**] [**durch etw** *akk*] **~** to divide [sth] [by [*or* AM in] sth]

doch [dɔx] **I.** *konj* (*jedoch*) but **II.** *adv* (*emph*) ❶ (*dennoch*) even so ❷ (*einräumend*) **du hattest ~ recht** you were right after all ❸ (*Widerspruch ausdrückend*) yes

Docht <-[e]s, -e> [dɔxt] *m* wick

Dock <-s, -s> [dɔk] *nt* dock

Dogge <-, -n> ['dɔgə] *f* mastiff

Dohle <-, -n> ['do:lə] *f* jackdaw

Doktor(in) <-s, -en> ['dɔkto:ɐ̯, dɔk'to:rɪn] *m(f)* doctor; **er ist ~ der Physik** he's got a PhD in physics; **den ~ machen** to do one's doctorate

Doktorand(in) <-en, -en> [dɔkto'rant] *m(f)* doctoral candidate

Doktorarbeit *f* doctoral dissertation

Dokument <-[e]s, -e> [doku'mɛnt] *nt* document

dokumentarisch [dokumɛn'ta:rɪʃ] *adj* documentary

dokumentieren* [dokumɛn'ti:rən] *vt* to document

Dolch <-[e]s, -e> ['dɔlç] *m* dagger

Dollar <-[s], -s> ['dɔlar] *m* dollar

Dollarkurs *m* dollar rate

dolmetschen ['dɔlmɛtʃn̩] *vi, vt* to interpret

Dolmetscher(in) <-s, -> ['dɔlmɛtʃɐ] *m(f)* interpreter

Dom <-[e]s, -e> ['do:m] *m* cathedral

Domäne <-, -n> [do'mɛ:nə] *f* domain

dominieren* [domi'ni:rən] *vi, vt* to dominate

Dominikanische Republik *f* Dominican Republic

Domino <-s, -s> ['do:mino] *nt* dominoes + *sing vb*

D

Dompfaff <-en *o* -s, -en> ['do:mpfaf] *m* bullfinch

Donau <-> ['do:nau] *f* **die** ~ the Danube

Döner <-[s], -> ['dø:nɐ] *m*, **Dönerkebab** <-[s], -s> [dø:nɐke'bap] *m* [doner] kebab

Donner <-s, *pl selten* -> ['dɔnɐ] *m* thunder

donnern ['dɔnɐn] *vi impers* to thunder; **hörst du, wie es donnert?** can you hear the thunder?

Donnerstag ['dɔnɐsta:k] *m* Thursday; *s.a.* **Dienstag**

doof [do:f] *adj* (*fam*) stupid

Doping <-s, -s> ['do:pɪŋ] *nt* doping

Dopingkontrolle *f* drugs test **Dopingmittel** ['do:pɪŋ-] *nt* SPORT [performance-enhancing] drug **Dopingsperre** *f* doping ban

Doppel <-s, -> ['dɔpl̩] *nt* SPORT doubles; **gemischtes** ~ mixed doubles

Doppelbett *nt* double bed **Doppeldecker** <-s, -> *m* ❶ LUFT biplane ❷ (*Bus*) double-decker [bus] **doppeldeutig** ['dɔpl̩dɔytɪç] *adj* ambiguous **Doppelpunkt** *m* colon **Doppelstecker** *m* twin socket

doppelt ['dɔpl̩t] **I.** *adj* double; ~ **so viel** twice as much/many **II.** *adv* doubly; ~ **so groß wie ...** twice as big as ...; ~ **und dreifach** doubly [and more]

Doppelzimmer *nt* double [room]

Dorf <-[e]s, Dörfer> [dɔrf] *nt* village; **auf dem** ~ in the country; **vom** ~ from the country

Dorn <-[e]s, -en> [dɔrn] *m* thorn

Dörrobst *nt* dried fruit

Dorsch <-[e]s, -e> [dɔrʃ] *m* cod

dort ['dɔrt] *adv* there; **schau mal ~!** look at that!; ~ **drüben** over there; **von** ~ from there; **von ~ [aus]** from there

dorther ['dɔrt'he:ɐ̯] *adv* from there

dorthin ['dɔrt'hɪn] *adv* there; **bis** ~ up to there; **wie weit ist es bis ~?** how far is it to there?

Dose <-, -n> ['do:zə] *f* box; (*aus Blech*) tin BRIT, can AM

dösen ['dø:zn̩] *vi* (*fam*) to doze

Dosenbier *nt kein pl* canned beer **Dosenmilch** *f* condensed milk **Dosenöffner** *m* tin opener **Dosenpfand** *nt* deposit on cans

Dosierkapsel <-, -n> [do'zi:ɐ̯-] *f* capsule

Dosis <-, Dosen> ['do:zɪs] *f* dose

Dotter <-s, -> ['dɔtɐ] *m o nt* yolk

Downsyndrom *nt kein pl* Down's syndrome

Drache <-n, -n> ['draxə] *m* dragon

Drachen <-s, -> ['draxn̩] *m* ❶ kite; **einen ~ steigen lassen** to fly a kite ❷ SPORT hang-glider

Drachenfliegen *nt* hang-gliding

Draht <-[e]s, Drähte> [dra:t] *m* wire

Drahtbürste *f* wire brush

Drahtseil *nt* wire cable

Drama <-s, -men> ['dra:ma] *nt* drama

dramatisch [dra'ma:tɪʃ] **I.** *adj* dramatic **II.** *adv* dramatically

dran [dran] *adv* (*fam*) ❶ (*daran*) **sie ist besser ~ als er** she's better off than he is; **schlecht ~ sein** to have a hard time [of it] ❷ (*an der Reihe*) **jetzt bist du ~!** now it's your turn!; **wer ist als Nächster ~?** who's next? ❸ (*stimmen*) **an etw** *dat* **ist etwas/nichts dran** there is something/nothing in sth

Drang <-[e]s, Dränge> ['draŋ] *m* longing; **ein starker** ~ a strong desire; **einen ~ haben[, etw zu tun]** to feel an urge [to do sth]

drängeln ['drɛŋl̩n] **I.** *vi* (*fam*) to push **II.** *vt, vi* (*fam*) to pester

drängen ['drɛŋən] **I.** *vi* **auf etw** *akk* ~ to insist on sth; **warum drängst du so zur Eile?** why are you in such a hurry?; **die Zeit drängt** time is running out **II.** *vt* **jdn ~, etw zu tun** to pressurize sb into doing sth; **jdn [zu etw** *dat*] ~ to force sb [to sth] **III.** *vr* **sich** ~ to crowd; **sich nach vorne** ~ to press forwards

drastisch ['drastɪʃ] **I.** *adj* drastic **II.** *adv* drastically

draußen ['drausn̩] *adv* outside; **nach** ~

outside; **von ~** from outside

Dreck <-[e]s> [drɛk] *m kein pl* ❶ dirt ❷ (*Schund*) rubbish BRIT, trash AM

dreckig I. *adj* dirty **II.** *adv* ▶ **jdm geht es ~** sb feels terrible

drehen ['dreːən] **I.** *vt* ❶ to turn ❷ *Zigarette* to roll ❸ FILM to shoot ❹ (*regulieren*) **das Radio lauter/leiser ~** to turn the radio up/down **II.** *vr* ❶ (*rotieren*) **sich [um etw** *akk*] **~** to turn [about sth] ❷ **sich zur Seite/nach rechts ~** to turn to the side/to the right ❸ (*betreffen*) **sich um jdn/etw ~** to be about sb/sth; **es dreht sich darum, dass ...** the point is that ...

Drehzahl *f* [number of] revolutions *pl*

drei [drai] *adj* three; **~ viertel** three quarters; *s.a.* **acht**[1]

3-D, 3D [drai 'deː] *nt* 3D; **~-Film/-Drucker** 3D film/printer

Dreieck ['draiʔɛk] *nt* triangle

dreieckig, 3-eckig ['draiʔɛkɪç] *adj* triangular

dreierlei ['draiɐlai] *adj attr* three [different]

dreifach, 3fach ['draifax] *adj, adv* threefold

Dreifachstecker *m* three-way adapter

dreihundert ['drai'hʊndɐt] *adj* three hundred **dreijährig, 3-jährig** ['draijɛːrɪç] *adj* ❶ (*Alter*) three-year-old *attr,* three years old *pred* ❷ (*Zeitspanne*) three-year *attr* **Dreirad** *nt* tricycle

dreißig ['draisɪç] *adj* thirty; *s.a.* **achtzig**

dreißigjährig, 30-jährig ['draisɪçjɛːrɪç] *adj* ❶ (*Alter*) thirty-year-old *attr,* thirty years old *pred* ❷ (*Zeitspanne*) thirty-year *attr*

dreist [draist] *adj* (*pej*) brazen

dreistellig, 3-stellig *adj* three-figure *attr* **dreiteilig, 3-teilig** *adj* three-part; *Besteck* three-piece

dreizehn ['draitseːn] *adj* thirteen; **~ Uhr** one pm; *s.a.* **acht**[1]

Dress <-es, -e> [drɛs] *m o* ÖSTERR *f* SPORT [sports] kit; (*Fußball*) kit

dressieren* [drɛ'siːrən] *vt* **ein Tier ~** to train an animal

Dressur <-, -en> [drɛ'suːɐ̯] *f* training

drillen ['drɪlən] *vt* to drill

drin [drɪn] *adv* (*fam*) ❶ (*darin*) in it ❷ (*drinnen*) inside; **ich bin hier ~** I'm in here

D

dringend ['drɪŋənt] **I.** *adj* urgent **II.** *adv* urgently; **ich muss dich ~ sehen** I really need to see you

dringlich ['drɪŋlɪç] **I.** *adj* urgent **II.** *adv* urgently

drinnen ['drɪnən] *adv* ❶ (*in einem Raum*) inside; **dort/hier ~** in there/here ❷ (*im Haus*) indoors

dritt [drɪt] *adv* **wir waren zu ~** there were three of us

drittens ['drɪtn̩s] *adv* thirdly

droben ['droːbn̩] *adv* up there

Droge <-, -n> ['droːgə] *f* drug; **~n nehmen** to take drugs

drogenabhängig *adj* addicted to drugs *pred*

Drogerie <-, -n> [drogə'riː] *f* chemist's BRIT, drug store AM

drohen ['droːən] **I.** *vi* to threaten; **es droht ein Gewitter** a storm is threatening; **ein neuer Krieg droht** there is the threat of renewed war **II.** *vb aux* **~, etw zu tun** to be in danger of doing sth

drohend I. *adj* ❶ threatening ❷ (*bevorstehend*) impending **II.** *adv* threateningly

dröhnen ['drøːnən] *vi* ❶ to roar ❷ **jdm dröhnt der Kopf** sb's head is ringing

Drohung <-, -en> ['droːʊŋ] *f* threat

Dromedar <-s, -e> [drome'daːɐ̯] *nt* dromedary

Drossel <-, -n> ['drɔsl̩] *f* thrush

drosseln ['drɔsl̩n] *vt Einfuhr, Produktion, Tempo* to reduce

drüben ['dryːbn̩] *adv* over there

Druck[1] <-[e]s, Drücke> [drʊk] *m* pressure; **unter ~ stehen** to be under pressure; **jdn unter ~ setzen** to put pressure on sb

Druck² <-[e]s, -e> [drʊk] *m* ❶ TYPO printing ❷ (*bedruckter Stoff*) print

Druckbuchstabe *m* block capital

drucken ['drʊkn̩] *vt, vi* to print

drücken ['drʏkn̩] **I.** *vt* ❶ to press; *Knopf* to push ❷ *Schuh* to pinch **II.** *vi* to press; **„Bitte ~"** "Push" **III.** *vr* (*fam*) **sich vor der Arbeit ~** to dodge work

drückend *adj Last* heavy; *Stimmung, Hitze* oppressive

Drucker¹ <-s, -> *m* INFORM printer

Drucker(in)² <-s, -> *m(f)* printer

Druckerei <-, -en> [drʊkə'rai] *f* printer's

Druckfehler *m* typographical error **Druckknopf** *m* press-stud BRIT, stud fastener AM **Druckluft** *f kein pl* compressed air **Druckschrift** *f* **in ~ schreiben** to print

drunten ['drʊntn̩] *adv* (*fam*) down there

drunter ['drʊntɐ] *adv* (*fam*) underneath ▸ **alles geht ~ und drüber** everything is at sixes and sevens

Drüse <-, -n> ['dryːzə] *f* gland

Dschungel <-s, -> ['dʒʊŋl̩] *m* jungle

du <*gen* deiner, *dat* dir, *akk* dich> [duː] *pron pers 2. pers sing* you; **bist ~ das, Peter?** is it you Peter?; **und ~?** what about you?

Dübel <-s, -> ['dyːbl̩] *m* plug

ducken ['dʊkn̩] **I.** *vr* **sich [vor etw** *dat*] **~** to duck [sth] **II.** *vt* **den Kopf ~** to duck one's head

Duckmäuser(in) <-s, -> ['dʊkmɔyzɐ] *m(f)* (*pej*) yes-man

Dudelsack ['duːdl̩zak] *m* bagpipes *pl*

Duett <-[e]s, -e> [du'ɛt] *nt* duet

Duft <-[e]s, Düfte> [dʊft] *m* scent

duften ['dʊftn̩] *vi* [**nach etw** *dat*] **duften** to smell [of sth]

duftend *adj attr* fragrant

dulden ['dʊldn̩] **I.** *vi* (*geh*) to suffer **II.** *vt* to tolerate

dumm <dümmer, dümmste> [dʊm] **I.** *adj* ❶ stupid ❷ (*unklug*) foolish ❸ (*sinnlos*) **jdm zu ~ sein/werden** to be/become too much for sb **II.** *adv* stupidly; **frag nicht so ~** don't ask such stupid questions

Dummheit <-, -en> *f* ❶ *kein pl* (*geringe Intelligenz*) stupidity ❷ *kein pl* (*unkluges Verhalten*) foolishness *no pl*

Dummkopf *m* (*pej fam*) idiot

dumpf [dʊmpf] **I.** *adj* ❶ (*hohl klingend*) dull ❷ (*unbestimmt*) vague **II.** *adv* **die Lautsprecher klingen ~** the loudspeakers sound muffled

Dumpfbacke *f* (*fam*) bonehead

Düne <-, -n> ['dyːnə] *f* dune

düngen ['dʏŋən] *vt, vi* to fertilize

Dünger <-s, -> *m* fertilizer

dunkel ['dʊŋkl̩] *adj* ❶ dark ❷ (*tief*) deep ❸ (*unklar*) vague ▸ **im Dunkeln tappen** to be groping around in the dark

dunkelhäutig *adj* dark-skinned

Dunkelheit <-> *f kein pl* darkness; **bei einbrechender ~** at nightfall

dünn [dʏn] **I.** *adj* ❶ thin; **~es Buch** slim volume ❷ (*nicht konzentriert*) weak **II.** *adv* sparsely

Dünndarm *m* small intestine

Dunst <-[e]s, Dünste> [dʊnst] *m* ❶ (*Nebel*) haze ❷ (*Dampf*) steam ❸ (*Geruch*) smell

dünsten ['dʏnstn̩] *vt* to steam

dunstig ['dʊnstɪç] *adj* hazy

Dur <-, -> [duːɐ] *nt* major; **in ~** in a major key

durch [dʊrç] *präp* ❶ (*räumlich*) through; **~ den Fluss waten** to wade across the river; **mitten ~ etw** *akk* through the middle of sth ❷ (*mittels*) **~ jdn/etw** through sb/by sth ❸ (*zeitlich*) throughout ❹ MATH **27 ~ 3 macht 9** 27 divided by 3 is 9

durch|atmen ['dʊrçʔaːtmən] *vi* to breathe deeply

durchaus [dʊrç'ʔaus] *adv* definitely; **~ gelungen** highly successful; **~ kein schlechtes Angebot** not a bad offer [at all]; **~ nicht** by no means

durch|brechen* ['dʊrçbrɛçn̩] *irreg* **I.** *vt haben* **etw** ~ to break sth in two **II.** *vi sein* ❶ (*entzweibrechen*) to break in two ❷ (*einbrechen*) to fall through

Durchbruch ['dʊrçbrʊx] *m* breakthrough

durch|dringen* ['dʊrçdrɪŋən] *vi irreg sein* to come through

Durcheinander <-s> [dʊrçʔai'nandɐ] *nt kein pl* ❶ mess ❷ (*Wirrwarr*) confusion

Durchfahrt ['dʊrçfa:ɐ̯t] *f* entrance; **„~ bitte freihalten"** "Please do not obstruct"; **„~ verboten"** "No thoroughfare"; **auf der ~ sein** to be passing through

Durchfall ['dʊrçfal] *m* diarrhoea

durch|fallen ['dʊrçfalən] *vi irreg* (*fam*) **bei einer Prüfung** ~ to fail an exam

durch|gehen ['dʊrçge:ən] *irreg vi sein* ❶ [**durch etw** *akk*] ~ to go through [sth] ❷ (*durchdringen*) **durch jdn/etw** ~ to penetrate sth ❸ (*fam: weglaufen*) [**mit jdm/etw**] ~ to bolt [with sb/sth] ▶ [**jdm**] **etw** ~ <u>**lassen**</u> to let sb get away with sth

durchgehend ['dʊrçge:ənt] *adj* continuous

durch|greifen ['dʊrçgraifn̩] *vi irreg* (*fig*) to take drastic action

durch|halten ['dʊrçhaltn̩] *irreg* **I.** *vt* to [with]stand **II.** *vi* to hold out

durch|kreuzen ['dʊrçkrɔytsn̩] *vt* to cross out *sep;* **jdn auf der Liste** ~ to cross sb['s name] off the list

Durchlauferhitzer <-s, -> *m* continuous-flow water heater

durch|machen ['dʊrçmaxn̩] **I.** *vt* to go through **II.** *vi* (*fam*) ❶ [**die ganze Nacht**] ~ to make a night of it ❷ (*durcharbeiten*) to work right through

Durchmesser <-s, -> ['dʊrçmesɐ] *m* diameter

durchqueren* [dʊrç'kve:rən] *vt* to cross

Durchreisevisum *nt* transit visa **Durchsage** ['dʊrçza:gə] *f* announcement

durch|sagen ['dʊrçza:gn̩] *vt* to announce

durchschauen* [dʊrç'ʃauən] *vt* **jdn** ~ to see through sb

durch|schlagen* ['dʊrçʃla:gn̩] *irreg* **I.** *vt haben* ❶ **etw** ~ to split sth [in two] ❷ (*einschlagen*) **einen Nagel durch etw** *akk* ~ to knock a nail through sth **II.** *vr haben* **sich** ~ to struggle along

durch|schneiden* ['dʊrçʃnaidn̩] *vt irreg* **etw** [**in der Mitte**] ~ to cut sth through

Durchschnitt ['dʊrçʃnɪt] *m* average; **im** ~ on average; **über/unter dem** ~ **liegen** to be above/below average

durchschnittlich ['dʊrçʃnɪtlɪç] **I.** *adj* average **II.** *adv* ❶ on average ❷ (*mäßig*) moderately; ~ **intelligent** of average intelligence

durch|sehen ['dʊrçze:ən] *irreg* **I.** *vt* to go over **II.** *vi* to look through

durch|setzen* ['dʊrçzɛtsn̩] **I.** *vt Ziel* to achieve; *Reformen* to carry out **II.** *vr* ❶ **sich** [**bei jdm/gegen jdn**] ~ to assert oneself [with/against sb]; **sich mit etw** *dat* ~ to be successful with sth ❷ (*akzeptiert werden*) **sich** ~ to gain acceptance

durchsichtig ['dʊrçzɪçtɪç] *adj* transparent

durch|stehen ['dʊrçʃte:ən] *vt irreg* to get through; *Qualen* to endure

durch|streichen ['dʊrçʃtraiçn̩] *vt irreg* to cross out

durchsuchen* [dʊrçzu:xn̩] *vt* **jdn** [**nach etw** *dat*] ~ to search sb [for sth]

durchtrieben [dʊrç'tri:bn̩] *adj* crafty

durchweg ['dʊrçvɛk], ÖSTERR **durchwegs** ['dʊrçve:ks] *adv* without exception

durchwühlen* [dʊrç'vy:lən] *vt* to comb

dürfen ['dʏrfn̩] **I.** *modal vb* <darf, durfte, dürfen> ❶ (*Erlaubnis haben*) **etw** [**nicht**] **tun** ~ to [not] be allowed to do sth; **darfst du das?** are you allowed to? ❷ *verneint* **wir** ~ **den Zug nicht verpassen** we mustn't miss the train; **du darfst ihm das nicht übel nehmen** you mustn't hold that against him ❸ *im Konjunktiv* **das/es dürfte ...** that/it should ...; **es dürfte wohl**

D

das Beste sein, wenn ... it would probably be best when ... **II.** *vi* <darf, durfte, gedurft> **darf ich nach draußen?** may I go outside?; **er hat nicht gedurft** he wasn't allowed to

dürftig ['dʏrftɪç] *adj* poor

dürr [dʏr] *adj* ❶ (*trocken*) dry; **~es Laub** withered leaves ❷ (*mager*) [painfully] thin

E

Dürre <-, -n> ['dʏrə] *f* drought *no pl*

Durst <-[e]s> [dʊrst] *m kein pl* thirst; **~ haben** to be thirsty; **seinen ~ [mit etw** *dat*] **löschen** to quench one's thirst [with sth]

durstig ['dʊrstɪç] *adj* thirsty

durstlöschend, **durststillend** *adj* thirst-quenching

Dusche <-, -n> ['du:ʃə] *f* shower

duschen ['du:ʃn̩] **I.** *vi* to shower **II.** *vr* **sich ~** to have a shower **III.** *vt* **jdn ~** to give sb a shower

Duschgel *nt* shower gel **Duschkabine** *f* shower cubicle

Düse <-, -n> ['dy:zə] *f* nozzle

Düsenantrieb *m* jet propulsion **Düsenflugzeug** *nt* jet

dusselig ['dʊsəlɪç], **dusslig** ['dʊslɪç] (*fam*) **I.** *adj* daft **II.** *adv* **sich ~ anstellen** to act stupidly

düster ['dy:stɐ] *adj* ❶ gloomy ❷ (*fig*) melancholy

Dutzend <-s, -e> ['dʊtsn̩t] *nt* dozen

DVD <-, -s> [de:fau'de:] *f Abk von* **digital versatile disk** DVD

DVD-Player <-s, -> [-pleɪɐ] *m* DVD player

dynamisch [dy'na:mɪʃ] *adj* dynamic

Dynamit <-s> [dyna'mi:t] *nt kein pl* dynamite

Dynastie <-, -n> [dynas'ti:] *f* dynasty

Ee

E, e <-, -> [e:] *nt* ❶ (*Buchstabe*) E, e ❷ MUS [key of] E

E-Auto ['e:-] *nt kurz für* **Elektroauto** electric vehicle, EV

Ebbe <-, -n> ['ɛbə] *f* ebb tide; **~ und Flut** the tides *pl;* **bei ~** at low tide

eben[1] ['e:bn̩] **I.** *adj* ❶ (*flach*) flat ❷ (*glatt*) level **II.** *adv* evenly

eben[2] ['e:bn̩] **I.** *adv* just **II.** *part* (*genau das*) precisely

ebenbürtig ['e:bn̩bʏrtɪç] *adj* equal

Ebene <-, -n> [e:bənə] *f* ❶ (*Tiefebene*) plain; (*Hochebene*) plateau ❷ (*fig*) **auf wissenschaftlicher ~** at the scientific level

ebenfalls [e:bn̩fals] *adv* as well; **danke, ~!** thanks, [and] the same to you

Ebenholz [e:bn̩hɔlts] *nt* ebony

ebenso ['e:bn̩zo:] *adv* ❶ (*genauso*) just as; **~ gern [wie]** just as well/much [as]; **~ gut/lange/oft** just as well/long/often ❷ (*auch*) as well

Eber <-s, -> ['e:bɐ] *m* boar

Eberesche ['e:bɐʔɛʃə] *f* BOT mountain ash, rowan

E-Bike <-s, -s> ['i:baɪk] *nt Abk von* **electric bike** e-bike, electric bike

ebnen ['e:bnən] *vt* (*eben machen*) to level ► **jdm/etw den Weg ~** to smooth [*or* pave] the way for sb/sth

E-Book <-s, -s> ['i:bʊk] *nt Abk von* **electronic book** e-book **E-Book-Reader** <-s, -> [-ri:dɐ] *m* e-book reader

Echo <-s, -s> ['ɛço] *nt* ❶ echo ❷ (*Reaktion*) response (**auf** to); **ein [großes] ~ finden** to meet with a [big] response

Echse <-, -n> ['ɛksə] *f* saurian *spec*
echt ['ɛçt] **I.** *adj* ❶ real; (*nicht gefälscht*) genuine; *Gold* pure ❷ *Freundschaft, Schmerz* sincere **II.** *adv* (*typisch*) typical
Echtheit <-> *f kein pl* (*das Echtsein*) *eines Dokuments, Kunstwerks* authenticity; *eines Stoffs, Produkts* genuineness
Echtzeit *f* real time; **in ~** in real time
EC-Karte *f Abk von* **Eurochequekarte** ≈ Switch card
Eckball *m* corner
Ecke <-, -n> ['ɛkə] *f* corner; **gleich um die ~** just round [*or* AM around] the corner
eckig ['ɛkɪç] *adj* square
Eckzahn *m* canine
edel ['e:dl̩] *adj* ❶ (*großherzig*) generous ❷ (*hochwertig*) fine
Edelholz *nt* high-grade wood *no pl* **Edelstahl** *m* stainless steel **Edelstein** *m* precious stone **Edelweiß** <-[es], -e> ['e:dl̩vais] *nt* edelweiss
EDV <-> [e:de:'fau] *f Abk von* **elektronische Datenverarbeitung** EDP
Efeu <-s> ['e:fɔy] *m kein pl* ivy
Effekt <-[e]s, -e> [ɛ'fɛkt] *m* effect; FILM **~e** special effects
effektiv [ɛfɛk'ti:f] **I.** *adj* effective **II.** *adv* effectively
egal [e'ga:l] *adj* (*fam*) **jdm ~ sein** to be all the same to sb; **das ist mir ~** I don't mind; **~, was/wie ...** no matter what/how ...
Egoist(in) <-en, -en> [ego'ɪst] *m(f)* ego[t]ist
egoistisch [ego'ɪstɪʃ] **I.** *adj* ego[t]istical **II.** *adv* ego[t]istically
ehe ['e:ə] *konj* before; **~ das Wetter nicht besser wird ...** until the weather doesn't change for the better ...
Ehe <-, -n> ['e:ə] *f* marriage
Ehebruch *m* adultery; **~ begehen** to commit adultery **Ehefrau** *f* wife **Ehegatte** *m* (*geh*) husband
ehelich ['e:əlɪç] *adj* marital; *Kind* legitimate
ehemalig ['e:əma:lɪç] *adj attr* former
Ehemann *m* husband **Ehepaar** *nt* [married] couple + *sing/pl vb* **Ehepartner(in)** *m(f)* husband *masc*, wife *fem*, spouse *form*
eher ['e:ɐ] *adv* ❶ (*früher*) sooner ❷ (*wahrscheinlicher*) more likely
Ehering *m* wedding ring
Ehre <-, -n> ['e:rə] *f* honour; **zu ~n von jdm** in honour of sb; **jdm eine ~ sein** to be an honour for sb
ehren ['e:rən] *vt* to honour
ehrenamtlich **I.** *adj* **~e Tätigkeiten** voluntary work **II.** *adv* on a voluntary basis
Ehrenbürger(in) *m(f)* honorary citizen **Ehrengast** *m* guest of honour **Ehrenmord** *m* (*euph*) honour [*or* AM honor] killing **Ehrenwort** <-worte> *nt* word of honour
Ehrfurcht *f kein pl* reverence; **vor jdm/etw ~ haben** to have [great] respect for sb/sth
ehrfürchtig ['e:ɐ̯fʏrçtɪç], **ehrfurchtsvoll** **I.** *adj* reverent **II.** *adv* reverentially
Ehrgefühl *nt kein pl* sense of honour
Ehrgeiz ['e:ɐ̯gaits] *m kein pl* ambition
ehrgeizig ['e:ɐ̯gaitsɪç] *adj* ambitious
ehrlich ['e:ɐ̯lɪç] **I.** *adj* honest; (*echt*) genuine; **es ~ mit jdm meinen** to have good intentions towards sb **II.** *adv* honestly ▶ **~ gesagt ...** to be [quite] honest ...
Ehrlichkeit *f kein pl* honesty
ehrwürdig ['e:ɐ̯vʏrdɪç] *adj* venerable
Ei <-[e]s, -er> ['ai] *nt* ❶ egg; **ein hart/weich gekochtes ~** a hard-boiled/soft-boiled egg ❷ (*Eizelle*) ovum ❸ *pl* (*sl: Hoden*) balls *pl*
Eiche <-, -n> ['aiçə] *f* oak
Eichel <-, -n> ['aiçl̩] *f* ❶ BOT acorn ❷ ANAT glans
Eichelhäher ['aiçl̩hɛ:ɐ] *m* ORN jay
Eichhörnchen ['aiçhœrnçən] *nt*, **Eichkätzchen** *nt* DIAL squirrel
Eid <-[e]s, -e> ['ait] *m* oath; **einen ~ ablegen** to swear an oath; **an ~es statt erklären** to declare solemnly;

unter ~ [stehen] [to be] under oath
Eidechse ['aidɛksə] *f* lizard
Eidgenossenschaft *f* **die Schweizerische ~** the Swiss Confederation
Eierbecher *m* egg cup **Eierkuchen** *m* pancake **Eierstock** *m* ovary
Eifer <-s> ['aifɐ] *m kein pl* enthusiasm ▶ **im ~ des <u>Gefechts</u>** (*fam*) in the heat of the moment
Eifersucht ['aifɐzʊxt] *f kein pl* jealousy
eifersüchtig ['aifɐzʏçtɪç] *adj* jealous
eifrig ['aifrɪç] **I.** *adj* keen **II.** *adv* eagerly; **~ lernen/üben** to learn/practise assiduously
Eigelb <-s, -e> *nt* egg yolk
eigen ['aign̩] *adj* ❶ own ❷ (*typisch*) characteristic ❸ (*eigenartig*) peculiar
Eigenanteil *m* (*bei Versicherungen*) excess BRIT, deductible AM **Eigenart** ['aign̩ʔaːɐ̯t] *f* characteristic
eigenartig ['aign̩ʔaːɐ̯tɪç] **I.** *adj* strange **II.** *adv* strangely; **~ aussehen** to look strange **eigenmächtig** ['aign̩mɛçtɪç] **I.** *adj* high-handed **II.** *adv* high-handedly
Eigennutz *m kein pl* self-interest
eigennützig ['aign̩nʏtsɪç] **I.** *adj* selfish **II.** *adv* selfishly
Eigenproduktion *f* **aus ~** home-produced; (*Obst, Gemüse*) home-grown
Eigenschaft <-, -en> ['aign̩ʃaft] *f* quality; **in jds ~ als ...** in sb's capacity as ...
Eigenschaftswort <-wörter> *nt* adjective
eigensinnig ['aign̩zɪnɪç] **I.** *adj* stubborn **II.** *adv* stubbornly
eigentlich ['aign̩tlɪç] **I.** *adj* (*wirklich*) real; *Wesen* true **II.** *adv* ❶ (*normalerweise*) really; **da hast du ~ recht** you may be right there ❷ (*wirklich*) **ich bin ~ nicht müde** I'm not actually tired **III.** *part* **was fällt dir ~ ein!** what [on earth] do you think you're doing!; **was ist ~ mit dir los?** what [on earth] is wrong with you?
Eigentor *nt* own goal
Eigentum <-s> ['aign̩tuːm] *nt kein pl* property; **jds geistiges ~** sb's intellectual property
Eigentümer(in) <-s, -> ['aign̩tyːmɐ] *m(f)* owner
Eigentumswohnung *f* owner-occupied flat, condominium AM
eigenwillig ['aign̩vɪlɪç] *adj* ❶ stubborn ❷ (*unkonventionell*) unconventional
eignen ['aignən] *vr* to be suitable; **dieses Buch eignet sich zum Verschenken** this book would make a good present
Eilbrief *m* express letter
Eile <-> ['ailə] *f kein pl* haste; **in ~ sein** to be in a hurry; **in der ~** in the hurry; **nur keine ~!** there's no rush!
Eileiter <-s, -> *m* Fallopian tube
eilen ['ailən] **I.** *vi* ❶ *sein* **irgendwohin ~** to hurry somewhere ❷ *haben* **etw eilt** sth is urgent **II.** *vi impers haben* **es eilt** it's urgent; **eilt es?** is it urgent?
eilig ['ailɪç] **I.** *adj* ❶ (*schnell*) hurried ❷ (*dringend*) urgent; **es [mit etw** *dat*] **~ haben** to be in a hurry [with sth] **II.** *adv* quickly
Eilzug *m* ≈ fast stopping train
Eilzustellung *f* express delivery
Eimer <-s, -> ['aimɐ] *m* bucket; **Müll~** [rubbish] bin BRIT, garbage can AM
ein[1] ['ain] *adv* (*eingeschaltet*) on
ein[2] ['ain], **eine** ['ainə], **ein** ['ain] **I.** *adj* one; **mir fehlt noch ~ Cent** I need another cent ▶ **~ für alle <u>Mal</u>** once and for all; **~ und <u>derselbe</u> /<u>dieselbe</u> /<u>dasselbe</u>** one and the same **II.** *art indef* a/an; **was für ~ Lärm!** what a noise!
einander [ai'nandɐ] *pron* each other
ein|atmen *vt, vi* to breathe in *sep*
Einbahnstraße *f* one-way street
Einband <-bände> ['ainbant] *m* [book] cover
Einbau *m kein pl* installation
ein|bauen *vt* to install; **eingebaut** built-in
Einbauküche *f* fitted kitchen

ein|berufen* *vt irreg* ❶ *Versammlung* to convene ❷ MIL to conscript

Einberufung *f* MIL call-up papers *pl* BRIT, draft card AM

ein|beziehen* *vt irreg* to include

ein|biegen *vi irreg sein* to turn [off] (**in** in)

ein|bilden *vr* **sich** *dat* **etw ~** to imagine sth; **sich** *dat* **~, dass ...** to think that ... ▸ **was bildest du dir eigentlich ein?** (*fam*) what's got into your head?

Einbildung *f* ❶ *kein pl* imagination ❷ *kein pl* (*Arroganz*) conceitedness

Einbildungskraft *f kein pl* [powers of] imagination

ein|bläuen *vt* (*fam*) **jdm etw ~** to drum sth into sb['s head]

ein|brechen *irreg vi* ❶ *sein o haben: Dieb* to break in ❷ *sein: Nacht* to fall ❸ *sein* **auf dem Eis ~** to fall through the ice

Einbrecher(in) <-s, -> *m(f)* burglar

Einbruch ['ainbrʊx] *m* ❶ JUR break-in ❷ (*Beginn*) onset; **bei ~ der Dunkelheit** [at] nightfall

ein|bürgern ['ainbʏrgɐn] **I.** *vt* **jdn ~** to naturalize sb **II.** *vr* **sich ~** *Brauch* to become established

Einbürgerung *f* naturalization

Einbürgerungsantrag *m* application for naturalization

ein|checken [-tʃɛkn̩] *vi, vt* to check in

ein|cremen ['ainkreːmən] *vt* **sich ~** to apply cream

eindeutig ['aindɔytɪç] **I.** *adj* unambiguous **II.** *adv* unambiguously

ein|dringen *vi irreg sein* ❶ (*einbrechen*) **in etw** *akk* **~** to force one's way into sth ❷ *Wasser* to penetrate (**in** into)

Eindringling <-s, -e> ['aindrɪŋlɪŋ] *m* intruder

Eindruck ['aindrʊk] *m* impression; **den ~ erwecken/haben, dass ...** to give/have the impression that ...; **einen großen ~ auf jdn machen** to make a big impression on sb

eindrucksvoll **I.** *adj* impressive **II.** *adv* impressively

ein|ebnen *vt* to level

eineiig ['ainʔaiɪç] *adj* identical

eineinhalb ['ainʔain'halp] *adj* one and a half

ein|engen ['ainɛŋən] *vt* **jdn ~** to restrict sb['s freedom]; (*körperlich*) to restrict sb's movement[s]

einerlei ['ainɐ'lai] *adj pred* **das ist mir ganz ~** it's all the same to me

einerseits ['ainɐzaits] *adv* **~ ... andererseits ...** on the one hand ..., on the other hand ...

einfach ['ainfax] **I.** *adj* ❶ (*leicht*) easy; **es ist nicht ~ zu verstehen** it's not easy to understand; **es sich** *dat* [**mit etw** *dat*] **zu ~ machen** to make it too easy for oneself [with sth] ❷ (*gewöhnlich*) simple ❸ (*nicht doppelt*) single; **eine ~e Fahrkarte** a one-way [*or* BRIT single] ticket **II.** *adv* (*leicht*) easily **III.** *part* (*ohne weiteres*) simply, just

ein|fahren *irreg vi sein* to come in[to]; **auf einem Gleis ~** to arrive at a platform; **in einen Hafen ~** to sail into a harbour

Einfahrt *f kein pl* ❶ (*das Einfahren*) entry; **die ~ eines Zuges** the arrival of a train ❷ (*Zufahrt*) entrance; **~ freihalten!** [please] keep [entrance] clear!

Einfall ['ainfal] *m* idea

ein|fallen *vi irreg sein* ❶ (*in den Sinn kommen*) **etw fällt jdm ein** sb thinks of sth; **was fällt Ihnen ein!** what do you think you're doing! ❷ (*sich erinnern*) **jdm fällt etw ein** sb remembers sth ❸ (*einstürzen*) to collapse ❹ (*eindringen*) **in ein Land ~** to invade a country

Einfamilienhaus *nt* single family house

ein|fangen *irreg vt* **jdn/ein Tier ~** to capture sb/an animal

einfarbig *adj* in one colour

Einfluss *m* influence; **unter dem ~ von jdm/etw stehen** to be under the influence of sb/sth

einflussreich *adj* influential

einförmig ['ainfœrmɪç] **I.** *adj* monotonous **II.** *adv* monotonously

ein|frieren *irreg* **I.** *vi sein* to freeze up **II.** *vt haben* to [deep-]freeze

ein|fügen **I.** *vt* **etw** [**in etw** *akk*] ~ ❶ (*einpassen*) to fit sth in[to sth] ❷ (*einfließen lassen*) to add sth [to sth] **II.** *vr* **sich** [**in etw** *akk*] ~ to adapt [oneself] [to sth]

Einfühlungsvermögen *nt* empathy

Einfuhr <-, -en> ['ainfuːɐ̯] *f* importation

Einfuhrbestimmungen *pl* import regulations *pl*

ein|führen *vt* ❶ (*importieren*) to import ❷ (*bekannt machen*) **etw** ~ to introduce sth ❸ (*vertraut machen*) **jdn** ~ to introduce sb (**in** to)

Einführung *f* introduction

Einfuhrzoll *m* import duty

Eingabe *f Daten* entry

Eingang <-gänge> ['aingaŋ] *m* entrance; **„Kein ~!"** "No entry!"

ein|geben *irreg vt* ❶ INFORM to input (**in** into) ❷ (*geh: inspirieren*) **jdm etw** ~ to put sth into sb's head

eingebildet *adj* ❶ (*hochmütig*) conceited (**auf** about) ❷ (*imaginär*) imaginary

Eingeborene(r) *f(m) dekl wie adj* native

Eingebung <-, -en> *f* inspiration; **einer plötzlichen ~ folgend** acting on a sudden impulse

eingefallen *adj* hollow

ein|gehen *irreg* **I.** *vi sein* ❶ **in die Geschichte ~** to go down in history ❷ (*[ab]sterben*) to die [off] ❸ (*einlaufen*) to shrink ❹ (*sich beschäftigen mit*) **auf etw/jdn ~** to deal with sth/to pay some attention to sb ❺ (*sich einlassen*) **auf etw** *akk* ~ to accept sth **II.** *vt sein* **etw** ~ to enter into sth; **ein Risiko** ~ to take a risk

Eingemachte(s) *nt dekl wie adj* KOCHK preserved fruit

eingeschränkt *adj* limited

Eingeständnis ['aingəʃtɛntnɪs] *nt* admission

eingetragen *adj* registered

Eingeweide <-s, -> ['aingəvaidə] *nt meist pl* entrails

ein|gewöhnen* *vr* **sich** ~ to settle in

ein|gießen *vt irreg* to pour; **darf ich Ihnen noch Kaffee ~** can I pour you some more coffee?

ein|gliedern **I.** *vt* **jdn** ~ to integrate sb (**in** into) **II.** *vr* **sich** ~ to integrate oneself (**in** into)

ein|greifen *vi irreg* to intervene (**in** in)

Eingriff *m* ❶ intervention (**in** in) ❷ MED operation

Einhalt ['ainhalt] *m kein pl* **jdm/etw ~ gebieten** (*geh*) to put a stop to sb/sth

ein|halten *irreg vt* to keep; **eine Diät/einen Vertrag** ~ to keep to a diet/treaty; **die Spielregeln/Vorschriften** ~ to obey the rules; **Verpflichtungen** ~ to meet commitments

einheimisch ['ainhaimɪʃ] *adj* ❶ (*ortsansässig*) local ❷ BOT, ZOOL indigenous

Einheit <-, -en> ['ainhait] *f* unity

einheitlich ['ainhaitlɪç] *adj* (*gleich*) uniform

Einheitspreis *m* standard price

einhellig ['ainhɛlɪç] **I.** *adj* unanimous **II.** *adv* unanimously

ein|holen *vt* ❶ *Fahne, Segel* to lower ❷ (*erreichen*) **jdn/etw** ~ to catch up with sb/sth

einig ['ainɪç] *adj* ❶ (*geeint*) united ❷ *pred* **sich** *dat* ~ **sein** to be in agreement (**über** on)

einige(r, s) ['ainɪgə] *pron indef* some; **vor ~n Tagen** a few days ago; **~s** quite a lot; **das wird aber ~s kosten!** that will cost a pretty penny!

einigen ['ainɪgn̩] *vr* **sich** ~ to agree

einigermaßen ['ainɪgəˈmaːsn̩] *adv* fairly

Einigkeit <-> ['ainɪçkait] *f kein pl* ❶ (*Eintracht*) unity ❷ (*Übereinstimmung*) agreement; **es herrscht ~ da-**

rüber, dass ... there is agreement that ...

Einigung <-, -en> *f* ❶ POL unification ❷ (*Übereinstimmung*) agreement (**über** on)

einjährig, 1-jährig ['ainjɛːrɪç] *adj* ❶ (*Alter*) one year old *pred* ❷ (*Zeitspanne*) one-year *attr*

ein|kalkulieren* *vt* **etw** [**mit**] ~ to take sth into account

Einkauf *m* ❶ shopping; **Einkäufe machen** to do one's shopping ❷ (*das Eingekaufte*) purchase

ein|kaufen I. *vt* to buy **II.** *vi* to shop; ~ **gehen** to go shopping

Einkaufsbummel *m* shopping trip **Einkaufspassage** [-pasaːʒə] *f* shopping arcade **Einkaufswagen** *m* [shopping] trolley [*or* AM cart] **Einkaufszentrum** *nt* shopping centre

ein|kehren *vi sein* to stop off

ein|klammern *vt* **etw** ~ to put sth in brackets

Einklang *m* (*geh*) harmony; **in ~ mit etw** *dat* **stehen** to be in accord with sth

ein|klemmen *vt* **etw** ~ to catch sth

ein|kochen I. *vt haben* to preserve **II.** *vi sein* to thicken

Einkommen <-s, -> *nt* income *no pl*

Einkünfte ['ainkʏnftə] *pl* income *no pl*

ein|laden ['ainlaːdn̩] *vt irreg* ❶ *Menschen* to invite; **jdn zum Essen ~** to take sb out to dinner ❷ *Gegenstände* to load (**in** in[to])

Einladung *f* invitation

ein|langen *vi sein* ÖSTERR (*eintreffen*) to arrive

Einlass <-es> ['ainlas] *m* admission

ein|lassen *irreg* **I.** *vt* **jdn ~** to let sb in **II.** *vr* ❶ (*auf etw eingehen*) **sich auf etw** *akk* ~ to get involved in sth; *Abenteuer* to embark on sth ❷ (*pej: Kontakt aufnehmen*) **sich mit jdm ~** to get involved with sb

ein|laufen *irreg* **I.** *vi sein* ❶ (*schrumpfen*) to shrink ❷ (*einfahren*) **das Schiff läuft in den Hafen ein** the ship is sailing into harbour **II.** *vt haben* **Schuhe ~** to wear shoes in

ein|leben *vr* **sich ~** to settle in

ein|legen *vt* ❶ (*hineintun*) to insert; **eine CD ~** to put on a CD ❷ KOCHK **etw ~** to pickle sth; **eingelegte Gurken** pickled gherkins

Einlegesohle *f* insole

ein|leiten *vt* **Schritte** [**gegen jdn**] ~ to take steps [against sb]; **einen Prozess** [**gegen jdn**] ~ to start proceedings [against sb]

Einleitung *f* introduction

ein|lenken *vi* to give way

ein|loggen ['ainlɔgn̩] *vi* to log in

ein|lösen *vt* ❶ *Scheck* to honour [*or* AM cash] ❷ *Versprechen* to honour

ein|machen *vt* to preserve; (*in Essig*) to pickle

einmal[1], **1-mal** ['ainmaːl] *adv* ❶ (*ein Mal*) once; ~ **am Tag/in der Woche** once a day/week; **auf ~** all of a sudden; (*gleichzeitig*) all at once ❷ (*früher*) once [upon a time] ❸ (*später*) sometime; **ich will ~ Pilot werden** I want to be a pilot [some day]

einmal[2] ['ainmaːl] *part* **nicht ~** not even; **er hat sich nicht ~ bedankt** he didn't even say thank you

einmalig ['ainmaːlɪç] *adj* ❶ unique ❷ (*fam: ausgezeichnet*) outstanding

Einmischung *f* interference

einmotorig *adj* single-engined

Einmündung *f* confluence

einmütig ['ainmyːtɪç] **I.** *adj* unanimous **II.** *adv* unanimously

Einnahme <-, -n> ['ainnaːmə] *f* ❶ FIN earnings; (*Geschäfts~*) takings *pl* ❷ *kein pl Arzneimittel, Mahlzeiten* taking

ein|nehmen *vt irreg* ❶ *Geld* to take; *Steuern* to collect ❷ (*zu sich nehmen*) to take; *Mahlzeit* to have ❸ (*geh*) *Platz* to take ❹ (*erobern*) to take ❺ (*beein-*

flussen) **jdn für sich ~** to win favour with sb; **jdn gegen sich/jdn/etw ~** to turn sb against oneself/sb/sth

Einöde ['ainʔø:də] *f* wasteland

ein|ordnen I. *vt* ❶ (*einsortieren*) to organize (**in** in) ❷ (*klassifizieren*) to classify (**unter** under) **II.** *vr* **sich ~** *mit Auto* to get in lane

E

ein|packen *vt* (*verpacken*) **etw ~** to wrap sth; (*um zu verschicken*) to pack sth

ein|planen *vt* to plan; **etw [mit] ~** to take sth into consideration

ein|prägen *vr* **sich** *dat* **etw ~** to fix sth in one's memory

ein|räumen *vt* ❶ (*in etw räumen*) to put away (**in** in) ❷ *Zimmer* to arrange ❸ (*zugestehen*) **etw ~** to concede sth

ein|rechnen *vt* to include

ein|reden I. *vt* **jdm etw ~** to talk sb into thinking sth **II.** *vi* **auf jdn ~** to keep on at sb *fam* **III.** *vr* **sich** *dat* **etw ~** to talk oneself into thinking sth

ein|reihen *vr* **sich in etw** *akk* **~** to join sth

Einreise *f* entry

Einreisebestimmungen *pl* entry requirements **Einreisegenehmigung** *f* entry permit

ein|reisen *vi sein* **in ein Land ~** to enter a country

ein|renken ['ainrɛŋkn̩] **I.** *vt* ❶ MED **[jdm] etw ~** to set sth [for sb] ❷ (*fam*) **etw ~** to straighten sth out **II.** *vr* (*fam*) **sich wieder ~** to sort itself out

ein|richten I. *vt* ❶ (*möblieren*) to furnish; *Praxis* to fit out *sep* ❷ (*möglich machen*) **es ~, dass ...** arrange it so that ...; **es lässt sich ~** that can be arranged ❸ (*vorbereitet sein*) **auf etw** *akk* **eingerichtet sein** to be prepared for sth **II.** *vr* ❶ (*möblieren*) **ich richte mich weiß ein** I'm furnishing my flat in white ❷ (*vorbereitet sein*) **sich auf etw** *akk* **~** to be prepared for sth

Einrichtung *f* ❶ (*Wohnungseinrichtung*) [fittings and] furnishings *pl;* (*Ausstattung*) fittings *pl* ❷ (*das Möblieren*) furnishing; (*das Ausstatten*) fitting-out ❸ (*das Installieren*) installation ❹ (*Institution*) organization

eins ['ains] **I.** *adj* one; *s.a.* **acht**[1] **II.** *adj pred* ❶ (*eine Ganzheit*) [all] one ❷ (*einig*) **~ mit jdm/sich/etw sein** to be [at] one with sb/oneself/sth

einsam ['ainza:m] **I.** *adj* ❶ lonely ❷ (*abgelegen*) isolated; **eine ~e Insel** a desert island **II.** *adv* (*abgelegen*) **~ leben** to live a solitary life

ein|sammeln *vt* to collect [in *sep*] sth

Einsatz *m* ❶ (*eingesetzte Leistung*) effort; **unter ~ aller seiner Kräfte** with a superhuman effort; **unter ~ ihres Lebens** by putting her own life at risk ❷ *beim Glücksspiel* bet ❸ (*Verwendung*) use; *von Arbeitern, Soldaten* deployment; **zum ~ kommen** to be deployed

ein|schalten I. *vt* to switch on *sep* **II.** *vr* (*sich einmischen*) **sich ~** to intervene

ein|schärfen *vt* **jdm etw ~** to impress on sb the importance of sth; **jdm ~, etw zu tun** to tell sb to do sth

ein|schätzen *vt* to assess; **falsch ~** to misjudge; **zu hoch ~** to overrate; **zu niedrig ~** to underrate

ein|schenken *vt* **jdm etw ~** to pour sb sth

ein|schiffen I. *vt* to take on board **II.** *vr* **sich ~** to embark

ein|schlafen *vi irreg sein* ❶ **[bei etw** *dat*] **~** to fall asleep [during sth] ❷ *Glieder* to go to sleep ❸ (*nachlassen*) to peter out

ein|schläfern ['ainʃlɛ:fɐn] *vt* ❶ (*schläfrig machen*) to send to sleep ❷ *Tier* to put to sleep

einschläfernd ['ainʃlɛ:fɐnt] *adj* ❶ MED **ein ~es Mittel** a sleep-inducing drug ❷ (*langweilig*) **~ sein** to have a soporific effect

ein|schlagen *irreg* **I.** *vt haben* ❶ to hammer in *sep;* **eine Tür ~** to break down *sep* a door; **eingeschlagen** smashed-in; **jdm die Nase ~** to smash sb's nose; **jdm die Zähne ~** to knock sb's teeth out ② *Weg* to choose **II.** *vi* ① *haben o sein* [**in etw** *akk*] ~ *Blitz* to strike [sth] ② *sein: Granate* to fall ③ *haben* (*prügeln*) **auf jdn ~** to hit sb; **auf etw** *akk* ~ to pound [on] sth [with one's fists]

ein|schleusen *vt* to smuggle in

ein|schließen *vt irreg* ① **jdn ~** to lock sb up; **sich ~** to lock oneself in ② (*wegschließen*) **etw ~** to lock sth away ③ (*einbegreifen*) to include (**in** in)

einschließlich ['ainʃliːslɪç] **I.** *präp* **~ einer S.** *gen* including sth **II.** *adv* inclusive

ein|schmeicheln *vr* **sich ~** to ingratiate oneself

einschneidend ['ainʃnaidn̩t] *adj* **eine ~e Veränderung** a drastic change; **eine ~e Wirkung** a far-reaching effect

Einschnitt *m* ① (*Schnitt*) cut ② (*Wendepunkt*) turning-point

ein|schränken ['ainʃrɛŋkn̩] **I.** *vt* to cut [back on] **II.** *vr* **sich ~** to cut back (**in** on)

Einschränkung <-, -en> *f* reduction; **ohne ~** without reservations

Einschreib(e)brief *m* registered letter

ein|schreiben *irreg* **I.** *vt* to register **II.** *vr* **sich ~** *Kurs* to enrol; **sich in eine Liste ~** to put one's name on a list; **sich bei einer Universität ~** to register at a university

Einschreiben *nt* registered post [*or* AM letter] **etw per ~ schicken** to send sth by registered post

ein|schreiten *vi irreg sein* [**gegen jdn/etw**] ~ to do sth [about sb/sth]

ein|schüchtern ['ainʃʏçtɐn] *vt* **jdn ~** to intimidate sb

ein|schweißen *vt* (*versiegeln*) to seal

ein|sehen *vt irreg* (*begreifen*) to see

einseitig ['ainzaitɪç] **I.** *adj* ① one-sided; JUR, POL unilateral; **eine ~e Ernährung** an unbalanced diet; **eine ~e Lähmung** paralysis of one side of the body ② (*voreingenommen*) bias[s]ed **II.** *adv* ① (*auf einer Seite*) on one side ② (*beschränkt*) in a one-sided way ③ (*parteiisch*) from a one-sided point of view

ein|setzen **I.** *vt* ① (*einfügen*) to insert ② *Kommission* to set up ③ (*ernennen*) **jdn** [**als etw**] ~ to appoint [*or* AM instal] sb [as sth] ④ (*zum Einsatz bringen*) **jdn/etw ~** to use sb/sth; *Ersatzspieler* to bring on sb *sep* **II.** *vr* **sich ~** to make an effort; **sich für jdn/etw ~** to support sb/sth; **sich dafür ~, dass ...** to speak out for sth [so that ...]

Einsicht *f* insight; **jdn zur ~ bringen** to make sb see sense

einsichtig ['ainzɪçtɪç] *adj* (*vernünftig*) reasonable

Einsiedler(in) ['ainziːdlɐ] *m(f)* hermit

ein|spannen *vt* ① **jdn ~** to rope sb in ② **etw ~** to clamp sth ③ *Pferde* to harness

ein|sparen *vt* to save

ein|sperren *vt* to lock up *sep*

Einsprache *f* JUR SCHWEIZ (*Einspruch*) objection

ein|springen *vi irreg sein* (*fam*) to stand in (**für** for)

Einspruch *m* objection; **~ abgelehnt!** objection overruled!; **dem ~ wird stattgegeben!** objection sustained!; **~ erheben** to lodge an objection; **~ einlegen** to appeal

einspurig ['ainʃpuːrɪç] *adj Straße* one-lane

einst [ainst] *adv* (*geh*) ① (*früher*) once ② (*dereinst*) one day

ein|stecken *vt* **etw ~** ① to put sth in one's pocket ② (*fam: hinnehmen*) to put up with sth ③ ELEK to plug in sth *sep*

ein|stehen *vi irreg sein* ① (*sich verbürgen*) **für jdn/etw ~** to vouch for sb/sth ② (*aufkommen*) **für etw** *akk* ~ to take responsibility for sth

E

ein|steigen *vi irreg sein* [**in etw** *akk*] ~ ❶ *Zug* to get on [sth]; *Auto* to get in[to sth] ❷ (*sich engagieren*) to go into sth

ein|stellen I. *vt* ❶ (*anstellen*) to employ ❷ (*beenden*) to stop ❸ JUR to abandon ❹ TV, RADIO to tune ❺ TECH to adjust **II.** *vr* ❶ (*auftreten*) **sich** ~ *Bedenken* to begin; *Symptome* to develop ❷ (*sich anpassen*) **sich auf jdn/etw** ~ to adapt to sb/sth ❸ (*sich vorbereiten*) **sich auf etw** *akk* ~ to prepare oneself for sth

Einstellung *f* ❶ (*Anstellung*) taking on ❷ (*Beendigung*) stopping ❸ TV tuning ❹ TECH setting ❺ (*Gesinnung*) attitude; **eine ganz andere ~ haben** to think differently

einstmals ['ainstma:ls] *adv* (*geh*) *s.* **einst**

ein|stufen ['ainʃtu:fn̩] *vt* ❶ (*eingruppieren*) to group; **jdn in eine Gehaltsgruppe** ~ to give sb a [salary] grade ❷ (*zuordnen*) to categorize

Einstufung <-, -en> *f* categorization, classification

Einsturz *m* collapse; **etw zum ~ bringen** to cause sth to collapse

ein|stürzen *vi sein* ❶ to collapse ❷ (*überfallen*) **auf jdn** ~ to overwhelm sb

eintägig, 1-tägig *adj* one-day *attr*

Eintagsfliege *f* mayfly

ein|tauchen I. *vt haben* **jdn** ~ to immerse sb; **etw** ~ to dip sth **II.** *vi sein* to plunge in

ein|tauschen *vt* **etw** ~ to exchange sth (**gegen** for)

ein|teilen *vt* ❶ **etw in etw** *akk* ~ to divide sth up into sth ❷ *Geld, Vorräte, Zeit* [**sich** *dat*] **etw** ~ to be careful with sth ❸ (*verpflichten*) **jdn zu etw** *dat* ~ to assign sb to sth

Einteilung *f* management

eintönig ['aintø:nɪç] **I.** *adj* monotonous **II.** *adv* monotonously

Eintopf *m*, **Eintopfgericht** *nt* stew

einträchtig ['aintrɛçtɪç] **I.** *adj* harmonious **II.** *adv* harmoniously

Eintrag <-[e]s, Einträge> ['aintra:k] *m* ❶ *kein pl* (*Vermerk*) note ❷ (*im Lexikon*) entry

ein|tragen *vt irreg* to enter; (*amtlich*) to register; **jdn/sich in eine Liste** ~ to enter sb's/one's name in a list

ein|treffen *vi irreg sein* ❶ [**irgendwo/bei jdm**] ~ to arrive [somewhere/at sb's] ❷ (*in Erfüllung gehen*) to come true

ein|treiben *vt irreg* **etw** ~ to collect sth

ein|treten *irreg* **I.** *vi* ❶ *sein* (*betreten*) to enter ❷ *sein* (*beitreten*) to join ❸ *sein* (*sich ereignen*) to occur ❹ *sein* (*sich einsetzen*) **für jdn/etw** ~ to stand up for sb/sth **II.** *vt haben* **etw** ~ to kick sth in

Eintritt *m* ❶ (*geh: das Betreten*) **„~ verboten"** "No admission" ❷ (*Beitritt*) accession ❸ (*Eintrittsgeld*) admission; ~ **frei** admission free ❹ (*Beginn*) onset

Eintrittskarte *f* ticket

ein|üben *vt* to practise; THEAT to rehearse

einverstanden ['ainfɛɐ̯ʃtandn̩] *adj pred* [**mit jdm/etw**] ~ **sein** to agree [with sb/sth]; ~**!** OK!

Einverständnis ['ainfɛɐ̯ʃtɛntnɪs] *nt* ❶ (*Zustimmung*) consent ❷ (*Übereinstimmung*) agreement; **in gegenseitigem** ~ by mutual agreement

Einwand ['ainvant] *m* objection (**gegen** to)

Einwanderer, Einwanderin *m, f* immigrant

ein|wandern *vi sein* to immigrate

Einwanderung <-> *f kein pl* immigration; **kontrollierte** ~ controlled [*or* selective] immigration

einwandfrei ['ainvantfrai] *adj* flawless; *Qualität* excellent

Einwegrasierer *m* disposable razor

ein|weichen *vt* **etw** ~ to soak sth

ein|weihen *vt* ❶ (*eröffnen*) to open ❷ (*vertraut machen*) **jdn** ~ to initiate sb (**in** into); **jdn in ein Geheimnis** ~ to let sb in on a secret

ein|weisen *vt irreg* ❶ (*unterweisen*) **jdn** ~ to brief sb (**in** about) ❷ MED **jdn ins Krankenhaus** ~ to send sb to hospital

ein|wenden *vt irreg* **etw** ~ to object (**gegen** to); **etwas einzuwenden haben** to have an objection; **dagegen lässt sich nichts** ~ there can be no objection to it/that

ein|werfen *irreg vt* ❶ *Brief* to post [*or* AM mail] ❷ *Fensterscheibe* to smash ❸ (*bemerken*) ~, **dass ...** to interject that ...

ein|wickeln *vt* to wrap [up]

ein|willigen ['ainvɪlɪgn̩] *vi* to consent (**in** to)

ein|wirken *vi* **auf jdn/etw** ~ to have an effect on sb/sth; **etw** ~ **lassen** to let sth work in; **etw auf sich** ~ **lassen** to absorb sth

Einwohner(in) <-s, -> ['ainvo:nɐ] *m(f)* inhabitant

Einwurf *m* ❶ SPORT throw-in ❷ (*Bemerkung*) interjection

Einzahl ['aintsa:l] *f* singular

ein|zahlen *vt* to pay [in]; **etw auf ein Konto** ~ to pay sth into an account

Einzahlung *f* FIN deposit

Einzelbett *nt* single bed **Einzelfahrschein** *m* single ticket BRIT, one-way ticket AM **Einzelgänger(in)** *m(f)* loner

Einzelheit <-, -en> *f* detail

einzeln ['aintsl̩n] **I.** *adj* ❶ individual; **im Einzelnen** in detail; **als Einzelner** as an individual; **jeder Einzelne** each and every one ❷ *pl* (*einige wenige*) a few **II.** *adv* separately

Einzelteil *nt* separate part; **etw in seine ~e zerlegen** to take sth to pieces **Einzelzimmer** *nt* single room

ein|ziehen *irreg* **I.** *vt haben* ❶ *Gelder* to collect ❷ (*beschlagnahmen*) **einen Führerschein** ~ to confiscate a driving licence ❸ MIL **jdn** ~ to conscript [*or* AM draft] sb ❹ (*nach innen ziehen*) to take in; **der Kopierer zieht die Blätter einzeln ein** the photocopier takes in the sheets one by one ❺ (*entgegengesetzt bewegen*) to draw in; **der Hund zog den Schwanz ein** the dog put its tail between its legs; **den Kopf** ~ to duck one's head **II.** *vi sein* ❶ [**bei jdm**] ~ to move in [with sb] ❷ (*einmarschieren*) to march (**in** into)

einzig ['aintsɪç] **I.** *adj attr* only; **der/die Einzige** the only one; **das Einzige** the only thing; **kein ~er Gast** not one solitary guest **II.** *adv* only; **es liegt ~ und allein an Ihnen** it is entirely up to you

einzigartig ['aintsɪçʔa:ɐ̯tɪç] *adj* unique

Einzugsbereich *m* catchment area

Eis <-es> ['ais] *nt kein pl* ice; **Whisky mit** ~ whisky on the rocks; ~ **am Stiel** ice[d] lolly BRIT, Popsicle® AM

Eisbahn *f* ice rink **Eisbär** *m* polar bear **Eisbecher** *m* ❶ (*Pappbecher*) tub ❷ (*Eis im Metallbecher*) sundae **Eisberg** *m* iceberg **Eisbeutel** *m* ice pack **Eisbrecher** *m* icebreaker **Eiscreme** [-kre:m] *f* ice cream **Eisdiele** *f* ice cream parlour

Eisen <-s> ['aizn̩] *nt kein pl* iron

Eisenbahn ['aizn̩ba:n] *f* train **Eisenbahner(in)** <-s, -> *m(f)* (*fam*) railway employee, railroader AM **Eisenerz** ['aizn̩ʔe:ɐ̯ts] *nt* CHEM, BERGB iron ore

eisern ['aizɐn] *adj attr* iron; **jds ~e Reserve** sb's nest egg

eisgekühlt *adj* ice-cold **Eisglätte** *f* black ice **Eishockey** *nt* ice hockey **Eiskaffee** *m chilled coffee with vanilla ice cream and whipped cream* **eiskalt** ['aiskalt] **I.** *adj* ❶ ice-cold ❷ (*berechnend*) cold-blooded **II.** *adv* (*berechnend*) coolly **Eiskunstlauf** *m* figure-skating **eis|laufen** *vi* to ice-skate **Eisläufer(in)** *m(f)* ice-skater

Eisprung *m* ovulation

Eiswürfel *m* ice cube **Eiszapfen** *m* icicle **Eiszeit** *f* Ice Age

eitel ['aitl̩] *adj* vain

Eitelkeit <-, -en> ['aitl̩kait] *f* vanity

Eiter <-s> ['aitɐ] *m kein pl* pus

eitern ['aitɐn] *vi* to fester

Eiweiß ['aivais] *nt* ❶ protein ❷ KOCHK [egg] white

Ekel[1] <-s> ['e:kl̩] *m kein pl* disgust; ~ **erregend** revolting; **vor** ~ in disgust

Ekel[2] <-s, -> ['e:kl̩] *nt (fam)* revolting person

ekelhaft, ek(e)lig ['e:k(ə)lɪç] *adj, adv* disgusting

ekeln ['e:kl̩n] **I.** *vt impers* **jdn** ~ to disgust sb **II.** *vr* **sich [vor jdm/etw]** ~ to find sth/sb disgusting

eklig ['e:klɪç] *adj, adv s.* **ekelhaft**

Ekstase <-, -n> [ɛk'sta:zə] *f* ecstasy

Ekzem <-s, -e> [ɛk'tse:m] *nt* MED eczema

elastisch [e'lastɪʃ] *adj* elastic; *(federnd)* springy; *Stoff* stretchy

Elch <-[e]s, -e> ['ɛlç] *m* elk

Elefant <-en, -en> [ele'fant] *m* elephant

elegant [ele'gant] **I.** *adj* elegant **II.** *adv* elegantly

Elektriker(in) <-s, -> [e'lɛktrikɐ] *m(f)* electrician

elektrisch [e'lɛktrɪʃ] *adj* electric; **~e Geräte** electrical appliances

elektrisieren* [elɛktri'zi:rən] *vt* to electrify; **wie elektrisiert** [as if he had been] electrified

Elektrizität <-> [elɛktritsi'tɛ:t] *f kein pl* electricity

Elektrizitätswerk *nt* [electric] power station

Elektroauto [e'lɛktro-] *nt* electric car **Elektrofahrrad** *nt* electric bicycle **Elektromobilität** *f* e-mobility, electric mobility, electromobility; ~ **fördern** to promote e-mobility **Elektromotor** *m* electric motor

Elektronik <-> [elɛk'tro:nɪk] *f kein pl* electronics + *sing vb*

elektronisch [elɛk'tro:nɪʃ] *adj* electronic

Elektrorasierer [e'lɛktro-] *m* electric razor **Elektroschrott** *m* electronic waste, e-waste **Elektrosmog** *m* electrosmog

Elektrotechnik *f* electrical engineering

Element <-[e]s, -e> [ele'mɛnt] *nt* element

elementar [elemɛn'ta:ɐ̯] *adj* ❶ *(wesentlich)* elementary ❷ *(urwüchsig)* elemental

elend ['e:lɛnt] *adj* ❶ *(beklagenswert, gemein)* miserable ❷ *(krank)* wretched; ~ **aussehen** to look awful ❸ *(erbärmlich)* dreadful

Elend <-[e]s> ['e:lɛnt] *nt kein pl* misery

Elendsviertel *nt* slums *pl*

elf ['ɛlf] *adj* eleven; *s.a.* **acht**[1]

Elfenbein ['ɛlfn̩bain] *nt* ivory

Elfmeter [ɛlf'me:tɐ] *m* penalty; **einen ~ schießen** to take a penalty

elfte(r, s) ['ɛlftə] *adj* ❶ *(Zahl)* eleventh; *s.a.* **achte(r, s) 1** ❷ *(bei Datumsangabe)* eleventh, 11th; *s.a.* **achte(r, s) 2.**

elitär [eli'tɛ:ɐ̯] *adj* elitist

Elite <-, -n> [e'li:tə] *f* elite

Ellbogen <-s, -> ['ɛlbo:gn̩] *m* elbow

Ellipse <-, -n> [ɛ'lɪpsə] *f* ellipse

Elsass <-> ['ɛlzas] *nt* **das** ~ Alsace

Elsässer(in) <-s, -> ['ɛlzɛsɐ] *m(f)* inhabitant of Alsace

elsässisch ['ɛlzɛsɪʃ] *adj* Alsatian

Elster <-, -n> ['ɛlstɐ] *f* ORN magpie

Eltern ['ɛltɐn] *pl* parents *pl*

Elternzeit *f einer Mutter* maternity leave; *eines Vaters* paternity leave

E-Mail <-, -s> ['i:meɪl] *f Abk von* **electronic mail** *(Nachricht)* email **E-Mail-Adresse** *f* email address

Emanzipation <-, -en> [emantsipa'tsi̯o:n] *f* emancipation

emanzipieren* [emantsi'pi:rən] *vr* **sich** ~ to emancipate oneself

Embargo <-s, -s> [ɛm'bargo] *nt* embargo

Embryo <-s, -s> ['ɛmbryo] *m* embryo

Emigrant(in) <-en, -en> [emi'grant] *m(f)* emigrant

emigrieren* [emi'gri:rən] *vi sein* to emigrate

Emission <-, -en> [emɪ'si̯o:n] *f* emission

Emotion <-, -en> [emo'tsi̯o:n] *f* emotion

emotional **I.** *adj* emotional **II.** *adv* emotionally

Empfang <-[e]s, Empfänge> [ɛm'pfaŋ] *m* ❶ reception ❷ *von Ware* receipt; **etw in ~ nehmen** to take receipt of sth

empfangen <empfing, empfangen> [ɛm'pfaŋən] *vt* to receive

Empfänger(in) <-s, -> [ɛm'pfɛŋɐ] *m(f)* ❶ (*Adressat*) addressee; **~ unbekannt** not known at this address ❷ FIN payee

Empfänger <-s, -> [ɛm'pfɛŋɐ] *m* RADIO, TV (*geh*) receiver

empfänglich [ɛm'pfɛŋlɪç] *adj* **für etw** *akk* **~ sein** ❶ (*zugänglich*) to be receptive to sth ❷ (*anfällig*) to be susceptible to sth

Empfängnis <-> [ɛm'pfɛŋnɪs] *f pl selten* conception

Empfängnisverhütung *f* contraception

Empfangsdame *f* receptionist

empfehlen <empfahl, empfohlen> [ɛm'pfe:lən] *vt* [**jdm**] **etw ~** to recommend sth to sb; **dieses Hotel ist zu ~** this hotel is [to be] recommended

empfehlenswert *adj* recommendable

Empfehlung <-, -en> *f* recommendation; **auf ~ von jdm** on the recommendation of sb

empfinden <empfand, empfunden> [ɛm'pfɪndn̩] *vt* to feel; **ich empfinde das als Beleidigung** I find that insulting

empfindlich [ɛm'pfɪntlɪç] *adj* ❶ (*a. fig*) sensitive; **~ auf etw** *akk* **reagieren** to be sensitive to sth ❷ (*leicht verletzbar*) touchy; *Gesundheit* delicate

empor [ɛm'po:ɐ̯] *adv* (*geh*) upwards

empor|arbeiten *vr* (*geh*) **sich ~** to work one's way up

Empore <-, -n> [ɛm'po:rə] *f* gallery

empören* [ɛm'pø:rən] **I.** *vt* **jdn ~** to fill sb with indignation **II.** *vr* **sich ~** to be outraged; **sie empörte sich über sein Benehmen** his behaviour outraged her

empörend *adj* outrageous

Emporkömmling <-s, -e> [-kœmlɪŋ] *m* (*pej*) upstart

empört **I.** *adj* scandalized (**über** by) **II.** *adv* indignantly

emsig ['ɛmzɪç] **I.** *adj* busy **II.** *adv* industriously

Ende <-s, -n> ['ɛndə] *nt* ❶ end; **sie ist ~ 1948 geboren** she was born at the end of 1948; **~ August/des Monats/2001** the end of August/the month/2001; **~ 20 sein** to be in one's late 20s; **am ~ sein** to be at the end of one's tether; **etw zu ~ lesen** to finish reading sth; **zu ~ sein** to be finished ❷ FILM, LIT ending ▶ **am ~ der Welt** (*fam*) at the back of beyond; **letzten ~s** when all is said and done

enden ['ɛndn̩] *vi* ❶ to end; **das wird böse ~!** that will end in tears!; **jd wird schlimm ~** sb will come to a bad end ❷ (*auslaufen*) to expire

Endergebnis *nt* final result **endgültig** **I.** *adj* final **II.** *adv* finally; **~ entscheiden** to decide once and for all

Endivie <-, -n> [ɛn'di:vi̯ə] *f* endive

endlich ['ɛntlɪç] **I.** *adv* at last, finally; **na ~!** at [long] last! **II.** *adj* finite

endlos **I.** *adj* endless **II.** *adv* interminably

Endspurt *m* final spurt **Endstation** *f* terminus

Endung <-, -en> *f* ending

Energie <-, -n> [enɛr'gi:] *f* energy; **viel ~ haben** to be full of energy; **wenig ~ haben** to lack energy; **~ sparen** to save energy

Energiebedarf *m* energy requirement[s] **Energiegewinnung** *f* generation of energy **energiesparend** *adj* energy-saving **Energiesparlampe** *f* low-energy [electric] bulb, energy-saving [electric] bulb **Energieverbrauch** *m* energy consumption **Energieversorgung** *f* energy supply **Energiewende** *f* energy transition

energisch [e'nɛrgɪʃ] **I.** *adj* energetic **II.** *adv* vigorously

eng [ɛŋ] **I.** *adj* ❶ *Straße* narrow ❷ *Klei-*

dung tight ❸ **bei jdm ist es sehr ~** sb's home is too cramped ❹ *Beziehung, Freundschaft* close **II.** *adv* ❶ **ein ~ anliegendes Kleid** a close-fitting dress; **eine ~ anliegende Hose** very tight trousers ❷ (*dicht*) densely; **~ nebeneinanderstehen** to stand close to each other ❸ (*intim*) closely; **~ befreundet sein** to be close friends

Engagement <-s, -s> [ãgaʒəˈmãː] *nt* ❶ commitment (**für** to) ❷ THEAT engagement

engagieren* [ãgaˈʒiːrən] **I.** *vt* **jdn ~** to engage sb *esp* BRIT; **wir engagierten ihn als Leibwächter** we took him on as a bodyguard **II.** *vr* **sich ~** to be committed; **sich dafür ~, dass ...** to support an idea that ...

engagiert [ãgaˈʒiːɐt] *adj* **politisch/sozial ~** politically/socially committed

Engel <-s, -> [ˈɛŋl] *m* angel

England <-s> [ˈɛŋlant] *nt* ❶ (*Teil Großbritanniens*) England ❷ (*Großbritannien*) Great Britain

Engländer(in) <-s, -> [ˈɛŋlɛndɐ] *m(f)* Englishman *masc,* Englishwoman *fem;* **die ~** the English

englisch [ˈɛŋlɪʃ] *adj* English

Engpass *m* bottleneck

engstirnig [ˈɛŋʃtɪrnɪç] **I.** *adj* narrow-minded **II.** *adv* **~ denken/handeln** to think/act in a narrow-minded way

Enkel(in) <-s, -> [ˈɛŋkl] *m(f)* grandchild, grandson *masc,* granddaughter *fem*

enorm [eˈnɔrm] *adj* enormous

Ensemble <-s, -s> [ãˈsãbl] *nt* ensemble

entbehren* [ɛntˈbeːrən] *vt* **jdn/etw ~ können** to be able to do without sb/sth

entbehrlich *adj* dispensable

Entbindung *f* delivery

entdecken* *vt* to discover

Entdecker(in) <-s, -> [ɛntˈdɛkɐ] *m(f)* discoverer

Entdeckung *f* discovery

Entdeckungsreise *f* voyage of discovery

Ente <-, -n> [ˈɛntə] *f* duck

enteignen* *vt* JUR **jdn ~** to dispossess sb

enterben* *vt* **jdn ~** to disinherit sb

entfachen* [ɛntˈfaçn̩] *vt* ❶ to kindle ❷ (*entfesseln*) to provoke

entfalten* **I.** *vt* ❶ to unfold ❷ (*entwickeln*) **etw ~** to develop sth **II.** *vr* (*sich voll entwickeln*) **sich ~** to develop to the full

Entfaltung <-, -en> *f* development; **zur ~ kommen** to develop

entfernen* [ɛntˈfɛrnən] **I.** *vt* ❶ to remove ❷ MED **jdm den Blinddarm ~** to take out sb's appendix **II.** *vr* **sich ~** to go away (**von** from); **sich vom Weg ~** to go off the path

entfernt *adj* ❶ (*räumlich, zeitlich*) distant; **fünf Kilometer von hier ~** five kilometres [away] from here; **~er Verwandter** distant relative; **zu weit ~** too far [away] ❷ (*schwach*) **~e Ähnlichkeit** slight similarity; **~er Verdacht** remote suspicion

Entfernung <-, -en> *f* distance

Entfernungsmesser <-s, -> *m* rangefinder

entflammbar *adj* ❶ inflammable ❷ (*fig*) easily roused

entfremden* [ɛntˈfrɛmdn̩] **I.** *vt* to estrange; **etw seinem Zweck ~** to use sth for the wrong purpose **II.** *vr* **sich jdm ~** to become estranged from sb

Entfroster <-s, -> *m* defroster

entführen* *vt* **jdn ~** to abduct sb; *Fahrzeug, Flugzeug* to hijack

Entführer(in) *m(f)* kidnapper; *eines Fahrzeugs, Flugzeugs* hijacker

Entführung *f* kidnapping; *eines Fahrzeugs, Flugzeugs* hijacking

entgegen [ɛntˈgeːgn̩] **I.** *adv* (*in Richtung auf*) towards **II.** *präp* against; **~ meiner Bitte** contrary to my request

entgegen|gehen *vi irreg sein* **jdm ~** to go to meet sb; **dem Ende/seiner Vollendung ~** to near an end/completion **entgegengesetzt** [ɛntˈgeːgn̩gəzɛtst] **I.** *adj* ❶ (*räumlich*) opposite ❷ (*gegensätzlich*) opposing **II.** *adv*

~ **denken/handeln** to think/do the exact opposite **entgegen\|kommen** [ɛnt'ge:gn̩kɔmən] *vi irreg sein* ❶ **jdm ~** to come to meet sb ❷ (*Zugeständnisse machen*) **jdm/etw ~** to accommodate sb/sth **entgegenkommend** *adj* obliging

entgehen* *vi irreg sein* (*nicht bemerkt werden*) **etw entgeht jdm** sth escapes sb['s notice]

Entgelt <-[e]s, -e> [ɛnt'gɛlt] *nt* payment

entgiften* [ɛnt'gɪftn̩] *vt* ❶ ÖKOL to decontaminate ❷ MED to detoxify

entgleisen* [ɛnt'glaizn̩] *vi sein* ❶ *Zug* to be derailed ❷ (*ausfallend werden*) to make a gaffe

Enthaarungsmittel *nt* depilatory

enthalten* *irreg* **I.** *vt* to contain **II.** *vr* to refrain; **sich des Alkohols/Rauchens ~** to abstain from alcohol/smoking

enthaltsam [ɛnt'haltza:m] *adj* abstinent; (*keusch*) chaste

Enthüllung <-, -en> *f* (*Aufdeckung*) disclosure; *von Skandal* exposure

enthusiastisch **I.** *adj* enthusiastic **II.** *adv* enthusiastically

entkoffeiniert [ɛntkɔfei'ni:ɐt] *adj* decaffeinated

entkommen* *vi irreg sein* to escape

entkräften* [ɛnt'krɛftn̩] *vt* ❶ to weaken ❷ (*widerlegen*) **etw ~** to refute sth

entlang [ɛnt'laŋ] **I.** *präp* along; **den Fluss ~** along the river **II.** *adv* **hier ~** this/that way

entlarven* [ɛnt'larfn̩] *vt* to expose; **jdn als Betrüger ~** to expose sb as a swindler

entlassen* *vt irreg* ❶ (*kündigen*) to dismiss ❷ (*aus Krankenhaus, Militär, Gefängnis*) to discharge

entlasten* *vt* **jdn ~** ❶ JUR to clear sb ❷ (*Arbeit abnehmen*) to relieve sb

Entlastung <-, -en> *f* ❶ JUR exoneration; **zu jds ~** in sb's defence ❷ (*Erleichterung*) relief

entlaufen*[1] *vi irreg sein* **jdm ~** to run away from sb

entlaufen[2] *adj* escaped

entmachten* [ɛnt'maxtn̩] *vt* to disempower

entmutigen* [ɛnt'mu:tɪgn̩] *vt* to discourage

entrahmt *adj* (*Milch*) skimmed

entrümpeln* [ɛnt'rʏmpl̩n] *vt* to clear out *sep*

entrüsten* *vr* **sich über jdn/etw ~** to be indignant about sb/sth

entrüstet **I.** *adj* indignant (**über** about/at) **II.** *adv* indignantly

Entsafter <-s, -> *m* juicer, BRIT *a.* juice extractor

Entschädigung *f* compensation

entschärfen* *vt* (*a. fig*) to defuse

entscheiden* *irreg* **I.** *vt, vi* ❶ to decide (**über** on); (*gerichtlich*) to rule; **für/gegen jdn/etw ~** to decide in favour/against sb/sth ❷ (*endgültig klären*) to settle **II.** *vr* **sich ~** to decide

entscheidend [ɛnt'ʃaidn̩t] **I.** *adj* decisive **II.** *adv* decisively

Entscheidung *f* decision; **die ~ liegt bei jdm** it is for sb to decide; **jdn vor eine ~ stellen** to leave a decision to sb; **eine ~ treffen** to make a decision

entschlacken* [ɛnt'ʃlakn̩] MED **I.** *vt* to purify **II.** *vi* to have a purifying effect

entschließen* *vr irreg* **sich [zu etw** *dat*] **~** to decide [on sth]

Entschluss [ɛnt'ʃlʊs] *m* decision; **einen ~ fassen** to make a decision

entschlüsseln* [ɛnt'ʃlʏsl̩n] *vt* to decode

entschuldigen* [ɛnt'ʃʊldɪgn̩] **I.** *vi* **~ Sie** excuse me **II.** *vr* **sich ~** to apologize **III.** *vt* **etw ~** to excuse sth

Entschuldigung <-, -en> *f* ❶ apology; **[jdn] um ~ bitten** to apologize [to sb] ❷ (*Rechtfertigung*) **als ~ für etw** as an excuse for sth ❸ (*Höflichkeitsformel*) **~!** sorry!

entsetzen* **I.** *vt* to horrify **II.** *vr* **sich ~** to be horrified (**über** at)

Entsetzen <-s> *nt kein pl* horror; **voller ~** filled with horror; **mit ~** horrified

entsetzlich [ɛntˈzɛtslɪç] **I.** *adj* dreadful **II.** *adv* terribly
entsetzt *adj* horrified (**über** by)
Entsorgung <-, -en> *f* waste disposal
entspannen* **I.** *vr* **sich ~** ❶ to relax ❷ (*sich beruhigen*) to ease **II.** *vt* ❶ to relax ❷ POL to ease
entsprechen* *vi irreg* **etw** *dat* **~** to correspond to sth
entsprechend [ɛntˈʃprɛçn̩t] **I.** *adj* appropriate **II.** *präp* in accordance with
entstehen* *vi irreg sein* ❶ to come into being ❷ (*verursacht werden*) to arise
Entstehung <-, -en> *f* creation; *des Lebens* origin
entstellen* *vt* ❶ (*verunstalten*) to disfigure ❷ (*verzerren*) to distort
enttäuschen* *vt* **jdn ~** to disappoint sb; **jds Hoffnungen ~** to dash sb's hopes; **jds Vertrauen ~** to betray sb's trust
enttäuscht **I.** *adj* disappointed (**von** in/with) **II.** *adv* disappointedly
Enttäuschung *f* disappointment; **jdm eine ~ bereiten** to disappoint sb
Entwarnung *f* all-clear
entwässern* *vt* ❶ to drain ❷ MED to dehydrate
entweder [ɛntˈveːdɐ] *konj* **~ ... oder ...** either...or; **~ oder!** yes or no!
entwickeln* **I.** *vt* *a.* FOTO to develop **II.** *vr* **sich ~** to develop
Entwicklung <-, -en> *f* ❶ *a.* FOTO development; [**noch**] **in der ~ sein** to be [still] in the development stage ❷ (*Trend*) trend
Entwicklungshelfer(in) *m(f)* development aid worker **Entwicklungshilfe** *f* development aid **Entwicklungsland** *nt* developing country
entwischen* *vi sein* to escape
entwöhnen* [ɛntˈvøːnən] *vt Säugling* to wean
Entwurf *m* ❶ (*Skizze*) sketch ❷ (*Design*) design ❸ *eines Textes* draft
Entziehungskur *f* rehabilitation programme (*for alcohol or drug addiction*)
entziffern* [ɛntˈtsɪfɐn] *vt* to decipher
entzücken* *vt* to delight
entzückend [ɛntˈtsʏkn̩t] *adj* delightful
Entzug *m kein pl* MED withdrawal
Entzugserscheinung *f* withdrawal symptom *usu pl*
entzündbar *adj* inflammable; **leicht ~** highly inflammable
entzünden* **I.** *vt* (*geh*) to light **II.** *vr* **sich ~** ❶ MED to become inflamed ❷ (*in Brand geraten*) to catch fire
entzündet *adj* MED inflamed; (*Augen a.*) sore
Entzündung *f* MED inflammation
entzwei [ɛntˈtsvai] *adj pred* broken
entzweien* [ɛntˈtsvaiən] **I.** *vt* **jdn ~** to cause sb to fall out **II.** *vr* **sich mit jdm ~** to fall out with sb
Enzian <-s, -e> [ˈɛntsi̯aːn] *m* gentian
Enzyklopädie <-, -n> [ɛntsyklopɛˈdiː] *f* encyclopaedia
Enzym <-s, -e> [ɛnˈtsyːm] *nt* enzyme
Epidemie <-, -n> [epideˈmiː] *f* epidemic
Epilepsie <-, -n> [epilɛˈpsiː] *f* epilepsy
Epileptiker(in) <-s, -> [epiˈlɛptikɐ] *m(f)* epileptic
Epoche <-, -n> [eˈpɔxə] *f* epoch
er [ˈeːɐ̯] *pron pers* he; **sie ist ein Jahr jünger als ~** she is a year younger than him; **nicht möglich, ~ ist es wirklich!** unbelievable, it really is him!; **wenn ich ~ wäre, ...** if I were him...
Erbanlage *f* hereditary factor
Erbarmen <-s> [ɛɐ̯ˈbarmən] *nt kein pl* pity; **~ mit jdm/etw** [**haben**] to [have] pity for sb; **ohne ~** merciless
erbärmlich [ɛɐ̯ˈbɛrmlɪç] **I.** *adj* ❶ (*jämmerlich*) wretched ❷ (*fam: gemein*) miserable **II.** *adv* (*fam: furchtbar*) terribly
erbarmungslos [ɛɐ̯ˈbarmʊŋsloːs] **I.** *adj* merciless **II.** *adv* mercilessly
Erbe <-s> [ˈɛrbə] *nt kein pl* ❶ inheritance *no pl* ❷ (*fig: Hinterlassenschaft*) legacy ❸ (*Person*) heir

Erbe, **Erbin** <-n, -n> ['ɛrbə, 'ɛrbɪn] *m, f* JUR heir *masc*, heiress *fem*
erben ['ɛrbn̩] *vt* **etw ~** to inherit sth
erbeuten* [ɛɐ̯'bɔytn̩] *vt* **etw ~** ❶ *Kriegsbeute* to capture sth ❷ *Diebesgut* to carry off sth *sep*
Erbgut *nt kein pl* genetic make-up
Erbin <-, -nen> ['ɛrbɪn] *f fem form von* **Erbe** heiress
erbittert **I.** *adj* bitter **II.** *adv* bitterly
Erbkrankheit *f* hereditary disease
erblich ['ɛrplɪç] *adj* hereditary
erblinden* [ɛɐ̯'blɪndn̩] *vi sein* to go blind
Erbmasse *f* genetic make-up
erbrechen *irreg* **I.** *vt* **etw ~** to bring up sth *sep* **II.** *vi* to throw up *sl* **III.** *vr* **sich ~** to be sick
Erbschaft <-, -en> ['ɛrpʃaft] *f* inheritance; **eine ~ machen** to come into an inheritance
Erbse <-, -n> ['ɛrpsə] *f* pea
Erdachse ['eːɐ̯daksə] *f* earth's axis **Erdanziehung** *f kein pl* gravitational pull of the earth **Erdapfel** *m* ÖSTERR potato **Erdbeben** *nt* earthquake **Erdbeere** ['eːɐ̯tbeːrə] *f* strawberry **Erdboden** *m* ground; **etw dem ~ gleichmachen** to raze sth to the ground
Erde <-> ['eːɐ̯də] *f kein pl* ❶ earth; **fruchtbare ~** fertile soil ❷ (*Boden*) ground; **auf der ~** on the ground
Erdgas *nt* natural gas **Erdgeschoss** *nt* ground [*or* AM first] floor; **im ~** on the ground floor **Erdkruste** *f* earth's crust **Erdkugel** *f* globe **Erdkunde** *f* geography **Erdnuss** *f* peanut **Erdöl** *nt* oil
erdreisten* [ɛɐ̯'draistn̩] *vr* **sich ~, etw zu tun** to have the audacity to do sth
erdrosseln* *vt* **jdn ~** to strangle sb
erdrücken* *vt* ❶ (*zu Tode drücken*) to crush ❷ (*belasten*) **jdn ~** to overwhelm sb
Erdrutsch *m* landslide **Erdstoß** *m* seismic shock **Erdteil** *m* continent
erdulden* *vt* to endure
Erdumdrehung *f* rotation of the earth **Erdumlaufbahn** *f* [earth] orbit
Erdung <-, -en> *f* ELEK ❶ (*das Erden*) earthing ❷ (*Erde*) earth
E-Reader <-s, -> ['iːriːdɐ] *m* INFORM (*kurz für electronic reader*) e-reader
ereifern* *vr* **sich ~** to get worked up (**über** about)
ereignen* [ɛɐ̯'ʔaignən] *vr* **sich ~** to occur
Ereignis <-ses, -se> [ɛɐ̯'ʔaignɪs] *nt* event; **bedeutendes/historisches ~** important/historical incident
erfahren[1] [ɛɐ̯'faːrən] *irreg vt* ❶ *Nachricht, Neuigkeit* to hear (**über/von** about) ❷ (*erleben*) to experience
erfahren[2] [ɛɐ̯'faːrən] *adj* experienced
Erfahrung <-, -en> *f* experience (**mit** of); **die ~ machen, dass ...** to find that ...; **etw in ~ bringen** to find out sth *sep;* **nach meiner ~** in my experience; **jahrelange ~** years of experience
erfassen* *vt* ❶ (*mitreißen*) to catch ❷ (*begreifen*) to understand; **genau, du hast's erfasst!** exactly, you've got it! ❸ (*registrieren*) to record ❹ *Daten* to enter
erfinden* *vt irreg* to invent
Erfinder(in) [ɛɐ̯'fɪndɐ] *m(f)* inventor
Erfindung <-, -en> *f* invention; **eine ~ machen** to invent sth
Erfolg <-[e]s, -e> [ɛɐ̯'fɔlk] *m* success; **~ versprechend** promising; **wenig ~ versprechen** to promise little; **~ haben** to be successful; **viel ~!** good luck!
erfolglos [ɛɐ̯'fɔlkloːs] *adj* ❶ unsuccessful ❷ (*vergeblich*) futile
erfolgreich *adj* successful
erforderlich [ɛɐ̯'fɔrdɐlɪç] *adj* necessary
erfordern* *vt* to require
erforschen* *vt* ❶ (*erkunden*) to explore ❷ (*genau untersuchen*) **etw ~** to research into sth
erfreuen* **I.** *vt* to please **II.** *vr* **sich an etw** *dat* **~** to take pleasure in sth
erfreulich [ɛɐ̯'frɔylɪç] *adj* pleasant; *Nachricht* welcome

E

erfrieren* *vi irreg sein* ❶ *Person, Tier* to freeze to death; *Pflanze* to be killed by frost ❷ *Gliedmaßen* to get frostbitten; **erfroren** frozen

erfrischen* [ɛɐ̯ˈfrɪʃn̩] **I.** *vt* to refresh **II.** *vi* to be refreshing **III.** *vr* **sich ~** to refresh oneself

erfrischend *adj* refreshing

Erfrischung <-, -en> *f* refreshment *no pl*

Erfrischungsgetränk *nt* refreshment

erfüllen* **I.** *vt Pflicht, Traum, Versprechen* to fulfil; **von Ekel erfüllt** filled with disgust; **seinen Zweck ~** to serve its purpose **II.** *vr* **sich ~** to come true

ergänzen* [ɛɐ̯ˈgɛntsn̩] *vt* (*vervollständigen*) **etw ~** to complete sth (**durch** with); **sie ~ sich** they complement each other

Ergänzung <-, -en> *f* ❶ (*einer Sammlung*) completion ❷ (*Zusatz*) addition

ergeben*[1] *irreg* **I.** *vt* ❶ MATH to amount to ❷ (*als Resultat haben*) to produce **II.** *vr* ❶ (*kapitulieren*) to surrender ❷ (*sich fügen*) to submit; **sich in sein Schicksal ~** to resign oneself to one's fate ❸ (*daraus folgen*) **sich aus etw** *dat* **~** to result from sth

ergeben[2] *adj* ❶ (*demütig*) humble ❷ (*treu*) devoted

Ergebnis <-ses, -se> [ɛɐ̯ˈgeːpnɪs] *nt* result; **zu dem ~ führen, dass ...** to result in ...; **zu einem/keinem ~ kommen** to reach/fail to reach a conclusion

ergiebig [ɛɐ̯ˈgiːbɪç] *adj* (*ertragreich*) productive

ergonomisch **I.** *adj* ergonomic **II.** *adv* ergonomically

ergreifen* *vt irreg* to seize; *Maßnahmen* to take

ergreifend *adj* moving

ergriffen [ɛɐ̯ˈgrɪfn̩] *adj* moved

Erhalt <-[e]s> *m kein pl* (*geh*) maintenance

erhalten* *irreg vt* ❶ (*bekommen*) to receive; **den Auftrag ~, etw zu tun** to be given the task of doing sth ❷ (*bewahren*) to maintain ❸ BAU to preserve

erhältlich [ɛɐ̯ˈhɛltlɪç] *adj* obtainable

erheblich [ɛɐ̯ˈheːplɪç] **I.** *adj* considerable **II.** *adv* considerably

erheitern* [ɛɐ̯ˈhaitɐn] *vt* to amuse

erhitzen* [ɛɐ̯ˈhɪtsn̩] **I.** *vt* **etw ~** to heat sth **II.** *vr* (*sich erregen*) **sich ~** to get excited (**an** about)

erhöhen* [ɛɐ̯ˈhøːən] **I.** *vt* **etw ~** to raise sth; *Preise, Produktion* to increase sth **II.** *vr* **sich ~** to increase

erholen* *vr* **sich ~** ❶ (*wieder zu Kräften kommen*) to recover (**von** from) ❷ (*ausspannen*) to relax

erholsam [ɛɐ̯ˈhoːlzaːm] *adj* relaxing

Erholung <-> *f kein pl* relaxation

Erholungsgebiet *nt* recreation area

erinnern* [ɛɐ̯ˈʔɪnɐn] **I.** *vt* **jdn an jdn/etw ~** to remind sb of sb/sth **II.** *vr* **sich an jdn/etw ~** to remember sb/sth; **wenn ich mich recht erinnere, ...** if I remember correctly ...; **soweit ich mich ~ kann** as far as I can remember **III.** *vi* ❶ **an jdn/etw ~** to be reminiscent of sb/sth *form* ❷ (*ins Gedächtnis rufen*) **daran ~, dass ...** to point out that ...

Erinnerung <-, -en> *f* memory; **zur ~ an etw** *akk* in memory of sth; **~en austauschen** to talk about old times

erkälten* [ɛɐ̯ˈkɛltn̩] *vr* **sich ~** to catch a cold

Erkältung <-, -en> *f* cold; **eine ~ bekommen** to catch a cold

erkennbar *adj* ❶ (*sichtbar*) discernible ❷ (*wahrnehmbar*) perceptible

erkennen* *irreg* **I.** *vt* ❶ (*wahrnehmen*) to discern ❷ (*identifizieren*) **jdn/etw ~** to recognize sb/sth ❸ (*einsehen*) to recognize; **einen Irrtum ~** to realize one's mistake **II.** *vi* ❶ (*wahrnehmen*) **~ ob/um was/wen ...** to see whether/what/who ... ❷ (*einsehen*) **~, dass/wie ...** to realize that/how ...

Erkenntnis [ɛɐ̯ˈkɛntnɪs] *f* insight; **zu der ~ kommen, dass ...** to realize that ...
Erker <-s, -> [ˈɛrkɐ] *m* bay window
erklären* **I.** *vt* ① **etw ~** to explain sth ② (*bekannt geben*) to announce ③ (*offiziell bezeichnen*) to pronounce; **jdn für vermisst ~** to declare sb missing **II.** *vr* **sich** *dat* **etw ~** to understand sth; **wie ~ Sie sich, dass ...** how do you explain that ...
Erklärung *f* ① explanation ② (*Mitteilung*) statement; **eine ~ abgeben** to make a statement
erkranken* *vi* [**an etw** *dat*] **~** to be taken ill [with sth]
erkunden* [ɛɐ̯ˈkʊndn̩] *vt* *Gebiet* to discover ② MIL to scout out *sep*
erkundigen* [ɛɐ̯ˈkʊndɪgn̩] *vr* **sich** [**nach jdm/etw**] **~** to ask [about sb/sth]
erlangen* [ɛɐ̯ˈlaŋən] *vt* (*geh*) to obtain
Erlass <-es, -e> [ɛɐ̯ˈlas] *m* decree
erlassen* *vt irreg* ① **einen Haftbefehl ~** to issue a warrant ② **eine Strafe ~** to remit a sentence
erlauben* [ɛɐ̯ˈlaubn̩] **I.** *vt* to permit; **jdm etw ~** to allow sb to do sth **II.** *vr* (*sich herausnehmen*) **sich** *dat* **~, etw zu tun** to take the liberty of doing sth
Erlaubnis <-, *pl selten* -se> *f* permission; [**jdn**] **um ~ bitten** to ask [sb's] permission; **jdm die ~ geben** to give sb permission
erläutern* *vt* [**jdm**] **etw ~** to explain sth [to sb]
Erläuterung <-, -en> *f* explanation
Erle <-, -n> [ˈɛrlə] *f* alder
erleben* *vt* **etw ~** ① (*zu Lebzeiten*) to live to see sth; **es ~, dass/wie ...** to see that/how ... ② (*erfahren*) to experience sth; **eine** [**große**] **Enttäuschung ~** to be [bitterly] disappointed; **harte Zeiten ~** to go through hard times
Erlebnis <-ses, -se> [ɛɐ̯ˈleːpnɪs] *nt* experience
erledigen* [ɛɐ̯ˈleːdɪgn̩] **I.** *vt* **etw ~** to carry out sth; **zu ~** to be done **II.** *vr* **etw erledigt sich** [**von selbst**] sth sorts itself out [on its own]
erleichtern* [ɛɐ̯ˈlaiçtɐn] *vt* ① [**jdm**] **etw ~** to make sth easier [for sb] ② (*beruhigen*) **jdn ~** to be of relief to sb
erleiden* *vt irreg* **etw ~** to suffer sth
erleuchten* *vt* **etw ~** to light [up] sth
Erlös <-es, -e> [ɛɐ̯ˈløːs] *m* proceeds *pl*
ermächtigen* [ɛɐ̯ˈmɛçtɪgn̩] *vt* **jdn** [**zu etw** *dat*] **~** to authorize sb [to do sth]
ermahnen* *vt* **jdn ~** to warn sb; **jdn ~, etw zu tun** to tell sb to do sth
ermäßigen* *vt* to reduce
Ermäßigung <-, -en> *f* reduction
ermitteln* **I.** *vt* ① (*herausfinden*) **etw ~** to find out sth *sep;* **jdn ~** to establish sb's identity ② (*errechnen*) to determine; **den Gewinner ~** to decide [on] the winner **II.** *vi* to investigate
Ermittlung <-, -en> *f* ① *kein pl* (*das Ausfindigmachen*) determining ② (*Untersuchung*) investigation
ermöglichen* [ɛɐ̯ˈmøːklɪçn̩] *vt* **jdm etw ~** to enable sb to do sth
ermüden* [ɛɐ̯ˈmyːdn̩] **I.** *vt haben* **jdn ~** to tire sb [out] **II.** *vi sein* to become tired
ermüdend *adj* tiring
Ermüdung <-, *pl selten* -en> *f* tiredness
ermutigen* [ɛɐ̯ˈmuːtɪgn̩] *vt* **jdn** [**zu etw** *dat*] **~** to encourage sb [to do sth]
ernähren* **I.** *vt* ① to feed ② (*unterhalten*) **jdn ~** to support sb **II.** *vr* **sich von etw** *dat* **~** (*essen*) to live on sth
Ernährung <-> *f kein pl* ① (*das Ernähren*) feeding ② (*Nahrung*) diet
ernennen* *vt irreg* **jdn** [**zu etw** *dat*] **~** to appoint sb [as sth]
Ernennung *f* appointment (**zu** as); **~ eines Stellvertreters** nomination of a deputy
erneuerbar *adj* renewable
erneuern* [ɛɐ̯ˈnɔyɐn] *vt* (*auswechseln*) to replace

erniedrigen* [ɛɐ̯ˈniːdrɪgn̩] *vt* **jdn/sich ~** to demean sb/oneself
ernst [ˈɛrnst] *adj* serious; **es ~ meinen [mit jdm/etw]** to be serious [about sb/sth]; **jdn/etw ~ nehmen** to take sb/sth seriously
Ernstfall *m* emergency; **im ~** in an emergency
ernsthaft I. *adj* ❶ (*gravierend*) serious ❷ (*aufrichtig*) sincere **II.** *adv* seriously
ernten [ˈɛrntn̩] *vt* to harvest
ernüchtern* [ɛɐ̯ˈnʏçtɐn] *vt* **jdn ~** to bring sb back to reality
Ernüchterung <-, -en> *f* disillusionment
erobern* [ɛɐ̯ˈʔoːbɐn] *vt* to conquer
Eroberung <-, -en> *f* ❶ (*das Erobern*) conquest ❷ (*erobertes Gebiet*) conquered territory
Eröffnung *f* opening
erörtern* [ɛɐ̯ˈœrtɐn] *vt* **etw ~** to discuss sth [in detail]
Erörterung <-, -en> *f* discussion
Erosion <-, -en> [eroˈzi̯oːn] *f* erosion
Erotik <-> [eˈroːtɪk] *f kein pl* eroticism
erotisch [eˈroːtɪʃ] *adj* erotic
Erpel <-s, -> [ˈɛrpl̩] *m* drake
erpressen* *vt* ❶ **jdn ~** to blackmail sb ❷ **etw ~** to extort sth
Erpresser(in) <-s, -> *m(f)* blackmailer
Erpressung <-, -en> *f* blackmail
erraten* *vt irreg* to guess
errechnen* *vt* to calculate
erregen* I. *vt* ❶ (*aufregen*) **jdn ~** to irritate sb ❷ (*sexuell*) **jdn ~** to arouse sb ❸ (*hervorrufen*) **etw ~** to engender sth **II.** *vr* **sich über jdn/etw ~** to get annoyed about sb/sth
Erreger <-s, -> *m* pathogen
erreichbar *adj* (*telefonisch*) **[für jdn] ~ sein** to be able to be reached [by sb]
erreichen* *vt* to reach; *Zug* to catch
erringen* *vt irreg* **etw ~** to win sth [with a struggle]
erröten* *vi sein* to blush
Errungenschaft <-, -en> [ɛɐ̯ˈrʊŋənʃaft] *f* achievement
Ersatz <-es> [ɛɐ̯ˈzats] *m kein pl* substitute
Ersatzbefriedigung *f* vicarious satisfaction **Ersatzdienst** *m* non-military service for conscientious objectors **Ersatzmann** *m* substitute **Ersatzreifen** *m* spare wheel **Ersatzteil** *nt* spare part
erschaffen *vt irreg* (*geh*) to create
erscheinen* *vi irreg sein* ❶ (*auftreten*) to appear ❷ *Buch* to come out ❸ (*scheinen*) to seem
Erscheinung <-, -en> *f* ❶ phenomenon ❷ (*Vision*) vision ▶ **in ~ treten** to appear
erschießen* *irreg vt* **jdn ~** to shoot sb dead
erschlagen*[1] *vt irreg* **jdn ~** ❶ (*totschlagen*) to beat sb to death ❷ (*überwältigen*) to overwhelm sb
erschlagen[2] *adj* (*fam*) **~ sein** to be knackered
erschließen* *irreg vt Land* to develop
erschöpfen* *vt* to exhaust
erschöpfend I. *adj* (*ausführlich*) exhaustive **II.** *adv* exhaustively
Erschöpfung <-, *pl selten* -en> *f* exhaustion
erschrecken I. *vt haben* <erschreckte, erschreckt> **jdn ~** to give sb a fright; (*bestürzen*) to shock sb **II.** *vi sein* <erschrickt, erschreckte *o* erschrak, erschreckt *o* erschrocken> **[vor jdm/etw] ~** to get a fright [from sb/sth]
erschrocken I. *pp von* **erschrecken II** **II.** *adj* alarmed **III.** *adv* with a start
erschüttern* [ɛɐ̯ˈʃʏtɐn] *vt* to shake
erschwinglich [ɛɐ̯ˈʃvɪŋlɪç] *adj* affordable
ersetzen* *vt* ❶ to replace (**durch** with) ❷ (*erstatten*) **jdm etw ~** to reimburse sb for sth
Ersparnis <-, -se> [ɛɐ̯ˈʃpaːɐ̯nɪs] *f o* ÖSTERR *nt* ❶ *kein pl* (*Einsparung*) saving ❷ *meist pl* (*erspartes Geld*) savings *pl*
erst [ˈeːɐ̯st] *adv* ❶ (*zuerst*) [at] first ❷ (*nicht früher als*) only; **wecken Sie**

mich bitte ~ um 8 Uhr! please don't wake me until 8 o'clock!; **~ wenn** only if ❸ (*bloß*) only ▸ **~ recht** all the more

erstatten* [ɛɐ̯'ʃtatn̩] *vt* ❶ **[jdm] etw ~** to reimburse [sb] for sth ❷ (*mitteilen*) **Anzeige ~** to report a crime; **Anzeige gegen jdn ~** to report sb

Erstattung <-, -en> *f von Kosten* reimbursement

erstaunen* *vt haben* **jdn ~** to amaze sb

Erstaunen *nt* amazement

erstaunlich [ɛɐ̯'ʃtaunlɪç] **I.** *adj* amazing *pl* **II.** *adv* amazingly

erste(r, s) ['eːɐ̯stə] *adj* ❶ first; **die ~ Klasse** primary one BRIT, first grade AM *s.a.* **achte(r, s) 1.** ❷ (*Datum*) first, 1st; *s.a.* **achte(r, s) 2.**

Erste-Hilfe-Kasten [eːɐ̯stə'hɪlfəkastn̩] *m* first-aid box

ersteigen* *vt irreg* to climb

ersticken* **I.** *vt haben* ❶ **jdn ~** to suffocate sb ❷ *Feuer* to extinguish **II.** *vi sein* ❶ **an etw** *dat* **~** to choke to death on sth ❷ (*übermäßig viel haben*) **in etw** *dat* **~** to drown in sth

erstklassig ['eːɐ̯stklasɪç] *adj, adv* first-class

erstmals ['eːɐ̯stmaːls] *adv* for the first time

erstrecken* *vr* **sich ~** to extend (**über** over)

ertappen* *vt* **jdn [bei etw** *dat*] **~** to catch sb [doing sth]

Ertrag <-[e]s, Erträge> [ɛɐ̯'traːk] *m* ❶ AGR yield ❷ *meist pl* ÖKON revenue; **~ bringen** to bring in revenue

ertragen* *vt irreg* to bear; **nicht zu ~ sein** to be unbearable

erträglich [ɛɐ̯'trɛːklɪç] *adj* bearable; **schwer ~ sein** to be difficult to cope with

ertrinken* *vi irreg sein* to drown

erwachen* *vi sein* to wake up

erwachsen [ɛɐ̯'vaksn̩] *adj* adult, grown-up *fam*

Erwachsene(r) *f(m) dekl wie adj* adult

erwägen* *vt irreg* to consider

erwähnen* *vt* to mention; **[jdm gegenüber] ~, dass ...** to mention [to sb] that ...

erwärmen* **I.** *vt* to warm [up] **II.** *vr* ❶ **sich ~** to warm up ❷ (*sich begeistern*) **sich für jdn/etw ~** to work up enthusiasm for sb/sth

erwarten* *vt* to expect; **von jdm ~, dass ...** to expect sb to do sth; **etw war zu ~** sth was to be expected; **sie konnte es kaum ~** she could hardly wait [for it]; **wider Erwarten** contrary to [all] expectation[s]

Erwartung <-, -en> *f* ❶ *kein pl* (*Ungeduld*) anticipation ❷ *pl* (*Hoffnung*) expectations; **jds ~en gerecht werden** to live up to sb's expectations; **voller ~** full of expectation; **den ~en entsprechen** to fulfil the expectations

erweitern* [ɛɐ̯'vaitɐn] **I.** *vt* **etw ~** ❶ *Straße, Kleidung* to widen sth (**um** by) ❷ (*vergrößern*) to expand sth (**um** by) ❸ (*umfangreicher machen*) to increase sth (**um** by) **II.** *vr* (*sich verbreitern*) **sich ~** to widen (**um** by)

Erwerb <-[e]s> [ɛɐ̯'vɛrp] *m kein pl* (*geh*) purchase

erwerben* *vt irreg* ❶ to acquire ❷ (*gewinnen*) **[sich** *dat*] **etw ~** to earn sth; **jds Vertrauen ~** to win sb's trust

erwerbslos *adj* unemployed

Erwerbstätige(r) *f(m) dekl wie adj* gainfully employed [person]; **selbständig ~** self-employed [person] **erwerbsunfähig** *adj* unfit for gainful employment

erwischen* [ɛɐ̯'vɪʃn̩] *vt* (*fam*) ❶ (*ertappen*) **jdn [bei etw** *dat*] **~** to catch sb [doing sth] ❷ (*ergreifen, erreichen*) **jdn/etw ~** to catch sb/sth

Erz <-es, -e> ['eːɐ̯ts] *nt* ore

erzählen* *vt* to tell

Erzähler(in) [ɛɐ̯'tsɛːlɐ] *m(f)* storyteller

Erzählung *f* story

Erzbischof, -bischöfin ['ɛrtsbɪʃɔf, 'ɛrtsbɪʃœfɪn] *m, f* archbishop **Erzengel** ['ɛrtsʔeŋl̩] *m* archangel

erzeugen* *vt* ❶ to produce ❷ ELEK, SCI to generate ❸ (*hervorrufen*) to create

E

erziehen* *vt irreg* ❶ *Kind* to bring up *sep* ❷ (*anleiten*) **jdn zu etw** *dat* ~ to teach sb to be sth
Erziehung *f kein pl* ❶ education *no pl* ❷ (*das Großziehen*) upbringing
Erziehungsurlaub *m* (*veraltet*) maternity [*or* paternity] leave

E

erzwingen* *vt irreg* **etw** ~ to force sth; **eine Entscheidung** ~ to force an issue; **ein Geständnis** [**von jdm**] ~ to make sb confess
es <*gen* seiner, *dat* ihm, *akk* es> [ɛs] *pron pers, unbestimmt* ❶ it; ~ **gefällt mir** I like it; **wer ist da? — Ich bin ~!** who's there? — It's me! ❷ *auf vorangehenden Satzinhalt bezogen* **kommt er auch? — Ich hoffe** ~ is he coming too? — I hope so ❸ *Subjekt bei unpersönlichen Ausdrücken* ~ **klopft** there's a knock at the door; **hat ~ geklingelt?** did somebody ring?; ~ **regnet** it's raining; ~ **waren Tausende** there were thousands
Esche <-, -n> ['ɛʃə] *f* ash
Esel(**in**) <-s, -> ['e:zl̩] *m(f)* donkey
eskalieren* [ɛska'li:rən] *vi, vt* to escalate (**zu** into)
Eskimo, **Eskimofrau** <-s, -s> ['ɛskimo] *m, f* Eskimo
Espe <-, -n> ['ɛspə] *f* aspen
Espressomaschine *f* espresso [machine]
essbar *adj* edible; **nicht** ~ inedible
essen <isst, aß, gegessen> ['ɛsn̩] *vt, vi* to eat; **etw zum Nachtisch** ~ to have sth for dessert; **griechisch** ~ to have a Greek meal; **kalt/warm** ~ to have a cold/hot meal; ~ **gehen** to eat out; **in diesem Restaurant kann man gut** ~ this restaurant does good food
Essen <-s, -> ['ɛsn̩] *nt* ❶ (*Mahlzeit*) meal; **zum** ~ **bleiben** to stay for lunch/dinner ❷ (*Nahrung*) food
Essig <-s, -e> ['ɛsɪç] *m* vinegar
Essiggurke *f* gherkin **Essigsäure** *f* acetic acid
Esskastanie *f* sweet chestnut **Esslöffel** *m* soup spoon **Essstäbchen** *nt meist pl* chopstick **Esstisch** *m* dining table **Esszimmer** *nt* dining room
Este, **Estin** <-n, -n> ['e:stə, 'e:stɪn] *m, f* Estonian
Estland <-s> ['e:stlant] *nt* Estonia
estnisch ['e:stnɪʃ] *adj* Estonian
Estragon <-s> ['ɛstragɔn] *m kein pl* tarragon
etabliert *adj* established
Etage <-, -n> [e'ta:ʒə] *f* floor; **auf der 5.** ~ on the 5th floor BRIT, on the 6th floor AM
Etagenwohnung [e'ta:ʒən-] *f* flat BRIT, apartment AM
Etappe <-, -n> [e'tapə] *f* ❶ (*Abschnitt*) **in ~n arbeiten** to work in stages ❷ (*Teilstrecke*) leg
Etat <-s, -s> [e'ta:] *m* budget
Ethik <-> ['e:tɪk] *f kein pl* ❶ (*Wissenschaft*) ethics + *sing vb* ❷ (*moralische Haltung*) ethics *pl* ❸ (*bestimmte Werte*) ethic; **christliche** ~ Christian ethic
ethisch ['e:tɪʃ] *adj* ethical
Etikett <-[e]s, -e> [eti'kɛt] *nt* price tag
Etui <-s, -s> [ɛt'vi:] *nt* case
etwa ['ɛtva] *adv* ❶ (*ungefähr*) about; **in** ~ more or less; **so** ~ roughly like this ❷ (*zum Beispiel*) **wie ~ mein Bruder** like my brother for instance
etwas ['ɛtvas] *pron indef* ❶ something; ~ **anderes** something else; ~ **Dummes/Neues** something stupid/new; **merken Sie ~?** do you notice anything? ❷ (*ein wenig*) a little; [**noch**] ~ **Geld/Kaffee** some [more] money/coffee; **du könntest dich ruhig ~ anstrengen** you might make a bit of an effort
euch ['ɔyç] **I.** *pron pers akk o dat von* **ihr** you; **ein Freund/eine Freundin von** ~ a friend of yours **II.** *pron refl* **beeilt ~!** hurry [up]!; **macht ~ fertig!** get [*fam* yourselves] ready!; **putzt ~ die Zähne!** brush your teeth!

Eukalyptus <-, -lypten> [ɔyka'lʏptʊs] *m* eucalyptus
EU-Land *nt* EU country
Eule <-, -n> ['ɔylə] *f* owl
EU-Minister(in) *m(f)* EU minister
Euphorie <-, -n> [ɔyfo'riː] *f* euphoria
euphorisch [ɔy'foːrɪʃ] *adj* euphoric
eure(r, s) ['ɔyrə] *pron poss* your; **der/die/das Eure** yours; **Grüße von ~r Katja** Best regards, Yours, Katja
euretwegen ['ɔyrət've:gn̩] *adv* (*wegen euch*) because of you; (*euch zuliebe*) for your sake[s]
euretwillen ['ɔyrətvɪlən] *adv* **um ~** for your sake
eurige(r, s) ['ɔɪrɪgə, -gɐ, -gəs] *pron* ❶ (*geh*) yours ❷ *geh für* **eu(e)re(r, s)**: **der/die/das ~** yours
Euro ['ɔyro] *m* euro, Euro; **hundert ~ spenden** to donate hundred euros
Eurocity® ['ɔyrosɪti] *m* Eurocity train
Eurokrise *f* FIN, POL euro crisis, Eurozone crisis
Europa <-s> [ɔy'roːpa] *nt* Europe
Europäer(in) <-s, -> [ɔyro'pɛːɐ] *m(f)* European
europäisch [ɔyro'pɛːɪʃ] *adj* European
europakritisch *adj* eurosceptical **Europameister(in)** *m(f)* European champion; (*Team, Land*) European champions *pl* **Europameisterschaft** *f* European championship **Europaparlament** *nt* **das ~** the European Parliament **Europapokal** *m* European cup **Europarat** *m* Council of Europe
Eurorettungsschirm *m* FIN, POL European Financial Stability Facility, EFSF **Euroscheck** *m* (*hist*) Eurocheque **Euroskeptiker(in)** <-s, -> *m(f)* POL Eurosceptic **Eurozone** <-> *f kein pl* Eurozone, euro area
EU-Staat *m* EU country
Euter <-s, -> ['ɔytɐ] *nt o m* udder
evakuieren* [evaku'iːrən] *vt* to evacuate
evangelisch [evaŋ'geːlɪʃ] *adj* Protestant; **~ sein** to be a Protestant
Evangelium <-s, -lien> [evaŋ'geːliʊm] *nt* Gospel
eventuell [evɛn'tu̯ɛl] **I.** *adj attr* possible **II.** *adv* possibly
Evolution <-, -en> [evolu'tsi̯oːn] *f* evolution
ewig ['eːvɪç] **I.** *adj* ❶ eternal ❷ (*fam: ständig*) never-ending **II.** *adv* ❶ (*für ewig*) eternally; (*für immer*) forever ❷ (*fam: ständig*) always ❸ (*lange Zeitspanne*) for ages; **das dauert [ja] ~!** it's taking ages [and ages]!
Ewigkeit <-, -en> ['eːvɪçkait] *f* eternity; **eine [halbe] ~ dauern** (*hum fam*) to last an age
exakt [ɛ'ksakt] **I.** *adj* exact **II.** *adv* exactly; **~ arbeiten** to be accurate in one's work
Examen <-s, -> [ɛ'ksaːmən] *nt* finals *pl;* **mündliches ~** oral exam[ination]; **schriftliches ~** [written] exam[ination]; **das ~ bestehen** to pass one's finals; **durch das ~ fallen** to fail [in] one's finals; **~ machen** to do one's finals
Exemplar <-s, -e> [ɛksɛm'plaːɐ̯] *nt* specimen; *Buch* copy; *Zeitung* issue
Exil <-s, -e> [ɛ'ksiːl] *nt* exile
Existenz <-, -en> [ɛksɪs'tɛnts] *f* ❶ *kein pl* existence ❷ (*Lebensgrundlage*) livelihood ❸ (*Leben*) life; **eine gescheiterte ~** a failure [in life]; **sich eine neue ~ aufbauen** to create a new life for oneself
Existenzangst *f* fear for one's existence **Existenzgründer(in)** *m(f)* ÖKON founder of a new business **Existenzminimum** *nt* subsistence level
existieren* [ɛksɪs'tiːrən] *vi* ❶ to exist ❷ (*sein Auskommen haben*) **[von etw *dat*] ~** to live [on sth]
exklusiv [ɛksklu'ziːf] *adj* exclusive
Exkrement <-[e]s, -e> [ɛkskre'mɛnt] *nt meist pl* (*geh*) excrement *no pl*
Exkursion <-, -en> [ɛkskʊr'zi̯oːn] *f* (*geh*) study trip

exotisch [ɛ'kso:tɪʃ] *adj* exotic
Expedition <-, -en> [ɛkspedi'tsi̯o:n] *f* expedition
Experiment <-[e]s, -e> [ɛksperi'mɛnt] *nt* experiment; **ein ~ machen** to carry out an experiment
experimentieren* [ɛksperimɛn'ti:rən] *vi* to experiment
Experte, Expertin <-n, -n> [ɛks'pɛrtə] *m, f* expert
explodieren* [ɛksplo'di:rən] *vi sein* to explode; **die Kosten/Preise ~** costs/prices are rocketing
Explosion <-, -en> [ɛksplo'zi̯o:n] *f* explosion *a. fig;* **etw zur ~ bringen** to detonate sth
Explosionsgefahr *f* danger of explosion
explosiv [ɛksplo'zi:f] *adj* explosive
Export <-[e]s, -e> [ɛks'pɔrt] *m kein pl* export
exportieren* [ɛkspɔr'ti:rən] *vt* to export
Express <-es> [ɛks'prɛs] *m kein pl* **etw per ~ senden** to send sth [by] express [delivery]
extern [ɛks'tɛrn] *adj* external
extra ['ɛkstra] *adv* ❶ extra ❷ (*fam: absichtlich*) **etw ~ machen** to do sth on purpose ❸ (*gesondert*) separately; **etw ~ berechnen** to charge sth separately
Extrakt <-[e]s, -e> [ɛks'trakt] *m o nt* extract
extravagant [ɛkstrava'gant, 'ɛkstravagant] **I.** *adj* extravagant **II.** *adv* extravagantly; **~ angezogen** flamboyantly dressed
extrem [ɛks'tre:m] **I.** *adj* extreme **II.** *adv* extremely; **~ links/rechts** POL ultra-left/right
Extremist(in) <-en, -en> [ɛkstre'mɪst] *m(f)* extremist
exzentrisch [ɛks'tsɛntrɪʃ] *adj* eccentric
Exzess <-es, -e> [ɛks'tsɛs] *m meist pl* excess; **etw bis zum ~ treiben** to take sth to extremes
exzessiv [ɛkstsɛ'si:f] *adj* excessive

Ff

F, f <-, -> [ɛf] *nt* ❶ (*Buchstabe*) F, f ❷ MUS [key of] F
Fabel <-, -n> ['fa:bl̩] *f* fable
fabelhaft ['fa:bl̩haft] **I.** *adj* marvellous **II.** *adv* marvellously
Fabrik <-, -en> [fa'bri:k] *f* factory
Fabrikant(in) <-en, -en> [fabri'kant] *m(f)* industrialist
Fabrikarbeiter(in) *m(f)* industrial worker
Fabrikat <-[e]s, -e> [fabri'ka:t] *nt* product
fabrikneu *adj* brand-new
fabrizieren* [fabri'tsi:rən] *vt* to manufacture
Fach <-[e]s, Fächer> [fax] *nt* ❶ *Schrank* shelf ❷ (*Sachgebiet*) subject; **vom ~ sein** to be a specialist
Facharbeiter(in) *m(f)* skilled worker **Facharzt, -ärztin** *m, f* specialist (**für** in) **Fachausdruck** *m* technical term
Fächer <-s, -> ['fɛçɐ] *m* fan
Fachfrau *f fem form von* **Fachmann**
Fachgebiet *nt* [specialist] field **Fachgeschäft** *nt* specialist shop **Fachhochschule** *f* ≈ technical college of higher education **Fachkenntnisse** *pl* specialized knowledge
fachlich **I.** *adj* specialist **II.** *adv* professionally

Fachliteratur *f* specialist literature **Fachmann, -frau** <-leute *o selten* -männer> *m, f* expert

Fachwerkhaus *nt* half-timbered house

Fachwissen *nt* specialized knowledge **Fachwort** *nt* technical word

Fackel <-, -n> ['fakl̩] *f* torch

fade ['fa:də] *adj* bland

Faden <-s, Fäden> ['fa:dn̩] *m* ❶ thread ❷ MED stitch; **die Fäden ziehen** to remove the stitches ▶ **der rote ~** the central theme

Fagott <-[e]s, -e> [fa'gɔt] *nt* bassoon

fähig ['fɛːɪç] *adj* competent; **zu etw** *dat* **[nicht] ~ sein** to be [in]capable of sth; **zu allem ~ sein** to be capable of anything

Fähigkeit <-, -en> *f* ability

fahl [fa:l] *adj* (*geh*) pale

fahnden ['fa:ndn̩] *vi* to search (**nach** for)

Fahndung <-, -en> *f* search (**nach** for)

Fahne <-, -n> ['fa:nə] *f* ❶ flag ❷ (*fam: Alkoholfahne*) **eine ~ haben** to smell of alcohol

Fahnenstange *f* [flag]staff

Fahrausweis *m* ❶ ticket ❷ SCHWEIZ (*Führerschein*) driving licence **Fahrbahn** *f* road

Fähre <-, -n> ['fɛ:rə] *f* ferry

fahren <fährt, fuhr, gefahren> ['fa:rən] **I.** *vi* ❶ *sein* (*sich fortbewegen: als Fahrgast*) to go; **mit dem Bus/Zug ~** to go by bus/train; (*als Fahrer*) to drive; **mit dem Auto ~** to go by car ❷ *sein* (*losfahren*) to go; **in Urlaub ~** to go on holiday ❸ *sein* (*verkehren*) to run; **die Bahn fährt alle 20 Minuten** the tram runs every 20 minutes ❹ (*überkommen*) **was ist denn in dich gefahren?** what's got into you? **II.** *vt* ❶ *haben* (*lenken*) to drive; *Rad* to ride ❷ *haben* (*befördern*) to take; **ich fahr' dich nach Hause** I'll take you home ❸ *sein* (*eine bestimmte Geschwindigkeit haben*) **90 km/h ~** to be doing 55 m.p.h. **III.** *vr haben* **der Wagen fährt sich gut** it's nice to drive this car

Fahrer(in) <-s, -> ['fa:rɐ] *m(f)* driver

Fahrerflucht *f* hit-and-run offence

Fahrerlaubnis *f* (*geh*) driving licence BRIT, driver's license AM **Fahrgast** *m* passenger **Fahrgeld** *nt* fare **Fahrgelegenheit** *f* lift **Fahrgestell** *nt s.* **Fahrwerk** **Fahrkarte** *f* ticket

Fahrkartenautomat *m* ticket machine **Fahrkartenschalter** *m* ticket office

fahrlässig ['fa:ɐ̯lɛsɪç] **I.** *adj* negligent **II.** *adv* **~ handeln** to act with negligence

Fahrlässigkeit <-, -en> *f* negligence *no pl;* **grobe ~** recklessness

Fahrlehrer(in) *m(f)* driving instructor **Fahrplan** *m* schedule

fahrplanmäßig **I.** *adj* scheduled **II.** *adv* as scheduled

Fahrpreis *m* fare **Fahrprüfung** *f* driving test **Fahrrad** ['fa:ɐ̯ra:t] *nt* bicycle, bike *fam;* **~ fahren** to ride a bicycle; **elektrisches ~** electric bicycle

Fahrradständer *m* [bi]cycle stand **Fahrradweg** *m* cycleway

Fahrschein *m* ticket **Fahrschule** *f* ❶ (*Firma*) driving school ❷ (*Unterricht*) **in die ~ gehen** to take driving lessons **Fahrschüler(in)** *m(f)* learner [*or* AM student] driver **Fahrspur** *f* lane **Fahrstuhl** *m* lift BRIT, elevator AM

Fahrt <-, -en> [fa:ɐ̯t] *f* ❶ journey; **gute ~!** [have a] safe journey!; **eine einfache ~** a single [*or* AM one-way] [ticket] ❷ (*Geschwindigkeit*) **mit voller ~** at full speed

Fährte <-, -n> ['fɛːɐ̯tə] *f* tracks *npl*

Fahrtkosten *pl* travelling expenses **Fahrtrichtung** *f* direction of travel; **entgegen der/in ~ sitzen** to sit facing backwards/the front

fahrtüchtig *adj Fahrzeug* roadworthy; *Mensch* fit to drive

Fahrtwind *m* headwind

Fahrwerk *nt* AUTO chassis **Fahrzeug**

<-s, -e> *nt* vehicle

Fake News [ˈfɛɪ̯k (ˈ)njuːs] *pl* fake news + *sing vb;* ~ **verbreiten** to spread fake news

faktisch [ˈfaktɪʃ] **I.** *adj attr* real **II.** *adv* basically

Fakultät <-, -en> [fakʊlˈtɛt] *f* faculty

Falke <-n, -n> [ˈfalkə] *m* falcon

Fall <-[e]s, Fälle> [fal] *m* ❶ *kein pl* fall; **jdn zu ~ bringen** (*geh*) to make sb fall ❷ (*Untergang*) downfall; **eine Regierung zu ~ bringen** to bring down a government ❸ (*Angelegenheit*) case; [**nicht**] **der ~ sein** [not] to be the case; **auf alle Fälle** in any case; (*unbedingt*) at all events; **auf keinen ~** never; **für alle Fälle** just in case; **gesetzt den ~, dass ...** assuming [that] ...; **im günstigsten/schlimmsten ~[e]** at best/worst; **von ~ zu ~** from case to case ❹ JUR, MED case ► [**nicht**] **jds ~ sein** (*fam*) [not] to be sb's cup of tea

Falle <-, -n> [ˈfalə] *f* trap; **~n stellen** to set traps; **jdn in eine ~ locken** to lure sb into a trap; **in der ~ sitzen** to be trapped

fallen <fällt, fiel, gefallen> [ˈfalən] *vi sein* ❶ *Person* to fall; *Gegenstand* to drop; **etw ~ lassen** *Bemerkung, Gegenstand* to drop sth ❷ (*nicht bestehen*) [**jdn**] **durch eine Prüfung ~** [**lassen**] to fail [sb in] an exam ❸ *Preise* to fall; *Temperatur* to drop ❹ (*im Krieg*) to be killed ❺ (*aufgeben*) **jdn/etw ~ lassen** to abandon sb/sth

fällen [ˈfɛlən] *vt* to fell

fällig [ˈfɛlɪç] *adj* due *usu pred*

Fallobst *nt kein pl* windfall

falls [fals] *konj* if

Fallschirm *m* parachute; **mit dem ~ abspringen** to parachute

Fallschirmspringer(in) *m(f)* parachutist

falsch [falʃ] **I.** *adj* ❶ (*verkehrt*) wrong ❷ (*unzutreffend*) false ❸ (*unecht*) fake ❹ (*hinterhältig*) two-faced **II.** *adv* wrongly; **etw ~ aussprechen** to mispronounce sth; **jdn ~ informieren** to misinform sb; **alles ~ machen** to do everything wrong

fälschen [ˈfɛlʃn̩] *vt* to forge; ÖKON to falsify

Falschgeld *nt kein pl* counterfeit money

fälschlich **I.** *adj* false **II.** *adv* mistakenly

falsch|liegen *vi* to be wrong (**mit** in)

falschspielen *vi* to cheat

Falschspieler(in) *m(f)* cheat

Fälschung <-, -en> *f* forgery

Faltboot *nt* collapsible boat **Faltdach** *nt* AUTO soft top

Falte <-, -n> [ˈfaltə] *f* ❶ fold ❷ (*in Kleidung*) crease ❸ (*Hautfalte*) wrinkle; **die Stirn in ~n legen** to furrow one's brows

falten [ˈfaltn̩] *vt* to fold; **die Hände ~** to fold one's hands

Faltenrock *m* pleated skirt

Falter <-s, -> [ˈfaltɐ] *m* (*Tagfalter*) butterfly; (*Nachtfalter*) moth

faltig [ˈfaltɪç] *adj Haut* wrinkled

Falz <-es, -e> [falts] *m* TYPO (*Buchdeckel*) joint; (*Papier*) fold

falzen [ˈfaltsn̩] *vt* to fold

familiär [famiˈli̯ɛɐ̯] *adj* ❶ (*die Familie betreffend*) **aus ~en Gründen** for family reasons ❷ (*zwanglos*) **in ~er Atmosphäre** in an informal atmosphere

Familie <-, -n> [faˈmiːli̯ə] *f* family; **eine vierköpfige ~** a family of four; **zur ~ gehören** to be one of the family; **eine ~ gründen** to start a family; **das liegt in der ~** it runs in the family; **„~ Lang"** "The Lang Family"

Familienname *m* surname **Familienstand** *m* marital status **Familienvater** *m* father

Fan <-s, -s> [fɛn] *m* fan

Fanatiker(in) <-s, -> [faˈnaːtikɐ] *m(f)* fanatic

fanatisch [faˈnaːtɪʃ] **I.** *adj* fanatical **II.** *adv* fanatically

Fanfare <-, -n> [fanˈfaːrə] *f* fanfare

Fang <-[e]s> [faŋ] *m kein pl* catch ►

einen guten ~ machen to make a good catch
Fangarm *m* tentacle
fangen <fängt, fing, gefangen> ['faŋən] *vt* to catch; **Fangen spielen** to play catch
Fangleine *f* NAUT hawser
Fantasie <-, -n> [fanta'zi:] *f* ❶ *kein pl* (*Vorstellungskraft*) imagination ❷ (*Vorstellung*) fantasy
fantasielos *adj* unimaginative
fantasieren* [fanta'zi:rən] *vi* to fantasize
fantasievoll *adj* [highly] imaginative
fantastisch [fan'tastɪʃ] **I.** *adj* fantastic **II.** *adv* fantastically
Farbe <-, -n> ['farbə] *f* ❶ colour ❷ (*Anstreichmittel*) paint; (*Färbemittel*) dye
farbecht *adj* colourfast
färben ['fɛrbn̩] **I.** *vt* to dye **II.** *vr* **sich ~** to change colour; **die Blätter ~ sich gelb** the leaves are turning yellow
farbenblind *adj* colour blind
Farbfernseher *m* (*fam*) colour television [set] [*or fam* TV] **Farbfotografie** *f* colour photography
farbig ['farbɪç] *adj* coloured
Farbige(r) *f(m)* *dekl wie adj* (*pej*) coloured person
Farbkopierer *m* colour copier
farblos ['farplo:s] *adj* colourless **Farbstift** *m* coloured pen **Farbstoff** *m* dye; (*Lebensmittelfarbstoff*) artificial colouring **Farbton** *m* shade
Färbung <-, -en> *f* (*Tönung*) shade
Farce <-, -n> ['farsə] *f* farce
Farn <-[e]s, -e> [farn] *m*, **Farnkraut** *nt* fern
Fasan <-s, -e[n]> [fa'za:n] *m* pheasant
Faschierte(s) *nt* *dekl wie adj* ÖSTERR (*Hackfleisch*) mince
Fasching <-s, -e> ['faʃɪŋ] *m* carnival
Faschismus <-> [fa'ʃɪsmʊs] *m* *kein pl* fascism
Faschist(in) <-en, -en> [fa'ʃɪst] *m(f)* fascist
Faser <-, -n> ['fa:zɐ] *f* fibre
fas(e)rig ['fa:z(ə)rɪç] *adj* fibrous
Fass <-es, Fässer> [fas] *nt* barrel; **Bier vom ~** draught beer; **Wein vom ~** wine from the wood
fassen ['fasn̩] **I.** *vt* ❶ to grasp; **jdn am Arm ~** to seize sb's arm ❷ *Täter* to apprehend ❸ (*begreifen*) to comprehend; **[das ist] nicht zu ~!** it's incredible ❹ (*enthalten*) to contain **II.** *vr* **sich ~** to compose oneself
Fassung <-, -en> *f* ❶ (*Rahmen*) mounting ❷ (*Brillenfassung*) frame ❸ (*Version*) version ❹ *kein pl* (*Selbstbeherrschung*) composure; **die ~ bewahren** to maintain one's composure; **jdn aus der ~ bringen** to unsettle sb; **die ~ verlieren** to lose one's self-control
fassungslos **I.** *adj* staggered **II.** *adv* in bewilderment
Fassungsvermögen *nt* capacity
fast [fast] *adv* almost; **~ nie** hardly ever
fasten ['fastn̩] *vi* to fast
Fastenkur *f* diet **Fastenzeit** *f* REL Lent
Fastnacht ['fastnaxt] *f* *kein pl* carnival
faszinieren* [fastsi'ni:rən] *vt, vi* to fascinate
faszinierend *adj* fascinating
fatal [fa'ta:l] *adj* (*geh*) fatal; **~e Folgen haben** to have fatal repercussions
fauchen ['fauxn̩] *vi* to hiss
faul [faul] *adj* ❶ (*nicht fleißig*) lazy ❷ (*verfault*) rotten ❸ (*pej fam*) **an etw** *dat* **ist was ~** something is fishy about sth
faulen ['faulən] *vi* *sein o haben* to rot
faulenzen ['faulɛntsn̩] *vi* to laze about
Faulenzer(in) <-s, -> ['faulɛntsɐ] *m(f)* (*pej*) layabout
Faulheit <-> *f* *kein pl* laziness
faulig ['faulɪç] *adj* rotten; *Geruch, Geschmack* foul; *Wasser* stagnant
Fäulnis <-> ['fɔylnɪs] *f* *kein pl* rot
Faultier *nt* sloth
Fauna <-, Faunen> ['fauna] *f* fauna
Faust <-, Fäuste> [faust] *f* fist; **die ~**

ballen to clench one's fist

Fausthandschuh *m* mitten **Faustregel** *f* rule of thumb

Fax <-, -e> [faks] *nt* fax

faxen ['faksn̩] *vi, vt* to fax

Fazit <-s, -s> ['fa:tsɪt] *nt* result

FCKW <-s, -s> *m Abk von* **Fluorchlorkohlenwasserstoff** CFC

Feber <-s, -> ['fe:bɐ] *m* ÖSTERR (*Februar*) February

Februar <-[s], *selten* -e> ['fe:brua:ɐ̯] *m* February; **Anfang/Ende ~** at the beginning/end of February; **Mitte ~** in the middle of February; **im ~** in February; **im Laufe des ~s** during the course of February; **diesen/jeden ~** this/every February; **bis in den ~ [hinein]** until [well] into February; **den ganzen ~ über** for the whole of February; **am 14. ~** (*geschrieben:*) on [the] 14th February BRIT, on February 14 AM; (*gesprochen:*) on the 14th of February [*or* AM February the 14th] **am Freitag, dem 14. Februar** on Friday, February [the] 14th; **Dorothee hat am 12. ~ Geburtstag** Dorothee's birthday is on February 12th; **auf den 14. ~ fallen/legen** to fall on/to schedule for February 14th; **Hamburg, den 14. ~ 2015** Hamburg, 14th February 2015 BRIT, Hamburg, February 14, 2015 *esp* AM

fechten <fechtet *o* ficht, focht, gefochten> ['fɛçtn̩] *vi* to fence

Feder <-, -n> ['fɛdɐ] *f* ❶ feather ❷ (*Schreibfeder*) nib ❸ (*Sprungfeder*) spring ❹ *pl* (*Bett*) **noch in den ~n liegen** (*fam*) to still be in bed

Federball *m* ❶ *kein pl* (*Spiel*) badminton ❷ (*Ball*) shuttlecock **Federbett** *nt* duvet **Federgewicht** *nt kein pl* featherweight **Federhalter** *m* fountain pen

federn ['fe:dɐn] *vi* to be springy

Federung <-, -en> *f* springing; (*für Auto a.*) suspension

Fee <-, -n> [fe:] *f* fairy

Fegefeuer ['fe:gə-] *nt* purgatory

fegen ['fe:gn̩] *vt haben* ❶ to sweep ❷ SCHWEIZ (*feucht wischen*) to wipe

Fehlbetrag *m* deficit

fehlen ['fe:lən] **I.** *vi* ❶ to be missing; **jdm fehlt etw** sb is missing sth ❷ (*vermissen*) **jd fehlt jdm** sb misses sb ❸ (*an etw leiden*) **fehlt Ihnen etwas?** is there anything wrong with you?; **nein, mir fehlt wirklich nichts** no, there is nothing the matter with me **II.** *vi impers* **jdm fehlt es an etw** *dat* sb is lacking sth

Fehler <-s, -> ['fe:lɐ] *m* ❶ mistake; (*Irrtum*) error; **einen ~ machen** to make a mistake; **jds ~ sein** to be sb's fault ❷ (*Defekt*) defect ❸ (*schlechte Eigenschaft*) fault

fehlerfrei *adj* faultless

fehlerhaft *adj* defective

Fehlgeburt *f* miscarriage **Fehlschlag** *m* failure **fehl|schlagen** *vi irreg sein* to fail **Fehlstart** *m* SPORT false start **Fehlzündung** *f* misfiring; **eine ~ haben** to misfire

Feier <-, -n> ['faiɐ] *f* celebration; **zur ~ des Tages** in honour of the occasion

Feierabend ['faiɐʔa:bn̩t] *m* ❶ (*Arbeitsschluss*) end of work; **~!** that's it for today!; **~ machen** to finish work for the day; **nach ~** after work ❷ (*Zeit nach Arbeitsschluss*) evening

feierlich ['faiɐlɪç] *adj* ceremonial

feiern ['faiɐn] *vt, vi* to celebrate; **eine Party ~** to have a party

Feiertag ['faiɐta:k] *m* holiday

feig [faik], **feige** ['faigə] *adj, adv* cowardly

Feige <-, -n> ['faigə] *f* fig; (*Baum*) fig tree

Feigheit <-, -en> *f kein pl* cowardice

Feigling <-s, -e> ['faiklɪŋ] *m* coward

Feile <-, -n> ['failə] *f* file

feilen ['failən] **I.** *vt* to file **II.** *vi* **an etw** *dat* **~** to polish sth

feilschen ['failʃn̩] *vi* to haggle (**um** over)
fein ['fain] **I.** *adj* ❶ fine; (*zart*) delicate ❷ (*vornehm*) distinguished; **~e Dame/~er Herr** a distinguished lady/ gentleman; **sich ~ machen** to get dressed up ❸ (*qualitätsvoll*) exquisite; **vom Feinsten** of the highest quality ❹ (*fam: erfreulich*) fine **II.** *adv* finely; **~ gemahlen** fine-ground
Feind(in) <-[e]s, -e> ['faint] *m(f)* enemy
feindlich *adj* ❶ MIL enemy *attr* ❷ (*feindselig*) hostile; **jdm ~ gegenüberstehen** to be hostile to sb
Feindschaft <-> *f kein pl* hostility
Feindseligkeit <-, -en> *f* hostility
feinfühlend *adj* sensitive **Feingefühl** *nt kein pl* sensitivity; **etw verlangt viel ~** sth requires a great deal of tact
Feinheit <-, -en> *f* ❶ (*Feinkörnigkeit*) fineness; (*Zartheit*) delicacy ❷ *pl* (*Nuancen*) subtleties *npl*
Feinkostgeschäft *nt* delicatessen **Feinmechanik** *f* precision engineering **Feinschmecker(in)** <-s, -> *m(f)* gourmet **Feinwäsche** *f* delicates *npl* **Feinwaschmittel** *nt* mild detergent
feist [faist] *adj* fat
Feld <-[e]s, -er> [felt] *nt* ❶ field ❷ (*auf Spielbrett*) square
Feldsalat *m* lamb's lettuce **Feldweg** *m* field path **Feldzug** *m* campaign
Felge <-, -n> ['fɛlgə] *f* rim
Felgenbremse *f* rim brake
Fell <-[e]s, -e> [fɛl] *nt* fur; **einem Tier das ~ abziehen** to skin an animal ▶ **ein dickes ~ haben** (*fam*) to be thick-skinned
Felsblock <-blöcke> *m* boulder
Felsen <-s, -> ['fɛlzn̩] *m* cliff
felsig ['fɛlzɪç] *adj* rocky
Felswand *f* rock face
feminin [femi'ni:n] *adj* feminine
Feminismus <-> [femi'nɪsmʊs] *m kein pl* feminism
Feminist(in) <-en, -en> [femi'nɪst] *m(f)* feminist
feministisch *adj* feminist
Fenchel <-s> ['fɛnçl̩] *m kein pl* fennel
Fenster <-s, -> ['fɛnstɐ] *nt* window
Fensterbank <-bänke> *f* window-sill **Fensterbrett** *nt* window-sill **Fensterladen** *m* shutter **Fensterplatz** *m* window seat **Fensterscheibe** *f* window pane
Ferien ['fe:ri̯ən] *pl* holidays *npl*, vacation AM; **die großen ~** the summer holidays BRIT; **~ haben** to be on holiday [*or* AM vacation]
Ferienhaus *nt* holiday home **Ferienkurs** *m* summer school **Ferienlager** *nt* holiday camp **Ferienwohnung** *f* holiday flat BRIT, vacation apartment AM
Ferkel <-s, -> ['fɛrkl̩] *nt* ❶ piglet ❷ (*pej fam: Mensch*) pig
fern [fɛrn] **I.** *adj* ❶ *räumlich* faraway ❷ *zeitlich* distant; **in nicht allzu ~er Zeit** in the not too distant future **II.** *präp +dat* far [away] from
Fernbedienung *f* remote control
ferner ['fɛrnɐ] *konj* furthermore
Fernfahrer(in) *m(f)* long-distance lorry [*or* AM truck] driver **Ferngespräch** *nt* long-distance call **Fernglas** *nt* [pair of] binoculars **fern\|halten** *vt, vr* to keep away **Fernkurs** *m* correspondence course **Fernlicht** *nt* full beam BRIT, high beams AM **fern\|liegen** *vi* **etw liegt jdm fern** sth is far from sb's mind **Fernost** ['fɛrn'ʔɔst] *kein art* **aus/in/nach ~** from/in/to the Far East **Fernrohr** *nt* telescope
Fernsehantenne *f* television aerial **Fernsehapparat** *m* television set
fern\|sehen ['fɛrnze:ən] *vi irreg* to watch television **Fernsehen** <-s> ['fɛrnze:ən] *nt kein pl* television; **im ~ kommen** to be on television **Fernseher** <-s, -> *m* television [set]
Fernsehgerät *nt* (*geh*) television set **Fernsehprogramm** *nt* television programme **Fernsehsender** *m* television station **Fernsehsendung** *f* television programme **Fernsehübertragung**

f television broadcast **Fernsehzeitschrift** *f* television guide

Fernsicht *f* view **Fernsteuerung** *f* remote control **Fernstudium** *nt* correspondence course **Fernverkehr** *m* long-distance traffic **Fernweh** <-[e]s> *nt kein pl* wanderlust

Ferse <-, -n> [ˈfɛrzə] *f* heel

fertig [ˈfɛrtɪç] *adj* ❶ finished; **mit etw** *dat* **~ sein** to be finished with sth; **etw ~ haben** to have finished sth; **etw ~ stellen** to finish sth ❷ (*bereit*) ready; **sich ~ machen** to get ready (**für** for) ❸ (*fam: erschöpft*) exhausted ▶ **auf die Plätze, ~, los!** ready, steady, go!

fertig|bekommen *vt* **es ~, etw zu tun** to manage to do sth

fertigen [ˈfɛrtɪgn̩] *vt* (*geh*) to manufacture

Fertiggericht *nt* instant meal **Fertighaus** *nt* prefabricated house

Fertigkeit <-, -en> *f pl* (*Fähigkeiten*) competence

fertig|machen *vt* **jdn ~** to exhaust sb; (*deprimieren*) to get sb down

Fertigteil *nt* prefabricated component

Fertigung <-, -en> *f* manufacture

fertig|werden *vi* **mit jdm/etw ~** to cope with sb/sth

fesch [fɛʃ] *adj* SÜDD, ÖSTERR (*fam: hübsch*) smart

Fessel <-, -n> [ˈfɛsl̩] *f* shackles *npl;* **jdm ~n anlegen** to tie sb up

Fesselballon [-balɔŋ] *m* captive balloon

fesseln [ˈfɛsl̩n] *vt* ❶ to bind (**an** to) ❷ (*faszinieren*) to captivate

fesselnd *adj* captivating

fest [fɛst] **I.** *adj* ❶ (*nicht flüssig*) solid ❷ (*nicht locker*) *Händedruck* sturdy; *Knoten, Verband* tight ❸ (*entschlossen*) *Absicht, Entschluss, Stimme* firm ❹ *Abmachung, Angebot* binding; *Einkommen, Termin* fixed ❺ *Freund, Freundin* steady **II.** *adv* ❶ (*kräftig*) firmly; **jdn ~ an sich drücken** to give someone a big hug ❷ (*mit Nachdruck*) definitely; **jdm etw ~ versprechen** to make sb a firm promise ❸ (*dauernd*) permanently; **~ angestellt sein** to have a permanent job

Fest <-[e]s, -e> [fɛst] *nt* ❶ celebration; **ein ~ geben** to have a party ❷ (*Feiertag*) feast; **frohes ~!** Happy Christmas/Happy Easter, etc.

festangestellt *adj s.* **fest II. 3**

Festessen *nt* banquet

fest|fahren *vr irreg* **sich ~** to get stuck

fest|halten *irreg* **I.** *vt* ❶ to grab (**an** by) ❷ (*gefangen halten*) to detain **II.** *vi* **an etw** *dat* **~** to adhere to sth **III.** *vr* **sich ~** to hold on (**an** to)

festigen [ˈfɛstɪgn̩] *vr* **sich ~** to become more firmly established

Festiger <-s, -> *m* setting lotion

fest|klammern *vt, vr* [**sich**] **~** to clip (**an** to)

Festland [ˈfɛstlant] *nt kein pl* (*Kontinent*) continent

fest|legen I. *vt* to determine **II.** *vr* **sich ~** to commit oneself (**auf** to)

festlich I. *adj* festive **II.** *adv* festively; **~ gekleidet sein** to be dressed up **fest|machen** *vt* to fasten (**an** to) **fest|nageln** *vt* ❶ to nail (**an** to) ❷ (*fam*) **jdn ~** to nail sb down (**auf** to)

Festnahme <-, -n> [ˈfɛstnaːmə] *f* arrest

fest|nehmen *vt irreg* to take into custody **Festnetzanschluss** *nt* TELEK landline **Festplatte** *f* hard disk **Festpreis** *m* HANDEL fixed price **fest|schnallen I.** *vt* to strap [*or* buckle] in *sep* **II.** *vr* **sich ~** to fasten one's seat belt **fest|schrauben** *vt* to screw on *sep* **fest|setzen I.** *vt* to determine **II.** *vr* **sich ~** to collect **fest|sitzen** *vi irreg* to be stuck

Festspiele *pl* festival

fest|stehen *vi irreg* to be certain; **steht das Datum schon fest?** has the date been fixed already? **fest|stellen** *vt* to detect; **bei jdm etw ~** to diagnose sb with sth

Feststellung *f* ❶ (*Bemerkung*) remark ❷ (*Beobachtung*) observation; **die ~ machen, dass ...** to see that ...

Festung <-, -en> [ˈfɛstʊŋ] *f* fortress

fett [fɛt] *adj* ❶ *Essen* fatty ❷ (*pej: dick*) fat ❸ TYPO bold; **~ gedruckt** in bold [type] *pred*

Fett <-[e]s, -e> [fɛt] *nt* fat

fettarm *adj* low-fat **fettgedruckt** *adj attr* *s.* **fett 3**

fettig [ˈfɛtɪç] *adj* greasy

Fettnäpfchen *nt* ▸ **ins ~ treten** to put one's foot in it

Fetzen <-s, -> [ˈfɛtsn̩] *m* **etw in ~ reißen** to tear sth to pieces

feucht [fɔyçt] *adj* damp; *Hände, Stirn* clammy; *Klima* humid

Feuchtigkeit <-> [ˈfɔyçtɪçkait] *f kein pl* ❶ dampness ❷ (*Wassergehalt*) moisture

Feuchtigkeitscreme [-kreːm] *f* moisturizing cream

feuchtwarm *adj* warm and humid

feudal [fɔyˈdaːl] *adj* feudal

Feuer <-s, -> [ˈfɔyɐ] *nt* ❶ fire; **~ fangen** to catch [on] fire; **am ~** by the fire ❷ (*für Zigarette*) **jdm ~ geben** to give sb a light ❸ MIL fire; **das ~ einstellen/eröffnen** to cease/open fire

feuerfest *adj* fireproof **Feuerleiter** *f* fire escape **Feuerlöscher** *m* fire extinguisher **Feuermelder** <-s, -> *m* fire alarm

feuern **I.** *vi* to fire (**auf** at) **II.** *vt* (*fam*) ❶ (*werfen*) to fling ❷ (*entlassen*) to sack; **gefeuert werden** to get the sack

Feuerschlucker(in) <-s, -> *m(f)* fire-eater **Feuerstein** *m* flint **Feuerstelle** *f* campfire site **Feuerwehr** <-, -en> *f* fire brigade + *sing/pl vb*

Feuerwehrauto *nt* fire engine **Feuerwehrmann, -frau** <-leute *o* -männer> *m, f* firefighter

Feuerwerk *nt* fireworks *npl*

Feuerwerkskörper *m* firework

Feuerzeug *nt* lighter

Feuilleton <-s, -s> [fœjəˈtõː] *nt* culture section

feurig [ˈfɔyrɪç] *adj* fiery

Fiaker <-s, -> [ˈfi̯akɐ] *m* ÖSTERR ❶ (*Kutsche*) cab ❷ (*Kutscher*) cab driver

Fibel <-, -n> [ˈfiːbl̩] *f* primer

Fichte <-, -n> [ˈfɪçtə] *f* spruce

ficken [ˈfɪkn̩] *vi, vt* (*vulg*) to fuck; **gefickt werden** to get fucked

Fieber <-s, -> [ˈfiːbɐ] *nt* fever; **~ haben** to have a temperature; **[jdm] das ~ messen** to measure sb's temperature

fieberhaft **I.** *adj* feverish **II.** *adv* feverishly

Fieberthermometer *nt* thermometer

fies [fiːs] *adj* (*pej fam*) mean

Figur <-, -en> [fiˈguːɐ̯] *f* figure; **auf seine ~ achten** to watch one's figure

Filet <-s, -s> [fiˈleː] *nt* fillet

Filetsteak [-steːk] *nt* fillet steak

Filiale <-, -n> [fiˈli̯aːlə] *f* branch

Filialleiter(in) *m(f)* branch manager

Film <-[e]s, -e> [fɪlm] *m* ❶ film ❷ (*Spielfilm*) film, movie AM

Filmemacher(in) *m(f)* film-maker

filmen [ˈfɪlmən] *vt, vi* to film

Filmkamera *f* film [*or* AM movie] camera **Filmprojektor** *m* film projector **Filmvorführgerät** *nt* (*geh*) projector **Filmvorführung** *f* film showing

Filter <-s, -> [ˈfɪltɐ] *nt o m* filter

Filterkaffee *m* filter [*or* AM drip] coffee

filtern [ˈfɪltɐn] *vt* to filter

Filterpapier *nt* filter paper **Filterzigarette** *f* filter cigarette

Filz <-es, -e> [fɪlts] *m* felt

Filzstift *m*, **Filzschreiber** *m* felt-tip [pen]

Finale <-s, -s> [fiˈnaːlə] *nt* final

Finanzamt *nt* tax office

Finanzen [fiˈnantsn̩] *pl* finances *npl;* **jds ~ übersteigen** to be beyond sb's means

Finanzhilfe *f* financial support

finanziell [finanˈtsi̯ɛl] **I.** *adj* financial **II.** *adv* financially

finanzieren* [finanˈtsiːrən] *vt* to finance

Finanzierung <-, -en> *f* financing

Finanzminister(in) *m(f)* finance minister **Finanzministerium** *nt* tax and finance ministry

finden <fand, gefunden> ['fɪndn̩] **I.** *vt* ❶ to find ❷ (*erhalten*) **Unterstützung ~** to receive support; **Zustimmung ~** to meet with approval (**bei** from) ❸ (*empfinden*) **jdn blöd/nett ~** to think [that] sb is stupid/nice; **wie findest du das?** what do you think [of that]?; **es kalt/warm ~** to find it cold/warm; **etw an jdm ~** to see sth in sb ► **nichts an etw** *dat* **~** to not think much of sth; **nichts dabei ~, etw zu tun** to think nothing of doing sth **II.** *vi* ❶ **zu jdm/etw ~** to find one's way to sb/sth; **zu sich selbst ~** to find oneself ❷ (*meinen*) to think; **~ Sie?** [do] you think so? **III.** *vr* **sich ~** ❶ (*wieder auftauchen*) to turn up ❷ (*vorhanden sein*) **es fand sich niemand, der ...** there was nobody to be found who ...

Finderlohn *m* reward for the finder

Finesse <-, -n> [fi'nɛsə] *f* (*geh*) finesse; **mit allen ~n** with every refinement

Finger <-s, -> ['fɪŋɐ] *m* finger; **~ weg!** hands off!

Fingerabdruck *m* fingerprint **Fingerhut** *m* ❶ thimble ❷ BOT foxglove **Fingernagel** *m* fingernail; **an den Fingernägeln kauen** to bite one's nails **Fingerspitzengefühl** *nt kein pl* fine feeling; **~ haben** to be tactful

Fink <-en, -en> [fɪŋk] *m* finch

Finne, Finnin <-n, -n> ['fɪnə, 'fɪnɪn] *m, f* Finn; **~ sein** to be Finnish

finnisch ['fɪnɪʃ] *adj* Finnish

Finnland <-s> ['fɪnlant] *nt* Finland

finster ['fɪnstɐ] *adj* ❶ dark ❷ (*mürrisch*) grim

Firma <-, Firmen> ['fɪrma] *f* company

Firmenzeichen *nt* company logo

Firmling <-s, -e> ['fɪrmlɪŋ] *m* candidate for confirmation

Firmung <-, -en> *f* confirmation

First <-[e]s, -e> [fɪrst] *m* roof ridge

Fisch <-[e]s, -e> [fɪʃ] *m* ❶ fish ❷ ASTROL Pisces *no pl*

fischen ['fɪʃn̩] *vi* to fish; **das Fischen** fishing

Fischer(in) <-s, -> ['fɪʃɐ] *m(f)* fisher

Fischfang *m kein pl* fishing **Fischhändler(in)** *m(f)* fishmonger BRIT, fish dealer AM **Fischotter** *m* otter **Fischstäbchen** *nt* fish-finger BRIT, fish stick AM **Fischzucht** *f* fish-farming

Fiskalpakt [fɪs'ka:l-] *m* FIN, POL Fiscal Compact; **europäischer ~** European Fiscal Compact

fit [fɪt] *adj pred* fit; **sich ~ halten** to keep fit

Fitness <-> ['fɪtnɛs] *f kein pl* fitness

Fitnessstudio *nt* gym

fix [fɪks] **I.** *adj* ❶ (*feststehend*) fixed ❷ (*fam: flink*) quick **II.** *adv* quickly

fixieren* [fɪ'ksi:rən] *vt* ❶ (*anstarren*) **jdn/etw ~** to fix one's gaze on sb/sth ❷ PSYCH to be fixated on ❸ (*geh: festlegen*) to fix

FKK-Strand *m* nudist beach

flach [flax] *adj* ❶ (*eben*) flat; **sich ~ hinlegen** to lie [down] flat ❷ (*nicht hoch*) low ❸ (*nicht tief*) shallow

Flachbildfernseher *m* TV flat screen TV **Flachbildschirm** *m* INFORM, TV flat screen

Fläche <-, -n> ['flɛçə] *f* ❶ (*Außenseite*) surface ❷ (*Gebiet*) area

Flächeninhalt *m* [surface] area

Flachland *nt* lowland

Flachs <-es> [flaks] *m kein pl* BOT flax

flackern ['flakɐn] *vi* to flicker

Fladenbrot *nt* round flat loaf [of bread]

Flagge <-, -n> ['flagə] *f* flag

Flaggschiff *nt* flagship

Flame, Flamin *o* **Flämin** <-n, -n> ['fla:mə, fla:mɪn, flɛ:mɪn] *m, f* Fleming, Flemish man/woman

Flamingo <-s, -s> [fla'mɪŋgo] *m* flamingo

flämisch ['flɛmɪʃ] *adj* Flemish

Flamme <-, -n> ['flamə] *f* flame; **in ~n aufgehen** to go up in flames; **etw auf großer/kleiner ~ kochen** to cook sth on a high/low heat

Flandern <-s> ['flandɐn] *nt* Flanders + *sing vb*

Flanell <-s, -e> [fla'nɛl] *m* flannel

Flanke <-, -n> ['flaŋkə] *f* ❶ ANAT flank ❷ FBALL cross

flanken ['flaŋkn̩] *vi* FBALL to centre

Flasche <-, -n> ['flaʃə] *f* bottle; **etw in ~n füllen** to bottle sth; **einem Kind die ~ geben** to bottle-feed a child

Flaschenbier *nt* bottled beer **Flaschenöffner** *m* bottle-opener

Flatrate, Flat Rate <-, -s> [flɛt'reɪt] *f* INET, TELEK flat rate

flattern ['flatɐn] *vi* ❶ *Vogel* to flap ❷ (*im Wind*) to flutter

flau [flau] *adj* ❶ (*unwohl*) queasy ❷ (*träge*) slack

Flaum <-[e]s> [flaum] *m kein pl* down

Flaute <-, -n> ['flautə] *f* ❶ calm *no pl* ❷ ÖKON lull

Flechte <-, -n> ['flɛçtə] *f* lichen

flechten <flocht, geflochten> ['flɛçtn̩] *vt* to plait; *Korb, Kranz* to weave

Fleck <-[e]s, -e> [flɛk] *m* ❶ (*Schmutzfleck*) stain ❷ (*dunkle Stelle*) mark; **ein blauer ~** a bruise ❸ (*Stelle*) spot; **sich nicht vom ~ rühren** to not move an inch

Fleckentferner <-s, -> *m* stain remover

fleckig ['flɛkɪç] *adj* ❶ (*befleckt*) stained ❷ (*mit dunklen Stellen*) blemished

Fledermaus ['fle:dɐmaus] *f* bat

Flegel <-s, -> ['fle:gl̩] *m* (*pej*) lout

flegelhaft *adj* (*pej*) uncouth

flehen ['fle:ən] *vi* (*geh*) to beg (**um** for)

Fleisch <-[e]s> [flaiʃ] *nt kein pl* ❶ (*Essen*) meat; **~ fressend** carnivorous ❷ (*Gewebe*) flesh

Fleischbrühwürfel *m* stock [*or* AM bouillon] cube

Fleischer(in) <-s, -> ['flaiʃɐ] *m(f)* butcher

fleischfressend *adj s.* **Fleisch 1**

Fleischklößchen *nt* meatball

fleischlos *adj* vegetarian; **~ kochen** to cook without meat

Fleischtomate *f* beef tomato **Fleischvergiftung** *f* food poisoning (*from meat*) **Fleischwurst** *f* ≈ pork sausage

fleißig ['flaisɪç] **I.** *adj* industrious **II.** *adv* industriously

flexibel [flɛ'ksi:bl̩] *adj* flexible

Flexibilität <-> [flɛksibili'tɛ:t] *f kein pl* flexibility

Flexitarier(in) <-s, -> *m(f)* flexitarian

flicken ['flɪkn̩] *vt* to mend; *Fahrradschlauch* to patch [up *sep*]

Flicken <-s, -> ['flɪkn̩] *m* patch

Flickenteppich *m* rag rug

Flickzeug *nt kein pl* [puncture] repair kit

Flieder <-s, -> ['fli:dɐ] *m* lilac

Fliege <-, -n> ['fli:gə] *f* ❶ fly ❷ MODE bow tie

fliegen <flog, geflogen> ['fli:gn̩] *vi sein* to fly

Fliegengewicht *nt kein pl* flyweight **Fliegenklatsche** *f* fly swatter **Fliegenpilz** *m* fly agaric *no pl*

Flieger <-s, -> *m* (*fam*) plane

Flieger(in) <-s, -> *m(f)* pilot

fliehen <floh, geflohen> ['fli:ən] *vi sein* to flee; **aus dem Gefängis ~** to escape from prison

Fliese <-, -n> [fli:zə] *f* tile

Fließband <-bänder> *nt* production line; **am ~ arbeiten** to work on the production line

fließen <floss, geflossen> ['fli:sn̩] *vi sein* to flow

fließend **I.** *adj* ❶ fluent ❷ (*übergangslos*) fluid **II.** *adv* ❶ **~ warmes und kaltes Wasser** running hot and cold water ❷ fluently; **~ Französisch sprechen** to speak fluent French

flimmern ['flɪmɐn] *vi* to flicker

flink [flɪŋk] *adj* quick

Flinte <-, -n> ['flɪntə] *f* shotgun

Flipflops ['flɪpflɔps] *m pl* flipflops *pl*

Flipperautomat *m* pinball machine

flippern ['flɪpɐn] *vi* to play pinball
flippig *adj* (*fam*) hip
flirten ['flœɐ̯tn̩] *vi* to flirt
Flitterwochen *pl* honeymoon *nsing*
Flocke <-, -n> ['flɔkə] *f* flake; (*Schneeflocke*) snowflake
flockig ['flɔkɪç] *adj* fluffy
Floh <-[e]s, Flöhe> [flo:] *m* flea
Flohmarkt *m* flea market
Flop <-s, -s> [flɔp] *m* (*fam*) flop
florieren* [flo'ri:rən] *vi* to flourish; **~d** flourishing
Floskel <-, -n> ['flɔskl̩] *f* set phrase
Floß <-es, Flöße> [flo:s] *nt* raft
Flosse <-, -n> ['flɔsə] *f* ❶ (*Fischflosse*) fin ❷ (*Schwimmflosse*) flipper
Flöte <-, -n> ['flø:tə] *f* pipe; (*Querflöte*) flute
flöten ['flø:tn̩] *vi, vt* to play the flute
flott [flɔt] **I.** *adj* ❶ (*zügig*) quick; **ein ~es Tempo** [a] high speed ❷ (*schick*) smart **II.** *adv* ❶ (*zügig*) fast ❷ (*schick*) smartly
flott|bekommen* *vt irreg* to get working; *Schiff* to float off *sep*
Flotte <-, -n> ['flɔtə] *f* fleet
flott|machen *vt* to get back in working order
Fluch <-[e]s, Flüche> [flu:x] *m* curse
fluchen ['flu:xn̩] *vi* to curse (**auf/über** at)
Flucht <-, -en> [flʊxt] *f* escape; **die ~ in etw** *akk* refuge in sth; **auf der ~ sein** to be on the run; **die ~ ergreifen** to take flight; **jdn in die ~ schlagen** to put sb to flight
flüchten ['flʏçtn̩] **I.** *vi sein* to flee; **aus dem Gefängnis ~** to escape from prison **II.** *vr haben* **sich in etw** *akk* **~** to take refuge in sth
flüchtig ['flʏçtɪç] *adj* ❶ (*fliehen*) **~ sein** to be a fugitive ❷ (*oberflächlich*) *Blick* cursory; **eine ~e Bekanntschaft** a passing acquaintance; **jdn ~ kennen** to have met sb briefly
Flüchtling <-s, -> ['flʏçtlɪŋ] *m* refugee
Flüchtlingslager *nt* refugee camp
Flug <-[e]s, Flüge> [flu:k] *m* flight; **der ~ zum Mond** the journey to the moon
Flugbegleiter(in) *m(f)* steward *masc*, stewardess *fem* **Flugblatt** *nt* flyer **Flugboot** *nt* flying boat **Flugdauer** *f* flying time **Flugdrachen** *m* hang-glider
Flügel <-s, -> ['fly:gl̩] *m* ❶ wing ❷ (*Konzertflügel*) grand piano
Flügelschraube *f* wing bolt; (*Mutter*) wing nut
Fluggast *m* passenger **Fluggesellschaft** *f* airline **Flughafen** *m* airport **Flughöhe** *f* altitude **Fluglehrer(in)** *m(f)* flying instructor **Fluglotse, -lotsin** *m, f* flight controller **Flugplatz** *m* airfield **Flugschein** *m* pilot's licence **Flugschneise** *f* air corridor **Flugsicherung** *f* flight control **Flugverbotszone** *f area with a flying ban* **Flugverkehr** *m* air traffic **Flugzeit** *f* flight time **Flugzettel** *m* ÖSTERR leaflet
Flugzeug <-[e]s, -e> *nt* plane; **mit dem ~** by plane
Flugzeugbesatzung *f* flight crew **Flugzeughalle** *f* hangar **Flugzeugträger** *m* aircraft carrier
Fluor <-s> ['flu:o:ɐ̯] *nt kein pl* fluorine
Flur¹ <-[e]s, -e> [flu:ɐ̯] *m* corridor
Flur² <-, -en> [flu:ɐ̯] *f* (*geh: freies Land*) open fields *npl*
Fluss <-es, Flüsse> *m* river; **am ~** next to the river
flussab [flʊs'ʔap], **flussabwärts** [flʊs'ʔapvɛrts] *adv* downstream **flussaufwärts** [flʊs'ʔaufvɛrts] *adv* upstream **Flussbett** *nt* riverbed
flüssig ['flʏsɪç] **I.** *adj* ❶ liquid; *Glas, Stahl* molten; **etw ~ machen** to melt sth; **~ werden** to melt ❷ (*fließend*) flowing ❸ FIN (*fam*) [**nicht**] **~ sein** [not] to have a lot of money **II.** *adv* **~ sprechen** to speak fluently
Flüssigkeit <-, -en> *f* liquid
Flusskrebs *m* crayfish **Flusspferd** *nt* hippopotamus
flüstern ['flʏstɐn] *vi, vt* to whisper

Flut <-, -en> [fluːt] *f* ❶ (*Gegensatz zu Ebbe*) high tide; **bei ~** at high tide ❷ *meist pl* (*Wassermassen*) torrent ❸ (*große Menge*) flood

fluten [ˈfluːtn̩] *vi, vt* to flood

Flutlicht *nt kein pl* floodlight **Flutopfer** *nt* flood victim **Flutwelle** *f* tidal wave

fohlen [ˈfoːlən] *vi* to foal

Fohlen <-s, -> [ˈfoːlən] *nt* foal

Föhn <-[e]s, -s> [føːn] *m* hair-dryer

föhnen *vt* to blow-dry

Föhre <-, -n> [ˈføːrə] *f* DIAL pine tree

Folge <-, -n> [ˈfɔlgə] *f* ❶ (*Auswirkung*) consequence; **etw zur ~ haben** to result in sth ❷ (*Abfolge*) series ❸ TV episode

folgen [ˈfɔlgn̩] *vi* ❶ to follow; **auf etw** *akk* **~** to come after sth; **wie folgt** as follows ❷ (*hervorgehen*) **aus etw** *dat* **folgt, dass ...** the consequences of sth are that...

folgendermaßen [ˈfɔlgn̩dɐˈmaːsn̩] *adv* as follows

folgerichtig *adj* logical

folgern [ˈfɔlgɐn] *vt* to conclude (**aus** from)

folglich [ˈfɔlklɪç] *adv* therefore

Folie <-, -n> [ˈfoːli̯ə] *f* film; (*Metallfolie*) foil

Folklore <-> [fɔlkˈloːrə] *f kein pl* folklore

folkloristisch *adj* folkloristic

Folter <-, -n> [ˈfɔltɐ] *f* torture

foltern [ˈfɔltɐn] *vt* to torture

Fond <-s, -s> [fõː] *m* ❶ KOCHK stock ❷ AUTO (*geh*) rear compartment

Fonds <-, -> [fõː] *m* (*Geldreserve*) fund; (*Kapital*) funds *npl*

foppen [ˈfɔpn̩] *vt* (*fam*) **jdn ~** to pull sb's leg

förderlich *adj* useful

fordern [ˈfɔrdɐn] **I.** *vt* ❶ (*verlangen*) to demand ❷ (*erfordern*) to require ❸ (*herausfordern*) to challenge (**zu** to) **II.** *vi* [**von jdm**] **~, dass ...** to demand [of sb] that ...

fördern [ˈfœrdɐn] *vt* ❶ (*unterstützen*) to support; (*finanziell*) to sponsor ❷ (*vorantreiben*) to promote ❸ (*abbauen*) to mine for; *Erdöl* to drill for

Forderung <-, -en> *f* demand; **jds ~en erfüllen** to meet sb's demands; **~en [an jdn] stellen** to make demands [on sb]

Förderung <-, -en> *f* ❶ (*Unterstützung*) support ❷ (*das Fördern*) promotion

Forelle <-, -n> [foˈrɛlə] *f* trout

Form <-, -en> [fɔrm] *f* ❶ form; (*äußere Gestalt*) shape; **in ~ von etw** *dat* in the form of sth; **~ annehmen** to take shape ❷ (*Kondition*) shape *fam;* **nicht in ~ sein** to be out of shape ❸ (*Gussform*) mould ❹ (*Verhalten*) **die ~ wahren** (*geh*) to remain polite

formal [fɔrˈmaːl] **I.** *adj* formal **II.** *adv* formally

Formalität <-, -en> [fɔrmaliˈtɛt] *f* formality

Format <-[e]s, -e> [fɔrˈmaːt] *nt* ❶ format; **im ~ DIN A4** in A4 format ❷ (*Niveau*) [**kein**] **~ haben** to have [no] class

Formel <-, -n> [ˈfɔrml̩] *f* ❶ (*Kürzel*) formula ❷ (*Ausdruck*) set phrase

formell [fɔrˈmɛl] *adj* ❶ (*offiziell*) official ❷ (*förmlich*) formal

formen [ˈfɔrmən] *vt* ❶ to form ❷ (*modellieren*) to mould

förmlich [ˈfœrmlɪç] **I.** *adj* formal **II.** *adv* ❶ formally ❷ (*geradezu*) really

Förmlichkeit <-, -en> *f kein pl* formality

formlos *adj* (*zwanglos*) informal

Formular <-s, -e> [fɔrmuˈlaːɐ̯] *nt* form

formulieren* [fɔrmuˈliːrən] *vt* to formulate

forschen [ˈfɔrʃn̩] *vi* to research; **nach jdm/etw ~** to search for sb/sth

Forscher(in) <-s, -> *m(f)* researcher

Forschung <-, -en> *f* research

Forst <-[e]s, -e[n]> [fɔrst] *m* forest

Forstarbeiter(in) *m(f)* forest labourer

Förster(in) <-s, -> [ˈfœrstɐ] *m(f)* forester

F

Forsthaus *nt* forester's house
fort [fɔrt] *adv* ❶ away ❷ (*weiter*) **und so** ~ and so on; **in einem** ~ constantly
fort|bewegen* *vt, vr* [**sich**] ~ to move
Fortbewegung *f kein pl* movement
fort|bilden *vr* **sich** ~ to take [further] education courses
Fortbildung *f kein pl* [further] training
fort|bringen ['fɔrtbrɪŋən] *vt irreg* (*wegbringen*) to take away *sep;* (*zur Reparatur*) to take in *sep*
fort|dauern *vi* to continue
fort|fahren *vi* ❶ *sein* to go [away/off] ❷ *sein o haben* (*weitermachen*) to continue
fort|führen *vt* (*fortsetzen*) to continue
Fortführung *f* continuation
fort|gehen *vi sein* to go away
fortgeschritten *adj* advanced; **im ~en Alter** at an advanced age
fortgesetzt *adj* constant
fort|jagen *vt haben* to chase away
fort|laufen *vi irreg sein* to run away
fort|leben *vi* to live on
fort|pflanzen *vr* **sich** ~ to reproduce
Fortpflanzung *f kein pl* reproduction
fort|schaffen *vt* to get rid of
fort|schicken *vt* to send away
Fortschritt ['fɔrtʃrɪt] *m* progress
fortschrittlich *adj* progressive
fort|setzen *vt, vi* to continue
Fortsetzung <-, -en> ['fɔrtzɛtsʊŋ] *f* ❶ *kein pl* continuation ❷ *eines Buches, Films* sequel; TV episode; **„~ folgt"** "To be continued"
fortwährend ['fɔrtvɛːrənt] *adj attr* constant
fossil [fɔ'siːl] *adj attr* fossil
Foto <-s, -s> ['foːto] *nt* photo[graph]; **ein ~ machen** to take a photo (**von** of)
Fotoapparat *m* camera
fotogen [foto'geːn] *adj* photogenic
Fotograf(in) <-en, -en> [foto'graːf] *m(f)* photographer
Fotografie <-, -n> [fotogra'fiː] *f* ❶ *kein pl* (*Verfahren*) photography ❷ (*Bild*) photograph
fotografieren* [fotogra'fiːrən] *vt* **jdn/etw** ~ to take a photograph of sb/sth; **sich ~ lassen** to have one's photograph taken
Fotokopie [fotoko'piː] *f* photocopy **fotokopieren*** [fotoko'piːrən] *vt* to photocopy
Fotokopiergerät *nt* photocopier
Fötus <-[ses], Föten> ['føːtʊs] *m* foetus
foulen ['faulən] *vt, vi* to foul
Fracht <-, -en> ['fraxt] *f* cargo
Frachter <-s, -> ['fraxtɐ] *m* cargo boat
Frachtflugzeug *nt* cargo plane **frachtfrei** *adj* HANDEL carriage [pre]paid
Frack <-[e]s, Fräcke> [frak] *m* tails *npl*
Frage <-, -n> ['fraːgə] *f* ❶ question; **keine** ~ no problem; **ohne** ~ without doubt; **jdm eine ~ stellen** to ask sb a question ❷ **in ~ kommen** to be worthy of consideration; **nicht in ~ kommen** to be out of the question; *s.a.* **infrage**
Fragebogen *m* questionnaire
fragen ['fraːgn̩] **I.** *vi* to ask (**nach** for); **ohne zu** ~ without asking questions; **nach der Uhrzeit** ~ to ask the time **II.** *vr* **sich ~, ob/wann/wie ...** to wonder whether/when/how ...; **es fragt sich, ob ...** it is doubtful whether ... **III.** *vt* [**jdn**] **etwas** ~ to ask [sb] sth
Fragewort *nt* interrogative particle **Fragezeichen** *nt* question mark
fraglich ['fraːklɪç] *adj* ❶ (*unsicher*) doubtful ❷ *attr* **zur ~en Zeit** at the time in question
fragwürdig ['fraːkvʏrdɪç] *adj* (*pej*) dubious
Fraktion <-, -en> [frak'tsi̯oːn] *f* POL parliamentary party, congressional faction AM
frankieren* [fraŋ'kiːrən] *vt* to stamp
franko ['fraŋko] *adv* prepaid
Frankreich <-s> ['fraŋkraiç] *nt* France
Franse <-, -n> ['franzə] *f* fringe
Franzose, Französin <-n, -n> [fran'tsoːzə, fran'tsøːzɪn] *m, f* Frenchman *masc,* Frenchwoman *fem;* ~ **sein**

to be French; **die ~n** the French
französisch [fran'tsø:zɪʃ] *adj* French
Fratze <-, -n> ['fratsə] *f* grimace; **[jdm] eine ~ schneiden** to pull a face [at sb]
Frau <-, -en> [frau] *f* ❶ woman ❷ (*Ehefrau*) wife ❸ (*Anrede*) Mrs, Ms (*feminist version of Mrs*); **~ Doktor** Doctor
Frauenarzt, -ärztin *m, f* gynaecologist **Frauenbewegung** *f kein pl* women's movement **Frauenhaus** *nt* women's refuge **Frauenklinik** *f* gynaecological clinic **Frauenzeitschrift** *f* women's magazine
Fräulein <-s, -[s]> ['frɔylain] *nt* (*veraltend*) Miss
frech [frɛç] **I.** *adj* cheeky BRIT, fresh AM **II.** *adv* cheekily BRIT, freshly AM
Frechheit <-, -en> *f* ❶ *kein pl* impudence; **die ~ haben, etw zu tun** to have the nerve to do sth ❷ (*Äußerung*) cheeky remark; (*Handlung*) insolent behaviour
Fregatte <-, -n> [fre'gatə] *f* frigate
frei [frai] **I.** *adj* ❶ free; **~e Meinungsäußerung** freedom of speech; **~e(r) Mitarbeiter(in)** freelance[r]; **aus ~en Stücken** of one's own free will; **sich von etw** *dat* **~ machen** to free oneself from sth ❷ (*freie Zeit*) **~ haben/nehmen** to have/take time off; **er hat heute ~** he's off today; **eine Woche ~ haben** to have a week off ❸ *Stelle, Zimmer* vacant; **ist dieser Platz ~?** is this seat taken? ❹ (*ohne etw*) **~ von etw** *dat* **sein** to be free of sth **II.** *adv* ❶ freely; **er läuft immer noch ~ herum!** he is still on the loose!; **~ atmen** to breathe easy ❷ (*ohne Hilfsmittel*) **~ sprechen** to speak off-the-cuff ❸ *Tiere* **~ laufend** free-range; **~ lebend** living in the wild
Freibad *nt* outdoor swimming pool **freiberuflich** *adj, adv* freelance
Freie(r) *f(m) dekl wie adj* freeman
frei|geben *irreg vt* ❶ ÖKON **eine Währung ~** to float a currency ❷ *Straße* to open up ❸ (*Urlaub geben*) to give time off
freigebig ['fraige:bɪç] *adj* generous
Freigepäck *nt* luggage allowance **Freihafen** *m* free port
frei|halten *vt irreg* (*reservieren*) to save
Freihandel *m* free trade **Freihandelszone** *f* free trade area
freihändig ['fraihɛndɪç] *adj, adv* **~ Rad fahren** to cycle with no hands; **~ zeichnen** to draw freehand
Freiheit <-, -en> ['fraihait] *f* ❶ *kein pl* freedom ❷ (*als ein Recht*) liberty; **sich** *dat* **die ~ nehmen, etw zu tun** to take the liberty of doing sth; **dichterische ~** poetic licence
freiheitlich *adj* liberal
Freiheitsstrafe *f* prison sentence
Freikarte *f* free ticket **Freikörperkultur** *f kein pl* nudism
frei|lassen *vt irreg* to free
freilich ['frailɪç] *adv* ❶ (*allerdings*) though ❷ (*natürlich*) of course
Freilichtbühne *f* open-air theatre
freimütig ['fraimy:tɪç] *adj* frank
freischaffend *adj attr* freelance
frei|sprechen *vt irreg* to acquit
Freispruch *m* acquittal; **auf ~ plädieren** to plead for an acquittal
Freistoß *m* free kick
Freitag <- [e]s, -e> ['fraita:k] *m* Friday; *s.a.* **Dienstag**
freiwillig ['fraivɪlɪç] **I.** *adj* voluntary **II.** *adv* voluntarily
Freiwillige(r) ['fraivɪlɪgə, 'fraivɪlɪgɐ] *f(m) dekl wie adj* volunteer
Freizeichen *nt* ringing tone
Freizeit *f* leisure [time] **Freizeithemd** *nt* casual shirt **Freizeitkleidung** *f* leisure wear **Freizeitpark** *m* amusement park
freizügig *adj* ❶ (*großzügig*) generous ❷ (*liberal*) liberal
fremd [frɛmt] *adj* ❶ (*fremdländisch*) foreign ❷ (*unvertraut*) strange; **ich bin hier ~** I'm not from round here

F

❸ (*anderen gehörig*) somebody else's

fremdartig ['frɛmtʔaːɐ̯tɪç] *adj* strange

Fremde(r) ['frɛmdə, -eɐ] *f(m) dekl wie adj* stranger; (*Ausländer*) foreigner

Fremdenführer(in) *m(f)* guide **Fremdenverkehr** *m* tourism **Fremdenverkehrszentrum** *nt* tourist centre **Fremdenzimmer** *nt* spare room

Fremdkörper *m* MED foreign body **Fremdsprache** *f* foreign language **fremdsprachlich** *adj attr* foreign-language **Fremdwort** *nt* borrowed word

Frequenz [fre'kvɛnts] *f* frequency

Fresko <-s, Fresken> ['frɛsko] *nt* fresco

Fressattacke *f* (*fam*) attack of the munchies

fressen <fraß, gefressen> ['frɛsn̩] **I.** *vi* ❶ *Tier* to eat ❷ (*derb*) *Mensch* to guzzle **II.** *vt Tiere* to eat; (*sich ernähren von*) to feed on

Fresssucht *f* gluttony

Frettchen <-s, -> ['frɛtçən] *nt* ferret

Freude <-, -n> ['frɔydə] *f* joy (**über** at); **~ an etw** *dat* **haben** to derive pleasure from sth; **jdm eine ~ machen** to make sb happy; **etw macht jdm ~** sb enjoys sth; **zu unserer großen ~** to our great delight

freudig ['frɔydɪç] **I.** *adj* joyful; **in ~er Erwartung** in joyful expectation; **~ überrascht** pleasantly surprised

freudlos ['frɔytloːs] *adj* cheerless

freuen ['frɔyən] **I.** *vr* **sich ~** to be pleased (**über** about); **sich auf etw** *akk* **~** to look forward to sth; **sich mit jdm ~** to share sb's happiness **II.** *vt impers* **es freut mich, dass ...** I'm pleased that ...

Freund(in) <-[e]s, -e> ['frɔynt, 'frɔyndɪn] *m(f)* ❶ friend ❷ (*intim*) boyfriend *masc*, girlfriend *fem* ❸ (*Anhänger*) lover; **ein ~ der Natur** a lover of nature

freundlich ['frɔyntlɪç] **I.** *adj* ❶ friendly ❷ (*liebenswürdig*) kind; **das ist sehr ~ von Ihnen** that's very kind of you **II.** *adv* in a friendly way, kindly

Freundlichkeit <-, -en> *f* ❶ *kein pl* (*Art*) friendliness ❷ (*Handlung*) kindness

Freundschaft <-, -en> *f kein pl* friendship; **~ schließen** to make friends

freundschaftlich *adj* friendly

Freundschaftsspiel *nt* friendly match

Frevel <-s, -> ['freːfl̩] *m* (*geh*) sacrilege

frevelhaft *adj* outrageous

Frieden <-s, -> ['friːdn̩] *m* peace; (*Ruhe*) peace [and quiet]; **lass mich in ~!** leave me alone!; **~ schließen** to make peace

Friedensbewegung *f* peace movement **Friedensstifter(in)** *m(f)* peacemaker **Friedensvertrag** *m* peace treaty

friedfertig *adj* peaceable

Friedhof *m* cemetery

friedlich ['friːtlɪç] **I.** *adj* peaceful **II.** *adv* peacefully; **einen Konflikt ~ lösen** to settle a conflict amicably

frieren <fror, gefroren> ['friːrən] *vi* ❶ *haben* **jd friert** sb is cold ❷ *sein* (*gefrieren*) to freeze; **es friert** it's freezing

Frikadelle <-, -n> [frika'dɛlə] *f* rissole BRIT, meatball AM

frisch [frɪʃ] **I.** *adj* fresh; **sich ~ machen** to freshen up **II.** *adv* freshly; **~ gebacken** freshly-baked; **~ gestrichen** newly painted

Frischhaltefolie *f* cling film **Frischhaltepackung** *f* airtight pack; **in einer ~** vacuum-packed **Frischkäse** *m* cream cheese

Friseur <-s, -e> [fri'zøːɐ̯] *m*, **Friseurin** <-, -nen> [fri'zøːrɪn] *f* hairdresser; **zum ~ gehen** to go to the hairdresser's

frisieren* [fri'ziːrən] *vt* **jdn ~** to do sb's hair

Frisör <-s, -e> [fri'zøːɐ̯] *m s.* **Friseur**

Frist <-, -en> [frɪst] *f* period; **innerhalb einer ~ von zwei Wochen** within [a period of] two weeks

fristgemäß, fristgerecht I. *adj* punctual; **nicht ~e Lieferung** late delivery **II.** *adv* on time

fristlos *adv* **jdn ~ entlassen** to fire sb on the spot
Frisur <-, -en> [fri'zu:ɐ̯] *f* hairstyle
frittieren* [frɪ'ti:rən] *vt* to [deep-]fry
frivol [fri'vo:l] *adj* (*anzüglich*) suggestive
froh [fro:] *adj* ❶ happy, glad; **~ sein** to be pleased (**über** with/about); **~ gelaunt** cheerful ❷ **eine ~e Nachricht** good news ❸ (*glücklich*) **~e Feiertage!** have a pleasant holiday!; **~e Ostern!** Happy Easter!; **~e Weihnachten!** Merry Christmas!
fröhlich ['frø:lɪç] **I.** *adj* ❶ (*heiter*) cheerful ❷ (*glücklich*) *s.* **froh 3 II.** *adv* cheerfully
Fröhlichkeit <-> *f kein pl* cheerfulness
fromm <frömmer *o* -er, frömmste> [frɔm] *adj* religious
Fronleichnamsfest *nt* Feast of Corpus Christi
Front <-, -en> [frɔnt] *f* front
frontal [frɔn'ta:l] **I.** *adj attr* frontal **II.** *adv* **~ zusammenstoßen** to collide head-on
Frontscheibe *f* AUTO windscreen BRIT, windshield AM
Frosch <-[e]s, Frösche> [frɔʃ] *m* frog
Frost <-[e]s, Fröste> [frɔst] *m* frost
frostig ['frɔstɪç] *adj* frosty
Frostschutzmittel *nt* antifreeze
Frottee <-s, -s> [frɔ'te:] *nt o m* terry cloth
Frotteehandtuch *m* terry [*or* AM terry-cloth] towel
Frucht <-, Früchte> [frʊxt] *f* fruit; **Früchte tragen** to bear fruit *no pl*
fruchtbar ['frʊxtba:ɐ̯] *adj* fertile
Fruchtbarkeit <-> *f kein pl* fertility
Fruchtfleisch *nt* [fruit] pulp
fruchtlos *adj* fruitless
Fruchtsaft *m* fruit juice **Fruchtzucker** *m* fructose
früh [fry:] **I.** *adj* early; **~ am Morgen** early in the morning; **der ~e Goethe** the young Goethe **II.** *adv* early; **Montag ~** Monday morning; **~ genug** in good time; **von ~ bis spät** from morning till night
Frühaufsteher(in) <-s, -> *m(f)* early riser
früher ['fry:ɐ] **I.** *adj* ❶ (*vergangen*) earlier ❷ (*ehemalig*) former; **~e Freundin** ex[-girlfriend] **II.** *adv* ❶ (*eher*) earlier; **~ oder später** sooner or later ❷ (*ehemals*) formerly; **~ war das alles anders** things were different in the old days
frühestens *adv* at the earliest
Frühgeburt *f* premature birth **Frühjahr** ['fry:ja:ɐ̯] *nt* spring
Frühling <-s, -e> ['fry:lɪŋ] *m* spring; **es wird ~** spring is coming
frühmorgens [fry:'mɔrgn̩s] *adv* early in the morning **frühreif** *adj* precocious **Frühschicht** *f* morning shift; **~ haben** to be on the morning shift
Frühstück <-s, -e> ['fry:ʃtʏk] *nt* breakfast; **zum ~** for breakfast; **zweites ~** midmorning snack
frühstücken ['fry:ʃtʏkn̩] **I.** *vi* to have [one's] breakfast **II.** *vt* **etw ~** to have sth for breakfast
frühzeitig ['fry:tsaitɪç] **I.** *adj* early **II.** *adv* in good time
Frust <-[e]s> [frʊst] *m kein pl* (*fam*) frustration *no indef art*
Frustration <-, -en> [frʊstra'tsi̯o:n] *f* frustration
frustrieren* [frʊs'tri:rən] *vt* to frustrate
Fuchs, Füchsin <-es, Füchse> [fʊks, 'fʏksɪn] *m, f* fox *masc,* vixen *fem*
Fuchsbau *m* [fox's] earth
Füchsin <-, -nen> ['fʏksɪn] *f fem form von* **Fuchs** vixen
Fuchsjagd *f* fox-hunt[ing] **Fuchsschwanz** *m* (*Säge*) [straight back] handsaw
Fuge <-, -n> ['fu:gə] *f* join; **aus den ~n geraten** (*fig*) to be out of joint
fühlen ['fy:lən] **I.** *vt* to feel **II.** *vr* **wie ~ Sie sich?** how are you feeling?; **sich besser ~** to feel better
Fühler <-s, -> *m* ❶ antenna ❷ TECH sensor

Fuhre <-, -n> [ˈfuːrə] *f* [cart]load
führen [ˈfyːrən] **I.** *vt* ① (*geleiten*) to take (**zu** to); (*vorangehen*) to lead; **jdn durch ein Museum ~** to show sb round a museum ② (*leiten*) *Geschäft* to run; *Gruppe* to lead ③ (*geh: haben*) **etw mit sich** *dat* **~** to carry sth ④ *Ware* to stock **II.** *vi* ① *Weg* to lead ② SPORT **mit drei Punkten ~** to have a lead of three points ③ (*als Ergebnis haben*) **zu etw** *dat* **~** to lead to sth; **das führt zu nichts** that will come to nothing
führend *adj* leading *attr*
Führer <-s, -> [ˈfyːrɐ] *m* (*Buch*) guide[-book]
Führer(in) <-s, -> [ˈfyːrɐ] *m(f)* ① leader ② (*Fremdenführer*) guide
Führerschein *m* driving licence BRIT, driver's license AM; **den ~ machen** to learn to drive
Führung <-, -en> *f* ① *kein pl* POL leadership ② *kein pl* HANDEL management ③ (*Besichtigung*) guided tour (**durch** of) ④ SPORT **in ~ gehen/liegen** to go into/be in the lead
Fuhrunternehmen [fuːɐ̯-] *nt* haulage business BRIT, trucking company AM **Fuhrunternehmer(in)** [fuːɐ̯-] *m(f)* haulage contractor BRIT, trucking company AM
Fülle <-> [ˈfʏlə] *f kein pl* (*Menge*) wealth; **eine ~ von etw** *dat* a whole host of sth; **in [Hülle und] ~** in abundance
füllen [ˈfʏlən] **I.** *vt* to fill **II.** *vr* **sich ~** to fill [up]
Füller <-s, -> [ˈfʏlɐ] *m*, **Füllfederhalter** *m* fountain pen; (*mit Patrone*) cartridge pen
Füllung <-, -en> *f* stuffing
fummeln [ˈfʊml̩n] *vi* (*fam: hantieren*) to fumble around (**an/mit** with)
Fundament <-[e]s, -e> [fʊndaˈmɛnt] *nt* foundation[s *npl*]
fundamental [fʊndamɛnˈtaːl] **I.** *adj* fundamental **II.** *adv* fundamentally
Fundamentalist(in) <-en, -en> [fʊndamɛntaˈlɪst] *m(f)* fundamentalist
Fundbüro *nt* lost property office BRIT, lost-and-found office AM **Fundsache** *f* recovered item; **~n** lost property *no pl, no indef art*
fünf [fʏnf] *adj* five; *s.a.* **acht**[1]
Fünfeck *nt* pentagon **fünffach, 5fach** [ˈfʏnffax] *adj* fivefold; **die ~e Menge** five times the amount **fünfhundert** [ˈfʏnfˈhʊndɐt] *adj* five hundred **fünfmal, 5-mal** *adv* five times **fünftausend** [ˈfʏnfˈtaʊzn̩t] *adj* five thousand
fünftens [ˈfʏnftn̩s] *adv* fifth, in [the] fifth place
fünfzehn [ˈfʏnftseːn] *adj* fifteen; **~ Uhr** three pm; *s.a.* **acht**[1]
fünfzig [ˈfʏnftsɪç] *adj* fifty; *s.a.* **achtzig**
fungieren* [fʊŋˈgiːrən] *vi* function (**als** as)
Funk <-s> [fʊŋk] *m kein pl* radio
funkeln [ˈfʊŋkl̩n] *vi* to sparkle
funken [ˈfʊŋkn̩] **I.** *vi, vt* TELEK to radio; **um Hilfe ~** to radio for help; **SOS ~** to radio an SOS **II.** *vi impers* (*fam*) **zwischen den beiden hat's gefunkt** those two have really clicked
Funken <-s, -> [ˈfʊŋkn̩] *m* (*a. fig*) spark
Funkgerät *nt* ① RT unit ② (*Sprechfunkgerät*) walkie-talkie **funkgesteuert** *adj* ELEK, TECH radio-controlled **Funkhaus** *nt* studios *npl* **Funkloch** *nt* [signal] shadow **Funkstation** *f* radio station
Funktion <-, -en> [fʊŋkˈtsi̯oːn] *f* ① *kein pl* function; **außer/in ~ sein** [not] to be working ② (*Stellung*) position; **in jds ~ als etw** in sb's capacity as sth
Funktionär(in) <-s, -e> [fʊŋktsi̯oˈnɛːɐ̯] *m(f)* official; **ein hoher ~** a high-ranking official
funktionieren* [fʊŋktsi̯oˈniːrən] *vi* to work
Funkturm *m* radio tower **Funkverbindung** *f* radio contact **Funkverkehr** *m* radio communication *no art*
für [fyːɐ̯] *präp +akk* for; **sind Sie ~ den**

Gemeinsamen Markt? do you support the Common Market?; **er hat es ~ zehn Euro bekommen** he got it for ten euros; **~ sich bleiben** to remain by oneself; **gut ~ Migräne** good for migraines

Furche <-, -n> [ˈfʊrçə] *f* furrow

Furcht <-> [ˈfʊrçt] *f kein pl* fear (**vor** of); **~ [vor jdm/etw] haben** to fear sb/sth; **~ erregend** terrifying

furchtbar **I.** *adj* terrible **II.** *adv* terribly

fürchten [ˈfʏrçtn̩] **I.** *vt* to fear; **zum Fürchten** frightful **II.** *vr* **sich ~** to be afraid (**vor** of)

fürchterlich *adj s.* **furchtbar**

furchterregend *adj s.* **Furcht**

furchtlos **I.** *adj* fearless **II.** *adv* without fear

füreinander [fyːɐ̯ʔaiˈnandɐ] *adv* for each other

Furnier <-s, -e> [fʊrˈniːɐ̯] *nt* veneer

Fürsorge [ˈfyːɐ̯zɔrgə] *f kein pl* ❶ care ❷ (*fam: Sozialamt*) welfare services *npl* ❸ (*fam: Sozialhilfe*) social security *no art,* welfare AM

Fürsprecher(in) [ˈfyːɐ̯ʃprɛçɐ] *m(f)* ❶ advocate ❷ JUR SCHWEIZ barrister BRIT, attorney AM

Fürst(in) <-en, -en> [fʏrst] *m(f)* prince *masc,* princess *fem*

Fürstentum *nt* principality; **das ~ Monaco** the principality of Monaco

fürstlich [ˈfʏrstlɪç] **I.** *adj* ❶ princely ❷ (*fig: üppig*) lavish **II.** *adv* lavishly; **~ speisen** to eat like a lord

Furunkel <-s, -> [fuˈrʊŋkl̩] *nt o m* boil

Furz <-[e]s, Fürze> [fʊrts] *m* (*derb*) fart

furzen [ˈfʊrtsn̩] *vi* (*derb*) to fart

Fusion <-, -en> [fuˈzi̯oːn] *f* ❶ ÖKON merger ❷ PHYS fusion

fusionieren* [fuzi̯oˈniːrən] *vi* ÖKON to merge

Fuß <-es, Füße> [fuːs] *m* ❶ foot; **gut/schlecht zu ~ sein** to be steady/not so steady on one's feet; **etw ist zu ~ zu erreichen** sth is within walking distance; **zu ~ gehen** to walk ❷ SÜDD, ÖSTERR (*Bein*) leg ▶ **auf eigenen Füßen stehen** to stand on one's own two feet

Fußabdruck <-abdrücke> *m* footprint **Fußabstreifer** <-s, -> *m*, **Fußabtreter** <-s, -> *m* foot grating; (*Matte*) doormat

Fußball [ˈfuːsbal] *m* ❶ *kein pl* (*Spiel*) football BRIT, soccer AM ❷ (*Ball*) football BRIT, soccer ball AM

Fußballmannschaft *f* football team **Fußballplatz** *m* football pitch BRIT, soccer field AM **Fußballspiel** *nt* football match **Fußballspieler(in)** *m(f)* football player **Fußballstadion** *nt* football stadium **Fußballtoto** *m o nt* the [football] pools *npl*

Fußboden *m* floor

Fußbodenheizung *f* [under]floor heating

fusselig [ˈfʊsəlɪç] *adj* fluffy *attr*

fußen [ˈfuːsn̩] *vi* to rest (**auf** on)

Fußende *nt* foot

Fußgänger(in) <-s, -> *m(f)* pedestrian

Fußgängerübergang *m*, SCHWEIZ **Fußgängerstreifen** *m* pedestrian crossing **Fußgängerzone** *f* pedestrian precinct

Fußgelenk *nt* ankle **Fußkettchen** <-s, -> *nt* anklet **Fußnagel** *m* toenail **Fußpilz** *m kein pl* athlete's foot **Fußtritt** *m* kick **Fußweg** *m* footpath

Futter[1] <-s, -> [ˈfʊtɐ] *nt* [animal] feed

Futter[2] <-s> [ˈfʊtɐ] *nt kein pl* (*Innenstoff*) lining

Futteral <-s, -e> [fʊtəˈraːl] *nt* case

füttern[1] [ˈfʏtɐn] *vt* to feed

füttern[2] [ˈfʏtɐn] *vt* (*mit Stofffutter*) to line

Fütterung <-, -en> *f* feeding

Futur <-s, -e> [fuˈtuːɐ̯] *nt* future [tense]

Gg

G, g <-, -> [geː] *nt* ① (*Buchstabe*) G, g ② MUS [key of] G

Gabe <-, -n> ['gaːbə] *f* ① gift ② SCHWEIZ (*Preis*) prize

Gabel <-, -n> ['gaːbl̩] *f* fork

gabeln ['gaːbl̩n] *vr* **sich ~** to fork

Gabelung <-, -en> ['gaːbəlʊŋ] *f* fork

Gage <-, -n> ['gaːʒə] *f* fee

gähnen ['gɛːnən] *vi* to yawn; **ein ~des Loch** a gaping hole

galant [ga'lant] *adj* chivalrous

Galaxis <-s, Galaxien> [ga'laksɪs, *pl:* gala'ksiːən] *f* galaxy

Galerie <-, -n> [galə'riː] *f* gallery

Galgen <-s, -> ['galgn̩] *m* gallows + *sing vb*

Galle <-, -n> ['galə] *f* ① (*Gallenblase*) gall bladder ② (*Gallenflüssigkeit*) bile

Galopp <-s, -s> [ga'lɔp] *m* gallop

galoppieren* [galɔ'piːrən] *vi haben o sein* to gallop

Gämse <-, -n> ['gɛmzə] *f* chamois

Gang[1] <-[e]s, Gänge> ['gaŋ, *pl:* 'gɛŋə] *m* ① *kein pl* walk; **aufrechter ~** upright carriage; **einen unsicheren ~ haben** to be unsteady on one's feet ② (*Besorgung*) errand ③ (*Bewegung*) **den Motor in ~ halten** to keep the engine running; **etw in ~ bringen** to get sth going; **in ~ kommen** to get off the ground ④ (*Ablauf*) course; **alles geht wieder seinen gewohnten ~** everything is proceeding as normal again; **im ~[e] sein** to be underway ⑤ KOCHK course ⑥ AUTO gear; **einen ~ einlegen** to engage a gear; **hast du den zweiten ~ drin?** (*fam*) are you in second gear?; **in den zweiten ~ schalten** to change into second gear ⑦ (*Korridor*) corridor; *im Theater, Flugzeug, Laden* aisle

Gang[2] <-, -s> [gɛŋ] *f* (*Bande*) gang

Gangart *f* walk

Gangschaltung *f* gears *pl*

Gangster <-s, -> ['gɛŋstɐ] *m* gangster

Ganove <-n, -n> [ga'noːvə] *m* (*pej fam*) crook

Gans <-, Gänse> ['gans, *pl:* 'gɛnzə] *f* goose; **blöde ~** (*pej fam*) silly goose

Gänseblümchen *nt* daisy **Gänsefüßchen** *pl* (*fam*) inverted commas *pl* **Gänsehaut** *f kein pl* goose bumps *pl*; **eine ~ kriegen** to get goose bumps

ganz ['gants] **I.** *adj* ① all, whole; **eine ~e Menge** quite a lot; **die ~e Wahrheit** the whole truth; **~e Zahl** whole number; **die ~e Zeit** the whole time ② (*fam: unbeschädigt*) intact; **etw wieder ~ machen** to mend sth; **wieder ~ sein** to be mended **II.** *adv* ① (*sehr, wirklich*) really; **etwas ~ Dummes** something really stupid; **~ besonders** particularly ② (*ziemlich*) quite ③ (*vollkommen*) completely; **du bist ~ nass** you're all wet; **~ und gar** completely; **~ und gar nicht** not at all; **~ allein sein** to be all alone; **~ wie Sie wünschen/meinen** just as you wish/think best; **~ hinten/vorne** right at the back/front

Ganze(s) *nt* ① (*alles zusammen*) whole; **im ~n** on the whole ② (*die ganze Angelegenheit*) the whole business; **das ~ hängt mir zum Halse heraus** I've had it up to here with everything!

ganzheitlich *adv* **etw ~ betrachten** to look at sth in its entirety

gänzlich ['gɛntslɪç] *adv* completely

gar[1] ['gaːɐ̯] *adj Essen* done

gar[2] ['gaːɐ̯] *adv* ① (*überhaupt*) at all, whatsoever; **~ keine[r]** no one whatsoever; **~ keinen/keine/keines** none whatsoever; **hattest du denn ~ keine Angst?** weren't you frightened at all?; **~ nicht** not at all; **er hat sich ~ nicht gefreut** he wasn't at all pleased; **~ nichts** nothing at all ❷ (*sehr*) really

Garage <-, -n> [ga'ra:ʒə] *f* garage

Garantie <-, -n> [garan'ti:, *pl:* -'ti:ən] *f* guarantee

garantieren* [garan'ti:rən] *vt, vi* to guarantee

Garde <-, -n> ['gardə] *f* guard

Garderobe <-, -n> [gardə'ro:bə] *f* ❶ hall-stand; (*Raum*) cloakroom ❷ *kein pl* (*geh: Kleidung*) wardrobe

Garderobenständer *m* hat-stand

Gardine <-, -n> [gar'di:nə] *f* net curtain

Gardinenstange *f* curtain rod

gären ['gɛ:rən] *vi haben o sein* to ferment

Garn <-[e]s, -e> ['garn] *nt* thread

Garnele <-, -n> [gar'ne:lə] *f* prawn

garnieren* [gar'ni:rən] *vt* to garnish

Garnitur <-, -en> [garni'tu:ɐ̯] *f* set

garstig ['garstɪç] *adj* (*böse, boshaft*) nasty

Garten <-s, Gärten> ['gartn̩, *pl:* 'gɛrtn̩] *m* garden

Gartenarbeit *f* gardening *no pl* **Gartenbau** *m kein pl* horticulture **Gartenlokal** *nt* open-air restaurant **Gartensitzplatz** *m* SCHWEIZ (*Terrasse*) patio **Gartenzaun** *m* garden fence

Gärtner(in) <-s, -> ['gɛrtnɐ] *m(f)* gardener

Gärtnerei <-, -en> [gɛrtnə'rai] *f* market garden; (*für Setzlinge*) nursery

Gas <-es, -e> ['ga:s, *pl:* 'ga:zə] *nt* ❶ gas ❷ (*fam*) **~ geben** to accelerate; **gib' ~!** put your foot down!

Gasflasche *f* gas canister **Gashahn** *m* gas tap **Gasheizung** *f* gas heating **Gasherd** *m* gas cooker **Gaskocher** *m* camping stove **Gasleitung** *f* gas main **Gaspedal** *nt* accelerator

Gasse <-, -n> ['gasə] *f* ❶ alley ❷ ÖSTERR street; **über die ~** to take away

Gast <-es, Gäste> ['gast, *pl:* 'gɛstə] *m* guest; **bei jdm zu ~ sein** to be sb's guest[s]; **in einer Stadt/einem Land ~ sein** to be a visitor to a city/country

Gastarbeiter(in) *m(f)* guest worker

Gästebuch *nt* visitors' book

Gästezimmer *nt* spare room

gastfreundlich *adj* hospitable **Gastfreundschaft** *f* hospitality **Gastgeber(in)** <-s, -> *m(f)* host *masc*, hostess *fem* **Gasthaus** *nt*, **Gasthof** *m* inn

G

Gastritis <-, Gastritiden> [gas'tri:tɪs, *pl:* gastri'ti:dn̩] *f* gastritis

Gastronomie <-, -n> [gastrono'mi:, *pl:* -'mi:ən] *f* catering trade

gastronomisch *adj* gastronomic

Gaststätte *f* restaurant **Gaststube** *f Bar* lounge; *Restaurant* restaurant **Gastwirt(in)** *m(f)* restaurant manager; *einer Kneipe* landlord *masc*, landlady *fem* **Gastwirtschaft** *f s.* **Gaststätte**

Gatte, Gattin <-n, -n> ['gatə, 'gatɪn] *m, f* (*geh*) spouse, husband *masc*, wife *fem*

Gattung <-, -en> ['gatʊŋ] *f* ❶ BIOL genus ❷ KUNST genre

Gaumen <-s, -> ['gaumən] *m* palate

Gauner(in) <-s, -> ['gaunɐ] *m(f)* (*pej*) crook

Gaunerei <-, -en> [gaunə'rai] *f* cheating *no pl*

Gazelle <-, -n> [ga'tsɛlə] *f* gazelle

Gebäck <-[e]s, -e> [gə'bɛk] *nt pl selten* pastries *pl*

gebären <gebiert, gebar, geboren> [gə'bɛ:rən] *vt* ❶ to give birth to; **geboren werden** to be born ❷ (*eine Begabung haben*) **zu etw** *dat* **geboren sein** to be born to sth

Gebärmutter <-mütter> *f* womb

Gebäude <-s, -> [gə'bɔydə] *nt* building

geben <gibt, gab, gegeben> ['ge:bn̩] **I.** *vt* ❶ (*reichen*) **jdm etw ~** to give sb sth, to give sth to sb; *Karten* to deal ❷ (*verkaufen*) **jdm etw ~** to get sb sth;

geben Sie mir bitte fünf Brötchen I'd like five bread rolls please ❸ (*spenden*) *Schutz, Schatten* to provide ❹ (*abhalten*) *Konferenz* to hold ❺ (*bieten, gewähren*) to give; **jdm ein Interview ~** to grant sb an interview ❻ DIAL (*abgeben*) to send; **sein Auto in [die] Reparatur ~** to have one's car repaired ❼ KOCHK to add; **Wein in die Soße ~** to add wine to the sauce ❽ (*ergeben*) to produce; **Rotwein gibt Flecken** red wine leaves stains ❾ (*äußern*) **etw von sich** *dat* **~** to utter sth ▶ **jdm etw zu <u>tun</u> ~** to give sb sth to do; **<u>nichts</u> auf etw** *akk* **~** to think nothing of sth; **<u>es</u> jdm ~** (*fam*) to let sb have it **II.** *vt impers* ❶ (*gereicht werden*) **was gibt es zum Frühstück?** what's for breakfast? ❷ (*eintreten*) **heute gibt es noch Regen** it'll rain today; **hat es sonst noch etwas gegeben?** has anything else happened? ❸ (*existieren, passieren*) **was gibt's?** (*fam*) what's up?; **das gibt es nicht!** (*fam*) no way!; **da gibt's gar nichts!** (*fam*) (*das ist doch sonnenklar!*) it's as plain as the nose on your face! **III.** *vr* ❶ (*nachlassen*) **etw gibt sich** sth eases [off]; (*sich erledigen*) sth sorts itself out ❷ (*sich benehmen*) **nach außen gab er sich heiter** outwardly he behaved cheerfully

Gebet <-[e]s, -e> [gə'beːt] *nt* prayer

Gebiet <-[e]s, -e> [gə'biːt] *nt* ❶ (*Fläche*) area ❷ (*Fach*) field

Gebilde <-s, -> [gə'bɪldə] *nt* thing

gebildet *adj* educated; **ein ~er Mensch** a cultured person

Gebirge <-s, -> [gə'bɪrgə] *nt* mountains

gebirgig [gə'bɪrgɪç] *adj* mountainous

Gebirgszug *m* mountain range

Gebiss <-es, -e> *nt* [gə'bɪs] *nt* ❶ (*Zähne*) teeth *pl* ❷ (*Prothese*) dentures *npl*

geblümt [gə'blyːmt] *adj*, **geblumt** [gə'bluːmt] *adj* ÖSTERR ❶ (*mit Blumenmuster*) flowered, floral ❷ (*fig: kunstvoll, blumenreich*) flowery

geboren [gə'boːrən] *pp von* **gebären**

Gebot <-[e]s, -e> [gə'boːt] *nt* ❶ (*Verordnung*) decree ❷ REL **die zehn ~e** the ten commandments ❸ (*Erfordernis*) **das ~ der Stunde** the dictates of the moment

Gebrauch <-[e]s, Gebräuche> [gə'braux, *pl:* gə'brɔyçə] *m* ❶ *kein pl* use; (*Anwendung*) application; **zum äußerlichen/innerlichen ~** to be applied externally/to be taken internally; **von etw** *dat* **~ machen** to make use of sth; **vor ~ schütteln** shake well before use ❷ *pl* **Sitten und Gebräuche** manners and customs

gebrauchen* [gə'brauxn̩] *vt* ❶ to use; **nicht mehr zu ~ sein** to be no longer [of] any use; **zu nichts zu ~ sein** to be no use at all ❷ (*fam*) **dein Wagen könnte eine Wäsche ~** your car could do with a wash again

gebräuchlich [gə'brɔyçlɪç] *adj* customary

Gebrauchsanweisung *f* operating instructions

gebraucht *adj* second-hand

Gebrauchtwagen *m* second-hand car

Gebühr <-, -en> [gə'byːɐ̯] *f* charge; (*Beitrag*) fee; **~ [be]zahlt Empfänger** postage to be paid by addressee; **eine ~ erheben** to levy a charge

gebührenfrei *adj, adv* free of charge

gebührenpflichtig *adj* subject to a charge; **~e Straße** toll road

gebunden [gə'bʊndn̩] **I.** *pp von* **binden** **II.** *adj* **~es Buch** hardcover; **~e Preise** controlled prices; **durch Verpflichtungen ~ sein** to be tied down by duties; **vertraglich ~ sein** to be bound by contract

Geburt <-, -en> [gə'buːɐ̯t] *f* birth; **bei der ~** at the birth; **von ~ an** from birth; **von ~ Deutscher sein** to be German by birth

Geburtsdatum *nt* date of birth **Geburtsjahr** *nt* year of birth **Geburtsort** *m* place of birth **Geburtstag** *m* birthday; **herzlichen Glückwunsch zum ~** happy birthday to you; **[seinen/jds] ~ feiern** to celebrate one's/sb's birthday; **jdm zum ~ gratulieren** to wish sb a happy birthday; **wann hast du ~?** when is your birthday?

Gebüsch <-[e]s, -e> [gə'bʏʃ] *nt* [clump of] bushes *pl*

Gedächtnis <-ses, -se> [gə'dɛçtnɪs, *pl:* gə'dɛçtnɪsə] *nt* memory; **ein gutes/schlechtes ~ haben** to have a good/poor memory; **etw im ~ behalten** to remember sth; **sein ~ verlieren** to lose one's memory

gedämpft *adj Schall, Stimme* muffled; *Licht, Farbe* muted

Gedanke <-ns, -n> [gə'daŋkə] *m* ❶ (*Überlegung*) thought (**an** of); **in ~n vertieft** deep in thought; **jdn auf andere ~n bringen** to take sb's mind off sth; **jdn auf einen ~n bringen** to put an idea into sb's head; **jds ~n lesen** to read sb's thoughts; **sich** *dat* **über etw** *akk* **~n machen** to be worried about sth; **mit seinen ~en woanders sein** to have one's mind on sth else ❷ (*Einfall*) idea; **einen ~n in die Tat umsetzen** to put a plan into action; **jdm kommt ein ~** sb hits upon an idea; **mit dem Gedanken spielen, etw zu tun** to toy with the idea of doing sth

gedankenlos I. *adj* thoughtless II. *adv* thoughtlessly

Gedankenstrich *m* dash

Gedeck <-[e]s, -e> [gə'dɛk] *nt* cover

gedeihen <gedieh, gediehen> [gə'daiən] *vi sein* ❶ (*sich gut entwickeln*) to flourish ❷ (*vorankommen*) to make headway

Gedenkfeier *f* commemorative ceremony **Gedenktafel** *f* commemorative plaque

Gedicht <-[e]s, -e> [gə'dɪçt] *nt* poem

Gedränge <-s> [gə'drɛŋə] *nt kein pl* ❶ crowd ❷ (*das Drängen*) jostling

gedrückt *adj* weak, dejected, depressed

Geduld <-> [gə'dʊlt] *f kein pl* patience; **~ haben** to be patient (**mit** with); **keine ~ haben** to have no patience (**zu** with); **die ~ verlieren** to lose one's patience

gedulden* [gə'dʊldn̩] *vr* **sich ~** to be patient

geduldig [gə'dʊldɪç] *adj* patient

geehrt *adj* honoured; **sehr ~e Damen und Herren!** ladies and gentlemen!; (*in Briefen*) Dear Sir or Madam

geeignet [gə'ʔaignət] *adj* suitable; **für etw** *akk*/**zu etw** *dat* **~ sein** to be suited to sth

Gefahr <-, -en> [gə'fa:ɐ̯] *f* danger; **jdn in ~ bringen** to endanger sb; **in/außer ~ sein** to be in/out of danger; **auf eigene ~** at one's own risk; **sich in ~ begeben** to put oneself at risk; **~ laufen, etw zu tun** to run the risk of doing sth

gefährden* [gə'fɛ:ɐ̯dn̩] *vt* to endanger

gefährlich [gə'fɛ:ɐ̯lɪç] *adj* dangerous; (*risikoreich*) risky

Gefährte, Gefährtin <-n, -n> [gə'fɛ:ɐ̯tə, gə'fɛ:ɐ̯tɪn] *m, f* (*geh*) companion

Gefälle <-s, -> [gə'fɛlə] *nt* ❶ gradient ❷ (*Unterschied*) difference

gefallen[1] <gefiel, gefallen> [gə'falən] I. *vi* **jdm ~** to please sb; **gefällt dir mein Kleid?** do you like my dress? II. *vr* **sich** *dat* **etw ~ lassen** to put up with sth

gefallen[2] *pp von* **fallen, gefallen**[1]

Gefallen[1] <-s, -> [gə'falən] *m* favour; **jdn um einen ~ bitten** to ask sb for a favour; **jdm einen ~ tun** to do sb a favour

Gefallen[2] <-s> [gə'falən] *nt* **an etw** *dat* **~ finden** to enjoy sth

Gefälligkeit <-, -en> *f* ❶ favour ❷ (*Hilfsbereitschaft*) **aus ~** out of the kindness of one's heart

gefangen [gə'faŋən] I. *pp von* **fangen**

II. *adj* ❶ **jdn ~ halten** to hold sb captive; **ein Tier ~ halten** to keep an animal in captivity; **jdn ~ nehmen** to arrest sb; MIL to take sb prisoner ❷ (*beeindruckt*) **jdn ~ halten** to captivate sb

Gefangene(r) *f(m) dekl wie adj* captive; (*im Gefängnis*) prisoner

Gefangenschaft <-, *pl selten* -en> *f* captivity; **in ~ geraten** to be taken prisoner

Gefängnis <-ses, -se> [gəˈfɛŋnɪs, *pl:* gəˈfɛŋnɪsə] *nt* ❶ prison; **im ~ sein** to be in prison; **ins ~ kommen** to be sent to prison ❷ *kein pl* (*Haftstrafe*) imprisonment; **zwei Jahre ~ bekommen** to get two years imprisonment

Gefängnisstrafe *f* prison sentence

Gefäß <-es, -e> [gəˈfɛːs] *nt* container

gefasst **I.** *adj* ❶ (*beherrscht*) composed ❷ (*vorbereitet*) **auf etw** *akk* **~ sein** to be prepared for sth; **sich auf etw** *akk* **~ machen** to prepare oneself for sth **II.** *adv* (*mit Fassung*) calmly

Gefecht <-[e]s, -e> [gəˈfɛçt] *nt* battle

Gefieder <-s, -> [gəˈfiːdɐ] *nt* plumage

gefleckt *adj* spotted

Geflügel <-s> [gəˈflyːgl̩] *nt kein pl* poultry

Gefolge <-s, -> [gəˈfɔlgə] *nt* retinue

gefräßig [gəˈfrɛːsɪç] *adj* voracious

Gefreite(r) [gəˈfraitə] *f(m) dekl wie adj* MIL ≈ lance corporal BRIT, private AM (*sb holding the second lowest rank in the armed forces*)

gefrieren* [gəˈfriːrən] *vi irreg sein* to freeze

Gefrierfach *nt* freezer compartment **gefriergetrocknet** *adj* freeze-dried **Gefrierpunkt** *m* **über/unter dem ~** above/below freezing **Gefriertruhe** *f* chest freezer

gefroren [gəˈfroːrən] *pp von* **frieren, gefrieren**

gefügig [gəˈfyːgɪç] *adj* compliant; **[sich** *dat*] **jdn ~ machen** to make sb submit to one's will

Gefühl <-[e]s, -e> [gəˈfyːl] *nt* feeling; **etw im ~ haben** to feel sth instinctively; **jds ~e erwidern** to return sb's affections; **ein ~ für etw** *akk* **[haben]** [to have] a feeling for sth; **ein ~ für Gerechtigkeit** a sense of justice

gefühllos *adj* ❶ (*taub*) numb ❷ (*herzlos*) insensitive

Gefühlsausbruch *m* emotional outburst **gefühlsbetont** *adj* emotional **Gefühlsduselei** <-, -en> [-duːzəˈlai] *f* (*pej*) mawkishness

gefühlvoll **I.** *adj* sensitive **II.** *adv* with feeling

gefüllt *adj* ❶ KOCHK *Paprikaschoten, Tomaten* stuffed; **~e Kekse** biscuits with a filling ❷ (*voll*) full

gegen [ˈgeːgn̩] *präp +akk* ❶ against; **ich brauche etwas ~ meine Erkältung** I need sth for my cold ❷ (*entgegen*) contrary to; **~ alle Vernunft** against all reason ❸ (*an*) against; **~ die Wand stoßen** to run into the wall; **~ die Tür schlagen** to hammer on the door ❹ (*etwa*) **~ Morgen/Mittag** towards morning/afternoon; **~ drei Uhr** around three o'clock

Gegend <-, -en> [ˈgeːgn̩t, *pl:* ˈgeːgn̩dən] *f* ❶ area; **in der Münchner ~** in the Munich area ❷ (*Umgebung*) **durch die ~ laufen/fahren** (*fam*) to stroll about/drive around

gegeneinander [geːgn̩ʔaiˈnandɐ] *adv* against each other

gegeneinander|prallen *vi* to collide

Gegenfahrbahn *f* oncoming lane **Gegengift** *nt* antidote **Gegenleistung** *f* **eine/keine ~ erwarten** to expect something/nothing in return

Gegensatz *m* ❶ opposite (**zu** to); **im ~ zu jdm/etw** unlike sb/sth ❷ *pl* differences; **unüberbrückbare Gegensätze** irreconcilable differences ▶ **Gegensätze ziehen sich an** (*prov*) opposites attract

gegensätzlich ['ge:gn̩zɛtslɪç] *adj* conflicting; *Menschen* different

Gegenseite *f* other side

gegenseitig ['ge:gn̩zaitɪç] **I.** *adj* mutual **II.** *adv* mutually; **sich ~ beschuldigen/helfen** to accuse/help each other

Gegenstand <-[e]s, -stände> *m* ❶ object ❷ (*Thema*) subject **Gegenstück** *nt* companion piece; **jds ~ sein** to be sb's opposite **Gegenteil** ['ge:gn̩tail] *nt* opposite; **im ~!** on the contrary!

gegenteilig ['ge:gn̩tailɪç] *adj* opposite

gegenüber [ge:gn̩'ʔy:bɐ] **I.** *präp +dat* ❶ (*örtlich*) opposite ❷ (*in Bezug auf*) towards ❸ (*vor*) in front of **II.** *adv* opposite; **die Leute von ~** the people [from] opposite

gegenüberliegend *adj attr* opposite **gegenüber|stehen** *irreg* **I.** *vi* ❶ *räumlich* **jdm ~** to stand opposite sb ❷ (*eingestellt sein*) **jdm/einer S. [...] ~** to have a [...] attitude towards sth **II.** *vr* **sich** *dat* **~** to confront each other **gegenüber|stellen** *vt* to compare

Gegenverkehr *m* oncoming traffic

Gegenwart <-> ['ge:gn̩vart] *f kein pl* ❶ present; **die Kunst/Musik der ~** contemporary art/music ❷ LING present [tense] ❸ (*Anwesenheit*) presence

gegenwärtig ['ge:gn̩vɛrtɪç] **I.** *adj attr* present; **zur ~en Stunde** at the present time **II.** *adv* currently

Gegenwert *m* equivalent; **~ eines Schecks/Wechsels** countervalue of a cheque/bill **Gegenwind** *m* headwind

Gegner(in) <-s, -> ['ge:gnɐ] *m(f)* opponent

gegnerisch *adj attr* opposing

Gehabe <-s> [gə'ha:bə] *nt kein pl* (*pej fam*) affectation

Gehalt[1] <-[e]s, Gehälter> [gə'halt, *pl:* gə'hɛltɐ] *nt* salary

Gehalt[2] <-[e]s, -e> [gə'halt] *m* (*Anteil*) content; **der ~ an Kohlendioxid** the carbon dioxide content

Gehaltserhöhung *f* pay rise

gehandikapt [gə'hɛndikɛpt] *adj* handicapped (**durch** by)

gehässig [gə'hɛsɪç] **I.** *adj* spiteful **II.** *adv* spitefully

Gehäuse <-s, -> [gə'hɔyzə] *nt* casing

gehbehindert *adj* **~ sein** to be of limited [*o.* impaired] mobility

Gehege <-s, -> [gə'he:gə] *nt* enclosure

geheim [gə'haim] **I.** *adj* secret **II.** *adv* secretly; **~ abstimmen** to vote by secret ballot; **etw ~ halten** to keep sth secret

Geheimdienst *m* secret service BRIT, intelligence service AM

Geheimnis <-ses, -se> [gə'haimnɪs, *pl:* gə'haimnɪsə] *nt* secret; **vor jdm keine ~se haben** to have no secrets from sb; **das ~ des Lebens** the mystery of life

geheimnisvoll **I.** *adj* mysterious **II.** *adv* mysteriously

Geheimschrift *f* code **Geheimzahl** *f* FIN PIN number

gehen <ging, gegangen> ['ge:ən] **I.** *vi sein* ❶ to go (**zu/nach** to); (*zu Fuß*) to walk; **geh schon!** go on!; **~ wir!** let's go!; **in Urlaub ~** to go on holiday [*or* AM vacation]; **gehst du heute in die Stadt/auf die Post?** are you going to town/to the post office today?; **~ wir oder fahren wir mit dem Auto?** shall we walk or drive?; **auf die andere Straßenseite ~** to cross over to the other side of the street; **auf und ab ~** to pace up and down; **schwimmen/tanzen/einkaufen/schlafen ~** to go swimming/dancing/shopping/to bed; **aufs Gymnasium/auf einen Lehrgang ~** to go to [a] grammar school/on a course; **an die Uni ~** to go to university; **ins Theater/in die Kirche/zur Schule ~** to go to the theatre/to church/to school ❷ (*tätig werden*) **in die Industrie ~** to go into industry; **zum Film ~** to go into films;

in die Gewerkschaft ~ to join the union ❸ (*weggehen*) to go; (*abfahren a.*) to leave; **ich muss jetzt** ~ I have to be off; **wann geht der Zug nach Hamburg?** when does the train to Hamburg leave? ❹ (*führen*) **irgendwohin** ~ to go somewhere; **wohin geht dieser Weg?** where does this path lead to? ❺ (*funktionieren*) to work ❻ (*gelingen*) **es geht ganz leicht** it's really easy ❼ ÖKON (*laufen*) to go; **wie ~ die Geschäfte?** how's business? ❽ ÖKON (*sich verkaufen*) to sell ❾ (*hineinpassen*) **wie viele Leute ~ in deinen Wagen?** how many people [can] fit in[to] your car? ❿ (*reichen*) **das Wasser geht einem bis zur Hüfte** the water comes up to one's hips; **der Rock geht ihr bis zum Knie** the skirt goes down to her knee ⓫ **Teig** to rise ⓬ (*Klingel*) to ring ⓭ (*möglich sein*) **das geht** that's possible; **das wird kaum** ~ that won't be possible; **solange es geht** as long as possible; **da geht nichts mehr** there's nothing more to be done; **ich muss mal telefonieren – geht das?** I have to make a phonecall – would that be alright? ⓮ (*lauten*) **wie geht nochmal der Spruch?** how does the saying go? ⓯ (*beeinträchtigen*) **das geht [mir] ganz schön an die Nerven** that really gets on my nerves; **das geht an die Kraft** that takes it out of you ⓰ (*gerichtet sein*) **an jdn** ~ to be addressed to sb; **gegen jdn/etw** ~ to be directed against sb/sth; **das geht nicht gegen Sie** this isn't aimed at you ⓱ (*fam: liiert sein*) **mit jdm** ~ to go out with sb ⓲ (*überschreiten*) **zu weit** ~ to go too far; **das geht zu weit!** that's just too much! ⓳ (*übersteigen*) **über jds Geduld** ~ to exhaust sb's patience; **über jds Kräfte/Möglichkeiten** ~ to be too much for sb ⓴ (*fam: akzeptabel sein*) to be OK; **es geht** [so] it's OK ▸ **jdm <u>über</u> alles** ~ to mean more to sb than anything else; **es geht nichts <u>über</u> jdn/etw** there's nothing like sb/sth; **[ach] geh, ...!** (*fam*) [oh] come on, ...!; **geh, was du nicht sagst!** ÖSTERR go on, you're kidding! **II.** *vi impers sein* ❶ + *adv* (*sich fühlen*) **wie geht es Ihnen? — Danke, mir geht es gut!** how are you? — Thank you, I am well!; **nach der Spritze ging es ihr gleich wieder besser** she soon felt better again after the injection; **wie geht's denn [so]?** (*fam*) how's it going? ❷ + *adv* (*verlaufen*) **wie war denn die Prüfung? — Ach, es ging ganz gut** how was the exam? — Oh, it went quite well ❸ (*sich handeln um*) **um was geht's denn?** what's it about then?; **worum geht es in diesem Film?** what is this film about? ❹ (*wichtig sein*) **worum geht es dir eigentlich?** what are you trying to say?; **es geht mir nur um die Wahrheit** I'm only interested in the truth ❺ (*ergehen*) **mir ist es ähnlich/genauso gegangen** it was the same/just the same with me; **lass es dir gut ~!** look after yourself! ❻ (*nach jds Kopf gehen*) **wenn es nach mir ginge** if it were up to me ▸ **geht's <u>noch</u>!?** SCHWEIZ (*iron*) are you crazy?! **III.** *vt sein* **ich gehe immer diesen Weg/diese Straße** I always walk this way/take this road **IV.** *vr haben* **sich ~ lassen** (*sich nicht beherrschen*) to lose one's self-control; (*nachlässig sein*) to let oneself go

gehen|lassen* *vr, vt irreg s.* **gehen IV.**

Gehilfe, Gehilfin <-n, -n> [gəˈhɪlfə, gəˈhɪlfɪn] *m, f* assistant

Gehirn <-[e]s, -e> [gəˈhɪrn] *nt* brain

Gehirnerschütterung *f* concussion **Gehirnschlag** *m* stroke **Gehirnwäsche** *f* brainwashing *no indef art, no pl*

Gehör <-[e]s, -e> [gəˈhøːɐ̯] *nt* hearing; **das ~ verlieren** to go deaf; **jdm/ei-**

ner S. [**kein**] ~ **schenken** to [not] listen to sb/sth; **sich** *dat* [**bei jdm**] ~ **verschaffen** to make oneself heard [to sb]

gehorchen* [gə'hɔrçn̩] *vi* to obey

gehören* [gə'høːrən] **I.** *vi* ① **jdm** ~ to belong to sb; **zur Familie** ~ to be one of the family; **ihm** ~ **mehrere Häuser** he owns several houses ② (*den richtigen Platz haben*) **die Kinder** ~ **ins Bett** the children should be in bed; **wohin** ~ **die Hemden?** where do the shirts go? ③ (*angebracht sein*) **dieser Vorschlag gehört nicht hierher** this suggestion is not relevant here ④ (*Teil sein von*) **zu etw** *dat* ~ to be part of sth ⑤ (*nötig sein*) **zu dieser Arbeit gehört viel Konzentration** this work requires a lot of concentration; **dazu gehört nicht viel** that doesn't take much; **dazu gehört** [**schon**] **etwas** that takes some doing **II.** *vr* **sich** ~ to be fitting; **wie es sich gehört** as is right and proper; **sich nicht** ~ to be not good manners

gehörig [gə'høːrɪç] **I.** *adj* ① *attr* (*fam: beträchtlich*) good ② *attr* (*entsprechend*) proper **II.** *adv* (*fam*) **du hast dich** ~ **getäuscht** you are very much mistaken

Gehörlose(r) *f(m)* *dekl wie adj* (*geh*) deaf person

gehorsam [gə'hoːɐ̯zaːm] **I.** *adj* obedient **II.** *adv* obediently

Gehweg *m* ① *s.* **Bürgersteig** ② (*Fußweg*) walk

Geier <-s, -> ['gaiɐ] *m* vulture

Geige <-, -n> ['gaigə] *f* violin ▶ **die** <u>**erste**</u> ~ **spielen** to call the tune; **die** <u>**zweite**</u> ~ **spielen** to play second fiddle

geil ['gail] *adj* ① horny; ~ **auf jdn sein** to have the hots for sb ② (*sl: toll*) wicked

Geisel <-, -n> ['gaizl̩] *f* hostage; **jdn als** ~ **nehmen** to take sb hostage

Geiselnehmer(in) <-s, -> *m(f)* hostage-taker

Geißblatt *nt* honeysuckle, woodbine

Geist <-[e]s, -er> ['gaist] *m* ① *kein pl* mind ② *kein pl* (*Wesen, Gesinnung*) spirit ③ (*Gespenst*) ghost; **gute/böse** ~**er** good/evil spirits; **der Heilige** ~ the Holy Ghost ▶ **von allen** <u>**guten**</u> ~**ern verlassen sein** (*fam*) to have taken leave of one's senses; **jdm auf den** ~ <u>**gehen**</u> (*fam*) to get on sb's nerves

Geisterbahn *f* ghost train

geistesabwesend **I.** *adj* absent-minded **II.** *adv* absent-mindedly **geistesgestört** *adj* MED (*veraltend pej*) mentally disturbed **geisteskrank** *adj* MED (*veraltend pej*) mentally ill **Geisteskrankheit** *f* MED (*veraltend pej*) mental illness **Geisteswissenschaften** *pl* humanities

geistig ['gaistɪç] **I.** *adj* ① mental ② (*spirituell*) spiritual **II.** *adv* mentally; ~ **behindert** mentally disabled

geistlich ['gaistlɪç] *adj* religious; ~**er Beistand** spiritual support

Geistliche(r) *f(m)* *dekl wie adj* clergyman *masc*, woman priest *fem*

geistlos *adj* inane

geistreich *adj* witty

geizen ['gaitsn̩] *vi* **mit etw** *dat* ~ ① to be mean with sth ② (*zurückhaltend sein*) to be sparing with sth

Geizhals *m* miser

geizig ['gaitsɪç] *adj* stingy, miserly

Gejammer <-s> [gə'jamɐ] *nt* *kein pl* (*pej fam*) yammering

gekünstelt *adj* (*pej*) artificial; *Benehmen* affected

Gel <-s, -e> ['geːl] *nt* gel

Gelächter <-s, -> [gə'lɛçtɐ] *nt* laughter

gelähmt **I.** *pp von* **lähmen** **II.** *adj* paralyzed

Gelände <-s, -> [gə'lɛndə] *nt* terrain

Geländer <-s, -> [gə'lɛndɐ] *nt* railing[s]; (*Treppengeländer*) banister[s]

Geländewagen *m* off-road vehicle

gelangen* [gə'laŋən] *vi sein* ❶ to reach; **ans Ziel ~** to reach one's destination; **in die falschen Hände ~** to fall into the wrong hands ❷ (*erwerben*) **zu etw** *dat* **~** to achieve sth ❸ SCHWEIZ **an jdn ~** to turn to sb (**mit** about)

gelassen [gə'lasn̩] **I.** *pp von* **lassen** **II.** *adj* calm **III.** *adv* calmly

Gelassenheit <-> *f kein pl* calmness

gelaunt [gə'launt] *adj pred* **... ~ sein** to be in a ... mood

gelb ['gɛlp] *adj* yellow

Gelbfieber *nt* yellow fever **Gelbsucht** *f kein pl* jaundice

Geld <-[e]s, -er> ['gɛlt, *pl:* 'gɛldɐ] *nt* money; **bares ~** cash; **~ wie Heu haben** (*fam*) to have money to burn; **ins ~ gehen** (*fam*) to cost a pretty penny; **etw zu ~ machen** (*fam*) to turn sth into money ▶ **das ~ zum Fenster hinauswerfen** to throw money down the drain; **jdm das ~ aus der Tasche ziehen** to squeeze money out of sb

Geldanlage *f* investment **Geldautomat** *m* cashpoint, ATM **Geldbeutel** *m* purse **geldgierig** *adj* avaricious **Geldkarte** *f* FIN cash card **Geldschein** *m* banknote, bill AM **Geldstrafe** *f* fine

Gelee <-s, -s> [ʒe'le:, ʒə'le:] *m o nt* jelly

gelegen [gə'le:gn̩] **I.** *pp von* **liegen** **II.** *adj* **jdm ~ kommen** to come at the right time for sb

Gelegenheit <-, -en> [gə'le:gn̩hait] *f* ❶ opportunity; **bei passender ~** when the opportunity arises; **die ~ haben, etw zu tun** to have the opportunity of doing sth ❷ (*Anlass*) occasion; **bei dieser ~** on this occasion

Gelegenheitsarbeiter(in) *m(f)* casual labourer **Gelegenheitskauf** *m* bargain

gelegentlich [gə'le:gn̩tlɪç] **I.** *adj attr* occasional **II.** *adv* occasionally

gelehrt *adj* scholarly

Gelehrte(r) *f(m) dekl wie adj* scholar

Gelenk <-[e]s, -e> [gə'lɛŋk] *nt* joint

gelenkig [gə'lɛŋkɪç] *adj* supple

geliebt *adj* dear; **ihr ~er Mann** her beloved husband

Geliebte(r) *f(m) dekl wie adj* lover

gelingen <gelang, gelungen> [gə'lɪŋən] *vi sein* **jdm gelingt es, etw zu tun** sb manages to do sth; **jdm gelingt es nicht, etw zu tun** sb fails to do sth

Gelingen <-s> [gə'lɪŋən] *nt kein pl* (*geh*) success

geloben* [gə'lo:bn̩] *vt* (*geh*) **etw ~** to pledge sth; **jdm Gefolgschaft ~** to swear allegiance to sb

Gelöbnis <-ses, -se> [gə'lø:pnɪs, *pl:* gə'lø:pnɪsə] *nt* (*geh*) vow; **ein ~ ablegen** to take a vow

gelten <gilt, galt, gegolten> ['gɛltn̩] **I.** *vi* ❶ (*gültig sein*) **[für jdn] ~** *Regelung* to be valid [for sb]; *Bestimmungen* to apply [to sb]; *Gesetz* to be in force ❷ (*zutreffen*) **für jdn ~** to go for sb ❸ (*gehalten werden*) **als etw ~** to be regarded as sth ▶ **etw ~ lassen** to accept sth **II.** *vi impers* **es gilt, etw zu tun** it is necessary to do sth; **das gilt nicht!** that's not allowed!

Geltung <-> *kein pl f* ❶ (*Gültigkeit*) validity; **~ erlangen/haben** to become/be valid ❷ (*Ansehen*) prestige; **sich/einer S.** *dat* **~ verschaffen** to establish one's position/to enforce sth

Geltungsdauer *f* [period of] validity

Gelübde <-s, -> [gə'lʏpdə] *nt* vow

gemächlich [gə'mɛ:çlɪç] **I.** *adj* leisurely; *Leben* quiet **II.** *adv* leisurely

Gemälde <-s, -> [gə'mɛ:ldə] *nt* painting

gemäß [gə'mɛ:s] **I.** *präp +dat* in accordance with; **~ § 198** according to § 198 **II.** *adj* **jdm/einer S. ~** appropriate to sb/sth

gemäßigt *adj* ❶ *Klima* temperate ❷ (*moderat*) moderate

gemein [gə'main] *adj* ❶ (*niederträchtig*) mean ❷ *pred* (*geh*) common;

jdm/einer S. ~ sein to be common to sb/sth; **etw mit jdm ~ haben** to have sth in common with sb

Gemeinde <-, -n> [gəˈmaində] *f* ❶ (*Kommune*) municipality ❷ (*Pfarrgemeinde*) parish; (*Gläubige*) parishioners *pl*

Gemeindehaus *nt* REL parish rooms *pl* **Gemeinderat** *m* district council **Gemeinderat, -rätin** *m, f* district councillor BRIT, councilman AM **Gemeindezentrum** *nt* REL parish rooms *pl*

Gemeingut *nt kein pl* common property

Gemeinheit <-, -en> *f* meanness; **so eine ~!** that was a mean thing to do/say!

gemeinnützig [gəˈmainnʏtsɪç] *adj* charitable

gemeinsam [gəˈmainzaːm] **I.** *adj* ❶ (*mehreren gehörend*) common; **etw ~ haben** to have sth in common ❷ (*von mehreren unternommen*) joint *attr* **II.** *adv* jointly

Gemeinschaft <-, -en> *f* community; **in ~ mit jdm/etw** together with sb/sth

gemeinschaftlich *adj s.* **gemeinsam**

Gemeinschaftskunde *f kein pl* social studies + *sing vb*

Gemeinwohl *nt* **das ~** the public welfare; **dem ~ dienen** to be in the public interest

Gemisch <-[e]s, -e> [gəˈmɪʃ] *nt* mixture

Gemüse <-s, *pl selten* -> [gəˈmyːzə] *nt* vegetables *pl*

Gemüsegarten *m* kitchen garden **Gemüsehändler(in)** *m(f)* greengrocer BRIT

gemustert *adj* patterned

gemütlich I. *adj* ❶ (*bequem*) comfortable; **es sich/jdm ~ machen** to make oneself/sb comfortable ❷ (*ungezwungen*) informal **II.** *adv* (*behaglich*) comfortably

Gemütlichkeit <-> *f kein pl* ❶ cosiness ❷ (*Ungezwungenheit*) informality

Gen <-s, -e> [ˈgeːn] *nt* gene

genau [gəˈnau] **I.** *adj* exact **II.** *adv* ❶ exactly; **~ in der Mitte** right in the middle; **~ genommen** strictly speaking; **etw ~er betrachten** to take a closer look at sth; **etw [nicht] ~ wissen** to [not] know sth for certain ❷ (*gerade*) **sie ist ~ die richtige Frau für diesen Job** she's just the right woman for the job ▶ **es [nicht] ~ nehmen** to [not] be very particular (**mit** about); **wenn man es ~ nimmt** strictly speaking

Genauigkeit <-> [gəˈnauɪçkait] *f kein pl* exactness

genauso [gəˈnauzoː] *adv* just the same; **~ kalt/klein wie ...** just as cold/small as ...

genehmigen* [gəˈneːmɪgn̩] **I.** *vt* **[jdm] etw ~** to grant [sb] permission for sth **II.** *vr* **sich** *dat* **etw ~** to indulge in sth

Genehmigung <-, -en> *f* ❶ approval ❷ (*Dokument*) permit .

General(in) <-[e]s, -e *o* Generäle> [genəˈraːl, *pl:* genəˈrɛːlə] *m(f)* general

Generalkonsul(in) *m(f)* consul general **Generalkonsulat** *nt* consulate general **Generalversammlung** *f* general meeting

Generation <-, -en> [genəraˈtsi̯oːn] *f* generation

Generator <-s, -toren> [genəˈraːtoːɐ̯, *pl:* genəraˈtoːrən] *m* generator

generell [genəˈrɛl] **I.** *adj* general **II.** *adv* generally

genesen <genas, genesen> [gəˈneːzn̩] *vi sein* (*geh*) to recover

Genesung <-, *pl selten* -en> [gəˈneːzʊŋ] *f* (*geh*) convalescence *no pl*

Genetik <-> [geˈneːtɪk] *f kein pl* genetics + *sing vb*

genetisch [geˈneːtɪʃ] *adj* genetic

Genf <-s> [ˈgɛnf] *nt* Geneva

genial [geˈni̯aːl] *adj* brilliant

Genick <-[e]s, -e> [gəˈnɪk] *nt* neck

Genie <-s, -s> [ʒeˈniː] *nt* genius

genieren* [ʒeˈniːrən] *vr* **sich ~** to be em-

G

barrassed; **sich ~, etw zu tun** to not like doing sth
genießen <genoss, genossen> [gəˈniːsn̩] *vt* to enjoy
Genießer(in) <-s, -> *m(f)* gourmet
Genitiv <-s, -e> [ˈgeːnitiːf, *pl:* ˈgeːnitiːvə] *m* genitive
genormt *adj* standardized
Genosse, **Genossin** <-n, -n> [gəˈnɔsə, gəˈnɔsɪn] *m, f* comrade
Genossenschaft <-, -en> [gəˈnɔsn̩ʃaft] *f* cooperative

G

Gentechnik *f* genetic engineering **Gentherapie** *f* MED gene [*or* genetic] therapy
genug [gəˈnuːk] *adv* enough; **~ haben** to have had enough (**von** of); **jetzt ist['s] aber ~!** that's enough!
genügen* [gəˈnyːgn̩] *vi* [**jdm**] **~** to be enough [for sb]
genügend [gəˈnyːgn̩t] *adv* enough
genügsam [gəˈnyːkzaːm] **I.** *adj* modest **II.** *adv* modestly
Genugtuung <-, *pl selten* -en> [gəˈnuːktuːʊŋ] *f* satisfaction
Genuss <-es, Genüsse> *m* [gəˈnʊs, *pl:* gəˈnʏsə] *m* ❶ (*Freude*) delight ❷ *kein pl* (*geh: das Zusichnehmen*) consumption ❸ (*das Genießen*) enjoyment; **etw mit ~ tun** to do sth with relish
genverändert *adj* genetically manipulated
Geografie <-> [geograˈfiː] *f kein pl s.* **Geographie**
geografisch *adj* geographic[al]
Geographie <-> [geograˈfiː] *f kein pl* geography
geographisch [geoˈgraːfɪʃ] *adj* geographic[al]
geologisch [geoˈloːgɪʃ] *adj* geological
Geometrie <-> [geomeˈtriː] *f kein pl* geometry
geometrisch [geoˈmeːtrɪʃ] *adj* geometric
Geotag <-s, -s> [ˈgeːotɛk] *nt* geotag; **Fotos mit ~s versehen** to geotag photos **Geotagging** <-s> [ˈgeːotɛgɪŋ] *nt kein pl* geotagging *no art, no pl;* **das ~ von Fotos** geotagging photos
Gepäck <-[e]s> [gəˈpɛk] *nt kein pl* luggage BRIT, baggage AM
Gepäckabfertigung *f* luggage check-in **Gepäckausgabe** *f* luggage reclaim BRIT, baggage pickup AM **Gepäckschließfach** *nt* baggage [*or* BRIT *a.* luggage] locker **Gepäckstück** *nt* piece of luggage **Gepäckträger** *m* (*am Rad*) carrier **Gepäckträger(in)** *m(f)* porter **Gepäckwagen** *m* luggage van BRIT, baggage car AM
gepflegt *adj* ❶ *Aussehen* well-groomed; *Garten* well-tended ❷ *Ausdrucksweise* cultured
gerade [gəˈraːdə] **I.** *adj* ❶ (*nicht krumm*) straight; (*aufrecht*) upright; **~ sitzen/stehen** to sit/stand up straight ❷ *Zahl* even **II.** *adv* (*fam*) just; **haben Sie ~ einen Moment Zeit?** do you have time just now?; **sie hat die Prüfung ~ so bestanden** she only just passed the exam **III.** *part* (*ausgerechnet*) **~ heute/morgen** today/tomorrow of all days; **warum ~ jetzt?** why now of all times?; **~ du** you of all people ▶ **das hat ~ noch gefehlt!** (*iron*) that's all I need!; **nicht ~ billig** not exactly cheap
Gerade <-n, -n> [gəˈraːdə] *f dekl wie adj* MATH straight line
geradeaus [gəraːdəˈʔaus] *adv* straight ahead; **~ fahren** to drive straight on; **immer ~ gehen** to carry straight on
gerade|biegen *vt irreg* to straighten out *sep* **geradeheraus** [gəraːdəhɛˈraus] *adv* frankly **gerade|stehen** *vi irreg* **für jdn/etw ~** to answer for sb/sth
geradewegs [gəˈraːdəveːks] *adv* straight; **~ nach Hause** straight home
geradezu [gəˈraːdətsuː] *adv* really
geradlinig *adj, adv* straight
Geranie <-, -n> [geˈraːni̯ə] *f* geranium
Gerät <-[e]s, -e> [gəˈrɛːt] *nt* ❶ device ❷ ELEK appliance ❸ *kein pl* (*Ausrüstung*) equipment

Geräteturnen *nt* gymnastics + *sing vb* (*on apparatus*)
Geratewohl [gəraːtəˈvoːl, gəˈraːtəvoːl] *nt* ▶ **aufs** ~ on the off-chance
geräumig [gəˈrɔymɪç] *adj* spacious
Geräusch <-[e]s, -e> [gəˈrɔyʃ] *nt* noise
gerben [ˈgɛrbn̩] *vt* to tan
gerecht [gəˈrɛçt] **I.** *adj* ❶ just; ~ **[gegen jdn] sein** to be fair [to sb] ❷ (*erfüllen*) **einer S.** *dat* ~ **werden** to fulfil sth; **Erwartungen** ~ **werden** to meet expectations **II.** *adv* justly
Gerechtigkeit <-> [gəˈrɛçtɪçkait] *f kein pl* ❶ justice ❷ (*Unparteilichkeit*) fairness ▶ **ausgleichende** ~ poetic justice
Gerede <-s> [gəˈreːdə] *nt kein pl* gossip
gereizt *adj* (*verärgert*) irritated
Gericht[1] <-[e]s, -e> [gəˈrɪçt] *nt* (*Speise*) dish
Gericht[2] <-[e]s, -e> [gəˈrɪçt] *nt* JUR court; **jdn/einen Fall vor** ~ **bringen** to take sb/a case to court ▶ **das Jüngste** ~ Judg[e]ment Day
gerichtlich **I.** *adj attr* judicial **II.** *adv* legally; ~ **gegen jdn vorgehen** to take sb to court
Gerichtsbarkeit <-, -en> *f* jurisdiction **Gerichtsverfahren** *nt* legal proceedings *pl;* **ein** ~ **gegen jdn einleiten** to take legal proceedings against sb **Gerichtsverhandlung** *f* trial; (*zivil*) hearing **Gerichtsvollzieher(in)** <-s, -> *m(f)* bailiff BRIT, U.S. Marshal AM
gering [gəˈrɪŋ] **I.** *adj* ❶ (*niedrig*) low; *Menge* small; **von ~em Wert** of little value; **nicht das Geringste** nothing at all ❷ (*unerheblich*) slight **II.** *adv* **jdn/etw** ~ **schätzen** to have a low opinion of sb
gering|schätzen *vt s.* **gering II**
geringschätzig [gəˈrɪŋʃɛtsɪç] **I.** *adj* contemptuous **II.** *adv* disparagingly
gerinnen <gerann, geronnen> [gəˈrɪnən] *vi sein* to coagulate
Gerinnsel <-s, -> [gəˈrɪnzl̩] *nt* clot
Gerippe <-s, -> [gəˈrɪpə] *nt* skeleton
gerissen [gəˈrɪsn̩] **I.** *pp von* **reißen** **II.** *adj* (*fam*) crafty
Germane, Germanin <-n, -n> [gɛrˈmaːnə, gɛrˈmaːnɪn] *m, f* Teuton
germanisch [gɛrˈmaːnɪʃ] *adj* ❶ HIST Teutonic ❷ LING Germanic
gern(e) <lieber, am liebsten> [ˈgɛrn(ə)] *adv* (*freudig*) with pleasure; **etw** ~ **tun** to like doing/to do sth ▶ ~ **geschehen!** don't mention it!
Geröll <-[e]s> [gəˈrœl] *kein pl nt* scree; (*größer*) boulders *pl*
Gerste <-> [ˈgɛrstə] *f kein pl* barley
Geruch <-[e]s, Gerüche> [gəˈrʊx, *pl:* gəˈrʏçə] *m* smell
geruchlos *adj* odourless
Geruch(s)sinn *m kein pl* sense of smell
Gerücht <-[e]s, -e> [gəˈrʏçt] *nt* rumour; **ein** ~ **in die Welt setzen** to start a rumour
Gerümpel <-s> [gəˈrʏmpl̩] *nt kein pl* junk
Gerüst <-[e]s, -e> [gəˈrʏst] *nt* BAU scaffold
gesalzen [gəˈzaltsn̩] **I.** *pp von* **salzen** **II.** *adj* (*fam*) *Preis* steep
gesamt [gəˈzamt] *adj attr* whole
Gesamtbetrag *m* total **Gesamtschule** *f* ≈ comprehensive school
Gesandte(r) [gəˈzantə] *f(m) dekl wie adj,* **Gesandtin** [gəˈzantɪn] *f* envoy
Gesandtschaft <-, -en> [gəˈzantʃaft] *f* embassy
Gesang <-[e]s, Gesänge> [gəˈzaŋ, *pl:* gəˈzɛŋə] *m* song
Gesangbuch *nt* hymn book **Gesangverein** *m* choral society
Gesäß <-es, -e> [gəˈzɛːs] *nt* bottom
Geschäft <-[e]s, -e> [gəˈʃɛft] *nt* ❶ (*Laden*) shop, AM *usu* store ❷ (*Gewerbe*) business; **[mit jdm] ~e machen** to do business [with sb] ❸ (*Geschäftsabschluss*) deal; **ein** ~ **machen** to make a deal; **ein gutes** ~ **machen** to get a good bargain ❹ (*Angelegenheit*) business

G

geschäftig [gəˈʃɛftɪç] *adj* busy

geschäftlich [gəˈʃɛftlɪç] **I.** *adj* business *attr* **II.** *adv* on business; ~ **verreist** away on business

Geschäftsfrau *f* businesswoman **Geschäftsführer(in)** *m(f)* ① manager ② (*eines Vereins*) secretary **Geschäftsleute** *pl von s.* **Geschäftsmann, -frau** businessmen, -women **Geschäftsmann** *m* businessman **Geschäftsreise** *f* business trip **Geschäftsschluss** *m* closing time **Geschäftsstelle** *f* office **Geschäftszeit** *f* opening hours

geschehen <geschah, geschehen> [gəˈʃeːən] *vi sein* to happen; **jdm geschieht etw** sth happens to sb; **es muss etwas ~** something's got to be done; **das geschieht dir recht!** it serves you right!

Geschehen <-s, -> [gəˈʃeːən] *nt* events *pl;* **der Ort des ~s** the scene [of the event]

gescheit [gəˈʃait] *adj* clever

Geschenk <-[e]s, -e> [gəˈʃɛŋk] *nt* present; **jdm ein ~ machen** to give sb a present ▶ **ein ~ des Himmels sein** to be heaven sent

Geschenkpapier *nt* gift wrap

Geschichte <-, -n> [gəˈʃɪçtə] *f* ① *kein pl* history; **Alte/Mittlere/Neue ~** ancient/medieval/modern history ② (*Erzählung*) story ③ (*fam: Angelegenheit*) business; **die ganze ~** the whole lot

geschichtlich [gəˈʃɪçtlɪç] **I.** *adj* ① historical ② (*bedeutend*) historic **II.** *adv* historically; ~ **bedeutsam** of historic importance

Geschick[1] <-[e]s> [gəˈʃɪk] *nt kein pl* skill

Geschick[2] <-[e]s, -e> [gəˈʃɪk] *nt* (*Schicksal*) fate

Geschicklichkeit <-> *f kein pl* skill

geschickt **I.** *adj* skilful **II.** *adv* skilfully

geschieden [gəˈʃiːdn̩] **I.** *pp von* **scheiden** **II.** *adj* divorced

Geschirr <-[e]s, -e> [gəˈʃɪr] *nt* ① *kein pl* dishes *pl* ② (*Pferdegeschirr*) harness

Geschirrtuch *nt* dish cloth

Geschlecht <-[e]s, -er> [gəˈʃlɛçt] *nt* ① *kein pl* gender; **das andere ~** the opposite sex; **beiderlei ~s** of both sexes; **männlichen/weiblichen ~s** (*geh*) male/female ② (*Sippe*) family

Geschlechtskrankheit *f* sexually transmitted disease **Geschlechtsteil** *nt* genitals *npl* **Geschlechtsverkehr** *m* sexual intercourse

geschlossen [gəˈʃlɔsn̩] *pp von* **schließen**

Geschmack <-[e]s> [gəˈʃmak, *pl:* gəˈʃmɛkə] *m kein pl* taste; **etw ist nicht mein ~** sth is not to my taste; **auf den ~ kommen** to acquire a taste for sth; **für meinen ~** for my taste ▶ **über ~ lässt sich [nicht] streiten** (*prov*) there's no accounting for taste

geschmacklos *adj* tasteless

Geschmacklosigkeit <-, -en> *f* tastelessness

geschmeidig [gəˈʃmaidɪç] *adj* supple

Geschöpf <-[e]s, -e> [gəˈʃœpf] *nt* creature

Geschoss <-es, -e> *nt* ① (*Etage*) floor [*or* AM story] ② MIL projectile

Geschrei <-s> [gəˈʃrai] *nt kein pl* ① shouting ② (*fam: Lamentieren*) fuss

Geschwätz <-es> [gəˈʃvɛts] *nt kein pl* (*pej fam*) ① waffle ② (*Klatsch*) gossip

geschwätzig [gəˈʃvɛtsɪç] *adj* (*pej*) talkative

Geschwindigkeit <-, -en> [gəˈʃvɪndɪçkait] *f* speed

Geschwindigkeitskontrolle *f* speed [*or* radar] trap

Geschwister [gəˈʃvɪstɐ] *pl* brothers and sisters *pl*

geschwollen [gəˈʃvɔlən] **I.** *pp von* **schwellen** **II.** *adj* (*pej*) pompous **III.** *adv* in a pompous way

Geschworene(r) *f(m)* *dekl wie adj* juror;

die ~n the jury
Geschwulst <-, Geschwülste> [gəˈʃvʊlst, *pl:* gəˈʃvʏlstə] *f* tumour
Geschwür <-s, -e> [gəˈʃvyːɐ̯] *nt* ulcer
gesellen* [gəˈzɛlən] *vr* (*geh*) **sich zu jdm ~** to join sb
gesellig [gəˈzɛlɪç] *adj* sociable; *Abend* convivial; **ein ~es Beisammensein** a friendly get-together
Gesellschaft <-, -en> [gəˈzɛlʃaft] *f* ❶ society ❷ ÖKON company BRIT, corporation AM ❸ (*Gruppe*) group of people; **sich in guter ~ befinden** to be in good company; **in schlechte ~ geraten** to get in with the wrong crowd; **jdm ~ leisten** to join sb
gesellschaftlich *adj* social
Gesellschaftsspiel *nt* party game
Gesetz <-es, -e> [gəˈzɛts] *nt* law
Gesetzbuch *nt* statute book; **Bürgerliches ~** Civil Code **Gesetzentwurf** *m* draft legislation **Gesetzgeber** <-s, -> *m* legislature **Gesetzgebung** <-, -en> *f* legislation
gesetzlich [gəˈzɛtslɪç] **I.** *adj* legal **II.** *adv* legally
gesetzlos *adj* lawless
Gesetzmäßigkeit <-, -en> *f* regularity
Gesicht <-[e]s, -er> [gəˈzɪçt] *nt* face; **ein böses/trauriges ~ machen** to look angry/sad; **jdm etw ins ~ sagen** to say sth to sb's face ▶ **sein wahres ~ zeigen** to show one's true colours; **das ~ verlieren** to lose face; **das ~ wahren** to save face
Gesichtsausdruck <-ausdrücke> *m* expression **Gesichtscreme** [-kreːm] *f* face cream **Gesichtspunkt** *m* point of view **Gesichtszüge** *pl* features
Gesindel <-s> [gəˈzɪndl̩] *nt kein pl* (*pej*) riff-raff
Gesinnung <-, -en> *f* conviction
gesittet [gəˈzɪtət] *adj* well-brought up
gespannt *adj* ❶ **~ sein, ob/was ...** to be anxious to see whether/what ...; **ich bin auf seine Reaktion ~** I wonder what his reaction will be ❷ (*konfliktträchtig*) tense
Gespenst <-[e]s, -er> [gəˈʃpɛnst] *nt* ghost
gespenstisch [gəˈʃpɛnstɪʃ] *adj* eerie
Gespräch <-[e]s, -e> [gəˈʃprɛːç] *nt* conversation; **ein ~ mit jdm führen** to have a conversation with sb; **im ~ sein** to be under consideration
gesprächig [gəˈʃprɛːçɪç] *adj* talkative
Gesprächseinheit *f* TELEK unit
gesprenkelt *adj* mottled
Gespür <-s> [gəˈʃpyːɐ̯] *nt kein pl* instinct
Gestalt <-, -en> [gəˈʃtalt] *f* ❶ (*Mensch*) figure ❷ (*Person*) character; **in ~ von jdm** in the form of sb ▶ **[feste] ~ annehmen** to take [definite] shape
gestalten* [gəˈʃtaltn̩] *vt* to design; **etw neu/anders ~** to redesign sth
Gestaltung <-, -en> *f* design
Geständnis <-ses, -se> [gəˈʃtɛntnɪs, *pl:* gəˈʃtɛntnɪsə] *nt* confession
Gestank <-[e]s> [gəˈʃtaŋk] *m kein pl* stench
gestatten* [gəˈʃtatn̩] *vt* to permit; **jdm ~, etw zu tun** to allow sb to do sth
Geste <-, -n> [ˈgeːstə, ˈgɛstə] *f* gesture
gestehen <gestand, gestanden> [gəˈʃteːən] *vi, vt* to confess
Gestein <-[e]s, -e> [gəˈʃtain] *nt* rock
gestern [gɛstɐn] *adv* yesterday; **~ vor einer Woche** a week ago yesterday; **~ Morgen/Mittag** yesterday morning/lunchtime
gestreift **I.** *pp von* **streifen** **II.** *adj* striped
Gestrüpp <-[e]s, -e> [gəˈʃtrʏp] *nt* undergrowth
Gestüt <-[e]s, -e> [gəˈʃtyːt] *nt* stud farm
Gesuch <-[e]s, -e> [gəˈzuːx] *nt* request
gesucht *adj* much sought-after
gesund <gesünder, gesündeste> [gəˈzʊnt] *adj* healthy; **geistig und körperlich ~** sound in mind and body; **~ und munter** in good shape; **wieder**

G

~ **werden** to get well again
Gesundheit <-> *f kein pl* health; **auf Ihre ~!** your health!; **~!** bless you!
gesundheitlich *adj* **ein ~es Problem** a health problem; **aus ~en Gründen** for health reasons
Gesundheitswesen *nt* health system [*or* service]
Getränk <-[e]s, -e> [gəˈtrɛŋk] *nt* drink
Getränkemarkt *m* ≈ off-licence
getrauen* [gəˈtrauən] *vr* (*wagen*) **sich ~, etw zu tun** to dare to do sth
Getreide <-s, -> [gəˈtraidə] *nt* cereal; (*geerntet*) grain
getrennt **I.** *adj* separate **II.** *adv* separately
Getriebe <-s, -> [gəˈtriːbə] *nt* gear[s] *pl*
getrübt *adj* (*schlecht*) troubled
Getue <-s> [gəˈtuːə] *nt kein pl* (*pej*) fuss; **ein ~ machen** to make a fuss
geübt *adj* experienced
Gewächs <-es, -e> [gəˈvɛks] *nt* plant
gewachsen [gəˈvaksn̩] **I.** *pp von* **wachsen**[1] **II.** *adj* **jdm ~ sein** to be sb's equal; **einer S.** *dat* **~ sein** to be up to sth
Gewächshaus *nt* greenhouse
gewählt **I.** *adj* refined **II.** *adv* in an elegant way
Gewähr <-> [gəˈvɛːɐ̯] *f kein pl* guarantee; **ohne ~** subject to change
gewähren* [gəˈvɛːrən] *vt* [**jdm**] **etw ~** to grant [sb] sth; **jdn ~ lassen** to give sb free rein
gewährleisten* [gəˈvɛːɐ̯laistn̩] *vt* to guarantee
Gewalt <-, -en> [gəˈvalt] *f* ❶ (*Macht*) power; **höhere ~** force majeure; **ein Land in seine ~ bringen** to bring a country under one's control; **jdn in seiner ~ haben** to have sb in one's power; **~ über jdn haben** to exercise [complete] power over sb; **in jds ~ sein** to be in sb's hands ❷ *kein pl* (*Zwang*) force; (*Gewalttätigkeit*) violence; **nackte ~** brute force; **sich** *dat* **~ antun** to force oneself; **~ anwenden** to use force
Gewaltherrschaft *f kein pl* tyranny
gewaltig [gəˈvaltɪç] **I.** *adj* ❶ powerful ❷ (*sehr groß*) enormous **II.** *adv* (*fam: sehr*) considerably
gewaltlos **I.** *adj* non-violent **II.** *adv* without violence
Gewaltlosigkeit <-> *f kein pl* non-violence
gewaltsam [gəˈvaltzaːm] **I.** *adj* violent **II.** *adv* by force
gewalttätig *adj* violent
Gewalttätigkeit *f* violence
gewandt [gəˈvant] **I.** *pp von* **wenden** **II.** *adj* skilful; *Auftreten* confident **III.** *adv* skilfully
Gewässer <-s, -> [gəˈvɛsɐ] *nt* stretch of water
Gewebe <-s, -> [gəˈveːbə] *nt* ❶ fabric ❷ BIOL tissue
Gewehr <-[e]s, -e> [gəˈveːɐ̯] *nt* rifle
Geweih <-[e]s, -e> [gəˈvai] *nt* antlers *pl*
Gewerbe <-s, -> [gəˈvɛrbə] *nt* trade
gewerblich *adj* (*vom Handwerk*) trade; (*kaufmännisch*) commercial; (*von der Industrie*) industrial
Gewerkschaft <-, -en> [gəˈvɛrkʃaft] *f* [trade] union
Gewerkschaft(l)er(in) <-s, -> [gəˈvɛrkʃaft(l)ɐ] *m(f)* trade unionist
Gewicht <-[e]s, -e> [gəˈvɪçt] *nt kein pl* ❶ weight; **ein großes ~ haben** to be very heavy; **ein geringes ~ haben** to weigh little; **sein ~ halten** to stay the same weight ❷ (*Wichtigkeit*) weight; **ins ~ fallen** to count; **auf etw** *akk* **~ legen** to attach significance to sth
Gewinde <-s, -> [gəˈvɪndə] *nt* thread
Gewinn <-[e]s, -e> [gəˈvɪn] *m* ❶ ÖKON profit; **~ bringen** to make a profit ❷ (*Preis*) prize; (*Spielgewinn*) winnings *npl* ❸ *kein pl* (*Bereicherung*) gain
gewinnen <gewann, gewonnen> [gəˈvɪnən] **I.** *vt* ❶ to win

❷ (*überzeugen*) **jdn** ~ to win sb over (**für** to) ❸ (*erlangen*) to gain ❹ *Kohle* to extract **II.** *vi* ❶ to win ❷ (*profitieren*) to profit (**bei** from)

Gewinner(in) <-s, -> *m(f)* winner

Gewinnung <-> *f kein pl* GEOL extraction

gewiss [gə'vɪs] **I.** *adj* certain; **sich** *dat* **einer S.** *gen* ~ **sein** to be certain of sth **II.** *adv* certainly; **aber ~!** but of course!

Gewissen <-s> [gə'vɪsn̩] *nt kein pl* conscience; **ein schlechtes ~ haben** to have a bad conscience; **jdn/etw auf dem ~ haben** to have sb/sth on one's conscience; **jdm ins ~ reden** to appeal to sb's conscience

gewissenhaft *adj* conscientious

gewissenlos **I.** *adj* unscrupulous *pl* **II.** *adv* without scruple[s *pl*]

Gewissensbisse *pl* pangs of conscience

gewissermaßen *adv* so to speak

Gewissheit <-, -en> *f* certainty; **sich** *dat* ~ **verschaffen** to find out for certain (**über** about)

Gewitter <-s, -> [gə'vɪtɐ] *nt* thunderstorm

gewitt(e)rig [gə'vɪtərɪç] *adj* thundery

gewittern* [gə'vɪtɐn] *vi impers* **es gewittert** it's thundering

gewöhnen* [gə'vø:nən] **I.** *vt* **jdn an etw** *akk* ~ to accustom sb to sth **II.** *vr* **sich an jdn/etw ~** to get used to sb/sth; **sich daran ~, etw zu tun** to get used to doing sth

Gewohnheit <-, -en> *f* habit; **aus ~** from force of habit

gewöhnlich [gə'vø:nlɪç] **I.** *adj* ❶ (*üblich*) usual ❷ (*normal*) normal **II.** *adv* usually; **wie ~** as usual

gewohnt [gə'vo:nt] *adj* usual; *Umgebung* familiar; **etw ~ sein** to be used to sth; **es ~ sein, etw zu tun** to be used to doing sth; **es ~ sein, dass jd etw tut** to be used to sb['s] doing sth

Gewöhnung <-> *f kein pl* habituation

Gewölbe <-s, -> [gə'vœlbə] *nt* vault

gewölbt *adj Brust* bulging; *Dach, Decke* vaulted; *Stirn* domed

Gewühl <-[e]s> [gə'vy:l] *nt kein pl* throng

Gewürz <-es, -e> [gə'vʏrts] *nt* spice

Gewürzgurke *f* pickled gherkin

GEZ <-> [ge:ʔe:'tsɛt] *f kein pl Abk von* **Gebühreneinzugszentrale** *collection centre for radio and television licence fees*

gezackt *adj* jagged

Gezeiten [gə'tsaitn̩] *pl* tides

gezielt *adj* well-directed; *Fragen* specific

geziert (*pej*) **I.** *adj* affected **II.** *adv* affectedly

Gezwitscher <-s> [gə'tsvɪtʃɐ] *nt kein pl* twittering

Ghetto <-s, -s> ['gɛto] *nt* ghetto

Gicht <-> ['gɪçt] *f kein pl* gout

Giebel <-s, -> ['gi:bl̩] *m* gable

Gier <-> ['gi:ɐ̯] *f kein pl* greed (**nach** for)

gierig ['gi:rɪç] **I.** *adj* greedy; **~ nach etw sein** to crave [for] sth **II.** *adv* greedily

gießen <goss, gegossen> ['gi:sn̩] **I.** *vt* ❶ (*bewässern*) to water ❷ (*schütten*) to pour ❸ *Metall* to cast **II.** *vi impers* **es gießt in Strömen** it's pouring [down]

Gießkanne *f* watering can

Gift <-[e]s, -e> ['gɪft] *nt* ❶ poison ❷ (*Bosheit*) venom; **~ und Galle spucken** (*fam*) to vent one's spleen

giftig ['gɪftɪç] *adj* ❶ poisonous ❷ (*boshaft*) venomous

Giftmüll *m* toxic waste **Giftpilz** *m* poisonous fungus **Giftschlange** *f* poisonous snake

gigantisch [gi'gantɪʃ] *adj* gigantic

Gimpel <-s, -> ['gɪmpl̩] *m* ❶ ORN bullfinch ❷ (*einfältiger Mensch*) dimwit *fam*

Ginster <-s, -> ['gɪnstɐ] *m* broom

Gipfel <-s, -> ['gɪpfl̩] *m* ❶ peak ❷ POL summit

gipfeln ['gɪpfl̩n] *vi* **in etw** *dat* ~ to culminate in sth

Gips <-es, -e> ['gɪps] *m* ❶ plaster; (*in Mineralform*) gypsum ❷ (*Gipsver-*

band) [plaster] cast; **den Arm in ~ haben** to have one's arm in a [plaster] cast

Gipsabdruck *m*, **Gipsabguss** *m* plaster cast **Gipsbein** *nt* (*fam*) leg in plaster

gipsen ['gɪpsn̩] *vt* ❶ to plaster ❷ MED to put in plaster

Gipsverband *m* plaster cast

Giraffe <-, -n> [gi'rafə] *f* giraffe

Girlande <-, -n> [gɪr'landə] *f* garland

Girokonto ['ʒiːro-] *nt* current [*or* AM checking] account

Gischt <-[e]s> [gɪʃt] *m kein pl* [sea] spray

Gitarre <-, -n> [gi'tarə] *f* guitar

Gitter <-s, -> ['gɪtɐ] *nt* ❶ (*Absperrung*) fencing *no pl* ❷ (*parallel laufende Stäbe*) bars *pl;* **jdn hinter ~ bringen** to put sb behind bars; **hinter ~ kommen** to be put behind bars

Gitterrost *m* grating

Gladiole <-, -n> [gla'di̯oːlə] *f* BOT gladiolus

Glanz <-es> [glants] *m kein pl* ❶ shine; *Augen* sparkle ❷ (*Pracht*) splendour

glänzen ['glɛntsn̩] *vi* to shine; (*von polierter Oberfläche*) to gleam; *Augen* to sparkle

glänzend ['glɛntsn̩t] **I.** *adj* ❶ shining; *Oberfläche* gleaming; *Augen* sparkling; *Haar* shiny ❷ (*hervorragend*) brilliant **II.** *adv* (*prima*) splendidly

glanzlos *adj* dull, lacklustre

Glas <-es, Gläser> ['glaːs, *pl:* 'glɛːzɐ] *nt* ❶ glass; **zwei ~ Wein** two glasses of wine ❷ (*Brillenglas*) lens

Glascontainer [-kɔnteːnɐ] *m* bottle bank

Glasfaserkabel *nt* fibre optic cable

Glasmalerei *f* glass painting **Glasscheibe** *f* ❶ sheet of glass ❷ (*Fensterscheibe*) pane of glass **Glasscherbe** *f* shard of glass

Glasur [gla'zuːɐ̯] *f* ❶ (*Keramikglasur*) glaze ❷ KOCHK icing

glatt <-er *o fam* glätter, -este> ['glat] **I.** *adj* ❶ (*eben*) smooth ❷ (*rutschig*) slippery ❸ *Lüge* downright **II.** *adv* (*fam: rundweg*) plainly; **etw ~ ablehnen** to turn sth down flat

Glatteis *nt* black ice ▶ **jdn aufs ~ führen** to trip up sb *sep*

glätten ['glɛtn̩] **I.** *vt* to smooth out *sep* **II.** *vr* **sich ~** ❶ *Wellen* to subside ❷ *Erregung* to die down

Glatze <-, -n> ['glatsə] *f* bald head; **eine ~ bekommen/haben** to go/be bald

glatzköpfig ['glatskœpfɪç] *adj* bald

Glaube <-ns> ['glaubə] *m kein pl* ❶ (*Überzeugung*) belief (**an** in); **den festen ~n haben, dass ...** to be of the firm belief that ...; **in gutem ~n** in good faith; **jdn von seinem ~n abbringen** to dissuade sb; **jdm/einer S. [keinen] ~n schenken** to [not] believe sb/sth; **den ~n an jdn/etw verlieren** to lose faith in sb/sth ❷ REL faith

glauben ['glaubn̩] **I.** *vt* ❶ (*für wahr halten*) to believe; **kaum zu ~** incredible ❷ (*wähnen*) **sich allein/unbeobachtet ~** to think [that] one is alone/nobody is watching one **II.** *vi* **jdm ~** to believe sb; **jdm aufs Wort ~** to believe every word sb says; **an jdn/etw ~** to believe in sb/sth

Glaubensbekenntnis *nt* profession

gläubig ['glɔybɪç] *adj* ❶ REL religious ❷ (*vertrauensvoll*) trusting

Gläubige(r) *f(m) dekl wie adj* believer

Gläubiger(in) <-s, -> ['gløybɪgɐ] *m(f)* ÖKON creditor

glaubwürdig *adj* credible

Glaubwürdigkeit *f kein pl* credibility

gleich ['glaiç] **I.** *adj* ❶ same; **~e Rechte/Pflichten** equal rights/responsibilities; **~ alt** the same age; **~ bleibend gut** consistently good; **~ groß/lang** equal in size/length; **~ schwer** equally heavy; **~ gesinnt** like-minded; **aufs Gleiche hinauslaufen** it comes down to the same thing ❷ (*gleichgültig*) **jdm ~ sein** to be all the same to sb; **ganz ~ wer/was [...]** no matter who/what [...] ▶ **Gleich und Gleich gesellt**

sich gern (*prov*) birds of a feather flock together **II.** *adv* ❶ (*sofort, bald*) straightaway; ~ **darauf** soon afterward[s]; ~ **heute/morgen** [first thing] today/tomorrow; ~ **nach dem Frühstück** right after breakfast ❷ (*unmittelbar*) immediately; ~ **als ...** as soon as ...; ~ **daneben** right beside it **III.** *präp +dat* (*wie*) like

gleichalt(e)rig ['glaiçʔalt(ə)rɪç] *adj* [of] the same age *pred*

gleichartig *adj* similar

gleichberechtigt *adj* ~ **sein** to have equal rights

Gleichberechtigung *f kein pl* equal rights + *sing/pl vb*

gleichbleibend *adj, adv s.* **gleich I. 1**

gleichen <glich, geglichen> ['glaiçn̩] *vi* **jdm/einer S.** ~ to be [just] like sb/sth; **sich** *dat* ~ to be alike

gleichgesinnt *adj s.* **gleich I. 1**

Gleichgewicht *nt kein pl* balance; **im ~ sein** to be balanced; **aus dem ~ kommen** to lose one's balance

gleichgültig I. *adj* ❶ (*uninteressiert*) indifferent (**gegenüber** to[wards]) ❷ (*unwichtig*) immaterial; **etw ist jdm** ~ sb couldn't care [less] about sth **II.** *adv* with indifference

Gleichgültigkeit ['glaiçgʏltɪçkait] *f kein pl* indifference

Gleichheitszeichen *nt* equals sign

gleichmäßig I. *adj* even; (*regelmäßig*) regular **II.** *adv* (*in gleicher Stärke/Menge*) equally; ~ **schlagen** *Herz* to beat steadily

Gleichstand *m kein pl* tie **Gleichstellung** *f kein pl* equality **Gleichstrom** *m* direct current

Gleichung <-, -en> ['glaiçʊŋ] *f* equation

gleichwertig *adj* equal; ~ **sein** to be equally matched **gleichzeitig I.** *adj* simultaneous **II.** *adv* ❶ simultaneously ❷ (*zugleich*) at the same time

Gleis <-es, -e> ['glais, *pl:* 'glaizə] *nt* (*Schiene*) rail; (*Bahnsteig*) platform ▶ [**völlig**] **aus dem ~ geraten** to go off the rails

gleiten <glitt, geglitten> ['glaitn̩] *vi sein* ❶ to glide ❷ (*streichen, huschen*) **über etw** *akk* ~ *Augen* to wander over sth; *Hand* to slide over sth ❸ (*rutschen*) to slide; **ins Wasser ~** to slip into the water

Gleitmittel *nt* lubricant **Gleitzeit** *f* flexitime

Gletscher <-s, -> ['glɛtʃɐ] *m* glacier

Gletscherspalte *f* crevasse

Glied <-[e]s, -er> ['gliːt, *pl:* 'gliːdɐ] *nt* ❶ (*Körperteil*) limb; (*Fingerglied*) joint; **an allen ~ern zittern** to be shivering all over ❷ (*Penis*) member ❸ (*Teil*) part

gliedern ['gliːdɐn] **I.** *vt* to [sub]divide (**in** into) **II.** *vr* **sich in etw** *akk* ~ to be [sub]divided into sth

Gliederschmerz *m meist pl* rheumatic pains *pl*

Gliederung <-, -en> *f* structure

Gliedmaßen *pl* limbs

glitschig ['glɪtʃɪç] *adj* slippery

glitzern ['glɪtsɐn] *vi* to glitter

global [glo'baːl] *adj* global

globalisiert [globali'ziːrt] *adj* globalized

Globalisierung <-> *f* globalization

Globus <- *o* -ses, Globen> ['gloːbʊs, *pl:* 'gloːbn̩] *m* globe

Glocke <-, -n> ['glɔkə] *f* bell ▶ **etw an die große ~ hängen** to shout sth from the rooftops

Glockenblume *f* bellflower

glotzen ['glɔtsn̩] *vi* (*pej*) to gape (**auf** at)

Glück <-[e]s> ['glʏk] *nt kein pl* ❶ luck; **ein ~, dass ...** it is/was lucky that ...; **jdm zum Geburtstag ~ wünschen** to wish sb [a] happy birthday; **mehr ~ als Verstand haben** (*fam*) to have more luck than brains; **großes/seltenes ~** a great/rare stroke of luck; **viel ~!** good luck!; [**kein**] **~ haben** to be [un]lucky; **sein ~ versuchen** to try one's luck; **zum ~** luckily ❷ (*Freude*) happiness

▶ ~ **im Unglück haben** it could have been much worse [for sb]; **auf gut ~** on the off-chance

glücken ['glʏkn̩] *vi sein* to be successful; **jdm glückt etw** sb succeeds in sth

glücklich ['glʏklɪç] **I.** *adj* ❶ (*Glück habend*) lucky ❷ (*erfreulich*) happy; **ein ~er Zufall** a stroke of luck ❸ (*froh*) happy (**über** about) **II.** *adv* happily

glücklicherweise *adv* luckily

Glücksfall *m* stroke of luck **Glücksspiel** *nt* game of chance **Glücksspieler(in)** *m(f)* gambler

Glückwunsch *m* congratulations *npl* (**zu** on) **Glückwunschkarte** *f* greetings [*or* AM greeting] card

Glühbirne *f* light bulb

glühen ['gly:ən] *vi* ❶ to glow ❷ (*geh*) **vor etw** *dat* **~** to burn with sth

glühend I. *adj* ❶ (*rotglühend*) glowing; *Metall* [red-]hot ❷ (*sehr heiß*) burning **II.** *adv* **~ heiß** scorching

Glühwein *m* ≈ mulled wine **Glühwürmchen** <-s, -> *nt* firefly

Glut <-, -en> ['glu:t] *f* embers *npl*

Gluten <-s, -> [glu'te:n] *nt kein pl* gluten

glutenfrei *adj* gluten-free

GmbH <-, -s> [ge:ʔɛmbe:ha:] *f Abk von* **Gesellschaft mit beschränkter Haftung** ≈ Ltd

Gnade <-, -n> ['gna:də] *f* mercy; **um ~ bitten** to ask for mercy

gnadenlos I. *adj* merciless **II.** *adv* mercilessly

gnädig ['gnɛ:dɪç] *adj* ❶ merciful ❷ (*verehrt*) **~e Frau** madam

Gockel <-s, -> ['gɔkl̩] *m* cock

Gold <-[e]s> ['gɔlt] *nt kein pl* gold; **aus ~** gold ▶ **es ist nicht alles ~, was glänzt** (*prov*) all that glitters is not gold

Goldbarsch *m* redfish

golden ['gɔldn̩] *adj* gold[en]

Goldfisch *m* gold fish **Goldhamster** *m* [golden] hamster **Goldschmied(in)** *m(f)* goldsmith

Golf[1] <-[e]s, -e> ['gɔlf] *m* GEOL gulf

Golf[2] <-s> ['gɔlf] *nt kein pl* SPORT golf

Golfplatz *m* golf course **Golfschläger** *m* golf club **Golfspieler(in)** *m(f)* golfer

Golfstrom *m* **der ~** the Gulf Stream

Gondel <-, -n> ['gɔndl̩] *f* ❶ (*Boot*) gondola ❷ (*Seilbahngondel*) cable car

gönnen ['gœnən] **I.** *vt* **jdm etw ~** not to begrudge sb sth **II.** *vr* **sich** *dat* **etw ~** to allow oneself sth; **sich ein Glas Wein ~** to treat oneself to a glass of wine

googeln ['gu:gl̩n] INET **I.** *vt* **jdn/etw ~** to google sb/sth **II.** *vi* to google (**nach** +*dat* for)

Gorilla <-s, -s> [go'rɪla] *m* gorilla

Gosse <-, -n> ['gɔsə] *f* gutter ▶ **in der ~ enden** to end up in the gutter

Gotik <-> ['go:tɪk] *f kein pl* Gothic period

gotisch ['go:tɪʃ] *adj* Gothic

Gott, Göttin <-es, Götter> ['gɔt, 'gœtɪn, *pl:* 'gœtɐ] *m, f* ❶ (*ein Gott*) god *masc*, goddess *fem* ❷ (*das höchste Wesen*) God; **~ sei Dank!** thank God!; **bei ~ schwören** to swear by Almighty God ▶ **in ~es Namen!** (*fam*) in the name of God; **über ~ und die Welt reden** to talk about everything under the sun; **ach du lieber ~!** oh heavens!; **~ bewahre!** God forbid!; **grüß ~!** hallo!; **~ weiß was/wann ...** (*fam*) God knows what/when ...; **das ist weiß ~ nicht zu teuer** that is certainly not too expensive; **um ~es willen!** [oh] my God!

Götterspeise *f* jelly

Gottesdienst *m* [church] service

Göttin <-, -nen> ['gœtɪn] *f fem form von* **Gott** goddess

göttlich ['gœtlɪç] *adj* divine

GPS-System *nt* GPS system

Grab <-[e]s, Gräber> ['gra:p, *pl:* 'grɛ:bɐ] *nt* grave ▶ **sich** *dat* **sein eigenes ~ schaufeln** to dig one's own grave; **etw mit ins ~ nehmen** to take sth [with one] to the grave; **schweigen können wie ein ~** to be [as] silent as the grave; **jdn zu ~e tragen** (*geh*) to carry sb to the grave

graben <grub, gegraben> ['gra:bn̩] *vi, vt* to dig

Graben <-s, Gräben> ['gra:bn̩, *pl:* 'grɛ:bn̩] *m* ditch

Grabmal <-mäler *o geh* -e> *nt* memorial **Grabstein** *m* gravestone

Grad <-[e]s, -e> ['gra:t, *pl:* 'gra:də] *m* ❶ degree; **zwei ~ unter/über null** two degrees below/above zero ❷ (*Stufe*) level; **im höchsten/in hohem ~[e]** extremely/to a great extent

Graf, Gräfin[1] <-en, -en> ['gra:f, 'grɛ:fɪn] *m, f* count *masc*, countess *fem*, earl BRIT

Grafik <-, -en> ['gra:fɪk] *f* ❶ graphic ❷ (*Technik*) graphic arts *pl*

Grafiker(in) <-s, -> ['gra:fikɐ] *m(f)* graphic artist

Gräfin <-, -nen> ['grɛ:fɪn] *f fem form von* **Graf** countess

grafisch ['gra:fɪʃ] *adj* graphic[al]

Grafschaft <-, -en> *f* ❶ HIST count's land, earldom BRIT ❷ (*Verwaltungsbezirk in GB*) county

Gramm <-s, -> ['gram] *nt* gram

Grammatik <-, -en> [gra'matɪk] *f* grammar

grammatisch [gra'matɪʃ] *adj* grammatical

Granat <-[e]s, -e> [gra'na:t] *m* garnet

Granatapfel *m* pomegranate

Granate <-, -n> [gra'na:tə] *f* shell

Granit <-s, -e> [gra'ni:t] *m* granite

Gras <-es, Gräser> ['gra:s, *pl:* 'grɛ:zɐ] *nt* grass ▶ **ins ~ beißen** (*sl*) to bite the dust; **über etw** *akk* **wächst ~** [the] dust settles on sth

grasen ['gra:zn̩] *vi* to graze

Grashalm *m* blade of grass **Grashüpfer** <-s, -> *m* grasshopper

grässlich ['grɛslɪç] **I.** *adj* horrible **II.** *adv* (*fam*) terribly

Grat <-[e]s, -e> ['gra:t] *m* (*Berggrat*) ridge

Gräte <-, -n> ['grɛ:tə] *f* [fish]bone

gratis ['gra:tɪs] *adv* free [of charge]

gratulieren* [gratu'li:rən] *vi* **jdm ~** to congratulate (**zu** on); **jdm zum Geburtstag ~** to wish sb many happy returns; [**ich**] **gratuliere** [my] congratulations!

grau ['grau] *adj* grey; **~ meliert** greying; **der ~e Alltag** the dullness of everyday life

Graubrot *nt bread made from rye and wheat flour*

Gräuel <-s, -> *m* atrocity ▶ **jdm ist es ein ~, etw zu tun** sb detests doing sth

Gräueltat *f* atrocity

Grauen <-s> ['grauən] *nt kein pl* horror; **~ erregend** terrible

grauenhaft, grauenvoll *adj* terrible

grauer Star <-[e]s> *m kein pl* cataract

grauhaarig *adj* grey-haired

graumeliert *adj attr s.* **grau**

Graupe <-, -n> ['graupə] *f meist pl* KOCHK grain of pearl barley

grausam ['grauza:m] **I.** *adj* ❶ (*brutal*) cruel ❷ (*furchtbar*) terrible **II.** *adv* cruelly

Grausamkeit <-, -en> *f* cruelty

grausig ['grauzɪç] *adj s.* **grauenhaft**

Gravierung <-, -en> *f* engraving

Gravitation <-> [gravita'tsi̯o:n] *f* gravitation

graziös [gra'tsi̯ø:s] *adj* (*geh*) graceful

greifen <griff, gegriffen> ['graifn̩] **I.** *vt* [**sich** *dat*] **etw ~** to take hold of sth **II.** *vi* **vor/hinter etw** *akk* **~** to reach in front of/behind sth; **in etw** *akk* **~** to reach into sth; **nach etw** *dat* **~** to reach for sth ▶ **um sich ~** to spread

grell ['grɛl] **I.** *adj* ❶ *Licht* glaring ❷ *Ton* piercing **II.** *adv* ❶ (*hell*) dazzlingly ❷ (*schrill*) **~ klingen** to sound shrill

Gremium <-s, -ien> ['gre:mi̯ʊm, *pl:* 'gre:mi̯ən] *nt* committee

Grenze <-, -n> ['grɛntsə] *f* ❶ border; **an**

der ~ on the border; **über die** ~ **gehen/fahren** to cross the border ② (*äußerstes Maß*) limit; **alles hat seine ~n** there is a limit to everything; **seine ~n kennen** to know one's limitations ▶ **grüne** ~ unguarded border area

grenzen ['grɛntsn̩] *vi* **an etw** *akk* ~ to border on sth

grenzenlos I. *adj* ① (*unbegrenzt*) endless ② (*maßlos*) extreme II. *adv* extremely

Grenzgebiet *nt* border area **Grenzschutz** *m* border protection **Grenzübergang** *m* border crossing-point **Grenzverkehr** *m* [cross-]border traffic

Grieche, Griechin <-n, -n> ['gri:çə, 'gri:çɪn] *m, f* Greek

Griechenland <-s> ['gri:çn̩lant] *nt* Greece

griechisch ['gri:çɪʃ] *adj* Greek

Grieß <-es> [gri:s] *m kein pl* semolina

Grießbrei *m* semolina

Griff <-[e]s, -e> ['grɪf] *m* ① (*Zugriff*) grip ② (*Öffnungsmechanismus*) *Tür, Fenster* handle; (*vom Messer*) hilt ▶ **etw in den** ~ **bekommen** (*fam*) to get the hang of sth; **jdn/etw im** ~ **haben** to have sb/sth under control

Grill <-s, -s> ['grɪl] *m* grill; **vom** ~ grilled

Grille <-, -n> ['grɪlə] *f* cricket

grillen ['grɪlən] I. *vi* to have a barbecue II. *vt* to grill

Grimasse <-, -n> [gri'masə] *f* grimace; **~n schneiden** to make faces

grimmig ['grɪmɪç] I. *adj Gesicht* angry; *Lachen* grim II. *adv* angrily; *lachen* grimly

grinsen ['grɪnzn̩] *vi* to grin; **frech** ~ to smirk; **höhnisch** ~ to sneer; **schadenfroh** ~ to gloat

Grinsen <-s> ['grɪnzn̩] *nt kein pl* grin; **freches** ~ smirk; **höhnisches** ~ sneer

Grippe <-, -n> ['grɪpə] *f* influenza, flu *fam;* ~ **haben** to have flu

Grips <-es, -e> ['grɪps] *m* (*fam*) brains *pl;* ~ **haben** to have plenty up top; **seinen** ~ **anstrengen** to use one's grey matter

grob <gröber, gröbste> ['gro:p] I. *adj* ① (*nicht fein*) coarse ② (*ungefähr*) rough ③ (*unhöflich*) rude ④ (*unsanft*) rough II. *adv* ① coarsely; ~ **gemahlen** coarse-ground *attr* ② (*ungefähr*) roughly; ~ **geschätzt** at a rough estimate; **etw** ~ **skizzieren** to make a rough outline of sth ③ (*unhöflich*) rudely ④ (*unsanft*) roughly

Groll <-[e]s> ['grɔl] *m kein pl* (*geh*) resentment; ~ **gegen jdn hegen** to harbour a grudge against sb

grollen ['grɔlən] *vi* (*geh*) **[jdm]** ~ to be resentful [of sb]

Grönland ['grø:nlant] *nt* Greenland

groß <größer, größte> ['gro:s] I. *adj* ① large, big ② (*hoch gewachsen*) tall; **du bist** ~ **geworden** you've grown; **er ist 1,78 m** ~ he is 5 foot 10 [tall] ③ (*hoch*) large ④ (*erheblich*) great ⑤ (*beträchtlich; bedeutend*) great ▶ **im Großen und Ganzen [gesehen]** on the whole II. *adv* ~ **angelegt** large-scale; ~ **kariert** large-checked; **[ganz]** ~ **rauskommen** to have a real success *attr*

großartig ['gro:sʔa:ɐ̯tɪç] I. *adj* magnificent II. *adv* magnificently

Großaufnahme *f* close-up

Großbritannien <-s> [gro:sbri'tani̯ən] *nt* Great Britain

Großbuchstabe *m* capital

Größe <-, -n> ['grø:sə] *f* ① size; (*Höhe, Länge*) height ② MATH, PHYS quantity ③ *kein pl* (*Erheblichkeit*) magnitude ④ *kein pl* (*Bedeutsamkeit*) significance

Großeltern *pl* grandparents

Größenwahn(sinn) *m* (*pej*) megalomania

Großfamilie *f* extended family **Großformat** *nt* TYPO large [*or* broadsheet] format **Großgrundbesitzer(in)** *m(f)*

big landowner **Großhandel** *m* wholesale trade; **etw im ~ kaufen** to buy sth wholesale **Großhändler(in)** *m(f)* wholesaler
Großkind *nt* SCHWEIZ grandchild
Großmaul *nt* (*pej*) bigmouth **großmütig** ['groːsmyːtɪç] *adj* generous
Großmutter *f* grandmother
groß|schreiben *vt, vi* to write/start with a capital letter ▶ **etw wird großgeschrieben** (*fam*) sth is high on the list of priorities
großspurig *adj* (*pej*) boastful
Großstadt ['groːsʃtat] *f* city
Großstädter(in) ['groːsʃtɛːtɐ] *m(f)* city-dweller
großstädtisch ['groːsʃtɛːtɪʃ] *adj* big-city *attr*
Großteil *m* **ein ~** a large part; **zum ~** for the most part
größtenteils *adv* for the most part
Großvater *m* grandfather
groß|ziehen ['groːstsiːən] *vt irreg* to raise
großzügig **I.** *adj* generous **II.** *adv* generously
Großzügigkeit <-> *f kein pl* generosity
Grotte <-, -n> ['grɔtə] *f* grotto
grottenschlecht *adj* (*fam*) the pits *sl*
Grube <-, -n> ['gruːbə] *f* ❶ hole ❷ (*Bergwerk*) pit ▶ **wer andern eine ~ gräbt, fällt selbst hinein** (*prov*) you can easily fall into your own trap
grübeln ['gryːbl̩n] *vi* to brood (**über** over)
Gruft <-, Grüfte> ['grʊft, *pl:* 'grʏftə] *f* vault
grün ['gryːn] *adj* green ▶ **jdn ~ und blau schlagen** (*fam*) to beat sb black and blue; **sich ~ und blau ärgern** to be furious
Grünanlage *f* green space
Grund <-[e]s, Gründe> ['grʊnt, *pl:* 'grʏndə] *m* ❶ (*Ursache*) reason; **keinen/nicht den geringsten ~** no/not the slightest reason; **eigentlich besteht kein ~ zur Klage** there is no cause for complaint; **jdm ~ [zu etw** *dat*] **geben** to give sb reason [to do sth]; **ein/kein ~ zu etw** *dat* [no] reason for sth ❷ (*Motiv*) reason, grounds *pl;* **aus finanziellen Gründen** for financial reasons; **aus gesundheitlichen Gründen** for reasons of health; **aus gutem ~** with good reason; **aus diesem ~[e]** for this reason; **aus welchem ~[e]** for what reason ❸ *kein pl* (*Erdboden*) ground; **~ und Boden** land ❹ *eines Gewässers* bed; *eines Meeres* bottom ▶ **im ~e jds Herzens** in one's heart of hearts; **einer S.** *dat* **auf den ~ gehen** to get to the bottom of sth; **den ~ zu etw** *dat* **legen** to lay the foundations *pl* for sth; **im ~e [genommen]** basically; **von ~ auf** completely; **zu ~e** *s.* **zugrunde**
Grundbesitz *m* landed property **Grundbesitzer(in)** *m(f)* landowner
gründen ['grʏndn̩] **I.** *vt* to found **II.** *vr* **sich auf etw** *akk* **~** to be based on sth
Gründer(in) <-s, -> *m(f)* founder
Grundfläche *f* area **Grundgebühr** *f* basic charge **Grundgesetz** *nt* Basic Law
grundieren* [grʊn'diːrən] *vt* to prime
Grundkapital *nt* share capital BRIT, stock capital AM **Grundlage** *f* basis
grundlegend **I.** *adj* fundamental **II.** *adv* fundamentally
gründlich ['grʏntlɪç] **I.** *adj* thorough **II.** *adv* ❶ (*gewissenhaft*) thoroughly ❷ (*fam: total*) completely
Gründlichkeit <-> *f kein pl* thoroughness
grundlos *adj* unfounded
Grundnahrungsmittel *nt* basic food[stuff]
Gründonnerstag [gryːn'dɔnestaːk] *m* Maundy Thursday
Grundrecht *nt* basic right
Grundriss *m* ❶ BAU ground-plan ❷ (*Darstellung*) outline
Grundsatz ['grʊntzats] *m* principle
grundsätzlich ['grʊntzɛtslɪç] **I.** *adj* fun-

G

damental **II.** *adv* ❶ (*prinzipiell*) in principle ❷ (*kategorisch*) absolutely

Grundschule *f* primary [*or* AM elementary] school

Grundstück *nt* plot

Grundstücksmakler(in) *m(f)* estate agent

Gründung <-, -en> *f* foundation

Grundwasser *nt* ground water

Grüne(r) ['gry:nə] *f(m) dekl wie adj* POL [member of the] Green [Party]; **die ~n** the Green Party

grünen ['gry:nən] *vi* to become green

Grünfink *m* greenfinch **Grünfläche** *f* green space **Grünfutter** *nt* green fodder **Grünkohl** *m* [curly] kale **Grünstrom** *m* green electricity *no art, no pl;* **zertifizierter ~** certified green electricity; **~ erzeugen** to generate green electricity

Gruppe <-, -n> ['grʊpə] *f* group

gruppieren* [grʊ'pi:rən] **I.** *vt* to group **II.** *vr* **sich ~** to be grouped (**zu** into)

Gruselgeschichte *f* horror story

grus(e)lig ['gru:z(ə)lɪç] *adj* gruesome; **~ zumute werden** to have a creepy feeling

Gruß <-es, Grüße> ['gru:s, *pl:* 'gry:sə] *m* ❶ (*Begrüßung*) greeting; **einen [schönen] ~ an Ihre Gattin** [please] give my [best] regards to your wife ❷ (*am Briefschluss*) regards; **mit freundlichen Grüßen** Yours sincerely; **herzliche Grüße** best wishes

grüßen ['gry:sn̩] **I.** *vt* ❶ **jdn ~** to greet sb; **grüß dich!** (*fam*) hello there! ❷ **jdn von jdm ~** to send sb sb's regards **II.** *vi* to say hello **III.** *vr* **sich ~** to say hello to one another

gucken ['gʊkn̩] *vi* ❶ to look ❷ (*herausragen*) **aus etw** *dat* **~** to stick out of sth

Guerillakrieg [ge'rɪlja-] *m* guerilla war

Gulasch <-[e]s, -e> ['gʊlaʃ] *nt o m* goulash

Gulden <-s, -> ['gʊldn̩] *m* guilder

gültig ['gʏltɪç] *adj* valid; **der Fahrplan ist ab dem 1.4. ~** the timetable comes into effect from 1.4.

Gültigkeitsdauer *f* validity [period], period of validity

Gummi <-s, -s> ['gʊmi] *nt o m* rubber

Gummiband <-bänder> *nt* rubber band **Gummibärchen** <-s, -> [-bɛ:ɐ̯çən] *nt* ≈ jelly baby **Gummibaum** *m* rubber plant **Gummiknüppel** *m* rubber truncheon

Gunst <-> ['gʊnst] *f kein pl* ❶ (*Wohlwollen*) goodwill; **in jds ~ stehen** to be in sb's favour ❷ (*Vergünstigung*) **zu jds ~en** in sb's favour

günstig ['gʏnstɪç] **I.** *adj* ❶ (*vorteilhaft*) favourable ❷ (*preisgünstig*) reasonable **II.** *adv* (*preisgünstig*) reasonably

Gurgel <-, -n> ['gʊrgl̩] *f* throat

Gurgelmittel *nt* gargle

gurgeln ['gʊrgl̩n] *vi* (*mit Mundwasser*) to gargle

Gurke <-, -n> ['gʊrkə] *f* cucumber; (*Essig~*) gherkin; **saure ~n** pickled gherkins

Gurt <-[e]s, -e> ['gʊrt] *m* ❶ (*Riemen*) strap ❷ (*Sicherheitsgurt*) seat belt

Gürtel <-s, -> ['gʏrtl̩] *m* belt ▶ **den ~ <u>enger</u> schnallen** (*fam*) to tighten one's belt

Gusseisen *nt* cast iron

gusseisern *adj* cast-iron

gut <besser, beste> ['gu:t] **I.** *adj* ❶ good; **jdn/etw ~ finden** to think sb/sth is good; **jdm geht es ~/nicht ~** sb is well/not well ❷ (*in Wünschen*) **~e Fahrt/Reise** have a good trip; **~e Erholung/Besserung** get well soon; **~en Appetit** enjoy your meal; **ein ~es neues Jahr** happy New Year!; **~e Unterhaltung** enjoy the programme ▶ **du <u>bist</u> ~!** (*iron fam*) you're a fine one!; **~ <u>draufsein</u>** (*fam*) to be in good spirits; **~ in etw** *dat* **<u>sein</u>** to be good at sth; **noch/nicht mehr ~ <u>sein</u>** to still/no longer be any good;

wieder ~ werden to be all right; **also ~!** well, all right then!; **schon ~!** (*fam*) all right!; **~ so!** that's it!; **sei so ~ und ...** would you be kind enough to ...; **wozu ist das ~?** (*fam*) what's the use of that?; [**wie**] **~, dass ...** it's a good job that ...; **~!** (*in Ordnung!*) OK!; **~, ~!** yes, all right! **II.** *adv* well; **~ aussehend** good-looking; **~ bezahlt** well-paid; **~ gehend** flourishing; **~ gelaunt** in a good mood; **~ gemeint** well-meant; **~ situiert** well-to-do; **~ unterrichtet** well-informed; **du sprichst aber ~ Englisch!** you really can speak good English; **~ verdienend** *attr* high-income *attr;* **es tut jdm ~, etw zu tun** it does sb good to do sth; **schmeckt es dir auch ~?** do you like it too? ▶ **so ~ es geht** as best one can; **~ gemacht!** well done!; **es ~ haben** to be lucky; **das kann ~ sein** that's quite possible; **du kannst ~ reden!** it's easy for you to talk!; **mach's ~!** bye!; **sich ~ mit jdm stellen** to get into sb's good books

Gut <-[e]s, Güter> ['gu:t, *pl:* 'gy:tɐ] *nt* ❶ (*Landgut*) estate ❷ (*Waren*) **Güter** goods *pl* ❸ *kein pl* (*das Gute*) good; **~ und Böse** good and evil

Gutachten <-s, -> ['gu:tʔaxtn̩] *nt* report

Gutachter(in) <-s, -> *m(f)* expert

gutartig *adj* ❶ good-natured ❷ MED benign

gutbürgerlich ['gu:t'bʏrgɐlɪç] *adj* middle-class; **~e Küche** home-style cooking

Güte <-> ['gy:tə] *f kein pl* ❶ (*Gütigsein*) kindness ❷ (*Qualität*) [good] quality ▶ **erster ~** (*fam*) of the first order; **ach du liebe ~!** (*fam*) oh my goodness!; **in ~** amicably

Güterbahnhof *m* goods depot **Güterzug** *m* goods [*or esp* AM freight] train

Gütesiegel *nt* seal of quality **Gütezeichen** *nt* mark of quality

gutgläubig *adj* trusting

Guthaben <-s, -> *nt* credit balance

gut|heißen *vt irreg* **etw ~** to approve of sth

gütig ['gy:tɪç] *adj* kind

gutmütig ['gu:tmy:tɪç] *adj* good-natured

Gutsbesitzer(in) *m(f)* landowner

Gutschein *m* coupon

gut|schreiben *vt irreg* **jdm etw ~** to credit sb with sth

Gutschrift *f* ❶ (*Bescheinigung*) credit note ❷ (*gebuchter Betrag*) credit entry

Gutshof *m* estate, manor

gutwillig *adj* obliging

Gymnasiast(in) <-en, -en> [gʏmna'zi̯ast] *m(f)* ≈ grammar-school pupil BRIT, ≈ high-school student AM

Gymnasium <-s, -ien> [gʏm'na:zi̯ʊm, *pl:* gʏm'na:zi̯ən] *nt* ≈ grammar school BRIT, ≈ high school AM

Gymnastik <-> [gʏm'nastɪk] *f* gymnastics + *sing vb*

G

Hh

H, h <-, -> [haː] *nt* ① (*Buchstabe*) H, h ② MUS [key of] B

Haar <-[e]s, -e> [haːɐ̯] *nt sing o pl* hair *no pl;* **graue ~e bekommen** to go grey; **sich** *dat* **die ~e schneiden lassen** to get one's hair cut ▶ **jdm stehen die ~e zu Berge** sb's hair stands on end; **um kein ~ besser** not a bit better; **sich** *dat* **in die ~e geraten** to quarrel; **jdm kein ~ krümmen** not to touch a hair on sb's head; **sich** *dat* **die ~e raufen** to tear one's hair; **um ein ~** within a hair's breadth

Haarausfall *m* hair loss **Haarbürste** *f* hairbrush **Haarfarbe** *f* colour of one's hair **Haarfestiger** <-s, -> *m* setting lotion **Haarklammer** *f* hair clip **Haarnadel** *f* hairpin **Haarschneider** *m* clippers *npl* **Haarschnitt** *m* haircut **Haarspange** *f* hair slide **Haarspray** *nt* hairspray **Haartrockner** *m* hair dryer **Haarwasser** *nt* hair lotion

Habe <-> ['haːbə] *f kein pl* (*geh*) possessions *pl*

haben <hatte, gehabt> ['haːbn̩] **I.** *vt* ① (*besitzen*) to have; **wir ~ zwei Autos** we've got two cars; **sie hatte gestern Geburtstag** it was her birthday yesterday ② (*erhalten*) **könnte ich mal das Salz ~?** could I have the salt please?; **ich hätte gern ein Bier** I'd like a beer, please; **woher hast du das?** where did you get that? ③ (*ein Gefühl haben*) **Durst/Hunger ~** to be thirsty/hungry; **gute/schlechte Laune ~** to be in a good/bad mood; **hast du was?** is something the matter?; **ich hab nichts!** nothing's the matter!; **was hat er denn?** what's up with him? ④ *mit adj* **es bei jdm gut ~** to be well off with sb ⑤ (*tun müssen*) **etw zu tun ~** to have to do sth; **ich habe noch zu arbeiten** I've still got work to do ⑥ *mit Präposition* **etw an sich** *dat* **~** to have sth about one; **es an etw** *dat* **~** (*fam: Körperteil*) to have trouble with sth; **was hat es damit auf sich?** what's all this about?; **für etw zu ~ sein** to be keen on sth; **etwas/nichts gegen jdn/etw ~** to have something/nothing against sb/sth; **es in sich ~** (*fam*) to be tough; **etwas mit jdm ~** (*euph*) to have something going with sb; **nichts davon ~** not to gain anything from it; **das hast du jetzt davon!** now see where it's got you! ▶ **noch/nicht mehr zu ~ sein** to be still/no longer available; **da hast du's/~ wir's!** there you are!; **ich hab's!** I've got it!; **wie gehabt** as usual **II.** *vt impers* ÖSTERR, SÜDD (*existieren*) **es hat ...** there is/are ... **III.** *vr* (*fam*) **sich ~** to make a fuss

Haben <-s> ['haːbn̩] *nt kein pl* credit; **im ~ sein** to be in credit

habgierig ['haːpgiːrɪç] *adj* (*pej*) greedy

Habicht <-s, -e> ['haːbɪçt] *m* hawk

Habsucht *f* greed

habsüchtig ['haːpzʏçtɪç] *adj* avaricious

Hackbraten *m* meat loaf

Hacke <-, -n> ['hakə] *f* ① (*Gartengerät*) hoe ② ÖSTERR (*Axt*) axe ③ DIAL (*Ferse*) heel

hacken ['hakn̩] **I.** *vt* ① *Gemüse* to chop [up *sep*] ② *Boden* to hoe ③ (*in Stücke*) to hack **II.** *vi* ① *Vogel* to peck ② INFORM (*sl*) **das Hacken** hacking

Hackfleisch *nt* mince BRIT, ground meat AM ▶ **~ aus jdm machen** (*sl*) to make mincemeat of sb

hadern ['haːdɐn] *vi* (*geh*) to quarrel (**mit** with); **mit seinem Schicksal ~** to rail against one's fate

Hafen[1] <-s, Häfen> ['ha:fn̩] *m* harbour

Hafen[2] <-s, Häfen> ['ha:fn̩] *m* ÖSTERR, SÜDD (*Tontopf*) pot

Hafenanlagen *pl* docks *pl* **Hafenarbeiter(in)** *m(f)* docker **Hafenstadt** *f* port

Hafer <-s, -> ['ha:fɐ] *m* oats *pl*

Haferflocken *pl* oat flakes

Haft <-> [haft] *f kein pl* imprisonment; **in ~ sein** to be in custody; **aus der ~ entlassen werden** to be released from custody

Haftbefehl *m* [arrest] warrant

haften ['haftn̩] *vi* ❶ (*festkleben*) to adhere (**auf** to) ❷ (*sich festsetzen*) to cling (**an** to) ❸ (*hängen bleiben*) to stick (**auf** to) ❹ JUR to be responsible (**für** for)

Häftling <-s, -e> ['hɛftlɪŋ] *m* prisoner

Haftpflicht *f* ❶ (*Schadenersatzpflicht*) liability ❷ (*fam*) *s.* **Haftpflichtversicherung**

Haftpflichtversicherung *f* liability insurance; AUTO third-party insurance

Haftung <-, -en> ['haftʊŋ] *f* JUR liability

Hagebutte <-, -n> ['ha:gəbutə] *f* rose hip **Hagebuttentee** *m* rose-hip tea

Hagel <-s> ['ha:gl̩] *m kein pl* hail

Hagelkorn <-körner> *nt* hailstone

hageln ['ha:gl̩n] *vi impers* to hail

Hagelschauer *m* hail shower

hager ['ha:gɐ] *adj* gaunt

Hahn[1] <-[e]s, Hähne> [ha:n] *m* cock, rooster AM ▶ **nach etw** *dat* **kräht kein ~ mehr** (*fam*) no one cares two hoots about sth anymore

Hahn[2] <-[e]s, Hähne *o* -en> [ha:n] *m* (*Wasserhahn*) tap, faucet AM ▶ **jdm den ~ zudrehen** to stop sb's money supply

Hai <-[e]s, -e> ['hai] *m*, **Haifisch** ['haifɪʃ] *m* shark

Hain <-[e]s, -e> [hain] *m* (*geh liter*) grove

häkeln ['hɛkl̩n] *vi, vt* to crochet

Haken <-s, -> ['ha:kn̩] *m* ❶ (*Halterung, a. Boxhieb*) hook ❷ (*Zeichen*) tick ❸ (*fam: Schwierigkeit*) catch ▶ **~ schlagen** to change tactics

Hakennase *f* hooknose

halb [halp] **I.** *adj* ❶ half ❷ (*Uhrzeit*) **es ist ~ sieben** it is half past six ▶ **nichts Halbes und nichts Ganzes** (*fam*) neither one thing nor the other **II.** *adv* half; **~ so ... sein** to be half as ...; **~ nackt** half-naked; **~ voll** half-filled; **~ ..., ~ ...** half ..., half ... ▶ **[mit jdm] ~e-~e machen** to go halves with sb; **das ist ~ so schlimm** it's not as bad as all that; **~ und ~** (*fam: einigermaßen*) sort of

Halbbruder *m* half-brother **halbfertig** *adj attr* half-finished

halbieren* [hal'bi:rən] *vt* to halve

Halbinsel ['halpʔɪnzl̩] *f* peninsula **Halbjahr** *nt* half-year **Halbkreis** *m* semicircle; **im ~** in a semicircle **Halbkugel** *f* hemisphere **Halbmond** *m* ❶ half-moon ❷ (*Figur*) crescent **Halbpension** *f* half-board *no art* **Halbschwester** *f* half-sister

halbtags *adv* on a part-time basis; **sie arbeitet wieder ~ im Büro** she's working half-day at the office again

halbwegs ['halp've:ks] *adv* ❶ (*einigermaßen*) partly ❷ (*nahezu*) almost **Halbwert(s)zeit** *f* half-life **Halbzeit** *f* half-time

Halde <-, -n> ['haldə] *f* (*Müllhalde*) rubbish tip; (*Kohlehalde*) coal tip; (*Abraumhalde*) slagheap

Hälfte <-, -n> ['hɛlftə] *f* half; **um die ~** by half

Halle <-, -n> ['halə] *f* hall

hallen ['halən] *vi* to echo

Hallenbad *nt* indoor swimming pool

hallo [ha'lo:] *interj* hello

Halm <-[e]s, -e> [halm] *m* ❶ stalk ❷ (*Trinkhalm*) straw

Hals <-es, Hälse> [hals] *m* ❶ neck; **jdm um den ~ fallen** to fling one's arms around sb's neck ❷ (*Kehle*) throat; **jdm im ~ stecken bleiben**

to become stuck in sb's throat; **es im ~ haben** (*fam*) to have a sore throat ► **~ über Kopf** in a hurry; **etw in den falschen ~ bekommen** (*fam*) to take sth the wrong way; **aus vollem ~[e]** at the top of one's voice; **jdm mit etw** *dat* **vom ~[e] bleiben** (*fam*) not to bother sb with sth; **jdm hängt etw zum ~e heraus** (*fam*) sb is sick to death of sth; **jdn den ~ kosten** to finish sb; **sich jdn vom ~ schaffen** (*fam*) to get sb off one's back; **sich jdm an den ~ werfen** (*pej fam*) to throw oneself at sb

H

Halsband *nt* ❶ (*für Haustiere*) collar ❷ (*für Frauen*) choker **Halsentzündung** *f* sore throat **Halskette** *f* necklace **Halsschlagader** *f* carotid [artery] **Halsschmerzen** *pl* sore throat **Halstuch** *nt* scarf

halt [halt] **I.** *interj* MIL halt! **II.** *adv* (*fam: eben*) just

Halt <-[e]s, -e> [halt] *m* ❶ (*Stütze*) hold; **~ geben** to support ❷ (*innerer Halt*) stability ❸ (*Stopp*) stop; **~ machen** to stop

haltbar ['haltbaːɐ̯] *adj* ❶ *Essen* non-perishable; **~ sein** to keep; **~ machen** to preserve ❷ (*widerstandsfähig*) durable

Haltbarkeit <-> *f kein pl* ❶ *Essen* shelf life ❷ (*Widerstandsfähigkeit*) durability

Haltbarkeitsdatum *nt* sell-by date

halten <hielt, gehalten> ['haltn̩] **I.** *vt* ❶ (*festhalten, stützen*) to hold; (*Macht*) to hold on to ❷ (*zum Bleiben veranlassen*) to stop, to keep ❸ (*in Position bringen*) to put; **er hielt den Arm in die Höhe** he put his hand up ❹ (*besitzen*) to keep ❺ (*in einem Zustand erhalten*) to keep; **die Fußböden hält sie immer sauber** she always keeps the floors clean ► **nichts/viel davon ~, etw zu tun** to think nothing/a lot of doing sth; **jdn/etw für jdn/etw ~** to take sb/sth for sb/sth; **etw von jdm/etw ~** to think sth of sb/sth; **wofür ~ Sie mich?** who do you take me for! **II.** *vi* ❶ (*haltbar sein*) to keep ❷ (*anhalten*) to stop; **etw zum Halten bringen** to bring sth to a stop ► **an sich ~** to control oneself; **zu jdm ~** to stand by sb **III.** *vr* ❶ (*sich festhalten*) **sich an etw** *dat* **~** to hold on to sth ❷ (*Wetter*) **sich ~** to last ❸ (*sich richten nach*) **sich an etw** *akk* **~** to stick to sth ► **sich gut gehalten haben** to have worn well; **sich für jdn/etw ~** to think one is sb/sth

Haltestelle *f* stop **Halteverbot** *nt* no stopping; **hier ist ~** this is a no stopping area; **eingeschränktes ~** limited waiting

Haltung[1] <-, -en> ['haltʊŋ] *f* ❶ (*Körperhaltung*) posture ❷ (*Einstellung*) attitude ► **~ bewahren** to keep one's composure

Haltung[2] <-> ['haltʊŋ] *f kein pl von Tieren* keeping

hämisch ['hɛːmɪʃ] *adj* malicious

Hammel <-s, -> ['haml̩] *m* ❶ (*Tier*) wether ❷ (*Hammelfleisch*) mutton

Hammelfleisch *nt* mutton

Hammer <-s, Hämmer> ['hamɐ] *m* ❶ SPORT, TECH hammer ❷ (*sl: schwerer Fehler*) howler ❸ (*sl: Ungeheuerlichkeit*) outrageous thing

hämmern ['hɛmɐn] *vi, vt* ❶ (*mit Hammer*) to hammer ❷ (*pulsieren*) to pound

Hämorrhoide <-, -n> [hɛmɔro'iːdə] *f*, **Hämorride** <-, -n> [hɛmɔ'riːdə] *f meist pl* haemorrhoids *pl*

Hampelmann <-männer> ['hampl̩man] *m* ❶ jumping jack ❷ (*pej fam: Mensch*) puppet

Hamster <-s, -> ['hamstɐ] *m* hamster

hamstern ['hamstɐn] *vt, vi* to hoard

Hand <-, Hände> [hant] *f* hand; **mit der flachen ~** with the flat of one's hand; **Hände hoch!** hands up!; **linker/rechter ~** on the left/right; **jdm die ~ geben** to shake sb's hand; **jdn an der ~ nehmen** to take hold of sb's hand; **etw in die ~ nehmen** to pick up sth *sep;* **lass mich die Sache mal**

in die ~ nehmen let me take care of the matter; **in fremde Hände gelangen** to pass into foreign hands; **Hände weg!** hands off! ▶ **für jdn seine ~ ins Feuer legen** to vouch for sb; **~ und Fuß haben** to be purposeful; **weder ~ noch Fuß haben** to have no rhyme or reason; **mit Händen und Füßen** tooth and nail; **~ aufs Herz!** cross your heart; **die Hände in den Schoß legen** to sit back and do nothing; [**bei etw** *dat*] **die Hände im Spiel haben** to have a hand in sth; **bei jdm in besten Händen sein** to be in safe hands with sb; **aus erster /zweiter ~** first-hand/ second-hand; **in festen Händen sein** to be spoken for; **freie ~ haben** to have a free hand; **bei etw** *dat* **eine glückliche ~ haben** to have the Midas touch with sth; **mit leeren Händen** empty-handed; **jds rechte ~ sein** to be sb's right-hand man; **hinter vorgehaltener ~** in confidence; **jdm zur ~ gehen** to lend sb a [helping] hand; **um jds ~ anhalten** (*geh*) to ask for sb's hand in marriage; **jdn** [**für etw** *akk*] **an der ~ haben** to have sb on hand [for sth]; **etw gegen jdn in der ~ haben** to have sth on sb; **zur ~ sein** to be at hand; **jdn/etw in die ~ bekommen** to get one's hands on sb/sth; [**bei etw** *dat*] **mit ~ anlegen** to lend a hand [with sth]; [**klar**] **auf der ~ liegen** to be [perfectly] obvious; **jdm etw in die Hände spielen** to pass sth on to sb; **in die Hände spucken** to roll up one's sleeves *sep;* **eine ~ wäscht die andere** you scratch my back I'll scratch yours; [**bar**] **auf die ~** cash in hand; **~ in ~** hand in hand; **unter der ~** secretly; **von ~** by hand; **zu Händen von jdm** for the attention of sb [*or* attn: sb]

Handarbeit *f* ❶ (*Gegenstand*) handicraft; **~ sein** to be handmade ❷ *kein pl* (*körperliche Arbeit*) manual labour ❸ (*Nähen, Stricken*) needlework **Handball** *m* handball **Handbewegung** *f* movement of the hand; (*Geste*) gesture **Handbremse** *f* handbrake **Handbuch** *nt* manual

Händedesinfektionsmittel *nt* MED hand sanitizer **Händedruck** <-s> *m kein pl* handshake ▶ **goldener ~** golden handshake

Handel <-s> ['handl̩] *m kein pl* ❶ (*Wirtschaftszweig*) commerce ❷ (*Warenverkehr*) trade; **im ~ sein** to be on the market; **etw aus dem ~ ziehen** to take sth off the market ❸ (*fam: Abmachung*) deal ❹ (*das Handeln*) dealing (**mit** in); [**mit etw**] **~ treiben** to trade [in sth] ❺ (*Laden*) business

handeln ['handl̩n] **I.** *vi* ❶ (*mit Waren*) to trade (**mit** with/in); **mit Drogen handeln** to traffic drugs ❷ (*feilschen*) to haggle (**um** over) ❸ (*agieren*) to act ❹ (*sich befassen*) to deal (**von** with) **II.** *vr impers* **sich um jdn/etw ~** to be a matter of sth; **worum handelt es sich, bitte?** what's it about, please? **III.** *vt Ware* [**für etw**] **gehandelt werden** to be traded [at sth]

Handelsbank *f* merchant bank **Handelsbeziehungen** *pl* trade relations **Handelsgesellschaft** *f* commercial company **Handelspartner(in)** *m(f)* (*Land*) trading partner

Handfeger <-s, -> *m* hand brush **Handfläche** *f* palm **handgearbeitet** *adj* handmade **Handgelenk** *nt* wrist ▶ **etw aus dem ~ schütteln** (*fam*) to do sth straight off; **aus dem ~** (*fam*) off the cuff **Handgepäck** *nt* hand luggage **handgeschrieben** *adj* handwritten **handgestrickt** *adj* ❶ (*von Hand gestrickt*) hand-knitted ❷ (*amateurhaft gemacht*) homespun **Handgriff** *m* ❶ (*Aktion*) movement ❷ (*Griff*) handle ▶ **mit einem ~** with a flick of the wrist; **mit ein paar ~en** in no time

handhaben ['hantha:bn̩] *vt* ❶ (*bedie-*

H

nen) to handle; *Maschine a.* to operate ❷ (*anwenden*) to apply ❸ (*verfahren*) to manage

Handkarren *m* handcart **Handkoffer** *m* small suitcase **Handkuss** *m* kiss on the hand **Handlanger(in)** <-s, -> ['hantlaŋɐ] *m(f)* ❶ (*Arbeiter*) labourer ❷ (*pej: Erfüllungsgehilfe*) stooge

Händler(in) <-s, -> ['hɛndlɐ] *m(f)* dealer ▸ **fliegender** ~ street trader

handlich ['hantlɪç] *adj* ❶ manageable ❷ *Auto* manoeuvrable

Handlung <-, -en> ['handlʊŋ] *f* ❶ (*Tat*) act; **kriegerische** ~ act of war; **strafbare** ~ criminal offence ❷ (*Geschehen*) action; (*in Roman etc.*) plot

Handlungsweise *f* conduct

Handorgel *f* SCHWEIZ (*Handharmonika*) accordion **Handrücken** *m* back of the hand **Handschelle** *f meist pl* handcuffs *pl*; **jdm ~n anlegen** to handcuff sb **Handschrift** ['hantʃrɪft] *f* ❶ (*Schrift*) handwriting ❷ (*Text*) manuscript

handschriftlich *adj* handwritten

Handschuh *m* glove **Handschuhfach** *nt*, **Handschuhkasten** *m* glove compartment **Handstand** *m* handstand; **einen ~ machen** to do a handstand **Handtasche** *f* handbag **Handtuch** *nt* towel ▸ **das ~ werfen** to throw in the towel

Handvoll <-, -> *f* handful

Handwerk *nt* trade ▸ **jdm das ~ legen** to put an end to sb's game; **jdm ins ~ pfuschen** to encroach on sb's activities; **sein ~ verstehen** to know one's job

Handwerker(in) <-s, -> *m(f)* tradesman **Handwerkszeug** *nt kein pl* tools *pl*

Handwurzel *f* carpus

Handy <-s, -s> ['hɛndi] *nt* mobile [phone]

Handzettel *m* leaflet

Hanf <-[e]s> [hanf] *m kein pl* (*Pflanze*) hemp; (*Samen*) hempseed

Hang <-[e]s, Hänge> [haŋ] *m* ❶ (*Abhang*) slope ❷ *kein pl* (*Neigung*) tendency (**zu** to); **den ~ haben, etw zu tun** to be inclined to do sth

Hängebrücke *f* suspension bridge **Hängematte** *f* hammock

hängen ['hɛŋən] **I.** *vi* <hing, gehangen> ❶ (*herunterhängen*) to hang (**an** on/**über** over/**von** from); **der Baum hängt voller Früchte** the tree is laden with fruit; [**an etw** *dat*] **~ bleiben** (*befestigt bleiben*) to stay on [sth]; (*kleben bleiben*) to stick to sth ❷ (*befestigt sein*) to be attached (**an** to) ❸ (*fam: angeschlossen sein*) to be connected (**an** to) ❹ (*fam: emotional verbunden sein*) to be attached (**an** to) ❺ (*festhängen*) **an etw** *dat* **~ bleiben** to get caught on sth ❻ (*fam: sich aufhalten*) **~ bleiben** to be kept down; **er hängt den ganzen Tag vorm Fernseher** he spends all day in front of the television ❼ (*fam: in Erinnerung bleiben*) [**bei jdm**] **~ bleiben** to stick [in sb's mind] ▸ **mit Hängen und Würgen** (*fam*) by the skin of one's teeth; **den Kopf ~ lassen** to let one's head droop **II.** *vt* <hängte *o* DIAL hing, gehängt *o* DIAL gehangen> ❶ (*anbringen*) hang (**an/auf** on) ❷ (*henken*) to hang ❸ (*anschließen*) to attach (**an** on) ❹ (*fam*) **jdn ~ lassen** to let sb down **III.** *vr* <hängte *o* DIAL hing, gehängt *o* DIAL gehangen> ❶ (*verfolgen*) **sich an jdn/etw ~** to follow sb/sth ❷ (*sich gehen lassen*) **sich ~ lassen** to let oneself go

Hängerkleid *nt* loose-fitting dress

hänseln ['hɛnzl̩n] *vt* to tease (**wegen** about)

Hantel <-, -n> ['hantl̩] *f* dumb-bell

hantieren* [han'tiːrən] *vi* ❶ to be busy (**mit** with) ❷ (*herumhantieren*) to work (**an** on)

hapern ['haːpɐn] *vi impers* ❶ (*fam: fehlen*) to be lacking; **es hapert bei uns etwas an Geld** we're somewhat short of money ❷ (*fam: schlecht bestellt sein*)

in Mathe hapert es bei ihr noch etwas she's still a bit weak in maths
Happen <-s, -> ['hapn̩] *m* (*fam*) snack
Harfe <-, -n> ['harfə] *f* harp
Harke <-, -n> ['harkə] *f bes* NORDD (*Rechen*) rake
harken ['harkn̩] *vt bes* NORDD *Beet* to rake; *Laub* to rake; **geharkt** raked
harmlos *adj* ❶ (*ungefährlich*) harmless ❷ (*arglos*) innocent
Harmonie <-, -n> [harmo'ni:] *f* harmony
harmonieren* [harmo'ni:rən] *vi* ❶ (*zusammenklingen*) to harmonize ❷ (*gut zusammenpassen*) to get on well [with each other]
Harmonika <-, -s> [har'mo:nika] *f* accordion
harmonisch [har'mo:nɪʃ] **I.** *adj* harmonious **II.** *adv* harmoniously
Harn <-[e]s, -e> [harn] *m* urine
Harnblase *f* bladder **Harnröhre** *f* urethra
Harpune <-, -n> [har'pu:nə] *f* harpoon
harsch [harʃ] *adj* ❶ (*verharscht*) hard-frozen ❷ (*selten: rau, eisig*) cutting; *Wind* harsh
hart <härter, härteste> [hart] **I.** *adj* ❶ (*nicht weich*) hard ❷ *Aufprall, Ruck, Winter* severe ❸ (*brutal*) violent ❹ (*abgehärtet*) *Kerl* tough ❺ (*streng*) *Mensch* hard; *Worte, Regime* harsh; *Strafe* severe; **~ mit jdm sein** to be hard on sb ❻ (*schwer zu ertragen*) *Schicksalsschlag* cruel; *Realität* harsh; **~ für jdn sein, dass ...** to be hard on sb that ... ▶ **~ bleiben** to remain firm; **~ auf ~ kommen** to come to the crunch; **~ im Nehmen sein** to be resilient **II.** *adv* ❶ hard; **~ gekocht** *attr* hard-boiled ❷ (*streng*) severely; **~ durchgreifen** to take tough action ▶ **jdn ~ treffen** to hit sb hard; **~ gesotten** hardened
Härte <-, -n> ['hɛrtə] *f* ❶ (*Hartsein o Härtegrad*) hardness ❷ *kein pl* (*Strenge*) severity ❸ *kein pl* (*Unerträglichkeit*) cruelty
Härtefall *m* case of hardship
härten ['hɛrtn̩] *vi* to harden
Hartfaserplatte *f* hardboard BRIT, fiberboard AM
Hartgeld *nt* (*geh*) coins *pl*
hartherzig *adj* hard-hearted
hartnäckig I. *adj* persistent **II.** *adv* persistently
Hartz IV [hartz] HIST *German labour market reform of 2005 that regulates and brings together unemployment and social security benefits*
Harz <-es, -e> [ha:ɐ̯ts] *nt* resin
harzig ['ha:ɐ̯tsɪç] *adj* resinous
Haschisch <-[s]> ['haʃɪʃ] *nt kein pl* hashish
Hase <-n, -n> ['ha:zə] *m* hare ▶ **ein alter ~ sein** (*fam*) to be an old hand; **wissen, wie der ~ läuft** (*fam*) to know which way the wind blows
Haselnuss ['ha:zl̩nʊs] *f* hazelnut
Hasenscharte *f* MED harelip
Hass <-es> [has] *m kein pl* hate, hatred; **einen ~ auf jdn haben** (*fam*) to be angry with sb
hassen ['hasn̩] *vt* to hate; **es ~, etw zu tun** to hate doing sth
hässlich ['hɛslɪç] *adj* ❶ (*unschön*) ugly ❷ (*gemein*) nasty
Hässlichkeit <-, -en> *f* ❶ (*Unschönheit*) ugliness ❷ (*Gemeinheit*) nastiness
Hast <-> [hast] *f kein pl* haste
hasten ['hastn̩] *vi sein* (*geh*) to hurry
hastig ['hastɪç] **I.** *adj* hurried; **nicht so ~!** not so fast! **II.** *adv* hurriedly
Haube <-, -n> ['haubə] *f* ❶ (*weibliche Kopfbedeckung*) bonnet ❷ SÜDD, ÖSTERR (*Mütze*) cap ❸ ÖSTERR (*Auszeichnung von Restaurants*) star ❹ (*Aufsatz*) covering ▶ **jdn unter die ~ bringen** (*hum fam*) to marry sb off
Hauch <-[e]s, -e> [haux] *m* (*geh liter*) ❶ (*Atemhauch*) breath ❷ (*Luftzug*)

H

breath of air ❸ (*Duft*) whiff ❹ (*Andeutung*) hint

Haue <-, -n> ['hauə] *f* ❶ ÖSTERR, SCHWEIZ (*Hacke*) hoe ❷ *kein pl* (*fam: Prügel*) thrashing; ~ **kriegen** (*fam*) to get a thrashing

hauen <haute, gehauen> ['hauən,] **I.** *vt* ❶ (*fam: schlagen*) to hit ❷ (*fam: verprügeln*) to hit; **sie ~ sich** they are fighting each other ❸ (*meißeln*) **etw in etw** *akk* ~ to carve sth in sth **II.** *vr* (*fam: sich setzen, legen*) **sich auf/in etw** *akk* ~ to throw oneself onto/into sth

H

Haufen <-s, -> ['haufn̩] *m* ❶ heap ❷ (*fam: große Menge*) load; **du erzählst da einen ~ Quatsch!** what a load of rubbish! ❸ (*Schar*) crowd ▸ **jdn über den ~ rennen/fahren** (*fam*) to run over sb *sep;* **etw über den ~ werfen** (*fam*) to mess up sth *sep*

haufenweise *adv* (*fam*) in great quantities; **sie besitzt ~ Antiquitäten** she owns loads of antiques

häufig ['hɔyfɪç] **I.** *adj* frequent **II.** *adv* often

Häufigkeit <-, -en> *f* frequency

Haupt <-[e]s, Häupter> [haupt] *nt* (*geh*) head ▸ **gesenkten/erhobenen ~es** with one's head bowed/raised

Hauptbahnhof *m* central station **Haupteingang** *m* main entrance **Hauptfach** *nt* ❶ (*Studium*) main subject, major AM ❷ (*Schule*) major subject **Hauptgebäude** *nt* main building **Hauptgericht** *nt* main course **Hauptgewinn** *m* first prize

Häuptling <-s, -e> ['hɔyptlɪŋ] *m* chief

Hauptmahlzeit *f* main meal **Hauptperson** *f* central figure **Hauptpost** *f*, **Hauptpostamt** *nt* (*fam*) main post office **Hauptquartier** *nt* headquarters **Hauptrolle** *f* leading role ▸ **[bei etw** *dat* **] die ~ spielen** to play a leading part [in sth] **Hauptsache** ['hauptzaxə] *f* main thing; **in der ~** in the main; **~, du bist glücklich!** the main thing is that you're happy!

hauptsächlich ['hauptsɛçlɪç] **I.** *adv* mainly **II.** *adj* main

Hauptsaison *f* peak season **Hauptsatz** *m* main clause **Hauptschlagader** *f* aorta **Hauptstadt** *f* capital [city] **Hauptstraße** *f* main street **Hauptverkehrsstraße** *f* main road **Hauptverkehrszeit** *f* rush hour **Hauptwäsche** *f* main wash **Hauptwaschgang** *m* main wash **Hauptwort** *nt* noun

Haus <-es, Häuser> [haus] *nt* ❶ house; **~ und Hof** (*geh*) house and home; **für jdn ein offenes ~ haben** to keep open house for sb; **jdn nach ~e bringen** to take sb home; **sich wie zu ~e fühlen** to feel at home; **fühlen Sie sich wie zu ~e!** make yourself at home; **frei ~ liefern** to deliver free of charge; **jdm das ~ verbieten** to not allow sb in the house; **nach ~e** home; **zu ~e** at home; **bei jdm zu ~e** in sb's home ❷ (*Familie*) family; **die Dame/der Herr des ~es** the lady/master of the house; **aus gutem ~e** from a good family; **von ~e aus** by birth ❸ (*geh: Unternehmen*) company; **im ~e sein** to be in ▸ **[du] altes ~!** (*fam*) old chap *dated;* **das europäische ~** the family of Europe; **~ halten** to be economical; **[jdm] ins ~ stehen** to be in store [for sb]; **von ~e aus** originally

Hausangestellte(r) *f(m) dekl wie adj* domestic servant **Hausapotheke** *f* medicine cabinet **Hausarbeit** *f* ❶ (*im Haushalt*) housework ❷ (*fürs Studium*) [academic] assignment **Hausarrest** *m* ❶ (*Strafe für Kinder*) ~ **haben** to be grounded ❷ JUR house arrest **Hausarzt, -ärztin** *m, f* family doctor, GP **Hausaufgabe** *f* piece of homework; **~n** homework *no pl;* **seine ~n machen** (*a. fig*) to do one's homework **Hausbar** *f* ❶ (*eine Bar zu Hause*) home bar ② (*Inhalt*) range of drinks at home **Hausbesetzer(in)** <-s, -> *m(f)* squatter **Hausbesitzer(in)** *m(f)* homeowner **Hausbewohner(in)** *m(f)* tenant **Hauseingang** *m* entrance

Häuserblock *m* block [of houses]

Hausflur *m* entrance hall **Hausfrau** *f* ① housewife ② ÖSTERR, SÜDD (*Zimmerwirtin*) landlady **Hausfriedensbruch** *m* trespassing **Hausgebrauch** *m* **für den ~** for domestic use; (*für durchschnittliche Ansprüche*) for average requirements **hausgemacht** *adj* home-made

Haushalt <-[e]s, -e> *m* ① (*Hausgemeinschaft*) household ② (*Haushaltsführung*) housekeeping; **[jdm] den ~ führen** to keep house [for sb] ③ (*Etat*) budget

haus|halten *vi irreg* to be economical (**mit** with)

Haushälter(in) <-s, -> *m(f)* housekeeper

Haushaltsgeld *nt kein pl* housekeeping money

Hausherr(in) <-en, -en> *m(f)* head of the household; (*Gastgeber*) host

hausieren* [hau'ziːrən] *vi* to hawk; **„Hausieren verboten!"** "No hawkers!"; **mit etw** *dat* **~ gehen** to peddle sth around

Hausierer(in) <-s, -> *m(f)* hawker

häuslich ['hɔylɪç] **I.** *adj* ① (*das Zuhause betreffend*) domestic ② (*das Zuhause liebend*) homely **II.** *adv* **sich ~ niederlassen** to settle down

Hausmädchen *nt* maid, BRIT *a.* home help **Hausmann** ['hausman] *m* house husband **Hausmannskost** *f kein pl* home cooking **Hausmeister(in)** *m(f)* janitor **Hausnummer** *f* house number **Hausschlüssel** *m* front-door key **Hausschuh** *m* slipper **Haustier** *nt* pet **Haustür** *f* front door **Hauswart(in)** <-s, -e> *m(f) s.* **Hausmeister** **Hauszelt** *nt* frame tent

Haut <-, Häute> [haut] *f* skin ▶ **mit ~ und Haar[en]** completely; **nur ~ und Knochen sein** to be nothing but skin and bone; **eine ehrliche ~ sein** to be an honest sort; **auf der faulen ~ liegen** to laze around; **mit heiler ~ davonkommen** to escape unscathed; **sich nicht wohl in seiner ~ fühlen** not to feel too good; **aus der ~ fahren** to hit the roof; **etw geht [jdm] unter die ~** sth gets under one's skin; **jd möchte nicht in jds ~ stecken** sb would not like to be in sb's shoes

Hautabschürfung *f* graze **Hautcreme** *f* skin cream

häuten ['hɔytn̩] **I.** *vt* to skin **II.** *vr* **sich ~** to shed one's skin

Hautkrankheit *f* skin disease **Hautkrebs** *m* MED skin cancer *no pl*

Haxe <-, -n> ['haksə] *f* KOCHK SÜDD knuckle

Hebamme <-, -n> ['heːpʔamə] *f* midwife

Hebel <-s, -> ['heːbl̩] *m* lever ▶ **am längeren ~ sitzen** to hold the whip hand

heben <hob, gehoben> ['heːbn̩] **I.** *vt* ① (*hochheben*) to lift; *Kopf* to raise ② (*verbessern*) to improve ③ (*Alkohol trinken*) **gern einen ~** (*fam*) to like to have a drink **II.** *vr* (*sich nach oben bewegen*) **sich ~** to rise

hebräisch [he'brɛːɪʃ] *adj* Hebrew

Hecht <-[e]s, -e> [hɛçt] *m* pike

Heck <-[e]s, -e> [hɛk] *nt* AUTO rear; NAUT stern; LUFT tail

Hecke <-, -n> ['hɛkə] *f* hedge

Heckenrose *f* dog rose

Heckklappe *f* tailgate **Heckscheibe** *f* rear window

Heer <-[e]s, -e> [heːɐ̯] *nt* army

Hefe <-, -n> ['heːfə] *f* yeast

Hefeteig *m* yeast dough

Heft <-[e]s, -e> [hɛft] *nt* ① (*Schreibheft*) exercise book ② (*Zeitschrift*) magazine; (*Ausgabe*) issue ③ (*geheftetes Büchlein*) booklet

heften ['hɛftn̩] **I.** *vt* ① (*befestigen*) to pin

(**an** to) ❷ (*nähen*) to tack [up *sep*] ❸ (*klammern*) to staple **II.** *vr* **sich an jdn ~** to stay on sb's tail

Hefter <-s, -> *m* ❶ (*Mappe*) file ❷ (*Heftmaschine*) stapler

heftig ['hɛftɪç] **I.** *adj* ❶ (*gewaltig*) violent ❷ (*intensiv*) intense **II.** *adv* violently; **es schneite ~** it snowed heavily

Heftpflaster *nt* [sticking] plaster

hegen ['he:gn̩] *vt* ❶ **Wild ~** to preserve wildlife ❷ *Pflanzen* to tend ❸ (*bewahren*) to look after; **jdn ~ und pflegen** to lavish care and attention on sb ❹ (*geh*) *Zweifel* to have

H

Heide <-, -n> ['haidə] *f* ❶ (*Heideland*) heath ❷ (*Heidekraut*) heather

Heide, Heidin <-n, -n> ['haidə, 'haidɪn] *m, f* pagan

Heidekraut *nt* heather

Heidelbeere ['haid|be:rə] *f* bilberry

heidnisch ['haidnɪʃ] *adj* pagan

heikel ['haikl̩] *adj* delicate

heil [hail] *adj* ❶ (*unverletzt*) uninjured ❷ (*unbeschädigt*) intact

heilbar *adj* curable

Heilbutt <-s, -e> ['hailbʊt] *m* halibut

heilen ['hailən] **I.** *vi sein* (*gesunden*) to heal [up] **II.** *vt* (*gesund machen*) to cure (**von** of); **von jdm/etw geheilt sein** to have got over sb/sth

Heilgymnastik *f s.* **Krankengymnastik**

heilig ['hailɪç] *adj* ❶ holy; **jdm ist etw ~** sth is sacred to sb ❷ (*bei Heiligen*) Saint; **der ~e Matthäus** Saint Matthew

Heiligabend [hailɪç'ʔa:bn̩t] *m* Christmas Eve

Heilige(r) ['hailɪgɐ, -gə] *f(m) dekl wie adj* saint

Heiligkeit <-> *f kein pl* holiness *no pl;* **Eure/Seine ~** Your/His Holiness

heilig|sprechen *vt* to canonize

Heiligtum <-[e]s, -tümer> ['hailɪçtu:m] *nt* shrine

Heilkraft *f* healing power **Heilkraut** *nt* medicinal herb **Heilkunde** *f* medicine **Heilpflanze** *f* medicinal plant **Heilpraktiker(in)** *m(f)* non-medical practitioner **Heilquelle** *f* medicinal spring

heilsam ['hailza:m] *adj* salutary

Heilung <-, -en> ['hailʊŋ] *f* ❶ (*das Kurieren*) curing ❷ (*Genesung*) recovery ❸ (*Abheilung*) healing

Heilwasser *nt* mineral [spring] water

heim [haim] *adv* home

Heim <-[e]s, -e> [haim] *nt* home

Heimarbeit *f kein indef art* work at home

Heimat <-, -en> ['haima:t] *f* home

heimatlich *adj* native; *Brauchtum* local

heimatlos *adj* homeless

Heimatstadt *f* home town

heim|fahren *irreg* **I.** *vi sein* to drive home **II.** *vt haben* **jdn ~** to drive sb home **Heimfahrt** *f* journey home

heimisch ['haimɪʃ] *adj* (*einheimisch*) native; **sich ~ fühlen** to feel at home

Heimkehr <-> *f* return home

heim|kehren ['haimke:rən] *vi sein* (*geh*) to return home

heimlich ['haimlɪç] **I.** *adj* ❶ (*geheim*) secret ❷ (*verstohlen*) furtive **II.** *adv* ❶ (*unbemerkt*) secretly ❷ (*verstohlen*) furtively; **~, still und leise** (*fam*) on the quiet

Heimlichtuerei <-, -en> [haimlɪçtu:ə'rai] *f* (*pej*) secretiveness *no pl*

heimlich|tun *vi* [**mit etw** *dat*] **~** to be secretive [about sth]

Heimreise *f* journey home

heimtückisch ['haimtʏkɪʃ] **I.** *adj Aktion* malicious; *Person* insidious **II.** *adv* maliciously

Heimweg *m* way home; **sich auf den ~ machen** to set out for home **Heimweh** <-[e]s> *nt kein pl* homesickness; **~ [nach jdm/etw] haben** to be homesick [for sb/sth]

Heirat <-, -en> ['haira:t] *f* marriage

heiraten ['haira:tn̩] **I.** *vt* to marry **II.** *vi* to get married

Heiratsantrag *m* proposal; **jdm einen ~ machen** to propose to sb

heiser ['haizɐ] **I.** *adj* hoarse **II.** *adv* hoarsely

Heiserkeit <-> *f kein pl* hoarseness

heiß [hais] **I.** *adj* ❶ (*sehr warm*) hot; **etw ~ machen** to heat up sth *sep* ❷ *Debatte* heated; *Kampf* fierce ❸ *Liebe* burning; *Wunsch* fervent ❹ (*fam: brünstig*) on [*or* AM in] heat ❺ (*neugierig*) **auf etw** *akk* **~ sein** to be dying to know about sth **II.** *adv* ❶ (*sehr warm*) hot; **~ laufen** to overheat ❷ (*innig*) ardently; **~ geliebt** dearly beloved

heißen <hieß, geheißen> ['haisn̩] **I.** *vi* ❶ to be called; **wie ~ Sie?** what's your name?; **ich heiße Schmitz** my name is Schmitz; **nach jdm ~** to be named after sb ❷ (*bedeuten*) to mean; **„ja" heißt auf Japanisch „hai"** "hai" is Japanese for "yes"; **was heißt eigentlich „Liebe" auf Russisch?** tell me, what's the Russian for "love"?; **heißt das, Sie wollen mehr Geld?** does that mean you want more money?; **was soll das [denn] ~?** what's that supposed to mean? **II.** *vi impers* ❶ (*zu lesen sein*) **irgendwo heißt es ...** it says somewhere ... ❷ (*Gerücht*) **es heißt, dass ...** there is a rumour that ... ❸ (*geh: nötig sein*) **nun heißt es handeln** now is the time for action **III.** *vt* ❶ (*geh: nennen*) **jdn irgendwie ~** to call sb sth ❷ (*geh: auffordern*) **jdn etw tun ~** to tell sb to do sth

heiß|machen *vt* **jdn ~** to get sb really interested

heiter ['haitɐ] *adj* ❶ (*fröhlich*) cheerful ❷ (*fröhlich stimmend*) amusing ❸ *Wetter* bright ▶ **das kann ja ~ werden!** (*iron*) that'll be a hoot!

Heizbettdecke, **Heizdecke** *f* electric blanket

heizen ['haitsn̩] **I.** *vi* ❶ (*die Heizung betreiben*) **womit heizt ihr zu Hause? — Wir heizen mit Gas** how is your house heated? — It's gas-heated ❷ (*Wärme abgeben*) to give off heat **II.** *vt* ❶ (*beheizen*) to heat ❷ (*anheizen*) to stoke

Heizkessel *m* boiler **Heizkissen** *nt* heating pad **Heizkörper** *m* radiator **Heizlüfter** *m* fan heater **Heizöl** *nt* fuel oil

Heizung <-, -en> *f* ❶ (*Zentralheizung*) heating *no pl* ❷ (*Heizkörper*) radiator

Heizungskeller *m* boiler room

Hektar <-s, -> [hɛkt'aːɐ̯] *nt o* SCHWEIZ *m* hectare

Hektik <-> ['hɛktɪk] *f kein pl* hectic pace; **nur keine ~!** take it easy!

hektisch ['hɛktɪʃ] **I.** *adj* hectic **II.** *adv* frantically

Held(in) <-en, -en> [hɛlt] *m(f)* hero *masc*, heroine *fem*

heldenhaft *adj* heroic

Heldentat *f* heroic deed

helfen <half, geholfen> ['hɛlfn̩] *vi* ❶ (*unterstützen*) to help (**bei** with); **jdm ist nicht [mehr] zu ~** sb is beyond help ❷ (*nützen*) **jdm ~** to be of use to sb; **da hilft alles nichts, ...** there's nothing for it, ...; **[gegen/bei etw** *dat*] **~** to help [relieve sth] ▶ **ich kann mir nicht ~, [aber] ...** I'm sorry, but ...; **man muss sich** *dat* **nur zu ~ wissen** you just have to be resourceful

Helfer(in) <-s, -> ['hɛlfɐ] *m(f)* helper

hell [hɛl] **I.** *adj* ❶ light; **~ bleiben** to stay light; **es wird ~** it's getting light ❷ (*hell leuchtend*) bright ❸ (*mit heller Farbe*) light-coloured; *Haar, Haut* fair ❹ *Stimme* clear ❺ (*fam: klug*) bright; **du bist ein ~es Köpfchen** you've got brains **II.** *adv* (*licht*) brightly

hellblau *adj* light-blue

Helligkeit <-> *f kein pl* lightness; (*helles Licht*) [bright] light

Hellseher(in) ['hɛlzeːɐ] *m(f)* clairvoyant

hellwach ['hɛl'vax] *adj* wide-awake

Helm <-[e]s, -e> ['hɛlm] *m* helmet

H

Hemd <-[e]s, -en> [hɛmt] *nt* shirt; (*Unterhemd*) vest ► **mach dir nicht [gleich] ins ~!** don't make such a fuss!

hemmen [hɛmən] *vt* ❶ (*hindern*) to hinder ❷ (*bremsen*) to stop ❸ PSYCH to inhibit

Hemmung <-, -en> *f* ❶ *kein pl* (*das Hemmen*) obstruction ❷ *pl* PSYCH inhibitions *pl* ❸ (*Bedenken, Skrupel*) inhibition, scruple

hemmungslos **I.** *adj* ❶ (*zügellos*) unrestrained ❷ (*skrupellos*) unscrupulous **II.** *adv* ❶ unrestrainedly ❷ unscrupulously

Hendl <-s, -[n]> ['hɛndl̩] *nt* ÖSTERR (*Brathähnchen*) roast chicken

Hengst <-[e]s, -e> [hɛŋst] *m* stallion

Henkel <-s, -> ['hɛŋkl̩] *m* handle

Henna <-> ['hɛna] *f o nt kein pl* henna *no pl*

Henne <-, -n> ['hɛnə] *f* hen

her [heːɐ̯] *adv* ❶ (*hierher*) here, to me; **~ damit!** (*fam*) give it here!; **immer ~ damit!** (*fam*) keep it/them coming! ❷ (*herum*) **um jdn ~** all around sb ❸ (*von einem Punkt aus*) **von weit ~** from a long way away; **lang ~ sein, dass ...** to be long ago since ...; **nicht [so] lange ~ sein, dass ...** to be not such a long time [ago] since ...; **von etw** *dat* **~** *kausal* as far as sth is concerned ❹ (*verfolgen*) **hinter etw** *dat* **~ sein** to be after sth

herab [hɛ'rap] *adv* (*geh*) down

herab|lassen *irreg* **I.** *vt* (*geh: herunterlassen*) to let down **II.** *vr* **sich [zu etw** *dat*] **~** to lower oneself [to sth]; **sich [dazu] ~, etw zu tun** to condescend to do sth

herablassend *adj* condescending

herab|sehen *vi irreg* to look down (**auf** on)

heran [hɛ'ran] *adv* close up, near

heran|kommen *vi irreg sein* ❶ (*herbeikommen*) to approach; (*bis an etw kommen*) to get to ❷ (*erreichen*) to reach ❸ (*in Kontakt kommen*) **an jdn ~** to get hold of sb ► **nichts an sich ~ lassen** not to let anything get to one

heran|wachsen *vi irreg sein* to grow up (**zu** into)

herauf [hɛ'rauf] **I.** *adv* up **II.** *präp +akk* up; **sie ging die Treppe ~** she went up the stairs

herauf|kommen *vi irreg sein* ❶ to come up (**zu** to) ❷ (*geh: aufziehen*) to approach; *Nebel* to form **herauf|ziehen** *irreg* **I.** *vt haben* to pull up *sep* **II.** *vi sein* (*aufziehen*) to approach

heraus [hɛ'raus] *adv* ❶ (*nach draußen*) out; **aus etw** *dat* **~** out of sth; **~ damit!** (*fam: mit einer Antwort*) out with it! ❷ (*hinter sich haben*) **aus etw** *dat* **~ sein** to leave behind sth *sep;* **aus dem Alter bin ich schon ~** that's all behind me ❸ (*gesagt worden sein*) **~ sein** to have been said; **die Wahrheit ist ~** the truth has come out

heraus|bekommen* *vt irreg* ❶ (*entfernen*) to get out (**aus** of) ❷ (*herausfinden*) to find out *sep* ❸ *Wechselgeld* to get back **heraus|finden** *irreg* **I.** *vt* ❶ (*dahinter kommen*) to find out ❷ (*herauslesen*) to find (**aus** from amongst) **II.** *vi* (*den Weg finden*) to find one's way out (**aus** of) **heraus|fordern** *vt* ❶ (*auffordern*) to challenge (**zu** to) ❷ (*provozieren*) to provoke ❸ (*heraufbeschwören*) to invite; **das Schicksal ~** to tempt fate

herausfordernd *adj* provocative

Herausforderung *f* ❶ (*Aufforderung*) challenge; **sich** *dat* **einer ~ stellen** to take up a challenge ❷ (*Provokation*) provocation

heraus|geben *irreg* **I.** *vt* ❶ *Buch* to publish ❷ (*zurückgeben*) to return; (*Wechselgeld*) to give [back] ❸ (*herausreichen*) to pass **II.** *vi* to give change; **können Sie mir auf hundert Euro ~?** can you give me change out of hundred euros?; **falsch ~** to give the wrong change [back]

Herausgeber(in) <-s, -> *m(f)* editor
heraus|gehen *vi irreg sein* ❶ to go out (**aus/von** of) ❷ (*entfernt werden können*) to come out (**aus** of) ▶ **aus sich** ~ to come out of one's shell **heraus|greifen** *vt irreg* to pick out *sep* (**aus** from) **heraus|halten** *irreg* **I.** *vt* (*nicht verwickeln*) to keep out (**aus** of) **II.** *vr* **sich** [**aus etw** *dat*] ~ to keep out of sth
heraus|kommen [hɛ'rauskɔmən] *vi irreg sein* ❶ to come out (**aus** of) ❷ (*etw verlassen/überwinden können*) **aus etw** *dat* ~ to get out of sth ❸ (*aufhören können*) **aus etw** *dat* **kaum/nicht** ~ to hardly/not be able to stop doing sth ❹ (*auf den Markt kommen*) to be launched; (*erscheinen*) to come out ❺ (*bekannt gegeben werden*) to be published ❻ (*bekannt werden*) **es kam heraus, dass ...** it came out that ... ❼ (*Resultat haben*) **bei etw** *dat* ~ to come of sth; **auf dasselbe** ~ to amount to the same thing ▶ **groß** ~ to be a great success
heraus|nehmen *irreg* **I.** *vt* ❶ (*entnehmen*) to take out (**aus** of) ❷ (*entfernen*) to take away (**aus** from) **II.** *vr* (*pej*) **sich zu viel** ~ to go too far; **sich** *dat* **~, etw zu tun** to have the nerve to do sth **heraus|ragen** *vi s.* **hervorragen** **heraus|reißen** *vt irreg* ❶ to tear out (**aus** of); *Wurzel* to pull out ❷ (*ablenken*) **jdn aus etw** *dat* ~ to tear sb away from sth; **jdn aus seiner Arbeit** ~ to interrupt sb in their work
heraus|stellen **I.** *vt* to put outside **II.** *vr* **sich** ~ to come to light; **sich als etw** *akk* ~ to be shown to be sth; **es stellte sich heraus, dass ...** it turned out that ...
herb [hɛrp] *adj* ❶ (*bitter-würzig*) sharp; *Wein* dry; *Duft* [slightly] sharp ❷ (*schmerzlich*) bitter ❸ (*etwas streng*) severe ❹ (*scharf*) harsh
herbei [hɛɐ̯'bai] *adv* (*geh*) over here
herbei|eilen *vi sein* to rush over
Herberge <-, -n> ['hɛrbɛrgə] *f* ❶ (*Jugendherberge*) hostel ❷ HIST (*Gasthaus*) inn
Herbergsmutter *f* [female] [youth] hostel warden **Herbergsvater** *m* [male] [youth] hostel warden
Herbizid <-[e]s, -e> [hɛrbi'tsiːt] *nt* herbicide
Herbst <-[e]s, -e> [hɛrpst] *m* autumn, fall AM
herbstlich ['hɛrpstlɪç] *adj* autumn *attr*, autumnal
Herd <-[e]s, -e> [heːɐ̯t] *m* ❶ stove ❷ (*Krankheitsherd*) focus ▶ **eigener** ~ **ist Goldes wert** (*prov*) there's no place like home
Herde <-, -n> ['heːɐ̯də] *f* herd; (*Schafe*) flock
herein [hɛ'rain] *adv* in [here]; ~**!** come in! ▶ **nur ~!** come on in!
herein|brechen [hɛ'rainbrɛçn̩] *vi irreg sein* ❶ (*zusammenstürzen*) to collapse (**über** over) ❷ *Katastrophe* to befall ❸ (*geh*) *Nacht* to fall; *Winter* to set in **herein|kommen** *vi irreg sein* to come in **herein|lassen** *vt irreg* to let in
Herfahrt *f* journey here; **auf der** ~ on the way here
Hergang <-[e]s> *m kein pl* course of events
her|geben *irreg vt* (*weggeben*) to give away *sep*
Hering <-s, -e> ['heːrɪŋ] *m* ❶ (*Fisch*) herring ❷ (*Zeltpflock*) [tent] peg
Herkunft <-,, *selten* -künfte> ['heːɐ̯kʊnft] *f* (*Mensch*) origin[s]; (*Sache*) origin
Heroin <-s> [hero'iːn] *nt kein pl* heroin
Herpes <-> ['hɛrpɛs] *m kein pl* herpes
Herr(in) <-n, -en> [hɛr] *m(f)* ❶ *nur m* (*männliche Anrede*) Mr; **sehr geehrter ~ ...** Dear Mr ...; **sehr geehrte ~en!** Dear Sirs ❷ *nur m* (*geh: Mann*) gentleman ❸ (*Herrscher*) ruler; ~ **über jdn/etw sein** to be ruler of sb/sth; (*Gebieter*) master *masc*, mistress *fem*;

H

~ **der Lage sein** to be master of the situation; **sein eigener ~ sein** to be one's own boss ❹ REL (*Gott*) Lord ▶ **aus aller ~en Länder[n]** from all over the world; **die ~en der Schöpfung** (*hum*) their lordships; **jds alter ~** (*hum fam*) sb's old man

Herrenbekleidung *f* menswear **Herren(fahr)rad** *nt* men's bicycle **Herrentoilette** *f* men's toilet[s] [*or* AM restroom]

Herrin <-, -nen> *f fem form von* **Herr** mistress, lady

herrisch ['hɛrɪʃ] **I.** *adj* domineering; *Ton* commanding **II.** *adv* imperiously

herrlich *adj* ❶ (*prächtig*) marvellous; *Aussicht* magnificent; *Wetter* glorious; *Urlaub* delightful ❷ (*köstlich*) delicious ❸ (*iron*) wonderful

Herrschaft <-, -en> ['hɛrʃaft] *f* ❶ *kein pl* (*Macht*) rule ❷ *pl* (*Damen und Herren*) **die ~en** ladies and gentlemen

herrschen ['hɛrʃn̩] *vi* ❶ (*regieren*) to rule (**über** over) ❷ (*walten*) to hold sway ❸ (*vorhanden sein*) to prevail; *Ruhe* to reign

herrschend *adj* ❶ (*regierend*) ruling; **die Herrschenden** the rulers ❷ (*in Kraft befindlich*) prevailing

Herrscher(in) <-s, -> *m(f)* ruler

Herrschergeschlecht *nt*, **Herrscherhaus** *nt* [ruling] dynasty

her|rühren *vi* (*geh*) **von etw** *dat* ~ to stem from sth

her|stellen *vt* ❶ (*erzeugen*) to produce ❷ (*zustande bringen*) to establish ❸ (*gesundheitlich*) **jdn wieder ~** to restore sb back to health ❹ (*hierher stellen*) to put here

Hersteller(in) <-s, -> *m(f)* producer

Herstellung *f kein pl* production

herüber [hɛ'ry:bɐ] *adv* over here

herum [hɛ'rʊm] *adv* ❶ (*im Kreis*) **um etw** *akk* ~ [a]round sth ❷ (*überall in jds Nähe*) **um jdn ~** [all] around sb ❸ (*etwa*) **um ... ~** around ... ❹ (*vorüber sein*) ~ **sein** to be over

herum|drehen I. *vt* ❶ (*um die Achse drehen*) to turn ❷ (*wenden*) to turn over **II.** *vr* **sich [zu jdm] ~** to turn [a]round [to sb] **herum|führen I.** *vt* to show [a]round **II.** *vi* **um etw** *akk* ~ to go [a]round sth **herum|gehen** *vi irreg sein* (*fam*) ❶ (*einen Kreis gehen*) to go [a]round ❷ (*umhergehen*) to wander around ❸ (*herumgereicht werden*) to be passed [a]round; **etw ~ lassen** to circulate sth ❹ (*vorübergehen*) to pass **herum|lungern** *vi* (*fam*) to loaf about **herum|treiben** *vr irreg* **sich ~** to hang [a]round **herum|ziehen** *irreg vi sein* (*von Ort zu Ort ziehen*) to move about

herunten [hɛ'rʊntn̩] *adv* ÖSTERR, SÜDD down here

herunter [hɛ'rʊntɐ] *adv* down; **~ vom Sofa!** [get] off the sofa!; **~ mit der Mütze!** take off that cap!

herunter|fallen *vi irreg sein* to fall off; **mir ist der Hammer heruntergefallen** I've dropped the hammer **herunter|gehen** *vi irreg sein* ❶ (*nach unten gehen*) to go down ❷ (*aufstehen und weggehen*) **von etw** *dat* ~ to get off sth ❸ (*sinken*) to fall ❹ (*reduzieren*) **mit dem Tempo [auf etw** *akk*] ~ to reduce [one's] speed [to sth] **heruntergekommen** *adj* (*pej*) ❶ *Haus* rundown ❷ (*verwahrlost*) down-at-heel **herunter|handeln** *vt* (*fam*) to knock down *sep* **herunter|laden** *vt* INFORM to download

hervor [hɛɐ̯'fo:ɐ̯] *interj* **~ mit dir!** (*geh*) out you come!

hervor|heben *vt irreg* ❶ (*betonen*) to stress ❷ (*kennzeichnen*) to make stand out **hervor|ragen** [hɛɐ̯'fo:ɐ̯ra:gn̩] *vi* ❶ (*sich auszeichnen*) to stand out ❷ (*weit vorragen*) to jut out (**aus** from)

hervorragend I. *adj* excellent **II.** *adv* excellently

hervor|rufen *vt irreg* to evoke **hervor|treten** *vi irreg sein* ❶ (*heraustreten*) to step out (**hinter** from behind) ❷ (*aus einer Fläche*) to stand out; *Kinn* to protrude ❸ (*erkennbar werden*) to become evident

Herz <-ens, -en> [hɛrts] *nt* ❶ ANAT heart ❷ (*Gemüt*) heart; **mit ganzem ~en** wholeheartedly; **von ganzem ~en** sincerely; **von ~en gern!** with pleasure!; **jdn von ~en gernhaben** to love sb dearly; **im Grunde seines ~ens** in his heart of hearts; **leichten ~ens** light-heartedly; **jdm wird leicht ums ~** sb has a load lifted from one's mind; **schweren ~ens** with a heavy heart; **jdm das ~ schwer machen** to sadden sb's heart; **jds ~ erweichen** to soften up sb *sep;* **ohne ~** without feeling ❸ KARTEN hearts *pl* ▶ **das ~ auf dem rechten Fleck haben** to have one's heart in the right place; **jdm schlägt das ~ bis zum Hals** sb's heart is in one's mouth; **seinem ~en Luft machen** to give vent to one's feelings; **jdn/etw auf ~ und Nieren prüfen** to examine sb/sth thoroughly; **ein ~ und eine Seele sein** to be the best of friends; **seinem ~en einen Stoß geben** to [suddenly] pluck up courage; **etw nicht übers ~ bringen** to not have the heart to do sth; **etw auf dem ~en haben** to have sth on one's mind; **jds ~ hängt an etw** *dat* sb is attached to sth; **jdm etw ans ~ legen** to entrust sb with sth; **jdm liegt etw am ~en** sth concerns sb; **sich** *dat* **etw zu ~en nehmen** to take sth to heart; **jdn in sein ~ schließen** to take sb to one's heart; **jdm sein ~ ausschütten** (*geh*) to pour out one's heart to sb *sep;* **jd wächst jdm ans ~** sb grows fond of sb

Herzanfall *m* heart attack **Herzfehler** *m* heart defect

herzhaft **I.** *adj* ❶ (*würzig-kräftig*) tasty ❷ (*kräftig*) hearty **II.** *adv* ❶ (*würzig-kräftig*) **~ schmecken** to be tasty ❷ (*kräftig*) heartily

her|ziehen *irreg* **I.** *vt haben* ❶ (*herbeiziehen*) to pull closer ❷ (*mitschleppen*) **etw hinter sich** *dat* **~** to pull sth [along] behind one **II.** *vi* ❶ *sein* (*hierher ziehen*) to move here ❷ *haben* **über jdn/etw ~** to pull sb/sth to pieces

Herzinfarkt *m* heart attack **Herzklopfen** *nt kein pl* palpitations *pl* **herzkrank** *adj* **~ sein** to have a heart condition

herzlich **I.** *adj* (*warmherzig*) warm; *Lachen* hearty **II.** *adv* ❶ (*aufrichtig*) warmly; **sich bei jdm ~ bedanken** to thank sb sincerely; **jdm ~ gratulieren** to congratulate sb heartily ❷ (*recht*) really; **~ wenig** precious little

Herzlichkeit <-> *f kein pl* warmth

herzlos *adj* heartless

Herzog(in) <-s, Herzöge> ['hɛrtsoːk] *m(f)* duke *masc,* duchess *fem*

Herzogtum <-s, -tümer> *nt* duchy

Herzrhythmusstörung *f* MED deviation of the heart [*or* cardiac] rhythm, ar[r]hythmia *spec* **Herzschlag** *m* ❶ heartbeat ❷ (*Herzstillstand*) heart failure **Herzschrittmacher** *m* pacemaker

Hesse, Hessin <-n, -n> ['hɛsə] *m, f* Hessian

hessisch ['hɛsɪʃ] *adj* Hessian

hetzen ['hɛtsn̩] **I.** *vi* ❶ *haben* (*sich abhetzen*) to rush about ❷ *sein* (*eilen*) to rush ❸ *haben* (*pej: Hass schüren*) to stir up hatred (**gegen** against) **II.** *vt haben* ❶ (*jagen*) to hunt ❷ (*losgehen lassen*) **jdn/einen Hund auf jdn ~** to set sb/a dog [up]on sb ❸ (*fam: antreiben*) to rush

Heu <-[e]s> [hɔy] *nt kein pl* hay; **~ machen** to hay ▶ **Geld wie ~ haben** to have heaps of money

Heuchelei <-, -en> [hɔyçə'lai] *f* (*pej*) hypocrisy

heucheln ['hɔyçl̩n] **I.** *vi* to be hypocritical **II.** *vt* **etw ~** to feign sth

Heuchler(in) <-s, -> ['hɔyçlɐ] *m(f)* (*pej*) hypocrite

H

heuchlerisch **I.** *adj* (*pej*) hypocritical **II.** *adv* (*pej*) hypocritically

heuer ['hɔyɐ] *adv* ÖSTERR, SÜDD this year

heulen ['hɔylən] *vi* ❶ (*fam: weinen*) to cry; **es ist zum Heulen** (*fam*) it's enough to make you cry ❷ *Wolf* to howl; *Motor* to wail; *Motorrad, Flugzeug* to roar; *Sturm* to rage

heurig ['hɔyrɪç] *adj* SÜDD, SCHWEIZ, ÖSTERR (*diesjährig*) this year's; *Wein, Kartoffeln* new

Heuschnupfen *m* hay fever

Heuschrecke <-, -n> *f* grasshopper

heute ['hɔytə] *adv* today; (*heutzutage a.*) nowadays; **~ Morgen/Abend** this morning/evening; **~ Mittag** [at] midday today; **~ Nacht** tonight; **~ früh** [early] this morning; **ab ~** from today; **~ in/vor acht Tagen** a week [from] today/ago today; **von ~ an** from today; **die Zeitung von ~** today's newspaper; **lieber ~ als morgen** sooner today than tomorrow; **von ~ auf morgen** all of a sudden

heutig ['hɔytɪç] *adj attr* ❶ (*von heute*) *Zeitung, Veranstaltung* today's; **der ~e Anlass** this occasion ❷ (*gegenwärtig*) **die ~e Zeit** nowadays; **bis zum ~en Tag** to this very day

heutzutage ['hɔyttsuta:gə] *adv* nowadays

Hexe <-, -n> ['hɛksə] *f* ❶ witch ❷ (*pej fam: zeternde Frau*) shrew; **eine alte ~** an old crone

hexen ['hɛksn̩] *vi* to perform magic; **ich kann doch nicht ~** (*fam*) I can't work miracles

Hexenschuss *m kein pl* (*fam*) lumbago

Hexerei <-, -en> [hɛksə'rai] *f* witchcraft

Hieb <-[e]s, -e> [hi:p] *m* ❶ blow ❷ *pl* (*Prügel*) beating *sing* ► **auf einen ~** (*fam*) at [*or* in] one go

hier [hi:ɐ̯] *adv* ❶ here; **~ draußen/drinnen** out/in here; **~ entlang** this way; **~ oben/unten** up/down here; **~ vorn/hinten** here at the front/at the back; **~ ist/spricht Dr. Müller** Dr Müller speaking; **von ~ ab** from here on; **von ~ aus** from here ❷ (*in diesem Moment*) at this point ► **~ und da** (*stellenweise*) here and there; (*gelegentlich*) now and then

Hierarchie <-, -n> [hierar'çi:] *f* hierarchy

hierauf ['hi:'rauf] *adv* ❶ (*obendrauf*) [on] here ❷ (*daraufhin*) thereupon **hieraus** ['hi:'raus] *adv* ❶ (*aus diesem Gegenstand*) from [*or* out of] here ❷ (*aus diesem Material*) out of this ❸ (*aus dem Genannten*) from this; **~ folgt ...** it follows from this ... **hierbei** ['hi:ɐ̯'bai] *adv* ❶ (*währenddessen*) while doing this ❷ (*dabei*) here **hierdurch** ['hi:ɐ̯'dʊrç] *adv* ❶ (*hier hindurch*) through here ❷ (*dadurch*) in this way **hierfür** ['hi:ɐ̯'fy:ɐ̯] *adv* for this **hierher** ['hi:ɐ̯'he:ɐ̯] *adv* here; **~ kommen** to come [over] here; **bis ~** up to here; **bis ~ und nicht weiter** this far and no further **hierin** ['hi:'rɪn] *adv* ❶ (*Gefäß, Raum*) in here ❷ (*Thema*) in this **hiermit** ['hi:ɐ̯'mɪt] *adv* (*geh*) with this; **~ erkläre ich, dass ...** I hereby declare that ...; **~ wird bescheinigt, dass ...** this is to certify that ...

hierzulande, hier zu Lande ['hi:ɐ̯tsu'landə] *adv* [here] in this country

hiesig ['hi:zɪç] *adj attr* local

Hi-Fi-Anlage ['haifi-] *f* stereo system, hi-fi

Hilfe <-, -n> ['hɪlfə] *f* ❶ *kein pl* help; **auf jds ~ angewiesen sein** to be dependent on sb's help; **jdn um ~ bitten** to ask sb for help; **jdm eine ~ sein** to be a help to sb; **jdm zu ~ kommen** to come to sb's assistance; **etw zu ~ nehmen** to use sth; **um ~ rufen** to call for help; **jdn zu ~ rufen** to call sb [to help]; **jdm seine ~ verweigern** to refuse to help sb; [**zu**] **~!** help!; **ohne fremde ~** without outside help; **erste ~** first aid; **jdm erste ~ leisten** to give sb first aid ❷ (*Zuschuss*) **finanzielle ~** financial assistance; **wirtschaftliche ~** economic aid ❸ (*Hilfsmittel*) aid

Hilferuf *m* cry for help

hilflos ['hɪlfloːs] *adj* ① (*auf Hilfe angewiesen*) helpless; **jdm/etw ~ ausgeliefert sein** to be at the mercy of sb/sth ② (*ratlos*) at a loss *pred*

hilfreich *adj* helpful

Hilfsarbeiter(in) *m(f)* unskilled worker **hilfsbedürftig** *adj* ① (*auf Hilfe angewiesen*) in need of help *pred* ② (*Not leidend*) needy **hilfsbereit** *adj* helpful **Hilfskraft** *f* help *no pl;* **wissenschaftliche ~** assistant [lecturer]

Himbeere ['hɪmbeːrə] *f* raspberry

Himmel <-s, -> ['hɪml̩] *m* ① sky; **unter freiem ~** under the open sky; **am ~ stehen** to be [up] in the sky ② (*Himmelreich*) heaven; **in den ~ kommen** to go to heaven ▶ **~ und Hölle in Bewegung setzen** to move heaven and earth; **aus heiterem ~** out of the blue; **jdn/etw in den ~ heben** to praise sb/sth [up] to the skies; **zum ~ schreien** to be scandalous; **um ~s willen** (*fam*) for heaven's sake

Himmelfahrt *f* ① (*Auffahrt*) ascension into heaven ② (*Feiertag*) [**Christi**] ~ Ascension Day

Himmelskörper *m* heavenly body **Himmelsrichtung** *f* direction; **die vier ~en** the four points of the compass

himmlisch ['hɪmlɪʃ] **I.** *adj attr* heavenly **II.** *adv* wonderfully

hin [hɪn] *adv* ① *räumlich* (*dahin*) there; **wo der so plötzlich ~ ist?** where's he gone all of a sudden?; **bis/nach ... ~** to ...; **~ und her laufen** to run to and fro; **~ und zurück** there and back ② *zeitlich* (*sich hinziehend*) **das ist lange ~** that's a long time; **über die Jahre ~** over the years ③ (*fig*) **auf jds Bitte ~** at sb's request; **auf jds Rat ~** on sb's advice; **jdn auf etw ~ prüfen** to test sb for sth ④ (*fam: kaputt*) **~ sein** to have had it ⑤ (*verloren sein*) **~ sein** to be gone ▶ **das Hin und Her** to-ing and fro-ing; **nach langem Hin und Her** after a lot of discussion; **still vor sich ~** quietly to oneself; **nach außen ~** outwardly; **~ oder her** more or less; **nichts wie ~** let's go!; **~ und wieder** from time to time

hinab [hɪ'nap] *adv* (*geh*) down[wards]

hinauf [hɪ'nauf] *adv* up; **die Treppe ~** upstairs; **den Fluss ~** up the river; **bis ~ zu etw** *dat* up to sth

hinauf|fahren *irreg vi sein* to go up **hinauf|gehen** *vi irreg sein* ① to go up (**auf** to); **die Treppe ~** to go up the stairs ② (*erhöhen*) **mit dem Preis ~** to put the price up **hinauf|steigen** *vi irreg sein* to climb up (**auf** onto)

hinaus [hɪ'naus] **I.** *interj* get out! **II.** *adv* ① out; **hier/dort ~ bitte!** this/that way out, please!; **aus etw** *dat* **~** out of sth; **nach hinten/vorne ~ liegen** to be [situated] at the back/front [of a house] ② (*zeitlich*) **über etw** *akk* **~ sein** to be past sth; **auf Jahre ~** for years to come

hinaus|begleiten *vt* **jdn ~** to see sb out **hinaus|gehen** [hɪ'nausgeːən] *irreg* **I.** *vi sein* ① (*nach draußen gehen*) to go out (**aus** of); **auf die Straße ~** to go out to the road ② (*führen*) **zu etw** *dat* **~** to lead [out] (**zu** to) ③ *Fenster* **auf etw** *akk* **~** to look out on; **nach Osten ~** to face east ④ (*überschreiten*) [**weit**] **über etw** *akk* **~** to go [far] beyond sth **II.** *vi impers sein* **es geht dort hinaus!** that's the way out! **hinaus|laufen** *vi irreg sein* ① to run out ② (*enden in*) **auf etw** *akk* **~** to end in sth; **auf dasselbe ~** to come to the same thing; **worauf soll das ~?** what's that supposed to mean? **hinaus|schieben** *vt irreg* ① to push out ② (*auf später verschieben*) to postpone (**bis** until) **hinaus|werfen** *vt irreg* ① to throw out (**aus** of) ② (*fam: entlassen*) to sack **hinaus|zögern** **I.** *vt* to put off *sep* **II.** *vr* **sich ~** to be delayed

Hinblick *m* **im ~ auf etw** *akk* (*ange-*

sichts) in view of sth; (*in Bezug auf*) with regard to

hinderlich ['hɪndɐlɪç] *adj* [**bei etw** *dat*] ~ **sein** to be a hindrance [with sth/in doing sth]

hindern ['hɪndɐn] *vt* ❶ (*abhalten*) to stop (**an** from) ❷ (*stören*) to hamper

Hindernis <-ses, -se> ['hɪndɐnɪs] *nt* obstacle; **jdm ~se in den Weg legen** to put obstacles in sb's way

Hindernisrennen *nt* (*Jagdrennen*) steeplechase; (*Hürdenrennen*) hurdles

hin|deuten *vi* **auf etw** *akk* ~ to suggest sth

hindurch [hɪn'dʊrç] *adv* through; (*zeitlich a.*) throughout; **das ganze Jahr** ~ throughout the year; **die ganze Nacht** ~ the whole night

hinein [hɪ'nain] *adv* in[to]; ~ **mit dir!** (*fam*) in with you!

hinein|gehen *vi irreg sein* ❶ (*betreten*) to enter ❷ (*fam*) *s.* **hineinpassen** **hinein|passen** *vi* **in etw** *akk* ~ to fit in[to] sth **hinein|reden** *vi* **jdm** ~ to tell sb what to do **hinein|stecken** *vt* to put in[to] **hinein|versetzen*** *vr* **sich in jdn** ~ to put oneself in sb's place; **sich in etw** *akk* ~ to acquaint oneself with sth

hin|fahren *irreg* **I.** *vi sein* to go [*or* drive] [to] **II.** *vt haben* **jdn [irgendwo]** ~ to drive sb [somewhere]

Hinfahrt *f* trip; (*länger*) journey; **auf der** ~ on the way there

hin|fallen *vi irreg sein* to fall [over]

Hinflug *m* flight; **guten ~!** have a good flight!

Hingabe *f kein pl* (*an eine Sache*) dedication; (*an einen Menschen*) devotion

hin|geben *irreg vr* **sich einer S.** *dat* ~ to abandon oneself to sth

hin|gehen *vi irreg sein* ❶ to go there ❷ (*geh: vergehen*) to pass

hinken ['hɪŋkn̩] *vi* ❶ *haben o sein* to limp ❷ *haben* (*fig*) **der Vergleich hinkt** the comparison doesn't work

hin|knien *vi, vr vi: sein* to kneel down

hin|legen **I.** *vt* to put down; (*flach lagern*) to lay down **II.** *vr* **sich** ~ to lie down

hin|nehmen *vt irreg* (*ertragen*) to put up with; *Niederlage* to suffer; **etw ~ müssen** to have to accept sth

Hinreise *f* trip [somewhere]; (*mit Auto*) drive; (*mit Schiff*) voyage; **auf der ~** on the way [there]

hin|reißen *vt irreg* to enchant; **sich zu etw** *dat* **~ lassen** to allow oneself to be driven to sth; **sich ~ lassen** to allow oneself to be carried away

hin|richten *vt* to execute

Hinrichtung *f* execution

hin|setzen **I.** *vr* **sich** ~ to sit down **II.** *vt* to put down

Hinsicht *f kein pl* **in beruflicher** ~ with regard to a career; **in gewisser** ~ in certain respects; **in jeder** ~ in every respect

hinsichtlich *präp +gen* (*geh*) with regard to

hin|stellen **I.** *vt* ❶ to put [down] ❷ (*abstellen*) to park ❸ (*charakterisieren*) **jdn als etw** *akk* ~ to make sb out to be sth **II.** *vr* **sich** ~ to stand up straight; **sich vor jdn** ~ to plant oneself in front of sb

hinten ['hɪntn̩] *adv* ❶ (*entfernt*) at the end; ~ **im Garten** at the bottom of the garden; **sich ~ anstellen** to join the back [of a queue] ❷ (*abgewandte Seite*) at the back; **ein Zimmer nach** ~ a room at the back; **nach ~ durchgehen** to go to the back; **von ~ kommen** to come from behind ► **~ und vorne nicht** (*fam*) no way; **jdn ~ und vorn[e] bedienen** to wait on sb hand and foot; **nicht mehr wissen, wo ~ und vorn ist** to not know if one's on one's head or one's heels

hinter ['hɪntɐ] **I.** *präp +dat* ❶ (*dahinter*) at the back of, behind ❷ (*jenseits von etw*) behind; ~ **diesem Hügel** on the other side of this hill ❸ (*nach*) after;

etw ~ sich bringen to get sth over with ❹ (*fig*) **~ etw kommen** to find out about sth; **sich ~ jdn stellen** to back sb up; **~ jdm/etw her sein** to be after sb/sth **II.** *präp +akk räumlich* behind

Hinterachse *f* rear axle **Hinterbein** *nt* hind leg

hintere(r, s) ['hɪntərə -rɐ -rəs] *adj* **der/die/das ~ ...** the rear ...

hintereinander [hɪntɐʔain'andɐ] *adv* ❶ *räumlich* one behind the other ❷ *zeitlich* one after the other; **drei Tage/Monate ~** three days/months running

Hintergrund *m* ❶ (*des Blickfeldes*) background; **der ~ eines Raums** the back of a room ❷ (*Umstände*) **der ~ einer S.** *gen* the background to sth; **der ~ einer Geschichte** the setting to a story *liter* ❸ *pl* (*Zusammenhänge*) **die Hintergründe einer S.** *gen* the [true] facts about sth; **vor dem ~ einer S.** *gen* in/against the setting of sth

Hinterhalt *m* (*pej*) ambush; **in einen ~ geraten** to be ambushed; **aus dem ~ angreifen** to attack without warning

hinterhältig ['hɪntɐhɛltɪç] **I.** *adj* (*pej*) underhand **II.** *adv* (*pej*) in an underhand manner

hinterher [hɪntɐ'heːɐ̯] *adv* ❶ *räumlich* after; **jdm ~ sein** to be after sb ❷ *zeitlich* afterwards

Hinterhof *m* back yard **Hinterland** *nt* *kein pl* hinterland

hinterlegen* [hɪntɐ'leːgn̩] *vt* **etw ~** to supply sth

hinterlistig I. *adj* crafty **II.** *adv* craftily

Hintern <-s, -> ['hɪntɐn] *m* (*fam*) bottom; **sich auf den ~ setzen** (*hinfallen*) to fall on one's bottom ▸ **ich könnte mich in den ~ beißen!** (*sl*) I could kick myself!; **sich auf den ~ setzen** (*sich bemühen*) to knuckle down to sth

Hinterrad *nt* rear wheel

hinterrücks ['hɪntɐrʏks] *adv* from behind

hinterste(r, s) ['hɪntɐstə, -stɐ, -stəs] *adj superl von s.* **hintere(r, s)** (*entlegenste*) farthest

Hintertreppe *f* back stairs **Hintertür** *f*, ÖSTERR **Hintertürl** <-s, -[n]> *nt* back door ▸ **sich** *dat* **eine Hintertür offen halten** to leave a back door open

hinterziehen* [hɪntɐ'tsiːən] *vt irreg* to evade

hinüber [hɪ'nyːbɐ] *adv* ❶ (*nach drüben*) across, over ❷ (*fam: verdorben*) off, bad ❸ (*fam: defekt*) **~ sein** to have had it

hinunter [hɪ'nʊntɐ] *adv* down

hinunter|gehen [hɪ'nʊntɐgeːən] *vi, vt irreg sein* to go down **hinunter|werfen** *vt irreg* to throw down

hinweg [hɪn'vɛk] *adv* ❶ (*veraltend geh*) **~!** begone! ❷ (*überstanden*) **über jdn/etw ~ sein** to have got over sb/sth ❸ *zeitlich* **über lange Jahre ~** for [many [long]] years

hinweg|gehen [hɪn'vɛkgeːən] *vi irreg sein* **über etw** *akk* **~** to disregard sth **hinweg|kommen** *vi irreg sein* **über etw** *akk* **~** to get over sth **hinweg|sehen** *vi irreg* **über jdn/etw ~** ❶ (*nicht beachten*) to overlook sb/sth ❷ (*ignorieren*) to ignore sb/sth ❸ (*darüber sehen*) to see over sb['s head]/sth **hinweg|setzen** *vr* **sich über etw** *akk* **~** to disregard sth

Hinweis <-es, -e> ['hɪnvais] *m* ❶ (*Rat*) tip ❷ (*Anhaltspunkt*) clue

hin|weisen *irreg* **I.** *vt* [**jdn**] **darauf ~, dass ...** to point out [to sb] that ... **II.** *vi* **auf jdn/etw ~** to point to sb/sth **hin|werfen** *irreg vt* ❶ (*zuwerfen*) to throw to ❷ (*irgendwohin werfen*) to throw down *sep;* (*fallen lassen*) to drop ❸ (*fam: aufgeben*) to give up *sep* **hin|ziehen** *irreg* **I.** *vt haben* ❶ (*zu jdm/etw ziehen*) to pull (**zu** towards) ❷ (*anziehen*) **es hatte sie immer nach Köln hingezogen** she had always been attracted to Cologne

H

❸ (*hinauszögern*) to delay **II.** *vi sein* (*sich hinbewegen*) to move [to] **III.** *vr* **sich ~** ❶ (*sich verzögern*) to drag on ❷ (*sich erstrecken*) to extend along

hinzu [hɪn'tsu:] *adv* in addition, besides

hinzu|zählen *vt* to include

Hirn <-[e]s, -e> [hɪrn] *nt* brain

Hirngespinst *nt* figment of the imagination **Hirnhautentzündung** *f* meningitis

Hirsch <-es, -e> [hɪrʃ] *m* ❶ deer ❷ (*Fleisch*) venison

H

Hirschkalb *nt* [male] fawn **Hirschkuh** *f* hind

Hirse <-, -n> ['hɪrzə] *f* millet

Hirte <-n, -n> ['hɪrtə] *m* ❶ (*Schafhirte*) shepherd ❷ REL pastor ▶ **der Gute ~** the Good Shepherd

historisch [hɪs'to:rɪʃ] **I.** *adj* ❶ (*die Geschichte betreffend*) historical ❷ (*geschichtlich bedeutsam*) historic **II.** *adv* historically

Hitze <-> ['hɪtsə] *kein pl f* heat *no indef art*

hitzebeständig *adj* heat-resistant **hitzeempfindlich** *adj* heat-sensitive

hitzig ['hɪtsɪç] *adj* ❶ (*leicht aufbrausend*) quick-tempered ❷ (*leidenschaftlich*) passionate; *Debatte* heated

Hitzschlag *m* heatstroke

H-Milch ['ha:-] *f* long-life milk

Hobby <-s, -s> ['hɔbi] *nt* hobby

Hobel <-s, -> ['ho:bl̩] *m* ❶ plane ❷ (*Küchenhobel*) slicer

hobeln ['ho:bl̩n] *vt, vi* ❶ *Holz* to plane ❷ *Gemüse* to slice

hoch <*attr* hohe(r, s), *comp* höher, *superl* höchste(r, s)> [ho:x, hø:ɐ, hø:xst] **I.** *adj* ❶ *räumlich* high; *Baum* tall; **eine hohe Decke** a high ceiling; **eine hohe Schneedecke** deep snow ❷ (*beträchtlich*) high, large; *Verlust* severe; *Sachschaden* extensive ❸ (*bedeutend*) great, high; **hohes Ansehen** great respect; **hohe Offiziere** high-ranking officers ❹ *pred* **jdm zu ~ sein** (*fam*) to be above sb's head **II.** *adv* <höher, am höchsten> ❶ (*nach oben*) **etw ~ halten** to hold up sth *sep;* **einen Gang ~ schalten** AUTO to shift [up] gears ❷ (*in einiger Höhe*) **~ gelegen** high-lying *attr;* **~ oben** high up; **im Keller steht das Wasser 3 cm ~** the water's 3 cm deep in the cellar ❸ (*sehr*) highly; **~ begabt** highly gifted; **~ konzentriert arbeiten** to be completely focused on one's work; **~ qualifiziert** highly qualified; **~ verschuldet** deep in debt *pred* ❹ (*eine hohe Summe umfassend*) highly; **~ gewinnen** to win a large amount; **~ wetten** to bet heavily ❺ MATH **2 ~ 4** 2 to the power of 4 ▶ **etw ~ und heilig <u>versprechen</u>** to promise sth faithfully; **~ <u>hergehen</u>** (*fam*) to be lively; **~ <u>hinauswollen</u>** (*fam*) to aim high; **wenn es ~ <u>kommt</u>** (*fam*) at the most; [**bei etw** *dat*] **~ <u>pokern</u>** (*fam*) to take a big chance [with sth]

Hoch <-s, -s> [ho:x] *nt* ❶ (*Wetter*) high ❷ (*Hochruf*) cheer; **ein dreifaches ~ dem Sieger!** three cheers for the winner!

Hochachtung *f* deep respect; **meine ~!** my compliments!

hochachtungsvoll *adv* (*veraltend form*) your obedient servant

Hochamt *nt* **das ~** High Mass

hoch|arbeiten *vr* **sich ~** to work one's way up

Hochbetrieb *m* intense activity; **~ haben** to be very busy

hochdeutsch ['ho:xdɔytʃ] *adj* standard German

Hochdruck <-(e)s> *m kein pl* PHYS, METEO high pressure **Hochdruckreiniger** <-s, -> *m* pressure washer, high-pressure cleaner **Hochebene** *f* plateau **Hochgebirge** *nt* high mountains *pl* **Hochgefühl** *nt* elation **Hochgeschwindigkeitszug** *m* high-speed train **Hochhaus** *nt* high-rise [*or* AM multi-story] building

hoch|heben *vt irreg* to lift up *sep* **hoch|kommen** *vi irreg sein* to come up

Hochkonjunktur *f* [economic] boom **Hochland** ['ho:xlant] *nt* highland *usu pl* **Hochleistung** *f* top-class performance

hochmütig ['ho:xmy:tɪç] *adj* (*pej*) arrogant

hochnäsig ['ho:xnɛ:zɪç] **I.** *adj* (*pej fam*) snooty **II.** *adv* snootily

Hochofen *m* blast furnace

Hochsaison *f* ❶ (*Zeit stärksten Betriebes*) the busiest time ❷ (*Hauptsaison*) high season **Hochschule** ['ho:xʃu:lə] *f* ❶ (*Universität*) university ❷ (*Fachhochschule*) college **Hochsommer** *m* midsummer **Hochspannung** *f* ❶ ELEK high voltage ❷ *kein pl* (*Belastung*) enormous tension **Hochspannungsmast** *m* pylon **Hochsprung** *m* high jump

höchst [hø:çst] *adv* most, extremely; ~ **erfreut** extremely delighted

Hochstapler(in) <-s, -> ['ho:xʃta:plɐ] *m(f)* (*pej*) con man

Höchstbetrag *m* maximum amount

höchste(r, s) *attr* **I.** *adj superl von s.* **hoch** ❶ (*räumlich*) highest; (*Baum, Mensch*) tallest ❷ (*bedeutendste*) highest, most; *Ansprüche* most stringent; *Bedeutung* utmost **II.** *adv* ❶ (*räumlich*) the highest ❷ (*in größtem Ausmaß*) the most, most of all

höchstens ['hø:çstn̩s] *adv* ❶ (*bestenfalls*) at best ❷ (*außer*) except

Höchstform *f* top form **Höchstgeschwindigkeit** *f* ❶ (*mögliche Geschwindigkeit*) maximum speed ❷ (*zulässige Geschwindigkeit*) speed limit **Höchstgrenze** *f* upper limit **höchstwahrscheinlich** ['hø:çstva:ɐ̯'ʃainlɪç] *adv* most likely

hochtrabend (*pej*) **I.** *adj* pompous **II.** *adv* pompously

Hochverrat *m* high treason *no pl, no art* **Hochwasser** *nt* ❶ (*Flut*) high tide ❷ (*überhoher Wasserstand*) high [level of] water; ~ **führen** to be in flood

hochwertig ['ho:xve:ɐ̯tɪç] *adj* [of *pred*] high quality; *Lebensmittel* highly nutritious

Hochzeit <-, -en> ['ho:xtsait] *f* wedding

Hochzeitsfeier *f* wedding reception **Hochzeitsreise** *f* honeymoon *no pl* **Hochzeitstag** *m* ❶ wedding day ❷ (*Jahrestag*) wedding anniversary

hoch|ziehen *irreg vt* to pull up *sep*

Hocke <-, -n> ['hɔkə] *f* **in die ~ gehen** to crouch down

hocken ['hɔkn̩] **I.** *vi* ❶ *haben* (*in der Hocke sitzen*) to crouch, to squat ❷ *haben* (*fam: sitzen*) to sit **II.** *vr* (*fam*) **sich ~** to sit down; **komm, hock dich, hier ist noch Platz!** plonk yourself down, there's room for you here!

Hocker <-s, -> *m* stool

Höcker <-s, -> ['hœkɐ] *m* hump

Hoden <-s, -> ['ho:dn̩] *m* testicle

Hodensack *m* scrotum

Hof <-[e]s, Höfe> [ho:f] *m* ❶ (*Innenhof*) courtyard; (*Schulhof*) schoolyard ❷ (*Bauernhof*) farm ❸ (*Fürstensitz*) court; **am ~** at court ▶ **jdm den ~ machen** (*veraltend*) to woo sb

hoffen ['hɔfn̩] **I.** *vi* to hope (**auf** for); **auf jdn ~** to put one's trust in sb **II.** *vt* **etw ~** to hope for sth; **das will ich ~** I hope so

hoffentlich ['hɔfn̩tlɪç] *adv* hopefully; **~ nicht** I/we hope not

Hoffnung <-, -en> ['hɔfnʊŋ] *f* hope (**auf** for/of); **es besteht noch ~** there is still hope; **sich** *dat* **~en machen** to have hopes; **sich** *dat* **keine ~en machen** to not hold out any hopes; **jdm ~ machen** to hold out hope to sb; **neue ~ schöpfen** to find fresh hope; **die ~ aufgeben** to give up hope; **guter ~ sein** (*euph*) to be expecting

hoffnungslos **I.** *adj* hopeless **II.** *adv* ❶ (*ohne Hoffnung*) without hope ❷ (*völlig*) hopelessly

höflich ['hø:flɪç] **I.** *adj* polite **II.** *adv* politely

Hoftor *nt* courtyard gate

Höhe <-, -n> ['hø:hə] *f* ❶ height; **aus der ~** from above; **auf halber ~** half-way up; **in einer ~ von** at a height of; **in die ~** into the air; **in die ~ wachsen** to grow tall ❷ (*Gipfel*) summit ❸ (*Ausmaß*) amount; **die ~ des Schadens** the extent of the damage; **in die ~ gehen** *Preise* to rise ► **nicht ganz auf der ~ sein** to be a bit under the weather; **das ist doch die ~!** that's the limit!; **auf der ~ sein** to be in fine form; **~n und Tiefen** ups and downs

H

hohe(r, s) ['ho:ə, 'ho:ɐ, 'ho:əs] *adj s.* **hoch**

Hoheit <-, -en> ['ho:hait] *f* ❶ (*Person*) Highness; **Eure Königliche ~** Your Royal Highness ❷ *kein pl* (*Staatsgewalt*) sovereignty

Hoheitsgebiet *nt* sovereign territory **Hoheitsgewässer** *pl* territorial waters

Höhenmesser *m* altimeter **Höhensonne** *f* ❶ (*im Gebirge*) mountain sun ❷ (*UV-Strahler*) sun lamp **Höhenunterschied** *m* difference in altitude

Höhepunkt *m* ❶ (*bedeutendster Teil*) highlight ❷ (*Gipfel*) height; **die Krise hatte ihren ~ erreicht** the crisis had reached its climax

höher ['hø:ɐ] **I.** *adj comp von* **hoch** ❶ higher ❷ (*größer*) greater; *Strafe* severer **II.** *adv comp von* **hoch** higher

hohl [ho:l] *adj* ❶ hollow; **~e Wangen** sunken cheeks ❷ (*pej: nichts sagend*) empty

Höhle <-, -n> ['hø:lə] *f* ❶ (*Felshöhle*) cave ❷ (*Tierhöhle*) lair ❸ (*Augenhöhle*) socket

Hohlraum *m* cavity

Hohn <-[e]s> [ho:n] *m kein pl* scorn *no art;* **das ist blanker ~!** this is utterly absurd

höhnisch ['hø:nɪʃ] **I.** *adj* sneering **II.** *adv* sneeringly

Hokkaido <-s, -s> [hɔ'kaido] *m* BOT, GASTR hokkaido

holen ['ho:lən] *vt* ❶ (*hervorholen*) to get (**aus** out of/**von** from) ❷ (*herholen*) to fetch; **jdn ~ lassen** to send for sb; **Hilfe ~** to get help ❸ (*krank werden*) **sich** *dat* **etw ~** to catch sth; **bei dem kalten Wetter holst du dir eine Erkältung** you'll catch a cold in this chilly weather

Holland <-s> ['hɔlant] *nt* (*Niederlande*) the Netherlands *npl*

Holländer(in) <-s, -> ['hɔlɛndɐ] *m(f)* Dutchman *masc,* Dutchwoman *fem;* **die ~** the Dutch + *pl vb*

holländisch ['hɔlɛndɪʃ] *adj* Dutch

Hölle <-, -n> ['hœlə] *f pl selten* hell *no pl, no art;* **in die ~ kommen** to go to hell; **in der ~** in hell; **jdn zur ~ jagen** (*pej*) to tell sb to go to hell ► **die ~ auf Erden** hell on earth; **jdm die ~ heißmachen** (*fam*) to give sb hell; **die ~ ist los** (*fam*) all hell has broken loose

holp(e)rig ['hɔlprɪç] *adj* bumpy

Holunder <-s, -> [ho'lʊndɐ] *m* elder

Holunderbeere *f* elderberry

Holz <-es, Hölzer> [hɔlts] *nt* ❶ *kein pl* wood *no art;* **~ verarbeitend** wood-processing *attr;* **aus ~** wooden; **massives ~** solid wood ❷ (*Bauholz*) timber ► **aus dem gleichen ~ geschnitzt sein** to be cast in the same mould

hölzern ['hœltsɐn] *adj* wooden

Holzfäller(in) <-s, -> *m(f)* woodcutter, lumberjack AM **Holzhammer** *m* mallet **Holzklotz** *m* wooden block **Holzkohle** *f* charcoal *no art* **Holzschuh** *m* clog **Holzwolle** *f* wood wool, excelsior *no pl, no art* AM **Holzwurm** *m* woodworm

Homeoffice <-, -s> ['ho:mʔɔfɪs, *pl:* -ʔɔfɪsɪs] *nt* **im ~ arbeiten** to work from home

Homo-Ehe *f* (*fam*) same-sex marriage, civil union

homogen [homo'ge:n] *adj* homogen[e]ous

Homöopathie *f* homeopathy

homöopathisch [homøo'pa:tɪʃ] *adj*

homeopathic

homosexuell [homozɛ'ksu̯ɛl] *adj* homosexual

Homosexuelle(r) *f(m) dekl wie adj* homosexual

Honig <-s, -e> ['hoːnɪç] *m* honey *no art* ▶ **jdm ~ ums Maul schmieren** to butter up sb *sep*

Honigmelone *f* honeydew melon

Honorar <-s, -e> [hono'raːɐ̯] *nt* fee; *eines Autors* royalties *npl;* **gegen ~** on payment of a fee

honorieren* [hono'riːrən] *vt* ❶ (*würdigen*) to appreciate ❷ (*bezahlen*) to pay

Hopfen <-s, -> ['hɔpfn̩] *m* hop ▶ **bei jdm ist ~ und Malz verloren** (*fam*) sb is a hopeless case

hoppla ['hɔpla] *interj* [wh]oops!

hopsen ['hɔpsn̩] *vi sein* (*fam*) to skip; (*auf einem Bein*) to hop

hörbar *adj* audible

Hörbrille *f* hearing-aid glasses *npl*

horchen ['hɔrçn̩] *vi* to listen; (*heimlich a.*) to eavesdrop (**an** at)

Horde <-, -n> ['hɔrdə] *f* horde

hören ['høːrən] **I.** *vt* ❶ (*vernehmen*) to hear; **sich gern reden ~** to like the sound of one's own voice; **etw zu ~ bekommen** to [get to] hear about sth; **von jdm/etw ~** to hear of [*or* about] sb/sth ❷ (*anhören*) to listen to ▶ **ich kann das nicht mehr ~!** I'm fed up with it!; **etwas/nichts von sich ~ lassen** to get/to not get in touch **II.** *vi* ❶ (*zuhören*) to listen; **hör mal!** listen!; **gut/schlecht ~** to have good/poor hearing ❷ (*gehorchen*) to listen (**auf** to) ▶ **na hör/~ Sie mal!** now look here!; **lass von dir ~!** keep in touch!; **man höre und staune!** would you believe it!

Hörer <-s, -> *m* (*Telefonhörer*) receiver; **den ~ auflegen** to replace the receiver

Hörer(in) <-s, -> *m(f)* listener

Hörgerät *nt* hearing aid

hörig ['høːrɪç] *adj* sexually dependent

Horizont <-[e]s, -e> [hori'tsɔnt] *m* horizon; **am ~** on the horizon; **über jds ~ gehen** to be beyond sb

horizontal [horitsɔn'taːl] *adj* horizontal

Horizontale [horitsɔn'taːlə] *f dekl wie adj* horizontal [line]

Hormon <-s, -e> [hɔr'moːn] *nt* hormone

Horn <-[e]s, Hörner> [hɔrn] *nt* horn ▶ **sich** *dat* **die Hörner abstoßen** (*fam*) to sow one's wild oats; **jdm Hörner aufsetzen** (*fam*) to cuckold sb

Hörnchen <-s, -> ['hœrnçən] *nt* ❶ (*Blätterteiggebäck*) croissant ❷ (*Hefegebäck*) *horn-shaped bread roll of yeast pastry*

Hornhaut *f* ❶ (*des Auges*) cornea ❷ (*der Haut*) callus

Hornisse <-, -n> [hɔr'nɪsə] *f* hornet

Horoskop <-s, -e> [horo'skoːp] *nt* horoscope

Hörsaal *m* lecture hall [*or* BRIT theatre]

Hörspiel *nt* radio play

Horst <-[e]s, -e> [hɔrst] *m* (*Nest*) eyrie

Hörsturz *m* sudden deafness

horten ['hɔrtn̩] *vt* to hoard

Höschenwindel *f* disposable nappy BRIT [*or* AM diaper]

Hose <-, -n> ['hoːzə] *f* trousers *npl,* pants *npl* AM; **kurze ~[n]** shorts *npl;* **die ~n voll haben** (*fam*) to have pooed one's pants ▶ **jdm rutscht das Herz in die ~** (*fam*) sb's heart was in their mouth; **die ~n [gestrichen] voll haben** (*sl*) to be scared shitless; **tote ~** (*sl*) dead boring; **in die ~ gehen** to be a failure; **[sich** *dat* **] in die ~[n] machen** to wet oneself

Hosenanzug *m* trouser suit **Hosenschlitz** *m* flies *npl* **Hosentasche** *f* trouser [*or* AM pants] pocket **Hosenträger** *pl* [a pair of] braces *npl* BRIT, suspenders *npl* AM

Hospital <-s, -e> [hɔspi'taːl] *nt* DIAL hospital

Hostie <-, -n> ['hɔsti̯ə] *f* REL host
Hotel <-s, -s> [ho'tɛl] *nt* hotel
Hotelier <-s, -s> [hotɛ'li̯eː] *m* hotelier
Hubraum *m* cubic capacity
hübsch [hʏpʃ] *adj Aussehen* pretty; *Gegend* lovely; **sich ~ machen** to get all dressed up
Hubschrauber <-s, -> *m* helicopter
huckepack ['hʊkəpak] *adv* piggy-back; **jdn ~ nehmen** to give sb a piggy-back [ride]
Huf <-[e]s, -e> [huːf] *m* hoof
Hufeisen *nt* horseshoe
Hüfte <-, -n> ['hʏftə] *f* hip
Hüftgelenk *nt* hip joint
Hügel <-s, -> ['hyːgl̩] *m* hill; (*Erdhaufen*) mound
hüg(e)lig ['hyːg(ə)lɪç] *adj* hilly
Huhn <-[e]s, Hühner> [huːn] *nt* ① chicken; (*Henne*) hen ② (*Frau*) **dummes ~!** (*pej fam*) silly idiot!; **ein verrücktes ~** a nutcase ▶ **ein blindes ~ findet auch einmal ein Korn** (*prov*) every dog has its day; **da lachen ja die Hühner!** (*fam*) you must be joking!
Hühnchen <-s, -> ['hyːçən] *nt dim von s.* **Huhn** spring chicken ▶ **mit jdm ein ~ zu rupfen haben** (*fam*) to have a bone to pick with sb
Hühnerauge *nt* corn **Hühnerstall** *m* hen coop **Hühnersuppe** *f* chicken soup
huldigen ['hʊldɪgn̩] *vi* (*geh*) ① (*anhängen*) **einer S.** *dat* **~** to subscribe to sth ② (*veraltend: ehren*) **jdm ~** to pay homage to sb
Hülle <-, -n> ['hʏlə] *f* cover ▶ **die ~n fallen lassen** to strip off one's clothes; **in ~ und Fülle** in abundance
Hülse <-, -n> ['hʏlzə] *f* ① BOT pod ② (*röhrenförmige Hülle*) capsule; (*Patronenhülse*) case
Hülsenfrucht ['hʏlzn̩-] *f meist pl* pulse
human [hu'maːn] *adj* ① (*menschenwürdig*) humane; *Strafe* lenient ② (*Menschen betreffend*) human
humanitär [humani'tɛːɐ̯] *adj* humanitarian
Hummel <-, -n> ['hʊml̩] *f* bumblebee
Hummer <-s, -> ['hʊmɐ] *m* lobster
Humor <-s,, *selten* -e> [hu'moːɐ̯] *m* [sense of] humour; **etw mit ~ nehmen** to take sth good-humouredly; **[einen Sinn für] ~ haben** to have a sense of humour
humorlos *adj* humourless
humorvoll *adj* humorous
humpeln ['hʊmpl̩n] *vi haben o sein* to hobble
Humus ['huːmʊs] *m kein pl* humus
Hund <-[e]s, -e> [hʊnt] *m* ① dog; **„[Vorsicht,] bissiger ~!"** "Beware of the dog!" ② (*Mensch*) swine; **ein armer ~ sein** (*fam*) to be a poor soul ▶ **den Letzten beißen die ~e** the last one [out] has to carry the can BRIT; **bekannt sein wie ein bunter ~** (*fam*) to be known far and wide; **das ist ja ein dicker ~** (*sl*) that is absolutely outrageous; **vor die ~e gehen** (*sl*) to go to the dogs
Hundehütte *f* kennel **Hundeleine** *f* dog lead
hundert ['hʊndɐt] *adj* [a [*or* one]] hundred
Hundert[1] <-s, -e> ['hʊndɐt] *nt* (*Einheit von 100*) hundred; **mehrere ~** several hundred; **einige/viele ~e ...** a few/several hundred ...; **~e von ...** hundreds of ...; **zu ~en** in [their] hundreds
Hundert[2] <-, -en> ['hʊndɐt] *f* (*die Zahl 100*) [one [*or* a]] hundred
hundertprozentig ['hʊndɐtprotsɛntɪç] **I.** *adj* ① one hundred percent; (*Alkohol*) pure ② (*fam: typisch*) **er ist ein ~er Bayer** he's a Bavarian through and through ③ (*fam: völlig*) absolute **II.** *adv* (*fam: völlig*) absolutely; **du hast ~ Recht** you're absolutely right
hundertste(r, s) ['hʊndɐtstə, -tɐ, -təs] *adj* [one] hundredth; *s.a.* **achte(r, s)**
Hundertstel <-s, -> ['hʊndɐtstl̩] *nt* hundredth
Hündin ['hʏndɪn] *f* bitch

Hunger <-s> ['hʊŋɐ] *m kein pl* ❶ hunger; **~ bekommen/haben** to get/be hungry; **~ auf etw** *akk* **haben** to feel like [eating] sth; **~ leiden** (*geh*) to starve; **seinen ~ stillen** to satisfy one's hunger; **vor ~ sterben** to die of hunger ❷ (*Hungersnot*) famine ❸ (*starkes Verlangen*) thirst (**nach** for)

Hungerlohn *m* (*pej*) starvation wage; **für einen ~ arbeiten** to work for a pittance

hungern *vi* ❶ to go hungry ❷ (*fam: fasten*) to fast ❸ (*verlangen*) to thirst (**nach** after/for)

Hungersnot *f* famine

Hungerstreik *m* hunger strike; **in den ~ treten** to go on hunger strike

hungrig ['hʊŋrɪç] *adj* hungry; **~ machen** to work up an appetite

Hupe <-, -n> ['hu:pə] *f* horn

hupen ['hu:pn̩] *vi* to beep the horn

hüpfen ['hʏpfn̩] *vi sein* to hop; *Ball* to bounce; **vor Freude ~** to jump for joy

Hürde <-, -n> ['hʏrdə] *f* ❶ SPORT hurdle; **110 Meter ~n laufen** to run the 110 metres hurdles ❷ (*Einzäunung*) fold, pen ▶ **eine ~ nehmen** to overcome an obstacle

Hürdenlauf *m* hurdles *npl*

Hure <-, -n> ['hu:rə] *f pej!* whore

huschen ['hʊʃn̩] *vi sein* to scurry; *Licht* to flash

husten ['hu:stn̩] *vi* to cough; **Schleim/Blut ~** to cough up mucus/blood

Husten <-s> ['hu:stn̩] *m kein pl* cough; **~ stillend** cough-relieving

Hustenbonbon *m o nt* cough drop **Hustenmittel** *nt* cough medicine **Hustenreiz** *m* tickly throat **Hustensaft** *m* cough syrup

Hut[1] <-[e]s, Hüte> [hu:t] *m* hat; **den ~ aufsetzen/abnehmen** to put on/take off one's hat ▶ **ein alter ~ sein** (*fam*) to be old hat; **vor jdm/etw den ~ ziehen** to take one's hat off to sb/sth; **etw unter einen ~ bringen** (*fam*) to reconcile sth; **mit etw** *dat* **nichts am ~ haben** (*fam*) to not go in for sth

Hut[2] <-> [hu:t] *f* **auf der ~ [vor etw** *dat*] **sein** to be on one's guard [against sth]

hüten ['hy:tn̩] **I.** *vt* ❶ (*beaufsichtigen*) to look after ❷ (*geh: bewahren*) to keep **II.** *vr* **sich vor etw** *dat* **~** to be on one's guard against sth; **hüte dich vor unüberlegten Entscheidungen** beware of making rash decisions

Hutsche <-, -n> ['hʊtʃə] *f* ÖSTERR, SÜDD (*fam: Schaukel*) swing

Hütte <-, -n> ['hʏtə] *f* hut; (*ärmlich*) shack; (*Holzhütte*) cabin

Hüttenkäse *m* cottage cheese

Hyäne <-, -n> [hy̆ɛ:nə] *f* hy[a]ena

Hyazinthe <-, -n> [hy̆a'tsɪntə] *f* hyacinth

Hybridantrieb [hy'bri:t-] *m* hybrid drive **Hybridfahrzeug** *nt* hybrid car

Hydrant <-en, -en> [hy'drant] *m* hydrant

hydraulisch [hy'draulɪʃ] *adj* hydraulic

Hydrokultur *f* hydroponics + *sing vb*

Hygiene <-> [hy'gi̯e:nə] *f kein pl* hygiene

hygienisch [hy'gi̯e:nɪʃ] *adj* hygienic

Hymne <-, -n> ['hʏmnə] *f* ❶ (*Loblied*) hymn ❷ (*Nationalhymne*) national anthem

Hypnose <-, -n> [hʏp'no:zə] *f* hypnosis; **jdn in ~ versetzen** to put sb under hypnosis

hypnotisieren* [hʏpnoti'zi:rən] *vt* to hypnotize

Hypothek <-, -en> [hypo'te:k] *f* mortgage; **eine ~ aufnehmen** to take out a mortgage

Hypothese <-, -n> [hypo'te:zə] *f* hypothesis; **eine ~ aufstellen/widerlegen** to advance/refute a hypothesis

hypothetisch [hypo'te:tɪʃ] *adj* hypothetical

Hysterie <-, -n> [hʏste'ri:] *f* hysteria

hysterisch [hʏs'te:rɪʃ] *adj* hysterical

I i

I, i <-, -> [iː] *nt* I, i

IC® <-s, -s> [iː'tseː] *m* intercity [train]

ICE® <-s, -s> [iːtseː'ʔeː] *m a high speed train*

ich [ɪç] *pron 1. pers* I, me; ~ **bin es** it's me; ~ **nicht!** not me!; ~ **selbst** I myself

Ich <-[s], -s> [ɪç] *nt* self

ideal [ide'aːl] *adj* ideal

idealistisch *adj* idealistic

Idee <-, -n> [i'deː] *f* idea; **auf eine ~ kommen** to hit [up]on an idea; **jdn auf eine ~ bringen** to give sb an idea

identifizieren* [idɛntifi'tsiːrən] **I.** *vt* to identify (**als** as/**mit** with) **II.** *vr* **sich mit jdm/etw ~** to identify oneself with sb/sth

identisch [i'dɛntɪʃ] *adj* identical (**mit** to)

Ideologie <-, -n> [ideolo'giː] *f* ideology

Idiot(in) <-en, -en> [i'di̯oːt] *m(f)* (*pej fam*) idiot

idiotisch [i'di̯oːtɪʃ] *adj* (*fam*) idiotic

Idol <-s, -e> [i'doːl] *nt* idol

idyllisch [i'dʏlɪʃ] **I.** *adj* idyllic **II.** *adv* idyllically

Igel <-s, -> ['iːgl̩] *m* hedgehog

Ignoranz <-> [ɪgno'rants] *f kein pl* ignorance

ignorieren* [ɪgno'riːrən] *vt* to ignore

ihm [iːm] *pron pers dat von* **er, es**[1] ❶ [to] him; **das ist ein Freund von ~** he's a friend of his ❷ (*Sache o Tier*) [to] it

ihn [iːn] *pron pers akk von* **er** ❶ him ❷ (*Sache o Tier*) it

ihnen ['iːnən] *pron pers dat pl von* **sie** [to] them

Ihnen ['iːnən] *pron pers dat von* **Sie** [to] you

ihr[1] <*gen* euer, *dat* euch, *akk* euch> [iːɐ̯] *pron 2. pers pl* you

ihr[2] [iːɐ̯] *pron pers dat sing von* **sie** ❶ (*weibl. Person*) [to] her ❷ (*Tier o Sache*) [to] it

ihr[3] [iːɐ̯] *pron poss, adjektivisch* ❶ (*sing, weibl. Person*) her; (*Tier o Sache*) its ❷ *pl* their

Ihr [iːɐ̯] *pron poss, adjektivisch* your

ihrer *pron pers gen von* **sie** ❶ *3. pers sing fem* (*geh*) **wir werden ~ gedenken** we will remember her ❷ *3. pers pl* (*geh*) **wir werden ~ gedenken** we will remember them

Ihrer *pron pers gen von* **Sie**: **wir werden ~ gedenken** we will remember you

ihrerseits ['iːrɐ'zaits] *adv* ❶ *sing* for her part ❷ *pl* for their part

ihretwillen ['iːrət'vɪlən] *adv* (*ihr zuliebe*) for her [sake]; (*ihnen zuliebe*) for their sake

illegal ['ɪlegaːl] *adj* illegal

illegitim ['ɪlegitiːm] *adj* illegitimate

Illusion <-, -en> [ɪlu'zi̯oːn] *f* illusion; **sich** *dat* **~en machen** to harbour illusions (**über** about); **sich** *dat* **keine ~en machen** to not have any illusions

Illustration <-, -en> [ɪlʊstra'tsi̯oːn] *f* illustration

illustrieren* [ɪlʊs'triːrən] *vt* to illustrate

Illustrierte <-n, -n> *f* magazine

Iltis <-ses, -se> ['ɪltɪs] *m* polecat

im [ɪm] = **in dem** in

Image <-[s], -s> ['ɪmɪtʃ] *nt* image

Imbiss <-es, -e> ['ɪmbɪs] *m* ❶ (*kleine Mahlzeit*) snack ❷ (*fam: Imbissbude, Imbissstube*) snack bar

Imbissbude *f*, **Imbissstube** *m* snack bar

imitieren* [imi'tiːrən] *vt* to imitate

Imker(in) <-s, -> ['ɪmkɐ] *m(f)* bee-keeper

immatrikulieren* [ɪmatriku'liːrən] *vt, vr* to register

immer ['ɪmɐ] **I.** *adv* always; **für ~** forever; **~ mehr** more and more; **~, wenn** every time; **wie ~** as usual; **~ wieder** again and again **II.** *part* **~ [noch]**

nicht still [not]; **wann/was/wer/wie [auch]** ~ whenever/whatever/whoever/however

Immergrün ['ɪmɐgryːn] *nt* evergreen

immerhin ['ɪmɐ'hɪn] *adv* ❶ (*wenigstens*) at least ❷ (*schließlich*) after all

immerzu ['ɪmɐ'tsuː] *adv* all the time

Immigrant(in) <-en, -en> [ɪmi'grant] *m(f)* immigrant

Immobilie <-, -n> [ɪmo'biːli̯ə] *f meist pl* real estate *no pl;* **~n** property *no pl*

immun [ɪ'muːn] *adj* immune (**gegen** to)

Immunität <-, *selten* -en> [ɪmuni'tɛːt] *f* immunity (**gegen** to)

Immunkrankheit *f* immune deficiency syndrome **Immunschwäche** *f* immunodeficiency

Imperfekt <-s, -e> ['ɪmpɛrfɛkt] *nt* imperfect [tense]

Imperialismus <-, *selten* -lismen> [ɪmperi̯a'lɪsmʊs] *m* imperialism

impfen ['ɪmpfn̩] *vt* to inoculate (**gegen** against)

Impfpass *m* vaccination card **Impfstoff** *m* vaccine

Impfung <-, -en> *f* vaccination

Impfzertifikat *nt* MED, JUR COVID Pass

imponieren* [ɪmpo'niːrən] *vi* to impress

imponierend *adj* impressive

Import <-[e]s, -e> [ɪm'pɔrt] *m* import

importieren* [ɪmpɔr'tiːrən] *vt* to import

imposant [ɪmpo'zant] *adj* impressive

impotent ['ɪmpotɛnt] *adj* impotent

Impotenz <-> ['ɪmpotɛnts] *f kein pl* impotence

imprägnieren* [ɪmprɛgniːrən] *vt* (*wasserdicht machen*) to waterproof

improvisieren* [ɪmprovi'ziːrən] *vi, vt* to improvise

Impuls <-es, -e> [ɪm'pʊls] *m* impulse; **aus einem ~ heraus** on impulse

impulsiv [ɪmpʊl'ziːf] *adj* impulsive

Impulskauf *m* impulse purchase **Impulskäufer(in)** *m(f)* impulse buyer

imstande [ɪm'ʃtandə] *adj pred* **zu etw** *dat* **~ sein** to be capable of doing sth; **~ sein, etw zu tun** to be able to do sth

in[1] [ɪn] *präp* ❶ +*dat* (*wo?*) in; (*kleinere Ortschaft*) at; **~ Wirklichkeit** in reality ❷ +*akk* (*wohin?*) into; **~ die Kirche/die Schule gehen** to go to church/to school ❸ +*dat* (*wann?*) in; **~ diesem Jahr/Monat** this year/month; **~ diesem Augenblick** at the moment

in[2] [ɪn] *adj* (*fam*) in; **~ sein** to be in

inbrünstig ['ɪnbrʏnstɪç] *adj* (*geh*) ardent

Inbusschraube *f* Allen screw®

indem [ɪn'deːm] *konj* by; **ich halte mich gesund, ~ ich viel Sport treibe** I stay healthy by doing lots of sport

Inder(in) <-s, -> ['ɪndɐ] *m(f)* Indian

indes [ɪn'dɛs], **indessen** [ɪn'dɛsn̩] **I.** *adv* ❶ (*inzwischen*) meanwhile ❷ (*jedoch*) however **II.** *konj* (*geh*) ❶ (*zeitlich*) while ❷ (*wohingegen*) while

Indianer(in) <-s, -> [ɪn'di̯aːnɐ] *m(f)* (*pej*) Indian *esp pej;* Native American

Indien <-s> ['ɪndi̯ən] *nt* India

indirekt ['ɪndirɛkt] *adj* indirect

indisch ['ɪndɪʃ] *adj* Indian

Individualist(in) <-en, -en> [ɪndividu̯a'lɪst] *m(f)* individualist

individualistisch *adj* individualistic

individuell [ɪndivi'du̯ɛl] *adj* individual

Individuum <-s, Individuen> [ɪndi'viːduʊm] *nt* individual

Industrialisierung <-, -en> *f* industrialization

Industrie <-, -n> [ɪndʊs'triː] *f* industry

Industriegebiet *nt* industrial area

industriell [ɪndʊstri'ɛl] *adj* industrial

ineinander [ɪnʔai'nandɐ] *adv* in each other; **~ übergehen** to merge; **~ verliebt sein** to be in love with one another

ineinander|greifen *vi* to mesh

Infektion <-, -en> [ɪnfɛk'tsi̯oːn] *f* infection

Infektionskrankheit *f* infectious disease

infizieren* [ɪnfi'tsiːrən] **I.** *vt* to infect **II.** *vr* **sich ~** to catch an infection

Inflation <-, -en> [ɪnfla'tsi̯oːn] *f* ❶ ÖKON

inflation ❷ (*starke Zunahme*) proliferation

Influencer(in) <-s, -> [ˈɪnfluɛnsɐ] *m(f)* social media [*or* SM] influencer; **~ sein/werden** to be/become a social media influencer; **~-Marketing** social media influencer marketing

infolge [ɪnˈfɔlgə] **I.** *präp +gen* owing to **II.** *adv* **~ von etw** *dat* as a result of sth

infolgedessen [ɪnfɔlgəˈdɛsn̩] *adv* consequently

Informatik <-> [ɪnfɔrˈmaːtɪk] *f kein pl* computing science

Informatiker(in) <-s, -> [ɪnfɔrˈmaːtikɐ] *m(f)* computer specialist

Information <-, -en> [ɪnfɔrmaˈtsi̯oːn] *f* ❶ [a piece of] information *no pl;* **~en liefern/sammeln** to give/collect information ❷ (*das Informieren*) informing ❸ (*Informationsstand*) information desk

Informationstafel *f* information board

informativ [ɪnfɔrmaˈtiːf] *adj* informative

informieren* [ɪnfɔrˈmiːrən] **I.** *vt* to inform (**über** about); **gut informiert** well-informed **II.** *vr* **sich ~** to inform oneself (**über** about)

infrage [ɪnˈfraːgə] **~ kommen** to be possible; **nicht ~ kommen** to be out of the question

Infrastruktur [ˈɪnfraʃtrʊktuːɐ̯] *f* infrastructure

Ingenieur(in) <-s, -e> [ɪnʒeˈni̯øːɐ̯] *m(f)* engineer

Ingwer <-s> [ˈɪŋvɐ] *m kein pl* ginger

Inhaber(in) <-s, -> [ˈɪnhaːbɐ] *m(f)* ❶ *von Firma, Geschäft* owner ❷ *von Konto* holder; *von Aktie* bearer

inhaftieren* [ɪnhafˈtiːrən] *vt* to take into custody

inhalieren* [ɪnhaˈliːrən] *vt, vi* to inhale

Inhalt <-[e]s, -e> [ˈɪnhalt] *m* ❶ (*enthaltene Gegenstände*) contents *npl* ❷ (*Sinngehalt*) content ❸ MATH (*Flächeninhalt*) area; (*Rauminhalt*) volume

Inhaltsangabe *f* summary **Inhaltsverzeichnis** *nt* list of contents

Initiative <-, -n> [initsi̯aˈtiːvə] *f* ❶ initiative; **aus eigener ~** on one's own initiative; **die ~ ergreifen** to take the initiative ❷ SCHWEIZ (*Volksbegehren*) demand for a referendum

Injektion <-, -en> [ɪnjɛkˈtsi̯oːn] *f* injection

inklusive [ɪnkluˈziːvə] **I.** *präp +gen* inclusive [of] **II.** *adv* including; **vom 25. bis zum 28. ~** from 25th to 28th inclusive

inkompetent [ˈɪmkɔmpetɛnt] *adj* incompetent (**in** in/at)

inkonsequent [ˈɪnkɔnzekvɛnt] *adj* inconsistent

Inkubationszeit *f* incubation period

Inland [ˈɪnlant] *nt kein pl* ❶ (*das eigene Land*) home ❷ (*Binnenland*) inland

inländisch [ˈɪnlɛndɪʃ] *adj* domestic; *Industrie* home

inmitten [ɪnˈmɪtn̩] *präp +gen* (*geh*) in the midst of

inne|haben [ˈɪnə-] *vt irreg* to hold

innen [ˈɪnən] *adv* ❶ on the inside; **nach ~** inside; **die Tür geht nach ~ auf** the door opens inwards ❷ *bes* ÖSTERR (*drinnen*) inside

Innenleben *nt kein pl* ❶ (*Seelenleben*) inner feelings *npl* ❷ (*innere Struktur*) inner workings *npl* **Innenminister(in)** *m(f)* Minister [*or* AM Secretary] of the Interior, Home Secretary BRIT **Innenpolitik** *f* home affairs *npl* BRIT, domestic policy AM **innenpolitisch** [ˈɪnənpolitɪʃ] **I.** *adj* concerning home affairs [*or* AM domestic policy] **II.** *adv* with regard to home affairs [*or* AM domestic policy] **Innenraum** *m* interior **Innenseite** *f* inside **Innenspiegel** *m* AUTO rear-view mirror **Innenstadt** *f* city/town centre

innere(r, s) [ˈɪnərə, ˈɪnərɐ, ˈɪnərəs] *adj* ❶ *räumlich* inner ❷ (*innewohnend*) *a.* MED, ANAT internal

Innere(s) [ˈɪnərə, ˈɪnərəs] *nt* ❶ (*innerer Teil*) inside ❷ GEOL centre

Innereien [ɪnərˈaiən] *pl* innards *npl*

innerhalb [ˈɪnɐhalp] **I.** *präp +gen*

❶ *räumlich* inside ❷ *zeitlich* within **II.** *adv* **~ von etw** *dat* within sth

innerlich ['ɪnɐlɪç] **I.** *adj* ❶ MED internal ❷ PSYCH inner **II.** *adv* ❶ MED internally ❷ PSYCH inwardly; **~ war er sehr aufgewühlt** he was in inner turmoil

Innerste(s) ['ɪnɐstə] *nt dekl wie adj* core being; **tief in ihrem ~n wusste sie, ...** deep down inside she knew ...

innert ['ɪnɐt] *präp +dat o gen* ÖSTERR, SCHWEIZ within

inne|wohnen *vi* **jdm/einer S. ~** to be inherent in sb/a thing

innig ['ɪnɪç] **I.** *adj* ❶ (*tief empfunden*) deep; *Dank* heartfelt ❷ *Beziehung* intimate **II.** *adv* deeply

Innung <-, -en> ['ɪnʊŋ] *f* guild

inoffiziell *adj* unofficial

ins [ɪns] = **in das** *s.* **in**

Insasse, Insassin <-n, -n> ['ɪnzasə] *m, f* ❶ (*Fahrgast*) passenger ❷ (*Heimbewohner*) resident ❸ (*Gefängnisinsasse*) inmate

Inschrift ['ɪnʃrɪft] *f* inscription

Insekt <-[e]s, -en> [ɪn'zɛkt] *nt* insect

Insektenstich *m* insect sting

Insel <-, -n> ['ɪnzl̩] *f* island

Inserat <-[e]s, -e> [ɪnze'ra:t] *nt* advertisement

inserieren* [ɪnze'ri:rən] *vi, vt* to advertise

insgesamt [ɪnsgə'zamt] *adv* ❶ (*alles zusammen*) altogether ❷ (*im Großen und Ganzen*) on the whole

insofern [ɪnzo'fɛrn] **I.** *adv* in this respect; **~ ... als** in that **II.** *konj bes* ÖSTERR (*falls*) if; **~ als** in so far as

insoweit [ɪnzo'vait] **I.** *adv* in this respect **II.** *konj bes* ÖSTERR **~, als** if

Inspektion <-, -en> [ɪnspɛk'tsi̯o:n] *f* inspection; AUTO service

Inspektor(in) <-s, -en> [ɪn'spɛkto:ɐ̯] *m(f)* ADMIN executive officer; (*Kripo*) inspector

Installateur(in) <-s, -e> [ɪnstala'tø:ɐ] *m(f)* (*Elektroinstallateur*) electrician; (*Klempner*) plumber

installieren* [ɪnsta'li:rən] *vt* ❶ to install ❷ *Programm* to load (**auf** onto)

instand [ɪn'ʃtant] *adv* **etw ~ halten** to keep sth in good condition; **etw ~ setzen** to repair sth

Instanz <-, -en> [ɪn'stants] *f* ❶ (*Behörde*) authority ❷ JUR instance; **erste/zweite/oberste/letzte ~** trial court/appellate court/supreme court of appeal/court of last instance

Instinkt <-[e]s, -e> [ɪn'stɪŋkt] *m* instinct

instinktiv [ɪnstɪŋk'ti:f] *adj* instinctive

Institut <-[e]s, -e> *nt* institute

Institution <-, -en> [ɪnstitu'tsi̯o:n] *f* institution

Instrument <-[e]s, -e> [ɪnstru'mɛnt] *nt* ❶ instrument ❷ (*Werkzeug*) tool

Insulin <-s> [ɪnzu'li:n] *nt kein pl* insulin

inszenieren* [ɪnstse'ni:rən] *vt* THEAT (*a. fig*) to stage

Inszenierung <-, -en> *f* MUS, THEAT production

intakt [ɪn'takt] *adj* intact

Integration <-, -en> [ɪntegra'tsi̯o:n] *f* integration

integrieren* [ɪnte'gri:rən] **I.** *vt* to integrate (**in** into) **II.** *vr* **sich ~** to become integrated (**in** into)

Intellekt <-[e]s> [ɪntɛ'lɛkt] *m kein pl* intellect

intellektuell [ɪntɛlɛk'tu̯ɛl] *adj* intellectual

Intellektuelle(r) *f(m) dekl wie adj* intellectual

intelligent [ɪntɛli'gɛnt] *adj* intelligent

Intelligenz <-, -en> [ɪntɛli'gɛnts] *f* ❶ *kein pl* intelligence ❷ *kein pl* (*Schicht der Intellektuellen*) intelligentsia

Intensität <-, *selten* -en> [ɪntɛnzi'tɛ:t] *f* intensity

intensiv [ɪntɛn'zi:f] **I.** *adj* ❶ (*gründlich*) intensive ❷ (*eindringlich*) intense; *Duft, Schmerz* strong **II.** *adv* ❶ (*gründlich*) intensively ❷ (*eindringlich*) strongly

Intensivstation *f* intensive care unit

interessant [ɪntərɛ'sant] *adj* interesting; *Angebot* attractive

Interesse <-s, -n> [ɪntə'rɛsə] *nt* interest; **aus ~** out of interest; **~ [an jdm/etw] haben** to be interested [in sb/sth]

Interessent(in) <-en, -en> [ɪntərɛ'sɛnt] *m(f)* interested party; (*für Kauf*) potential buyer

interessieren* [ɪntərɛ'si:rən] **I.** *vt* **jdn für etw ~** to interest sb in sth **II.** *vr* **sich für jdn/etw ~** to be interested in sb/sth

intern [ɪn'tɛrn] **I.** *adj* internal **II.** *adv* internally

Internat <-[e]s, -e> [ɪntɐ'na:t] *nt* boarding-school

international [ɪntɐnatsi̯o'na:l] **I.** *adj* international **II.** *adv* internationally

Internet <-> ['ɪntɐnɛt] *nt* internet, Internet

Internetanbieter *m* internet provider **internetbasiert** *adj* web-based, net-based **Internetbrowser** *m* internet explorer **Internetcafé** *nt* cybercafé **Internetportal** *nt* web [*or* internet] portal **Internettelefonie** *f* internet [*or* IP] telephony **Internetzugang** *m* internet access

interpretieren* [ɪntɐpre'ti:rən] *vt* to interpret

Intervall <-s, -e> [ɪntɐ'val] *nt* interval

interviewen* [ɪntɐ'vju:ən] *vt* to interview (**zu/über** about); **sich [von jdm] ~ lassen** to give [sb] an interview

intim [ɪn'ti:m] *adj* intimate (**mit** with)

Intimbereich *m* ❶ (*Geschlechtsorgane*) private parts *npl* ❷ (*Intimsphäre*) private life

Intimität <-, -en> [ɪntimi'tɛ:t] *f* intimacy

intolerant ['ɪntolerant] **I.** *adj* intolerant **II.** *adv* intolerantly

Intrige <-, -n> [ɪn'tri:gə] *f* conspiracy

introvertiert [ɪntrovɛr'ti:ɐ̯t] *adj* introverted

Invalide, Invalidin <-n, -n> [ɪnva'li:də] *m, f* invalid

Invasion <-, -en> [ɪnva'zi̯o:n] *f* invasion

investieren* [ɪnvɛs'ti:rən] *vt* to invest

Investition <-, -en> [ɪnvɛsti'tsi̯o:n] *f* investment

inwiefern [ɪnvi'fɛrn] *adv* in what way

inwieweit [ɪnvi'vait] *adv* how far

inzwischen [ɪn'tsvɪʃn̩] *adv* in the meantime

irdisch ['ɪrdɪʃ] *adj* earthly

Ire, Irin <-n, -n> ['i:rə, 'i:rɪn] *m, f* Irishman *masc*, Irishwoman *fem*; **die ~n** the Irish

irgend ['ɪrgn̩t] *adv* at all; **~ so ein Spinner ...** some lunatic or other ...; **wenn ~ möglich** if at all possible

irgendein ['ɪrgn̩tʔain], **irgendeine(r, s)** ['ɪrgn̩tʔainə, -ainɐ, -ainəs], **irgendeins** ['ɪrgn̩tʔains] *pron indef* ❶ *adjektivisch* some; **haben Sie noch irgendeinen Wunsch?** would you like anything else?; **nicht irgendein Buch, sondern ...** not any [old] book, but ... ❷ *substantivisch* any [old] one; **ich werde doch nicht irgendeinen einstellen** I'm not going to appoint just anybody **irgendetwas** *pron indef* something; (*bei Fragen, Bedingungssätzen, Verneinungen*) anything; **~ anderes** something else **irgendjemand** *pron indef* somebody; (*bei Fragen, Bedingungssätzen, Verneinungen*) anyone; **~ anderer** somebody else **irgendwann** ['ɪrgn̩t'van] *adv* some time or other **irgendwas** ['ɪrgn̩t'vas] *pron indef* (*fam*) *s.* **irgendetwas** **irgendwie** ['ɪrgn̩t'vi:] *adv* somehow [or other]; **Sie kommen mir ~ bekannt vor** I seem to know you somehow **irgendwo** ['ɪrgn̩t'vo:] *adv* somewhere [or other]; (*bei Fragen, Bedingungssätzen, Verneinungen*) anywhere **irgendwoher** ['ɪrgn̩tvo'he:ɐ̯] *adv* **[von] ~** from somewhere [or other] **irgendwohin** ['ɪrgn̩tvo'hɪn] *adv* somewhere [or other]

Irin <-, -nen> ['i:rɪn] *f fem form von* **Ire** Irishwoman
Iris ['i:rɪs] *f* (*Blume, Regenbogenhaut*) iris
irisch ['i:rɪʃ] *adj* Irish
Irisdiagnose *f* iris diagnosis
Irland ['ɪrlant] *nt* Ireland
Ironie <-, *selten* -n> [iro'ni:] *f* irony
ironisch [i'ro:nɪʃ] **I.** *adj* ironic[al] **II.** *adv* ironically; ~ **lächeln** to give an ironic smile
irr(e) [ɪrə] **I.** *adj* ❶ (*verrückt*) crazy ❷ (*sl: toll*) fantastic **II.** *adv* ❶ (*verrückt*) insanely; **wie** ~ (*fam*) like mad ❷ (*sl*) ~ **komisch** incredibly funny
irrational ['ɪratsi̯ona:l] *adj* irrational
Irre <-> ['ɪrə] *f* **in die ~ führen** to mislead
irreal ['ɪrea:l] *adj* unreal
irre|führen *vt* to mislead; **sich von jdm/etw ~ lassen** to be misled by sb/sth
irrelevant ['ɪrelevant] *adj* irrelevant
irren[1] ['ɪrən] *vi sein* (*herumirren*) to wander (**durch** through/**über** across)
irren[2] ['ɪrən] *vr* **sich** ~ to be wrong (**in** about); **wenn ich mich nicht irre, ...** if I am not mistaken ...
Irrfahrt *f* odyssey **Irrgarten** *m* maze
irritieren* [ɪri'ti:rən] *vt* (*verwirren*) to confuse
Irrtum <-[e]s, -tümer> ['ɪrtu:m] *m* ❶ (*Gedanke*) error; **[schwer] im ~ sein** to be [badly] mistaken ❷ (*Handlung*) mistake; **einen ~ begehen** to make a mistake
irrtümlich ['ɪrty:mlɪç] **I.** *adj attr* mistaken **II.** *adv* mistakenly
Ischias <-> ['ɪʃi̯as] *m o nt kein pl* sciatica
Islam <-s> [ɪs'la:m] *m kein pl* **der** ~ Islam
islamisch [ɪs'la:mɪʃ] *adj* Islamic
Island ['i:slant] *nt* Iceland
Isländer(in) <-s, -> ['i:slɛndɐ] *m(f)* Icelander
isländisch ['i:slɛndɪʃ] *adj* Icelandic
Isolation <-, -en> [izola'tsi̯o:n] *f* ❶ TECH insulation ❷ (*das Isolieren/Isoliertsein*) isolation (**von** from)
Isolierband <-bänder> [izo'li:ɐ̯-] *nt* insulating tape
isolieren* [izo'li:rən] **I.** *vt* ❶ TECH to insulate (**gegen** against) ❷ (*absondern*) to isolate (**von** from) **II.** *vr* **sich** ~ to isolate oneself (**von** from)
Isomatte *f* insulating underlay
Italien <-s> [i'ta:li̯ən] *nt* Italy
Italiener(in) <-s, -> [ita'li̯e:nɐ] *m(f)* Italian
italienisch [ita'li̯e:nɪʃ] *adj* Italian

J j

J, j <-, -> [jɔt] *nt* J, j

ja [jaː] *part* ❶ yes; **aber ~!** yes, of course!; **wenn ja, ...** if so ... ❷ (*fragend: tatsächlich?*) really? ❸ (*warnend: bloß*) make sure; **geh ~ nicht dahin!** don't go there whatever you do! ❹ (*abschwächend*) after all; **ich kann es ~ mal versuchen** I can try it of course ❺ (*bekräftigend*) **das ist ~ kaum zu glauben!** that's scarcely believable!; **das ist ~ entsetzlich!** that's just terrible!; **das ist ~ die Höhe!** that's the absolute limit! ❻ (*na ja, nun*) well ❼ (*nicht wahr?*) isn't it?; **es bleibt doch bei unserer Abmachung, ~?** our agreement does stand though, doesn't it?

Jacht <-, -en> [jaxt] *f* yacht **Jachthafen** *m* marina

Jacke <-, -n> ['jakə] *f* (*Stoffjacke*) jacket; (*Strickjacke*) cardigan

Jackett <-s, -s> [ʒa'kɛt] *nt* jacket

Jagd <-, -en> ['jaːkt] *f* ❶ hunting; **~ auf jdn/etw machen** to hunt for sb/sth; **auf der ~ sein** to be [out] hunting ❷ (*Verfolgung*) hunt (**auf** for) ❸ (*wildes Streben*) pursuit (**nach** of)

Jagdhund *m* hound

jagen ['jaːgn̩] **I.** *vt haben* ❶ to hunt ❷ (*hetzen*) to pursue ❸ (*ver-, antreiben*) to drive (**aus** out of/**in** into) **II.** *vi* ❶ *haben* to hunt ❷ *sein* (*rasen*) to race (**durch** through)

Jäger(in) <-s, -> ['jɛːgɐ] *m(f)* hunter

Jaguar <-s, -e> ['jaːgu̯aːɐ̯] *m* jaguar

jäh ['jɛː] *adj* (*geh*) ❶ (*abrupt*) abrupt; *Bewegung* sudden ❷ (*steil*) steep

Jahr <-[e]s, -e> ['jaːɐ̯] *nt* ❶ year; **die 20er-/30er-~e etc.** the twenties/thirties etc. + *sing/pl vb;* **anderthalb ~e** a year and a half; **ein drei viertel ~** nine months; **ein halbes/viertel ~** six/three months; **~ für ~** year after year; **das ganze ~ über** throughout the whole year; **im ~e ...** in [the year] ...; **in diesem/im nächsten ~** this/next year; **vor einem ~** a year ago; **zweimal im ~** twice a year ❷ (*Lebensjahre*) **er ist zwölf ~e alt** he's twelve years old

jahrelang ['jaːrəlaŋ] **I.** *adj attr* lasting for years; **das Ergebnis ~er Forschungen** the result of years of research **II.** *adv* for years; **es dauert ~(, bis ...)** it will take years (before ...) **Jahrestag** *m* anniversary **Jahreszeit** *f* season

Jahrgang <-gänge> *m* ❶ (*Altersgruppe*) age-group; (*von Schülern*) [school] year ❷ *von Wein* vintage **Jahrhundert** <-s, -e> [jaːɐ̯'hʊndɐt] *nt* century **Jahrhundertwende** *f* turn of the century

jährlich ['jɛːɐ̯lɪç] *adj* annual

Jahrmarkt *m* [fun]fair **Jahrtausend** <-s, -e> [jaːɐ̯'tauzn̩t] *nt* millennium **Jahrzehnt** <-[e]s, -e> [jaːɐ̯'tseːnt] *nt* decade

jähzornig *adj* violent-tempered

Jalousie <-, -n> [ʒalu'ziː] *f* venetian blind

jämmerlich ['jɛmɐlɪç] **I.** *adj attr* ❶ (*beklagenswert*) wretched ❷ (*pej: mies*) miserable; **eine ~e Ausrede** a pathetic excuse **II.** *adv* ❶ (*elend*) miserably ❷ (*fam: sehr*) awfully

jammern ['jamɐn] *vi* to whine (**über/wegen** about)

Januar <-[s], -e> ['janu̯aːɐ̯] *m* January; *s.a.* **Februar**

Japan <-s> ['jaːpan] *nt* Japan

Japaner(in) <-s, -> [ja'paːnɐ] *m(f)* Japanese; **die ~** the Japanese

japanisch [ja'paːnɪʃ] *adj* Japanese

Jasmin <-s, -e> [jas'miːn] *m* jasmine

jäten ['jɛːtn̩] *vi, vt Garten* to weed

Jauche <-, -n> ['jauxə] *f* liquid manure

Jauchegrube *f* liquid manure pit

jaulen ['jaulən] *vi* to howl

je ['je:] **I.** *adv* ❶ (*jemals*) ever ❷ (*jeweils*) each **II.** *präp +akk* (*pro*) per **III.** *konj* **~ ..., desto ...** the ... the ...; **~ nachdem!** it [all] depends!; **~ nachdem, wann/wie/ob ...** depending on when/how/whether ...

jede(r, s) ['je:də, 'je:dɐ, 'je:dəs] *pron indef* ❶ *attr* (*alle einzelnen*) each; **~s Mal** every time ❷ *attr* (*jegliche*) any ❸ *substantivisch* everyone; **das weiß doch ein ~r!** everybody knows that!; DIAL (*jeweils der/die einzelne*) each [one]; **~e(r, s) zweite/dritte/...** one in two/three ...

jedenfalls ['je:dn̩'fals] *adv* anyhow, in any case

jedermann ['je:dɐman] *pron indef, substantivisch* everyone; (*jeder [beliebige]*) anyone

jederzeit ['je:dɐ'tsait] *adv* ❶ (*zu jeder beliebigen Zeit*) at any time ❷ (*jeden Augenblick*) at any moment

jedoch [je'dɔx] *konj adv* however

jemals ['je:ma:ls] *adv* ever

jemand ['je:mant] *pron indef* somebody, someone; (*bei Fragen, Negation, etc.*) anybody, anyone

jene(r, s) ['je:nə, 'je:nɐ, 'je:nəs] *pron dem* (*geh*) that *sing*, those *pl*

jenseits ['je:nzaits] **I.** *präp +gen* (*auf der anderen Seite*) on the other side of **II.** *adv* (*über ... hinaus*) **~ von etw** *dat* beyond sth

Jenseits <-> ['je:nzaits] *nt kein pl* hereafter

jetzig ['jɛtsɪç] *adj attr* current

jetzt ['jɛtst] *adv* ❶ (*nun*) now; **bis ~** so far; **~ gleich** right now; **~ noch?** now?; **~ oder nie!** [it's] now or never!; **~ schon?** already?; **wer ist das ~ schon wieder?** who on earth is that now? ❷ (*heute*) now[adays]

jeweilig ['je:'vailɪç] *adj attr* prevailing

jeweils ['je:'vails] *adv* ❶ (*jedes Mal*) each time; **die Miete ist ~ monatlich im Voraus fällig** the rent is due each month in advance ❷ (*jeder einzelne*) each

Joch <-[e]s, -e> ['jɔx] *nt* yoke

Jod <-s> ['jo:t] *nt kein pl* iodine

jodeln ['jo:dl̩n] *vi* to yodel

joggen ['dʒɔgn̩] *vi sein* to jog

Jogger(in) <-s, -> ['dʒɔgɐ] *m(f)* jogger

Joghurt <-[s], -[s]> ['jo:gʊrt] *m o nt* yog[h]urt

Johannisbeere [jo'hanɪs-] *f* currant; **rote/schwarze ~** redcurrant/blackcurrant

johlen ['jo:lən] *vi* to yell

jonglieren* [ʒɔŋ'li:rən] *vi* to juggle

Journalist(in) <-en, -en> [ʒʊrna'lɪst] *m(f)* journalist

jubeln ['ju:bl̩n] *vi* to shout with joy; **eine ~de Menge** a cheering crowd

Jubiläum <-s, Jubiläen> [jubi'lɛ:ʊm] *nt* anniversary

jucken ['jʊkn̩] **I.** *vi* (*Juckreiz erzeugen*) to itch **II.** *vt impers* **es juckt jdn [irgendwo]** sb has an itch [somewhere]; **mich juckt's am Rücken** my back's itching **III.** *vt* ❶ (*kratzen*) **das Unterhemd juckt mich** the vest makes me itch ❷ *meist verneint* (*fam: kümmern*) **jdn juckt etw [nicht]** sth is of [no] concern to sb **V.** *vr* (*fam: sich kratzen*) **sich ~** to scratch

Juckreiz *m* itch[ing *no pl*]

Jude, Jüdin <-n, -n> ['ju:də, 'jy:dɪn] *m, f* Jew *masc*, Jewess *fem*

Judentum <-s> *nt* Jewry

Jüdin <-, -nen> *f fem form von* **Jude**

jüdisch ['jy:dɪʃ] *adj* Jewish

Jugend <-> ['ju:gn̩t] *f kein pl* ❶ youth; **in jds ~** in sb's youth; **von ~ an** from one's youth ❷ (*junge Leute*) **die ~** young people *npl;* **die europäische ~** the youth of Europe; **die heutige ~** young people today

Jugendherberge *f* youth hostel **Jugendlager** *nt* youth camp
jugendlich ['ju:gn̩tlɪç] *adj* youthful; (*jung*) young
Jugendliche(r) *f(m) dekl wie adj* young person
Juli <-[s], -s> ['ju:li] *m* July; *s.a.* **Februar**
jung <jünger, jüngste> ['jʊŋ] **I.** *adj* young; **das hält ~!** it keeps you young!; **~ und alt** young and old alike **II.** *adv* young; **von ~ auf** from an early age; **~ heiraten** to marry young
Junge <-n, -n> ['jʊŋə] *m* boy
Junge(s) ['jʊŋə, 'jʊŋəs] *nt dekl wie adj* (*Jungtier*) young; *von Hund* puppy; *von Katze* kitten
jünger ['jʏŋɐ] *adj* ❶ *comp von* **jung** younger ❷ (*noch nicht allzu alt*) youngish ❸ *Zeit* recent
Jünger(in) <-s, -> ['jʏŋɐ] *m(f)* (*Anhänger, a. von Jesus*) disciple
Jungfrau ['jʊŋfrau] *f* ❶ (*Frau*) virgin ❷ ASTROL Virgo; **~ sein** to be a Virgo
Junggeselle, -gesellin ['jʊŋgəzɛlə, -gəzɛlɪn] *m, f* bachelor
Junggesellin <-, -nen> ['jʊŋgəzɛlɪn] *f fem form von* **Junggeselle** a single woman
Jüngling <-s, -e> ['jʏŋlɪŋ] *m* (*geh*) youth
jüngst ['jʏŋst] *adv* (*geh*) recently
jüngste(r, s) *adj* ❶ *superl von* **jung** youngest ❷ (*neueste*) latest
Juni <-[s], -s> ['ju:ni] *m* June; *s.a.* **Februar**
Jura[1] ['ju:ra] *kein art* (*Rechtswissenschaft*) law
Jura[2] <-s> ['ju:ra] *nt kein pl* ❶ (*Schweizer Gebirge*) Jura Mountains *npl* ❷ (*Schweizer Kanton*) Jura
Jurist(in) <-en, -en> [juʀɪst] *m(f)* ❶ (*Akademiker*) jurist ❷ (*fam: Jurastudent*) law student
juristisch [ju'rɪstɪʃ] **I.** *adj* legal; **die ~e Fakultät** Faculty of Law; **ein ~es Problem** a juridical problem; **~es Studium** law studies **II.** *adv* **~ betrachtet** seen from a legal point of view
Jury <-, -s> ['ʒy:ri] *f* jury
Jus <-> ['ju:s] *nt kein art* ÖSTERR (*Jura*) law
Justiz <-> [jʊs'ti:ts] *f kein pl* ❶ (*Gerichtsbarkeit*) justice *no pl* ❷ (*Justizbehörden*) legal authorities *npl*
Justizminister(in) *m(f)* Minister of Justice BRIT, Attorney General AM
Juwel[1] <-s, -en> [ju've:l] *m o nt* ❶ (*Schmuckstein*) gem[stone], jewel ❷ *pl* (*Schmuck*) jewellery *no pl*
Juwel[2] <-s, -e> [ju've:l] *nt* (*geschätzte Person/Sache*) gem; **ein ~ von einer Köchin sein** to be a gem of a cook
Jux <-es, -e> ['jʊks] *m* (*fam*) joke

Kk

K, k <-, -> [kaː] *nt* K, k
Kabarett <-s, -e> [kabaˈrɛt] *nt* cabaret
Kabel <-s, -> [ˈkaːbl̩] *nt* ❶ ELEK wire ❷ TELEK, TV cable
Kabelfernsehen *nt* cable TV
Kabeljau <-s, -e> [ˈkaːbl̩jau] *m* cod
Kabine <-, -n> [kaˈbiːnə] *f* ❶ (*zum Umkleiden*) changing room ❷ NAUT cabin
Kabinett <-s, -e> [kabiˈnɛt] *nt* cabinet
Kachel <-, -n> [ˈkaxl̩] *f* tile
Kachelofen [ˈkaxl̩ʔoːfn̩] *m* tiled stove
Kadaver <-s, -> [kaˈdaːvɐ] *m* carcass
Kader <-s, -> [ˈkaːdɐ] *m* cadre
Käfer <-s, -> [ˈkɛfɐ] *m* beetle
Kaffee <-s, -s> [ˈkafe] *m* coffee; **~ mit Milch** white coffee; **schwarzer ~** black coffee; **~ trinken** to have [a] coffee
Kaffeehaus *nt* coffee-house **Kaffeekanne** *f* coffeepot **Kaffeelöffel** *m* coffee spoon **Kaffeepad** [-pɛt] *nt* coffee pod **Kaffeetasse** *f* coffee cup
Käfig <-s, -e> [ˈkɛːfɪç] *m* cage
kahl [kaːl] **I.** *adj* ❶ (*haarlos*) bald; **~ geschoren** shaven ❷ *Wand, Baum* bare **II.** *adv* **etw ~ fressen** to strip sth bare; **jdn ~ scheren** to shave sb's head
Kahlkopf *m* bald head
kahlköpfig *adj* bald-headed
Kahn <-[e]s, Kähne> [kaːn] *m* (*Boot*) small boat; (*für Lasten*) barge
Kai <-s, -e> [kai] *m* quay
Kaiser(in) <-s, -> [ˈkaizɐ] *m(f)* emperor *masc*, empress *fem*
Kaiserreich *nt* empire **Kaiserschnitt** *m* Caesarean
Kajüte <-, -n> [kaˈjyːtə] *f* cabin
Kakadu <-s, -s> *m* cockatoo
Kakao <-s, -s> [kaˈkau] *m* cocoa
Kakerlake <-, -n> [ˈkaːkɐlaːkə] *f* cockroach
Kaktee <-, -n> [kakˈteːə] *f*, **Kaktus** <-, Kakteen *o fam* -se> [ˈkaktʊs] *m* cactus
Kalb <-[e]s, Kälber> [kalp] *nt* calf
Kalbfleisch *nt* veal
Kalender <-s, -> [ˈkalɛndɐ] *m* calendar
Kaliber <-s, -> [kaˈliːbɐ] *nt* calibre
Kalifornien <-s> [kaliˈfɔrni̯ən] *nt* California
Kalk <-[e]s> [kalk] *m kein pl* ❶ lime ❷ (*Kalzium*) calcium
kalkhaltig *adj* chalky; (*Wasser*) hard
Kalkstein *m* limestone
Kalkulation <-, -en> [kalkulaˈtsi̯oːn] *f* calculation
kalkulierbar *adj* calculable
kalkulieren* [kalkuˈliːrən] *vi, vt* to calculate
Kalorie <-, -n> [kaloˈriː] *f* calorie
kalorienarm *adj, adv* low-calorie
kalt <kälter, kälteste> [kalt] **I.** *adj* cold; **mir ist ~** I'm cold **II.** *adv* **~ duschen** to have a cold shower; **sich ~ waschen** to wash in cold water
kaltblütig [kaltblyːtɪç] **I.** *adj* cold-blooded **II.** *adv* unscrupulously
Kälte <-> [ˈkɛltə] *f kein pl* cold; **vor ~** with cold
Kälteschutzmittel *nt* antifreeze
kalt\|lassen *vt* **jdn ~** to leave sb cold
Kamel <-[e]s, -e> [kaˈmeːl] *nt* camel
Kamera <-, -s> [ˈkaməra] *f* camera
Kamerad(in) <-en, -en> [kaməˈraːt] *m(f)* comrade
kameradschaftlich **I.** *adj* friendly **II.** *adv* on a friendly basis
Kameramann, -frau *m, f* cameraman *masc*, camerawoman *fem*
Kamille <-, -n> [kaˈmɪlə] *f* camomile
Kamillentee *m* camomile tea
Kamin <-s, -e> [kaˈmiːn] *m* ❶ fireplace ❷ (*Schornstein*) chimney

Kamm <-[e]s, Kämme> [kam] *m* comb
kämmen [kɛmən] *vt* to comb
Kammer <-, -n> ['kamɐ] *f* [small] room
Kampagne <-, -n> [kam'panjə] *f* campaign
Kampf <-[e]s, Kämpfe> [kampf] *m* ① fight ② MIL battle ③ (*das Ringen*) **der ~ ums Dasein** the struggle for existence ▶ **jdm/einer S. den ~ ansagen** to declare war on sb/sth
kämpfen ['kɛmpfn̩] *vi* ① to fight ② (*ringen*) **mit sich/etw** *dat* **~** to struggle with oneself/sth
kämpferisch *adj* aggressive
Kampfhund *m* fighting dog **Kampfrichter(in)** *m(f)* referee **Kampfsport** *m kein pl* martial arts *pl*
kampieren* [kam'piːrən] *vi* to camp [out]
Kanada <-s> ['kanada] *nt* Canada
Kanadier(in) <-s, -> [ka'naːdi̯ɐ] *m(f)* Canadian
kanadisch [ka'naːdɪʃ] *adj* Canadian
Kanal <-s, Kanäle> [ka'naːl] *m* ① canal ② (*Abwasser*) sewer ③ GEOG **der ~** the Channel ④ TV channel
Kanalinseln *pl* **die ~** the Channel Islands
Kanalisation <-, -en> [kanaliza'tsi̯oːn] *f* sewerage system
Kanaltunnel *m* **der ~** the Channel Tunnel
Kanarienvogel [ka'naːri̯ənfoːgl̩] *m* canary
Kanarische Inseln *pl* Canary Islands
Kandidat(in) <-en, -en> [kandi'daːt] *m(f)* candidate; **jdn als ~en aufstellen** to nominate sb
kandidieren* [kandi'diːrən] *vi* to stand (**für** for)
kandiert *adj* candied
Kandis <-> ['kandɪs] *m*, **Kandiszucker** *m kein pl* rock candy *no pl*
Känguru ['kɛŋguru] *nt* kangaroo
Kaninchen <-s, -> [ka'niːnçən] *nt* rabbit
Kanister <-s, -> [ka'nɪstɐ] *m* canister
Kännchen <-s, -> ['kɛnçən] *nt* ① jug ② (*im Café*) pot
Kanne <-, -n> ['kanə] *f* pot
Kannibale <-n, -n> [kani'baːlə] *m* cannibal
Kanone <-, -n> [ka'noːnə] *f* cannon
Kante <-, -n> ['kantə] *f* edge
Kantine <-, -n> [kan'tiːnə] *f* canteen
Kanton <-s, -e> [kan'tɔːn] *m* canton
Kanu <-s, -s> ['kaːnu] *nt* canoe
Kanüle <-, -n> [ka'nyːlə] *f* cannula
Kanzel <-, -n> ['kantsl̩] *f* ① REL pulpit ② LUFT cockpit
Kanzlei <-, -en> [kants'lai] *f* office
Kanzler(in) <-s, -> ['kantslɐ] *m(f)* chancellor
Kap <-s, -s> [kap] *nt* cape
Kapazität <-, -en> [kapatsi'tɛt] *f* ① *kein pl* capacity ② (*Experte*) expert
Kapelle <-, -n> [ka'pɛlə] *f* ① REL chapel ② MUS orchestra
Kaper <-, -n> ['kaːpɐ] *f* caper
kapieren* [ka'piːrən] (*fam*) **I.** *vi* to get; **~, dass/was ...** to understand that/what ... **II.** *vt* **etw ~** to get sth
Kapital <-s, -ien> [kapi'taːl] *nt* capital; **~ aufnehmen** to take up credit; **~ aus etw** *dat* **schlagen** to cash in on sth
Kapitalismus <-> [kapita'lɪsmʊs] *m kein pl* capitalism
Kapitalist(in) <-en, -en> [kapita'lɪst] *m(f)* capitalist
kapitalistisch *adj* capitalist
Kapitän(in) <-s, -e> [kapi'tɛːn] *m(f)* captain
Kapitel <-s, -> [ka'pɪtl̩] *nt* chapter
Kapitulation <-, -en> [kapitula'tsi̯oːn] *f* capitulation
kapitulieren* [kapitu'liːrən] *vi* to capitulate (**vor** to)
Kaplan <-s, Kapläne> [ka'plaːn] *m* chaplain
Kappe <-, -n> ['kapə] *f* ① (*Mütze*) cap ② (*Deckel*) top
Kapsel <-, -n> ['kapsl̩] *f* ① PHARM, RAUM capsule ② (*kleiner Behälter*) small container
kaputt [ka'pʊt] *adj* (*fam*) ① (*defekt*) bro-

ken ❷ (*beschädigt*) damaged ❸ (*erschöpft*) shattered ❹ (*ruiniert*) ruined

kaputt|gehen *vi irreg sein* (*fam*) ❶ to break down ❷ (*beschädigt werden*) to become damaged ❸ (*ruiniert werden*) to be ruined **kaputt|machen I.** *vt* (*fam*) ❶ (*zerstören*) to break ❷ (*ruinieren*) to ruin ❸ (*erschöpfen*) **jdn ~** to wear sb out **II.** *vr* (*fam*) **sich ~** to wear oneself out

Kapuze <-, -n> [ka'pu:tsə] *f* hood

Kapuzenshirt [-ʃø:ɐ̯t] *nt* hoody

Karabiner <-s, -> [kara'bi:nɐ] *m* ❶ carbine ❷ (*Haken*) karabiner

Karaffe <-, -n> [ka'rafə] *f* decanter

Karambolage <-, -n> [karambo'la:ʒə] *f* pile-up

Karamell <-s> [kara'mɛl] *m kein pl* caramel

Karat <-[e]s, -e> [ka'ra:t] *nt* carat

Karate <-[s]> [ka'ra:tə] *nt kein pl* karate

Kardamom <-s> [karda'mo:m] *m o nt kein pl* cardamom

Kardinal <-s, Kardinäle> [kardi'na:l] *m* cardinal

Karfiol <-s> [kar'fi̯o:l] *m kein pl* ÖSTERR cauliflower

Karfreitag [ka:ɐ̯'fraita:k] *m* Good Friday

karg [kark] *adj* meagre

Karibik <-> [ka'ri:bɪk] *f* **die ~** the Caribbean

kariert [ka'ri:rt] *adj* ❶ *Stoff* checked ❷ *Papier* squared

Karies <-> [ka:ri̯ɛs] *f kein pl* tooth decay

Karikatur <-, -en> [karika'tu:ɐ̯] *f* caricature

karikieren* [kari'ki:rən] *vt* to caricature

Karneval <-s, -e> ['karnəval] *m* carnival

Kärnten <-s> ['kɛrntn̩] *nt* Carinthia

Karo <-s, -s> ['ka:ro] *nt* ❶ check ❷ KARTEN diamonds *pl*

Karosserie <-, -n> [karɔsə'ri:] *f* bodywork

Karotte <-, -n> [ka'rɔtə] *f* carrot

Karpfen <-s, -> ['karpfn̩] *m* carp

Karren <-s, -> ['karən] *m* ❶ (*Schubkarre*) wheelbarrow ❷ (*offener Pferdewagen*) cart

Karriere <-, -n> [ka'ri̯e:rə] *f* career **Karriereleiter** *f kein pl* (*fam*) career ladder; **die ~ emporklettern** to climb the career ladder [*or* slippery pole]

Karte <-, -n> ['kartə] *f* ❶ card; (*Ansichtskarte*) [post]card; (*Eintritts-/Fahrkarte*) ticket ❷ (*Auto-/Landkarte*) map; **nach der ~** according to the map ❸ (*Speisekarte*) menu ❹ KARTEN card; **die ~n mischen** to shuffle the cards

Kartei <-, -en> [kar'tai] *f* card index

Karteikarte *f* index card

Kartenspiel *nt* game of cards **Kartenspieler(in)** <-s, -> *m(f)* card player **Kartentelefon** *nt* cardphone

Kartoffel <-, -n> [kar'tɔfl̩] *f* potato

Kartoffelbrei *m kein pl* mashed potatoes **Kartoffelchips** *pl* crisps BRIT, chips AM **Kartoffelpuffer** <-s, -> *m* potato fritter **Kartoffelsalat** *m* potato salad

Karton <-s, -s> [kar'tɔŋ] *m* ❶ cardboard box ❷ (*Pappe*) cardboard

Karussell <-s, -s> [karʊ'sɛl] *nt* merry-go-round

Käse <-s, -> ['kɛ:zə] *m* ❶ cheese ❷ (*pej*) nonsense

Käsekuchen *m* cheesecake

Kasino <-s, -s> [ka'zi:no] *nt* casino

Kaskoversicherung *f* fully comprehensive insurance

Kasper <-s, -> ['kaspɐ] *m*, **Kasperl** <-s, -[n]> ['kaspɐl] *m o nt* ÖSTERR Punch

Kasperletheater *nt* Punch and Judy show

Kasse <-, -n> ['kasə] *f* ❶ (*Zahlstelle*) cash desk; (*in Supermarkt*) check-out ❷ (*Registrierkasse*) cash register, till; **jdn zur ~ bitten** to ask sb to pay ❸ (*fam*) **gut/schlecht bei ~ sein** to be well/badly off

Kassenbon *m* receipt

Kassette <-, -n> [ka'sɛtə] *f* (*Video*) video tape; (*Musik*) tape

Kassettenrekorder *m* cassette recorder

kassieren* [kaˈsiːrən] **I.** *vt* ❶ to collect (**von** from) ❷ (*fam: einstreichen*) to pick up **II.** *vi* **bei jdm ~** to hand sb the bill

Kassierer(in) <-s, -> [kaˈsiːrɐ] *m(f)* cashier

Kastanie <-, -n> [kasˈtaːni̯ə] *f* chestnut

kastanienbraun *adj* maroon

Kasten <-s, Kästen> [ˈkastn̩] *m* ❶ box ❷ ÖSTERR (*Schrank*) cupboard ▶ **etwas/nichts auf dem ~ haben** (*fam*) to be/not be on the ball

kastrieren* [kasˈtriːrən] *vt* to castrate

Katalog <-[e]s, -e> [kataˈloːk] *m* catalogue

Katalysator <-s, -en> [katalyˈzaːtoːɐ̯] *m* ❶ catalyst ❷ AUTO catalytic converter

katastrophal [katastroˈfaːl] *adj* catastrophic

Katastrophe <-, -n> [kataˈstroːfə] *f* catastrophe

Katastrophenhilfe *f* aid for disaster victims

Kategorie <-, -n> [kategoˈriː] *f* category

Kater <-s, -> [ˈkaːtɐ] *m* ❶ tomcat; **der Gestiefelte ~** Puss-in-Boots ❷ hangover; **einen ~ haben** to have a hangover

Kathedrale <-, -n> [kateˈdraːlə] *f* cathedral

Katheter <-s, -> [kaˈteːtɐ] *m* catheter

Katholik(in) <-en, -en> [katoˈliːk] *m(f)* Catholic

katholisch [kaˈtoːlɪʃ] *adj* Roman Catholic

Kätzchen[1] <-s, -> [ˈkɛtsçən] *nt dim von* **Katze** kitten

Kätzchen[2] <-s, -> [ˈkɛtsçən] *nt* BOT catkin

Katze <-, -n> [ˈkatsə] *f* cat ▶ **die ~ aus dem Sack lassen** (*fam*) to let the cat out of the bag; **die ~ im Sack kaufen** to buy a pig in a poke

kauen [ˈkauən] *vt, vi* to chew

Kauf <-[e]s, Käufe> [kauf] *m* ❶ (*das Kaufen*) buying; **etw zum ~ anbieten** to offer sth for sale ❷ (*Ware*) buy ▶ **etw in ~ nehmen** to put up with sth; **ein Risiko in ~ nehmen** to accept a risk

kaufen [ˈkaufn̩] **I.** *vt* to buy **II.** *vi* to shop

Käufer(in) <-s, -> [ˈkɔyfɐ] *m(f)* buyer

Kauffrau *f* businesswoman **Kaufhaus** *nt* department store

Kaufmann, -frau <-leute> [ˈkaufman] *m, f* businessman *masc,* businesswoman *fem*

kaufmännisch *adj* commercial

Kaufvertrag *m* contract of sale

Kaugummi *m* chewing gum

Kaulquappe <-, -n> [ˈkaulkvapə] *f* tadpole

kaum [kaum] **I.** *adv* hardly; **[wohl] ~!** I don't think so!; **~ eine[r]** hardly anyone; **~ jemals** hardly ever **II.** *konj* **~ dass ...** no sooner ... than

Kaution <-, -en> [kauˈtsi̯oːn] *f* ❶ JUR bail ❷ (*für Mietwohnung*) deposit

Kautschuk <-s, -e> [ˈkautʃʊk] *m* caoutchouc

Kauz <-es, Käuze> [kauts] *m* ❶ [tawny] owl ❷ (*Sonderling*) [odd] character

Kavalier <-s, -e> [kavaˈliːɐ̯] *m* gentleman

Kaviar <-s, -e> [ˈkaːvi̯ar] *m* caviar[e]

keck [kɛk] *adj* cheeky

Kegel <-s, -> [ˈkeːgl̩] *m* ❶ SPORT skittle ❷ MATH cone

Kegelbahn *f* bowling alley

kegeln [ˈkeːgl̩n] *vi* to go bowling

Kehle <-, -n> [ˈkeːlə] *f* throat ▶ **sich** *dat* **die ~ aus dem Hals schreien** (*fam*) to scream one's head off

Kehlkopf *m* larynx

kehren[1] [ˈkeːrən] **I.** *vt* to turn; **kehre die Innenseite nach außen** turn it inside out; **in sich** *akk* **gekehrt** introverted **II.** *vr* ❶ (*geh*) **sich gegen jdn ~** to turn against sb ❷ (*kümmern*) **sich an etw** *dat* **~** to care about sth

kehren[2] [ˈkeːrən] *vt, vi* to sweep

Kehricht <-s> [ˈkeːrɪçt] *m o nt kein pl*

❶ sweepings *npl* ❷ SCHWEIZ (*Müll*) refuse, AM *usu* garbage ▶ **jdn einen feuchten ~ angehen** (*sl*) not to be any of sb's [damned] business
Kehrschaufel *f* dustpan
Kehrseite *f* ❶ back ❷ (*Schattenseite*) downside ▶ **die ~ der Medaille** the other side of the coin
keifen ['kaifn̩] *vi* (*pej*) to nag
Keil <-[e]s, -e> [kail] *m* wedge
Keiler <-s, -> ['kailɐ] *m* wild boar
Keilriemen *m* V-belt
Keim <-[e]s, -e> [kaim] *m* ❶ BOT shoot ❷ (*Erreger*) germ ▶ **etw im ~[e] ersticken** to nip sth in the bud
keimen ['kaimən] *vi* BOT to germinate
keimfrei *adj* sterile; **etw ~ machen** to sterilize sth
keinerlei ['kainɐ'lai] *adj attr* no ... at all
keinesfalls ['kainəs'fals] *adv* under no circumstances
keineswegs ['kainəs've:ks] *adv* not at all
Keks <-es, -e> [ke:ks] *m* biscuit BRIT, cookie AM ▶ **jdm auf den ~ gehen** (*sl*) to get on someone's wick
Kelch <-[e]s, -e> [kɛlç] *m* chalice
Kelle <-, -n> ['kɛlə] *f* ❶ (*Schöpflöffel*) ladle ❷ (*Maurerwerkzeug*) trowel
Keller <-s, -> ['kɛlɐ] *m* cellar
Kellergeschoss *nt* basement
Kellner(in) <-s, -> ['kɛlnɐ] *m(f)* waiter
Kelte, Keltin <-n, -n> ['kɛltə, 'kɛltɪn] *m, f* Celt
keltern ['kɛltɐn] *vt* to press
kennen <kannte, gekannt> ['kɛnən] *vt* ❶ (*jdm bekannt sein*) to know; **kennst du das Buch/diesen Film?** have you read this book/seen this film?; **kennst du mich noch?** do you remember me?; **wie ich ihn kenne ...** if I know him ...; **so kenne ich dich gar nicht** I've never seen you like this ❷ (*vertraut sein*) **etw ~** to be familiar with sth
kennen\|lernen ❶ *vt* to meet; **sich ~** to meet ❷ (*vertraut sein*) **jdn/etw ~** to get to know sb/sth; **sich ~** to get to know one another
Kenner(in) <-s, -> ['kɛnɐ] *m(f)* expert
Kenntnis <-ses, -se> ['kɛntnɪs] *f* knowledge *no pl;* **etw zur ~ nehmen** to take note of sth; **zur ~ nehmen, dass ...** to note that ...
Kennwort <-wörter> *nt* code name
Kennzeichen *nt* ❶ mark ❷ (*Nummernschild*) number plate BRIT, license plate AM
kennzeichnen ['kɛntsaiçnən] **I.** *vt* ❶ to mark ❷ (*charakterisieren*) to characterize **II.** *vr* **sich durch etw** *akk* **~** to be characterized by sth
kentern ['kɛntɐn] *vi sein* to capsize
Keramik <-> [ke'ra:mɪk] *f kein pl* ❶ (*Waren*) pottery ❷ (*Material*) fired clay
Kerbe <-, -n> ['kɛrbə] *f* notch
Kerbel <-s> ['kɛrbl̩] *m kein pl* chervil
Kerl <-s, -e> [kɛrl] *m* (*fam*) bloke
Kern <-[e]s, -e> [kɛrn] *m* ❶ *Apfel* pip; *Kirsche* stone; **einen wahren ~ haben** to contain a core of truth ❷ *Atom, Zelle* nucleus ❸ (*wichtigster Teil*) core
Kernfusion *f* nuclear fusion **Kernkraft** *f* nuclear power **Kernkraftwerk** *nt* nuclear power plant **Kernreaktor** *m* nuclear reactor
Kernseife *f* washing soap
Kernspaltung *f* nuclear fission
Kerosin <-s, -e> [kero'zi:n] *nt* kerosene
Kerze <-, -n> ['kɛrtsə] *f* candle
Kerzenständer *m* candlestick
Kessel <-s, -> ['kɛsəl] *m* kettle
Ketchup <-[s], -s> ['kɛtʃap] *m o nt* ketchup
Kette <-, -n> ['kɛtə] *f* ❶ chain; (*Schmuck*) necklace; **einen Hund an die ~ legen** to put a dog on a chain; **jdn in ~n legen** to put sb in chains ❷ (*Reihe*) **eine ~ von Unglücksfällen** a series of accidents
Kettenreaktion *f* chain reaction
Ketzer(in) <-s, -> ['kɛtsɐ] *m(f)* heretic

K

ketzerisch *adj* heretical
keuchen ['kɔyçn̩] *vi* to pant
Keuchhusten *m* whooping cough
Keule <-, -n> ['kɔylə] *f* club
keusch [kɔyʃ] *adj* chaste
Kichererbse ['kɪçɐʔɛrpsə] *f* chick-pea
kichern ['kɪçɐn] *vi* to giggle
Kicker[1] <-s, -> ['kɪkɐ] *m* (*fam*) table football [table], foosball table AM
Kicker(in)[2] <-s, -> ['kɪkɐ] *m(f)* (*fam*) football [*or* AM soccer] player
kidnappen ['kɪtnɛpn̩] *vt* to kidnap
Kiebitz <-es, -e> ['ki:bɪts] *m* lapwing
Kiefer[1] <-, -n> ['ki:fɐ] *f* pine [tree]
Kiefer[2] <-s, -> ['ki:fɐ] *m* ANAT jaw[-bone]
Kiel <-[e]s, -e> [ki:l] *m* keel
Kieme <-, -n> ['ki:mə] *f* gill
Kies <-es> [ki:s] *m kein pl* gravel
Kiesel <-s, -> ['ki:zl̩] *m s.* **Kieselstein**
Kilogramm *nt* kilogramme **Kilohertz** *nt* kilohertz **Kilometer** [kilo'me:tɐ] *m* kilometre **Kilometerzähler** *m* mil[e]age counter
Kind <-[e]s, -er> [kɪnt] *nt* child; **ein ~ bekommen** to be expecting a baby; **von ~ auf** from an early age ▶ **das ~ mit dem Bade ausschütten** to throw out the baby with the bathwater; **mit ~ und Kegel** (*hum*) with the whole family; **kein ~ von Traurigkeit sein** (*hum*) to be sb who enjoys life
Kinderarzt, -ärztin *m, f* paediatrician BRIT, pediatrician AM **Kinderfahrkarte** *f* child's ticket **Kindergarten** *m* nursery school, kindergarten AM **Kindergärtner(in)** *m(f)* nursery-school [*or* AM kindergarten] teacher **Kindergeld** *nt* child benefit **Kinderkrankheit** *f* childhood disease **Kinderlähmung** *f* polio **Kindermädchen** *f* nanny **Kindersitz** *m* ❶ AUTO child safety seat ❷ (*fürs Rad*) child-carrier seat **Kinderspielplatz** *m* playground **Kinderspielzeug** *nt* [children's] toy, [child's] toy **Kindertagesstätte** *f* nursery **Kinderteller** *m* child portion **Kinderwagen** *m* pram BRIT, baby carriage AM **Kinderzimmer** *nt* children's room
Kindheit <-> *f kein pl* childhood; **von ~ an** from childhood
kindisch ['kɪndɪʃ] *adj* childish
kindlich ['kɪntlɪç] **I.** *adj* childlike **II.** *adv* **sich ~ verhalten** to behave in a childlike way
Kinn <-[e]s, -e> [kɪn] *nt* chin
Kinnhaken *m* hook to the chin
Kino <-s, -s> ['ki:no] *nt* cinema, AM [movie] theater
Kiosk <-[e]s, -e> ['ki:ɔsk] *m* kiosk
Kipfe(r)l <-s, -[n]> ['kɪpfl̩, -fɐl] *nt* ÖSTERR croissant
kippen ['kɪpn̩] **I.** *vt haben* ❶ (*schütten*) to tip ❷ (*schräg stellen*) to tilt **II.** *vi sein* ❶ (*umfallen*) to topple over; [**von etw** *dat*] **~** to fall [off sth] ❷ *Ökosystem* to collapse
Kirche <-, -n> ['kɪrçə] *f* ❶ church ❷ (*Institution*) Church
Kirchhof *m* (*veraltend*) church graveyard
kirchlich ['kɪrçlɪç] **I.** *adj* church *attr;* **ein ~er Feiertag** a religious holiday **II.** *adv* **~ bestattet werden** to have a church funeral; **sich ~ trauen lassen** to get married in church
Kirchturm *m* steeple **Kirchweih** <-, -en> *f*, **Kirchweihe** *f* (*ländlicher Jahrmarkt*) [country] fair
Kirschbaum ['kɪrʃbaum] *m* cherry tree
Kirsche <-, -n> ['kɪrʃə] *f* cherry
Kissen <-s, -> ['kɪsn̩] *nt* (*Kopfpolster*) pillow; (*Zierde*) cushion
Kiste <-, -n> ['kɪstə] *f* box
Kitsch <-es> [kɪtʃ] *m kein pl* kitsch
kitschig ['kɪtʃɪç] *adj* kitschy
Kitt <-[e]s, -e> [kɪt] *m* putty
Kittel <-s, -> ['kɪtl̩] *m* overall; **weißer ~** white coat
kitten ['kɪtn̩] *vt* (*in Ordnung bringen*) **etw** [**wieder**] **~** to patch up sth [again]
Kitz <-es, -e> [kɪts] *nt* kid
kitzelig ['kɪtsəlɪç] *adj* ticklish

kitzeln ['kɪtsl̩n] *vi, vt* ❶ to tickle ❷ (*reizen*) **es kitzelt mich sehr, da mitzumachen** I'm really itching to join in

Kiwi <-, -s> ['kiːvi] *f* kiwi [fruit]

klaffen ['klafn̩] *vi* to yawn; *Wunde* to gape

kläffen ['klɛfn̩] *vi* to yap

Klage <-, -n> ['klaːgə] *f* ❶ (*geh: Jammern*) lament ❷ (*Beschwerde*) complaint ❸ JUR [legal] action; **eine ~ abweisen** to dismiss a suit; **eine ~ einreichen** to take legal action

klagen ['klaːgn̩] **I.** *vi* ❶ (*jammern*) to moan ❷ (*sich beschweren*) to complain (**bei** to); **ich kann nicht ~** I can't complain; **ohne zu ~** without complaining ❸ JUR (*prozessieren*) to take legal action (**gegen** against) **II.** *vt* ÖSTERR (*verklagen*) **jdn ~** to take legal action against sb

Kläger(in) <-s, -> *m(f)* plaintiff

Klammer <-, -n> ['klamɐ] *f* ❶ (*Wäscheklammer*) peg; (*Heftklammer*) staple ❷ (*Satzzeichen*) bracket; **eckige/runde/spitze ~n** square/round/pointed brackets; **geschweifte ~n** braces; **in ~n** in brackets

Klang <-[e]s, Klänge> [klaŋ] *m* sound

Klappe <-, -n> ['klapə] *f* ❶ flap ❷ (*sl: Mund*) trap; **halt die ~!** shut your trap!; **eine große ~ haben** to have a big mouth

klappen ['klapn̩] **I.** *vt* to fold; **einen Deckel nach oben/unten ~** to lift up/lower a lid **II.** *vi* (*fam: funktionieren*) to work out; **alles hat geklappt** everything went as planned

Klapper <-, -n> ['klapɐ] *f* rattle

klapperig ['klapərɪç] *adj* (*fam*) rickety

klappern ['klapɐn] *vi* to rattle

Klapperschlange *f* rattlesnake

Klappmesser *nt* flick-knife **Klappstuhl** *m* folding chair

Klaps <-es, -e> [klaps] *m* smack ▶ **einen ~ haben** (*fam*) to have a screw loose

klar [klaːɐ̯] **I.** *adj* ❶ (*eindeutig*) clear; **eine ~e Antwort** a straight answer; **jdm ~ sein** to be clear to sb; **das ist so ~ wie sonst was!** (*fam*) it's as clear as day! ❷ (*ungetrübt*) clear; **eine ~e Nacht** a clear night **II.** *adv* clearly; **~ und deutlich** clearly and unambiguously; **~ denkend** clear-thinking; **~ [o deutlich] sehen** to see clearly **III.** *interj* [**na**] **~!** of course!

Kläranlage *f* sewage-works

klären ['klɛrən] **I.** *vt* (*aufklären*) to clear up *sep* **II.** *vr* (*sich aufklären*) **sich ~** to be cleared up

Klarinette <-, -n> [klari'nɛtə] *f* clarinet

klar|machen *vt* **jdm etw ~** to make sth clear to sb; **sich** *dat* **~, dass ...** to realize that ... **klar|sehen** *vi irreg* **in etw** *dat* **~** to have understood sth

Klasse <-, -n> ['klasə] *f* ❶ SCH class; **eine ~ überspringen/wiederholen** to skip/repeat a year ❷ BAHN **erster ~ fahren** to travel first-class ▶ **große ~!** (*fam*) great!

Klassenarbeit *f* class test **Klassenzimmer** *nt* classroom

klassifizieren* [klasifi'tsiːrən] *vt* to classify

Klassik <-> ['klasɪk] *f kein pl* ❶ (*Epoche*) classical age ❷ (*Musik*) classical music

klassisch ['klasɪʃ] *adj* ❶ classical ❷ (*ideal*) classic

Klatsch <-[e]s, -e> [klatʃ] *m kein pl* (*pej*) tittle-tattle; **~ und Tratsch** gossip

klatschen ['klatʃn̩] *vi* ❶ *haben* (*applaudieren*) to clap ❷ *sein* (*aufschlagen*) to splat; **die Regentropfen klatschten ihr ins Gesicht** the raindrops beat against her face ❸ *haben* (*tratschen*) to gossip

Klatschmohn *m* [corn] poppy

Klatschpresse *f kein pl* (*fam*) MEDIA gossip press

Klaue <-, -n> ['klauə] *f* ❶ (*Krallen*) claw ❷ (*pej fam: Handschrift*) scrawl

Klausel <-, -n> ['klauzl̩] *f* clause

Klausur <-, -en> [klau'zu:ɐ̯] *f* SCH exam

Klavier <-s, -e> [kla'vi:ɐ̯] *nt* piano

Klavierspieler(in) *m(f)* pianist

kleben ['kle:bn̩] **I.** *vi* to be sticky; **an jdm/etw ~ [bleiben]** to stick to sb/sth **II.** *vt* to glue ▸ **jdm eine ~** (*fam*) to clock sb one

klebrig ['kle:brɪç] *adj* sticky

Klebstoff *m* adhesive

Klebstreifen *m* adhesive tape

kleckern ['klɛken] *vi* to make a mess

Klecks <-es, -e> ['klɛks] *m* blob

klecksen ['klɛksn̩] *vi* ❶ (*kleckern*) to make a mess ❷ (*tropfen*) to blot; *Farbe* to drip

Klee <-s> [kle:] *m kein pl* clover

Kleeblatt *nt* cloverleaf; **vierblättriges ~** four-leaf clover

K

Kleid <-[e]s, -er> [klait] *nt* ❶ dress ❷ **Kleider** clothes *npl* ▸ **~er machen Leute** (*prov*) fine feathers make fine birds

kleiden ['klaidn̩] *vt* ❶ (*anziehen*) to dress; **sich gut/schlecht ~** to dress well/badly; **[in etw** *akk*] **gekleidet sein** to be dressed [in sth] ❷ (*jdm stehen*) **jdn ~** to suit sb

Kleiderbügel *m* coat-hanger **Kleiderbürste** *f* clothes brush **Kleiderhaken** *m* coat-hook **Kleiderordnung** *f* dress code **Kleiderschrank** *m* wardrobe

Kleidung <-> *f kein pl* clothing

Kleidungsstück *nt* garment

Kleie <-, -n> ['klaiə] *f* bran

klein [klain] **I.** *adj* ❶ (*nicht groß*) little; (*Körpergröße*) small; (*kleinwüchsig a.*) short; **etw ~ hacken** to chop up sth *sep;* **~ gehackte Zwiebeln** finely chopped onions ❷ (*Kleidergröße*) small ❸ (*jung*) small; **von ~ auf** from childhood ❹ (*gering*) small; **die ~ste Bewegung** the slightest movement; **ein ~[es] bisschen** a little bit ❺ (*unbedeutend*) minor; **die ~en Leute** ordinary people ❻ (*Detail*) **bis ins Kleinste** in minute detail **II.** *adv* (*in kleiner Schrift*) **~ gedruckt** *attr* in small print *pred* ▸ **~ anfangen** (*fam*) to start at the bottom; **~ beigeben** to give in [quietly]

Kleinanzeige *f* small ad **Kleinasien** <-s> [klain'ʔa:zi̯ən] *nt* Asia Minor **Kleinformat** *nt* small format; **im ~** small-format **Kleingeld** *nt* change

Kleinigkeit <-, -en> ['klainɪçkait] *f* ❶ (*Bagatelle*) small matter; **eine/keine ~ sein** to be a/no simple matter; **wegen jeder ~** at every opportunity ❷ (*Einzelheit*) minor detail ❸ (*ein wenig*) **eine ~ zu hoch** a little too high; **eine ~ essen** to have a bite to eat

kleinkariert *adj* ❶ finely checked ❷ (*engstirnig*) narrow-minded

Kleinkind *nt* toddler **klein|kriegen** *vt* (*fam*) **jdn ~** to bring sb into line

kleinlaut **I.** *adj* sheepish **II.** *adv* sheepishly; **~ fragen** to ask meekly; **etw ~ gestehen** to admit sth shamefacedly

kleinlich ['klainlɪç] *adj* petty

klein|schreiben *vt* to write with a small initial letter

Kleinstadt *f* small town

kleinstädtisch *adj* ❶ small-town *attr* ❷ (*provinziell*) provincial

Kleister <-s, -> ['klaistɐ] *m* paste

Klemme <-, -n> ['klɛmə] *f* ❶ (*Klammer*) clip ❷ (*schwierige Lage*) fix; **in der ~ sitzen** to be in a fix

klemmen ['klɛmən] **I.** *vt* (*feststecken*) to stick **II.** *vr* **sich** *dat* **den Finger in der Tür ~** to get one's finger caught in the door **III.** *vi* (*blockieren*) to jam

Klempner(in) <-s, -> ['klɛmpnɐ] *m(f)* plumber

Klette <-, -n> ['klɛtə] *f* BOT burdock; **an jdm wie eine ~ hängen** (*fam*) to cling to sb like a limpet

klettern ['klɛten] *vi* to climb; **auf einen Baum ~** to climb a tree; **aufs Dach ~** to climb onto the roof

Kletterpflanze *f* climbing plant

Klettverschluss® *m* Velcro® fastener

Klima <-s, -s> ['kli:ma] *nt* climate

Klimaanlage *f* air-conditioning *no pl* **klimafreundlich** *adj* ÖKOL, METEO *Energieträger, Technologie* climate-friendly **klimaneutral** *adj Energie, Technologie* climate neutral

klimatisiert *adj* air-conditioned

Klimaveränderung *f* climate change **klimaverträglich** *adj* ÖKOL *Energie, Autos* climate-friendly, sustainable

Klimmzug *m* pull-up; **Klimmzüge machen** to do pull-ups

Klinge <-, -n> ['klɪŋə] *f* blade

Klingel <-, -n> ['klɪŋl̩] *f* bell

klingeln ['klɪŋl̩n] *vi* to ring; **an der Tür ~** to ring the doorbell; **es hat geklingelt** somebody rang the bell; (*Telefon*) the phone rang

Klingelton *m* TELEK ring tone

klingen <klang, geklungen> ['klɪŋən] *vi* ① (*ertönen*) *Glas* to clink; *Glocke* to ring; **dumpf/hell ~** to have a dull/clear ring ② (*widerhallen*) to sound; **die Wand klang hohl** the wall sounded hollow ③ (*sich anhören*) **das klingt gut/interessant/vielversprechend** that sounds good/interesting/promising

Klinik <-, -en> ['kli:nɪk] *f* clinic

klinisch ['kli:nɪʃ] **I.** *adj* clinical **II.** *adv* clinically

Klinke <-, -n> ['klɪnkə] *f* handle

Klippe <-, -n> ['klɪpə] *f* cliff

klirren ['klɪrən] *vi* ① *Gläser* to tinkle ② (*metallisch*) to jangle

Klo <-s, -s> [klo:] *nt* (*fam*) loo BRIT, john AM

Kloake <-, -n> [klo'a:kə] *f* cesspool

klobig ['klo:bɪç] *adj* bulky

klonen ['klo:nən] *vt* to clone

klönen ['klø:nən] *vi* (*fam*) to chat

klopfen ['klɔpfn̩] **I.** *vi* ① (*pochen*) to knock (**an** at/on/**auf** on) ② (*mit der Hand*) to pat; (*mit dem Finger*) to tap **II.** *vi impers* **es klopft!** there's somebody knocking at the door! **III.** *vt Teppich, Fleisch* to beat

Klops <-es, -e> [klɔps] *m* meatball

Klosett <-s, -s> [klo'zɛt] *nt* toilet

Kloß <-es, Klöße> [klo:s] *m* dumpling

Kloster <-s, Klöster> ['klo:stɐ] *nt* (*für Mönche*) monastery; (*für Nonnen*) convent

Klotz <-es, Klötze> [klɔts] *m* block ▶ [**jdm**] **ein ~ am Bein sein** (*fam*) to be a millstone round sb's neck

Klub <-s, -s> [klʊp] *m* club

Kluft[1] <-, Klüfte> [klʊft] *f* ① cleft ② (*Gegensatz*) gulf; **tiefe ~** deep rift

Kluft[2] <-, -en> [klʊft] *f* (*fam*) uniform

klug <klüger, klügste> [klu:k] **I.** *adj* intelligent; (*schlau*) clever; **es wäre klüger, ...** it would be more sensible ...; **da soll einer draus ~ werden** I can't make head [n]or tail of it **II.** *adv* cleverly

Klumpen <-s, -> ['klʊmpn̩] *m* lump; **~ bilden** to go lumpy

knabbern ['knabɐn] *vi, vt* to nibble (**an** at)

Knabe <-n, -n> ['kna:bə] *m* (*geh*) boy; **na, alter ~!** (*fam*) well, old boy!

Knäckebrot *nt* crispbread

knacken [knakn̩] **I.** *vt* ① (*aufbrechen*) to crack ② (*fam*) *Code, Safe* to crack **II.** *vi* to crack; *Diele* to creak; **es knackt** there's a crackling noise

Knackpunkt *m* (*fam*) crucial point

knallen ['knalən] **I.** *vi* ① *haben* to bang; **es knallt** there's a bang ② *haben* **mit der Tür ~** to slam the door [shut]; **etw ~ lassen** to bang sth ③ *sein* (*fam*) **auf/gegen etw** *akk* **~** to bang on/against sth **II.** *vt* ① *Tür* to bang ② **etw irgendwohin ~** to slam sth somewhere ③ (*fam*) **jdm eine ~** to give sb a clout

knapp [knap] **I.** *adj* ① (*gering*) meagre; *Geld* tight; [**mit etw** *dat*] **~ sein** to be short [of sth] ② (*eng anliegend*) tight ③ (*gerade ausreichend*) just enough; *Sieg* narrow ④ (*nicht ganz*) **in einer**

~en Stunde in just under an hour ❺ (*kurz gefasst*) **in wenigen ~en Worten** in a few brief words **II.** *adv* ❶ (*mäßig*) sparingly; **~ bemessen sein** to be not very generous ❷ (*nicht ganz*) almost ❸ (*haarscharf*) narrowly

knarren ['knarən] *vi* to creak

knattern ['knatɐn] *vi Motorrad* to roar

Knäuel <-s, -> ['knɔyəl] *m o nt* ball

knauserig ['knauzərɪç] *adj* (*pej*) stingy

knausern ['knauzɐn] *vi* (*pej*) to be stingy (**mit** with)

Knautschzone *f* crumple zone

Knebel <-s, -> ['kne:bl̩] *m* gag

knebeln ['kne:bl̩n] *vt* to gag

Knechtschaft <-,, *selten* -en> *f* slavery

kneifen <kniff, gekniffen> ['knaifn̩] **I.** *vt* to pinch **II.** *vi* ❶ (*zwicken*) to pinch ❷ (*fam: zurückscheuen*) [**vor etw** *dat*] ~ to chicken [out of] sth

Kneipe <-, -n> ['knaipə] *f* (*fam*) pub BRIT, bar AM

Knete <-> ['kne:tə] *f kein pl* ❶ (*sl: Geld*) dosh BRIT ❷ *s.* **Knetgummi**

kneten ['kne:tn̩] **I.** *vt* ❶ *Teig* to knead ❷ (*formen*) to model **II.** *vi* to play with Plasticine® [*or* AM Play-Doh®]

knicken ['knɪkn̩] **I.** *vt haben* ❶ (*falten*) to fold ❷ (*brechen*) to snap **II.** *vi sein* to snap

Knicks <-es, -e> [knɪks] *m* curts[e]y

Knie <-s, -> [kni:] *nt* knee; **in die ~ gehen** to sink to one's knees; **jdm zittern die ~** sb's knees are shaking [*or* knocking]; **jdn in die ~ zwingen** (*geh*) to force sb to his/her knees ▶ **weiche ~ bekommen** to go weak at the knees; **etw übers ~ brechen** to rush into sth; **in die ~ gehen** to give in; **sich** *dat* **ins [eigene] ~ schießen** (*fam*) to shoot oneself in the foot

Kniebeuge *f* knee-bend **Kniegelenk** *nt* knee joint **Kniekehle** *f* back of the knee

knien [kni:n] **I.** *vi* to kneel **II.** *vr* ❶ **sich auf etw** *akk* ~ to kneel [down] on sth ❷ (*fig: sich anstrengen*) **sich in etw** *akk* ~ to get down to sth

Kniescheibe *f* kneecap **Kniestrumpf** *m* knee-length sock

kniffelig ['knɪfəlɪç] *adj*, **knifflig** ['knɪflɪç] *adj* (*fam*) fiddly

knistern ['knɪstɐn] *vi* ❶ (*Geräusch*) to crackle; **es knistert** there is a crackling noise ❷ (*Spannung*) **es knistert [zwischen jdm und jdm]** there is a feeling of tension [between sb and sb]

knitterfrei *adj* non-crease

Knoblauch <-[e]s> *m kein pl* garlic

Knoblauchzehe *f* clove of garlic

Knöchel <-s, -> ['knœçl̩] *m* ❶ (*Fußknöchel*) ankle ❷ (*Fingerknöchel*) knuckle

Knochen <-s, -> ['knɔxn̩] *m* bone ▶ **bis auf die ~ abgemagert sein** to be all skin and bone[s]

Knochenbruch *m* fracture **Knochenmark** *nt* bone marrow

Knödel <-s, -> ['knø:dl̩] *m* dumpling

Knolle <-, -n> ['knɔlə] *f* BOT tuber

Knopf <-[e]s, Knöpfe> [knɔpf] *m* button

Knopfloch *nt* buttonhole **Knopfzelle** *f* round cell battery

Knorpel <-s, -> [knɔrpl̩] *m* cartilage *no pl*

Knospe <-, -n> ['knɔspə] *f* bud; **~n treiben** to bud

Knoten <-s, -> ['kno:tn̩] *m* knot; **einen ~ machen** to tie a knot

Knotenpunkt *m* junction

knüpfen ['knʏpfn̩] *vt* to tie; *Netz* to mesh; *Teppich* to knot

Knüppel <-s, -> ['knʏpl̩] *m* cudgel, club; (*Polizeiwaffe*) truncheon BRIT, nightstick AM

knurren ['knʊrən] *vi* to growl

knusp(e)rig ['knʊsp(ə)rɪç] *adj* ❶ (*mit einer Kruste*) crisp[y] ❷ (*kross*) crusty

knutschen ['knu:tʃn̩] (*fam*) **I.** *vt* to kiss **II.** *vi* [**mit jdm**] ~ to smooch [with sb]

Knutschfleck *m* love bite

Koalition <-, -en> [koʔali'tsi̯o:n] *f* coalition

Kobra <-, -s> ['ko:bra] *f* cobra

Koch, Köchin <-s, Köche> [kox, 'kœçɪn] *m, f* cook

Kochbuch *nt* cook[ery]book

kochen ['kɔxn̩] **I.** *vi* ① to cook ② (*brodeln*) to boil; **etw zum Kochen bringen** to bring sth to the boil; **~d heiß** boiling hot ③ (*fig*) **vor Wut ~** to seethe with rage **II.** *vt* ① to cook; **Kaffee/Suppe ~** to make [some] coffee/soup ② *Wäsche* to boil

Kochgelegenheit *f* cooking facilities *pl*

Köchin <-, -nen> *f fem form von* **Koch**

Kochlöffel *m* wooden spoon **Kochrezept** *nt* recipe **Kochsalz** *nt kein pl* common salt **Kochtopf** *m* [cooking] pot; (*mit Stiel*) saucepan **Kochwäsche** *f* washing that can be boiled

Köder <-s, -> ['kø:dɐ] *m* bait

ködern ['kø:dɐn] *vt* to lure; **jdn zu ~ versuchen** to woo sb

Koffein <-s> [kɔfe'i:n] *nt kein pl* caffeine

koffeinfrei *adj* decaffeinated

Koffer <-s, -> ['kɔfɐ] *m* [suit]case; **die ~** *pl* the luggage [*or esp* AM baggage]; **den/die ~ packen** to pack [one's bags]

Kofferraum *m* boot BRIT, trunk AM

Kognak <-s, -s> ['kɔnjak] *m* brandy

Kohl <-[e]s, -e> [ko:l] *m* cabbage

Kohle <-, -n> ['ko:lə] *f* ① coal *no pl* ② (*sl: Geld*) dosh BRIT ▶ **wie auf [glühenden] ~n sitzen** to be on tenterhooks

Kohlendioxid *nt kein pl* carbon dioxide **Kohlenhydrat** <-[e]s, -e> *nt* carbohydrate **Kohlensäure** *f* carbonic acid; **mit ~** fizzy; **ohne ~** still *attr*

Kohlmeise *f* great titmouse

Kohlrabi <-[s], -[s]> [ko:l'ra:bi] *m* kohlrabi *no pl*

Kohlsprosse *f* ÖSTERR (*Rosenkohl*) Brussels sprout

Koje <-, -n> ['ko:jə] *f* NAUT bunk

Kojote <-n, -n> [ko'jo:tə] *m* coyote

Kokain <-s> [koka'i:n] *nt kein pl* cocaine

kokett [ko'kɛt] *adj* flirtatious

kokettieren* [kokɛ'ti:rən] *vi* ① to flirt ② (*spielen*) **mit dem Gedanken ~** to toy with the idea

Kokosflocken *pl* desiccated coconut **Kokosnuss** *f* coconut **Kokospalme** *f* coconut palm

Koks <-es> [ko:ks] *m kein pl* coke

Kolben <-s, -> ['kɔlbn̩] *m* AUTO piston

Kolibri <-s, -s> ['ko:libri] *m* hummingbird

Kolik <-, -en> ['ko:lɪk] *f* colic *no pl;* **eine ~ haben** to have colic

Kollaps <-es, -e> ['kɔlaps] *m* collapse

Kollege, Kollegin <-n, -n> [kɔ'le:gə] *m, f* colleague

Köln [kœln] *nt* Cologne

Kölnischwasser *nt*, **Kölnisch Wasser** ['kœlnɪʃvasɐ] *nt* cologne

Kolonie <-, -n> [kolo'ni:] *f* colony

kolonisieren* [koloni'zi:rən] *vt* to colonize

Kolonne <-, -n> [ko'lɔnə] *f* ① (*Fahrzeuge*) convoy ② (*Arbeiter*) gang ③ (*Zahlenreihe*) column

Koma <-s, -s> [ko:ma] *nt* coma; **im ~ liegen** to lie in a coma

Kombi <-s, -s> ['kɔmbi] *m* (*fam*) estate BRIT, station wagon AM

Kombination <-, -en> [kɔmbina'tsi̯o:n] *f* combination

kombinieren* [kɔmbi'ni:rən] *vt* to combine

Kombüse <-, -n> [kɔm'by:zə] *f* galley

Komet <-en, -en> [ko'me:t] *m* comet

Komfort <-s> [kɔm'fo:ɐ̯] *m kein pl* comfort

komfortabel [kɔmfɔr'ta:bl̩] *adj* ① luxurious ② (*bequem*) comfortable

Komiker(in) <-s, -> ['ko:mɪkɐ] *m(f)* comic

komisch ['ko:mɪʃ] **I.** *adj* ① funny ② (*sonderbar*) strange **II.** *adv* strangely; **sich ~ fühlen** to feel funny; **jdm ~ vorkommen** to seem funny to sb

Komitee <-s, -s> [komi'te:] *nt* committee

Komma <-s, -s> [ˈkɔma] *nt* comma

Kommandant(in) <-en, -en> [kɔmanˈdant] *m(f)* commanding officer

Kommando <-s, -s> [kɔˈmando] *nt* command; **auf ~** on command; **das ~ haben** to be in command (**über** of)

Kommandobrücke *f* bridge

kommen <kam, gekommen> [ˈkɔmən] *vi sein* ❶ to come; **als Erster/Letzter ~** to be the first/last to arrive; **den Arzt/ein Taxi ~ lassen** to send for the doctor/a taxi ❷ (*gelangen*) **irgendwohin ~** to get somewhere; **wie komme ich von hier zum Bahnhof?** how do I get to the station from here?; **ins Gefängnis/Krankenhaus ~** to go to prison/into hospital; **in die Schule ~** to start school; **ans Ziel ~** to reach the finishing [*or* AM finish] line ❸ (*passieren*) **durch etw/einen Ort ~** to pass through sth/a place ❹ (*an der Reihe sein*) to come; **wer kommt [jetzt]?** whose turn is it? ❺ (*erlangen*) **zu Geld ~** to come into money; **zu Kräften ~** to gain strength; **zu sich** *dat* **~** to regain consciousness ❻ (*verlieren*) **um etw** *akk* **~** to lose sth ❼ (*hingehören*) **irgendwohin ~** to belong somewhere; **die Schuhe ~ unter das Bett** the shoes belong under the bed ❽ (*herannahen*) to approach; (*geschehen*) to come about; **das kam doch anders als erwartet** it [*or* that] turned out differently than expected; **und so kam es, dass ...** and that's how it came about that ...; **wie kommt es, dass ...?** how come...?; **es musste ja so ~** that was bound to happen; **es hätte viel schlimmer ~ können** it could have been much worse; **was auch immer ~ mag** whatever happens; **so weit ~, dass ...** to get to the stage where ...; **das kommt davon, dass [*o* weil] ...** that's because ...; **das kommt davon, wenn ...** that's what happens when ... ❾ (*überkommen*) **über jdn ~** *Gefühl* to come over sb; **jdm ~ die Tränen** sb starts to cry ❿ (*in Situation geraten*) **in Gefahr/Not ~** to get into danger/difficulty; **in Verlegenheit ~** to get embarrassed ⓫ (*sich an etw erinnern*) **auf etw** *akk* **~** to remember sth ⓬ (*etw herausfinden*) **hinter etw** *akk* **~** to find out sth; **hinter ein Geheimnis ~** to uncover a secret; **wie kommst du darauf?** what makes you think that? ⓭ (*Zeit finden*) **zu etw** *dat* **~** to get around to doing sth ⓮ (*ansprechen*) **auf etw** *akk* **[zu sprechen] ~** to get [a] round to [talking about] sth; **ich werde gleich darauf ~** I'll come to that in a moment

Kommentar <-s, -e> [kɔmɛnˈtaːɐ̯] *m* statement; **kein ~!** no comment!; **einen ~ zu etw** *dat* **abgeben** to comment [on] sth

kommentieren* [kɔmɛnˈtiːrən] *vt* **etw ~** to comment on sth

Kommissar(in) <-s, -e> [kɔmɪˈsaːɐ̯] *m(f)* ❶ (*Polizei*) inspector ❷ ADMIN commissioner

Kommission <-, -en> [kɔmɪˈsi̯oːn] *f* ❶ committee ❷ **etw in ~ geben** to commission someone to sell sth

Kommode <-, -n> [kɔˈmoːdə] *f* chest of drawers

kommunal [kɔmuˈnaːl] *adj* municipal

Kommunalpolitik *f* local politics *pl*

Kommune <-, -n> [kɔˈmuːnə] *f* ❶ local authority ❷ (*WG*) commune

Kommunikation <-, -en> [kɔmunikaˈtsi̯oːn] *f* communication

Kommunion <-, -en> [kɔmuˈni̯oːn] *f* Communion

Kommunismus <-> [kɔmuˈnɪsmʊs] *m kein pl* communism

Kommunist(in) <-en, -en> [kɔmuˈnɪst] *m(f)* communist

kommunistisch [kɔmuˈnɪstɪʃ] *adj* communist

Komödie <-, -n> [koˈmøːdi̯ə] *f* comedy

kompakt [kɔm'pakt] *adj* compact
Kompanie <-, -n> [kɔmpa'niː] *f* company
Komparativ <-s, -e> ['kɔmparatiːf] *m* comparative
Kompass <-es, -e> ['kɔmpas] *m* compass
kompatibel [kɔmpa'tiːbl̩] *adj* compatible
kompensieren* [kɔmpɛn'ziːrən] *vt* to compensate
kompetent [kɔmpe'tɛnt] *adj* competent
komplett [kɔm'plɛt] **I.** *adj* complete **II.** *adv* completely
komplex [kɔmplɛks] *adj* complex
Komplex <-es, -e> [kɔmplɛks] *m* complex
Komplikation <-, -en> [kɔmplika'tsi̯oːn] *f* complication
Kompliment <-[e]s, -e> [kɔmpli'mɛnt] *nt* compliment; **jdm ein ~ machen** to pay sb a compliment
Komplize, Komplizin <-n, -n> [kɔm'pliːtsə, kɔm'pliːtsɪn] *m, f* accomplice
kompliziert **I.** *adj* complicated **II.** *adv* in a complicated manner
komponieren* [kɔmpo'niːrən] *vt, vi* to compose
Komponist(in) <-en, -en> [kɔmpo'nɪst] *m(f)* composer
Kompost <-[e]s, -e> [kɔm'pɔst] *m* compost *no pl*
kompostieren* [kɔmpɔs'tiːrən] *vt* to compost
Kompott <-[e]s, -e> [kɔm'pɔt] *nt* compote
Kompresse <-, -n> [kɔmprɛsə] *f* compress
komprimieren* [kɔmpri'miːrən] *vt* to compress
Kompromiss <-es, -e> [kɔmpro'mɪs] *m* compromise; **fauler ~** false compromise; **[mit jdm] einen ~ schließen** to come to a compromise [with sb]
kompromisslos *adj* uncompromising
Kondensator <-s, -toren> [kɔndɛn'zaːtoːɐ̯] *m* condenser
kondensieren* [kɔndɛn'ziːrən] *vi, vt* to condense
Kondensmilch *f* condensed milk
Konditor(in) <-s, -toren> [kɔn'diːtoːɐ̯, -'toːrɪn] *m(f)* confectioner
Konditorei <-, -en> [kɔndito'rai] *f* confectioner's
Kondom <-s, -e> [kɔn'doːm] *m o nt* condom
Kondukteur(in) <-s, -e> [kɔndʊk'tøːɐ̯] *m(f)* SCHWEIZ (*Schaffner*) conductor
Konfekt <-[e]s, -e> [kɔn'fɛkt] *nt* confectionery
Konferenz <-, -en> [kɔnfe'rɛnts] *f* conference; **eine ~ anberaumen** to arrange a meeting
Konfession <-, -en> [kɔnfɛ'si̯oːn] *f* denomination
Konfetti <-s> [kɔn'fɛti] *nt kein pl* confetti
Konfirmation <-, -en> [kɔnfɪrma'tsi̯oːn] *f* confirmation
Konfitüre <-, -n> [kɔnfi'tyːrə] *f* preserve
Konflikt <-s, -e> [kɔn'flɪkt] *m* conflict; **mit dem Gesetz in ~ geraten** to clash with the law
konform [kɔn'fɔrm] *adj* **mit jdm ~ gehen** to agree with sb
Konfrontation <-, -en> [kɔnfrɔnta'tsi̯oːn] *f* confrontation
konfrontieren* [kɔnfrɔn'tiːrən] *vt* to confront
konfus [kɔn'fuːs] *adj* confused
Kongress <-es, -e> [kɔn'grɛs] *m* ❶ congress ❷ (*in USA*) **der ~** Congress *no art*
König(in) <-s, -e> ['køːnɪç] *m(f)* king *masc*, queen *fem*
königlich ['køːnɪklɪç] *adj* royal
Königreich ['køːnɪkraiç] *nt* kingdom; **das Vereinigte ~** the United Kingdom
Konjugation <-, -en> [kɔnjuga'tsi̯oːn] *f* conjugation
konjugieren* [kɔnju'giːrən] *vt* to conjugate
Konjunktion <-, -en> [kɔnjʊnk'tsi̯oːn] *f* conjunction

K

Konjunktiv <-s, -e> ['kɔnjʊŋktiːf] *m* subjunctive

Konjunktur <-, -en> [kɔnjʊnk'tuːɐ̯] *f* state of the economy; **steigende/rückläufige ~** boom/slump

konkav [kɔn'kaːf] *adj* concave

konkret [kɔn'kreːt] *adj* concrete

Konkurrent(in) <-en, -en> [kɔnkʊ'rɛnt] *m(f)* competitor

Konkurrenz <-, -en> [kɔnkʊ'rɛnts] *f* competition; **mit jdm in ~ stehen** to be in competition with sb; **außer ~** unofficially

konkurrieren* [kɔnkʊ'riːrən] *vi* to compete

Konkurs <-es, -e> [kɔn'kʊrs] *m* bankruptcy; **~ anmelden** to declare oneself bankrupt; **~ machen** to go bankrupt

können ['kœnən] **I.** *vt* <konnte, gekonnt> (*beherrschen*) to know; **eine Sprache ~** to speak a language; **nichts für etw** *akk***/dafür ~** to not be able to do anything about sth/it ► **du kannst mich [mal]** (*sl*) kiss my ass! **II.** *vi* <konnte, gekonnt> to be able; **nicht mehr ~** (*erschöpft sein*) to not be able to go on; **noch ~** to be able to carry on; **wie konntest du nur!** how could you?! **III.** *vb aux* <konnte, können> ❶ (*vermögen*) **etw tun ~** to be able to do sth ❷ (*dürfen*) **kann ich das Foto sehen?** can [*or* may] I see the photo? ❸ (*möglicherweise sein*) **[ja,] kann sein** [yes,] that's possible; **könnte es nicht sein, dass ...?** could it not be that ...?

Können <-s> ['kœnən] *nt kein pl* ability

konsequent [kɔnze'kvɛnt] **I.** *adj* ❶ consistent ❷ (*unbeirrbar*) resolute **II.** *adv* ❶ consistently ❷ resolutely

Konsequenz <-, -en> [kɔnze'kvɛnts] *f* ❶ (*Folge*) consequence; **die ~en tragen** to take the consequences; **die ~en ziehen** to take the necessary action ❷ *kein pl* (*Unbeirrbarkeit*) resoluteness

konservativ ['kɔnzɛrvatiːf] *adj* conservative

Konserve <-, -n> [kɔn'zɛrvə] *f* preserved food *no pl*

Konservenbüchse *f*, **Konservendose** *f* tin BRIT, can AM

konservieren* [kɔnzɛr'viːrən] *vt* to preserve

Konservierungsmittel *nt* preservative

Konsonant <-en, -en> [kɔnzo'nant] *m* consonant

konstant [kɔn'stant] *adj* constant

Konstitution <-, -en> [kɔnstitu'tsi̯oːn] *f* constitution

konstruieren* [kɔnstru'iːrən] *vt* ❶ construct ❷ (*entwerfen*) to design

Konstruktion <-, -en> [kɔnstrʊk'tsi̯oːn] *f* ❶ construction ❷ (*Entwurf*) design

konstruktiv [kɔnstrʊk'tiːf] **I.** *adj* constructive **II.** *adv* constructively

Konsul(in) <-s, -n> ['kɔnzʊl] *m(f)* consul

Konsulat <-[e]s, -e> [kɔnzʊ'laːt] *nt* consulate

Konsum <-s> [kɔn'zuːm] *m kein pl* consumption

Konsument(in) <-en, -en> [kɔnzu'mɛnt] *m(f)* consumer

Konsumgesellschaft *f* consumer society

konsumieren* [kɔnzu'miːrən] *vt* to consume

Kontakt <-[e]s, -e> [kɔn'takt] *m* contact; **sexuelle ~e** sexual contact; **mit jdm ~ aufnehmen** to get in contact with sb; **mit jdm in ~ bleiben/stehen** to stay/be in contact with sb; **keinen ~ mehr zu jdm haben** to have lost contact with sb; **mit jdm in ~ kommen** to come into contact with sb

kontaktfreudig *adj* sociable

kontaktieren *vt* to contact

Kontaktlinse *f* contact lens **Kontaktlinsenpflegemittel** *nt* contact lens solution

kontaktlos [kɔn'taktloːs] *adj* contactless

kontern ['kɔntɐn] *vt, vi* to counter

Kontext <-[e]s, -e> ['kɔntɛkst] *m* context

Kontinent <-[e]s, -e> ['kɔntinɛnt] *m* continent

Kontinuität <-> [kɔntinui'tɛt] *f kein pl* (*geh*) continuity *no pl*

Konto <-s, Konten> ['kɔnto] *nt* account; **auf jds ~ gehen** (*für etw aufkommen*) to be on sb

Kontoauszug *m* bank statement **Kontoinhaber(in)** *m(f)* account holder **Kontonummer** *f* account number **Kontostand** *m* account balance

konträr [kɔn'trɛːɐ̯] *adj* contrary

Kontrast <-[e]s, -e> [kɔn'trast] *m* contrast; **im ~ zu etw** *dat* **stehen** to contrast with sth

Kontrolle <-, -n> [kɔn'trɔlə] *f* ❶ (*Überprüfung*) check; **eine ~ durchführen** to conduct an inspection ❷ (*Überwachung*) monitoring; **etw unter ~ bringen** to bring sth under control; **jdn/etw unter ~ haben** to have sb/sth under control; **die ~ über etw/sich** *akk* **verlieren** to lose control of sth/oneself

kontrollieren* [kɔntrɔ'liːrən] *vt* ❶ (*überprüfen*) to check ❷ (*überwachen*) to monitor

Kontroverse <-, -n> [kɔntro'vɛrzə] *f* conflict

Kontur <-, -en> [kɔn'tuːɐ̯] *f* contour

Konvention <-, -en> [kɔnvɛn'tsi̯oːn] *f* convention

konventionell [kɔnvɛntsi̯o'nɛl] *adj* conventional

Konversation <-, -en> [kɔnvɛrza'tsi̯oːn] *f* (*geh*) conversation; **~ machen** to make conversation

konvex [kɔn'vɛks] *adj* convex

Konvoi <-s, -s> ['kɔnvɔy] *m* convoy; **im ~ fahren** to travel in convoy

Konzentrat <-[e]s, -e> [kɔntsɛn'traːt] *nt* concentrate

Konzentration <-, -en> [kɔntsɛntra'tsi̯oːn] *f* concentration (**auf** on)

konzentrieren* [kɔntsɛn'triːrən] **I.** *vr* **sich ~** to concentrate (**auf** on) **II.** *vt* to concentrate (**auf** on)

Konzept <-[e]s, -e> [kɔn'tsɛpt] *nt* ❶ (*Entwurf*) draft; **als ~** in draft [form] ❷ (*Plan*) plan; **jdn aus dem ~ bringen** to put sb off; **aus dem ~ geraten** to lose one's train of thought

Konzern <-s, -e> [kɔn'tsɛrn] *m* group

Konzert <-[e]s, -e> [kɔn'tsɛrt] *nt* concert

Kooperation <-, -en> [koʔopera'tsi̯oːn] *f* cooperation *no pl*

Koordination <-, -en> [koʔɔrdina'tsi̯oːn] *f* coordination

koordinieren* [koʔɔrdi'niːrən] *vt* to coordinate

Kopf <-[e]s, Köpfe> [kɔpf] *m* ❶ head; **von ~ bis Fuß** from head to toe; **einen roten ~ bekommen** to go red in the face; **jdm brummt der ~** (*fam*) sb's head is thumping; **den ~ einziehen** to lower one's head ❷ (*Gedanken*) **sich** *dat* **etw durch den ~ gehen lassen** to mull sth over; **sich** *dat* **den ~ zerbrechen** to rack one's brains ❸ (*Verstand, Wille*) mind; **seinen eigenen ~ haben** (*fam*) to have a mind of one's own; **seinen ~ durchsetzen** to get one's way; **sich** *dat* **etw aus dem ~ schlagen** to get sth out of one's head ❹ (*Person*) head; **der ~ einer S.** *gen* the person behind sth; **pro ~** per head ► **[bei etw** *dat* **] ~ und Kragen riskieren** to risk life and limb [doing sth]; **den ~ in den Sand stecken** to bury one's head in the sand; **~ hoch!** chin up!; **jdn einen ~ kürzer machen** (*sl*) to chop sb's head off; **nicht auf den ~ gefallen sein** to not have been born yesterday; **jdn vor den ~ stoßen** to offend sb

Kopfball *m* header

köpfen ['kœpfn̩] *vt* to behead

Kopfhaut *f* scalp **Kopfhörer** *m* headphones *pl* **Kopfkissen** *nt* pillow **Kopfrechnen** *nt* mental arithmetic

Kopfsalat *m* lettuce

Kopfschmerz *m meist pl* headache; **jdm**

~**en machen** to give sb a headache; ~**en haben** to have a headache **Kopfsprung** *m* header; **einen ~ machen** to take a header **Kopfstand** *m* headstand; **einen ~ machen** to do a headstand

Kopfsteinpflaster *nt* cobblestones *pl*

Kopftuch *nt* headscarf **Kopfweh** *nt s.* **Kopfschmerz**

Kopie <-, -n> [ko'piː] *f* copy

kopieren* [ko'piːrən] *vt* ❶ (*fotokopieren*) to photocopy; (*pausen*) to trace ❷ FILM, FOTO (*Abzüge machen*) to print ❸ (*Doppel herstellen*) to copy ❹ (*nachahmen*) to imitate, to copy

Kopiergerät *nt* [photo]copier

Koppel <-, -n> ['kɔpl̩] *f* pasture

Koralle <-, -n> [ko'ralə] *f* coral

Korb <-[e]s, Körbe> [kɔrp] *m* basket; **einen ~ erzielen** to score a goal ▶ **[von jdm] einen ~ bekommen** to be rejected [by sb]; **jdm einen ~ geben** to turn sb down

Korbball *m kein pl* netball

Kord <-[e]s, -e> [kɔrt] *m* corduroy

Kordhose *f* cord trousers *pl* BRIT, corduroy pants *pl* AM

Koriander <-s, -> [ko'ri̯andɐ] *m* coriander *no pl*

Korinthe <-, -n> [ko'rɪntə] *f* current

Kork <-[e]s, -e> [kɔrk] *m* cork

Korken <-s, -> ['kɔrkn̩] *m* cork

Korkenzieher <-s, -> *m* corkscrew

Korn[1] <-[e]s, Körner> [kɔrn] *nt* ❶ (*Samen*) grain ❷ (*hartes Teilchen*) grain ❸ (*Getreide*) corn *no pl*

Korn[2] <-[e]s, - *o* -s> [kɔrn] *m* (*Schnaps*) schnapps

Korn[3] <-[e]s, -e> [kɔrn] *nt* **etw aufs ~ nehmen** to hit out at sth; **jdn aufs ~ nehmen** to have it in for sb

Kornblume *f* cornflower

Körper <-s, -> ['kœrpɐ] *m* body; **am ganzen ~** all over

Körperbau *m kein pl* physique **Körpergewicht** *nt* weight **Körpergröße** *f* size

körperlich **I.** *adj* ❶ ANAT physical ❷ (*stofflich*) material **II.** *adv* physically; **~ [hart] arbeiten** to do [hard] physical work

Körperpflege *f* personal hygiene **Körpersprache** *f* body language **Körperteil** *m* part of the body **Körperverletzung** *f* bodily harm *no pl;* **schwere ~** grievous bodily harm

korpulent [kɔrpu'lɛnt] *adj* (*geh*) corpulent

korrekt [kɔ'rɛkt] **I.** *adj* correct **II.** *adv* correctly

Korrektur <-, -en> [kɔrɛk'tuːɐ̯] *f* correction; **[etw] ~ lesen** to proof-read [sth]

Korrespondent(in) <-en, -en> [kɔrɛspɔn'dɛnt] *m(f)* correspondent

Korrespondenz <-, -en> [kɔrɛspɔn'dɛnts] *f* correspondence *no pl*

korrespondieren* *vi* to correspond

Korridor <-s, -e> ['kɔridoːɐ̯] *m* corridor

korrigieren* [kɔri'giːrən] *vt* to correct; *Klassenarbeit* to mark

korrupt [kɔ'rʊpt] *adj* corrupt

Korruption <-, -en> [kɔrʊp'tsi̯oːn] *f* corruption

Korsett <-s, -s> [kɔr'zɛt] *nt* corset

Kosename *m* pet name

Kosmetik <-> [kɔs'meːtɪk] *f kein pl* cosmetics *pl*

Kosmetiker(in) <-s, -> [kɔs'meːtikɐ] *m(f)* beautician

Kosmetikkoffer *m* vanity case

kosmetisch [kɔs'meːtɪʃ] **I.** *adj* cosmetic **II.** *adv* cosmetically

kosmisch ['kɔsmɪʃ] *adj* cosmic

Kosmopolit(in) <-en, -en> [kɔsmopo'liːt] *m(f)* cosmopolitan

Kosmos <-> ['kɔsmɔs] *m kein pl* **der ~** the cosmos

Kost <-> [kɔst] *f kein pl* food; **[freie] ~ und Logis** [free] board and lodging; **geistige ~** intellectual fare

kostbar ['kɔstbaːɐ̯] *adj* ❶ (*wertvoll*) valuable ❷ (*unentbehrlich*) precious

kosten[1] ['kɔstn̩] **I.** *vt* ❶ *Ware* to cost ❷ (*erfordern*) **jdn etw ~** to take [up] sb's sth; **das kann uns viel Zeit ~** it could take us a [good] while ❸ (*Verlust bedeuten*) **jdn etw ~** to cost sb sth ▶ **koste es, was es wolle** whatever the cost **II.** *vi* to cost

kosten² ['kɔstn̩] *vt* (*probieren*) to taste

Kosten ['kɔstn̩] *pl* costs; **~ sparend** economically; *Maßnahme* economical; **auf seine ~ kommen** to get one's money's worth; **die ~ tragen** to bear the costs; **auf ~ einer Person/einer S.** *gen* at the expense of sb/sth

kostenlos *adj* free [of charge]

Kostenvoranschlag *m* quotation

köstlich ['kœstlɪç] **I.** *adj* delicious **II.** *adv* **sich ~ amüsieren** to have a wonderful time

Kostüm <-s, -e> [kɔs'ty:m] *nt* ❶ suit ❷ THEAT costume

Kot <-[e]s> [ko:t] *m kein pl* excrement

Kotelett <-s, -s> [kɔt'lɛt] *nt* chop

Koteletten [kotə'lɛtn̩] *pl* sideburns *npl*

Kotflügel *m* wing

Kotze <-> ['kɔtsə] *f kein pl* (*vulg*) puke

kotzen ['kɔtsn̩] *vi* (*vulg*) to puke; **das ist zum Kotzen** (*sl*) it makes you sick

Krabbe <-, -n> ['krabə] *f* crab

krabbeln ['krabl̩n] *vi sein* to crawl

Krach <-[e]s, Kräche> [krax] *m* ❶ *kein pl* noise ❷ (*Streit*) quarrel; **~ haben** (*fam*) to have a row

krachen ['kraxn̩] **I.** *vi* ❶ *haben* to crash; *Schuss* to ring out ❷ *sein* (*prallen*) to crash **II.** *vi impers haben* ❶ **es kracht** there is a crashing noise ❷ (*Unfall*) **auf der Kreuzung hat es gekracht** there's been a crash on the intersection

krächzen ['krɛçtsn̩] *vi Vogel* to caw; *Mensch* to croak

Kraft <-, Kräfte> [kraft] *f* ❶ strength; **wieder zu Kräften kommen** to regain one's strength; **über jds Kräfte gehen** to be more than sb can cope with; **seine Kräfte sammeln** to gather one's strength; **mit aller ~** with all one's strength; **mit letzter ~** with one's last ounce of strength; **mit vereinten Kräften** with combined efforts ❷ (*Geltung*) force; **außer ~ sein** to be no longer in force; **in ~ sein** to be in force; **etw außer ~ setzen** to cancel sth; **in ~ treten** to come into force ❸ PHYS (*Energie*) power; **aus eigener ~** by oneself; **mit frischer ~** with renewed energy ❹ *meist pl* (*Machtgruppe*) force

Kraftfahrzeug *nt* motor vehicle **Kraftfahrzeugbrief** *m* registration document **Kraftfahrzeugkennzeichen** *nt* vehicle registration

kräftig ['krɛftɪç] **I.** *adj* ❶ (*stark*) strong ❷ (*wuchtig*) powerful **II.** *adv regnen* heavily

kraftlos I. *adj* weak **II.** *adv* feebly

Kraftstoff *m* fuel

kraftvoll I. *adj* powerful **II.** *adv* forcefully; **~ zubeißen** to take a hearty bite

Kraftwerk *nt* power station

Kragen <-s, -> ['kra:gən] *m* collar ▶ **jdm geht es an den ~** sb is in for it; **etw kostet jdn den ~** sth is sb's downfall; **jdm platzt der ~** sb blows their top

Krähe <-, -n> ['krɛ:ə] *f* crow

Krake <-n, -n> ['kra:kə] *m* octopus

Kralle <-, -n> ['kralə] *f* claw

Kram <-[e]s> [kra:m] *m kein pl* (*fam*) ❶ junk ❷ (*Angelegenheit*) affairs *pl;* **den ganzen ~ hinschmeißen** to pack the whole thing in; **jdm in den ~ passen** to suit sb fine; **jdm nicht in den ~ passen** to be a real nuisance to sb

Krämer(in) <-s, -> ['krɛmɐ] *m(f)* DIAL (*veraltet*) grocer's, general store

Krampf <-[e]s, Krämpfe> [krampf] *m* cramp

Krampfader *f* varicose vein

krampfhaft I. *adj* desperate **II.** *adv* desperately

Kran <-[e]s, Kräne> [kra:n] *m* crane

Kranich <-s, -e> ['kra:nɪç] *m* crane

krank <kränker, kränkste> [kraŋk] *adj*

① ill, sick ② ~ **vor etw** *dat* **sein** to be sick with sth ▶ **jdn [mit etw** *dat* **] ~ machen** to get on sb's nerves [with sth]

Kranke(r) *f(m) dekl wie adj* sick person

kränkeln ['krɛŋkl̩n] *vi* to be unwell

kränken ['krɛŋkn̩] *vt* **jdn ~** to hurt sb's feelings; **gekränkt sein** to feel hurt; **es kränkt jdn, dass ...** it hurts sb['s feelings], that ...; **~d** hurtful

Krankengeld *nt* sick pay **Krankenhaus** *nt* hospital **Krankenkasse** *f* health insurance company **Krankenpflege** *f* nursing **Krankenpfleger(in)** *m(f)* [male] nurse **Krankenschwester** *f* nurse **Krankenwagen** *m* ambulance

krankhaft *adj* morbid

Krankheit <-, -en> *f* illness; **wegen ~** due to illness

K

Krankheitserreger *m* pathogen

Krankmeldung *f* notification of sickness

Kränkung <-, -en> *f* insult

Kranz <-es, Kränze> [krants] *m* wreath

krass [kras] *adj* ① (*auffallend*) glaring ② (*unerhört*) blatant

Krater <-s, -> ['kra:tɐ] *m* crater

Krätze <-> ['krɛtsə] *f kein pl* scabies

kratzen ['kratsn̩] **I.** *vt* ① to scratch ② (*jucken*) **sich ~** to scratch oneself ③ (*fam: kümmern*) **das kratzt mich nicht** I couldn't care less about that **II.** *vi* ① (*jucken*) to scratch; **das Unterhemd kratzt** the vest is scratchy ② (*beeinträchtigen*) **an etw** *dat* **~** to scratch away at sth

Kratzer <-s, -> ['kratsɐ] *m* scratch

kraulen ['kraulən] *vi* (*schwimmen*) to do the crawl

kraus [kraus] *adj Haar* frizzy

Kraut <-[e]s, Kräuter> [kraut] *nt* ① BOT herb ② *kein pl* (*Kohl*) cabbage ▶ **wie ~ und Rüben durcheinander liegen** (*fam*) to lie about all over the place

Kräutertee *m* herbal tea

Krautkopf *m* head of cabbage

Krawatte <-, -n> [kra'vatə] *f* tie

Krawattennadel *f* tiepin

kreativ [krea'ti:f] *adj* creative

Kreativität <-> [kreativi'tɛt] *f kein pl* creativity

Krebs[1] <-es, -e> [kre:ps] *m* ① crayfish ② *kein pl* KOCHK crab ③ *kein pl* ASTROL Cancer

Krebs[2] <-es, -e> [kre:ps] *m* MED cancer; **~ erregend** carcinogenic

Kredit <-[e]s, -e> [kre'di:t] *m* credit; **einen ~ [bei jdm] aufnehmen** to take out a loan [with sb]; **auf ~** on credit

Kreditkarte *f* credit card; **mit ~ bezahlen** to pay by credit card

Kreide <-, -n> ['kraidə] *f* chalk ▶ **bei jdm [tief] in der ~ stehen** (*fam*) to owe sb [a lot of] money

Kreis[1] <-es, -e> [krais] *m* circle; **einen ~ um jdn bilden** to form a circle around sb; **sich im ~[e] drehen** to turn round in a circle; **im ~ gehen** to go round in circles; **im ~** in a circle ▶ **weite ~e** wide sections; **jdm dreht sich alles im ~e** sb's head is spinning

Kreis[2] <-es, -e> [krais] *m* ADMIN district

kreischen ['kraiʃn̩] *vi* to shriek

Kreisel <-s, -> ['kraizl̩] *m* ① spinning top ② TRANSP roundabout

kreisen ['kraizn̩] *vi* ① to revolve (**um** around) ② *Vogel, Flieger* to circle ③ (*zirkulieren*) to circulate (**in** through)

kreisförmig **I.** *adj* circular **II.** *adv* in a circle

Kreislauf *m* circulation

Kreislaufstörungen *pl* circulatory disorder

Kreissäge *f* circular saw

Kreisstadt *f* district principal town

Kreisverkehr *m* roundabout

Krempe <-, -n> ['krɛmpə] *f* brim

Kren <-s> [kre:n] *m kein pl* BOT, KOCHK ÖSTERR, SÜDD horseradish

Kresse <-, -n> ['krɛsə] *f* cress

Kreuz <-es, -e> [krɔyts] *nt* ① cross; **jdn ans ~ schlagen** to crucify sb; **über[s] ~** crosswise ② (*Symbol*) crucifix; **das**

Rote ~ the Red Cross ❸ ANAT lower back; **es im ~ haben** to have back trouble ❹ *kein pl* KARTEN clubs *pl* ▶ **jdn aufs ~ legen** (*fam*) to fool sb; **drei ~e machen** (*fam*) to be so relieved; **ein ~ mit jdm/etw sein** (*fam*) to be a constant bother with sb/sth

Kreuzer <-s, -> ['krɔytsɐ] *m* NAUT cruiser

Kreuzfahrt *f* cruise; **eine ~ machen** to go on a cruise

kreuzigen ['krɔytsɪgn̩] *vt* to crucify

Kreuzigung <-, -en> *f* crucifixion

Kreuzotter *f* adder **Kreuzschlitzschraube** *f* Phillips screw

Kreuzschmerzen *pl* backache, lower back pain

Kreuzspinne *f* cross spider

Kreuzung <-, -en> *f* ❶ (*Straßenkreuzung*) crossroads *pl* ❷ *kein pl* BIOL (*das Kreuzen*) cross-breeding ❸ (*Bastard*) mongrel

Kreuzworträtsel *nt* crossword

Kreuzzug *m* crusade

kribbeln ['krɪbl̩n] *vi* (*jucken*) **mir kribbelt es am Rücken** my back is itching

kriechen <kroch, gekrochen> ['kri:çn̩] *vi* ❶ *sein* to crawl ❷ *sein o haben* (*pej: unterwürfig sein*) [**vor jdm**] ~ to grovel [before sb]

Krieg <-[e]s, -e> [kri:k] *m* war; **jdm/einem Land den ~ erklären** to declare war on sb/a country; **~ führen** to wage war (**gegen** on); **in den ~ ziehen** to go to war

kriegen[1] ['kri:gn̩] *vt* (*fam*) ❶ to get; **ich kriege noch zehn Euro von dir** you still owe me ten euros; **eine Krankheit ~** to get an illness; **etw zu sehen ~** to get to see sth ❷ (*noch erreichen*) **den Zug ~** to catch the train ❸ (*erwischen*) **jdn ~** to catch sb ❹ (*gebären*) **ein Kind ~** to have a baby ❺ (*überreden*) **jdn dazu ~, etw zu tun** to get sb to do sth ❻ (*schaffen*) **ich kriege das schon geregelt** I'll get it sorted ▶ **es mit jdm zu tun ~** to be in trouble with sb

kriegen[2] ['kri:gn̩] *vi* (*Krieg führen*) to make war

Krieger(in) <-s, -> ['kri:gɐ] *m(f)* warrior

kriegerisch *adj* ❶ (*kämpferisch*) warlike ❷ (*militärisch*) military

Kriegsdienstverweigerer <-s, -> *m* conscientious objector **Kriegsgefangene(r)** *f(m)* *dekl wie adj* prisoner of war **Kriegsgefangenschaft** *f* captivity; **in ~ geraten** to become a prisoner of war **Kriegsgericht** *nt* court martial **Kriegsschiff** *nt* war ship **Kriegsverbrecher(in)** *m(f)* war criminal

Krimi <-s, -s> ['krɪmi] *m* (*fam*) thriller

Kriminalbeamte(r) [krimi'na:l-] *m dekl wie adj*, **-beamtin** *f* detective

Kriminalität <-> [kriminali'tɛt] *f kein pl* criminality

Kriminalpolizei *f* ❶ (*Institution*) Criminal Investigation Department BRIT, plainclothes police AM ❷ (*Beamte*) CID officers *pl* BRIT, plainclothes police officers *pl* AM **Kriminalroman** *m* detective novel

kriminell [krimi'nɛl] *adj* criminal

Kriminelle(r) [krimi'nɛlə, -lɐ] *f(m)* *dekl wie adj* criminal

Krippe <-, -n> ['krɪpə] *f* ❶ *a.* REL manger ❷ (*Kinderkrippe*) day nursery

Krise <-, -n> ['kri:zə] *f* crisis

Krisenprovinz *f* crisis region

Kristall <-s, -e> [krɪs'tal] *m* crystal

Kritik <-, -en> [kri'ti:k] *f* ❶ *kein pl* criticism (**an** of); **an jdm/etw ~ üben** to criticize sb/sth ❷ (*Rezension*) review ▶ **unter aller ~ sein** (*pej*) to be beneath contempt

Kritiker(in) <-s, -> ['kri:tikɐ] *m(f)* critic

kritisch ['kri:tɪʃ] **I.** *adj* critical **II.** *adv* critically

kritisieren* [kriti'zi:rən] *vt, vi* to criticize

kritzeln ['krɪts l̩n] *vi, vt* to scribble

Krokette <-, -n> [kro'kɛtə] *f* croquette

Krokodil <-s, -e> [kroko'di:l] *nt* crocodile

Krokus <-, -> ['kro:kʊs] *m* crocus

Krone <-, -n> ['kro:nə] *f* crown

Kronleuchter *m* chandelier **Kronprinz, -prinzessin** *m, f* crown prince *masc,* crown princess *fem*

Krönung <-, -en> *f* ❶ coronation ❷ (*Höhepunkt*) high point ▶ **die ~ sein** (*fam*) to beat everything

Kropf <-[e]s, Kröpfe> [krɔpf] *m* MED goitre

Kröte <-, -n> ['krø:tə] *f* toad

Krötentunnel *m* toad tunnel (*providing a safe passage for toads and other migrating amphibians near busy roads*)

Krücke <-, -n> ['krʏkə] *f* crutch; **an ~n gehen** to walk on crutches

Krug <-[e]s, Krüge> [kru:k] *m* jug; (*Trinkgefäß*) tankard

Krümel <-s, -> ['kry:ml̩] *m* crumb

krumm [krʊm] *adj* ❶ (*nicht gerade*) *Straße* crooked; *Nase* hooked; *Rücken* hunched; **~ und schief** askew ❷ (*pej fam: unehrlich*) crooked ▶ **ein ~es Ding drehen** to pull off sth crooked

krümmen ['krʏmən] **I.** *vt* ❶ to bend; **den Rücken ~** to arch one's back; **die Schultern ~** to slouch one's shoulders ❷ MATH **gekrümmt** curved **II.** *vr* ❶ **sich ~** *Fluss* to wind; *Straße* to bend ❷ (*sich beugen*) **sich ~** to bend ❸ (*sich winden*) **sich vor Schmerzen ~** to writhe in pain

krumm|lachen *vr* (*fam*) **sich ~** to fall about laughing; **sich krumm- und schieflachen** to split one's sides laughing **krumm|nehmen** *vt irreg* [**jdm**] **etw ~** to take offence at sth [sb said/did]

Kruste <-, -n> ['krʊstə] *f* crust

Kruzifix <-es, -e> ['kru:tsifɪks] *nt* crucifix

Krypta <-, Krypten> ['krʏpta] *f* crypt

Kübel <-s, -> ['ky:bl̩] *m* bucket

Kubikmeter [ku'bi:k-] *m o nt* cubic metre **Kubikzahl** *f* cube number

Küche <-, -n> ['kʏçə] *f* kitchen

Kuchen <-s, -> ['ku:xn̩] *m* cake

Küchenabfall *m* kitchen waste *no pl* **Küchenchef(in)** *m(f)* chef

Kuchenform *f* baking tin

Küchenschabe *f* cockroach **Küchentuch** *nt* kitchen cloth

Kuckuck <-s, -e> ['kʊkʊk] *m* cuckoo ▶ [**das**] **weiß der ~!** (*fam*) God only knows!; **zum ~** [**noch mal**]! (*euph fam*) damn it!

Kuckucksuhr *f* cuckoo clock

Kugel <-, -n> ['ku:gl̩] *f* ❶ ball ❷ (*Geschoss*) bullet ❸ MATH sphere ▶ **eine ruhige ~ schieben** (*fam*) to have a cushy time

kugelförmig *adj* spherical

Kugellager *nt* ball bearing **Kugelschreiber** *m* ballpoint

kugelsicher *adj* bullet-proof

Kugelstoßen <-s> *nt kein pl* shot put

Kuh <-, Kühe> [ku:] *f* cow

kühl [ky:l] **I.** *adj* cool; **draußen wird es ~** it's getting chilly outside **II.** *adv* ❶ (*recht kalt*) **etw ~ lagern** to store sth in a cool place ❷ (*auf reservierte Art*) coolly

Kühlbox *f* cooler

kühlen ['ky:lən] *vi, vt* to cool

Kühler <-s, -> ['ky:lɐ] *m* bonnet

Kühlerhaube *f* bonnet BRIT, hood AM

Kühlschrank *m* refrigerator **Kühltruhe** *f* freezer chest

kühn [ky:n] *adj* ❶ brave ❷ (*gewagt*) bold

Kuhstall *m* cowshed

Küken <-s, -> ['ky:kn̩] *nt* chick

kulant [ku'lant] *adj* obliging

Kuli <-s, -s> ['ku:li] *m* (*fam*) Biro® BRIT, Bic® AM

kulinarisch [kuli'na:rɪʃ] *adj* culinary

Kulisse <-, -n> [ku'lɪsə] *f* THEAT scenery ▶ **hinter den ~n** behind the scenes; **nur ~ sein** (*pej*) to be merely a facade

kullern ['kʊlɐn] *vi sein* to roll

Kult <-[e]s, -e> [kʊlt] *m* cult

Kultfigur *f* cult figure

kultig ['kʊltɪç] *adj* (*sl*) cult

kultivieren* [kʊlti'viːrən] *vt* to cultivate

kultiviert [kʊlti'viːɐt] *adj* ❶ (*gepflegt*) refined ❷ (*von feiner Bildung*) ~ **sein** to be cultured

Kultstätte *f* place of ritual worship

Kultur <-, -en> [kʊl'tuːɐ̯] *f* culture

Kulturbeutel *m* toilet [*or* AM toiletries] bag

kulturell [kʊltu'rɛl] **I.** *adj* cultural **II.** *adv* culturally

Kümmel <-s, -> ['kʏml̩] *m* caraway

Kummer <-s> ['kʊmɐ] *m kein pl* grief; ~ **haben** to have worries; **jdm ~ machen** to cause sb trouble

kümmern ['kʏmɐn] **I.** *vt* **jd/etw kümmert jdn** sb/sth concerns sb; **was kümmert mich das?** what concern is that of mine? **II.** *vr* **sich um jdn/etw ~** to take care of sb/sth; **kümmere dich um deine eigenen Angelegenheiten** mind your own business; **sich darum ~, dass ...** to see to it that ...

Kumpel <-s, -> *m* ❶ (*fam*) mate BRIT, buddy AM ❷ (*Bergmann*) miner

Kunde <-> ['kʊndə] *f kein pl* (*geh*) tidings *npl*

Kunde, Kundin <-n, -n> ['kʊndə, 'kʊndɪn] *m, f* customer

Kundendienst *m kein pl* after-sales service

kund|geben *vt irreg* to make known

Kundgebung <-, -en> *f* rally

kundig ['kʊndɪç] *adj* knowledgeable

kündigen ['kʏndɪgn̩] **I.** *vt Vertrag* to terminate **II.** *vi* ❶ *Arbeitnehmer* [**jdm**] ~ to hand in one's notice [to sb] ❷ *Arbeitgeber* **jdm** ~ to give sb his/her notice

Kündigung <-, -en> *f* ❶ JUR cancellation ❷ (*durch den Arbeitnehmer*) handing in one's notice; (*durch den Arbeitgeber*) dismissal

Kundschaft <-, -en> ['kʊntʃaft] *f* customers *pl*

künftig ['kʏnftɪç] **I.** *adj* future **II.** *adv* in future

Kunst <-, Künste> [kʊnst] *f* art ▶ **keine ~ sein** (*fam*) to be easy

Kunstakademie *f* art college **Kunstausstellung** *f* art exhibit[ion] **Kunstdünger** *m* artificial fertilizer **Kunstfaser** *f* synthetic fibre **Kunsthandwerk** *nt kein pl* craft[work]

Künstler(in) <-s, -> ['kʏnstlɐ] *m(f)* artist

künstlerisch ['kʏnstlərɪʃ] *adj* artistic

künstlich ['kʏnstlɪç] **I.** *adj* artificial **II.** *adv* (*gekünstelt*) affectedly

Kunststoff *m* synthetic material **Kunststück** *nt* trick; **das ist doch kein ~!** there's nothing to it! **Kunstwerk** *nt* work of art

kunterbunt ['kʊntɐbʊnt] *adj* ❶ (*vielfältig*) varied ❷ (*bunt*) multi-coloured ❸ (*wahllos*) motley

K

Kupfer <-s> ['kʊpfɐ] *nt kein pl* copper

Kuppe <-, -n> ['kʊpə] *f* ❶ (*Bergkuppe*) [rounded] hilltop ❷ (*Fingerkuppe*) tip

Kuppel <-, -n> ['kʊpl̩] *f* dome

kuppeln[1] ['kʊpl̩n] *vi* to operate the clutch

kuppeln[2] ['kʊpl̩n] *vt* **etw an etw** *akk* ~ to couple sth to sth

Kupplung <-, -en> ['kʊplʊŋ] *f* ❶ clutch ❷ (*für Anhänger*) coupling

Kur <-, -en> [kuːɐ̯] *f* course of treatment; **in ~ fahren** to go to a health resort

Kurbel <-, -n> ['kʊrbl̩] *f* crank

Kurbelwelle *f* crankshaft

Kürbis <-ses, -se> ['kʏrbɪs] *m* pumpkin

Kurhaus *nt* assembly rooms [at a health resort]

Kurier <-s, -e> [ku'riːɐ̯] *m* courier

Kurierdienst *m* courier service

kurieren* [ku'riːrən] *vt* to cure (**von** of)

Kuriosität <-, -en> [kuri̯ozi'tɛt] *f* curiosity

Kurort *m* health resort

Kurs[1] <-es, -e> [kʊrs] *m* ❶ (*Richtung*) course; **vom ~ abkommen** to deviate from one's course; **den ~ beibehalten** to maintain [one's] course; **jdn auf ~ bringen** to bring sb into line; **den ~**

wechseln to change course ❷ (*Wechselkurs*) exchange rate ❸ BÖRSE price; **im ~ fallen** to fall in price; **hoch im ~ [bei jdm] stehen** (*a. fig*) to be very popular [with sb]

Kurs² <-es, -e> [kʊrs] *m* (*Lehrgang*) course

Kursbuch *nt* timetable

kursieren* [kʊrˈziːrən] *vi* to circulate

kursiv [kʊrˈziːf] **I.** *adj* italic **II.** *adv* in italics

Kursivschrift [kʊrˈziːf-] *f* italics

Kurve <-, -n> [ˈkʊrvə] *f* ❶ (*Straßenkurve*) bend; **aus der ~ fliegen** (*fam*) to leave the road on the bend; **eine ~ machen** to bend ❷ (*gekrümmte Linie*) curve ▶ **die ~ kratzen** (*fam*) to clear off

kurz <kürzer, kürzeste> [kʊrts] **I.** *adj* ❶ (*in räumlicher und zeitlicher Hinsicht*) short ❷ (*knapp*) brief ▶ **den Kürzeren ziehen** (*fam*) to come off worst **II.** *adv* ❶ (*räumlich*) short; **etw kürzer machen** to shorten sth ❷ (*zeitlich*) for a short time; **sich ~ fassen** to be brief; **~ gesagt** in a word; **jdn ~ sprechen** to have a quick word with sb; **bis vor K~em** up until a short while ago; **vor K~em** a short while ago; **~ bevor** just before; **~ nachdem** shortly after; **über ~ oder lang** sooner or later ▶ **~ angebunden sein** (*fam*) to be abrupt; **~ entschlossen** without a moment's hesitation; **~ und gut** in a word; **zu ~ kommen** to lose out

Kurzarbeit *f kein pl* short-time work

kurz|arbeiten *vi* to work short-time

kurzärm(e)lig *adj* short-sleeved

kürzen [ˈkʏrtsn̩] *vt* ❶ to shorten (**um** by) ❷ (*verringern*) to cut (**um** by/**auf** to)

Kurzfassung *f* abridged version **Kurzfilm** *m* short film

kurzfristig [ˈkʊrtsfrɪstɪç] **I.** *adj* ❶ (*innerhalb kurzer Zeit erfolgend*) at short notice ❷ (*für kurze Zeit geltend*) short-term **II.** *adv* ❶ (*innerhalb kurzer Zeit*) within a short time ❷ (*für kurze Zeit*) briefly

Kurzgeschichte *f* short story

kürzlich [ˈkʏrtslɪç] *adv* not long ago

Kurzschluss <-es, Kurzschlüsse> *m* ELEK short-circuit

kurzsichtig *adj* short-sighted

Kürzung <-, -en> *f* ❶ abridgement ❷ FIN cut

Kurzwaren *pl* haberdashery BRIT, dry goods AM **Kurzwelle** *f* short wave **Kurzzeitgedächtnis** *m* short-term memory

kuschen [ˈkʊʃn̩] *vi* [**vor jdm**] **~** to obey [sb]

Kusine <-, -n> [kuˈziːnə] *f fem form von* **Cousin** cousin

Kuss <-es, Küsse> [kʊs] *m* kiss

küssen [ˈkʏsn̩] *vt, vi* to kiss

Küste <-, -n> [ˈkʏstə] *f* coast

Küstengewässer *pl* coastal waters

Küster(in) <-s, -> [ˈkʏstɐ] *m(f)* sexton

Kutsche <-, -n> [ˈkʊtʃə] *f* carriage

Kutte <-, -n> [ˈkʊtə] *f* habit

Kutter <-s, -> [ˈkʊtɐ] *m* cutter

Kuvert <-s, -s> [kuˈveːɐ̯] *nt* envelope

KZ <-s, -s> [kaːˈtsɛt] *nt Abk von* **Konzentrationslager** concentration camp

L

L, l <-, -> [ɛl] *nt* L, l
labil [la'bi:l] *adj* unstable
Labor <-s, -s> [la'bo:ɐ̯] *nt* laboratory
Laborant(in) <-en, -en> [labo'rant] *m(f)* laboratory technician
Labyrinth <-[e]s, -e> [laby'rɪnt] *nt* maze
lächeln ['lɛçl̩n] *vi* to smile
lachen ['laxn̩] *vi* to laugh (**über** at)
Lachen <-s> ['laxn̩] *nt kein pl* laughter
lächerlich ['lɛçɐlɪç] *adj* ridiculous; **jdn/sich ~ machen** to make a fool of sb/oneself
Lachs <-es, -e> [laks] *m* salmon
Lack <-[e]s, -e> [lak] *m* gloss paint; (*transparent*) varnish
lackieren* [la'ki:rən] *vt a. Fingernägel* to paint; *Holz* to varnish
Ladegerät *nt* battery charger **Ladekabel** *nt* (*für Handy- und Computerakkus*) charging cable; (*für Autobatterien*) [battery] charger lead
laden¹ <lädt, lud, geladen> ['la:dn̩] *vt, vi* ❶ to load (**auf** on[to]/**in** in[to]); **etw aus etw** *dat* **~** to unload sth from sth ❷ (*sich aufbürden*) **etw auf sich** *akk* **~** to saddle oneself with sth ❸ ELEK to charge (**mit** with)
laden² <lädt, lud, geladen> ['la:dn̩] *vt* JUR to summon
Laden¹ <-s, Läden> ['la:dn̩] *m* (*Geschäft*) shop, AM *usu* store
Laden² <-s, Läden> ['la:dn̩] *m* shutter
Ladenbesitzer(in) *m(f)* shopkeeper **Ladendieb(in)** *m(f)* shoplifter **Ladenkette** *f* chain of shops **Ladenschluss** *m kein pl* closing time
Ladesäule *f* (*für ein E-Auto*) [EV] charging point
Ladung¹ <-, -en> *f* ❶ load ❷ ELEK charge
Ladung² <-, -en> *f* JUR summons + *sing vb*
Lage <-, -n> ['la:gə] *f* ❶ (*örtlich*) position ❷ (*Situation*) situation; **zu etw** *dat* **in der ~ sein** to be in a position to do sth; **sich in jds ~ versetzen** to put oneself in sb's position ❸ (*Schicht*) layer
Lager <-s, -> ['la:gɐ] *nt* ❶ HANDEL warehouse; **etw auf ~ haben** to have sth in stock; (*fig*) to have sth at the ready ❷ (*Unterkunft*) camp
Lagerfeuer *nt* campfire **Lagerhaus** *nt* warehouse
Lagerung <-, -en> *f* warehousing
Lagune <-, -n> [la'gu:nə] *f* lagoon
lahm [la:m] *adj* ❶ (*gelähmt*) lame ❷ (*fam: langsam*) sluggish
lähmen ['lɛ:mən] *vt* to paralyse
lahm|legen *vt* to bring to a stand-still
Lähmung <-, -en> *f* paralysis
Laib <-[e]s, -e> [laip] *m* loaf
Laich <-[e]s, -e> [laiç] *m* spawn
laichen ['laiçn̩] *vi* to spawn
Laie, Laiin <-n, -n> ['laiə, 'laiɪn] *m, f* layman *masc*, laywoman *fem*
Laken <-s, -> ['la:kn̩] *nt* sheet
Lakritz <-es, -e> [la'krɪts] *m*, **Lakritze** <-, -n> [la'krɪtsə] *f* DIAL liquorice
Laktose [lak'to:zə] *f* lactose
laktosefrei **I.** *adj* lactose-free **II.** *adv* **sich** *akk* **~ ernähren** to be on a lactose-free diet
lallen ['lalən] *vi, vt* to slur
Lama <-s, -s> ['la:ma] *nt* ZOOL llama
Lamm <-[e]s, Lämmer> [lam] *nt* lamb
Lammfell *nt* lambskin
Lampe <-, -n> ['lampə] *f* lamp; (*Glühlampe*) bulb
Lampion <-s, -s> [lam'pi̯ɔŋ] *m* Chinese lantern
Land <-[e]s, Länder> [lant] *nt* ❶ *kein pl* (*Festland*) land; **an ~ gehen** to go ashore ❷ *kein pl* (*ländliche Gegend*)

L

country; **auf dem ~[e]** in the country ❸ (*Staat*) country ❹ (*Bundesland*) federal state ▶ **andere Länder, andere Sitten** every country has its own customs

Landarbeiter(in) *m(f)* farm hand

Landebahn *f* runway

landen [ˈlandn̩] **I.** *vi sein* ❶ to land (**auf** on/**in** in) ❷ (*fam: hingelangen, enden*) to end up **II.** *vt haben* to land

Landenge *f* isthmus

Länderspiel *nt* international [match]

länderübergreifend *adj* international; (*in der BRD*) involving several or all Länder

Landesgrenze *f* ❶ frontier ❷ (*eines Bundeslandes*) federal state boundary **Landesinnere(s)** *nt* interior **landestypisch** *adj* typical of a/the country; **~e Küche** local [*or* traditional] fare [*or* delicacies] **Landesverrat** *m* treason

Landflucht *f* rural exodus **Landfriedensbruch** *m* breach of the public peace

Landingpage, Landing-Page <-, -s> [ˈlɛdɪŋpeɪtdʃ] *f* INET landing page, lander

Landkarte *f* map **Landkreis** *m* administrative district **Landleben** *nt* country life

ländlich [ˈlɛntlɪç] *adj* rural

Landplage *f* plague

Landschaft <-, -en> [ˈlantʃaft] *f* landscape

landschaftlich I. *adj* scenic **II.** *adv* scenically

Landsmann, -männin <-leute> *m, f* compatriot

Landstraße [ˈlantʃtraːsə] *f* secondary road **Landstreicher(in)** <-s, -> *m(f)* tramp

Landung <-, -en> *f* landing

Landungsbrücke *f* pier

Landwirt(in) *m(f)* farmer

Landwirtschaft *f kein pl* agriculture

landwirtschaftlich *adj* agricultural; **~er Betrieb** farm

Landzunge *f* headland

lang <länger, längste> [laŋ] **I.** *adj* ❶ long ❷ *Mensch* tall **II.** *adv* <länger, am längsten> ❶ (*für die Dauer von etw*) **zwei Tage/eine Stunde ~** for two days/an hour ❷ *s.* **lange**

langatmig *adj* long-winded

lange [ˈlaŋə] *adv* long; **ich weiß das schon ~** I've known that for a long time; **bleibst du noch ~ in Stuttgart?** are you staying in Stuttgart for long?; **wir können hier nicht länger bleiben** we can't stay here any longer; **wo bist du denn so ~ geblieben?** where have you been all this time?

Länge <-, -n> [lɛŋə] *f* ❶ (*räumlich*) length; **Pfähle von drei Metern ~** posts three metres in length ❷ (*zeitlich*) length; **in voller ~** in its entirety; **sich in die ~ ziehen** to drag on

langen [ˈlaŋən] **I.** *vi* (*fam*) ❶ (*ausreichen*) **[jdm] ~** to be enough [for sb] ❷ (*fassen*) **lange bloß nicht mit der Hand an die Herdplatte** make sure you don't touch the hotplate with your hand ❸ (*genug sein*) **jetzt langt's aber!** I've just about had enough! **II.** *vt* (*fam*) (*geben*) **jdm etw ~** to hand sb sth

Längengrad *m* degree of longitude

Langeweile <-> [ˈlaŋəvailə] *f kein pl* boredom; **~ haben** to be bored

langfädig *adj* SCHWEIZ (*langatmig*) long-winded *pej* **langfristig I.** *adj* long-term **II.** *adv* on a long-term basis **Langlauf** *m kein pl* cross-country skiing

länglich [ˈlɛŋlɪç] *adj* longish

längs [lɛŋs] **I.** *präp* **~ einer S.** *gen* along sth **II.** *adv* lengthways; **~ gestreift** with vertical stripes

langsam [ˈlaŋzaːm] **I.** *adj* ❶ slow ❷ (*allmählich*) gradual **II.** *adv* ❶ slowly ❷ gradually ▶ **~, aber sicher** slowly but surely

Langsamkeit <-> *f kein pl* slowness
Langschläfer(in) *m(f)* late riser
längst [lɛŋst] *adv* ❶ (*lange*) long since ❷ (*bei Weitem*) **das ist ~ nicht alles** that's not everything by a long shot
längstens ['lɛŋstn̩s] *adv* (*höchstens*) at the most
Languste <-, -n> [laŋ'gʊstə] *f* crayfish
langweilen ['laŋvailən] **I.** *vt* to bore **II.** *vi* to be boring **III.** *vr* **sich ~** to be bored
langweilig ['laŋvailɪç] *adj* boring
Langwelle *f* long wave
langwierig ['laŋviːrɪç] *adj* long-drawn-out
Langzeitarbeitslose(r) *f(m)* **die ~n** the long-term unemployed **Langzeitarbeitslosigkeit** *f* long-term unemployment **Langzeitstudent(in)** *m(f)* long-term student
Lanze <-, -n> ['lantsə] *f* lance
Lappalie <-, -n> [la'paːli̯ə] *f* trifle
Lappen <-s, -> ['lapn̩] *m* rag ▶ **jdm durch die ~ gehen** (*fam*) to slip through sb's fingers
läppisch ['lɛpɪʃ] *adj* (*lächerlich*) ridiculous
Lärche <-, -n> ['lɛrçə] *f* larch
Lärm <-[e]s> [lɛrm] *m kein pl* noise; **~ machen** to make a noise
Lärmbelästigung *f* noise pollution
lärmen ['lɛrmən] *vi* to make noise
Larve <-, -n> ['larfə] *f* ZOOL larva
lasch [laʃ] *adj* ❶ (*schlaff*) feeble ❷ (*nachsichtig*) lax
Lasche <-, -n> ['laʃə] *f* flap; (*Kleidung*) loop
Laser <-s, -> ['leːzɐ] *m* laser
lassen <lässt, ließ, gelassen> ['lasn̩] **I.** *vt* ❶ (*unterlassen*) to stop; **lass das!** stop it!; **wenn du keine Lust dazu hast, dann lass es doch** if you don't feel like it, then don't do it; **etw nicht ~ können** not to be able to stop sth ❷ (*zurücklassen*) **jdn/etw irgendwo ~** to leave sb/sth somewhere; **etw hinter sich** *dat* **~** to leave sth behind one ❸ (*überlassen*) **jdm etw ~** to let sb have sth ❹ (*belassen*) **jdn ohne Aufsicht ~** to leave sb unsupervised; **etw ~, wie es ist** to leave sth as it is ❺ (*hinaus-/hineinlassen*) **lass den Hund nicht nach draußen** don't let the dog go outside; **frische Luft ins Zimmer ~** to let a bit of fresh air into the room ❻ (*zugestehen*) **eines muss man ihm ~, er versteht sein Handwerk** you've got to give him one thing, he knows his job **II.** *vb aux* <lässt, ließ, lassen> *modal* ❶ (*veranlassen*) **ich lasse mir die Haare schneiden** I'm having my hair cut; **sie wollen ihre Kinder studieren ~** they want their children to study; **jdn kommen ~** to send for sb; **~ Sie Herrn Braun hereinkommen** send Mr Braun in; **etw machen/reparieren ~** to have sth done/repaired ❷ (*zulassen*) **jdn etw tun ~** to let sb do sth; **lass sie gehen!** let her go!; **das lasse ich nicht mit mir machen** I won't stand for it! ❸ (*Möglichkeit ausdrückend*) **das lässt sich [nicht] machen!** that can[not] be done! ❹ *als Imperativ* **lass uns gehen** let's go **III.** *vi* <lässt, ließ, gelassen> (*ablassen*) **sie ist so verliebt, sie kann einfach nicht von ihm ~** she is so in love, she simply can't part from him; **vom Alkohol ~** to give up alcohol
lässig ['lɛsɪç] **I.** *adj* casual **II.** *adv* casually
Last <-, -en> [last] *f* ❶ (*was getragen wird*) load ❷ (*Gewicht*) weight ❸ (*Bürde*) burden ❹ *pl* FIN burden; **zu jds ~en gehen** to be charged to sb ▶ **jdm zur ~ fallen** to become a burden on sb; **jdm etw zur ~ legen** to accuse sb of sth; *s.a.* **zulasten**
lasten ['lastn̩] *vi* **auf jdm ~** to rest with sb
Laster[1] <-s, -> ['lastɐ] *m* (*LKW*) lorry

BRIT, truck AM

Laster² <-s, -> ['lastɐ] *nt* vice

lasterhaft *adj* depraved

lästern ['lɛstɐn] *vi* to make disparaging remarks (**über** about)

lästig ['lɛstɪç] *adj* annoying; **jdm ~ sein** to annoy sb

Lastkahn *m* barge **Lastwagen** *m* lorry BRIT, truck AM **Lastzug** *m* lorry with trailer

Lasur <-, -en> [la'zuːɐ̯] *f* varnish

Latein <-s> [la'tain] *nt* Latin

Lateinamerika *nt* Latin America

Lateinamerikaner(in) <-s, -> *m(f)* Latin American

lateinamerikanisch *adj* Latin American

lateinisch *adj* Latin; **auf Lateinisch** in Latin

Laterne <-, -n> [la'tɛrnə] *f* ❶ lantern ❷ (*Straßenlaterne*) streetlamp

Latex <-, Latizes> ['laːtɛks] *m* latex

Latschenkiefer *f* mountain pine

Latte <-, -n> ['latə] *f* slat

Lattenzaun *m* picket fence

Latz <-es, Lätze> [lats] *m* ❶ (*Hosenlatz*) flap ❷ (*Lätzchen*) bib

Latzhose *f* dungarees *npl*

lau [lau] *adj* ❶ (*mild*) mild ❷ (*lauwarm*) lukewarm

Laub <-[e]s> [laup] *nt kein pl* foliage

Laubbaum *m* deciduous tree

Laube <-, -n> ['laubə] *f* arbour

Laubfrosch *m* tree frog **Laubwald** *m* deciduous forest

Lauch <-[e]s, -e> [laux] *m* leek

lauern ['lauɐn] *vi* to lie in wait (**auf** for)

Lauf <-[e]s, Läufe> [lauf] *m* ❶ *kein pl* run ❷ *kein pl eines Flusses* course ❸ (*Verlauf*) course; **das ist der ~ der Dinge** that's the way things go; **im ~e einer S.** *gen* in the course of sth; **im ~e der Jahrhunderte** over the centuries; **seinen ~ nehmen** to take its course ❹ (*Gewehrlauf*) barrel

Laufbahn *f* career

laufen <läuft, lief, gelaufen> ['laufn̩] **I.** *vi sein* ❶ (*rennen*) to run ❷ (*fam: gehen*) to go, to walk ❸ (*fließen*) to run; **Tränen liefen ihm übers Gesicht** tears ran down his face ❹ (*funktionieren*) to work; *Maschine* to run; (*eingeschaltet sein*) to be on ❺ *Film* to be on ❻ (*seinen Gang gehen*) to go; **wie läuft es?** how's it going? ❼ (*gut verkäuflich sein*) [**nicht**] **gut ~** to [not] sell well **II.** *vt haben o sein* **Rollschuh/Schlittschuh/Ski ~** to rollerskate/ice-skate/ski

laufend **I.** *adj attr* ❶ (*derzeitig*) current ❷ (*ständig*) constant ► **jdn auf dem Laufenden halten** to keep sb up-to-date; **auf dem Laufenden sein** to be up-to-date **II.** *adv* constantly

Läufer <-s, -> ['lɔyfɐ] *m* SCHACH bishop

Läufer(in) <-s, -> ['lɔyfɐ] *m(f)* runner

läufig ['lɔyfɪç] *adj* on heat

Laufstall *m* playpen **Laufwerk** *nt eines Computers* disc drive

Lauge <-, -n> ['laugə] *f* ❶ (*Seifenlauge*) soapy water ❷ CHEM lye

Laune <-, -n> ['launə] *f* mood; **gute/schlechte ~ haben** to be in a good/bad mood

launisch ['launɪʃ] *adj* moody

Laus <-, Läuse> [laus] *f* louse

lauschen ['lauʃn̩] *vi* ❶ to listen ❷ (*heimlich*) to eavesdrop

laut¹ [laut] **I.** *adj* ❶ loud ❷ (*voller Lärm*) noisy **II.** *adv* loudly; **kannst du das ~er sagen?** can you speak up?; **~ denken** to think out loud; **etw ~er stellen** to turn up sth *sep*

laut² [laut] *präp +gen o dat;* **~ Zeitungsberichten ...** according to newspaper reports ...

Laut <-[e]s, -e> [laut] *m*: **keinen ~ von sich** *dat* **geben** to not make a sound

lauten ['lautn̩] *vi* ❶ to read; **wie lautet der letzte Absatz?** how does the final paragraph go? ❷ (*ausgestellt sein*) **auf jdn [*o* jds Namen] ~** to be in sb's name

läuten ['lɔytn̩] **I.** *vi* to ring **II.** *vi impers* **es läutet** the bell is ringing; **es hat geläutet** there was a ring at the door; **es läutet sechs Uhr** the clock's striking six
lautlos ['lautlo:s] **I.** *adj* noiseless **II.** *adv* noiselessly
Lautschrift *f* phonetic alphabet
Lautsprecherbox *f* speaker
Lautstärke *f* volume; **bei voller ~** at full volume; **etw auf volle ~ stellen** to turn sth up to full volume
lauwarm ['lauvarm] *adj* lukewarm
Lava <-, Laven> ['la:va] *f* lava
Lavabo <-[s], -s> [la'va:bo] *nt* SCHWEIZ (*Waschbecken*) washbasin
Lavendel <-s, -> [la'vɛndl̩] *m* lavender
Lawine <-, -n> [la'vi:nə] *f* avalanche
Lawinengefahr *f kein pl* risk of avalanches
lax [laks] *adj* lax
Lebemann *m* (*pej*) playboy
leben ['le:bn̩] **I.** *vi* ❶ to live; **er lebt [noch]** he's [still] alive; **lang lebe der/die/das ...!** long live the ...!; **getrennt ~** to live apart; **vegetarisch ~** to be vegetarian ❷ (*Lebensunterhalt bestreiten*) **wovon lebt der überhaupt?** whatever does he do for a living?; **vom Schreiben ~** to make a living as a writer **II.** *vt* **seinen Glauben/seine Ideale ~** to live according to one's beliefs/ideals **III.** *vr impers* **lebt es sich hier besser als dort?** is life better here than there?
Leben <-s, -> ['le:bn̩] *nt* ❶ (*Lebendigsein*) life; **am ~ sein** to be alive; **am ~ hängen** to love life; **sich** *dat* **das ~ nehmen** to take one's life; **jdm das ~ retten** to save sb's life; **jdm/sich das ~ schwer machen** to make life difficult for sb/oneself ❷ (*Existieren*) life; **nie im ~** never; **etw ins ~ rufen** to establish sth; **das tägliche ~** everyday life
lebend I. *adj* living **II.** *adv* alive
lebendig [le'bɛndɪç] **I.** *adj* ❶ living; **~ sein** to be alive ❷ (*lebhaft*) lively **II.** *adv* **etw ~ schildern** to give a lively description of sth
Lebendigkeit <-> *f kein pl* vividness
Lebensabend *m* twilight years *npl* **Lebensabschnitt** *m* chapter in one's life **Lebensart** *f kein pl* manners *npl* **Lebensbedingungen** *pl* living conditions **Lebensdauer** *f* life **Lebenserfahrung** *f* experience of life **Lebenserwartung** *f* life expectancy **Lebensfreude** *f kein pl* love of life **Lebensgefahr** *f* **jd ist außer ~** sb's life is no longer in danger; **es besteht ~** there is a risk of death; **jd ist in ~** sb's life is in danger **lebensgefährlich I.** *adj* life-threatening **II.** *adv* critically **Lebensgefährte, -gefährtin** *m, f* partner **Lebensgemeinschaft** *f* **eheähnliche ~** cohabiting partners *pl* **Lebenshaltungskosten** *pl* cost of living **lebenslänglich** ['le:bn̩slɛŋlɪç] **I.** *adj* JUR life *attr*, for life *pred*; **„~"** **bekommen** (*fam*) to get "life" **II.** *adv* all one's life **Lebenslauf** *m* curriculum vitae **lebenslustig** *adj* **~ sein** to enjoy life **Lebensmittel** *nt meist pl* food **Lebensmittelgeschäft** *nt* grocer's **Lebensmittelvergiftung** *f* food poisoning **Lebensqualität** *f kein pl* quality of life **Lebensraum** *m* habitat **Lebensretter(in)** *m(f)* lifesaver **Lebensunterhalt** *m kein pl* subsistence; **mit etw** *dat***/als etw seinen ~ verdienen** to earn one's keep by/as sth **Lebensverlängerung** *f* ❶ (*längere Lebensdauer*) life extension ❷ MED (*Hinauszögern des Sterbens*) life-extending treatment **Lebensversicherung** *f* life insurance **Lebensweise** *f* lifestyle **Lebensweisheit** *f* worldly wisdom
lebenswert *adj* worth living *pred*
lebenswichtig *adj* vital **Lebenszeit** *f* lifetime; **auf ~** for life
Leber <-, -n> ['le:bɐ] *f* liver

L

Leberfleck *m* liver spot **Leberpastete** *f* liver pâté **Lebertran** *m* cod-liver oil **Leberwurst** *f* liver sausage

Lebewesen *nt* living thing

Lebewohl <-[e]s, -s> [le:bəˈvo:l] *nt* (*geh*) farewell

lebhaft [ˈle:phaft] **I.** *adj* ① lively ② (*anschaulich*) vivid **II.** *adv* ① (*anschaulich*) vividly ② (*sehr stark*) intensely

Lebkuchen [ˈle:pku:xn̩] *m* gingerbread

leblos [ˈle:plo:s] *adj* lifeless

lechzen [ˈlɛçtsn̩] *vi* **nach etw** *dat* ~ to long for sth

leck [lɛk] *adj* leaky

Leck <-[e]s, -s> [lɛk] *nt* leak

lecken[1] [ˈlɛkn̩] *vi Tank* to leak

lecken[2] [ˈlɛkn̩] *vi, vt* to lick; **an etw** *dat* ~ to lick sth

lecker [ˈlɛkɐ] **I.** *adj* delicious, yummy *fam* **II.** *adv* deliciously

leck|schlagen *vi irreg sein* to be holed; **leckgeschlagen** holed

Leder <-s, -> [ˈle:dɐ] *nt* leather; **zäh wie ~** tough as old boots

Lederjacke *f* leather jacket

ledig [ˈle:dɪç] *adj* single

Ledige(r) [ˈle:dɪgə, -gɐ] *f(m) dekl wie adj* single person

leer [le:ɐ̯] **I.** *adj* empty; *Seite* blank; **seine Augen waren ~** he had a vacant look in his eyes; **etw ~ machen** to empty sth **II.** *adv* **wie ~ gefegt sein** to be deserted; **das Glas ~ trinken** to finish one's drink

Leere <-> [ˈle:rə] *f kein pl* emptiness; **eine gähnende ~** a gaping void

leeren [ˈle:rən] **I.** *vt* to empty **II.** *vr* **sich ~** to empty

Leergut *nt kein pl* empties **Leerlauf** *m* AUTO neutral gear; **im ~** in neutral

legal [leˈga:l] **I.** *adj* legal **II.** *adv* legally

legalisieren* [legaliˈzi:rən] *vt* to legalize

Legalität <-> [legaliˈtɛ:t] *f kein pl* legality

legen [ˈle:gn̩] **I.** *vt* ① **jdn/etw irgendwohin ~** to put sb/sth somewhere; **seinen Arm um jdn ~** to put one's arm around sb ② *Eier* to lay ③ (*verlegen, installieren*) **Kabel/Rohre/einen Teppich ~** to lay cables/pipes/a carpet **II.** *vr* ① (*sich hinlegen*) **sich ~** to lie down; **sich ins Bett/in die Sonne/auf den Rücken ~** to go to bed/lay down in the sun/lie on one's back ② (*sich niederlassen*) **sich auf etw** *akk* ~ to settle on sth ③ (*nachlassen*) **sich ~** to subside

legendär [legɛnˈdɛ:ɐ̯] *adj* legendary

Legende <-, -n> [leˈgɛndə] *f* legend

leger [leˈʒe:ɐ] *adj* casual

Legierung <-, -en> *f* alloy

Legion <-, -en> [leˈgi̯o:n] *f* legion

Legionär <-s, -e> [legi̯oˈnɛ:ɐ̯] *m* legionary

Legislative <-n, -n> [legɪslaˈti:və] *f* legislative power

Legislaturperiode [legɪslaˈtu:ɐ̯-] *f* legislative period

legitim [legiˈti:m] *adj* legitimate

Lehm <-[e]s, -e> [le:m] *m* clay

lehmig [ˈle:mɪç] *adj* clayey

Lehne <-, -n> [ˈle:nə] *f* ① (*Armlehne*) armrest ② (*Rückenlehne*) back

lehnen [ˈle:nən] **I.** *vt, vi* to lean (**an/gegen** against) **II.** *vr* **sich an jdn/etw ~** to lean on sb/sth; **sich aus dem Fenster ~** to lean out of the window

Lehre <-, -n> [ˈlerə] *f* ① (*Ausbildung*) apprenticeship; **eine ~ [als etw] machen** to serve an apprenticeship [as a/an sth] ② (*Erfahrung*) lesson; **jdm eine ~ erteilen** to teach sb a lesson ③ (*Theorie*) theory

lehren [ˈle:rən] *vt* **etw ~** to teach sth; (*an der Uni*) to lecture in sth; **jdn [etw] ~** to teach sb [sth]

Lehrer(in) <-s, -> [ˈle:rɐ] *m(f)* teacher

Lehrgang <-gänge> *m* course; **auf einem ~ sein** to be on a course

Lehrling <-s, -e> [ˈle:ɐ̯lɪŋ] *m* apprentice

Lehrplan *m* syllabus **Lehrstelle** *f* apprenticeship **Lehrveranstaltung** *f*

lecture; (*Seminar*) seminar **Lehrzeit** *f* apprenticeship

Leib <-[e]s, -er> [laip] *m* body; **sich** *dat* **jdn vom ~e halten** to keep sb at arm's length; **mit ~ und Seele** whole-heartedly

Leibgericht *nt* favourite meal

leiblich ['laiplɪç] *adj Mutter, Vater* natural; **jds ~e Verwandten** sb's blood relations

Leibwächter(in) *m(f)* bodyguard

Leiche <-, -n> ['laiçə] *f* corpse ▶ **über ~n gehen** (*pej*) to stop at nothing

leicht [laiçt] **I.** *adj* ❶ light ❷ (*einfach*) easy; **nichts ~er als das!** no problem ❸ (*geringfügig*) minor **II.** *adv* ❶ **~ bekleidet** dressed in light clothing ❷ (*einfach*) easily; **das ist ~er gesagt als getan** that's easier said than done; **etw geht [ganz] ~** sth is [quite] easy; **es jdm/sich ~ machen** to make it easy for sb/oneself ❸ (*nur wenig*) lightly; **~ verärgert sein** to be slightly annoyed ❹ (*schnell*) easily; **~ zerbrechlich** easy to break

Leichtathlet(in) *m(f)* athlete BRIT, track and field athlete AM **Leichtathletik** *f* athletics + *sing vb, no art* BRIT, track and field + *sing vb, no art* AM

leicht|fallen *vt, vi* **es fällt jdm leicht [, etw zu tun]** it's easy for sb [to do sth] **leichtfertig** **I.** *adj* thoughtless **II.** *adv* thoughtlessly **Leichtgewicht** *nt kein pl* lightweight category **leichtgläubig** *adj* gullible

Leichtigkeit <-> *f* simplicity; **mit ~** effortlessly

leicht|nehmen *vt* to take lightly **Leichtsinn** ['laiçtzɪn] *m kein pl* carelessness **leichtsinnig** ['laiçtzɪnɪç] *adj* careless

leid [lait] *adj pred* **ich bin es ~** I'm tired of it

Leid <-[e]s> [lait] *nt kein pl* (*Unglück*) sorrow; **jdm sein ~ klagen** to tell sb one's troubles

leiden <litt, gelitten> ['laidn̩] **I.** *vi* to suffer (**an** from); **unter etw** *dat* **~** to suffer from sth; **darunter ~, dass ....** to suffer as a result of ... **II.** *vt* **jdn gut ~ können** to like sb

Leiden <-s, -> ['laidn̩] *nt* ❶ suffering *no pl* ❷ MED ailment

Leidenschaft <-, -en> ['laidn̩ʃaft] *f* passion; **ich bin Briefmarkensammler aus ~** I'm a passionate stamp collector; **mit ~** passionately

leidenschaftlich **I.** *adj* passionate **II.** *adv* passionately; **etw ~ gern tun** to be passionate about sth

leider ['laidɐ] *adv* unfortunately; **ich habe das ~ vergessen** I'm sorry, I forgot about it

leid|tun *vi* **jdm tut etw leid** sb is sorry about sth; **es tut jdm leid, dass ...** sb is sorry that ...; **tut mir leid!** [I'm] sorry!

Leier <-, -n> ['laiɐ] *f* lyre ▶ **es ist immer die alte ~** (*fam*) it's always the same old story

Leierkasten *m* (*fam*) barrel organ

Leihbibliothek *f* lending library

leihen <lieh, geliehen> ['laiən] *vt* ❶ (*verleihen*) to lend ❷ (*sich ausleihen*) **sich** *dat* **etw ~** to borrow sth (**von** from); **geliehen** borrowed

Leihhaus *nt* pawn shop **Leihmutter** *f* surrogate mother

Leim <-[e]s, -e> [laim] *m* glue

leimen ['laimən] *vt* to glue together

Leine <-, -n> ['lainə] *f* ❶ (*Seil*) rope ❷ (*Wäscheleine*) line ❸ (*Hundeleine*) leash

Leinen <-s, -> ['lainən] *nt* linen; **aus ~** made of linen

Leinsamen *m* linseed **Leinwand** *f* ❶ FILM screen ❷ KUNST canvas

leise ['laizə] **I.** *adj* quiet; **etw ~ stellen** to turn down sth *sep* **II.** *adv* quietly

Leiste <-, -n> ['laistə] *f* ❶ (*schmale Latte*) strip ❷ ANAT groin

leisten ['laistn̩] **I.** *vt* ❶ (*vollbringen*) **ganze Arbeit ~** to do a good job; **etw Bewundernswertes ~** to accomplish sth admirable; **[nicht] viel ~** to [not] get

L

a lot done ❷ *Funktionsverb* **einen Eid** ~ to swear an oath; **Hilfe** ~ to render assistance; **Wehrdienst** ~ to do one's military service; **Widerstand** ~ to offer resistance **II.** *vr* ❶ (*sich gönnen*) **sich** *dat* **etw** ~ to treat oneself to sth ❷ (*sich herausnehmen*) to permit oneself sth ❸ (*bezahlen können*) **sich** *dat* **etw ~ können** to be able to afford sth

Leistenbruch *m* hernia

Leistung <-, -en> *f* ❶ *kein pl* performance ❷ (*geleistetes Ergebnis*) accomplishment; **eine hervorragende** ~ an outstanding piece of work; **schulische ~en** results at school ❸ TECH power ❹ FIN payment

Leistungsberechtigte(r) *f(m) person who is entitled to receive a [social security] benefit* **Leistungsdruck** *m kein pl* pressure to perform **Leistungsfach** *nt* SCH special subject

Leitbild *nt* [role] model

leiten ['laitn̩] *vt* ❶ (*Geschäft*) to run; **eine Abteilung/Schule** ~ to be head of a department/school ❷ (*den Vorsitz führen*) to lead; *Sitzung* to chair ❸ TECH to conduct; **gut/schlecht** ~ to be a good/bad conductor ❹ (*führen*) **jdn [irgendwohin]** ~ to lead sb [somewhere]

leitend *adj* ❶ leading ❷ ÖKON managerial; **~er Angestellter** executive ❸ PHYS conductive

Leiter(in) <-s, -> ['laitɐ] *m(f)* head; ÖKON manager; ~ **einer Diskussion** person chairing a discussion

Leiter[1] <-, -n> ['laitɐ] *f* ladder

Leiter[2] <-s, -> ['laitɐ] *m* PHYS conductor

Leithammel *m* (*fam*) bellwether **Leitmotiv** *nt* leitmotiv **Leitplanke** *f* crash barrier

Leitung <-, -en> *f* ❶ *kein pl* (*Führung*) leadership; ÖKON management ❷ (*Rohr*) pipe ❸ (*Kabel*) cable ❹ TELEK line; **die ~ ist gestört** it's a bad line

Leitungsrohr *nt* pipe **Leitungswasser** *nt* tap water

Lektion <-, -en> [lɛk'tsi̯oːn] *f* lesson

Lektüre <-, -n> [lɛk'tyːrə] *f* (*Lesestoff*) reading matter

Lende <-, -n> ['lɛndə] *f* loin

Lendenbraten *m* KOCHK roast loin **Lendengegend** *f* lumbar region **Lendenschurz** *m* loincloth

lenken ['lɛŋkn̩] *vt* to direct; *Fahrzeug* to steer; **jds Aufmerksamkeit auf etw** *akk* ~ to draw sb's attention to sth; **staatlich gelenkt** state-controlled

Lenker <-s, -> *m* handlebars *npl*

Lenkrad *nt* steering-wheel

Leopard <-en, -en> [leo'part] *m* leopard

Lepra <-> ['leːpra] *f kein pl* leprosy *no art*

Leprakranke(r) *f(m) dekl wie adj* leper

Lerche <-, -n> ['lɛrçə] *f* lark

lernbehindert *adj* ~ **sein** to have learning difficulties

lernen ['lɛrnən] **I.** *vt* ❶ to learn ❷ (*als Lehrling*) **er hat Bäcker gelernt** he trained as a baker **II.** *vi* ❶ to study ❷ (*als Lehrling*) **[bei jdm]** ~ to be apprenticed to sb

lesbar ['leːsbaːɐ̯] *adj* legible

Lesbe <-, -n> ['lɛsbə] *f* (*fam*), **Lesbierin** <-, -nen> ['lɛsbi̯ərɪn] *f* lesbian

lesbisch ['lɛsbɪʃ] *adj* lesbian; ~ **sein** to be a lesbian

Lesebuch *nt* reader

lesen[1] <liest, las, gelesen> ['leːzn̩] **I.** *vi, vt* to read **II.** *vr* **etw liest sich leicht** sth is easy to read

lesen[2] <liest, las, gelesen> ['leːzn̩] *vt* (*sammeln*) to pick

lesenswert *adj* worth reading *pred*

Leser(in) <-s, -> ['leːzɐ] *m(f)* reader

Leseratte *f* (*fam*) bookworm

Leserbrief *m* reader's letter

leserlich *adj* legible

Lesung <-, -en> *f* ❶ reading ❷ REL lesson

Lette, Lettin <-n, -n> ['lɛtə, 'lɛtɪn] *m, f* Latvian

lettisch ['lɛtɪʃ] *adj* Latvian

Lettland ['lɛtlant] *nt* Latvia
letzte(r, s) *adj* ❶ last; *Versuch* final; **als Letzte(r) fertig sein/gehen/kommen** to finish/leave/arrive last; **im ~n Jahr** last year; **Letzte(r) werden** SPORT to finish [in] last [place] ❷ (*neueste*) latest
letztendlich ['lɛtst?ɛntlɪç] *adv* at the end of the day
letztens ['lɛtstn̩s] *adv* recently
letztlich ['lɛtstlɪç] *adv* in the end
Leuchtboje *f* light-buoy
Leuchte <-, -n> ['lɔyçtə] *f* standard lamp
leuchten ['lɔyçtn̩] *vi* to shine; **vor Freude ~de Augen** eyes sparkling with joy
Leuchter <-s, -> *m* candlestick; (*mehrarmig*) candelabra
Leuchtfeuer *nt* beacon **Leuchtpistole** *f* flare pistol **Leuchtrakete** *f* [rocket] flare **Leuchtreklame** *f* neon sign **Leuchtschrift** *f* neon letters *npl* **Leuchtstift** *m* highlighter **Leuchtturm** *m* lighthouse
leugnen ['lɔygnən] *vt* to deny; **es ist nicht zu ~, dass ...** there is no denying the fact that ...
Leukämie <-, -n> [lɔykɛ'mi:] *f* leukaemia
Leumund ['lɔymʊnt] *m kein pl* reputation
Leute ['lɔytə] *pl* ❶ people *npl;* **alle/keine ~** everybody/nobody; **unter ~ gehen** to get out and about [a bit] ❷ (*fam: Familie*) **jds ~** sb's folks *npl* ▶ **die kleinen ~** [the] ordinary people
leutselig *adj* affable
Leviten [le'vi:tən] *pl* ▶ **jdm die ~ lesen** (*fam*) to read sb the Riot Act
Lexikon <-s, Lexika> ['lɛksikɔn] *nt* encyclopaedia
Libelle <-, -n> [li'bɛlə] *f* dragonfly
liberal [libe'ra:l] *adj* liberal
liberalisieren* [liberali'zi:rən] *vt* to liberalize
Libero <-s, -s> ['li:bero] *m* sweeper
licht [lɪçt] *adj Haar* thin
Licht <-[e]s, -er> [lɪçt] *nt* light; **das ~ brennt** the light is on; **das ~ ausschalten** to turn out the light; **das ~ brennen lassen** to leave the light[s] on ▶ **etw erscheint in einem anderen ~** sth appears in a different light; **grünes ~ geben** to give the go-ahead
Lichtblick *m* ray of hope **lichtdurchlässig** *adj* translucent **lichtempfindlich** *adj* FOTO photosensitive
lichten ['lɪçtn̩] *vr* **sich ~** *Haare* to [grow] thin
Lichtgeschwindigkeit *f* **mit ~** at the speed of light **Lichthupe** *f* flash of the headlights **Lichtjahr** *nt* light year **Lichtmaschine** *f* generator **Lichtmesser** *m* PHYS photometer **Lichtschalter** *m* light switch **Lichtschutzfaktor** *m* [sun] protection factor **Lichtstrahl** *m* beam of light **lichtundurchlässig** *adj* opaque
Lichtung <-, -en> *f* clearing
Lid <-[e]s, -er> [li:t] *nt* [eye]lid
Lidschatten *m* eye shadow
lieb [li:p] *adj* ❶ (*liebenswürdig*) kind; **seien Sie so ~ und ...** would you be so good as to ... ❷ (*artig*) good; **sei ein ~es Kind!** be a good boy/girl! ❸ (*geschätzt*) dear; **Lieber Karl, ~e Amelie!** (*in Briefen*) Dear Karl and Amelie,; **[mein] Liebes** [my] love; **[ach] du ~er Gott** (*fam*) good heavens!; **jdn ~ haben** to love sb ❹ (*angenehm*) welcome; **jd/etw ist jdm ~** sb welcomes sb/sth
Liebe <-, -n> ['li:bə] *f* love; **aus ~ zu jdm** out of love for sb; **aus ~ zu etw** *dat* for the love of sth
lieben ['li:bn̩] *vt* to love; **sich ~** to love each other
liebenswert *adj* lovable
liebenswürdig *adj* kind
Liebenswürdigkeit <-, -en> *f* kindness
lieber ['li:bɐ] **I.** *adj comp von s.* **lieb: mir wäre es ~, wenn ...** I would prefer it if ... **II.** *adv* ❶ *comp von s.* **gern** rather; **ich würde ~ in der Karibik als an der Ostsee Urlaub machen** I would rather take a holiday in the

L

Caribbean than on the Baltic; **etw ~ mögen** to prefer sth ❷ (*besser*) better; **darüber schweige ich ~** I think it best to remain silent; **wir sollten ~ gehen** we'd better be going; **nichts ~ als das** I'd love to

Liebesbrief *m* love letter **Liebeserklärung** *f* declaration of love; **jdm eine ~ machen** to declare one's love to sb **Liebeskummer** *m* lovesickness; **~ haben** to be lovesick **Liebespaar** *nt* lovers *npl*

liebevoll I. *adj* loving II. *adv* ❶ (*zärtlich*) affectionately ❷ (*sorgfältig*) lovingly

Liebhaber(in) <-s, -> [ˈliːphaːbɐ] *m(f)* lover

Liebhaberei <-, -en> [liːphaːbəˈrai] *f* hobby

liebkosen* [liːpˈkoːzn̩] *vt* to caress

lieblich [ˈliːplɪç] I. *adj* ❶ lovely ❷ *Wein* medium sweet II. *adv* **~ duften/schmecken** to smell/taste sweet

Liebling <-s, -e> [ˈliːplɪŋ] *m* ❶ (*Geliebte(r)*) darling ❷ (*Favorit*) favourite

lieblos [ˈliːploːs] *adj* ❶ unloving ❷ (*achtlos*) unfeeling

Lieblosigkeit <-> *f kein pl* lack of feeling

Liebschaft <-, -en> *f* love affair

Liebste(r) [ˈliːpstə, ˈliːpstɐ] *f(m) dekl wie adj* sweetheart

Liebstöckel <-s> [ˈliːpʃtœkl̩] *m kein pl* BOT, GASTR lovage

Lied <-[e]s, -er> [liːt] *nt* song

Liederbuch *nt* songbook

liederlich [ˈliːdɐlɪç] *adj* slovenly

Liedermacher(in) *m(f)* singer-songwriter (*about topical subjects*)

Lieferant(in) <-en, -en> [lifəˈrant] *m(f)* ❶ (*Firma*) supplier ❷ (*Auslieferer*) deliveryman *masc*, deliverywoman *fem*

lieferbar *adj* available; **Ihre Bestellung ist leider erst später ~** we won't be able to meet your order until a later date

liefern [ˈliːfɐn] I. *vt* ❶ (*ausliefern*) **[jdm] etw ~** to deliver sth [to sb] ❷ *Beweis* to provide ❸ *Ernte, Ertrag* to yield ❹ (*zeigen*) **die Boxer lieferten dem Publikum einen spannenden Kampf** the boxers put on an exciting bout for the crowd II. *vi* to deliver

Lieferschein *m* delivery note BRIT, packing slip AM

Lieferung <-, -en> *f* delivery

Lieferwagen *m* delivery van

Liege <-, -n> [ˈliːgə] *f* ❶ daybed ❷ (*Liegestuhl*) [sun-]lounger

liegen <lag, gelegen> [ˈliːgn̩] *vi haben o* SÜDD *sein* ❶ to lie; **~ bleiben** (*nicht aufstehen*) to stay in bed; (*nicht aufstehen*) to remain lying [down]; (*nicht verkauft werden*) to remain unsold; **etw ~ lassen** to leave sth [there] ❷ (*gelegen sein*) **irgendwo ~** to be somewhere; **ihr Haus liegt an einem See** their house is situated by a lake; **diese Wohnung ~ nach vorn zur Straße** this flat faces the street ❸ AUTO **~ bleiben** to break down ❹ (*verursacht sein*) **an jdm/etw ~** to be caused by sb/sth ❺ (*wichtig sein*) **du weißt doch, wie sehr mir daran liegt** you know how important it is to me ❻ (*zusagen*) **körperliche Arbeit liegt ihr nicht** she's not really cut out for physical work ❼ (*nicht erledigt werden*) **~ bleiben** to be left undone ▶ **an mir <u>soll</u> es nicht ~!** don't let me stop you!

Liegeplatz *m* NAUT berth *npl;* (*für Hochseeschiffe*) deep-water berth **Liegestuhl** *m* [sun-]lounger **Liegewagen** *m* couchette car

Lift <-[e]s, -e> [lɪft] *m* lift BRIT, elevator AM

Liga <-, Ligen> [ˈliːga] *f* league

Likör <-s, -e> [liˈkøːɐ̯] *m* liqueur

lila [ˈliːla] *adj* purple

Lilie <-, -n> [ˈliːli̯ə] *f* lily

Liliputaner(in) <-s, -> [lilipuˈtaːnɐ] *m(f)* dwarf

Limonade <-, -n> [limoˈnaːdə] *f* lemonade

Limousine <-, -n> [limuˈziːnə] *f* saloon BRIT, sedan AM

Linde <-, -n> [ˈlɪndə] *f* lime [tree]

lindern ['lɪndɐn] *vt* to alleviate
Linderung <-> *f kein pl* relief
Lineal <-s, -e> [line'a:l] *nt* ruler
Linie <-, -n> ['li:ni̯ə] *f* ① line; **eine geschlängelte/gestrichelte ~** a wavy/broken line ② (*Bus~*) **die ~ 19** the number 19 ③ POL line; **auf der gleichen ~ liegen** to follow the same line
Linienbus *m* regular [service] bus **Linienflug** *m* scheduled flight **Linienrichter** *m* FBALL referee's assistant **Linienschiff** *nt* liner
liniert *adj* lined
Linke ['lɪŋkə] *f dekl wie adj* ① (*Hand*) left hand ② POL **die ~** the left
linke(r, s) *adj attr* ① left; *Fahrbahn, Spur* left-hand ② POL left-wing
linkisch ['lɪŋkɪʃ] *adj* clumsy
links [lɪŋks] **I.** *adv* ① on the left; **nach ~ abbiegen/gehen** to turn left; **sich ~ einordnen** to move into the left-hand lane; **sich ~ halten** to keep to the left; **~ oben/unten** in the top/bottom left-hand corner; **von ~** from the left ② POL **~ eingestellt sein** to have left-wing tendencies; **~ stehen** to be left-wing ▶ **jdn ~ <u>liegen</u> lassen** to ignore sb; **<u>mit</u> ~** easily **II.** *präp +gen;* **~ einer S.** to the left of sth
Linksaußen <-, -> [lɪŋks'ʔausn̩] *m* FBALL left wing **Linkshänder(in)** <-s, -> ['lɪŋkshɛndɐ] *m(f)* left-hander **linkshändig** ['lɪŋkshɛndɪç] *adv* with one's left hand **Linkskurve** *f* left-hand bend **linksradikal** *adj* radical left-wing *attr* **Linksverkehr** *m* driving on the left
Linse <-, -n> ['lɪnzə] *f* ① *meist pl* BOT lentil ② ANAT, PHYS lens
Linsensuppe *f* lentil soup
Lippe <-, -n> ['lɪpə] *f* lip; **jdm etw von den ~n ablesen** to read sth from sb's lips
Lippenpomade *f* PHARM lip balm **Lippenstift** *m* lipstick
Liquidität <-> [likvidi'tɛ:t] *f kein pl* solvency
lispeln ['lɪspl̩n] *vi, vt* to lisp
List <-, -en> [lɪst] *f* trick
Liste <-, -n> ['lɪstə] *f* list ▶ **auf der <u>schwarzen</u> ~ stehen** to be on the blacklist
listig ['lɪstɪç] *adj* cunning
Litanei <-, -en> [lita'nai] *f* litany
Litauen <-s> ['li:tauən] *nt* Lithuania
Litauer(in) <-s, -> ['li:tauɐ] *m(f)* Lithuanian
litauisch ['li:tauɪʃ] *adj* Lithuanian
Liter <-s, -> ['li:tɐ] *m o nt* litre
literarisch [lɪtə'ra:rɪʃ] *adj* literary
Literatur <-, -en> [lɪtəra'tu:ɐ̯] *f* literature
Litfaßsäule ['lɪtfaszɔylə] *f* advertising pillar
Livesendung ['laɪf-] *f* live broadcast **Livestream** <-s, -s> ['laɪfstri:m] *m* INFORM stream
Lizenz <-, -en> [li'tsɛnts] *f* licence
Lob <-[e]s> [lo:p] *kein pl nt* praise *no indef art;* **~ für etw** *akk* **bekommen** to be praised for sth
Lobby <-, -s> ['lɔbi] *f* lobby
loben ['lo:bn̩] *vt, vi* to praise
lobenswert *adj* commendable
Loch <-[e]s, Löcher> [lɔx] *nt* hole; **ein ~ im Reifen** a puncture; **schwarzes ~** ASTRON black hole
Lockdown <-> ['lɔkdaʊn] *m kein pl* (*Ausgangssperre*) lockdown; **im ~ sein/sich im ~ befinden** to be/have been locked down
Locher <-s, -> ['lɔxɐ] *m* [hole] punch
Locke <-, -n> ['lɔkə] *f* curl; **~n haben** to have curly hair
locken[1] ['lɔkn̩] *vt, vr* [**sich**] **~** to curl
locken[2] ['lɔkn̩] *vt* to lure; **Ihr Vorschlag könnte mich schon ~** I'm [very] tempted by your offer
Lockenwickler <-s, -> *m* roller
locker ['lɔkɐ] **I.** *adj* ① (*nicht fest*) loose ② (*nicht gespannt*) slack; *Muskeln* relaxed **II.** *adv* ① (*nicht stramm*) loosely; **~ sitzen** to be loose ② (*fam: problemlos*) just like that

lockern ['lɔkɐn] **I.** *vt* ❶ (*lösen*) to loosen ❷ *Muskeln* to loosen up *sep* **II.** *vr* **sich** ~ (*locker werden*) to work loose; (*beim Sport*) to loosen up
lockig ['lɔkɪç] *adj Haar* curly; **mit ~em Haar** curly-headed
lodern ['lo:dɐn] *vi* to blaze
Löffel <-s, -> ['lœfl̩] *m* ❶ spoon ❷ (*Maßeinheit*) **ein ~ Mehl/Zucker** a spoonful [of] flour/sugar
Loge <-, -n> ['lo:ʒə] *f* ❶ lodge ❷ THEAT box
Logik <-> ['lo:gɪk] *f kein pl* logic
Logis <-> [lo'ʒi:] *nt kein pl* **Kost und ~** board and lodging
logisch ['lo:gɪʃ] *adj* ❶ logical ❷ (*fam*) [**ist doch**] **~!** of course!
Lohn <-[e]s, Löhne> [lo:n] *m* ❶ wage[s *npl*] ❷ *kein pl* (*Belohnung*) reward; **jds gerechter ~** sb's just deserts
L
lohnen ['lo:nən] **I.** *vr* **sich** [**für jdn**] **~** to be worthwhile [for sb]; **unsere Mühe hat sich gelohnt** our efforts were worth it; **es lohnt sich, etw zu tun** it's worth doing sth **II.** *vt* (*rechtfertigen*) **etw ~** to be worth sth **III.** *vi* to be worth it
lohnend *adj* worthwhile
Lohnerhöhung *f* pay rise **Lohnsteuer** *f* income tax **Lohnsteuerjahresausgleich** *m* annual adjustment of income tax **Lohnsteuerkarte** *f card showing income tax and social security contributions paid by an employee in any one year*
Lohnuntergrenze *f* POL minimum wage
Loipe <-, -n> ['lɔypə] *f* SKI cross-country course
Lokal <-s, -e> [lo'ka:l] *nt* (*Kneipe*) pub BRIT, bar AM; (*Restaurant*) restaurant
lokalisieren* [lokali'zi:rən] *vt* to locate
Lokalpatriotismus *m* local patriotism
Lokomotive <-, -n> [lokomo'ti:və, -fə] *f* locomotive
Lokomotivführer(in) *m(f)* train driver BRIT, engineer AM
Lorbeer <-s, -en> ['lɔrbe:ɐ̯] *m* ❶ (*Baum*) laurel ❷ (*Gewürz*) bay leaf
Los <-es, -e> [lo:s] *nt* lot; (*Lotterielos*) [lottery] ticket; (*Kirmeslos*) [tombola [*or* AM raffle]] ticket ▶ **das große ~ ziehen** to hit the jackpot
los [lo:s] **I.** *adj pred* ❶ (*abgetrennt*) **~ sein** to have come off ❷ (*gelockert*) **etw ist ~** sth is loose ❸ (*losgeworden*) **jdn/etw ~ sein** to be shot of sb/sth; **er ist sein ganzes Geld ~** he's lost all his money ▶ **irgendwo ist etwas/viel/nichts ~** something/a lot/nothing is going on somewhere; **da ist immer viel ~** that's where the action always is; **was ist ~?** what's up?; **was ist denn hier ~?** what's going on here? **II.** *adv* ▶ **~!** (*mach!*) come on!; (*voran!*) get moving!
los|binden *vt irreg* to untie
Löschblatt *nt* sheet of blotting-paper
löschen ['lœʃn̩] *vt* ❶ *Feuer, Flammen* to extinguish; *Licht* to switch off ❷ (*tilgen*) *a.* INFORM to delete ❸ *Musik-/Videokassette* to erase
lose ['lo:zə] *adj* loose
Lösegeld ['lø:zə-] *nt* ransom
losen ['lo:zn̩] *vi* to draw lots
lösen ['lø:zn̩] **I.** *vt* ❶ (*ablösen*) to remove (**von** from) ❷ (*aufbinden*) to untie; *Knoten* to undo ❸ *Schraube* to loosen ❹ (*klären*) to solve; *Konflikt* to resolve ❺ (*zergehen lassen*) to dissolve ❻ *Fahrkarte* to buy **II.** *vr* **sich ~** ❶ (*sich ab~*) to come off (**von** of) ❷ (*sich lockern*) to loosen; **langsam löste sich die Spannung** (*fig*) the tension faded away ❸ (*sich trennen*) **sich von jdm ~** to free oneself of sb
los|fahren *vi irreg sein* ❶ (*abfahren*) to leave ❷ (*in Richtung*) **auf jdn/etw ~** to drive towards sb/sth
los|gehen *irreg vi sein* ❶ (*weggehen*) to leave ❷ (*beginnen*) to start; **jetzt geht's los** here we go ❸ (*angreifen*) **auf jdn ~** to lay into sb ❹ *Bombe* to go off
los|kommen *vi irreg sein* ❶ (*wegkom-*

men) to get away (**aus/von** from) ② (*sich befreien*) **von jdm ~** to free oneself of sb; **von einer Sucht ~** to overcome an addiction

los|lassen *vt irreg* ① (*gehen lassen*) **jdn/etw ~** to let sb/sth go; **der Gedanke lässt mich nicht mehr los** I can't get the thought out of my mind ② (*auf den Hals hetzen*) **jdn/etw auf jdn ~** to let sb/sth loose on sb

löslich ['lø:slɪç] *adj* soluble

los|machen *vt* to untie (**von** from)

los|reißen *irreg* **I.** *vt* to tear off **II.** *vr* **sich ~** to tear oneself away (**von** from)

Losung <-, -en> ['lo:zʊŋ] *f* ① (*Wahlspruch*) slogan ② MIL password

Lösung <-, -en> ['lø:zʊŋ] *f* solution

Lösungsmittel *nt* solvent

los|werden *vt irreg sein* to get rid of

Lot <-[e]s, -e> [lo:t] *nt* plumb line; **aus dem ~ sein** (*fig*) to be out of sorts

löten ['lø:tn̩] *vt* to solder (**an** to)

Lotion <-, -en> [lo'tsi̯o:n] *f* lotion

Lotos <-, -> ['lo:tɔs] *m* lotus

Lotse, Lotsin <-n, -n> ['lo:tsə, 'lo:tsɪn] *m, f* pilot

lotsen ['lo:tsn̩] *vt* to pilot

Lotterie <-, -n> [lɔtə'ri:] *f* lottery

Lotto <-s, -s> ['lɔto] *nt* lotto

Löwe ['lø:və] *m* ① lion ② ASTROL Leo

Löwenmäulchen <-s, -> *nt* snapdragon **Löwenzahn** *m kein pl* dandelion

Löwin *f* lioness

loyal [lo̯a'ja:l] *adj* loyal

Loyalität <-,, *selten* -en> [lo̯ajali'tɛ:t] *f* loyalty (**gegenüber** to)

Luchs <-es, -e> [lʊks] *m* lynx

Lücke <-, -n> ['lʏkə] *f* gap

lückenlos *adj* complete; *Kenntnisse* thorough; **etw ~ beweisen** to prove sth conclusively

Luft <-,, *liter* Lüfte> [lʊft] *f* air; **die ~ anhalten** to hold one's breath; **sich in ~ auflösen** to vanish into thin air; **keine ~ mehr bekommen** to not be able to breathe; **an die frische ~ gehen** to get some fresh air; **[tief] ~ holen** to take a deep breath

Luftballon *m* balloon **Luftblase** *f* bubble **luftdicht** *adj* airtight **Luftdruck** *m kein pl* air pressure

lüften ['lʏftn̩] **I.** *vt* ① to air ② *Geheimnis* to disclose **II.** *vi* to let some air in

Luftfahrt *f kein pl* aviation **Luftfeuchtigkeit** *f* humidity **Luftgewehr** *nt* airgun

luftig ['lʊftɪç] *adj* ① *Kleid* light ② *Höhe* dizzy

Luftkissenboot *nt*, **Luftkissenfahrzeug** *nt* hovercraft **luftleer** *adj* vacuous **Luftlinie** *f* as the crow flies **Luftloch** *nt* (*in der Luftströmung*) air pocket **Luftmatratze** *f* inflatable mattress **Luftpost** *f* airmail **Luftpumpe** *f* pump **Luftraum** *m* airspace **Luftröhre** *f* windpipe **Luftschiff** *nt* airship

Lüftung <-, -en> *f* ventilation

Luftverkehr *m* air traffic **Luftverschmutzung** *f* air pollution **Luftwaffe** *f* air force **Luftzug** *m* draught

Lüge <-, -n> ['ly:gə] *f* lie

lügen <log, gelogen> ['ly:gn̩] *vi* to lie; **das ist [alles] gelogen** that's a [total] lie

Lügner(in) <-s, -> ['ly:gnɐ] *m(f)* liar

Luke <-, -n> ['lu:kə] *f* ① NAUT hatch ② (*Dachlucke*) skylight; (*Kellerlucke*) trapdoor

lukrativ [lukra'ti:f] *adj* lucrative

Lümmel <-s, -> ['lʏml̩] *m* lout

Lumpen ['lʊmpn̩] *pl* rags

Lunge <-, -n> ['lʊŋə] *f* lungs *npl*

Lungenbraten *m* ÖSTERR (*Lendenbraten*) loin roast **Lungenentzündung** *f* pneumonia *no art* **Lungenflügel** *m* lung **lungenkrank** *adj* suffering from a lung complaint *pred* **Lungenkrebs** *m kein pl* lung cancer

Lupe <-, -n> ['lu:pə] *f* magnifying glass ▶ **jdn/etw unter die ~ nehmen** to examine sb/sth with a fine-tooth comb

Lurch <-[e]s, -e> [lʊrç] *m* amphibian

Lust <-, Lüste> [lʊst] *f* (*a. sexuell*) desire; **~ zu etw** *dat* **haben** to feel like doing sth; **die ~ an etw** *dat* **verlieren** to lose interest in sth

Lüsterklemme *f* ELEK luster terminal

lüstern ['lʏstɐn] *adj* lustful

lustig ['lʊstɪç] *adj* cheerful; *Abend* fun; **sich über jdn/etw ~ machen** to make fun of sb/sth

Lüstling <-, -e> ['lʏstlɪŋ] *m* (*pej*) debauchee

lustlos *adj* listless

lutherisch ['lʊtərɪʃ] *adj* Lutheran

lutschen ['lʊtʃn̩] *vt, vi* to suck

Lutscher <-s, -> *m* lollipop

Luxemburg <-s> ['lʊksmbʊrk] *nt* Luxembourg

Luxemburger(in) <-s, -> ['lʊksmbʊrgɐ] *m(f)* Luxembourger

luxemburgisch ['lʊksmbʊrgɪʃ] *adj* Luxembourgian

luxuriös [lʊksu'ri̯øːs] *adj* luxurious

Luxus <-> ['lʊksʊs] *m kein pl* luxury

Luxusartikel *m* luxury item **Luxusausführung** *f* de luxe model **Luxushotel** *nt* luxury hotel

Lymphe <-, -n> ['lʏmfə] *f* lymph

Lymphknoten *m* lymph node

lynchen ['lʏnçn̩] *vt* to lynch

Lyrik <-> ['lyːrɪk] *f kein pl* lyric [poetry]

Mm

M

M, m <-, -> [ɛm] *nt* M, m

Machart *f* style

machen ['maxn̩] **I.** *vt* ❶ (*tun*) to do; **mach's gut!** take care!; **was macht denn deine Frau?** how's your wife?; **nichts zu ~!** nothing doing!; **wird gemacht!** no problem!; **einen Besuch ~** to [pay sb a] visit; **eine Reise ~** to go on a journey ❷ (*erzeugen*) to make; **jdm Angst ~** to frighten sb; **jdm Hoffnung/Kopfschmerzen/Mut ~** to give sb hope/a headache/courage; **sich** *dat* **Sorgen ~** to worry ❸ (*herstellen*) to make; *Fotos* to take ❹ (*kosten*) **das macht zehn Euro** that's ten euros [please]; **was macht das zusammen?** what does that come to? ❺ (*ausmachen*) **macht das was?** does it matter?; **das macht [doch] nichts!** never mind! **II.** *vi* ❶ (*werden lassen*) **Liebe macht blind** love makes you blind ❷ (*fam*) **mach [schon]!** get a move on! **III.** *vr* ❶ (*beginnen*) **sich an die Arbeit ~** to get down to work ❷ (*sich interessieren*) **sich** *dat* **etwas/viel/wenig aus jdm/etw ~** to care/care a lot/not care much for sb/sth ❸ (*sich ärgern*) **mach dir nichts d[a]raus!** don't worry about it! ❹ (*sich entwickeln*) **die neue Sekretärin macht sich gut** the new secretary is doing well ❺ (*passen*) **das Bild macht sich gut an der Wand** the picture looks good on the wall

Macho <-s, -s> ['matʃo] *m* (*fam*) macho

Macht <-, Mächte> ['maxt] *f* power; **an die ~ kommen** to gain power

mächtig *adj* powerful

machtlos *adj* powerless

Mädchen <-s, -> ['mɛːtçən] *nt* girl

Mädchenname *m* ❶ girl's name ❷ (*einer Ehefrau*) maiden name

Made <-, -n> ['maːdə] *f* maggot ► **wie die ~[n] im Speck leben** to live the life of Riley

madig ['maːdɪç] *adj* worm-eaten

madig|machen *vt* to spoil

Magazin <-s, -e> [maga'tsiːn] *nt* ❶ (*Pa-

tronenbehälter) magazine; (*für Dias*) feeder ❷ (*Zeitschrift*) magazine

Magen <-s, Mägen> ['ma:gn̩] *m* stomach; **auf nüchternen ~** on an empty stomach; **etw schlägt jdm auf den ~** sth gets to sb; **sich** *dat* **den ~ verderben** to give oneself an upset stomach

Magenbeschwerden *pl* stomach trouble **Magenbitter** <-s, -> *m* bitters *npl* **Magengeschwür** *nt* stomach ulcer **Magensäure** *f* hydrochloric acid **Magenschmerzen** *pl* stomach ache

mager ['ma:gɐ] *adj* ❶ thin ❷ (*fettarm*) low-fat; **~es Fleisch** lean meat

Magermilch *f kein pl* skimmed milk **Magerquark** *m kein pl* low-fat curd cheese **Magersucht** *f kein pl* anorexia

Maggikraut ['magi-] *nt kein pl* BOT, GASTR lovage

Magie <-> [ma'gi:] *f* magic

Magier(in) <-s, -> ['ma:gi̯ɐ] *m(f)* magician

magisch ['ma:gɪʃ] *adj* magic; **eine ~e Anziehungskraft haben** to have magical powers of attraction

Magistrat[1] <-[e]s, -e> [magɪs'tra:t] *m* municipal council

Magistrat[2] <-en, -en> [magɪs'tra:t] *m* SCHWEIZ federal councillor

Magnet <-[e]s, -e[n]> [ma'gne:t] *m* magnet

magnetisch [ma'gne:tɪʃ] *adj* magnetic

Mahagoni <-s> [maha'go:ni] *nt kein pl* mahogany

Mähdrescher <-s, -> *m* combine harvester

mähen ['mɛ:ən] *vt* to mow

Mahl <-[e]s, -e> ['ma:l] *nt* meal

mahlen <mahlte, gemahlen> ['ma:lən] *vt* to grind; **gemahlener Kaffee** ground coffee

Mahlzeit ['ma:ltsait] *f* meal

Mähne <-, -n> ['mɛ:nə] *f* mane

mahnen ['ma:nən] *vt* ❶ to warn ❷ FIN to remind

Mahnung <-, -en> *f* ❶ warning ❷ FIN reminder

Mai <-[es], -e> ['mai] *m* May; *s.a.* **Februar**

Maiglöckchen *nt* lily of the valley **Maikäfer** *m* cockchafer

Mais <-es, -e> ['mais] *m* maize *no pl* BRIT, corn *no pl* AM

Maiskolben *m* corncob

Majestät <-, -en> [majɛs'tɛ:t] *f* **Seine/Ihre/Eure ~** His/Her/Your Majesty

majestätisch [majɛs'tɛ:tɪʃ] *adj* majestic

Major(in) <-s, -e> [ma'jo:ɐ̯] *m(f)* major

Majoran <-s, -e> ['ma:joran] *m* marjoram

makaber [ma'ka:bɐ] *adj* macabre

Makel <-s, -> ['ma:kl̩] *m* flaw

makellos *adj* perfect

Make-up <-s, -s> [me:k'ʔap] *nt* make-up *no pl*

Makler(in) <-s, -> ['ma:klɐ] *m(f)* broker

Makrele <-, -n> [ma'kre:lə] *f* mackerel

mal[1] ['ma:l] *adv* **drei ~ drei ist neun** three times three is nine

mal[2] [ma:l] *adv* (*fam*) *kurz für* **einmal**

Mal <-[e]s, -e> ['ma:l] *nt* time; **einige/viele ~e** sometimes/very often; **[k]ein einziges ~** [not] once; **zum ersten/letzten ~** for the first/last time; **ein für alle ~** once and for all

Malaria <-> [ma'la:ri̯a] *f kein pl* malaria

malen ['ma:lən] *vt, vi* to paint

Maler(in) <-s, -> ['ma:lɐ] *m(f)* painter

Malerei <-, -en> [malə'rai] *f* painting

malerisch *adj* picturesque

Malta ['malta] *nt* Malta

Malteser(in) <-s, -> [mal'te:zɐ] *m(f)* Maltese + *sing/pl vb*

maltesisch [mal'te:zɪʃ] *adj* Maltese

Malve <-, -n> ['malvə] *f* BOT mallow

Malz <-es> ['malts] *nt kein pl* malt

Mama <-, -s> ['mama] *f* mummy

man <*dat* einem, *akk* einen> ['man] *pron indef* one *form*, you; **das hat ~ mir gesagt** that's what I was told; **so etwas tut ~ nicht** that just isn't done

manche(r, s) ['mançə] *pron indef* ❶ *ad-*

jektivisch, mit pl (*einige*) some; **~ Menschen** some people ❷ *adjektivisch, mit sing* a lot of; **so ~r gute Mann ...** many a good man ...

mancherlei ['mançɐ'lai] *adj* various

manchmal ['mançma:l] *adv* sometimes

Mandant(in) <-en, -en> [man'dant] *m(f)* client

Mandarine <-, -n> [manda'ri:nə] *f* mandarin

Mandat <-[e]s, -e> [man'da:t] *nt* ❶ POL seat ❷ JUR mandate

Mandel <-, -n> ['mandl̩] *f* ❶ almond; **gebrannte ~n** sugared almonds ❷ *meist pl* ANAT tonsils *npl*

Mandelentzündung *f* tonsillitis

Manege <-, -n> [ma'ne:ʒə] *f* ring

Mangel[1] <-s, Mängel> ['maŋl̩] *m* ❶ (*Fehler*) flaw ❷ *kein pl* (*Knappheit*) lack (**an** of); **ein ~ an Vitamin C** vitamin C deficiency

M

Mangel[2] <-, -n> ['maŋl̩] *f* mangle

mangelhaft *adj* (*fehlerhaft*) faulty

mangeln[1] ['maŋl̩n] *vi* **es mangelt an etw** *dat* there is a shortage of sth

mangeln[2] ['maŋl̩n] *vt* to press

mangels ['maŋl̩s] *präp +gen* due to the lack of sth

Mango <-, -s> ['maŋgo] *f* mango

Manie <-, -n> [ma'ni:] *f* obsession

Maniküre <-> [mani'ky:rə] *f kein pl* manicure

Manipulation <-, -en> [manipula'tsi̯o:n] *f* manipulation

manipulieren* [manipu'li:rən] *vt* to manipulate

Mann <-[e]s, Männer> ['man] *m* ❶ man; **Männer** men ❷ (*Ehemann*) husband ❸ (*Person*) **pro ~** per head ❹ (*Ausruf*) **[mein] lieber ~!** my God!; **~, o ~!** oh boy!; **~!** (*bewundernd*) wow!

Mannequin <-s, -s> ['manəkɛ̃] *nt* model

männlich ['mɛnlɪç] *adj* male

Mannschaft <-, -en> *f* team

Mannschaftsführer(in) *m(f)* SPORT team captain

Manöver <-s, -> [ma'nø:vɐ] *nt* manœuvre

Manschettenknopf *m* cuff link

Mantel <-s, Mäntel> ['mantl̩] *m* coat

manuell [ma'nu̯ɛl] **I.** *adj* manual **II.** *adv* manually

Manuskript <-[e]s, -e> [manu'skrɪpt] *nt* manuscript

Mappe <-, -n> ['mapə] *f* ❶ folder ❷ (*Aktentasche*) briefcase

Maracuja <-, -s> [mara'ku:ja] *f* passion fruit

Marathon <-s, -s> ['ma:ratɔn] *m* marathon

Märchen <-s, -> ['mɛ:ɐ̯çən] *nt* fairytale

Marder <-s, -> ['mardɐ] *m* marten

Margarine <-, -> [marga'ri:nə] *f* margarine

Margerite <-, -n> [margə'ri:tə] *f* marguerite

Marienkäfer *m* ladybird BRIT, ladybug AM

Marille <-, -n> [ma'rɪlə] *f* ÖSTERR apricot

Marine <-, -n> [ma'ri:nə] *f* navy; **bei der ~** in the navy

Marionette <-, -n> [mari̯o'nɛtə] *f* puppet

Mark[1] <-> ['mark] *f* (*hist: Währung*) mark

Mark[2] <-[e]s> ['mark] *nt kein pl* (*Inneres*) marrow

markant [mar'kant] *adj* striking

Marke <-, -n> ['markə] *f* ❶ (*Briefmarke*) stamp ❷ ÖKON brand

Markenartikel *m* branded article **Markenzeichen** *nt* trademark

Marketingaktion *f* ÖKON advertising campaign

markieren* [mar'ki:rən] *vt* to mark

Markierung <-, -en> *f* marking

Markise <-, -n> [mar'ki:zə] *f* awning

Markt <-[e]s, Märkte> ['markt] *m* market; **etw auf den ~ bringen** to put sth on the market

Marktplatz *m* marketplace; **auf dem ~** in the marketplace **Marktwirtschaft** *f kein pl* **die soziale ~** social market

economy
Marmelade <-, -n> [marmə'la:də] *f* jam
Marmor <-s, -e> ['marmo:ɐ̯] *m* marble
Marone <-, -n> [ma'ro:nə] *f,* ÖSTERR, SCHWEIZ **Maroni** <-, -> [ma'ro:ni] *f* [edible] chestnut
Mars <-> ['mars] *m kein pl* **der ~** Mars
Marsch <-[e]s, Märsche> ['marʃ] *pl m* march; **sich in ~ setzen** to move off
marschieren* [mar'ʃi:rən] *vi sein* to march
Marter <-, -n> ['martɐ] *f* torture
martern ['martɐn] *vt* to torture
Märtyrer(in) <-s, -> ['mɛrtyrɐ, 'mɛrtyrərɪn] *m(f)* martyr
März <-[es], -e> ['mɛrts] *m* March; *s.a.* **Februar**
Marzipan <-s, -e> [martsi'pa:n] *nt o* ÖSTERR *m* marzipan
Masche <-, -n> ['maʃə] *f* ❶ stitch ❷ (*Trick*) trick
Maschendraht *m* wire netting
Maschine <-, -n> [ma'ʃi:nə] *f* machine; **~ schreiben** to type
maschinell [maʃi'nɛl] **I.** *adj* machine *attr* **II.** *adv* by machine
Maschinengewehr *nt* machine gun **maschinenlesbar** *adj* machine-readable
Masern ['ma:zɐn] *pl* **die ~** the measles
Maserung <-, -en> *f* grain
Maske <-, -n> ['maskə] *f* mask
Maskenpflicht *f kein pl* compulsary face mask
maskieren* [mas'ki:rən] **I.** *vt* to disguise **II.** *vr* **sich ~** to dress up (**als** as)
Maß[1] <-es, -e> [ma:s] *nt* ❶ (*Maßeinheit*) measure; **mit zweierlei ~ messen** to operate a double standard ❷ (*Abmessungen*) **~e** measurements ❸ (*Ausmaß*) **in ~en** in moderation; **in besonderem ~[e]** especially; **in großem ~[e]** to a great extent
Maß[2] <-, -> [mas] *f* SÜDD **eine ~ Bier** a litre of beer
Massage <-, -n> [ma'sa:ʒə] *f* massage
Massaker <-s, -> [ma'sa:kɐ] *nt* massacre
Masse <-, -n> ['masə] *f* mass
Massenmord *m* mass murder **Massenvernichtungswaffe** *f meist pl* MIL weapon of mass destruction *usu pl,* WMD *usu pl*
Masseur(in) <-s, -e> [ma'sø:ɐ̯] *m(f)* masseur *masc,* masseuse *fem*
maßgebend, maßgeblich ['ma:sge:plɪç] *adj* significant
massieren* [ma'si:rən] *vt Schulter, Rücken* to massage
mäßig ['mɛ:sɪç] *adj* moderate
mäßigen ['mɛ:sɪgn̩] **I.** *vt* to curb **II.** *vr* **sich ~** to restrain oneself
massiv [ma'si:f] *adj* ❶ (*fest*) solid ❷ (*drastisch*) serious; **~e Kritik** heavy criticism
maßlos I. *adj* extreme; **~ [in etw** *dat*] **sein** to be immoderate [in sth] **II.** *adv* extremely
Maßlosigkeit <-> *f kein pl* lack of moderation
Maßnahme <-, -n> ['ma:sna:mə] *f* measure
Maßstab ['ma:sʃta:p] *m* ❶ scale; **im ~ 1:250000** on a scale of 1:250,000 ❷ (*Kriterium*) criterion
maßvoll I. *adj Forderung* moderate; **~es Verhalten** moderation **II.** *adv* moderately
Mast <-[e]s, -e[n]> ['mast] *m* ❶ NAUT mast ❷ (*Strommast*) pylon
Mastdarm *m* rectum
mästen ['mɛstn̩] *vt* to fatten
masturbieren* [mastʊr'bi:rən] *vi* to masturbate
Matchball ['mɛtʃ-] *m* TENNIS match point
Material <-s, -ien> [mate'ri̯a:l] *nt* material
Materialismus <-> [materi̯a'lɪsmʊs] *m kein pl* [**der**] **~** materialism
Materialist(in) <-en, -en> [materi̯a'lɪst] *m(f)* materialist
materialistisch [materi̯a'lɪstɪʃ] *adj* materi-

alistic

Materie <-> [ma'teːri̯ə] *f kein pl* matter

materiell [mate'ri̯ɛl] **I.** *adj* material **II.** *adv* ❶ ~ **eingestellt sein** to be materialistic ❷ FIN ~ **abgesichert** financially secure

Mathematik <-> [matema'tiːk] *f kein pl* [**die**] ~ mathematics + *sing vb*

Mathematiker(in) <-s, -> [mate'maːtikɐ] *m(f)* mathematician

mathematisch [mate'maːtɪʃ] *adj* mathematical

Matratze <-, -n> [ma'tratsə] *f* mattress

Matrose <-n, -n> [ma'troːzə] *m* sailor

Matsch <-[e]s> ['matʃ] *m kein pl* ❶ (*schlammige Erde*) mud; (*Schneematsch*) slush ❷ (*breiige Masse*) mush

matschig ['matʃɪç] *adj* muddy

matt ['mat] *adj* ❶ (*schwach*) weak ❷ (*glanzlos*) matt ❸ *Licht* dim ❹ (*schachmatt*) [check]mate

Matte[1] <-, -n> ['matə] *f* mat

Matte[2] <-, -n> ['matə] *f* SCHWEIZ, ÖSTERR alpine meadow

Mauer <-, -n> ['mauɐ] *f* wall

mauern ['mauɐn] *vt, vi* to build

Mauersegler *m* swift

Maul <-[e]s, Mäuler> ['maul] *nt* ❶ (*bei Tieren*) mouth ❷ (*derb: Mund*) trap; **halt's ~!** shut your face!

Maulbeerbaum *m* mulberry [tree]

Maulesel ['maulʔeːzl̩] *m* mule

Maultaschen *pl* SÜDD *large pasta squares filled with meat or cheese*

Maultier ['maultiːɐ̯] *nt* mule

Maulwurf <-[e]s, -würfe> ['maulvʊrf] *m* mole

Maurer(in) <-s, -> ['maurɐ] *m(f)* bricklayer

Maus <-, Mäuse> ['maus] *f* mouse

Maut <-, -en> ['maut] *f* toll

maximal [maksi'maːl] **I.** *adj* maximum **II.** *adv* at maximum; ~ **25 000 Euro** 25,000 euros at most

Maximum <-s, Maxima> ['maksimʊm] *nt* maximum

Mayonnaise <-, -n> [majɔ'nɛːzə] *f* mayonnaise

Mechaniker(in) <-s, -> [me'çaːnɪkɐ] *m(f)* mechanic

mechanisch [me'çaːnɪʃ] **I.** *adj* mechanical **II.** *adv* mechanically

Mechanismus <-, -nismen> [meça'nɪsmʊs] *m* mechanism

meckern ['mɛkɐn] *vi* to bellyache (**über** about)

Medaille <-, -n> [me'daljə] *f* medal

Medien ['meːdi̯ən] *pl* **die** ~ the media + *sing/pl vb*

medienwirksam *adj* **er weiß, wie er sich am besten ~ inszeniert** he knows how to achieve maximum publicity; (*vorteilhaft dabei wegkommen*) he knows how to act in order to come across well in the media **Medienwirksamkeit** *f* media effectiveness

Medikament <-[e]s, -e> [medika'mɛnt] *nt* medicine

Meditation <-, -en> [medita'tsi̯oːn] *f* meditation

mediterran [meditɛ'raːn] *adj* Mediterranean

meditieren* [medi'tiːrən] *vi* to meditate

Medizin <-, -en> [medi'tsiːn] *f kein pl* medicine

Medizinmann <-männer> [-man] *m* medicine man

Meer <-[e]s, -e> ['meːɐ̯] *nt* sea; **am ~** by the sea; **ans ~ fahren** to go to the seaside

Meerenge *f* strait[s *npl*]

Meeresfrüchte *pl* seafood *no pl* **Meeresspiegel** *m* **über/unter dem ~** above/below sea level

Meerkatze *f* meerkat

Meerrettich *m* horseradish

Meerschweinchen *nt* guinea pig

Meerwasser *nt* sea water

Megapixel *m* megapixel

Mehl <-[e]s, -e> ['meːl] *nt* flour

mehlig ['meːlɪç] *adj Kartoffeln* floury

mehr ['meːɐ̯] **I.** *pron indef comp von*

viel more; **immer ~** more and more **II.** *adv* **~ oder weniger** more or less; **nicht ~** not any longer; **nie ~** never again

mehrdeutig *adj* ambiguous

mehrere ['me:rərə] *pron indef* several

mehrfach ['me:ɐ̯fax] **I.** *adj* multiple; **~er Meister im ...** several-times champion in ... **II.** *adv* several times

Mehrheit <-, -en> *f* majority

mehrmals ['me:ɐ̯ma:ls] *adv* repeatedly, several times

Mehrwertsteuer *f* value-added tax, VAT

Mehrzahl *f kein pl* ❶ majority ❷ LING plural [form]

meiden <mied, gemieden> ['maidn̩] *vt* to avoid

Meile <-, -n> ['mailə] *f* mile

mein ['main] *pron poss* my

meine(r, s) ['mainə] *pron poss, substantivisch* mine

Meineid ['main?ait] *m* perjury *no art*

meinen ['mainən] **I.** *vi* to think; **ich würde ~, ...** I would think ...; **~ Sie?** [do] you think so?; **wenn Sie ~!** if you wish; **wie ~ Sie?** [I] beg your pardon?; **[ganz] wie Sie ~!** [just] as you wish **II.** *vt* ❶ (*denken*) **~, [dass] ...** to think [that] ...; **und was ~ Sie dazu?** and what do you say? ❸ (*im Sinn haben*) **was ~ Sie [damit]?** what do you mean [by that]?; **damit bist du gemeint** that means you ❹ (*eine bestimmte Absicht haben*) to mean; **ich meine es ernst** I'm serious [about it]; **so war das nicht gemeint** I didn't mean it like that; **es nicht böse ~** to mean no harm; **es gut ~** to mean well; **es gut mit jdm ~** to do one's best for sb; **es ~, wie man es sagt** to mean what one says

meinetwegen ['mainət've:gn̩] *adv* ❶ (*mir zuliebe*) for my sake ❷ (*von mir aus*) as far as I'm concerned

Meinung <-, -en> ['mainʊŋ] *f* opinion; **seine ~ ändern** to change one's mind; **anderer ~ sein** to be of a different opinion; **eine eigene ~ haben** to have an opinion of one's own; **meiner ~ nach** in my opinion; **die öffentliche ~** public opinion; **jdm die ~ sagen** to give sb a piece of one's mind

Meinungsverschiedenheit *f* difference of opinion

Meise <-, -n> ['maizə] *f* tit ► **eine ~ haben** (*sl*) to have a screw loose

Meißel <-s, -> ['maisl̩] *m* chisel

meißeln ['maisl̩n] *vi, vt* to chisel

meist ['maist] *adv* ❶ *s.* **meistens** ❷ (*am häufigsten*) most; **~ inszeniert** most staged

meiste *pron indef superl von* **viel** ❶ (*adjektivisch*) most; **das ~ Geld** most of the money; **die ~n Leute** most people ❷ (*substantivisch*) **die ~n** (*die Mehrheit der Leute*) most people; **die ~n von uns** most of us; **das ~** most of it; **das ~ von dem, was ...** most of what ...

meisten *adv superl von* **sehr**: **am ~** most of all

meistens ['maistn̩s] *adv* mostly

Meister(in) <-s, -> ['maistɐ] *m(f)* ❶ master ❷ SPORT champion

meistern ['maistɐn] *vt* to master

Meisterschaft <-, -en> *f* SPORT championship

Melancholie <-, -n> [melaŋko'li:] *f* melancholy

melancholisch [melaŋ'ko:lɪʃ] *adj* melancholy

melden ['mɛldn̩] **I.** *vt* ❶ (*anzeigen*) **[jdm] etw ~** to report sth [to sb] ❷ TV to report **II.** *vr* ❶ SCH **sich ~** to put one's hand up ❷ (*sich bereit erklären*) **sich zu etw** *dat* **freiwillig ~** to volunteer for sth ❸ (*antworten*) **sich am Telefon ~** to answer the telephone

Meldung <-, -en> *f* ❶ (*Nachricht*) piece of news ❷ (*offizielle Mitteilung*) report

Melisse <-, -n> [me'lɪsə] *f* [lemon] balm

melken <melkte, gemolken> ['mɛlkn̩] *vt, vi* to milk

M

Melodie <-, -n> [melo'di:] *f* tune

melodisch [me'lo:dɪʃ] **I.** *adj* melodic **II.** *adv* melodically

Melone <-, -n> [me'lo:nə] *f* ❶ melon ❷ (*Hut*) bowler [hat]

Memoiren [me'mo̯a:rən] *pl* memoirs

Menge <-, -n> ['mɛŋə] *f* ❶ (*bestimmtes Maß*) quantity; **in ausreichender ~** in sufficient quantities ❷ (*viel*) **eine ~ Geld** a lot of money ❸ (*Menschenmenge*) crowd

Meniskus <-, Menisken> [me'nɪskʊs] *m* meniscus

Mensa <-, Mensen> ['mɛnza] *f* canteen

Mensch <-en, -en> ['mɛnʃ] *m* man; **~en** human beings *npl* (*Leute*) people; **die ~en** mankind *sing, no art*; **ein anderer ~ werden** to become a different person; **kein ~** no one

Menschenaffe *m* ape **menschenleer** *adj* deserted **Menschenrecht** *nt meist pl* JUR human right *usu pl* **Menschenrechtsverletzung** *f* violation of human rights **menschenunwürdig I.** *adj* inhumane **II.** *adv* in an inhumane way **Menschenverstand** *m* **gesunder ~** common sense **Menschenwürde** *f kein pl* human dignity *no art*

Menschheit <-> *f kein pl* **die ~** mankind

menschlich ['mɛnʃlɪç] **I.** *adj* ❶ human ❷ (*human*) humane **II.** *adv* humanely

Menschlichkeit <-> *f kein pl* humanity *no art*

Menstruation <-, -en> [mɛnstrua'tsi̯o:n] *f* menstruation *no art*

Mentalität <-, -en> [mɛntali'tɛ:t] *f* mentality

Menu *nt*, **Menü** <-s, -s> [me'ny:] *nt* menu

merken ['mɛrkn̩] **I.** *vt, vi* to notice; (*spüren*) to feel; **es war kaum zu ~** it was scarcely noticeable; **jdn etw ~ lassen** to let sb feel sth **II.** *vr* **sich** *dat* **etw ~** to remember sth; **leicht zu ~** easy to remember

Merkmal <-s, -e> ['mɛrkma:l] *nt* feature

Merkur <-s> [mɛr'ku:ɐ̯] *m* **der ~** Mercury

merkwürdig *adj* strange

messbar *adj* measurable

Messe[1] <-, -n> ['mɛsə] *f* REL mass *no pl*

Messe[2] <-, -n> ['mɛsə] *f* ÖKON [trade] fair

messen <misst, maß, gemessen> [',ɛsn̩] **I.** *vt* to measure; **ge~ an etw** *dat* judging by sth **II.** *vr* **sich mit jdm ~** to compete with sb

Messer <-s, -> ['mɛsɐ] *nt* knife

Messerspitze *f* knife point; **eine ~ Muskat** a pinch of nutmeg

Messias <-> [mɛ'si:as] *m* **der ~** the Messiah

Messing <-s> ['mɛsɪŋ] *nt kein pl* brass

Metall <-s, -e> [me'tal] *nt* metal

metallisch [me'talɪʃ] **I.** *adj* metallic **II.** *adv* like metal

Meter <-s, -> ['me:tɐ] *m o nt* metre

Methode <-, -n> [me'to:də] *f* method

Metropole <-, -n> [metro'po:lə] *f* metropolis

metrosexuell *adj Mann* metrosexual

Metzger(in) <-s, -> ['mɛtsgɐ] *m(f)* butcher; **beim ~** at the butcher's

Metzgerei <-, -en> [mɛtsgə'rai] *f* butcher's BRIT, butcher shop AM; **aus der ~** from the butcher's

Meute <-, -n> ['mɔytə] *f* mob

Meuterei <-, -en> [mɔytə'rai] *f* mutiny

Meuterer <-s, -> *m* mutineer

meutern ['mɔytɐn] *vi* to mutiny

miauen* [mi'auən] *vi* to miaou

mich ['mɪç] **I.** *pron pers akk von* **ich** me **II.** *pron reflexiv* myself

Miene <-, -n> ['mi:nə] *f* expression; **ohne eine ~ zu verziehen** without turning a hair

mies ['mi:s] *adj* (*fam*) lousy; **~e Laune haben** to be in a foul mood

Miesmuschel ['mi:smʊʃl] *f* mussel

Miete <-, -n> ['mi:tə] *f* rent

mieten ['mi:tn̩] *vt* to rent

Mieter(in) <-s, -> *m(f)* tenant

Mietwagen *m* rental car

Migräne <-, -n> [miˈgrɛːnə] *f* migraine; **ich habe ~** I've got a migraine

Mikrofon <-s, -e> [mikroˈfoːn] *nt* microphone

Mikroskop <-s, -e> [mikroˈskoːp] *nt* microscope

mikroskopisch *adj* microscopic

Mikrowelle [ˈmiːkrovɛlə] *f* microwave

Milbe <-, -n> [ˈmɪlbə] *f* mite

Milch <-> [ˈmɪlç] *f kein pl* milk

Milchkaffee *m* milky coffee **Milchpulver** *nt* powdered milk **Milchreis** *m* rice pudding **Milchstraße** *f* **die ~** the Milky Way **Milchzahn** *m* milk tooth

mild [ˈmɪlt] *adj* mild; *Strafe, Urteil* lenient

mildern [ˈmɪldɐn] *vt* ① (*abschwächen*) to moderate; **~de Umstände** mitigating circumstances ② (*lindern*) to alleviate

Milieu <-s, -s> [miˈli̯øː] *nt* environment

militant [miliˈtant] *adj* militant

Militär <-s> [miliˈtɛːɐ̯] *nt kein pl* military; **beim ~ sein** to be in the forces

Militärdiktatur *f* military dictatorship

militärisch [miliˈtɛːrɪʃ] *adj* military

Miliz <-, -en> [miˈliːts] *f* ① (*Bürgerwehr*) militia ② (*in sozialistischen Staaten: Polizei*) police

Milliardär(in) <-s, -e> [mɪli̯arˈdɛːɐ̯] *m(f)* billionaire

Milliarde <-, -n> [mɪˈli̯ardə] *f* billion

Millimeter <-s, -> [ˈmɪlimeːtɐ] *m o nt* millimetre

Million <-, -en> [mɪˈli̯oːn] *f* million

Millionär(in) <-s, -e> [mɪli̯oˈnɛːɐ̯] *m(f)* millionaire *masc*, millionairess *fem*

Milz <-, -en> [ˈmɪlts] *f* spleen

Mimik <-> [ˈmiːmɪk] *f kein pl* facial expression

minder [ˈmɪndɐ] *adv* **nicht ~** no less

Minderheit <-, -en> *f* minority

Minderjährige(r) *f(m) dekl wie adj* minor

mindern [ˈmɪndɐn] *vt* to reduce (**um** by)

minderwertig *adj* inferior

Minderwertigkeit <-> *f kein pl* inferiority

Minderwertigkeitsgefühl *nt* feeling of inferiority

mindeste *adj attr* **der/die/das ~** the slightest; **das wäre das Mindeste gewesen** that's the least he could have done; **nicht im Mindesten** not in the least

mindestens [ˈmɪndəstn̩s] *adv* at least

Mine <-, -n> [ˈmiːnə] *f* BERGB, MIL mine

Mineral <-s, -e> [mineˈraːl] *nt* mineral

Mineralwasser *nt* mineral water

Minigolf *nt kein pl* minigolf **Minijob** *m* ÖKON (*fam*) McJob *hum* (*a menial job which is poorly-paid and usually temporary*)

minimal [miniˈmaːl] **I.** *adj* minimal **II.** *adv* minimally

Minimum <-s, Minima> [ˈmiːnimʊm] *nt* minimum (**an** of)

Minirock *m* miniskirt

Minister(in) <-s, -> [miˈnɪstɐ] *m(f)* minister

Ministerium <-s, -rien> [minɪsˈteːri̯ʊm] *nt* ministry

Ministerpräsident(in) *m(f)* minister-president

Minorität <-, -en> [minoriˈtɛːt] *f* minority

minus [ˈmiːnʊs] **I.** *präp* **2000 € ~ 5 % Rabatt** € 2,000 less 5% discount **II.** *konj* MATH minus; **15° C ~** 15° C below zero

Minus <-, -> [ˈmiːnʊs] *nt* FIN deficit; **~ machen** to make a loss

Minute <-, -n> [miˈnuːtə] *f* minute; **auf die ~** on the dot

Minutenzeiger *m* minute hand

Minze <-, -n> [ˈmɪntsə] *f* mint

mir [ˈmiːɐ̯] *pron pers dat von* **ich** [to] me; **sie ist eine alte Bekannte von ~** she's an old acquaintance of mine; **von ~ aus!** I don't mind!

Mirabelle <-, -n> [miraˈbɛlə] *f* mirabelle

mischen [ˈmɪʃn̩] **I.** *vt* to mix; *Karten* to shuffle **II.** *vr* ① (*nicht abseitsstehen*) **sich unter Leute ~** to mingle

M

② (*sich einmischen*) **sich in etw** *akk* **~** to interfere in sth

Mischling <-s, -e> ['mɪʃlɪŋ] *m* half caste; (*Tier*) half-breed

Mischung <-, -en> *f* mixture

miserabel [mizə'ra:bl̩] **I.** *adj* dreadful **II.** *adv* dreadfully; **das Bier schmeckt ~** the beer tastes awful

Misere <-, -n> [mi'ze:rə] *f* dreadful state

Mispel <-, -n> ['mɪspl̩] *f* BOT medlar

missachten* [mɪs'ʔaxtn̩] *vt* ① *Regeln, Vorschriften* to disregard ② (*gering schätzen*) to disdain

Missachtung ['mɪsʔaxtʊŋ] *f* ① *von Regeln, Vorschriften* disregard ② (*Geringschätzung*) disdain

Missbehagen <-s> ['mɪsbəha:gn̩] *nt kein pl* uneasiness

missbilligen* ['mɪsbɪlɪgn̩] *vt* **etw ~** to disapprove of sth

Missbilligung <-, *selten* -en> [mɪs'bɪlɪgʊŋ] *f* disapproval

Missbrauch ['mɪsbraux] *m* abuse

missbrauchen* [mɪs'brau:xn̩] *vt* to abuse; **jdn sexuell ~** to sexually abuse sb

missen ['mɪsn̩] *vt* **mein Telefon möchte ich nicht ~** I wouldn't want to have to do without my phone

Misserfolg *m* failure

missfallen* [mɪs'falən] *vi irreg* **jdm missfällt etw** sb dislikes sth

Missgeburt ['mɪsgəbu:ɐ̯t] *f* monster

Missgeschick ['mɪsgəʃɪk] *nt* mishap

missglücken* [mɪs'glʏkn̩] *vi sein* to fail

missgönnen* [mɪs'gœnən] *vt* **jdm seinen Erfolg ~** to resent sb's success

Missgunst ['mɪsgʊnst] *f kein pl* envy

misshandeln* [mɪs'handl̩n] *vt* to mistreat

Misshandlung [mɪs'handlʊŋ] *f* mistreatment

Mission <-, -en> [mɪ'si̯o:n] *f* mission; **in geheimer ~** on a secret mission

Missionar(in) <-s, -e> [mɪsi̯o'na:ɐ̯] *m(f)* missionary

missionarisch [mɪsi̯o'na:rɪʃ] *adj* missionary

misslingen* <misslang, misslungen> [mɪs'lɪŋən] *vi sein* to fail

Misslingen <-s> [mɪslɪŋən] *nt kein pl* failure

Missmut ['mɪsmu:t] *m kein pl* moroseness

missmutig *adj* sullen

missraten* [mɪs'ra:tn̩] *adj Kind* ill-bred; **ein ~er Kuchen** a cake which went wrong

misstrauen* [mɪs'trauən] *vi* to mistrust

misstrauisch ['mɪstrauɪʃ] **I.** *adj* mistrustful **II.** *adv* mistrustfully

missverständlich *adj* unclear

Missverständnis <-ses, -se> ['mɪsfɛɐ̯ʃtɛntnɪs] *nt* misunderstanding *no pl*

missverstehen* ['mɪsfɛɐ̯ʃte:ən] *vt irreg* to misunderstand

Mist <-es> ['mɪst] *m kein pl* ① dung ② (*Quatsch*) nonsense ③ (*Schund*) junk

Mistel <-, -n> ['mɪstl̩] *f* mistletoe *no pl*

Misthaufen *m* dung heap **Mistkäfer** *m* dung beetle

mit ['mɪt] **I.** *präp* ① (*und*) with; **du ~ deiner ewigen Prahlerei** you and your constant boasting; **Kaffee ~ Milch** coffee with milk; **~ jdm [zusammen]** [together] with sb ② (*per*) by; **mit der Bahn/dem Fahrrad/der Post** by train/bicycle/post ③ *zeitlich* at; **~ 18 [Jahren]** at [the age of] 18 **II.** *adv* too, as well; **~ dabei sein** to be there too; **sie gehört ~ zu den Besten** she is one of the best

Mitarbeit *f* collaboration

mit|arbeiten ['mɪtʔarbaitn̩] *vi* to collaborate (**an** on)

Mitarbeiter(in) *m(f)* employee; **neue ~ einstellen** to take on new staff; **freier ~** freelance

mit|bestimmen* *vi* to have a say (**bei** in)

Mitbestimmung *f* participation

mit|bringen ['mɪtʔbrɪŋən] *vt irreg* to

bring along
Mitbürger(in) *m(f)* fellow citizen
miteinander [mɪtʔai'nandɐ] *adv* ❶ (*einer mit dem anderen*) with each other; ~ **reden** to talk to each other ❷ (*zusammen*) together; **alle** ~ all together
Mitesser <-s, -> *m* blackhead
Mitfahrer(in) *m(f)* fellow passenger
mitfühlend *adj* sympathetic
Mitgefühl *nt kein pl* sympathy (**mit** for)
Mitgift <-, -en> *f* dowry
Mitglied ['mɪtgliːt] *nt* member
mit|halten *vi irreg* (*fam*) to keep up (**bei** with)
mit|hören *vt, vi* to listen in
mit|kommen *vi irreg sein* **in der Schule gut** ~ to get on well at school; **da komme ich nicht mit** it's beyond me
Mitläufer(in) *m(f)* fellow traveller
Mitleid ['mɪtlait] *nt kein pl* sympathy (**mit** for); **aus** ~ out of pity; ~ **erregend** pitiful
mitleidig ['mɪtlaidɪç] *adj* sympathetic
mit|machen **I.** *vi* to take part (**bei** in) **II.** *vt* to join in; **viel** ~ to go through a lot
Mitmensch *m* fellow man
mitmenschlich *adj attr Beziehungen, Kontakte* interpersonal
Mitnahme *f* taking [away] with one
Mitnahmementalität *f mentality that leads people to claim any and every kind of benefit they are legally entitled to, regardless of whether or not they actually need it*
mit|nehmen *vt irreg* ❶ to take with one; (*im Auto*) **könnten Sie mich ~?** could you give me a lift? ❷ (*erschöpfen*) **jdn** ~ to take it out of sb; **mitgenommen** worn out
mit|reißen *vt irreg* to get going
mitschuldig *adj* **an etw** *dat* ~ **sein** to be partly to blame for sth
Mitschuldige(r) *f(m) dekl wie adj* JUR accomplice
Mitschüler(in) *m(f)* classmate
Mittag <-[e]s, -e> ['mɪtaːk] *m* midday; **gegen** ~ around midday; **zu** ~ **essen** to have lunch
Mittagessen *nt* lunch
mittags ['mɪtaːks] *adv* at midday
Mittagspause *f* lunch break **Mittagsschlaf** *m* **einen** ~ **machen** to take an after-lunch nap **Mittagszeit** *f kein pl* lunchtime
Mittäter(in) *m(f)* accomplice
Mittäterschaft <-> *f kein pl* complicity (**an** in)
Mitte <-, -n> ['mɪtə] *f* ❶ middle; **in der** ~ **zwischen ...** halfway between ... ❷ POL **die linke/rechte** ~ the centre-left/centre-right ❸ (*zeitlich*) **sie ist** ~ **dreißig** she's in her mid-thirties; ~ **Januar** mid-January; ~ **des Jahres** in the middle of the year
mit|teilen ['mɪttailən] *vt* to tell; **jdm** ~, **dass ...** to tell sb that ...
Mitteilung *f* notification
Mittel <-s, -> ['mɪtl̩] *nt* ❶ means *sing* ❷ PHARM drug; **ein** ~ **gegen etw** *akk* a remedy for sth ❸ *pl* FIN funds ❹ MATH average; **im** ~ on average
Mittelalter ['mɪtl̩ʔaltɐ] *nt kein pl* **das** ~ the Middle Ages *npl*
mittelalterlich ['mɪtl̩ʔaltəlɪç] *adj* medieval
Mittelamerika ['mɪtl̩ʔa'meːrika] *nt* Central America **Mitteleuropa** ['mɪtl̩ʔɔy'roːpa] *nt* Central Europe **Mittelfeld** *nt kein pl* midfield **Mittelfinger** *m* middle finger
mittelmäßig *adj* mediocre
Mittelmäßigkeit <-> *f kein pl* mediocrity
Mittelmeer ['mɪtl̩meːɐ̯] *nt* **das** ~ the Mediterranean [Sea] **Mittelpunkt** *m* centre; **im** ~ **stehen** to be the centre of attention
mittels ['mɪtl̩s] *präp +gen* by means of
Mittelstand *m* ÖKON small and medium-sized businesses *npl*
mittelständisch *adj* medium-sized

M

Mittelwelle *f* medium wave

mitten ['mɪtn̩] *adv* ~ **aus etw** *dat* from the midst of sth; ~ **durch etw** *akk* right through [the middle of] sth; ~ **auf der Straße** in the middle of the street

Mitternacht ['mɪtɐnaxt] *f kein pl* midnight *no art*

mittlere(r, s) ['mɪtlərə] *adj attr* ❶ (*in der Mitte von zweien*) **der/die/das** ~ the middle one ❷ *Größe* medium-sized ❸ (*in einer Hierarchie*) middle

mittlerweile ['mɪtlɐ'vailə] *adv* in the mean time

Mittwoch <-s, -e> ['mɪtvɔx] *m* Wednesday; *s.a.* **Dienstag**

mittwochs ['mɪtvɔxs] *adv* [on] Wednesdays

mitverantwortlich *adj* jointly responsible *pred*

mit|wirken *vi* to collaborate (**bei/an** on)

mixen ['mɪksn̩] *vt* to mix

Mixer <-s, -> ['mɪksɐ] *m* ELEK blender

Möbel ['mø:bl̩] *pl* furniture

mobil [mo'bi:l] *adj* mobile

Mobilfunk *m* mobile communications *npl* **Mobilfunkanbieter** *m* mobile service provider

Mobilität <-> [mobili'tɛ:t] *f kein pl* mobility

möblieren* [mø'bli:rən] *vt* to furnish

Mode <-, -n> ['mo:də] *f* fashion; **große** ~ **sein** to be very fashionable; **aus der/in** ~ **kommen** to go out of/come into fashion

modebewusst *adj* fashion-conscious; **sehr** ~ **sein** to be a fashionista

Modell <-s, -e> [mo'dɛl] *nt* model

Modenschau *f* fashion show

Moderator(in) <-s, -en> [mode'ra:toɐ̯, modera'to:rɪn] *m(f)* presenter

moderieren [mode'ri:rən] *vt* RADIO, TV to present

mod(e)rig ['mo:d(ə)rɪç] *adj* musty

modern[1] ['mo:dɐn] *vi sein o haben* to go mouldy

modern[2] [mo'dɛrn] *adj* modern

modernisieren* [modɛrni'zi:rən] *vt* to modernize

modisch ['mo:dɪʃ] **I.** *adj* fashionable **II.** *adv* fashionably

Mofa <-s, -s> ['mo:fa] *nt* moped

mogeln ['mo:gl̩n] *vi* to cheat (**bei** at)

mögen ['mø:gn̩] **I.** *modal vb* <mochte, hat ... mögen> + *infin* ❶ (*wollen*) **etw tun** ~ to want to do sth; **ich möchte gerne kommen** I'd like to come ❷ (*Vermutung*) **sie mag Recht haben** she may be right **II.** *vt* <mochte, gemocht> ❶ (*gernhaben*) to like; (*lieben*) to love; **am liebsten mag ich Eintopf** stew is my favourite [meal] ❷ (*haben wollen*) to want; **ich möchte ein Stück Kuchen** I'd like a slice of cake; **was möchten Sie bitte?** what can I get for you?

möglich ['mø:klɪç] *adj* possible; **[das ist] nicht ~!** [that's] impossible!; **es für ~ halten, dass ...** to think it possible that ...

möglicherweise *adv* possibly

Möglichkeit <-, -en> *f* possibility; **nach** ~ if possible

möglichst *adv* ~ **bald** as soon as possible

Mohn <-[e]s, -e> ['mo:n] *m* poppy; (*Mohnsamen*) poppy seed

Möhre <-, -n> ['mø:rə] *f* carrot

Mokka <-s, -s> ['mɔka] *m* mocha

Molch <-[e]s, -e> ['mɔlç] *m* newt

Molekül <-s, -e> [molə'ky:l] *nt* molecule

Molkerei <-, -en> [mɔlkə'rai] *f* dairy

Moll <-, -> ['mɔl] *nt* minor [key]

mollig ['mɔlɪç] *adj* (*rundlich*) plump

Moment <-[e]s, -e> [mo'mɛnt] *m* moment; ~ **mal!** hang on minute!; **im ersten** ~ at first; **einen ~!** just a minute!; **jeden** ~ [at] any moment

momentan [momɛn'ta:n] **I.** *adj* ❶ (*jetzig*) present ❷ (*vorübergehend*) momentary **II.** *adv* ❶ at present ❷ momentarily

Monarch(in) <-en, -en> [mo'narç] *m(f)* monarch

Monarchie <-, -n> [monar'çiː] *f* monarchy
Monarchist(in) <-en, -en> [monar'çɪst] *m(f)* monarchist
Monat <-[e]s, -e> ['moːnat] *m* month
monatlich ['moːnatlɪç] *adj, adv* monthly
Monatsbinde *f* sanitary towel [*or* AM napkin] **Monatsblutung** *f* menstruation
Mönch <-[e]s, -e> ['mœnç] *m* monk
Mond <-[e]s, -e> ['moːnt] *m* moon
mondän [mɔn'dɛːn] *adj* chic
Mondfinsternis *f* eclipse of the moon **Mondkalender** *m* lunar calendar **Mondschein** *m* moonlight **Mondsichel** *f* crescent moon **mondsüchtig** *adj* ~ **sein** to be a sleepwalker
Monitor <-s, -e> ['moːnitoːɐ̯] *m* monitor
Monolog <-[e]s, -e> [mono'loːk] *m* monologue
Monopol <-s, -e> [mono'poːl] *nt* monopoly
monoton [mono'toːn] **I.** *adj* monotonous **II.** *adv* monotonously
Monotonie <-, -n> [monoto'niː] *f* monotony
Monster <-s, -> ['mɔnstɐ] *nt* monster
Monsun <-s, -e> [mɔn'zuːn] *m* monsoon
Montag <-s, -e> ['moːntaːk] *m* Monday; *s.a.* **Dienstag**
Montage <-, -n> [mɔn'taːʒə] *f* ❶ assembly ❷ KUNST montage
montieren* [mɔn'tiːrən] *vt* ❶ (*zusammenbauen*) to assemble ❷ (*aufbauen*) to fit (**an/auf** to)
Monument <-[e]s, -e> [monu'mɛnt] *nt* monument
monumental [monumɛn'taːl] *adj* monumental
Moor <-[e]s, -e> ['moːɐ̯] *nt* swamp
Moos <-es, -e> ['moːs] *nt* moss
Moped <-s, -s> ['moːpɛt] *nt* moped
Moral <-> [mo'raːl] *f kein pl* morals *npl*
moralisch [mo'raːlɪʃ] **I.** *adj* moral **II.** *adv* morally; ~ **verpflichtet sein** to be duty-bound
Morchel <-, -n> ['mɔrçl̩] *f* morel
Mord <-[e]s, -e> ['mɔrt] *m* murder
Morddrohung *f* death threat
morden ['mɔrdn̩] *vi* to murder
Mörder(in) <-s, -> ['mœrdɐ] *m(f)* murderer
morgen ['mɔrgn̩] *adv* tomorrow; **bis ~!** see you tomorrow!; ~ **früh/Mittag** tomorrow morning/lunchtime
Morgen <-s, -> ['mɔrgn̩] *m* morning; **guten ~!** good morning!; **am ~** in the morning; **den ganzen ~ [über]** all morning
morgendlich ['mɔrgn̩tlɪç] *adj* morning
Morgenessen *nt* SCHWEIZ breakfast **Morgengrauen** <-s, -> *nt* daybreak
morgens ['mɔrgn̩s] *adv* in the morning; **von ~ bis abends** from morning till night
morgig ['mɔrgɪç] *adj attr* tomorrow's
Morphium <-s> ['mɔrfi̯ʊm] *nt kein pl* morphine
morsch ['mɔrʃ] *adj* rotten
Mörtel <-s, -> ['mœrtl̩] *m* mortar
Mosaik <-s, -e[n]> [moza'iːk] *nt* mosaic
Moschee <-, -n> [mo'ʃeː] *f* mosque
Moskito <-s, -s> [mɔs'kiːto] *m* mosquito
Moskitonetz *nt* mosquito net
Most <-[e]s> ['mɔst] *m kein pl* ❶ fruit juice ❷ SÜDD (*Obstwein*) cider
Motiv <-s, -e> [mo'tiːf] *nt* motive
Motivation <-, -en> [motiva'tsi̯oːn] *f* motivation
motivieren* [moti'viːrən] *vt* **jdn [zu etw** *dat*] ~ to motivate sb [to do sth]
Motivierung <-, -en> [-'viː-] *f* motivation
Motor <-s, -toren> ['moːtoːɐ̯] *m* motor; AUTO engine
Motorboot *nt* motor boat **Motorhaube** *f* bonnet BRIT, hood AM **Motorrad** ['motoraːt] *nt* motorbike **Motorradfahrer(in)** *m(f)* motorcyclist **Motorroller** *m* [motor] scooter
Motte <-, -n> ['mɔtə] *f* moth
Motto <-s, -s> ['mɔto] *nt* motto
Möwe <-, -n> ['møːvə] *f* [sea]gull
Mücke <-, -n> [mʏkə] *f* mosquito

Mückenstich *m* mosquito bite
müde ['my:də] *adj* tired; **einer S.** *gen* **~ sein/werden** to be/grow tired of sth
Müdigkeit <-> ['my:dɪçkait] *f kein pl* tiredness
Muffel <-s, -> ['mʊfl̩] *m* grouch
muffig ['mʊfɪç] *adj* musty; **~ riechen** to smell musty
Mühe <-, -n> ['my:ə] *f* trouble; **machen Sie sich keine ~!** [please] don't go to any trouble!; **sich** *dat* **~ geben [, etw zu tun]** to take pains [to do sth]; **sich** *dat* **keine ~ geben** to make no effort; **mit ~ und Not** only just; **der ~ wert sein** to be worth the trouble
mühelos I. *adj* easy **II.** *adv* effortlessly
mühevoll *adj s.* **mühsam**
Mühle <-, -n> ['my:lə] *f* mill
mühsam ['my:za:m] **I.** *adj* arduous **II.** *adv* laboriously
mühselig ['my:ze:lɪç] *adj* (*geh*) *s.* **mühsam**
Mulde <-, -n> ['mʊldə] *f* hollow
Müll <-[e]s> ['mʏl] *m kein pl* rubbish, garbage *esp* AM; **etw in den ~ werfen** to throw sth in the [dust]bin [*or* AM garbage [can]]
Müllabfuhr <-, -en> *f* **die ~** the dustcart BRIT, the garbage truck AM **Müllbeseitigung** *f kein pl* waste [*or* AM garbage] collection
Mullbinde *f* gauze bandage
Müllcontainer [-kɔnte:nɐ] *m* rubbish [*or* AM garbage] container **Mülldeponie** *f* waste disposal site, garbage dump AM **Mülleimer** *m* dustbin BRIT, garbage can AM **Mülltonne** *f* dustbin BRIT, garbage can AM
Multiple Sklerose <-n -> [mʊl'ti:plə skle'ro:zə] *f kein pl* MED multiple sclerosis
multiplizieren* [mʊltipli'tsi:rən] *vt* to multiply (**mit** by)
Mumie <-, -n> ['mu:mi̯ə] *f* mummy
Mumps <-> ['mʊmps] *m kein pl* MED [the] mumps + *sing/pl vb*

Mund <-[e]s, Münder> ['mʊnt] *m* mouth
Mundart ['mʊntʔa:ɐ̯t] *f* dialect
münden ['mʏndn̩] *vi sein o haben* **in etw** *akk* **~** to flow into sth
Mundgeruch *m* bad breath **Mundharmonika** *f* mouth organ
mündlich ['mʏntlɪç] **I.** *adj* oral **II.** *adv* orally
Mundschutz ['mʊntʃʊts] *m* MED face mask
Mündung <-, -en> ['mʏndʊŋ] *f* GEOG mouth
Munition <-> [muni'tsi̯o:n] *f kein pl* ammunition
Münster <-s, -> ['mʏnstɐ] *nt* cathedral
munter ['mʊntɐ] *adj* lively; **~ sein/werden** to be awake/wake up
Münze <-, -n> ['mʏntsə] *f* coin
mürb(e) ['mʏrp, 'mʏrbə] *adj* worn-out ▸ **jdn ~ machen** to wear sb down
Mürbeteig *m* short[-crust] pastry
murmeln ['mʊrml̩n] *vi, vt* to murmur
Murmeltier ['mʊrml̩ti:ɐ̯] *nt* marmot
mürrisch ['mʏrɪʃ] **I.** *adj* grumpy **II.** *adv* grumpily
Muschel <-, -n> ['mʊʃl̩] *f* ❶ (*Tier*) mussel ❷ (*Schale*) shell
Museum <-s, Museen> [mu'ze:ʊm] *nt* museum
Musik <-, -en> [mu'zi:k] *f* music *no art, no pl;* **~ hören** to listen to music
musikalisch [muzi'ka:lɪʃ] **I.** *adj* musical **II.** *adv* **~ begabt sein** to be musically gifted
Musiker(in) <-s, -> ['mu:zikɐ] *m(f)* musician
Musikinstrument *nt* instrument
musizieren* [muzi'tsi:rən] *vi* to play a musical instrument
Muskatnuss *f* nutmeg *no art, no pl*
Muskel <-s, -n> ['mʊskl̩] *m* muscle
Muskelkater *m kein pl* muscle ache **Muskelzerrung** *f* pulled muscle
Muskulatur <-, -en> [mʊskula'tu:ɐ̯] *f* musculature

M

muskulös [mʊsku'løːs] *adj* muscular
Müsli <-[s], -s> ['myːsli] *nt* muesli
Muslim(in) <-s, -e> ['mʊslɪm] *m(f)* Muslim
muslimisch [mʊs'liːmɪʃ] *adj attr* Muslim
Muße <-> ['muːsə] *f kein pl* leisure
müssen ['mʏsn̩] *vb aux* <musste, müssen> *modal* ❶ (*gezwungen sein*) **muss das sein?** is that really necessary?; **etw tun** ~ to have to [*or* must] do sth; **etw nicht tun** ~ to not need to do sth ❷ *verneinend* (*brauchen*) **du musst das nicht tun** you don't have to do that ❸ (*eigentlich sollen*) ought to; **jd/etw müsste etw tun** sb/sth should do sth ❹ (*Wahrscheinlichkeit*) **es müsste jetzt acht Uhr sein** it must be eight o'clock now
müßig ['myːsɪç] **I.** *adj* futile **II.** *adv* (*untätig*) idly
Muster <-s, -> ['mʊstɐ] *nt* ❶ pattern ❷ (*Warenmuster*) sample
mustern ['mʊstɐn] *vt* to scrutinize
Musterung <-, -en> *f* MIL medical examination for military service
Mut <-[e]s> ['muːt] *m kein pl* courage; **nur ~!** take heart!; ~ **fassen** to take heart; **jdm [wieder]** ~ **machen** to encourage sb
mutig ['muːtɪç] **I.** *adj* brave **II.** *adv* bravely
mutlos *adj* discouraged
Mutlosigkeit <-> *f kein pl* discouragement
Mutter[1] <-, Mütter> ['mʊtɐ] *f* mother; ~ **werden** to be having a baby
Mutter[2] <-, -n> ['mʊtɐ] *f* TECH nut
Muttergottes <-> [mʊtɐ'gɔtəs] *f kein pl* Mother of God **Mutterleib** *m* womb
mütterlich ['mʏtɐlɪç] *adj* motherly
Mutterliebe *f* motherly love
Muttermal *nt* birthmark
Muttermilch *f* mother's milk **Muttersprache** *f* mother tongue **Muttersprachler(in)** <-s, -> [-ʃpraːxlɐ] *m(f)* native speaker **Muttertag** *m* Mother's Day
Mütze <-, -n> ['mʏtsə] *f* cap
mysteriös [mʏstə'ri̯øːs] *adj* mysterious
Mystik <-> ['mʏstɪk] *f kein pl* mysticism
mystisch ['mʏstɪʃ] *adj* mystic[al]
Mythos <-, Mythen> ['myːtɔs] *m* myth

Nn

N, n <-, -> [ɛn] *nt* N, n

na [na] *interj* (*fam*) well; ~ **gut** all right; ~ **ja** well; ~ **und?** so what?; ~ **so was!** well I never!

Nabel <-s, -> ['na:bl̩] *m* navel

Nabelschnur *f* umbilical cord

nach [na:x] **I.** *präp* +*dat* ❶ (*bis zu*) to; **der Weg führt direkt ~ ...** this is the way to ... ❷ (*hinter*) behind ❸ (*zeitlich*) after; ~ **wie vor** still ❹ (*gemäß*) according to; ~ **Artikel 23** under article 23; ~ **allem, was ich gehört habe** from what I've heard ❺ (*in Anlehnung an*) after **II.** *adv* ▸ ~ **und** ~ little by little

nach|ahmen *vt* to imitate

Nachahmung <-, -en> *f* imitation

Nachbar(in) <-n *o* -s, -n> ['naxba:ɐ̯] *m(f)* neighbour

Nachbarhaus *nt* house next door

Nachbarschaft <-, -en> *f* neighbourhood

Nachbarstaat *m* neighbouring state

nachdem [na:x'de:m] *konj* after

nach|denken *vi irreg* to think (**über** about)

nachdenklich ['na:xdɛŋklɪç] *adj* pensive

Nachdruck[1] *m kein pl* emphasis; **mit** ~ with vigour

Nachdruck[2] <-[e]s, -e> *m* (*Buch*) reprint

nachdrücklich ['na:xdrʏklɪç] *adv* firmly

nach|eifern *vi* **jdm** ~ to emulate sb

nacheinander [na:xʔai'nandɐ] *adv* one after another; **kurz** ~ in quick succession

nach|empfinden* *vt irreg* **etw ~ können** to be able to sympathize with sth

Nachfolge *f kein pl* succession; **jds ~ antreten** to succeed sb

Nachfolger(in) <-s, -> *m(f)* successor

Nachforschung *f* inquiry; **~en anstellen** to make inquiries (**über** into)

Nachfrage *f* ❶ ÖKON demand (**nach** for) ❷ (*Erkundigung*) **danke der ~!** nice of you to ask!

nach|fragen *vi* to inquire

nach|geben *irreg vi* [**jdm/etw**] ~ to give way [to sb/sth]

nach|gehen *vi irreg sein* ❶ (*folgen*) **jdm** ~ to follow sb ❷ *Uhr* to be slow

nachgiebig ['na:xgi:bɪç] *adj* [**jdm gegenüber**] ~ **sein** to be soft [on sb]

nachher [na:x'he:ɐ, 'na:xhe:ɐ] *adv* ❶ (*danach*) afterwards ❷ (*später*) later; **bis ~!** see you later!

Nachhilfe *f* private tuition [*or* AM tutoring]

nach|holen *vt* to make up for

nach|jagen *vi sein* to chase after; *Geld, Erfolg* to pursue

Nachkomme <-n, -n> ['na:xkɔmə] *m* descendant

Nachlass <-es, -e> ['na:xlas] *m* ❶ *eines Verstorbenen* estate; *eines Autors* unpublished works *npl* ❷ (*Rabatt*) discount (**auf** on)

nach|lassen *irreg vi* to diminish; *Druck, Schmerz* to ease off; *Gehör* to deteriorate; *Interesse* to wane; *Nachfrage* to drop [off]; *Sturm* to die down

nachlässig ['na:xlɛsɪç] **I.** *adj* careless **II.** *adv* carelessly

Nachlässigkeit <-> *f kein pl* carelessness

nach|laufen *vi irreg sein* **jdm** ~ to run after sb

nach|machen *vt* ❶ to imitate ❷ (*fälschen*) to forge

Nachmittag ['na:xmɪta:k] *m* afternoon; **am/bis zum** ~ in the/until the afternoon

nachmittags *adv* in the afternoon; (*jeden Nachmittag*) in the afternoons

Nachnahme <-, -n> ['na:xna:mə] *f* cash on delivery *no art, no pl;* **etw per ~ schicken** to send sth COD

Nachname *m* surname; **wie heißen Sie mit ~n?** what's your surname?

Nachricht <-, -en> ['na:xrɪçt] *f* news + *sing vb, no indef art;* **die ~en** the news + *sing vb;* **eine ~** a piece of news; **jdm ~ geben** to let sb know

Nachrichtendienst *m* intelligence service **Nachrichtenmagazin** *nt* ❶ (*Zeitschrift*) news magazine ❷ TV news programme **Nachrichtensprecher(in)** *m(f)* news reader

Nachsaison [-zɛˌzõ:, -zɛˌzɔŋ] *f* off-season

nach|schauen **I.** *vt* to look up *sep* **II.** *vi* to have a look

nach|schlagen *irreg* **I.** *vt* to look up *sep* **II.** *vi* (*nachlesen*) [**in etw** *dat*] **~** to consult sth

Nachschub <-[e]s, Nachschübe> ['na:xʃu:p] *m pl selten* [new] supplies *npl*

nach|sehen *irreg* **I.** *vi* ❶ **jdm/etw ~** to follow sb/sth with one's eyes ❷ (*nachschlagen*) to look it up **II.** *vt* ❶ (*kontrollieren*) to check ❷ (*verzeihen*) **jdm etw ~** to forgive sb for sth

nach|senden *vt irreg* **jdm etw ~** to forward sth to sb

Nachsicht <-> *f kein pl* leniency *no art;* [**mehr**] **~ üben** to be [more] lenient

nachsichtig **I.** *adj* lenient **II.** *adv* leniently

Nachspeise *f* dessert; **als ~** for dessert

nach|sprechen *irreg vt* [**jdm**] **etw ~** to repeat sth [after sb]

nächste(r, s) ['nɛ:çstə] *adj superl von* **nah(e)** ❶ *räumlich* next ❷ (*eng verwandt*) *Angehörige* close ❸ *temporal* (*darauf folgend*) next; **der Nächste, bitte!** next please!; **als Nächstes** next; **am ~n Tag** the next day

Nächstenliebe *f* compassion *no art*

Nacht <-, Nächte> ['naxt] *f* night; **bei ~** at night; **bis weit in die ~** far into the night; **diese/letzte ~** tonight/last night; **über ~** overnight; **über ~ bleiben** to stay the night

Nachtarbeit *m* nightwork *no art, no pl;* (*Nachtschicht a.*) night shift **Nachtclub** *m* night club

Nachteil <-[e]s, -e> ['na:xtail] *m* disadvantage; [**jdm gegenüber**] **im ~ sein** to be at a disadvantage [with sb]

nachteilig ['na:xtailɪç] **I.** *adj* disadvantageous **II.** *adv* unfavourably

Nachtessen *nt* SÜDD supper **Nachtfrost** *m* night frost **Nachthemd** *nt* nightgown

Nachtigall <-, -en> ['naxtɪgal] *f* nightingale

Nachtisch *m* dessert; **als** [*o* **zum**] **~** for dessert

Nachtklub *m s.* **Nachtlokal** **Nachtleben** *nt* nightlife *no indef art, no pl* **Nachtlokal** *nt* nightclub

nach|tragen *vt irreg* **jdm etw** [**nicht**] **~** to [not] hold sth against sb; **jdm ~, dass ...** to hold it against sb that ...

nachtragend ['na:xtra:gn̩t] *adj* unforgiving

nachträglich ['na:xtrɛ:klɪç] **I.** *adj* belated **II.** *adv* belatedly

nach|trauern *vi* **jdm/etw ~** to mourn after sb/sth

nachts ['naxts] *adv* at night

Nachtschicht *f* **~ haben** to be on night shift **Nachttisch** *m* bedside table **Nachtwache** *f* night duty *no art* **Nachtwächter(in)** *m(f)* night guard

nachvollziehbar *adj* comprehensible

nach|vollziehen* *vt irreg* to understand

Nachweis <-es, -e> ['na:xvais] *m* proof *no art, no pl*

nachweisbar *adj* provable

nach|weisen *vt irreg* to establish proof of sth; **jdm etw ~** to prove that sb has done sth

Nachwelt *f kein pl* **die ~** posterity

Nachwirkung *f* consequence
Nachwuchs *m kein pl* ❶ (*fam*) offspring ❷ ÖKON young professionals *npl*
nach|zahlen *vt* to pay sth at a later date
Nachzahlung *f* back payment
Nacken <-s, -> ['nakn̩] *m* neck
nackt ['nakt] *adj* naked
Nacktfoto *nt* nude photo
Nacktheit <-> *f kein pl* nudity *no art*
Nadel <-, -n> ['na:dl̩] *f* needle
Nadelbaum *m* conifer
Nagel <-s, Nägel> ['na:gl̩] *m* nail
Nagelfeile *f* nail file **Nagellack** *m* nail polish **Nagellackentferner** *m* nail polish remover
nageln ['na:gl̩n] *vt* to nail (**an/auf** [on]to)
nagen ['na:gn̩] *vi* to gnaw (**an** at)
Nager <-s, -> *m*, **Nagetier** *nt* rodent
nah ['na:] *adj* **von ~ und fern** from near and far
nahe I. *adj* ❶ (*räumlich*) close, nearby ❷ (*zeitlich*) near ❸ (*eng*) close; **jdm ~ sein** to be close to sb ▶ **jdm zu ~ treten** to offend sb **II.** *adv* close[ly] **III.** *präp +dat* near to

N

Nähe <-> ['nɛ:ə] *f kein pl* ❶ proximity *no pl form;* **aus der ~** from close up; **in der ~** near ❷ (*einer Person*) **jds ~** sb's closeness; **in jds ~** close to sb
nahe|kommen *vi irreg sein* **jdm ~** to get close to sb; **sich** *dat* **~** to become close **nahe|legen** *vt* **jdm etw ~** to suggest sth to sb
nahen ['na:ən] *vi sein* (*geh*) to approach
nähen ['nɛ:ən] *vt* ❶ to sew (**auf** onto) ❷ MED to stitch
näher ['nɛ:ɐ] **I.** *adj comp von* **nahe** ❶ *räumlich, zeitlich* closer; *Zukunft* near ❷ (*detaillierter*) further *attr;* **die ~en Umstände** the precise circumstances ❸ (*enger*) closer; *Verwandte* immediate **II.** *adv comp von* **nahe** ❶ closer; **kommen Sie ~!** come closer! ❷ (*eingehender*) in more detail; **sich ~ mit etw** *dat* **befassen** to go into sth in greater detail; **etw ~ untersuchen** to examine sth more closely ❸ (*enger*) closer; **jdn/eine Sache ~ kennen** to know sb/sth well; **jdn/eine Sache ~ kennen lernen** to get to know sb/sth better
nähern ['nɛ:ɐn] *vr* ❶ (*räumlich*) **sich [jdm/etw] ~** to get closer [to sb/sth] ❷ **sich etw** *dat* **~** to get close to sth
Nähmaschine *f* sewing machine
nähren ['nɛ:rən] *vt* to nourish
nahrhaft *adj* nutritious
Nährstoff *m* nutrient
Nährstoffmangel *m* nutrient deficiency
Nahrung <-> ['na:rʊŋ] *f kein pl* food
Nahrungsmittel *nt* food
Naht <-, Nähte> ['na:t] *f* ❶ seam ❷ MED suture
Nahverkehr *m* local traffic; **der öffentliche ~** local public transport
naiv [na'i:f] *adj* naive
Naivität <-> [naivi'tɛ:t] *f kein pl* naivety
Name <-ns, -n> ['na:mə] *m* name; **in jds ~n** on behalf of sb; **im ~n des Gesetzes** in the name of the law
namens ['na:məns] *adv* by the name of
Namenstag *m* Saint's day
nämlich ['nɛ:mlɪç] *adv* ❶ (*und zwar*) namely ❷ (*denn*) because
Nanotechnik [nano'tɛçnɪk] *f* nanotechnology
Napf <-[e]s, Näpfe> ['napf] *m* bowl
Narbe <-, -n> ['narbə] *f* scar
Narkose <-, -n> [nar'ko:zə] *f* anaesthesia BRIT
Narr, Närrin <-en, -en> ['nar, 'nɛrɪn] *m, f* fool ▶ **jdn zum ~en halten** to make a fool of sb; **sich zum ~en machen** to make a fool of oneself
Narzisse <-, -n> [nar'tsɪsə] *f* narcissus
naschen ['naʃn̩] **I.** *vi* to eat sweet things; **etwas zum Naschen** something sweet **II.** *vt* to nibble
Nase <-, -n> ['na:zə] *f* nose; **jds ~ läuft** sb has a runny nose; **sich** *dat* **die ~ putzen** to blow one's nose ▶ **die ~ von jdm/etw voll haben** (*fam*) to be fed up with sb/sth

Nasenbluten <-s> *nt* ~ **haben** to have a nosebleed
Nashorn *nt* rhino[ceros]
nass <-er, -este> [nas] *adj* wet; ~ **geschwitzt** soaked with sweat *pred*
Nässe <-> ['nɛsə] *f kein pl* wetness
nasskalt *adj* cold and damp
Nastuch *nt* SÜDD, SCHWEIZ (*Taschentuch*) handkerchief
Nation <-, -en> [na'tsi̯o:n] *f* nation; **die Vereinten ~en** the United Nations
national [natsi̯o'na:l] *adj* national
Nationalhymne *f* national anthem
Nationalist(in) <-en, -en> [natsi̯ona'lɪst] *m(f)* nationalist
nationalistisch *adj* nationalistic
Nationalität <-, -en> [natsi̯onali'tɛ:t] *f* nationality
Natrium <-s> ['na:triʊm] *nt kein pl* sodium
Natron <-s> ['na:trɔn] *nt kein pl* sodium bicarbonate
Natter <-, -n> ['natɐ] *f* adder
Natur <-, -en> [na'tu:ɐ̯] *f* ❶ nature; **von ~ aus** by nature ❷ *kein pl* (*Landschaft*) countryside; **die freie ~** the open countryside
Naturdenkmal *nt* natural monument **Naturereignis** *nt* natural phenomenon **Naturfreund(in)** *m(f)* nature lover **naturgetreu** *adj, adv* true to life **Naturheilkunde** *f* natural healing **Naturkatastrophe** *f* natural disaster **Naturkostladen** *m* natural food shop **Naturkunde** *f* natural history
natürlich [na'ty:ɐ̯lɪç] **I.** *adj* natural **II.** *adv* naturally; **~!** of course!
Natürlichkeit <-> *f kein pl* naturalness
Naturprodukt *nt* natural product **Naturschutz** *m* conservation; **unter ~ stehen** to be under conservation **Naturschutzgebiet** *nt* nature reserve **Naturvolk** *nt* primitive people **Naturwissenschaft** *f* natural sciences *npl* **Naturwissenschaftler(in)** *m(f)* natural scientist
Navigation <-> [naviga'tsi̯o:n] *f kein pl* navigation
Navisystem *nt* LUFT, TRANSP (*fam*) satnav
Nebel <-s, -> ['ne:bl̩] *m* fog; **bei ~** in foggy conditions
nebelig ['ne:bəlɪç] *adj* foggy
neben ['ne:bn̩] *präp* ❶ *+akk o dat* beside ❷ *+dat* (*außer*) apart from ❸ *+dat* (*verglichen mit*) compared to
nebenan [ne:bn̩'ʔan] *adv* next-door
nebenbei [ne:bn̩'bai] *adv* ❶ (*nebenher*) on the side ❷ (*beiläufig*) incidentally; ~ [**bemerkt**] by the way
Nebenberuf *m* second job **Nebenbeschäftigung** *f* sideline **Nebenbuhler(in)** <-s, -> *m(f)* rival
nebeneinander [ne:bn̩ʔai'nandɐ] *adv* side by side; ~ **Platz nehmen** to sit [down] next to each other
Nebeneingang *m* side entrance **Nebenfach** *nt* subsidiary [subject] **Nebenfluss** *m* tributary
nebenher [ne:bn̩'he:ɐ̯] *adv* in addition
Nebenrolle *f* supporting role **Nebensache** *f* trivial matter; ~ **sein** to be irrelevant
nebensächlich *adj* irrelevant
Nebensaison *f* off-season **Nebenstraße** *f* side street **Nebenverdienst** *m* additional income **Nebenwirkung** *f* side effect **Nebenzimmer** *nt* next room
necken ['nɛkn̩] *vt* to tease
Neffe <-n, -n> ['nɛfə] *m* nephew
negativ ['ne:gati:f] **I.** *adj* negative **II.** *adv* negatively
Negativ <-s, -e> ['ne:gati:f] *nt* negative
nehmen <nahm, genommen> ['ne:mən] *vt* ❶ to take; **etw auf sich** *akk* ~ to take sth upon oneself; **jdn ~, wie er ist** to take sb as he is ❷ (*wegnehmen*) [**jdm**] **etw** ~ to take sth [away] [from sb]; **jdm die Furcht/die Hoffnung** ~ to take away sb's fear/hope; **es sich** *dat* **nicht ~ lassen, etw zu tun** to insist on doing sth ❸ (*verwenden*) to use ❹ (*verlangen*)

was nimmst du dafür? what do you want for it? ► **jdn zu ~ wissen** to know how to take sb
Neid <-[e]s> ['naɪt] *m kein pl* envy (**auf** of)
neiden ['naidn̩] *vt* **jdm etw ~** to envy sb [for] sth
neidisch ['naidɪʃ] **I.** *adj* envious **II.** *adv* enviously
neigen ['naign̩] **I.** *vr* ❶ **sich zu jdm ~** to lean over to sb; **sich nach hinten/rechts/zur Seite ~** to lean backwards/to the right/to the side ❷ (*schräg abfallen*) **etw neigt sich** sth slopes **II.** *vt* (*beugen*) to bend **III.** *vi* **zu etw** *dat* **~** (*tendieren*) to tend to sth
Neigung <-, -en> *f* ❶ (*Vorliebe*) inclination ❷ (*Tendenz*) tendency ❸ (*Gefälle*) slope
nein ['nain] *adv* no
Neinstimme *f* no[-vote]
Nektar <-s, -e> ['nɛktar] *m* nectar
Nektarine <-, -n> [nɛkta'ri:nə] *f* nectarine
N **Nelke** <-, -n> ['nɛlkə] *f* ❶ BOT carnation ❷ KOCHK clove
nennen <nannte, genannt> ['nɛnən] **I.** *vt* ❶ to call; **wie nennt man das?** what do you call that? ❷ (*mitteilen*) [**jdm**] **jdn/etw ~** to name sb/sth [to sb]; **können Sie mir einen guten Anwalt ~?** can you give me the name of a good lawyer? **II.** *vr* (*heißen*) **sich ~** to call oneself
Neonlicht *nt* neon light
Nerv <-s, -en> ['nɛrf] *m* nerve ► **die ~en behalten** to keep calm; **jdm auf die ~en gehen** to get on sb's nerves
nerven ['nɛrfn̩] *vt* (*fam*) to bug
nervenaufreibend *adj* nerve-racking
Nervenbündel *nt* bundle of nerves **Nervensäge** *f* pain in the neck **Nervensystem** *nt* nervous system **Nervenzusammenbruch** *m* nervous breakdown
nervös [nɛr'vø:s] *adj* nervous
Nervosität <-> [nɛrvozi'tɛ:t] *f kein pl* nervousness
Nerz <-es, -e> ['nɛrts] *m* mink
Nest <-[e]s, -er> ['nɛst] *nt* ❶ nest ❷ (*fam: Kaff*) hole
nett ['nɛt] *adj* nice; **sei so ~ und ...** would you mind ...; **er war so ~ und ...** he was so kind as to ...
netto ['nɛto] *adv* net
Nettoeinkommen *nt* net income
Netz <-es, -e> ['nɛts] *nt* ❶ net ❷ (*Spinnennetz*) web ❸ TELEK network; ELEK grid ❹ INFORM network; **das ~** the Net ❺ TRANSP system
Netzanschluss *m* ❶ ELEK mains *npl* [*or* AM power] supply ❷ TELEK telephone line connection **Netzhaut** *f* retina **Netzwerk** *nt* network
neu ['nɔy] **I.** *adj* ❶ new; **was gibt's Neues?** what's new?; **der/die Neue** the newcomer; **das Neueste** the latest [thing]; **jdm ~ sein** to be news to sb; **die ~este Mode** the latest fashion; **seit ~[e]stem** [since] recently ❷ (*abermalig*) new; **einen ~en Anfang machen** to make a fresh start; **einen ~en Versuch machen** to have another try; **von Neuem** all over again **II.** *adv* ❶ (*von vorn*) **~ anfangen** to start all over again; **~ bearbeitet** revised; **etw ~ gestalten** to redesign sth ❷ (*erneut*) again ❸ (*seit Kurzem da*) **~ eröffnet** newly opened
Neubau <-bauten> ['nɔybau] *m* new building **Neubaugebiet** *nt* development area; (*schon bebaut*) area of new housing **Neueinsteiger** *m* (*Neuling*) newcomer
neuerdings ['nɔyɐ'dɪŋs] *adv* recently
Neuerung <-, -en> ['nɔyərʊŋ] *f* reform
Neufundland [nɔy'fʊntlant] *nt* Newfoundland
neugeboren *adj Kind* newborn ► **wie ~** like a new man/woman
Neugier(de) <-> ['nɔygi:ɐ̯(də)] *f kein pl* curiosity
neugierig **I.** *adj* curious; **~ sein, ob/**

wie ... to be curious to know whether/how ... **II.** *adv* curiously

Neuheit <-, -en> ['nɔyhait] *f* novelty

Neuigkeit <-, -en> ['nɔyɪçkait] *f* news

Neujahr *nt kein pl* New Year; **prost ~!** here's to the New Year!

neulich ['nɔylɪç] *adv* the other day

Neuling <-s, -e> ['nɔylɪŋ] *m* beginner

neumodisch *adj* (*pej*) new-fangled

Neumond *m kein pl* new moon; **bei ~** at new moon

neun ['nɔyn] *adj* nine; *s.a.* **acht**[1]

neunzehn ['nɔyntse:n] *adj* nineteen; *s.a.* **acht**[1]

neunzig ['nɔyntsɪç] *adj* ninety; *s.a.* **achtzig**

Neurose <-, -n> [nɔy'ro:zə] *f* neurosis

neurotisch [nɔy'ro:tɪʃ] *adj* neurotic

Neuschnee *m* fresh snow

Neuseeland [nɔy'ze:lant] *nt* New Zealand

Neuseeländer(in) <-s, -> [nɔy'ze:lɛndɐ] *m(f)* New Zealander

neuseeländisch [nɔy'ze:lɛndɪʃ] *adj* New Zealand *attr*

Neustart *m* INET reboot

neutral [nɔy'tra:l] *adj* neutral

Neutralität <-> [nɔytrali'tɛ:t] *f kein pl* neutrality

Neutrum <-s, Neutra> ['nɔytrʊm] *nt* neuter

Neuverfilmung *f* remake

nicht [nɪçt] **I.** *adv* not; **ich weiß ~** I don't know; [**bitte**] **~!** [please] don't!; **~ [ein]mal** not even; **~ mehr** not any longer; **~ mehr als** no more than; **~ öffentlich** not open to the public *pred;* **~ rostend** non-rusting **II.** *part in Fragen* (*stimmt's?*) isn't that right; **sie schuldet dir doch noch Geld, ~?** she still owes you money, doesn't she?

Nichte <-, -n> ['nɪçtə] *f* niece

nichtig ['nɪçtɪç] *adj* ❶ JUR invalid ❷ (*belanglos*) trivial

Nichtraucher(in) *m(f)* non-smoker

Nichts <-, -e> ['nɪçts] *nt* ❶ nothing; **aus dem ~ auftauchen** to show up from out of nowhere ❷ (*leerer Raum*) void ▶ **vor dem ~ stehen** to be left with nothing

nichts ['nɪçts] *pron indef* not ... anything, nothing; **damit will ich ~ zu tun haben** I don't want anything to do with it; **hoffentlich ist es ~ Ernstes** I hope it's nothing serious; **~ ahnend** unsuspecting, unsuspectingly *adverbial;* **~ als ...** nothing but ...; **~ anderes als ...** nothing other than ...; **~ sagend** meaningless

Nichtschwimmer(in) *m(f)* non-swimmer

Nickel <-s> ['nɪkl̩] *nt kein pl* nickel

nicken ['nɪkn̩] *vi* to nod

Nickerchen <-s> ['nɪkɐçən] *nt kein pl* (*fam*) nap; **ein ~ machen** to take a nap

nie ['ni:] *adv* never; **~ mehr** never again; **~ und nimmer** never ever

nieder ['ni:dɐ] *adv* down

Niedergang <-[e]s> *m kein pl* decline

niedergeschlagen [-gəʃla:gn̩] *adj* downcast

Niederlage *f* defeat

Niederlande ['ni:dɐlandə] *pl* **die ~** the Netherlands

Niederländer(in) <-s, -> ['ni:dɐlɛndɐ] *m(f)* Dutchman *masc,* Dutchwoman *fem*

niederländisch ['ni:dɐlɛndɪʃ] *adj* Dutch

nieder|lassen *vr irreg* **sich ~** ❶ (*sich ansiedeln*) to settle down ❷ (*beruflich*) to establish oneself (**als** as)

nieder|legen *vt* ❶ (*hinlegen*) to put down *sep* ❷ *Amt* to resign; *Arbeit* to stop

Niederschlag *m* ❶ (*Regen*) rainfall *no pl;* (*Schnee*) snowfall *no pl* ❷ CHEM sediment

nieder|schlagen *irreg* **I.** *vt* ❶ (*zu Boden schlagen*) to floor ❷ (*unterdrücken*) to crush ❸ *Augen* to lower **II.** *vr* **sich ~** ❶ (*kondensieren*) to condense (**an** on) ❷ CHEM to sediment ❸ (*zum Ausdruck*

N

kommen) **sich in etw** *dat* **~** to find expression in sth

Niedertracht <-> *f kein pl* malice

niederträchtig *adj* contemptible

niedlich ['ni:tlɪç] **I.** *adj* sweet **II.** *adv* sweetly

niedrig ['ni:drɪç] *adj* ❶ low ❷ *Betrag* small ❸ *Herkunft* humble

Niedriglohnbereich *m* POL low-wage sector

niemals ['ni:ma:ls] *adv* never

niemand ['ni:mant] *pron indef* nobody, no one; **ich will ~en sehen** I don't want to see anybody

Niemandsland ['ni:mantslant] *nt kein pl* no man's land

Niere <-, -n> ['ni:rə] *f* kidney

Nierenschützer *m* kidney belt

nieseln ['ni:zl̩n] *vi impers* **es nieselt** it's drizzling

Nieselregen ['ni:zl̩-] *m* drizzle

niesen ['ni:zn̩] *vi* to sneeze

Niete¹ <-, -n> ['ni:tə] *f* ❶ (*Los*) blank ❷ (*Versager*) loser

N

Niete² <-, -n> ['ni:tə] *f* TECH rivet

nieten ['ni:tn̩] *vt* to rivet

Nikolaus <-, -e> ['nɪkolaus] *m* St. Nicholas (*figure who brings children presents on 6th December*)

Nikotin <-s> [niko'ti:n] *nt kein pl* nicotine

Nilpferd *nt* hippopotamus

nippen ['nɪpn̩] *vi* to sip (**an** at/**von** from)

Nippes ['nɪpəs] *pl* knick-knacks *npl*

nirgends ['nɪrgn̩ts], **nirgendwo** ['nɪrgn̩t-'vo:] *adv* nowhere; **ich konnte ihn ~ finden** I couldn't find him anywhere

Nische <-, -n> ['ni:ʃə] *f* niche

nisten ['nɪstn̩] *vi* to nest

Niveau <-s, -s> [ni'vo:] *nt* ❶ (*Anspruch*) calibre; **~ haben** to have class; **kein ~ haben** to be lowbrow; **etw ist unter jds ~** sth is beneath sb ❷ (*Höhe*) level

niveaulos [ni'vo:-] *adj* primitive

niveauvoll *adj* intellectually stimulating

nobel ['no:bl̩] **I.** *adj* ❶ (*edel*) noble ❷ (*luxuriös*) luxurious **II.** *adv* (*edel*) honourably

noch ['nɔx] **I.** *adv* ❶ (*bis jetzt*) still; **~ nicht** not yet; **~ immer [nicht]** still [not]; **~ nie** never ❷ (*irgendwann*) some time ❸ (*nicht später als*) by the end of; **~ heute** today ❹ (*zusätzlich*) **möchtest du ~ etwas essen?** would you like something more to eat?; **~ ein(e)** another; **möchten Sie ~ eine Tasse Kaffee?** would you like another cup of coffee? ❺ *vor Komparativ* (*mehr als*) even [more] **II.** *konj* **weder ... ~** neither ... nor

nochmals ['nɔxma:ls] *adv* again

Nomade, Nomadin <-n, -n> [no'ma:də, no'ma:dɪn] *m, f* nomad

Nominativ <-[e]s, -e> ['no:minati:f] *m* nominative

nominieren* [nomi'ni:rən] *vt* to nominate

Nonne <-, -n> ['nɔnə] *f* nun

Nonnenkloster *nt* convent [of nuns]

Nordamerika ['nɔrtʔa'me:rika] *nt* North America

Norden <-s> ['nɔrdn̩] *m kein pl* north; **im/nach ~** in/to the north

Nordeuropa <-s> ['nɔrtʔɔy'ro:pa] *nt kein pl* northern Europe **Nordhalbkugel** *f* northern hemisphere **Nordirland** ['nɔrt'ʔɪrlant] *nt* Northern Ireland

nordisch ['nɔrdɪʃ] *adj* Nordic

nördlich ['nœrtlɪç] **I.** *adj* northern; **in ~e Richtung** northwards; **weiter ~ liegen** to lie further [to the] north **II.** *adv* **~ von ...** north of ... **III.** *präp +gen;* **~ der Alpen** [to the] north of the Alps

Nordosten [nɔrt'ʔɔstn̩] *m kein pl* northeast **nordöstlich** [nɔrt'ʔœstlɪç] **I.** *adj* northeastern **II.** *adv* **~ von ...** northeast of ... **Nordpol** ['nɔrtpo:l] *m kein pl* **der ~** the North Pole **Nordsee** ['nɔrtze:] *f* **die ~** the North Sea; **an der**

~ on the North Sea coast **Nordwesten** [nɔrt'vɛstn̩] *m kein pl* northwest **nordwestlich** [nɔrt'vɛstlɪç] **I.** *adj* northwestern **II.** *adv* ~ **von …** northwest of …
Nordwind *m* north wind

nörgeln ['nœrgl̩n] *vi* to moan (**über** about)

Norm <-, -en> ['nɔrm] *f* ❶ norm ❷ (*festgelegte Größe*) standard

normal [nɔr'ma:l] **I.** *adj* normal **II.** *adv* normally

Normalbenzin *nt* low-octane petrol [*or* AM gas]

normen ['nɔrmən] *vt* to standardize

normieren* [nɔr'mi:rən] *vt* to standardize

Normierung <-, -en> *f* standardization *no pl*

Norwegen <-s> ['nɔrve:gn̩] *nt* Norway

Norweger(in) <-s, -> ['nɔrve:gɐ] *m(f)* Norwegian

norwegisch ['nɔrve:gɪʃ] *adj* Norwegian

Nostalgie <-> [nɔstal'gi:] *f kein pl* nostalgia

nostalgisch [nɔs'talgɪʃ] *adj* nostalgic

Not <-, Nöte> ['no:t] *f* ❶ *kein pl* (*Armut*) poverty ❷ (*Bedrängnis*) distress; **in ~ geraten** to get into difficulties ❸ (*Mühe*) **mit knapper ~** just ▶ **zur ~** if need[s] be

Notar(in) <-s, -e> [no'ta:ɐ̯] *m(f)* notary

Notarzt, -ärztin *m, f* casualty [*or* AM emergency] doctor **Notaufnahme** *f* accident and emergency department, emergency room AM **Notausgang** *m* emergency exit **Notbremse** *f* emergency brake **Notdienst** *m* duty

Note <-, -n> ['no:tə] *f* ❶ MUS note ❷ (*Zensur*) grade

Notfall *m* emergency

notfalls ['no:tfals] *adv* if need[s] be

Notfallübung *f* emergency drill

notgedrungen *adv* willy-nilly

notieren* [no'ti:rən] *vt* ❶ to write down ❷ BÖRSE **notiert werden** to be quoted (**mit** at)

nötig ['nø:tɪç] *adj* necessary

nötigen ['nø:tɪgn̩] *vt* to force

Nötigung <-, -en> *f* coercion

Notiz <-, -en> [no'ti:ts] *f* note ▶ [**keine**] ~ **nehmen** to take [no] notice (**von** of)

Notizblock <-blöcke> *m* notepad

Notlage *f* desperate situation **Notlandung** *f* emergency landing **Notlösung** *f* stopgap [solution]

notorisch [no'to:rɪʃ] *adj* notorious

Notruf *m* emergency call; (*Notrufnummer*) emergency number **Notstand** *m* JUR [state of] emergency **Notstromaggregat** *nt* emergency generator **Notwehr** <-> *f kein pl* self-defence; **aus/in ~** in self-defence

notwendig ['no:tvɛndɪç] *adj* necessary

Notwendigkeit <-, -en> ['no:tvɛndɪçkait] *f* necessity

Nougat <-s, -s> ['nu:gat] *m o nt s.* **Nugat**

November <-s, -> [no'vɛmbɐ] *m* November; *s.a.* **Februar**

Nu ['nu:] *m* **im ~** in a flash

nüchtern ['nʏçtɐn] *adj* ❶ (*nicht betrunken*) sober ❷ (*ohne gegessen zu haben*) **auf ~en Magen** on an empty stomach ❸ (*realistisch, sachlich*) down-to-earth

Nudel <-, -n> ['nu:dl̩] *f meist pl* pasta + *sing vb, no indef art;* (*in Suppe*) noodle *usu pl*

Nugat <-s, -s> *m o nt* nougat

nuklear [nukle'a:ɐ̯] *adj* nuclear

null ['nʊl] *adj* zero

Null <-, -en> ['nʊl] *f* ❶ zero ❷ (*Versager*) nothing

Nulldiät *f* starvation diet

Nummer <-, -n> ['nʊmɐ] *f* ❶ number ❷ MEDIA issue ❸ (*Größe*) size

nummerieren* *vt* to number

Nummernschild *nt* number [*or* AM license] plate

nun ['nu:n] *adv* ❶ now ❷ (*na ja*) well ▶ **~ gut** alright; **es ist ~ [ein]mal so** that's the way it is

nur ['nu:ɐ̯] *adv* ❶ (*lediglich*) only ❷ (*bloß*) just; **wie konnte ich das ~ vergessen!** how on earth could I forget that! ❸ (*warnend*) **lass das ~ niemanden wissen!** don't you [dare] tell anyone! ❹ (*ruhig*) just ▶ **warum /was /wie ... ~?** just why/what/how ...?; **~ zu!** come on then

nuscheln ['nʊʃl̩n] *vi, vt* to mumble

Nuss <-, Nüsse> ['nʊs] *f* nut

Nüster <-, -n> ['nʏstɐ] *f* nostril

nutz ['nʊts] *adj pred* SÜDD, **nütze** ['nʏtsə] *adj pred* **zu etwas ~ sein** to be useful; **zu nichts ~ sein** to be good for nothing

nutzen ['nʊtsn̩], **nützen** ['nʏtsn̩] **I.** *vi* **[jdm] [etwas] ~** to be of use [to sb]; **[jdm] nichts ~** to be of no use [to sb] **II.** *vt* ❶ to use ❷ (*ausnützen*) to exploit

Nutzen <-s> ['nʊtsn̩] *m kein pl* benefit; **[jdm] von ~ sein** to be of use [to sb]

nützlich ['nʏtslɪç] *adj* ❶ (*nutzbringend*) useful ❷ (*hilfreich*) helpful

Nützlichkeit <-> *f kein pl* advantage

nutzlos *adj* useless

Nutzlosigkeit <-> *f kein pl* uselessness

Nutzpflanze *f* useful plant

Nylon® <-[s]> ['nailɔn] *nt kein pl* nylon

O o

O

O, o <-, -> [o:] *nt* O, o

Oase <-, -n> [o'a:zə] *f* oasis

ob ['ɔp] *konj* ❶ whether; **~ er morgen kommt?** I wonder whether he'll come tomorrow? ❷ (*sei es dass*) **~ es ihr passt oder nicht, ...** whether she likes it or not, ...

obdachlos *adj* homeless

Obdachlosenasyl *nt*, **Obdachlosenheim** *nt* refuge for homeless persons

Obdachlose(r) *f(m)* homeless person

oben ['o:bn̩] *adv* ❶ at the top; **~ auf etw** *dat o akk* on top of sth; **nach ~** up; **von ~** from above; **bis ~ [hin]** up to the top; **da/hier ~** up there/here; **ganz ~** right at the top; **hoch ~** high ❷ (*im oberen Stockwerk*) upstairs ❸ (*in einem Text*) above; **~ erwähnt** above-mentioned

obendrein ['o:bn̩'drain] *adv* on top

Ober <-s, -> ['o:bɐ] *m* waiter

Oberarm *m* upper arm **Oberarzt, -ärztin** *m, f* senior consultant **Oberbürgermeister(in)** *m(f)* mayor, BRIT *a.* ≈ Lord Mayor

obere(r, s) ['o:bərə, -rɐ, -rəs] *adj attr* ❶ (*oben befindlich*) top ❷ (*rangmäßig*) higher ❸ (*höher gelegen*) upper

Oberfläche ['o:bɐflɛçə] *f* surface; **an die ~ kommen** to surface

oberflächlich ['o:bɐflɛçlɪç] **I.** *adj* superficial **II.** *adv* superficially

Oberflächlichkeit <-> *f kein pl* superficiality

Obergeschoss *nt* top floor

oberhalb ['o:bɐhalp] **I.** *präp* +*gen* above **II.** *adv* above

Oberhaupt *nt* head **Oberhaus** *nt* POL House of Lords

oberirdisch *adj, adv* overground

Oberkörper *m* torso; **mit bloßem ~** topless **Oberleutnant** ['o:bɐlɔytnant] *m* lieutenant BRIT, first lieutenant AM **Oberlippe** *f* upper lip **Oberschenkel** *m* thigh **Oberschicht** *f* upper class **Oberseite** *f* top

Oberst <-en *o* -s, -e[n]> ['o:bɐst] *m* colonel

oberste(r, s) ['o:bɐstə, -tɐ, -təs] *adj*

❶ (*räumlich*) top ❷ (*rangmäßig*) highest
Objekt <-[e]s, -e> [ɔp'jɛkt] *nt* object
objektiv [ɔpjɛk'ti:f] **I.** *adj* objective **II.** *adv* objectively
Objektiv <-s, -e> [ɔpjɛk'ti:f] *nt* lens
Objektivität <-> [ɔpjɛktivi'tɛ:t] *f kein pl* objectivity
Oblate <-, -n> [o'bla:tə] *f* wafer
obligatorisch [obliga'to:rɪʃ] *adj* compulsory
Obst <-[e]s> ['o:pst] *nt kein pl* fruit
Obstbaum *m* fruit tree **Obstkuchen** *m* fruit flan **Obsttorte** *f* fruit flan
obszön [ɔps'tsø:n] *adj* obscene
Obszönität <-, -en> [ɔpstsøni'tɛ:t] *f* obscenity
obwohl [ɔp'vo:l] *konj* although
Ochse <-n, -n> ['ɔksə] *m* ox
öde ['ø:də] *adj* ❶ (*verlassen*) desolate ❷ (*fade*) dull
oder ['o:dɐ] *konj* ❶ or; ~ **aber** or else ❷ (*sich vergewissernd*) **der Film hat dir auch gut gefallen, ~?** you liked the film too, didn't you?; **du traust mir doch, ~ [etwa] nicht?** you do trust me, don't you?
Ofen <-s, Öfen> ['o:fn̩] *m* ❶ stove; (*Backofen*) oven ❷ TECH furnace; (*Brennofen*) kiln
offen ['ɔfn̩] **I.** *adj* ❶ open; **mit ~em Fenster** with the window open; **etw ~ lassen** to leave sth open ❷ (*freimütig*) open (**zu** with) **II.** *adv* openly; **~ gestanden** to be honest
offenbar [ɔfn̩'ba:ɐ̯] **I.** *adj* obvious **II.** *adv* obviously
Offenheit <-> *f kein pl* openness; **in aller ~** quite frankly
offenkundig ['ɔfn̩kʊndɪç] *adj* obvious
offensichtlich ['ɔfn̩zɪçtlɪç] **I.** *adj* obvious **II.** *adv* obviously
öffentlich ['œfn̩tlɪç] **I.** *adj* public **II.** *adv* publicly
Öffentlichkeit <-> *f kein pl* **die ~** the public; **in aller ~** in public; **etw an die ~ bringen** to make sth public
offiziell [ɔfi'tsi̯ɛl] **I.** *adj* ❶ official ❷ *Feier* formal **II.** *adv* officially; **jdn ~ einladen** to give sb an official invitation
Offizier(in) <-s, -e> [ɔfi'tsi:ɐ̯] *m(f)* officer
öffnen ['œfnən] **I.** *vt* to open **II.** *vi* [**jdm**] ~ to open the door [for sb] **III.** *vr* ❶ **sich ~** to open ❷ (*sich zuwenden*) **sich [jdm/etw] ~** to open up [to sb/sth]
Öffnung <-, -en> *f* opening
Öffnungszeiten *pl* opening times; (*eines Geschäfts*) hours of business
oft <öfter, am öftesten> ['ɔft] *adv* often
öfter ['œftɐ] *adv comp von s.* **oft** more often
ohne ['o:nə] **I.** *präp +akk* without; **~ Schutz** unprotected **II.** *konj* **~ etw zu tun** without doing sth; **~ dass etw geschieht/jd etw tut** without sth happening/sb doing sth
Ohnmacht <-, -en> ['o:nmaxt] *f* ❶ MED faint *no pl;* **in ~ fallen** to faint ❷ (*Machtlosigkeit*) powerlessness
ohnmächtig ['o:nmɛçtɪç] *adj* ❶ MED unconscious; **~ werden** to faint ❷ (*machtlos*) powerless; *Wut* helpless
Ohr <-[e]s, -en> ['o:ɐ̯] *nt* ear
Öhr <-[e]s, -e> ['ø:ɐ̯] *nt* eye
Ohrenschmerzen *pl* earache
Ohrfeige <-, -n> *f* box on the ears **Ohrläppchen** <-s, -> *nt* earlobe **Ohrring** *m* earring **Ohrstecker** *m* earstud
Ökologie <-> [økolo'gi:] *f kein pl* ecology
ökologisch [øko'lo:gɪʃ] **I.** *adj* ecological **II.** *adv* ecologically
Ökonomie <-, -n> [økono'mi:] *f* ❶ economy ❷ (*als Wissenschaft*) economics + *sing vb*
ökonomisch [øko'no:mɪʃ] **I.** *adj* ❶ economic ❷ (*sparsam*) economical **II.** *adv* economically
Ökosteuer *f* eco-tax **Ökostrom** *m* green electricity **Ökosystem** *nt* ecosystem
Oktave <-, -n> [ɔk'ta:və] *f* octave

Oktober <-s, -> [ɔk'to:bɐ] *m* October; *s.a.* **Februar**
Öl <-[e]s, -e> ['ø:l] *nt* oil; **in ~ malen** to paint in oils
Oldtimer <-s, -> ['o:lttaimɐ] *m* vintage car
ölen ['ø:lən] *vt* to oil
Ölfarbe *f* KUNST oil paint; **mit ~n malen** to paint in oils **Ölgemälde** *nt* oil painting **Ölheizung** *f* oil-fired heating
ölig ['ø:lɪç] *adj* oily
Olive <-, -n> [o'li:və] *f* olive
Olivenöl *nt* olive oil
Ölpest *f* oil pollution **Ölsardine** *f* sardine [in oil] **Ölstand** *m kein pl* oil level **Ölwechsel** *m* oil change
Olympiade <-, -n> [olʏm'pi̯a:də] *f* Olympic Games *npl*
Oma <-, -s> ['o:ma] *f* gran[ny]
Omelett <-[e]s, -e> *nt*, ÖSTERR, SCHWEIZ **Omelette** <-, -n> [ɔm(ə)'lɛt] *f* omelette
Onkel <-s, -> ['ɔŋkl̩] *m* uncle
online ['ɔnlain] *adj* online; **~ gehen** to go online
Onlinebank [ɒnlaɪn-] *f* FIN, INET internet [*or* online] bank **Onlinebanking** ['ɔnlainbɛŋkɪŋ] *nt* online banking **Onlineportal** *nt* INET web portal; **im ~** in [*or* at] the web portal
Opa <-s, -s> ['o:pa] *m* grandad
Oper <-, -n> ['o:pɐ] *f* opera
Operation <-, -en> [opəra'tsi̯o:n] *f* operation
Operette <-, -n> [opə'rɛtə] *f* operetta
operieren* [opə'ri:rən] *vt* **jdn/etw ~** to operate on sb/sth; **sich** *dat* **etw ~ lassen** to have sth operated on
Opernsänger(in) *m(f)* opera singer
Opfer <-s, -> ['ɔpfɐ] *nt* ❶ sacrifice; **~ bringen** to make sacrifices ❷ (*geschädigte Person*) victim
opfern ['ɔpfɐn] **I.** *vt* to sacrifice **II.** *vr* **sich ~** to sacrifice oneself
Opium <-s> ['o:pi̯ʊm] *nt kein pl* opium
Opportunismus <-> [ɔpɔrtu'nɪsmʊs] *m kein pl* opportunism
Opportunist(in) <-en, -en> [ɔpɔrtu'nɪst] *m(f)* opportunist
opportunistisch **I.** *adj* opportunist[ic] **II.** *adv* opportunistically
Opposition <-, -en> [ɔpozi'tsi̯o:n] *f* **die ~** the Opposition
Optik <-, -en> ['ɔptɪk] *f* ❶ PHYS **die ~** optics + *sing vb* ❷ FOTO lens system
Optiker(in) <-s, -> ['ɔptikɐ] *m(f)* optician
optimal [ɔpti'ma:l] **I.** *adj* optimal **II.** *adv* in the best possible way
optimieren* [ɔpti'mi:rən] *vt* to optimize
Optimismus <-> [ɔpti'mɪsmʊs] *m kein pl* optimism
Optimist(in) <-en, -en> [ɔpti'mɪst] *m(f)* optimist
optimistisch **I.** *adj* optimistic **II.** *adv* optimistically
optisch ['ɔptɪʃ] *adj* optical
Orakel <-s, -> [o'ra:kl̩] *nt* oracle
Orange <-, -n> [o'rã:ʒə] *f* orange
orangefarben, **orangefarbig** [o'raŋʒ-] *adj* orange[-coloured]
Orangenmarmelade [o'rã:ʒn̩-] *f* orange marmalade **Orangensaft** [o'rã:ʒn̩-] *m* orange juice
Orchester <-s, -> [ɔr'kɛstɐ] *nt* orchestra
Orchidee <-, -n> [ɔrçi'de:ə] *f* orchid
Orden <-s, -> ['ɔrdn̩] *m* ❶ decoration; **jdm einen ~ verleihen** to decorate sb ❷ REL [holy] order
ordentlich ['ɔrdn̩tlɪç] **I.** *adj* ❶ tidy ❷ (*fam: gehörig*) proper **II.** *adv* ❶ (*säuberlich*) neatly ❷ (*fam: gehörig*) properly; **~ essen** to eat well
ordinär [ɔrdi'nɛ:ɐ̯] *adj* vulgar
ordnen ['ɔrdnən] *vt* (*sortieren*) to arrange; **etw neu ~** to rearrange sth
Ordner <-s, -> *m* file
Ordnung <-, -en> ['ɔrdnʊŋ] *f kein pl* order; **die öffentliche ~** public order; **~ halten** to keep things tidy; **~ schaffen** to tidy things up ▶ **es in ~ finden, dass ...** to find it right that ...; **es nicht in ~ finden, dass ...** to not think

O

it's right that ...; **geht in ~!** that's OK!

Ordnungsstrafe *f* fine

ordnungswidrig **I.** *adj* illegal **II.** *adv* illegally

Ordnungswidrigkeit *f* infringement

Organ <-s, -e> [ɔr'ga:n] *nt* organ

Organisation <-, -en> [ɔrganiza'tsi̯o:n] *f* organization

organisch [ɔr'ga:nɪʃ] *adj* organic

organisieren* [ɔrgani'zi:rən] **I.** *vt, vi* to organize **II.** *vr* **sich ~** to organize

Organismus <-, -nismen> [ɔrga'nɪsmʊs] *m* organism

Organspende *f* organ donation **Organspender(in)** *m(f)* organ donor

Orgasmus <-, Orgasmen> [ɔr'gasmʊs] *m* orgasm

Orgel <-, -n> ['ɔrgl̩] *f* organ

Orgie <-, -n> ['ɔrgi̯ə] *f* orgy

Orient <-s> ['o:riɛnt] *m kein pl* **der ~** the Middle East

orientalisch [ori̯ɛn'ta:lɪʃ] *adj* Middle Eastern

orientieren* [ori̯ɛn'ti:rən] *vr* (*sich zurechtfinden*) **sich ~** to orient oneself

Orientierung <-, -en> [ori̯ɛn'ti:rʊŋ] *f* orientation; **die ~ verlieren** to lose one's bearings

Orientierungssinn *m kein pl* sense of direction

original [origi'na:l] *adj* ❶ (*echt*) genuine ❷ (*ursprünglich*) original

Original <-s, -e> [origi'na:l] *nt* original; **im ~** in the original

originell [origi'nɛl] *adj* original

Orkan <-[e]s, -e> [ɔr'ka:n] *m* hurricane

Ornament <-[e]s, -e> [ɔrna'mɛnt] *nt* ornament

Ort <-[e]s, -e> ['ɔrt] *m* ❶ place; **der ~ der Handlung** the scene of the action ❷ (*Ortschaft*) village ▶ **an ~ und Stelle** there and then

Orthopäde, Orthopädin <-n, -n> [ɔrto'pɛ:də, -'pɛ:dɪn] *m, f* orthopaedist

orthopädisch [ɔrto'pɛ:dɪʃ] *adj* orthopaedic

örtlich ['œrtlɪç] **I.** *adj* local **II.** *adv* locally; **jdn ~ betäuben** to give sb a local anaesthetic

Ortsausgang *m* end of a village [*or* town]

Ortschaft <-, -en> *f* village; **geschlossene ~** built-up area

Ortseingang *m* start of a village [*or* town] **Ortsgespräch** *nt* local call **Ortsnetzkennzahl** *f* dialling [*or* AM area] code **Ortsschild** *nt* place name sign **Ortsteil** *m* part of a village [*or* town]

Öse <-, -n> ['ø:zə] *f* eye[let]

Ostasien *nt* East[ern] Asia **ostdeutsch** ['ɔstdɔytʃ] *adj* East German **Ostdeutschland** ['ɔstdɔytʃlant] *nt* East[-ern] Germany

Osten <-s> ['ɔstn̩] *m kein pl, kein indef art* east; **im/nach ~** in/to the east; **der Ferne/Nahe ~** the Far/Middle East

Osterei *nt* Easter egg **Osterglocke** *f* daffodil **Osterhase** *m* Easter bunny

Ostern <-, -> ['o:stɐn] *nt* Easter; **frohe ~!** Happy Easter!

Österreich <-s> ['ø:stəraiç] *nt* Austria

Österreicher(in) <-s, -> ['ø:stəraiçɐ] *m(f)* Austrian

österreichisch ['ø:stəraiçɪʃ] *adj* Austrian

Osteuropa ['ɔstʔɔy'ro:pa] *nt* East[ern] Europe **Ostfriese, -friesin** <-n, -n> *m, f* East Frisian **ostfriesisch** ['ɔst'fri:zɪʃ] *adj* East Frisian **Ostfriesland** ['ɔst'fri:slant] *nt* East Friesland

östlich ['œstlɪç] **I.** *adj* eastern **II.** *adv* **~ von ...** east of ... **III.** *präp +gen;* **~ einer S.** [to the] east of sth

Ostsee ['ɔstze:] *f* **die ~** the Baltic [Sea] **Oststaaten** *pl* (*in USA*) Eastern states *npl*

Otter[1] <-, -n> ['ɔtɐ] *f* (*Schlange*) adder

Otter[2] <-s, -> ['ɔtɐ] *m* (*Fischotter*) otter

outen ['autən] *vt* to come out

Outing <-s, -s> ['autɪŋ] *nt* coming out

oval [o'va:l] *adj* oval

Oxid <-[e]s, -e> [ɔ'ksi:t] *nt* oxide

Oxidation <-, -en> [ɔksida'tsi̯o:n] *f* oxidation *no art, no pl*
oxidieren* [ɔksi'di:rən] *vi, vt sein o haben* to oxidize
Ozean <-s, -e> ['o:tsea:n] *m* ocean; **der Atlantische/Pazifische ~** the Atlantic/Pacific Ocean
Ozon <-s> [o'tso:n] *nt o m kein pl* ozone
Ozonloch *nt* ÖKOL **das ~** the hole in the ozone layer **Ozonschicht** *f kein pl* **die ~** the ozone layer

Pp

P, p <-, -> [pe:] *nt* P, p
paar [pa:ɐ̯] *adj* **ein ~ ...** a few ...; **ein ~ Mal** a couple of times; **alle ~ Tage** every few days
Paar <-s, -e> [pa:ɐ̯] *nt* pair; (*Mann und Frau*) couple; **ein ~ neue Socken** a pair of new socks
paaren [pa:rən] *vr* **sich ~** to mate
Pacht <-, -en> [paxt] *f* ❶ (*Entgelt*) rent ❷ (*Pachtvertrag*) lease
pachten ['paxtn̩] *vt* to lease
Pächter(in) <-s, -> ['pɛçtɐ] *m(f)* tenant
Pack[1] <-[e]s, -e *o* Päcke> [pak] *m* pack
Pack[2] <-s> [pak] *nt kein pl* (*pej*) riff-raff + *pl vb*
Päckchen <-s, -> ['pɛkçən] *nt* ❶ (*Postversand*) small parcel ❷ (*Packung*) packet
packen ['pakn̩] *vt* ❶ (*ergreifen*) to grab (**an** by) ❷ (*einpacken*) to pack; **Gepäck in den Kofferraum ~** to put luggage in the boot; **ein Paket ~** to make up a parcel *sep* ❸ (*überkommen*) to seize; **von Ekel gepackt** seized by revulsion ❹ (*fam: bewältigen*) to manage
Packpapier *nt* wrapping paper
Packung <-, -en> *f* pack[et]; **eine ~ Pralinen** a box of chocolates
Packungsbeilage *f* PHARM *information leaflet included in medicine packets*
Pad <-s, -s> [pɛt] *nt* (*Portionspackung*) pod
Pädagoge, Pädagogin <-n, -n> [pɛda'go:gə, pɛda'go:gɪn] *m, f* teacher; (*Erziehungswissenschaftler*) education[al]ist
Pädagogik <-> [pɛda'go:gɪk] *f kein pl* educational theory *no art, no pl*
pädagogisch [pɛda'go:gɪʃ] *adj* educational
Paddel <-s, -> ['padl̩] *nt* paddle
Paddelboot *nt* canoe
paddeln ['padl̩n] *vi sein o haben* to paddle
Page <-n, -n> ['pa:ʒə] *m* page [boy]
Paket <-[e]s, -e> [pa'ke:t] *nt* ❶ package ❷ (*Postsendung*) parcel
Pakt <-[e]s, -e> [pakt] *m* pact
Palast <-[e]s, Paläste> [pa'last] *m* palace
Palliativmedizin [pali̯'ti:f-] *f* palliative medicine
Palme <-, -n> ['palmə] *f* palm [tree]
Pampelmuse <-, -n> ['pampl̩mu:zə] *f* grapefruit
panieren* [pa'ni:rən] *vt* to bread
Paniermehl *nt* breadcrumbs *npl*
Panik <-, -en> ['pa:nɪk] *f* panic *no pl;* **in ~ geraten** to panic **Panikmache** <-> [-maxə] *f kein pl* (*pej*) scaremongering *no pl, no art*
Panne <-, -n> ['panə] *f* TECH breakdown
Pannendienst <-es, -e> *m* breakdown service

Panorama <-s, Panoramen> [pano'ra:ma] *nt* panorama
Panther <-s, -> ['pantɐ] *m* panther
Pantoffel <-s, -n> [pan'tɔfl̩] *m* slipper
pan(t)schen ['pantʃn̩] *vt, vi* to adulterate
Panzer <-s, -> ['pantsɐ] *m* ❶ MIL tank ❷ ZOOL shell
Papa <-s, -s> ['papa] *m* dad
Papagei <-s, -en> [papa'gai] *m* parrot
Papier <-s, -e> [pa'pi:ɐ̯] *nt* ❶ paper ❷ (*Ausweise*) **~e** papers *npl*
Papiergeld *nt* paper money **Papierkorb** *m* wastepaper basket **Papiertaschentuch** *nt* paper handkerchief
Pappbecher *m* paper cup
Pappe <-> ['papə] *f kein pl* cardboard
Pappel <-, -n> ['papl̩] *f* poplar
Pappteller *m* paper plate
Paprika <-s, -[s]> ['paprika] *m* ❶ (*Gemüse*) pepper ❷ *kein pl* (*Gewürz*) paprika
Papst <-[e]s, Päpste> [pa:pst] *m* pope
Paradeiser <-s, -> [para'daizɐ] *m* ÖSTERR tomato
Paradies <-es, -e> [para'di:s] *nt* paradise
paradox [para'dɔks] *adj* paradoxical
Paragraf <-en, -en> *m* paragraph
parallel [para'le:l] *adj, adv* parallel
Parallele <-, -n> [para'le:lə] *f* parallel
Paralympics [para'lʏmpɪks] *pl* SPORT Paralympics *pl*
Parasit <-en, -en> [para'zi:t] *m* parasite
Parfüm <-s, -e> [par'fy:m] *nt* perfume
parfümieren* [parfy'mi:rən] *vt* to perfume; **sich ~** to put on perfume *sep*
Pariser <-s, -> [pa'ri:zɐ] *m* (*sl: Kondom*) French letter *dated fam*
Pariser(in) <-s, -> [pa'ri:zɐ] *m(f)* Parisian
Park <-s, -s> [park] *m* park
parken ['parkn̩] *vi, vt* to park
Parkett <-s, -e> [par'kɛt] *nt* parquet [flooring]
Parkgebühr *f* parking fee **Parkhaus** *nt* multi-storey car park [*or* AM parking lot]
Parkour <-[s]> [par'ku:ɐ̯] *m kein pl, meist ohne art* parkour, free running
Parkplatz *m* ❶ car park BRIT, parking lot AM ❷ *s.* **Parklücke** **Parkscheibe** *f* parking disc (*a plastic dial with a clockface that drivers place in the windscreen to show the time from when the car has been parked*) **Parkuhr** *f* parking meter **Parkverbot** *nt* parking ban
Parlament <-[e]s, -e> [parla'mɛnt] *nt* parliament
Parlamentarier(in) <-s, -> [parlamɛn'ta:ri̯ɐ] *m(f)* parliamentarian
parlamentarisch [parlamɛn'ta:rɪʃ] *adj* parliamentary
Parmesan(käse) <-s> [parme'za:n-] *m kein pl* Parmesan [cheese]
Parodontose <-, -n> [parodɔn'to:zə] *f* periodontosis
Partei <-, -en> [par'tai] *f* party; **für/gegen jdn ~ ergreifen** to side with/against sb
Parteigelder *pl* party funds
parteiisch [par'taiɪʃ] *adj* biased
parterre [par'tɛr] *adv* on the ground floor
Partie <-, -n> [par'ti:] *f* SPORT game; **eine ~ Schach** a game of chess
Partizip <-s, -ien> [parti'tsi:p] *nt* participle
Partner(in) <-s, -> ['partnɐ] *m(f)* partner
Partnerschaft <-, -en> *f* partnership; **in einer ~ leben** to live with somebody; **eingetragene ~** civil union, registered partnership
Partnerstadt *f* twin town
Party <-, -s> ['pa:ti] *f* party
Partyservice ['pa:tizø:ɐ̯vɪs] *m* party catering service
Pass <Passes, Pässe> [pas] *m* ❶ passport ❷ GEOG pass
Passage <-, -n> [pa'sa:ʒə] *f* passage
Passagier <-s, -e> [pasa'ʒi:ɐ̯] *m* passenger; **ein blinder ~** a stowaway
Passant(in) <-en, -en> [pa'sant] *m(f)*

passer-by

Passat(wind) <-s, -e> [pa'sa:t-] *m* trade wind

Passbild *nt* passport photo[graph]

passen[1] ['pasn̩] *vi* ❶ *Kleider* [**jdm**] ~ to fit [sb] ❷ (*harmonieren*) **zu etw** *dat* ~ to go well with sth; **gut zueinander** ~ to be suited to each other ❸ (*gelegen sein*) **jdm** ~ to suit sb; **passt es Ihnen, wenn ...?** would it be OK to ...?

passen[2] ['pasn̩] *vi* (*überfragt sein*) ~ **müssen** to have to pass

passend *adj* fitting; **ein ~er Anzug/Schlüssel** a suit/key that fits; **die ~en Worte finden** to know the right thing to say

passieren* [pa'si:rən] *vi sein* ❶ to happen; **ist was passiert?** has something happened?; **... sonst passiert was!** ... or there'll be trouble!; **jdm ist etwas/nichts passiert** something/nothing has happened to sb ❷ (*durchgehen*) to pass; **jdn ~ lassen** to let sb pass

passiv ['pasi:f] **I.** *adj* passive **II.** *adv* passively

Passiv <-s, -e> ['pasi:f] *nt* passive

P

Passivität <-> [pasivi'tɛ:t] *f kein pl* passivity

Passkontrolle *f* passport control

Passstraße *f* pass

Passwort <-es, -wörter> *nt* password

Paste <-, -n> ['pastə] *f* paste

Pastellfarbe *f* pastel colour

Pastete <-, -n> [pas'te:tə] *f* pâté; (*in einer Hülle*) pie

Pastor(in) <-s, -en> ['pasto:ɐ̯, -'to:rɪn] *m(f) s.* **Pfarrer**

Pate, Patin <-n, -n> ['pa:tə, 'pa:tɪn] *m, f* REL godparent, godfather *masc*, godmother *fem*

Patenkind *nt* godchild **Patenschaft** <-, -en> *f* ❶ REL godparenthood ❷ (*fig: finanzielle Unterstützung*) sponsorship

Patent <-[e]s, -e> [pa'tɛnt] *nt* patent

Patentante *f* godmother

patentieren* [patɛn'ti:rən] *vt* to patent; **sich** *dat* **etw ~ lassen** to have sth patented

Pater <-s, -> ['pa:tɐ] *m* Father

pathologisch [pato'lo:gɪʃ] *adj* pathological

Patient(in) <-en, -en> [pa'tsi̯ɛnt] *m(f)* patient; **stationärer ~** in-patient

Patientenverfügung *f* JUR, MED living will

Patin <-, -nen> ['pa:tɪn] *f* godmother

Patriarch <-en, -en> [patri'arç] *m* patriarch

patriarchalisch [patriar'ça:lɪʃ] *adj* patriarchal

Patriarchat <-[e]s, -e> [patriar'ça:t] *nt* patriarchy

Patriot(in) <-en, -en> [patri'o:t] *m(f)* patriot

patriotisch [patri'o:tɪʃ] *adj* patriotic

Patriotismus <-> [patrio'tɪsmʊs] *m kein pl* patriotism

Patrone <-, -n> [pa'tro:nə] *f* cartridge

patrouillieren* [patrʊ'li:rən] *vi* to patrol

Pauke <-, -n> ['paukə] *f* kettledrum

pausbäckig ['pausbɛkɪç] *adj* chubby-cheeked

Pauschalbetrag *m* lump sum

Pauschale <-, -n> [pau'ʃa:lə] *f* flat rate

Pauschaltourist(in) *m(f)* TOURIST package holiday tourist **Pauschalurlaub** *m* package holiday

Pause <-, -n> ['pauzə] *f* break; **[eine] ~ machen** to have a break

pausenlos **I.** *adj* continuous **II.** *adv* continuously

Pavian <-s, -e> ['pa:vi̯a:n] *m* baboon

Paywall <-, -s> ['pɛɪ̯wɔ:l] *f* INET paywall; **etw hinter einer ~ verstecken** to hide sth behind a paywall; **eine ~ umgehen** to bypass [*or* get around] a paywall

Pazifik <-s> [pa'tsi:fɪk] *m* **der ~** the Pacific

Pazifismus <-> [patsi'fɪsmʊs] *m kein pl* pacifism

Pazifist(in) <-en, -en> [patsiˈfɪst] *m(f)* pacifist

pazifistisch *adj* pacifist

PCR-Test [peːtseːˈʔɛr-] *m* MED PCR test

Pech <-[e]s, -e> [pɛç] *nt* (*fam*) bad luck; ~ **haben** to be unlucky; ~ **gehabt!** tough!; **so ein ~!** just my/our/... luck!

Pechvogel *m* (*fam*) walking disaster

Pedal <-s, -e> [peˈdaːl] *nt* pedal

Pedant(in) <-en, -en> [peˈdant] *m(f)* pedant

pedantisch [peˈdantɪʃ] **I.** *adj* pedantic **II.** *adv* pedantically

Pegel <-s, -> [ˈpeːgl̩] *m* water level

Pein <-> [pain] *f kein pl* (*geh*) agony

peinigen [ˈpainɪgn̩] *vt* to torment

peinlich [ˈpainlɪç] **I.** *adj* embarrassing; **es war ihr sehr ~** she was very embarrassed about it **II.** *adv* ❶ (*unangenehm*) **jdn ~ berühren** to be awkward for sb ❷ (*gewissenhaft*) ~ **befolgen** to follow diligently

Peitsche <-, -n> [ˈpaitʃə] *f* whip

peitschen [ˈpaitʃn̩] **I.** *vt* to whip **II.** *vi* **gegen etw ~** to lash against sth

Pelikan <-s, -e> [ˈpeːlikaːn] *m* pelican

pellen [ˈpɛlən] (*fam*) **I.** *vt* to peel **II.** *vr* **sich ~** to peel

Pellkartoffeln *pl* potatoes boiled in their jackets

Pelz <-es, -e> [pɛlts] *m* fur

Pelzmantel *m* fur coat

Pendel <-s, -> [ˈpɛndl̩] *nt* pendulum

pendeln [ˈpɛndl̩n] *vi* ❶ *haben* to swing ❷ *sein* TRANSP to commute

Pendler(in) <-s, -> [ˈpɛndlɐ] *m(f)* commuter

penetrant [peneˈtrant] **I.** *adj* ❶ (*durchdringend*) penetrating ❷ (*aufdringlich*) overbearing **II.** *adv* penetratingly

penibel [peˈniːbl̩] *adj* meticulous

Penis <-, -se> [ˈpeːnɪs] *m* penis

Penizillin <-s, -e> [penitsɪˈliːn] *nt* penicillin

pennen [ˈpɛnən] *vi* (*fam*) to sleep

Penner(in) <-s, -> *m(f)* (*pej fam*) bum

Pension <-, -en> [pãˈzi̯oːn] *f* ❶ TOURIST guest house ❷ (*Ruhegehalt*) pension; **in ~ sein** to be retired; **in ~ gehen** to go into retirement

pensionieren* [pãzi̯oˈniːrən] *vt* **pensioniert werden** to be pensioned off; **sich ~ lassen** to retire

pensioniert *adj* retired

Pensum <-s, Pensa> [ˈpɛnzʊm] *nt* work quota

Peperoni [pepeˈroːni] *pl* ❶ chillies *npl* ❷ SCHWEIZ (*Paprika*) peppers *npl*

perfekt [pɛrˈfɛkt] **I.** *adj* perfect **II.** *adv* perfectly

Perfekt <-s, -e> [ˈpɛrfɛkt] *nt* perfect

Perfektion <-> [pɛrfɛkˈtsi̯oːn] *f kein pl* perfection

Periode <-, -n> [peˈri̯oːdə] *f* period

periodisch [peˈri̯oːdɪʃ] **I.** *adj* periodic[al] **II.** *adv* periodically

Peripherie <-, -n> [perifeˈriː] *f* periphery

Perle <-, -n> [ˈpɛrlə] *f* ❶ (*Schmuckperle*) pearl ❷ (*Kügelchen, Tropfen*) bead

perlen [ˈpɛrlən] *vi* **auf etw** *dat* ~ to form beads on sth; **von etw** ~ *dat* to trickle from sth

Perlenkette *f* pearl necklace

Perlmutt <-s> [ˈpɛrlmʊt] *nt kein pl* mother-of-pearl

permanent [pɛrmaˈnɛnt] *adj* permanent

perplex [pɛrˈplɛks] *adj* dumbfounded

Perser(in) <-s, -> [ˈpɛrzɐ] *m(f)* Persian

Persien <-s> [ˈpɛrzi̯ən] *nt* Persia

persisch [ˈpɛrzɪʃ] *adj* Persian

Person <-, -en> [pɛrˈzoːn] *f* person; **juristische ~** JUR legal entity

Personal <-s> [pɛrzoˈnaːl] *nt kein pl* staff

Personalausweis *m* identity card

Personalien [pɛrzoˈnaːli̯ən] *pl* particulars

Personenkontrolle *f* identity check

persönlich [pɛrˈzøːnlɪç] **I.** *adj* personal **II.** *adv* personally; ~ **erscheinen** to appear in person

Persönlichkeit <-, -en> *f* personality

Perspektive <-, -n> [pɛrspɛkˈtiːvə] *f* ❶ perspective ❷ (*Aussichten*) prospect *usu pl*

Perücke <-, -n> [pe'rʏkə] *f* wig

pervers [pɛr'vɛrs] *adj* perverted

Perversion <-, -en> [pɛrvɛr'zi̯o:n] *f* perversion

Pessimismus <-> [pɛsi'mɪsmʊs] *m kein pl* pessimism

Pessimist(in) <-en, -en> [pɛsi'mɪst] *m(f)* pessimist

pessimistisch [pɛsi'mɪstɪʃ] **I.** *adj* pessimistic **II.** *adv* pessimistically

Pest <-> [pɛst] *f kein pl* **die ~** the plague

Pesto <-s, -s> ['pɛsto] *nt o m* pesto *no pl*

Petersilie <-, -n> [petɐ'zi:li̯ə] *f* parsley

Petroleum <-s> [pe'tro:leʊm] *nt kein pl* paraffin

Pfad <-[e]s, -e> [pfa:t] *m* path

Pfadfinder(in) <-s, -> *m(f)* [boy] scout *masc*, [girl] guide *fem*

Pfahl <-[e]s, Pfähle> [pfa:l] *m* stake

Pfand <-[e]s, Pfänder> [pfant] *nt* deposit

Pfandbrief *m* mortgage bond

pfänden ['pfɛndn̩] *vt* **[jdm] etw ~** to impound [sb's] sth

Pfandflasche *f* returnable bottle

Pfanne <-, -n> ['pfanə] *f* pan

Pfannkuchen *m* pancake

P

Pfarrei <-, -en> ['pfa'rai] *f* (*Gemeinde*) parish

Pfarrer(in) <-s, -> ['pfarɐ] *m(f)* (*katholisch*) priest; (*evangelisch*) pastor; (*anglikanisch*) vicar

Pfau <-s, -en> [pfau] *m* peacock

Pfeffer <-s, -> ['pfɛfɐ] *m* pepper

Pfefferkuchen *m* gingerbread

Pfefferminze *f kein pl* peppermint

Pfefferminztee *m* peppermint tea

pfeffern ['pfɛfɐn] *vt* KOCHK **etw ~** to season sth with pepper

Pfeife <-, -n> ['pfaifə] *f* pipe; **~ rauchen** to smoke a pipe

pfeifen <pfiff, gepfiffen> ['pfaifn̩] *vi* ❶ to whistle ❷ (*fam: verzichten können*) **auf etw** *akk* **~** not to give a damn about sth

Pfeil <-s, -e> [pfail] *m* arrow; **~ und Bogen** bow and arrow

Pfeiler <-s, -> ['pfailɐ] *m* pillar

Pfennig <-s, -e> ['pfɛnɪç] *m* (*hist*) pfennig; **keinen ~ wert sein** to be worth nothing

Pferd <-[e]s, -e> [pfe:ɐ̯t] *nt* ❶ horse; **zu ~e** on horseback ❷ SCHACH knight

Pferderennen *nt* horse-racing **Pferdeschwanz** *m* (*Frisur*) ponytail **Pferdestall** *m* stable **Pferdestärke** *f* horsepower

Pfiff <-s, -e> [pfɪf] *m* whistle

Pfifferling <-[e]s, -e> ['pfɪfɐlɪŋ] *m* chanterelle

pfiffig ['pfɪfɪç] *adj* smart

Pfingsten <-, -> ['pfɪŋstn̩] *nt* Whitsun

Pfingstmontag *m* Whit Monday

Pfingstsonntag *m* Whit Sunday

Pfirsich <-s, -e> ['pfɪrzɪç] *m* peach

Pflanze <-, -n> ['pflantsə] *f* plant

pflanzen ['pflantsn̩] *vt* to plant

Pflanzenschutzmittel *nt* pesticide

pflanzlich *adj* vegetable

Pflaster <-s, -> ['pflastɐ] *nt* ❶ MED plaster ❷ BAU road surface

Pflastermaler(in) *m(f)* pavement artist

Pflasterstein ['pflastɐ-] *m* paving stone

Pflaume <-, -n> ['pflaumə] *f* plum

Pflege <-> ['pfle:gə] *f kein pl* ❶ care; (*Fellreinigung*) grooming ❷ MED nursing; **jdn/ein Tier [bei jdm] in ~ geben** to have sb/an animal looked after [by sb]; **jdn/ein Tier in ~ nehmen** to look after sb/an animal

pflegebedürftig *adj* in need of care *pred* **Pflegeeltern** *pl* foster parents **Pflegeheim** *nt* nursing home **Pflegekind** *nt* foster child **pflegeleicht** *adj* easy-care *attr*

pflegen ['pfle:gn̩] **I.** *vt* ❶ *Kranken* to nurse ❷ (*Beziehungen*) to cultivate ❸ (*kosmetisch*) to treat (**mit** with) **II.** *vr* **sich ~** (*Körperpflege*) to take care of one's appearance

Pfleger(in) <-s, -> *m(f)* [male] nurse *masc*, nurse *fem*

Pflicht <-, -en> [pflɪçt] *f* duty; **nur seine ~ tun** to only do one's duty
Pflichtgefühl *nt kein pl* sense of duty
pflücken ['pflʏkn̩] *vt* to pick
Pflug <-es, Pflüge> [pflu:k] *m* plough, *esp* AM plow
pflügen *vi, vt* to plough, *esp* AM to plow
Pforte <-, -n> ['pfɔrtə] *f* gate
Pförtner(in) <-s, -nen> ['pfœrtnɐ] *m(f)* porter
Pfosten <-s, -> ['pfɔstn̩] *m* post
Pfote <-, -n> ['pfo:tə] *f* paw
pfui [pfui] *interj* yuck
Pfund <-[e]s, -e> [pfʊnt] *nt* pound
pfuschen ['pfʊʃn̩] *vi* to be sloppy
Pfuscherei <-, -en> [pfʊʃɛ'rai] *f* botching
Pfütze <-, -n> ['pfʏtsə] *f* puddle
Phänomen <-s, -e> [fɛno'me:n] *nt* phenomenon
phänomenal [fɛnome'na:l] *adj* phenomenal
Phantasie <-, -n> [fanta'zi:] *f s.* **Fantasie**
phantasielos *adj s.* **fantasielos**
phantasieren* [fanta'zi:rən] *vt, vi s.* **fantasieren**
phantasievoll *adj s.* **fantasievoll**
phantastisch [fan'tastɪʃ] *adj s.* **fantastisch**
Phantom <-s, -e> [fan'to:m] *nt* phantom
pharmazeutisch [farma'tsɔytɪʃ] *adj* pharmaceutical
Philosoph(in) <-en, -en> [filo'zo:f] *m(f)* philosopher
Philosophie <-, -n> [filozo'fi:] *f* philosophy
philosophieren* [filozo'fi:rən] *vi* to philosophize
philosophisch [filo'zo:fɪʃ] *adj* philosophical
Phishing ['fɪʃɪŋ] *nt* phishing
Phobie <-, -n> [fo'bi:] *f* phobia
Phosphor <-s> ['fɔsfo:ɐ̯] *m kein pl* phosphorus
Phrase <-, -n> ['fra:zə] *f* (*pej*) empty phrase
Physik <-> [fy'zi:k] *f kein pl* physics *+ sing vb, no art*
physikalisch [fyzi'ka:lɪʃ] *adj* physical
Physiker(in) <-s, -> ['fy:zikɐ] *m(f)* physicist
physisch ['fy:zɪʃ] *adj* physical
Pianist(in) <-en, -en> [pi̯a'nɪst] *m(f)* pianist
Piano <-s, -s> ['pi̯a:no] *nt* piano
Pickel <-s, -> ['pɪkl̩] *m* pimple
picken ['pɪkn̩] **I.** *vi Vogel* to peck (**nach** at) **II.** *vt* **etw aus etw** *dat* **~** to pick sth out of sth
Picknick <-s, -s> ['pɪknɪk] *nt* picnic
piepen ['pi:pn̩] *vi* to peep
Pier <-s, -s> [pi:ɐ̯] *m* pier
piercen ['pi:ɐ̯sən] *vt* to pierce
Piercing ['pi:ɐ̯sɪŋ] *nt* piercing
Pigment <-s, -e> [pɪg'mɛnt] *nt* pigment
Pik <-s, -> [pi:k] *nt* spade; **~ Ass** ace of spades
pikant [pi'kant] *adj* spicy
piksen ['pi:ksn̩] *vt, vi* (*fam*) to prick
Pilger(in) <-s, -> ['pɪlgɐ] *m(f)* pilgrim
pilgern ['pɪlgɐn] *vi sein* to make a pilgrimage (**nach** to)
Pille <-, -n> ['pɪlə] *f* pill; **die ~** (*Antibabypille*) the pill; **die ~ nehmen** to be on the pill; **die ~ danach** the morning-after pill
Pilot(in) <-en, -en> [pi'lo:t] *m(f)* pilot
Pils <-, -> [pɪls] *nt* pilsner
Pilz <-es, -e> [pɪlts] *m* ❶ fungus; (*Speisepilz*) mushroom ❷ MED fungal infection
Pinguin <-s, -e> ['pɪŋgui:n] *m* penguin
Pinie <-, -n> ['pi:ni̯ə] *f* stone pine
Pinienkern *m meist pl* pine kernel
pinkeln ['pɪŋkl̩n] *vi* (*fam*) to pee
Pinnwand *f* pinboard
Pinsel <-s, -> ['pɪnzl̩] *m* brush
Pinzette <-, -n> [pɪn'tsɛtə] *f* tweezers *npl*
Pionier(in) <-s, -e> [pi̯o'ni:ɐ̯] *m(f)* pioneer
Pirat(in) <-en, -en> [pi'ra:t] *m(f)* pirate

Pisse <-> ['pɪsə] *f kein pl* (*derb*) piss
pissen ['pɪsn̩] *vi* (*derb*) to piss
Pistazie <-, -n> [pɪs'taːtsi̯ə] *f* pistachio
Piste <-, -n> ['pɪstə] *f* (*Skipiste*) piste
Pistole <-, -n> [pɪs'toːlə] *f* pistol
Pixel <-s, -> ['pɪksl̩] *nt Abk von* **picture element** INFORM pixel
Plackerei <-, -en> [plakə'rai] *f* (*fam*) grind *no pl*
plädieren* [plɛ'diːrən] *vi* ❶ JUR **auf [un]schuldig ~** to plead [not] guilty ❷ (*dafür sein*) **für etw** *akk* **~** to plead for sth; **dafür ~, dass ...** to plead, that ...
Plädoyer <-s, -s> [plɛdo̯a'jeː] *nt* plea; JUR closing arguments, summation
Plage <-, -n> ['plaːgə] *f* nuisance
plagen ['plaːgn̩] **I.** *vt* to bother **II.** *vr* (*sich abrackern*) **sich [mit etw** *dat*] **~** to slave away [over sth]
Plakat <-[e]s, -e> [pla'kaːt] *nt* poster
Plakette <-, -n> [pla'kɛtə] *f* badge
Plan <-[e]s, Pläne> [plaːn] *m* ❶ plan; **jds Pläne durchkreuzen** to thwart sb's plans ❷ (*Karte*) map
Plane <-, -n> ['plaːnə] *f* tarpaulin
planen ['plaːnən] *vt* to plan
Planet <-en, -en> [pla'neːt] *m* planet
P
Planetarium <-s, -tarien> [plane'taːri̯ʊm] *nt* planetarium
Planke <-, -n> ['plaŋkə] *f* plank
Plankton <-s> ['plaŋktɔn] *nt kein pl* plankton
planlos *adj* aimless
planmäßig *adv* TRANSP as scheduled
Planschbecken *nt* paddling [*or* AM kiddie] pool
Plantage <-, -n> [plan'taːʒə] *f* plantation
Planung <-, -en> *f* planning; **in der ~ befindlich** in [*or* at] the planning stage
Plasma <-s, Plasmen> ['plasma] *nt* plasma
Plastik[1] <-s> ['plastɪk] *nt kein pl* plastic; **aus ~** plastic
Plastik[2] <-, -en> ['plastɪk] *f* KUNST sculpture
Plastikgeld *nt* (*fam*) plastic money **Plastiktüte** *f* plastic bag
plastisch ['plastɪʃ] **I.** *adj* ❶ (*räumlich*) three-dimensional ❷ (*anschaulich*) vivid ❸ MED plastic **II.** *adv* vividly
Platin <-s> ['plaːtiːn] *nt kein pl* platinum
plätschern ['plɛtʃɐn] *vi Brunnen* to splash; *Bach* to burble; *Regen* to patter
platt [plat] **I.** *adj* ❶ (*flach*) flat ❷ (*geistlos*) dull ❸ (*fam: verblüfft*) **~ sein** to be flabbergasted **II.** *adv* flat; **~ drücken/fahren/walzen** to flatten
Platte <-, -n> ['platə] *f* ❶ (*Steinplatte*) slab ❷ (*Metallplatte*) sheet ❸ (*Schallplatte*) record
Plattenspieler *m* record player
Plattform *f* (*Fläche*) platform
Platz <-es, Plätze> [plats] *m* ❶ place ❷ (*in Stadt*) square ❸ (*Sitzplatz*) seat; **~ nehmen** to take a seat ❹ (*freier Raum*) room
Plätzchen <-s, -> ['plɛtsçən] *nt* ❶ *dim von s.* **Platz** spot ❷ KOCHK biscuit BRIT, cookie AM
platzen ['platsn̩] *vi sein* ❶ (*zerplatzen*) to burst ❷ (*aufplatzen*) to split ❸ (*nicht stattfinden*) **das Fest ist geplatzt** the party is off; **etw ~ lassen** to call sth off ❹ (*fig*) **vor Neid/Neugier/Wut ~** to be bursting with envy/curiosity/rage
platzieren* **I.** *vt a.* MEDIA to place **II.** *vr* SPORT **sich ~** to be placed; (*im Tennis*) to be seeded
Platzkarte *f* seat reservation **Platzregen** *m* cloudburst **Platzreservierung** *f* reservation [of a seat] **Platzwunde** *f* laceration
Plauderei <-, -en> [plaudə'rai] *f* chat
plaudern ['plaudɐn] *vi* to [have a] chat
plausibel [plau'ziːbl̩] *adj* plausible; **jdm etw ~ machen** to explain sth to sb
pleite ['plaitə] *adj* (*fam*) **~ sein** to be broke
Pleite <-, -n> ['plaitə] *f* (*fam*) ❶ (*Bank-*

rott) bankruptcy; ~ **machen** to go bust ❷ (*Reinfall*) flop
pleite|gehen ['plaɪtəge:ən] *vi irreg* (*fam*) to go bust
Plenum <-s, Plena> ['ple:nʊm] *nt* plenum
Plombe <-, -n> ['plɔmbə] *f* ❶ MED filling ❷ (*Bleisiegel*) lead seal
plombieren* [plɔm'bi:rən] *vt* ❶ MED to fill ❷ (*versiegeln*) to seal
plötzlich ['plœtslɪç] **I.** *adj* sudden **II.** *adv* suddenly
plump [plʊmp] **I.** *adj* ❶ (*schwerfällig*) ungainly ❷ (*dummdreist*) obvious **II.** *adv* ❶ (*schwerfällig*) clumsily ❷ (*dummdreist*) crassly
Plunder <-s> ['plʊndɐ] *m kein pl* junk
plündern ['plʏndɐn] *vt* to plunder
Plural <-s, -e> [plu'ra:l] *m* plural
plus [plʊs] *präp adv* plus
Plus <-, -> [plʊs] *nt* **im ~ sein** to be in the black
Plüschtier *nt* soft-toy
Plusquamperfekt <-s, -e> ['plʊskvampɛrfɛkt] *nt* past perfect
Pneu <-s, -s> [pnɔy] *m bes* SCHWEIZ (*Reifen*) tyre
Po <-s, -s> [po:] *m* (*fam*) bottom
pochen ['pɔxn̩] *vi* ❶ to knock (**auf** on) ❷ *Herz* to pound ❸ (*bestehen*) to insist (**auf** on)
Pocke <-, -n> ['pɔkə] *f* pock
Podest <-[e]s, -e> [po'dɛst] *nt* rostrum
Poesie <-> [poe'zi:] *f kein pl* poetry
poetisch [po'e:tɪʃ] *adj* poetic[al]
Pointe <-, -n> ['po̯ɛ̃:tə] *f eines Witzes* punch line; *einer Geschichte* point
Pokal <-s, -e> [po'ka:l] *m* cup
pokern ['po:kɐn] *vi* to play poker
Pol <-s, -e> [po:l] *m* pole
polar [po'la:ɐ̯] *adj* polar
Polarkreis *m* polar circle; **nördlicher/südlicher** ~ Arctic/Antarctic circle **Polarstern** *m* Pole Star
Pole, Polin <-n, -n> ['po:lə, 'po:lɪn] *m, f* Pole
polemisch [po'le:mɪʃ] *adj* polemical
Polen <-s> ['po:lən] *nt* Poland
polieren* [po'li:rən] *vt* to polish
Politik <-, -en> [poli'ti:k] *f* ❶ *kein pl* politics + *sing vb, no art;* **in die ~ gehen** to go into politics ❷ (*Strategie*) policy; **eine bestimmte ~ verfolgen** to pursue a certain policy
Politiker(in) <-s, -> [po'li:tikɐ] *m(f)* politician
politisch [po'li:tɪʃ] **I.** *adj* political **II.** *adv* politically
Polizei <-, -en> [poli'tsai] *f* **die ~** the police + *sing/pl vb*
Polizeidienststelle *f* police station **Polizeistunde** *f* closing time
Polizist(in) <-en, -en> [poli'tsɪst] *m(f)* police officer
Pollen <-s, -> ['pɔlən] *m* pollen
Pollenallergie *f* pollen allergy
polnisch ['pɔlnɪʃ] *adj* Polish
Polster <-s, -> ['pɔlstɐ] *nt o* ÖSTERR *m* upholstery *no pl, no indef art*
Polstermöbel *nt meist pl* upholstered furniture *no pl*
Polterabend ['pɔltɐ-] *m party on the eve of a wedding*
Pomade <-, -n> [po'ma:də] *f* pomade
Pommes frites [pɔm'frɪt] *pl, fam* **Pommes** ['pɔməs] *pl* French fries
Pomp <-[e]s> [pɔmp] *m kein pl* pomp
pompös [pɔm'pø:s] *adj* grandiose
Pony[1] <-s, -s> ['pɔni] *nt* (*Pferd*) pony
Pony[2] <-s, -s> ['pɔni] *m* fringe BRIT, bangs *npl* AM
populär [popu'lɛ:ɐ̯] *adj* popular
Popularität <-> [populari'tɛ:t] *f kein pl* popularity
Pore <-, -n> ['po:rə] *f* pore
Porno <-s, -s> ['pɔrno] *m* porn
Pornofilm *m* porno film
Pornografie <-> [pɔrnogra'fi:] *f kein pl* pornography
porös [po'rø:s] *adj* porous
Portal <-s, -e> [pɔr'ta:l] *nt* portal

Portemonnaie <-s, -s> [pɔrtmɔ'neː] *nt* purse

Portier <-s, -s> [pɔr'ti̯eː] *m* porter BRIT, doorman AM

Portion <-, -en> [pɔr'tsi̯oːn] *f* KOCHK portion

Porto <-s, -s> ['pɔrto] *nt* postage *no pl*

portofrei *adj* postage-prepaid

Porträt <-s, -s> [pɔr'trɛː] *nt* portrait

Portugal <-s> ['pɔrtugal] *nt* Portugal

Portugiese, **Portugiesin** <-n, -n> [portu'giːzə] *m, f* Portuguese

portugiesisch [pɔrtu'giːzɪʃ] *adj* Portuguese

Portwein ['pɔrtvain] *m* port

Porzellan <-s, -e> [pɔrtsɛ'laːn] *nt* china *no pl*

Posaune <-, -n> [po'zaunə] *f* trombone

Pose <-, -n> ['poːzə] *f* pose

Position <-, -en> [pozi'tsi̯oːn] *f* position

positiv ['poːzitiːf] **I.** *adj* positive **II.** *adv* positively; **etw ~ beeinflussen** to have a positive influence on sth; **sich ~ verändern** to change for the better

Positiv <-s, -e> ['poːzitiːf] *nt* positive

Post <-> [pɔst] *f kein pl* ❶ (*Institution*) Post Office; **etw mit der ~ schicken** to send sth by post [*or* AM by mail] ❷ (*Dienststelle*) post office ❸ (*Briefe*) mail

Postamt *nt* post office **Postbeamte(r)**, **-beamtin** *m, f* post office official **Postbote**, **-botin** *m, f* postman *masc*, postwoman *fem* BRIT, mail carrier AM

posten ['pɔstn̩] *vt* INET *Nachricht, Kommentar* to post

Posten <-s, -> ['pɔstn̩] *m* post

Postfach *nt* post office [*or* PO] box **Postgiroamt** [-ʒiːro-] *nt* Girobank **Postgirokonto** *nt* giro [*or* AM postal checking] account **Postkarte** *f* postcard **postlagernd** *adj* poste restante BRIT, general delivery AM **Postleitzahl** *f* postcode BRIT, zip code AM **Postscheck** *m* giro cheque **Postüberweisung** *f* Girobank transfer

Potenz <-, -en> [po'tɛnts] *f* potency

potenziell **I.** *adj* potential **II.** *adv* potentially

Pracht <-> [praxt] *f kein pl* splendour; **eine wahre ~ sein** to be [really] great

prächtig ['prɛçtɪç] *adj* magnificent

Prädikat <-[e]s, -e> [prɛdi'kaːt] *nt* predicate

Prag <-s> [praːk] *nt* Prague

prägen ['prɛːgn̩] *vt* ❶ *Münzen* to mint; *Wort* to coin ❷ (*erinnern*) **sich** *dat* **etw ins Gedächtnis ~** to engrave sth on one's mind ❸ (*formen*) **[jdn] ~** to leave one's mark [on sb]

pragmatisch [prag'maːtɪʃ] **I.** *adj* pragmatic **II.** *adv* pragmatically

prägnant [prɛ'gnant] **I.** *adj* (*geh*) succinct **II.** *adv* **sich ~ ausdrücken** to be succinct

prähistorisch [prɛhɪs'toːrɪʃ] *adj* prehistoric

prahlen ['praːlən] *vi* to boast (**mit** about); **damit ~, dass ...** to boast that ...

Prahler(in) <-s, -> *m(f)* boaster

prahlerisch *adj* boastful

Praktikant(in) <-en, -en> [prakti'kant] *m(f) student or trainee working at a trade or occupation to gain work experience*

praktisch ['praktɪʃ] **I.** *adj* practical; **~er Arzt** GP; **~ veranlagt sein** to be practical **II.** *adv* practically; **etw ~ umsetzen** to put sth into practice

praktizieren* [prakti'tsiːrən] **I.** *vt* **etw ~** to put sth into practice; **seinen Glauben ~** to practise one's religion **II.** *vi* to practise; **~der Arzt** practising doctor

Praline <-, -n> [pra'liːnə] *f*, **Praliné** <-s, -s> [prali'neː] *nt* chocolate [cream]

prall [pral] *adj* ❶ (*straff, fest*) firm; *Schenkel, Waden* sturdy; *Brüste* well-rounded ❷ **in der ~en Sonne** in the blazing sun

prallen ['pralən] *vi sein* ❶ to crash; *Ball* to bounce; **[mit dem Wagen] gegen etw ~** to crash [one's car] into sth;

mit dem Kopf gegen etw ~ to bang one's head on sth ❷ *Sonne* to blaze
prallvoll ['pral'fɔl] *adj* bulging
Prämie <-, -n> ['prɛːmi̯ə] *f* ❶ (*zusätzliche Vergütung*) bonus ❷ FIN premium
Präparat <-[e]s, -e> [prɛpa'raːt] *nt* MED medicament
Präposition <-, -en> [prɛpozi'tsi̯oːn] *f* preposition
Prärie <-, -n> [prɛ'riː] *f* prairie
Präsens <-> ['prɛːzɛns] *nt kein pl* present tense
Präsentation <-, -en> [prɛzɛnta'tsi̯oːn] *f* presentation
präsentieren* [prɛzɛn'tiːrən] *vt* [**jdm**] **etw ~** to present [sb with] sth; **jdn/sich** [**jdm**] **~** to present sb/oneself [to sb]
Präservativ <-s, -e> [prɛzɛrva'tiːf] *nt* condom
Präsident(in) <-en, -en> [prɛzi'dɛnt] *m(f)* president
Präsidium <-s, -Präsidien> [prɛ'ziːdi̯ʊm] *nt* ❶ (*Vorstand, Vorsitz*) chairmanship; (*Führungsgruppe*) committee ❷ (*Polizeihauptstelle*) [police] headquarters + *sing/pl vb*
Praxis <-, Praxen> ['praksɪs] *f* ❶ (*Arztpraxis*) surgery BRIT, doctor's office AM ❷ *kein pl* (*Erfahrung*) [practical] experience; **langjährige ~** many years of experience ❸ *kein pl* (*Tat*) practice *no art;* **etw in die ~ umsetzen** to put sth into practice
präzis [prɛ'tsiːs], **präzise** [prɛ'tsiːzə] *adj* (*geh*) precise
Präzision <-> [prɛtsi'zi̯oːn] *f kein pl* precision
predigen ['preːdɪgn̩] *vt, vi* to preach
Prediger(in) <-s, -> *m(f)* preacher
Predigt <-, -en> ['preːdɪçt] *f* sermon; **eine ~ halten** to deliver a sermon
Preis <-es, -e> [prais] *m* ❶ price (**für** of); **zum halben ~** at half-price; **einen hohen ~ für etw** *akk* **zahlen** (*fig*) to pay a high price for sth ❷ (*Gewinnprämie*) prize
Preisausschreiben *nt* competition
Preiselbeere ['praiz|beːrə] *f* cranberry
Preiserhöhung *f* price increase [*or* rise] mark-up **Preisermäßigung** *f* price reduction
preis|geben ['praisgeːbn̩] *vt irreg* (*geh*) ❶ (*verraten*) [**jdm**] **etw ~** to betray sth [to sb]; *Geheimnis* to divulge sth [to sb] ❷ (*ausliefern*) expose; **jdn der Lächerlichkeit ~** to expose sb to ridicule
Preisnachlass *m* discount **Preisschild** *nt* price tag
preiswert *adj* inexpensive
Prellung <-, -en> *f* contusion
Premiere <-, -n> [prə'mi̯eːrə] *f* première
Premierminister(in) [prə'mi̯eː-, pre'mi̯eː-] *m(f)* prime minister
Presse <-, -n> ['prɛsə] *f* press; **die ~** (*die Medien*) the press
Presseagentur *f* press agency **Pressefreiheit** *f kein pl* freedom of the press
pressen ['prɛsn̩] *vt* to press; *Saft* to squeeze
Pressluft *f kein pl* compressed air
Presslufthammer *m* pneumatic hammer
Prestige <-s> [prɛs'tiːʒə] *nt kein pl* prestige
Preuße, Preußin <-n, -n> ['prɔysə, 'prɔysɪn] *m, f* Prussian
Preußen <-s> ['prɔysn̩] *nt kein pl* Prussia
preußisch ['prɔysɪʃ] *adj* Prussian
prickeln ['prɪk|n] *vi* ❶ to tingle; **ein Prickeln in den Beinen** pins and needles in one's legs ❷ (*erregen*) to thrill
Priester(in) <-s, -> ['priːstɐ] *m(f)* priest
prima ['priːma] *adj* (*fam*) great; **es läuft alles ~** everything is going really well
primär [pri'mɛːɐ̯] **I.** *adj* primary **II.** *adv* primarily
Primel <-, -n> ['priːm|] *f* primrose
primitiv [primi'tiːf] *adj* primitive; **ein ~er Kerl** a lout
Prinz <-en, -en> [prɪnts] *m* prince

P

Prinzessin <-, -nen> [ˈprɪnˈtsɛsɪn] *f* princess

Prinzip <-s, -ien> [prɪnˈtsiːp] *nt* principle; **aus/im ~** on/in principle

prinzipiell [prɪntsiˈpi̯ɛl] **I.** *adj* fundamental **II.** *adv* (*grundsätzlich*) on principle; (*im Prinzip*) in principle

Priorität <-, -en> [prioriˈtɛːt] *f* priority; **~en setzen** to set [one's] priorities

Prise <-, -n> [ˈpriːzə] *f* pinch; **eine ~ Salz** a pinch of salt

privat [priˈvaːt] **I.** *adj* private **II.** *adv* privately; **jdn ~ sprechen** to speak to sb in private; **sich ~ versichern** to take out a private insurance

Privatadresse *f* home address **Privatangelegenheit** *f* private matter **Privatdetektiv(in)** *m(f)* private investigator **Privatschule** *f* private school **Privatsphäre** *f kein pl* **die ~ verletzen** to invade sb's privacy

Privileg <-[e]s, -ien> [priviˈleːk] *nt* privilege

privilegieren* [privileˈgiːrən] *vt* **jdn ~** to grant privileges to sb

pro [proː] **I.** *präp* per; **~ Kopf** a head; **~ Person** per person; **~ Stück** each **II.** *adv* **sind Sie ~ oder kontra?** are you for or against it?

Probe <-, -n> [ˈproːbə] *f* ❶ (*Auswahl*) sample ❷ MUS, THEAT rehearsal ❸ (*Prüfung*) test; **auf ~** on probation; **zur ~** for a trial; **jdn auf die ~ stellen** to put sb to the test

Probealarm *m* practice alarm

proben [ˈproːbn̩] *vt, vi* to rehearse

probieren* [proˈbiːrən] **I.** *vt* to try; **etw ~** to try sth out **II.** *vi* ❶ (*kosten*) [**von etw** *dat*] **~** to try some [of sth] ❷ (*versuchen*) **~, ob/was/wie ...** to try and see whether/what/how ...

Problem <-s, -e> [proˈbleːm] *nt* problem; **kein ~!** no problem!; [**nicht**] **jds ~ sein** to [not] be sb's business

problematisch [probleˈmaːtɪʃ] *adj* problematic[al]

problemlos *adj* problem-free

Produkt <-[e]s, -e> [proˈdʊkt] *nt* product

Produktion <-, -en> [prodʊkˈtsi̯oːn] *f* production

produktiv [prodʊkˈtiːf] *adj* productive

Produktivität <-> [prodʊktiviˈtɛːt] *f kein pl* productivity

Produzent(in) <-en, -en> [produˈtsɛnt] *m(f)* producer

produzieren* [produˈtsiːrən] *vt, vi* to produce

professionell [profɛsi̯oˈnɛl] *adj* professional

Professor(in) <-s, -en> [proˈfɛsoːɐ̯, -ˈsoːrɪn] *m(f)* professor; **Herr ~/Frau ~in** Professor

Profi <-s, -s> [ˈproːfi] *m* (*fam*) pro

Profil <-s, -e> [proˈfiːl] *nt* ❶ *von Reifen, Schuh* tread ❷ (*seitliche Ansicht*) profile; **jdn im ~ fotografieren** to photograph sb in profile

Profit <-[e]s, -e> [proˈfiːt] *m* profit; **~ bringend** profitable; **etw mit ~ verkaufen** to sell sth at a profit

profitabel [profiˈtaːbl̩] *adj* profitable

profitieren* [profiˈtiːrən] *vi* (*geh*) to make a profit (**bei/von** from)

Prognose <-, -n> [proˈgnoːzə] *f* prognosis

Programm <-s, -e> [proˈgram] *nt* ❶ (*Ablauf*) programme; **ein volles ~ haben** to have a full day/week etc. ahead of one ❷ TV (*Sender*) channel ❸ INFORM program

programmieren* [prograˈmiːrən] *vt* to program

Programmierer(in) <-s, -> *m(f)* programmer

progressiv [progrɛˈsiːf] *adj* progressive

Projekt <-[e]s, -e> [proˈjɛkt] *nt* project

Projektion <-, -en> [projɛkˈtsi̯oːn] *f* projection

Projektor <-s, -toren> [proˈjɛktoːɐ̯] *m* projector

projizieren* [proji'tsiːrən] *vt* to project (**auf** onto)
Prolet <-en, -en> [pro'leːt] *m* (*pej*) prole
Prolog <-[e]s, -e> [pro'loːk] *m* prologue
Promenade <-, -n> [promə'naːdə] *f* promenade
Promille <-[s], -> [pro'mɪlə] *nt* ❶ per mill[e] ❷ (*Alkoholpegel*) **0,5 ~** 50 millilitres alcohol level
prominent *adj* prominent
Prominente(r) *f(m) dekl wie adj* celebrity
Prominenz <-> [promi'nɛnts] *f kein pl* prominent figures *npl*
promovieren* [promo'viːrən] *vi* (*eine Dissertation schreiben*) to do a doctorate (**über** in)
prompt [prɔmpt] **I.** *adj* prompt **II.** *adv* promptly
Pronomen <-s, -> [pro'noːmən] *nt* pronoun
Propaganda <-> [propa'ganda] *f kein pl* propaganda
Propangas *nt kein pl* propane [gas]
Propeller <-s, -> [pro'pɛlɐ] *m* propeller
Prophet(in) <-en, -en> [pro'feːt] *m(f)* prophet
prophezeien* [profe'tsaiən] *vt* to prophesy
Prophezeiung <-, -en> *f* prophecy
Proportion <-, -en> [propɔr'tsi̯oːn] *f* proportion
proportional [propɔrtsi̯o'naːl] *adj* proportional (**zu** to)
Prosa <-> ['proːza] *f kein pl* prose
Prospekt <-[e]s, -e> [pro'spɛkt] *m* (*Broschüre*) brochure; (*Zettel*) leaflet
prost [proːst] *interj* cheers
Prostata <-, Prostatae> ['prɔstata] *f* prostate gland
Prostituierte(r) [prostitu'iːɐ̯tə, -tɐ] *f(m) dekl wie adj* prostitute
Prostitution <-> [prostitu'tsi̯oːn] *f kein pl* prostitution
Protest <-[e]s, -e> [pro'tɛst] *m* protest
Protestant(in) <-en, -en> [protɛs'tant] *m(f)* Protestant
protestieren* [protɛs'tiːrən] *vi* to protest
Prothese <-, -n> [pro'teːzə] *f* prosthesis
Protokoll <-s, -e> [proto'kɔl] *nt* ❶ record[s *npl*]; (*von Sitzung*) minutes *npl;* **[das] ~ führen** to take the minutes ❷ *kein pl* (*diplomatisches Zeremoniell*) protocol
protokollieren* [protokɔ'liːrən] *vt* to record; (*bei einer Sitzung*) to enter sth in the minutes
protzen ['prɔtsn̩] *vi* (*fam*) [**mit etw** *dat*] **~** to flaunt sth
Proviant <-s, *selten* -e > [pro'vi̯ant] *m* supplies *npl*
Provinz <-, -en> [pro'vɪnts] *f* ❶ province ❷ *kein pl* (*kulturell rückständige Gegend*) provinces *npl;* **in der ~ leben** to live [out] in the sticks
provinziell [provɪn'tsi̯ɛl] *adj* provincial
Provision <-, -en> [provi'zi̯oːn] *f* commission; **auf ~ arbeiten** to work on a commission basis
Provokation <-, -en> [provoka'tsi̯oːn] *f* provocation
provozieren* [provo'tsiːrən] *vt, vi* to provoke
Prozent <-[e]s> [pro'tsɛnt] *nt kein pl* per cent
Prozess <-es, -e> [pro'tsɛs] *m* ❶ JUR [court] case; **einen ~ [gegen jdn] führen** to take sb to court ❷ (*Vorgang*) process
Prozession <-, -en> [protsɛ'si̯oːn] *f* procession
prüde ['pryːdə] *adj* prudish
prüfen ['pryːfn̩] *vt* to examine; (*nachprüfen*) to check (**auf** for)
Prüfer(in) <-s, -> ['pryːfɐ] *m(f)* ❶ (*Examensprüfer*) examiner ❷ TECH inspector
Prüfung <-, -en> *f* ❶ test; (*Examen*) exam[ination]; **mündliche/schriftliche ~** oral/written exam ❷ (*Überprüfung*) checking
Prügel ['pryːgl̩] *pl* thrashing; **jdm eine**

P

Tracht ~ **verabreichen** to give sb a [good] hiding
Prügelei <-, -en> ['pry:gə'lai] *f* punch-up
prügeln ['pry:gl̩n] **I.** *vt, vi* to beat **II.** *vr* **sich** ~ to fight
Prunk <-s> [prʊnk] *m kein pl* magnificence
Psyche <-, -n> ['psy:çə] *f* psyche
Psychiater(in) <-s, -> [psy'çi̯a:tɐ] *m(f)* psychiatrist
Psychiatrie <-, -n> [psyçi̯a'tri:] *f kein pl* psychiatry *no art;* (*psychiatrische Abteilung*) psychiatric ward
psychiatrisch [psy'çi̯a:trɪʃ] *adj* psychiatric
psychisch ['psy:çɪʃ] *adj* psychological
Psychologe, Psychologin <-n, -n> [psyço'lo:gə, -'lo:gɪn] *m, f* psychologist
psychologisch [psyço'lo:gɪʃ] *adj* psychological
Psychose <-, -n> [psy'ço:zə] *f* psychosis
Pubertät <-> [pubɛr'tɛ:t] *f kein pl* puberty *no art*
Publikation <-, -en> [publika'tsi̯o:n] *f* publication
Publikum <-s> ['pu:blikʊm] *nt kein pl* audience
publizieren* [publi'tsi:rən] *vt* to publish
Pudding <-s, -s> ['pʊdɪŋ] *m* (*aus Milch und Zucker*) ≈ custard
Pudel <-s, -> ['pu:dl̩] *m* poodle
Puder <-s, -> ['pu:dɐ] *m o fam nt* powder
pudern ['pu:dɐn] *vt* to powder
Puderzucker *m* icing sugar
Pullover <-s, -s> [pʊ'lo:vɐ] *m* pullover
Puls <-es, -e> [pʊls] *m* pulse
Pulsader *f* artery
pulsieren* [pʊl'zi:rən] *vi* to pulsate
Pult <-[e]s, -e> [pʊlt] *nt* lectern
Pulver <-s, -> ['pʊlvɐ] *nt* powder
Pulverkaffee *m* instant coffee **Pulverschnee** *m* powder[y] snow
Puma <-s, -s> ['pu:ma] *m* puma BRIT, cougar AM
Pumpe <-, -n> ['pʊmpə] *f* pump
pumpen ['pʊmpn̩] *vt* ❶ to pump ❷ (*fam*) **jdm etw** ~ to lend sb sth; [**sich** *dat*] **etw** ~ to borrow sth (**bei** off)
Punkt <-[e]s, -e> [pʊŋkt] *m* ❶ (*Stelle*) point; **bis zu einem gewissen** ~ up to a [certain] point ❷ SPORT **einen** ~ **bekommen/verlieren** to score/lose a point ❸ (*Satzzeichen*) full stop BRIT, period AM; (*sonst*) dot ❹ (*genau*) ~ **acht** [**Uhr**] on the stroke of eight
punkten ['pʊŋktn̩] *vi* (*fam*) to pick up [*or* win] points
pünktlich ['pʏŋktlɪç] **I.** *adj* punctual **II.** *adv* punctually
Pünktlichkeit <-> *f kein pl* punctuality
Punktrichter(in) *m(f)* judge
Punsch <-es, -e> [pʊnʃ] *m* [hot] punch
Pupille <-, -n> [pu'pɪlə] *f* pupil
Puppe <-, -n> ['pʊpə] *f* ❶ doll ❷ ZOOL pupa
pur [pu:ɐ̯] *adj* pure; *Wahrheit* naked; *Wahnsinn* absolute; **etw** ~ **anwenden** to apply sth in its pure form; **etw** ~ **trinken** to drink sth neat
Püree <-s, -s> [py're:] *nt* purée
purpurrot *adj* purple
Purzelbaum ['pʊrtsl̩-] *m* (*fam*) somersault
purzeln ['pʊrtsl̩n] *vi sein* to tumble (**von** off/**in** into)
Pushnachricht ['pʊʃ-] *f* push notification; **eine** ~ **bekommen** to receive a push notification; **~en deaktivieren** to disable push notifications
pusten ['pu:stn̩] *vt* to blow
Putsch <-[e]s, -e> [pʊtʃ] *m* coup [d'état]
putschen ['pʊtʃn̩] *vi* to revolt (**gegen** against)
Putschist(in) <-en, -en> [pʊ'tʃɪst] *m(f)* rebel
putzen ['pʊtsn̩] **I.** *vt* to clean; *Gemüse* to prepare; **sich** *dat* **die Nase** ~ to blow one's nose; **sich** *dat* **die Zähne** ~ to clean one's teeth **II.** *vi* ~ **gehen** to work as a cleaner
Putzfrau *f*, **Putzhilfe** *f* cleaner **Putzlappen** *m* [cleaning] cloth **Putzmittel** *nt*

cleaning things *npl*

Puzzle <-s, -s> ['pʊzl̩, 'pazl̩] *nt* jigsaw [puzzle]

Pyjama <-s, -s> [py'dʒa:ma] *m* pyjamas *npl;* **im** ~ in his/her pyjamas

Pyramide <-, -n> [pyra'mi:də] *f* pyramid

Pyrenäen [pyre'nɛ:ən] *pl* **die** ~ the Pyrenees

Python <-, -s> ['py:tɔn] *m*, **Pythonschlange** *f* python

Qq

Q, q <-, -> [ku:] *nt* Q, q

QR-Code *m Abk von* **Quick Response Code** INET QR code

Quad <-s, -s> [kvat] *nt* quadbike

Quadrat <-[e]s, -e> [kva'dra:t] *nt* square

quadratisch *adj* square

Quadratmeter *m* square metre

quaken ['kva:kn̩] *vi Frosch* to croak; *Ente* to quack

Qual <-, -en> ['kva:l] *f* ❶ (*Anstrengung, Quälerei*) struggle ❷ *meist pl* (*Pein*) agony *no pl*

quälen ['kvɛ:lən] **I.** *vt* ❶ (*piesacken*) to pester ❷ (*misshandeln*) **jdn** ~ to be cruel to sb ❸ (*peinigen*) to torment **II.** *vr* **sich mit etw** *dat* ~ *Gedanken* to torment oneself with sth; *Arbeit* to struggle [hard] with sth

Quälerei <-, -en> [kvɛ:lə'rai] *f* (*physisch*) torture; (*psychisch*) torment

Qualifikation <-, -en> [kvalifika'tsi̯o:n] *f* qualifications *npl*

qualifizieren* [kvalifi'tsi:rən] **I.** *vr* **sich** ~ to qualify (**für/zu** for) **II.** *vt* **jdn** ~ to qualify sb (**für/zu** for)

Qualität <-, -en> [kvali'tɛ:t] *f* quality

qualitativ [kvalita'ti:f] *adj* qualitative

Qualle <-, -n> ['kvalə] *f* jellyfish

Qualm <-[e]s> ['kvalm] *m kein pl* [thick] smoke

qualmen ['kvalmən] *vi* to smoke

qualvoll *adj* agonizing

Quantität <-, -en> [kvanti'tɛ:t] *f* quantity

quantitativ ['kvantitati:f] *adj* quantitative

Quarantäne <-, -n> [karan'tɛ:nə] *f* quarantine *no pl;* **unter** ~ *dat* **stehen** to be in quarantine; **jdn/etw unter** ~ *akk* **stellen** to place sb/sth under quarantine

Quark <-s> ['kvark] *m kein pl* quark (*soft cheese made from skimmed milk*)

Quarte <-, -n> ['kvartə] *f* MUS fourth

Quartett <-[e]s, -e> [kvar'tɛt] *nt a.* MUS quartet

Quartier <-s, -e> [kvar'ti:ɐ̯] *nt* ❶ (*Unterkunft*) accommodation *no indef art, no pl* ❷ SCHWEIZ (*Viertel*) district

Quarz <-es, -e> ['kva:ɐ̯ts] *m* quartz

quasseln ['kvasl̩n] *vi* (*fam*) to babble

Quatsch <-es> ['kvatʃ] *m kein pl* (*fam*) nonsense; ~ **machen** to mess around

quatschen ['kvatʃn̩] *vt* (*fam*) **dummes Zeug** ~ to talk nonsense

Quecksilber ['kvɛkzɪlbɐ] *nt* mercury

Quelle <-, -n> ['kvɛlə] *f* source

queng(e)lig ['kvɛŋ(ə)lɪç] *adj* whining; **sei nicht so** ~ stop whining

quengeln ['kvɛŋl̩n] *vi* ❶ (*weinerlich sein*) to whine ❷ (*nörgeln*) to moan

quer ['kve:ɐ̯] *adv* (*horizontal*) diagonally; ~ **durch/über etw** *akk* straight through/across sth; ~ **gestreift** horizontally striped

querfeldein [kve:ɐ̯fɛlt'ʔain] *adv* across country

Q

Querflöte *f* transverse flute **Querkopf** *m* (*fam*) awkward customer **Querschnitt** *m* cross-section **Querstraße** *f* side-street

Querulant(in) <-en, -en> [kveruˈlant] *m(f)* querulous person

Querverbindung *f* direct connection

quetschen [ˈkvɛtʃn̩] **I.** *vt* to squeeze (**aus** out of), to crush (**an/gegen** against) **II.** *vr* ❶ MED **ich habe mir den Fuß gequetscht** I've crushed my foot ❷ (*zwängen*) **sich in etw** *akk* **~** to squeeze [oneself] into sth

Quetschung <-, -en> *f* MED bruise

quietschen [ˈkviːtʃn̩] *vi* (*kurz*) to squeak; (*lang*) to squeal

Quinte <-, -n> [ˈkvɪntə] *f* MUS fifth

Quintett <-[e]s, -e> [kvɪnˈtɛt] *nt a.* MUS quintet

Quirl <-s, -e> [ˈkvɪrl] *m* whisk

quitt [ˈkvɪt] *adj* [**mit jdm**] **~ sein** (*finanziell*) to be quits [with sb]

Quitte <-, -n> [ˈkvɪtə] *f* quince

quittieren* [kvɪˈtiːrən] *vt* HANDEL [**jdm**] **etw ~** to give [sb] a receipt for sth; **sich** *dat* **etw ~ lassen** to obtain a receipt for sth

Quittung <-, -en> [ˈkvɪtʊŋ] *f* ❶ receipt; **jdm eine ~ ausstellen** to issue sb with a receipt; **gegen ~** on production of a receipt ❷ (*Folge*) **die ~ für etw** *akk* [the just] deserts for sth

Quiz <-, -> [kvɪs] *nt* quiz

Quote <-, -n> [ˈkvoːtə] *f* proportion; POL quota system

Quotient <-en, -en> [kvoˈtsi̯ɛnt] *m* quotient

Rr

R, r <-, -> [ɛr] *nt* R, r

Rabatt <-[e]s, -e> [raˈbat] *m* discount

Rabe <-n, -n> [ˈraːbə] *m* raven

Rache <-> [ˈraxə] *f kein pl* revenge; **aus ~** in revenge; **~ nehmen** to take revenge (**an** on/**für** for)

Rachefeldzug *m* campaign of revenge

Rachen <-s, -> [ˈraxn̩] *m* throat

rächen [ˈrɛçn̩] **I.** *vt* **etw ~** to take revenge for sth; **jdn ~** to avenge sb **II.** *vr* **sich ~** to take one's revenge

Rachsucht *f* vindictiveness

rachsüchtig *adj* vindictive

Rad <-[e]s, Räder> [raːt] *nt* ❶ AUTO wheel ❷ (*Fahrrad*) bike; **~ fahren** to cycle ❸ SPORT **ein ~ schlagen** to do a cartwheel

Radar <-s> [raˈdaːɐ̯] *m o nt kein pl* radar

Radarkontrolle *f* [radar] speed check

Radfahrer(in) *m(f)* cyclist **Radfahrweg** *m* cycle path

Radi <-s, -> [ˈraːdi] *m* KOCHK ÖSTERR, SÜDD (*Rettich*) radish

radieren* [raˈdiːrən] *vt* to erase

Radiergummi <-s, -s> *m* rubber BRIT, eraser AM

Radieschen <-s, -> [raˈdiːsçən] *nt* radish

radikal [radiˈkaːl] *adj* radical

Radio <-s, -s> [ˈraːdi̯o] *nt o* SCHWEIZ *m* radio; **im ~** on the radio; **~ hören** to listen to the radio

radioaktiv [radi̯oʔakˈtiːf] **I.** *adj* radioactive **II.** *adv* **~ verseucht** contaminated by radioactivity

Radioaktivität <-> [radi̯oʔaktiviˈtɛːt] *f kein pl* radioactivity

Radius <-, Radien> [ˈraːdi̯ʊs] *m* radius

Radrennen *nt* cycle race **Radrennfahrer(in)** *m(f)* racing cyclist **Radtour**

[-tuːɐ] *f* bicycle ride **Radwechsel** *m* wheel change
raffen [ˈrafn̩] *vt* (*eilig greifen*) to grab
Raffinerie <-, -n> [rafinəˈriː] *f* refinery
Raffinesse <-, -n> [rafiˈnɛsə] *f kein pl* cunning
raffiniert **I.** *adj* ❶ (*durchtrieben*) cunning ❷ (*ausgeklügelt*) clever **II.** *adv* cunningly
ragen [ˈraːgn̩] *vi* **aus etw** *dat* **~** to rise up out of sth
Ragout <-s, -s> [raˈguː] *nt* ragout
Rahm <-[e]s> [raːm] *m kein pl* cream
rahmen [ˈraːmən] *vt* to frame
Rahmen <-s, -> [ˈraːmən] *m* ❶ frame ❷ (*Bereich*) framework; **im ~ des Möglichen** within the bounds of possibility; **aus dem ~ fallen** to stand out; **sich im ~ halten** to keep within reasonable bounds; **den ~ [von etw** *dat*] **sprengen** to go beyond the scope of sth
Rakete <-, -n> [raˈkeːtə] *f* rocket; MIL missile
Rallye <-, -s> [ˈrali, ˈrɛli] *f* rally
rammen [ˈramən] *vt* to ram (**in** into)
Rampe <-, -n> [ˈrampə] *f* ramp
Rand <-es, Ränder> [rant] *m* ❶ edge; *eines Glases, einer Wanne* rim; *eines Hutes* brim ❷ (*Grenze*) verge ❸ (*auf Papier*) margin ❹ (*Schatten, Spur*) mark; **dunkle Ränder um die Augen haben** to have dark rings [a]round one's eyes
randalieren [randaˈliːrən] *vi* to riot; **~d** rampaging
Randalierer(in) *m(f)* rioter, hooligan
Rang <-[e]s, Ränge> [raŋ] *m* ❶ *kein pl* status ❷ MIL rank ❸ SPORT place
rangieren* [rãˈʒiːrən] *vi* (*Stellenwert haben*) to rank
Rangliste *f* ranking[s] list **Rangordnung** *f* hierarchy
Ranzen <-s, -> [ˈrantsn̩] *m* satchel
ranzig [ˈrantsɪç] *adj* rancid
Raps <-es, -e> [raps] *m* rape[seed]
rar [raːɐ̯] *adj* rare
rar|machen *vr* **sich ~** to make oneself scarce
rasch [raʃ] **I.** *adj* quick **II.** *adv* quickly
rascheln [ˈraʃl̩n] *vi* [**mit etw** *dat*] **~** to rustle [sth]
rasen [ˈraːzn̩] *vi* ❶ *sein* to speed; **gegen** [*o* **in**] **etw** *akk* **~** to crash into sth ❷ *sein: Zeit* to fly [by] ❸ *haben* (*wütend sein*) **sie raste** [**vor Wut**] she was beside herself [with rage]
Rasen <-s, -> [ˈraːzn̩] *m* lawn
Rasenmäher <-s, -> *m* lawnmower
Rasierapparat *m* shaver **Rasiercreme** *f* shaving cream
rasieren* [raˈziːrən] *vr* **sich ~** to [have a] shave
Rasierklinge *f* razor blade **Rasierpinsel** *m* shaving brush **Rasierseife** *f* shaving soap **Rasierwasser** *nt* aftershave
raspeln [ˈraspl̩n] *vt* to grate
Rasse <-, -n> [ˈrasə] *f* race
rasseln [ˈrasl̩n] *vi* [**mit etw** *dat*] **~** to rattle [sth]
Rassentrennung *f kein pl* racial segregation
Rassismus <-> [raˈsɪsmʊs] *m kein pl* racism
Rassist(in) <-en, -en> [raˈsɪst] *m(f)* racist
rassistisch *adj* racist
Rast <-, -en> [rast] *f* break; **~ machen** to stop for a break
rasten [ˈrastn̩] *vi* to have a break
Rasthof *m* service area
rastlos *adj* ❶ (*unermüdlich*) tireless ❷ (*unruhig*) restless
Rastplatz *m* picnic area
Rasur <-, -en> [raˈzuːɐ̯] *f* shave
Rat <-[e]s, Räte> [raːt] *m* ❶ *kein pl* advice; **jdn um ~ fragen** to ask sb for advice; **jdm den ~ geben, etw zu tun** to advise sb to do sth; **jdn/etw zu ~e ziehen** to consult sb/sth ❷ POL council
Rat, Rätin <-[e]s, Räte> [raːt, ˈrɛːtɪn] *m,*

f (*Stadtrat*) councillor

Rate <-, -n> ['ra:tə] *f* instalment; **etw in ~n bezahlen** to pay for sth in instalments

raten <rät, riet, geraten> ['ra:tn̩] **I.** *vi* (*Ratschläge geben*) to advise **II.** *vt* ❶ **jdm etw raten** to advise sb to do sth ❷ (*erraten*) to guess

Rathaus *nt* town hall

Ration <-, -en> [ra'tsi̯o:n] *f* ration

rational [ratsi̯o'na:l] *adj* rational

rationalisieren* [ratsi̯onali'zi:rən] *vt, vi* to rationalize

Rationalisierung <-, -en> *f* rationalization *no pl*

ratlos *adj* helpless; **ich bin völlig ~** I'm completely at a loss

Ratlosigkeit <-> *f kein pl* helplessness

Ratschlag <-s, Ratschläge> ['ra:tʃla:k] *m* advice; **jdm einen ~ geben** to give sb a piece of advice

Rätsel <-s, -> ['rɛ:tsl̩] *nt* ❶ (*Geheimnis*) mystery; **es ist [jdm] ein, ~ warum ...** it is a mystery [to sb] why ... ❷ (*Denkaufgabe*) riddle ❸ (*Kreuzworträtsel*) crossword [puzzle]

rätselhaft *adj* mysterious; **es ist jdm ~, warum ...** it's a mystery to sb why ...

Ratsherr *m* councillor

Ratte <-, -n> ['ratə] *f* rat

rattern ['ratɐn] *vi* to rattle

ratzfatz ['ratsfats] *adv* (*fam*) lickety-split *fam*, quick as a flash

rau *adj* ❶ (*spröde*) rough ❷ *Hals* sore; *Stimme* husky ❸ (*barsch, unwirtlich*) harsh

Raub <-[e]s, *selten* -e> [raup] *m* robbery; (*das Geraubte*) booty

Raubbau *m kein pl* over-exploitation

rauben ['raubn̩] *vt* ❶ to rob ❷ (*entführen*) to abduct ❸ (*beanspruchen*) **das hat mir viel Zeit geraubt** this has cost me a lot of time

Räuber(in) <-s, -> ['rɔybɐ] *m(f)* robber

Raubkatze *f* big cat **Raubtier** *nt* predator **Raubüberfall** *m* robbery

Raubvogel *m* bird of prey

Rauch <-[e]s> [raux] *m kein pl* smoke; **sich in ~ auflösen** to go up in smoke

rauchen ['rauxn̩] *vi, vt* to smoke; **darf man hier/bei Ihnen ~?** may I smoke [in] here/do you mind if I smoke?; **stark ~** to be a heavy smoker

Raucher(in) <-s, -> *m(f)* smoker

Raucherabteil *nt* BAHN smoking compartment [*or* AM car] **Raucherecke** *f* smokers' corner

räuchern [rɔyçɐn] *vt* to smoke

rauchig ['rauxɪç] *adj* smoky

Rauchverbot *nt* ban on smoking

räudig ['rɔydɪç] *adj* mangy

raufen ['raufn̩] *vi, vr* [**sich**] ~ to fight

Raum <-[e]s, Räume> [raum] *m* ❶ (*Zimmer, Platz*) room; **auf engstem ~** in a very confined space; **~ [für etw** *akk*] **schaffen** to make room [for sth] ❷ *kein pl* ASTRON, PHYS space *no art* ❸ (*Gebiet*) region; **im ~ Hamburg** in the Hamburg area

Raumfähre *f* space shuttle **Raumfahrt** *f kein pl* space travel *no art* **Raumkapsel** *f* ❶ (*einer Raumfähre*) space capsule ❷ (*Sonde*) space probe **Raumschiff** *nt* spaceship

Räumung <-, -en> *f* ❶ *einer Straße* clearing; *einer Wohnung* vacation; (*zwangsweise*) eviction ❷ (*Evakuierung*) evacuation

Raupe <-, -n> ['raupə] *f* ❶ ZOOL caterpillar ❷ (*Planierraupe*) bulldozer

Rausch <-[e]s, Räusche> [rauʃ] *m* ❶ intoxication; **einen ~ haben** to be drunk; **seinen ~ ausschlafen** to sleep it off ❷ (*Ekstase*) ecstasy

rauschen ['rauʃn̩] *vi Meer* to roar; (*sanft*) to murmur; *Blätter* to rustle; *Lautsprecher* to hiss

Rauschgift *nt* drug **Rauschgifthändler(in)** <-s, -> *m(f)* drug dealer; (*international*) drug trafficker **rauschgiftsüchtig** *adj* addicted to drugs *pred* **Rauschgiftsüchtige(r)** <-n, -n> *f(m)*

dekl wie adj drug addict
räuspern ['rɔyspɐn] *vr* **sich ~** to clear one's throat
raus|schmeißen *vt irreg* (*fam*) to chuck out
Rausschmeißer <-s, -> *m* bouncer
Razzia <-, Razzien> ['ratsi̯a] *f* raid
reagieren* [rea'giːrən] *vi* to react (**auf** to)
Reaktion <-, -en> [reak'tsi̯oːn] *f* reaction (**auf** to)
Reaktor <-s, -en> [re'aktoːɐ̯] *m* reactor
real [re'aːl] *adj* real
realisieren* [reali'ziːrən] *vt* to realize
realistisch [rea'lɪstɪʃ] *adj* realistic
Realität <-, -en> [reali'tɛːt] *f* reality
Reality-Fernsehen [ri'ɛliti-] *nt* reality TV
Reality-Show [ri'ɛliti-] *f* reality show
Realschule *f type of secondary/junior high school for ages 10 to 16 where pupils can work towards the 'mittlere Reife'*
Rebe <-, -n> ['reːbə] *f* [grape]vine
Rebell(in) <-en, -en> [re'bɛl] *m(f)* rebel
rebellieren* [rebɛ'liːrən] *vi* to rebel
Rebellion <-, -en> [rebɛ'li̯oːn] *f* rebellion; (*Revolte*) revolt
rebellisch [re'bɛlɪʃ] *adj* rebellious
Rebhuhn ['reːphuːn] *nt* partridge
rechen ['rɛçn̩] *vt* to rake
Rechen <-s, -> ['rɛçn̩] *m* rake
Rechenaufgabe *f* arithmetic[al] problem
Rechenfehler *m* arithmetic[al] error
Rechenmaschine *f* calculator
Rechenschaft <-> *f kein pl* account; **jdm ~ schulden** to be accountable to sb (**über** for); **jdn zur ~ ziehen** to call sb to account
Recherche <-, -n> [re'ʃɛrʃə] *meist pl f* investigation; **~n [über jdn/etw] anstellen** to investigate [sb/sth]
recherchieren* [reʃɛr'ʃiːrən] *vi, vt* to investigate
rechnen ['rɛçnən] **I.** *vt* ❶ MATH to calculate ❷ (*betrachten als*) **ich rechne ihn zu meinen besten Freunden** I count him amongst my best friends **II.** *vi* ❶ MATH to do arithmetic; **er kann [nicht] gut ~** he is [not] good at arithmetic; **falsch ~** to make a mistake [in one's calculations]; **richtig ~** to calculate correctly ❷ (*vertrauen*) **auf jdn/etw ~** to count on sb/sth ❸ (*erwarten*) **mit etw** *dat* **~** to reckon on sth; **mit allem ~** to be prepared for anything **III.** *vr* **sich ~** to be profitable
Rechnung <-, -en> *f* ❶ ÖKON bill; **das geht auf meine ~** I'm paying for this; **etw auf die ~ setzen** to put sth on the bill ❷ MATH calculation
recht [rɛçt] **I.** *adj* ❶ right; **ganz ~!** quite right! ❷ (*passend*) **jdm ist etw ~** sth is all right with sb; **das soll mir ~ sein** that's fine by me; **ist Ihnen der Kaffee so ~?** is your coffee all right? **II.** *adv* ❶ (*richtig*) correctly; **höre ich ~?** am I hearing things?; **versteh mich bitte ~** please don't misunderstand me ❷ (*genau*) really; **nicht ~ wissen** to not really know ❸ (*ziemlich*) rather ❹ (*gelegen*) **man kann es nicht allen ~ machen** you cannot please everyone; **jdm ~ geschehen** to serve sb right; **jdm gerade ~ kommen** to come just in time for sb ▶ **jetzt erst ~** now more than ever
Recht <-[e]s, -e> [rɛçt] *nt* ❶ *kein pl* (*Rechtsordnung*) law; **alle ~e vorbehalten** all rights reserved ❷ (*Anspruch, Befugnis*) right (**auf** to); **mit ~** rightly; **jdm ~ geben** to agree with sb; **~ haben** to be [in the] right; **kein ~ haben, etw zu tun** to have no right to do sth
Rechte ['rɛçtə] *f dekl wie adj* ❶ right [hand]; **zu seiner ~n** to his right ❷ POL right
Rechteck <-[e]s, -e> *nt* rectangle
rechteckig *adj* rectangular
rechtfertigen **I.** *vt* to justify (**gegenüber** to) **II.** *vr* **sich ~** to justify oneself
Rechtfertigung *f* justification
rechthaberisch *adj* dogmatic

R

rechtlich **I.** *adj* legal **II.** *adv* legally
rechtlos *adj* without rights *pred*
rechtmäßig *adj* legal; **nicht ~** illegal
rechts [rɛçts] **I.** *adv* ❶ (*auf der rechten Seite*) on the right; **~ oben/unten** at the top/bottom on the right; **nach/von ~** to/from the right ❷ POL right; **~ eingestellt sein** to lean to the right **II.** *präp* **~ einer S.** + *gen* to [*or* on] the right of sth
Rechtsanwalt, -anwältin *m, f* lawyer
Rechtsbruch *m* breach of the law
rechtschaffen ['rɛçtʃafn̩] *adj* upright
Rechtschreibfehler *m* spelling mistake
Rechtschreibung *f* spelling
Rechtsextremismus <-> *m kein pl* right-wing extremism **Rechtsextremist(in)** *m(f)* right-wing extremist
rechtskräftig *adj Urteil* final
Rechtskurve *f* **eine ~ machen** to [make a] bend to the right
Rechtsprechung <-> *f kein pl* dispensation of justice
rechtsradikal **I.** *adj* extreme right-wing **II.** *adv* **~ eingestellt sein** to have a tendency to the far-right
Rechtsstaat *m* state under the rule of law
Rechtsverkehr *m* driving on the right
rechtswidrig *adj* unlawful
rechtwink(e)lig *adj* right-angled **rechtzeitig** **I.** *adj* punctual **II.** *adv* on time; **~ ankommen** to arrive just in time
Recycling <-s> [ri'saiklɪŋ] *nt kein pl* recycling
Redakteur(in) <-s, -e> [redak'tøːɐ] *m(f)* editor
Redaktion <-, -en> [redak'tsi̯oːn] *f* (*Abteilung*) editorial department
Rede <-, -n> ['reːdə] *f* ❶ (*Ansprache*) speech; **eine ~ halten** to make a speech ❷ (*das Sprechen*) talk; **von jdm/etw ist die ~** there is talk of sb/sth; **wovon ist die ~?** what's it [all] about? ▶ **jdn zur ~ stellen** to take sb to task; **nicht der ~ wert sein** to be not worth mentioning; **davon kann keine ~ sein** that's out of the question
redegewandt *adj* eloquent
reden ['reːdn̩] **I.** *vi* ❶ (*sprechen*) to talk (**mit** to/**über** about); **schlecht von jdm ~** to speak ill of sb ❷ (*eine Rede halten*) to speak (**über** about/on) **II.** *vt* to talk
Redewendung *f* idiom
Redner(in) <-s, -> ['reːdnɐ] *m(f)* speaker
reduzieren* [redu'tsiːrən] *vt* to reduce
Reeder(in) <-s, -> ['reːdɐ] *m(f)* shipowner
Reederei <-, -en> [reːdə'rai] *f* shipping company
Referat <-[e]s, -e> [refe'raːt] *nt* [seminar] paper; (*in der Schule*) project; **ein ~ halten** to present a paper/project
reflektieren* [reflɛk'tiːrən] *vt, vi* to reflect
Reflex <-es, -e> [re'flɛks] *m* ❶ MED reflex ❷ (*Lichtreflex*) reflection
Reflexivpronomen *nt* reflexive pronoun
Reform <-, -en> [re'fɔrm] *f* reform
Reformation <-> [refɔrma'tsi̯oːn] *f kein pl* **die ~** the Reformation
Reformhaus *nt* health food shop [*or* AM store]
reformieren* [refɔr'miːrən] *vt* to reform
Reformkost *f* health food **Reformplan** *m* plan of reform
Refrain <-s, -s> [re'frɛ̃ː, rə-] *m* refrain
Regal <-s, -e> [re'gaːl] *nt* shelves *npl;* **etw aus dem ~ nehmen** to take sth off the shelf; **etw ins ~ zurückstellen** to put sth back on the shelf
Regatta <-, Regatten> [re'gata] *f* regatta
rege ['reːgə] *adj* lively; *Beteiligung* active
Regel <-, -n> ['reːgl̩] *f* ❶ rule; **in der ~** as a rule ❷ *kein pl* (*Menstruation*) period
regelmäßig **I.** *adj* regular **II.** *adv* regularly
Regelmäßigkeit <-> *f kein pl* regularity
regeln ['reːgl̩n] **I.** *vt* ❶ (*in Ordnung brin-*

gen) to settle ② (*regulieren*) to regulate **II.** *vr* **sich** [**von selbst**] ~ to sort itself out

regelrecht ['reːgl̩rɛçt] **I.** *adj* real **II.** *adv* really

Regelung <-, -en> ['reːgəlʊŋ] *f* ① (*Bestimmung*) ruling ② *kein pl* (*das Regulieren*) regulation

regelwidrig **I.** *adj* against the rules *pred* **II.** *adv* against the rules

regen ['reːgn̩] *vr* **sich** ~ to stir

Regen <-s, -> ['reːgn̩] *m* rain; **bei/in strömendem** ~ in [the] pouring rain

Regenbogen *m* rainbow **Regenbogenhaut** *f* ANAT iris **Regenmantel** *m* raincoat **Regenschirm** *m* umbrella **Regentropfen** *m* raindrop **Regenwald** *m* rainforest **Regenwurm** *m* earthworm **Regenzeit** *f* rainy season

Regie <-, -n> [re'ʒiː] *f* direction; [**bei etw** *dat*] **die ~ haben** to direct [sth]

regieren* [re'giːrən] *vi, vt* to rule (**über** over)

Regierung <-, -en> [re'giːrʊŋ] *f* government; **an der ~ sein** to be in power

Regierungsbündnis *nt* coalition government **Regierungschef(in)** *m(f)* head of [a/the] government

Regime <-s, -s> [re'ʒiːm] *nt* regime

Regiment <-[e]s, -er> [regi'mɛnt] *nt* MIL regiment

Region <-, -en> [re'gi̯oːn] *f* region

regional [regi̯o'naːl] *adj* regional

Regisseur(in) <-s, -e> [reʒɪ'søːɐ̯] *m(f)* director

registrieren* [regɪs'triːrən] *vt* to register

Regler <-s, -> ['reːglɐ] *m* TECH control

regnen ['reːgnən] *vi* **es regnet** it's raining

regnerisch *adj* rainy

regulär [regu'lɛːɐ̯] *adj* regular

regungslos *adj* motionless

Reh <-[e]s, -e> [reː] *nt* roe deer

rehabilitieren* [rehabili'tiːrən] *vt* to rehabilitate

Rehbock *m* [roe]buck **Rehbraten** *m* (*Fleisch*) joint of venison; (*gebraten*) roast venison

Reibe <-, -n> ['raibə] *f* grater

reiben <rieb, gerieben> ['raibn̩] **I.** *vt* ① to rub ② KOCHK to grate **II.** *vr* **sich** *dat* **die Augen/Hände** ~ to rub one's eyes/hands

Reibung <-, -en> *f* friction

reibungslos **I.** *adj* smooth **II.** *adv* smoothly

reich [raiç] *adj* ① rich (**an** in); ~ **an Erfahrung sein** to have a wealth of experience ② *Ernte* abundant; *Mahlzeit* lavish ③ *Auswahl* large; *Leben* varied

Reich <-[e]s, -e> [raiç] *nt* ① POL empire; **das ~ Gottes** the Kingdom of God; **das Dritte ~** the Third Reich; **das Römische ~** the Roman Empire ② (*Bereich*) realm

reichen ['raiçn̩] **I.** *vi* ① (*ausreichen*) to last ② (*überdrüssig sein*) **etw reicht jdm** sth is enough for sb; **mir reicht's!** I've had enough! ③ (*sich erstrecken*) **bis zu etw** *dat* ~ to reach to sth **II.** *vt* (*geben*) **jdm etw** ~ to pass sb sth

reichlich ['raiçlɪç] **I.** *adj* ample; ~ **Geld/Zeit haben** to have plenty of money/time **II.** *adv* amply

Reichtum <-[e]s, Reichtümer> ['raiçtuːm] *m* ① (*Wohlstand*) wealth ② (*Besitztümer*) **die Reichtümer** the riches *npl*

reif [raif] *adj* ① *Frucht, Zeit* ripe ② *Mensch* mature

Reif[1] <-[e]s> [raif] *m kein pl* METEO hoar frost

Reif[2] <-[e]s, -e> [raif] *m* (*Armreif*) bracelet

Reife <-> ['raifə] *f kein pl* ① *Frucht* ripeness ② *Mensch* maturity

reifen ['raifn̩] *vi sein* ① *Frucht* to ripen ② *Mensch* to mature (**zu** into)

Reifen <-s, -> ['raifn̩] *m* tyre

Reihe <-, -n> ['raiə] *f* ① row; MIL file; **du bist an der ~** it's your turn; **der ~ nach** in order ② (*Menge*) **eine ~ von ...** a lot of ...

Reihenfolge *f* order
Reihenhaus *nt* terraced [*or* AM row] house
Reiher <-s, -> ['raiɐ] *m* heron
Reim <-[e]s, -e> [raim] *m* rhyme
reimen ['raimən] *vr, vt* [**sich**] ~ to rhyme (**auf/mit** with)
rein[1] [rain] **I.** *adj* ❶ (*pur*) pure; *Wahrheit* plain; **das Kinderzimmer ist der ~ste Schweinestall!** the children's room is an absolute pigsty! ❷ (*völlig sauber*) clean ❸ (*makellos*) clear ▶ **etw ins R~e bringen** to clear up sth; **mit jdm/sich selbst im R~en sein** to have got things straightened out with sb/oneself **II.** *adv* ❶ (*ausschließlich*) purely ❷ (*absolut*) absolutely
rein[2] [rain] *adv* (*fam*) into; ~ **mit dir!** come on, get in!
rein|fallen *vi irreg sein* (*fam*) ❶ (*hineinfallen*) [**irgendwo**] ~ to fall in [somewhere] ❷ (*hereingelegt werden*) to be taken in (**auf** by)
reinigen ['rainɪgn̩] *vt* to clean
Reinigung <-, -en> *f* ❶ *kein pl* cleaning ❷ (*Geschäft*) cleaner's; **die chemische ~** the dry cleaner's
reinrassig *adj* thoroughbred
Reis <-es> [rais] *m kein pl* rice
Reise <-, -n> ['raizə] *f* journey; **gute ~!** have a good trip!; **eine ~ machen** to go on a journey
Reiseapotheke *f* first aid kit **Reisebüro** *nt* travel agency **Reiseführer** *m* travel guide[book], guidebook **Reisegefährte, -gefährtin** *m, f* travel[ling] companion; (*Mitreisender*) fellow passenger **Reisegesellschaft** *f* party of tourists **Reiseleiter(in)** *m(f)* guide **reiselustig** *adj* fond of travelling
reisen ['raizn̩] *vi sein* to travel
Reisende(r) *f(m) dekl wie adj* passenger
Reisepass *m* passport **Reiseroute** *f* itinerary **Reisetasche** *f* holdall **Reiseveranstalter(in)** *m(f)* tour operator **Reiseverkehr** *m kein pl* holiday traffic **Reiseversicherung** *f* travel insurance **Reiseziel** *nt* destination
reißen <riss, gerissen> ['raisn̩] **I.** *vi* ❶ *sein: Stoff* to tear; *Seil* to break ❷ *haben* (*zerren*) **an etw** *dat* ~ to pull [on] sth **II.** *vt haben* ❶ to tear (**von** from) ❷ (*Risse erzeugen*) to crack ❸ (*unterbrechen*) **das Klingeln des Telefons riss sie aus ihren Gedanken** the ringing of the telephone roused her from her thoughts ❹ (*gewaltsam übernehmen*) **etw an sich** *akk* ~ to seize sth ▶ **hin und her gerissen sein/werden** to be torn **III.** *vr haben* ❶ (*sich losreißen*) **sich aus etw** *dat* ~ to tear oneself out of sth ❷ **sich um jdn/etw** ~ to scramble to get sb/sth
Reißverschluss *m* zip BRIT, zipper AM
Reißzwecke <-, -n> *f* drawing pin
reiten <ritt, geritten> ['raitn̩] **I.** *vi sein* to ride; **im Galopp/Trab** ~ to gallop/trot **II.** *vt haben* to ride
Reiter(in) <-s, -> ['raitɐ] *m(f)* rider
Reitstiefel *m* riding-boot **Reitweg** *m* bridle-path
Reiz <-es, -e> [raits] *m* ❶ (*Verlockung*) appeal; **den ~ verlieren** to lose its appeal ❷ (*Stimulus*) stimulus
reizbar *adj* irritable
reizen ['raitsn̩] *vt* ❶ (*verlocken*) to tempt ❷ MED to irritate ❸ (*provozieren*) to provoke (**zu** into)
reizend *adj* attractive
reizlos *adj* dull
reizvoll *adj* attractive
Reklamation <-, -en> [reklama'tsi̯oːn] *f* complaint
Reklame <-, -n> [re'klaːmə] *f* ❶ *kein pl* advertising ❷ (*Prospekt*) advertising brochure
reklamieren* [rekla'miːrən] *vt* **etw** ~ to complain about sth
rekonstruieren* [rekɔnstru'iːrən] *vt* to reconstruct (**aus** from)
Rekord <-s, -e> [re'kɔrt] *m* record

R

Rekrut(in) <-en, -en> [re'kru:t] *m(f)* recruit
rekrutieren* [rekru'ti:rən] **I.** *vt* to recruit **II.** *vr* **sich aus etw** *dat* ~ to consist of sth
Rektor(in) <-s, -en> ['rɛkto:ɐ̯, rɛk'to:rɪn] *m(f)* (*Schulleiter*) head teacher BRIT, principle AM
relativ [rela'ti:f] *adj* relative
relevant [rele'vant] *adj* relevant
Religion <-, -en> [reli'gi̯o:n] *f* religion
Religionsfreiheit *f* freedom of worship
religiös [reli'gi̯ø:s] *adj* religious
Relikt <-[e]s, -e> [re'lɪkt] *nt* relic
Renaissance <-> [rənɛ'sã:s] *f kein pl* Renaissance
Rendezvous <-, -> [rãde'vu:] *nt* rendezvous
rennen <rannte, gerannt> ['rɛnən] *vi sein* ① to run ② (*stoßen*) **gegen etw** *akk* ~ to bump into sth
Rennfahrer(in) *m(f)* ① AUTO racing [*or* AM racecar] driver ② (*beim Radrennen*) racing cyclist
Rennpferd *nt* racehorse **Rennrad** *nt* racing bike **Rennwagen** *m* racing [*or* AM *a.* race] car
renovieren* [reno'vi:rən] *vt* to renovate
Renovierung <-, -en> *f* renovation
rentabel [rɛn'ta:bl̩] *adj* profitable
Rente <-, -n> ['rɛntə] *f* pension; **in ~ gehen** to retire
Rentenreform *f* pension reform **Rentenversicherung** *f* pension scheme BRIT, retirement insurance AM
Rentier ['rɛnti:ɐ̯] *nt* reindeer
rentieren* [rɛn'ti:rən] *vr* **sich ~** to be worthwhile
Rentner(in) <-s, -> *m(f)* pensioner
Reparatur <-, -en> [repara'tu:ɐ̯] *f* repair; **etw in ~ geben** to have sth repaired
reparieren* [repa'ri:rən] *vt* to repair
Reportage <-, -n> [repɔr'ta:ʒə] *f* report
Reporter(in) <-s, -> [re'pɔrtɐ] *m(f)* reporter
Repressalie <-, -n> [reprɛ'sa:li̯ə] *f* reprisal *usu pl*
Reproduktion <-, -en> [reprodʊk'tsi̯o:n] *f* reproduction
reproduzieren* [reprodu'tsi:rən] *vt* to reproduce
Reptil <-s, -ien> [rɛp'ti:l] *nt* reptile
Republik <-, -en> [repu'bli:k] *f* republic
Republikaner(in) <-s, -> [republi'ka:nɐ] *m(f)* Republican
Reservat <-[e]s, -e> [rezɛr'va:t] *nt* reservation
Reserve <-, -n> [re'zɛrvə] *f* reserve; **jdn aus der ~ locken** to bring sb out of his/her shell
Reservekanister *m* spare can
reservieren* [rezɛr'vi:rən] *vt* to reserve
resignieren* [rezɪ'gni:rən] *vi* to give up
resolut [rezo'lu:t] *adj* resolute
Respekt <-s> [re'spɛkt, rɛ-] *m kein pl* respect; **vor jdm/etw ~ haben** to have respect for sb/sth
respektieren* [respɛk'ti:rən, rɛ-] *vt* to respect
respektlos *adj* disrespectful
respektvoll *adj* respectful
Ressource <-, -n> [rɛ'sʊrsə] *f* resource
Rest <-[e]s, -e> [rɛst] *m* rest; *Essen* leftovers *npl;* **der letzte ~** the last bit ▶ **jdm den ~ geben** to finish sb [off]
Restaurant <-s, -s> [rɛsto'rã:] *nt* restaurant R
restaurieren* [restau'ri:rən, rɛ-] *vt* to restore
Retourbillett ['rətu:ɐ̯bɪljɛt] *nt* SCHWEIZ (*Rückfahrkarte*) return ticket **Retourgeld** ['rətu:ɐ̯-] *nt* SCHWEIZ change
retten ['rɛtn̩] **I.** *vt* to save (**vor** from) **II.** *vr* **sich ~** to save oneself; **rette sich, wer kann!** run for your lives!; **sich vor jdm/etw nicht mehr ~ können** to be swamped by sb/sth
Retter(in) <-s, -> *m(f)* rescuer
Rettich <-s, -e> ['rɛtɪç] *m* radish
Rettung <-, -en> *f* rescue; **du bist meine letzte ~** you're my last hope
Rettungsboot *nt* lifeboat **Rettungsring**

m lifebelt **Rettungswagen** *m* ambulance

Reue <-> ['rɔyə] *f kein pl* remorse

reuen ['rɔyən] *vt* **etw reut jdn** sb regrets sth

Revanche <-, -n> [re'vã:ʃə] *f* SPORT return match BRIT, rematch AM

revanchieren* [revã'ʃi:rən] *vr* **sich [bei jdm]** ~ to return [sb] a favour

Revier <-s, -e> [re'vi:ɐ̯] *nt* ❶ (*Polizeirevier*) beat BRIT, precinct AM; (*Polizeidienststelle*) police station ❷ (*Jagdrevier*) shoot

Revision <-, -en> [revi'zi̯o:n] *f* ❶ JUR appeal ❷ (*Abänderung*) revision

Revolte <-, -n> [re'vɔltə] *f* revolt

Revolution <-, -en> [revolu'tsi̯o:n] *f* revolution

revolutionär [revolutsi̯o'nɛ:ɐ̯] *adj* revolutionary

Revolver <-s, -> [re'vɔlvɐ] *m* revolver

Rezept <-[e]s, -e> [re'tsɛpt] *nt* ❶ KOCHK recipe ❷ MED prescription; **auf** ~ on prescription

Rezeption <-, -en> [retsɛp'tsi̯o:n] *f* reception

Rhabarber <-s, -> [ra'barbɐ] *m* rhubarb

Rhein <-s> [rain] *m* **der** ~ the Rhine; **am** ~ on the Rhine

rhetorisch [re'to:rɪʃ] *adj* rhetorical

Rheuma <-s> ['rɔyma] *nt kein pl* rheumatism

rheumatisch [rɔy'ma:tɪʃ] *adj* rheumatic

rhythmisch ['rʏtmɪʃ] *adj* rhythmic[al]

Rhythmus <-, -Rhythmen> ['rʏtmʊs] *m* rhythm

Ribisel <-, -n> ['ri:bi:zl] *f* DIAL, ÖSTERR (*rot*) redcurrant; (*schwarz*) blackcurrant

richten ['rɪçtn̩] **I.** *vr* ❶ (*bestimmt sein*) **sich an jdn** ~ to be directed at sb ❷ (*um Rat wenden*) **sich an jdn/etw** ~ to consult sb/sth ❸ (*sich orientieren*) **sich nach etw** *dat* ~ to comply with sth; **wir richten uns ganz nach Ihnen** we'll fit in with you **II.** *vt* ❶ (*lenken*) to direct (**auf** towards/at): **seinen Blick auf etw** *akk* ~ to [have a] look at sth ❷ (*adressieren*) to address (**an** to) ❸ (*reparieren*) to fix

Richter(in) <-s, -> ['rɪçtɐ] *m(f)* judge

richtig ['rɪçtɪç] **I.** *adj* ❶ right; **es war ~, dass du gegangen bist** you were right to leave; **irgendwo/bei jdm ~ sein** to be at the right place/address ❷ *Lösung* correct ❸ (*wirklich, echt*) real ❹ (*fam: in Ordnung*) all right **II.** *adv* ❶ (*korrekt*) correctly; **sehr ~!** quite right! ❷ (*fam: regelrecht*) really

richtig|stellen *vt* to correct

Richtlinie *f meist pl* guideline *usu pl*

Richtung <-, -en> ['rɪçtʊŋ] *f* ❶ direction ❷ (*Tendenz*) trend; **irgendwas in der** ~ something along those lines

riechen <roch, gerochen> ['ri:çn̩] **I.** *vi* to smell (**nach** of); **an jdm/etw** ~ to smell sb/sth **II.** *vt* to smell; **riechst du nichts?** can't you smell anything? **III.** *vi impers* **es riecht ekelhaft** there's a disgusting smell; **es riecht nach etw** *dat* there's a smell of sth

Riegel <-s, -> ['ri:gl] *m* ❶ (*Verschluss*) bolt ❷ (*Schokoriegel*) bar

Riemen <-s, -> ['ri:mən] *m* strap ► **sich am ~ reißen** to get a grip on oneself

Riese, Riesin <-n, -n> ['ri:zə, 'ri:zɪn] *m, f* giant

rieseln ['ri:z|n] *vi sein* ❶ (*rinnen*) to trickle (**auf** onto) ❷ (*bröckeln*) **von etw** *dat* ~ to flake off sth

riesengroß ['ri:zn̩'gro:s] *adj* (*fam*) enormous **Riesenrad** *nt* Ferris wheel **Riesenschlange** *f* (*fam*) boa

Riff <-[e]s, -e> [rɪf] *nt* reef

rigoros [rigo'ro:s] *adj* rigorous

Rille <-, -n> ['rɪlə] *f* groove

Rind <-[e]s, -er> [rɪnt] *nt* ❶ cow ❷ KOCHK beef *no pl*

Rinde <-, -n> ['rɪndə] *f* (*Borke*) bark *no pl*

Rinderbraten *m* roast beef **Rinderwahnsinn** *m kein pl* mad cow disease *no art*

R

Rindfleisch *nt* beef *no art*

Ring <-[e]s, -e> [rɪŋ] *m* ring

Ringelnatter *f* grass snake

Ringelspiel *nt* ÖSTERR (*Karussell*) merry-go-round

ringen <rang, gerungen> ['rɪŋən] *vi* ❶ (*im Ringkampf*) to wrestle ❷ (*im Zwiespalt sein*) **mit sich** *dat* ~ to wrestle with oneself ❸ **nach Atem** ~ to struggle for breath

Ringer(in) <-s, -> *m(f)* wrestler

Ringfinger *m* ring finger

Ringkampf *m* wrestling match

ringsum ['rɪŋs'ʔʊm] *adv* [all] around

Rinne <-, -n> ['rɪnə] *f* channel; (*Furche*) furrow

rinnen <rann, geronnen> ['rɪnən] *vi sein* to run

Rinnstein *m* gutter

Rippchen <-s, -> ['rɪpçən] *nt* smoked rib [of pork]

Rippe <-, -n> ['rɪpə] *f* rib

rippen ['rɪpən] *vt CD* to rip

Risiko <-s, Risiken> ['ri:ziko] *nt* risk; **auf jds** ~ at sb's own risk

Risikoabwägung *f* risk assessment

riskant [rɪs'kant] *adj* risky

riskieren* [rɪs'ki:rən] *vt* to risk sth

Riss <Risses, Risse> [rɪs] *m* crack; (*in Papier*) tear

rissig ['rɪsɪç] *adj* cracked

Ritt <-[e]s, -e> [rɪt] *m* ride

Ritter <-s, -> ['rɪtɐ] *m* knight

Ritual <-s, -e> [ri'tu̯a:l] *nt* ritual

Ritze <-, -n> ['rɪtsə] *f* crack

ritzen ['rɪtsn̩] **I.** *vt* to carve (**auf** on/**in** in) **II.** *vr* **sich** ~ to scratch oneself

Rivale, Rivalin <-n, -n> [ri'va:lə, ri'va:lɪn] *m, f* rival

rivalisieren* [rivali'zi:rən] *vi* (*geh*) **mit jdm** ~ to compete with sb (**um** for); **~d** rival

Rivalität <-, -en> [rivali'tɛ:t] *f* rivalry

Rizinus <-, -> ['ri:tsinʊs] *m* castor-oil [plant]

Roadster <-s, -> ['roʊdstə] *m* roadster

Robbe <-, -n> ['rɔbə] *f* seal

Roboter <-s, -> ['rɔbɔtɐ] *m* robot

robust [ro'bʊst] *adj* robust

röcheln ['rœçl̩n] *vi* to breathe stertorously *form*

Rochen <-s, -> ['rɔxn̩] *m* ray

Rock[1] <-[e]s, Röcke> [rɔk] *m* ❶ skirt ❷ DIAL (*Jacke*) jacket

Rock[2] <-[s], -[s]> [rɔk] *m kein pl* MUS rock *no art*

Rodel <-s *o* SÜDD, ÖSTERR -, -> ['ro:dl̩] *m o* SÜDD, ÖSTERR *f* toboggan

Rodelbahn *f* toboggan run

rodeln ['ro:dl̩n] *vi sein o haben* to toboggan

Rogen <-s, -> ['ro:gn̩] *m* roe *no art, no pl*

Roggen <-s> ['rɔgn̩] *m kein pl* rye *no art*

Roggenbrot *nt* rye bread *no pl*

roh [ro:] *adj* ❶ (*nicht zubereitet*) raw ❷ (*brutal*) rough ❸ (*rüde*) coarse

Rohbau <-bauten> *m* shell

Rohheit <-, -en> ['ro:hait] *f* coarseness *no art*

Rohkost *f* uncooked vegetarian food *no art*

Rohr <-[e]s, -e> [ro:ɐ̯] *nt* pipe; (*dünn, flexibel*) tube

Röhre <-, -n> ['rø:rə] *f* tube

Rohrstuhl *m* cane chair **Rohrzucker** *m* cane sugar *no art*

Rohstoff *m* raw material

Rokoko <-[s]> ['rɔkoko] *nt kein pl* (*Stil*) rococo

Rollbahn *f* runway

Rolle <-, -n> ['rɔlə] *f* ❶ *Draht etc.* roll ❷ (*Spule*) reel ❸ SPORT roll; **eine ~ machen** to do a roll ❹ FILM role; **eine ~ spielen** to play a part ▶ **es spielt keine ~, ob/wie** it doesn't matter whether/how ...

rollen ['rɔlən] **I.** *vi, vt sein* to roll ▶ **etw ins Rollen bringen** to set sth in motion **II.** *vr* **sich** ~ to curl up

Roller <-s, -> ['rɔlɐ] *m* ❶ scooter ❷ ÖSTERR (*Rollo*) [roller] blind

Rollladen <-s, Rollläden> *m* shutter

usu pl **Rollschuh** *m* roller skate; ~ **laufen** to roller-skate **Rollstuhl** *m* wheelchair **Rollstuhlfahrer(in)** *m(f)* wheelchair user **Rolltreppe** *f* escalator

Roma [roːma] *pl* Roma *npl*

Roman <-s, -e> [roˈmaːn] *m* novel

romanisch [roˈmaːnɪʃ] *adj* ❶ LING, GEOG Romance ❷ SCHWEIZ (*rätoromanisch*) Rhaeto-Romanic *spec*

Römer(in) <-s, -> [ˈrøːmɐ] *m(f)* Roman

römisch [ˈrøːmɪʃ] *adj* Roman

röntgen [ˈrœntgn̩] *vt* to x-ray; **sich ~ lassen** to be x-rayed

Röntgenaufnahme *f* X-ray [photograph] **Röntgenstrahlen** *pl* X-rays

rosa [ˈroːza] *adj* pink

Rose <-, -n> [ˈroːzə] *f* rose

Rosenkohl *m* [Brussels] sprouts *usu pl* **Rosenkranz** *m* rosary

Rosine <-, -n> [roˈziːnə] *f* raisin

Rosmarin <-s> [ˈroːsmariːn] *m kein pl* rosemary *no art*

Rost[1] <-[e]s> [rɔst] *m kein pl* rust *no art*

Rost[2] <-[e]s, -e> [rɔst] *m* ❶ (*Gitter*) grating ❷ (*Grillrost*) grill

rosten [ˈrɔstn̩] *vi sein o haben* to rust

rösten [ˈrœstn̩] *vt* to roast

rostfrei *adj* stainless

rostig [ˈrɔstɪç] *adj* rusty

rot <-er *o* röter, -este> [roːt] **I.** *adj* red; **~ werden** to blush **II.** *adv* **~ glühend** red-hot; **~ sehen** to see red

Röteln [ˈrøːtl̩n] *pl* rubella *no art, no pl*

rothaarig *adj* red-haired; **~ sein** to have red hair

rotieren* [roˈtiːrən] *vi haben o sein* to rotate

Rotkehlchen <-s, -> *nt* robin **Rotkohl** *m*, **Rotkraut** *nt* red cabbage *no art*

rötlich [ˈrøːtlɪç] *adj* reddish

Rotlichtviertel *nt* red-light district **Rotwein** *m* red wine **Rotwild** *nt* red deer

Roulade <-, -n> [ruˈlaːdə] *f* roulade

Roulette <-s, -> [ruˈlɛt] *nt* roulette *no art, no pl*

Route <-, -n> [ˈruːtə] *f* route

Routine <-> [ruˈtiːnə] *f kein pl* routine

Rowdy <-s, -s> [ˈraudi] *m* hooligan

Rübe <-, -n> [ˈryːbə] *f* turnip; **Gelbe ~** carrot; **Rote ~** beetroot

Rubin <-s, -e> [ruˈbiːn] *m* ruby

Rubrik <-, -en> [ruˈbriːk] *f* category

Ruck <-[e]s, -e> [rʊk] *m* jolt ► **sich** *dat* **einen ~ geben** to pull oneself together

ruckartig I. *adj* jerky **II.** *adv* with a jerk

rücken [ˈrʏkn̩] **I.** *vi sein* **[irgendwohin]** ~ to move [somewhere]; **zur Seite ~** to move aside **II.** *vt* **etw irgendwohin ~** to move sth somewhere

Rücken <-s, -> [ˈrʏkn̩] *m* back; **auf dem ~** on one's back; **hinter jds ~** behind sb's back; **jdm den ~ zudrehen** to turn one's back on sb

Rückenschmerzen *pl* back pain *n sing* **Rückenschwimmen** *nt* backstroke *no pl* **Rückenwind** *m* tail wind

Rückerstattung *f* refund **Rückfahrkarte** *f* return ticket **Rückfahrt** *f* return journey **Rückfall** *m* ❶ MED relapse ❷ JUR subsequent offence

rückfällig *adj* JUR recidivist *attr*

Rückflug *m* return flight **Rückflugticket** *nt* return air [*or* AM roundtrip plane] ticket **Rückgabe** *f* return

rückgängig *adj* **etw ~ machen** to cancel sth

Rückgrat <-[e]s, -e> *nt* ❶ ANAT spine ❷ *kein pl* (*fig: Charakterstärke*) backbone; **ohne ~** spineless

Rückkehr <-> *f kein pl* return

Rücklicht *nt* tail light

Rückreise *f* return journey

Rucksack [ˈrʊkzak] *m* rucksack, backpack AM *usu*

Rückschritt *m* step backwards

Rückseite *f* ❶ *Seite, Stoff* reverse [side] ❷ (*hintere Seite*) rear

Rücksicht <-, -en> [ˈrʏkzɪçt] *f* consideration *no art, no pl;* **~ [auf jdn] nehmen** to show consideration [for sb]; **~ auf etw** *akk* **nehmen** to take sth into consideration

rücksichtslos **I.** *adj* ruthless; *Autofahrer* reckless **II.** *adv* ruthlessly; *Auto fahren* recklessly

Rücksichtslosigkeit <-, -en> *f* recklessness

rücksichtsvoll *adj* considerate (**zu** towards)

Rücksitz *m* rear seat **Rückspiegel** *m* rear mirror

Rücktritt *m* ❶ (*vom Amt*) resignation ❷ (*vom Vertrag*) withdrawal

rückwärts ['rʏkvɛrts] *adv* backwards; ~ **einparken** to reverse into a parking space

Rückwärtsgang *m* reverse [gear]; **den ~ einlegen** to engage reverse

Rückweg *m* way back; **sich auf den ~ machen** to head back

Rüde <-n, -n> ['ry:də] *m* [male] dog

Rudel <-s, -> ['ru:dl̩] *nt* herd; *von Wölfen* pack

Ruder <-s, -> ['ru:dɐ] *nt* ❶ (*Paddel*) oar ❷ (*Steuerruder*) helm

Ruderboot *nt* rowing boat, rowboat AM

rudern ['ru:dɐn] *vi, vt* to row

Rüebli <-s, -> ['rʏəblɪ] *nt* SCHWEIZ carrot

Ruf <-[e]s, -e> [ru:f] *m* ❶ (*Ausruf*) shout; (*an jdn gerichtet*) call ❷ *kein pl* (*Ansehen*) reputation

rufen <rief, gerufen> ['ru:fn̩] **I.** *vi* ❶ (*ausrufen*) to cry out ❷ (*fordern*) to call (**nach** for/**zu** to) **II.** *vt* to call; **jdn zu sich** *dat* ~ to summon sb [to one]; **jdn ~ lassen** to send for sb; **[jdm] wie gerufen kommen** to come just at the right moment

Rufname *m* [fore]name

rügen ['ry:gn̩] *vt* **etw ~** to censure sth; **jdn ~** to reprimand sb

Ruhe <-> ['ru:ə] *f kein pl* ❶ (*Stille*) silence *no art;* **~!** quiet!; **~ geben** to be quiet ❷ (*Frieden*) peace *no art;* (*Erholung*) rest; **keine ~ geben, bis ...** to not rest until ...; **sich** *dat* **keine ~ gönnen** to not allow oneself any rest; **jdn in ~ lassen** to leave sb in peace; **jdm keine ~ lassen** to not give sb a moment's rest; **sich zur ~ setzen** to retire ❸ (*Gelassenheit*) calm[ness]; **immer mit der ~!** take things easy!; **[die] ~ bewahren** to keep calm

Ruhelosigkeit <-> *f kein pl* restlessness *no art*

ruhen ['ru:ən] *vi* to rest; **etw ~ lassen** to let sth rest; **die Vergangenheit ~ lassen** to forget the past

Ruhestand *m kein pl* retirement *no art;* **im ~** retired; **in den ~ gehen** to retire **Ruhestörung** *f* breach of the peace **Ruhetag** *m* day off; (*Feiertag*) day of rest

ruhig ['ru:ɪç] **I.** *adj* ❶ (*still, geruhsam*) quiet ❷ (*bewegungslos*) calm ❸ (*gelassen*) calm **II.** *adv* (*gelassen*) calmly

Ruhm <-es> [ru:m] *m kein pl* fame *no art*

rühmen ['ry:mən] **I.** *vt* to praise **II.** *vr* **sich einer S.** *gen* ~ to boast about sth

Ruhr <-> [ru:ɐ̯] *f kein pl* MED **die ~** dysentery

Rührei ['ry:ɐ̯ʔai] *nt* scrambled eggs *npl*

rühren ['ry:rən] **I.** *vt* ❶ to stir ❷ (*innerlich bewegen*) **jdn ~** to move sb **II.** *vr* **sich ~** (*sich bewegen*) to move

rührend **I.** *adj* touching **II.** *adv* touchingly

rührselig *adj* tear-jerking; **ein ~es Buch/~er Film** a tear jerker

Rührung <-> *f kein pl* emotion *no art;* **vor ~** with emotion

Ruin <-s> [ru'i:n] *m kein pl* ruin

Ruine <-, -n> [ru'i:nə] *f* ruin[s *npl*]

ruinieren* [rui'ni:rən] *vt* to ruin

rülpsen ['rʏlpsn̩] *vi* to belch

Rum <-s, -s> [rʊm] *m* rum *no art, no pl*

Rumäne, Rumänin <-n, -n> [ru'mɛ:nə, ru'mɛ:nɪn] *m, f* Romanian

Rumänien <-s> [ru'mɛ:ni̯ən] *nt* Romania

rumänisch [ru'mɛ:nɪʃ] *adj* Romanian

Rummel <-s> ['rʊml̩] *m kein pl* [hustle and] bustle *no art*

Rummelplatz *m* fairground

rumpeln ['rʊmpl̩n] *vi* to rumble

Rumpf <-[e]s, Rümpfe> [ˈrʊmpf] *m* ❶ torso ❷ TECH *eines Flugzeugs* fuselage; *eines Schiffes* hull

Rumpsteak [ˈrʊmpsteːk, -ʃteːk] *nt* rump steak

rund [rʊnt] **I.** *adj* round; **eine ~e Summe** a round sum; **~e fünf Jahre** a good five years + *sing vb* **II.** *adv* ❶ **~ um** around ❷ (*etwa*) around

Runde <-, -n> [ˈrʊndə] *f* ❶ (*Gesellschaft*) company ❷ (*Rundgang*) round; **seine ~ machen** to do one's rounds; *Polizist* to be on one's beat ❸ SPORT lap; (*Boxen*) round ❹ (*Bestellung*) round; **eine ~ spendieren** to get in a round ▶ **über die ~n kommen** to make ends meet

Rundfahrt *f* [sightseeing] tour **Rundflug** *m* [short] circular [sightseeing] flight

Rundfunk *m* radio **Rundfunksender** *m* radio station

Rundgang *m* walk; (*zur Besichtigung*) tour **Rundreise** *f* tour (**durch** of)

Rundung <-, -en> *f* curve

runzelig <-er, -ste> [ˈrʊntsəlɪç] *adj* wrinkled

runzeln [ˈrʊntsl̩n] **I.** *vt* to wrinkle **II.** *vr* **sich ~** to become wrinkled

Rüpel <-s, -> [ˈryːpl̩] *m* lout

ruppig [ˈrʊpɪç] **I.** *adj* gruff **II.** *adv* gruffly

Ruß <-es> [ruːs] *m kein pl* soot

Russe, Russin <-n, -n> [ˈrʊsə, ˈrʊsɪn] *m, f* Russian

Rüssel <-s, -> [ˈrʏsl̩] *m* trunk

rußig [ˈruːsɪç] *adj* sooty

russisch [ˈrʊsɪʃ] *adj* Russian

Russland <-s> [ˈrʊslant] *nt* Russia

rüsten [ˈrʏstn̩] **I.** *vi* to arm **II.** *vr* **sich zu etw** *dat* **~** to prepare for sth

rüstig [ˈrʏstɪç] *adj* sprightly

rustikal [rʊstiˈkaːl] *adj* rustic

Rüstung <-, -en> [ˈrʏstʊŋ] *f* ❶ *kein pl* [re]armament ❷ (*Ritterrüstung*) armour

Rutschbahn *f* slide; **auf der ~ rutschen** to play on the slide

rutschen [ˈrʊtʃn̩] *vi sein* ❶ (*ausrutschen*) to slip ❷ (*rücken*) to move; **rutsch mal!** move over ❸ (*gleiten*) to slide

rutschig [ˈrʊtʃɪç] *adj* slippery

rütteln [ˈrʏtl̩n] **I.** *vt* to shake (**an** by) **II.** *vi* **an etw** *dat* **~** to shake sth; **daran ist nicht zu ~** there's no doubt about it

Ss

S, s <-, -> [ɛs] *nt* S, s

Saal <-[e]s, Säle> [za:l] *m* hall

Saat <-, -en> [za:t] *f* ❶ (*Saatgut*) seed[s *npl*] ❷ (*sprießende Halme*) young crops *npl*

Sabbat <-s, -e> ['zabat] *m* **der ~** the Sabbath

Säbel <-s, -> ['zɛ:bl̩] *m* sabre

Sabotage <-, -n> [zabo'ta:ʒə] *f* sabotage

Sachbuch *nt* nonfiction book

Sache <-, -n> ['zaxə] *f* ❶ thing ❷ (*Angelegenheit*) matter; **er macht seine ~ gut** he's doing well; **bei der ~ sein** to give one's full attention; **eine ~ für sich sein** to be a matter apart; **eine gute ~** a good cause; **keine halben ~n machen** to not do things by halves; **nicht jedermanns ~ sein** to be not everyone's cup of tea; **zur ~ kommen** to come to the point

Sachgebiet *nt* [specialized] field

sachlich ['zaxlɪç] *adj* (*objektiv*) objective

Sachschaden *m* damage to property

Sachse, Sächsin <-n, -n> ['zaksə, 'zɛksɪn] *m, f* Saxon

Sachsen <-n, -n> ['zaksn̩] *nt* Saxony

sächsisch ['zɛksɪʃ] *adj* Saxon

Sack <-[e]s, Säcke> [zak] *m* sack

Sackgasse *f* dead end ▶ **in einer ~ stecken** to have come to a dead end **Sackkleid** *nt* baggy dress **Sacktuch** *nt* SÜDD, ÖSTERR handkerchief

Sadismus <-> [za'dɪsmʊs] *m kein pl* sadism

Sadist(in) <-en, -en> [za'dɪst] *m(f)* sadist

sadistisch **I.** *adj* sadistic **II.** *adv* sadistically

säen ['zɛ:ən] *vt, vi* to sow

Safari <-, -s> [za'fa:ri] *f* safari

Safran <-s, -e> ['zafra:n] *m* saffron

Saft <-[e]s, Säfte> [zaft] *m* ❶ juice *no pl* ❷ (*Pflanzensaft*) sap *no pl*

saftig ['zaftɪç] *adj* juicy

Sage <-, -n> ['za:gə] *f* legend

Säge <-, -n> ['zɛ:gə] *f* saw

sagen ['za:gn̩] **I.** *vt* ❶ (*äußern*) **etw [zu jdm] ~** to say sth [to sb]; **jdm etw ~** to tell sb sth; **was ich noch ~ wollte, ...** just one more thing, ...; **das kann man wohl ~** you can say that again; **leichter gesagt als getan** easier said than done ❷ (*bedeuten*) **jdm etwas/nichts/wenig ~** to mean something/to not mean anything/to mean little to sb ❸ (*wichtig sein*) **jd hat etwas/nichts zu ~** sb has the say/has nothing to say; **etw hat nichts zu ~** sth does not mean anything **II.** *vi imperativisch* **sag/~ Sie, ...** tell me, ...; **ich muss schon ~!** I must say!; **unter uns gesagt ...** between you and me ...; **genauer gesagt** or more precisely

sägen ['zɛ:gn̩] *vt, vi* to saw

Sahne <-> ['za:nə] *f kein pl* cream; **saure/süße ~** sour/[fresh] cream

Sahnetorte *f* cream gateau

Saison <-, -s> [zɛ'zõ:] *f* season; **außerhalb der ~** in the off-season

S

Saisonarbeiter(in) *m(f)* seasonal worker

Saite <-, -n> ['zaitə] *f* string

Saiteninstrument *nt* string[ed] instrument

Sakko <-s, -s> ['zako] *m o nt* sports jacket

Sakrament <-[e]s, -e> [zakra'mɛnt] *nt* sacrament

Salamander <-s, -> [zala'mandɐ] *m* salamander

Salami <-, -s> [za'la:mi] *f* salami

Salat <-[e]s, -e> [za'la:t] *m* ❶ salad ❷ (*Pflanze*) lettuce

Salatsoße *f* salad dressing

Salbe <-, -n> ['zalbə] *f* ointment

Salbei <-s> ['zalbai] *m kein pl* sage

Saldo <-s, Salden> ['zaldo] *m* balance

Salon <-s, -s> [za'lõː] *m* salon

salopp [za'lɔp] **I.** *adj* ❶ *Kleidung* casual ❷ *Sprache* slangy **II.** *adv* **sich ~ ausdrücken** to use slang[y] expressions

Salto <-s, -s> ['zalto] *m* somersault; **einen ~ machen** to somersault

Salz <-es, -e> [zalts] *nt* salt

salzarm **I.** *adj* low-salt *attr* **II.** *adv* **~ essen/kochen/leben** to eat low-salt food/to cook low-salt fare/to live on a low-salt diet

salzen <salzte, gesalzen> ['zaltsn̩] *vt* to salt

salzig ['zaltsɪç] *adj* salty

Salzkartoffeln *pl* boiled potatoes **Salzsäure** *f kein pl* hydrochloric acid **Salzstange** *f* salt[ed] stick **Salzstreuer** <-s, -> *m* salt cellar BRIT, [salt] shaker AM **Salzwasser** *nt kein pl* salt water

Samen <-s, -> ['zaːmən] *m* seed

sammeln ['zamln̩] **I.** *vt* to gather; *Briefmarken etc.* to collect **II.** *vr* **sich ~** ❶ (*zusammenkommen*) to assemble ❷ (*sich anhäufen*) to collect ❸ (*sich konzentrieren*) to collect one's thoughts

Sammler(in) <-s, -> *m(f)* collector

Sammlung <-, -en> *f* collection

Samstag <-[e]s, -e> ['zamstaːk] *m* Saturday; *s.a.* **Dienstag**

samstags *adv* [on] Saturdays

Samt <-[e]s, -e> [zamt] *m* velvet

sämtlich ['zɛmtlɪç] *adj* all

Sanatorium <-, -rien> [zana'toːri̯ʊm] *nt* sanatorium

Sand <-[e]s, -e> [zant] *m* sand *no pl* ▶ **im ~e <u>verlaufen</u>** to peter out

Sandale <-, -n> [zan'daːlə] *f* sandal

Sandbank <-bänke> *f* sandbank **Sanddorn** *m* sea buckthorn

sandig ['zandɪç] *adj* sandy

Sandkasten *m* sandpit BRIT, sandbox AM **Sandkorn** *nt* grain of sand **Sandkuchen** *m* KOCHK Madeira cake **Sandstein** *m* sandstone **Sandstrand** *m* sandy beach

sanft [zanft] **I.** *adj* gentle **II.** *adv* gently

Sänger(in) <-s, -> ['zɛŋɐ] *m(f)* singer

sanieren* [za'niːrən] *vt* ❶ to redevelop ❷ *Firma* to rehabilitate

Sanierung <-, -en> *f* ❶ redevelopment ❷ (*von Firma*) rehabilitation

Sanitäter(in) <-s, -> [zani'tɛːtɐ] *m(f)* first-aid attendant

Sanktion <-, -en> [zaŋk'tsi̯oːn] *f* sanction; **~en verhängen** to impose sanctions

Saphir <-s, -e> [za'fiːɐ] *m* sapphire

Sardelle <-, -n> [zar'dɛlə] *f* anchovy

Sardine <-, -n> [zar'diːnə] *f* sardine

Sardinien <-s> [zar'diːni̯ən] *nt* Sardinia

Sarg <-[e]s, Särge> [zark] *m* coffin

Sarkasmus <-, -men> [zar'kasmʊs] *m kein pl* sarcasm

sarkastisch [zar'kastɪʃ] **I.** *adj* sarcastic **II.** *adv* sarcastically

Satan <-s> ['zaːtan] *m kein pl* Satan

satanisch [za'taːnɪʃ] *adj* satanic

Satellit <-en, -en> [zatɛ'liːt] *m* satellite

Satellitenantenne *f* satellite dish

Satire <-, -n> [za'tiːrə] *f kein pl* satire (**auf** on)

satt [zat] *adj* ❶ (*voller Magen*) full; **sich ~ essen** to eat one's fill; **~ machen** to be filling ❷ (*überdrüssig sein*) **etw ~ sein** to be fed up with sth

Sattel <-s, Sättel> ['zatl̩] *m* saddle

satt|haben *vt irreg* **etw ~** to be fed up with sth

sättigen ['zɛtɪgn̩] **I.** *vt* to satiate; **gesättigt sein** to be saturated **II.** *vi* to be filling

sättigend *adj* filling

Saturn <-s> [za'tʊrn] *m kein pl* Saturn

Satz <-es, Sätze> [zats] *m* ❶ sentence; **mitten im ~** in mid-sentence ❷ (*Set*) set; **ein ~ Schraubenschlüssel** a set of spanners ❸ (*Sprung*) leap; **einen ~ machen** to leap ❹ TENNIS set ❺ TYPO type

Satzung <-, -en> ['zatsʊŋ] *f* constitution

Satzzeichen *nt* punctuation mark

Sau <-, Säue> [zau] *f* ❶ (*weibliches Schwein*) sow ❷ (*derb: Mensch*) filthy pig

sauber ['zaubɐ] **I.** *adj* ❶ clean; **etw ~ halten** to keep sth clean ❷ (*sorgfältig*) neat **II.** *adv* neatly

Sauberkeit <-> *f kein pl* cleanliness

säubern ['zɔybɐn] *vt* to clean

Sauce <-, -n> ['zo:sə] *f* sauce

sauer ['zauɐ] *adj* ❶ sour; **~ eingelegt** pickled ❷ CHEM acid[ic] ❸ (*verärgert*) mad (**auf** at); **~ werden** to get mad

Sauerampfer <-, -n> *m* sorrel **Sauerbraten** *m beef roast marinated in vinegar and herbs* sauerbraten AM **Sauerkirsche** *f* sour cherry **Sauerkraut** *nt* sauerkraut **Sauermilch** *f* sour milk **Sauerstoff** ['zauɐʃtɔf] *m kein pl* oxygen **Sauerteig** *m* sourdough

saufen <säuft, soff, gesoffen> ['zaufn̩] *vt, vi* (*fam*) to drink

Säufer(in) <-s, -> ['zɔyfɐ] *m(f)* (*sl*) drunk[ard]

saugen <sog *o* saugte, gesogen> ['zaugn̩] *vi, vt* to suck (**an** on)

säugen ['zɔygn̩] *vt* **sein Junges ~** to suckle its young

Sauger <-s, -> *m* (*auf Flasche*) teat

Säugling <-s, -e> ['zɔyklɪŋ] *m* baby

Säule <-, -n> ['zɔylə] *f* column

Saum <-[e]s, Säume> [zaum] *m* hem

Sauna <-, -s> ['zauna] *f* sauna; **in die ~ gehen** to go for a sauna

Säure <-, -n> ['zɔyrə] *f* acid

säurehaltig *adj* acid[ic]

Saurier <-s, -> ['zaurie̯] *m* dinosaur

sausen ['zauzn̩] *vi sein* (*sich schnell bewegen*) to dash; *Fahrzeug* to roar; *Kugel* to whistle

Saustall *m* pigsty

Savanne <-, -n> [za'vanə] *f* savanna[h]

Saxofon <-[e]s, -e> [zakso'fo:n] *nt* saxophone

S-Bahn ['ɛs-] *f* suburban train

Schabe <-, -n> ['ʃa:bə] *f* cockroach

schaben ['ʃa:bn̩] *vt* to scrape

schäbig ['ʃɛ:bɪç] *adj* ❶ shabby ❷ (*gemein*) mean

Schablone <-, -n> [ʃa'blo:nə] *f* stencil

Schach <-s> [ʃax] *nt kein pl* chess; **~!** check!; **eine Partie ~** a game of chess ▶ **jdn in ~ halten** to keep sb in check

Schachbrett *nt* chessboard **schachmatt** [ʃax'mat] *adj* checkmate **Schachpartie** *f* game of chess

Schacht <-[e]s, Schächte> [ʃaxt] *m* shaft

Schachtel <-, -n> ['ʃaxtl̩] *f* box; **eine ~ Zigaretten** a packet [*or* AM pack] of cigarettes

schade ['ʃa:də] *adj pred* ❶ **wie ~!** what a pity!; **ich finde es ~, dass ...** it's a shame that; **es ist ~ um jdn/etw** it's a shame about sb/sth ❷ (*zu gut*) **für etw** *akk* **zu ~ sein** to be too good for sth

Schädel <-s, -> ['ʃɛ:dl̩] *m* skull; **jdm brummt der ~** sb's head is throbbing; **jdm den ~ einschlagen** to smash sb's skull in

schaden ['ʃa:dn̩] *vi* **jdm ~** to do harm to sb; **etw** *dat* **~** to damage sth

Schaden <-s, Schäden> ['ʃa:dn̩] *m* damage *no indef art, no pl;* **einen ~ verursachen** to cause damage; **jdm ~ zufügen** to harm sb

Schadenfreude *f* malicious joy **schadenfroh** **I.** *adj* **~ sein** to delight in others' misfortunes **II.** *adv* **~ grinsen** to grin with gloating

Schaden(s)ersatz *m* compensation

schädigen ['ʃɛ:dɪgn̩] *vt* to harm (**durch** with)

schädlich ['ʃɛ:tlɪç] *adj* harmful (**für** to)

Schädling <-s, -e> ['ʃɛ:tlɪŋ] *m* pest

Schädlingsbekämpfungsmittel *nt* pesticide

Schadstoff *m* pollutant

Schaf <-[e]s, -e> [ʃa:f] *nt* sheep

S

Schafbock *m* ram

Schäfer(in) <-s, -> [ˈʃɛːfɐ] *m(f)* shepherd *masc*, shepherdess *fem*

Schäferhund *m* Alsatian, German shepherd AM

Schaffell *nt* sheepskin

schaffen[1] <schuf, geschaffen> [ˈʃafn̩] *vt* (*herstellen*) to create; **dafür bist du wie ge~** you're just made for it

schaffen[2] <schaffte, geschafft> [ˈʃafn̩] **II.** *vi* **jdm zu ~ machen** to cause sb trouble **I.** *vt* ❶ (*bewältigen*) to manage; **das wäre geschafft!** that's done!; **es ~, etw zu tun** to manage to do sth ❷ (*fam: erschöpfen*) **jdn ~** to take it out of sb; **geschafft sein** to be exhausted

Schaffner(in) <-s, -> [ˈʃafnɐ] *m(f)* guard BRIT, conductor AM

Schafgarbe <-, -n> *f* BOT [common] yarrow **Schafherde** *f* flock of sheep

Schafskäse *m* sheep's milk cheese

Schakal <-s, -e> [ʃaˈkaːl] *m* jackal

Schal <-s, -s> [ʃaːl] *m* scarf

Schale[1] <-, -n> [ˈʃaːlə] *f* ❶ shell ❷ (*Fruchtschale*) skin; (*abgeschält*) peel ▶ **sich in ~ werfen** to get dressed up

Schale[2] <-, -n> [ˈʃaːlə] *f* bowl

schälen [ˈʃɛːlən] **I.** *vt* to peel **II.** *vr* **sich ~** to peel

Schall <-s, -e> [ʃal] *m* sound

schallen [ˈʃalən] *vi* to resound

Schallgeschwindigkeit *f kein pl* speed of sound **Schallplatte** *f* record

Schaltbrett *nt* switchboard

schalten [ˈʃaltn̩] **I.** *vi* AUTO to change gear **II.** *vt* to switch (**auf** to)

Schalter <-s, -> [ˈʃaltɐ] *m* ❶ ELEK switch ❷ ADMIN counter

Schaltjahr *nt* leap year

Schaltung <-, -en> *f* ❶ AUTO gears *pl* ❷ ELEK circuit

Scham <-> [ʃaːm] *f kein pl* shame

schämen [ˈʃɛːmən] *vr* ❶ **sich [vor jdm] ~** to be ashamed [in front of sb]; **schäm dich!** shame on you! ❷ **sich ~, etw zu tun** to be embarrassed to do sth

Schamgefühl *nt kein pl* sense of shame

schamhaft *adj* shy

schamlos *adj* shameless

Schande <-> [ˈʃandə] *f kein pl* disgrace; **mach mir [nur] keine ~!** (*hum*) don't let me down!

scharf <schärfer, schärfste> [ʃarf] **I.** *adj* ❶ sharp; **eine ~e Kurve** a hairpin bend ❷ KOCHK hot; **etw ~ würzen** to highly season sth ❸ *Augen, Verstand* keen; *Beobachtung* astute ❹ (*sl: aufreizend*) spicy; **auf jdn ~ sein** to fancy sb; **auf etw** *akk* **~ sein** to be keen on sth **II.** *adv* ❶ sharply ❷ (*präzise*) **~ beobachten** to observe carefully

Schärfe <-, -n> [ˈʃɛrfə] *f* ❶ sharpness ❷ *von Worten* harshness ❸ *der Augen, des Verstands* keenness

schärfen [ˈʃɛrfn̩] *vt* to sharpen

scharf|machen *vt* **jdn ~** to turn sb on

Scharfrichter *m* executioner **Scharfschütze, -schützin** *m, f* marksman *masc*, markswoman *fem*

scharfsinnig **I.** *adj* astute **II.** *adv* astutely

Scharlach[1] <-s> [ˈʃarlax] *m kein pl* MED scarlet fever

Scharlach[2] <-> [ˈʃarlax] *nt kein pl* scarlet

Scharlatan <-s, -e> [ˈʃarlatan] *m* charlatan

Scharnier <-s, -e> [ʃarˈniːɐ̯] *nt* hinge

Schaschlik <-s, -s> [ˈʃaʃlɪk] *nt* [shish] kebab

Schatten <-s, -> [ˈʃatn̩] *m* shade; (*a. fig*) shadow; **30° im ~** 30 degrees in the shade; **lange ~ werfen** to cast long shadows ▶ **jdn/etw in den ~ stellen** to put sb/sth in the shade

Schattenmorelle *f* morello cherry

schattig [ˈʃatɪç] *adj* shady

Schatz <-es, Schätze> [ʃats] *m* ❶ treasure ❷ (*fam: Liebling*) sweetheart; **ein ~ sein** to be a dear

schätzen [ˈʃɛtsn̩] **I.** *vt* ❶ (*einschätzen*) to guess; **ich schätze sein Gewicht auf ca. 100 kg** I reckon he weighs about 100 kilos; **grob geschätzt** at a rough guess ❷ (*Wert angeben*) to assess (**auf** at) ❸ (*würdigen*) **jdn ~** to hold sb in high esteem; **etw ~** to appreciate sth **II.** *vi* to guess

Schau <-, -en> [ʃau] *f* **etw zur ~ stellen** to display sth ▶ **jdm die ~ stehlen** to steal the show from sb

schaudern [ˈʃaudɐn] **I.** *vi* to shudder **II.** *vt impers* **es schaudert jdn bei etw** *dat* sth makes sb shudder

schauen [ˈʃauən] *vi* ❶ (*blicken*) to look; **auf die Uhr ~** to look at the clock ❷ (*sich kümmern*) **nach jdm/etw ~** to have a look at sb/sth

Schauer <-s, -> [ˈʃauɐ] *m* ❶ (*Regenschauer*) shower ❷ (*Schauder, Angst*) shiver

schauerlich *adj* ghastly

Schaufel <-, -n> [ˈʃaufl̩] *f* shovel; (*Kehrrichtschale*) dustpan

schaufeln [ˈʃaufl̩n] *vi, vt* to shovel

Schaufenster *nt* shop window **Schaufensterpuppe** *f* mannequin

Schaukel <-, -n> [ˈʃaukl̩] *f* swing

schaukeln [ˈʃaukl̩n] *vi, vt* to swing

Schaukelstuhl *m* rocking chair

Schaum <-s, Schäume> [ʃaum] *m* foam; (*auf Bier*) froth; (*Seifenschaum*) lather

schäumen [ˈʃɔymən] *vi* to froth; *Seife* to lather

Schaumgummi *m* foam rubber

schaumig [ˈʃaumɪç] *adj* frothy

Schaumstoff *m* foam

Schauplatz *m* scene **Schauspiel** [ˈʃauʃpiːl] *nt* ❶ THEAT play ❷ (*Ereignis*) spectacle **Schauspieler(in)** [ˈʃauʃpiːlɐ] *m(f)* actor *masc*, actress *fem*

Scheck <-s, -s> [ʃɛk] *m* cheque (**über** for); **einen ~ einlösen** to cash a cheque

Scheckheft *nt* chequebook **Scheckkarte** *f* cheque card

Scheibe <-, -n> [ˈʃaibə] *f* ❶ KOCHK slice ❷ (*dünnes Glasstück*) [piece of] glass; (*Fensterscheibe*) windowpane, window ❸ (*Scheibenförmiges*) disc

Scheibenwischer <-s, -> *m* windscreen wiper

Scheide <-, -n> [ˈʃaidə] *f* ❶ (*Hülle für Waffe*) scabbard ❷ ANAT vagina

scheiden <schied, geschieden> [ˈʃaidn̩] **I.** *vt haben* ❶ **sich [von jdm] ~ lassen** to get divorced [from sb]; **geschieden** divorced ❷ (*trennen*) to separate (**von** from) **II.** *vi sein* **aus einem Amt ~** to retire from a position

Scheidung <-, -en> *f* divorce; **die ~ einreichen** to start divorce proceedings; **in ~ leben** to be separated

Schein <-[e]s, -e> [ʃain] *m* ❶ *kein pl* (*Lichtschein*) light ❷ *kein pl* (*Anschein*) appearance; **der ~ trügt** appearances are deceptive; **etw zum ~ tun** to pretend to do sth; **den ~ wahren** to keep up appearances ❸ (*Geldschein*) [bank]note ❹ (*Bescheinigung*) certificate

scheinbar *adj* apparent

scheinen <schien, geschienen> [ˈʃainən] *vi* ❶ to shine ❷ (*den Anschein haben*) to seem

scheinheilig [ˈʃainhailɪç] **I.** *adj* hypocritical **II.** *adv* hypocritically

Scheinwerfer *m* ❶ spotlight ❷ AUTO headlight

Scheiße <-> [ˈʃaisə] *f kein pl* (*derb*) shit

scheißen <schiss, geschissen> [ˈʃaisn̩] *vi* (*vulg*) to shit

Scheitel <-s, -> [ˈʃaitl̩] *m* parting ▶ **vom ~ bis zur Sohle** from head to foot

scheitern [ˈʃaitɐn] *vi sein* to fail (**an** because of)

schellen [ˈʃɛlən] *vi* to ring

Schellfisch *m* haddock

schelten <schilt, schalt, gescholten> [ˈʃɛltn̩] *vt* to scold (**wegen** for)

Schema <-s, -ta> [ˈʃeːma] *nt* (*Konzept*) scheme

schematisch [ʃe'maːtɪʃ] **I.** *adj* schematic **II.** *adv* schematically

Schemel <-s, -> ['ʃeːml̩] *m* stool

Schenkel <-s, -> ['ʃɛŋkl̩] *m* thigh

schenken ['ʃɛŋkn̩] **I.** *vt* **jdm etw ~** to give sb sth; **etw geschenkt bekommen** to get sth; **jdm Aufmerksamkeit ~** to pay attention to sb; **jdm Vertrauen ~** to trust sb **II.** *vr* (*sich sparen*) **sich** *dat* **etw ~** to spare oneself sth

Scherbe <-, -n> ['ʃɛrbə] *f* [sharp] piece

Schere <-, -n> ['ʃeːrə] *f* scissors *npl*

scheren[1] <schor, geschoren> ['ʃeːrən] *vt Schaf* to shear; *Hecke* to prune

scheren[2] ['ʃeːrən] *vr* **sich nicht um etw** *akk* **~** to not bother about sth

Scherz <-es, -e> [ʃɛrts] *m* joke; **einen ~ machen** to joke

scherzen ['ʃɛrtsn̩] *vi* to crack a joke; **mit jdm ist nicht zu ~** sb is not to be trifled with

scheu [ʃɔy] *adj* shy

Scheu <-> [ʃɔy] *f kein pl* shyness; **ohne jede ~** without holding back

scheuen ['ʃɔyən] **I.** *vt* [**etw**] **~** to fight shy [of sth] **II.** *vi* [**vor etw** *dat*] **~** to shy [at sth]

scheuern ['ʃɔyɐn] **I.** *vt* **etw** [**blank**] **~** to scour sth [clean] ▸ **jdm eine ~** (*fam*) to hit sb **II.** *vi* to rub

Scheune <-, -n> ['ʃɔynə] *f* barn

scheußlich ['ʃɔyslɪç] *adj* disgusting

Schicht <-, -en> [ʃɪçt] *f* ❶ layer ❷ (*Klasse*) class ❸ (*Arbeitsschicht*) shift; **~ arbeiten** to do shift work

schick [ʃɪk] **I.** *adj* chic **II.** *adv* fashionably

schicken ['ʃɪkn̩] **I.** *vt* to send **II.** *vi* **nach jdm ~** to send for sb **III.** *vr* **es schickt sich nicht, etw zu tun** it is not proper to do sth

Schicksal <-s, -e> ['ʃɪkzaːl] *nt* fate; **sich in sein ~ ergeben** to be reconciled to one's fate; **etw dem ~ überlassen** to leave sth to fate

Schiebedach *nt* sun-roof

schieben <schob, geschoben> ['ʃiːbn̩] *vt* ❶ to push ❷ (*stecken*) to put ❸ (*abwälzen*) **die Schuld auf jdn ~** to lay the blame on sb

Schiedsrichter(in) *m(f)* SPORT referee

schief [ʃiːf] **I.** *adj* crooked *pred* **II.** *adv* **jdn ~ ansehen** to look askance at sb

Schiefer <-s, -> ['ʃiːfɐ] *m* slate

schief|gehen *vi irreg* (*fam*) to go wrong

schief|liegen *vi irreg* (*fam*) to be on the wrong track

schielen ['ʃiːlən] *vi* ❶ to squint ❷ (*heimlich schauen*) **nach etw** *dat* **~** to steal a glance at sth

Schienbein ['ʃiːnbain] *nt* shinbone; **jdm gegen das ~ treten** to kick sb in the shin

Schiene <-, -n> ['ʃiːnə] *f* ❶ rail *usu pl* ❷ MED splint

schier[1] [ʃiːɐ̯] *adj attr* sheer

schier[2] [ʃiːɐ̯] *adv* SÜDD (*beinahe*) almost

Schießbude *f* shooting gallery

schießen <schoss, geschossen> ['ʃiːsn̩] *vi, vt* to shoot (**auf** at)

Schießerei <-, -en> [ʃiːsə'rai] *f* shooting

Schießpulver *nt* gunpowder

Schiff <-[e]s, -e> [ʃɪf] *nt* ship

Schiffbruch *m* shipwreck; **~ erleiden** to be shipwrecked **Schifffahrt** ['ʃɪffaːɐ̯t] *f* shipping

Schikane <-, -n> [ʃi'kaːnə] *f* harassment *no indef art* ▸ **mit allen ~n** with all the modern conveniences

schikanieren* [ʃika'niːrən] *vt* to harass

Schild[1] <-[e]s, -er> [ʃɪlt] *nt* (*Hinweisschild*) sign

Schild[2] <-[e]s, -e> [ʃɪlt] *m* shield ▸ **etw im ~e führen** to be up to sth

Schilddrüse *f* thyroid

schildern ['ʃɪldɐn] *vt* to describe

Schilderung <-, -en> *f* account

Schildkröte ['ʃɪltkrøːtə] *f* tortoise

Schilf <-[e]s, -e> [ʃɪlf] *nt* ❶ reed ❷ (*Röhricht*) reeds *npl*

Schimmel[1] <-s> ['ʃɪml̩] *m kein pl* mould

Schimmel[2] <-s, -> ['ʃɪml̩] *m* ZOOL white

horse
schimmelig ['ʃɪməlɪç] *adj* mouldy
schimmeln ['ʃɪml̩n] *vi sein o haben* to go mouldy
Schimmer <-s> ['ʃɪmɐ] *m kein pl* shimmer ▶ **keinen blassen ~ haben** to not have the faintest idea (**von** about)
schimmern ['ʃɪmɐn] *vi* to shimmer
Schimpanse <-n, -n> [ʃɪm'panzə] *m* chimpanzee
schimpfen ['ʃɪmpfn̩] *vi* ❶ (*fluchen*) to swear ❷ (*zurechtweisen*) **mit jdm ~** to scold sb
Schimpfwort *nt* swear word
Schinken <-s, -> ['ʃɪŋkn̩] *m* ham
Schirm <-[e]s, -e> [ʃɪrm] *m* umbrella
schizophren [ʃitso'fre:n] *adj* schizophrenic
Schizophrenie <-, -n> [ʃitsofre'ni:] *f* schizophrenia
schlabberig ['ʃlabərɪç], **schlabbrig** ['ʃlabrɪç] *adj* (*pej fam*) *Pullover, Hose* slouchy
Schlacht <-, -en> [ʃlaxt] *f* battle
schlachten ['ʃlaxtn̩] *vt, vi* to slaughter
Schlachter(in) <-s, -> *m(f)* butcher; (*im Schlachthof*) slaughterman
Schlaf <-[e]s> [ʃla:f] *m kein pl* sleep; **einen festen/leichten ~ haben** to be a deep/light sleeper; **jdm den ~ rauben** to keep sb awake
Schlafanzug *m* pyjamas *npl*
Schläfe <-, -n> ['ʃlɛ:fə] *f* temple
schlafen <schlief, geschlafen> ['ʃla:fn̩] *vi* to sleep; **tief ~** to sleep deeply; **~ gehen** to go to bed
schlaff [ʃlaf] **I.** *adj* slack **II.** *adv* slackly
Schlafgelegenheit *f* place to sleep **Schlaflosigkeit** <-> *f kein pl* sleeplessness
schläfrig ['ʃlɛ:frɪç] *adj* sleepy
Schlafsack *m* sleeping bag **Schlaftablette** *f* sleeping pill **Schlafwagen** *m* sleeper **Schlafzimmer** *nt* bedroom
Schlag <-[e]s, Schläge> [ʃla:k] *m* ❶ (*Hieb*) blow; **Schläge bekommen** to get a beating; **jdm einen ~ versetzen** to deal sb a blow ❷ (*Schicksalsschlag*) blow ❸ ÖSTERR (*Sahne*) [whipped] cream ❹ (*Stromschlag*) **einen ~ kriegen** to get an electric shock ❺ (*Schlaganfall*) stroke; **einen ~ bekommen** to suffer a stroke
Schlagader *f* artery **Schlaganfall** *m* stroke
schlagen <schlug, geschlagen> ['ʃla:gn̩] **I.** *vt haben* ❶ to hit; (*mit der Faust*) to punch; (*mit der Hand*) to slap; **jdm auf die Schulter ~** to give sb a slap on the back; **etw in Stücke ~** to smash sth to pieces ❷ (*prügeln*) to beat; **jdn bewusstlos ~** to beat sb senseless ❸ (*besiegen*) to defeat; SPORT to beat (**in** at); **jd ist nicht zu ~** sb is unbeatable; **sich geschlagen geben** to admit defeat ❹ (*einschlagen*) **einen Nagel in die Wand ~** to knock a nail into the wall ❺ (*legen*) **ein Bein über das andere ~** to cross one's legs **II.** *vi* ❶ *haben* (*hauen*) to hit; [**mit etw** *dat*] **um sich** *akk* **~** to lash about [with sth] ❷ *sein* (*auftreffen*) **gegen etw** *akk* **~** to strike against sth ❸ *haben: Herz* to beat; *Uhr* to strike **III.** *vr haben* **sich** [**mit jdm**] **~** to fight [sb]
Schlager <-s, -> ['ʃla:gɐ] *m* MUS [pop] song
Schläger <-s, -> ['ʃlɛ:gɐ] *m* (*Tennis*) racket; (*Golf*) golf club
Schlägerei <-, -en> [ʃlɛ:gə'rai] *f* brawl
Schlagrahm *m*, **Schlagsahne** *f* whipping cream; (*geschlagen*) whipped cream **Schlagwort** <-worte> *nt* slogan **Schlagzeile** *f* headline; **~n machen** to make headlines
Schlagzeug <-[e]s, -e> *nt* drums *pl;* (*im Orchester*) percussion *no pl*
Schlagzeugspieler(in) <-s, ->, *fam* **Schlagzeuger(in)** *m(f)* drummer; (*im Orchester*) percussionist
Schlamm <-[e]s, -e> [ʃlam] *m* mud
schlammig ['ʃlamɪç] *adj* muddy
schlampig ['ʃlampɪç] **I.** *adj* ❶ (*nachläs-*

S

sig) sloppy ❷ (*ungepflegt*) unkempt **II.** *adv* ❶ sloppily ❷ (*ungepflegt*) in an unkempt way

Schlange <-, -n> [ˈʃlaŋə] *f* ❶ snake ❷ (*Reihe*) ~ **stehen** to queue up [*or* to stand in line] AM

schlank [ʃlaŋk] *adj* slim

schlapp [ʃlap] *adj pred* worn out

schlau [ʃlau] **I.** *adj* ❶ clever ❷ (*gerissen*) crafty **II.** *adv* ❶ cleverly ❷ (*gerissen*) craftily

Schlauch <-[e]s, Schläuche> [ʃlaux] *m* ❶ hose ❷ (*Reifenschlauch*) [inner] tube ► **auf dem ~ stehen** to be at a loss

Schlauchboot *nt* rubber dinghy

schlecht [ʃlɛçt] **I.** *adj* ❶ bad; **es sieht ~ aus** things don't look good; **~e Augen** weak eyes; **ein ~es Gewissen haben** to have a bad conscience; **von ~er Qualität** of poor quality; **~e Zeiten** hard times ❷ MED **jdm ist ~** sb feels sick **II.** *adv* ❶ (*nicht gut*) badly; **~ beraten** ill-advised; **~ gelaunt** bad-tempered ❷ MED **jdm geht es ~** sb feels unwell; **~ hören** to be hard of hearing; **~ sehen** to have poor eyesight ❸ (*herabwerten*) **~ reden über jdn** to say bad things about sb

schlechtgelaunt *adj, adv s.* **schlecht II. 1**

schlecht|machen *vt* to run down

schleichen <schlich, geschlichen> [ˈʃlaiçn̩] *vi sein* to creep

Schleier <-s, -> [ˈʃlaiɐ] *m* veil

Schleiereule *f* barn owl

Schleife <-, -n> [ˈʃlaifə] *f* bow

schleifen¹ [ˈʃlaifn̩] **I.** *vt haben* (*ziehen*) to drag **II.** *vi haben* (*reiben*) to rub (**an** against)

schleifen² <schliff, geschliffen> [ˈʃlaifn̩] *vt* ❶ (*schärfen*) to sharpen ❷ (*schmirgeln*) to sand

Schleifmaschine *f* sander

Schleim <-[e]s, -e> [ʃlaim] *m* ❶ slime ❷ MED mucus

schleimig [ˈʃlaimɪç] *adj* slimy

schlendern [ˈʃlɛndɐn] *vi sein* to stroll along

schleppen [ˈʃlɛpn̩] **I.** *vt* (*tragen*) to carry **II.** *vr* **sich ~** ❶ (*sich fortbewegen*) to drag oneself ❷ (*sich hinziehen*) to drag on

Schleuder <-, -n> [ˈʃlɔydɐ] *f* ❶ (*Waffe*) catapult ❷ (*Wäscheschleuder*) spin drier

schleudern [ˈʃlɔydɐn] **I.** *vt haben* ❶ to hurl ❷ *Wäsche* to spin **II.** *vi sein* **ins Schleudern geraten** to go into a skid

Schleuse <-, -n> [ˈʃlɔyzə] *f* lock

schlicht [ʃlɪçt] **I.** *adj* simple **II.** *adv* simply; **~ und einfach** [just] plain

schlichten [ˈʃlɪçtn̩] **I.** *vt* to settle **II.** *vi* to mediate (**in** in)

Schlichtung <-, -en> *f* mediation

schließen <schloss, geschlossen> [ˈʃliːsn̩] **I.** *vi* to close **II.** *vt* ❶ (*zumachen, beenden*) to close ❷ (*eingehen*) **Freundschaft ~** to become friends; **Frieden/einen Pakt ~** to make peace/a pact; **einen Kompromiss ~** to reach a compromise ❸ (*schlussfolgern*) to conclude (**aus** from) ❹ (*umarmen*) **jdn in die Arme ~** to take sb in one's arms

Schließfach *nt* ❶ (*Gepäckschließfach*) locker ❷ (*Bankschließfach*) safe-deposit box ❸ (*Postfach*) post-office box

schließlich [ˈʃliːslɪç] *adv* ❶ (*endlich*) at last ❷ (*immerhin*) after all

schlimm [ʃlɪm] **I.** *adj* ❶ bad; **etwas Schlimmes/Schlimmeres** sth dreadful/worse; **das Schlimmste** the worst; **es gibt nichts Schlimmeres als ...** there's nothing worse than ...; **nicht [so] ~ sein** to be not [so] bad ❷ (*ernst*) serious ► **etw ist halb so ~** sth is not as bad as all that; **ist nicht ~!** no problem! **II.** *adv* dreadfully; **es hätte ~er kommen können** it could have been worse; **~ genug, dass ...** it's bad enough that ...; **umso ~er** so much the worse

Schlinge <-, -n> [ˈʃlɪŋə] *f* loop

schlingen <schlang, geschlungen> [ˈʃlɪŋən] **I.** *vt* to wind (**um** about); **die Arme um jdn ~** to wrap one's arms around sb **II.** *vr* **sich um etw** *akk* **~** to wind itself around sth

Schlingpflanze *f* creeper

Schlips <-es, -e> [ʃlɪps] *m* tie

Schlitten <-s, -> [ˈʃlɪtn̩] *m* sledge

Schlittschuh [ˈʃlɪtʃuː] *m* skate; **~ laufen** to skate **Schlittschuhläufer(in)** *m(f)* skater

Schlitz <-es, -e> [ʃlɪts] *m* ① slit ② (*Einsteckschlitz*) slot

Schloss <-es, Schlösser>[ʃlɔs] *nt* ① (*Palast*) palace ② (*Türschloss*) lock ③ (*Vorhängeschloss*) padlock

Schlosser(in) <-s, -> [ˈʃlɔsɐ] *m(f)* (*Metallschlosser*) metalworker; (*Maschinenschlosser*) fitter

Schlot <-[e]s, -e> [ʃloːt] *m* chimney ▶ **rauchen wie ein ~** (*fam*) to smoke like a chimney

Schlucht <-, -en> [ʃlʊxt] *f* gorge

schluchzen [ˈʃlʊxtsn̩] *vi* to sob

Schluck <-[e]s, -e> [ʃlʊk] *m* gulp; (*kleiner*) sip

Schluckauf <-s> [ˈʃlʊkʔauf] *m kein pl* hiccup; **den ~ haben** to have hiccups

schlucken [ˈʃlʊkn̩] *vt, vi* to swallow

Schlund <-[e]s, Schlünde> [ʃlʊnt] *m* throat

schlüpfen [ˈʃlʏpfn̩] *vi sein* ① to slip ② (*aus dem Ei*) to hatch out

Schlüpfer <-s, -> [ˈʃlʏpfɐ] *m* panties *npl*

Schluss <Schlusses, Schlüsse> [ʃlʊs] *m* ① *kein pl* end; **~ [jetzt]!** that's enough!; **mit etw** *dat* **ist ~** sth is over with; **zum ~ kommen** to finish; **[mit etw** *dat*] **~ machen** to stop [sth]; **kurz vor ~** just before closing time; **zum ~** at the end ② (*Folgerung*) conclusion; **zu dem ~ kommen, dass ...** to come to the conclusion that ... ▶ **[mit jdm] ~ machen** to break it off [with sb]

Schlüssel <-s, -> [ˈʃlʏsl̩] *m* key

Schlüsselbein *nt* collar bone **Schlüsselloch** *nt* keyhole

Schlussfolgerung <-, -en> *f* deduction; **eine ~ ziehen** to draw a conclusion (**aus** from)

schmal <-er *o* schmäler, -ste> [ʃmaːl] *adj* narrow; (*schlank*) slim

Schmalz[1] <-es, -e> [ʃmalts] *nt* dripping; (*Schweinefett*) lard

Schmalz[2] <-es> [ʃmalts] *m kein pl* (*pej: Sentimentalität*) schmaltz

schmalzig [ˈʃmaltsɪç] *adj* (*pej: sentimental*) schmaltzy

Schmarotzer <-s, -> *m* parasite

schmecken [ˈʃmɛkn̩] **I.** *vi* to taste (**nach** of); **hat es geschmeckt?** did you enjoy it?; **das schmeckt aber gut** that tastes wonderful; **lasst es euch ~!** tuck in! **II.** *vt* to taste

Schmeichelei <-, -en> [ʃmaiçəˈlai] *f* flattery *no pl, no indef art*

schmeicheln [ˈʃmaiçl̩n] *vi* **jdm ~** to flatter sb; **es schmeichelt jdm, dass ...** sb is flattered that ...

schmeißen <schmiss, geschmissen> [ˈʃmaisn̩] *vt, vi* (*werfen*) to throw

Schmeißfliege *f* blowfly

schmelzen <schmolz, geschmolzen> [ˈʃmɛltsn̩] **I.** *vi sein* to melt **II.** *vt haben* to melt

Schmerz <-es, -en> [ʃmɛrts] *m* ① pain; **~en haben** to be in pain ② (*Kummer*) anguish *no indef art*

schmerzen [ˈʃmɛrtsn̩] *vi* to hurt; (*anhaltend*) to ache; **~d** painful

Schmerzensgeld *nt* compensation

schmerzhaft *adj* painful

schmerzlos *adj* painless ▶ **kurz und ~** short and sweet

Schmerztablette *f* painkiller

Schmetterling <-s, -e> [ˈʃmɛtɐlɪŋ] *m* butterfly

Schmied(in) <-[e]s, -e> [ʃmiːt] *m(f)* smith

schmieden [ˈʃmiːdn̩] *vt* to forge; **einen Plan ~** to hammer out a plan

schmiegen [ˈʃmiːgn̩] *vr* ① **sich an jdn ~** to cuddle up to sb ② (*eng anliegen*)

S

sich an etw *akk* ~ to hug sth
schmieren [ˈʃmiːrən] *vt* ❶ (*streichen*) to spread; **Salbe auf eine Wunde** ~ to apply cream to a wound ❷ (*fetten*) to lubricate ❸ (*malen*) to scrawl; **Parolen an die Häuser** ~ to daub slogans on the walls of houses ❹ (*fam: bestechen*) **jdn** ~ to grease sb's palm
Schmiergeld *nt* (*fam*) bribe **Schmierseife** *f* soft soap
Schminke <-, -n> [ˈʃmɪŋkə] *f* make-up
schminken [ˈʃmɪŋkn̩] *vt* to put make-up on; **sich** ~ to put on make-up
Schmirgelpapier [ˈʃmɪrgl̩-] *nt* sandpaper
schmollen [ˈʃmɔlən] *vi* to sulk
Schmorbraten [ˈʃmoːɐ̯-] *m* pot roast
schmoren [ˈʃmoːrən] *vt, vi* ❶ KOCHK to braise ❷ (*schwitzen*) **in der Sonne** ~ to roast in the sun
Schmuck <-[e]s> [ʃmʊk] *m kein pl* ❶ jewellery ❷ (*Verzierung*) decoration
schmücken [ˈʃmʏkn̩] *vt* ❶ to decorate ❷ **sich mit etw** *dat* ~ to put on sth
Schmuggel <-s> [ˈʃmʊgl̩] *m kein pl* smuggling *no art*
schmuggeln [ˈʃmʊgl̩n] *vt* to smuggle
Schmuggler(in) <-s, -> [ˈʃmʊglɐ] *m(f)* smuggler
schmusen [ˈʃmuːzn̩] *vi* to cuddle
Schmutz <-es> [ʃmʊts] *m kein pl* dirt ▸ **jdn/etw in den ~ ziehen** to blacken sb's name/sth's reputation
schmutzig [ˈʃmʊtsɪç] *adj* dirty; **sich ~ machen** to get dirty
Schnabel <-s, Schnäbel> [ˈʃnaːbl̩] *m* beak
Schnake <-, -n> [ˈʃnaːkə] *f* ❶ ZOOL crane fly ❷ DIAL (*Stechmücke*) gnat
Schnalle <-, -n> [ˈʃnalə] *f* buckle
schnallen [ˈʃnalən] *vt* to buckle up; **etw enger/weiter** ~ to tighten/loosen sth
schnappen [ˈʃnapn̩] **I.** *vi* (*greifen*) to grab (**nach** for) **II.** *vt* ❶ (*ergreifen*) to grab; **etwas frische Luft** ~ to get a gulp of fresh air ❷ (*festnehmen*) to catch
Schnappschuss *m* snapshot
Schnaps <-es, Schnäpse> [ʃnaps] *m* schnapps
schnarchen [ˈʃnarçn̩] *vi* to snore
schnaufen [ˈʃnaufn̩] *vi* to puff
Schnauze <-, -n> [ˈʃnautsə] *f* ❶ snout ❷ (*sl: Mund*) trap; **die ~ halten** to keep one's trap shut
schnäuzen [ˈʃnɔytsn̩] *vr* **sich** ~ to blow one's nose
Schnecke <-, -n> [ˈʃnɛkə] *f* snail; (*Nacktschnecke*) slug
Schneckenhaus *nt* snail shell
Schnee <-s> [ʃneː] *m kein pl* snow
Schneeball *m* snowball **Schneebrille** *f* snow goggles **Schneefall** *m* snowfall **Schneeflocke** *f* snowflake **Schneekette** *f meist pl* snow chain[s *pl*] **Schneemann** *m* snowman **Schneematsch** *m* slush **Schneeregen** *m* sleet **Schneeschmelze** *f* thaw **Schneesturm** *m* snowstorm
Schneid <-[e]s> [ʃnait] *m kein pl* ~ **haben** to have guts
schneiden <schnitt, geschnitten> [ˈʃnaidn̩] **I.** *vt* ❶ to cut ❷ FILM to edit ❸ (*meiden*) **jdn** ~ to snub sb **II.** *vr* **sich** ~ to cut oneself; **sich in den Finger** ~ to cut one's finger
Schneider(in) <-s, -> [ˈʃnaidɐ] *m(f)* tailor
Schneidezahn *m* incisor
schneien [ˈʃnaiən] *vi impers* **es schneit** it is snowing
Schneise <-, -n> [ˈʃnaizə] *f* aisle
schnell [ʃnɛl] **I.** *adj* ❶ (*mit hohem Tempo*) fast ❷ (*zügig*) prompt ❸ *attr* **eine ~e Genesung** a speedy recovery **II.** *adv* ❶ (*mit hohem Tempo*) fast ❷ (*zügig*) quickly; **etw geht** ~ sth is done quickly; ~ **machen** to hurry up
schnellen [ˈʃnɛlən] *vi sein* **in die Höhe** ~ to shoot up
Schnelligkeit <-,, *selten* -en> *f* speed
Schnellimbiss *m* takeaway **Schnellkurs** *m* crash course **Schnellstraße** *f* expressway **Schnelltest** *m* MED lateral

flow test **Schnellzug** *m* fast train

Schnitt <-[e]s, -e> [ʃnɪt] *m* ❶ cut ❷ (*Durchschnitt*) **im ~** on average

Schnitte <-, -n> [ˈʃnɪtə] *f* ❶ (*Wurstschnitte*) slice ❷ (*Brotschnitte*) open sandwich

Schnittlauch [ˈʃnɪtlaux] *m kein pl* chives *npl* **Schnittmuster** *nt* [paper] pattern **Schnittwunde** *f* cut

Schnitzel <-s, -> [ˈʃnɪtsl̩] *nt* KOCHK pork escalope

schnitzen [ˈʃnɪtsn̩] *vt, vi* to carve

Schnorchel <-s, -> [ˈʃnɔrçl̩] *m* snorkel

schnorren [ˈʃnɔrən] *vi, vt* to scrounge

Schnorrer(in) <-s, -> *m(f)* scrounger

schnüffeln [ˈʃnʏfl̩n] *vi* ❶ to sniff ❷ (*fam: spionieren*) to nose around

Schnuller <-s, -> [ˈʃnʊlɐ] *m* dummy

schnupfen [ˈʃnʊpfn̩] **I.** *vi* to sniff **II.** *vt* **Kokain ~** to snort cocaine

Schnupfen <-s, -> [ˈʃnʊpfn̩] *m* cold; **[einen] ~ haben** to have a cold

schnuppern [ˈʃnʊpɐn] *vi, vt* to sniff (**an** at)

Schnur <-, Schnüre> [ʃnuːɐ̯] *f* cord

schnüren [ˈʃnyːrən] *vt* to tie together (**zu** in); *Schuhe* to lace up

schnurlos *adj* cordless

Schnurrbart [ˈʃnʊrbaːɐ̯t] *m* moustache

Schnürsenkel *m* shoelace

Schock <-[e]s, -s> [ʃɔk] *m* shock; **unter ~ stehen** to be in shock

schockieren* [ʃɔˈkiːrən] *vt* to shock; **schockiert sein** to be shocked (**über** about)

Schöffe, Schöffin <-n, -n> [ˈʃœfə, ˈʃœfɪn] *m, f* juror

Schokolade <-, -n> [ʃokoˈlaːdə] *f* chocolate

Scholle <-, -n> [ˈʃɔlə] *f* ❶ ZOOL plaice ❷ (*Eisbrocken*) [ice] floe

schon [ʃoːn] **I.** *adv* ❶ (*bereits*) already; **~ damals** even at that time; **~ lange** for a long time; **~ mal** ever; **~ oft** several times already; **~ wieder** [once] again ❷ (*allein*) **~ aus dem Grunde** for that reason alone; **und wenn ~!** so what? ❸ (*irgendwann*) in the end; **es wird ~ noch klappen** it will work out in the end ❹ (*durchaus*) well **II.** *part* ❶ (*auffordernd*) **gib ~ her!** come on, give it here!; **mach ~!** hurry up!; **[nun] sag ~!** go on, tell me! ❷ (*nur*) **wenn ich das ~ höre!** just hearing about it!

schön [ʃøːn] **I.** *adj* ❶ beautiful ❷ (*angenehm*) fine; **ich wünsche euch ~e Ferien** have a good holiday; **zu ~, um wahr zu sein** too good to be true ❸ (*ziemlich*) **ein ~es Stück Arbeit** quite a bit of work ▶ **[das ist ja alles] ~ und gut, aber ...** that's all very well, but ...; **na ~** all right then **II.** *adv* ❶ well; **~ singen** to sing well ❷ (*ziemlich*) really; **das hat ganz ~ wehgetan!** that really hurt!

schonen [ˈʃoːnən] **I.** *vt* (*nicht überbeanspruchen*) **etw ~** to go easy on sth; **jdn ~** to spare sb **II.** *vr* **sich ~** to take things easy

Schönheit <-, -en> *f* beauty

schonungslos **I.** *adj* merciless **II.** *adv* mercilessly

schöpfen [ˈʃœpfn̩] *vt* ❶ to scoop (**aus** from) ❷ (*kreieren*) to create

Schöpfer(in) <-s, -> *m(f)* creator

schöpferisch [ˈʃœpfərɪʃ] **I.** *adj* creative **II.** *adv* creatively

Schöpfung <-, -en> *f* creation

Schorf <-[e]s, -e> [ʃɔrf] *m* scab

Schornstein [ˈʃɔrnʃtain] *m* chimney

Schornsteinfeger(in) <-s, -> *m(f)* chimney sweep

Schoß <-es, Schöße> [ʃɔs] *m* lap ▶ **etw fällt jdm in den ~** sth falls into sb's lap

Schote <-, -n> [ˈʃɔtə] *f* pod

Schotte, Schottin <-n, -n> [ˈʃɔtə, ˈʃɔtɪn] *m, f* Scotsman *masc*, Scotswoman *fem*

schottisch [ˈʃɔtɪʃ] *adj* Scottish

Schottland [ˈʃɔtlant] *nt* Scotland

schräg [ʃrɛːk] *adj* sloping; (*Linien*) diagonal

Schrägstrich *m* oblique
Schrank <-[e]s, Schränke> [ʃraŋk] *m* cupboard
Schranke <-, -n> [ˈʃraŋkə] *f* barrier
Schraube <-, -n> [ˈʃraubə] *f* ❶ screw ❷ NAUT propeller ▶ **bei jdm ist eine ~ locker** sb has a screw loose
schrauben [ˈʃraubn̩] *vt* to screw (**auf** onto); **etw fester ~** to tighten sth
Schraubenschlüssel *m* spanner BRIT, wrench AM **Schraubenzieher** <-s, -> *m* screwdriver
Schreck <-s> [ʃrɛk] *m kein pl* fright; **vor ~** with fright; **einen ~ bekommen** to get a fright; **jdm einen ~ einjagen** to give sb a fright
schrecken <schreckte, geschreckt> [ˈʃrɛkn̩] *vt* to frighten
Schreckensmeldung *f* horror story
schrecklich [ˈʃrɛklɪç] **I.** *adj* terrible **II.** *adv* terribly
Schrei <-[e]s, -e> [ʃrai] *m* scream
schreiben <schrieb, geschrieben> [ˈʃraibn̩] **I.** *vt* ❶ to write; **etwas zum Schreiben** something to write with ❷ (*buchstabieren*) to spell; **etw falsch/richtig ~** to spell sth wrongly/right **II.** *vr* (*geschrieben werden*) **sich ~** to be spelt; **wie schreibt sich das Wort?** how do you spell that word?
Schreibmaschine *f* typewriter; **etw auf der ~ schreiben** to type sth [up]
S **Schreibtisch** *m* desk **Schreibwarenhandlung** *f* stationer's
schreien <schrie, geschrie[e]n> [ˈʃraiən] *vi* ❶ to shout (**nach** for) ❷ *Tier* to cry ❸ (*heftig verlangen*) **nach jdm/etw ~** to cry out for sb/sth
Schreiner(in) <-s, -> [ˈʃrainɐ] *m(f)* carpenter
Schreinerei <-, -en> [ʃrainəˈrai] *f* carpenter's workshop
Schrift <-, -en> [ʃrɪft] *f* ❶ (*Handschrift*) writing ❷ TYPO type; (*Computer*) font ❸ (*Abhandlung*) paper; **die Heilige ~** the [Holy] Scriptures *npl*
schriftlich [ˈʃrɪftlɪç] **I.** *adj* written; **etwas Schriftliches** something in writing **II.** *adv* in writing
Schriftsteller(in) <-s, -> [ˈʃrɪftʃtɛlɐ] *m(f)* author **Schriftverkehr** *m* (*geh*) correspondence
schrill [ʃrɪl] **I.** *adj* shrill; *Farben* strident **II.** *adv* shrilly
Schritt <-[e]s, -e> [ʃrɪt] *m* step; **~ für ~** step by step; **mit großen/kleinen ~en** in big strides/small steps; **[mit jdm/etw] ~ halten** to keep up [with sb/sth]; **auf ~ und Tritt** every move one makes
schroff [ʃrɔf] **I.** *adj* curt; *Art, Ton* brusque **II.** *adv* curtly
Schrot <-[e]s, -e> [ʃroːt] *m o nt* ❶ *kein pl* AGR coarsely ground wholemeal ❷ JAGD shot
Schrotflinte *f* shotgun
Schrott <-[e]s> [ʃrɔt] *m kein pl* scrap metal
Schrottplatz *m* scrapyard
schrubben [ˈʃrʊbn̩] *vt, vi* to scrub
Schrubber <-s, -> [ˈʃrʊbɐ] *m* scrubbing brush
schrumpfen [ˈʃrʊmpfn̩] *vi sein* to shrink
Schubkarre *f*, **Schubkarren** *m* wheelbarrow
Schublade <-, -n> [ˈʃuːplaːdə] *f* drawer
schüchtern [ˈʃʏçtɐn] *adj* shy
Schüchternheit <-> *f kein pl* shyness
Schuft <-[e]s, -e> [ʃʊft] *m* villain
Schufterei <-, -en> [ʃʊftəˈrai] *f* (*fam*) drudgery
Schuh <-[e]s, -e> [ʃuː] *m* shoe ▶ **jdm etw in die ~e schieben** to put the blame for sth on sb
Schuhcreme *f* shoe polish **Schuhsohle** *f* sole
Schulbildung *f kein pl* school education
Schuld <-> [ʃʊlt] *f kein pl* ❶ (*Verschulden*) blame (**an** for); (*moralisch*) guilt; **es ist jds ~, dass/wenn ...** it is sb's fault that/when ...; **durch jds ~** due to sb's fault; **jdm die ~ [an etw *dat*] ge-**

ben to blame sb [for sth]; **die ~ auf sich** *akk* **nehmen** to take the blame; **jdn trifft keine ~** sb is not to blame ❷ *meist pl* FIN debt; **~en machen** to go into debt

schulden [ˈʃʊldn̩] *vt* **jdm etw ~** to owe sb sth

Schuldenerlass *m* debt relief

schuldig [ˈʃʊldɪç] *adj* ❶ JUR guilty; **einer S.** *gen* **~ sein** to be guilty of sth; **sich ~ bekennen** to plead guilty; **jdn ~ sprechen** to find sb guilty ❷ (*Schulden haben*) **jdm etw ~ sein** to owe sb sth

Schuldige(r) *f(m) dekl wie adj* guilty person

Schuldner(in) <-s, -> [ˈʃʊldnɐ] *m(f)* debtor

Schule <-, -n> [ˈʃuːlə] *f* school; **in der ~** at school; **in die ~ gehen** to go to school; **in die ~ kommen** to start school

schulen [ˈʃuːlən] *vt* to train

Schüler(in) <-s, -> [ˈʃyːlɐ] *m(f)* pupil

Schüleraustausch *m* school exchange **Schülerausweis** *m* school identity card **Schulferien** *pl* school holidays BRIT, vacation AM **schulfrei** *adj* **~ haben** not to have school **Schulhof** *m* school playground **Schuljahr** *nt* school year **Schulleiter(in)** *m(f)* headmaster *masc*, headmistress *fem* BRIT, principal AM

Schulter <-, -n> [ˈʃʊltɐ] *f* shoulder; **mit den ~n zucken** to shrug one's shoulders

Schulung <-, -en> *f* training

Schulzeit *f kein pl* schooldays *npl*

schummeln [ˈʃʊml̩n] *vi* (*fam*) to cheat

Schund <-[e]s> [ʃʊnt] *m kein pl* trash

Schuppe <-, -n> [ˈʃʊpə] *f* ❶ ZOOL scale ❷ *pl* MED dandruff *no pl*

Schuppen <-s, -> [ˈʃʊpn̩] *m* shed

schüren [ˈʃyːrən] *vt* ❶ to poke ❷ (*fig: erregen*) to stir up

Schurke <-n, -n> [ˈʃʊrkə] *m* scoundrel

Schurkenstaat *m* POL (*pej*) rogue state

Schurwolle *f* virgin wool

Schürze <-, -n> [ˈʃʏrtsə] *f* apron

Schürzenjäger *m* philanderer

Schuss <-sses, Schüsse> [ʃʊs] *m* shot

Schüssel <-, -n> [ˈʃʏsl̩] *f* bowl

Schusswaffe *f* firearm[s *npl*] **Schusswunde** *f* gunshot wound

Schuster(in) <-s, -> [ˈʃuːstɐ] *m(f)* shoemaker

Schutt <-[e]s> [ʃʊt] *m kein pl* rubble

Schuttabladeplatz *m* [rubbish [*or* AM garbage]] dump [*or* BRIT tip]

Schüttelfrost *m* shivering fit

schütteln [ˈʃʏtl̩n] **I.** *vt* to shake **II.** *vr* **sich vor Lachen ~** to shake with laughter **III.** *vi impers* **es schüttelt jdn** sb shudders

schütten [ˈʃʏtn̩] **I.** *vt* ❶ (*kippen*) to tip ❷ (*gießen*) to pour **II.** *vi* **es schüttet** *impers* (*fam*) it's pouring [down]

Schutz <-es, -e> [ʃʊts] *m kein pl* protection (**vor** from/**gegen** against); **~ bieten** to offer protection; **jdn in ~ nehmen** to protect sb; **~ suchen** to seek refuge

Schutzblech *nt* mudguard **Schutzbrille** *f* protective goggles *npl*

Schütze, Schützin <-n, -n> [ˈʃʏtsə, ˈʃʏtsɪn] *m, f* ❶ marksman *masc*, markswoman *fem* ❷ *kein pl* ASTROL Sagittarius

schützen [ˈʃʏtsn̩] **I.** *vt* to protect (**vor** against/from) **II.** *vi* [**vor etw** *dat*] **~** to give protection [from sth]

Schutzhelm *m* hard hat

Schützling <-s, -e> [ˈʃʏtslɪŋ] *m* charge

schutzlos I. *adj* defenceless **II.** *adv* **jdm ~ ausgeliefert sein** to be at the mercy of sb

Schutzweg *m* TRANSP ÖSTERR pedestrian crossing

Schwabe, Schwäbin <-n, -n> [ˈʃvaːbə, ˈʃvɛːbɪn] *m, f* Swabian

schwäbisch [ˈʃvɛːbɪʃ] *adj* Swabian

schwach <schwächer, schwächste>

[ʃvax] **I.** *adj* ❶ weak ❷ *Sportler, Schüler* poor ❸ (*leicht*) faint **II.** *adv* ❶ (*leicht*) faintly ❷ (*dürftig*) feebly; **die Mannschaft spielte ~** the team put up a feeble performance

Schwäche <-> [ˈʃvɛçə] *f kein pl* weakness; **jds ~ ausnutzen** to exploit sb's vulnerability

schwächen [ˈʃvɛçn̩] **I.** *vt* to weaken; **geschwächt** weakened **II.** *vi* to have a weakening effect

Schwachkopf *m* (*fam*) idiot

Schwächling <-s, -e> [ˈʃvɛçlɪŋ] *m* weakling

Schwachsinn *m kein pl* (*fam*) rubbish *no art* BRIT, garbage AM; **so ein ~!** what a load of rubbish!

schwachsinnig *adj* (*fam*) idiotic

Schwachstrom *m* weak current

schwach|werden *vi* [**bei jdm/etw**] ~ to be unable to refuse [sb/sth]

Schwager, **Schwägerin** <-s, Schwäger> [ˈʃvaːgɐ, ˈʃvɛːgərɪn] *m, f* brother-in-law *masc*, sister-in-law *fem*

Schwalbe <-, -n> [ˈʃvalbə] *f* swallow

Schwall <-[e]s, -e> [ʃval] *m* flood

Schwamm <-[e]s, Schwämme> [ʃvam] *m* ❶ sponge ❷ SÜDD (*Pilz*) mushroom

Schwan <-[e]s, Schwäne> [ʃvaːn] *m* swan

schwanger [ˈʃvaŋɐ] *adj* pregnant; **sie ist im sechsten Monat ~** she's six months pregnant

Schwangerschaft <-, -en> *f* pregnancy

Schwank <-[e]s, Schwänke> [ʃvaŋk] *m* THEAT farce

schwanken [ˈʃvaŋkn̩] *vi* ❶ *sein* (*wanken*) to stagger ❷ *haben: Kurs, Preis* to fluctuate ❸ *haben* **zwischen zwei Dingen ~** to be torn between two things

schwankend *adj Kurs, Preis* fluctuating

Schwankung <-, -en> *f* fluctuation

Schwanz <-es, Schwänze> [ʃvants] *m* tail

Schwarm[1] <-[e]s, Schwärme> [ʃvarm] *m* swarm; *Fische* shoal

Schwarm[2] <-[e]s> [ʃvarm] *m* (*verehrter Mensch*) heart-throb

schwärmen[1] [ˈʃvɛrmən] *vi sein* to swarm

schwärmen[2] [ˈʃvɛrmən] *vi haben* **für jdn ~** to be mad about sb; **für etw** *akk* **~** to have a passion for sth

Schwärmerei <-, -en> [ʃvɛrməˈrai] *f* passion

schwarz <schwärzer, schwärzeste> [ʃvarts] **I.** *adj* ❶ black ❷ *attr* (*fam: illegal*) illicit **II.** *adv* ❶ black ❷ (*fam: illegal*) illicitly

Schwarzarbeit *f kein pl* illicit work **schwarz|arbeiten** *vi* to do illicit work **Schwarzarbeiter(in)** *m(f)* person doing illicit work **Schwarzbrot** *nt* brown bread

Schwarze(r) *f(m) dekl wie adj* (*Mensch*) black [person]

schwärzen [ˈʃvɛrtsn̩] *vt* to blacken

schwarz|fahren *vi irreg sein* to dodge paying one's fare **Schwarzgeld** <-[e]s, -er> *nt* (*fam*) illegal earnings *npl* **schwarzhaarig** *adj* black-haired **Schwarzmarkt** *m* black market **schwarz|sehen** *vi irreg* to be pessimistic (**für** about) **Schwarz-Weiß-Fernseher** *m* black-and-white television **Schwarz-Weiß-Film** *m* FILM, FOTO black-and-white film **Schwarzwurzel** *f* KOCHK black salsify

schwatzen [ˈʃvatsn̩], **schwätzen** [ˈʃvɛtsn̩] *vi* SÜDD to chat

schwatzhaft *adj* (*pej*) talkative

Schwebebahn *f* ❶ (*an Schienen*) overhead railway ❷ (*Seilbahn*) cable car **Schwebebalken** *m* [balance] beam

schweben [ˈʃveːbn̩] *vi haben* to float; *Vogel* to hover

Schwede, **Schwedin** <-n, -n> [ˈʃveːdə, ˈʃveːdɪn] *m, f* Swede

Schweden <-s> [ˈʃveːdn̩] *nt* Sweden

Schwedin <-, -nen> *f fem form von* **Schwede**

schwedisch [ˈʃveːdɪʃ] *adj* Swedish

Schwefel <-s> [ˈʃveːfl̩] *m kein pl* sulphur

Schwefeldioxid *nt* sulphur dioxide

schwefelhaltig *adj* sulphur[e]ous

schweigen <schwieg, geschwiegen> [ˈʃvaign̩] *vi* to keep quiet ▶ **ganz zu ~ von etw** *dat* quite apart from sth

Schweigen <-s> [ˈʃvaign̩] *nt kein pl* silence; **jdn zum ~ bringen** to silence sb

schweigsam [ˈʃvaikzaːm] *adj* taciturn

Schweigsamkeit <-> *f kein pl* quietness

Schwein <-s, -e> [ʃvain] *nt* ❶ pig ❷ *kein pl* KOCHK pork ❸ (*pej fam: gemeiner Kerl*) bastard ❹ (*fam: bedauernswerter Mensch*) **[ein] armes ~** [a] poor devil

Schweinebraten *m* joint of pork **Schweinefleisch** *nt* pork **Schweinegrippe** *f* MED swine influenza, swine flu

Schweinerei <-, -en> [ʃvainəˈrai] *f* (*fam*) ❶ (*Verschmutzung*) mess ❷ (*Gemeinheit*) mean trick ❸ (*Skandal*) scandal

Schweinestall *m* [pig]sty **schweineteuer** *adj* (*fam*) extortionate; **~ sein** to cost an arm and a leg

Schweiß <-es> [ʃvais] *m kein pl* sweat

schweißen [ˈʃvaisn̩] *vt, vi* to weld

schweißtreibend *adj* MED sudorific; *Arbeit* arduous **Schweißtropfen** *m* bead of sweat

Schweiz <-> [ʃvaits] *f* Switzerland; **die französische/italienische ~** French-speaking/Italian-speaking Switzerland

Schweizer [ˈʃvaitsɐ] *adj attr* Swiss

Schweizer(in) <-s, -> [ˈʃvaitsɐ] *m(f)* Swiss

Schweizerdeutsch <-[s]> [ˈʃvaitsɐdɔytʃ] *nt dekl wie adj* LING Swiss German

schweizerisch [ˈʃvaitsərɪʃ] *adj* Swiss

Schwelle <-, -n> [ˈʃvɛlə] *f* threshold ▶ **auf der ~ zu etw** *dat* **stehen** to be on the verge of sth

Schwellung <-, -en> *f* swelling

schwemmen [ˈʃvɛmən] *vt* **an Land ~** to wash ashore

schwenken [ˈʃvɛŋkn̩] *vt haben* ❶ (*wedeln*) to wave ❷ KOCHK **das Gemüse in Butter ~** to toss the vegetables in butter

schwer <schwerer, schwerste> [ʃveːɐ̯] **I.** *adj* ❶ heavy; **20 kg ~ sein** to weigh 20 kg ❷ (*beträchtlich*) serious ❸ (*hart, schwierig*) hard **II.** *adv* ❶ heavily; **~ bepackt sein** to be heavily laden ❷ (*hart*) hard; **es ~ haben** to have it hard; **jdm das Leben ~ machen** to make life difficult for sb; **jdm ~ zu schaffen machen** to give sb a hard time ❸ (*schwierig*) difficult; **ein ~ erziehbares Kind** a problem child; **~ verdaulich** indigestible; **~ verständlich** hard to understand *pred* ❹ (*ernstlich*) seriously; **~ wiegend** serious

Schwerarbeit *f kein pl* heavy work **Schwerbehinderte(r)** *f(m) dekl wie adj* severely disabled person

schwerelos *adj* weightless

schwer|fallen *vi* **etw fällt jdm schwer** sth is difficult for sb [to do]

schwerfällig <-er, -ste> **I.** *adj* awkward **II.** *adv* awkwardly

Schwergewicht *nt* SPORT heavyweight

schwerhörig *adj* hard of hearing *pred*

Schwerkraft *f kein pl* gravity **Schwermut** <-> *f kein pl* melancholy

schwermütig <-er, -ste> [ˈʃveːɐ̯myːtɪç] *adj* melancholy

schwer|nehmen *vt* **etw ~** to take sth hard

Schwerpunkt *m* main emphasis; **auf etw** *akk* **den ~ legen** to put the main emphasis on sth

Schwert <-[e]s, -er> [ʃveːɐ̯t] *nt* sword

schwer|tun *vi* **sich mit etw** *dat* **~** to have trouble with sth, to find sth difficult

Schwerverbrecher(in) *m(f)* serious offender **Schwerverletzte(r)** *f(m) dekl wie adj* MED seriously injured person

Schwester <-, -n> [ˈʃvɛstɐ] *f* ❶ sister ❷ (*Krankenschwester*) nurse ❸ (*Nonne*) nun

Schwesterfirma *f* associate company

Schwiegereltern [ˈʃviːgɐ-] *pl* parents-in-law **Schwiegermutter** *f* mother-in-law **Schwiegersohn** *m* son-in-law

S

Schwiegertochter *f* daughter-in-law **Schwiegervater** *m* father-in-law
Schwiele <-, -n> ['ʃviːlə] *f* callus
schwierig ['ʃviːrɪç] *adj* difficult
Schwierigkeit <-, -en> *f* ❶ *kein pl* difficulty ❷ *pl* (*Probleme*) problems; **jdn in ~en bringen** to get sb into trouble; **in ~en geraten** to get into trouble; [**jdm**] **~en machen** to give sb trouble; **ohne ~en** without any difficulty
Schwimmbad *nt* swimming pool **Schwimmbecken** *nt* [swimming] pool
schwimmen <schwamm, geschwommen> ['ʃvɪmən] *vi* ❶ *sein* to swim; **~ gehen** to go swimming ❷ *haben: Gegenstand* to float
Schwimmer(in) <-s, -> ['ʃvɪmɐ] *m(f)* swimmer **Schwimmweste** *f* life jacket
Schwindel <-s> ['ʃvɪndl̩] *m kein pl* ❶ swindle ❷ MED dizziness
schwindeln[1] ['ʃvɪndl̩n] *vi* (*lügen*) to lie
schwindeln[2] ['ʃvɪndl̩n] *vi* **jdm schwindelt** [**es**] sb feels dizzy
schwinden <schwand, geschwunden> ['ʃvɪndn̩] *vi sein: Hoffnung, Kräfte* to fade away
schwindlig ['ʃvɪndlɪç] *adj pred s.* **schwindelig**
schwingen <schwang, geschwungen> ['ʃvɪŋən] **I.** *vt haben* to swing; *Fahne* to wave **II.** *vi haben o sein* ❶ (*vibrieren*) **etw zum Schwingen bringen** to make sth vibrate ❷ (*pendeln*) to swing **III.** *vr haben* **sich aufs Fahrrad ~** to hop on one's bike
Schwingung <-, -en> *f* oscillation; **etw in ~ versetzen** to set sth swinging
schwirren ['ʃvɪrən] *vi sein* to buzz
schwitzen ['ʃvɪtsn̩] *vi* to sweat
schwören <schwor, geschworen> ['ʃvøːrən] **I.** *vi* to swear **II.** *vt* **jdm etw ~** to swear sth to sb
schwul [ʃvuːl] *adj* (*fam*) gay
schwül [ʃvyːl] *adj* sultry
Schwule(r) *m dekl wie adj* (*fam*) gay [person]
schwülstig ['ʃvʏlstɪç] *adj* bombastic
Schwung <-[e]s, Schwünge> [ʃvʊŋ] *m* ❶ swing; **~ holen** to build up momentum ❷ *kein pl* (*Antriebskraft*) drive; **in ~ kommen** to get going; [**richtig**] **in ~ sein** to be in full swing
Schwur <-[e]s, Schwüre> [ʃvuːɐ̯] *m* vow; **einen ~ leisten** to take a vow
Scratching ['skrɛtʃɪŋ] *nt graffiti caused by scratching windows on public transport with sharp implements*
sechs [zɛks] *adj* six; *s.a.* **acht**[1]
Sechseck *nt* hexagon **sechshundert** ['zɛks'hʊndɐt] *adj* six hundred **sechsjährig, 6-jährig** ['zɛksjɛːrɪç] *adj* ❶ (*Alter*) six-year-old *attr*, six years old *pred* ❷ (*Zeitspanne*) six-year *attr* **sechstausend** ['zɛks'tauznt] *adj* six thousand
sechste(r, s) ['zɛkstə, 'zɛkstɐ, 'zɛkstəs] *adj* sixth; *s.a.* **achte(r, s)**
Sechstel <-s, -> ['zɛkstl̩] *nt* sixth
sechzehn ['zɛçtseːn] *adj* sixteen; *s.a.* **acht**[1]
sechzig ['zɛçtsɪç] *adj* sixty; *s.a.* **achtzig**
Sechziger *pl* **die ~** the sixties [*or* 60s]
sechzigste(r, s) *adj* sixtieth; *s.a.* **achte(r, s)**
Secondhandladen [zɛknt'hɛnt-] *m* second-hand shop
See[1] <-s, -n> [zeː] *m* lake
See[2] <-, -n> [zeː] *f* sea; **an der ~** by the sea; **auf hoher ~** on the high seas; **in ~ stechen** to put to sea
Seeadler *m* sea eagle **Seefahrt** *f kein pl* seafaring *no art* **Seefisch** *m* saltwater fish **Seehund** *m* common seal **Seeigel** *m* sea urchin **Seekarte** *f* sea chart **seekrank** *adj* seasick
Seele <-, -n> ['zeːlə] *f* soul; **mit Leib und ~** wholeheartedly; **aus tiefster ~** from the bottom of one's heart ▶ **ein Herz und eine ~ sein** to be inseparable; **sich** *dat* **etw von der ~ reden** to get sth off one's chest
Seeleute *pl von* **Seemann**
seelisch ['zeːlɪʃ] **I.** *adj* psychological; **~es**

Gleichgewicht mental balance **II.** *adv* ~ **bedingt sein** to have psychological causes

Seelöwe, -löwin <-n, -n> *m, f* sea lion

Seelsorge *f kein pl* spiritual welfare

Seeluft *f kein pl* sea air **Seemann** <-leute> ['ze:man] *m* sailor **Seemeile** *f* nautical mile **Seenot** *f kein pl* distress [at sea] **Seepferd(chen)** *nt* sea horse **Seeräuber(in)** *m(f)* pirate **Seereise** *f* voyage; (*Kreuzfahrt*) cruise **Seerose** *f* BOT water lily **Seestern** *m* starfish **Seevogel** *m* seabird **Seezunge** *f* sole

Segel <-s, -> ['ze:gl̩] *nt* sail

Segelboot *nt* sailing boat **Segelflieger(in)** *m(f)* glider pilot **Segelflugzeug** *nt* glider

segeln ['ze:gl̩n] *vi sein* to sail; **durch die Luft** ~ to sail through the air

Segelschiff *nt* sailing ship

Segen <-s, -> ['ze:gn̩] *m no pl* blessing; **ein ~ für die Menschheit** a benefit for mankind

Segler(in) <-s, -> ['ze:glɐ] *m(f)* yachtsman *masc*, yachtswoman *fem*

Segment <-[e]s, -e> [zɛ'gmɛnt] *nt* segment

segnen ['ze:gnən] *vt* to bless

sehen <sah, gesehen> ['ze:ən] **I.** *vt* ① to see; **das muss man ge~ haben** one has to see it to believe it; **etw nicht gerne** ~ to not like sth; **gut/schlecht zu ~ sein** to be well/badly visible; **sich ~ lassen können** to be something to be proud of; **so ge~** from that point of view ② (*ansehen, zusehen*) to watch **II.** *vi* ① **gut/schlecht** ~ to have good/bad eyesight ② (*blicken*) to look; **aus dem Fenster** ~ to look out of the window; **auf das Meer** ~ to look at the sea; **sich ~ lassen** to show up ③ (*sich kümmern*) **nach jdm** ~ to go and see sb; **nach etw** *dat* ~ to check on sth

sehenswert *adj* worth seeing

Sehenswürdigkeit <-, -en> *f* sight; **~en besichtigen** to do the sights

Sehfehler *m* visual defect

Sehne <-, -n> ['ze:nə] *f* sinew

sehnen ['ze:nən] *vr* **sich nach jdm/etw** ~ to long for sb/sth

Sehnenriss *m* torn tendon **Sehnenzerrung** *f* pulled tendon

sehnig ['ze:nɪç] *adj* sinewy

Sehnsucht <-, -süchte> ['ze:nzʊxt] *f* longing (**nach** for)

sehnsüchtig ['ze:nzʏçtɪç] *adj attr* longing

sehr <[noch] mehr, am meisten> ['ze:ɐ̯] *adv* ① *vor Adjektiv, Adverb* very ② *vor vb* very much; **das will ich doch ~ hoffen** I very much hope so

Sehtest *m* eye test

seicht [zaiçt] *adj* shallow

Seide <-, -n> ['zaidə] *f* silk

seiden ['zaidn̩] *adj attr* silk

Seife <-, -n> ['zaifə] *f* soap

Seil <-[e]s, -e> [zail] *nt* ① rope ② (*Drahtseil*) cable

Seilbahn *f* (*Gondel*) cable car **seil|springen** *vi irreg, nur infin und pp sein* to skip [rope] **Seiltänzer(in)** *m(f)* tightrope acrobat

sein[1] [zain] *pron poss adjektivisch* ① (*Mann*) his; (*Mädchen*) her; (*bei Dingen*) its ② *auf man bezüglich* one's; *auf jeder bezüglich* his; **jeder bekam ~ eigenes Zimmer** everyone got his own room

sein[2] <bin, bist, ist, sind, seid, war, gewesen> [zain] **I.** *vi sein* ① to be; **ich bin wieder da** I'm back again; **ist da jemand?** is somebody there? ② (*zutreffen*) **dem ist so/nicht so** that's right/not the case; **was ist mit ihr?** what's the matter with her? ③ (*gehören*) **das Buch ist meins** the book is mine ④ (*bestehen*) **aus etw** *dat* ~ to be [made of] sth ⑤ (*sich fühlen*) **jdm ist heiß/kalt** sb is hot/cold; **jdm ist übel** sb feels sick ⑥ (*vorkommen*) **mir ist, als habe**

ich Stimmen gehört I thought I heard voices ❼ *meist mit modalem Hilfsverb* (*passieren*) **das darf doch nicht wahr ~!** that can't be true!; **muss das ~?** do you have to?; **etw ~ lassen** (*fam*) to stop [doing] sth ❽ *mit infin + zu* (*Möglichkeit ausdrückend*) to be; **sie ist nicht zu sehen** she cannot be seen; **etw ist zu schaffen** sth can be done **II.** *vi impers* **es sei denn, dass ...** unless ...; **wie wäre es mit jdm/etw?** how about sb/sth?; **es war einmal ...** once upon a time ...; **wie dem auch sei** in any case; **es ist so, [dass] ...** it's just that ...

seinerseits ['zainɐ'zaits] *adv* on his part

seinetwegen ['zainət'veːgn̩], *geh* **seinethalben** ['zainət'halbn̩] *adv* because of him

seit [zait] **I.** *präp + dat* ❶ (*Anfangspunkt*) since; **~ damals** since then; **~ neuestem** recently; **~ wann?** since when? ❷ (*Zeitspanne*) for; **~ einiger Zeit** for a while **II.** *konj* (*seitdem*) since

seitdem [zait'deːm] **I.** *adv* since then **II.** *konj* since

Seite <-, -n> ['zaitə] *f* ❶ side; **von allen ~n** from all sides; **die hintere/vordere/obere/untere ~** the back/front/top/bottom; **zur ~ gehen** to step aside; **jdn zur ~ nehmen** to take sb aside ❷ (*Buchseite*) page; **gelbe ~n** Yellow Pages; **eine ~ aufschlagen** to open at a page ❸ (*Beistand*) **~ an ~** side by side; **jdm zur ~ stehen** to stand by sb ❹ (*Aspekt*) **von jds ~ aus** as far as sb is concerned; **sich von seiner besten ~ zeigen** to show oneself at one's best; **auf der einen ~..., auf der anderen [~] ...** on the one hand, ..., on the other [hand], ...; **jds starke ~ sein** to be sb's forte ❺ (*Gruppe*) side; **auf jds ~ stehen** to be on sb's side; **die ~n wechseln** to change sides

Seitenairbag [-ʔɛːɐ̯bɛk] *m* AUTO side airbag **Seitensprung** *m* (*fam*) bit on the side **Seitenstechen** *nt kein pl* stitch; **~ haben** to have a stitch **Seitenstraße** *f* side street **Seitenwind** *m* crosswind

seither [zait'heːɐ̯] *adv* since then

seitlich ['zaitlɪç] **I.** *adj* side *attr* **II.** *adv* at the side; **~ gegen etw** *akk* **prallen** to crash sideways into sth

seitwärts ['zaitvɛrts] *adv* sideways

Sekret <-[e]s, -e> [ze'kreːt] *nt* secretion

Sekretär(in) <-s, -e> [zekre'tɛːɐ̯] *m(f)* secretary

Sekt <-[e]s, -e> [zɛkt] *m* sparkling wine

Sekte <-, -n> ['zɛktə] *f* sect

sekundär [zekʊn'dɛːɐ̯] *adj* secondary

Sekunde <-, -n> [ze'kʊndə] *f* second; **auf die ~ genau** to the second

Sekundenzeiger *m* second hand

selbst [zɛlpst] **I.** *pron dem* ❶ (*persönlich*) myself/yourself/himself etc. ❷ (*alleine*) by oneself; **von ~** automatically; **etw versteht sich von ~** sth goes without saying **II.** *adv* ❶ (*eigen*) self; **~ ernannt** self-appointed; **~ gemacht** home-made ❷ (*sogar*) even; **~ wenn** even if

Selbstachtung *f* self-respect

selbständig ['zɛlpʃtɛndɪç] *adj s.* **selbstständig**

Selbständigkeit <-> *f kein pl s.* **Selbstständigkeit** **Selbstbedienungsladen** *m* self-service shop **Selbstbefriedigung** *f* masturbation **Selbstbeherrschung** *f* self-control **Selbstbestimmungsrecht** *nt kein pl* right to self-determination **selbstbewusst** *adj* self-confident **Selbstbewusstsein** *nt* self-confidence **Selbsterhaltungstrieb** *m* survival instinct **Selbsthilfegruppe** *f* self-help group

selbstlos *adj* selfless

Selbstmedikation *f* MED self-medication **Selbstmitleid** *nt* self-pity **Selbstmord** *m* suicide; **~ begehen** to commit suicide

Selbstmordattentat *nt*, **Selbstmordanschlag** *m* suicide bombing **Selbstmordattentäter(in)** *m(f)* suicide bomber **Selbstmörder(in)** *m(f)* suicidal person **selbstsicher** *adj* self-confident

selbstständig ['zɛlpʃtɛndɪç] *adj* ❶ independent ❷ (*beruflich*) self-employed; **sich ~ machen** to start up one's own business

Selbstständigkeit *kein pl* ❶ independence ❷ (*beruflich*) self-employment **Selbsttäuschung** *f* self-deception **Selbstüberwindung** *f* self-discipline

selbstverständlich **I.** *adj* natural; **das ist doch ~** don't mention it; **etw für ~ halten** to take sth for granted **II.** *adv* of course

Selbstverständlichkeit <-, -en> *f* naturalness; **etw als ~ ansehen** to regard sth as a matter of course BRIT

Selbstverteidigung *f* self-defence **Selbstvertrauen** *nt* self-confidence **Selbstverwaltung** *f* self-government **Selbstverwirklichung** *f* self-realization **Selbstwertgefühl** *nt* self-esteem **Selbstzweck** *m kein pl* end in itself

Selfie < -s, -s> ['sɛlfi] *nt* (*fam*) TELEK, INET selfie

selig ['ze:lɪç] *adj* (*überglücklich*) overjoyed ▶ **wer's glaubt, wird ~!** (*iron fam*) that's a likely story!

Sellerie <-s, -[s]> ['zɛləri] *m* (*Knolle*) celeriac; (*Stange*) celery

selten ['zɛltn̩] *adj* rare

Seltenheit <-, -en> *f* rarity

seltsam ['zɛltza:m] *adj* strange; **ein ~es Gefühl haben** to have an odd feeling

Semester <-s, -> [ze'mɛstɐ] *nt* semester

Semikolon <-s, -s> [zemi'ko:lɔn] *nt* semicolon

Seminar <-s, -e> [zemi'na:ɐ̯] *nt* ❶ seminar ❷ (*Institut*) department

Semmel <-, -n> [zɛml̩] *f* [bread] roll

Senat <-[e]s, -e> [ze'na:t] *m* senate

Senator(in) <-s, -toren> [ze'na:to:ɐ̯] *m(f)* senator

senden[1] ['zɛndn̩] *vt* RADIO, TV to broadcast

senden[2] <sandte *o* sendete, gesandt *o* gesendet> ['zɛndn̩] *vt* to send; **jdm etw ~** to send sth to sb

Sender <-s, -> ['zɛndɐ] *m* ❶ TV channel; RADIO station ❷ (*Gerät*) transmitter

Sendung[1] <-, -en> *f* RADIO, TV programme

Sendung[2] <-, -en> *f* (*Paketsendung*) parcel; (*Warensendung*) consignment

Senf <-[e]s, -e> [zɛnf] *m* mustard

senil [ze'ni:l] *adj* senile

Senior <-s, Senioren> ['ze:ni̯o:ɐ̯] *m meist pl* senior citizen, OAP BRIT

seniorengerecht **I.** *adj* suitable for senior citizens **II.** *adv* **~ ausgestattet sein** to be suitable for senior citizens **Seniorenresidenz** *f* (*euph*) [residential] home for the elderly

senken ['zɛŋkn̩] **I.** *vt* ❶ *Preis* to reduce ❷ (*neigen*) **den Kopf ~** to bow one's head **II.** *vr* **sich** [**auf etw** *akk*] **~** to lower itself [onto sth]

senkrecht ['zɛŋkrɛçt] *adj* vertical

Senkung <-, -en> *f* reduction

Sensation <-, -en> [zɛnza'tsi̯o:n] *f* sensation

sensationell [zɛnzatsi̯o'nɛl] *adj* sensational

Sensationsgier [zɛnza'tsi̯o:ns-] *f*, **Sensationshunger** *m* sensationalism, greed for sensation **sensationsgierig**, **sensationshungrig** *adj* sensationalist, greedy for sensation

sensibel [zɛn'zi:bl̩] *adj* sensitive

Sensibilität <-, -en> [zɛnzibili'tɛ:t] *f* sensitivity

sentimental [zɛntimɛn'ta:l] *adj* sentimental

Sentimentalität <-, -en> [zɛntimɛntali'tɛ:t] *f* sentimentality

separat [zepa'ra:t] *adj* separate

Separatismus <-> [zepara'tɪsmʊs] *m kein pl* separatism

S

Separatist(in) <-en, -en> [zepara'tɪst] *m(f)* separatist

September <-[s], -> [zɛp'tɛmbɐ] *m* September; *s.a.* **Februar**

Serbe, Serbin <-n, -n> ['zɛrbə, 'zɛrbɪn] *m, f* Serb

Serbien <-s> ['zɛrbi̯ən] *nt* Serbia

serbisch ['zɛrbɪʃ] *adj* Serbian

Serie ['zeːri̯ə] *f* series

seriös [ze'ri̯øːs] **I.** *adj Angebot* serious; *Firma* reputable; *Mensch* respectable **II.** *adv* respectably

Serpentine <-, -n> [zɛrpɛn'tiːnə] *f* winding road

Service¹ <-> ['zøɐ̯vɪs] *m kein pl* service

Service² <-[s], -> [zɛr'viːs] *nt* (*Essgeschirr*) dinner service; (*Kaffeegeschirr*) coffee service

servieren* [zɛr'viːrən] *vt* [**jdm**] **etw** ~ to serve sth [to sb]

Serviette <-, -n> [zɛr'vi̯ɛtə] *f* napkin

Sessel <-s, -> ['zɛsl̩] *m* armchair

Sessellift *m* chairlift

sesshaft ['zɛshaft] *adj* settled

setzen ['zɛtsn̩] **I.** *vt* ❶ (*platzieren*) to put, to place ❷ (*festlegen*) to set; **eine Frist** ~ to set a deadline ❸ (*bringen*) **etw in Betrieb** ~ to set sth in motion; **jdn auf Diät** ~ to put sb on a diet; **seine Hoffnung in jdn** ~ to put one's hopes on sb ❹ (*wetten*) **etw** [**auf jdn/etw**] ~ to put sth [on sb/sth] ❺ TYPO to set **II.** *vr* **sich** ~ ❶ to sit [down]; **sich zu jdm** ~ to sit next to sb; **sich ins Auto** ~ to get into the car ❷ (*sich senken*) to settle

Seuche <-, -n> ['zɔyçə] *f* epidemic

seufzen ['zɔyftsn̩] *vi* to sigh

Seufzer <-s, -> *m* sigh; **einen ~ ausstoßen** to heave a sigh

Sex <-[es]> [zɛks] *m kein pl* sex

Sexismus [zɛ'ksɪsmʊs] *m* <-> *kein pl* sexism

sexistisch *adj* sexist

Sexualität <-> [zɛksu̯ali'tɛːt] *f kein pl* sexuality

sexuell [zɛ'ksu̯ɛl] *adj* sexual; **~e Belästigung** sexual harassment

Shampoo <-s, -s> ['ʃampu] *nt* shampoo

Shootingstar <-s, -s> ['ʃuːtɪŋstaːɐ̯] *m* (*fam*) overnight success, whizz-kid

Show <-, -s> [ʃoː] *f* show; **eine ~ abziehen** (*fam*) to put on a show *fam*

Sibirien <-s> [zi'biːri̯ən] *nt* Siberia

sibirisch [zi'biːrɪʃ] *adj* Siberian

sich [zɪç] *pron refl* ❶ oneself; **er/sie/es ...** ~ he/she/it ... himself/herself/itself; **Sie ...** ~ you ... yourself/yourselves; **sie ...** ~ they ... themselves; ~ **freuen** to be pleased; ~ **gedulden** to be patient ❷ *dat* one's; **die Katze leckte ~ die Pfote** the cat licked its paw ❸ *pl* (*einander*) each other, one another; ~ **lieben** to love each other ❹ *unpersönlich* **hier arbeitet es ~ gut** it's good to work here; **das Auto fährt ~ prima** the car drives well ❺ *mit Präposition* **er denkt immer nur an ~** *akk* he only ever thinks of himself; **die Schuld bei ~ suchen** to blame oneself; **wieder zu ~ kommen** to come round; **etw von ~ aus tun** to do sth of one's own accord

Sichel <-, -n> ['zɪçl̩] *f* sickle

sicher ['zɪçɐ] **I.** *adj* ❶ (*gewiss*) certain; ~ **sein** to be certain; **sich** *dat* **~ sein, dass ...** to be sure that ...; **sich** *dat* **einer S.** *gen* **~ sein** to be sure of sth; **so viel ist ~** that much is certain ❷ (*ungefährdet*) safe (**vor** from); *Anlage* secure; ~ **ist ~** you can't be too careful **II.** *adv* surely; [**aber**] **~!** sure!; **du hast ~ Recht** you are certainly right

Sicherheit <-, -en> *f* ❶ *kein pl* safety; **in ~ sein** to be safe; **etw in ~ bringen** to get sth to safety; **die öffentliche ~** public safety; **soziale ~** social security ❷ *kein pl* (*Gewissheit*) certainty; **mit ~** for certain

Sicherheitsgurt *m* seat belt **Sicherheitsnadel** *f* safety pin **Sicherheitsschloss** *nt* safety lock

sicherlich *adv* surely

sichern ['zɪçɐn] **I.** *vt* ❶ **sich/jdm etw ~** to secure sth for oneself/sb ❷ (*schützen*) to protect ❸ INFORM to save **II.** *vr* **sich gegen etw** *akk* **~** to protect oneself against sth

Sicherung <-, -en> *f* ❶ ELEK fuse; **die ~ ist durchgebrannt** the fuse has blown ❷ (*Schutzvorrichtung*) safety catch ❸ INFORM back-up ▶ **jdm brennt die ~ durch** (*fam*) sb blows a fuse

Sicht <-, *selten* -en> [zɪçt] *f* ❶ view; **in ~ sein** to be in sight; **etw ist in ~** (*fig*) sth is on the horizon; **eine gute/schlechte ~** a good/poor view; **auf kurze/mittlere/lange ~** in the short term/midterm/long term ❷ (*Meinung*) [point of] view; **aus jds ~** from sb's point of view

sichtbar *adj* visible

sichten ['zɪçtn̩] *vt* **etw ~** to sight sth; **jdn ~** to spot sb; **die Akten ~** to look through the files

sickern ['zɪkɐn] *vi sein* to seep

sie [zi:] *pron pers, 3. pers* ❶ <*gen* ihrer, *dat* ihr, *akk* sie> *sing* she; **~ ist es!** it's her!; (*Sache od. weibl. Tier*) it ❷ <*gen* ihrer, *dat* ihnen, *akk* sie> *pl* they

Sie[1] <*gen* Ihrer, *dat* Ihnen, *akk* Sie> [zi:] *pron pers, 2. pers sing o pl* (*förmliche Anrede*) you

Sie[2] [zi:] *f kein pl* **eine ~** a female

Sieb <-[e]s, -e> [zi:p] *nt* sieve

sieben[1] ['zi:bn̩] *adj* seven; *s.a.* **acht**[1]

sieben[2] ['zi:bn̩] *vt* to sieve

siebenhundert ['zi:bn̩'hʊndɐt] *adj* seven hundred

siebenjährig, 7-jährig ['zi:bn̩jɛ:rɪç] *adj* ❶ (*Alter*) seven-year-old *attr,* seven years old *pred* ❷ (*Zeitspanne*) seven-year *attr*

siebte(r, s) ['zi:ptə, 'zi:ptɐ, 'zi:ptəs] *adj* seventh; *s.a.* **achte(r, s)**

Siebtel <-s, -> ['zi:ptl̩] *nt* seventh

siebzehn ['zi:ptse:n] *adj* seventeen; *s.a.* **acht**[1]

siebzig ['zi:ptsɪç] *adj* seventy; *s.a.* **achtzig**

siedeln ['zi:dl̩n] *vi* to settle

sieden <siedete *o* sott, gesiedet> ['zi:dn̩] *vi* to boil; **~d heiß** boiling hot

Siedler(in) <-s, -> ['zi:dlɐ] *m(f)* settler

Siedlung <-, -en> ['zi:dlʊŋ] *f* settlement

Sieg <-[e]s, -e> [zi:k] *m* victory

Siegel <-s, -> ['zi:gl̩] *nt* seal

siegen ['zi:gn̩] *vi* to win

Sieger(in) <-s, -> *m(f)* ❶ victor ❷ SPORT winner

Siegerehrung *f* presentation ceremony

Signal <-s, -e> [zɪ'gna:l] *nt* signal; **~e aussenden** to transmit signals

signalisieren* [zɪgnali'zi:rən] *vt* to signal

signieren* [zɪ'gni:rən] *vt* to sign

Silbe <-, -n> ['zɪlbə] *f* syllable

Silber <-s> ['zɪlbɐ] *nt kein pl* silver

Silberhochzeit *f* silver wedding **Silbermedaille** *f* silver medal

silbern ['zɪlbɐn] *adj* silver

Silhouette <-, -n> [zi'lu̯ɛtə] *f* silhouette; *Stadt* skyline

Silizium <-s> [zi'li:tsi̯ʊm] *nt kein pl* silicon

Silo <-s, -s> ['zi:lo] *m* silo

Silvester <-s, -> [zɪl'vɛstɐ] *m o nt* New Year's Eve

simpel ['zɪmpl̩] **I.** *adj* simple **II.** *adv* simply

Sims <-es, -e> [zɪms] *m o nt* (*Fenstersims: innen*) [window]sill; (*Fenstersims: außen*) [window] ledge; (*Kaminsims*) mantelpiece

Simulant(in) <-en, -en> [zimu'lant] *m(f)* malingerer

simulieren* [zimu'li:rən] **I.** *vi* to malinger **II.** *vt* INFORM to [computer-]simulate

simultan [zimʊl'ta:n] **I.** *adj* simultaneous **II.** *adv* **~ dolmetschen** to interpret simultaneously

Sinfonie <-, -n> [zɪnfo'ni:] *f* symphony

singen <sang, gesungen> ['zɪŋən] *vi, vt* to sing

Singlebörse *f* INET [online] dating site

Singular <-s, -e> ['zɪŋgula:ɐ̯] *m* singular

S

Singvogel *m* songbird

sinken <sank, gesunken> ['zɪŋkn̩] *vi sein* to sink; **die Hände ~ lassen** to let one's hands fall; **den Mut ~ lassen** to lose courage

Sinn <-[e]s, -e> [zɪn] *m* ❶ *meist pl* (*Wahrnehmungssinn*) sense; **der sechste ~** the sixth sense; **von ~en sein** to be out of one's mind ❷ *kein pl* (*Bedeutung*) meaning; **in diesem ~e** in that respect; **im eigentlichen ~e** literally; **im übertragenen ~e** in the figurative sense ❸ (*Zweck*) point; **es hat keinen ~[, etw zu tun]** there's no point [in doing sth]; **der ~ des Lebens** the meaning of life ❹ *kein pl* (*Verständnis*) **~ für etw** *akk* **haben** to appreciate sth ❺ (*Gedanke*) **etw [mit jdm/etw] im ~ haben** to have sth in mind [with sb/sth]; **in jds ~ handeln** to act according to sb's wishes; **jdm in den ~ kommen** to come to sb

sinnen <sann, gesonnen> ['zɪnən] *vi* **auf etw** *akk* **~** to think of sth; **auf Rache ~** to plot revenge

Sinnesorgan *nt* sense organ **Sinnestäuschung** *f* illusion **Sinneswahrnehmung** *f* sensory perception *no pl* **Sinneswandel** *m* change of heart

sinnlich *adj* sensual

Sinnlichkeit <-> *f kein pl* sensuality *no art*

S

sinnlos *adj* senseless; *Geschwätz* meaningless; **das ist doch ~!** that's futile!

Sinnlosigkeit <-> *f* senselessness *no pl*

sinnvoll **I.** *adj* ❶ meaningful ❷ (*zweckmäßig*) practical **II.** *adv* sensibly

Sintflut ['zɪntflu:t] *f* **die ~** the Flood

Sippe <-, -n> ['zɪpə] *f* [extended] family

Sirene <-, -n> [zi're:nə] *f* siren

Sirup <-s, -e> ['zi:rʊp] *m* syrup

Sitte <-, -n> ['zɪtə] *f* ❶ custom; **es ist bei uns ~, ...** it is our custom ... ❷ *meist pl* (*Moral*) moral standards *npl* ► **andere Länder, andere ~n** other countries, other customs

Sittich <-s, -e> ['zɪtɪç] *m* parakeet

Sittlichkeitsverbrechen *nt* sex crime

Situation <-, -en> [zitu̯a'tsi̯o:n] *f* situation

Sitz <-es, -e> [zɪts] *m* seat

sitzen <saß, gesessen> ['zɪtsn̩] *vi haben o bes* SÜDD, ÖSTERR, SCHWEIZ *sein* ❶ to sit; **[bitte] bleib/bleiben Sie ~!** [please] don't get up! ❷ (*arbeiten*) **an etw** *dat* **~** to sit over sth ❸ (*fam: im Gefängnis*) to do time ❹ SCH **~ bleiben** to repeat a year ❺ *Ware* **auf etw** *dat* **~ bleiben** to be left with sth ► **jdn ~ lassen** (*fam: im Stich lassen*) to leave sb in the lurch

Sitzplatz *m* seat

Sitzung <-, -en> *f* meeting

Sizilien <-s> [zi'tsi:li̯ən] *nt* Sicily

Skala <-, Skalen> ['ska:la] *f* scale

Skandal <-s, -e> [skan'da:l] *m* scandal

skandalös [skanda'lø:s] *adj* scandalous

Skandinavien <-s> [skandi'na:vi̯ən] *nt* Scandinavia

skandinavisch [skandi'na:vɪʃ] *adj* Scandinavian

Skat <-[e]s, -e> [ska:t] *m* KARTEN skat

Skateboard <-s, -s> ['ske:tbo:ɐ̯t] *nt* skateboard; **~ fahren** to skateboard

Skelett <-[e]s, -e> [ske'lɛt] *nt* skeleton

Skepsis <-> ['skɛpsɪs] *f kein pl* scepticism

Skeptiker(in) <-s, -> ['skɛptikɐ] *m(f)* sceptic

skeptisch ['skɛptɪʃ] **I.** *adj* sceptical **II.** *adv* sceptically

Ski <-s, -> [ʃi:] *m* ski; **~ laufen** to ski

Skianzug *m* ski suit **Skihose** *f* ski pants *npl* **Skiläufer(in)** *m(f)* skier **Skilift** *m* ski lift **Skipiste** *f* ski run **Skispringen** *nt kein pl* ski jumping *no art* **Skistock** *m* ski stick

Skizze <-, -n> ['skɪtsə] *f* sketch

skizzieren* [skɪ'tsi:rən] *vt* to sketch

Sklave, Sklavin <-n, -n> ['skla:və, -vɪn] *m, f* slave

Sklaventreiber(in) *m(f)* slave-driver

Sklaverei <-, -en> [skla:və'rai] *f* slavery *no art*
Skonto <-s, -s> ['skɔnto] *nt o m* [cash] discount
Skorbut <-[e]s> [skɔr'bu:t] *m kein pl* scurvy *no pl*
Skorpion <-s, -e> [skɔr'pi̯o:n] *m* ❶ scorpion ❷ ASTROL Scorpio
Skrupel <-s, -> ['skru:pl̩] *m meist pl* scruple; **[keine] ~ haben, etw zu tun** to have [no] qualms about doing sth
skrupellos **I.** *adj* unscrupulous **II.** *adv* without scruple
Skulptur <-, -en> [skʊlp'tu:ɐ̯] *f* sculpture
Slalom <-s, -s> ['sla:lɔm] *m* slalom
Slawe, Slawin <-n, -n> ['sla:və, 'sla:vɪn] *m, f* Slav
slawisch ['sla:vɪʃ] *adj* Slav[on]ic
Slip <-s, -s> [slɪp] *m* panties *npl*
Slipeinlage *f* panty liner
Slowake, Slowakin <-n, -n> [slo'va:kə, slo'va:kɪn] *m, f* Slovak
Slowakei <-> [slova'kai] *f* **die ~** Slovakia
slowakisch [slo'va:kɪʃ] *adj* Slovak[ian]
Slowenien <-s> [slo've:ni̯ən] *nt* Slovenia
Slum <-s, -s> [slam] *m* slum
Smaragd <-[e]s, -e> [sma'rakt] *m* emerald
Smartphone < -s, -s> ['sma:ɐ̯tfo:n] *nt* smartphone, smart phone
Smog <-[s], -s> [smɔk] *m* smog
Smogalarm *m* smog alert
Smoking <-s, -s> ['smo:kɪŋ] *m* dinner jacket
SMS <-, -> [ɛsʔɛm'ɛs] *f* MEDIA, TELEK *Abk von* **Short Message Service** text [message]
so [zo:] **I.** *adv* ❶ *mit adj und adv* (*derart*) so; **es ist ~, wie du sagst** it is [just] as you say; **~ viel wie** as much as; **~ wenig wie möglich** as little as possible ❷ *mit vb* (*dermaßen*) **ich habe mich ~ über ihn geärgert!** I was so angry with him; **~ sehr, dass ...** to such a degree that ...; **sein Verhalten war ~ was von unverschämt/von lächerlich!** (*fam*) his behavior was totally out of order/totally pathetic! ❸ (*auf diese Weise*) this/that way; **~ ist es** that's right; **~ ist das nun mal** that's the way things are; **es ist besser ~** it's better that way; **~ musst du es machen** this is how you must do it; **~ genannt** so-called; **~ oder ~** either way; **und ~ weiter** et cetera ❹ (*solch*) **~ ein(e) ...** such a/an ...; **~ etwas** such a thing **II.** *konj* ❶ (*konsekutiv*) **~ dass** so that ❷ (*obwohl*) **~ leid es mir auch tut** as sorry as I am **III.** *interj* (*also*) right; **~, jetzt gehen wir ...** right, let's go and ...
sobald [zo'balt] *konj* as soon as
Socke <-, -n> ['zɔkə] *f* sock
Sockel <-s, -> ['zɔkl̩] *m* plinth
sodass [zo'das] *konj* so that
Sodawasser *nt* soda [water]
Sodbrennen [zo:t-] *nt* heartburn
soeben [zo'ʔe:bn̩] *adv* just
Sofa <-s, -s> ['zo:fa] *nt* sofa
sofern [zo'fɛrn] *konj* provided that
sofort [zo'fɔrt] *adv* at once
Soforthilfe *f* emergency relief *no art*
Softie <-s, -s> ['zɔfti] *m* (*fam*) softie
Softwareentwickler(in) ['zɔftvɛ:ɐ̯-] *m(f)* INFORM software developer
sogar [zo'ga:ɐ̯] *adv* even
sogleich [zo'glaiç] *adv* (*geh*) immediately
Sohle <-, -n> ['zo:lə] *f* sole ▶ **auf leisen ~n** noiselessly
Sohn <-[e]s, Söhne> [zo:n] *m* son
Sojabohne *f* soybean
solang [zo'laŋ], **solange** [zo'laŋə] *konj* as long as
Solarenergie *f* solar energy
Solarium <-s, -ien> [zo'la:ri̯ʊm] *nt* solarium
solch [zɔlç] *adj* such; **~ ein Mann** such a man
Sold <-[e]s> [zɔlt] *m kein pl* pay

Soldat(in) <-en, -en> [zɔlˈdaːt] *m(f)* soldier

Söldner(in) <-s, -> [ˈzœldnɐ] *m(f)* mercenary

solid [zoˈliːt], **solide** [zoˈliːdə] *adj* solid

solidarisch [zoliˈdaːrɪʃ] *adj* **sich ~ erklären** to declare one's solidarity

solidarisieren* [zolidariˈziːrən] *vr* **sich ~** to show [one's] solidarity

Solidarität <-> [zolidariˈtɛːt] *f kein pl* solidarity; **aus ~** out of solidarity

Solist(in) <-en, -en> [zoˈlɪst] *m(f)* soloist

Soll <-[s], -[s]> [zɔl] *nt* ❶ FIN debit side; **~ und Haben** debit and credit ❷ (*Ziel*) target; **sein ~ erfüllen** to reach one's target

sollen [ˈzɔlən] **I.** *vb aux* <sollte, sollen> *modal* ❶ (*etw zu tun haben*) **du sollst herkommen, habe ich gesagt!** I said [you should] come here!; **was ~ wir machen?** what shall we do? ❷ *konditional* (*falls*) **sollte das passieren, ...** should that happen ... ❸ *konjunktivisch* (*eigentlich müssen*) **du sollst dich schämen!** you should be ashamed [of yourself]; **was hätte ich tun ~?** what should I have done? ❹ (*angeblich sein*) **etw sein/tun ~** to be supposed to be/do sth; **was soll das heißen?** what's that supposed to mean? ❺ (*dürfen*) **du hättest das nicht tun ~** you should not have done that **II.** *vi* <sollte, gesollt> ❶ (*müssen*) **du sollst sofort nach Hause** you should go home at once ❷ (*bedeuten*) **was soll das?** what's that supposed to mean?; **was soll der Blödsinn?** what's all this nonsense about?; **was soll's?** who cares?

Solo <-s, Soli> [ˈzoːlo] *nt* solo

somit [zoˈmɪt] *adv* therefore

Sommer <-s, -> [ˈzɔmɐ] *m* summer; **im nächsten ~** next summer

sommerlich *adj* summer; **~es Wetter** summer weather

Sommersprosse *f meist pl* freckle *usu pl*

Sonate <-, -n> [zoˈnaːtə] *f* sonata

Sonde <-, -n> [ˈzɔndə] *f* probe

Sonderangebot *nt* special offer; **etw im ~ haben** to have sth on special offer

sonderbar [ˈzɔndɐbaːɐ̯] **I.** *adj* strange **II.** *adv* strangely

Sonderling <-s, -e> [ˈzɔndɐlɪŋ] *m* oddball

Sondermüll *m* hazardous waste

sondern [ˈzɔndɐn] *konj* but

Sonderschule *f* special school **Sonderzug** *m* special train

Sonnabend [ˈzɔnʔaːbn̩t] *m* Saturday

sonnabends *adv* on Saturday[s]

Sonne <-, -n> [ˈzɔnə] *f* sun; **die ~ geht auf/unter** the sun rises/sets

sonnen [ˈzɔnən] *vr* ❶ **sich ~** to sun oneself ❷ (*genießen*) **sich in etw** *dat* **~** to bask in sth

Sonnenaufgang *m* sunrise **Sonnenbad** *nt* sunbathing *no art, no pl;* **ein ~ nehmen** to sunbathe **Sonnenblume** *f* sunflower **Sonnenbrand** *m* sunburn *no art;* **einen ~ bekommen** to get sunburnt **Sonnenbrille** *f* sunglasses *npl* **Sonnenenergie** *f* solar energy **Sonnenfinsternis** *f* solar eclipse **Sonnenlicht** *nt kein pl* sunlight **Sonnenmilch** *f* suntan lotion **Sonnenöl** *nt* suntan oil **Sonnenschein** *m* sunshine; **bei strahlendem ~** in brilliant sunshine **Sonnenschirm** *m* sunshade **Sonnenstich** *m* sunstroke *no art;* **einen ~ haben** to have sunstroke **Sonnenstrahl** *m* sunbeam **Sonnensystem** *nt* solar system **Sonnenuntergang** *m* sunset

sonnig [ˈzɔnɪç] *adj* sunny

Sonntag [ˈzɔntaːk] *m* Sunday; *s.a.* **Dienstag**

sonntags *adv* on Sundays

sonst [zɔnst] *adv* ❶ (*andernfalls*) or [else] ❷ (*gewöhnlich*) usually; **kälter als ~** colder than usual ❸ (*außerdem*) **wer war ~ anwesend?** who else was present?; **~ noch etwas** something else; **~ keine(r/s)** nothing/nobody else

sonstig ['zɔnstɪç] *adj attr* [all/any] other

Sopran <-s, -e> [zo'pra:n] *m* soprano

Sorge <-, -n> ['zɔrgə] *f* worry (**um** for); **keine ~!** don't [you] worry!; **machen Sie sich deswegen keine ~n!** don't worry about that!; **wir haben uns solche ~n gemacht!** we were so worried!; **eine große ~** a serious worry; **~n haben** to have problems; **etw macht jdm ~n** sth causes sb a lot of worry; **es macht jdm ~n, dass ...** it worries sb that ...; **mit ~** with concern

sorgen ['zɔrgn̩] **I.** *vi* ❶ (*sich kümmern*) **für jdn ~** to provide for sb ❷ (*bewirken*) **dafür ~, dass ...** to see to it that; **für Aufsehen ~** to cause a sensation **II.** *vr* **sich um jdn/etw ~** to be worried about sb/sth

Sorgerecht *nt kein pl* custody

Sorgfalt <-> ['zɔrkfalt] *f kein pl* care

sorgfältig I. *adj* careful **II.** *adv* carefully

sorglos ['zɔrklo:s] **I.** *adj* ❶ (*achtlos*) careless ❷ (*sorgenfrei*) carefree **II.** *adv* ❶ (*achtlos*) carelessly ❷ (*sorgenfrei*) free of care

sorgsam ['zɔrkza:m] *adj s.* **sorgfältig**

Sorte <-, -n> ['zɔrtə] *f* ❶ (*Art*) kind ❷ (*Marke*) brand

sortieren* [zɔr'ti:rən] *vt* **etw [nach Farbe] ~** to sort sth [according to colour]; **etw [alphabetisch] ~** to arrange sth in alphabetical order

Sortiment <-[e]s, -e> [zɔrti'mɛnt] *nt* range [of goods]

Soße <-, -n> ['zo:sə] *f* sauce

Souterrain <-s, -s> ['zu:tɛrɛ̃] *nt* basement

Souvenir <-s, -s> [zuvə'ni:ɐ̯] *nt* souvenir

Souvenirladen *m* souvenir shop

souverän [zuvə'rɛ:n] **I.** *adj* ❶ POL sovereign *attr* ❷ (*überlegen*) superior **II.** *adv* with superior ease

Souveränität <-> [zuvərɛni'tɛ:t] *f kein pl* ❶ POL sovereignty ❷ (*Überlegenheit*) superior ease

soviel [zo'fi:l] *konj* as far as; **~ ich weiß** as far as I know; **~ ich auch trinke, ...** no matter how much I drink ...

soweit [zo'vait] *konj* as far as

sowie [zo'vi:] *konj* ❶ (*sobald*) as soon as ❷ (*und auch*) as well as

sowieso [zovi'zo:] *adv* anyway

sowohl [zo'vo:l] *konj* **~ ... als auch ...** both ... and ...

sozial [zo'tsi̯a:l] **I.** *adj* social **II.** *adv* **~ schwach** socially deprived

Sozialamt *nt* social security office BRIT, welfare department AM **Sozialarbeiter(in)** *m(f)* social worker **Sozialbeitrag** *m meist pl* social contribution **Sozialhilfe** *f kein pl* income support, [social] welfare AM

Sozialismus <-> [zotsi̯a'lɪsmʊs] *m kein pl* socialism

Sozialist(in) <-en, -en> [zotsi̯a'lɪst] *m(f)* socialist

sozialistisch [zotsi̯a'lɪstɪʃ] *adj* socialist

Sozialstaat *m* welfare state

Soziologie <-> [zotsi̯olo'gi:] *f kein pl* sociology

sozusagen [zo:tsu'za:gn̩] *adv* so to speak

Spachtel <-s, -> ['ʃpaxtl̩] *m* spatula

spachteln ['ʃpaxtl̩n] *vi* (*fam: viel essen*) to tuck in

Spaghetti [ʃpa'gɛti] *pl* spaghetti + *sing vb*

Spalte <-, -n> ['ʃpaltə] *f* ❶ (*Öffnung*) fissure; (*in Fels a.*) crevice ❷ MEDIA, TYPO column

spalten ['ʃpaltn̩] **I.** *vt* <*pp* gespalten *o* gespaltet> ❶ (*zerteilen*) to split; *Holz* to chop ❷ (*trennen*) to divide **II.** *vr* **sich ~** ❶ (*reißen*) to split ❷ (*sich teilen*) to divide

Spaltung <-, -en> *f* ❶ NUKL fission ❷ (*Aufspaltung*) division

Spammail ['spæmme:l] *f* spam [*or* junk] mail

Span <-[e]s, Späne> [ʃpa:n] *m* shaving

Spange <-, -n> ['ʃpaŋə] *f* ❶ (*Haarspange*) hairslide BRIT, barrette AM ❷ (*Zahnspange*) [dental] brace

S

Spanien <-s> ['ʃpa:ni̯ən] *nt* Spain

Spanier(in) <-s, -> ['ʃpa:ni̯ɐ] *m(f)* Spaniard; **die ~** the Spanish

spanisch ['ʃpa:nɪʃ] *adj* Spanish

spannen ['ʃpanən] **I.** *vt* ① (*aufspannen*) to put up; **ein Seil zwischen etw** *akk* **~** to stretch a rope between sth ② (*anspannen*) **ein Tier vor etw** *akk* **~** to harness an animal to sth **II.** *vi* (*zu eng sein*) **etw spannt** sth is too tight **III.** *vr* (*sich straffen*) **sich ~** to become taut

spannend *adj* exciting; **mach's nicht so ~!** don't keep me in suspense!

Spannung <-, -en> *f* ① *kein pl* suspense; **etw mit ~ erwarten** to await sth full of suspense ② *meist pl a.* PHYS (*Anspannung*) tension ③ ELEK voltage; **unter ~ stehen** to be live

Sparbuch *nt* savings book

sparen ['ʃpa:rən] **I.** *vt* ① to save ② (*ersparen*) **jdm/sich etw ~** to spare sb/oneself sth **II.** *vi* **an etw** *dat* **~** to be sparing with sth; **auf etw** *akk* **~** to save up for sth

Spargel <-s, -> ['ʃpargl̩] *m* asparagus *no pl*

Sparkasse *f* bank

sparsam ['ʃpa:ɡ̊za:m] **I.** *adj* economical **II.** *adv* sparingly

Sparsamkeit <-> *f kein pl* thriftiness

Sparte <-, -n> ['ʃpartə] *f* ÖKON line of business

Spaß <-es, Späße> [ʃpa:s] *m* ① *kein pl* (*Vergnügen*) fun; **viel ~!** have fun!; **~ haben** to have fun; **[nur] ~ machen** to be [just] kidding; **es macht jdm ~, etw zu tun** sb enjoys doing sth; **jdm den ~ verderben** to spoil sb's fun ② (*Scherz*) joke; **~ muss sein** there's no harm in a joke; **keinen ~ verstehen** to not stand for any nonsense; **~ beiseite** joking apart

spaßen ['ʃpa:sn̩] *vi* to joke; **mit etw** *dat* **ist nicht zu ~** sth is no joking matter

Spaßgesellschaft *f* hedonistic society

Spaßvogel *m* joker

spät [ʃpɛ:t] **I.** *adj* late; **~ sein/werden** to be/be getting late; **wie ~ ist es?** what time is it? ; **am ~en Abend** in the late evening **II.** *adv* late; **~ dran sein** to be late

Spaten <-s, -> ['ʃpa:tn̩] *m* spade

später ['ʃpɛ:tɐ] **I.** *adj* later **II.** *adv* later [on]; **bis ~!** see you later!; **nicht ~ als** not later than

spätestens ['ʃpɛ:təstn̩s] *adv* at the latest

Spätlese *f* late vintage **Spätschicht** *f* late shift

Spatz <-en, -en> [ʃpats] *m* sparrow

spazieren* [ʃpa'tsi:rən] *vi sein* to stroll; **~ fahren/gehen** to go for a drive/walk

Spaziergang <-gänge> *m* walk; **einen ~ machen** to go for a walk **Spaziergänger(in)** <-s, -> *m(f)* stroller **Spazierstock** *m* walking stick

Specht <-[e]s, -e> [ʃpɛçt] *m* woodpecker

Speck <-[e]s, -e> [ʃpɛk] *m* (*Schinkenspeck*) bacon *no pl*

Spedition <-, -en> [ʃpedi'tsi̯o:n] *f* ÖKON, TRANSP haulage company

Speerwerfen *nt* javelin

Speiche <-, -n> ['ʃpaiçə] *f* spoke

Speichel <-s> ['ʃpaiçl̩] *m kein pl* saliva

Speicher <-s, -> ['ʃpaiçɐ] *m* ① (*Dachboden*) attic; **auf dem ~** in the attic ② (*Lagerhaus*) storehouse ③ INFORM memory

speichern ['ʃpaiçɐn] *vt, vi* ① to store ② INFORM to save (**auf** on[to]/**unter** as)

Speicherung <-, -en> *f* INFORM storage *no pl*

Speise <-, -n> ['ʃpaizə] *f meist pl* meal

Speisekarte *f* menu **Speiseöl** *nt* culinary oil **Speiseröhre** *f* gullet **Speisewagen** *m* restaurant car

spektakulär [ʃpɛktaku'lɛ:ɐ̯] *adj* spectacular

Spekulant(in) <-en, -en> [ʃpeku'lant] *m(f)* speculator

spekulieren* [ʃpeku'li:rən] *vi* to speculate

(**mit** in/**auf** on)
Spende <-, -n> ['ʃpɛndə] *f* donation
spenden ['ʃpɛndn̩] *vt, vi* to donate (**für** to); *Blut* to give
Spender <-s, -> ['ʃpɛndɐ] *m* dispenser
Spender(in) <-s, -> ['ʃpɛndɐ] *m(f)* ❶ (*Geber*) donator ❷ MED donor
spendieren* [ʃpɛn'di:rən] *vt* (*fam*) [**jdm**] **etw** ~ to get [sb] sth; **das Essen spendiere ich** the dinner's on me
Sperber <-s, -> ['ʃpɛrbɐ] *m* sparrowhawk
Sperma <-s, Spermen> ['ʃpɛrma] *nt* sperm
Sperre <-, -n> ['ʃpɛrə] *f* barrier
sperren ['ʃpɛrən] **I.** *vt* ❶ (*schließen*) to close off (**für** to) ❷ (*blockieren*) to block; *Konto* to freeze ❸ (*inhaftieren*) **jdn in etw** *akk* ~ to lock sb up in sth ❹ SPORT to ban **II.** *vr* **sich** ~ to back away (**gegen** from)
Spesen ['ʃpe:zn̩] *pl* expenses *npl;* **auf** ~ on expenses
spezialisieren* [ʃpetsi̯ali'zi:rən] *vr* **sich** ~ to specialize (**auf** in)
Spezialisierung <-, -en> *f* specialization
Spezialist(in) <-en, -en> [ʃpetsi̯a'lɪst] *m(f)* specialist
Spezialität <-, -en> [ʃpetsi̯ali'tɛ:t] *f* speciality
spezifisch [ʃpe'tsi:fɪʃ] *adj* specific
Sphäre <-, -n> ['sfɛ:rə] *f* sphere
Spiegel <-s, -> ['ʃpi:gl̩] *m* mirror
Spiegelbild *nt* mirror image **Spiegelei** *nt* fried egg
spiegeln ['ʃpi:gl̩n] **I.** *vi* (*spiegelblank sein*) to gleam **II.** *vr* **sich in etw** *dat* ~ to be reflected in sth
Spiegelreflexkamera *f* [single lens] reflex camera
Spiel <-[e]s, -e> [ʃpi:l] *nt* ❶ game ❷ SPORT match; **die Olympischen ~e** the Olympic Games ▸ **etw aufs ~ setzen** to put sth on the line; **auf dem ~ stehen** to be at stake
Spielautomat *m* gambling machine **Spielbank** *f* casino
spielen ['ʃpi:lən] **I.** *vt* to play **II.** *vi* to play; (*Glücksspiel*) to gamble; **gut/schlecht** ~ to play well/badly; **etw spielt irgendwann/irgendwo** sth is set in some time/place
Spieler(in) <-s, -> ['ʃpi:lɐ] *m(f)* ❶ player ❷ (*Glücksspieler*) gambler
Spielfeld ['ʃpi:lfɛlt] *nt* playing field **Spielfilm** *m* film **Spielkamerad(in)** *m(f)* playmate **Spielkarte** *f* playing card **Spielkasino** *nt* casino **Spielplatz** *m* playground **Spielraum** *m* scope *no pl* **Spielregel** *f meist pl* rules *npl* **Spielsachen** *pl* toys **Spielverderber(in)** <-s, -> *m(f)* spoilsport **Spielzeug** *nt* toy
Spieß <-es, -e> [ʃpi:s] *m* KOCHK spit; (*kleiner*) skewer
Spießer(in) <-s, -> ['ʃpi:sɐ] *m(f)* (*pej*) pedant
spießig ['ʃpi:sɪç] *adj* (*pej*) pedantic
Spinat <-[e]s> [ʃpi'na:t] *m kein pl* spinach
Spinne <-, -n> ['ʃpɪnə] *f* spider
spinnen <spann, gesponnen> ['ʃpɪnən] **I.** *vt Wolle* to spin **II.** *vi* (*fam: verrückt sein*) to be mad; **du spinnst wohl!** you must be mad!
Spinner(in) <-s, -> ['ʃpɪnɐ] *m(f)* (*fam*) nutcase
Spion(in) <-s, -e> [ʃpi̯o:n] *m(f)* spy
Spionage <-> [ʃpi̯o'na:ʒə] *f kein pl* espionage
spionieren* [ʃpi̯o'ni:rən] *vi* to spy
Spirale <-, -n> [ʃpi'ra:lə] *f* spiral
spiritistisch *adj* spiritualistic
Spirituosen [ʃpiri'tu̯o:zn̩] *pl* spirits
Spiritus <-> [ʃpi:ritʊs] *m kein pl* spirit
Spirituskocher *m* spirit stove
Spital <-s, Spitäler> [ʃpi'ta:l] *nt* hospital
spitz [ʃpɪts] *adj* pointed
Spitze <-, -n> ['ʃpɪtsə] *f* ❶ point ❷ (*erster Platz*) top ❸ *pl* (*führende Leute*) the top
spitzen ['ʃpɪtsn̩] *vt* to sharpen
Spitzname *m* nickname

Splitter <-s, -> ['ʃplɪtɐ] *m* splinter
spontan [ʃpɔn'ta:n] *adj* spontaneous
Sport <-[e]s,, *selten* -e> [ʃpɔrt] *m* sport *no pl;* ~ **treiben** to do sport
Sportart *f* discipline **Sportgeschäft** *nt* sports shop **Sporthalle** *f* sports hall **Sportlehrer(in)** *m(f)* PE teacher
Sportler(in) <-s, -> ['ʃpɔrtlɐ] *m(f)* sportsman *masc*, sportswoman *fem*
sportlich ['ʃpɔrtlɪç] **I.** *adj* ❶ (*trainiert*) athletic ❷ (*fair*) sportsmanlike ❸ MODE casual **II.** *adv* (*flott*) casually
Sportplatz *m* sports field **Sportveranstaltung** *f* sports event **Sportverein** *m* sports club **Sportwagen** *m* sports car
Spott <-[e]s> [ʃpɔt] *m kein pl* mockery
Spottdrossel *f* mockingbird
spotten ['ʃpɔtn̩] *vi* to mock; [**über jdn/etw**] ~ to make fun [of sb/sth]
spöttisch ['ʃpœtɪʃ] *adj* mocking
Sprache <-, -n> ['ʃpra:xə] *f* ❶ language ❷ *kein pl* **etw zur ~ bringen** to bring sth up; **zur ~ kommen** to come up
Sprachkurs *m* language course **sprachlos** *adj* speechless **Sprachwissenschaft** *f* linguistics + *sing vb*
Spray <-s, -s> [spre:] *m o nt* spray
sprechen <spricht, sprach, gesprochen> ['ʃprɛçn̩] **I.** *vi* ❶ (*reden*) to speak (**mit** with), to talk (**mit** to); **sprich nicht so laut** don't talk so loud; **für jdn/niemanden zu ~** to be available for sb/not be available for anyone; **auf etw zu ~ kommen** to come to talk about sth ❷ (*empfehlen*) **für etw** *akk* ~ to be in favour of sth; **für sich** *akk* [**selbst**] ~ to speak for itself; **gegen etw** *akk* ~ to speak against sth ▸ **nicht gut auf jdn zu ~ sein** to be on bad terms with sb **II.** *vt* ❶ (*können*) ~ **Sie Chinesisch?** can you speak Chinese? ❷ (*aussprechen*) **etw** ~ to say sth; **sie konnte keinen vernünftigen Satz ~** she couldn't say a single coherent sentence ❸ (*sich unterreden*) **jdn ~** to speak to sb; **wir ~ uns noch!** you haven't heard the last of this!
Sprecher(in) <-s, -> *m(f)* ❶ (*Wortführer*) spokesperson ❷ RADIO, TV announcer
Sprechfunkgerät *nt* walkie-talkie **Sprechstunde** *f* surgery; ~ **halten** to hold surgery
spreizen ['ʃpraitsn̩] *vt* to spread
sprengen[1] ['ʃprɛŋən] *vt* (*mit Sprengstoff*) to blow up
sprengen[2] ['ʃprɛŋən] *vt Rasen* to water
Sprengkörper *m* explosive device **Sprengstoff** *m* explosive **Sprengstoffgürtel** *m* explosive belt
Sprichwort <-wörter> ['ʃprɪçvɔrt] *nt* proverb
sprießen <spross *o* sprießte, gesprossen> ['ʃpri:sn̩] *vi sein* BOT to sprout; *Haare* to grow
Springbrunnen *m* fountain
springen[1] <sprang, gesprungen> ['ʃprɪŋən] *vi sein: Vase* to crack
springen[2] <sprang, gesprungen> ['ʃprɪŋən] *vi sein* to jump; **er sprang hin und her** he leapt about
Springer <-s, -> ['ʃprɪŋɐ] *m* SCHACH knight
Springflut *f* spring tide
Spritze <-, -n> ['ʃprɪtsə] *f* ❶ (*Nadel*) syringe ❷ (*Injektion*) injection; **eine ~ bekommen** to have an injection
spritzen ['ʃprɪtsn̩] **I.** *vi* ❶ *haben: Fett* to spit ❷ *sein: Wasser* to spurt **II.** *vt haben* ❶ to squirt (**auf** onto) ❷ MED to inject ❸ AGR to spray (**gegen** against)
spröde ['ʃprø:də] *adj* ❶ brittle; (*Haut*) rough ❷ (*abweisend*) aloof
Spross <-sses, -sse> [ʃprɔs] *m* ❶ BOT shoot ❷ (*Nachkomme*) scion
Sprosse <-, -n> ['ʃprɔsə] *f* step
Sprotte <-, -n> ['ʃprɔtə] *f* sprat
Spruch <-[e]s, Sprüche> [ʃprʊx] *m* saying
Sprudel <-s, -> ['ʃpru:dl̩] *m* ❶ sparkling mineral water ❷ DIAL (*Limonade*) fizzy drink

sprudeln [ˈʃpruːdl̩n] *vi* ❶ *haben: Sekt* to fizz ❷ *sein* (*heraussprudeln*) to bubble
Sprühdose *f* aerosol
sprühen [ˈʃpryːən] *vt, vi* to spray; **vor Begeisterung ~** to bubble with excitement
Sprung <-[e]s, Sprünge> [ʃprʊŋ] *m* ❶ leap; **einen ~ machen** to leap ❷ (*Riss*) crack
Sprungbrett *nt* ❶ (*ins Wasser*) diving board ❷ (*Turngerät*) springboard
Spucke <-> [ˈʃpʊkə] *f kein pl* spit
spucken [ˈʃpʊkn̩] *vi, vt* to spit
spuken [ˈʃpuːkn̩] *vi impers* to haunt; **irgendwo spukt es** somewhere is haunted
Spüle <-, -n> [ˈʃpyːlə] *f* [kitchen] sink
spülen [ˈʃpyːlən] *vi, vt* to wash up
Spüllappen *m* dishcloth **Spülmaschine** *f* dishwasher **Spülmittel** *nt* washing-up liquid, dish soap AM
Spur <-, -en> [ʃpuːɐ̯] *f* ❶ track[s *npl*]; **jdm auf der ~ sein** to be on sb's trail; **auf der falschen/richtigen ~ sein** to be on the wrong/right track; **eine heiße ~** a firm lead; **~en hinterlassen** to leave traces ❷ (*Anzeichen*) trace; **~en der Verwüstung** signs of devastation ❸ (*kleine Menge*) trace ❹ (*Fahrspur*) lane; **aus der ~ geraten** to move out of lane
spüren [ˈʃpyːrən] **I.** *vt* ❶ (*körperlich*) to feel ❷ (*merken*) to sense; **etw zu ~ bekommen** to feel the force of sth **II.** *vi* **~, dass ...** to sense that ...
Spurensicherer, -sicherin *m, f* crime scene technician
Spurensicherung *f* evidence collection
Spurt <-s, -s> [ʃpʊrt] *m* spurt
spurten [ˈʃpʊrtn̩] *vi sein* to spurt
Squash <-> [skvɔʃ] *nt* squash
Squashhalle *f* squash courts *npl*
Staat <-[e]s, -en> [ʃtaːt] *m* ❶ (*staatliche Institutionen*) state ❷ (*Land*) country ❸ (*Bundesstaat*) **die Vereinigten ~en [von Amerika]** the United States [of America]
Staatenbund <-bünde> *m* confederation [of states]
staatlich **I.** *adj* state *attr;* **~e Einrichtungen** state facilities **II.** *adv* **~ anerkannt** state-approved; **~ gefördert** government-sponsored; **~ subventioniert** state-subsidized
Staatsangehörigkeit *f* nationality
Staatsanwalt, -anwältin *m, f* public prosecutor BRIT, District Attorney AM
Staatsexamen *nt* state exam[ination]
Staatsform *f* form of government
Staatsgebiet *nt* national territory
Staatskosten *pl* public expenses
Staatsoberhaupt *nt* head of state
Staatssekretär(in) *m(f)* state secretary BRIT, undersecretary AM **Staatsstreich** *m* coup
Stab <-[e]s, Stäbe> [ʃtaːp] *m* rod
Stabhochsprung *m* pole vault
stabil [ʃtaˈbiːl, st-] *adj* ❶ (*strapazierfähig*) sturdy ❷ *Gesundheit* sound; (*Kondition, Währung*) stable
stabilisieren [ʃtabiliˈziːrən] *vt* to stabilize
Stabilität <-> [ʃtabiliˈtɛːt] *f kein pl* stability
Stachel <-s, -n> [ˈʃtaxl̩] *m* ❶ *Rose* thorn ❷ *Igel, Kaktus* spine ❸ (*Giftstachel*) sting
Stachelbeere *f* gooseberry **Stacheldraht** *m* barbed wire
stach(e)lig [ˈʃtax(ə)lɪç] *adj Rosen* thorny; *Kaktus, Tier* spiny
Stachelschwein *nt* porcupine
Stadion <-s, Stadien> [ˈʃtaːdi̯ɔn] *nt* stadium
Stadium <-s, Stadien> [ˈʃtaːdi̯ʊm] *nt* stage
Stadt <-, Städte> [ʃtat] *f* ❶ town; (*Großstadt*) city ❷ (*Stadtverwaltung*) council
Städtepartnerschaft *f* town twinning
Städter(in) <-s, -> [ˈʃtɛːtɐ] *m(f)* city/town dweller
städtisch [ˈʃtɛːtɪʃ] *adj* ❶ (*kommunal*) municipal ❷ (*urban*) urban

Stadtmauer *f* city/town wall **Stadtmitte** *f* city/town centre **Stadtplan** *m* [street] map **Stadtrand** *m* outskirts *npl* of the city/town **Stadtrat** *m* [city/town] council **Stadtrundfahrt** *f* sightseeing tour **Stadtteil** *m* district **Stadtverwaltung** *f* [city/town] council **Stadtwerke** *pl* municipal services **Stadtzentrum** *nt* city/town centre

Staffel <-, -n> [ˈʃtafl̩] *f* SPORT [relay] team

Staffellauf *m* relay [race]

Stagnation <-, -en> [ʃtagnaˈtsi̯oːn] *f* stagnation

stagnieren* [ʃtaˈgniːrən] *vi* to stagnate

Stahl <-[e]s, -e> [ʃtaːl] *m* steel; **rostfreier ~** stainless steel

Stahlbeton *m* reinforced concrete

Stall <-[e]s, Ställe> [ʃtal] *m* (*Hühnerstall*) coop; (*Kuhstall*) cowshed; (*Pferdestall*) stable; (*Schweinestall*) [pig]sty

Stamm <-[e]s, Stämme> [ʃtam] *m* ❶ (*Baumstamm*) [tree] trunk ❷ (*Volksstamm*) tribe

Stammbaum *m* family tree

stammeln [ˈʃtaml̩n] *vi, vt* to stammer

stammen [ˈʃtamən] *vi* **aus Berlin ~** to come from Berlin; **aus dem 16. Jahrhundert ~** to date from the 16th century

Stammgast *m* regular [guest] **Stammkunde, -kundin** *m, f* regular [customer] **Stammlokal** *nt* local restaurant/bar **Stammplatz** *m* regular seat

stampfen [ˈʃtampfn̩] *vi* to stamp [one's foot]

Stand <-[e]s, Stände> [ʃtant] *m* ❶ standing [position]; **einen sicheren ~ haben** to have a safe foothold ❷ (*Verkaufsstand*) stand ❸ *kein pl* (*Zustand*) state; **der ~ der Dinge** the [present] state of affairs; **auf dem neuesten ~ sein** to be up-to-date

Standard <-s, -s> [ˈʃtandart] *m* standard

standardisieren* [ʃtandardiˈziːrən] *vt* to standardize

Stand-by-Betrieb [stɛntˈbaɪ-] *m kein pl* TECH, INFOR standby mode; **im ~** in standby mode

Ständer <-s, -> [ˈʃtɛndɐ] *m* stand

Standesamt *nt* registry office *esp* BRIT

standesamtlich *adv* **sich ~ trauen lassen** to get married in a registry office, to be married by the Justice of the Peace AM

standhaft **I.** *adj* steadfast **II.** *adv* steadfastly

Standhaftigkeit <-> *f kein pl* steadfastness

stand|halten [ˈʃtanthaltn̩] *vi irreg* **[etw** *dat*] **~** ❶ (*widerstehen*) to hold out [against sth] ❷ *Bauwerk* to hold sth

ständig [ˈʃtɛndɪç] **I.** *adj* constant **II.** *adv* constantly

Standlicht *nt kein pl* sidelights *npl* BRIT, parking lights *npl* AM **Standort** <-[e]s, -e> *m* location **Standpunkt** *m* [point of] view; **den ~ vertreten, dass ...** to take the view that ...

Stange <-, -n> [ˈʃtaŋə] *f* pole; (*kürzer*) rod; (*Metallstange*) bar

Stängel <-s, -> [ˈʃtɛŋl̩] *m* stalk

Stanniolpapier *nt* silver paper

stanzen [ˈʃtantsn̩] *vt* (*einstanzen*) **Löcher in etw** *akk* **~** to punch holes in sth

Stapel <-s, -> [ˈʃtaːpl̩] *m* stack

Stapellauf *m* launch[ing]

stapeln [ˈʃtaːpl̩n] **I.** *vt* to stack **II.** *vr* **sich ~** to pile up

stapfen [ˈʃtapfn̩] *vi sein* **durch etw** *akk* **~** to tramp through sth

Star[1] <-[e]s, -e> [ʃtaːɐ̯] *m* ❶ (*Vogel*) starling ❷ MED cataract; **grauer ~** grey cataract; **grüner ~** glaucoma

Star[2] <-s, -s> [ʃtaːɐ̯] *m* star

stark <stärker, stärkste> [ʃtark] **I.** *adj* ❶ (*kräftig, mächtig*) strong ❷ (*dick*) thick ❸ *Hitze, Kälte* severe; *Regen* heavy ❹ *Erkältung* bad ❺ *Gefühle* intense ❻ (*leistungsfähig*) powerful **II.** *adv* ❶ (*heftig*) **~ bluten** to bleed profusely; **~ regnen** to rain heavily ❷ (*erheblich*)

~ **erkältet sein** to have a bad cold; ~ **gewürzt** highly spiced; ~ **übertreiben** to greatly exaggerate

Stärke <-, -n> [ˈʃtɛrkə] *f* ❶ (*Kraft*) strength ❷ (*Macht*) power ❸ (*Ausmaß*) size ❹ (*Fähigkeit*) **jds ~ sein** to be sb's strong point ❺ CHEM starch

stärken [ˈʃtɛrkn̩] **I.** *vt* to strengthen **II.** *vr* **sich ~** to take some refreshment

Starkstrom *m* heavy current

starr [ʃtar] *adj* ❶ (*unbeweglich*) rigid ❷ (*erstarrt*) stiff; **~er Blick** [fixed] stare; ~ **vor Kälte** numb with cold

starren [ˈʃtarən] *vi* (*gucken*) to stare

starrsinnig *adj* stubborn

Start <-s, -s> [ʃtart] *m* ❶ start ❷ LUFT take-off; RAUM lift-off

Startbahn *f* [take-off] runway

starten [ˈʃtartn̩] **I.** *vi sein* ❶ to start ❷ LUFT to take off; RAUM to lift off **II.** *vt haben* ❶ *Auto* to start; *Computer* to boot [up *sep*] ❷ *Projekt, Rakete* to launch

Station <-, -en> [ʃtaˈtsi̯oːn] *f* ❶ station ❷ (*Haltestelle*) stop ❸ MED ward

Stationsschwester *f* ward sister BRIT, senior nurse AM

Statistik <-, -en> [ʃtaˈtɪstɪk] *f* statistics + *sing vb*

statistisch [ʃtaˈtɪstɪʃ] **I.** *adj* statistical; **~e Zahlen** statistics **II.** *adv* statistically; **etw ~ erfassen** to make a statistical survey of sth

Stativ <-s, -e> [ʃtaˈtiːf] *nt* tripod

statt [ʃtat] **I.** *präp +gen* instead of **II.** *konj* ~ **etw zu tun** instead of doing sth

statt|finden [ˈʃtatfɪndn̩] *vi irreg* to take place

Statue <-, -n> [ˈʃtaːtu̯ə] *f* statue

Statur <-, -en> [ʃtaˈtuːɐ̯] *f* build; **von kräftiger ~ sein** to be of powerful stature

Status <-, -> [ˈʃtaːtʊs] *m* status

Stau <-[e]s, -e> [ʃtau] *m* TRANSP traffic jam

Staub <-[e]s, -e> [ʃtaup] *m kein pl* dust; ~ **saugen** to vacuum; ~ **wischen** to dust

staubig [ˈʃtaubɪç] *adj* dusty

staubsaugen <*pp* staubgesaugt>, **Staub saugen** <*pp* Staub gesaugt> *vi, vt* to vacuum **Staubsauger** *m* vacuum [cleaner] **Staubtuch** *nt* duster **Staubwolke** *f* cloud of dust

Staudamm *m* dam

Staude <-, -n> [ˈʃtaudə] *f* perennial [plant]

stauen [ˈʃtauən] **I.** *vt* to dam [up *sep*] **II.** *vr* **sich ~** to collect

staunen [ˈʃtaunən] *vi* to be astonished (**über** at)

Stausee *m* reservoir

stechen <sticht, stach, gestochen> [ˈʃtɛçn̩] **I.** *vi* ❶ (*pieksen*) to prick; *Insekt* to sting; *Mücke* to bite ❷ [**mit etw** *dat*] **durch/in etw** *akk* ~ to stick sth through/into sth **II.** *vt* **jdn** [**mit etw** *dat*] ~ to stab sb [with sth] **III.** *vr* **sich ~** *dat* to prick oneself (**an** on)

stechend *adj Geruch* sharp; *Blick* piercing

Stechkarte *f* time [*or* BRIT clocking] card **Stechmücke** *f* gnat; ([*sub*]*tropisch*) mosquito **Stechuhr** *f* time clock **Steckdose** *f* socket, outlet AM

stecken [ˈʃtɛkn̩] **I.** *vi* <steckte *o geh* stak, gesteckt> ❶ (*festsitzen*) to be [sticking] in sth; **zwischen/in etw** *dat* ~ to be [stuck] between/in sth; ~ **bleiben** to get stuck; (*bei einer Rede*) to falter; **in einer Krise** ~ to be in the throes of a crisis; **in Schwierigkeiten** ~ to be in difficulties ❷ (*eingesteckt sein*) **den Schlüssel ~ lassen** to leave the key in the lock; **hinter/in/zwischen etw** *dat* ~ to be behind/in/among sth ❸ (*verantwortlich sein*) **hinter etw** *dat* ~ to be behind sth **II.** *vt* <steckte, gesteckt> **etw irgendwohin ~** to put somewhere; **viel Zeit in etw** *akk* ~ to devote a lot of time to sth

Stecker <-s, -> *m* plug

Stecknadel *f* pin

Steg <-[e]s, -e> [ʃteːk] *m* footbridge; (*Bootssteg*) jetty

stehen <stand, gestanden> [ˈʃteːən] **I.** *vi* ❶ to stand ❷ (*hingestellt sein*) to be; **~ lassen** to leave; **alles ~ und liegen lassen** to drop everything ❸ (*geschrieben sein*) to be; **was steht in seinem Brief?** what does his letter say? ❹ (*halten*) **zum Stehen kommen** to come to a stop ❺ AUTO **auf/in etw** *dat* **~** to be parked on/in sth; **~ bleiben** to stop ❻ (*beeinflusst sein*) **unter Drogen ~** to be under the influence of drugs; **unter Schock ~** to be in a state of shock ❼ (*passen*) **jdm [gut] ~** to suit sb [well]; **jdm nicht ~** to not suit sb ❽ (*allein lassen*) **jdn ~ lassen** to walk out on sb ❾ (*nicht im Stich lassen*) **zu jdm/etw ~** to stand by sb/sth ❿ (*Meinung*) **wie ~ Sie dazu?** what are your views on it? ⓫ (*unterstützen*) **hinter jdm/etw ~** to be behind sb/sth ⓬ (*sl: gut finden*) **auf jdn ~** to be mad about sb; **stehst du auf Techno?** are you into techno? **II.** *vi impers* **es steht gut/schlecht um jdn/etw** things look good/bad for sb/sth

stehlen <stahl, gestohlen> [ˈʃteːlən] *vt, vi* to steal

Stehplatz *m* standing room

steif [ʃtaif] *adj* stiff

Steigbügel [ˈʃtaik-] *m* stirrup **Steigeisen** *nt* (*beim Bergsteigen*) crampon

steigen <stieg, gestiegen> [ˈʃtaign̩] **I.** *vi sein* ❶ (*klettern*) **auf etw** *akk* **~** *Berg* to climb [up] sth; *Leiter* to get on[to] sth ❷ (*einsteigen*) **in etw** *akk* **~** to get into sth; **in einen Zug ~** to get on a train ❸ (*ab-/aussteigen*) **von/aus etw** *dat* **~** to get off/out of sth; **aus einem Bus ~** to get off a bus ❹ (*sich aufwärts bewegen*) to rise [up]; **etw ~ lassen** to fly sth ❺ *Preis, Wert* to increase; *Temperatur* to climb **II.** *vt sein* **Treppen ~** to climb [up] stairs

steigern [ˈʃtaigɐn] **I.** *vt* ❶ (*quantitativ*) to increase (**auf** to/**um** by) ❷ (*qualitativ*) to improve **II.** *vr* **sich ~** ❶ (*quantitativ*) to increase ❷ (*qualitativ*) to improve

Steigerung <-, -en> *f* ❶ (*quantitativ*) increase (+*gen* in) ❷ (*qualitativ*) improvement (+*gen* to)

Steigung <-, -en> *f* ascent

steil [ʃtail] *adj* steep

Steilhang *m* steep slope **Steilküste** *f* steep coast **Steilufer** *nt* steep bank

Stein <-[e]s, -e> [ʃtain] *m* stone

Steinadler *m* golden eagle **Steinbock** *m* ❶ ibex ❷ ASTROL Capricorn **Steinbruch** *m* quarry **Steinbutt** *m* turbot

steinig [ˈʃtainɪç] *adj* stony

Steinkohle *f kein pl* hard coal **Steinpilz** *m* KOCHK porcino **Steinschlag** *m* rockfall **Steinzeit** *f kein pl* **die ~** the Stone Age

Steißbein *nt* coccyx

Stelle <-, -n> [ˈʃtɛlə] *f* ❶ (*Platz*) place; (*genauer*) spot; **an erster/zweiter ~** in the first/second place; **an dieser ~** in this place; (*genauer*) on this spot; *s.a.* **anstelle** ❷ MATH digit; **eine Zahl mit sieben ~n** a seven-digit number ❸ (*Posten*) place; (*Lage*) position; **ich gehe an Ihrer ~** I'll go in your place; **an deiner ~ würde ich ...** in your position I would ...; **an jds ~ treten** to take sb's place ❹ (*Arbeitsstelle*) job; **eine freie ~** a vacancy

stellen [ˈʃtɛlən] **I.** *vt* ❶ (*hinstellen, abstellen*) to put; **den Wein kalt ~** to chill the wine ❷ (*aufrecht hinstellen*) to stand [up] ❸ (*einstellen*) **den Fernseher lauter/leiser ~** to turn up/down the television; **den Wecker auf 7 Uhr ~** to set the alarm for 7 o'clock ❹ (*konfrontieren*) **jdn vor etw** *akk* **~** to confront sb with sth ❺ (*einreichen*) **einen Antrag ~** to put forward a motion; **Forderungen ~** to make demands **II.** *vr* ① **sich ~** to take up position ② (*Position beziehen*) **sich jdm/etw ~** to face sb/sth; **sich gegen etw** *akk* **~** to oppose sth; **sich hinter jdn ~** to support sb ③ (*der Polizei*) **sich ~** to turn oneself in

Stellenangebot *nt* job offer; **jdm ein ~ machen** to offer sb a job **Stellenvermittlung** *f* employment agency

Stellung <-, -en> *f* position; **~ zu etw** *dat* **nehmen** to express an opinion on sth

Stellungnahme <-, -n> *f* statement (**zu** about)

stellvertretend *adj attr* (*vorübergehend*) acting; (*als Vize*) deputy; **~ für jdn** on sb's behalf

Stellvertreter(in) *m(f)* deputy

Stemmeisen *nt* chisel

stemmen ['ʃtɛmən] **I.** *vt* ① (*nach oben*) to lift ② (*stützen*) **die Arme in die Seiten ~** to put one's hands on one's hips **II.** *vr* **sich gegen etw** *akk* **~** to brace oneself against sth

Stempel <-s, -> ['ʃtɛmpl̩] *m* (*Gummi~*) stamp

stempeln ['ʃtɛmpl̩n] *vt, vi* to stamp

Stenografie <-, -n> [ʃtenogra'fiː] *f* shorthand *no art, no pl*

Steppdecke *f esp* BRIT duvet, comforter AM

Steppe <-, -n> ['ʃtɛpə] *f* steppe

sterben <starb, gestorben> ['ʃtɛrbn̩] *vi sein* to die (**an** of)

sterblich ['ʃtɛrplɪç] *adj* mortal

Stereo <-> ['ʃteːreo] *nt kein pl* stereo *no art*

Stereoanlage *f* stereo [system]

steril [ʃte'riːl] *adj* sterile

Sterilisation <-, -en> [ʃteriliza'tsi̯oːn] *f* sterilization

sterilisieren* [ʃterili'ziːrən] *vt* to sterilize; **sich ~ lassen** to get sterilized

Stern <-[e]s, -e> [ʃtɛrn] *m* star

Sternbild *nt* constellation

Sternenbanner *nt* **das ~** the Star-spangled Banner, the Stars and Stripes + *sing vb*

sternenklar *adj* starry *attr*

Sternschnuppe <-, -n> *f* shooting star **Sternwarte** *f* observatory

stetig ['ʃteːtɪç] *adj* steady

stets [ʃteːts] *adv* at all times

Steuer[1] <-s, -> ['ʃtɔyɐ] *nt* ① AUTO wheel ② NAUT helm

Steuer[2] <-, -n> ['ʃtɔyɐ] *f* FIN tax

Steuerberater(in) *m(f)* tax consultant

steuerbord ['ʃtɔyɐbɔrt] *adv* starboard

Steuererklärung *f* tax return **steuerfrei** *adj* exempt from tax *pred* **Steuerfreiheit** *f* tax exemption **Steuergelder** *pl* taxes **Steuerhinterziehung** *f* tax evasion *no art, no pl* **Steuerkarte** *f* tax card

Steuerknüppel *m* joystick **Steuermann** <-männer> ['ʃtɔyɐman] *m* helmsman

steuern ['ʃtɔyɐn] *vt* ① (*Auto*) to steer ② (*regulieren*) to control

Steuerpult *nt* control desk

Steuersatz *m* tax rate **Steuerzahler(in)** *m(f)* taxpayer

Steward <-s, -s> ['stjuːɐt] *m* steward

Stewardess <-, -en> ['stjuːɐdɛs] *f fem form von* **Steward** stewardess *dated*

Stich <-[e]s, -e> [ʃtɪç] *m* ① (*Messerstich*) stab; (*Wunde*) stab wound ② (*Insektenstich*) sting; (*Mückenstich*) bite ③ (*Schmerz*) stabbing pain ④ KUNST engraving ► **jdn im ~ lassen** to let down sb

S

sticheln ['ʃtɪçl̩n] *vi* to make nasty remarks

stichhaltig, ÖSTERR **stichhältig** *adj Argument* sound; *Beweis* conclusive

sticken ['ʃtɪkn̩] *vt, vi* to embroider

stickig ['ʃtɪkɪç] *adj* stuffy; *Luft* stale

Stickstoff ['ʃtɪkʃtɔf] *m kein pl* nitrogen

Stiefel <-s, -> ['ʃtiːfl̩] *m* boot; **ein Paar ~** a pair of boots

Stiefmutter *f* stepmother **Stiefmütterchen** *nt* pansy **Stiefsohn** *m* stepson **Stieftochter** *f* stepdaughter **Stiefvater** *m* stepfather

Stiel <-[e]s, -e> [ʃtiːl] *m* ① handle; *eines Besens* broomstick ② BOT stem

Stier <-[e]s, -e> [ʃtiːɐ̯] *m* ① bull ② ASTROL Taurus

Stierkampf *m* bullfight

Stift <-[e]s, -e> [ʃtɪft] *m* ① (*Stahlstift*) tack ② (*zum Schreiben*) pen; (*Bleistift*) pencil

stiften [ˈʃtɪftn̩] *vt* ① [**jdm**] **etw** ~ to donate sth [to sb] ② (*verursachen*) to cause; **Unruhe** ~ to create unrest

Stiftung <-, -en> *f* ① (*Organisation*) foundation ② (*Schenkung*) donation

Stiftzahn *m* post crown

Stil <-[e]s, -e> [ʃtiːl] *m* style

stilisieren* [ʃtiliˈziːrən] *vt* to stylize

still [ʃtɪl] *adj* ① quiet; **eine ~e Stunde** a quiet time ② (*heimlich*) **im Stillen hoffen, dass ...** to secretly hope that

Stille <-> [ˈʃtɪlə] *f kein pl* silence *no art*

stillen [ˈʃtɪlən] *vt* ① (*säugen*) to breast-feed ② (*befriedigen*) to satisfy; **jds Durst** ~ to quench sb's thirst

still|halten *vi irreg* to keep still

stilllegen *vt* to close

still|legen <stillgelegt> *vt* to close [down *sep*]

Stillstand *m kein pl* standstill

Stimmband *nt meist pl* ANAT vocal c[h]ord **Stimmbruch** *m* **er ist im** ~ his voice is breaking

S **Stimme** <-, -n> [ˈʃtɪmə] *f* ① voice ② POL vote; **sich der ~ enthalten** to abstain [from voting]

stimmen[1] [ˈʃtɪmən] *vi* to be right; **es stimmt, dass ...** it is true that ...; **da stimmt was nicht!** there's something wrong here!; **stimmt so!** *beim Bezahlen* keep the change!

stimmen[2] [ˈʃtɪmən] *vt* MUS to tune

Stimmenthaltung *f* abstention

Stimmgabel *f* tuning fork

stimmig [ˈʃtɪmɪç] *adj* **etw ist** [**in sich**] ~ sth is consistent

Stimmrecht *nt* right to vote

Stimmung <-, -en> *f* ① mood; **in der ~** [**zu etw** *dat*] **sein** to be in the mood [for sth]; **in ~ kommen** to get in the [right] mood ② (*öffentliche Meinung*) public opinion; **~ für/gegen etw** *akk* **machen** to stir up [public] opinion for/against sth

Stimmzettel *m* voting slip

stimulieren* [ʃtimuˈliːrən] *vt* to stimulate

stinken <stank, gestunken> [ˈʃtɪŋkn̩] *vi* to stink (**nach** of)

Stinktier *nt* skunk

Stipendium <-s, -dien> [ʃtiˈpɛndi̯ʊm] *nt* scholarship

Stirn <-, -en> [ʃtɪrn] *f* forehead; **die ~ runzeln** to frown

Stirnband <-bänder> *nt* headband

Stirnhöhle *f* sinus

stöbern [ˈʃtøːbɐn] *vi* **in etw** *dat* ~ to rummage in sth (**nach** for)

stochern [ˈʃtɔxɐn] *vi* **in etw** *dat* ~ to poke [around] in sth

Stock[1] <-[e]s, Stöcke> [ʃtɔk] *m* stick

Stock[2] <-[e]s, -> [ʃtɔk] *m* floor BRIT, story AM; **der erste** ~ the ground [*or* AM first] floor; **im zweiten** ~ on the first [*or* AM second] floor

Stöckelschuh *m* high heel

stocken [ˈʃtɔkn̩] *vi* to falter

Stockwerk *nt s.* **Stock**[2]

Stoff <-[e]s, -e> [ʃtɔf] *m* ① (*Textil*) cloth ② (*Material*) material ③ CHEM substance

Stofftier *nt* soft toy

Stoffwechsel *m* metabolism *no art*

stöhnen [ˈʃtøːnən] *vi* to moan

Stollen <-s, -> [ˈʃtɔlən] *m* ① BERGB **senkrechter/waagrechter** ~ shaft/gallery ② KOCHK stollen AM (*sweet bread made with dried fruit, eaten at Christmas*)

stolpern [ˈʃtɔlpɐn] *vi sein* to trip (**über** over)

stolz [ʃtɔlts] *adj* proud (**auf** of)

Stolz <-es> [ʃtɔlts] *m kein pl* pride *no art*

stolzieren* [ʃtɔlˈtsiːrən] *vi sein* to strut

stopfen [ˈʃtɔpfn̩] *vt* ① (*hineinzwängen*) to stuff ② *Strumpf* to darn

Stopp <-s, -s> [ʃtɔp] *m* stop

Stoppelbart *m* stubbly beard **Stoppelfeld** *nt* stubble field

stoppen [ˈʃtɔpn̩] *vt, vi* ① (*anhalten*) to stop ② (*Zeit nehmen*) to time

Stoppschild <-schilder> *nt* stop sign **Stoppuhr** *f* stopwatch

Stöpsel <-s, -> [ˈʃtœpsl̩] *m* stopper; (*für Badewanne*) plug

Stör <-[e]s, -e> [ʃtøːɐ̯] *m* sturgeon

Storch <-[e]s, Störche> [ʃtɔrç] *m* stork

stören [ˈʃtøːrən] **I.** *vt* ① (*unterbrechen*) to disturb; **ich will nicht ~, aber ...** I hate to disturb you, but ...; **jdn bei der Arbeit ~** to disturb sb at his/her work ② (*unangenehm berühren*) **etw stört jdn** sth upsets sb; **stört es Sie, wenn ich ...?** do you mind if I ...?; **das stört mich nicht** that doesn't bother me **II.** *vi* (*lästig sein*) to be irritating; **etw als ~d empfinden** to find sth irritating **III.** *vr* **sich an etw** *dat* ~ to let sth bother one

stornieren* [ʃtɔrˈniːrən] *vt* to cancel

Stornierung <-, -en> *f* cancellation

störrisch [ˈʃtœrɪʃ] *adj* stubborn

Störung <-, -en> *f* disturbance; (*Defekt*) fault

Stoß <-es, Stöße> [ʃtoːs] *m* ① push; (*mit Ellbogen*) dig; (*mit Faust*) punch; **jdm einen ~ versetzen** to give sb a push etc. ② (*Erschütterung*) bump ③ (*Stapel*) pile

Stoßdämpfer *m* shock absorber

stoßen <stößt, stieß, gestoßen> [ˈʃtoːsn̩] **I.** *vt* ① to push (**aus** out of/**von** off) ② (*aufmerksam machen*) **jdn auf etw** *akk* ~ to point out sth *sep* to sb **II.** *vr* **sich ~** to hurt oneself (**an** on) **III.** *vi* ① *sein* (*aufschlagen*) **mit dem Kopf an etw** *akk* ~ to bang one's head on sth ② *sein* (*finden*) **auf etw** *akk* ~ to find sth

Stoßstange *f* bumper

stottern [ˈʃtɔtɐn] *vi* to stutter

Strafanzeige *f* [criminal] charge **Strafarbeit** *f* SCH lines *npl* BRIT, extra work AM **Strafbank** *f* SPORT penalty bench

strafbar *adj* punishable

Strafe <-, -n> [ˈʃtraːfə] *f* ① punishment *no pl;* **zur ~** as a punishment ② (*Geldstrafe*) fine; **~ zahlen** to pay a fine ③ (*Haftstrafe*) sentence

strafen [ˈʃtraːfn̩] *vt* to punish; **mit etw** *dat* **gestraft sein** to suffer under sth; **jdn mit Verachtung ~** to treat sb with contempt

straff [ʃtraf] **I.** *adj* ① *Seil* taut ② *Haut* firm **II.** *adv* tightly

straffen [ˈʃtrafn̩] *vt* to tighten

Sträfling <-s, -e> [ˈʃtrɛːflɪŋ] *m* prisoner

Strafraum *m* penalty area **Strafrecht** *nt* criminal law *no art* **strafrechtlich** *adj* criminal **Strafstoß** *m* penalty [kick] **Straftat** *f* offence **Strafvollzug** *m* penal system **Strafzettel** *m* ticket

Strahl <-[e]s, -en> [ʃtraːl] *m* ① (*Lichtstrahl*) ray [of light] ② (*Wasser*) jet

strahlen [ˈʃtraːlən] *vi* ① (*leuchten*) to shine (**auf** on); **über das ganze Gesicht ~** to beam all over one's face ② (*radioaktiv*) to be radioactive

Strahlendosis *f* radiation exposure

Strahlung <-, -en> *f* radiation *no art, no pl;* **radioaktive ~** radioactivity

Strähne <-, -n> [ˈʃtrɛːnə] *f* strand

stramm [ʃtram] *adj* tight; **etw ~ ziehen** to tighten sth

strampeln [ˈʃtrampl̩n] *vi* to kick about

Strand <-[e]s, Strände> [ʃtrant] *m* beach; *eines Sees* shore; **am ~** on the beach

stranden [ˈʃtrandn̩] *vi sein* to run aground

Strandkorb *m* beach chair

Strapaze <-, -n> [ʃtraˈpaːtsə] *f* stress *no art, no pl*

strapazieren* [ʃtrapaˈtsiːrən] *vt* to wear; **jds Geduld ~** to tax sb's patience; **jds Nerven ~** to get on sb's nerves

Straps <-es, -e> [ʃtraps] *m meist pl* suspender[s *npl*] BRIT, garter AM

Straße <-, -n> ['ʃtraːsə] *f* road; (*in Wohngebiet*) street
Straßenbahn *f* tram BRIT, streetcar AM; **mit der ~ fahren** to go by tram
Straßenbahnhaltestelle *f* tram stop **Straßenbahnlinie** *f* tram route BRIT, streetcar line AM
Straßenbau *m kein pl* road construction *no art* **Straßenbenutzungsgebühr** *f* FIN road toll **Straßengraben** *m* ditch **Straßenmusikant(in)** *m(f)* street musician **Straßenschild** *nt* street sign **Straßenüberführung** *f für Fußgänger* footbridge; *für Fahrzeuge* flyover BRIT, overpass AM **Straßenverkehr** *m* [road] traffic **Straßenverkehrsordnung** *f* road traffic act **Straßenzeitung** *f* street [*or* homeless] [news]paper
Strategie <-, -n> [ʃtrate'giː] *f* strategy
strategisch [ʃtra'teːgɪʃ] *adj* strategic
sträuben ['ʃtrɔybn̩] *vr* ❶ **sich** [**gegen etw** *akk*] **~** to resist [sth] ❷ (*hochstehen*) **sich ~** *Haar* to stand on end
Strauch <-[e]s, Sträucher> [ʃtraux] *m* shrub
Strauß[1] <-es, Sträuße> [ʃtraus] *m* bunch [of flowers]
Strauß[2] <-es, -e> [ʃtraus] *m* ostrich
Streaming <-(s), -s> ['striːmɪŋ] *nt* INFORM streaming; **sich** *dat* **ein Video per ~ ansehen** to watch a streaming video
Strebe <-, -n> ['ʃtreːbə] *f* strut
S **streben** ['ʃtreːbn̩] *vi* ❶ *haben* to strive (**nach** for) ❷ *sein* (*geh: eilen*) **zum Ausgang ~** to make for the exit
Streber(in) <-s, -> ['ʃtreːbɐ] *m(f)* (*pej fam*) swot BRIT, grind AM
strebsam ['ʃtreːpzaːm] *adj* assiduous
Strecke <-, -n> ['ʃtrɛkə] *f* distance; **auf halber ~** halfway
strecken ['ʃtrɛkn̩] **I.** *vt* to stretch **II.** *vr* **sich ~** to [have a] stretch
Streich <-[e]s, -e> [ʃtraiç] *m* **ein böser ~** a nasty trick; **jdm einen ~ spielen** to play a trick on sb
streicheln ['ʃtraiçl̩n] *vt* to caress
streichen <strich, gestrichen> ['ʃtraiçn̩] **I.** *vt haben* ❶ (*anmalen*) to paint ❷ (*schmieren*) to spread (**auf** on) ❸ (*ausstreichen*) to delete **II.** *vi* ❶ *haben* (*darüberfahren*) **über etw** *akk* **~** to stroke sth ❷ *sein* (*streifen*) to prowl
Streichholz *nt* match **Streichholzschachtel** *f* matchbox **Streichkäse** *m* cheese spread
streifen ['ʃtraifn̩] *vt haben* ❶ (*berühren*) to touch ❷ (*erwähnen*) to touch on ❸ (*überziehen*) **etw auf/über etw** *akk* **~** to slip sth on/over sth
Streifen <-s, -> ['ʃtraifn̩] *m* ❶ (*Strich*) stripe ❷ (*schmales Stück*) strip
Streifenwagen *m* patrol car
Streifschuss *m* graze
Streik <-[e]s, -s> [ʃtraik] *m* strike; **in den ~ treten** to come out on strike
Streikbrecher(in) *m(f)* strike-breaker
streiken ['ʃtraikn̩] *vi* ❶ to strike (**für** for) ❷ (*fam*) *Maschine* to pack up
Streikende(r) *f(m) dekl wie adj* striker
Streit <-[e]s, -e> [ʃtrait] *m* argument; **im ~** during an argument
streiten <stritt, gestritten> ['ʃtraitn̩] *vi, vr* to argue (**über** about); **sich um etw** *akk* **~** to argue over sth
Streiterei <-, -en> [ʃtraitə'rai] *f* (*fam*) arguing *no indef art, no pl*
Streitfall *m* dispute; **im ~** in case of dispute **Streitfrage** *f* [disputed] issue
Streitkräfte *pl* forces
streitsüchtig *adj* quarrelsome
streng [ʃtrɛŋ] **I.** *adj* ❶ (*auf Disziplin achtend*) strict ❷ (*unnachsichtig*) severe ❸ *Geruch* pungent ❹ *Winter* severe **II.** *adv* ❶ (*unnachsichtig*) strictly; **~ durchgreifen** to take rigorous action ❷ (*durchdringend*) pungently
Stress [ʃtrɛs, st-] <-es, -e> *m* stress; **ich bin voll im ~** I am completely stressed out
stressen ['ʃtrɛsn̩] *vt* to put under stress
stressig ['ʃtrɛsɪç] *adj* stressful
streuen ['ʃtrɔyən] *vt* to spread

streunen *vi sein* to roam about; **~de Hunde/Katzen** stray dogs/cats
Streusalz *nt* road salt
Streuselkuchen *m* streusel [cake] *esp* AM, crumble
Strich <-[e]s, -e> [ʃtrɪç] *m* (*Linie*) line
Stricher <-s, -> *m* (*fam*) rent boy
Strichmädchen *nt* (*fam*) streetwalker **Strichpunkt** *m* semicolon
Strick <-[e]s, -e> [ʃtrɪk] *m* rope
stricken [ˈʃtrɪkn̩] *vi, vt* to knit
Strickjacke *f* cardigan **Strickleiter** *f* rope ladder **Stricknadel** *f* knitting needle
striegeln [ˈʃtriːgl̩n] *vt* to groom
strikt [ʃtrɪkt] **I.** *adj* strict **II.** *adv* strictly; **~ gegen etw** *akk* **sein** to be totally against sth
strittig [ˈʃtrɪtɪç] *adj* contentious; **~ sein** to be in dispute
Stroh <-[e]s> [ʃtroː] *nt kein pl* straw
Strohblume *f* strawflower **Strohdach** *nt* thatched roof **Strohhalm** *m* straw **Strohhut** *m* straw hat **Strohmann, -frau** *m, f* front man *masc*, front woman *fem*
Strolch <-[e]s, -e> [ʃtrɔlç] *m* rascal
Strom <-[e]s, Ströme> [ʃtroːm] *m* ❶ ELEK electricity *no pl;* **elektrischer ~** electric current; **unter ~ stehen** to be live ❷ (*Fluss*) [large] river ▶ **in Strömen gießen** to pour [down] [with rain]
stromabwärts [ʃtroːmˈʔapvɛrts] *adv* downstream **stromaufwärts** [ʃtroːmˈʔaufvɛrts] *adv* upstream
Stromausfall *m* power cut, power outage AM
strömen [ˈʃtrøːmən] *vi sein* to stream (**aus** out of)
Stromkabel *nt* power cable **Stromkreis** *m* [electric] circuit **Stromnetz** *nt* electricity supply system **Stromquelle** *f* power source **Stromstärke** *f* current [strength] **Stromstoß** *m* electric shock
Strömung <-, -en> *f* ❶ (*Wasser*) current ❷ (*Tendenz*) trend
Stromversorgung *f* electricity supply **Stromzähler** *m* electricity meter
Strophe <-, -n> [ˈʃtroːfə] *f* verse
Strudel[1] <-s, -> [ˈʃtruːdl̩] *m* whirlpool; (*kleiner*) eddy
Strudel[2] <-s, -> [ˈʃtruːdl̩] *m* (*Gebäck*) strudel
Struktur [ʃtrʊkˈtuːɐ̯] *f* structure
strukturell [ʃtrʊktuˈrɛl] *adj* structural
strukturschwach *adj* economically underdeveloped
Strumpf <-[e]s, Strümpfe> [ʃtrʊmpf] *m* sock; (*Damenstrumpf*) stocking
Strumpfband <-bänder> *nt*, **Strumpfhalter** <-s, -> *m* suspender, garter AM **Strumpfhose** *f* tights *npl*, pantyhose AM; **eine ~** a pair of tights
struppig [ˈʃtrʊpɪç] *adj* shaggy
Stube <-, -n> [ˈʃtuːbə] *f* living room
Stubenhocker(in) <-s, -> *m(f)* (*pej*) house mouse **stubenrein** *adj* house-trained
Stuck <-[e]s> [ʃtʊk] *m kein pl* stucco
Stück <-[e]s, -e> [ʃtʏk] *nt* ❶ piece; **ein ~ Kuchen** a piece of cake; **am ~** in one piece; **aus einem ~** from one piece; **~ für ~** bit by bit; **etw in ~e reißen** to tear sth to pieces; **das [*o* pro] ~** each ❷ (*Abschnitt*) part ❸ THEAT play
Student(in) <-en, -en> [ʃtuˈdɛnt] *m(f)* student
Studentenausweis *m* student card **Studentenheim** *nt* student hostel
Studie <-, -n> [ˈʃtuːdi̯ə] *f* study
Studienfahrt *f* study trip **Studiengebühren** *pl* tuition fees *npl* **Studienrat, -rätin** *m, f* secondary-school teacher **Studienreise** *f* educational trip
studieren* [ʃtuˈdiːrən] *vi, vt* to study; **sie studiert noch** she is still a student
Studio <-s, -s> [ˈʃtuːdi̯o] *nt* studio
Studium <-, Studien> [ˈʃtuːdi̯ʊm] *nt* ❶ studies *npl;* **ein ~ aufnehmen** to begin one's studies ❷ (*eingehende Beschäftigung*) study
Stufe <-, -n> [ˈʃtuːfə] *f* ❶ (*Treppenstufe*)

S

step; **~ um ~** step by step ❷ (*Niveau*) level; **auf der gleichen ~ stehen** to be on the same level ❸ (*Abschnitt*) stage

Stuhl <-[e]s, Stühle> [ʃtuːl] *m* ❶ chair ❷ MED stool

stülpen [ˈʃtʏlpn̩] *vt* to put (**auf** on/**über** over)

stumm [ʃtʊm] *adj* ❶ MED dumb ❷ (*schweigend*) silent; **~ werden** to go silent

Stummel <-s, -> [ˈʃtʊml̩] *m* stump

Stummfilm *m* silent movie

Stümper(in) <-s, -> [ˈʃtʏmpɐ] *m(f)* bungler

stümperhaft **I.** *adj* amateurish **II.** *adv* incompetently

stumpf [ʃtʊmpf] *adj* ❶ blunt; **~ werden** to go blunt ❷ MATH **ein ~er Winkel** an obtuse angle

Stumpf <-[e]s, Stümpfe> [ʃtʊmpf] *m* stump

stumpfsinnig *adj* mindless

Stunde <-, -n> [ˈʃtʊndə] *f* ❶ hour; **eine viertel ~** a quarter of an hour; **eine halbe ~** half an hour; **drei viertel ~n** three-quarters of an hour; **anderthalb ~n** an hour and a half; **zu später ~** at a late hour ❷ (*Unterrichtsstunde*) lesson

Stundenkilometer *pl* kilometres per hour **stundenlang** *adv* for hours **Stundenlohn** *m* hourly wage **Stundenplan** *m* timetable, schedule AM

stupid(e) [ʃtuˈpiːd(ə)] *adj* mindless

stupsen [ˈʃtʊpsn̩] *vt* to nudge

Stupsnase *f* snub nose

stur [ʃtuːɐ̯] *adj* stubborn; **sich ~ stellen** to dig one's heels in

Sturheit <-> *f kein pl* stubbornness

Sturm <-[e]s, Stürme> [ʃtʊrm] *m* ❶ storm ❷ (*Andrang*) **ein ~ auf etw** *akk* a rush for sth

stürmen [ˈʃtʏrmən] **I.** *vi impers haben* **es stürmt** a gale is blowing **II.** *vi* ❶ *haben* SPORT to attack ❷ *sein* (*rennen*) to storm **III.** *vt haben* **etw ~** to storm sth

Stürmer(in) <-s, -> [ˈʃtʏrmɐ] *m(f)* forward

Sturmflut *f* storm tide

stürmisch [ˈʃtʏrmɪʃ] *adj Wetter* stormy; *See* rough; **nicht so ~!** take it easy!

Sturmwarnung *f* gale warning

Sturz <-es, Stürze> [ʃtʊrts] *m* fall

stürzen [ˈʃtʏrtsn̩] **I.** *vi sein* ❶ (*fallen*) to fall; **vom Dach ~** to fall off the roof; **schwer ~** to fall heavily ❷ (*rennen*) to rush **II.** *vt haben* ❶ (*werfen*) **jdn/sich aus etw** *dat* **~** to throw sb/oneself out of ❷ POL (*absetzen*) to bring down **III.** *vr* ❶ **sich auf jdn ~** to pounce on sb; **die Gäste stürzten sich aufs kalte Büfett** the guests fell on the cold buffet ❷ (*fallen lassen*) **sich in etw** *akk* **~** to plunge into sth

Sturzflug *m* ORN steep dive **Sturzhelm** *m* crash helmet

Stute <-, -n> [ˈʃtuːtə] *f* mare

Stütze <-, -n> [ˈʃtʏtsə] *f* support

stutzen[1] [ˈʃtʊtsn̩] *vi* to hesitate

stutzen[2] [ˈʃtʊtsn̩] *vt* ❶ HORT to prune ❷ ZOOL to clip ❸ (*kürzen*) to trim

stützen [ˈʃtʏtsn̩] **I.** *vt* ❶ to support ❷ **etw auf etw** *akk* **~** to rest sth on sth **II.** *vr* ❶ **sich auf jdn/etw ~** to lean on sb/sth ❷ (*basieren*) **sich auf etw** *akk* **~** to be based on sth

stutzig [ˈʃtʊtsɪç] *adj* **jdn ~ machen** to make sb suspicious; **~ werden** to get suspicious

Stützpunkt *m* MIL base

stylisch [ˈstaɪlɪʃ], **stylish** *adj* (*fam*) *Schuhe, Handy* stylish

Styropor® <-s> [ʃtyroˈpoːɐ̯] *nt kein pl* polystyrene

Subjekt <-[e]s, -e> [zʊpˈjɛkt] *nt* LING subject

subjektiv [zʊpjɛkˈtiːf] *adj* subjective

Subkultur [ˈzʊpkʊltuːɐ̯] *f* subculture

Substantiv <-s, -e> [ˈzʊpstantiːf] *nt* noun

Substanz <-, -en> [zʊpˈstants] *f* substance; **[jdm] an die ~ gehen** to take it out of sb

subtrahieren* [zʊptra'hi:rən] *vt, vi* to subtract (**von** from)

Subtraktion <-, -en> [zʊptrak'tsi̯o:n] *f* subtraction

subtropisch ['zʊptro:pɪʃ] *adj* subtropical

Subvention <-, -en> [zʊpvɛn'tsi̯o:n] *f* subsidy

subventionieren* [zʊpvɛntsi̯o'ni:rən] *vt* to subsidize

Suche <-, -n> ['zu:xə] *f* search (**nach** for)

suchen ['zu:xn̩] **I.** *vt* to look for; (*intensiver*) to search for **II.** *vi* to search (**nach** for); **such!** seek!

Suchmaschine *f* INET search engine

Sucht <-, Süchte> [zʊxt] *f* addiction (**nach** to); **~ erzeugend** addictive

süchtig ['zʏçtɪç] *adj* addicted *pred;* **~ machen** to be addictive; **nach etw** *dat* **~ sein** to be hooked on sth

Süchtige(r) *f(m)*, **Suchtkranke(r)** <-n, -n> *f(m) dekl wie adj* addict

Südamerika ['zy:tʔa'me:rika] *nt* South America **südamerikanisch** *adj* South American **Süddeutsche(r)** *f(m) dekl wie adj* South German **Süddeutschland** ['zy:tdɔytʃlant] *nt* South[ern] Germany

Süden <-s> ['zy:dn̩] *m kein pl* south; **im ~** in the south; **nach ~** to the south

Südengland *nt* the south of England **Südfrucht** *f* [sub]tropical fruit **Südhalbkugel** *f* southern hemisphere

südlich ['zy:tlɪç] **I.** *adj* southern **II.** *adv* **~ von etw** *dat* [to the] south of sth **III.** *präp +gen;* **~ einer S.** [to the] south of sth

Südosten [zy:t'ʔɔstn̩] *m kein pl, kein indef art* south-east **südöstlich** [zy:t'ʔœstlɪç] **I.** *adj* south-eastern **II.** *adv* **~ [von etw]** [to the] southeast [of sth] **Südpol** ['zy:tpo:l] *m* **der ~** the South Pole **Südsee** ['zy:tze:] *f kein pl* **die ~** the South Pacific **Südstaaten** ['zy:tʃta:tn̩] *pl* (*in den USA*) Southern States

südwärts ['zy:tvɛrts] *adv* southwards

Südwesten [zy:t'vɛstn̩] *m kein pl* south-west **südwestlich** [zy:t'vɛstlɪç] **I.** *adj* south-western **II.** *adv* **~ [von etw]** [to the] south-west [of sth] **Südwind** *m* south wind

suggerieren* [zʊge'ri:rən] *vt* to suggest

suhlen ['zu:lən] *vr* **sich in etw** *dat* **~** to wallow in sth

sühnen ['zy:nən] *vt* **etw ~** to atone for sth (**durch** with)

Sulfat <-[e]s, -e> [zʊl'fa:t] *nt* sulphate

Sultan(in) <-s, -e> ['zʊlta:n] *m(f)* sultan *masc,* sultana *fem*

Sultanine <-, -n> [zʊlta'ni:nə] *f* sultana

Sülze <-, -n> ['zʏltsə] *f* brawn

Summe <-, -n> ['zʊmə] *f* sum

summen ['zʊmən] *vi, vt* to hum

summieren* [zʊ'mi:rən] *vr* **sich [auf etw** *akk*] **~** to mount up [to sth]

Sumpf <-[e]s, Sümpfe> [zʊmpf] *m* marsh; (*in den Tropen*) swamp

Sumpfgebiet *nt* marsh[land]; *in den Tropen* swamp[land]

sumpfig ['zʊmpfɪç] *adj* marshy; (*in den Tropen*) swampy

Sünde <-, -n> ['zʏndə] *f* sin; **eine ~ begehen** to commit a sin

Sündenbock *m* scapegoat

Sünder(in) <-s, -> *m(f)* sinner

sündig ['zʏndɪç] *adj* sinful

super ['zu:pɐ] *adj* super

Super <-s> ['zu:pɐ] *nt kein pl* AUTO four-star BRIT, premium AM

Superfood <-[s], -s> ['zu:pɐfu:t, 'sju:pɐfu:t] *nt* superfood; **etw als ~ bezeichnen** to designate sth as a superfood; **~-Rezepte** superfood recipes

Superlativ <-[e]s, -e> ['zu:pɐlati:f] *m* superlative

Supermacht *f* superpower **Supermarkt** ['zu:pɐmarkt] *m* supermarket

Suppe <-, -n> ['zʊpə] *f* soup; **klare ~** consommé

Suppenschüssel *f* soup tureen

Surfbrett ['zø:ɐ̯f-] *nt* surfboard

surfen ['zø:ɐ̯fn̩] *vi* to surf; **im Internet ~** to surf the Internet

Surfer(in) <-s, -> *m(f)* surfer
surren ['zʊrən] *vi* to buzz
suspekt [zʊs'pɛkt] *adj* (*geh*) suspicious; **jdm ~ sein** to look suspicious to sb
süß [zyːs] **I.** *adj* sweet **II.** *adv* sweetly
süßen ['zyːsn̩] *vt* to sweeten
Süßigkeit <-, -en> ['zyːsɪçkait] *f meist pl* sweet, candy AM
Süßkirsche *f* sweet cherry
süßlich *adj* sickly sweet
süßsauer ['zyːs'zauɐ] *adj* sweet-and-sour **Süßspeise** *f* dessert **Süßstoff** *m* sweetener **Süßwasser** *nt* fresh water
Symbol <-s, -e> [zʏmboːl] *nt* symbol
symbolisch [zʏm'boːlɪʃ] *adj* symbolic
symbolisieren* [zʏmboli'ziːrən] *vt* to symbolize
symmetrisch [zʏ'meːtrɪʃ] *adj* symmetrical
Sympathie <-, -n> [zʏmpa'tiː] *f* sympathy
sympathisch [zʏm'paːtɪʃ] *adj* nice; **jdm ~ sein** to appeal to sb; **sie war mir gleich ~** I liked her at once; **jdm nicht ~ sein** to be not very appealing to sb
Symphonie <-, -n> [zʏmfo'niː] *f* symphony
Symptom <-s, -e> [zʏmp'toːm] *nt* symptom (**für** of)
Synagoge <-, -n> [zyna'goːgə] *f* synagogue
synchronisieren* [zʏnkroni'ziːrən] *vt* FILM to dub
Synergieeffekt *m* synergetic effect
Synonym <-s, -e> [zyno'nyːm] *nt* synonym
Synthese <-, -n> [zʏn'teːzə] *f* synthesis
synthetisch [zʏn'teːtɪʃ] *adj* synthetic
Syphilis <-> ['zyːfilɪs] *f kein pl* syphilis
System <-s, -e> [zʏs'teːm] *nt* system; **mit ~** systematically; **~ in etw** *akk* **bringen** to bring some order into sth
systematisch [zʏste'maːtɪʃ] *adj* systematic
Szene <-, -n> ['stseːnə] *f* scene; [**jdm**] **eine ~ machen** to make a scene [in front of sb]
Szenekneipe *f* trendy bar

Tt

T, t <-, -> [teː] *nt* T, t
Tabak <-s, -e> [ˈtaːbak, ˈtabak] *m* tobacco
Tabelle <-, -n> [taˈbɛlə] *f* table
Tablet <-s, -s> [ˈtɛblət] *nt* INFORM tablet
Tablet-Computer *m* INFORM tablet computer
Tablett <-[e]s, -s> [taˈblɛt] *nt* tray
Tablette <-, -n> [taˈblɛtə] *f* pill
tabu [taˈbuː] *adj* taboo
Tachometer *m o nt* speedometer
Tadel <-s, -> [ˈtaːdl̩] *m* reprimand
tadellos **I.** *adj* perfect **II.** *adv* perfectly
tadeln *vt* to reprimand
Tafel <-, -n> [ˈtaːfl̩] *f* ❶ board ❷ (*Packung*) **eine ~ Schokolade** a bar of chocolate ❸ (*geh: Esstisch*) table
Tag <-[e]s, -e> [taːk] *m* day; **guten ~!** hello!; **eines ~es** one day; **ein freier ~** a day off; **~ für ~** every day; **den ganzen ~ [lang]** the whole day; **von einem ~ auf den anderen** overnight; **von ~ zu ~** from day to day; **der ~ X** D-day
Tagebuch *nt* diary **tagelang** *adv* for days
Tagelöhner(in) <-s, -> [ˈtaːgəløːnɐ] *m(f)* day labourer
Tagescreme *f* day cream **Tageskarte** *f* day ticket **Tagesordnung** *f* agenda; **auf der ~ stehen** to be on the agenda **Tageszeitung** *f* daily [newspaper]
täglich [ˈtɛːklɪç] *adj, adv* daily
tagsüber [ˈtaːksʔyːbɐ] *adv* during the day
Taifun <-s, -e> [taiˈfuːn] *m* typhoon
Taille <-, -n> [ˈtaljə] *f* waist
Takt <-[e]s, -e> [takt] *m* ❶ MUS bar ❷ *kein pl* (*Rhythmus*) rhythm; **im ~** in time; **jdn aus dem ~ bringen** to make sb lose their rhythm ❸ *kein pl* (*Taktgefühl*) tact
Taktgefühl *nt* tact
Taktik <-, -en> [ˈtaktɪk] *f* tactics *npl*
taktisch [ˈtaktɪʃ] *adj* tactical
taktlos *adj* tactless
Taktlosigkeit <-, -en> *f* tactlessness
taktvoll *adj* tactful
Tal <-[e]s, Täler> [taːl] *nt* valley
Talent <-[e]s, -e> [taˈlɛnt] *nt* talent
talentiert [talɛnˈtiːɐ̯t] *adj* talented
Talg <-[e]s, -e> [ˈtalk] *m* ❶ suet ❷ ANAT sebum
Talgdrüse *f* sebaceous gland
Talisman <-s, -e> [ˈtaːlɪsman] *m* lucky charm
Talkmaster(in) [ˈtɔːkmaːstɐ] *m(f)* talk-show host
Talkshow <-, -s> [ˈtɔːkʃoː] *f* talk show, chat show BRIT
Tampon <-s, -s> [ˈtampɔn] *m* tampon
Tang <-[e]s, -e> [ˈtaŋ] *m* seaweed
Tango <-s, -s> [ˈtaŋgo] *m* tango
Tank <-s, -s> [taŋk] *m* tank
tanken [ˈtaŋkn̩] **I.** *vi* (*Auto*) to fill up; (*Flugzeug*) to refuel **II.** *vt* **Benzin ~** to fill up with petrol [*or* AM gas]; **etwas Sonne ~** to get some sun
Tanker <-s, -> [ˈtaŋkɐ] *m* tanker
Tankstelle *f* filling [*or* AM gas] station
Tanne <-, -n> [ˈtanə] *f* fir
Tannenzapfen *m* fir cone
Tante <-, -n> [ˈtantə] *f* aunt
Tanz <-es, Tänze> [ˈtants] *m* dance; **jdn zum ~ auffordern** to ask sb to dance
tanzen [ˈtantsn̩] *vi, vt* to dance
Tänzer(in) <-s, -> [ˈtɛntsɐ] *m(f)* dancer
Tanzfläche *f* dance floor **Tanzkurs(us)** *m* dance class **Tanzlokal** *nt* café with a dance floor **Tanzmusik** *f* dance music **Tanzschule** *f* dancing school
Tapete <-, -n> [taˈpeːtə] *f* wallpaper *no pl*
tapezieren* [tapeˈtsiːrən] *vt* to wallpaper
tapfer [ˈtapfɐ] *adj* brave
Tapferkeit <-> *f kein pl* courage
tappen [ˈtapn̩] *vi sein* to walk hesitantly

Tarif <-[e]s, -e> [ta'ri:f] *m* ❶ (*Gehaltsvereinbarung*) pay scale ❷ (*Preis*) charge

Tarifverhandlung *f meist pl* collective wage negotiations *npl* **Tarifvertrag** *m* collective wage agreement

tarnen ['tarnən] *vt* to camouflage

Tarnung <-, -en> *f* camouflage

Tasche <-, -n> ['taʃə] *f* ❶ bag; (*Einkaufstasche*) [shopping] bag; (*Aktentasche*) briefcase ❷ (*in Kleidern*) pocket

Taschenbuch *nt* paperback **Taschendieb(in)** *m(f)* pickpocket **Taschengeld** *nt* pocket money **Taschenlampe** *f* torch **Taschenmesser** *nt* penknife **Taschenrechner** *m* pocket calculator **Taschentuch** *nt* handkerchief **Taschenuhr** *f* pocket watch

Tasse <-, -n> ['tasə] *f* cup; **eine ~ Tee** a cup of tea ▶ **nicht alle ~n im Schrank haben** not to be right in the head

Tastatur <-, -en> [tasta'tu:ɐ̯] *f* keyboard

Taste <-, -n> ['tastə] *f* key; (*am Telefon*) button

tasten ['tastn̩] **I.** *vi, vt* to feel (**nach** for) **II.** *vr* **sich irgendwohin ~** to grope one's way to somewhere

Tastsinn *m kein pl* sense of touch

Tat <-, -en> [ta:t] *f* ❶ act; **eine gute ~** a good deed; **etw in die ~ umsetzen** to put sth into effect ❷ (*Straftat*) crime; **jdn auf frischer ~ ertappen** to catch sb red-handed ▶ **in der ~** indeed

Täter(in) <-s, -> ['tɛ:tɐ] *m(f)* perpetrator

tätig ['tɛ:tiç] *adj* ❶ active ❷ (*beschäftigt*) **[in Rom] ~ sein** to work [in Rome]

Tätigkeit <-, -en> *f* ❶ *kein pl* activity ❷ (*Beschäftigung*) occupation

tatkräftig *adj* active

Tatort *m* scene of the crime

tätowieren* [tɛto'vi:rən] *vt* to tattoo

Tätowierung <-, -en> *f* tattoo

Tatsache ['ta:tzaxə] *f* fact; **~ ist, dass ...** the fact of the matter is that ...

tatsächlich ['ta:tzɛçlɪç] **I.** *adj attr* actual *attr* **II.** *adv* really

tätscheln ['tɛ:tʃl̩n] *vt* to pat

Tatze <-, -n> ['tatsə] *f* paw

Tau[1] <-[e]s> [tau] *m kein pl* dew

Tau[2] <-[e]s, -e> [tau] *nt* (*Seil*) rope

taub [taup] *adj* ❶ deaf; **sich ~ stellen** to turn a deaf ear ❷ (*gefühllos*) numb

Taube <-, -n> ['taubə] *f* pigeon

Taubheit <-> *f kein pl* ❶ deafness ❷ (*Gefühllosigkeit*) numbness

taubstumm *adj* deaf and dumb

Taubstumme(r) *f(m) dekl wie adj* deaf mute

tauchen [tauxn̩] **I.** *vi* ❶ *haben o sein* to dive ❷ *sein* (*hochkommen*) **aus dem Wasser ~** to surface **II.** *vt haben* (*tunken*) to dip

Taucher(in) <-s, -> [tauxɐ] *m(f)* diver

Taucheranzug *m* diving suit **Tauchermaske** *f* diving mask

Tauchgang *m* dive **Tauchsieder** <-s, -> *m* immersion heater

tauen ['tauən] **I.** *vi impers haben* **es taut** it is thawing **II.** *vi sein* to melt

Taufe <-, -n> ['taufə] *f* baptism

taufen ['taufn̩] *vt* to baptize; (*benennen*) to christen

Taufpate, -patin *m, f* godfather *masc*, godmother *fem*

taugen ['taugn̩] *vi* to be suitable (**für/zu** for); **etwas/nichts ~** to be useful/useless

tauglich ['tauklɪç] *adj* ❶ suitable ❷ MIL fit

Taumel <-s> ['tauml̩] *m kein pl* **wie im ~** in a daze

taumeln ['tauml̩n] *vi sein* to stagger

Tausch <-[e]s, -e> [tauʃ] *m* swap; **im ~** in exchange (**gegen** for)

tauschen ['tauʃn̩] *vt, vi* to swap (**gegen** for)

täuschen ['tɔyʃn̩] **I.** *vt* to deceive **II.** *vr* **sich ~** to be mistaken (**in** about); **sich nicht ~ lassen** not to be fooled (**von** by) **III.** *vi* to be deceptive

tausend ['tauznt] *adj* a [*or* one] thousand; **einige ~ Euro** several thousand euros

Tausendstel ['tauzn̩tstl̩] *nt o* SCHWEIZ *m* thousandth

Tauwetter *nt* thaw

Taxi <-s, -s> ['taksi] *nt* cab

Taxifahrer(in) *m(f)* taxi driver **Taxistand** *m* taxi rank

Team <-s, -s> [ti:m] *nt* team

Teamarbeit ['ti:m-] *f* teamwork

Technik <-, -en> ['teçnɪk] *f* ❶ technology ❷ (*Methode*) technique

Techniker(in) <-s, -> ['teçnɪkɐ] *m(f)* ❶ engineer ❷ SPORT technician

Technikfeind(in) *m(f)* technophobe

technisch ['teçnɪʃ] *adj attr* technical; **~e Hochschule** college of technology

Technologie <-, -n> [tɛçnolo'gi:] *f* technology

technologisch [tɛçno'lo:gɪʃ] *adj* technological

Tee <-s, -s> [te:] *m* tea; **~ kochen** to make some tea; **eine Tasse ~** a cup of tea

Teebeutel *m* tea bag **Teekanne** *f* teapot **Teelöffel** *m* teaspoon

Teer <-[e]s, -e> [te:ɐ̯] *m* tar

Teich <-[e]s, -e> [taiç] *m* pond

Teig <-[e]s, -e> [taik] *m* dough

Teigwaren *pl* pasta + *sing vb*

Teil <-[e]s, -e> [tail] *m* ❶ part; **zum ~** partly; **zum größten ~** for the most part ❷ (*Anteil*) share; **zu gleichen ~en** equally ▶ **ich für meinen ~** I, for my part

Teilchen <-s, -> *nt dim von* **Teil 1.** particle

teilen ['tailən] **I.** *vt* ❶ (*aufteilen*) to share ❷ *a.* MATH to divide (**durch** by) ❸ (*trennen*) to separate **II.** *vr* ❶ **sich ~** to split up (**in** into) ❷ **sich** *dat* **etw ~** to share sth (**mit** with)

Teilnahme <-, -n> ['tailna:mə] *f* ❶ participation (**an** in) ❷ (*Mitgefühl*) sympathy

teil|nehmen *vi irreg* ❶ (*anwesend sein*) [**an etw** *dat*] **~** to attend [sth] ❷ (*sich beteiligen*) to participate (**an** in)

Teilnehmer(in) <-s, -> *m(f)* ❶ (*Anwesender*) person present ❷ (*Beteiligter*) participant (**an** in)

teils [tails] *adv* partly; **~, ~** yes and no

Teilung <-, -en> *f* division

teilweise ['tailvaizə] **I.** *adv* partly **II.** *adj attr* partial

Teilzeitarbeit *f* part-time work **Teilzeitkraft** *f* ÖKON part-timer

Teint <-s, -s> [tɛ̃:] *m* complexion

Telefon <-s, -e> ['te:lefo:n] *nt* [tele]phone

Telefonauskunft *f* directory enquiries *npl* **Telefonbuch** *nt* telephone book **Telefongespräch** *nt* telephone call; **ein ~ führen** to make a telephone call

telefonieren* [telefo'ni:rən] *vi* [**mit jdm**] **~** to phone [sb]

Telefonkarte *f* phonecard **Telefonnummer** *f* telephone number

Telekommunikation *f* telecommunication

Telenovela <-, -s> *f* TV *long-running drama series, similar in format to a soap opera, but with a set number of episodes*

Teleobjektiv *nt* telephoto lens

Telepathie <-> [telepa'ti:] *f kein pl* telepathy

Teleskop <-s, -e> [tele'sko:p] *nt* telescope

Teller <-s, -> ['tɛlɐ] *m* ❶ plate; **flacher/tiefer ~** dinner/soup plate ❷ (*Portion*) **ein ~ Spaghetti** a plateful of spaghetti

Tempel <-s, -> ['tɛmpl̩] *m* temple

Temperament <-[e]s, -e> [tɛmpəra'mɛnt] *nt* ❶ temperament ❷ *kein pl* (*Lebhaftigkeit*) vivacity; **~ haben** to be very lively

temperamentvoll *adj* lively

Temperatur <-, -en> [tɛmpəra'tu:ɐ̯] *f* temperature; **gefühlte ~** apparent temperature; **~ haben** to have a temperature; [**die/jds**] **~ messen** to take sbs temperature

Tempo[1] <-s, -s> ['tɛmpo] *nt* speed; **mit**

T

hohem ~ at high speed
Tempo®2 <-s, -s> *nt* (*fam: Papiertaschentuch*) [paper] tissue, kleenex® AM
Tempolimit *nt* speed limit
temporär [tɛmpoˈrɛɐ̯] *adj* temporarily
Tendenz <-, -en> [tɛnˈdɛnts] *f* ❶ trend ❷ (*Neigung*) tendency (**zu** to)
tendieren* [tɛnˈdiːrən] *vi* to tend (**zu** towards); **dazu ~, etw zu tun** to tend to do sth
Tennis <-> [ˈtɛnɪs] *nt kein pl* tennis
Tennishalle *f* indoor tennis court **Tennisplatz** *m* tennis court **Tennisschläger** *m* tennis racket
Tenor <-s, Tenöre> [teˈnoːɐ̯] *m* tenor
Teppich <-s, -e> [ˈtɛpɪç] *m* carpet
Teppichboden *m* fitted carpet
Termin <-s, -e> [tɛrˈmiːn] *m* ❶ (*Verabredung*) appointment; **einen ~ vereinbaren** to arrange an appointment ❷ (*Auftragstermin*) deadline
Terminal <-s, -s> [ˈtøɐ̯minl̩] *nt* terminal
Terminkalender *m* diary
Termite <-, -n> [tɛrˈmiːtə] *f* termite
Terpentin <-s, -e> [tɛrpɛnˈtiːn] *nt o* ÖSTERR *m* turpentine
Terrain <-s, -s> [tɛˈrɛ̃ː] *nt* terrain
Terrasse <-, -n> [tɛˈrasə] *f* terrace
Territorium <-s, -rien> [tɛriˈtoːri̯ʊm] *nt* territory
Terror <-s> [ˈtɛroːɐ̯] *m kein pl* terror
Terroranschlag *m* terror[ist] attack
terrorisieren* [tɛroriˈziːrən] *vt* to terrorize
Terrorismus <-> [tɛroˈrɪsmʊs] *m kein pl* terrorism
Terrorist(in) <-en, -en> [tɛroˈrɪst] *m(f)* terrorist
terroristisch *adj* terrorist
Terrororganisation *f* terror organization
Terrorzelle *f* terror[ist] cell
Tesafilm® [ˈteːzafɪlm] *m* Sellotape® BRIT, Scotch tape® AM
Test <-[e]s, -s> [tɛst] *m* test
Testament <-[e]s, -e> [tɛstaˈmɛnt] *nt* ❶ will ❷ REL **Altes/Neues ~** Old/New Testament
testen [ˈtɛstn̩] *vt* to test (**auf** for)
Tetanus <-> [ˈteːtanʊs] *m kein pl* tetanus *no pl*
teuer [ˈtɔyɐ] **I.** *adj* expensive; (*geschätzt*) dear **II.** *adv* expensively
Teufel <-s, -> [tɔyfl̩] *m* devil; **der ~** the Devil ▶ **den ~ an die** **<u>Wand</u>** **malen** to imagine the worst
Teufelskreis *m* vicious circle
teuflisch [ˈtɔyflɪʃ] **I.** *adj* diabolical **II.** *adv* diabolically
Teuro <-s, [-]> [ˈtɔyro] *m a punning term for the Euro, whose introduction made everything more expensive*
Text <-[e]s, -e> [tɛkst] *m* text; (*Liedtext*) lyrics
Textilien [tɛksˈtiːli̯ən] *pl* fabrics *npl*
Textverarbeitung *f* word processing
Theater <-s, -> [teˈatɐ] *nt* ❶ theatre; **~ spielen** to act ❷ (*fam: Umstände*) fuss; **[ein] ~ machen** to make a fuss
Theateraufführung *f* theatre performance **Theaterstück** *nt* play
theatralisch [teaˈtraːlɪʃ] *adj* theatrical
Theke <-, -n> [ˈteːkə] *f* counter; (*im Lokal*) bar
Thema <-s, Themen> [ˈteːma] *nt* topic; (*eines Textes a.*) subject; **jdn vom ~ abbringen** to get sb off the subject; **beim ~ bleiben** to stick to the subject ▶ **ein/kein ~** **<u>sein</u>** to be/to not be an issue
Thematik <-> [teˈmaːtɪk] *f kein pl* topic
Theologe, **Theologin** <-n, -n> [teoˈloːgə, -ˈloːgɪn] *m, f* theologian
Theologie <-, -n> [teoloˈgiː] *f* theology
theologisch [teoˈloːgɪʃ] *adj* theological
theoretisch [teoˈreːtɪʃ] **I.** *adj* theoretical **II.** *adv* theoretically
Theorie <-, -n> [teoˈriː] *f* theory
Therapeut(in) <-en, -en> [teraˈpɔyt] *m(f)* therapist
Therapie <-, -n> [teraˈpiː] *f* therapy
therapieren [teraˈpiːrən] *vt* to treat
Thermalbad [tɛrˈmaːl-] *nt* thermal baths *npl* **Thermalquelle** *f* thermal spring

Thermometer <-s, -> [tɛrmo'meːtɐ] *nt* thermometer
Thermosflasche® ['tɛrmosflaʃə] *f* Thermos® [flask]
Thermostat <-en, -e> [tɛrmo'staːt] *m* thermostat
These <-, -n> ['teːzə] *f* thesis
Thrombose <-, -n> [trɔm'boːsə] *f* thrombosis
Thron <-[e]s, -e> [troːn] *m* throne
Thronfolger(in) <-s, -> *m(f)* heir to the throne
Thunfisch ['tuːnfɪʃ] *m* tuna [fish]
Thüringen <-s> ['tyːrɪŋən] *nt* Thuringia
Thüringer(in) <-s, -> ['tyːrɪŋɐ] *m(f)* Thuringian
Thymian <-s, -e> ['tyːmi̯aːn] *m* thyme
Tick <-[e]s, -s> [tɪk] *m* (*Schrulle*) quirk
ticken ['tɪkn̩] *vi* to tick ▶ **nicht richtig ~** to be funny in the head
tief [tiːf] **I.** *adj* ❶ deep; **zwei Meter ~** two metres deep ❷ *Lage, Temperatur* low ❸ *Ton* low; *Stimme* deep ❹ *Gefühl* intense ❺ (*inmitten*) **im ~sten Winter** in the depths of winter **II.** *adv* ❶ deep; **er stürzte 350 Meter ~** he fell 350 metres [deep]; **~ greifend** far-reaching ❷ (*niedrig*) low; **~ liegend** low-lying; **~ stehend** low-level ❸ (*tönen*) low; **zu ~ singen** to sing flat; **~ sprechen** to talk in a deep voice ❹ (*intensiv*) deeply; **etw ~ bedauern** to regret sth profoundly; **~ schlafen** to sleep soundly
Tief <-[e]s, -e> [tiːf] *nt* low
Tiefe <-, -n> ['tiːfə] *f* depth
Tiefebene *f* lowland plain
Tiefkühlkost *f* frozen foods *npl* **Tiefkühltruhe** *f* freezer chest **Tiefpunkt** *m* low point **Tiefsee** *f* deep sea
tiefsinnig *adj* profound
Tiefstand *m* low
Tier <-[e]s, -e> [tiːɐ̯] *nt* animal
Tierart *f* animal species + *sing vb* **Tierarzt, -ärztin** *m, f* vet
tierisch ['tiːrɪʃ] **I.** *adj* ❶ ZOOL animal ❷ (*bestialisch*) bestial ❸ (*sl: heftig*) **einen ~en Hunger haben** to be hungry as hell **II.** *adv* (*sl: heftig*) like hell
tierlieb *adj* animal-loving *attr* **Tiermehl** *nt* AGR meat and bone meal *no pl* **Tierpark** *m* zoo **Tierquälerei** ['tiːɐ̯kvɛːlərai] *f* cruelty to animals **Tierschutz** *m* protection of animals **Tierschützer(in)** *m(f)* animal conservationist **Tierversuch** *m* animal experiment
Tiger <-s, -> [tiːgɐ] *m* tiger
tilgen ['tɪlgn̩] *vt Schulden* to pay off
Tinktur <-, -en> [tɪŋk'tuːɐ] *f* tincture
Tinte <-, -n> ['tɪntə] *f* ink
Tintenfisch *m* squid **Tintenstrahldrucker** *m* ink-jet printer
Tipp <-s, -s> [tɪp] *m* tip
tippen [tɪpn̩] *vi* ❶ (*Maschine schreiben*) to type ❷ (*anstoßen*) to tap (**an/auf** on) ❸ (*fam: raten*) to guess ❹ (*fam: Lotto spielen*) to do the lottery
Tippfehler *m* typing mistake
Tirol <-s> [ti'roːl] *nt* Tyrol
Tiroler(in) <-s, -> [ti'roːlɐ] *m(f)* Tyrolean
Tisch <-[e]s, -e> [tɪʃ] *m* table
Tischdecke *f* tablecloth
Tischler(in) <-s -> ['tɪʃlɐ] *m(f)* carpenter
Tischlerei <-, -en> [tɪʃlə'rai] *f* carpenter's workshop
Tischtennis *nt* table tennis **Tischtennisschläger** *m* table-tennis bat
Titel <-s, -> ['tiːtl̩] *m* title
Titelbild *nt* cover [picture] **Titelgeschichte** *f* lead [*or* cover] story **Titelseite** *f* front page; (*einer Zeitschrift*) cover **Titelverteidiger(in)** *m(f)* title holder
Toast¹ <-[e]s, -e> [toːst] *m kein pl* (*Toastbrot*) toast; **ein ~** a slice of toast
Toast² <-[e]s, -e> [toːst] *m* toast; **einen ~ ausbringen** to propose a toast (**auf** to)
Toaster <-s, -> *m* toaster
toben ['toːbn̩] *vi* ❶ (*wüten*) to be raging (**vor** with) ❷ (*spielen*) to romp [around]
Tochter <-, Töchter> ['tɔxtɐ] *f* daughter
Tochtergesellschaft *f* subsidiary
Tod <-[e]s, -e> [toːt] *m* death ▶ **zu ~e**

betrübt sein to be deeply despaired

Todesangst *f* (*fam*) mortal fear; **Todesängste ausstehen** to be scared to death **Todesfall** *m* death **Todesopfer** *nt* casualty **Todesstrafe** *f* death penalty; **auf etw** *akk* **steht die ~** sth is punishable by death **Todesurteil** *nt* death sentence

todkrank ['to:t'kraŋk] *adj* terminally ill

tödlich ['tø:tlɪç] **I.** *adj* deadly; **das ist mein ~er Ernst** I'm deadly serious **II.** *adv* ❶ **~ verunglücken** to be killed in an accident ❷ (*fam: extrem*) **sich ~ langweilen** to be bored to death

Todsünde *f* deadly sin

Toilette <-, -n> [twa'lɛtə] *f* toilet; **ich muss mal auf die ~** I need to go to the toilet; **öffentliche ~** public toilet

Toilettenpapier *nt* toilet paper

tolerant [tole'rant] *adj* tolerant (**gegenüber** towards)

Toleranz <-, en> [tole'rants] *f kein pl* tolerance (**gegenüber** towards)

tolerieren* [tole'ri:rən] *vt* to tolerate

toll [tɔl] **I.** *adj* (*fam*) great **II.** *adv* (*fam*) very well

Tolle <-, -n> ['tɔlə] *f* quiff

Tollpatsch <-es, -e> ['tɔlpatʃ] *m* (*fam*) clumsy fool

Tollwut *f* rabies

Tölpel <-s, -> ['tœlpl̩] *m* fool

Tomate <-, -n> [to'ma:tə] *f* tomato

Tomatenmark *nt* tomato puree

Tombola <-, -s> ['tɔmbola] *f* raffle

Ton[1] <-[e]s, -e> [to:n] *m* clay

Ton[2] <-[e]s, Töne> [to:n] *m* ❶ (*Klang*) sound ❷ (*Tonfall*) tone; **ich verbitte mir diesen ~!** I will not be spoken to like that! ❸ (*Farbton*) tone ▶ **den ~ angeben** to set the tone

Tonart *f* MUS key **Tonband** <-bänder> *nt* tape; **etw auf ~ aufnehmen** to tape sth

tönen ['tø:nən] **I.** *vi* (*klingen*) to sound **II.** *vt* (*färben*) to tint

Tonfall *m* tone of voice **Tonlage** *f* pitch **Tonleiter** *f* scale

Tonne <-, -n> ['tɔnə] *f* ❶ (*Behälter*) barrel; (*Mülltonne*) bin BRIT, can AM ❷ (*1000 kg*) ton

Topf <-[e]s, Töpfe> [tɔpf] *m* pot

Topfen <-s, -> ['tɔpfn̩] *m* SÜDD, ÖSTERR quark (*soft cheese made from skimmed milk*)

Töpferei <-, -en> [tœpfə'rai] *f* pottery

Töpferwaren *pl* pottery

Tor <-[e]s, -e> [to:ɐ̯] *nt* ❶ (*breite Tür*) gate; *einer Garage* door ❷ (*Toröffnung*) (*a. fig*) gateway ❸ SPORT goal

Torbogen *m* archway

Torf <-[e]s, -e> [tɔrf] *m* peat

töricht ['tœrɪçt] *adj* foolish

torkeln ['tɔrkl̩n] *vi sein* to stagger

Törn <-s, -s> [tœrn] *m* NAUT cruise

Tornado <-s, -s> [tɔr'na:do] *m* tornado

torpedieren* [tɔrpe'di:rən] *vt* to torpedo

Torpedo <-s, -s> [tɔr'pe:do] *m* torpedo

Torpfosten *m* goalpost

Torso <-s, -s> ['tɔrzo] *m* torso

Torte <-, -n> ['tɔrtə] *f* gateau; (*Obsttorte*) flan

Torwart(in) *m(f)* goalkeeper

tosen ['to:zn̩] *vi* to roar

tot [to:t] *adj* dead

total [to'ta:l] *adj* total

totalitär [totali'tɛ:ɐ̯] *adj* totalitarian

Totalschaden *m* write-off

Tote(r) ['to:tə] *f(m) dekl wie adj* dead person; (*Todesopfer*) fatality

töten ['tø:tn̩] *vt* to kill

Toto <-s, -s> ['to:to] *nt o m* pools *npl* BRIT, pool AM

Totschlag *m kein pl* manslaughter **tot|schweigen** *vt irreg* to hush up

Toupet <-s, -s> [tu'pe:] *nt* toupee

Tour <-, -en> [tu:ɐ̯] *f* tour; **eine ~ machen** to go on a tour

Tourismus <-> [tu'rɪsmʊs] *m kein pl* tourism

Tourist(in) <-en, -en> [tu'rɪst] *m(f)* tourist

Touristenvisum *nt* tourist visa

Tournee <-, -n> [tʊrˈneː] *f* tour; **auf ~ gehen/sein** to go/be on tour
Trab <-[e]s> [traːp] *m kein pl* trot ▶ **jdn auf ~ bringen** to make sb get a move on; **jdn in ~ halten** to keep sb on the go
Trabantenstadt *f* satellite town
traben [ˈtraːbn̩] *vi haben o sein* to trot
trachten [ˈtraxtn̩] *vi* to strive (**nach** for)
trächtig [ˈtrɛçtɪç] *adj* pregnant
Tradition <-, -en> [tradiˈtsi̯oːn] *f* tradition; **aus ~** traditionally
traditionell [traditsi̯oˈnɛl] *adj* traditional
Tragbahre *f* stretcher
tragbar *adj* portable
träge [ˈtrɛːgə] **I.** *adj* lethargic **II.** *adv* lethargically
tragen <trägt, trug, getragen> [ˈtraːgn̩] *vt* ① to carry; **etw bei sich** *dat* **~** to have sth on one ② *Kleider* to wear ③ (*stützen*) to support ④ *Kosten, Schicksal* to bear
Träger <-s, -> *m* ① *meist pl* MODE strap ② BAU girder
Träger(in) <-s, -> *m(f)* ① (*Lastenträger*) porter ② (*Inhaber*) bearer
Tragfläche *f* wing
Trägheit <-, *selten* -en> *f* sluggishness; (*Faulheit*) laziness
Tragik <-> [ˈtraːgɪk] *f kein pl* tragedy
tragisch [ˈtraːgɪʃ] **I.** *adj* tragic; **nicht [so] ~!** it's not the end of the world! **II.** *adv* tragically
Tragödie <-, -n> [traˈgøːdi̯ə] *f* tragedy
Tragweite *f* (*fig*) consequence
Trainer(in) <-s, -> [ˈtrɛːnɐ] *m(f)* coach
trainieren* [trɛˈniːrən] **I.** *vt* ① to practice ② **jdn ~** to coach sb **II.** *vi* (*sich vorbereiten*) to train
Training <-s, -s> [ˈtrɛːnɪŋ] *nt* training
Trainingsanzug *m* tracksuit
Traktor <-s, -toren> [ˈtraktoːɐ̯] *m* tractor
trampeln [ˈtrampl̩n] *vi* ① *haben* **[mit den Füßen] ~** to stamp one's feet ② *sein* (*sich schwerfällig bewegen*) **irgendwohin ~** to stomp somewhere
trampen [trɛmpn̩] *vi sein* to hitch-hike
Trampolin <-s, -e> [ˈtrampoliːn] *nt* trampoline
Träne <-, -n> [ˈtrɛːnə] *f* tear; **in ~n aufgelöst** in tears; **jdm kommen die ~n** sb is starting to cry; **den ~n nahe sein** to be close to tears
Tränke <-, -n> [ˈtrɛŋkə] *f* watering place
Transfusion <-, -en> [transfuˈzi̯oːn] *f* transfusion
Transgender <-s, -> [transˈdʒɛndɐ] *m o f* SOZIOL transgender
Transistor <-s, -toren> [tranˈzɪstoːɐ̯] *m* transistor
transitiv [ˈtranzitiːf] *adj* transitive
Transitverkehr *m* transit traffic **Transitvisum** *nt* transit visa
Transport <-[e]s, -e> [transˈpɔrt] *m* transport
transportieren* [transpɔrˈtiːrən] *vt* to transport
Transportkosten *pl* transport[ation] costs *npl*
Transvestit <-en, -en> [transvɛsˈtiːt] *m* transvestite
Trapez <-es, -e> [traˈpeːts] *nt* trapeze
Traube <-, -n> [ˈtraubə] *f meist pl* grape *usu pl*
Traubensaft *m* grape juice **Traubenzucker** *m* glucose
trauen[1] [ˈtrauən] *vt* **jdn ~** to join sb in marriage; **sich ~ lassen** to marry
trauen[2] [ˈtrauən] **I.** *vi* **jdm ~** to trust sb **II.** *vr* **sich ~, etw zu tun** to dare to do sth
Trauer <-> [ˈtrauɐ] *f kein pl* grief
Trauerkleidung *f* mourning
trauern [ˈtrauɐn] *vi* to mourn (**um** for)
Trauerweide *f* weeping willow
Traum <-[e]s, Träume> [traum] *m* dream
Trauma <-s, Traumen> [ˈtrauma] *nt* trauma
traumatisch [trauˈmaːtɪʃ] *adj* traumatic
träumen [ˈtrɔymən] *vi* to dream (**von** about); **schlecht ~** to have bad dreams

T

Träumer(in) <-s, -> ['trɔymɐ] *m(f)* [day] dreamer

traurig ['traurɪç] **I.** *adj* ❶ (*betrübt*) sad ❷ (*betrüblich*) sorry ❸ (*bedauerlich*) [**es ist**] **~, dass ...** it's unfortunate that ... **II.** *adv* sadly

Traurigkeit <-> *f kein pl* sadness

Treffen <-s, -> [trɛfn̩] *nt* meeting

treffen <trifft, traf, getroffen> [trɛfn̩] **I.** *vt haben* ❶ to meet ❷ *Ziel* to hit ❸ (*innerlich berühren*) to affect ❹ *Entscheidung* to make; *Maßnahmen* to take **II.** *vi* ❶ *sein* **auf jdn ~** to meet sb ❷ *haben: Schlag, Schuss* to hit **III.** *vr haben* **sich** [**mit jdm**] **~** to meet [sb]; **das trifft sich** [**gut**] that's [very] convenient

treffend *adj* appropriate

Treffer <-s, -> *m* (*Schuss*) hit

Treffpunkt *m* meeting point

Treibeis *nt* drift ice

treiben <trieb, getrieben> ['traibn̩] **I.** *vt haben* ❶ *Tiere* to drive ❷ (*drängen*) to drive (**zu** to); **jdn in den Wahnsinn ~** to drive sb mad ❸ (*fortbewegen*) **jdn/etw irgendwohin ~** (*durch Wasser*) to wash sb/sth somewhere; (*durch Wind*) to blow sb/sth somewhere ❹ **Handel ~** to trade **II.** *vi sein* (*sich fortbewegen*) to drift; **sich ~ lassen** to drift (**von** with)

Treibgut *nt kein pl* flotsam and jetsam **Treibhaus** *nt* greenhouse **Treibhauseffekt** *m kein pl* **der ~** the greenhouse effect **Treibjagd** *f* battue **Treibstoff** *m* fuel **Treibstoffkosten** *f pl* fuel costs *pl*

T

Trend <-s, -s> [trɛnt] *m* trend

Trendsportart *f* trend sport

trennen ['trɛnən] **I.** *vt* ❶ (*abtrennen*) **etw von etw** *dat* **~** to cut sth off sth ❷ (*teilen, auseinanderbringen*) to separate (**von** from) **II.** *vr* ❶ (*getrennt weitergehen*) **sich ~** to part company ❷ (*Beziehung beenden*) **sich von jdm ~** to split up with sb ❸ (*wegwerfen, weggeben*) **sich von etw** *dat* **~** to part with sth

Trennung <-, -en> *f* separation; **in ~ leben** to be separated

Treppe <-, -n> ['trɛpə] *f* stairs *npl*

Treppenhaus *nt* stairwell

Tresen <-s, -> ['tre:zn̩] *m* bar; (*Ladentisch*) counter

Tresor <-s, -e> [tre'zo:ɐ̯] *m* safe

treten <tritt, trat, getreten> ['tre:tn̩] **I.** *vt haben* to kick **II.** *vi* ❶ *haben* to kick; **nach jdm ~** to kick out at sb ❷ *sein* (*einen Schritt machen*) to step; **treten Sie bitte zur Seite** please step aside ❸ *sein o haben* (*den Fuß auf etw setzen*) to tread (**auf** on); **auf die Bremse ~** to brake

treu [trɔy] *adj* faithful; **sich** *dat* **selbst ~ bleiben** to remain true to oneself

Treue <-> ['trɔyə] *f kein pl* loyalty; (*in Beziehung*) fidelity

treulos *adj* disloyal; *Ehepartner* unfaithful

Tribüne <-, -n> [tri'by:nə] *f* stand

Trichter <-s, -> ['trɪçtɐ] *m* funnel

Trick <-s, -s> [trɪk] *m* trick

Trickfilm *m* cartoon [film]

Trieb <-[e]s, -e> [tri:p] *m* ❶ BOT shoot ❷ PSYCH drive

Triebwerk *nt* engine

Trikot <-s, -s> [tri'ko:, 'trɪko] *nt* jersey

trillern ['trɪlɐn] *vi* to trill

Trillerpfeife *f* whistle

trinken <trank, getrunken> ['trɪŋkn̩] *vt, vi* to drink; **auf jdn/etw ~** to drink to sb/sth; **etw zu ~** sth to drink; **einen ~ gehen** to go for a drink

Trinker(in) <-s, -> *m(f)* drunkard

Trinkgeld *nt* tip; **ein ~ geben** to give a tip **Trinkspruch** *m* toast; **einen ~ ausbringen** to propose a toast (**auf** to) **Trinkwasser** *nt* drinking water

Tripper <-s, -> ['trɪpɐ] *m* gonorrhoea *no art*

Tritt <-[e]s, -e> [trɪt] *m* kick; **jdm/etw einen ~ geben** to kick sb/sth

Triumph <-[e]s, -e> [tri'ʊmf] *m* triumph
Triumphbogen *m* triumphal arch
triumphieren* [triʊm'fi:rən] *vi* ❶ (*frohlocken*) to rejoice ❷ (*siegen*) to triumph (**über** over)
trivial [tri'vi̯a:l] *adj* banal
Trivialliteratur *f kein pl* light fiction
trocken ['trɔkn̩] **I.** *adj* dry; **im Trockenen** in the dry **II.** *adv* ~ **aufbewahren** to keep in a dry place; **sich ~ rasieren** to use an electric razor
Trockenheit <-, *selten* -en> *f* ❶ *kein pl* dryness ❷ (*Dürre*) drought
trocken\|legen *vt* ❶ **ein Baby ~** to change a baby's nappy [*or* AM diaper] ❷ *Sumpf, Teich* to drain **Trockenmilch** *f* dried milk **Trockenspiritus** *m* fire lighter **Trockenzeit** *f* dry season
trocknen ['trɔknən] **I.** *vi sein* to dry **II.** *vt haben* to dry
Trödel <-s> ['trø:dl̩] *m kein pl* junk
trödeln ['trø:dl̩n] *vi* (*langsam sein*) to dawdle
Trödler(in) <-s, -> ['trø:dlɐ] *m(f)* second-hand dealer
Trommel <-, -n> ['trɔml̩] *f* drum
Trommelfell *nt* ear-drum
trommeln ['trɔml̩n] *vi* to drum
Trompete <-, -n> [trɔm'pe:tə] *f* ❶ MUS trumpet ❷ (*fam: Joint*) spliff; **sich** *dat* **eine ~ reinziehen** to cane the spliff
Trompeter(in) <-s, -> *m(f)* trumpeter
Tropen ['tro:pn̩] *pl* **die ~** the tropics
Tropenkrankheit *f* tropical disease
Tropf <-[e]s, Tröpfe> [trɔpf] *m* ▶ **armer ~** (*fam*) poor devil
tropfen ['trɔpfn̩] *vi* to drip
Tropfen <-s, -> ['trɔpfn̩] *m* drop; **bis auf den letzten ~** [down] to the last drop ▶ **ein ~ auf den heißen Stein** a [mere] drop in the ocean; **ein guter ~** a good drop [of wine]
Tropfsteinhöhle *f* stalactite cave
Trophäe <-, -n> [tro'fɛ:ə] *f* trophy
tropisch ['tro:pɪʃ] *adj* tropical
Trost <-[e]s> [tro:st] *m kein pl* consolation; **ein schwacher ~ sein** to be of little consolation ▶ **nicht [ganz] bei ~ sein** to have taken leave of one's senses
trösten ['trø:stn̩] *vt* to comfort; **etw tröstet jdn** sth is of consolation to sb
trostlos *adj* ❶ (*deprimierend*) miserable ❷ (*öde*) desolate
Trostlosigkeit <-> *f kein pl* ❶ (*deprimierende Art*) miserableness *no pl* ❷ (*triste Beschaffenheit*) desolateness *no pl*
Trott <-s> [trɔt] *m kein pl* routine
Trottel <-s, -> ['trɔtl̩] *m* (*fam*) bonehead
Trottoir <-s, -s> [trɔ'to̯a:ɐ̯] *nt* DIAL (*Bürgersteig*) pavement
trotz [trɔts] *präp +gen* despite
Trotz <-es> [trɔts] *m kein pl* defiance; **aus ~** out of spite; **jdm/etw zum ~** in defiance of sb/sth
trotzdem ['trɔtsde:m] *adv* nevertheless
trotzen ['trɔtsn̩] *vi* **jdm/etw ~** to defy sb/sth
trotzig ['trɔtsɪç] *adj* awkward
Trotzreaktion *f* act of defiance
trübe ['try:bə] *adj* ❶ (*Tag, Wasser*) murky ❷ (*Licht, Augen, Erinnerung*) dim ❸ *Himmel* dull ❹ *Stimmung* gloomy
Trubel <-s> ['tru:bl̩] *m kein pl* hustle and bustle
trüben ['try:bn̩] **I.** *vt* **etw ~** ❶ to make sth murky ❷ *Stimmung* to cast a cloud over sth **II.** *vr* **sich ~** to go murky
trübsinnig *adj* gloomy
Trüffel <-, -n> ['trʏfl̩] *f* truffle
Trugbild *nt* (*geh*) illusion
trügen <trog, getrogen> ['try:gn̩] **I.** *vt* **wenn mich nicht alles trügt** unless I'm very much mistaken **II.** *vi* to be deceptive
Truhe <-, -n> ['tru:ə] *f* chest
Trümmer ['trʏmɐ] *pl* rubble; **in ~n liegen** to lie in ruins
Trumpf <-[e]s, Trümpfe> [trʊmpf] *m* (*a. fig*) trump card; **seinen letzten ~ ausspielen** to play one's last trump card
Truppe <-, -n> ['trʊpə] *f* ❶ (*Gruppe*)

company ❷ *kein pl* MIL (*Fronteinheit*) combat unit

Truppenübungsplatz *m* military training area

Truthahn ['tru:tha:n] *m* turkey **Truthenne** *f* turkey[hen]

Tscheche, Tschechin <-n, -n> ['tʃɛçə, 'tʃɛçɪn] *m, f* Czech

tschechisch ['tʃɛçɪʃ] *adj* Czech

Tschechische Republik *f* Czech Republic

T-Shirt <-s, -s> ['ti:ʃøːɐ̯t] *nt* T-shirt

Tsunami <-, -s> [tsu'na:mi] *m* tsunami

Tube <-, -n> ['tu:bə] *f* tube

Tuberkulose <-, -n> [tubɛrku'lo:zə] *f* tuberculosis *no pl*

Tuch[1] <-[e]s, Tücher> [tu:x] *nt* (*Kopftuch*) [head]scarf; (*Halstuch*) scarf

Tuch[2] <-[e]s, -e> [tu:x,] *nt* (*Gewebe*) cloth

tüchtig ['tʏçtɪç] *adj* ❶ capable ❷ (*fam: groß*) big; **eine ~e Tracht Prügel** a good hiding

Tücke <-, -n> ['tʏkə] *f* ❶ *kein pl* (*Heimtücke*) malice ❷ (*Unwägbarkeiten*) **~n** *pl* vagaries

tückisch ['tʏkɪʃ] *adj* ❶ (*hinterhältig*) malicious ❷ (*unberechenbar*) pernicious

Tugend <-, -en> ['tu:gn̩t] *f* virtue

Tulpe <-, -n> ['tʊlpə] *f* tulip

tummeln ['tʊml̩n] *vr* **sich ~** to romp [about]

Tumor <-s, Tumoren> ['tu:mo:ɐ̯, tu'mo:ɐ̯] *m* tumour

Tümpel <-s, -> ['tʏmpl̩] *m* [small] pond

Tumult <-[e]s, -e> [tu'mʊlt] *m kein pl* commotion

tun <tat, getan> [tu:n] **I.** *vt* ❶ (*machen*) to do; **was sollen wir bloß ~?** whatever shall we do?; **was tust du da?** what are you doing [there]?; **so etwas tut man nicht!** you just don't do things like that!; **~ und lassen können, was man will** to do as one pleases ❷ (*unternehmen*) to do; **etw gegen etw** *akk* **~** to do sth about sth; **etwas für jdn ~ können** to be able to do something for sb ❸ (*legen o stecken*) **etw irgendwohin ~** to put sth somewhere ▶ **was kann ich für Sie ~?** can I help you? **II.** *vr impers* **es tut sich etwas/nichts/einiges** something/nothing/quite a lot is happening **III.** *vi* ❶ **so ~, als ob ...** to pretend that ...; **er tut nur so** he's just pretending ❷ **zu ~ haben** to be busy

tünchen ['tʏnçn̩] *vt* to whitewash

Tuner <-s, -> ['tju:nɐ] *m* tuner

tunken ['tʊŋkən] *vt* to dip (**in** into)

Tunnel <-s, -> ['tʊnl̩] *m* tunnel

tüpfeln ['tʏpfl̩n] *vt* **etw ~** to spot sth

tupfen ['tʊpfn̩] *vt* to dab

Tupfen <-s, -> ['tʊpfn̩] *m* dot

Tür <-, -en> [ty:ɐ̯] *f* door

Türangel *f* [door-]hinge

turbulent [tʊrbu'lɛnt] *adj* turbulent

Türke, Türkin <-n, -n> ['tʏrkə, 'tʏrkɪn] *m, f* Turk

Türkei <-> [tʏr'kai] *f* **die ~** Turkey

Türkis <-es, -e> [tʏr'ki:s] *m* turquoise

türkisch ['tʏrkɪʃ] *adj* Turkish

Türklinke *f* door-handle

Turm <-[e]s, Türme> [tʊrm] *m* ❶ tower ❷ SCHACH castle

Turmspringen *nt kein pl* high diving

turnen ['tʊrnən] *vi* to do gymnastics

Turnen <-s> ['tʊrnən] *nt kein pl* gymnastics + *sing vb*

Turner(in) <-s, -> ['tʊrnɐ] *m(f)* gymnast

Turnhalle *f* gymnasium **Turnhose** *f* gym shorts

Turnier <-s, -e> [tʊr'ni:ɐ̯] *nt* tournament

Turnlehrer(in) *m(f)* SCH PE teacher **Turnschuh** *m* trainer BRIT, sneaker AM **Turnstunde** *f* PE [*or* Physical Education] lesson **Turnverein** *m* gymnastics club

Türöffner *m* automatic door-opener **Türrahmen** *m* door-frame **Türschild** *nt* name-plate

Tusche <-, -n> ['tʊʃə] *f* Indian ink

Tüte <-, -n> ['ty:tə] *f* ❶ (*Verpackung*) bag; **eine ~ Popcorn** a bag of popcorn ❷ (*fam: Joint*) spliff; **sich** *dat* **eine ~ reinziehen** to cane the spliff

Typ <-s, -en> [ty:p] *m* ❶ model; **dieser ~ Computer** this model of computer ❷ (*Art Mensch*) type [of person]; **jds ~ sein** to be sb's type ❸ (*sl: Kerl*) guy

Typhus <-> ['ty:fʊs] *m kein pl* typhoid

typisch ['ty:pɪʃ] **I.** *adj* typical; **~ für jdn sein** to be typical of sb **II.** *adv* **~ Frau/Mann!** typical woman/man!; **~ britisch/deutsch** typically British/German

Tyrann(in) <-en, -en> [ty'ran] *m(f)* tyrant

tyrannisch [ty'ranɪʃ] **I.** *adj* tyrannical **II.** *adv* tyrannically

tyrannisieren* *vt* **jdn ~** to tyrannize sb; **sich ~ lassen** to [allow oneself to] be tyrannized (**von** by)

Uu

U, u <-, -> [u:] *nt* U, u

U-Bahn *f* ❶ underground BRIT, subway AM; **mit der ~ fahren** to go by underground ❷ (*Zug*) [underground] train

U-Bahnhof *m* underground [*or* AM subway] station

übel ['y:bl̩] **I.** *adj* ❶ (*schlimm*) bad ❷ (*unangenehm*) nasty ❸ MED **mir ist ~** I feel sick **II.** *adv* ❶ (*unangenehm*) **was riecht hier so ~?** what's that nasty smell [in] here?; **das Zeug schmeckt aber ~!** that stuff tastes awful! ❷ (*schlecht*) **~ dran sein** to be in a bad way; **nicht ~!** not so bad [at all]! ❸ (*gemein*) badly; **jdn ~ behandeln** to treat sb badly

Übel <-s, -> ['y:bl̩] *nt* evil ▸ **zu allem ~** to cap it all

Übelkeit <-, -en> *f* nausea

Übeltäter(in) *m(f)* wrongdoer

üben ['y:bn̩] **I.** *vt, vi* to practise **II.** *vr* **sich in etw** *dat* **~** to practise sth

über ['y:bɐ] **I.** *präp +dat* (*oberhalb von*) above **II.** *präp +akk* ❶ (*quer hinüber, darüber*) over ❷ (*höher als*) above ❸ (*etw erfassend*) over; **ein Überblick ~ etw** *akk* an overview of sth ❹ (*betreffend*) about ❺ (*durch jdn/etw*) through ❻ TRANSP via ❼ (*während*) over ❽ RADIO, TV on; **~ Satellit empfange ich 63 Programme** I can receive 63 channels via satellite ▸ **~ alles** more than anything **III.** *adv* ❶ (*älter als*) over ❷ (*mehr als*) more than **IV.** *adj* (*fam: übrig*) **~ sein** to be left

überall [y:bɐ'ʔal] *adv* everywhere; (*an jeder Stelle*) all over [the place]; **~ wo** wherever

überarbeiten* [y:bɐ'ʔarbaitn̩] **I.** *vt* to revise **II.** *vr* **sich ~** to overwork oneself

Überarbeitung <-, -en> [y:bɐ'ʔarbaitʊŋ] *f* MEDIA ❶ *kein pl* revision ❷ (*bearbeitete Fassung*) revised version

überbevölkert *adj* overpopulated

überbewerten* *vt* to overestimate

Überblick ['y:bɐblɪk] *m* ❶ (*Sicht*) view (**über** of) ❷ (*Übersicht*) overview (**über** of); **den ~ [über etw** *akk*] **verlieren** to lose track [of sth]

überbrücken* [y:bɐ'brʏkn̩] *vt* to get through

Überdosis *f* overdose (**an** of)

Überdruck *m* excess pressure

Überdruss <-es> ['y:bɐdrʊs] *m kein pl*

U

aversion; **bis zum ~** ad nauseum

überdrüssig [ˈyːbɐdrʏsɪç] *adj* **jds/einer S. ~ sein/werden** to be/grow tired of sb/a thing

überdurchschnittlich **I.** *adj* above-average *attr* **II.** *adv* above average

übereinander [yːbɐʔaiˈnandɐ] *adv* ❶ on top of each other ❷ (*fig*) about each other

übereinander|schlagen *vt* **die Beine ~** to cross one's legs

überein|stimmen [yːbɐˈʔainʃtɪmən] *vi* ❶ to agree (**in** on); **mit jdm darin ~, dass ...** to agree with sb that ... ❷ (*sich gleichen*) [**mit etw** *dat*] ~ to match [sth]

Übereinstimmung *f* agreement (**in** on)

überempfindlich **I.** *adj* hypersensitive (**gegen** to) **II.** *adv* hypersensitively

überfahren* [yːbɐˈfaːrən] *vt irreg* to run over *sep*

Überfahrt *f* NAUT crossing

Überfall <-s, Überfälle> *m* attack; (*Raubüberfall*) robbery

überfallen* [yːbɐˈfalən] *vt irreg* ❶ to attack ❷ (*mit Raub*) to mug; *Bank* to rob

über|fließen [ˈyːbɐfliːsn̩] *vi irreg sein* to overflow

Überfluss *m kein pl* abundance; **etw im ~ haben** to have plenty of sth ▸ **zu allem ~** to cap it all

überflüssig *adj* superfluous

überfluten* [yːbɐˈfluːtn̩] *vt* to flood

überfordern* [yːbɐˈfɔrdɐn] *vt* to overtax; [**mit etw** *dat*] **überfordert sein** to be out of one's depth [with sth]

U

überführen* [yːbɐˈfyːrən] *vt* ❶ to transfer ❷ JUR **jdn** [**einer S.** *gen*] ~ to convict sb of sth

Überführung[1] [yːbɐˈfyːrʊŋ] *f* TRANSP bridge; (*über eine Straße*) overpass; (*für Fußgänger*) [foot-]bridge

Überführung[2] [yːbɐˈfyːrʊŋ] *f* (*das Überführen*) transferral

Überführung[3] [yːbɐˈfyːrʊŋ] *f* JUR conviction

überfüllt *adj* overcrowded

Übergabe *f* ❶ handing over ❷ MIL surrender

Übergang <-gänge> *m* ❶ (*das Überqueren*) crossing ❷ (*Wechsel*) transition ❸ (*Zwischenlösung*) interim solution

Übergangszeit *f* ❶ transition ❷ (*Zeit zwischen Hauptjahreszeiten*) in-between [*or* AM off] season

übergeben* [yːbɐˈgeːbn̩] **I.** *vt irreg* [**jdm**] **etw ~** to hand over *sep* sth [to sb] **II.** *vr* MED **sich ~** to vomit

über|gehen[1] [ˈyːbɐgeːən] *vi irreg sein* **dazu ~, etw zu tun** to go over to doing sth; **ineinander ~** to merge into one another

übergehen*[2] [yːbɐˈgeːən] *vt irreg* (*ignorieren*) to ignore

übergeordnet *adj* higher

Übergepäck *nt* excess luggage

Übergewicht *nt kein pl* overweight; **~ haben** to be overweight

übergewichtig *adj* overweight

über|greifen *vi irreg* [**auf etw** *akk*] ~ to spread [to sth]

Übergriff *m* infringement of [one's/sb's] rights

überhaupt [yːbɐˈhaupt] *adv* **~ keiner** nobody at all; **~ kein Geld haben** to have no money at all; **~ nicht** not at all; **~ nichts** nothing at all; **wenn ~** if at all

überheblich [yːbɐˈheːplɪç] *adj* arrogant

Überheblichkeit <-, *selten* -en> *f* arrogance *no pl*

überhitzen* [yːbɐˈhɪtsn̩] *vt* to overheat

überholen*[1] [yːbɐˈhoːln̩] **I.** *vt* ❶ (*schneller vorbeifahren*) to overtake ❷ (*übertreffen*) to surpass **II.** *vi* to pass

überholen*[2] [yːbɐˈhoːln̩] *vt* to overhaul

über|kochen [ˈyːbɐkɔxn̩] *vi sein* to boil over

überladen*[1] [yːbɐˈlaːdn̩] *vt irreg* to overload

überladen[2] [yːbɐˈlaːdn̩] *adj* ❶ overloaded ❷ *Stil* florid

überlassen* [y:bɐˈlasn̩] *vt irreg* ❶ (*zur Verfügung stellen*) **jdm etw ~** to let sb have sth ❷ (*lassen*) **jdm etw ~** to leave sth to sb; **das müssen Sie schon mir ~** you must leave that to me ❸ (*verantworten*) **jdn sich** *dat* **selbst ~** to leave sb to his/her own devices

Überlastung <-, -en> *f* ❶ overstrain *no pl* ❷ ELEK overloading *no pl*

über|laufen [ˈy:bɐlaufn̩] *vi irreg sein* ❶ to overflow ❷ MIL to desert

überleben* [y:bɐˈle:bn̩] *vt* to survive; **jdn ~** to outlive sb

Überlebende(r) *f(m) dekl wie adj* survivor

überlegen*¹ [y:bɐˈle:gn̩] **I.** *vi* to think [about it]; **ohne zu ~** without thinking **II.** *vt* **sich** *dat* **etw ~** to consider sth; **ich will es mir noch einmal ~** I'll think it over again; **es sich** *dat* **[anders] ~** to change one's mind

überlegen² [y:bɐˈle:gn̩] *adj* superior; **jdm ~ sein** to be superior to sb

überlegt [y:bɐˈle:kt] **I.** *adj* [well-]considered **II.** *adv* with consideration

Überlegung <-, -en> *f* consideration *no indef art*

überliefern* [y:bɐˈli:fɐn] *vt* to hand down *sep;* **überliefert sein** to have come down

Überlieferung *f* tradition; **mündliche ~** oral tradition

überlisten* [y:bɐˈlɪstn̩] *vt* to outwit

Übermaß *nt kein pl* excess[ive amount] (**an/von** of); **im ~** in excess

übermäßig **I.** *adj* excessive **II.** *adv* excessively; **sich ~ anstrengen** to try too hard

übermorgen [ˈy:bɐmɔrgn̩] *adv* the day after tomorrow; **~ Abend** the day after tomorrow in the evening

übermüdet [y:bɐˈmy:dət] *adj* overtired

Übermut *m* high spirits *npl;* **aus ~** just for the hell of it *fam*

übermütig [ˈy:bɐmy:tɪç] **I.** *adj* high-spirited **II.** *adv* boisterously

übernächste(r, s) [ˈy:bɐnɛ:çstə, -tɐ, -təs] *adj attr* **der/die/das ~** the next but one; **~s Jahr/~ Woche** the year/week after next

übernachten* [y:bɐˈnaxtn̩] *vi* **irgendwo/bei jdm ~** to stay the night somewhere/at sb's place

Übernachtung <-, -en> *f* overnight stay; **mit zwei ~en in Bangkok** with two nights in Bangkok; **~ mit Frühstück** bed and breakfast

Übernachtungsmöglichkeit *f* overnight accommodation *no pl*

Übernahme <-, -n> [ˈy:bɐna:mə] *f eines Amts* assumption; *einer Firma* takeover

übernatürlich *adj* supernatural

übernehmen* [y:bɐˈne:mən] *irreg* **I.** *vt* ❶ (*in Besitz nehmen*) to take; *Geschäft* to take over *sep* ❷ (*auf sich nehmen*) to accept; *Auftrag, Verantwortung* to take on *sep; Kosten* to pay; *Verpflichtungen* to assume **II.** *vr* **sich [mit etw** *dat*] **~** to take on too much [of sth]

überprüfen* [y:bɐˈpry:fn̩] *vt* to check (**auf** for)

überqueren* [y:bɐˈkve:rən] *vt* to cross [over]

überragen* [y:bɐˈra:gn̩] *vt* ❶ to tower above (**um** by) ❷ (*übertreffen*) to outclass

überraschen* [y:bɐˈraʃn̩] *vt* to surprise; **jdn bei etw** *dat* **~** to surprise sb doing sth; **vom Regen überrascht werden** to get caught in the rain

überraschend **I.** *adj* unexpected **II.** *adv* unexpectedly

Überraschung <-, -en> *f* surprise; [**für jdn**] **eine ~ sein** to come as a surprise [to sb]; **eine ~ für jdn kaufen** to buy something as a surprise for sb

überreden* [y:bɐˈre:dn̩] *vt* to persuade; **jdn zu etw** *dat* **~** to talk sb into sth

überrumpeln* [y:bɐˈrʊmpl̩n] *vt* **jdn ~** to take sb by surprise

überschätzen* [y:bɐˈʃɛtsn̩] **I.** *vt* to overestimate **II.** *vr* **sich ~** to think too highly of oneself

überschlagen* [yːbɐˈʃlaːgn̩] *irreg vr* **sich ~** ❶ *Mensch* to fall head over heels; *Fahrzeug* to overturn ❷ *Ereignisse* to come thick and fast ❸ *Stimme* to crack ❹ (*fig*) **sich vor Freundlichkeit/Hilfsbereitschaft ~** to fall over oneself to be friendly/helpful

überschneiden* [yːbɐˈʃnaidn̩] *vr irreg* **sich ~** to overlap

überschreiten* [yːbɐˈʃraitn̩] *vt irreg* ❶ (*geh: überqueren*) to cross [over] ❷ (*über etw hinausgehen*) to exceed (**um** by)

Überschrift *f* title; *einer Zeitung* headline

Überschuss *m* surplus *no pl* (**an** of)

überschüssig [ˈyːbɐʃʏsɪç] *adj* surplus

überschwänglich [ˈyːbɐʃvɛŋlɪç] **I.** *adj* effusive **II.** *adv* effusively

überschwemmen* [yːbɐˈʃvɛmən] *vt* to flood

Überschwemmung <-, -en> *f* flood[ing *no pl*]

Übersee [ˈyːbɐzeː] *kein art* **nach/in ~** overseas; **aus ~** from overseas

überseeisch *adj Territorium, Provinz* overseas

übersehen* [yːbɐˈzeːən] *vt irreg* ❶ (*nicht erkennen*) to overlook ❷ (*abschätzen*) to assess

übersetzen* [yːbɐˈzɛtsn̩] *vi, vt* to translate (**aus** from/**ins** into)

Übersetzer(in) *m(f)* translator

Übersetzung <-, -en> *f* ❶ (*in andere Sprache*) translation ❷ TECH transmission ratio

Übersicht <-, -en> *f* ❶ *kein pl* (*Überblick*) overall view; **die ~ verlieren** to lose track of things ❷ (*knappe Darstellung*) outline

übersichtlich **I.** *adj* ❶ (*rasch erfassbar*) clear ❷ *Gegend* open *attr* **II.** *adv* clearly

übersinnlich *adj* paranormal

überstehen* [yːbɐˈʃteːən] *vt* to come through

übersteigen* [yːbɐˈʃtaign̩] *vt irreg* to exceed

Überstunde *f* ÖKON **~n** overtime *no pl*

Überstundenzuschlag *m* overtime pay

überstürzt **I.** *adj* overhasty **II.** *adv* overhastily

übertragen* [yːbɐˈtraːgn̩] *irreg* **I.** *vt* ❶ (*senden*) to broadcast ❷ (*übersetzen*) to translate ❸ MED to communicate (**auf** to) ❹ (*übergeben*) **jdm die Verantwortung ~** to entrust sb with the responsibility ❺ *Besitz* to transfer (**auf** to) **II.** *vr* MED **sich [auf jdn] ~** to be communicated [to sb]

übertreffen* [yːbɐˈtrɛfn̩] *vt irreg* to surpass (**an/in** in)

übertreiben* [yːbɐˈtraibn̩] *irreg* **I.** *vi* to exaggerate **II.** *vt* to overdo

Übertreibung <-, -en> *f* exaggeration

über|treten[1] [ˈyːbɐtreːtn̩] *vi irreg sein* (*konvertieren*) to convert (**zu** to)

übertreten*[2] [yːbɐˈtreːtn̩] *vt irreg Gesetz* to break

Übertretung <-, -en> [yːbɐˈtreːtʊŋ] *f* violation *no pl*

übertrieben **I.** *adj* exaggerated **II.** *adv* excessively

übertrumpfen* [yːbɐˈtrʊmpfn̩] *vt* **jdn/etw ~** to outdo sb/surpass sth

übervölkert [yːbɐˈfœlkɐt] *adj* overpopulated

Übervölkerung <-> [yːbɐˈfœlkərʊŋ] *f kein pl* overpopulation

überwachen* [yːbɐˈvaːxn̩] *vt* ❶ to supervise; *mit Kamera* to monitor ❷ (*beschatten*) **jdn/etw ~** to keep sb/sth under surveillance

Überwachung <-> *f kein pl* ❶ supervision; (*Kameraüberwachung*) monitoring ❷ (*Beschattung*) surveillance; *eines Telefons* bugging

überwältigen* [yːbɐˈvɛltɪgn̩] *vt* to overwhelm

überweisen* [yːbɐˈvaizn̩] *vt irreg* ❶ FIN to transfer ❷ MED to refer (**an** to)

Überweisung <-, -en> *f* ❶ FIN transfer ❷ MED referral (**an** to)

überwiegend [y:bɐˈvi:gn̩t] **I.** *adj* predominant **II.** *adv* mainly

überwinden* [y:bɐˈvɪndn̩] *irreg* **I.** *vt* ❶ to overcome ❷ *Gegner* to defeat **II.** *vr* **sich zu etw** *dat* ~ to force oneself to do sth

Überwindung <-> *f kein pl* ❶ overcoming ❷ (*Selbstüberwindung*) conscious effort; **jdn ~ kosten[, etw zu tun]** to take sb a lot of will power [to do sth]

überzeugen* [y:bɐˈtsɔygn̩] **I.** *vt* to convince (**von** of) **II.** *vi* to be convincing **III.** *vr* **sich [selbst]** ~ to convince oneself; **überzeugen Sie sich selbst!** [go and] see for yourself!

überzeugend **I.** *adj* convincing **II.** *adv* convincingly

Überzeugung <-, -en> [y:bɐˈtsɔygʊŋ] *f* conviction; **der [festen] ~ sein, dass ...** to be [firmly] convinced that ...; **zu der ~ gelangen, dass ...** to become convinced that ...

überziehen* [y:bɐˈtsi:ən] *irreg vt* ❶ (*bedecken*) to cover ❷ FIN to overdraw (**um** by) ❸ (*übertreiben*) **überzogen** exaggerated **II.** *vi* (*Zeitlimit*) to overrun [one's allotted time] (**um** by)

Überzug <-s, Überzüge> *m* ❶ (*Schicht*) coat[ing] ❷ (*Hülle*) cover

üblich [ˈy:plɪç] *adj* usual; **es ist bei uns hier [so] ~** that's the custom with us here; **wie ~** as usual

U-Boot [ˈu:bo:t] *nt* submarine

übrig [ˈy:brɪç] *adj* ❶ (*andere*) other ❷ (*restliche*) remaining; **~ sein** to be left [over]; **die Übrigen** the remaining ones; **alles Übrige** all the rest; **es wird ihm gar nichts anderes ~ bleiben** he won't have any choice; **[jdm] etw ~ lassen** to leave sth [for sb]

übrigens [ˈy:brɪgn̩s] *adv* by the way

übrig|haben *vt irreg* **für jdn etwas/nichts/viel ~** to have a soft spot for sb/to not care much about sb/to be very fond of sb; **für etw etwas/nichts/viel ~** to be interested/not at all interested/very interested in sth

Übung¹ <-> [ˈy:bʊŋ] *f kein pl* (*Praxis*) practice; **aus der ~ sein** to be out of practice; **zur ~** for practice

Übung² <-, -en> [ˈy:bʊŋ] *f* (*Aufgabe*) exercise

UdSSR <-> [u:de:ʔɛsʔɛsˈʔɛr] *f Abk von* **Union der Sozialistischen Sowjetrepubliken** HIST **die ~** the USSR

Ufer <-s, -> [ˈu:fɐ] *nt* (*Flussufer*) bank; (*Seeufer*) shore

Uhr <-, -en> [u:ɐ̯] *f* ❶ clock; (*Armbanduhr*) watch; **diese ~ geht nach/vor** this watch is slow/fast; **nach jds ~** by sb's watch; **rund um die ~** round the clock; **die ~ stellen** to set the clock/one's watch ❷ (*Zeitangabe*) o'clock; **15 ~** 3 o'clock [in the afternoon] 3 pm; **7 ~ 30** half past 7 [in the morning], 7.30 [am/pm]; **8 ~ 23** 23 minutes past 8, eight twenty-three; **wie viel ~ ist es?** what time is it?; **um wie viel ~?** [at] what time?; **um 10 ~** at ten [o'clock]

Uhrzeiger *m* hand **Uhrzeigersinn** *m* **im ~** clockwise; **entgegen dem ~** anticlockwise, counterclockwise AM

Uhu <-s, -s> [ˈu:hu] *m* eagle owl

Ukraine <-> [ukraˈi:nə] *f* **die ~** [the] Ukraine

Ukrainer(in) <-s, -> [ukraˈi:nɐ] *m(f)* Ukrainian

ukrainisch [ukraˈi:nɪʃ] *adj* Ukrainian

ulkig [ˈʊlkɪç] *adj* funny

Ulme <-, -n> [ˈʊlmə] *f* elm

Ultimatum <-s, -s> [ʊltiˈma:tʊm] *nt* ultimatum; **jdm ein ~ stellen** to give sb an ultimatum

Ultrakurzwelle [ʊltraˈkʊrtsvɛlə] *f* ❶ (*Welle*) ultrashort wave ❷ (*Empfangsbereich*) ≈ very high frequency, VHF

Ultraschall [ˈʊltraʃal] *m* ultrasound **Ultraschalluntersuchung** *f* ultrasound

ultraviolett [ʊltravi̯oˈlɛt] *adj* ultraviolet

um [ʊm] **I.** *präp +akk* ❶ (*etw umgebend*) **~ etw [herum]** around sth;

(*nach allen Richtungen*) ~ **sich schlagen/treten** to hit/kick out in all directions ❷ (*zeitlich*) ~ **Ostern/den 15. des Monats [herum]** around Easter/the 15th of the month ❸ *in Vergleichen* ~ **einiges besser** quite a bit better; ~ **10 cm länger** 10 cm longer ❹ (*für*) ~ **jds/einer S. willen** for sb's sake/for the sake of sth ❺ (*nach*) **Minute ~ Minute** minute by minute ❻ (*vorüber*) ~ **sein** to be over; *Zeit* to be up **II.** *konj* ~ **etw zu tun** [in order] to do sth **III.** *adv* ~ **die 80 Meter** about 80 metres

umarmen* [ʊm'ʔarmən] *vt* to embrace; (*fester*) to hug

Umarmung <-, -en> *f* embrace; (*fester*) hug

um|biegen *irreg* **I.** *vt haben* to bend **II.** *vi sein* (*kehrtmachen*) to turn back

um|binden ['ʊmbɪndn̩] *vt irreg* **jdm etw ~** to tie sth around sb's neck; **sich** *dat* **etw ~** to tie on *sep* sth

um|blättern *vi* to turn over

um|buchen *vt* ❶ (*terminlich*) to alter one's booking/reservation (**auf** for); **den Flug auf einen anderen Tag ~** to change one's flight reservation to another day ❷ *Geld* to transfer (**von** from/**auf** to)

um|denken *vi irreg* to change one's ideas/views

um|drehen **I.** *vt haben* to turn; (*auf die andere Seite*) to turn over *sep* **II.** *vr haben* **sich [nach jdm/etw] ~** to turn round [to look at sb/sth] **III.** *vi haben o sein* to turn round

umeinander [ʊmʔai'nandɐ] *adv* about each other

um|fahren* ['ʊmfaːrən] *irreg vt* (*fam*) (*überfahren*) to run over *sep*

um|fallen *vi irreg sein* to fall over

Umfang <-[e]s, Umfänge> *m* ❶ (*Bauch~*) girth ❷ (*Ausdehnung*) area ❸ (*Ausmaß*) **in großem ~** on a large scale; **in vollem ~** completely

Umfrage *f* poll; **eine ~ machen** to hold a survey (**zu/über** on)

Umgang <-gänge> *m* **jds ~ mit etw** *dat* sb's having to do with sth; **kein ~ für jdn sein** to be not fit company for sb

Umgangsformen *pl* manners *npl* **Umgangssprache** *f* colloquial speech; **die griechische ~** colloquial Greek

umgeben* [ʊm'geːbn̩] *vt irreg* to surround

Umgebung <-, -en> [ʊm'geːbʊŋ] *f* surroundings *npl; einer Stadt a.* environs *npl;* (*Nachbarschaft*) vicinity

um|gehen[1] ['ʊmgeːən] *vi irreg sein* ❶ (*behandeln*) **mit jdm/etw irgendwie ~** to handle sb/sth somehow ❷ *Gerücht* to circulate

umgehen*[2] [ʊm'geːən] *vt irreg* (*vermeiden*) to avoid

umgekehrt **I.** *adj* reverse *attr;* **[es ist] gerade ~!** just the opposite!; **in ~er Reihenfolge** in reverse order **II.** *adv* the other way round

Umhang <-[e]s, Umhänge> *m* cape

Umhängetasche *f* shoulder bag

umher [ʊm'heːɐ̯] *adv* around; **rings ~** all around

um|kehren *vi sein* to turn back

um|kippen **I.** *vi sein* ❶ to tip over ❷ (*sich ändern*) **in etw** *akk* **~** to turn into sth **II.** *vt haben* to tip over *sep*

umklammern* [ʊm'klamɐn] *vt* **jdn ~** to cling [on] to sb; **etw ~** to hold sth tight

Umkleideraum *m* changing room

umkreisen* [ʊm'kraizn̩] *vt* ASTRON to orbit

um|krempeln *vt* ❶ *Ärmel* to roll up *sep* ❷ (*umgestalten*) **etw/jdn ~** to give sth/sb a good shake up

Umlauf ['ʊmlauf] *m* ❶ ASTRON rotation ❷ **etw in ~ bringen** *Geld* to put into circulation; *Gerücht* to spread

Umlaufbahn *f* orbit

Umleitung <-, -en> *f* diversion

um|räumen *vi, vt* (*Möbel*) to rearrange

Umrechnungskurs *m* exchange rate
umringen* [ʊm'rɪŋən] *vt* to surround
Umriss *m meist pl* outline; **in Umrissen** in outline
um|rühren *vi, vt* to stir
Umsatz *m* turnover
Umsatzbeteiligung *f* ÖKON commission
Umsatzsteuer *f* sales tax
um|schauen *vr* (*geh*) *s.* **umsehen**
Umschlag <-[e]s, -schläge> *m* ❶ (*Kuvert*) envelope ❷ (*Buchumschlag*) jacket ❸ MED compress
umschreiben* [ʊm'ʃraibn̩] *vt irreg* ❶ (*indirekt ausdrücken*) to talk around ❷ (*beschreiben*) to outline
um|schulen *vt* ❶ to retrain (**zu** as); **sich ~ lassen** to undergo retraining ❷ *Schüler* to transfer to another school
Umschulungskurs *m* SCH, ÖKON retraining course
um|sehen *vr irreg* ❶ **sich irgendwo ~** to have [*or esp* AM take] a look around somewhere ❷ (*nach hinten blicken*) **sich ~** to look back [*or* BRIT round] ❸ (*suchen*) **sich nach jdm/etw ~** to look around for sb/sth
umsichtig **I.** *adj* prudent **II.** *adv* prudently
umsonst [ʊm'zɔnst] *adv* ❶ (*gratis*) for free; **~ sein** to be free [of charge] ❷ (*vergebens*) in vain
Umstand <-[e]s, -stände> *m* ❶ (*Gegebenheit*) circumstance; **mildernde Umstände** JUR mitigating circumstances; **unter Umständen** possibly; **unter allen Umständen** at all costs ❷ *pl* (*Schwierigkeiten*) trouble; **bitte keine Umstände!** please don't put yourself out!
umständlich ['ʊmʃtɛntlɪç] **I.** *adj* ❶ *Erklärung* long-winded ❷ (*aufwändig*) laborious; **etw ist jdm zu ~** sth's too much [of a] bother for sb ❸ (*unpraktisch veranlagt*) **~ sein** to be awkward **II.** *adv* ❶ (*weitschweifig*) longwindedly ❷ (*aufwändig*) laboriously
Umstandskleidung *f* maternity wear
um|steigen *vi irreg sein* TRANSP to change; **nach Frankfurt ~** to change for Frankfurt
um|stellen* ['ʊmʃtɛlən] **I.** *vt Möbel* to rearrange; **die Ernährung ~** to change one's diet; **die Uhr ~** to turn the clock back/forward **II.** *vr* **sich ~** to adapt (**auf** to)
Umstellung *f* (*Anpassung*) adjustment (**auf** to); **~ auf Computer** computerization
um|stimmen *vt* **jdn ~** to change sb's mind; **sich ~ lassen** to let oneself be persuaded (**von** by)
um|stoßen *vt irreg* to knock over *sep*
umstritten [ʊm'ʃtrɪtn̩] *adj* controversial
Umstrukturierung *f* restructuring
Umsturz *m* coup [d'état]
um|stürzen **I.** *vi sein* to fall **II.** *vt haben* to knock over; POL to overthrow
Umtausch *m a.* FIN exchange (**gegen** for)
um|tauschen *vt* ❶ to exchange (**in/gegen** for); **jdm etw ~** to exchange sth for sb ❷ *Währung* to change (**in** into)
um|wandeln ['ʊmvandl̩n] *vt* to convert (**in** into); **wie umgewandelt sein** to be a changed person
Umweg *m* detour
Umwelt ['ʊmvɛlt] *f kein pl* environment
Umweltaktivist(in) *m(f)* eco-warrior, environmental activist **Umweltbelastung** *f* environmental damage **Umweltbewusstsein** *nt kein pl* environmental consciousness **umweltfreundlich** *adj* environmentally friendly **Umweltkatastrophe** *f* ecological [*or* environmental] disaster **Umweltpolitik** *f* environmental policy **Umweltschutz** *m* conservation **Umweltschützer(in)** *m(f)* environmentalist **Umweltsünde** *f* crime against the environment **Umweltsünder(in)** *m(f) sb who commits a crime against the environment* **Umweltverschmutzung** *f* pollution **um-**

weltverträglich *adj* environmentally friendly
um|werfen *vt irreg* to bowl over *sep; Plan* to upset
um|ziehen¹ ['ʊmtsiːən] *vi irreg sein* to move [house]
um|ziehen² ['ʊmtsiːən] *vr irreg* **sich ~** to get changed
umzingeln* [ʊm'tsɪŋl̩n] *vt* to surround
Umzug *m* ❶ (*Wohnungswechsel*) move ❷ (*Marsch*) parade
unabhängig ['ʊnʔaphɛŋɪç] *adj* ❶ independent (**von** of) ❷ (*ungeachtet*) **~ davon, ob/wann ...** regardless of whether/when ...
Unabhängigkeit *f kein pl* independence (**von** of)
unabsichtlich [ʊnʔapzɪçtlɪç] **I.** *adj* unintentional **II.** *adv* accidentally
unangebracht ['ʊnʔangəbraxt] *adj* misplaced
unangemessen ['ʊnʔangəmɛsn̩] **I.** *adj* inappropriate; *Preis* unreasonable **II.** *adv* inappropriately
unangenehm ['ʊnʔangəneːm] **I.** *adj* unpleasant; **jdm ist etw ~** sb feels bad about sth **II.** *adv* unpleasantly
unangepasst ['ʊnʔangəpast] *adj* nonconformist
unanständig ['ʊnʔanʃtɛndɪç] **I.** *adj* rude **II.** *adv* rudely
unappetitlich ['ʊnʔapetiːtlɪç] *adj* unappetizing
Unart ['ʊnʔaːɐ̯t] *f* terrible habit
unartig ['ʊnʔaːɐ̯tɪç] *adj* naughty
unauffällig ['ʊnʔauffɛlɪç] **I.** *adj* discrete **II.** *adv* discretely
unaufmerksam ['ʊnʔaufmɛrkzaːm] *adj* inattentive
Unaufmerksamkeit *f kein pl* inattentiveness
unaufrichtig ['ʊnʔaufrɪçtɪç] *adj* insincere (**gegen[über]** towards)
unausgeglichen ['ʊnʔausgəglɪçn̩] *adj* (*Mensch*) moody
unausstehlich [ʊnʔaus'ʃteːlɪç] *adj Art, Mensch* insufferable; *Hitze* intolerable
unbändig ['ʊnbɛndɪç] **I.** *adj* ❶ (*ungestüm*) boisterous ❷ (*heftig*) enormous **II.** *adv* boisterously
unbarmherzig ['ʊnbarmhɛrtsɪç] **I.** *adj* merciless **II.** *adv* mercilessly
unbeabsichtigt ['ʊnbəʔapzɪçtɪçt] **I.** *adj* unintentional **II.** *adv* unintentionally
unbedeutend ['ʊnbədɔytn̩t] **I.** *adj* insignificant **II.** *adv* insignificantly
unbedingt ['ʊnbədɪŋt] **I.** *adj attr* absolute **II.** *adv* (*auf jeden Fall*) **~!** absolutely!; **erinnere mich ~ daran, sie anzurufen** you mustn't forget to remind me to call her; **nicht ~** not necessarily
unbefangen ['ʊnbəfaŋən] *adj* (*natürlich*) natural
unbefriedigend ['ʊnbəfriːdɪgn̩t] **I.** *adj* unsatisfactory (**für** to) **II.** *adv* in an unsatisfactory way
unbegabt ['ʊnbəgaːpt] *adj* untalented
unbegreiflich ['ʊnbəgraiflɪç] *adj* incomprehensible
unbegrenzt ['ʊnbəgrɛntst] **I.** *adj* unlimited **II.** *adv* indefinitely
unbegründet ['ʊnbəgrʏndət] *adj* unfounded
unbehaglich ['ʊnbəhaːklɪç] **I.** *adj* uneasy **II.** *adv* uneasily
unbeholfen ['ʊnbəhɔlfn̩] **I.** *adj* clumsy **II.** *adv* clumsily
unbekannt ['ʊnbəkant] *adj* unknown; **jdm ~ sein** to be unknown to sb
unbekümmert ['ʊnbəkʏmɐt] **I.** *adj* carefree; **sei/seien Sie [ganz] ~** don't upset yourself **II.** *adv* in a carefree manner
unbeliebt ['ʊnbəliːpt] *adj* unpopular
unbenutzt ['ʊnbənʊtst] *adj* unused; (*Kleidung*) unworn
unbequem ['ʊnbəkveːm] *adj* uncomfortable; (*lästig*) awkward
unberechenbar [ʊnbə'rɛçn̩baːɐ̯] *adj* unpredictable
unberührt ['ʊnbə'ryːɐ̯t] *adj* untouched; *Gegend* unspoiled

U

unbeschreiblich ['ʊnbɛʃraiplɪç] **I.** *adj* ❶ indescribable ❷ (*maßlos*) tremendous **II.** *adv* **sich ~ freuen** to be overjoyed
unbeschwert ['ʊnbəʃveːɐ̯t] *adj* carefree
Unbesonnenheit <-, -en> *f* ❶ *kein pl* (*Art*) impulsiveness ❷ (*Äußerung*) hasty remark ❸ (*Handlung*) rashness
unbesorgt ['ʊnbəzɔrkt] **I.** *adj* unconcerned **II.** *adv* without worrying
unbeständig ['ʊnbəʃtɛndɪç] *adj* ❶ *Wetter* unsettled ❷ (*wankelmütig*) fickle
unbestechlich ['ʊnbɛʃtɛçlɪç] *adj* incorruptible
unbestimmt ['ʊnbəʃtɪmt] *adj* ❶ (*unklar*) vague ❷ (*nicht festgelegt*) indefinite
unbewaffnet ['ʊnbəvafnət] *adj* unarmed
unbeweglich ['ʊnbɛveːklɪç] *adj* (*starr*) fixed; (*nicht bewegbar*) immovable
unbewohnt *adj* uninhabited
unbewusst ['ʊnbəvʊst] **I.** *adj* unconscious **II.** *adv* unconsciously
unbezahlt *adj Arbeit* unpaid; *Rechnung* unsettled
unbrauchbar ['ʊnbrauxbaːɐ̯] *adj* useless
und [ʊnt] *konj* and; **~ dann?** then what?; **na ~?** so what?; **~, ~, ~** etc.
undankbar ['ʊndaŋkbaːɐ̯] *adj* ungrateful
Undankbarkeit *f* ungratefulness
undeutlich ['ʊndɔytlɪç] **I.** *adj* indistinct; *Schrift* illegible **II.** *adv* indistinctly; **~ sprechen** to mumble
undicht ['ʊndɪçt] *adj* (*luftdurchlässig*) not airtight; (*wasserdurchlässig*) not watertight
Unding ['ʊndɪŋ] *nt kein pl* **ein ~ sein** to be absurd
undiszipliniert ['ʊndɪstsipliniːɐ̯t] **I.** *adj* undisciplined **II.** *adv* in an undisciplined manner
undurchlässig ['ʊndʊrçlɛsɪç] *adj* impermeable
undurchsichtig ['ʊndʊrçzɪçtɪç] *adj* opaque; (*zwielichtig*) shadowy
uneben ['ʊnʔeːbn̩] *adj* uneven
unecht ['ʊnʔɛçt] *adj* false; (*imitiert*) fake
unehelich ['ʊnʔeːəlɪç] *adj* illegitimate
unehrlich ['ʊnʔeːɐ̯lɪç] **I.** *adj* dishonest **II.** *adv* dishonestly
Unehrlichkeit *f* dishonesty
uneigennützig ['ʊnʔaign̩nʏtsɪç] *adj* selfless
uneingeschränkt ['ʊnʔaingəʃrɛŋkt] **I.** *adj* absolute **II.** *adv* absolutely
uneinig ['ʊnʔainɪç] *adj* [**sich** *dat*] **mit jdm ~ sein** to disagree with sb (**über** about)
Uneinigkeit *f* disagreement
unempfindlich ['ʊnʔɛmpfɪntlɪç] *adj* insensitive (**gegen** to)
unendlich [ʊn'ʔɛntlɪç] **I.** *adj* infinite; (*endlos*) endless **II.** *adv* (*fam*) endlessly; **~ viele Leute** heaven knows how many people
Unendlichkeit *f kein pl* infinity
unentbehrlich ['ʊnʔɛntbeːɐ̯lɪç] *adj* indispensable
unentschieden ['ʊnʔɛntʃiːdn̩] **I.** *adj* undecided; SPORT drawn **II.** *adv* SPORT **~ ausgehen** to end in a draw; **~ spielen** to draw
Unentschlossenheit *f* indecision
unerbittlich [ʊnʔɛɐ̯'bɪtlɪç] *adj* pitiless
unerfahren ['ʊnʔɛɐ̯faːrən] *adj* inexperienced
unerfreulich ['ʊnʔɛɐ̯frɔylɪç] *adj* unpleasant
unergründbar [ʊnʔɛɐ̯'grʏntbaːɐ̯], **unergründlich** [ʊnʔɛɐ̯'grʏntlɪç] *adj* puzzling
unerhört ['ʊnɛɐ̯'høːɐ̯t] **I.** *adj attr* ❶ (*skandalös*) outrageous ❷ (*außerordentlich*) incredible **II.** *adv* ❶ (*skandalös*) outrageously ❷ (*außerordentlich*) incredibly
unerklärbar [ʊnʔɛɐ̯'klɛːɐ̯baːɐ̯], **unerklärlich** [ʊnʔɛɐ̯'klɛːɐ̯lɪç] *adj* inexplicable; **jdm ist ~, warum/was ...** sb cannot understand why/what ...
unermüdlich [ʊnʔɛɐ̯'myːtlɪç] **I.** *adj* tireless **II.** *adv* tirelessly
unerreichbar [ʊnʔɛɐ̯'raiçbaːɐ̯] *adj* unattainable; (*telefonisch*) unavailable
unerträglich [ʊnʔɛɐ̯'trɛːklɪç] **I.** *adj* un-

bearable; *Person* impossible **II.** *adv* unbearably; *Person* impossibly
unerwartet ['ʊnʔɛɐ̯vartət] **I.** *adj* unexpected **II.** *adv* unexpectedly
unerwünscht ['ʊnʔɛɐ̯vʏnʃt] *adj* unwelcome
unfähig ['ʊnfɛːɪç] *adj* ❶ incompetent ❷ (*nicht imstande*) **zu etw** *dat* **~ [sein]** [to be] incapable of sth; **~ sein, etw zu tun** to be incapable of doing sth
unfair ['ʊnfɛːɐ̯] **I.** *adj* unfair (**gegen[-über]** to[wards]) **II.** *adv* unfairly
Unfall ['ʊnfal] *m* accident
Unfallversicherung *f* accident insurance
unfassbar [ʊn'fasbaːɐ̯] *adj* incomprehensible
unförmig ['ʊnfœrmɪç] *adj* shapeless; (*Gesicht*) misshapen
unfreiwillig ['ʊnfraivɪlɪç] **I.** *adj* ❶ (*gezwungen*) compulsory ❷ (*unbeabsichtigt*) unintentional **II.** *adv* **etw ~ tun** to be forced to do sth
unfreundlich ['ʊnfrɔyntlɪç] **I.** *adj* ❶ *Mensch* unfriendly ❷ (*unangenehm*) unpleasant **II.** *adv* **jdn ~ behandeln** to be unfriendly to sb
unfruchtbar ['ʊnfrʊxtbaːɐ̯] *adj* infertile
Unfruchtbarkeit *f kein pl* ❶ MED infertility ❷ AGR barrenness
Unfug <-s> ['ʊnfuːk] *m kein pl* nonsense; **mach keinen ~!** stop that nonsense!
Ungar(in) <-n, -n> ['ʊŋgar] *m(f)* Hungarian
ungarisch ['ʊŋgarɪʃ] *adj* Hungarian
Ungarn <-s> ['ʊŋgarn] *nt* Hungary
U
ungebeten ['ʊngəbeːtn̩] *adj* unwelcome
ungebildet ['ʊngəbɪldət] *adj* uneducated
ungebräuchlich ['ʊngəbrɔyçlɪç] *adj* uncommon
ungebunden ['ʊngəbʊndn̩] *adj* unattached
ungedeckt ['ʊngədɛkt] *adj* FIN uncovered
Ungeduld ['ʊngədʊlt] *f* impatience
ungeduldig ['ʊngədʊldɪç] **I.** *adj* impatient **II.** *adv* impatiently
ungeeignet ['ʊngəʔaignət] *adj* unsuitable; **~ sein** to be unsuited (**für** for)
ungefähr ['ʊngəfɛːɐ̯] **I.** *adv* ❶ (*cirka*) approximately; **um ~ 9 Uhr** at about 9 o'clock ❷ (*etwa*) **~ da** around there; **~ so** something like this/that **II.** *adj attr* approximate
ungefährlich ['ʊngəfɛːɐ̯lɪç] *adj* harmless
ungeheuer ['ʊngəhɔyɐ] **I.** *adj* tremendous **II.** *adv* tremendously
Ungeheuer <-s, -> ['ʊngəhɔyɐ] *nt* monster
ungeheuerlich [ʊngə'hɔyɐlɪç] *adj* outrageous
ungehörig ['ʊngəhøːrɪç] **I.** *adj* impertinent **II.** *adv* impertinently
ungehorsam ['ʊngəhoːɐ̯zaːm] *adj* disobedient (**gegenüber** towards)
Ungehorsam ['ʊngəhoːɐ̯zaːm] *m* disobedience
ungeklärt ['ʊngəklɛːɐ̯t] *adj* unsolved
ungelegen ['ʊngəleːgn̩] *adj* inconvenient
ungelernt ['ʊngəlɛrnt] *adj attr* unskilled
ungeliebt ['ʊngəliːpt] *adj* unloved
ungemütlich ['ʊngəmyːtlɪç] *adj* uncomfortable
ungenau ['ʊngənau] **I.** *adj* ❶ (*vage*) vague ❷ (*inkorrekt*) inaccurate **II.** *adv* ❶ (*vage*) vaguely ❷ (*inkorrekt*) incorrectly
Ungenauigkeit <-, -en> *f* ❶ *kein pl* (*Vagheit*) vagueness ❷ *kein pl* (*Inkorrektheit*) inaccuracy
ungenießbar ['ʊngəniːsbaːɐ] *adj* *Speise* inedible; *Getränk* undrinkable
ungenügend ['ʊngənyːgn̩t] **I.** *adj* ❶ insufficient ❷ (*Note*) unsatisfactory (*the lowest mark*) **II.** *adv* insufficiently
ungepflegt ['ʊngəpfleːkt] *adj* neglected; *Mensch* ungroomed
ungerade ['ʊngəraːdə] *adj* odd
ungerecht ['ʊngərɛçt] **I.** *adj* unjust; ~

[**gegen jdn**] **sein** to be unfair [to sb] **II.** *adv* unjustly

Ungerechtigkeit <-, -en> *f* injustice

ungern [ˈʊngɛrn] *adv* reluctantly

ungeschickt [ˈʊngəʃɪkt] *adj* (*unbeholfen*) clumsy

ungeschminkt [ˈʊngəʃmɪŋkt] *adj* without make-up; (*unbeschönigt*) unvarnished

ungesellig [ˈʊngəzɛlɪç] *adj* unsociable

ungestört [ˈʊngəʃtøːɐ̯t] **I.** *adj* undisturbed; ~ **sein wollen** to want to be left alone **II.** *adv* without being disturbed

ungesund [ˈʊngəzʊnt] **I.** *adj* unhealthy **II.** *adv* unhealthily; **sich ~ ernähren** to not have a healthy diet

ungewiss [ˈʊngəvɪs] *adj* uncertain

Ungewissheit <-, -en> *f* uncertainty

ungewöhnlich [ˈʊngəvøːnlɪç] **I.** *adj* unusual **II.** *adv* unusually

ungewohnt [ˈʊngəvoːnt] *adj* unusual; **jdm ~ sein** to be unfamiliar to sb

ungewollt [ˈʊngəvɔlt] **I.** *adj* unintentional **II.** *adv* unintentionally

Ungeziefer <-s> [ˈʊngətsiːfɐ] *nt kein pl* pests *npl*

ungezogen [ˈʊngətsoːgn̩] **I.** *adj* naughty; *Bemerkung* impertinent; ~ [**von jdm**] **sein** to be ill-mannered [of sb] **II.** *adv* impertinently; **sich ~ benehmen** to behave badly

ungezwungen [ˈʊngətsvʊŋən] *adj* informal

ungläubig [ˈʊnglɔybɪç] *adj* ❶ disbelieving; **ein ~es Kopfschütteln** an incredulous shake of the head ❷ REL unbelieving

unglaublich [ˈʊnglauplɪç] **I.** *adj* unbelievable **II.** *adv* incredibly

unglaubwürdig [ˈʊnglaupvʏrdɪç] *adj* implausible

ungleich [ˈʊnglaiç] **I.** *adj* unequal; *Paar* odd; *Gegenstände* dissimilar **II.** *adv* ❶ unequally ❷ *vor Komparativ* (*weitaus*) far

ungleichmäßig I. *adj* ❶ (*unregelmäßig*) irregular ❷ (*nicht zu gleichen Teilen*) uneven **II.** *adv* ❶ (*unregelmäßig*) irregularly ❷ (*nicht zu gleichen Teilen*) unevenly

Unglück <-glücke> [ˈʊnglʏk] *nt* ❶ *kein pl* (*Pech*) bad luck; **zu allem ~** to make matters worse ❷ (*Katastrophe*) disaster

unglücklich [ˈʊnglʏklɪç] **I.** *adj* ❶ (*betrübt*) unhappy ❷ (*ungünstig*) unfortunate **II.** *adv* unfortunately; **~ verliebt sein** to be crossed in love

unglücklicherweise *adv* unfortunately

Unglücksfall *m* ❶ (*Unfall*) accident ❷ (*unglückliche Begebenheit*) mishap

ungültig [ˈʊngʏltɪç] *adj* invalid; (*nichtig*) void; **etw für ~ erklären** to declare sth null and void; **eine Ehe für ~ erklären** to annul a marriage

Ungültigkeit *f* invalidity

ungünstig [ˈʊngʏnstɪç] *adj* inconvenient

ungut [ˈʊnguːt] *adj* bad ▶ **nichts für ~!** no offence!

unhandlich [ˈʊnhantlɪç] *adj* unwieldy

Unheil [ˈʊnhail] *nt* disaster

unheilbar [ˈʊnhailbaːɐ̯] **I.** *adj* incurable **II.** *adv* incurably; **~ krank sein** to be terminally ill

unheimlich [ˈʊnhaimlɪç] **I.** *adj* ❶ eerie ❷ (*fam: sehr groß/viel*) terrific; **~en Hunger haben** to die of hunger *fig* **II.** *adv* (*fam*) incredibly

unhöflich [ˈʊnhøːflɪç] *adj* impolite

Unhöflichkeit *f kein pl* impoliteness

unhygienisch [ˈʊnhygi̯eːnɪʃ] *adj* unhygienic

Uniform <-, -en> [ˈunifɔrm] *f* uniform

uninteressant [ˈʊnʔɪntərɛsant] *adj* uninteresting

Universität <-, -en> [univɛrziˈtɛːt] *f* university; **auf die ~ gehen** to go to university

Universum <-s, *selten* -sen> [uniˈvɛrzʊm] *nt* universe

Unkenntnis [ˈʊnkɛntnɪs] *f kein pl* ignorance; **aus** ~ out of ignorance

unklar ['ʊnklaːɐ̯] **I.** *adj* ❶ (*ungeklärt, unverständlich*) unclear; [**sich** *dat*] **im Unklaren sein** to be uncertain (**über** about) ❷ (*verschwommen*) indistinct; *Erinnerungen* vague **II.** *adv* unclearly

Unklarheit <-> *f kein pl* uncertainty

Unkosten ['ʊnkɔstn̩] *pl* costs; **sich in ~ stürzen** to go to a lot of expense

Unkraut ['ʊnkraut] *nt* weed

unleserlich ['ʊnleːzəlɪç] *adj* illegible

unlogisch *adj* illogical

unlösbar [ʊn'løːsbaːɐ̯] *adj* unsolvable

unlöslich ['un'løːslɪç] *adj* CHEM insoluble

Unlust ['ʊnlʊst] *f kein pl* reluctance

unmäßig ['ʊnmɛːsɪç] **I.** *adj* excessive **II.** *adv* excessively

Unmensch ['ʊnmɛnʃ] *m* monster

unmenschlich ['ʊnmɛnʃlɪç] *adj* inhuman

unmerklich ['ʊnmɛrklɪç] *adj* imperceptible

unmittelbar ['ʊnmɪtl̩baːɐ̯] **I.** *adj* direct; **ein ~er Nachbar** a next-door neighbour **II.** *adv* ❶ (*sofort*) immediately ❷ (*ohne Umweg*) directly

unmöglich ['ʊnmøːklɪç] **I.** *adj* impossible **II.** *adv* (*fam*) not possibly; **das geht ~** that's out of the question

unmoralisch ['ʊnmoraːlɪʃ] *adj* immoral

unmündig ['ʊnmʏndɪç] *adj* underage; (*geistig unselbständig*) dependent

unmusikalisch ['ʊnmuzikaːlɪʃ] *adj* unmusical

unnahbar [ʊn'naːbaːɐ̯] *adj* unapproachable

U

unnatürlich ['ʊnnaryːɐ̯lɪç] *adj* unnatural; **ein ~es Lachen** a forced laugh

unnötig ['ʊnnøːtɪç] *adj* unnecessary

unordentlich ['ʊnʔɔrdn̩tlɪç] **I.** *adj* untidy **II.** *adv* untidily; **~ arbeiten** to work carelessly

Unordnung ['ʊnʔɔrdnʊŋ] *f kein pl* mess

unparteiisch ['ʊnpartaiɪʃ] *adj* impartial

unpassend ['ʊnpasn̩t] *adj* ❶ (*unangebracht*) inappropriate ❷ (*ungelegen*) inconvenient

unpersönlich ['ʊnpɛrzøːnlɪç] *adj Mensch* distant; *Art* impersonal

unpraktisch ['ʊnpraktɪʃ] *adj* impractical

unpünktlich ['ʊnpʏŋktlɪç] **I.** *adj* unpunctual **II.** *adv* late

unrasiert ['ʊnraziːɐ̯t] *adj* unshaven

unrecht ['ʊnrɛçt] *adj* ❶ wrong ❷ (*unpassend*) **jdm ~ sein** to disturb sb

Unrecht ['ʊnrɛçt] *nt kein pl* wrong; **im ~ sein** to be [in the] wrong; **zu ~** wrongly; **nicht zu ~** not without good reason; **~ haben** to be wrong

unregelmäßig ['ʊnreːgl̩mɛːsɪç] *adj* irregular

unreif ['unraif] *adj* ❶ AGR, HORT unripe ❷ (*Person*) immature

unrentabel ['ʊnrɛntaːbl̩] *adj* unprofitable

Unruhe ['ʊnruːə] *f* restlessness *no pl;* **politische ~n** political unrest; **~ stiften** to cause trouble

unruhig ['ʊnruːɪç] **I.** *adj* ❶ restless; *Nacht, Zeit* troubled; *Schlaf* fitful ❷ (*laut*) noisy **II.** *adv* restlessly; **~ schlafen** to sleep fitfully

uns [ʊns] **I.** *pron pers* ❶ *dat von s.* **wir** [to/for] us; **bei ~** at our house ❷ *akk von s.* **wir** us **II.** *pron reflexiv* ❶ *akk o dat von s.* **wir** ourselves ❷ (*einander*) each other

unsachlich ['ʊnzaxlɪç] *adj* unobjective

unschädlich ['ʊnʃɛːtlɪç] *adj* harmless

unscheinbar ['ʊnʃainbaːɐ̯] *adj* inconspicuous

Unschuld ['ʊnʃʊlt] *f* innocence

unschuldig ['ʊnʃʊldɪç] **I.** *adj* innocent **II.** *adv* innocently

unselbständig ['ʊnzɛlpʃtɛndɪç] *adj* (*von anderen abhängig*) dependent on others; (*angestellt*) employed

unser ['ʊnzɐ] **I.** *pron poss* our; **~er Meinung nach** in our opinion **II.** *pron pers gen von s.* **wir** (*geh*) of us; **in ~ aller Interesse** in all our interests

unsereiner ['ʊnzɐʔainɐ] *pron indef*, **unsereins** ['ʊnzɐʔains] *pron indef* (*fam*) the likes of us

unseresgleichen ['ʊnzərəs'glaiçn̩] *pron indef* people like us

unsertwegen ['ʊnzɐt'veːgn̩] *adv* ❶ (*wegen uns*) because of us ❷ (*von uns aus*) as far as we are concerned

unsicher ['ʊnzɪçɐ] **I.** *adj* ❶ (*gefährlich*) unsafe ❷ (*nicht selbstsicher*) unsure; *Blick* uncertain; **sich ~ fühlen** to feel unsure of oneself ❸ *Arbeitsplatz* insecure; *Zukunft* uncertain **II.** *adv* **~ fahren** to drive with little confidence

Unsicherheit *f* ❶ (*Gefährlichkeit*) dangers *npl* ❷ *kein pl* (*keine Selbstsicherheit*) insecurity ❸ *kein pl* (*Ungewissheit*) uncertainty

Unsinn ['ʊnzɪn] *m kein pl* nonsense; **so ein ~!** what nonsense!; **lass den ~!** stop fooling around!; **mach keinen ~!** don't do anything stupid!; **~ reden** to talk nonsense

unsinnig ['ʊnzɪnɪç] *adj* absurd

unsittlich ['ʊnzɪtlɪç] *adj* indecent

unsozial ['ʊnzotsi̯aːl] *adj* anti-social

unsportlich [ʊn'ʃpɔrtlɪç] *adj* unathletic

unsterblich ['ʊnʃtɛrplɪç] **I.** *adj* immortal **II.** *adv* (*fam*) **sich ~ verlieben** to fall madly in love

Unsterblichkeit *f* immortality

unsympathisch ['ʊnzʏmpaːtɪʃ] *adj* unpleasant

Untat ['ʊntaːt] *f* atrocity

untätig ['ʊntɛːtɪç] **I.** *adj* idle **II.** *adv* idly; **~ zusehen** to stand idly by

unten ['ʊntn̩] *adv* ❶ down, at the bottom; **~ an/in etw** *dat* at/in the bottom of sth; **dort/hier ~** down there/here; **~ links/rechts** [at the] bottom left/right; **weiter ~** further down ❷ (*Stockwerk*) downstairs; **nach ~** downstairs; **der Aufzug fährt nach ~** the lift is going down ❸ (*im Text*) **~ erwähnt** mentioned below *pred;* **siehe ~** see below

unter ['ʊntɐ] **I.** *präp +dat* ❶ (*Ort, Position*) under[neath]; **~ freiem Himmel** in the open air; **jdn ~ sich haben** to have sb under one ❷ (*zahlenmäßig kleiner als*) below; (*weniger als*) less than; (*jünger als*) under ❸ (*inmitten*) among[st]; **~ anderem** amongst other things; **~ uns gesagt** between you and me ❹ (*in einem Zustand*) under; **~ Druck stehen** to be under pressure; **~ Zwang** under duress **II.** *präp +akk* (*Richtung*) under; **etw ~ ein Motto stellen** to put sth under a motto

Unterarm ['ʊntɐʔarm] *m* forearm

Unterbewusstsein ['ʊntɐbəvʊstzain] *nt* **das/jds ~** the/sb's subconscious; **im ~** subconsciously

unterbrechen* [ʊntɐ'brɛçn̩] *vt irreg* to interrupt

unter|bringen *vt irreg* **jdn ~** (*Unterkunft*) to put sb up; (*Anstellung*) to get sb a job; **etw ~** to put sth somewhere

unterdessen [ʊntɐ'dɛsn̩] *adv* meanwhile

unterdrücken* [ʊntɐ'drʏkn̩] *vt* **jdn ~** to oppress sb; **etw ~** to suppress sth

Unterdrückung <-, -en> *f kein pl Menschen* oppression; *Aufstand* suppression

untereinander [ʊntɐʔai'nandɐ] *adv* ❶ (*miteinander*) among yourselves/themselves etc; **sich ~ helfen** to help each other ❷ (*räumlich*) one below the other

unterernährt *adj* undernourished

Unterführung [ʊntɐ'fyːrʊŋ] *f* underpass

Untergang <-gänge> *m* ❶ *Schiff* sinking ❷ *Sonne* setting ❸ *Kultur* decline

Untergebene(r) *f(m) dekl wie adj* subordinate

unter|gehen *vi irreg sein* ❶ (*versinken*) to sink ❷ *Sonne* to set ❸ (*zugrunde gehen*) to be destroyed

untergeordnet *adj* subordinate

untergraben* [ʊntɐ'graːbn̩] *vt irreg* to undermine

Untergrund ['ʊntɐgrʊnt] *m kein pl* underground; **in den ~ gehen** to go underground; **im ~** underground

unterhalb ['ʊntɐhalp] **I.** *präp +gen* below **II.** *adv* **~ von etw** *dat* below sth

Unterhalt <-[e]s> ['ʊntɐhalt] *m kein pl* ❶ (*Lebensunterhalt*) keep ❷ (*Instandhaltung*) upkeep

unterhalten*[1] [ʊntɐ'haltn̩] *vt irreg* ❶ *Familie* to support ❷ TECH to maintain

unterhalten*[2] [ʊntɐ'haltn̩] *irreg* **I.** *vt* (*die Zeit vertreiben*) to entertain **II.** *vr* **sich ~** ❶ (*sich vergnügen*) to keep oneself amused ❷ (*sprechen*) to talk (**mit** to); **wir müssen uns mal ~** we must have a talk

unterhaltend [ʊntɐ'haltənt], **unterhaltsam** [ʊntɐ'haltza:m] *adj* entertaining

Unterhaltung[1] <-> *f kein pl* ❶ (*Instandhaltung*) maintenance ❷ (*Betrieb*) running

Unterhaltung[2] <-, -en> *f* ❶ (*Gespräch*) conversation ❷ *kein pl* **gute ~!** enjoy yourselves!

Unterhaus ['ʊntɐhaus] *nt* POL lower house; **das britische ~** the House of Commons

Unterhemd ['ʊntɐhɛmt] *nt* vest

Unterhose ['ʊntɐho:zə] *f* [under]pants

unterirdisch ['ʊntɐʔɪrdɪʃ] *adj, adv* underground

Unterkiefer ['ʊntɐki:fɐ] *m* lower jaw

Unterkunft <-, -künfte> ['ʊntɐkʊnft] *f* accommodation; **eine ~ suchen** to look for accommodation; **~ und Verpflegung** board and lodging

U

unterlassen* [ʊntɐ'lasn̩] *vt irreg* **etw ~** to omit to do sth; **unterlassen Sie das!** stop that!

unterlegen [ʊntɐ'le:gn̩] *adj* inferior; **jdm ~ sein** to be inferior to sb; *im Sport* to be defeated by sb

Unterleib *m* abdomen

Unterlippe *f* bottom lip

Untermiete ['ʊntɐmi:tə] *f* subtenancy; **zur ~ wohnen** *to rent a room from an existing tenant*

Untermieter(in) *m(f)* subtenant

unternehmen* [ʊntɐ'ne:mən] *vt irreg* ❶ (*in die Wege leiten*) **etw/nichts ~** to take action/no action ❷ (*tun*) to do

Unternehmen <-s, -> [ʊntɐ'ne:mən] *nt* ❶ ÖKON firm ❷ (*Vorhaben*) venture

Unternehmer(in) <-s, -> [ʊntɐ'ne:mɐ] *m(f)* entrepreneur

Unteroffizier ['ʊntɐʔɔfitsi:ɐ̯] *m* non-commissioned officer

unter|ordnen **I.** *vt* **etw einer S.** *dat* **~** to subordinate sth to sth; **jdm/etw untergeordnet sein** to be [made] subordinate to sb/sth **II.** *vr* **sich [jdm] ~** to take on a subordinate role [to sb]

unterprivilegiert ['ʊntɐprivilegi:ɐ̯t] *adj* (*geh*) underprivileged

Unterricht <-[e]s, *selten* -e> ['ʊntɐrɪçt] *m* lesson; **theoretischer/praktischer ~** theoretical/practical classes

unterrichten* [ʊntɐ'rɪçtn̩] *vt* ❶ to teach; **jdn [in etw** *dat*] **~** to teach sb/sth [sth] ❷ (*geh: informieren*) to inform (**über** about)

unterschätzen* [ʊntɐʃɛtsn̩] *vt* to underestimate

unterscheiden* [ʊntɐʃaidn̩] *irreg* **I.** *vt* to distinguish (**zwischen** between); **etw [von etw** *dat*] **~** to tell sth from sth **II.** *vr* **sich voneinander/von jdm/etw ~** to differ from sb/sth

Unterschenkel *m* lower leg

unterschieben* [ʊntɐ'ʃi:bn̩] *vt irreg* (*fam: unterstellen*) **jdm etw ~** to attribute sth falsely to sb

Unterschied <-[e]s, -e> ['ʊntɐʃi:t] *m* difference; **im ~ zu dir** unlike you; **einen/keinen ~ machen** to draw a/no distinction (**zwischen** between); **ohne ~** indiscriminately

unterschiedlich ['ʊntɐʃi:tlɪç] **I.** *adj* different; **~er Auffassung sein** to have different views **II.** *adv* differently

unterschlagen* [ʊntɐ'ʃla:gn̩] *vt irreg* ❶ *Geld* to embezzle ❷ (*vorenthalten*) to withhold sth

unterschreiben* [ʊntɐˈʃraibn̩] *irreg vi, vt* to sign
Unterschrift [ˈʊntɐʃrɪft] *f* signature
unterschwellig [ˈʊntɐʃvɛlɪç] *adj* subliminal
Unterseite *f* underside
unterste(r, s) [ˈʊntɐstə, -tɐstɐ, tɐstəs] *adj superl von* **untere(r, s)** bottom; **in der ~n Schublade** in the bottom drawer ▶ **das Unterste** <u>**zuoberst**</u> **kehren** (*fam*) to turn everything upside down
unterstehen* [ʊntɐˈʃteːən] *irreg* **I.** *vi* **jdm/etw ~** to be subordinate to sb/sth; **jds Befehl ~** to be under sb's command **II.** *vr* **untersteh dich!** don't you dare!
unterstellen*¹ [ʊntɐˈʃtɛlən] **I.** *vt* ❶ (*unterordnen*) **jdm jdn/etw ~** to put sb in charge of sb/sth ❷ (*unterschieben*) **jdm etw ~** to imply that sb has said/done sth **II.** *vi* **~, [dass] ...** to suppose [that] ...
unter|stellen² [ˈʊntɐʃtɛlən] **I.** *vt* ❶ (*abstellen*) **etw irgendwo ~** to store sth somewhere ❷ (*darunter stellen*) **einen Eimer ~** to put a bucket underneath **II.** *vr* **sich ~** to take shelter
Unterstellung *f* insinuation
unterstreichen* [ʊntɐˈʃtraiçn̩] *vt irreg* ❶ to underline ❷ (*betonen*) to emphasize
Unterstufe *f* lower school
unterstützen* [ʊntɐˈʃtʏtsn̩] *vt* to support
Unterstützung *f kein pl* support
untersuchen* [ʊntɐˈzuːxn̩] *vt* ❶ *a.* MED to examine (**auf** for) ❷ *Maschine* to check ❸ *Fall* to investigate
Untersuchung <-, -en> *f* ❶ *a.* MED examination ❷ *eines Falles* investigation
Untersuchungshaft *f* custody; **in ~ sein** to be on remand
Untertasse *f* saucer; **fliegende ~** flying saucer
unter|tauchen [ˈʊntɐtauxn̩] **I.** *vt haben* **jdn ~** to duck [*or* AM dunk] sb's head under water **II.** *vi sein* ❶ to dive [under] ❷ (*sich verstecken*) to go underground; **bei jdm ~** to hide out at sb's place
Unterteilung <-, -en> *f* subdivision
Untertreibung <-, -en> *f* understatement
untervermieten* *vt, vi* to sublet
Unterwäsche <-, -n> [ˈʊntɐvɛʃə] *f kein pl* underwear
unterwegs [ʊntɐˈveːks] *adv* on the way; **für ~** for the journey
unterwerfen* [ʊntɐˈvɛrfn̩] *irreg* **I.** *vt* to subjugate **II.** *vr* **sich jdm ~** to obey sb
unterwürfig [ʊntɐˈvʏrfɪç] *adj* servile
untragbar [ʊnˈtraːkbaːɐ̯] *adj* intolerable
untrennbar [ʊnˈtrɛnbaːɐ̯] *adj* inseparable
untreu [ˈʊntrɔy] *adj* unfaithful; **jdm ~ sein/werden** to be unfaithful to sb; **sich** *dat* **~ werden** to be untrue to oneself
Untreue *f* unfaithfulness
untypisch *adj* untypical
unübertroffen [ʊnʔyːbɐˈtrɔfn̩] *adj* unsurpassed
unumstritten [ʊnʔʊmˈʃtrɪtn̩] **I.** *adj* undisputed **II.** *adv* undisputedly
ununterbrochen [ˈʊnʔʊntɐbrɔxn̩] **I.** *adj* incessant **II.** *adv* incessantly
unveränderlich [ʊnfɛɐ̯ˈʔɛndɐlɪç] *adj* unchanging
unverantwortlich [ʊnfɛɐ̯ˈʔantvɔrtlɪç] **I.** *adj* irresponsible **II.** *adv* irresponsibly
unverbesserlich [ʊnfɛɐ̯ˈbɛsɐlɪç] *adj* incorrigible
unverbindlich [ˈʊnfɛɐ̯bɪntlɪç] **I.** *adj* ❶ not binding *pred;* **ein ~es Angebot** a non-binding offer ❷ (*distanziert*) detached **II.** *adv* without obligation
unverdaulich [ˈʊnfɛɐ̯daulɪç] *adj* indigestible
unvereinbar [ʊnfɛɐ̯ˈʔainbaːɐ̯] *adj* incompatible
unvergänglich [ˈʊnfɛɐ̯gɛŋlɪç] *adj* ❶ *Erinnerung* abiding ❷ (*ewig*) immortal
unvergesslich [ʊnfɛɐ̯ˈgɛslɪç] *adj* unforgettable

unvergleichlich [ʊnfɛɐ̯ˈglaiçlɪç] **I.** *adj* incomparable **II.** *adv* incomparably
unverhältnismäßig [ˈʊnfɛɐ̯hɛltnɪsmɛːsɪç] *adv* excessively
unverheiratet [ˈʊnfɛɐ̯hairaːtət] *adj* unmarried
unverhofft [ˈʊnfɛɐ̯hɔft] **I.** *adj* unexpected **II.** *adv* unexpectedly
unverletzt [ˈʊnfɛɐ̯lɛtst] *adj* unhurt
unvermeidlich [ʊnfɛɐ̯ˈmaitlɪç] *adj* unavoidable
Unvermögen [ˈʊnfɛɐ̯møːgn̩] *nt kein pl* powerlessness; **jds ~, etw zu tun** sb's inability to do sth
unvernünftig [ˈʊnfɛɐ̯nʏnftɪç] *adj* stupid, foolish
unverschämt [ˈʊnfɛɐ̯ʃɛːmt] **I.** *adj* impudent **II.** *adv* insolently
Unverschämtheit <-, -en> *f* impertinence; [**das ist eine**] **~!** that's outrageous!
unversöhnlich [ˈʊnfɛɐ̯zøːnlɪç] *adj* irreconcilable
unverständlich [ˈʊnfɛɐ̯ʃtɛntlɪç] *adj* ❶ (*akustisch*) unintelligible ❷ (*unbegreifbar*) incomprehensible; **jdm ~ sein** to be incomprehensible to sb
unvollkommen [ˈʊnfɔlkɔmən] *adj* incomplete
unvollständig [ˈʊnfɔlʃtɛndɪç] **I.** *adj* incomplete **II.** *adv* incompletely
unvorbereitet [ˈʊnfoːɐ̯bəraitət] **I.** *adj* unprepared **II.** *adv* without any preparation
unvoreingenommen [ˈʊnfoːɐ̯ʔaingənɔmən] **I.** *adj* unbiased **II.** *adv* impartially
unvorsichtig [ˈʊnfoːɐ̯zɪçtɪç] **I.** *adj* ❶ careless ❷ (*unbedacht*) rash **II.** *adv* ❶ carelessly ❷ (*unbedacht*) rashly
unvorstellbar [ʊnfoːɐ̯ˈʃtɛlbaːɐ̯] **I.** *adj* inconceivable **II.** *adv* inconceivably
unwahr [ˈʊnvaːɐ̯] *adj* untrue
unwahrscheinlich [ˈʊnvaːɐ̯ʃainlɪç] **I.** *adj* ❶ unlikely ❷ (*fam: sehr*) incredible **II.** *adv* (*fam*) incredibly
unwegsam [ˈʊnveːkzaːm] *adj* [almost] impassable
Unwetter [ˈʊnvɛtɐ] *nt* violent [thunder]-storm
unwichtig [ˈʊnvɪçtɪç] *adj* unimportant
unwiderstehlich [ʊnviːdɐˈʃteːlɪç] *adj* irresistible
unwillig [ˈʊnvɪlɪç] **I.** *adj* reluctant **II.** *adv* reluctantly
unwillkürlich [ˈʊnvɪlkyːɐ̯lɪç] **I.** *adj* involuntary **II.** *adv* involuntarily
unwirklich [ˈʊnvɪrklɪç] *adj* unreal
unwirtschaftlich [ˈʊnvɪrtʃaftlɪç] *adj* uneconomic[al]
Unwissenheit <-> [ˈʊnvɪsn̩thait] *f kein pl* ignorance
unwohl [ˈʊnvoːl] *adj* **jdm ist ~** ❶ MED sb feels unwell [*or* AM *usu* sick] ❷ (*unbehaglich*) sb feels uneasy
unwürdig [ˈʊnvʏrdɪç] *adj* ❶ unworthy (*+gen* of) ❷ (*schändlich*) disgraceful
unzählig [ʊnˈtsɛːlɪç] *adj* countless; **~e Fans** huge numbers of fans
Unze <-, -n> [ˈʊntsə] *f* ounce
unzertrennlich [ʊntsɛɐ̯ˈtrɛnlɪç] *adj* inseparable
unzufrieden [ˈʊntsufriːdn̩] *adj* dissatisfied
Unzufriedenheit *f* dissatisfaction
unzugänglich [ˈʊntsuːgɛŋlɪç] *adj* ❶ *Gegend* inaccessible ❷ *Mensch* unapproachable
unzumutbar [ˈʊntsuːmuːtbaːɐ̯] *adj* unreasonable
unzurechnungsfähig [ˈʊntsuːrɛçnʊŋsfɛːɪç] *adj* of unsound mind *pred;* **jdn für ~ erklären** to certify sb insane
unzuverlässig [ˈʊntsuːfɛɐ̯lɛsɪç] *adj* unreliable
üppig [ˈʏpɪç] *adj* sumptuous
Urabstimmung *f* ballot [vote]
uralt [ˈuːɐ̯ʔalt] *adj Mensch, Tier* very old; *Tradition* ancient
Uran <-s> [uˈraːn] *nt kein pl* uranium
Ureinwohner(in) *m(f)* native inhabitant

Urenkel(in) [ˈuːɐ̯ʔɛŋkl̩] *m(f)* great-grandchild, great-grandson *masc*, great-granddaughter *fem* **Urgroßmutter** [ˈuːɐ̯groːsmʊtə] *f* great-grandmother **Urgroßvater** *m* great-grandfather

Urin <-s, -e> [uˈriːn] *m* urine

urinieren* [uriˈniːrən] *vi* (*geh*) to urinate

Urinprobe *f* urine sample

Urkunde <-, -n> [ˈuːɐ̯kʊndə] *f* document

Urkundenfälschung *f* forgery of a document

Urlaub <-[e]s, -e> [ˈuːɐ̯laup] *m* holiday BRIT, vacation AM; **~ haben** to be on holiday [*or* AM vacation]; **~ machen** to go on holiday [*or* AM vacation]

Urlauber(in) <-s, -> *m(f)* holiday-maker BRIT, vacationer AM

Urlaubsgeld *nt* holiday pay

Urne <-, -n> [ˈʊrnə] *f* ❶ urn ❷ POL ballot-box

Ursache *f* (*Verursachung*) cause; (*Grund*) reason; **~ und Wirkung** cause and effect ▶ **keine ~!** you're welcome

Ursprung <-s, Ursprünge> [ˈuːɐ̯ʃprʊŋ] *m* origin

ursprünglich [ˈuːɐ̯ʃprʏŋlɪç] **I.** *adj attr* original **II.** *adv* originally

Urteil <-s, -e> [ˈʊrtail] *nt* ❶ JUR judgement; **ein ~ fällen** to pass a judgement ❷ (*Meinung*) opinion; **sich** *dat* **ein ~ bilden** to form an opinion (**über** about); **ein ~ fällen** to pass judgement (**über** on)

urteilen [ˈʊrtailən] *vi* [**über jdn/etw**] **~** to judge [sb/sth]

Urwald [ˈuːɐ̯valt] *m* primeval forest

Urzeit *f kein pl* **die ~** primeval times *npl;* **seit ~en** (*fam*) for donkey's years; **vor ~en** (*fam*) donkey's years ago

USB-Stick <-s, -s> [uːʔɛsˈbeːstɪk] *m* INFORM USB flash drive

Utensil <-s, -ien> [utɛnˈziːl] *nt meist pl* utensil

Utopie <-, -n> [utoˈpiː] *f* Utopia

utopisch [uˈtoːpɪʃ] *adj* utopian

UV-Strahlen *pl* UV-rays

U

Vv

V, v <-, -> [fau] *nt* V, v
Vagabund(in) <-en, -en> [vaga'bʊnt] *m(f)* vagabond
vage ['vaːgə] **I.** *adj* vague **II.** *adv* vaguely
Vagina <-, Vaginen> [va'giːna, 'vaːgina] *f* vagina
vakuumverpackt *adj* vacuum-packed
Vampir <-s, -e> [vam'piːɐ̯] *m* vampire
Vanille <-, -> [va'nɪljə, va'nɪlə] *f* vanilla
Vanillesauce *f* vanilla sauce; (*mit Ei*) custard
variabel [va'ri̯aːbl̩] *adj* variable
Variante <-, -n> [va'ri̯antə] *f* variant
variieren* [vari'iːrən] *vi* to vary
Vase <-, -n> ['vaːzə] *f* vase
Vater <-s, Väter> ['faːtɐ] *m* father
väterlich ['fɛtɐlɪç] *adj* paternal
väterlicherseits *adv* on sb's father's side
Vaterschaft *f* paternity
Vaterschaftstest *m* paternity test
Vaterunser <-s, -> [faːtɐ'ʔʊnzɐ] *nt* **das ~** the Lord's Prayer
Vatikan <-s> [vati'kaːn] *m* Vatican
V-Ausschnitt ['fau-] *m* V-shaped neck
vegan [ve'gaːn] *adj, adv* vegan
Veganer(in) *m(f)* vegan
Vegetarier(in) <-s, -> [vege'taːri̯ɐ] *m(f)* vegetarian
vegetarisch [vege'tarɪʃ] **I.** *adj* vegetarian **II.** *adv* **sich ~ ernähren** to be a vegetarian
Vegetation <-, -en> [vegeta'tsi̯oːn] *f* vegetation
V
vegetieren* [vege'tiːrən] *vi* to vegetate
Veilchen <-s, -> ['failçən] *nt* violet
Vene <-, -n> ['veːnə] *f* vein
Ventil <-s, -e> [vɛn'tiːl] *nt* valve
Ventilator <-s, -toren> [vɛnti'laːtoːɐ̯] *m* ventilator
verabreden* **I.** *vr* **sich [mit jdm] ~** to arrange to meet [sb]; **[mit jdm] verabredet sein** to have arranged to meet [sb] **II.** *vt* **etw [mit jdm] ~** to arrange sth [with sb]; **verabredet** agreed
Verabredung <-, -en> *f* ❶ (*Treffen*) date ❷ (*Vereinbarung*) arrangement; **eine ~ treffen** to come to an arrangement
verabscheuen* *vt* to detest
verabschieden* **I.** *vr* **sich [von jdm] ~** to say goodbye [to sb] **II.** *vt* *Gesetz* to pass
verachten* *vt* to despise
verächtlich [fɛɐ'ʔɛçtlɪç] **I.** *adj* ❶ (*verachtend*) contemptuous ❷ (*zu verachten*) despicable **II.** *adv* contemptuously
Verachtung *f* contempt; **jdn mit ~ strafen** to treat sb with contempt
verallgemeinern* *vi, vt* **[etw] ~** to generalize [about sth]
veraltet **I.** *pp von* **veralten** **II.** *adj* old, obsolete
Veranda <-, Veranden> [ve'randa] *f* veranda
veränderlich *adj* changeable
verändern* **I.** *vt* to change **II.** *vr* **sich ~** to change
Veränderung *f* change
Veranlagung <-, -en> *f* disposition; **eine bestimmte ~ haben** to have a certain bent
veranlassen* **I.** *vt* ❶ to arrange ❷ (*dazu bringen*) **jdn zu etw ~** to induce sb to do sth **II.** *vi* **~, dass etw geschieht** to see to it that sth happens
veranstalten* [fɛɐ̯'ʔanʃtaltn̩] *vt* to organize
Veranstalter(in) <-s, -> *m(f)* organizer
Veranstaltung <-, -en> *f* event
Veranstaltungskalender *m* calendar of events **Veranstaltungsort** *m* venue
verantworten* **I.** *vt* **etw ~** to take re-

sponsibility for sth **II.** *vr* **sich für etw** *akk* ~ to answer for sth

verantwortlich *adj* responsible

Verantwortung <-, -en> *f* responsibility; **jdn zur ~ ziehen** to call sb to account (**für** for); **die ~ tragen** to be responsible (**für** for); **die ~ übernehmen** to take responsibility (**für** for); **auf eigene ~** on one's own responsibility ▶ **sich aus der ~ stehlen** to dodge responsibility

verantwortungsbewusst **I.** *adj* responsible **II.** *adv* ~ **handeln** to act responsibly

Verantwortungsbewusstsein *nt* sense of responsibility

verantwortungslos **I.** *adj* irresponsible **II.** *adv* ~ **handeln** to act irresponsibly

verarbeiten* *vt* to use; *Rohstoff* to process; **etw zu etw ~** to make sth into sth

verärgern* *vt* to annoy

Verarmung <-> *f kein pl* impoverishment

verarschen* [fɛɐ̯ˈʔarʃn̩] *vt* (*sl*) **jdn ~** to take the piss out of sb BRIT

verausgaben* [fɛɐ̯ˈʔausgaːbn̩] *vr* **sich ~** to overexert

Verb <-s, -en> [vɛrp] *nt* verb

Verband <-[e]s, Verbände> [fɛɐ̯ˈbant] *m* ❶ (*Bund*) association ❷ MED bandage

Verband(s)kasten *m* first-aid box

Verbannung <-, -en> *f* banishment

verbergen* *vt irreg* to hide

verbessern* **I.** *vt* ❶ to improve ❷ (*korrigieren*) to correct **II.** *vr* **sich ~** to improve

Verbesserung <-, -en> *f* ❶ improvement ❷ (*Korrektur*) correction

verbeugen* *vr* **sich ~** to bow (**vor** to)

Verbeugung *f* bow; **eine ~ machen** to bow

verbiegen* *irreg* **I.** *vt* to bend; **verbogen** bent **II.** *vr* **sich ~** to bend

verbieten <verbot, verboten> *vt* to forbid; **jdm ~, etw zu tun** to forbid sb to do sth; **es ist verboten, etw zu tun** it is forbidden to do sth

verbinden*[1] *vt irreg* MED **jdn ~** to dress sb's wound[s]; **etw ~** to dress sth

verbinden*[2] *irreg* **I.** *vt* ❶ to join (**mit** to) ❷ TELEK **jdn [mit jdm] ~** to put sb through [*or* AM *usu* connect sb] [to sb]; **falsch verbunden!** wrong number! ❸ (*kombinieren*) to combine (**mit** with) ❹ (*assoziieren*) **etw mit etw ~** to associate sth with sth **II.** *vr* CHEM **sich ~** to combine (**mit** with)

verbindlich [fɛɐ̯ˈbɪntlɪç] *adj* ❶ *Zusage* binding ❷ (*freundlich*) friendly

Verbindung *f* ❶ CHEM compound ❷ (*Kontakt*) contact; **in ~ bleiben** to keep in touch; **sich mit jdm in ~ setzen** to contact sb; **~en haben** to have good connections (**zu** with) ❸ TELEK, TRANSP connection ❹ (*Verknüpfung*) combining; **in ~ mit etw** in conjunction with sth ❺ (*Zusammenhang*) **jdn mit etw in ~ bringen** to connect sb with sth; **in ~ mit** in connection with

verbittert **I.** *adj* embittered, bitter **II.** *adv* bitterly

Verbitterung <-,, *selten* -en> *f* bitterness

verblassen* *vi sein* to pale

verbleit *adj* leaded

verblichen [fɛɐ̯ˈblɪçn̩] **I.** *pp von* **verbleichen** **II.** *adj Farbe* faded

verblöden* [fɛɐ̯ˈbløːdn̩] *vi sein* (*fam*) to turn into a zombie

verblüffen* [fɛɐ̯ˈblʏfn̩] *vt* to astonish

verblühen* *vi sein* to wilt

verborgen *adj* hidden; **jdm ~ bleiben** to remain a secret to sb

Verbot <-[e]s, -e> [fɛɐ̯ˈboːt] *nt* ban

verboten [fɛɐ̯ˈboːtn̩] *adj* prohibited; **~ sein, etw zu tun** to be prohibited to do sth; **jdm ist es ~ etw zu tun** sb is prohibited from doing sth

Verbotsschild *nt* sign [prohibiting something]

Verbrauch *m kein pl* consumption; **sparsam im ~ sein** to be economical
verbrauchen* *vt* to consume
Verbraucher(in) <-s, -> *m(f)* consumer
verbraucht *adj* exhausted
Verbrechen <-s, -> *nt* crime
Verbrecher(in) <-s, -> *m(f)* criminal
verbrecherisch *adj* criminal
verbreiten* I. *vt* to spread; **eine gute Stimmung ~** to radiate a good atmosphere II. *vr* **sich ~** to spread (**in** through)
verbreitern* [fɛɐ̯'braitɐn] *vt* to widen
Verbreitung <-, -en> *f* ❶ *kein pl* (*das Verbreiten*) spreading ❷ MED spread
verbrennen* *irreg* I. *vt haben* to burn II. *vr haben* **sich** *dat* **etw ~** to burn one's sth; **sich die Zunge ~** to scald one's tongue III. *vi sein* to burn; **verbrannt** burnt
Verbrennung <-, -en> *f* ❶ MED burn ❷ TECH combustion
verbrühen* *vt* to scald
verbuchen* *vt* ❶ FIN to credit (**auf** to) ❷ (*verzeichnen*) to mark up *sep* (**als** as)
verbünden* [fɛɐ̯'bʏndn̩] *vr* **sich ~** to form an alliance
Verbündete(r) *f(m) dekl wie adj* ally
verbürgen* I. *vt* to guarantee II. *vr* **sich für jdn/etw ~** to vouch for sb/sth
verbüßen* *vt* to serve
verchromt *adj* chrome-plated
Verdacht <-[e]s> [fɛɐ̯'daxt] *m kein pl* suspicion; **~ erregen** to arouse suspicion; **jdn im ~ haben** to suspect sb; **~ schöpfen** to become suspicious (**gegen** of)
verdächtig [fɛɐ̯'dɛçtɪç] *adj* suspicious; **jdm ~ vorkommen** to seem suspicious to sb; **sich ~ machen** to arouse suspicion
verdächtigen* [fɛɐ̯'dɛçtɪgn̩] *vt* to suspect (+*gen* of)
Verdächtigung <-, -en> *f* suspicion
verdammen* [fɛɐ̯'damən] *vt* to condemn; **zu etw verdammt sein** to be doomed to sth
verdammt *adj* (*sl*) damned; **~!** damn!; **du ~er Idiot!** you bloody idiot!
verdampfen* *vi sein* to evaporate
verdanken* *vt* **jdm etw ~** to have sb to thank for sth; **es ist jdm zu ~, dass/wenn ...** it is thanks to sb that/if ...
verdauen* [fɛɐ̯'dauən] *vt* to digest
verdaulich *adj* digestible; **gut/schwer ~** easy/difficult to digest
Verdauung <-> *f kein pl* digestion
verdecken* *vt* to cover [up *sep*]
verderben <verdarb, verdorben> [fɛɐ̯'dɛrbn̩] I. *vt haben* ❶ (*moralisch*) to corrupt ❷ (*zunichtemachen*) to spoil ❸ (*verscherzen*) **es sich** *dat* **mit jdm ~** to fall out with sb II. *vi sein* to spoil
Verderben <-s> [fɛɐ̯'dɛrbn̩] *nt kein pl* doom; **jdn ins ~ stürzen** to bring ruin upon sb
verdienen* *vt* ❶ (*als Verdienst*) to earn; **seinen Lebensunterhalt ~** to earn one's living ❷ (*Gewinn machen*) **etw** [**an etw** *dat*] **~** to make sth [on sth] ❸ (*zustehen*) to deserve; **es nicht besser ~** to not deserve anything better
Verdienst[1] <-[e]s, -e> [fɛɐ̯'di:nst] *m* FIN income
Verdienst[2] <-[e]s, -e> [fɛɐ̯'di:nst] *nt* **jds ~e** [**um etw** *akk*] sb's credit [for sth]; **es ist sein ~, dass ...** it's thanks to him that ...
verdoppeln* I. *vt* to double II. *vr* **sich ~** to double
verdorben [fɛɐ̯'dɔrbn̩] I. *pp von* **verderben** II. *adj* ❶ *Essen* bad ❷ (*moralisch*) corrupt
verdorren* [fɛɐ̯'dɔrən] *vi sein* to wither
verdrängen* *vt* ❶ **jdn** [**aus etw** *dat*] **~** to drive sb out [of sth] ❷ (*unterdrücken*) to suppress
verdrehen* *vt* ❶ to twist; *Augen* to roll ❷ *Tatsachen* to distort ► **jdm den**

Kopf ~ to turn sb's head
verdrossen [fɛɐ̯'drɔsn̩] *adj* sullen
Verdruss <-es, -e> *m* [fɛɐ̯'drʊs] *m meist sing* annoyance; **jdm ~ bereiten** to annoy sb
verdunkeln* **I.** *vt* to darken **II.** *vr* **sich ~** to darken; **der Himmel verdunkelt sich** the sky is growing darker
verdünnen* [fɛɐ̯'dʏnən] *vt* to dilute; **verdünnt** diluted
verdunsten* *vi sein* to evaporate
verdursten* *vi sein* to die of thirst
verehren* *vt* to admire
Verehrer(in) <-s, -> *m(f)* admirer
Verehrung *f kein pl* admiration
Verein <-[e]s, -e> [fɛɐ̯'ʔain] *m* club; **aus einem ~ austreten** to resign from a club; **in einen ~ eintreten** to join a club; **gemeinnütziger ~** charitable organization
vereinbaren* [fɛɐ̯'ʔainba:rən] **I.** *vt* to agree (**mit** with) **II.** *vr* **sich ~ lassen** to be compatible (**mit** with)
Vereinbarung <-, -en> *f* agreement; **laut ~** as agreed; **nach ~** by arrangement
vereinen* *vt* to unite
vereinfachen* [fɛɐ̯'ʔainfaxn̩] *vt* to simplify
vereinheitlichen* [fɛɐ̯'ʔainhaitlɪçn̩] *vt* to standardize
vereinigen* **I.** *vt* to unite **II.** *vr* **sich ~** to merge
vereinigt *adj* united
Vereinigung <-, -en> *f* ❶ (*Organisation*) organization ❷ *kein pl* (*Zusammenschluss*) amalgamation
vereinsamen* [fɛɐ̯'ʔainza:mən] *vi sein* to become lonely
Vereinsamung <-> *f kein pl* loneliness
vereinzelt [fɛɐ̯'ʔaintsl̩t] *adj* occasional
vereisen* *vi sein* to ice up; **die Straße ist vereist** there's ice on the road
vereiteln* [fɛɐ̯'ʔaitl̩n] *vt* to thwart
vererben* *vt* [**jdm**] **etw ~** ❶ to leave [sb] sth ❷ BIOL to pass on sth *sep* [to sb]
verfahren*¹ [fɛɐ̯'ʔfa:rən] *vi irreg sein* (*vorgehen*) to proceed
verfahren*² [fɛɐ̯'ʔfa:rən] *irreg vr* **sich ~** to lose one's way
verfahren³ [fɛɐ̯'ʔfa:rən] *adj Situation* muddled
Verfahren <-s, -> [fɛɐ̯'ʔfa:rən] *nt* ❶ process ❷ JUR proceedings *npl;* **gegen jdn läuft ein ~** proceedings are being brought against sb
Verfahrensweise *f* procedure
Verfall [fɛɐ̯'fal] *m kein pl* ❶ (*das Verfallen*) dilapidation ❷ (*geh*) decline; **der ~ der Moral** the decline in morals *npl*
verfallen¹ *vi irreg sein* ❶ (*zerfallen*) to decay ❷ *Ticket* to expire
verfallen² *adj* ❶ *Haus* dilapidated ❷ *Ticket* expired
Verfallsdatum *nt* use-by date
verfälschen* *vt* to distort
Verfasser(in) <-s, -> [fɛɐ̯'fasɐ] *m(f)* author
Verfassung *f* ❶ *kein pl* condition; **in einer bestimmten ~ sein** to be in a certain state; **in guter ~** in good form ❷ POL constitution
verfassungswidrig *adj* unconstitutional
verfaulen* *vi sein* to rot; **verfault** rotten
verfehlen* *vt* to miss; **nicht zu ~ sein** to be impossible to miss; **das Thema ~** to go completely off the subject
verfeinden* [fɛɐ̯'faindn̩] *vr* **sich mit jdm ~** to fall out with sb; **verfeindet sein** to be enemies; **verfeindete Staaten** enemy states
verfeinern* [fɛɐ̯'fainɐn] *vt* to improve
verfilzt *adj* (*fam*) interconnected; [**miteinander**] **~ sein** to be inextricably linked
verfliegen* *irreg vi sein: Gefühl* to pass; *Geruch* to evaporate
verfließen* *vi irreg sein* ❶ (*verschwimmen*) to merge ❷ (*geh: vergehen*) to go by, to pass
verfluchen* *vt* to curse

verflüssigen* [fɛɐ̯'flʏsɪgn̩] **I.** *vt* to liquefy **II.** *vr* **sich ~** to liquefy

verfolgen* *vt* ❶ to follow; (*politisch*) to persecute ❷ (*zu erreichen suchen*) to pursue; **eine Absicht ~** to have sth in mind

Verfolgte(r) [fɛɐ̯'fɔlktə, -tɐ] *f(m) dekl wie adj* victim of persecution

Verfolgung <-, -en> *f* pursuit; (*politisch*) persecution

Verfolgungsjagd *f* pursuit **Verfolgungswahn** *m* persecution mania

verformen* **I.** *vt* to distort **II.** *vr* **sich ~** to become distorted

Verfremdung <-, -en> *f* alienation

verfrüht *adj* premature; **etw für ~ halten** to consider sth to be premature

verfügbar *adj* available

verfügen* *vi* **über etw** *akk* **~** to have sth at one's disposal; **~ Sie über mich!** I am at your disposal!

Verfügung <-, -en> *f* ❶ (*Anordnung*) order; **einstweilige ~** temporary injunction ❷ (*Disposition*) **etw zur ~ haben** to have sth at one's disposal; **jdm zur ~ stehen** to be available to sb; [**jdm**] **etw zur ~ stellen** to make sth available [to sb]

verführen* *vt* **jdn** [**zu etw** *dat*] **~** to entice sb [into doing sth]; (*sexuell*) to seduce sb

verführerisch [fɛɐ̯'fy:rərɪʃ] *adj* seductive

Verführung *f* seduction

vergangen *adj* past

Vergangenheit <-> [fɛɐ̯'gaŋənhait] *f kein pl* past; **die jüngste ~** the recent past; **eine bewegte ~ haben** to have an eventful past

vergänglich [fɛɐ̯'gɛŋlɪç] *adj* transient

Vergaser <-s, -> *m* carburettor

vergeben* *irreg vt* [**jdm**] **etw ~** to forgive [sb] sth

vergeblich [fɛɐ̯'ge:plɪç] **I.** *adj* futile **II.** *adv* in vain

Vergeblichkeit <-> *f kein pl* futility *no pl, no indef art*

Vergebung <-, -en> *f* forgiveness; [**jdn**] **um ~ bitten** to ask for [sb's] forgiveness

vergehen* [fɛɐ̯'ge:ən] *irreg vi sein* ❶ *Zeit* to go by ❷ (*schwinden*) to wear off ❸ (*sich zermürben*) [**vor etw** *dat*] **~** to die [of sth]

Vergehen <-s, -> [fɛɐ̯'ge:ən] *nt* offence

vergelten *vt irreg* [**jdm**] **etw ~** to repay sb for sth

Vergeltung <-, -en> *f* revenge; **~ üben** to take revenge

vergessen <vergisst, vergaß, vergessen> [fɛɐ̯'gɛsn̩] *vt* to forget

vergesslich [fɛɐ̯'gɛslɪç] *adj* forgetful

vergeuden* [fɛɐ̯'gɔydn̩] *vt* to waste

Vergeudung <-, -en> *f* waste *no pl*, squandering *no pl*

vergewaltigen* [fɛɐ̯gə'valtɪgn̩] *vt* to rape

Vergewaltigung <-, -en> *f* rape

vergewissern* [fɛɐ̯gə'vɪsɐn] *vr* **sich ~, dass ...** to make sure that ...

vergießen* *vt irreg* ❶ (*verschütten*) to spill ❷ *Tränen, Blut* to shed

vergiften* **I.** *vt* to poison **II.** *vr* **sich ~** to be poisoned (**an** by)

Vergiftung <-, -en> *f* MED intoxication *no pl, no indef art*

Vergissmeinnicht <-[e]s, -[e]> [fɛɐ̯'gɪsmainnɪçt] *nt* BOT forget-me-not

Vergleich <-[e]s, -e> [fɛɐ̯'glaiç] *m* comparison; **im ~** in comparison (**zu** with) ▶ **der ~ hinkt** that's a poor comparison

vergleichbar *adj* comparable (**mit** to); **etwas Vergleichbares** something comparable

vergleichen* *irreg vt* to compare (**mit** with/to)

vergnügen* [fɛɐ̯'gny:gn̩] *vr* **sich ~** to amuse oneself

Vergnügen <-s, -> [fɛɐ̯'gny:gn̩] *nt* (*Freude*) enjoyment *no pl;* (*Genuss*) pleasure *no pl;* **~** [**an etw** *dat*] **finden** to find pleasure in sth; **es ist mir ein ~** it is a pleasure; **kein ~ sein, etw zu**

tun to not be exactly a pleasure doing sth; [**jdm**] ~ **bereiten** to give sb pleasure; **mit größtem** ~ with the greatest of pleasure ▶ **viel ~!** have a good time!

vergnügt [fɛɐ̯'gny:kt] **I.** *adj* happy **II.** *adv* happily

Vergnügungspark *m* amusement park

vergraben* *irreg vt* to bury

vergriffen *adj Buch* out of print *pred,* OP *pred*

vergrößern [fɛɐ̯'grø:sɐn] **I.** *vt* ❶ *Fläche* to enlarge ❷ *Firma* to expand ❸ (*optisch*) to magnify **II.** *vr* **sich** ~ to become enlarged

Vergrößerung <-, -en> *f* enlargement, expansion, magnification

verhaften* *vt* to arrest; **Sie sind verhaftet!** you are under arrest!

Verhaftung <-, -en> *f* arrest

verhalten*[1] [fɛɐ̯'haltn̩] *vr irreg* **sich irgendwie** ~ ❶ (*sich benehmen*) to behave [in a certain manner] ❷ (*beschaffen sein*) to be [a certain way]

verhalten[2] [fɛɐ̯'haltn̩] *adj* restrained

Verhalten <-s> [fɛɐ̯'haltn̩] *nt kein pl* behaviour

verhaltensgestört *adj* disturbed

Verhältnis <-ses, -se> [fɛɐ̯'hɛltnɪs] *nt* ❶ (*Relation*) ratio; **im** ~ in a ratio (**von** of/**zu** to) ❷ (*Beziehung*) relationship (**zu** with); (*Liebesverhältnis*) affair ❸ *pl* (*Bedingungen*) conditions *pl* ❹ *pl* (*Lebensumstände*) circumstances *pl;* **über seine ~se leben** to live beyond one's means; **unter anderen ~sen** under different circumstances

verhältnismäßig *adv* relatively

verhandeln* **I.** *vi* to negotiate (**über** about) **II.** *vt* **etw** ~ ❶ to negotiate sth ❷ JUR to hear sth

Verhandlung *f* ❶ *meist pl* negotiation; **~en aufnehmen** to enter into negotiations ❷ JUR trial

Verhängnis <-, -se> [fɛɐ̯'hɛŋnɪs] *nt* disaster; [**jdm**] **zum ~ werden** to be sb's undoing

verhängnisvoll *adj* fatal

verharmlosen* [fɛɐ̯'harmlo:zn̩] *vt* to play down *sep*

verhasst [fɛɐ̯'hast] *adj* hated (**wegen** for); [**jdm**] ~ **sein** to be hated [by sb]

verhätscheln *vt* to pamper

verhauen* <verhaute, verhauen> **I.** *vt* (*fam*) to beat up *sep;* **sich** ~ to have a fight **II.** *vr* (*fam: Fehler machen*) **sich** ~ to slip up

verheddern* [fɛɐ̯'hɛdɐn] *vr* **sich** ~ to get tangled up

verheerend *adj* devastating

verheilen* *vi sein* to heal [up]

verheimlichen* [fɛɐ̯'haimlɪçn̩] *vt* [**jdm**] **etw** ~ to conceal sth [from sb]; **jdm ~, dass ...** to conceal the fact from sb that ...; **etwas/nichts zu ~ haben** to have something/nothing to hide

verheiraten* *vr* **sich** [**mit jdm**] ~ to marry [sb]; **verheiratet** married

Verheißung <-, -en> *f* promise

verheißungsvoll *adj* promising

verherrlichen* [fɛɐ̯'hɛrlɪçn̩] *vt* to glorify

verhexen* *vt* to bewitch; **wie verhext sein** to be jinxed

verhindern* *vt* to prevent; **~, dass jd etw tut** to prevent sb from doing sth

verhöhnen* *vt* to mock

Verhör <-[e]s, -e> [fɛɐ̯'hø:ɐ̯] *nt* interrogation

verhüllen* *vt* to cover

verhungern* *vi sein* to starve [to death]; **am Verhungern sein** to be starving

verhüten* *vt* to prevent

Verhütung <-, -en> *f* ❶ prevention *no pl* ❷ (*Empfängnisverhütung*) contraception *no pl*

Verhütungsmittel *nt* contraceptive

verinnerlichen* [fɛɐ̯'ʔɪnɐlɪçn̩] *vt* to internalize

verirren* *vr* **sich** ~ to get lost

verjagen* *vt* to chase away *sep*

verjährt *adj* ❶ (*veraltend: sehr alt*) *Person* past it *pred fam* ❷ JUR statute-barred; *Ansprüche* in lapse

verkabeln* *vt* to connect to the cable network

verkalken* *vi sein* ❶ to fur [*or* AM clog] up; **verkalkt** furred up ❷ *Arterien* to become hardened ❸ (*senil*) **verkalkt** senile

Verkalkung <-, -en> *f* (*fam: Senilität*) senility *no pl*

Verkauf <-s, Verkäufe> [fɛɐ̯'kauf] *m* sale; **etw zum ~ anbieten** to offer sth for sale; **zum ~ stehen** to be up for sale

verkaufen* *vt* to sell (**an** to); **zu ~ sein** to be for sale; **das Buch verkauft sich gut** the book is selling well

Verkäufer(in) [fɛɐ̯'kɔyfɐ] *m(f)* sales assistant

Verkehr <-[e]s> [fɛɐ̯'ke:ɐ̯] *m kein pl* ❶ traffic ❷ (*Umgang*) contact ❸ (*Umlauf*) **etw in den ~ bringen** to put sth into circulation; **etw aus dem ~ ziehen** to withdraw sth from circulation

verkehren* *vi* ❶ *haben o sein* (*fahren*) to run ❷ *haben* **bei jdm ~** to visit sb regularly

Verkehrschaos *nt* road chaos **Verkehrsknotenpunkt** *m* traffic junction **Verkehrspolizist(in)** *m(f)* traffic policeman *masc*, policewoman *fem* **Verkehrsschild** *nt* road sign **Verkehrsunfall** *m* road accident

verkehrt I. *adj* wrong; **das Verkehrte tun** to do the wrong thing II. *adv* wrongly; **~ herum** the wrong way round

verklagen* *vt* **jdn** [**wegen etw** *dat*] **~** to take proceedings against sb [for sth]; **jdn** [**auf etw** *akk*] **~** to sue sb [for sth]

verkleiden* I. *vt* ❶ to dress up *sep* (**als** as) ❷ BAU to cover II. *vr* **sich ~** to dress up

Verkleidung *f* ❶ disguise ❷ BAU lining

verkleinern* [fɛɐ̯'klainɐn] I. *vt* to reduce II. *vr* **sich ~** to be reduced in size (**um** by)

Verkleinerungsform *f* diminutive

verklemmt *adj* uptight [about sex *pred*]

verklingen* *vi irreg sein* to fade away

verkneifen* *vt irreg* (*fam*) **sich** *dat* **etw ~** to repress sth; **ich konnte mir ein Grinsen nicht ~** I couldn't help grinning

verknüpfen* *vt* ❶ (*verknoten*) to tie [together *sep*] ❷ (*verbinden*) to combine (**mit** with) ❸ (*in Zusammenhang bringen*) to link (**mit** to)

verkommen[1] *vi irreg sein* to decay; **zu etw ~** to degenerate into sth

verkommen[2] *adj* ❶ (*verwahrlost*) degenerate ❷ (*verfallen*) decayed

verkörpern* [fɛɐ̯'kœrpɐn] *vt* to personify

verkraften* [fɛɐ̯'kraftn̩] *vt* **etw ~** to cope with sth

verkrampft I. *adj* tense II. *adv* tensely; **~ wirken** to seem unnatural

verkriechen* *vr irreg* **sich ~** to creep away

verkrüppelt <-er, -este> *adj* crippled

verkümmern* *vi sein* MED to degenerate

verkürzen* I. *vt* ❶ to shorten ❷ *zeitlich* to reduce II. *vr* **sich ~** to become shorter

Verkürzung *f* ❶ shortening ❷ *zeitlich* reduction

Verlag <-[e]s, -e> [fɛɐ̯'la:k] *m* publishing house

verlagern* *vt* to move

verlangen* I. *vt* ❶ (*fordern*) to demand; *Preis* to ask ❷ (*erfordern*) to require II. *vi* **nach jdm/etw ~** to ask for sb/sth

Verlangen <-s, -> *nt* ❶ (*Wunsch*) desire (**nach** for) ❷ (*Forderung*) demand; **auf ~** on demand; **auf jds ~** [**hin**] at sb's request

verlängern* [fɛɐ̯'lɛŋɐn] I. *vt* to extend II. *vr* **sich ~** to be prolonged (**um** by)

Verlängerung <-, -en> *f* ❶ *kein pl* extension ❷ SPORT extra time *no art, no pl*

Verlängerungskabel *nt*, **Verlängerungsschnur** *f* extension [cable]
verlangsamen* [fɛɐ̯'laŋza:mən] **I.** *vt* ❶ *Tempo* to reduce ❷ (*aufhalten*) to slow down *sep* **II.** *vr* **sich ~** to slow [down]
verlassen[1] *irreg* **I.** *vt* ❶ (*im Stich lassen*) to abandon ❷ (*fortgehen*) to leave ❸ (*verschwinden*) **der Mut verließ ihn** he lost courage **II.** *vr* **sich auf jdn ~** to rely [up]on sb
verlassen[2] *adj* deserted
verlässlich [fɛɐ̯'lɛslɪç] *adj* reliable
Verlauf [fɛɐ̯'lauf] *m* course; **im ~ einer S.** *gen* in the course of sth; **einen bestimmten ~ nehmen** to take a particular course
verlaufen* *irreg* **I.** *vi sein* (*sich erstrecken*) to run **II.** *vr* (*sich verirren*) **sich ~** to get lost
verlegen*[1] [fɛɐ̯'le:gn̩] *vt* ❶ *Schlüssel, etc* to mislay ❷ *Termin* to postpone (**auf** until) ❸ TECH to lay ❹ *Buch* to publish
verlegen[2] **I.** *adj* embarrassed **II.** *adv* in embarrassment
Verlegenheit <-, -en> *f kein pl* embarrassment; **jdn in ~ bringen** to put sb in an embarrassing situation
Verleger(in) <-s, -> *m(f)* publisher
Verleih <-[e]s, -e> [fɛɐ̯'lai] *m* (*Firma*) rental company
verleihen* *vt irreg* ❶ (*leihen*) **etw [an jdn] ~** to lend sth [to sb]; (*gegen Geld*) to rent out sth *sep* ❷ *Auszeichnung* **[jdm] etw ~** to award sth [to sb] ❸ (*geben*) to give
verleiten* *vt* **jdn [zu etw] ~** to persuade sb [to do sth]
verlernen* *vt* to forget; **das Tanzen ~** to forget how to dance
verletzen* [fɛɐ̯'lɛtsn̩] *vt* ❶ to hurt; **sich ~** to hurt oneself ❷ *Gesetz* to violate
verletzend *adj* hurtful
Verletzte(r) *f(m) dekl wie adj* injured person
Verletzung <-, -en> *f* MED injury
verleugnen* *vt* to deny
verleumden* [fɛɐ̯'lɔymdn̩] *vt* **jdn ~** to slander sb
Verleumdung <-, -en> *f* slander
verlieben* *vr* **sich ~** to fall in love (**in** with)
verliebt *adj* loving; **~ sein** to be in love (**in** with)
verlieren <verlor, verloren> [fɛɐ̯'li:rən] *vt* to lose; *Flüssigkeit, Gas* to leak
Verlierer(in) <-s, -> *m(f)* loser
verloben* *vr* **sich ~** to get engaged (**mit** to)
Verlobte(r) *f(m) dekl wie adj* fiancé *masc,* fiancée *fem*
Verlobung <-, -en> *f* engagement
verlockend *adj* tempting
verlogen [fɛɐ̯'lo:gn̩] *adj* insincere
verloren [fɛɐ̯'lo:rən] **I.** *pp von* **verlieren** **II.** *adj* **~ sein** to be finished; **sich ~ fühlen** to feel lost; **~ gehen** to get lost
verlosen* *vt* to raffle
Verlosung *f* raffle
Verlust <-[e]s, -e> [fɛɐ̯'lʊst] *m* loss; **~ bringend** loss-making; **~e machen** to make losses
Vermächtnis <-ses, -se> [fɛɐ̯'mɛçtnɪs] *nt* legacy
vermarkten* *vt* to market
vermasseln* [fɛɐ̯'masl̩n] *vt* **[jdm] etw ~** to mess up sth *sep* [for sb]
vermehren* *vr* **sich ~** ❶ BIOL to reproduce ❷ (*zunehmen*) to increase
Vermehrung <-, -en> *f* ❶ BIOL reproduction ❷ (*Zunahme*) increase
vermeiden* *vt irreg* to avoid; **sich nicht ~ lassen** to be inevitable
vermessen[1] [fɛɐ̯'mɛsn̩] *irreg vt* to measure; *Land* to survey
vermessen[2] [fɛɐ̯'mɛsn̩] *adj* presumptuous
vermieten* *vt* to rent [out]
Vermieter(in) *m(f)* landlord *masc,* landlady *fem*
Vermietung <-, -en> *f* letting *no art, no pl,* renting out *no art, no pl; Auto, Boot*

renting [*or* BRIT hiring] [out] *no art, no pl*

vermindern* I. *vt* to reduce II. *vr* **sich ~** to decrease

vermischen* I. *vt* to mix II. *vr* **sich ~** to mix

vermissen* *vt* to miss; **etw ~ lassen** to lack sth

Vermisste(r) *f(m) dekl wie adj* missing person

vermitteln* I. *vt* ❶ **jdm eine Stellung ~** to find sb a job ❷ (*weitergeben*) [**jdm**] **etw ~** to pass on *sep* sth [to sb] II. *vi* [**in etw** *dat*] **~** to mediate [in sth]

Vermögen <-s, -> [fɛɐ̯'mø:gn̩] *nt* FIN assets *pl*

vermuten* *vt* to suspect

vermutlich I. *adj attr* probable II. *adv* probably

Vermutung <-, -en> *f* assumption

vernachlässigen* [fɛɐ̯'na:xlɛsɪgn̩] *vt* ❶ to neglect; **sich ~** to be neglectful of oneself ❷ (*ignorieren*) to ignore

vernehmen* *vt irreg* JUR to question

Vernehmung <-, -en> *f* questioning

verneigen* *vr* **sich ~** to bow (**vor** to)

verneinen* [fɛɐ̯'nainən] *vt* to say no to; **eine Frage ~** to answer a question in the negative

Verneinung <-, -en> *f* ❶ **die ~ einer Frage** a negative answer to a question ❷ LING negative

vernetzen *vt* to link up *sep;* **vernetzt sein** to be linked [up] (**mit** to)

Vernetzung <-, -en> *f* ❶ INFORM networking *no art, no pl* ❷ (*Verflechtung*) network

vernichten* [fɛɐ̯'nɪçtn̩] *vt* ❶ to destroy ❷ (*ausrotten*) to exterminate

Vernichtung <-, -en> *f* ❶ destruction ❷ (*Ausrottung*) extermination

Vernunft <-> [fɛɐ̯'nʊnft] *f kein pl* ❶ reason *no art* ❷ (*gesunder Menschenverstand*) common sense *no art;* **~ beweisen** to show sense; **jdn zur ~ bringen** to make sb see sense; **zur ~ kommen** to see sense

vernünftig [fɛɐ̯'nʏnftɪç] *adj* ❶ sensible ❷ (*fam: ordentlich*) proper

veröffentlichen* [fɛɐ̯'ʔœfn̩tlɪçn̩] *vt* to publish

Veröffentlichung <-, -en> *f* publication

verordnen* *vt* MED to prescribe

verpachten* *vt* to lease (**an** to)

verpacken* *vt* to pack [up *sep*]; (*als Geschenk*) to wrap [up *sep*]

Verpackung <-, -en> *f* packing *no art, no pl*

verpassen* *vt* to miss

verpesten* [fɛɐ̯'pɛstn̩] *vt* to pollute

verpfänden* *vt* to pawn; *Haus* to mortgage

verpflanzen* *vt* **jdm ein Organ ~** to give sb an organ transplant

verpflegen* *vt* **jdn ~** to cater for sb

Verpflegung <-, *selten* -en> *f* ❶ *kein pl* catering; **mit voller ~** with full board ❷ (*Nahrung*) food

verpflichten* [fɛɐ̯'pflɪçtn̩] I. *vt* **jdn** [**zu etw** *dat*] **~** to oblige sb to do sth II. *vr* **sich zu etw ~** to commit oneself to doing sth

Verpflichtung <-, -en> *f meist pl* duty *usu pl;* **seinen ~en nachkommen** to do one's duties; **finanzielle ~en** financial commitments

verpfuschen* *vt* **etw ~** to make a mess of sth

verpixeln* [fɛɐ'pɪks|n] *vt* INFORM to pixelate, to pixellate

verprügeln* *vt* **jdn ~** to beat up sb *sep*

Verputz *m* plaster

verputzen* *vt* ❶ to plaster ❷ (*fam: essen*) to polish off *sep*

verquollen *adj* swollen

Verrat <-[e]s> [fɛɐ̯'ra:t] *m kein pl* betrayal *no art;* **~ an jdm üben** to betray sb

verraten <verriet, verraten> I. *vt* ❶ (*ausplaudern*) to give away *sep* ❷ (*preisgeben*) to betray ❸ (*erkennen lassen*) to show II. *vr* **sich ~** to give oneself away (**durch** with)

Verräter(in) <-s, -> [fɛɐ̯'rɛːtɐ] *m(f)* traitor
verrechnen* *vr* **sich ~** to miscalculate
Verrechnungsscheck *m* crossed cheque BRIT, voucher check AM
verreisen* *vi sein* to go away
verrenken* *vt* to twist; **sich** *dat* **den Fuß ~** to dislocate one's foot
Verrenkung <-, -en> *f* distortion; *Gelenk* dislocation
verriegeln* *vt* to bolt
verringern* [fɛɐ̯'rɪŋɐn] **I.** *vt* to reduce (**um** by) **II.** *vr* **sich ~** to decrease
Verringerung <-> *f kein pl* reduction
verrosten* *vi sein* to rust; **verrostet** rusty
verrostet <-er, -este> *adj* rusty
verrotten* [fɛɐ̯'rɔtn̩] *vi sein* to rot
verrottet <-er, -este> *adj* ① (*faul*) rotted ② (*verwahrlost*) decayed
verrücken* *vt* to move
verrückt [fɛɐ̯'rʏkt] *adj* ① (*pej fam: irre*) mad; **~ sein/werden** to be/go nuts; **bist du ~?** are you out of your mind?; **jdn ~ machen** to drive sb crazy ② (*ausgefallen*) crazy ③ (*versessen*) **~ nach etw/jdm sein** to be crazy about sth/sb ► **ich werd' ~!** (*fam*) well, I'll be damned
Verrücktheit <-, -en> *f* madness *no art, no pl*
Verruf *m kein pl* **in ~ kommen** to fall into disrepute
verrühren* *vt* to stir
verrutschen* *vi sein* to slip
Vers <-es, -e> [fɛrs] *m* verse
versagen* **I.** *vi* to fail **II.** *vt* **jdm etw ~** to refuse sb sth
Versagen <-s> *nt kein pl* failure *no art;* **menschliches ~** human error
Versager(in) <-s, -> *m(f)* failure
versammeln* **I.** *vr* **sich ~** to gather **II.** *vt* to call together
Versammlung *f* meeting
Versand <-[e]s> [fɛɐ̯'zant] *m kein pl* despatch
Versandhaus *nt* mail-order company
versäumen* *vt* to miss
verschämt [fɛɐ̯'ʃɛːmt] *adj* shy
verschanzen* *vr* **sich ~** to take refuge
verschärfen* **I.** *vr* **sich ~** to get worse **II.** *vt* (*zuspitzen*) to aggravate
verschenken* *vt* to give (**an** to)
verscheuchen* *vt* to chase away *sep*
verschicken* *vt* to send (**an** to)
verschieben* *irreg vt* ① *Gegenstand* to move ② *Termin* to postpone (**auf** until)
verschieden [fɛɐ̯'ʃiːdn̩] **I.** *adj* ① (*unterschiedlich*) different ② *attr* (*einige*) **~e** several *attr;* **Verschiedenes** various things *pl* **II.** *adv* differently; **~ lang** of different lengths
verschiedenartig *adj* diverse
Verschiedenheit <-, -en> *f* (*Unterschiedlichkeit*) difference; (*Unähnlichkeit*) dissimilarity
verschimmeln* *vi sein* to go mouldy
verschlafen[1] *irreg* **I.** *vi* to oversleep **II.** *vt* **etw ~** to miss sth
verschlafen[2] *adj* sleepy
verschlechtern* [fɛɐ̯'ʃlɛçtɐn] **I.** *vt* to make worse **II.** *vr* **sich ~** to get worse
Verschlechterung <-, -en> *f* worsening
verschleiern* [fɛɐ̯'ʃlaiɐn] *vt* ① to cover with a veil ② (*verdecken*) to cover up *sep;* **die Tatsachen ~** to disguise the facts
Verschleiß <-es, -e> [fɛɐ̯'ʃlais] *m* wear [and tear] *no art, no pl*
verschleißen <verschliss, verschlissen> *vi, vt sein* to wear out
verschließen* *irreg* **I.** *vt* to lock [up *sep*] **II.** *vr* **sich einer S.** *dat* **~** to ignore sth
verschlimmern* **I.** *vt* to make worse **II.** *vr* **sich ~** to get worse
Verschlimmerung <-, -en> *f* worsening
verschlingen **I.** *vt irreg* to devour **II.** *vr irreg* **sich [ineinander] ~** to intertwine
verschlissen **I.** *pp von* **verschleißen** **II.** *adj* worn-out
verschlossen [fɛɐ̯'ʃlɔsn̩] *adj* ① closed ② (*zurückhaltend*) reserved ► **jdm ~ bleiben** to be a mystery to sb

V

Verschlossenheit <-> *f kein pl* reservedness *no art, no pl*

verschlucken* I. *vt* to swallow II. *vr* **sich** ~ to choke

Verschluss *m* ❶ (*Schließvorrichtung*) clasp; *Tür* catch; **etw unter ~ halten** to keep sth under lock and key ❷ (*Deckel*) lid; *Flasche* top

verschlüsseln* [fɛɐ̯ˈʃlʏsl̩n] *vt* to [en]code

verschmähen* *vt* to reject

verschmitzt [fɛɐ̯ˈʃmɪtst] I. *adj* mischievous, roguish II. *adv* mischievously, roguishly

verschmutzen* *vt* ❶ to make dirty ❷ ÖKOL to pollute

verschneit *adj* snow-covered *attr;* **~ sein** to be covered in snow

verschnörkelt *adj* adorned with flourishes; *Schrift* ornate

verschonen* *vt* to spare; **von etw verschont bleiben** to escape sth

verschönern* [fɛɐ̯ˈʃøːnɐn] *vt* to brighten up *sep*

verschränken* *vt* **die Arme ~** to fold one's arms

verschreiben* *irreg* I. *vt* **jdm etw ~** to prescribe sb sth (**gegen** for) II. *vr* **sich ~** to make a mistake

verschrotten* *vt* to scrap

verschüchtert *adj* intimidated

verschulden* I. *vt* **etw ~** to be to blame for sth II. *vi sein* **verschuldet sein** to be in debt III. *vr* **sich ~** to get into debt (**bei** to)

verschuldet *adj* indebted

verschütten* [fɛɐ̯ˈʃʏtən] *vt* ❶ *Milch* to spill ❷ (*unter etw begraben*) to bury

verschweigen* *vt irreg* to hide (**vor** from); *Informationen* to withhold; **jdm ~, dass ...** to keep from sb the fact that ...

verschwenden* *vt* to waste

verschwenderisch *adj* wasteful

Verschwendung <-, -en> *f* wasting *no art, no pl;* **so eine ~!** what a waste!

verschwiegen [fɛɐ̯ˈʃviːgn̩] *adj* discreet

Verschwiegenheit <-> *f kein pl* discretion *no art, no pl,* secrecy

verschwimmen* *vi irreg sein* to become blurred

verschwinden* *vi irreg sein* to disappear; **verschwunden [sein]** [to be] missing; **verschwinde!** clear off!

Verschwinden <-s> *nt kein pl* disappearance

verschwommen *adj* ❶ blurred ❷ (*unklar*) vague

verschwören* *vr irreg* **sich gegen jdn ~** to conspire against sb; **sich zu etw ~** to conspire to do sth

Verschwörung <-, -en> *f* conspiracy

Verschwörungstheorie *f* conspiracy theory

Versehen <-s, -> [fɛɐ̯ˈzeːən] *nt* mistake; **aus ~** by mistake

versenden* *vt irreg o reg* to send (**an** to)

versenken* *vt* to sink

versessen [fɛɐ̯ˈzɛsn̩] *adj* **auf etw** *akk* **~ sein** to be crazy about sth; **auf[s] Geld ~ sein** to be obsessed with money; **~ darauf sein, etw zu tun** to be dying to do sth

Versessenheit <-> *f kein pl* keenness *no art, no pl* (**auf** on)

versetzen I. *vt* ❶ *Beamten* to move ❷ *Schüler* to move up *sep* [to the next class] ❸ (*bringen*) **jdn in Begeisterung ~** to fill sb with enthusiasm; **eine Maschine in Bewegung ~** to set a machine in motion; **jdn in Panik ~** to send sb into a panic ❹ (*warten lassen*) **jdn ~** to stand up sb *sep* II. *vr* **sich in jdn ~** to put oneself in sb's place

Versetzung <-, -en> *f* ❶ ADMIN transfer ❷ SCH moving up *no art, no pl*

verseuchen* [fɛɐ̯ˈzɔyçn̩] *vt* to contaminate

Verseuchung <-, -en> *f* contamination

versichern*[1] *vt* to insure (**gegen** against)

versichern*[2] I. *vt* **jdm ~, [dass] ...** to

assure sb [that] ... **II.** *vr* **sich einer S.** *gen* ~ to make sure of sth

Versicherung *f* ❶ FIN insurance *no pl;* (*Firma*) insurance company ❷ (*Beteuerung*) assurance

versickern* *vi sein* to seep away

versiegeln* *vt* to seal [up *sep*]

versilbern* [fɛɐ̯'zɪlbɐn] *vt* to silver-plate

versinken *vi irreg sein* to sink; **versunken** sunken

versklaven* [fɛɐ̯'skla:vn̩] *vt* **jdn** ~ to enslave sb

versöhnen* [fɛɐ̯'zø:nən] **I.** *vr* **sich mit jdm** ~ to make it up with sb **II.** *vt* to reconcile

Versöhnung <-, -en> *f* reconciliation *no art, no pl*

versorgen* *vt* ❶ (*betreuen*) to take care of ❷ (*versehen*) to supply; **sich mit etw** *dat* ~ to provide oneself with sth; **sich selbst** ~ to look after oneself ❸ MED to treat

Versorgung <-> *f kein pl* ❶ (*das Versorgen*) care *no art* ❷ (*das Ausstatten*) supply; **medizinische** ~ provision of medical care

verspannen* *vr* **sich** ~ to tense up

verspäten* [fɛɐ̯'ʃpɛ:tn̩] *vr* **sich** ~ to be late

verspätet *adj* ❶ (*zu spät eintreffend*) delayed ❷ (*zu spät erfolgend*) late

Verspätung <-, -en> *f* delay; **entschuldigen Sie bitte meine** ~ I'm sorry I'm late; ~ **haben** to be late; **mit einer Stunde** ~ **ankommen** to arrive an hour late

versperren* *vt* **jdm den Weg** ~ to bar sb's way

verspotten* *vt* to mock

versprechen* *irreg* **I.** *vt* [**jdm**] **etw** ~ to promise [sb] sth **II.** *vr* ❶ **sich** *dat* **etw von jdm/etw** ~ to hope for sth from sb/sth ❷ (*falsch sprechen*) **sich** ~ to make a slip of the tongue

Versprechen <-s, -> *nt* promise

verspritzen* *vt* to spray

verstaatlichen* [fɛɐ̯'ʃta:tlɪçn̩] *vt* to nationalize

Verstaatlichung <-, -en> *f* nationalization *no art, no pl*

Verstand <-[e]s> [fɛɐ̯'ʃtant] *m kein pl* reason *no art;* **jdn um den** ~ **bringen** to drive sb out of his/her mind; **nicht bei** ~ **sein** to not be in one's right mind; **den** ~ **verlieren** to lose one's mind

verständigen* [fɛɐ̯'ʃtɛndɪgn̩] *vr* **sich** ~ ❶ (*sich verständlich machen*) to communicate (**durch** by) ❷ (*sich einigen*) to reach an agreement (**über** about)

Verständigung <-> *f kein pl* ❶ (*Benachrichtigung*) notification *no art* ❷ (*Einigung*) agreement

verständlich [fɛɐ̯'ʃtɛntlɪç] *adj* understandable; **jdm etw** ~ **machen** to make sb understand sth

Verständnis <-ses> [fɛɐ̯'ʃtɛntnɪs] *kein pl nt* understanding *no art;* **für etw** ~ **haben** to have sympathy for sth

verständnislos I. *adj* uncomprehending; **ein ~er Blick** a blank look **II.** *adv* uncomprehendingly

verständnisvoll I. *adj* understanding **II.** *adv* understandingly

verstärken* **I.** *vt* ❶ (*stärker machen*) to strengthen ❷ (*intensivieren*) to intensify ❸ (*erhöhen*) to increase **II.** *vr* **sich** ~ to increase

Verstärker <-s, -> *m* amplifier

Verstärkung *f* ❶ (*das Verstärken*) strengthening *no art, no pl* ❷ (*Vergrößerung*) reinforcement *no art, no pl* ❸ (*Intensivierung*) intensification *no art, no pl*

verstaubt *adj* dusty; (*fig*) outmoded

verstauchen* *vt* **sich** *dat* **etw** ~ to sprain one's sth

Versteck <-[e]s, -e> [fɛɐ̯'ʃtɛk] *nt* hiding place

verstecken* **I.** *vt* to hide **II.** *vr* **sich** ~ to hide (**vor** from)

verstehen <verstand verstanden> **I.** *vt* ❶ (*hören*) to hear ❷ (*begreifen*) to understand; **jdm etw zu ~ geben** to make sb understand sth ❸ (*können*) **ich verstehe kein Französisch** I don't know any French; **es ~, etw zu tun** to know how to do sth; **nichts von etw ~** to know nothing about sth **II.** *vr* ❶ (*auskommen*) **sich mit jdm ~** to get on [*or* AM along] with sb; **wir ~ uns** we understand one another ❷ (*zu verstehen sein*) **etw versteht sich von selbst** sth goes without saying **III.** *vi* **wenn ich recht verstehe** if I understand correctly; **verstehst du?** you know?

versteigern* *vt* to auction [off]

Versteigerung *f* auction

Versteinerung <-, -en> *f* fossil

verstellen* **I.** *vt* ❶ (*einstellen*) to adjust; **etw in der Höhe ~** to adjust sth for height ❷ (*woandershin stellen*) to move ❸ (*blockieren*) to block ❹ *Stimme* to disguise **II.** *vr* **sich ~** to put on an act

verstimmt *adj* ❶ MUS out of tune ❷ (*verärgert*) **~ sein** to be put out

verstohlen [fɛɐ̯'ʃto:lən] **I.** *adj* furtive **II.** *adv* furtively; **jdn ~ ansehen** to give sb a furtive look

verstopfen* **I.** *vt* to block up *sep* **II.** *vi* *sein* to get blocked [up]

Verstopfung <-, -en> *f* MED constipation *no art, no pl;* **~ haben** to be constipated

verstört [fɛɐ̯'ʃtø:ɐ̯t] **I.** *adj* distraught **II.** *adv* in distress

Verstoß [fɛɐ̯'ʃto:s] *m* violation (**gegen** of)

verstoßen* *irreg* **I.** *vi* **gegen etw ~** to violate sth **II.** *vt* **jdn ~** to expel sb

verstrahlt <-er, -este> *adj* contaminated [by radiation]

verstreichen* *irreg vi sein: Zeit* to pass [by]; **eine Frist ~ lassen** to let a deadline pass

verstreuen* *vt* ❶ (*ausstreuen*) to scatter ❷ (*versehentlich verschütten*) to spill

Verstümmelung <-, -en> *f* mutilation

Versuch <-[e]s, -e> [fɛɐ̯'zu:x] *m* ❶ attempt ❷ (*Experiment*) experiment; **einen ~ machen** to carry out an experiment

versuchen* **I.** *vi, vt* to try; **es mit jdm/etw ~** to give sb/sth a try; **~, etw zu tun** to try to do sth **II.** *vr* **sich in etw** *dat* **~** to try one's hand at sth

Versuchskaninchen *nt* guinea pig **Versuchstier** *nt* laboratory animal

Versuchung <-, -en> *f* temptation *no art, no pl;* **jdn in ~ führen** to lead sb into temptation; **in ~ geraten** to be tempted

vertagen* *vt* to adjourn (**auf** until)

vertauschen* *vt* to switch; **etw mit etw** *dat* **~** to exchange sth for sth

verteidigen* [fɛɐ̯'taidɪgn̩] *vt* to defend

Verteidiger(in) <-s, -> *m(f)* ❶ JUR defence counsel ❷ SPORT defender

Verteidigung <-, -en> *f* defence

Verteidigungsminister(in) *m(f)* defence minister BRIT, secretary of defense AM

verteilen* *vt* to distribute (**an** to)

Verteilung *f* distribution *no pl*

vertiefen* [fɛɐ̯'ti:fn̩] **I.** *vt* ❶ to deepen ❷ (*festigen*) to reinforce **II.** *vr* **sich in etw** *akk* **~** to become absorbed in sth; **in Gedanken vertieft sein** to be deep in thought

Vertiefung <-, -en> *f* ❶ depression ❷ (*Festigung*) consolidation *no art, no pl*

vertikal [vɛrti'ka:l] **I.** *adj* vertical **II.** *adv* vertically

vertippen* *vr* (*fam*) **sich ~** to make a typing error

Vertrag <-[e]s, Verträge> [fɛɐ̯'tra:k] *m* contract; (*international*) treaty; **jdn unter ~ nehmen** to contract sb

vertragen* *irreg* **I.** *vt* (*aushalten*) to stand **II.** *vr* ❶ (*verstehen*) **sich mit jdm ~** to get on with sb ❷ (*harmonieren*) **sich mit etw ~** to go with sth

vertraglich [fɛɐ̯'tra:klɪç] **I.** *adj* contractual **II.** *adv* by contract; **~ festgelegt**

werden to be laid down in a contract

verträglich [fɛɐ̯ˈtrɛːklɪç] *adj* ❶ *Mensch* good-natured ❷ *Essen* digestible; **gut/schwer ~** easily digestible/indigestible

vertrauen* *vi* **jdm ~** to trust sb; **auf jdn ~** to trust in sb; **auf sein Glück ~** to trust to luck; **auf Gott ~** to put one's trust in God; **darauf ~, dass ...** to be confident that ...

Vertrauen <-s> *nt kein pl* trust, confidence; **~ erweckend** trustworthy; **~ [zu jdm] haben** to have confidence [in sb]; **jdn ins ~ ziehen** to take sb into one's confidence; **im ~ auf etw** *akk* trusting to sth

vertrauenswürdig *adj* trustworthy

verträumt *adj* ❶ *Ort* sleepy ❷ *Mensch* dreamy

vertraut *adj* familiar (**mit** with); **sich mit etw** *dat* **~ machen** to familiarize oneself with sth

Vertrautheit <-> *f kein pl* familiarity (**mit** with)

vertreiben* *vt irreg* ❶ to drive away *sep* ❷ (*verkaufen*) to sell

Vertreibung <-, -en> *f* expulsion

vertreten[1] *vt irreg* ❶ (*ersetzen*) **jdn ~** to stand in for sb; **durch jdn ~ werden** to be replaced by sb ❷ (*repräsentieren*) to represent ❸ *Meinung* to hold

vertreten[2] *vr irreg* ▶ **sich** *dat* **die Beine ~** to stretch one's legs

Vertreter(in) <-s, -> *m(f)* representative

Vertretung <-, -en> *f* ❶ (*Stellvertreter*) deputy ❷ ÖKON agency

Vertrieb <-[e]s> *m kein pl* sales *pl*

Vertriebene(r) *f(m) dekl wie adj* deportee

vertrocknen* *vi sein: Vegetation* to dry out; *Lebensmittel* to dry up

vertuschen* *vt* to hush up *sep*

verübeln* [fɛɐ̯ˈʔyːbl̩n] *vt* **jdm etw ~** to hold sth against sb

verunglücken* [fɛɐ̯ˈʔʊnglʏkn̩] *vi sein* to have an accident; **tödlich ~** to be killed in an accident

verunsichern* [fɛɐ̯ˈʔʊnzɪçɐn] *vt* **jdn ~** to make sb [feel] unsure

verunsichert <-er, -este> *adj* uncertain

verunstalten* [fɛɐ̯ˈʔʊnʃtaltn̩] *vt* to disfigure

veruntreuen* [fɛɐ̯ˈʔʊntrɔyən] *vt* to embezzle

verursachen* [fɛɐ̯ˈʔuːɐ̯zaxn̩] *vt* to cause

Verursacher(in) <-s, -> *m(f)* causal agent

verurteilen* *vt* ❶ to convict; **jdn zu etw** *dat* **~** to sentence sb to sth ❷ (*bestimmt sein*) **zu etw** *dat* **verurteilt sein** to be condemned to sth

Verurteilung <-, -en> *f* conviction

vervielfältigen* [fɛɐ̯ˈfiːlfɛltɪgn̩] *vt* to duplicate

vervollständigen* [fɛɐ̯ˈfɔlʃtɛndɪgn̩] *vt* to complete

verwahrlost <-er, -este> *adj* neglected

verwaist *adj* orphaned; (*fig: verlassen*) deserted, abandoned

verwalten* *vt* ❶ ADMIN to administer ❷ *Besitz, Daten* to manage

Verwaltung <-, -en> *f* ❶ *kein pl* ADMIN administration *no art;* **städtische ~** municipal authority ❷ FIN, INFORM management *no art*

verwandeln* **I.** *vt* to turn (**in** into); **jd ist wie verwandelt** sb is a changed person **II.** *vr* **sich in etw** *akk* **~** to turn into sth

Verwandlung *f* transformation

verwandt[1] [fɛɐ̯ˈvant] *adj* related (**mit** to)

verwandt[2] [fɛɐ̯ˈvant] *pp von* **verwenden**

Verwandte(r) *f(m) dekl wie adj* relative

Verwandtschaft <-, -en> *f* ❶ (*die Verwandten*) relatives *pl;* **die nähere ~** close relatives *pl* ❷ (*Ähnlichkeit*) affinity (**mit** with)

Verwarnung *f* warning

verwechseln* [fɛɐ̯ˈvɛksl̩n] *vt* to mix up *sep;* **jdn/etw mit jdm/etw ~** to confuse sb/sth with sb/sth

Verwechslung <-, -en> [fɛɐ̯ˈvɛksluŋ] *f* confusion; **das muss eine ~ sein** there must be some mistake

verwegen [fɛɐ̯ˈveːgn̩] *adj* daring

Verwehung <-, -en> *f* drift

verweigern* *vt, vi* to refuse; **einen Befehl ~** to refuse to obey an order; **den Kriegsdienst ~** to refuse to do military service

Verweigerung *f* refusal

verweisen* *irreg vt, vi* to refer (**an/auf** to)

verwelken* *vi sein* to wilt

verwenden <verwendete *o* verwandte, verwendet> *vt* to use

Verwendung <-, -en> *f* use

verwerflich *adj* reprehensible

verwesen* [fɛɐ̯ˈveːzn̩] *vi sein* to rot, to decompose; **verwest** decomposed

Verwestlichung <-> *f kein pl* Westernization

Verwesung <-> *f kein pl* decomposition *no art*

verwickeln* I. *vt* **jdn in etw** *akk* **~** to involve sb in sth; **jdn in ein Gespräch ~** to engage sb in conversation II. *vr* **sich ~** to get tangled up

verwickelt *adj* complicated

verwildert *adj* ❶ (*überwachsen*) *Garten* overgrown ❷ *Tier* feral; *Haustier* neglected ❸ (*fig: ungepflegt*) *Aussehen* unkempt

verwirklichen* [fɛɐ̯ˈvɪrklɪçn̩] I. *vt* to realize II. *vr* **sich ~** to fulfil oneself; **sich in etw** *dat* **~** to find fulfilment in sth

verwirren* *vt* to confuse

verwirrt <-er, -este> *adj* confused

Verwirrung <-> *f kein pl* confusion *no art*

verwitwet [fɛɐ̯ˈvɪtvət] *adj* widowed

verwöhnen* [fɛɐ̯ˈvøːnən] *vt* to spoil

verwöhnt *adj* ❶ *Kind* spoilt ❷ (*anspruchsvoll*) discriminating

verworren [fɛɐ̯ˈvɔrən] *adj* confused

verwunden* [fɛɐ̯ˈvʊndn̩] *vt* to wound; **schwer verwundet** seriously wounded

Verwunderung <-> *f kein pl* amazement *no art*

verwundet *adj* wounded

Verwundete(r) *f(m) dekl wie adj* wounded person

verwüsten* *vt* to devastate

Verwüstung <-, -en> *f meist pl* devastation *no art, no pl*

verzagt I. *adj* despondent, disheartened II. *adv* despondently

verzählen* *vr* **sich ~** to miscount

verzaubern* *vt* **jdn ~** ❶ to put a spell on sb; **jdn in etw ~** to turn sb into sth ❷ (*betören*) to enchant sb

Verzehr <-[e]s> [fɛɐ̯ˈtseːɐ̯] *m kein pl* consumption

verzehren* *vt* to consume

Verzeichnis <-ses, -se> *nt* list

verzeihen <verzieh, verziehen> *vt* to excuse; **jdm etw ~** to forgive sb sth; **verzeihen Sie!** excuse me!; **verzeihen Sie, dass ich störe** excuse me for interrupting

verzeihlich *adj* excusable

Verzeihung <-> *f kein pl* forgiveness; **[jdn] um ~ bitten** to apologize [to sb] ▶ **~!** sorry!; **~, darf ich mal hier vorbei?** excuse me, may I get past?

verzerren* I. *vt* ❶ to distort ❷ MED to strain II. *vr* **sich ~** to become contorted (**zu** in)

Verzerrung *f* distortion

Verzicht <-[e]s, -e> [fɛɐ̯ˈtsɪçt] *m* renunciation (**auf** of)

verzichten* [fɛɐ̯ˈtsɪçtn̩] *vi* to go without; **zu jds Gunsten ~** to do without in favour of sb; **auf etw** *akk* **~** to do without sth; **auf sein Recht ~** to renounce one's right

verziehen*[1] *irreg* I. *vi sein* (*umziehen*) to move II. *vr haben* (*verschwinden*) **sich ~** to disappear

verziehen*[2] *irreg vt* ❶ (*verzerren*) to twist; **das Gesicht ~** to pull a face ❷ *Kind* to bring up badly

verziehen[3] *pp von* **verzeihen**[1]

verzieren* *vt* to decorate
Verzierung <-, -en> *f* decoration
verzögern* **I.** *vt* ❶ to delay ❷ (*verlangsamen*) to slow down **II.** *vr* **sich** ~ to be delayed (**um** by)
Verzögerung <-, -en> *f* delay; (*Verlangsamung*) slowing down
verzollen* *vt* to pay duty on
Verzückung <-, -en> *f* (*geh*) ecstacy
Verzug <-[e]s> *m kein pl* delay; **in ~ geraten** to fall behind
verzweifeln* *vi sein* to despair (**an** of)
verzweifelt **I.** *adj* ❶ (*verzagt*) despairing; **ein ~es Gesicht machen** to look despairingly; **ich bin völlig** ~ I'm at my wits' end ❷ (*hoffnungslos*) desperate **II.** *adv* despairingly
Verzweiflung <-> *f kein pl* despair; **jdn zur ~ bringen** to drive sb to despair; **aus** ~ out of desperation
verzweigen* [fɛɐ̯'tsvaign̩] *vr* **sich** ~ to branch out
Veteran <-en, -en> [vete'ra:n] *m* veteran
Veto <-s, -s> ['ve:to] *nt* veto; **sein ~ einlegen** to exercise one's veto
Vetter <-s, -n> ['fɛtɐ] *m* cousin
Vetternwirtschaft *f kein pl* nepotism
via ['vi:a] *präp +akk* ❶ (*über*) via ❷ (*durch*) by
Viadukt <-[e]s, -e> [via'dʊkt] *m o nt* viaduct
Vibration <-, -en> [vibra'tsi̯o:n] *f* vibration
vibrieren* [vi'bri:rən] *vi* to vibrate
Videogerät *nt s.* **Videorekorder** **Videokamera** *f* video camera **Videorekorder** <-s, -> *f* video [recorder], AM *usu* VCR **Videothek** <-, -en> [video'te:k] *f* video shop
Vieh <-[e]s> [fi:] *nt kein pl* ❶ AGR livestock ❷ (*fam: Tier*) animal
Viehzucht *f* livestock breeding
viel [fi:l] **I.** *adj* <mehr, meiste> ❶ *sing, adjektivisch* a lot of; ~ **Geld** a lot of money; **der/die/das ~e ...** all this/that ... ❷ *substantivisch* a lot, much; **ich habe zu ~ zu tun** I have too much to do; **er weiß** ~ he knows a lot ❸ *pl, adjektivisch* **~e** a lot of many; **und ~e andere** and many others ❹ *pl, substantivisch* (*Menschen*) **~e** a lot, many; **diese Ansicht wird von ~en vertreten** this view is held by many people; (*Dinge*) a lot **II.** *adv* <mehr, am meisten> ❶ (*häufig*) a lot ❷ (*wesentlich*) **die Mütze ist ~ zu groß** the cap is far too big
vieldeutig *adj* ambiguous
vielerlei *adj* all kinds of
vielfach ['fi:lfax] **I.** *adj* multiple **II.** *adv* many times
Vielfalt <-> ['fi:lfalt] *f kein pl* diversity (**an** of)
vielfältig ['fi:lfɛltɪç] *adj* diverse
vielleicht [fi'laiçt] *adv* ❶ perhaps, maybe ❷ (*ungefähr*) **er ist ~ 30 Jahre alt** he is about 30 years old
vielmehr ['fi:lme:ɐ̯] *adv* rather
vielseitig ['fi:lzaitɪç] *adj* versatile
vier [fi:ɐ̯] *adj* four; *s.a.* **acht**[1] ▶ **ein Gespräch unter ~ Augen führen** to have a private conversation; **in den eigenen ~ Wänden wohnen** to live within one's own four walls
Viereck ['fi:ɐ̯ʔɛk] *nt* four-sided figure
viereckig ['fi:ɐ̯ʔɛkɪç] *adj* rectangular
vierfach, 4fach *adj* fourfold; **die ~e Menge** four times the amount
vierhundert ['fi:ɐ̯'hʊndɐt] *adj* four hundred
vierjährig, 4-jährig ['fi:ɐ̯jɛ:rɪç] *adj* ❶ (*Alter*) four-year-old *attr,* four years old *pred* ❷ (*Zeitspanne*) four-year *attr*
viermal, 4-mal ['fi:ɐ̯ma:l] *adv* four times
vierstellig *adj* four-figure *attr*
Viertaktmotor *m* four-stroke engine
vierte(r, s) ['fi:ɐ̯tə, -tɐ, -təs] *adj* fourth, 4th; *s.a.* **achte(r, s)**
viertel ['fɪrtl̩] *adj* quarter; **drei** ~ three-quarters
Viertel[1] <-s, -> ['fɪrtl̩] *nt* district
Viertel[2] <-s, -> ['fɪrtl̩] *nt o* SCHWEIZ *m*

V

quarter; ~ **vor/nach eins** [a] quarter to/past one

Viertelliter [fɪrtl̩-] *m o nt* quarter of a litre **Viertelstunde** *f* quarter of an hour

vierzehn [ˈfɪrtseːn] *adj* fourteen; ~ **Tage** a fortnight *esp* BRIT *s.a.* **acht**[1]

vierzig [ˈfɪrtsɪç] *adj* forty; *s.a.* **achtzig**

Vikar(in) <-s, -e> [viˈkaːɐ̯] *m(f)* curate

Villa <-, Villen> [ˈvɪla] *f* villa

violett [vi̯oˈlɛt] *adj* violet

Violine <-, -n> [vi̯oˈliːnə] *f* violin

Viper <-, -n> [ˈviːpɐ] *f* viper

virtuell [vɪrˈtuɛl] *adj* virtual

Virus <-, Viren> [ˈviːrʊs] *nt o m* virus

Viruskrankheit *f* viral disease

Vision <-, -en> [viˈzi̯oːn] *f* vision

Visite <-, -n> [viˈziːtə] *f* MED round; ~ **machen** to do one's round

Visitenkarte *f* business card

visuell [viˈzu̯ɛl] *adj* visual

Visum <-s, Visa> [ˈviːzʊm] *nt* visa

vital [viˈtaːl] *adj* vigorous

Vitalität <-> [vitaliˈtɛt] *f kein pl* vigour

Vitamin <-s, -e> [vitaˈmiːn] *nt* vitamin ▶ ~ **B** (*hum fam*) good contacts *pl*

Vitaminmangel *m* vitamin deficiency

Vitrine <-, -n> [viˈtriːnə] *f* display case

Vizepräsident(in) *m(f)* vice president

Vogel <-s, Vögel> [ˈfoːgl̩] *m* bird ▶ **einen ~ haben** to have a screw loose

Vogelfutter *nt* bird food **Vogelgrippe** *f* bird [*or form* avian] flu **Vogelscheuche** <-, -n> *f* scarecrow

Vokabel <-, -n> [voˈkaːbl̩] *f* word; **~n** vocabulary *sing*

Vokal <-s, -e> [voˈkaːl] *m* vowel

Volk <-[e]s, Völker> [fɔlk] *nt* ❶ people; **ein Mann aus dem ~** a man of the people ❷ *kein pl* (*Menschenmenge*) masses *pl;* **das ~ aufwiegeln** to incite the masses; **sich** *akk* **unters ~ mischen** to mingle with the people

Völkerkunde <-> *f kein pl* ethnology **Völkermord** *m* genocide **Völkerrecht** *nt kein pl* international law **Völkerverständigung** *f kein pl* international understanding

Volksabstimmung *f* referendum **Volksentscheid** *m* referendum **Volksfest** *nt* fair **Volkshochschule** *f* adult education centre **Volkslied** *nt* folk song **Volkstanz** *m* folk dance

volkstümlich [ˈfɔlkstyːmlɪç] *adj* traditional

Volkswirt(in) *m(f)* economist **Volkswirtschaft** *f* national economy **Volkszählung** *f* census

voll [fɔl] **I.** *adj* ❶ (*gefüllt*) full; **das Glas ist ~ Wasser** the glass is full of water; **eine Hand ~ Reis** a handful of rice ❷ (*vollständig*) full, whole; **den ~en Preis bezahlen** to pay the full price; **ein ~er Erfolg** a total success; **ein ~es Jahr** a whole year; **jede ~e Stunde** every hour on the hour; **in ~er Größe** full-size ❸ (*fam: betrunken*) **~ sein** to be plastered ▶ **jdn nicht für ~ nehmen** not to take sb seriously; **aus dem Vollen schöpfen** to draw on plentiful resources **II.** *adv* ❶ (*vollkommen*) completely ❷ (*uneingeschränkt*) fully; **~ und ganz** totally; **nicht ~ da sein** to not be quite with it ❸ (*mit aller Wucht*) smack

vollautomatisch *adj* fully automatic

Vollbart *m* full beard

vollenden* [fɔlˈʔɛndn̩] *vt* to complete

vollendet *adj* perfect

Vollendung <-, -en> [fɔlˈʔɛndʊŋ] *f* ❶ (*das Vollenden*) completion ❷ *kein pl* (*Perfektion*) perfection

Volleyball [ˈvɔli-] *m* volleyball

völlig [ˈfœlɪç] **I.** *adj* complete **II.** *adv* completely; **Sie haben ~ recht** you're absolutely right

volljährig [ˈfɔljɛːrɪç] *adj* of age; **~ werden** to come of age

Volljährigkeit <-> *f kein pl* majority

Vollkaskoversicherung *f* fully comprehensive insurance

vollkommen [fɔlˈkɔmən] **I.** *adj* ❶ (*per-

fekt) perfect ❷ (*völlig*) complete **II.** *adv* completely

Vollkommenheit <-> *f kein pl* perfection

Vollkornbrot *nt* wholemeal [*or* AM whole-grain] bread

Vollmacht <-, -en> ['fɔlmaxt] *f* authorization; **jdm [die] ~ geben, etw zu tun** to authorize sb to do sth

Vollmilch *f* full-cream milk BRIT, whole milk AM

Vollmond *m kein pl* full moon; **bei ~** when the moon is full

Vollpension *f kein pl* full board; **mit ~** for full board

vollständig ['fɔlʃtɛndɪç] **I.** *adj* complete **II.** *adv* completely

Vollständigkeit <-> *f kein pl* completeness

Vollstreckung <-, -en> *f* execution

Vollversammlung *f* general meeting

Vollwertkost *f kein pl* wholefoods *pl*

vollzählig ['fɔltsɛːlɪç] *adj* complete; **~ sein** to be all present

vollziehen* [fɔl'tsiːən] *irreg vt* to carry out *sep; Urteil* to execute

Vollzugsanstalt *f* penal institution

Volontär(in) <-s, -e> [volɔn'tɛːɐ̯] *m(f)* trainee

Volt <-[e]s, -> [vɔlt] *nt* volt

Volumen <-s, -> [vo'luːmən] *nt* volume

von [fɔn] *präp +dat* ❶ *räumlich* (*ab, herkommend*) from; **~ woher ...?** where ... from? from where ...?; (*herab, heraus*) off; **er fiel ~ der Leiter** he fell off the ladder ❷ *räumlich* (*etw entfernend*) from, off; **die Wäsche ~ der Leine nehmen** to take the washing off the line; **Schweiß ~ der Stirn wischen** to wipe sweat from one's brow ❸ *zeitlich* from; **die Zeitung ~ gestern** yesterday's paper; **~ jetzt an** from now on; **~ wann ist der Brief?** when is the letter from? ❹ (*Ursache, Urheber*) **~ jdm gelobt werden** to be praised by sb; **müde ~ der Arbeit** tired of work; **~ wem ist dieser Roman?** who is this novel by?; **das war nicht nett ~ dir!** that was not nice of you! ❺ (*Zugehörigkeit*) of; **die Königin ~ England** the Queen of England; **keiner ~ uns** none of us ❻ (*bei Maßangaben*) of; **einen Abstand ~ zwei Metern** a distance of two metres ▶ **~ wegen!** no way!

voneinander [fɔnʔai'nandɐ] *adv* from each other; **wir könnten viel ~ lernen** we could learn a lot from each other

vor [foːɐ̯] **I.** *präp* ❶ (*davor befindlich*) in front of; **sie ließ ihn ~ sich her gehen** she let him go in front of her; **~ sich hin summen** (*fam*) to hum to oneself ❷ (*eher*) before; **~ Kurzem/hundert Jahren** a short time/hundred years ago; **es ist zehn ~ zwölf** it is ten to twelve; **~ jdm am Ziel sein** to get somewhere before sb else ❸ (*bedingt durch*) with; **starr ~ Schreck** rigid with horror **II.** *adv* forward; **~ und zurück** backwards and forwards

Vorahnung *f* premonition

voran [fo'ran] *adv* ❶ (*vorn befindlich*) first ❷ (*vorwärts*) forwards

voran|gehen *vi irreg sein* ❶ (*an der Spitze gehen*) to go first; **jdm ~** to go ahead of sb ❷ (*Fortschritte machen*) to make progress ❸ (*einer Sache vorausgehen*) **dem Projekt gingen lange Planungsphasen voran** the project was preceded by long phases of planning **voran|kommen** *vi irreg sein* ❶ to make headway ❷ (*Fortschritte machen*) to make progress

Vorarbeiter(in) *m(f)* foreman *masc*, forewoman *fem*

voraus [fo'raus] *adv* ahead; **jdm ~ sein** to be ahead of sb; **im Voraus** in advance

Voraussage <-, -n> *f* prediction

voraus|sagen *vt* to predict **Vorausschau**

f foresight; (*finanziell*) projection; **in kluger/weiser ~** with sensible/wise foresight **voraus|schauen** *vi* to look ahead **vorausschauend I.** *adj* foresighted **II.** *adv* foresightedly; **bei langfristigen Projekten muss ~ geplant werden** with long-term projects planning must be conducted with an eye to the future **voraus|setzen** *vt* ❶ (*annehmen*) to assume ❷ (*erfordern*) to require

Voraussetzung <-, -en> *f* precondition; **unter der ~, dass ...** on condition that ...; **unter bestimmten ~en** under certain conditions

voraussichtlich [fo'rauszɪçtlɪç] **I.** *adj* expected **II.** *adv* probably

Vorauszahlung *f* advance payment

vorbei [foːɐ̯'bai] *adv* ❶ *örtlich* **an etw** *dat* **~** past sth; **wir sind schon an München ~** we have already passed Munich ❷ *zeitlich* **~ sein** to be over; **es ist drei Uhr ~** it's gone three o'clock

vorbei|fahren *irreg vi sein* to drive past **vorbei|gehen** [foːɐ̯'baigeːən] *vi irreg sein* ❶ (*vorübergehen*) [**an jdm/etw**] **~** to go past [sb/sth]; **im Vorbeigehen** in passing ❷ (*danebengehen*) to miss ❸ (*vergehen*) **etw geht vorbei** sth passes **vorbei|lassen** *vt irreg* **jdn/etw** [**an jdm**] **~** to let sb/sth past [sb]; **lassen Sie uns bitte vorbei!** let us through please! **vorbei|reden** *vi* **am Thema ~** to miss the point; **aneinander ~** to be talking at cross purposes

vor|bereiten* **I.** *vt* to prepare **II.** *vr* **sich ~** to prepare oneself (**für/auf** for)

V

Vorbereitung <-, -en> *f* preparation; **~en treffen** to make preparations (**für** for)

vor|bestellen* *vt* to order in advance; **ich möchte bitte zwei Karten ~** I'd like to book two tickets please

Vorbestellung *f* advance booking

vorbestraft *adj* previously convicted (**wegen** for); **nicht ~ sein** to not have a criminal record

vor|beugen I. *vi* **einer Krankheit/Gefahr ~** to prevent an illness/danger **II.** *vr* **sich ~** to lean forward

vorbeugend *adj* preventive

Vorbeugung <-, -en> *f* prevention; **zur ~** as a prevention

Vorbild <-[e]s, -er> ['foːɐ̯bɪlt] *nt* example; **nach dem ~ von ...** following the example set by ...; [**jdm**] **als ~ dienen** to serve as an example [for sb]

vorbildlich I. *adj* exemplary **II.** *adv* in an exemplary manner

Vorderachse *f* front axle **Vorderasien** <-s> *nt* Near East

vordere(r, s) ['fɔrdərə, -rɐ, -rəs] *adj* front; **die ~ Reihe** the front row

Vorderfront *f* frontage **Vordergrund** *m* foreground; **im ~ stehen** to be the centre of attention; **in den ~ treten** to come to the fore **Vorderrad** *nt* front wheel **Vorderseite** *f* front [side]

vorderste(r, s) ['fɔrdɐstə, -stɐ, -stəs] *adj superl von* **vordere(r, s)** foremost

Vordiplom *nt* intermediate diploma

vor|drängeln *vr*, **vor|drängen** *vr* **sich ~** to push to the front

vor|dringen *vi irreg sein* [**bis**] **irgendwohin ~** to reach somewhere

voreilig ['foːɐ̯ʔailɪç] **I.** *adj* rash **II.** *adv* rashly

voreingenommen ['foːɐ̯ʔaingənɔmən] *adj* prejudiced (**gegenüber** against)

vorerst ['foːɐ̯ʔeːɐ̯st] *adv* for the time being

Vorfahr(in) <-en, -en> ['foːɐ̯faːɐ̯] *m(f)* ancestor

Vorfahrt ['foːɐ̯faːɐ̯t] *f kein pl* right of way; **jdm die ~ nehmen** to fail to give way to sb

Vorfall *m* incident

Vorfreude *f* anticipation (**auf** of)

vor|führen *vt* ❶ (*darbieten*) to perform ❷ (*bloßstellen*) **jdn ~** to show sb up

Vorführung *f* FILM showing

Vorgang <-gänge> *m* ❶ (*Geschehnis*) event ❷ (*Prozess*) process

Vorgänger(in) <-s, -> *m(f)* predecessor

Vorgarten *m* front garden

vor|geben *irreg vi* ~ [**, dass ...**] to pretend [that ...]

Vorgebirge *nt* foothills *pl*

vor|gehen *vi irreg sein* ❶ (*vorausgehen*) to go on ahead ❷ *Uhr* to be fast; **meine Uhr geht fünf Minuten vor** my watch is five minutes fast ❸ (*Vorrang haben*) to have priority ❹ (*agieren*) to take action (**gegen** against) ❺ (*sich abspielen*) to go on; **in jdm ~** to go on inside sb ❻ (*verfahren*) to proceed (**bei** in)

Vorgesetzte(r) *f(m) dekl wie adj* superior

vorgestern ['fo:ɐ̯gɛstɐn] *adv* the day before yesterday

vor|greifen *vi irreg* to anticipate

vor|haben ['fo:ɐ̯ha:bn̩] *vt irreg* **etw ~** to plan sth; **etw mit jdm ~** to have sth planned for sb

Vorhaben <-s, -> ['fo:ɐ̯ha:bn̩] *nt* plan

Vorhand ['fo:ɐ̯hant] *f kein pl* forehand

vorhanden ['fo:ɐ̯'handn̩] *adj* ❶ (*verfügbar*) available ❷ (*existierend*) existing

Vorhang <-s, Vorhänge> ['fo:ɐ̯haŋ] *m* curtain

Vorhängeschloss *nt* padlock

Vorhaut *f* foreskin

vorher [fo:ɐ̯'he:ɐ̯] *adv* beforehand

vorherbestimmt *adj* ~ **sein** to be predestined

Vorherrschaft *f* [pre]dominance

vorherrschend *adj* predominant, prevailing; (*weitverbreitet*) prevalent

Vorhersage [fo:ɐ̯'he:ɐ̯za:gə] *f* ❶ METEO forecast ❷ (*Voraussage*) prediction

vorher|sagen *vt* to predict

vorhersehbar *adj* foreseeable

vorher|sehen *vt irreg* to foresee

vorhin [fo:ɐ̯'hɪn] *adv* just [now]

vorig ['fo:rɪç] *adj attr* last

Vorkehrung <-, -en> *f* precaution; **~en treffen** to take precautions

vor|kommen *vi irreg sein* ❶ (*passieren*) to happen; **das kann [schon mal] ~** these things [can] happen; **das soll nicht wieder ~** it won't happen again ❷ (*vorhanden sein*) to be found ❸ (*erscheinen*) to seem; **sich** *dat* **[irgendwie] ~** to feel [somehow]

Vorladung *f* JUR summons

Vorlage *f* (*Muster*) pattern

vor|lassen *vt irreg* to let past

Vorläufer(in) *m(f)* precursor

vorläufig ['fo:ɐ̯lɔyfɪç] **I.** *adj* temporary; (*Ergebnis*) provisional **II.** *adv* for the time being

vorlaut ['fo:ɐ̯laut] *adj* impertinent

vor|lesen *irreg* **I.** *vt* **[jdm] etw ~** to read out *sep* sth [to sb] **II.** *vi* to read aloud (**aus** from)

Vorlesung *f* lecture; **eine ~ halten** to give a lecture (**über** on)

vorletzte(r, s) ['fo:ɐ̯lɛtstə, -stɐ, -stəs] *adj* last but one

Vorliebe [fo:ɐ̯'li:bə] *f* preference (**für** for); **eine ~ haben** to have a particular liking (**für** of)

vor|machen *vt* ❶ (*täuschen*) **jdm etw ~** to fool sb; **sich** *dat* **etw ~** to fool oneself; **machen wir uns doch nichts vor** let's not kid ourselves ❷ (*zeigen*) **jdm etw ~** to show sb [how to do] sth

Vormittag ['foɐ̯mɪta:k] *m* morning; **am [frühen/späten] ~** [early/late] in the morning

vormittags ['foɐ̯mɪta:ks] *adv* in the morning

Vormund <-[e]s, -e> ['foɐ̯mʊnt] *m* guardian

Vormundschaft <-, -en> ['foɐ̯mʊntʃaft] *f* guardianship

vorn [fɔrn] *adv* at the front (**in** of); **nach ~** to the front; **nach ~ fallen** to fall forward; **von ~** from the front; (*von Anfang an*) from the beginning; **von ~ bis hinten** from beginning to end

Vorname *m* first name

vornehm ['fo:ɐ̯ne:m] *adj* ❶ (*edel*) noble;

V

~ **tun** to put on airs ❷ (*elegant*) distinguished

vor|nehmen *vt irreg* ❶ (*einplanen*) **sich** *dat* **etw** ~ to plan sth ❷ (*fam*) **sich** *dat* **jdn** ~ to give sb a good talking-to ❸ (*ausführen*) to carry out *sep;* **eine Untersuchung** ~ to do an examination

vornherein [ˈfɔrnhɛrain] *adv* **von** ~ from the start

vornüber [fɔrnˈʔyːbɐ] *adv* forwards

Vorort [ˈfoːɐ̯ʔɔrt] *m* suburb

Vorrang *m kein pl* priority (**vor** over); **mit** ~ as a matter of priority

vorrangig *adj* priority *attr;* ~ **sein** to have priority

Vorrat <-[e]s, Vorräte> [ˈfoːɐ̯raːt] *m* stocks *pl;* **etw auf** ~ **haben** to have sth in stock; **etw auf** ~ **kaufen** to stock up on sth; **Vorräte anlegen** to lay in stock[s *pl*]; **so lange der** ~ **reicht** while stocks last

vorrätig [ˈfoːɐ̯rɛtɪç] *adj* **etw** ~ **haben** to have sth in stock

Vorrecht *nt* privilege

Vorrichtung <-, -en> *f* device

Vorruhestand *m* early retirement

Vorrunde *f* preliminary round

vor|sagen *vt* [**jdm**] **etw** ~ to whisper sth [to sb]

Vorsaison *f* low season

Vorsatz <-[e]s, Vorsätze> [ˈfoːɐ̯zats] *m* resolution; **den** ~ **fassen, etw zu tun** to resolve to do sth

vorsätzlich [ˈfoːɐ̯zɛtslɪç] **I.** *adj* deliberate **II.** *adv* deliberately

vor|schicken *vt* **jdn** ~ to send sb [on] ahead

vor|schieben *vt irreg* ❶ (*vorschützen*) to use as an excuse ❷ (*nach vorn schieben*) to push forward

vor|schießen *vt irreg* [**jdm**] **etw** ~ to advance [sb] sth

Vorschlag *m* proposal; [**jdm**] **einen** ~ **machen** to make a suggestion [to sb]; **auf jds** ~ [**hin**] on sb's recommendation

vor|schlagen *vt irreg* [**jdm**] **etw** ~ to propose sth [to sb]; **jdm** ~**, etw zu tun** to suggest that sb do sth

vorschnell I. *adj* rash **II.** *adv* rashly

vor|schreiben *vt irreg* **jdm etw** ~ to stipulate sth to sb; **jdm** ~**, was/wie ...** to tell sb what/how ...

Vorschrift *f* regulation; ~ **sein** to be the regulation[s]; **jdm** ~**en machen** to tell sb what to do; **nach** ~ to rule

vorschriftsmäßig *adj, adv* according to the regulations

Vorschule *f* nursery school

Vorschuss <-es, Vorschüsse> [ˈfoːɐ̯ʃʊs] *m* FIN advance

vor|sehen *irreg* **I.** *vr* **sich** [**vor jdm**] ~ to watch out [for sb]; **sieh dich vor!** watch it! **II.** *vt* **jdn** ~ to designate sb (**für** for) **III.** *vi* ~**, dass/wie ...** to provide for the fact that/for how ...; **es ist vorgesehen,** [**dass ...**] it is planned [that ...]

Vorsehung <-> [ˈfoːɐ̯zeːʊŋ] *f kein pl* providence

Vorsicht <-> [ˈfoːɐ̯zɪçt] *f kein pl* care; **mit** ~ carefully; **zur** ~ as a precaution; ~**!** watch out!

vorsichtig I. *adj* careful **II.** *adv* carefully

vorsichtshalber *adv* as a precaution

Vorsichtsmaßnahme *f* precaution; ~**n treffen** to take precautions

Vorsilbe *f* prefix

vor|singen *irreg vt* [**jdm**] **etw** ~ to sing sth [to sb]

Vorsitz [ˈfoːɐ̯zɪts] *m* chairmanship; **den** ~ **haben** to be chairman/chairwoman; **den** ~ **bei etw** *dat* **haben** to chair sth

Vorsitzende(r) *f(m) dekl wie adj* chairman/chairwoman/chairperson

Vorsorge *f* provisions *pl;* ~ **für etw** *akk* **treffen** to make provisions for sth

vor|sorgen *vi* to provide (**für** for)

Vorspeise *f* starter

Vorspiel *nt* foreplay

vor|spielen *vt* [**jdm**] **etw** ~ ❶ MUS to play sth [for sb] ❷ (*heucheln*) to put on sth [for sb]

Vorsprung *m* lead
Vorstadt *f* suburb
Vorstand *m* (*einer Firma*) board; (*Parteivorstand*) executive; (*Vereinsvorstand*) committee
Vorstandssitzung *f* board meeting
Vorsteher(in) <-s, -> ['fo:ɐ̯ʃte:ɐ] *m(f)* head
vor|stellen I. *vt* ❶ **sich** *dat* **etw** ~ to imagine sth ❷ (*mit etw verbinden*) **unter dem Namen Schlüter kann ich mir nichts** ~ the name Schlüter doesn't mean anything to me ❸ (*bekannt machen*) **jdm jdn** ~ to introduce sb to sb ❹ (*präsentieren*) **jdm etw** ~ to present sth to sb II. *vr* ❶ **sich** [**jdm**] ~ to introduce oneself [to sb] ❷ (*vorstellig werden*) **sich** ~ to go for an interview
Vorstellung *f* ❶ idea; **in jds** ~ in sb's mind; **jds** ~ **entsprechen** to meet sb's requirements; **falsche ~en haben** to have false hopes ❷ THEAT performance; FILM showing
Vorstellungsgespräch *nt* interview
Vorstellungskraft *f kein pl*, **Vorstellungsvermögen** *nt kein pl* imagination
Vorstrafe *f* previous conviction
vor|täuschen *vt Unfall* to fake; *Interesse* to feign
Vortäuschung *f* pretence; **unter ~ falscher Tatsachen** under false pretences
Vorteil <-s, -e> ['fo:ɐ̯tail] *m* advantage; **im ~ sein** to have an advantage (**gegenüber** over); **von ~ sein** to be advantageous (**für** to)
Vortrag <-[e]s, Vorträge> ['fo:ɐ̯tra:k] *m* lecture; **einen ~ halten** to give a lecture (**über** on)
vor|tragen *vt irreg* ❶ (*darlegen*) [**jdm**] **etw** ~ to present sth [to sb] ❷ *Gedicht* to recite; *Lied* to sing; *Musikstück* to play
vortrefflich [fo:ɐ̯'trɛflɪç] I. *adj* excellent II. *adv* excellently
Vortritt *m* precedence; **jdm den ~ lassen** to let sb go first
vorüber [fo'ry:bɐ] *adv* ~ **sein** ❶ *räumlich* to have gone past; **wir sind an dem Geschäft sicher schon** ~ we must have already passed the shop ❷ *zeitlich* to be over
vorüber|gehen [fo'ry:bɐge:ən] *vi irreg sein* ❶ **an jdm/etw** ~ to go past sb/sth; **im V~** in passing ❷ *zeitlich* to pass; *Schmerz* to go
vorübergehend I. *adj* temporary II. *adv* for a short time
Vorurteil ['fo:ɐ̯ʔʊrtail] *nt* prejudice; **~e haben** to be prejudiced (**gegen** against); **das ist ein** ~ that's prejudiced
vorurteilsfrei *adj* unbiased; (*Gutachter*) unprejudiced
Vorverkaufsstelle *f* advance ticket office
vor|verlegen* *vt* **etw** [**auf etw** *akk*] ~ to bring sth forward [to sth]
Vorwahl *f* TELEK area code
Vorwand <-[e]s, Vorwände> ['fo:ɐ̯vant] *m* pretext; **unter einem** ~ on a pretext
vorwärts ['fo:ɐ̯vɛrts] *adv* forward; **~!** move!
vorwärts|bringen *vt* **jdn** ~ to help sb make progress
Vorwärtsgang <-gänge> *m* forward gear
vorwärts|kommen *vi* to get on
vorweg|nehmen [fo:ɐ̯'vɛkne:mən] *vt irreg* to anticipate
vor|werfen *vt irreg* **jdm etw** ~ to reproach sb for sth
vorwiegend *adv* predominantly
vorwitzig *adj* cheeky
Vorwort <-worte> *nt* foreword
Vorwurf <-[e]s, Vorwürfe> *m* reproach; **jdm Vorwürfe machen** to reproach sb (**wegen** for)
vorwurfsvoll I. *adj* reproachful II. *adv* reproachfully
Vorzeichen *nt* omen

vor|zeigen *vt* [**jdm**] **etw** ~ to show [sb] sth
Vorzeit ['foːɐ̯tsait] *f* prehistoric times
vorzeitig ['foːɐ̯tsaitɪç] *adj* early; *Tod* untimely
vor|ziehen *vt irreg* (*bevorzugen*) to prefer; **etw** [**einer S.** *dat*] ~ to prefer sth [to sth]; **ich ziehe es vor, spazieren zu gehen** I'd rather go for a walk
Vorzimmer *nt* secretariat
Vorzug <-[e]s, Vorzüge> ['foːɐ̯tsuːk] *m* ❶ (*gute Eigenschaft*) asset ❷ (*Vorteil*) advantage
vorzüglich [foːɐ̯'tsyːglɪç] **I.** *adj* excellent **II.** *adv* excellently
Votum <-s, Voten> ['voːtʊm] *nt* vote
vulgär [vʊl'gɛːɐ̯] **I.** *adj* vulgar **II.** *adv* **sich ~ ausdrücken** to use vulgar language
Vulkan <-[e]s, -e> [vʊl'kaːn] *m* volcano
Vulkanausbruch *m* volcanic eruption
vulkanisch [vʊl'kaːnɪʃ] *adj* volcanic

Ww

W, w <-, -> [veː] *nt* W, w
Waage <-, -n> ['vaːgə] *f* ❶ scales *npl* ❷ *kein pl* ASTROL Libra
waagerecht ['vaːgərɛçt] **I.** *adj* horizontal **II.** *adv* horizontally
Wabe <-, -n> ['vaːbə] *f* honeycomb
wach [vax] *adj* awake; ~ **werden** to wake up
Wache <-, -n> ['vaxə] *f* ❶ *kein pl* ~ **stehen** to be on guard duty ❷ (*Wachposten*) guard
wachen ['vaxn̩] *vi* (*auf etw achten*) **über etw** *akk* ~ to ensure that sth is done
Wacholder <-s, -> [va'xɔldɐ] *m* juniper
Wachs <-es, -e> [vaks] *nt* wax
wachsam ['vaxzaːm] *adj* vigilant
wachsen[1] <wuchs, gewachsen> ['vaksn̩] *vi sein* to grow; **in die Breite/Höhe** ~ to grow broader/taller; **sich** *dat* **einen Bart ~ lassen** to grow a beard
wachsen[2] ['vaksn̩] *vt* (*mit Wachs*) to wax
Wachsfigurenkabinett *nt* waxworks *npl*
Wachstuch *nt* oilcloth
Wachstum <-[e]s> ['vakstuːm] *nt kein pl* growth
Wachstumsschwäche *f* slow growth
Wächter(in) <-s, -> ['vɛçtɐ] *m(f)* ❶ guard ❷ (*Hüter*) guardian
Wach(t)turm *m* watchtower
Wackelkontakt *m* loose connection
wackeln ['vakl̩n] *vi* to wobble
Wade <-, -n> ['vaːdə] *f* calf
Waffe <-, -n> ['vafə] *f* weapon; **zu den ~n greifen** to take up arms
Waffel <-, -n> ['vafl̩] *f* waffle
Waffengewalt *f kein pl* armed force; **mit** ~ by force of arms **Waffenschein** *m* firearms licence **Waffenstillstand** *m* ceasefire
Wagemut *m* daring *no indef art*
wagemutig *adj* daring
wagen ['vaːgn̩] **I.** *vt* to risk; **es ~, etw zu tun** to dare [to] do sth **II.** *vr* **sich an etw** *akk* ~ to venture to tackle sth
Wagen <-, Wagen> ['vaːgn̩] *m* ❶ cart ❷ (*Pkw*) car ❸ (*Waggon*) carriage
Wagenheber <-s, -> *m* jack
Waggon <-s, -s> [va'gɔŋ] *m* wag[g]on
waghalsig ['vaːkhalzɪç] *adj* daring
Wagnis <-ses, -se> ['vaːknɪs] *nt* risk; (*Vorhaben*) risky venture
Wahl <-, -en> [vaːl] *f* ❶ POL election; **zur ~ gehen** to vote ❷ *kein pl* (*Aus-*

wahl) choice; **eine ~ treffen** to make a choice; **jdm keine ~ lassen** to leave sb [with] no alternative ③ *(Klasse)* **erste/zweite ~** top quality/second-class quality

wahlberechtigt *adj* entitled to vote *pred*

wählen ['vɛːlən] *vt, vi* ① POL **[jdn/etw] ~** to vote [for sb/sth]; **jdn zu etw** *dat* **~** to elect sb as sth ② *(auswählen)* to choose ③ TELEK to dial

Wähler(in) <-s, -> *m(f)* voter

Wahlergebnis *nt* election result

wählerisch ['vɛːlərɪʃ] *adj* particular

Wahlfach *nt* option **Wahlkampf** *m* election campaign **Wahlkreis** *m* constituency **Wahllokal** *nt* polling station

wahllos ['vaːlloːs] **I.** *adj* indiscriminate **II.** *adv* indiscriminately

Wahlniederlage *f* electoral defeat **Wahlrecht** *nt kein pl* [right to] vote **Wahlschein** *m* postal vote form BRIT, absentee ballot AM **Wahlsieg** *m* election victory **Wahlspruch** *m* motto

Wahn <-[e]s> [vaːn] *m kein pl* delusion

Wahnsinn *m kein pl* madness; **~!** wild!; **heller ~ sein** to be sheer madness; **jdn zum ~ treiben** to drive sb mad

wahnsinnig **I.** *adj* ① mad; **jdn ~ machen** to drive sb mad ② *Plan, Unternehmen* crazy ③ *attr* *(gewaltig)* terrible **II.** *adv* terribly; **~ viel** a heck of a lot

Wahnsinnige(r) *f(m) dekl wie adj* madman *masc,* madwoman *fem*

wahr [vaːɐ̯] *adj* ① *(zutreffend)* true ② *(wirklich)* real; **~ werden** to become a reality

während ['vɛːrənt] **I.** *präp +gen* during **II.** *konj* ① *zeitlich* while ② *(wohingegen)* whereas

wahrhaft ['vaːɐ̯haft] *adj attr* real

Wahrheit <-, -en> ['vaːɐ̯hait] *f* truth *no pl;* **die ~ sagen** to tell the truth

wahrheitsgetreu *adj* accurate

wahrnehmbar *adj* perceptible

wahr|nehmen ['vaːɐ̯neːmən] *vt irreg* to perceive

Wahrnehmung <-, -en> *f* perception *no pl*

wahr|sagen ['vaːɐ̯zaːgn̩] *vi* to tell fortunes

Wahrsager(in) <-s, -> ['vaːɐ̯zaːgɐ] *m(f)* fortune teller

Wahrsagung <-, -en> *f* *(Prophezeiung)* prediction

wahrscheinlich [vaːɐ̯'ʃainlɪç] **I.** *adj* probable **II.** *adv* probably

Wahrscheinlichkeit <-, -en> *f* probability; **aller ~ nach** in all probability

Wahrscheinlichkeitsrechnung *f kein pl* MATH probability calculus

Währung <-, -en> ['vɛːrʊŋ] *f* currency

Währungsfonds *f* monetary fund **Währungsreform** *f* currency reform

Wahrzeichen ['vaːɐ̯tsaiçn̩] *nt* landmark

Waise <-, -n> ['vaizə] *f* orphan

Waisenhaus *nt* orphanage

Wal <-[e]s, -e> [vaːl] *m* whale

Wald <-[e]s, Wälder> [valt] *m* forest

Waldbrand *m* forest fire **Waldmeister** *m* woodruff **Waldsterben** *nt* death of the forest[s] as a result of pollution **Waldweg** *m* forest path **Waldwirtschaft** *f kein pl* forestry

Wales <-> [weɪlz] *nt* Wales

Waliser(in) <-s, -> [va'liːzɐ] *m(f)* Welshman *masc,* Welsh woman *fem*

walisisch [va'liːzɪʃ] *adj* Welsh

Wall <-[e]s, Wälle> [val] *m* embankment

Wallfahrer(in) *m(f)* pilgrim

Wallfahrt ['valfaːɐ̯t] *f* pilgrimage

Walnuss ['valnʊs] *f* walnut

Walross ['valrɔs] *nt* walrus

Walze <-, -n> ['valtsə] *f* roller

walzen ['valtsn̩] *vt* to roll

wälzen ['vɛltsn̩] **I.** *vt* to roll **II.** *vr* **sich ~** to roll

Walzer <-s, -> ['valtsɐ] *m* waltz; **Wiener ~** Viennese waltz

Wand <-, Wände> [vant] *f* wall

W

Wandel <-s> ['vandl̩] *m kein pl* change

wandeln ['vandl̩n] **I.** *vt* to change **II.** *vr* **sich ~** to change

Wanderer(in) <-s, -> ['vandərɐ] *m(f)* hiker

Wanderkarte *f* map of walks

wandern ['vandɐn] *vi sein* to hike

Wanderschaft <-> *f kein pl* **auf ~ sein** to be on one's travels

Wanderung <-, -en> ['vandərʊŋ] *f* hike; **eine ~ machen** to go on a hike

Wandteppich *m* tapestry

Wange <-, -n> ['vaŋə] *f* cheek

Wankelmotor *m* rotary piston engine

wankelmütig ['vaŋkl̩my:tɪç] *adj* inconsistent

wanken ['vaŋkn̩] *vi sein* (*wankend gehen*) to stagger

wann [van] *adv* when; **bis ~** until when; **~ [auch] immer** whenever; **seit ~** since when

Wanne <-, -n> ['vanə] *f* tub

Wanze <-, -n> ['vantsə] *f* bug

Wappen <-s, -> ['vapn̩] *nt* coat of arms

wappnen ['vapnən] *vr* **sich ~** to prepare oneself (**gegen** for)

Ware <-, -n> ['va:rə] *f* (*zum Verkauf*) merchandise

Warenhaus *nt* department store

warm <wärmer, wärmste> [varm] *adj* warm; **mir ist zu ~** I'm too hot; **etw ~ halten** to keep sth warm; **etw ~ machen** to heat sth up

Wärme <-> ['vɛrmə] *f kein pl* warmth

wärmen ['vɛrmən] *vt* to warm up

Wärmflasche *f* hot-water bottle

warmherzig *adj* warm-hearted

Warnblinkanlage *f* hazard warning lights *npl* **Warndreieck** *nt* hazard warning triangle

warnen ['varnən] *vt* to warn (**vor** about)

Warnhinweis *m* warning label **Warnlicht** *nt* hazard warning light **Warnschild** *nt* warning sign **Warnschuss** *m* warning shot **Warnstreik** *m* token strike

Warnung <-, -en> *f* warning (**vor** about)

Warschau <-s> ['varʃau] *nt* Warsaw

Wartehalle *f* waiting room **Warteliste** *f* waiting list

warten[1] ['vartn̩] *vi* to wait (**auf** for)

warten[2] ['vartn̩] *vt* to service

Wärter(in) <-s, -> ['vɛrtɐ] *m(f)* warder BRIT, guard AM

Wartezimmer *nt* waiting room

Wartung <-, -en> *f* service

warum [va'rʊm] *adv* why; **~ nicht?** why not?

Warze <-, -n> ['vartsə] *f* wart

was [vas] *pron* ❶ what; **~ ist?** what's the matter? ❷ *s.* **etwas**

Waschanlage *f* car wash

waschbar *adj* washable

Waschbär *m* racoon

Waschbecken *nt* washbasin

Wäsche <-, -n> *f kein pl* washing; **etw in die ~ tun** to put sth in the wash

Wäscheklammer *f* [clothes] peg **Wäscheleine** *f* [clothes]line

waschen <wusch, gewaschen> ['vaʃn̩] *vt* to wash

Wäscherei <-, -en> [vɛʃə'rai] *f* laundry

Wäschetrockner <-s, -> *m* drier

Waschlappen *m* flannel **Waschmaschine** *f* washing machine **Waschmittel** *nt* detergent **Waschpulver** *nt* washing powder **Waschraum** *m* washroom **Waschsalon** *m* launderette BRIT, laundromat AM

Wasser <-s, -> ['vasɐ] *nt* water *no pl*

Wasserball *m kein pl* (*Spiel*) water polo **Wasserdampf** *m* steam **wasserdicht** *adj* watertight **Wasserfall** *m* waterfall **Wasserfarbe** *f* watercolour **Wasserhahn** *m* [water] tap [*or* AM faucet] **Wasserkraft** *f kein pl* water power **Wasserkraftwerk** *nt* hydroelectric power station **Wasserleitung** *f* water pipe **Wassermann** ['vasɐman] *m* Aquarius *no def art* **Wassermelone** *f* watermelon **Wasserpflanze** *f* aquatic plant **Wasserpistole** *f* water pistol **Wasserratte** *f* ❶ water rat ❷ (*fam*) keen swimmer **Wasserrohr** *nt* water pipe

wasserscheu *adj* scared of water

Wasserski *m kein pl* waterskiing **Wassersport** *m* water sports *npl* **Wasserstand** *m* water level **Wasserstoff** *m* hydrogen **Wasserstoffblondine** *f* (*hum fam*) peroxide blonde **Wasserstrahl** *m* jet of water **Wasserwaage** *f* spirit level **Wasserwelle** *f* MODE shampoo and set **Wasserwerk** *nt* waterworks + *sing/pl vb* **Wasserzeichen** *nt* watermark

waten ['va:tn̩] *vi sein* to wade

watscheln ['va:tʃl̩n] *vi sein* to waddle

Watt[1] <-s, -> [vat] *nt* PHYS watt

Watt[2] <-[e]s, -en> [vat] *nt* mudflats *npl*

Watte <-, -n> ['vatə] *f* cotton wool *no pl*

Wattebausch *m* wad of cotton wool **Wattestäbchen** *nt* cotton bud

WC <-s, -s> [ve:'tse:] *nt Abk von* **watercloset** WC, bathroom AM

weben <webte *o geh* wob, gewebt> ['ve:bn̩] *vt, vi* to weave

Weblog ['wɛblɔg] *nt* blog **Webseite** *f* INFORM web page **Website** <-, -s> ['wɛbˌsaɪt] *f* web site

Webstuhl *m* loom

Wechsel <-s, -> ['vɛksl̩] *m* ❶ *kein pl* (*das Wechseln*) change; **in stündlichem ~** in hourly rotation ❷ SPORT (*Übergabe*) changeover

Wechselgeld *nt* change

wechselhaft *adj* changeable

Wechseljahre *pl* menopause *no pl;* **in die ~ kommen** to reach the menopause **Wechselkurs** *m* exchange rate

wechseln ['vɛksl̩n] *vt, vi* to change

wechselseitig *adj* mutual

Wechselstrom *m* alternating current

wecken ['vɛkn̩] *vt* **jdn ~** to wake sb [up]; **von Lärm geweckt werden** to be woken by noise

Wecken ['vɛkn̩] *m* ÖSTERR, SÜDD (*Brötchen*) roll

Wecker <-s, -> ['vɛkɐ] *m* alarm clock

wedeln ['ve:dl̩n] *vi* **mit etw** *dat* **~** to wave sth

weder ['ve:dɐ] *konj* **~ ... noch ...** neither ... nor ...; **~ du noch er** neither you nor him; **~ noch** neither

weg [vɛk] *adv* ❶ **~ mit dir!** away with you!; **~ sein** to have gone ❷ **über etw** *akk* **~ sein** to have got over sth

Weg <-[e]s, -e> [ve:k] *m* way; (*Pfad*) path

weg|bleiben *vi irreg sein* to stay away

weg|bringen *vt irreg* to take away

wegen ['ve:gn̩] *präp +gen* because of

weg|fahren *irreg* **I.** *vi sein* to leave **II.** *vt haben* (*wegbringen*) to take away

weg|fliegen *vi irreg sein* to fly away

weg|führen *vt, vi* to lead away

weg|gehen *vi irreg sein* to go away

weg|jagen *vt* to drive away

weg|lassen *vt irreg* (*auslassen*) to leave out *sep*

weg|laufen *vi irreg sein* to run away (**vor** from)

weg|legen *vt* to put down

weg|mobben [-mɔbn̩] *vt* (*fam*) **jdn ~** to hound sb out of his/her job

weg|müssen *vi irreg* to have to go

weg|nehmen *vt irreg* **etw [von etw** *dat*] **~** to take sth [off sth]; **jdm etw ~** to take away sth *sep* from sb

weg|räumen *vt* to clear away *sep*

weg|schicken *vt* ❶ *Post* to send off *sep* ❷ *Person* to send away

weg|schütten *vt* to pour away *sep*

weg|sehen *vi irreg* to look away

weg|stellen *vt* to move out of the way

weg|stoßen *vt irreg* to push away *sep*

weg|tragen *vt irreg* to carry away *sep*

Wegweiser <-s, -> *m* signpost

weg|werfen *vt irreg* to throw away *sep*

weg|wischen *vt* to wipe away *sep*

weg|ziehen *vi irreg sein* to move away

weh [ve:] *adj* sore

wehen ['ve:ən] *vi Wind* to blow; *Fahne* to flutter

wehleidig *adj* oversensitive
wehmütig ['ve:my:tɪç] *adj* melancholy
Wehrdienst *m kein pl* military service; **den ~ verweigern** to refuse to do military service
Wehrdienstverweigerer *m* conscientious objector
wehren ['ve:rən] *vr* **sich ~** to defend oneself (**gegen** against); **sich dagegen ~, etw zu tun** to resist doing sth
wehrlos *adj* defenceless
Wehrpflicht *f kein pl* compulsory military service
Weib <-[e]s, -er> [vaip] *nt* (*pej veraltet*) woman
Weibchen <-s, -> ['vaipçən] *nt* female
Weiberheld *m* (*pej*) ladykiller
weiblich ['vaiplɪç] *adj* ❶ female ❷ (*feminin*) feminine
Weiblichkeit <-> *f kein pl* femininity
weich [vaiç] *adj* soft
Weiche <-, -n> ['vaiçə] *f* points *npl*
weichen <wich, gewichen> ['vaiçn̩] *vi sein* ❶ (*nachgeben*) **jdm/einer S. ~** to give way to sb/sth ❷ (*verschwinden*) **er wich nicht von der Stelle** he didn't budge from the spot
Weichkäse *m* soft cheese
weichlich *adj* weak
Weichling <-s, -e> ['vaiçlɪŋ] *m* (*pej*) weakling
Weichsel <-> ['vaiksl̩] *f* GEOG **die ~** the Vistula
Weichspüler <-s, -> *m* fabric softener
Weide <-, -n> ['vaidə] *f* ❶ BOT willow ❷ AGR meadow
weiden ['vaidn̩] **I.** *vi Kuh* to graze **II.** *vr* **sich an etw** *dat* **~** to revel in sth
weigern ['vaigɐn] *vr* **sich ~** to refuse
Weigerung <-, -en> *f* refusal
Weihe <-, -n> ['vaiə] *f* REL consecration *no pl;* **die ~n empfangen** to take orders
weihen ['vaiən] *vt* to consecrate; **jdm geweiht sein** to be dedicated to sb
Weiher <-s, -> ['vaiɐ] *m* pond
Weihnachten <-, -> ['vainaxtn̩] *nt* Christmas; **fröhliche ~!** merry Christmas!
weihnachtlich *adj* Christmassy
Weihnachtsbaum *m* Christmas tree **Weihnachtsfeiertag** *m* **der erste ~** Christmas Day; **der zweite ~** Boxing Day **Weihnachtsgeld** *nt* Christmas bonus **Weihnachtsgeschenk** *nt* Christmas present **Weihnachtslied** *nt* carol **Weihnachtsmann** *m* Santa Claus **Weihnachtsmarkt** *m* Christmas fair
Weihrauch ['vairaux] *m* incense **Weihwasser** *nt* holy water
weil [vail] *konj* because
Weile <-> ['vailə] *f kein pl* while; **eine ganze ~** quite a while
Wein <-[e]s, -e> [vain] *m* wine
Weinbeere *f* grape **Weinberg** *m* vineyard **Weinbergschnecke** *f* edible snail **Weinbrand** *m* brandy
weinen ['vainən] *vi* to cry; **vor Freude ~** to cry with joy
weinerlich *adj* tearful
Weingut *nt* wine-growing estate **Weinkeller** *m* wine cellar **Weinlese** *f* grape harvest **Weinprobe** *f* wine-tasting **Weinstock** *m* grapevine
weise ['vaizə] *adj* wise
Weise <-, -n> ['vaizə] *f* way; **auf diese ~** in this way; **in gewisser ~** in certain respects
Weisheit <-> ['vaishait] *f kein pl* wisdom
Weisheitszahn *m* wisdom tooth
weis|machen *vt* **jdm ~, dass ...** to lead sb to believe, that ...
weiß [vais] *adj* white
Weissagung <-, -en> *f* prophecy
Weißbrot *nt* white bread **Weißkohl** *m*, **Weißkraut** *nt* SÜDD, ÖSTERR white cabbage **Weißwein** *m* white wine
Weisung <-, -en> *f* instruction; **auf ~ [von jdm]** on [sb's] instructions
weit [vait] **I.** *adj* wide; *Kleidung* baggy **II.** *adv* ❶ (*entfernt*) far; **am ~esten** furthest; **es noch ~ haben** to have a

long way to go; **von Weitem** from afar; **von ~ her** from far away; ~ **weg** far away ❷ (*ganz*) wide; **etw ~ öffnen** to open sth wide ❸ (*erheblich*) far; **bei Weitem** by far; ~ **besser** far better; ~ **gehend** extensive[ly]; ~ **hergeholt** far-fetched; ~ **reichend** extensive; ~ **verbreitet** widespread ❹ *zeitlich* ~ **zurückliegen** to be a long time ago

weitab ['vait'ʔap] *adv* far away; ~ **von etw** *dat* far from sth

weitaus ['vait'ʔaus] *adv* far

Weitblick *m kein pl* vision

Weite <-, -n> ['vaitə] *f* ❶ (*weite Ausdehnung*) expanse ❷ (*Durchmesser, Breite*) width

weiten ['vaitn̩] **I.** *vt* to widen **II.** *vr* **sich** ~ to widen

weiter ['vaitɐ] *adv* further; ~ **bestehen** to continue to exist; **und so** ~ and so on

weiter|bilden *vr* **sich in etw** *dat* ~ to develop one's knowledge of sth

Weiterbildung *f* further education

weiter|bringen *vt irreg* to help along **weiter|führen** *vt* to continue **weiter|geben** *vt irreg* to pass on *sep* (**an** to) **weiter|gehen** *vi irreg sein* to walk on; *Entwicklung* to go on

weiterhin ['vaitɐ'hɪn] *adv* furthermore

weiter|kommen *vi irreg sein* to get further (**mit** with) **weiter|machen** *vi* to continue

weither ['vait'heːɐ̯] *adv* (*geh*) from afar *form*

weithin ['vait'hɪn] *adv* ~ **bekannt/beliebt/unbekannt** widely known/popular/largely unknown

weitreichend *adj s.* **weit II. 3** **weitsichtig** ['vaitzɪçtɪç] *adj* ❶ MED long-sighted BRIT, farsighted AM ❷ (*fig*) visionary **Weitsprung** *m kein pl* long-jump **Weitwinkelobjektiv** *nt* wide-angle lens

Weizen <-s, -> ['vaitsn̩] *m* wheat

welch [vɛlç] *pron* ~ **[ein]** what [a]

welche(r, s) **I.** *pron interrog* which **II.** *pron rel* (*Mensch*) who; (*Sache*) which

welk [vɛlk] *adj* wilted

welken ['vɛlkn̩] *vi sein* to wilt

Wellblech *nt* corrugated iron

Welle <-, -n> ['vɛlə] *f* wave

wellen ['vɛlən] *vr* **sich** ~ to be/become wavy

Wellenbrecher <-s, -> *m* breakwater **Wellenlinie** *f* wavy line **Wellensittich** *m* budgerigar

Wellness <-> ['vɛlnɛs] *f kein pl* wellbeing, health **Wellnessbereich** *m* health centre **Wellnesshotel** *nt* health resort

Welpe <-n, -n> ['vɛlpə] *m* pup

Wels <-es, -e> [vɛls] *m* catfish

Welt <-, -en> [vɛlt] *f* world; **auf der** ~ in the world; **in aller** ~ all over the world

Weltall *nt kein pl* universe **Weltanschauung** *f* philosophy of life **weltberühmt** *adj* world-famous **Weltbevölkerung** *f kein pl* world population **Weltbild** *nt* world view

Weltenbummler(in) *m(f)* globetrotter

weltfremd *adj* unworldly

Weltgeschichte *f kein pl* world history **Weltkarte** *f* world map **Weltkrieg** *m* world war; **der Erste/Zweite** ~ World War One/Two

weltlich ['vɛltlɪç] *adj* worldly

Weltmacht *f* world power

weltmännisch *adj* sophisticated

Weltmeer *nt* ocean **Weltmeister(in)** *m(f)* world champion (**in** at) **Weltmeisterschaft** *f* world championship **Weltraum** *m kein pl* space **Weltraumfähre** *f* space shuttle **Weltraumfahrt** *f kein pl* space journey **Weltreise** *f* world trip; **eine ~ machen** to go on a journey around the world **Weltrekord** *m* world record **Weltsicherheitsrat** *m* Security Council **Weltstadt** *f* metropolis, international city **Weltuntergang** *m* end of the world

weltweit **I.** *adj* global **II.** *adv* globally

Weltzeit *f kein pl* universal time

wem [veːm] I. *pron interrog dat von* **wer** who ... to, to whom; **~ gehört dieser Schlüssel?** who does this key belong to?; **mit/von ~** with/from whom II. *pron rel dat von* **wer: ~ ..., [der]** the person who ... to

wen [veːn] I. *pron interrog akk von* **wer** who, whom; **an ~** who ... to; **für ~** who ... for II. *pron rel akk von s.* **wer: ~ ..., [der]** the person who

Wende <-, -n> ['vɛndə] *f* change

Wendeltreppe *f* spiral staircase

wenden ['vɛndn̩] I. *vr* <wendete *o geh* wandte, gewendet *o geh* gewandt> **sich an jdn ~** to turn to sb; **sich gegen etw** *akk* **~** to oppose sth; **sich irgendwohin ~** to turn to somewhere II. *vt* <wendete, gewendet> (*umdrehen*) to turn over *sep* III. *vi* <wendete, gewendet> AUTO to turn

Wendepunkt *m* turning point

wendig ['vɛndɪç] *adj* manoeuvrable

Wendung <-, -en> *f* ① turn ② (*Redewendung*) expression

wenig ['veːnɪç] I. *pron indef* **~ sein** to be not [very] much; **~e** a few II. *adv* little; **ein ~** a little; **nicht ~** more than a little; **zu ~** too little

weniger ['veːnɪgɐ] *pron indef comp von s.* **wenig** less

wenigste(r, s) I. *pron* **die ~n** very few; **das ~, was ...** the least that ... II. *adv* **am ~n** least of all

wenigstens ['veːnɪçstn̩s] *adv* at least

wenn [vɛn] *konj* ① (*falls*) if; **~ das so ist** if that's the way it is ② (*sobald*) as soon as

wenngleich [vɛn'glaiç] *konj* although

wer [veːɐ̯] I. *pron interrog* who; **~ von ...** which of ... II. *pron rel* **~ ..., [der] ...** the person who ... whoever ... III. *pron indef* (*fam*) somebody

Werbeanruf *m* ÖKON, TELEK telephone advertising call **Werbekampagne** *f* advertising campaign

werben <wirbt, warb, geworben> ['vɛrbn̩] *vi* **für etw** *akk* **~** to advertise sth; **um eine Frau ~** to woo a woman; **um neue Wähler ~** to try to attract new voters

Werbeprospekt *m* promotional brochure **Werbeslogan** *m* advertising slogan **Werbespot** *m* commercial **Werbetext** *m* advertising [*or* publicity] copy *no pl, no indef art*

Werbung <-> *f kein pl* ① (*Branche*) advertising ② (*Reklame*) advertisement; **~ für etw** *akk* **machen** to advertise sth

Werdegang <*selten* -gänge> *m* career

werden ['veːɐ̯dn̩] I. *vi* <wurde, geworden> ① (*sich zu etw ändern*) to become; **es wird dunkel** it is getting dark; **sie ist gerade 98 geworden** she has just turned 98; **alt ~** to get old; **kalt ~** to go cold; **jdm wird heiß/übel** sb feels hot/sick ② (*Entwicklung*) **aus jdm wird etw** sb will turn out to be sth; **aus etw** *dat* **wird etw** sth turns into sth; **zu etw** *dat* **~** to turn into sth II. *vb aux* <wurde, worden> ① *Futur* **etw tun ~** to be going to do sth ② *Konjunktiv* **jd würde etw tun** sb would do sth ③ *in Bitten* **würden Sie sich bitte setzen?** would you please sit down? III. *vb aux* <wurde, worden> *Passiv* **sie wurde entlassen** she was dismissed

werfen <wirft, warf, geworfen> ['vɛrfn̩] *vt* to throw

Werft <-, -en> [vɛrft] *f* shipyard

Werk <-[e]s, -e> [vɛrk] *nt* ① work; **ans ~ gehen** to go to work ② (*Tat*) **ein gutes ~ tun** to do a good deed ③ (*Fabrik*) factory

Werkbank <-bänke> *f* workbench **Werkstatt** *f* workshop **Werktag** *m* workday

werktags *adv* on workdays

Werkzeug <-[e]s, -e> *nt* tool *usu pl* **Werkzeugkasten** *m* toolbox

Wermut <-[e]s> ['veːɐ̯muːt] *m kein pl* vermouth

W

wert [veːɐ̯t] *adj* **[jdm] etw ~ sein** to be worth sth [to sb]

Wert <-[e]s, -e> [veːɐ̯t] *m* ❶ value; **im ~e von etw** *dat* worth sth; **im ~ steigen** to increase in value; **an ~ verlieren** to decrease in value ❷ (*Wichtigkeit*) **~ auf etw** *akk* **legen** to attach value to sth

werten *vt* to rate

Wertkartenhandy [-hɛndi] *nt* TELEK *mobile phone using a payment card*

wertlos *adj* worthless

Wertminderung *f* depreciation **Wertpapier** *nt* FIN bond **Wertschätzung** *f* esteem

Wertung <-, -en> *f* SPORT rating

wertvoll *adj* valuable

Wertvorstellung *f* moral concept

Wesen <-s, -> [ˈveːzn̩] *nt* ❶ being ❷ *kein pl* (*Natur*) nature

Wesenszug *m* characteristic

wesentlich [ˈveːzn̩tlɪç] **I.** *adj* essential; **das Wesentliche** the essential part; **im Wesentlichen** essentially **II.** *adv* considerably

weshalb [vɛsˈhalp] *adv* why

Wespe <-, -n> [ˈvɛspə] *f* wasp

wessen [ˈvɛsn̩] *pron gen von* **wer** whose

Weste <-, -n> [ˈvɛstə] *f* waistcoat

Westen <-s> [ˈvɛstn̩] *m kein pl* west; **im/nach ~** in/to the west

Western <-[s], -> [ˈvɛstɐn] *m* western

Westfalen <-s> [vɛstˈfaːlən] *nt* Westphalia **Westküste** *f* west coast

westlich [ˈvɛstlɪç] **I.** *adj* western **II.** *adv* **~ von etw** *dat* to the west of sth **III.** *präp +gen;* **~ einer S.** *gen* [to the] west of sth

westwärts [ˈvɛstvɛrts] *adv* westwards

Wettannahme *f* betting office

Wettbewerb <-[e]s, -e> [ˈvɛtbəvɛrp] *m* competition

Wettbewerber(in) *m(f)* competitor

Wette <-, -n> [ˈvɛtə] *f* bet; **um die ~ laufen** to race each other

wetteifern *vi* **miteinander ~** to contend with each other

wetten [ˈvɛtn̩] *vi* to bet (**auf** on); **~?** want to bet?; **um was wollen wir ~?** what shall we bet?

Wetter <-s, -> [ˈvɛtɐ] *nt kein pl* weather; **bei jedem ~** in all kinds of weather

Wetterbericht *m* weather report **Wetterdienst** *m* weather service

wettern [ˈvɛtɐn] *vi* **[gegen jdn/etw] ~** to curse [sb/sth]

Wetterumschwung *m* sudden change in the weather **Wettervoraussage** *f*, **Wettervorhersage** *f* weather forecast

Wettkampf *m* competition **Wettlauf** *m* race

wett|machen [ˈvɛtmaxn̩] *vt* **etw ~** to make up for sth

Wettrennen *nt s.* **Wettlauf**

Wettrüsten <-s> *nt kein pl* arms race **Wettstreit** [ˈvɛtʃtrait] *m* contest

wetzen [ˈvɛtsn̩] *vt* (*schleifen*) to whet

wichsen [ˈviksn̩] *vt Schuhe* to polish

Wicht <-[e]s, -e> [vɪçt] *m* (*fam*) wimp

wichtig [ˈvɪçtɪç] *adj* important; **das Wichtigste** the most important thing

Wichtigtuer(in) [-tuːɐ] *m(f)*, ÖSTERR **Wichtigmacher(in)** *m(f)* stuffed shirt

Wickelkommode *f* [baby] changing table

wickeln [ˈvɪkl̩n] *vt* ❶ to wrap (**um** round) ❷ *Baby* to change

Wickelraum *m* babies' changing room

Widder <-s, -> [ˈvɪdɐ] *m* ❶ ram ❷ *kein pl* ASTROL Aries

wider [ˈviːdɐ] *präp +akk* (*geh*) against

widerlegen* [viːdɐˈleːgn̩] *vt* to refute

widerlich [ˈviːdɐlɪç] *adj* disgusting

widerrechtlich **I.** *adj* unlawful **II.** *adv* unlawfully

Widerrede [ˈviːdɐreːdə] *f* **keine ~!** don't argue!; **ohne ~** without protest

Widersacher(in) <-s, -> [ˈviːdɐzaxɐ] *m(f)* antagonist

widersetzen* [viːdɐˈzɛtsn̩] *vr* **sich jdm/etw ~** to resist sb/sth

widersinnig *adj* absurd

widerspenstig [ˈviːdɐʃpɛnstɪç] *adj* stubborn

wider|spiegeln [ˈviːdɐʃpiːgl̩n] **I.** *vt* to mirror **II.** *vr* **sich** ~ to be reflected

widersprechen* [viːdɐˈʃprɛçn̩] *irreg* **I.** *vi* **jdm** ~ to contradict sb **II.** *vr* **sich** *dat* ~ to be contradictory

Widerspruch [ˈviːdɐʃprʊx] *m* ❶ contradiction; **in ~ zu etw** *dat* **stehen** to conflict with sth ❷ JUR **~ einlegen** to file an objection

widersprüchlich [ˈviːdɐʃprʏçlɪç] *adj* contradictory

Widerstand <-[e]s> [ˈviːdɐʃtant] *m kein pl* resistance; **~ leisten** to put up resistance

widerstandsfähig *adj* resistant (**gegen** to)

Widerstandskraft *f* robustness

widerstehen* [viːdɐˈʃteːən] *vi irreg* to resist

widerstreben* [viːdɐˈʃtreːbn̩] *vi* **jdm widerstrebt es, etw zu tun** sb is reluctant to do sth

widerwärtig [ˈviːdɐvɛrtɪç] *adj* disgusting

Widerwille [ˈviːdɐvɪlə] *m* distaste (**gegen** for)

widerwillig **I.** *adj* reluctant **II.** *adv* reluctantly

widmen [ˈvɪtmən] **I.** *vt* **jdm etw** ~ to dedicate sth to sb **II.** *vr* **sich etw** *dat* ~ to devote oneself to sth

Widmung <-, -en> [ˈvɪtmʊŋ] *f* dedication

widrig [ˈviːdrɪç] *adj* adverse

wie [viː] **I.** *adv* how?; **wie heißt er?** what's his name?; **~ geht's?** how are you?; **~ geht es Ihnen?** how do you do?; **~ ... auch [immer]** however; **~ bitte?** pardon?; **~ sehr** how much; **~ viel/viele** how much/many; **~ wär's mit ...?** how about ...? **II.** *konj* ❶ (*vergleichend*) **so alt ~ sie** as old as her; **er ist genau ~ du** he's just like you ❷ (*z.B.*) like ❸ (*fam*) **~ wenn** as if

wieder [ˈviːdɐ] *adv* again

Wiederaufbau <-bauten> [viːdɐˈʔaufbau] *m* reconstruction

wieder|auf|bauen *vt* to reconstruct **wieder|bekommen*** *vt irreg* to get back **wieder|beleben*** *vt* to revive **wieder|bringen** [ˈviːdɐbrɪŋən] *vt irreg* to bring back **wieder|ein|führen** *vt irreg* to reintroduce **wieder|ein|gliedern** *vt irreg* to reintegrate **wieder|erhalten*** [ˈviːdɐʔɛɐ̯haltn̩] *vt irreg* (*geh*) *s.* **wiederbekommen** **wieder|erkennen*** *vt irreg* to recognize; **nicht wiederzuerkennen sein** to be unrecognizable

wieder|erlangen* [ˈviːdɐʔɛɐ̯laŋən] *vt* (*geh*) to regain **wieder|finden** *irreg vr* **sich** ~ to turn up again

Wiedergabe [ˈviːdɐgaːbə] *f* (*Schilderung*) account

wieder|geben [ˈviːdɐgeːbn̩] *vt irreg* **jdm etw** ~ to give sth back to sb **wieder|gut|machen** *vt* to make good

Wiedergutmachung <-, -en> *f* compensation

wieder|her|stellen [viːdɐˈheːɐ̯ʃtɛlən] *vt* to restore

wiederholen* [viːdɐˈhoːlən] **I.** *vt* to repeat **II.** *vr* **sich** ~ to repeat oneself

wiederholt **I.** *adj* repeated **II.** *adv* repeatedly

Wiederholung <-, -en> [viːdɐˈhoːlʊŋ] *f* repetition

wieder|käuen [ˈviːdɐkɔyən] *vt, vi* ZOOL to ruminate

Wiederkehr <-> [ˈviːdɐkeːɐ̯] *f kein pl* (*geh*) return

wieder|kehren [ˈviːdɐkeːrən] *vi sein* to return

wieder|kommen [ˈviːdɐkɔmən] *vi irreg sein* to come back

wieder|sehen [ˈviːdɐzeːən] *vt irreg* **jdn** ~ to see sb again; **sich** ~ to meet again

Wiedersehen <-s, -> [ˈviːdɐzeːən] *nt* **[auf] ~!** goodbye!; **[auf] ~ sagen** to say goodbye

Wiedervereinigung [ˈviːdɐfɛɐ̯ʔainɪgʊŋ] *f* reunification **Wiederverwertung** *f* recycling

Wiege <-, -n> [ˈviːgə] *f* cradle

wiegen[1] <wog, gewogen> [ˈviːgn̩] *vt, vi* to weigh

wiegen[2] *vt Hüften* to sway
Wiegenlied *nt* lullaby
wiehern [viːɐn] *vi* to neigh
Wien <-s> [viːn] *nt* Vienna
Wiener ['viːnɐ] *adj attr* Viennese
Wiese <-, -n> [viːzə] *f* meadow
Wiesel <-s, -> ['viːzl̩] *nt* weasel
wieso [vi'zoː] *adv* why
wild [vɪlt] **I.** *adj* wild; ~ **auf jdn/etw sein** to be crazy about sb/sth **II.** *adv* ❶ wildly ❷ BIOL ~ **wachsen** to grow wild
Wild <-[e]s> [vɪlt] *nt kein pl* ❶ wild animals ❷ KOCHK game
Wildbret <-s> ['vɪltbrɛt] *nt kein pl* venison
Wilderer(in) <-s, -> ['vɪldərɐ] *m(f)* poacher
wildern ['vɪldɐn] *vi* to poach
Wildleder *nt* suede
Wildnis <-, -se> ['vɪltnɪs] *f* wilderness
Wildschwein *nt* wild boar
Wille <-ns> ['vɪlə] *m kein pl* will; **seinen eigenen ~n haben** to have a mind of one's own; **der gute** ~ good will
willenlos *adj* spineless
Willenskraft *f kein pl* willpower **willensschwach** *adj* weak-willed **willensstark** *adj* strong-willed
willentlich ['vɪləntlɪç] *adj* deliberate
willig ['vɪlɪç] *adj* willing
willkommen [vɪl'kɔmən] *adj* welcome; **seid/seien Sie ~!** welcome!; **jdn ~ heißen** to welcome sb
Willkommen <-s, -> [vɪl'kɔmən] *nt* welcome
Willkür <-> ['vɪlkyːɐ̯] *f kein pl* arbitrariness
willkürlich ['vɪlkyːɐ̯lɪç] **I.** *adj* arbitrary **II.** *adv* arbitrarily
wimmeln ['vɪml̩n] *vi* **es wimmelt von etw** *dat* it is teeming with sth
wimmern ['vɪmɐn] *vi* to whimper
Wimper <-, -n> ['vɪmpɐ] *f* [eye]lash
Wimperntusche *f* mascara
Wind <-[e]s, -e> [vɪnt] *m* wind
Winde <-, -n> ['vɪndə] *f* winch
Windel <-, -n> ['vɪndl̩] *f* napkin BRIT, diaper AM
Windelhöschen *nt* nappy [*or* AM diaper] pants
winden <wand, gewunden> ['vɪndn̩] *vr* **sich ~** ❶ to wind ❷ (*vor Schmerz*) to writhe (**vor** in)
Windhose *f* vortex **Windhund** *m* greyhound
windig ['vɪndɪç] *adj* windy
Windjacke *f* windcheater **Windmühle** *f* windmill
Windpocken *pl* chickenpox
Windrad *nt* wind turbine **Windrichtung** *f* wind direction **Windschatten** *m* slipstream **Windschutzscheibe** *f* windscreen BRIT, windshield AM **Windstärke** *f* wind force **Windstille** *f* calm **Windstoß** *m* gust of wind
Wink <-[e]s, -e> [vɪŋk] *m* hint; **einen ~ bekommen** to receive a tip-off
Winkel <-s, -> ['vɪŋkl̩] *m* ❶ angle; **ein rechter/spitzer/stumpfer** ~ a right/an acute/obtuse angle ❷ (*Ecke*) corner
wink(e)lig ['vɪŋk(ə)lɪç] *adj Gasse* twisty
winken <gewinkt> ['vɪŋkn̩] **I.** *vi* to wave; **mit etw** *dat* ~ to wave sth; **einem Taxi** ~ to hail a taxi **II.** *vt* **jdn zu sich** *dat* ~ to beckon sb over to one
winseln ['vɪnzl̩n] *vi* to whimper; **um etw** *akk* ~ to plead for sth
Winter <-s, -> ['vɪntɐ] *m* winter
Winterkleidung *f* winter clothing
winterlich ['vɪntɐlɪç] *adj* wintry; **~e Temperaturen** winter temperatures
Wintermantel *m* winter coat **Winterreifen** *m* winter tyre **Winterschlaf** *m* hibernation; ~ **halten** to hibernate **Wintersport** *m* winter sport
Winzer(in) <-s, -> ['vɪntsɐ] *m(f)* winegrower
winzig ['vɪntsɪç] *adj* tiny; ~ **klein** minute
Wipfel <-s, -> ['vɪpfl̩] *m* treetop
Wippe <-, -n> ['vɪpə] *f* seesaw
wir <*gen* unser, *dat* uns, *akk* uns> [viːɐ̯]

W

pron pers we; ~ **nicht** not us
Wirbel <-s, -> ['vɪrbl̩] *m* ① ANAT vertebra ② (*Trubel*) turmoil
wirbellos *adj* BIOL invertebrate
wirbeln ['vɪrbl̩n] *vi, vt sein* to whirl
Wirbelsäule *f* spinal column
Wirbelsturm *m* whirlwind
Wirbeltier *nt* vertebrate
wirken ['vɪrkn̩] *vi* ① (*Wirkung haben*) to have an effect; **etw auf sich ~ lassen** to take sth in ② (*scheinen*) to seem
wirklich ['vɪrklɪç] **I.** *adj* real **II.** *adv* really
Wirklichkeit <-, -en> *f* reality; ~ **werden** to come true
wirksam ['vɪrkzaːm] *adj* effective
Wirkstoff *m* active substance
Wirkung <-, -en> ['vɪrkʊŋ] *f* effect
wirkungslos *adj* ineffective
wirkungsvoll *adj* effective
Wirkungsweise *f* [mode of] action
wirr [vɪr] *adj* ① confused ② (*unordentlich*) tangled
Wirren ['vɪrən] *pl* confusion *sing*
Wirrkopf *m* scatterbrain **Wirrwarr** <-s> ['vɪrvar] *m kein pl* tangle
Wirt(in) <-[e]s, -e> [vɪrt] *m(f)* landlord *masc*, landlady *fem*
Wirtschaft <-, -en> ['vɪrtʃaft] *f* ① ÖKON economy ② (*Gastwirtschaft*) pub BRIT, bar AM
wirtschaften ['vɪrtʃaftn̩] *vi* to keep house; **sparsam** ~ to economize
Wirtschafterin <-, -nen> *f* housekeeper
wirtschaftlich ['vɪrtʃaftlɪç] *adj* ① economic ② (*sparsam*) economical
Wirtschaftlichkeit <-> *f kein pl* economy
Wirtschaftskriminalität *f* white-collar crime **Wirtschaftsminister(in)** *m(f)* Minister for Economic Affairs BRIT, Secretary of Commerce AM **Wirtschaftsordnung** *f* economic system **Wirtschaftspolitik** *f* economic policy **Wirtschaftswachstum** *nt kein pl* economic growth **Wirtschaftswissenschaft** *f meist pl* economics *sing*

W

Wirtshaus *nt* pub BRIT, bar AM
wischen ['vɪʃn̩] *vt* to wipe
wissbegierig *adj* eager to learn
Wissen <-s> ['vɪsn̩] *nt kein pl* knowledge
wissen <wusste, gewusst> ['vɪsn̩] *vt* ① to know; **wenn ich nur wüsste, ...** if only I knew ...; **weißt du noch?** do you remember?; **von nichts ~** to have no idea ② **sich zu helfen ~** to be resourceful; **etw zu schätzen ~** to appreciate sth ▶ **von jdm/etw nichts [mehr] ~ wollen** to not want to have anything more to do with sb/sth
Wissenschaft <-, -en> ['vɪsn̩ʃaft] *f* science
Wissenschaftler(in) <-s, -> *m(f)* scientist
wissenschaftlich ['vɪsn̩ʃaftlɪç] **I.** *adj* scientific **II.** *adv* scientifically
Wissenschaftsminister(in) *m(f)* POL Minister [*or* AM Secretary] of Science
Wissensdrang *m*, **Wissensdurst** *m* thirst for knowledge
wissentlich ['vɪsn̩tlɪç] **I.** *adj* deliberate **II.** *adv* deliberately
wittern ['vɪtɐn] *vt* to smell
Witwe <-, -n> ['vɪtvə] *f* widow
Witwenrente *f* widow's pension
Witwer <-s, -> ['vɪtvɐ] *m* widower
Witz <-es, -e> [vɪts] *m* joke
Witzbold <-[e]s, -e> *m* joker
witzig ['vɪtsɪç] *adj* funny
WLAN <-[s], -[s]> ['veːlan] *nt Abk von* **Wireless Local Area Network** INFORM wireless LAN, WLAN
wo [voː] *adv* where
woanders [vo'ʔandɐs] *adv* somewhere else
wobei [vo'bai] *adv* how; ~ **ist das passiert?** how did that happen?
Woche <-, -n> ['vɔxə] *f* week
Wochenende ['vɔxn̩ʔɛndə] *nt* weekend; **schönes ~!** have a nice weekend!; **am ~** at the weekend **Wochenkarte** *f* weekly season ticket

wöchentlich ['vœçn̩tlɪç] *adj, adv* weekly

Wöchnerin <-, -nen> ['vœçnərɪn] *f* *woman who has recently given birth*

wodurch [vo'dʊrç] *adv* ❶ *interrog* how? ❷ *rel* which

wofür [vo'fyːɐ̯] *adv* ❶ *interrog* what ... for ❷ *rel* for which

Woge <-, -n> ['voːgə] *f* wave

wogegen [vo'geːgn̩] *adv* against what; ~ **hilft dieses Mittel?** what is this medicine for?

woher [vo'heːɐ̯] *adv* where ... from

wohin [vo'hɪn] *adv* ❶ *interrog* where [to]? ❷ *rel* where

wohl[1] [voːl] *adv* ❶ (*wahrscheinlich*) probably; ~ **kaum** hardly ❷ (*durchaus*) well; **das ist ~ wahr** that is perfectly true

wohl[2] [voːl] *adv* (*gut*) well; ~ **bekomm's!** your good health!; **sich ~ fühlen** to feel well; **sich irgendwo ~ fühlen** to feel at home somewhere; ~ **geformt** well-formed; ~ **genährt** well-fed

Wohl <-[e]s> [voːl] *nt kein pl* welfare; **zum ~!** cheers!; **auf jds ~ trinken** to drink to sb's health

Wohlbefinden <-s> *nt kein pl* well-being **Wohlbehagen** <-s> *nt kein pl* feeling of well-being

Wohlfahrtsstaat *m* welfare state

wohlgemerkt ['voːlgəmɛrkt] *adv* mind you

wohlgesinnt *adj* **jdm ~ sein** to be well-disposed towards sb

wohlhabend *adj* well-to-do

wohlmeinend *adj* well-meaning

Wohlstand *m kein pl* affluence

Wohlstandsgesellschaft *f* affluent society

Wohltäter(in) *m(f)* benefactor

wohltätig *adj* charitable

Wohltätigkeitsveranstaltung *f* charity event

wohltuend *adj* agreeable

Wohlwollen <-s> ['voːlvɔlən] *nt kein pl* goodwill

wohlwollend **I.** *adj* benevolent **II.** *adv* benevolently

Wohnblock *m* block of flats BRIT, apartment building AM **Wohncontainer** *m* Portakabin® BRIT

wohnen ['voːnən] *vi* to live

Wohnfläche *f* living space **Wohngebiet** *nt* residential area **Wohnheim** *nt* (*Studentenwohnheim*) student hostel; (*Arbeiterwohnheim*) hostel **Wohnmobil** <-s, -e> *nt* camper, RV AM **Wohnort** *m* place of residence **Wohnsitz** *m* domicile; **erster ~** main place of residence

Wohnung <-, -en> *f* flat BRIT, apartment AM

Wohnungsbau *m kein pl* house building; **sozialer ~** council houses **Wohnungsnot** *f kein pl* serious housing shortage

Wohnviertel *nt* residential area **Wohnwagen** *m* caravan BRIT, trailer AM **Wohnzimmer** *nt* living room

wölben ['vœlbn̩] *vr* **sich ~** to bend; **sich über etw** *akk* **~** to arch over sth

Wolf <-[e]s, Wölfe> [vɔlf] *m* wolf

Wolke <-, -n> ['vɔlkə] *f* cloud

Wolkenbruch *m* cloudburst **Wolkenkratzer** *m* skyscraper

wolkenlos *adj* cloudless

wolkig ['vɔlkɪç] *adj* cloudy

Wolldecke *f* [woollen] blanket

Wolle <-, -n> ['vɔlə] *f* wool

wollen[1] ['vɔlən] **I.** *vb aux* <will, wollte, wollen> *modal* **etw haben ~** to want [to have] sth; **etw tun ~** to want to do sth; **etw gerade tun ~** to be [just] about to do sth **II.** *vi* <will, wollte, gewollt> to want; **wenn du willst** if you like; **ob du willst oder nicht** whether you like it or not; [**ganz**] **wie du willst** just as you like; **ich wollte, es wäre schon Weihnachten** I wish it were Christmas already; **irgendwohin ~** to want to go somewhere ▶ **wenn man so will** as it were **III.** *vt* <will, wollte,

W

gewollt> **etw** [**von jdm**] ~ to want sth [from sb]; **etw lieber** ~ to prefer sth
wollen² ['vɔlən] *adj attr* woollen
Wolljacke *f* woollen cardigan
wollüstig ['vɔlʏstɪç] *adj* lascivious
womit [vo'mɪt] *adv* ❶ *interrog* what ... with ❷ *rel* with which
womöglich [vo'mø:klɪç] *adv* possibly
wonach [vo'na:x] *adv* what ... for; ~ **suchst du?** what are you looking for?
Wonne <-, -n> ['vɔnə] *f* delight
woran [vo'ran] *adv* ❶ *interrog* (*Gegenstand*) what ... on; ~ **soll ich das befestigen?** what should I fasten this to?; (*Umstand*) what ... of; ~ **denkst du?** what are you thinking of? ❷ *rel* (*Gegenstand*) on which; (*Umstand*) by which
worauf [vo'rauf] *adv* ❶ *interrog* what ... on; ~ **wartest du noch?** what are you waiting for? ❷ *rel* on which; (*woraufhin*) whereupon
woraus [vo'raus] *adv* ❶ *interrog* what ... out of ❷ *rel* from which
worin [vo'rɪn] *adv* ❶ *interrog* what ... in ❷ *rel* in which
Wort¹ <-[e]s, Wörter> [vɔrt] *nt* LING word; **im wahrsten Sinne des ~es** in the true sense of the word
Wort² <-[e]s, -e> *nt* ❶ *meist pl* (*Äußerung*) word *usu pl;* **mit anderen ~en** in other words; **ein ernstes ~ mit jdm reden** to have a serious talk with sb; **etw mit keinem ~ erwähnen** to not say a [single] word about sth; **jdm fehlen die ~e** sb is speechless; **ein gutes ~ für jdn einlegen** to put in a good word for sb ❷ *kein pl* (*Ehrenwort*) **sein ~ brechen/halten** to break/keep one's word; **jdn beim ~ nehmen** to take sb's word for it ❸ *kein pl* (*Rede*[*erlaubnis*]) **das ~ ergreifen** to begin to speak; **jdm das ~ erteilen** to allow sb to speak; **jdm ins ~ fallen** to interrupt sb; **zu ~ kommen** to get a chance to speak; **sich zu ~ melden** to ask to speak

W

Wortart *f* part of speech
Wörterbuch *nt* dictionary
wortkarg *adj* taciturn
wörtlich ['vœrtlɪç] **I.** *adj* literal **II.** *adv* word for word; **etw ~ nehmen** to take sth literally
wortlos I. *adj* silent **II.** *adv* without saying a word
Wortschatz *m* vocabulary **Wortschwall** <-[e]s> *m kein pl* torrent of words **Wortspiel** *nt* pun **Wortwechsel** *m* verbal exchange
wortwörtlich ['vɔrt'vœrtlɪç] *adj, adv* word-for-word
worüber [vo'ry:bɐ] *adv* ❶ *interrog* (*Thema*) what ... about; *räumlich* above which ❷ *rel* (*Thema*) what ... about; *räumlich* over which
worum [vo'rʊm] *adv* ❶ *interrog* (*Thema*) what ... about; ~ **handelt es sich?** what is this about?; (*Gegenstand*) what ... around ❷ *rel* (*Thema*) what ... about; (*Gegenstand*) around; **das Bein, ~ der Verband gewickelt ist, ...** the leg the bandage is around ...
worunter [vo'rʊntɐ] *adv* ❶ *interrog* (*fig*) ~ **leidet Ihre Frau?** what is your wife suffering from? *räumlich* ~ **hattest du dich versteckt?** what did you hide under? ❷ *rel* under which; (*inmitten deren*) amongst which
wovon [vo'fɔn] *adv* ❶ *interrog* (*Thema*) what ... about; (*Gegenstand*) what ... from ❷ *rel* (*Thema*) about which; (*Gegenstand*) from which
wovor [vo'fo:ɐ̯] *adv* ❶ *interrog* (*fig*) what ... of; ~ **fürchtest du dich denn?** what are you afraid of? *räumlich* in front of what ❷ *rel* (*fig*) what ... of; *räumlich* in front of which
wozu [vo'tsu:] *adv* ❶ *interrog* ~ **soll das gut sein?** what's the purpose of that?; ~ **hast du das gemacht?** what did you do that for? ❷ *rel* (*Zweck*) for which reason
Wrack <-[e]s, -s> [vrak] *nt* wreck

wringen <wrang, gewrungen> ['vrɪŋən] *vt* to wring
Wucher <-s> ['vu:xɐ] *m kein pl* extortion
wucherisch ['vu:xərɪʃ] *adj* extortionate
wuchern ['vu:xɐn] *vi* ❶ *sein o haben* HORT to grow rampant ❷ *sein* MED to proliferate
Wucherpreis *m* (*pej*) extortionate price
Wuchs <-es> [vu:ks] *m kein pl* ❶ growth ❷ (*Gestalt*) stature
Wucht <-> [vʊxt] *f kein pl* force; **mit voller ~** with full force
wuchtig ['vʊxtɪç] *adj* forceful
wühlen ['vy:lən] **I.** *vi* **in etw** *dat* **~** to rummage through sth (**nach** for) **II.** *vr* (*fam*) **sich durch etw** *akk* **~** to burrow one's way through sth
Wühlmaus *f* vole
Wulst <-[e]s, Wülste> [vʊlst] *m o f* bulge
wulstig ['vʊlstɪç] *adj Lippen* thick
wund [vʊnt] *adj* sore
Wunde <-, -n> ['vʊndə] *f* wound
Wunder <-s, -> ['vʊndɐ] *nt* miracle; **wie durch ein ~** miraculously
wunderbar ['vʊndɐba:ɐ̯] **I.** *adj* wonderful **II.** *adv* wonderfully
wundern ['vʊndɐn] **I.** *vt* **jdn ~** to surprise sb; **das wundert mich** [**nicht**] I'm [not] surprised at that; **es wundert mich, dass ...** I am surprised that ... **II.** *vr* **sich ~** to be surprised (**über** at)
wunderschön ['vʊndɐ'ʃø:n] *adj* wonderful
wundervoll *adj s.* **wunderbar**
Wundsalbe *f* ointment
Wundstarrkrampf *m kein pl* tetanus
Wunsch <-[e]s, Wünsche> [vʊnʃ] *m* wish; (*stärker*) desire; **haben Sie sonst noch einen ~?** would you like anything else?; **auf jds ~** [**hin**] at/on sb's request; **mit besten Wünschen** best wishes
wünschen ['vʏnʃn̩] **I.** *vt* ❶ (*als Geschenk*) **sich** *dat* **etw ~** to ask for sth; **was wünschst du dir?** what would you like? ❷ (*erhoffen*) to wish; **jdm etw ~** to wish sb sth; **~, dass ...** to hope for ...; **jdm zum Geburtstag alles Gute ~** to wish sb a happy birthday; **jdm eine gute Nacht ~** to wish sb good night ❸ (*haben wollen*) **sich** *dat* **etw ~** to want sth; **jemand wünscht Sie zu sprechen** somebody would like to speak with you; **was ~ Sie?** how may I help you? **II.** *vi* (*geh: wollen*) to want; **wie Sie ~** just as you wish; **nichts/viel zu ~ übrig lassen** to leave nothing/much to be desired
wünschenswert *adj* desirable
Würde <-, -n> ['vʏrdə] *f kein pl* dignity
würdelos *adj* undignified
Würdenträger(in) *m(f)* dignitary
würdevoll *adj* dignified
würdig ['vʏrdɪç] **I.** *adj* (*wert*) **einer S.** *gen* [**nicht**] **~ sein** to be [not] worthy of sb/sth **II.** *adv* with dignity
würdigen ['vʏrdɪgn̩] *vt* to acknowledge; **etw zu ~ wissen** to appreciate sth
Wurf <-[e]s, Würfe> [vʊrf] *m* throw
Würfel <-s, -> ['vʏrfl̩] *m* ❶ (*Spielwürfel*) dice ❷ (*Kubus*) cube; **etw in ~ schneiden** to dice sth
Würfelbecher *m* shaker **würfelförmig** *adj* cube-shaped **Würfelspiel** *nt* game of dice **Würfelzucker** *m kein pl* sugar cube[s]
Wurfpfeil *m* dart
würgen ['vʏrgn̩] **I.** *vi* to choke **II.** *vt* **jdn ~** to throttle sb
Wurm <-[e]s, Würmer> [vʊrm] *m* worm
wurmstichig ['vʊrmʃtɪçɪç] *adj Apfel* maggoty; *Holz* full of woodworm
Wurst <-, Würste> [vʊrst] *f* sausage
Würze <-, -n> ['vʏrtsə] *f* seasoning
Wurzel <-, -n> ['vʊrtsl̩] *f* root; **die ~ allen Übels** the root of all evil
würzen ['vʏrtsn̩] *vt* to season
würzig ['vʏrtsɪç] *adj* tasty
wüst [vy:st] *adj* ❶ (*öde*) waste ❷ (*unordentlich*) chaotic

Wüste <-, -n> ['vy:stə] *f* desert

Wüstling <-s, -e> ['vy:stlɪŋ] *m* debauchee

Wut <-> [vu:t] *f kein pl* rage; **seine ~ an jdm/etw auslassen** to take one's anger out on sb/sth; **eine ~ bekommen** to get into a rage; **~ haben** to be furious (**auf** with); **vor ~ kochen** to seethe with rage

Wutausbruch *m* outburst of rage

wüten ['vy:tn̩] *vi* to rage

wütend I. *adj* furious; **~ auf jdn sein** to be furious with sb **II.** *adv* furiously

X x

X, x <-, -> [ɪks] *nt* ❶ (*Buchstabe*) X, x ❷ (*unbekannter Name*) x; **Herr/Frau X** Mr/Mrs X; **der Tag X** the day X ❸ (*eine unbestimmte Zahl*) x amount of; **x Bücher** x number of books ❹ MATH (*unbekannter Wert*) x

X-Beine ['ɪksbainə] *pl* knock-knees; **~ haben** to be knock-kneed

x-beinig *adj* knock-kneed

x-beliebig [ɪksbə'li:bɪç] *adj* (*fam*) any old

x-mal ['ɪksma:l] *adv* (*fam*) umpteen times

Xylofon <-s, -e> [ksylo'fo:n] *nt* Xylophone

Y y

Y, y <-, -> ['ʏpsilɔn] *nt* Y, y

Yoga <-[s]> ['jo:ga] *m o nt* yoga

Yuppie <-s, -s> ['jʊpi] *m* yuppie

Zz

Z, z <-, -> [tsɛt] *nt* Z, z
zaghaft ['tsa:khaft] *adj* timid
zäh [tsɛ:] *adj* tough
zähflüssig *adj* thick
Zahl <-, -en> [tsa:l] *f* number
zahlen ['tsa:lən] *vt, vi* to pay; [**bitte**] **~!** the bill please!
zählen ['tsɛ:lən] **I.** *vt* to count; (*dazurechnen*) **jdn zu etw** *dat* **~** to regard sb as belonging to sth **II.** *vi* ❶ count ❷ (*gehören*) to belong (**zu** to) ❸ (*sich verlassen*) **auf jdn ~** to count on sb
zahlenmäßig I. *adj* numerical **II.** *adv* in number **Zahlenschloss** *nt* combination lock
Zähler <-s, -> *m* TECH meter
zahllos *adj* countless
zahlreich *adj* numerous
Zahltag *m* payday
Zahlung <-, -en> *f* payment
Zählung <-, -en> *f* count; (*Volkszählung*) census
Zahlungsanweisung *f* giro transfer order **Zahlungsempfänger(in)** *m(f)* HANDEL payee **Zahlungsfrist** *f* deadline (*period allowed for payment*)
Zahlwort <-wörter> *nt* numeral
zahm [tsa:m] *adj* tame
zähmen ['tsɛ:mən] *vt* to tame
Zähmung <-, -en> *f* taming
Zahn <-[e]s, Zähne> [tsa:n] *m* tooth; **fauler ~** rotten tooth; **mit den Zähnen knirschen** to grind one's teeth; **die zweiten Zähne** one's second set of teeth; **sich** *dat* **die Zähne putzen** to brush one's teeth; **sich** *dat* **einen ~ ziehen lassen** to have a tooth pulled
Zahnarzt, -ärztin *m, f* dentist **Zahnbelag** *m kein pl* plaque **Zahnbürste** *f* toothbrush
zahnen ['tsa:nən] *vi* to teethe
Zahnersatz *m* dentures *npl* **Zahnfleisch** *nt* gum[s *npl*] **Zahnfüllung** *f* filling
zahnlos *adj* toothless
Zahnlücke *f* gap between the teeth **Zahnmedizin** *f kein pl* dentistry *no pl* **Zahnpasta** *f* toothpaste **Zahnpflege** *f kein pl* dental hygiene **Zahnrad** *nt* cogwheel **Zahnradbahn** *f* rack railway **Zahnschmerzen** *pl* toothache *no pl* **Zahnseide** *f* dental floss **Zahnspange** *f* braces *npl* **Zahnstein** *m kein pl* tartar **Zahnstocher** <-s, -> *m* toothpick **Zahnwurzel** *f* root [of a tooth]
Zange <-, -n> ['tsaŋə] *f* pliers *npl*
Zank <-[e]s> [tsaŋk] *m kein pl* quarrel
zanken ['tsaŋkn̩] *vi, vr* to quarrel
zänkisch ['tsɛŋkɪʃ] *adj* quarrelsome
Zäpfchen <-s, -> ['tsɛpfçən] *nt* ❶ ANAT uvula ❷ MED suppository
zapfen ['tsapfn̩] *vt* to draw; **gezapftes Bier** draught beer
Zapfen <-s, -> ['tsapfn̩] *m* ❶ BOT cone ❷ (*Eiszapfen*) icicle
Zapfhahn *m* tap **Zapfsäule** *f* petrol [*or* AM gas] pump
zappelig ['tsapəlɪç] *adj* fidgety
zappeln ['tsapl̩n] *vi* to wriggle; [**mit etw** *dat*] **~** to fidget [with sth] ▶ **jdn ~ lassen** (*fam*) to keep sb in suspense
Zar(in) <-en, -en> [tsa:ɐ̯] *m(f)* tsar *masc*, tsarina *fem*
zart [tsa:ɐ̯t] *adj* delicate; *Fleisch* tender
zärtlich ['tsɛ:ɐ̯tlɪç] **I.** *adj* tender **II.** *adv* tenderly
Zärtlichkeit <-, -en> *f* ❶ *kein pl* tenderness ❷ *pl* (*Liebkosung*) caresses *npl*
Zauber <-s, -> ['tsaubɐ] *m* ❶ (*Magie*) magic; **fauler ~** humbug ❷ *kein pl* (*Reiz*) charm

Zauberei <-, -en> [tsaubəˈrai] *f kein pl* magic
Zauberer, Zauberin <-s, -> [ˈtsaubərɐ, ˈtsaubərɪn] *m, f* ❶ sorcerer *masc*, sorceress *fem* ❷ (*Zauberkünstler*) magician
zauberhaft *adj* enchanting
Zauberkunststück *nt* magic trick
zaubern [ˈtsaubɐn] **I.** *vt* to conjure [up] **II.** *vi Magier* to perform magic; *Zauberkünstler* to do magic tricks
Zauberspruch *m* magic spell **Zauberstab** *m* wand
Zauderer, Zauderin <-s, -> [ˈtsaudərɐ, ˈtsaudərɪn] *m, f* ditherer
zaudern [ˈtsaudɐn] *vi* to hesitate
Zaum <-[e]s, Zäume> [tsaum] *m* **etw/jdn in ~ halten** to keep sth/sb in check
zäumen [ˈtsɔymən] *vt* **ein Tier ~** to bridle an animal
Zaun <-[e]s, Zäune> [tsaun] *m* fence
Zaunkönig *m* wren
z.B. *Abk von* **zum Beispiel** e.g.
Zebra <-s, -s> [ˈtse:bra] *nt* zebra
Zebrastreifen *m* zebra [*or* AM pedestrian] crossing
Zeche[1] <-, -n> [ˈtsɛçə] *f* BERGB coal mine
Zeche[2] <-, -n> [ˈtsɛçə] *f* (*Rechnung für Verzehr*) bill
zechen [ˈtsɛçn̩] *vi* (*fam*) to booze
Zechgelage *nt* (*fam*) carouse
Zecke <-, -n> [ˈtsɛkə] *f* tick
Zeder <-, -n> [ˈtse:dɐ] *f* BOT cedar
Zeh <-s, -en> [tse:] *m*, **Zehe** <-, -n> [ˈtse:ə] *f* toe
Zehennagel *m* toenail **Zehenspitze** *f* tip of the toe; **auf [den] ~n gehen** to tiptoe
zehn [tse:n] *adj* ten; *s.a.* **acht**[1]
Zehner <-s, -> [ˈtse:nɐ] *m* MATH ten
zehnjährig, 10-jährig [ˈtse:njɛ:rɪç] *adj* ❶ (*Alter*) ten years old *pred*, ten year old *attr* ❷ (*Zeitspanne*) ten-year *attr*
Zehnkampf [ˈtse:nkampf] *m* decathlon
zehnmal, 10-mal [ˈtse:nma:l] *adv* ten times
zehntausend [ˈtse:nˈtauznt] *adj* ten thousand; **Zehntausende von ...** tens of thousands of ...
zehnte(r, s) [ˈtse:ntə, ˈtse:ntɐ, ˈtse:ntəs] *adj* tenth, 10th; *s.a.* **achte(r, s)**
Zehntel <-s, -> [ˈtse:ntl̩] *nt o* SCHWEIZ *m* **ein ~** a tenth
zehren [ˈtse:rən] *vi* ❶ **an jdm/etw ~** to wear sb/sth out; **an jds Nerven ~** to ruin sb's nerves ❷ **von Erinnerungen ~** to live in the past
Zeichen <-s, -> [ˈtsaiçn̩] *nt* ❶ (*Symbol*) symbol ❷ (*Markierung*) sign ❸ (*Hinweis*) sign ❹ (*Signal*) signal; **jdm ein ~ geben** to give sb a signal
Zeichenblock *m* sketch pad
Zeichensetzung <-> *f kein pl* punctuation
Zeichensprache *f* sign language **Zeichentrickfilm** *m* cartoon
zeichnen [ˈtsaiçnən] *vt* to draw
Zeichner(in) <-s, -> *m(f)* draughtsman *masc*, draughtswoman *fem*
Zeichnung <-, -en> *f* drawing
Zeigefinger *m* index finger
zeigen [ˈtsaign̩] **I.** *vt* to show **II.** *vi* **auf jdn/etw ~** to point at sb/sth **III.** *vr* **sich [jdm] ~** to show oneself [to sb]; **sich von seiner besten Seite ~** to show oneself at one's best
Zeiger <-s, -> [ˈtsaigɐ] *m* (*Uhrzeiger*) hand; (*Messnadel*) needle
Zeile <-, -n> [ˈtsailə] *f* line; **jdm ein paar ~n schrieben** to drop sb a line
zeit [tsait] *präp* **~ meines/seines Lebens** all my/his life
Zeit <-, -en> [tsait] *f* ❶ (*zeitlicher Ablauf*) time; **mit der ~** in time; **~ raubend/sparend** time-consuming/-saving ❷ (*Zeitraum*) time; **haben Sie einen Augenblick ~?** have you got a moment to spare?; **einige/längere ~ dauern** to take some/a long time; **die ganze ~ [über]** the whole time; **eine ~ lang** for a while; **sich [mit etw *dat*] ~ lassen** to take one's time [with sth]; **in**

letzter ~ lately; **in nächster** ~ in the near future; **sich** *dat* ~ **für jdn/etw nehmen** to devote time to sb/sth; **auf unbestimmte** ~ for an indefinite period ❸ (*Zeitpunkt*) time; **es ist höchste Zeit, dass ...** it's high time ...; **von** ~ **zu** ~ from time to time; **zu jeder** ~ at any time ❹ (*Epoche*) age; **mit der** ~ **gehen** to move with the times; **zur** ~ **Shakespeares** in Shakespeare's times ❺ LING tense

Zeitalter *nt* age; **in unserem** ~ nowadays **Zeitarbeit** *f kein pl* temporary work **Zeitbombe** *f* time bomb **Zeitdruck** *m kein pl* time pressure **Zeiteinteilung** *f* time management

Zeitenwende *f* (*geh*) turning point [in history]

Zeitgeist *m kein pl* Zeitgeist

zeitgemäß *adj* up-to-date

Zeitgenosse, -genossin ['tsaitgənɔsə, -gənɔsɪn] *m, f* contemporary **zeitgenössisch** ['tsaitgənœsɪʃ] *adj* contemporary

zeitig ['tsaitɪç] *adj, adv* early

Zeitlang *f s.* **Zeit 2**

zeitlebens [tsait'le:bn̩s] *adv* all one's life

zeitlich I. *adj* chronological **II.** *adv* **etw** ~ **abstimmen** to synchronize sth; ~ **begrenzt** for a limited time

zeitlos *adj* timeless; **~er Stil** style that doesn't date

Zeitlupe *f kein pl* slow motion *no art* **Zeitlupenwiederholung** *f* slow-motion replay **Zeitmangel** *m kein pl* lack of time **Zeitplan** *m* schedule **Zeitpunkt** *m* time **Zeitraffer** <-s> *m kein pl* time-lapse photography **Zeitraum** *m* period of time **Zeitrechnung** *f* calendar

Zeitschrift ['tsaitʃrɪft] *f* magazine

Zeitsoldat *m* regular soldier (*serving for a fixed term*) **Zeitspanne** *f* period of time **Zeittakt** *m* unit length

Zeitung <-, -en> ['tsaitʊŋ] *f* newspaper **Zeitungsartikel** *m* newspaper article **Zeitungsbeilage** *f* newspaper supplement **Zeitungspapier** *nt* newspaper **Zeitungsverkäufer(in)** *m(f)* person selling newspapers **Zeitverschwendung** *f kein pl* waste of time **Zeitvertreib** <-[e]s, -e> *m* pastime; **zum** ~ to pass the time

zeitweilig ['tsaitvailɪç] **I.** *adj* ❶ (*gelegentlich*) occasional ❷ (*vorübergehend*) temporary **II.** *adv s.* **zeitweise**

zeitweise *adv* ❶ (*gelegentlich*) occasionally ❷ (*vorübergehend*) temporarily

Zeitwort *nt* verb **Zeitzünder** *m* time fuse

zelebrieren* [tsele'bri:rən] *vt* to celebrate

Zelle <-, -n> ['tsɛlə] *f* cell

Zellgewebe *nt* cell tissue **Zellkern** *m* nucleus **Zellstoff** ['tsɛlʃtɔf] *m* cellulose **Zellteilung** *f* cell division

Zellulitis <-, Zellulitiden> [tsɛlu'li:tɪs] *f* MED cellulitis

Zellulose <-, -n> [tsɛlu'lo:zə] *f* cellulose

Zelt <-[e]s, -e> [tsɛlt] *nt* tent; **ein** ~ **aufschlagen** to pitch a tent

zelten ['tsɛltn̩] *vi* to camp

Zeltlager *nt* camp **Zeltstange** *f* tent pole

Zement <-[e]s, -e> [tse'mɛnt] *m* cement

zementieren* [tsemɛn'ti:rən] *vt* to cement

Zenit <-[e]s> [tse'ni:t] *m kein pl* zenith

zensieren* [tsɛn'zi:rən] *vt* ❶ to censor ❷ SCH to mark

Zensor(in) <-s, -en> ['tsɛnzo:ɐ̯, tsɛn'zo:rɪn] *m(f)* censor

Zensur <-, -en> [tsɛn'zu:ɐ̯] *f* ❶ *kein pl* censorship ❷ SCH grade

Zentimeter [tsɛnti'me:tɐ] *m o nt* centimetre

Zentner <-s, -> ['tsɛntnɐ] *m* [metric] hundredweight, 50 kg; ÖSTERR, SCHWEIZ 100 kg

zentral [tsɛn'tra:l] **I.** *adj* central **II.** *adv* centrally

Zentrale <-, -n> [tsɛnˈtraːlə] *f* ÖKON head office; (*Militär, Polizei*) headquarters + *sing/pl vb*

Zentralheizung *f* central heating

zentralisieren* [tsɛntraliˈziːrən] *vt* to centralize

zentrieren* [tsɛnˈtriːrən] *vt* to centre

Zentrifugalkraft *f* centrifugal force

Zentrifuge <-, -n> [tsɛntriˈfuːgə] *f* centrifuge

Zentrum <-s, Zentren> [ˈtsɛntrʊm] *nt* centre

Zepter <-s, -> [ˈtsɛptɐ] *nt* sceptre

zerbeißen* [tsɛɐ̯ˈbaisn̩] *vt irreg* to chew [through *sep*]

zerbrechen* *irreg* **I.** *vt haben* **etw ~** to break sth into pieces **II.** *vi sein* ❶ to break into pieces ❷ (*seelisch*) **an etw** *dat* **~** to be destroyed by sth

zerbrechlich *adj* fragile; (*zart*) frail

zerbröckeln* *vi, vt* to crumble

zerdrücken* *vt* to crush; *Kartoffeln* to mash

Zeremonie <-, -n> [tseremoˈniː] *f* ceremony

Zeremoniell <-s, -e> [tseremoˈni̯ɛl] *nt* ceremonial

Zerfall *m kein pl* decay

zerfallen* *vi irreg sein* to decay

Zerfallsprodukt *nt* NUKL daughter product

zerfetzen* *vt* **jdn/etw ~** to tear sb/sth to pieces

zerfetzt *adj Kleidung* ragged

zerfleischen* [tsɛɐ̯ˈflaiʃn̩] **I.** *vt* **jdn/ein Tier ~** to tear sb/an animal to pieces **II.** *vr* **sich ~** to torture oneself

zerfließen* *vi irreg sein* **vor Mitleid ~** to be overcome with compassion

zergehen* *vi irreg sein* to melt (**in** in)

zerhacken* *vt* to chop up

zerkleinern* [tsɛɐ̯ˈklainɐn] *vt* to cut up *sep*

zerknirscht [tsɛɐ̯ˈknɪrʃt] *adj* remorseful

zerknittern* *vt* to crease

zerknüllen* *vt* to crumple up *sep*

zerkratzen* *vt* to scratch

zerlegen* *vt* to take apart *sep*

zermürben* [tsɛɐ̯ˈmʏrbn̩] *vt* to wear down *sep*

zerquetschen* *vt* ❶ *Bein* to squash ❷ *Kartoffeln* to mash

zerreiben* *vt irreg* to crush

zerreißen* *irreg* **I.** *vt haben* ❶ (*in Stücke*) **etw ~** to tear sth to pieces ❷ (*durchreißen*) to tear **II.** *vi sein* to tear; *Seil* to break

zerren [ˈtsɛrən] **I.** *vt* to drag **II.** *vi* to tug (**an** at); **an den Nerven ~** to be nerve-racking **III.** *vr* MED **sich** *dat* **etw ~** to pull sth

zerrinnen* *vi irreg sein* to melt away

Zerrung <-, -en> *f* MED pulled muscle

zerschellen* *vi sein* to be smashed to pieces

zerschlagen*[1] *irreg* **I.** *vt* ❶ **etw ~** to smash sth to pieces ❷ (*fig*) to break up *sep; Angriff* to crush **II.** *vr* **sich ~** to fall through

zerschlagen[2] *adj pred* shattered

zerschmettern* *vt* to shatter

zerschneiden* *vt irreg* to cut up *sep*

zersetzen* **I.** *vt* to corrode **II.** *vr* **sich ~** to decompose

zersplittern* **I.** *vt haben* to shatter **II.** *vi sein* to splinter

zerspringen* *vi irreg sein* ❶ (*in Stücke gehen*) to shatter ❷ (*einen Sprung bekommen*) to crack

Zerstäuber <-s, -> *m* atomizer

zerstören* *vt* to destroy

zerstörerisch *adj* destructive

Zerstörung <-, -en> *f kein pl* destruction

zerstreuen* **I.** *vt Sorgen, Zweifel* to dispel **II.** *vr* **sich ~** *Menge* to disperse

zerstreut *adj* ❶ (*gedankenlos*) absent-minded ❷ (*weit verteilt*) scattered

Zerstreuung <-, -en> *f* diversion

zertrampeln* *vt* to trample

zertreten* *vt irreg* to crush

zertrümmern* [tsɛɐ̯ˈtrʏmɐn] *vt* to smash

zerzaust *adj Haar* tousled
zetern ['tse:tɐn] *vi* to nag
Zettel <-s, -> ['tsɛtl̩] *m* piece of paper
Zeug <-[e]s> [tsɔyk] *nt kein pl* ① (*fam*) stuff; **altes ~** junk ② (*fam: Quatsch*) crap; **dummes ~ reden** to talk a load of nonsense
Zeuge, Zeugin <-n, -n> ['tsɔygə, 'tsɔygɪn] *m, f* witness
zeugen[1] ['tsɔygn̩] *vt* (*geh*) **jdn ~** to father sb
zeugen[2] ['tsɔygn̩] *vi* **von etw** *dat* **~** to show sth
Zeugenaussage *f* testimony
Zeugnis <-ses, -se> ['tsɔyknɪs] *nt* ① SCH report ② (*Arbeitszeugnis*) reference
zeugungsfähig *adj* fertile
zeugungsunfähig *adj* sterile
z.H(d). *Abk von* **zu Händen** attn.
Zickzack ['tsɪktsak] *m* zigzag; **im ~ gehen/fahren** to zigzag
Ziege <-, -n> ['tsi:gə] *f* goat
Ziegel <-s, -> ['tsi:gl̩] *m* ① (*Ziegelstein*) brick ② (*Dachziegel*) tile
Ziegenbock *m* billy goat **Ziegenkäse** *m* goat's cheese **Ziegenleder** *nt* kidskin
ziehen <zog, gezogen> ['tsi:ən] **I.** *vt haben* ① to pull; **zieh bitte die Vorhänge vor die Fenster** please draw the curtains; **die Rollläden nach oben ~** to pull up the blinds; **jdn an den Haaren ~** to pull sb's hair ② (*herausziehen*) *Fäden, Zahn* to take out; *Los, Revolver* to draw ③ (*züchten*) *Pflanzen* to grow; *Tiere* to breed ④ *Linie* to draw ⑤ (*anziehen*) **etw auf sich ~** to attract sth; **jdn ins Gespräch ~** to draw sb into the conversation ⑥ (*zur Folge haben*) **etw nach sich** *dat* **~** to have consequences **II.** *vi* ① *haben* (*zerren*) to pull (**an** on) ② *sein* (*umziehen*) **nach München ~** to move to Munich; **sie ist zu ihrem Freund gezogen** she moved in with her boyfriend ③ *sein* (*irgendwohin gehen*) *Menschenmenge* to march; **in den Krieg ~** to go to war; **durch die Stadt ~** to wander through the city ④ *haben* **an der Zigarette ~** to pull on one's cigarette ⑤ *haben: Tee* to brew ⑥ SCHACH to move **III.** *vi impers haben* **es zieht** there is a draught **IV.** *vt impers haben* **mich zieht es stark zu ihm** I feel very attracted to him **V.** *vr haben* **sich ~** *Gespräch* to drag on
Ziehharmonika *f* concertina
Ziehung <-, -en> *f* draw
Ziel <-[e]s, -e> [tsi:l] *nt* ① goal; **am ~ sein** to be at one's destination; **sich** *dat* **ein ~ setzen** to set oneself a goal ② SPORT, MIL target; **ins ~ treffen** to hit the target ③ (*Rennen*) finish; **durchs ~ gehen** to cross the finishing line ④ (*Reiseziel*) destination
zielen ['tsi:lən] *vi* to aim (**auf** at)
Zielgruppe *f* target group
ziellos I. *adj* aimless **II.** *adv* aimlessly
Zielort *m* destination **Zielscheibe** *f* target **zielsicher** *adj* unerring **zielstrebig** ['tsi:lʃtre:bɪç] **I.** *adj* single-minded **II.** *adv* single-mindedly
ziemlich ['tsi:mlɪç] **I.** *adj attr* considerable **II.** *adv* ① (*weitgehend*) quite ② (*beinahe*) almost; **so ~** more or less; **so ~ alles** just about everything; **so ~ dasselbe** pretty much the same
zieren ['tsi:rən] **I.** *vr* **sich ~** to make a fuss; *Mädchen* to act coyly **II.** *vt* to adorn
zierlich ['tsi:ɐ̯lɪç] *adj* dainty
Zierpflanze *f* ornamental plant
Ziffer <-, -n> ['tsɪfɐ] *f* (*Zahlzeichen*) digit; (*Zahl*) figure
Zifferblatt *nt* face
zig [tsɪç] *adj* (*fam*) umpteen; **~mal** umpteen times
Zigarette <-, -n> [tsiga'rɛtə] *f* cigarette
Zigarettenautomat *m* cigarette machine **Zigarettenpackung** *f* cigarette packet [*or* AM pack]
Zigarillo <-s, -s> [tsiga'rɪlo] *m o nt* cigarillo

Zigarre <-, -n> [tsi'garə] *f* cigar
Zigarrenkiste *f* cigar-box
Zigeuner(in) <-s, -> [tsi'gɔynɐ] *m(f)* (*pej*) Gypsy
Zikade <-, -n> [tsi'ka:də] *f* cicada
Zimmer <-s, -> ['tsɪmɐ] *nt* room
Zimmerkellner(in) *m(f)* room service waiter/waitress **Zimmermädchen** *nt* chambermaid **Zimmermann** <-leute> *m* carpenter **Zimmerpflanze** *f* house plant **Zimmertemperatur** *f* room temperature **Zimmervermittlung** *f* accommodation [*or* AM accomodations] service
zimperlich ['tsɪmpɐlɪç] *adj* **sei nicht so ~** don't be such a sissy
Zimt <-[e]s, -e> [tsɪmt] *m* cinnamon
Zink <-[e]s> [tsɪŋk] *nt kein pl* zinc
Zinke <-, -n> ['tsɪŋkə] *f Rechen* tooth; *Gabel* prong
zinken ['tsɪŋkn̩] *vt* KARTEN to mark
Zinn <-[e]s> [tsɪn] *nt kein pl* tin
zinnoberrot *adj* vermilion
Zinnsoldat *m* tin soldier
zinslos *adj* interest free
Zinssatz *m* rate of interest
Zipfel <-s, -> ['tsɪpfl̩] *m* corner; *Hemd, Jacke* tail
Zipfelmütze *f* pointed cap
zirka ['tsɪrka] *adv s.* **circa**
Zirkel <-s, -> ['tsɪrkl̩] *m* ❶ pair of compasses ❷ (*Gruppe*) group
Zirkulation <-, -en> [tsɪrkula'tsi̯o:n] *f* circulation
Zirkus <-, -se> ['tsɪrkʊs] *m* circus
Zirkuszelt *nt* big top
zischen ['tsɪʃn̩] *vi* to hiss
Zitadelle <-, -n> [tsita'dɛlə] *f* citadel
Zitat <-[e]s, -e> [tsi'ta:t] *nt* quotation
Zither <-, -n> ['tsɪtɐ] *f* zither
zitieren* [tsi'ti:rən] *vt* to quote
Zitrone <-, -n> [tsi'tro:nə] *f* lemon
Zitrusfrucht ['tsi:trʊs-] *f* citrus fruit
zitterig ['tsɪtərɪç] *adj* shaky
zittern ['tsɪtɐn] *vi* to tremble; **vor Angst ~** to quake with fear

Z

Zitze <-, -n> ['tsɪtsə] *f* teat
zivil [tsi'vi:l] *adj* civilian
Zivil <-s> [tsi'vi:l] *nt kein pl* civilian clothes *npl*
Zivilbevölkerung *f* civilian population **Zivilcourage** *f* courage [of one's convictions] **Zivildienst** *m kein pl community service as alternative to military service*
Zivilisation <-, -en> [tsiviliza'tsi̯o:n] *f* civilization
Zivilisationskrankheit *f illness caused by civilization*
zivilisiert I. *adj* civilized **II.** *adv* civilly
Zivilist(in) <-en, -en> [tsivi'lɪst] *m(f)* civilian
Zivilrecht *nt* civil law
Zobel <-s, -> ['tso:bl̩] *m* sable
zögern ['tsø:gɐn] *vi* to hesitate; **ohne zu ~** without hesitation
Zölibat <-[e]s, -e> [tsøli'ba:t] *nt o m* celibacy *no pl*
Zoll[1] <-[e]s, -> [tsɔl] *m* (*Maß*) inch
Zoll[2] <-[e]s, Zölle> [tsɔl] *m* ❶ customs duty; **für etw ~ bezahlen** to pay duty on sth ❷ *kein pl* (*Zollverwaltung*) customs *npl*
Zollabfertigung *f* customs clearance **Zollamt** *nt* customs office **Zollerklärung** *f* ÖKON customs declaration **zollfrei** *adj* duty-free **Zollkontrolle** *f* customs check
zollpflichtig *adj* dutiable
Zollstock *m* ruler
Zombie <-[s], -s> ['tsɔmbi] *m* zombie
Zone <-, -n> ['tso:nə] *f* zone
Zoo <-s, -s> [tso:] *m* zoo
Zoologie <-> [tsoolo'gi:] *f kein pl* zoology
Zopf <-[e]s, Zöpfe> [tsɔpf] *m* plait, AM *usu* braid
Zorn <-[e]s> [tsɔrn] *m kein pl* anger; **im ~** in anger; **in ~ geraten** to fly into a rage
Zornesausbruch *m* fit of anger [*or* rage]
zornig ['tsɔrnɪç] *adj* angry (**auf** with)

Zote <-, -n> ['tso:tə] *f* dirty joke
zottelig ['tsɔtəlɪç] *adj* (*fam*) shaggy
zu [tsu:] **I.** *präp +dat* to ❶ (*örtlich: Richtung*) to; **ich muss ~m Arzt** I must go to the doctor's; **setz dich ~ uns** [come and] sit with us; **~m Meer/zur Stadtmitte hin** towards the sea/city centre; **~r Tür herein/hinaus** in/out the door ❷ (*örtlich: Lage*) at; **~ Hause** at home; **~ Fuß/Pferd** on foot/horseback; **~ seiner Rechten/Linken** on his right/left [hand side] ❸ *zeitlich* at; **bis ~m Montag** until Monday; **~m Monatsende kündigen** to give in one's notice for the end of the month; **~ Ostern/Weihnachten** at Easter/Christmas ❹ (*anlässlich*) **jdn ~m Essen einladen** to invite sb for a meal; **etw ~m Geburtstag/~ Weihnachten bekommen** to get sth for one's birthday/for Christmas ❺ (*für etw bestimmt*) **Wasser ~m Trinken** drinking water; **das Zeichen ~m Aufbruch** the signal to leave ❻ (*Veränderung*) **jdn/etw ~ etw machen** to make sb/sth into sth; **~ etw werden** to turn into sth ❼ (*Beziehung*) **aus Freundschaft ~ jdm** because of one's friendship with sb; **Liebe ~ jdm** love for sb ❽ (*Verhältnis*) **im Verhältnis 1 ~ 4** in the ratio of one to four; SPORT **sie gewannen mit 5 ~ 1** they won five-one; **sechs [Stück] ~ fünfzig Cent** six for fifty cents; **wir sind ~ fünft in den Urlaub gefahren** five of us went on holiday together; **~m halben Preis** at half price ❾ (*als*) **~m Beispiel** for example; **~r Belohnung** as a reward; **~m Glück** luckily; **~r Strafe/Warnung** as a punishment/warning **II.** *adv* ❶ (*allzu*) too; **~ sehr** too much; **ich wäre ~ gern mitgefahren** I would have loved to have gone along ❷ (*geschlossen*) closed; **Tür ~!** shut the door!; **die Geschäfte haben sonntags ~** stores are closed on Sundays **III.** *konj* ❶ *mit infin* to; **etw ~ essen** sth to eat; **sie hat ~ gehorchen** she has to obey; **ohne es ~ wissen** without knowing it ❷ *mit Partizip* **der ~ Prüfende** the candidate to be examined; **nicht ~ unterschätzende Probleme** problems [that are] not to be underestimated
Zubehör <-[e]s, -e> ['tsu:bəhø:ɐ̯] *nt o m* equipment *no pl*
zu|bereiten* *vt* **[jdm] etw ~** to prepare sth [for sb]
Zubereitung <-, -en> *f* preparation
zu|billigen *vt* **jdm etw ~** to grant sb sth
zu|binden *vt irreg* to tie; **die Schuhe ~** to lace up shoes
zu|bringen *vt irreg Zeit* to spend
Zucchini <-, -> [tsʊ'ki:ni] *f meist pl* courgette BRIT, zucchini AM
Zucht <-> [tsʊxt] *f kein pl* (*Pflanzenzucht*) cultivation; (*Tierzucht*) breeding
Zuchtbulle *m* breeding bull
züchten ['tsʏçtn̩] *vt Pflanzen* to grow; *Tiere* to breed
Züchter(in) <-s, -> *m(f)* (*Tierzüchter*) breeder; (*Pflanzenzüchter*) grower
Zuchthaus *nt* HIST prison
Zuchthengst *m* stud horse
zucken ['tsʊkn̩] *vi* ❶ to twitch; **mit den Achseln ~** to shrug one's shoulders; **ohne mit der Wimper zu ~** without batting an eyelid ❷ *Blitz* to flash
zücken ['tsʏkn̩] *vt Messer* to draw
Zucker[1] <-s, -> ['tsʊkɐ] *m* sugar *no pl*
Zucker[2] <-s> ['tsʊkɐ] *m kein pl* MED diabetes
Zuckerdose *f* sugar bowl **Zuckerguss** *m* icing *no art*
zuckerig ['tsʊkərɪç] *adj* sugary
zuckerkrank *adj* diabetic
Zuckerkranke(r) *f(m) dekl wie adj* diabetic **Zuckerrohr** *nt* sugar cane *no art, no pl* **Zuckerrübe** *f* sugar beet *no art, no pl*
Zuckung <-, -en> *f meist pl* twitch

zu|decken *vt* to cover [up *sep*]
zudem [tsu'de:m] *adv* furthermore
zu|drehen I. *vt* ❶ *Wasserhahn* to turn off *sep* ❷ (*zuwenden*) **jdm den Rücken ~** to turn one's back on sb **II.** *vr* **sich jdm ~** to turn to[wards] sb
zudringlich ['tsu:drɪŋlɪç] *adj* pushy
zueinander [tsuʔai'nandɐ] *adv* to each other; **~ passen** *Menschen* to suit each other; *Farben, Kleider* to go well together
zuerst [tsu'ʔe:ɐ̯st] *adv* ❶ (*als erster*) the first; (*als erstes*) first ❷ (*anfangs*) at first ❸ (*erstmals*) for the first time
Zufahrt ['tsu:fa:ɐ̯t] *f* entrance
Zufahrtsstraße *f* (*zur Autobahn*) approach road
Zufall *m* coincidence; (*Schicksal*) chance; **das ist ~** that's a coincidence
zufällig I. *adj* chance **II.** *adv* by chance; **rein ~** by pure chance; **jdn ~ treffen** to happen to meet sb
Zuflucht <-, -en> ['tsu:flʊxt] *f* refuge
zufolge [tsu'fɔlgə] *präp +dat* according to
zufrieden [tsu'fri:dn̩] **I.** *adj* (*befriedigt*) satisfied; (*glücklich*) contented **II.** *adv* with satisfaction; (*glücklich*) contentedly
zufrieden|geben *vi* **sich** [**mit etw** *dat*] **~** to be satisfied/content[ed] [with sth]
Zufriedenheit <-> *f kein pl* satisfaction *no art;* (*Glücklichsein*) contentedness *no art*
zu|frieren *vi irreg sein* to freeze [over]
zu|fügen *vt* to cause; **jdm eine Verletzung ~** to harm sb; **jdm Unrecht ~** to do sb an injustice
Zug[1] <-[e]s, Züge> [tsu:k] *pl m* (*Bahn*) train
Zug[2] <-[e]s, Züge> [tsu:k] *m* ❶ (*inhalierte Menge*) puff (**an** on/at); **einen ~ machen** to have a puff ❷ *kein pl* (*Luftzug*) draught ❸ (*Spielzug*) move; **am ~ sein** to be sb's move ❹ (*Kolonne*) procession ❺ (*Gesichtszug*) feature ❻ (*Charakterzug*) characteristic ❼ (*Schritt*) **~ um ~** step by step; **im ~e einer S.** *gen* in the course of sth
Zugabe ['tsu:ga:bə] *f* MUS encore
Zugang <-[e]s, -gänge> ['tsu:gaŋ] *m* ❶ (*Eingang*) entrance ❷ *kein pl* (*Zutritt, Zugriff*) access (**zu** to)
zugänglich ['tsu:gɛŋlɪç] *adj* ❶ accessible; **nicht ~** inaccessible ❷ *Mensch* approachable; **für etw** *akk* **~ sein** to be receptive to sth
Zugbrücke *f* drawbridge
zu|geben *vt irreg* to admit
zu|gehen *irreg vi sein* ❶ *Tür* to shut ❷ (*zubewegen*) **auf jdn/etw ~** to approach sb/sth ❸ (*sich versöhnen*) **aufeinander ~** to become reconciled
zugehörig ['tsu:gəhø:rɪç] *adj attr* accompanying
Zügel <-s, -> ['tsy:gl̩] *m* reins *npl*
zugelassen I. *pp von* **zulassen II.** *adj* authorized; *Kfz* licensed; *Arzt* licensed, registered
zügellos *adj* unrestrained
Zügellosigkeit *f* unrestraint
zügeln ['tsy:gl̩n] *vt* ❶ *Pferd* to rein in *sep* ❷ (*zurückhalten*) **jdn/sich ~** to restrain sb/oneself
Zugeständnis ['tsu:gəʃtɛntnɪs] *nt* concession
zu|gestehen* *vt irreg* to grant
Zugführer(in) *m(f)* guard BRIT, conductor AM
zugig ['tsu:gɪç] *adj* draughty
zugleich [tsu'glaiç] *adv* ❶ (*ebenso*) both ❷ (*gleichzeitig*) at the same time
Zugluft *f kein pl* draught
zu|greifen *vi irreg* ❶ (*sich bedienen*) to help oneself ❷ INFORM **auf etw** *akk* **~** to access sth
Zugrestaurant *nt* dining car
zugrunde [tsu'grʊndə] *adv* **~ gehen** to be destroyed (**an** by); **jdn/etw ~ richten** to destroy sb/sth; **etw** *dat* **~ liegen** to form the basis of sth

zugunsten [tsu'gʊnstn̩] *präp +gen* in favour of
zugute|kommen *vt* **jdm/etw ~** to be for the benefit of sb/sth
Zugverbindung *f* train connection
Zugvogel *m* migratory bird
zu|halten *irreg vt* **etw ~** to hold sth closed
Zuhälter(in) <-s, -> ['tsu:hɛltɐ] *m(f)* pimp
Zuhause <-s> [tsu'hauzə] *nt kein pl* home *no art*
zu|hören *vi* to listen (*+dat* to)
Zuhörer(in) *m(f)* listener
zu|jubeln *vi* to cheer
zu|knöpfen *vt* to button up *sep;* **sich** *dat* **etw ~** to button up *sep* one's sth
zu|kommen *vi irreg sein* ❶ (*sich nähern*) **auf jdn/etw ~** to come towards sb/sth ❷ (*bevorstehen*) **auf jdn ~** to be in store for sb; **die Dinge auf sich ~ lassen** to take things as they come
Zukunft <-> ['tsu:kʊnft] *f kein pl* future
zukünftig ['tsu:kʏnftɪç] **I.** *adj* future **II.** *adv* in future
Zukunftsmodell *nt* model for the future **Zukunftsperspektive** *f meist pl* future prospects *npl*
zu|lächeln *vi* **jdm ~** to smile at sb
Zulage <-, -n> ['tsu:la:gə] *f* bonus [payment]
zu|lassen *vt irreg* ❶ (*dulden*) to allow ❷ (*fam*) *Tür* to keep shut *sep* ❸ (*anmelden*) to register
zulässig ['tsu:lɛsɪç] *adj* permissible
Zulassung <-, -en> *f* ❶ (*Lizenz*) licence; **die ~ entziehen** to revoke sb's licence ❷ (*Anmeldung*) registration
zulasten *adv* at the expense of
zuleide [tsu'laidə] *adv* **jdm etwas ~ tun** to harm sb
zuletzt [tsu'lɛtst] *adv* ❶ (*als Letzter*) **~ eintreffen** to be the last to arrive; **~ durchs Ziel gehen** to finish last ❷ (*endlich*) in the end; **bis ~** until the end ❸ (*letztmalig*) last; **nicht ~** not least [of all]
zuliebe [tsu'li:bə] *adv* **jdm/etw ~** for sb['s sake]
Zulieferer <-s, -> *m* supplier
zum [tsʊm] = **zu dem** *s.* **zu**
zumindest [tsu'mɪndəst] *adv* at least
zumute [tsu'mu:tə] *adv* **mir ist so merkwürdig ~** I feel so strange
zu|muten ['tsu:mu:tn̩] *vt* **jdm etw ~** to expect sth of sb; **sich** *dat* **etw ~** to undertake sth; **jdm zu viel ~** to expect too much of sb
Zumutung *f* unreasonable demand; **das ist eine ~!** it's just too much!
zunächst [tsu'nɛçst] *adv* ❶ (*anfangs*) initially ❷ (*vorerst*) for the moment
Zunahme <-, -n> ['tsu:na:mə] *f* increase
Zuname ['tsu:na:mə] *m* surname
zünden ['tsʏndn̩] *vi, vt* TECH to fire
Zünder <-s, -> ['tsʏndɐ] *m* detonator
Zündholz <-es, -hölzer> *nt* match
Zündholzschachtel *f* matchbox
Zündkabel *nt* plug lead **Zündkerze** *f* spark plug **Zündschlüssel** *m* ignition key **Zündschnur** *f* fuse **Zündstoff** *m kein pl* inflammatory stuff *no art*
Zündung <-, -en> *f* AUTO ignition *no pl*
zu|nehmen *irreg vi* ❶ (*Gewicht*) to gain weight ❷ (*anwachsen*) to increase (**an** in)
Zuneigung *f* affection
Zunft <-, Zünfte> [tsʊnft] *f* HIST guild
zünftig ['tsʏnftɪç] *adj* (*fam*) proper
Zunge <-, -n> ['tsʊŋə] *f* tongue; **die ~ herausstrecken** to stick out one's tongue
Zungenbrecher <-s, -> *m* tongue twister **Zungenfertigkeit** *f kein pl* eloquency *no pl* **Zungenkuss** *m* French kiss **Zungenspitze** *f* tip of the tongue
zunichte|machen [tsu'nɪçtə-] *vt* to wreck; *Hoffnungen* to dash
zunutze [tsu'nʊtsə] *adv* **sich** *dat* **etw ~ machen** to make use of sth
zu|ordnen ['tsu:ʔɔrdnən] *vt* **etw etw** *dat* **~** to assign sth to sth

Z

zu|packen *vi* (*bei einer Arbeit*) [**mit**] ~ to lend a [helping] hand
zupfen ['tsʊpfn̩] *vt* to pull (**aus** out of); **sich** *dat* **die Augenbrauen** ~ to pluck one's eyebrows
zur [tsuːɐ̯, tsʊr] = *s.* **zu der** *s.* **zu**
zurechnungsfähig *adj* JUR responsible for one's actions *pred*
zurecht|finden [tsu'rɛçtfɪndn̩] *vr irreg* **sich in einer Großstadt** ~ to find one's way around a city
zurecht|kommen *vi irreg sein* (*mit Person*) to get on (**mit** with); (*mit Sache*) to cope (**mit** with)
zurecht|weisen *vt irreg* to reprimand
zu|reden ['tsuːreːdn̩] *vi* **jdm** [**gut**] ~ to encourage sb
Zurschaustellung *f* (*meist pej*) flaunting
zurück [tsu'rʏk] *adv* back; [**von etw** *dat*] ~ **sein** to be back [from sth]; **hin und ~ oder einfach?** single or return?
zurück|bekommen* *vt irreg* to get back *sep*
zurück|bleiben *vi irreg sein* to stay behind; (*leistungsmäßig*) to fall behind
zurück|blicken *vi* to look back (**auf** on)
zurück|bringen *vt irreg* to bring back *sep*
zurück|drängen *vt* to force back *sep*
zurück|erstatten* *vt* [**jdm**] **etw** ~ to refund [sb's] sth
zurück|fahren *irreg* **I.** *vi sein* to go/come back **II.** *vt* ❶ to drive back *sep* ❷ (*reduzieren*) to cut back *sep*
zurück|fallen *vi irreg sein* ❶ **in etw** *akk* ~ to lapse back into sth ❷ (*darunter bleiben*) **hinter etw** *akk* ~ to fall short of sth
zurück|finden *vi irreg* to find one's way back
zurück|fordern *vt* **etw** [**von jdm**] ~ to demand sth back [from sb]
zurück|führen *vt* **etw auf etw** *akk* ~ to attribute sth to sth
zurück|geben *vt irreg* [**jdm**] **etw** ~ to return sth [to sb]
zurückgeblieben *adj* slow
zurück|gehen *vi irreg sein* ❶ to return ❷ (*abnehmen*) to go down
zurückgezogen *adj, adv* secluded
zurück|halten *irreg* **I.** *vr* **sich** ~ ❶ (*sich beherrschen*) to restrain oneself ❷ (*reserviert sein*) to be reserved **II.** *vt* ❶ (*aufhalten*) to hold up *sep* ❷ (*abhalten*) **jdn** [**von etw** *dat*] ~ to keep sb from doing sth
zurückhaltend *adj* reserved
Zurückhaltung *f kein pl* reserve *no art*
zurück|holen *vt* ❶ to fetch back *sep* ❷ (*in seinen Besitz zurückbringen*) [**sich** *dat*] **etw** ~ to get back *sep* sth
zurück|kommen *vi irreg sein* ❶ to return; **aus dem Ausland** ~ to return from abroad ❷ (*erneut aufgreifen*) **auf etw** *akk* ~ to come back to sth; **auf jdn** ~ to get back to sb
zurück|lassen *vt irreg* to leave behind *sep*
zurück|legen *vt* ❶ to put back *sep* ❷ (*reservieren*) **jdm etw** ~ to put sth aside for sb ❸ (*hinter sich bringen*) **35 Kilometer kann man leicht pro Tag zu Fuß** ~ you can easily do 35 kilometres a day on foot ❹ (*sparen*) to put away *sep*
zurück|nehmen *vt irreg* to take back *sep*
zurück|schauen *vi* to look back (**auf** on)
zurück|schicken *vt* to send back *sep*
zurück|schlagen *irreg vt* ❶ to beat back ❷ (*umschlagen*) to turn back *sep*
zurück|schrecken *vi irreg sein* ❶ (*Bedenken haben*) to shrink (**vor** from); **vor nichts** ~ (*skrupellos sein*) to stop at nothing; (*keine Angst haben*) to not flinch from anything ❷ (*erschrecken*) to start back
zurück|sehnen *vr* **sich nach Hause** ~ to long to return home
zurück|stellen *vt* ❶ to put back *sep* ❷ *Heizung* to turn down *sep; Uhr* to turn back *sep; Wünsche* to put aside

zurück|treten *vi irreg sein* ❶ to step back ❷ (*vom Amt*) to resign

zurück|verlangen* *vt* (*zurückfordern*) to demand back

zurück|versetzen* *vr* **sich ~** to be transported back

zurück|weichen *vi irreg sein* [**vor etw** *dat*] **~** to fall back [before sth]

zurück|weisen *vt irreg* **jdn ~** to turn away sb *sep;* **etw ~** to reject sth

zurück|zahlen *vt* [**jdm**] **etw ~** to repay [sb] sth

zurück|ziehen *irreg* **I.** *vt* ❶ to pull back *sep* ❷ (*widerrufen*) to withdraw **II.** *vr* **sich ~** to withdraw

zu|rufen *vt irreg* **jdm etw ~** to shout sth to sb

zurzeit [tsʊrˈtsait] *adv* at present, at the moment

Zusage [ˈtsuːzaːgə] *f* assurance

zu|sagen I. *vt* to promise (+*dat* to) **II.** *vi* ❶ to accept ❷ (*gefallen*) **jdm ~** to appeal to sb

zusammen [tsuˈzamən] *adv* ❶ (*gemeinsam*) together (**mit** with); **mit jdm ~ sein** to be with sb ❷ (*ein Paar sein*) **~ sein** to be going out [with each other] ❸ (*insgesamt*) altogether

Zusammenarbeit *f kein pl* cooperation *no art*

zusammen|arbeiten *vi* **mit jdm ~** to work [together] with sb

zusammen|bauen *vt* to assemble

zusammen|bleiben *vi irreg sein* to stay together; **mit jdm ~** to stay with sb

zusammen|brechen *vi irreg sein* to collapse

Zusammenbruch *m* collapse

zusammen|drücken *vt* ❶ (*zerdrücken*) to crush ❷ (*aneinanderdrücken*) to press together

zusammen|falten *vt* to fold [up *sep*]

zusammen|fassen *vt* ❶ to summarize; **etw in wenigen Worten ~** to put sth in a nutshell ❷ (*vereinigen*) **jdn/etw in etw** *dat* **~** to unite sb/sth into sth; **etw unter etw** *dat* **~** to class[ify] sth under sth

Zusammenfassung *f* summary

zusammen|fügen *vt* to assemble

zusammen|führen *vt* to bring together; *Familie* to reunite

zusammen|gehören* *vi* ❶ (*zueinander gehören*) to belong together ❷ (*ein Ganzes bilden*) to go together

Zusammengehörigkeitsgefühl *nt kein pl* sense of togetherness

zusammengesetzt *adj* compound

zusammen|halten *irreg* **I.** *vi* (*Freunde*) to stick together **II.** *vt* to hold together

Zusammenhang <-[e]s, -hänge> *m* connection; (*Verbindung*) link (**zwischen** between); **im ~ mit etw** *dat* in connection with sth; **jdn/etw mit etw** *dat* **in ~ bringen** to connect sb/sth with sth

zusammen|hängen *vi irreg* (*in Zusammenhang stehen*) **mit etw** *dat* **~** to be connected with sth

zusammenhängend I. *adj* coherent **II.** *adv* coherently

zusammenhang(s)los I. *adj* incoherent **II.** *adv* incoherently

zusammenklappbar *adj* folding *attr; Stuhl, Tisch* collapsible

zusammen|klappen I. *vt haben* to fold up *sep* **II.** *vi sein* (*a. fig fam*) to collapse

zusammen|kommen *vi irreg sein* ❶ (*sich treffen*) to come together; **mit jdm ~** to meet sb; **zu einer Besprechung ~** to get together for a discussion ❷ *Umstände* to combine ❸ *Schulden* to mount up

Zusammenleben *nt kein pl* living together *no art*

zusammen|nehmen *irreg* **I.** *vt* to summon [up *sep*]; **alles zusammengenommen** all in all; **seinen ganzen Mut ~** to summon up all one's courage **II.** *vr* **sich ~** to control oneself

zusammen|passen *vi* ❶ *Menschen* to suit each other; **gut/schlecht ~** to be well-suited/ill-suited

❷ *Kleidungsstücke* to match

Zusammenprall *m* collision

zusammen|prallen *vi sein* to collide

zusammen|rechnen *vt* to add up *sep;* **alles zusammengerechnet** all in all

zusammen|reißen *irreg vr* (*fam*) **sich ~** to pull oneself together

zusammen|rücken **I.** *vi sein* to move up closer **II.** *vt haben* **etw ~** to move sth closer together

zusammen|schließen *irreg vr* **sich** [**zu etw** *dat*] **~** to join together [to form sth]

Zusammenschluss *m* union; (*von Firmen*) merger

Zusammensein <-s> *nt kein pl* get-together; **ein geselliges ~** a social [gathering]

zusammen|setzen **I.** *vt* to assemble **II.** *vr* ❶ **sich ~** to sit together; (*um etw zu besprechen*) to get together ❷ (*bestehen*) **sich aus etw** *dat* **~** to be composed of sth

Zusammensetzung <-, -en> *f* composition

Zusammenspiel *nt kein pl* ❶ SPORT teamwork ❷ MUS ensemble playing ❸ THEAT ensemble acting ❹ (*fig: Wechselwirkung*) interplay

zusammen|stellen *vt* ❶ (*aufstellen*) to compile; *Delegation* to assemble ❷ (*auf einen Fleck*) **die Betten ~** to place the beds side by side

Zusammenstoß *m* ❶ collision ❷ (*Auseinandersetzung*) clash

zusammen|stoßen *vi irreg sein* to collide; **mit jdm ~** to bump into sb

zusammen|treffen *vi irreg sein* ❶ (*sich treffen*) to meet; **mit jdm ~** to meet sb; (*unverhofft*) to encounter ❷ *Umstände* to coincide

Zusammentreffen *nt* ❶ (*Treffen*) meeting ❷ *Umstände* coincidence

zusammen|tun *irreg* **I.** *vt* to put together **II.** *vr* **sich** [**zu etw** *dat*] **~** to get together [in sth]

zusammen|wirken *vi* (*vereint wirken*) to combine

zusammen|zählen *vt* to add up *sep;* **alles zusammengezählt** all in all

zusammen|ziehen *irreg* **I.** *vi sein* to move in together **II.** *vr* **sich ~** ❶ (*sich verengen*) to contract ❷ *Sturm, Unheil* to be brewing; *Wolken* to gather **III.** *vt* **die Augenbrauen ~** to knit one's brows

Zusatz ['tsu:zats] *m* ❶ (*zugefügter Teil*) appendix ❷ (*Nahrungszusatz*) additive; **ohne ~ von Farbstoffen** without the addition of artificial colouring

Zusatzgerät *nt* attachment; INFORM peripheral [device]

zusätzlich ['tsu:zɛtslɪç] **I.** *adj* additional **II.** *adv* in addition

zu|schauen *vi s.* **zusehen**

Zuschauer(in) <-s, -> *m(f)* ❶ SPORT spectator; TV viewer ❷ FILM, THEAT **die ~** the audience

Zuschauerraum *m* auditorium

Zuschlag <-[e]s, Zuschläge> *m* ❶ (*zum Preis*) supplementary charge ❷ (*zum Fahrpreis*) extra fare ❸ (*zusätzliches Entgelt*) bonus

zu|schließen *irreg vt* to lock

zu|schreiben *vt irreg* **jdm etw ~** to ascribe sth to sb

Zuschrift *f* (*geh*) reply

zuschulden [tsu'ʃʊldn̩] *adv* **sich** *dat* **etwas/nichts ~ kommen lassen** to do something/nothing wrong

Zuschuss <-sses, -schüsse> ['tsu:ʃʊs] *m* subsidy

zu|sehen *vi irreg* ❶ to watch; **tatenlos musste er ~, wie ...** he could only stand and watch, while ... ❷ (*dafür sorgen*) **~, dass ...** to see [to it] that ...

zu|sichern *vt* **jdm etw ~** to assure sb of sth; **jdm seine Hilfe ~** to promise sb one's help

zu|sperren *vt* to lock

zu|spielen *vt* ❶ **jdm den Ball ~** to pass the ball to sb ❷ (*zukommen lassen*)

etw der Presse ~ to leak sth [to the press]

Zuspruch *m kein pl* ❶ **sich großen ~s erfreuen** to be very popular ❷ (*Worte*) **ermutigender/tröstender ~** words of encouragement/comfort

Zustand <-[e]s, -stände> ['tsu:ʃtant] *m* ❶ (*Verfassung*) state, condition; **das ist doch kein ~!** it's a disgrace! ❷ *pl* (*Verhältnisse*) conditions

zustande [tsu'ʃtandə] *adv* **etw ~ bringen** to achieve sth; **eine Einigung ~ bringen** to reach an agreement; **es ~ bringen, dass jd etw tut** to [manage to] get sb to do sth; **nicht ~ kommen** to fail

zuständig ['tsu:ʃtɛndɪç] *adj* responsible; **der ~e Beamte** the official in charge; **dafür ist er ~** that's his responsibility

zu|stimmen *vi* **jdm/etw ~** to agree with sb/to sth

Zustimmung *f* agreement

Zustrom *m kein pl* ❶ METEO inflow ❷ (*Zuwanderung*) influx

zutage [tsu'ta:gə] *adj* **etw ~ bringen** to bring sth to light; **~ treten** to come to light

zu|teilen *vt* **jdm etw ~** to assign sth to sb

zutiefst [tsu'ti:fst] *adv* deeply; **~ verärgert** furious

zu|trauen *vt* **das hätte ich dir nie zugetraut!** I would never have expected that from you!; **dem traue ich alles zu!** I wouldn't put anything past him!; **sich** *dat* **nichts ~** to have no self-confidence; **sich** *dat* **zu viel ~** to take on too much

Zutrauen <-s> *nt kein pl* confidence (**zu** in)

zutraulich ['tsu:traulɪç] *adj* trusting; *Hund* friendly

zu|treffen *vi irreg* ❶ (*richtig sein*) to be correct; (*wahr sein*) to be true; **es trifft zu, dass …** it is true that … ❷ (*anwendbar sein*) **auf jdn/etw [nicht] ~** to [not] apply to sb/sth

Zutritt *m kein pl* admission (**zu** to); **~ verboten!** [*o* **kein ~!**] no admittance!; **[keinen] ~ zu etw haben** to [not] be admitted to sth

zuverlässig ['tsu:fɛɐ̯lɛsɪç] *adj* reliable

Zuverlässigkeit <-> *f kein pl* reliability

Zuversicht <-> ['tsu:fɛɐ̯zɪçt] *f kein pl* confidence; **voller ~** full of confidence

zuversichtlich *adj* confident

zuvor [tsu'fo:ɐ̯] *adv* before; (*zunächst*) beforehand; **im Jahr ~** the year before; **noch nie ~** never before

zuvor|kommen *vi irreg sein* **jdm ~** to beat sb to it; **etw** *dat* **~** to forestall sth

zuvorkommend **I.** *adj* (*gefällig*) accommodating; (*höflich*) courteous **II.** *adv* courteously

Zuvorkommenheit <-> *f kein pl* courtesy

Zuwachs <-es, Zuwächse> ['tsu:vaks] *m* increase

zuwege [tsu've:gə] *adv* **etw ~ bringen** to achieve sth; **es ~ bringen, dass jd etw tut** to [manage to] get sb to do sth

zuweilen [tsu'vailən] *adv* occasionally

zu|weisen *vt irreg* **jdm etw ~** to assign sb sth

zu|wenden *irreg* **I.** *vt* **jdm das Gesicht/den Rücken ~** to turn one's face towards/one's back on sb **II.** *vr* **sich jdm/etw ~** to devote oneself to sb/sth

Zuwendung *f* ❶ *kein pl* (*Hinwendung*) love and care ❷ (*Geld*) contribution

zuwider[1] [tsu'vi:dɐ] *adv* **jdm ist jd/etw ~** sb loathes sb/sth

zuwider[2] [tsu'vi:dɐ] *präp* **einer S.** *dat* **~** contrary to sth

zuzüglich ['tsu:tsy:glɪç] *präp* **~ einer S.** *gen* plus sth

Zwang <-[e]s, Zwänge> [tsvaŋ] *m* ❶ (*Gewalt*) force; (*Druck*) pressure; **unter ~** under duress; **gesellschaftliche Zwänge** social constraints ❷ (*Notwendigkeit*) compulsion; **aus ~** out of necessity

zwängen ['tsvɛŋən] *vt* **etw in etw** *akk* **~**

to force sth into sth; **sich durch/in etw** *akk* ~ to squeeze through/into sth; **sich durch die Menge** ~ to force one's way through the crowd

zwanglos I. *adj* (*ungezwungen*) casual; (*ohne Förmlichkeit*) informal **II.** *adv* (*ungezwungen*) casually; (*ohne Förmlichkeit*) informally

Zwangsarbeit *f kein pl* forced labour **Zwangsarbeiter(in)** *m(f)* sb sentenced to forced labour **Zwangsehe** *f* forced marriage **zwangseinweisen** *vt* **jdn in eine** [**psychiatrische**] **Klinik** ~ to commit sb to [a mental] hospital against their wishes **Zwangseinweisung** *f* involuntary commitment **Zwangslage** *f* predicament; **in eine** ~ **geraten** to get into a predicament

zwangsläufig I. *adj* inevitable **II.** *adv* inevitably

zwangsweise I. *adj* compulsory **II.** *adv* compulsorily

zwanzig ['tsvantsɪç] *adj* twenty; *s.a.* **achtzig**

zwanzigfach *adj* twentyfold, twenty times; *s.a.* **achtfach**

zwanzigjährig, 20-jährig ['tsvantsɪçjɛːrɪç] *adj* ❶ (*Alter*) twenty-year-old *attr,* twenty years old *pred* ❷ (*Zeitspanne*) twenty-year *attr*

zwanzigste(r, s) ['tsvantsɪçstə, -stɐ, -stəs] *adj attr* twentieth; *s.a.* **achte(r, s)**

zwar [tsvaːɐ̯] *adv* **sie ist** ~ **47, sieht aber wie 30 aus** although she's 47, she looks like 30; **das mag** ~ **stimmen, aber ...** that may be true, but ...; **und** ~ namely

Zweck <-[e]s, -e> [tsvɛk] *m* ❶ (*Verwendungszweck*) purpose; **einem bestimmten** ~ **dienen** to serve a particular aim; **seinen** ~ **erfüllen** to serve its/one's purpose; **ein guter** ~ a good cause; **zu welchem** ~**?** for what purpose? ❷ (*Sinn*) point; **das hat doch alles keinen** ~**!** there's no point in any of that!

zweckentfremden* *vt* **etw als etw** *akk* ~ to use sth as sth

zwecklos *adj* futile

zweckmäßig *adj* ❶ (*geeignet*) suitable ❷ (*sinnvoll*) appropriate

zwecks [tsvɛks] *präp* (*geh*) ~ **einer S.** *gen* for the purpose of sth

zwei [tsvai] *adj* two; *s.a.* **acht**[1]

Zweibettzimmer *nt* double room

zweideutig ['tsvaidɔytɪç] *adj* ambiguous; (*anrüchig*) suggestive

zweidimensional *adj* two-dimensional **Zweidrittelmehrheit** *f* two-thirds majority; **mit** ~ with a two-thirds majority

zweierlei ['tsvaiɐ'lai] *adj attr* two [different]; **mit** ~ **Maß messen** to apply double standards

zweifach, 2fach ['tsvaifax] *adj* **die** ~**e Menge** twice as much; **in** ~**er Ausfertigung** in duplicate

Zweifel <-s, -> ['tsvaifl̩] *m* doubt; **darüber besteht kein** ~ there can be no doubt about that; **sich** *dat* [**noch**] **im** ~ **sein** to be [still] in two minds; **jdm kommen** ~ sb begins to doubt; **außer** ~ **stehen, dass ...** to be beyond [all] doubt that ...

zweifelhaft *adj* ❶ doubtful ❷ (*dubios*) dubious

zweifellos ['tsvaifl̩loːs] *adv* undoubtedly

zweifeln ['tsvaifl̩n] *vi* **an jdm/etw** ~ to doubt sb/sth; [**daran**] ~**, ob ...** to doubt whether ...

Zweig <-[e]s, -e> [tsvaik] *m* ❶ (*Ast*) branch; (*kleiner*) twig ❷ (*Sparte*) branch

Zweigstelle *f* branch office

zweihundert ['tsvai'hʊndɐt] *adj* two hundred

zweijährig, 2-jährig ['tsvaijɛːrɪç] *adj* ❶ (*Alter*) two-year-old *attr,* two years old *pred* ❷ (*Zeitspanne*) two-year *attr*

Zweikampf *m* duel

zweimal, 2-mal ['tsvaimaːl] *adv* twice, two times

zweimalig ['tsvaima:lɪç] *adj* two times over **zweipolig** *adj* bipolar; *Schalter* double-pole; *Stecker* two-pin **zweischneidig** ['tsvaiʃnaidɪç] *adj* two-edged ▶ **ein ~es Schwert** a double-edged sword **zweisprachig** ['tsvaiʃpra:xɪç] **I.** *adj* bilingual **II.** *adv* **~ erzogen sein** to be brought up speaking two languages

zweit [tsvait] *adv* **wir sind zu ~** there are two of us

zweitbeste(r, s) ['tsvait'bɛstə, -'bɛstɐ, -'bɛstəs] *adj* second best; **Zweitbeste(r) werden** to come second best

zweite(r, s) ['tsvaitə, 'tsvaitɐ, 'tsvaitəs] *adj* ❶ (*hinsichtlich der Reihenfolge*) second, 2nd; **die ~ Klasse** second form BRIT, second grade AM ❷ (*hinsichtlich des Preises, des Prestiges*) second; **ein Fahrschein ~r Klasse** *gen* a second-class ticket; *s.a.* **achte(r, s)**

zweitens ['tsvaitn̩s] *adv* secondly

zweitklassig *adj* second-rate

Zwerchfell ['tsvɛrçfɛl] *nt* diaphragm

Zwerg(in) <-[e]s, -e> [tsvɛrk] *m(f)* dwarf

Zwetschge <-, -n> ['tsvɛtʃgə] *f* damson

zwicken ['tsvɪkn̩] **I.** *vi* to pinch **II.** *vt* **jdn [in etw** *akk*] **~** to pinch sb['s sth]

Zwickmühle *f* ▶ **in der ~ sein** (*fam*) to be in a dilemma

Zwieback <-[e]s, -e> ['tsvi:bak] *m* rusk

Zwiebel <-, -n> ['tsvi:bl̩] *f* onion; (*Blumenzwiebel*) bulb

Zwiegespräch *nt* tête-à-tête

Zwielicht ['tsvi:lɪçt] *nt kein pl* twilight; (*morgens a.*) half-light

Zwiespalt ['tsvi:ʃpalt] *m kein pl* (*geh*) conflict

zwiespältig ['tsvi:ʃpɛltɪç] *adj* (*geh*) *Charakter* ambivalent; *Gefühle* mixed

Zwietracht <-> ['tsvi:traxt] *f kein pl* discord

Zwilling <-s, -e> ['tsvɪlɪŋ] *m* ❶ *meist pl* twin; **eineiige ~e** identical twins; **siamesische ~e** Siamese twins; **zweieiige ~e** fraternal twins ❷ *pl* ASTROL Gemini

Zwillingsbruder *m* twin brother **Zwillingsschwester** *f* twin sister

Zwinge <-, -n> ['tsvɪŋə] *f* [screw] clamp

zwingen <zwang, gezwungen> ['tsvɪŋən] **I.** *vt* **jdn [zu etw** *dat*] **~** to force sb [do sth]; **gezwungen sein, etw zu tun** to be forced into [doing] sth **II.** *vr* **sich zu etw** *dat* **~** to force oneself to do sth

zwingend **I.** *adj* compelling **II.** *adv* **sich ~ ergeben** to follow conclusively

Zwinger <-s, -> ['tsvɪŋɐ] *m* cage

zwinkern ['tsvɪŋkɐn] *vi* to blink

Zwirn <-s, -e> [tsvɪrn] *m* thread

zwischen ['tsvɪʃn̩] *präp* ❶ *+dat* (*Position: zwischen 2 Personen, Dingen*) between; (*zwischen mehreren: unter*) among[st] ❷ *+akk* (*Richtung: zwischen zwei*) between; (*zwischen mehrere: unter*) among[st] ❸ *+dat* (*zeitlich*) between

Zwischenaufenthalt *m* stopover **Zwischendeck** *nt* 'tween decks *npl*

zwischendurch [tsvɪʃn̩'dʊrç] *adv* in between times

Zwischenergebnis *nt* interim result; *Untersuchung a.* interim findings *npl* **Zwischenfall** *m* incident **Zwischenhändler(in)** *m(f)* middleman *masc*, middlewoman *fem* **zwischenlanden** *vi* to stop over (**in** in) **Zwischenlandung** *f* stopover **Zwischenmahlzeit** *f* snack [between meals] **zwischenmenschlich** *adj* interpersonal **Zwischenprüfung** *f* intermediate exam **Zwischenraum** *m* ❶ (*Lücke*) gap ❷ TYPO **ein ~ von anderthalb Zeilen** a space of one-and-a-half lines **Zwischenruf** *m* interruption; **~e** heckling **Zwischenstation** *f* stop; **in einer Stadt ~ machen** to stop off in a town **Zwischenstopp** *m* LUFT stopover **Zwischenzeit** *f* **in der ~** [in the] meantime **zwischenzeitlich** *adv* meanwhile **Zwischenzeugnis** *nt* SCH end of term report

Zwist <-es, -e> [tsvɪst] *m* strife *no indef art*

zwitschern ['tsvɪtʃɐn] *vi* to twitter
Zwitter <-s, -> ['tsvɪtɐ] *m* hermaphrodite
zwölf [tsvœlf] *adj* twelve; *s.a.* **acht**[1]
Zwölffingerdarm [tsvœlf'fɪŋɐdarm] *m* duodenum
Zwölfkampf *m* SPORT twelve-exercise event
zwölfte(r, s) ['tsvœlftə, 'tsvœlftɐ, 'tsvœlftəs] *adj attr* twelfth, 12th; **die ~ Klasse** sixth form BRIT, twelfth grade AM *s.a.* **achte(r, s)**
Zyankali <-s> [tsy̆a:nka:li] *nt kein pl* potassium cyanide
zyklisch ['tsy:klɪʃ] *adj* cyclic
Zyklon <-s, -e> [tsy'klo:n] *m* cyclone
Zyklus <-, Zyklen> ['tsy:klʊs] *m* cycle; **ein ~ von Vorträgen** a series of lectures
Zylinder <-s, -> [tsi'lɪndɐ] *m* cylinder; (*Hut*) top hat
Zylinderkopf *m* cylinder head
Zyniker(in) <-s, -> ['tsy:nikɐ] *m(f)* cynic
zynisch ['tsy:nɪʃ] **I.** *adj* cynical **II.** *adv* cynically; **~ grinsen** to give a cynical grin
Zypern ['tsy:pɐn] *nt* Cyprus
Zypresse <-, -n> [tsy'prɛsə] *f* cypress
zyprisch ['tsy:prɪʃ] *adj* Cypriot
Zyste <-, -n> ['tsʏstə] *f* cyst

Anhang
Appendix

Seite page		
863	Unregelmäßige englische Verben	Irregular English verbs
870	Unregelmäßige deutsche Verben	Irregular German verbs

Unregelmäßige englische Verben

Irregular English verbs

Infinitiv infinitive	**Präteritum** Simple past	**Partizip Perfekt** past participle
abide	abode, abided	abode, abided
arise	arose	arisen
awake	awoke	awaked, awoken
be	was *sing*, were *pl*	been
bear	bore	borne
beat	beat	beaten
become	became	become
beget	begot	begotten
begin	began	begun
behold	beheld	beheld
bend	bent	bent
beseech	besought	besought
beset	beset	beset
bet	bet, betted	bet, betted
bid	bade, bid	bid, bidden
bind	bound	bound
bite	bit	bitten
bleed	bled	bled
blow	blew	blown
break	broke	broken
breed	bred	bred
bring	brought	brought
build	built	built

Infinitiv **infinitive**	**Präteritum** **Simple past**	**Partizip Perfekt** **past participle**
burn	burned, burnt	burned, burnt
burst	burst	burst
buy	bought	bought
can	could	–
cast	cast	cast
catch	caught	caught
chide	chided, chid	chided, chidden, chid
choose	chose	chosen
cleave[1] (*cut*)	clove, cleaved	cloven, cleaved, cleft
cleave[2] (*adhere*)	cleaved, clave	cleaved
cling	clung	clung
come	came	come
cost	cost, costed	cost, costed
creep	crept	crept
cut	cut	cut
deal	dealt	dealt
dig	dug	dug
do	did	done
draw	drew	drawn
dream	dreamed, dreamt	dreamed, dreamt
drink	drank	drunk
drive	drove	driven
dwell	dwelt	dwelt
eat	ate	eaten
fall	fell	fallen
feed	fed	fed
feel	felt	felt

Infinitiv **infinitive**	**Präteritum** **Simple past**	**Partizip Perfekt** **past participle**
fight	fought	fought
find	found	found
flee	fled	fled
fling	flung	flung
fly	flew	flown
forbid	forbad(e)	forbidden
forget	forgot	forgotten
forsake	forsook	forsaken
freeze	froze	frozen
get	got	got, AM gotten
gild	gilded, gilt	gilded, gilt
gird	girded, girt	girded, girt
give	gave	given
go	went	gone
grind	ground	ground
grow	grew	grown
hang	hung, *jur* hanged	hung, *jur* hanged
have	had	had
hear	heard	heard
heave	heaved, hove	heaved, hove
hew	hewed	hewed, hewn
hide	hid	hidden
hit	hit	hit
hold	held	held
hurt	hurt	hurt
keep	kept	kept
kneel	knelt	knelt

Infinitiv infinitive	**Präteritum Simple past**	**Partizip Perfekt past participle**
know	knew	known
lade	laded	laden, laded
lay	laid	laid
lead	led	led
lean	leaned, leant	leaned, leant
leap	leaped, leapt	leaped, leapt
learn	learned, learnt	learned, learnt
leave	left	left
lend	lent	lent
let	let	let
lie	lay	lain
light	lit, lighted	lit, lighted
lose	lost	lost
make	made	made
may	might	–
mean	meant	meant
meet	met	met
mistake	mistook	mistaken
mow	mowed	mown, mowed
pay	paid	paid
put	put	put
quit	quit, quitted	quit, quitted
read	read	read
rend	rent	rent
rid	rid	rid
ride	rode	ridden
ring	rang	rung

Infinitiv **infinitive**	**Präteritum** **Simple past**	**Partizip Perfekt** **past participle**
rise	rose	risen
run	ran	run
saw	sawed	sawed, sawn
say	said	said
see	saw	seen
seek	sought	sought
sell	sold	sold
send	sent	sent
set	set	set
sew	sewed	sewed, sewn
shake	shook	shaken
shave	shaved	shaved, shaven
shear	sheared	sheared, shorn
shed	shed	shed
shine	shone	shone
shit	shit, *hum* shat	shit, *hum* shat
shoe	shod	shod
shoot	shot	shot
show	showed	shown, showed
shrink	shrank	shrunk
shut	shut	shut
sing	sang	sung
sink	sank	sunk
sit	sat	sat
slay	slew	slain
sleep	slept	slept
slide	slid	slid

Infinitiv infinitive	Präteritum Simple past	Partizip Perfekt past participle
sling	slung	slung
slink	slunk	slunk
slit	slit	slit
smell	smelled, smelt	smelled, smelt
smite	smote	smitten
sow	sowed	sowed, sown
speak	spoke	spoken
speed	speeded, sped	speeded, sped
spell	spelled, spelt	spelled, spelt
spend	spent	spent
spill	spilled, spilt	spilled, spilt
spin	spun	spun
spit	spat	spat
split	split	split
spoil	spoiled, spoilt	spoiled, spoilt
spread	spread	spread
spring	sprang	sprung
stand	stood	stood
stave	stove, staved	stove, staved
steal	stole	stolen
stick	stuck	stuck
sting	stung	stung
stink	stank	stunk
strew	strewed	strewed, strewn
stride	strode	stridden
strike	struck	struck
string	strung	strung

Infinitiv infinitive	**Präteritum** Simple past	**Partizip Perfekt** past participle
strive	strove	striven
swear	swore	sworn
sweep	swept	swept
swell	swelled	swollen
swim	swam	swum
swing	swung	swung
take	took	taken
teach	taught	taught
tear	tore	torn
tell	told	told
think	thought	thought
thrive	throve, thrived	thriven, thrived
throw	threw	thrown
thrust	thrust	thrust
tread	trod	trodden
wake	woke, waked	woken, waked
wear	wore	worn
weave	wove	woven
weep	wept	wept
win	won	won
wind	wound	wound
wring	wrung	wrung
write	wrote	written

Unregelmäßige deutsche Verben

Irregular German verbs

Die folgende Auflistung zeigt die unregelmäßigen deutschen Verben mit ihren Vergangenheitsformen. Sie berücksichtigt nur die einfachen Verben, zum Beispiel **bieten**. Für die zusammengesetzten und präfigierten Verben, die dieses Grundverb enthalten – etwa **überbieten** oder **verbieten** –, gelten ja dieselben Formen: **bot, überbot, verbot; geboten, überboten, verboten**. Daher ist es nicht nötig, sie auch in die Tabelle aufzunehmen.

Compound or preterite verbs, whose conjugated forms correspond to those of the base verb are marked *irreg* on the German-English side. The conjugated forms of these verbs can be found by referring to the simple verb. In the case of **ab|brechen** for instance, see **brechen**.

Infinitiv **infinitive**	**Präteritum** **Simple past**	**Partizip Perfekt** **past participle**
backen	backte *o alt* buk	gebacken
befehlen	befahl	befohlen
beginnen	begann	begonnen
beißen	biss	gebissen
bergen	barg	geborgen
bersten	barst	geborsten
bewegen	bewog	bewogen
biegen	bog	gebogen
bieten	bot	geboten
binden	band	gebunden
bitten	bat	gebeten
blasen	blies	geblasen
bleiben	blieb	geblieben
bleichen	bleichte *o alt* blich	gebleicht *o alt* geblichen

Infinitiv infinitive	**Präteritum** Simple past	**Partizip Perfekt** past participle
braten	briet	gebraten
brechen	brach	gebrochen
brennen	brannte	gebrannt
bringen	brachte	gebracht
denken	dachte	gedacht
dreschen	drosch	gedroschen
dringen	drang	gedrungen
dürfen	durfte	dürfen, gedurft
empfangen	empfing	empfangen
empfehlen	empfahl	empfohlen
empfinden	empfand	empfunden
essen	aß	gegessen
fahren	fuhr	gefahren
fallen	fiel	gefallen
fangen	fing	gefangen
fechten	focht	gefochten
finden	fand	gefunden
flechten	flocht	geflochten
fliegen	flog	geflogen
fliehen	floh	geflohen
fließen	floss	geflossen
fressen	fraß	gefressen
frieren	fror	gefroren
gären	gärte *o* gor	gegärt *o* gegoren
gebären	gebar	geboren
geben	gab	gegeben
gedeihen	gedieh	gediehen

Infinitiv **infinitive**	**Präteritum** **Simple past**	**Partizip Perfekt** **past participle**
gefallen	gefiel	gefallen
gehen	ging	gegangen
gelingen	gelang	gelungen
gelten	galt	gegolten
genesen	genas	genesen
genießen	genoss	genossen
geraten	geriet	geraten
geschehen	geschah	geschehen
gestehen	gestand	gestanden
gewinnen	gewann	gewonnen
gießen	goss	gegossen
gleichen	glich	geglichen
gleiten	glitt	geglitten
glimmen	glimmte *o selten* glomm	geglimmt *o selten* geglommen
graben	grub	gegraben
greifen	griff	gegriffen
haben	hatte	gehabt
halten	hielt	gehalten
hangen	hing	gehangen
hängen	hing (hängte)	gehangen, (gehängt)
heben	hob	gehoben
heißen	hieß	geheißen
helfen	half	geholfen
kennen	kannte	gekannt
klimmen	klimmte *o* klomm	geklommen *o* geklimmt

Infinitiv **infinitive**	**Präteritum** **Simple past**	**Partizip Perfekt** **past participle**
klingen	klang	geklungen
kneifen	kniff	gekniffen
kommen	kam	gekommen
können	konnte	können, gekonnt
kriechen	kroch	gekrochen
laden	lud	geladen
lassen	ließ	gelassen *nach Infinitiv* lassen
laufen	lief	gelaufen
leiden	litt	gelitten
leihen	lieh	geliehen
lesen	las	gelesen
liegen	lag	gelegen
lügen	log	gelogen
mahlen	mahlte	gemahlen
meiden	mied	gemieden
melken	melkte *o veraltend* molk	gemolken
messen	maß	gemessen
misslingen	misslang	misslungen
mögen	mochte	mögen, gemocht
nehmen	nahm	genommen
nennen	nannte	genannt
pfeifen	pfiff	gepfiffen
preisen	pries	gepriesen
quellen	quoll	gequollen
raten	riet	geraten

Infinitiv **infinitive**	**Präteritum** **Simple past**	**Partizip Perfekt** **past participle**
reiben	rieb	gerieben
reißen	riss	gerissen
reiten	ritt	geritten
rennen	rannte	gerannt
reichen	roch	gerochen
ringen	rang	gerungen
rinnen	rann	geronnen
rufen	rief	gerufen
salzen	salzte	gesalzen *o selten* gesalzt
saufen	soff	gesoffen
saugen	sog *o* saugte	gesogen *o* gesaugt
schaffen	schuf	geschaffen
schallen	schallte *o* scholl	geschallt
scheiden	schied	geschieden
scheinen	schien	geschienen
scheißen	schiss	geschissen
schelten	schalt	gescholten
scheren	schor	geschoren
schieben	schob	geschoben
schießen	schoss	geschossen
schinden	schindete	geschunden
schlafen	schlief	geschlafen
schlagen	schlug	geschlagen
schleichen	schlich	geschlichen
schleifen	schliff	geschliffen
schließen	schloss	geschlossen

Infinitiv **infinitive**	**Präteritum** **Simple past**	**Partizip Perfekt** **past participle**
schlingen	schlang	geschlungen
schmeißen	schmiss	geschmissen
schmelzen	schmolz	geschmolzen
schnauben	schnaubte *o veraltet* schnob	geschnaubt *o veraltet* geschnoben
schneiden	schnitt	geschnitten
schrecken *vt*	schreckte	geschreckt
vi	schrak	geschrocken
schreiben	schrieb	geschrieben
schreien	schrie	geschrie[e]n
schreiten	schritt	geschritten
schweigen	schwieg	geschwiegen
schwellen	schwoll	geschwollen
schwimmen	schwamm	geschwommen
schwinden	schwand	geschwunden
schwingen	schwang	geschwungen
schwören	schwor	geschworen
sehen	sah	gesehen
senden	sandte *o* sendete	gesandt *o* gesendet
sieden	siedete *o* sott	gesiedet *o* gesotten
singen	sang	gesungen
sinken	sank	gesunken
sinnen	sann	gesonnen
sitzen	saß	gesessen
sollen	sollte	sollen, gesollt
spalten	spaltete	gespalten *o* gespaltet
speien	spie	gespie[e]n

Infinitiv infinitive	**Präteritum** Simple past	**Partizip Perfekt** past participle
spinnen	spann	gesponnen
sprechen	sprach	gesprochen
sprießen	spross *o* spießte	gesprossen
springen	sprang	gesprungen
stechen	stach	gestochen
stecken	steckte *o geh* stak	gesteckt
stehen	stand	gestanden
stehlen	stahl	gestohlen
steigen	stieg	gestiegen
sterben	starb	gestorben
stieben	stob *o* stiebte	gestoben *o* gestiebt
stinken	stank	gestunken
stoßen	stieß	gestoßen
streichen	strich	gestrichen
streiten	stritt	gestritten
tragen	trug	getragen
treffen	traf	getroffen
treiben	trieb	getrieben
treten	trat	getreten
triefen	triefte *o geh* troff	getrieft *o geh* getroffen
trinken	trank	getrunken
trügen	trog	getrogen
tun	tat	getan
verbieten	verbot	verboten
verbrechen	verbrach	verbrochen
verderben	verdarb	verdorben

Infinitiv infinitive	**Präteritum** Simple past	**Partizip Perfekt** past participle
vergessen	vergaß	vergessen
verlieren	verlor	verloren
verraten	verriet	verraten
verstehen	verstand	verstanden
verwenden	verwendete *o* verwandte	verwendet *o* verwandt
verzeihen	verzieh	verziehen
wachsen	wuchs	gewachsen
waschen	wusch	gewaschen
weben	webte *o geh* wob	gewebt *o geh* gewoben
weichen	wich	gewichen
weisen	wies	gewiesen
wenden	wendete *o geh* gewandt	gewendet *o geh* gewandt
werben	warb	geworben
werden	wurde	worden, geworden
werfen	warf	geworfen
wiegen	wog	gewogen
winden	wand	gewunden
winken	winkte	gewinkt *o dial* gewunken
wissen	wusste	gewusst
wollen	wollte	wollen, gewollt
wringen	wrang	gewrungen
ziehen	zog	gezogen
zwingen	zwang	gezwungen

Notizen